제19판

新 민법강의

송덕수

박영사

제19판 머리말

지난 1년 동안 이 책에서 다루어야 하는 법령과 대법원규칙 등이 적지 않게 개정되었다. 대단히 의미가 큰 중요 판례도 많이 나타났다. 이번 제19판에서는 무엇보다도 그것들을 적절하게 소개하고 설명하는 데 주안점을 두었다. 그 외에 이전 판례 중 설명해 줄 필요가 있는 것을 추가했는가 하면, 책 내용의 충실과 이해의 편의를 위하여 설명을 보충하고 직접 인용한 판례를 교체하기도 했다.

저자는 이번 개정 작업에서는 과거와 달리 먼저 충분한 시간을 확보하고 오래 생각하면서 차근차근 원고를 작성하였다. 그렇게 하니 설명해야 할 내용뿐만 아니라 그것의 적절한 위차, 나아가 다른 부분과의 관련성도 잘 보였다. 그리하여 설명은 되도록 간결하게 하면서도 내용은 빠짐없이 소개할 수 있었다. 또한 관련 부분과의 연계를 일깨워 독자의 이해도를 높일 수 있었다. 앞으로도 이런 방식으로 개정 작업을 할 생각이다.

저자는 이 책에 무척이나 정성을 기울이고 있다. 일정한 분량을 넘지 않게 하려는 기본 태도 아래, 가능한 한 중요한 모든 내용을 담고, 논리적이고 알기 쉽게 기술하려고 최선을 다한다. 그런데 이는 너무나도 어려운 일이다. 전체적인 체계가 흐트러지지 않으면서 방대한 이론과 판례를 간결하게 설명하는 일이 어찌 쉬울 수 있겠는가! 그래도 신념을 가지고 오랜 시간 다듬어오니 이번에는 그런대로 만족할 만한 모습인 것 같이 느껴지기도 한다. 그것이 나 혼자만의 착각이 아니기를 빌어본다.

이 책이 나오는 데에는 많은 분의 도움이 있었다. 우선 경북대 법전원의 이상훈 교수님은 이 책에서 고쳐야 할 점을 알려주셨다. 그리고 박영사의 안종만 회장님과 안상준 대표는 저자가 이 책의 개정을 게을리할세라 채근하면서 격려해 주셨다. 또 박영사 편집부의 김선민 이사는 편집을 총괄하면서 책을 훌륭하게 만들어주셨고, 조성호 출판기획이사는 책이 제때 출간될 수 있도록 열심히 도와주셨다. 이분들을 비롯하여 도와주신 모든 분께 깊이 감사드린다.

2026년 1월

송덕수

제11판(혁신판) 머리말

신민법강의가 처음 출간된 지 올해로 만 10년이 된다. 그 동안 신민법강의는 판을 바꿀 때마다 내용이 새롭고 더욱 충실해졌다. 그런데 다른 한편으로 분량이 많아져 독자들에게 부담을 주기도 하였다. 그래서 저자는 이번 제11판에서는 내용·체제·분량 등 모든 면에서 독자들의 시각에서 획기적으로 바꾸기로 하였다. 그러면서 저자가 오래 전부터 진지하게 검토해왔던 점을 실현하고, 또 독자들이 저자에게 오랫동안 요청해오던 사항도 대부분 반영하기로 하였다. 그리고 이 책이 이렇게 전체적으로 대폭 변화된 것을 독자들이 쉽게 짐작할 수 있도록 '제11판'에 이어서 부제로 '혁신판'이라는 표현을 덧붙이기로 하였다.

이번에 두드러지게 달라진 점을 열거하면 다음과 같다.

(1) 전체적으로 글자의 크기를 키웠으면서도 책 전체의 분량을 300면 가까이 줄였다.

(2) 철저하게 판례와 통설 위주로 서술하고, 사견과 불필요한 논의는 완전히 삭제하였다. 학설도 꼭 필요한 경우에 한하여 필요한 정도만 남겼다.

(3) 덜 중요한 이론과 지엽적인 판례는 과감하게 삭제하였다.

(4) 각 장이나 절의 첫부분에 '학습의 길잡이'를 신설하여 공부할 때의 유의할 점을 안내하고, 시험준비를 효율적으로 할 수 있도록 중요사항을 알려주고, 나아가 여러 부분을 유기적으로 연결하여 공부할 수 있도록 관련되는 부분을 안내하였다.

(5) 「신민법사례연습」에 있는 중요 사례를 관련되는 부분에 소개하고, 사례의 해결을 철저하게 판례의 시각에서 요점 중심으로 적었다.

(6) 「민법 핵심판례200선」에서 해설한 판례들을 표시하여 그 책과 유기적인 공부를 할 수 있게 하였다.

(7) 효과적으로 공부할 수 있도록 2색으로 인쇄하고, 중요부분을 굵은 활자로 돋보이게 하는 등 여러 곳에서 독자들을 위한 다양한 방안을 강구하였다.

(8) 종이책의 분량을 줄이기 위해 색인들 가운데 판례색인만 책에 남기고, 민법규정색인과 사항색인은 QR코드화하여 필요한 경우에 스캔하여 보도록 하였다.

이 책을 이번에 대폭 바꾸게 된 첫째 이유는 사법시험의 폐지 등 시험과 관련된 환경의 변화에 있다. 앞으로는 시험문제가 부분적으로라도 지엽적인 판례 등까지 일일이 찾아보지 않아도 되도록 개선되어야 하고 또 그렇게 될 것이라고 기대한다. 둘째로 책의 분량이 너무 많아 독자들에게 부담이 과중하게 되는 것을 피하고 싶었다. 이번에도 과감한 조치를 취하지 않는다면 특히 수험생인 독자들이 견디기 어려울 것으로 생각했다. 그리하여 꼭 필요한 핵심 내용 위주로 분량을 최소화하기로 하였다. 셋째로 저자의 이론은 낱권 교과서에 충분히 기술되어 있는 만큼 이 책은 완전한 수험서 내지 교육용으로 바꾸고 싶었다. 그리하여 사견은 ―논리의 흐름상 불가피한 경우를 제외하고는― 아예 적지도 않기로 하였다. 그리고 문헌 소개는 불가피한 경우 외에는 전혀 두지 않고, 동일한 취지의 판례가 많은 경우 판례 표시도 최소한으로만 하였다.

이와 같이 책을 완전히 새로 쓰다시피 하다 보니 시간과 노력도 엄청나게 들었다. 책의 개혁에 대한 계획을 세운 것이 2년 가까이 되고, 개정판 원고를 쓰는 데 온전히 4개월 정도가 소요되었다. 그리고 대폭 바꾸고 보니 옆번호도 새로 붙이고 색인도 새로운 방식으로 만들어야만 했다. 그래서 저자 자신은 물론 도와준 제자들이나 박영사의 관련 직원까지 고생이 이만저만이 아니었다. 그렇지만 이렇게 노력을 하여 책을 만들고 보니 고생한 보람이 느껴진다.

이 책이 나오기까지 여러 분들의 도움이 있었다. 먼저 이번 판의 출간을 위해 처음부터 열성적으로 지원해 주신 박영사의 조성호 기획 이사, 김선민 부장께 감사드린다. 그리고 수험가의 요구사항을 수시로 전해주고 기출문제 조사 등 이 책이 철저하게 수험서화하는 데 부족함이 없도록 도와준 고태환 강사에게도 감사드린다. 또 저자의 책 출간 때마다 앞장서서 도와주는 한국법학원 전문위원인 홍윤선 박사와 이선미 위원에게 특별한 감사를 전한다. 이 두 분은 새 원고를 꼼꼼히 읽고 미비점이나 보완할 점을 빠짐없이 지적해 주었다. 그리고 이번에는 옆번호를 새로 붙이고 색인을 다시 만드느라 무척 힘들었다. 그 색인 작성은 저자의 연구조교인 최문주 법학석사 외에 민경주 선생님과 신영미 선생님까지 방과 후 시간을 이용하여 도와주었다. 박영사에서는 무엇보다도 김선민 부장과 이승현 대리가 크게 수고하셨다. 그런가 하면 표지디자인을 하거나 색인 작성을 도와준 분들도 많다. 이 모든 분들에게 깊이 감사드린다.

2018년 1월

송 덕 수

제10판 머리말

저자는 2004년에 민법강의(상)이라는 제목으로 민법강의서(民法講義書)를 세상에 처음 선보였다. 그리고 2007년에 민법강의(하)를 펴냈으며, 2008년에는 독자들과 박영사의 간곡한 요청으로 민법강의(상)과 민법강의(하)를 합하고 내용을 크게 보충하여 신민법강의를 내놓았다. 그렇게 탄생한 신민법강의가 독자들의 꾸준한 사랑에 힘입어 이제 제10판을 내보이게 되었다.

그 사이에 이 책은 적극적으로 의견을 제시해주신 여러 교수님들, 강사님들, 독자들의 의견도 폭넓게 수용하여 매우 풍부하고 알차게 변했다. 그리고 저자 개인이 민법총칙에서부터 친족상속법에 이르기까지 민법 전 분야에 걸쳐 낱권 교과서를 펴내면서 새롭게 알게 된 내용이 반영되기도 하였다.

한편 제8판(2015년)부터는 민법의 낱권 교과서를 완간하면서 이 책은 법학의 교육용, 수험용으로 개조하였다. 그리하여 특히 수험생들이 부담스러워하는 저자의 사견을 대폭 줄이고(아울러 작은 글씨로 편집함) 판례와 통설 위주로 기술하였으며, 변호사시험은 물론이고 법원행시 · 법무사시험 · 법원승진시험 · 법원직시험 · 변리사시험 · 감정평가사시험 등 모든 시험에 충분한 대비가 되도록 내용을 보완하였다.

이 책이 이번 제10판에서 크게 달라진 사항은 다음과 같다.

(1) 저자는 작년(2016년) 4월에 이화여대 법학전문대학원 김병선 부교수와 공저로 민법 핵심판례200선 ―해설 및 객관식 연습― 을 펴낸 바 있다. 이 책은 민법 전체에 관한 모든 판례 중에서 가장 핵심적인 것 200개를 엄선하여 사실관계와 판결요지를 정리하고, 해설과 논평을 하였으며, 그 판례만을 가지고 따로 객관식 문제까지 만들어 넣어, 판례에 관하여 확실하게 익히게 한 것이다. 그리고 지면을 알차게 활용하여 하나의 판례에 대해 사실관계 정리부터 논평까지를 모두 예외 없이 2면에 한정하여 공부의 부담을 최소한으로 줄였다. 그 판례교재를 쓰면서 저자는 과거에 소홀히 했거나 놓치고 있었던 많은 내용을 깨우쳤고, 그리하여 이번에 그러한 내용을 신민법강의에 새로 추가하고 어떤 곳에서는 설명을 수정하기도 하였다. 종래 저자가 판례를 연구한 글을 자주 발표해왔는데, 그 연구는 판례에 문제가 있다고 생각되는 경우에 관한 것이었다. 그런데 판례교재에서 다루

어진 판례들은 문제가 있는 것이라기보다 법리적으로 매우 중요한 것들이어서 그것을 해설하기 위해 저자는 새로운 공부를 많이 하게 되었다.

(2) 저자는 얼마 전에 신민법사례연습의 제 4 판을 펴냈다. 그러면서 그 책과 연계되는 내용을 수정하거나 추가하였다.

(3) 지난 1년 동안에도 법령 개정이 매우 많았고, 중요한 판례도 적지 않게 출현하였다. 그 내용도 최근의 것에 이르기까지 충실하게 반영하였다.

(4) 민법 중 재산법 분야에 집중하여 연구해왔던 저자가 낱권 교과서 친족상속법까지도 펴내고 또한 법학전문대학원에서 친족상속법 정규강의를 2년 동안 해보니 민법을 보는 눈이 상당히 달라진 것 같다. 그 영향으로 민법의 재산법 부분을 수정하거나 보충하기도 하였고, 이 책의 친족상속법 부분의 설명도 여기저기서 다르게 바꾸었다.

(5) 이번 판에서는 기존에 쓰던 출판 프로그램을 쓰지 않고 새로운 것으로 변경하였다. 그러면서 행간이나 한 행에 들어가는 글자 수를 조절하여 지면을 줄였다. 그 결과 새로운 내용을 30면 정도 추가했는데도 전체 면수는 2,090면으로 오히려 16면이 줄어들었다.

저자는 스스로 생각해도 불가능하게 여겨지는 민법 분야의 여러 저서를 두루 펴내게 되었다. 이것은 결코 저자가 처음부터 계획하거나 의도했던 것은 아니다. 그보다는 독자들과 박영사의 요청, 그리고 주변에서 격려해주시는 다른 교수님 및 법조인들의 격려와 지원 덕택이라고 생각된다. 거기에 힘들면서도 새로운 이론을 알아가고 생각하고 쓰는 것을 기꺼이 즐겨하는 저자의 바보스러움이 더해진 결과이다.

여기서 저자의 책으로 민법 공부를 하려는 분들에게 저자의 다양한 책을 효율적으로 활용하는 방법에 대하여 소개하려고 한다.

민법은 매우 방대하고 대단히 어렵다. 그러한 민법을 제대로 이해하면서 지지치 않고 공부하려면 처음에는 기본적인 용어와 원리 등을 착실히 익혀야 한다. 그러기 위해서 맨 처음에는 저자의 신민법입문(박영사)을 읽는 것이 좋다.

그런 뒤에 민법의 깊은 이론을 차분히 읽어가야 한다. 이 책 즉 신민법강의가 그러기에 적합한 것이다. 이 책보다 조금 더 다양한 여러 이론까지 공부하려면 저자의 낱권 교과서인 민법총칙(박영사), 물권법(박영사), 채권법총론(박영사), 채권법각론(박영사), 친족상속법(박영사)으로 공부하면 된다.

그리고 민법의 이론서로 어느 정도 공부를 하면서는 이론서와 아울러 중요 판례에 대해서도 함께 공부하는 것이 좋다. 그때 필요한 책이 저자(및 김병선 부교수)의 민법 핵심판례200선 —해설 및 객관식 연습— 이다. 그런가 하면 그 무렵 민법 이론을 실제 사례에 적용하는 훈련도 반드시 할 필요가 있는데, 그때에는 저자의 신민법 사례연습(박영사)이 유용할 것이다.

책을 순서에 맞추어, 그리고 필요할 때에 빠뜨리지 않고 공부해야 효과를 극대화할 수 있다.

이 책이 나오는 데에도 많은 분들의 도움이 있었다. 먼저 저자의 대학원 제자들의 공을 잊을 수 없다. 특히 이화여대에서 박사학위 논문을 준비하고 있는 이선미 선생과 한국법학원 전문연구위원인 홍윤선 박사는 없는 시간을 쪼개서 원고를 읽고, 수정 보완이 필요한 부분을 지적해 주었다. 저자의 연구조교이며 이화여대 대학원 박사과정에 재학하고 있는 최문주 법학석사는 교정을 도와주었다. 그리고 신영미 선생님은 저자의 제자들과 박영사 사이의 가교 역할을 충실히 해주었다. 박영사에서는 특히 김선민 부장과 이승현 대리가 무척 노력하여 이 책을 훌륭하게 만들어주셨다. 또한 조성호 기획 / 마케팅 이사는 언제나처럼 열심히 도와주셨다. 이 분들을 비롯하여 도와주신 모든 분들에게 깊이 감사드린다.

2017년 1월

송 덕 수

차 례

제 1 부 민법총칙

제 4 장 기 간

제 5 장 소멸시효

제7장 물　　건

제 2 부 물 권 법

제 1 장 서 론

제 4 장 용익물권

제 5 장 담보물권

제 3 부　채권법총론

제 1 장 서　론

제 2 장 채권의 발생

제 3 장 채권의 목적

제 4 장 채무불이행과 채권자지체

제 5 장　책임재산의 보전

제 4 부 채권법각론

제 1 장 계약총론

제 2 장 계약각론

제 3 장 사무관리

제 4 장 부당이득

제 5 장 불법행위

제 5 부　친족상속법

제 1 장 서　론

제 2 장 친 족 법

제 3 장 상 속 법

주요 참고문헌

(괄호 안은 인용약어임)

1. 민법총칙 교과서

姜台星, 民法總則, 新版, 大明出版社, 2006 (강태성)
高翔龍, 民法總則, 第 3 版, 法文社, 2003 (고상룡)
高昌鉉, 民法總則, 法文社, 2006 (고창현)
郭潤直, 民法總則, 第 7 版, 博英社, 2007 (곽윤직)
金基善, 韓國民法總則, 第 3 全訂版, 法文社, 1991 (김기선)
김상용, 민법총칙, 화산미디어, 2009 (김상용)
金容漢, 民法總則論, 再全訂版, 博英社, 1997 (김용한)
金疇洙, 民法總則, 第 5 版, 三英社, 2002 (김주수)
金俊鎬, 民法總則, 全訂版, 法文社, 2008 (김준호)
金曾漢 · 金學東 共著, 民法總則, 第 9 版, 博英社, 2001 (김학동)
명순구, 민법총칙, 法文社, 2005 (명순구)
白泰昇, 民法總則, 第 4 版, 法文社, 2009 (백태승)
송덕수, 민법총칙, 제 7 판, 박영사, 2024 (민법총칙)
李英俊, 民法總則, 改訂增補版, 博英社, 2007 (이영준)
李銀榮, 民法總則, 第 5 版, 博英社, 2009 (이은영)
李太載, 民法總則, 法文社, 1981 (이태재)
張庚鶴, 民法總則, 第 2 版, 法文社, 1989 (장경학)
鄭淇雄, 民法總則, 法文社, 2009 (정기웅)
홍성재, 민법총칙, 전정판, 대영문화사, 2010 (홍성재)
Brox, *Allgemeiner Teil des Bürgerlichen Gesetzbuchs*, 15. Aufl., 1991 (Brox)
Flume, *Das Rechtsgeschäft*, 3. Aufl., 1979 (Flume)
Larenz, *Allgemeiner Teil des Bürgerlichen Rechts*, 6. Aufl., 1983 (Larenz)

2. 물권법 교과서

姜台星, 物權法, 제 3 판, 大明出版社, 2009 (강태성)
高翔龍, 物權法, 法文社, 2002 (고상룡)
郭潤直, 物權法, 第 7 版, 博英社, 2003 (곽윤직)
郭潤直, 物權法, 新訂版, 博英社, 1992 (곽윤직(신정판))

金基善, 韓國物權法, 全訂版, 博英社, 1985 (김기선)
김상용, 물권법, 화산미디어, 2009 (김상용)
金容漢, 物權法論, 再全訂版, 博英社, 1996 (김용한)
金俊鎬, 物權法, 全訂版, 法文社, 2009 (김준호)
金曾漢 著 · 金學東 增補, 物權法, 第 9 版, 博英社, 1998 (김학동)
송덕수, 물권법, 제 7 판, 박영사, 2025 (물권법)
오시영, 物權法, 학현사, 2009 (오시영)
尹喆洪, 物權法講義, 博英社, 1998 (윤철홍)
李德煥, 物權法, 율곡미디어, 2011 (이덕환)
李相泰, 物權法, 七訂版, 法元社, 2011 (이상태)
李英俊, 物權法, 全訂新版, 博英社, 2009 (이영준)
李銀榮, 物權法, 第 4 版, 博英社, 2006 (이은영)
張庚鶴, 物權法, 法文社, 1988 (장경학)
洪性載, 物權法, 大永文化社, 2006 (홍성재)
Schwab, *Sachenrecht*, 22. Aufl., 1989 (Schwab)
Wieling, *Sachenrecht*, 2. Aufl., 1994 (Wieling)

3. 채권법총론 교과서

郭潤直, 債權總論, 第 6 版, 博英社, 2003 (곽윤직)
金基善, 韓國債權法總論, 第 3 全訂版, 法文社, 1987 (김기선)
金大貞, 債權總論, 改訂版, 피데스, 2007 (김대정)
김상용, 채권총론, 화산미디어, 2010 (김상용)
金容漢, 債權法總論, 博英社, 1988 (김용한)
金疇洙, 債權總論, 第 3 版, 三英社, 1999 (김주수)
金俊鎬, 債權總則, 法文社, 2007 (김준호)
金曾漢 著 · 金學東 增補, 債權總論, 第 6 版, 博英社, 1998 (김학동)
金亨培, 債權總論, 第 2 版, 博英社, 1998 (김형배)
蘇星圭, 債權總論, 法律時代, 2003 (소성규)
송덕수, 채권법총론, 제 7 판, 박영사, 2024 (채권법총론)
尹喆洪, 債權總論, 法元社, 2006 (윤철홍)
李銀榮, 債權總論, 第 4 版, 博英社, 2009 (이은영)
李太載, 債權總論, 改訂版, 進明文化社, 1985 (이태재)
李好珽, 債權法總論, 韓國放送通信大學, 1983 (이호정)
張庚鶴, 債權總論, 教育科學社, 1992 (장경학)
鄭淇雄, 債權總論, 法文社, 2009 (정기웅)
黃迪仁, 現代民法論Ⅲ[債權總論], 增補版, 博英社, 1989 (황적인)

Brox, *Allgemeines Schuldrecht*, 22. Aufl., 1995 (Brox, AS)
Esser-Schmidt, *Schuldrecht, Band I Allgemeiner Teil*, 1984 (Esser-Schmidt)
Fikentscher, *Schuldrecht*, 8. Aufl., 1992 (Fikentscher)
Larenz, *Lehrbuch des Schuldrechts, 1. Band Allgemeiner Teil*, 14. Aufl., 1987 (Larenz)
Medicus, *Schuldrecht I Allgemeiner Teil*, 8. Aufl., 1995 (Medicus)

4. 채권법각론 교과서

郭潤直, 債權各論, 第 6 版, 博英社, 2003 (곽윤직)
郭潤直, 債權各論, 新訂版, 博英社, 1995 (곽윤직(신정판))
金基善, 韓國債權法各論, 第 3 全訂版, 法文社, 1988 (김기선)
金大貞, 契約法(上), 피데스, 2007 (김대정)
김상용, 채권각론, 화산미디어, 2011 (김상용)
金疇洙, 債權各論, 第 2 版, 三英社, 1997 (김주수)
金俊鎬, 債權各則, 法文社, 2007 (김준호)
金曾漢, 債權各論, 博英社, 1988 (박영사)
金曾漢 著 · 金學東 增補, 債權各論, 第 7 版, 博英社, 2006 (김학동)
金亨培, 債權各論[契約法], 新訂版, 博英社, 2001 (김형배)
金亨培, 事務管理 · 不當利得, 博英社, 2003 (김형배)
송덕수, 채권법각론, 제 7 판, 박영사, 2025 (채권법각론)
尹喆洪, 債權各論, 法元社, 2001 (윤철홍)
李銀榮, 債權各論, 第 5 版, 博英社, 2007 (이은영)
李太載, 債權各論, 改訂版, 進明文化社, 1985 (이태재)
黃迪仁, 現代民法論Ⅳ[債權各論], 增補版, 博英社, 1987 (황적인)
Brox, *Besonderes Schuldrecht*, 17. Aufl., 1991 (Brox, BS)
Fikentscher, *Schuldrecht*, 8. Aufl., 1992 (Fikentscher)
Larenz, *Lehrbuch des Schuldrechts, 2. Band Besonderer Teil, 1. Halbband*, 13. Aufl., 1986 (Larenz)
Medicus, *Schuldrecht II Besonderer Teil*, 7. Aufl., 1995 (Medicus)

5. 친족상속법 교과서

郭潤直, 相續法, 改訂版, 博英社, 2004 (곽윤직)
金容漢, 親族相續法, 增補版, 博英社, 2004 (김용한)
김주수 · 김상용, 친족 · 상속법, 제11판, 법문사, 2013 (김/김)
박동섭, 친족상속법, 제 4 판, 박영사, 2013 (박동섭)
朴秉濠, 家族法, 韓國放送通信大學, 1999 (박병호)

裵慶淑 · 崔錦淑, 親族相續法講義, 第一法規, 2006 (배/최)

송덕수, 친족상속법, 제 8 판, 박영사, 2026 (친족상속법)

申榮鎬, 가족법강의, 제 2 판, 세창출판사, 2013 (신영호)

吳始暎, 親族相續法, 학현사, 2006 (오시영)

윤진수, 친족상속법 강의, 박영사, 2016 (윤진수)

이경희, 가족법(친족법 · 상속법), 제 2 전정판, 法元社, 2012 (이경희)

조승현, 친족 · 상속, 제 3 판, 신조사, 2013 (조승현)

6. 기타 문헌

郭潤直, 不動産登記法, 新訂修正版, 博英社, 1998 (곽윤직, 부동산등기법)

金疇洙, 親族 · 相續法, 第 6 全訂版, 法文社, 2002 (김주수, 친상)

송덕수, 신민법사례연습, 제 7 판, 박영사, 2024 (송덕수, 신사례)

송덕수 · 김병선, 민법 핵심판례240선, 박영사, 2024 (핵심판례)

梁彰洙, 民法研究 第 1 卷~第 9 卷, 博英社, 1991~2007 (양창수, 민법연구(1)~(9))

尹眞秀, 民法論攷 Ⅰ~Ⅳ, 博英社, 2007~2010 (윤진수, 민법논고(1)~(4))

池元林, 民法講義, 第 8 版(채권법각론 부분은 제11판, 친족상속법 부분은 제12판), 弘文社, 2010 (지원림)

民法注解 [Ⅰ]~[XIX], 博英社, 1992 (주해(1)~(19)(집필자 성명))

법원실무제요, 민사집행[Ⅰ]~[Ⅲ], 법원행정처, 2003 (법원실무제요(1)~(3))

Ferid, *Das Französische Zivilrecht*, 1. Band, 1971 (Ferid)

Guhl/Merz/Kummer, *Das Schweizerische Obligationenrecht*, 1980 (Guhl/Merz/Kummer)

Lange-Köhler, *BGB, Allgemeiner Teil*, 22. Aufl., 1994 (Lange-Köhler)

일러두기

독자들로 하여금 이 책을 효율적으로 읽게 하기 위하여 이 책의 특징을 소개하기로 한다.

- 이 책은 독서의 편의를 위하여 각주를 두지 않고, 각주에 둘 사항은 괄호 안에 두 줄의 작은 글씨로 처리하였다.
- 주요 관련사항은 본문에 두되, 글자의 크기를 줄여서 구별되게 하였다.
- 민법을 비롯한 모든 법령을 최근의 것까지 모두 반영하였다(2025. 9. 19. 기준).
- 판례는 최근의 것까지 모두 조사하여 정리·인용하였다. 판례는 판례공보(2025. 9. 15.자까지)에 수록된 것을 중심으로 검토하였으나, 다른 자료에 나타난 판례라도 중요한 것은 반영하였다. 그런데 독서의 편의와 책의 양을 고려하여 인용은 최소화하였다.
- 판례 가운데 특히 중요한 것은 판결이유 중 요지부분을 직접 인용하여 실었다. 그러한 판례는 충분히 익혀야 한다.
- 원문이 직접 인용된 판례에 대하여는 그것의 핵심적인 내용을 한눈에 쉽게 파악하게 하기 위하여 부분적으로 밑줄을 그었다. 그런데 밑줄을 긋기가 부적절하거나 만약 그을 경우 판례의 거의 전부에 그어야 할 때에는 밑줄을 긋지 않거나 짧게 일정한 어구에만 그었다. 이러한 밑줄은 저자가 그은 것이며, 판결의 원문이 아님을 주의하여야 한다. 그리고 밑줄을 그은 부분은 판례가 어떤 내용의 것인지를 짐작하게 하기 위한 것에 지나지 않으므로, 나머지 부분을 결코 소홀히 하지 않아야 함은 물론이다.
- 학설의 소개 및 그에 대한 자세한 검토는 원칙적으로 저자의 낱권 교과서 해당부분을 참고하도록 하고, 이 책에서는 다른 부분의 이해와 각종 시험 준비를 위하여 반드시 알아야 하는 것만 최소한으로 줄여서 기술하였다.
- 효율적인 이해와 기억을 위하여 논의를 단계적으로 진행하고 그 내용을 체계적으로 요약·정리하였다.
- 공부에 도움을 주기 위해 각 장이나 절의 첫부분에 '학습의 길잡이'를 신설하였다.
- 「신민법사례연습」에 있는 중요 사례를 관련되는 부분에 소개하고, 사례의 해결을 철저하게 판례의 시각에서 요점 중심으로 적었다.
- 「민법 핵심판례240선」에서 해설한 판례들을 표시하여 유기적인 공부를 할 수 있게 하였다.
- 이 책에는 관련부분을 찾아보는 데 편리하게 하기 위하여 본문의 옆에 일련번호, 즉 옆번호를 붙였다. 그리고 참조할 곳을 지시할 때는 이 옆번호를 사용하였다. 색인의

경우에도 마찬가지이다. 옆번호는 이 책의 5부에 대하여 각 부별로 차례로 A B C D E를 부여한 다음, 그것에 하이픈(−)을 하고 이어서 1부터 일련번호를 붙였다. 그리하여 제 1 부 민법총칙은 A−1, 제 2 부 물권법은 B−1, 제 3 부 채권법총론은 C−1, 제 4 부 채권법각론은 D−1, 제 5 부 친족상속법은 E−1부터 시작한다. 이와 같이 하였기 때문에 옆번호의 첫 글자를 보면 거기가 어느 부분에 해당하는 것인지도 쉽게 알 수 있다.

· 이 책에 인용된 법령 가운데 민법규정은 법명 없이 조문으로만 인용하였다. 그리고 나머지의 법령은 법명을 써서 인용하되, 몇 가지 법령은 약칭을 썼다(전부 또는 일부에서). 그러한 법령 중 중요한 것들의 본래의 명칭은 다음과 같다.

가담법(또는 가등기담보법): 「가등기담보 등에 관한 법률」
가소: 가사소송법
가소규: 가사소송규칙
가족: 「가족관계의 등록 등에 관한 법률」
가족규칙: 「가족관계의 등록 등에 관한 규칙」
공간정보구축법: 「공간정보의 구축 및 관리 등에 관한 법률」
공익법인법: 「공익법인의 설립·운영에 관한 법률」
근기법: 근로기준법
대부업법: 「대부업의 등록 및 금융이용자 보호에 관한 법률」
민소: 민사소송법
부동산실명법: 「부동산 실권리자 명의 등기에 관한 법률」
부등법: 부동산등기법
부등규칙: 부동산등기규칙
부등특조법: 「부동산등기 특별조치법」
비송(또는 비송법): 비송사건절차법
실화책임법: 「실화책임에 관한 법률」
약관법: 「약관의 규제에 관한 법률」
입목법: 「입목에 관한 법률」
주임법: 주택임대차보호법
집합건물법: 「집합건물의 소유 및 관리에 관한 법률」
채무자회생법: 「채무자회생 및 파산에 관한 법률」

· 판결 인용은 양을 줄이기 위하여 다음과 같은 방식으로 하였다.

(예) 대법원 1971. 4. 10. 선고 71다399 판결 → 대판 1971. 4. 10, 71다399

· 문헌이나 판례 앞에 「동지」(同旨)라고 표시한 경우에 그것은 「같은 취지」라는 뜻이다.

제 1 부

민 법 총 칙

제1장 서 론
제2장 권 리
제3장 법률행위
제4장 기 간
제5장 소멸시효
제6장 권리의 주체
제7장 물 건

제 1 장 서　론

학습의 길잡이

법 공부의 궁극적인 목적은 단순히 법에 관한 지식을 습득하는 데 있지 않고, 스스로 법을 해석하는 능력을 터득하는 데 있다. 그것을 리걸 마인드(legal mind)의 형성이라고 한다. 그런데 리걸 마인드의 형성은 어떤 숨겨진 비법에 의해 단시간에 이루어지는 것이 아니며, 올바르게 행하여진 개별적인 법 공부를 통하여 오랜 기간에 걸쳐 자연스럽게 길러진다. 그 개별적인 법 공부의 대표적인, 어쩌면 거의 전부인 것이 바로 민법 공부이다. 법 공부에서 민법 공부를 중요시하는 이유가 거기에 있다.

리걸 마인드를 기르기 위해서는 필요한 공부를 빠뜨리지 않아야 한다. 이 책의 제 1 장 서론이나 각 항목의 서설도 그렇다. 즉 그것들이 당장 시험에 출제되지 않을 것이라고 해서 무시해서는 안 되며, 평소에 항상 염두에 두고 있어야 한다.

본장에서 다루고 있는 사항이 대체로 그렇지만 특히 「민법의 적용범위」(제 5 절)와 「민법의 해석과 적용」(제 6 절)은 법에 관한 일반적인 이론을 민법의 측면에서 기술한 것이다. 민법의 기초법적인 기능을 이 책에서도 그대로 반영한 것이라고 할 수 있다. 그리고 제 1 절 내지 제 4 절의 내용은 민법을 정확하게 이해하고 올바르게 해석하기 위해 언제나 숙지하고 있어야 할 사항들이다.

제 1 절 민법의 의의

Ⅰ. 서　설 A-1

어떤 학문이든 그것에 관하여 논의를 함에 있어서는 먼저 그것이 다루어야 하는 대상을 분명하게 할 필요가 있다. 우리가 논의를 시작하려고 하는 민법학(民法學)의 경우에도 마찬가지이다. 법해석학의 일종인 민법학은 실제 사회에서 일어나는 민사에 관한 구체적인 다툼에 적용하게 하기 위하여 민법을 해석하는 학문이다. 그러므로 민법을 그 연구대상으로 한다. 여기서 민법학의 연구대상이 되고 있는 민법이 과연 무엇인가를 살펴볼 필요가 있다.

민법은 실질적으로 파악될 수도 있고, 형식적으로 파악될 수도 있다. 그리고 그에 따른 민법을 각각 실질적 의미의 민법(실질적 민법), 형식적 의미의 민법(형식적 민법)이라고 한다. 전자는 보통 법질서 안에서 민법이 차지하는 지위를 밝히는 방법으로 정의되며, 후자는 민법이라는 이름의 법률을 가리킨다.

뒤에 보는 바와 같이, 두 가지의 민법 가운데 민법학의 대상으로 되는 것은 실질적 민법이다. 따라서 둘 중 실질적 민법이 보다 중요하다. 그러나 형식적 민법이 실질적 민법에 대하여 가지는 지위가 매우 중대함에 비추어 볼 때 형식적 민법도 가볍게 볼 수는 없다.

A-2 Ⅱ. 실질적 민법

민법을 실질적으로 파악하면 그것은 사법(私法)의 일부로서 사법관계(私法關係)를 규율하는 원칙적인 법, 즉 사법의 일반법(일반사법)이라고 할 수 있다. 이에 의하면 민법은 우선 법의 일부이고, 그 가운데 사법이며, 사법 중에서도 일반법이다. 아래에서 이들에 관하여 나누어 설명하고, 덧붙여 민법의 다른 성질에 대하여도 기술하기로 한다.

1. 민법은 법의 일부이다

사람은 혼자서 살 수 없으며, 가족·사회·국가에 소속되어 공동생활을 하고 있다. 그런데 공동생활에서 질서가 유지되려면 일정한 규칙에 따라서 행동하여야 한다. 공동생활에서 지켜야 할 규칙은 규범이라고도 하는데, 그러한 사회규범에는 법·도덕·관습·종교 등 여러 가지가 있다. 이들 가운데 법은 국가권력에 의하여 그 실현이 강제된다는 점에서 다른 사회규범과 구별된다. 법을 강제성으로 무장된 사회규범이라고 하는 이유가 여기에 있다.

이러한 법은 하나의 법규범을 가리키는 것이 아니고, 헌법을 정점으로 하여 어느 정도 체계를 이루고 있는 여러 규범을 의미한다. 그 때문에 법을 법체계라고 한다. 그리고 규범의 체계를 질서라고 하므로, 법은 법질서라고도 한다. 결국 법·법체계·법질서는 모두 동의어이다.

민법은 이러한 법질서(법)의 일부이다.

A-3 2. 민법은 사법이다

일반적으로 법은 크게 공법과 사법으로 구별된다. 이렇게 법을 공법과 사법으로 나누는 경우에 민법은 사법에 해당한다.

(1) 공법과 사법의 구별

1) 구별에 관한 학설 공법과 사법을 어떠한 표준에 의하여 구별할 것인가에 관하여는 아직까지 정설이 없다. 그에 대한 학설로는 i) 공익의 보호를 목적으로 하는 법이 공법이고 사익의 보호를 목적으로 하는 법이 사법이라고 하는 이익설, ii) 불평등관계(권력·복종관계)를 규율하는 법이 공법이고 평등·대등관계를 규율하는 법이 사법이라고 하는 성질설(저자의 견해, 즉 사견도 같음), iii) 국가 기타 공공단체 상호간의 관계 또는 이들과 개인과의 관계를 규율하는 법이 공법이고 개인 상호간의 관계를 규율하는 법이 사법이라고 하는 주체설, iv) 주체설을 기본으로 하고 거기에 성질설·이익설을 가미한 다원설 등이 있다(자세한 사항은 민법총칙 [2] 참조).

2) 판 례 판례는 성질설을 취하고 있는 것으로 보인다(대결 2006. 6. 19, 2006마117 등).

판 례 「지방재정법에 의하여 준용되는 국가계약법에 따라 지방자치단체가 당사자가 되는 이른바 공공계약은 사경제의 주체로서 상대방과 대등한 위치에서 체결하는 사법(私法)상의 계약으로서 그 본질적인 내용은 사인간의 계약과 다를 바가 없으므로, 그에 관한 법령에 특별한 정함이 있는 경우를 제외하고는 사적 자치와 계약자유의 원칙 등 사법의 원리가 그대로 적용된다고 할 것」이다(대결 2006. 6. 19, 2006마117).

3) 공법·사법 구별의 필요성 공·사법의 구별은 대단히 어려운 일이지만 아무리 어렵다고 하여도 다음과 같은 이유에서 유지되어야 한다. 첫째로 공법과 사법은 지배하는 법원리가 다르기 때문이다. 특히 사적 자치는 사법에서만 적용된다. 둘째로 구체적인 법률관계에 관하여 명문규정이 없을 때 거기에 적용되어야 할 법 또는 법원칙을 결정하기 위해서도 공·사법의 구별이 필요하다. 셋째로 현행 재판제도상 행정사건과 민사사건의 구별 표준을 위하여서도 필요하다. 현행법에 의하면 행정소송은 피고의 소재지를 관할하는 행정법원의 전속관할에 속한다(법원조직법 40조의 4, 행정소송법 3조·4조·9조·38조·40조·46조 등).

(2) 사법의 내용 A-4

사법의 적용을 받는 생활관계, 즉 사법관계에는 재산관계와 가족관계(신분관계라고도 함)의 둘이 있다. 그리고 재산관계의 전형적인 것으로는 물권관계와 채권관계가 있다. 한편 가족관계는 종래 친족관계와 상속관계로 나누어졌으나, 1990년의 민법 개정으로 호주상속이 호주승계로 이름이 바뀌어 친족편으로 옮겨졌다가 급기야 2005년의 개정으로 호주제도가 폐지되었고, 그리하여 상속편은 재산상속만을 규율함에 따라, 이제 상속관계는 재산관계로 되었고 가족관계로는 친족관계만 남게 되었다(상속관계를 여전히 가족관계라고 하는 견해도 있음).

위와 같은 사법관계의 분류에 따라 사법도 재산관계를 규율하는 재산법과 가족관계를 규율하는 가족법(신분법이라고도 함)으로 나누어지고, 재산법에는 전형적인 것으로 물권법·채권법이 있게 되고 상속법도 거기에 속하게 되었다. 그런데 이하에서는 편의상 재산법은 물권법·채권법만을 가리키는 용어로 사용하고, 상속법은 따로 상속법이라고 표현하기로 한다.

〈법률관계의 분류 및 규율법〉(괄호 안은 해당 법률관계를 규율하는 법임)

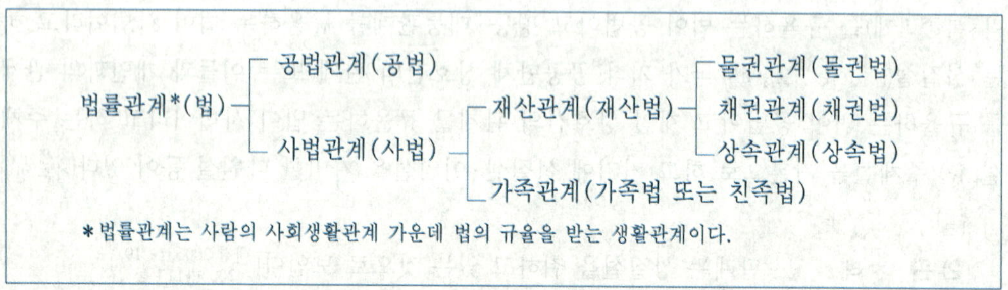

A-5 3. 민법은 일반법이다

(1) 일반법과 특별법의 구분

법은 일반법과 특별법으로 나누어진다. 일반법은 사람·사항·장소 등에 특별한 제한 없이 일반적으로 적용되는 법이고, 특별법은 일정한 사람·사항·장소에 관하여만 적용되는 법이다. 그런데 이 구별은 상대적이다. 예컨대 상법은 민법에 대하여서는 특별법이지만 상사특별법에 대하여서는 일반법이다. 법을 일반법·특별법으로 구별하는 이유는 동일한 사항에 대하여서는 특별법이 일반법에 우선하여 적용되기 때문이다(특별법 우선의 원칙).

(2) 일반법으로서의 민법

사법을 일반법과 특별법으로 나눈다면, 민법은 일반법이다(일반사법). 즉 그것은 사람·사항·장소에 관계 없이 널리 적용된다.

(3) 특별사법

일반사법인 민법에 대하여 많은 특별사법이 있다. 그 가운데 가장 중요한 것이 상법이다. 상법은 상기업에 관한 특별사법이다.

A-6 4. 민법의 그 밖의 성질

(1) 실 체 법

법에는 실체법과 절차법이 있다. 실체법은 직접 법률관계 자체 즉 권리·의무에 관하여 규정하는 법이고, 절차법은 법률관계(권리·의무)를 실현하는 절차를 정하는 법이다. 실체법과 절차법은 밀접한 관계에 있다. 실체법이 정하는 내용은 그것이 지켜지지 않는 때에는 절차법에 의하여 실현되기 때문이다.

법을 실체법과 절차법으로 나눈다면, 민법은 실체법에 속한다. 민사에 관한 절차법의 대표적인 예로는 민사소송법·민사집행법·가사소송법을 들 수 있다.

(2) 행위규범 · 재판규범

민법은 각 개인이 지켜야 할 규범(행위규범)이면서 아울러 재판시 법관(법원)이 지켜야 할 규범(재판규범)이기도 하다.

Ⅲ. 형식적 민법 A-7

민법을 형식적으로 이해하면 민법은 「민법」이라는 이름을 가진 성문의 법전을 가리킨다. 즉 1958년 2월 22일에 공포되어 1960년 1월 1일부터 시행된 법률 제471호를 말한다. 형식적 민법은 실질적 민법과 구별하기 위하여 「민법전(民法典)」이라고 표현되기도 한다.

Ⅳ. 두 민법 사이의 관계와 민법학의 대상

1. 두 민법 사이의 관계

실질적 민법과 형식적 민법은 일치하지 않는다. 민법전(형식적 민법)은 실질적 민법법규를 모아 제정한 것이기는 하지만, 실질적 민법법규 모두를 담고 있지 못하다. 그런가 하면 민법전 안에는 실질적 민법이 아닌 공법적인 규정도 들어 있다(예: 법인의 이사·감사·청산인에 대한 벌칙규정인 97조, 채권의 강제집행 방법에 관한 389조 등). 한편 실질적 민법에는 민법전 외에 민법의 부속법령, 민사특별법령, 공법 내의 규정 등도 있다. 그리고 민사에 관한 관습법은 불문법이지만 실질적 민법에 속하게 된다.

이처럼 두 민법은 일치하지 않지만, 그렇다고 하여 둘이 전혀 무관계한 것은 아니다. 두 민법은 아주 밀접한 관계에 있다. 민법전이 실질적 민법의 중심을 이루고 있기 때문이다. 민법전은 — 극소수의 공법적 규정을 제외하면 — 가장 핵심적인 실질적 민법인 것이다.

2. 민법학의 대상: 실질적 민법

민법학의 대상이 되는 민법은 실질적 민법이다. 따라서 앞으로의 논의는 민법전에 한정하지 않고 실질적 민법 전부에 관하여 이루어지게 된다. 그렇지만, 형식적 민법은 실질적 민법의 핵심부분이기 때문에, 그 논의는 민법전을 중심으로 하게 될 것이다. 그리고 그때 내용상의 누락을 막기 위하여 민법전 중의 공법적 규정도 같이 다루게 된다.

제 2 절 민법의 법원(法源)

Ⅰ. 서 설

A-8 **1. 법원의 의의와 종류**

우리는 앞에서 사법관계에 적용되는 원칙적인 법(일반사법)이 실질적 민법임을 보았다. 그런데 실질적 민법에 관한 그러한 개념 정의는 매우 추상적이어서 어떤 것이 그에 해당하는지를 구체적으로 알려 주지 못한다. 여기서 실질적 민법이 구체적으로 어떤 모습으로 존재하는지를 살펴볼 필요가 있다. 그것이 민법의 법원의 문제이다.

법원(法源)은 법(法)의 연원(淵源)을 줄인 말인데, 그 의미에 관하여는 견해가 대립하고 있다(민법총칙, [7] 참조). 그 가운데 **통설은 법원이라는 용어를 법의 존재형식 또는 현상형태라는 의미**로 쓰고 있다. 법원을 통설과 같이 이해하면 여기서 구체적으로 열거한 것이 실질적 민법이라는 결과로 된다.

법원에는 성문법과 불문법이 있다. 성문법(제정법)은 문자로 표시되고 일정한 형식 및 절차에 따라서 제정되는 법이며, 성문법이 아닌 법이 불문법이다. 각 나라는 성문법과 불문법 가운데 어느 것을 제 1 차적인 법원으로 인정하느냐에 따라 성문법주의 국가와 불문법주의 국가로 나누어진다.

A-9 **2. 법원에 관한 민법규정과 그에 따른 법원의 순위**

민법은 제 1 조에서 「민사에 관하여 법률에 규정이 없으면 관습법에 의하고 관습법이 없으면 조리에 의한다」고 규정하고 있다. 이를 나누어 설명한다.

우선 제 1 조에서 법률을 최우선 순위의 법원으로 규정하고 있는데, 이것은 우리나라가 민사에 관하여 성문법주의를 취하고 있음을 보여 준다. 그리고 제 1 조에서의 「민사」는 널리 「사법관계」라는 의미로 이해하여야 한다. 나아가 **그 규정에서의 「법률」은** 헌법이 정하는 절차에 따라서 제정·공포되는 형식적 의미의 법률만을 가리키는 것이 아니고 모든 성문법(제정법)을 뜻한다고 하여야 한다. 그렇지 않으면 불문법인 관습법이 성문법인 명령·규칙 등에 우선하게 될 것이기 때문이다. 판례도 위임명령이면서 대통령령인 구 가정의례준칙과 관습법 사이의 우열이 문제된 사안에서 관습법은 제정법에 대하여 열후적·보충적 성격을 가진다고 하여 같은 태도를 취하고 있다(대판 1983. 6. 14, 80다3231).

한편 제 1 조는 법원으로 법률(성문법), 관습법, 조리의 세 가지만을 그 순위와 함께 규정하고 있다. 그런데 그러한 규정에도 불구하고 규정에 없는 판례 등이나 규정되어 있는 조리에 관하여 법원성이 다투어지고 있으며, 관습법과 성문법 사이의 우열관계도 논의되고 있다. 아래에서 법원을 성문법과 불문법으로 나누어 살펴보기로 한다.

Ⅱ. 성문민법 A-10

민법 제 1 조의 규정상 우리나라에서는 성문법(제정법)이 제 1 차적인 법원이 된다. 성문법에는 법률·명령·대법원 규칙·조약·자치법 등이 있다.

1. 법 률

여기의 법률은 형식적 의미의 법률이다. 법률에는 민법전과 민법전 이외의 법률이 있다.

(1) 민 법 전

민법이라는 이름의 법률인 민법전은 민법의 법원 중에서 가장 중요한 것이다. 다만, 민법전 가운데에는 실질적 민법이 아닌 규정도 소수 포함되어 있기는 하다(97조·389조 등).

(2) 민법전 이외의 법률

민법전을 보충 또는 수정하기 위하여 제정된 특별 민법법규(예: 이자제한법, 「보증인 보호를 위한 특별법」, 주택임대차보호법), 공법에 속하는 법규(예: 농지법, 특허법) 중의 여러 규정, 민법전에 규정되어 있는 실체적인 민법법규를 구체화하기 위한 절차를 규정한 민법 부속법률(예: 부동산등기법, 「가족관계의 등록 등에 관한 법률」)도 민법의 주요한 법원이다.

2. 명 령

명령은 국회가 아닌 국가기관이 일정한 절차를 거쳐서 제정하는 법규이다. 명령에는 법률에 의하여 위임된 사항을 정하는 위임명령(예: 「민법 제312조의 2 단서의 시행에 관한 규정」)과 법률의 규정을 집행하기 위하여 필요한 세칙을 정하는 집행명령(예: 각종 특별법규의 시행령)이 있으며, 제정권자에 의하여 대통령령·총리령·부령으로 나누어진다. 이러한 명령도 민사에 관하여 규정하고 있으면 민법의 법원이 된다.

3. 대법원 규칙

대법원은 법률에 저촉되지 않는 범위 안에서 소송에 관한 절차, 법원의 내부규율과 사무처리에 관한 규칙을 제정할 수 있는데(헌법 108조), 이에 따라 대법원이 제정한 규칙도 민사에 관한 것은 민법의 법원이 된다(예: 부동산등기규칙, 공탁규칙).

4. 조 약

헌법에 의하여 체결·공포된 조약과 일반적으로 승인된 국제법규는 국내법과 같은 효력을 가지므로(헌법 6조 1항), 조약으로서 민사에 관한 것은 민법의 법원이 된다.

5. 자 치 법

지방자치단체가 법령의 범위 안에서 그 사무에 관하여 제정한 「조례」(지방의회의 의결을 거침)와 지방자치단체의 장이 법령 또는 조례가 위임한 범위 안에서 그 권한에 속하는 사무에 관하여 제정한 「규칙」도 민사에 관한 것은 민법의 법원이 된다. 이러한 자치법규는 법령에 우선하지 못하며, 적용범위가 지역적으로도 제한된다.

A-11 Ⅲ. 불문민법

1. 관 습 법

(1) 의 의

관습법이라 함은 사회생활에서 스스로 발생하는 관행(관습)이 법이라고까지 인식되어 대다수인에 의하여 지켜질 정도가 된 것을 말한다. 그러므로 관습법이 성립하려면 ① 관행(어떤 사항에 관하여 사람들이 되풀이하여 행위하는 상태)이 존재하여야 하고, ② 그 관행이 법규범이라고 의식될 정도에 이르러야 한다(법적 확신의 취득). 그리고 판례는 ②가 인정되려면 헌법을 최상위 규범으로 하는 전체의 법질서에 반하지 않을 것을 요구한다(대판(전원) 2005. 7. 21, 2002다1178[핵심판례 6면]). 그 밖에 관습법이 되기 위하여 판결과 같은 국가의 승인이 필요한 것은 아니다. 위의 두 요건 가운데 ②의 요건을 갖추지 못한 경우에는 관습법이 되지 못하고 사실인 관습에 머물게 된다(관습과 관습법의 구별에 관하여는 A-92 참조).

판 례 관습법의 의의와 요건

「관습법이란 사회의 거듭된 관행으로 생성한 사회생활규범이 사회의 법적 확신과 인식에 의하여 법적 규범으로 승인·강행되기에 이른 것을 말하고, 그러한 관습법은 법원(法源)으로서 법령에 저촉되지 아니하는 한 법칙으로서의 효력이 있는 것이며(대법원 1983. 6. 14. 선고 80다3231 판결 참조), 또 사회의 거듭된 관행으로 생성한 어떤 사회생활규범이 법적 규범으로 승인되기에 이르렀다고 하기 위하여는 헌법을 최상위 규범으로 하는 전체 법질서에 반하지 아니하는 것으로서 정당성과 합리성이 있다고 인정될 수 있는 것이어야 하고, 그렇지 아니한 사회생활규범은 비록 그것이 사회의 거듭된 관행으로 생성된 것이라고 할지라도 이를 법적 규범으로 삼아 관습법으로서의 효력을 인정할 수 없다고 할 것이다(대법원 2003. 7. 24. 선고 2001다48781 전원합의체 판결 참조).

따라서 사회의 거듭된 관행으로 생성된 사회생활규범이 관습법으로 승인되었다고 하더라도 사회 구성원들이 그러한 관행의 법적 구속력에 대하여 확신을 갖지 않게 되었다거나, 사회를 지배하는 기본적 이념이나 사회질서의 변화로 인하여 그러한 관습법을 적용하여야 할 시점에 있어서의 전체 법질서에 부합하지 않게 되었다면 그러한 관습법은 법적 규범으로서의 효력이 부정될 수밖에 없다.」(대판(전원) 2005. 7. 21, 2002다1178[핵심판례 6면]: 종중 구성원의 자격을 성년 남자로만 제한하는 종래의 관습법의 효력을 부정함)

민법은 제 1 조에서 관습법이 민법의 법원이 됨을 명문으로 규정하고 있다.

관습법의 성립시기는 위 ①②의 요건 두 가지가 갖추어진 때이다. 그런데 그 시기는 법원의 판결을 통하여 확인될 수 있을 뿐이다. 그리하여 법원의 판결에서 관습법의 존재가 인정되는 때에, 그 관습법은 그 관습이 법적 확신을 취득하여 사회에서 행하여지게 된 시기에 소급하여 관습법으로 존재하고 있었던 것으로 된다(곽윤직, 18면). **관습법은 그 자체가 법원(法源)이기 때문에 법원(法院)은 당사자의 주장을 기다릴 필요가 없이 직권으로 확정·적용하여야 한다**(통설임. 대판 1983. 6. 14, 80다3231[핵심판례 4면]). 그러나 실제에 있어서 법원이 관습법의 존재를 알지 못하는 경우가 많을 것이고, 그때에는 당사자의 주장이 필요할 것이다(대판 1983. 6. 14, 80다3231[핵심판례 4면]).

(2) 효력(성문법과의 우열관계) A-12

관습법이 법원으로 인정된다고 하더라도 그것과 배치되는 성문법이 이미 존재하고 있는 경우에는 성문법과의 우열관계가 문제된다. 제 1 조는 명문으로 관습법이 성문법을 보충하는 효력만 가지고 있는 것으로 규정하고 있다. 그럼에도 불구하고 학설은 i) 관습법에 대하여 성문법이 없는 부분에 관하여 이를 보충하는 효력만을 인정하는 보충적 효력설(사견도 같음)과 ii) 관습법에 대하여 성문법을 변경하는 효력을 인정하는 변경적 효력설이 대립하고 있다(민법총칙 [13] 참조). 그리고 판례는 관습법이 「법령」에 대하여 보충적 효력을 가짐을 분명히 하고 있다(대판(전원) 2005. 7. 21, 2002다1178[핵심판례 6면]).

(3) 특별규정

민법은 제185조에서 「물권은 법률 또는 관습법에 의하는 외에는 임의로 창설하지 못한다」라고 하여, 물권의 성립에 관하여 법률과 관습법을 대등하게 규정하고 있다. 그러나 그 경우에도 관습법에는 보충적 효력만 인정되어야 한다(자세한 사항은 B-11 참조).

상법은 제 1 조에서 「상사에 관하여 본법에 규정이 없으면 상관습법에 의하고 상관습법이 없으면 민법의 규정에 의한다」고 규정한다. 그 결과 상관습법은 상법전에 대하여는 보충적 효력을 가지지만 민법전에는 우선하게 된다.

2. 조 리 A-13

조리는 사물(事物)의 본질적 법칙 또는 사물의 도리(道理)를 가리킨다. 이는 일정한 내용을 가진 것이 아니고 법질서 전체에 비추어 가장 적절하다고 생각될 경우에 쓰는 말이다. 제1조는 재판할 수 있는 법원이 전혀 없는 경우에 조리에 따라 재판하여야 한다고 규정하고 있다. 여기서 조리가 법원인지 문제된다.

조리가 법원인지에 관하여 학설은 i) 인정설과 ii) 부정설(사견도 같음)로 나뉘어 있다. 그리고 우리 판례가 조리의 법원성을 인정하는지는 불분명하다.

3. 판 례

(1) 판례는 법원의 재판(판결·결정)을 통하여 형성된 규범을 가리킨다. 그리고 판례를 법이라고 하면 판례법이라고 부를 수 있을 것이다.

(2) 판례가 법원인가에 관하여 학설은 인정설과 부정설(사견)로 나뉘어 대립하고 있으며, 부정설이 다수설이다.

다수설(및 사견)에 의할 경우, 판례는 법원이 아니어서 법률적 구속력은 없지만, 상급법원 특히 대법원의 판례는 사실상의 구속력을 가진다. 그것은 ① 법원조직법이 법의 안정을 위하여 대법원의 판례 변경에 신중을 기하도록 하고 있고(동법 7조 1항), ② 하급법원도 판례와 다른 판단을 하면 그것이 상급법원에서 깨뜨려질 것이어서 그 스스로 판례에 따르게 되기 때문이다. 그 결과로 판례는 실제에 있어서는 「살아 있는 법」으로 기능하게 된다.

제 3 절 민법전의 연혁과 구성

A-14 Ⅰ. 서 설

민법의 법원으로 가장 중요한 것은 민법전이다. 그래서 민법학은 민법전에 관한 해석을 중심으로 한다. 그런데 그에 관하여 올바른 해석을 하려면 민법전이 어떤 과정을 거쳐 성립하였고, 그것이 어느 법의 영향을 받았는가, 그리고 그 구성은 어떠한가를 알아야 할 필요가 있다. 이하에서 이들에 관하여 살펴보기로 한다.

A-15 Ⅱ. 민법전의 연혁

1. 민법전 제정 전

우리나라는 조선시대까지만 하여도 사법에 관한 한 불문법국가였다. 우리나라에서 여러 가지의 법전이 편찬되기도 하였으나, 그 내용은 대부분 공법이었고, 사법규정은 단편적으로 흩어져 있었을 뿐이다.

조선 후기에 이르러 정부의 주도로 민법전을 편찬하려고 하였으나 그 계획도 성공하지 못하였다. 그러다가 1910년 한국을 식민지로 만든 일본은 「조선에 시행할 법령에 관한 건」이라는 긴급칙령을 발포하여 우리나라에 시행할 법령은 조선총독의 명령(「제령(制令)」이라고 함)으로 제정할 수 있도록 하였다. 그 후 1912년 3월 18일에는 제령 제7호로 「조선민사령(朝鮮民事令)」을 제정하였으며, 그에 의하여 일본의 민법전과 각종 특별법 등이 우리나라에 「의용(依用)」(다른 나라의 법을 그대로 적용함)되게 되었다. 이 조선민사령이 일제강점기에 우리나라에 있어서의 민사에 관한 기본법이다. 그리고 일제강점기에 이 조선민사령에 의하여 우리나라에 의용된 일본민법을 의용민법이라고 한다(일부 문헌은 이를 구민법이라고 함).

1945년 우리나라는 일본으로부터 해방되었으나 다시 미국의 군정 하에 들어갔다. 그리고 의용민법이 여전히 적용되던 상황은 그때에도 변함이 없었다. 우리의 민법전은 정부가 수립된 후에 비로소 제정될 수 있었다.

2. 민법전의 제정과 개정

(1) 민법전의 제정

1948년 정부가 수립된 후 정부는 민법전 편찬사업에 착수하여 법전편찬위원회를 구성하고 그 위원회로 하여금 민법전을 기초하게 하였다. 그리하여 1953년 민법초안이 완성되었다. 이 민법초안은 1954년 정부제출법률안으로 국회에 제출되었고, 국회에서는 이를 법제사법위원회에 회부하였으며, 그 위원회는 다시 민법안 심의 소위원회를 구성하여 초안을 예비심사하게 하였다(이때 두 권의 「민법안심의록」이 작성됨). 그 뒤 이 소위원회가 작성한 수정안은 법제사법위원회를 거쳐 국회 본회의에 회부되었고, 거기에서 수정을 받은 후 국회를 통과하였다. 그리고 1958년 2월 22일 법률 제471호로 공포되었으며, 1960년 1월 1일부터 시행에 들어갔다. 제정 당시 본문은 1111개조이고 부칙이 28개조이었다. 이것이 우리의 현행 민법전이다.

우리 민법은 근본적으로 일본민법을 바탕으로 하여 제정되었다. 일본민법과 다른 점은 프랑스민법에서 유래한 제도를 많이 제거하고 그것 대신에 독일민법이나 스위스민법상의 제도를 삽입하였다는 것이다(여기에 만주민법이 크게 참고되었다). 그 결과 우리 민법은 독일민법 제1초안과 프랑스민법의 요소가 섞여 있는 일본민법에 비하여 독일민법 쪽에 훨씬 가깝게 되었다. 그러고 보면 우리 민법은 적어도 재산법에 관한 한 일본민법을 통하여 독일민법을 계수(다른 민족·국가에서 발달한 법을 수용하는 현상)한 셈이다. 다만, 친족법과 상속법은 일본법이나 다른 근대민법의 영향이 적으며, 거기에는 우리의 전통적인 윤리관이 많이 반영되어 있다.

(2) 민법전의 개정

민법전은 제정된 뒤 모두 서른 다섯 차례 개정되었다(2024. 9. 28. 기준). 이러한 개정에 의하여 민법전의 친족편(제 4 편)·상속편(제 5 편)은 입법 당시와는 매우 다른 모습으로 바뀌었다(자세한 내용은 민법총칙 [27] 참조). 그에 비하여 재산법(민법전 제 1 편–제 3 편)은 최근까지만 해도 1984년의 제 6 차와 2001년의 제10차에서 약간 개정된 데 불과하여 변한 것이 극히 적었다. 그런데 법무부가 2009년부터 민법 중 재산법을 전면적·단계적으로 개정하려는 작업을 벌였고, 그 결실로서 제18차(2011. 3. 7)·제25차(2015. 2. 3)·제30차(2020. 10. 20) 개정이 이루어졌다. 그리고 2023년 6월부터 다시 법무부에 민법 전면 개정을 위한 민법개정위원회가 구성되어 활동하는 것을 보면 앞으로 재산법도 크게 바뀔 가능성이 있다.

A-16 Ⅲ. 민법전의 구성과 내용

1. 민법전의 구성

민법전의 구성(편별) 방법에는 로마식(인스티투티오네스식) 편별법과 독일식(판덱텐식) 편별법의 두 가지가 있다. 전자는 민법전을 인사편(人事編)·재산편(財産編)·소송편(訴訟編)으로 나누는 방식이고, 후자는 총칙(總則)·물권(物權)·채권(債權)·친족(親族)·상속(相續)의 5 편으로 나누는 방식이다. 독일식 편별법은 논리적·추상적이며, 무엇보다도 총칙편을 두고 있는 것이 큰 특징이다. 입법례로는 프랑스민법이 — 소송편을 따로 독립시키기는 하였지만 — 로마식 편별법을 따르고 있고, 일본민법·우리 민법은 독일식 편별법을 따르고 있다. 독일민법은 물권과 채권의 순서를 바꾸어 놓기는 하였으나 역시 독일식 편별법에 의한 것이다.

2. 민법전의 내용

우리 민법전은 모두 5 편으로 이루어져 있다. 제 1 편 총칙, 제 2 편 물권, 제 3 편 채권, 제 4 편 친족, 제 5 편 상속이 그것이다. 이 가운데 제 2 편의 물권법과 제 3 편의 채권법은 본래의 전형적인 재산법이고, 현재에는 제 5 편의 상속법도 재산법이라고 하여야 한다. 그리고 제 4 편 친족법은 가족법이라고 부르기도 한다. 한편 제 1 편 총칙은 민법 전체에 적용되는 원칙적인 규정을 모은 것이다. 그런데 그 규정들의 적용에는 제약이 있으며, 그에 관하여는 뒤에 설명한다.

3. 민법규정의 효력상 분류

공법과 달리 사법인 민법에 있어서는 그 규정 모두가 당사자의 의사를 무시하고 강제적으로 적용되는 것은 아니다. 민법규정 가운데에는 당사자의 의사에 의하여 그 적용을 배제할 수 없는 규정이 있는가 하면, 당사자에 의하여 그 적용을 배제할 수 있는 규정도 있다. 앞의 것을 강행규정(강행법규)이라고 하고, 뒤의 것을 임의규정(임의법규)이라고 한다. 강행규정·임의규정의 구별에 관하여는 뒤에 설명한다(A-118 참조).

민법에 이처럼 임의규정이 두어져 있는 이유는 사적 자치의 원칙(A-20 참조)의 결과이다. 즉 모든 규정을 강행규정으로 만들어 놓으면 개인의 자유로운 의사에 의한 법률관계의 형성은 있을 수 없기 때문이다.

4. 민법총칙의 내용 A-17

(1) 제 1 편 총칙은 모두 7 장으로 이루어져 있다. 통칙(通則), 인(人), 법인(法人), 물건(物件), 법률행위(法律行爲), 기간(期間), 소멸시효(消滅時效)가 그것이다. 이들 중 법원(法源)과 신의성실·권리남용 금지의 원칙을 규정한 제 1 장 통칙을 제외하면, 권리의 주체, 권리의 객체, 권리의 변동원인 또는 그에 관련된 사항을 차례로 규정한 셈이다. 제 2 장 인(人)과 제 3 장 법인(法人)이 권리의 주체이고, 제 4 장 물건은 권리의 객체 가운데 물권의 객체이고, 제 5 장 법률행위와 제 7 장 소멸시효는 권리변동 사유이며, 제 6 장 기간은 권리변동에 관련된 사항이기 때문이다.

(2) 민법총칙 규정의 실질적 성격에 관하여 우리의 학자들은 대단히 소극적이다. 즉 그 규정들은 형식적으로는 재산법뿐만 아니라 가족법에까지도 널리 적용되어야 하지만, 그 대부분은 재산법만을 생각해서 만들어진 것이므로 그러한 규정은 가족법에는 적용되지 않는다고 한다. 그 결과 민법총칙은 재산법의 총칙에 불과하며, 그 규정들은 가족법에 명시적으로 적용을 배제하는 특별규정이 없다고 하더라도 거기에 당연히는 적용되지 않아야 한다고 한다.

5. 이 책 민법총칙 부분의 기술순서 A-18

앞서 본 것처럼, 민법 제 1 편은 통칙을 제외하면 권리의 주체, 권리의 객체, 권리의 변동으로 재구성할 수 있다. 그 때문에 문헌들 중에는 그러한 순서로 민법총칙 교과서를 기술해 가기도 한다. 이것이 매우 논리적임은 물론이다. 그렇지만 그와 같은 기술방법은 민법내용의 이해에는 별로 도움이 되지 못하며, 다른 한편으로 무엇이 중요한지에 관하여 혼란을 주기도 한다. 그리하여 이 책에서는 이러한 문제점을 방지하는 방법으로 써 가려고 한다. 구체적으로는 제목에서 권리변동, 권리객체를 없애는 대신 법률행위와 물건을 전면으로 내세우고, 권리를 설명한 뒤에 곧바로 법률행위를 다루기로 하며, 아울러 자연인의 행위능력은 권리의 주체에서 빼내어 법률행위 부분에서 다루려고 한다. 그리고 논술순서는 서론, 권리, 법률행위, 기간, 소멸시효, 권리의 주체(자연인·법인), 물건의 순으로 할 것이다.

제 4 절 민법의 기본원리

A-19 ### Ⅰ. 서 설

민법의 기본원리는 민법전(실질적 민법이 아니다)이 어떤 원리에 입각하여 만들어졌는가의 문제이다. 그것을 파악하여야 하는 이유는 그 기본원리가 민법전을 해석할 때의 길잡이가 되기 때문이다. 특히 어려운 가치판단을 필요로 하는 문제에 있어서는 기본원리가 중요한 준거로 작용할 수 있다. 그러한 의미에서 볼 때 어떤 희미한 흔적만을 보고서 그것도 기본원리라고 주장하지는 않아야 한다.

Ⅱ. 학설의 동향

민법의 기본원리에 관한 고전적인 견해에 의하면 우리 민법은 근대민법의 기본원리(사유재산권 존중의 원칙·사적 자치의 원칙·과실책임의 원칙)가 20세기에 들어와 수정된 것을 기본으로 하고 있다고 한다. 즉 자유인격의 원칙과 공공복리의 원칙을 최고원리로 하며, 공공복리라는 최고의 존재원리의 실천원리 내지 행동원리로서 신의성실·권리남용의 금지·사회질서·거래안전의 여러 기본원칙이 있고, 다시 그 밑에 이른바 3대원칙이 존재한다고 한다(곽윤직, 36면-38면 등). 이러한 고전적 견해에 대하여, 근래 사적 자치의 원칙을 최고의 원리로 전면에 내세우는 견해를 주장하는 학자들이 늘어가고 있어 눈길을 끈다(이영준, 12면-20면 등). 그리고 이들 중 대다수는 사적 자치의 원칙에서 법률행위 자유의 원칙, 소유권 자유의 원칙, 자기(과실)책임의 원칙이 나온다고 한다.

A-20 ### Ⅲ. 우리 민법의 기본원리(사견)

1. 개 관

우리 민법전은 근대민법전(프랑스민법·독일민법·스위스민법·일본민법)을 모범으로 하여 만들어졌다. 그런데 이러한 근대민법전들은 개인주의·자유주의라는 당시의 시대사조에 따라 모든 개인은 태어날 때부터 완전히 자유이고 서로 평등하다고 하는 자유인격의 원칙(인격절대주의)을 기본으로 하여, 이를 사유재산제도 내지 자본주의 경제조직에 실현시키기 위하여 사유재산권 존중의 원칙, 사적 자치의 원칙, 과실책임의 원칙의 세 원칙을 인정하였다. 이 세 원칙을 근대민법의 3대원리라고 한다. 근대민법전을 바탕으로 한 우리 민법전에서도 근대민법의 이 3대원리는 기본원리로 되고 있다.

나아가 우리 민법전은 3대원리 외에 그것을 제약하는 여러 제도도 두고 있다. 이를 포괄하여 사회적 조정(sozialer Ausgleich)의 원칙이라고 할 수 있을 것이다(Brox, S. 17－18도 참조). 그리고 우리 민법전은 사회적 조정의 원칙을 19세기에 성립한 프랑스민법·독일민법에 비하여 더욱 강화하고 있다.

2. 3대원리

(1) 사유재산권 존중의 원칙

사유재산권 존중의 원칙은 각 개인의 사유재산권에 대한 절대적 지배를 인정하고, 국가나 다른 개인은 이에 간섭하거나 제한을 가하지 않는다는 원칙이다. 사유재산권 가운데 가장 대표적인 것이 소유권이기 때문에 이 원칙은 소유권 절대의 원칙이라고도 한다. 민법은 제211조에서 사유재산권을 보장하고 있다.

(2) 사적 자치의 원칙

사적 자치의 원칙은 개인이 법질서의 한계 내에서 자기의 의사에 기하여 법률관계를 형성할 수 있다는 원칙이다. 사적 자치는 헌법 제10조와 제37조 제 1 항에 의하여 헌법상 보장되며, 개별적인 기본권들에 의하여 보충되고 있다(헌법 23조·15조·21조 1항·119조 등). 그리고 민법에서는 제105조가 사적 자치를 간접적으로 규정하고 있으며, 제103조·제104조 등은 사적 자치를 전제로 하는 규정이다. **사적 자치의 원칙은 3대원리 가운데에서도 가장 핵심적인 원칙이다.** 사적 자치의 내용으로는 계약의 자유, 단체결성의 자유, 유언의 자유, 권리행사의 자유 등이 있다. 사적 자치의 원칙은 채권법, 특히 계약법에서 두드러지게 작용한다.

(3) 과실책임의 원칙

과실책임의 원칙은 개인이 타인에게 가한 손해에 대하여는 그 행위가 위법할 뿐만 아니라 동시에 고의 또는 과실에 기한 경우에만 책임을 진다는 원칙이다. 민법은 제390조, 제750조를 비롯한 여러 규정에서 이 원칙을 규정하고 있다. 이 원칙이 두드러지게 작용하는 것은 특히 불법행위(타인에게 위법하게 손해를 가하는 행위)에 있어서이다.

[참고] 민법상의 책임요건으로서의 고의(故意)와 과실(過失)

과실책임의 원칙상 민법(사법)에 있어서 책임이 발생하려면 행위자에게 고의 또는 과실이 있어야 한다. **고의는 자기의 행위로부터 일정한 결과가 발생할 것을 인식하면서도 그 행위를 하는 것이고, 과실은 자기의 행위로부터 일정한 결과가 생길 것을 인식했어야 함에도 불구하고 부주의로 말미암아 인식하지 못하는 것이다.** 고의와 과실은 이처럼 구별되지만 — 형법에서와 달리 — 민법에서는 책임의 발생 및 범위 면에서 둘은 차이가 없는 것이 원칙이다. 그리하여 민법규정에서는 고의라는 표현은 따로 쓰지 않고 과실만으로 표현하는 것이 보통이다(예: 201조 2항·385조 2항·392조. 그러나 고의나(고의 또는) 과실이라고 한 규정도 적지 않다. 390조 단서·391조 등이 그렇다). 그때에는 고의는 과실에 포함되는 것으로 해석된다.

3. 사회적 조정의 원칙

사회적 조정의 원칙은 사적 자치를 비롯한 3 대원리를 일반적으로(양 당사자에 대하여) 또는 내부적으로(우월한 일방 당사자에 대하여만) 제약하는 원리이다. 그 구체적인 예로는 신의칙(2조 1항), 권리남용 금지(2조 2항), 사회질서(103조), 폭리행위 금지(104조), 제607조·제608조, 임대차에 있어서의 강행규정(652조 참조), 제761조(정당방위·긴급피난), 유류분제도(1112조 이하) 등을 들 수 있다. 이 원칙은 오늘날에는 민법에서보다 특별법 제정시에 더욱 강하게 인정되고 있다. 근로기준법을 비롯한 노동법, 이자제한법, 「보증인 보호를 위한 특별법」, 주택임대차보호법 등이 그 예이다.

제 5 절 민법전의 적용범위

A-21 민법전의 적용범위는 사항·때(時)·인(자연인과 법인)·장소의 네 가지에 관하여 살펴보아야 한다.

Ⅰ. 사항에 관한 적용범위

민법은 사법의 일반법이기 때문에 개인의 사법관계에 관한 것이면 그 모두에 적용된다. 다만, 상법을 비롯한 특별사법이나 민사특별법규에 따로 규정이 있는 경우에는, 특별법 우선의 원칙에 의하여 제 1 차적으로 그 특별법이 적용되며, 그 법에 규율되지 않은 사항이 있으면 보충적으로 민법이 적용된다.

Ⅱ. 때(時)에 관한 적용범위

일반적으로 법률은 그것의 효력이 생긴 뒤에 발생한 사항에 관하여서만 적용되는 것이 원칙이다. 이를 법률 불소급의 원칙이라고 한다. 그런데 이 원칙은 법적 안정을 유지하고 기득권을 존중하기 위하여 해석상 인정되는 것이므로, 입법에 의하여서는 배제될 수도 있다.

현행 민법은 1960년 1월 1일부터 시행되고 있다(부칙 28조). 그러므로 그 시행일 이후에 발생한 사항에 관하여는 널리 적용된다. 그 이전에 발생한 사항은 어떤가? 여기에 관하여 특별규정이 없다면 법률 불소급의 원칙 때문에 거기에는 민법이 적용되지 않을 것이다. 그런데 민법은 부칙 제 2 조 본문에서 「본법은 특별한 규정 있는 경우 외에는 본법 시행일 전의 사항에 대하여도 이를 적용한다」고 규정하여 소급적용을 인정하고 있다. 그런가 하면 그 단서에서는 「이미 구법에 의하여 생긴 효력에 영향을 미치지 아니한다」고 하여 기득권의 침해를 금지하였다. 이 단서규정으로 인하여 실질적으로는 불소급의 원칙을 채용한 것이나 마찬가지로 된다.

Ⅲ. 인(人)에 관한 적용범위 A-22

1. 사람(자연인)

민법은 모든 우리나라 국민에게 적용된다. 그가 국내에 있든 외국에 있든 묻지 않는다. 이러한 태도를 속인주의라고 하는데, 그것은 국민주권에 의한 결과이다. 우리나라 국민인지 여부는 국적법이 정하고 있다.

다른 한편으로 민법은 우리나라의 영토 내에 있는 외국인에게도 적용된다. 이를 속지주의라고 하며, 그것은 영토주권에 의한 것이다. 그런데 속인주의·속지주의의 결과 외국에 있는 한국인이나 한국에 있는 외국인은 두 법의 적용을 모두 받게 되는 문제가 생긴다. 따라서 이러한 경우에 어떤 법(이른바 준거법)을 적용할 것인가를 정하여야 한다. 우리의 법률 중에는 「국제사법」이 그에 관하여 규정하고 있다.

2. 법 인

우리 민법상 권리의 주체에는 사람(자연인) 외에 법인도 있다. 이러한 민법상의 법인에 민법이 적용되는 것은 당연하다(부칙 6조도 참조). 그리고 법인에 대하여도 자연인에서처럼 두 나라 법 사이의 충돌문제가 생길 수 있다(국제사법 16조도 참조).

Ⅳ. 장소에 관한 적용범위

민법은 우리나라의 모든 영토 내에서 적용된다.

제 6 절 민법의 해석과 적용

Ⅰ. 서 설 A-23

민사에 관하여 어떤 다툼이 발생하면 그에 적용될 수 있는 법(법원)을 찾아 그것을 해석한 후 그 다툼에 적용하여야 한다. 이러한 민법의 해석과 적용은 누가 어떻게 하여야 하는가? 아래에서 해석과 적용을 나누어 살펴보기로 한다.

Ⅱ. 민법의 해석

1. 민법해석의 의의

일반적으로 법의 해석이라고 하면 법규가 가지는 의미나 내용을 확정하는 것을 말하며, 이는 법의 적용의 전제가 된다.

민법의 해석은 민법의 모든 법원에 관하여 필요하다. 즉 민법전을 비롯한 성문 민법법규 외에 불문법인 관습법이나 판례에 대하여도 해석은 필요하다. 그러나 가장 중요하고 어려운 것은 성문 민법법규, 그 가운데에서도 민법전의 해석이다.

여기서 법의 해석이라고 하는 것은 학리해석(학설적 해석)을 가리킨다. 그것은 학자와 법관을 포함한 모든 법률가가 할 수 있다. 이러한 법률가들의 해석이 엇갈리는 경우에 최종적으로 의미를 가지는 것은 법원(法院), 그 중에서도 최고법원이 행한 해석이다.

A-24 2. 해석의 방법

민법해석의 방법에는 일반적인 법해석에 있어서와 마찬가지로 다음 네 가지의 방법이 있다.

(1) 문리해석(문자적 해석)

문리해석은 법규범의 문언의 의미를 밝히는 해석이다. 문리해석에 있어서는 문법원칙·일반적인 언어사용법·법률가의 전문용어를 고려하여 해석하여야 한다. 문리해석은 모든 해석자가 반드시 거쳐야 하는 법해석의 출발점이다. 그러나 해석이 거기에 그쳐서는 안 된다.

(2) 논리해석(체계적 해석)

논리해석은 어느 규정을 해석하면서 법규의 다른 관련규정도 고려하여 전체가 체계적으로 조화를 이룰 수 있도록 하는 해석이다.

(3) 역사적 해석

역사적 해석은 입법 당시의 자료를 참조하여 하는 해석이다. 이에 의하면 입법자의 의도가 잘 파악될 수 있다. 역사적 해석에 있어서 이용될 수 있는 자료로는 여러 가지가 있겠으나, 일반적으로 가장 중요한 것은 기초자의 기초이유서이다. 그러나 우리 민법의 경우에는 기초이유서는 없다. 단지 입법 준비자료와 심의기록(민법안 심의록) 등이 빈약한 정도로 있을 뿐이다.

(4) 목적론적 해석

목적론적 해석은 법의 목적(정신·취지)에 따라 법규를 해석하는 방법이다. 구체적으로는 민법의 관련규정을 모두 종합하여 볼 때 그것이 특정한 사항에 관하여 어떻게 가치판단을 하고 있다고 판단할 것인지를 확정하여야 한다. 이 목적론적 해석이 가장 우월한 해석방법이다. 따라서 가령 이 해석에 의한 결과가 문리해석이나 심지어 입법자의 의사에 반한다고 하더라도 그것만이 유일한 해석결과로 인정되어야 한다.

3. 해석의 구체적인 기술 A-25

방금 설명한 방법들에 의하여 해석을 하는 경우에 사용할 수 있는 해석의 기술(技術)에는 여러 가지가 있다. 우선 반대해석은 규정되지 않은 사항에 대하여 반대의 결과를 인정하는 해석이다(예: 184조 1항을 반대해석하여 시효이익을 시효완성 후에는 포기할 수 있다고 해석하는 것. A-321 참조). 유추해석은 규정이 없는 유사한 사항에 관하여 규정된 것과 같은 결과를 인정하는 해석이다(예: 법인 아닌 사단에 법인에 관한 규정의 결과를 인정하는 것). 그리고 확장해석은 규정의 문언을 문자가 가지는 뜻보다 더 넓게 해석하는 것이고, 축소해석은 문자가 가지는 뜻보다 좁혀서 해석하는 것이다.

[참고] 준용(準用)과 유추(類推)

유추와 비슷한 법률술어로 준용이 있다. 유추는 법해석의 한 방법으로서 규정이 없는 유사한 사항에 대하여 어떤 규정의 결과를 인정하는 것인 데 비하여, 준용은 입법 기술상의 한 방법으로서 법규를 제정할 때 법규를 간결하게 할 목적으로 다른 유사한 법규를 유추적용하도록 규정하는 것이다(예: 12조 2항). 둘이 이처럼 서로 다른데, 문헌에서는 두 용어를 혼용하는 일이 많다. 특히 「유추적용하여야 한다」고 표현하여야 할 곳에 「준용하여야 한다」고 하는 일이 자주 있다. 그러한 경우에는 반드시 용어를 바꾸어야 할 필요는 없지만 그 의미는 정확히 알고 있어야 한다.

4. 해석에 의한 법률의 틈의 보충 A-26

법의 해석은 법규의 의미를 밝히는 것에 한정되지 않는다. 만일 법규가 불완전하여 규율되지 않은 틈이 있는 경우에는 그 틈을 채우는 것도 필요하다. 법률의 틈은 입법 당시부터 존재하는 것일 수도 있고, 사후에 생긴 것일 수도 있다.

틈을 채우는 해석의 결과 어느 하나의 법률규정이 규율되지 않은 다른 경우에 확장하여 적용될 수도 있다. 그런가 하면 다수의 법률규정의 기초에 놓여 있는 법원칙에 의하여 그 틈이 보충될 수도 있다(채무불이행의 하나의 유형인 불완전이행 내지 불완전급부가 그 예이다. C-76 이하 참조). 이들 가운데 앞의 경우를 법률유추(Gesetzesanalogie)라고 하고, 뒤의 경우를 — 다수의 법률규정이 유추적용되는 — 법유추(Rechtsanalogie)라고 한다.

5. 해석의 두 가지 사명

민법의 해석에는 두 가지 사명이 있다. 그 하나는 민법의 해석이 사람이나 사건에 따라서 달라지지 않아야 한다는 법적 안정성 내지 일반적 확실성이고, 다른 하나는 구체적인 경우에 타당한 결과를 가져와야 한다는 구체적 타당성이다. 그런데 이 두 사명은 조화를 이루기가 쉽지 않다. 둘 중 어느 하나가 강조되면 다른 것이 희생되기 때문이다. 그렇더라도 민법해석은 법적 안정성과 구체적 타당성을 최대한 조화시키는 방향으로 행하여야 한다. 그런데 만약 아무리 노력하여도 둘이 조화를 이룰 수 없다면 법적 안정성을 우선시켜야 한다. 판례도, 법해석의 목표는 법적 안정성을 저해하지 않는 범위 내에서 구체적 타당성을 찾는 데 두어야 할 것이라고 하여(대판(전원) 2013. 1. 17, 2011다83431; 대판 2023. 4. 13, 2021다271725 등), 사견처럼 법적 안정성의 우위를 인정하고 있다.

A-27 Ⅲ. 민법의 적용

법의 적용이란 구체적인 생활관계에 법규를 적용하는 것을 말한다. 즉 추상적인 법규를 대전제로 하고 구체적인 생활관계를 소전제로 하여 3단논법으로 결론을 도출하는 것이다. 이러한 법의 적용을 하려면 먼저 대전제인 법규의 내용을 확정하는 것이 필요하며, 그것이 앞에서 본 법의 해석이다. 다음에는 구체적인 생활관계가 법규가 추상적으로 정하는 요건을 구비하였는지 검토하여야 한다. 이를 사실인정이라고 한다. 사실인정의 결과 요건이 구비되었다고 인정되면 법규에서 정한 법률효과가 주어진다.

법의 적용은 법률가뿐만 아니라 일반인에 의하여서도 행하여질 수 있다. 그러나 법적으로 실효성이 있는 것은 재판에 있어서 법관에 의하여 법이 적용된 경우이다.

제2장 권 리

학습의 길잡이

민법에서 규율하고 있는 주된 내용은 사법상의 권리·의무의 발생·변경·소멸이다. 따라서 민법의 구체적인 내용을 살펴보기에 앞서 권리 자체에 관하여 알고 있을 필요가 있다. 본장은 그러한 목적을 위한 것이다.

본장에서는 권리·의무의 의의(제 2 절), 권리의 종류(제 3 절), 권리의 경합(제 4 절), 권리의 행사와 의무의 이행(제 5 절), 권리의 보호(제 6 절)를 설명하게 된다. 그런데 본장 제 1 절에서는 「법률관계」에 관하여 기술하고 있다. 얼핏 생각하면 법률관계가 권리와 거리가 있는 것 같으나, 법률관계의 변동이 결국 권리의 변동이고, 나아가 법률관계에는 기본적인 권리·의무가 아닌 권리·의무도 존재한다. 권리·의무와 별도로 법률관계를 다루어야 하는 이유가 거기에 있다.

특기할 점은 다음과 같다. 「법률관계」 부분은 특히 채권법총론상의 채무, 채무불이행과 밀접하게 관련되어 있다. 그리고 「권리의 경합」은 거기의 예에서 보는 바와 같이 여러 곳에서 문제된다. 한편 본장의 내용 중 가장 중요한 신의성실의 원칙(제 5 절에 속함)은 채권법과 가장 밀접하나, 민법의 모든 분야에서 기능을 발휘하기 때문에, 민법의 각 부분에서 신의칙 관련 내용을 모두 공부하고 여기로 다시 되돌아와서 공부해야 비로소 완성될 수 있는 사항이다.

제 1 절 법률관계

Ⅰ. 의 의 A-28

(1) 의 의

사람의 사회생활은 여러 가지 모습으로 행하여진다. 친구와 함께 찻집에서 담소를 즐기기도 하고, 서점에 가서 공부할 책을 구입하기도 한다. 그런데 이러한 생활관계가 모두 법에 의하여 규율되는 것은 아니다. 사람의 생활관계 가운데에는 법에 의하여 규율되는 것이 있는가 하면 그렇지 않은 것도 있다. 이 중에 **「법에 의하여 규율되는 생활관계」**를 **법률관계**라고 한다. 위의 예 중 앞의 것은 법률관계가 아니고, 뒤의 것은 법률관계이다. 법률관계가 아닌 생활관계, 즉 비법률관계는 법 대신 도덕·관습·종교 등 다른 사회규범에 의하여 규율된다.

(2) 호의관계(好意關係)와의 구별

비법률관계의 대표적인 예로 호의관계가 있다. 호의관계는 법적인 의무가 없음에도 불구하고 호의로 어떤 행위를 해 주기로 하는 생활관계이다. 친구의 산책에 동행해 주기로 한 경우, 어린 아이를 그 부모가 외출하는 동안 대가를 받지 않고 돌보아 주기로 한 경우가 그 예이다. 이러한 호의관계는 법의 규율을 받지 않기 때문에 약속을 위반하여도 법적 제재를 받지 않는다. 예컨대 친구와의 약속을 저버리고 동행하지 않거나 동행하다가 돌아와 버린 경우에는, 약속을 법에 의하여 강제할 수 없고, 또한 손해배상도 청구하지 못한다. 그러한 경우는 단지 도덕이나 관습에 의한 비난만 가할 수 있다.

(3) 법률제도와의 구별

법률관계는 법률제도와 구별하여야 한다. 법률제도는 법에 의하여 규율되고 있는(즉 법이 만들어 낸) 조직 내지 설비로서 추상적인 것이다. 그에 비하여 법률관계는 그러한 법률제도가 특정한 사람 등에 의하여 구체화된 경우이다. 예컨대 「매매」에 관하여 논의하면서 당사자를 예정하지 않고서 하는 경우는 법률제도의 문제이며, A·B라는 특정인이 물건을 사고 파는 경우라면 법률관계의 문제이다.

A-29

Ⅱ. 내 용

(1) 법률관계는 사람의 생활관계의 일종이므로, 궁극적으로는 사람과 사람의 관계, 즉 법에 의하여 구속되는 자와 법에 의하여 보호되는 자의 관계로 나타난다. 여기서 앞의 사람의 지위를 의무라고 하고, 뒤의 사람의 지위를 권리라고 한다면, 결국 법률관계는 권리·의무관계라고도 할 수 있다(그러나 능력·주소 등과 같이 권리·의무관계가 아닌 예외적인 경우도 있다). 그 결과 법률관계의 주된 내용은 권리·의무이다.

법률관계에서의 권리·의무는 하나일 수도 있고, 여러 개일 수도 있다. 예컨대 A가 B에게 100만원의 금전을 주기로 약속한 경우에는, A·B 사이에 증여라는 법률관계가 성립하며, 그에 기하여 B는 A에 대하여 100만원의 지급청구권이라는 하나의 권리를 가지고 A는 B에 대하여 그러한 내용의 하나의 의무를 진다. 그에 비하여 C가 D에게 그의 집을 팔기로 한 경우에는 C와 D 사이의 매매라는 법률관계에 의하여 매수인 D는 집의 소유권이전청구권·점유이전청구권(인도청구권)을 가지고 매도인 C는 이에 대응하는 의무를 지게 되며, 다른 한편으로 C는 매매대금 지급청구권을 가지고 D는 이에 대응하는 의무를 지게 되어, 세 개의 권리·의무가 존재하게 된다.

(2) 법률관계의 내용은 앞에 설명한 기본적인 권리·의무에 한정되지 않는다. 법률관계에는 기본적인 권리·의무 외에 신의칙에 의하여 일정한 행위의무가 있을 수도 있다. 가령 기계의 매매에 있어서 매도인은 기계의 사용방법을 알려 주어야 할 의무가 있다. 판례는 이러한 의무를 대체로 「신의칙상의 부수의무」라고 하나, 사견으로는 급부의무 이외의 행위의무를 짧게 줄여서 「기타의 행위의무」라고 한다(그 자세한 내용은 C-32 이하 참조). 법률관계에는 또한 취소권·해제권·상계권과 같은 특별한 권리가 있을 수도 있다.

그 밖에 법률관계에는 권리나 의무로 환원되지 않는 보호이익이나 부담·제한도 존재할 수 있다. 따라서 법률관계를 단순한 권리·의무관계만으로 생각하여서는 안 된다.

(3) 이처럼 법률관계는 권리·의무만의 집합체가 아니고 그 이상의 내용을 가지는 포괄적인 관계이다. 그 때문에 오늘날에는 구체적인 경우에 관하여 권리·의무를 중심으로 하여 고찰하기보다, 법률관계 전체에 관하여 종합적으로 살펴보는 것이 보통이다.

Ⅲ. 법률관계의 규율

법률관계는 권리의 면에서 파악할 수도 있고, 의무의 면에서 파악할 수도 있다. 그런데 근대민법에 있어서는 법률관계가 권리본위로 규율되고 있다. 우리 민법도 마찬가지이다.

제 2 절 권리와 의무의 의의

Ⅰ. 권리의 의의 A-30

(1) 권리의 본질이 무엇인가에 관하여는 과거 독일에서 학설이 대립하고 있었다. 그런데 우리나라에서는 권리는 「일정한 이익을 누리게 하기 위하여 법이 인정하는 힘」이라고 하는 권리법력설(權利法力說)이 지배적인 견해(즉 통설)로 주장되고 있다.

(2) 권리와 구별하여야 하는 개념으로 권한, 권능, 권리반사 내지 반사적 효과(이익)가 있다.

권한은 타인에게 일정한 법률효과를 발생하게 하는 행위를 할 수 있는 법률상의 지위 또는 자격을 말한다. 예컨대 대리인의 대리권, 법인 이사의 대표권, 사단법인 사원의 결의권, 선택채권의 선택권 등이 그에 해당한다.

권능은 권리의 내용을 이루는 각각의 법률상의 힘을 가리킨다. 가령 소유권이라는 권리에 대하여 그 내용인 사용권·수익권·처분권은 권능이다. 그러므로 어떤 권리가 하나의 권능으로 이루어져 있는 경우에는 권리와 권능이 같게 된다.

권리반사 또는 반사적 효과(이익)는 법률이 특정인 또는 일반인에게 일정한 행위(작위·부작위)를 명함에 의하여 다른 자가 누리는 이익을 말한다. 예컨대 채무가 없는 줄 알면서 채무를 변제한 자는 그것의 반환을 청구할 수 없는데(742조 참조), 이때에 반환청구를 당하지 않는 자가 수령한 것의 소유권을 가지게 되는 것은 권리가 아니고 반사적 이익에 지나지 않는다.

A-31

Ⅱ. 의무의 의의

(1) 의무는 법률상의 구속이다. 그리하여 의무자는 그의 의사와 관계 없이 의무를 이행하여야 한다. 의무에는 어떤 행위를 적극적으로 하여야 하는 경우(작위의무)가 있는가 하면(예컨대 매도인의 소유권이전의무, 매수인의 대금지급의무), 어떤 행위를 소극적으로 하지 않아야 하는 경우(부작위의무)도 있다. 그리고 후자 가운데에는 일정한 행위를 하지 않아야 하는 경우(단순 부작위의무)(가령 밤 10시 이후에 피아노를 치지 않기로 약속한 경우에 그 의무)와 특정인이 일정한 행위를 하는 경우에 이를 참고 받아들여야 하는 경우(인용의무)(가령 임대인의 보존행위시 임차인이 지는 인용의무. 624조 참조)가 있다.

권리와 의무는 서로 대응하여 존재하는 것이 보통이다. 예컨대 매수인의 소유권이전청구권에 대응하여 매도인의 소유권이전의무가 있게 된다. 그러나 언제나 그러한 것은 아니다. 권리만 있고 의무는 없는 경우가 있는가 하면(가령 취소권·해제권·상계권 등과 같은 형성권의 경우), 의무만 있고 권리는 없는 경우도 있다(가령 50조 내지 52조의 2, 85조·94조의 등기의무, 86조·94조의 신고의무, 93조의 공고의무, 755조의 감독의무).

(2) 본래의 의무와 구별하여야 할 것으로 간접의무(Obliegenheit)가 있다. 간접의무란 그것을 부담하는 자가 반드시 이행하여야 하는 것은 아니지만 그가 그것을 이행하지 않으면 유리한 법적 지위의 상실과 같은 불이익을 입게 되는 의무를 말한다. 제528조의 승낙연착의 통지의무, 제559조 제 1 항의 증여자의 하자 고지의무, 제612조의 사용대주의 하자 고지의무가 그 예이다.

제 3 절 권리(사권)의 종류

A-32

Ⅰ. 서 설

법이 공법과 사법으로 나누어짐에 따라 권리도 공법상의 권리인 공권(公權)과 사법상의 권리인 사권(私權)으로 구별된다. 권리를 이처럼 공권·사권으로 나눈다면, 민법상의 권리는 사권이다.

Ⅱ. 내용에 의한 분류 A-33

사권은 그 내용이 되는 사회적인 생활이익을 표준으로 하여 재산권·인격권·가족권(신분권)·사원권으로 나눌 수 있다. 이는 권리에 관한 가장 기본적인 분류이다. 그리고 여기서 특히 중요한 것은 재산권이다.

1. 재 산 권

재산권은 쉽게 표현하면 경제적 가치 있는 이익을 누리는 것을 목적으로 하는 권리라고 할 수 있다. 그러나 이는 정확하지 않다. 왜냐하면 전형적인 재산권인 채권 가운데는 금전으로 가액을 산정할 수 없는 것도 있고(373조 참조), 부양청구권(974조 이하 참조)과 같이 가족권에도 경제적 가치가 있는 권리가 있기 때문이다. 따라서 재산권은 비재산권(인격권과 가족권)이 아닌 권리라는 의미로 소극적으로 정의되어야 한다. 그렇게 한다면, 재산권은 권리자의 인격이나 친족관계를 떠나서 존재하는 권리라고 할 수 있다.

재산권의 대표적인 것으로는 물권 · 채권 · 지식재산권이 있다. 그리고 상속권이 재산권인가에 관하여는 견해가 대립한다(민법총칙, [41] 참조).

(1) 물 권

물권은 권리자가 물건 기타의 객체를 직접 지배해서 이익을 얻는 배타적 권리이다. 물권은 법률 또는 관습법에 의하여서만 창설될 수 있는데(185조 참조), 우리 민법전이 인정하고 있는 물권으로는 점유권·소유권·지상권·지역권·전세권·유치권·질권·저당권의 8가지가 있고, 관습법상의 물권으로 판례에 의하여 확인된 것으로는 분묘기지권·관습법상의 법정지상권이 있다.

(2) 채 권

채권은 특정인(채권자)이 다른 특정인(채무자)에 대하여 일정한 행위(이를 보통 급부라고 하는데, 이행행위라고 함이 더 낫다)를 요구할 수 있는 권리이다. 채권은 계약·사무관리·부당이득·불법행위 등 여러 가지 원인에 의하여 발생하는데, 그 발생원인 가운데에는 계약이 가장 중요하다. 계약에 의하여 발생하는 채권은 원칙적으로 내용에 있어서 제약을 받지도 않아서(사적 자치의 적용) 그 종류도 이루 헤아릴 수 없다.

(3) 지식재산권

지식재산권은 발명·저작 등의 정신적·지능적 창조물을 독점적으로 이용하는 것을 내용으로 하는 권리이다. 특허권·실용신안권·디자인권(구 의장권)·상표권·저작권 등이 이에 속한다. 지식재산권에 대하여는 그것을 보호하는 특별법들이 있다(특허법 등).

(4) 상 속 권

상속권은 상속개시 후 상속인이 가지는 권리이다.

A-34
2. 인 격 권

인격권은 권리의 주체와 불가분적으로 결합되어 있는 인격적 이익을 누리는 것을 내용으로 하는 권리이다. 생명·신체·명예·신용·정조·성명·초상·창작·사생활에 대한 권리가 이에 해당한다. 민법은 인격권에 관하여 일반적인 규정을 두고 있지 않으며, 제751조에서 타인의 신체·자유·명예를 침해하는 것은 불법행위가 된다고 하고 있을 뿐이다.

3. 가족권(친족권·신분권)

가족권 또는 친족권은 친족관계에 있어서의 일정한 지위에 따르는 이익을 누리는 것을 내용으로 하는 권리이다. 구체적으로는 친권·후견인이 가지는 권리·배우자가 가지는 권리·부양청구권 등이 있다. 가족권은 의무적 색채가 강하다.

4. 사원권(社員權)

이는 단체의 구성원이 그 구성원이라는 지위에서 단체에 대하여 가지는 권리를 통틀어서 일컫는 말이다. 사원권은 따로 분리하지 않으면 재산권에 속한다. 사원권에는 민법상 사단법인의 사원의 권리, 주식회사의 주주의 권리 등이 있다.

A-35
Ⅲ. 작용(효력)에 의한 분류

권리는 그것을 행사하는 경우에 어떻게 작용하는가, 즉 어떤 효력이 생기는가에 따라 지배권·청구권·형성권·항변권으로 나누어진다. 이것이 권리의 분류 가운데 가장 중요한 것이다.

1. 지 배 권

지배권은 타인의 행위를 개재시키지 않고서 일정한 객체에 대하여 직접 지배력을 발휘할 수 있는 권리이다. 물권이 가장 전형적인 지배권이고 지식재산권·친권·후견권·인격권도 이에 속한다.

지배권의 효력으로는 대내적 효력과 대외적 효력이 있다. 전자는 객체에 대한 직접적인 지배력이고, 후자는 제3자가 권리자의 지배를 침해할 수 없다는 효력 즉 권리불가침의 효력이다. 이 후자에 의하여 지배권에 대한 제3자의 위법한 침해는 불법행위로 되어 권리자는 당연히 손해배상을 청구할 수 있으며(750조), 아울러 그 침해상태의 배제를 청구할 수도 있다.

2. 청 구 권

청구권은 특정인이 다른 특정인에 대하여 일정한 행위를 요구할 수 있는 권리이다. 예컨대 주택 매수인의 주택 소유권이전청구권은 매도인의 소유권이전행위를 요구할 수 있는 권리이다. 따라서 지배권과 달리 그 객체인 주택을 직접 지배할 수 있는 것이 아니다.

청구권에 해당하는 권리로는 채권을 들 수 있다. 앞에서 본 것처럼 채권과 청구권은 정의가 같다. 그렇다면 둘은 같은 권리인가? 그렇지 않다. 우선 ① 채권과 청구권은 존재하는 면이 다르다. 채권은 권리의 내용상의 분류에 의한 것이고, 청구권은 효력상의 분류에 의한 것이다. 청구권과 같은 권리의 효력은 채권 등 기초적 권리의 효력으로 발생하며, 따라서 기초적 권리와 차원을 달리한다. ② 청구권은 채권으로부터만 생기는 것이 아니고 물권·지식재산권·상속권·가족권으로부터도 생긴다. 물권적 청구권·상속회복청구권·유아의 인도청구권·부양청구권·부부의 동거청구권 등이 그 예이다. 이렇게 볼 때 채권과 청구권은 동일한 것이 아니며, 청구권은 채권의 본질적인 내용을 이루고 있을 뿐이다.

> 그렇기는 하지만 특히 채권법의 영역에서 청구권이라는 용어가 채권과 동의어로 자주 쓰이고 있다. 소유권이전채권 대신 소유권이전청구권이라고 하는 것이 그 예이다.

청구권이라고 불리지만 실질에 있어서는 형성권이라고 해석되는 경우가 있다. 지료증감청구권(286조)·지상물매수청구권(283조 2항·285조 2항)·부속물매수청구권(316조·646조·647조)·매매대금감액청구권(572조)·차임증감청구권(628조) 등이 그 예이다.

3. 형 성 권

형성권은 권리자의 일방적인 의사표시에 의하여 법률관계를 발생·변경 또는 소멸시키는 권리이다. 형성권에는 권리자의 의사표시만 있으면 효과가 발생하는 것과 법원의 판결이 있어야 비로소 효과가 발생하는 것이 있다. 전자의 예로는 법률행위의 동의권(5조·13조 1항)·취소권(140조 이하)·추인권(143조 이하)·상계권(492조)·계약의 해제권 해지권(543조)·매매의 일방예약 완결권(564조)·약혼 해제권(805조)·상속포기권(1041조) 등이 있고, 후자의 예로는 채권자취소권(406조)·재판상 이혼권(840조)·친생부인권(846조)·입양취소권(884조)·재판상 파양권(905조) 등이 있다. 후자의 형성권의 경우에 법원의 판결까지 요구하는 이유는 그 권리의 행사가 제3자에게도 영향을 크게 미치기 때문이다.

4. 항 변 권

항변권은 상대방의 청구권의 행사에 대하여 그 작용을 저지할 수 있는 권리이다. 항변권은 상대방의 청구권의 존재를 전제로 한다. 즉 상대방의 청구권은 인정하면서 그 작용만을 저지하는 권리이다. 그러므로 청구권의 성립을 부인하거나 소멸을 주장하는 것은 항변권이 아니다.

항변권에는 청구권의 행사를 일시적으로 저지할 수 있는 연기적 항변권과 영구적으로 저지할 수 있는 영구적 항변권이 있다. 전자의 예로는 쌍무계약의 당사자가 가지는 동시이행의 항변권(536조), 보증인이 가지는 최고·검색의 항변권(437조)이 있고, 후자의 예로는 상속인의 한정승인의 항변권(1028조)이 있다.

항변권은 권리자에 의하여 행사되어야 한다. 소송절차에서 법관은 항변권의 요건이 구비되어 있고 권리자가 이를 주장·인용하는 경우에만 항변권을 고려할 수 있으며, 주장이 없는 경우에 직권으로 고려하지는 못한다.

항변권과 비슷한 것으로 이의(異議)와 소송상의 항변이 있다. 이의는 항변권과 달리 권리가 성립하지 않았다거나 소멸하였다고 하는 등으로 상대방의 권리를 부인하는 것이다. 한편 소송상의 항변은 민사소송법상의 방어방법의 일종으로 상대방의 신청 또는 주장을 단순히 부인하는 것이 아니고, 그것을 배척하기 위하여 다른 사항을 주장하는 것이다.

A-36 Ⅳ. 그 밖의 분류

1. 절대권 · 상대권

권리는 그것에 복종하는 의무자의 범위를 표준으로 하여 절대권·상대권으로 나눌 수 있다. 절대권은 모든 자에게 주장할 수 있는 권리이며 대세권(對世權)이라고도 한다. 그에 비하여 상대권은 특정인에 대하여서만 주장할 수 있는 권리이며 대인권(對人權)이라고도 한다. 물권·지식재산권·친권·후견권 등의 지배권은 절대권에 해당하고, 채권 등의 청구권은 상대권에 해당한다.

2. 일신(一身)전속권 · 비전속권

권리는 그것과 그 주체와의 긴밀도의 차이에 의하여 일신전속권과 비전속권으로 나누어진다. 일신전속권(귀속상의 일신전속권)은 권리의 성질상 타인에게 귀속될 수 없는 것, 즉 양도·상속 등으로 타인에게 이전할 수 없는 권리이고, 비전속권은 양도·상속이 가능한 권리이다. 가족권·인격권은 대부분 일신전속권이고, 재산권은 대체로 비전속권이다.

위에서 말한 일신전속권은 귀속상의 일신전속권이다. 그런데 민법에서는 때로 행사상의 일신전속권이 문제되기도 한다. 이 권리는 권리자 이외의 자에 의하여 대신 행사될 수 없는 것으로서 채권자대위권의 객체가 되지 못한다. 친권(913조)이 그 예이다.

3. 주된 권리 · 종된 권리 A-37

권리 가운데에는 하나의 권리가 다른 권리를 전제로 하여 존재하는 경우가 있다. 이 때 전제가 되는 권리가 주된 권리이고, 그것에 종속되는 권리를 종된 권리라고 한다. 예컨대 원본채권과 이자채권, 피담보채권과 질권·저당권, 주채무자에 대한 채권과 보증인에 대한 채권은 모두 주된 권리－종된 권리의 관계에 있다.

4. 기성(旣成)의 권리 · 기대권

이는 권리가 성립요건을 모두 구비하였는가에 의한 구별이다. 보통의 권리인 기성의 권리는 권리의 성립요건이 모두 갖추어져서 이미 성립한 권리이고, 기대권은 권리발생요건 중 일부분만 갖추고 있는 상태에 대하여 법이 주고 있는 보호이다. 조건부 권리(148조·149조)·기한부 권리(154조)가 기대권의 예이다. 그 밖에 물권적 기대권도 인정되는가에 대하여는 논란이 있다(B－108 참조).

제 4 절 권리의 경합

Ⅰ. 의의와 모습 A-38

실제의 법률관계에 있어서 동일한 당사자 사이에서 하나의 사실이 둘 이상의 법규가 정하는 요건을 충족시켜 둘 이상의 권리가 발생하는 경우가 있다. 예컨대 A의 기계를 임차하고 있는 B가 임대차계약의 기간이 만료되었음에도 불구하고 그 기계를 A에게 반환하지 않은 경우에는, A는 임대차계약에 기하여 반환청구권을 가지며(654조·615조), 그것과 별도로 소유권에 기하여 반환청구권(213조)도 가지게 된다. 이와 같은 것을 권리의 경합이라고 한다.

권리의 경합의 경우에 수개의 권리는 목적을 같이하기 때문에 그 가운데 어느 하나를 행사하여 목적을 달성하게 되면 다른 권리도 같이 소멸한다. 그러나 각각의 권리는 독립하여 존재하고, 서로 관계 없이 행사될 수 있으며, 각기 따로 시효 기타의 사유로 소멸할 수 있다.

권리의 경합은 청구권에 관하여 존재하는 때가 많다. 그와 관련하여 특히 동일한 사실이 채무불이행의 요건과 불법행위의 요건을 갖추는 경우에 채무불이행에 의한 손해배상청구권과 불법행위에 의한 손해배상청구권이 경합하는가가 논란되고 있으며, 이 경우에 다수설과 판례(대판(전원) 1983. 3. 22, 82다카1533; 대판 1989. 4. 11, 88다카11428 등)는 청구권의 경합을 인정하나, 반대하는 소수설도 있다(자세한 사항은 D-417 참조).

Ⅱ. 법규경합(법조경합)

경우에 따라서는 동일한 사실이 둘 이상의 법규가 정하는 요건을 충족시키지만, 그 중의 한 법규가 다른 법규를 배제하는 것일 때에는, 그 한 법규만 적용된다. 그리고 그 결과로 권리도 하나만 발생하게 된다. 이를 법규경합(법조경합)이라고 한다. 법규경합은 해당하는 여러 법규가 특별법(특별규정)과 일반법(일반규정)의 관계에 있는 경우에 자주 일어난다. 가령 공무원이 그 직무를 행함에 있어서 고의 또는 과실로 위법하게 타인에게 손해를 가한 경우에는, 민법 제756조와 국가배상법 제 2 조가 경합하지만, 특별법의 규정인 후자가 일반법의 규정인 전자에 우선하여 적용되어 국가배상법에 의한 손해배상청구권만 발생한다.

제 5 절 권리의 행사와 의무의 이행

A-39

Ⅰ. 권리행사의 의의와 방법

권리의 행사란 권리의 내용을 현실화하는 과정을 말한다. 가령 소유권자가 소유물을 소비하거나 다른 자에게 파는 것이 그에 해당한다.

권리행사의 방법은 권리의 종류에 따라 다르다. ① 지배권은 객체를 지배해서 사실상 이익을 누리는 모습으로 행사되는 것이 보통이다. 소유자가 물건을 사용·수익·처분하는 것이 그 예이다. ② 청구권은 특정인에 대하여 일정한 행위(이행행위 즉 급부)를 요구하거나 그에 따른 결과를 수령하는 방법으로 행사된다. 금전채권자가 금전의 지급을 청구하고 지급된 금전을 수령하는 것이 그 예이다. ③ 형성권은 권리자가 일방적인 의사표시를 함으로써 행사된다. 형성권 가운데에는 소를 제기하는 방법으로 행사하여야 하는 것도 있다. ④ 항변권은 청구권자가 이행청구를 할 때 그것을 거절하는 방식으로 행사된다.

A-40

Ⅱ. 권리의 충돌과 순위

동일한 하나의 객체에 관하여 여러 개의 권리가 존재하는 경우가 있다. 그러한 경우에는 때에 따라서 그 객체가 모든 권리를 만족시킬 수 없게 된다. 이를 가리켜 권리의 충돌이라고 한다. 이러한 권리의 충돌에 있어서는 권리자 모두가 만족할 수 없기 때문에 누가 우선하여(또는 동등하게) 권리를 행사할 수 있는가, 즉 권리의 순위의 문제가 생긴다.

충돌하는 권리가 물권들인 경우에는 원칙적으로 그들 사이에 순위가 정하여져 있다. 소유권과 제한물권(민법이 규정하는 물권 중 점유권 · 소유권 이외의 물권) 사이에서는 제한물권이 우선한다. 왜냐하면 본래 제한물권은 소유권을 제한하면서 성립하기 때문이다. 제한물권들 사이에서는 그것이 다른 종류일 때에는 원칙이 없고 법률규정에 의하여 순위가 정해지나, 같은 종류일 때에는 먼저 성립한 물권이 우선한다. 소유권들이 충돌하는 일은 없다. 한편 채권에 있어서는 본래 채권자 평등의 원칙이 있어서 같은 채무자에 대한 여러 채권이 모두 평등하게 다루어진다. 그리고 그에 의하면 궁극적으로 채권자는 채권액에 비례하여 변제를 받게 된다. 그런데 이 원칙이 그대로 지켜지는 것은 파산의 경우에 한하며, 파산의 경우가 아닌 때에는 각 채권자가 임의로 채권을 실행하여 변제받을 수 있다. 그 결과 채권을 먼저 행사하는 자가 이익을 얻게 된다. 이를 선행주의(先行主義)라고 한다. 그런가 하면 동일한 객체에 대하여 물권과 채권이 성립한 경우에는 직접적인 지배권인 물권이 채권에 우선하게 된다. 그러나 이러한 권리들의 순위 원칙에 대하여는 법률상 많은 예외가 인정된다.

Ⅲ. 권리행사의 한계 A-41

1. 서 설

민법은 제 2 조 제 1 항에서 「권리의 행사와 의무의 이행은 신의에 좇아 성실히 하여야 한다」고 하고, 동조 제 2 항에서 「권리는 남용하지 못한다」고 규정하고 있다. 이들은 권리행사(의무이행 포함)의 한계를 명문으로 규정한 것이다. 그중 앞의 것이 신의성실의 원칙(신의칙)이고, 뒤의 것이 권리남용 금지의 원칙이다.

2. 신의성실의 원칙 A-42

(1) 의 의

권리의 행사와 의무의 이행은 신의에 좇아 성실히 하여야 한다(2조 1항)는 원칙을 신의성실의 원칙 또는 — 이를 간단히 줄여서 — 신의칙이라고 한다. 여기서 신의성실이라 함은 상대방의 신뢰를 헛되이 하지 않도록 성의를 가지고 행동하는 것을 말한다.

(2) 법적 성격

1) 3대원리의 제약원리 신의칙은 사회적 조정의 원칙의 일부로서 사적 자치 등 3대원리의 지나친 폐해를 예외적으로 제한하는 제약원리이다.

2) 일반조항(백지규정) 민법 제 2 조 제 1 항은 일반적인 민법규정들과 달리 구체적인 요건이 규정되어 있지 않다. 그리고 법률효과도 없다. 이와 같이 내용(특히 요건)이 구체적으로 정하여져 있지 않은 법률규정을 일반조항 또는 백지규정이라고 한다. 신의칙은 제103조와 더불어 가장 대표적인 일반조항이다. 이러한 일반조항의 내용은 실제의 재판에 의하여 형성되어 간다.

신의칙이 적용되기 위하여 고의·과실이 요구되지는 않는다.

3) 재판규범 · 행위규범 신의칙은 다른 민법규정과 마찬가지로 법관을 구속하는 재판규범이면서 아울러 일반인에 대한 행위규범이기도 하다.

4) 강행규정 제 2 조 제 1 항은 강행규정이고, 신의성실의 원칙에 반하는지는 당사자의 주장이 없더라도 법원이 직권으로 판단할 수 있다(대판 1998. 8. 21, 97다37821).

5) 민법의 모든 분야에 적용되는 규정 제 2 조 제 1 항은 신의칙을 권리의 행사와 의무의 이행에 관하여 적용되도록 규정하고 있다. 그러나 권리와 의무는 사법관계 자체라고 할 것이므로 그 규정은 법률 및 법률행위의 해석에 의하여 당사자에게 어떠한 권리가 생기는지를 결정하는 데에도 적용된다고 하여야 한다. 다른 한편으로 그 규정은 민법의 첫 부분에 두어진 것으로 보아 모든 사법관계에 대하여 일반적으로 적용된다고 하여야 한다. 즉 채권관계뿐만 아니라 물권관계·가족관계·상속관계에도 적용된다. 이처럼 민법 전체에 적용되지만, 실제로는 채권법 분야에서 가장 실효성이 크다. 나아가 그 규정은 민법 외에 상법과 같은 특별사법과 공법에도 널리 적용된다(대판 2021. 10. 28, 2017다224302도 신의성실의 원칙이 법질서 전체를 관통하는 일반 원칙으로 작용하고 있다고 함)(민사소송법은 1990년 개정시 신의칙을 규정한 1조를 신설하였다).

6) 권리남용과의 관계 신의칙과 권리남용 금지의 원칙의 관계에 관하여 다수설(사견도 같음)과 판례(대판 2007. 1. 25, 2005다67223 등 참조)는 권리행사가 신의성실의 원칙에 반하는 경우에는 권리남용이 된다는 입장에 있다.

A-43 **(3) 기 능**

1) 개 설 제 2 조 제 1 항에서는 신의칙을 권리의 행사·의무의 이행에 관하여만 규율하고 있다. 그렇지만 그것이 신의칙의 전부가 아님은 앞에서 적은 바 있다(A-42 참조). 신의칙은 그 외에도 널리 법 또는 법률행위에 관여하여 여러 가지 작용을 하고 있다. 그것을 유형화해 보면 해석기능·보충기능·수정기능·금지기능의 네 가지로 표현할 수 있다. 그런데 이들 기능은 반드시 서로 완전하게 구분되는 것은 아니고 어느 정도 겹칠 수도 있다. 그리고 그것들만이 전부라고 할 수도 없다.

2) 해석기능 신의칙은 법률과 법률행위를 해석하여 그 내용을 보다 명확하게 하는 기능이 있다. 이를 해석기능이라고 할 수 있다. 여기서 신의칙은 해석의 표준이 되어 법과 법률행위의 합리적인 의미를 밝혀준다.

법률의 경우의 예를 들어 보면, 가령 채무자는 채무를 변제하여야 하는데(460조 참조), 그가 구체적으로 어떤 방법으로 변제하여야 하는지(방식·장소·시간 등의 세부사항에 관하여)는 신의칙을 기준으로 하여 결정된다. 그 결과 심야에 채권자를 깨워서 변제하거나 수억원의 채무를 모두 10원짜리 주화로 변제하여서는 안 된다고 해석하게 된다. 그런가 하면 계약의 당사자에게는 본래의 급부의무(이행의무) 외에 급부의무가 아닌 행위의무 즉 「기타의 행위의무」도 발생하는데(C-32 이하 참조), 그 근거가 되는 것은 신의칙이다. 즉 신의칙의 법해석 기능에 의하여 「기타의 행위의무」가 인정되는 것이다. 예컨대 기계의 매도인이 부담하는 기계의 사용방법을 알려주어야 할 의무(설명의무)가 그에 속한다.

한편 법률행위에 관하여는 신의칙이 규범적 해석의 표준이 된다. 그 때문에 규범적 해석은 상대방의 시각에서 의사표시의 의미를 탐구하게 되는 것이다(자세한 점은 「법률행위의 해석」을 참조(A-92 이하)). 법률행위의 보충적 해석에도 신의칙이 적용되기는 하나, 그것은 다음의 보충기능의 문제이다.

3) 보충기능 신의칙은 법률이나 법률행위에 있어서 규율되지 않은 틈이 있는 경 A-44
우에 그 틈을 보충하는 기능이 있다. 법률에 있어서 틈이 존재하면 법규의 정신 내지 취지에 의하여 보충되는데, 그때 신의칙이 중요한 기준이 된다. 사정변경의 원칙에 의한 해제·해지의 인정(D-109·129 참조)이 그 예이다. 그리고 법률행위에 있어서 틈이 있는 때에는 보충적 해석이 행하여지는데, 그에 의하면 관습과 임의법규에 의하여 보충되고, 그것들도 없으면 제반사정 하에서 신의칙에 의하여 판단할 때 가장 적합한 결과가 탐구되어야 한다(자세한 점은 A-94 참조).

4) 수정기능 신의칙은 이미 명백하게 확정되어 있는 법률이나 법률행위의 내용을 수정하는 기능이 있다. 아주 사소한 채무불이행을 이유로 계약 전체의 해제를 인정하지 않는 것(D-110 참조)은 해제규정의 법리(544조)가 수정된 것이라고 할 수 있다. 한편 판례는 계속적 보증뿐만 아니라 일반보증에 있어서도 신의칙에 반하는 특별한 사정이 있는 경우에는 보증인의 책임을 합리적인 범위로 제한할 수 있다고 한다(계속적 보증의 경우: 대판 1998. 6. 12, 98다8776 등. 일반보증의 경우: 대판 2004. 1. 27, 2003다45410). 그리고 위임계약에서 보수액에 관하여 약정한 경우에 약정보수액이 부당하게 과다하여 신의성실의 원칙이나 형평의 원칙에 반한다고 볼 만한 특별한 사정이 있는 때에는 예외적으로 상당하다고 인정되는 범위 내의 보수액만을 청구할 수 있다고 한다(대판 2016. 2. 18, 2015다35560 등. 변호사의 소송위임사무 처리에 대한 보수에 관하여 동지 대판 1991. 12. 13, 91다8722·8739; 대판(전원) 2018. 5. 17, 2016다35833(법원은 그에 관한 합리적인 근거를 명확히 밝혀야 한다고 함); 대판 2023. 8. 31, 2022다293937(특별한 사정의 존재에 대한 증명책임은 약정된 보수액이 부당하게 과다하다고 주장하는 측에 있다고 함) 등. 세무사의 보수에 관하여 동지 대판 2006. 6. 15, 2004다59393. 신탁보수에 관하여 동지 대판 2018. 2. 28, 2013다26425). 이들은 신의칙에 의하여 법률행위의 내용이 수정된 예이다.

5) 금지기능 신의칙에는 구체적인 행위가 신의성실에 반하는 경우에 그 행위의 효과를 금지(무력화)하는 기능인 금지기능이 있다. 이 금지기능에 의하여 채무이행 행위가 신의성실에 반하면 채무불이행으로, 권리행사가 신의성실에 반하면 권리남용으로 평가되

게 된다. 선행행위에 모순되는 행위가 금지된다는 것과 그 중에 포함되는 실효의 원칙도 금지기능에 의한 것이라고 할 수 있다.

A-45 (4) 신의칙이 구체화된 하부원칙

학자들에 의하여 신의칙이 구체화된 원칙으로 논의되는 것이 몇 가지 있다. 권리남용 금지의 원칙, 사정변경의 원칙, 실효의 원칙 등이 그것이다. 이들 가운데 권리남용 금지의 원칙에 관하여는 뒤에 따로 보기로 하고, 나머지의 원칙들을 차례로 보기로 한다.

1) 사정변경의 원칙 사정변경의 원칙은 법률행위의 기초가 된 사정이 후에 당사자가 예견하지도 못했고 또 예견할 수도 없었던 중대한 변경을 받게 되어, 처음의 효과를 그대로 유지하는 것이 부당한 경우에, 법률행위의 내용을 개조하거나 계약을 해제·해지할 수 있다는 원칙이다. 민법에는 이 원칙에 입각한 규정이 많이 있다(218조·286조·557조·627조·628조·661조·689조 등). 그런데 이를 일반적으로 인정하는 규정은 두고 있지 않다. 그럼에도 불구하고 학자들은 대체로 신의칙의 파생적 원칙으로 이 원칙을 인정하고 있다(사견도 같음).

판례는 과거에는 사정변경의 원칙을 인정하지 않았고, 특히 그에 기한 해제권의 발생은 분명하게 부인하였다(대판 1963. 9. 12, 63다452). 그런데 그 후 하나의 판결에서, 차임 부증액의 특약이 있더라도 그 특약을 유지시키는 것이 신의칙에 반한다고 인정될 정도의 사정변경이 있다고 보여지는 경우에는 형평의 원칙상 임대인에게 차임증액 청구를 인정하여 주어야 할 것이라고 하였다(대판 1996. 11. 12, 96다34061). 그리고 근래에는 하나의 판결에서 사정변경으로 인한 계약의 해제를 법리로서 인정하였고(대판 2007. 3. 29, 2004다31302[핵심판례 316면]), 그 법리가 계속적 계약관계에서 사정변경을 이유로 계약의 해지를 주장하는 경우에도 적용된다고 하였으며(대판(전원) 2013. 9. 26, 2012다13637; 대판(전원) 2013. 9. 26, 2013다26746), 얼마 전에는, 「계약 성립의 기초가 된 사정이 현저히 변경되고 당사자가 계약의 성립 당시 이를 예견할 수 없었으며, 그로 인하여 계약을 그대로 유지하는 것이 당사자의 이해에 중대한 불균형을 초래하거나 계약을 체결한 목적을 달성할 수 없는 경우에는 계약준수 원칙의 예외로서 사정변경을 이유로 계약을 해제하거나 해지할 수 있다」고 하여(대판 2017. 6. 8, 2016다249557 등), 명백하게 사정변경의 원칙을 인정하였다. 그 밖에 판례는 예전부터 계속적 채권관계, 특히 계속적 보증관계에 있어서만은 사정변경을 이유로 한 권리를 인정하여 왔다(대판 2002. 5. 31, 2002다1673 등 다수의 판결. 자세한 내용은 C-299 참조). 한편 하나의 판결에서는, 법인이나 법인 아닌 사단의 총회에 있어서 소집된 총회가 개최되기 전에 당초 그 총회의 소집이 필요하거나 가능하였던 기초사정에 변경이 생겼을 경우에는 특별한 사정이 없는 한 그 소집권자는 소집된 총회의 개최를 연기하거나 소집을 철회·취소할 수 있다고 하여, 총회의 소집에 관하여 사정변경의 법리를 적용하였다(대판 2007. 4. 12, 2006다77593).

A-46 **2) 모순행위 금지의 원칙** 모순행위 금지의 원칙은 어떤 행위를 한 자가 후에 그와 모순되는 행위를 한 경우에 그 모순되는 행위의 효력을 인정하지 않는다는 원칙을 말한

다. 이는 영미법상의 금반언(禁反言)의 법리와 유사하다. 모순행위 금지의 원칙에 대하여 논의하고 있는 문헌은 모두 이 원칙의 인정에 찬성한다. 그리고 판례는 한편으로 이 원칙이 적용될 수 있는 경우에 관하여 모순행위 금지의 원칙의 적용을 명시적으로 언급하지는 않으면서 신의칙 위반을 이유로 같은 결과를 인정하고 있다. 그런가 하면 다른 한편으로 「금반언 및 신의칙」 또는 「신의칙이나 금반언의 원칙」을 명시적으로 언급하면서 판단한 예도 많이 있다(대판 2000. 4. 25, 99다34475 등 다수). 그리고 그것들 가운데에는 후술하는 실효의 법리가 적용될 수 있는 사안도 포함되어 있다. 생각건대 두 원칙(모순행위 금지와 금반언의 법리)을 굳이 구별할 이유는 없으며 동일한 것으로 파악하고 또한 그 원칙을 인정하여야 할 것이다.

판 례 신의칙에 반한 예, 반하지 않은 예 A-47

(ㄱ) 신의칙에 반한다고 인정한 예

① 농지의 명의수탁자가 적극적으로 농가이거나 자경의사가 있는 것처럼 하여 소재지관서의 증명을 받아 그 명의로 소유권이전등기를 마치고 그 농지에 관한 소유자로 행세하면서, 한편으로 증여세 등의 부과를 면하기 위하여 농가도 아니고 자경의사도 없었음을 들어 농지개혁법에 저촉되기 때문에 그 등기가 무효라고 주장함은 전에 스스로 한 행위와 모순되는 행위를 하는 것으로 자기에게 유리한 법지위를 악용하려 함에 지나지 아니하므로 이는 신의성실의 원칙이나 금반언의 원칙에 위배되는 행위로서 법률상 용납될 수 없다(대판 1990. 7. 24, 89누8224[핵심판례 8면]).

② 「근저당권자가 담보로 제공된 건물에 대한 담보가치를 조사할 당시 대항력을 갖춘 임차인이 그 임대차 사실을 부인하고 그 건물에 관하여 임차인으로서의 권리를 주장하지 않겠다는 내용의 무상임대차 확인서를 작성해 주었고, 그 후 개시된 경매절차에 그 무상임대차 확인서가 제출되어 매수인이 그 확인서의 내용을 신뢰하여 매수신청금액을 결정하는 경우와 같이, 임차인이 작성한 무상임대차 확인서에서 비롯된 매수인의 신뢰가 매각절차에 반영되었다고 볼 수 있는 사정이 존재하는 경우에는, 비록 매각물건명세서 등에 위 건물에 대항력 있는 임대차 관계가 존재한다는 취지로 기재되었다고 하더라도 임차인이 제 3 자인 매수인의 건물인도청구에 대하여 대항력 있는 임대차를 주장하여 임차보증금반환과의 동시이행의 항변을 하는 것은 금반언 또는 신의성실의 원칙에 반하여 허용될 수 없다.」(대판 2016. 12. 1, 2016다228215. 유사한 판례: 대판 1997. 6. 27, 97다12211(임차인이 배당요구를 한 경우임))

「주택 경매절차의 매수인이 권리신고 및 배당요구를 한 주택임차인의 배당순위가 1순위 근저당권자보다 우선한다고 신뢰하여 임차보증금 전액이 매각대금에서 배당되어 임차보증금반환채무를 인수하지 않는다는 전제 아래 매수가격을 정하여 낙찰을 받아 그 주택에 관한 소유권을 취득하였다면, 설령 그 주택임차인이 1순위 근저당권자에게 무상거주확인서를 작성해 준 사실이 있어 임차보증금을 배당받지 못하게 되었다고 하더라도, 그러한 사정을 들어 주택의 인도를 구하는 매수인에게 주택임대차보호법상 대항력을 주장하는 것은

신의칙에 위반되어 허용될 수 없다.」(대판 2017. 4. 7, 2016다248431)

③ 「(취득)시효완성 후에 그 사실을 모르고 이 사건 토지에 관하여 어떠한 권리도 주장하지 않기로 하였다 하더라도 이에 반하여 시효주장을 하는 것은 특별한 사정이 없는 한 신의칙상 허용되지 않는다.」(대판 1998. 5. 22, 96다24101)

④ 갑이 하여야 할 연대보증을 그 부탁으로 을이 대신 한 경우, 갑이 그 연대보증채무를 대위변제하였다는 이유로 을에 대하여 구상권을 행사하는 것이 신의칙에 반한다고 본 사례(대판 2000. 5. 12, 99다38293).

⑤ 「단체협약 등 노사합의의 내용이 근로기준법의 강행규정을 위반하여 무효인 경우에, 그 무효를 주장하는 것이 신의칙에 위배되는 권리의 행사라는 이유로 이를 배척한다면 강행규정으로 정한 입법취지를 몰각시키는 결과가 될 것이므로, 그러한 주장이 신의칙에 위배된다고 볼 수 없음이 원칙이다. 그러나 노사합의의 내용이 근로기준법의 강행규정을 위반한다고 하여 그 노사합의의 무효 주장에 대하여 예외 없이 신의칙의 적용이 배제되는 것은 아니다. 위에서 본 신의칙을 적용하기 위한 일반적인 요건을 갖춤은 물론 근로기준법의 강행규정성에도 불구하고 신의칙을 우선하여 적용하는 것을 수긍할 만한 특별한 사정이 있는 예외적인 경우에 한하여 그 노사합의의 무효를 주장하는 것은 신의칙에 위배되어 허용될 수 없다. …

앞서 본 바와 같은 방식의 임금협상 과정을 거쳐 이루어진 노사합의에서 정기상여금은 그 자체로 통상임금에 해당하지 아니한다고 오인한 나머지 정기상여금을 통상임금 산정기준에서 제외하기로 합의하고 이를 전제로 임금수준을 정한 경우, 근로자 측이 앞서 본 임금협상의 방법과 경위, 실질적인 목표와 결과 등은 도외시한 채 임금협상 당시 전혀 생각하지 못한 사유를 들어 정기상여금을 통상임금에 가산하고 이를 토대로 추가적인 법정수당의 지급을 구함으로써, 노사가 합의한 임금수준을 훨씬 초과하는 예상 외의 이익을 추구하고 그로 말미암아 사용자에게 예측하지 못한 새로운 재정적 부담을 지워 중대한 경영상의 어려움을 초래하거나 기업의 존립을 위태롭게 한다면, 이는 종국적으로 근로자 측에까지 그 피해가 미치게 되어 노사 어느 쪽에도 도움이 되지 않는 결과를 가져오므로 정의와 형평 관념에 비추어 신의에 현저히 반하고 도저히 용인될 수 없음이 분명하다. 그러므로 이와 같은 경우 근로자 측의 추가 법정수당 청구는 신의칙에 위배되어 받아들일 수 없다.」(대판(전원) 2013. 12. 18, 2012다89399: 통상임금 사건)

그런가 하면 위의 판결과 같은 취지로 판시한 뒤, 「그러나 통상임금에서 제외하기로 하는 노사합의가 없는 임금에 대해서는 근로자가 이를 통상임금에 가산하고 이를 토대로 추가적인 법정수당의 지급을 청구하더라도 신의칙에 반한다고 볼 수 없다」는 내용을 덧붙인 판결도 있다(대판 2021. 6. 10, 2017다52712).

A-48 (ㄴ) 신의칙에 반하지 않는다고 한 예

① 대법원은 여러 판결에서 강행법규를 위반한 자가 무효를 주장하는 것은 원칙적으로 신의칙에 반하지 않는다고 하였다.

「강행법규인 국토이용관리법 제21조의 3 제 1 항, 제 7 항을 위반하였을 경우에 있어서 위반한 자 스스로가 무효를 주장함이 신의성실의 원칙에 위배되는 권리의 행사라는 이유로서 이를 배척한다면 위에서 본 국토이용관리법의 입법취지를 완전히 몰각시키는 결과가 되므로, 거래당사자 사이의 약정내용과 취득목적대로 관할관청에 토지거래허가 신청을 하였을 경우에 그 신청이 국토이용관리법 소정의 허가기준에 적합하여 허가를 받을 수 있었으나 다른 급박한 사정으로 이러한 절차를 회피하였다고 볼 만한 특단의 사정이 엿보이지 아니하는 한, 그러한 주장이 신의성실의 원칙에 반한다고는 할 수 없다.」(대판 1993. 12. 24, 93다44319 · 44326)

「사립학교법 제28조 제 2 항, 법시행령 제12조가 학교법인이 학교교육에 직접 사용되는 학교법인의 재산 중 교지, 교사 등은 이를 매도하거나 담보에 제공할 수 없다고 규정한 것은 사립학교의 존립 및 목적 수행에 필수적인 교육시설을 보전함으로써 사립학교의 건전한 발달을 도모하는 데 그 목적이 있는 것이라고 해석되는바, 강행법규인 법 제28조 제 2 항을 위반한 경우에 위반한 자 스스로가 무효를 주장함이 권리남용 내지 신의성실 원칙에 위배되는 권리의 행사라는 이유로 배척된다면 위와 같은 입법취지를 완전히 몰각시키는 결과가 되므로, 명목상으로만 학교법인에 직접 사용되는 재산으로 되어 있을 뿐 실제로는 학교교육에 직접 사용되는 시설·설비 및 교재·교구 등이 아니거나 학교 자체가 형해화되어 사실상 교육시설로 볼 수 없는 경우와 같은 특별한 사정이 있다면 매도나 담보제공을 무효라고 주장하는 것은 법규정의 취지에 반하는 것이므로 신의성실 원칙에 반하거나 권리남용이라고 볼 것이지만 그와 같은 특별한 사정이 없이 사립학교 경영자가 매도나 담보제공이 무효라는 사실을 알고서 매도나 담보제공을 하였다고 하더라도 매도나 담보제공을 금한 관련 법규정의 입법취지에 비추어 강행규정 위배로 인한 무효주장을 신의성실 원칙에 반하거나 권리남용이라고 볼 것은 아니다.」(대판 2000. 6. 9, 99다70860)

② 「상속인 중의 1인이 피상속인의 생존시에 피상속인에 대하여 상속을 포기하기로 약정하였다고 하더라도, 상속개시 후 민법이 정하는 절차와 방식에 따라 상속포기를 하지 아니한 이상, 상속개시 후에 자신의 상속권을 주장하는 것은 정당한 권리행사로서 권리남용에 해당하거나 또는 신의칙에 반하는 권리의 행사라고 할 수 없다.」(대판 1998. 7. 24, 98다9021)

③ 다수의 다른 채권자들이 제 3 채무자를 상대로 추심금 청구소송 등을 제기하고 있는 사실을 알고 있는 전부채권자가 제 3 채무자로부터 소를 제기하여 다른 채권자들과 같은 기회에 배당받을 것을 권유받았음에도 불구하고 아무런 조치를 취하지 않고 있다가, 다른 채권자들이 제기한 소송이 모두 법원의 조정에 갈음하는 결정으로 확정되어 제 3 채무자가 다른 채권자들에게 전부채권 전액에 상당하는 조정금액을 전부 지급한 후 비로소 자신의 채권의 지급을 구하는 것이 신의성실의 원칙에 반하지 않는다(대판 2001. 7. 13, 2000다5909).

④ 피보험자의 서면동의 없이 체결된 타인의 사망을 보험사고로 하는 생명보험계약의 보험자가 수년간 보험료를 수령하거나 종전에 그 생명보험계약에 따라 입원급여금을 지급한 경우에도 위 생명보험계약의 무효를 주장하는 것이 신의성실의 원칙 등에 위반하지 않는다고 본 사례(대판 2006. 9. 22, 2004다56677).

A-49 **3) 실효의 원칙** 일반적으로 실효의 원칙이라 함은 권리자가 그의 권리를 오랫동안 행사하지 않았기 때문에 상대방이 이제는 더 이상 권리의 행사가 없으리라고 믿은 경우에 그 후에 하는 권리행사는 허용되지 않는다는 원칙을 말한다.

실효의 원칙에 대하여 우리 문헌들은 모두 이를 인정하고 있다.

그리고 판례는 1988년 이래 이 원칙을 인정하고 있다. 그런데 판례 중에는 이 원칙이 「권리자가 장기간(또는 상당한 기간) 권리를 행사하지 않음에 따라 상대방이 이제는 권리를 행사하지 않을 것으로 신뢰할 만한 정당한 기대를 가지게 된 경우에 새삼스럽게 권리자가 그 권리를 행사하는 것이 신의칙에 반하여 허용되지 않을 때」에 인정된다고 하는 것이 있는가 하면(대판 1993. 8. 24, 92므907; 대판 1995. 2. 10, 94다31624 등), 「권리행사의 기회가 있어서 이를 현실적으로 기대할 수가 있었음에도 불구하고 행사하지 아니하여 상대방으로서는 이제는 권리자가 권리를 행사하지 않을 것으로 신뢰할 만한 정당한 기대를 가지게 된 다음에 새삼스럽게 권리를 행사하는 것이 신의칙에 반한 때」에 인정된다고 하는 것도 있고(대판 1988. 4. 27, 87누915; 대판 1992. 5. 26, 92다3670 등), 행사기회가 있었다는 것과 장기간의 불행사를 모두 언급한 것도 있다(대판 1992. 1. 21, 91다30118[핵심판례 10면]; 대판 2005. 10. 28, 2005다45827 등). 그러고 보면 판례는 ① 권리자가 권리를 장기간(또는 상당기간) 행사하지 않아 상대방이 권리불행사를 신뢰하게 된 경우, ② 권리행사의 기회가 있어서 그것을 기대할 수 있었는데도 행사하지 않아 상대방이 이를 신뢰하게 된 경우, ③ 위 ① ②의 요건을 모두 갖춘 경우 등 세 가지 전부에 대하여 실효를 인정하는 태도를 취하고 있다. 구체적으로는 1년 4개월 전에 발생한 해제권을 장기간 행사하지 않고 오히려 잔금채무의 이행을 최고한 경우(대판 1994. 11. 25, 94다12234), 근로자들이 면직된 후 퇴직금을 청구하여 아무런 이의나 조건의 유보 없이 수령하였고 그로부터 9년 후 해직공무원보상법에 따라 보상금까지 수령하고서 면직처분 무효확인의 소를 제기한 경우(대판 1992. 12. 11, 92다23285 등), 해고된 근로자가 퇴직금을 이의 없이 수령하고 그로부터 상당한 기간이 경과된 후에 해고무효의 소를 제기한 경우(대판 2005. 10. 28, 2005다45827 등. 그러나 반대의 사정이 엿보이는 때에는 예외를 인정한다(대판 2005. 11. 25, 2005다38270 등 참조))에 실효를 인정하였다. 그에 비하여 소유권 내지 소유자의 실효인정에는 신중한 태도를 보이고 있다(대판 2002. 1. 8, 2001다60019 등). 그 밖에 인지청구권에는 실효의 원칙이 적용되지 않는다고 한다(대판 2001. 11. 27, 2001므1353).

(판례) 실효의 원칙

「실효의 원칙이라 함은 권리자가 장기간에 걸쳐 그 권리를 행사하지 아니함에 따라 그 의무자인 상대방이 더 이상 권리자가 그 권리를 행사하지 아니할 것으로 신뢰할 만한 정당한 기대를 가지게 되는 경우에 새삼스럽게 권리자가 그 권리를 행사하는 것은 법질서 전체를 지배하는 신의성실의 원칙에 위반되어 허용되지 않는다는 것을 의미하는 것으로(대법원 1994. 6. 28. 선고 93다26212 판결 참조), 이 사건 각 토지의 소유권을 취득하기 이전의 종전 토지 소유자들이 자신들의 권리를 행사하지 아니하였다는 사정은 그 토지의 소유권을 적법하게 취득한 원고들에게 권리의 실효 원칙을 적용함에 있어서 고려하여야 할 것은 아니라 할 것」이다(송전선이 토지 위를 통과하고 있다는 점을 알고서 토지를 취득하였다고 하여 그 취득자가 그 소유 토지에 대한 소유권의 행사가 제한된 상태를 용인하였다고 할 수 없으므로, 그 취득자의 송전선 철거 청구 등 권리행사가 신의성실의 원칙에 반하지 않는다고 본 사례)(대판 1995. 8. 25, 94다27069).

(5) 신의칙의 적용에 있어서 유의할 점 A-50

신의칙은 민법 전체에 걸쳐 매우 여러 가지의 기능을 수행하고 있는 중요한 원칙이다. 그럼에도 불구하고 그 구체적 내용은 확정되어 있지 않다. 그 때문에 자칫 법률의 해석에 의하여 달성하기 어려운 문제가 생기면 곧바로 신의칙으로 달려갈 위험이 도사리고 있다. 학자들이 신의칙의 남용을 우려하는 이유가 여기에 있다(이른바 일반조항에의 도피). 이러한 지적은 깊이 새겨야 할 것이다. 신의칙은 현재의 법으로서는 도저히 용인할 수 없는 경우에, 그것도 그럴 만한 정당한 이유가 있는 때에 한하여 고려하여야 한다.

판례는, 국가의 소멸시효 완성 주장(대판 2005. 5. 13, 2004다71881), 특정채무를 보증하는 일반보증의 경우에 채권자의 권리행사(대판 2004. 1. 27, 2003다45410), 근저당권자가 임차인의 주민등록상 주소가 등기부상 표시와 나르다는 이유로 임대차의 대항력을 부정하는 주장(대판 2008. 2. 14, 2007다33224)이 신의칙에 비추어 용납할 수 없는 경우에는, 그 주장을 예외적으로 배척할 수 있으나, 그것은 자칫하면 법적 안정성(위 둘째 판결에서는 법적 안정성과 함께 사적 자치의 원칙도 들고 있음)을 해할 수 있으므로 그 적용에 있어서 신중을 기할 것이라고 한다(대판 2015. 10. 15, 2012다64253도 같은 취지임). 그런가 하면, 유효하게 성립한 계약상의 책임을 공평의 이념 또는 신의칙과 같은 일반원칙에 의하여 제한하는 것은 사적 자치의 원칙이나 법적 안정성에 대한 중대한 위협이 될 수 있으므로, 채권자가 유효하게 성립한 계약에 따른 급부의 이행을 청구하는 때에 법원이 그 급부의 일부를 감축하는 것은 원칙적으로 허용되지 않는다고 한다(대판 2016. 12. 1, 2016다240543. 전단에 관하여 동지 대판 2024. 4. 4, 2022다239131 · 239148 등).

3. 권리남용 금지의 원칙 A-51

(1) 의 의

권리남용 금지의 원칙이란 권리행사가 신의칙에 반하는 경우에는 권리남용이 되어 정당한 권리의 행사로서 인정되지 않는다는 원칙이다. 민법은 이 원칙을 제2조 제2항에서 명문으로 규정하고 있다. 권리남용 금지의 원칙은 신의칙의 하부원칙이라고 보아야 한다.

(2) 법적 성격

권리남용 금지의 원칙의 법적 성격은 신의칙에 대한 것이 거의 그대로 타당하다. 그리하여 그것은 3대원리의 제약원리이다. 그리고 제2조 제2항은 요건(및 효과)이 구체화되어 있지 않은 백지규정이다. 또한 재판규범이면서 행위규범이다. 그리고 강행규정이다(판례도 같은 태도이다. 대판 1989. 9. 29, 88다카17181). 마지막으로 그 원칙은 비록 물권법에서 발전하였지만 민법의 모든 영역에 걸쳐 널리 적용된다. 물론 실효성이 가장 큰 분야는 물권법이다.

A-52 (3) 권리남용의 요건

권리남용이란 신의칙에 반하는 권리행사를 말한다. 이러한 권리남용이 되기 위하여 갖추어야 하는 요건은 무엇인가? 앞서 언급한 바와 같이, 민법 제2조 제2항은 권리남용의 요건과 효과를 규정하고 있지 않다. 그것은 학설·판례에 맡겨져 있는 셈이다. 그런데 그 요건과 효과는 행사되는 권리가 어떤 것인가에 따라 다르다. 그리하여 일률적으로 설명할 수 없으나, 일반적인 요건으로 몇 가지를 들 수는 있다.

1) 권리행사 권리남용이 되려면 그 당연한 전제로서 권리행사라고 볼 수 있는 행위가 있어야 한다. 여기서 권리행사라고 하는 것은 널리 법적 효과를 주장하는 모든 행위를 가리킨다.

이 요건과 관련하여 권리의 불행사도 남용으로 될 수 있는지가 문제된다. 여기에 관하여 다수설은 불성실한 불행사는 남용이 되며, 그 효과로서 실효를 생각해 볼 수 있다고 한다(사건은 다름. 민법총칙 [57] 참조).

2) 신의칙 위반 권리남용으로 되려면 권리행사 행위가 신의칙에 반하여야 한다. 이는 사회질서 위반, 정당한 이익의 흠결, 이익의 현저한 불균형, 권리의 경제적·사회적 목적에의 위반, 사회적 이익의 균형의 파괴 등 여러 가지로 표현되기도 한다. 그러나 어느 것이든 매우 추상적인 기준이어서, 권리남용으로 되는지 여부는 구체적인 경우에 개별적으로 모든 사정을 참작하여 그러한 사정 위에서 권리행사를 하는 것이 신의칙에 비추어 허용되어야 하는지를 판단하여야 한다.

판 례 권리남용의 요건

「신의성실의 원칙은 법률관계의 당사자는 상대방의 이익을 배려하여 형평에 어긋나거나, 신뢰를 저버리는 내용 또는 방법으로 권리를 행사하거나 의무를 이행하여서는 아니된다는 추상적 규범으로서, 신의성실의 원칙에 위배된다는 이유로 그 권리의 행사를 부정하기 위하여는 상대방에게 신의를 공여하였다거나, 객관적으로 보아 상대방이 신의를 가짐이 정당한 상태에 있어야 하고, 이러한 상대방의 신의에 반하여 권리를 행사하는 것이 정의관념에 비추어 용인될 수 없는 정도의 상태에 이르러야 하며, 또한 특별한 사정이 없는 한, 법령에 위반되어 무효임을 알고서도 그 법률행위를 한 자가 강행법규 위반을 이유로 무효를 주장한다 하여 신의칙 또는 금반언의 원칙에 반하거나 권리남용에 해당한다고 볼 수는 없다.」(대판 2002. 3. 15, 2001다67126)

3) 주관적 요건이 필요한지 여부 A-53

(가) **학 설** 민법 제2조 제2항은 권리남용 금지를 일반적·객관적으로 규정하여 권리자의 가해목적이라는 주관적인 요소는 요건으로 하지 않고 있다. 그리하여 학자들은 대부분 가해의 의사나 목적은 권리남용의 요건이 아니라고 한다(사견도 같음).

(나) **판 례** 대법원이 권리남용인지 여부를 판단한 사안은 크게 두 부류로 나누어진다. 그 하나는 「권리남용의 요건」을 명시적으로 기술하는 경우이고, 다른 하나는 어떤 권리행사가 신의칙 등에 반하여 권리남용으로 되는지만을 언급하는 경우이다. 이는 아마도 본래의 권리남용 금지 영역(즉 물권법 분야)과 신의칙에 의한 금지 영역(기타 분야)에 의한 구분인 듯하다.

이 가운데 전자에 있어서는 권리남용의 요건으로 가해의 의사라는 주관적인 요건을 제시한다. 그러면서 몇 개의 예에서는 주관적 요건만으로 충분한 것으로 하고 있으며(대판 1980. 5. 27, 80나484 등), 주관적 요건이 갖추어지거나 객관적 요건이 갖추어지면 남용이 된다고 한 것도 있고(대판 1993. 8. 24, 92므907 등)(대판 2021. 11. 11, 2020다254280은 권리 행사자에게 아무런 이익이 없는데도 상대방을 괴롭히기 위해 권리를 행사하거나 권리 행사에 따른 이익과 손해를 비교하여 권리 행사가 사회 관념에 비추어 도저히 허용할 수 없는 정도로 막대한 손해를 상대방에게 입히게 한다거나 권리 행사로 말미암아 사회질서와 신의성실의 원칙에 반하는 결과를 초래하는 경우에 권리남용이 된다고 함), 드물게는 객관적 요건만 요구하고 있다(대판 1961. 10. 19, 4293민상204). 그러나 이들은 비교적 오래된 것들이고 과거부터 최근에 이르기까지 다수의 판결에서는 주관적 요건과 함께 객관적 요건도 요구하고 있다(대판 1993. 5. 14, 93다4366[핵심판례 12면]; 대판 2023. 9. 14, 2023다214108 매우 많음). 그런데 이들 판결에서는 그 대부분의 것에서 토지소유자의 소유권 행사가 권리남용으로 되는지가 다투어졌다. 다만, 하나의 판결에서 중혼 취소가 남용인지에 관하여 판단하였고(대판 1993. 8. 24, 92므907), 다른 하나의 판결(대판 1988. 6. 28, 87다카2699)에서는 건물임대인의 임대차계약의 해지가 문제되었으며(여기서도 실질적으로는 소유권의 행사가 문제된 셈이다), 최근의 두 판결(대판 2023. 6. 15, 2017다46274; 대판 2023. 6. 15, 2018다41986)에서는 소 제기가 권리남용인지 다투어졌다. 그리고 근래의 판결 가운데에는 「토지소유자가 그 토지의 소유권을 행사하는 것이 권리남용에 해당한다고 할 수 있으려면」 주관적·객관적 요건이 필요하다고 특별히 제한적으로 판시하는 것도 있다(대판 1994. 11. 22, 94다5458 등). 그 밖에 상계권(대판 2003. 4. 11, 2002다59481) 또는 상표권 행사가 권리남용이 되기 위하여 주관적 요건이 반드시 필요한 것은 아니라고 한다(대판 2007. 1. 25, 2005다67223).

이들을 종합하여 판단하면, 우리 판례가 가해의 의사라는 주관적 요건을 필요로 하는 것은 — 적은 예외가 있기는 하지만 — 토지소유권 행사에 한정되어 있다고 할 수 있다. 그것은 토지소유권의 행사를 원칙적으로 제한하지 않으려는 의도에서일 것이다. 그런데 근래 몇몇 판결에서는 그 경우에 있어서도「주관적 요건은 권리자의 정당한 이익을 결여한 권리행사로 보여지는 객관적인 사정에 의하여 추인할 수 있다」고 하여(대판 1993. 5. 14, 93다4366[핵심판례 12면]; 대판 2023. 9. 14, 2023다214108 등) 주관적 요건의 완화를 시도하고 있다.

한편 권리남용 요건을 명시하지 않는 경우에는 주관적 요건을 의식하지 않고 거의 객관적 요건만으로 남용 여부를 판단하고 있다.

(판 례) 권리남용이 되기 위한 주관적 요건/권리남용의 예

(ㄱ)「권리행사가 권리의 남용에 해당한다고 할 수 있으려면, 주관적으로 그 권리행사의 목적이 오직 상대방에게 고통을 주고 손해를 입히려는 데 있을 뿐 행사하는 사람에게 아무런 이익이 없는 경우이어야 하고, 객관적으로는 그 권리행사가 사회질서에 위반된다고 볼 수 있어야 하는 것이며, 이와 같은 경우에 해당하지 않는 한 비록 그 권리의 행사에 의하여 권리행사자가 얻는 이익보다 상대방이 잃을 손해가 현저히 크다 하여도 그러한 사정만으로는 이를 권리남용이라 할 수 없고, 어느 권리행사가 권리남용이 되는가의 여부는 각 개별적이고 구체적인 사안에 따라 판단되어야 한다.」(대판 2003. 2. 14, 2002다62319·62326)

(ㄴ)「어떤 토지가 그 개설경위를 불문하고 일반 공중의 통행에 공용되는 도로, 즉 공로가 되면 그 부지의 소유권 행사는 제약을 받게 되며, 이는 소유자가 수인하여야만 하는 재산권의 사회적 제약에 해당한다. 따라서 공로 부지의 소유자가 이를 점유·관리하는 지방자치단체를 상대로 공로로 제공된 도로의 철거, 점유 이전 또는 통행금지를 청구하는 것은 법질서상 원칙적으로 허용될 수 없는 '권리남용'이라고 보아야 한다. 그 경우 특별한 사정이 없는 한 그 도로 지하 부분에 매설된 시설에 대한 철거 등 청구도 '권리남용'이라고 봄이 상당하다.」(대판 2023. 9. 14, 2023다214108)

4) 기 타 권리를 행사하는 자의 고의·과실도 요건이 아니다. 그리고 위법성도 요건이 아니라고 하여야 한다.

A-54 **(4) 권리남용의 효과**

권리행사가 남용으로 인정되면 권리행사의 효과가 발생하지 않는다. 그런데 남용의 구체적인 효과는 권리의 종류와 남용으로 인한 결과에 따라 다르다. 일반적으로 말한다면, ① 행사되는 권리가 청구권이면 법은 그것의 실현을 도와주지 않는다. ② 형성권의 행사가 남용인 경우에는 본래 발생하여야 할 효과가 생기지 않는다. ③ 남용으로 인하여 타인에게 손해가 발생하면 손해배상책임을 지게 되며, 다른 한편으로 권리행사의 정지·장래에의 예방·손해배상의 담보도 청구할 수 있다. ④ 계약의 효력 주장이 남용인 경우에는 계약의 효력이 생기지 않는다. ⑤ 경우에 따라서는 남용된 권리의 박탈도 생각할 수 있다. 그러나 이는 친권(924조 1항)과 같이 법률에 규정이 있는 때에 한하여 고려할 수 있을 뿐이다. 왜냐하면 권리남용 금지는 권리 자체의 제한이 아니고 권리행사의 제한에 지나지

않기 때문이다. 우리 판례는 8세 4개월된 원고의 친권자인 모가 원고의 유일한 재산을 타인에게 증여한 행위는 친권남용행위라고 하면서, 친권이 상실되어야 하는 것은 아니라고 하여, 명문규정이 있는 경우에도 신중한 자세를 보인다(대판 1997. 1. 24, 96다43928).

(5) 권리남용 금지 원칙 적용시 주의할 점

권리남용 금지의 원칙은 그 적용에 있어서 매우 신중하여야 한다. 만일 이를 지나치게 넓게 적용하고 권리남용을 너무 쉽게 인정하면 권리 자체를 부인하는 결과를 가져오기 때문이다.

Ⅳ. 의무의 이행 A-55

의무의 이행이란 의무자가 의무의 내용을 실현하는 행위를 하는 것을 말한다. 그것은 의무의 내용에 따라 작위행위일 수도 있고 부작위행위일 수도 있다. 예컨대 금전채무에 있어서는 금전지급행위가, 건축을 하지 않기로 한 채무에서는 건축을 하지 않는 부작위행위가 의무이행이다.

의무의 이행은 의무를 발생시킨 계약 또는 법률규정에 맞게 하여야 한다. 그뿐만 아니라 신의에 좇아 성실하게 하여야 한다(2조 1항). 의무의 이행이 신의칙에 반하는 경우에는 의무의 이행으로 되지 않으며, 채무불이행 기타 위법행위로 되어 의무자에게 불이익을 발생시킨다.

제 6 절 권리의 보호

Ⅰ. 서 설 A-56

권리가 의무자나 그 밖의 자에 의하여 침해되는 경우에는 그에 대한 구제가 필요하게 되는데, 이것이 곧 「권리의 보호」의 문제이다. 과거에는 권리자가 스스로의 힘으로 권리를 구제하는 사력구제(私力救濟)가 인정되기도 하였으나, 근대에 와서는 권리구제는 원칙적으로 국가구제(공력구제(公力救濟))에 의하고 사력구제는 부득이한 경우에 한하여 예외적으로만 인정된다.

Ⅱ. 국가구제

국가가 권리를 보호하는 제도로는 재판제도와 조정제도가 있다.

1. 재판제도

의무자가 이행을 하지 않거나 다른 방법으로 권리가 침해된 경우에는, 권리자는 법원에 재판을 청구할 수 있다(헌법 27조·101조). 이때 법원은 사실인정을 한 뒤에 법을 해석·적용하여 판단을 내리게 된다(A-23 이하 참조).

2. 조정제도

조정은 판사 — 또는 그와 학식·덕망이 있는 자로서 구성되는 조정위원회 — 가 당사자들의 주장을 서로 양보하게 하고 필요하면 중재의견을 제시하여 당사자들로 하여금 합의에 의하여 다툼을 원만하게 해결하게 하는 절차이다.

조정과 비슷하면서 다른 것으로 중재가 있다. 중재는 당사자가 합의에 의하여 선임한 제3자의 결정(중재판정)에 의하여 다툼을 해결하는 제도이다. 중재는 당사자의 양보를 묻지 않고 중재결과를 강제로 실현시킬 수 있는 점에서 조정과 다르다(중재법 35조 이하 참조). 그러나 이 방법은 당사자의 합의(중재계약)가 있는 경우에만 사용할 수 있을 뿐이어서 당사자의 자율적인 해결방법이라고 할 수 있다.

A-57 Ⅲ. 사력구제

다른 나라와 마찬가지로 우리 민법에서도 사력구제는 국가구제를 기다릴 여유가 없는 경우에 한하여 예외적으로 인정될 뿐이다. 그런데 그와 관련하여 민법은 정당방위와 긴급피난이 불법행위로 되지 않는다는 규정만 두고 있으며, 사력구제에 대하여는 일반적인 규정이 없다.

1. 정당방위

정당방위란 타인의 불법행위에 대하여 자기 또는 제3자의 이익을 지키기 위하여 부득이 타인에게 손해를 가하는 행위이다. 정당방위는 민법상 허용된다. 정당방위가 행위자의 불법행위로 되지 않아서 행위자에게 손해배상책임을 발생시키지 않는다는 데 대하여는 민법이 명문으로 규정하고 있다(761조 1항).

2. 긴급피난

긴급피난은 급박한 위난을 피하기 위하여 부득이 타인에게 손해를 가하는 행위이다. 긴급피난은 정당방위와 달리 적법한 침해에 대하여도 행하여질 수 있다. 이 긴급피난도 민법상 허용되며, 긴급피난행위도 정당방위처럼 불법행위로 되지 않는다(761조 2항).

3. 자력구제

자력구제는 청구권(물권적·채권적·가족권적 청구권)을 보전하기 위하여 국가기관의 구제를 기다릴 여유가 없는 경우에 권리자가 스스로의 힘으로 권리를 실현하는 행위이다. 자력구제와 정당방위·긴급피난의 차이에 관하여 통설은 후자들이 현재의 침해에 대한 방위행위인 데 대하여 전자는 주로 과거의 침해에 대한 회복인 점에서 다르다고 한다(사견도 같음).

민법은 자력구제에 관하여는 점유의 침탈이 있는 경우에 대하여만 규정을 두고 있다(209조). 그러나 점유침탈 이외의 경우에도 자력구제는 인정되어야 한다.

제3장 법률행위

학습의 길잡이 (본장 제1절 ~ 제3절)

본장에서는 ― 실제 사회에서는 전혀 사용하지 않지만 ― 민법에서는 가장 중요한 용어이자 제도인 법률행위에 관하여 서술한다. 그 중에 제1절부터 제3절까지는 구체적인 법률문제에 들어가기 전에 익혀야 할 법률행위에 관한 여러 이론을 적고 있다.

법률행위는 사법상 권리를 변동시키는 사유 가운데 하나이다. 그런데 그런 사유에 법률행위만 있는 것이 아니다. 여기서 권리변동이 무엇이고, 어떤 원인이 있으면 그것이 일어나며, 법률행위는 그중 어떤 위치를 차지하고 있는지 알 필요가 있다. 본장 제1절에서 그에 관하여 설명한다.

그러고 나서는 법률행위의 의의·성질, 그것과 사적 자치와의 관계 등을 기술한다. 그리고 법률행위의 불가결의 요소인 의사표시에 관하여 살펴보게 된다. 또한 법률행위가 성립하고 효력이 발생하기 위하여 갖추어야 하는 요건을 정리해 줄 것이다. 그것이 제2절이다. 이 제2절을 올바르게 이해해야 법률행위 문제를 오류 없이 설명할 수 있게 된다. 그리고 본장 제5절 이하에서 다루고 있는 법률행위에 관한 구체적인 법률문제는 거의 대부분이 법률행위의 효력요건과 관련되어 있는 것들이다.

제3절에서는 법률행위의 종류를 다루고 있다. 그 중에는 기본적인 분류인 단독행위·계약·합동행위와, 효력에 따른 분류인 채권행위·물권행위·준물권행위가 특히 중요하다.

제1절 권리변동의 일반이론

A-58 Ⅰ. 서설(법률요건에 의한 법률효과의 발생)

앞에서 본 바와 같이(A-28 참조), 사람(법인의 경우도 마찬가지이다)의 사회생활관계는 여러 방면에서 다양한 모습으로 존재한다. 그리고 그러한 생활관계 가운데 법의 규율을 받는 생활관계를 법률관계라고 하며, 법률관계는 대부분 권리의무관계(권리본위로 표현하면 권리관계)로 나타난다. 그런데 법률관계는 세상에 존재하지 않던 것이 처음으로 생겨나는가 하면(발생), 다른 것으로 바뀌기도 하고(변경), 또한 없어지기도 한다(소멸). 법률관계의 이러한 변화, 즉 발생·변경·소멸을 통틀어서 법률관계의 변동이라고 한다. 그리고 법률관계는 결국 권리관계로 나타나므로 법률관계의 변동은 권리의 변동(발생·변경·소멸)이라고 할 수 있다.

이와 같은 법률관계의 변동 내지 권리의 변동은 아무런 원인도 없이 생기는 것은 아니다. 그것은 일정한 원인이 있는 경우에 그 결과로서 발생한다. 이 **법률관계**(권리)**변동의 원인이 되는 것을 법률요건이라고 하고, 그 결과로서 생기는 법률관계**(권리)**변동을 법률효과라고** 한다. 예를 들어 본다. A는 B에게 그가 가진 그림 한 점을 100만원에 사라고 하였고, B는 그러겠다고 하였다. 이 경우에는 A와 B 사이에 그림의 매매계약이 성립한다. 그리고 이 매매계약의 결과로 B는 A에 대하여 그림의 소유권이전청구권을 가지게 되고, A는 B에 대하여 대금 100만원의 지급청구권을 가지게 된다(568조 참조). 이러한 예에서 B와 A에게 채권이 발생하게 되는 것이 곧 법률효과이고, 그 법률효과 발생의 원인이 된 매매계약이 법률요건이다.

Ⅱ. 권리변동(법률효과)의 모습 A-59

권리의 발생·변경·소멸을 줄여서 권리의 변동이라고 한다. 이것은 권리의 주체의 입장에서 보면 권리의 득실변경(得失變更)(취득·변경·상실)이 된다.

1. 권리의 발생(취득)

권리의 발생은 곧 권리의 취득인데, 이에는 원시취득과 승계취득이 있다.

(1) 원시취득(절대적 발생)

원시취득은 타인의 권리를 바탕으로 하지 않고서 원시적으로 취득하는 것이다. 원시취득되는 권리는 세상에 새로이 생겨난다(절대적 발생). 가옥의 신축에 의한 소유권취득, 선점(252조)·습득(253조)·취득시효(245조 이하)·선의취득(249조 이하)에 의한 소유권취득, 인격권·가족권의 취득이 그 예이다.

(2) 승계취득(상대적 발생)

승계취득은 타인의 권리를 바탕으로 하여 취득하는 것이다. 물건매매에 의한 소유권취득(물건매매에 의한 채권 취득은 원시취득이다), 상속에 의한 권리취득이 그 예이다. 승계취득은 다시 이전적 승계와 설정적(창설적) 승계로 나누어진다.

이전적 승계는 구 권리자의 권리가 동일성을 유지하면서 신 권리자에게 이전되는 경우이다. 이는 주체가 변경되는 것으로서 본래의 의미의 승계취득이라고 할 수 있다. 이전적 승계에는 각각의 권리가 각각의 취득원인에 의하여 승계되는 특정승계와, 하나의 취득원인에 의하여 여러 개의 권리가 한꺼번에 승계되는 포괄승계가 있다. 물건매매에 의한 소유권취득은 특정승계에 해당하고, 상속·포괄유증·회사합병에 의한 권리취득은 포괄승계에 해당한다.

설정적 승계는 구 권리자의 권리는 그대로 있으면서 신 권리자가 그 권리 위에 제한적인 내용의 권리를 새로이 취득하는 것이다. 소유권 위에 지상권·저당권 등의 제한물권이 설정되거나 임차권이 취득되는 경우가 그 예이다.

2. 권리의 소멸(상실)

권리의 소멸은 권리의 주체의 입장에서는 권리를 상실하는 것이다. 권리의 소멸에는 절대적 상실(소멸)과 상대적 상실(소멸)이 있다. 전자는 권리 자체가 사회에서 없어져 버리는 것이다. 목적물의 멸실에 의한 권리의 소멸, 소멸시효·변제에 의한 채권의 소멸이 그에 해당한다. 그에 비하여 후자는 권리가 없어지는 것은 아니고 주체가 변경되는 경우이다. 이는 다른 면에서 보면 승계취득 중 이전적 승계이다.

A-60 3. 권리의 변경

권리의 변경은 권리가 동일성을 유지하면서 주체·내용 또는 작용에 있어서 변화가 있는 것이다. ① 주체의 변경은 다른 면에서 보면 권리의 이전적 승계취득이다. ② 내용(객체)의 변경은 권리의 내용이 질적으로 또는 양적으로 변경되는 것이다. 물건의 인도채권이 채무불이행으로 인하여 손해배상채권으로 변하는 것(390조 참조)은 전자의 예이고, 물건 위에 제한물권(지상권·저당권 등)이 설정되거나 이미 설정된 제한물권이 소멸하는 것은 소유권의 내용이 감소되거나 증가되는 점에서 후자에 해당한다. ③ 작용의 변경은 권리의 작용(효력)에 관하여 변경이 있는 것으로서, 선순위저당권의 소멸로 인한 저당권 순위의 승진, 부동산 임차권의 등기에 의하여 대항력을 가지게 되는 것 등이 그 예이다.

〈권리변동의 모습〉

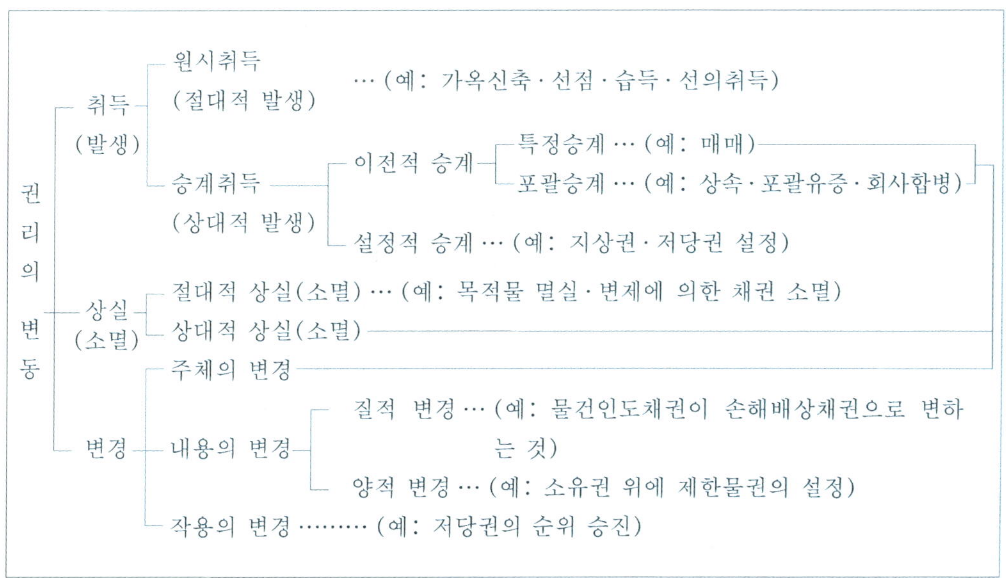

Ⅲ. 권리변동의 원인(법률요건과 법률사실) A-61

1. 법률요건

(1) 의 의

법률요건은「법률효과의 발생에 적합한 법적 상태」라고 정의할 수 있다. 이러한 법률요건은 법률사실로 구성되는데, 법률행위 중 계약이라는 법률요건의 경우에는 법률사실의 결합까지도 필요하게 된다. 계약은 둘 이상의 의사표시(이는 법률사실임)의 일치가 있어야 비로소 성립하여 법률요건이 되기 때문이다.

법률요건은 뒤에 살펴보게 되는 법률행위의 요건과는 구별된다. 후자는 법률요건의 일종인 법률행위에 있어서 그것이 성립하고 유효하기 위한 요건의 문제이다.

(2) 구체적인 예

법률요건 가운데 가장 대표적인 것은 법률행위이다. 그러나 법률요건에는 법률행위 외에도 준법률행위·불법행위·부당이득·사무관리 등 여러 가지가 있다.

2. 법률사실 A-62

(1) 의 의

법률요건을 구성하는 개개의 사실이 법률사실이다. 이러한 법률사실은 단독으로 또는 다른 법률사실(들)과 합해져서 법률요건을 이루게 된다. 예를 들면, 유언·취소·해제는 의사표시라는 하나의 법률사실이 곧바로 법률요건으로 된 것이고, 매매·임대차 등의 계약은 청약이라는 의사표시와 승낙이라는 의사표시(두 개의 법률사실)가 결합하여 하나의 법률요건으로 된 것이다.

(2) 분 류

전통적으로 문헌들은 법률사실을 크게 사람의 정신작용에 기초한 사실인 용태(容態)와 그렇지 않은 사실인 사건으로 나누고, 용태를 다시 세분해 왔다.

1) 용 태 용태는 사람의 정신작용에 기초한 법률사실이다. 용태에는 작위·부작위의 행위를 가리키는 외부적 용태와 내심적 의식에 불과한 내부적 용태가 있다.

(개) 외부적 용태 외부적 용태는 의사가 외부에 표현되는 용태이며 행위를 가리킨다. 여기의 행위에는 적극적인 행위인 작위뿐만 아니라 소극적인 행위인 부작위도 포함된다. 그러나 법률상의 행위는 법률사실로서 가치가 있는 것이어야 하므로 산책행위·의례적인 담화행위 등은 여기의 행위가 아니다. 외부적 용태(행위)는 법적 평가에 따라 적법행위와 위법행위로 나누어진다.

(a) 적법행위 적법행위는 법률이 가치가 있는 것으로 평가하여 허용하는 행위이다. 적법행위는 다시 의사표시와 준법률행위(법률적 행위)로 나누어진다. 나아가 준법률행위는 표현행위와 비표현행위(사실행위)로 나누어지고, 표현행위는 의사의 통지·관념의 통지·감정의 표시로 세분된다. 적법행위를 하나씩 살펴보기로 한다.

㉠ 의사표시 의사표시는 법률효과의 발생에 향하여진 사적인 의사표명으로서, 법률요건 가운데 가장 중요한 법률행위의 필수불가결한 요소가 되는 법률사실이다. 의사표시에 관하여는 뒤에 자세히 설명한다(A−71 이하 참조).

㉡ 의사의 통지 의사의 통지는 자기의 의사를 타인에게 통지하는 행위이다. 각종의 최고(88조·89조·131조·387조·540조·552조 등)와 확답촉구(15조)가 그에 속한다. 통설은 각종의 거절(16조 2항·132조 등)도 의사의 통지라고 하나, 거절의 경우에는 표시된 대로의 효과가 생기므로 의사표시라고 함이 옳다. 의사의 통지에 대하여는 — 모든 준법률행위에 관하여 그렇듯이 — 행위자의 의사를 묻지 않고 민법이 독자적인 평가에 의하여 법률효과를 부여하고 있다.

㉢ 관념의 통지 관념의 통지는 어떤 사실(특히 과거 또는 장래의 사실)을 알리는 행위이며, 사실의 통지라고도 한다. 사원총회 소집의 통지(71조)·대리권을 수여하였다는 통지(125조)·시효중단사유로서의 채무의 승인(168조)·채권양도의 통지 또는 승낙(450조)·공탁의 통지(488조)·승낙연착의 통지(528조) 등이 그 예이다.

㉣ 감정의 표시 이는 일정한 감정을 표시하는 행위이다. 배우자의 부정행위에 대한 용서(841조)·수증자의 망은행위(忘恩行爲)에 대한 용서(556조) 등이 그에 해당한다.

㉰ 사실행위 사실행위는 법률이 행위자의 의사와 관계 없이 법률효과를 부여하는 사실적인 결과에 향하여진 행위이다. 통설은 사실행위를 외부적 결과의 발생만 있으면 법률이 일정한 효과를 부여하는 순수 사실행위와, 그 밖에 어떤 의식과정이 따를 것을 요구하는 혼합 사실행위로 나누고 있다.

순수 사실행위의 예로는 주소의 설정(18조)·매장물의 발견(254조)·가공(259조)·저작물의 창조를 들 수 있다.

혼합 사실행위에 있어서는 사람의 의사가 뒤따라야 한다. 그러나 여기의 의사는 법률행위에 있어서의 의사와 다르며, 그리하여 자연적(사실적)인 의사라고 한다. 혼합 사실행위의 예로는 점유의 취득과 상실(192조)·유실물 습득(253조)·무주물 선점(252조)·사무관리(734조)·부부의 동거(826조)를 들 수 있다.

(b) 위법행위 위법행위는 법률이 가치가 없는 것으로 평가하여 허용하지 않는 행위이다. 위법행위의 경우에는 법질서가 행위자에게 불이익을 부과한다. 통설에 의하면, **민법상의 위법행위에는 채무불이행(390조)과 불법행위(750조 이하)가 있다**고 한다.

(나) 내부적 용태 이는 내심적 의식이다. 이 내부적 용태는 예외적으로만 법률사실 A-63
로 되고 있다. 내부적 용태에는 관념적 용태와 의사적 용태가 있다.

(a) 관념적 용태 이는 선의(어떤 사정을 알지 못하는 것)·악의(어떤 사정을 알고 있는 것)·정당한 대리인이라는 신뢰(126조) 등과 같이 일정한 사실에 관한 관념 또는 인식이 있느냐 없느냐의 내심적 의식을 말한다.

(b) 의사적 용태 이는 일정한 의사를 가지고 있느냐 없느냐의 내심적 과정을 가리킨다. 소유의 의사(197조)·제 3 자의 변제에 있어서의 채무자의 허용 또는 불허용의 의사(469조)·사무관리의 경우의 본인의 의사(734조) 등은 의사적 용태의 예이다.

2) 사 건 사건은 사람의 정신작용에 기초하지 않는 법률사실이다. 사람의 출생과 사망, 실종, 시간의 경과, 물건의 자연적인 발생과 소멸 등은 사건의 예이다.

〈법률사실의 분류〉

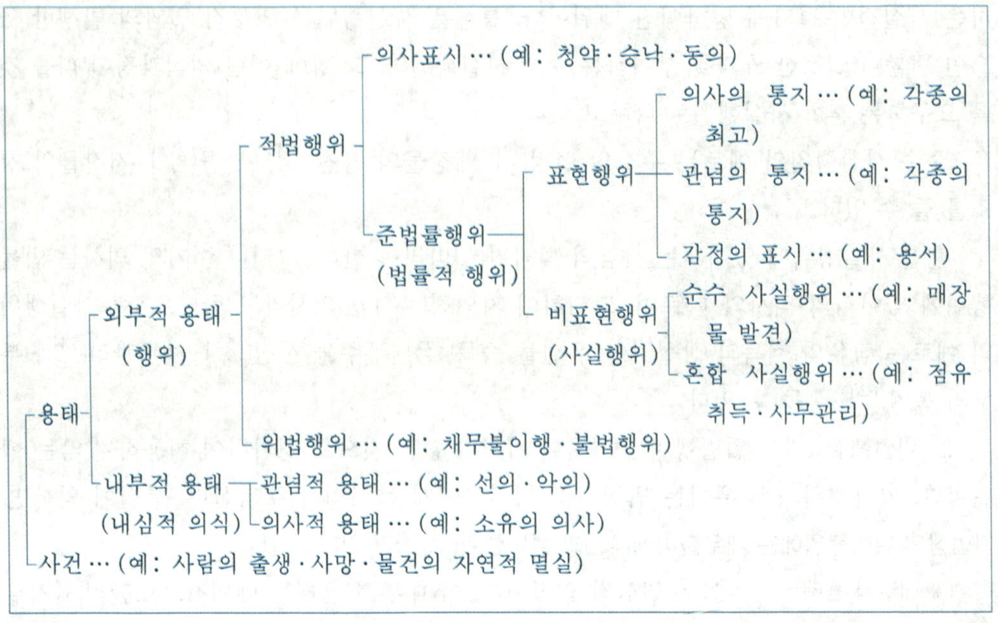

A-64 **Ⅳ. 법률요건으로서의 법률행위의 중요성**

이미 설명한 바와 같이, 어떤 법률요건이 있으면 권리변동이라는 법률효과가 발생하게 된다. 그런데 법률요건에는 법률행위 외에도 준법률행위·불법행위 등 여러 가지가 있다. 이러한 법률요건 가운데 가장 중요한 것은 법률행위이다. 그 이유는 당사자가 원하는 대로 법률효과가 발생하는 법률요건은 오직 법률행위밖에 없기 때문이다. 법률행위가 아닌 법률요건의 경우에는 당사자의 의사와는 관계 없이 법질서에 의하여 일정한 법률효과가 주어진다. 민법의 기본원리 중 하나인 사적 자치가 기본원리로 되어 있는 우리 민법상, 법률행위가 당연히 가장 중요한 법률요건이 되는 것이다. 사적 자치는 바로 법률행위에 의하여 법질서에서 실현되게 된다.

위에서, 법률행위의 경우에는 당사자가 원하는 대로의 효과가 발생한다고 하였는데, 그것은 구체적으로 어떤 의미인가? 법률행위에는 언제나 하나 또는 둘 이상의 의사표시가 있게 되는데, 그와 같은 법률행위에 의하여 발생하는 법률효과는 바로 그 법률행위의 구성요소인 의사표시에 의하여 당사자가 — 단독으로(단독행위의 경우) 또는 일치하여(계약의 경우) — 의욕한 것으로 표시된 바와 같은 효과이다. 여기서 법률행위의 핵심이 의사표시에 있음을 알 수 있다. 법률행위를 비롯한 법률요건들의 경우에 법률효과가 발생하는 것을 그림으로 나타내면 다음과 같다.

〈법률요건의 경우 법률효과 발생도〉

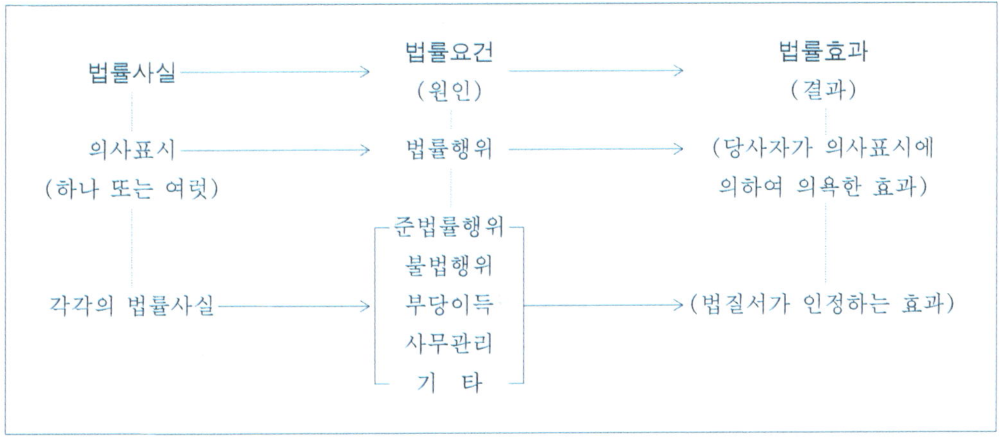

제 2 절 법률행위의 기초이론

I. 법률행위의 의의 및 성질 A-65

1. 의 의

민법은 제 1 편(총칙) 제 5 장의 제목을 「법률행위」라고 붙이고, 거기에서 법률행위에 관한 여러 가지 문제(사회질서 위반, 강행법규 위반, 해석, 의사의 흠결, 대리, 무효와 취소, 조건과 기한)를 규율하고 있다. 그 결과 법률행위는 민법에 있어서 가장 중요한 기본개념의 하나가 되고 있다. **법률행위는 「의사표시를 불가결의 요소로 하고 의사표시의 내용대로 법률효과가 발생하는 것을 법질서가 승인한 사법상의 법률요건」이라고 정의할 수 있다.**

[참고] 법률행위에 관한 간단한 정의

전술한 법률행위의 개념정의를 기억하기 어려우면 법률행위는 「의사표시를 불가결의 요소로 하는 법률요건」이라는 것으로라도 기억해야 한다.

2. 성 질

(1) 사법상의 법률요건

법률행위는 법률요건이다. 따라서 법률행위가 있으면 그로 인하여 법률효과가 발생하게 된다. 그 법률효과의 내용은 당사자가 의사표시에 의하여 표시한 대로이다. 그리고 법률행위는 사법상의 법률요건이며 그 점에서 행정법적인 의사표시를 요소로 하는 법률요건(이른바 법률행위적 행정행위)과 구별된다.

(2) 추상화개념으로서의 법률행위

법률행위는 구체적인 행위유형 모두를 총괄하기 위한 목적으로 발견된 개념이다. 법률행위라는 행위 자체는 존재하지 않으며, 존재하는 것은 오직 매매계약·채권양도·소유권양도·약혼·혼인·유언 등과 같은 구체적인 행위유형만이다. 법률행위는 이러한 행위유형을 추상화한 개념인 것이다.

A-66 (3) 의사표시와의 관계

법률행위는 의사표시를 필수불가결한 요소로 한다. 법률행위 가운데에는 하나의 의사표시만 있으면 의욕된 법률효과가 발생하는 경우도 있다. 그러한 때에는 의사표시와 법률행위는 일치한다. 해지(解止)가 그 예이다. 그러나 이는 예외에 속한다. 일반적으로 법률행위는 둘 이상의 의사표시를 필요로 한다. 계약이 전형적인 예이다. 계약에 있어서는 계약당사자의 복수의 의사표시(청약·승낙)가 결합하여 계약이라는 하나의 법률행위를 성립시킨다. 이러한 경우에는 의사표시는 법률행위의 구성부분에 불과하며, 양자는 결코 같은 것일 수 없다. 법률관계의 변동은 각각의 의사표시에 의하여가 아니고, 그것들이 결합한 것인 계약에 의하여 일어난다.

법률행위는 언제나 의사표시로만 구성되는 것은 아니다. 법률행위가 성립하기 위하여 의사표시 외에 다른 사실(사실행위·관청의 협력 등)이 더 필요한 경우도 있다. 예컨대 요물계약(계약금계약·대물변제 등)은 목적물의 인도가 있어야 성립하고, 혼인이 성립하려면 신고가 있어야 한다. 요컨대 **법률행위는 의사표시로만 구성되어야 하는 것은 아니지만 반드시 하나 또는 둘 이상의 의사표시를 포함하고 있어야 한다.** 그리고 이 의사표시는 법률행위의 본질적 구성요소로서 법률행위의 핵심이다. 그 결과 의사표시의 흠(무효·취소사유)은 곧바로 법률행위의 흠으로 된다.

(4) 의사표시의 내용에 따른 법률효과의 발생

법률행위가 있으면 행위자가 의욕한 것으로 표시된 바와 같이, 즉 의사표시의 내용대로 법률효과가 발생한다. 이 점에서 법률행위는 다른 법률요건과 차이가 있다. 법률행위 이외의 법률요건의 경우에는 법률효과가 당사자의 의사와는 관계 없이 법질서에 의하여 부여된다. 그리고 법률행위의 경우에 의사표시의 내용에 따른 법률효과가 발생하는 이유는 행위자가 의욕했기 때문만이 아니고 법질서도 그것을 승인했기 때문이다. 그 결과 때에 따라서는 법률행위에 의한 법률효과가 법질서에 의하여 전면적으로 부인되거나(103조·104조 참조) 제한될 수도 있다(가령 312조 1항).

Ⅱ. 사적 자치와 법률행위 제도 A-67

1. 사적 자치의 의의와 헌법적 기초

(1) 사적 자치의 의의

사적 자치라 함은 개인이 법질서의 한계 내에서 자기의 의사에 기하여 법률관계를 형성할 수 있다는 원칙을 말한다. 즉 개인이 법질서의 제한에 부딪치지 않는 한 자유로운 자기결정에서, 그리고 국가의 간섭이나 도움을 받음이 없이 법률관계를 규율할 수 있다는 원칙이다.

(2) 헌법적 기초

사적 자치는 인간의 일반적인 자기결정 원칙의 일부분이다. 그리고 자기결정의 원칙은 법질서에 선재(先在)하면서도 법질서에서 실현되어야 하는 가치로서 자유민주주의를 표방하는 모든 나라의 헌법이 이를 보장하고 있다. 그러나 이러한 자기결정의 원칙과 그 일부분으로서의 사적 자치가 헌법에서 반드시 명문으로 규정되어야만 하는 것은 아니다.

우리 헌법은 사적 자치에 관하여 직접 명시적으로 규정하고 있지는 않다. 그렇지만 사적 자치는 인간의 존엄과 가치 및 행복추구권을 규정한 헌법 제10조와 열거되지 않은 기본권도 보장됨을 분명하게 하고 있는 제37조 제 1 항에 의하여 헌법상 보장된다. 그 외에 개별적인 기본권들에 의하여 보충되고 있다(헌법 23조·15조·21조 1항·119조 등). 헌법재판소의 판례도 유사한 입장이다(헌재 1991. 6. 3, 89헌마204).

민법을 비롯한 사법질서는 이러한 헌법적 기초 위에서 사적 자치의 형식과 한계를 정하고 있다.

2. 사적 자치의 발현형식(영역) A-68

사적 자치의 발현형식은 — 정확하지는 않지만 — 사적 자치의 내용의 문제라고 할 수 있다. 그런데 이 문제는 우리나라 문헌에서는 「법률행위 자유의 원칙」이라는 제목 아래에서 설명되고 있다. 그러나 그러한 태도는 사적 자치의 귀결이 법률행위 자유임에도 불구하고 이를 역으로 설명하는 결과를 가져온다.

사적 자치의 발현형식에는 여러 가지가 있다. 가장 중요한 것으로서 계약의 자유가 있고, 그 밖에 단체(법인)결성의 자유, 유언의 자유, 권리행사의 자유도 있다.

법질서는 이러한 자유 이외에도 많은 영역에서 자유활동을 허용한다. 영업의 자유, 경쟁의 자유, 의견의 자유, 정보의 자유, 일반적인 행동의 자유 등이 그 예이다. 그러나 이들은 사적 자치에 속하지 않는다. 법질서는 이들에 대하여는 — 위에서의 것과 달리 — 자유로운 활동은 허용하되 그러한 활동에 법적 구속성을 부여하지는 않는다.

A-69 ### 3. 사적 자치의 실현수단으로서의 법률행위

(1) 사적 자치에 대한 법률행위의 의미

개인이 자기의 의사에 기하여 법률관계를 형성하는 것은 법률적으로 「법률행위」를 함으로써 가능하게 된다. 그리하여 법률행위는 사적 자치를 실현하는 수단이라고 설명된다.

(2) 법률행위의 효력근거

법률행위의 효력근거는 제 1 차적으로는 법률행위(당사자의 의사)에서 찾아야 한다(동지 Larenz, S. 302). 사적 자치가 인정되는 범위에서 법률행위에 의한 법률효과는 법률행위의 내용대로 발생하기 때문이다. 그렇지만 그러한 결과는 법질서가 시인하기 때문에 가능하게 된다. 법질서는 법률관계를 사적 자치적으로 형성할 수 있게 하되, 그 형식과 내용을 정해 놓고 그러한 유형의 것만 승인된 방식으로 하도록 하고 있다. 그런가 하면 한계를 정해 놓거나 추가요건을 요구하기도 한다(가령 103조, 사립학교법 28조). 결국 법률행위의 효력근거는 법률행위(당사자의 의사)와 법질서의 양자에서 찾아야 한다.

A-70 ### 4. 사적 자치의 한계

사적 자치는 법질서의 한계 내에서만 허용된다. 따라서 사적 자치에 관하여는, 그것이 인정되는 영역 외에 법질서가 설정하고 있는 한계도 살펴보아야 한다. 그러나 그 구체적인 내용은 해당하는 곳(특히 계약자유는 D-5·6)에서 보기로 하고 여기서는 전반적인 경향만을 적기로 한다.

역사적으로 보면 사적 자치는 19세기에는 광범위하게 인정되고 제약이 많지 않았다. 그 결과 경제는 이전과는 비교할 수 없을 정도로 발전하였다. 그런데 개인에게는 심각한 문제가 발생하였다. 경제력의 차이로 말미암아 모든 자에게 동등하게 보장된 사적 자치적인 자유는 모든 자에 의하여 동등하게 행사될 수 없었다. 예컨대 생산수단의 소유자인 기업이 재산이 없는 자와 고용계약을 체결하는 경우, 주택의 소유자와 임차인이 임대차계약을 맺는 경우에 기업이나 주택소유자는 그의 소유권을 유용하게 이용하여 자신에게 유리한 내용으로 계약을 체결하였다. 사적 자치의 영역에서 이러한 문제점이 발생하게 되자, 사적 자치에 관하여 보다 많은 제약이 가해져야 한다고 주장되었으며, 문제점을 해결하기 위한 입법(특히 노동법·경제법)이 행하여지기도 하였다. 그리고 민법의 계약법에서도 강행규정이 점차 더 늘게 되었다. 또한 경제적 약자 보호를 위한 특별법도 많이 제정되었다.

이처럼 19세기에 비하여 오늘날 사적 자치가 많은 제약을 받고 있는 현상을 우리 문헌은 대체로 법률행위 자유의 원칙의 「수정」이라고 설명하고 있다. 그러나 제약의 증가가 본질을 변경시키는 것은 아니므로 「수정」이라고 표현하는 것은 적절하지 않다.

Ⅲ. 법률행위의 구성요소로서의 의사표시 A-71

1. 의사표시의 의의

의사표시는「법률효과의 발생에 향하여진 사적인 의사표명」이라고 정의할 수 있다. 문헌에 따라서는 의사표시를「일정한 법률효과의 발생을 목적으로 하는 의사의 표시행위」라고 한다(이 정의의 문제점에 관하여는 민법총칙 [75] 참조).

의사표시는 법률행위에 불가결한, 그리고 본질적인 구성요소이다. 의사표시는 단독으로 또는 다른 의사표시 기타의 법률사실과 결합하여 법률행위를 형성한다. 이렇게 의사표시를 요소로 하여 성립한 법률행위는 하나의 법률요건으로서 법률효과를 발생하게 하는데, 그 효과는 바로 의사표시의 내용에 따른 것이다.

2. 의사표시의 이론 A-72

(1) 서 설

의사표시 이론은 의사표시가 효력을 가지는 근거는 어디에 있는가의 문제이다. 이러한 의사표시 이론은 무엇보다도 의사와 표시의 불일치, 특히 착오의 문제와 직접 관련된다. 그 때문에 종래 우리 문헌들은 이를「의사와 표시의 불일치」와 관련하여 설명하여 왔다. 그러나 의사표시 이론은 기본적으로 의사표시의 본질에 관한 것으로서, 의사와 표시의 불일치 외에 법률행위의 해석 등과 같은 의사표시 내지 법률행위의 여러 문제에 영향을 미친다. 따라서 의사표시 이론은 의사표시의 일반적인 문제로 논의되어야 한다.

(2) 독일의 이론

독일에서 의사표시 이론으로 주장되었거나 주장되고 있는 이론으로는 의사주의, 표시주의, 효력주의, 플루메(Flume)의 견해 등이 있다.

의사주의는 의사표시가 의사와 표시의 두 요소로 구성되어 있다는 전제에 서서, 그 가운데 의사가 결정적인 요소라고 하는 견해이다.

표시주의는 의사표시가 의사와 표시로 구성되어 있다고 보고서, 그 가운데 표시가 의사표시의 결정적 요소라고 하는 견해이다.

효력주의(Geltungstheorie)는 의사표시는 효력표시(Geltungserklärung)이고 의사와 표시로 나누어지지 않으며 일체로서 파악되어야 한다고 주장한다. 그리고 법률효력의 근거는 ― 분리할 수 없는 ― 의사와 표시에 공통적으로 존재한다고 한다.

독일 학자 플루메는 의사표시의 성질을 효력표시로 이해하고, 또 의사표시를 의사와 표시로 구분하지 않고 일체로 파악하는 점에서 효력주의에 찬성한다(Flume, S. 59). 그러나 그는 효력주의가 의사주의와 대립되는 것으로 생각하는 것은 옳지 않으며, 그것은 새롭게 이해된 의사주의라고 한다. 그리고 플루메에 의하면, 의사표시의 본질은「자기결정에서 법률관계를 창조적으로 형성하는 데」있다고 한다. 그리고 자기결정에는 자기책임도 포함되어 있어서 의사흠결의 경우에도 의사표시가 당연히 무효인 것은 아니며(의사주의의 무효 도그마에 반대함), 표시의 효력이 인정될 수 있다고 한다.

(3) 우리나라의 학설

의사표시 이론에 관한 우리의 학설 가운데 i) 압도적인 다수설은 우리 민법이 — 의사주의와 표시주의 사이의 — 절충주의를 취하고 있다고 한다. 그런데 이 다수설은 실질적으로는 표시주의의 입장으로 보인다. 그에 비하여 ii) 소수설은 플루메의 견해를 바탕으로 하여 개인의 의사를 보다 강조하는 견해(이를 스스로 신 의사주의라고 함)를 주장하고 있다. 나도 종래 소수설과 본질적으로 같은 견해를 취하여 왔다(주해(2), 129면 이하(송덕수)).

A-73 3. 의사표시의 구성요소

(1) 서 설

일반적으로 문헌에서는 의사표시를 기본적으로 의사와 표시로 나누고, 또 의사를 다시 세분한 뒤, 이들 가운데 어떤 것(들)이 의사표시를 구성하는 요소인가에 관하여 논하고 있다. 그러나 의사표시는 의사와 표시라는 독립적인 요소로 구분될 수 없다. 그 문제는 오히려 현실적으로 의사와 표시가 분리되어 있는 비정상적인 경우를 어떻게 해결하여야 하는가의 관점에서 다루어져야 한다.

의사표시의 구성요소로서 문제되는 것으로는 행위의사·표시의사·효과의사·표시행위를 들 수 있다. 그런데 이들 가운데 앞의 셋은 의사적 요소이므로, 의사표시의 구성요소에 대하여는 의사적 요소로서의 그 셋과 표시행위(표시적 요소)로 나누어 기술하는 것이 바람직하다.

A-74 (2) 의사적 요소

1) 행위의사 행위의사라 함은 외부적인 용태, 즉 행위를 한다는 의식(의사)이다. 말을 하거나 일정한 동작을 하거나 단순히 침묵하는 것과 같이 의식적으로 행위하는 자는 모두 이러한 행위의사를 가지고 있다. 그러나 가령 의식불명상태·최면상태 또는 수면상태에서 말을 하는 경우, 저항할 수 없는 폭력에 의하여 서면에 날인하게 된 경우, 단순히 반사적으로 행동한 경우에는 행위의사가 없다. 행위의사가 없는 경우에는 의사표시는 존재하지 않는다.

2) 표시의사(표시의식) 표시의사 또는 표시의식은 법적으로 의미 있는 표시행위를 한다는 의식이다. 표시의식은 단순히 행위를 한다는 의식인 행위의사, 그리고 구체적인 법률효과에 향하여진 의사인 효과의사와 구별된다. 표시의식이 없는 경우의 예로는 축하장이

라고 생각하고서 어음에 기명날인하는 경우를 들 수 있다.

표시의식이 의사표시의 구성요소인가에 관하여는 i) 긍정설과 ii) 부정설이 대립하고 있다. 그러나 표시의사는 의사표시의 요소의 문제로 논의되어서는 안 된다. 오히려 표시의사가 없는 경우에도 표시된 대로 효력을 발생하는가의 관점에서 다루어져야 한다. 민법은 이 경우에 관하여 명문의 규정을 두고 있지 않다. 그렇지만 표시의사가 없는 경우는 효과의사가 없음을 표의자가 모르는 착오의 경우(109조)와 유사하므로, 제109조를 적용하는 것이 바람직하다.

3) 효과의사 효과의사는 일정한(어떤 구체적인) 법률효과의 발생에 향하여진 의사이다. 효과의사는 구체적인 법률효과를 내용으로 하는 점에서 일반적·추상적인 법률효과의식인 표시의식과 구별된다. 예컨대 A가 B에게 편지로 매도청약을 하면서 대금을 980만원으로 쓰려고 하였으나 잘못하여 890만원으로 쓴 경우에는, A에게는 법적으로 의미 있는 표시를 하려는 의식 즉 표시의식은 있으나, 890만원에 팔겠다고 하는 효과의사는 없다. A-75

효과의사는 표시행위로부터 추단되는 의사인「표시상의 효과의사」인가, 표의자가 가지고 있었던 실제의 의사(진의, 내심의 의사)인「내심적 효과의사」인가? 여기에 관하여는 i) 의사표시의 요소가 되는 것은 표시상의 효과의사뿐이라는 표시상의 효과의사설과, ii) 효과의사의 본체는 내심적 효과의사라고 하는 내심적 효과의사설(사견도 같음)이 대립하고 있다. 그리고 판례는 법률행위의 해석과 관련하여 의사표시의 요소가 되는 것은 표시상의 효과의사라고 한다(대판 2002. 6. 28, 2002다23482 등).

효과의사도 표시의식과 마찬가지로 의사표시의 요소인가의 면에서 다루어지지 않아야 하며, 오히려 효과의사가 없는 경우에 표시된 대로 효력이 발생하는가의 관점에서 다루어져야 한다. 효과의사(내심적 효과의사)가 없는 경우에는 진정한 의미에서 자기결정에 의한 법률관계의 형성은 존재하지 않는다. 그렇지만 자기결정에는 자기책임이 포함되어 있으므로, 법질서는 사적 자치에 기하여 일정한 경우에는 상대방의 신뢰보호를 위하여 일단 표시된 대로 효력을 발생하게 할 수 있다(107조 내지 109조 참조).

(3) 표시행위(표시) A-76

1) 의 의 표시행위(표시)는 효과의사를 외부에서 인식할 수 있도록 표명하는 행위이다. 표시행위는 여러 가지 방식으로 행하여질 수 있다. 말이나 글뿐만 아니라 머리를 끄덕이거나 가로젓는 것과 같은 동작과 심지어 침묵도 표시행위로 될 수 있다.

2) 표시행위의 방식(명시적 표시와 묵시적 표시) 표시행위에는 명시적인 것(명시적 표시)과 묵시적인 것(묵시적 표시)이 있다. 명시적 표시는 효과의사가 표시행위에서 직접 표현된 경우이고, 묵시적 표시는 행위자가 일정한 행위로써 직접적으로는 다른 목적을 추구하지만 그로부터 간접적으로 효과의사를 추단할 수 있는 경우이다(이설 있음).

A-77 **3) 묵시적 표시** 묵시적 표시에는 추단적 행위에 의한 표시(어떤 문헌은 이를 포함적 의사표시라고 함)와 침묵에 의한 표시가 있다.

먼저 추단적 행위에 의한 표시를 본다. 추단적 행위는 직접 효과의사의 표명을 목적으로 한 것은 아니지만 그로부터 일정한 효과의사를 추단할 수 있는 행위이다. 이러한 추단적 행위도 비록 간접적이기는 하지만 효과의사를 표현하는 것이고, 따라서 표시행위이다. 그 결과 의사표시로서의 효과가 발생하게 된다. 추단적 행위에 의한 의사표시는 유상으로 제공된 급부를 이용하는 경우에 자주 행하여진다. 가령 식당의 식탁 위에 놓여져 있는 빵을 손님이 먹은 경우, 어떤 자가 전차에 승차하거나 전기·수도·가스 등을 사용하거나 자신의 차를 유료주차장에 주차시키는 경우에 그렇다(사실적 계약관계론에서는 뒤의 예의 경우에는 의사표시가 아니고 행위에 의하여 계약이 성립한다고 하나, 이는 옳지 않다. D-45·46 참조). 의사실현(D-43 참조)도 추단적 행위에 의한 표시이다(532조)(이설 있음).

다음에 침묵에 의한 표시를 본다. 침묵은 원칙적으로 표시행위가 될 수 없다. 그러나 침묵을 효과의사의 표현이라고 인식시키는 특별한 사정이 존재하는 경우에는, 침묵은 표시행위로 인정될 수 있다. 예컨대 당사자 사이에 명시적으로 침묵이 일정한 의미(동의 또는 거절)를 가진다는 데 합의가 있는 경우, 사단법인 총회에서 의장이 결의에 반대하는 사원은 손을 들라고 하는 경우에 그렇다. 이와 같은 특별한 사정이 없는 경우에는, 가령 청약자가 침묵은 승낙의 의사표시로 보겠다고 하여도, 상대방은 아무런 대답을 할 필요가 없으며, 그의 침묵은 승낙의 표시로 해석될 수 없다.

4) 의제된 의사표시 민법은 일정한 추단적 행위나 특히 침묵이 있는 경우에 의사표시가 없음에도 불구하고 의사표시가 있는 것으로 간주(의제)하는 규정을 두고 있다(15조·145조·639조·1026조 등). 그러한 경우에 법률규정에 의하여 인정된 추인·취소·단순승인·승낙 등은 법률에 의하여 의제된 것이므로 의제된 의사표시라고 한다. 그러나 의제된 의사표시는 결코 의사표시가 아니다. 추인·취소 등과 같이 의사표시에 해당하는 표현은 법률이 법률효과를 결정하기 위한 보조수단으로 의사표시 개념을 빌려 사용한 것에 불과하다.

[참고] 전자적 의사표시의 문제

근래 전자적 의사표시 또는 자동화된 의사표시에 관하여 논의가 되고 있다. 전자적 의사표시는 의사표시가 컴퓨터와 같은 자동화된 설비에 의하여 행하여지는 경우를 가리킨다. 이러한 의사표시의 법률상의 취급에 관하여는, 통상의 의사표시와 마찬가지로 보아야 한다는 견해가 통설이다.

Ⅳ. 법률행위의 요건 A-78

1. 서 설

법률행위가 그 법률효과를 발생하려면, 여러 가지의 요건을 갖추어야 한다. 그런데 이론적으로는 법률행위가 먼저 성립하고 그 뒤에 비로소 유효·무효가 문제되기 때문에, 우리의 다수설은 법률행위의 요건을 법률행위가 성립하기 위한 요건인 성립요건과 그것이 유효하기 위한 요건인 효력요건 내지 유효요건으로 구분한다. 그리고 성립요건과 효력요건은 모두 법률행위 일반에 공통하는 요건(일반적 성립요건·일반적 효력요건)과 개별적인 법률행위에 특유한 요건(특별성립요건·특별효력요건)으로 다시 세분하고 있다.

2. 성립요건

성립요건은 법률행위의 존재가 인정되기 위하여 필요한 최소한의 외형적·형식적인 요건이다. 성립요건에는 모든 법률행위에 공통하는 일반적 성립요건과, 개별적인 법률행위에 대하여 특별히 요구되는 특별성립요건이 있다.

(1) 일반적 성립요건

일반적 성립요건은 모든 법률행위에 대하여 요구되는 성립요건이다. 종래에는 대체로 일반적 성립요건으로 ① 당사자, ② 목적, ③ 의사표시의 셋을 들었다. 그러나 당사자와 목적은 의사표시 안에 포함되므로 의사표시 외에 당사자와 목적을 열거하는 것은 불필요하다. 그렇다고 하여 의사표시만을 언급하는 것은 불충분하다. 왜냐하면 계약의 경우에는 하나 또는 각각의 의사표시만으로 법률행위(계약)가 성립하지는 않으며, 의사표시의 일치인 합의가 있어야 하기 때문이다. 따라서 법률행위의 일반적 성립요건은 법률행위의 성립에 필요한 의사표시(단독행위의 경우) 또는 의사표시의 일치, 즉 합의(계약의 경우)라고 하여야 한다.

(2) 특별성립요건

이는 개별적인 법률행위에 대하여 추가적으로 더 요구되는 성립요건이다. 특별성립요건의 예로는 요식행위에 있어서의 일정한 방식(가령 혼인에 있어서 일정한 방식의 신고. 812조 참조), 요물계약에서의 목적물의 인도 기타의 급부 등을 들 수 있다.

3. 효력요건(유효요건) A-79

효력요건은 이미 성립한 법률행위가 효력을 발생하는 데 필요한 요건이며, 이것도 역시 일반적인 것과 특별한 것으로 세분될 수 있다.

(1) 일반적 효력요건

일반적 효력요건은 모든 법률행위에 공통적으로 요구되는 효력요건이며, 여기에는 여러 가지가 있다.

우선 당사자에게 의사능력과 행위능력이 있어야 한다(의사능력·행위능력에 관하여는 본장 제 5 절 참조). 그에 비하여 권리능력(권리의 주체가 될 수 있는 지위 또는 자격)은 성립요건에 따르는 문제로 보아야 한다. 왜냐하면 권리능력이 없는 자의 의사표시는 의사표시로서의 존재가 인정되지 않기 때문이다.

법률행위의 목적(법률행위에 의하여 달성하고자 하는 법률효과)이 확정할 수 있어야 하고, 실현가능하여야 하고, 적법하여야 하며, 사회적 타당성을 지니고 있어야 한다(본장 제 6 절 참조).

의사표시에 관하여 의사와 표시가 일치하고, 사기·강박에 의한 의사표시가 아니어야 한다(본장 제 7 절 참조).

(2) 특별효력요건

이는 일정한 법률행위에 특유한 효력요건이다. 특별효력요건의 예로는, 대리행위에 있어서 대리권의 존재, 미성년자·피한정후견인(동의가 유보된 경우)의 법률행위에 있어서 법정대리인의 동의, 유언에 있어서 유언자의 사망, 정지조건부 법률행위에 있어서 조건의 성취, 시기부 법률행위에 있어서 기한의 도래, 토지거래 허가구역 안에서 체결하는 토지에 관한 계약에 있어서 시장·군수·구청장의 허가(「부동산 거래신고 등에 관한 법률」 11조), 학교법인(사립학교의 경우)의 기본재산 처분에 있어서 관할청의 허가(사립학교법 28조) 등을 들 수 있다.

〈법률행위의 요건〉

	성립요건	효력요건
일반요건	법률행위의 성립에 필요한 의사표시(단독행위의 경우) 또는 의사표시의 일치 즉 합의(계약·합동행위의 경우) 〈참고〉 다수설은 당사자·목적·의사표시라고 함.	당사자의 의사능력·행위능력 법률행위의 목적의 확정·가능·적법·사회적 타당성 의사표시에 관하여 의사와 표시가 일치하고 사기·강박에 의한 의사표시가 아닐 것
특별요건	(예) 요식행위에 있어서의 일정한 방식, 요물계약에 있어서의 목적물의 인도 기타의 급부	(예) 대리행위－대리권의 존재 미성년자·피한정후견인(동의가 유보된 경우)의 법률행위－법정대리인의 동의 유언－유언자의 사망 정지조건부 법률행위－조건의 성취 시기부 법률행위－기한의 도래 토지거래 허가구역 안에서의 토지에 관한 계약－시장·군수·구청장의 허가 학교법인의 기본재산 처분－관할청의 허가

제 3 절 법률행위의 종류

Ⅰ. 서 설 A-80

법률행위는 여러 가지 표준에 의하여 그 종류를 나눌 수 있다. 이하에서는 통상적으로 설명되고 있는 법률행위의 종류를 적어 보기로 한다.

Ⅱ. 단독행위 · 계약 · 합동행위

법률행위는 그것의 요소인 의사표시의 수와 모습에 따라 단독행위·계약·합동행위로 나누어진다. 이는 법률행위의 분류 가운데 가장 기본적인 것이다.

1. 단독행위

단독행위는 하나의 의사표시에 의하여 성립하는 법률행위이며, 일방행위라고도 한다. 그것은 하나의 의사표시만으로 성립하는 점에서 복수의 의사표시를 필요로 하는 계약·합동행위와 구별된다.

단독행위는 상대방이 있느냐에 따라 상대방 있는 단독행위와 상대방 없는 단독행위로 세분된다. ① 상대방 있는 단독행위는 상대방에 대하여 행하여지는 단독행위이다. 그런데 여기의 상대방이 반드시 특정인이어야 하는 것은 아니다. 대부분은 특정인이겠으나 불특정 다수인을 상대방으로 하는 경우도 있다. 동의·채무면제·추인·취소·상계·해제·해지 등은 전자의 예이고, 현상광고(675조 참조)를 단독행위로 본다면 그것은 후자의 예이다. 이들 중 특정한 상대방에 대하여 행하여지는 단독행위는 의사표시가 상대방에게 도달하여야 효력이 발생한다(111조 1항). ② 상대방 없는 단독행위는 상대방이 존재하지 않는 단독행위이다. 상대방 없는 단독행위는 대체로 의사표시가 있으면 곧 효력이 발생하나, 관청의 수령이 있어야만 효력이 발생하는 것도 있다. 유언·재단법인 설립행위·권리(예컨대 소유권)의 포기는 전자의 예이고, 상속의 포기(1041조), 채권자에 의한 공탁의 승인(489조)은 후자의 예이다.

2. 계 약 A-81

(1) 의 의

계약의 의의는 넓은 의미의 것과 좁은 의미의 것의 두 가지가 있다. ① **넓은 의미에서 계약이라고 하면, 둘 이상의 서로 대립하는 의사표시의 일치에 의하여 성립하는 법률행위를 말한**

다. 이는 반드시 여러 개의 의사표시가 필요하다는 점에서 단독행위와 다르고, 그 여러 개의 의사표시의 방향이 평행적·구심적이 아니고 대립적·교환적인 점에서 합동행위와 차이가 있다. 넓은 의미의 계약에는 채권계약뿐만 아니라 물권계약·준물권계약·가족법상의 계약 등도 포함된다. 그에 비하여 ② **좁은 의미의 계약은 채권계약, 즉 채권의 발생을 목적으로 하는 계약만을 가리킨다.** 이러한 채권계약과 구별하기 위하여 다른 계약의 경우에는 합의라고 표현하기도 한다(예컨대 소유권이전의 합의·혼인의 합의). 우리 민법에는 증여·매매·임대차와 같은 15가지의 전형적인 채권계약이 규정되어 있다(554조 이하). 그러나 사적 자치 내지 계약자유의 원칙상 규정되지 않은 종류의 계약도 얼마든지 체결될 수 있다.

(2) 계약의 성립

민법은 넓은 의미의 계약의 성립에 관하여는 일반적인 규정을 두고 있지 않다. 단지 채권계약에 대하여만 채권법 중 계약법(527조 이하)에서 규율하고 있을 뿐이다.

보통의 계약(낙성계약)은 계약당사자의 의사표시의 일치 즉 합의가 있어야 성립한다. 의사표시의 일치 즉 합의는 당사자의 의사(진의)의 일치가 아니고 표시의 일치이다. 좀더 정확하게 말하면, 의사표시의 해석에 의하여 확정되는 표시행위들의 의미가 일치하는 것이다. 이러한 의사표시의 일치가 없는 경우에는 이른바 불합의가 되어, 설사 당사자가 합의가 있다고 믿고 있더라도(무의식적인 불합의) 계약은 — 극히 적은 예외를 제외하고는 — 성립하지 않는다(자세한 사항은 D-31 이하 참조). 그리고 계약이 성립하지 않으면 계약의 유효·무효는 아예 문제가 되지 않는다. 법률행위의 유효한 성립을 전제로 하는 취소(가령 착오의 경우)도 마찬가지이다.

계약을 성립시키는 합의는 보통 청약과 승낙에 의하여 행하여진다. 그런데 민법은 그 외에 의사실현(532조)과 교차청약(533조)에 의하여서도 계약이 성립할 수 있음을 규정하고 있다. 의사실현은 승낙의 의사표시로 인정되는 사실이다. 그리고 교차청약은 서로 청약을 한 경우이다.

3. 합동행위

합동행위(合同行爲)는 평행적·구심적으로 방향을 같이하는 둘 이상의 의사표시의 일치로 성립하는 법률행위이다. 그것은 여러 개의 의사표시를 요하는 점에서 단독행위와 다르고, 그 여러 개의 의사표시가 방향을 같이하며, 각 당사자에게 동일한 의미를 가지고 또 같은 법률효과를 가져오는 점에서 계약과 구별된다. 사단법인의 설립행위가 그 전형적인 예이다.

Ⅲ. 요식행위 · 불요식행위 A-82

법률행위는 그것이 일정한 방식에 따라서 행하여져야 하느냐 여부에 의하여 요식행위와 불요식행위로 나누어진다. 요식행위(要式行爲)는 일정한 방식에 따라 하여야만 효력이 인정되는 법률행위이고, 불요식행위(不要式行爲)는 방식에 구속되지 않고 자유롭게 행하여질 수 있는 법률행위이다. 우리 법상 법률행위는 원칙적으로 불요식행위이다. 다만, 법률규정 또는 당사자의 합의에 의하여 일정한 방식이 요구된 경우에는 예외이다. 법률은 행위자로 하여금 신중하게 행위를 하게 하거나 또는 법률관계를 명확하게 하기 위하여 일정한 방식을 요구하는 때가 있다. 유언(1060조)·법인 설립행위(40조·43조)·인지(859조)·입양(878조)·혼인(812조)·후견계약(959조의14 2항) 등이 그 예이다. 그런가 하면 외형을 신뢰하여 신속하고 안전하게 거래를 할 수 있도록 하기 위하여 방식을 요구하는 때도 있다. 어음·수표 등의 유가증권에 관한 행위가 그 예이다.

Ⅳ. 생전행위 · 사후행위(사인행위)

법률행위는 그 효력이 행위자의 생전에 발생하는가 사망 후에 발생하는가에 따라 생전행위(生前行爲)·사후행위(死後行爲)로 나누어진다. 보통의 법률행위는 생전행위이나, 유언(1060조 이하)·사인증여(562조)는 사후행위이다. 사후행위는 사인행위(死因行爲)라고도 한다.

Ⅴ. 채권행위 · 물권행위 · 준물권행위 A-83

법률행위는 그것에 의하여 발생하는 법률효과에 따라 채권행위·물권행위·준물권행위로 나누어진다. 이는 매우 중요한 분류이다.

채권행위(債權行爲)는 채권을 발생시키는 법률행위이다. 증여·매매·임대차가 그 예이다. 채권행위는 의무부담행위라고도 한다. 채권행위가 있으면 채권자는 채무자에 대하여 일정한 행위(이행행위 내지 급부)를 청구할 수 있는 권리만 가질 뿐, 존재하는 권리가 직접 변동되지는 않는다. 그러므로 채권행위에 있어서는 채무자가 그의 채무를 이행하는 때에 비로소 완전히 목적을 달성하게 된다. 이러한 채권행위는 이행이라는 문제를 남긴다는 점에서 물권행위·준물권행위와 다르다.

물권행위(物權行爲)는 물권의 변동을 목적으로 하는 의사표시(물권적 의사표시)를 요소로 하여 성립하는 법률행위이다. 예컨대 소유권이전행위·저당권설정행위가 그에 해당한다. 물권행위는 채권행위와 달리 직접 물권을 변동시키고 이행의 문제를 남기지 않는다. 다만,

법률이 물권행위 외에 등기·인도와 같은 다른 요건(이른바 공시방법)을 더 갖추어야 물권 변동이 일어나도록 규정할 수는 있으며, 그때에는 물론 물권행위 외에 그 다른 요건도 갖추어야 한다. 우리 민법은 그러한 입장에 있다(186조·188조 참조). 그에 관하여는 물권법에서 자세히 다룬다.

준물권행위(準物權行爲)는 물권 이외의 권리를 종국적으로 변동시키고 이행이라는 문제를 남기지 않는 법률행위이다. 채권양도·지식재산권 양도·채무면제 등이 그 예이다.

채권행위·물권행위·준물권행위의 구별은 법률행위의 효과에 의한 구별이기 때문에 단독행위·계약 등의 분류와는 차원을 달리한다. 그 결과 채권행위·물권행위·준물권행위에는 단독행위인 것도 있고 계약인 것도 있다. 채권행위 가운데 매매와 같은 채권계약은 모두 계약이나, 유증·현상광고(이설 있음) 등은 단독행위이다. 물권행위 중에도 소유권의 포기·제한물권의 포기는 단독행위에 속하고, 소유권 이전의 합의·저당권 설정의 합의는 계약이다. 그리고 준물권행위에 있어서도 채권양도·지식재산권 양도는 계약이지만, 채무면제는 단독행위이다.

물권행위·준물권행위는 모두 처분행위에 해당한다. 이러한 처분행위는 처분권자의 처분권을 전제로 한다. 그리하여 처분권 없는 자의 처분행위는 무효이다.

A-84 Ⅵ. 재산행위·가족법상의 행위

법률행위는 그것이 재산상의 법률관계에 관한 것인가, 가족법상의 법률관계에 관한 것인가에 따라 재산행위와 가족법상의 행위로 나누어진다. 가족법상의 행위는 신분행위라고도 한다. 예컨대 매매·임대차·소유권이전행위 등은 재산행위이고, 혼인·입양·인지 등은 가족법상의 행위이다. 상속법상의 행위는 1990년 민법 개정 후에는 재산행위로 보아야 한다.

A-85 Ⅶ. 출연행위·비출연행위

방금 본 재산행위는 출연행위(出捐行爲)와 비출연행위(非出捐行爲)로 나누어진다. 출연행위는 자기의 재산을 감소시키고 타인의 재산을 증가하게 하는 법률행위이고, 비출연행위는 타인의 재산을 증가하게 하지는 않고 자기의 재산을 감소시키거나 또는 직접 재산의 증감을 일어나게 하지 않는 행위이다. 매매 임대차 등의 채권계약·소유권양도행위·저당권설정행위·채권양도 등은 출연행위이고, 소유권 포기·대리권 수여 등은 비출연행위이다. 출연은 출재라고도 하므로, 출연행위는 출재행위라고도 할 수 있다. 출연행위는 다시 다음과 같이 세분된다.

1. 유상행위 · 무상행위

출연행위에는 자기의 출연에 대하여 상대방으로부터도 그것에 대응하는 출연(대가적 출연)을 받는 것과 그렇지 않는 것이 있다. 앞의 것이 유상행위(有償行爲)이고, 뒤의 것이 무상행위(無償行爲)이다. 매매·임대차·고용 등은 유상행위의 예이고, 증여·사용대차·무이자 소비대차는 무상행위의 예이다.

2. 유인행위 · 무인행위

출연행위는 다른 법률관계(법률행위 또는 법률규정)를 전제로 하여 행하여진다. 이러한 경우에 출연행위의 전제가 되는 법률관계를 출연의 원인(causa)이라고 한다. 그런데 출연행위 중에는, 이와 같은 출연의 원인이 존재하지 않으면(불성립 또는 무효) 효력이 생기지 않는 것이 있는가 하면, 원인이 존재하지 않더라도 그대로 유효한 것이 있다. 앞의 것이 유인행위(有因行爲)이고, 뒤의 것이 무인행위(無因行爲)이다.

출연행위는 유인행위임이 원칙이다. 그러나 법률은 일정한 경우에는 원인의 존재와 관계 없이 출연행위를 유효하게 다룬다. 무인행위의 전형적인 예로 어음행위를 들 수 있다. 한편 물권행위가 유인행위인가 무인행위인가에 대하여는 견해가 대립하고 있다(B-36·37 참조).

VIII. 신탁행위 · 비신탁행위 A-86

재산행위의 특수한 형태로 신탁행위라고 하는 것이 있다. 그리고 우리 법상 인정되는 신탁행위에는 신탁법에서 말하는 신탁을 설정하는 법률행위(신탁법 2조·3조 1항 참조)와 민법학상의 신탁행위의 두 가지가 있다. 여기서는 그 중에 민법에서 의미를 가지는 후자만을 설명한다.

민법학상의 신탁행위는 어떤 경제적인 목적을 달성하기 위하여 당사자 일방이 상대방에게 그 목적달성에 필요한 정도를 넘는 권리를 이전하면서, 상대방으로 하여금 그 이전받은 권리를 당사자가 달성하려고 하는 경제적 목적의 범위 안에서만 행사하게 하는 법률행위이며, 동산의 양도담보·추심을 위한 채권양도가 그에 해당한다.

제 4 절 법률행위의 해석

학습의 길잡이

법률행위의 해석은 매우 중요한 법률문제이다. 그럼에도 불구하고 과거 우리나라에서는 그에 대한 연구가 아주 적었다. 그런데 근래 의미 있는 연구에 의해 새로운 이론이 주장되고, 그 이론이 학설은 물론 판례에 의하여도 채용되었다. 특히 자연적 해석 방법이 그렇다.

법률행위의 해석은 계약의 성립과 직결되는 문제이다. 따라서 그 두 가지는 항상 연계하여 검토해야 한다. 그리고 규범적 해석의 표준이 되고 있는 관습에 관하여 살펴볼 때는 관습법과의 관계에 유의해야 한다.

사 례 (신사례 [1]번 문제)

어느 지역의 312번지와 313번지의 두 토지를 소유하고 있는 A는 그중 312번지를 매도하려고 그 토지를 B에게 보여 주었고 B도 만족하여 A와 B는 토지의 매매계약을 체결하였다. 그런데 A와 B는 그들이 직접 살펴본 토지의 지번이 313인 것으로 잘못 알고 계약서에 매매목적 토지를 313번지로 기재하였고, 그에 기하여 313번지의 토지에 관하여 소유권이전등기도 마쳤다.

이 경우에 A와 B 사이에 매매계약이 성립하는가? 그리고 토지의 소유권이 이전되는가? (사례의 해결: A-94)

A-87 Ⅰ. 법률행위 해석의 의의

법률행위의 해석이라 함은 법률행위의 내용을 확정하는 것을 말한다. 법률행위의 내용을 확정하는 이러한 해석은 법률행위에 대한 어떤 판단(예컨대 불합의·착오 등의 존재)을 하기 위한 전제가 되기 때문에, 해석은 법률가의 가장 중요한 임무 가운데 하나이다.

법률행위의 해석은 의사표시가 존재하는지 여부의 검토를 포함한다. 의사표시의 부존재의 확정도 법률행위의 내용의 확정에 속하기 때문이다. 다음 단계에서는 의사표시 또는 법률행위가 어떤 내용을 가지는가를 명백히 하여야 한다. 법률행위 자체의 내용을 밝히는 것 외에(밝히는 해석 또는 단순한 해석), 법률행위에 규율의 틈이 있는 경우에는 그것을 보충하여야 한다(보충적 해석). 논리적으로 분리되어야 하는 해석의 이러한 두 단계, 즉 의사표시의 존재 여부 결정과 그 내용 결정은 실무에서는 자주 한꺼번에 행하여진다.

[참고] 계약당사자의 확정

일반적으로 계약의 당사자가 누구인지를 결정하는 것은 그 계약에 관여한 당사자의 의사표시의 해석의 문제이다(대판 2023. 6. 15, 2022다247422 등). 그리하여 당사자들의 의사가 일치하는 경우에는 그 의사에 따라 계약의 당사자를 확정해야 하나, 당사자들의 의사가 합치되지 않는 경우에는 의사표시 상대방의 관점에서 합리적인 사람이라면 누구를 계약의 당사자로 이해하였을 것인지(사견으로는 「누구를 당사자로 이해했어야 하는지」)를 기준으로 판단해야 한다(대판 2023. 6. 15, 2022다247422 등). 계약의 당사자를 확정하는 이러한 해석은 근래 우리 실무에서 특히 타인의 명의를 빌려 그 자의 명의로 계약을 체결하거나(A-136·219 참조) 행위자가 자신이 마치 타인인 것처럼 그 타인의 명의를 사용하여 계약을 체결하는 경우에(A-207 이하 참조) 많이 문제된다.

「실제 계약을 체결한 행위자가 자신의 이름은 특정하여 기재하되 불특정인을 추가하는 방식으로 계약서상 당사자를 표시한 경우(즉, 실제 계약체결자의 이름에 '외 ○인'을 부가하는 형태), 그 계약서 자체에서 당사자로 특정할 수 있거나 상대방의 입장에서도 특정할 수 있는 특별한 사정이 인정될 수 있는 당사자만 계약당사자 지위를 인정할 수 있다.」(대판 2023. 6. 15, 2022다247422. 위 특별한 사정의 인정 여부는 신중하게 판단해야 한다고 함)

Ⅱ. 법률행위 해석의 목표 A-88

법률행위의 내용을 확정하는 것이 법률행위의 해석이라고 할 때, 어떠한 것을 그 내용으로 인식할 것인가, 다시 말해서 무엇을 내용으로 찾아내야 하는가가 문제된다. 이를 법률행위 해석의 목표라고 할 수 있다.

여기에 관하여 학설은 몇 가지로 나뉘어 있다(학설 및 사견은 민법총칙 [89] 참조). 그리고 판례는 오래 전에는 당사자의 진의를 탐구하여 해석하여야 하는 것이라고 하였으나(대판 1977. 6. 7, 75다1034 등), 근래에는 당사자가 표시행위에 부여한 객관적인 의미를 명백하게 확정하는 것이라고 한다(대판 1996. 10. 25, 96다16049 등 다수).

판 례 법률행위의 해석

(ㄱ) 「법률행위의 해석은 당사자가 그 표시행위에 부여한 객관적인 의미를 명백하게 확정하는 것으로서, 서면에 사용된 문구에 구애받는 것은 아니지만 어디까지나 당사자의 내심적 의사의 여하에 관계 없이 그 서면의 기재내용에 의하여 당사자가 그 표시행위에 부여한 객관적 의미를 합리적으로 해석하여야 하는 것이고, 당사자가 표시한 문언에 의하여 그 객관적인 의미가 명확하게 드러나지 않는 경우에는 그 문언의 내용과 그 법률행위가 이루어진 동기 및 경위, 당사자가 그 법률행위에 의하여 달성하려는 목적과 진정한 의사, 거래의 관행 등을 종합적으로 고려하여 사회정의와 형평의 이념에 맞도록 논리와 경험의 법칙, 그리고 사회 일반의 상식과 거래의 통념에 따라 합리적으로 해석하여야 한다.」(대판 1996. 10. 25, 96다16049. 따름 판례도 많음)

(ㄴ) 「계약당사자 사이에 어떠한 계약내용을 처분문서인 서면으로 작성한 경우에 문언의 객관적인 의미가 명확하다면, 특별한 사정이 없는 한 문언대로의 의사표시의 존재와 내용

을 인정하여야 하지만, 그 문언의 객관적인 의미가 명확하게 드러나지 않는 경우에는 그 문언의 내용과 계약이 이루어지게 된 동기 및 경위, 당사자가 계약에 의하여 달성하려고 하는 목적과 진정한 의사, 거래의 관행 등을 종합적으로 고찰하여 사회정의와 형평의 이념에 맞도록 논리와 경험의 법칙, 그리고 사회일반의 상식과 거래의 통념에 따라 계약내용을 합리적으로 해석하여야 하고, 특히 당사자 일방이 주장하는 계약의 내용이 상대방에게 중대한 책임을 부과하게 되는 경우에는 그 문언의 내용을 더욱 엄격하게 해석하여야 한다.」(대판 2002. 5. 24, 2000다72572)

(ㄷ) 대법원은, 법률행위의 해석의 방법에 관한 (ㄱ) 판결의 법리와, 「특히 당사자 일방이 주장하는 계약의 내용이 상대방에게 중대한 책임을 부과하게 되는 경우에는 더욱 엄격하게 해석하여야 한다」는 (ㄴ) 판결 후단의 법리를 인정한 뒤, 「이러한 이치는 거동에 의한 묵시적 법률행위에 있어서도 다르지 않다」고 한다(대판 2018. 12. 27, 2015다73098).

(ㄹ) 「처분문서라 할지라도 그 기재 내용과 다른 명시적, 묵시적 약정이 있는 사실이 인정될 경우에는 그 기재 내용과 다른 사실을 인정할 수는 있으나, 그와 같은 경우에도 주채무에 관한 계약과 연대보증계약은 별개의 법률행위이므로 처분문서의 기재 내용과 다른 명시적, 묵시적 약정이 있는지 여부는 주채무자와 연대보증인에 대하여 개별적으로 판단하여야 한다.」(대판 2011. 1. 27, 2010다81957)

A-89 Ⅲ. 법률행위 해석의 주체 · 객체

1. 주 체

법률행위 해석은 궁극적으로 법원, 즉 법관에 의하여 행하여진다. 이러한 법관의 해석권은 당사자에 의하여 침해될 수 없다. 따라서 가령 계약사항에 대하여 이의가 발생한 경우 일방 당사자의 해석에 따른다는 조항이 있더라도 이는 법관의 법률행위 해석권을 구속하지는 못한다(대판 1974. 9. 24, 74다1057).

2. 객 체

해석의 객체는 그로부터 하나의 의사표시가 추론되어야 하는 구체적인 용태 또는 구체적인 표명이다(가령 전화호출 · 서류 1매 · 고개를 끄덕임). 즉 표시행위가 해석의 객체로 된다.

A-90 Ⅳ. 법률행위 해석의 방법

1. 개 관

법률행위 해석의 방법을 설명하기 전에 먼저 해석의 분류에 관하여 살펴보기로 한다.

법률행위의 해석을 의사표시의 해석과 계약의 해석으로 구별할 필요는 없다. 법률행위는 의사표시를 불가결의 요소로 하므로, 법률행위의 해석은 결국은 의사표시의 해석이 되기 때문이다.

그에 비하여 의사표시가 상대방 있는 것이냐에 따른 구별은 하여야 한다. 유언과 같은 상대방 없는(대부분 수령을 요하지 않는) 의사표시에 있어서는 보호하여야 할 상대방이 없기 때문에 상대방 있는 의사표시에 비하여 표의자의 의사가 더욱 존중되어야 한다.

그리고 상이한 객체를 문제삼는 위에서의 분류와는 달리, 동일한 법률행위에 있어서 해석은 기본적으로 법률행위(의사표시)의 의미를 밝히는 해석과 법률행위에서 규율되지 않은 부분, 즉 틈이 있는 경우에 그것을 보충하는 해석으로 나누어진다. 이 두 해석 가운데 밝히는 해석(단순한 해석)이 먼저 시작되어야 한다. 왜냐하면 보충적인 해석은 밝히는 해석의 결과 드러나는 틈을 전제로 하기 때문이다. 그리고 밝히는 해석에 있어서는, 유언과 같은 상대방 없는 의사표시의 경우에는 표의자의 진정한 의사가 탐구되어야 한다. 그러나 상대방 있는 의사표시의 경우에는 다르다. 그때에는 원칙적으로 표시의 객관적·규범적 의미가 탐구되어야 한다. 이를 규범적 해석이라고 한다. 그런데 여기에는 예외가 있다. 의사표시의 당사자 쌍방이 표시를 — 그것이 다의적일지라도 — 사실상 같은 의미로 이해한 경우에 그렇다. 이 경우에는 표의자와 상대방이 일치하여 생각한 의미로 확정되어야 한다. 이를 자연적 해석(또는 당사자의 사실상 일치하는 이해의 확정으로서의 해석)이라고 한다. 이렇게 볼 때, 상대방 있는 의사표시의 밝히는 해석에는 규범적 해석과 자연적 해석이 있게 된다. 이 가운데 해석의 첫 단계는 자연적 해석이며, 그것에서 당사자의 사실상 일치하는 이해가 확정될 수 없는 경우에 비로소 규범적 해석이 파악한다. 그리고 규범적 해석의 결과 법률행위의 틈이 발견되는 때에는 보충적인 해석이 행하여지게 된다.

유언 기타 상대방 없는 의사표시의 해석에 관하여는 뒤에 따로 정리하기로 하고(A-94), 아래에서는 보통의 경우인 상대방 있는 의사표시의 해석에 관하여서만 자연적 해석·규범적 해석·보충적 해석의 순으로 해석방법을 기술하기로 한다.

2. 자연적 해석 A-91

어떤 일정한 표시에 관하여 당사자가 사실상 일치하여 이해한 경우에는, 그 의미대로 효력을 인정하여야 하는데, 이를 자연적 해석이라고 한다. 이에 의하면 사실상 일치하여 의욕된 것(의사의 일치)은 문언의 일반적인 의미에 우선한다. 이러한 자연적 해석은 로마 상속법에서 인정되었던 「그릇된 표시는 해가 되지 않는다」(falsa demonstratio non nocet)는 법리가 발전한 것이다. 그 때문에 **그릇된 표시(falsa demonstratio)의 법리**라고 할 수도 있다. 가령 일본에 유학 중인 한국 학생들이 금전을 대차하면서 빌려주는 자나 빌리는 자 모두가 일본 화폐 단위인「엔」으로 생각하면서 한국 화폐 단위인「원」이라고 말한 경우에는, 표시에도 불구하고「엔」으로 해석된다.

과거 우리 문헌은 자연적 해석을 알지 못하였다. 그러나 1980년대 후반 이후 독일의 이론을 받아들인 새로운 법률행위 해석이론이 주장된 뒤(송덕수, "법률행위의 해석," 경찰대 논문집 6집, 237면 이하; 이영준(1987), 272면 이하), 이제는 거의 모두가 이를 인정하고 있다. 판례도 과거에는 이를 정면으로 인정한 것이 없었으나, 근래 부동산 매매계약에 있어서 당사자 쌍방이 모두 지번 등에 착오를 일으켜 실제로 합의하지 않은 토지를 계약서에 매매목적물로 기재한 경우에 관하여, 계약서에 기재된 토지가 아니고 실제로 합의된 토지가 매매목적물이라고 하여(대판 1996. 8. 20, 96다19581·19598[핵심판례 14면] 등), 자연적 해석의 원리에 따른 결과를 인정하였다. 그리고 대법원은 타인의 이름으로 계약을 체결한 경우의 당사자 결정에 관하여 — 자연적 해석 및 규범적 해석을 바탕으로 하여 새롭게 만들어진 — 사견(민사판례연구 16집, 71면 이하; 사법연구 2집, 335면 이하 참조)을 그대로 채용함으로써(대판 2003. 12. 12, 2003다44059 등 다수), 자연적 해석의 법리를 간접적으로 받아들이기도 하였다. 그런가 하면 최근에는 — 전술한 사견과 동일하게 — 자연적 해석(상대방이 표의자의 의사를 알 수 있었던 경우는 자연적 해석을 하지 않음)과 규범적 해석을 추상적인 법리로 명확하게 판시하였다(대판 2017. 2. 15, 2014다19776·19783). 그리고 다른 판결에서, 계약 내용이 명확하지 않은 경우 계약서의 문언이 계약 해석의 출발점이지만, 당사자들 사이에 계약서의 문언과 다른 내용으로 의사가 합치된 경우에는 그 의사에 따라 계약이 성립한 것으로 해석해야 한다고 하였다(대판 2018. 7. 26, 2016다242334 등). 이 판결은 이어서, 계약당사자 쌍방이 모두 동일한 물건을 계약 목적물로 삼았으나 계약서에는 착오로 다른 물건을 목적물로 기재한 경우 계약서에 기재된 물건이 아니라 쌍방 당사자의 의사합치가 있는 물건에 관하여 계약이 성립한 것으로 보아야 하고, 이러한 법리는 계약서를 작성하면서 계약상 지위에 관하여 당사자들의 합치된 의사와 달리 착오로 잘못 기재하였는데 계약 당사자들이 오류를 인지하지 못한 채 계약상 지위가 잘못 기재된 계약서에 그대로 기명날인이나 서명을 한 경우에도 동일하게 적용될 수 있다고 하였다(대판 2018. 7. 26, 2016다242334). 그런가 하면 계약서가 복수의 언어본으로 작성되거나 하나의 계약서에 복수의 언어가 사용되었는데 사용된 언어의 내용이 일치하지 않는 경우에, 당사자의 의사가 어느 한쪽을 따르기로 일치한 때에는, 그에 따라야 한다고 한다(대판 2025. 1. 23, 2024다243172. 그렇지 않은 때에는 계약 해석 방법에 따라 그 내용을 확정해야 한다고 함).

판 례 자연적 해석과 규범적 해석

「당사자들이 공통적으로 의사표시를 명확하게 인식하고 있다면, 그것이 당사자가 표시한 문언과 다르더라도 당사자들의 공통적인 인식에 따라 의사표시를 해석하여야 한다. 그러나 의사표시를 한 사람이 생각한 의미가 상대방이 생각한 의미와 다른 경우에는 의사표시를 수령한 상대방이 합리적인 사람이라면 표시된 내용을 어떻게 이해하였다고 볼 수 있는지를 고려하여 의사표시를 객관적·규범적으로 해석하여야 한다.」(대판 2017. 2. 15, 2014다19776·19783)

3. 규범적 해석 A-92

(1) 규범적 해석의 방법

자연적 해석이 행하여질 수 없는 경우에는 규범적 해석이 행하여진다. 규범적 해석은 상대방(표시 수령자)의 이해가능성(수령자시계. 受領者視界)에 의하여 행하여져야 한다. 구체적으로는 여러 사정 하에서 적절한 주의를 베푼 경우에 상대방이 이해했어야 하는 표시행위의 의미를 탐구하여야 한다. 상대방이 실제로 어떻게 이해하였는가는 중요하지 않다. 상대방이 합리적인 자라면 제반사정 하에서 표시행위를 어떻게 이해했어야 하느냐가 결정적이다. 판례도 같은 견지에 있다(대판 2017. 2. 15, 2014다19776 · 19783).

(2) 규범적 해석의 표준

1) 표시행위에 따르는 제반사정 규범적 해석의 제 1 의 표준은 표시행위에 따르는 모든 사정이다. 즉 모든 사정을 고려하여 의사표시의 의미내용을 탐구하여야 하는 것이다. 그런데 여기의 사정은 표시행위 당시에 존재하는 것만이다. 사정의 예로는 당사자의 모든 용태, 계약을 상의하면서 표시한 것들, 법률행위의 목적, 표시행위의 장소·시간 등을 들 수 있다.

2) 관 습 여러 사정의 고려 하에 법률행위의 내용을 확정할 수 없는 경우에는 관습 내지 거래관행을 고려하여 해석하여야 한다. 민법은 제106조에서 관습이 법률행위 해석의 표준이 됨을 규정하고 있다. 제106조의 해석상 강행규정에 위반되는 관습은 해석의 표준이 될 수 없다. 신의성실 또는 선량한 풍속 기타 사회질서에 반하는 관습도 마찬가지로 새겨야 할 것이다. 임의규정과 다른 관습이 있는 경우에는 관습이 임의규정에 우선하여 해석의 표준이 된다. 강행규정·임의규정의 어느 것도 없는 사항에 관한 관습도 해석표준으로 된다. 그리고 제106조가 적용되는 것은 당사자의 의사가 명확하지 않은 경우이다.

제106조에 의하여 법률행위 해석의 표준이 되는 관습은 제 1 조의 관습법과 어떤 관계에 있는가? 여기에 관하여 학설은 크게 i) 구별 인정설과 ii) 구별 부정설로 나누어지고, 그 내부에서 다시 세분된다(학설과 사견은 민법총칙 [93] 참조). 그리고 판례는 법적 확신의 유무에 의하여 관습법과 사실인 관습은 구별되며, 관습법은 법칙으로서 효력이 있는 것이나, 사실인 관습은 당사자의 의사를 보충함에 그친다고 한다(대판 1983. 6. 14, 80다3231).

법률행위의 해석에 있어서 관습의 존부가 문제되는 경우에는 법관은 당연히 직권으로 그 존부를 판단하여야 한다. 판례는 직권으로 판단할 수 있다고 하면서도(대판 1977. 4. 12, 76다1124), 당사자가 그 존재를 주장·증명하여야 한다고도 한다(대판 1983. 6. 14, 80다3231).

(판 례) 관습법과 사실인 관습

「관습법이란 사회의 거듭된 관행으로 생성한 사회생활규범이 사회의 법적 확신과 인식에 의하여 법적 규범으로 승인 강행되기에 이르른 것을 말하고 사실인 관습은 사회의 관행에 의하여 발생한 사회생활규범인 점에서는 관습법과 같으나 다만 사실인 관습은 사회의 법적 확신이나 인식에 의하여 법적 규범으로서 승인될 정도에 이르지 않은 것을 말하여 관습법은 바로 법원으로서 법령과 같은 효력을 갖는 관습으로서 법령에 저촉되지 않는 한 법칙으로서의 효력이 있는 것이며 이에 반하여 사실인 관습은 법령으로서의 효력이 없는 단순한 관행으로서 법률행위의 당사자의 의사를 보충함에 그치는 것이다.

일반적으로 볼 때 법령과 같은 효력을 갖는 관습법은 당사자의 주장 입증을 기다림이 없이 법원이 직권으로 이를 확정하여야 하나 이와 같은 효력이 없는 사실인 관습은 그 존재를 당사자가 주장 입증하여야 한다고 파악할 것이나 그러나 사실상 관습의 존부 자체도 명확하지 않을 뿐만 아니라 그 관습이 사회의 법적 확신이나 법적 인식에 의하여 법적 규범으로까지 승인된 것이냐 또는 그에 이르지 않은 것이냐를 가리기는 더욱 어려운 일이므로 법원이 이를 알 수 없을 경우 결국은 당사자가 이를 주장 입증할 필요에 이르게 될 것이다.

한편 민법 제1조의 관습법은 법원으로서의 보충적 효력을 인정하는 데 반하여 같은 법 제106조는 일반적으로 사법자치(이는 「사적 자치」를 가리키는 것으로 보임. 이하 같음: 저자 주)가 인정되는 분야에서의 관습의 법률행위의 해석기준이나 의사보충적 효력을 정한 것이라고 풀이할 것이므로 사법자치가 인정되는 분야 즉 그 분야의 제정법이 주로 임의규정일 경우에는 위와 같은 법률행위의 해석기준으로서 또는 의사를 보충하는 기능으로서 이를 재판의 자료로 할 수 있을 것이나 이 이외의 즉 그 분야의 제정법이 주로 강행규정일 경우에는 그 강행규정 자체에 결함이 있거나 강행규정 스스로가 관습에 따르도록 위임한 경우 등 이외에는 이 관습에 법적 효력을 부여할 수 없다고 할 것인바, 가정의례에 관한 법률에 따라 제정된 가정의례준칙(1973. 5. 17. 대통령령 제6680호) 제13조는 사망자의 배우자와 직계비속이 상제가 되고 주상은 장자가 되나 장자가 없는 경우에는 장손이 된다고 정하고 있으므로 원심인정의 관습이 관습법이라는 취지라면(원심판시의 취지로 보아 관습법이라고 보여지나 반드시 명확하지는 않다) 관습법의 제정법에 대한 열후적, 보충적 성격에 비추어 그와 같은 관습법의 효력을 인정하는 것은 관습법의 법원으로서의 효력을 정한 위 민법 제1조의 취지에 어긋나는 것이라고 할 것이고 이를 사실인 관습으로 보는 취지라면 우선 그와 같은 관습을 인정할 수 있는 당사자의 주장과 입증이 있어야 할 것일 뿐만 아니라 사실인 관습의 성격과 효력에 비추어 이 관습이 사법자치가 인정되는 임의규정에 관한 것이어야만 비로소 이를 재판의 자료로 할 수 있을 따름이므로 이 점에 관하여도 아울러 심리 판단하였어야 할 것이므로, 따라서 원심인정과 같은 관습을 재판의 자료로 하려면 그 관습이 관습법인지 또는 사실인 관습인지를 먼저 가려 그에 따라 그의 적용 여부를 밝혔어야 할 것이다.」(대판 1983. 6. 14, 80다3231[핵심판례 4면])

3) 임의규정 제105조의 반대해석에 의하여 특별한 의사표시가 없는 경우 또는 A-93
의사표시가 불명료한 경우에는 임의규정을 적용하게 된다.

4) 신 의 칙 이상의 모든 표준에 의하여 의미가 확정될 수 없는 경우에는 신의칙에 따라서 확정하여야 한다.

(3) 규범적 해석에서의 몇 가지 문제

1) 보통거래약관의 해석 의사표시가 개별적인 경우의 사정에 의하여 해석되어야 한다는 원칙에 대하여는 하나의 예외가 인정되어야 한다. 즉 대량거래를 위한 보통거래약관은 획일적인 처리를 기본적인 목적으로 하고 있으므로, 구체적인 상대방의 사정에 의하여 해석하지 않아야 하며 평균적인 고객이 알았어야 하는 사정만을 고려하여 해석하여야 한다(D-14 참조). 우리의 「약관의 규제에 관한 법률」은 이를 명문화하고 있다(동법 5조 1항).

2) 판례의 이른바 예문해석 부동산의 임대차 등의 계약을 체결함에 있어서 계약서로 관용되는 서식에 경제적 강자에게 일방적으로 유리한 조항이 들어가 있는 경우가 있다. 그러한 조항을 예문(단순한 예로서 들어 놓은 문언)이라고 보아 당사자가 이 문구에 구속당할 의사가 없었음을 이유로 하여 무효라고 해석하는 것을 예문해석 또는 예문재판이라고 한다. 종래 판례는 이러한 예문해석을 해오고 있다(대판 2003. 3. 14, 2003다2109 등 다수). 이에 대하여 학자들은 비판적이다(학설과 사견은 민법총칙 [94] 참조).

4. 보충적 해석 A-94

보충적 해석은 틈 있는 법률행위의 보충을 의미한다. 보충은 모든 법률행위에서 행하여질 수 있으나 주로 계약에서 문제된다. 보충적 해석은 자연적 해석 또는 규범적 해석에 의하여 법률행위의 성립이 인정된 후에 비로소 문제된다.

보충적 해석은 법률행위에서의 틈(규율의 틈)의 존재를 전제로 한다. 보충적 해석의 전제가 되는 이러한 틈은 계약체결 당시부터 존재할 수도 있지만, 어느 계약조항이 무효로 되어 생길 수도 있고, 또 법률관계의 발전에 기초하여 사후에 생길 수도 있다.

법률행위에서 규율을 요하는 틈이 확정된 경우에는 — 고유한 — 보충적 해석에 앞서서 우선 임의규정이 파악하려고 할 것이다. 그런데 우리 민법에서는 제106조에 의하여 임의규정과 다른 관습이 있는 경우에 당사자의 의사가 명백하지 않은 때에는 관습에 의하여 보충되게 된다. 결국 우리 민법상 법률행위의 규율의 틈은 제 1 차적으로 관습에 의하여 보충되고, 관습이 없는 경우에는 임의규정에 의하며, 임의규정도 없거나 임의규정에 의하여 보충될 수 없는 때에는 마지막으로 제반사정 하에서 신의칙에 의하여 보충을 행하게 된다. 이들 중 마지막의 경우에 대하여만 더 보기로 한다.

법률행위의 규율의 틈이 임의규정에 의하여 보충되지 못한 경우에 비로소 고유한 의미의 보충적인 해석이 행하여진다. 그런데 이때의 해석표준에 대하여는, i) 양당사자의 가정적 의사를 탐구하여야 한다는 견해와, ii) 법률행위(계약)에서의 규율 기타의 사정 하에서 신의성실에 의하여 판단할 때 가장 적당한 결과가 탐구되어야 한다는 견해(사견)가 대립하고 있다. 그리고 판례는, 계약당사자 쌍방이 계약의 전제나 기초가 되는 사항에 관하여 구체적 약정을 하지 아니함에 따라 당사자의 의사를 보충하여 계약을 해석하는 경우, 보충되는 당사자의 의사는 당사자의 실제 의사 또는 주관적 의사가 아니라 계약의 목적, 거래관행, 적용법규, 신의칙 등에 비추어 객관적으로 추인되는 정당한 이익조정 의사를 말한다고 한다(대판 2024. 10. 25, 2023다206138). 대법원은 예전에 그 경우를 공통의 착오의 문제라고 하면서 동일한 법리를 인정하였는데(대판 2006. 11. 23, 2005다13288), 이 판결에서는 올바르게 보충적 해석으로 파악하였다(A-165 참조).

[참고] 상대방 없는 의사표시 특히 유언의 해석

상대방 없는 의사표시로 유언·권리의 포기·재단법인 설립행위 등이 있다. 이러한 상대방 없는 의사표시의 해석의 방법도 밝히는 해석(단순한 해석)과 보충적 해석으로 나누어진다. 그런데 상대방 없는 의사표시에 있어서는 보호해야 할 상대방이 없기 때문에 밝히는 해석의 경우 표의자의 진정한 의사를 탐구하는 방법으로 해석하여야 한다. 그리하여 규범적 해석은 인정되지 않는다. 그리고 의사표시에 규율의 틈이 있을 경우 그것을 채우는 해석(보충적 해석)도, 상대방 있는 의사표시에 있어서와 달리, 관습에 의한 보충은 배제되어야 하고, 드러난 표의자의 의사를 기초로 모든 사정을 고려할 때 가장 적당한 결과가 무엇인가를 탐구하는 방법으로 하여야 한다.

사례의 해결

사례의 경우에는 자연적 해석에 의하여 A와 B가 일치해서 의욕한 토지인 312번지에 관하여 매매계약이 성립한다.

그런데 소유권 이전은 전혀 일어나지 않는다. 312번지에 관하여는 물권행위는 있지만 등기가 없기 때문이고, 313번지에 관하여는 등기는 있지만 그 등기가 무효이고 또 물권행위가 없기 때문이다(사례: A-87)

제 5 절 행위능력

학습의 길잡이

본절에서 다루고 있는 행위능력은 법률행위의 일반적 효력요건 가운데 하나이다.

행위능력에 관한 민법규정은 2011년에 크게 개정되었다. 그 개정에 의해 제한능력자(협의)가 미성년자·피성년후견인·피한정후견인으로 변경되었고, 피특정후견인 제도가 신설되었다.

행위능력제도는 친족법의 친권(제 5 부 제 2 장 제 3 절)·후견(제 5 부 제 2 장 제 4 절)과 연관되어 있다. 그러므로 그것들에 대하여도 함께 공부해야 한다. 그리고 제한능력자의 후견인이 항상 법정대리인이 되는 것이 아님을 유의해야 한다. 한편 제한능력을 이유로 법률행위를 취소할 경우에 관하여는 법률행위의 취소(본장 제10절) 부분도 아울러 공부해야 한다. 그리고 취소된 법률행위에 기하여 이행을 한 경우에는 부당이득(제 4 부 제 4 장)이 문제됨을 기억해야 한다.

사 례 (신사례 [2]번 문제)

과외로 매월 60만원의 월급을 받고 있는 A는 18세 10개월이었을 때 B카드회사와 신용카드 이용계약을 체결하고 신용카드를 발급받은 다음, 그 카드를 이용하여 카드가맹점인 C홈쇼핑에서 33차례에 걸쳐 피자·의류·신발·영화표 등 합계 169만원 상당의 물품을 신용구매하였다(일부는 할부로 구입함). 그리고 B카드회사는 A와의 신용카드 이용계약에 따라 C홈쇼핑에 위 재화의 구입대금을 전액 지급하였고, A는 이용대금 169만원 중 15만원을 변제하였다. 그 후 A는 B카드회사와 C홈쇼핑에 자신이 미성년자인데 부모의 동의 없이 계약을 체결했다고 하면서, B카드회사에게는 신용카드 이용계약을 취소한다고 하고, C홈쇼핑에게는 물품구매계약 전부를 취소한다고 편지를 보냈다.

이 경우의 법률관계는 어떻게 되는가? (사례의 해결: A－103)

I. 서 언 A-95

앞서 본 바와 같이, 법률행위 당사자의 행위능력은 모든 법률행위가 효력을 발생하기 위하여 갖추어야 하는 요건(일반적 효력요건)이다. 그리고 행위능력이라고 할 때 행위가 바로 법률행위라는 점에서 알 수 있는 것처럼 행위능력은 법률행위에 관한 제도이다. 그러고 보면 행위능력에 관한 규정은 마땅히 법률행위 규정(제1편 제5장) 안에 두어졌어야 한다. 그런데 민법은 행위능력을 자연인에 관한 규정(제1편 제2장 인(人)) 가운데 「능력」이라는 표제(제1절)를 두고 그 안에서 권리능력과 함께 규율하고 있다.

행위능력 문제는 법인에 관하여도 생각할 수 있다. 그러나 법인에서는 — 뒤에 보는 것처럼(A－385·386 참조) — 권리능력이 있는 범위에서 행위능력이 인정되고, 구체적인 행위를 실제로는 이사(理事)와 같은 법인의 대표기관이 행하기 때문에 행위능력이 크게 문제되지 않는다. 따라서 여기서는 자연인의 행위능력만 다루기로 한다.

A-96 Ⅱ. 행위능력 일반론

1. 의사능력

행위능력을 설명하려면 먼저 의사능력에 관하여 살펴보아야 한다.

사람이 자신의 법률행위에 의하여 권리를 취득하거나 의무를 부담할 수 있으려면 일정한 지적 수준에 이르고 있어야 한다. 적어도 자신의 행위가 어떤 의미를 가지고 있는지는 알고 있었어야 한다. 왜냐하면 민법이 기본원리로 삼고 있는 사적 자치의 원칙상 개인은 자기의 「의사」에 기하여서만 법률관계를 형성할 수 있는데, 자신의 행위가 어떤 의미를 가지고 있는지조차 모르는 경우라면 결코 그의 「의사」에 기한 것이라고 할 수 없기 때문이다. 여기서 「자기의 행위의 의미나 결과를 합리적으로 예견할 수 있는 정신적인 능력 내지 지능」을 의사능력이라고 한다. 판례(대판 2022. 5. 26, 2019다213344[핵심판례 16면] 등 다수)와 통설도 같다.

의사능력이 있는지 여부는 구체적인 행위에 대하여 개별적으로 판단되며(대판 2022. 5. 26, 2019다213344 등 다수의 판결도 같다), 그것을 판정하는 객관적·획일적 기준은 없다. 그리하여 동일한 행위에 대하여 어떤 자는 의사능력이 있는데 같은 나이에 있는 다른 자는 없을 수도 있고(가령 지적 발육이 늦은 자), 또 동일한 자라도 어떤 행위에 대하여는 의사능력이 있는데(가령 장난감의 구입) 다른 행위에 대하여는 의사능력이 없을 수도 있다(가령 주식 매입). 의사무능력자의 예로 정신질환자, 만취자를 들 수 있다. 그리고 7세 미만의 자는 대체로 의사능력이 없다.

의사능력이 없는 자의 법률행위는 무효이다(이때 의사무능력자는 현존이익만 반환하면 된다(141조 단서의 유추적용). 대판 2009. 1. 15, 2008다58367). 통설과 판례(대판 2002. 10. 11, 2001다10113 등)도 같다. 의사무능력자가 동시에 — 후술하는 — 제한능력자이기도 한 경우에는, 그는 제한능력을 이유로 취소할 수도 있고 의사무능력을 이유로 무효를 주장할 수도 있다. 사람은 보통 의사능력을 갖추고 있는 것으로 보아야 하기 때문에, 의사무능력자의 행위의 경우에는 그 행위의 무효를 주장하는 자가 의사능력이 없었음을 증명하여야 한다(대판 2022. 12. 1, 2022다261237).

판 례 의사능력의 의의와 판단

「의사능력이란 자신의 행위의 의미나 결과를 정상적인 인식력과 예기력을 바탕으로 합리적으로 판단할 수 있는 정신적 능력 내지는 지능을 말하는바, 특히 어떤 법률행위가 그 일상적인 의미만을 이해하여서는 알기 어려운 특별한 법률적인 의미나 효과가 부여되어 있는 경우 의사능력이 인정되기 위하여는 그 행위의 일상적인 의미뿐만 아니라 법률적인 의미나 효과에 대하여도 이해할 수 있을 것을 요한다고 보아야 하고, 의사능력의 유무는 구체적인 법률행위와 관련하여 개별적으로 판단되어야 할 것이다.」(대판 2006. 9. 22, 2006다29358)

[참고] 책임능력

법률행위에 있어서 의사능력이 있는 것처럼, 불법행위에 있어서는 책임능력이 있다. **책임능력은 자기의 행위에 대한 책임을 인식할 수 있는 지능**을 가리키며, 이러한 능력이 없는 자의 행위(가해행위이고 법률행위가 아님)는 설사 타인에게 손해를 발생시켰더라도 불법행위로 되지 않으며, 따라서 손해배상 책임이 생기지 않는다. 책임능력이 있는지 여부도 구체적인 경우에 개별적으로 판단되어야 하나, 대체로 12세를 전후하여 갖추어지는 것으로 생각된다.

2. 행위능력 A-97

앞에서 설명한 바와 같이, 의사능력이 없는 자의 법률행위는 무효이다. 그런데 의사능력이 없이 법률행위를 한 자는, 그가 보호받으려면 법률행위 당시에 의사능력이 없었음을 증명하여야 한다. 그러나 그것은 여간 어려운 일이 아니다. 그런가 하면 그러한 증명이 된 경우에는, 이제 그것을 알 수 없었던 상대방이나 제 3 자가 예측하지 못한 손해를 입게 된다. 여기서 민법은 일정한 획일적 기준을 정하여, 이 기준을 갖추는 때에는 의사능력이 없었던 것으로 다루어 그 자가 단독으로 한 행위를 취소할 수 있도록 하고 있다. 이와 같이 객관적·획일적 기준에 의하여 의사능력을 객관적으로 획일화한 제도가 행위능력제도 또는 제한능력자제도이다. 그리고 여기에서 제한능력자에 해당하지 않을 만한 자격을 행위능력이라고 한다. 따라서 **행위능력은 「단독으로 완전하고 유효하게 법률행위를 할 수 있는 지위 또는 자격」**이다.

행위능력 내지 제한능력자제도는 법률행위에만 관련되는 것이다. 불법행위에 있어서는 개별적·구체적으로 책임능력 유무를 살피게 된다. 그리고 민법에서 보통 능력 또는 제한능력이라고 하면 그것은 행위능력 또는 행위능력의 제한능력을 가리킨다.

3. 민법상의 제한능력자제도 A-98

(1) 민법상의 제한능력자

2011. 3. 7.에 개정된 민법(2013. 7. 1. 시행)은 제 1 편(총칙) 제 2 장(인) 제 1 절(능력)에서 넓은 의미에서 행위능력이 제한되는 자(보호가 필요한 자) 즉 제한능력자로 미성년자(4조)·피성년후견인(9조)·피한정후견인(12조)·피특정후견인(14조의 2)의 네 가지를 규정하고 있다. 그런데 피특정후견인은 행위능력상 전혀 제약을 받지 않는다. 그렇지만 피특정후견인도 법정후견을 받기 때문에 여기에 함께 규정한 것이다. 그리고 피한정후견인은 원칙적으로는 행위능력을 가지며, 가정법원이 피한정후견인이 한정후견인의 동의를 받아야 하는 행위의 범위를 정하는 경우에만(13조 참조) 행위능력을 제한받게 된다. 결국 개정된 민법상 **행위능력이 제한되는 좁은 의미의 제한능력자로는 미성년자·피성년후견인·피한정후견인**(예외적인 경우)**의 셋이 있게 된다.** 그리고 보호를 받아야 하는, 그리하여 법정후견을 받는 넓은 의미의 제한능력자에는 위의

좁은 의미의 제한능력자 외에 피특정후견인이 속하게 된다.

(2) 제한능력자에 관한 규정의 성격

제한능력자에 관한 규정은 강행규정이다. 그리고 이 규정은 재산행위를 모범으로 한 것이므로, 가족법상의 행위에는 원칙적으로 적용되지 않는다. 가족법에는 이에 관하여 특별규정을 두고 있는 경우도 많이 있다.

(3) 제한능력자제도의 의의

제한능력자제도는 의사능력이 불완전한 제한능력자 본인을 위한 제도이다. 그리고 민법은 제한능력자를 충실하게 보호하기 위하여 그가 법률행위를 취소한 경우에 그 취소를 가지고 선의의 제3자에게도 대항할 수 있도록 한다.

성년후견개시 또는 한정후견개시의 심판을 받지 않았으면 설사 그러한 심판을 받을 만한 상태에 있었다고 하여도 제한능력자에 관한 규정을 유추적용해서는 안 된다. 개정 전의 민법 하의 판례도 같은 입장이다(대판 1992. 10. 13, 92다6433).

A-99 Ⅲ. 미성년자

1. 성 년 기

우리 민법상 19세로 성년에 이르게 된다(4조). 여기의 19세는 만 나이를 가리킨다. 따라서 만 19세가 되지 않은 자가 미성년자이다. 19년의 연령은 역(曆)(태양력을 의미함)에 의하여 계산하되(160조), 출생일을 그 기간에 포함시킨다(158조).

민법은 미성년 규정을 완화하는 제도로 혼인에 의한 성년의제 제도를 두고 있다(826조의 2). 그리하여 미성년자는 혼인을 하면 성년자로 의제(간주)된다.

[참고] 추정(推定)과 간주(看做)

민법에서 자주 쓰이는 전문용어 중 추정과 간주(의제)라는 것이 있다. 그 가운데 추정은 반대의 증거가 제출되면 규정(추정규정)의 적용을 면할 수 있는 것이고(예: 30조), 간주는 반대의 증거가 제출되더라도 규정(간주규정)의 적용을 면할 수 없는 것이다(예: 28조 · 115조). 우리 민법은 간주규정을 「… 으로 본다」고 표현하고 있다.

A-100 2. 미성년자의 행위능력

(1) 원　칙

미성년자는 제한능력자로서 원칙적으로 단독으로 법률행위를 하지 못한다. 미성년자가 법률행위를 하려면 법정대리인의 동의를 얻어야 한다(5조 1항). 만약 미성년자가 법정대리인의 동의 없이 법률행위를 한 경우에는, 미성년자나 법정대리인이 그 행위를 취소할 수 있다(5조 2항). 그리고 법률행위가 취소되면 취소된 법률행위는 처음부터(소급하여) 무효였던 것으로 된다(141조)(그 경우의 상세한 효과에 대하여는 A-253 참조). 미성년자의 법률행위에 대하여 동의가 있었다는 증명책임은 미성년자가 아니고 이를 주장하는 상대방에게 있다(대판 1970. 2. 24, 69다1568).

[참고] 「취소」라는 용어

민법에서 취소라는 용어가 여러 곳에서 사용되고 있다. 그 경우들은 크게 법률행위의 취소와 법원선고의 취소, 행정처분의 취소로 나누어지고, 법률행위의 취소는 다시 제한능력·착오·사기·강박을 이유로 한 재산행위의 취소, 사해행위 취소(406조)·영업허락의 취소(8조)처럼 제한능력·착오 등의 흠이 없는 완전히 유효한 재산행위의 취소, 혼인·이혼·입양 등 가족법상의 행위의 취소로 세분된다. 이들 가운데 취소가 있으면 제141조의 규정에 의하여 법률행위가 소급해서 당연히 무효로 되는 것은 제한능력 등을 이유로 한 재산행위의 취소 즉 원칙적인 취소에 있어서만이다. 나머지의 경우에 대하여는 효력에 관한 특별규정이 있는 때가 많고, 그것이 없어도 제도의 취지 등을 고려하여 소급효의 인정 여부를 결정하여야 한다. 특히 실종선고와 같은 법원선고의 취소는 법률행위의 취소가 아니며, 따라서 소급효가 당연히 인정되는 것이 아니다.

(2) 예 외 A-101

미성년자는 다음에 열거하는 행위는 법정대리인의 동의 없이 단독으로 유효하게 할 수 있다. 물론 그때 의사능력은 가지고 있어야 한다.

1) 단순히 권리만을 얻거나 또는 의무만을 면하는 행위(5조 1항 단서) 이러한 행위는 미성년자에게 이익만을 주기 때문에 허용된다. 그 예로는 부담 없는 증여를 받는 행위, 채무면제의 청약에 대한 승낙(민법은 채무면제를 단독행위로 정하고 있으나(506조), 계약자유의 원칙상 계약으로 할 수도 있다), 친권자에 대한 부양료청구(대판 1972. 7. 11, 72므5)를 들 수 있다. 그에 비하여 부담부 증여를 받는 행위, 경제적으로 유리한 매매계약 체결, 상속의 승인 등은 이익을 얻을 뿐만 아니라 의무를 부담하는 것이어서 단독으로 하지 못한다. 채무의 변제를 수령하는 행위는 법률행위는 아니지만 채권상실이라는 불이익을 가져오므로 제 5 조를 유추적용하여 역시 미성년자가 단독으로 할 수 없다고 하여야 한다.

2) 처분이 허락된 재산의 처분행위 법정대리인이 범위를 정하여 처분을 허락한 재산은 미성년자가 임의로 처분할 수 있다(6조). 여기서 한 가지 문제는 사용목적을 정하여 처분을 허락한 재산도 그 목적과 상관 없이 임의로 처분할 수 있는가이다. 여기에 관하여 통설은 거래의 안전을 보호하기 위하여 이를 긍정하여야 한다는 입장이다.

3) 영업이 허락된 미성년자의 그 영업에 관한 행위 미성년자가 법정대리인으로부터 특정의 영업을 허락받은 경우에는, 그에 관하여는 성년자와 동일한 행위능력을 가진다(8조 1항). 법정대리인이 영업의 허락을 함에는 반드시 영업의 종류를 특정하여야 한다. 영업의 허락이 있으면 미성년자는 영업 자체 외에 그 영업에 직접·간접으로 필요한 모든 행위도 할 수 있다(점포 임차·점원 고용 등). 그리고 영업허락이 있는 경우에는 그 범위에서는 법정대리인

의 동의권도, 대리권도 소멸한다(통설도 같음).

4) 미성년자 자신이 법정대리인의 동의 없이 행한 법률행위를 취소하는 행위(140조. A-251 참조)

5) 혼인을 한 미성년자의 행위(826조의 2)

6) 대리행위 미성년자가 타인의 대리인으로서 하는 대리행위에 관하여는 행위능력이 제한되지 않는다(117조).

7) 유언행위 만 17세가 된 자는 단독으로 유언을 할 수 있다(1061조·1062조).

8) 법정대리인의 허락을 얻어 회사의 무한책임사원이 된 미성년자가 그 사원자격에서 한 행위(상법 7조).

9) 근로계약 체결과 임금의 청구 근로기준법 제67조 제 1 항은 친권자나 후견인은 미성년자의 근로계약을 대리할 수 없다고 규정한다. 따라서 근로계약은 미성년자 자신이 직접 체결하여야 한다. 그런데 그때 미성년자가 법정대리인의 동의를 얻어야 하는가에 관하여는 견해가 대립되나, 다수설은 법정대리인의 동의를 얻어야 한다는 입장이다.

그리고 미성년자는 독자적으로 임금을 청구할 수 있다(근로기준법 68조).

A-102 **(3) 동의와 허락의 취소 또는 제한**

법정대리인은 미성년자가 아직 법률행위를 하기 전에는 그가 행한 동의(5조)나 일정범위의 재산처분에 대한 허락(6조)을 취소할 수 있다(7조). 여기서 「취소」할 수 있다고 하였으나, 그것은 처음부터 동의 등이 없었던 것으로 하려는 것이 아니므로 철회에 해당한다. 이 철회는 미성년자나 그 상대방에게 하여야 한다. 철회를 미성년자에게 한 경우에는 그것을 가지고 선의의 제 3 자(즉 상대방)에게 대항할 수 없다고 함이 통설이다(8조 2항 단서 유추).

법정대리인은 그가 행한 영업의 허락을 취소 또는 제한할 수 있다(8조 2항 본문). 여기의 취소도 철회의 의미이다. 한편 후견인이 친권자의 영업허락을 취소·제한하려면 미성년후견감독인이 있으면 그의 동의를 받아야 한다(945조). 그리고 영업허락의 취소·제한은 선의의 제 3 자에게 대항하지 못한다(8조 2항 단서).

A-103 3. 법정대리인

(1) 법정대리인이 되는 자

미성년자의 법정대리인은 제 1 차로 친권자가 되고(911조), 친권자가 없거나 친권자가 법률행위의 대리권과 재산관리권을 행사할 수 없는 경우에는 제 2 차로 미성년후견인이 된다(928조). 친권의 행사방법은 제909조가 규정하고 있다(원칙적으로 공동행사). 그리고 미성년후견인에는 지정후견인(931조)·선임후견인(932조)이 있다(자세한 사항은 E-138·139 참조).

(2) 법정대리인의 권한

미성년자의 법정대리인은 미성년자가 법률행위를 하는 데 동의를 할 권리, 즉 동의권이 있다(5조 1항). 동의는 묵시의 방법으로도 할 수 있다(대판 2007. 11. 16, 2005다71659 · 71666 · 71673[핵심판례 18면]). 그리고 예견할 수 있는 범위에서 개괄적으로 하여도 무방하다. 그러나 미성년후견인이 미성년자의 일정한 행위에 동의를 할 때는 후견감독인이 있으면 그의 동의를 받아야 한다(950조).

판 례 미성년자의 법률행위

「가. …법정대리인의 동의 없이 신용구매계약을 체결한 미성년자가 사후에 법정대리인의 동의 없음을 사유로 들어 이를 취소하는 것이 신의칙에 위반된 것이라고 할 수 없음은 상고이유에서 주장하는 바와 같다.

나. 그러나 미성년자가 법률행위를 함에 있어서 요구되는 법정대리인의 동의는 언제나 명시적이어야 하는 것은 아니고 묵시적으로도 가능한 것이며, 한편 민법은, 범위를 정하여 처분을 허락한 재산의 처분 등의 경우와 같이 행위무능력자인 미성년자가 법정대리인의 동의 없이 단독으로 법률행위를 할 수 있는 예외적인 경우를 규정하고 있고, 미성년자의 행위가 위와 같이 법정대리인의 묵시적 동의가 인정되거나 처분허락이 있는 재산의 처분 등에 해당하는 경우라면, 미성년자로서는 더 이상 행위무능력을 이유로 그 법률행위를 취소할 수는 없다고 할 것이다.

그리고 이 경우 묵시적 동의나 처분허락이 있다고 볼 수 있는지 여부를 판단함에 있어서는, 미성년자의 연령 · 지능 · 직업 · 경력, 법정대리인과의 동거 여부, 독자적인 소득의 유무와 그 금액, 경제활동의 여부, 계약의 성질 · 체결경위 · 내용, 기타 제반사정을 종합적으로 고려하여야 할 것이고, 위와 같은 법리는 묵시적 동의 또는 처분허락을 받은 재산의 범위 내라면 특별한 사정이 없는 한 신용카드를 이용하여 재화와 용역을 신용구매한 후 사후에 결제하려는 경우와 곧바로 현금구매하는 경우를 달리 볼 필요는 없다고 할 것이다.」(2011. 3. 7. 민법 개정 전에 만 19세가 넘은 미성년자가 월 소득범위 내에서 신용구매계약을 체결한 사안에서, 스스로 얻고 있던 소득에 대하여는 법정대리인의 묵시적 처분허락이 있었다고 보아 위 신용구매계약은 처분허락을 받은 재산범위 내의 처분행위에 해당한다고 본 사례)(대판 2007. 11. 16, 2005다71659 · 71666 · 71673[핵심판례 18면])

법정대리인은 미성년자를 대리하여 재산상의 법률행위를 할 권한, 즉 대리권이 있다(920조 · 949조). 법정대리인은 동의를 한 행위도 대리할 수 있다. 법정대리인이 대리행위를 함에 있어서 미성년자의 승낙을 받을 필요도 없다(대판 1962. 9. 20, 62다333). 그러나 미성년자 본인의 행위를 목적으로 하는 채무를 부담할 경우에는 본인의 동의를 얻어야 대리할 수 있다(920조 단서 · 949조 2항). 그리고 법정대리인과 미성년자의 이익이 상반하는 행위(가령 법정대리인의 채무를 위하여 미성년자의 부동산에 저당권을 설정하는 행위)에 관하여는 법정대리인의 대리권이 제한된다(921조). 후견인에 대하여는 동의권에서와 같은 제한이 있다(950조). 영업허락의 경우에 그 범위에서 대리권이 소멸함은 앞에서 설명하였다(A-101).

법정대리인은 미성년자가 동의 없이 행한 법률행위를 취소할 수 있다(5조 2항·140조).

> 사례의 해결
>
> A·B 사이에 체결된 신용카드 이용계약은 적법하게 취소되었다. 그 계약은 A가 부모의 동의 없이 체결한 것이기 때문이다. 그리고 판례에 따르면 A·C 사이의 신용구매계약은 처분허락을 받은 재산범위 내의 처분행위에 해당하여 취소할 수 없다고 한다. 그 구체적 결과는 다음과 같다.
>
> A는 B에 대하여 미지급 카드대금 154만원의 지급의무를 면하고, 이미 지급한 15만원을 부당이득으로 반환청구할 수 있다. 그리고 A가 받은 이익이 있으면 현존하는 한도에서 B에게 반환해야 한다(141조 단서).
>
> A·C 사이의 신용구매계약은 유효하므로, A는 C에 대하여는 아무런 주장도 하지 못한다. 그리고 C는 A에 대하여 미지급 대금채권을 가지게 된다.
>
> B·C 사이의 가맹점계약은 여전히 유효하다. 따라서 C는 B에게 신용구매대금의 지급을 청구할 수 있다. (사례: A-95)

A-104

Ⅳ. 피성년후견인

1. 피성년후견인의 의의와 성년후견개시의 심판

(1) 피성년후견인의 의의

피성년후견인은 질병·장애·노령(老齡)·그 밖의 사유로 인한 정신적 제약으로 사무를 처리할 능력이 지속적으로 결여된 사람으로서 일정한 자의 청구에 의하여 가정법원으로부터 성년후견개시의 심판을 받은 자이다(9조 1항). 사무처리능력이 지속적으로 결여된 사람이라도 성년후견개시의 심판을 받기 전에는 피성년후견인이 아니다(대판 1992. 10. 13, 92다6433도 참조).

(2) 성년후견개시 심판의 요건

1) 질병·장애·노령·그 밖의 사유로 인한 정신적 제약으로 사무를 처리할 능력이 지속적으로 결여된 사람이어야 한다.

가정법원이 성년후견개시 또는 한정후견개시의 심판을 할 경우에는 피성년후견인이 될 사람이나 피한정후견인이 될 사람의 정신상태에 관하여 의사에게 감정을 시켜야 한다(가소 45조의 2 1항 본문). 다만, 피성년후견인이 될 사람이나 피한정후견인이 될 사람의 정신상태를 판단할 만한 다른 충분한 자료가 있는 경우에는 그렇지 않다(가소 45조의 2 1항 단서). 따라서 피성년후견인이나 피한정후견인이 될 사람의 정신상태를 판단할 만한 다른 충분한 자료가 있는 경우 가정법원은 의사의 감정이 없더라도 성년후견이나 한정후견을 개시할 수 있다(대결 2021. 6. 10, 2020스596).

한편 대법원은 최근에, 성년후견이나 한정후견 개시의 청구가 있는 경우 가정법원은 청구취지와 원인, 본인의 의사, 성년후견 제도와 한정후견 제도의 목적 등을 고려하여 어느 쪽의 보호를 주는 것이 적절한지를 결정하고, 그에 따라 필요하다고 판단하는 절차를 결정해야 하며, 따라서 한정후견의 개시를 청구한 사건에서 의사의 감정 결과 등에 비추어 성년후견개시의 요건을 충족하고 본인도 성년후견의 개시를 희망한다면 법원이 성년후견을 개시할 수 있고, 성년후견개시를 청구하고 있더라도 필요하다면 한정후견을 개시할 수 있다고 하였다(대결 2021. 6. 10, 2020스596).

2) 본인·배우자·4촌 이내의 친족·미성년후견인·미성년후견감독인·한정후견인·한정후견감독인·특정후견인·특정후견감독인·검사 또는 지방자치단체의 장의 청구가 있어야 한다.

성년후견개시의 심판절차는 일정한 청구권자의 청구가 있어야 시작되며, 가정법원이 직권으로 절차를 개시하는 것은 인정하지 않는다.

3) 가정법원이 성년후견개시의 심판을 할 때에는 본인의 의사를 고려하여야 한다(9조 2항).

(3) 성년후견개시 심판의 절차

성년후견개시 심판의 절차는 가사소송법과 가사소송규칙의 규정에 의한다(가소 34조 이하, 특히 44조 이하, 가소규 31조 이하). 그리고 모든 요건이 갖추어지면 가정법원은 반드시 성년후견개시의 심판을 하여야 한다(9조 참조). 임의적인 것이 아니다.

성년후견개시의 공시는 — 가족관계등록부에 의하지 않고 — 후견등기부에 의하여 한다(「후견등기에 관한 법률」 참조).

2. 피성년후견인의 행위능력 A-105

(1) **피성년후견인은** 가정법원이 다르게 정하지 않는 한 원칙적으로 종국적·확정적으로 유효하게 법률행위를 할 수 없으며, **그의 법률행위는 원칙적으로 취소할 수 있다**(10조 1항). 즉 법정대리인인 성년후견인의 동의를 얻지 않고 한 행위뿐만 아니라 동의를 얻고서 한 행위도 취소할 수 있다. 그런데 **이 원칙에는 재산행위에 관하여 두 가지 예외**가 있다.

하나는 가정법원이 취소할 수 없는 피성년후견인의 법률행위의 범위를 정한 경우이다. 가정법원은 취소할 수 없는 법률행위의 범위를 정할 수 있다(10조 2항). 그리고 가정법원은 본인·배우자·4촌 이내의 친족·성년후견인·성년후견감독인·검사 또는 지방자치단체의 장의 청구에 의하여 그 범위를 변경할 수 있다(10조 3항). 이와 같이 취소할 수 없는 범위를 정한 경우에는, 그 범위에서는 피성년후견인의 법률행위라도 취소할 수 없다.

다른 하나는 일용품의 구입 등 일상생활에서 필요하고 그 대가가 과도하지 않은 법률행위는 성년후견인이 취소할 수 없다(10조 4항). 이 규정에서 「성년후견인이」라고 하고 있지만, 피성년후견인도 취소할 수 없다고 새겨야 한다.

(2) 피성년후견인은 약혼(802조)·혼인(808조 2항)·협의이혼(835조)·인지(856조)·입양(873조 1항)·협의파양(902조) 등의 친족법상의 행위는 성년후견인의 동의를 얻어서 스스로 할 수 있다.

(3) 피성년후견인은 만 17세가 되었으면 의사능력이 회복된 때에 단독으로 유언을 할 수 있고(1063조), 그 유언은 취소할 수 없다(1062조).

3. 성년후견인

피성년후견인에게는 보호자로 성년후견인을 두어야 한다(929조). 성년후견인은 여러 명을 둘 수 있고(930조 2항), 법인도 성년후견인이 될 수 있다(930조 3항). 성년후견인은 성년후견개시의 심판을 할 때에는 가정법원이 직권으로 선임한다(936조 1항).

이러한 성년후견인은 피후견인의 법정대리인이 된다(938조 1항). 그리고 가정법원은 성년후견인이 가지는 법정대리권의 범위와 피성년후견인의 신상에 관하여 결정할 수 있는 권한의 범위를 정할 수 있다(938조 2항·3항).

성년후견인은 원칙적으로 동의권은 없고(10조 1항 참조), 대리권만 가진다(949조). 그러나 예외적으로 일정한 친족법상의 행위에 관하여는 동의권도 가진다. 그 외에 취소권도 있다(10조 1항·140조).

A-106 ### 4. 성년후견종료의 심판

성년후견개시의 원인이 소멸된 경우에는, 가정법원은 본인·배우자·4촌 이내의 친족·성년후견인·성년후견감독인·검사 또는 지방자치단체의 장의 청구에 의하여 성년후견종료의 심판을 한다(11조). 성년후견종료의 심판도 그 요건이 갖추어지면 반드시 행하여져야 한다.

가정법원이 피성년후견인에 대하여 한정후견개시의 심판을 할 때에는 종전의 성년후견의 종료 심판을 한다(14조의3 2항).

성년후견종료의 심판이 있으면 피성년후견인은 행위능력을 회복한다. 그 시기는 심판이 내려진 때부터 장래에 향하여서이고 과거에 소급하지 않는다.

Ⅴ. 피한정후견인 A-107

1. 피한정후견인의 의의와 한정후견개시의 심판

(1) 피한정후견인의 의의

피한정후견인은 질병·장애·노령·그 밖의 사유로 인한 정신적 제약으로 사무를 처리할 능력이 부족한 사람으로서 일정한 자의 청구에 의하여 가정법원으로부터 한정후견개시의 심판을 받은 자이다(12조 1항).

(2) 한정후견개시 심판의 요건

1) 질병·장애·노령·그 밖의 사유로 인한 정신적 제약으로 사무를 처리할 능력이 부족한 사람이어야 한다.

2) 본인·배우자·4촌 이내의 친족·미성년후견인·미성년후견감독인·성년후견인·성년후견감독인·특정후견인·특정후견감독인·검사 또는 지방자치단체의 장의 청구가 있어야 한다.

한정후견개시의 심판절차도 일정한 청구권자의 청구가 있어야 시작되고, 가정법원이 직권으로 개시하지는 못한다.

3) 가정법원이 한정후견개시의 심판을 할 때에는 본인의 의사를 고려하여야 한다(12조 2항·9조 2항).

(3) 한정후견개시 심판의 절차

한정후견개시 심판의 절차는 가사소송법과 가사소송규칙에 의한다. 그리고 모든 요건이 갖추어지면 가정법원은 반드시 심판을 하여야 한다(12조 1항). 한정후견개시의 공시는 후견등기부에 의하여 한다(「후견등기에 관한 법률」 참조).

2. 피한정후견인의 행위능력 A-108

(1) 피한정후견인은 원칙적으로 종국적·확정적으로 유효하게 법률행위를 할 수 있다. 즉 피한정후견인은 원칙적으로 행위능력을 가진다. 다만, 가정법원이 피한정후견인으로 하여금 한정후견인의 동의를 받아야 할 행위의 범위를 정한 경우에는 예외이다. 여기에 대하여 단락을 바꾸어 설명하기로 한다.

개정된 민법에 따르면, 가정법원은 피한정후견인이 한정후견인의 동의를 받아야 하는 행위의 범위를 정할 수 있다(13조 1항). 이를 한정후견인의 동의권의 유보 또는 동의유보라고 한다. 그리고 가정법원은 본인·배우자·4촌 이내의 친족·한정후견인·한정후견감독인·검사 또는 지방자치단체의 장의 청구에 의하여 동의를 받아야만 할 수 있는 행위의 범위를 변경할 수 있다(13조 2항). 그런가 하면, 한정후견인의 동의를 필요로 하는 행위에 대하여 한정후견인이 피한정후견인의 이익이 침해될 염려가 있음에도 그 동의를 하지 않는 때에는, 가정법원은 피한정후견인의 청구에 의하여 한정후견인의 동의를 갈음하는 허가를 할 수 있다(13조 3항).

한정후견인의 동의가 필요한 법률행위를 피한정후견인이 한정후견인의 동의 없이 하였을 때에는, 그 법률행위는 취소할 수 있다(13조 4항 본문). 다만, 일용품의 구입 등 일상생활에 필요하고 그 대가가 과도하지 않은 법률행위는 취소할 수 없다(13조 4항 단서).

(2) 민법은 친족편에서 약혼(801조·802조)·혼인(807조·808조)·협의이혼(835조)·인지(856조)·입양(870조·873조)·협의파양(898조·902조) 등에 관하여 미성년자와 피성년후견인에 대하여만 특별히 규정하고, 피한정후견인에 대하여는 규정을 두고 있지 않다. 이는 피한정후견인에 대하여는 그러한 행위를 단독으로 유효하게 할 수 있도록 하려는 취지로 이해된다.

A-109 3. 한정후견인

피한정후견인에게는 보호자로 한정후견인을 두어야 한다(959조의 2). 한정후견인은 — 성년후견인과 마찬가지로 — 여러 명을 둘 수 있고(959조의 3 2항·930조 2항), 법인도 한정후견인이 될 수 있다(959조의 3 2항·930조 3항). 그리고 한정후견인은 한정후견개시의 심판을 할 때에는 가정법원이 직권으로 선임한다(959조의 3 1항).

한정후견인이 당연히 피한정후견인의 법정대리인으로 되는 것은 아니다. 가정법원은 한정후견인에게 대리권을 수여하는 심판을 할 수 있고(959조의 4 1항), 그러한 심판이 있는 경우에만 — 그것도 가정법원이 법정대리권의 범위를 정한 때에는 그 범위에서 — 법정대리권을 가진다(959조의 4 2항·938조 4항). 여기의 대리권의 범위는 동의권의 유보범위와 반드시 일치할 필요는 없다. 두 제도는 취지가 다르기 때문이다.

한정후견인은 원칙적으로 법률행위의 동의권·취소권이 없다. 그러나 동의가 유보된 경우에는 동의권과 취소권을 가진다. 그리고 대리권도 원칙적으로 없으며, 대리권을 수여하는 심판이 있는 경우에만 대리권을 가진다.

4. 한정후견종료의 심판

한정후견개시의 원인이 소멸된 경우에는, 가정법원은 본인·배우자·4촌 이내의 친족·한정후견인·한정후견감독인·검사 또는 지방자치단체의 장의 청구에 의하여 한정후견종료의 심판을 한다(14조). 한정후견종료의 심판도 그 요건이 갖추어지면 반드시 행하여져야 한다.

가정법원이 피한정후견인에 대하여 성년후견개시의 심판을 할 때에는 종전의 한정후견의 종료 심판을 한다(14조의 3 1항).

한정후견종료의 심판이 있으면 피한정후견인은 행위능력을 제한받고 있었더라도 행위능력을 회복한다. 그 시기는 심판이 내려진 때부터 장래에 향해서이다.

Ⅵ. 피특정후견인 A-110

1. 피특정후견인의 의의와 특정후견 심판의 요건

(1) 피특정후견인의 의의

피특정후견인은 질병·장애·노령·그 밖의 사유로 인한 정신적 제약으로 일시적 후원 또는 특정한 사무에 관한 후원이 필요한 사람으로서 일정한 자의 청구에 의하여 가정법원으로부터 특정후견의 심판을 받은 자이다(14조의 2 1항). **피특정후견인은 1회적 · 특정적으로 보호를 받는 점에서 지속적 · 포괄적으로 보호를 받는 피성년후견인 · 피한정후견인과 차이가 있다.**

특정후견도 후견등기부에 의하여 공시된다(「후견등기에 관한 법률」 참조).

(2) 특정후견 심판의 요건

1) 질병·장애·노령·그 밖의 사유로 인한 정신적 제약으로 일시적 후원 또는 특정한 사무에 관한 후원이 필요한 사람이어야 한다.

2) 본인·배우자·4촌 이내의 친족·미성년후견인·미성년후견감독인·검사 또는 지방자치단체의 장의 청구가 있어야 한다.

3) 특정후견은 본인의 의사에 반하여 할 수 없다(14조의 2 2항).

2. 특정후견 심판의 내용과 보호조치

가정법원이 특정후견의 심판을 하는 경우에는 특정후견의 기간 또는 사무의 범위를 정하여야 한다(14조의 2 3항).

가정법원은 피특정후견인의 후원을 위하여 필요한 처분을 명할 수 있다(959조의 8). 그리고 그 처분으로 피특정후견인을 후원하거나 대리하기 위한 특정후견인을 선임할 수 있다(959조의 9 1항). 나아가 피특정후견인의 후원을 위하여 필요하다고 인정하면, 가정법원은 기간이나 범위를 정하여 특정후견인에게 대리권을 수여하는 심판을 할 수 있다(959조의 11 1항).

3. 피특정후견인의 행위능력

특정후견의 심판이 있어도 **피특정후견인은 행위능력에 전혀 영향을 받지 않는다.** 그리고 특정한 법률행위를 위하여 특정후견인이 선임되고 법정대리권이 부여된 경우에도 그 법률행위에 관하여 피특정후견인의 행위능력은 제한되지 않는다. 따라서 그러한 행위를 특정후견인의 동의 없이 직접 할 수도 있다.

4. 피특정후견인에 대하여 성년후견개시 등의 심판을 하는 경우

특정후견의 종료 심판이라는 제도는 없다. 다만, 가정법원이 피특정후견인에 대하여 성년후견개시의 심판을 하거나 한정후견개시의 심판을 할 때에는, 종전의 특정후견의 종료심판을 한다(14조의 3 1항·2항).

A-111 ## Ⅶ. 제한능력자의 상대방의 보호

1. 서 설

제한능력자의 법률행위는 취소할 수 있고(예외 있음), 또 그 취소권은 제한능력자 쪽만 가지고 있다. 따라서 제한능력자와 거래한 상대방은 전적으로 제한능력자 쪽의 의사에 좌우되는 불안정한 상태에 놓이게 된다. 여기서 민법은 제한능력자의 보호로 인하여 희생되는 상대방을 위하여 상대방의 확답촉구권(15조), 철회권·거절권(16조), 그리고 일정한 경우의 제한능력자 쪽의 취소권의 배제(17조)를 규정하고 있다. 물론 민법이 취소할 수 있는 법률행위 모두에 관한 제도로서 취소권의 단기소멸(146조)과 법정추인(145조)을 규정하고 있기는 하나, 그것만으로는 불충분하다고 판단한 것이다.

제한능력자의 상대방 보호를 위하여 특별히 규정된 세 가지를 차례로 살펴보기로 한다.

A-112 ### 2. 상대방의 확답촉구권(구 최고권)

(1) 확답촉구의 의의

제한능력자의 상대방은 제한능력자 쪽에 대하여 취소할 수 있는 행위를 추인(취소권의 포기)할 것인지의 여부에 관하여 확답을 촉구할 수 있다(15조). 이러한 확답촉구는 의사를 표명하는 점에서 의사표시와 비슷하나, 그에 대한 효과가 촉구자의 의사와는 관계 없이 민법에 의하여 주어진다는 점에서 의사표시와 다르며, 그 성질은 준법률행위의 하나인 의사의 통지에 해당한다. 이러한 상대방의 확답촉구는, 상대방의 일방적 행위에 의하여 법률관계의 변동이 일어나는 점에서 일종의 형성권이라고 할 수 있다.

(2) 확답촉구의 요건

제한능력자의 상대방이 확답촉구권을 행사하려면, ① 취소할 수 있는 행위를 지적하고, ② 1개월 이상의 유예기간을 정하여, ③ 추인할 것인지 여부의 확답을 요구하여야 한다(15조 1항).

(3) 확답촉구의 상대방

제한능력자는 그가 능력자로 된 후에만 확답촉구의 상대방이 될 수 있고(15조 1항), 그가 아직 능력자로 되지 못한 경우에는 그의 법정대리인이 상대방이 된다(15조 2항). 확답촉구의 상대방이 아닌 자에 대한 확답촉구는 무효이다.

(4) 확답촉구의 효과

상대방의 확답촉구를 받은 자가 유예기간 내에 추인 또는 취소의 확답을 하면 그에 따른 효과가 발생하여 법률행위는 취소할 수 없는 것으로 확정되거나 소급하여 무효로 된다. 그러나 이것은 추인 또는 취소라는 의사표시(법률행위)의 효과이며 확답촉구 자체의 효과는 아니다. **확답촉구의 효과는 유예기간 내에 확답이 없는 경우에 발생한다.** 민법이 정하고 있는 확답촉구의 효과는 다음과 같다.

1) 제한능력자가 능력자로 된 후에 확답촉구를 받고 유예기간 내에 확답을 발송하지 않으면(도달주의의 원칙에 대한 예외이다. 111조 참조) 그 행위를 추인한 것으로 본다(15조 1항).

2) 제한능력자가 아직 능력자로 되지 못하여 그의 법정대리인이 확답촉구를 받은 경우에 관하여는 민법 제15조 제 2 항·제 3 항이 규정하고 있다. 제15조 제 3 항은 법정대리인에 관하여 명시하지는 않았지만, 제한능력자가 능력자로 된 후에는 특별한 절차를 밟아야 할 경우가 없기 때문에, 그 규정은 법정대리인만에 관한 규정으로 이해된다. 그리고 법정대리인에 관한 이 두 항 가운데 제 2 항은 원칙을, 제 3 항은 예외를 정하고 있다. 이들에 의하면 법정대리인이 유예기간 내에 확답을 발송하지 않으면 원칙적으로 추인한 것으로 보게 되나(2항), 다만 법정대리인이 특별한 절차를 밟아서 확답을 하여야 하는 경우에 확답을 발송하지 않으면 예외적으로 취소한 것으로 본다(3항). 이를 정리하면, **① 법정대리인이 특별한 절차를 밟지 않고 단독으로 추인할 수 있는 경우에 확답이 없으면 추인한 것으로 보고, ② 법정대리인이 특별한 절차를 밟아야 하는 경우에 확답이 없으면 취소한 것으로 본다.** 여기서 특별한 절차가 필요한 행위라는 것은 법정대리인인 후견인이 제950조 제 1 항에 열거된 법률행위에 관하여 추인하는 경우이다(자세한 사항은 E-147 참조). 이때에는 후견감독인이 있으면 그의 동의를 받아야 한다(950조 1항(미성년자의 경우)·959조의 6(피한정후견인의 경우)).

3) 확답촉구의 상대방은 유예기간 내에 확답을 발송하면 되고, 그것이 유예기간 내에 도달해야 할 필요는 없다(발신주의. 111조 참조).

3. 상대방의 철회권·거절권 A-113

상대방의 확답촉구는 상대방 자신이 법률행위의 효력발생을 원하지 않는 경우에는 별로 유용하지 못하다. 그리하여 민법은 그러한 경우에는 상대방이 그의 행위로부터 벗어날 수 있도록 하고 있다. 이것이 철회권과 거절권이다. **철회권은 계약에 관한 것이고, 거절권은 단독행위에 관한 것이다.**

(1) 철 회 권

상대방이 제한능력자와 계약을 체결한 경우에, 상대방은 제한능력자 쪽에서 추인을 할 때까지는(즉 추인하기 전에는) 그의 의사표시를 철회할 수 있다(16조 1항 본문). 그러나 상대방이 계약 당시에 제한능력자임을 알았을 때에는 철회권은 인정되지 않는다(16조 1항 단서). 이 철회의 의사표시는 — 의사표시의 수령능력이 없는(112조 참조) — 제한능력자에게도 할 수 있다(16조 3항).

상대방의 철회가 있으면 계약이 처음부터 성립하지 않았던 것으로 된다. 그 결과 이제 제한능력자 쪽에서 추인을 하지도 못한다.

(2) 거 절 권

제한능력자가 단독행위를 한 경우에는, 상대방은 제한능력자 쪽에서 추인을 할 때까지는 이를 거절할 수 있다(16조 2항). 여기의 단독행위는 성질상 당연히 상대방 있는 것(가령 채무면제·상계)에 한한다. 상대방의 거절이 있으면 단독행위는 무효로 된다. 그리고 거절의 의사표시도 철회에 있어서와 마찬가지로 제한능력자에 대하여도 할 수 있다(16조 3항). 한편 거절권은 상대방이 의사표시를 수령할 때에 표의자가 제한능력자임을 알고 있었더라도 행사할 수 있다고 하여야 한다(통설이며 이설 없음).

A-114 4. 제한능력자 쪽의 취소권의 배제

민법은 제17조에서 제한능력자가 속임수를 써서 법률행위를 한 경우에는 제한능력자 쪽의 취소권을 박탈하고 있다. 그러한 경우에 상대방은 때에 따라 사기를 이유로 법률행위를 취소하거나(110조) 또는 불법행위를 이유로 손해배상을 청구할 수도 있다(750조). 그러나 민법의 입법자는 그것만으로는 부족하다고 생각하여 제한능력자 쪽으로부터 취소권을 없애서 법률행위를 완전히 유효하게 확정짓도록 하고 있는 것이다.

(1) 취소권 배제의 요건

1) 제한능력자가 능력자로 믿게 하려고 하였거나(17조 1항) 또는 미성년자나 피한정후견인이 법정대리인의 동의가 있는 것으로 믿게 하려고 하였어야 한다(17조 2항). 이들 중 앞의 경우에는 피성년후견인도 포함되나(가령 피성년후견인이 피한정후견인이라고 속이면서 위조된 법정대리인의 동의서를 보여주는 경우), 뒤의 경우에는 피성년후견인이 제외된다. 왜냐하면 피성년후견인은 법정대리인의 동의가 있어도 원칙적으로 단독으로 법률행위를 하지 못하기 때문이다.

2) 속임수를 썼어야 한다. 법정대리인의 동의서를 위조하거나 동사무소 직원과 짜고 생년월일을 실제와 달리 기재한 인감증명서를 교부받아 제시하는 경우(대판 1971. 6. 22, 71다940)가 그 예이다. 속임수, 즉 기망수단이 적극적인 것이어야 하는가에 관하여는 견해가 대립한다. 그런데 다수설은 적극적인 기망수단뿐만 아니라 오신(誤信)을 유발하거나 오신을 강하게 하는 것도 그에 해당한다고 한다. 그리고 판례는 사술(속임수)은 적극적 사기수단이라고 하면서 단순히 자기가 능력자라 사언(詐言)함은 사술을 쓴 것이라고 할 수 없다고 한다(대판 1971. 12. 14, 71다2045).

이 속임수의 요건은 — 미성년자 등이 그것을 썼다고 주장하는 — 상대방이 증명하여야 한다(대판 1971. 12. 14, 71다2045).

3) 제한능력자의 속임수에 기하여 상대방이 능력자라고 믿었거나 법정대리인의 동의(또는 허락)가 있다고 믿었어야 한다.

4) 상대방이 그러한 오신에 기초하여 제한능력자와 법률행위를 하였어야 한다.

(2) 효 과

위와 같은 요건이 갖추어지면 제한능력자 본인뿐만 아니라 그의 법정대리인이나 그 밖의 취소권자는 제한능력을 이유로 법률행위를 취소하지 못한다(17조 1항 · 2항).

제 6 절 법률행위의 목적

학습의 길잡이

본절은 법률행위의 일반적 효력요건 중 법률행위의 목적에 관한 것 4가지에 대하여 논의한다. 그것들 중 특히 중요한 것은 목적의 「적법」과 「사회적 타당성」이다. 이들과 관련해서는 무엇보다도 구체적인 예들, 가령 2중매매가 무효인 경우 등에 관하여 유의해야 한다.

법률행위의 목적이 일정한 요건을 갖추지 못한 경우에는 법률행위가 무효로 된다. 따라서 본절은 「법률행위의 무효」(본장 제10절)와도 관련된다. 그리고 무효인 계약에 기하여 이행을 한 경우에는 부당이득(제 4 부 제 4 장)으로 반환하는 문제가 생긴다. 그런데 때로는 불법원인급여(746조)로 되는 수도 있다. 한편 법률행위의 목적의 불능은 채권의 소멸, 채무불이행, 계약체결상의 과실, 위험부담 등과 관련되어 있기도 하다.

Ⅰ. 서 설 A-115

법률행위의 목적이란 법률행위의 당사자가 법률행위에 의하여 달성하려고 하는 법률효과이며, 법률행위의 내용이라고도 한다. 예컨대 A가 B에게 Y라는 시계를 10만원에 팔기로 하는 매매계약을 체결한 경우에, 매매계약(법률행위)의 목적은 B가 A에 대하여 가지는 Y시계의 소유권이전청구권의 발생과 A가 B에 대하여 가지는 10만원의 대금지급청구권의 발생이다.

법률행위의 목적은 법률행위의 목적물(객체)과는 구별하여야 한다. 전자는 법률행위에 의하여 달성하려고 하는 법률효과 그 자체인 데 비하여, 후자는 그 법률효과의 대상을 가리킨다. 앞의 예에서 Y시계가 곧 법률행위의 목적물이다.

법률행위가 유효하려면 법률행위의 목적이 확정성 · 실현가능성 · 적법성 · 사회적 타당성이라는 요건을 갖추어야 한다.

Ⅱ. 목적의 확정성

법률행위의 목적은 확정되어 있거나 또는 확정할 수 있어야 한다. 법률행위의 목적이 반드시 법률행위 당시에 확정되어 있을 필요는 없으며, 장차 확정할 수 있는 표준이 있으면 이 요건을 갖추는 것이 된다. 목적이 확정되어 있지도 않고 또 확정할 수도 없는 법률행위는 무효이다. 그러한 법률행위는 국가가 그 실현을 도울 수가 없기 때문이다.

법률행위의 목적을 확정하는 작업이 법률행위의 해석이다.

A-116

Ⅲ. 목적의 실현가능성

1. 의 의

법률행위의 목적은 실현이 가능하여야 한다. 목적의 실현이 불가능한 법률행위는 무효이다. 그런데 법률행위를 무효로 만드는 것은 불능 전체가 아니고 — 후술하는 — 원시적 불능만이다. 민법은 원시적 불능의 무효원칙을 제535조 · 제390조 · 제537조 · 제538조 등에서 간접적으로 규정하고 있다. 그리고 판례도 원시적 불능인 급부를 목적으로 하는 계약의 무효를 인정하고 있다(대판 1994. 10. 25, 94다18232).

법률행위의 목적이 실현될 수 있는지 여부, 즉 불능(또는 불가능)인지 여부는 물리적으로 판단하는 것이 아니고 사회통념에 의하여 결정된다. 그 결과 물리적으로는 실현될 수 있어도 사회통념상 실현될 수 없는 것은 불능에 해당한다. 예컨대 태평양 바다에 빠진 보석 1개를 찾아주기로 하는 계약이 그렇다. 그리고 불능은 확정적이어야 하며, 일시적으로는 불능이더라도 실현될 가능성이 있는 것은 불능이 아니다.

2. 불능의 분류

불능(또는 불가능)은 여러 가지 표준에 의하여 종류를 나눌 수 있다.

(1) 원시적 불능 · 후발적 불능

이는 어느 시점에서 발생한 불능인가에 따른 구별로서 불능의 분류 가운데 가장 중요한 것이다. 원시적 불능은 법률행위의 성립 당시에 이미 불능인 것이고, 후발적 불능은 법률행위의 성립 당시에는 불능이 아니었으나 그 이후에 불능으로 된 것이다. 예컨대 가옥의 매매계약에 있어서 매매계약 체결 전날에 가옥이 불타 버린 경우는 원시적 불능이고, 계약이 체결된 후 이행이 있기 전에 가옥이 불탄 경우는 후발적 불능이다. 앞서 언급한 바와 같이, 이들 가운데 법률행위를 무효로 만드는 것은 원시적 불능에 한한다. 후발적 불능의 경우에는 법률행위는 무효로 되지 않는다. 만약 계약상의 채무가 후발적으로 불능으로 되면, 그 불능이 채무자의 고의·과실에 의하여 발생하였는지 여부에 따라 그의 고의·과실이 있는 경우에는 이행불능(390조)의 문제로 되고, 그렇지 않은 경우에는 채무가 소멸하고 다만 쌍무계약에 있어서는 위험부담(537조·538조)의 문제가 생기게 된다.

(2) 전부불능 · 일부불능

이는 어떤 범위에서 불능이 발생하였는가에 따른 구별이다. 전부불능은 법률행위의 목적의 전부가 불능인 경우이고, 일부불능은 일부분만이 불능인 경우이다. 원시적 불능이 전부불능인 때에는 법률행위는 전부가 무효이다(535조가 이를 전제로 한다). 그런데 원시적 일부불능인 때에는 불능인 부분은 당연히 무효이다. 문제는 불능이 아닌 부분도 무효로 되느냐이다. 거기에는 제137조가 정하는 일부무효의 법리가 적용된다(예외 규정: 574조 등). 그리하여 원칙적으로 법률행위의 전부가 무효로 되나, 그 무효부분이 없더라도 법률행위를 하였으리라고 인정될 때에는 나머지 부분만은 유효하게 된다.

Ⅳ. 목직의 적법싱 A-117

1. 서 설

법률행위가 유효하려면 그 목적이 적법하여야 한다. 다시 말하면 **목적이 강행법규**(그 가운데 효력규정)**에 어긋나지 않아야 한다.** 만약 이에 위반하는 경우에는 법률행위는 무효이다. 민법은 제105조에서 이를 간접적으로 규정하고 있다.

목적의 적법성과 사회적 타당성의 관계에 관하여는 학설이 일치하지 않으며, 통설은 둘을 별개의 요건으로 다루고 있다(사견도 같음). 그리고 판례는, 담배사업법상의 강행법규에 위반하는 행위와 관련하여, 「이에 위반하는 행위가 무효라고 하더라도 이것을 선량한 풍속 기타 사회질서에 반하는 행위라고는 할 수 없다」고 하여, 적법성과 사회적 타당성을 별개로 파악하고 있다(대판 2001. 5. 29, 2001다1782).

2. 강행법규 A-118

(1) 의 의

법률규정은 사법상의 법률효과에 의하여 강행법규(강행규정)와 임의법규(임의규정)로 나누어진다. 이 가운데 **강행법규는 당사자의 의사에 의하여 배제 또는 변경될 수 없는 규정이**

고, 임의법규는 당사자의 의사에 의하여 배제 또는 변경될 수 있는 규정이다. 민법에서는 강행법규는「법령 중의 선량한 풍속 기타 사회질서에 관계 있는 규정」으로, 임의법규는「법령 중의 선량한 풍속 기타 사회질서에 관계 없는 규정」으로 표현되어 있다(105조·106조 참조).

(2) 판정기준

어떤 법률규정이 강행법규인지 임의법규인지를 결정하는 것은 대단히 중요한 일이다. 경우에 따라서는 법률 자체에서 어떤 법률규정이 강행규정임을 명시적으로 언급하기도 한다(가령 289조·608조·652조). 그러나 보통은 그렇지 않다. 그때에는 해석에 의하여 강행법규인지 여부를 결정하여야 한다. 그런데 강행법규인지를 결정하는 일반적인 원칙은 없으며, 구체적인 규정에 대하여 그 규정의 종류·성질·입법목적 등을 고려하여 판정하는 수밖에 없다. 강행법규의 예를 들어 보면 다음과 같다.

1) 혼인·가족과 같은 일정한 제도를 유지하기 위한 규정(친족편·상속편의 많은 규정)

2) 법률질서의 기본구조에 관한 규정(권리능력·행위능력·법인제도 등에 관한 규정)

3) 제3자의 이해관계에 영향을 크게 미치는 사항에 관한 규정(물권편의 많은 규정)

4) 거래의 안전 보호를 위한 규정(유가증권 제도 등)

5) 경제적 약자 보호를 위한 규정(104조·608조, 임대차·고용·소비대차의 일부규정, 특별법의 많은 규정)

6) 사회의 윤리관을 반영하는 규정(2조·103조 등)

A-119 ### (3) 단속법규와의 관계

1) 강행법규와 단속법규의 관계 강행법규에는 효력규정과 단속규정(금지규정)이 있으며, 효력규정은 그에 위반하는 행위의 사법상의 효과가 부정되는 것이고, 단속규정은 국가가 일정한 행위를 단속할 목적으로 그것을 금지하거나 제한하는 데 지나지 않기 때문에 그에 위반하여도 벌칙의 적용이 있을 뿐이고 행위 자체의 사법상의 효과에는 영향이 없는 것이다(이설 있음).

2) 효력규정 · 단속규정의 구별표준 어떤 강행규정이 효력규정인지 단속규정인지를 결정하는 것은 강행규정·임의규정의 구별처럼 중요하나, 쉬운 일이 아니다. 교통단속법규와 같이 단순히 사실적 행위를 금지 또는 제한하는 규정이 단속규정임은 분명하다. 그러나 일정한 법률행위를 금지 또는 제한하면서 그에 위반하는 경우에 행위자를 처벌하는 법규는 판단이 쉽지 않다. 물론 법률에서 법률행위의 무효를 명문으로 규정하는 때도 있다(가령「부동산 거래신고 등에 관한 법률」11조 6항,「부동산 실권리자 명의등기에 관한 법률」4조 2항). 그러나 대부분은 명문규정을 두고 있지 않다. 그러한 때에는 해당 법규의 입법취지에 의하여 판단하여야 한다. 즉 법규의 입법취지가 단순히 일정한 행위를 하는 것을 금지하려는 것인지, 아니면 법규가 정하는 내용의 실현을 완전히 금지하려는 것인가에 따라, 전자에 해당하면 단속규정이라고 하고, 후자에 해당하면 효력규정이라고 하여야 한다(판단기준에 관한 판례로 대판 2010. 12. 23, 2008다75119; 대판 2017. 2. 3, 2016다259677 등도 참조).

판 례　법규정을 위반한 법률행위가 무효인지 등을 판단하는 기준

「사법상의 계약 기타 법률행위가 일정한 행위를 금지하는 구체적 법규정을 위반하여 행하여진 경우에 그 법률행위가 무효인가 또는 법원이 법률행위 내용의 실현에 대한 조력을 거부하거나 기타 다른 내용으로 그 효력이 제한되는가의 여부는 당해 법규정이 가지는 넓은 의미에서의 법률효과에 관한 문제의 일환으로서, 그 법규정의 해석 여하에 의하여 정하여진다. 따라서 그 점에 관한 명문의 정함이 있다면 당연히 이에 따라야 할 것이고, 그러한 정함이 없는 때에는 종국적으로 그 금지규정의 목적과 의미에 비추어 그에 반하는 법률행위의 무효 기타 효력 제한이 요구되는지를 검토하여 이를 정할 것이다.」(대판 2021. 4. 29, 2017다261943 등)

3) 단속규정 · 효력규정 위반행위의 예　행정법규 가운데 특히 경찰법규는 단순한 단속규정이며, 그에 위반하는 행위는 무효로 되지 않는다. 예컨대 무허가 음식점의 유흥 영업행위 또는 음식물 판매행위(식품위생법 37조 · 94조 1항 3호), 신고 없이 숙박업을 하는 행위(공중위생관리법 3조 · 20조), 공무원의 영리행위(국가공무원법 64조), 허가 없이 하는 총포 · 화약류의 거래행위(「총포 · 도검 · 화약류 등의 안전관리에 관한 법률」 6조 · 9조 · 21조 · 70조 · 71조) 등이 그렇다. 그리고 판례에 나타난 예로는, 「하도급거래 공정화에 관한 법률」 제17조에 위반하여 하도급대금을 물품으로 지급하기로 한 계약(대판 2003. 5. 16, 2001다27470), 구 주택법 제39조 제 1 항의 전매금지규정을 위반한 약정(대판 2011. 5. 26, 2010다102991), 「부동산등기 특별조치법」 제 2 조 제 2 항에 위반한 중간생략등기의 합의(대판 1993. 1. 26, 92다39112), 「유사수신행위의 규제에 관한 법률」 제 3 조를 위반하여 유사수신행위(다른 법령에 따른 인가 · 허가를 받지 않거나 등록 · 신고 등을 하지 않고 불특정 다수인으로부터 자금을 조달하는 것을 업으로 하는 일정한 행위)로 체결된 계약(대판 2024. 4. 25, 2023다310471), 개업공인중개사 등이 중개의뢰인과 직접 거래를 하는 행위를 금지하는 공인중개사법 제33조 제 6 호에 위반하여 한 거래행위(대판 2017. 2. 3, 2016다259677), 전세버스 운송사업자가 「여객자동차 운수사업법」 제12조를 위반하여 체결한 지입계약(대판 2018. 7. 11, 2017다274758), 금융투자업 등록을 하지 않고서 하는 투자일임업을 금지하는 구 「자본시장과 금융투자업에 관한 법률」 제17조를 위반한 미등록 영업자와 투자자가 체결한 투자일임계약(대판 2024. 5. 9, 2023다311665 등. 그 규정을 단속규정이라 함) 등이 있다. A-120

그에 비하여 효력규정에 위반하는 행위는 무효로 된다. 광업권의 대차(이른바 덕대계약 — 광업법 8조 · 11조), 어업권의 임대차(수산업법 33조), 금융투자업자의 명의대여계약(「자본시장과 금융투자업에 관한 법률」 39조), 문화재수리업자의 명의대여행위를 금지한 문화재수리법 제21조를 위반한 명의대여계약이나 이에 기초하여 대가를 정산하여 받기로 하는 정산금 약정(대판 2020. 11. 12, 2017다228236), 토지거래 허가구역 내에서 관할관청의 허가 없이 체결한 토지매매계약(「부동산 거래신고 등에 관한 법률」 11조), 농지취득자격증명 없는 농지매매(농지법 8조)(그러나 판례는 무효가 아니라고 한다. 대판 2006. 1. 27, 2005다59871 등), 농지의 임대를 금지한 구 농지법 제23조를 위반하여 체결한 농지임대차계약(대판 2017. 3. 15, 2013다79887 · 79894), 관할청의 허가 없이 행한 학교법인(사립학교)의 기본재산 처분(사립학교법 28조)(그런데 매매 등 계약 성립 후에라도 감독청의 허가를 받으면 그 매매 등 계약이 유효하게 된다(대판 2022. 1. 27, 2019다289815 등). 그리고 이러한 계약은 관할청의 불허가 처분이 있는 경우뿐만 아니라 당사자가 허가신청을 하지 않을 의사를 명백히 표시하거나 계약을 이행할 의사를 철회한 경우 또는 그 밖에 관할청의 허가를 받는 것이 사실상 불가능하게 된 경우 무효로 확정된다(대판 2022. 1. 27, 2019다289815)), 주무관청의 허가 없이 행한 공익법인의 기본재산의 처분(공익법인법 11조 3항)(대판 2005. 9. 28, 2004다50044), 관할청의 허가 없이 사찰 소유의 일정한 재산을 대여·양도 또는 담보에 제공하는 행위(구 불교재산관리법 11조 1항 2호. 현행 「전통사찰의 보존 및 지원에 관한 법률」 9조 2항)(대판 2001. 2. 9, 99다26979), 법령의 제한을 초과하는 부동산 중개수수료 약정(규율 법률이 변해왔는데, 현재에는 공인중개사법 32조 1항·4항, 33조 1항 3호)(대판(전원) 2007. 12. 20, 2005다32159[핵심판례 20면] 등. 한도 초과부분이 무효라고 함), 공인중개사 자격이 없는 자가 중개사무소 개설등록을 하지 않은 채 부동산중개업을 하면서 체결한 중개수수료 지급약정(구 부동산중개업법 4조 1항 등)(대판 2010. 12. 23, 2008다75119), 구 임대주택법 제14조 제 1 항 등 공공건설임대주택의 임대보증금과 임대료의 상한을 정한 규정을 위반하여 임차인의 동의 절차를 올바르게 거치지 않고 일방적으로 상호전환의 조건을 제시하여 체결한 임대차계약(대판(전원) 2016. 11. 18, 2013다42236), 임대주택 임차인의 임차권 양도를 원칙적으로 금지한 구 임대주택법 제19조(동지의 현행 공공주택특별법 49조의 4도 참조) 등 관련 법령을 위반한 임차권의 양도(대판 2022. 10. 27, 2020다266535), 구 「도시 및 주거환경정비법」 제11조 제 1 항 본문을 위반하여 경쟁입찰의 방법이 아닌 방법으로 이루어진 입찰과 시공자 선정결의(대판 2017. 5. 30, 2014다61340), 변호사법 제109조 제 1 호와 법무사법 제 3 조 제 1 항·제74조 제 1 항 제 1 호를 위반하는 내용을 목적으로 하는 계약(대판 2018. 8. 1, 2016다242716·242723: 부동산에 대한 경매사건의 권리분석과 법률적인 조언을 해주기로 한 부동산컨설팅계약은 반사회적 법률행위에 해당하므로 무효라고 함), 농업협동조합의 자금 차입의 상대방을 엄격하게 제한한 농업협동조합법 제57조 제 2 항·제112조를 위반하여 농업협동조합이 다른 자로부터 차입을 한 행위 또는 다른 사람의 채무를 보증하는 등으로 실질적으로 위 규정에서 정한 기관이 아닌 제 3 자에 대하여 차입에 준하여 채무를 부담한 행위(대판 2019. 6. 13, 2016다203551) 등이 그렇다. 한편 명의대여계약으로 명의를 빌린 자가 제 3 자와 맺는 계약, 예컨대 광업권자의 명의를 빌려서(조광권(租鑛權)에 의하지 않고) 채굴한 광물을 제 3 자에게 매각하는 행위의 효력에 관하여는, i) 거래의 안전 보호를 위하여 유효하다고 해석하는 견해와, ii) 무효라고 하는 견해(사견도 같음)가 대립하고 있다.

A-121 **(4) 강행법규 위반의 모습**

강행법규 가운데 효력규정에 위반하는 모습에는 직접적 위반과 간접적 위반(탈법행위)의 두 가지가 있다.

1) 직접적 위반 직접적 위반은 법률행위가 효력규정에 정면으로 위반되는 경우이며, 그때 법률행위가 무효로 됨은 물론이다. 만약 행위의 일부만이 효력규정에 위반되는 경우에는 일부무효의 법리(137조)가 적용되어야 한다.

판 례 강행법규 위반의 효과

「계약체결의 요건을 규정하고 있는 강행법규에 위반한 계약은 무효이므로 그 경우에 계약상대방이 선의·무과실이라 하더라도 민법 제107조의 비진의표시의 법리 또는 표현대리 법리가 적용될 여지는 없다.」(대판 2016. 5. 12, 2013다49381)

2) 탈법행위(간접적 위반) 탈법행위(脫法行爲)란 직접 효력규정(강행법규)에 위반하지는 않으나 강행법규가 금지하고 있는 것을 회피수단에 의하여 실질적으로 달성하고 있는 행위를 말한다. 예컨대 금전의 대여자가 법령이 정한 최고이자율을 회피하기 위하여 일부 금액을 수수료 또는 사례금의 명목으로 받기로 한 경우에 그렇다(이자제한법 4조 또는 「대부업 등의 등록 및 금융이용자 보호에 관한 법률」 8조 2항에 의하여 수수료 등이 이자로 의제되기 때문에 이 예는 아주 적절하지는 않으나, 이해의 편의를 위하여 여기에 든 것이다).

탈법행위는 직접 강행법규에 위반하는 것은 아니지만 법규의 정신에 반하고 법규가 금지하고 있는 결과의 발생을 목적으로 하기 때문에 무효이다. 법률 가운데에는 명문으로 탈법행위를 금지하고 있는 것도 있다(가령 「하도급거래 공정화에 관한 법률」 20조, 「독점규제 및 공정거래에 관한 법률」 36조). 그러나 그러한 **명문규정이 없더라도 탈법행위는 무효이다.** 행위의 일부만이 탈법행위인 경우에는 일부무효의 법리(137조)가 적용된다.

강행법규가 금지하는 것을 회피하는 행위가 모두 탈법행위인 것은 아니다. 그러면 유효한 회피행위로부터 탈법행위를 어떻게 구별할 것인가? 강행법규의 취지가 그것의 위반행위에 의한 결과를 절대로 인정하지 않으려는 것일 때에는 회피행위는 탈법행위라고 하여야 하고, 단지 특정의 수단·형식에 의하여 어떤 결과가 생기지 않게 하려는 것일 때에는 회피행위는 탈법행위가 아니고 유효하다고 하여야 한다. 후자의 예로 동산의 양도담보를 들 수 있다. 동산의 양도담보는 형식적으로는, 동산 위에 질권을 설정하려면 목적물을 질권자에게 인도하여야 한다는 제332조와 채무불이행의 경우에 유질계약을 금지하는 제339조의 강행법규를 회피하는 것이 된다. 그러나 현재의 동산담보제도가 불완전하다는 점을 고려하면 **동산의 양도담보는 유효**하다고 하여야 한다.

일반적으로 말하면 경제적 약자 보호를 목적으로 하는 강행법규의 회피수단은 탈법행위로 되는 경우가 많다. 그에 비하여 거래의 안전 보호를 목적으로 하는 강행법규의 회피수단은 대체로 유효하게 다루어진다.

판 례 탈법행위의 예

「구 국유재산법(1976. 12. 31. 법률 제2950호로 개정되기 전의 것) 제7조는 같은 법 제1조의 입법취지에 따라 국유재산 처분 사무의 공정성을 도모하기 위하여 관련 사무에 종사하는 직원에 대하여 부정한 행위로 의심받을 수 있는 가장 현저한 행위를 적시하여 이를 엄격히 금지하는 한편, 그 금지에 위반한 행위의 사법상 효력에 관하여 이를 무효로 한다고 명문으로 규정하고 있으므로, 국유재산에 관한 사무에 종사하는 직원이 타인의 명의로 국유재산을 취득하는 행위는 강행법규인 같은 법 규정들의 적용을 잠탈하기 위한 탈법행위로서 무효라고 할 것이고, 나아가 같은 법이 거래안전의 보호 등을 위하여 그 무효로 주장할 수 있는 상대방을 제한하는 규정을 따로 두고 있지 아니한 이상, 그 무효는 원칙적으로 누구에 대하여서나 주장할 수 있다고 할 것이므로, 그 규정들에 위반하여 취득한 국유재산을 제 3 자가 전득하는 행위 또한 당연무효라 할 것이다.」(대판 1997. 6. 27, 97다9529. 동지 대판 2017. 12. 22, 2015다205086)

A-122 V. 목적의 사회적 타당성

사 례 (신사례 [3]번 문제)

A는 자신의 X토지를 B에게 9천만원에 매도하고 그 대금 전부를 지급받았다. 그런데 그 무렵 부동산 가격이 폭등하자 A는 다른 사람에게 X토지를 더 비싼 값으로 다시 매도하려고 소유권이전등기 절차의 이행을 지체하고 있었다. 그러던 중, 이러한 사정을 알게 된 C는 A에게, B와 체결한 계약을 해약하고 자신에게 그 토지를 매도하도록 요청하였다. 그리하여 A는 B에게 일방적으로 A·B 사이의 계약을 해약한다고 통지한 뒤, C와의 사이에 X토지를 C에게 1억 6천만원에 매도한다는 내용의 계약을 체결하였다. 그리고 C는 약정한 대금 모두를 A에게 지급하였으며, 그의 명의로 소유권이전등기도 마쳤다.

이 경우에 A·B·C 사이의 법률관계는 어떻게 되는가? (사례의 해결: A-129)

1. 서 설

법률행위가 유효하려면 사회적 타당성이 있어야 한다. 민법은 이를 제103조에서 「선량한 풍속 기타 사회질서에 위반한 사항을 내용으로 하는 법률행위는 무효로 한다」라고 규정하고 있다. 그 결과 법률행위는 그것이 설사 개별적인 강행법규에 위반하지 않을지라도 경우에 따라서 사회적 타당성이 없다는 이유로 무효로 될 수도 있다. 여기의 「선량한 풍속 기타 사회질서」는 강행법규와 더불어 사적 자치의 한계를 이루고 있다.

2. 사회질서의 의의

민법 제103조는 「선량한 풍속 기타 사회질서」를 사회적 타당성의 구별 표준으로 규정하고 있다. 그런데 우선 「선량한 풍속」과 「사회질서」가 어떤 관계에 있는지 문제된다. 학설은 i) 사회질서가 상위개념이고 선량한 풍속은 사회질서의 일종이라는 견해(상위개념설), ii) 양자는 병존개념 또는 대비개념이라는 견해(병존개념설), iii) 양자를 구별할 필요가 없으며 양자를 포괄하여 사회적 타당성으로 이해해야 한다는 견해(비구별설)로 나뉘어 있는데, 사견은 i)설과 같다(민법총칙 [122] 참조). 사견의 입장에서 두 개념의 의의를 설명한다.

제103조에서 선량한 풍속이라 함은 모든 국민에게 지킬 것이 요구되는 최소한도의 도덕률을 말한다. 그리고 사회질서는 국가·사회의 공공적 질서이다. 그 결과 선량한 풍속은

당연히 사회질서에 포함되게 된다. 한편 제103조에서 중요한 것은 사회질서에 반하느냐 여부이다. 왜냐하면 법률행위가 선량한 풍속에 반하지 않을지라도 사회질서에 반하면 무효로 되기 때문이다.

3. 사회질서 위반 여부의 판단 A-123

(1) 당사자의 인식이 필요한지 여부

어떤 법률행위가 사회질서에 반한다고 평가되려면, 법률행위의 내용이 사회질서에 반하는 것 외에 법률행위가 사회질서에 반한다는 것을 당사자가 인식하였어야 하는지가 문제된다. 여기에 관하여 학설은 i) 인식필요설, ii) 인식불필요설(사견도 같음. 다만, 동기의 불법에서는 다름), iii) 법률행위를 사회질서에 반하게 만드는 사정에 대한 인식만은 필요하다는 견해로 나뉘어 있다(민법총칙 [123] 참조).

(2) 동기의 불법

법률행위의 동기란 법률행위를 하게 한 이유이다. 이 동기는 법률행위의 내용을 이루지 않으며 법률행위 밖에 머물러 있다. 문제는 **법률행위에 있어서 이러한 동기만이 사회질서에 반하는 경우에도 언제나 법률행위가 무효로 되는가**이다. 예컨대 살인을 위하여 흉기를 매매하거나 도박을 하기 위하여 금전을 빌리거나 또는 매음(賣淫)(매춘(賣春))을 하기 위하여 가옥을 임차하는 경우에는, 흉기의 매매계약·금전의 소비대차계약·가옥의 임대차계약은 모두 그 자체가 사회질서에 반하지는 않으며, 그러한 법률행위를 하게 된 동기만이 사회질서에 반한다. 그러한 때에도 법률행위가 무효로 되는지가 문제되는 것이다.

여기에 관하여 학설은 여러 가지로 나뉘어 대립하고 있다. i) 표시설은 동기가 표시된 때에 한하여 그 표시된 동기는 법률행위의 내용을 이루고, 따라서 표시된 동기가 사회질서에 반하면 무효라고 한다. ii) 인식설은 불법동기가 상대방에게 표시되거나 알려져 상대방이 그 불법동기의 실현에 가담할 때 반사회성을 인정한다(사견도 같음. 민법총칙 [124] 참조). iii) 인식가능성설은 동기가 표시된 때는 물론이고 표시되지 않았더라도 상대방이 동기를 알았거나 알 수 있었을 때에는 무효라고 한다.

여기에 관한 **판례**의 태도는 분명치 않다. 대법원은 초기에는 동기의 불법을 고려하지 않는 것처럼 보였다. 그런데 그 후의 여러 판결에서 「표시되거나 상대방에게 알려진 법률행위의 동기가 반사회질서적인 경우」도 사회질서 위반행위라고 하여(대판 1984. 12. 11, 84다카1402 이래 다수의 판결), **인식설과 유사한 태도**를 보이고 있다.

한편 위와 같은 이론은 계약에 대하여만 적용된다고 하여야 하며, 단독행위에 있어서 그 동기가 사회질서에 반하는 경우에는 언제나 무효라고 하여야 한다(통설도 같음).

(3) 사회질서 위반 여부의 판단시기

법률행위가 사회질서에 위반하는지 여부는 어느 시기를 기준으로 하여 판단하여야 하는가? 여기에 관하여 학설은 i) 법률행위시설(사견도 같음)과 ii) 효력발생시설로 나뉘어 대립하고 있다. 그리고 판례는 「선량한 풍속 기타 사회질서는 부단히 변천하는 가치관념으로서 어느 법률행위가 이에 위반되어 민법 제103조에 의하여 무효인지 여부는 그 법률행위가 이루어진 때를 기준으로 판단하여야」 한다고 하여, i)의 법률행위시설의 견지에 있다(대판(전원) 2015. 7. 23, 2015다200111).

A-124 ## 4. 사회질서 위반행위의 유형과 구체적인 예

종래의 판례에 나타난 사안을 중심으로 하여 사회질서 위반행위의 유형과 구체적인 예를 살펴보기로 한다.

(1) 사회질서 위반행위의 유형

사회질서 위반행위의 유형은 일반적으로 사회질서 위반의 모습에 따라서 ① 법률행위의 목적이 사회질서에 위반하는 경우(가령 첩계약, 살인계약), ② 어떤 사항 자체가 사회질서에 반하지는 않으나 그것이 법률적으로 강제됨으로써 사회질서에 반하는 것(가령 과도한 위약벌의 약정. 대판 1993. 3. 23, 92다46905), ③ 그 사항 자체는 사회질서에 반하지 않으나 금전적 이익과 결부됨으로써 사회질서에 반하는 것(가령 소송에서 사실대로 증언해 줄 것을 조건으로 통상적인 수준을 넘는 급부를 약정한 경우(대판 2010. 7. 29, 2009다56283 등), 형사사건에서의 성공보수약정(대판(전원) 2015. 7. 23, 2015다200111)[핵심판례 24면]), ④ 사회질서에 반하는 것을 조건으로 하는 것(가령 살인을 조건으로 한 증여계약, 수임인이 행정청의 허가를 얻기 위하여 공무원의 직무 관련 사항에 관하여 특별한 청탁을 하면서 뇌물공여 등 로비를 하는 자금이 그 보수액에 포함되어 있다고 볼 만한 특수한 사정이 있는 때(대판 2016. 2. 18, 2015다35560)), ⑤ 동기가 불법한 것(가령 살인을 위한 흉기매매) 등으로 나눈다. 판례도 같다(대판 1984. 12. 11, 84다카1402 이래 다수의 판결). 그런데 판례는 유형화를 언급하는 모든 판결에서 위와 같은 다섯 가지의 유형을 제한적인 것으로 파악하여 그 외의 사회질서 위반행위는 없는 것으로 단정하고 있다. 그리하여 그 유형에 해당하지 않으면 사회질서에 반하지 않는다고 한다. 그리고 그 한 예로 법률행위의 성립과정에서 강박이라는 불법적 방법이 사용된 데 불과한 때에는 사회질서 위반의 문제가 아니라고 한다(대판 2002. 12. 27, 2000다47361 등 다수).

(판 례) 사회질서 위반행위의 유형

「민법 제103조에 의하여 무효로 되는 반사회질서 행위는 법률행위의 목적인 권리·의무의 내용이 선량한 풍속 기타 사회질서에 위반되는 경우뿐만 아니라 그 내용 자체는 반사회질서적인 것이 아니라고 하여도 법률적으로 이를 강제하거나 법률행위에 반사회질서적인 조건 또는 금전적 대가가 결부됨으로써 반사회질서적 성질을 띠게 되는 경우 및 표시되거나 상대방에게 알려진 법률행위의 동기가 반사회질서적인 경우를 포함하나, 이상의 각 요건에 해당하지 아니하고 단지 법률행위의 성립과정에 강박이라는 불법적 방법이 사용된

데 불과한 때에는 강박에 의한 의사표시의 하자나 의사의 흠결을 이유로 효력을 논의할 수는 있을지언정 반사회질서의 법률행위로서 무효라고 할 수는 없다.」(대판 2002. 12. 27, 2000다47361)

(2) 사회질서 위반행위의 구체적인 예 A-125

1) 정의의 관념에 반하는 행위 범죄 기타의 부정행위를 권하거나 그에 가담하는 계약은 무효이다. 예컨대 밀수입의 자금으로 사용하기 위한 대차 또는 그것을 목적으로 하는 출자는 무효이다(대판 1956. 1. 26, 4288민상96).

판 례 2중매매 기타의 2중양도

(ㄱ) **2중매매에 관한 기본태도** 부동산 매도인의 배임행위에 적극 가담하여 이루어진 토지의 2중매매는 사회정의 관념에 위배된 반사회적인 법률행위로서 무효이다(대판 1969. 11. 25, 66다1565; 대판 1994. 3. 11, 93다55289 등). 그러나 2중매수인이 매도인의 매도사실을 알았다는 것만으로는 무효로 되지 않는다(대판 1981. 1. 13, 80다1034). 대리인이 본인을 대리하여 부동산을 2중으로 매수한 경우에는 대리인이 매도인의 배임행위에 가담하였으면 본인이 그러한 사정을 몰랐더라도 무효이다(대판 1998. 2. 27, 97다45532). 그리고 타인에게 대지를 매도한 사람의 동생으로서 매매사실을 잘 알고 있었고, 또한 대지매수인이 매수한 토지 위에 건물을 건축하여 거주하여 온 사실을 이웃에 살면서 잘 알고 있으면서, 그 대지매수인이 그 명의로 매수토지의 소유권이전등기를 경료받기 전에 자기 명의로 소유권이전등기를 하였다면 이러한 형세관에 이루어진 소유권이전행위는 특별한 사정이 없는 한 사회정의 관념에 위반된 반사회적 법률행위로서 무효이다(대판 1978. 4. 11, 78다274).

(ㄴ) **2중매매 무효법리의 확대적용** 판례는 이러한 2중매매 무효의 법리를 그 밖에서도 널리 적용한다. 그리하여 어떤 자가 부동산을 타인에게 매도하였음을 알면서 그 자의 배임행위에 적극 가담하여 증여받은 경우(대판 1983. 4. 26, 83다카57 등), 부동산에 관하여 취득시효가 완성된 후 부동산 소유자가 이를 알면서 부동산을 제 3 자에게 불법적으로 처분하였고 부동산을 취득한 제 3 자가 부동산 소유자의 불법행위에 적극 가담한 경우(대판 2002. 3. 15, 2001다77352 · 77369(취득시효 완성 후 경료된 무효인 제 3 자 명의의 등기에 대하여 시효완성 당시의 소유자가 무효행위를 추인하여도 그 제 3 자 명의의 등기는 그 소유자의 불법행위에 제 3 자가 적극 가담하여 경료된 것으로서 사회질서에 반하여 무효라고 함) 등), 이미 매도된 부동산에 관하여 매도인의 채권자가 매도인의 배임행위에 적극 가담하여 저당권설정계약을 체결한 경우(대판 2002. 9. 6, 2000다41820 등)에, 수증행위·부동산 매매계약·저당권설정계약은 모두 사회질서에 반하여 무효이다.

이중매매의 매수인이 매도인과 직접 매매계약을 체결하는 대신에 매도인이 채무를 부담하고 있는 것처럼 거짓으로 꾸며 가장채권에 기한 채무명의(현재의 집행권원에 해당함)를 만들고 그에 따른 강제경매절차에서 매수인이 경락취득하는 방법을 취한 경우, 이는 이중매매의 매수인이 매도인의 배임행위에 적극 가담하여 이루어진 반사회적 법률행위로서 제103조에 의하여 무효라 할 것이고 이는 무효의 집행권원에 기한 집행의 효과도 유효하다는 논리와 모순되는 것은 아니다(대판 1985. 11. 26, 85다카1580).

주권발행 전에 주식을 양도한 자가 회사에 양도통지를 하기 전에 다른 제 3 자에게 이중으로 양도하고 회사에게 확정일자 있는 양도통지를 한 경우에 제 3 자가 이러한 양도인의 배임행위에 적극 가담한 때에는, 제 3 자에 대한 양도행위도 무효이다(대판 2006. 9. 14, 2005다45537).

그리고 부동산의 명의수탁자가 실질소유자 몰래 부동산을 처분하는 경우, 부동산의 취득자가 명의수탁자의 범죄적인 처분행위에 적극 가담하여 처분이 이루어진 때에는, 그 취득행위는 무효이다(대판 1992. 6. 9, 91다29842 등). 부동산의 명의수탁자가 그 명의신탁의 해지로 인한 소유권이전등기 소송의 진행 도중에 자신의 지배 하에 있는 사찰에게 그 부동산을 증여하는 행위도 무효이다(대판 1989. 10. 24, 88다카22299).

취득시효가 완성된 부동산 소유자가 그 부동산을 아들에게 증여한 경우도 수증자인 아들이 아버지의 배임행위에 적극 가담할 가능성이 커서 무효로 될 여지가 있다(대판 1995. 6. 30, 94다52416).

제 3 자가 피상속인으로부터 토지를 전전매수한 사실을 알면서 그 사정을 모르는 상속인을 기망하여 그로 하여금 토지를 2 중매도하게 한 경우에도, 그 양도계약은 무효이다(대판 1994. 11. 18, 94다37349).

공동상속인 중 1인이 제 3 자에게 상속 부동산을 매도한 뒤 그 앞으로 소유권이전등기가 경료되기 전에 그 매도인과 다른 공동상속인들 간에 그 부동산을 매도인 외의 다른 상속인 1인의 소유로 하는 내용의 상속재산 협의분할이 이루어져 그 앞으로 소유권이전등기를 한 경우에, 상속재산 협의분할로 부동산을 단독으로 상속한 자가 협의분할 이전에 공동상속인 중 1인이 그 부동산을 제 3 자에게 매도한 사실을 알면서도 상속재산 협의분할을 하였을 뿐 아니라, 그 매도인의 배임행위(또는 배신행위)를 유인, 교사하거나 이에 협력하는 등 적극적으로 가담한 때에는, 그 상속재산 협의분할 중 그 매도인의 법정상속분에 관한 부분은 반사회질서의 법률행위라고 한다(대판 1996. 4. 26, 95다54426 · 54433).

당사자 일방이 상대방에 대하여 공무원의 직무에 관한 사항에 관하여 청탁을 하게 하고 그에 대한 보수를 지급할 것을 내용으로 하는 계약(대판 1995. 7. 14, 94다51994 등), 당초부터 오직 보험사고를 가장하여 보험금을 취득할 목적으로 체결한 생명보험계약(대판 2000. 2. 11, 99다49064), 보험계약자가 다수의 보험계약을 통하여 보험금을 부정취득할 목적으로 보험계약을 체결한 경우(대판 2005. 7. 28, 2005다23858 등), 수사기관에서 참고인으로서 허위진술을 해 주는 대가로 작성된 각서(대판 2001. 4. 24, 2000다71999)도 사회질서에 반하여 무효이다.

대법원은, 금전소비대차계약과 함께 이자의 약정을 하는 경우에, 그 이율이 사회통념상 허용되는 한도를 초과하여 현저하게 고율로 정하여진 때에는 그 초과부분의 이자약정은 선량한 풍속 기타 사회질서에 반하는 것으로서 무효라고 한다(대판(전원) 2007. 2. 15, 2004다50426[핵심판례 210면] 등).

그에 비하여 판례에 의하면, 양도소득세 회피를 위하여 매매계약을 체결하거나(대판 1992. 12. 22, 91다35540 · 35557) 또는 명의신탁을 한 경우(대판 1991. 9. 13, 91다16334 · 16341), 양도소득세의 일부를 회피할 목적으로 매매계약서에 실제로 거래한 가액보다 낮은 금액을 매매대금으로 기재한 경우(대판 2007. 6. 14, 2007다3285), 강제집행을 면할 목적으로 부동산에 허위의 근저당권설정등기를 한 행위(대판 2004. 5. 28,

2003다70041), 양도소득세의 회피 및 투기의 목적으로 자신 앞으로 소유권이전등기를 하지 않고 미등기인 채로 체결한 매매계약(대판 1993. 5. 25, 93다296), 반사회적 행위에 의하여 조성된 재산인 이른바 비자금을 소극적으로 은닉하기 위하여 임치한 것(대판 2001. 4. 10, 2000다49343)은 **사회질서에 반하지 않는다**고 한다.

대가를 주고서 부정행위를 하지 않게 하는 계약도 당연한 일이 금전적 대가와 결합함으로써 사회질서 위반으로 된다. 명예훼손행위를 하지 않는다는 것을 조건으로 하여 금전을 지급하기로 한 약정이 그 예이다. 그뿐만 아니라 반사회질서행위는 범죄행위나 부정행위에 한하지 않으며, 경우에 따라서는 정당한 행위에 대한 사례금 지급약정도 그에 해당할 수 있다(대판 1972. 1. 31, 72다1455·1456). 예컨대 소송에서 사실대로 증언해 줄 것을 조건으로 어떤 급부를 하는 것을 약정한 경우에는 통상적인 수준(가령 증언으로 인한 수입 결손 전보)을 넘는 때에는 사회질서에 반하게 된다(대판 1999. 4. 13, 98다52483 등).

2) 윤리적 질서에 반하는 행위 예컨대 자녀가 부모에 대하여 손해배상을 청구하는 행위, 자녀가 부모와 동거하지 않겠다고 하는 행위는 부모와 그 자녀 사이의 도의에 반하는 행위로서 무효이다. A-126

그리고 일부일처제의 혼인질서에 반하는 법률행위도 무효이다. 그리하여 첩계약(처 있는 남자가 다른 여자와 부첩관계를 유지하는 계약)은 반사회질서행위로 무효이다. 판례도 첩계약은 본처의 사전승인이 있었더라도 무효라고 한다(대판 1967. 10. 6, 67다1134). 혼인 외의 성관계를 유지하기 위한 증여나 유증, 현재의 처가 사망하거나 처와 이혼하면 혼인한다는 계약(대판 1955. 7. 14, 4288민상156)도 무효이다. 그러나 부첩관계를 해소하면서 그 동안의 첩의 희생에 대하여 배상하고 또 첩의 장래 생활대책을 위하여 금전을 지급하기로 한 약정은 사회질서 위반이 아니다(대판 1980. 6. 24, 80다458). 즉 첩계약과 관련하여서는 불륜관계의 계속을 강요하는 범위에서만 무효라고 하여야 하며, 첩의 생존과 자녀의 성장을 보장하는 범위에서는 유효하다고 하여야 한다.

그리고 부첩관계인 부부생활의 종료를 해제조건으로 하는 증여계약은 그 조건만이 무효인 것이 아니라 증여계약 자체가 무효이다(대판 1966. 6. 21, 66다530). 또 사실혼 중 동거를 거부하는 경우에 금전을 지급하기로 하는 약정, 타인의 자녀를 출산해 주기로 하는 대리모(代理母)계약(대판 2025. 4. 24, 2022므15371)도 윤리질서에 반하여 무효이다. 대리모가 자신이 출산한 아이와 관련하여 친생모로서 가지는 권리 일체를 포기하기로 하는 합의는 대리모계약의 일부 혹은 그 연장선상에서 체결된 것이므로 역시 무효이고, 진실한 친자관계를 부정하고 모로서의 정당한 권리행사를 박탈하는 것이라는 점에서도 그 효력을 인정하기 어렵다(대판 2025. 4. 24, 2022므15371).

3) 개인의 자유를 심하게 제한하는 행위 이러한 행위 가운데에는 개인의 정신적·신체적 자유를 제한하는 것과 경제적 자유를 제한하는 것이 있다. A-127

전자의 예로는 인신매매·매춘행위가 있으며 그것들은 당연히 사회질서에 반하여 무효이다. 판례는 윤락행위 및 그것을 유인·강요하는 행위는 선량한 풍속 기타 사회질서에 위반되어 무효이며(대판 2004. 9. 3, 2004다27488·27495), 어떤 일이 있어도 이혼하지 않겠다는 각서를 써주었다고 하더라도 그와 같은 의사표시는 신분행위의 의사결정을 구속하는 것으로서 무효라고 한다(대판 1969. 8. 19, 69므18). 그리고 과도하게 무거운 위약벌의 약정도 무효라고 한다(대판 1993. 3. 23, 92다46905).

다음에 경제적 자유를 제한하는 것의 예로는 어떤 자와 같은 종류의 영업을 하지 않겠다는 계약을 들 수 있다. 그러한 계약도 합리적인 시간과 범위를 정하고 있으면 유효하다. 그러나 경제활동을 지나치게 제한하게 되면 사회질서에 반하게 된다. 대법원도, 사용자와 근로자 사이에 경업금지약정이 존재한다고 하더라도, 그와 같은 약정이 헌법상 보장된 근로자의 직업선택의 자유와 근로권 등을 과도하게 제한하거나 자유로운 경쟁을 지나치게 제한하는 경우에는 제103조에 정한 선량한 풍속 기타 사회질서에 반하는 법률행위로서 무효라고 한다(대판 2010. 3. 11, 2009다82244). 그에 비하여 해외파견된 근로자가 귀국일로부터 일정기간 소속회사에서 근무하여야 한다는 사규나 약정은 사회질서에 반하지 않는다(대판 1982. 6. 22, 82다카90).

4) 생존의 기초가 되는 재산의 처분행위 예컨대 어떤 자가 자신이 장차 취득할 재산을 모두 양도한다는 계약, 사찰이 그 존립에 필요불가결한 재산인 임야를 증여하는 행위(대판 1970. 3. 31, 69다2293)는 생존을 불가능하게 하는 행위로서 무효이다.

5) 지나치게 사행적(射倖的)인 행위 요행을 바라는 사행계약은 그 정도가 지나친 경우에는 사회질서에 반한다. 도박계약이 그 예이다. 그러나 「복권 및 복권기금법」에 의하여 발행되는 각종의 복권(동법 2조·3조)이나 승마투표권 즉 마권(한국마사회법 6조 이하)과 같이 법률이 허가하고 있는 복권은 반사회성이 없다.

한편 도박과 관련된 행위로서, 도박을 한다는 것을 알면서 도박자금을 빌려주는 행위(대판 1973. 5. 22, 72다2249 등), 도박으로 인한 채무의 변제를 위하여 토지를 양도하는 계약(대판 1959. 10. 15, 4291민상262), 노름빚을 토대로 하여 그 노름빚을 변제하기로 약정한 계약(대판 1966. 2. 22, 65다2567)은 모두 무효이다. 그러나 이는 사행계약이어서가 아니고, 동기가 불법하고 그 동기를 상대방이 알고 있었기 때문이다.

판 례 도박채무의 변제를 위하여 부동산의 처분을 위임한 경우

도박채무의 변제를 위하여 채무자로부터 부동산의 처분을 위임받은 채권자가 그 부동산을 제3자에게 매도한 경우, 도박채무 부담행위 및 그 변제약정이 민법 제103조의 선량한 풍속 기타 사회질서에 위반되어 무효라 하더라도, 그 무효는 변제약정의 이행행위에 해당하는 위 부동산을 제3자에게 처분한 대금으로 도박채무의 변제에 충당한 부분에 한정되고, 위 변제약정의 이행행위에 직접 해당하지 아니하는 부동산 처분에 관한 대리권을 도박

채권자에게 수여한 행위 부분까지 무효라고 볼 수는 없으므로, 위와 같은 사정을 알지 못하는 거래 상대방인 제 3 자가 도박채무자부터 그 대리인인 도박채권자를 통하여 위 부동산을 매수한 행위까지 무효가 된다고 할 수는 없다(대판 1995. 7. 14, 94다40147).

6) 폭리행위 이에 관하여는 뒤에 따로 논의한다(A-130 이하). A-128

7) 기 타 그 밖에 우리 판례에 나타난 중요한 예를 보기로 한다.

판례에 의하면, 변호사 아닌 자가 승소를 조건으로 하여 그 대가로 소송당사자로부터 계쟁물(부동산)의 일부를 받기로 한 약정(대판 1990. 5. 11, 89다카10514 등), 대출금채무의 담보를 위하여 제공한 주식을 보관하는 자가 별도의 차명대출을 받으면서 그 주식을 주주들의 동의 없이 무단으로 담보에 제공한 경우에 그와 같은 사정을 잘 알면서 그 주식을 담보로 제공받은 행위(대판 2005. 11. 10, 2005다38089), 친권 상실이나 관리권 상실을 청구할 수 있는 자가 그러한 청구권을 포기하는 것을 내용으로 하는 계약(대판 1977. 6. 7, 76므34), 당사자가 통정하여 단속규정을 위반하는 법률행위를 한 경우(대판 2022. 7. 14, 2021다281999 · 282008(구체적으로는 지역주택조합의 조합원 자격에 관한 주택법 및 그 시행령을 위반하여 조합가입계약을 체결한 경우임) 등)는 사회질서에 반하여 무효라고 한다. 그리고 청원권 행사의 일환으로 이루어진 진정을 이용하여 타인을 궁지에 빠뜨린 다음 이를 취하하는 것을 조건으로 거액의 급부를 제공받기로 한 약정은 반사회질서적인 조건 또는 금전적 대가가 결부됨으로써 반사회질서적 성질을 띠게 되는 경우에 해당한다고 한다(대판 2000. 2. 11, 99다56833). 또한 형사사건에서의 성공보수약정은 수사·재판의 결과를 금전적인 대가와 결부시킴으로써 기본적 인권의 옹호와 사회정의의 실현을 그 사명으로 하는 변호사 직무의 공공성을 저해하고 의뢰인과 일반 국민의 사법제도에 대한 신뢰를 현저히 떨어뜨릴 위험이 있으므로 선량한 풍속 기타 사회질서에 위반되는 것으로 평가할 수 있다고 하며(대판(전원) 2015. 7. 23, 2015다200111[핵심판례 24면]. 종래 이루어진 보수약정의 경우에는 보수약정이 성공보수라는 명목으로 되어 있다는 이유만으로 무효라고 단정하기는 어려우나, 향후에도 성공보수약정이 체결된다면 이는 103조에 의하여 무효로 볼 것이라고 한다), 지방자치단체가 골프장 사업계획 승인과 관련하여 사업자로부터 거액의 기부금을 지급받기로 한 증여계약은 공무수행과 결부된 금전적 대가로서 그 조건이나 동기가 사회질서에 반하므로 제103조에 의하여 무효라고 한다(대판 2009. 12. 10, 2007다63966).

그러나 매매계약 체결 당시에 정당한 대가를 지급하고 목적물을 매수하는 계약을 체결하였다면 비록 그 후 목적물이 범죄행위로 취득된 것을 알게 되었다고 하더라도 그러한 사유만으로 소유권이전등기 청구가 사회질서에 반하는 행위라고 단정할 수 없다고 한다(대판 2002. 11. 9, 2001다44987). 그리고 주택개량 사업구역 내의 주택에 거주하는 세입자가 주택개량 재개발조합으로부터 장차 신축될 아파트의 방 1간을 분양받을 수 있는 피분양권(이른바 세입자입주권)을 15매나 매수하였고 또 그것이 투기의 목적으로 행하여진 것이라 하여 그것만으로 그 피분양권 매매계약이 사회질서에 반하는 법률행위로서 무효로 된다고 할 수 없다고 한다(대판 1991. 5. 28, 90다19770).

A-129 5. 사회질서 위반의 효과

법률행위가 선량한 풍속 기타 사회질서에 반하는 경우에는 그 법률행위는 무효이다(103조). 그 무효는 절대적인 것이고(이 법률행위의 무효는 이를 주장할 이익이 있는 자는 누구든지 주장할 수 있다. 대판 2016. 3. 24, 2015다11281), 따라서 누구도 사회질서 위반행위의 유효를 주장할 수 없다. 그가 선의의 제 3 자라도 마찬가지이다(대판 1996. 10. 25, 96다29151은 부동산의 2중매매계약의 제 2 매수인으로부터 다시 취득한 제 3 자의 유효주장을 배제한다). 그리고 그 행위는 추인을 하여도 추인의 효과가 생기지 않으며, 무효임을 알고 추인하여도 새로운 법률행위를 한 효과가 생기지 않는다(대판 1973. 5. 22, 72다2249).

그 밖에 반사회질서행위가 채권행위인 경우에는, 효과를, 이행이 있기 전과 이행이 있은 후로 나누어 살펴보아야 한다. 이행이 있기 전에는 행위의 효력이 생기지 않고, 따라서 이행할 필요가 없다. 그에 비하여 이미 이행이 행하여진 경우에는 이행한 것의 반환청구를 허용할 것인지의 문제가 생긴다. 이는 제746조의 해석의 문제이다. 그에 관하여는 채권법각론에서 설명한다(D-394 이하 참조. 민법총칙 [129]도 참조).

법률행위의 일부만이 사회질서에 반하는 경우에는 일부무효의 법리(137조)가 적용된다.

> **사례의 해결**
>
> A의 B에 대한 해약통지는 무효이다. 그리고 A·C 사이의 매매계약이 사회질서에 반하여 무효라고 하는 판례에 따를 때 B는 A에 대하여 이행불능에 기한 권리(손해배상청구·계약해제·대상청구권)를 행사할 수 있다고 할 것이다. 또한 B는 A에 대하여 불법행위를 이유로 손해배상을 청구할 수도 있다(청구권 경합).
>
> 판례에 따르면, A·C 사이의 계약은 사회질서에 반하여 무효로 된다. 그런데 이때 A와 C의 급부가 반환되어야 하는지에 대하여 판례는 명시적으로 언급하지 않는다.
>
> 판례는 B가 A를 대위하여 C에 대하여 등기말소를 청구할 수 있다고 한다. 그리고 B는 C에 대하여 불법행위를 이유로 손해배상을 청구할 수 있다. 그러나 B는 채권자취소권을 행사하여 X토지를 A에게 되돌릴 수는 없다. (사례: A-122)

A-130 6. 불공정한 법률행위(폭리행위)

(1) 의 의

불공정(不公正)한 법률행위 또는 폭리행위(暴利行爲)라 함은 당사자의 궁박·경솔 또는 무경험으로 인하여 현저하게 공정을 잃은 법률행위를 말한다. 민법은 제104조에서 어떤 자가 약자적인 지위에 있는 다른 자의 궁박·경솔·무경험을 이용하여 폭리를 취하는 것을 막기 위하여 폭리행위를 무효로 규정하고 있다(동지 대판 2024. 6. 17, 2020다291531 등).

제104조와 제103조의 관계에 관하여는 견해가 대립되고 있다. 다수설은 제104조의 폭리행위는 제103조의 사회질서 위반행위의 일종이라고 한다(사견도 같음). 판례는 다수설과 같이

폭리행위가 사회질서 위반행위에 포함된다고 한다(대판 1964. 5. 19, 63다821).

(2) 제104조의 적용범위

제104조가 매매 등을 비롯한 유상계약에 적용될 수 있음은 의문의 여지가 없다. 그런데 계약이 아닌 유상행위 또는 무상행위에도 적용될 수 있는지 문제된다. 여기에 관하여 학설은 i) 적용부정설(사견도 같음)과 ii) 적용인정설로 나뉘어 있다. 그리고 판례는 증여나 기부행위와 같이 아무런 대가 없이 당사자 일방이 상대방에게 일방적인 급부를 하는 법률행위는 그 공정성을 논의할 수 있는 성질의 법률행위가 아니라고 하여(대판 2000. 2. 11, 99다56833 등 다수), 무상행위에는 제104조가 적용되지 않는다는 견지에 있다.

대가관계를 상정할 수 있다면 합동행위에도 제104조는 적용된다. 대법원도 어촌계 총회의 결의가 폭리행위라고 판시한 적이 있다(대판 2003. 6. 27, 2002다68034 등). 그에 비하여 경매에는 제104조가 적용되지 않는다(대결 1980. 3. 21, 80마77).

(3) 요 건 A-131

폭리행위가 성립하려면 객관적 요건과 주관적 요건의 두 요건이 갖추어져야 한다.

1) 객관적 요건

(가) 급부 사이의 현저한 불균형 폭리행위가 되려면 먼저 급부와 반대급부 사이에 현저한 불균형이 있어야 한다(대판 2010. 2. 11, 2009다72643도 같음). 이를 판단하려면 우선 해당 법률행위의 급부와 반대급부가 무엇인지를 확정한 뒤 그 각각의 객관적 가치를 비교·평가해야 한다(대판 2024. 3. 12, 2023다301712). 그리고 급부와 반대급부 사이에 현저한 불균형이 있는지는 단순히 시가와의 차액 또는 시가와의 배율로 판단할 수 있는 것은 아니고, 구체적·개별적 사안에서 일반인의 사회통념에 따라 결정하여야 한다(대판 2024. 3. 12, 2023다301712 등). 이러한 급부 사이의 불균형은 가치의 차이가 클 때 인정될 수 있으나, 가치의 차이만을 가지고 판단할 것은 아니며 법률행위에 관련된 모든 사정을 고려하여 불균형이 존재하는지를 결정하여야 한다. 판례도 같은 태도를 취하고 있다(대판 2010. 7. 15, 2009다50308). 한편 판례는, 여기에서 급부와 반대급부는 해당 법률행위에서 정한 급부와 반대급부를 의미하므로, 궁박 때문에 법률행위를 하였다고 주장하는 당사자가 그 법률행위의 결과 제 3 자와의 계약관계에서 입었을 불이익을 면하게 되었더라도, 특별한 사정이 없는 한 이러한 불이익의 면제를 곧바로 해당 법률행위에서 정한 상대방의 급부로 평가해서는 안 된다고 한다(대판 2024. 3. 12, 2023다301712. 상대방의 이행으로 면하게 된 위약금 상당액이 본인의 급부에 포함되지 않는다고 함).

우리 판례가 인정한 불균형 사례에는, 부동산의 매매가격이 시가의 8분의 1 정도인 경우(대판 1977. 12. 13, 76다2179), 토지를 시가의 5분의 1에도 못 미치는 가격으로 매매한 경우(대판 1994. 6. 24, 94다10900), 건물을 시가의 3분의 1에도 미달한 가격으로 매매한 경우(대판 1973. 5. 22, 73다231) 등이 있다. 그리고 가옥을 시가의 반값도 안 되는 가격에 매매한 경우도 폭리행위라고 하였다(대판 1979. 4. 10, 79다275). 그러나 다른 판결에서는, 부동산을 반값에 매매하였다고 하여 바로 제104조 위반은 아니라고 한다(대판 1991. 11. 12, 91다10732). 그런가 하면 이전의 수용가가 체납한 전기요금을 지급하기로 한 약정에 대하여 폭리행위라고 한 적도 있으나(대판 1987. 2. 10, 86다카2094; 대판 1988. 4. 12, 88다2), 경영인이 전 소유자의 체납 전기요금채무를 인수하였지만 특별한 사정에 있거나 체납요금이 있는 것을 알고 공장을 매수 또는 경락한 경우, 체납 전기요금을 납부한다는 매매조건을 받아들여 매수한 경우에 관하여 여러 판결에서 폭리행위가 아니라고 하였다(대판 1989. 10. 24, 88다카16454 이래 다수의 판결).

(나) **불균형의 판단시기** 급부 사이의 불균형 여부를 판단하는 기준시기에 관하여 통설(사견도 같음)과 판례(대판 1965. 6. 15, 65다610 등)는 법률행위 당시(계약을 체결한 때)라고 한다.

A-132 **2) 주관적 요건**

(가) **서 설** 폭리행위가 되려면 피해자의 궁박·경솔 또는 무경험을 이용하였어야 한다. 즉 피해자의 궁박·경솔 또는 무경험이 있어야 하고, 폭리행위자가 이를 이용하였어야 한다.

(나) **피해자의 궁박 · 경솔 · 무경험** 「궁박」은 벗어나기 어려운 상태(판례는 급박한 곤궁이라 한다)를 말하는 것으로서, 경제적인 원인에 의한 것일 때가 많겠으나(가령 대판 1968. 7. 30, 68다88), 그에 한정되지 않으며 정신적·심리적 원인에 의한 것이어도 무방하다(동지 대판 1996. 6. 14, 94다46374 등). 그리하여 가령 위급한 환자에게 의사가 과다한 보수를 요구하거나 감금하고서 토지를 싸게 팔도록 한 경우도 궁박에 해당할 수 있다. 당사자가 궁박의 상태에 있었는지 여부는 그의 신분과 재산상태 및 그가 처한 상황의 절박성의 정도, 계약의 체결을 둘러싼 협상과정 및 거래를 통한 피해당사자의 이익, 피해당사자가 그 거래를 통해 추구하고자 한 목적을 달성하기 위한 다른 적절한 대안의 존재 여부 등 여러 상황을 종합하여 구체적으로 판단하여야 한다(대판 1996. 11. 12, 96다34061[핵심판례 26면]; 대판 2010. 7. 15, 2009다50308 등).

「경솔」의 의미에 관하여는 학설이 나뉘는데, 다수설(사견도 같음)은 의사를 결정할 때 그 행위의 결과나 장래에 관하여 보통인이 베푸는 고려를 하지 않는 심리상태를 말한다고 한다. 대법원은 토지의 평당 단가를 2,100원으로 기재해야 할 것을 그 10배인 21,000원으로 오기한 것은 경솔에 해당한다고 한다(대판 1977. 5. 10, 76다2953).

「무경험」의 의미에 관하여는 학설이 나뉘는데, 다수설은 일반적인 생활체험이 불충분한 것이라고 한다. 그리고 판례는 「일반적인 생활체험의 부족을 의미하는 것으로서 어느 특정영역에 있어서의 경험부족이 아니라 거래 일반에 대한 경험부족을 뜻한다」고 하여(대판 2002. 10. 22, 2002다38927), 다수설과 같은 견지에 있다. 한편 무경험이 존재하는지 여부도 궁박에 있어서처럼 구체적인 경우에 모든 사정을 종합적으로 고려하여 개별적으로 판단하여야 한다(동지 대판 2002. 10. 22, 2002다38927).

피해자는 궁박·경솔·무경험 가운데 어느 하나만 갖추면 되고, 그 모두를 갖출 필요는 없다(통설·판례도 같다. 대판 1993. 10. 12, 93다19924 이래의 여러 판결).

(다) **폭리행위자의 이용** 폭리행위가 성립하려면 피해자의 궁박·경솔·무경험이 존재하는 것 외에 피해자의 그러한 상황을 폭리행위자가 이용하였어야 한다. 그런데 이 요건이 필요한지, 그리고 그 정확한 의미가 무엇인지에 관하여는 견해가 나누어진다. 그런데 통설(사견도 같음)은 폭리행위자가 피해자에게 위와 같은 사정이 있음을 알고서 그것을 이용하려는 의사, 즉 악의를 가지고 있어야 한다고 한다. **판례는** 특히 과거에는 인식을 요구하는 듯이 판시한 적이 있으나(대판 1991. 5. 28, 90다19770 등), 근래에 와서는 「상대방 당사자에게 위와 같은 피해당사자 측의 사정을 알면서 이를 이용하려는 의사 즉 **폭리행위의 악의가 없었다면 불공정한 법률행위는 성립하지 않는다**」고 하는 태도를 확고히 하고 있다(대판 1996. 11. 12, 96다34061[핵심판례 26면]; 대판 2024. 6. 17, 2020다291531 등 다수의 판결). A-133

3) 증명책임 및 기타 폭리행위가 성립하려면 위의 객관적·주관적 요건이 모두 갖추어져야 하며, 그 가운데 하나라도 갖추어지지 않으면 폭리행위가 되지 않는다(대판 1993.5. 25, 93다296 등 판례도 같은 취지이다). 그리고 이들 요건은 법률행위가 폭리행위로서 무효라고 주장하는 자가 궁박·경솔 또는 무경험의 상태에 있었다는 사실, 상대방이 이를 인식하고 있었다는 사실, 급부와 반대급부가 현저하게 불균형한 사실을 모두 증명하여야 한다(동지 대판 1991. 5. 28, 90다19770 등). 그리고 판례에 의하면 **법률행위가 현저하게 공정을 잃었다고 하여 곧 그것이 궁박, 경솔 또는 무경험으로 이루어진 것이라고 추정되지는 않는다**(대판 1977. 12. 13, 76다2179 등).

대리인에 의하여 행하여진 법률행위에 관하여 폭리행위가 문제되는 경우에는 경솔과 무경험은 대리인을 기준으로 하여 판단하여야 하고, 궁박상태에 있었는지 여부는 본인의 입장에서 판단되어야 한다(대판 2002. 10. 22, 2002다38927 등).

판례는, 매매계약과 같은 쌍무계약이 불공정한 법률행위에 해당하여 무효라고 한다면, 그 계약으로 인하여 불이익을 입는 당사자로 하여금 위와 같은 불공정성을 소송 등 사법적 구제수단을 통하여 주장하지 못하도록 하는 부제소 합의 역시 다른 특별한 사정이 없는 한 무효라고 한다(대판 2010. 7. 15, 2009다50308).

(4) 효 과

법률행위가 폭리행위의 요건을 모두 갖추면 무효로 된다(104조). 그 무효는 절대적 무효이며, 추인에 의하여 유효하게 될 수도 없다(대판 1994. 6. 24, 94다10900). 법률행위의 일부만이 폭리행위에 해당하는 경우에는 일부무효의 법리(137조)가 적용된다.

판례는, 매매계약이 약정된 매매대금의 과다로 말미암아 제104조에서 정하는 불공정한 법률행위에 해당하여 무효인 경우에도 무효행위의 전환에 관한 제138조가 적용될 수 있다고 한다(대판 2010. 7. 15, 2009다50308(A-248에 직접 인용함)).

폭리행위가 채권행위인 경우 그에 기하여 이행이 행하여지지 않은 때에는 더 이상 이행할 필요가 없게 된다. 그런데 이미 이행이 된 때의 반환문제에 관하여는 논란이 있다. 통설은 폭리행위에 있어서의 급부도 불법원인급여이기는 하나, 그때는 불법원인이 폭리자에게만 있으므로 제746조 단서가 적용되어 피해자는 반환을 청구할 수 있다고 한다(그러나 폭리자는 746조 본문이 적용되어 반환청구를 하지 못한다)(사견은 742조를 적용한다. 민법총칙 [135] 참조).

제 7 절 흠 있는 의사표시

학습의 길잡이

본절에서는 법률행위의 효력요건 중 의사표시와 관련된 것들을 다룬다. 구체적으로는 비진의표시, 허위표시, 착오, 사기·강박에 의한 의사표시가 그 대상이다. 이와 같은 흠 있는 의사표시들은 — 일정한 요건을 구비하면 — 무효이거나 취소할 수 있게 된다. 그 결과 그 의사표시를 요소로 하는 법률행위도 무효로 되는 것이다.

본절의 각 항목에서 특히 유의할 점을 든다면, 비진의표시에서는 그것에 해당하는 예를, 허위표시에서는 선의의 제 3 자를, 착오에서는 이론의 체계적 이해, 중요한 착오의 예, 공통의 착오를, 사기·강박에 의한 의사표시에서는 그 의사표시의 요건 중 위법성과 제110조 제 2 항의 제 3 자를 들 수 있다.

의사표시가 비진의표시·허위표시로서 무효인 경우에는 법률행위의 무효(본장 제10절)와 착오와 사기·강박에 의한 의사표시를 이유로 법률행위가 취소된 경우에는 법률행위의 취소(본장 제10절)와 관련되며, 계약이 이행된 뒤에는 부당이득(제 4 부 제 4 장)으로서의 반환문제가 생기게 된다. 그리고 착오는 계약의 성립(제 4 부 제 1 장 제 5 절)과도 관계된다.

A-134 I. 개 관

법률행위가 유효하려면 그것의 구성요소인 의사표시에 흠이 없어야 한다. 만약 의사표시에 흠이 있는 때에는 법률행위가 무효로 되거나 취소될 수 있다. 민법은 의사표시에 흠이 있는 경우 4가지를 제107조 내지 제110조에서 규정하고 있다. 그런데 그것들은 성질상 크게 「의사와 표시의 불일치」와 「사기·강박에 의한 의사표시」의 둘로 나누어진다.

의사표시에 있어서 표의자의 내심의 의사(진의)와 표시행위의 의미가 일치하지 않는 경우, 즉 의사와 표시가 일치하지 않는 경우를 통틀어서 「의사와 표시의 불일치」 또는 「의사의 결여(흠결)」라고 한다. 이러한 「의사와 표시의 불일치」 가운데에는 표의자가 그 불일치를 알고 있는 경우도 있고, 알고 있지 못하는 경우도 있다. 진의 아닌 의사표시(107조)와 허위표시(108조)는 전자에 해당하고, 착오(109조)는 후자에 해당한다. 그리고 진의 아닌 의사표시와 허위표시는 표의자가 의사와 표시의 불일치를 알고 있다는 점에서는 같으나,

상대방과의 통정(통모)이 있었는지 여부에서 다르다.

사기·강박에 의한 의사표시(110조)에 있어서는 의사의 형성과정에 하자(부당한 간섭)가 존재한다. 그 때문에 이 의사표시는 하자 있는 의사표시라고도 한다.

Ⅱ. 진의 아닌 의사표시(비진의표시) A-135

1. 의 의

진의(眞意) 아닌 의사표시 또는 비진의표시(非眞意表示)라 함은 표시행위의 의미가 표의자의 진의와 다르다는 것, 즉 의사와 표시의 불일치를 표의자 스스로 알면서 하는 의사표시를 말한다. 비진의표시는 표시와 다른 진의를 마음 속(심리(心裡))에 보류(유보)하고 있다는 의미에서 심리유보(心裡留保)라고도 한다. 가령 어떤 자가 식당에서 그의 여자친구를 감탄시키기 위하여 값비싼 희귀요리를 그것이 없을 것이라고 잘못 생각하고서 주문하는 경우가 그 예이다.

비진의표시는 의사와 표시의 불일치를 표의자가 의식하고 있다는 점에서 허위표시와 같다. 그러나 진의와 다른 표시를 표의자가 단독으로 하고 상대방 있는 경우에도 그와 통정(통모: 서로 짜고 함)하는 일이 없는 점에서, 진의와는 다른 표시를 하는 데 관하여 상대방과 합의(통모)가 있어야 하는 통정 허위표시와 다르며, 그 때문에 비진의표시는 통정 허위표시에 대응하여 단독 허위표시라고도 한다.

2. 요 건 A-136

(1) 의사표시의 존재

비진의표시가 인정되기 위하여서는 우선 의사표시가 존재하여야 한다. 즉 일정한 효과의사를 추단할 만한 가치 있는 행위가 있어야 한다. 따라서 사교상의 명백한 농담, 배우가 무대에서 행한 대사, 교수가 강의 중에 예로서 행한 표시 등의 경우에는, 의사표시가 있다고 할 수 없으므로, 비진의표시는 문제될 여지가 없다.

표의자가 진의와 다른 표시를 상대방이 알 것이라고 기대하고서 하는 의사표시인 희언표시(戱言表示)가 있다. 농담이 그 대표적인 예이다. **희언표시에도 제107조가 적용된다고** 하여야 한다(통설도 같으며, 이설 없음).

(2) 진의(의사)와 표시의 불일치

비진의표시로 되려면 진의와 표시가 일치하지 않아야 한다. 즉 표시행위의 의미(표시상의 효과의사)에 대응하는 의사(내심적 효과의사)(판례는 이 의사를 효과의사에 대응하는 내심의 의사라고 표현한다. 대판 1991. 7. 12, 90다11554[핵심판례 28면])가 존재하지 않아야 한다. 여기의 진의(의사)는 내심적 효과의사이고, 표의자가 이상적·궁극적으로 바라고 있는 의도가 아니다. 판례도 진의는 특정한 내용의 의사표시를 하고자 하는 표의자의 생각을 말하는 것이지 표의자가 진정으로 마음 속에서 바라는 사항을 뜻하는 것은 아니라고 하면서, 비록 재산을 뺏긴다는 것이 표의자의 본심으로 잠재되어 있었다 하여도 표의자가 강박에 의하여서나마 증여를 하기로 하고 그에 따른 증여의 의사표시를 한 이상 증여의 내심의 효과의사가 결여된 것이라고 할 수 없다고 하는가 하면(대판 2002. 12. 27, 2000다47361 등), 표의자가 의사표시의 내용을 진정으로 마음 속에서 바라지는 아니하였다고 하더라도 당시의 상황에서는 그것을 최선이라고 판단하여 그 의사표시를 하였을 경우에는 이를 내심의 효과의사가 결여된 비진의 의사표시라고 할 수 없다고도 한다(대판 2003. 4. 25, 2002다11458 등).

우리의 실무에서 비진의표시인지가 문제된 주요 사안으로는 사직의 의사표시 및 명의대여의 경우가 있다. 판례에 의하면, 근로자들이 사용자의 지시에 좇아 사직서를 제출한 경우에는, 비록 그들이 사직서 제출 당시 그 사직서에 의하여 의원면직 처리될지 모른다는 점을 인식하였다고 하더라도, 그것만으로써 그들의 내심에 사직의 의사가 있는 것이라고 할 수 없다고 한다(대판 1991. 7. 12, 90다11554[핵심판례 28면]. 일괄 사직서 제출에 관한 판결은 그 밖에도 많다). 즉 사직의 의사표시는 비진의표시라고 한다. 그런데 대법원은 다른 한편으로, 공무원의 일괄사표 제출은 비진의표시가 아니며, 설사 비진의표시라고 하여도 제107조는 사인의 공법행위에는 적용되지 않으므로 사직원 제출을 받아들여 의원면직 처분한 것을 당연무효라고 할 수 없다고 한다(대판 1992. 8. 14, 92누909 등). 다음에 타인에게 자기의 명의를 사용하여 거래할 것을 승인한 경우인 명의대여에 있어서는, 법률상의 효과는 대여자 자신에게 귀속시키고 경제적인 효과는 그 타인에게 귀속시키려는 진의가 있는 한, 비진의표시가 성립할 여지가 없다. 그리고 판례는 학교법인이 사립학교법상의 제한규정 때문에 그 학교의 교직원의 명의를 빌려서 금전을 빌린 경우(대판 1980. 7. 8, 80다639), 법률상 또는 사실상의 장애로 자기 명의로 대출받을 수 없는 자를 위하여 대출금 채무자로서의 명의를 빌려주어 대출을 받게 한 경우(대판 1996. 9. 10, 96다18182; 대판 1997. 7. 25, 97다8403)에 관하여, 명의대여자의 의사표시는 비진의표시가 아니고, 따라서 표시된 대로 효력이 생긴다고 한다. 이러한 판례는 타당하다.

(3) 표의자가 진의(의사)와 표시의 불일치를 알고 있을 것

(4) 표의자의 동기

표의자가 진의와 다른 표시를 하는 이유나 동기는 묻지 않는다.

(5) 증명책임

판례는 「어떠한 의사표시가 비진의 의사표시로서 무효라고 주장하는 경우에 그 입증책임은 그 주장자에게 있다」고 한다(대판 1992. 5. 22, 92다2295).

3. 효 과 A-137

(1) 원 칙

비진의표시는 원칙적으로 표시된 대로 효력을 발생한다(107조 1항 본문). 민법은 거래의 안전과 표시를 신뢰한 상대방을 보호하기 위하여 이와 같이 규정하고 있다.

(2) 예 외

상대방이 표의자의 진의 아님을 알았거나 이를 알 수 있었을 경우에는 비진의표시는 무효이다(107조 1항 단서). 여기서 「알 수 있었을 경우」라 함은 거래계에서 보통 일반적으로 요구되는 정도의 주의(일반인으로서의 주의)를 베풀었다면 알 수 있었을 경우를 말한다. 즉 과실로 인하여 알지 못한 경우이다.

상대방이 진의 아님을 알았다거나(악의) 또는 알 수 있었다는 것(과실)은 의사표시의 무효를 주장하는 자가 주장·증명하여야 한다. 통설과 판례(대판 1992. 5. 22, 92다2295)도 같다.

(3) 제 3 자에 대한 관계

비진의표시가 예외적으로 무효로 되는 경우에, 그 무효는 선의의 제3자에게 대항하지 못한다(107조 2항). 이는 거래의 안전을 위하여 둔 규정이다. 이 규정에서 「제3자」, 「선의」, 「대항하지 못한다」 등의 의미는 허위표시(108조 2항)에 있어서와 마찬가지이므로, 허위표시에 관한 설명에 미루기로 한다(A-142 이하 참조).

Ⅲ. 허위표시 A-138

> 사 례 (신사례 [5]번 문제)
>
> X토지의 소유자인 A는 그의 처 B가 이혼 및 재산분할청구 소송을 제기하려 하자, 그의 누나인 C와 상의하여 거짓으로 채권자 C, 채무자 A, 채권최고액 1억원을 내용으로 하는 근저당권 설정계약서를 작성하고 C 명의로 근저당권 설정등기를 하였다. 그런데 A와 C는 채권을 발생시키는 행위는 따로 하지 않았다. 그 후 C는 D에게 위 근저당권 설정계약서를 제시하면서 금전을 빌려달라고 요청하여, D는 C에게 3,200만원을 빌려준 다음, 곧바로 C의 A에 대한 위 근저당권 설정등기의 피담보채권 3,200만원의 부분에 대하여 저당권부 채권 가압류결정을 받았고, 그에 기하여 X토지에 관하여 근저당권부 채권 가압류기입등기를 마쳤다.
>
> 이 경우에 A는 D에게, C를 근저당권자로 한 근저당권 설정등기의 말소등기에 관하여 승낙의 의사표시를 하라고 청구할 수 있는가? (사례의 해결: A-146)

1. 의 의

허위표시(虛僞表示)라 함은 상대방과 통정하여서 하는 허위의 의사표시를 말한다. 즉 표의자가 허위의 의사표시를 하면서 그에 관하여 상대방과의 사이에 합의가 있는 경우이다(대판 1998. 9. 4, 98다17909). 채무자가 자기 소유의 부동산에 대한 채권자의 집행을 면하기 위하여 타인과 상의하여 부동산을 그 자에게 매도한 것으로 하고 소유권이전등기를 한 경우가 그 예이다. 허위표시는 상대방과 통정하고 있다는 점에서 통정 허위표시라고도 한다. 그리고 허위표시를 요소로 하는 법률행위를 가리켜 가장행위(假裝行爲)라고도 한다.

A-139

2. 요 건

(1) 의사표시의 존재

허위표시가 인정되려면 우선 의사표시가 있어야 한다. 다시 말하면, 유효한 의사표시가 존재하는 것과 같은 외관이 있어야 한다. 그러나 실제에 있어서는 증서의 작성이나 등기·등록과 같은 명백한 외형까지 수반하는 경우가 대부분이다. 허위표시가 보통 제3자를 속이기 위한 목적으로 행하여지기 때문이다.

(2) 진의(의사)와 표시의 불일치

허위표시가 되려면, 진의와 표시가 일치하지 않아야 한다. 즉 표시행위의 의미에 대응하는 표의자의 의사가 존재하지 않아야 한다. 주의할 것은, 당사자의 의사가 있는 한, 의사표시의 법률적 효과와 그것에 의하여 달성하려고 하는 경제적 목적이 서로 모순될지라도, 그것이 곧 허위표시로 되지는 않는다는 점이다. 즉 신탁행위는 허위표시가 아니다.

판례 허위표시 여부에 관한 예

(ㄱ) 「통정 허위표시가 성립하기 위하여는 의사표시의 진의와 표시가 일치하지 아니하고, 그 불일치에 관하여 상대방과 사이에 합의가 있어야 하는바, 제3자가 금융기관을 직접 방문하여 금전소비대차약정서에 주채무자로서 서명날인하였다면 제3자는 자신이 당해 소비대차계약의 주채무자임을 금융기관에 대하여 표시한 셈이고, 제3자가 금융기관이 정한 대출규정의 제한을 회피하여 타인으로 하여금 제3자 명의로 대출을 받아 이를 사용하도록 할 의도가 있었다거나 그 원리금을 타인의 부담으로 상환하기로 하였더라도, 특별한 사정이 없는 한 이는 소비대차계약에 따른 경제적 효과를 타인에게 귀속시키려는 의사에 불과할 뿐, 그 법률상의 효과까지도 타인에게 귀속시키려는 의사로 볼 수는 없으므로, 제3자의 진의와 표시에 불일치가 있다고 보기는 어렵다.」(대판 2003. 6. 24, 2003다7357. 동지 대판 1998. 9. 4, 98다17909)

(ㄴ) 「동일인에 대한 대출액 한도를 제한한 법령이나 금융기관 내부규정의 적용을 회피하기 위하여 실질적인 주채무자가 실제 대출받고자 하는 채무액에 대하여 제3자를 형식상의 주채무자로 내세우고, 금융기관도 이를 양해하여 제3자에 대하여는 채무자로서의 책임을 지우지 않을 의도 하에 제3자 명의로 대출관계 서류를 작성받은 경우, 제3자는 형식상의 명의만을 빌려 준 자에 불과하고 그 대출계약의 실질적인 당사자는 금융기관과 실

질적 주채무자이므로, 제 3 자 명의로 되어 있는 대출약정은 그 금융기관의 양해 하에 그에 따른 채무부담의 의사 없이 형식적으로 이루어진 것에 불과하여 통정 허위표시에 해당하는 무효의 법률행위이다.」(대판 2001. 5. 29, 2001다11765)

(3) 표의자가 진의(의사)와 표시의 불일치를 알고 있을 것

허위표시는 이 점에서 비진의표시와 같고 착오와 다르다.

(4) 상대방과의 통정(通情)이 있을 것

허위표시로 인정되려면, 진의와 다른 표시를 하는 데 관하여 상대방과 통정하여야 한다. 여기의 **통정(통모)이 있다고 하기 위하여서는 표의자가 진의 아닌 표시를 하는 것을 알고 있는 것만으로는 부족하며, 그에 관하여 상대방과의 사이에 합의가 있어야 한다**(통설 · 판례도 마찬가지로 새긴다. 대판 1998. 9. 4, 98다17909). 그리고 이렇게 상대방과의 합의를 요하는 점에서 허위표시는 비진의표시와 구별된다.

(5) 표의자의 동기

허위표시는 보통 제 3 자를 속일 의도로 행하여지나, 그러한 의도는 요건이 아니다.

3. 허위표시와 구별하여야 하는 행위 A-140

(1) falsa demonstratio(그릇된 표시)

의사표시의 자연적 해석에 있어서 당사자의 일치하는 이해와 다르게 표시된 것을 가리켜 falsa demonstratio라고 한다(A-91 참조). 그러한 falsa demonstratio의 경우에는 표시의 의미가 당사자의 일치하는 이해대로 확정되므로 의사와 표시는 일치한다. 따라서 그것은 허위표시가 아니다.

(2) 신탁행위

어떤 경제적 목적을 달성하기 위하여 상대방에게 그 목적달성에 필요한 정도를 넘는 권리를 이전하면서 상대방으로 하여금 그 이전받은 권리를 당사자가 달성하려고 하는 경제적 목적의 범위 안에서만 행사하게 하는 행위가 신탁행위이다. 동산의 양도담보, 추심을 위한 채권양도가 그 예이다. 이러한 **신탁행위는 허위표시(가장행위)가 아니다.** 신탁행위에 있어서는 권리를 이전하려는 진의가 있기 때문이다.

(3) 허수아비행위

가장행위와 구별하여야 하는 것의 하나로 허수아비행위가 있다. 여기서 허수아비라 함은 법률행위를 함에 있어서 직접 행위를 할 수 없거나 또는 직접 행위하고 싶지 않은 자(배후 조종자)에 의하여 표면에 내세워진 자를 말한다. 그리고 이러한 자가 제 3 자와 행한 법률행위를 허수아비행위라고 한다. 허수아비행위는 원칙적으로 가장행위가 아니다. 왜냐하면 법률효과의 발생이 진정으로 의욕되었기 때문이다.

(4) 사해행위

채무자가 채권자를 해하기 위하여 행한 법률행위를 사해행위(詐害行爲)라고 하는데, 이러한 사해행위도 가장행위가 아니다. 거기에는 채권자취소권에 관한 규정(406조)이 적용된다(C-196 이하 참조).

A-141 4. 효 과

(1) 서 설

허위표시는 그 내용에 따른 효과가 발생하지 않는다. 즉 무효이다(108조 1항). 우선 당사자 사이에서 그렇다. 그러나 제3자에 대한 관계에서도 허위표시는 무효이다. 다만, 민법상 허위표시의 무효를 가지고 선의의 제3자에게 대항하지는 못한다(108조 2항).

(판 례) 허위표시의 효과

통정한 허위의 의사표시는 당사자 사이에서는 물론 제3자에 대하여도 무효이고 다만, 선의의 제3자에 대하여만 이를 대항하지 못한다고 할 것이므로, 허위의 근저당권에 기하여 배당이 이루어진 경우, 배당채권자는 채권자취소의 소로써 통정허위표시를 취소하지 않았다하더라도 그 무효를 주장하여 그에 기한 채권의 존부, 범위, 순위에 관한 배당이의의 소를 제기할 수 있다(대판 2001. 5. 8, 2000다9611).

(2) 당사자 사이의 효과

허위표시는 당사자 사이에서는 언제나 무효이다. 선의의 제3자가 허위표시의 유효를 주장하는 경우에도 마찬가지이다. 따라서 가장행위에 기하여 이행을 하고 있지 않으면 이행할 필요가 없고, 이미 이행한 경우에는 부당이득을 이유로 반환청구를 할 수 있다. 이때에 제746조는 적용되지 않는다(통설도 같다). 한편 허위표시의 당사자 쌍방은 상대방에 대하여 소유권이전등기·계약증서와 같은 허위표시의 외관의 제거에 협력할 것을 청구할 수 있다. 가령 자력이 없는 채무자 A가 채권자 C의 강제집행을 피하기 위하여 자신의 유일한 부동산을 B에게 파는 것처럼 꾸미고 B의 이름으로 소유권이전등기까지 한 경우에는, A는 B에게 등기말소를 청구할 수 있다. 그리고 C는 자신의 채권을 보전하기 위하여 A가 B에 대하여 가지는 등기말소청구권을 대위행사할 수 있다(404조 참조. 판례도 같다. 대판 1989. 2. 28, 87다카1489).

허위표시가 제406조의 요건을 갖춘 때에는 허위표시를 한 채무자의 채권자는 채권자취소권을 행사할 수 있다(통설·판례도 같다).

A-142 (3) 제 3 자에 대한 관계

1) 개 관 가장행위는 원칙적으로 제3자에 대하여 무효이다. 단지 선의의 제3자에 대하여만 예외가 인정될 뿐이다(108조 2항). 따라서 당사자는 제3자에 대하여도 그

가 선의의 제 3 자에 해당하지 않는 한 무효를 주장할 수 있다.

2) 민법 제108조 제 2 항(선의의 제 3 자 보호) 민법은 제108조 제 2 항에서 「전항의 의사표시의 무효는 선의(善意)의 제 3 자에게 대항하지 못한다」고 규정하고 있다. 이 규정은 선의취득이 인정되지 않는 거래분야, 특히 부동산거래에 있어서 사실상 공신의 원칙을 인정하는 것이 되어 대단히 중요한 의미를 갖는다. 이 규정의 내용을 「제 3 자」, 「선의」, 「대항하지 못한다」로 나누어 자세히 살펴보기로 한다.

(개) 제 3 자 일반적으로 제 3 자라고 하면 당사자와 그 포괄승계인(예: 상속인 · 합병회사) 이외의 자 모두를 가리킨다. 그러나 **제108조 제 2 항에서 말하는 제 3 자는, 위와 같은 자 가운데에서 허위표시 행위를 기초로 하여 새로운 이해관계를 맺은 자만을 의미한다**(이설이 없으며, 판례도 같다. 대판 2000. 7. 6, 99다51258[핵심판례 30면]). 왜냐하면 위 규정은 허위표시임을 알지 못하여 그것이 유효하다고 믿고 거래한 제 3 자를 보호하기 위하여 두어진 것이기 때문이다. 그리고 새로운 이해관계를 맺었는지 여부는 실질적으로 검토하여야 한다(대판 2000. 7. 6, 99다51258[핵심판례 30면]; 대판 2020. 1. 30, 2019다280375 등).

여기의 제 3 자에 해당하는 자로는, 가장매매의 매수인으로부터 목적부동산을 다시 매수한 자(대판 1960. 2. 4, 4291민상636), 가장 매매예약에 기하여 가등기 및 그에 기한 본등기를 한 자(또는 그 후에 그로부터 가등기권리를 모두 넘겨받은 자)로부터 목적부동산을 매수한 자(대판 1996. 4. 26, 94다12074), 가장매매의 매수인으로부터 저당권을 설정받은 자, 가장 전세권에 대하여 저당권을 취득한 자(대판 2008. 3. 13, 2006다29372 · 29389 등), 가장저당권 설정행위에 기한 저당권 실행에 의하여 부동산을 경락받은 자(대판 1957. 3. 23, 4289민상580), 가장매매의 매수인으로부터 매매계약(또는 매매예약 · 대물변제예약)에 의한 소유권이전청구권 보전을 위한 가등기를 취득한 자(대판 1970. 9. 29, 70다466), 가장 근저당권설정행위에 기한 근저당권을 양수한 자, 가장매매에 기한 대금채권(가장채권)의 양수인, 가장 소비대차에 기한 대여금채권의 양수인(대판 2004. 1. 15, 2002다31537), 가장 근저당권설정계약이 유효하다고 믿고 그 피담보채권에 대하여 가압류한 자(대판 2004. 5. 28, 2003다70041. 그런데 판례는 피담보채권을 성립시키는 법률행위가 필요하다고 하면서, 만일 근저당권의 피담보채권이 존재하지 않는다면 그 가압류명령은 무효라고 할 것이고, 근저당권을 말소하는 경우에 가압류권자는 등기상 이해관계 있는 제 3 자로서 근저당권의 말소에 대한 승낙의 의사표시를 하여야 할 의무가 있다고 함), 가장 전세권설정계약에 의하여 형성된 법률관계로 생긴 채권(전세권부채권)을 가압류한 경우의 가압류권자(대판 2013. 2. 15, 2012다49292 등), 가장매매의 매수인에 대한 압류채권자, 임대차 보증금반환채권이 양도된 후 양수인의 채권자가 임대차 보증금반환채권에 대하여 채권압류 및 추심명령을 받았는데 임대차 보증금반환채권 양도계약이 허위표시로서 무효인 경우에 압류 등을 한 그 채권자(대판 2014. 4. 10, 2013다59753), 파산자가 가장채권을 보유하고 있다가 파산이 선고된 경우의 파산관재인(대판 2010. 4. 29, 2009다96083 등), 허위의 선급금 반환채무 부담행위에 기하여 그 채무를 보증하고 이행까지 하여 구상권을 취득한 자(대판 2000. 7. 6, 99다51258[핵심판례 30면]) 등을 들 수 있다. 그리고 제 3 자로부터의 전득자도 제 3 자에 해당한다. 판례(대판 2013. 2. 15, 2012다49292)도 같은 태도를 취하고 있다. 이 판결은, 갑이 을의 임차보증금반환채권을 담보하기 위하여 통정허위표시로 을에게 전세권설정등기를 마친 후 병이 이러한 사정을 알면서도 을에 대한 채권을 담보하기 위하여 위 전세권에 대하여 전세권근저당권 설정등기를 마쳤는데, 그 후 정이 병의 전세권근저당권부 채권을 가압류하고 압류명령을 받은 사안에서, 정이 통정허위표시에 관하여 선의라면 비록 병이 악의라 하더라도 허위표시자는 그에 대하여 전세권이 통정허위표시에 의한 것이라는 이유로 대항할 수 없다고 하였다.

판 례 제108조 제2항의 제3자의 예

(ㄱ) 보증인이 주채무자의 기망행위에 의하여 주채무가 있는 것으로 믿고 주채무자와 보증계약을 체결한 다음 그에 따라 보증채무자로서 그 채무까지 이행한 경우, 그 보증인은 주채무자에 대한 구상권 취득에 관하여 법률상의 이해관계를 가지게 되었고 그 구상권 취득에는 보증의 부종성으로 인하여 주채무가 유효하게 존재할 것을 필요로 한다는 이유로 결국 그 보증인은 주채무자의 채권자에 대한 채무 부담행위라는 허위표시에 기초하여 구상권 취득에 관한 법률상 이해관계를 가지게 되었다고 보아 민법 제108조 제2항 소정의 '제3자'에 해당한다고 한 사례(대판 2000. 7. 6, 99다51258[핵심판례 30면]).

(ㄴ) 갑이 통정허위표시에 해당하여 무효인 전세권설정계약에 의하여 형성된 법률관계로 생긴 채권(전세권부채권)을 가압류한 사안에서, 가압류 등기를 마칠 당시 전세권설정등기가 말소되지 아니한 상태였고, 전세권 갱신에 관한 등기가 불필요한 전세권명의자가 부동산 일부를 여전히 점유·사용하고 있었던 이상, 갑은 통정허위표시를 기초로 하여 새로이 법률상 이해관계를 가진 선의의 제3자에 해당한다고 봄이 상당하다고 한 사례(대판 2010. 3. 25, 2009다35743).

A-143 그에 비하여 대리인이나 대표기관이 상대방과 허위표시를 한 경우의 본인이나 법인, 채권의 가장양수인으로부터 추심을 위하여 채권을 양수한 자, 가장양수인의 일반채권자(압류 등의 경우는 예외), 가장 소비대차에 있어서 대주의 지위를 이전받은 자(대판 2004. 1. 15, 2002다31537) 등은 여기의 제3자가 아니다. 이들은 모두 새로운 이해관계, 즉 가장행위와는 별개의 법률원인에 의하여 고유한 법률상의 이익을 갖는 법률관계에 들어가지 않았기 때문이다. 그리고 판례는, A가 부동산의 매수자금을 C로부터 차용하고 담보조로 가등기를 해주기로 약정한 후 채권자들의 강제집행을 우려하여 B에게 가장양도한 후 C 앞으로 가등기를 하게 한 경우에 있어서 C는 형식상은 가장양수인으로부터 가등기를 넘겨받은 것으로 되어 있으나 그 가등기는 실질적인 새로운 법률원인에 의한 것이 아니므로 C를 통정 허위표시에서의 제3자로 볼 수 없다고 한다(대판 1982. 5. 25, 80다1403). 또한 통정한 허위의 의사표시(매매예약)에 기하여 허위 가등기가 설정된 후 그 원인이 된 통정허위표시가 철회되었으나 그 외관인 허위 가등기가 제거되지 않고 잔존하는 동안에 가등기명의인인 소외인이 임의로 소유권이전의 본등기를 마친 다음, 다시 위 본등기를 토대로 원고에게 소유권이전등기가 마쳐진 사안에서, 원고는 제108조 제2항의 제3자에 해당하지 않는다고 한다(대판 2020. 1. 30, 2019다280375[핵심판례 32면]). 그런

가 하면 판례는, 퇴직금채권 가장양도계약이 있은 후 채무자가 퇴직금을 지급하지 않고 있는 동안에 그 계약이 허위표시임이 밝혀진 경우에는, 채무자는 선의의 제 3 자임을 내세워 퇴직금채권의 전부채권자에게 퇴직금의 지급을 거절하지 못한다고 한다(대판 1983. 1. 18, 82다594. 판례는 변제를 한 경우에는 채무자를 제 3 자로 인정할 것으로 보인다).

제108조 제 2 항의 제 3 자에 해당된다고 하는 사실은 제 3 자가 주장·증명하여야 한다.

(나) 선 의 법률에서 일반적으로 선의(善意)·악의(惡意)라고 하면 그것들은 각각 어떤 사정을 알지 못하는 것·어떤 사정을 알고 있는 것을 가리키며, 타인을 해칠 의도의 유무와는 무관하다. 그리하여 **제108조 제 2 항에서 선의라 함은 의사표시가 허위표시임을 알지 못하는 것**이다. 제 3 자의 선의·악의를 결정하는 표준이 되는 시기는 법률상 새로운 이해관계를 맺은 때이다. 선의의 제 3 자로부터 다시 권리를 전득한 자에 대하여는 그가 설사 전득시에 악의였을지라도 허위표시의 무효를 가지고 대항하지 못한다고 새겨야 한다(이설 없음). 그렇게 새기지 않으면 선의의 제 3 자를 보호하려는 제108조 제 2 항의 취지를 살릴 수 없을 것이기 때문이다. A-144

판 례 파산관재인의 선의·악의 판단의 기준

「파산관재인은 선임되어 파산의 종결에 이르기까지 다양하게 설명되는 법적 지위에서 여러 가지 직무권한을 행사하는바, 파산관재인이 민법 제108조 제 2 항의 경우 등에 있어 제 3 자에 해당된다고 한 것(대법원 2003. 6. 24. 선고 2002다48214 판결, 2005. 7. 22. 선고 2005다4383 판결 등 참조)은, 파산관재인은 파산채권자 전체의 공동의 이익을 위하여 선량한 관리자의 주의로써 그 직무를 행하여야 하는 지위에 있기 때문에 인정되는 것이므로, 그 선의·악의도 파산관재인 개인의 선의·악의를 기준으로 할 수는 없고, 총파산채권자를 기준으로 하여 파산채권자 모두가 악의로 되지 않는 한 파산관재인은 선의의 제 3 자라고 할 수밖에 없다.」(대판 2006. 11. 10, 2004다10299)

제 3 자가 보호되기 위하여서는 선의인 데 과실이 없어야 하는가? 여기에 관하여 다수설과 판례는 무과실을 요구하지 않는다(대판 2006. 3. 10, 2002다1321 등).

제 3 자의 선의·악의의 주장·증명책임에 관하여 학설은 제 3 자의 악의를 주장하는 자가 이를 증명하여야 한다고 하며, 판례도 같다(대판 2006. 3. 10, 2002다1321 등).

(다) **대항하지 못한다** 일반적으로 「대항하지 못한다」라고 하면 법률행위의 당사자가 제 3 자에 대하여 법률행위의 효력(유효·무효)을 주장하지 못하지만, 제 3 자가 그 효력을 인정하는 것은 무방하다는 것을 의미한다. 제108조 제 2 항에서 대항하지 못한다는 것은 허위표시의 무효를 주장할 수 없다는 것이다. 그 결과 허위표시는 무효이지만 선의의 제 3 자에 대한 관계에 있어서는 표시된 대로 효력이 생기게 된다(상대적 무효). 선의의 제 3 자에 대하여 허위표시의 무효를 주장하지 못하는 것은 당사자 및 그 포괄승계인뿐만 아니라 A-145

당사자의 채권자도 마찬가지이다. 당사자의 특정승계인도 같다. 대법원은 구체적 사안에서, 가장 매매예약의 예약매도인으로부터 부동산을 매수한 자도 선의의 제 3 자(등기를 마친 경우)에게 무효를 주장하지 못한다고 하였다(대판 1996. 4. 26, 94다12074).

(4) 법률행위의 일부의 가장행위

법률행위의 일부가 허위표시인 때에는 일부무효의 법리(137조)에 의하여 법률행위의 효력이 결정되어야 한다.

A-146

5. 은닉행위

법률행위를 함에 있어서 당사자가 가장된 외형행위에 의하여 진정으로 의욕한 다른 행위를 숨기는 경우가 있다. 그러한 경우에 숨겨진 행위를 은닉행위(隱匿行爲)라고 한다. 증여를 하면서 매매를 가장하는 경우, 매매계약을 체결하면서 계약서에 매매대금을 실제로 합의된 것과 다르게 적는 경우가 그 예이다. 은닉행위의 경우에 그것을 감추는 외형상의 행위는 가장행위(허위표시)이다. 그러나 은닉행위 자체는 가장행위가 아니다. 따라서 가장된 외형행위는 무효이지만, 은닉행위는 — 그것이 유효하기 위한 요건을 갖추고 있는 한 — 가장행위와 관계 없이 유효하다고 하여야 한다(통설이며 판례도 같다. 대판 1993. 8. 27, 93다12930). 은닉행위의 유효성을 인정하는 것은 — 새로운 법률행위 해석 이론에 따르면 — 자연적 해석을 한 결과라고 할 수 있다(민법총칙 [92] 참조).

사례의 해결

(1) 사례에서 근저당권 설정계약은 허위표시, 정확하게는 가장행위에 해당하여 무효이다(108조 1항). 그런데 반사회질서행위는 아니다.

(2) 근저당권이 성립하기 위해서 피담보채권의 발생기초가 되는 계속적 계약관계, 즉 기본계약이 필요한데, 사례에서는 그 계약이 존재하지 않아서도 C의 근저당권은 성립하지 못한다.

(3) 근저당권의 피담보채권이 존재하지 않으면 그에 대한 가압류결정은 무효이다. 사례에서는 A에 대한 C의 채권이 존재하지 않을뿐더러 피담보채권을 발생시킬 기본계약의 약정도 없었으므로, 가압류결정은 무효이다.

(4) 부동산등기법에 따르면, 등기의 말소를 신청하는 경우에 그 말소에 대하여 등기상 이해관계 있는 제 3 자가 있을 때에는 제 3 자의 승낙이 있어야 한다(동법 57조 1항). 그리고 어떤 등기가 무효이기 때문에 이를 말소하는 경우에는 등기의 형식상 이해관계를 가지는 제 3 자는 언제나 말소등기에 관하여 승낙을 해 주어야 한다. 사례에서 C가 바로 승낙해야 할 자이다. 따라서 다른 이유로 보호받지 못한다면 승낙의 의사표시를 해야 한다.

D는 제108조 제 2 항의 선의의 제 3 자에 해당한다. 문제는 사례의 경우 A·C 사이에 기본계약이 없었고 가압류결정이 무효인데도 제 3 자로 보호되는지이다. 판례는 이것들을 이유로 D가 근저당권 말소에 승낙의 의사표시를 할 의무가 있다고 한다(사견은 반대임). (사례: A-138)

Ⅳ. 착 오

A-147

(사 례) (신사례 [6]번 문제)

식당을 할 곳을 찾고 있던 A는 부동산 소개업자인 B로부터 C의 건물을 소개받고 C와 건물의 임대차계약을 체결하였다. 그런데 그 후 A가 알아보니 그곳은 식당의 영업허가가 나오지 않는 지역이었다.

1. 이 경우에 A가 구제될 수 있는가?
2. 위 사안에서 임대차계약 당시에 C도 그곳이 식당의 영업허가가 나오는 줄로 알고 있었고 그러한 사실이 명백히 언급되었다면 어떤가? (사례의 해결: A-165)

1. 의 의

민법은 제109조에서 착오(錯誤)로 인한 의사표시에 관하여 규정하고 있다. 그런데 이 착오(내지 착오에 의한 의사표시)의 의의에 관하여는 학설이 일치하지 않으며, 판례도 파악하기가 쉽지 않다. 아래에서 학설 중 다수설과 판례만 설명한다.

다수설은 착오에 의한 의사표시는 표시로부터 추단되는 의사(표시상의 효과의사)와 진의(내심적 효과의사)가 일치하지 않는 의사표시로서 그 불일치를 표의자 자신이 알지 못하고 한 것이라고 한다.

판례는 착오를 전체의 착오와 법적으로 고려되는 착오의 두 가지로 나누어 정의하고 있는 것으로 이해된다. 그에 의하면 전체의 착오는 표의자의 인식과 그 대조사실이 어긋나는 경우이고(대판 1972. 3. 28, 71다2193. 동지 대판 2024. 8. 1, 2024다206760), 그중 법적으로 고려되는 착오는 의사와 표시가 불일치하고 그 불일치를 표의자 자신이 모르는 경우(대판 1985. 4. 23, 84다카890 등)이다.

(판 례) 장래의 불확실한 사실의 착오

(ㄱ) 「장래에 발생할 막연한 사정을 예측하거나 기대하고 법률행위를 한 경우 그러한 예측이나 기대와 다른 사정이 발생하였다고 하더라도 그로 인한 위험은 원칙적으로 법률행위를 한 사람이 스스로 감수하여야 하고 상대방에게 전가해서는 안 되므로 착오를 이유로 취소를 구할 수 없다.」(대판 2020. 5. 14, 2016다12175)

(ㄴ) 「의사표시자가 행위를 할 당시 장래에 있을 어떤 사항의 발생을 예측한 데 지나지 않는 경우는 의사표시자의 심리상태에 인식과 대조사실의 불일치가 있다고 할 수 없어 이를 착오로 다룰 수 없다. 다만 어떠한 인식이 장래에 있을 어떤 사항에 대한 단순한 예측이나 기대에 머무르는 것이 아니라 그 예측이나 기대의 근거가 되는 현재 사정에 대한 인식을 포함하고 있고 그 인식이 실제로 있는 사실과 일치하지 않는다면 이를 착오로 다룰 수 있다.」(대판 2024. 8. 1, 2024다206760)

㈐ 부동산의 양도가 있은 경우에 그에 대하여 부과될 양도소득세 등의 세액에 관한 착오가 미필적인 장래의 불확실한 사실에 관한 것이라도 민법 제109조 소정의 착오에서 제외되는 것은 아니다(대판 1994. 6. 10, 93다24810).

[참고] 착오의 의의에 관한 사견

사견으로는 광의의 착오는 「표의자의 관념과 실제의 무의식적인 불일치」라고 할 수 있고, 협의의 착오는 「의사(내심적 효과의사)와 표시(표시행위의 의미)의 무의식적인 불일치」라고 할 수 있다(자세한 점은 민법총칙 [151] 참조). 이들 중 보다 중요한 것은 뒤의 것이다. 그것만이 법적으로 고려되기 때문이다. 여기서 협의의 착오를 통틀어서 간단히 부를 수 있는 용어가 필요하게 된다. 그러한 용어로는 「법률행위의 내용의 착오」를 줄인 「행위내용의 착오」가 적당할 것이다.

A-148 **2. 착오와 법률행위 해석의 관계**

고려되는 착오, 즉 행위내용의 착오의 경우에는 내심적 효과의사(진의)와 표시행위의 의미가 일치하지 않는다. 따라서 고려되는 착오가 존재하는지 여부를 판단하기 위하여서는 먼저 법률행위의 해석에 의하여 표시행위의 의미가 탐구되어야 한다. 한편 착오가 발생한 법률행위가 계약인 경우에는 착오를 거론하기에 앞서 계약의 성립 유무를 조사하여야 한다. 왜냐하면 민법이 고려되는 착오의 효과로 규정한 취소는 법률행위, 그리하여 계약의 성립과 유효를 전제로 하기 때문이다. 계약이 성립하지 않으면 착오를 이유로 한 취소(착오취소)는 처음부터 문제되지 않는다. 그런데 계약이 성립하려면 당사자들의 의사표시인 청약과 승낙의 일치, 즉 합의가 있어야 한다. 그리고 언제 합의가 존재하는 것으로 인정되는가는 의사표시 내지 법률행위의 해석(A-87 이하 참조)의 고려 하에서만 해결될 수 있다. 아래에서 해석의 각 단계별로 착오와의 관계를 좀더 자세히 살펴보기로 한다.

자연적 해석의 경우에는 그릇된 표시에도 불구하고 당사자가 일치하여 생각한 의미로 효력이 생기기 때문에(의사와 표시의 일치), 착오취소는 인정될 여지가 없다. 그리하여 계약의 경우에는 사실상 일치하여 이해한 의미로 합의가 인정되며, 그러한 내용으로 성립한 계약은 어느 당사자에 의하여도 취소될 수 없다.

자연적 해석이 행하여질 수 없는 경우에는 **규범적 해석**에 의하여 의사표시의 객관적인 의미가 탐구되어야 한다. 그런 뒤에 그렇게 탐구된 의사표시의 의미와 표의자의 진정한 의사를 비교하여야 한다. 그 결과 이 둘이 불일치하고 있음이 발견된 때에는 착오로 되어, 표의자에 의한 취소가 고려된다.

규범적 해석의 결과 규율의 틈이 드러나는 경우에는 **보충적 해석**이 행하여진다. 이러한 보충적 해석에 의하여 법률행위가 가지는 의미가 표의자의 실제의 의사와 다른 경우는, 행위내용의 착오이기는 하나 중요부분의 착오로 되기가 어려워 취소는 인정되지 않는다.

3. 착오가 고려되기 위한 요건 A-149

(1) 서 설

착오가 고려되기 위한 요건은 제109조 제 1 항이 규정하고 있다. 그에 의하면 당연한 요건으로서 의사표시의 존재와 의사표시에 있어서의 표의자(상대방은 아님)의 착오의 존재가 필요하다. 그러나 이들에 관하여 특별히 설명할 필요는 없다. 그 밖의 요건으로 법률행위의 내용에 착오가 있어야 하고, 또 그 중요부분에 착오가 있어야 한다. 그리고 제109조 제 1 항 단서는 표의자에게 중대한 과실이 없을 것을 요구한다.

(2) 「법률행위의 내용」의 착오(행위내용의 착오)

1) 착오의 유형화의 필요성과 그 방법 착오의 유형화 방법으로는 심리학적인 분류(표시상의 착오·내용의 착오·동기의 착오)와 착오의 객체에 따른 분류가 있으며, 이 둘은 모두 필요하다. 그런데 전자는 모든 착오를 포괄하지 못하는 문제점이 있다. 따라서 여기서는 심리학적인 분류에 바탕을 두고 착오의 모든 경우를 망라적으로 인식시킬 수 있도록 유형화하려고 한다. 그것은 시간적인 분류라고 부를 수 있다. 그리고 그에 따른 유형과 별도로 착오 객체에 따른 유형도 살펴보아야 한다. 다만, 이 유형에 관하여는 중복을 피하기 위하여 뒤에 따로 기술하기로 한다.

2) 시간적인 분류에 의한 착오 유형 이는 하나의 의사표시가 형성되기 시작할 때부터 상대방에게 도달하기까지의 과정 가운데 어느 단계에서 착오가 발생하였는가에 의하여 착오의 유형을 구별하는 방법이다.

의사표시가 행하여지는 과정을 살펴보면, 우선 표의자의 의사가 형성되고, 그런 뒤에는 형성된 의사를 표현할 언어나 기타의 표시부호가 결정되며, 다음에는 결정된 표시부호들이 표명된다(말 또는 글). 이 세 단계를 거치면 보통 의사표시는 상대방에게 도달된다. 그러나 간혹 사자나 전신전화국 등(전보)에 의한 표시의 운반이 개재되는 경우가 있다. 마지막으로 의사표시가 도달한 후에 상대방에 의하여 오해될 위험이 남아 있다.

이들 중 어느 단계에서 착오가 발생하였는가에 의하여 착오의 유형을 나눌 수 있는 것이다. 그렇게 한다면, 의사형성에 있어서의 착오를 동기의 착오라고 하고, 의사를 위한 표시부호의 결정에 있어서의 착오를 의미(내용)의 착오, 표시부호의 표명에 있어서의 착오를 표시행위의 착오, 표시의 운반에 있어서의 착오를 전달의 착오(표시기관의 착오), 그리고 상대방에 의하여 오해되는 경우를 상대방(수령자)의 착오라고 한다. 이하에서는 이들 각각의 착오 유형이 행위내용의 착오에 해당하는지를 검토하기로 한다.

A-150 **3) 동기의 착오** 동기의 착오는 의사형성에 있어서의 착오이다. 이는 연유의 착오라고도 한다. 예컨대 조카가 운전면허시험에 합격했다고 믿고서 그에게 승용차를 사주었는데 사실은 합격하지 않은 경우에 그렇다.

동기의 착오가 어떤 범위에서 고려되는가에 관하여 학설은 i) 동기가 표시되고 상대방이 알고 있는 경우에는 고려된다는 견해(표시설), ii) 동기가 표시되었는지를 불문하고 제109조가 적용되어야 한다는 견해(표시불문설) 등으로 나뉘어 있다(민법총칙 [154] 참조). 그리고 판례는 「동기를 당해 의사표시의 내용으로 삼을 것을 상대방에게 표시」할 것을 요구한다(대판 2000. 5. 12, 2000다12259[핵심판례 34면] 등 다수). 그런데 다른 한편으로 판례는, 표의자의 착오를 상대방이 부정한 방법으로 유발한 경우, 동기가 상대방으로부터 제공된 경우에는 표시를 묻지 않고 — 대체로 내용의 착오 여부에 대하여는 침묵한 채 — 중요부분의 착오라고 한다.

판 례 동기의 착오가 고려되기 위한 요건

「동기의 착오가 법률행위의 내용의 중요부분에 해당함을 이유로 표의자가 법률행위를 취소하려면 그 동기를 당해 의사표시의 내용으로 삼을 것을 상대방에게 표시하고 의사표시의 해석상 법률행위의 내용으로 되어 있다고 인정되면 충분하고 당사자들 사이에 별도로 그 동기를 의사표시의 내용으로 삼기로 하는 합의까지 이루어질 필요는 없지만, 그 법률행위의 내용의 착오는 보통 일반인이 표의자의 입장에 섰더라면 그와 같은 의사표시를 하지 아니하였으리라고 여겨질 정도로 그 착오가 중요한 부분에 관한 것이어야 할 것이다.」(대판 2000. 5. 12, 2000다12259[핵심판례 34면])

[참고] 동기의 착오에 관한 사견

우리 민법상 동기의 착오는 비록 동기가 표시되어 상대방이 알고 있다고 할지라도 제109조에 의하여서는 고려되지 않는다고 하여야 한다. 다만, 동기의 착오가 상대방에 의하여 신의칙에 반하여 악용된 경우에는 상대방이 이행을 요구하는 것은 권리남용이 된다고 하여야 한다. 그리하여 착오자는 이행을 거절할 수 있고, 착오자가 이미 이행한 때에는 급부의 반환을 청구할 수 있다. 그리고 증여에 있어서는 동기의 표시를 묻지 않고 제109조의 요건 하에 취소할 수 있다고 하여야 한다. 한편 당사자 쌍방이 일치하여 동기의 착오에 빠져서 행위한 경우는 공통의 착오의 문제로서 따로 살펴보아야 한다(A-165 참조).

A-151 **4) 의미의 착오** 의미의 착오는 의사를 표시하기 위한 부호의 결정에 있어서의 착오이다. 여기서는 표의자는 표시부호의 법적 의미에 관하여 착오에 빠진다. 의미의 착오는 표의자가 사용하려고 한 표시부호를 사용하지만 그 부호의 내용 즉 의미에 관하여 착오에 빠지는 점에서, 표의자가 사용하려고 하지 않은 표시부호를 무의식적으로 사용하는 경우인 표시행위의 착오와 구별된다. 의미의 착오는 일반적으로는 내용의 착오라고 한다.

의미의 착오가 행위내용의 착오에 속함은 물론이다. X라는 이름의 개를 Y라고 생각하고 Y를 매도한다고 표시하는 경우, 사용대차를 유상계약이라고 생각하면서 사용대차한다고 표시하는 경우에 의미의 착오가 존재한다.

5) 표시행위의 착오 이는 표의자가 올바른 표시부호를 표명하려고 하였으나, 표명함에 있어서 그에게 착오가 있는 경우이다. 예컨대 매도한다고 말하려고 했는데 매수한다고 말한 경우(오답), 물건을 주문하면서 100개 대신 1,000개라고 잘못 쓴 경우(오기)가 그렇다. 표시행위의 착오는 표시의 착오라고도 한다. 이러한 표시행위의 착오도 행위내용의 착오이다.

6) 전달의 착오(표시기관의 착오) 이는 격지자 사이의 의사표시에 있어서 중개자가 표의자의 의사와 다른 표시를 상대방에게 전달한 경우이다.

전달의 착오는 표시행위의 착오의 한 가지 경우이다. 그리고 여기의 중개자에는 사자뿐만 아니라 우체국·전신전화국과 같은 공공시설도 포함시켜야 한다. 주의할 것은, 표의자가 의사표시를 서면으로 작성하였고 사자에게는 단지 서면의 배달만이 위임된 경우에는, 사자는 표시 자체의 사자가 아니라는 점이다. 따라서 그 경우에는 배달이 잘못되었을지라도 의사표시의 부도달(不到達)이 문제될 뿐이고, 전달의 착오는 문제되지 않는다.

7) 상대방(수령자)**의 착오** 이는 올바르게 표명되고 전달된 의사표시를 상대방(수령자)이 잘못 이해한 경우이다. 이 상대방의 착오는 제109조의 적용대상이 아니다.

(3) 중요부분의 착오 A-152

1) 중요부분의 착오의 의미 착오가 고려되기 위하여서는 행위내용의 착오가 존재하는 것만으로는 부족하며, 그 밖에 착오가 법률행위의 내용의 중요부분에 있어야 한다. 여기서 법률행위의 내용의 중요부분에 착오가 있다 함은 의사표시에 의하여 달성하려고 한 법률효과의 중요한 부분에 착오가 있는 것을 말한다.

그런데 그것을 판단하는 기준에 관하여는 학설이 대립하고 있다. 그중 다수설(주·객관적 요건설)은, 표의자가 그러한 착오가 없었더라면 그 의사표시를 하지 않았으리라고 생각될 정도로 중요한 것이어야 하고(주관적 요건), 보통 일반인도 표의자의 입장에 섰더라면 그러한 의사표시를 하지 않았으리라고 생각될 정도로 중요한 것이어야 한다(객관적 요건)고 한다.

판례는 동기의 착오에 관한 사안에서 주관적·객관적 요건을 요구하는 것(대판 2020. 10. 15, 2020다227523·227530 등)과, 객관적 요건만을 언급하는 것(대판 2000. 5. 12, 2000다12259 등)이 병존하여 그 태도가 분명하지 않다. 판례 가운데 뒤의 것은 주관적 요건을 배제하기 위한 것이라기보다는 객관적 요건을 강조하기 위한 것으로 보아야 한다. 그렇게 본다면 판례는 다수설(주·객관적 요건설)과 같다고 할 것이다.

2) 착오의 주관적·객관적 현저성 중요부분의 착오로 되려면 먼저 착오가 주관적으로 현저하여야 한다. 즉 착오자가 착오가 없었다면 표시를 하지 않았을 것이거나 또는 그런

내용으로 하지 않았을 것이어야 한다. 따라서 착오가 없었다 할지라도 표의자가 표시를 하였으리라고 인정되는 경우에는 착오는 중요부분의 착오가 아니어서 고려되지 않는다. 가령 근저당권설정자 또는 보증인이 계약서상의 채무자에 관하여 착오하였지만 그 채무자가 실질적인 채무자와 다르다는 것을 알았을지라도 계약을 체결했을 때에 그렇다(대판 1986. 8. 19, 86다카448).

중요부분의 착오로 되려면 그 외에 착오가 객관적으로도 현저하여야 한다. 그리하여 보통인도 착오자의 입장이었다면 그러한 의사표시를 하지 않았을 것이라고 인정되어야 한다. 이때는 착오자의 모든 개별적인 사정을 고려하여 현저성을 판단하되, 합리적인 제3자의 입장에서 그리하여야 한다. 객관적 현저성이 없는 예로는 미신적인 동기에 의한 경우(가령 인터넷으로 34호실 대신 44호실로 예약한 경우), 유태인 배척자가 주소를 혼동하여 유태인 주류도매상에 샴페인을 주문한 경우, 착오가 착오자를 경제적으로 더 불이익하게 하지 않는 경우(대판 2006. 12. 7, 2006다41457(주채무자의 차용금반환채무를 보증할 의사로 공정증서에 연대보증인으로 서명·날인했는데, 그 공정증서가 주채무자의 기존의 구상금채무 등에 관한 준소비대차계약의 공정증서이었던 경우); 대판 2009. 4. 23, 2008다96291·96307 등)를 들 수 있다.

A-153 **(4) 표의자에게 중과실이 없을 것**

1) 착오가 표의자의 중대한 과실로 인하여 발생한 때에는 다른 요건이 모두 갖추어져 있어도 고려되지 못한다(109조 1항 단서). 여기서 중대한 과실(중과실)이라 함은 표의자의 직업, 행위의 종류, 목적 등에 비추어 보통 베풀어야 할 주의를 현저하게 결여하는 것을 말한다(통설·판례도 같다. 대판 2023. 4. 27, 2017다227264 등 다수의 판결). 따라서 중대한 과실 유무의 판정은 구체적인 사실관계에 있어서 보통인이 베풀어야 할 주의를 표준으로 하여 그 주의를 심하게 결한 것인가에 의하여 행하여야 하며, 표의자의 주의능력을 표준으로 하는 것이 아니다. 즉 구체적인 과실이 아니고 추상적인 과실, 그리하여 추상적인 중과실이 문제된다.

우리 판례에 의하면, 공장을 경영하기 위하여 건물을 임차하면서 그 건물에 공장신설이 가능한지 알아보지 않은 경우(대판 1992. 11. 24, 92다25830·25847), 새로운 공장을 설립할 목적으로 토지를 매수하면서 그 토지상에 공장을 건축할 수 있는지 여부를 관할관청에 알아보지 않은 경우(대판 1993. 6. 29, 92다38881), 신용보증기금의 신용보증서를 담보로 금융채권자금을 대출해 준 금융기관이 위 대출자금이 모두 상환되지 않았음에도 착오로 신용보증기금에게 신용보증서 담보설정 해지를 통지한 경우(대판 2000. 5. 12, 99다64995)는, 중대한 과실에 해당한다.

그에 비하여 매수인이 도자기를 매수하면서 자신의 골동품 식별능력과 매매를 소개한 자를 과신한 나머지 고려청자 진품이라고 믿고 소장자를 만나 그 출처를 물어 보지 않고 전문적 감정인의 감정을 거치지 않은 채 그 도자기를 고가로 매수하고 고려청자가 아닐 경우를 대비하여 필요한 조치를 강구하지 않은 경우(대판 1997. 8. 22, 96다26657), 건물에 대한 매매계약 체결 직후 건물이 건축선을 침범하여 건축된 사실을 알았으나 매도인이 법률전문가의 자문에 의하면 준공검사가 난 건물이므로 행정소송을 통해 구청장의 철거 지시를 취소할 수 있다고 하여 매수인이 그 말을 믿고 매매계약을 해제하지 않고 대금지급의무를 이행한 경우(대판 1997. 9. 30, 97다26210), 부동산 중개업자가 다른 점포를 매매목적물로 잘못 소개하여 매수인이 매매목적물에 관하여 착오를 일으킨 경우(대판 1997. 11. 28, 97다32772 · 32789)에는 중대한 과실이 인정되지 않는다.

2) 표의자의 착오를 상대방이 인식한(알고 이용한) 경우에는 표의자는 그에게 중과실이 있더라도 취소할 수 있다고 하여야 한다(대판 2023. 4. 27, 2017다227264 등). 그러한 경우에는 상대방보다 표의자를 보호하는 것이 마땅하기 때문이다.

[참고] 과실의 종류 A-154

과실은 부주의(不注意)의 정도에 의하여 경과실과 중과실로 나누어진다. 경과실은 다소라도 주의를 게을리한 경우이고, 중과실은 현저하게 주의를 게을리한 경우이다. 민사책임에 있어서는 과실만 있으면 충분하므로, 일반적으로 민법에서 과실이라고 하면 경과실을 의미한다. 중과실을 요하는 경우에는 특별히 「중대한 과실」이라고 표현한다(109조 1항 단서 등).

과실은 다른 한편으로 어떠한 종류의 주의의무를 게을리했는가에 따라 추상적 과실과 구체적 과실로 나누어진다. 추상적 과실은 그 사람이 속하는 사회적 지위, 종사하는 직업 등에서 보통 일반적으로 요구되는 정도의 주의(注意), 즉 구체적인 사람에 의한 개인의 능력 차이가 인정되지 않고 일반적으로 평균인에게 요구되는 주의를 게을리한 것이다. 이 경우의 주의를 선량한 관리자의 주의 또는 선관주의(善管注意)라고 한다(374조 참조). 그에 비하여 구체적 과실은 행위자 자신의 주의능력을 기준으로 하여 그 주의를 게을리한 것이다(695조 · 922조 · 1022조 등). 따라서 구체적 과실의 주의에서는 개인의 능력 차이가 인정된다. 그런데 민법상의 주의는 선관주의가 원칙이고, 그리하여 과실도 추상적 과실이 원칙이다. 민법은 구체적 과실의 경우에는 「자기 재산과 동일한 주의」 등의 특별한 표현을 쓰고 있다.

추상적 과실은 추상적 경과실과 추상적 중과실로 나누어진다. 이 가운데 추상적 경과실이 민법상의 원칙임은 물론이다. 따라서 선관주의를 다소라도 게을리하면 책임이 발생하게 된다. 이론상으로는 구체적 과실도 구체적 경과실과 구체적 중과실로 나눌 수 있으나, 구체적 중과실을 규정하는 명문규정은 없다. 따라서 구체적 과실은 언제나 경과실 즉 구체적 경과실을 의미한다.

(5) 증명책임

착오를 이유로 의사표시를 취소하는 자는 착오의 존재뿐만 아니라 그 착오가 법률행위 내용의 중요부분에 존재한다는 것도 증명하여야 한다(대판 2020. 10. 15, 2020다227523 · 227530 등). 그러나 표의자에게 중대한 과실이 있는가에 대한 증명책임은 착오자에게 있지 않고 의사표시를 취소하지 않게 하려는 상대방에게 있다(대판 2005. 5. 12, 2005다6228).

(판 례) 착오취소자의 증명책임

「착오를 이유로 의사표시를 취소하는 자는 법률행위의 내용에 착오가 있었다는 사실과 함께 그 착오가 의사표시에 결정적인 영향을 미쳤다는 점, 즉 만약 그 착오가 없었더라면 의사표시를 하지 않았을 것이라는 점을 입증하여야 한다.」(대판 2008. 1. 17, 2007다74188)

A-155 ## 4. 고려되는 착오의 구체적인 모습

우리 판례에 나타난 예를 중심으로 하여 착오의 객체에 따른 유형별로 고려되는 착오의 모습을 살펴보기로 한다.

(1) 기명날인의 착오(서명의 착오)

위자료를 수령하면서 위자료의 수령에 따르는 보통문서인 것으로 오인하고 일체의 손해배상청구권을 포기하는 취지의 각서에 기명날인한 경우(대판 1967. 2. 7, 66다2518 등), 신원보증서류에 서명날인한다는 착각에 빠진 상태로 연대보증의 서면에 서명날인한 경우(대판 2005. 5. 27, 2004다43824[핵심판례 38면])는 중요부분의 착오이다.

(2) 동일성의 착오

이는 법률행위가 관계하는 사람(법인 포함) 또는 객체의 동일성에 관하여 착오가 있는 경우이다. 동일성의 착오 가운데 사람, 특히 상대방의 동일성의 착오는 상대방이 누구인지가 중요한 법률행위, 예컨대 사용대차·임대차·소비대차·위임·고용·(때에 따라서) 신용매매 등에서는 고려되나, 상대방이 누구인지가 중요하지 않은 법률행위, 예컨대 현실매매나 동시이행을 조건으로 하는 쌍무계약에서는 고려되지 않는다. 제 3 자의 동일성의 착오가 중요한 착오로 되는 경우도 있다. 근저당권설정계약에 있어서 채무자의 동일성에 관한 착오가 그 예이다(대판 1995. 12. 22, 95다37087. 대판 1986. 8. 19, 86다카448은 특별한 사정이 있는 경우이다). 법률행위가 관계하는 객체의 동일성의 착오는 일반적으로 고려된다. 그리고 토지의 경계에 관한 착오는 객체의 동일성의 착오로 다루어야 한다. 판례는 그러한 경우를 현황경계의 착오라고 하면서 취소를 인정한다(대판 2020. 3. 26, 2019다288232 등).

A-156 ### (3) 성질의 착오

성질의 착오는 법률행위가 관계하는 사람(법인 포함) 또는 객체의 성질에 관하여 착오하는 것을 말한다. 예컨대 횡령 전과자임을 모르고서 특정인을 경리직원으로 채용하는 경우, 포도주가 이미 식초로 변해 있었는데 그것을 모른 채 매수하는 경우, 금반지라고 오신하고서 금도금된 반지를 매수하는 경우에 그렇다. 판례는, 상대방의 거래상황 확인서를 믿고 제 3 자를 신용있는 기업으로 착각하여 대출에 대하여 신용보증을 한 경우(대판 1996. 7. 26, 94다25964 등)와 기업의 실질적 경영주가 금융부실거래자로 규제되어 있어서 타인 명의로 사업자등록을 한 후 그의 명의로 신용보증을 신청하자 신용보증기금이 확인 끝에 위 기업의 경영주가 신용 있는 자라고 착각하고 신용보증을 한 경우(대판 2005. 5. 12, 2005다6228 등)에 관하여 취소를 인정하였고, 토지매매에 있어서 건축가능성에 관하여 착오가 있는 경우(대판 1990. 5. 22, 90다카7026 등)에 대하여 매수동기가 표시되지 않았음을 이유로 취소를 부인하였다(아마도 중요부분의 착오라고는 인정하는 듯하다).

A-157 ### (4) 법률효과의 착오

법률의 착오는 법률상태에 관한 착오이고, 법률효과의 착오는 의사표시의 법률효과에 관하여 착오하는 것이다. 따라서 법률의 착오가 법률효과의 착오로 되려면, 표의자가 착오한 법률이 의사표시의 법률효과를 형성하여야 한다. 나머지의 경우에는 법률의 착오는 법률효과의 착오로 되지 못한다(물론 법률효과의 착오이면서 법률의 착오가 아닌 때도 많다). 예컨대 다액의 양도소득세가 부과될 것을 두려워하는 매도인에게 매수인이 주식회사를 설립하여 출자하는 형식을 취하면 양도소득세가 부과되지 않는다고 하여, 매도인이 이를 믿고 매매계약을 체결하였는데, 후에 그러한 때에도 양도소득세가 부과됨을 알게 된 경우에는(대판 1981. 11. 10, 80다2475), 양도소득세에 관한 법률은 매매계약의 법률효과와는 무관하므로, 법률의 착오이기는 하나 법률효과의 착오는 아니다. 이렇게 법률효과의 착오로 되지 않는 법률의 착오는 동기의 착오에 지나지 않는다(다만, 앞의 예는 공통의 착오의 문제로 되는 경우이다).

판례 법률/법률효과의 착오

(ㄱ) 「법률에 관한 착오라도 그것이 법률행위의 내용의 중요부분에 관한 것인 때에는 표의자는 그 의사표시를 취소할 수 있다고 할 것이며, 또 비록 위 매매가 매도인인 피고에 대한 양도소득세의 부과를 회피할 목적으로 이루어진 것이라 하더라도 그것이 곧 사회질서에 반하는 것이라고 단정할 수 없으므로 이러한 경우에 역시 의사표시의 착오의 이론을 적용한 원심의 조처는 정당하고, 거기에 소론과 같은 법률행위의 착오에 관한 법리를 오해한 위법이 있다고 할 수 없다.」(대판 1981. 11. 10, 80다2475)

(ㄴ) 「계약의 성립을 위한 의사표시의 객관적 합치 여부를 판단함에 있어, 처분문서인 계약서가 있는 경우에는 특별한 사정이 없는 한 계약서에 기재된 대로의 의사표시의 존재 및 내용을 인정하여야 하고, 계약을 체결함에 있어 당해 계약으로 인한 법률효과에 관하여 제대로 알지 못하였다 하더라도 이는 계약체결에 관한 의사표시의 착오의 문제가 될 뿐이다.」(대판 2009. 4. 23, 2008다96291 · 96307)

법률효과의 착오로 되는 법률의 착오를 포함하여 법률효과의 착오 전반에 관하여 검토하여 보기로 한다. 행위내용의 착오는 모두 넓은 의미의 법률효과의 착오이다. 그러나 여기서는 의미의 착오가 문제되는 경우만을 살펴보기로 한다. 법률효과의 착오는 공표의 착오의 형태일 수 있다. 법률개념을 오해한 경우에 그렇다. 가령 보증하려는 의사로 채무를 인수한다고 한 경우가 그 예이다. 그런가 하면 법률상 또는 보충적 해석에 의하여 부여되는 법률효과에 관하여 착오하는 경우도 법률효과의 착오에 해당한다. 예컨대 매도인이 하자담보책임을 지지 않는다고 오신하고서 매도하는 경우에 그렇다. 이러한 법률효과의 착오는 언제나 행위내용의 착오로 된다고 하여야 한다. 그렇다고 하여 법률효과의 착오의 경우 언제나 취소가 인정된다는 의미는 아니다. 취소까지 인정되려면 그 밖에도 여러 요건을 갖추어야 한다. 특히 중요부분의 착오이어야 한다. 부수적인 법률효과에 관한 착오는 보통은 중요부분의 착오로 되지 못할 것이다.

A-158 ### (5) 계산의 착오

계산에 있어서 착오가 있는 경우를 계산의 착오라고 한다. 계산의 착오는 착오의 관점에서만 판단하면 언제나 동기의 착오라고 하여야 할 것이나, 거기에서는 먼저 해석에 의하여 행위내용을 결정한 후에 착오를 논의하여야 한다(자세한 점은 주해(2), 482면(송덕수) 참조).

(6) 표시의식의 결여

표시의식이 없는 경우는 효과의사가 없는 경우(착오)와 이익사정이 같으므로 그와 동일하게 다루어야 한다. 따라서 일단은 유효하되 제109조의 요건 하에 취소할 수 있다고 하여야 한다.

A-159 ### (7) 그 밖에 판례에 의하여 착오가 고려된 예

판례는 착오가 상대방에 의하여 유발되었거나 상대방측으로부터 제공된 경우에는 동기의 착오라도 중요부분의 착오로서 취소할 수 있다고 한다(대판 2003. 11. 13, 2001다33000 등).

대법원은 여러 번, 교통사고 등으로 인하여 신체침해가 발생한 경우에 있어서 피해자가 장래에 들 치료기간·치료비·후유증 등을 예상하지 못하고 가해자와 손해배상청구권을 포기하거나 또는 민·형사상 일체의 소송을 제기하지 않기로 합의한 경우에 관하여 착오를 이유로 한 취소를 인정하였다(대판 1971. 4. 30, 71다399 외 다수). 그런데 대법원은 다른 한편으로 비슷한 경우들을 합의의 해석에 의하여 해결하였다. 즉 그러한 합의는 예상할 수 없는 손해에는 미치지 않는다고 한다(대판 1970. 8. 31, 70다1284 등 다수의 판결). 근래에는 이러한 태도가 지배적이다(최근의 판결로는 대판 2000. 3. 23, 99다63176[핵심판례 370면]). 이 문제는 채권법각론에서 자세히 논의하기로 한다(D-364 참조).

판례에 의하면, 가해자의 과실이 경합되었는데 오로지 피해자에게만 과실이 있는 것으로 오인하고 합의한 경우에는 분쟁의 전제가 되는 사항에 착오가 있으므로 취소할 수 있다고 한다(대판 1997. 4. 11, 95다48414).

대법원은, 외형적인 경계를 기준으로 하여 인접토지에 관한 교환계약이 이루어졌으나 그 경계가 실제의 경계와 일치하지 않음으로써 그중 일방이 제공받기로 한 토지가 자신의 토지임이 밝혀진 경우에는, 토지의 경계(소유권 귀속)에 관한 착오로서 중요부분의 착오라고 한다(대판 1993. 9. 28, 93다31634·31641).

보험회사 또는 보험모집종사자가 설명의무를 위반하여 고객이 보험계약의 중요사항에 관하여 제대로 이해하지 못한 채 착오에 빠져 보험계약을 체결한 경우, 그러한 착오가 동기의 착오에 불과하다고 하더라도 그러한 착오를 일으키지 않았더라면 보험계약을 체결하지 않았거나 아니면 적어도 동일한 내용으로 보험계약을 체결하지 않았을 것이 명백하다면, 위와 같은 착오는 보험계약의 내용의 중요부분에 관한 것에 해당하므로 이를 이유로 보험계약을 취소할 수 있다고 한다(대판 2018. 4. 12, 2017다229536).

대법원은, 일본군 위안부 피해자를 위한 양로시설 등을 운영하는 갑 법인의 후원 안내에 따라 할머니들의 생활·복지·증언활동을 위한 일반후원 납입 계좌로 후원금을 송금하여 왔는데, 그 후 후원금이 위안부 피해자들을 위해서는 제대로 사용되지 않는다는 취지의 폭로와 언론 보도가 잇따르자 을이 갑 법인을 상대로 후원금 반환 등을 구한 사안에서, 갑 법인이 표시하고 을이 인식하였던 후원계약의 목적과 후원금의 실제 사용 현황 사이에 착오로 평가할 만한 정도의 불일치가 존재하므로, 을은 착오를 이유로 후원계약을 취소할 수 있다고 하였다(대판 2024. 8. 1, 2024다206760).

(8) 판례에 의하여 착오가 고려되지 않은 예 A-160

판례는 부동산의 매매에 있어서 시가에 관한 착오는 중요부분의 착오가 아니라고 한다(대판 1992. 10. 23, 92다29337 등. 그러나 대판 1998. 2. 10, 97다44737에 주의. 이 판결은, 당사자 쌍방이 매매대금의 기초로 된 감정가격이 잘못 책정되었음을 똑같이 모르고 매매계약을 체결한 경우 즉 공통의 동기의 착오의 경우를, 동기가 표시된 경우로서 판단하였음). 그리고 부동산의 임대차의 경우에 누구에게 소유권이 있는지에 관한 착오는 중요부분의 착오일 수 있다고 하였으나(대판 1975. 1. 28, 74다2069), 임야 위의 건물 등을 기부채납함에 있어서 임야의 소유권에 관하여 착오한 경우에 대하여는 착오로 경제적 불이익이 없다는 이유로 중요부분의 착오가 아니라고 하였다(대판 1999. 2. 23, 98다47924). 토지의 매매에 있어서 토지의 면적의 착오도 중요부분의 착오가 아니라고 한다(대판 1976. 4. 27, 75다1218 등). 그리고 판례에 대한 기대가 발생하지 않은 경우, 특히 장래에 있을 판결 결과의 불변경에 관한 착오에 대하여, 판례는 착오로 다룰 수 없다거나 중요부분의 착오가 아니라고 한다(대판 1972. 3. 28, 71다2193). 또한 매매계약 당시 장차 도시계획이 변경되어 공동주택·호텔 등의 신축에 대한 인·허가를 받을 수 있을 것이라고 생각하였으나 그 후 생각대로 되지 않은 경우에 관하여, 이는 법률행위 당시를 기준으로 장래의 미필적 사실의 발생에 대한 기대나 예상이 빗나간 것에 불과할 뿐 착오라고 할 수는 없다고 한다(대판 2007. 8. 23, 2006다15755). 운수회사가 그의 차량 운전수의 과실로 타인에게 상해를 입힌 것으로 또는 그 회사 소속 운전수가 가해자인 것으로 오인하고 부상자의 병원에 대한 치료비지급채무를 보증 또는 연대보증한 경우에, 그 착오는 동기의 착오에 불과한 것으로서 그 동기를 표시하지 않은 이상 착오를 이유로 당해 보증계약을 취소할 수 없다고 한다(대판 1975. 4. 22, 75다387 등 다수).

5. 고려되는 착오의 효과 A-161

(1) 취소가능성

착오가 고려되기 위한 요건이 모두 갖추어진 경우에는 법률행위를 취소할 수 있다(109조 1항).

판 례 계약해제 후의 착오취소

「매도인이 매수인의 중도금 지급채무 불이행을 이유로 매매계약을 적법하게 해제한 후에도 매수인으로서는 상대방이 한 계약해제의 효과로서 발생하는 손해배상책임을 지거나 매매계약에 따른 계약금을 반환받을 수 없는 불이익을 면하기 위하여 착오를 이유로 한 취소권을 행사하여 위 매매계약 전체를 무효로 돌리게 할 수 있다.」(대판 1996. 12. 6, 95다24982)

(2) 취소가 배제되는 경우

착오취소의 요건이 모두 갖추어졌을지라도 취소가 배제되는 경우들이 있다.

1) 취소권의 포기 · 실효 제109조는 임의규정이다. 따라서 당사자들은 합의에 의하여 착오취소권을 배제할 수 있다. 그리고 실효(失效)에 의하여서 취소권이 배제될 수도 있다.

2) 상대방이 착오자의 진의에 동의하는 경우 착오자의 상대방이 의사표시를 착오자에 의하여 생각된 의미로 효력 있게 할 용의가 있다고 표시한 경우에는, 착오자의 취소는 신의칙에 반하는 권리행사로서 허용되지 않는다. 예컨대 매도인이 어떤 물건을 잘못하여 43만원 대신에 34만원으로 매도청약한 경우에 매수인이 43만원을 지급하겠다고 하는 때에는, 현재 그 물건의 가격이 50만원이 되었다고 하더라도 매도인은 계약을 취소하지 못한다.

3) 신의칙에 의한 그 밖의 배제 판례는 매매계약에 따른 양도소득세와 관련하여 착오가 있었더라도 법령이 개정되어 불이익이 소멸한 경우에는 착오의 주장이 신의칙상 허용되지 않는다고 한다(대판 1995. 3. 24, 94다44620).

A-162 ### (3) 취소의 효과

착오를 이유로 법률행위가 취소되면, 그 법률행위는 전체가 처음부터 무효였던 것으로 된다(141조 본문). 다만, 실행에 옮겨진 조합계약이나 노동이 개시된 고용에 있어서는 취소는 장래에 향하여서만 효력이 생긴다고 하여야 한다.

착오가 법률행위의 일부에만 관계된 경우에는 그 부분만이 취소된다. 그리고 그때의 취소의 효과에 대하여는 일부무효의 법리가 적용되어야 한다. 판례도 같은 입장에 있다(대판 2002. 9. 4, 2002다18435 등).

착오에 의한 의사표시의 취소는 선의의 제 3 자에게 대항하지 못한다(109조 2항). 여기의 「제 3 자」, 「선의」, 「대항하지 못한다」 등은 허위표시에서와 같다. 따라서 제 3 자는 당사자 및 그의 포괄승계인 이외의 자 가운데에서 착오에 의한 의사표시로 생긴 법률관계에 기하여 새로운 이해관계를 맺은 자만을 가리킨다(여기의 제 3 자의 범위가 확장되어야 하는 문제가 있으나, 그에 대하여는 물권법에서 논의한다. B-71 · 72 참조). 그리고 선의는 착오로 인한 의사표시임을 알지 못하는 것이다. 대항하지 못한다는 것은 표의자가 착오를 이유로 한 취소를 주장할 수 없다는 것이다. 그러나 선의의 제 3 자가 취소의 효과를 주장하는 것은 무방하다.

법률행위를 취소한 착오자에게 손해배상책임을 인정하여야 하는가? 여기에 관하여 판례는 과실 있는 착오자의 불법행위책임을 부정한 바 있다(대판 1997. 8. 22, 97다13023).

6. 제109조의 적용범위 A-163

제109조는 원칙적으로 모든 종류의 의사표시 내지 법률행위에 적용된다(소취하 합의의 의사표시에도 109조가 적용된다. 대판 2020. 10. 15, 2020다227523 · 227530). 그리하여 재단법인 설립행위와 같은 상대방 없는 단독행위에도 적용된다(대판 1999. 7. 9, 98다9045: 재단법인을 설립하기 위해 서면에 의한 출연행위를 한 경우 법인의 성립 여부나 출연된 재산이 기본재산인지에 관계없이 착오에 의한 의사표시를 이유로 취소할 수 있다). 가족법상의 행위에 대하여 제109조가 적용되는가에 관하여, 압도적인 다수설은 가족법상의 행위에 있어서는 당사자의 의사가 절대적으로 존중되어야 한다는 이유로 제109조의 적용에 반대한다(사견도 같음). 한편 재산행위라 할지라도 특별규정에 의하여 제109조의 적용이 제한되는 경우가 있다. 즉 제733조의 규정상 화해계약은 원칙적으로 착오를 이유로 취소하지 못하며, 화해당사자의 자격이나 화해의 목적사항 이외의 사항에 착오가 있는 때에는 예외이다. 그리고 신주인수는 착오를 이유로 취소하지 못한다(상법 320조). 그 밖에 소송행위에는 제109조가 적용되지 않는다(대판 1964. 9. 15, 64다92 등). 또한 제109조는 공법행위에도 원칙적으로 적용되지 않는다.

7. 다른 제도와의 관계 A-164

(1) 착오와 사기

동일한 사실이 착오와 사기(詐欺)의 요건을 모두 충족시키는 경우가 생길 수 있다. 그때에는 표의자는 어느 쪽이든 그 요건을 증명하여 취소할 수 있다고 하여야 한다(통설도 같다). 그 착오가 동기의 착오인가(이때는 동기의 착오에 취소를 인정하여야 경합이 인정된다) 행위내용의 착오인가는 묻지 않는다.

그런데 판례는 표의자가 제 3 자의 기망행위에 의하여 신원보증서류에 서명날인한다는 착각에 빠져 연대보증의 서면에 서명날인한 경우에 관하여, 그 경우는 기명날인의 착오로서 표시상의 착오이고 동기의 착오가 아니므로, 거기에는 사기에 의한 의사표시의 법리는 적용되지 않고 착오에 의한 의사표시의 법리만 적용된다고 한다(대판 2005. 5. 27, 2004다43824[핵심판례 38면]).

판 례 사기에 의한 의사표시와 착오의 관계

「사기에 의한 의사표시란 타인의 기망행위로 말미암아 착오에 빠지게 된 결과 어떠한 의사표시를 하게 되는 경우이므로 거기에는 의사와 표시의 불일치가 있을 수 없고, 단지 의사의 형성과정 즉 의사표시의 동기에 착오가 있는 것에 불과하며, 이 점에서 고유한 의미의 착오에 의한 의사표시와 구분」된다(대판 2005. 5. 27, 2004다43824[핵심판례 38면]).

(2) 착오와 계약상의 담보책임

착오와 매도인의 담보책임이 경합하는 경우에 관하여 학설은, i) 담보책임을 우선하여 적용하여야 한다는 견해와 ii) 양자를 경합적으로 인정하는 것이 타당하다는 견해로 나뉘어 있다. 그리고 판례는 매매계약 내용의 중요부분에 착오가 있는 경우 매수인은 매도인의 하자담보책임이 성립하는지와 상관없이 착오를 이유로 그 매매계약을 취소할 수 있다고 하여, ii)설과 같다(대판 2018. 9. 13, 2015다78703).

A-165 8. 계약당사자 쌍방의 공통하는 동기의 착오

계약을 체결함에 있어서 당사자 쌍방이 일치하여 일정한 사정에 관하여 착오에 빠진 경우, 즉 쌍방의 일치하는 동기의 착오의 경우가 있다. 주식매매의 당사자 쌍방이 신문에 잘못 보도된 주식시세를 올바른 것으로 믿고 그에 기초하여 매매대금을 결정한 때가 그 예이다. 이러한 경우에도 — 일방적인 — 동기의 착오에 관한 이론이 적용되는가?

여기에 관하여 우리의 학설로는 i) 법률행위의 보충적 해석에 의하여 해결하여야 한다는 견해와 ii) 후술하는 사견과 같이 주관적 행위기초론을 적용하여야 한다는 견해(민법총칙 [168] 참조)가 주장되고 있다. 그리고 판례는 과거에는 공통의 동기의 착오 문제를 의식하지 못하고서 일방적 착오처럼 다루면서 취소를 인정하였다. 그런데 얼마 전에는 건물의 기부채납과 그에 따른 사용료면제가 부가가치세 부과대상이 되는지를 의식하지 못하여 당사자가 그에 대하여 약정하지 않은 경우에 관하여, **당사자가 그러한 착오가 없을 때에 약정하였을 것으로 보이는 내용으로 당사자의 의사를 보충하여 계약을 해석할 수도 있다고 하였다**(대판 2006. 11. 23, 2005다13288 [핵심판례 36면]). 그리고 최근에는, 갑 지방자치단체와 폐기물 처리업자인 을 주식회사 등이 폐기물 위탁처리 용역의 제공이 부가가치세 면세대상임에도 부과대상이라고 착오하고 갑이 부가가치세를 부담하는 내용의 폐기물 위탁처리 용역계약을 체결하고 이행하였다가, 후에 갑이 부가가치세 면세대상임을 알고 을 등에게 지급한 부가가치세 상당액의 반환을 청구한 경우에 관하여, 전술한 법리를 든 뒤 그 법리를 적용하여, 용역계약 체결 당시 그 용역의 공급이 부가가치세 면세대상이라는 사정을 알았다면 부가가치세를 제외하고 기존 용역대금에 상당한 금액만을 지급하기로 약정하였을 것으로 보기 어려운데도, 이와 같이 약정하였을 것으로 보아 을 회사 등이 갑에 대해 지급받은 부가가치세 전액 상당의 부당이득 반환의무를 부담한다고 본 원심판단에 법리오해의 잘못이 있다고 하였다(대판 2023. 8. 18, 2019다200126. 구체적인 쟁점은 을 등이 이 사건 용역과 관련된 매입세액을 공제받을 수 있느냐인데, 원심은 이를 부정한 데 비하여 대법원은 이를 긍정하는 입장임. 이 판결의 문제점에 관하여는 민법총칙 [168] 참조).

(판 례) 계약당사자 쌍방의 공통의 착오

「계약당사자 쌍방이 계약의 전제나 기초가 되는 사항에 관하여 같은 내용으로 착오를 하고 이로 인하여 그에 관한 구체적 약정을 하지 아니하였다면, 당사자가 그러한 착오가 없을 때에 약정하였을 것으로 보이는 내용으로 당사자의 의사를 보충하여 계약을 해석할 수도 있으나, 여기서 보충되는 당사자의 의사란 당사자의 실제 의사 내지 주관적 의사가 아니라 계약의 목적, 거래관행, 적용법규, 신의칙 등에 비추어 객관적으로 추인되는 정당한 이익조정 의사를 말한다고 할 것이다.」(대판 2006. 11. 23, 2005다13288[핵심판례 36면])

사례의 해결

(물음 1.에 대하여) 사례에서 A는 객체의 성질에 관하여 착오를 하였다. 그런데 그 착오는 사견에 따르면 동기의 착오에 불과하여 그것을 이유로 계약을 취소할 수는 없다.

A의 착오가 C나 B의 기망행위에 의하여 발생하였다면 사기를 이유로 취소할 수 있을 것이나, 기망 여부가 불분명하다. 그리고 C나 B의 사기가 있었다면 A는 C 또는 B에게 불법행위를 이유로 손해배상을 청구할 수 있다.

A는 C에게 담보책임을 물을 수는 없다.

(물음 2.에 대하여) 물음 2.의 경우에는 공통의 동기의 착오가 존재한다. 그러한 때에 판례는 보충적 해석을 인정하고 있다. 그런데 사례의 경우에는 계약 수정이 의미가 없어서 계약을 해제하거나 해지할 수 있다고 해야 할 것이다.

그리고 A는 C에게 담보책임을 물을 수 있다.

계약해제권(또는 해지권)의 행사와 담보책임 추궁이 모두 인정될 경우에는 후자만 인정해야 한다. (사례: A-147)

V. 사기 · 강박에 의한 의사표시 A-166

사 례 (신사례 [8]번 문제)

갑은 부동산 소개업자인 A에게 을의 X토지를 싸게 살 수 있도록 해주면 보답하겠다고 하였다. 그러자 A는 을에게 가서 X토지는 도로로 예정되어 있는 곳이라고 하면서 X토지를 갑에게 싸게 팔도록 종용하였다. A의 말을 사실로 믿은 을은 X토지를 갑에게 헐값에 매각하고서 소유권이전등기를 해 주었다. 그 후 을은 X토지와 그 주변지역이 상업지구로 예정되어 있음을 알았고, 그리하여 갑에게 매매계약을 취소한다고 하였다. 그런데 갑은 X토지가 자신의 이름으로 등기되어 있음을 이용하여 그 토지를 병에게 팔고 등기이전도 완료하였다.

이 경우에 을은 병에게 소유권이전등기의 말소를 청구할 수 있는가? (사례의 해결: A-176)

1. 서 설

의사표시가 타인의 부당한 간섭으로 말미암아 방해된 상태에서 자유롭지 못하게 행하여지는 경우가 있다. 타인의 사기(詐欺) 또는 강박(强迫)에 의하여 행하여진 의사표시가 그렇다. 이러한 의사표시에 있어서는 항상 의사의 형성과정에 하자(부당한 간섭)가 존재한다. 그 외에 의사와 표시의 불일치는 없는가? 사기에 의한 의사표시의 경우에는 대체로 동기의 착오로 되어 의사와 표시가 일치하나, 예외적으로 법률행위의 내용의 착오가 존재할 수도 있으며, 그때에는 의사와 표시가 불일치하게 된다. 상대방 또는 제3자에게 속아서 법적 의미가 다른 서류에 서명한 경우가 그 예이다(대판 2005. 5. 27, 2004다 43824[핵심판례 38면] 참조). 그에 비하여 강박에 의한 의사표시의 경우에는 원칙적으로 착오가 존재하지 않고, 따라서 의사와 표시는 일치하나, 가령 상대방 또는 제3자의 강박에 의하여 법적 의미를 오해하고서 서류에 서명한 때에는 예외적으로 의사와 표시가 불일치하게 된다.

사기·강박이라는 위법행위는 형법상 범죄를 구성하기도 한다(형법 347조·350조·283조 참조). 그런데 민법에서는 그 사기·강박이 불법행위를 구성하는 때에는 피해자에게 손해배상청구권을 인정하고(750조), 또 사기·강박에 의하여 행하여진 법률행위를 일정한 요건 하에 취소할 수 있도록 하고 있다(110조). 이 가운데 민법총칙에서는 법률행위의 취소에 관하여서만 논의하게 된다.

A-167

2. 사기에 의한 의사표시의 의의와 요건

사기라 함은 고의로 사람을 기망하여 착오에 빠지게 하는 위법행위를 말한다. 그리고 사기에 의한 의사표시는 타인(제3자 포함)의 고의적인 기망행위로 인하여 착오에 빠져서 한 의사표시이다. 사기에 의한 의사표시의 요건은 다음과 같다.

(1) 의사표시의 존재

사기에 의한 의사표시가 인정되려면, 그 당연한 전제로서 의사표시가 존재하여야 한다.

(2) 사기자의 고의

사기자, 즉 기망행위자에게 고의가 있어야 한다. 여기의 고의는 2단의 고의, 즉 표의자를 기망하여 착오에 빠지게 하려는 고의와 다시 그 착오에 기하여 표의자로 하여금 구체적인 의사표시를 하게 하려는 고의가 있어야 한다. 사기자에게 2단의 고의 외에 악의의 의도(불순한 동기)까지 있을 필요는 없다. 제110조는 피기망자의 재산이 아니고 그의 의사결정의 자유를 보호하는 데 그 취지가 있기 때문이다. 따라서 기망행위가 피기망자의 복리만을 위한 경우에도 취소가 인정될 수 있다.

A-168

(3) 기망행위

사기자의 기망행위가 있어야 한다. 여기서 기망행위라 함은 표의자에게 그릇된 관념을 가지게 하거나 이를 강화 또는 유지하려는 모든 용태를 말한다. 기망행위는 적극적으로 허위의 사실을 주장하거나 날조하는 것일 수도 있고, 소극적으로 진실한 사실을 은폐하는 것일 수도 있다. 단순한 침묵은 원칙적으로는 기망행위가 아니나 침묵된 사정에 관하여 행위자에게 설명의무가 있는 경우에만은 기망행위로 된다고 할 것이다. 판례도 같은 취지이다(대판 2007. 6. 1, 2005다5812 · 5829 · 5836 등). 그리하여 아파트 분양자는 아파트 단지 인근에 쓰레기 매립장이 건설 예정인 사실(대판 2006. 10. 12, 2004다48515)이나 공동묘지가 조성되어 있는 사실(대판 2007. 6. 1, 2005다5812 · 5829 · 5836)을 분양계약자에게 고지할 신의칙상 의무를 부담하며, 따라서 이를 하지 않은 것은 기망행위가 된다는 입장이다. 그러나 교환계약의 당사자는 시가를 설명 내지 고지할 신의칙상의 주의의무가 없기 때문에 당사자 일방이 자기 소유 목적물의 시가를 묵비한 것은 기망행위가 아니라고 한다(대판 2002. 9. 4, 2000다54406 · 54413). 그리고 특별한 사정이 없는 한 은행은 고객에게 제로 코스트의 장외파생상품(고객으로부터 별도의 비용이나 수수료를 받지 않는 거래) 구조 내에 포함된 옵션의 이론가, 수수료 및 그로 인하여 발생하는 마이너스 시장가치에 대하여 고지하여야 할 의무가 없고, 그것을 고지하지 않았다고 하여 기망행위가 되지 않는다고 한다(대판(전원) 2013. 9. 26, 2011다53683 등. 이른바 KIKO 사건).

(4) 기망행위의 위법성 A-169

기망행위가 위법하여야 한다. 사회생활에서는 타인의 부지(不知)나 착오를 이용하는 것이 어느 정도까지는 허용되어야 하므로, 모든 기망행위가 위법하다고 할 수는 없다. 위법성의 유무는 개별적인 경우의 사정 위에서 신의칙 및 거래관념에 의하여 판단하여야 한다. 일반적으로 매매나 임대차에서는 위임이나 조합에서보다 정직함이 덜 요구된다고 할 수 있으며, 또 같은 매매라 하더라도 행위의 주체와 객체의 성질에 따라(가령 노점에서의 매매인가 백화점에서의 매매인가, 중고품의 매매인가 신제품의 매매인가에 따라) 정직성의 요구가 달라진다.

판 례 기망행위

(ㄱ) 「상품의 선전 광고에 있어서 거래의 중요한 사항에 관하여 구체적 사실을 신의성실의 의무에 비추어 비난받을 정도의 방법으로 허위로 고지한 경우에는 기망행위에 해당한다고 할 것이나, 그 선전 광고에 다소의 과장 허위가 수반되는 것은 그것이 일반 상거래의 관행과 신의칙에 비추어 시인될 수 있는 한 기망성이 결여된다고 할 것이고, 또한 이 사건 상가와 같이 그 용도가 특정된 특수시설을 분양받을 경우 그 운영을 어떻게 하고, 그 수익은 얼마나 될 것인지와 같은 사항은 투자자들의 책임과 판단 하에 결정될 성질의 것이라 할 것인바, 원심이 같은 취지에서, 피고 ○○토건이 이 사건 상가에 첨단 오락타운을 조성하고 전문경영인에 의한 위탁경영을 통하여 일정 수익을 보장한다는 취지의 광고를 하였다고 하여 이를 가리켜 피고 ○○토건이 원고들을 기망하여 이 사건 분양계약을 체결하게 하였다거나 원고들이 분양계약의 중요부분에 관하여 착오를 일으켜 이 사건 상가분양계약을 체결하게 된 것이라 볼 수 없다고 판단한 것은 정당」하다(대판 2001. 5. 29, 99다55601 · 55618[핵심판례 40면]).

(ㄴ) 「상품의 선전, 광고에 있어 다소의 과장이나 허위가 수반되는 것은 그것이 일반 상거래의 관행과 신의칙에 비추어 시인될 수 있는 한 기망성이 결여된다고 하겠으나, 거래에

있어서 중요한 사항에 관하여 구체적 사실을 신의성실의 의무에 비추어 비난받을 정도의 방법으로 허위로 고지한 경우에는 기망행위에 해당한다고 할 것이고, 한편 현대 산업화 사회에 있어 소비자가 갖는 상품의 품질이나 가격 등에 대한 정보는 대부분 생산자 및 유통업자의 광고에 의존할 수밖에 없는 것이므로, 이 사건 백화점들과 같은 대형 유통업체의 매장에서 판매되는 상품의 품질과 가격에 대한 소비자들의 신뢰나 기대는 백화점들 스스로의 대대적인 광고에 의하여 창출된 것으로서 특히 크고 이는 보호되어야 할 것이다.」
(대판 1993. 8. 13, 92다52665(정상가격을 할인판매 가격으로 표시한 이른바 변칙세일사건. 그 경우 기망행위로서 위법성이 인정된다고 함))

(5) 기망행위와 의사표시 사이의 인과관계

기망행위와 의사표시 사이에 인과관계가 있어야 한다. 그리하여 먼저 기망행위와 표의자의 착오 사이에 인과관계가 있어야 한다. 나아가 착오와 의사표시 사이에 인과관계가 있어야 한다. 한편 여기의 인과관계는 표의자의 주관적인 것에 불과하여도 무방하다.

A-170 3. 강박에 의한 의사표시의 의의와 요건

강박(强迫)이라 함은 고의로 해악을 가하겠다고 위협하여 공포심을 일으키게 하는 위법행위를 말한다. 그리고 강박에 의한 의사표시는 표의자가 타인(제3자 포함)의 강박행위로 인하여 공포심에 사로잡혀서 한 의사표시이다. 강박에 의한 의사표시의 요건은 다음과 같다.

(1) 의사표시의 존재

강박에 의한 의사표시가 인정되려면 먼저 의사표시가 존재하여야 한다. 그러기 위하여서는 의사표시의 교부에 필요한 「의사결정의 여지」가 있어야 한다. 어떤 자가 항거할 수 없는 물리적인 힘(절대적 폭력)에 의하여 의사결정의 자유를 완전히 빼앗긴 상태에서 의사표시의 외관만을 만들어낸 경우에는 의사결정의 여지가 없다. 예컨대 저항하는 손을 억지로 끌어다가 서면에 날인하게 한 경우에 그렇다. 이러한 때에는 강제당한 자에게는 행위의사가 없어서 그의 외관상의 표시는 의사표시가 아니다. 그리고 의사표시가 존재하지 않는 만큼 취소도 필요하지 않다. 판례도 그러한 행위는 무효라고 하나(대판 2003. 5. 13, 2002다73708·73715 등 다수), 실제 사안에서 무효라고 한 적은 없다.

(2) 강박자의 고의

강박자에게 고의가 있어야 한다. 그리고 여기의 고의도 사기에 있어서와 마찬가지로 2 단계의 고의, 즉 강박행위에 의하여 표의자를 공포심에 사로잡히게 하려는 고의와 표의자로 하여금 의사표시를 하게 하려는 고의가 필요하다. 통설·판례(대판 1992. 12. 24, 92다25120 등)도 같다.

A-171 (3) 강박행위

강박행위 즉 해악(불이익)을 가하겠다고 위협하여 공포심을 일으키게 하는 행위가 있어야 한다. 해악의 종류나 강박행위의 방법은, 그것이 공포심을 일으키게 할 수 있는 한,

제한이 없다. 그리고 강박자가 고지한 해악은 그가 직접 발생시킬 수 있는 것이어야 하는 것은 아니다. 그가 제 3 자로 하여금 실현하게 할 수 있는 것이라도 무방하다. 범죄자를 고소·고발하겠다고 하는 경우가 그 예이다.

(4) 강박행위의 위법성

강박에 의한 의사표시가 인정되려면 강박행위가 위법하여야 한다. 그런데 강박행위의 위법성이라는 표현은 정확하지 못하다. **위법성은 오히려 「강박행위에 의한 의사결정」에 관하여 요구된다**고 하여야 한다. 따라서 반드시 강박행위 그 자체가 위법하여야 하는 것은 아니며, 강박자의 전체 용태가 위법하다고 인정되면 족하다.

이러한 위법성은 수단이 위법한 경우, 목적이 위법한 경우, 수단과 목적의 결합이 부적당한 경우에 인정된다. 먼저 강박수단(위협된 행위)이 법질서에 위배된 경우에는 강박행위에 의한 의사결정은 언제나 위법하다. 폭행 또는 방화하겠다고 위협하는 것이 그 예이다. 다음에 강박수단에 의하여 추구된 효과, 즉 피강박자로 하여금 하게 하는 의사표시 자체가 위법한 경우(목적이 위법한 경우)에도 의사결정은 위법하다. 적법한 수단으로 위협한 때에도 같다. 예컨대 탈세에 협력하지 않으면 실제로 존재하는 채무의 즉시이행을 청구하는 소송을 제기하겠다고 하는 경우에 그렇다. 그런가 하면 강박수단과 목적이 모두 허용되는 것일지라도 양자의 결합 — 즉 일정한 목적을 위하여 일정한 수단을 사용하는 것 — 이 부적당한 경우에는, 강박행위에 의한 의사결정은 위법성을 띠게 된다. 예컨대 교통사고의 피해자가 가해운전자에게 사고로 인한 손해배상을 하지 않으면 우연히 목격했던 과거의 교통사고 사실을 경찰에 신고하겠다고 하는 경우에 그렇다. 판례도 근래에는 위법성을 이러한 방법으로 판단하고 있다(대판 2010. 2. 11, 2009다72643 등).

범죄행위(불법행위)를 한 자를 고소 또는 고발하겠다고 하는 것은 위법한가? 여기에 관하여, 통설은 그것이 부정한 이익을 목적으로 하지 않을 때에는 위법하다고 할 수 없으나, 어떤 부정한 이익의 취득을 목적으로 하는 때에는 위법하다고 한다. 그리고 판례는, 고소·고발은 그것이 부정한 이익을 목적으로 하는 것이 아닌 때에는 정당한 권리행사가 되어 위법하다고 할 수 없을 것이나, 부정한 이익의 취득을 목적으로 하는 경우에는 위법한 강박행위가 되는 경우가 있을 것이며, 목적이 정당하다고 하더라도 그 행위나 수단 등이 부당한 때에는 위법성이 있는 경우가 있을 수 있다고 한다(대판 2008. 9. 11, 2008다27301·27318 등). A-172

(5) 강박행위와 의사표시 사이의 인과관계

강박행위와 의사표시 사이에 인과관계가 있어야 한다. 그리하여 표의자가 강박행위에 의하여 공포심에 사로잡혀야 하고, 또 이 공포심에 기하여 의사표시를 하였어야 한다(대판 2003. 5. 13, 2002다73708·73715 등). 여기의 인과관계도 사기에서와 마찬가지로 주관적으로 존재하면 충분하다.

A-173 ## 4. 사기 · 강박에 의한 의사표시의 효과

(1) 취소가능성

사기 또는 강박에 의한 의사표시는 취소할 수 있다(110조 1항). 다만, 민법은 상대방 있는 의사표시에 관하여 제 3 자가 사기나 강박을 행한 경우에 관하여는 취소를 제한하고 있다(110조 2항). 그 결과 의사표시가 상대방 있는 것인가 상대방 없는 것인가에 따라 취소할 수 있는 경우가 같지 않게 된다.

1) 상대방 없는 의사표시의 경우 취소의 제한에 관한 제110조 제 2 항은 상대방 없는 의사표시에는 적용되지 않는다. 따라서 상대방 없는 의사표시는 누가 사기 또는 강박을 행하였는가, 그리고 누가 사기나 강박의 사실 등을 인식하였는가를 불문하고 취소할 수 있다(110조 1항).

A-174 **2) 상대방 있는 의사표시의 경우** 제110조 제 2 항은 상대방 있는 의사표시가 상대방의 사기나 강박에 의하여 행하여진 경우에는 적용되지 않는다. 따라서 그러한 경우에는 — 취소의 요건이 갖추어져 있는 한 — 제110조 제 1 항에 의하여 언제나 취소할 수 있다.

그에 비하여 상대방 있는 의사표시가 제 3 자의 사기나 강박에 의하여 행하여진 경우에는 상대방이 그 사실을 알았거나 알 수 있었을 경우에 한하여 그 의사표시(법률행위)를 취소할 수 있다(110조 2항). 상대방의 선의·악의 및 과실 유무는 행위(의사표시) 당시, 즉 상대방이 표시를 요지한 때를 표준으로 하여 결정하여야 한다. 대법원판결에 의하면, 토지의 소유자가 매도인으로서 매매계약 체결에 참여하였고 소개인인 소외인이 매수인에게 위 토지에 관하여 개발제한구역이 당장 해제되며 주유소 허가도 쉽게 난다고 기망하는 말을 할 때에 그 곳에 있었다면, 토지매도인은 위와 같은 소외인의 기망사실을 알았거나 알 수 있었다고 인정하는 것이 경험법칙에 합치된다고 한다(대판 1990. 2. 27, 89다카24681).

민법 제110조 제 2 항의 제 3 자는 상대방 이외의 모든 자인가? 여기에 관하여 판례는 상대방의 대리인 등 상대방과 동일시할 수 있는 자는 제 3 자가 아니나(대판 1998. 1. 23, 96다41496; 대판 1999. 2. 23, 98다60828 · 60835), 단순히 상대방의 피용자이거나 상대방이 사용자책임을 져야 할 관계에 있는 피용자에 지나지 않는 자는 상대방과 동일시할 수는 없어 이 규정에서 말하는 제 3 자에 해당한다고 한다(대판 1998. 1. 23, 96다41496). 그리고 판례에 의하면, 상호신용금고를 근저당권자로 하는 근저당권설정계약에 있어서 그 금고의 피용자인 기획감사실 과장은 그 금고에 대하여 제 3 자이고(대판 1998. 1. 23, 96다41496. 그러나 그가 대리권이 있었다면 달리 보았어야 한다), 은행을 소비대주로 하는 소비대차에 있어서 은행의 출장소장은 은행에 대하여 제 3 자가 아니다(대판 1999. 2. 23, 98다60828 · 60835).

A-175 ### (2) 취소의 효과

취소가 있으면 법률행위는 처음부터 무효였던 것으로 된다(141조). 다만, 실행에 놓여진 계속적 채권관계(고용계약·조합계약)에서는 사기나 강박의 경우에도 — 착오에 있어서와 마찬가지

로 — 취소의 소급효가 제한된다고 할 것이다. 즉 취소는 장래에 향하여만 효력이 있다고 하여야 한다. 판례도, 근로계약에 대하여 그것이 기본적으로 사법상 계약이므로 계약 체결에 관한 당사자들의 의사표시에 무효 또는 취소의 사유가 있으면 그 상대방은 이를 이유로 근로계약의 무효 또는 취소를 주장하여 그에 따른 법률효과의 발생을 부정하거나 소멸시킬 수 있다고 하면서, 다만 근로계약에 따라 그 동안 행하여진 근로자의 노무 제공의 효과를 소급하여 부정하는 것은 타당하지 않으므로 이미 제공된 근로자의 노무를 기초로 형성된 취소 이전의 법률관계까지 효력을 잃는다고 보아서는 안 되고, 취소의 의사표시 이후 장래에 관하여만 근로계약의 효력이 소멸된다고 하여, 같은 입장에 있다(대판 2017. 12. 22, 2013다25194·25200: 이력서를 허위로 기재하여 체결된 근로계약을 기망을 이유로 취소한 경우에 취소표시 이후의 장래에 대해서만 근로계약의 효력이 소멸한다고 함).

사기 또는 강박을 이유로 한 취소는 선의의 제 3 자에게 대항하지 못한다(110조 3항). 이 규정의 의의, 선의, 제 3 자, 대항하지 못한다는 것은 허위표시의 경우와 같다. 따라서 제 3 자는 사기 또는 강박에 의한 의사표시의 당사자와 그 포괄승계인 이외의 자 가운데에서 그 의사표시를 기초로 하여 새로운 이해관계를 맺은 자만을 가리킨다(통설 · 판례도 같다. 대판 1997. 12. 26, 96다44860(부동산의 양도계약이 사기에 의한 의사표시에 해당하는 경우에 있어서는 공시방법인 소유권이전등기를 마친 기망행위자와 사이에 새로운 법률원인을 맺어 이해관계를 갖게 된 자만이 110조 3항 소정의 제 3 자에 해당한다는 논지는 옳지 않다고 함)(여기의 제 3 자의 범위도 확장되어야 하는데, 그에 대하여는 물권법에서 논의한다. B－71 · 72 참조). 선의라 함은 의사표시가 사기 또는 강박에 의한 것임을 모르는 것이다. 대항하지 못한다고 하는 것은 사기 또는 강박에 의한 의사표시의 취소를 주장할 수 없다는 것이다. 그러나 제 3 자가 취소의 효과를 인정하는 것은 무방하다.

판 례 제 3 자의 악의의 증명/파산관재인이 제 3 자인지

(ㄱ)「사기의 의사표시로 인한 매수인으로부터 부동산 위의 권리를 취득한 제 3 자는 특별한 사정이 없는 한 선의로 추인(여기의 '추인'은 '추정'의 오기로 보임: 저자 주)할 것임으로 사기로 인한 의사표시를 한 부동산의 양도인이 제 3 자에 대하여 사기에 의한 의사표시의 취소를 주장하려면 제 3 자의 악의를 입증할 필요가 있다.」(대판 1970. 11. 24, 70다2155)

(ㄴ)「파산관재인이 제 3 자로서의 지위도 가지는 점 등에 비추어, 특별한 사정이 없는 한 파산관재인은 사기에 의한 의사표시에 따라 외형상 형성된 법률관계를 토대로 실질적으로 새로운 법률상 이해관계를 가지게 된 민법 제110조 제 3 항의 제 3 자에 해당한다고 보아야 할 것이고, 파산채권자 모두가 악의로 되지 않는 한 파산관재인은 선의의 제 3 자라고 할 수밖에 없을 것이다.」(대판 2010. 4. 29, 2009다96083)

5. 관련 제도 A-176

(1) 제110조에 의한 취소와 매도인의 담보책임

매매계약에 있어서 제110조에 의한 취소권과 매도인의 담보책임이 경합하는 경우에

는, 매수인은 두 권리를 선택적으로 행사할 수 있다. 타인의 권리매매에 관하여 판례도 같은 입장이다(대판 1973. 10. 23, 73다268).

(2) 취소와 손해배상

사기 또는 강박행위는 제110조에 의한 취소권 외에 불법행위를 이유로 한 손해배상청구권(750조)을 발생시킬 수도 있다(대판 2007. 4. 12, 2004다62641). 그러한 경우에는 피기망자나 피강박자는 두 가지 권리를 자유롭게 행사할 수 있다. 그리하여 취소권을 행사하면서 손해배상을 청구할 수도 있다(대판 1993. 4. 27, 92다56087). 그런가 하면 취소를 하지 않고 손해배상만 청구할 수도 있다(대판 1998. 3. 10, 97다55829).

사례의 해결

사례에서 을의 의사표시는 사기에 의한 것이다. 그런데 사기자가 상대방인 을이 아니고 A이어서, A가 제110조 제2항에서 말하는 제3자에 해당하면 갑이 A의 사기 사실을 알았거나 알 수 있었을 경우에만 을이 계약을 취소할 수 있다. 중개인은 당사자 일방을 위하여 활동하는 경우에는 제3자가 아니다. 따라서 A는 갑에 대하여는 제3자가 아니다. 그 결과 을은 갑이 A의 사기 사실을 알았는지, 알 수 있었는지 여부에 관계없이 계약을 취소할 수 있다. 결국 을의 매매계약 취소는 정당하다.

매매계약이 취소되면, 판례(유인론)에 따르면, 을·갑 사이의 소유권이전의 합의라는 물권행위도 실효한다. 그리고 갑에게 이전되었던 소유권은 이전되지 않았던 것으로 된다. 다만, 병은 제110조 제3항의 제3자에 포함된다(판례도 같음). 따라서 만약 병이 선의이면 그가 보호되므로 을은 병에게 소유권이전등기의 말소를 청구할 수 없다. 그에 비하여 병이 악의이면 을은 병에게 소유권이전등기의 말소를 청구할 수 있다. (사례: A-166)

제 8 절 의사표시의 효력발생

학습의 길잡이

본절에서는 법률행위의 요소인 의사표시가 언제 효력을 발생하는지, 상대방을 알지 못하는 경우에는 의사표시를 어떻게 송달해야 하는지, 의사표시를 수령하려면 어떤 능력을 가지고 있어야 하는지 등에 관하여 설명한다. 여기에서는 특히 「도달」의 의미를 명확하게 이해할 것이 요구된다.

Ⅰ. 서 설 A-177

의사표시 가운데에서 상대방 없는 의사표시는 원칙적으로 표시행위가 완료된 때에 효력을 발생하며(표백주의(表白主義)), 특별한 문제가 없다. 그러나 상대방 있는 의사표시는 상대방에게 알리는 것을 목적으로 하기 때문에 상대방 없는 의사표시와 똑같이 다룰 수 없다. 그 의사표시에 있어서는 ① 의사표시의 효력발생시기, ② 의사표시의 수령능력, ③ 상대방이 누구인지를 모르는 경우 등에 어떻게 하여야 하는가 등이 문제된다. 민법은 이들 경우에 관하여 명문규정(111조 내지 113조)을 두고 있다.

Ⅱ. 의사표시의 효력발생시기 A-178

(1) 입법주의

상대방 있는 의사표시 — 특히 격지자 사이의 의사표시 — 가 상대방에게 전달되는 과정을 보면, 먼저 표의자가 의사를 표백하고(가령 편지의 작성), 이어서 이를 발신하고(가령 우체통에의 편지의 투입), 상대방이 이를 수령하며(즉 상대방에의 도달)(가령 편지의 배달), 끝으로 상대방이 이를 요지(了知)하게 된다(가령 편지를 읽고 이해함). 그리하여 의사표시의 효력발생시기에 관하여는 표백주의·발신주의·도달주의(수신·수령주의)·요지주의 등의 입법주의가 있다.

(2) 도달주의의 원칙

민법은 제111조 제 1 항에서 「상대방이 있는 의사표시는 상대방에 도달한 때에 그 효력이 생긴다」고 규정하여 도달주의의 원칙을 채용하고 있다. 그러나 일정한 경우에는 예외적으로 발신주의를 취한다(15조·71조·131조·455조·531조 등).

여기의 도달의 의미에 관하여는 학설이 대립하고 있다. 그중 다수설(요지상태설)은 의사표시가 상대방의 지배영역 내에 들어가서 그 내용을 알 수 있는 상태가 생겼다고 인정되는 것이라고 한다(사견도 같음). 그리고 판례는 「도달이라 함은 사회통념상 상대방이 통지의 내용을 알 수 있는 객관적 상태에 놓여 있는 경우를 가리키는 것으로서, 상대방이 통지를 현실적으로 수령하거나 통지의 내용을 알 것까지는 필요로 하지 않는 것」이라고 하여(대판 2008. 6. 12, 2008다19973. 채권양도의 통지에 관하여 동지 대판 1983. 8. 23, 82다카439; 대판 1997. 11. 25, 97다31281; 대판 2010. 4. 15, 2010다57), 다수설과 같다.

도달주의의 원칙상 가령 편지가 우편수신함에 투입되거나 동거하는 가족·피용자 등 A-179
에게 교부된 때에는 비록 상대방의 사정으로 살펴보지 않았더라도 도달로 된다. 수령을 거절한 때에도 정당한 이유가 없는 한 도달은 있었던 것이 된다. 판례도 「상대방이 정당한 사유 없이 통지의 수령을 거절한 경우에는 상대방이 그 통지의 내용을 알 수 있는 객관적 상태에 놓여 있는 때에 의사표시의 효력이 생기는 것으로 보아야 한다」고 하여(대판 2008.

6. 12, 2008다19973), 같은 견지에 있다. 한편 편지를 수령자의 주머니나 상품 속에 몰래 넣은 경우에는 도달은 인정되지 않는다.

판 례 도달의 인정 여부

(ㄱ)「우편법 소정의 규정에 따라 우편물이 배달되었다고 하여 언제나 상대방 있는 의사표시의 통지가 상대방에게 도달하였다고 볼 수는 없다 할 것이므로, 오히려 위와 같은 우편집배원의 진술이나 우편법 등의 규정을 들어 우편물의 수령인을 본인의 사무원 또는 고용인으로 추정할 수는 없다고 할 것이다.

그렇다면 이 사건 우편물이 피고의 주소나 사무소가 아닌 동업자의 사무소에서 그 신원이 분명치 않은 자에게 송달되었다는 사정만으로는 사회관념상 피고가 통지의 내용을 알 수 있는 객관적 상태에 놓여졌다고 인정할 수 없」(대판 1997. 11. 25, 97다31281).

(ㄴ)「채권양도의 통지는 양도인이 채무자에게 자기의 채권을 양수인에게 양도하였다는 사실을 통지하는 것으로서 그 통지가 채무자에게 도달됨으로써 효력을 발생하는 것이고 여기에 도달이라 함은 사회관념상 채무자가 통지의 내용을 알 수 있는 객관적 상태에 놓여졌다고 인정되는 상태를 지칭한다고 해석되므로 원심판시 이유대로 원판시 채권양도의 통지를 피고가 현실적으로 수령하였다거나 그 통지의 내용을 알았을 것까지는 필요로 하지 않는다 할 것이나 피고가 주장하고 있는 바와 같이 원판시 채권양도통지서가 들어있는 우편물을 피고의 가정부인 소외 이○○이 수령한 직후, 한집에 거주하고 있던 채권양도 통지인인 소외 국○○가 그 우편물을 바로 회수해 버렸다면 그 우편물의 내용이 무엇이었는지를 소외 이○○이 알고 있었다는 등의 특별한 사정이 없었던 이상 그 통지를 받아야 할 피고로서는 채권양도의 통지가 있었는지 여부를 알 수 없었던 상태였다 할 것이니 원판시 채권양도의 통지는 사회관념상 채무자인 피고가 그 통지의 내용을 알 수 있는 객관적 상태에 놓여졌던 것이라고는 볼 수 없다 할 것이고, 따라서 그 통지는 피고에게 도달되었던 것이라고 볼 수 없을 것이다.」(대판 1983. 8. 23, 82다카439)

전자적인 의사표시에 관하여는「전자문서 및 전자거래 기본법」이 전자문서의 송·수신시기를 일정한 시기로 의제하고 있으나(동법 6조 1항·2항), 이는 기술적인 도달시기를 규정한 것으로 보아야 하며, 민법상의 도달시기는 아니라고 할 것이다. 따라서 특별한 사정이 없는 한 요지할 수 있는 상태에 놓이게 된 때에 도달한다고 새겨야 한다.

A-180 의사표시가 도달하였다는 사실은 표의자가 증명하여야 한다. 도달이 효력발생요건이기는 하지만 민법이 도달을 요구하고 있기 때문이다(111조 1항). 판례에 의하면, 내용증명 우편으로 또는 등기로 발송한 우편물은 반송되는 등의 특별한 사정이 없는 한 그 무렵 수취인에게 배달되었다고 보아야 할 것이나(대판 2007. 12. 27, 2007다51758 등 다수의 판결), 보통우편으로 발송된 경우에는 상당기간 내에 도달하였다고 추정할 수 없고 송달의 효력을 주장하는 측에서 증거에 의

하여 도달사실을 증명하여야 할 것이라고 한다(대판 2002. 7. 26, 2000다25002 등).

제111조의 도달주의 원칙은 격지자뿐만 아니라 대화자에 대하여도 적용된다. 여기서 주의할 것은 격지자·대화자는 장소적인 개념이 아니고 시간적인 개념이라는 점이다. 따라서 멀리 떨어져 있는 자라도 전화로 의사표시를 하는 경우에는 대화자에 해당한다.

제111조는 의사표시에 관한 규정이지만 준법률행위에 유추적용된다. 판례도 준법률행위 가운데 관념의 통지에 해당하는 채권양도의 통지에 관하여 같은 입장에 있다(대판 2010. 4. 15, 2010다57 등). 그리고 이 규정은 법률에 특별한 규정이 없고 또 성질에 반하지 않는 경우에는 상대방 있는 공법행위에도 적용된다. 판례도 상대방 있는 행정처분(대판 2009. 11. 12, 2009두11706 등), 지방공무원법 제67조 제1항·제2항이 정하고 있는 징계처분사유를 기재한 설명서의 교부(대판 1983. 9. 13, 83누320)에 관하여 같은 태도를 취하고 있다.

(3) 도달주의의 효과 A-181

의사표시는 상대방에게 도달한 때에 그 효력이 생기므로 **발신자는 발신 후에도 도달하기 전에는 그 의사표시를 철회할 수 있다**(대판 2000. 9. 5, 99두8657도 참조). 다만, 철회의 의사표시는 늦어도 앞의 의사표시와 동시에 도달하여야 한다.

도달주의를 취하는 결과, 어느 일정한 시기까지 하여야 할 의사표시는 그 시기 이전에 도달하지 않으면 안 된다. 따라서 의사표시의 불착 또는 연착은 모두 표의자의 불이익으로 돌아간다.

의사표시가 도달하고 있는 한 표의자가 의사표시의 발송 후에 사망하거나 제한능력자가 되어도 그 의사표시의 효력에는 아무런 영향을 미치지 않는다(111조 2항). 따라서 의사표시 후 표의자가 사망한 경우 상속인은 그 의사표시가 상대방에게 도달하기 전에는 이를 철회할 수 있다.

Ⅲ. 의사표시의 공시송달 A-182

표의자가 과실 없이 상대방을 알지 못하거나(가령 상대방이 사망하여 상속인이 누구인지 알지 못하는 경우) 상대방의 소재를 알지 못하는 경우에는, 의사표시는 민사소송법의 공시송달의 규정(민소 195조)에 의하여 송달할 수 있다(113조).

Ⅳ. 의사표시의 수령능력

의사표시의 수령능력이란 타인의 의사표시의 내용을 이해할 수 있는 능력이다. 이 수령능력은 스스로 의사를 결정·발표할 수 있는 능력인 행위능력보다는 그 정도가 낮아도 무방하다. **그런데 민법은 모든 제한능력자를 의사표시의 수령무능력자로 규정하고 있다**(112조).

의사표시의 상대방이 의사표시를 받은 때에 제한능력자인 경우에는, 의사표시자는 그 제한능력자에 대하여 그 의사표시로써 대항하지 못한다(112조 본문). 그러나 상대방이 제한능력자이더라도 그의 법정대리인이 의사표시의 도달을 안 후에는 의사표시자도 의사표시로써 대항할 수 있다(112조 단서). 한편 미성년자나 피한정후견인도 일정한 경우에는 행위능력이 인정되는데, 이때에는 수령능력도 가진다고 해석하여야 한다(통설도 같음).

제 9 절 법률행위의 대리

학습의 길잡이

본절에서 논의하는 대리는 법률행위의 특별효력요건 가운데 하나이다. 대리행위라는 법률행위는 대리권이 없으면 본인에게 효력을 발생시킬 수 없기 때문이다.

본절에서는 대리에 관한 기본적인 사항을 설명한 뒤, 대리의 3면관계인 대리권·대리행위·대리의 효과를 차례대로 논의한다. 그러고 나서 특수한 경우로 복대리와 무권대리에 대하여 기술하게 된다.

대리의 경우에는 행위자(대리인)와 법률효과 귀속자(본인)가 다른데, 그로부터 생기는 문제에 유의할 필요가 있다. 그리고 본절에서 중요한 문제로는 대리권의 남용, 타인의 명의를 사용하여 행한 법률행위, 표현대리, 좁은 의미의 무권대리를 들 수 있다.

제 1 관 서 설

A-183 #### I. 대리제도의 의의 및 사회적 작용

1. 의 의

대리란 타인(대리인)이 본인의 이름으로 법률행위(의사표시)를 하거나 또는 의사표시를 받음(수령)으로써 그 법률효과가 직접 본인에 관하여 생기는 제도이다. 예컨대 A(본인)가 B(대리인)에게 A의 토지를 팔도록 한 경우에, 그에 기하여 B가 C와 그 토지의 매매계약을 체결하면, 매매계약은 B와 C가 체결하였지만 그 효과는 직접 A와 C 사이에 생기게 된다. 그리하여 A가 C에 대하여 토지의 소유권이전채무를 부담하고 C가 A에 대하여 대금지급의무를 부담하게 된다. 이처럼 대리의 경우에는, 보통의 법률행위에서와 달리, 법률행위의 효과가 행위자 이외의 자에게 발생하는 예외적인 현상을 보인다.

2. 사회적 작용

(1) 사적 자치의 확장

오늘날에는 어느 개인이 혼자서 모든 거래를 직접 처리하는 것이 사실상 불가능한 때가 많다. 그러한 때에 타인을 대리인으로 하여 법률행위를 하게 하면 개인의 활동범위(사적 자치의 범위)는 크게 늘어나게 된다. 이러한 대리의 기능은 후술하는 임의대리에서 특히 크게 작용한다.

(2) 사적 자치의 보충

대리는 다른 한편으로 스스로 법률행위를 전혀 할 수 없거나 제한적으로만 할 수 있는 의사무능력자와 제한능력자로 하여금 권리·의무를 취득할 수 있도록 해 준다. 무엇보다도 법정대리에 있어서 그렇다.

Ⅱ. 대리의 본질 A-184

앞에서 언급한 바와 같이, 대리에 있어서는 법률행위에 의한 법률효과가 행위자 이외의 자에게 발생하게 되는데, 이 예외적인 법현상을 법이론적으로 어떻게 설명할 것인가가 문제된다. 이것이 대리의 본질의 문제이다.

어기에 관하여 우리의 학설은 i) 대리인이 행위당사자라고 하는 대리인행위설(대표설)(사견도 같음), ii) 본인의 수권행위와 대리인의 대리행위가 적법한 대리를 위한 통합요건이 된다는 통합요건설 등으로 나뉘어 있다.

Ⅲ. 대리가 인정되는 범위 A-185

대리는 법률행위 즉 의사표시를 하거나(능동대리) 의사표시를 받는 것(수동대리)에 한하여 인정되며, 사실행위(가령 선점·습득·부부의 동거)나 불법행위에는 인정되지 않는다.

준법률행위는 의사표시가 아니므로 대리가 인정되지 않으나, 준법률행위 가운데에서 의사의 통지와 관념의 통지에 관하여는 대리규정을 유추적용하는 것이 좋다(통설도 같으며, 대판 2024. 1. 4, 2023다225580도 두 경우에 유추적용을 인정함).

대리는 법률행위 내지 의사표시에 한하여 인정되나, 모든 의사표시에 관하여 대리가 인정되지는 않는다. 즉 혼인·협의이혼·인지·유언 등과 같이 본인 스스로의 의사결정이 절대적으로 필요한 법률행위(대리에 친하지 않은 행위)에는 대리가 허용되지 않는다. 그러한 행위는 친족법상의 행위와 상속법상의 행위에 많다. 주의할 것은, 부양청구권의 행사와 같이 친족법상의 행위이더라도 재산행위로서의 성질도 가지는 행위에 관하여는 원칙적으로 대리가 허용된다는 점이다.

A-186

Ⅳ. 대리와 구별하여야 할 제도

(1) 간접대리

간접대리는 타인의 계산으로 그러나 자기의 이름으로써 법률행위를 하고, 그 법률효과는 행위자 자신에게 생기며, 후에 그가 취득한 권리를 타인에게 이전하는 것이다. 위탁매매업(상법 101조)이 그 예이다. 간접대리는 행위자가 자신의 이름으로 법률행위를 하고 그 효과가 행위자에게 생겼다가 후에 타인에게 이전되는 점에서, 행위자가 본인의 이름으로 법률행위(의사표시)를 하고 그 효과가 직접 본인에게 생기는 대리 즉 직접대리와 다르다.

(2) 사 자

사자(使者)는 본인이 결정한 효과의사를 표시하거나 전달함으로써 표시행위의 완성에 협력하는 자를 말한다. 사자에는 본인이 완성한 의사표시를 전달하는 자(전달기관)와 본인이 결정한 의사를 상대방에게 표시하여 그 의사표시를 완성하는 자(표시기관)의 두 유형이 있으나, 그 가운데 대리와 비슷한 것은 후자이다. 그러나 이때에도 효과의사는 본인이 결정하므로, 대리인 자신이 효과의사를 결정하는 대리와는 다르다. 그런데 판례는, 대리인도 본인의 지시에 따라 행위를 하여야 하는 이상(116조 2항), 법률행위의 체결 및 성립 여부에 관한 최종적인 결정권한이 본인에게 유보되어 있다는 사정이 대리와 사자를 구별하는 결정적 기준이나 징표가 될 수는 없다고 한 뒤, 그 구별은 의사표시 해석과 관련된 문제로서, 상대방의 합리적 시각, 즉 본인을 대신하여 행위하는 자가 상대방과의 외부적 관계에서 어떠한 모습으로 보이는지 여부를 중심으로 여러 사정을 종합적으로 고려하여 합리적으로 판단하여야 한다고 한다(대판 2024. 1. 4, 2023다225580).

[참고] 사자와 대리의 그 밖의 차이

대리인은 행위능력은 없더라도(117조 참조) 의사능력은 있어야 하나, 사자는 의사능력까지 없어도 무방하다(주해(3), 13면(손지열)). 대리의 경우 본인은 행위능력은 물론 의사능력이 없어도 되나, 사자의 경우 본인은 행위능력이 있어야 한다. 의사의 흠결이나 하자의 유무 등은 대리에서는 대리인을 표준으로 하여 판단하나(116조 1항), 사자에서는 본인을 표준으로 하여 판단한다.

(3) 대 표

법인의 경우에는 대표기관의 행위에 의하여 법인이 직접 권리·의무를 취득하는 점에서, 법인의 대표와 대리는 비슷하다. 그러나 대리인은 본인과 대립된 별개의 지위를 갖는데 비하여, 대표기관은 법인과 별개의 지위를 갖지 않으며, 대표기관의 행위는 바로 법인의 행위로 간주된다. 그리고 대리와는 달리 대표는 사실행위나 불법행위에 관하여도 인정된다.

Ⅴ. 대리의 종류 A-187

(1) 임의대리 · 법정대리

대리권이 본인의 의사에 기초하여 주어지는 것이 임의대리이고, 대리권이 법률의 규정에 기초하여 주어지는 것이 법정대리이다.

(2) 능동대리 · 수동대리

본인을 위하여 제 3 자에 대하여 의사표시를 하는 대리가 능동대리(적극대리)이고, 본인을 위하여 제 3 자의 의사표시를 수령하는 대리가 수동대리(소극대리)이다.

(3) 유권대리 · 무권대리

대리인으로 행동하는 자에게 대리권이 있는 경우가 유권대리이고, 대리권이 없는 경우가 무권대리이다.

Ⅵ. 대리에 있어서의 3면관계 A-188

대리관계는 본인－대리인 사이의 관계, 대리인－상대방 사이의 관계, 상대방－본인 사이의 관계의 3면관계로 이루어져 있다. 이들 중 본인－대리인 사이의 관계는 대리인이 본인의 정당한 대리인이라는 관계(대리권)이고, 대리인－상대방 사이의 관계는 대리인이 본인을 위하여 상대방과 법률행위를 한다는 관계(대리행위)이며, 상대방－본인 사이의 관계는 대리행위의 결과로 상대방과 본인 사이에 권리변동이 생긴다는 관계(법률효과)이다.

〈대리의 모습〉

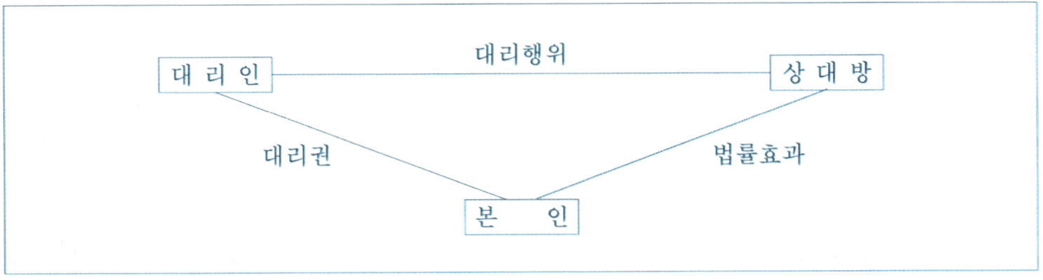

제 2 관 대 리 권

A-189 Ⅰ. 대리권의 의의 및 성질

대리권이란 타인(대리인)이 본인의 이름으로 의사표시를 하거나 또는 의사표시를 받음으로써 직접 본인에게 법률효과를 발생시키는 법률상의 지위 또는 자격이다. 이러한 개념정의는 다수설인 자격설에 따른 것이다.

대리권은 권리가 아니며 일종의 권한이다. 따라서 정확하게 표현한다면 대리권한이라고 하여야 할 것이다.

판례는, 대리권이 있다는 점에 대한 증명책임은 대리행위의 효과를 주장하는 자(즉 대리행위의 상대방)에게 있다고 한다(대판 2008. 9. 25, 2008다42195 등).

A-190 Ⅱ. 대리권의 발생원인

1. 법정대리권의 발생원인

법정대리가 성립하는 경우에는 세 가지가 있다. ① 하나는 본인에 대하여 일정한 지위에 있는 자가 당연히 대리인이 되는 경우로서, 일상가사대리권을 가지는 부부(827조)·친권자(911조·920조) 등이 이에 해당한다. ② 다음에는 본인 이외의 일정한 지정권자의 지정으로 대리인이 되는 경우가 있다. 지정후견인(931조)·지정유언집행자(1093조·1094조) 등이 이에 해당한다. ③ 마지막으로는 법원(가정법원)의 선임에 의하여 대리인이 되는 경우가 있다. 부재자재산관리인(23조·24조)·선임후견인(932조·936조·959조의 4)·상속재산관리인(1023조·1040조·1044조·1047조·1053조 등)·유언집행자(1096조) 등이 그 예이다.

이들 각 경우의 법정대리권의 발생원인은 ①의 경우에는 법률의 규정이고, ②의 경우에는 지정권자의 지정행위이며, ③의 경우에는 법원의 선임행위이다.

A-191 2. 임의대리권의 발생원인(수권행위)

임의대리권은 본인이 대리인에게 대리권을 수여하는 행위 즉 대리권 수여행위에 의하여 발생한다. 대리권 수여행위는 보통 간단히 줄여서 수권행위(授權行爲)라고도 한다.

(1) 수권행위 개념의 인정 여부(독자성 유무)

수권행위가 본인과 대리인 사이의 기초적 내부관계를 발생시키는 행위(예: 위임)와는 별개의 행위인가? 이것이 수권행위의 독자성의 문제이다. 여기에 관하여 통설(사견도 같음)과 판례는 수권행위의 독자성을 인정하고 있다(대판 1962. 5. 24, 4294민상251·252).

그러나 수권행위의 독자성을 인정한다고 하여 실제에 있어서 반드시 수권행위가 내부관계 발생행위와 따로 행하여져야 한다거나 또는 보통 그렇게 행하여진다는 의미는 아니다. 실제에 있어서 두 행위가 한꺼번에 행하여질 수 있으며 그것이 오히려 일반적인 모습이다. 그렇지만 두 행위는 개념상 별개의 것이다. 따라서 내부관계 발생행위만 있거나 수권행위만 있을 수도 있다.

(2) 수권행위의 법적 성질 A-192

1) 계약인지 단독행위인지 여부 수권행위가 계약인가 단독행위인가에 관하여는 견해가 대립하는데, 통설(사견도 같음)은 수권행위를 상대방 있는 단독행위라고 한다.

2) 유인행위인지 무인행위인지 여부 앞서 언급한 바와 같이, 수권행위는 개념상 본인과 대리인 사이의 기초적 내부관계를 발생하게 하는 행위와는 별개의 행위이며, 뒤의 행위 없이 수권행위만 행하여질 수도 있다. 그런데 보통은 내부관계 발생행위가 있고 그에 의한 의무를 이행하게 하기 위하여 수권행위가 행하여진다. 이와 같이 내부관계 발생행위(가령 위임 · 고용 · 도급 · 조합계약)를 원인으로 하여 수권행위가 행하여진 경우에, 내부관계 발생행위가 무효이거나 취소 기타의 사유로 실효하면 수권행위도 그 영향으로 효력을 잃게 되는지가 문제된다. 이것이 수권행위의 무인성의 문제이다.

여기에 관하여 학설은 i) 유인설, ii) 무인설 등으로 나뉘어 있다(민법총칙 [186] 참조). i) 유인설(사견도 같음)은 원인관계가 실효하면 당연히 수권행위도 효력을 잃는다고 하며, ii) 무인설은 수권행위는 내부관계 발생행위에 영향을 받지 않는다고 한다.

3) 수권행위의 방식(불요식행위) 수권행위의 방식에는 제한이 없다. 따라서 구두로 할 수도 있고 서면으로 할 수도 있다. 또한 명시적인 의사표시에 의하여 할 수도 있고 묵시적으로 할 수도 있으며, 어떤 사람이 대리인의 외양을 가지고 행위하는 것을 본인이 알면서도 이의를 하지 아니하고 방임하는 등 사실상의 용태에 의하여 대리권의 수여가 추단되는 경우도 있다(대판 2016. 5. 26, 2016다203315). 그런데 보통은 위임장을 주고 있다. 그러나 이것은 대리권 수여의 증거에 불과하다. 위임장의 특수한 것으로 백지위임장이 있다.

(3) 관련 문제: 수권행위의 실효와 대리행위 A-193

어떤 사유로 수권행위가 실효하는 경우에 이미 행하여진 대리행위의 효력은 어떻게 되는가? 여기에 관하여 우리의 문헌들은 관련되는 곳에서 부분적·단편적으로만 논의하고 있다. 그런데 여기서는 여러 가지의 경우를 종합적으로 정리하기로 한다. 문제되는 경우는 다음의 세 가지이다.

1) 대리인의 사유로 수권행위 자체가 효력을 잃는 경우 이러한 경우는 수권행위를 계약이라고 보는 견해에서만 발생할 수 있다. 그리고 그 견해에서는 — 제한능력에 관하여만 언급하면서 — 금치산자(이는 현행의 피성년후견인에 해당함)를 제외하고는 취소할 수 없다고 한다.

2) 대리인 또는 본인의 사유로 내부관계 발생행위가 실효된 경우 우리 문헌들은 모두 이에 해당하는 경우로 대리인이 제한능력자인 때에 관하여만 논의하고 있다. 그러나 대리인의 제한능력 이외의 사유에 의한 경우는 물론 본인의 사유에 의한 경우도 똑같은 문제가 생긴다. 그리고 그때의 효과에 관한 논의는 수권행위에 무인성을 인정할 것인가에 관한 이론의 연장선상에 있다.

여기에 관하여(대리인의 제한능력의 경우) 우리의 학설은 대립하고 있다. i) 유인설에 의하면, 내부관계 발생행위가 실효하면 수권행위도 실효하므로 이미 행하여진 대리행위는 무권대리가 되어야 할 것이나, 그렇게 해석하면 거래의 안전을 해치므로 거래의 안전 또는 민법 제117조를 원용하여 대리권은 장래에 향하여 소멸한다고 해석하며, 이미 행하여진 대리행위는 유효하다고 한다. 그리고 ii) 무인설을 취하는 학자들은, 기초적 내부관계가 실효하면 대리권은 장래에 향하여 소멸할 뿐 소급적으로 소멸하지 않으므로(128조), 이미 행하여진 대리행위는 유효하다고 한다.

3) 수권행위가 본인의 사유로 효력을 잃은 경우 이 경우에 관하여 우리 문헌은 대부분 수권행위가 본인의 제한능력을 이유로 취소된 때에 대하여만 논의하고 있다. 그러면서 i) 수권행위가 취소되면 대리권은 소급적으로 소멸한다는 견해, ii) 수권행위의 하자 주장을 제한하자는 견해 등으로 나뉘어 있다(사견은 수권행위의 하자 주장은 인정하되 일반적으로 소급효는 배제해야 한다는 입장임).

A-194

Ⅲ. 대리권의 범위와 그 제한

1. 법정대리권의 범위

법정대리권의 범위는 각종의 법정대리인에 관한 규정의 해석에 의하여 결정된다(25조 · 913조 이하 · 941조 이하 · 1040조 2항 · 1047조 2항 · 1053조 2항 · 1101조 등).

2. 임의대리권의 범위

(1) 수권행위에 의한 결정

임의대리권의 범위는 수권행위에 의하여 결정된다(지배인 등은 명문규정이 있다. 상법 11조 등 참조). 본인은 대리인에게 일정한 사항에 한정하거나(특정수권) 또는 일정범위의 사항에 관하여 포괄적으로 대리권을 줄 수 있다(포괄수권). 그러므로 대리권의 범위는 궁극적으로는 수권행위의 해석에 의하여 확정된다. 수권행위의 해석은 제반사정 위에서 거래관행을 고려하여 신중하게 하여야 한다.

판 례 수권행위의 해석 관련

(ㄱ) **일반적인 경우** 통상의 임의대리권은 그 권한에 부수하여 필요한 한도에서 상대방의 의사표시를 수령하는 수령대리권을 포함한다(대판 1994. 2. 8, 93다39379). 어떠한 계약의 체결에 관한 대리권을 수여받은 대리인이 수권된 법률행위를 하게 되면 그것으로 대리권의 원인된 법률관계는 원칙적으로 목적을 달성하여 종료되는 것이고, 법률행위에 의하여 수여된 대리권은 그 원인된 법률관계의 종료에 의하여 소멸하는 것이므로(128조), 그 계약을 대리하여 체결하였다 하여 곧바로 그 사람이 체결된 계약의 해제 등 일체의 처분권과 상대방의 의사를 수령할 권한까지 가지고 있다고 볼 수는 없다(대판 2008. 6. 12, 2008다11276).

(ㄴ) **매매계약의 경우** 매도인으로부터 매매계약을 체결할 대리권을 수여받은 대리인은 그 매매계약에 따른 중도금이나 잔금을 수령할 수 있다(대판 2011. 8. 18, 2011다30871 등). 부동산을 매수할 권한을 수여받은 대리인은 부동산을 처분(전매)할 대리권은 없으며(대판 1991. 2. 12, 90다7364), 또한 매매계약의 해제 등 일체의 처분권과 상대방의 의사를 수령할 권한까지 가지고 있다고 볼 수는 없다(대판 1997. 3. 25, 96다51271 등). 매매계약의 체결과 이행에 관하여 포괄적으로 대리권을 수여받은 대리인은 약정된 매매대금 지급기일을 연기해 줄 권한도 가진다(대판 1992. 4. 14, 91다43107).

(ㄷ) **소비대차 등의 경우** 소비대차계약 체결의 대리권을 가지는 자는 그 계약 체결은 물론 그 계약의 내용을 구성하는 기한의 연기, 이자의 수령 또는 대금변제의 수령권이 있다(대판 1948. 2. 17, 4280민상236). 그러나 대여금의 영수권한이 있는 대리인이 대여금채무의 일부를 면제하려면 특별수권이 필요하다(대판 1981. 6. 23, 80다3221). 예금계약의 체결을 위임받은 자의 대리권에 당연히 예금을 담보로 하여 대출을 받거나 기타 이를 처분할 수 있는 대리권이 포함되어 있는 것은 아니다(대판 2002. 6. 14, 2000다38992 등). 본인을 위하여 금전소비대차 내지 그를 위한 담보권 설정계약을 체결할 권한을 수여받은 대리인에게 본래의 계약관계를 해제할 대리권까지는 없다(대판 1997. 9. 30, 97다23372 등).

(ㄹ) **기타의 경우** 부동산 처분에 관한 소요서류를 구비하여 교부한 것은 부동산 처분에 관하여 대리권을 수여한 것이다(대판 1959. 7. 2, 4291민상329). 그러나 부동산의 소유자가 부동산을 담보로 하여 은행으로부터 융자를 얻기 위하여 타인에게 부동산의 등기부등본과 인감증명서를 주었다고 하여 그 부동산에 관한 처분의 대리권을 주었다고 할 수 없다(대판 1962. 10. 11, 62다436). 그리고 채권자가 채무의 담보를 목적으로 채무자를 대리하여 부동산에 관한 매매 등의 처분행위를 할 수 있는 권한이 있는 경우에, 자신의 개인적인 채무를 변제하기 위하여 그의 채권자와의 사이에 임의로 부동산의 가치를 협의·평가하여 그 가액 상당의 채무에 대한 대물변제조로 양도할 권한은 없다(대판 1997. 9. 9, 97다22720). 한편 변호사에게 판결금 수령을 위하여 통상의 소송위임장 용지에 판결금 수령위임장을 작성해 준 경우에, 소송비용 상환청구권의 포기 권한까지 수여한 것으로 볼 수는 없다(대결 2007. 4. 26, 2007마250).

(2) 민법의 보충규정(제118조) A-195

민법은 수권행위의 해석에 의하여도 대리권의 범위가 명확하지 않은 경우를 위하여

제118조의 보충규정을 두고 있다. 그에 의하면, 대리권의 범위가 불명확한 경우에는, 보존행위·이용행위·개량행위 등의 이른바 관리행위만 할 수 있고 처분행위는 하지 못한다.

1) 보존행위 보존행위는 재산의 현상을 유지하는 행위이며, 가옥의 수선·소멸시효의 중단·미등기 부동산의 등기 등이 그에 속한다. 그리고 기한이 도래한 채무의 변제나 부패하기 쉬운 물건의 처분 등과 같이 재산의 전체에서 보아 현상의 유지라고 볼 수 있는 처분행위도 보존행위에 해당한다. 대리인은 이러한 보존행위는 무제한으로 할 수 있다(118조 1호).

2) 이용행위 · 개량행위 이용행위는 물건을 임대하거나 금전을 이자부로 대여하는 것과 같이 재산의 수익을 꾀하는 행위이고, 개량행위는 무이자의 금전대여를 이자부로 하는 행위와 같이 사용가치 또는 교환가치를 증가하게 하는 행위이다. 이러한 이용행위나 개량행위는 대리의 목적인 물건이나 권리의 성질을 변하지 않게 하는 범위에서만 할 수 있다(118조 2호). 객체의 성질이 변하였는지 여부는 사회관념에 의하여 결정되는데, 예금을 주식으로 바꾸거나 은행예금을 개인에게 빌려주는 것은 객체의 성질을 변하게 한 경우에 해당한다.

A-196

3. 대리권의 제한

(1) 자기계약 · 쌍방대리의 금지

1) 자기계약 · 쌍방대리의 의의 및 금지원칙 대리인이 한편으로는 본인을 대리하고 다른 한편으로는 자기 자신의 자격으로 혼자서 본인·대리인 사이의 계약을 맺는 것을 자기계약(자기대리 또는 상대방대리)이라고 한다. 그리고 대리인이 한편으로는 본인을 대리하고 다른 한편으로는 상대방을 대리하여 자기만으로써 본인·상대방 사이의 계약을 맺는 것을 쌍방대리라고 한다. 민법상 이러한 자기계약과 쌍방대리는 원칙적으로 금지된다(124조 본문). 그 이유는 본인의 이익을 보호하기 위하여서이다.

2) 자기계약 · 쌍방대리가 예외적으로 허용되는 경우 자기계약·쌍방대리가 예외적으로 허용되는 때가 있다. 첫째로 본인이 미리 자기계약·쌍방대리를 허락한 경우에 그렇다(124조 본문)(대판 2024. 1. 4, 2023다225580은 — 변호사의 쌍방대리 사안에서 — 본인의 허락이 있는지 여부는 쌍방대리행위에 관하여 유효성을 주장하는 자가 주장·증명책임을 부담하고, 이때의 허락은 명시된 사전 허락 이외에 묵시적 허락 또는 사후 추인의 방식으로도 가능하다고 함). 둘째로 채무의 이행에 관하여도 자기계약·쌍방대리는 허용된다(124조 단서). 채무이행은 이미 성립하고 있는 이해관계의 결제에 불과하며 새로운 이해관계를 생기게 하는 것이 아니기 때문이다. 그러나 다툼이 있는 채무의 이행이나 대물변제 등에 관하여는 자기계약·쌍방대리가 허용되지 않는다.

판 례 쌍방대리인인 사채알선업자의 변제수령권한

사채를 얻은 쪽이나 놓은 쪽 모두 상대방이 누구인지 모른 채, 또한 상대방이 누구인지 상관하지 아니하고 사채알선업자를 신뢰하여 그로 하여금 사채를 얻는 쪽과 놓는 쪽 쌍방을 대리하여 금전 소비대차계약과 담보권설정계약을 체결하도록 하는 방식으로 사채알선업을 하는 경우, 그 사채알선업자는 소비대차계약의 체결에 있어서 대주에 대하여는 차주의 대리인 역할을 하고, 반대로 차주에 대하여는 대주의 대리인 역할을 하게 되는 것이고, 대주로부터 소비대차계약을 체결할 대리권을 수여받은 대리인은 특별한 사정이 없는 한 그 소비대차계약에서 정한 바에 따라 차주로부터 변제를 수령할 권한도 있다고 봄이 상당하므로 차주가 그 사채알선업자에게 하는 변제는 유효하다고 한 사례(대판 1997. 7. 8, 97다12273).

3) 금지위반의 효과 자기계약 · 쌍방대리 금지에 관한 제124조에 위반하는 행위는 확정적 무효가 아니고 무권대리행위이다. 따라서 그 행위는 효력을 발생시키지는 않으나, 본인이 사후에 이를 추인하면 완전히 유효하게 된다(130조 참조). 대법원도, 영농조합법인의 대표이사가 제124조를 위반하여 영농조합법인을 대리한 경우에 그 행위는 무권대리행위로서 영농조합법인에 대하여 효력이 없다고 한다(대판 2018. 4. 12, 2017다271070).

4) 적용범위 제124조는 법정대리 · 임의대리 모두에 적용된다. 다만, 법정대리에 관하여는 특별규정을 두고 있는 때가 있으며(64조 · 921조 · 951조 등), 그러한 때에는 제124조는 적용되지 않는다.

(2) 공동대리 A-197

1) 공동대리의 의의와 각자대리(各自代理)의 원칙 공동대리라 함은 대리인이 여럿 있는 경우에 그 대리인들이 공동으로만 대리할 수 있는 것을 말한다. 따라서 공동대리에 있어서 하나의 대리인이라도 참여하지 않으면 대리행위는 유효하지 못하거나 흠을 가지게 된다. 그러므로 공동대리도 각 대리인에게는 일종의 대리권의 제한이 된다.

복수의 대리인이 있는 경우에 공동대리인가 단독대리인가는 법률의 규정 또는 수권행위에 의하여 정하여지나, 그것들에 정함이 없으면 대리인 각자가 단독으로 본인을 대리한다(119조). 즉 단독대리가 원칙이다.

2) 수동대리에의 적용 여부 공동대리에 있어서 그 대리는 능동대리만을 가리키는지, 즉 제119조 단서가 능동대리에만 적용되는지 수동대리에도 적용되는지가 문제된다. 상법에는 이에 관하여 부분적으로 명문규정을 두고 있으나(상법 12조 2항 · 208조 2항 등), 민법에는 전혀 규정이 없다. 여기에 관하여 다수설(사견도 같음)은 공동대리의 제약이 있는 경우에도 수동대리는 각 대리인이 단독으로 할 수 있다는 입장(단독대리설)이다.

3) 공동대리에 있어서 「공동」의 의미 공동대리의 경우에 「공동」이 의사결정을 공동으로 하여야 한다는 것인지, 표시행위를 공동으로 하여야 한다는 것인지가 문제된다.

여기에 관하여 다수설은 의사결정을 공동으로 하면 충분하며, 따라서 공동대리인의 의사의 합치가 있는 한 대리행위가 일부의 대리인만에 의하여 행하여져도 무방하다고 한다(사견은 표시행위의 공동이 필요하다는 입장임. 민법총칙 [193] 참조).

4) 공동대리 위반의 효과 공동대리의 제한에 위반하여 1인의 대리인이 단독으로 대리행위를 한 경우의 효과에 관하여 통설(사견도 같음)은 권한을 넘은 무권대리행위가 된다고 한다.

A-198

Ⅳ. 대리권의 남용

사 례 (세칭 명성사건[핵심판례 42면])

A는 S은행 H지점에서 예금 업무를 취급하는 대리로서 X회사의 대표이사인 B로부터 예금주들에게 은행이자와 시중의 사채이자와의 차액을 미리 지급하는 조건으로 예금을 조성해 이를 부정 인출하여 사업자금을 조달해 달라는 부탁을 받았다. 그리하여 A는 사채중개인과 공모하여 C에게 위 지점에 예금하도록 하고 A의 이름으로 작성된 수기식 정기예금통장을 발행해 준 뒤 이를 몰래 인출하여 B에게 제공하였다. 그리고 C는 예금 당시에 A의 위와 같은 의도를 알지는 못하였으나 통상의 주의를 기울였으면 알 수 있었다.

이 경우에 C는 예금계약에 기하여 S은행에 예금액의 반환을 청구할 수 있는가? (사례의 해결: A-201)

1. 서 설

대리인이 대리권의 범위 안에서 대리행위를 하였으나 오직 자기 또는 제 3 자의 이익을 꾀하기 위하여 그렇게 한 경우에 그 법률효과가 본인에게 발생하는가? 예컨대 대리인이 자기가 써 버릴 생각으로 본인 이름으로 금전을 빌린 경우에 본인의 채무로 되는지가 문제된다. 민법에 의하면 그러한 경우에는, 대리인이 대리권의 범위 안에서 본인의 이름으로 대리행위를 하였으므로 유효한 대리행위가 되어 본인에게 효과가 발생하게 된다. 그러나 언제나 그러한 결과가 인정되어서는 안 된다. 가령 대리인의 배임적인 의도를 상대방이 알고 있었던 경우까지도 본인에게 책임을 지울 수는 없다. 이것이 이른바 대리권의 남용의 문제이다. 이와 같은 문제는 법인의 대표기관의 행위에 있어서도 똑같이 발생하는데, 거기에도 같은 이론이 적용되어야 한다(대표권의 남용).

대리권의 남용은 임의대리뿐만 아니라 법정대리에서도 마찬가지로 문제된다. 학설과 판례(대판 2011. 12. 22, 2011다64669)도 같은 입장이다. 주의할 것은, 제924조에 규정되어 있는 친권남용은 친권자의 대리권의 남용과는 다르다는 점이다(민법총칙 [194] 참조).

2. 학설 · 판례 A-199

(1) 학 설

대리권 남용에 관한 학설은 다음의 세 가지로 나뉘어 있다(사견은 판례의 한 입장인 권리남용설과 같음. 민법총칙 [196] 참조).

i) 제107조 제 1 항 단서의 유추적용설 대리인이 본인의 이익을 위하여서가 아니라 자기의 이익을 꾀하기 위하여 대리행위를 하더라도 그 행위는 대리행위로서 유효하게 성립하나, 다만 대리인의 그러한 배임적 의사를 상대방이 알았거나 알 수 있었을 때에는 제107조 제 1 항 단서의 취지를 유추하여 대리행위의 효력을 부정하는 것이 타당하다고 한다.

ii) 권리남용설 대리인의 권한남용의 위험은 원칙적으로 본인이 부담하여야 할 것이나, 다만 상대방의 악의·중과실 등 주관적 태양에 따라 상대방의 권리행사가 신의칙에 반하는 경우에는 상대방이 그러한 위험을 부담하도록 하는 것이 좋을 것이라는 견해이다.

iii) 무권대리설 대리인의 배임적 대리행위에 있어서는 상대방이 대리인의 배임행위를 알았거나 정당한 이유 없이 알지 못한 때(이를 선의·무과실이라고 하는 견해도 있다)에는 대리권이 부정되고 대리인의 대리행위는 무권대리로 된다고 하는 견해이다.

(2) 판 례 A-200

우리 판례는 대리권 또는 대표권의 남용에 관하여 대체로 제107조 제 1 항 단서의 유추적용설의 입장이나(대리권 남용에 관하여 대판 1987. 7. 7, 86다카1004[핵심판례 42면] 등 다수의 판결. 대표권 남용에 관하여 대판 2004. 3. 26, 2003다34045 등), 두 개의 판결에서는 대표권 남용의 경우에 상대방이 악의인 때에는 권리를 주장하는 것이 신의칙에 반한다고 하여 권리남용설을 취하고 있다(대판 1987. 10. 13, 86다카1522; 대판 2016. 8. 24, 2016다222453). 그리고 판례는, 미성년자의 법정대리인인 친권자의 대리행위에 관하여도 대리권 남용을 인정하면서, 그 경우에도 제107조 제 1 항 단서를 유추적용한다(대판 2011. 12. 22, 2011다64669; 대판 2018. 4. 26, 2016다3201). 나아가 판례는, 그에 따라 외형상 형성된 법률관계를 기초로 하여 새로운 법률상 이해관계를 맺은 선의의 제 3 자에 대하여는 같은 조 제 2 항의 규정을 유추적용하여 누구도 그와 같은 사정을 들어 대항할 수 없으며, 제 3 자가 악의라는 사실에 관한 주장·증명책임은 그 무효를 주장하는 자에게 있다고 한다(대판 2018. 4. 26, 2016다3201).

판 례 대리권 남용

「진의 아닌 의사표시가 대리인에 의하여 이루어지고 그 대리인의 진의가 본인의 이익이나 의사에 반하여 자기 또는 제 3 자의 이익을 위한 배임적인 것임을 그 상대방이 알거나 알 수 있었을 경우에는 위 법 제107조 제 1 항 단서의 유추해석상 그 대리인의 행위는 본인의 대리행위로 성립할 수 없다 하겠으므로 본인은 대리인의 행위에 대하여 아무런 책임이 없다 할 것이며 이때 그 상대방이 대리인의 표시의사가 진의 아님을 알거나 알 수 있었는가의 여부는 표의자인 대리인과 상대방 사이에 있었던 의사표시의 형성과정과 그 내용 및 그로 인하여 나타나는 효과 등을 객관적인 사정에 따라 합리적으로 판단하여야 할 것이다.」(대판 1987. 7. 7, 86다카1004(세칭 명성그룹 사건)[핵심판례 42면])

A-201 **3. 표현대리(表見代理)에서의 대리권 남용**

대리권 남용은 표현대리(125조·126조·129조)가 성립한 경우에도 똑같이 문제된다. 가령 X행위에 대하여 대리권을 가지고 있는 대리인이 자신의 이익을 꾀하기 위하여 대리권 없는 Y행위를 한 경우에, 상대방이 대리인에게 Y행위에 관한 대리권이 없음을 알지도 못했고 또 알지 못한 데 과실도 없었지만 대리인의 배임적 의도만은 알고 있었던 경우에 그렇다(대판 1987. 7. 7, 86다카1004(세칭 명성그룹 사건)[핵심판례 42면]가 그 예이다). 그러한 경우에는 대리권 남용에 관한 이론에 따라 일정한 때에는 상대방은 본인에게 책임을 물을 수 없다고 하여야 한다. 그리고 이 경우에도, 표현대리가 성립하는 한, 상대방은 대리인에게 무권대리인으로서의 책임은 물을 수 없다고 하여야 한다.

사례의 해결

사례에서 A는 S은행의 대리인이다. A는 그의 대리권의 범위 안에서 대리행위를 하였으나 오직 자기 또는 제3자 B의 이익을 위해서 그렇게 하였다. 그런 경우에 S은행이 본인으로서 A의 대리행위를 이행해야 하는지 문제된다.

판례에 따르면, 사례에서 C가 A의 배임적인 의도를 알지 못하였으나 알 수는 있었으므로, C는 S은행에게 예금계약이 성립되었음을 전제로 하여 예금반환을 청구할 수는 없다. (사례: A-198)

A-202 **V. 대리권의 소멸**

1. 서 설

대리권의 소멸원인에는 임의대리와 법정대리에 공통한 것과, 이들 각각에 특유한 것이 있다. 그 가운데 법정대리에 특유한 소멸원인은 각각의 법정대리에 관하여 규정하고 있고(22조 2항·23조·909조 6항·924조 1항·925조·927조·937조·939조·957조·1098조·1105조·1106조 등), 민법총칙에서는 법정대리·임의대리에 공통한 소멸원인과 임의대리에 특유한 소멸원인을 규정하고 있다.

2. 공통한 소멸원인(제127조)

(1) 본인의 사망

이는 법정대리든 임의대리든 대리권의 소멸원인인데, 여기에는 예외가 있다.

1) 임의대리에 있어서 기초적 내부관계가 본인의 사망에도 불구하고 존속하는 때(위임에 관

(한 691조 참조)에는 그 범위에서 대리권도 존속한다고 하여야 한다.

2) 상법규정상 상인이 그 영업에 관하여 수여한 대리권은 본인의 사망으로 인하여 소멸하지 않는다(상법 50조).

3) 임의대리에 있어서 본인과 대리인 사이에 본인이 사망하더라도 대리인의 대리권이 소멸하지 않는다는 특약이 있었고 그것이 유효하다면, 그 특약도 하나의 예외가 될 것이다. 그런데 대리권 불소멸 특약의 유효 여부에 관하여 우리 학설은 i) 유효설, ii) 무효설, iii) 절충설로 나뉘어 대립하고 있다(사견은 무효설임. 민법총칙 [197] 참조).

(2) 대리인의 사망 A-203

이것도 공통하는 소멸원인이다.

(3) 대리인의 성년후견의 개시 또는 파산

피성년후견인(117조 참조)이나 파산자도 대리인이 될 수 있다. 그러나 피성년후견인이나 파산자가 아닌 자가 대리인으로 된 뒤에 성년후견이 개시되거나 또는 파산선고를 받은 때에는, 대리권은 소멸한다.

3. 임의대리에 특유한 소멸원인 A-204

(1) 원인된 법률관계의 종료

임의대리권은 그 원인된 법률관계(기초적 내부관계)가 종료되면 소멸한다(128조 1문). 그런데 이에 대한 규정은 임의규정이어서, 본인은 원인된 법률관계가 종료된 후에도 대리권만을 존속시킬 수 있다.

(2) 수권행위의 철회

본인은 원인된 법률관계가 존속하고 있더라도 수권행위를 철회하여 임의대리권을 소멸시킬 수 있다(128조 2문). 수권행위 철회의 상대방은, 수권행위에서와 달리, 대리인뿐만 아니라 대리행위의 상대방인 제 3 자라도 무방하다(통설도 같음). 그리고 제128조 제 2 문도 임의규정이어서, 원인된 법률관계가 종료되기 전에는 수권행위를 철회하지 않는다는 특약도 원칙적으로 유효하다.

(3) 본인의 파산이 소멸원인인지 여부

여기에 관하여는 i) 임의대리권의 소멸원인이라는 견해와 ii) 독립한 소멸원인으로 인정할 필요가 없다는 견해(사견도 같음)가 대립하고 있다.

제 3 관 대리행위

A-205 ## Ⅰ. 현명주의

1. 의 의

대리에 있어서 법률행위, 즉 대리행위는 대리인과 상대방 사이에 행하여진다. 그런데 그러한 대리행위의 법률효과가 본인에게 생기게 하려면, 대리인이 「본인을 위한 것임을 표시」하여서 의사표시를 하여야 한다(114조 1항). 이와 같이 대리의 경우에 본인을 밝혀서 의사표시를 하게 하는 태도를 현명주의(顯名主義)라고 한다.

「본인을 위한 것」임을 표시하여야 한다는 것은 본인을 밝혀서, 즉 본인의 이름으로 법률행위를 하라는 의미이지, 「본인의 이익을 위하여서」 행위하라는 것은 아니다. 따라서 대리인이 본인의 이름으로 행위를 하였으면, 설사 대리인이 자신의 이익을 꾀하여 행하였을지라도 유효한 대리행위로 되는 데 지장이 없다. 다만, 일정한 경우에는 대리권 남용이론에 의하여 대리행위의 효과를 주장하지 못할 수 있다(A-198 이하 참조).

현명의 방법에는 제한이 없다. 따라서 서면으로 할 수도 있고 구두로 할 수도 있다(대판 1946. 2. 1, 4278민상205). 그리고 반드시 명시적으로 해야 하는 것이 아니고 묵시적으로도 할 수 있다(대판 2024. 1. 4, 2023다225580). 그러나 가장 보통의 방법은 서면에 「A의 대리인 B」라고 적는 것이다. 본인을 밝혀야 한다고 하여 반드시 본인이 명백하게 표시되어야만 하는 것은 아니며, 제반 사정에 비추어 본인을 알 수 있으면 된다. 그리하여, 예컨대 식품회사의 영업소장이 식품공급계약을 체결한 경우(대판 1968. 3. 5, 67다2297), 회사의 대표이사가 대표이사의 직명을 기재하여 행위한 경우(대판 1994. 10. 11, 94다24626)에는 회사를 위하여 행한 것으로 보아야 한다.

대리인이 자기가 마치 본인인 것처럼 본인의 이름을 사용하여 법률행위를 하는 경우가 있다. 그러한 경우에도 유효한 대리행위가 되는지 문제된다. 여기에 관하여 우리의 학설은 한결같이 이를 긍정하고 있으며, 판례도 상당히 쌓여 있다. 그런데 이 문제는 뒤에 따로 「타인의 명의를 사용하여 법률행위를 한 경우」 일반에 포함하여 논의하기로 한다(A-207 이하 참조).

수동대리에 있어서는 상대방 쪽에서 본인에 대한 의사표시임을 표시하여야 한다고 새겨야 한다(114조 2항 참조). 이때에도 대리인이 현명하여 수령하는 것은 불가능할 뿐더러 필요하지도 않기 때문이다.

2. 현명하지 않은 행위 A-206

대리인이 본인을 위한 것임을 표시하지 않고서 한 의사표시는 대리인 자신을 위하여 한 것으로 본다(115조 본문). 이처럼 그러한 의사표시는 대리인 자신을 위한 것으로 의제되기 때문에, 대리인은 본인을 위한 것이었음을 증명하여도 이 규정의 적용을 면하지 못한다. 그리고 대리인은 착오를 주장할 수도 없다(이설 있음). 그러나 상대방이 대리인으로서 한 것임을 알았거나 알 수 있었을 때에는, 그 의사표시는 유효한 대리행위가 된다(115조 단서)(대판 1982. 5. 25, 81다1349, 81다카1209도 참조).

제115조는 수동대리에는 적용되지 않는다. 따라서 수동대리에서 상대방이 본인에게 효과를 발생할 의사를 가지고, 그렇지만 그것을 표시하지 않고서 대리인에게 의사표시를 한 경우에는, 의사표시의 해석에 의하여 유효 여부가 결정된다.

3. 현명주의의 예외

상행위에 관하여는 현명주의가 채용되어 있지 않다(상법 48조).

Ⅱ. 타인의 명의(이름)를 사용하여 행한 법률행위 A-207

> (사 례) (신사례 [12]번 문제)
>
> 갑은 장난삼아 중국음식점 주인인 A에게 전화를 걸어 자기가 그(갑)의 이웃인 을이라고 하면서, 3일 후에 자신의 집에서 가든파티를 하려고 하니 30인분의 음식과 술을 준비하여 그곳으로 가져오라고 하였다. A는 약속한 일시에 음식 등을 가지고 을의 집으로 갔다. 그런데 을은 자기 집에서 모임이 있기는 하지만 음식 등은 주문한 일이 없다고 하면서 수령을 거절하였다. A는 약간의 조사 끝에 음식 등을 주문한 자가 을이 아니라 갑임을 알게 되었다.
>
> 이 경우의 법률관계를 논하시오. (사례의 해결: A-209)

1. 서 설

실제의 거래관계에 있어서 어떤 자가 자신으로서는 행위할 수 없거나 자신을 숨기기 위하여 또는 기타의 이유로 타인의 명의(이름)를 사용하여 법률행위(또는 그 밖의 행위)를 하는 경우가 자주 있다. 이러한 경우에는 행위자는 명의인을 위하여 행위한다는 것을 표시하지 않고 오히려 자신을 위하여(자신의 이름으로) 행위한다고 표시한다. 그러나 그럼에 있어서 자신의 명의가 아닌 다른 이름을 언급하고 자신이 마치 그 명의인인 것처럼 행동한다. 즉 보통의 대리행위와도 다르고 또 자신의 이름으로 하는 통상의 법률행위와도 다르다. 따라서 이러한 행위에 있어서는 무엇보다도 먼저 그와 같은 법률행위가 행위자 자신의 행위인지 아니면 명의인의 행위인지가 문제된다. 그리고 명의인의 행위라고 할 경우에는 거기에 대리에 관한 법률규정이 적용되는지도 문제된다.

A-208 ## 2. 판 례

여기에 관한 우리의 판례는 대판 1995. 9. 29, 94다4912([핵심판례 44면]) 이전과 이후로 나누어 살펴보아야 한다. 위의 판결 이후에는 판례의 태도가 크게 달라졌기 때문이다.

(1) 대판 1995. 9. 29, 94다4912 이전의 판례

종래 타인의 명의를 사용하여 법률행위(또는 기타의 행위)를 한 경우에 관하여 우리의 판례는 통일적·일반적인 원칙을 세우지 않고 있었다. 과거의 판례 중에는 명의신탁의 법리를 적용한 것이 있는가 하면, 대리의 관점에서 처리한 것도 있고, 또 개별적으로 단순한 당사자 확정의 문제로 해결한 것도 있다.

1) 명의신탁의 법리를 적용한 경우 우리 대법원은 과거에 타인의 명의로 임야를 사정받거나(대판 1971. 5. 24, 71다512 등), 타인 명의로 전화가입 청약을 한 경우(대판 1971. 9. 28, 71다1382), 또는 타인 명의로 부동산을 매수한 경우(대판 1989. 11. 14, 88다카19033) 등에 명의신탁을 인정하였다. 이들 경우에는 아마도 행위자와 명의인 사이에 명의신탁에 관한 합의가 존재하고 있었을 것이다.

2) 대리법의 적용을 문제삼은 경우 우리의 판례는 — 대리권 있는 — 대리인이 직접 본인 이름을 표시하여 법률행위를 한 경우는 대리의 문제로 다루고 있다. 그러한 경우 가운데에는 대리인이 대리권의 범위 안에서 행위한 때도 있고, 대리권의 범위를 넘어서서 행위한 때도 있다.

우리 판례에 의하면, 대리인이 대리권의 범위 안에서 본인의 이름을 사용하여 법률행위를 한 경우에는, 상대방이 대리인으로서 행위하였음을 몰랐더라도 그 법률행위의 효과가 직접 본인에게 귀속한다(대판 1987. 6. 23, 86다카1411 등). 이때 대리인이 본인으로부터 본인 명의로 법률행위를 할 수 있는 권한을 부여받았는가(본인명의 사용허락)를 묻지 않는다. 그에 비하여 대리인이 대리권의 범위를 넘어서서 본인 명의를 사용하여 법률행위를 한 경우에는, 특별한 사정(가령 대리의사의 묵시적인 표시)이 없는 한 제126조의 표현대리는 성립할 수 없으나, 동조 즉 권한을 넘은 표현대리의 법리를 유추 적용하여 본인에게 그 행위의 효력을 미치게 할 수 있다(대판 1993. 2. 23, 92다52436 등).

3) 그 밖에 개별적으로 해결한 경우 그 밖에 대법원에 의하여 개별적으로 해결된 경우도 있다. 그것은 명의신탁의 성립을 인정할 수도 없고 또 대리권 있는 자가 법률행위를 하지도 않은 경우에 그렇다. 대법원은 종래 그러한 경우에 관하여 특별한 원칙이 없이 개별적으로 판단하였다(자세한 사항은 송덕수, "타인의 명의를 사용하여 행한 법률행위," 사법연구 2집, 1994, 343면-345면 참조).

A-209 ### (2) 대판 1995. 9. 29, 94다4912 이후의 판례

1995. 9. 29.의 판결 이후에 판례 태도의 대전환이 일어났다. 우선 이 판결에서 「타인 명의를 '임의로' 사용하여 계약을 체결한 경우」에 관하여 새로운 법리를 채용하였으며,

그 후속 판결도 여러 개 나와 확고해졌다(대판 2012. 10. 11, 2011다12842 등).

그 판결에서 대법원이 채용한 법리는 다음과 같다. 즉 「타인의 이름을 임의로 사용하여 계약을 체결한 경우에는 누가 그 계약의 당사자인가를 먼저 확정하여야 할 것으로서, 행위자 또는 명의인 가운데 누구를 당사자로 할 것인지에 관하여 행위자와 상대방의 의사가 일치한 경우에는 그 일치하는 의사대로 행위자의 행위 또는 명의인의 행위로서 확정하여야 할 것이지만, 그러한 일치하는 의사를 확정할 수 없는 경우에는 계약의 성질, 내용, 목적, 체결경위 및 계약 체결을 전후한 구체적인 제반사정을 토대로 상대방이 합리적인 인간이라면 행위자와 명의자 중 누구를 계약당사자로 이해할 것인가에 의하여 당사자를 결정하고, 이에 터잡아 계약의 성립 여부와 효력을 판단함이 상당할 것이다」라고 한다. 이는 그 판결 이전에 저자가 주장하던 이론 그대로이다(송덕수, "타인의 명의를 빌려 체결한 토지분양계약의 효력," 민사판례연구(14), 1992, 71면 이하; 송덕수, 사법연구 2집, 335면 이하 참조).

그 뒤 대판 1998. 3. 13, 97다22089에서는 「타인의 허락 하에」 타인의 이름을 사용한 경우에 관하여 전술한 임의사용에 있어서의 법리를 일반화시켜서 판시한 뒤 적용하였다. 그리고 그 후속 판결도 계속 나와서 확고해지고 있다(대판 1998. 5. 12, 97다36989 등 다수의 판결. 그런데 대판 2009. 12. 10, 2009다27513 등은 대리인이 현명을 한 경우에 대하여 그 법리를 적용하고 있는바, 이는 문제이다).

그런가 하면 대법원은 이름이 사용된 자인 「타인」이 허무인인 경우에도 「타인 명의를 임의로 사용하여 계약을 체결한 경우」와 마찬가지라고 한다(대판 2012. 10. 11, 2011다12842). 다만, 계약당사자가 허무인으로 확정되는 경우에는 그와의 사이에 계약이 유효하게 성립할 수는 없다고 한다(대판 2012. 10. 11, 2011다12842 등).

판 례 대리행위에 새로운 법리를 적용한 경우

「일방 당사자가 대리인을 통하여 계약을 체결하는 경우에 있어서 계약의 상대방이 대리인을 통하여 본인과 사이에 계약을 체결하려는 데 의사가 일치하였다면 대리인의 대리권 존부 문제와는 무관하게 상대방과 본인이 그 계약의 당사자라고 할 것이다.」(대판 2003. 12. 12, 2003다44059)

이 판결은 계약당사자 확정에 관한 새로운 법리를 대리인이 본인의 명의로 계약을 체결한 즉 현명(顯名)한 경우에도 확대적용한 것으로서 옳지 않다(그에 관하여 자세한 점은 송덕수, "계약당사자 확정이론과 대리행위," 민사판례연구(31), 57면 이하 참조).

이것은 종래 판례의 1)의 경우와 3)의 경우에 대하여 실질적으로 태도를 변경한 것이다. 외견상으로는 대판 1998. 3. 13, 97다22089가 이 법리를 완전히 일반화시키고 있어서 종래 판례의 2)의 경우(대리법을 문제삼은 경우)까지 판례가 변경된 것으로 보이나, 대법원이 2002년(대판 2002. 6. 28, 2001다49814. 처가 제 3 자를 남편으로 가장시켜 관련 서류를 위조하여 남편 소유의 부동산을 담보로 금원을 대출받은 경우에, 남편에 대한 126조의 표현대리책임을 부정한 사례)과 2025년(대판 2025. 6. 5, 2023다232526)에 제126조의 표현대리와 관련하여 종래의 판례와 같은 취지를 판시하였기에 2)의 경우는 제외되어 있다고 이해하여야 한다. 대법원은 특히 뒤의 판결에서 「제126조의 표현대리는 대리인이 본인을 위한다는 의사를 명시적 또는 묵시적으로 표시하거나 대리의사를 가지고 권한 외의 행위를 하는 경우에 성립한다. 그 외에 사술을 써서 위와 같은 대리행위의 표시를 하지 아니하고 단지 본인의 성명을 모용하여 자기가 마치 본인인 것처럼 기망하여 본인 명의로 직접 법률행위를 한 경우에는, 본인을 모용한 사람에게 본인을 대리할 기본대리권이 있었고, 상대방으로서는 위 모용자가 본인 자신으로서 본인의 권한을 행사하는 것으로 믿은 데 정당한 사유가 있었던 사정이 있는 경우에 한하여 민법 제126조의 표현대리 법리가 유추적용된다」고 하였다(대판 2025. 6. 5, 2023다232526).

3. 당사자 확정 후의 효과

타인 명의 행위의 경우에 해석의 결과 법률행위가 행위자 자신의 행위로 인정되는 경우에는 명의인 표시는 이름을 잘못 표시한 것에 불과하여 명의인에게는 아무런 효과도 발생하지 못하고, 따라서 명의인은 추인에 의하여 법률효과를 자기에게 귀속시킬 수도 없다. 그것은 대리행위가 아니기 때문이다. 그에 비하여 명의인의 행위로 인정되는 경우에는 대리행위가 되므로, 거기에는 대리에 관한 규정이 적용(또는 유추적용)되어야 한다. 행위자에게 대리권이 없는 때에도 마찬가지이다. 즉 그때에는 무권대리에 관한 규정이 적용된다.

사례의 해결

사례의 경우에 음식 등의 주문계약은 성립한다. 그런데 문제는 그 계약의 당사자가 누구이냐이다. 사례에서 갑은 을의 이름을 사용하여, 즉 마치 그가 을인 것처럼 행세하여 A에게 음식 등을 주문하였다. 타인의 이름을 사용하여 법률행위를 한 것이다.

이 계약의 상대방이 갑과 을 중 누구인가는 계약의 해석에 의하여 결정되어야 한다. 판례에 따르면, 사례의 경우에 계약은 A와 을 사이에 성립했다고 할 것이다(명의인의 행위). 따라서 거기에는 대리규정이 적용된다. 그러나 이 경우에 갑에게는 대리권이 없기 때문에 무권대리규정이 적용된다.

무권대리규정이 적용되는 결과 을은 그 계약에 당연히 구속되지는 않는다. 다만, 을은 무권대리행위를 추인할 수 있다(130조). 을의 추인이 없으면 갑은 제135조에 의하여 A에게 책임을 진다. 그런가 하면 을이 추인을 하지 않을 경우 갑의 행위가 A에 대한 불법행위로 될 수도 있다(선택적 행사). (사례: A-207)

Ⅲ. 대리행위의 흠과 경합 A-210

1. 대리행위의 흠(하자)

(1) 대리에 있어서 법률행위의 행위당사자는 대리인이므로 의사표시의 요건은 본인이 아니고 대리인을 표준으로 하여 판단하여야 한다. 민법도 「의사표시의 효력이 의사의 흠결, 사기, 강박, 또는 어느 사정을 알았거나 과실로 알지 못한 것으로 인하여 영향을 받을 경우에 그 사실의 유무는 대리인을 표준하여 결정한다」고 하여 이러한 취지를 규정하고 있다(116조 1항). 그러나 대리행위의 흠으로부터 생기는 효과(취소권·무효주장권 등)는 본인에게 귀속하게 된다. 이때 대리인이 취소권 등을 대리행사할 수 있는지 여부는 수권행위의 해석에 의하여 결정된다(통설도 같음).

제116조 제 1 항은 의사무능력에 관하여도 유추적용되어야 한다. 그리고 폭리행위 여부를 판단함에 있어서는 매도인의 경솔과 무경험은 대리인을 표준으로 하여야 하고, 궁박상태에 있었는지 여부는 매도인 본인을 표준으로 하여야 한다(대판 1972. 4. 25, 71다2255). 한편 우리 판례에 의하면 대리인이 매도인의 배임행위에 적극 가담하여 2 중매매계약을 체결한 경우에 대리행위의 하자 유무는 대리인을 표준으로 판단하여야 하므로, 본인이 이를 몰랐거나 반사회성을 야기하지 않았을지라도 반사회질서행위가 부정되지는 않는다고 한다(대판 1998. 2. 27, 97다45532).

(2) 대리의 경우 본인은 법률행위의 행위당사자는 아니지민 법률효과는 직접 본인에게 생기므로, 대리인이 선의일지라도 본인이 악의인 때에는 본인을 보호할 필요가 없다. 그리하여 민법은 「특정한 법률행위를 위임한 경우에 대리인이 본인의 지시에 좇아 그 행위를 한 때에는 본인은 자기가 안 사정 또는 과실로 인하여 알지 못한 사정에 관하여 대리인의 부지를 주장하지 못한다」고 규정한다(116조 2항).

2. 대리행위의 경합

우리 법상 대리인에게 대리권이 있는 동안에도 본인이 법률행위를 하는 데 지장이 없다. 그리고 그 점은 임의대리나 법정대리나 마찬가지이다. 따라서 때로는 본인의 행위와 대리인의 행위가 경합할 수도 있다. 그때에 어떤 행위가 유효한지는 법률행위의 유효성에 관한 일반원칙이 적용된다.

Ⅳ. 대리인의 능력 A-211

1. 대리행위를 위한 능력

(1) 대리인은 행위능력자임을 요하지 않는다(117조). 본래 법률행위를 하는 자는 행위능

력을 가지고 있어야 하나, 본인이 제한능력자를 대리인으로 정한 이상 그 불이익은 스스로 부담하여야 한다는 취지에서 민법은 위와 같이 규정하고 있다. 그 결과 제한능력자인 대리인이 대리행위를 한 때에도 그 행위는 취소할 수 없다. 물론 그에게 의사능력이 없으면 대리행위는 무효로 된다.

(2) 법정대리에 있어서는 대리인을 본인이 선임하지 않기 때문에, 본인을 보호하기 위하여 제한능력자가 법정대리인으로 될 수 없다고 규정하는 경우도 있다(910조(친권자) · 937조(후견인) · 940조의 7(미성년후견감독인 · 성년후견감독인) · 959조의 5(한정후견감독인) · 959조의 10(특정후견감독인) · 959조의 16(임의후견감독인) · 1098조(유언집행자) 등). 그런데 이러한 특별규정이 없는 때에는 제117조가 적용되는지가 문제된다. 여기에 관하여 학설은 i) 특별규정이 없더라도 법정대리인은 능력자이어야 한다는 견해, ii) 제117조가 적용되어 법정대리인은 제한능력자라도 무방하다는 견해(사견도 같음)로 나뉘어 있다.

2. 제한능력자인 대리인과 본인의 관계

앞에서 본 제117조는 대리인이 제한능력자라는 이유로 대리행위를 취소할 수 없다는 것일 뿐이며, 대리인의 제한능력 때문에 수권행위나 기초적 내부관계가 효력에 영향을 받지 않는다는 의미는 가지고 있지 않다. 이론에 따라서는 대리인의 제한능력으로 인하여 수권행위가 무효로 될 수도 있고, 또 기초적 내부관계가 실효됨으로 인하여 수권행위가 실효될 수도 있다. 그리고 그러한 때에 대리행위가 무효로 되는지는 따로 살펴보아야 한다. 그에 관하여는 앞에서 수권행위의 관련 문제로서 이미 설명하였다(A-193 참조).

제 4 관 대리의 효과

A-212

Ⅰ. 본인에의 법률효과 발생

대리인이 대리권에 기하여 행한 법률행위의 효과는 직접 본인에게 발생한다(114조). 즉 법률효과가 일단 대리인에게 발생하였다가 본인에게 이전되는 것이 아니고 처음부터 본인에게 생긴다(이 점에서 간접대리와 다르다). 그리고 계약해제권 · 법률행위의 취소권도 본인에게 속한다. 판례는, 대리인이 그 권한에 기하여 계약상 급부를 수령한 경우에, 그 법률효과는 계약 자체에서와 마찬가지로 직접 본인에게 귀속되고 대리인에게 돌아가지 않으며, 따라서 계약상 채무의 불이행을 이유로 계약이 상대방 당사자에 의하여 유효하게 해제되었다면, 그 해제로 인한 원상회복의무는 대리인이 아니라 계약의 당사자인 본인이 부담한다고 한다(대판 2011. 8. 18, 2011다30871). 그리고 이는 본인이 대리인으로부터 그 수령한 급부를 현실적으로 인도받지 못하였다거나 해제의 원인이 된 계약상 채무의 불이행에 관하여 대리인에게 책임있는 사유가 있다고 하여도 다른 특별한 사정이 없는 한 마찬가지라고 한다(대판 2011. 8. 18, 2011다30871).

그에 비하여 대리인이 불법행위를 한 경우에 그 효과는 본인에게 발생하지 않고 대리인에게 생긴다. 대리는 불법행위에 관하여는 인정되지 않기 때문이다. 다만, 본인과 대리인이 사용자·피용자 관계에 있는 때에는 그 내부관계에 의하여 본인이 사용자책임을 질 수는 있다(756조 참조).

Ⅱ. 본인의 능력 A-213

본인은 스스로 법률행위를 하는 것이 아니므로 반드시 의사능력이나 행위능력을 가질 필요는 없다. 그러나 대리행위의 효과가 본인에게 발생하기 위하여 권리능력은 가지고 있어야 한다.

본인은 — 대리행위가 아니고 — 수권행위를 하기 위하여서는 행위능력이 있어야 한다(임의대리의 경우). 만약 본인이 제한능력을 이유로 수권행위를 취소하는 경우에 어떻게 되는가에 관하여는 앞에서 수권행위의 관련 문제로 설명하였다(A-193 참조).

제 5 관 복 대 리

Ⅰ. 복대리 및 복대리인의 의의 A-214

복대리(復代理)란 복대리인에 의한 대리를 말한다. 그리고 복대리인은 대리인이 그의 권한 내의 행위를 행하게 하기 위하여 대리인 자신의 이름으로 선임한 본인의 대리인이다. 복대리에 있어서 복대리인을 선임할 수 있는 권리를 복임권이라고 하고, 복대리인 선임행위를 복임행위라고 한다.

복대리인의 법률적 성질을 나누어 설명하면 다음과 같다. ① 복대리인도 역시 대리인이며, 대리인의 단순한 사자나 보조자가 아니다. ② 복대리인은 대리인이 자기의 이름으로 선임한 자이며, 대리인이 본인의 이름으로 선임한 자가 아니다. 그러므로 복대리인 선임행위는 대리행위가 아니다. 한편 대리인이 본인의 이름으로 선임한 자는 복대리인이 아니고 단순한 본인의 대리인이다. ③ 복대리인은 본인의 대리인이며, 대리인의 대리인이 아니다(123조 1항 참조). ④ 복대리인을 선임한 뒤에도 대리인은 대리권을 잃지 않는다.

A-215

Ⅱ. 대리인의 복임권과 책임

(1) 복임권의 의의 · 성질

복임권(復任權)은 대리인이 복대리인을 선임할 수 있는 권리이다. 이 복임권의 법적 성질에 관하여 다수설은 본인·대리인 사이의 내부관계로부터 발생한 대리인이 가지는 법률상의 일종의 권능이라고 한다.

복임권의 유무와 범위는 임의대리와 법정대리에 있어서 크게 차이가 있다.

(2) 임의대리인의 복임권

임의대리인은 본인의 승낙이 있거나 부득이한 사유가 있는 때에 한하여 복임권을 가진다(120조). 본래 임의대리인은 본인의 신임을 받는 자이고 그는 언제든지 사임할 수 있기 때문에, 민법은 임의대리인에게는 예외적으로만 복임권을 인정한다. 따라서 여기의 「부득이한 사유」는 가령 본인의 소재불명 등으로 본인의 승낙을 얻을 수 없거나 또는 사임할 수 없는 사정이 있는 것을 의미한다(통설). 그리고 본인의 승낙은 명시적으로뿐만 아니라 묵시적으로도 행하여질 수 있으며, 승낙이 있는지 여부는 수권행위의 해석에 의하여 확정된다. 판례는 A가 B에게 채권자를 특정하지 않은 채 부동산을 담보로 제공하여 금전을 차용해 줄 것을 위임한 경우에 관하여 A의 의사에는 복대리인의 선임에 관한 승낙이 포함되어 있다고 한다(대판 1993. 8. 27, 93다21156). 그리고 대리의 목적인 법률행위의 성질상 대리인 자신에 의한 처리가 필요하지 않은 경우에는 본인이 복대리 금지의 의사를 명시하지 않는 한 복대리인의 선임에 관하여 묵시적인 승낙이 있는 것으로 보는 것이 타당하나, 오피스텔의 분양업무나 아파트 분양업무는 본인의 명시적인 승낙 없이는 복대리인의 선임이 허용되지 않는다고 한다(대판 1996. 1. 26, 94다30690; 대판 1999. 9. 3, 97다56099).

제120조에 위반한 복임행위는 무효이다. 그리고 그 복대리인의 대리행위는 무권대리로 된다. 한편 그에 대하여 표현대리가 인정되는가에 관하여 학설은 i) 긍정설(사견도 같음)과 ii) 부정설로 나뉘어 대립하고 있으며, 판례는 긍정설을 취하고 있다(대판 1998. 5. 29, 97다55317 등).

임의대리인이 제120조에 의하여 복대리인을 선임한 때에는 본인에 대하여 그 선임 · 감독에 관하여 책임을 져야 한다(121조 1항). 그러나 대리인이 본인의 지명에 의하여 복대리인을 선임한 경우에는 그 부적임 또는 불성실함을 알고 본인에 대한 통지나 그 해임을 태만히 한 때에 한하여 책임을 진다(121조 2항).

(3) 법정대리인의 복임권

법정대리인은 언제나 복임권이 있다(122조 본문). 법정대리인의 권한은 대단히 넓고 그 사임도 쉽지 않으며 본인의 신임을 받아서 대리인으로 된 자도 아니기 때문에, 민법은 법정대리인에게는 원칙적으로 복임권을 인정하고 있다.

언제나 복임권을 가지는 법정대리인은 다른 한편으로 복대리인의 행위에 관하여 선임·감독에 과실이 있는지를 묻지 않고 모든 책임을 진다(122조 본문). 다만, 부득이한 사유로 복대리인을 선임한 경우에는 임의대리인과 마찬가지로 선임·감독에 관하여만 책임을 진다(122조 단서).

Ⅲ. 복대리인의 지위 A-216

(1) 대리인에 대한 관계

복대리인은 대리인의 복임권에 기하여 선임된 자이므로 대리인의 감독을 받는다. 또한 복대리인의 대리권은 대리인의 대리권을 기초로 한 것이므로, 그것은 대리인의 대리권보다 넓을 수 없고, 대리인의 대리권이 소멸하면 그것도 소멸한다. 그러나 복대리인이 선임되었다고 하여 대리인의 대리권이 소멸하지는 않으므로, 대리인·복대리인 모두가 본인을 대리하게 된다.

(2) 상대방에 대한 관계

복대리인은 본인의 대리인이므로(123조 1항) 본인의 이름으로 대리행위를 하고, 제115조·제116조 등의 적용을 받는다. 그 밖에도 제 3 자(대리행위의 상대방을 의미함)에 대하여는 대리인과 동일한 권리·의무가 있나(123조 2항).

(3) 본인에 대한 관계

복대리인은 대리인에 의하여 선임된 자이므로 본인과의 사이에 내부관계가 있을 리 없다. 그러나 그렇게 하면 복대리제도의 운용이 불편할 것이어서 민법은 본인과 복대리인 사이에도 본인·대리인 사이에서와 같은 내부관계가 생기는 것으로 하였다(123조 2항). 따라서 가령 대리인이 수임인인 경우에는 복대리인도 본인에 대하여 수임인으로서의 권리·의무를 가지게 된다(681조·686조·688조 등 참조).

(4) 복대리인의 복임권

복대리인이 다시 복대리인을 선임할 수 있는가에 관하여 통설은 적극적으로 해석한다. 즉 통설에 의하면 복대리인은 임의대리인과 동일한 조건 하에 복임권을 가진다고 한다.

Ⅳ. 복대리권의 소멸

복대리권은 ① 대리권 일반의 소멸원인(본인의 사망과 복대리인의 사망·성년후견의 개시·파산), ② 대리인·복대리인 사이의 수권관계의 소멸, ③ 대리인이 가지는 대리권의 소멸(대리인의 사망·성년후견의 개시·파산)에 의하여 소멸한다.

제6관 무권대리

A-217 ## Ⅰ. 서 설

(1) 무권대리란 대리권 없이 행한 대리행위를 말한다. 이러한 무권대리에는 표현대리(表見代理)(여기의 「見」자는 「볼 견」이 아니고 「나타날 현」이다)와 좁은 의미의 무권대리가 있다.

[참고] 무권대리의 체계

무권대리의 체계에 관하여 학설은 i) 무권대리(광의의 무권대리)에는 표현대리와 협의의 무권대리가 있으며, 표현대리는 협의의 무권대리의 성질도 잃지 않으므로 무권대리의 규정(130조 이하)도 적용되나, 다만 제135조는 적용되지 않는다는 견해(사견도 같음), ii) 위의 견해에서 말하는 협의의 무권대리가 무권대리의 원칙적인 것이고 표현대리는 무권대리의 특수한 경우라고 하면서, 표현대리에 제135조도 적용될 수 있다는 견해 등으로 나뉘어 있다.

(2) 무권대리는 대리권이 없이 행하여진 대리행위이므로 그 행위의 법률효과가 본인에게 발생할 수 없다. 그런가 하면 그 행위는 대리인이 본인의 이름으로 행한 것이므로 그 효과를 대리인에게 귀속시킬 수도 없다. 그리하여 무권대리의 경우에는 무권대리인과 상대방 사이에 불법행위 문제만 남게 된다. 그런데 이를 끝까지 관철한다면 대리라는 제도는 상대방에게는 매우 위험한 것이 되어 이용되지 않을 것이다. 여기서 민법은 본인의 이익을 부당하게 침해하지 않으면서 대리제도의 신용을 유지하기 위하여 무권대리를 다음과 같이 규율하고 있다. 즉 대리인이 무권대리를 한 데 대하여 본인에게도 책임이 있다고 생각되는 일정한 사정이 있는 경우에는 본인에게 책임을 지운다. 그리고 무권대리행위를 당연히 무효라고 하지 않고서 본인에게 추인할 수 있도록 한 뒤, 그러한 추인이 없는 경우에 대리인에게 책임을 물을 수 있도록 한다. 앞의 것이 표현대리이고, 뒤의 것이 좁은 의미의 무권대리이다.

A-218 ## Ⅱ. 표현대리

1. 의 의

표현대리제도는 대리인에게 대리권이 없음에도 불구하고 마치 그것이 있는 것과 같은 외관이 있고 또 그러한 외관의 발생에 대하여 본인이 어느 정도 책임이 있는 경우에, 그 무권대리행위에 대하여 본인에게 책임을 지게 함으로써, 본인의 이익의 희생 하에 상대방 및 거래의 안전을 보호하려는 제도이다. 민법은 표현대리로서 ① 대리권 수여의 표시에 의한 표현대리(125조), ② 대리권한을 넘은 표현대리(126조), ③ 대리권 소멸 후의 표현대리(129조)의 세 가지를 규정하고 있다(대판 1954. 7. 7, 4287민상366은 표현대리는 위 세 경우에 한한다고 함).

2. 제125조의 표현대리(대리권 수여의 표시에 의한 표현대리) A-219

이는 본인이 대리인에게 대리권을 수여하지 않았으면서 그에게 대리권을 수여하였다고 제 3 자에게 표시한 경우에 그 대리인에 의하여 행하여진 대리이다.

(1) 요　건

1) 대리권수여의 표시　본인이 제 3 자에 대하여 어떤 자에게 대리권을 수여하였음을 표시(통지)하였어야 한다.

표시의 방법에는 제한이 없다. 따라서 서면에 의할 수도 있고 구두로 할 수도 있다. 그리고 특정의 제 3 자에 대하여 할 수도 있고, 신문광고에 의하는 경우처럼 불특정의 제 3 자에 대하여 할 수도 있다.

대리권을 수여하였음을 표시함에 있어서는 반드시 대리권 또는 대리인이라는 말이나 문자를 사용하여야 하는 것은 아니며(통설 · 판례도 같다. 대판 1998. 6. 12, 97다53762[핵심판례 46면]), 여러 가지 사정에 비추어 그러한 표시가 있었던 것으로 인정되면 충분하다. 한편 사용자가 어떤 범위의 대리권을 가지고 있는 것으로 제 3 자가 믿을 만한 직명을 그의 피용자로 하여금 대외적으로 사용하게 하거나, 피용자가 그와 같이 칭하고 있음을 사용자가 알고 묵인하고 있는 경우, 그리고 타인에 대하여 자기 명의의 사용을 허락하거나 묵인하는 것(명의대여관계)이 여기의 표시에 해당하는가가 문제된다. 여기에 관하여 학설은 i) 제125조의 대리권 수여의 표시에 해당한다고 하는 견해와 ii) 묵시적인 수권행위라는 견해(사견도 같음)로 나뉘어 있고, 판례는 i)설과 같다(대판 1998. 6. 12, 97다53762[핵심판례 46면]).

판 례　제125조의 표현대리의 성립

「민법 제125조가 규정하는 대리권 수여의 표시에 의한 표현대리는 본인과 대리행위를 한 자 사이의 기본적인 법률관계의 성질이나 그 효력의 유무와는 관계가 없이 어떤 자가 본인을 대리하여 제 3 자와 법률행위를 함에 있어 본인이 그 자에게 대리권을 수여하였다는 표시를 제 3 자에게 한 경우에 성립하는 것이고, 이때 서류를 교부하는 방법으로 대리권 수여의 표시가 있었다고 하기 위하여는 본인을 대리한다고 하는 자가 제출하거나 소지하고 있는 서류의 내용과 그러한 서류가 작성되어 교부된 경위나 형태 및 대리행위라고 주장하는 행위의 종류와 성질 등을 종합하여 판단하여야 할 것이다.」(대판 2001. 8. 21, 2001다31264)

여기의 표시의 성질에 관하여 다수설은 수권행위가 있었다는 뜻의 관념의 통지라고 하며, 이러한 다수설은 타당하다(민법총칙 [216] 참조).

이 표시는 대리인이 대리행위를 하기 전에는 언제든지 철회할 수 있다. 그러나 그 철회는 표시와 동일한 방법으로 상대방에게 알려야 한다.

A-220 **2) 대리권이 없을 것** 대리인으로서 행위하는 자에게 대리권이 없어야 한다. 그에게 실제로 대리권이 수여되었으면 유권대리가 되거나 제126조의 표현대리가 문제될 것이다.

3) 표시된 대리권의 범위 내의 대리행위 대리인(무권대리인)이 표시된 대리권의 범위 내에서 대리행위를 하였어야 한다. 이 범위를 넘어서 대리행위를 한 경우에는 제126조의 표현대리로 된다.

4) 통지받은 상대방과의 행위일 것 대리행위가 통지를 받은 상대방과의 사이에서 행하여졌어야 한다.

5) 상대방의 선의 · 무과실 상대방은 선의·무과실이어야 한다(125조 단서)(대판 2009. 5. 28, 2008다56392도 이를 확인함). 그 증명책임은 상대방에게 있지 않으며, 표현대리의 책임을 지지 않으려는 본인이 상대방의 악의 또는 과실을 증명하여야 한다.

6) 법정대리에의 적용 문제 제125조가 임의대리 외에 법정대리에도 적용되는지에 관하여는 학설이 i) 부정설(사견도 같음)과 ii) 긍정설로 나뉘어 대립하고 있다.

A-221 **(2) 효 과**

1) 위의 요건이 갖추어진 경우에는 본인은 무권대리인의 대리행위에 대하여 책임이 있다(125조 본문). 즉 그 무권대리행위의 효과는 본인에게 귀속한다.

2) 이러한 표현대리는 상대방이 이를 주장하는 때에 비로소 문제되며, 상대방이 주장하지 않는 한 본인 쪽에서 표현대리를 주장하지는 못한다(이설 없음). **그리고 판례에 의하면, 유권대리에 관한 주장 속에는 표현대리의 주장이 포함되어 있다고 볼 수 없으며**(대판(전원) 1983. 12. 13, 83다카1489[핵심판례 48면]), **표현대리를 주장할 때에는 무권대리인과 표현대리에 해당하는 무권대리행위를 특정하여 주장하여야 한다**(대판 1984. 7. 24, 83다카1819).

(판 례) 표현대리의 주장

(ㄱ) 「유권대리에 관한 주장 가운데 무권대리에 속하는 표현대리의 주장이 포함되어 있다고 볼 수 없으며, 따로이 표현대리에 관한 주장이 없는 한 법원은 나아가 표현대리의 성립 여부를 심리판단할 필요가 없다.」(대판(전원) 1983. 12. 13, 83다카1489[핵심판례 48면])

(ㄴ) 표현대리 제도는 대리권이 있는 것 같은 외관이 생긴데 대해 본인이 민법 제125조, 제126조 및 제129조 소정의 원인을 주고 있는 경우에 그러한 외관을 신뢰한 선의 무과실의 제 3 자를 보호하기 위하여 그 무권대리행위에 대하여 본인이 책임을 지게 하려는 것이고

이와 같은 문제는 무권대리인과 본인과의 관계, 무권대리인의 행위 당시의 여러 가지 사정 등에 따라 결정되어야 할 것이므로 당사자가 표현대리를 주장함에는 무권대리인과 표현대리에 해당하는 무권대리행위를 특정하여 주장하여야 한다 할 것이고 따라서 당사자의 표현대리의 항변은 특정된 무권대리인의 행위에만 미치고 그 밖의 무권대리인이나 무권대리 행위에는 미치지 아니한다(대판 1984. 7. 24, 83다카1819).

3) 표현대리에 무권대리에 관한 규정(130조 내지 135조)이 적용되는가에 관하여는 i) 제135조를 제외한 나머지의 규정은 적용된다는 견해(사견도 같음), ii) 모두 적용된다는 견해가 대립하고 있다. 그 가운데 사견인 i)설에 의하면, 상대방은 표현대리의 경우 무권대리행위로서 철회할 수 있고(134조), 본인은 이를 추인하여 상대방의 철회권을 소멸시킬 수 있다(130조). 또한 상대방은 본인에 대하여 추인 여부의 확답을 최고할 수도 있다(131조). 그러나 제135조에 의하여 무권대리인에게 책임을 물을 수는 없다.

4) 표현대리의 결과 본인에게 손해가 생긴 때에는, 본인은 무권대리인에 대하여 기초적 내부관계에 기한 의무위반이나 불법행위를 이유로 손해배상을 청구할 수 있다.

3. 제126조의 표현대리(대리권한을 넘은 표현대리) A-222

사 례 (신사례 [14]번 문제)

A의 처 B는 자신의 친정오빠의 사업자금을 조달해 줄 목적으로 A 몰래 A의 X토지를 팔 계획을 세웠다. 그러한 계획에 따라 B는 A와 전혀 의논함이 없이 자신이 보관하고 있던 A의 인감도장을 이용하여 위임장을 만들고 인감증명서를 발급받아 A의 X토지를 A의 명의로 C에게 팔고 소유권 이전등기까지 해 주었다.

이 경우에 A·B·C 사이의 법률관계를 논하시오. (사례의 해결: A-228)

이는 대리권을 가지고 있는 대리인이 대리권을 넘어서 대리행위를 한 경우이다.

(1) 요 건

1) 기본대리권의 존재 대리인이 일정한 범위의 대리권, 즉 기본대리권을 가지고 있어야 한다. 전혀 대리권이 없는 자의 행위에는 표현대리가 성립하지 않는다(대판 1984. 10. 10, 84다카780 등). 사실행위의 위임을 받은 경우도 마찬가지이다(이설 있음). 그런데 여기에 관한 판례의 태도는 통일되어 있지 않다. 대법원은 이전에는, 「대리인이 아니고 사실행위를 위한 사자라 하더라도 외관상 그에게 어떠한 권한이 있는 것 같은 표시 내지 행동이 있어 상대방이 그를 믿었고 또 그를 믿음에 있어 정당한 사유가 있었다면 표현대리의 법리에 의하여 본인에게 책임지워 상대방을 보호하여야 할 것」이라고 하였으나(대판 1962. 2. 8, 4294민상192: 약속어음금 사건), 그 뒤에

는, 증권회사 직원이 아니면서도 사실상 투자상담사 역할을 하는 자가 유가증권 매매의 위탁 권유 등을 한 경우에 관하여, 제126조의 표현대리가 성립하기 위하여는 무권대리인에게 법률행위에 관한 기본대리권이 있어야 하는바, 증권회사로부터 위임받은 고객의 유치, 투자상담 및 권유, 위탁매매 약정 실적의 제고 등의 업무는 사실행위에 불과하므로 이를 기본대리권으로 하여서는 권한초과의 표현대리가 성립할 수 없다고 하였다(대판 1992. 5. 26, 91다32190: 예탁금반환 사건).

여기의 대리인은 본인으로부터 직접 대리권을 수여받은 자에 한하지 않으며, 그 대리인으로부터 권한을 수여받은 자(대판 1970. 6. 30, 70다908)나 복대리인이어도 무방하다(대판 1998. 3. 27, 97다48982 등).

위와 같이 대리인이 기본대리권을 가지고 있어야 하나, 그 대리권이 권한을 벗어난 행위와 같은 종류의 대리권이거나 비슷한 것일 필요는 없다(통설·판례도 같음. 대판 1978. 3. 28, 78다282·283 등). 그리고 그 행위가 대리권과 아무런 관계가 없어도 무방하다(대판 1963. 11. 21, 63다418). 그리하여 가령 임야 불하의 동업계약을 체결할 수 있는 대리권을 가지고 있는 자가 본인 소유의 부동산을 매도한 경우(대판 1963. 11. 21, 63다418), 등기신청의 대리권을 가지고 있는 자가 대물변제를 한 경우(대판 1978. 3. 28, 78다282·283)에도 제126조의 표현대리가 성립할 수 있다. 그러나 기본대리권의 성격·범위 등이 「정당한 이유」의 판정에 중요한 비중을 차지하게 된다.

A-223 **2) 권한을 넘은 대리행위** 대리인이 권한 밖에서 대리행위를 하였어야 한다. 대리인이 권한 내에서 대리행위를 하였으면 유권대리가 되며, 권한을 넘어서서 대리행위를 한 경우에 제126조의 표현대리가 문제된다.

제125조의 표현대리 또는 제129조의 표현대리가 성립하는 범위를 넘어서서 법률행위를 한 경우, 즉 대리권 수여의 통지를 한 때에 통지된 대리권의 범위를 넘어서서 행위를 하거나 또는 대리권이 존재하였으나 소멸한 때에 그 소멸한 대리권의 범위를 넘어서서 행위를 한 경우에도 제126조의 표현대리가 성립하는가? 여기에 관하여 통설은 긍정하고 있다(사견도 같음). 그리고 판례는 제129조의 표현대리의 권한을 넘는 대리행위에 관하여 제126조의 표현대리가 성립할 수 있다고 한다(대판 1979. 3. 27, 79다234 등)(다만, 상대방은 과거에 무권대리인과 거래한 경험이 있어야 한다. A-229 참조).

[참고] 대리인이 본인의 이름을 사용하여 법률행위를 한 경우

대리인이 마치 자신이 본인인 것처럼 직접 본인 명의로 법률행위를 하는 경우가 있다. 그러한 경우에 법률행위의 효과가 누구에게 발생하는지 문제된다. 이는 「타인의 명의를 사용하여 행한 법률행위」의 문제의 일부이다(A-207 이하 참조). 그런데 판례는 타인 명의 사용행위에 관하여 새로운 일반이론을 채용하고 있지만, 대리인의 경우에 대하여는 이전의 판례를 유지하고 있다(A-208·209 참조). 그 판례는 — 앞에서 설명한 바와 같이 — 대리인이 대리권의 범위를 넘어서서 본인의 이름을 사용하여 법률행위를 한 경우에는 제126조의 표현대리가 성립할 수 없으나, 그 표현대리의 법리를 유추적용하여 본인에게 그 행위의 효력을 미치게 할 수 있다고 한다(대판 2002. 6. 28, 2001다49814; 대판 2025. 6. 5, 2023다232526 등)(대리인이 대리권의 범위 안에서 그리한 경우에는 행위의 효과가 직접 본인에게 귀속한다고 함). 아래에 판결 둘을 인용한다.

(ㄱ) 민법 제126조의 표현대리는 대리인이 본인을 위한다는 의사를 명시 혹은 묵시적으로 표시하거나 대리의사를 가지고 권한 외의 행위를 하는 경우에 성립하고, 사술을 써서 대리행위의 표시를 하지 아니하고 단지 본인의 성명을 모용하여 자기가 마치 본인인 것처럼 기망하여 본인 명의로 직접 법률행위를 한 경우에는 특별한 사정이 없는 한 위 법조 소정의 표현대리는 성립할 수 없다.

본인으로부터 아파트에 관한 임대 등 일체의 관리권한을 위임받아 본인으로 가장하여 아파트를 임대한 바 있는 대리인이 다시 자신을 본인으로 가장하여 임차인에게 아파트를 매도하는 법률행위를 한 경우에는 권한을 넘은 표현대리의 법리를 유추적용하여 본인에 대하여 그 행위의 효력이 미친다고 볼 수 있다(대판 1993. 2. 23, 92다52436).

(ㄴ) 「다른 사람이 본인을 위하여 한다는 대리문구를 어음상에 기재하지 않고 직접 본인 명의로 기명날인을 하여 어음행위를 하는 이른바 기관 방식 또는 서명대리 방식의 어음행위가 권한 없는 자에 의하여 행하여졌다면 이는 어음행위의 무권대리가 아니라 어음의 위조에 해당하는 것이기는 하나, 그 경우에도 제 3 자가 어음행위를 실제로 한 자에게 그와 같은 어음행위를 할 수 있는 권한이 있다고 믿을 만한 사유가 있고, 본인에게 책임을 질 만한 사유가 있는 때에는 대리방식에 의한 어음행위의 경우와 마찬가지로 민법상의 표현대리 규정을 유추적용하여 본인에게 그 책임을 물을 수 있다.」(대판 2000. 3. 23, 99다50385)

(ㄷ) 대판 2025. 6. 5, 2023다232526(판결이유는 A－209 참조. 대출업 등을 영위하는 갑 회사가 을 회사에 대출모집 업무를 위탁하였는데, 을 회사의 운영자 또는 업무담당자 병 등이 다른 대출로 정의 인감증명서 등을 소지함을 기화로 정 명의의 대출신청서 및 대출계약서 등을 위조하고 갑 회사에 제출하여 대출계약이 체결된 사안에서, 위 대출계약 당시 병 등에게 정을 대리할 기본대리권이 있었다고 하더라도 갑 회사에 병 등이 성 자신으로서 본인의 권한을 행사하여 위 대출을 신청한 것이라고 믿을 만한 정당한 사유가 있었다고 보기 어려워, 갑 회사에 대하여 정의 표현대리책임이 인정되지 않는다고 본 사례)

3) 정당한 이유의 존재 상대방(제 3 자)이 대리인에게 대리권이 있다고 믿을 만한 정당한 이유가 있어야 한다. 그런데 이것의 의미에 관하여는 견해가 대립한다(사견은 민법총칙 [221] 참조). i) 다수설은 여러 사정으로부터 객관적으로 관찰하여 보통인이면 대리권이 있는 것으로 믿는 것이 당연하다는 의미, 즉 선의·무과실을 가리킨다고 한다. 그에 비하여 어떤 견해는 ii) 법관이 변론종결 당시까지 존재하는 제반자료 및 사정을 종합하여 판단할 때 대리권의 존재가 명백하다고 할 수밖에 없는 경우에 정당한 이유가 있다고 한다. 한편 판례는 선의·무과실로 이해하는 것(대판 2009. 5. 28, 2008다56392 등 다수의 판결)과 대리권을 주었다고 믿었음을 정당화할 만한 객관적인 사정이라고 하는 것(대판 1998. 7. 10, 98다18988 등 다수의 판결)이 뒤섞여 있는가 하면, 어떤 사안에서는 상대방의 악의 유무를 불문하고 객관적으로 보아서 정당한 이유가 있다고도 하였다(대판 1970. 10. 30, 70다1812). 이러한 판례는 전체적으로는 선의·무과실이라고 이해하는 범주에 머물러 있는 것으로 보인다. A-224

정당한 이유 유무를 판단하는 시기는 대리행위 당시이며(통설도 같음), 따라서 그 이후의 사정은 고려되지 않는다. 판례도 같다(대판 2009. 11. 12, 2009다46828 등 다수). A-225

판 례 정당한 이유의 인정 여부

(ㄱ) 부동산을 담보로 금전을 빌리면서 필요한 서류 일체를 구비하여 교부한 경우(대판 1960. 2. 4, 4291민상508), 근저당권설정계약에서 부동산소유자의 권리문서·인감증명서·인감도장을 소지하고 대리인으로 표명한 경우(대판 1968. 11. 26, 68다999), 이장이 부락민이 맡긴 인장으로 약속어음을 발행하거나(대판 1962. 4. 18, 4294민상850) 비료의 외상판매증서를 작성한 경우(대판 1971. 11. 30, 71다2166)에는 정당한 이유가 있다. 그러나 부동산매매계약에서 처가 남편의 실인(實印)을 소지한 사실만으로는 정당한 이유가 없으며(대판 1960. 9. 15, 4292민상1007), 남편의 인장과 권리증을 교부받아 남편의 부동산을 처분한 경우에 예전에도 그렇게 처분한 사실이 있다는 사정은 정당한 이유가 될 수 없다(대판 1969. 6. 24, 69다633).

(ㄴ) 대리인이 본인에게 자기가 일류회사에 취직하는데 보증인을 세움에 필요하다고 속여서 그로부터 인장과 인감증명을 받아내는 한편, 본인 모르게 등기필증을 훔쳐내어 그 정을 모르는 타인과 근저당권설정계약을 한 다음 설정등기를 하고 그로부터 돈을 차용하였다면, 본인이 대리인으로부터 기망당하여 인장과 인감증명서를 동인에게 교부하였다 하여도 본인은 동인에게 자기의 대리로 신원보증서를 작성하라고 교부한 것으로서 대리권을 수여한 것이라고 보아야 할 것이고, 동인이 그 대리권의 권한 외의 법률행위를 한 경우에 해당한다고 보아야 할 것이므로 표현대리의 성립이 가능하다(대판 1967. 5. 23, 67다621·622).

정당한 이유의 증명책임에 관하여 학설은 i) 본인이 상대방의 악의나 과실을 증명해야 한다는 견해, ii) 상대방이 정당한 이유가 있음을 증명해야 한다는 견해(사견도 같음), iii) 선의의 증명은 상대방이 하고 과실의 증명은 본인이 해야 한다는 견해로 나뉘어 있다. 그리고 판례는 ii)설과 같다(대판 1968. 6. 18, 68다694).

본조에 의하여 보호되는 상대방(법문상으로는 제 3 자)은 표현대리행위의 직접 상대방이 된 자만을 가리키며, 전득자는 포함되지 않는다(대판 1999. 12. 24, 99다13201 등 다수). 물론 상대방에 대하여 표현대리 요건이 갖추어져 있는 경우에 그 상대방으로부터 전득한 자는 유권대리에 기하여 권리를 취득한 것과 마찬가지이므로 표현대리를 주장할 수 있다(대판 1991. 6. 11, 91다3994(수표취득자); 대판 1999. 12. 24, 99다13201(어음취득자) 등).

A-226 **4) 본인의 과실 문제** 그 밖에 본인의 과실은 묻지 않는다(이설 있음). 그리고 대리인이 권한을 넘어서 행위하는 것이 범죄로 된다고 하더라도 표현대리의 성립에는 지장이 없다(대판 1966. 6. 28, 66다845 등).

5) 법정대리에의 적용 문제 제126조가 임의대리 외에 법정대리에도 적용되는가? 여기에 관하여 학설은 i) 긍정설(제한능력자의 경우 외에는 사견도 같음), ii) 부정설로 나뉘어 대립하고 있다. 그리고 판례는 「제126조 소정의 권한을 넘는 표현대리 규정은 거래의 안전을 도모하여 거래상대방의 이익을 보호하려는 데에(그 취지가: 저자 주) 있으므로 법정대리라고 하여 임의대리와는 달리 그 적용이 없다고 할 수 없고, 따라서 한정치산자의 후견인이 친족회의 동의를 얻지 않고 피후견인의 부동산을 처분하는 행위를 한 경우에도 상대방이 친족회의 동의가 있다고 믿

은 데에 정당한 사유가 있는 때에는 본인인 한정치산자에게 그 효력이 미친다」고 하여, 긍정하는 입장이다(대판 1997. 6. 27, 97다3828(친족회의 의사록을 위조한 경우임)).

[참고] 부부의 일상가사대리권과 제126조의 표현대리 A-227

부부는 일상의 가사에 관하여 서로 대리권이 있다(827조). 이것이 이른바 일상가사대리권이다. 그런데 이 일상가사대리권이 제126조의 표현대리에 있어서 기본대리권이 될 수 있는지가 문제된다.

(ㄱ) 학 설 여기에 관하여 학설은 나뉘어 있다. i) 제 1 설은 일상가사대리권을 기본대리권으로 하여서도 제126조의 표현대리가 성립할 수 있다고 한다(사견도 같음). 이 견해는 일상가사대리권을 법정대리권이라고 보는 견해이다. ii) 제 2 설은 일반적·추상적 일상가사의 범위와 개별적·구체적인 일상가사의 범위가 어긋날 경우에 일반적·추상적인 일상가사의 범위 내에서만 표현대리의 규정이 유추적용되고, 그 밖의 행위에 대하여는 대리권의 수여가 있는 경우에 한하여 그것을 기초로 하여 제126조가 적용된다고 한다. 이 견해는 일상가사대리권을 법정대리권으로 보지 않고 일종의 대표로 이해한다.

(ㄴ) 판 례 판례는 제 1 설과 마찬가지로 일상가사대리권을 기본대리권으로 하여서도 표현대리가 성립할 수 있다고 한다. 그런데 판례를 구체적으로 살펴보면, 일상가사의 범위 내의 행위라고 오인될 수 있는 경우에 한하여 표현대리를 인정하였고(대판 1981. 6. 23, 80다609 등), 그 밖의 경우에 대하여는 상대방 배우자가 그 행위에 관한 대리권을 주었다고 믿었음을 정당화할 만한 객관적인 사정이 있었어야 한다고 하면서 표현대리를 인정하지 않았다(대판 1981. 8. 25, 80다3204(담보제공)[핵심판례 50면]; 대판 2009. 12. 10, 2009다66068(연대보증) 등).

(2) 효 과 A-228

이들 요건이 모두 갖추어진 경우의 효과는 제125조의 표현대리에서와 같다. 다만, 제126조의 표현대리에 있어서는 그 요건 중 일부가 구비되지 않았을지라도 양적으로 분할될 수 있는 행위의 경우에는, 일부무효의 법리를 적용하여야 하며, 그 결과 대리권의 범위에서 유효할 수 있다. 판례도 같은 태도이다(대판 1989. 1. 17, 87다카1698 등).

사례의 해결

A의 X토지 매도행위는 유권대리가 아니고, 일상가사대리에 해당하지도 않는다. 그리고 일상가사대리권에 기한 제126조의 표현대리도 아니다. 이를 전제로 하여 구체적인 법률관계를 살펴보면 다음과 같다.

A·C 사이의 관계를 본다. B의 X토지 매도행위에는 무권대리규정이 적용된다. 그 결과 X토지의 매매계약의 효과가 A에게 귀속되지 않는다. 그러나 A는 그 행위를 추인할 수 있다(130조). A가 추인하지 않는 한, A는 C에게 소유권이전등기의 말소를 청구할 수 있다.

B·C 사이의 관계를 본다. C는 B에게 제135조에 의하여 책임을 물을 수 있다. 그리고 불법행위를 이유로 손해배상을 청구할 수도 있다(선택적 행사).

A·B 사이의 관계를 본다. A가 매매계약을 추인하지 않는 한 A·B 사이에서는 매매계약으로 인

한 법률관계는 생기지 않는다. 만약 A의 추인이 있으면 사무관리가 된다. 그리고 A는 B에 대하여 불법행위를 이유로 손해배상을 청구할 수 있다. (사례: A-222)

A-229 **4. 제129조의 표현대리**(대리권 소멸 후의 표현대리)

이는 대리권을 가지고 있던 자가 대리권이 소멸한 후에 대리행위를 한 경우이다.

(1) 요 건

1) 대리권의 소멸 대리인이 과거에는 대리권을 가지고 있었으나, 대리행위를 할 때에는 그 대리권이 소멸하고 없어야 한다.

처음부터 대리권이 없었던 경우에는 여기의 표현대리가 성립할 수 없다(대판 1984. 10. 10, 84다카780 등). 그리고 판례에 의하면, 대리인이 대리권 소멸 후 복대리인을 선임하여 복대리인으로 하여금 대리행위를 하도록 한 경우에도 제129조의 표현대리가 성립할 수 있다고 한다(대판 1998. 5. 29, 97다55317). 그러나 그 경우에는 제129조를 유추적용하여야 할 것이다. 한편 판례는, 대표이사의 퇴임등기가 된 경우에 제129조의 적용 내지 유추적용이 있다고 한다면 상업등기에 공시력을 인정한 의의가 상실될 것이라는 이유로, 그 경우에는 제129조의 적용 또는 유추적용을 부정한다(대판 2009. 12. 24, 2009다60244).

2) 소멸한 대리권의 범위 내에서의 대리행위 대리행위가 소멸한 대리권의 범위 내에서 행하여졌어야 한다. 만약 대리행위가 소멸한 대리권의 범위를 넘어서서 행하여졌다면, 제126조의 표현대리가 문제될 수 있을 뿐이다(A-223 참조). **주의할 것은, 제129조의 표현대리나 소멸한 대리권의 범위를 넘는 표현대리가 성립하려면 상대방이 과거에 대리인과 거래를 한 적이 있어야 한다는 점이다**(이설 있음). 제129조는 거래경험이 있는 상대방을 전제로 하는 것이다. **판례는 제129조의 표현대리에 관하여 뿐만 아니라 소멸한 대리권의 범위를 넘는 표현대리에 관하여도 이와 같은 입장에 있다**(대판 1973. 7. 30, 72다1631; 대판 1979. 3. 27, 79다234).

(판 례) 제129조의 표현대리와 거래경험

「민법 제129조는 제 3 자가 대리인의 대리권이 소멸하기 전에 대리인과 거래한 일이 있는 등으로 대리권을 가진 자에게 여전히 대리권이 있다고 여겨 그와 거래를 한 사정이 있는 경우에 적용된다고 해석함이 그 법조의 정신으로 미루어 상당하다 할 것이며, 이 법리는 동조와 민법 제126조가 얽힌 경우에 있어서도 또한 같다 할 것이다.」(대판 1973. 7. 30, 72다1631: 판결원본에서 발췌)

A-230 **3) 상대방의 선의·무과실** 상대방은 선의·무과실이어야 한다. 즉 대리인이 이전에는 대리권을 가지고 있었기 때문에 지금도 그 대리권이 계속 존재하는 것으로 상대방이 믿고(선의), 또한 그와 같이 믿는 데 과실이 없어야 한다(무과실). 통설·판례(대판 2009. 5. 28,

(2008다 56392)도 같다.

상대방의 선의·무과실이라는 요건의 증명책임은 누가 부담하는가? 여기에 관하여 학설은 i) 본인이 상대방의 악의·과실을 증명하여야 한다는 견해, ii) 선의는 상대방이 증명하여야 하고, 상대방에게 과실이 있다는 점은 본인이 증명하여야 한다는 견해(사견도 같음)로 나뉘어 대립하고 있다. 그리고 판례는 없다.

4) 법정대리에의 적용 문제 제129조가 법정대리에 관하여도 적용되는가에 관하여 학설은 i) 긍정설과 ii) 제한적 긍정설로 나뉘어 있는데(사견은 민법총칙 [225] 참조), 판례는 긍정설의 입장에 있다(대판 1975. 1. 28, 74다1199(미성년자의 모가 미성년자가 성년으로 된 뒤 그의 토지를 매매한 경우)).

(2) 효 과

이들 요건이 갖추어진 경우의 효과는 제125조의 표현대리에서와 같다.

Ⅲ. 좁은 의미의 무권대리

A-231

> **사 례** (신사례 [16]번 문제 물음 2)
>
> X토지를 소유하고 있는 A는 가족으로 성년이 된 아들 B만을 두고 있다. B는 C에게 자신은 A의 유일한 자식으로서 A로부터 X토지를 매도할 수 있는 대리권을 수여받았다고 거짓말을 하고, 이것을 그대로 믿은 C에게 A 명의로 X토지를 시가와 비슷하게 1억원에 팔기로 하는 내용의 매매계약을 체결하였다. B는 매매대금을 모두 받은 뒤 A의 허락을 받지 않고 A의 인감도장을 가지고 가서 위임장을 작성하고 인감증명서를 발급받아 C에게 X토지에 관하여 소유권이전등기를 해 주었다. 그 후 A는 B가 자신의 X토지를 C에게 매각하고 소유권이전등기까지 해 주었다는 것을 알면서 15년이 지나도록 아무런 이의를 제기하지 않았다.
>
> 이 경우에 A는 C에게 X토지의 소유권이전등기의 말소를 청구할 수 있는가? (사례의 해결: A-237)

1. 의 의

무권대리 가운데 표현대리가 아닌 경우가 좁은 의미(협의)의 무권대리이다. 물론 표현대리에 해당하는 경우라 할지라도 상대방이 표현대리를 주장하지 않으면 좁은 의미의 무권대리로 다루어진다.

좁은 의미의 무권대리의 효과는 대리행위가 계약인가 단독행위인가에 따라 차이가 있다.

2. 계약의 무권대리

(1) 본인에 대한 효과

좁은 의미의 무권대리는 본인에게 효력이 생기지 않는다. 그러나 무권대리행위라도 본인이 그 효과를 원할 수 있고 또 상대방에게는 그것대로 효력을 인정하는 것이 그의 기대에 부합하므로, 민법은 본인이 원하는 경우에는 그것을 추인하여 효과를 생길 수 있게 하고 있다(130조). 그 결과 무권대리는 확정적 무효가 아니고, 유효·무효가 확정되지 않은 무효 즉 유동적 무효의 상태에 있게 된다. 본인은 추인을 하거나 추인을 거절하여 무권대리의 효력을 확정지을 수 있다.

1) 본인의 추인권

(가) **추인의 성질** 여기의 추인은 효력의 발생 여부가 확정되지 않은 행위에 관하여 그 행위의 효과를 자기에게 직접 발생하게 하는 것을 목적으로 하는 상대방 있는 단독행위이다(동지 대판 2002. 10. 11, 2001다59217 등). 추인에는 상대방·무권대리인의 동의나 승낙이 필요하지 않다. 그리고 추인은 사후의 대리권의 수여가 아니며, 추인권은 일종의 형성권이다(통설도 같음).

A-232 (나) **추인의 방법** 추인에는 특별한 방식이 요구되지 않으며, 명시적으로뿐만 아니라 묵시적으로도 할 수 있다(통설·판례도 같음. 대판 2014. 2. 13, 2012다112299·112305 등 다수). 그런데 추인이 유효하려면 무권대리행위가 있음을 알고 하였어야 한다(판례도 같다. 대판 2000. 9. 8, 99다58471 등). 한편 판례는, 묵시적 추인을 인정하기 위해서는 본인이 그 행위로 처하게 된 법적 지위를 충분히 이해하고 그럼에도 진의에 기하여 그 행위의 결과가 자기에게 귀속된다는 것을 승인한 것으로 볼 만한 사정이 있어야 할 것이므로(대판 2014. 2. 13, 2012다112299·112305 등), 이를 판단함에 있어서는 관계되는 여러 사정을 종합적으로 검토하여 신중하게 하여야 할 것이라고 한다(대판 2010. 12. 23, 2009다37718 등).

> **판 례** 공정증서 중 집행인낙에 대한 추인
>
> 「공정증서상의 집행인낙의 의사표시는 공증인가 합동법률사무소 또는 공증인에 대한 채무자의 단독 의사표시로서 성규의 방식에 따라 작성된 증서에 의한 소송행위이어서, 대리권 흠결이 있는 공정증서 중 집행인낙에 대한 추인의 의사표시 또한 당해 공정증서를 작성한 공증인가 합동법률사무소 또는 공증인에 대하여 그 의사표시를 공증하는 방식으로 하여야 하므로, 그러한 방식에 의하지 아니한 추인행위가 있다 한들 그 추인행위에 의하여는 채무자가 실체법상의 채무를 부담하게 됨은 별론으로 하고 무효의 채무명의(현재의 집행권원에 해당함: 저자 주)가 유효하게 될 수는 없」다(대판 2006. 3. 24, 2006다2803).

추인의 의사표시는 무권대리인에 대하여 할 수도 있고 무권대리행위의 상대방에 대하여 할 수도 있다(대판 2009. 11. 12, 2009다46828 등. 대판 1981. 4. 14, 80다2314는 여기의 상대방에는 무권대리행위로 인한 권리 또는 법률관계의 승계인도 포함된다고 해석한다). 그 의사표시를 상대방에게 하면 추인의 효력은 곧바로 생기나, 무권대리인에게 하는 경우에는 상대방이 추인이 있었음을 알지 못하는 때에는 그 상대방에 대하여 추인의 효과를 주장하지 못한다(132조). 따라서 그때까지는 상대방은 — 뒤에 설명하는 — 철회를 할 수 있다(대판 1981. 4. 14, 80다2314). 물론 상대방이 추인이 있었음을 인정하는 것은 무방하다.

추인은 의사표시 전부에 대하여 행하여져야 하고, 그 일부에 대하여 추인을 하거나 그 내용을 변경하여 추인할 경우에는 상대방의 동의가 없는 한 무효이다(대판 1982. 1. 26, 81다카549).

추인의 의사표시는 본인 스스로 할 수도 있고, 그의 법정대리인(대판 1982. 12. 14, 80다1872 · 1873)이나 임의대리인이 대리하여 할 수도 있다. 그리고 본인이 사망한 때에는 그의 상속인이 추인할 수 있다.

(다) 추인의 효과 **추인이 있으면 무권대리행위는 처음부터(즉 소급하여) 유권대리행위** A-233
였던 것과 같은 효과가 생긴다(133조 본문). **그러나 이러한 추인의 소급효의 원칙에는 두 가지 예외가 있다.**

첫째로 「다른 의사표시」가 있으면 소급효가 없다(133조 본문). 여기의 「다른 의사표시」는 본인과 상대방 사이의 계약을 가리킨다.

둘째로 추인의 소급효는 제3자의 권리를 해하지 못한다(133조 단서). 이는 무권대리행위 후 추인이 있기까지 사이에 본인과 제3자 사이에서 행하여진 행위가 무효로 되어 제3자가 권리를 잃게 되는 일이 없도록 하기 위하여 둔 예외규정이다. 그러나 이것이 적용되는 범위는 매우 좁다. 즉 무권대리행위의 상대방이 취득한 권리는 배타적 효력이 없는데 제3자의 권리는 배타적 효력이 있다면, 제3자는 당연히 보호된다. 그리고 두 권리가 모두 배타적 효력이 없으면, 배타적 효력을 먼저 갖추는 자가 우선하게 된다. 그런가 하면 제3자의 권리가 배타적 효력이 없는 경우 그의 권리가 배타적 효력 있는 상대방의 권리에 우선하지는 못한다. 여기의 제3자는 배타적 효력 있는 권리를 가지는 자라고 새겨야 하기 때문이다. 따라서 이 규정은 두 권리가 모두 배타적 효력이 있는 경우에만 적용되게 된다. 예컨대 동일한 채권을 무권대리인과 본인이 차례로 각각 다른 자에게 양도하고 이 두 양수인이 모두 대항요건을 갖춘 경우에 그렇다. 그때에는 본인이 추인을 하더라도 본인으로부터 채권을 양수한 자의 채권은 그대로 보호된다.

판 례 소송행위의 추인과 소급효

「종중을 대표할 권한 없는 자가 종중을 대표하여 한 소송행위는 그 효력이 없으나 나중에 종중이 그 총회결의에 따라 위 소송행위를 추인하면 그 행위시에 소급하여 유효하게 되는 것임은 물론이다.

… 민법 제133조 단서의 규정 … 은 무권대리행위에 대한 추인의 경우에 있어 배타적 효력을 갖는 권리를 취득한 제3자에 대하여 그 추인의 소급효를 제한하고 있는 것으로서 위

와 같은 하자있는 소송행위에 대한 추인의 경우에는 적용될 여지가 없는 것이다.」(대판 1991. 11. 8, 91다 25383)

2) 본인의 추인거절 본인은 추인을 하지 않고 내버려 둘 수도 있으나, 적극적으로 추인의 의사가 없음을 표시하여 무권대리행위를 무효로 확정지을 수도 있다. 이를 본인의 추인거절권이라고 한다. 추인거절의 상대방과 방법은 추인에 있어서와 같다(132조).

A-234 **3) 무권대리인의 지위와 본인의 지위가 동일인에게 귀속하는 경우(혼동)의 문제** 무권대리인의 지위와 본인의 지위가 동일인에게 귀속하는 일은 특히 상속에 있어서 자주 발생한다. 가령 아들이 부(父)의 재산을 처분한 뒤 부(父)의 사망으로 그의 지위를 상속하는 경우에 그렇다. 그러한 경우에 무권대리행위는 지위의 혼동으로 당연히 유효하게 되는지, 그리하여 추인의 거절을 할 수 없는지가 문제된다. 경우를 나누어 보기로 한다.

먼저 무권대리인이 본인을 상속한 경우가 있다. 이 경우에 관하여 학설은 i) 무권대리행위가 당연히 유효하다(추인을 거절할 수 없다)는 견해, ii) 원칙적으로 무권대리행위가 유효하게 되나, 공동상속을 한 때에는 상속인 전원의 추인이 없으면 유효하게 되지 않는다는 견해(사견도 같음), iii) 양자의 지위는 혼동되지 않고 분리되어 병존하며, 다만 추인을 거절하는 것이 신의칙에 반하는 때에는 추인거절의 항변이 허용되지 않는다는 견해로 나뉘어 있다. 그리고 판례는 무권대리인이 본인을 단독상속한 경우에 관하여 무권대리행위의 무효를 주장하는 것은 금반언의 원칙이나 신의칙에 반하여 허용될 수 없다고 한다(대판 1994. 9. 27, 94다 20617[핵심판례 52면]).

다음에 본인이 무권대리인을 상속한 경우가 있다. 이 경우에 관하여 학설은 i) 무권대리행위가 유효하게 되고 추인을 거절하지 못한다는 견해, ii) 무권대리행위가 당연히 유효로 되지 않고 추인을 거절할 수도 있다는 견해(사견도 같음)로 나누어져 있다. 그리고 여기에 관한 판례는 아직 없다.

A-235 **(2) 상대방에 대한 효과**

무권대리행위의 효력은 본인의 의사에 좌우되기 때문에 상대방의 지위는 매우 불안정하게 된다. 여기서 민법은 상대방을 보호하기 위하여 상대방에게 최고권과 철회권을 인정한다.

1) 최 고 권 상대방은 상당한 기간을 정하여 본인에게 무권대리행위의 추인 여부의 확답을 최고할 수 있다(131조 1문). 본인이 그 기간 내에 확답을 발하지 아니한 때에는 (발신주의) 추인을 거절한 것으로 본다(131조 2문).

2) 철 회 권 상대방은 계약 당시에 대리인에게 대리권이 없음을 알지 못한 경우 즉 선의인 경우에는, 본인의 추인이 있을 때까지 그 계약을 철회할 수 있다(134조). 철회의 의사표시는 본인이나 무권대리인에 대하여 하여야 한다.

상대방의 철회가 있으면, 무권대리행위는 확정적으로 무효가 되어 그 후에는 본인이 무권대리행위를 추인할 수 없다(대판 2017. 6. 29, 2017다213838). 한편 상대방이 대리인에게 대리권이 없음을 알았다는 점에 대한 주장·증명책임은 철회의 효과를 다투는 본인에게 있다(대판 2017. 6. 29, 2017다213838).

(3) 상대방에 대한 무권대리인의 책임 A-236

무권대리가 표현대리로 되지도 않고 또 본인의 추인도 없으면 본인은 책임을 지지 않는다. 이때 무권대리인에게도 책임을 지우지 않으면 상대방은 손해를 입게 되고, 급기야 대리제도는 이용을 꺼리게 될 것이다. 여기서 민법은 상대방 및 거래의 안전을 보호하고 대리제도의 신용을 유지하기 위하여, 무권대리행위에 관하여 본인에게 책임을 지울 수도 없고 또 상대방이 철회하지도 않은 때에는 무권대리인에게 무거운 책임을 지우고 있다(135조). 무권대리인의 이 책임은 과실을 요건으로 하지 않는 무과실책임이며(대판 2014. 2. 27, 2013다213038 등), 법정책임이다. 따라서 대리권의 흠결에 관하여 무권대리인에게 과실 등의 유책사유(귀책사유)가 있어야만 인정되는 것이 아니고, 또 무권대리행위가 제 3 자의 기망이나 문서위조 등 위법행위로 야기되었더라도 그 책임이 부정되지 않는다(대판 2014. 2. 27, 2013다213038).

1) 책임발생의 요건

(가) 무권대리인의 대리행위가 있을 것.

(나) 무권대리인이 대리권을 증명할 수 없을 것(135조 1항). 이 요건은 상대방이 증명할 필요가 없고, 무권대리인이 책임을 면하려면 자기에게 대리권이 있었음을 증명하여야 한다.

(다) 상대방이 무권대리인에게 대리권이 없음을 알지도 못하고 또 알 수도 없었어야 한다(135조 2항). 즉 상대방은 선의·무과실이어야 한다. 이 요건도 상대방이 자신의 선의·무과실을 증명할 필요가 없고, 무권대리인이 책임을 면하려면 상대방의 악의 또는 과실을 증명하여야 한다(대판 2018. 6. 28, 2018다210775 등).

(라) 본인의 추인이 없을 것(135조 1항). 이 요건의 증명책임은 상대방에게 있다(이설 있음).

(마) 표현대리가 인정되지 않을 것(일부 견해는 이 요건을 요구하지 않음. A-221 참조).

(바) 상대방이 철회권을 행사하지 않고 있을 것.

(사) 무권대리인이 행위능력자일 것(135조 2항).

(아) 그 밖에 무권대리인의 과실은 필요하지 않다.

2) 책임의 내용 무권대리인은 상대방의 선택에 따라 계약을 이행할 책임 또는 손해를 배상할 책임을 진다(135조 1항). A-237

여기서 이행책임이라 함은 무권대리행위가 유권대리이었다면 본인이 이행하였을 것과 같은 내용으로 이행하여야 한다는 것이다(동지 대판 2018. 6. 28, 2018다210775)(이때 무권대리행위가 쌍무계약인 경우에는 무권대리인은 상대방에 대하여 반대급부를 청구할 수 있다). 즉 무권대리인은 마치 자신이 계약의 당사자가 된 것처럼 계약에서 정한 채무를 이행할 책임을 져야 한다. 이 경우에 무권대리인이 계약에서 정한 채무를 이행하지 않으면 상대방에게 채무불이행에 따른 손해를 배상할 책임을 지며, 만약 계약에서 채무불이행에 대비하여 손해배상액의 예정에 관한 조항을 둔 때에는 특별한 사정이 없는 한 무권대리인은 그 조항에서 정한 바에 따라 산정한 손해액을 지급하여야 한다(대판 2018. 6. 28, 2018다210775). 이 경우에도 손해배상액의 예정에 관한 제398조가 당연히 적용된다(대판 2018. 6. 28, 2018다210775). 다음에 두 번째 선택지인 손해배상책임에 있어서는 그 범위가 이행이익(계약이 유권대리라면 이행되었을 이익)인지 신뢰이익(계약이 유권대리라고 믿었기 때문에 입은 손해)인지 문제될 수 있는데, 학설은 이행이익의 배상이라고 새기는 데 다툼이 없다. 한편 이 두 책임 가운데 어느 것이 발생하는가는 상대방의 선택에 의하여 정하여진다. 선택의 방법은 선택채권의 규정(380조 이하)에 의하게 된다.

제135조의 청구권의 소멸시효기간이 일반채권의 시효기간(162조 1항)처럼 10년이라고 하여야 하는지, 아니면 무권대리행위가 유권대리라면 상대방이 본인에게 가지는 청구권의 성질에 따라 10년·3년·1년 중 어느 것이 시효기간으로 되는지가 문제될 수 있으나, 후자가 타당하다(이설 없음). 그리고 이 시효기간은 상대방이 선택권을 행사할 수 있을 때로부터 진행되고(대판 1965. 8. 24, 64다1156 등), 여기서 선택권을 행사할 수 있을 때란 대리권의 증명 또는 본인의 추인을 얻지 못한 때이다(대판 1965. 8. 24, 64다1156).

(4) 무권대리인과 본인 사이의 효과

본인의 추인이 없으면 본인과 대리인 사이에는 아무런 법률관계도 생기지 않는다. 본인이 추인한 경우에는 사무관리(734조 이하)가 성립할 것이다. 그리고 무권대리행위로 본인의 이익이 침해되면 불법행위(750조 이하)가 문제될 수 있다. 또한 무권대리인이 부당히 이득한 경우에는 부당이득(741조 이하)의 문제가 생길 수도 있다.

사례의 해결

사례에서 B가 체결한 X토지의 매매계약을 좁은 의미의 무권대리이다. 그런데 A는 B가 자신의 X토지를 매각하고 소유권이전등기까지 해 주었음을 알고도 15년이 지나도록 이의를 제기하지 않았다. 이는 A가 B의 무권대리행위에 대하여 묵시적 추인을 한 것에 해당한다(판례도 같음). 그 결과 X토지의 매매계약은 처음부터 유권대리였던 것과 같은 효과가 생긴다(133조 본문). 그러므로 A는 C에 대하여 X토지의 소유권이전등기의 말소를 청구할 수 없다. 한편 C가 등기부 취득시효에 의하여 X토지의 소유권을 취득하지는 못한다고 보이므로, 취득시효 때문에 등기말소청구가 부정되는 것은 아니다. (사례: A-231)

A-238 3. 단독행위의 무권대리

민법은 단독행위의 무권대리는 계약에서와 달리 절대무효를 원칙으로 하고 여기에 넓은 예외를 인정하고 있다(136조).

상대방 없는 단독행위(재단법인 설립행위·소유권포기 등)의 무권대리는 언제나 절대무효이며(136조가 상대방 있는 단독행위에 관하여만 예외를 규

(정하고 있기 때문이다), 본인의 추인이 있더라도 아무런 효력이 생기지 않고, 무권대리인의 책임도 생기지 않는다.

상대방 있는 단독행위(계약해제·채무면제 등)의 무권대리는 계약의 경우와 동일하게 다룰 수도 있다. 그런데 민법은 그 무권대리도 원칙적으로 무효라고 규정한다. 다만, 예외적으로 ① 능동대리에 있어서는, 상대방이 대리권 없이 행위를 하는 데 동의하거나 또는 그 대리권을 다투지 않은 때에만 계약에서와 같은 효과를 인정한다(136조 1문). 그리고 ② 수동대리에 있어서는, 상대방이 무권대리인의 동의를 얻어 행위를 한 때에만 계약에서와 같은 효과를 인정한다(136조 2문).

제10절 법률행위의 무효 및 취소

학습의 길잡이

우리는 앞에서 강행법규 위반행위·허위표시와 같은 무효인 행위와 제한능력자의 법률행위 등 취소할 수 있는 행위를 본 바 있다. 민법은 이들 행위에 관하여 공통적인 규정(137조-146조)을 두고 있다. 그 내용은 무효에 관하여는 일부무효·전환·추인이고, 취소에 관하여는 취소권자·취소효과·추인·법정추인 등이다. 본절은 그것들을 중심으로 한 논의이다. 그러나 그것 외에 무효·취소의 일반이론도 적고 있다.

무효·취소와 관련해서는 우선 그 개념을 정확히 이해할 필요가 있고, 채권행위의 이행으로서 물권행위가 행하여진 경우에 물권행위의 효력이 어떻게 되는지도 잘 알고 있어야 한다(물권행위의 유인·무인 문제 포함). 그리고 채권행위가 이행된 경우에 급부한 것의 반환에 대하여도 관련지어 이해해야 한다(부당이득 문제). 때로 불법행위가 인정될 수도 있는데, 그 경우에는 불법행위도 함께 검토해야 한다. 한편 토지거래 허가구역에서 허가 없이 체결한 계약에 관한 많은 판례도 시험에서 자주 다루어지는 만큼 충분히 익혀둘 필요가 있다.

제 1 관 서 설

I. 서 설 A-239

우리 민법에 있어서 명문규정 또는 해석상 법률행위가 무효인 때가 있는가 하면, 취소할 수 있는 것으로 규정되어 있는 때도 있다. 의사무능력자의 법률행위, 목적을 확정할 수 없거나 그것의 실현이 불가능한(원시적 불능) 법률행위, 강행규정(효력규정)을 위반한 법률행위, 사회질서에 반하는 법률행위(103조), 불공정한 법률행위(104조), 비진의표시의 예외적인 경우(107조 1항), 허위표시(108조) 등은 무효인 법률행위의 예이고, 제한능력자의 법률행위

(5조 이하), 착오에 의한 법률행위(109조), 사기·강박에 의한 법률행위(110조)는 취소할 수 있는 행위이다. 그리고 민법은 이러한 법률행위의 무효와 취소(정확하게는 취소할 수 있는 것)에 관하여 일반적 규정으로 제137조 내지 제146조를 두고 있다.

무효와 취소는 — 취소가 있을 경우 — 법률행위의 효과가 발생하지 않는다는 점에서 같다. 그러나 둘은 여러 가지 점에서 차이가 있다. 가장 근본적인 차이점은, 무효의 경우에는 누구의 주장을 기다리지 않고서 당연히 처음부터 효력이 없는 데 비하여, 취소의 경우에는 일단 유효하게 효력이 발생하였다가 특정인이 주장(취소)하는 때에 비로소 효력이 없는 것으로 된다는 데 있다.

무효(원칙적 무효)	취 소
처음부터 효력이 없다.	처음에는 일단 유효하다.
특정인의 무효주장이 필요하지 않다.	특정인(취소권자)의 주장(취소)이 있어야 비로소 무효로 된다.
누구라도 무효를 주장할 수 있다.	특정인 즉 취소권자만 주장(취소)할 수 있다.
시간이 경과하여도 효력은 변하지 않는다.	일정한 기간이 경과하면 취소권은 소멸하고, 따라서 유효한 것으로 확정된다. 그러나 취소가 있으면 처음부터(소급해서) 무효로 된다.
※ 취소할 수 있는 경우 취소가 있으면 무효인 경우와 효력상 같아진다(처음부터 무효임).	

무효와 취소가 이와 같이 차이가 있기는 하나, 어떤 경우에 법률행위를 무효로 하고 어떤 경우에 취소할 수 있는 것으로 할 것인가는 입법정책의 문제이다. 대체로는 법질서 전체의 이상에 비추어 도저히 허용할 수 없는 때에는 무효로 규정하고, 효력의 부인을 특정인에게 맡겨도 무방한 때에는 취소로 규정한다.

어떤 법률행위가 무효원인과 취소원인을 모두 포함하고 있는 경우(무효와 취소의 경합), 예컨대 미성년자가 의사능력이 없는 상태에서 단독으로 법률행위를 한 때에는, 각각의 요건을 증명하여 무효를 주장하거나 혹은 취소할 수 있다(이설 없음). 판례도, 보험금을 부정취득할 목적으로 다수의 보험계약이 체결된 경우에 제103조 위반으로 인한 보험계약의 무효와 고지의무 위반을 이유로 한 보험계약의 해지나 취소(110조에 의한 취소)는 그 요건이나 효과가 다르지만, 개별적인 사안에서 각각의 요건을 모두 충족한다면 위와 같은 구제수단이 병존적으로 인정되고, 이 경우 보험자는 보험계약의 무효, 해지 또는 취소를 선택적으로 주장할 수 있다고 한다(대판 2017. 4. 7, 2014다234827).

법률행위가 무효이거나 취소에 의하여 소급하여 무효로 된다고 하여 현실적으로 법률행위 자체가 행하여지지 않았던 것으로 되지는 않으며, 그 법률행위에 의하여 의욕된 법률효과가 생기지 않을 뿐이다. 따라서 그 이외의 효과가 발생할 수는 있다. 예컨대 무효이거나 취소된 법률행위에 기한 채무가 이미 이행된 때에는 그것들의 반환문제가 생기며(부당이득 반환의무), 취소의 원인이 동시에 불법행위의 요건도 갖춘 때에는 손해배상책임이 발생한다.

제 2 관 법률행위의 무효

Ⅰ. 무효의 의의와 일반적 효과 A-240

(1) 무효의 의의

1) 무효 개념 법률행위의 무효란 법률행위가 성립한 당시부터 법률상 당연히 그 효력이 발생하지 않는 것이 확정되어 있는 것을 말한다. 그러나 이는 원칙적으로 그렇다는 의미이며, 거기에는 예외도 있다(무효의 종류 참조).

2) 불성립과의 구별 법률행위의 무효는 법률행위의 불성립과 구별하여야 한다. 법률행위의 불성립은 법률행위로서의 외형적인 존재가 인정되지 않는 것으로서 그 경우에는 유효·무효는 문제되지 않는다. 법률행위의 유효·무효는 법률행위가 성립한 후에 비로소 문제된다.

(2) 무효의 일반적 효과

법률행위가 무효이면 법률행위에 의하여 의욕된 법률효과는 발생하지 않는다. 따라서 무효인 법률행위가 채권행위인 때에는 채권은 발생하지 않고, 그리하여 이행할 필요가 없다. 물권행위인 때에는 물권변동은 일어나지 않는다. 채권행위가 있고 그 이행으로서 물권행위가 행하여진 경우에, **채권행위만이 무효인 때에 물권행위도 무효로 되는지는** 물권행위를 무인행위로 보는지에 따라 다르다(물권법에서 논의한다. B-36·37 참조). **무효인 채권행위에 기하여 이미 이행이 된 때에는 급부한 것의 반환이 문제된다.** 일반적으로는 급부한 것이 부당이득(741조 이하)으로 되어 반환되어야 하나, 제742조·제746조의 제한이 있다. 그리고 판례는, 무효인 법률행위에 따른 법률효과를 침해하는 것처럼 보이는 위법행위나 채무불이행이 있다고 하여도 법률효과의 침해에 따른 손해는 없는 것이므로 그 손해배상을 청구할 수는 없다고 한다(대판 2003. 3. 28, 2002다72125).

법률행위의 무효는 당사자뿐만 아니라 제 3 자에 대하여도 주장할 수 있는 것이 원칙이다. 그러나 여기에는 예외도 있다(뒤의 상대적 무효).

A-241 Ⅱ. 무효의 종류

(1) 절대적 무효 · 상대적 무효

절대적 무효는 누구에 대하여서나 또는 누구에 의하여서나 주장될 수 있는 무효이고, 상대적 무효는 특정인에 대하여서는 주장할 수 없는 무효(또는 특정인에 대하여서만 주장할 수 있는 무효)이다. 무효는 절대적 무효가 원칙이다. 그러나 비진의표시가 무효인 경우(107조 2항) 또는 허위표시의 무효(108조 2항)는 선의의 제3자에게는 주장할 수 없는 상대적 무효이다.

(2) 당연무효 · 재판상 무효

당연무효는 법률행위를 무효로 하기 위하여 어떤 특별한 행위나 절차가 필요하지 않은 무효이고, 재판상 무효는 소(訴)에 의하여서만 주장할 수 있는 무효이다. 재판상 무효에는 원고적격과 출소기한이 제한되어 있다. 무효는 당연무효가 원칙이나, 회사설립의 무효(상법 184조)·회사합병의 무효(상법 236조)와 같이 재판상 무효의 경우도 있다.

(3) 전부무효 · 일부무효

법률행위의 전부가 무효인 경우가 전부무효이고, 그 일부분만이 무효인 경우가 일부무효이다. 민법은 일부무효에 관하여 제137조를 두고 있다. 그에 의하면, 법률행위의 일부분이 무효인 때에는 원칙적으로 그 전부를 무효로 한다(137조 본문). 그러나 그 무효부분이 없더라도 법률행위를 하였을 것이라고 인정될 때에는 나머지 부분은 무효가 되지 않는다(137조 단서). 이를 일부무효의 법리라고 한다. 일부무효의 법리에서 무효부분이 없더라도 법률행위를 하였을 것인지 여부는 당사자의 의사에 의하여 판정되어야 하는데, 그 당사자의 의사는 실재하는 의사가 아니고 법률행위의 일부분이 무효임을 법률행위 당시에 알았다면 당사자 쌍방이 이에 대비하여 의욕하였을 가정적 의사를 말한다(대판 2024. 4. 4, 2023다298670 등. 일부취소에 관하여 동지 대판 2002. 9. 10, 2002다21509 등). 복수의 당사자가 하나의 법률행위를 한 경우에 그중 일부의 당사자의 법률행위가 무효인 경우에는 어떤가? 여기에 관하여 판례는, 「복수의 당사자 사이에 어떠한 합의를 한 경우 그 합의는 전체로서 일체성을 가지는 것이므로, 그중 한 당사자의 의사표시가 무효인 것으로 판명된 경우 나머지 당사자 사이의 합의가 유효한지의 여부는 민법 제137조에 정한 바에 따라 당사자가 그 무효부분이 없더라도 법률행위를 하였을 것이라고 인정되는지의 여부에 의하여 판정되어야」 할 것이라고 한다(대판 2010. 3. 25, 2009다41465 등).

법률행위의 일부무효 법리는 여러 개의 계약이 체결된 경우에 그 계약 전부가 경제적·사실적으로 일체로서 행하여져서 하나의 계약인 것과 같은 관계에 있는 경우에도 적용된다(대판 2024. 4. 4, 2023다298670 등).

민법 제137조는 일체로서 행하여진 법률행위의 일부분에만 무효사유가 존재하고 그 무효부분이 없더라도 나머지 부분이 독립된 법률행위로서 유효하게 존속할 수 있는 경우에 적용되며, 따라서 법률행위가 분할될 수 없거나 무효인 일부분을 제외한 나머지 목적물이 특정될 수 없다면 그 규정은 적용될 여지가 없다(대판 2024. 7. 11, 2024다211762. 매매계약 전체에 대하여 지방의회 의결을 받아야 하는 경우임).

일부무효에 관하여는 민법이나 특별법이 개별적으로 특별규정을 두고 있는 경우도 있다(385조 · 591조 1항, 「약관의 규제에 관한 법률」 16조). 그러한 경우에는 개별규정이 제137조에 우선하여 적용된다.

판 례 법률행위의 일부가 효력규정을 위반한 경우

「민법 제137조는 임의규정으로서 의사자치의 원칙이 지배하는 영역에서 적용된다고 할 것이므로, 법률행위의 일부가 강행법규인 효력규정에 위반되어 무효가 되는 경우 그 부분의 무효가 나머지 부분의 유효 · 무효에 영향을 미치는가의 여부를 판단함에 있어서는 개별 법령이 일부무효의 효력에 관한 규정을 두고 있는 경우에는 그에 따라야 하고, 그러한 규정이 없다면 원칙적으로 민법 제137조가 적용될 것이나 당해 효력규정 및 그 효력규정을 둔 법의 입법취지를 고려하여 볼 때 나머지 부분을 무효로 한다면 당해 효력규정 및 그 법의 취지에 명백히 반하는 결과가 초래되는 경우에는 나머지 부분까지 무효가 된다고 할 수는 없다고 할 것이다.」(대판 2004. 6. 11, 2003다1601)

(4) 확정적 무효 · 유동적 무효 A-242

1) 의 의 본래 법률행위의 무효(Nichtigkeit)는 확정적인 것이어서 타인의 행위 등이 있다고 하여 유효하게 될 수는 없다. 즉 확정적 무효인 것이다. 그런데 이론상 법률행위가 효력이 없지만(넓은 의미의 무효) 타인의 일정한 행위 기타 유효요건을 갖추면 유효하게 될 수 있음을 인정할 수 있다. 이러한 것을 유동적(불확정적) 무효(schwebende Unwirksamkeit)라고 한다. 무권대리행위나 처분권 없는 자의 처분행위가 그 예이다. 이들 행위는 본인이나 처분권자의 추인이 있으면 처음부터 유효했던 것으로 된다. 그리고 근래 우리 판례는 구 국토이용관리법(현행 「부동산 거래신고 등에 관한 법률」에 해당함)상의 규제구역(토지거래 허가구역) 내에서 허가 없이 체결한 토지매매계약은 유동적 무효의 상태에 있다고 하였다(대판(전원) 1991. 12. 24, 90다12243[핵심판례 54면]).

2) 구 국토이용관리법(또는 현행 「부동산 거래신고 등에 관한 법률」)상의 허가 없이 체결한 계약에 관한 판례 아래에서 구 국토이용관리법상의 허가 없이 체결한 계약에 관한 판례를 정리하기로 한다.

(가) 기본원칙: 유동적 무효 국토이용관리법(현행 「부동산 거래신고 등에 관한 법률」에 해당함) 각 규정의 내용과 그 입법취지에 비추어 볼 때, 토지의 소유권 등 권리를 이전 또는 설정하는 내용의 거래계약은 관할 관청의 허가를 받아야만 그 효력이 발생하고 허가를 받기 전에는 물권적 효력은 물론 채권적 효력도 발생하지 아니하여 무효라고 보아야 할 것이다. 다만 허가를 받기 전의 거래계약이 처음부터 허가를 배제하거나 잠탈하는 내용의 계약일 경우에는 확정적으로 무효로서 유효화될 여지가 없으나, 이와 달리 허가받을 것을 전제로 한 거래계약(허가를 배제하거나 잠탈하는 내용의 계약이 아닌 계약은 여기에 해당하는 것으로 본다)일 경우에는 허가를 받을 때까지는 법률상 미완성의 법률행위

로서 소유권 등 권리의 이전 또는 설정에 관한 거래의 효력이 전혀 발생하지 않음은 위의 확정적 무효의 경우와 다를 바 없지만, 일단 허가를 받으면 그 계약은 소급하여 유효한 계약이 되고 이와 달리 불허가가 된 때에는 무효로 확정되므로 허가를 받기까지는 유동적 무효의 상태에 있다고 보는 것이 타당하다(대판(전원) 1991. 12. 24, 90다12243[핵심판례 54면]).

A-243 (나) 허가의 필요 여부가 문제된 경우

(a) 매매계약 체결일이 규제구역으로 지정고시되기 전인 때 국토이용관리법상의 토지거래허가 규제구역 내에 있는 토지에 관한 매매계약 체결일이 규제구역으로 지정고시되기 전인 때에는 그 매매계약은 관할관청의 허가를 받을 필요가 없는 것이고, 매수인 명의로의 소유권이전등기절차를 위 규제구역 지정고시 이후에 경료하게 되었다 하여 위 원인행위에 대하여 허가를 받아야 하는 것은 아니다(대판 2010. 3. 25, 2009다41465 등).

(b) 전전 매각의 경우(중간생략등기의 경우) 토지거래허가구역 내의 토지가 토지거래허가 없이 소유자인 최초 매도인으로부터 중간 매수인에게, 다시 중간 매수인으로부터 최종 매수인에게 순차로 매도되었다면 각 매매계약의 당사자는 각각의 매매계약에 관하여 토지거래허가를 받아야 하며, 위 당사자들 사이에 최초의 매도인이 최종 매수인 앞으로 직접 소유권이전등기를 경료하기로 하는 중간생략등기의 합의가 있었다고 하더라도 최초의 매도인과 최종 매수인 사이에 매매계약이 체결되었다고 볼 수 없고, 설사 최종 매수인이 자신과 최초 매도인을 매매 당사자로 하는 토지거래허가를 받아 자신 앞으로 소유권이전등기를 경료하였다고 하더라도 이는 적법한 토지거래허가 없이 경료된 등기로서 무효이다(대판 1997. 11. 11, 97다33218).

(c) 매수인 지위의 인수 매도인과 매수인 및 제 3 자 사이에 제 3 자가 위와 같은 매수인의 지위를 매수인으로부터 이전받는다는 취지의 합의를 하였다고 하더라도, 위와 같은 합의는 매도인과 매수인 사이의 매매계약에 대한 관할관청의 허가가 있어야 비로소 효력이 발생한다고 보아야 하고, 위 허가가 없는 이상 위 3당사자 사이의 합의만으로 유동적 무효상태의 매매계약의 매수인 지위가 매수인으로부터 제 3 자에게 이전하고, 제 3 자가 매도인에 대하여 직접 토지거래허가 신청절차 협력의무의 이행을 구할 수 있다고 할 수는 없다(대판 2000. 10. 27, 98두13492 등).

(d) 매도인 지위의 인수 제 3 자가 토지거래허가를 받기 전의 토지매매계약상 매수인 지위를 인수하는 경우와 달리 매도인 지위를 인수하는 경우에는 최초 매도인과 매수인 사이의 매매계약에 대하여 관할관청의 허가가 있어야만 매도인 지위의 인수에 관한 합의의 효력이 발생한다고 볼 것은 아니다(대판 2013. 12. 26, 2012다1863).

A-244 (다) 유동적 무효인 경우의 법률관계

(a) 이행청구 · 손해배상청구 · 해제 불가 국토이용관리법상 토지거래허가구역 내

의 토지에 관한 거래계약은 관할관청으로부터 허가받기 전의 상태에서는 거래계약의 채권적 효력도 전혀 발생하지 아니하여 무효이므로 권리의 이전 또는 설정에 관한 어떠한 내용의 이행청구도 할 수 없고, 그러한 거래계약의 당사자로서는 허가받기 전의 상태에서 상대방의 거래계약상 채무불이행을 이유로 거래계약을 해제하거나 그로 인한 손해배상을 청구할 수도 없다(대판 1997. 7. 25, 97다4357 등).

(b) 협력의무 문제 유동적 무효상태에 있는 토지거래허가구역 내 토지에 관한 매매계약에서 계약의 쌍방 당사자는 공동허가신청절차에 협력할 의무가 있고, 이러한 의무에 위배하여 허가신청절차에 협력하지 않는 당사자에 대하여 상대방은 협력의무의 이행을 소구할 수도 있다(대판(전원) 1991. 12. 24, 90다12243[핵심판례 54면]; 대판 2009. 4. 23, 2008다50615 등). 그리고 이러한 매매계약을 체결할 당시 당사자 사이에 그 일방이 토지거래허가를 받기 위한 협력 자체를 이행하지 아니하거나 허가신청에 이르기 전에 매매계약을 철회하는 경우 상대방에게 일정한 손해액을 배상하기로 하는 약정을 유효하게 할 수 있다(대판 1998. 3. 27, 97다36996).

매매계약이 관할관청의 허가 없이 체결된 것이라고 하더라도, 매수인은 매도인에 대한 토지거래허가 신청절차의 협력의무의 이행청구권을 보전하기 위하여 매도인을 대위하여 제3자 명의의 소유권이전등기의 말소등기절차이행을 구할 수 있다(대판 1994. 12. 27, 94다4806 등).

유동적 무효의 상태에 있는 거래계약의 당사자는 상대방이 그 거래계약의 효력이 완성되도록 협력할 의무를 이행하지 아니하였음을 들어 일방적으로 유동적 무효의 상태에 있는 거래계약 자체를 해제할 수 없다(대판(전원) 1999. 6. 17, 98다40459).

유동적 무효 상태에 있는 매매계약에 대하여 허가를 받을 수 있도록 허가신청을 하여야 할 협력의무를 이행하지 아니하고 매수인이 그 매매계약을 일방적으로 철회함으로써 매도인이 손해를 입은 경우에 매수인은 이 협력의무 불이행과 인과관계가 있는 손해는 이를 배상하여야 할 의무가 있다(대판 1995. 4. 28, 93다26397).

토지거래허가 없이 매매계약이 체결됨에 따라 그 매수인이 그 계약을 효력이 있는 것으로 완성시키기 위하여 매도인에 대하여 그 매매계약에 관한 토지거래허가 신청절차에 협력할 의무의 이행을 청구하는 경우, 매도인으로서는 매매대금 지급의무나 매수인이 부담하기로 특약한 양도소득세 상당 금원의 지급의무의 이행의 제공이 있을 때까지 그 협력의무의 이행을 거절할 수 없다(대판 1996. 10. 25, 96다23825).

(c) 해약금에 기한 해제 특별한 사정이 없는 한 국토이용관리법상의 토지거래허가를 받지 않아 유동적 무효 상태인 매매계약에 있어서도 당사자 사이의 매매계약은 매도인이 계약금의 배액을 상환하고 계약을 해제함으로써 적법하게 해제된다(대판 1997. 6. 27, 97다9369). 그리고 토지거래계약에 관한 허가구역으로 지정된 구역 안의 토지에 관하여 매매계약이 체결된 후 계약금만 수수한 상태에서 당사자가 토지거래허가 신청을 하고 이에 따라 관

할관청으로부터 그 허가를 받았다 하더라도, 그러한 사정만으로는 아직 이행의 착수가 있다고 볼 수 없어 매도인으로서는 민법 제565조에 의하여 계약금의 배액을 상환하여 매매계약을 해제할 수 있다(대판 2009. 4. 23, 2008다62427).

(d) **부당이득 반환청구 불가** 유동적 무효 상태의 매매계약을 체결하고 그에 기하여 임의로 지급한 계약금 등은 그 계약이 유동적 무효 상태로 있는 한 그를 부당이득으로서 반환을 구할 수 없고 유동적 무효 상태가 확정적으로 무효가 되었을 때 비로소 부당이득으로 그 반환을 구할 수 있다(대판 1997. 11. 11, 97다36965).

(e) **처분금지 가처분** 관할관청의 허가 없이 체결된 매매계약이라 하더라도 토지거래허가 신청절차청구권을 피보전권리로 하여 매매목적물의 처분을 금하는 가처분을 구할 수 있고, 매도인이 그 매매계약을 다투는 경우 그 보전의 필요성도 있다고 보아야 할 것이며, 이러한 가처분이 집행된 후에 진행된 강제경매절차에서 당해 토지를 낙찰받은 제3자는 특별한 사정이 없는 한 이로써 가처분채권자인 매수인의 권리보전에 대항할 수 없다(대판 1998. 12. 22, 98다44376).

(f) **허가 후 새 계약 체결이 필요한지 여부** 허가받을 것을 전제로 한 거래계약은 일단 허가를 받으면 그 계약은 소급해서 유효화되므로 허가 후에 새로이 거래계약을 체결할 필요는 없다(대판(전원) 1991. 12. 24, 90다12243[핵심판례 54면]).

(g) **일부무효의 문제** 국토이용관리법상의 규제구역 내의 토지와 건물을 일괄하여 매매한 경우, 토지에 관한 당국의 거래허가가 없으면 건물만이라도 매매하였을 것이라고 볼 수 있는 특별한 사정이 인정되는 경우에 한하여 토지에 대한 매매거래허가가 있기 전에 건물만의 소유권이전등기를 명할 수 있다고 보아야 할 것이고, 그렇지 않은 경우에는 토지에 대한 거래허가가 있어 그 매매계약의 전부가 유효한 것으로 확정된 후에 토지와 함께 이전등기를 명하는 것이 옳을 것이다(대판 1992. 10. 13, 92다16836).

A-245 (라) **확정적 무효로 되는 경우**

(a) **무효사유** 「국토의 계획 및 이용에 관한 법률」상 토지거래계약 허가구역 내의 토지에 관하여 허가를 배제하거나 잠탈하는 내용으로 매매계약이 체결된 경우에는 그 계약은 체결된 때부터 확정적으로 무효이다(대판 2024. 10. 31, 2024다255328 등 다수). 그리고 이러한 허가의 배제·잠탈행위에는 토지거래허가가 필요한 계약을 허가가 필요하지 않은 것에 해당하도록 계약서를 허위로 작성하는 행위뿐만 아니라, 정상적으로는 토지거래허가를 받을 수 없는 계약을 허가를 받을 수 있도록 계약서를 허위로 작성하는 행위도 포함된다(대판 2010. 6. 10, 2009다96328).

토지거래허가를 받지 아니하여 유동적 무효 상태에 있는 계약이라고 하더라도 일단 거래허가신청을 하여 불허되었다면 특별한 사정이 없는 한 불허가된 때로부터 그 거래계약은 확정적으로 무효로 되었다고 할 것이지만, 그 불허가의 취지가 미비된 요건의 보정을 명하는 데에 있고 그러한 흠결된 요건을 보정하는 것이 객관적으로 불가능하지도 않은 경우라면 그 불허가로 인하여 거래계약이 확정적으로 무효가 되는 것은 아니다(대판 1998. 12. 22, 98다44376). 그리고 거래허가신청이 불허가되어 거래계약이 확정적으로 무효가 되었다고 하기 위하여는 거래허가신청이 국토이용관리법에서 규정한 적법한 절차(당사자가 협력하여 공동으로 신청하거나 당사자 일방이 이에 응하지 아니할 때에는 그 협력을 명하는 판결을 얻어서 하여야 한다)를 거쳐 이루어진 신청에 한한다 할 것이므로, 당사자 일방이 임의적으로 거래허가 신청을 하였다가 불허가받았다 하더라도 그 불허가로 인하여 거래계약이 확정적으로 무효가 되는 것은 아니다(대판 1997. 9. 12, 97다6971).

토지거래허가를 받지 않아 거래계약이 유동적 무효의 상태에 있는 경우 그와 같은 유동적 무효 상태의 계약은 관할관청의 불허가처분이 있을 때뿐만 아니라 당사자 쌍방이 허가신청 협력의무의 이행거절 의사를 명백히 표시한 경우에는 허가 전 거래계약관계, 즉 계약의 유동적 무효 상태가 더 이상 지속된다고 볼 수 없고 그 계약관계는 확정적으로 무효가 된다(대판 2010. 8. 19, 2010다31860 등 다수). 그리고 그러한 법리는 거래계약상 일방의 채무가 이행불능임이 명백하고 나아가 그 상대방이 거래계약의 존속을 더 이상 바라지 않고 있는 경우에도 마찬가지라고 할 것이다(대판 1997. 7. 25, 97다 4357 · 4364; 대판 2010. 8. 19, 2010다31860).

허가 전 거래계약이 정지조건부 계약인 경우에 있어서 그 정지조건이 토지거래허가를 받기 전에 이미 불성취로 확정되었다면 장차 토지거래허가를 받는다고 하더라도 그 거래계약의 효력이 발생될 여지는 없게 되었다고 할 것이므로, 이와 같은 경우에도 또한 허가 전 거래계약의 유동적 무효 상태가 더 이상 지속된다고 볼 수 없고 그 계약관계는 확정적으로 무효가 된다(대판 1998. 3. 27, 97다36996).

그러나 매매계약 체결 당시 일정한 기간 안에 토지거래허가를 받기로 약정하였다고 하더라도, 그 약정된 기간 내에 토지거래허가를 받지 못할 경우 계약해제 등의 절차 없이 곧바로 매매계약을 무효로 하기로 약정한 취지라는 등의 특별한 사정이 없는 한, 이를 쌍무계약에서 이행기를 정한 것과 달리 볼 것이 아니므로 위 약정기간이 경과하였다는 사정만으로 곧바로 매매계약이 확정적으로 무효가 된다고 할 수 없다(대판 2009. 4. 23, 2008다50615).

(b) **확정적 무효인 경우의 법률관계** 거래계약이 확정적으로 무효가 된 경우에는 거래계약이 확정적으로 무효로 됨에 있어서 귀책사유가 있는 자라고 하더라도 그 계약의 무효를 주장할 수 있다(대판 1997. 7. 25, 97다4357 · 4364 등).

거래허가를 받지 아니한 거래계약의 경우에 거래 당사자는 거래허가를 받기 위하여 서로 협력할 의무가 있는 것이나, 그 토지거래가 계약 당사자의 표시와 불일치한 의사(비진의표시, 허위표시 또는 착오) 또는 사기, 강박과 같은 하자 있는 의사에 의하여 이루어진 경우에 있어서는, 이들 사유에 의하여 그 거래의 무효 또는 취소를 주장할 수 있는 당사자는 그러한 거래허가를 신청하기 전 단계에서 이러한 사유를 주장하여 거래허가 신청 협력에 거절 의사를 일방적으로 명백히 함으로써 그 계약을 확정적으로 무효화시키고 자신의 거래허가절차에 협력할 의무를 면할 수 있다(대판 1996. 11. 8, 96다35309; 대판 1997. 11. 14, 97다36118).

대상청구권(C-109 이하 참조)은 유동적 무효의 상태의 매매계약이 매매의 목적물인 부동산의 수용으로 인하여 객관적으로 허가가 날 수 없음이 분명해져 확정적으로 무효가 된 경우에는 특별한 사정이 없는 한 발생하지 않는다(대판 2008. 10. 23, 2008다54877).

대법원은, 토지거래허가구역 내 토지에 대하여 매매계약을 체결하였는데 거래허가가 나지 않은 상태에서 당해 토지가 경매절차에서 제 3 자에게 매각되어 소유권이전등기가 마쳐진 사안에서, 위 매매계약은 확정적으로 무효가 되어 매매대금 지급에 관련된 약정도 모두 무효이고, 매매계약과 관련하여 현실적으로 매매대금을 지급하지 않은 매수인은 매도인을 상대로 부당이득 반환을 구할 수 없고, 다만 매매계약 체결 전 존재하는 채권채무관계가 있다면 기존 채권채무관계는 유효하게 존속한다고 하였다(대판 2011. 6. 24, 2011다11009).

(마) **허가구역 지정해제가 된 경우** 허가구역 지정기간 중에 허가구역 안의 토지에 대하여 토지거래허가를 받지 아니하고 토지거래계약을 체결한 후 허가구역 지정해제 등이 된 때에는 그 토지거래계약이 허가구역 지정이 해제되기 전에 위에서 본 바와 같은 사유로 확정적으로 무효로 된 경우를 제외하고는, 더 이상 관할 행정청으로부터 토지거래허가를 받을 필요가 없이 확정적으로 유효로 되어 거래 당사자는 그 계약에 기하여 바로 토지의 소유권 등 권리의 이전 또는 설정에 관한 이행청구를 할 수 있고, 상대방도 반대급부의 청구를 할 수 있다고 보아야 할 것이지, 여전히 그 계약이 유동적 무효 상태에 있다고 볼 것은 아니다(대판(전원) 1999. 6. 17, 98다40459). 그리고 이러한 법리는 허가구역 지정기간이 만료되었음에도 재지정을 하지 아니한 때에도 동일하게 인정된다(대판 2010. 3. 25, 2009다41465). 그러나 이미 확정적으로 무효로 된 계약은 계약체결 후 허가구역 지정이 해제되거나 허가구역 지정기간 만료 이후 재지정을 하지 않은 경우라 하더라도 유효로 되는 것이 아니다(대판 2019. 1. 31, 2017다228618). 그런데 토지거래계약이 허가를 배제하거나 잠탈하는 내용으로 체결되어 확정적으로 무효로 되었더라도, 그 후 해당 토지가 토지거래계약 허가구역의 지정에서 해제되고, 매매계약 당사자들이 기존 매매계약이 무효임을 알면서 이를 추인하였다면 제139조 단서에 따라 무효였던 기존 매매계약은 추인한 때로부터 새로운 법률행위로서 유효하게 된다(대판 2024. 10. 31, 2024다255328). 이는 무효행위의 비소급적 추인을 인정한 것이다.

(바) **적용범위: 유상계약** 토지거래계약허가제도는 「국토의 계획 및 이용에 관한 법률」 제118조 제 1 항(현행 「부동산 거래신고 등에 관한 법률」 11조 1항: 저자 주)에서 명시하고 있는 것처럼 대가를 받고 소유권 또는 지상권을 이전 또는 설정하는 경우, 즉 유상계약에만 한정되어 적용되는 것이다. 따라서 그러한 토지거래계약허가제도를 위반함에 따른 벌칙조항, 즉 법 제141조 제 6 호(현행 「부동산 거래신고 등에 관한 법률」 26조 2항: 저자 주)도 유상계약의 경우에만 한정되어 적용되는 것으로 해석하여야 한다(대판 2009. 5. 14, 2009도926).

Ⅲ. 무효행위의 추인

A-246

(1) 의 의

무효행위의 추인(追認)이란 법률행위로서의 효과가 확정적으로 발생하지 않는 무효행위를 뒤에 유효하게 하는 의사표시이다(무효행위가 계약인 경우에는 추인은 쌍방의 합의로 하여야 한다). 이러한 추인은 허용될 수 없다. 왜냐하면 무효인 행위는 확정적으로 효력이 발생되지 않기 때문이다. 그런데 민법은 원칙적으로는 추인을 금지하되, 예외적으로 비소급적인 추인은 인정하고 있다(139조). 그리고 학설은 일정한 경우에 소급적인 추인을 인정한다.

(2) 민법상의 비소급적 추인

민법상 무효행위는 당사자가 추인을 하여도 효력이 생기지 않는다(139조 본문). 그러나 당사자가 무효임을 알고 추인한 때에는 그때 새로운 법률행위를 한 것으로 본다(139조 단서). 그리하여 가령 가장매매의 당사자가 추인을 하면 그때부터 즉 비소급적으로 유효한 매매가 된다. 이러한 추인이 인정되려면 객관적으로 무효원인이 해소되고 있어야 한다. 법률행위가 사회질서에 반하거나(대판 1973. 5. 22, 72다2249) 폭리행위(대판 1994. 6. 24, 94다10900)이어서 무효인 경우처럼 무효원인이 해소되지 않고 있는 때에는, 추인에 의하여 유효하게 될 수 없다. 한편 대법원은, 상법 제731조 제 1 항에 의하면 타인의 생명보험에서 피보험자가 서면으로 동의의 의사표시를 하여야 하는 시점은 보험계약 체결시까지이고, 이는 강행규정으로서 이를 위반한 보험계약은 무효이므로, 타인의 생명보험계약 성립 당시 피보험자의 서면동의가 없다면 그 보험계약은 확정적으로 무효가 되고, 피보험자가 이미 무효가 된 보험계약을 추인하였다고 하더라도 그 보험계약이 유효로 될 수 없다고 한다(대판 2010. 2. 11, 2009다74007 등). 그리고 학교법인이 사립학교법 제16조 제 1 항에 의한 이사회의 심의·의결 없이 학교법인 재산의 취득·처분행위를 하거나 사립학교법 제28조 제 1 항의 규정에 의하여 관할청의 허가 없이 의무부담행위를 한 경우에 그 행위는 효력이 없고(대판 2021. 2. 4, 2017다207932 등)(그런데 매매 등 계약 성립 후에라도 감독청의 허가를 받으면 그 매매 등 계약이 유효하게 된다(대판 2022. 1. 27, 2019다289815 등). 이러한 계약의 확정적 무효에 관하여 대판 2022. 1. 27, 2019다289815(A-120) 참조), 학교법인이 나중에 그 의무부담행위를 추인하더라도 효력이 생기지 않는다고 한다(대판 2016. 6. 9, 2014다64752 등). 그에 비하여 — 앞에서 본 바와 같이(A-245 참조) — 토지거래계약이 확정적으로 무효(강행법규 위반으로 인한 무효)로 되었더라도, 그 후 해당 토지가 토지거래계약 허가구역의 지정에서 해제되고, 매매계약 당사자들이 기존 매매계약이 무효임을 알면서 이를 추인하였다면 기존 매매계약은 추인한 때로부터 새로운 법률행위로서 유효하게 된다고 한다(대판 2024. 10. 31, 2024다255328).

무효행위의 추인도 명시적으로뿐만 아니라 묵시적으로도 할 수 있다. 판례도 같다(대판 2014. 2. 13, 2012다112299·112305 등). 그리고 판례는 묵시적 추인이 있는지를 판단함에 있어서는 — 무권대리행위의 추인에서와 마찬가지로 — 관계되는 여러 사정을 종합적으로 검토하여 신중하게 할 것이라고 한다(대판 2014. 3. 27, 2012다106607 등). 한편 판례는, 당사자가 이전의 법률행위가 존재함을 알고 그 유효함을 전제로 하여 이에 터 잡은 후속행위를 하였다고 해서 그것만으로 이전의 법률행위를 묵시적으로 추인하였다고 단정할 수는 없고, 묵시적 추인을 인정하기 위해서는 이전의 법률행위가 무효임을 알거나 적어도 무효임을 의심하면서도 그 행위의 효과를 자기에게 귀속시키도록 하는 의사로 후속행위를 하였음이 인정되어야 할 것이라고 한다(대판 2014. 3. 27, 2012다106607).

A-247 (3) 약정에 의한 소급적 추인

위에서 본 바와 같이, 민법은 비소급적인 추인만 인정하나, **학설은 당사자의 합의에 의하여 채권적인 소급적 추인을 인정한다.** 당사자 사이에서만 소급하여 효력이 있는 것으로 인정하여도 무방하다는 이유에서이다. 그리고 그 행위는 채권행위일 수도 있고 물권행위일 수도 있다고 한다.

[참고] 무권리자에 의한 처분행위의 소급적 추인의 문제

처분자가 처분권한이 없이 타인의 권리를 처분한 경우에 처분권한이 있는 자가 사후에 이를 추인하면 처분행위는 소급해서 유효하게 되는가? 여기에 관하여 학설은 i) 무효행위의 추인에 의하여 소급하여 효력이 있다고 하는 견해, ii) 무권대리의 추인과 같이 취급하여야 한다는 견해, iii) 그때에는 제133조를 유추적용하거나 추완의 법리를 적용하여야 한다는 견해로 나뉘어 있다(사견은 133조를 유추적용해야 한다는 입장임. 민법총칙 [239] 참조). 그리고 판례는 무권대리의 추인에 관한 제130조·제133조 등을 무권리자의 추인에 유추적용할 수 있고, 따라서 무권리자의 처분이 계약으로 이루어진 경우에 권리자가 이를 추인하면 원칙적으로 그 계약의 효과가 계약을 체결했을 때에 소급하여 권리자에게 귀속된다고 한다(대판 2001. 11. 9, 2001다44291[핵심판례 56면]; 대판 2017. 6. 8, 2017다3499). 그리고 추인은 무권리자의 처분이 있음을 알고 해야 하고, 명시적으로 또는 묵시적으로 할 수 있으며, 그 의사표시는 무권리자나 그 상대방 어느 쪽에 해도 무방하다고 한다(대판 2017. 6. 8, 2017다3499). 그런가 하면 무권리자에 의한 처분행위를 권리자가 추인한 경우에 권리자는 무권리자에 대하여 무권리자가 처분행위로 인하여 얻은 이득의 반환을 청구할 수 있다고 한다(대판 2022. 6. 30, 2020다210686·210693).

(판 례) 부동산을 자녀들 명의로 경락받은 경우의 법률관계

채권자가 채무자 소유의 부동산에 대하여 강제경매신청을 하여 자녀들 명의로 이를 경락받았다면 그 소유자는 경락인인 자녀들이라 할 것이므로, 채권자가 그 후 채무자와 사이에 채권액의 일부를 지급받고 자녀들 명의의 소유권이전등기를 말소하여 주기로 합의하였다 하더라도 이는 일종의 타인의 권리의 처분행위에 해당하여 비록 양자 사이에서 위 합의는 유효하고 채권자는 자녀들로부터 위 부동산을 취득하여 채무자에게 그 소유권이전등기를 마쳐주어야 할 의무를 부담하지만 자녀들은 원래 부동산의 소유자로서 타인의 권리에 대한 계약을 체결한 채무자에 대하여 그 이행에 관한 아무런 의무가 없고 이행을 거절할 수 있는 자유가 있었던 것이므로, 채권자의 사망으로 인하여 자녀들이 상속지분에 따라 채권자의 의무를 상속하게 되었다고 하더라도 그들은 신의칙에 반하는 것으로 인정할 만한

특별한 사정이 없는 한 원칙적으로 위 합의에 따른 의무의 이행을 거절할 수 있다고 한 사례(대판 2001. 9. 25, 99다19698).

Ⅳ. 무효행위의 전환 A-248

(1) 의 의

X라는 행위로서는 무효인 법률행위가 Y라는 행위로서는 요건을 갖추고 있는 경우에 Y라는 행위로서의 효력을 인정하는 것을 무효행위의 전환이라고 한다. 예컨대 방식이 흠결되어 약속어음의 발행으로서는 무효인 행위를 유효한 준소비대차로서 인정하는 것이 그렇다. 민법은 일정한 요건 하에 무효행위의 전환을 인정하고 있다(138조). 그리고 여기에 관하여 개별적으로 특별규정이 두어져 있기도 하다(530조 · 534조 · 1071조 등).

(2) 요 건

1) 무효인 제 1 의 법률행위의 존재 본래 법률행위가 유효하다면 전환은 문제될 여지가 없다.

2) 제 2 의 법률행위의 요건 구비 제 2 의 행위는 현실적으로 존재하여야 하는 것이 아니며, 이 점에서 은닉행위와 다르다. 즉 무효행위의 전환은 별도의 행위가 없음에도 불구하고 일정한 요건이 갖추어져 있는 때에 무효인 법률행위를 다른 행위로서 유효하게 하는 것이다.

방식과 관련하여 주의할 점이 있다. 제 2 의 행위가 불요식행위인 때에는 제 1 의 행위가 요식행위이든 불요식행위이든 전환이 인정된다. 그런데 제 1 의 행위는 불요식행위이고 제 2 의 행위가 요식행위인 때에는, 전환을 인정하기가 어렵다. 다음에 제 1, 제 2 의 행위가 모두 요식행위인 때에는, 일정한 형식 그 자체가 필요한 행위(예: 어음행위)로의 전환은 허용될 수 없으나, 확정적인 의사를 서면에 나타내는 것이 요구되는 행위(예: 인지 · 입양)로의 전환은 인정할 수 있다.

판례에 의하면, 혼인 외의 출생자를 혼인 중의 친생자로 신고한 때에는 인지로서의 효력이 있다고 하고(대판 1976. 10. 26, 76다2189)(이 내용은 현재에는 「가족관계의 등록 등에 관한 법률」 57조 1항에 명문화되어 있다), 입양의 의사로 친생자 출생신고를 하고 거기에 입양의 실질적 요건이 모두 구비된 경우에는 입양의 효력을 인정한다(대판(전원) 1977. 7. 26, 77다492; 대판 2018. 5. 15, 2014므4963(개정 전의 것임) 등)(그런데 미성년자의 입양에 가정법원의 허가를 요하는 현행법 하에서는 미성년자에 관한 한 이 판례가 유지되기 어렵다. E-96도 참조). 그리고 상속포기 신고가 상속포기로서의 효력이 없는 경우에 상속재산의 협의분할을 인정한 것도 있다(대판 1989. 9. 12, 88누3305).

3) 당사자가 제 1 의 행위의 무효를 알았더라면 제 2 의 행위를 하는 것을 의욕하였으리라고 인

정될 것 즉 전환의 의사가 필요하다. 이 전환의 의사는 가정적 의사라고 보는 것이 다수설이며, 판례도 「법률행위 당시에 무효임을 알았다면 의욕하였을 가정적 효과의사」(대판(전원) 2016. 11. 18, 2013다42236. 같은 취지: 대판 2010. 7. 15, 2009다50308)라고 하여 다수설과 같다.

판 례 매매대금이 과다하여 무효인 경우의 무효행위의 전환

(ㄱ) 「매매계약이 약정된 매매대금의 과다로 말미암아 민법 제104조에서 정하는 '불공정한 법률행위'에 해당하여 무효인 경우에도 무효행위의 전환에 관한 민법 제138조가 적용될 수 있다. 따라서 당사자 쌍방이 위와 같은 무효를 알았더라면 대금을 다른 액으로 정하여 매매계약에 합의하였을 것이라고 예외적으로 인정되는 경우에는, 그 대금액을 내용으로 하는 매매계약이 유효하게 성립한다고 할 것이다.」(대판 2010. 7. 15, 2009다50308).

(ㄴ) 「위 건설교통부 고시에 의하여 산출되는 임대보증금과 임대료의 상한액인 표준임대보증금과 표준임대료를 기준으로 계약상 임대보증금과 임대료를 산정하여 임대보증금과 임대료 사이에 상호전환을 하였으나 절차상 위법이 있어 강행법규 위반으로 무효가 되는 경우에는 특별한 사정이 없는 한 임대사업자와 임차인이 임대보증금과 임대료의 상호전환을 하지 않은 원래의 임대조건, 즉 표준임대보증금과 표준임대료에 의한 임대조건으로 임대차계약을 체결할 것을 의욕하였으리라고 봄이 상당하다. 그러므로 그 임대차계약은 민법 제138조에 따라 표준임대보증금과 표준임대료를 임대 조건으로 하는 임대차계약으로서 유효하게 존속한다고 보아야 할 것이다.

그리고 이와 같이 당사자 사이에 체결된 임대차계약이 표준임대보증금과 표준임대료 조건에 의한 임대차계약으로 전환되어 유효하게 존속하게 되는 이상, 임대사업자는 임차인에게 표준임대보증금을 초과하여 지급받은 임대보증금을 부당이득으로 반환할 의무가 있고, 임차인은 임대사업자에게 그 임대차계약에 따른 임대료로 표준임대료 금액을 지급할 의무가 있다.」(대판(전원) 2016. 11. 18, 2013다42236)

제 3 관 법률행위의 취소

A-249 ### Ⅰ. 취소의 의의

(1) 취소 개념

취소란 일단 유효하게 성립한 법률행위의 효력을 제한능력 또는 의사표시에 있어서의 착오·사기·강박을 이유로 법률행위를 한 때에 소급하여 소멸하게 하는 특정인(취소권자)의 의사표시이다. 따라서 취소할 수 있는 법률행위라 할지라도 취소권자의 취소가 있을 때까지는 유효하되, 취소가 있으면 소급하여 무효로 된다.

법률행위의 취소는 하나의 의사표시로 성립하는 상대방 있는 단독행위이다.

(2) 원칙적 취소와 구별되는 취소

위에서 설명한 취소는 제한능력 또는 착오·사기·강박을 이유로 한 법률행위의 취소만을 가리킨다. 이를 원칙적인 취소라고 한다.

민법은 제140조 이하에서 취소에 관한 일반적 규정을 두고 있다. 그런데 그 규정은 원칙적인 취소에만 적용되며, 기타의 취소에는 적용이 없다. 원칙적인 취소와 구별되는 취소를 정리해 보기로 한다.

1) 재판 또는 행정처분의 취소 실종선고의 취소(29조)·부재자의 재산관리에 관한 명령의 취소(22조 2항)·법인설립허가의 취소(38조) 등이 그에 해당하며, 이들은 공법상의 취소로서 취소라는 용어만 공통할 뿐 법률행위의 취소와는 전혀 관계가 없다.

2) 완전히 유효한 법률행위의 취소 영업허락의 취소(8조 2항)·사해행위의 취소(406조)·부담부 유증의 취소(1111조) 등이 그 예이다.

3) 가족법상의 법률행위의 취소 혼인의 취소(816조)·이혼의 취소(838조)·친생자 승인의 취소(854조)·입양의 취소(884조)·인지의 취소(861조)·부양관계의 취소(978조) 등이 그 예이다.

(3) 취소와 구별하여야 할 개념 A-250

1) 철 회 철회는 아직 효력을 발생하고 있지 않은 의사표시를 종국적으로 효력이 발생하지 않게 하거나(예: 청약의 철회) 또는 일단 발생한 의사표시의 효력을 장래에 향하여 소멸시키는 표의자의 일방적 행위(예: 7조·16조·134조·1108조·1110조)이다.

2) 해 제 해제는 일단 유효하게 성립한 「계약」의 효력을 당사자 일방(해제권자)의 의사표시에 의하여 그 계약이 처음부터 없었던 것과 같은 상태로 돌아가게 하는 것이다. 해제는 법률규정(채무불이행 기타 사유) 또는 당사자의 해제권 약정이 있는 경우에 허용된다.

Ⅱ. 취 소 권 A-251

1. 의의 및 성질

취소의 의사표시가 있으면 법률행위는 소급하여 무효로 된다. 여기서 취소할 수 있는 지위는 하나의 권리라고 볼 수 있다. 그런데 취소권은 일방적 의사표시에 의하여 법률관계의 변동을 일으키므로 일종의 형성권이다.

2. 취소권자

법률행위의 취소는 무효와 달리 일정한 자, 즉 취소권자만이 행할 수 있다. 민법은 제140조에서 취소권자를 규정하고 있다. 그 규정에 의한 취소권자를 나누어 설명한다.

(1) 제한능력자

제한능력자는 그가 행한 취소할 수 있는 행위를 단독으로 취소할 수 있다. 그리고 이 제한능력자의 취소는 제한능력을 이유로 취소할 수 없다(이설 없음).

(2) 착오로 인하여 의사표시를 한 자

(3) 사기 · 강박에 의하여 의사표시를 한 자

(4) 대 리 인

제한능력자와 착오·사기·강박에 의하여 의사표시를 한 자의 임의대리인과 법정대리인이다. 취소도 법률행위이므로 이는 대리인도 할 수 있다. 다만, 임의대리인이 행한 대리행위에 관하여 취소원인이 있는 경우에 그 취소권은 대리인이 아니고 본인에게 속하므로, 임의대리인이 취소를 하려면 다시 본인으로부터 그에 관하여 대리권이 수여되어야 한다. 그러나 제한능력자의 법정대리인은 자신의 고유한 취소권이 있다. 그런데 제한능력자의 법정대리인은 제한능력자가 제한능력자로 있는 동안에만 취소권을 가지며, 제한능력자가 행위능력을 회복한 뒤에는 설사 법률행위를 취소할 수 있는 기간이 남아 있더라도 취소권이 없다.

(5) 승 계 인

제한능력자 또는 착오·사기·강박에 의하여 의사표시를 한 자로부터 취소권을 승계한 자이다. 포괄승계인과 특정승계인을 나누어 보기로 한다.

1) 포괄승계인 상속인이나 합병된 회사와 같은 포괄승계인은 당연히 피승계인의 취소권을 승계하며, 따라서 취소권을 행사할 수 있다.

2) 특정승계인 특정승계인도 취소권을 승계하는가에 관하여는 일반적으로 긍정하는 것이 다수설이다.

A-252

3. 취소의 방법

(1) 취소의 의사표시

취소는 취소권자의 일방적인 의사표시에 의하여 행한다. 이 취소의 의사표시의 방식에 관하여는 제한이 없다. 따라서 반드시 재판상 행하여야 할 필요는 없다(구두변론기일에 변론으로 할 수도 있다. 대판 1961. 11. 9, 4293민상883). 또한 명시적으로뿐만 아니라 묵시적으로도 할 수 있다. 법률행위의 취소를 당연한 전제로 한 소송상의 이행청구(가령 소유권이전등기 말소청구)나 이를 전제로 한 이행거절이 있으면, 그것에는 취소의 의사표시가 포함되어 있다고 볼 것이다(대판 1993. 9. 14, 93다13162).

어떤 계약을 체결한 당사자 쌍방이 각기 그 계약을 취소하는 의사표시를 하였더라도 그 취소사유가 없는 경우에는 그 계약은 효력을 잃게 되지 않는다(대판 1994. 7. 29, 93다58431 참조).

(2) 일부취소

법률행위의 일부무효(137조)와 달리 일부취소에 관하여는 민법에 규정이 없다. 그렇지만 이를 인정하여야 하며(이설 없음), 거기에는 일부무효의 법리를 적용하여야 한다. 판례도, 하나의 법률행위의 일부분에만 취소사유가 있는 경우에 그 법률행위가 가분적이거나 그 목적물의 일부가 특정될 수 있다면, 나머지 부분이라도 이를 유지하려는 당사자의 가정적 의사가 인정되는 때에는 그 일부만의 취소도 가능하다고 할 것이고, 그 일부의 취소는 법률행위의 일부에 관하여 효력이 생긴다고 하여(대판 1998. 2. 10, 97다44737[핵심판례 58면]; 대판 2002. 9. 10, 2002다21509 등), 같은 태도를 취하고 있다. 나아가 판례는, 여러 개의 계약(가령 임차권양도계약 및 권리금계약)이 전체적으로 경제적·사실적으로 일체로서 행하여진 것으로 그 하나가 다른 하나의 조건이 되어 어느 하나의 존재 없이는 당사자가 다른 하나를 의욕하지 않았을 것으로 보이는 경우 등에는, 하나의 계약에 대한 기망 취소의 의사표시는 법률행위의 일부무효이론과 궤를 같이하는 법률행위 일부취소의 법리에 따라 전체 계약에 대한 취소의 효력이 있다고 한다(대판 2013. 5. 9, 2012다115120).

(3) 취소의 상대방

민법은 제142조에서 「취소할 수 있는 법률행위의 상대방이 확정한 경우에는 그 취소는 그 상대방에 대한 의사표시로 하여야 한다」고 규정한다. 이것의 의미는 법률행위의 상대방이 특정되어 있는 경우, 즉 계약 또는 특정한 상대방에 대한 단독행위에 있어서는 취소의 의사표시는 그 특정되어 있는 상대방에 대하여 하여야 한다는 것이다. 그리하여, 예컨대 A가 B에게 속아 그의 토지를 B에게 헐값으로 싸게 팔았고, 그 후 B가 C에게 토지를 판 경우에도, A는 전득자인 C가 아니고 상대방인 B에게 취소하여야 한다.

4. 취소의 효과 A-253

(1) 취소의 소급효

법률행위가 취소되면 취소된 법률행위는 처음부터, 즉 소급적으로 무효였던 것으로 된다(141조 본문). 민법 제141조 본문은 「취소된 법률행위는 처음부터 무효인 것으로 본다」고 하여, 무효로 간주(의제)하고 있다. 그러나 그것은 취소의 법률효과를 그와 같이 하겠다는 의미에 지나지 않으며, 따라서 사실관계를 어떤 모습으로 단정짓는 일반적인 간주(의제)와는 다르다.

이러한 취소의 소급적 무효의 효과는 제한능력을 이유로 하는 취소에 있어서는 제 3 자에게도 주장할 수 있는 절대적인 것이나, 착오 · 사기 · 강박을 이유로 한 경우에는 선의의 제 3 자에 대하여는 주장할 수 없는 상대적인 것이다(109조 2항 · 110조 3항).

(2) 취소의 소급효의 구체적인 내용 A-254

법률행위가 취소되면 그 행위는 무효로 되므로, 그것이 채권행위인 때에는 채권은 발생하지 않고, 따라서 이행할 필요가 없다. 물권행위인 때에는 물권변동은 일어나지 않았던 것으로 된다. 채권행위가 있고 그 이행으로서 물권행위가 행하여진 경우에, 채권행위가 취소되면 물권행위도 효력을 잃게 되는지는 — 법률행위의 무효에서도 언급한 것처럼 — 물권행위를 무인행위로 보는지에 따라 다르다(물권법에서 논의한다. B-36·37 참조). 취소된 법률행위에 기하여 이미 이행이 된 때에는 급부한 것이 부당이득으로서 반환되어야 한다(741조 이하). 다만, 민법은 제한능력자의 반환범위에 관하여는 특별히 규정하고 있다(141조 단서).

다른 취소권자와 달리 제한능력자는 그의 행위로 인하여 「받은 이익이 현존하는 한도」에서 상환할 책임이 있다. 제한능력자가 악의라도 그렇다(748조 참조). 이는 제한능력자 보호를 위하여 반환범위를 현존이익에 한정한 것이다.

한편 제한능력자에 대한 이러한 특별취급은 제한능력을 이유로 취소한 경우에만 인정된다고 하여야 한다. 따라서 가령 제한능력자가 법정대리인의 동의를 얻어 법률행위를 하면서 상대방으로부터 사기를 당하여 취소한 때에는 제141조 단서가 적용되지 않는다.

판 례 미성년자가 신용카드 이용계약을 취소한 경우의 효과

「미성년자가 신용카드 발행인과 사이에 신용카드 이용계약을 체결하여 신용카드거래를 하다가 신용카드 이용계약을 취소하는 경우 미성년자는 그 행위로 인하여 받은 이익이 현존하는 한도에서 상환할 책임이 있는바(민법 제141조), 신용카드 이용계약이 취소됨에도 불구하고 신용카드 회원과 해당 가맹점 사이에 체결된 개별적인 매매계약은 특별한 사정이 없는 한 신용카드 이용계약 취소와 무관하게 유효하게 존속한다 할 것이고, 신용카드 발행인이 가맹점들에 대하여 그 신용카드 사용대금을 지급한 것은 신용카드 이용계약과는 별개로 신용카드 발행인과 가맹점 사이에 체결된 가맹점 계약에 따른 것으로서 유효하므로, 신용카드 발행인의 가맹점에 대한 신용카드 이용대금의 지급으로써 신용카드 회원은 자신의 가맹점에 대한 매매대금 지급채무를 법률상 원인 없이 면제받는 이익을 얻었으며, 이러한 이익은 금전상의 이득으로서 특별한 사정이 없는 한 현존하는 것으로 추정된다 할 것이다.」(대판 2005. 4. 15, 2003다60297·60303·60310·60327)

위의 판결은 미성년자가 신용카드 이용계약만 취소한 경우에 관한 것이다. 그에 비하여 미성년자가 신용카드 이용계약 외에 개별 신용구매계약을 취소할 수 있는가에 관하여, 대법원은 그것이 원칙적으로는 신의칙에 반하지 않으나 일정한 경우에는 허용되지 않는다고 한다(대판 2007. 11. 16, 2005다71659·71666·71673[핵심판례 18면])(그 점 및 그 경우의 효과에 대하여 자세한 점은 민법총칙, [103]·[105] 참조).

Ⅲ. 취소할 수 있는 행위의 추인 A-255

1. 의 의

취소할 수 있는 행위의 추인은 취소할 수 있는 법률행위를 취소하지 않겠다고 하는 의사표시이다. 즉 여기의 추인은 취소권의 포기이며, 이러한 추인에 의하여 취소할 수 있는 행위는 확정적으로 유효하게 된다. 추인은 상대방 있는 단독행위이다.

2. 추인의 요건

(1) 추인권자가 추인을 하여야 한다. 추인권자는 취소권자와 같다(143조).

(2) **추인은 취소의 원인이 소멸된 후에 하여야 한다**(144조 1항). 즉 제한능력자는 능력자가 된 뒤에, 착오·사기·강박에 의하여 의사표시를 한 자는 착오·사기·강박의 상태에서 벗어난 뒤에 하여야 한다. 취소원인이 소멸되기 전에 한 추인은 추인으로서 효력이 없다(대판 1982. 6. 8, 81다107). 그러나 법정대리인 또는 후견인(후견인 중에 대리권이 없는 자도 있어서 후견인을 별도로 나열하였음)은 언제라도 추인을 할 수 있다(144조 2항). 그리고 제한능력자 가운데 미성년자와 피한정후견인은 능력자가 되기 전이라도 법정대리인 또는 후견인의 동의를 얻어서 추인을 할 수 있다고 하여야 한다(5조·13조 참조)(통설임).

(3) **당해 행위가 취소할 수 있는 것임을 알고서 하여야 한다**(판례도 동지. 대판 1997. 5. 30, 97다2986). 이는 명문규정은 없으나 당연한 것이다.

3. 추인방법

취소에 있어서와 같다(143조 2항·142조).

4. 추인의 효과

추인이 있으면 다시는 취소할 수 없으며(143조 1항), 그 결과 법률행위는 유효한 것으로 확정된다.

판 례 취소 후의 추인

「취소한 법률행위는 처음부터 무효인 것으로 간주되므로 취소할 수 있는 법률행위가 일단 취소된 이상 그 후에는 취소할 수 있는 법률행위의 추인에 의하여 이미 취소되어 무효인 것으로 간주된 당초의 의사표시를 다시 확정적으로 유효하게 할 수는 없고, 다만 무효인 법률행위의 추인의 요건과 효력으로서 추인할 수는 있으나, 무효행위의 추인은 그 무효원인이 소멸한 후에 하여야 그 효력이 있는 것이다. … 무효원인이 소멸한 후란 것은 … 취소의 원인이 종료된 후 … 라고 보아야 할 것이다.」(대판 1997. 12. 12, 95다38240)

A-256 Ⅳ. 법정추인

1. 의 의

민법은 취소할 수 있는 행위에 관하여 일정한 사실이 있는 때에는 법률상 당연히 추인이 있었던 것으로 의제(간주)하고 있는데(145조), 이를 법정추인이라고 한다.

2. 법정추인의 요건

(1) 다음 중 어느 하나의 사유가 존재하여야 한다(145조).

1) 전부나 일부의 이행 취소할 수 있는 행위에 의하여 생긴 채무의 전부나 일부를 취소권자가 이행하거나 상대방이 이행한 경우이다(통설임)(대판 1996. 2. 23, 94다58438은 취소할 수 있는 법률행위로부터 생긴 채무의 이행을 위하여 발행한 여러 장의 당좌수표 중 일부가 지급된 경우에 나머지 수표금 채무까지 법정추인된 것으로는 볼 수 없다고 한다. 매 수표의 발행행위는 각각 독립된 별개의 법률행위라는 이유에서이다).

2) 이행의 청구 이는 취소권자가 청구한 때만이고, 상대방이 청구한 때는 제외된다.

3) 경 개 경개(更改)는 취소할 수 있는 행위에 의하여 생긴 채권 또는 채무를 소멸시키고 그에 대신하여 다른 채권이나 채무를 발생하게 하는 계약이다(500조 이하). 취소권자가 경개를 채권자로서 하느냐 채무자로서 하느냐는 묻지 않는다.

4) 담보의 제공 취소권자가 채무자로서 담보를 제공하거나 채권자로서 담보제공을 받는 경우이다. 담보는 물적 담보(질권·저당권 등)이든 인적 담보(보증인)이든 상관없다.

5) 취소할 수 있는 행위로 취득한 권리의 전부나 일부의 양도 이 양도는 취소권자가 하는 경우에 한한다. 그리고 취소할 수 있는 행위로 취득한 권리 위에 제한적 권리(제한물권·임차권 등)를 설정하는 것도 포함된다.

6) 강제집행 취소권자가 채권자로서 집행하거나 채무자로서 집행받는 경우를 포함한다(통설임).

A-257 (2) 위의 사유가 추인할 수 있는 후에, 즉 취소의 원인이 소멸된 후에 행하여졌어야 한다(145조 본문). 다만, 미성년자·피한정후견인이 법정대리인 또는 후견인의 동의를 얻어서 이들 행위를 하였거나 법정대리인 또는 후견인 자신이 이들 행위를 한 경우에는, 취소원인이 소멸되기 전에 하였을지라도 법정추인이 된다(145조 본문·144조 2항).

(3) 취소권자가 이의를 보류하지 않았어야 한다(145조 단서).

(4) 그 밖에 취소권자에게 추인의 의사가 있을 필요가 없고, 또 취소권의 존재를 알고 있을 필요도 없다.

3. 효　　과

이들 요건이 갖추어지면 추인이 있었던 것과 같은 효과가 생긴다(145조 본문). 그리하여 취소할 수 있는 행위는 유효한 것으로 확정된다.

V. 취소권의 단기소멸 A-258

(1) 민법규정 및 그 취지

민법은 제146조에서 취소권의 단기의 존속기간을 규정하고 있다. 이는 취소할 수 있는 법률행위에 관하여 법률관계를 가능한 한 빨리 확정하고 상대방을 불안정한 지위에서 벗어날 수 있도록 하기 위한 것이다.

(2) 취소권의 존속기간

취소권은 추인할 수 있는 날로부터 3년 내에, 법률행위를 한 날로부터 10년 내에 행사하여야 한다(146조).

여기서 「추인할 수 있는 날」이라 함은 「취소의 원인이 소멸된 날」을 의미한다(144조 1항). 판례는 이를 좀더 상세하게 표현하여 「취소의 원인이 종료되어 취소권 행사에 관한 장애가 없어져서 취소권자가 취소의 대상인 법률행위를 추인할 수도 있고 취소할 수도 있는 상태가 된 때」를 가리킨다고 한다(대판 1998. 11. 27, 98다7421. 대판 1997. 6. 27, 97다3828은 「취소의 원인이 종료한 후」라고 한다). 그 결과 3년의 기간의 기산점은 제한능력·착오·사기·강박의 상태에서 벗어난 때이다. 물론 그 시점 이전에도 취소권자가 취소를 할 수는 있으나(예: 제한능력자의 취소), 취소권의 소멸시점은 기산점으로부터 3년의 기간이 만료한 때이다.

위의 두 기간(3년; 10년) 가운데 어느 하나라도 만료하면 취소권은 소멸한다.

(3) 기간의 성질 A-259

제146조가 규정하는 기간은 제척기간이라고 새기는 데 학설이 일치하고 있으며, 판례도 같다(대판 1996. 9. 20, 96다25371 등). 따라서 그 기간이 지났는지 여부는 당사자의 주장에 관계 없이 법원이 당연히 조사하여 고려하여야 할 사항이다(대판 1996. 9. 20, 96다25371).

(4) 취소권의 행사로 발생한 부당이득 반환청구권의 존속기간

취소할 수 있는 법률행위에 기하여 이행을 한 후에 취소권 행사가 있으면 부당이득 반환청구권이 발생하는데, 그 권리가 언제까지 존속하는지가 문제된다. 여기에 관하여 학설은 i) 제146조의 기간 내에 행사하여야 한다는 견해와 ii) 취소한 때로부터 10년의 소멸시효에 걸린다고 하는 견해(사견도 같음)로 나뉘어 있다. 그리고 판례는, 취소권 행사에 관한 판결은 없고, 환매권 행사에 관하여 환매권의 행사로 발생한 소유권이전등기 청구권은 환매권을 행사한 때로부터 10년의 소멸시효에 걸린다고 한다(대판 1992. 10. 13, 92다4666 등).

제11절 법률행위의 부관(조건과 기한)

학습의 길잡이

본절은 법률행위의 부관 중 조건과 기한에 관하여 설명한다. 조건과 기한은 법률행위의 효력을 발생·소멸시키거나(조건·기한) 채무이행의 시기를 정하기 위해(기한의 경우) 법률행위에 덧붙인 사적자치적 결정이며, 법률행위의 특별효력요건에 해당한다.

조건·기한은 그것 자체가 의미를 갖기보다는 법률행위의 일부의 문제가 된다. 그리고 기한 가운데 채무이행의 시기를 정하는 것은 채무불이행의 판단에 직접 영향을 미친다.

제1관 서 설

A-260 I. 서 설

법률행위의 부관(附款)이란 법률행위의 효과를 제한하기 위하여 법률행위의 내용으로서 덧붙여지는 약관(사적 자치적인 결정)이다. 이것은 법률행위 당시에 당사자 쌍방(원칙적인 경우) 또는 일방의 의사에 의하여 법률행위의 내용으로 덧붙여진다.

이러한 법률행위의 부관에는 조건 · 기한 · 부담의 세 가지가 있다. 그런데 민법은 이들 가운데 조건과 기한에 관하여서만 일반적 규정을 두고 있고, 부담과 관련하여서는 부담부 증여(561조)와 부담부 유증(1088조)만을 특별히 규정하고 있다. 그래서 여기서는 조건과 기한에 관하여만 보기로 한다.

제2관 조 건

A-261 I. 조건의 의의

조건이란 법률행위의 효력의 발생 또는 소멸을 장래의 불확실한 사실의 성취(발생) 여부에 의존하게 하는 법률행위의 부관이다(조건은 법률행위 내용의 일부를 구성한다. 대판 2021. 1. 14, 2018다223054). 「결혼하면 집을 한 채 주겠다」거나, 「취직할 때까지 생활비를 대주겠다」는 계약을 맺은 경우에, 결혼하면 증여계약의 효력이 생기게 한다는 약정, 취직하면 생활비 지급을 중지한다는 약정이 조건이다.

1) 조건은 법률효과의 발생 또는 소멸에 관한 약관이며, 성립에 관한 것이 아니다.

2) 조건이 되는 사실은 장래의 것이어야 하고, 또 실현 여부가 불확실한 것이어야 한다. 장래의 사실이라도 반드시 실현되는 것이면 실현되는 시기가 비록 확정되지 않더라도 기한이지 조건이 아니다(대판 2018. 6. 28, 2018다201702).

3) 조건은 법률행위의 부관인 만큼 당사자가 사적 자치에 의하여(즉 그의 의사에 의하여) 덧붙인 것이어야 한다(통설·판례도 동지임. 대판 2003. 5. 13, 2003다10797 등). 따라서 법률행위의 효력발생을 위하여 법률이 요구하는 요건인 법정조건은 조건이 아니다. 한편 조건을 붙이고자 하는 의사는 법률행위의 내용으로 외부에 표시되어야 하는데(대판 2020. 7. 9, 2020다202821), 의사표시의 방법에 관하여 일정한 방식이 요구되지 않으므로 묵시적 의사표시나 묵시적 약정으로도 할 수 있다(대판 2018. 6. 28, 2016다221368).

4) 어느 법률행위에 어떤 조건이 붙어 있는지 아닌지는 사실인정의 문제로서 그 조건의 존재를 주장하는 자가 이를 증명하여야 한다(대판 2006. 11. 24, 2006다35766. 정지조건부 법률행위에 해당한다는 사실은 그 법률행위로 인한 법률효과의 발생을 저지하는 사유로서 그 법률효과의 발생을 다투려는 자에게 주장·증명책임이 있다고 한 판례: 대판 1993. 9. 28, 93다20832).

판 례 조건의 요건/조건이 아닌 예

(ㄱ) 「조건은 법률행위의 효력의 발생 또는 소멸을 장래의 불확실한 사실의 성부에 의존케 하는 법률행위의 부관으로서 당해 법률행위를 구성하는 의사표시의 일체적인 내용을 이루는 것이므로, 의사표시의 일반원칙에 따라 조건을 붙이고자 하는 의사 즉 조건의사와 그 표시가 필요하며, 조건의사가 있더라도 그것이 외부에 표시되지 않으면 법률행위의 동기에 불과할 뿐이고 그것만으로는 법률행위의 부관으로서의 조건이 되는 것은 아니다.」(대판 2003. 5. 13, 2003다10797)

(ㄴ) 「제작물공급계약의 당사자들이 보수의 지급시기에 관하여 "수급인이 공급한 목적물을 도급인이 검사하여 합격하면, 도급인은 수급인에게 그 보수를 지급한다"는 내용으로 한 약정은 도급인의 수급인에 대한 보수지급의무와 동시이행관계에 있는 수급인의 당연한 목적물 인도의무를 확인한 것에 불과하므로, 법률행위의 일반적인 효과를 제한하기 위하여 법률행위의 효력 발생을 장래의 불확실한 사실의 성부에 의존하게 하는 법률행위의 부관인 조건에 해당하지 아니할 뿐만 아니라, 설령 조건에 해당한다 하더라도 검사에의 합격 여부는 도급인의 일방적인 의사에만 의존하지 않고 그 목적물이 계약내용대로 제작된 것인지 여부에 따라 객관적으로 결정되는 것이므로 순수수의조건에 해당하지는 않는다.」(대판 2006. 10. 13, 2004다21862)

(ㄷ) 「특정 법률행위에 관하여 어떠한 사실이 그 효과의사의 내용을 이루는 조건이 되는지와 해당 조건의 성취 또는 불성취로 말미암아 법률행위의 효력이 발생하거나 소멸하는지는 모두 법률행위 해석의 문제이다.」(대판 2021. 1. 14, 2018다223054)

A-262 **Ⅱ. 조건의 종류**

(1) 정지조건 · 해제조건

이는 가장 기본적이고도 중요한 분류이다. 정지조건은 법률행위의 효력의 발생을 장래의 불확실한 사실에 의존하게 하는 조건이고, 해제조건은 법률행위의 효력의 소멸을 장래의 불확실한 사실에 의존하게 하는 조건이다. 앞에서 들었던 예 가운데 「결혼하면 집을 한 채 주겠다」는 계약은 정지조건부 계약이고, 「취직할 때까지 생활비를 대주겠다」는 계약은 해제조건부 계약이다.

판 례 정지조건·해제조건에 관한 예

(ㄱ) 정지조건부 법률행위로 인정한 경우

① 관할청의 허가를 받는 것을 조건으로 한 사찰 소유 부동산임대계약(대판 1981. 9. 22, 80다2586).

② 임대차계약에 있어서 임대인이 제소전 화해 신청을 하고 임차인은 반드시 이 화해에 응하여야 하며 제소전 화해조서가 작성됨으로써 그 효력이 발생하기로 약정한 경우에는, 그 임대차계약은 제소전 화해조서가 작성됨을 조건으로 하는 정지조건부 계약이라고 해야 하고 해제조건부 계약이라고 할 수는 없다(대판 1990. 11. 13, 90다카24731 · 24748).

③ 동산의 매매계약을 체결하면서, 매도인이 대금을 모두 지급받기 전에 목적물을 매수인에게 인도하지만 대금이 모두 지급될 때까지는 목적물의 소유권은 매도인에게 유보되며 대금이 모두 지급된 때에 그 소유권이 매수인에게 이전된다는 내용의 이른바 소유권유보의 특약을 한 경우, 목적물의 소유권을 이전한다는 당사자 사이의 물권적 합의는 매매계약을 체결하고 목적물을 인도한 때 이미 성립하지만 대금이 모두 지급되는 것을 정지조건으로 하는 행위이다(대판 2010. 2. 11, 2009다93671 등).

(ㄴ) 해제조건부 법률행위로 인정한 경우

① 토지를 매매하면서 그 토지 중 공장부지 및 그 진입도로부지에 편입되지 않을 부분 토지를 매도인에게 원가로 반환한다는 약정은, 공장부지 및 진입도로로 사용되지 아니하기로 확정된 때에는 그 부분 토지에 관한 매매는 해제되어 원상태로 돌아간다는 일종의 해제조건부 매매라고 봄이 상당하고, 그 환원에 당사자의 의사표시를 필요로 하는 조건부 환매계약이라고 볼 수 없다(대판 1981. 6. 9, 80다3195).

② 주택건설을 위한 토지매매계약에 앞서 당사자의 협의에 의하여 건축허가를 필할 때 매매계약이 성립하고 건축허가신청이 불허되었을 때에는 이를 무효로 한다는 약정 아래 이루어진 본건 계약은 해제조건부 계약이다(대판 1983. 8. 23, 83다카552).

(2) 적극조건 · 소극조건

조건이 되는 사실이 현재의 상태의 변경인 경우(가령 내가 취직을 한다면, 내년에 홍수가 난다면 등)를 적극조건이라고 하고, 현재의 상태의 불변경인 경우(가령 내가 취직을 하지 않는다면, 내년에 홍수가 나지 않는다면 등)를 소극조건이라고 한다.

(3) 수의조건(隨意條件) · 비수의조건(非隨意條件) A-263

이는 조건이 되는 사실이 당사자의 의사와 어떤 관계에 있는가에 의한 분류이다.

1) 수의조건 조건사실의 실현 여부가 당사자의 일방적인 의사에 의존하는 조건이다. 수의조건에는 다음의 두 가지가 있다.

(가) **순수 수의조건** 조건사실의 실현 여부가 당사자 일방의 의사에만 의존하는 조건이다. 「내 마음이 내키면 집 한 채를 주겠다」는 것이 그 예이다. 이러한 순수 수의조건이 붙어 있는 법률행위의 유효성에 관하여 학설은 언제나 무효라는 견해부터 언제나 유효하다는 견해까지 다양한 모습을 보이고 있다(민법총칙 [252] 참조).

(나) **단순 수의조건** 결국은 당사자 일방의 의사에 의하여 결정되지만, 조건을 성취시키려는 의사 외에 의사결정에 의한 사실상태도 성립하여야 하는 경우의 조건이다. 「내가 카메라를 한 대 더 사면 이 카메라를 너에게 주겠다」는 것이 그 예이다.

2) 비수의조건 조건사실의 실현 여부가 당사자의 일방적 의사에만 의존하지는 않는 조건이다. 이에는 다음의 두 가지가 있다.

(가) **우성조건**(偶成條件) 조건사실의 실현 여부가 당사자의 의사와는 관계 없이 자연적인 사실이나 제 3 자의 의사나 행위에 의존하는 조건이다. 「내년에 홍수가 난다면」이 그 예이다.

(나) **혼성조건**(混成條件) 조건사실의 실현 여부가 당사자 일방의 의사 외에 제 3 자의 의사에도 의존하는 조건이다. 「네가 A와 결혼한다면」이 그 예이다.

(4) 가장조건(假裝條件) A-264

겉으로 보기에는 조건이지만 실질적으로는 조건으로서의 효력이 인정되지 않는 것이다. 가장조건에는 다음의 것들이 있다.

1) 법정조건(法定條件) 민법 기타의 법률은 때로 법률행위가 효력을 발생하기 위하여 일반적인 요건 외에 추가로 더 갖추어야 하는 요건 내지 사실을 규정하기도 한다. 그러한 요건을 법정조건이라고 한다. 법인설립행위에 있어서 주무관청의 허가, 유증에 있어서 수증자의 생존, 학교법인(사립학교의 경우)의 기본재산 처분에 있어서 관할청의 허가(사립학교법 28조) 등이 그 예이다. 이러한 법정조건은 조건이 아니다.

2) 기성조건(旣成條件) 조건사실이 법률행위 당시에 이미 성립하고 있는 경우이다. 본래 조건은 성립(실현) 여부가 객관적으로 불확실한 장래의 사실에 의존하는 것이므로, 기성조건은 진정한 의미의 조건이 아니다. 이러한 기성조건이 정지조건이면 조건 없는 법률행위가 되고, 해제조건이면 그 법률행위는 무효이다(151조 2항).

3) 불법조건 조건이 선량한 풍속 기타 사회질서에 위반하는 경우가 불법조건이다. 불법조건이 붙어 있는 법률행위는 무효이다(151조 1항). 불법조건만 무효인 것이 아니고 법률 A-265

행위 자체가 무효로 된다. 판례도 같다(대결 2005. 11. 8, 2005마541 등).

4) 불능조건 이는 객관적으로 실현이 불가능한 사실을 내용으로 하는 조건이다. 불능조건이 정지조건으로 되어 있는 법률행위는 무효이고, 불능조건이 해제조건으로 되어 있는 법률행위는 조건 없는 법률행위가 된다(151조 3항).

A-266 Ⅲ. 조건을 붙일 수 없는 법률행위

(1) 의 의

법률행위에는 원칙적으로 조건을 붙일 수 있다. 그러나 조건 부가의 자유는 사적 자치에 있어서보다는 더 제한된 범위에서만 인정될 수밖에 없다. 왜냐하면 조건이 붙게 되면 법률행위의 효력이 불안정하게 되고, 따라서 불안정을 꺼리는 법률행위에는 조건을 붙일 수 없게 하여야 하기 때문이다. 조건을 붙일 수 없는 그러한 행위는 「조건과 친하지 않은 행위」라고도 한다.

(2) 구체적인 예

법률행위 가운데 조건을 붙일 수 없음이 명문으로 규정되어 있는 경우도 있다(예: 493조 1항의 상계). 그러나 명문규정이 없더라도, 그 효과가 즉시 확정적으로 발생하거나 또는 확정적으로 존속할 것이 요구되는 법률행위에는 조건을 붙일 수 없다. 구체적인 예를 살펴본다.

1) 친족법 · 상속법상의 행위 혼인·인지·이혼·입양·파양·상속의 승인 및 포기와 같은 친족법·상속법상의 행위에는 조건을 붙이지 못한다. 그러나 유언에는 조건을 붙일 수 있도록 하고 있다(1073조 2항).

2) 어음행위 · 수표행위 어음·수표가 문언증권(文言證券)으로서 그 유통의 안전을 확보하려면 어음행위·수표행위의 효력이 즉시 확정적으로 발생하여야 한다. 그리하여 어음행위·수표행위에는 조건을 붙이는 것이 허용되지 않는다(어음법 1조 2호·75조 2호, 수표법 1조 2호).

3) 단독행위 단독행위에 조건을 붙이게 하면 상대방의 지위가 지나치게 불안정하게 되므로 단독행위에는 원칙적으로 조건을 붙이지 못한다. 즉 명문규정이 있는 상계(493조 1항)뿐만 아니라 취소·추인·계약의 해제 해지 등 상대방 있는 단독행위에는 일반적으로 조건을 붙일 수 없다. 그러나 상대방의 동의가 있거나 또는 상대방을 특별히 불리하게 하지 않을 때에는 예외이다(이설 없음). 그리하여 상대방에게 이익이 되는 채무면제나 유증에는 조건을 붙일 수 있다.

(3) 위반한 경우의 효과

조건을 붙일 수 없는 행위에 조건을 붙인 경우의 효과에 관하여 특별히 규정하고 있는 때도 있다(어음법 12조 1항·77조 1항, 수표법 15조 1항 등). 그러한 때에는 물론 법률이 정하고 있는 효과가 인정된다

(위의 예에서는 조건만 무효가 됨). 그런데 명문규정이 없는 경우에는 일부무효의 법리가 적용된다고 하여야 한다.

Ⅳ. 조건의 성취와 불성취 A-267

(1) 의 의

조건부 법률행위의 효력은 조건사실(장래의 불확실한 사실)의 실현 여부에 좌우되는데, 그 조건사실의 실현·불실현이 확정되는 것을 조건의 성취·불성취라고 한다.

(2) 조건의 부당한 불성취 및 성취의 효과

조건의 성취에 의하여 불이익을 입게 될 자가 부당하게 조건성취를 방해하여 불성취하게 하거나, 조건의 성취로 이익을 얻게 될 자가 부당하게 조건을 성취하게 한 경우가 있을 수 있다. 그러한 경우에도 조건의 불성취 또는 성취를 인정할 것인지가 문제된다.

1) 조건의 부당한 불성취 조건의 성취로 인하여 불이익을 입게 될 당사자가 신의성실에 반하여 조건의 성취를 방해한 때에는, 상대방은 그 조건이 성취한 것으로 주장할 수 있다(150조 1항). 여기서 말하는 「조건의 성취를 방해한 때」란 사회통념상 일방 당사자의 방해행위가 없었더라면 조건이 성취되었을 것으로 볼 수 있음에도 방해행위로 인하여 조건이 성취되지 못한 정도에 이르러야 하고, 방해행위가 없었더라도 조건의 성취가능성이 현저히 낮은 경우까지 포함되는 것은 아니다(대판 2022. 12. 29, 2022다266645).

판 례 조건성취를 방해한 경우 등

(ㄱ) 상대방이 하도급받은 부분에 대한 공사를 완공하여 준공필증을 제출하는 것을 정지조건으로 하여 공사대금채무를 부담하거나 위 채무를 보증한 사람은 위 조건의 성취로 인하여 불이익을 받을 당사자의 지위에 있다고 할 것이므로, 이들이 위 공사에 필요한 시설을 해주지 않았을 뿐만 아니라 공사장에의 출입을 통제함으로써 위 상대방으로 하여금 나머지 공사를 수행할 수 없게 하였다면, 그것이 고의에 의한 경우만이 아니라 과실에 의한 경우에도 신의성실에 반하여 조건의 성취를 방해한 때에 해당한다고 할 것이므로, 그 상대방은 민법 제150조 제 1 항의 규정에 의하여 위 공사대금채무자 및 보증인에 대하여 그 조건이 성취된 것으로 주장할 수 있다고 한 사례(대판 1998. 12. 22, 98다42356).

(ㄴ) 「민법 제150조 제 1 항은 계약 당사자 사이에서 정당하게 기대되는 협력을 신의성실에 반하여 거부함으로써 계약에서 정한 사항을 이행할 수 없게 된 경우에 유추적용될 수 있다. 그러나 민법 제150조 제 1 항이 방해행위로 조건이 성취되지 않을 것을 요구하는 것과 마찬가지로, 위와 같이 유추적용되는 경우에도 단순한 협력 거부만으로는 부족하고 이 조항에서 정한 방해행위에 준할 정도로 신의성실에 반하여 협력을 거부함으로써 계약에서

정한 사항을 이행할 수 없는 상태가 되어야 한다. 또한 민법 제150조는 사실관계의 진행이 달라졌더라면 발생하리라고 희망했던 결과를 의제하는 것은 아니므로, 이 조항을 유추적용할 때에도 조건 성취 의제와 직접적인 관련이 없는 사실관계를 의제하거나 계약에서 정하지 않은 법률효과를 인정해서는 안 된다.」(대판 2021. 1. 14, 2018다223054)

상대방이 조건성취를 주장하는 경우에 어느 시점을 표준으로 하여 조건성취가 된 것처럼 다루어져야 하는지가 문제된다. 여기에 관하여 판례는 「신의성실에 반하는 행위가 없었더라면 조건이 성취되었으리라고 추산되는 시점」이라고 한다(대판 1998. 12. 22, 98다42356).

2) 조건의 부당한 성취 조건의 성취로 인하여 이익을 얻게 될 당사자가 신의성실에 반하여 조건을 성취시킨 때에는, 상대방은 그 조건이 성취하지 않은 것으로 주장할 수 있다(150조 2항). 어떤 경우에 신의성실에 반하는지에 관하여 판례는, 당사자들이 조건을 약정할 당시에 미처 예견하지 못했던 우발적인 상황에서 상대방의 이익에 대해 적절히 배려하지 않거나 상대방이 합리적으로 신뢰한 선행행위와 모순된 태도를 취함으로써 형평에 어긋나거나 정의관념에 비추어 용인될 수 없는 결과를 초래하는 경우에 그렇다고 한다(대판 2021. 3. 11, 2020다253430 등).

A-268 Ⅴ. 조건부 법률행위의 효력

1. 조건의 성취 여부 확정 전의 효력

(1) 기대권으로서의 조건부 권리

조건의 성취 여부가 확정되기 전에는 당사자 일방은 조건의 성취로 일정한 이익을 얻게 될 기대를 가진다. 민법은 이러한 기대 내지 희망을 일종의 권리로서 보호하고 있다. 이 권리를 조건부 권리라고 하는데, 이는 기대권의 일종이다.

(2) 조건부 권리의 보호

1) 침해의 금지 조건부 권리의 의무자는 조건의 성취 여부가 미정한 동안에 조건의 성취로 인하여 생길 상대방의 이익을 침해하지 못한다(148조). 예컨대 네가 결혼하면 내가 지금 살고 있는 집을 주겠다고 한 경우에, 그 집을 고의나 과실로 멸실시키거나 타인에게 매도한 때에는, 수증자의 조건부 권리를 증여자가 침해한 것이 된다. 이처럼 의무자가 조건부 권리를 침해한 때에는 의무자에게 손해배상책임이 생긴다.

만약 제3자가 조건부 권리를 침해한 경우에는 물론 불법행위책임이 성립한다(이설 없음).

다음에 의무자가 조건부 권리를 침해하는 처분행위(물권행위 등)를 한 경우에 그 처분행위의 효력이 어떻게 되는지가 문제된다. 그러한 처분행위는 조건부 권리를 침해하는 범위에서 무효이다(대판 1992. 5. 22, 92다5584도 동지임). 이렇게 새겨도 제 3 자를 해치지는 않는다. 왜냐하면 제 3 자에 대한 관계에서는 조건부 권리가 등기(가등기)되어야 무효를 주장할 수 있기 때문이다(동산의 경우에는 선의취득(249조)이 인정된다).

그리고 위의 효과(손해배상책임 · 처분행위의 무효)는 조건의 성취 여부가 결정될 때까지는 조건부로 발생한다고 해석하여야 한다.

판 례 해제조건부 증여의 수증자가 조건성취 전에 처분행위를 한 경우

「해제조건부 증여로 인한 부동산소유권 이전등기를 마쳤다 하더라도 그 해제조건이 성취되면 그 소유권은 증여자에게 복귀한다고 할 것이고, 이 경우 당사자간에 별단의 의사표시가 없는 한 그 조건성취의 효과는 소급하지 아니하나, 조건성취 전에 수증자가 한 처분행위는 조건성취의 효과를 제한하는 한도 내에서는 무효라고 할 것이고, 다만 그 조건이 등기되어 있지 않는 한 그 처분행위로 인하여 권리를 취득한 제 3 자에게 위 무효를 대항할 수 없다.」(대판 1992. 5. 22, 92다5584)

2) 처분 등의 인정 조건부의 권리 · 의무는 일반규정에 의하여 처분(양도 · 포기 · 제한물권 설정 등) · 상속 · 보존 또는 담보로 할 수 있다(149조).

판 례 장래의 이행을 청구하는 소를 제기할 수 있는 경우

「장래의 이행을 청구하는 소는 미리 청구할 필요가 있는 경우에 한하여 제기할 수 있는바, 여기서 미리 청구할 필요가 있는 경우라 함은 이행기가 도래하지 않았거나 조건 미성취의 청구권에 있어서는 채무자가 미리부터 채무의 존재를 다투기 때문에 이행기가 도래되거나 조건이 성취되었을 때에 임의의 이행을 기대할 수 없는 경우를 말하고, 이행기에 이르거나 조건이 성취될 때에 채무자의 무자력으로 말미암아 집행이 곤란해진다던가 또는 이행불능에 빠질 사정이 있다는 것만으로는 미리 청구할 필요가 있다고 할 수 없다.」(대판 2000. 8. 22, 2000다25576)

2. 조건의 성취 여부 확정 후의 효력 A-269

(1) 법률행위 효력의 확정

정지조건부 법률행위는 조건이 성취되면 그 행위의 효력이 발생하고, 조건이 불성취로 확정되면 무효로 된다(147조 1항). 그리고 **해제조건부 법률행위**는 조건이 성취되면 그 행위의 효력이 소멸하고, 불성취로 확정되면 효력이 소멸하지 않는 것으로 확정된다(147조 2항).

조건부 법률행위에 있어서 조건이 성취되었다는 사실은 조건의 성취로 이익을 얻는

자, 그리하여 정지조건의 경우에는 조건의 성취로 권리를 취득하고자 하는 자(대판 1984. 9. 25, 84다카 967 등)가, 해제조건의 경우에는 조건의 성취로 의무를 면하게 되는 자가 주장·증명하여야 한다.

(2) 조건성취의 효력이 소급하는지 여부

조건이 정지조건이든 해제조건이든 조건성취의 효력은 소급하지 않으며, 조건이 성취된 때에 발생한다(147조 1항·2항). 그러나 당사자의 의사표시에 의하여 소급효를 주는 것은 무방하다(147조 3항). 그리고 의사표시에 의하여 소급효를 인정하는 경우에, 그로 인하여 제3자의 권리를 해하지는 못한다(이설 없음).

제 3 관 기 한

A-270 **I. 기한의 의의 및 종류**

1. 의 의

기한(期限)이란 법률행위의 효력의 발생·소멸 또는 채무이행의 시기(時期)를 장래 발생할 것이 확실한 사실에 의존하게 하는 법률행위의 부관이다. 기한은 기한이 되는 사실(기한사실)이 장래의 것이라는 점에서는 조건과 같지만, 그것의 발생이 확정되어 있는 점에서 발생 여부가 불확실한 조건과 다르다. 이러한 기한이 붙어 있는 법률행위를 기한부 법률행위라고 한다.

2. 종 류

(1) 시기·종기

법률행위의 효력의 발생 또는 채무이행의 시기(時期)를 장래의 확실한 사실의 발생에 의존하게 하는 기한이 시기(始期)이고, 법률행위의 효력의 소멸을 장래의 확실한 사실에 의존하게 하는 기한이 종기(終期)이다. 가령 「내년 1월 1일부터 임대한다」, 「지금부터 3개월 후에 이행한다」고 하는 것은 시기(始期)가 붙어 있는 경우이고, 「내년 12월 31일까지 임대한다」는 것은 종기(終期)가 붙어 있는 경우이다.

A-271 (2) 확정기한·불확정기한

기한은 발생시기가 확정되어 있는가에 따라 확정기한과 불확정기한으로 나눌 수 있다. 확정기한은 발생시기가 확정되어 있는 기한이고, 불확정기한은 발생시기가 확정되어 있지 않는 기한이다. 「내년 1월 1일부터」, 「앞으로 3개월 후에」는 확정기한의 예이고, 「A가 사망하였을 때」, 상가분양계약에서 중도금지급기일을 「1층 골조공사 완료시」로 정한 것(대판 2005. 10. 7, 2005다38546)은 불확정기한의 예이다.

사정에 따라서는 불확정기한인지 조건인지 구별하기 어려운 때도 있다. 가령 「사업에서 이익이 생기면 지급하겠다」, 「부자가 되면 갚겠다」고 한 경우에 그렇다. 이러한 경우가 이익이 생기지 않거나 부자가 되지 않으면 지급 내지 변제를 하지 않겠다는 의미라면 그것은 조건이 된다. 그에 비하여 반드시 지급 내지 변제는 하겠지만 그 시기는 이익이 생긴 때 또는 부자가 된 때에 그러겠다는 의미라면 불확정기한이다. 이 가운데 어디에 해당하는지는 결국은 법률행위의 해석에 의하여 결정된다. 한편 위의 예가 불확정기한이라면, 사업에서 이익이 생길 수 없거나 부자가 될 수 없음이 확정된 때, 즉 기한사실의 발생이 불가능한 것으로 확정된 때에도 기한은 도래한 것으로 보아야 한다. 통설·판례도 같은 태도이다(대판 2003. 8. 19, 2003다24215[핵심판례 60면]; 대판 2020. 12. 24, 2019다293098 등). 그리고 판례는, 부관으로 정한 사실의 실현이 주로 채무를 변제하는 사람의 성의나 노력에 따라 좌우되고 채권자가 그 사실의 실현에 영향을 줄 수 없는 경우에는, 사실이 발생하는 때는 물론이고 그 사실의 발생이 불가능한 것으로 확정되지는 않았더라도 합리적인 기간 내에 그 사실이 발생하지 않는 때에도 채무의 이행기한은 도래한다고 한다(대판 2018. 4. 24, 2017다205127).

판 례 조건과 불확정기한의 구별

(ㄱ) 「부관이 붙은 법률행위에 있어서 부관에 표시된 사실이 발생하지 아니하면 채무를 이행하지 아니하여도 된다고 보는 것이 상당한 경우에는 조건으로 보아야 하고, 표시된 사실이 발생한 때에는 물론이고 반대로 발생하지 아니하는 것이 확정된 때에도 그 채무를 이행하여야 한다고 보는 것이 상당한 경우에는 표시된 사실의 발생 여부가 확정되는 것을 불확정기한으로 정한 것으로 보아야 한다. 따라서 이미 부담하고 있는 채무의 변제에 관하여 일정한 사실이 부관으로 붙여진 경우에는 특별한 사정이 없는 한 그것은 변제기를 유예한 것으로서 그 사실이 발생한 때 또는 발생하지 아니하는 것으로 확정된 때에 기한이 도래한다.」(대판 2003. 8. 19, 2003다24215[핵심판례 60면])(대판 2018. 6. 28, 2018다201702는 그러한 부관이 화해계약의 일부를 이루고 있는 경우에도 위 판결 전단의 법리가 마찬가지로 인정된다고 한다).

(ㄴ) 「도급계약의 당사자들이 '수급인이 공급한 목적물을 도급인이 검사하여 합격하면, 도급인은 수급인에게 그 보수를 지급한다.'고 정한 경우 도급인의 수급인에 대한 보수지급의무와 동시이행관계에 있는 수급인의 목적물 인도의무를 확인한 것에 불과하고 '검사 합격'은 법률행위의 효력 발생을 좌우하는 조건이 아니라 보수지급시기에 관한 불확정기한이다. 따라서 수급인이 도급계약에서 정한 일을 완성한 다음 검사에 합격한 때 또는 검사 합격이 불가능한 것으로 확정된 때 보수지급청구권의 기한이 도래한다(대법원 2003. 8. 19. 선고 2003다24215 판결, 위 대법원 2004다21862 판결 등 참조).」(대판 2019. 9. 10, 2017다272486·272493)

A-272 Ⅱ. 기한을 붙일 수 없는 법률행위

조건을 붙일 수 없는 행위는 대체로 기한도 붙일 수 없다. 그러나 조건은 붙일 수 없지만 기한은 붙일 수 있는 것도 있다.

(1) 행위 당시에 곧바로 효력이 발생하여야 하는 법률행위에는 시기를 붙일 수 없다. 혼인·협의이혼·입양·파양·상속의 승인과 포기 등의 친족법·상속법상의 행위가 그 예이다. 어음행위·수표행위에는 조건을 붙일 수 없으나 시기(이행기)는 붙일 수 있다.

(2) 소급효가 있는 법률행위에는 시기를 붙이지 못한다. 시기를 붙이면 소급효가 무의미해지기 때문이다. 상계(493조)·취소·추인이 그 예이다.

(3) 종기를 붙일 수 없는 법률행위의 범위는 해제조건에 있어서와 대체로 같다.

A-273 Ⅲ. 기한의 도래

기한이 되는 사실은 발생이 확실하기 때문에 기한은 반드시 도래한다. 기한의 도래시기는 기한이 어떻게 정하여져 있느냐에 따라 다르다. 기한이 기일 또는 기간으로 정하여져 있는 때에는 그 기일이 되거나 그 기간이 경과하면 기한이 도래한다. 그에 비하여 기한이 일정한 사실의 발생으로 정하여져 있는 경우에는 그 사실이 발생한 때에 기한이 도래한다. 그리고 이와 같은 경우에는 그 사실의 발생이 불가능한 것으로 확정된 때에도 기한이 도래한 것으로 보아야 하며, 그에 관하여는 앞에서 설명하였다(A-271 참조). 한편, 기한의 이익의 포기나 상실(채권자의 청구가 있을 때에 그렇다)이 있으면 기한은 도래한 것으로 된다.

A-274 Ⅳ. 기한부 법률행위의 효력

1. 기한 도래 전의 효력

민법은 조건부 권리의 침해금지에 관한 제148조와 처분 등에 관한 제149조를 기한부 법률행위에 준용하고 있다(154조). 그러나 채무이행시기에 기한이 붙어 있는 경우에는 채권·채무는 이미 발생하고 있으므로 기한부 권리로서의 보호는 문제되지 않는다.

2. 기한 도래 후의 효력

법률행위에 시기(始期)가 붙어 있는 경우에 기한이 도래하면 그 법률행위는 기한이 도래한 때로부터 효력이 발생하고(152조 1항), 종기가 붙어 있는 경우에 기한이 도래하면 그 법률행위는 기한이 도래한 때로부터 그 효력을 잃는다(152조 2항). 그리고 기한의 효력은 어떤 기한이든 기한 도래시부터 생기며 절대로 소급효가 없다.

V. 기한의 이익 A-275

1. 의 의

기한의 이익이란 기한이 존재함으로써, 즉 기한이 도래하지 않음으로써 당사자가 받는 이익을 말한다. 기한의 이익은 채권자만이 가지는 경우도 있고(가령 무상임치), 채무자만이 가지는 경우도 있고(가령 무이자소비대차), 채권자·채무자 쌍방이 가지는 경우도 있다(가령 이자 있는 정기예금). 그렇지만 채무자만이 가지는 것이 보통이다. 그리하여 민법은 당사자의 특약이나 법률행위의 성질상 분명하지 않으면 기한의 이익은 채무자에게 있는 것으로 추정하고 있다(153조 1항).

2. 기한의 이익의 포기

기한의 이익은 포기할 수 있다. 그러나 상대방의 이익을 해하지 못한다(153조 2항).

(1) 기한의 이익이 일방에게만 있는 경우

이때에는 그 당사자는 상대방에 대한 의사표시에 의하여 기한의 이익을 포기할 수 있다. 그리하여 예컨대 무이자 소비대차의 차주는 언제든지 반환할 수 있고, 무상임치인은 언제든지 반환을 청구할 수 있다.

(2) 기한의 이익이 상대방에게 있는 경우

이때에 당사자 일방은 상대방의 손해를 배상하고 기한의 이익을 포기할 수 있다(이설 없음). 그리하여 예컨대 이자부 소비대차의 채무자는 이행기까지의 이자를 지급하면서 기한 전에 변제할 수 있다.

3. 기한의 이익의 상실 A-276

채무자를 믿을 수 없는 사정이 생기면 부득이 채무자로부터 기한의 이익을 상실시켜 채권자가 원한다면 즉시 이행청구를 할 수 있도록 할 필요가 있다. 그리하여 법률은 다음 사유가 있는 경우에 기한의 이익을 상실시키고 있다(자세한 점은 채권법총론에서 논한다. C-87·88 참조).

① 채무자가 담보를 손상하거나 감소 또는 멸실하게 한 때(388조 1호)

② 채무자가 담보제공의 의무를 이행하지 않은 때(388조 2호)

③ 채무자의 파산(채무자회생법 425조)

한편 당사자는 일정한 사유가 발생할 경우에 기한의 이익이 상실되는 것으로 약정할 수도 있다. 그러한 약정이 기한이익 상실의 특약이다. 그러한 특약에는 ① 일정한 사유가 발생하면 채권자의 청구 등을 요함이 없이 당연히 기한의 이익이 상실되어 이행기가 도래하는 것으로 하는 정지조건부 기한이익 상실의 특약과 ② 일정한 사유가 발생한 후 채권자의 통지나 청구 등 채권자의 의사행위를 기다려 비로소 이행기가 도래하는 것으로 하는 형성권적 기한이익 상실의 특약의 두 가지로 대별할 수 있다. 기한이익 상실의 특약이 위의 두 가지 중 어느 것에 해당하느냐는 법률행위의 해석의 문제이지만 일반적으로 기한이익 상실의 특약이 채권자를 위하여 둔 것인 점에 비추어 명백히 정지조건부 기한이익 상실의 특약이라고 볼 만한 특별한 사정이 없는 이상 형성권적 기한이익 상실의 특약으로 추정하는 것이 타당하다(대판 2010. 8. 26, 2008다42416 · 42423 등).

제4장 기 간

학습의 길잡이

본장에서는 기간의 계산방법을 주로 다룬다. 기간은 그것이 독립하여 권리변동을 일으키지는 않으나, 다른 법률사실과 결합하여 권리를 발생·소멸시키는 등 중요한 역할을 한다. 그리고 민법이 정하는 기간계산방법은 널리 공법관계에까지도 적용되는 것으로 효용가치가 매우 크다. 그러므로 그에 관하여 숙지하고 있어야 한다.

Ⅰ. 기간의 의의 A-277

기간이란 어느 시점에서 어느 시점까지 계속된 시간을 말한다. 기간은 기일과는 구별하여야 한다. 기일은 시간의 경과에 있어서 어느 특정의 시점을 가리키는 것으로서, 보통 「일(日)」로 표시된다. 이행기(변제기)는 대체로 기일로 정해진다.

시간은 사건으로서 하나의 법률사실이고, 그것 자체만으로 법률요건이 되는 일은 없으나, 다른 법률사실과 결합하여 법률요건이 되는 경우는 많다. 성년·최고기간·실종기간·기한·시효 등이 그 예이다.

기간의 계산에 관하여 법령이나 재판상의 처분 또는 법률행위에서 정하고 있으면 그에 의하게 되나, 정하고 있지 않으면 민법의 기간 계산방법에 의하게 된다(155조). 민법의 그 규정은 사법관계 외에 공법관계에도 적용된다.

Ⅱ. 기간의 계산방법 A-278

(1) 계산방법의 종류

기간의 계산방법에는 자연적 계산방법과 역법적 계산방법의 두 가지가 있다. 자연적 계산방법은 시간을 실제 그대로 계산하는 것이고, 역법적 계산방법은 역(曆)(태양력을 의미함)에 따라서 계산하는 것이다. 전자는 정확하지만 불편하고, 후자는 부정확하지만 편리하다는 장단점이 있다. 민법은 단기간에 관하여는 전자의 방법을 사용하고, 장기간에 관하여는 후자의 방법을 사용한다.

(2) 시 · 분 · 초를 단위로 하는 기간의 계산

시·분·초를 단위로 하는 기간(예: 5시간·30분·50초)의 계산은 자연적 계산방법에 의한다. 그리하여 즉시로부터 계산하기 시작하여(156조), 그로부터 그 기간이 끝나는 때가 만료점이 된다.

A-279 #### (3) 일 · 주 · 월 · 년으로 정한 기간의 계산

1) 기 산 점 기간을 일·주·월·년으로 정한 경우에는 원칙적으로 초일(初日)을 산입하지 않는다(157조 본문). 그러나 기간이 오전 0시로부터 시작하는 때(예: 오는 5월 1일부터 5일간, 「선거일 공시일로부터」라고 하는 경우(대판 1989. 3. 10, 88수85))에는 초일(初日)을 산입하며(157조 단서), 나이 계산에 있어서는 출생일을 산입한다(158조 본문).

민법은 최근의 개정(2022. 12. 27)을 통하여 나이를 만 나이로 계산함을 분명히 하였다(그러면서 나이 규정에서 「만」자를 삭제함). 그에 따르면, 나이는 출생일을 산입하여 만(滿) 나이로 계산하고, 연수(年數)로 표시한다(158조 본문). 다만, 1세에 이르지 아니한 경우에는 월수(月數)로 표시할 수 있다(158조 단서).

2) 만 료 점 기간을 일·주·월·년으로 정한 경우에는 민법이 정한 기간 계산방법에 의하여 찾아진 기간 말일의 종료로 기간이 만료된다(159조).

그리고 이때의 기간은 일(日)로 환산하여 계산하지 않고 역(曆)에 의하여 계산한다(160조 1항). 구체적으로 보면 주·월·년의 처음부터 계산하는 때(가령 4월 30일에 앞으로 1개월이라고 하는 경우)에는 그 주·월·년의 말일의 종료로 기간이 만료한다(위의 예: 5월 31일 오후 12시가 만료점임). 그에 비하여 주·월·년의 처음부터 계산하지 않는 때(가령 7월 15일에 앞으로 1년이라고 하는 경우)에는 최후의 주·월·년에서 기산일에 해당하는 날의 전일(위의 예: 다음해 7월 15일)의 만료로 기간이 만료한다(160조 2항).

그런데 이러한 계산방법에 의하면 최후의 월(月)에 기산일에 해당하는 날이 없는 일이 생긴다. 윤년이 있는가 하면 월(月)에 장단이 있기 때문이다. 이러한 경우에는 최종의 월의 말일이 종료한 때에 기간이 만료한다(160조 3항). 그리하여 예컨대 3월 30일에 지금부터 3개월이라고 하거나 12월 30일에 지금부터 2개월이라고 하거나 또는 윤년 2월 28일에 지금부터 1년이라고 하면, 기산일은 3월 31일, 12월 31일 또는 2월 29일이 되어, 기간의 최종의 월(月)에는 기산일에 해당하는 날이 없게 된다. 그때에는 최종의 월의 말일인 6월 30일 또는 다음해 2월 28일이 기간의 말일이 되고, 그 날이 종료하는 때 기간이 만료된다.

그리고 기간의 말일이 토요일 또는 공휴일에 해당하는 때에는 기간은 그 익일(翌日), 즉 다음날이 종료한 때 만료한다(161조. 2007. 12. 21. 개정으로 토요일 추가). 그러나 기간의 초일이 공휴일인 것은 영향을 미치지 않는다(대판 1982. 2. 23, 81누204).

(판 례) 정년의 기간 만료점

대한석탄공사에 피용된 채탄부의 정년이 53세라 함은 만 53세에 도달하는 날을 말하는 것이라고 보는 것이 상당하다(대판 1973. 6. 12, 71다2669).

Ⅲ. 기간의 역산방법 A-280

민법이 규정하고 있는 기간 계산방법은 과거에 소급하여 계산하는 기간의 경우에도 유추적용되어야 한다(이설 없음). 민법 기타의 법령에는 기간의 역산이 필요한 경우가 간혹 있다. 가령 「전세권의 존속기간 만료 전 6월부터 1월까지 사이」(312조 4항) 또는 사원총회의 「1주간 전에」(71조)라고 하는 것이 그 예이다. 이러한 경우에는 존속기간 만료일 또는 사원총회일을 빼고 그 전날을 기산일로 하여 거꾸로 계산하여 역(曆)에 의하여 기간 말일을 찾아야 하며, 그 날의 오전 0시에 기간이 만료한다. 판례도 「선거일 전 3년간 사이」라고 하는 경우에 관하여 그것은 선거일 전날 24시를 기산점으로 하고 소급하여 계산한 3년간 사이를 의미한다고 하여(대판 1979. 3. 27, 79슈1), 같은 태도를 취하고 있다.

제 5 장 소멸시효

학습의 길잡이

본장은 일정한 요건 하에 권리를 소멸시키는 제도인 소멸시효에 관하여 다룬다. 구체적으로 소멸시효에 관한 기초적인 이론을 적은 뒤에, 소멸시효의 요건·중단·정지·효력에 관하여 설명한다.

소멸시효는 실제의 소송실무에서 자주 주장되고 있는 제도이며, 따라서 그 내용을 충분히 알고 있어야 한다. 특히 강조할 사항은 소멸시효의 요건 중 소멸시효 기간과 그 기산점, 소멸시효의 중단사유 중 재판상 청구·최고·가압류·묵시적 승인, 소멸시효 이익의 포기 등이다.

소멸시효제도를 제대로 이해하려면 어떤 경우에는 민사소송법 및 민사집행법 등 절차법의 공부가 선행되어야 한다. 그러므로 절차 문제가 관련되어 있는 경우에는 절차법 책을 곁에 두고 수시로 참고해야 한다.

제 1 절 서 설

A-281 ### Ⅰ. 시효의 의의

시효(時效)란 일정한 사실상태가 오랫동안 계속된 경우에 그 상태가 진실한 권리관계에 합치하는가를 묻지 않고서 그 사실상태를 그대로 권리관계로서 인정하려는 제도이다. 시효에는 취득시효와 소멸시효의 두 가지가 있다. 취득시효는 어떤 자가 권리자인 것처럼 권리를 행사하고 있는 사실상태가 일정한 기간 동안 계속된 경우에 그가 진실한 권리자인가를 묻지 않고서 처음부터 권리자이었던 것으로 인정하는 것이고, 소멸시효는 권리자가 일정한 기간 동안 권리를 행사하지 않는 상태(권리불행사의 상태)가 계속된 경우에 그의 권리를 소멸시키는 것이다(다르게 설명하는 견해도 있음). 민법은 두 시효를 한꺼번에 규율하지 않고, 총칙편에서는 소멸시효만을 규정하고, 취득시효는 물권의 취득원인으로서 물권편에서 규정하고 있다(245조 이하).

Ⅱ. 시효제도의 존재이유 A-282

시효제도에 의하면 실질적으로 권리를 취득하였거나 의무를 이행하였는데 이를 증명하지 못하는 자가 보호될 수도 있으나, 그 반면에 권리를 취득하지 않았거나 의무를 이행하지 않았음에도 불구하고 권리를 취득하거나 의무를 면하는 자도 생기게 된다. 그런데 뒤의 경우에는 진정한 권리자가 희생되어, 진정한 권리자의 보호라는 민법의 기본입장에 어긋나게 된다. 그런데도 그와 같은 시효제도를 인정하는 이유는 무엇인가? 여기에 관하여 다수설과 판례만 설명하기로 한다(다른 학설과 사견은 민법총칙 [261]·[262] 참조).

1. 다 수 설

시효제도의 존재이유에 관한 학설은 매우 여러 가지인데, 현재도 다수설인 종래의 전통적인 견해는 시효제도의 존재이유로 다음의 세 가지를 들고 있다.

① 법률생활의 안정과 평화의 달성

② 증거보전의 곤란으로부터 구제

③ 권리 위에 잠자는 자는 보호할 필요가 없다

그러면서 이들 중 ①②는 주로 취득시효에, ②③은 주로 소멸시효에 타당한 이유라고 한다.

2. 판 례

판례는 「시효제도는 일정기간 계속된 사회질서를 유지하고 시간의 경과로 인하여 곤란하게 되는 증거보전으로부터의 구제 내지는 자기 권리를 행사하지 않고 소위 권리 위에 잠자는 자는 법적 보호에서 이를 제외하기 위하여 규정된 제도」라고 하거나(대판(전원) 1976. 11. 6, 76다148 등), 또는 「시효제도의 존재이유는 영속된 사실상태를 존중하고 권리 위에 잠자는 자를 보호하지 않는다는 데에 있고 특히 소멸시효에 있어서는 후자의 의미가 강」하다고 한다(대판(전원) 1992. 3. 31, 91다32053; 대판(전원) 2018. 10. 18, 2015다232316). 이러한 판례는 다수설과 같은 입장이라고 할 수 있다.

Ⅲ. 제척기간과 소멸시효 A-283

1. 서 설

일정한 기간의 경과로 권리가 소멸 내지 실효하는 면에서 소멸시효와 유사하지만 여러 가지 점에서 소멸시효와 다른 제도로 제척기간(除斥期間)과 실효의 원칙이 있다. 이 가운데 실효의 원칙에 관하여는 앞에서 보았으므로(A-49 참조), 여기서는 제척기간에 관하여만 살펴보기로 한다.

2. 제척기간의 의의

권리의 제척기간(또는 예정기간)이란 일정한 권리에 관하여 법률이 예정하는 존속기간이다. 제척기간이 규정되어 있는 권리는 제척기간이 경과하면 당연히 소멸한다(대판 2015. 1. 29, 2013다215256 등). 이러한 제척기간은 그 권리와 관련된 법률관계를 빨리 확정하기 위한 목적으로 두어진다. 그리고 제척기간은 형성권에 관하여 규정된 때가 많으나, 청구권과 같은 다른 권리에 규정된 때도 있다.

(판 례) 매매예약 완결권의 행사기간

「제척기간은 … 그 기간의 경과 자체만으로 곧 권리소멸의 효과를 가져오게 하는 것이므로 그 기간 진행의 기산점은 특별한 사정이 없는 한 원칙적으로 권리가 발생한 때이고, 당사자 사이에 위와 같이 위 매매예약 완결권을 행사할 수 있는 시기를 특별히 약정한 경우에도 그 제척기간은 당초 권리의 발생일로부터 10년간의 기간이 경과되면 만료되는 것이지 그 기간을 넘어서 위 약정에 따라 권리를 행사할 수 있는 때로부터 10년이 되는 날까지로 연장된다고 볼 수 없다.」(대판 1995. 11. 10, 94다22682·22699)

A-284

3. 제척기간이 정하여져 있는 권리의 행사방법

제척기간이 정하여져 있는 권리의 경우에 권리자는 그 기간 내에 어떠한 행위를 하여야 하는지가 문제된다.

여기에 관하여 학설은 i) 그 기간 내에 재판상의 행사(소의 제기)가 있어야 한다는 견해, ii) 재판상 행사가 요구되지 않는 한 재판 외의 행사로 충분하다는 견해(사견도 같음) 등으로 나뉜다.

판례는 미성년자의 법률행위의 취소권(대판 1993. 7. 27, 92다52795), 수급인에 대하여 하자담보책임을 물을 수 있는 권리(보수청구권 등)(대판 2000. 6. 9, 2000다15371 등)(집합건물법 9조에 의하여 준용되는 민법 667조 내지 671조에 규정된 하자담보책임기간도 같음. 대판(전원) 2012. 3. 22, 2010다28840 등)에 관하여, 그것들의 행사기간은 모두 제척기간이라고 하면서 이들 권리는 그 기간 내에 재판상 또는 재판 외에서 행사할 수 있다고 한다. 그런가 하면 점유를 침탈당하거나 방해를 받은 자의 침탈자(물건의 반환 및 손해배상청구권) 또는 방해자에 대한 청구권(방해제거 및 손해배상청구권)의 행사기간 1년(204조 3항·205조 2항)은 제척기간이나, 그 제척기간은 반드시 그 기간 내에 소를 제기하여야 하는 이른바 출소기간으로 해석할 것이라고 한다(대판 2002. 4. 26, 2001다8097·8103). 이렇게 볼 때, 판례는 제척기간을 원칙적으로는 재판상·재판 외에서 권리를 행사할 수 있는 기간으로 보나, 일정한 경우에는 — 재판상의 행사를 요구하지 않았을지라도 — 예외적으로 출소기간으로 해석한다.

4. 소멸시효와의 차이점 A-285

제척기간과 소멸시효를 비교하여 차이점을 보기로 한다.

(1) 권리의 소멸 여부

소멸시효 완성의 효과에 관하여 절대적 소멸설을 취하든 상대적 소멸설을 취하든, 두 제도의 경우에 모두 권리가 소멸하여 차이가 없다.

(2) 소급효 유무

제척기간에 의한 권리소멸의 효과는 소급하지 않으나, 소멸시효에 의한 권리소멸의 효과는 소급한다(167조).

(3) 주장이 필요한지 여부

소멸시효의 경우는 절대적 소멸설에 의하더라도 민사소송의 변론주의로 인하여 시효이익을 받을 자가 공격·방어 방법으로 제출하여야 한다(통설·판례). 그러나 제척기간의 경우에는 법원은 직권으로 고려하여야 하며, 주장은 필요하지 않다(대판 1996. 9. 20, 96다25371). 상대적 소멸설에 의하면 원용(주장)이 필요한 소멸시효와 원용이 없어도 되는 제척기간은 당연히 다르다.

(4) 중단 여부

제척기간은 속히 권리관계를 확립시키려는 것이므로 중단이 없다(대판 2003. 1. 10, 2000다26425). 그러나 소멸시효에는 중단이 있다(168조).

(5) 시효이익의 포기

소멸시효의 경우에는 시효완성 후의 시효이익 포기제도가 있으나(184조), 제척기간에는 이것이 인정되지 않는다.

(6) 시효의 정지 유무

시효의 정지에 관한 규정(179조-182조)이 제척기간에 준용(유추적용)되는가에 관하여 학설은 i) 부정설(사견도 같음), ii) 긍정설, iii) 제182조만을 준용하여야 한다는 제한적 긍정설로 나뉘어 있다.

5. 제척기간 · 소멸시효기간의 판별

제척기간과 소멸시효는 많은 차이가 있기 때문에, 권리행사기간이 둘 중 어느 것에 해당하는지를 구별하는 일은 대단히 중요하다. 학설은 일반적으로 법률규정의 문구에 의하여 구별할 것이라고 한다. 즉 「시효로 인하여」라고 되어 있는 때에는 소멸시효기간이고, 그러한 문구가 없으면(「행사하여야 한다」 기타) 제척기간이라고 해석한다. 이것이 하나의 표준은 될 것이나, 그것만에 의할 것은 아니고, 그것과 함께 권리의 성질·규정의 취지 등을 고려하여 실질적으로 판단하여야 한다.

제 2 절 소멸시효의 요건

A-286 ### Ⅰ. 개 관

소멸시효에 의하여 권리가 소멸하기 위하여서는 다음의 세 요건이 갖추어져야 한다.

① 권리가 소멸시효에 걸리는 것이어야 한다.

② 권리자가 법률상 그의 권리를 행사할 수 있음에도 불구하고 행사하지 않아야 한다.

③ 위의 권리불행사의 상태가 일정한 기간 동안 계속되어야 한다. 이 기간을 소멸시효기간이라고 한다.

이들 요건을 차례로 살펴보기로 한다.

A-287 ### Ⅱ. 소멸시효에 걸리는 권리

민법상 소멸시효에 걸리는 권리는 「채권」과 「소유권 이외의 재산권」이다. 이들 권리는 모두 재산권이며, 따라서 가족권·인격권과 같은 권리는 소멸시효에 의하여 소멸하지 않는다.

(1) 채 권

채권은 소멸시효에 걸리는 대표적인 권리이다(162조 1항).

(2) 소유권 이외의 재산권

우리 민법에 있어서는 채권뿐만 아니라 다른 재산권도 소유권이 아닌 것은 소멸시효의 목적이 된다(162조 2항). 그러나 개별적으로 시효소멸 여부가 문제되는 것들이 있다.

1) 소 유 권 소유권은 아무리 오랫동안 행사하지 않아도 소멸시효에 걸리지 않는다(162조 2항).

2) 등기청구권 등기청구권이 소멸시효에 걸리는지에 관하여 학설은 i) 그 권리는 채권적 청구권이며, 10년의 소멸시효에 걸린다는 견해(사견도 같음)와 ii) 판례를 지지하는 견해로 나뉘어 있다. 그리고 판례는, 등기청구권은 채권적 청구권이지만 부동산을 매수한 자가 그 목적물을 인도받은 경우에는 매수인의 등기청구권은 소멸시효에 걸리지 않는다고 한다(대판(전원) 1976. 11. 6, 76다148 등 다수의 판결). 판례는 더 나아가, 부동산 매수인이 그 부동산을 사용·수익하다가 그 부동산을 처분하고 그 점유를 승계하여 준 경우에도 이전등기청구권의 소멸시효는 진행하지 않는다고 한다(대판(전원) 1999. 3. 18, 98다32175). 그리고 이러한 법리는 3자간 등기명의신탁(중간생략명의신탁)에 의한 등기가 유효기간의 경과로 무효로 된 경우에도 마찬가지로 적용되며, 따라서

그 경우 목적 부동산을 인도받아 점유하고 있는 명의신탁자의 매도인에 대한 소유권이전등기 청구권 역시 소멸시효가 진행되지 않는다고 한다(대판 2013. 12. 12, 2013다26647).

3) 물권적 청구권 물권적 청구권이 소멸시효에 걸리는지에 관하여 학설은 나누어져 있다(학설과 사견은 B-19 참조). 그리고 판례는 소유권에 기한 물권적 청구권에 관하여 소멸시효의 대상이 아니라고 한다(대판 1982. 7. 27, 80다2968).

4) 형 성 권 형성권은 권리자의 의사표시만으로 법률효과가 생기므로, 권리가 행사되었는데 목적을 달성하지 못하는 일이 있을 수 없다. 즉 권리불행사의 상태에 대한 중단이 있을 수 없다. 따라서 형성권의 존속기간은 설사 민법이 시효기간처럼 규정하고 있어도 제척기간이라고 새겨야 한다(통설임). A-288

형성권에 관하여 그 밖에도 문제되는 것들이 있다. 먼저 형성권에 관하여 법률이 제척기간을 규정하지 않은 경우에 얼마 동안 행사할 수 있는지가 문제된다. 여기에 관하여 판례(학설 및 사견은 민법총칙 [267] 참조)는 매매예약의 예약완결권(대판 2003. 1. 10, 2000다26425 등 다수)과 대물변제예약의 예약완결권(대판 1997. 6. 27, 97다12488)에 대하여, 그것들을 각각 형성권이라고 한 뒤, 그 권리의 행사기간의 약정이 없는 때에는 예약이 성립한 때(매매예약 완결권의 경우) 또는 권리가 발생한 때(대물변제예약 완결권의 경우)로부터 10년의 제척기간에 걸린다고 한다.

형성권의 행사에 의하여 발생한 권리는 어느 기간 동안 행사할 수 있는가?(취소권의 경우에 관하여 논의는 A-259도 참조) 가령 착오를 이유로 취소한 경우에 부당이득 반환청구권을 얼마 동안 행사할 수 있는지가 문제된다. 판례(학설 및 사견은 민법총칙 [267] 참조)는 「징발재산 정리에 관한 특별조치법」 제20조 소정의 환매권에 관하여, 그것이 형성권이라고 한 뒤, 위 환매권의 행사로 발생한 소유권이전등기 청구권은 환매권을 행사한 때로부터 제162조 제 1 항 소정의 10년의 소멸시효기간이 진행되는 것이지 제척기간 내에 이를 행사하여야 하는 것이 아니라고 한다(대판 1992. 10. 13, 92다4666 등).

5) 점 유 권 점유권은 점유라는 사실상태에 따르는 권리이므로 소멸시효의 문제가 생기지 않는다. A-289

6) 일정한 법률관계에 의존하는 권리 가령 상린권(215조 이하)·공유물분할청구권(268조. 대판 1981. 3. 24, 80다1888·1889)과 같이 일정한 법률관계에 수반하여 존재하는 권리는 그 기초가 되는 법률관계가 존속하는 동안에는 그로부터 독립하여 시효로 소멸하지 않는다.

7) 담보물권 질권·저당권 등의 담보물권은 피담보채권이 존속하는 한 그것만이 독립하여 소멸시효에 걸리지 않는다. 주의할 것은, 근저당권설정등기 청구권과 같은 권리는 담보물권이 아니어서 그 피담보채권과는 별도로 소멸시효가 진행된다는 점이다. 판례도 같은 입장이다(대판 2004. 2. 13, 2002다7213).

8) 비재산권 소멸시효는 재산권에 관한 제도이어서 재산권만이 시효에 걸리며,

가족권·인격권과 같은 비재산권은 시효에 걸리지 않는다. 그리고 판례는, 과거 양육비에 관한 권리의 성질상 그 권리의 소멸시효는 자녀가 미성년이어서 양육의무가 계속되는 동안에는 진행하지 않고 자녀가 성년이 되어 양육의무가 종료된 때부터 진행한다고 한다(대결(전원) 2024. 7. 18, 2018스724).

9) 무효의 확인 대법원은, 학생에 대한 학교의 편입학 허가, 대학교 졸업인정, 대학원 입학, 공학석사학위 수여 등이 그 자격요건을 규정한 교육법에 위반되어 무효라면 이와 같은 당연무효의 행위를 학교법인이 취소하는 것은 그 편입학 허가 등의 행위가 처음부터 무효이었음을 당사자에게 통지하여 확인시켜주는 것에 지나지 않으므로 여기에 신의칙 내지 신뢰의 원칙을 적용할 수 없고, 그러한 뜻의 취소권은 시효로 인하여 소멸하지도 않으며, 그와 같은 자격요건에 관한 흠은 학교법인이나 학생 또는 일반인들에 의하여 치유되거나 정당한 것으로 추인될 수 있는 성질의 것도 아니라고 한다(대판 1989. 4. 11, 87다카131).

A-290

Ⅲ. 권리의 불행사(소멸시효기간의 기산점)

소멸시효에 의하여 권리가 소멸하려면, 권리를 일정한 기간(소멸시효기간) 동안 행사하지 않고 있어야 한다. 즉 권리불행사가 있어야 한다. 그런데 이 요건에 있어서 핵심적인 문제는 언제부터 권리불행사로 되는지, 바꾸어 말하면 소멸시효기간의 기산점이 언제인지이다.

1. 소멸시효기간의 기산점

민법상 소멸시효는 권리를 행사할 수 있는 때로부터 진행한다(166조 1항). 따라서 소멸시효기간의 기산점은 「권리를 행사할 수 있는 때」이다. 그리고 그러한 때 이후에도 권리를 행사하지 않고 있는 것이 소멸시효의 요건으로서의 「권리불행사」이다. 여기서 「권리를 행사할 수 있는 때」가 어떤 의미인지 문제된다.

소멸시효에 있어서 「권리를 행사할 수 있다」는 것은 권리를 행사하는 데 법률상의 장애가 없는 것을 가리킨다(통설 · 판례도 같다. 대판(전원) 1992. 3. 31, 91다32053 등). 따라서 법률상의 장애가 있으면 소멸시효는 진행하지 않는다. 예컨대 기한이 도래하지 않았거나(동지 대판 2017. 4. 13, 2016다274904) 조건이 성취되지 않은 경우에 그렇다(대판 2023. 2. 2, 2022다276307 등). 그에 비하여 권리자의 질병, 여행, 법률적 지식의 부족, 권리의 존재(대판 1981. 6. 9, 80다316) 또는 권리행사 가능성에 대한 부지 및 그에 대한 과실 유무(대판 2024. 6. 27, 2023다302920 등), 미성년(대판 1965. 6. 22, 65다775)인 사정과 같은 사실상의 장애는 소멸시효의 진행에 영향을 미치지 않는다. 권리행사가 의무자(가령 채무자의 부재)나 제3자의 행동으로 방해되고 있는 경우도 마찬가지이다. 그리고 부동산경매절차에서 채무자에 대한 송달이 공시송달의 방법으로 이루어짐으로써 채무자가 경매진행 사실 및 잉여금의 존재에 관하여 사실상 알지 못하였다고 하더라도 소멸시효가 진행한다(대결 2024. 4. 30, 2023그887). 한편 판례는 권리자가 권리의 존재나 발생을 알지 못하였다고 하더라도 소멸시효의 진행에 장애가 되지 않는다는 원칙을 견지하면서도 다음과 같은 예외를 인정한다. 즉 보험사고가 발생한 것인지의 여부가 객관적으로 분명하지 않아 보험금청구권자가 과실 없이 보험사고의 발생을 알 수 없었던 경우와 같이 객관적으로 보아 보험사고가 발생한 사실을 확인할 수 없는 사정이 있는 때에는 보험금청구권자가 보험사고의 발생을 알았거나 알 수 있었던 때부터 보험금액청구권의 소멸시효가 진행한다고 하며(대판 2008. 11. 13, 2007다19624 등), 또 법인의 이사회결의가 부존재함에 따라 발생하는 제 3 자의 부당이득 반환청구권처럼 법인이나 회사의 내부적인 법률관계가 개입되어 있어 청구권자가 권리의 발생 여부를 객관적으로 알기 어려운 상황에 있고 청구권자가 과실 없이 이를 알지 못한 경우에는 이사회결의 부존재 확인판결의 확정과 같이 객관적으로 청구권의 발생을 알 수 있게 된 때부터 소멸시효가 진행된다고 한다(대판 2003. 4. 8, 2002다64957 · 64964 등).

판 례 **법률상 장애사유**

(ㄱ) 「소멸시효는 객관적으로 권리가 발생하여 그 권리를 행사할 수 있는 때로부터 진행하고 그 권리를 행사할 수 없는 동안만은 진행하지 않는바, 권리를 행사할 수 없다고 함은 그 권리행사에 법률상의 장애사유, 예컨대 기간의 미도래나 조건 불성취 등이 있는 경우를 말하는 것이고, 사실상 권리의 존재나 권리행사 가능성을 알지 못하였고 알지 못함에 과실이 없다고 하여도 이러한 사유는 법률상 장애사유에 해당하지 않는다.」(대판(전원) 1992. 3. 31, 91다32053)

(ㄴ) 「매매계약의 무효를 원인으로 한 매매대금 상당의 부당이득 반환청구권은 특별한 사정이 없는 한 매매대금을 지급한 때에 성립하고 그 성립과 동시에 권리를 행사할 수 있으므로 그때부터 소멸시효가 진행한다.」(대판 2024. 6. 27, 2023다302920)

(ㄷ) 대판 2002. 2. 8, 99다23901(C-112에 인용함).

(ㄹ) 「건물에 관한 소유권이전등기 청구권에 있어서 그 목적물인 건물이 완공되지 아니하여 이를 행사할 수 없었다는 사유는 법률상의 장애사유에 해당한다.」(이 판결에 의하면 그 권리의 소멸시효 기산점은 건물의 완공시가 된다)(대판 2007. 8. 23, 2007다28024 · 28031)

2. 개별적인 검토 A-291

구체적인 권리에 있어서 소멸시효기간의 기산점을 살펴보기로 한다.

(1) 시기부 권리

시기부 권리는 기한이 도래한 때가 기산점이 된다.

1) 확정기한부인 경우 이 경우에는 확정기한이 도래한 때부터 소멸시효가 진행한

다. 다만, 이행기가 도래한 후에 채권자가 채무자에 대하여 기한을 유예한 경우에는 유예한 이행기일부터 다시 시효가 진행한다(대판 1992. 12. 22, 92다40211). 그리고 이행기가 도래한 후 채권자와 채무자가 기한을 유예하기로 합의한 경우에도 유예된 때로 이행기가 변경되어 소멸시효는 변경된 이행기가 도래한 때부터 다시 진행한다(대판 2017. 4. 13, 2016다274904). 이러한 기한유예의 합의는 명시적으로뿐만 아니라 묵시적으로도 할 수 있다(대판 2017. 4. 13, 2016다274904). 한편 채권자가 기한유예는 해주었으나 유예기간을 정하지 않았다면 변제유예의 의사를 표시한 때부터 다시 소멸시효가 진행된다(대판 2006. 9. 22, 2006다22852 · 22869: 유예기간을 정하였다면 그 유예기간이 도래한 때부터 시효가 진행됨).

2) 불확정기한부인 경우 이 경우에는 기한이 객관적으로 도래한 때가 기산점이 되며, 채권자가 기한 도래의 사실을 알았는지 여부, 그에 대한 과실의 유무는 묻지 않는다(그에 비하여 지체책임은 채무자가 기한 도래를 안 때부터 지게 된다. 387조 1항).

(2) 기한을 정하고 있지 않은 권리

기한을 정하지 않은 채권의 경우 채권자는 언제든지 권리를 행사할 수 있으므로, 소멸시효의 기산점은 채권이 발생한 때라고 하여야 한다(이설 없음)(그에 비하여 지체책임은 이행청구를 받은 때부터 진다. 387조 2항). 물권과 같이 시기부 권리라는 것이 있을 수 없는 것, 즉 권리의 발생시기와 처음 행사할 수 있는 시기가 같은 것의 경우에도, 소멸시효의 기산점은 일반적으로 권리가 발생한 때이다.

A-292

(3) 채무불이행에 의한 손해배상청구권

이 권리의 소멸시효의 기산점에 관하여 학설은 i) 본래의 채권을 행사할 수 있는 때라는 견해, ii) 채무불이행이 생긴 때라는 견해(사견도 같음) 등으로 나뉘어 있다. 그리고 판례는 채무불이행시가 기산점이라고 한다(대판 1995. 6. 30, 94다54269; 대판 2005. 1. 14, 2002다57119(이행거절의 경우). 이행불능의 경우에 이행불능시가 기산점이라고 한 판례: 대판 2005. 9. 15, 2005다29474 등 다수). 그런가 하면 채무불이행으로 인한 손해배상청구권은 현실적으로 손해가 발생한 때에 성립하고, 그때부터 소멸시효가 진행한다고도 한다(대판 2020. 6. 11, 2020다201156). 그런데 판례는 다른 한편으로, 채무불이행으로 인한 손해배상채권은 본래의 채권이 확장된 것이거나 본래의 채권의 내용이 변경된 것이므로 본래의 채권과 동일성을 가지며, 따라서 본래의 채권이 시효로 소멸한 때에는 손해배상채권도 함께 소멸한다고 한다(대판 2018. 2. 28, 2016다45779. 6개월마다 발생한 저작권 사용료 분배청구권의 지분적 청구권은 163조 1호에 의해 3년의 단기소멸시효가 적용된다고 하면서, 본래의 채권인 특정한 저작권 사용료 분배청구권이 소멸시효 완성으로 소멸한 이상, 그 불이행으로 인한 지연배상 등의 손해배상청구권 역시 소멸하였다고 함). 후자는 다른 측면에서 판단한 것이지만 손해배상청구권의 기산점에 영향을 준다(적어도 지연배상청구권에 대하여 i)설과 같아짐). 한편 채무불이행으로 인한 손해배상청구권의 소멸시효기간은 본래의 채권의 시효기간과 동일하다고 새겨야 한다(대판 2010. 9. 9, 2010다28031 등).

(판 례) 이행불능시 손해배상청구권의 소멸시효의 기산점

「소유권이전등기 의무의 이행불능으로 인한 전보배상청구권의 소멸시효는 이전등기의무가 이행불능 상태에 돌아간 때로부터 진행된다고 할 것이고, 매매의 목적이 된 부동산에

관하여 제 3 자의 처분금지가처분의 등기가 기입되었다 할지라도, 이는 단지 그에 저촉되는 범위 내에서 가처분채권자에게 대항할 수 없는 효과가 있다는 것일 뿐 그것에 의하여 곧바로 부동산 위에 어떤 지배관계가 생겨서 채무자가 그 부동산을 임의로 타에 처분하는 행위 자체를 금지하는 것은 아니라 하겠으므로, 그 가처분등기로 인하여 바로 계약이 이행불능으로 되는 것은 아니고, 제 3 자 앞으로 소유권이전등기가 경료되는 등 사회거래의 통념에 비추어 계약의 이행이 극히 곤란한 사정이 발생하는 때에 비로소 이행불능으로 된다.」(대판 2002. 12. 27, 2000다47361)

(4) 청구 또는 해지통고를 한 후 일정기간이나 상당한 기간이 경과한 후에 청구할 수 있는 권리

통설은 이러한 권리(603조 2항·635조·659조·660조 등)는 전제가 되는 청구나 해지통고를 할 수 있는 때로부터 정해진 유예기간이 경과한 시점부터 시효가 진행한다고 한다. 그러나 사견은 제 603조 제 2 항의 경우에는 위 (2)와 같이 새기는 것이 옳다고 생각한다(민법총칙 [269] 참조).

(5) 기한이익의 상실 약관이 붙은 채권 A-293

채권에 있어서 변제기를 정하고 있으면서 다른 한편으로 일정한 사유가 발생하면 기한의 이익을 상실하고 채권자는 즉시 청구할 수 있다는 계약조항을 두는 경우가 있다. 예컨대 할부채무에 있어서 1회의 불이행이 있으면 잔금 전액을 청구당하여도 이의가 없다는 등의 조항을 넣는 때에 그렇다. 이러한 경우에 기한이익 상실사유가 발생하였는데 채권자가 아무런 조치를 취하지 않았다면 잔액채권의 소멸시효가 언제부터 진행되는지 문제된다.

여기에 관하여 통설은 기한이익 상실사유(위의 예에서는 1회의 불이행)가 발생하면 그때부터 시효가 진행한다고 한다(사견은 판례에 찬성함).

그러나 판례는, 기한이익 상실의 특약을, 일정한 사유가 발생하면 채권자의 청구 등을 요함이 없이 당연히 이행기가 도래하는 것으로 하는 것(정지조건부 기한이익 상실의 특약)과 채권자의 통지나 청구 등 채권자의 의사행위를 기다려 비로소 이행기가 도래하는 것으로 하는 것(형성권적 기한이익 상실의 특약)의 두 가지로 나눈 뒤, 뒤의 경우에는 기한이익의 상실사유가 발생하였다고 하더라도 채권자가 나머지 전액을 일시에 청구할 것인가 종래대로 할부변제를 청구할 것인가를 자유로이 선택할 수 있으므로, 이와 같은 기한이익 상실의 특약이 있는 할부채무에 있어서는 1회의 불이행이 있더라도 각 할부금에 대해 그 각 변제기의 도래시마다 그때부터 소멸시효가 진행하고 채권자가 특히 잔존채무 전액의 변제를 구하는 취지의 의사를 표시한 경우에 한하여 전액에 대하여 그때부터 소멸시효가 진행한다고 한다(대판 1997. 8. 29, 97다12990 등).

A-294 (6) 정지조건부 권리

정지조건부 권리는 조건이 미성취인 동안은 권리를 행사할 수 없는 것이어서 소멸시효가 진행하지 않으며, 조건이 성취된 때부터 소멸시효가 진행한다(대판 2009. 12. 24, 2007다64556 등).

(7) 선택채권

선택권을 행사할 수 있을 때가 기산점이다. 판례도 무권대리인이 대리권을 증명하지 못하고 본인의 추인도 얻지 못한 경우에 상대방의 계약이행청구권이나 손해배상청구권의 소멸시효에 관하여 같은 태도를 취하고 있다(대판 1963. 8. 22, 63다323).

(8) 불법행위로 인한 손해배상청구권

여기에 관하여는 제766조의 특별규정이 있다. 그에 의하면 불법행위로 인한 손해배상청구권은 피해자나 그 법정대리인이 「손해 및 가해자를 안 날」로부터 3년 내에 행사하여야 하며(766조 1항), 「불법행위를 한 날」로부터 10년 내에 행사하여야 한다(766조 2항).

(9) 부작위채권

위반행위를 한 때가 기산점이 된다(166조 2항).

A-295 (10) 동시이행의 항변권이 붙은 채권

동시이행의 항변권은 법률상의 장애이지만 그 장애는 권리자의 의사에 의하여 제거될 수 있으므로, 그 항변권이 붙은 채권은 이행기부터 소멸시효가 진행한다(이설 없음). 판례도 같은 견지에 있다(대판 1993. 12. 14, 93다27314 등). 그리하여 부동산에 대한 매매대금채권이 소유권이전등기청구권과 동시이행의 관계에 있다고 할지라도 매도인은 매매대금의 지급기일 이후 언제라도 그 대금의 지급을 청구할 수 있는 것이며, 다만 매수인은 매도인으로부터 그 이전등기에 관한 이행의 제공을 받기까지 그 지급을 거절할 수 있는 데 지나지 않으므로, 매매대금청구권은 그 지급기일 이후 시효가 진행한다(대판 1991. 3. 22, 90다9797).

(11) 기한을 정하지 않은 임치계약의 경우의 임치물반환청구권

판례는, 임치계약(기한을 정하지 않은 경우임: 저자 주) 해지에 따른 임치물반환청구는 임치계약 성립 시부터 당연히 예정된 것이고, 임치계약에서 임치인은 언제든지 계약을 해지하고 임치물의 반환을 구할 수 있는 것이므로, 특별한 사정이 없는 한 임치물반환청구권의 소멸시효는 임치계약이 성립하여 임치물이 수치인에게 인도된 때부터 진행하는 것이지, 임치인이 임치계약을 해지한 때부터 진행하는 것이 아니라고 한다(대판 2022. 8. 19, 2020다220140[핵심판례 62면]). 그러나 임치계약의 해지 시를 기산점으로 보는 것이 옳다.

(12) 주택임차인이 임차물을 점유하고 있는 경우의 보증금반환채권

판례는, 주택임대차보호법에 따른 임대차에서 그 기간이 끝난 후 임차인이 보증금을 반환받기 위해 목적물을 점유하고 있는 경우 보증금반환채권에 대한 소멸시효는 진행하지 않는다고 한다(대판 2020. 7. 9, 2016다244224 · 244231[핵심판례 64면]). 그 경우에는 보증금을 반환받으려는 계속적인

권리행사가 있어서 권리불행사가 아니고, 또 다르게 해석하면 주택임대차보호법 제 4 조 제 2 항의 입법 취지를 훼손하게 된다는 등의 이유에서이다. 주의할 것은, 이러한 소멸시효 진행의 예외는 어디까지나 임차인이 임대차 종료 후 목적물을 적법하게 점유하는 기간으로 한정되고, 임차인이 목적물을 점유하지 않거나 동시이행항변권을 상실하여 정당한 점유권원을 갖지 않는 경우에 대해서까지 인정되는 것은 아니라는 점이다.

(판 례) 소멸시효의 기산점의 판단 예

(ㄱ) 「계속적 물품공급계약에 기하여 발생한 외상대금채권은 특별한 사정이 없는 한 개별 거래로 인한 각 외상대금채권이 발생한 때로부터 개별적으로 소멸시효가 진행하는 것이지 거래종료일부터 외상대금채권 총액에 대하여 한꺼번에 소멸시효가 기산한다고 할 수 없는 것이고, 각 개별 거래시마다 서로 기왕의 미변제 외상대금에 대하여 확인하거나 확인된 대금의 일부를 변제하는 등의 행위가 없었다면, 새로이 동종 물품을 주문하고 공급받았다는 사실만으로는 기왕의 미변제 채무를 승인한 것으로 볼 수 없다.」(대판 2007. 1. 25, 2006다68940)

(ㄴ) 「지방재정법 제87조 제 1 항(현행 「공유재산 및 물품 관리법」 81조 1항에 해당: 저자 주)에 의한 변상금부과처분이 당연무효인 경우에 이 변상금부과처분에 의하여 납부자가 납부하거나 징수당한 오납금은 지방자치단체가 법률상 원인없이 취득한 부당이득에 해당하고, 이러한 오납금에 대한 납부자의 부당이득 반환청구권은 처음부터 법률상 원인이 없이 납부 또는 징수된 것이므로 납부 또는 징수시에 발생하여 확정되며, 그때부터 소멸시효가 진행한다.」(대판 2005. 1. 27, 2004다50143).

(ㄷ) 「하자보수에 갈음한 손해배상청구권의 소멸시효기간은 각 하자가 발생한 시점부터 별도로 진행되는 것이다.」(대판 2009. 2. 26, 2007다83908)

(ㄹ) 「공사도급계약에서 소멸시효의 기산점이 되는 보수청구권의 지급시기는, 당사자 사이에 특약이 있으면 그에 따르고, 특약이 없으면 관습에 의하며(민법 제665조 제 2 항, 제656조 제 2 항), 특약이나 관습이 없으면 공사를 마친 때로 보아야 한다.」(대판 2017. 4. 7, 2016다35451)

(ㅁ) 「민법 제686조 제 2 항에 의하면 수임인은 위임사무를 완료하여야 보수를 청구할 수 있다. 따라서 소송위임계약으로 성공보수를 약정하였을 경우 심급대리의 원칙에 따라 수임한 소송사무가 종료하는 시기인 해당 심급의 판결을 송달받은 때로부터 그 소멸시효기간이 진행되나, 당사자 사이에 보수금의 지급시기에 관한 특약이 있다면 그에 따라 보수채권을 행사할 수 있는 때로부터 소멸시효가 진행한다.」(대판 2023. 2. 2, 2022다276307)

(ㅂ) 「부당이득 반환청구권은 법률상 원인 없이 타인의 재산 또는 노무로 인하여 이익을 얻고 이로 인하여 타인에게 손해를 가한 경우에 성립하며, 그 성립과 동시에 권리를 행사할 수 있으므로 청구권이 성립한 때부터 소멸시효가 진행한다.」(대판 2017. 7. 18, 2017다9039 · 9046)

3. 소멸시효기간의 기산점과 변론주의 A-296

판례에 의하면, 본래의 소멸시효의 기산일과 당사자가 주장하는 기산일이 서로 다른 경우에는 변론주의의 원칙상 법원은 당사자가 주장하는 기산일을 기준으로 소멸시효를 계산하여야 하며, 이는 당사자가 본래의 기산일보다 뒤의 날짜를 기산일로 하여 주장하는 경우는 물론이고 특별한 사정이 없는 한 그 반대의 경우에 있어서도 마찬가지라고 한다(대판 2009. 12. 24, 2009다60244 등).

A-297 ## Ⅳ. 소멸시효기간

소멸시효가 완성하려면, 권리불행사의 상태가 일정기간 즉 소멸시효기간 동안 계속되어야 한다. 그 기간은 채권과 다른 재산권에서 다르고, 또 채권 가운데에서도 3년·1년의 단기소멸시효가 적용되는 것이 있다.

1. 채권의 소멸시효기간

(1) 보통의 채권

보통의 채권의 소멸시효기간은 10년이다(162조 1항). 그러나 상행위로 생긴 채권은 시효기간이 5년이다(상법 64조).

판례에 의하면, 상행위인 계약의 무효로 인한 부당이득 반환청구권(대판 2021. 8. 19, 2018다258074), 주식회사들 사이에 체결된 상행위인 건물임대차계약이 종료된 뒤 임차 회사가 임차건물을 무단으로 점유·사용하는 경우에 임대 회사가 임차 회사에 대하여 가지는 부당이득 반환채권(대판 2012. 5. 10, 2012다4633), 위법배당을 받은 주주에 대하여 회사가 가지는 부당이득 반환청구권(대판 2021. 6. 24, 2020다208621), 주식회사 이사의 임무해태로 인한 회사의 손해배상청구권(대판 1969. 1. 28, 68다305: 일반 불법행위책임이 아니고 위임관계로 인한 채무불이행책임임), 상법 제401조에 기하여 임무를 해태한 주식회사 이사에 대하여 제 3 자가 가지는 손해배상청구권(766조 1항이 적용되지 않음. 대판 2008. 2. 14, 2006다82601 등), 상인이 근로자에 대하여 가지는 근로계약상의 주의의무 위반으로 인한 손해배상청구권(대판 2005. 11. 10, 2004다22742), 상인인 사용자가 근로계약에 수반되는 신의칙상의 부수적 의무인 보호의무를 위반하여 근로자에게 손해를 입힘으로써 발생한 근로자의 손해배상청구권(대판 2021. 8. 19, 2018다270876), 피해자에게 손해배상을 한 공동불법행위자 1인(이때의 기산점은 공동면책행위를 한 날임) 또는 보험자대위를 하는 보험자의 다른 공동불법행위자에 대한 구상금채권(대판 1999. 6. 11, 99다3143 등 다수), 피해자에게 손해배상을 한 어느 공동불법행위자의 보증인이 그 공동불법행위자 또는 다른 공동불법행위자에 대하여 가지는 구상권(대판 2008. 7. 24, 2007다37530: 이때 소멸시효기간의 기산점은 구상권이 발생한 시점, 즉 보증인이 현실로 피해자에게 손해배상금을 지급한 때라고 함), 물상보증인의 채무자에 대한 구상권(대판 2001. 4. 24, 2001다6237), 금전채무의 이행지체로 인하여 발생하는 지연손해금채권(원본채권이 민사상의 대여금채권일 경우에 그렇다. 만약 원본채권이 상사채권이면 지연손해금채권의 시효기간은 5년이 된다. A-298 참조)(대판 1998. 11. 10, 98다42141 등), 집합건물법 제 9 조에 따른 손해배상청구권(대판 2008. 12. 11, 2008다12439; 대판 2009. 2. 26, 2007다83908(하자보수에 갈음한 손해배상청구권)), 부동산실명법 제11조의 유예기간이 경과한 후에도 실명화 등의 조치를 취하지 아니한 명의신탁자가 명의수탁자에 대하여 부당이득의 법리에 따라 가지는 소유권이전등기 청구권(대판 2010. 2. 11, 2008다16899 등) 등은 모두 10년의 시효에 걸린다고 한다. 그러나 부당이득 반환청구권이 상행위인 계약에 기초하여 이루어진 급부 자체의 반환을 구하는 것으로서 채권의 발생 경위나 원인, 당사자의 지위와 관계 등에 비추어 법률관계를 상거래 관계와 같은 정도로 신속하게 해결할 필요성이 있는 경우(대판 2021. 8. 19, 2018다258074), 보험계약자가 다수의 계약을 통하여 보험금을 부정 취득할 목적으로 보험계약을 체결하여 그것이 민법 제103조에 따라 선량한 풍속 기타 사회질서에 반하여 무효인 경우 보험자의 보험금에 대한 부당이득 반환청구권(대판(전원) 2021. 7. 22, 2019다277812), 실제로 발생하지 않은 보험사고의 발생을 가장하여 청구·수령된 보험금 상당 부당이득 반환청구권의 경우(대판 2021. 8. 19, 2018다258074)에는 상법 제64조가 유추적용되어 5년의 상사시효에 걸린다고 한다.

(2) 3년의 단기소멸시효에 걸리는 채권(163조) A-298

민법은 일정한 채권에 대하여는 3년의 단기시효를 규정하고 있다.

1) 이자 · 부양료 · 급료 · 사용료 기타 1년 이내의 기간으로 정한 금전 또는 물건의 지급을 목적으로 한 채권(1호) 여기서 「1년 이내의 기간으로 정한 채권」이라는 것은 1년 이내의 정기로 지급되는 채권(정기적 급부채권)이라는 뜻이며, 변제기가 1년 이내의 채권이라는 의미가 아니다(대판 2018. 2. 28, 2016다45779 등). 부동산의 차임채권(동산의 차임채권은 164조 2호에 의해 1년의 단기시효에 걸림), 정수기 대여계약에 기한 월 대여료채권(대판 2013. 7. 12, 2013다20571), 1개월 단위로 지급되는 집합건물의 관리비채권(대판 2007. 2. 22, 2005다65821)이 그 예이다.

이자채권은 1년 이내의 정기로 지급하면 여기에 해당하나, 이자채권이라고 하더라도 1년 이내의 정기에 지급하기로 한 것이 아니면 단기시효에 걸리지 않는다(대판 1996. 9. 20, 96다25302). 그리고 판례는 대출금에 대한 변제기 이후의 지연손해금채권이나(대판 1991. 11. 10, 98다42141 등) 금전채무의 이행지체로 인하여 발생하는 지연손해금채권은 3년의 단기시효의 대상이 아니라고 한다(A-297 참조). 금융리스의 리스료도 마찬가지이다(대판 2001. 6. 12, 99다1949). 나아가 판례는, 방금 언급한 대출금에 대한 변제기 이후의 지연손해금채권에는 그 원본채권과 마찬가지로 상행위로 인한 채권에 5년의 소멸시효를 규정한 상법 제64조가 적용된다고 한다(대판 2008. 3. 14, 2006다2940 등).

급료채권 중 노역인과 연예인의 임금채권에 관하여는 1년의 단기시효가 규정되어 있으며(164조 3호), 근로기준법상의 임금채권의 시효기간은 3년이다(동법 49조).

2) 의사 · 조산사 · 간호사 · 약사의 치료 · 근로 및 조제에 관한 채권(2호) 여기의 의사에는 자격 있는 의사·치과의사·한의사·수의사 외에 치료 등을 행한 무자격자도 포함시켜야 한다(이설 없음). 무자격자를 제외시키면 그의 채권에는 10년의 시효가 적용되어 부당하게 되기 때문이다. 약사의 경우에도 마찬가지이다.

판 례 의사의 치료채권의 경우 시효의 기산점

「민법 제163조 제 2 호 소정의 '의사의 치료에 관한 채권'에 있어서는, 특약이 없는 한 그 개개의 진료가 종료될 때마다 각각의 당해 진료에 필요한 비용의 이행기가 도래하여 그에 대한 소멸시효가 진행된다고 해석함이 상당하고, 장기간 입원치료를 받는 경우라 하더라도 다른 특약이 없는 한 입원치료 중에 환자에 대하여 치료비를 청구함에 아무런 장애가 없으므로 퇴원시부터 소멸시효가 진행된다고 볼 수는 없다.」(대판 2001. 11. 9, 2001다52568)

A-299 **3) 도급받은 자 · 기사(技師) 기타 공사의 설계 또는 감독에 종사하는 자의 공사(工事)에 관한 채권(3호)** 여기서 도급을 받은 자의 공사에 관한 채권은 공사대금채권뿐만 아니라 그 공사에 부수되는 채권, 가령 도급공사 중 발생한 홍수피해의 복구공사로 수급인이 도급인에 대하여 가지는 복구공사비 채권도 포함한다(대판 2009. 11. 12, 2008다41451 등). 수급인의 저당권설정청구권도 공사대금채권을 담보하기 위하여 저당권설정등기 절차의 이행을 구하는 채권적 청구권으로서 공사에 부수되는 채권에 해당한다(대판 2016. 10. 27, 2014다211978). 그리고 도급인이 수급인으로 하여금 공사를 이행할 수 있도록 협력하여야 할 의무는 여기의 「공사에 관한 채무」에 해당한다(대판 2010. 11. 25, 2010다56685).

판 례 우수현상광고에서 상대방의 손해배상청구권의 시효기간

「우수현상광고의 광고자로서 당선자에게 일정한 계약을 체결할 의무가 있는 자가 그 의무를 위반함으로써 계약의 종국적인 체결에 이르지 않게 되어 상대방이 그러한 계약체결의무의 채무불이행을 원인으로 하는 손해배상을 청구한 경우, 그 손해배상청구권은 계약이 체결되었을 경우에 취득하게 될 계약상의 이행청구권과 실질적이고 경제적으로 밀접한 관계가 형성되어 있기 때문에, 그 손해배상청구권의 소멸시효기간은 계약이 체결되었을 때 취득하게 될 이행청구권에 적용되는 소멸시효기간에 따른다.

기록에 의하면, 우수현상광고의 당선자인 원고가 광고주인 피고에 대하여 가지고 있는 본래의 채권인 '기본 및 실시설계권'…에 기하여 계약이 체결되었을 경우에 취득하게 될 계약상의 이행청구권은 "설계에 종사하는 자의 공사에 관한 채권"으로서 이에 관하여는 민법 제163조 제 3 호 소정의 3년의 단기소멸시효가 적용되므로, 위의 기본 및 실시설계계약의 체결의무의 불이행으로 인한 손해배상청구권의 소멸시효 역시 3년의 단기소멸시효가 적용된다.」(대판 2005. 1. 14, 2002다57119)

4) 변호사 · 변리사 · 공증인 · 공인회계사 및 법무사에 대한 직무상 보관한 서류의 반환을 청구하는 채권(4호) 여기의 서류에는 의뢰인의 등기필증과 같이 소유권이 의뢰인에게 있는 것은 포함되지 않는다(이설 없음).

5) 변호사 · 변리사 · 공증인 · 공인회계사 및 법무사의 직무에 관한 채권(5호) 이 규정은 변호사 등 거기에서 정하고 있는 자격사의 직무에 관한 채권에만 적용되고, 세무사와 같이 그들의 직무와 유사한 직무를 수행하는 다른 자격사의 직무에 관한 채권에 대하여는 유추적용되지 않는다(대판 2022. 8. 25, 2021다311111). 그리고 세무사는 상인이라고 볼 수 없고, 세무사의 직무에 관한 채권이 상사채권에 해당한다고 볼 수 없으므로, 세무사의 직무에 관한 채권에 대하여는 제162조 제 1 항에 따라 10년의 소멸시효가 적용된다(대판 2022. 8. 25, 2021다311111).

6) 생산자 및 상인이 판매한 생산물 및 상품의 대가(6호) 이에 대한 채권은 상행위로 생긴 것이므로 본래는 상법 제64조에 의하여 5년의 시효에 걸려야 하지만, 여기에서 5년보다 더 단기의 시효를 규정하고 있어서 동조 단서에 의하여 3년의 시효에 걸리게 된다(대판 1966. 6. 28, 66다790 참조).

7) 수공업자 및 제조자의 업무에 관한 채권(7호) 수공업자는 자기의 일터에서 주문을 받아 그 주문자와 고용관계를 맺지 않고 타인을 위하여 일하는 자(예: 재봉사 · 이발사 · 세탁업자)이고, 제조자는 주문을 받아 물건에 가공하여 다른 물건을 제조하는 것을 직업으로 하는 자(예: 표구사 · 구두제작자 · 가구제작자)를 가리킨다.

(3) 1년의 단기소멸시효에 걸리는 권리(164조) A-300

민법은 제163조에 규정된 채권보다 더 일상적으로 발생하고 보통 즉시 이행청구가 되며 영수증이 발급되지 않기도 하는 채권에 관하여 1년의 최단기시효를 규정하고 있다. 그런데 1년의 단기시효를 규정한 제164조는 그 각 호에서 개별적으로 정하여진 채권의 채권자가 그 채권의 발생원인이 된 계약에 기하여 상대방에 대하여 부담하는 반대채무에 대하여는 적용되지 않으며, 따라서 그 채권의 상대방이 그 계약에 기하여 가지는 반대채권은 원칙으로 돌아가, 다른 특별한 사정이 없는 한 제162조 제 1 항에서 정하는 10년의 일반소멸시효기간의 적용을 받는다(대판 2013. 11. 14, 2013다65178). 그리하여 간병인의 간병료채권은 제164조 제 3 호의 1년의 단기시효에 걸리나, 간병을 받는 환자의 간병서비스 이행청구권과 그 채무의 불이행으로 인한 손해배상채권은 단기시효에 걸리지 않는다.

1) 여관 · 음식점 · 대석(貸席) · 오락장의 숙박료 · 음식료 · 대석료 · 소비물의 대가 및 체당금의 채권(1호)

2) 의복 · 침구 · 장구 기타 동산의 사용료의 채권(2호) 판례는 여기의 동산의 사용료채권은 극히 단기의 동산임대차로 인한 임료채권을 말하고, 영업을 위하여 2개월에 걸친 중기(重機)의 임료채권은 이에 해당하지 않는다고 한다(대판 1976. 9. 28, 76다1839).

3) 노역인 · 연예인의 임금 및 그에 공급한 물건의 대금채권(3호) 여기의 노역인은 사용자와 고용관계에 서지 않고 주로 육체적 노동을 제공하는 자(예: 목수 · 미장이 · 정원사)를 가리킨다. 그리고 간병인계약에 기해 간병을 하는 간병인도 여기의 노역인에 해당한다(대판 2013. 11. 14, 2013다65178).

4) 학생 및 수업자의 교육 · 의식(衣食) 및 유숙에 관한 교주 · 숙주(塾主, 즉 의숙이나 학숙과 같은 교육기관의 주인) **· 교사의 채권**(4호) 이 규정은 채권자가 개인인 경우뿐만 아니라 법인인 학교나 법인 아닌 사단·재단인 교육시설의 경우에도 적용된다.

A-301 **(4) 판결 등으로 확정된 권리**

소멸시효가 완성하기 전에 소를 제기하면 소멸시효는 중단되나, 확정판결이 있었더라도 그때부터 소멸시효는 다시 진행한다(178조 2항). 문제는 단기시효에 걸리는 채권은 확정판결 후에도 단기시효에 걸리는 것인지이다. 여기에 관하여 민법은 판결에 의하여 확정된 채권은 단기시효에 걸리는 채권이라도 소멸시효기간을 10년으로 한다고 규정하고 있다(165조 1항). 이 규정은 확정판결이 있으면 단기시효가 규정되어 있는 채권이라도 시효기간이 10년으로 된다는 의미이며, 확정판결이 있다고 하여 20년의 시효에 걸리는 권리의 시효기간이 10년으로 단축된다거나 시효에 걸리지 않는 권리가 10년의 시효에 걸린다는 뜻은 아니다(대판 1981. 3. 24, 80다1888 · 1889).

위와 같은 결과는 「파산절차에 의하여 확정된 채권 및 재판상의 화해, 조정 기타 판결과 동일한 효력이 있는 것에 의하여 확정된 채권」에도 인정된다(165조 2항). 여기의 「기타 판결과 동일한 효력이 있는 것」에는 청구의 인낙조서(민소 220조)와 확정된 지급명령이 있다. 따라서 지급명령에서 확정된 채권은 단기의 소멸시효에 해당하는 것이라도 그 소멸시효기간이 10년으로 연장된다(대판 2009. 9. 24, 2009다39530).

한편 판결확정 당시에 변제기가 도래하지 않은 채권에는 이들 규정이 적용되지 않는다(165조 3항). 따라서 변제기가 도래하지 않은 채권은 그에 대하여 확정판결 등이 있어도 시효기간이 10년으로 연장되지 않으며, 본래의 변제기가 된 뒤 단기의 소멸시효로 소멸하게 된다. 한편 대법원은, 소송에서 법원이 판결로 소송비용의 부담을 정하는 재판을 하면서 그 액수를 정하지 않은 경우 소송비용 부담의 재판이 확정됨으로써 소송비용 상환의무의 존재가 확정되지만, 당사자의 신청에 따라 별도로 민사소송법 제110조에서 정한 소송비용액 확정결정으로 구체적인 소송비용 액수가 정해지기 전까지는 그 의무의 이행기가 도래한다고 볼 수 없고 이행기의 정함이 없는 상태로 유지된다고 한 뒤, 위와 같이 발생한 소송비용 상환청구권은 소송비용 부담의 재판에 해당하는 판결 확정 시 발생하여 그때부터 소멸시효가 진행하지만, 민법 제165조 제 3 항에 따라 민법 제165조 제 1 항에서 정한 10년의 소멸시효는 적용되지 않고, 따라서 국가의 소송비용 상환청구권은 금전의 급부를 목적으로 하는 국가의 권리로서 국가재정법 제96조 제 1 항에 따라 5년 동안 행사하지 않으면 소멸시효가 완성된다고 한다(대결 2021. 7. 29, 2019마6152).

주의할 것은, 제165조 제 1 항·제 2 항이 판결에 의하여 확정된 채권, 판결과 동일한 효력이 있는 것에 의하여 확정된 채권은 단기의 소멸시효에 해당한 것이라도 그 소멸시효는 10년으로 한다고 규정하는 것은 당해 판결 등의 당사자 사이에 한하여 발생하는 효력에 관한 것이라는 점이다. 따라서 **채권자와 주채무자 사이의 확정판결에 의하여 주채무가 확정되어 그 소멸시효기간이 10년으로 연장되었다 할지라도**, 그 보증채무까지 당연히 단기소멸시효의 적용이 배제되어 10년의 소멸시효기간이 적용되는 것은 아니고, 채권자와 연대보증인 사이에 있어서 **연대보증채무의 소멸시효기간은 여전히 종전의 소멸시효기간에 따른다**(대판 1986. 11. 25, 86다카1569[핵심판례 268면] 등. 그런데 사견은 이 판례에 반대함). 그리고 주채무자에 대한 확정판결에 의하여 제163조 각호의 단기소멸시효에 해당하는 주채무의 소멸시효기간이 10년으로 연장된 상태에서 그 주채무를 보증한 경우에는, 특별한 사정이 없는 한 그 보증채무에 대하여는 제163조 각호의 단기소멸시효가 적용될 여지가 없고, 그 성질에 따라 보증인에 대한 채권이 민사채권인 경우에는 10년, 상사채권인 경우에는 5년의 소멸시효기간이 적용된다(대판 2014. 6. 12, 2011다76105).

2. 채권 이외의 재산권의 소멸시효기간 A-302

채권과 소유권을 제외한 재산권의 소멸시효기간은 20년이다(162조 2항).

판 례 소멸시효와 변론주의

「민사소송절차에서 변론주의 원칙은 권리의 발생·변경·소멸이라는 법률효과 판단의 요건이 되는 주요사실에 관한 주장·증명에 적용된다. 따라서 권리를 소멸시키는 소멸시효 항변은 변론주의 원칙에 따라 당사자의 주장이 있어야만 법원의 판단대상이 된다.

그러나 이 경우 어떤 시효기간이 적용되는지에 관한 주장은 권리의 소멸이라는 법률효과를 발생시키는 요건을 구성하는 사실에 관한 주장이 아니라 단순히 법률의 해석이나 적용에 관한 의견을 표명한 것이다. 이러한 주장에는 변론주의가 적용되지 않으므로 법원이 당사자의 주장에 구속되지 않고 직권으로 판단할 수 있다. 당사자가 민법에 따른 소멸시효기간을 주장한 경우에도 법원은 직권으로 상법에 따른 소멸시효기간을 적용할 수 있다.」(대판 2017. 3. 22, 2016다258124. 후단에 관하여 동지 대판 2023. 12. 14, 2023다248903 등. 이 동지의 판결은 소멸시효기간이 얼마나 되는지에 관한 주장은 단순한 법률상의 주장에 불과하다고 함)

제 3 절　소멸시효의 중단

사 례 (신사례 [18]번 문제 제2문)

A는 2001. 3. 20. 동네에서 슈퍼마켓을 하기 위해 친지인 B로부터 2,000만원을, 변제기를 2002. 3. 20.으로 하고, 이자를 월 1%로 하여 빌렸다. 그리고 A는 2001. 4. 1.부터 Z슈퍼마켓의 영업을 시작하였다. 영업 개시 직후 A의 슈퍼마켓은 영업이 비교적 잘 되었으나, 2002. 1.경부터 사정이 나빠

졌다. Z슈퍼마켓의 영업 시작 후 A는 B에게 2,000만원에 대한 1년 동안의 이자는 꼬박꼬박 지급하였다. 그런데 원금의 변제기인 2002. 3. 20.이 되었을 때 A는 2,000만원 전부를 변제할 여력이 없어서 B에게 그의 사정을 얘기하고 1,000만원만 변제하였다. 그 후 A는 남은 원금 1,000만원과 그에 대한 이자를 지급하지 못하고 있다가, 2006. 4. 8. 가까스로 200만원을 마련하여 B에게 가서 그 금액으로 남은 원금 1,000만원 중 200만원을 갚겠다고 하였고, B도 그렇게 하라고 하였다. 그런데 그 후에는 A가 B에게 전혀 지급하지 못하였으며, 그런 상태로 현재(2015. 5. 2)에 이르렀다.

이러한 경우에 B가 A에게 이제까지 밀린 이자와 남은 원금 800만원을 모두 지급하라고 하였다. A는 B의 요구에 따라야 하는가? (사례의 해결: A-315)

A-303

Ⅰ. 소멸시효 중단의 의의

소멸시효 완성에 필요한 권리불행사라는 사실상태는 일정한 사유가 있는 때에는 중단되고, 그때까지 진행한 시효기간은 효력을 잃게 된다. 이처럼 소멸시효의 진행을 막고 그 동안의 시효기간을 0으로 만드는 것이 소멸시효의 중단이다.

민법은 소멸시효의 중단에 관하여 제168조 내지 제178조에서 자세히 규정하고, 이를 취득시효에 준용한다(247조 2항).

A-304

Ⅱ. 소멸시효의 중단사유

민법은 소멸시효의 중단사유로 ① 청구, ② 압류·가압류·가처분, ③ 승인을 규정하고 있다(168조). 이 가운데 ①②의 사유는 권리자가 자기의 권리를 주장하는 것이고, ③의 사유는 의무자가 상대방의 권리를 인정하는 것이다. 이들 사유를 나누어 살펴보기로 한다.

1. 청 구(168조 1호)

여기의 청구는 시효의 목적인 사법상의 권리를 재판상 또는 재판 외에서 실행하는 행위이다(대판 1979. 2. 13, 78다1500·1501). 이러한 청구는 자유롭게 할 수 있으나, 시효중단의 효력을 발생시키는 청구는 다음의 것들에 한정된다.

A-305

(1) 재판상의 청구(170조)

1) 재판상의 청구는 소를 제기하는 것이다. 이는 사법상의 권리를 민사소송의 절차에 의하여 주장하는 것이다(대판 1979. 2. 13, 78다1500·1501). 재판상의 청구, 즉 소의 제기가 있으면 시효는 중단된다. 이때 제기되는 소는 이행(급부)의 소·확인의 소·형성의 소 가운데 어느 것이라도 무방하다. 그리고 본소인가 반소(민소 269조)인가도 묻지 않는다.

상대방이 제기한 소에 대하여 응소한 것도 재판상의 청구인지가 문제된다. 여기에 관하여 판례는 과거에는 이를 부인하였으나, 현재에는 「응소하여 그 소송에서 적극적으로 권리를 주장하고 그것이 받아들여진 경우」에도 재판상의 청구에 포함된다고 한다(대판(전원) 1993. 12. 21, 92다47861[핵심판례 66면]; 대판 2006. 11. 9, 2004두7467 등. 그 밖에 취득시효에 관한 판결도 많이 있다). 그리고 학설도 판례에 찬성한다. 주의할 것은, 직접 채무자에 대한 응소행위가 아닌 경우에는 여기의 재판상 청구에 해당하지 않는다는 점이다. 그리하여 예컨대 물상보증인이 피담보채무의 부존재 또는 소멸을 이유로 제기한 저당권설정등기 말소청구소송에서 채권자 겸 저당권자가 청구기각의 판결을 구하고 피담보채권의 존재를 주장하였더라도 그것은 직접 채무자에 대하여 재판상 청구를 한 것으로 볼 수 없고(대판 2004. 1. 16, 2003다30890 등), 따라서 소멸시효가 중단되지 않는다. 그리고 피고가 응소행위를 하였다고 하여 바로 시효중단의 효과가 발생하는 것은 아니고, 변론주의 원칙상 시효중단의 효과를 원하는 피고로서는 당해 소송 또는 다른 소송에서의 응소행위로서 시효가 중단되었다고 주장하지 않으면 안 되고, 피고가 변론에서 시효중단의 주장 또는 이러한 취지가 포함되었다고 볼 만한 주장을 하지 않는 한, 피고의 응소행위가 있었다는 사정만으로 당연히 시효중단의 효력이 발생하지는 않는다(취득시효에 관한 판례: 대판 2003. 6. 13, 2003다17927 · 17934 등). 이때 시효중단의 주장을 반드시 채무자가 소멸시효 완성을 원인으로 한 소송을 제기한 경우나 당해 소송이 아닌 전 소송 또는 다른 소송에서 해야 하는 것이 아니며, 또한 시효중단의 주장은 반드시 응소시에 할 필요는 없고 소멸시효기간이 만료된 후라도 사실심 변론종결 전에는 언제든지 할 수 있다(대판 2010. 8. 26, 2008다42416 · 42423). 응소의 경우 소멸시효가 중단되는 시기는 피고가 응소한 때(준비서면을 보내거나 진술한 때)이며, 원고가 소를 제기한 때로 소급하지 않는다(대판 2010. 8. 26, 2008다42416 · 42423 등).

재심의 소의 제기도 재판상의 청구이다(대판 1997. 11. 11, 96다28196 등 참조).

행정소송 및 행정심판은 위법한 행정처분의 취소·변경을 구하는 것이고 사권을 행사하는 것이 아니어서 일반적으로 시효중단사유가 되지 못하지만, 오납한 조세에 대한 부당이득 반환청구권을 실현하기 위한 수단이 되는 과세처분의 취소 또는 무효확인을 구하는 소는 재판상의 청구에 해당한다(대판(전원) 1992. 3. 31, 91다32053). 그에 비하여 형사소송은 피고인에 대한 국가형벌권의 행사를 목적으로 하는 것이므로, 피해자가 배상명령을 신청한 경우를 제외하고는 단지 피해자가 가해자를 상대로 고소하거나 그 고소에 기하여 형사재판이 개시되어도 시효는 중단되지 않는다(대판 1999. 3. 12, 98다18124).

한편 판례는, 확정된 승소판결에는 기판력이 있어서 승소 확정판결을 받은 당사자가 그 상대방을 상대로 다시 승소 확정판결의 전소와 동일한 청구의 소를 제기하는 경우 그 후소는 권리보호의 이익이 없어 부적법하지만, 예외적으로 확정판결에 의한 채권의 소멸시효기간인 10년의 경과가 임박한 경우에는 그 시효중단을 위한 소는 소의 이익이 있다고 한다(대판(전원) 2018. 7. 19, 2018다22008. 이 판결에는 4인의 대법관의 반대의견이 있음). 그리고 이러한 경우에 후소의 판결이 전소의 승소 확정판결의 내용에 저촉되어서는 안 되므로, 후소 법원으로서는 그 확정된 권리를 주장할 수 있는 모든 요건이 구비되어 있는지 여부에 관하여 다시 심리할 수 없다고 한다(대판(전원) 2018. 7. 19, 2018다22008). 그런데 판례는, 후소 판결의 기판력이 후소의 변론종결시를 기준으로 발생하므로, 전소의 변론종결 후에 발생한 변제·상계·면제 등과 같은 채권소멸사유는 후소의 심리대상이 되며, 따라서 채무자인 피고는 후소 절차에서 위와 같은 사유를 들어 항변할 수 있고, 심리 결과 그 주장이 인정되면 법원은 원고의 청구를 기각할 것이라고 한다(대판 2019. 1. 17, 2018다24349). 그리고 이는 채권의 소멸사유 중 하나인 소멸시효 완성의 경우에도 마찬가지라고 한다(대판 2019. 1. 17, 2018다24349). 나아가, 이처럼 판결이 확정된 채권의 소멸시효기간의 경과가 임박하였는지 여부에 따라 시효중단을 위한 후소의 권리보호이익을 달리 보는 취지와 채권의 소멸시효 완성이 갖는 효과 등을 고려해 보면, 시효중단을 위한 후소를 심리하는 법원으로서는 전소 판결이 확정된 후 소멸시효가 중단된 적이 있어 그 중단사유가 종료한 때로부터 새로이 진행된 소멸시효기간의 경과가 임박하지 않아 시효중단을 위한 재소의 이익을 인정할 수 없다는 등의 특별한 사정이 없는 한, 후소가 전소 판결이 확정된 후 10년이 지나 제기되었다 하더라도 곧바로 소의 이익이 없다고 하여 소를 각하해서는 안 되고, 채무자인 피고의 항변에 따라 원고의 채권이 소멸시효 완성으로 소멸하였는지에 관한 본안 판단을 해야 한다고 한다(대판 2019. 1. 17, 2018다24349).

판례는 최근에, 재판상 청구의 새로운 유형으로 「새로운 방식의 확인소송」을 인정하였다. 그에 따르면, 채권자가 전소로 이행청구를 하여 승소 확정판결을 받은 후 그 채권의 시효중단을 위한 후소를 제기하는 경우, 그 후소의 형태로서 항상 — 앞의 단락해서 설명한 — 전소와 동일한 이행청구만이 시효중단사유인 「재판상의 청구」에 해당한다고 볼 수는 없으며, 시효중단을 위한 후소로서 이행소송 외에 전소 판결로 확정된 채권의 시효를 중단시키기 위한 조치, 즉 「재판상의 청구」가 있다는 점에 대하여만 확인을 구하는 형태의 「새로운 방식의 확인소송」이 허용되고, 채권자는 두 가지 형태의 소송 중 자신의 상황과 필요에 보다 적합한 것을 선택하여 제기할 수 있다고 한다(대판(전원) 2018. 10. 18, 2015다232316[핵심판례 68면]. 이러한 다수의견에 대해서는, 새로운 방식의 확인소송은 허용되어서는 안 된다는 소수의견과, 새로운 방식의 확인소송은 입법을 통해서만 받아들일 수 있고 — 이행소송 외에 현행법의 해석으로 다른 형태의 소송을 허용한다면 — 전소 판결로 확정된 채권 그 자체를 확인의 대상으로 삼는 「청구권 확인소송」만이 가능하다는 소수의견이 있음). 대법원은 종래 실무적으로 널리 행해져오고 있는 시효중단을 위한 이행소송이 법리적으로 뿐만 아니라 현실적으로도 여러 문제를 야기하기 때문에 그것을 해결하기 위하여 위와 같은 확인소송을 인정하였다. 대법원은 그 근거로, 후소에서 청구이의사유를 심리하는 등의 동일한 문제가 있는 이행소송의 소의 이익을 인정하는 이상, 동일한 청구권에 대해 중복되어 집행권원을 발생시키는 문제점을 제거한 위와 같은 형태의 소송을 불허할 이유가 없다는 점을 든다.

판례는 기본적 법률관계 확인의 소를 제기하면 그로부터 파생된 청구권의 소멸시효가 중단된다는 견지에 있다. 즉 대법원은, 파면된 사립학교 교원이 학교법인을 상대로 파면처분 효력금지 가처분 및 무효확인의 소를 제기하여 승소한 경우에 파면된 이후의 보수금채권의 소멸시효가 문제된 사안에서, 파면(해지)처분 무효확인의 소(또는 고용관계 존재확인의 소)는 보수금(임금)채권을 실현하는 수단이라는 성질을 가지고 있으므로 보수금채권 자체에 관한 이행소송을 제기하지 않았다 하더라도 위 소의 제기에 의하여 보수금채권에 대한 시효는 중단된다고 하였다(대판 1978. 4. 11, 77다2509). 나아가 대법원은, 근저당권설정등기 청구의 소에서 그 피담보채권의 존부에 관한 실질적 심리가 이루어져 그 존부가 확인된 이상, 그 피담보채권이 될 채권으로 주장되고 심리된 채권에 관하여는 근저당권설정등기청구의 소의 제기에 의하여 피담보채권이 될 채권에 관한 권리의 행사가 있은 것으로 볼 수 있으므로, 근저당권설정등기 청구의 소의 제기는 그 피담보채권의 재판상의 청구에 준하는 것으로서 피담보채권에 대한 소멸시효 중단의 효력을 생기게 한다고 하였다(대판 2004. 2. 13, 2002다7213: 근저당권설정 약정에 의한 근저당권설정등기 청구권이 그 피담보채권이 될 채권과 별개로 소멸시효에 걸린다고 한 사례). 그런가 하면 소멸대상인 권리 그 자체의 이행청구나 확인청구를 하는 경우뿐 아니라 그 권리가 발생한 기본적 법률관계에 관한 청구를 하는 경우 또는 그 권리를 기초로 하거나 그것을 포함하여 형성된 후속 법률관계에 관한 청구를 하는 경우에도 그로써 권리 실행의 의사를 표명한 것으로 볼 수 있을 때에는 시효중단 사유인 재판상의 청구에 포함된다고 한 뒤(대판(전원) 1992. 3. 31, 91다32053 등도 참조), 기존 채권의 존재를 전제로 하여 이를 포함하는 새로운 약정을 하고 그에 따른 권리를 재판상 청구의 방법으로 행사한 경우에는 기존 채권을 실현하고자 하는 뜻까지 포함하여 객관적으로 표명한 것이므로, 새로운 약정이 무효로 되는 등의 사정으로 그에 근거한 권리행사가 저지됨에 따라 다시 기존 채권을 행사하게 되었다면, 기존 채권의 소멸시효는 새로운 약정에 의한 권리를 행사한 때에 중단되었다고 볼 것이라고 한다(대판 2016. 10. 27, 2016다25140).

가분채권(예: 손해배상채권)에 있어서 그 일부만이 청구된 경우에 관하여, 대법원은 초기에는, 일부청구의 경우에는 일부청구임을 밝혔는지에 관계없이 청구한 부분에 대하여만 시효가 중단되고 나머지 부분에 대하여는 시효가 중단되지 않는다고 하였다(대판 1975. 2. 25, 74다1557 등). 그 후 종래의 판례를 그대로 둔 채 그것과 모순되지 않게 새로운 법리를 제시하였다. 그에 따르면, 하나의 채권 중 일부청구를 하면서 일부청구임을 명시한 경우에는 청구한 그 일부에 대하여만 시효중단의 효력이 생기고 나머지 부분에 대하여는 시효중단의 효력이 생기지 않지만, 비록 일부만을 청구한 경우에도 그 취지로 보아 채권 전부에 관하여 판결을 구하는 것으로 해석된다면 그 청구액을 소송물인 채권의 전부로 보아야 하고, 이러한 경우에는 그 채권의 동일성의 범위 내에서 그 전부에 관하여 시효중단의 효력이 발생한다고 한다(대판 1992. 4. 10, 91다43695[핵심판례 70면]). 나아가 대법원은, 이 법리를 처음 판시한 판결(대판 1992. 4. 10, 91다43695)의 구체적 사안을 추상적으로 법리화하여, 소장에서 청구의 대상으로 삼은 채권 중 일부만을 청구하면서 소송의 진행경과에 따라 장차 청구금액을 확장할 뜻을 표시하고 당해 소송이 종료될 때까지 실제로 청구금액을 확장한 경우에는 소제기 당시부터 채권 전부에 관하여 판결을 구한 것으로 해석되므로, 그러한 경우에는 소제기 당시부터 채권 전부에 관하여 재판상 청구로 인한 시효중단의 효력이 발생한다고 한다(대판 2020. 2. 6, 2019다223723 등). 그 판결은 이어서, 소장에서 청구의 대상으로 삼은 채권 중 일부만을 청구하면서 소송의 진행경과에 따라 장차 청구금액을 확장할 뜻을 표시하였으나 당해 소송이 종료될 때까지 실제로 청구금액을 확장하지 않은 경우에는 소송의 경과에 비추어 볼 때 채권 전부에 관하여 판결을 구한 것으로 볼 수 없으므로, 나머지 부분에 대하여는 재판상 청구로 인한 시효중단의 효력이 발생하지 않으나, 그와 같은 경우에도 소를 제기하면서 장차 청구금액을 확장할 뜻을 표시한 채권자로서는 장래에 나머지 부분을 청구할 의사를 가지고 있는 것이 일반적이라고 할 것이므로, 다른 특별한 사정이 없는 한 당해 소송이 계속 중인 동안에는 나머지 부분에 대하여 권리를 행사하겠다는 의사가 표명되어 최고에 의해 권리를 행사하고 있는 상태가 지속되고 있는 것으로 보아야 하고, 채권자는 당해 소송이 종료된 때부터 6월 내에 제174조에서 정한 조치를 취함으로써 나머지 부분에 대한 소멸시효를 중단시킬 수 있다고 한다(대판 2020. 2. 6, 2019다223723). 그런가 하면 대법원은 다른 판결에서, 소장에서 청구의 대상으로 삼은 채권 중 일부만을 청구하면서 소송의 진행경과에 따라 장차 청구금액을 확장할 뜻을 표시하였더라도 그 후 채권의 특정 부분을 청구범위에서 명시적으로 제외하였다면, 그 부분에 대하여는 애초부터 소의 제기가 없었던 것과 마찬가지이므로 재판상 청구로 인한 시효중단의 효력이 발생하지 않는다고 한다(대판 2021. 6. 10, 2018다44114; 대판 2022. 5. 26, 2020다206625(이 경우에도 채권자는 당해 소송이 종료된 때부터 6월 내에 민법 제174조에서 정한 조치를 취함으로써 나머지 부분에 대한 소멸시효를 중단시킬 수 있다고 함)).

채권자가 동일한 목적을 달성하기 위하여 복수의 채권(예: 불법행위 손해배상청구권과 예금청구권)을 갖고 있는 경우에, 채권자로서는 그의 선택에 따라 권리를 행사할 수 있되, 그중 어느 하나의 청구를 한 것만으로는 다른 채권 그 자체를 행사한 것으로 볼 수는 없으므로, 특별한 사정이 없는 한 그 다른 채권에 대한 소멸시효 중단의 효력은 없다(대판 2020. 3. 26, 2018다221867 등). 그에 비하여, 판례에 따르면, 원인채권의 지급을 확보하기 위한 방법으로 어음이 수수된 경우에 원인채권과 어음채권은 별개로서 채권자는 그 선택에 따라 권리를 행사할 수 있고, 원인채권에 기하여 청구를 한 것만으로는 어음채권 그 자체를 행사한 것으로 볼 수 없어 어음채권의 소멸시효를 중단시키지 못하는 것이지만, 이러한 어음은 경제적으로 동일한 급부를 위하여 원인채권의 지급수단으로 수수된 것으로서 그 어음채권의 행사는 원인채권을 실현하기 위한 것일 뿐만 아니라, 원인채권의 소멸시효는 어음금 청구소송에 있어서 채무자의 인적항변 사유에 해당하는 관계로 채권자가 어음채권의 소멸시효를 중단하여 두어도 채무자의 인적항변에 따라 그 권리를 실현할 수 없게 되는 불합리한 결과가 발생하게 되므로, 채권자가 어음채권에 기하여 청구를 하는 반대의 경우에는 원인채권의 소멸시효를 중단시키는 효력이 있고, 이러한 법리는 채권자가 어음채권을 피보전권리로 하여 채무자의 재산을 가압류함으로써 그 권리를 행사한 경우에도 마찬가지로 적용된다(대판 1999. 6. 11, 99다16378).

채무자가 제 3 채무자를 상대로 금전채권의 이행을 구하는 소를 제기한 후 채권자가 위 금전채권에 대하여 압류 및 추심명령을 받아 제 3 채무자를 상대로 추심의 소를 제기한 경우, 채무자가 권리주체의 지위에서 한 시효중단의 효력은 집행법원의 수권에 따라 피압류채권에 대한 추심권능을 부여받아 일종의 추심기관으로서 그 채권을 추심하는 추심채권자에게도 미친다(대판 2019. 7. 25, 2019다212945).

2) 재판상의 청구가 시효중단의 사유가 되려면 그 청구가 채권자 또는 그 채권을 행사할 권능을 가진 자에 의하여 행하여졌어야 한다(대판 2024. 7. 11, 2023다316820 · 316837 등). 채권양도의 양수인은 비록 대항요건을 갖추지 못했다고 하더라도 재판상 청구를 할 수 있다(대판 2005. 11. 10, 2005다41818). 그리고 판례는, 채권양도 후 대항요건이 구비되기 전의 양도인은 채무자에 대한 관계에서는 여전히 채권자의 지위에 있으므로 재판상 청구를 할 수 있다고 한다(대판 2009. 2. 12, 2008두20109). A-306

3) 재판상의 청구가 시효중단의 효력을 발생하는 시기는 소를 제기한 때, 또는 피고의 경정을 신청하는 서면, 청구취지의 변경을 신청하는 서면이나 중간확인의 소를 청구하는 서면을 법원에 제출한 때이다(민소 265조). 소송이 이송된 경우에 소멸시효의 중단시기는 소송이 이송된 때가 아니고, 이송한 법원(처음에 소가 제기된 법원)에 소가 제기된 때이다(대판 2007. 11. 30, 2007다54610).

4) 재판상의 청구가 있었더라도 소의 각하 · 기각 또는 취하가 있으면 시효중단의 효력은 생기지 않는다(170조 1항). 그러나 소의 각하 등이 있는 경우라도 6개월 내에 재판상의 청구, 파산절차 참가, 압류 또는 가압류 · 가처분을 한 때에는 시효는 최초의 재판상의 청구로 인하여 중단된 것으로 본다(170조 2항). 다만, 기각판결이 확정된 경우에는 청구권의 부존재가 확정됨으로써 중단의 효력이 생길 수 없으므로, 청구기각판결의 확정 후 재심을 청구하였다 하더라도 시효의 진행이 중단되지 않는다(대판 1992. 4. 24, 92다6983). 한편 판례는, 제170조의 규정상, 채무자가 제 3 채무자를 상대로 제기한 금전채권의 이행소송이 압류 및 추심명령으로 인한 당사자적격의 상실로 각하되더라도, 위 이행소송의 계속 중에 피압류채권에 대하여 채무자에 갈음하여 당사자적격을 취득한 추심채권자가 위 각하판결이 확정된 날로부터 6개월 내에 제 3 채무자를 상대로 추심의 소를 제기하였다면, 채무자가 제기한 재판상 청구로 인하여 발생한 시효중단의 효력은 추심채권자의 추심소송에서도 그대로 유지된다고 한다(대판 2019. 7. 25, 2019다212945). 그리고 채권양도 후 대항요건이 구비되기 전에 양도인이 제기한 소송 중에 채무자가 채권양도의 효력을 인정하는 등의 사정으로 인하여 양도인의 청구가 기각됨으로써 제170조 제 1 항에 의하여 시효중단의 효과가 소멸된다고 하더라도, 양도인의 청구가 당초부터 무권리자에 의한 청구로 되는 것은 아니므로, 양수인이 그로부터 6월 내에 채무자를 상대로 재판상의 청구 등을 하였다면, 제169조 및 제170조 제 2 항에 의하여 양도인의 최

초의 재판상 청구로 인하여 시효가 중단된다고 한다(대판 2009. 2. 12, 2008두20109). 또한 소송목적인 권리를 양도한 원고가 법원의 소송인수 결정 후 피고의 승낙을 받아 소송에서 탈퇴한 뒤, 법원이 인수참가인의 청구를 기각하거나 소를 각하하는 판결을 선고하여 그 판결이 확정된 경우에는, 원고가 제기한 최초의 재판상 청구로 인한 시효중단의 효력은 소멸하며, 다만 인수참가인에 대한 청구기각 또는 소 각하 판결이 확정된 날부터 6개월 내에 탈퇴한 원고가 다시 탈퇴 전과 같은 재판상의 청구 등을 한 때에는, 탈퇴 전에 원고가 제기한 재판상의 청구로 인하여 발생한 시효중단의 효력은 그대로 유지된다고 한다(대판 2017. 7. 18, 2016다35789). 그런가 하면 권리자인 피고가 응소하여 권리를 주장하였으나 그 소가 각하되거나 취하되는 등의 사유로 본안에서 그 권리주장에 관한 판단 없이 소송이 종료된 경우에도 제170조 제2항을 유추적용하여 그때부터 6월 이내에 재판상의 청구 등 다른 시효중단조치를 취하면 응소시에 소급하여 시효중단의 효력이 있는 것으로 볼 것이라고 한다(대판 2010. 8. 26, 2008다42416·42423; 대판 2012. 1. 12, 2011다78606[핵심판례 72면]).

판 례 채권자대위권에 기해 청구를 하다가 양수금청구의 소로 변경한 경우

원고가 채권자대위권에 기해 청구를 하다가 당해 피대위채권 자체를 양수하여 양수금청구로 소를 변경한 사안에서, 당초의 채권자대위소송으로 인한 시효중단의 효력이 소멸하지 않는다고 본 사례(대판 2010. 6. 24, 2010다17284).

A-307 **(2) 파산절차 참가(171조)**

파산절차 참가는 채권자가 파산재단의 배당에 참가하기 위하여 그의 채권을 신고하는 것이다(채무자회생법 447조). 이것이 있으면 시효는 중단된다. 그러나 채권자가 이를 취소하거나 그 청구가 각하된 때에는 시효중단의 효력이 없다(171조, 채무자회생법 32조 2호). 한편 판례는, 채무자회생법 제294조에 따른 채권자의 파산신청은 시효중단 사유인 재판상의 청구에 해당한다고 한다(대결 2023. 11. 9, 2023마6582).

(3) 지급명령(172조)

지급명령은 금전 그 밖의 대체물이나 유가증권의 일정한 수량의 지급을 목적으로 하는 청구에 대하여 보통의 소송절차에 의함이 없이 채권자의 신청에 의하여 간이·신속하게 발하는 이행에 관한 명령이다(민소 462조 이하). 지급명령이 있으면 시효가 중단되며, 그 시기는 지급명령신청서를 관할법원에 제출하였을 때이다(민소 464조·265조).

그리고 판례는, 제170조의 재판상 청구에 지급명령의 신청이 포함되는 것으로 보는 이상, 특별한 사정이 없는 한, 지급명령의 신청이 각하된 경우라도 6개월 이내 다시 소를 제기한 경우라면 제170조 제2항에 의하여 그 시효는 당초 지급명령의 신청이 있었던 때

에 중단되었다고 보아야 할 것이라고 한다(대판 2011. 11. 10, 2011다54686).

민법 제172조는 채권자의 가집행신청이 없으면 지급명령에 시효중단의 효력이 없다고 규정하나, 민사소송법의 개정으로 채권자의 가집행신청제도가 삭제되어 그 규정은 무의미해졌다.

(4) 화해를 위한 소환(173조 1문) A-308

화해(민소 385조)의 신청이 있으면 시효가 중단된다. 중단시점은 화해신청서 제출시이다(민소 385조 4항·265조). 그러나 법원이 화해를 위하여 상대방을 소환하였는데 상대방이 출석하지 않거나 또는 출석하였지만 화해가 성립하지 않은 때에는, 화해신청인이 1개월 이내에 소를 제기하지 않으면 시효중단의 효력이 없다(173조 1문). 적법한 소제기 신청이 있으면 화해신청을 한 때에 소가 제기된 것으로 본다(민소 388조 2항).

(5) 임의출석(173조 2문)

임의출석은 당사자 쌍방이 임의로 법원에 출석하여 소송에 관하여 구두변론함으로써 제소 및 화해신청을 하도록 허용하는 제도이다. 이러한 임의출석제도는 현행 민사소송법에는 없고(구법에는 있었음) 소액사건심판법에만 두어져 있다(동법 5조).

임의출석이 있으면 시효는 중단된다. 그러나 화해가 성립하지 않은 때에는 1개월 이내에 소제기가 없으면 시효중단의 효력이 생기지 않는다(173조 2문).

(6) 최　　고(1/4조) A-309

최고(催告)는 채권자가 채무자에 대하여 채무이행을 청구하는 행위이며, 그 성질은 의사의 통지이다(대판 2003. 5. 13, 2003다16238). 그것은 특별한 형식이 요구되지 않는 재판 외의 행위이다. 민법은 입법례로서는 드물게 이러한 **최고를 시효중단사유로 하고 있다. 다만, 최고의 경우에는 6개월 이내에 재판상의 청구, 파산절차 참가, 화해를 위한 소환, 임의출석, 압류 또는 가압류 · 가처분과 같은 보다 강력한 조치를 취하지 않으면 시효중단의 효력이 생기지 않게 하였다**(174조). 민법은 이 보완조치에 지급명령을 포함시키지 않았는데, 이는 입법상의 잘못으로 보아야 할 것이다. 그리고 판례는, 최고 후 6개월 내에 채무자의 채무 승인이 있는 경우에도 제174조를 유추적용하여 시효중단의 효력이 발생한다고 해석한다(대판 2022. 7. 28, 2020다46663).

판례는 **소송고지의 요건이 갖추어진 경우에** 그 소송고지서에 고지자가 피고지자에 대하여 채무의 이행을 청구하는 의사가 표명되어 있으면 시효중단사유로서의 최고의 효력을 인정한다(대판 2015. 5. 14, 2014다16494 등). 나아가 소송고지에 의한 최고의 경우에는 민사소송법 제265조를 유추적용하여 당사자가 소송고지서를 법원에 제출한 때에 시효중단의 효력이 발생한다고 볼 것이라고 한다(대판 2015. 5. 14, 2014다16494).

최고가 여러 번 있는 경우에는 6개월 이내에 보완조치가 있는 최고만 시효중단의 효력을 발생시킨다(동지 대판 1987. 12. 22, 87다카2337[핵심판례 74면] 등). 따라서 이 최고는 시효기간의 만료가 임박하여 다른 강력한 중단방법을 취하려고 할 때 예비적 수단으로서 실익이 있을 뿐이다.

보완조치를 해야 하는 이 6개월의 기간은 최고가 상대방에게 도달한 때에 기산한다. 다만, 판례는, 채무이행을 최고받은 채무자가 그 이행의무의 존부 등에 대하여 조사를 해 볼 필요가 있다는 이유로 채권자에 대하여 그 이행의 유예를 구한 경우에는, 채권자가 그 회답을 받을 때까지는 최고의 효력이 계속된다고 보아야 하고, 따라서 6개월의 기간은 채권자가 채무자로부터 회답을 받은 때로부터 기산한다고 한다(대판 2010. 5. 27, 2010다9467 등). 그리고 소송고지로 인한 최고의 경우에는 당해 소송이 계속 중인 동안은 최고에 의하여 권리를 행사하고 있는 상태가 지속되는 것으로 보아 6개월의 기간은 당해 소송이 종료된 때로부터 기산하는 것으로 해석할 것이라고 한다(대판 2009. 7. 9, 2009다14340).

A-310 구체적인 경우에 최고가 있는 것으로 인정되는지는 최고의 해석에 의하여 결정된다. 그런데 그럼에 있어서는 권리자의 보호를 위하여 너그럽게 해석하는 것이 바람직하다(이설 없음). 판례도 그러한 견지에서, 재판상 청구가 취하된 경우(대판 1987. 12. 22, 87다카2337[핵심판례 74면])(소송이 각하·기각된 경우도 같음. 대판 2022. 4. 28, 2020다251403(이 판결 사안은 지급명령이 각하된 경우임)), 채권자가 채무자를 상대로 재산명시신청을 하여 그 재산목록의 제출을 명하는 결정이 채무자에게 송달된 경우(대판 2012. 1. 12, 2011다78606[핵심판례 72면]), 연대채무자 1인의 소유부동산에 대하여 경매신청을 한 경우(대판 2001. 8. 21, 2001다22840), 채권자가 확정판결에 기한 채권의 실현을 위하여 채무자의 제 3 채무자에 대한 채권에 관하여 압류 및 추심명령을 받아 그 결정이 제 3 채무자에게 송달이 된 경우(대판 2003. 5. 13, 2003다16238)에 관하여 최고로서의 효력을 인정하고 있다.

판례 채권자가 채무자의 채권을 압류한 경우의 시효중단

「채권자가 채무자의 제 3 채무자에 대한 채권을 압류 또는 가압류한 경우에 채무자에 대한 채권자의 채권에 관하여 시효중단의 효력이 생긴다고 할 것이나, 압류 또는 가압류된 채무자의 제 3 채무자에 대한 채권에 대하여는 민법 제168조 제 2 호 소정의 소멸시효 중단사유에 준하는 확정적인 시효중단의 효력이 생긴다고 할 수 없다. … 소멸시효 중단사유의 하나로서 민법 제174조가 규정하고 있는 최고는 채무자에 대하여 채무이행을 구한다는 채권자의 의사통지(준법률행위)로서, 이에는 특별한 형식이 요구되지 아니할 뿐 아니라 행위 당시 당사자가 시효중단의 효과를 발생시킨다는 점을 알거나 의욕하지 않았다 하더라도 이로써 권리행사의 주장을 하는 취지임이 명백하다면 최고에 해당하는 것으로 보아야 할 것이므로, 채권자가 확정판결에 기한 채권의 실현을 위하여 채무자의 제 3 채무자에 대한 채권에 관하여 압류 및 추심명령을 받아 그 결정이 제 3 채무자에게 송달이 되었다면 거기에 소멸시효 중단사유인 최고로서의 효력을 인정하여야 한다.」(대판 2003. 5. 13, 2003다16238)

2. 압류 · 가압류 · 가처분(168조 2호) A-311

압류는 집행법원이 확정판결 기타의 집행권원에 기하여 채무자의 재산의 처분을 금하는 강제집행의 첫단계이다(민사집행법 24조 · 56조 · 83조 · 188조 이하). 그리고 가압류와 가처분은 모두 장래의 강제집행의 불능과 곤란을 예방하기 위하여 행하여지는 강제집행 보전수단인데, 그 가운데 가압류는 장래의 금전채권(또는 금전으로 환산할 수 있는 채권)의 보전으로서 집행대상 재산을 미리 압류하여 두는 것이고(민사집행법 276조 이하), 가처분은 청구권의 목적물(계쟁물)의 현상을 유지하게 하거나(계쟁물에 관한 가처분) 또는 다툼 있는 권리관계에 대하여 임시의 지위를 정하여 주는 것(임시의 지위를 정하기 위한 가처분)이다(민사집행법 300조 이하).

압류 · 가압류 · 가처분은 모두 권리의 실행행위이고 반드시 재판상의 청구를 전제로 하지는 않기 때문에, 민법은 이들을 별도의 시효중단사유로 정하고 있다(168조 2호). 압류 · 가압류 · 가처분에 의하여 시효가 중단되는 시기는 명령을 신청한 때이다(이설 없음). 판례도 가압류에 관하여 민사소송법 제265조를 유추적용하여 가압류를 신청한 때에 시효중단의 효력이 생긴다고 한다(대판 2017. 4. 7, 2016다35451). 그리고 **판례에 의하면, 가압류에 의한 집행보전의 효력이 존속하는 동안은 시효중단의 효력이 계속된다고 한다**(대판 2000. 4. 25, 2000다11102[핵심판례 76면]; 대판 2013. 11. 14, 2013다18622 등). 따라서 유체동산에 대한 가압류결정을 집행한 경우 가압류에 의한 시효중단의 효력은 가압류의 집행보전의 효력이 존속하는 동안 계속되나, 유체동산에 대한 가압류의 집행절차에 착수하지 않은 경우에는 시효중단의 효력이 없고, 그 집행절차를 개시하였으나 가압류할 동산이 없기 때문에 집행불능이 된 경우에는 집행절차가 종료된 때로부터 시효가 새로이 진행된다고 한다(대판 2011. 5. 13, 2011다10044). 그리고 가압류의 피보전채권에 관하여 본안의 승소판결이 확정되었다고 하더라도 가압류에 의한 시효중단의 효력이 이에 흡수되어 소멸되지 않는다고 한다(대판 2000. 4. 25, 2000다11102[핵심판례 76면] 등). 한편 채권자가 가분채권의 일부분을 피보전권리인 청구채권으로 주장하여 채무자 소유의 재산에 대하여 가압류를 한 경우에는 그 청구채권 부분에만 시효중단의 효력이 있고, 가압류로 보전되는 청구채권에 포함되지 않은 나머지 채권에 대하여는 시효중단의 효력이 발생할 수 없다고 한다(대판 2024. 10. 25, 2024다233212 등). 그리고 가압류 청구금액으로 채권의 원금만이 기재되어 있다면 가압류채권자가 가압류채무자에 대하여 원본채권 외에 그에 부대하는 이자 또는 지연손해금 채권을 가지고 있다고 하더라도 청구금액에 포함되지 않은 부대채권에 대하여는 시효중단의 효력이 발생할 수 없다고 한다(대판 2024. 10. 25, 2024다233212). 그런가 하면 판례는, 채권자가 배당요구의 방법으로 권리를 행사하여 경매절차에 참가하였다면 그 배당요구는 제168조 제 2 호의 압류에 준하는 것으로서 배당요구에 관련된 채권에 관하여 소멸시효를 중단하는 효력이 생기나(대판 2022. 5. 12, 2021다280026 등), 주택임대차보호법 제 3 조의 3에서 정한 임차권등기명령에 따른 임차권등기에는 소멸시효 중단사유인 압류 또는 가압류, 가처분에 준하는 효력이 없다고 한다(대판 2019. 5. 16, 2017다226629[핵심판례 80면]). 그리고 채권자가 채무자의 제3채무자에 대한 채권을 압류할 당시 그 피압류채권이 부존재하는 경우에도 집행채권에 대한 권리 행사로 볼 수 있으므로 특별한 사정이 없는 한 압류집행으로써 그 집행채권의 소멸시효는 중단되나, 압류명령 정본이 제3채무자에게 송달될 당시 피압류채권 발생의 기초가 되는 법률관계가 없어 피압류채권이 존재하지 않는 경우에는 압류의 효력이 없으므로, 특별한 사정이 없는 한 압류명령의 송달로써 개시된 집행절차는 곧바로 종료되고, 이로써 시효중단사유도 종료되어 집행채권의 소멸시효는 그때부터 새로이 진행한다고 한다(대판 2025. 5. 15, 2024다310980. 가압류에 관하여 동지 대판 2023. 12. 14, 2022다210093). 그리고 이는 가까운 장래에 피압류채권이 발생할 것이 상당한 정도로 기대된다고 보기 어려워 장래의 채권에 대한 압류가 효력이 없는 경우에도 마찬가지라고 한다(대판 2025. 5. 15, 2024다310980).

A-312 **압류 · 가압류 · 가처분의 명령이** 권리자의 청구에 의하여 또는 법률규정에 따르지 않음으로 인하여 **취소된 때에는 시효중단의 효력이 없다**(175조). 그러나 압류절차가 개시된 이상 압류할 물건이 없어서 집행불능이 되더라도 시효중단의 효력은 생긴다고 하여야 한다(이설 없음). 그리고 제175조가 일정한 사유가 있는 경우에 시효중단의 효력을 부정한 이유는, 그러한 사유가 가압류 채권자에게 권리행사의 의사가 없음을 객관적으로 표명하는 행위이거나 또는 처음부터 적법한 권리행사가 있었다고 볼 수 없는 사유에 해당한다고 보기 때문이므로, 법률의 규정에 따른 적법한 가압류가 있었으나 제소기간의 도과로 인하여 가압류가 취소된 경우에는 그 규정이 정한 소멸시효 중단의 효력이 없는 경우에 해당한다고 볼 수 없다(대판 2011. 1. 13, 2010다88019).

압류 · 가압류 · 가처분을 시효의 이익을 받을 자에 대하여 하지 않은 때에는, 이를 그에게 통지한 후가 아니면 시효중단의 효력이 없다(176조). 그리하여 예컨대 물상보증인이나 저당부동산의 제3취득자의 부동산을 압류한 경우에는, 그 사실을 주채무자에게 통지하여야 그에게 시효중단의 효력이 미친다. 이 경우의 통지는 반드시 채권자 본인이 하여야 하는 것은 아니고, 경매법원이 경매절차의 이해관계인인 채무자에게 경매개시 결정이나 경매기일 통지서를 송달하여 할 수도 있다. 그런데 이 경매개시 결정이나 경매기일 통지서는 압류의 사실을 채무자가 알 수 있도록 교부송달의 방법으로 송달하여야 하며, 우편송달(발송송달)이나 공시송달에 의하여 송달함으로써 채무자가 압류사실을 알 수 없었던 때에는 통지가 인정되지 않는다(대판 1994. 11. 25, 94다26097 등). 한편 이때의 시효중단의 효력이 생기는 시기는 명령신청시가 아니고 통지가 채무자에게 도달한 때라고 하여야 한다.

판 례 원인채권의 지급확보를 위해 어음이 수수된 경우 관련

「원인채권의 지급을 확보하기 위하여 어음이 수수된 당사자 사이에서 채권자가 어음채권을 청구채권으로 하여 채무자의 재산을 압류함으로써 그 권리를 행사한 경우에는 그 원

인채권의 소멸시효를 중단시키는 효력이 있다. 그러나 이미 어음채권의 소멸시효가 완성된 후에는 그 채권이 소멸되고 시효중단을 인정할 여지가 없으므로, 시효로 소멸된 어음채권을 청구채권으로 하여 채무자의 재산을 압류한다 하더라도 이를 어음채권 내지는 원인채권을 실현하기 위한 적법한 권리행사로 볼 수 없어, 그 압류에 의하여 그 원인채권의 소멸시효가 중단된다고 볼 수 없다.」(대판 2010. 5. 13, 2010다6345)

3. 승 인(168조 3호) A-313

승인은 시효의 이익을 받을 당사자(예: 채무자)가 그 시효의 완성으로 권리를 상실하게 될 자 또는 그 대리인에 대하여 그 권리의 존재를 인정한다고 표시하는 것이다(대판 2018. 4. 24, 2017다205127 등 다수). 이러한 승인은 관념의 통지에 해당한다(대판 2013. 2. 28, 2011다21556).

승인은 승인을 할 만한 권한 있는 자가 하여야 한다(대판 1970. 3. 10, 69다401). 시효이익을 받을 자 또는 그 대리인이 그러한 권한이 있다(대판 2016. 10. 27, 2015다239744). 그에 비하여 단순한 피용자, 가령 회사의 경리과장·총무과장 또는 출장소장은 일반적으로 회사가 부담하는 채무에 대하여 승인을 할 수 없다(대판 1965. 12. 28, 65다2133). 그리고 이행인수인이 채권자에 대하여 채무자의 채무를 승인하더라도 다른 특별한 사정이 없는 한 채무승인의 효력이 발생하지 않는다(대판 2016. 10. 27, 2015다239744. 이행인수인은 시효이익을 받을 당사자나 대리인이 아니어서).

시효중단의 효력이 있는 승인에는 상대방의 권리에 관한 처분의 능력이나 권한이 있음을 필요로 하지 않는다(177조). 즉 상대방의 권리를 승인자가 가지고 있다고 할 때 그에게 처분능력이나 권한이 없어도 승인을 할 수 있다.

한편 승인의 상대방은 권리자 또는 그 대리인이며(통설·판례임. 대판 1992. 4. 14, 92다947 등), 승인은 반드시 이 상대방에 대하여 하여야 한다. 그리하여 가령 채무자가 2번저당권을 설정하여도 그것이 1번저당권자에 대한 승인이 되지 않는다. 또한 검사가 작성한 피의자 신문조서의 진술기재 가운데 채무의 일부를 승인하는 내용이 표시되었다고 하여 그것만으로는 승인이 있었던 것으로 볼 수 없다(대판 1999. 3. 12, 98다18124).

승인에는 특별한 방식이 요구되지 않으므로, 명시적으로뿐만 아니라 묵시적으로도 할 수 있다(대판 2018. 4. 24, 2017다205127 등 다수). 그리하여 가령 채무증서를 다시 작성하거나 이자를 지급하는 것, 일부변제(대판 1980. 5. 13, 78다1790 등)(채무자가 시효완성 전에 채무의 일부를 상계한 경우에도 그 수액에 관하여 다툼이 없는 한 채무 승인으로서의 효력이 있어 채무 전부에 관하여 시효중단의 효력이 발생함. 대판 2022. 5. 26, 2021다271732), 담보의 제공(대판 1997. 12. 26, 97다22676), 면책적 채무인수(대판 1999. 7. 9, 99다12376), 기한유예의 청구, 회생절차 내에서 이루어진 변제기 유예 합의(대판 2016. 8. 29, 2016다208303) 등은 묵시의 승인이 된다. 그런데 그 묵시적인 승인표시는 적어도 채무자가 그 채무의 존재 및 액수에 대하여 인식하고 있음을 전제로 하여 그 표시를 대하는 상대방으로 하여금 채무자가 그 채무를 인식하고 있음을 그 표시를 통해 추단하게 할 수 있는 방법으로 행해져야 한다(대판 2018. 4. 24, 2017다205127 등 다수). 따라서 계속적 거래관계에 있는 자가 단순히 기왕에 공급받았던 것과 동종의 물품을 추가로 주문하고 공급받은 것만으로는 기왕의 미변제채무에 대한 승인으로 볼 수 없다(대판 2007. 1. 25, 2006다68940 등). 그리고 판례는 채무의 일부를 변제하는 경우에는 채무 전부에 관하여 시효중단의 효력이 발생하는 것이므로(대판 1980. 5. 13, 78다1790), 채무자가 채권자에게 담보가등기를 경료하고 부동산을 인도하여 준 다음 피담보채권에 대한 이자 또는 지연손해금의 지급에 갈음하여 채권자로 하여금 부동산을 사용·수익할 수 있도록 한 경우라면 채권자가 부동산을 사용·수익하는 동안에는 채무자가 계속하여 이자 또는 지연손해금을 채권자에게 변제하고 있는 것으로 볼 수 있으므로 피담보채권의 소멸시효가 중단된다고 한다(대판 2009. 11. 12, 2009다51028). 그런가 하면 동일한 채권자와 채무자 사이에 다수의 채권이 존재하는 경우 채무자가 변제를 충당하여야 할 채무를 지정하지 않고 모든 채무를 변제하기에 부족한 금액을 변제한 때에는 특별한 사정이 없는 한 그 변제는 모든 채무에 대한 승인으로서 소멸시효를 중단하는 효력을 가진다고 한다(대판 2021. 9. 30, 2021다239745).

A-314 승인은 시효이익을 받을 당사자인 채무자가 그 권리의 존재를 인식하고 있다는 뜻을 표시함으로써 성립하는 것이므로 **소멸시효의 진행이 개시된 이후에만 가능**하고 그 이전에 승인을 하더라도 시효가 중단되지는 않으며, 또한 현존하지 않는 장래의 채권을 미리 승인하는 것은 채무자가 그 권리의 존재를 인식하고서 한 것이라고 볼 수 없어 허용되지 않는다(대판 2001. 11. 9, 2001다52568). 그리하여 가령 환자가 병원과 진료계약을 체결하면서 「입원료 기타 제요금이 체납될 시는 원고 병원의 법적 조치에 대하여 아무런 이의를 하지 않겠다」고 약정하였다 하더라도, 그 약정으로 그 당시 아직 발생하지도 않은 치료비채무의 존재를 미리 승인하였다고 볼 수는 없다(대판 2001. 11. 9, 2001다52568).

채무승인이 있었다는 사실은 이를 주장하는 채권자측에서 증명하여야 한다(대판 2005. 2. 17, 2004다59959).

승인에 의하여 시효중단의 효력이 생기는 시기는 승인이 상대방에게 도달한 때이다(대판 1995. 9. 29, 95다30178).

시효를 중단시키는 승인은 시효완성 전에만 할 수 있다. 시효가 완성된 후에는 시효이익의 포기만이 문제되기 때문이다.

판례 승인에 의한 시효중단 여부

(ㄱ) 면책적 채무인수가 있은 경우, 인수채무의 소멸시효기간은 채무인수와 동시에 이루어진 소멸시효 중단사유, 즉 채무승인에 따라 채무인수일로부터 새로이 진행된다(대판 1999. 7. 9, 99다12376).

(ㄴ) 형사재판절차에서 무죄를 주장하면서도 유죄가 인정되는 경우에 대비하여 제1심판결 및 항소심판결 선고 전에 각 1,000만 원을 공탁하면서 손해배상금의 일부라는 표시도 하지 않고 공탁금 회수제한신고서도 첨부한 사안에서, 채무자가 부담하는 손해배상채무는 정신적 손해에 대한 위자료 지급채무의 성격을 가지는 것이어서 형사재판과정에서 그 액수를 구체적으로 산정하기 곤란하였다는 점 등에 비추어 보면, 위 각 공탁에 의하여 당시 그 공탁금을 넘는 손해배상채무가 존재함을 인식하고 있었다는 뜻을 표시한 것이라고 보기는 어렵다는 점에서 위 각 공탁에 의하여 공탁금을 넘는 손해배상채무를 승인한 것이라고 볼 수 없다는 이유로 손해배상채무 전액에 대한 승인의 효력을 인정한 원심판결을 파기한 사례(대판 2010. 9. 30, 2010다36735).

Ⅲ. 소멸시효 중단의 효력 A-315

1. 효력의 내용

소멸시효가 중단되면 그때까지 경과한 시효기간은 산입하지 않는다(178조 1항 전단). 즉 그 기간은 0으로 된다. 그리고 중단사유가 종료한 때로부터 다시 시효기간의 계산이 시작된다(178조 1항 후단).

중단된 시효가 다시 기산하는 시기를 구체적으로 살펴보면, 중단사유가 청구(재판상 청구)인 경우에는 재판이 확정된 때이고(178조 2항), 압류·가압류·가처분인 경우에는 이들 절차가 끝났을 때이며(통설도 같음. 그러나 판례는 가압류에 의한 시효중단의 효력은 가압류의 집행보전의 효력이 존속하는 동안은 계속된다고 한다. 대판 2000. 4. 25, 2000다11102; 대판 2006. 7. 4, 2006다32781), 승인인 경우에는 승인이 상대방에게 도달한 때이다. 판례는, 압류의 경우에는 압류가 해제되거나 집행절차가 종료될 때에(대판 2017. 4. 28, 2016다239840(그리고 체납처분에 의한 채권압류로 인하여 채권자의 채무자에 대한 채권의 시효가 중단된 경우에 그 압류에 의한 체납처분 절차가 채권추심 등으로 종료된 때뿐만 아니라, 피압류채권이 그 기본계약관계의 해지·실효 또는 소멸시효 완성 등으로 인하여 소멸함으로써 압류의 대상이 존재하지 않게 되어 압류 자체가 실효된 경우에도 체납처분 절차는 더 이상 진행될 수 없으므로 시효중단사유가 종료한 것으로 보아야 하고, 그때부터 시효가 새로이 진행한다고 함). 대판 2015. 11. 26, 2014다45317은 압류에 의한 시효중단의 효력은 강제집행 절차가 종료될 때까지 계속된다고 함), 부동산의 가압류의 경우에는 특별한 사정이 없는 한 가압류등기가 말소된 때에(대판 2013. 11. 14, 2013다18622) 그 중단사유가 종료되어, 그때부터 새로 소멸시효가 진행한다고 한다.

2. 효력의 인적 범위

시효중단의 효력은 당사자 및 그 승계인 사이에만 생긴다(169조). 여기서 당사자라 함은 중단행위에 관여한 자를 가리키고 시효의 대상인 권리 또는 청구권의 당사자를 의미하지 않는다. 그리하여 예컨대 손해배상청구권을 공동상속한 자 중 1인이 자기의 상속분을 행사하여 승소판결을 얻었더라도 다른 공동상속인의 상속분에까지 중단의 효력이 미치는 것은 아니며(대판 1967. 1. 24, 66다2279), 공유자의 한 사람이 공유물의 보존행위로서 재판상의 청구를 한 경우에 시효중단의 효력은 재판상의 청구를 한 공유자에게만 발생하고, 다른 공유자에게는 미치지 않는다(대판 1979. 6. 26, 79다639). 그리고 승계인이라 함은 시효중단에 관여한 당사자로부터 중단의 효과를 받는 권리를 그 중단효과 발생 이후에 승계한 자를 뜻하며(대판 1998. 6. 12, 96다26961), 거기에는 포괄승계인은 물론 특정승계인도 포함된다(대판 2015. 5. 28, 2014다81474 등 참조).

중단의 효력이 당사자와 그 승계인에게만 미친다는 원칙에는 예외가 있다. 지역권(295조 2항 · 296조. B-269 참조) · 연대채무(416조. C-248 참조) · 보증채무(440조. C-284 참조) 등에 있어서 그렇다.

사례의 해결

(1) 1,000만원에 관한 B의 채권은 소멸시효에 걸리는 권리이고, 그 권리는 2002. 3. 20.이 기산일이며, 시효기간은 10년이다. 그리하여 시효가 중단되지 않으면 2012. 3. 20.의 종료 시에 시효가 완성된다.

사례의 이자는 본래의 의미의 이자가 아니고 지연손해배상이다. 그리고 그에 관한 채권은 시효에 걸리는 권리이고, 기산일은 지연이자가 발생하는 때이며, 시효기간은 10년이다. 또한 채권의 발생시기는 특약이 없으면 매월 말이다.

(2) 사례에서 A가 B에게 200만원을 지급한 것은 채무의 일부변제로서 채무의 묵시적 승인에 해당한다. 따라서 그것의 지급에 의하여 나머지 800만원에 관한 채권의 소멸시효가 중단된다. 시효의 중단시기는 200만원을 지급한 2006. 4. 8.이다. 그리고 그 다음날부터 다시 시효가 진행한다.

B의 지연이자채권은 발생한 지 10년이 지난 것은 시효로 소멸하고, 10년이 지나지 않은 것은 존속한다. 한편 A의 일부변제에 의하여 나머지 원본채권의 시효가 중단되는 경우에 지연이자채권의 시효에 영향을 미치는지 문제되나, 지연이자채권이 손해배상채권이므로 영향을 미치지 않는다고 보아야 한다(판례가 다른 태도를 보일 가능성에 대해서는 신사례 131면 참조).

(3) 결론적으로 A는 남은 원금 800만원을 변제해야 한다. 그리고 지연이자 중 발생한 지 10년이 지나지 않은 것도 변제해야 한다. (사례: A-303)

제 4 절 소멸시효의 정지

A-316 I. 소멸시효 정지의 의의

민법은 일정한 사유가 있는 경우에는 그 사유가 종료된 때로부터 일정기간 내에는 소멸시효가 완성하지 않도록 규정하고 있다(179조 내지 182조). 이것을 소멸시효의 정지라고 한다.

Ⅱ. 소멸시효의 정지사유

(1) 제한능력자를 위한 정지

소멸시효의 기간 만료 전 6개월 내에 제한능력자에게 법정대리인이 없는 경우에는, 그가 능력자가 되거나 법정대리인이 취임한 때부터 6개월 내에는 시효가 완성되지 않는다(179조).

재산을 관리하는 아버지·어머니 또는 후견인에 대한 제한능력자의 권리는 그가 능력자가 되거나 후임 법정대리인이 취임한 때부터 6개월 내에는 소멸시효가 완성되지 않는다(180조 1항).

(2) 부부 사이의 권리와 정지

부부 중 한쪽이 다른 쪽에 대하여 가지는 권리는 혼인관계가 종료된 때부터 6개월 내에는 소멸시효가 완성되지 않는다(180조 2항).

(3) 상속재산에 관한 권리와 정지

상속재산에 속한 권리나 상속재산에 대한 권리는 상속인의 확정, 관리인의 선임 또는 파산선고가 있는 때로부터 6개월 내에는 소멸시효가 완성하지 않는다(181조).

(4) 사변(事變)에 의한 정지

천재 기타 사변으로 인하여 소멸시효를 중단할 수 없을 때에는, 그 사유가 종료한 때로부터 1개월 내에는 시효가 완성하지 않는다(182조).

제 5 절 소멸시효의 효력

Ⅰ. 소멸시효 완성의 효과 A-317

소멸시효의 요건이 갖추어진 경우에 어떤 효과가 발생하는가? 민법은 「소멸시효가 완성한다」고 할 뿐, 그 「완성한다」는 것이 무엇을 의미하는지에 관하여는 규정하고 있지 않다.

(1) 학 설

학설은 i) 절대적 소멸설(사견도 같음), ii) 상대적 소멸설 등으로 나뉘어 있다. i) 절대적 소멸설은 소멸시효의 완성으로 권리가 완전히 소멸한다는 견해이다. 그에 비하여 ii) 상대적 소멸설은 소멸시효의 완성으로 권리가 당연히는 소멸하지 않고, 다만 시효의 이익을 받을 자에게 권리의 소멸을 주장할 권리(원용권)가 생길 뿐이라고 한다. 그리고 소멸시효로 인한 권리소멸의 효과는 소멸시효의 원용이 있음으로써 비로소 확정적으로 생긴다고 한다.

A-318 **(2) 판 례**

판례는 절대적 소멸설을 취하고 있다(대판 1991. 7. 26, 91다5631 등). 즉 소멸시효가 완성하면 권리는 당연히 소멸한다고 한다. 그런데 판례는 다른 한편으로 변론주의의 원칙상 시효의 이익을 받을 자(판례가 말하는 여기의 「시효의 이익을 받을 자」는 176조상의 「시효의 이익을 받을 자」와는 다른 개념으로 보아야 한다. 그리하여 판례에 따르면 물상보증인은 176조에서는 「시효의 이익을 받을 자」에 해당하지 않으나, 여기의 「시효의 이익을 받을 자」에는 포함된다)가 소송에서 소멸시효의 주장을 하지 않으면 그 의사에 반하여 재판할 수 없다고 한다(대판 1991. 7. 26, 91다5631. 동지 대판 2024. 10. 31, 2024다232523 등). 그리고 소멸시효의 주장을 할 수 있는 자는 권리의 시효소멸에 의하여 직접 이익을 받는 자에 한정되고, 아무런 채권도 없는 자(대판 2007. 3. 30, 2005다11312 등) 또는 채권자대위권에 기한 청구에서의 제 3 채무자는 이에 해당하지 않으며(대판 2004. 2. 12, 2001다10151 등), 채무자에 대한 일반채권자는 자기의 채권을 보전하기 위하여 필요한 한도에서 채무자를 대위하여 소멸시효 주장을 할 수 있을 뿐 채권자의 지위에서 독자적으로 시효의 주장을 할 수 없다고 한다(대판 2023. 8. 18, 2023다234102 등 다수). 나아가 판례의 예에 따르면 소멸시효의 주장을 할 수 있는 자인 「소멸시효에 의하여 직접 이익을 받는 자」로는 채무자 외에 가등기담보가 설정된 부동산의 양수인(대판 1995. 7. 11, 95다12446: 피담보채권의 소멸시효를 원용할 수 있다고 함), 매매계약 후 소유권이전청구권 보전의 가등기가 된 부동산을 취득한 제 3 자(대판 1991. 3. 12, 90다카27570: 본등기청구권의 소멸시효를 주장할 수 있다고 함), 유치권이 성립된 부동산의 매수인(대판 2009. 9. 24, 2009다39530), 물상보증인(대판 2004. 1. 16, 2003다30890: 피담보채권의 소멸시효를 주장할 수 있다고 함), 사해행위 취소소송의 상대방이 된 사해행위의 수익자(대판 2007. 11. 29, 2007다54849), 공탁금출급청구권이 시효로 소멸한 경우에 공탁자에게 공탁금회수청구권이 인정되지 않는 때에 있어서 국가(대판 2007. 3. 30, 2005다11312) 등이 있게 된다. 그러나 후순위 담보권자는 선순위 담보권의 피담보채권 소멸로 직접 이익을 받는 자에 해당하지 않아(반사적 이익을 받을 뿐이라고 함) 선순위 담보권의 피담보채권에 관한 소멸시효가 완성되었다고 주장할 수 없다고 한다(대판 2021. 2. 25, 2016다232597[핵심판례 82면]). 한편 판례는, 유치권의 피담보채권의 소멸시효기간이 확정판결 등에 의하여 10년으로 연장된 경우 매수인은 그 채권의 소멸시효기간이 연장된 효과를 부정하고 종전의 단기소멸시효기간을 원용할 수는 없다고 한다(대판 2009. 9. 24, 2009다39530).

판 례 소멸시효 완성 주장과 신의칙

(ㄱ) 「채무자의 소멸시효에 기한 항변권의 행사도 우리 민법의 대원칙인 신의성실의 원칙과 권리남용 금지의 원칙의 지배를 받는 것이어서, 채무자가 시효완성 전에 채권자의 권리행사나 시효중단을 불가능 또는 현저히 곤란하게 하였거나, 그러한 조치가 불필요하다고 믿게 하는 행동을 하였거나, 객관적으로 채권자가 권리를 행사할 수 없는 장애사유가 있었거나, 또는 일단 시효완성 후에 채무자가 시효를 원용하지 아니할 것 같은 태도를 보여 권리자로 하여금 그와 같이 신뢰하게 하였거나, 채권자 보호의 필요성이 크고, 같은 조건의

다른 채권자가 채무의 변제를 수령하는 등의 사정이 있어 채무이행의 거절을 인정함이 현저히 부당하거나 불공평하게 되는 등의 특별한 사정이 있는 경우에는 채무자가 소멸시효의 완성을 주장하는 것이 신의성실의 원칙에 반하여 권리남용으로서 허용될 수 없다고 할 것이다.」(대판 2002. 10. 25, 2002다32332[핵심판례 84면])

(ㄴ)「국가에게 국민을 보호할 의무가 있다는 사유만으로 국가가 소멸시효의 완성을 주장하는 것 자체가 신의성실의 원칙에 반하여 권리남용에 해당한다고 할 수는 없으므로, 국가의 소멸시효 완성 주장이 신의칙에 반하고 권리남용에 해당한다고 하려면 앞서 본 바와 같은 특별한 사정이 인정되어야 할 것이고, 또한 위와 같은 일반적 원칙을 적용하여 법이 두고 있는 구체적인 제도의 운용을 배제하는 것은 법해석에 있어 또 하나의 대원칙인 법적 안정성을 해할 위험이 있으므로 그 적용에는 신중을 기하여야 한다.」(대판 2008. 5. 29, 2004다33469)

(ㄷ)「채권자에게 권리의 행사를 기대할 수 없는 객관적인 사실상의 장애사유가 있었던 경우에도 대법원이 이에 관하여 채권자의 권리행사가 가능하다는 법률적 판단을 내렸다면 특별한 사정이 없는 한 그 시점 이후에는 그러한 장애사유가 해소되었다고 볼 수 있다.」(대판 2023. 12. 21, 2018다303653. 강제동원 피해자의 일본 기업에 대한 위자료청구권은 대한민국과 일본국 간의 청구권 협정의 적용 대상에 포함되지 않는다는 법적 견해를 최종적으로 명확하게 밝힌 대판(전원) 2018. 10. 30, 2013다61381이 선고될 때까지는 객관적으로 권리를 사실상 행사할 수 없는 장애사유가 있었다고 본 사례)

(ㄹ)「소멸시효를 이유로 한 항변권의 행사도 민법의 대원칙인 신의성실의 원칙과 권리남용금지의 원칙의 지배를 받는 것이어서 채무자가 소멸시효 완성 후 시효를 원용하지 아니할 것 같은 태도를 보여 권리자로 하여금 이를 신뢰하게 하였고, 권리자가 그로부터 권리행사를 기대할 수 있는 상당한 기간 내에 자신의 권리를 행사하였다면, 채무자가 소멸시효 완성을 주장하는 것은 신의성실 원칙에 반하는 권리남용으로 허용될 수 없다. …

나. 한편 위와 같이 채무자가 소멸시효의 이익을 원용하지 않을 것 같은 신뢰를 부여한 경우에도 채권자는 그러한 사정이 있은 때로부터 상당한 기간 내에 권리를 행사하여야만 채무자의 소멸시효의 항변을 저지할 수 있다 할 것인데, 여기에서 '상당한 기간' 내에 권리행사가 있었는지 여부는 채권자와 채무자 사이의 관계, 신뢰를 부여하게 된 채무자의 행위 등의 내용과 동기 및 경위, 채무자가 그 행위 등에 의하여 달성하려고 한 목적과 진정한 의도, 채권자의 권리행사가 지연될 수밖에 없었던 특별한 사정이 있었는지 여부 등을 종합적으로 고려하여 판단할 것이다.

다만 위와 같이 신의성실의 원칙을 들어 시효 완성의 효력을 부정하는 것은 법적 안정성의 달성, 입증곤란의 구제, 권리행사의 태만에 대한 제재를 그 이념으로 삼고 있는 소멸시효 제도에 대한 대단히 예외적인 제한에 그쳐야 할 것이므로, 위 권리행사의 '상당한 기간'은 특별한 사정이 없는 한 민법상 시효정지의 경우에 준하여 단기간으로 제한되어야 한다. 그러므로 개별 사건에서 매우 특수한 사정이 있어 그 기간을 연장하여 인정하는 것이 부득이한 경우에도 불법행위로 인한 손해배상청구의 경우 그 기간은 아무리 길어도 민법 제766조 제1항이 규정한 단기소멸시효기간인 3년을 넘을 수는 없다고 보아야 한다.」(대판(전원) 2013. 5. 16, 2012다202819).

(ㅁ)「수사과정에서 불법구금이나 고문을 당한 사람이 그에 이은 공판절차에서 유죄 확정

판결을 받고 수사관들을 직권남용, 감금 등 혐의로 고소하였으나 검찰에서 '혐의 없음' 결정까지 받았다가 나중에 재심절차에서 범죄의 증명이 없는 때에 해당한다는 이유로 형사소송법 제325조 후단에 따라 무죄판결을 선고받은 경우, 이러한 무죄판결이 확정될 때까지는 국가를 상대로 불법구금이나 고문을 원인으로 한 손해배상청구를 할 것을 기대할 수 없는 장애사유가 있었다고 보아야 한다.」(대판 2019. 1. 31, 2016다258148)

(ㅂ) 「헌법재판소는 2018. 8. 30. 민법 제166조 제 1 항, 제766조 제 2 항 중 진실·화해를 위한 과거사정리 기본법(이하 '과거사정리법'이라 한다) 제 2 조 제 1 항 제 3 호의 '민간인 집단 희생사건', 같은 항 제 4 호의 '중대한 인권침해사건·조작의혹사건'에 적용되는 부분은 헌법에 위반된다는 결정을 선고하였다(헌법재판소 2014헌바148 등 전원재판부 결정, 이하 '이 사건 위헌결정'이라 한다). …

이 사건 위헌결정의 효력은 과거사정리법 제 2 조 제 1 항 제 3 호의 '민간인 집단 희생사건'이나 같은 항 제 4 호의 '중대한 인권침해사건·조작의혹사건'에서 공무원의 위법한 직무집행으로 입은 손해에 대한 배상을 청구하는 소송이 위헌결정 당시까지 법원에 계속되어 있는 경우에도 미친다고 할 것이어서, 그 손해배상청구권에 대해서는 민법 제166조 제 1 항, 제766조 제 2 항에 따른 '객관적 기산점을 기준으로 하는 소멸시효'는 적용되지 않고, 국가에 대한 금전 급부를 목적으로 하는 권리의 소멸시효기간을 5년으로 규정한 국가재정법 제96조 제 2 항(구 예산회계법 제96조 제 2 항) 역시 이러한 객관적 기산점을 전제로 하는 경우에는 적용되지 않는다.」(대판 2019. 11. 14, 2018다233686. 동지 대판 2020. 4. 9, 2018다238865 등)

A-319 Ⅱ. 소멸시효의 소급효

소멸시효는 그 기산일에 소급하여 효력이 생긴다(167조). 그리하여 소멸시효가 완성된 권리는 기산일, 즉 그 권리를 처음 행사할 수 있었을 때에 소멸한 것으로 된다. 이러한 소급효 때문에 채권의 소멸시효가 완성된 때에는 채무자는 기산일 이후의 이자를 지급할 필요가 없다(이설 없음).

소멸시효의 소급효에 관하여 민법은 예외를 인정하고 있다. 즉 시효가 완성된 채권이 그 완성 전에 상계할 수 있었던 것이면 그 채권자는 상계할 수 있도록 한다(495조).

A-320 Ⅲ. 소멸시효의 이익의 포기

(1) 의 의

소멸시효 이익의 포기란 소멸시효로 인하여 생기는 법률상의 이익을 받지 않겠다는 일방적인 의사표시이다(동지 대판 2017. 7. 11, 2014다32458 등)(상대적 소멸설은 이것의 성질을 원용권의 포기로 이해한다).

(2) 소멸시효 완성 전의 포기

소멸시효의 이익은 시효가 완성하기 전에 미리 포기하지 못한다(184조 1항). 민법이 이와 같이 규정한 것은, 채권자가 채무자의 궁박을 이용하여 미리 소멸시효의 이익을 포기하게 할 염려가 있기 때문이다. 그리고 민법은 같은 취지에서 당사자의 합의에 의하여 소멸시효를 배제 · 연장 또는 가중할 수 없도록 한다(184조 2항). 그러나 이를 단축 또는 경감하는 것은 허용한다(184조 2항). 그리하여 예컨대 특정한 채무의 이행을 청구할 수 있는 기간을 제한하고 그 기간이 경과할 경우 채무가 소멸하도록 하는 약정은 소멸시효기간을 단축하는 것으로서 유효하다(대판 2007. 1. 12, 2006다32170 등).

(3) 소멸시효 완성 후의 포기 A-321

소멸시효의 이익은 시효가 완성한 뒤에는 자유롭게 포기할 수 있다(이설 없음. 184조 1항의 반대해석). 시효가 완성된 후에는 채무자의 궁박을 이용할 염려가 없을 뿐만 아니라, 이를 인정하는 것이 당사자의 의사를 존중하는 결과로 되기 때문이다.

시효이익 포기의 의사표시를 할 수 있는 자는 시효완성의 이익을 받을 당사자 또는 대리인에 한정되며, 제 3 자는 아니다(대판 1998. 2. 28, 97다53366 참조). 따라서 제 3 자가 시효이익 포기의 의사표시를 하더라도 그것은 시효완성의 이익을 받을 자에 대한 관계에서 아무 효력이 없다(대판 2014. 1. 23, 2013다64793 등).

시효이익 포기의 의사표시의 상대방은 진정한 권리자이다(대판 1994. 12. 23, 94다40734 참조).

포기는 반드시 명시적으로 할 필요가 없고 묵시적으로 하여도 무방하다. 그리하여 예컨대 소유권이전등기 청구권의 소멸시효기간이 지난 후에 등기의무자가 소유권이전등기를 해 주기로 약정(합의)한 경우(대판 1993. 5. 11, 93다12824), 부동산경매절차에서 경락대금이 시효완성 채권자에게 배당되어 그 채무의 일부변제에 충당될 때까지 채무자가 아무런 이의도 안 한 경우(대판 2017. 7. 11, 2014다32458 등. 경매절차의 진행을 채무자가 알지 못하였다는 등 다른 특별한 사정이 있으면 예외임), 시효가 완성된 후에 채무자가 그 기한의 유예를 요청한 경우(대판 1965. 12. 28, 65다2133 등)에는 포기가 있었던 것으로 볼 수 있다. 그리고 채무자가 시효완성 후에 채무를 일부변제한 때에는 그 액수에 관하여 다툼이 없는 한 그 채무 전체를 묵시적으로 승인한 것으로 보아야 한다(대판 2017. 7. 11, 2014다32458 등)(그런데 현재 판례로는 시효완성의 사실을 알고 그 이익을 포기한 것으로 추정되지는 않음). 그에 비하여 채무자가 소멸시효가 완성된 이후에 여러 차례에 걸쳐 채권자의 제소기간 연장 요청에 동의한 경우(대판 1987. 6. 23, 86다카2107), 소멸시효 완성 후에 있은 과세처분에 기하여 세액을 납부한 경우(대판 1988. 1. 19, 87다카70)에는, 그것만으로는 포기의 의사표시를 인정할 수 없다. 그런가 하면 채무자가 배당절차에서 이의를 제기하지 않았다고 하더라도 채무자의 다른 채권자가 이의를 제기하고 채무자를 대위하여 소멸시효 완성의 주장을 원용하였다면, 시효의 이익을 묵시적으로 포기한 것으로 볼 수 없다(대판 2017. 7. 11, 2014다32458).

소멸시효 이익의 포기는 가분채무의 일부에 대하여도 할 수 있다(대판 2012. 5. 10, 2011다109500 등).

A-322 포기가 유효하려면 포기자가 시효완성의 사실을 알고서 하여야 한다. 만약 포기자가 채무의 시효완성 사실을 모르고 승인을 한 뒤 급부한 경우에는, 승인은 시효이익의 포기로 될 수 없다. 그렇지만 그 급부는 도의관념에 적합한 비채변제(744조)로 되어 부당이득을 이유로 반환청구를 하지는 못한다. 한편 대법원은 얼마 전까지 여러 판결에서, 채무자가 시효완성 후 채무를 승인한 경우에는 시효완성의 사실을 알고 그 이익을 포기한 것으로 추정된다고 하였다(대판 1967. 2. 7, 66다2173 등 다수). 그런데 최근에 전원합의체 판결로 그 추정 법리는 타당하지 않다고 하면서 종래의 판례를 변경하였다(대판(전원) 2025. 7. 24, 2023다240299. 이러한 다수의견에 대하여 그 추정 법리를 유지해야 한다는 대법관 5인의 별개의견이 있음)(이 새 판례는 예전부터 저자가 주장하던 바와 같은 견해로서 적절하다).

채권에 대한 소멸시효가 완성되었다면 그 뒤에는 더 이상 소멸시효의 중단 문제가 생길 여지가 없다. 그리하여 채무자가 소멸시효 완성 후 채무를 승인하였다면 그것은 시효이익의 포기 여부의 판단 문제로 될 뿐이다(현재 판례로는 시효이익의 포기로 추정되지는 않음).

한편 판례에 따르면, 소멸시효 중단사유로서의 채무승인은 관념의 통지로서 어떠한 효과의사가 필요하지 않으나, 시효완성 후 시효이익의 포기가 인정되려면 시효이익을 받는 채무자가 시효의 완성으로 인한 법적인 이익을 받지 않겠다는 효과의사가 필요하기 때문에 시효완성 후 소멸시효 중단사유에 해당하는 채무의 승인이 있었다 하더라도 그것만으로는 곧바로 소멸시효 이익의 포기라는 의사표시가 있었다고 단정할 수 없다고 한다(대판 2013. 2. 28, 2011다21556).

채무자가 소멸시효 완성 후에 채권자에 대하여 그 시효의 이익을 포기한 경우에는 그 때부터 새로이 소멸시효가 진행한다.

판 례 소멸시효 중단사유로서의 승인과 소멸시효 이익의 포기 관련

「동일 당사자간에 계속적인 거래로 인하여 같은 종류를 목적으로 하는 수개의 채권관계가 성립되어 있는 경우에 채무자가 특정채무를 지정하지 아니하고 그 일부의 변제를 한 때에도 다른 특별한 사정이 없다면 잔존채무에 대하여도 승인을 한 것으로 보아 시효중단이나 포기의 효력을 인정할 수 있을 것이나, 그 채무가 별개로 성립되어 독립성을 갖고 있는 경우에는 일률적으로 그렇게만 해석할 수는 없을 것이고, 채무자가 가압류 목적물에 대한 가압류를 해제받을 목적으로 피보전채권을 변제하는 경우에는 특별한 사정이 없는 한 피보전채권으로 적시되지 아니한 별개의 채무에 대하여서까지 소멸시효의 이익을 포기한 것이라고 볼 수는 없을 것이다.」(대판 1993. 10. 26, 93다14936)

포기의 효력은 그 의사표시가 상대방에게 도달하는 때에 발생한다(대판 1994. 12. 23, 94다40734). 그리고 포기를 하면 처음부터 시효의 이익이 생기지 않았던 것으로 된다(절대적 소멸설의 입장). 한편 포기의 효과는

상대적이어서, 포기할 수 있는 자가 여럿인 경우에 그중 1인의 포기는 그에게만 효력이 생기고 다른 자에게는 영향이 없다(이설이 없고, 판례도 같음. 대판 2015. 6. 11, 2015다200227). 또한 근저당권부 채권의 채무자가 그 채권의 시효완성 후에 채권자에게 승인하여 시효이익을 포기한 경우 그 포기는 저당부동산의 제 3 취득자에게는 효력이 없다(대판 2010. 3. 11, 2009다100098). 그러나 소멸시효 이익의 포기 당시에는 그 권리의 소멸에 의하여 직접 이익을 받을 수 있는 이해관계를 맺은 적이 없다가 나중에 시효이익을 이미 포기한 자와의 법률관계를 통하여 비로소 시효이익을 원용할 이해관계를 형성한 자는 이미 이루어진 시효이익 포기의 효력을 부정할 수 없다(대판 2015. 6. 11, 2015다200227. 차용금채무자가 미지급이자 등을 확정하고 그것을 담보하기 위해 근저당권을 설정해 준 뒤, 그 채무자로부터 저당부동산을 매수한 자는 채무자의 시효이익 포기의 효력을 부정할 수 없음).

Ⅳ. 종속된 권리에 대한 소멸시효의 효력 A-323

주된 권리의 소멸시효가 완성한 때에는 종속된 권리에 그 효력이 미친다(183조). 그리하여 예컨대 원본채권이 시효소멸하면, 이자채권은 설사 시효가 완성되지 않았을지라도 역시 소멸하게 된다(자세한 내용은 C-62 참조). 판례도, 원금 중 일부가 변제되고 나머지에 대하여 시효가 완성한 경우에 관하여, 소멸시효 완성의 효력이 시효가 완성된 원금부분으로부터 그 완성 전에 발생한 이자(이 판결은 이자와 지연손해금을 동일하게 취급하나 의문이다)에 미친다(그러나 변제로 소멸한 원금 부분으로부터 그 변제 전에 발생한 이자 또는 지연손해금에는 미치지 않는다고 함)고 하여 같은 입장이다(대판 2008. 3. 14, 2006다2940[핵심판례 208면]).

제6장 권리의 주체

제1절 서 설

A-324 **I. 권리의 주체와 권리능력**

(1) 권리의 주체

권리는 당연히 그것이 귀속하게 되는 자를 전제로 한다. 여기서 권리가 귀속하는 주체를 「권리의 주체」라고 한다. 그리고 의무의 귀속자는 「의무의 주체」이다.

(2) 권리능력

권리능력은 권리의 주체가 될 수 있는 지위 또는 자격을 가리키며, 그것은 인격(人格) 또는 법인격이라고도 한다.

권리능력은 권리와 구별된다. 권리능력을 가지는 자만이 권리를 가질 수 있으나, 권리능력 자체가 권리는 아니다. 권리능력은 권리의 주체가 될 수 있는 추상적인 가능성에 지나지 않는다.

(3) 의무능력

권리능력에 대응하는 개념으로 의무능력이 있으며, 이는 의무의 주체가 될 수 있는 지위이다. 역사적으로 보면, 과거에는 노예·노비와 같이 의무만 부담하고 권리는 가질 수 없는 자도 있었으나, 오늘날에는 의무를 부담할 수 있는 자는 모두 권리도 가질 수 있다. 그리하여 권리능력은 동시에 의무능력이기도 하다. 우리 민법에 있어서도 마찬가지이다(3조 참조). 그러고 보면 권리능력이라고 하기보다는 「권리의무능력」이라고 하는 것이 표현상 더 정확하겠으나, 우리 민법이 법률관계를 권리 중심으로 규율하고 있기 때문에 그것을 줄여서 「권리능력」이라고 한다. 그렇지만 「권리능력」의 개념 속에 「의무능력」도 포함되어 있음을 유의하여야 한다.

Ⅱ. 권리능력자 A-325

우리 민법상 권리능력자(인격자)는 모든 살아 있는 사람과, 사람이 아니면서 법에 의하여 권리능력이 부여되어 있는 사단(사람의 집단)과 재단(재산의 집단)이다. 이 중에 살아 있는 사람을 「자연인」이라고 하고, 권리능력이 인정된 사단 또는 재단을 「법인」이라고 한다. 그리고 이 둘을 포괄하는 말로 「인(人)」이라는 표현을 쓰는 때가 많다. 본인·타인·매도인·매수인·임대인·임차인 등이 그 예이다. 그러나 자연인만을 「인」이라고 하는 경우도 있다. 민법 제 1 편 제 2 장의 제목 「인」이 그렇다. 그 밖에 자연인과 법인을 합하여 「자(者)」라고 표현하는 때도 있다. 채권자·채무자·변제자·제 3 자 등이 그 예이다.

Ⅲ. 권리능력과 행위능력의 구별

권리능력은 단순히 권리·의무의 주체가 될 수 있는 가능성에 불과하며, 실제로 그의 단독의 행위에 의하여 권리를 취득하거나 의무를 부담할 수 있는 지위까지 포함하는 것은 아니다. 어떤 자가 자신의 행위에 의하여 권리를 취득하거나 의무를 부담할 수 있으려면 권리능력 외에 행위능력도 가지고 있어야 한다. 그에 관하여는 앞에서 이미 설명하였다(A-95 이하 참조).

제 2 절 자 연 인

학습의 길잡이

민법전은 제 1 편(총칙) 제 2 장(인)에서 — 권리주체 가운데 하나인 — 자연인의 능력(제 1 절)·주소(제 2 절)·부재와 실종(제 3 절)에 대하여 규정하고 있다. 본절은 이들을 중심으로 하여 서술한다. 다만, 능력규정 중 행위능력규정(4조－17조)은 법률행위 부분(이 책 제 3 장 제 5 절)에서 살펴보았기에 여기서는 제외한다. 그리하여 자연인의 능력과 관련해서는 권리능력만 설명하게 된다.

본절의 내용 중 특히 유의해야 할 것으로는 태아의 권리능력, 부재자 재산관리인의 권한, 실종선고, 실종선고의 취소를 들 수 있다. 한편 자연인의 권리능력·실종선고제도는 친족법·상속법·가사소송법과도 밀접하게 관련되어 있음을 주의해야 한다.

제1관 권리능력

A-326 Ⅰ. 권리능력 평등의 원칙

오늘날 자유민주주의 국가에서는 사람은 성별·연령·계급에 관계 없이 누구나 평등하게 권리능력을 가진다. 이것을 권리능력 평등의 원칙이라고 한다.

우리 민법은 제3조에서 모든 사람이 평등하게 권리능력을 가지고 있음을 규정하고 있다. 그리하여 우리 민법에서도 권리능력 평등의 원칙은 기본원리로 되고 있다. 권리능력 평등의 원칙에 의하여 사람은 사람이기만 하면 모두 똑같이 권리능력을 가진다. 그가 성인이든 젖먹이 어린아이이든, 정상적인 판단력을 가졌든 정신질환자이든 묻지 않는다.

A-327 Ⅱ. 권리능력의 시기(始期)

민법은 제3조에서 「사람은 생존한 동안 권리와 의무의 주체가 된다」고 규정하고 있다. 따라서 사람은 생존하기 시작하는 때, 즉 출생한 때로부터 권리능력을 취득한다. 그리고 태아는 출생하기 전단계에 있으므로 권리능력이 없다(예외적으로만 인정됨).

사람의 출생시기는 민법이 명문으로 규정하고 있지 않으며, 학설·판례에 맡겨져 있는 실정이다. 그런데 학설은 태아가 모체로부터 완전히 분리된 때에 출생한 것으로 보는 데 일치하고 있다(전부노출설). 사람이 권리능력을 취득하려면 출생 후 한 순간이라도 살아 있었어야 한다. 출생시기 이전에 사망한 경우에는 권리능력을 취득하지 못한다.

출생의 사실은 출생신고의무자(가족 46조 참조)가 출생 후 1개월 이내에 신고하여야 하며(가족 44조 1항), 이를 게을리하면 과태료의 제재를 받는다(가족 122조). 출생의 사실 및 그 시기는 그것을 전제로 하여 법률효과를 주장하는 자가 증명하여야 하는데, 이때 가족관계등록부(과거의 호적부에 해당)의 기록은 진실한 것으로 추정을 받는 유력한 것이기는 하나, 반대의 증거에 의하여 번복될 수 있는 것이다(대결 2020. 1. 9, 2018스40 등).

그리고 가족관계등록부의 기록은 절차상의 것에 지나지 않으며, 그것에 의하여 실체적인 관계가 좌우되지 않는다. 권리능력은 가족관계등록부의 기록에 의하여가 아니고 출생이라는 사실에 의하여 취득되는 것이기 때문이다. 그리하여 예컨대 타인의 자(子)를 자기의 친생자로 신고하여도 친생자관계가 생기지는 않는다(다만 입양의 요건을 갖추면 양친자관계는 인정될 수 있다. 대판(전원) 1977. 7. 26, 77다492 등 참조. 그런데 이 판례는 미성년자 입양에 가정법원의 허가를 요하는 현행법(867조 1항) 하에서는 미성년자 입양에 관한 한 그대로 유지되기가 어려울 것이다).

Ⅲ. 태아의 권리능력 A-328

1. 서 설

태아는 수태 후 사람의 체내에서 발육되고 있는 생명체이다. 이러한 태아는 아직 출생 전의 단계에 있으므로 민법상 사람이 아니며, 따라서 권리능력을 가지지 못한다(3조 참조). 그런데 태아에게 권리능력을 전혀 인정하지 않는다면 그에게 매우 불리한 경우가 생긴다. 가령 태아로 있는 동안에 부(父)가 사망하거나 타인에 의하여 살해당하더라도 상속을 받을 수도 없고 또 손해배상청구를 할 수도 없을 것이기 때문이다.

그리하여 각국의 민법은 태아가 출생한 경우를 생각하여 태아의 이익을 보호하는 규정을 두고 있다. 그런데 그 모습에는 두 가지가 있다. 하나는 일반적 보호주의로 모든 법률관계에 있어서 일반적으로 태아를 이미 출생한 것으로 보는 것이고(스위스민법·로마법), 다른 하나는 개별적 보호주의로 중요한 법률관계에 관하여서만 출생한 것으로 보는 것이다(독일민법·프랑스 민법·일본민법). 그런데 우리 민법은 이들 가운데 개별적 보호주의를 취하고 있다.

2. 태아가 이미 출생한 것으로 의제되는 사항 A-329

민법은 다음 사항에 관하여 태아를 이미 출생한 것으로 본다.

(1) 불법행위로 인한 손해배상의 청구(762조)

문헌에 의하면, 구체적으로는 부(父)의 생명침해에 대한 위자료청구(752조)(대판 1993. 4. 27, 93다4663 등)와 태아 자신이 입은 불법행위에 대한 손해배상청구(예: 모체에 대한 물리적 공격·약물투여로 자가 기형이 된 경우)(대판 1968. 3. 5, 67다2869: 임신 중의 어머니가 교통사고를 당하고 그 충격으로 태아가 미숙아로서 조산이 되었고, 또 그 때문에 제대로 성장하지 못하고 사망한 경우)에 그렇다고 하며, 부(父)의 생명침해의 경우의 재산적 손해는 상속규정(1000조 3항)에 의한다고 한다. 다수설·판례가 생명침해의 경우 재산적 손해는 피해자에게 발생하여 상속인에게 상속된다고 보기 때문이다(사견은 다름).

(2) 상 속(1000조 3항)

이것은 재산상속만을 의미하며, 호주상속에 관한 규정(988조)은 1990년 민법개정으로 삭제되었다.

(3) 대습상속(1001조·1000조 3항)

대습상속은 상속인이 될 직계비속·형제자매가 상속개시 전에 사망하거나 결격된 경우에 그 직계비속 및 배우자가 그 자에 갈음하여 상속하는 것이다. 그런데 태아도 그 직계비속으로 본다.

(4) 유 증(1064조·1000조 3항)

유증은 유언으로 타인에게 재산을 무상으로 주는 단독행위이며, 태아도 유증을 받을 수 있다.

(5) 사인증여(562조·1064조)

사인증여는 증여자의 사망으로 효력이 생기는 증여이다. 사인증여에 관하여 태아에게 권리능력이 인정되는가에 관하여는 i) 인정설(사견도 같음)과 ii) 부정설이 대립하고 있다.

(6) 유 류 분(1118조·1001조·1000조 3항)

유류분은 법정상속인에게 유보되는 상속재산의 일정비율이며, 구체적으로는 직계비속·배우자는 법정상속분의 2분의 1이고, 직계존속·형제자매는 법정상속분의 3분의 1이다(1112조). 이러한 유류분에 있어서 태아도 직계비속으로 다루어진다.

(7) 그 밖에 문제되는 사항

그 외에 태아의 인지청구권(인지란 혼인 외의 자의 부 또는 모가 그 자를 자기의 자로서 승인하여 법률상 친자관계를 생기게 하는 단독행위이다. 부는 태아를 인지할 수 있으나(858조), 태아의 인지청구권에 관한 규정은 없다(863조 참조))과 증여계약에 있어서의 수증능력 등에 관하여 태아의 권리능력을 인정할 것인가에 관하여 논의가 있다. 학설은 i) 개별규정을 이들의 경우에 유추적용하여야 한다는 견해와 ii) 유추적용에 반대하는 견해(사견도 같음)로 나뉘어 있다. 그리고 판례는 의용민법 하의 사건에 관하여 개별규정을 유추하여 태아의 수증능력을 인정할 수 없다고 한다(대판 1982. 2. 9, 81다534).

A-330 3. 태아의 법률상 지위

태아를 일정한 경우에 예외적으로 이미 출생한 것으로 본다는 것이 무슨 의미인지 문제된다.

(1) 학 설

학설은 정지조건설과 해제조건설로 나누어져 대립하고 있다.

i) 정지조건설 이는 태아가 태아로 있는 동안에는 권리능력을 취득하지 못하지만, 그가 살아서 태어나면 그의 권리능력 취득의 효과가 문제의 사건이 발생한 시기(가령 불법행위시 또는 상속개시시)까지 소급하여 생긴다고 하는 견해이다.

ii) 해제조건설 이는 이미 출생한 것으로 보게 되는 각 경우에 태아는 그 개별적 사항의 범위 안에서 제한된 권리능력을 가지며, 다만 사산인 때에는 그 권리능력 취득의 효과가 문제된 사건이 있었던 때에 소급하여 소멸한다고 하는 견해이다(사견도 같음).

(2) 판 례

판례는 정지조건설을 취하고 있다(대판 1976. 9. 14, 76다1365). 판례는 그 이유로, 설사 태아가 권리를 취득한다고 하더라도 현행법상 이를 대행할 기관이 없음을 들고 있다.

Ⅳ. 외국인의 권리능력 A-331

(1) 외국인의 의의

외국인은 대한민국의 국적을 가지지 않은 자이며, 그러한 자로는 외국의 국적을 가지는 자와 무국적자가 있다.

(2) 외국인의 권리능력의 원칙

우리 민법은 외국인의 권리능력에 관하여 아무런 규정도 두고 있지 않다. 따라서 헌법이 외국인의 지위를 국제법과 조약이 정하는 바에 의하여 보장한다고 하는 평등주의(헌법 6조 2항)가 민법에도 그대로 적용된다고 할 수 있다. 그러나 우리의 법률에서 국가의 정책상 외국인의 권리능력을 제한하는 경우도 많이 있다.

(3) 개별적인 사항

법률 가운데에는 외국인과 내국인을 동등하게 다룬다는 규정을 둔 때도 있다. 「채무자회생 및 파산에 관한 법률」 제2조가 그 예이다.

일정한 경우에는 외국인의 권리능력이 부정된다. 한국 선박(선박법 2조)·한국 항공기(항공법 6조)의 소유권에서 그렇다.

상호주의에 의하여 제한되는 경우는 흔하다. 특허권(특허법 25조)·디자인권(구 의장권. 디자인보호법 27조)·실용신안권(실용신안법 3조)·상표권(상표법 27조) 등에 관하여 상호주의가 규정되어 있다. 그리고 외국인의 저작물은 우리나라가 가입 또는 체결한 조약에 따라 보호하고, 또한 우리나라에 상시 거주하는 외국인은 조약이 없어도 보호한다고 하면서, 어느 경우에나 상호주의에 의하여 제한할 수 있도록 한다(저작권법 3조).

(4) 한국 국민이 국적을 상실한 경우

한국의 국적을 가지고 있는 자가 국적을 상실하면 그때부터 한국 국민만이 누릴 수 있는 권리를 누릴 수 없다(국적법 18조 1항). 이 권리 중 한국 국민이었을 때 취득한 것으로서 양도할 수 있는 것은 그 권리와 관련된 법령에서 따로 정한 바가 없으면 3년 내에 한국 국민에게 양도하여야 한다(국적법 18조 2항).

Ⅴ. 권리능력의 종기(終期) A-332

1. 권리능력의 소멸원인: 사망

(1) 사람은 생존하는 동안에만 권리능력을 가지므로(3조), 생존이 끝나는 사망에 의하여 권리능력을 잃게 된다. 그리고 권리능력 소멸원인은 오직 사망밖에 없기 때문에, 인정사망이나 실종선고가 있더라도 당사자가 생존하고 있는 한 권리능력을 잃게 되지는 않는다.

사람의 사망이 있으면 사망한 자의 재산이 상속되고, 유언의 효력이 발생하며, 잔존 배우자가 재혼할 수 있게 되고, 각종 연금이나 보험금청구권이 발생하게 된다. 이처럼 사망에 의하여 여러 가지의 법률효과가 발생하기 때문에, 사망의 유무나 시기는 출생에 있어서보다 훨씬 더 중요하다.

(2) 그러면 사람의 사망시기는 언제인가? 여기에 관하여 민법에는 규정이 없다. 그리고 학설은 대체로 생활기능이 절대적·영구적으로 정지하는 것이 사망이며, 호흡과 혈액순환이 영구적으로 멈춘 때 사망이 인정된다고 한다.

(3) 사람이 사망한 때에는 사망신고의무자(가족 85조 참조)가 사망의 사실을 안 날부터 1개월 이내에 신고하여야 하며(가족 84조 1항), 이를 위반하면 과태료의 제재를 받는다(가족 122조). 사망의 사실 및 시기는 그것을 전제로 하여 법률효과를 주장하는 자가 증명하여야 하는데(대판 1995. 7. 28, 94다42679는 실존인물인 한 살아 있으면 95세가 된다고 할지라도 생존이 추정되며, 사망하였다는 점은 상대방이 증명할 것이라고 한다. 그리고 대판 1994. 10. 25, 94다18683은 채권자대위소송에서 대위자인 원고가 내세우는 피대위자가 실존인물이고 그 연령이 80세 가량이라면 특별한 사정이 없는 한 그 피대위자는 현재 생존하고 있는 것으로 추정되고, 오히려 그가 사망하였다는 점을 피고가 적극적으로 증명할 것을 요구한다), 이때 가족관계등록부의 기록은 진실한 것으로 추정되나 반대의 증거에 의하여 번복될 수 있다(과거 호적부에 대한 판례: 대결 1997. 11. 27, 97스4 등).

A-333 2. 사망사실 또는 사망시기의 증명곤란에 대비한 제도

사망의 유무나 사망시기는 법적으로 대단히 중요한데, 그것을 증명·확정하기 어려운 경우가 있다. 민법 기타의 법률은 그러한 경우에 대비하여 몇 가지 제도를 두고 있다.

(1) 동시사망의 추정(사망시기의 증명곤란에 대비한 제도)

2인 이상이 동일한 위난으로 사망한 경우에는 동시에 사망한 것으로 추정된다(30조). 이러한 동시사망 추정제도는 2인 이상이 사망한 때에 특히 상속과 관련하여 발생할 수 있는 불합리한 결과를 막기 위하여 두어졌다(동시사망이 추정되는 경우 그들 상호간에는 상속이 되지 않는다. 그러나 대습상속은 받을 수 있다. 대판 2001. 3. 9, 99다13157 및 E-188도 참조).

문헌들이 흔히 들고 있는 예를 가지고 동시사망 추정규정이 없는 경우와 그것이 있는 경우에 실제에 있어서 어떤 차이가 생기는지를 보기로 한다(가령 곽윤직, 81면 등).

처(妻) B·자(子) C·모(母) D를 두고 있던 A가 C와 비행기를 타고 가다가 비행기가 추락하여 둘 다 사망하였다. 그런데 둘 중 누가 먼저 사망하였는지는 알 수가 없다. 이 경우에 A에게만 재산이 있다고 한다면, A의 재산은 누구에게 상속되는가?

(ㄱ) 동시사망 추정규정이 없는 경우 위의 사안에서 만약 A가 C보다 먼저 사망하였다면, A의 재산은 A가 사망한 때에 C와 B가 상속하고, 그 뒤 C가 사망한 때에 C가 상속했던 재산을 모두 B가 상속하게 된다(1000조·1003조). 그리하여 D는 전혀 상속을 받지 못한다. 그러나 만약 C가 A보다 먼저 사망하였다면, A의 사망시에 A의 재산이 B와 D에게 상속된다(1000조·1003조). 따라서 A가 C보다 먼저 사망한 경우가 C가 먼저 사망한 경우보다 B에게 더 유리하게 된다. 그 때문에 B가 그렇게 해석하여 A의 상속재산을 먼저 차지해 버리면, D로서는 반대의 증명을 할 수 없어 불합리함을 감수할 수밖에 없다.

(ㄴ) **동시사망 추정규정이 있는 경우** 동시사망 추정규정이 있으면, 위의 사안의 경우 A와 C가 동시에 사망한 것으로 추정되므로 A의 사망시에 생존하지 않은 C는 상속을 받을 수가 없고, 처음부터 B와 D가 공동으로 A의 재산을 상속하게 된다.

민법 제30조는 2인 이상이 「동일한 위난」으로 사망한 경우에 관하여만 동시사망의 추정을 한다. 그런데 동시사망 추정규정이 없는 때의 불합리는 **2인 이상이 각기 다른 위난으로 사망한 때**에도 똑같이 발생할 수 있다. 그리하여 다수설은 「2인 이상이 각기 다른 위난으로 사망하였는데 그들의 사망시기를 확정할 수 없는 경우」와, 나아가 「1인의 사망시기는 확정되어 있으나 다른 1인의 사망시기는 확정할 수 없는 경우」에도 제30조를 유추적용하여 동시사망을 추정하자고 한다(사견도 같음).

동시사망의 추정은 추정이지 의제(간주·본다)가 아니기 때문에, 그것은 반증에 의하여 번복될 수 있다. 그런데 이 반증에 관하여 판례는, 동시사망 추정의 경우에 사망의 선후에 의하여 관계인들의 법적 지위에 중대한 영향을 미치는 점을 감안할 때 충분하고도 명백한 증명이 없는 한 추정이 깨어지지 않는다고 한다(대판 1998. 8. 21, 98다8974).

(2) 인정사망(사망 유무의 증명 곤란에 대비한 제도) A-334

인정사망은 수해·화재나 그 밖의 재난으로 인하여 사망한 사람이 있는 경우에 그것을 조사한 관공서의 사망통보에 의하여 가족관계등록부에 사망의 기록을 하는 것을 말한다(가족 87조·16조).

실종선고와 인정사망을 비교해 보면, 전자는 일정한 요건 하에 사망한 것으로 의제하는 데 비하여, 후자는 가족관계등록부에 사망의 기록을 하기 위한 절차적 특례제도이어서 강한 사망추정적인 효과만 인정한다.

(3) 실종선고(사망 유무의 증명 곤란에 대비한 제도)

민법은 사망했을 가능성이 큰 경우에 일정한 요건 하에 실종선고를 하여 실종자를 일정한 시기에 사망한 것으로 의제하는 제도를 두고 있다. 그에 관하여는 뒤에서 자세히 설명한다(A-345 이하 참조).

제 2 관 주 소

Ⅰ. 서 설 A-335

사람과 관계 있는 장소가 법률관계에 영향을 미치는 경우가 자주 있다. 예컨대 본국·등록기준지·주민등록지·현재지·재산소재지·법률행위지·주소·거소 등이 그렇다. 그런데 민법은 이러한 장소들 가운데 모든 사람에게 공통적으로 문제되는 주소와 거소에 관하여만 일반적 규정을 두고 있을 뿐이다.

Ⅱ. 주소에 관한 입법주의

(1) 형식주의 · 실질주의

주소를 정하는 표준과 관련하여 입법주의는 형식주의와 실질주의로 나누어진다. 형식주의는 형식적 표준(예: 등록기준지)에 의하여 주소를 획일적으로 정하는 주의이고, 실질주의는 생활의 실질적 관계에 의하여 주소를 정하는 주의이다.

(2) 의사주의 · 객관주의

주소 결정과 관련하여서는 정주(定住)의 사실(어떤 장소가 생활의 중심적 장소를 이루고 있다는 사실)만을 요건으로 하는 객관주의와 정주의 사실 외에 정주의 의사(어느 곳을 주소로 하려는 의사)도 필요하다고 하는 의사주의가 있다.

(3) 단일주의 · 복수주의

주소의 개수와 관련하여서는 주소를 하나만 인정하는 단일주의와 복수의 주소를 인정하는 복수주의가 있다.

A-336

Ⅲ. 민법상의 주소

1. 주소의 의의

우리 민법에 있어서 주소는 「생활의 근거되는 곳」이다(18조 1항). 이는 형식주의·실질주의 중 실질주의를 취한 것이다. 그리고 의사주의와 객관주의 가운데에는 객관주의를 채용한 것으로 해석된다(이설 없음). 왜냐하면 무엇보다도 의사주의를 취할 경우에 있어야 하는 의사무능력자를 위한 법정주소에 관한 규정이 없기 때문이다. 한편 민법은 「주소는 동시에 두 곳 이상 있을 수 있다」고 하여(18조 2항), 주소의 개수에 관하여 복수주의를 취하고 있다.

[참고] 등록기준지

2005. 3. 31.의 민법 개정(2008. 1. 1. 시행) 전에는 친족법상의 「가(家)」의 소재지를 호적이라고 하고, 호적을 가(家)의 구성원인 호주와 가족의 입장에서 「본적」이라고 하였다. 그러나 민법개정으로 가(家) 제도가 폐지되었고, 아울러 본적 개념도 사라졌다. 그리고 본적 대신에 등록기준지 개념을 신설하여 2008년부터 사용하게 되었다(가족 9조 2항 · 10조). 그런데 이 등록기준지는 재외국민 등록사무의 처리지, 가족관계등록부의 검색, 비송사건의 관할법원의 결정 등의 기능을 위한 것이며, 재산관계에서는 의미가 거의 없다.

[참고] 주민등록지

주민등록지는 30일 이상 거주할 목적으로 일정한 장소에 주소 또는 거소를 가진 자(즉 주민)가 주민등록법에 의하여 등록한 장소이다(주민등록법 6조·10조). 주민등록지는 공법상의 개념으로 민법상의 주소와 다르나, 반증이 없는 한 주소로 추정된다고 할 것이다.

2. 주소가 법률관계에 영향을 주는 사항 A-337

주소가 법률관계에 영향을 주는 사항 가운데 주요한 것을 들어 보면 다음과 같다.

(1) 민법이 규정하고 있는 사항

1) 부재 및 실종의 표준(22조·27조)
2) 변제의 장소(467조 2항)
3) 상속개시의 장소(998조)

(2) 민법 이외의 법률이 규정하고 있는 사항

1) 어음행위의 장소(어음법 2조·4조·21조·22조·27조·76조 2호, 수표법 8조)
2) 재판관할의 표준(민소 3조, 가소 13조·22조·26조·30조·44조·46조 등, 비송법 2조·39조, 채무자회생법 3조 등)
3) 민사소송법상의 부가기간(민소 172조 2항)
4) 국제사법상 준거법을 결정하는 표준(국제사법 3조 2항·4조·14조·26조 2항)

[참고] 법인의 주소

주소는 자연인뿐만 아니고 법인에서도 문제되며(36조), 법인의 주소가 그것의 법률관계에 영향을 미치는 경우도 자주 있다(A-411 참조).

Ⅳ. 거소 · 현재지 · 가주소 A-338

1. 거 소

거소(居所)는 사람이 다소의 기간 계속하여 거주하는 장소로서 그 장소와의 밀접한 정도가 주소보다 못한 곳이다. 어떤 자에 대하여 주소를 알 수 없을 때에는 거소를 주소로 본다(19조). 그리고 국내에 주소가 없는 자에 대하여는 국내에 있는 거소를 주소로 본다(20조).

2. 현 재 지

장소와의 관계가 거소보다도 더 옅은 곳(가령 여행자가 머무는 호텔)을 거소와 구별하여 현재지라고 부르기도 한다. 민법은 현재지에 대하여는 특별한 효과를 부여하고 있지 않다. 다만, 제19조·제20조의 거소에는 현재지가 포함되는 것으로 해석한다.

3. 가 주 소

당사자는 어느 행위(거래)에 관하여 일정한 장소를 가주소(假住所)로 정할 수 있으며, 그때에는 그 행위에 관하여는 가주소를 주소로 본다(21조).

제 3 관 부재와 실종

A-339 ## Ⅰ. 서 설

어떤 자가 그의 주소를 떠나서 쉽게 돌아올 가능성이 없는 때에는, 그 자 자신이나 이해관계인을 보호하기 위하여 어떤 조치를 취할 필요가 있다. 여기서 민법은 두 단계의 조치를 취하고 있다. 즉 ① 제 1 단계에서는 그를 아직 살아 있는 것으로 추측하여 그의 재산을 관리해 주면서 돌아오기를 기다리고, ② 만약 생사불분명 상태가 장기간 계속되면 제 2 단계로 넘어가 그를 사망한 것으로 보고 그에 관한 법률관계를 확정짓는다. 앞의 것이 부재자(不在者)의 재산관리제도이고, 뒤의 것이 실종선고제도이다.

A-340 ## Ⅱ. 부재자의 재산관리

1. 부재자의 의의

민법 제22조에 의하면 부재자는 「종래의 주소나 거소를 떠난 자」이다. 그러나 그러한 자 가운데 재산관리가 필요하지 않은 자는 부재자로 다룰 필요가 없다. 그러므로 부재자는 「종래의 주소나 거소를 떠나 당분간 돌아올 가능성이 없어서 그의 재산이 관리되지 못하고 방치되어 있는 자」라고 하여야 한다. 통설·판례(대판 1960. 4. 21, 4292민상252는 일본에 유학하여 소재가 분명할 뿐만 아니라 타인을 통하여 자신의 재산을 관리하고 있는 자에 대하여 부재자가 아니라고 한다)도 같은 취지이다.

이러한 부재자는 생사가 불분명할 필요는 없다. 즉 생존이 분명한 자도 부재자일 수 있고, 또 생사가 불분명한 자도 실종선고를 받을 때까지는 부재자이다. 부재자는 자연인에 한하며, 법인에 대하여는 부재자에 관한 규정이 적용되지 않는다(대결 1965. 2. 9, 64스9). 그리고 부재자가 제한능력자이어서 법률상 당연히 그의 재산을 관리할 법정대리인이 있는 경우에는 부재자에 관한 규정이 적용될 여지가 없다. 한편 부재자의 재산관리는 가정법원의 전속관할 사항이다(가소 2조 1항 2호 가목 2)·44조 2호).

A-341 ### 2. 재산관리의 방법 및 내용

민법은 부재자의 재산관리에 관하여 부재자가 스스로 관리인을 둔 때와 그렇지 않은 때를 구별하여 규율한다. 그러면서 앞의 경우에는 원칙적으로 간섭을 하지 않고 부득이 한 때에만 간섭을 한다.

(1) 부재자 자신이 관리인을 두지 않은 경우

1) 가정법원의 재산관리처분 부재자가 관리인을 두지 않은 경우에는 가정법원은 이해관계인이나 검사의 청구에 의하여 재산관리에 필요한 처분을 명하여야 한다(22조 1항 1문). 여기의 「이해관계인」은 부재자의 재산관리에 법률상 이해관계를 가지는 자이다. 예컨대 추정상속인·채권자·배우자·부양청구권자·보증인 등이 그렇다. 그에 비하여 단순한 이웃이나 친구는 이해관계인이 아니다. 그리고 가정법원이 명할 수 있는 「재산관리에 필요한 처분」으로는 재산관리인의 선임(가소규 41조)·경매에 의한 부재자의 재산매각(가소규 49조) 등이 있으며, 그 중 가장 보통의 방법은 관리인의 선임이다.

2) 선임된 재산관리인의 지위 A-342

(가) 성질 · 권한 부재자의 재산관리인은 부재자 본인의 의사에 의하여서가 아니고 가정법원에 의하여 선임된 자이므로 일종의 법정대리인이다. 그렇지만 관리인은 언제든지 사임할 수 있고(가소규 42조 2항), 법원도 얼마든지 개임(改任), 즉 바꿀 수 있다(가소규 42조 1항).

관리인은 — 법원의 명령이 없는 경우에는 — 부재자의 재산에 관하여 제118조가 정하는 관리행위를 자유롭게 할 수 있으나, 재산의 처분과 같은 행위를 하려면 가정법원의 허가를 얻어야 한다(25조 1문). 판례에 의하면, 소유권이전등기 말소등기절차 이행청구나 인도청구(대판 1964. 7. 23, 64다108), 부재자 재산에 대한 소송상의 보존행위를 하기 위하여 한 소송행위의 추완신청(대판 1960. 9. 8, 4292민상885), 부재자 재산에 대한 임료청구 또는 불법행위로 인한 손해배상청구(대결 1957. 10. 14, 4290민재항104) 등은 허가 없이 할 수 있으나, 부재자 재산의 처분(대판 1970. 1. 27, 69다1820 등), 재판상 화해(대판 1968. 4. 30, 67다2117. 그러나 부재자의 권리 보존에 전적으로 이익이 되는 재판상 화해는 허가가 필요하지 않다고 한다. 대판 1962. 11. 1, 62다582) 등은 허가가 있어야 할 수 있다. 그리고 매각을 허가받은 재산으로 매도담보 또는 대물변제를 하거나 그 위에 저당권을 설정하는 때에는 다시 법원의 허가를 받을 필요가 없다고 한다(대판 1957. 3. 23, 4289민상677).

관리인이 법원의 허가 없이 처분행위 등을 한 경우에는 그 처분행위는 무효이다(대판 1970. 1. 27, 69다1820 등). 그러나 법원의 허가는 장래의 처분행위를 가능하게 할 뿐만 아니라 기왕의 처분행위에 대하여 추인을 하게 할 수도 있으므로, 허가 없이 처분행위를 한 뒤에 법원의 허가를 얻고서 추인(묵시적 추인 포함)을 한 경우에는 처분행위는 추인으로 유효하게 된다(대판 2000. 12. 26, 99다19278 등). 그리고 대법원은, 부재자 소유 부동산에 대한 매매계약에 관하여 부재자 재산관리인이 권한을 초과하여서 체결한 것으로 법원의 허가를 받지 아니하여 무효라는 이유로 소유권이전등기 절차의 이행청구가 기각되어 확정되었다고 하더라도, 패소판결의 확정 후에 그 권한초과행위에 대하여 법원의 허가를 받게 되면 다시 위 매매계약에 기한 소유권이전등기 청구의 소를 제기할 수 있다고 하였다(대판 2002. 1. 11, 2001다41971).

관리인의 권한은, 그의 선임결정이 취소되지 않는 한, 설사 부재자에 대한 실종선고기간이 만료되거나(대판 1981. 7. 28, 80다2668(허가받은 행위를 실종기간 만료 후에 한 경우)) 또는 부재자의 사망이 확인된 후에도(대판 1991. 11. 26, 91다11810[핵심판례 86면] 등) 소멸하지 않는다. 그런데 다른 한편으로 대법원은, 부재자의 재산관리인에 의하여 소송절차가 진행되던 중 부재자 본인에 대한 실종선고가 확정되면 그 재산관리인으로서의 지위는 종료되는 것이므로 그 경우에도 상속인 등에 의한 적법한 소송수계가 있을 때까지 소송절차가 중단된다고 한다(대판 1987. 3. 24, 85다카1151).

A-343 (나) 의 무 관리인은 부재자와의 사이에 위임계약관계에 있는 것은 아니지만, 그 직무의 성질상 수임인과 동일한 의무를 부담하는 것으로 해석하여야 한다(이설 없음). 관리인은 그 밖에 관리할 재산의 목록작성(24조 1항, 가소규 47조 · 48조 참조), 부재자의 재산의 보존을 위하여 가정법원이 명하는 처분의 수행(24조 2항, 가소규 44조 1항 참조), 법원이 명하는 담보의 제공(26조 1항, 가소규 45조 · 46조 참조) 등의 의무도 진다.

(다) 권 리 가정법원은 관리인에게 부재자의 재산에서 상당한 보수를 지급할 수 있다(26조 2항, 대결 1971. 2. 26, 71스3). 즉 관리인은 보수청구권이 있다. 그리고 관리인은 재산관리를 위하여 지출한 필요비와 그 이자, 과실없이 받은 손해의 배상 등을 청구할 수 있다(688조 · 24조 4항 참조).

3) 관리의 종료 부재자가 후에 재산관리인을 정한 때에는 법원은 부재자 본인·재산관리인·이해관계인 또는 검사의 청구에 의하여 처분에 관한 명령을 취소하여야 한다(22조 2항). 그때에는 법원이 간섭을 할 필요가 없기 때문이다. 그리고 부재자가 스스로 그의 재산을 관리하게 된 때 또는 그의 사망이 분명하게 되거나 실종선고가 있는 때에는, 부재자 본인 또는 이해관계인의 청구에 의하여 그 명한 처분을 취소하여야 한다(가소규 50조). 이러한 경우에는 부재자의 재산으로 관리할 필요가 없기 때문이다.

가정법원의 처분명령 취소는 장래에 향하여만 효력이 생기며 소급하지 않는다(대판 1970. 1. 27, 69다719). 따라서 관리인이 법원의 허가를 얻어 부재자의 재산을 매각한 후, 법원이 관리인 선임결정을 취소하여도 관리인의 처분행위는 유효하다. 재산처분이 있은 뒤 법원의 허가결정이 취소된 때에도 마찬가지이다(대판 1960. 2. 4, 4291민상636).

A-344 **(2) 부재자 자신이 관리인을 둔 경우**

1) 원 칙 이 경우에는 민법은 원칙적으로 간섭을 하지 않는다.

부재자가 둔 재산관리인은 부재자의 수임인이고 또한 그의 임의대리인이므로, 그의 권한은 부재자와 관리인 사이의 계약(680조 이하)에 의하여 정하여진다. 그리고 관리인에게 재산처분권까지 위임된 경우에는 그 관리인이 그 재산을 처분함에 있어서 법원의 허가를 받을 필요도 없다(대판 1973. 7. 24, 72다2136). 만약 권한이 계약으로 정해지지 않은 때에는 제118조가 적용된다.

2) 예 외 민법은 다음 두 경우에는 예외적으로 간섭을 하고 있다.

(가) **재산관리인의 권한이 본인의 부재중에 소멸한 때** 이때에는 관리인이 처음부터 없었던 경우와 똑같이 다룬다(22조 1항 2문).

(나) **부재자의 생사가 분명하지 않게 된 때** 이때에는 가정법원은 재산관리인·이해관계인 또는 검사의 청구에 의하여 재산관리인을 개임(改任), 즉 바꿀 수 있다(23조, 가소규 41조). 그런가 하면 관리인을 바꾸지 않고 감독만 할 수도 있다.

관리인을 바꾸는 경우의 관리인의 권한·관리방법 등은 본인이 관리인을 두지 않은 때와 같다. 관리인을 그대로 두고 감독만 하는 경우에는, 가정법원은 관리인에게 재산목록 작성·재산보존에 필요한 처분을 명할 수 있고(24조 3항, 가소규 47조·48조·44조), 관리인이 권한을 넘는 행위를 할 때 허가를 주고(25조 2문), 상당한 담보를 제공하게 할 수 있으며(26조 3항), 또한 부재자의 재산에서 상당한 보수를 지급할 수 있다(26조 3항).

판 례 부재자가 둔 관리인이 법원에 의해 관리인으로 선임된 경우의 권한

부재자가 6.25사변 전부터 가사 일체와 재산의 관리 및 처분의 권한을 그 모인 갑에 위임하였다 가정하더라도 갑이 부재자의 실종 후 법원에 신청하여 동 부재자의 재산관리인으로 선임된 경우에는, 부재자의 생사가 분명하지 아니하여 민법 제23조의 규정에 의한 개임이라고 보지 못할 바 아니므로, 이때부터 부재자의 위임에 의한 갑의 재산관리 처분권한은 종료되었다고 봄이 상당하고, 따라서 그 후 갑의 부재자 재산처분에 있어서는 민법 제25조에 따른 권한초과행위 허가를 받아야 하며 그 허가를 받지 아니하고 한 부재자의 재산매각은 무효이다(대판 1977. 3. 22, 76다1437).

Ⅲ. 실종선고 A-345

1. 의 의

부재자의 생사불명 상태가 오랫동안 계속되어 사망의 개연성은 크지만 사망의 확증이 없는 경우에 이를 방치하면 이해관계인(배우자·상속인 등)에게 불이익을 준다. 여기서 민법은 일정한 요건 하에 실종선고를 하고, 일정시기를 표준으로 하여 사망한 것과 같은 효과를 발생하게 하고 있다. 이를 실종선고제도라고 한다.

2. 실종선고의 요건 A-346

법원이 실종선고를 하려면 다음 4가지의 요건을 갖추어야 한다. 그리고 이들 요건이 갖추어지면 법원은 반드시 선고를 하여야 한다(27조 1항). 이 실종선고도 부재자의 재산관리와 마찬가지로 가정법원의 전속관할에 속한다(가소 2조 1항 2호 가목 3)·44조 1항 1호).

(1) 부재자의 생사 불분명

부재자의 생사(生死)가 분명하지 않아야 한다. 즉 생존도 사망도 증명할 수 없어야 한다. 그런데 생사가 모든 자에게 불분명할 필요는 없으며, 선고 청구권자와 법원에 불분명하면 된다. 한편 판례에 의하면, 호적부(현재의 가족관계 등록부에 해당함)의 기재사항은 진실에 부합하는 것으로 추정되므로, 호적상 이미 사망한 것으로 기재되어 있는 자는 호적의 추정력을 뒤집을 수 있는 자료가 없는 한 그 생사가 불분명한 자라고 볼 수 없어 실종선고를 할 수 없다고 한다(대결 1997. 11. 27, 97스4).

A-347 ### (2) 실종기간의 경과

생사불분명 상태가 일정기간 동안 계속되어야 한다. 이 기간을 실종기간이라고 하며, 그 기간은 실종이 보통실종인가 특별실종인가에 따라 다르다. 보통실종은 보통의 경우의 실종이고, 특별실종은 사망의 가능성이 매우 높은 재난으로 인한 실종이다.

1) 보통실종 보통실종의 실종기간은 5년이다(27조 1항). 그 기간의 기산점은 민법에 정해져 있지 않으나, 부재자가 살아 있었음을 증명할 수 있는 최후의 시기(예: 마지막 편지를 보냈을 때)라고 해석하는 데 다툼이 없다.

2) 특별실종 민법은 특별실종으로 ㈎「전지(戰地)에 임한 자」(전쟁실종), ㈏「침몰한 선박 중에 있던 자」(선박실종), ㈐「추락한 항공기 중에 있던 자」(항공기실종), ㈑「기타 사망의 원인이 될 위난을 당한 자」(위난실종)의 4가지를 규정하고 있으며, 이들 특별실종의 실종기간은 모두 1년이다(27조 2항).

특별실종기간의 기산점은, 전쟁실종은 전쟁이 종지(終止)한 때이고, 선박실종은 선박이 침몰한 때이며, 항공기실종은 항공기가 추락한 때이고, 기타 위난실종은 위난이 종료한 때이다(27조 2항). 전쟁실종의 경우 「전쟁이 종지한 때」에 관하여 학설은 강화조약을 체결한 때가 아니고 사실상 전쟁이 끝나는 때, 즉 항복선언 또는 정전·휴전선언이 있는 때라고 해석한다(이설 없음).

민법이 정하는 특별실종 4가지 가운데 위난실종을 제외한 나머지는 위난실종 가운데 특별히 열거된 것이다. 즉 위난실종은 모든 특별실종을 포괄한다. 열거되지 않은 위난실종의 예로는 지진·화재·홍수·산사태·눈사태·폭동·화산폭발 등을 들 수 있다.

A-348 ### (3) 청구권자의 청구

이해관계인이나 검사가 실종선고를 청구하여야 한다(27조 1항·2항). 여기서 이해관계인이라고 하면 실종선고를 청구하는 데 법률상 이해관계를 가지는 자, 즉 실종선고에 의하여 권리를 취득하거나 의무를 면하게 되는 자를 가리키며, 사실상 이해관계를 가지는 자는 그에 해당하지 않는다. 예컨대 부재자의 배우자, 추정상속인, 유증의 수증자, 연금채무자(국고(國庫)), 추정상속인의 채권자, 법정대리인, 부재자의 재산관리인, 생명보험금 수취인은 이해관계인이나, 추정상속인이 아닌 친족, 추정상속인의 내연의 처, 부재자의 친구나 이웃은 이해관계인이 아니다. 그리고 부재자의 채권자·채무자도 이해관계인이라고 볼 필요가 없다(그는 재산관리인 선임을 청구하면 될 것이다).

판례는 이해관계인을 「법률상뿐만 아니라 경제적 또는 신분적 이해관계인」이어야 한다고 하면서(대결 1980. 9. 8, 80스27 등), 제 1 순위의 상속인이 있는 경우의 제 2 순위 또는 제 4 순위의 상속인(대결 1992. 4. 14, 92스4·5 등), 부재자의 처와 딸이 있는 경우의 부재자의 친형(대결 1961. 12. 19, 4294민재항649), 부재자의 상속인의 내연의 처로부터 건물을 매수한 자(대결 1961. 11. 23, 4294민재항1)는 이해관계인이 아니라고 한다.

(4) 공시최고

위의 세 요건을 갖추면 법원은 공시최고를 하여야 한다(가소규 53조). 즉 6개월 이상의 기간을 정하여 부재자 본인이나 부재자의 생사를 아는 자에 대하여 신고하도록 공고하여야 한다(가소규 54조·55조·26조). 공시최고기간이 경과할 때까지 신고가 없으면 실종선고를 한다.

3. 실종선고의 효과 A-349

실종선고가 확정되면 실종선고를 받은 자, 즉 **실종자는 실종기간이 만료한 때에 사망한 것으로 본다**(28조).

(1) 사망의제

민법은 실종자의 사망을 추정하지 않고, **사망한 것으로 의제한다**(본다·간주한다). 따라서 본인의 생존 기타의 반증을 들어서 선고의 효과를 다투지 못하며, 이 효과를 뒤집으려면 실종선고를 취소하여야 한다(대판 1995. 2. 17, 94다52751 등). 실종선고가 취소되지 않는 한 실종자가 생존하고 있든, 실종기간 만료시와 다른 시기에 사망하였음이 증명되었든 어느 경우나 사망의 효과는 그대로 존속한다. 이러한 견지에서 판례도, 「실종선고로 인하여 실종기간 만료시를 기준으로 하여 상속이 개시된 이상 설사 이후 실종선고가 취소되어야 할 사유가 생겼다고 하더라도 실제로 실종선고가 취소되지 아니하는 한, 임의로 실종기간이 만료하여 사망한 때로 간주되는 시점과는 달리 사망시점을 정하여 이미 개시된 상속을 부정하고 이와 다른 상속관계를 인정할 수는 없다」고 한다(대판 1994. 9. 27, 94다21542). 그리고 실종선고의 효과는 선고절차에 참가한 자에 대하여뿐만 아니라 제 3 자에 대하여도 생긴다.

(2) 사망의제 시기

실종자의 사망의제 시기에 관하여는 선고시 주의·최후소식시 주의·실종기간 만료시 주의·실종기간 중간시점 주의 등의 입법주의가 있으나, 민법은 실종기간 만료시 주의를 취하고 있다(28조). 즉 **실종기간이 만료한 때에 사망한 것으로 본다**. 그런데 이에 의하면 사망의제 시기가 선고 시기보다 앞서게 되어 부재자와 거래한 제 3 자가 피해를 입는 경우가 생길 수 있다(가령 실종기간 만료 후 부재자의 대리인으로부터 부동산을 매수한 경우. 그러나 재산관리인이 법원의 허가를 얻어 매도한 경우나 동산 거래의 경우(249조 참조)는 그렇지 않다).

동일한 부재자에 대하여 실종선고를 두 번 할 수는 없으나, 만일 두 번 선고된 경우에는 제1의 선고에 의하여 상속 등의 법률관계를 판단하여야 한다(대판 1995. 12. 22, 95다12736 참조).

판 례 실종선고의 효과 관련

(ㄱ) 「실종선고의 효력이 발생하기 전에는 실종기간이 만료된 실종자라 하여도 소송상 당사자능력을 상실하는 것은 아니므로 실종선고 확정 전에는 실종기간이 만료된 실종자를 상대로 하여 제기된 소도 적법하고 실종자를 당사자로 하여 선고된 판결도 유효하며 그 판결이 확정되면 기판력도 발생한다고 할 것이다.

그리고 이처럼 판결이 유효하게 확정되어 기판력이 발생한 경우에는 그 판결이 해제조건부로 선고되었다는 등의 특별한 사정이 없는 한 그 효력이 유지되어 당사자로서는 그 판결이 재심이나 추완항소 등에 의하여 취소되지 않는 한 그 기판력에 반하는 주장을 할 수 없는 것이 원칙이라 할 것이며 비록 실종자를 당사자로 한 판결이 확정된 후에 실종선고가 확정되어 그 사망간주의 시점이 소 제기 전으로 소급하는 경우에도 위 판결 자체가 소급하여 당사자능력이 없는 사망한 사람을 상대로 한 판결로서 무효가 된다고는 볼 수 없다.」(대판 1992. 7. 14, 92다2455)

(ㄴ) 소외 망인이 1951. 7. 2 사망하였으며, 그의 장남인 소외 (갑)은 1970. 1. 30. 서울가정법원의 실종선고에 의하여 소외 망인 사망 전인 1950. 8. 1. 생사 불명기간 만료로 사망 간주된 사실이 인정되는 사안에 있어서 소외 (갑)은 소외 망인의 사망 이전에 사망한 것으로 간주되었으므로 소외 망인의 재산상속인이 될 수 없다고 한 원심의 판단은 실종선고로 인하여 사망으로 간주되는 시기에 관하여 실종기간 만료시기설을 취하는 우리 민법 하에서는 정당하다(대판 1982. 9. 14, 82다144).

A-350 **(3) 사망의제 범위**

실종선고는 실종자의 종래의 주소(또는 거소)를 중심으로 하는 실종기간 만료시의 사법적 법률관계에 관하여 사망의 효과를 발생시킨다. 즉 ① 종래의 주소를 중심으로 하는 관계에 대하여만 사망을 의제하므로, 새로운 주소에서의 법률관계나 종래의 주소에 다시 돌아와 맺은 법률관계에는 영향이 없다. 실종선고는 실종자의 권리능력을 박탈하는 제도가 아니기 때문이다. ② 사법적 법률관계에 관하여만 사망을 의제하므로 공법상의 관계(선거권·피선거권·납세의무·허가받는 자격·그에 대한 또는 그에 의한 범죄 등)에는 영향을 미치지 않는다. ③ 사법적 법률관계인 이상 재산관계·가족관계 모두에 대하여 사망의 효과가 생긴다.

4. 실종선고의 취소 A-351

(사 례) (신사례 [22]번 문제)

처 B, 자 C를 두고 있는 A는 회사 동료인 D와 함께 외국에 가서 일을 하던 중 1993. 7.부터 소식이 끊겼다. 그러자 B·C는 A를 찾으려고 애쓰다가 사망한 것으로 보고 실종선고를 청구하여 2000. 5. 3. 실종선고를 받았다. 그런데 D는 A가 테러단체에 납치되어 노동을 하고 있다는 사실을 알고 있었으나, 평소 흠모하던 B와의 혼인을 원하여 실종선고 당시에 그 사실을 밝히지 않았다. 그 후 B는 C와 A의 유일한 재산인 X주택을 상속하여 2000. 10. 15. E에게 매각하고 소유권이전등기를 해 주었고, E는 2001. 2. 25. 그 주택을 F에게 매도하고 등기를 넘겨주었다. E는 A의 실종에 대하여 전혀 몰랐으나, F는 D의 친구로서 D로부터 A의 생존 사실을 들어 알고 있었다. 한편 B는 X주택의 매각대금 중 자신의 몫을 생활비로 쓰다가 그때까지 그녀를 잘 돌보아주던 D와 2001. 6. 5. 재혼하였고, C는 매각대금 중 자신의 몫을 받아 도박을 하다가 모두 잃어버렸다. 그런데 그 뒤에 A가 테러단체에서 탈출하여 돌아와 2002. 11. 20. A에 대한 실종선고가 취소되었다. 현재는 2003. 2. 8.이다.

이 경우에 A의 재산관계와 혼인관계는 어떻게 되는가? (사례의 해결: A-355)

(1) 서 설

실종선고에 의하여 실종자는 사망한 것으로 의제(간주)되므로, 설사 실종자가 살아 돌아온다고 하여도 그것만으로 선고의 효과를 뒤집지는 못한다. **선고의 효과를 뒤집으려면 실종선고의 취소가 있어야 한다**(29조). 실종선고 취소는 가정법원의 전속관할에 속한다(가소 2조 1항 2호 가목 3)·44조 1호).

(2) 실종선고 취소의 요건

1) 먼저 다음 세 가지 가운데 어느 하나의 증명이 있어야 한다.

(가) 실종자가 생존하고 있는 사실(29조 1항 본문)

(나) 실종기간이 만료된 때와 다른 시기에 사망한 사실(29조 1항 본문)

(다) 실종기간의 기산점 이후의 어떤 시기에 생존하고 있었던 사실. 이는 민법에 규정되어 있지는 않다. 그러나 이 경우에는 실종기간의 기산점이 달라져서 사망의제 시기가 달라지므로 상속관계 등에 영향을 미친다. 따라서 이 경우에도 선고가 취소되어야 한다(이설 없음).

2) **본인·이해관계인 또는 검사의 청구**가 있어야 한다(29조 1항 본문). 여기의 이해관계인도 법률상 이해관계인임은 물론이다. 대법원도 그러한 맥락에서, 실종선고를 받은 피상속인이 청구인이 주장하는 시점에 사망하였다 하더라도 그 당시 자식 없이 생존해 있던 처가 민법 시행 전의 관습상 제1순위 상속인이므로, 피상속인의 조카로서 후순위 상속인에 불과한 청구인은 실종선고 취소를 청구할 이해관계인이 될 수 없다고 하였다(대결 2008. 8. 28, 2008스20).

3) 공시최고는 필요하지 않다. 일정한 사실이 이미 증명되었기 때문이다.

4) 요건이 갖추어지면 법원은 반드시 실종선고를 취소하여야 한다(29조 1항 본문 참조).

A-352 (3) 실종선고 취소의 효과

1) 선고취소의 소급효 실종선고가 취소되면 처음부터 실종선고가 없었던 것으로 된다. 즉 실종선고로 생긴 법률관계는 소급적으로 무효로 된다. 이는 실종선고제도의 취지와 제29조 제1항 단서에 비추어 볼 때 당연한 것이다. 그리고 무효로 되는 법률관계는 재산관계·가족관계를 모두 포함한다.

효과를 구체적으로 살펴보면, ① 실종자의 생존을 이유로 취소된 때에는, 그의 가족관계와 재산관계는 선고 전의 상태로 환원되고, ② 실종기간이 만료한 때와 다른 시기에 사망하였음을 이유로 하는 경우에는, 그 사망시기를 표준으로 하여 법률관계가 확정되며, ③ 실종기간 기산점 이후의 생존을 이유로 하는 경우에는, 일단 선고 전의 상태로 되돌아가고, 이해관계인은 그가 원한다면 다시 새로운 실종선고를 청구할 수 있게 된다.

A-353 **2) 소급효의 제한** 실종선고 취소의 소급효에는 하나의 예외가 있다. 제29조 제1항 단서가 그것이다. 그에 의하면 실종선고의 취소는「실종선고 후 취소 전에 선의로 한 행위」의 효력에 영향을 미치지 않는다.

(개) 요 건 이에 의하여 보호되려면,

(a) 법률행위가「실종선고 후 취소 전에」행하여졌어야 한다.「실종기간 만료 후 선고 전에」행하여진 행위는 보호대상이 아니다.

(b) 그 행위가「선의로」행하여졌어야 한다. 여기서 선의란 실종선고가 사실에 반함을 알지 못하는 것이다. 그런데 계약에는 양 당사자가 있어서 그들 모두가 선의이어야 하는지가 문제되고, 단독행위에 대하여도 논란이 있다. 단독행위, 계약인 재산행위, 혼인관계의 순으로 보기로 한다.

단독행위의 경우에는 행위자가 선의이면 선고가 취소되어도 효력에 영향을 받지 않는다고 해석된다(통설).

다음에「계약인 재산행위」에 관하여 학설은 i) 당사자 쌍방이 선의이어야 하고 일방 당사자만이 선의이면 행위에 영향을 미친다는 견해(사견도 이에 속하나, 어느 한 단계에서 양 당사자가 선의이면 그 이후의 전득자는 악의여도 반환청구를 당하지 않는다고 새김), ii) 실종선고를 직접원인으로 하여 재산을 취득한 자(을)로부터 그것을 양수한 자(병)가 선의이면 어느 경우든 을·병 사이의 양도행위는 유효하고, 다만 악의자 정이 책략을 써서 병을 도구로 개재시켰을 경우에는 예외라고 하는 견해 등이 주장되고 있다.

실종자의 배우자가 다른 자와 재혼한 후에 실종선고가 취소되면 어떻게 되는가? 여기에 관하여 다수설은 혼인의 경우에는 쌍방이 선의이어야 한다고 해석한다(사견도 여기에 속하나, 세부적인 점에서 차이가 있음. 민법총칙 [313] 참조). 그리하여 재혼 당사자 중 하나라도 악의인 경우에는 구 혼인관계가 부활하는

데, 그 혼인관계는 제840조 제 1 호의 이혼원인이 되고, 신 혼인관계는 중혼이 되어 취소할 수 있다고 한다.

(나) **효 과** 위의 요건이 갖추어지면 그 법률행위는 그대로 유효하다. 그리고 그것과 양립할 수 없는 구 관계는 부활하지 않는다. 예컨대 실종자의 배우자가 재혼한 경우에 재혼의 당사자가 모두 선의이면 실종선고가 취소되어도 구 혼인관계는 되살아나지 않는다.

3) 제29조 제 2 항 실종선고가 취소되면 실종선고를 직접원인으로 하여 재산을 A-354
취득한 자는 — 그가 재산을 보유하고 있는 한 — 그가 선의이든 악의이든 재산권을 상실한다. 그리하여 실종자는 소유권에 기하여 반환청구를 할 수 있다. 재산취득자가 재산을 처분한 경우에도, 그는 그 대가를 보유할 법률상의 원인이 없으므로 그것을 부당이득으로서 실종자에게 반환하여야 한다. 그런데 그 이득 전부를 반환하게 하면 선의의 취득자에게 예측하지 못한 손해를 주게 되므로, 민법은 제29조 제 2 항에서 그가 선의인지 악의인지에 따라 반환범위를 달리 규정하고 있다.

그에 의하면, 실종선고를 직접원인으로 하여 재산을 취득한 자가 선의인 경우에는 그 받은 이익이 현존하는 한도에서 반환할 의무가 있고, 악의인 경우에는 그 받은 이익에 이자를 붙여서 반환하고 손해가 있으면 그것을 배상하여야 한다(29조 2항).

(가) 실종선고를 직접원인으로 하여 재산을 취득한 자로는 실종자의 상속인, 실종자로부터 유증 또는 사인증여를 받은 자, 생명보험금 수익자 등을 들 수 있다. 그에 비하여 이들로부터 법률행위에 의하여 재산을 취득한 전득자는 그에 해당하지 않는다.

(나) 여기의 반환의무는 성질상 부당이득의 반환이고(따라서 이익반환청구권은 취소 후 10년의 시효에 걸린다), 반환범위도 부당이득에 있어서와 같다(748조 참조).

(다) 실종자의 이익반환청구권은 재산취득자가 재산을 처분하지 않고 그대로 보유하고 있든 처분하고 있든 언제나 인정되며, 또한 처분한 경우 상대방이 악의이어서 재산을 반환청구할 수 있는 때에도 역시 인정된다. 그때에는 실종자는 상대방에 대한 재산반환청구권과 여기의 이익반환청구권을 선택적으로 행사할 수 있다. 그에 비하여 상대방에게 반환청구를 할 수 없는 경우(쌍방이 선의인 경우)에는 이익반환청구권만 가지게 된다.

(라) 제29조 제 2 항에 의한 이익반환청구권은 실종선고가 취소된 때부터 10년의 시효에 걸린다. 다만, 실종선고의 취소로 인하여 상속인이 달라지는 경우에 진정상속인이 재산회복청구를 하는 것은 상속회복청구의 문제이므로 거기에는 상속회복청구권의 제척기간 규정(999조)이 적용된다.

4) 재산취득자에게 다른 권리취득원인이 존재하는 경우 재산취득자에게 취득시효 A-355
(245조·246조·248조)·선의취득(249조)·매장물발견(254조)·부합(256조·257조) 등의 다른 권리취득원인이 있을

때에는, 실종선고의 취소가 있어도 그의 소유권에는 영향이 없다. 그리하여 그는 재산을 반환당하지도 않는다.

사례의 해결

(1) 재산관계에 대하여 본다.

실종선고가 취소되면 실종자의 사망을 원인으로 한 권리변동은 없었던 것으로 되나, 실종선고 후 취소 전에 선의로 한 행위는 영향을 받지 않는다(29조 1항 단서). 그런데 그 행위가 계약일 경우 당사자 쌍방이 선의이어야 하는지 문제된다. 사견은 쌍방이 선의이어야 할 것이나, 어느 한 단계에서 양 당사자가 선의이면 반환청구를 당하지 않는다고 새긴다(뒷부분만 다수설과 다름). 이러한 사견에 의하면, A는 F에게 X주택의 반환을 청구하지 못하며, F는 X주택의 소유권을 확정적으로 취득한다.

B·C는 실종선고를 직접원인으로 하여 재산을 취득한 자들이다. 따라서 그들은 제29조 제2항에 의해 이익반환의무가 있다. 그런데 B·C는 모두 A의 실종선고가 사실에 반함을 알지 못하였다(선의임). 따라서 현존이익만 반환하면 된다. 사례에서 B는 현존이익이 있으나(재혼 당시의 지참금과 경우에 따라서 생활비 일부까지), C는 없다.

(2) 혼인관계에 대하여 본다. 사례에서 재혼 당시 B는 선의였으나, D는 악의였다. 따라서 다수설에 의할 경우, 실종선고의 취소로 A·B의 혼인관계는 부활한다. 그리고 그 혼인관계는 이혼할 수 있는 혼인이 된다(다수설은 이혼사유는 840조 1호라고 함). 그리고 B·D의 신 혼인관계는 중혼이 된다. 그리하여 그 혼인관계는 취소할 수 있다(816조 1호·818조). (사례: A-351)

제 3 절 법 인

학습의 길잡이

민법상 권리능력자로는 사람(자연인)뿐만 아니라 법인도 있다. 본절은 그중 법인에 관하여 설명한다. 민법전은 법인에 대하여 제1편(총칙) 제3장에서 총칙·설립·기관·해산·벌칙의 순으로 규정하고 있다. 이 책에서는 그것들을 중심으로 하되, 그 외에 법인의 일반이론이나 법인 아닌 사단·재단 등에 대하여도 기술한다.

본절에서 논의하는 사항 중 중요한 것으로는 법인 아닌 사단의 법률관계, 재단법인 출연재산의 귀속시기, 법인의 불법행위능력, 법인 이사 등을 들 수 있다. 그리고 법인 아닌 사단은 물권법상의 총유(B-242 이하)와, 재단법인 출연재산의 귀속시기는 물권법상의 물권변동이론과, 법인의 불법행위능력은 일반불법행위 및 사용자책임과, 법인 이사는 대리와의 차이·위임 등과 밀접하게 관련되어 있으므로, 완전한 이해를 위하여 관련사항을 함께 공부할 필요가 있다.

제 1 관 서 설

Ⅰ. 법인의 의의와 존재이유 A-356

(1) 법인의 의의

법인이란 자연인이 아니면서 법에 의하여 법인격(권리능력)이 인정되어 있는 것을 말한다. 우리 법상의 법인에는 일정한 목적을 위하여 결합한 사람의 단체 즉 사단에 대하여 법인격이 주어진 사단법인과, 일정한 목적을 위하여 출연된 재산 즉 재단에 대하여 법인격이 주어진 재단법인이 있다.

(2) 법인제도의 존재이유

법인에게 권리능력이 인정됨으로써 법인은 그 구성원이나 관리자와는 별도로 권리를 취득하고 의무를 부담할 수 있다. 그렇지만 그것은 관념적인 존재일 뿐 육체를 가지고 있지 않기 때문에, 그의 행위는 자연인에 의하여 행하여질 수밖에 없다. 그럼에도 불구하고 법인을 자연인과 구별하여 따로 권리능력자로 인정하는 이유는 어디에 있는가?

1) 첫째로 사단이나 재단을 그 구성원 또는 재산출연자(및 관리자)와는 별도의 법적 주체로서 활동하게 하기 위하여서이다.

2) 둘째로 사단 또는 재단의 재산과 사단의 구성원 또는 재산출연자의 재산을 분리하여 구별하여야 할 필요성이 있기 때문이다.

3) 셋째로 사단이나 재단이 외부의 제 3 자에 대하여 책임을 져야 할 경우 그 구성원이나 출연자의 고유재산에 대하여는 강제집행을 하지 못하도록 하고 당해 사단 또는 재단 자체의 재산에 대하여만 책임을 물을 수 있게 하여야 할 필요가 있다.

[참고] 법인격 인정의 한계

법인의 존재이유가 위와 같기 때문에, 법인격이 법인제도의 취지와 달리 이용되는 경우에는 법인격이 부인되어야 한다(통설도 같음). 예컨대 책임을 회피하기 위하여(법인 이름으로 금전을 빌려서 빼돌린 경우), 세금을 포탈하거나 또는 재산을 은닉할 목적으로 법인을 이용하는 경우에 그렇다. 우리 판례도 일정한 범위에서 법인격부인론(法人格否認論)을 인정한다(대판 2001. 1. 19, 97다21604[핵심판례 88면] 등. 대판 1977. 9. 13, 74다954도 참조).

판 례 법인격 남용

(ㄱ)「회사가 외형상으로는 법인의 형식을 갖추고 있으나 법인의 형태를 빌리고 있는 것에 지나지 아니하고 실질적으로는 완전히 그 법인격의 배후에 있는 타인의 개인기업에 불과하거나, 그것이 배후자에 대한 법률적용을 회피하기 위한 수단으로 함부로 이용되는 경우에는, 비록 외견상으로는 회사의 행위라 할지라도 회사와 그 배후자가 별개의 인격체임을

내세워 회사에게만 그로 인한 법적 효과가 귀속됨을 주장하면서 배후자의 책임을 부정하는 것은 신의성실의 원칙에 위반되는 법인격의 남용으로서 심히 정의와 형평에 반하여 허용될 수 없고, 따라서 회사는 물론 그 배후자인 타인에 대하여도 회사의 행위에 관한 책임을 물을 수 있다고 보아야 한다.

여기서 회사가 그 법인격의 배후에 있는 타인의 개인기업에 불과하다고 보려면, 원칙적으로 문제가 되고 있는 법률행위나 사실행위를 한 시점을 기준으로 하여, 회사와 배후자 사이에 재산과 업무가 구분이 어려울 정도로 혼용되었는지 여부, 주주총회나 이사회를 개최하지 않는 등 법률이나 정관에 규정된 의사결정절차를 밟지 않았는지 여부, 회사 자본의 부실 정도, 영업의 규모 및 직원의 수 등에 비추어 볼 때, 회사가 이름뿐이고 실질적으로는 개인 영업에 지나지 않는 상태로 될 정도로 형해화되어야 한다.

또한, 위와 같이 법인격이 형해화될 정도에 이르지 않더라도 회사의 배후에 있는 자가 회사의 법인격을 남용한 경우, 회사는 물론 그 배후자인 타인에 대하여도 회사의 행위에 관한 책임을 물을 수 있으나, 이 경우 채무면탈 등의 남용행위를 한 시점을 기준으로 하여, 회사의 배후에 있는 자가 회사를 자기 마음대로 이용할 수 있는 지배적 지위에 있고, 그와 같은 지위를 이용하여 법인제도를 남용하는 행위를 할 것이 요구되며, 위와 같이 배후자가 법인제도를 남용하였는지 여부는 앞서 본 법인격 형해화의 정도 및 거래상대방의 인식이나 신뢰 등 제반사정을 종합적으로 고려하여 개별적으로 판단하여야 한다.」(대판 2008. 9. 11, 2007다90982. 동지 대판 2010. 1. 28, 2009다73400; 대판 2010. 2. 25, 2008다82490)

(ㄴ) 「기존회사가 채무를 면탈하기 위하여 기업의 형태·내용이 실질적으로 동일한 신설회사를 설립하였다면, 신설회사의 설립은 기존회사의 채무면탈이라는 위법한 목적 달성을 위하여 회사제도를 남용한 것에 해당한다. 이러한 경우에 기존회사의 채권자에 대하여 위 두 회사가 별개의 법인격을 갖고 있음을 주장하는 것은 신의성실의 원칙상 허용될 수 없으므로, 기존회사의 채권자는 위 두 회사 어느 쪽에 대하여도 채무의 이행을 청구할 수 있다.

나아가 기존회사에 대한 소멸시효가 완성되지 않은 상태에서 신설회사가 기존회사와 별도로 자신에 대하여 소멸시효가 완성되었다고 주장하는 것 역시 별개의 법인격을 갖고 있음을 전제로 하는 것이어서 신의성실의 원칙상 허용될 수 없다.」(대판 2024. 3. 28, 2023다265700)

(ㄷ) 「주식회사는 주주와 독립된 별개의 권리주체이므로 그 독립된 법인격이 부인되지 않는 것이 원칙이다. 그러나 개인이 회사를 설립하지 않고 영업을 하다가 그와 영업목적이나 물적 설비, 인적 구성원 등이 동일한 회사를 설립하는 경우에 그 회사가 외형상으로는 법인의 형식을 갖추고 있으나 법인의 형태를 빌리고 있는 것에 지나지 않고, 실질적으로는 완전히 그 법인격의 배후에 있는 개인의 개인기업에 불과하거나, 회사가 개인에 대한 법적 책임을 회피하기 위한 수단으로 함부로 이용되고 있는 예외적인 경우까지 회사와 개인이 별개의 인격체임을 이유로 개인의 책임을 부정하는 것은 신의성실의 원칙에 반하므로, 이러한 경우에는 회사의 법인격을 부인하여 그 배후에 있는 개인에게 책임을 물을 수 있다.

나아가 그 개인과 회사의 주주들이 경제적 이해관계를 같이 하는 등 개인이 새로 설립한 회사를 실질적으로 운영하면서 자기 마음대로 이용할 수 있는 지배적 지위에 있다고 인정되는 경우로서, 회사 설립과 관련된 개인의 자산 변동 내역, 특히 개인의 자산이 설립된 회사에 이전되었다면 그에 대하여 정당한 대가가 지급되었는지 여부, 개인의 자산이 회사에 유용되었는지 여부와 그 정도 및 제 3 자에 대한 회사의 채무 부담 여부와 그 부담 경위 등을 종합적으로 살펴보아 회사와 개인이 별개의 인격체임을 내세워 회사 설립 전 개인의 채무 부담행위에 대한 회사의 책임을 부인하는 것이 심히 정의와 형평에 반한다고 인정되는 때에는 회사에 대하여 회사 설립 전에 개인이 부담한 채무의 이행을 청구하는 것도 가능하다고 보아야 한다.

위와 같이 개인의 채무 부담행위에 대한 회사의 책임을 부인하는 것이 심히 정의와 형평에 반한다고 인정되어 회사에 대하여 개인이 부담한 채무의 이행을 청구하는 법리는 채무면탈을 목적으로 회사가 새로 설립된 경우뿐 아니라 같은 목적으로 기존 회사의 법인격이 이용되는 경우에도 적용되는데, 여기에는 회사가 이름뿐이고 실질적으로는 개인기업에 지나지 않은 상태로 될 정도로 형해화된 경우와 회사의 법인격이 형해화될 정도에 이르지 않더라도 개인이 회사의 법인격을 남용하는 경우가 있을 수 있다. 이때 회사의 법인격이 형해화되었다고 볼 수 있는지 여부는 원칙적으로 문제가 되고 있는 법률행위나 사실행위를 한 시점을 기준으로, 회사의 법인격이 형해화될 정도에 이르지 않더라도 개인이 회사의 법인격을 남용하였는지 여부는 채무면탈 등의 남용행위를 한 시점을 기준으로 각 판단하여야 한다.」(대판 2023. 2. 2, 2022다276703)

㈃ 갑 회사와 을 회사가 기업의 형태·내용이 실질적으로 동일하고, 갑 회사는 을 회사의 채무를 면탈할 목적으로 설립된 것으로서 갑 회사가 을 회사의 채권자에 대하여 을 회사와는 별개의 법인격을 가지는 회사라는 주장을 하는 것이 신의성실의 원칙에 반하거나 법인격을 남용하는 것으로 인정되는 경우에도, 권리관계의 공권적인 확정 및 그 신속·확실한 실현을 도모하기 위하여 절차의 명확·안정을 중시하는 소송절차 및 강제집행절차에 있어서는 그 절차의 성격상 을 회사에 대한 판결의 기판력 및 집행력의 범위를 갑 회사에까지 확장하는 것은 허용되지 아니한다(대판 1995. 5. 12, 93다44531).

Ⅱ. 법인의 본질 A-357

자연인이 아니면서 권리능력이 인정되는 법인은 실체가 있는가, 만약 있다면 그것이 무엇인가? 이것이 바로 법인의 본질에 관한 문제이다. 여기에 관하여는 19세기에 특히 독일에서 많은 논의가 있었다. 이하에서 먼저 법인의 본질에 관한 19세기의 독일의 이론을 정리하고, 이어서 우리의 학설·판례에 대하여 보기로 한다.

1. 고전적인 견해

법인 학설로 처음 주장된 것은 법인의제설이었으며, 그것의 이론적 연장이라고 할 수 있는 법인부인설도 생겼다. 그 후 의제설과 대비되는 실재설도 주장되었다.

(1) 법인의제설

권리·의무의 주체는 자연인에 한하며, 법인은 법률에 의하여 자연인에 의제된 것에 불과하다는 이론으로서, 대표적인 주장자는 사비니(Savigny)이다.

(2) 법인부인설

법인의제설에 의하면 결국 법인은 실체가 없는 것이므로 법인 이외의 실체를 찾는 이론이다. 구체적으로는 i) 일정한 목적에 바쳐진 재산(목적재산설), ii) 법인으로부터 이익을 얻는 다수의 개인(수익자주체설), 또는 iii) 현실적으로 법인재산을 관리하는 자(관리자주체설)를 법인의 본체라고 한다.

(3) 법인실재설

이는 법인을 권리주체로서의 실질을 가지는 사회적 실체라고 보는 이론이다. 실재설에는, i) 단체를 사회적 유기체라고 보는 유기체설, ii) 법인의 실체를 권리주체임에 적합한 법률상의 조직체라고 보는 조직체설 등이 있다.

A-358 2. 우리의 학설 · 판례

(1) 학 설

우리나라에서는 과거에는 법인의 본질에 관하여 실재설에 해당하는 견해만이 주장되었었다. 그런데 근래에 와서 의제설이 등장하는가 하면 법인의 실체는 일정한 목적을 위하여 인적·물적 요소가 결합되어 있는 목적구속적 조직체라고 하는 견해도 주장되고 있다(사견에 대하여는 민법총칙 [318] 참조).

(2) 판 례

우리 판례는, 「법인은 하나의 실재로서 … 기관에 의하여 독자의 행위를 할 수 있는 실재체」라고 한다(대판 1978. 2. 28, 77누155).

A-359 Ⅲ. 법인의 종류

법인은 법률의 규정에 의하여서만 성립할 수 있는데(31조), 법인의 성립을 인정하는 법률에는 민법뿐만 아니라 특별법들도 많이 있다. 그 결과 법인에는 여러 가지가 있으나, 여기서는 민법상의 법인을 중심으로 하여 그 종류를 나누어 보기로 한다.

(1) 공법인 · 사법인

공법인은 법인의 설립이나 관리에 국가의 공권력이 관여하는 것(예: 국가 · 지방자치단체)이고, 그 밖의 법인이 사법인이다. 그런데 공법인과 사법인의 중간적 법인도 있다(예: 한국은행 · 한국토지주택공사 · 농업협동조합).

(2) 영리법인 · 비영리법인

이는 사법인을 세분한 것으로서, 법인의 목적이 경제적 이익의 추구에 있는가에 따라 나눈 것이다.

1) 영리법인 영리법인은 영리를 목적으로 하는 사단법인이다. 상법상의 각종의 회사가 그 전형적인 예이다. 법인의 구성원인 사원이 있는 사단법인만이 영리법인이 될 수 있으며, 재단법인은 이익을 분배해 줄 사원이 없기 때문에 이론상 영리법인이 될 수 없다. 민법도 영리 재단법인을 인정하지 않는다(32조 · 39조 참조). 한편 민법상의 영리법인인 민사회사에는 상법이 적용된다(상법 169조 참조. 민법 39조 2항은 상법 169조 때문에 의미를 잃게 되었다).

2) 비영리법인 비영리법인은 학술·종교·자선·기예(技藝)·사교 기타 영리 아닌 사업을 목적으로 하는 사단법인 또는 재단법인이다(32조 참조). 비영리법인도 목적을 달성하기 위하여 본질에 반하지 않는 정도의 영리행위는 할 수 있다(예: 전시회에 입장료를 받거나 병원에서 입원비를 받는 경우). 재단법인은 항상 비영리법인이며, 사단법인은 영리법인이 될 수도 있고 비영리법인이 될 수도 있다. 비영리법인은 반드시 공익을 목적으로 할 필요는 없다. 즉 비공익·비영리를 목적으로 하는 비영리법인도 인정된다. 이렇게 민법은 법인을 영리법인·비영리법인으로만 나누고 있으나, 비영리법인 가운데 공익법인에 대하여는 특별법을 제정하여 규율하고 있다. 「공익법인의 설립·운영에 관한 법률」이 그것이다.

(3) 사단법인 · 재단법인

사단법인은 일정한 목적을 위하여 결합한 사람의 단체 즉 사단이 법인으로 된 것이고, 재단법인은 일정한 목적을 위하여 출연된 재산 즉 재단이 법인으로 된 것이다. 사단법인은 그 구성원인 사원들의 통합된 의사(총의)에 의하여 **자율적으로 활동**하는 데 비하여, **재단법인**은 설립자의 의사에 의하여 **타율적으로 활동**한다. 민법상의 법인은 반드시 사단법인·재단법인 가운데 어느 하나에 속하여야 하며, 둘의 중간적 법인은 인정되지 않는다.

Ⅳ. 법인 아닌 사단과 재단 A-360

1. 개 설

실제 사회에서는 법인으로서의 실질을 갖추고 있으면서 법인이 아닌 것들이 많이 있다. 그것이 법인 아닌 사단과 재단이다. 이들이 생기는 원인은 대략 다음의 세 가지이다. 하나는 민법이 법인의 설립에 관하여 절차적 요건의 하나로 요구하고 있는 주무관청의 허가를 얻지 못하여서이고(32조 참조), 다음에는 행정관청의 규제나 감독을 꺼려 처음부터 법인으로 만들고 싶지 않아서이며, 마지막으로는 법인이 설립 도중에 있기 때문이다(설립 중의 법인).

민법의 법인에 관한 규정은 이들에 직접 적용되는 것이 아니며, 민법 기타의 법률은 이들에 관하여 개별적으로 약간의 규정을 두고 있을 뿐이다.

A-361

2. 법인 아닌 사단

(1) 의 의

사단의 실질을 가지고 있지만 법인으로 되지 않는 것을 「법인 아닌 사단」이라고 한다. 「법인 아닌 사단」(「비법인사단」)은 「권리능력 없는 사단」 또는 「인격(법인격) 없는 사단」이라고도 한다. 그런데 민법 기타의 법률은 법인 아닌 사단이라고 표현한다(민법 275조, 민소 52조, 부등법 26조).

(2) 성립요건

1) 개 관 법인 아닌 사단으로 인정되려면, 단체로서의 조직을 갖추고, 대표의 방법·총회의 운영·재산의 관리 기타 단체의 중요한 점이 정관이나 규칙으로 확정되어 있어야 한다(동지 대판 1999. 4. 23, 99다4504 등). 따라서 어떤 단체가 외형상 목적·명칭·사무소·대표자를 정하고 있더라도 사단의 실체를 인정할 만한 조직·재정기초·재산관리 기타 단체로서의 활동에 관한 증명이 없는 이상 법인 아닌 사단으로 볼 수 없다(대판 1999. 4. 23, 99다4504 등).

2) 조합과의 구별 사단법인의 기초가 될 수 있는 사회적 실체에는 사단 외에 조합도 있다. 사단과 조합은 단체성의 강약에 의하여 구별된다(대판 1999. 4. 23, 99다4504 등). 사단은 단체가 구성원의 개성을 초월한 존재가 된다. 거기에서는 단체의 행동은 그의 기관에 의하여 행하여지고, 그 법률효과는 단체 자체에 귀속하며 그 구성원에게 속하지 않는다. 그리고 단체의 자산이나 부채도 단체에 속하며, 따라서 구성원은 단체의 채무에 대하여 책임을 지지 않는다. 그에 비하여 조합은 단체가 구성원으로부터 독립한 존재이기는 하나, 단체로서의 단일성보다 구성원의 개성이 강하게 나타난다. 거기에서는 단체의 행동은 구성원 전원 또는 그들로부터 대리권이 주어진 자에 의하여 행하여지고, 그 법률효과는 구성원 모두에게 귀속된다. 단체의 자산과 부채도 마찬가지이다.

민법은 이러한 사단과 조합 가운데 사단은 법인으로 될 수 있도록 하고, 조합은 법인으로 하지 않고 구성원 사이의 계약관계로 규율하고 있다(703조 이하). 그러나 논리적으로 사단만이 법인으로 될 수 있는 것은 아니므로, 조합의 실질을 가졌음에도 불구하고 이에 법인격을 부여할 수도 있다. 상법상의 합명회사가 그 예이다(상법 178조 이하). 주의할 것은, 조합이라는 명칭을 쓰고 있다고 하여 모두 그 실체가 조합인 것은 아니라는 점이다. 그 가운데에는 사단으로서의 실질을 가지고 있는 것도 있다. 예컨대 농업협동조합·축산업협동조합·수산업협동조합 등은 사단의 실질을 가지는 특수법인이며(농협 4조, 수협 4조), 노동조합(이것도 특수법인임)도 실체는 사단이다(「노동조합 및 노동관계조정법」 6조 참조).

어떤 단체가 사단인가 조합인가는 명칭에 의해서가 아니고 실질에 의하여 판단하여야 한다. 따라서 조합의 명칭을 가지고 있더라도 실질적으로 사단으로서의 요건을 갖추고 있으면 법인 아닌 사단이라고 하여야 한다(대판 1994. 4. 26, 93다51591 등).

3) 법인 아닌 사단의 구체적인 예 우리나라에는 법인 아닌 사단이 매우 많이 존재 A-362
하고 있다. 그 대표적인 것으로는 종중(대판 1991. 8. 27, 91다16525)과 교회가 있다. 그 밖에 판례에 의하면, 동(洞)(대판 1990. 12. 7, 90다카25895 등)·리(里)(대판 2012. 10. 25, 2010다75723 등)·자연부락(대판 2008. 1. 31, 2005다60871 등)·등록된 일반적인 사찰(법인격 없는 사단이거나 재단이라고 함. 대판 1999. 9. 3, 98다13600 등)·구 주택건설촉진법에 의한 주택조합(대판 2021. 12. 30, 2017다203299 등)이나 연합주택조합(대판 2003. 5. 13, 2000다50688 등) 또는 재건축조합(대판 2006. 7. 4, 2004다7408 등)(재개발조합·재건축조합은 현재는 「도시 및 주거환경정비법」 38조에 의해 법인으로 됨)·불교신도회(대판 1996. 7. 12, 96다6103 등)·산제치성의 목적을 위한 마을주민의 결합체(대판 1991. 5. 28, 91다7750)·회사의 채권자들로 구성된 청산위원회(대판 1996. 6. 28, 96다16582. 그런데 대판 1999. 4. 23, 99다4504는 그 판결 사안의 경우 부도난 회사의 채권자들이 조직한 채권단이 비법인사단으로서의 실체를 갖추지 못했다는 이유로 그 당사자능력을 부인하였다)·법인 아닌 어촌계(대판 2003. 6. 27, 2002다68034)·사단법인의 산하단체(대판 2008. 10. 23, 2007다7973)나 하부조직(대판 2009. 1. 30, 2006다60908)· 보중(洑中)(들판에서 농사를 짓는 몽리민으로 구성된 단체)(대판 1995. 11. 21, 94다15288)·공동주택(아파트)의 입주자대표회의(대판 2007. 6. 15, 2007다6307(공동주택의 입주자대표회의는 동별 세대수에 비례하여 선출되는 동별 대표자를 구성원으로 하는 법인 아닌 사단임); 대판 2016. 9. 8, 2015다39357 등)·아파트 부녀회(대판 2006. 12. 21, 2006다52723)·성균관(대판 2004. 11. 12, 2002다46423)·지방향교(대판 2010. 5. 27, 2006다72109)는 법인 아닌 사단이라고 한다.

(3) 법률관계 A-363

1) 법적 규율 법인 아닌 사단에 관한 실체법적 규정으로는 그것의 재산귀속관계를 총유로 한다는 규정(275조·278조)만이 두어져 있고, 그 외에 소송상의 당사자능력을 인정하는 민사소송법 규정(민소 52조)과 등기능력을 인정하는 부동산등기법 규정(부등법 26조)이 있을 뿐이다. 따라서 그 밖의 법률관계는 해석으로 결정되어야 한다.

그러면 법인 아닌 사단의 법률관계를 어떻게 결정하여야 하는가? 여기에 관하여 학설은, 법인 아닌 사단에 대하여는 사단법인에 관한 규정 가운데에서 법인격을 전제로 하는 것을 제외하고는 모두 이를 유추적용하여야 한다는 데 일치하고 있으며, 판례도 같다(대판 2006. 2. 23, 2005다19552·19569 등). 그런데 문제는 구체적으로 사단법인의 어떤 규정이 유추적용될 것인지이다. 이를 일률적으로 말할 수는 없으나, 예컨대 총회의 소집과 결의(대판 2007. 12. 27, 2007다17062 등 다수)(판례는, 법인 아닌 사단의 총회에서 회의의 소집 통지에 목적 사항으로 기재하지 않은 사항에 관하여 결의한 때에는 구성원 전원이 회의에 참석하여 그 사항에 의하여 의결한 경우가 아닌 한 그 결의가 원칙적으로 무효라고 함. 대판 2015. 2. 16, 2011다101155)·정관 및 대표자의 업무집행(대판 1997. 1. 24, 96다39721), 법인의 권리능력에 관한 제34조(대판 2010. 5. 27, 2006다72109), 이사의 대리인 선임에 관한 제62조(대판 2011. 4. 28, 2008다15438 등), 임시이사의 선임에 관한 제63조(대결(전원) 2009. 11. 19, 2008마699), 특별대리인의 선임에 관한 제64조 등은 유추적용되어야 한다. 그에 비하여 법인의 등기, 청산인의 선임(대판 2003. 11. 14, 2001다32687은 반대의 취지임)과 해임, 법인의 해산 및 청산에 대한 법원의 감독 등에 관한 규정은 유추적용될 것이 아니다. 그리고 비법인사단의 경우에는 대표자의 대표권제한에 관하여 등기할 방법이 없으므로 이사의 대표권제한에 관한 민법 제60조도 유추적용될 수 없다(대판 2003. 7. 22, 2002다64780).

판 례 비법인사단에 유추적용되거나 되지 않는 규정

(ㄱ)「비법인사단의 경우에는 대표자의 대표권 제한에 관하여 등기할 방법이 없어 민법 제60조의 규정을 준용할 수 없고, 비법인사단의 대표자가 정관에서 사원총회의 결의를 거쳐야 하도록 규정한 대외적 거래행위에 관하여 이를 거치지 아니한 경우라도, 이와 같은 사원총회 결의사항은 비법인사단의 내부적 의사결정에 불과하다 할 것이므로, 그 거래상대방이 그와 같은 대표권제한 사실을 알았거나 알 수 있었을 경우가 아니라면 그 거래행위는 유효하다고 봄이 상당하고, 이 경우 거래의 상대방이 대표권제한 사실을 알았거나 알 수 있었음은 이를 주장하는 비법인사단측이 주장·입증하여야 한다.」(대판 2003. 7. 22, 2002다64780)

(ㄴ)「비법인사단에 대하여는 사단법인에 관한 민법 규정 가운데 법인격을 전제로 하는 것을 제외하고는 이를 유추적용하여야 할 것인데, 민법 제62조의 규정에 비추어 보면 비법인사단의 대표자는 정관 또는 총회의 결의로 금지하지 아니한 사항에 한하여 타인으로 하여금 특정한 행위를 대리하게 할 수 있을 뿐 비법인사단의 제반 업무처리를 포괄적으로 위임할 수는 없으므로 비법인사단 대표자가 행한 타인에 대한 업무의 포괄적 위임과 그에 따른 포괄적 수임인의 대행행위는 민법 제62조의 규정에 위반된 것이어서 비법인사단에 대하여 그 효력이 미치지 아니한다.」(대판 2011. 4. 28, 2008다15438)

A-364 **2) 내부관계** 법인 아닌 사단의 내부관계는 제 1 차적으로 사단의 정관에 의하게 되나, 정관에 규정이 없는 경우에는 민법의 사단법인 규정이 유추적용된다(이설 없음). 그리하여 사원총회가 최고 의사결정기관이 되며, 총회에서의 의결은 사원의 과반수의 출석과 출석사원의 과반수의 찬성으로 한다. 그리고 총회에서 선임된 업무집행기관은, 선량한 관리자의 주의로써 사무를 처리하여야 한다(681조 참조).

3) 외부관계 법인 아닌 사단도 그 대표자가 정하여져 있으면 소송상의 당사자능력을 가진다(민소 52조). 따라서 제 3 자는 법인 아닌 사단에 대한 집행권원을 얻어 사단재산에 대하여 강제집행할 수 있다. 그러나 사원의 재산은 강제집행하지 못한다.

사단의 권리능력, 행위능력, 대표기관의 권한, 대표의 형식, 대표기관의 불법행위로 인한 사단의 배상책임(불법행위능력)(대판 2003. 7. 25, 2002다27088)에 대하여는 사단법인의 규정이 유추적용된다.

A-365 **4) 재산귀속관계**

(ㄱ) **민법규정** 앞서 언급한 바와 같이, 민법은 「법인이 아닌 사단의 사원이 집합체로서 물건을 소유할 때에는 총유(總有)로 한다」고 규정하고 있다(275조 1항). 총유는 관리·처분의 권능은 공동소유자의 단체(사원총회)에 속하고 사용·수익의 권능은 각 공동소유자(사원)에

게 속하는 단체주의적인 공동소유형태이다(276조 참조). 한편 총유에 관한 규정은 소유권 이외의 재산권에도 준용되므로(278조), 채권·채무 등의 각종의 재산권도 준총유하는 것이 된다. 그 결과 사단의 구성원은 지분권이나 분할청구권을 갖지 못한다(이설 없음).

(나) **재산귀속관계의 공시방법** 부동산등기법은 제26조 제 1 항에서 「종중, 문중, 그 밖에 대표자나 관리인이 있는 법인 아닌 사단이나 재단에 속하는 부동산의 등기에 관하여는 그 사단이나 재단을 등기권리자 또는 등기의무자로 한다」고 규정하고, 그 제 2 항에서는 「제 1 항의 등기는 그 사단이나 재단의 명의로 그 대표자나 관리인이 신청한다」고 규정한다.

(다) **채무의 귀속관계** 법인 아닌 사단의 채무는 그 구성원에게 총유적으로 귀속한다. 즉 총사원이 준총유를 한다. 따라서 그 채무에 대하여는 사단재산만이 책임을 지며, 구성원은 부담금이나 회비의 납부의무만 있을 뿐 그의 고유재산으로 책임을 질 필요는 없다고 하여야 한다(통설도 같음).

판 례 종중에 관한 판례 A-366

법인 아닌 사단의 대표적인 것인 종중과 관련하여서는 과거부터 분쟁이 심했으며, 그리하여 판례도 많이 축적되어 있다. 아래에서 종중에 관한 판례를 정리하기로 한다.

(ㄱ) 의 의 종중은 「공동선조의 분묘수호와 제사 및 종원 상호간의 친목 등을 목적으로 하여 구성되는 자연발생적인 종족집단」이다(대판(전원) 2005. 7. 21, 2002다1178. 과거에는 공동선조의 후손 중 성년 이상의 남자를 종원으로 구성된다고 하였었다). 이러한 종중은 관습상 당연히 성립하기 때문에 특별한 조직행위를 필요로 하지 않는다(대판 2002. 4. 12, 2000다16800 등). 그리고 종중에 반드시 성문의 규약이 있어야 하는 것이 아니고, 종중 구성원의 수가 소수라고 하여 종중이 성립할 수 없는 것도 아니다(대판 1991. 11. 26, 91다31661). 한편 종중 안에 무수한 소종중이 있을 수 있다(대판 1997. 2. 28, 95다44986 등).

종중이 비법인사단으로서 당사자능력이 있는지는 소송요건의 문제로서 사실심의 변론종결시를 기준으로 판단하여야 한다(대판 2010. 3. 25, 2009다95387 등).

(ㄴ) 구 성 과거의 판례에 의하면, 공동선조의 후손 중 성년 이상의 남자는 당연히 종중의 구성원이 되나(대판 2002. 4. 12, 2000다16800), 여자와 미성년의 남자는 구성원이 될 수 없었고, 또 타가에 출계한 자는 생부를 공동선조로 한 종중의 구성원이 될 수 없었다(대판 1999. 8. 24, 99다14228 등). 그런데 대법원은, 종중 구성원의 자격을 성년 남자만으로 제한하는 종래의 관습법은 우리의 전체 법질서에 부합하지 않아 더 이상 법적 효력을 가질 수 없게 되었다고 하면서, 공동선조와 성과 본을 같이 하는 후손은 성별의 구별 없이 성년이 되면 당연히 그 구성원이 된다고 보는 것이 조리에 합당하다고 하여, 판례를 변경하였다(대판(전원) 2005. 7. 21, 2002다1178)(당연히 종중의 구성원(종원)이 되는 후손 중 일부 종원을 임의로 그 종원에서 배제할 수 없다. 대판 2021. 11. 11, 2021다238902). 그리고 민법 제781조 제 6 항에 따라 자녀의 성과 본이 모의 성과 본으로 변경되었을 경우 성년인 그 자녀는 모가 속한 종중의 공동선조와 성과 본을 같이 하는 후손으로서 당연히 종중의 구성원이 된다(대판 2022. 5. 26, 2017다260940).

공동선조의 후손들 중 특정지역 거주자나 특정 범위 내의 자들만으로 구성된 종중은 있을 수 없으며(대판 1999. 8. 24, 99다14228 등), 그것은 종중 유사의 단체에 지나지 않는다(대판 2021. 11. 11, 2021다238902 등 다수). 종중규약을 작성하면서 일부 종원의 자격을 임의로 제한하거나 확장한 종중규약은 종중의 본질에 반하여 무효이다(대판 1997. 11. 14, 96다25715 등)(그런데 그로 인하여 이미 성립한 종중의 실재 자체가 부인되는 것은 아니다. 대판 2023. 12. 28, 2023다278829 등). 특히 특정지역 내에 거주하는 일부 종중원에 한하여 의결권을 주고 그 밖의 지역에 거주하는 종중원의 의결권을 박탈할 개연성이 많은 종중규약이 그렇다(대판 1992. 9. 22, 92다15048 등). 한편 종중이 종중원의 자격을 박탈하거나 종중원이 종중을 탈퇴할 수 없는 것이어서 공동선조의 후손들은 종중을 양분하는 것과 같은 종중분열을 할 수 없다(대판 2023. 12. 28, 2023다278829 등).

(ㄷ) **대 표 자** 종중의 대표자는 종중의 규약이나 관례가 있으면 그에 따라 선임하고 그것이 없다면 종장 또는 문장이 그 종원 중 성년 이상의 사람(과거의 관례는 성년 이상의 남자라고 하였음)을 소집하여 선출하며, 평소에 종중에 종장이나 문장이 선임되어 있지 아니하고 선임에 관한 규약이나 관례가 없으면 현존하는 연고항존자(年高行尊者. 항렬이 가장 높고 나이가 가장 많은 자)가 종장이나 문장이 되어 국내에 거주하고 소재가 분명한 종원에게 통지하여 종중총회를 소집하고 그 회의에서 종중 대표자를 선임하는 것이 일반 관습이다(대판 2024. 12. 24, 2024다274398 등 다수). 그리고 문장이나 연고항존자라고 하여 그것만으로 당연히 종중재산에 대한 대표권을 갖는 것이 아니며, 별도로 선임된 대표자만이 대표권을 갖는다(대판 1999. 7. 27, 99다9523 등).

A-367 (ㄹ) **종중총회** 종중총회의 소집권자는 종장 또는 문장이나(대판 1990. 11. 13, 90다카11971), 종중에 평소 종장이나 문장이 선임되어 있지 않고 선임에 관한 규약이나 일반관례가 없으면 현존하는 연고항존자가 종장이나 문장이 되어 총회의 소집권한을 갖는다(대판 1993. 3. 9, 92다42439). 그리고 종중원들이 필요가 있어서 적법한 소집권자에게 임시총회의 소집을 요구하였으나 그 소집권자가 정당한 이유 없이 이에 응하지 않는 경우에는 차석의 임원 또는 발기인(총회소집의 발의자들)이 소집권자에 대신하여 총회를 소집할 수 있고(대판 1997. 9. 26, 97다25279 등), 반드시 민법 제70조를 준용하여 감사가 총회를 소집하거나 종원이 법원의 허가를 얻어 총회를 소집하여야 하는 것은 아니다(대판 2011. 2. 10, 2010다83199 · 83205).

총회의 소집은 특별한 사정이 없는 한 족보에 의하여 소집대상이 되는 종중원의 범위를 확정한 후 국내에 거주하고 소재가 분명하여 연락 통지가 가능한 모든 종중원에게 개별적으로 소집통지를 하여야 하나, 그 소집통지의 방법은 반드시 직접 서면으로 하여야만 하는 것은 아니고 구두 또는 전화로 하여도 되고 다른 종중원이나 세대주를 통하여도 무방하다(대판 2007. 9. 6, 2007다34982 등). 그러나 소집권자가 지파 또는 거주지별 대표자에게 총회소집을 알리는 것만으로는 충분하지 않다(대판 1994. 6. 14, 93다45244). 한편 종중의 규약이나 관행에 의하여 매년 일정한 날에 일정한 장소에서 정기적으로 종중원들이 집합하여 종중의 대소사를 처리하기로 되어 있는 경우에는 별도로 종중회의의 소집절차가 필요하지 않다(대판 2007. 5. 11, 2005다56315 등).

종중총회 자체가 종중규약에 따르지 않고 정당한 소집권자에 의하여 소집되지 않거나(대판 1990. 11. 13, 90다카28542), 일부 종중원에게 소집통지를 하지 않은 채 개최된 경우에는, 종중총회의 결의는 무효이다(대판 2021. 11. 11, 2021다238902 등). 특히 2005. 7. 21.의 전원합의체 판결이 선고된 후에는 공동선조의 자손인 성년 여자도 종중원이라고 할 것이므로, 위 판결 선고 이후에 개최된 종중 총회 당시 남자 종중원들에게만 소집통지를 하고 여자 종중원들에게는 소집통지를 하지 않은 경우 그 종중 총회에서의 결의는 무효이다(대판 2021. 11. 11, 2021다238902 등).

종중총회의 결의방법에 있어서 종중규약에 다른 규정이 없는 이상 종원은 서면이나 대리인으로 결의권을 행사할 수 있으므로, 일부 종원이 총회에 직접 출석하지 않고 다른 출석 종원에 대한 위임장 제출방식에 의하여 결의권을 행사하는 것은 허용된다(대판 2000. 2. 25, 99다20155 등). 종중총회의 결의는 특별한 규정이나 종친회의 관례가 없는 한 과반수의 출석에 출석자의 과반수로 결정한다(대판 1994. 11. 11, 93다40089). 그러나 종중대표자의 선임이나 종중규약의 채택을 위한 종중회의의 결의의 방법은 출석자의 과반수의 찬성만 있으면 된다(대판 1994. 11. 11, 94다17772).

(ㅁ) **재산귀속관계** 종중은 법인 아닌 사단이고(대판 1991. 8. 27, 91다16525), 종중 소유의 재산은 종중원의 총유에 속한다(대판 2000. 10. 27, 2000다22881 등). 따라서 종중재산의 관리 및 처분에 관하여 먼저 종중규약에 정하는 바가 있으면 그에 따라야 하고, 그에 관한 규약이 없으면 종중총회의 결의에 의하여야 하므로, 비록 종중대표자에 의한 종중재산의 처분이라도 그러한 절차를 거치지 않은 채 한 것은 무효이다(대판 2000. 10. 27, 2000다22881 등). 오늘날 분쟁이 많은 종중 토지의 매각대금 분배에 관하여 판례는 다음과 같은 태도를 취하고 있다. 즉 「종중의 토지 매각대금은 종원의 총유에 속하고, 그 매각대금의 분배는 총유물의 처분에 해당하므로, 정관 기타 규약에 달리 정함이 없는 한 종중총회의 결의에 의하여 그 매각대금을 분배할 수 있고, 그 분배 비율, 방법, 내용 역시 결의에 의하여 자율적으로 결정할 수 있다」고 한다(대판 2010. 9. 9, 2007다42310·42327). 그리고 종중총회의 분배결의가 없으면 종원이 종중에 대하여 직접 분배청구를 할 수 없다고 한다(대판 2010. 9. 9, 2007다42310·42327). 그런가 하면, 종중재산을 분배함에 있어 단순히 남녀 성별의 구분에 따라 그 분배 비율, 방법, 내용에 차이를 두는 것은 개인의 존엄과 양성의 평등을 기초로 한 가족생활을 보장하고, 가족 내의 실질적인 권리와 의무에 있어서 남녀의 차별을 두지 않으며, 정치·경제·사회·문화 등 모든 영역에서 여성에 대한 차별을 철폐하고 남녀평등을 실현할 것을 요구하는 우리의 전체 법질서에 부합하지 않은 것으로 정당성과 합리성이 없어 무효라고 한다(대판 2010. 9. 30, 2007다74775). 그리고 판례에 따르면, 종중이 그 총유재산에 대한 보존행위로서 소송을 하는 경우에도 특별한 사정이 없는 한 종중총회의 결의를 거쳐야 한다고 한다(대판 2010. 2. 11, 2009다83650). A-368

(ㅂ) **기 타** 「종중 유사단체는 비록 그 목적이나 기능이 고유한 의미의 종중과 별다른 차이가 없다 하더라도 공동선조의 후손 중 일부에 의하여 인위적인 조직행위를 거쳐 성립된 경우에는 사적 임의단체라는 점에서 자연발생적인 종족집단인 고유한 의미의 종중과 그 성질을 달리하므로, 그러한 경우에는 사적 자치의 원칙 내지 결사의 자유에 따라 그 구성원의 자격이나 가입조건을 자유롭게 정할 수 있음이 원칙이다. 따라서 그러한 종중 유사단체의 회칙이나 규약에서 공동선조의 후손 중 남성만으로 그 구성원을 한정하고 있다 하더라도 특별한 사정이 없는 한 이는 사적 자치의 원칙 내지 결사의 자유의 보장범위에 포함되고, 위 사정만으로 그 회칙이나 규약이 양성평등 원칙을 정한 헌법 제11조 및 민법

제103조를 위반하여 무효라고 볼 수는 없다.」(대판 2011. 2. 24, 2009다17783)

「종중과 위임에 유사한 계약관계에 있는 종중의 임원은 종중재산의 관리·처분에 관한 사무를 처리함에 있어 종중규약 또는 종중총회의 결의에 따라야 함은 물론 선량한 관리자로서의 주의를 다하여야 할 의무가 있다.」(대판 2017. 10. 26, 2017다231249)

판 례 교회 관련

A-369 (ㄱ)「2. 법인 아닌 사단의 법률관계

나. 우리 민법이 사단법인에 있어서 구성원의 탈퇴나 해산은 인정하지만 사단법인의 구성원들이 2개의 법인으로 나뉘어 각각 독립한 법인으로 존속하면서 종전 사단법인에게 귀속되었던 재산을 소유하는 방식의 사단법인의 분열은 인정하지 아니한다. 따라서 그 법리는 법인 아닌 사단에 대하여도 동일하게 적용되며, 법인 아닌 사단의 구성원들의 집단적 탈퇴로써 사단이 2개로 분열되고 분열되기 전 사단의 재산이 분열된 각 사단들의 구성원들에게 각각 총유적으로 귀속되는 결과를 초래하는 형태의 법인 아닌 사단의 분열은 허용되지 않는다.

한편, 법인 아닌 사단의 구성원들이 집단적으로 사단을 탈퇴한 다음 사단으로서의 성립요건을 갖추어 새로운 단체를 형성하는 행위는 사적 자치의 원칙상 당연히 허용되나, 이 경우 신설 사단은 종전 사단과 별개의 주체로서, 그 구성원들은 앞서 본 바와 같이 종전 사단을 탈퇴한 때에 그 사단 구성원으로서의 지위와 함께 사단 재산에 대한 권리를 상실한다. 따라서 신설 사단의 구성원들이 종전 사단의 구성원들과 종전 사단 재산에 관하여 합의하는 등의 별도의 법률행위가 존재하지 않는 이상, 종전 사단을 집단적으로 탈퇴한 구성원들은 종전 사단 재산에 대한 일체의 권리를 잃게 되고, 이와 마찬가지로 탈퇴자들로 구성된 신설 사단이 종전 사단 재산을 종전 사단과 공유한다거나 신설 사단 구성원들이 그 공유지분권을 준총유한다는 관념 또한 인정될 수 없다.

4. 새로운 법리의 방향

가. 교회가 법인 아닌 사단으로서 존재하는 이상 그 법률관계를 둘러싼 분쟁을 소송적인 방법으로 해결함에 있어서는 법인 아닌 사단에 관한 민법의 일반이론에 따라 교회의 실체를 파악하고 교회의 재산귀속에 대하여 판단하여야 한다. 이에 따라 위에서 본 법인 아닌 사단의 재산관계와 그 재산에 대한 구성원의 권리 및 구성원 탈퇴, 특히 집단적인 탈퇴의 효과 등에 관한 법리는 교회에 대하여도 동일하게 적용되어야 한다.

따라서 교인들은 교회 재산을 총유의 형태로 소유하면서 사용·수익할 것인데, 일부 교인들이 교회를 탈퇴하여 그 교회 교인으로서의 지위를 상실하게 되면 탈퇴가 개별적인 것이든 집단적인 것이든 이와 더불어 종전 교회의 총유재산의 관리처분에 관한 의결에 참가할 수 있는 지위나 그 재산에 대한 사용·수익권을 상실하고, 종전 교회는 잔존 교인들을 구성원으로 하여 실체의 동일성을 유지하면서 존속하며 종전 교회의 재산은 그 교회에 소속된 잔존 교인들의 총유로 귀속됨이 원칙이다.

그리고 교단에 소속되어 있던 지교회의 교인들의 일부가 소속 교단을 탈퇴하기로 결의한 다음 종전 교회를 나가 별도의 교회를 설립하여 별도의 대표자를 선정하고 나아가 다른 교단에 가입한 경우, 그 교회는 종전 교회에서 집단적으로 이탈한 교인들에 의하여 새로이 법인 아닌 사단의 요건을 갖추어 설립된 신설 교회라 할 것이어서, 그 교회 소속 교인들은 더 이상 종전 교회의 재산에 대한 권리를 보유할 수 없게 된다.

나. 앞서 본 바와 같이 특정 교단에 가입한 지교회가 교단이 정한 헌법을 지교회 자신의 자치규범으로 받아들였다고 인정되는 경우에는 소속 교단의 변경은 실질적으로 지교회 자신의 규약에 해당하는 자치규범을 변경하는 결과를 초래하고, 만약 지교회 자신의 규약을 갖춘 경우에는 교단변경으로 인하여 지교회의 명칭이나 목적 등 지교회의 규약에 포함된 사항의 변경까지 수반하기 때문에, 소속 교단에서의 탈퇴 내지 소속 교단의 변경은 사단법인 정관변경에 준하여 의결권을 가진 교인 2/3 이상의 찬성에 의한 결의를 필요로 한다.」(대판(전원) 2006. 4. 20, 2004다37775[핵심판례 90면])(대판 2023. 11. 2, 2023다259316은, 교단에서의 탈퇴 내지 소속 교단의 변경은 교인 2/3 이상의 찬성에 의한 결의를 필요로 하지만, 「정수에 관하여 지교회의 규약에 다른 규정을 두고 있는 때에는 특별한 사정이 없는 한 그 규정에 의한 결의가 필요하다(민법 제42조 제 1 항 단서)」고 함)

(ㄴ) 「교단에 소속되어 있던 지교회의 교인들 중 의결권을 가진 교인 2/3 이상의 찬성에 의한 결의를 통하여 소속 교단을 탈퇴하기로 결의한 다음 종전 교회를 나가 별도의 교회를 설립하여 별도의 대표자를 선정하고 나아가 다른 교단에 가입한 경우에는 사단법인 정관변경에 준하여 종전 교회의 실체가 이와 같이 교단을 탈퇴한 교회로서 존속하고 종전 교회 재산은 위 탈퇴한 교회 소속 교인들의 총유로 귀속되는바(위 전원합의체 판결 참조), 교단에 소속되지 않은 독립 교회에 있어서도 교인들의 일부가 종전의 독립 교회 상태를 벗어나 특정 교단에 가입하기로 결의한 경우에는 이로 인하여 그 교회의 명칭이나 목적 등 교회 규약으로 정하여졌거나 정하여져야 할 사항의 변경을 초래하게 되므로 위와 마찬가지로 사단법인 정관변경에 준하여 의결권을 가진 교인 2/3 이상이 찬성한 결의에 의하여 종전 교회의 실체는 특정 교단에 가입하여 소속된 지교회로서 존속하고 종전 교회 재산은 위 교단 소속 교회 교인들의 총유로 귀속될 것이나, 찬성자가 의결권을 가진 교인의 2/3에 이르지 못한다면 종전 교회는 여전히 독립 교회로서 유지되므로, 교단 가입 결의에 찬성하고 나아가 종전 교회를 집단적으로 탈퇴한 교인들은 교인으로서의 지위와 더불어 종전 교회 재산에 대한 권리를 상실하였다고 볼 수밖에 없다.」(대결 2006. 6. 9, 2003마1321) A-370

(ㄷ) 「비법인사단인 교회의 대표자는 총유물인 교회 재산의 처분에 관하여 교인총회의 결의를 거치지 아니하고는 이를 대표하여 행할 권한이 없다. 그리고 교회의 대표자가 권한 없이 행한 교회 재산의 처분행위에 대하여는 민법 제126조의 표견대리에 관한 규정이 준용되지 아니한다.」(대판 2009. 2. 12, 2006다23312)

(4) 법인 아닌 사단이 법인의 설립등기를 한 경우의 법률관계

법인 아닌 사단이 설립등기를 하여 법인이 되면 그 사단의 권리·의무는 당연히 법인에 이전된다고 하여야 한다. 이는 설립 중의 법인이 등기를 한 경우에 설립 중의 법인의 권리·의무가 당연히 이전되는 것과 같은 법리가 적용되어야 하기 때문이다.

A-371 3. 법인 아닌 재단

(1) 의의 및 성립요건

재단법인의 실체가 되는 재단으로서의 실질을 가지고 있으면서 법인으로 되지 않은 것이 「법인 아닌 재단」 또는 「인격(법인격·권리능력) 없는 재단」이다.

법인 아닌 재단이 성립하려면, 일정한 목적을 위하여 출연된 재산이 사회적으로 독립한 존재를 가지고 있어야 하며, 또한 관리기구를 갖추어야 한다. 법인 아닌 재단의 발생원인도 법인 아닌 사단에 있어서와 같다.

법인 아닌 재단의 예로는 육영회(장학재단)를 들 수 있다.

(2) 법률관계

법인 아닌 재단에 대하여는 재산소유에 관하여도 규정하지 않고 있다. 단지 민사소송법과 부동산등기법에서 소송상의 당사자능력과 등기능력을 인정하고 있을 뿐이다(민소 52조, 부등법 26조). 따라서 그 밖의 관계에 대하여는, 재단법인에 관한 규정 가운데 법인격을 전제로 하지 않는 것을 유추적용하여야 한다.

판례 사찰 주지가 행한 사찰 재산 처분의 유효성

가. 사찰 재산의 관리처분권은 그 사찰을 대표하는 주지에게 일임되어 있는 것이므로 사찰의 주지가 소속 종단의 결의나 승인 등 내부적인 절차를 거치지 않았다고 하더라도 그 처분행위는 유효한 것이다.

나. 사찰의 목적 수행 및 존립 자체를 위하여 필요불가결한 재산의 처분은 관할관청의 허가 여부와 관계없이 무효이나 이를 일반인에게 처분한 것이 아니고 소속 종단을 달리 하는 종파에게 그 점유를 인정하는 것에 그침으로써 그 재산이 계속 사찰 목적의 수행에 제공되는 경우에는 사찰 기본재산의 처분에 해당하지 아니하여 관할관청의 허가 여부와 관계없이 유효하다(대판 1992. 2. 11, 91다11049).

제 2 관　법인의 설립

Ⅰ. 법인설립에 관한 입법주의 A-372

법인설립에 관한 입법주의에는 여러 가지가 있으며, 우리나라는 여러 입법주의를 필요에 따라 사용하고 있다.

(1) 자유설립주의

법인의 실질만 갖추면 법인으로 인정하는 태도이다. 그런데 우리 민법은 법률규정에 의하여서만 법인을 설립할 수 있게 함으로써(31조) 자유설립주의는 배제하고 있다.

(2) 준칙주의

법인설립에 관한 요건을 미리 정해 놓고 그 요건만 갖추면 행정관청의 허가나 인가 없이도 당연히 법인이 성립하는 것으로 인정하는 태도이다. 준칙주의에서는 조직내용의 공시를 위하여 등기·등록 또는 신고를 요구하는 경우가 많다. 우리 법상 각종의 회사(상법 172조)·노동조합(「노동조합 및 노동관계조정법」 6조)에 관하여 준칙주의가 채용되어 있다.

(3) 허가주의

법인의 설립에 관하여 행정관청의 허가를 필요로 하는 태도이다. 민법은 비영리법인에 관하여 허가주의를 채용하고 있다(32조). 그 밖에 학교법인(사립학교법 10조)·의료법인(의료법 48조)도 같다.

(4) 인가주의

법률이 정한 요건을 갖추어 주무장관 기타 관할 행정관청의 인가를 얻어야만 법인으로 성립할 수 있도록 하는 태도이다. 법무법인(변호사법 41조)·상공회의소(동법 6조)·농업협동조합(동법 15조) 등은 인가주의에 의하여 설립된 법인들이다. 인가주의는 법률이 정하고 있는 요건을 갖추면 인가권자가 반드시 인가해 주어야 하는 점에서 허가주의와 다르다.

(5) 특허주의

하나의 법인을 설립할 때마다 특별법의 제정을 필요로 하는 태도이다. 특허주의는 정책적으로 일정한 국영기업을 설립하는 때에 사용하는 일이 많다. 한국은행(동법)·한국산업은행(동법) 등은 모두 특허주의에 의하여 설립된 법인이다.

(6) 강제주의

법인의 설립을 국가가 강제하는 태도이다. 의사회·치과의사회·한의사회·조산사회·간호사회(의료법 28조)와 지방변호사회(변호사법 64조)·대한변호사협회(변호사법 78조) 등은 강제주의에 의한 법인의 예이다.

A-373 Ⅱ. 비영리 사단법인의 설립

1. 요 건

비영리 사단법인의 설립요건은 다음의 네 가지이다.

(1) 목적의 비영리성

「학술·종교·자선·기예·사교 기타 영리 아닌 사업」을 목적으로 하여야 한다(32조). 영리 아닌 사업이란 사원의 이익을 목적으로 하지 않는 사업을 말한다.

(2) 설립행위(정관작성)

1) 의의 및 성질 사단법인을 설립하려면 2인 이상의 설립자가 법인의 근본규칙을 정하여 이를 서면에 기재하고 기명날인하여야 한다(40조). 이 서면을 정관이라고 하는데, 이러한 정관을 작성하는 행위가 사단법인의 설립행위이다(통설도 같음).

사단법인 설립행위의 법적 성질을 보면, 우선 요식행위이다. 그것은 서면에 일정한 사항을 기재하고 기명날인하는 방법으로 정관을 작성하여야 하기 때문이다. 그리고 그 행위가 계약인지에 대하여는, i) 합동행위설(사견도 같음)과 ii) 계약설이 대립하고 있다(대판 2000. 11. 24, 99다12437은 사단법인 정관의 법적 성질은 계약이 아니고 자치법규라고 한다).

사단법인 설립행위에는 쌍방대리 금지에 관한 제124조는 적용되지 않으며, 그 결과 설립자의 1인이 다른 설립자의 의사표시를 대리하여 행할 수 있다(이설 없음).

A-374 **2) 정관의 기재사항** 정관의 기재사항에는 반드시 기재하여야 하는 필요적 기재사항과 반드시 기재하여야 하는 것은 아니지만 기재할 수 있는 임의적 기재사항이 있다. 필요적 기재사항은 어느 하나라도 누락되면 정관은 무효로 된다. 그리고 임의적 기재사항이라도 일단 정관에 기재되면 필요적 기재사항과 효력에 있어서 차이가 없으며, 따라서 그것을 변경할 때에도 정관변경절차에 의하여야 한다.

필요적 기재사항에는 ① 목적, ② 명칭, ③ 사무소의 소재지(사무소가 둘 이상 있을 때에는 이를 모두 기재하고 주된 사무소를 정하여야 한다. 36조 참조), ④ 자산에 관한 규정(자산의 종류·구성·관리·운용방법·회비 등에 관한 사항), ⑤ 이사의 임면(任免)에 관한 사항(임면방법에 제한은 없으므로, 총회에 의하지 않는 선임방법을 정하거나 회원이 아닌 자를 이사에 임명할 수 있도록 하여도 무방하다), ⑥ 사원자격의 득실에 관한 규정(사원자격의 취득·상실에 관한 사항 즉 사단의 가입·사퇴·제명 등. 문헌들은 입사·퇴사·제명이라고 표현하나 부적당하다), ⑦ 존립시기나 해산사유를 정하는 때에는 그 시기 또는 사유(이는 정하고 있는 때에만 기재하면 된다) 등이 있다(40조).

임의적 기재사항에는 제한이 없다. 민법이, 정관에 특별히 규정하고 있지 않으면 효력이 없다거나 또는 정관에서 특별히 정하고 있는 경우에는 민법의 규정을 적용하지 않는다고 하는 경우에, 그것들도 모두 임의적 기재사항이다(41조·42조 1항·58조 2항·59조 1항·62조·66조·68조·70조 2항·71조·72조·73조 3항·75조 1항·78조·80조 2항·82조 등).

3) 정관이 무효로 되는 경우 정관 기타의 내부규정은 어떤 경우에 무효로 되는가?

그에 관하여 대법원은, 「단체의 설립목적을 달성하기 위하여 수행하는 사업 또는 활동의 절차·방식·내용 등을 정한 단체 내부의 규정은 그것이 선량한 풍속 기타 사회질서에 위반되는 등 사회관념상 현저히 타당성을 잃은 것이라는 등의 특별한 사정이 없는 한 이를 무효라고 할 수 없다」고 하였다(대판 2022. 11. 17, 2019다283725·283732·283749 등).

(3) 주무관청의 허가 A-375

주무관청의 허가가 있어야 한다(32조). 주무관청이란 법인이 목적으로 하는 사업을 관리하는 행정관청이다.

한편 허가가 어떤 성질의 것이고 그에 대하여 다툴 수 있는가가 문제된다. 다수설(사견도 같음)은 허가는 자유재량행위이고 불허가처분은 행정소송의 대상이 되지 않는다고 하며, 판례도 다수설과 같다(대판 1996. 9. 10, 95누18437).

(4) 설립등기

주된 사무소의 소재지에서 설립등기를 하여야 하며, 이 설립등기가 있으면 법인이 성립한다(33조).

2. 설립 중의 사단법인 A-376

법인이 설립되는 과정을 보면 보통 세 단계를 거친다. 즉 첫단계에서는 설립자(발기인)들 사이에 법인설립을 목적으로 하는 법률관계를 맺고, 다음 단계에서는 정관작성 기타 법인설립을 위한 행위를 하고, 마지막으로 주무관청의 허가를 얻어 설립등기를 한다. 이 가운데 첫단계에 있는 것이 설립자(발기인)조합이고, 둘째 단계에 있는 것이 설립 중의 법인이다.

설립자(발기인)조합은 민법상 일종의 조합계약이다(703조 이하). 이 조합은 법인설립에 필요한 여러 가지 준비행위(예: 정관의 원안 작성, 사무소의 임차)를 하게 되는데, 이 행위는 설립 중의 행위와 구별되며, 그에 대하여는 조합 자체가 책임을 진다. 대법원도, 설립 중의 회사로서의 실체가 갖추어지기 이전에 발기인이 취득한 권리·의무는 구체적 사정에 따라 발기인 개인 또는 발기인조합에 귀속되는 것으로서 이들에게 귀속된 권리의무를 설립 후의 회사에 귀속시키기 위하여는 양수나 채무인수 등의 특별한 이전행위가 있어야 할 것이라고 한다(대판 1998. 5. 12, 97다56020 등).

설립자조합이 조합계약의 이행행위로서 정관을 작성하고 법인의 최초의 구성원을 확정하면 그때부터는 설립 중의 사단법인으로 된다. 설립 중의 사단법인은 법인 아닌 사단이라고 해석된다(통설도 같음). 그리고 설립 중의 법인은 후에 설립한 법인과 실질적으로 동일하므로(통설도 같음), 설립 중의 법인의 행위는 후에 성립한 법인의 행위로 된다. 그런데 법인에 귀속하는 행위의 범위는 문제이다. 학설은 나뉘어 있고(사견은 민법총칙 [334] 참조), 판례는 법인의 설립 자체를 위한 행위에 대하여만 법인에게 책임을 지우고 있다(대판 1965. 4. 13, 64다1940).

A-377

Ⅲ. 비영리 재단법인의 설립

사 례 (신사례 [24]번 문제)

A는 그의 생존시인 1976. 4. 10. 자신의 Z토지를 X재단법인의 설립을 위하여 출연하였고, 그 후 X는 1980. 5. 9. 설립허가를 얻어 같은 해 5. 20. 그 설립등기를 마쳤다. 그런데 Z토지에 대하여 X 명의로 등기를 하지 않고 있던 중 A가 사망하였고, 그러자 A의 유일한 혈육인 A의 동생 B가 1985. 3. 10. 상속을 원인으로 하여 Z토지의 소유권등기를 마쳤다. 그 후 1993. 5. 20. B는 Z토지를 C에게 매각하여 그에게 소유권이전등기를 해 주었다. 그리고 현재는 1998. 2. 8.이다.

이 경우 법률관계는 어떻게 되는가? (사례의 해결: A-382)

1. 요 건

비영리 사단법인에 있어서와 마찬가지로 네 가지의 요건이 필요하며, 내용상으로도 설립행위에서만 차이가 있을 뿐이다.

(1) 목적의 비영리성(32조)

(2) 설립행위

1) 의의 및 성질 재단법인의 설립자는 일정한 재산을 출연하고 정관을 작성하여야 한다(43조). 이 재산출연 및 정관작성이 재단법인 설립행위이다. 이처럼 정관작성 외에 재산출연이 필요하다는 점에서 재단법인 설립행위는 사단법인 설립행위와 다르다. 재단법인 설립행위는 생전처분으로 할 수 있음은 물론이고 유언으로도 할 수 있다(47조 참조).

재단법인 설립행위는 재산출연 즉 급부가 있어야 성립하는 행위이다(요물적 단독행위라고 할 수 있다). 또한 서면에 일정한 사항을 기재하여서 행하여야 하는 요식행위이다. 그리고 재단법인 설립행위가 단독행위인지에 관하여는 논란이 있으나, 단독행위라고 해야 한다(민법총칙 [335] 참조). 압도적인 다수설과 판례(대판 1999. 7. 9, 98다9045)도 같다. 한편 재단법인의 설립자는 2인 이상이어도 되는데, 그 경우의 설립행위의 성질은 단독행위의 경합이라고 이해하는 데 다툼이 없다.

A-378

2) 재산의 출연

(가) 서 설 설립자는 일정한 재산을 출연하여야 한다. 출연재산은 제한이 없으므로 채권이라도 무방하다. 재산출연행위는 무상행위라는 점에서 증여 및 유증과 비슷하므로, 민법은 생전처분으로 재단법인을 설립하는 때에는 증여에 관한 규정을 준용하고(47조 1항), 유언으로 재단법인을 설립하는 때에는 유증에 관한 규정을 준용한다(47조 2항).

(나) 출연재산의 귀속시기

(a) 문 제 점 위에서 본 바와 같이, 재단법인을 설립하려면 설립자가 일정한 재산을 출연하여야 한다. 그런데 그러한 출연재산이 언제 법인에 귀속하는지가 문제된다.

여기에 관하여 민법은 제48조에서 「생전처분으로 재단법인을 설립하는 때에는 출연재산은 법인이 성립된 때로부터 법인의 재산이 된다」고 하고(동조 1항), 「유언으로 재단법인을 설립하는 때에는 출연재산은 유언의 효력이 발생한 때로부터 법인에 귀속한 것으로 본다」고 규정한다(동조 2항). 이에 의하면, 법인의 성립시기는 법인의 설립등기를 한 때이고, 유언의 효력발생시기는 유언자가 사망한 때이므로, 결과적으로 생전처분에 의한 설립의 경우에는 설립등기시에, 그리고 유언에 의한 설립의 경우에는 유언자의 사망시에 법인에 귀속하는 것으로 된다.

그런데 다른 한편으로 민법은 **법률행위에 의한 물권변동에 관하여 성립요건주의를 취하고 있고**(186조·188조 1항), **또 지시채권의 양도에는 증서의 배서·교부를 요구하고**(508조) **무기명채권의 양도에는 증서의 교부를 요구하고 있어서**(523조), **충돌이 발생한다.** 즉 물권을 출연하여 재단법인을 설립하는 때에는, 재산출연행위는 법률행위(물권행위)이어서, 이들 규정에 의하면 법인 명의의 부동산의 등기 또는 법인에의 동산의 인도가 있는 때에 법인재산으로 되게 된다. 그리고 지시채권이나 무기명채권을 출연하는 경우에는 증서의 배서·교부 또는 교부가 있는 때에 법인에 귀속하게 된다. 그리하여 제48조가 정하는 시기와 다르게 된다. 이러한 충돌을 어떻게 해결하여야 하는가? 출연재산이 물권인 경우와 채권인 경우를 나누어 보기로 한다.

(b) **출연재산이 물권인 경우** 설립자가 물권을 출연하여 재단법인을 설립하는 경우의 출연재산의 귀속시기에 관하여 문헌들은 주로 출연재산이 부동산물권인 때를 중심으로 논의하고 있다. A-379

그리고 학설은 두 가지로 나뉘어 있다. i) 다수설은 제48조를 제187조의 「기타 법률의 규정」으로 보아서 등기 없이 제48조가 정하는 시기에, 그리하여 생전처분으로 재단법인을 설립하는 때에는 법인이 성립하는 때에, 그리고 유언으로 재단법인을 설립하는 때에는 유언자가 사망한 때에 법인에 귀속한다고 한다(사견도 같음). 이러한 다수설에 대하여 ii) 권리이전에 형식을 필요로 하지 않는 재산권은 법인의 성립 또는 설립자의 사망시에 당연히 법인에 귀속되지만, 부동산물권과 같이 그 이전에 등기를 요하는 것은 법인의 성립 또는 설립자의 사망시에 법인의 출연 부동산 이전청구권이 생길 뿐이고 출연 부동산이 현실로 이전하는 것은 등기를 한 때라고 하는 견해가 소수설로서 주장되고 있다.

판례는 과거에는 다수설에 따르고 있었으나(대판 1976. 5. 11, 75다1656), 그 후 태도를 바꾸어 현재에는, 출연자와 법인 사이에서는 법인 성립시에 법인의 재산이 되나, 제 3 자에 대한 관계에 있어서는 법인의 성립 외에 등기를 필요로 한다고 한다(대판(전원) 1979. 12. 11, 78다481·482[핵심판례 92면]; 대판 1993. 9. 14, 93다8054 등). 그리고 그 법리를 유언으로 재단법인을 설립하는 경우에도 그대로 적용하고 있다(대판 1993. 9. 14, 93다8054).

판 례 유언으로 재단법인을 설립하는 경우의 출연재산 귀속

「유언으로 재단법인을 설립하는 경우에도 제 3 자에 대한 관계에서는 출연재산이 부동산인 경우는 그 법인에의 귀속에는 법인의 설립 외에 등기를 필요로 하는 것이므로, 원고가 그와 같은 등기를 마치지 아니한 이 사건에서 유언자의 상속인의 한 사람으로부터 이 사건 부동산의 지분을 취득하여 이전등기를 마친 선의의 제 3 자인 피고에 대하여 대항할 수는 없을 것이므로, 이는 이 사건 결과에도 영향이 없는 것이라고 할 것이다.」(대판 1993. 9. 14, 93다8054)

A-380 (c) **출연재산이 채권인 경우** 출연재산이 채권인 경우 가운데 그 채권이 **지명채권**인 때에는 채권양도에 특별한 요건이 필요하지 않기 때문에(450조의 양도통지·승낙은 채권양도를 가지고 대항하기 위한 요건일 뿐이다), 제48조가 정하는 시기에 법인에 귀속하게 된다(이설 없음). 그런데 **지시채권**과 **무기명채권**에 대하여는 그 양도에 민법이 증서의 배서·교부 또는 교부를 요구하고 있어서 출연재산이 물권인 때와 유사한 문제가 생긴다. 여기에 관하여 학설은 i) 제48조를 제508조 또는 제523조의 예외규정이라고 보아 제48조가 정하는 시기에 법인에 귀속한다는 견해(사견도 같음)와 ii) 지시채권의 경우에는 제508조에 의하여 증서의 배서·교부가, 무기명채권의 경우에는 제523조에 의하여 증서의 교부가 있어야 법인에 귀속한다는 견해가 대립하고 있다.

A-381 **3) 정관의 작성** 설립자는 일정한 사항을 기재한 정관을 작성하여 기명날인하여야 한다(43조). 정관의 기재사항에는 사단법인에서와 마찬가지로 필요적 기재사항과 임의적 기재사항이 있는데, 필요적 기재사항은 사단법인의 그것 가운데 사원자격의 득실에 관한 규정·법인의 존립시기나 해산사유를 제외한 나머지이다(43조·40조). 주의할 점은, 유언으로 재단법인을 설립하는 경우에는 유언의 방식(1065조 이하)에 따라야 한다는 점이다(47조 2항 참조).

4) 정관의 보충 본래 정관은 필요적 기재사항 가운데 어느 하나만 빠져도 무효이다. 그런데 민법은 재단법인은 되도록 존립하는 것이 바람직하다고 보아, 설립자가 필요적 기재사항 중 가장 중요한「목적」과「자산에 관한 규정」을 정하고 있으면 그 외에 명칭·사무소 소재지·이사 임면방법을 정하지 않고서 사망한 경우에, 이해관계인 또는 검사의 청구에 의하여 법원이 이를 정하도록 하고 있다(44조). 따라서 그때에는 법인이 성립할 수 있게 된다.

(3) 주무관청의 허가(32조)

(4) 설립등기(33조)

A-382

2. 설립 중의 재단법인

설립 중의 재단법인에 대하여도 사단법인에서와 유사한 문제가 생긴다. 재단법인 설립자가 재산을 출연하고 정관을 작성하면 설립 중의 재단법인이 되며, 이는 법인 아닌 재

단에 해당한다. 판례에 의하면, 재단법인의 설립자는 설립인가(현행법상은 허가)를 받기 위한 준비행위를 할 수 있고, 이를 위하여 재산의 증여를 받거나 그 등기의 명의신탁을 할 수도 있으며, 그러한 법률행위의 효과는 법인의 성립과 동시에 법인에게 당연히 계승된다고 한다(대판 1973. 2. 28, 72다2344 · 2345).

사례의 해결

사례를 해결하려면 먼저 Z토지가 X재단법인에 귀속하는 시기를 확정해야 한다. 다수설(및 사견)에 따르면, Z토지는 1980. 5. 20.에 X에 귀속하게 되었다. 그 결과 X와 C 사이에서는 X는 C에 대하여 Z토지의 소유권이전등기의 말소를 청구할 수 있다. X와 B 사이에서는 X가 소송 등에 비용을 지출한 경우 B에게 불법행위를 이유로 손해배상을 청구할 수 있다(766조 1항의 시효는 검토 필요). B와 C 사이에서는 C는 B에게 담보책임을 물을 수 있고(570조), B에게 채무불이행의 요건이 갖추어지는 경우에는 B는 채무불이행책임도 진다. 그리고 경우에 따라서는 B의 행위가 C에 대하여 불법행위로 될 수 있다(750조). (사례: A-377)

제 3 관 법인의 능력

Ⅰ. 서 설 A-383

(1) 법인의 능력으로서는 권리능력 · 행위능력 · 불법행위능력을 살펴보아야 한다. 그런데 이러한 법인의 여러 능력은 자연인의 경우와는 본질적으로 다르다. 자연인에 있어서는 모든 사람에게 평등하고 동일하게 권리능력이 인정되나, 법인에 대하여는 입법적으로 권리능력의 범위가 제한될 수 있다. 그리고 행위능력이나 불법행위능력도, 자연인에 있어서는 그것들이 의사능력 내지 판단능력이 불완전한 경우에 그를 보호하는 제도로 규정되어 있기 때문에 그러한 관점에서 논의되고 있으나, 법인에 있어서는 어떤 범위에서 누가 법인의 행위를 할 수 있는가(행위능력)와 누구의 어떤 행위에 대하여 법인 자신이 배상책임을 부담하는가(불법행위능력)의 관점에서 논의되고 있다.

(2) 법인의 능력에 관한 규정은 특별한 제한을 두고 있지 않는 한 민법상의 비영리법인뿐만 아니라 모든 법인에 널리 적용된다.

Ⅱ. 법인의 권리능력 A-384

민법은 법인의 권리능력에 관하여 「법인은 법률의 규정에 좇아 정관으로 정한 목적의 범위

내에서 권리와 의무의 주체가 된다」고 규정하고 있다(34조). 이 규정에서 법인의 권리능력이 법률과 목적에 의하여 제한됨이 분명하나, 그 외에도 법인은 사람과 달리 육체가 없기 때문에 권리능력이 성질상 제한되기도 한다.

(1) 성질에 의한 제한

법인은 사람만이 가질 수 있는 권리를 가질 수 없다. 생명권·친권·배우자의 권리·정조권·육체상의 자유권 등이 그 예이다. 재산상속권은 성질상 법인이 가질 수 없는 것은 아니나, 민법이 상속인을 사람에 한정시키고 있어서(1000조 내지 1004조 참조), 법인은 상속권을 가질 수 없다(그러나 법인은 유증은 받을 수 있으므로 포괄유증을 받음으로써 상속과 동일한 효과를 얻을 수는 있다).

(2) 법률에 의한 제한

법인의 권리능력은 법률에 의하여 인정되므로 법률은 권리능력의 범위도 제한할 수 있다. 그러나 현행법 가운데 법인의 권리능력을 일반적으로 제한하는 법률규정은 없으며, 약간의 개별규정이 있을 뿐이다(민법 81조, 상법 173조, 채무자회생법 328조 등).

(3) 목적에 의한 제한

민법은 정관으로 정한 목적의 범위 내에서만 법인의 권리능력을 인정한다(34조).

제34조를 권리능력의 제한규정이라고 하는 경우에 「목적의 범위 내」를 어떻게 해석할 것인지가 문제된다. 여기에 관하여 학설은 i) 목적을 달성하는 데 필요한 범위 내라고 하는 견해와 ii) 목적에 위반하지 않는 범위 내라고 하는 견해(사견도 같음)로 나뉘어 있다. 그리고 판례는 i)설과 유사하게 「목적을 수행하는 데 있어 직접 또는 간접으로 필요한 행위」가 모두 목적범위 내의 행위라고 한다(대판 2009. 12. 10, 2009다63236 등 다수).

A-385 Ⅲ. 법인의 행위능력

(1) 서 설

법인의 행위능력과 관련하여서는 법인 자신의 행위가 인정되는가, 그렇다면 누가 어떤 행위를 하였을 때에 법인의 행위로 되는가를 살펴보아야 한다.

(2) 법인의 행위

법인의 본질에 관하여 의제설을 취하면 법인 자신의 행위를 인정할 수 없다. 그 이론에서는 법인은 외부의 대리인에 의하여 행위를 할 수밖에 없게 된다. 그에 비하여 실재설에 의하면 법인 자신의 행위가 인정되게 된다.

그런데 실재설을 취한다고 하여도 법인이 현실적으로 행위를 할 수는 없기 때문에 어떤 자연인이 법인의 행위를 하게 되는데, 그 자연인을 법인의 대표기관이라고 한다. 이 대표기관이 법인의 행위능력의 범위 안에서 행위를 하는 때에 법인의 행위로 인정된다(동지 대판 1978. 2. 28,

(77누155).

법인의 대표기관은 법인의 내부조직에 의하여 정하여지나, 비영리법인에 있어서는 이사·임시이사·특별대리인·청산인·직무대행자 등이 그에 해당한다.

법인의 대표기관과 법인과의 관계는 대리인과 본인 사이의 관계보다도 훨씬 밀접하며, 그리하여 이를 「대리한다」고 하지 않고 「대표한다」고 표현한다(59조 참조). 그러나 「대표」는 **실질적으로는 대리와 유사하므로 법인의 대표에는 대리에 관한 규정을 준용한다**(59조 2항).

법인의 대표기관이 법인을 대표하는 형식에 관하여도 대리규정이 준용되기 때문에, 대표기관은 법인을 위한 것임을 표시하여서 법률행위를 하여야 한다(114조·115조의 현명주의). 보통은 A 법인 이사 B라고 표시한다.

(3) 행위능력의 범위 A-386

민법은 법인의 행위능력에 관하여는 규정을 두고 있지 않다. 그렇지만 법인의 경우에는 의사능력의 불완전을 문제삼을 필요가 없기 때문에 **법인은 권리능력이 있는 모든 범위에서 행위능력을 가진다고** 새겨야 할 것이다(통설도 같음). 대표기관이 법인의 행위능력이 없는 범위의 행위를 한 경우에 그 행위는 법인의 행위로 인정되지 않으며, 그것은 대표기관 개인의 행위로 될 뿐이다. 따라서 거기에는 표현대리 규정도 준용되지 않는다.

(4) 법인의 법률행위의 효과

대법원은 법인의 법률행위의 효과에 관하여 다음과 같이 판시하고 있다. 법인이 대표기관을 통하여 법률행위를 한 때에는 대리에 관한 규정이 준용되므로(59조 2항), 적법한 대표권을 가진 자와 맺은 법률행위의 효과는 대표자 개인이 아니라 본인인 법인에게 귀속하고, 마찬가지로 그러한 법률행위상의 의무를 위반하여 발생한 채무불이행으로 인한 손해배상책임도 대표기관 개인이 아닌 법인만이 책임의 귀속주체가 되는 것이 원칙이라고 한다(대판 2019. 5. 30, 2017다53265). 그리고 제391조는 법정대리인 또는 이행보조자의 고의·과실을 채무자 자신의 고의·과실로 간주함으로써 채무불이행책임을 채무자 본인에게 귀속시키고 있는데, 법인의 경우도 법률행위에 관하여 대표기관의 고의·과실에 따른 채무불이행책임의 주체는 법인으로 한정된다고 한다(대판 2019. 5. 30, 2017다53265). 따라서 법인의 적법한 대표권을 가진 자가 하는 법률행위는 그 성립상 효과뿐만 아니라 위반의 효과인 채무불이행책임까지 법인에게 귀속될 뿐이고, 다른 법령에서 정하는 등의 특별한 사정이 없는 한 법인이 당사자인 법률행위에 관하여 대표기관 개인이 손해배상책임을 지려면 제750조에 따른 불법행위책임 등이 별도로 성립하여야 한다고 한 뒤, 이때 법인의 대표기관이 법인과 사이에 계약을 체결한 거래상대방인 제 3 자에 대하여 자연인으로서 제750조에 기한 불법행위책임을 진다고 보기 위해서는, 그 대표기관의 행위로 인해 법인에 귀속되는 효과가 대외적으로 제 3 자에 대한 채무불이행의 결과를 야기한다는 점만으로는 부족하고, 법인의 내부행위를 벗어나 제 3 자에 대한 관계에서 사회상규에 반하는 위법한 행위라고 인정될 수 있는 정도에 이르러야 하며, 그와 같은 행위에 해당하는지 여부는 대표기관이 의사결정 및 그에 따른 행위에 이르게 된 경위, 의사결정의 내용과 그 절차과정, 침해되는 권리의 내용, 침해행위의 태양, 대표기관의 고의 내지 해의의 유무 등을 종합적으로 평가하여 개별적·구체적으로 판단하여야 할 것이라고 한다(대판 2019. 5. 30, 2017다53265).

A-387 ## Ⅳ. 법인의 불법행위능력

사 례 (신사례 [25]번 문제 중 일부)

A법인의 이사들 가운데 하나인 B는 C로부터 A법인의 시설확충 명목으로 단독으로 A법인 명의로 5억원을 빌렸다. 그리고 그 5억원은 그가 처음부터 의도했던 대로 그의 처인 D의 옷가게를 개설하는 데 사용하였다. 그리고 C가 5억원을 빌려줄 때 그는 B의 의도를 알고 있었다. 그 후 D의 옷가게가 문을 닫게 되었고, B·D는 C에게 채무를 변제하지 못했다.

이 경우에 A·B·C 사이의 법률관계를 논하시오. (사례의 해결: A-392)

1. 민법규정

(1) 제35조 제 1 항의 의의

민법은 제35조 제 1 항에서 일정한 요건 하에 법인의 손해배상책임을 규정하고 있다. 이는 법인의 불법행위책임, 그리하여 법인의 불법행위능력을 정한 것으로 이해된다.

제35조 제 1 항이 법인 자신의 손해배상책임을 인정하는 이유는 어디에 있는가? 여기에 관하여 학설은 i) 법인실재설의 입장에서, 그 규정은 법인 자신의 불법행위에 대하여 배상책임을 인정한 것으로서 당연한 규정이라는 견해(사견도 같음), ii) 정책적으로 둔 규정이라는 견해로 나뉘어 있다. 판례는 법인 자체의 불법행위를 인정하는 점에서 i)설에 가깝다고 할 수 있다(대판 1978. 3. 14, 78다132).

(2) 제35조의 적용범위

제35조는 민법상의 모든 법인에 적용된다. 회사에 관하여는 유사한 취지의 특별규정이 마련되어 있다(상법 210조·269조·389조 3항·567조). 그리고 제35조는 권리능력 없는 사단에도 유추적용된다. 판례도 동조를 유추적용하여 비법인사단인 종중(대판 1994. 4. 12, 92다49300. 그런데 대판 2008. 1. 18, 2005다34711에서는 유추적용은 하면서, 상대방이 악의 또는 중과실이라는 이유로 종중의 책임을 부정하였다)·노동조합(대판 1994. 3. 25, 93다32828·32835. 「노동조합 및 노동관계조정법」 6조에 따르면, 노동조합은 등기를 하면 법인으로 되는데, 이 판결 사안에서는 등기를 하지 않아 법인 아닌 사단임)·주택조합(대판 2003. 7. 25, 2002다27088[핵심판례 94면])의 불법행위책임을 인정한 바 있다.

법인의 대표기관이 아닌 피용자가 가해행위를 한 경우에는 제35조가 적용되지 않고 제756조가 적용된다(756조는 사용자책임 규정인데, 동조는 사용자가 법인인 경우뿐만 아니고 가사사용관계에도 적용됨). 그에 비하여 법인의 대표기관이 그의 직무에 관하여 불법행위를 한 경우에는 법인은 제35조 제 1 항에 의하여 손해배상책임을 지고, 사용자책임을 규정한 제756조 제 1 항이 적용되지 않는다(대판 2009. 11. 26, 2009다57033). 그리고 법인의 대표기관이 가해행위를 한 경우에 제35조에 의하여 법인이 지는 책임은 법인 자신의 책임으로서 면책이 인정되지 않으나, 그 피용자가 가해행위를 한 경우에 제756조에 의하여 법인이 지는 책임은 법인 자신의 책임이 아니고 사용자로서 지는 것이며, 일정한 요건이 갖추어지는 때에는 면책이 인정된다(756조 1항 단서 참조).

공무원이 그 직무를 집행함에 있어서 타인에게 손해를 가한 경우에는 국가배상법 제 2 조가 적용된다.

2. 법인의 불법행위의 요건 A-388

법인의 불법행위가 성립하려면 다음의 세 요건이 필요하다(35조 1항 1문).

(1) 대표기관의 행위가 있을 것

제35조 제 1 항은 「이사 기타 대표자」의 행위를 요구하고 있으나, 그것은 대표기관이라는 의미이다. **대표기관으로는 이사 외에 임시이사(63조) · 특별대리인(64조) · 직무대행자(52조의 2 · 60조의 2) · 청산인(82조 · 83조)이 있다**(대판 1994. 3. 25, 93다32828 · 32835는 노동조합의 간부들의 행위에 35조 1항을 유추적용한다). 한편 판례는, 여기서의 「법인의 대표자」에는 그 명칭이나 직위 여하 또는 대표자로 등기되었는지 여부를 불문하고 당해 법인을 실질적으로 운영하면서 법인을 사실상 대표하여 법인의 사무를 집행하는 사람이 포함된다고 한다(대판 2011. 4. 28, 2008다15438. 그리고 이러한 법리는 주택조합과 같은 비법인사단에도 마찬가지로 적용된다고 한다). 이러한 대표기관의 행위는 법인의 행위로 되어 불법행위책임을 발생시킬 수 있다.

판 례 대표권 없는 이사의 불법행위

「민법 제35조에서 말하는 '이사 기타 대표자'는 법인의 대표기관을 의미하는 것이고 대표권이 없는 이사는 법인의 기관이기는 하지만 대표기관은 아니기 때문에 그들의 행위로 인하여 법인의 불법행위가 성립하지 않는다.」(대판 2005. 12. 23, 2003다30159)

대표기관이 아닌 기관의 행위에 대하여도 법인의 책임을 인정하여야 하는가에 관하여는 i) 부정설(사견도 같음)과 ii) 긍정설이 대립하고 있다.

(2) 대표기관이 「직무에 관하여」 타인에게 손해를 가했을 것 A-389

1) 직무에 관한 행위의 의미 법인의 대표기관은 직무에 관하여서만 법인을 대표한다. 따라서 그의 직무에 관한 행위에 대하여서만 법인이 불법행위책임을 진다. **「직무에 관한 행위」는 외형상 직무수행행위라고 볼 수 있는 행위뿐만 아니라 직무행위와 사회관념상 견련성을 가지는 행위를 포함한다**(통설 · 판례도 같다. 대판 1990. 3. 23, 89다카555 등). 직무에 관한 행위는 일반적으로는 제34조가

정하는 「정관으로 정한 목적의 범위 내의」 행위와 일치할 것이나, 이사의 대표권이 제한된 경우에는 후자보다 범위가 좁을 것이다.

판 례 직무에 관한 행위

(ㄱ) 「법인이 그 대표자의 불법행위로 인하여 손해배상의무를 지는 것은 그 대표자의 직무에 관한 행위로 인하여 손해가 발생한 것임을 요한다 할 것이나, 그 직무에 관한 것이라는 의미는 행위의 외형상 법인의 대표자의 직무행위라고 인정할 수 있는 것이라면 설사 그것이 대표자 개인의 사리를 도모하기 위한 것이었거나 혹은 법령의 규정에 위배된 것이었다 하더라도 위의 직무에 관한 행위에 해당한다고 보아야 한다(대법원 1969. 8. 26. 선고 68다2320 판결 참조).」(대판 2004. 2. 27, 2003다15280)

(ㄴ) 「법인의 대표자의 행위가 직무에 관한 행위에 해당하지 아니함을 피해자 자신이 알았거나 또는 중대한 과실로 인하여 알지 못한 경우에는 법인에게 손해배상책임을 물을 수 없다고 할 것이고, 여기서 중대한 과실이라 함은 거래의 상대방이 조금만 주의를 기울였더라면 대표자의 행위가 그 직무권한 내에서 적법하게 행하여진 것이 아니라는 사정을 알 수 있었음에도 만연히 이를 직무권한 내의 행위라고 믿음으로써 일반인에게 요구되는 주의의무에 현저히 위반하는 것으로 거의 고의에 가까운 정도의 주의를 결여하고, 공평의 관점에서 상대방을 구태여 보호할 필요가 없다고 봄이 상당하다고 인정되는 상태를 말한다.」(대판 2009. 11. 26, 2009다57033. 동지 대판 2003. 7. 25, 2002다27088 [핵심판례 94면] 등: 이들은 비법인사단에 같은 법리를 적용한 판례임)

A-390 **2) 대표기관이 권한을 넘어서서 부정한 대표행위를 한 경우** 우리의 많은 문헌들은 「대표기관이 자신의 개인적 이익을 꾀할 목적으로 권한을 남용해서 부정한 대표행위를 한 경우」에 관하여 논의하고 있다. 그런데 이것이 대표기관이 대표권의 범위를 넘어서서 행위를 한 경우와 대표권의 범위 안에서 한 경우 가운데 어느 하나인지, 아니면 두 경우 모두인지 분명치 않다. 합리적으로 생각한다면 이는 첫째 경우만의 문제일 것이다. 둘째 경우에는 대표권 남용의 문제이어서 그 효과로서 제35조가 언급될 가능성이 거의 없기 때문이다.

여기에서는 사견이 이해하는 것처럼 문헌들이 첫 번째 경우에 관하여 논의하는 것으로 보고 설명하기로 한다. 위의 경우에 관하여 학설은 i) 제126조 우선적용설, ii) 제35조 적용설, iii) 제126조·제35조의 선택적 적용설로 나뉘어 있다(사견은 126조만 적용하자는 입장임. 민법총칙 [345] 참조). 그리고 정확하게 여기에 해당하는 판례는 없다.

A-391 [참고] 대표권의 남용

대표기관이 「대표권의 범위 안에서」 오직 자기나 제 3 자의 이익을 꾀하기 위하여 대표행위를 행한 경우의 효과가 문제된다. 여기에 관한 우리의 학설은 파악하기가 쉽지 않다. 한편 판례는 대체로 제107조 제 1 항 단서의 유추적용을 인정하나(대판 1997. 8. 29, 97다18059 등), 두 개의 판결에서는 권리남용설을 따르고 있다(대판 1987. 10. 13, 86다카1522; 대판 2016. 8. 24, 2016다222453).

(3) 일반 불법행위의 요건을 갖출 것

제35조 제 1 항은 제750조의 특별규정이기 때문에 일반 불법행위의 요건이 갖추어져야 한다. 그리하여 대표기관의 가해행위, 고의·과실, 책임능력, 가해행위의 위법성, 손해발생(인과관계 포함)이 있어야 한다(통설도 같음).

3. 효 과 A-392

(1) 법인의 불법행위가 성립하는 경우

위의 요건이 모두 갖추어지면 법인은 피해자에게 손해를 배상하여야 한다(35조 1항 1문). 배상하여야 할 손해의 범위 등에 관하여는 일반원칙이 적용된다(대판 1987. 12. 8, 86다카1170은 과실상계를 인정하고, 또 대판 1999. 7. 27, 99다19384는 간접손해를 제외한다). 법인의 불법행위책임은 사용자책임과 달리 선임·감독에 주의를 다하였음을 이유로 면책되지 않는다(756조 1항 단서 참조).

법인의 불법행위책임이 발생하는 경우에 민법은 가해행위를 한 대표기관 개인도 법인과 함께 배상책임을 지도록 하고 있다(35조 1항 2문). 이 경우 법인의 책임과 대표기관의 책임은 부진정연대채무의 관계에 있다.

위와 같이, 법인과 기관 개인이 경합하여 피해자에게 배상책임을 지는 경우에, 법인이 피해자에게 배상하였다면 기관 개인에 대하여 구상권(상환청구권)을 행사할 수 있다. 그때에는 대표기관이 선량한 관리자의 주의의무를 다하지 못하여 임무를 게을리하였기 때문이다(61조·65조 참조).

(2) 법인의 불법행위가 성립하지 않는 경우

대표기관의 행위가 직무집행의 범위를 벗어난 것이거나 다른 이유로 **법인의 불법행위책임이 생기지 않는 경우에는, 법인은 그에 대하여 책임을 지지 않으며, 대표기관만이 제750조에 의하여 책임을 진다.** 다만, 민법은 피해자를 두텁게 보호하기 위하여 그 사항의 의결에 찬성하거나 그 의결을 집행한 사원·이사 기타 대표기관은 공동불법행위(760조)의 성립 여부를 묻지 않고 언제나 연대하여 배상책임을 지도록 하고 있다(35조 2항).

사례의 해결

A·C 사이의 법률관계를 본다. 먼저 대표권 남용에 관한 주류의 판례에 따르면, C는 금전대차에 기한 주장을 A에게 하지 못한다. 그리고 법인의 불법행위능력에 관한 외형이론(판례)에 의할 때, C가 악의인 경우에는 B의 행위가 직무에 관한 행위로 인정되지 못하여, A의 불법행위책임도

생기지 않는다.

B·C 사이의 관계를 본다. C는 B에게 금전대차상의 권리를 행사하지 못한다. 그에 비하여 C가 B에게 불법행위책임은 물을 수 있다.

A·B 사이의 관계를 본다. 사례의 경우 B는 A에 대하여 선관주의의무를 위반하였다. 그러므로 A에게 손해가 생겼다면 A는 채무불이행·불법행위를 이유로 손해배상을 청구할 수 있다. 그런데 C는 그가 악의이어서 A에게 금전대차의 유효를 주장하지 못한다. 그 결과 A는 손해를 입지 않는다. 따라서 특별한 사정이 없는 한 B는 A에 대하여 손해배상책임이 없다. (사례: A-387)

제 4 관 법인의 기관

A-393 ### Ⅰ. 서 설

(1) 기관의 의의

법인은 권리능력·행위능력을 가지고 실재하는 것이기는 하나, 그것 자체가 스스로 활동하지는 못한다. 따라서 법인이 사회에서 활동하기 위하여서는 법인의 의사를 결정하고 그에 기하여 외부에 대하여 행위하고 내부의 사무를 처리할 수 있는 일정한 조직이 필요하다. 이러한 조직을 이루는 것이 법인의 기관이다.

(2) 기관의 종류

법인의 기관에는 이사·사원총회·감사 등이 있다.

A-394 ### Ⅱ. 이 사

1. 의 의

이사는 대외적으로 법인을 대표하고(대표기관), 대내적으로는 법인의 업무를 집행하는(집행기관) 상설적인 필요기관(필수기관)이다. 사단법인이든 재단법인이든 법인에는 반드시 이사를 두어야 한다(57조). 이사의 수에는 제한이 없으며(58조 2항), 정관에서 임의로 정할 수 있다(40조·43조 참조). 그리고 이사는 자연인만이 될 수 있다(이설 없음).

2. 임 면

이사의 임면방법은 정관에 의하여 정하여진다(정관의 필요적 기재사항임. 40조·43조).

(1) 선 임

이사의 선임행위의 법적 성질은 위임과 유사한 계약이다(이설 없음). 이사는 이 계약에 의하여 법인의 기관으로서의 지위를 취득한다.

이사의 선임행위에 흠이 있는 때에는, 이해관계인은 선임행위의 무효 또는 취소의 소를 제기할 수 있으며, 그 본안판결이 있기 전이라도 이사의 직무집행 정지 또는 직무대행자 선임의 가처분을 신청할 수 있다. 그리고 가처분을 명하는 결정이 있거나 가처분의 변경이나 취소가 있는 때에는, 주사무소와 분사무소가 있는 곳의 등기소에서 이를 등기하여야 한다(52조의 2). 한편 가처분으로 직무집행이 정지된 이사의 직무집행행위는 절대적으로 무효이다.

(2) 해임 · 퇴임 A-395

이사의 해임·퇴임은 정관에 의하나, **정관에 규정이 없거나 불충분한 때에는 대리규정에 의하는 외에**(59조 2항·127조) **위임에 관한 규정을 유추적용하여야 한다**(690조·691조 등). 따라서 이사의 임기가 만료되거나 이사직을 사임한 경우에도 후임이사가 선임될 때까지 계속해서 이사의 직무를 수행할 수 있다고 하여야 한다(691조 참조. 임기만료에 관한 사안에 관하여 판례도 같다. 대판(전원) 2007. 7. 19, 2006두19297(감사 포함); 대판 2007. 7. 26, 2005도4072 등). 그러나 일부 이사의 임기가 만료되었다 하더라도 아직 임기가 만료되지 않은 다른 이사들로써 정상적인 법인의 활동을 할 수 있는 경우에는 임기만료된 이사로 하여금 직무를 계속 수행하게 할 필요는 없다(대판 2003. 1. 10, 2001다1171 등). 따라서 이러한 경우에는 임기가 만료된 이사는 임기만료로써 당연히 퇴임한다(대결 2014. 1. 17, 2013마1801). 한편 법인의 정상적인 활동이 가능한지는 그 이사의 임기만료시를 기준으로 판단하여야 하며, 그 이후의 사정까지 고려할 수는 없다(대결 2014. 1. 17, 2013마1801).

판례에 따르면, 이사에 대하여 유추적용되는 제689조 제 1 항이 위임계약은 각 당사자가 언제든지 해지할 수 있다고 규정하고 있으므로, 법인은 원칙적으로 이사의 임기 만료 전에도 이사를 해임할 수 있지만, 이러한 민법의 규정은 임의규정에 불과하므로 법인이 자치법규인 정관으로 이사의 해임사유 및 절차 등에 관하여 별도의 규정을 두는 것도 가능하다고 한다(대판 2013. 11. 28, 2011다41741). 그리고 이와 같이 법인이 정관에 이사의 해임사유 및 절차 등을 따로 정한 경우 그 규정은 법인과 이사와의 관계를 명확히 함은 물론 이사의 신분을 보장하는 의미도 아울러 가지고 있어 그것을 단순히 주의적 규정으로 볼 수는 없으며, 따라서 법인의 정관에 이사의 해임사유에 관한 규정이 있는 경우 법인으로서는 이사의 중대한 의무위반 또는 정상적인 사무집행 불능 등의 특별한 사정이 없는 이상, 정관에서 정하지 않은 사유로 이사를 해임할 수 없다고 한다(대판 2013. 11. 28, 2011다41741 등). 그런가 하면 법인이 정관에서 이사의 해임사유와 절차를 정하였다면, 법인은 이를 이유로 정관에서 정한 절차에 따라 이사를 해임할 수 있는데, 이때 정관에서 정한 해임사유가 발생하였다는 요건 외에 이로 인하여 법인과 이사 사이의 신뢰관계가 더 이상 유지되기 어려울 정도에 이르러야 한다는 요건이 추가로 충족되어야 비로소 이사를 해임할 수 있는 것은 아니라고 한다(대판 2024. 1. 4, 2023다263537).

판 례 회장인 이사만이 대표권이 있는 경우

「법인의 자치규범인 정관에서 법인을 대표하는 이사인 회장과 대표권이 없는 일반 이사를 명백히 분리함으로써 법인의 대표권이 회장에게만 전속되도록 정하고 회장을 법인의 회원으로 이루어진 총회에서 투표로 직접 선출하도록 정한 경우 일반 이사들에게는 처음부터 법인의 대표권이 전혀 주어져 있지 않기 때문에 회장이 궐위된 경우에도 일반 이사가 법인을 대표할 권한을 가진다고 할 수 없고, 사임한 회장은 후임 회장이 선출될 때까지 대표자의 직무를 계속 수행할 수 있다. 그러나 사임한 대표자의 직무수행권은 법인이 정상적인 활동을 중단하게 되는 처지를 피하기 위하여 보충적으로 인정되는 것이다.」(대판 2003. 3. 14, 2001다7599)

A-396 법인과 이사의 법률관계는 신뢰를 기초로 한 위임 유사의 관계이므로, 이사는 정관에 특별한 제한이 없는 한 제689조 제 1 항이 규정한 바에 따라 언제든지 사임할 수 있으며(대판 1992. 7. 24, 92다749 등), 사임행위는 상대방 있는 단독행위이므로 사임의 의사표시는 수령권한 있는 기관에 도달하면 효력이 생기고 이사회의 결의·관할관청의 승인 또는 법인의 승낙은 필요하지 않다(대판 2003. 1. 10, 2001다1171 등). 그런데 법인이 정관에서 이사의 사임절차나 사임의 의사표시의 효력발생시기 등에 관하여 특별한 규정을 둔 경우에는, 이사의 사임의 의사표시가 법인의 대표자에게 도달한 것만으로 곧바로 사임의 효력이 발생하는 것이 아니고 정관에서 정한 바에 따라 사임의 효력이 발생하며, 따라서 이사가 사임의 의사표시를 하였더라도 정관에 따라 사임의 효력이 발생하기 전에는 그 사임의사를 자유롭게 철회할 수 있다(대판 2008. 9. 25, 2007다17109). 그리고 사임서 제시 당시 즉각적인 철회권유로 사임서 제출을 미루거나 대표자에게 사표의 처리를 일임하거나 사임서의 작성일자를 제출일 이후로 기재한 경우 등 사임의사가 즉각적이라고 볼 수 없는 특별한 사정이 있을 경우에는, 별도의 사임서 제출이나 대표자의 수리행위 등이 있어야 사임의 효력이 발생하고, 그 이전에 사임의사를 철회할 수 있다고 하여야 한다(대판 2006. 6. 15, 2004다10909). 한편 이사를 사임하는 의사표시가 상대방에게 도달하여 효력을 발생한 후에는 마음대로 그것을 철회할 수 없다(대판 1993. 9. 14, 93다28799; 대판 2006. 6. 15, 2004다10909).

판 례 종중 대표자 사임의 효력발생시기와 철회 가부

「법인격 없는 사단인 종중과 그 기관인 이사와의 관계는 위임에 유사한 계약관계로서 수임자인 이사는 언제라도 사임할 수 있고(민법 제689조 제 1 항), 이 경우 종중규약 등에 특별한 정함이 없는 한 사임의 의사표시는 대표자에게 도달함으로써 효력이 발생한다고 할 것이며, 종중의 대표자가 사임하는 경우에는 대표자의 사임으로 그 권한을 대행하게 될 자에게 도달한 때에 사임의 효력이 발생하고 이와 같이 사임의 효력이 발생한 뒤에는 이를 철회할 수 없다.」(대판 2006. 10. 27, 2006다23695)

(3) 등 기

이사의 성명·주소는 등기사항이며(49조 2항), 이를 등기하지 않으면 이사의 선임·해임·퇴임을 가지고 제 3 자에게 대항할 수 없다(54조 1항).

3. 직무권한 A-397

(1) 직무집행의 방법

이사 선임행위는 일종의 위임계약이므로 **이사는 선량한 관리자의 주의로써 직무를 수행하여야 한다**(681조·61조). 이사가 이 의무에 위반하면 그는 법인에 대하여 채무불이행을 이유로 손해배상책임을 지게 된다. 그런데 민법은 「이사가 그 임무를 해태한 때에는 그 이사는 법인에 대하여 연대하여 손해배상의 책임이 있다」는 규정을 두어 법인을 보호하고 있다(65조). 이 규정에 의하여 이사들은 각자 손해의 전부에 대하여 배상책임을 지게 되는데, 그 책임은 여전히 채무불이행의 성격을 가진다고 할 것이다.

이사의 직무권한에는 법인대표와 업무집행의 두 가지가 있다.

(2) 법인의 대표(대외적 권한) A-398

1) 대 표 권 이사는 법인의 사무에 관하여 각자 법인을 대표한다(59조 1항). 대표하는 사무에는 제한이 없으며, 원칙적으로 행위능력이 있는 모든 사항에 관하여 대표권이 있다. 그리고 이사가 2인 이상인 경우에는 **단독대표가 원칙이다**.

법인의 대표에 관하여는 대리에 관한 규정을 준용한다(59조 2항). 따라서 대표기관이 대표행위를 함에 있어서는 대리행위에서와 마찬가지로 법인을 위한 것임을 표시하여서 하여야 한다(115조 참조). 그리고 무권대리·표현대리에 관한 규정도 준용된다.

2) 대표권의 제한

(가) 정관에 의한 제한 이사의 대표권은 정관에 의하여 제한할 수 있으며(59조 1항 단서), **정관에 기재하지 않은 대표권제한은 무효이다**(41조). **그리고 정관에 기재한 경우에도 등기하지 않으면 제 3 자에게 대항하지 못한다**(60조). 여기의 제 3 자는 선의의 자로 한정되어 있지 않다. 그런데 학설은 i) 등기되어 있지 않으면 악의의 제 3 자에게도 대항할 수 없다는 견해(사견도 같음)와 ii) 등기되어 있지 않더라도 악의의 제 3 자에게는 대항할 수 있다는 견해로 나뉘어 대립하고 있다. 판례는 제 3 자가 선의냐 악의냐에 관계없이 대항할 수 없다고 하여 i)설과 같다(대판 1992. 2. 14, 91다24564[핵심판례 96면] 등).

한편 대표권제한을 등기한 경우에 모든 제 3 자에게 대항할 수 있다는 데 대하여는 다툼이 없다.

정관에 의한 대표권제한의 예로는 일정한 행위에 총회·이사회 또는 설립자의 동의를 얻도록 하거나 공동대표로 하게 하는 것을 들 수 있다(대판 1987. 11. 24, 86다카2484도 참조).

A-399 (나) **사원총회의 의결에 의한 제한** 일반적인 견해에 의하면, 사단법인 이사의 대표권은 사원총회의 의결에 의하여서도 제한할 수 있다고 한다(59조 1항 단서). 그리고 이 제한은 정관에 기재될 필요는 없으나, 등기는 하여야만 제3자에게 대항할 수 있다고 한다(60조)(사견은 정관의 기재를 요구함. 민법총칙 [353] 참조).

(다) **법인과 이사의 이익상반의 경우** 법인과 이사의 이익이 상반하는 사항에 관하여는 이사는 대표권이 없으며, 그 경우에는 이해관계인이나 검사의 청구에 의하여 법원이 특별대리인을 선임하여야 한다(64조, 비송법 33조 참조). 그리고 그 사항에 대하여는 특별대리인이 법인을 대표한다. 그런데 특별대리인은 다른 이사가 있는 경우에는 선임될 필요가 없다고 해석하여야 한다(통설도 같음).

(라) **복임권의 제한** 이사는 스스로 대표권을 행사하여야 하며, 따라서 원칙적으로 복임권이 없다. 다만, 그는 정관 또는 총회의 결의로 금지하지 않은 사항에 한하여 타인으로 하여금 특정의 행위를 대리하게 할 수 있다(62조). 이사는 포괄적인 복임권은 없다(대판 1989. 5. 9, 87다카2407).

3) 대표권 남용 이사가 대표권의 범위 내에서 또는 대표권의 범위를 넘어서서 자신 또는 제3자의 이익을 꾀하기 위하여 대표행위를 한 경우에 대하여는 앞에서 살펴보았다(A-390·391 참조).

A-400 **(3) 법인의 업무집행**

1) 이사는 법인의 모든 내부적 사무를 집행할 권한이 있다(58조 1항). 그리고 이사가 여럿 있는 경우에는 정관에 다른 규정이 없으면 법인의 사무집행을 이사의 과반수로써 결정한다(58조 2항).

2) 이사가 집행하여야 할 사무에는 ① 재산목록의 작성(55조 1항), ② 사원명부의 작성(55조 2항), ③ 사원총회의 소집(69조·70조), ④ 총회 의사록의 작성(76조), ⑤ 파산신청(79조), ⑥ 법인해산시 청산인이 되는 것(82조), ⑦ 각종의 법인등기 등이 있다.

A-401 4. 이 사 회

이사가 여럿 있는 경우에 이사 전원으로 이사회를 구성하는 것이 보통이다. 이사회는 정관에 의하여 집행기관으로 정할 수 있다. 그러나 민법은 이사회를 법인의 당연한 기관으로 정하고 있지 않다(주식회사의 이사회는 필요기관이다. 상법 390조 이하 참조). 이사회의 소집·결의·의사록의 작성 등에 관하여는 정관에 특별한 규정이 없는 한 사원총회에 관한 규정을 유추적용하여야 할 것이다(이설 없음). 최근에 대법원은 이사회 소집에 대하여 전에 보지 못한 결정을 하였다(대결 2017. 12. 1, 2017그661). 그 결정에 따르면, 민법상 법인의 정관에 대표권 있는 이사만 이사회를 소집할 수 있고, 다른 이사가 요건을 갖추어 이사회 소집을 요구하면 대표권 있는 이사가 이에 응하도록 규정하고 있는데도 대표권 있는 이사가 다른 이사의 정당한 이사회 소집을 거절한 경우에는, 이사는 정관의 규정 또는 민법에 기초하여 법인의 사무를 집행할 권한에 의하여(58조 1항·2항 참조) 이사회를 소집할 수 있다고 한다. 그리고 민법상 법인에서 과반수에 미치지 못하는 이사가 정관의 특별한 규정에 근거하여 이사회를 소집하거나 과반수의 이사가 제58조 제2항에 근거하여 이사회를 소집하는 경우에는, 법원의 허가를 받을 필요 없이 그 본래적 사무집행권에 기초하여 이사회를 소집할 수 있고, 법원은 민법상 법인의 이사회 소집을 허가할 법률상 근거가 없다고 한다. 또한 법원의 허가를 얻어 임시총회를 소집할 수 있도록 규정한 제70조 제3항은 민법상 법인의 이사회 소집에 유추적용할 수 없다고 한다.

한편 판례에 따르면, 민법상 법인의 이사회의 결의에 하자가 있는 경우에 관하여 법률에 별도의 규정이 없으므로 그 결의에 무효사유가 있는 경우에는 이해관계인은 언제든지 또 어떤 방법에 의하든지 그 무효를 주장할 수 있다고 할 것이지만, 이와 같은 무효주장의 방법으로서 이사회결의 무효 확인소송이 제기되어 승소 확정판결이 난 경우 그 판결의 효력은 그 소송의 당사자 사이에서만 발생하는 것이지 대세적 효력이 있다고 볼 수는 없다고 한다(대판 2003. 4. 25, 2000다60197 등).

5. 임시이사 A-402

이사가 없거나 결원이 있는 경우에, 이로 인하여 법인 또는 타인에게 손해가 생길 염려가 있는 때에는, 법원은 이해관계인이나 검사의 청구에 의하여 임시이사를 선임하여야 한다(63조). 여기서 「이사가 없거나 결원이 있는 경우」라 함은 이사가 전혀 없거나 정관에서 정한 인원수에 부족이 있는 경우를 말한다 할 것이고, 「이로 인하여 손해가 생길 염려가 있는 때」라 함은 통상의 이사 선임절차에 따라 이사가 선임되기를 기다릴 때에 법인이나 제3자에게 손해가 생길 우려가 있는 것을 의미한다(대결(전원) 2009. 11. 19, 2008마699). 그리고 이해관계인은 임시이사가 선임되는 것에 관하여 법률상 이해관계를 가지는 자이며, 거기에는 법인의 다른 이사·사원·채권자 등이 포함된다(대결(전원) 2009. 11. 19, 2008마699 등).

임시이사는 정식이사가 선임될 때까지의 일시적 기관이기는 하나, 이사와 동일한 권한을 가지는 법인의 대표기관이다(대판 2019. 9. 10, 2019다208953 등). 다만, 학교법인의 경우와 같이 다른 재단법인에 비하여 자주성이 보장되어야 할 특수성이 있고 사립학교법 등 관련 법률에서도 이를 특별히 보장하고 있어 임시이사의 권한이 통상적인 업무에 관한 사항에 한정된다고 보아야 하는 경우도 있다(대판 2013. 6. 13, 2012다40332. 대판(전원) 2007. 5. 17, 2006다19054(상지학원 임시이사 사건. 정식이사 선임 권한은 없다고 함)도 참조). 한편 정식이사가 선임되면 임시이사의 권한은 당연히 소멸한다(이설 없음).

A-403

6. 특별대리인

법인과 이사의 이익이 상반하는 사항에 관하여는 이사는 대표권이 없다. 그리하여 그 경우에는 이해관계인이나 검사의 청구에 의하여 법원이 법인을 대표할 자를 선임하여야 하는데, 그 자가 특별대리인이다(64조·63조). 이 특별대리인은 대리인이 아니고 법인의 기관이다.

7. 직무대행자

이사의 선임행위에 흠이 있는 경우에 이해관계인의 신청에 의하여 법원이 가처분으로 선임하는 임시적 기관이다. 직무대행자는 가처분명령에 다른 정함이 없는 한 법인의 통상사무에 속하는 행위만을 할 수 있다(60조의 2 1항 본문). 다만, 법원의 허가를 얻은 경우에는 통상사무가 아닌 행위도 할 수 있다(60조의 2 1항 단서). 한편 직무대행자가 이 규정에 위반한 행위를 한 경우에도 법인은 선의의 제 3 자에 대하여 책임을 진다(60조의 2 2항).

판 례 학교법인의 이사의 직무를 대행하는 자

「민사집행법 제300조 제 2 항의 임시의 지위를 정하는 가처분은 권리관계에 다툼이 있는 경우에 권리자가 당하는 위험을 제거하거나 방지하기 위한 잠정적이고 임시적인 조치로서 그 분쟁의 종국적인 판단을 받을 때까지 잠정적으로 법적 평화를 유지하기 위한 비상수단에 불과한 것으로, 가처분결정에 의하여 학교법인의 이사의 직무를 대행하는 자를 선임한 경우에 그 직무대행자는 단지 피대행자의 직무를 대행할 수 있는 임시의 지위에 놓여 있음에 불과하므로, 가처분명령에 다른 정함이 있는 경우 외에는 학교법인을 종전과 같이 그대로 유지하면서 관리하는 한도 내의 학교법인의 통상업무에 속하는 사무만을 행할 수 있다고 하여야 할 것이다.

그런데 가처분결정에 의하여 선임된 직무대행자가 그 가처분의 본안소송인 이사회 결의무효확인의 제 1 심판결에 대하여 항소권을 포기하는 행위는 학교법인의 통상업무에 속하지 않는다고 보아야 할 것이므로, 그 가처분결정에 다른 정함이 있거나 관할법원의 허가를 얻지 아니하고서는 이를 할 수 없다고 보아야 할 것이다(민법 제60조의 2 제 1 항 단서 참조).」(대판 2006. 1. 26, 2003다36225)

A-404

Ⅲ. 감 사(감독기관)

(1) 의의 · 임면

사단법인 또는 재단법인은 정관 또는 사원총회의 결의로 감사를 둘 수 있다(66조). 감독기관인 감사는 민법상의 법인에서는 임의기관이며 필요기관이 아니다(그러나 공익법인에서는 필요기관이다. 공익법인법 3조·5조 참조). 감사는 1인일 수도 있고 여럿일 수도 있다. 감사의 임면은 이사의 경우와 같다. 그러나 감사는 법인을 대표하는 기관이 아니므로 그의 성명·주소는 등기사항이 아니다.

(2) 직무권한

감사는 법인의 내부에서 이사의 사무집행을 감독하며, 외부에 법인을 대표하지는 않는다. 감사도 이사처럼 **선관주의로써 사무를 처리하여야 하며**(681조 참조), 이에 위반하면 채무불이행을 이유로 손해배상책임을 진다. 그러나 감사가 여럿 있더라도 연대하여 배상할 책임은 없다(65조 참조). 감사가 여럿인 경우에 그들은 각자 단독으로 직무를 행한다(이설 없음). 한편 **감사에 대하여도** 이사의 경우나 마찬가지로 **제691조가 적용된다**고 새겨야 한다. 그리하면, 감사 전원 또는 일부의 임기가 만료되었음에도 불구하고 그 후임 감사의 선임이 없거나 또는 후임 감사의 선임이 있었다고 하더라도 그 선임결의가 무효이고, 임기가 만료되지 않은 다른 감사만으로는 정상적인 법인의 활동을 할 수 없는 경우, 임기가 만료된 구 감사로 하여금 법인의 업무를 수행케 함이 부적당하다고 인정할 만한 특별한 사정이 없는 한, 구 감사는 후임 감사가 선임될 때까지 종전의 직무를 수행할 수 있다고 하게 된다(대판 2006. 4. 27, 2005도8875 등).

감사의 주요 직무로는 ① 법인의 재산상황을 감사하는 일, ② 이사의 업무집행의 상황을 감사하는 일, ③ 재산상황 및 업무집행에 관하여 부정·불비한 것이 있음을 발견한 때에는 이를 총회 또는 주무관청에 보고하는 일, ④ ③의 보고를 하기 위하여 필요한 때에는 총회를 소집하는 일 등이 있다(67조). 그러나 감사의 직무상 필요한 때에는 그 외의 행위도 할 수 있다고 새겨야 한다(이설 없음).

Ⅳ. 사원총회(의사결정기관) A-405

1. 의 의

사원총회는 사단법인의 사원 전원으로 구성되는 최고의 의사결정기관이다. 사원총회는 사단법인에서는 반드시 두어야 하는 필요기관이며, 정관의 규정에 의하여서도 이를 폐지하지 못한다. 재단법인에는 사원이 없으므로 사원총회도 있을 수 없으며, 재단법인의 최고의사는 정관에 정하여져 있다. 사원총회는 집행기관이 아니고 의결기관이다.

2. 총회의 종류

(1) 통상총회

매년 1회 이상 소집되는 사원총회이다(69조). 통상총회의 소집권자는 사단법인의 이사이다(69조). 통상총회의 소집시기는 정관에서 정하는 것이 보통이나, 정관에 규정이 없으면 총회의 결의로 정할 수 있고, 총회의 결의도 없으면 이사가 임의로 결정할 수 있다(이설 없음).

(2) 임시총회

① 이사가 필요하다고 인정하는 때(70조 1항), ② 감사가 필요하다고 인정하는 때(67조 4호), ③ 총사원의 5분의 1 이상이 회의의 목적사항을 제시하여 청구하는 때(70조 2항 1문)에 열리는 사원총회이다. ③의 경우에 있어서 5분의 1이라는 수는 정관에서 증감할 수 있으나(70조 2항 2문), 이 **소수사원의 총회소집권은 박탈하지 못한다고** 해석한다(이설 없음). 이것을 **소수사원권**(少數社員權)이라고 한다. 소수사원의 청구가 있음에도 불구하고 2주간 내에 이사가 총회소집의 절차를 밟지 않은 때에는, 청구한 사원은 법원의 허가를 얻어서 스스로 총회를 소집할 수 있다(70조 3항).

A-406

3. 소집의 절차

총회의 소집은 이사 등의 소집권자가 1주간 전에 그 회의의 목적사항을 기재한 통지를 발송하고(도달주의의 예외로 발신주의 채용. 111조 참조) 기타 정관에 정한 방법에 의하여야 한다(71조). 이 1주간의 기간은 단축하지는 못하지만 정관에서 적당하게 연장할 수는 있다(이설 없음). 소집절차가 법률 또는 정관의 규정에 위반한 경우의 효과에 관하여 민법에는 아무런 규정이 없으나(상법 376조·380조 등 참조), 치유될 수 있는 하자가 아닌 한 총회의 결의가 무효라고 하여야 한다(종중총회에 관하여 판례도 같다. 대판 2007. 9. 6, 2007다34982 등 참조).

(판 례) 총회의 소집 관련

(ㄱ) 「소집권한 없는 자에 의한 총회소집이라고 하더라도 소집권자가 소집에 동의하여 그로 하여금 소집하게 한 것이라면 그와 같은 총회소집을 권한 없는 자의 소집이라고 볼 수 없다 함은 소론과 같으나 단지 소집권한 없는 자에 의한 총회에 소집권자가 참석하여 총회소집이나 대표자선임에 관하여 이의를 하지 아니하였다고 하여 이것만 가지고 총회가 소집권자의 동의에 의하여 소집된 것이라거나 그 총회의 소집절차상의 하자가 치유되어 적법하게 된다고는 할 수 없」다(대판 1994. 1. 11, 92다40402).

(ㄴ) 「법인이나 법인 아닌 사단의 총회에 있어서, 총회의 소집권자가 총회의 소집을 철회·취소하는 경우에는, 반드시 총회의 소집과 동일한 방식으로 그 철회·취소를 총회 구성원들에게 통지하여야 할 필요는 없고, 총회 구성원들에게 소집의 철회·취소결정이 있었음이 알려질 수 있는 적절한 조치가 취하여지는 것으로써 충분히 그 소집 철회·취소의 효력이 발생한다고 할 것이다.」(대판 2007. 4. 12, 2006다77593)

A-407

4. 총회의 권한

사단법인의 사무는 정관으로 이사 또는 기타의 임원에게 위임한 사항 외에는 모두 사원총회의 결의에 의하여야 한다(68조). 그러나 강행법규·사회질서·법인의 본질 등에 반하는 사항은 결의할 수 없다. 정관의 규범적인 의미 내용과 다른 해석을 사원총회의 결의라는 방법으로 할 수도 없다(대판 2000. 11. 24, 99다12437). 그리고 총회는 집행기관이 아니므로 대외적인 대표권이나 내부적인 업무집행권이 없다.

정관의 변경(42조)과 임의해산(77조 2항)은 총회의 전권사항이며, 총회의 이 권한은 정관에 의하여서도 박탈할 수 없다. 따라서 정관에서 총회의 결의에 의하지 않고 정관을 변경할 수 있다고 정하였더라도 그 정관규정은 무효이다.

소수사원권과 사원의 결의권과 같은 사원의 고유권은 총회의 결의에 의하여서도 박탈하지 못한다고 하여야 한다(이설 없음). 이는 다수결원리의 한계로부터 인정되는 것이다. 판례는, 비법인사단인 종중이 종중 규약에 근거하여 종원에 대하여 10년 내지 20년간 종원의 자격(각종 회의에의 참석권·발언권·의결권·피선거권·선거권)을 정지시킨다는 내용의 처분(이 처분을 받은 자들 중 일부는 고령자이어서 사실상 종원 자격이 박탈된 것으로 봄)을 한 것은 종원이 가지는 고유하고 기본적인 권리의 본질적인 내용을 침해하므로 그 효력을 인정할 수 없다고 한다(대판 2006. 10. 26, 2004다47024).

5. 총회의 결의 A-408

(1) 총회의 성립

총회를 성립시키는 정족수는 민법에 규정되어 있지 않다. 따라서 그것은 정관에서 정하여야 하나, 정관에도 정하여져 있지 않는 때가 문제이다. 여기에 관하여 학설은 i) 2인 이상의 사원이 출석하면 충분하다고 하는 견해(사견도 같음)와 ii) 사원 과반수의 출석이 필요하다는 견해로 나뉘어 있다.

(2) 결의사항

총회에서 결의할 수 있는 사항은 정관에 다른 규정이 없는 한 총회를 소집할 때 미리 통지한 사항에 한정된다(72조).

(3) 결 의 권 A-409

각 사원은 평등하게 결의권을 가짐이 원칙이나(73조 1항. 주식회사의 경우에는 1주마다 1개의 의결권이 있다. 상법 369조 1항 참조), 그 원칙은 정관으로 변경할 수 있다(73조 3항). 그리고 결의권은 정관에 다른 규정이 없는 한 서면으로 행사하거나 대리인에 의하여 행사할 수도 있다(73조 2항). 한편 법인과 어느 사원과 관계되는 사항에 대하여 의결하는 경우에는 그 사원은 결의권이 없다(74조).

판 례 이사가 의결권이 없다는 의미

「민법 제74조에 의하면 사단법인과 어느 사원과의 관계사항을 의결하는 경우에는 그 사원은 의결권이 없다고 규정되어 있으므로 민법 제74조의 유추해석상 피고 공단(공익법인이 아닌 민법상 법인

임자: 저주)의 이사회의에서 피고 공단과 어느 이사와의 관계사항을 의결하는 경우에는 그 이사는 의결권이 없다고 할 것이고, 이때 의결권이 없다는 의미는 상법 제368조 제 4 항과 제371조 제 2 항의 유추해석상 이해관계 있는 이사는 이사회에서 의결권을 행사할 수는 없으나 의사정족수 산정의 기초가 되는 이사의 수에는 포함된다고 보아야 하고, 다만 결의성립에 필요한 출석이사에는 산입되지 아니한다고 풀이함이 상당하다.」(대판 2009. 4. 9, 2008다1521)

(4) 결의의 성립

총회의 결의는 정관에 다른 규정이 없으면 사원 과반수의 출석과 출석 사원의 결의권의 과반수로써 한다(75조 1항). 그러나 정관변경과 임의해산은, 정관에 다른 규정이 없으면, 각각 총사원의 3분의 2 이상과 4분의 3 이상의 동의가 있어야 한다(42조 1항 · 78조). 총회의 결의의 경우 서면이나 대리인에 의하여 결의권을 행사하는 사원은 출석한 것으로 본다(75조 2항).

한편 판례는, 민법상 사단법인에서 법률이나 정관에 정함이 없는데도 소집·개최 절차 없이 서면만으로 총회 결의를 한 경우에는 특별한 사정이 없는 한 그 결의에 중대한 하자가 있다고 한다(대판 2024. 6. 27, 2023다254984).

(5) 의사록의 작성

총회의 의사에 관하여는 의사록을 작성하여 주된 사무소에 비치하여야 한다(76조).

A-410 V. 사 원 권

사단의 구성원인 사원이 사단에 대하여 가지는 권리를 통틀어서 사원권이라고 한다. 그것은 사단에 대한 법적 지위라고 할 수 있을 것이다(통설도 같음). 사원권은 크게 공익권과 자익권으로 나누어진다(통설). 이 가운데 공익권은 사단의 관리·운영에 참가하는 것을 내용으로 하는 권리로서, 결의권·소수사원권·업무집행권·감독권 등이 그에 속한다. 그리고 자익권은 사원 자신이 이익을 누리는 것을 내용으로 하는 권리이며, 사단의 설비를 이용하는 권리 등이 그에 해당한다(영리법인에 있어서는 이익배당청구권·잔여재산 분배청구권 등이 자익권임). 한편 사원은 사원의 자격에서 일정한 의무도 부담한다. 회비납부의무·출자의무 등이 그 예이다.

영리법인에서의 사원권은 자익권이 강하므로 양도나 상속이 허용되지만(상법 335조 참조), 비영리법인에서는 공익권이 강하므로 양도나 상속이 허용되지 않는다(56조). 그러나 사원권의 양도·상속을 부인하는 민법규정(56조)은 강행규정이 아니므로, 정관이나 관습에 의하여 양도나 상속이 될 수 있다고 할 것이다(대판 1997. 9. 26, 95다6205 등).

제 5 관 법인의 주소

Ⅰ. 법인의 주소와 그 효과 A-411

법인의 주소는 그 주된 사무소(법인의 수뇌부가 있는 사무소)의 소재지에 있는 것으로 한다(36조). 법인을 설립하는 때에는 주된 사무소의 소재지에서 설립등기를 하여야 하며(49조 1항), 사무소를 이전하면 이를 등기하여야 제 3 자에게 대항할 수 있다(54조 1항). 그 밖의 주소의 효과는 자연인에 있어서와 같다(A-337 참조).

제 6 관 정관의 변경

Ⅰ. 서 설 A-412

정관의 변경은 법인이 동일성을 유지하면서 그 조직을 변경하는 것을 말한다. 정관변경의 가능성은 사단법인과 재단법인에 있어서 다르다. 사단법인은 사람의 단체를 실체로 하여 자율적으로 움직이는 것이기 때문에, 사단의 동일성이 유지되는 한, 그 정관은 원칙적으로 변경할 수 있다. 그러나 재단법인은 설립자에 의하여 정하여진 목적과 조직에 의하여 타율적으로 활동하는 것이므로, 그 정관은 원칙적으로 변경할 수 없다.

Ⅱ. 사단법인의 정관변경 A-413

1. 요 건

(1) 사원총회의 결의

정관의 변경에는 총사원의 3분의 2 이상의 동의가 있어야 한다(42조 1항 본문). 그런데 이 3분의 2 이상이라는 특별결의의 정족수는 정관에서 다르게 정할 수 있다(42조 1항 단서).

(2) 주무관청의 허가

정관의 변경은 주무관청의 허가를 얻지 않으면 효력이 없다(42조 2항). 주무관청의 허가는 본질상 주무관청의 자유재량행위라고 보아야 한다(이설 없음).

(3) 기 타

그 밖에 정관이라는 서면의 변경은 반드시 필요하지는 않으나, 변경사항이 등기사항인 때에는(49조 2항 참조) 그 변경을 등기하여야 제 3 자에게 대항할 수 있다(54조 참조).

2. 정관변경의 한계

(1) 정관에서 그 정관을 변경할 수 없다고 규정하고 있더라도 모든 사원의 동의가 있으면 정관을 변경할 수 있다(통설).

(2) 정관에서 정하고 있는 목적도 정관변경의 절차에 따라서 변경할 수 있다고 하여야 하나, 영리목적으로의 변경은 허용하지 않아야 한다(통설).

(3) 사단법인의 본질에 반하는 정관변경은 허용되지 않는다. 판례도 법인 아닌 사단인 종중에 관하여 위와 같은 견지에서, 종원 일부만이 참석한 종중 회합에서 종중원의 일부를 종원으로 취급하지도 않고 또 일부 종원에 대하여는 영원히 종원으로서의 자격을 박탈하는 것으로 규약을 개정한 것은 종중의 원래의 설립목적과 종중으로서의 본질에 반하는 것으로서 그 규약개정의 한계를 넘어 무효라고 한다(대판 1978. 9. 26, 78다1435).

A-414 Ⅲ. 재단법인의 정관변경

재단법인에 있어서는 다음과 같은 경우에만 정관변경이 예외적으로 인정된다.

1. 정관의 변경방법이 정해져 있는 경우

설립자가 정관에서 그 정관의 변경방법을 정하고 있는 경우에는 그 방법에 따라 정관을 변경할 수 있다(45조 1항). 그러나 이때에도 주무관청의 허가가 있어야 변경의 효력이 발생한다(45조 3항). 그리고 변경된 사항이 등기사항이면 등기하여야 제 3 자에게 대항할 수 있다(54조 1항 · 49조 2항).

2. 사무소 등의 변경

정관에서 변경방법을 정하고 있지 않더라도 재단법인의 목적달성 또는 그 재산의 보전을 위하여 적당한 때에는 명칭 또는 사무소의 소재지를 변경할 수 있다(45조 2항). 주무관청의 허가·등기 등은 위의 경우와 같다.

A-415 3. 목적달성이 불능한 경우

민법은 정관변경 방법이 정해져 있지 않을지라도 정관변경의 중대한 예외를 또 하나 인정하고 있다. 그에 의하면, 재단법인의 목적을 달성할 수 없는 때에는, 설립자나 이사는 주무관청의 허가를 얻어 설립의 취지를 참작하여 그 목적 기타 정관의 규정을 변경할 수 있다(46조). 이는 재단법인의 목적달성이 불능인 경우에는 그 법인은 해산하는 수밖에 없는데, 사회적으로 목적을 변경하여서라도 존속시키는 것이 바람직하고 또 설립자의 의사에도 더 부합할 것이기 때문에 인정된 것이다. 이때에 변경될 수 있는 정관은 목적을 포함하여 모든 규정이다. 그리고 설립의 취지를 참작한다는 것은 반드시 전의 목적과 유사하여야 한다는 의미는 아니라고 해석된다(통설도 같음). 주무관청의 허가와 등기 등은 여기에서도 같다.

재단법인 정관변경에 있어서 주무관청의 허가의 법적 성질이 문제된다. 판례는 과거에는 정관변경에 관한 주무관청의 허가는 그 본질상 주무관청의 자유재량에 속하는 행위라고 하였으나(대판 1985. 8. 20, 84누509 등), 그 후 전원합의체 판결로 판례가 변경되어 그 법적 성격은 인가라고 한다(대판(전원) 1996. 5. 16, 95누4810).

판례 정관변경 허가의 성격/허가를 다툴 수 있는지

「민법 제45조는 … 제 3 항에서 제42조 제 2 항(정관의 변경은 주무관청의 허가를 얻지 아니하면 그 효력이 없다)의 규정은 전 2항의 경우에 준용한다고 규정하고, 같은 법 제46조는 재단법인의 목적을 달성할 수 없는 때에는 설립자나 이사는 주무관청의 허가를 얻어 설립의 취지를 참작하여 그 목적 기타 정관의 규정을 변경할 수 있다고 규정하고 있는바, 여기서 말하는 재단법인의 정관변경 "허가"는 법률상의 표현이 허가로 되어 있기는 하나, 그 성질에 있어 법률행위의 효력을 보충해 주는 것이지 일반적 금지를 해제하는 것이 아니므로, 그 법적 성격은 인가라고 보아야 할 것이다.…

한편 인가는 기본행위인 재단법인의 정관변경에 대한 법률상의 효력을 완성시키는 보충행위로서, 그 기본이 되는 정관변경 결의에 하자가 있을 때에는 그에 대한 인가가 있었다 하여도 기본행위인 정관변경 결의가 유효한 것으로 될 수 없으므로 기본행위인 정관변경 결의가 적법 유효하고 보충행위인 인가처분 자체에만 하자가 있다면 그 인가처분의 무효나 취소를 주장할 수 있지만, 인가처분에 하자가 없다면 기본행위에 하자가 있다 하더라도 따로 그 기본행위의 하자를 다투는 것은 별론으로 하고 기본행위의 무효를 내세워 바로 그에 대한 행정청의 인가처분의 취소 또는 무효확인을 소구할 법률상의 이익이 없다.」(대판(전원) 1996. 5. 16, 95누4810)

4. 기본재산의 처분 및 증감 A-416

재단법인은 재산(기본재산)을 실체로 한다. 따라서 정관에 기재된 재단법인의 기본재산을 처분하거나 그것을 증가시키는 것은 중대한 조직변경을 의미하게 된다. 그 때문에 판례는 재단법인의 기본재산의 처분은 정관변경에 해당하므로 주무관청의 허가가 있어야 효력이 발생할 수 있다고 한다(대판 1974. 6. 11, 73다1975 등). 나아가 판례는, 이 점은 경매절차에 의한 매각의 경우에도 같다고 한다(대결 1986. 1. 17, 85마720 등). 그리고 그 법리는 기본재산을 증가시키는 경우에도 적용된다고 한다(대판 1991. 5. 28, 90다8558 등). 이러한 판례는 타당하다. 한편 주무관청의 허가는 보통 사전에 받을 것이지만, 사후에 받아도 무방하다고 할 것이다(대결 2018. 7. 20, 2017마1565: 재단법인의 정관변경에 대한 주무관청의 허가는, 경매개시요건은 아니고, 경락인의 소유권취득에 관한 요건이다). 그 경우에는 허가가 있기 전까지는 계약이나 경매가 효력이 생기지 않고 있다가 허가를 받으면 유효하게 된다(대판 1998. 7. 24, 96다27988 참조). 한편 민법상 재단법인의 기본재산에 관한 저당권 설정행위는 특별한 사정이 없는 한 정관의 기재사항을 변경하여야 하는 경우에 해당하지 않으므로, 그에 관하여는 주무관청의 허가를 얻을 필요가 없다(대결 2018. 7. 20, 2017마1565). 그리고 판례에 따르면, 민법상 재단법인의 정관에 '기본재산은 담보설정 등을 할 수 없으나 주무관청의 허가·승인을 받은 경우에는 이를 할 수 있다'는 취지로 정해져 있고, 정관 규정에 따라 주무관청의 허가·승인을 받아 민법상 재단법인의 기본재산에 관하여 근저당권을 설정한 경우, 그와 같이 설정된 근저당권을 실행하여 기본재산을 매각할 때에는 주무관청의 허가를 다시 받을 필요는 없다(대결 2019. 2. 28, 2018마800).

(판 례) 재단법인의 기본재산에 대한 집합건물법상의 매도청구 관련

「재단법인의 기본재산에 대하여 집합건물법상의 매도청구가 있는 경우에는 그 기본재산에 대한 매매계약의 성립뿐만 아니라 기본재산의 변경을 내용으로 하는 재단법인의 정관의 변경까지 강제되는 것으로 봄이 상당하다.」(대판 2008. 7. 10, 2008다12453)

제 7 관 법인의 소멸

A-417 I. 서 설

법인의 소멸이란 법인이 권리능력을 상실하는 것을 말한다. 자연인의 권리능력 상실은 자연인이 사망한 때에 순간적으로 일어나나, 법인의 경우에는 일정한 절차를 거쳐 단계적으로 일어난다. 즉 먼저 해산을 하고, 이어서 청산으로 들어가게 되며, 청산이 종결된 때에 법인은 완전히 소멸하게 된다. 그리하여 법인은 해산 후에도 청산이 종결될 때까지는 제한된 범위에서 권리능력을 가지며, 그러한 법인을 청산법인이라고 한다. 청산법인은 해산 전의 법인과 동일성을 가지는 것이다.

A-418 II. 해 산

해산이란 법인이 본래의 목적수행을 위한 적극적인 활동을 멈추고 청산절차(잔무의 처리·재산의 정리)에 들어가는 것을 말한다. 법인의 해산사유에는 사단법인·재단법인에 공통한 것과 사단법인에 특유한 것이 있다.

1. 사단법인 · 재단법인에 공통한 해산사유(77조 1항)

(1) 존립기간의 만료 기타 정관에 정한 해산사유(이는 사단법인에서는 필요적 기재사항이고 재단법인에서는 임의적 기재사항임)의 발생

(2) 법인의 목적달성 또는 달성불능

다만, 목적이 달성불능일지라도 정관을 변경하여 존속할 수는 있다(42조·46조).

(3) 파 산

법인이 채무를 완제하지 못하게 된 때, 즉 채무초과(소극재산이 적극재산을 넘는 것)가 된 때에는, 이사는 지체없이 파산을 신청하여야 한다(79조).

(4) 설립허가의 취소

법인이 목적 이외의 사업을 하거나 설립허가의 조건에 위반하거나 기타 공익을 해하는 행위를 한 때에는, 주무관청은 설립허가를 취소할 수 있다(38조). 설립허가의 취소는 제38조에 규정된 경우에 한정되며, 따라서 가령 목적달성 불능은 취소사유가 아니다(대판 1982. 10. 26, 81누363 등). 그리고 이 취소는 소급효가 없다.

2. 사단법인에 특유한 해산사유(77조 2항)

(1) 사원이 없게 된 때

이 규정상 사원이 1인인 사단법인도 있을 수 있다. 그런데 사원이 1인도 없게 되면 해산된다.

(2) 총회의 결의

총회의 결의에 의한 해산을 임의해산이라고 하는데, 이는 총회의 전권사항이다. 해산결의는 총사원 4분의 3 이상의 동의를 요하나, 그 정족수는 정관에서 다르게 정할 수 있다(78조).

Ⅲ. 청 산 A-419

1. 의 의

청산이란 해산한 법인이 남아 있는 사무를 처리하고 재산을 정리하여 완전히 소멸할 때까지의 절차를 말한다. 청산은 파산으로 해산하는 경우에는 「채무자회생 및 파산에 관한 법률」이 정하는 절차에 의하게 되고, 파산 외의 원인에 의하여 해산하는 경우에는 민법이 정하는 절차에 의하게 된다. 청산절차에 관한 규정은 모두 제3자의 이해관계에 중요한 영향을 미치는 것으로서 강행규정이다(대판 2000. 12. 8, 98두5279 등).

2. 청산법인의 능력

청산법인은 청산의 목적범위 내에서만 권리가 있고 의무를 부담한다(81조). 여기의 「목적범위 내」도 법인의 능력에 관한 「목적범위 내」(34조)에서처럼 넓게 해석하여야 한다. 그러나 청산이라는 목적을 변경하거나 해산 전의 적극적인 사업을 하는 것은 이를 넘는 것이 된다. 청산법인이 행한 목적범위 외의 행위는 무효이다(대판 1980. 4. 8, 79다2036).

판 례 법인 아닌 사단에서 구성원이 없게 된 경우

「법인 아닌 사단에 대하여는 사단법인에 관한 민법규정 가운데서 법인격을 전제로 하는 것을 제외하고는 이를 유추적용하여야 할 것인바, 사단법인에 있어서는 사원이 없게 된다고 하더라도 이는 해산사유가 될 뿐 막바로 권리능력이 소멸하는 것이 아니다(민법 제77조 제2항). 법인 아닌 사단에 있어서도 구성원이 없게 되었다 하여 막바로 그 사단이 소멸하여 소송상의 당사자능력을 상실하였다고 할 수는 없고, 청산사무가 완료되어야 비로소 그 당사자능력이 소멸하는 것이다.」(대판 1992. 10. 9, 92다23087)

A-420

3. 청산법인의 기관

(1) 개 관

법인이 해산하면 청산인이 이사에 갈음하여 집행기관으로 되나, 감사·사원총회 등의 다른 기관은 청산법인의 기관으로서 계속하여 권한을 행사한다.

(2) 청 산 인

청산법인의 집행기관은 청산인이다. 즉 청산인은 청산법인의 능력의 범위 내에서 대내적으로 청산사무를 집행하고 대외적으로 청산법인을 대표한다(87조 2항). 그의 지위는 이사와 마찬가지이다. 따라서 민법은 이사에 관한 여러 규정을 청산인에 준용하고 있다(96조).

청산인으로 되는 자는, 첫째로 정관에서 정한 자이고, 둘째로 총회 결의로 선임된 자이며, 이들이 없으면 셋째로 해산 당시의 이사이다(82조). 그러나 이사까지 없으면 법원이 직권으로 또는 이해관계인이나 검사의 청구에 의하여 청산인을 선임할 수 있으며, 후에 청산인에 결원이 생겨 손해가 생길 염려가 있는 때에도 같다(83조). 그리고 중요한 사유가 있는 때에는 법원은 직권으로 또는 이해관계인이나 검사의 청구에 의하여 청산인을 해임할 수 있다(84조).

A-421

4. 청산사무(청산인의 직무권한)

민법은 청산인이 행하여야 할 청산사무를 열거하고 있다(85조 이하). 그러나 이것이 전부는

아니다.

(1) **해산의 등기와 신고**

청산인은 법인이 파산으로 해산한 경우가 아니면 취임 후 3주일 내에 ① 해산 사유와 해산 연월일, ② 청산인의 성명과 주소, ③ 청산인의 대표권을 제한한 경우에는 그 제한을 주사무소 소재지에서 등기하고(85조 1항), 이를 주무관청에 신고하여야 한다(86조 1항). 또한 등기한 사항에 변경이 생기면 3주일 내에 변경등기를 하여야 한다(85조 2항·52조). 청산 중에 취임한 청산인은 그 성명 및 주소를 주무관청에 신고하면 된다(86조 2항). 한편 파산에 의한 청산의 경우에는 법원이 등기를 촉탁하고 주무관청에 통지하므로(채무자회생법 23조·314조), 청산인은 이를 할 필요가 없다.

(2) **현존사무의 종결**(87조 1항 1호)

(3) **채권의 추심**(87조 1항 2호)

다만, 변제기가 되지 않은 채권이나 조건부 채권은 적당한 방법(양도 기타의 환가처분)으로 환가할 수밖에 없다(민사집행법 241조 참조).

(4) **채무의 변제**(87조 1항 2호)

1) 채권신고의 독촉 청산인은 취임하는 날로부터 2개월 내에 3회 이상의 공고로 일반채권자에 대하여 일정한 기간(2개월 이상이어야 함) 내에 그의 채권을 신고할 것을 최고하여야 한다(88조 1항). 청산인이 알고 있는 채권자에 대하여는 개별적으로 채권을 신고하라고 최고하여야 한다(89조 1문). 청산법인에 대하여 채권을 주장하는 자도 여기의 채권자에 포함시켜야 한다.

2) 변 제 청산인은 채권 신고기간 내에는 채권자에게 변제하지 못한다(90조 본문). 채권 신고기간의 취지를 살리고 채권자들 사이에 공평을 기하기 위하여서이다. 그러나 법인은 지연손해배상은 하여야 한다(90조 단서).

청산 중의 법인은 변제기에 이르지 않은 채권에 대하여도 변제할 수 있다(91조 1항). 그 경우에 조건부 채권, 존속기간이 불확정한 채권, 기타 가액이 불확정한 채권에 관하여는 법원이 선임한 감정인의 평가에 의하여 변제하여야 한다(91조 2항).

채권을 신고하지 않아 청산으로부터 제외된 채권자는 법인의 채무를 완전히 변제한 뒤 귀속권리자에게 인도하지 않은 재산에 대해서만 변제를 청구할 수 있다(92조). 그러나 청산인이 알고 있는 채권자에 대하여는 그가 신고를 하지 않았더라도 청산에서 제외하지 못하며, 반드시 변제하여야 한다(89조 2문). 청산법인에 대하여 채권을 주장하는 자도 청산인이 알고 있는 채권자와 동일하게 다루어야 함은 위에서 기술하였다.

(5) **잔여재산의 인도**(87조 1항 3호) A-422

위의 절차를 밟은 후에 잔여재산이 있으면 이를 귀속권자에게 인도한다. 잔여재산의 귀속권자는 첫째로 정관에서 지정한 자이다(80조 1항). 정관으로 지정한 자가 없거나 지정방법을 정관이 정하고 있지 않은 때에는(지정방법을 정한 정관규정도 유효하며, 그에 반하는 잔여재산 처분은 특별한 사정이 없는 한 무효이다. 대판 1980. 4. 8, 79다2036; 대판 1995. 2. 10, 94다13473), 둘째로 이사(해산 전의 경우) 또는 청산인(해산 후의 경우)이 주무관청의 허가를 얻어 그 법인의 목적에 유사한 목적을 위하여 그 재산을 처분할 수 있다(80조 2항 본문). 사단법인에 있어서는 이때 총회의 결의가 있어야 한다(80조 2항 단서). 이들 방법에 의하여 처분되지 않은 재산은 마지막으로 국고에 귀속한다(80조 3항). 법인의 구성원에게 분배하는 일은 없다(상법 538조 등 참조).

판 례 청산인이 정관에 따라 잔여재산을 이전한 경우와 쌍방대리

해산한 법인이 해산시 잔여재산이 지정한 자에게 귀속한다는 정관 규정에 따라 구체적으로 확정된 잔여재산이전의무의 이행으로서 잔여재산인 토지를 그 귀속권리자에게 이전하는 것은 채무의 이행에 불과하므로 그 귀속권리자의 대표자를 겸하고 있던 해산한 법인의 대표청산인에 의하여 잔여재산 토지에 관한 소유권이전등기가 그 귀속권리자에게 경료되었다고 하더라도 이는 쌍방대리금지 원칙에 반하지 않는다(대판 2000. 12. 8, 98두5279).

(6) 파산신청

청산 중에 법인의 재산이 그의 채무를 완전히 변제하기에 부족하다는 것(채무초과)이 분명하게 된 때에는, 청산인은 지체없이 파산선고를 신청하고 이를 공고하여야 한다(93조 1항). 법인의 파산으로 파산관재인이 정해지면 청산인은 파산관재인에게 그의 사무를 인계하여야 하며, 그럼으로써 그의 임무가 종료된다(93조 2항). 그러나 이는 파산재단에 속하는 권리·의무에 관하여만 그러하며, 그 이외의 사항에 관하여는 청산인의 임무는 존속한다(이설 없음).

(7) 청산종결의 등기와 신고

청산이 종결된 때에는 청산인은 3주간 내에 이를 등기하고 주무관청에 신고하여야 한다(94조). 그러나 청산종결의 등기가 되었을지라도 청산사무가 종료되지 않은 경우에는 청산법인은 존속한다고 하여야 하며(대판 2003. 2. 11, 99다66427·73371 등), 청산법인으로서 당사자능력도 가진다고 하여야 한다(대판 1997. 4. 22, 97다3408).

제 8 관 법인의 등기

A-423 I. 서 설

민법은 법인의 조직과 내용을 일반에게 공시하게 하기 위하여 법인등기제도를 두고 있다. 법인등기의 절차는 비송사건절차법에 규정되어 있다(동법 60조 이하). 그리고 법인등기에 관

한 특별법으로 「법인의 등기사항 등에 관한 특례법」이 있다. 등기한 사항은 법원이 지체 없이 공고하여야 한다(54조 2항).

Ⅱ. 법인등기의 종류 A-424

(1) **설립등기**(49조)

법인설립의 허가가 있는 때에는 3주간(이 기간은 허가서가 도착한 날부터 기산한다. 53조) 내에 주된 사무소의 소재지에서 설립등기를 하여야 한다(49조 1항). 설립등기의 등기사항은 ① 목적, ② 명칭, ③ 사무소, ④ 설립허가의 연월일, ⑤ 존립시기나 해산사유를 정한 때에는 그 시기 또는 사유, ⑥ 자산의 총액, ⑦ 출자의 방법을 정한 때에는 그 방법, ⑧ 이사의 성명·주소, ⑨ 이사의 대표권을 제한한 때에는 그 제한 등이다(49조 2항).

(2) **분사무소 설치의 등기**(50조. 2024. 9. 20.에 개정됨)

(3) **사무소 이전의 등기**(51조. 2024. 9. 20.에 개정됨)

(4) **변경등기**(52조)

(5) **해산등기**(85조)

(6) **직무집행정지 등 가처분의 등기**(52조의 2. 2001. 12. 29.에 신설되었고, 2024. 9. 20.에 개정됨)

Ⅲ. 등기의 효력 A-425

법인등기 가운데 설립등기만은 법인의 성립요건이고(33조), 그 밖의 등기는 모두 대항요건이다(54조 1항). 그리하여 가령 이사의 변경등기는 대항요건이어서 이사 변경의 법인등기가 되었다고 하여 등기된 대로의 실체적 효력이 없으며(대판 2000. 1. 28, 98다26187), 법인이 해산하였어도 해산등기가 없으면 제3자에게 대항하지 못한다(대판 1984. 9. 25, 84다카493).

제 9 관 법인의 감독과 벌칙

Ⅰ. 법인의 감독 A-426

비영리법인은 영리법인과 달리 설립할 때부터 소멸할 때까지 광범위하게 국가의 감독을 받는다.

(1) **업무감독**

법인이 존속하고 있는 동안에 업무의 감독은 설립허가를 한 주무관청이 담당한다(37조).

감독의 내용은 법인의 사무 및 재산상황의 검사·설립허가의 취소 등이다(37조·38조·67조 3호).

(2) 해산과 청산의 감독

법인의 해산과 청산의 감독은 법원이 담당한다(95조). 해산·청산은 법인의 목적과는 관계가 없을뿐더러 제3자의 이해관계에 영향을 크게 미치기 때문이다. 감독의 내용은 필요한 검사와 청산인의 선임·해임이다(95조·83조·84조).

A-427 Ⅱ. 벌 칙

법인의 이사·감사 또는 청산인이 그의 직무를 다하지 않은 일정한 경우에는 500만원 이하의 과태료의 제재를 받는다(97조).

제10관 외국법인

A-428 Ⅰ. 외국법인의 의의 및 능력

(1) 의 의

내국법인(한국법인)이 아닌 법인이 외국법인이다. 내국법인·외국법인을 결정하는 기준에 관하여 학설은 i) 준거법설(사견도 같음)과 ii) 준거법과 주소지를 함께 고려하는 견해가 대립하고 있다.

(2) 능 력

외국법인의 능력에 관하여 민법은 아무런 규정도 두고 있지 않다(상법 614조 이하 참조). 그리하여 학설은 민법은 내·외국법인의 평등주의를 취하고 있는 것으로 해석한다. 그러나 외국법인의 권리능력에 대하여도 외국인의 경우와 마찬가지로 법률이나 조약에 의하여 제한이 가해지고 있음은 물론이다.

제7장 물　　건

학습의 길잡이

본장은 권리의 객체 중 특히 물건에 관하여 설명한다. 민법전은 권리객체에 관하여는 따로 규정을 하지 않고, 그 가운데 물건에 관하여만, 구체적으로는 물건의 정의(98조)와 부동산·동산(99조), 주물·종물(100조), 과실(101조·102조)에 대하여 규정을 두고 있다. 그리하여 본장에서는 이들을 중심으로 하여 서술하게 된다. 그러나 그 외에도 권리의 객체 일반론(제1절), 민법전에 규정이 없는 물건의 종류(제2절 내)도 기술한다.

물건에 관한 이론 및 규정은 물권의 논의에 필수적인 전제가 된다. 따라서 이 책 제2부(물권법)에서 다루는 물권들을 제대로 이해하려면 본장의 내용을 숙지해야 한다. 그리고 채권법총론 중에 특히 채권의 목적(제3부 제3장)과 변제(세3부 제8장 제2절)와 채권법각론의 여러 계약에서도 물건에 대한 이해를 필요로 한다. 그러므로 본장의 공부도 소홀히 해서는 안 된다.

제1절　권리의 객체 일반론

Ⅰ. 권리 객체의 의의　A-429

권리는 일정한 이익을 누리게 하기 위하여 법이 인정하는 힘이다(권리법력설의 입장). 이러한 권리가 성립하려면 당연히 그 힘의 대상이 있어야 한다. 이를 일반적으로 권리의 객체라고 한다.

권리의 객체는 권리의 종류에 따라 다르다. 물권에 있어서는 물건, 채권에 있어서는 특정인(채무자)의 행위(급부), 권리 위의 권리에 있어서는 권리, 형성권에 있어서는 법률관계, 인격권에 있어서는 생명·신체·자유·명예 등의 인격적 이익, 친족권에 있어서는 친족법상의 지위(가령 친권의 경우 자녀), 상속권에 있어서는 상속재산이 그 객체이다. 사람은 물권의 객체는 될 수 없지만, 인격권·가족권과 같은 다른 권리의 객체로 될 수는 있다(통설도 같음).

Ⅱ. 민법규정

권리의 객체는 권리에 따라 다르고 매우 다양한데, 민법은 그 가운데에서 물건에 관하여서만 일반적인 규정을 두고 있다.

제 2 절 물건의 의의 및 종류

A-430 ## Ⅰ. 물건의 의의

민법은 제98조에서「본법에서 물건이라 함은 유체물 및 전기 기타 관리할 수 있는 자연력을 말한다」고 정의하고 있다.

1. 물건의 요건

(1) 유체물이거나 자연력일 것

일반적으로(법적으로가 아니고) 말하면 물건에는 유체물과 무체물이 있다. 유체물은 형체가 있는 물질(고체·액체·기체)이고, 무체물은 형체가 없는 물질이다. 보통의 물건은 유체물이며, 전기·열·빛·음향·에너지·전파·공기 등의 자연력은 무체물이다. 권리도 전형적인 무체물이다.

민법에 의하면 이들 가운데 유체물은 모두 물건이나, 무체물은 자연력만이 물건으로 될 수 있다. 따라서 가령 권리는 물건이 아니다.

(2) 관리가 가능할 것

물건이 되려면 관리할 수 있는 것이어야 한다. 관리할 수 있다는 것은 배타적 지배가 가능하다는 의미이다. 제98조는 이 요건을 자연력에 관하여만 요구하고 있으나, 유체물에서도 필요하다고 새겨야 한다(이설 없음). 배타적 지배를 할 수 없는 것은 물권의 객체로 될 수 없기 때문이다. 그 결과 유체물일지라도 해·달·별·바다 등은 물건이 아니다. 그리고 공기·전파 등은 자연력이지만 배타적 지배가 불가능하므로 역시 물건이 아니다.

A-431 #### (3) 사람의 신체가 아닐 것(외계의 일부일 것·비인격성)

사람의 신체나 그 일부는 물건이 아니다. 따라서 인체에는 물권이 성립할 수 없다(그러나 인격권·친족권 등이 성립할 수는 있다). 인공적으로 인체에 부착된 의치·의안·의수·의족·가발 등도 신체에 고착하고 있는 한 신체의 일부로 보아야 한다. 그러나 신체에서 분리된 머리카락·이(齒)·혈액 등은 물건이며, 분리되기 전의 사람의 소유에 속한다. 인체의 일부를 분리시키는 채권계약(예: 손·발을 절단하기로 하는 수술계약)이나 분리된 물건의 처분행위(예: 대학병원에의 기증)는 사회질서에 반하지 않는 한 유효하다(이설 없음).

시체가 물건인가, 물건이라면 소유권의 객체가 되는가, 그리고 시체에 대한 권리는 누구에게 속하는가에 관하여는 논란이 있다. 학설은 우선 물건인가에 관하여 긍정하는 것이 다수설이다. 그리고 시체를 물건이라고 보는 다수설은 모두 시체도 소유권의 객체가 될 수 있지만, 그 소유권은 보통의 소유권과 달리 오직 매장·제사 등을 위한 권능과 의무를 내용으로 하는 특수한 것이라고 한다(특수 소유권설). 한편 그 특수 소유권이 누구에게 속하는가에 관하여 판례는, 사람의 유체·유골은 매장·관리·제사·공양의 대상이 될 수 있는 유체물로서, 분묘에 안치되어 있는 선조의 유체·유골은 제1008조의 3 소정의 제사용 재산인 분묘와 함께 그 제사 주재자에게 승계되고, 피상속인 자신의 유체·유골 역시 위 제사용 재산에 준하여 그 제사 주재자에게 승계된다고 한다(대판(전원) 2008. 11. 20, 2007다27670)(제사주재자에 관하여는 대판(전원) 2023. 5. 11, 2018다248626, E-196 참조). 그리고 피상속인이 생전행위 또는 유언으로 자신의 유체·유골을 처분하거나 매장장소를 지정한 경우에, 제사주재자가 무조건 이에 구속되어야 하는 법률적 의무까지 부담하지는 않는다고 한다(대판(전원) 2008. 11. 20, 2007다27670. 이 부분은 판례가 변경되지 않음).

(4) 독립한 물건일 것

물건이 단순히 채권의 목적물로 되는 경우와 달리, 물권의 객체로 되는 경우에는 독립한 존재를 가져야 한다. 왜냐하면 물권에 있어서는 하나의 독립한 물건 위에 하나의 물권이 성립한다는 이른바 일물일권주의(B-7 참조)가 원칙으로 되어 있기 때문이다.

2. 물건의 개수 A-432

(1) 물건의 일부

하나의 물건의 일부는 독립한 물건이 아니며, 따라서 그것은 원칙적으로 물권의 객체가 되지 못한다. 그러나 여기에는 예외들이 있다(자세한 사항은 물권법에서 설명한다. B-7 참조).

(2) 단 일 물

겉모습으로 보아 단일한 일체를 이루고 각 구성부분이 개성을 잃고 있는 물건이다(접시 1개, 소 1마리 등). 이러한 단일물이 하나의 물건임은 물론이다.

(3) 합 성 물

각 구성부분이 개성을 잃지 않고 결합하여 단일한 형체를 이루고 있는 물건이다(건물·보석반지·자동차 등). 합성물도 하나의 물건이다. 소유자가 다른 물건이 결합하여 합성물이 되면 소유권의 변동이 생기게 된다(256조 이하 참조).

(4) 집 합 물

단일물 또는 합성물들이 모여 경제적으로 단일한 가치를 가지고 거래상으로도 하나로 다루어지는 것을 집합물이라고 한다(상점의 상품 전체·공장의 시설 전부 등). 집합물은 하나의 물건이 아니며, 따라서 그 위에 하나의 물권이 성립할 수는 없다. 그러나 특별법상 하나의 물건으로 다루어지는 경우가 있다(「공장 및 광업재단저당법」 등 참조). 그리고 얼마 전에는 여러 개의 동산을 특정할 수 있는 경우에는 그것을 목적으로 담보등기를 할 수 있는 제도를 입법하기도 하였다(「동산·채권 등의 담보에 관한 법률」 3조 2항). 한편 판례는 일정한 요건(특정을 위한 요건) 하에 집합물에 대하여 양도담보가 설정될 수 있음을 인정한다(대판 2004. 11. 12, 2004다22858 등 다수).

A-433 Ⅱ. 물건의 종류

민법이 총칙편에서 규정하고 있는 물건의 분류는 동산·부동산, 주물·종물, 원물·과실의 세 가지이다. 그런데 문헌에서는 그것들 외에도 몇 가지 다른 분류를 하고 있다. 민법에 의한 분류는 뒤에 따로 보기로 하고, 여기서는 그 밖의 분류만을 설명하기로 한다.

1. 융통물·불융통물

사법상 거래의 객체가 될 수 있는 물건을 융통물이라 하고, 그렇지 못한 물건을 불융통물이라고 한다. 불융통물에는 공용물·공공용물·금제물이 있다. ① **공용물**(公用物)은 국가나 지방자치단체의 소유로서 국가나 지방자치단체의 공적 목적에 사용되는 물건이다(예: 관공서의 건물·국공립 학교의 건물). ② **공공용물**(公共用物)은 공중(公衆)의 일반적인 사용에 제공되는 물건이며(예: 도로·하천·공원), 이는 사인(私人)의 소유에 속할 수도 있다(예: 도로부지. 도로법 4조 참조). 공용물이나 공공용물은 국유재산법(6조) 또는 「공유재산 및 물품관리법」(5조)상의 행정재산이 되며, 공용폐지가 있을 때까지는 사법상의 거래의 객체가 되지 않는다(국유재산법 27조·40조, 「공유재산 및 물품관리법」 11조·19조). ③ **금제물**(禁制物)은 법령의 규정에 의하여 거래가 금지되는 물건이며, 이에는 소유 또는 소지까지 금지되는 것(예: 아편 및 아편흡식기구(형법 198조 이하)·음란한 문서 도화 기타의 물건(형법 243조·244조)·위조 변조한 통화와 그 유사물(형법 207조 이하))과 거래만이 금지되는 것(국유문화재(문화재보호법 66조). 그러나 기타의 국보·보물·국가민속문화유산·일반동산문화유산은 수출 또는 국외반출만 금지되어 있다(동법 39조·60조 참조. 매도금지 규정은 삭제되었다))이 있다.

2. 가분물·불가분물

가분물은 물건의 성질 또는 가격을 현저하게 손상하지 않고서 나눌 수 있는 물건이고(금전·곡물·토지 등), 그렇지 않은 물건이 불가분물이다(그림·소·말·건물 등). 이는 보통은 객관적 성질에 의한 구별이지만, 당사자의 의사표시에 의하여 가분물을 불가분물로 다루게 되는 경우도 있다(409조 참조).

A-434 3. 대체물·부대체물

일반거래상 물건의 개성이 중요시되지 않아서 동종·동질·동량의 다른 물건으로 바꾸어도 당사자에게 영향을 주지 않는 물건이 대체물이고(금전·신형 자동차·술·곡물 등), 물건의 개성이 중요시되어 다른 물건으로 바꿀 수 없는 물건이 부대체물이다(그림·골동품·중고자동차·소·건물 등).

4. 특정물 · 불특정물

구체적인 거래에 있어서 당사자가 물건의 개성을 중요시하여 다른 물건으로 바꾸지 못하게 한 물건이 특정물이고, 다른 물건으로 바꿀 수 있게 한 물건이 불특정물이다. 이는 당사자의 의사에 의한 주관적 구별이어서 당사자는 일반적으로 물건의 개성이 중요시되는가에 관계없이(즉 대체물인가 부대체물인가 관계없이) 특정물로든 불특정물로든 거래할 수 있다(따라서 이 구별은 엄격하게는 물건의 구별이 아니고 거래방법의 구별이다). 예컨대 그림이나 소(牛)같은 부대체물도 대량으로 거래하면서 불특정물로 다룰 수 있으며, 쌀과 같은 대체물도 「이 쌀」이라는 특정물로 거래할 수 있다. 그렇지만 보통은 부대체물은 특정물로, 대체물은 불특정물로 거래된다.

5. 소비물 · 비소비물

소비물은 물건의 성질상 그 용도에 따라 한 번 사용하면 다시 그 용도로 사용할 수 없는 물건이고(술·곡물 등), 같은 용도로 반복하여 사용할 수 있는 물건이 비소비물이다(그림·건물·기계 등). 금전은 반복해서 사용할 수 있으나, 한 번 사용하면 그 주체에 변경이 생겨서 전 소유자가 다시 사용할 수 없기 때문에 소비물로 다루어진다.

제 3 절 부동산과 동산

Ⅰ. 부동산 · 동산 구별의 이유 A-435

부동산·동산의 구별은 물건의 분류 가운데 가장 중요한 것이다. 이 둘을 구별하는 이유로는 보통 다음의 두 가지를 든다.

(1) 부동산은 동산에 비하여 경제적 가치가 크므로 특별히 보호하여야 할 필요가 있다.

(2) 부동산은 움직이지 않기 때문에 그 위의 권리관계를 공적 장부 내지 기록에 의하여 공시하는 데 적합하나, 이리저리 움직일 수 있는 동산은 그러한 공시에 적합하지 않다.

그런데 이들 가운데 (1)의 이유는 동산인 금전의 역할이 현저하게 커지고 또 유가증권(이는 물건은 아님)제도의 발전으로 그 의의를 거의 상실하였다. 그에 비하여 (2)의 이유(공시방법의 차이)는 오늘날에도 대단히 중요하다. 그러나 선박·자동차·항공기·건설기계와 같이 동산임에도 불구하고 등기나 등록에 의하여 공시되는 것이 있어서 그 의미는 변해가고 있다.

A-436 Ⅱ. 부 동 산

민법은 「토지 및 그 정착물」을 부동산으로 하고 있다(99조 1항).

1. 토 지

물건으로서의 토지는 지적공부(地籍公簿)(토지대장·임야대장 등)에 하나의 토지로 등록되어 있는 육지의 일부분이다. 본래 육지는 연속되어 있으나, 편의상 인위적으로 구분하여 각 구역마다 번호(토지번호 즉 지번)를 붙이고, 이를 지적공부(토지대장·임야대장 등)에 등록한다(「공간정보의 구축 및 관리 등에 관한 법률」 64조·66조·71조). 이렇게 등록이 되면 토지는 독립성이 인정된다(대판 1995. 6. 16, 94다4615 등).

토지의 범위는 지표면과 정당한 이익이 있는 범위 내에서 그 상하를 포함한다(212조 참조). 따라서 토지의 구성물(암석·토사·지하수 등)은 토지의 일부분에 지나지 않는다(대판 1964. 6. 23, 64다120은 논둑은 논의 구성부분이라고 한다). 그런데 토지에 부존되어 있는 미채굴의 광물은 국가가 이를 채굴·취득하는 권리(광업권)를 부여할 권능을 가지고 있기 때문에(광업법 2조), 토지소유자의 소유권은 그것에는 미치지 않는다.

독립한 토지의 개수는 「필」(筆)로서 표시된다. 1필의 토지를 여러 필로 분할하거나 여러 필의 토지를 1필로 합병하려면 분필 또는 합필의 절차를 밟아야 한다(「공간정보의 구축 및 관리 등에 관한 법률」 79조·80조, 부등규칙 75조-80조).

1필의 토지의 일부는 분필절차를 밟기 전에는 양도하거나 제한물권을 설정할 수 없다. 다만, 용익물권만은 분필절차를 밟지 않아도 1필의 토지의 일부 위에 설정될 수 있다(부등법 69조 6호·70조 5호·72조 1항 6호 참조).

A-437 2. 토지의 정착물

토지의 정착물이란 토지에 고정적으로 부착되어 쉽게 이동할 수 없는 물건으로서 그러한 상태로 사용되는 것이 그 물건의 성질로 인정되는 것을 말한다. 예컨대 건물·수목·다리·돌담·도로의 포장 등이 그렇다. 그러나 판자집·임시로 심어 놓은 수목·토지나 건물에 충분히 정착되어 있지 않은 기계 등은 정착물이 아니다.

토지의 정착물은 모두 부동산이지만, 그 가운데에는 토지와는 별개의 부동산이 되는 것(예: 건물)도 있고, 토지의 일부에 불과한 것(예: 다리·돌담·도로의 포장)도 있다. 토지와는 별개의 독립한 부동산으로 되는 정착물들을 살펴보기로 한다.

(1) 건 물

우리 법상 건물은 토지와는 별개의 부동산이다. 그리하여 토지등기부와 따로 건물등기부를 두고 있다(부등법 14조 1항). 건물은 건축물대장에 등록되나(건축법 38조 참조), 그것은 토지와는 달리 등록에 의하여 독립성을 갖는 것은 아니며(대판 1997. 7. 8, 96다36517도 참조), 건물로 인정되는 때에 바로 하나의 물건으로 된다. 짓고 있는 건물이 언제부터 독립한 건물(부동산)로 되는가는 양도나 압류 등에 있어서 대단히 중요하다. 그런데 건물 여부를 판단하는 명확한 기준은 없다. 따라서 결국 사회통념에 의하여 결정하여야 한다. 판례에 의하면, 최소한의 기둥과 지붕 그리고 주벽(主壁)이 이루어지면 된다고 한다(대판 2003. 5. 30, 2002다21592 · 21608 등. 이에 관하여 공간된 첫 판결인 대판 1977. 4. 26, 76다1677은 최소한의 요건으로 기둥 · 지붕 · 주벽의 완성을 들고 있었으나, 그 이후의 판결에서는 그것이 충분조건으로 되고 있다). 한편 건물의 소유권은 건물이 되는 시점에 당시의 건축주가 등기 없이 당연히 소유권을 원시취득한다(대판 2002. 4. 26, 2000다16350 등 참조).

판 례 시설부지에 정착된 레일의 성격

시설부지에 정착된 레일은 사회통념상 그 부지에 계속적으로 고착되어 있는 상태에서 사용되는 시설의 일부에 해당하는 물건이라고 봄이 상당하다(대결 1972. 7. 27, 72마741).

독립한 건물의 개수는 동(棟)으로 표시한다. 건물의 개수도 사회통념에 의하여 결정하여야 한다(대판 1997. 7. 8, 96다36517). 건물의 경우에는 1동의 건물의 일부가 독립하여 소유권의 객체가 될 수 있으며, 이를 구분소유라고 한다(215조). 그리고 건물의 구분소유를 합리적으로 규율하기 위하여 「집합건물의 소유 및 관리에 관한 법률」이 제정되어 있다.

등기부상 1동의 건물로 등기되어 있는 것의 일부는 구분 또는 분할의 등기를 하지 않는 한 처분하지 못한다. 다만, 전세권은 건물의 일부에 대하여도 설정할 수 있다(부등법 72조 1항 6호 참조).

(2) 수목의 집단 A-438

토지에서 자라고 있는 수목은 본래 토지의 정착물로서 토지의 일부에 지나지 않는다(대결 1976. 11. 24, 76마275도 참조). 그런데 그러한 수목이 특별법이나 판례에 의하여 독립한 부동산으로 다루어지기도 한다.

1) 「입목에 관한 법률」(이하 입목법이라 함)에 의한 수목의 집단 입목법은, 그 법에 따라 소유권보존등기를 받은 수목의 집단을 입목이라고 하면서(동법 2조 1항), 그것을 토지와는 별개의 부동산으로 다룬다(동법 3조 1항). 그리하여 입목의 소유자는 입목을 토지와 분리하여 양도하거나 이를 저당권의 목적으로 할 수 있다(동법 3조 2항). 그리고 토지의 소유권 또는 지상권의 처분은 입목에 영향을 미치지 않는다(동법 3조 3항). 한편 1필의 토지의 일부분에 자라고 있는 수목도 입목이 될 수 있으며, 또한 수종에 제한도 없다(동법 시행령 1조).

2) 입목법의 적용을 받지 않는 수목의 집단 판례에 의하면, 입목법의 적용을 받지 않는 수목의 집단도 명인방법을 갖추면 독립한 부동산으로서 거래의 목적이 된다(대결 1998. 10. 28, 98마1817 참조). 그러나 그것은 소유권의 객체가 될 뿐이고(따라서 양도담보는 가능함) 저당권의 객체는 되지 못

한다. 등기할 방법이 없기 때문이다. 한편 집단이 아닌 개개의 수목도 거래의 가치가 있는 것은 마찬가지로 다루어야 할 것이다.

[참고] 명인방법

명인방법(明認方法)은 수목의 집단 또는 미분리의 과실의 소유권이 누구에게 속하고 있는지를 제 3 자가 명인(명백하게 인식)할 수 있도록 하는 관습법상의 공시방법이다. 나무껍질을 깎아 거기에 소유자의 이름을 먹물로 써놓는 것 또는 과수원 주변에 새끼줄을 치고 소유자의 이름을 기재한 표찰을 붙여 놓는 것 등이 그 예이다.

A-439 **(3) 미분리의 과실**

과일·잎담배·뽕잎·입도(立稻) 등과 같은 미분리의 과실은 수목의 일부에 지나지 않는다. 그런데 판례는 이것도 명인방법을 갖춘 때에는 독립한 물건으로서 거래의 목적으로 될 수 있다고 한다.

(4) 농 작 물

토지에서 경작·재배되는 각종의 농작물은 토지의 정착물이며, 토지의 일부에 지나지 않는다. 타인의 토지에서 경작·재배되는 때에도 마찬가지이다(256조 본문). 다만, 정당한 권원(어떤 행위를 적법 내지 정당하게 하는 법률상의 원인)에 기하여 타인의 토지에서 경작·재배한 경우에는 토지와는 별개의 물건으로 다루어진다(256조 단서).

그런데 **판례**에 의하면, 농작물은 타인의 토지에서 소유자의 승낙을 얻어 경작하는 때는 물론이고(대판 1968. 3. 19, 67다2729), **남의 땅에서 아무런 권원 없이 위법하게 경작한 때에도 그 소유권은 경작자에게 있다고** 한다(대판 1969. 2. 18, 68도906 등). 이러한 판례에 의하면 남의 땅에서 경작된 농작물은 언제나 토지와는 독립한 물건이며, 경작자의 소유에 속한다. 그리고 거기에는 명인방법도 요구되지 않는다.

A-440 Ⅲ. 동 산

(1) 의 의

부동산 이외의 물건이 동산이다(99조 2항). 토지에 부착하고 있는 물건이라도 정착물이 아니면 동산에 속한다. 그리고 전기 기타 관리할 수 있는 자연력도 동산이다. 선박·자동차·항공기·일정한 건설기계는 동산이기는 하나, 부동산처럼 다루어진다. 현행법상 무기명채권(예: 상품권·승차권·입장권·무기명 국채)은 물건이 아니어서 동산에 해당할 수도 없다.

(2) 특수한 동산(금전)

금전은 동산이기는 하나, 보통의 동산과 달리 물질적인 이용가치는 거의 없고 그것이

나타내는 추상적인 가치(금액)만이 의미가 있는 특수한 것이다(그리고 그 추상적인 가치에 의하여 재화의 교환을 매개한다). 따라서 금전은 특정한 물건이 아니고 그것이 나타내는 금액만큼의 가치로 인식되어야 한다. 그러나 예외적으로 금전이 물건으로 다루어지는 경우도 있다(예: 수집의 목적으로 특정 금전을 매매하는 경우).

제 4 절 주물과 종물

I. 주물 · 종물의 의의 A-441

물건의 소유자가 그 물건의 일상적인 사용을 돕기 위하여 자기 소유인 다른 물건을 이에 부속하게 한 경우에, 그 물건을 주물이라고 하고 주물에 부속시킨 다른 물건을 종물이라고 한다(100조 1항). 배(船)와 노(櫓), 시계와 시계줄이 그 예이다.

판 례 주물-종물관계를 인정/부정한 예

(ㄱ) 주물-종물관계를 인정한 예

① 백화전 건물의 지하 2층 기계실에 설치되어 있는 전화교환설비는 10층 백화점의 효용과 기능을 다하기에 필요불가결한 시설들로서, 위 건물의 상용에 제공된 종물이라 할 것이다(대판 1993. 8. 13, 92다43142).

② 주유소의 주유기는 계속해서 주유소 건물 자체의 경제적 효용을 다하게 하는 작용을 하고 있으므로 주유소 건물의 상용에 공하기 위하여 부속시킨 종물이다(대판 1995. 6. 29, 94다6345. 동지 대결 2000. 10. 28, 2000마5527).

(ㄴ) 주물-종물관계를 부정한 예

① 호텔의 각 방실에 시설된 텔레비전, 전화기, 호텔 세탁실에 시설된 세탁기, 탈수기, 드라이크리닝기, 호텔 주방에 시설된 냉장고 제빙기, 호텔 방송실에 시설된 VTR(비디오), 앰프 등은 호텔의 경영자나 이용자의 상용에 공여됨은 별론으로 하고 호텔 자체의 경제적 효용에 직접 이바지하지 않음은 경험칙상 명백하므로 호텔에 대한 종물이라고는 할 수 없다(대판 1985. 3. 26, 84다카269).

② 정화조는 수세식 화장실에서 배출하는 오수의 정화처리를 위하여 필수적으로 설치되어야 하고, 또 기록에 의하면, 이 사건 정화조가 위 3층건물의 대지가 아닌 인접한 다른 필지의 지하에 설치되어 있기는 하지만 위 3층건물 화장실의 오수처리를 위하여 위 건물 옆 지하에 바로 부속하여 설치되어 있음을 알 수 있어 독립된 물건으로서 종물이라기보다는 위 3층건물의 구성부분으로 보아야 할 것이다(대판 1993. 12. 10, 93다42399).

A-442 ## Ⅱ. 종물의 요건

종물의 요건은 다음과 같다(100조 1항).

(1) 주물의 일상적인 사용을 돕는 것일 것(상용에 공할 것). 종물이려면 사회관념상 계속하여 주물의 경제적 효용을 돕는 것이어야 한다. 따라서 일시적으로 효용을 돕거나, 또는 주물 소유자의 사용을 돕고 있기는 하지만 주물 자체의 효용과는 직접 관계가 없는 물건은 종물이 아니다(가령 식기·책상·난로는 가옥의 종물이 아니다). 여기에 관하여는 학설이 일치하며 판례도 같다(대결 2000. 11. 2, 2000마3530 등).

(2) 주물에 부속시킨 것으로 인정할 만한 정도의 장소적 관계가 있어야 한다.

(3) 주물로부터 독립된 물건이어야 한다. 주물의 구성부분은 종물이 아니다(대판 1993. 12. 10, 93다42399는 정화조는 건물의 구성부분이라고 한다). 독립한 물건이면 되고, 반드시 동산일 필요는 없다. 그 결과 동산이든 부동산이든 주물·종물이 될 수 있다. 주택과 딴 채로 된 광, 주유소 건물과 주유기(대판 1995. 6. 29, 94다6345 등)는 주물·종물이 모두 부동산인 경우의 예이다.

(4) 주물·종물은 모두 동일한 소유자에게 속하여야 한다. 그러나 제 3 자를 해하지 않는 범위에서 다른 소유자에게 속하는 물건 사이에도 주물·종물의 관계를 인정하여야 한다(이설 없음). 그런데 판례는 주물의 소유자가 아닌 자의 물건은 종물이 될 수 없다고만 한다(대판 2008. 5. 8, 2007다36933·36940).

A-443 ## Ⅲ. 종물의 효과

종물은 주물의 처분에 따른다(100조 2항). 여기의 처분은 소유권양도·제한물권 설정과 같은 물권적 처분뿐만 아니라 매매·대차와 같은 채권적 처분도 포함하는 넓은 의미이다. 주물 위에 저당권이 설정된 경우에 저당권의 효력이 종물에도 미친다는 데 대하여는 명문의 규정을 두고 있다(358조). 그러나 주물의 시효취득과 같이 점유에 기한 권리변동의 경우에는 종물에 그 효력이 미치지 않는다. 한편 제100조 제 2 항은 임의규정이라고 해석되므로, 당사자는 주물을 처분할 때에 특약으로 종물을 제외할 수도 있고 종물만을 따로 처분할 수도 있다(대판 2012. 1. 26, 2009다76546).

A-444 ## Ⅳ. 종물이론의 유추적용

주물·종물 이론은 물건 상호간에 관한 것이지만 그것은 권리 상호간에도 유추적용되어야 한다(이설 없음). 따라서, 가령 건물이 양도되면 그 건물을 위한 대지의 임차권(대판 1993. 4. 13, 92다24950: 저당권이 실행된 경우)이나 지상권(대판 1996. 4. 26, 95다52864)도 건물양수인에게 이전하고, 구분건물의 전유부분에 대한 소유권보존등기만 행하여지고 대지지분에 대한 등기가 되기 전에 전유부분만에 대하여 내려진 가압류결정의 효력은 그 대지권에까지 미치며(대판 2006. 10. 26, 2006다29020), 원본채권이 양도되면 이자채권도 이전한다.

제 5 절 원물과 과실

Ⅰ. 원물 · 과실의 의의 A-445

물건으로부터 생기는 경제적 수익을 과실(果實)이라고 하고, 과실을 생기게 하는 물건을 원물(元物)이라고 한다. 과실에는 천연과실과 법정과실이 있다. 그리고 민법은 물건의 과실만 인정하며, 권리의 과실(주식의 배당금 · 특허권의 사용료 등) 개념은 인정하지 않는다.

Ⅱ. 천연과실 A-446

(1) 의 의

물건의 용법에 의하여 수취되는 산출물이 천연과실이다(101조 1항). 「물건의 용법에 의하여」라 함은 원물의 경제적 용도에 따르는 것을 말한다. 천연과실에는 자연적 · 유기적인 것(과일 · 곡물 · 가축의 새끼 · 우유 등)뿐만 아니라 인공적 · 무기적인 것(석재 · 흙 · 모래 등)도 있다(원물의 수익으로 인정될 경우).

천연과실은 원물로부터 분리되기 전에는 원물의 구성부분에 지나지 않으나(다만, 명인방법을 갖춘 경우에는 독립성이 인정된다), 분리된 때에 독립한 물건으로 된다.

(2) 귀 속

천연과실은 그것이 원물로부터 분리되는 때에 그것을 수취할 권리자에게 속한다(102조 1항). 수취권자는 원물의 소유자(상속재산의 소유권을 취득한 자는 그 과실의 수취권이 있다: 대판 2007. 7. 26, 2006다83796)인 것이 보통이나(211조 참조), 예외적으로 선의의 점유자(201조) · 지상권자(279조) · 전세권자(303조) · 유치권자(323조) · 질권자(343조) · 저당권자(359조) · 매도인(587조) · 사용차주(609조) · 임차인(618조) · 친권자(923조) · 유증의 수증자(1079조) 등에게도 수취권이 인정된다. 그리고 동산의 양도담보설정자도 수취권을 갖는다(대판 1996. 9. 10, 96다25463). 이는 부동산의 양도담보의 경우에도 마찬가지이다. 소유자 이외의 자에게 수취권이 인정되는 때에는 소유자는 수취권을 갖지 못한다. 한편 제102조 제 1 항도 임의규정이다.

A-447 Ⅲ. 법정과실

(1) 의 의

물건의 사용대가로 받는 금전 기타의 물건이 법정과실이다(101조 2항). 물건의 대차에 있어서의 사용료(집세·지료 등)(대판 2001. 12. 28, 2000다27749는 국립공원의 입장료는 토지의 사용대가라는 민법상의 과실이 아니라고 한다), 금전대차에 있어서의 이자 등이 그 예이다. 그런데 원물·과실은 모두 물건이어야 하므로 노동의 대가·권리사용의 대가 등은 과실이 아니다(통설도 같음). 그리고 원물 사용의 대가를 받을 수 있는 권리도 과실은 아니다.

(2) 귀 속

법정과실은 수취할 권리의 존속기간의 일수의 비율로 취득한다(102조 2항). 그러나 이 규정도 역시 임의규정이므로 당사자가 다르게 약정할 수 있다.

(3) 원물 자체의 사용이익에의 유추적용

가옥에 거주하는 것과 같이 원물을 그대로 이용하는 경우에 그 사용이익은 법정과실은 아니나, 과실의 수취에 준하여 다룰 것이라고 함이 통설·판례(대판 1996. 1. 26, 95다44290 등)이다. 그에 의하면, 타인의 가옥을 선의로 점유한 때에는 점유·사용으로 인한 이익을 반환할 의무가 없게 된다(201조 1항의 유추적용).

제 2 부

물 권 법

제2부

물권법

제1장 서　　론

학습의 길잡이

본장은 서론 부분으로서 물권에 관한 기초이론을 설명한다. 구체적으로는 물권법 일반이론, 물권의 본질·종류·효력에 대하여 논의한다. 언제나 그렇듯이 서론적인 부분은 전체적인 체계를 알게 하고 본론에서 다루는 내용의 이해를 돕는다. 그러므로 서론 부분을 소홀히 해서는 안 된다.

본장에서 상대적으로 더 신경써야 할 것으로는 일물일권주의, 물권법정주의, 물권적 청구권을 들 수 있다. 한편 물권을 제대로 이해하려면 민법총칙상의 물건에 대하여 잘 알고 있을 필요가 있다. 그리고 물권법정주의에서 관습법을 공부할 때에는 제1조의 논의도 유의해야 한다.

제1절　물권법 일반론

Ⅰ. 물권법의 의의 B-1

물권법(物權法)은 민법의 일부분이다. 따라서 물권법의 의의도, 민법 전체의 의의에 있어서와 마찬가지로(A-1 이하 참조), 실질적으로 정의될 수도 있고 형식적으로 정의될 수도 있다. 앞의 것을 실질적 물권법이라고 하고, 뒤의 것을 형식적 물권법이라고 한다.

(1) **실질적 물권법**

물권법을 실질적으로 파악하면 실질적 민법 가운데 물권에 관한 법이다. 이것을 달리 표현하면 「물건 기타의 객체에 대한 지배관계 즉 물권관계를 규율하는 일반사법」이라고 할 수 있다.

(2) **형식적 물권법**

형식적 의미의 물권법은 「민법」이라는 이름의 법률 가운데 「제2편 물권」(185조 내지 372조)을 가리킨다.

(3) **두 물권법 사이의 관계**

실질적 물권법과 형식적 물권법은 일치하지 않는다. 후자가 전자의 뼈대를 이루고 있어 두 법은 중요부분에서 서로 겹치나, 형식적 물권법 가운데에는 실질적 물권법에 속하지 않는 것도 있으며(가령 201조 2항 · 202조 · 203조 · 261조 등은 채권법적 규정이다), 민법전의 「제 2 편 물권」 이외의 규정 가운데 물권법적인 것도 있고(704조 · 1006조 등), 또 부동산등기법 ·「부동산 실권리자 명의 등기에 관한 법률」·「가등기담보 등에 관한 법률」 등과 같은 특별법에도 물권법적 규정이 많이 있다. 뿐만 아니라 관습법과 판례(법원이라고 볼 경우) 중에도 실질적 물권법이 있다.

(4) 물권법학의 대상: 실질적 물권법

민법학의 일부인 물권법학의 대상이 되는 물권법은 실질적 물권법이다. 그런데 실질적 물권법의 주요 부분을 이루고 있는 것이 형식적 물권법이기 때문에 후자를 중심으로 하여 기술하게 된다.

Ⅱ. 물권법의 기능

권리능력자 특히 사람은 물건과 같은 재화를 지배하지 않고서는 살 수 없다. 그런데 재화의 양은 한정되어 있고, 그것을 향한 사람의 욕망은 거의 끝이 없기 때문에, 재화에 대한 지배관계를 적절하게 규율하지 않으면 질서가 유지될 수 없다. 이러한 재화, 그 가운데에서도 특히 물건에 대한 지배관계에 관하여 질서를 유지해 주는 법이 바로 물권법이다.

B-2

Ⅲ. 물권법의 법원(法源)

1. 서 설

민법의 법원에 관한 설명(A-8 이하 참조)은 물권법의 법원에 관하여도 원칙적으로 타당하다. 그러므로 여기서는 특별히 언급하여야 할 사항만 적기로 한다.

물권법의 법원에도 성문법과 불문법이 있다.

2. 성 문 법

(1) 민법 제 2 편 물권(185조 내지 372조)

가장 중요한 물권법의 법원이다.

(2) 특 별 법

특별법 가운데 물권법의 법원이 되는 것이 많이 있다. 그 주요한 것으로는 부동산등기법, 「부동산등기 특별조치법」, 「부동산 실권리자 명의 등기에 관한 법률」, 「집합건물의 소유 및 관리에 관한 법률」, 유실물법, 「입목에 관한 법률」, 「동산 · 채권 등의 담보에 관한 법률」, 「가등기담보 등에 관한 법률」, 「공장 및 광업재단 저당법」, 「자동차 등 특정동산 저당법」 등이 있다.

3. 불 문 법

(1) 관 습 법

관습법도 물권법의 중요한 법원이다. 그리고 이때도 관습법은 성문법을 보충하는 효력이 있다(1조. A-12 참조). 그런데 물권의 종류나 내용에 관하여(물권법정주의) 관습법이 성문법과 어떤 관계에 있는지는 물권법정주의의 규정 때문에(185조) 별도의 설명이 필요하다. 그리고 물권법에서는 법률 자체에서 관습법을 성문법에 우선하도록 하는 명문규정이 두어져 있는 때도 있다(224조 · 229조 · 234조 · 237조 · 290조 · 302조 등).

(2) 판 례

판례는 물권법의 법원은 아니지만(이설 있음) 실제에 있어서는 「살아 있는 법」으로서 기능하고 있다. 그리고 그러한 판례가 물권법 분야에는 대단히 많이 축적되어 있다.

Ⅳ. 민법전 「제 2 편 물권」의 내용과 이 책 물권법 부분의 기술순서 B-3

1. 민법전 「제 2 편 물권」의 내용

형식적 물권법인 민법전 「제 2 편 물권」은 총칙, 점유권, 소유권, 지상권, 지역권, 전세권, 유치권, 질권, 저당권의 9장으로 이루어져 있다.

「제 1 장 총칙」에서는 물권법정주의(185조), 물권의 변동(186조 내지 190조), 물권의 소멸원인 중 혼동(191조)에 관하여 규정하고 있다. 이 가운데 물권의 변동은 법률규정 자체는 간단하지만 이론상으로뿐만 아니라 실제에 있어서도 대단히 중요하다. 특히 부동산 물권변동은 등기와 관련하여 매우 어려운 해석문제가 생기기도 한다.

그리고 「제 2 장 점유권」 이하에서는 민법이 인정하는 8 종의 물권의 내용을 규정하고 있다. 그 가운데는 소유권과 같은 기본물권도 있고, 지상권 · 저당권과 같은 제한물권도 있다.

2. 이 책 물권법 부분의 기술순서

이 책에서는 물권법 부분을 체계적인 이해를 위하여 모두 5장으로 나누고, 필요한 경우에 그 아래에 다시 절을 두어 기술하려고 한다. 그리고 본장인 제 1 장 서론에서는 물권법 및 물권에 관한 일반적인 내용을 적고, 제 2 장에서는 물권의 변동에 관하여 논의할 것이다. 거기의 중심은 부동산 물권변동과 동산 물권변동이다. 제 3 장은 점유권과 소유권이고, 제 4 장은 용익물권이며, 제 5 장은 담보물권이다. 한편 제 5 장 말미에서는 비전형적인 담보제도도 다룰 것이다.

B-4 Ⅴ. 물권법의 본질

1. 물권법의 법적 성격

(1) 일반사법의 일부

물권법은 민법의 일부로서 당연히 사법에 속한다. 오늘날 물건 가운데 특히 부동산에 관하여는 공법적인 규제가 대단히 많이 가해지고 있기도 하다. 그러나 그러한 공법적인 규제는 물권법이 아니다. 그리고 사법 가운데 상법 등의 특별사법도 물권법이 될 수 없다.

(2) 재 산 법

일반사법(민법)은 크게 재산법과 가족법으로 나누어지는데, 그 경우에 물권법은 채권법·상속법과 함께 재산법에 속한다. 물권법은 무엇보다도 채권법과 더불어 재산법의 2대분야를 이루고 있다.

물권법은 재산법 가운데 소유권을 중심으로 하는 법이다. 물권법이 규율하는 물권에는 소유권뿐만 아니라 여러 가지의 제한물권도 있으나, 중심적인 지위에 있는 것은 어디까지나 소유권이기 때문이다. 그에 비하여 채권법은 재화의 지배인 소유권이 아니고, 재화의 교환 즉 계약을 중심으로 하는 재산법이다.

(3) 실 체 법

물권법은 절차법이 아니고, 권리의무관계를 직접 규율하는 실체법이다.

B-5 2. 물권법의 특질

물권법은 공법, 특별사법, 가족법과는 분명하게 구별된다. 따라서 여기서는 같은 재산법으로서 가장 가까운 법인 채권법에 비하여 어떠한 특별한 성질이 있는지를 살펴보기로 한다.

(1) 강행규정성

채권법은 채권 내지 채권관계를 규율한다. 그런데 채권은 상대권이어서 제 3 자에게 원칙적으로 영향을 미치지 않는다. 따라서 채권법에서는 사적 자치가 널리 인정되며, 그 규정들은 대체로 임의규정이다. 그에 비하여 물권법은 배타성을 가지는 물권을 규율하기 때문에, 물권의 종류나 내용을 당사자로 하여금 자유롭게 정하게 하면 제 3 자에게 예측하지 못한 손해를 발생시킬 수가 있다. 그리하여 물권법에서는 사적 자치를 특수한 방법으로 제한적인 범위에서만 인정하며(한정된 종류의 물권 가운데 선택만 할 수 있도록 함), 그 규정들은 대부분 강행규정이다.

(2) 고 유 성

재화의 교환을 규율하는 채권법 특히 매매법은 세계적으로 보편화·균질화하는 경향이 있다. 그에 비하여 물권법은 각국의 관습과 전통의 영향이 현저하게 반영되어 있다. 그러나 우리의 물권법은 전세권제도를 제외하고는 외국법 특히 독일의 물권법을 계수하였다. 그러다 보니 우리의 고유성보다는 독일물권법의 특성을 그대로 보여 주고 있다. 즉 우리 물권법에는 독일법처럼 로마법적인 요소와 게르만법적인 요소가 섞여 있다. 다만, 독일법보다 로마법적 요소가 다소 강하기는 하다. 우리 물권법상의 로마법적 요소와 게르만법적 요소를 들어보면 다음과 같다.

1) 로마법적 요소

(가) 소유권과 점유의 대립

(나) 개인주의적 소유권 개념(전면적·포괄적인 완전한 지배권으로서의 소유권)

(다) 소유권과 제한물권의 엄격한 구별

2) 게르만법적 요소

(가) 부동산과 동산의 구별

(나) 부동산등기제도

(다) 동산의 선의취득제도

제 2 절 물권의 본질

Ⅰ. 물권의 의의 B-6

물권은 물건 기타의 객체를 직접 지배해서 이익을 얻는 배타적인 권리이다. 이러한 물권은 내용 면에서는 재산권이고, 효력(작용) 면에서는 지배권이며, 의무자의 범위를 표준으로 하여 본다면 절대권이다.

Ⅱ. 물권의 성질

위에서 본 물권의 의의를 바탕으로 하여 물권의 구체적인 성질을 살펴보기로 한다.

(1) 물권의 객체

1) 물권의 객체는 원칙적으로 「특정·독립의 물건」이다. 물건의 의의·종류에 관하여는 민법총칙 부분에서 자세히 설명하였다(A-430 이하 참조).

(가) 물권의 객체는 **원칙적으로 물건이어야 한다**(192조·211조·279조·291조·303조·329조·356조 등 참조). 그러나 민법은

예외적으로 일정한 경우에는 채권 기타의 권리 위에 물권이 성립할 수 있도록 하고 있다.

(나) 물권의 객체는 특정되어 있어야 한다. 물권은 물건에 대한 배타적인 지배를 내용으로 하기 때문에 불특정물 위에는 물권이 성립할 수 없다(가령 특정되어 있지 않은 쌀 10포대). 그리고 같은 이유로 물권의 객체는 현존하여야 한다. 다만, 공장재단이나 광업재단에 대한 저당권에 있어서는 구성부분에 변경이 있어도 특정성을 잃지 않는다.

(다) 물권의 객체는 독립한 물건이어야 한다. 따라서 하나의 물건의 일부나 구성부분은 하나의 물권의 객체로 되지 못한다. 그러나 용익물권은 예외적으로 1필의 토지의 일부나 1동의 건물의 일부 위에도 설정될 수 있다(부등법 69조·70조·72조 참조).

B-7 **2) 일물일권주의**(一物一權主義)

(가) **의 의** 하나의 물건 위에는 내용상 병존(양립)할 수 없는 물권은 하나만 성립할 수 있다는 원칙을 일물일권주의라고 한다. 이는 바꾸어 말하면 하나의 물권의 객체는 하나의 독립한 물건이어야 한다는 것이 된다. 일물일권주의는 물권의 배타적 지배를 가능하게 하는 전제이다.

일물일권주의의 원칙상 물건의 일부 또는 다수의 물건 위에 하나의 물권이 성립할 수 없다.

일물일권주의의 인정근거는 ① 물건의 일부나 집단 위에 하나의 물권을 인정하여야 할 필요가 없다는 것과, ② 물건의 일부나 집단 위에 하나의 물권을 인정한다면 그 공시가 곤란하거나 혼란될 것이라는 데 있다. 따라서 물건의 일부나 집단 위에 하나의 물권을 인정할 필요가 있고 또 어느 정도 공시가 가능하거나 공시와 관계가 없는 때에는 예외가 인정되기도 한다.

(나) **물건의 일부에 물권이 성립하는 예외적인 경우** 1필의 토지의 일부는 분필절차를 밟기 전에는 양도하거나 제한물권을 설정할 수 없다. 그러나 용익물권은 분필절차를 밟지 않아도 1필의 토지의 일부 위에 설정될 수 있다(부등법 69조·70조·72조 참조. 그 부분을 표시한 도면의 번호를 등기해야 함).

1동의 건물의 일부는, 그것이 구조상·이용상 독립성이 있고, 소유자의 구분행위(구분의사가 객관적으로 표시될 것. 대판(전원) 2013. 1. 17, 2010다71578 참조)가 있으면, 독립하여 소유권의 객체가 될 수 있다(215조, 집합건물법). 그에 비하여 등기부상 1동의 건물로 등기되어 있는 것의 일부는 구분 또는 분할의 등기를 하지 않는 한 처분하지 못한다(대판 2000. 10. 27, 2000다39582는 건물의 일부분만에 관한 소유권보존등기 또는 그 말소를 허용하지 않는다). 다만, 1동의 건물의 일부에 대하여 전세권은 설정될 수 있다(부등법 72조 1항 참조).

수목은 본래 토지의 정착물로서 토지의 일부에 지나지 않으나, 「입목에 관한 법률」에 따라 소유권보존등기를 받은 수목의 집단(이를 입목이라 한다)은 토지와는 별개로 양도하거나 저당권의 목적으로 할 수 있고(동법 3조 2항), 또 판례에 의하면 명인방법을 갖춘 수목의 집단은 독립한 부동산으로서 거래의 객체가 된다.

판례에 의하면, 미분리의 과실도 명인방법을 갖추면 독립한 물건으로서 거래의 객체로 된다. 그리고 판례는, 농작물은 타인의 토지에서 위법하게 경작·재배된 경우에도 토지와는 별개의 물건으로 다루어진다고 한다.

(다) **물건의 집단에 물권이 성립하는 예외적인 경우** 「입목에 관한 법률」에 의하여 소유권보존등기를 받은 수목의 집단 즉 입목은 한편으로는 물건(토지)의 일부에 물권이 성립하는 경우이기도 하지만, 다른 한편으로는 물건의 집단(즉 다수의 수목들) 위에 하나의 물권이 성립하는 경우이기도 하다.

「동산·채권 등의 담보에 관한 법률」은 여러 개의 동산·채권·지식재산권 위에 하나의 담보권이 성립할 수 있음을 규정하고 있다(동법 3조 2항·34조 2항·58조 1항). 그리고 판례는 특정할 수 있는 동산(원자재·의류·뱀장어·돼지 등)이 집합물로서 양도담보의 목적물이 될 수 있다고 한다(B-426 참조).

「공장 및 광업재단 저당법」에서는 다수의 기업재산을 하나의 부동산으로 보고 그 위에 하나의 저당권이 설정될 수 있도록 하고 있다(B-397 참조).

(2) 객체에 대한 직접적인 지배권 B-8

물권은 객체를 직접 지배하는 권리이다. 여기서 **직접 지배한다는 것은 권리의 실현을 위하여 타인의 행위를 기다릴 필요가 없다는 것이다.** 물권은 이 점에서, 권리가 실현되기 위하여서는 타인의 행위(협력)가 필요한 채권과 다르다.

물권이 지배권이라고 하지만, 그것은 현재 지배하고 있는 권리가 아니고 지배할 수 있는 권리이다(이것이 물권의 관념성이다. 그러나 점유권·유치권·질권은 예외이다). 따라서 물권자가 객체를 법률상 또는 사실상 지배할 수 없는 경우에도 물권은 소멸하지 않으며 물권자의 직접적인 지배도 남아 있는 것으로 인정된다.

(3) 물권자가 얻는 이익

물권자가 얻는 이익에는 두 가지가 있다. 하나는 물건(이하에서는 물권의 객체 중 물건을 중심으로 기술한다)의 사용가치이고 다른 하나는 교환가치이다. 그런데 모든 물권이 이 두 이익을 모두 얻는 것은 아니다. **소유권**은 두 가지를 전면적으로 지배할 수 있으나, 지상권·지역권·전세권 등의 **용익물권은 사용가치**의 전부 또는 일부를 지배할 수 있을 뿐이고, 유치권·질권·저당권 등의 **담보물권은 교환가치**의 전부 또는 일부를 지배할 수 있을 뿐이다.

(4) 객체에 대한 배타적(독점적) 지배권 B-9

권리의 배타성이란 서로 병존(양립)할 수 없는 내용의 권리가 동시에 둘 이상 성립할 수 없는 성질을 말한다. 그런데 **물권에는 배타성이 있다.** 물권은 물건에 대한 직접적인 지배를 내용으로 하는 권리이므로 당연히 독점적인 이용이 가능할 수 있도록 배타성이 인정되어야 하는 것이다. 그리하여 하나의 물건 위에는 병존할 수 없는 내용의 물권이 두 개 이상 성립할 수 없다. 예컨대 하나의 물건 위에 두 개의 소유권이나 두 개의 보통의 지상권이 성립할 수 없다(공유는 하나의 소유권이 공유자들에게 나뉘어 귀속된 것이다).

이러한 물권과 달리 채권은 채무자의 일정한 행위를 청구할 수 있는 권리이므로 배타성이 없다. 따라서 가령 A가 동일한 시계를 B에게 팔기로 매매계약을 체결한 뒤에 다시 C에게 팔기로 한 경우에는(이른바 2중매매), B와 C의 시계의 소유권이전청구권은 실질적으로 병존할 수 없지만, 채권에는 배타성이 없어서 병존할 뿐만 아니라 효력상 차이도 없으며(채권자 평등의 원칙), 만약 A가 C에게 이행을 하면 B는 A에 대하여 채무불이행으로 인한 손해배상만을 청구할 수 있다.

물권은 배타성이 있어서 제3자에게 미치는 영향이 크다. 무엇보다도 점유를 수반하지 않아 관념성이 강한 소유권이나 저당권을 취득하려는 자는 자칫 예측하지 못한 손해를 입게 될 가능성이 크다. 여기서 제3자가 예측하지 못한 손해를 입지 않으려면 물권의 귀속과 내용을 외부에서 알 수 있어야 한다. 물권을 등기·인도(점유)·등록·명인방법과 같은 공시방법에 의하여 공시하게 한 이유가 여기에 있다.

(5) 절 대 권

물권은 절대권이다. 따라서 특정한 상대방이 없고 모든 자에 대하여 효력이 인정된다. 그 결과 어떤 자가 물권을 침해하면 물권자는 당연히 불법행위를 이유로 손해배상을 청구할 수 있고 또 물권적 청구권을 가진다. 그에 비하여 상대권인 채권에 있어서는 특정인인 채무자만이 의무자이어서 원칙적으로 그에 의해서만 침해될 수 있으며(채무불이행), 제3자에 의한 침해는 당연히 불법행위로 되는 것이 아니다(자세한 사항은 채권법총론에서 논의한다. C-18 이하 참조).

제3절 물권의 종류

B-10 Ⅰ. 물권법정주의

1. 서 설

(1) 의 의

물권법정주의란 물권의 종류와 내용은 법률이 정하는 것에 한하여 인정되며, 당사자가 그 밖의 물권을 자유로이 창설하는 것을 금지하는 법원칙을 말한다. 이러한 물권법정주의는 모든 근대물권법에서 인정되고 있다. 그 방식을 보면 대부분의 국가의 경우 명문규정은 없이 당연한 원칙으로 인정하고 있으나(독일·스위스 등), 명문으로 규정하고 있는 나라도 있다(일본 등). 물권법정주의가 채용되면 물권의 유형과 내용은 확정되고, 그 결과 물권법의 규정은 강행규정으로 된다(이 점에서 계약의 유형이 예시적이고 그 규정내용과도 다르게 약정될 수 있는 계약법의 규정과 크게 다르다).

우리 민법은 제185조에서 「물권은 법률 또는 관습법에 의하는 외에는 임의로 창설하지 못한다」고 하여 물권법정주의를 명문으로 규정하고 있다. 그런데 이에 의하면 법률 외에 관습법에 의하여서도 물권이 창설될 수 있도록 하고 있는 점에서 본래의 물권법정주의와 차이가 있다. 이와 같은 민법의 태도에 관하여 학설은 모두 긍정적이다.

(2) 이 유

근대법이 물권법정주의를 원칙으로 채용한 이유는 두 가지이다. 첫째로 봉건시대에 있어서의 부동산 특히 토지에 대한 복잡한 지배관계를 정리하여 토지에 관한 권리관계를 단순화하고 자유로운 소유권(아무런 제한과 부담이 없는 소유권)을 확립하기 위하여서이다. 둘째로 물권공시를 실효성 있게 하기 위하여서이다. 물권은 배타적인 지배권이어서 제3자에게 미치는 영향이 크고, 따라서 물권에 관하여는 제3자가 그 존재를 명백하게 인식할 수 있는 방법(공시방법)을 마련하여야 한다. 그런데 그 방법으로는 물권의 유형을 미리 한정하여 두고 당사자는 그 가운데 선택만을 하게 하는 것이 물권의 공시를 실효성 있게 하는 데 가장 적합하다. 이러한 이유 가운데 첫째의 이유는 역사적·연혁적인 것에 지나지 않으나, 둘째의 이유는 오늘날 우리 법에서도 여전히 의미를 가지고 있는 중요한 것이다.

2. 제185조의 내용 B-11

(1) 동조의 「법률」

제185조의 법률은 헌법상의 의미의 법률만을 가리키며, 명령이나 규칙 등은 포함되지 않는다(이설 없음).

(2) 관습법의 효력

앞서 본 바와 같이, 민법상 관습법에 의한 물권의 성립도 인정된다. 그런데 이때 관습법과 법률이 어떤 관계에 있는지 문제된다. 학설은 다음과 같다.

i) 보충적 효력설 제1조에 있어서나 제185조에 있어서나 관습법은 보충적인 효력만 있다는 견해이다(사견도 같음).

ii) 대등적 효력설 관습법은 법률과 대등한 효력이 있다는 견해이다.

iii) 변경적 효력설 관습법에 대하여 변경적 효력을 인정하는 견해이다.

(3) 관습법상의 물권의 성립요건

예외적으로 관습법상 물권의 성립이 인정되는 경우에도 물권법정주의의 채용 이유에 비추어 다음의 두 요건을 갖추어야 한다. 즉 ① 자유로운 소유권에 역행하는 봉건적인 물권관계가 아니어야 하고, ② 공시방법을 갖추어야 한다(다만 그것은 유연하게 인정하여야 한다).

(4) 「임의로 창설하지 못한다」의 의미와 위반시 효과

물권을 임의로 창설하지 못한다는 것은 ① 법률 또는 관습법이 인정하지 않는 새로운 「유형(종류)」의 물권(예: 타인의 특정재산에 대한 전면적 수익권)을 만들지 못한다는 것(유형강제)과 ② 법률 또는 관

습법이 인정하는 물권에 다른 「내용」(예: 양도성 없는 지상권의 설정, 유치권의 목적물과 견련관계가 인정되지 않는 채권을 피담보채권으로 하는 유치권의 인정(대판 2023. 4. 27, 2022다273018))을 부여하지 못한다는 것(내용확정 내지 내용강제)을 가리킨다(동지 대판 2023. 4. 27, 2022다273018 등).

이를 규정하고 있는 제185조는 강행규정이며, 이에 위반하는 법률행위는 무효이다. 그런데 그 무효의 범위는 유형강제 위반과 내용강제 위반에 있어서 다르다. 전자의 경우에는 법률행위의 전부가 무효이나, 후자의 경우에는 위반 부분은 무효로 되고 나머지에 대하여는 일부무효의 법리가 적용된다.

B-12 Ⅱ. 물권의 종류

우리 민법상 물권은 법률과 관습법에 의하여 성립할 수 있다. 그리고 그 법률은 크게 민법전과 특별법으로 나눌 수 있다. 각각의 법에 의한 물권을 보기로 한다.

1. 민법상의 물권

민법전은 점유권 · 소유권 · 지상권 · 지역권 · 전세권 · 유치권 · 질권 · 저당권의 8가지의 물권을 규정하고 있다. 그것들은 다음과 같이 분류될 수 있다.

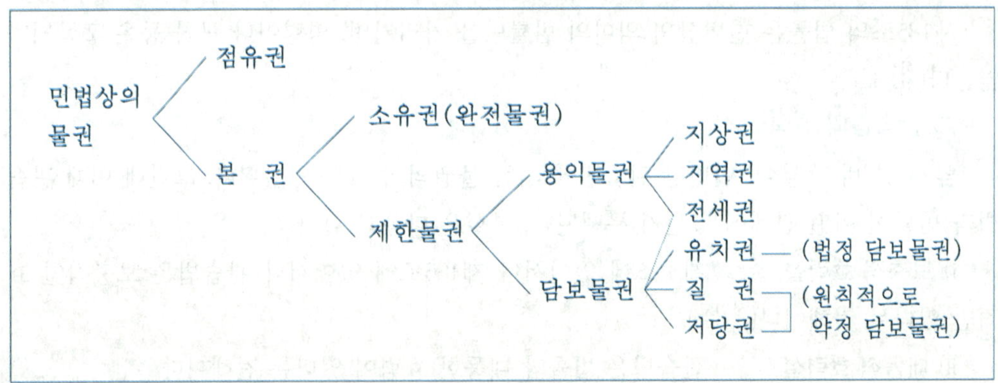

(1) 본권과 점유권

민법상의 물권은 먼저 본권(本權)과 점유권으로 나누어진다. 점유권은 물건을 사실상 지배하고 있는 경우에 인정되는 물권이고(물건을 지배할 수 있는 권원의 유무는 묻지 않음), 본권은 물건을 지배할 수 있는 권리이다(사실상의 지배 유무는 묻지 않음).

(2) 소유권과 제한물권

본권에는 소유권과 제한물권이 있다. 소유권은 물건을 전면적으로 지배할 수 있는 권리이고(완전물권), 그 밖의 물권(소유권 · 점유권 이외의 물권)은 물건의 가치를 일부만 지배할 수 있는 권리이다. 후자는 소유권에 대한 제한 위에서 성립하고 그 내용도 제한되어 있다는 점에서 제한물권이라고 한다.

(3) 용익물권과 담보물권

제한물권은 다시 용익물권과 담보물권으로 나누어진다. 용익물권은 물건이 가지는 사용가치의 지배를 목적으로 하는 것이고, 담보물권은 교환가치의 지배를 목적으로 하는 것이다. 용익물권에는 지상권·지역권·전세권이 있고, 담보물권에는 유치권·질권·저당권이 있다. 다만, 전세권은 본질적으로는 용익물권이나, 담보물권의 성질도 가지고 있다.

(4) 부동산물권과 동산물권

8가지 물권 가운데 점유권·소유권·지상권·지역권·전세권·유치권·저당권은 부동산 위에 성립할 수 있는 부동산물권이고, 점유권·소유권·유치권·질권은 동산물권이다(권리 위의 물권은 별개의 문제임을 유의할 것).

2. 특별법상의 물권 B-13

공장저당권(「공장 및 광업재단 저당법」 3조 이하), 공장재단저당권(「공장 및 광업재단 저당법」 10조 이하), 광업재단저당권(「공장 및 광업재단저당법」 52조 이하), 입목저당권(「입목에 관한 법률」 3조), 농지저당권(농지법 13조), 소형 선박저당권(「자동차 등 특정동산 저당법」 3조), 자동차저당권(「자동차 등 특정동산 저당법」 3조), 항공기저당권(「자동차 등 특정동산 저당법」 3조), 건설기계저당권(「자동차 등 특정동산 저당법」 3조), 동산담보권·채권담보권·지식재산권담보권(「동산·채권 등의 담보에 관한 법률」), 가등기담보권·양도담보권·매도담보권(「가등기담보 등에 관한 법률」) 등이 있다.

특별사법인 상법상의 물권으로 상사유치권·상사질권·주식질권·선박저당권·선박채권자의 우선특권 등이 있으나, 이는 실질적 물권법에 의한 것이 아니다.

3. 관습법상의 물권

(1) 판례에 의하여 확인되어 있는 것

1) 분묘기지권(B-259 이하 참조)

2) 관습법상의 법정지상권(B-263 이하 참조)

(2) 판례에 의하여 부인된 사례

대법원은 온천에 관한 권리는 관습법상의 물권이 아니고(대판 1970. 5. 26, 69다1239), 근린공원을 자유롭게 이용할 수 있다고 하여 공원 이용권이라는 배타적인 권리를 취득하였다고는 할 수 없으며(대결 1995. 5. 23, 94마2218), 미등기 무허가건물의 양수인에게 소유권에 준하는 관습상의 물권이 있다고 할 수 없고(대판 2006. 10. 27, 2006다49000 등), 사인의 토지에 대한 관습상의 통행권은 인정될 수 없다고 한다(대판 2002. 2. 26, 2001다64165).

제4절 물권의 효력

B-14 Ⅰ. 개 관

물권의 효력이란 물권의 내용을 실현하게 하기 위하여 물권에 대하여 법이 인정하는 힘이라고 할 수 있다. 배타적 지배권인 물권에는 여러 가지의 효력이 인정되는데, 그것들은 크게 대내적 효력과 대외적 효력으로 나누어진다. 대내적 효력은 물건에 대한 직접적인 지배력이고, 대외적 효력은 권리불가침적 효력이다. 그 가운데 대내적 효력의 구체적인 내용은 각종의 물권에 따라 크게 차이가 있으며, 공통적인 것으로는 — 지배력의 결과로 나타나는 — 다른 물권이나 채권에 우선하는 효력 즉 우선적 효력이 있는 정도이다. 그에 비하여 대외적 효력은 타인이 물권을 침해한 경우에 그것은 당해 물권자에 대한 불법행위로 되어 물권자가 손해배상청구권을 가지게 되고(때에 따라서는 불법행위로 되지 않은 경우에 부당이득 반환청구를 할 수도 있다) 또 그것과 별도로 물권자는 침해를 배제하거나 그 예방을 청구할 수 있다는 것(물권적 청구권)으로서, 이들은 모든 물권에 공통한 효력이다. 그러고 보면 물권의 효력 중에는 우선적 효력·불법행위의 성립·물권적 청구권이 모든 물권에 공통하는 효력인 셈이다. 그런데 문헌들은 한결같이 우선적 효력과 물권적 청구권만을 물권의 일반적인 효력으로 기술하고 있다.

B-15 Ⅱ. 우선적 효력

우선적 효력은 어떤 권리가 다른 권리에 우선하는 효력을 말한다. 물권의 우선적 효력에는 다른 물권에 대한 우선적 효력과 채권에 대한 우선적 효력이 있다.

1. 물권 상호간의 우선적 효력(다른 물권에 대한 우선적 효력)

(1) 물권은 배타적인 지배권이다. 따라서 동일한 물건 위에 같은 내용(성질·범위·순위)의 물권이 동시에 둘 이상 성립할 수는 없다. 예컨대 하나의 토지에 두 개의 소유권이나 두 개의 보통의 지상권이 성립하지는 못한다. 그러나 내용이 다른 물권은 병존할 수 있다. 예컨대 동일한 토지 위에 소유권과 제한물권, 지상권과 저당권, 저당권과 저당권이 성립할 수 있다. 이들 가운데 동일한 토지 위에 소유권과 제한물권이 병존하는 때에는, 본래 제한물권이 소유권에 대하여 일시적으로 제한하면서 성립하는 것이기 때문에, 제한물권이 존재하는 동안에는 당연히 소유권이 제한을 받게 된다. 그러나 물권들이 동일한 물건 위에 병존하는 그 밖의 경우에는, 그들 사이에서는 시간적으로 먼저 성립한 물권이 후에 성립한 물권에 우선하게

된다(시간에 있어서 앞서면 권리에 있어서 강하다. 「prior tempore, potior iure」). 이를 가리켜 물권 상호간의 우선적 효력이라고 한다.

(2) 점유권은 현재의 사실상의 지배관계에 기한 권리이기 때문에 우선적 효력이 인정될 여지가 없다.

(3) 때에 따라서는 법률이 특수한 권리를 보호하기 위하여 특별히 순위를 정하고 있는 경우가 있는데, 그때에는 시간적 순서에 의하지 않고 법률에 의하여 순위가 정해진다. 근로기준법상의 임금우선특권(동법 38조), 주택임대차보호법상의 소액의 보증금·전세금의 우선특권(동법 8조·12조), 특별사법인 상법상의 우선특권(동법 468조·782조 이하·788조) 등이 그 예이다.

2. 채권에 우선하는 효력 B-16

(1) 어떤 물건에 대하여 물권·채권이 병존하는 경우에는 물권이 우선한다. 예컨대 A가 그의 토지를 B에게 매도하거나 임대차한 뒤 그 토지를 C에게 매도하여 소유권을 이전해 준 경우에는, B는 동일한 토지에 관하여 소유권이전청구권 또는 임차권이라는 채권을 가지고 C는 소유권이라는 물권을 가지게 되는데, 이때 C의 소유권이 B의 채권에 우선하게 된다. 그 결과 B는 C에게 채권을 주장하지 못하고 A에 대하여 채무불이행책임(손해배상책임)만 물을 수 있을 뿐이다. 이처럼 물권이 채권에 우선하는 이유는 물권은 물건에 대한 직접적인 지배권인 데 비하여, 채권은 채무자의 행위를 통하여 간접적으로 물건 위에 지배를 미치는 권리에 지나지 않기 때문이다.

(2) 물권이 채권에 우선하는 효력에도 예외가 있다. ① 부동산 물권변동을 목적으로 하는 청구권(채권)(예: 매매에 의한 매수인의 소유권이전청구권)을 가등기한 경우(부등법 6조 2항 참조), ② 부동산임차권이 공시방법(등기)을 갖춘 경우(621조 참조), ③ 주택임대차보호법의 보호를 받는 주택임차권(동법 3조·3조의 2·12조)과 「상가건물 임대차보호법」의 보호를 받는 상가임대차(동법 3조·17조) 등이 그 예이다.

(3) 이 효력은 채무자가 파산하거나 강제집행당하는 때에 크게 작용한다. 즉 그러한 때에 물권자는 채무자의 일반채권자에 우선하게 된다. 구체적으로 보면 당해 물건에 대하여 소유권을 가지는 자는 파산의 경우 환취권(還取權)(채무자회생법 407조 이하. 파산재단에 들어 있는 재산을 제 3 자가 되찾아오는 권리)을 행사할 수 있고 강제집행의 경우 제 3 자 이의의 소를 제기할 수 있으며(민사집행법 48조), 담보물권을 가지는 자는 파산시 별제권(別除權)(채무자회생법 411조 이하. 다른 채권자에 우선하여 변제받을 권리)을 행사할 수 있고 강제집행시 우선적으로 배당을 받을 수 있다(민사집행법 88조·145조·148조·217조·247조 등).

Ⅲ. 물권적 청구권 B-17

(사 례) (신사례 [26]번 문제 물음 1)

건물소유자 A는 그의 건물을 B에게 임대해 주었다. 임대차기간 중 B는 C로부터 C 소유의 기계를 임차하여 사용해 왔다. 그 후 건물의 임대차기간이 만료되자 B는 기계를 그대로 방치한 채 퇴거해 버렸다.

이 경우 A·B·C 사이의 법률관계를 논하시오. (사례의 해결: B-21)

1. 의 의

(1) 뜻

물권적 청구권은 물권의 내용의 실현이 어떤 사정으로 말미암아 방해당하고 있거나 방해당할 염려가 있는 경우에 물권자가 방해자에 대하여 그 방해의 제거 또는 예방에 필요한 일정한 행위(작위 또는 부작위)를 청구할 수 있는 권리이다. 민법은 물권적 청구권을 소유권과 점유권에 관하여 규정을 하고(213조·214조·204조 내지 207조), 소유권에 관한 규정을 다른 물권에 준용하고 있다(290조·301조·319조·370조). 다만, 질권에는 준용하는 규정이 두어져 있지 않으나(유치권에도 준용한다는 명문규정이 없기는 하나, 유치권자에게는 점유보호청구권 규정이 당연히 적용된다), 통설은 질권에도 — 점유보호청구권 외에 — 일반적인 물권적 청구권을 인정하고 있다(반대 견해 있음. 자세한 점은 B-327 참조).

(2) 근 거

물권적 청구권이 인정되는 근거에 관하여 학설은 나뉘어 있는데, 다수설은 물권이 목적물에 대한 직접의 지배권이어서 물권의 내용의 완전한 실현이 방해되고 있는 경우에 방해의 제거를 청구할 수 없다면 물권은 유명무실하게 되기 때문이라고 한다.

(3) 다른 구제수단과의 관계

1) 불법행위로 인한 손해배상청구권 물권적 청구권이 발생하려면 방해자의 방해행위가 있어야 하는데 그 방해행위는 많은 경우에 불법행위(750조 이하)가 되어 피해자인 물권자에게 손해배상청구권을 발생시킨다. 그러한 경우에 두 권리의 관계가 문제되는데, 두 권리는 요건(물권적 청구권에서는 고의·과실을 불문하나, 불법행위에서는 고의·과실이 요구된다)과 효과(물권적 청구권에서는 방해의 제거나 예방에 필요한 행위를 청구할 수 있으나, 불법행위에서는 금전으로 배상을 청구할 수 있을 뿐이다)에 있어서 크게 다르므로, 양자의 요건이 갖추어지면 병존할 수도 있다고 하여야 한다(이설 없음).

2) 계약상의 청구권 계약관계(예: 지상권·임차권)에 기하여 타인의 물건을 점유하고 있는 경우에는 점유가 정당한 권원에 기한 것이므로 물권적 청구권은 발생하지 않는다(213조 단서). 그러나 그러한 법률관계가 종료된 때에는 그 법률관계에 기한 반환청구권과 별도로 물권적 청구권도 존재한다고 새겨야 한다(이설 없음).

3) 부당이득 반환청구권 점유할 권리가 없는데도 타인의 물건을 점유하는 경우에는, 점유도 이득이기 때문에 물권적 청구권과 함께 부당이득 반환청구권도 발생한다. 그런데 이 두 권리의 병존을 인정할 것인가에 관하여는 어려운 해석문제가 있다(그에 관하여는 채권법각론의 부

당이득 부분에서 설명한다. D-375 참조).

2. 종 류 B-18

(1) 기초가 되는 물권에 의한 분류

물권적 청구권은 그 기초가 되는 물권이 무엇인가에 따라, **점유권**에 기한 물권적 청구권과 **본권**에 기한 물권적 청구권으로 나누어진다. 뒤의 것은 물론 각 물권별로 다시 세분된다.

(2) 침해의 모습에 의한 분류

물권적 청구권은 그 전제가 되는 침해의 모습에 따라 반환청구권, 방해제거청구권, 방해예방청구권으로 나누어진다. 그런데 점유권과 소유권에 기한 물권적 청구권에는 이들 세 권리가 모두 인정되지만, 다른 물권의 경우에는 그렇지 않을 수도 있다. 예컨대 지역권과 저당권에 기하여서는 반환청구권은 인정되지 않는다(301조·370조 참조). 한편, 명문의 규정은 없지만 일종의 물권적 청구권으로 수거허용청구권을 인정할 것인가가 문제된다.

1) 물권적 반환청구권 타인이 권원 없이 물권의 목적물을 전부 점유하고 있는 경우에 그 반환을 청구할 수 있는 권리이다. 물권자가 점유를 잃은 이유는 묻지 않는다.

2) 물권적 방해제거청구권 타인이 물권의 내용실현을 전부 점유 이외의 방법으로 방해하고 있는 경우에 그 방해의 제거를 청구할 수 있는 권리이다. 이 권리가 발생하기 위한 방해의 전형적인 예는 방해자에 의한 일부점유이나, 방해자가 반드시 일부점유의 방법으로 방해하여야 하는 것은 아니다. 이 권리는 보통 부동산에 관하여 발생한다.

3) 물권적 방해예방청구권 물권의 내용실현이 현재 방해당하고 있지는 않지만 장차 방해받을 염려가 있는 경우에 그 방해의 예방에 필요한 행위를 청구할 수 있는 권리이다. 이 권리도 주로 부동산에 관하여 발생한다.

4) 수거허용청구권(收去許容請求權)

(가) 근래에 일부 견해는 우리 민법상 독일과 같은 명문규정(독일민법 867조·1005조)은 없지만 위의 세 가지의 권리 외에 수거허용청구권이 인정되어야 한다고 주장한다(사견도 같음). 그 논의는 주로, 예컨대 제3자인 병이 갑의 물건을 을의 토지에 놓고 간 경우를 둘러싸고 행하여진다.

(나) 종래의 통설에 의하면, 이러한 경우에는 갑은 반환청구권을 가지고, 을은 방해제거청구권을 가진다고 한다. 그런데 수거허용청구권을 인정하는 견해는 위의 경우에는 을은 방해제거청구권을 가지나 갑은 반환청구권은 없이 수거허용청구권만 가진다고 한다(그리고 수거허용청구권은 인용청구권이므로 비용은 그 권리자가 스스로 부담하게 된다고 한다).

B-19 3. 특 수 성

(1) 물권적 청구권의 성질

물권적 청구권의 성질에 관하여 우리의 학설은 — 표현은 다소 다르지만 실질적으로는 일치하여 — 물권의 효력으로서 발생하는 청구권이라고 한다. 이러한 통설은 물권적 청구권을 물권과는 독립한 권리로 파악하면서 동시에 채권과도 구별한 점에서 타당하다고 하겠다.

(2) 물권적 청구권의 특이성

1) 물권적 청구권은 특정인에 대한 청구권이라는 점에서 채권적 청구권과 같지만, 상대방인 의무자가 처음부터 특정되어 있지 않다는 점에서 그것과 다르다.

2) 물권적 청구권은 물권에 의존하는 권리이어서 언제나 물권과 운명을 같이하며, 물권의 이전·소멸이 있으면 그에 따라 물권적 청구권도 이전·소멸한다. 그리하여 물권과 분리하여 물권적 청구권만을 양도하지 못하며, 소유권을 양도하면서 그에 기한 물권적 청구권을 전 소유자에게 유보하여 둘 수도 없다(대판(전원) 1969. 5. 27, 68다725; 대판 1980. 9. 9, 80다7).

3) 물권이 채권에 우선하기 때문에 물권적 청구권은 채권적 청구권에 우선한다. 그리하여 특정한 물건에 관하여 두 권리가 병존하는 때에는 물권적 청구권자가 우선적으로 권리를 행사할 수 있고, 파산시에는 환취권을 가진다(채무자회생법 407조).

4) 물권적 청구권의 소멸시효 물권적 청구권이 물권으로부터 독립하여 소멸시효에 걸리는지가 문제된다.

(가) 학 설 여기에 관하여는 다음의 세 가지 견해가 대립한다.

i) 긍 정 설 물권적 청구권은 제한물권에 기한 것은 물론이고 소유권에 기한 것이라도 민법 제162조 제2항이 규정하는 재산권에 해당하므로 20년의 시효에 걸린다고 하는 견해이다.

ii) 부 정 설 물권적 청구권은 그 기초가 되는 물권과 독립하여 소멸시효에 걸리지 않는다는 견해이다(사견도 같음).

iii) 제한적 긍정설 소유권에 기한 물권적 청구권은 소멸시효에 걸리지 않으나, 제한물권에 기한 물권적 청구권은 소멸시효에 걸린다고 한다.

(나) 판 례 판례는 제한물권에 기한 물권적 청구권에 대하여는 판단한 적이 없으나, 소유권에 기한 물권적 청구권에 관하여 소멸시효의 대상이 아니라고 한다(대판 1982. 7. 27, 80다2968(합의해제에 따른 매도인의 원상회복청구권은 소유권에 기한 물권적 청구권이라고 할 것이고 이는 소멸시효의 대상이 되지 않는다) 등).

B-20 4. 발생요건

물권적 청구권의 발생요건은 각각의 물권적 청구권에 따라 다르나, 공통적인 것으로 다음 두 가지를 들 수 있다.

(1) 침해사실

물권을 침해하거나 침해할 염려가 있을 것이 필요하다.

(2) 침해의 위법성

물권의 내용실현을 방해하고 있더라도 그것이 정당한 권리에 의한 것일 때에는 물권적 청구권은 발생하지 않는다. 예컨대 임차인이 목적물을 점유하고 있거나 상린관계에 기하여 토지로 통행하는 경우에 그렇다.

(3) 고의 · 과실 불문

그 밖에 침해자의 고의·과실은 묻지 않으며 침해 또는 침해염려가 있을 것이라는 객관적인 사실로 충분하다.

5. 당 사 자

(1) 물권적 청구권자

물권적 청구권자는 현재 침해를 당하고 있거나 또는 침해당할 염려가 있는 물권자이다. 물권자이기만 하면 그가 목적물을 직접 점유하고 있을 필요는 없다.

(2) 청구권 행사의 상대방

상대방은「현재」물권을 침해하고 있거나 또는 침해당할 염려가 있는 상태를 발생시키고 있는 자이다. 따라서 과거에는 침해하였지만 현재에는 침해하고 있지 않은 자는 상대방이 아니다. 예컨대 A의 토지에 B가 무단으로 건축을 한 뒤 C에게 건물을 매도한 경우에는, B는 상대방이 아니고 C가 상대방이 된다.

6. 비용부담 문제 B-21

물권적 청구권을 행사하는 경우에 누가 그 비용을 부담하여야 하는지가 문제된다. 그런데 여기에 관하여 제대로 논의를 하려면 몇 가지 미리 검토하여야 할 문제가 있다. 아래에서는 그것들에 관하여 먼저 보고, 학설·판례를 적기로 한다.

(1) 선결문제

1) 일반적으로 문헌들은 행위청구권·인용청구권과 같은 물권적 청구권의 내용 내지 본질의 문제가 곧 비용부담의 문제라고 이해한다(사견도 같음). 그런데 일부 문헌은 물권적 청구권의 본질 내지 내용의 문제와 비용부담의 문제는 존재의 평면을 달리한다고 한다.

2) 다음에 수거허용청구권이 인정되어야 하느냐가 문제되는데, 그에 대하여는 앞에서 설명하였다(B-18 참조).

(2) 학 설

i) **행위청구권설** 물권적 청구권은 상대방에 대하여 적극적인 행위를 청구할 수 있고, 따라서 이때의 비용은 방해자의 고의·과실을 불문하고 언제나 방해자가 부담한다는 견해이다. 문헌에 따라서는 이 견해를 취하면서 다른 설명을 덧붙이기도 한다. 그중 하나는, 물권적 청구권은 순수 행위청구권이라고 하고, 비용도 상대방이 부담한다고 하면서, 다만 수거허용청구권이 인정되어야 할 것이라고 주장한다(이 견해는 결과에서는 사견과 같음).

ii) **행위청구권설의 수정설** 원칙적으로 행위청구권설의 입장을 취하면서 반환청구의 경우에 예외를 인정하는 견해이다. 즉 물권적 청구권은 원칙적으로 행위청구권인데, 반환청구의 경우 그 상대방인 현재의 점유자가 스스로 점유를 취득한 것이 아닌 때에는 예외적으로 상대방에 대하여 인용만을 청구할 수 있다고 한다.

iii) **책 임 설** 방해상태가 상대방의 유책사유에 의하여 생긴 때에는 상대방에 대하여 적극적인 배제행위, 따라서 그 비용부담도 청구할 수 있으나, 상대방에게 책임없는 사유로 생긴 때에는 물권자 자신이 그 방해를 제거하는 것을 상대방에게 인용케 하는 데 그치고, 그 비용도 물권자가 부담한다는 견해이다.

(3) 판 례

우리 판례는 얼마 전까지 비용부담에 관하여는 태도를 명백히 밝힌 바가 없었다. 그러면서 물권적 청구권이 **행위청구권**임은 분명히 하고 있다(대판 1999. 7. 27, 98다47528 등 참조). 그러한 판례에 의할 경우 상대방이 비용을 부담하게 될 것이다. 그런데 얼마 전에 대법원은, 제214조의 규정에 의하여 소유자는 방해제거 행위·방해예방 행위·손해의 배상에 대한 담보 지급을 청구할 수 있으나, 소유자가 침해자에 대하여 방해제거 행위 또는 방해예방 행위를 하는 데 드는 비용을 청구할 수 있는 권리는 위 규정에 포함되어 있지 않으므로, 소유자가 제214조에 기하여 방해배제 비용 또는 방해예방 비용을 청구할 수는 없다고 하고, 이어서 원심을 인용하여 향후 소유권에 대한 방해가 예상되는 경우 소유자는 방해제거나 예방을 위한 구체적인 행위를 명하는 집행권원을 받아 상대방이 이를 자발적으로 이행하지 않는 경우 이를 강제집행하고 그 집행비용을 상환받으면 된다고 하였다(대판 2014. 11. 27, 2014다52612). 이 판결은 물권적 청구권 행사의 경우의 비용부담에 대하여 기존의 판례와 다른 입장을 취한 것이 아니며, 단지 그 근거에 대해서만 물권적 청구권 규정이 아니고 집행비용의 문제라고 상세하게 판시한 것으로 생각된다. 즉 판례는 여전히 상대방이 비용을 부담한다는 견지에 있는 것이다.

사례의 해결

사례의 경우 기계의 소유권은 C에게 속한다.

(1) A·C 사이의 법률관계를 본다. 물권적 청구권에 관하여 행위청구권설을 취하면서 수거허용청구권을 인정하는 사견에 따르면, C는 A에 대하여 소유물반환청구권을 가지지 못하며, 다만 C는 수거허용청구권을 가질 수 있다.

A는 소유물방해제거청구권을 가진다. 그 상대방은 B가 아니고 C이다.

C가 A에 대하여 수거허용청구권을 행사하는 경우 그 행위비용과 그곳으로부터의 운송비용은 모두 C가 부담한다. 그리고 A가 C에 대하여 방해제거청구권을 행사할 때 행위(방해제거행위)비용은 상대방인 C가 부담한다. 운송비용도 같다.

한편 A나 C의 행위는 어느 것이나 상대방에 대하여 불법행위가 아니다. 따라서 불법행위책임은 생기지 않는다.

(2) A·B 사이의 관계를 본다. A는 B에게 채무불이행이나 불법행위를 이유로 손해배상을 청구할 수 있다(청구권 경합). 그에 비하여 B는 A에 대하여 의미 있는 권리를 가지고 있지 않다.

(3) B·C 사이의 관계를 본다. C는 B에게 채무불이행이나 불법행위를 이유로 손해배상을 청구할 수 있다(청구권 경합). (사례: B－17)

제 2 장 물권의 변동

제 1 절 서 설

학습의 길잡이

물권법에서 가장 중요하고도 어려운 부분이 물권변동, 그 중에서도 법률행위에 의한 부동산 물권변동이다. 그런데 물권변동을 보다 쉽게 이해하려면 그에 대한 기초이론을 먼저 살펴볼 필요가 있다. 본절은 바로 그런 목적으로 두어진 부분이다. 본절에서는 물권변동의 의의·종류, 물권에 공시가 필요한 이유와 구체적인 공시방법, 공시·공신의 원칙과 우리 법에서의 태도 등을 설명한다.

B-22 ### Ⅰ. 물권변동의 의의 및 모습

(1) 물권변동의 의의

물권의 발생·변경·소멸을 통틀어서 물권의 변동이라고 한다(이는 권리의 발생·변경·소멸을 통틀어서 권리의 변동이라고 하는 것과 같은 맥락에 있다. A-59 참조). 물권의 변동은, 이를 물권의 주체를 중심으로 하여 보면, 물권의 취득·상실·변경 즉 「득실변경(得失變更)」이 된다(186조 참조).

(2) 물권변동의 모습

물권변동의 모습은 민법총칙 부분에서 설명한 권리변동의 모습과 마찬가지이므로 중복을 피하는 의미에서 여기서는 생략하기로 한다(A-59 이하 참조). 권리변동의 모습 가운데 물권에 해당하는 것만 추리면 물권변동의 모습이 된다.

B-23 ### Ⅱ. 물권변동의 종류

물권변동은 여러 가지 표준에 의하여 종류를 나눌 수 있다. 그런데 중요한 것은 다음의 두 가지이다.

(1) 부동산 물권변동과 동산 물권변동

부동산물권과 동산물권은 공시방법이 다르다(등기와 점유 내지 인도). 따라서 물권변동의 방법도 둘은 크게 차이가 있다. 그 결과 물권변동은 변동하는 물권이 부동산물권인가 동산물권인가에 따라 부동산 물권변동과 동산 물권변동으로 나눌 수 있다. 민법도 부동산 물권변동과 동산 물권변동을 구별하여 전자에 대하여는 제186조·제187조에서, 그리고 후자에 대하여는 제188조 내지 제190조에서 따로 규율하고 있다.

(2) 법률행위에 의한 물권변동과 법률행위에 의하지 않는 물권변동

물권변동은 법률효과이다. 따라서 그것은 그 원인이 되는 일정한 법률요건에 기하여 발생한다. 물권변동을 일으키는 법률요건에는 가장 중요한 법률행위 외에도 민법상의 것으로 취득시효(245조 이하)·선의취득(249조)·무주물선점(252조)·유실물습득(253조)·매장물발견(254조)·부합(256조·257조)·혼화(258조)·가공(259조)·상속(1005조) 등이 있고, 기타의 법률상의 것으로 공용징수(수용)(「공익사업을 위한 토지 등의 취득 및 보상에 관한 법률」 45조 1항)·몰수(형법 48조 등)·경매(민사집행법 135조·268조 등) 등이 있고, 그 밖에 일정한 판결(187조 참조)·건물의 신축과 멸실 등도 있다.

이처럼 법률요건에는 여러 가지가 있으나, 그 가운데에 당사자가 원하는 대로 법률효과가 생기는 것은 오직 법률행위 하나밖에 없으며, 나머지의 경우에는 당사자의 의사와는 관계없이 법률효과가 생긴다. 그 때문에 물권변동도 법률행위에 의한 것과 나머지에 의한 것은 서로 다른 원리와 모습을 보이게 된다. 그리하여 물권변동은 법률행위에 의한 물권변동과 법률행위에 의하지 않는 물권변동으로 나눌 수 있다. 그리고 이 구별은 부동산 물권변동과 동산 물권변동 각각에 대하여 행할 수 있다. 민법이 그런 태도를 보이고 있다. 즉 민법은 제186조에서 법률행위에 의한 부동산 물권변동을, 제187조에서 법률행위에 의하지 않는 부동산 물권변동을, 제188조 내지 제190조에서 법률행위에 의한 동산 물권변동을 규정하고, 법률행위에 의하지 않는 동산 물권변동은 주로 소유권에 관한 장에서 규정하고 있으며, 그 내용도 사뭇 다르다.

법률행위에 의하지 않는 물권변동은 흔히 제187조의 문언을 참고하여 법률의 규정에 의한 물권변동이라고 하기도 한다.

Ⅲ. 물권의 변동과 공시(公示) B-24

물권에는 배타성이 있어서 동일한 물건 위에 병존할 수 없는 물권이 둘 이상 성립할 수 없다. 그리고 물권은 원칙적으로 현실적인 지배 즉 점유를 요소로 하지 않는 관념적인 권리로 되어 있다(특히 소유권·저당권이 그렇다). 따라서 물권을 거래하는 자가 예측하지 못한 손해를 입지 않으려면, 거래 객체인 물건 위에 누가 어떤 내용의 물권을 가지고 있는지를 알 수 있어야 한다. 여기서 물권거래의 안전을 위하여 물권의 귀속과 내용(즉 현상(現狀))을 널리 일반에게 알리는 이른바 공시가 필요함을 알 수 있다. 그리하여 근대법은 물권의 현상을 외부에서 알 수 있도록 일정한 표지(標識)에 의하여 일반에게 공시하고 있는데, 그러한 표지를 공시방법이라고 한다. 우리의 법률과 판례도 다음과 같은 일정한 공시방법을 인정하고 있다.

(1) 부동산물권의 공시제도

우리 법에 있어서 **부동산물권**은 공적 기록에 부동산에 관한 일정한 권리관계를 기록하는 「**부동산등기**」에 의하여 공시된다. 우리의 부동산등기제도는 비교적 잘 정비되어 있는 편이나, 아직도 다소의 미비점을 지니고 있으며, 무엇보다도 우리 법상 뒤에 설명하는 공신의 원칙(B-26 참조)이 채용되어 있지 않아서 그 기능을 충분히 다하지 못하는 아쉬움이 있다.

(2) 동산물권의 공시제도

동산물권의 공시방법은 **점유 내지 인도**(점유의 이전)이다. 동산물권을 등기와 같은 공적 장부에의 기재에 의하여 공시하지 않는 이유는, 동산은 그 수가 매우 많을뿐더러 대부분 가치는 적고 또 쉽게 멸실되며 위치가 자주 변하기 때문에 장부에 의하여 공시하는 노력에 비하여 그로부터 얻는 이익이 현저하게 적다는 데 있다. 그러나 동산 가운데 가치가 크고 위치의 식별도 어느 정도 용이한 몇 가지에 대하여는 예외적으로 등기 또는 등록에 의하여 공시하는 것을 인정하고 있다(선박 · 자동차 · 항공기 · 경량항공기 · 일정한 건설기계).

(3) 그 밖의 공시제도

「입목에 관한 법률」에서는 입목에 관하여 등기라는 공시방법을 인정하고 있다(동법 2조). 그리고 판례는 명인방법을 수목의 집단과 미분리과실의 공시방법으로 삼고 있다.

B-25 Ⅳ. 공시(公示)의 원칙과 공신(公信)의 원칙

1. 서 설

공시제도 내지 공시방법이 그 기능을 다하게 하기 위하여서는 다음과 같은 공시의 원칙과 공신의 원칙을 인정하여야 한다. 그런데 모든 국가가 이 두 원칙을 채용하고 있는 것은 아니다. 각 국가는 자기 나라의 사정과 정책에 따라 두 원칙의 채용 여부를 결정하고 있다. 우리 민법은 부동산에 관하여는 공시의 원칙만을 인정하고 있고, 동산에 관하여는 두 원칙 모두를 인정하고 있다.

2. 공시의 원칙

(1) 물권의 변동은 공시방법에 의하여 공시하여야 한다는 원칙이다. 예컨대 A가 그의 토지의 소유권을 B에게 이전하려면 등기(소유권 이전등기)를 하여야 하고, C가 그의 시계의 소유권을 D에게 이전하려면 인도(점유의 이전)를 하여야 한다는 것이다. 공시의 원칙은 그 자체가 물권을 취득하려고 하는 제3자 내지 거래의 안전을 보호하기는 하나, 거래의 안전을 보다 확실하게 보호하는 것은 뒤에 보는 공신의 원칙이다. 그리고 그 공신의 원칙이 인정되려면 공시방법의 정확성을 위하여 그 전제로서 공시의 원칙이 필요하게 된다.

(2) 오늘날의 법제는 한결같이 공시의 원칙을 실현하기 위하여 강제하는 방법을 사용하고 있다. 그런데 그 방법에는 두 가지가 있다. ① 하나는 공시방법을 갖추지 않으면 제3자에 대한 관계에 있어서는 물론이고 당사자 사이에서도 물권변동이 생기지 않게 하는 것이고, ② 다른 하나는 의사표시만 있으면 공시방법이 갖추어지지 않아도 당사자 사이에서는 물권변동이 일어나지만, 공시방법이 갖추어지지 않는 한 그 물권변동을 가지고 제3자에게 대항하지 못하게 하는 것이다. 앞의 것을 성립요건주의 또는 형식주의라고 하며, 뒤의 것을 대항요건주의 또는 의사주의라고 한다. 우리 민법과 독일민법·스위스민법은 성립요건주의를 취하고 있으나, 프랑스민법과 일본민법은 대항요건주의를 취하고 있다.

3. 공신의 원칙 B-26

(1) 의 의

공시방법(등기·점유 등)에 의하여 공시된 내용을 믿고 거래한 자가 있는 경우에 그 공시방법이 진실한 권리관계와 일치하고 있지 않더라도 그 자의 신뢰를 보호하여야 한다는 원칙이다. 이 원칙이 인정되어 있다면, 예컨대 A의 토지에 관하여 B가 그 토지를 A로부터 매수한 것처럼 서류를 위조하여 자신의 이름으로 소유권이전등기를 한 뒤에 C에게 이를 매도한 경우에, C가 B의 소유권등기를 진실한 것으로 믿고 있었을 때에는(그 밖의 요건도 필요함), C는 그 토지의 소유권을 유효하게 취득하게 된다. 시계의 점유자로부터 그 자가 소유자인 것으로 믿고 그 시계를 매수하여 인도받은 때에도 마찬가지이다.

공시방법에 의하여 공시된 내용을 신뢰하여 거래한 자에 대하여 그가 신뢰한 대로의 효력을 발생시키는 힘을 공신력이라고 한다. 따라서 부동산거래 또는 동산거래에 공신의 원칙을 채용하는 경우에는 등기 또는 점유에 공신력이 있다고 표현한다.

공신의 원칙이 인정되어 있으면 물건의 매수인 기타 물권을 거래하는 자는 공시방법을 믿고 거래하면 설사 공시방법이 실제의 권리관계와 일치하지 않더라도 권리를 취득하게 되어, 거래의 안전이 보호된다. 그런가 하면 공시방법이 실제의 권리관계와 일치하는지를 따로 조사할 필요도 없어서 거래의 신속도 기할 수 있게 된다.

(2) 연혁 및 입법례

로마법에서는 「어느 누구도 자기가 가지는 이상의 권리를 타인에게 줄 수 없다」는 원칙이 인정되어 있었으며, 따라서 공신의 원칙은 인정될 여지가 없었다. 공신의 원칙은 게르만법에서 유래한 것이다.

근대법 가운데 독일민법과 스위스민법은 부동산거래·동산거래 모두에 관하여 공신의 원칙을 채용하고 있으나, 프랑스민법과 일본민법에서는 동산거래에 관하여만 이 원칙을 채용하고 있다.

(3) 우리 법에서의 공신의 원칙

우리나라는 프랑스·일본과 마찬가지로 공신의 원칙을 부동산거래에 관하여서는 인정하지 않고, 동산거래에 관하여서만 인정하고 있다(249조 참조).

앞서 본 바와 같이, 물권변동은 부동산 물권변동과 동산 물권변동이 달리 규율되고 있고, 또 그 각각에 있어서 법률행위에 의한 물권변동과 법률행위에 의하지 않는 물권변동이 차이를 보인다. 따라서 물권변동은 서론적인 설명이 끝난 뒤에는 부동산 물권변동, 동산 물권변동을 차례로 살펴보아야 한다. 그리고 그 내부에서 법률행위에 의한 것과 기타에 의한 것을 나누어 다루어야 한다. 그런데 부동산과 동산의 물권변동의 어느 것에 있어서나 법률행위에 의한 물권변동에는 법률행위 즉 「물권행위」가 공통하게 된다. 따라서 각각의 물권변동에 앞서서 공통적인 사항인 물권행위를 기술하는 것이 필요하다. 그런가 하면 「부동산등기」는 그것이 「법률행위에 의한 부동산 물권변동」의 요건이기 때문에 등기의 일반적인 설명도 체계상으로는 그 물권변동의 아래에서 하는 것이 마땅하나, 그렇게 되면 물권변동에 관한 논의의 초점이 흐려질 가능성이 커서, 이해의 편의를 위하여 체계를 다소 누그러뜨려 개별적인 물권변동의 앞에서 논의하려고 한다.

제2절 물권행위

학습의 길잡이

본절에서는 법률행위에 의한 부동산 물권변동·동산 물권변동의 공통요건인 물권행위에 대하여 따로 떼어 자세히 서술한다. 구체적으로는 먼저 물권행위의 의의를 적은 뒤, 물권행위 및 공시방법과 관련하여 입법주의를 살펴보고 우리 민법상 그 양자가 어떤 관계에 있는지를 논의하며, 이어서 물권행위의 독자성과 무인성에 관하여 기술한다.

본절의 내용은 그 모두를 정확하게 이해하고 기억해야 한다. 민법의 전문가조차 물권행위의 개념이나 그것의 독자성·무인성에 관하여 부정확하게 알고 있는 경우를 종종 목격한다. 이것들에 대한 이해가 부족하면 물권변동 그 자체에서뿐만 아니라 물권의 이전·설정과 관련된 모든 부분에서 잘못된 설명을 하게 된다.

본절에서 논의하는 사항, 특히 물권행위의 독자성·무인성에 대하여 어떻게 이해하고 어떤 입장을 견지하느냐에 따라서 계약해제의 효과 등 여러 법률문제의 이론적 설명이 달라지게 됨을 유의해야 한다. 본절의 내용이 실무적으로 결과상 큰 차이를 가져오지 않는다고 하여 간과해서는 안 되는 것이다.

Ⅰ. 물권행위의 의의 B-27

1. 개 념

(1) 개념정의

물권변동을 일으키는 법률요건에는 여러 가지가 있으나, 그 가운데 법률행위가 가장 중요하다. 사적 자치를 기본원리로 하는 우리 민법상 당사자가 원하는 대로 물권변동이 일어나는 경우는 법률행위밖에 없기 때문이다. 그런데 물권변동을 일으키는 법률행위가 바로 물권행위이다.

물권행위의 개념정의에 관하여는 학설이 나뉘어 있는데, 다수설은 **직접 물권의 변동을 목적으로 하는 의사표시를 요소로 하는 법률행위**라고 한다(사견도 같음).

(2) 채권행위와의 구별

물권행위는 채권행위와 대립하는 개념이다. 물권행위는 물권변동을 목적으로 하는 데 비하여, 채권행위는 채권의 발생을 목적으로 한다. 그리고 **물권행위**(예: 소유권 이전의 합의)가 있으면(법률이 요구하는 그 밖의 요건이 있을 경우 그것까지 모두 갖추는 때에는) 물권의 변동이 일어나게 되어 **이행의 문제가 남지 않으나, 채권행위**(예: 매매 계약)가 있으면 채권·채무가 발생할 뿐이므로 그에 기하여 **이행하여야 하는 문제가 뒤에 남게 된다.**

이처럼 물권행위와 채권행위는 서로 대립하는 개념이지만, 둘은 밀접한 관계에 있다. 일반적으로 채권행위가 있은 후에 그것의 이행으로서 물권행위가 행하여지기 때문이다. 예컨대 토지의 매매계약이라는 채권행위를 한 뒤, 그에 기하여 매도인이 부담하는 소유권이전채무를 이행하기 위하여 소유권이전의 합의라는 물권행위를 하는 것이다. 이와 같이 **채권행위의 이행으로서 물권행위가 행하여지는 경우**, 즉 채권행위가 물권행위의 원인(causa)이 되는 경우에, **그 채권행위를 물권행위의 원인행위라고 한다.** 주의할 것은, 언제나 채권행위가 있고 그것을 전제로 하여 물권행위가 행하여지는 것은 아니라는 점이다. 거래의 실제에 있어서는 채권행위와 물권행위가 하나로 합하여져 행하여지는 때도 있으며(예: 동산의 현실매매), 채권행위가 없이 물권행위만 행하여지는 때도 있다(예: 소유권의 포기).

(3) 물권행위의 종류 B-28

법률행위가 단독행위·계약·합동행위로 나누어지므로(A-80 이하 참조), 물권행위에도 물권적 단독행위·물권계약·물권적 합동행위가 있게 된다.

물권의 포기·승역지(承役地) 소유자의 위기(委棄)(299조) 등은 물권적 단독행위에 해당한다. 물권적 단독행위도 상대방 있는 것과 상대방 없는 것이 있다. 제한물권의 포기는 전자의 예이고, 소유권의 포기는 후자의 예이다.

물권행위의 대부분을 차지하고, 그리하여 가장 중요한 것은 물권계약이다. 물권계약은 좁은 의미의 계약인 채권계약과 구별하기 위하여 합의 즉 물권적 합의라고 하는 때가 많다(그러나 지상권·저당권설정계약 등과 같이 계약이라는 표현도 적지 않게 사용된다. 그 의미에 관하여는 B-248 참조). 소유권이전의 합의, 저당권설정의 합의가 그 예이다.

그리고 공유자의 소유권포기는 물권적 합동행위에 해당한다.

(4) 처분행위로서의 성질

물권행위는 처분행위이다(A-83 참조). 따라서 그것이 유효하기 위하여서는 처분자에게 처분권한이 있어야 한다. 처분권한은 물권행위를 하는 때뿐만 아니고 공시방법을 갖추는 때에도 필요하다(이설 없음). 처분권한이 없는 자가 타인의 물건을 처분하는 경우에는 그 처분행위는 무효이다. 그러나 이때 처분권자가 사후에 추인을 하면 처분행위는 소급해서 유효한 것으로 된다(이설 없음). 그 경우에는 무권대리행위의 추인에 관한 제133조를 유추적용하는 것이 바람직하기 때문이다(A-247도 참조).

2. 방 식

물권행위가 일정한 방식에 따라서 하여야 하는 요식행위인가에 관하여는 학설이 대립하고 있는데, 다수설은 불요식행위라고 한다(사견도 같음).

3. 적용법규

물권행위도 법률행위이므로 민법 총칙편의 법률행위에 관한 규정은 모두 물권행위에 적용된다. 권리능력·행위능력·의사표시·대리·무효와 취소·조건과 기한 등의 규정이 그렇다.

물권행위 중 물권적 합의는 일종의 계약이므로, 그에 관하여는 민법 채권편의 계약의 성립에 관한 규정이 유추적용되어야 한다. 그러나 그 밖의 채권편의 규정은 원칙적으로 물권행위에 적용되지 않는다. 한편 이와 관련하여 제3자를 위한 물권행위가 가능한지가 문제되는데(539조의 유추적용 문제), 학설은 일치하여 이를 인정하고 있다(사견은 반대함).

Ⅱ. 물권행위와 공시방법 B-29

1. 「법률행위에 의한 물권변동」에 관한 두 가지 입법례

법률행위 즉 물권행위에 의한 물권변동이 어떤 요건이 갖추어지는 때에 일어나는가에 관하여는 크게 두 가지의 입법례가 대립하고 있다. 프랑스민법과 독일민법의 태도가 그것이다.

(1) 대항요건주의(의사주의)

프랑스민법에서는 당사자의 의사표시 즉 물권행위만 있으면 공시방법을 갖추지 않아도 물권변동이 일어난다. 그런데 이러한 태도에 의하면 제3자에게 예측하지 못한 손해가 생길 가능성이 있기 때문에 프랑스민법은 거래의 안전을 보호하기 위하여 보완책을 강구하고 있다. 즉 동산물권에 관하여는 공신의 원칙을 인정하고(동법 1141조), 부동산물권에 관하여는 공시방법을 갖추어야만 물권변동을 가지고 제3자에게 대항할 수 있도록 한다. 프랑스민법의 이러한 태도를 대항요건주의(공시방법이 물권변동을 가지고 제3자에 대하여 대항할 수 있는 요건이라는 의미에서)·의사주의(물권변동이 의사표시만으로 일어난다는 의미에서)·불법주의라고 한다.

프랑스민법과 더불어 일본민법이 대항요건주의를 채용하고 있다(일본민법 178조). 그런데 일본민법은 동산 물권변동에 관하여도 인도를 대항요건으로 하는 점에서 프랑스민법과 다르다.

(2) 성립요건주의(형식주의)

독일민법에서는 당사자의 의사표시 즉 물권행위뿐만 아니라 등기·인도 등의 공시방법까지 갖추어져야만 비로소 물권변동이 일어난다. 그리하여 공시방법을 갖추지 않는 한 제3자에 대한 관계에서는 물론이고 당사자 사이에서도 물권변동은 일어나지 않는다. 이러한 독일법의 태도는 성립요건주의(공시방법이 물권변동의 성립요건이라는 의미에서)·형식주의(물권변동이 일어나려면 등기·인도와 같은 형식을 갖추어야 한다는 의미에서)·독법주의라고 한다.

성립요건주의는 오스트리아민법·스위스민법에 의하여서도 채용되고 있다.

(3) 두 입법주의의 비교 B-30

사례를 가지고 두 입법주의의 차이점을 보기로 한다.

1) 부동산매매의 경우 예컨대 A가 B에게 토지를 팔기로 하는 매매계약을 체결하고 아직 B의 명의로 등기를 하지 않았다고 하자.

이때 대항요건주의에 의하면 B는 토지의 소유권을 취득한다(물권행위는 채권행위 속에 포함되어 있는 것으로 해석된다). 그러나 그것은 당사자 사이 즉 A·B 사이에서만 그렇다. B가 소유권취득이라는 물권변동을 가지고 제3자에게 대항할 수 있으려면 그의 명의로 등기를 하였어야 한다. 따라서 위의 경우에 A가 C에게 그 토지를 다시 팔고 C에게 먼저 등기를 이전해 주면 C가 확정적으로 소유권을 취득하게 되고, B는 소유권을 가지고 C에게 대항하지 못한다(그 결과 A·B 사이에서는 B가 소유자이나, B·C 사이에서는 C가 소유자로 된다).

다음에 성립요건주의에 의하면 A·B 사이의 계약만으로는 A·B 사이에서조차 소유권의 변동은 일어나지 않는다. 그리고 B가 그의 명의로 등기를 하는 때에 그는 당사자 사이에서나 제3자에 대한 관계에서나 처음으로, 또한 확정적으로 소유권을 취득하게 된다.

이와 같이, 대항요건주의에서는 — 부동산물권 거래의 경우 — 법률관계가 당사자 사이의 관계와 제3자에 대한 관계로 분열하여 복잡한 모습을 보이게 된다. 그에 비하여 성립요건주의에서는 법률관계가 공시방법까지 갖추어졌는지 여부에 의하여 획일적으로 정하여지며, 당사자 사이의 관계와 제3자에 대한 관계로 나누어지지 않는다.

B-31 **2) 동산매매의 경우** 예컨대 A가 그의 시계를 B에게 팔기로 하는 매매계약을 체결하고 아직 그 시계를 B에게 인도해 주지 않았다고 하자.

이때, 프랑스민법에 의하면 B는 시계의 소유권을 취득하게 된다. 그리고 그 소유권취득은 제3자에 대한 관계에서도 일어난다(프랑스법은 동산인도는 대항요건으로 하지 않기 때문이다). 다만, 그 경우에 A가 그 시계를 사정을 모르는 C에게 다시 팔고 C에게 인도해 주었다면, 그때에는 C가 시계의 소유권을 취득하게 되고, 반사적으로 B는 소유권을 잃게 된다. 여기서 C가 소유권을 취득하게 되는 것은 공신의 원칙 때문이다. 그러나 동산의 인도도 대항요건으로 하는 일본민법에 의하면, 앞의 부동산의 경우와 마찬가지로, C가 대항요건을 먼저 갖추게 되었으므로 B는 그의 소유권취득을 가지고 C에게 대항하지 못하게 된다.

한편 성립요건주의에 의하면 위의 사례에서 B는 시계의 소유권을 취득하지 못한다. 그가 시계의 소유권을 취득하려면 시계를 인도받아야 한다. 그때 비로소 A·B 사이에서도 소유권취득이 일어나는 것이다.

3) 평 가 대항요건주의와 성립요건주의 가운데 어느 것이 더 우수한가에 대하여는 i) 일반적으로 성립요건주의가 우수하다는 견해(사견도 같음)와 ii) 부동산물권에 관하여는 성립요건주의가 우수하나, 동산물권에 관하여는 프랑스민법의 태도가 현명하다는 견해가 주장되고 있다.

4) 주의할 점 대항요건주의와 성립요건주의의 대립은 「법률행위에 의한 물권변동」에 관한 것임을 주의하여야 한다.

B-32

2. 우리 민법의 태도

민법은 제186조·제188조에서 각각 부동산물권과 동산물권에 관하여 성립요건주의를 규정하고 있다. 그 결과 우리 민법에 있어서는 당사자의 의사표시 즉 물권행위뿐만 아니라 등기·인도라는 공시방법까지 갖추어야 비로소 당사자 사이의 관계에서도 물권변동이 일어나게 된다.

[참고] 입법주의의 변경에 따른 경과규정

앞에서 언급한 바와 같이 과거 우리나라에 의용되던 일본민법(의용민법)은 법률행위에 의한 물권변동에 관하여 대항요건주의(의사주의)를 취하고 있었다. 그러던 것을 현행민법은 성립요건주의(형식주의)로 변경하였다. 이러한 변경과 관련하여 민법은 부칙에 경과규정을 두었다. 그에 의하면, 부동산의 경우에는 민법 시행일부터 6년(제정 당시에는 3년이라고 하였으나, 1962. 12. 31.에 5년으로 개정하여 1963. 1. 1.부터 시행하였고, 1964. 12. 31.에 다시 6년으로 개정하여 1965. 1. 1.부터 시행하였으며, 이것이 현행규정이다) 내에 등기하지 않으면 효력을 잃고(부칙 10조 1항), 동산의 경우에는 민법 시행일부터 1년 내에 인도를 받지 못하면 효력을 잃는다(부칙 10조 2항).

3. 물권행위와 공시방법의 관계 B-33

(1) 서 설

우리 민법상 물권행위와 공시방법이 어떤 관계에 있는지가 문제된다. 구체적으로는 먼저 물권적 의사표시와 공시방법이 합하여져 물권행위를 이루는가가 문제되고, 만약 이것이 부인된다면 공시방법은 어떤 법률적 성질을 가지는 것인가가 문제된다.

(2) 학 설

학설은 크게 i) 물권적 의사표시와 공시방법이 합하여져 물권행위를 이룬다는 견해와 ii) 물권적 의사표시만이 물권행위를 이룬다는 견해(사견도 같음), iii) 부동산의 경우에는 등기가 물권변동의 또 하나의 요건이나, 동산의 경우에는 인도가 물권행위를 이룬다는 견해로 나누어진다. 그리고 i)설은 다시 ⓐ 등기·인도라는 공시방법은 물권행위의 형식이라고 하는 견해와 ⓑ 등기·인도는 물권행위를 완성하는 요소라는 견해로 세분되며, ii)설은 ⓐ 공시방법은 물권행위의 효력발생요건이라는 견해, ⓑ 공시방법은 물권행위 이외에 법률에 의하여 요구되는 물권변동의 또 하나의 요건이라는 견해(사견도 같음)로 세분된다.

(3) 판 례

대법원판결 가운데에는 동산의 선의취득과 관련하여 물권행위가 인도에 의하여 완성되는 것처럼 표현한 것이 있으나(대판 1991. 3. 22, 91다70), 그 판결에서도 물권적 합의를 인도와 구분하고 있는 점에서 i)설의 태도를 취하고 있다고 보기는 어렵다.

Ⅲ. 물권행위의 독자성 B-34

1. 서 설

(1) 물권행위는 채권행위와 별개의 행위로서 채권행위와 분명히 구별된다(독립한 존재 인정). 그리고 물권행위는 보통은 채권행위의 이행으로서 행하여진다. 그런데 여기서 물권행위가 그 원인이 되는 채권행위와 별개의 행위로 행하여지는가가 문제된다. 이것이 물권행위의 독

자성의 문제이다.

주의할 것은, 물권행위의 독자성을 부인한다고 하여 물권행위의 개념 자체, 채권행위를 전제로 하지 않는 물권행위의 존재, 또는 채권행위와는 별도로 물권행위가 행하여질 수 있음을 부정하는 것은 아니라는 점이다. 그리고 독자성을 인정한다고 하여 채권행위와 물권행위가 하나의 행위로 합하여져 행하여질 수 없다고 하는 것도 아니다. 물권행위의 독자성 인정 여부는 물권행위의 시기가 명백한 경우에는 문제되지 않으며, 그 시기가 불분명한 때(예: 「토지를 매각한다」는 계약을 체결한 경우)에 한하여 문제된다.

(2) **물권행위의 독자성은 물권변동에 관한 입법주의와는 논리필연적인 관계에 있지 않다.** 즉 대항요건주의에서 독자성이 문제될 수도 있고(예: 일본 민법), 성립요건주의에서 독자성이 부정될 수도 있다(예: 오스트리아 민법).

(3) 민법은 물권행위의 독자성에 관하여 명백한 규정을 두고 있지 않다. 따라서 그에 관하여 논란이 심하다.

B-35 2. 학설 · 판례

(1) 학 설

독자성에 관하여 학설은 i) 인정설과 ii) 부정설(사견도 같음)로 나뉘어 있다. 그리고 인정설은 대체로 부동산물권의 경우 등기서류를 교부한 때 물권행위가 행하여진 것으로 해석한다. 그에 비하여 부정설은 물권행위는 보통 채권행위 속에 포함되어서 행하여진다고 한다. 이들이 드는 이유는 각기 다르며, 주요한 것을 간추리면 다음과 같다.

인정설은 그 이유로 ① 제186조의 「법률행위」와 제188조 제 1 항의 「양도」가 물권행위라는 점, ② 거래의 실제에 있어서의 법적 의식 일반에 의할 때 인정되어야 한다는 점, ③ 물권적 기대권과 물권행위의 무인성의 인정을 위하여 필요하다는 점 등을 들고 있다.

그리고 부정설은 인정설의 이유를 비판하는 외에 ① 독자성을 인정하든 않든 별로 차이가 없다는 점, ② 거래의 실제에 있어서 물권행위를 따로 의식해서 행하는 일이 없다는 점, ③ 검인계약서의 제도상 부정할 수밖에 없다는 점 등을 든다.

(2) 판 례

판례는, 계약이 해제된 경우에 변동되었던 물권이 당연히 복귀하는가가 문제된 사안에서, **우리의 법제가 물권행위의 독자성을 인정하고 있지 않다고 한다**(대판 1977. 5. 24, 75다1394).

Ⅳ. 물권행위의 무인성(無因性) B-36

1. 의 의

물권행위는 보통 채권행위에 기하여 그 이행행위로서 행하여진다. 이와 같이 채권행위가 행하여지고 그 이행으로서 물권행위가 따로 독립해서 행하여진 경우에, 그 원인행위인 채권행위가 존재하지 않거나 무효이거나 취소 또는 해제되는 때, 그에 따라서 물권행위도 무효로 되는지가 문제된다. 이것이 물권행위의 무인성(추상성)의 문제이다. 이에 대하여 물권행위도 무효로 된다고 하는 것은 유인론(유인설)이고, 물권행위는 무효로 되지 않는다고 하는 것은 무인론(무인설)이다.

예컨대 A가 그의 토지를 B에게 팔면서, 둘 사이의 합의에 따라 먼저 A가 그 토지의 소유권을 이전하여 주고 B가 그 토지를 담보로 융자를 받아 잔금을 지급하기로 약속하였는데, B가 융자를 받은 후 잔금을 지급하지 않아 A가 채무불이행을 이유로 매매계약을 해제한 경우에, A의 해제에 의하여 A·B 사이의 매매계약은 소급하여 무효로 된다(계약해제의 효과에 관한 직접효과설의 입장). 그때 A·B 사이에 있었던 소유권이전의 합의(물권행위)의 효력은 어떻게 되는지가 문제되는데, 무인론에 의하면 소유권이전의 합의는 채권행위에 영향을 받지 않아 여전히 유효하게 되나, 유인론에 의하면 그 합의도 무효로 된다.

물권행위의 유인 · 무인의 문제는 물권행위의 독자성을 인정하는 경우에 비로소 발생한다. 독자성을 부정하는 법제(프랑스·오스트리아 등)나 학설에서는 물권행위가 채권행위에 포함되어 있다고 보기 때문에 양 행위의 효력이 공통하게 된다. 그러나 독자성을 인정한다고 하여 반드시 무인성까지 인정하여야 하는 것은 아니다. 나아가 유인·무인은 물권행위가 채권행위와 따로 독립하여 행하여진 때에만 문제된다. 뿐만 아니라 물권행위의 유인 · 무인은 채권행위에만 실효원인(失效原因)이 존재하고 물권행위에는 아무런 흠도 없는 경우에만 문제된다. 만약 물권행위에도 흠이 있으면, 유인·무인과 관계없이 그 흠 때문에 물권행위가 효력을 잃게 된다.

물권행위의 무인성을 인정하느냐 여부는 등기청구권, 계약해제, 부당이득 반환청구권 등의 해석에 크게 영향을 미친다. 그러므로 무인성의 인정 여부뿐만 아니라 그에 따른 결과에 관하여 충분히 이해하고 있어야 한다.

2. 학설 · 판례 B-37

민법은 물권행위의 유인·무인에 관하여 직접적인 명문규정을 두고 있지 않다(스위스민법 974조 2항 참조). 그리하여 학설은 무인론과 유인론으로 나뉘어 대립하고 있으며, 판례는 유인론의 태도를 취하고 있다(대판 1977. 5. 24, 75다1394[핵심판례 320면]; 대판 1995. 5. 12, 94다18881 · 18898 · 18904 등). 아래에서 판례와 두 학설을 자세히 살펴보기로 한다.

(1) 판 례

먼저 대법원은, 물건 등 여러 가지를 양도한 계약이 해제된 경우에 그 이행으로 변동된 물권이 당연히 복귀하는가가 문제된 사안에서, 우리 법제가 물권행위의 무인성을 인정하고 있지 않다고 하면서, 계약이 해제되면 변동되었던 물권은 당연히 그 계약이 없었던 원상태로 복귀한다고 하였다(대판 1977. 5. 24, 75다1394). 그리고 채무자가 채권자의 승낙을 얻어 본래의 채무이행에 갈음하여 부동산으로 대물변제를 하였으나 본래의 채무가 존재하지 않았던 경우에는, 당사자가 특별한 의사표시를 하지 않은 한, 대물변제는 무효로서 부동산의 소유권이 이전되는 효과가 발생하지 않는다고 한다(대판 1991. 11. 12, 91다9503). 이는 물권행위의 무인성을 부정하는 유인론의 입장이다.

(2) 학 설

1) 무 인 론 물권행위의 무인성을 인정하는 견해이다. 무인론은 과거 다수설이었으나 이제는 소수설로 되고 있다.

무인론이 드는 이유는 다음과 같다. ① 물권행위가 채권행위와 별개의 행위라면 그 효력도 별개로 정해야 마땅하다. ② 물권적 법률관계는 모든 사람에게 명료함을 요하는데, 물권행위의 효력을 당사자 사이에서만 효력을 가지는 원인행위의 유효성에 의하여 영향받게 하는 것은 법적 명료성을 위하여 바람직하지 못하다. ③ 무인론은 특히 등기의 공신력을 부여하지 않는 우리 민법의 결함을 보충함으로써 거래의 안전에 이바지할 수 있다.

우리나라의 무인론자는 모두 상대적 무인론을 취한다. 즉 원칙적으로는 무인이지만 예외적으로 일정한 경우에는 유인으로 된다고 한다(김용한, 95면; 김학동, 59면). 그런데 어떤 경우에 유인으로 되는가에 관하여는 견해가 일치하지 않는다.

2) 유 인 론 물권행위의 무인성을 부정하고 유인성을 인정하는 견해이다. 유인론은 과거 소수설이었으나 현재에는 다수설로 되고 있다(사견도 같음).

유인론이 드는 이유는 문헌에 따라 차이가 있으나 주요한 것을 추리면 다음과 같다. ① 무인론의 첫째 이유는 개인의사 자치의 도그마와 개념법학의 결합이다. ② (무인론의 둘째 이유에 대하여) 무인론에 의하여도 물권관계가 불확실한 경우가 있으며(상대적 무인론의 경우 더욱 심함), 정당한 이익 보호가 높이 평가되어야 한다. ③ (무인론의 셋째 이유에 대하여) 거래안전 보호의 범위가 그다지 넓지 않고, 상대적 무인론일 경우에는 차이가 더욱 적어질 뿐만 아니라, 무인론에 의하면 악의의 제 3 자까지도 보호하는 결과가 된다. ④ 무인성은 본래 독일에서 등기관의 실질 심사범위를 물권행위에 제한함으로써 물권거래를 간편하게 하려고 인정하였던 것이며, 그것으로 거래의 안전을 보호하는 것은 primitive한 방법이다. ⑤ 비교법적으로 보더라도 부당하다(독일만 인정하며 독일도 그 후에 유인성에 접근하는 개정을 하였음). ⑥ 유인론이 실제의 법의식과 일치한다.

[참고] 물권행위의 무인성에 관한 사견

사견을 정리하면 다음과 같다. 채권행위와 물권행위는 특별한 사정이 없는 한 하나의 행위로 행하여지는 것이 원칙이다(독자성 부인). 따라서 제한능력·의사의 흠결이나 하자는 두 행위에 모두 영향을 미친다. 그러나 이는 유인·무인 때문이 아니고 하자가 양자에 공통하기 때문이다. 그에 비하여 채권행위와 물권행위가 따로 행하여진 경우에는 채권행위의 부존재·무효·취소·해제는 반대의 특약이 없는 한 물권행위도 무효로 만들게 된다. 이는 유인론에 의한 결과이다.

제 3 절 부동산등기 일반론

학습의 길잡이

부동산등기는 법률행위에 의한 부동산 물권변동의 요건일 뿐만 아니라 법률행위에 의하지 않는 부동산 물권변동이 일어난 뒤 처분하기 전에 갖추어져야 하는 요건이다. 본절에서는 그러한 부동산등기에 관하여 사전적(事前的)인 내용을 정리해두고 있다. 구체적으로는 등기의 의의, 등기사무 담당기관, 등기부와 대장, 등기의 종류, 등기사항, 등기의 절차, 등기청구권, 등기의 효력에 대하여 설명한다. 여기의 내용을 숙지하고 있어야 부동산 물권변동을 쉽고 올바르게 이해할 수 있다. 본절에서 다루는 내용 중 특히 중요한 것으로는 가등기, 등기청구권, 등기의 효력 중 추정력과 가등기의 효력을 들 수 있다.

Ⅰ. 서 설 B-38

법률행위에 의한 부동산 물권변동이 일어나려면 법률행위(물권행위) 외에 등기라는 요건을 갖추어야 한다(186조). 또한 법률행위에 의하지 않는 부동산 물권변동은 등기 없이도 일어나나, 그 물권을 처분하려면 먼저 등기를 하여야 한다(187조). 이처럼 등기, 즉 부동산등기는 모든 부동산 물권변동에 있어서 필수적인 요건이거나 처분을 위한 요건이 된다. 그런데 부동산등기는 보통의 민법 논점과는 사뭇 다른 특징들을 많이 가지고 있다. 따라서 부동산 물권변동을 다루면서 그에 관하여 설명을 하면 등기의 복잡성 때문에 물권변동의 설명이 혼란스러워질 수가 있다. 그 때문에 여기서는 부동산 물권변동을 다루기 전에 부동산등기의 일반적인 점을 미리 살펴보려고 한다.

Ⅱ. 등기의 의의

등기(부동산등기)의 의의에는 실체법상의 것과 절차법상의 것이 있다. **실체법상 등기**라고 하면 등기관이라고 하는 국가기관이 법이 정한 절차에 따라서 등기부라고 하는 공적 기록에 부동산에 관한 일정한 권리관계를 기록하는 것(보통의 경우) 또는 그러한 기록 자체(예: 부등법 32조·33조·57조·58조·92조·93조·94조 등)를 말한다. 그에 비하여 절차법상의 등기는 부동산에 관한 권리관계뿐만 아니라 부동산의 표시에 관한 기록(등기기록 중 표제부의 기록)까지도 포함한다. 등기는 신청이 있었더라도 실제로 등기부에 기록되지 않으면 존재하지 않는 것으로 된다(대결 1971. 3. 24, 71마105도 참조). 등기에 관한 주요한 법령으로는 부동산등기법과 부동산등기규칙(대법원규칙)이 있다.

Ⅲ. 등기사무 담당기관과 등기관

1. 등기사무 담당기관

본래 등기사무를 담당하는 국가기관은 지방법원이다(법원조직법 2조 3항·3조 2항). 그런데 지방법원의 사무의 일부를 처리하게 하기 위하여 법률에 의하여 지원이 설치될 수 있고, 또 대법원규칙에 의하여 등기소가 설치될 수도 있다(법원조직법 3조 2항·3항). 그 결과 등기사무는 부동산 소재지를 관할하는 지방법원, 그 지원 또는 등기소가 처리하게 된다(즉 이들이 관할등기소이다. 부등법 7조).

2. 등 기 관

등기사무는 등기소에 근무하는 법원서기관·등기사무관·등기주사 또는 등기주사보 중에서 지방법원장이 지정한 자가 처리하며, 이들을 등기관이라고 한다(부등법 11조 1항).

B-39 Ⅳ. 등기부와 대장(臺帳)

1. 등 기 부

(1) 의의 및 종류

등기부는 부동산에 관한 권리관계와 부동산의 표시에 관한 사항을 적는 공적 기록이며(부등법 2조 1호는 등기부를 「전산정보처리조직에 의하여 입력·처리된 등기정보자료를 대법원규칙으로 정하는 바에 따라 편성한 것」이라고 정의하고 있음), 그 종류에는 토지등기부와 건물등기부의 2종이 있다(부등법 14조 1항).

(2) 1부동산 1등기기록의 원칙

등기부에는 1 필의 토지 또는 1 개의 건물에 대하여 1 개의 등기기록(과거의 등기용지에 해당함)을 둔다(부등법 15조 1항 본문). 이를 물적 편성주의 또는 1부동산 1등기기록의 원칙이라 한다.

그런데 이러한 원칙에는 예외가 있다. 즉 1동의 건물을 구분한 건물에 있어서는 1동의 건물에 속하는 전부에 대하여 1개의 등기기록을 사용한다(부등법 15조 1항 단서). 구체적으로 구분건물등기기록에는 1동의 건물에 대한 표제부를 두고, 전유부분마다 표제부·갑구·을구를 둔다(부등규칙 14조 1항).

(3) 등기부의 구성

B-40

등기기록은 표제부·갑구·을구로 이루어져 있다(부등규칙 13조·14조 참조). 그런데 그것 외에 부동산 고유번호도 부여된다. 그런가 하면 각 등기기록에는 해당 부동산의 소재지가 기록되어 있다.

1) 부동산 고유번호 부여 등기기록을 개설할 때에는 1필의 토지 또는 1개의 건물마다, 그리고 구분건물에 대하여는 전유부분마다 부동산 고유번호를 부여하고 그것을 등기기록에 기록하여야 한다(부등규칙 12조 1항·2항).

2) 표 제 부

(개) 표제부는 토지나 건물의 표시와 그 변경에 관한 사항을 기록하는 곳이다.

(내) 표제부의 모습은 그것이 토지·건물·구분건물 중 어느 것의 표제부인지에 따라 차이가 있다.

토지등기기록의 표제부는 표시번호란, 접수란, 소재지번란, 지목란, 면적란, 등기원인 및 기타사항란으로 이루어져 있고, **건물등기기록**의 표제부는 표시번호란, 접수란, 소재지번·건물명칭 및 건물번호란, 건물내역란, 등기원인 및 기타사항란으로 이루어져 있다(부등규칙 13조 1항).

구분건물의 등기기록에는 표제부가 1동의 건물에 대한 것과 전유부분에 대한 것이 있는데(부등규칙 14조 1항), 1동의 건물의 표제부는 표시번호란, 접수란, 소재지번·건물명칭 및 번호란, 건물내역란, 등기원인 및 기타사항란으로 이루어져 있고, 전유부분의 표제부는 표시번호란, 접수란, 건물번호란, 건물내역란, 등기원인 및 기타사항란으로 이루어져 있다(부등규칙 14조 2항 본문). 다만, 구분한 각 건물 중 대지권이 있는 건물이 있는 경우에는 1동의 건물의 표제부에는 대지권의 목적인 토지의 표시를 위한 표시번호란, 소재지번란, 지목란, 면적란, 등기원인 및 기타사항란을 두고, 전유부분의 표제부에는 대지권의 표시를 위한 표시번호란, 대지권종류란, 대지권비율란, 등기원인 및 기타사항란을 두도록 하고 있다(부등규칙 14조 2항 단서. 부등규칙 88조도 참조). 이는 집합건물법이 구분소유자의 구분소유권과 대지사용권의 분리처분을 원칙적으로 금지하는 것(동법 20조)을 등기부에 표시하기 위하여, 대지권(구분건물과 일체성을 갖는 대지사용권)의 목적인 토지의 표시를 「1동의 건물」의 등기기록의 표제부에 하도록 하고, 대지권은 전유부분의 등기기록의 표제부에 표시하도록 한 데 따른 것이다(부등법 40조 3항). 한편 등기관이 대지권 등기를 하였을 때에는 직권으로 대지권의 목적인 토지의 등기기록에 소유권·지상권·전세권 또는 임차권이 대지권이라는 뜻을 기록하여야 한다(부등법 40조 4항. 부등규칙 89조·90조도 참조).

(대) 각 등기기록의 표제부의 표시번호란에는 표제부에 등기한 순서를 적는다.

3) 갑 구 **갑구는 소유권에 관한 사항을 기록하는 곳이며**, 순위번호란, 등기목적란, 접수란, 등기원인란, 권리자 및 기타사항란으로 이루어져 있다(부등규칙 13조 2항). 갑구의 순위번

호란에는 갑구에 등기한 순서를 적는다.

4) 을 구 을구는 소유권 이외의 권리에 관한 사항을 기록하는 곳이며, 을구도 갑구와 마찬가지로 순위번호란, 등기목적란, 접수란, 등기원인란, 권리자 및 기타사항란으로 이루어져 있다(부등규칙 13조 2항). 그리고 을구의 순위번호란에는 을구에 등기한 순서를 적는다.

(4) 열람 등

등기부는 부동산에 관한 권리관계를 공시하기 위한 것이므로, 일반인은 누구든지 수수료를 내고 등기기록이 기록되어 있는 사항의 전부 또는 일부의 열람과 이를 증명하는 등기사항증명서(과거의 등기부 등본 또는 초본에 해당함)의 발급을 청구할 수 있다(부등법 19조 1항 본문). 다만, 등기기록의 부속서류에 대하여는 이해관계 있는 부분만 열람을 청구할 수 있다(부등법 19조 1항 단서). 그리고 등기기록의 열람 및 등기사항증명서의 발급청구는 관할등기소가 아닌 등기소에 대하여도 할 수 있다(부등법 19조 2항).

B-41

2. 대 장

부동산에 대한 과세·징세 등을 위하여 그것의 상황을 명확하게 하는 공적 장부가 대장이다. 대장에는 토지에 관한 것으로서 **토지대장**과 **임야대장**이 있고(「공간정보의 구축 및 관리 등에 관한 법률」 2조 19호·71조 참조), 건물에 관한 것으로서 **건축물대장**이 있다(건축법 38조). 그리고 건축물대장에는 집합건축물 이외의 건축물에 관한 「일반건축물대장」과 집합건축물에 관한 「집합건축물대장」의 둘이 있다(「건축물대장의 기재 및 관리 등에 관한 규칙」 4조).

대장의 소관청(所管廳)은 특별자치시장·시장·군수·구청장이다(「공간정보의 구축 및 관리 등에 관한 법률」 2조 18호, 건축법 38조).

판 례 임시로 복구한 토지대장/무허가건물대장이 권리추정력이 있는지

(ㄱ) 「1975. 12. 31. 전부 개정된 지적법(법률 제2801호, 이하 '개정 지적법')이 시행된 이후 비로소 토지대장의 소유자에 관한 사항은 부동산등기부나 확정판결에 의하지 아니하고서는 복구등록할 수 없도록 하는 규정(지적법 시행령(1976. 5. 7. 대통령령 제81110호) 제10조, 부칙 제 6 조)이 생긴 점 등에 비추어, 위 개정 지적법이 시행되기 이전에 소관청이 아무런 법적 근거 없이 과세의 편의상 임의로 복구한 토지대장에 소유자 이름이 기재되어 있다 하더라도, 그 기재에는 권리추정력을 인정할 수 없다. 또한 개정 지적법 시행 이후 새로 작성된 카드화된 토지대장에 위와 같이 권리추정력이 인정되지 않는 종전 토지대장의 소유자란의 기재가 그대로 옮겨 적어졌다면, 그 새로운 토지대장의 소유자에 관한 사항에도 마찬가지로 권리추정력은 없다고 보아야 한다.」(대판 2013. 7. 11, 2013다202878)

(ㄴ) 「무허가건물대장은 행정관청이 무허가건물 정비에 관한 행정상 사무처리의 편의를 위하여 직권으로 무허가건물의 현황을 조사하고 필요 사항을 기재하여 비치한 대장으로서 건물의 물권 변동을 공시하는 법률상의 등록원부가 아니며, 무허가건물대장에 건물주로

등재된다고 하여 소유권을 취득하는 것이 아닐 뿐만 아니라 권리자로 추정되는 효력도 없는 것이므로, 참칭상속인 또는 그로부터 무허가건물을 양수한 자가 무허가건물대장에 건물주로 기재되어 있다고 하여 이를 상속회복청구의 소에 있어 상속권이 참칭상속인에 의하여 침해된 때에 해당한다고 볼 수 없다.」(대판 1998. 6. 26, 97다48937)

3. 대장과 등기부의 관계 B-42

대장과 등기부는 내용에 있어서 일치하고 있어야 제 기능을 발휘할 수 있다. 그리하여 둘을 일치시킬 수 있도록 하는 절차를 두고 있다. 즉 부동산의 물체적 상황에 관하여는 대장의 기재를 기초로 하여 등기를 하게 하고(부등법 29조 11호 참조), 권리의 변동에 관하여는 등기부의 기재를 기초로 하여 대장을 정리하도록 한다(「공간정보의 구축 및 관리 등에 관한 법률」 84조, 「건축물대장의 기재 및 관리 등에 관한 규칙」 19조 참조)(다만, 소유권보존등기의 경우에 소유권의 확인에 관하여는 예외적으로 대장의 기재를 기초로 한다(부등법 65조 1호). 그 경우에는 그에 앞선 등기가 없기 때문이다). 구체적으로 대장과 등기부의 기재를 일치하게 하는 절차는 다음과 같다. 대장등록의 경우에는 직권주의가 적용되기 때문에, 등기부를 기초로 하는 사항에 관하여는 소관청이 등기에 맞추어 직권으로 대장을 정리한다(「공간정보의 구축 및 관리 등에 관한 법률」 84조 2항·4항 참조). 그에 비하여 대장을 기초로 하는 사항에 관하여는 등기의 신청주의(부등법 22조) 때문에 대장에 맞추어 곧바로 등기를 할 수가 없어서 간접적으로 강제하는 방법을 쓰고 있다. 즉 등기부에 적힌 사항이 대장과 일치하지 않는 경우에는 등기관이 등기신청을 각하한다(부등법 29조 11호).

판 례 대장상의 등록과 부동산등기

(ㄱ) 「신설된 부동산등기법(2006. 5. 10. 법률 제7954호로 개정된 것) 제90조의 4 제 1 항에 의하면, 지적법에 따른 토지합병절차를 마친 후 합필등기를 하기 전에 합병토지의 일부에 관하여 소유권이전등기가 된 경우라 하더라도 해당 토지의 소유자들은 등기부상 근저당권이나 가압류 등 현재 유효한 등기가 경료되어 있는 권리자인 이해관계인의 승낙서를 첨부하여 합필 후의 토지를 공유로 하는 합필등기를 공동으로 신청할 수 있다.」(대판 2007. 5. 10, 2004다27853)

(ㄴ) 「대장상 소유권이전등록을 받았다 하더라도 물권변동에 관한 형식주의를 취하고 있는 현행 민법상 소유권을 취득했다고 할 수 없고, 따라서 대장상 소유권이전등록을 받은 자는 자기 앞으로 바로 보존등기를 신청할 수는 없으며, 대장상 최초의 소유명의인 앞으로 보존등기를 한 다음 이전등기를 하여야 한다.」(대판 2009. 10. 15, 2009다48633)

(ㄷ) 「토지의 합병·분할에 의하여 지적공부상의 표시가 달라지게 되었다 하더라도 합병·분할 전의 토지 자체가 없어지거나 그 토지에 대한 권리관계에 변동이 생기는 것이 아니므로, 토지소유자는 자기 소유 토지를 특정할 수 있는 한 지적공부상 구 지번의 경계를 복원하거나 경계확정의 소에 의한 경계확정절차를 거치지 않고서도 그 소유권을 주장하는 데에는 아무런 지장이 없다.」(대판 2002. 9. 24, 2001다20103)

B-43 ## V. 등기의 종류

(1) 사실의 등기 · 권리의 등기

사실의 등기는 등기기록 중 표제부에 하는 부동산의 표시의 등기이며, 표제부의 등기라고도 한다. 그리고 권리의 등기는 등기기록 중 갑구·을구에 하는 부동산의 권리관계에 관한 등기이다. 부동산의 권리변동의 효력은 권리의 등기에 의하여서만 발생한다.

(2) 보존등기 · 권리변동의 등기

보존등기는 미등기의 부동산(예: 토지의 매립이나 건물의 신축의 경우)에 관하여 그 소유자의 신청으로 맨 처음 행하여지는 소유권의 등기이다. 보존등기가 신청되면 등기관은 등기기록을 새로 마련하여 표제부에 표시의 등기를 하고 갑구에 소유권자의 등기를 한다. 그리고 그 후의 그 부동산에 관한 등기는 모두 이 보존등기를 기초로 하여 행하여진다. 한편 권리변동의 등기는 보존등기를 기초로 하여 그 후에 행하여지는 권리변동(예: 소유권이전·제한물권의 설정)에 관한 등기이다.

B-44 ### (3) 등기의 내용에 의한 분류

1) 기입등기 새로운 등기원인에 의하여 어떤 사항을 등기부에 새로이 기입하는 등기이며, 보통 등기라고 하면 기입등기를 의미한다(예: 소유권보존등기 · 소유권이전등기 · 저당권설정등기).

2) 경정등기(更正登記) 어떤 등기를 하였는데 그 절차에 착오 또는 빠진 부분이 있어서 「원시적으로」 등기와 실체관계가 불일치한 경우(예: 소유자 주소기재의 누락)에 이를 바로잡기 위하여 하는 등기이다(부등법 32조 1항). 만약 착오 또는 빠진 부분이 등기관의 잘못으로 인하여 생긴 때에는 직권으로 경정한다(부등법 32조 2항 본문).

(판 례) 경정등기를 해야 하는 경우

「기존 등기에 관하여 등기명의인의 성명이나 주소 등 표시에 착오 또는 유류가 있는 경우에는 원칙적으로 등기명의인 표시의 경정등기를 하여 등기부의 표시를 경정한 다음 새로운 등기를 하여야 하는 것이므로, 기존 등기명의인의 표시에 착오가 있음에도 불구하고 등기명의인 표시의 경정등기를 하지 아니하고 곧바로 상속을 원인으로 한 이전등기를 신청하는 경우에는 등기부상의 피상속인의 표시와 첨부된 상속을 증명하는 서면상의 피상속인의 표시가 상이하므로 부동산등기법 제55조 제6호의 각하사유에 해당한다.」(대결 2008. 8. 28, 2008마943)

3) 변경등기 어떤 등기가 행하여진 후에 등기된 사항에 변경이 생겨서 「후발적으로」 등기와 실체관계가 불일치한 경우(예: 소유자의 주소 변경)에 그 불일치를 바로잡기 위하여 하는 등기이다.

판 례 표시변경등기를 말소할 수 없는 경우

「등기명의인 표시변경등기가 등기명의인의 동일성을 해치는 방법으로 행하여져 등기가 타인을 표상하는 결과에 이르렀다면 그 경우 원래의 등기명의인은 새로운 등기명의인을 상대로 그 변경등기의 말소를 구할 수 있을 것이나, 그 표시변경이 등기명의인의 동일성이 유지되는 범위 내에서 행하여진 것에 불과한 경우에는 그것이 잘못되었더라도 다시 소정의 서면을 갖추어 경정등기를 하면 되므로 소로써 그 표시변경등기의 말소를 구하는 것은 소의 이익이 없어 허용되지 아니한다.」(대판 2000. 5. 12, 99다69983)

4) 말소등기　기존의 등기의 전부(일부만을 바로잡는 변경등기와 다름)를 말소하는 등기이다(부등법 55조－58조 · 87조 등). 말소되어야 하는 등기는 그것이 유효하게 성립한 뒤에 부적법하게 된 것일 수도 있고(예: 변제에 의한 저당권의 소멸), 처음부터 부적법하여 무효인 것일 수도 있다(예: 매매 등의 등기원인이 무효인 경우).

5) 회복등기　기존의 등기가 부당하게 소멸한 경우에 이를 회복하는 등기이다. 현행 부동산등기법상 회복등기로는 구 등기의 전부 또는 일부가 부적법하게 말소된 때에 행하여지는 말소회복등기가 있다(부등법 59조 참조). 이러한 말소회복등기를 신청하는 경우에 등기상 이해관계 있는 제 3 자가 있을 때에는 그 제 3 자의 승낙이 있어야 한다(부등법 59조). 그에 비하여 과거의 멸실회복등기는 현행 등기법에는 없다(부등법 17조, 부등규칙 17조 참조).

6) 멸실등기　부동산이 멸실되거나 존재하지 않는 건물에 등기가 있는 경우에 행하여지는 등기이다(부등법 39조 · 43조 · 44조). 멸실등기가 있으면 등기기록은 폐쇄된다(부등규칙 84조 1항 · 103조 1항 참조).

(4) 등기의 방법 내지 형식에 의한 분류　B-45

1) 주 등 기　이는 표시번호란(표제부의 등기의 경우) 또는 순위번호란(갑구 또는 을구의 등기의 경우)에 독립한 번호를 붙여서 하는 등기이며, 독립등기라고도 한다. 등기는 대부분 주등기이다.

2) 부기등기(附記登記)　이는 독립한 번호를 갖지 않고 기존의 어떤 등기(이를 부기등기에 대하여 주등기라고 한다. 그런데 본래의 주등기뿐만 아니라 부기등기도 다른 부기등기의 주등기로 될 수 있다)의 순위번호에 가지번호(예: 1－1, 1－1－1)를 붙여서 하는 등기이다(부등규칙 2조 참조). 부기등기는 기존의 등기와의 동일성을 유지하게 하거나(예: 변경등기 · 경정등기) 또는 기존의 등기의 순위를 유지하게 할 필요가 있을 때(예: 저당권의 이전등기)에 하게 한다.

(5) 등기의 효력에 의한 분류　B-46

1) 종국등기　등기의 본래의 효력 즉 물권변동의 효력(다만, 592조 · 621조의 경우에는 대항력)을 발생하게 하는 등기이며, 보통의 등기는 종국등기이다. 종국등기는 가등기에 대하여 본등기라고도 한다.

2) 예비등기　물권변동과는 관계가 없고 그에 대비하여 하는 등기이다. 예비등기에는 가등기와 — 지금은 폐지된 — 예고등기가 있다.

(가) 가등기(假登記)

(a) 의 의 가등기는 부동산 물권변동을 목적으로 하는 청구권을 보전하기 위하여 인정되는 등기이다. 우리 민법처럼 채권행위만으로 물권변동이 일어나지 않는 법제 하에서는 청구권의 발생과 물권변동 사이에 시간적인 간격이 있게 된다. 여기서 그러한 청구권을 지키게 할 필요가 있게 되는데, 그러한 목적의 제도가 가등기이다. 이는 부동산 물권변동을 목적으로 하는 청구권이 이미 존재하고 있음을 등기부에 미리 기록하여 그 후에 물권을 취득하려는 자에게 알려서 계산에 넣도록 하는 것이다.

가등기는 본래 청구권을 보전하기 위하여 행하여지나 변칙적으로 채권담보의 목적으로 행하여지는 때도 자주 있다. 후자의 가등기를 담보가등기라고 하며(등기부에는 「담보가등기」(예: 소유권이전 담보가등기)라고 적음. 그리고 그 원인은 「대물반환예약」이라고 기재함), 그에 대하여는 「가등기담보 등에 관한 법률」이 규율하고 있다.

판례 담보가등기 여부의 판단

「당해 가등기가 담보가등기인지 여부는 당해 가등기가 실제상 채권담보를 목적으로 한 것인지 여부에 의하여 결정되는 것이지 당해 가등기의 등기부상 원인이 매매예약으로 기재되어 있는가 아니면 대물변제예약으로 기재되어 있는가 하는 형식적 기재에 의하여 결정되는 것이 아니다.」(대결 1998. 10. 7, 98마1333)

(b) 요 건 가등기는 ① 장차 권리변동을 발생하게 할 청구권을 보전하려 할 때(예: 부동산매매의 경우의 매수인의 소유권이전청구권), ② 그러한 청구권이 시기부(始期附) 또는 정지조건부(停止條件附)인 때(예: 채무불이행이 생기면 토지의 소유권을 이전하기로 한 경우), ③ 그 밖에 그러한 청구권이 장래에 있어서 확정될 것인 때(예: 매매예약 · 대물변제예약에 기한 예약완결권을 행사할 수 있는 경우)에 할 수 있다(부등법 88조).

B-47 (c) 절 차 가등기도 일종의 등기이기 때문에 그 신청은 가등기권리자와 가등기의무자가 공동으로 하는 것이 원칙이다. 그러나 가등기의무자의 승낙이 있거나 가등기를 명하는 법원의 가처분명령이 있을 때에는 가등기권리자가 단독으로 신청할 수 있다(부등법 89조). 가등기의 말소는 가등기명의인이 단독으로 신청할 수 있으며(부등법 93조 1항), 가등기의무자 또는 가등기에 관하여 등기상 이해관계 있는 자가 가등기명의인의 승낙을 받아 단독으로 가등기의 말소를 신청할 수 있다(부등법 93조 2항).

(d) 가등기의 가등기 가등기에 의하여 보전된 청구권을 양도받은 경우 또는 장차 소유권을 취득하면 저당권을 설정받기로 한 경우에, 그 가등기를 기초로 하여 다시 가등기를 할 수 있는가가 문제된다. 이것이 가등기의 가등기 문제이다. 여기에 관하여 학설은 긍정하는 데 대체로 일치하고 있으며(사견도 같음), 판례도 가등기에 의하여 보전된 청구권의 양도를 인정하면서 그 경우에는 가등기된 권리의 이전등기를 가등기에 대한 부기등기의 형

식으로 할 수 있다고 하여 긍정설의 입장이다(대판(전원) 1998. 11. 19, 98다24105[핵심판례 102면]; 대판(전원) 2015. 5. 21, 2012다952).

(나) **예고등기** 예고등기는 등기원인의 무효나 취소로 인한 등기의 말소 또는 회복의 소(패소한 원고가 재심의 소를 제기한 경우를 포함한다)가 제기된 경우에 이를 제 3 자에게 경고하기 위하여 소를 수리한 법원의 촉탁에 의하여 행하여지는 등기이다(개정 전 부등법 4조·39조). 예고등기 제도는 폐해가 커서 현재는 폐지되었다.

Ⅵ. 등기사항

B-48

등기사항에는 실체법상의 것과 절차법상의 것이 있다. 실체법상의 등기사항은 등기하지 않으면 사법상의 일정한 효력(권리변동의 효력이나 추정적 효력 등)이 생기지 않는 사항 즉 등기가 필요한 사항이며, 그것은 대체로 제186조·제187조에 의하여 정하여진다. 그에 비하여 절차법상의 등기사항은 부동산등기법상 등기를 할 수 있는 사항이며, 이에 해당하는 사항에 대하여는 등기능력이 있다고 표현한다. 이 두 등기사항은 일치하지 않는다. 실체법상의 것은 모두 절차법상의 것이 되나, 절차법상의 것 가운데에는 실체법상의 것이 아닌 것도 있다(예: 피담보채권의 변제에 의한 저당권 소멸의 경우, 건물 신축의 경우). 실체법상의 등기사항에 관하여는 「법률행위에 의한 부동산 물권변동」에서 보기로 하고, 여기서는 절차법상의 등기사항에 관하여만 보기로 한다(그 중에서 특별법은 제외하고 부동산등기법상의 것만 살펴본다).

(1) 등기되어야 할 물건

부동산 가운데 토지와 건물이 등기되어야 할 물건이다(부등법 15조 1항. 특별법상의 것으로 입목·공장재단의 재단저당 등도 있다). 그러나 토지나 건물이라도 사권의 목적이 되지 않는 것은 제외된다.

(2) 등기되어야 할 권리

등기되어야 할 권리는 부동산물권 가운데 소유권·지상권·지역권·전세권·저당권이다(부등법 3조). 그리고 권리질권(348조, 부등법 3조)·채권담보권(「동산·채권 등의 담보에 관한 법률」, 부등법 3조 7호)·부동산임차권(621조, 부등법 3조), 부동산환매권(592조, 부등법 53조)은 부동산물권은 아니지만 등기능력이 있다. 그 밖에 물권변동을 목적으로 하는 청구권에 관하여는 가등기를 할 수 있다(부등법 88조).

(3) 등기되어야 할 권리변동

등기되어야 할 권리의 「보존·이전·설정·변경·처분의 제한(예: 268조의 공유물 분할금지나 압류·가압류·가처분에 의한 처분행위의 금지)·소멸」 등 모든 권리변동이 등기되어야 한다(부등법 3조).

판 례 **본등기 금지가처분 등기의 효력**

「가등기에 터잡아 본등기를 하는 것은 그 가등기에 기하여 순위보전된 권리의 취득(권리의 증대 내지 부가)이지 가등기상의 권리 자체의 처분(권리의 감소 내지 소멸)이라고는 볼 수 없으므로 가등기에 기한 본등기를 금지한다는 취지의 가처분은 부동산등기법 제 2 조에 규정된 등기할 사항에 해당하지 아니하고, 그러한 본등기 금지가처분이 잘못으로 기입등기되었다 하더라도 그 기재사항은 아무런 효력을 발생할 수 없는 것으로서, 가처분권자는 이러한 무효한 가처분 결정의 기입등기로서 부동산의 적법한 전득자에게 대항할 수 없는 것이다.」(대판 1992. 9. 25, 92다21258)

B-49 **Ⅶ. 등기의 절차**

등기는 원칙적으로 당사자의 신청 또는 관공서의 촉탁(이것은 신청의 변형이라고 할 수 있다)에 의하여서만 할 수 있고, 그 밖에는 법률의 규정이 있는 때(부동산등기법상 그러한 경우로는 등기관의 직권에 의한 경우(동법 32조·36조·58조 등)와 법원의 명령에 의한 경우(동법 106조·107조 등)의 둘이 있다)에만 할 수 있다(부등법 22조 1항). 아래에서는 이들 가운데 가장 중요한 당사자의 신청에 의한 경우만을 보기로 한다.

1. 등기의 신청

(1) 공동신청의 원칙

등기의 신청은 등기권리자와 등기의무자가 공동으로 하는 것이 원칙이다(부등법 23조 1항). 이와 같은 공동신청주의를 취하는 이유는 이해관계를 달리하는 양 당사자로 하여금 등기신청을 하게 하여 등기가 올바르게 행하여지도록 하기 위하여서이다.

여기서 등기권리자 · 등기의무자라 함은 등기절차상의 개념인데, 전자는 신청된 등기가 행하여짐으로써 실체적 권리관계에서 권리의 취득 기타 이익을 받는 자라는 것이 등기부상 형식적으로 표시되는 자이고(가령 부동산매매의 경우 매수인, 저당권 말소의 경우 저당권설정자), 후자는 등기가 행하여짐으로써 실체적 권리관계에서 권리의 상실 기타 불이익을 받는다는 것이 등기부상 형식적으로 표시되는 자(가령 부동산매매의 경우 매도인, 저당권 말소의 경우 저당권자)이다.

이러한 등기절차상의 등기권리자·등기의무자는 실체법상의 등기권리자·등기의무자와는 구별된다. 실체법상 등기권리자는 후술하는 등기청구권(B-55 이하 참조)을 가지는 자이고, 그 상대방이 실체법상의 등기의무자이다. 등기절차상의 등기권리자·등기의무자와 실체법상의 등기권리자·등기의무자는 대부분 일치하나 그렇지 않은 때도 많다.

(2) 단독신청이 인정되는 경우

공동신청이 아니더라도 등기가 올바르게 행하여질 수 있는 경우(예: 판결에 의한 등기(부등법 23조 4항))와 등기의 성질상 등기의무자가 없는 경우(예: 미등기 부동산의 소유권보존등기(부등법 23조 2항), 부동산의 분할 · 합병등이 있는 경우의 변경등기(부등법 35조 · 41조), 부동산 표시의 변경등기(부등법 35조 · 41조), 상속에 의한 등기(부등법 23조 3항))에는, 등기권리자(판결에 의한 등기의 경우에는 등기의무자에 의하여도 가능하다. 부등법 23조 4항) 또는 등기명의인에 의한 단독신청이 인정된다. 가등기가 일정한 요건 하에 등기권리자에 의한 단독신청이 가능함은 앞에서 설명하였다(B-47 참조).

(3) 등기신청이 강제되는 경우

1990년에 제정된 「부동산등기 특별조치법」은 제 2 조에서 세금을 내지 않을 목적으로 등기를 하지 않거나 또는 등기를 하지 않은 채 부동산을 전전매각하는 것을 막기 위하여서 네 가지 경우에 등기신청을 강제하고 있다. 동법 제 2 조 제 1 항·제 2 항·제 3 항이 규정하는 세 경우는 중간생략등기를 막기 위하여 공동신청을 강제하는 것이고, 제 5 항의 경우는 미등기 부동산을 등기 없이 거래하는 것을 방지하기 위한 단독신청의 강제이다.

(4) 대위신청 B-50

등기의 공동신청시 등기신청은 등기권리자·등기의무자 또는 등기명의인(또는 이들의 대리인)이 하여야 하는데, 부동산등기법은 이에 대한 예외를 인정하여 민법 제404조에 따라 채권자로 하여금 채무자가 가지는 등기신청권을 대위할 수 있도록 하고 있다(동법 28조. 그 밖에 부등법 41조 3항·46조 2항의 경우도 있다). 주의할 점은, 이것은 판례·통설에 의하여 인정되는 등기청구권의 대위행사와는 다르다는 점이다. 즉 이것은 채무자의 상대방도 등기신청을 하는 경우에 채권자가 채무자를 대위하여 등기신청을 하는 「등기신청권」(이는 국가에 대한 권리로서 일종의 공권이다)의 대위행사이며, 채무자의 상대방이 등기신청을 하지 않는 경우에 등기신청에의 협력을 청구할 수 있는 채무자의 권리를 채권자가 대위하는 「등기청구권」의 대위행사가 아니다.

(5) 대리인에 의한 신청

등기신청은 등기권리자·등기의무자(또는 등기명의인)의 대리인에 의하여서도 할 수 있다(부등법 24조). 여기의 대리인은 등기신청이라는 공법상의 행위를 대리하기 때문에 사법상의 법률행위의 대리인은 아니나, 거기에는 대리에 관한 규정이 성질이 허용되는 한 유추적용된다고 하여야 한다. 다만, 자기계약·쌍방대리의 금지(124조)는 적용되지 않는다(이설 없음).

(6) 등기신청의 방법 B-51

1) 등기는 다음 두 가지 중 어느 하나의 방법으로 신청한다. 하나는 **방문신청**으로, 신청인 또는 그 대리인이 등기소에 출석하여 신청정보 및 첨부정보를 적은 서면을 제출하는 방법이다(부등법 24조 1항 1호). 다만, 대리인이 변호사(법무법인·법무조합을 포함한다)나 법무사(법무사합동법인을 포함한다)인 경우에는 대법원규칙으로 정하는 사무원을 등기소에 출석하게 하여 그 서면을 제출할 수 있다(부등법 24조 1항 1호 단서). 다른 하나는 **전자신청**으로, 전산정보처리조직을 이용(이동통신 단말장치에서 사용되는 애플리케이션(Application)을 통하여 이용하는 경우를 포함함)하여 신청정보 및 첨부정보를 보내는 방법이며, 전자신청이 가능한 등기유형에 관한 사항과 전자신청의 방법은 대법원규칙으로 정한다(부등법 24조 1항 2호).

2) 등기신청인이 제공하여야 하는 **신청정보 및 첨부정보**는 대법원규칙 즉 부동산등기규칙이 정한다(부등법 24조 2항). 그에 따르면, 이들 두 정보의 내용은 방문신청이나 전자신청이나 동일하며, 단지 정보를 제공하는 방식에서 차이가 있을 뿐이다. 즉 방문신청의 경우에는, 신

청정보는 등기신청서에 적어서 제출하고(부등규칙 56조 1항), 첨부정보는 그 정보를 담고 있는 서면을 첨부하여 제출하여야 한다(부등규칙 56조 3항). 그에 비하여 전자신청의 경우에는, 신청정보는 전자문서로 등기소에 송신하여야 하고(부등규칙 67조 2항), 첨부정보는 전자문서로 등기소에 송신하거나 대법원예규로 정하는 바에 따라 등기소에 제공하여야 한다(부등규칙 67조 3항). 아래에서 신청인이 제공하여야 하는 두 정보에 관하여 자세히 살펴본다(그 외에 부등규칙 44조도 참조).

(가) **신청정보** 신청정보는 부동산등기규칙 제43조 및 그 밖의 법령이 정하고 있다.

(나) **첨부정보** 첨부정보는 부동산등기규칙 제46조 및 그 밖의 법령이 정하고 있는데(부등규칙 56조 3항·67조 3항), 여기서는 전자가 정하고 있는 것 중 주요한 것만 설명한다.

(a) **등기원인을 증명하는 정보**(부등규칙 46조 1항 1호) 여기서 「등기원인」이라 함은 등기를 정당화하는 법률상의 원인 즉 권원(權原)을 의미한다. 무엇이 그러한 등기원인인가에 관하여는 경우를 나누어 보아야 한다.

먼저 법률행위에 의한 부동산 물권변동의 경우에 관하여 학설은 i) 물권행위가 등기원인이라는 견해, ii) 물권행위가 아니라 그 물권행위를 하게 된 원인이 되는 원인행위 또는 그의 무효·취소·해제 등이 등기원인이라는 견해, iii) 등기원인에는 실체법적인 것과 절차법적인 것이 있다고 하면서, 전자는 물권행위(또는 물권적 합의)이고 후자는 원인행위 즉 채권행위인데, 여기의 등기원인은 절차법적인 것이라고 하는 견해로 나뉘어 있다. 그리고 판례는 ii)설과 같다(대판 1999. 2. 26, 98다50999).

[참고] 사견

등기원인은 본래 물권행위이나 물권행위의 독자성·무인성을 부정하기 때문에 ii)설처럼 이해한다. 다만, 소유권 포기처럼 물권행위만 있는 경우에는 물권행위가 등기원인이다(물권법 [40] 참조).

법률행위에 의하지 않는 부동산 물권변동(187조)의 경우에는 상속·공용징수·판결·경매·취득시효·건물 신축 등이 등기원인이 된다는 데 다툼이 없다.

위에서 본 등기원인의 성립을 증명하는 정보가 「등기원인을 증명하는 정보」이다. 예컨대 매매·증여에 의한 소유권이전등기 신청의 경우에는 매매계약서·증여계약서, 저당권설정등기의 경우에는 저당권설정계약서 또는 저당권부 소비대차계약서, 판결의 경우에는 집행력 있는 확정판결정본, 상속의 경우에는 상속을 증명하는 시·구·읍·면의 장의 서면 또는 이를 증명할 수 있는 서면이 그에 해당한다.

[참고] 검인계약서 제도

부동산등기특별조치법에 의하여 「계약을 원인으로 소유권이전등기를 신청할 때」에는 일정한 사항(동법 3조 1항 참조)이 기재된 계약서에 검인신청인을 표시하여 부동산소재지를 관할하는 시장·구청장·군수 또는 그 권한의 위임을 받은 자의 검인(檢印)을 받아서 제출하여야 한다(동법 3조. 그 밖에 동법 3조 2항과 중간생략등기를 막기 위한 4조도 참조). 이것이 이른바 검인계약서(檢印契約書) 제도이다. 그런데 2005년에 부동산등기법이 개정되고 또 「부동산 거래신고 등에 관한 법률」이 신고필증 제도를 둠으로써, 결과적으로 현재에는 매매계약을 원인으로 소유권이전등기를 신청할 때에는 검인계약서가 아니고 부동산 매매계약서가 등기원인증명정보로 된다. 그러나 매매계약 이외의 경우(예: 증여계약)에는 여전히 검인계약서가 등기원인증명정보이다(자세한 사항은 물권법 [40] 참조).

방문신청의 방법으로 등기를 신청한 경우 신청서에 첨부된 「등기원인을 증명하는 정보」를 담고 있는 서면이 법률행위의 성립을 증명하는 서면이거나 그 밖에 대법원예규로 정하는 서면일 때에는 등기관이 등기를 마친 후에 이를 신청인에게 돌려주어야 한다(부등규칙 66조 1항). 그런데 신청인이 그 서면을 등기를 마친 때부터 3개월 이내에 수령하지 않을 경우에는 이를 폐기할 수 있다(부등규칙 66조 2항).

(b) 등기원인에 대하여 제 3 자의 허가 · 동의 또는 승낙이 필요한 경우에는 이를 증명하는 B-52
정보(부등규칙 46조 1항 2호) 이 정보의 예로는 미성년자의 행위에 대한 법정대리인의 동의서, 학교법인의 기본재산 매매에 대한 관할청의 허가서(사립학교법 28조)를 들 수 있다.

등기원인을 증명하는 정보가 집행력 있는 판결인 경우에는 이 정보를 제공할 필요가 없다(부등규칙 46조 3항 본문). 다만, 등기원인에 대하여 행정관청의 허가, 동의 또는 승낙을 받을 것이 요구되는 때에는 그렇지 않다(부등규칙 46조 3항 단서).

(c) 등기가 이해관계 있는 제 3 자의 승낙이 필요한 경우에는 이를 증명하는 정보 또는 이에 대항할 수 있는 재판이 있음을 증명하는 정보(부등규칙 46조 1항 3호)

(d) 신청인이 법인인 경우에는 그 대표자의 자격을 증명하는 정보(부등규칙 46조 1항 4호)

(e) 대리인에 의하여 등기를 신청하는 경우에는 그 권한을 증명하는 정보(부등규칙 46조 1항 5호)

(f) 등기권리자(새로 등기명의인이 되는 경우에 한함)의 주소(또는 사무소 소재지) 및 주민등록번호(또는 부동산등기용 등록번호)를 증명하는 정보. 다만, 소유권이전등기를 신청하는 경우에는 등기의무자의 주소(또는 사무소 소재지)를 증명하는 정보도 제공하여야 한다(부등규칙 46조 1항 6호).

(g) 소유권이전등기를 신청하는 경우에는 토지대장 · 임야대장 · 건축물대장 정보나 그 밖에 부동산의 표시를 증명하는 정보(부등규칙 46조 1항 7호)

(h) 변호사나 법무사(법무법인 · 법무법인(유한) · 법무조합 또는 법무사법인 · 법무사법인(유한)을 포함한다. 이하 '자격자대리인'이라 한다)가 ① 공동으로 신청하는 권리에 관한 등기 또는 ② 승소한 등기의무자가 단독으로 신청하는 권리에 관한 등기를 신청하는 경우, 자격자대리인(법인의 경우에는 담당 변호사 · 법무사를 의미한다)이 주민등록증 · 인감증명서 · 본인서명사실확인서 등 법령에 따라 작성된 증명서의 제출이나 제시, 그 밖에 이에 준하는 확실한 방법으로 위임인이 등기의무자인지 여부를 확인하고 자필서명한 정보(부등규칙 46조 1항 8호)

(i) 등기의무자의 등기필(登記畢)정보 등기관이 새로운 권리에 관한 등기를 마쳤을 때에는 — 일정한 경우(부등법 50조 1항 1호–3호 참조)를 제외하고는 — 등기필정보를 작성하여 통지하

도록 되어 있다(부등법 50조 1항). 그런데 등기권리자와 등기의무자가 공동으로 권리에 관한 등기를 신청하는 경우에 신청인은 그 신청정보와 함께 위의 규정에 따라 통지받은 등기의무자의 등기필정보를 등기소에 제공하여야 한다(부등법 50조 2항 1문). 승소한 등기의무자가 단독으로 권리에 관한 등기를 신청하는 경우에도 또한 같다(부등법 50조 2항 2문).

등기신청을 위하여 등기의무자의 등기필정보를 등기소에 제공하여야 하는 경우에 그 등기필정보가 없을 때에는(등기필정보 서면이 멸실된 경우뿐만 아니라 분실된 경우도 포함한다. 대판 1987. 5. 26, 86도2293; 대판 2007. 11. 15, 2004다2786) 등기의무자 또는 그 법정대리인이 등기소에 출석하여 등기관으로부터 등기의무자(또는 그 법정대리인)임을 확인받아야 한다(부등법 51조 본문). 다만, 등기신청인의 대리인(변호사나 법무사만을 말한다)이 등기의무자(또는 그 법정대리인)로부터 위임받았음을 확인한 경우 또는 신청서(위임에 의한 대리인이 신청하는 경우에는 그 권한을 증명하는 서면을 말한다) 중 등기의무자(또는 그 법정대리인)의 작성부분에 관하여 공증을 받은 경우에는 등기소에 직접 출석할 필요가 없다(부등법 51조 단서). 한편 등기필정보가 없이 등기를 한 경우에는 위의 제도가 악용될 가능성에 대비하여 등기관으로 하여금 등기가 된 사실을 등기의무자에게 알리도록 하고 있다(부등법 30조, 부등규칙 53조 1항 3호).

(j) 구분건물에 대하여 대지권의 등기를 신청할 때 일정한 경우(부등규칙 46조 2항 1호-3호 참조)에는 해당규약이나 공정증서를 첨부정보로서 등기소에 제공하여야 한다(부등규칙 46조 2항).

(k) **인감증명** 방문신청으로 등기신청을 하는 경우에는 부동산등기규칙이 정하는 일정한 자의 인감증명을 제출하여야 한다(부등규칙 60조 1항).

3) 등기의 신청은 1건당 1개의 부동산에 관한 신청정보를 제공하는 방법으로 하여야 한다(부등법 25조 본문). 다만, 등기목적과 등기원인이 동일하거나 그 밖에 대법원규칙으로 정하는 경우에는, 여러 개의 부동산에 관한 신청정보를 일괄하여 제공하는 방법으로 할 수 있다(부등법 25조 단서).

B-53

2. 등기신청에 대한 심사

(1) 등기는 실질관계와 일치하여야 한다. 따라서 등기신청이 있으면 등기관으로 하여금 이를 심사하게 하여야 한다. 그런데 심사를 신중하게 하면 절차가 지연되는 문제가 생긴다.

심사에 관한 입법례로는 형식적 심사주의와 실질적 심사주의가 있다. 전자는 신청에 대한 심사의 범위를 등기절차법상의 적법성 여부에 한정하는 태도이고, 후자는 그 외에 등기신청의 실질적 이유 내지 원인의 존재 여부와 효력까지도 심사하게 하는 태도이다. 전자는 신속하나 확실하지 않고, 후자는 확실하나 신속하지 않은 정반대의 장·단점을 가지고 있다.

(2) 부동산등기법은 심사에 관한 일반적 규정은 두지 않고, 신청을 각하하여야 할 경우를 열거하고 있을 뿐이다(동법 29조). 그런데 거기에는 형식적·절차적 사항뿐만 아니라 실질

적·실체법적 사항도 포함되어 있다(등기원인을 증명하는 정보 등). 여기서 우리 등기법이 실질적 심사주의를 취한 것으로 볼 수 있느냐가 문제된다. 그러나 그 심사는 정보(기록)에 의한 것이고 또 그 정보는 사인에 의한 것에 지나지 않으므로 **등기법은 형식적 심사주의에 머물러 있다고** 보아야 한다(이설 없음).

판례도 확고하게 등기관에게 형식적인 심사권만 있는 것으로 새긴다(대결 2008. 3. 27, 2006마920 등 다수). 이에 의하면, 등기관은 등기신청에 관하여 조사할 수 없고, 형식적 요건만 구비되어 있으면 실질적 등기원인에 하자가 있더라도 등기를 하여야 한다(대결 1990. 10. 29, 90마772 등).

(3) 심사기준시는 등기신청서류의 제출시가 아니고 등기부에 기록하려고 하는 때(등기의 실행시)이다(대결 1989. 5. 29, 87마820).

3. 등기의 실행 B-54

등기신청이 적법하다고 인정된 경우에는 등기관이 등기를 실행한다. 등기관이 등기사무를 처리한 때에는 등기사무를 처리한 등기관이 누구인지 알 수 있는 조치를 하여야 한다(부등법 11조 4항).

등기관이 등기를 마쳤을 때에는 대법원규칙으로 정하는 바에 따라 **신청인 등에게 그 사실을 알려야 한다**(부등법 30조, 부등규칙 53조). 이것이 **등기완료통지**이다. 그리고, 앞에서 언급한 바와 같이, 등기관이 새로운 권리에 관하여 등기를 마쳤을 때에는 등기필정보를 작성하여 등기권리자에게 통지하여야 한다(부등법 50조 1항). 또한 부동산매매계약서 등 일정한 등기원인증서를 신청인에게 돌려주어야 한다(부등규칙 66조 1항). 그 외에 등기관이 소유권의 보존 또는 이전의 등기(가등기를 포함한다)를 하였을 때에는 대법원규칙으로 정하는 바에 따라 지체없이 그 사실을 부동산 소재지 관할 세무서장에게 통지하여야 한다(부등법 63조, 부등규칙 120조).

4. 등기관의 처분에 대한 이의

등기관의 결정 또는 처분에 이의가 있는 자는 이의신청을 할 수 있다(부등법 100조 이하). 그리고 그와는 별도로 국가배상법에 의하여 손해배상을 청구할 수도 있다.

Ⅷ. 등기청구권 B-55

사 례 (신사례 [28]번 문제)

A는 1970. 3. 11. 자신의 X토지를 B에게 매도하고 점유를 이전하였고, B는 1971. 12. 29. 그 토지를 C에게 매도하고 역시 점유를 이전하였다. 그런데 B와 C는 모두 토지에 관하여 소유권이전등기는 하지 않았고, B는 1984년 사망하였다. 그리고 D는 B의 유일한 상속인이다. 한편 X토지는 현

재(2003. 1. 7.)까지도 C가 점유하여 사용하고 있다.
이 경우에 C는 X토지에 관하여 소유권이전등기를 할 수 있는가? (사례의 해결: B-59)

1. 의 의

(1) 개 념

등기는 원칙적으로 등기권리자와 등기의무자의 공동신청에 의하여 행하여진다. 이와 같이 등기를 당사자의 공동신청으로 하여야 하는 경우에, 당사자 일방(등기의무자)이 등기신청에 협력하지 않으면 다른 당사자(등기권리자)가 혼자서는 등기를 신청할 수 없게 된다. 여기서 등기를 원하는 당사자(등기권리자)로 하여금 상대방(등기의무자)에 대하여 등기신청에 협력할 것을 청구할 수 있도록 할 필요가 있다. 그러한 권리, 즉 등기권리자가 등기의무자에 대하여 등기신청에 협력할 것을 청구할 수 있는 권리가 등기청구권이다. 예컨대 부동산매수인은 매도인에 대하여 등기청구권을 가진다고 하여야 한다. 등기청구권은 단독으로 등기신청을 할 수 있는 경우에는 필요하지 않다.

(2) 등기수취청구권(등기인수청구권)의 문제

예컨대 A가 그의 토지를 B에게 매도하였는데 B의 명의로 소유권이전등기를 하지 않은 경우에, B의 등기신청 지연으로 인하여 A에게 세금부담 기타의 불이익이 생길 수 있다. 그때 A가 B에게 등기를 넘겨가라고 요구할 수 있는지가 문제된다. 여기에 관하여 학설은 모두 긍정하고 있다(학설에 대하여는 물권법 [42] 참조). 그리고 판례는 부동산등기법 제29조(현행 부등법 23조 4항에 해당하는데, 그 중에 「등기절차의 인수를 명하는 판결에 의한 등기」 부분이 근거로 됨)를 근거로 등기의 인수를 구할 수 있다고 한다(대판 2001. 2. 9, 2000다60708).

(3) 등기신청권과의 구별

등기청구권은 사인이 다른 사인에 대하여 등기신청에 협력할 것을 청구하는 권리로서 사권이다. 그에 비하여 등기신청권은 국민이 등기관이라는 국가기관에 대하여 등기를 신청하는 권리로서 일종의 공권이다. 따라서 둘은 구별되어야 한다.

B-56

2. 발생원인과 성질

등기청구권의 발생원인과 성질에 관하여는 부동산임차인의 등기청구권에 관한 제621조를 제외하고는 규정이 없다. 이러한 상황에서 학설은 모두 경우들을 나누어 이 문제를 살펴보고 있다. 여기서는 등기청구권의 성질과 학설 대립을 고려하여 다수설과 같이 네 가지 경우로 나누어 살펴보기로 한다.

(1) 법률행위에 의한 물권변동의 경우

법률행위에 의한 물권변동에 있어서 등기청구권의 발생원인과 성질에 관하여는 학설이 대립하고 있다. i) 제 1 설은 원인행위인 채권행위에서 발생하며, 그 성질은 채권적 청구권이라고 한다. 이 견해는 물권행위의 독자성을 부정하는 입장에서 주장되기도 하고(사견도 같음), 독자성을 인정하면서 주장되기도 한다. ii) 제 2 설은 물권행위가 행하여진 경우에는 물권행위의 효력으로서 등기청구권이 발생하고 채권행위가 물권행위를 동반하지 않는 경우에는 채권행위의 효력으로서 등기청구권이 발생하며, 이때 등기청구권의 성질은 모두 채권적 청구권이라고 한다. iii) 제 3 설은 등기청구권은 매매계약 기타 채권계약의 효력으로서 발생할 수도 있고, 물권적 합의와 부동산의 인도가 있는 경우에는 취득자에게 물권적 기대권이 생기고 이 물권적 기대권의 효력으로도 생기며, 등기청구권의 성질은 앞의 경우에는 채권이나 뒤의 경우에는 물권적이라고 한다.

한편 판례는 등기청구권은 채권행위에서 발생하며 채권적 청구권이라고 하여, i)설과 같다(대판(전원) 1976. 11. 6, 76다148; 대판 1976. 11. 23, 76다342 등).

[참고] 등기청구권의 소멸시효 문제 B-57

법률행위에 의한 물권변동의 경우, 특히 부동산매매에 있어서 매수인의 등기청구권이 소멸시효에 걸리는지가 문제된다. 여기에 관하여 학설은 대립하고 있다(자세한 점은 물권법 [43] 참조).

판례는, 형식주의를 취하고 있는 우리 법제상으로 보아 매수인의 등기청구권은 채권적 청구권에 불과하여 소멸시효제도의 일반원칙에 따르면 매매목적물을 인도받은 매수인의 등기청구권도 소멸시효에 걸린다고 할 것이지만, 부동산의 매수인으로서 그 목적물을 인도받아서 이를 사용·수익하고 있는 경우에는 그 매수인을 권리 위에 잠자고 있는 것으로 볼 수도 없고 또한 매도인 명의로 등기가 남아 있는 상태와 매수인이 인도받아 이를 사용·수익하고 있는 상태를 비교하면 매도인 명의로 잔존하고 있는 등기를 보호하기보다는 매수인의 사용·수익 상태를 더욱 보호하여야 할 것이므로, **부동산을 매수한 자가 그 목적물을 인도받은 경우에는 그 매수인의 등기청구권은 다른 채권과는 달리 소멸시효에 걸리지 않는다고** 한다(대판(전원) 1976. 11. 6, 76다148; 대판(전원) 1999. 3. 18, 98다32175[핵심판례 104면] 등 다수의 판결). 판례는 여기서 더 나아가 「부동산의 매수인이 그 부동산을 인도받은 이상 이를 사용·수익하다가 그 부동산에 대한 보다 적극적인 권리행사의 일환으로 **다른 사람에게 그 부동산을 처분하고 그 점유를 승계하여 준 경우에도** 그 이전등기청구권의 행사 여부에 관하여 그가 그 부동산을 스스로 계속 사용·수익만 하고 있는 경우와 특별히 다를 바 없으므로 위 두 어느 경우에나 이전등기청구권의 소멸시효는 마찬가지로 진행되지 않는다」고 한다(대판(전원) 1999. 3. 18, 98다32175[핵심판례 104면]).

한편 판례는, 부동산의 매수인이 목적물을 인도받아 계속 점유하는 경우에는 매도인에 대한 소유권이전등기 청구권은 소멸시효가 진행되지 않는다는 법리는 **3자간 등기명의신탁**(중간생략명의신탁)**에 의한 등기가 유효기간의 경과로 무효로 된 경우에도 마찬가지로 적용되며**, 따라서 그 경우 목적 부동산을 인도받아 점유하고 있는 명의신탁자의 매도인에 대한 소유권이전등기 청구권 역시 소멸시효가 진행되지 않는다고 한다(대판 2013. 12. 12, 2013다26647). 그에 비하여 부동산실명법의 시행에 따라 그 권리를 상실하게 된 위 법 시행 이전의 명의신탁자가 그 대신에 부당이득의 법리에 따라 법률상 취득하게 된 **명의신탁 부동산에 대한 부당이득 반환청구권을 가지는 경우 그에 기한 등기청구권은 명의신탁자가 그 부동산을 점유 · 사용하여 온 때에도 10년의 소멸시효가 진행한다고** 한다(대판 2009. 7. 9, 2009다23313).

B-58 ### (2) 실체관계와 등기가 일치하지 않는 경우

A의 부동산에 관하여 B가 위조서류를 이용하여 자신의 명의로 소유권보존등기 또는 소유권이전등기를 한 때처럼 무권리자에 의하여 등기가 행하여진 경우, 매매에 기하여 소유권이전등기가 행하여졌는데 그 매매가 무효이거나 취소·해제된 경우, 법정지상권이나 법정저당권이 성립한 경우 등에는 등기청구권이 인정되어야 한다(187조에 의한 물권변동의 경우 가운데 단독신청이 가능하거나 관공서의 촉탁에 의하여 등기되는 경우는 등기청구권이 필요하지 않다). 이러한 경우의 등기청구권에 관하여 학설은 일치하여 그것은 물권의 효력으로서 발생하는 물권적 청구권이라고 한다(사견도 같음). 그리고 판례도 같은 입장에 있다(대판 1982. 7. 27, 80다2968 등).

(3) 점유 취득시효의 경우

민법은 제245조 제 1 항에서 점유 취득시효제도를 두고 있다. 이 점유 취득시효는 본래 제187조에 의한 물권변동이어서 물권취득에 등기가 필요하지 않는 것이나(만약 그렇다면 위 (2)의 경우가 된다), 위의 규정은 등기를 요구하고 있다. 여기서 점유 취득시효 완성자(등기 이외의 점유 취득시효 요건을 모두 갖춘 자)의 등기청구권에 관하여 논란이 생긴다. 학설은 i) 제245조 제 1 항의 법률규정에서 발생하고 성질은 채권적 청구권이라는 견해와 ii) 물권적 기대권의 효력으로서 발생하는 물권적 청구권이라는 견해가 대립하고 있다(사견은 이들과 다름. 물권법 [44] 참조). **판례는 이 경우의 등기청구권은 채권적 청구권이라고 하며, 그 등기청구권은 점유가 계속되는 한 시효로 소멸하지 않는다고 한다**(대판 1996. 3. 8, 95다34866).

B-59 ### (4) 부동산임차권의 경우

민법 제621조에 의하면, 부동산임차인은 당사자 사이에 반대약정이 없으면 임대인에 대하여 등기청구권을 행사할 수 있다고 한다. 이 경우의 등기청구권에 관하여 학설은 i) 제621조 제 1 항의 법률규정에서 발생하며, 그 성질은 채권적 청구권이라는 견해(사견도 같음)와 ii) 당사자 사이의 계약에서 발생하며, 채권적 청구권이라는 견해로 나뉘어 있다.

(5) 부동산환매권의 경우

민법 제592조에 의하면, 부동산을 매매하면서 환매권의 보류를 등기한 때에는 제 3 자에 대하여 효력이 있게 된다. 이러한 환매등기에 있어서 등기청구권은 당사자 사이의 계약에서 발생하고, 그 성질은 채권적 청구권이라고 하여야 한다(이설 없음).

사례의 해결

사례에서 C가 X토지에 관하여 소유권이전등기를 할 수 있는 방법으로는, (1) 부동산매수인으로서 등기청구권을 행사하여 등기하는 것과 (2) 점유 취득시효를 원인으로 등기하는 것의 두 가지가 있고, 전자에는 다시 (a) C가 B의 등기청구권을 대위행사한 후 자신의 등기청구권을 행사하는 방법과 (b) C의 A에 대한 등기청구권을 행사하여 등기하는 방법을 생각할 수 있다. 판례에 따

라 답을 하기로 한다(사견은 다름).

(1)(a)에 대하여 본다. C의 B에 대한 등기청구권은 C가 X토지를 인도받을 때부터는 소멸시효가 진행하지 않게 된다. 그리고 B의 A에 대한 등기청구권은 B가 A로부터 X토지를 인도받아 점유하던 때부터 역시 소멸시효가 진행하지 않으며, 그것은 B가 X토지를 C에게 매도하고 점유를 승계한 본 사례의 경우에도 마찬가지이다. 따라서 B의 A에 대한 등기청구권은 B가 사망한 1984년 그의 상속인인 D에게 상속된다. 그리고 C는 B(D)의 등기청구권을 대위행사하여 B의 명의로 등기한 후, 자신의 등기청구권을 행사하여 자기 명의로 소유권이전등기를 할 수 있다.

(1)(b)에 대하여 본다. C에게 등기청구권이 인정되려면 관계당사자 전원의 합의가 있어야 한다. 그런데 사례에서는 그러한 합의가 없으므로 C는 A에 대하여 등기청구권을 가지지 못한다. 따라서 C가 A에게 등기를 청구하는 방법으로 등기할 수는 없다.

(2)에 대하여 본다. 사례의 경우 점유 취득시효의 요건이 구비되었다. 그리고 판례에 의하면 점유기간의 기산점을 임의로 선택할 수 있고 그리하여 현재 등기청구권이 생기는 것으로 될 수도 있다. 그렇지 않더라도 등기청구권이 시효로 소멸하지도 않는다. 따라서 C는 그 등기청구권을 행사하여 자신의 명의로 소유권이전등기를 할 수 있다. (사례: B-55)

Ⅸ. 등기의 효력 B-60

등기의 효력은 보통의 등기인 본등기의 경우와 가등기의 경우로 나누어 보아야 한다.

1. 본등기의 효력

(1) 권리변동적 효력

물권행위 외에 유효한 등기가 있으면 부동산에 관한 물권변동의 효력이 생긴다. 이러한 권리변동적 효력은 등기의 효력 가운데 가장 중요한 것이다.

주의할 것은, **등기의 권리변동적 효력이 생기려면** 등기가 신청된 것만으로는 부족하고 **등기부(등기기록)에 실제로 기록되어야 한다는** 점이다. 따라서 등기가 신청되고 등기관이 등기필정보를 통지하였더라도 실제로 등기부에 기록되지 않으면 권리변동적 효력은 생기지 않는다.

등기관이 등기를 마친 경우(부등법 6조 2항에서 「등기관이 등기를 마친 경우」란 부등법 11조 4항에 따라 등기사무를 처리한 등기관이 누구인지 알 수 있는 조치를 하였을 때를 말한다(부등규칙 4조))에 그 등기의 효력이 발생하는 시점은 언제인가? 여기에 관하여 개정 부동산등기법은 명문의 규정을 두고 있다. 그에 따르면, 그 등기는 「접수한 때부터」 효력을 발생한다(부등법 6조 2항). 그런데 부동산등기법상 등기신청은 대법원규칙으로 정하는 등기신청정보(이는 해당 부동산이 다른 부동산과 구별될 수 있게 하는 정보를 말한다. 부등규칙 3조 1항)가 전산정보처리조직에 저장된 때에 접수된 것으로 보므로(부등법 6조 1항), 결국 **등기는 등기신청정보가 전산정보처리조직에 저장된 때부터 효력이 생기게 된다**. 다만, 같은 토지 위에 있는 여러 개의 구분건물에 대한 등기를 동시에 신청하는 경우에는 그 건물의 소재 및 지번에 관한 정보가 전산정보처리조직에 저장된 때 등기신청이 접수된 것으로 보므로, 등기도 그 시기에 효력이 생긴다(부등규칙 3조 2항).

(2) **대항적 효력**

지상권·지역권·전세권·저당권·저당권으로 담보된 채권 위의 질권 등에 관하여 일정사항(존속기간·지료·지급시기·일정한 약정·채권액·채권의 변제기·이자·지급장소 등)이 등기된 때에는(부등법 69조·70조·72조·75조·76조), 그것을 가지고 제3자에게 대항할 수 있다. 환매권과 부동산임차권에 관하여 일정사항(환매대금·환매기간·차임·존속기간·차임의 지급시기 등)이 등기된 때에도 같다(부등법 53조·74조. 환매권·부동산임차권은 그 자체가 등기에 의하여 대항적 효력을 가지는 것이기도 하다). 이들은 등기하지 않으면 당사자 사이에서 채권적 효력만 있게 된다.

(3) **순위확정적 효력**

같은 부동산에 관하여 등기한 여러 권리의 순위는 법률에 다른 규정이 없으면 등기한 순서에 따른다(부등법 4조 1항). 이것이 등기의 순위확정적 효력이다. 그리고 여기서 등기의 순서는 등기기록 중 같은 구(갑구·을구)에서 한 등기 상호간에는 순위번호에 따르고, 다른 구에서 한 등기 상호간에는 접수번호에 따른다(부등법 4조 2항). 다만, 부기등기의 순위는 주등기의 순위에 따르되, 같은 주등기에 관한 부기등기 상호간의 순위는 그 등기 순서에 따른다(부등법 5조).

B-61 (4) **추정적 효력**(추정력)

1) 의의 및 근거 등기의 추정적 효력 내지 추정력이라 함은 어떤 등기가 있으면 그에 대응하는 실체적 권리관계가 존재하는 것으로 추정하게 하는 효력을 말한다. 민법은 등기의 추정력에 관한 명문의 규정을 두고 있지 않으나, 이를 인정하는 데 학설·판례가 일치하고 있다(이에 대한 판례는 대단히 많다).

2) 추정력이 미치는 범위 등기가 있으면 그 권리가 등기명의인에게 속하는 것으로 추정된다. 그리고 그 등기에 의하여 유효한 물권변동이 있었던 것으로 추정된다(대판 1992. 10. 27, 92다30047 등). 그런데 등기의 추정력이 등기부에 기재된 등기원인에도 미치는가가 문제된다. 여기에 관하여 학설은 i) 인정설, ii) 부정설(사견도 같음) 등으로 나뉘어 있으며, 판례는 긍정하고 있다(대판 2003. 2. 28, 2002다46256 등 다수의 판결. 그러나 대판 1964. 9. 30, 63다758은 예외이다).

한편 등기의 추정력은 등기부상의 기재사항에도 미친다. 그 결과 가령 저당권설정등기가 되어 있으면 저당권의 존재뿐만 아니라 등기된 금액의 피담보채권도 존재한다고 추정된다(그런데 근저당권설정등기가 된 경우에 피담보채권의 존재는 추정되지 않는다고 할 것이다. 근저당권의 경우에 등기되는 채권최고액은 실제의 채권액이 아니고 장차 담보할 채권의 최고한도액일 뿐이기 때문이다. 동지 대판 2009. 12. 24, 2009다72070(B-342에 직접 인용함) 등).

등기의 추정력은 권리변동의 당사자에게도 미치는가? 예컨대 매매를 원인으로 하여 A로부터 B로 소유권이전등기가 되었는데, A가 B에 대하여 매매계약의 부존재를 이유로 등기말소를 청구하는 경우에, B가 등기의 추정력을 주장할 수 있는지가 문제이다. 여기에 관하여 학설은 i) 인정설(사견도 같음)과 ii) 부정설로 나뉘어 있고, 판례는 인정설을 취한다(대판 2023. 7. 13, 2023다 223591·223607 등 다수).

등기의 추정력은 일반적으로 등기명의인이 자신의 이익을 위하여 주장할 것이다. 그러나 **등기명의인이 아닌 제 3 자도 추정력을 원용할 수 있다.** 가령 소유자로서 손해배상책임을 지게 하거나(758조 참조) 조세를 부담시키기 위하여 추정력을 원용할 수 있는 것이다. 등기의 추정력이 등기명의인의 이익만을 위하여 인정되는 것은 아니기 때문이다.

3) 추정의 효과 등기의 추정력에서의 추정은, 우리 통설과 판례에 따르면, 법률상의 추정이고 그 중에서도 권리추정이라고 한다. 그러므로 **그 추정을 번복하려면 등기와 양립할 수 없는 사실을 주장하는 자가 반대사실의 증거를 제출해야 한다.** B-62

한편 판례(사견도 같음)에 따르면, 소유권이전등기가 경료되어 있는 경우 그 등기명의자는 제 3 자에 대해서뿐만 아니라 그 전 소유자에 대하여서도 적법한 등기원인에 의하여 소유권을 취득한 것으로 추정되므로, 원고가 이를 부인하고 그 등기원인의 무효를 주장하여 소유권이전등기의 말소를 구하려면 그 무효원인이 되는 사실을 주장하고 증명할 책임이 있다(대판 2023. 7. 13, 2023다 223591·223607 등 다수). 그런데 등기명의자 또는 제 3 자가 그에 앞선 등기명의인의 등기관련 서류를 위조하여 소유권이전등기를 경료하였다는 점이 증명되었으면 특별한 사정이 없는 한 그 무효원인의 사실이 증명되었다고 보아야 하고, 그 등기가 실체적 권리관계에 부합한다는 사실의 증명책임은 이를 주장하는 등기명의인에게 있다(대판 2014. 3. 13, 2009다105215).

그리고 **등기의 추정력의 부수적인 효과로서** ① 등기의 내용을 신뢰하는 것은 선의인 데 과실이 없었던 것으로 추정되며(대판 1992. 1. 21, 91다36918 등), ② 부동산물권을 취득하려는 자는 등기내용을 알고 있었던 것으로, 즉 악의로 추정된다.

판 례 **등기의 추정력 관련** B-63

(ㄱ) **추정력의 의미** 「부동산에 관한 소유권이전등기는 그 자체만으로써 권리의 추정력이 있어 이를 다투는 측에서 적극적으로 그 무효사유를 주장·입증하지 아니하는 한, 그 등기명의자의 등기원인 사실에 관한 입증이 부족하다는 이유만으로써는 그 등기의 권리추정력을 깨뜨려 이를 무효라고 단정할 수는 없」다(대판 1979. 6. 26, 79다741).

(ㄴ) **보존등기의 추정력** 「신축된 건물의 소유권은 이를 건축한 사람이 원시취득하는 것이므로, 건물 소유권보존등기의 명의자가 이를 신축한 것이 아니라면 그 등기의 권리 추정력은 깨어지고, 등기명의자가 스스로 적법하게 그 소유권을 취득한 사실을 입증하여야 할 것이다.」(대판 1996. 7. 30, 95다30734)

「소유권보존등기의 추정력은 그 등기가 특별조치법에 의하여 마쳐진 것이 아닌 한 등기명의인 이외의 자가 해당 토지를 사정받은 것으로 밝혀지면 깨어지는 것이어서, 등기명의인이 구체적으로 실체관계에 부합한다거나 그 승계취득사실을 주장·증명하지 못하는 한 그 등기는 원인무효이므로, 이와 같이 원인무효인 소유권보존등기를 기초로 마친 소유권 이전등기는 그것이 특별조치법에 의하여 이루어진 등기라고 하더라도 원인무효이다.」(대판 2018. 1. 25, 2017다260117)

「소유권보존등기 명의인을 상대로 한 소유권보존등기 말소청구 소송을 제기하여 승소판결을 받은 자가 그 판결에 기하여 기존의 소유권보존등기를 말소한 후 자신의 명의로 마친 소유권보존등기는 일응 적법한 절차에 따라 마쳐진 소유권보존등기라 할 것」이다(대판 2006. 9. 8, 2006다17485).

(ㄷ) **전 등기명의인의 처분에 제3자가 개입된 경우** 「전 등기명의인의 직접적인 처분행위에 의한 것이 아니라 제3자가 그 처분행위에 개입된 경우 현 등기명의인이 그 제3자가 전 등기명의인의 대리인이라고 주장하더라도 현 등기명의인의 등기가 적법히 이루어진 것으로 추정된다 할 것이므로 그 등기가 원인무효임을 이유로 말소를 청구하는 전 등기명의인으로서는 그 반대사실, 즉 그 제3자에게 전 등기명의인을 대리할 권한이 없었다든지, 또는 그 제3자가 전 등기명의인의 등기서류를 위조하였다는 등의 무효사실에 대한 입증책임을 진다.」(대판 1993. 10. 12, 93다18914)

(ㄹ) **등기원인을 다르게 주장한 경우** 「부동산등기는 현재의 진실한 권리상태를 공시하면 그에 이른 과정이나 태양을 그대로 반영하지 아니하였어도 유효한 것으로서, 등기명의자가 전 소유자로부터 부동산을 취득함에 있어 등기부상 기재된 등기원인에 의하지 아니하고 다른 원인으로 적법하게 취득하였다고 하면서 등기원인행위의 태양이나 과정을 다소 다르게 주장한다고 하여 이러한 주장만 가지고 그 등기의 추정력이 깨어진다고 할 수는 없을 것이므로, 이러한 경우에도 이를 다투는 측에서 등기명의자의 소유권이전등기가 전 등기명의인의 의사에 반하여 이루어진 것으로서 무효라는 주장·입증을 하여야 한다.」(대판 2001. 8. 21, 2001다23195)

「토지에 관하여 점유 취득시효 완성에 따라 소유권이전등기가 마쳐진 경우에도 적법한 등기원인에 따라 소유권을 취득한 것으로 추정되는 것은 마찬가지이므로, 제3자가 등기명의자의 취득시효 기간 중 일부 기간 동안 해당 토지 일부에 관하여 직접적·현실적인 점유를 한 사실이 있다는 사정만으로 등기의 추정력이 깨어진다거나 위 소유권이전등기가 원인무효의 등기가 된다고 볼 수는 없다.」(대판 2023. 7. 13, 2023다223591·223607)

(ㅁ) **멸실회복등기의 경우** 「멸실에 의한 회복등기가 등기부에 기재되어 있다면 별다른 사정이 없는 한 이는 등기공무원에 의하여 적법하게 수리되고 처리된 것이라고 추정함이 타당하고, 전등기의 접수일자 및 번호란, 원인일자란 등이 '불명'으로 기재되어 있다는 것만으로는 위 회복등기절차에 무슨 하자가 있는 것으로 볼 수 없을 것이므로, 위와 같은 사정만으로 이 사건 회복등기의 추정력이 깨어진다고 할 수 없다.」(대판 1992. 7. 10, 92다9340)

「수인이 공동으로 소유하는 부동산에 관한 멸실회복등기는 공유자 중 1인이 공유자 전원의 이름으로 그 회복등기신청을 할 수 있고, 등기권리자가 사망한 경우에는 상속인의 명의가 아니라 피상속인의 이름으로 회복등기를 하여야 하는 것이므로, 회복등기신청 당시 등기명의인이 이미 사망하였다고 하더라도 그 멸실회복등기의 추정력이 깨어지지 아니한다.」(대판 2003. 12. 12, 2003다44615)

(ㅂ) 가등기의 경우　「소유권이전청구권의 보전을 위한 가등기가 있다 하여 반드시 소유권이전등기할 어떤 계약관계가 있었던 것이라 단정할 수 없으므로 소유권이전등기를 청구할 어떤 법률관계가 있다고 추정이 되는 것도 아니」다(대판 1979. 5. 22, 79다239 등).

(ㅅ) 허무인(虛無人)으로부터 이어받은 등기의 경우　허무인으로부터 등기를 이어받은 소유권이전등기는 원인무효라 할 것이어서 그 등기명의자에 대한 소유권추정은 깨트려진다(대판 1985. 11. 12, 84다카2494).

(ㅇ) 사망자 명의로 신청한 등기　「사망자 명의의 신청으로 이루어진 이전등기는 원인무효의 등기로서 등기의 추정력을 인정할 여지가 없으므로 그 등기의 유효를 주장하는 자가 현재의 실체관계와 부합함을 증명할 책임이 있다.」(대판 2017. 12. 22, 2017다360 · 377 등)

(ㅈ) 추정력의 복멸　「소유권이전등기의 원인으로 주장된 계약서가 진정하지 않은 것으로 증명된 이상 그 등기의 적법추정은 복멸되는 것이고 계속 다른 적법한 등기원인이 있을 것으로 추정할 수는 없는 것이다.」(대판 1998. 9. 22, 98다29568)

(ㅊ) 특별조치법에 의한 등기의 경우　「임야 소유권이전등기에 관한 특별조치법(법률 제2111호) 제10조에 의하여 소유권보존등기가 경료된 임야에 관하여서는 그 임야를 사정받은 사람이 따로 있는 것으로 밝혀진 경우라도 그 등기는 실체적 권리관계에 부합하는 등기로 추정된다 할 것이다. 다시 말하자면 위 특별조치법 제10조에 의하면 미등기 임야에 관하여 임야대장 또는 토지대장 명의인으로부터 그 권리를 이어받은 등기하지 못한 취득자 또는 그 대리인은 동법 제 5 조 내지 제 7 조의 규정에 의하여 발급받은 보증서와 확인서를 첨부하여 임야대장 등의 명의를 변경 신고한 다음 그 대장등본을 첨부하여 소유권보존등기를 경료받도록 규정하고 있어 위 특별조치법에 의한 소유권보존등기는 동법 소정의 적법한 절차에 따라 마쳐진 것으로서 실체적 권리관계에 부합하는 등기로 추정된다 할 것이고 위 특별조치법에 의하여 경료된 소유권보존등기의 말소를 소구하려는 자는 그 소유권보존등기 명의자가 임야대장의 명의변경을 함에 있어 첨부한 원인증서인 위 특별조치법 제 5 조 소정의 보증서와 확인서가 허위 내지 위조되었다던가 그 밖에 다른 어떤 사유로 인하여 그 소유권보존등기가 위 특별조치법에 따라 적법하게 이루어진 것이 아니라는 주장과 입증을 하여야 할 것이다.」(대판(전원) 1987. 10. 13, 86다카2928)

부동산 소유권이전등기 등에 관한 특별조치법에 의하여 경료된 등기의 명의인이 스스로 임야를 매수한 것이 아니라 그 임야는 원래 자신의 피상속인 소유로서 명의신탁하였던 것인데 그 명의신탁을 해지하면서 편의상 자신이 그 임야를 매수한 것처럼 보증서를 작성하여 위 특별조치법에 의하여 소유권이전등기한 것이라고 주장하는 것은 보증서가 허위라는 상대방의 주장을 적극적으로 부인하는 것으로 볼 것이지 그 보증서가 허위임을 자백한 것으로 볼 것은 아니므로 그 소유권이전등기의 추정력이 번복되었다고 할 수 없다(대판 1997. 10. 10,

(97다 19571).

「특별조치법에 따라 등기를 마친 자가 보증서나 확인서에 기재된 취득원인이 사실과 다름을 인정하더라도 그가 다른 취득원인에 따라 권리를 취득하였음을 주장하는 때에는, 특별조치법의 적용을 받을 수 없는 시점의 취득원인 일자를 내세우는 경우와 같이 그 주장 자체에서 특별조치법에 따른 등기를 마칠 수 없음이 명백하거나 그 주장하는 내용이 구체성이 전혀 없다든지 그 자체로서 허구임이 명백한 경우 등 특별한 사정이 없는 한 위의 사유만으로 특별조치법에 따라 마쳐진 등기의 추정력이 깨어진다고 볼 수는 없으며, 그 밖의 자료에 의하여 새로이 주장된 취득원인 사실에 관하여도 진실이 아님을 의심할 만큼 증명되어야 그 등기의 추정력이 깨어진다고 할 것이다.」(대판(전원) 2001. 11. 22, 2000다 71388 · 71395[핵심판례 106면])

「특별조치법에 의한 소유권이전등기는 실체적 권리관계에 부합하는 등기로 추정되지만 그 소유권이전등기도 전 등기명의인으로부터 소유권을 승계취득하였음을 원인으로 하는 것이고 보증서 및 확인서 역시 그 승계취득사실을 보증 내지 확인하는 것이므로 그 전 등기명의인이 무권리자이기 때문에 그로부터의 소유권이전등기가 원인무효로서 말소되어야 할 경우라면, 그 등기의 추정력은 번복되는 것이다.」(대판 2018. 6. 15, 2016다246145)

B-64 **4) 점유의 추정력과의 관계** 점유의 추정력에 관한 제200조가 부동산에도 적용되는지가 문제된다. 여기에 관하여 학설은 등기된 부동산에 대하여는 그 규정이 적용되지 않는다는 데 일치하고 있으나, 미등기의 부동산에의 적용에 대하여는 i) 인정설과 ii) 부정설(사견도 같음)로 나뉘어 있다. 그리고 판례는 등기된 부동산에 관하여는 명백히 부정하고 있으며(대판 1982. 4. 13, 81다780 등), 등기되지 않은 부동산에 관한 사안에서 토지대장에 소유자로 등재된 자에 대하여 소유자 추정을 인정한 적이 있다(대판 1976. 9. 28, 76다1431).

(5) 공신력(公信力) 여부

민법은 동산거래에 관하여는 선의취득을 인정하나(249조), 부동산거래에 관하여는 그러한 제도를 두고 있지 않다. 따라서 등기에 공신력(등기에 의하여 공시된 내용을 신뢰하여 거래한 자에 대하여 그가 신뢰한 대로의 효력을 발생시키는 힘)은 없다고 해석된다. 무권리자로부터의 권리취득은 특별규정이 있는 경우에만 인정되어야 하는데, 그러한 명문규정이 없기 때문이다. 학설도 일치하여 그와 같이 새기며, 판례도 같다(대판 1969. 6. 10, 68다199).

B-65

2. 가등기의 효력

가등기에는 물권변동을 목적으로 하는 청구권을 보전하기 위한 가등기(청구권보전의 가등기)와 채권담보의 목적으로 행하여지는 가등기(담보가등기)가 있다. 이들 가운데 후자에 대하여는 비전형담보를 규율하는 「가등기담보 등에 관한 법률」이 특수한 효력을 인정하고 있다. 따라서 그에 관하여는 뒤에 「비전형담보」(B-406 이하)에서 보기로 하고, 여기서는 본래의 가등기인 전자의 가등기에 관하여만 효력을 살펴보기로 한다.

우리의 학설과 판례는 가등기의 효력을 가등기에 기한 본등기가 있은 후의 것과 본등기가 있기 전의 것으로 나누어 설명한다.

1) 본등기 후의 효력(본등기 순위보전의 효력) 부동산등기법에 의하면, 가등기에 기하여 후에 본등기가 행하여지면 본등기의 순위는 가등기의 순위에 따르게 되는데(동법 91조), 학설은 이를 본등기 순위보전의 효력이라고 한다. 그리고 가등기에 그와 같은 순위보전의 효력이 있기 때문에 가등기에 기하여 본등기를 하면 그것에 저촉하는 중간처분이 본등기를 갖추고 있더라도 무효 또는 후순위가 된다고 한다. 판례도 같다(대판 1992. 9. 25, 92다21258 등).

2) 본등기 전의 효력 가등기에 기한 본등기가 있기 전에 가등기에 어떤 효력이 있는가에 관하여는 학설이 대립하고 있다. i) 제 1 설은 가등기는 본등기가 없는 한 그 자체로서는 실체법상 아무런 효력이 없으며, 따라서 가등기가 있더라도 본등기 명의인은 그 부동산을 처분할 수 있다고 한다. 다만, 가등기가 불법으로 말소되면 그 회복을 청구할 수 있다고 한다. ii) 제 2 설은 가등기는 가등기인 채로 실체법적인 효력(가등기 후에 행한 처분의 상대적 무효)을 가지며 그것은 「청구권보전의 효력」이라고 할 수 있다고 한다(사견도 같음. 물권법 [47] 참조).

한편 판례는, 가등기는 본등기시에 본등기의 순위를 가등기의 순위에 의하도록 하는 순위보전적 효력만이 있을 뿐이고, 가등기만으로는 아무런 실체법상 효력을 갖지 아니하고 그 본등기를 명하는 판결이 확정된 경우라도 본등기를 경료하기까지는 마찬가지이므로, 중복된 소유권보존등기가 무효이더라도 가등기권리자는 그 말소를 청구할 권리가 없다고 하여(대판 2001. 3. 23, 2000다51285), i)설과 같다.

[참고] 가등기에 기한 본등기의 절차 B-66

특히 A의 부동산에 관하여 B 명의의 가등기가 있은 후에 A로부터 C로의 소유권이전의 본등기가 있었고, 그 뒤에 B가 가등기에 기한 본등기를 하는 경우에 그 절차가 문제이다. 여기에 관하여 개정 부동산등기법이 명문의 규정을 두었다(2011년). 그에 따르면, 등기관은 가등기에 의한 본등기를 하였을 때에는 대법원규칙으로 정하는 바에 따라 가등기 이후에 된 등기로서 가등기에 의하여 보전되는 권리를 침해하는 등기를 직권으로 말소하여야 하고(부등법 92조 1항), 등기관이 가등기 이후의 등기를 말소하였을 때에는 지체없이 그 사실을 말소된 권리의 등기명의인에게 통지하여야 한다(부등법 92조 2항). 이는 중간처분의 등기를 말소할 수 있는 근거를 마련한 것이다. 결과적으로 위의 예의 경우에는 먼저 B가 A를 상대로 본등기를 하고, 그러면 등기관이 부동산등기법 제92조 제 1 항을 근거로 C 명의의 본등기를 직권으로 말소하게 된다.

판 례 제 3 자의 본등기가 말소된 뒤 가등기의 원인무효가 밝혀진 경우

「가등기에 기한 소유권이전의 본등기가 됨으로써 등기공무원이 직권으로 가등기 후에 경료된 제 3 자의 소유권이전등기를 말소한 경우에 그 후에 가등기나 그 가등기에 기한 본

등기가 원인무효의 등기라 하여 말소될 때에는 결국 위 제 3 자의 소유권이전등기는 말소되지 아니할 것을 말소한 결과가 되므로 이때는 등기공무원이 직권으로 그 말소등기의 회복등기를 하여야 할 것이므로 그 회복등기를 소구할 이익이 없다.」(대판 1983. 3. 8, 82다카1168)

[참고] 본등기 순위보전의 효력에 대한 보충설명

가등기에 기하여 본등기가 행하여지면 본등기의 순위는 가등기의 순위에 따른다(부등법 91조, 부등규칙 146조). 예컨대 A의 부동산에 관하여 B 앞으로 소유권이전청구권 또는 저당권설정청구권 보전의 가등기가 있은 후에 C 명의의 소유권이전의 본등기 또는 저당권설정의 본등기가 행하여진 경우에, B가 가등기에 기하여 소유권이전의 본등기 또는 저당권설정의 본등기를 하면, B의 소유권이전등기 또는 저당권설정등기의 순위는 가등기의 순위에 따르게 되고, C의 소유권이전등기는 말소되어 B만이 소유자로 되고, 또 B의 저당권은 C의 저당권에 우선하게 된다.

가등기에는 본등기의 순위보전의 효력이 있으나 물권변동의 시기가 가등기시에 소급하는 것은 아니다(이설이 없으며, 판례도 같다. 대판 1992. 9. 25, 92다21258 등). 가등기에는 물권변동의 효력이 없고, 성립요건주의의 원칙상 본등기가 있어야만 물권변동이 일어나기 때문이다. 따라서 가등기에 기한 본등기가 있기까지는 본등기를 한 제 3 자의 소유권은 유효한 것으로 인정된다. 그 결과 그는 임대하여 차임을 받을 수도 있다.

제 4 절 부동산물권의 변동

학습의 길잡이

일반적으로 민법의 모든 분야 가운데 물권법이 가장 어렵다고 말한다. 그것은 무엇보다도 법률행위에 의한 부동산 물권변동 부분이 난해하기 때문에 그렇다. 그 물권변동은 부분적으로는 실제에서 전혀 느껴볼 수 없는 추상성을 지니고 있는데다가 부동산등기라는 특수한 문제까지 얽혀 있다. 그래서 올바르게 이해하기가 쉽지 않은 것이다. 그런데 본절이 바로 그 내용을 품고 있다.

본절에서는 부동산 물권변동을 법률행위에 의한 것과 법률행위에 의하지 않는 것으로 나누어 상세히 논의한다. 그 중에 중요한 것은 물론 전자이다. 법률행위에 의한 부동산 물권변동에 대하여는 우선 전체적인 이론체계를 파악하는 데 노력하고, 그런 뒤에 세부적인 문제들에 접근하는 것이 바람직하다.

본절의 내용 중 유의할 것으로는 2중등기, 중간생략등기, 무효등기의 유용, 명의신탁을 들 수 있다. 특히 명의신탁은 근래 새로운 판례가 많이 쌓여있기도 한 어렵고도 중요한 사항이다. 한편 본절에서 다루는 물권변동이 채권행위의 이행의 결과로 일어나는 경우에는 채권행위의 효과와도 밀접하게 관련되어 있는 만큼, 채권행위에 대해서도 관심을 갖는 것이 좋다.

제 1 관 서 설

Ⅰ. 부동산 물권변동의 두 종류 B-67

이제 물권변동 가운데 부동산 물권변동에 관하여 보기로 한다. 그런데 부동산 물권변동은 법률행위에 의한 것과 법률행위에 의하지 않는 것으로 나누어 살펴보아야 한다. 민법이 제186조와 제187조에서 그 둘을 따로 규율하고 있기 때문이다.

제 2 관 법률행위에 의한 부동산 물권변동

사 례 (신사례 [29]번 문제)

A는 착오(취소요건을 갖춘 착오라고 가정함)에 빠져서 그의 X토지를 B에게 매도하고 B의 이름으로 X토지의 소유권이전등기도 해 주었다. 그 뒤 A는 자신이 착오에 빠져서 계약을 체결했음을 깨닫고, B와 체결한 매매계약을 착오를 이유로 취소하였다. 그런데 그 후 B는 X토지가 자기의 이름으로 등기되어 있는 것을 이용하여 X토지를 C에게 매도하고 등기도 넘겨주었다.

이 경우에 X토지의 소유권에 관한 법률관계는 어떻게 되는가? (사례의 해결: B－75)

Ⅰ. 제186조 B-68

1. 제186조의 의의

민법 제186조는 「부동산에 관한 법률행위로 인한 물권의 득실변경은 등기하여야 그 효력이 생긴다」고 규정한다. 이는 법률행위에 의한 부동산 물권변동에 관하여 성립요건주의(형식주의)를 채용한 것이다.

이 규정의 「법률행위」는 물권행위를 의미한다(물권법 [28] 참조). 그리고 그 물권행위는 물권적 의사표시만으로 구성되고 등기는 포함되지 않는다고 보아야 한다(B－33 참조). 등기는 물권행위 이외에 법률에 의하여 요구되는 물권변동의 또 하나의 요건인 것이다. 그러고 보면 제186조의 규정상 법률행위에 의한 부동산 물권변동은 물권행위와 등기라는 두 요건이 갖추어졌을 때 발생하게 된다. 그에 비하여 — 동산 물권변동의 경우와 달리 — 목적부동산의 인도는 부동산 물권변동의 요건이 아니다(그러나 가령 부동산 매매의 경우 매도인은 목적물인도의무를 부담한다. 그렇지만 그것은 부동산의 소유권이전을 위하여 필요한 요건은 아니다).

B-69 ## 2. 제186조의 적용범위

제186조는 「부동산에 관한 법률행위로 인한 물권의 득실변경」에 적용된다.

(1) 우선 부동산에 관한 물권에 적용되고, 따라서 동산에 관한 물권에는 적용되지 않는다. 부동산물권 중에도 소유권·지상권·지역권·전세권·저당권이 그 적용대상이며, 점유권과 유치권은 아니다. 그리고 권리질권은 부동산물권은 아니지만 등기능력이 있다(저당권으로 담보된 채권 위의 질권)(B-48 참조).

(2) 부동산에 관한 「물권의 득실변경」에 적용된다. 물권의 득실변경은 물권의 발생·변경·소멸을 물권의 주체의 측면에서 표현한 것이다. 따라서 그것은 널리 물권의 변동을 의미한다(B-22 참조).

(3) 법률행위에 의한 물권변동에 적용되고, 법률행위에 의하지 않는, 즉 법률의 규정에 의한 물권변동에는 적용되지 않는다. 후자에 관하여는 제187조가 따로 규율하고 있다.

(4) 제186조가 적용되는 전형적인 예로는, 매매·증여·교환을 원인으로 하는 부동산 소유권의 양수(讓受)(양도·양수란 당사자의 의사에 의한 권리의 이전을 가리킨다), 설정계약에 의한 전세권·저당권의 취득을 들 수 있다.

B-70 ## 3. 제186조의 적용이 문제되는 경우

경우에 따라서는 물권변동에 등기가 필요한 제186조가 적용되는지, 아니면 등기가 필요하지 않은 제187조가 적용되는지가 다투어지고 있다.

(1) 원인행위의 실효(失效)에 의한 물권의 복귀

1) 물권행위의 원인행위인 채권행위(매매·증여 등)가 무효이거나 취소·해제로 인하여 실효한 경우에, 그에 기하여 발생한 물권변동이 당연히 효력을 잃게 되어 물권이 원래의 권리자에게 당연히 복귀하는가, 아니면 당연히 복귀하지 않고 원상회복을 위한 이전등기(또는 말소등기)까지 하여야 하는가가 문제된다.

이는 물권행위의 무인성을 인정하는지 여부에 따라 결론이 달라진다. i) 무인론에 의하면 원인행위가 실효하여도 물권행위는 유효하므로 물권변동은 그대로 유지된다. 따라서 변동된 물권이 복귀하려면 부당이득의 반환을 위한 새로운 물권행위와 등기가 필요하게 된다. 즉 물권의 복귀에 제186조가 적용되는 것이다. 그에 비하여 ii) 유인론에 의하면 채권행위가 실효하면 물권행위도 효력을 잃게 되고, 그 결과 부동산 물권변동에 필요한 두 요건(물권행위 및 등기) 가운데 하나가 없었던 것이 되어 물권변동은 처음부터 일어나지 않았던 것으로 된다. 따라서 등기를 말소하지 않더라도 물권은 당연히 복귀하게 된다(사견도 같음). 이는 제186조·제187조와 관계가 없으며, 이론상 당연하다고 한다.

판례는 물권행위의 무인성을 부정하는 입장에서 계약이 해제된 경우에 물권이 당연복귀한다고 한다(대판 1977. 5. 24, 75다 1394[핵심판례 320면] 등).

주의할 것은, 위의 설명은 물권행위의 유인·무인이 문제되는 경우를 전제로 하고 있다는 점이다. 따라서 물권행위가 채권행위와 별도로 따로 행하여진 경우에 채권행위에만 실효원인이 존재하고 물권행위에는 흠이 없는 때의 문제이다. 그에 비하여 물권행위가 채권행위에 합하여져 행하여진 경우(유인론에 있어서 물권행위의 시기가 불분명한 경우에도 같다)에 채권행위에 실효원인이 존재하는 때에는, 무인론(상대적 무인론)에 의하더라도 물권행위 자체가 효력을 잃게 되어 「원인행위의 실효」의 문제가 생기지 않는다(유인론에 의하면 유인·무인 때문이 아니고 물권행위의 실효 때문에 물권이 당연 복귀한다). 채권행위와 별도로 행하여진 물권행위가 그 자체 무효이거나 취소된 때에도 같다.

2) 제3자 보호의 문제 위에서 본 바와 같이 유인론의 입장에 서면, 원인행위가 B-71
실효하는 경우 등기의 말소 여부와 관계없이 물권은 당연복귀하게 된다. 그 결과 원인행위의 무효를 모르고 거래한 제3자, 취소·해제가 있기 전이나 그 후에 원인행위에 기하여 거래한 제3자를 보호하여야 하는 문제가 생긴다. 그런데 이러한 문제는 무인론을 취하여도 생기게 된다. 즉 무인론의 입장에서도 물권행위와 채권행위가 합하여져 행하여졌거나 또는 따로 행하여졌지만 유인인 경우(상대적 무인론)에 있어서 채권행위에 흠이 있는 때, 물권행위 자체가 무효이거나 취소된 경우에는 물권이 당연복귀하기 때문이다.

제3자 내지 거래의 안전을 보호하는 길은 공신의 원칙을 채용하는 것이나. 그런데 민법은 부동산에 관하여는 공신의 원칙을 채용하고 있지 않다. 다만, 일정한 경우에는 제3자 보호를 위한 특별규정을 두고 있다. 제107조 제2항, 제108조 제2항, 제109조 제2항, 제110조 제3항, 제548조 제1항 단서가 그것이다. 이들은 특히 유인론에서는 매우 중요한 규정이다(무인론에서도 의미가 없지는 않다). 유인론에서는 그것들에 의하여서만 제3자를 보호할 수 있기 때문이다. 그런데 이들 규정에서 제3자의 범위가 문제이다.

(가) 취소의 경우 제109조 제2항과 제110조 제3항에서의 제3자의 범위에 관하여는 견해가 대립한다. 그런데 다수설은 이들 조항에서의 제3자는 원인행위의 취소에 의한 말소등기가 행하여지는 시기를 기준으로 하여 그 시기까지 취소의 의사표시가 있었음을 알지 못하고 새로운 이해관계를 맺은 자를 뜻한다고 해석한다(사견은 넓게는 이 견해에 속하나 좀 더 정밀하게 설명함. 물권법 [50] 참조). 본래는 취소의 의사표시가 있기 전에 이해관계를 맺은 자라고 하여야 하지만, 거래의 안전 보호를 위하여 제3자의 범위를 확장하자는 것이다. 그리고 판례는 사기를 이유로 매매계약이 취소된 후에 매수인으로부터 토지를 매수한 경우에 관하여, 제3자가 이해관계를 맺은 시기가 취소 전인지 후인지를 묻지 않는다(대판 1975. 12. 23, 75다533[핵심판례 108면]). 그러나 말소등기가 있은 후라도 무방하다고 할지는 분명하지 않다.

[참고] 다른 거래의 경우

이러한 제 3 자 범위의 확장은 부동산거래와의 균형상 공신의 원칙이 채용되어 있는 동산거래의 경우에도 인정되어야 한다. 선의취득의 요건(249조 참조)과 선의의 제 3 자 보호규정에 의하여 보호받기 위한 요건이 다르기 때문이다. 그리고 물건 이외의 거래, 예컨대 지명채권의 양도의 경우에도 마찬가지이다(송덕수, 고시연구 1989. 11, 14면 이하 참조).

B-72 (나) 무효의 경우 무효의 경우에는 특별한 행위가 필요하지 않으므로 제107조 제 2 항과 제108조 제 2 항에서의 선의의 제 3 자는 채권행위가 있은 후 말소등기가 있을 때까지 사이에 그 행위가 무효임을 모르고 새로이 이해관계를 맺은 자라고 새겨야 한다.

(다) 해제의 경우 계약이 이행되어 물권변동까지 있은 후에 그 계약이 해제된 경우에 물권이 당연히 복귀하는가? 이는 해제에 의하여 계약이 소급하여 무효로 된다고 하는 직접효과설을 취하는 경우에만 문제된다. 그리고 직접효과설을 취하는 경우에는 물권행위의 무인성 인정 여부에 따라 결론이 달라지며, 그것은 취소에 있어서와 마찬가지이다. 즉 무인론인 채권적 효과설에서는 물권이 당연복귀하지 않고 원상회복을 위한 채권관계가 생길 뿐이라고 하나, 유인론인 물권적 효과설에서는 물권이 당연복귀한다고 한다. 그 결과 이들 가운데 직접효과설-물권적 효과설의 경우에만은 제 3 자 보호의 문제가 발생한다(나머지의 견해에서는 물권의 당연복귀가 없어서 제 3 자는 이론상 당연히 보호된다). 그런데 민법은 제548조 제 1 항 단서에서 해제에 의하여 제 3 자의 권리를 해하지 못한다고 규정하고 있다. 이 규정은 다른 견해에서는 불필요한 것이나(해제의 경우에는 물권행위에 흠이 있는 경우가 없다), 물권적 효과설에서는 매우 중요한 규정이다.

제548조 제 1 항 단서에서도 제 3 자가 본래는 「해제가 있기 전에 해제된 계약을 기초로 새로이 이해관계를 맺은 자」이겠으나, 제 3 자 보호를 위하여 그 범위를 확장하여야 한다. 그런데 그 확장은 예외의 인정이므로 합리적으로 제한하여야 한다. 그리하여 말소등기 전까지 사이에 해제가 있었음을 모르고 이해관계를 맺은 자에 한정하여야 한다. 결국 본래의 제 3 자에 「해제가 있은 후 말소등기가 있을 때까지 해제가 있었음을 모르고 새로이 이해관계를 맺은 자」를 추가하여야 한다(동산거래 · 물건 이외의 거래에 관하여도 이러한 확장이 필요함은 물론이다).

B-73 (2) 재단법인의 설립에 있어서의 출연재산의 귀속

민법 제48조는 재단법인 출연재산의 귀속시기에 관하여, 생전처분으로 재단법인을 설립하는 때에는 법인이 성립하는 때에, 그리고 유언에 의하여 설립하는 때에는 유언의 효력이 발생한 때에 각각 재단법인에 귀속한다고 규정하고 있다. 여기서 출연재산이 부동산물권인 경우에도 그러한지가 문제된다.

이에 관하여 학설은 i) 제48조를 제187조의 「기타 법률의 규정」으로 보아서 등기 없이 제48조가 정하는 시기에 법인에 귀속한다는 견해(사견도 같음)와 ii) 제186조에 따라 등기를 갖춘 때에 법인에 귀속한다는 견해로 나뉘어 있다. ii)설은 출연행위가 법률행위이므로 제186조

가 적용되어야 한다는 것이다. 한편 판례는 출연자와 법인 사이에서는 법인 성립시에 법인의 재산이 되나, 제 3 자에 대한 관계에 있어서는 법인의 성립 외에 등기를 필요로 한다고 한다(대판(전원) 1979. 12. 11, 78다481 · 482 등. 그 밖에 A-379 참조).

(3) 소멸시효의 완성과 물권의 소멸

민법상 물권도 소유권이 아닌 것은 소멸시효에 걸린다(162조 2항). 그 결과 일정한 부동산 물권도 소멸시효의 대상이 된다(실제로는 용익물권만임). 그런데 이들 물권에 관하여 소멸시효가 완성된 경우에 말소등기가 없어도 소멸하는지가 문제된다. 이는 소멸시효 완성의 효과에 관하여 어떤 견해를 취하느냐에 따라 달라진다. i) 절대적 소멸설에 의하면 시효의 완성으로 물권은 당연히 소멸한다고 하나(사견도 같음), ii) 상대적 소멸설에 의하면 권리의 소멸을 주장하여(이것을 법률행위라고 이해함) 등기의 말소를 청구하고 그에 기하여 등기가 말소된 때에 비로소 물권이 소멸한다고 한다.

(4) 지상권 · 전세권의 소멸청구의 경우 B-74

민법은 제287조 · 제311조에서 지상권설정자와 전세권설정자가 일정한 경우에 각각 지상권 또는 전세권의 소멸을 청구할 수 있다고 규정한다. 이 경우에 소멸청구의 의사표시만으로 지상권·전세권이 소멸하는지가 문제된다. 여기에 관하여 학설은 크게 i) 소멸청구권이 형성권이므로 소멸청구의 의사표시만으로 소멸한다는 견해와 ii) 말소등기까지 하여야 소멸한다는 견해로 나누어지고, ii)설은 다시 ⓐ 소멸청구권은 형성권이지만 소멸청구가 물권적 단독행위이므로 제186조에 의하여 등기하여야 소멸한다는 견해와 ⓑ 소멸청구권은 형성권이 아니고 채권적 청구권이며, 따라서 그 행사의 의사표시는 채권적 의사표시이므로, 말소등기까지 하여야만 소멸한다는 견해(사견도 같음)로 세분된다. 그리고 판례는, 지상권 규정이 준용되는 관습법상의 법정지상권에 관하여 제287조에 따른 지상권 소멸청구의 의사표시에 의하여 소멸한다고 하여 i)설을 취하고 있다(대판 1993. 6. 29, 93다10781).

(5) 전세권의 소멸통고의 경우

민법 제313조는 「전세권의 존속기간을 약정하지 아니한 때에는 각 당사자는 언제든지 상대방에 대하여 전세권의 소멸을 통고할 수 있고 상대방이 이 통고를 받은 날로부터 6월이 경과하면 전세권은 소멸한다」고 규정한다. 이 경우에 말소등기가 없어도 전세권이 당연히 소멸하는지가 문제된다. 여기에 관하여 학설은 i) 소멸통고도 형성권의 행사이므로 말소등기가 없어도 전세권이 소멸한다는 견해(사견도 같음)와 ii) 말소등기를 하여야 소멸한다는 견해로 나뉘며, ii)설은 다시 ⓐ 소멸통고가 물권적 단독행위이기 때문에 제186조에 의하여 등기하여야 한다는 견해, ⓑ 소멸통고는 등기할 길이 없으며 또한 거래의 안전을 보호하기 위해서 그렇게 새겨야 한다는 견해로 세분된다.

(6) 물권의 포기의 경우 B-75

물권의 포기의 경우에 말소등기가 있어야 소멸하는가에 관하여 i) 다수설은 그것이 물권적 단독행위이므로 제186조에 따라 등기를 하여야 한다고 하나(사견도 같음), ii) 소수설은 포기의 의사표시도 일종의 형성권의 행사로서 말소등기 없이 소멸한다고 한다. 판례는, 부동산 공유자의 공유지분(통설에 따르면, 지분은 1개의 소유권의 분량적 일부분임: 저자 주)의 포기의 경우에 제186조에 의하여 등기를 하여야 공유지분 포기에 따른 물권변동의 효력이 발생한다고 하여(대판 2016. 10. 27, 2015다52978), 다수설과 같다.

[참고] 기타의 경우

그 밖에 견해의 대립이 있는 것은 아니지만 설명을 할 필요가 있는 경우들에 관하여 적기로 한다.

(ㄱ) **물권행위가 취소된 경우** 앞서 언급한 바와 같이(B-70 참조), 물권행위 자체가 무효이거나 취소된 경우에는(해제될 수 있는 때는 없다), 물권변동의 두 요건 중 물권행위가 없었던 것이 되어서 물권변동이 일어나지 않았던 것으로 된다.

(ㄴ) **조건부 또는 기한부 법률행위** 물권행위에는 조건이나 기한을 붙일 수 있다. 그리고 해제조건이나 종기는 등기도 할 수 있다(부등법 53조·54조). 이들이 등기된 경우에는 해제조건이 성취되거나 종기가 도래하면 말소등기를 하지 않더라도 물권행위는 효력을 잃는다고 하여야 한다. 그에 비하여 정지조건이나 시기(始期)는 등기할 방법이 없다. 따라서 물권행위가 정지조건부 또는 시기부(始期附)로 행하여진 경우에는 그 조건의 성취 또는 기한의 도래가 있어야 비로소 등기할 수 있다고 할 것이다(이설 없음).

사례의 해결

(1) 물권행위에는 착오취소의 요건이 갖추어지지 않은 경우를 본다. 판례처럼 유인론을 취할 경우(사견도 같음) 설사 물권행위가 매매계약과 따로 행해졌더라도 X토지의 소유권은 A에게 당연 복귀한다. 그런데 만약 C가 제109조 제 2 항의 제 3 자에 해당하고 선의라면 A는 C에게 매매계약의 취소로 대항하지 못한다. 검토해보건대 제109조 제 2 항의 제 3 자의 범위는 확장되어야 한다. 그리하여 구체적으로는 말소등기가 있기까지 취소가 있었음을 모르고 새로이 이해관계를 맺은 자도 거기의 선의의 제 3 자라고 보아야 한다. 그렇다면 C가 취소 사실을 몰랐다면(선의) A는 C에게 매매계약이 무효라고 주장하지 못하고, 따라서 X토지의 소유권은 C에게 속한다. 그에 비하여 C가 악의이면 C는 소유권을 상실한다.

(2) 물권행위에도 취소요건이 갖추어져 있는 경우를 본다. 그 경우에는 유인·무인에 관계없이 X토지의 소유권은 A에게 당연 복귀한다. 다만, 이 경우에도 C가 제109조 제 2 항의 선의의 제 3 자에 해당하면 C는 소유권을 상실하지 않는다. 그런데 여기의 결과는 앞에서 설명한 경우와 같다. 제 3 자 범위의 확장과 제 3 자의 해석은 이때도 동일하기 때문이다. (사례: B-67)

B-76

Ⅱ. 물권변동의 요건으로서의 물권행위와 등기

1. 물권행위

물권행위에 관하여는 본장 제 2 절에서 자세히 설명하였다.

2. 등 기

등기는 물권행위와 함께 법률행위에 의한 부동산 물권변동에 필요한 요건이다. 그러한 등기의 일반적인 문제(의의·절차·효력 등)에 관하여는 본장 제 3 절에서 살펴보았다. 그러므로 여기서는 등기가 물권변동을 위하여 갖추어야 하는 요건에 대하여만 보기로 한다.

등기가 물권행위와 결합하여 물권변동을 일으키려면 그것이 유효하여야 한다. 그런데 그것이 유효하기 위하여서는, ① 부동산등기법 등이 정하는 절차에 따라 적법하게 행하여져야 하고, 또 ② 물권행위와의 일치 · 등기원인의 올바른 기록 등과 같은 실체관계와의 일치가 있어야 한다. 앞의 요건을 형식적 또는 절차적 유효요건이라고 하고, 뒤의 요건을 실질적 또는 실체적 유효요건이라고 한다. ③ 그 밖에 일정한 경우에는 특별법에 의하여 등기가 무효로 되는 때도 있다. 명의신탁에 의한 등기가 그렇다. 따라서 무효로 되는 명의신탁등기가 아니어야 한다. 이들 문제에 관하여 차례로 논의하기로 한다.

(1) 등기의 형식적 유효요건 B-77

1) 등기의 존재

(가) 등기가 유효하기 위하여서는 우선 등기가 존재하여야 한다. 그리고 등기의 존재가 인정되려면 실제로 등기부에 기록되이 있어아 하며, 신청만으로는 충분하지 않다.

등기관이 등기를 마친 경우에 그 등기의 효력발생시기가 언제인지에 대하여는 앞에서 설명하였다(B-60 및 부등법 6조 참조).

(나) 등기가 일단 행하여진 뒤에 그 등기가 부적법하게 존재를 잃은 경우에 그 등기의 실체법상의 효력이 소멸하는지가 문제된다. 경우를 나누어 본다.

(a) **등기부(등기기록)가 손상된 경우** 등기부의 전부 또는 일부가 손상된 경우에는 전산운영책임관은 등기부부본자료(부등법 16조, 부등규칙 15조 참조)에 의하여 그 등기부를 복구하여야 한다(부등규칙 17조 2항). 그리고 등기부가 복구된 때에는 복구된 등기는 이전의 등기와 동일한 것이고, 따라서 손상에 의하여 영향을 받지 않는다고 하여야 한다. 등기부가 손상된 동안 다른 등기가 될 가능성이 없기 때문에 다른 권리와의 충돌 문제도 생기지 않는다. 등기부가 복구되지 않는 때에는 어떤가? 이때에도 소유권은 소멸하지 않는다고 하여야 한다. 제한물권에 대하여는 어떻게 새겨야 할지 주저되나, 다른 자료가 존재하여 후에라도 그것이 복구될 수 있다면 — 다른 충돌하는 등기가 행해지지 않았을 것이므로 — 소멸하지 않는다고 하여야 할 것이다. 그에 비하여 복구가 아예 불가능하다면 소멸한다고 하여야 한다.

(b) **등기가 불법하게 말소된 경우** 이 경우에 관하여 학설은 i) 등기는 물권변동의 효력발생요건인 동시에 그 존속요건이기도 하므로 권리자는 권리를 잃는다는 견해, ii) 물권은 소멸하지 않는다는 견해(사견도 같음)로 나뉘어 있다. 그리고 판례는 등기는 물권의 효력발생요건이고 효력존속요건은 아니므로, 등기가 원인 없이 말소된 경우에 그 물권의 효력 B-78

에는 아무런 영향을 미치지 않으며, 그 말소된 등기의 회복등기를 할 수 있고(대판 2001. 1. 16, 98다20110 등 다수)(불법하게 말소된 것을 이유로 한 근저당권설정등기 회복등기청구는 그 등기말소 당시의 소유자를 상대로 하여야 한다: 대판 1969. 3. 18, 68다1617), 회복등기를 마치기 전이라도 등기명의인으로서의 권리를 그대로 보유하고 있다고 할 것이므로 그는 말소된 소유권이전등기의 최종명의인으로서 적법한 권리자로 추정된다고 한다(대판 1997. 9. 30, 95다39526 등). 그리고 등기가 말소된 후에 등기를 한 자는 이해관계 있는 제3자로서 회복등기 절차에 승낙할 의무가 있다고 한다(대판 1997. 9. 30, 95다39526 등)(부등법 59조 참조). 다만, 근저당권이 불법으로 말소된 후에 목적부동산이 경매된 경우에 관하여, 부동산이 경매되면 그 위의 근저당권은 당연히 소멸한다는 이유로(구 민소 608조 2항·728조) 말소된 근저당권은 소멸한다고 한다(대판 1998. 10. 2, 98다27197). 그러면서 근저당권설정등기가 위법하게 말소되어 아직 회복등기를 경료하지 못한 연유로 그 부동산에 대한 경매절차에서 피담보채권액에 해당하는 금액을 전혀 배당받지 못한 근저당권자로서는 위 경매절차에서 실제로 배당받은 자에 대하여 부당이득 반환청구로서 그 배당금의 한도 내에서 그 근저당권설정등기가 말소되지 아니하였더라면 배당받았을 금액의 지급을 구할 수 있을 뿐이고, 이미 소멸한 근저당권에 관한 말소등기의 회복등기를 위하여 현소유자를 상대로 그 승낙의 의사표시를 구할 수는 없다고 한다(대판 2002. 10. 22, 2000다59678 등). 근저당권이 소멸한다고 하는 이 예외적인 판결은 근저당권과 경매의 특수성에 의한 것인 만큼, 판례는 원칙적으로는 ii)설과 같은 입장이라 하겠다.

B-79 (c) **등기부에 옮겨 적으면서 누락된 경우** 등기된 사항이 새로운 등기부에 옮겨 적을 때 등기관의 잘못으로 빠진 경우에 관하여는 i) 등기가 효력을 잃는다는 견해, ii) 등기의 효력이 유지된다는 견해(사견도 같음) 등이 주장되고 있다.

2) 관할 위반의 등기 또는 등기할 수 없는 사항에 관한 등기가 아닐 것 등기가 그 등기소의 관할에 속하지 않거나(부등법 29조 1호), 등기할 수 없는 사항에 관한 것(등기될 수 없는 권리·물건에 관한 것이거나 법령에 위반된 것)일 때(부등법 29조 2호)에는 당연히 무효이다. 그러한 무효의 등기는 등기관이 일정한 절차에 의하여 직권으로 말소한다(부등법 58조).

B-80 **3) 물권변동 대상인 부동산에 대한 등기일 것**

(개) 부동산의 물권변동을 위한 등기가 유효하려면 그 등기는 당연히 목적부동산에 관한 것이어야 한다. 그리하여 ① 우선 그 부동산이 존재하여야 한다. 존재하지 않는 부동산 또는 그 지분에 관한 등기는 무효이다(대판 1992. 3. 10, 91다34929 등). 또한 ② 표제부의 표시란의 기록이 실제의 부동산과 동일하거나 사회관념상 그 부동산을 표시하는 것이라고 인정될 정도로 유사하여야 한다. 그렇지 않은 경우에는 표제부의 등기 및 보존등기는 무효이고(대판 1995. 9. 29, 95다22849·22856 등), 그 부동산에 관한 권리변동의 등기도 효력이 없게 된다(대판 2001. 3. 23, 2000다51285). 목적부동산의 동일성이 없기 때문이다. 부동산의 동일성 내지 유사성 여부는 토지의 경우에는 지번과 지목·지적에 의하여 판단하여야 하고(대판 2001. 3. 23, 2000다51285), 건물의 경우에는 지번·건평·구조

를 중심으로 하되 그 외에 건축시기·건물의 종류·등기부상 표시가 상이하게 된 연유·다른 건물과 혼동의 우려가 있는지의 여부 등을 종합하여 판단하여야 한다(대판 1996. 6. 14, 94다53006 등도 참조).

(나) 위에서 본 바와 같이, 토지나 건물대지의 지번은 부동산의 동일성의 판단에 있어서 중요한 기준이 된다. 그러한 **지번이 등기절차상의 착오 또는 빠뜨림(유루)으로 인하여 등기부상 잘못 표시되었다면 경정등기가 허용되는가?** 경정등기는 원칙적으로 기존의 등기와 동일성이 유지되는 범위 안에서만 행하여질 수 있다. 따라서 지번의 경정등기는 허용되지 않아야 할 것이다. 다만, 해당 부동산에 관하여 따로 보존등기가 존재하지 않거나 등기의 형식으로 보아 예측할 수 없는 손해를 입을 우려가 있는 이해관계인이 없는 경우에는 지번의 경정을 허용하여도 무방할 것이다. 판례가 그러한 입장이다(대판(전원) 1975. 4. 22, 74다2188; 대판 2000. 3. 10, 99다40975 등).

4) 2중등기(중복등기)의 문제 우리 등기법상 하나의 부동산에 대하여는 하나의 등기기록만을 둔다(1부동산 1등기기록의 원칙 또는 물적 편성주의. 부등법 15조). 따라서 어떤 부동산에 관하여 등기가 행하여지면 비록 그 등기가 부적법한 것일지라도 그것을 말소하지 않는 한 다시 등기를 하지 못한다. **그런데 동일한 부동산에 관하여 절차상의 잘못으로 2중으로 등기가 행하여지는 경우가 있다**(2중등기는 보존등기에서 사주 생긴다). 그 경우에 2중등기의 효력이 어떻게 되는지가 문제된다. 이것이 2중등기(중복등기)의 효력의 문제이다. B-81

주의할 것은, 동일한 부동산에 관하여 2중등기가 있는 경우에 그중 하나가 부동산의 표시에 있어서 실물과 너무나 현격한 차이가 있어 도저히 그 부동산의 등기라고 볼 수 없는 경우에는 부동산의 실제상황에 합치하는 등기가 효력을 갖는다는 점이다(이설이 없으며, 판례도 같음. 대판 1978. 6. 27, 77다405). 그러나 부동산의 실제와 다소 불합치하는 점이 있더라도 동일성을 인정할 수 있으면 2중등기로 된다(대판 1965. 2. 23, 64다1664 등).

(가) **학 설** 2중등기의 효력에 관하여는 i) 절차법설, ii) 실체법설, iii) 절충설이 대립하고 있다.

i) **절차법설**은 2중등기의 경우 제 2 등기(후등기)는 제 1 등기의 유효·무효를 불문하고 언제나 무효라고 한다. ii) **실체법설**은 단순히 등기의 선후만을 따져서 결정할 것이 아니고 실체관계를 따져서 실체관계에 부합하는 등기를 유효한 것으로 인정하려고 한다. iii) **절충설**은 원칙적으로 절차법설을 취하면서 예외를 인정하는 견해인데, 예외를 어떤 범위에서 인정할 것인가에 따라 다시 두 가지로 세분된다. 그중 하나는 현재의 판례와 같이, 원칙적으로는 제 2 등기가 무효이지만 제 2 등기가 실체관계에 부합하고 제 1 등기가 무권리자에 의한 등기임이 밝혀진 때에는 예외적으로 제 1 등기가 무효라고 한다. 나머지 하나는, 원칙적으로 제 2 등기가 무효이지만 제 1 등기가 유효했더라도 제 2 등기가 제 1 등기 명의인의 권리에 기하여 이루어진 경우에는 제 2 등기를 실체관계에 기한 등기로 보아 존속시키

는 것이 바람직하다고 한다(사견도 같음. 물권법 [54] 참조).

(나) **판 례** 판례는 처음에는 동일 명의인의 2중등기이든 명의인을 달리하는 2중등기이든 언제나 제 2 등기가 무효라고 하는 절차법설의 입장에 있었다. 그러다가 1978년의 전원합의체 판결에서 동일한 부동산에 관하여 등기명의인을 달리하여 2중의 보존등기가 된 경우에 대하여 실체법설을 취하였다(대판(전원) 1978. 12. 26, 77다2427). 그런데 그 후 절차법설을 따른 판결(대판 1981. 11. 18, 81다1340 등)과 실체법설을 따른 판결(대판 1987. 3. 10, 84다카2132 등)이 병존하여 일관성이 없었다. 그 뒤 1990년에 전원합의체 판결에 의하여 엇갈리던 판례가 통일되었다(그러나 1978년의 전원합의체 판결은 폐기되지 않았다). 그에 의하면, 제 2 등기가 원칙적으로 무효이지만, 예외적으로 제 1 등기가 무효이고 제 2 등기가 실체관계에 부합하는 경우에는 제 2 등기가 유효하다고 한다(대판(전원) 1990. 11. 27, 87다카2961, 87다453[핵심판례 110면] 등 다수). 이는 절충설을 명백히 한 것이다. 그런데 이처럼 변천한 판례는 등기명의인이 다른 경우에 관한 것이다. 등기명의인이 동일한 경우의 판례는 변한 적이 없다. 그러고 보면 현재의 판례는 다음과 같이 정리할 수 있다. 동일인 명의로 소유권보존등기가 2중으로 된 경우에는 언제나 제 2 등기가 무효이고(대판 1979. 1. 16, 78다1648), 등기명의인을 달리하여 2중의 보존등기가 된 경우에는 원칙적으로는 제 2 등기가 무효이지만 제 1 등기가 원인무효인 때에는 예외적으로 제 2 등기가 유효하다.

B-82 **판 례** 중복등기 관련

(ᄀ) 「동일 부동산에 관하여 등기명의인을 달리하여 중복된 소유권보존등기가 경료된 경우에는 먼저 이루어진 소유권보존등기가 원인무효가 되지 아니하는 한 뒤에 된 소유권보존등기는 비록 그 부동산의 매수인에 의하여 이루어진 경우에도 1부동산 1용지주의를 채택하고 있는 부동산등기법 아래에서는 무효라고 해석함이 상당하다(당원 1979. 12. 26. 선고 79다1555 판결 및 1981. 9. 8. 선고 81다212 판결 참조).

그런데 위 분할 전 토지에 관한 위 이○○ 명의의 소유권이전등기의 토대가 된 소유권보존등기(기록상 언제 누구 명의로 경료되어 있었는지 밝혀져 있지 않다)가 원인무효라고 볼 아무런 주장·입증이 없는 이 사건에 있어서는 원고가 1957. 8. 24. 위 이○○로부터 위 분할 전 토지를 매수하였다 하더라도 위 이○○ 명의의 소유권이전등기에 기하여 소유권이전등기를 경료하지 아니하고 소유권보존등기를 경료한 이상 뒤에 경료된 원고 명의의 소유권보존등기는 이중등기로서 무효라고 할 것이므로(그 결과 원고는 민법 부칙 제10조 제 1 항에 의하여 그 소유권을 상실하게 되었다), 원고는 매도인인 위 이○○의 상속인인 피고들을 상대로 이 사건 부동산에 관하여 위 매매를 원인으로 한 소유권이전등기를 소구할 이익이 있다.」(대판(전원) 1990. 11. 27, 87다카2961, 87다453[핵심판례 110면])

(ᄂ) 「동일 부동산에 관하여 중복된 소유권보존등기에 터잡아 등기명의인을 달리하는 각 소유권이전등기가 경료된 경우에 등기의 효력은 소유권이전등기의 선후에 의하여 판단할 것이 아니고 각 소유권이전등기의 바탕이 된 소유권보존등기의 선후를 기준으로 판단하여야 하며, 그 이전등기가 멸실회복으로 인한 이전등기라 하여 달리 볼 것은 아니고, 한편 동

일 부동산에 관하여 하나의 소유권보존등기가 경료된 후 이를 바탕으로 순차로 소유권이전등기가 경료되었다가 그 등기부가 멸실된 후 등기명의인을 달리하는 소유권이전등기의 각 회복등기가 중복하여 이루어진 경우에는 중복등기의 문제는 생겨나지 않고 멸실 전 먼저 된 소유권이전등기가 잘못 회복등재된 것이므로 그 회복등기 때문에 나중 된 소유권이전등기의 회복등기가 무효로 되지 아니함은 원심이 판시한 바와 같다.

그런데 동일 부동산에 관하여 등기명의인을 달리하여 멸실회복에 의한 각 소유권이전등기가 중복등재되고 각 그 바탕이 된 소유권보존등기가 동일등기인지 중복등기인지, 중복등기라면 각 소유권보존등기가 언제 이루어졌는지가 불명인 경우에는 위 법리로는 중복등기의 해소가 불가능하므로 이러한 경우에는 적법하게 경료된 것으로 추정되는 각 회복등기 상호간에는 각 회복등기일자의 선후를 기준으로 우열을 가려야 할 것」이다(대판(전원) 2001. 2. 15, 99다66915).

(ㄷ) 「동일한 부동산에 관하여 등기명의인을 달리하여 중복된 소유권보존등기가 마쳐진 경우 선행 보존등기가 원인무효가 되지 않는 한 후행 보존등기는 실체관계에 부합하는지 여부에 관계없이 무효라는 법리는 후행 보존등기 또는 그에 기하여 이루어진 소유권이전등기의 명의인이 당해 부동산의 소유권을 원시취득한 경우에도 그대로 적용된다.

따라서 선행 보존등기가 원인무효가 아니어서 후행 보존등기가 무효인 경우 후행 보존등기에 기하여 소유권이전등기를 마친 사람이 그 부동산을 20년간 소유의 의사로 평온·공연하게 점유하여 점유 취득시효가 완성되었더라도, 후행 보존등기나 그에 기하여 이루어진 소유권이전등기가 실체관계에 부합한다는 이유로 유효로 될 수 없고, 선행 보존등기에 기한 소유권을 주장하여 후행 보존등기에 터잡아 이루어진 등기의 말소를 구하는 것이 실체적 권리 없는 말소청구에 해당한다고 볼 수 없다.」(대판 2011. 7. 14, 2010다107064)

5) 그 밖에 중대한 절차위반이 없을 것 등기는 부동산등기법이 정하는 절차에 의하여 행하여져야 한다. 그리고 일정한 경우에는 「부동산등기 특별조치법」에 의하여 등기신청의 방법과 시기가 규제되고 있다. 등기신청이 이들이 정하는 절차에 위반하는 때에는 신청이 각하될 것이나(부등법 29조 참조), 흠에도 불구하고 등기가 행하여졌다면 절차위반이 중대하지 않는 한 그것만을 이유로 등기를 무효라고 할 것은 아니다(문헌들은 개정 전 부등법 55조 3호(개정 후 부등법 29조 4호에 해당함) 이하를 위반한 등기는 당연히 무효가 되지 않는다고 한다). 그때에는 등기가 실체적 유효요건을 갖추고 있는지에 의하여 유효·무효를 판단하여야 한다. 그리하여 당사자에게 등기신청의 의사(등기의사)가 있고 또 등기가 실체적 유효요건을 갖추고 있으면 그 등기는 유효하다고 할 것이다(이설 없음). B-83

판 례 등기의 유효 여부

(ㄱ) 위조된 서류에 의한 등기라 할지라도 그것이 진실한 권리상태에 부합하거나 적법한 물권행위가 있었을 경우에는 그 등기는 유효하다고 한다(대판 1982. 12. 14, 80다459)(그러나 이 경우에는 등기 신청 의사가 인정되지 않아서 무효

라고 하여 야 한다).

(ㄴ)「부동산에 관한 근저당권설정 및 지상권설정등기는 그 표시하는 물권의 설정의 원인이 되는 사실이 실체적 권리관계와 부합하는 경우에는 설령 그 등기신청 대리인 아닌 자가 신청대리를 하여 이루어진 등기라 하더라도 이를 유효한 등기라 할 것」이다(대판 1971. 8. 31, 71다1163).

(ㄷ) 근저당권설정등기가 사망한 자(해당 부동산의 소유명의자임)를 등기의무자로 하여 경료되었을지라도 그것이 사망자의 공동재산상속인의 의사에 좇아 이루어진 것이고 현재의 실체상 권리관계에 합치되는 때에는 그 등기는 유효하다고 한다(대판 1964. 11. 24, 64다685).

(ㄹ)「부동산등기는 그에 이른 과정이 사실과 차이가 있다 하더라도 부동산에 관한 현실의 권리관계에 부합하는 것인 한 유효한 것이므로 그 등기가 실체상의 권리관계에 부합하지 아니하여 무효의 것이었다 하더라도 그 후에 그 등기에 대응하는 실체상의 권리관계가 존재하게 되어 부동산에 관한 현실의 권리관계와 부합하게 되면 그때부터는 유효한 등기라 할 것이고 따라서 회복에 인한 소유권이전등기가 실체상의 권리관계에 부합하지 아니한 무효의 등기인 경우에도 그에 기초하여 경료된 뒤의 등기가 실체상의 권리관계에 부합하고 뒤의 등기를 할 때까지 그 부동산에 관하여 등기상 이해관계를 가지는 제 3 자가 없을 경우에는 뒤의 등기가 비록 무효의 회복등기에 기초하여 경료된 것이라고 하더라도 뒤의 등기는 유효한 것으로 보아야 할 것이다. 그러므로 피고들이 이 사건 토지에 관하여 그 주장과 같이 소외 3 명의의 회복등기에 기초하여 1958. 5. 8과 1954. 8. 12에 각 그 이름으로 지분소유권이전등기를 하고 그때부터 … 소유의 의사로 평온, 공연히 점유를 계속하여 20년의 취득시효기간이 경과한 것이라면 피고들은 그 취득시효기간 만료시에 각 그 점유토지들을 원시취득하였다 할 것이고 피고들이 취득시효기간 만료로 위 토지들의 소유권을 취득할 때까지 위 토지들에 관하여 등기상 이해관계를 가지는 제 3 자가 없었으므로 피고들 명의의 위 등기는 취득시효기간 만료와 동시에 실체관계에 부합하는 유효한 등기가 되었다고 볼 것이다.」(대판 1983. 8. 23, 83다카848)

(ㅁ)「등기가 실체적 권리관계에 부합한다고 하는 것은 그 등기절차에 어떤 하자가 있다 하더라도 진실한 권리관계와 합치되는 것을 말하는 것이며, 매매대금 전액이 지급되었다고 하더라도 소유권이전등기청구권을 행사할 권능이 없거나 매매대금 완불 전에 그 소유권이전등기를 하기로 하는 특약이 있는 경우가 아니면 그 등기로써 결코 실체적 권리관계에 부합한다고 할 수 없기 때문이다.」(대판 1992. 2. 28, 91다30149)

(ㅂ)「등기가 실체적 권리관계에 부합한다고 하는 것은 그 등기절차에 어떤 하자가 있다 하더라도 진실한 권리관계와 합치되는 것을 의미하는바, 채권자가 채무자와 사이에 근저당권설정계약을 체결하였으나 그 계약에 기한 근저당권설정등기가 채권자가 아닌 제 3 자의 명의로 경료되고 그 후 다시 채권자가 위 근저당권설정등기에 대한 부기등기의 방법으로 위 근저당권을 이전받았다면 특별한 사정이 없는 한 그때부터 위 근저당권설정등기는 실체관계에 부합하는 유효한 등기로 볼 수 있다.」(대판 2007. 1. 11, 2006다50055)

(ㅅ)「등기가 실체관계에 부합한다고 하는 것은 그 등기절차에 어떤 하자가 있다고 하더라

도 진실한 권리관계와 합치하는 것, 즉 소유권이전에서 등기이전 절차만이 위법하고 그 외의 다른 법률행위는 적법·유효한 상태로 소유권이전등기 청구권을 가지고 있는 경우를 말하고, 원인 없이 이루어진 무효의 소유권이전등기라고 하더라도 그 등기가 다른 사정에 의하여 실체관계에 부합하게 되면 유효한 것으로 된다.

… 한편 소멸시효 완성으로 소유권이전등기 청구권이 소멸한 상태에서 소유권이전등기가 이루어졌고 그 시효의 이익을 받는 자가 소송에서 이러한 소멸시효의 주장까지 하였다면, 그 소유권이전등기는 원인무효의 등기에 해당하므로 말소되어야 한다.」(대판 2024. 10. 31, 2024다232523)

(ㅇ) 「(이 판결은 먼저 위 (ㅅ) 판결의 첫째 단락 전단의 내용을 그대로 적고 있다: 저자 주)

따라서 소유권이전등기 청구권을 매수인으로부터 양도받은 양수인이 소유권이전청구권 가등기 이전의 부기등기를 마치고 가등기에 기한 본등기까지 마쳤으나 당초의 소유자 겸 매도인이 그 양도에 대하여 동의하거나 승낙하지 않고 있다면 양수인은 매도인과 아무런 법률관계가 없어 매도인에 대하여 소유권이전등기 절차의 이행을 청구하는 등의 권리행사를 할 수 없으므로, 그 가등기 이전의 부기등기 및 가등기에 기한 본등기는 이에 부합하는 양수인과 매도인 간의 적법·유효한 실체관계가 존재하지 아니하여 원인무효의 등기가 된다(대판 2025. 4. 24, 2024다248290).

(2) 등기의 실질적 유효요건 B-84

등기가 유효하려면 절차가 적법한 것 외에 물권행위와 내용에 있어서 일치하여야 하는 등 실질적(실체적) 유효요건도 갖추어야 한다. 아래에서 실질적 유효요건의 구비 여부가 문제되는 경우들을 살펴보기로 한다.

물권행위가 존재하지 않거나 어떤 사유로 무효이거나 취소된 때, 그리고 원인행위의 실효로 인하여 물권행위도 무효로 된 때에는, 등기가 있더라도 그 등기는 무효이고(정지조건부 또는 시기부로 법률행위를 하였는데 보통의 경우처럼 등기된 때도 같다. B-75 참조), 물권변동은 일어나지 않는다. 그런데 그것은 등기가 실질적 유효요건을 갖추지 못하였기 때문이 아니고, 그 이전에 「물권행위」라는 요건을 갖추지 못하였기 때문이다. 여기서 「물권행위의 존재 및 유효」는 등기의 실질적 유효요건으로 다룰 문제가 아님을 알 수 있다. 등기의 실질적 유효요건의 논의는 「법률행위에 의한 부동산 물권변동」의 제 1 의 요건인 물권행위가 존재하고 유효하다는 것을 당연한 전제로 하는 것이다.

1) 물권행위와 내용적으로 일치하지 않는 경우 등기가 완전히 유효하려면 물권행위와 그 내용에 있어서 일치하여야 한다. 만약 양자가 내용에 있어서 일치하고 있지 않으면 합의된 대로의 물권변동이 생기지 않는다. 물권행위와 등기 사이의 내용상의 불일치에는 다음의 두 가지가 있다.

(가) 질적 불일치 합의된 물권과 다른 종류의 권리가 등기되거나 다른 객체에 대하여 등기된 경우, 그리고 등기명의인이 다르게 된 경우 등이 질적 불일치이다. 예컨대 지상 B-85

권설정의 합의를 하였는데 전세권등기를 한 경우, 채권자 앞으로 가등기와 근저당권설정등기를 하기로 하였는데 제3자 앞으로 소유권이전등기를 한 경우(대판 1980. 3. 11, 80다49), A의 건물(또는 토지)에 관하여 소유권을 이전하기로 약정하였으면서 B의 건물(또는 토지)에 소유권이전등기를 한 경우(대판 1962. 6. 21, 62다51), 매매를 원인으로 하여 소유권이전등기를 함에 있어서 매수인이 아닌 자의 명의로 등기를 한 경우(대판 1957. 3. 7, 4289민상498)가 그에 해당한다. 넓게 보면 뒤에 설명하는 중간생략등기와 명의신탁에 의한 등기도 질적 불일치에 해당하나, 그것들은 그 밖의 특수성도 있으므로 따로 보기로 한다.

이와 같은 질적 불일치의 경우에 관하여 학설은 i) 언제나 무효라는 견해(사견도 같음)와 ii) 원칙적으로 무효이나, 다만 저당권설정의 합의가 있었는데 근저당권설정등기가 되었거나 전세권설정계약이 있었는데 지상권등기가 된 경우에는 그 등기들은 저당권이나 지상권의 순위를 보전하는 범위 내에서는 유효하다는 견해로 나뉘어 있다. 그리고 판례는 문제되는 경우에 관하여 모두 무효라고 하여 i)설과 같다(앞에 인용한 판결 참조).

한편 위의 등기가 무효인 경우에는 그 등기를 말소하고 물권행위와 일치하는 등기를 하여야 한다. 다만, 경정등기가 허용되는 때에는 그것에 의하여 바로잡을 수 있다. 그런데 갑구·을구의 경정등기는 표제부의 경정등기보다 더욱 제한된 범위에서 허용됨을 주의하여야 한다. 소유권이전등기를 저당권등기로 경정하는 것과 같이 등기 내지 권리의 동일성을 인정할 수 없는 때에는 설사 이해관계 있는 제3자의 승낙이 있더라도 허용되지 않는다. 등기의 객체를 변경하는 경우도 마찬가지이다. 그에 비하여, 등기명의인의 표시의 변경은 제3자의 승낙 없이도 할 수 있다(부등법 52조 1호).

(나) **양적 불일치** 물권행위상의 양과 등기된 양이 일치하지 않는 때(가령 저당권등기에서 채권액이 합의 한 것과 다르게 기재된 때)에 등기의 효력이 문제된다. 여기에 관하여 학설은 i) 등기된 양이 물권행위상의 양보다 큰 경우에는 물권행위의 한도 내에서 효력이 생기고, 등기된 양이 물권행위상의 양보다 작은 경우에는 제137조(일부 무효의 법리)에 의하여 판단하여야 한다는 견해와 ii) 첫째의 경우에는 i)설과 같으나, 둘째의 경우에는 등기된 범위에서 유효하다는 견해(사견도 같음)로 나뉘어 있다. 한편 판례는 첫째의 경우에 관하여 학설과 같은 태도를 취하고 있으며(대판 1972. 3. 31, 72다27 등), 둘째의 경우에 관한 판례는 없다.

B-86 **2) 중간생략등기의 문제**(물권변동 과정의 누락)

(가) **의 의** 중간생략등기는 부동산물권이 최초의 양도인으로부터 중간취득자를 거쳐 최후의 양수인에게 전전이전되어야 할 경우에 중간취득자에의 등기를 생략해서 최초의 양도인으로부터 직접 최후의 양수인에게 등기하는 것을 말한다. 이러한 중간생략등기가 행하여지면 물권변동의 과정이 등기부에 제대로 나타나지 않게 된다. 그리고 다른 한편으로는 중간취득자가 취득세·양도소득세 등을 내지 않을 수 있게 된다. 그 때문

에 과거에 부동산 투기의 수단으로 중간생략등기가 널리 이용되어 왔다. 그리하여 근래에는 「부동산등기 특별조치법」을 제정하여 계약을 원인으로 소유권이전등기를 신청할 때에는 일정한 사항이 기재된 계약서에 검인을 받아 제출하도록 하고(동법 3조·4조)(다만, 부동산매매의 경우에는 부동산거래를 신고하고 등기신청시에 신고필증을 제출하도록 하고 있다. B-51 참조), 일정한 기간 내에 등기신청을 하도록 강제할뿐더러 그것에 위반하는 경우에 제재를 가하고 있다(동법 2조·8조 1호·11조). 그러나 이러한 조치로 중간생략등기가 완전히 근절될지는 의문이다.

중간생략등기에 있어서는 두 가지가 문제된다. 하나는 중간생략등기가 이미 행하여진 경우에 그것이 유효한가이고, 나머지 하나는 최후의 양수인이 최초의 양도인에 대하여 등기청구권을 가지는가이다.

중간생략등기의 유효성과 관련하여서는 이를 금지하는 「부동산등기 특별조치법」의 규정(2조·8조 1호·11조)과의 관계를 먼저 정리하여야 한다. 그 규정이 효력규정이라고 인정되면 중간생략등기는 당연히 무효라고 할 것이기 때문이다. 그러나 그 규정은 효력규정이 아니고 단속규정이라고 하여야 한다. 따라서 그에 위반하더라도 벌칙의 제재는 별도로 하고 사법상(私法上) 효력이 당연히 없어지는 것은 아니다. 그렇게 새기지 않으면 거래의 안전을 보호할 수 없기 때문이다. 통설·판례(대판 1998. 9. 25, 98다22543 등)도 같다.

(나) **중간생략등기의 유효성** 위에서 본 바와 같이 중간생략등기의 금지규정이 단속 B-87
규정에 불과하기 때문에 중간생략등기의 유효 여부는 학설·판례에 맡겨져 있다.

(a) **학 설** 학설은 크게 무효설(절대적 무효설), 조건부 유효설, 무조건 유효설의 셋으로 나누어지고, 중간생략등기가 언제나 유효하다고 하는 무조건 유효설에는 물권적 기대권설, 독일민법 원용설, 기타가 있다.

i) **절대적 무효설**은, 중간생략등기 금지규정을 효력규정으로 이해하면서 중간생략등기는 효력규정 위반으로 무효라고 한다. 그리고 이 견해는 성립요건주의 하에서는 중간생략등기의 이행청구권이 허용되어서는 안 된다고 한다.

ii) **조건부 유효설**은 3자 합의가 있어야 한다는 견해이다. 그런데 이 견해는, 중간생략등기는 양도인·양수인·중간자의 3자의 합의를 요하는 것이지만, 이러한 합의가 없음에도 불구하고 일단 중간생략등기가 경료되면 그 등기는 실체관계에 부합하는 것이어서 유효하다고 한다(사견도 같음). 그리고 이 견해는 3자 합의가 없는 때에는 최종양수인은 최초양도인에 대하여 직접 소유권이전등기를 청구할 수 없다고 한다.

iii) **물권적 기대권설**은 갑·을 사이에 물권을 이전한다는 합의로 말미암아 을은 물권적 기대권을 취득하고, 을이 병에게 물권적 기대권을 양도한 경우에는 병은 갑에 대하여 직접 등기를 청구할 수 있다고 한다(김용한, 132면).

iv) **독일민법 원용설**은, 우리 민법에 명문규정은 없지만 독일민법 제185조 제1항을 원용하여 비권리자의 처분은 권리자의 동의를 얻어서 행한 것일 때에는 유효하다고 해야 하는데, 갑·을, 을·병 사이의 부동산의 전전매매가 있었다면 갑·을 사이의 물권행위(채권행위에 포함됨)는 비권리자인 을이 갑의 부동산소유권을 처분하는 데 대한 동의로서의 의미를 갖는 것으로 새길 수 있다고 한다. 따라서 을·병 사이의 채권행위와 그에 포함된 물권행위는 유효하게 되고, 거기에다가 갑으로부터 병으로의 이전등기가 있으므로 소유권은 유효하게 갑으로부터 병에게 이전한 것이 된다고 한다. 그리고 갑·병 사이에 채권행위가 있었던 것으로 다루어지기 때문에 병은 갑에 대하여 등기청구권을 갖는다고 한다(곽윤직, 91면).

B-88 (b) 판 례 판례는, 중간생략등기는 3자 합의가 있을 때 유효함은 물론이나, 이미 중간생략등기가 이루어져 버린 경우에는 3자 합의가 없더라도 합의가 없었음을 이유로 그 무효를 주장하지 못하고, 그 말소를 청구하지도 못한다고 한다(대판 2005. 9. 29, 2003다40651 등 다수). 그리고 등기청구권이 인정되려면 관계당사자 전원의 합의가 있어야 한다고 한다. 즉 중간자들의 동의 외에 최초의 자와 최종의 자의 동의도 필요하다고 한다(대판 1997. 5. 16, 97다485 등. 대판 2001. 10. 9, 2000다51216[핵심판례 272면]도 참조). 만약 관계당사자 전원의 합의가 없으면, 최후의 양수인은 중간취득자를 대위하여 최초의 양도인에 대하여 중간취득자에게 소유권이전등기를 할 것을 청구할 수 있을 뿐이다(대판 1969. 10. 28, 69다1351). 한편 판례에 의하면, 중간취득자는 중간생략등기에 관하여 동의한 후에도 계속해서 최초의 매도인에 대한 등기청구권을 잃지 않는다고 한다(대판 1991. 12. 13, 91다18316). 그리고 구 국토이용관리법상의 토지거래허가구역 내의 토지가 중간생략등기의 합의 아래 허가 없이 전전매매된 경우에, 최후의 양수인은 최초의 양도인에게 직접 허가신청 절차의 협력을 구할 수 없다고 한다(대판 1996. 6. 28, 96다3982).

(판 례) 중간생략등기 관련

(ㄱ) 「부동산이 전전양도된 경우에 중간생략등기의 합의가 없는 한 그 최종양수인은 최초양도인에 대하여 직접 자기 명의로의 소유권이전등기를 청구할 수 없고, 부동산의 양도계약이 순차 이루어져 최종양수인이 중간생략등기의 합의를 이유로 최초양도인에게 직접 그 소유권이전등기 청구권을 행사하기 위하여는 관계당사자 전원의 의사 합치, 즉 중간생략등기에 대한 최초양도인과 중간자의 동의가 있는 외에 최초양도인과 최종양수인 사이에도 그 중간등기 생략의 합의가 있었음이 요구되므로, 비록 최종양수인이 중간자로부터 소유권이전등기청구권을 양도받았다 하더라도 최초양도인이 그 양도에 대하여 동의하지 않고 있다면 최종양수인은 최초양도인에 대하여 채권양도를 원인으로 하여 소유권이전등기 절차이행을 청구할 수 없다고 할 것이다.」(대판 1997. 5. 16, 97다485)

「이와 같은 법리(위 판결의 법리: 저자 주)는 명의신탁자가 부동산에 관한 유효한 명의신탁약정을 해지한 후 이를 원인으로 한 소유권이전등기 청구권을 양도한 경우에도 적용된다. 따라서 비록 부동산 명의신탁자가 명의신탁약정을 해지한 다음 제 3 자에게 '명의신탁 해지를 원인으로 한 소유권이전등기 청구권'을 양도하였다고 하더라도 명의수탁자가 그 양도에 대하여 동의하거나 승낙하지 않고 있다면 그 양수인은 위와 같은 소유권이전등기 청구권을 양수하였다는 이유로 명의수탁자에 대하여 직접 소유권이전등기 청구를 할 수 없다.」(대판 2021. 6. 3, 2018다280316)

(ㄴ)「국토이용관리법상 허가구역 안에 있는 토지에 관한 매매계약을 체결하고자 하는 당사자는 공동으로 관할관청의 허가를 받아야 하는바, 원심이 적법하게 인정한 바와 같이 이 사건 토지를 그 소유자인 원고가 A에게 매도하고 이어 A가 피고에게 순차 매도하였다면 위 각 매매계약의 당사자는 위 각각의 매매계약에 관하여 …… 토지거래허가를 받아야 하는 것이며, 위 당사자들 사이에 최초의 매도인인 원고로부터 최종매수인인 피고 앞으로 직접 소유권이전등기를 경료하기로 하는 중간생략등기의 합의가 있었다고 하더라도 이러한 중간생략등기의 합의란 부동산이 전전 매도된 경우 각 매매계약이 유효하게 성립함을 전제로 그 이행의 편의상 최초의 매도인으로부터 최종의 매수인 앞으로 소유권이전등기를 경료하기로 한다는 당사자 사이의 합의에 불과할 뿐, 그러한 합의가 있었다고 하여 최초의 매도인과 최종의 매수인 사이에 매매계약이 체결되었다는 것을 의미하는 것은 아니므로 원고와 피고 사이에 매매계약이 체결되었다고 볼 수 없고, 설사 피고가 자신과 원고를 매매당사자로 하는 토지거래허가를 받아 피고 앞으로 소유권이전등기를 경료하였더라도 그러한 피고 명의의 소유권이전등기는 적법한 토지거래허가 없이 경료된 등기로서 무효라고 할 것이다.」(대판 1997. 3. 14, 96다22464. 동지 대판 1996. 6. 28, 96다3982; 대판 1997. 11. 11, 97다33218)

(ㄷ)「중간생략등기의 합의란 부동산이 전전 매도된 경우 각 매매계약이 유효하게 성립함을 전제로 그 이행의 편의상 최초의 매도인으로부터 최종의 매수인 앞으로 소유권이전등기를 경료하기로 한다는 당사자 사이의 합의에 불과할 뿐이므로, 이러한 합의가 있다고 하여 최초의 매도인이 자신이 당사자가 된 매매계약상의 매수인인 중간자에 대하여 갖고 있는 매매대금청구권의 행사가 제한되는 것은 아니라고 할 것」이다(최초 매도인과 중간 매수인, 중간 매수인과 최종 매수인 사이에 순차로 매매계약이 체결되고 이들 간에 중간생략등기의 합의가 있은 후에 최초 매도인과 중간 매수인 간에 매매대금을 인상하는 약정이 체결된 경우, 최초 매도인은 인상된 매매대금이 지급되지 않았음을 이유로 최종 매수인 명의로의 소유권이전등기의무의 이행을 거절할 수 있다고 한 사례)(대판 2005. 4. 29, 2003다66431[핵심판례 112면]).

(다) 유사한 경우 중간생략등기와 유사한 경우들이 있다. 미등기 부동산의 양수인이 보존등기를 하는 경우(본래는 양도인이 보존등기를 하고 양수인이 이전등기를 하여야 한다), 상속인이 상속재산을 양도하고서 등기는 피상속인으로부터 양수인으로 이전등기를 하는 경우(본래는 상속인이 상속에 의한 이전등기를 한 뒤, 양수인 앞으로 이전등기를 하여야 한다)가 그렇다. 이들 중 앞의 경우에 대하여는 「부동산등기 특별조치법」이 이를 금지하는 규정을 두고 있다(동법 2조 5항 · 11조). 그러나 그 규정 역시 단속규정이므로 그것 때문에 그 등기가 무효

로 되지는 않는다. 생각건대 위의 두 경우의 등기는 제187조 단서에 위반되는 것이어서 무효라고 하여야 하나, 그것들은 넓은 의미의 중간생략등기이므로 중간생략등기를 유효하다고 하는 이상 이들도 유효하다고 하여야 한다. 학설과 판례(대판 1995. 12. 26, 94다44675 등(이들은 모두 첫째 경우에 관한 것임)과 대판 1963. 5. 30, 63다105(이는 둘째 경우에 관한 것임))도 같다.

B-89 **3) 등기원인의 불일치** 앞서 본 바와 같이, 등기원인은 원인행위 또는 그것의 무효·취소·해제 등이다(B-51 참조). 등기에 있어서 이러한 등기원인이 실제와 다르게 기재되는 경우가 있다(이는 보통 그렇게 신청하기 때문이다). 예컨대 증여에 의한 소유권이전등기 대신 매매에 의한 소유권이전등기를 하는 경우(대판 1980. 7. 22, 80다791), 법률행위가 무효이거나 취소·해제 기타의 사유로 실효하여 물권이 복귀하는 때에 원상회복의 방법으로 이전등기의 말소 대신 새로운 이전등기를 하는 경우(대판(전원) 1990. 11. 27, 89다카12398[핵심판례 114면])에 그렇다. 이들 중 앞의 경우에 관하여는 「부동산등기특별조치법」이 등기원인의 허위기재를 금지하고 있다(부동산의 소유권을 이전하는 계약의 경우임. 동법 6조·8조 2호). 그러나 이 규정 역시 단속규정이어서 그 때문에 무효로 되지는 않는다.

이 경우의 등기에 관하여 학설은 유효성을 인정하는 데 다툼이 없으며, 판례도 같다(위에 인용한 판결 참조). 그리고 판례는 위의 둘째의 경우에 관하여 이전등기의 이행을 청구할 수도 있다고 하여 과거의 판결을 변경하였다.

판 례 진정한 등기명의의 회복 관련

(ㄱ) 「이미 자기 앞으로 소유권을 표상하는 등기가 되어 있었거나 법률에 의하여 소유권을 취득한 자가 진정한 등기명의를 회복하기 위한 방법으로는 현재의 등기명의인을 상대로 그 등기의 말소를 구하는 외에 '진정한 등기명의의 회복'을 원인으로 한 소유권이전등기 절차의 이행을 직접 구하는 것도 허용되어야 할 것이다.

왜냐하면 부동산등기제도가 물권변동의 과정을 그대로 표상하려고 하는 취지도 궁극적으로는 사실에 맞지 않는 등기를 배제하여 현재의 권리상태를 정당한 것으로 공시함으로써 부동산거래의 안전을 도모하려는 데 있는 것이고 한편 현재의 부진정한 등기명의인은 진정한 소유자의 공시에 협력할 의무를 진다 할 것인데 진정한 등기명의의 회복에 협력하기 위하여는 자기의 등기를 말소하는 방법에 의하거나 등기부상의 진정한 권리자에게 직접 이전등기를 이행하는 방법에 의하거나간에 그 본질적인 면에서 아무런 차이가 없을 뿐만 아니라 그 어느 방법에 의하더라도 자기의 등기를 잃는 점에 있어서는 그 이해를 달리하지 않기 때문이다.」(대판(전원) 1990. 11. 27, 89다카12398[핵심판례 114면])

(ㄴ) 「진정한 등기명의의 회복을 위한 소유권이전등기 청구는 자기 명의로 소유권의 등기가 되어 있었거나 법률에 의하여 소유권을 취득한 진정한 소유자가 현재의 등기명의인을 상대로 그 등기의 말소를 구하는 것에 갈음하여 소유권에 기하여 진정한 등기명의의 회복을 구하는 것이므로, 자기 앞으로 소유권의 등기가 되어 있지 않았고 법률에 의하여 소유

권을 취득하지도 않은 사람이 소유권자를 대위하여 현재의 등기명의인을 상대로 그 등기의 말소를 청구할 수 있을 뿐인 경우에는 진정한 등기명의의 회복을 위한 소유권이전등기 청구를 할 수 없다.」(대판 2003. 5. 13, 2002다64148)

(ㄷ) 「진정한 등기명의의 회복을 위한 소유권이전등기 청구는 이미 자기 앞으로 소유권을 표상하는 등기가 되어 있었거나 법률에 의하여 소유권을 취득한 자가 진정한 등기명의를 회복하기 위한 방법으로 현재의 등기명의인을 상대로 그 등기의 말소를 구하는 것에 갈음하여 허용되는 것인데, 말소등기에 갈음하여 허용되는 진정명의 회복을 원인으로 한 소유권이전등기 청구권과 무효등기의 말소청구권은 어느 것이나 진정한 소유자의 등기명의를 회복하기 위한 것으로서 실질적으로 그 목적이 동일하고, 두 청구권 모두 소유권에 기한 방해배제청구권으로서 그 법적 근거와 성질이 동일하므로, 비록 전자는 이전등기, 후자는 말소등기의 형식을 취하고 있다고 하더라도 그 소송물은 실질상 동일한 것으로 보아야 하고, 따라서 소유권이전등기 말소청구 소송에서 패소 확정판결을 받았다면 그 기판력은 그 후 제기된 진정명의 회복을 원인으로 한 소유권이전등기 청구소송에도 미친다고 보아야 할 것이다.」(대판(전원) 2001. 9. 20, 99다37894)

(ㄹ) 「진정한 등기명의의 회복을 위한 소유권이전등기 청구는 … 현재의 등기명의인을 상대로 하여야 하고 현재의 등기명의인이 아닌 자는 피고적격이 없다.」(대판 2017. 12. 5, 2015다240645)

4) 무효등기의 유용(流用) 어떤 등기가 행하여졌으나 그것이 실체적 권리관계에 부합하지 않아서 무효로 된 뒤에 그 등기에 부합하는 새로운 실체적 권리관계가 생긴 경우에, 그 등기를 새로운 권리관계의 공시방법으로 사용할 수 있는지가 문제된다. 이것이 무효등기의 유용의 문제이다. 여기에 관하여 학설은 주로 저당권등기의 유용에 대하여 논의하면서 일치하여 이해관계 있는 제3자가 나타나지 않는 한 유용할 수 있다고 한다(사견도 같음). 판례도, 실질관계의 소멸로 무효로 된 등기의 유용은 그 등기를 유용하기로 하는 합의가 이루어지기 전에 등기상 이해관계가 있는 제3자가 생기지 않은 경우에는 허용된다고 하여 학설과 같다(대판 2002. 12. 6, 2001다2846 등). B-90

이제 구체적으로 무효등기의 유용이 가능하기 위한 요건을 보기로 한다. 첫째로 무효등기에 부합하는 실체적 권리관계가 생겨야 한다. 둘째로 유용의 합의가 있어야 한다(대판 1989. 10. 27, 87다카425[핵심판례 116면] 등). 그 합의는 묵시적으로 행하여질 수도 있다. 그런데 묵시적 합의 내지 추인을 인정하려면, 무효등기 사실을 알면서 장기간 이의를 제기하지 아니하고 방치한 것만으로는 부족하고, 그 등기가 무효임을 알면서도 유효함을 전제로 기대되는 행위를 하거나 용태를 보이는 등 무효등기를 유용할 의사에서 비롯되어 장기간 방치된 것이라고 볼 수 있는 특별한 사정이 있어야 한다(대판 2007. 1. 11, 2006다50055 등). 셋째로 유용의 합의가 이루어지기 전에 이해관계가 있는 제3자가 생기지 않아야 한다(대판 1989. 10. 27, 87다카425[핵심판례 116면]; 대판 2002. 12. 6, 2001다2846 등). 그 밖에 유용하기로 한 등기는 처음부터 무효인 것일 수도 있고, 처음에는 유효했다가 무효로 된 것일 수도 있다(가령 저당권으로 담보된 채권이 변제된 경우). 그리고 그 등기가 소유권이전등기(대판(전원) 1970. 12. 24, 70다1630 등)이든 근저당권설정등기(대판 2002. 12. 6, 2001다2846 등 다수)이든 가등기(대판 1989. 10. 27, 87다카425[핵심판례 116면] 등)이든 상관없다. 다른 채권자에 대한 근저당권설정등기의 유용(이때는 근저당권이전의 부기등기를 합의한다)(대판 1998. 3. 24, 97다56242 등), 다른 자(매매예약권리자)에 대한 소유권이전청구권 보전의 가등기의 유용(이때도 가등기 이전의 부기등기를 한다)도 허용된다(대판 2009. 5. 28, 2009다4787). 그러나 멸실된 건물의 등기를 새로 신축한 건물의 등기로 유용할 수는 없다(이설이 없으며, 판례도 같다. 대판 1976. 10. 26, 75다2211 등). 이때는 사항란의 등기 외에 표제부의 등기도 유용하는 결과로 되기 때문이다.

판 례 매매예약에 기한 가등기를 유용한 경우

「부동산의 매매예약에 기하여 소유권이전등기 청구권의 보전을 위한 가등기가 경료된 경우에 그 매매예약완결권이 소멸하였다면 그 가등기 또한 효력을 상실하여 말소되어야 할 것이나, 그 부동산의 소유자가 제 3 자와 사이에 새로운 매매예약을 체결하고 그에 기한 소유권이전등기 청구권의 보전을 위하여 이미 효력이 상실된 가등기를 유용하기로 합의하고 실제로 그 가등기이전의 부기등기를 경료하였다면, 그 가등기이전의 부기등기를 경료받은 제 3 자로서는 언제든지 부동산의 소유자에 대하여 위 가등기 유용의 합의를 주장하여 가등기의 말소청구에 대항할 수 있고, 다만 그 가등기이전의 부기등기 이전에 등기부상 이해관계를 가지게 된 자에 대하여는 위 가등기 유용의 합의 사실을 들어 그 가등기의 유효를 주장할 수는 없다고 할 것이다.」(대판 2009. 5. 28, 2009다4787)

한편 유용의 효과는 유용의 합의가 있는 때에 생기고 소급하지 않는다. 판례도, 무효인 가등기를 유효한 등기로 전용키로 한 약정은 그때부터 유효하고 그 가등기가 소급하여 유효한 등기로 전환될 수 없다고 하여 같은 입장이다(대판 1992. 5. 12, 91다26546).

B-91 **5) 물권행위와 등기 사이의 시간적 불합치에서 생기는 문제**

(가) 물권행위와 등기의 선후 법률행위에 의한 물권변동의 경우 보통은 물권행위가 있은 후에 등기가 행하여지나, 등기를 먼저 하여도 무방하다. 그때에는 등기는 처음에는 무효이겠으나, 후에 그에 부합하는 물권행위가 행하여지면 유효하게 되고, 물권변동이 일어난다.

(나) 물권행위와 등기 사이에 당사자가 제한능력자로 된 경우 이 경우에도 물권행위의 효력에는 영향이 없다(111조 2항). 다만, 등기신청은 그것이 공법행위이기는 하지만 그 목적은 사법상의 권리변동에 있으므로, 거기에 제10조 이하의 규정을 유추적용하여야 한다. 따라서 법정대리인의 동의를 얻어서 신청하거나 법정대리인이 신청을 대리하여야 할 것이나, 등기가 일단 행하여진 경우에는 실체적 권리관계에 부합하는지 여부에 의하여 등기의 유

효 여부를 결정하여야 한다.

(다) **물권행위 후 등기 전에 당사자가 사망한 경우** 이 경우에도 물권행위의 효력은 지속되기는 하나(111조 2항), 거래의 대상이 되는 물권은 상속인에게 귀속하므로 본래에는 상속인이 「상속에 의한 등기」를 하고 그 후에 다시 물권행위와 등기를 하여야 한다(대판 1994. 12. 9, 93누23985 등도 참조). 그런데 부동산등기법은 이때 피상속인이 신청하였을 등기를 상속인이 등기권리자 또는 등기의무자로서 신청할 수 있게 하고 있다(동법 27조). 이것이 「상속인에 의한 등기」이다(이는 상속으로 등기신청권을 승계한 것으로 이해된다). 그 결과 피상속인으로부터 직접 취득자에게로 이전등기를 할 수 있게 된다.

상속을 등기원인으로 하는 「상속에 의한 등기」, 상속 아닌 등기원인이 있을 때 피상속인에 갈음하여 등기신청을 하는 「상속인에 의한 등기」(이는 물권행위를 피상속인이 한 경우이다), 상속인이 상속에 의한 등기를 하지 않고 부동산을 양도한 후 피상속인으로부터 직접 양수인에게 이전등기를 하는 경우(이는 물권행위를 상속인이 한 경우이다)는 구별하여야 한다. 이 마지막 경우는 일종의 중간생략등기로서 그 유효성이 인정된다(B-88 참조).

(라) **물권행위와 등기 사이에 권리의 귀속에 변경이 생긴 경우** 예컨대 토지소유자 A가 B와의 사이에 지상권설정의 합의를 한 후 등기가 있기 전에 A가 그 토지를 C에게 양도한 경우에는, B와 C 사이에 지상권설정의 합의 즉 물권행위가 따로 행하여져야 한다. 처분자는 등기를 할 때까지 처분권한이 있어야 하기 때문이다.

(마) **물권행위 후에 처분이 금지된 경우** 물권행위를 할 때에는 처분권이 있었으나 그 후에 파산하거나 목적부동산의 압류·가압류·가처분 등으로 처분이 금지 또는 제한되면, 등기를 신청할 수 없으며, 등기가 되었더라도 물권변동의 효력이 생기지 않는다.

(3) 명의신탁에 의한 등기 B-92

사 례 (신사례 [31]번 문제 물음 1)

A는 B가 소유하고 있는 X토지를 매수하고 싶었으나 자신이 직접 나서기 곤란한 사정이 있어서 친척인 C로 하여금 매수하게 하려고 하였다. 그리하여 2008. 1. 5. A는 C에게 사정을 말하고 X토지의 매수대금을 줄 테니 그 토지를 C의 명의로 매수하고 소유권등기도 C 앞으로 하라고 하였다. 그렇지만 그 토지의 소유자는 A 자신임을 분명히 하였다. A의 부탁을 받은 C는 2008. 2. 20. A가 부탁한 대로 자신(C)이 매수인이 되어 B로부터 X토지를 2억원에 매수하는 매매계약을 체결하고, 그 대금을 A에게서 받아 모두 지급하였다(잔금 지급일: 2008. 3. 20). 그리고 C는 2008. 3. 27. 자기 앞으로 X토지에 관하여 소유권이전등기도 마쳤다.

이 경우에 A는 X토지의 소유권을 취득하는가? 취득하거나 취득하지 못한다면 그 근거는 무엇인가? (사례의 해결: B-106)

1) 명의신탁의 의의 종래 우리 대법원은 일련의 판결에 의하여 명의신탁이라는 제도를 확립하였다. 그에 의하면, 명의신탁은「대내적 관계에서는 신탁자가 소유권을 보유하여 관리·수익하면서 공부상(公簿上)의 소유명의만을 수탁자로 하여 두는 것」이다.

과거에 대법원이 명의신탁의 유효성을 널리 인정하자 사회에서는 명의신탁이 각종 조세를 면탈하면서 투기를 하고 상속을 위장하는가 하면 재산을 은닉하는 등의 온갖 불법 또는 탈법적인 수단으로 악용되었다. 그리하여 1990년에 부동산등기특별조치법을 제정하면서 명의신탁을 규제하는 명문규정을 두었으나(동법 7조), 그 규정은 단속규정에 불과하여 실효를 거두지 못하였다. 그래서 다시「부동산 실권리자 명의 등기에 관한 법률」(이하 부동산실명법이라 함)을 제정(1995. 3. 30. 제정, 1995. 7. 1. 시행)하여 보다 강력하게 명의신탁을 규제하게 되었다(「부동산등기 특별조치법」 7조는 삭제됨). 이 법의 제정·시행으로 명의신탁에 관한 판례이론은 일정한 경우에 예외적으로만 적용되게 되었다.

B-93 **2) 부동산실명법의 적용범위** 부동산실명법은「부동산에 관한 소유권 기타 물권」에 관한 명의신탁을 규율한다(동법 2조 1호). 따라서 소유권등기뿐만 아니라 담보목적의 가등기(대판 2002. 12. 24, 2002다50484 등은 채권자와 제3자가 불가분적 채권자의 관계에 있을 때는 예외를 인정한다), (근)저당권등기(대판(전원) 2001. 3. 15, 99다48948 등도 예외를 인정한다)도 동법의 규제대상이 된다. 그리고 이 법은 계약은 신탁자가 하면서 그 등기명의만을 수탁자로 하기로 하는 등기명의신탁뿐만 아니라 계약당사자 명의부터 수탁자로 하기로 하는 이른바 계약명의신탁도 명의신탁이라고 하여 규율대상으로 삼는다(동법 2조 1호).

그러나 ① 채무의 변제를 담보하기 위하여 채권자가 부동산에 관한 물권을 이전받거나(양도담보) 가등기하는 경우(가등기담보), ② 부동산의 위치와 면적을 특정하여 2인 이상이 구분소유하기로 하는 약정을 하고 그 구분소유자의 공유로 등기하는 경우, 즉 이른바 상호명의신탁, ③ 신탁법 또는「자본시장과 금융투자업에 관한 법률」에 따른 신탁재산인 사실을 등기한 경우(신탁법상의 신탁)는 부동산실명법에서 말하는 명의신탁에서 제외된다(동법 2조 1호 가-다목). 그 결과 ①의 경우에는「가등기담보 등에 관한 법률」이, ②의 경우에는 종래의 판례이론(상호명의신탁 이론)이, ③의 경우에는 신탁법 등이 각각 적용된다.

한편 종중 부동산(부동산물권)의 명의신탁, 배우자(사실혼의 배우자는 제외된다. 대판 1999. 5. 14, 99두35) 명의신탁, 종교단체 명의신탁(종교단체의 산하조직의 부동산을 종교단체 명의로 등기한 경우)은 조세포탈, 강제집행의 면탈(부부간의 명의신탁 당시에 막연한 장래에 채권자가 집행할 가능성을 염두에 두었다는 것만으로 강제집행 면탈의 목적을 섣불리 인정해서는 안 된다: 대판 2017. 12. 5, 2015다240645) 또는 법령상 제한의 회피를 목적으로 하지 않는 경우에는, 부동산실명법의 대부분의 주요 규정(동법 4조-7조, 12조 1항-3항)의 적용을 받지 않는다(동법 8조). 그리하여 그때에는 종래의 판례이론이 적용되게 된다. 이 경우에 조세포탈 등의 목적이 있다는 이유로 그 등기가 무효라는 점은 이를 주장하는 자가 증명하여야 한다(부부간의 명의신탁에 관하여 같은 취지: 대판 2017. 12. 5, 2015다240645).

판 례 배우자 명의신탁 / 명의신탁의 성립 관련

(ㄱ) 「어떠한 명의신탁등기가 위 법률에 따라 무효가 되었다고 할지라도 그 후 신탁자와 수탁자가 혼인하여 그 등기의 명의자가 배우자로 된 경우에는 조세포탈, 강제집행의 면탈 또는 법령상 제한의 회피를 목적으로 하지 아니하는 한 이 경우에도 위 법률 제 8 조 제 2 호의 특례를 적용하여 그 명의신탁등기는 당사자가 혼인한 때로부터 유효하게 된다고 보아야 할 것이다.」(대판 2002. 10. 25, 2002다23840)

(ㄴ) 「부동산실명법 제 8 조 제 2 호에 따라 부부간 명의신탁이 일단 유효한 것으로 인정되었다면 그 후 배우자 일방의 사망으로 부부관계가 해소되었다 하더라도 그 명의신탁약정은 사망한 배우자의 다른 상속인과의 관계에서도 여전히 유효하게 존속한다고 보아야 할 것이다.」(대판 2013. 1. 24, 2011다99498)

(ㄷ) 「명의신탁관계는 반드시 신탁자와 수탁자 사이의 명시적 계약에 의하여만 성립하는 것이 아니라 묵시적 합의에 의하여도 성립할 수 있으나, 명시적인 계약이나 묵시적 합의가 인정되지 않는데도 명의신탁약정이 있었던 것으로 단정하거나 간주할 수는 없다.」(대판 2021. 7. 8, 2021다209225 · 209232)

3) 종래의 판례이론이 적용되는 경우의 법률관계 B-94

(가) **서 설** 부동산실명법이 적용되지 않아 종래의 판례에 의하여 규율되는 경우는 크게 두 가지이다. 하나는 탈법목적이 없는 종중·배우자·종교단체의 명의신탁이고, 다른 하나는 상호명의신탁이다. 이들의 법률관계를 간단히 정리하기로 한다.

(나) **종중 · 배우자 · 종교단체 명의신탁** 판례에 의하면, 명의신탁의 경우 신탁자와 수탁자 사이에서는 수탁자 명의로 소유권이전등기가 되었더라도 내부적으로 소유권은 신탁자가 그대로 보유하며 계속하여 신탁재산을 관리·수익하게 된다. 이러한 신탁관계는 당사자 일방이 사망하여도 당연히 소멸하지는 않고 상속인 사이에 그대로 존속한다. 그리고 수탁자는 신탁계약 해지시에 신탁자에게 신탁재산을 반환할 의무가 있다. 그에 비하여 대외적인 관계에서는 수탁자에게 완전한 소유권의 이전이 있게 되고, 따라서 수탁자는 완전한 소유자로 취급된다. 이처럼 대외관계에서는 수탁자만이 소유자로 다루어지기 때문에 수탁자의 일반채권자는 신탁재산에 대하여 강제집행 내지 경매를 할 수 있다. 그리고 수탁자가 수탁재산에 대하여 한 처분행위 등은 완전히 유효하게 된다. 그리하여 취득자인 제 3 자가 선의이든 악의이든 그는 권리를 취득한다. 그 밖에 판례에 의하면, 제 3 자가 수탁자의 배임행위에 적극 가담하여 취득한 경우에는 사회질서에 반하여 무효라고 한다(2중매매의 법리와 같다). 그리고 명의신탁한 부동산을 신탁자가 매도하는 경우에 매도인은 그 부동산을 사실상 처분할 수 있을 뿐 아니라 법률상으로도 처분할 수 있는 권원에 의하여 매도한 것이므로, 이를 제569조 소정의 타인의 권리의 매매라고는 할 수 없다고 한다(대판 1996. 8. 20, 96다18656).

명의신탁에 있어서 신탁자는 특별한 사정이 없는 한 언제든지 명의신탁계약을 해지하고 신탁재산의 반환을 청구할 수 있다. 그때 소유권이전등기의 회복이 없어도 소유권이 복귀하는지가 문제되는데, 판례는 대외적인 관계에 관하여는 명의신탁이 해지되더라도 부동산의 소유권이 당연히 신탁자에게 복귀하지 않으며, 등기명의를 회복할 때까지는 소유권을 가지고 제3자에게 대항할 수 없다고 한다. 그에 비하여 대내적인 관계에 관하여는 신탁해지에 의하여 소유권이 당연히 복귀한다는 태도를 취하고 있다(여기에 관한 학설에 대하여는 송덕수, 신사례, 248면·249면 참조).

판례 명의신탁의 해지

(ㄱ) 「부동산소유권의 명의신탁의 결과로 토지대장이나 건축물관리대장에 소유자로 등재되었을 뿐 아직 수탁자 명의로 소유권에 관한 등기를 취득하지 아니한 경우에는 토지대장이나 건축물관리대장의 기재가 소유권의 변동을 공시하는 것이 아니기 때문에 명의신탁이 해지되면 그 효과로 명의신탁관계가 종료되어 수탁자는 바로 그 외부관계에 있어서의 소유권도 상실하는 것이므로, 이러한 경우 신탁자가 수탁자에 대하여 명의신탁된 부동산의 소유권이전등기를 구할 여지도 없다.」(대판 1999. 6. 25, 97다52882)

(ㄴ) 「부부간의 명의신탁약정은 특별한 사정이 없는 한 유효하고(부동산 실권리자 명의 등기에 관한 법률 제8조 참조), 이때 명의신탁자는 명의수탁자에 대하여 신탁해지를 하고 신탁관계의 종료 그것만을 이유로 하여 소유 명의의 이전등기절차의 이행을 청구할 수 있음은 물론, 신탁해지를 원인으로 하고 소유권에 기해서도 그와 같은 청구를 할 수 있는바 …」(대판 2016. 7. 29, 2015다56086)

B-95 (ㄷ) **상호(相互)명의신탁** 여러 사람이 1필의 토지를 각 위치를 특정하여 일부씩 매수하고 당사자의 합의로 (공유)지분이전등기를 한 경우에 관하여, 판례는 당사자 내부관계에서는 각 특정부분의 소유권을 각자 취득하게 되고, 각 공유지분 등기는 각자의 특정 매수부분에 관하여 상호간에 명의신탁하고 있는 것으로 본다(대판(전원) 1980. 12. 9, 79다634 등). 그리고 최초의 명의신탁관계가 성립한 당사자 사이에서뿐만 아니라 그로부터 전전양수한 자들 사이에서도 — 상호명의신탁한 지위도 전전승계되어 — 명의신탁관계가 성립(승계가 아니고)한다고 한다(대판 1990. 6. 26, 88다카14366). 그리고 이러한 결과는, 1필의 토지 중 일부를 특정하여 매수하고 그 소유권이전등기는 그 토지 전부에 관하여 공유지분권 이전등기를 한 때와 같이 유사한 다른 경우들에도 인정된다(대판 1996. 10. 25, 95다40939 등).

이는 본래 공유지분이 공유물 전부에 효력이 미치고, 공유자가 특정부분을 배타적으로 사용할 수 없기 때문에, 위 경우에 공유지분등기에 의하여서는 특정부분을 매수한 당사자가 목적을 달성할 수 없게 되자, 판례가 상호명의신탁을 인정하여 그 문제를 해결한 것이다. 그러나 판례의 이론에는 여러 문제가 있으며, 특히 공유자가 자신의 지분을 진정한 공유지분으로 처분한 때에는 명의신탁관계의 붕괴가 불가피하여 완전한 해결이 될 수 없다(대판 2008. 2. 15, 2006다68810 · 68827[핵심판례 118면] 등 참조). 이 문제는 구분소유적 공유를 인정하는 입법으로 해결하여야 할 것이다.

(판 례) 상호명의신탁

(ㄱ) 성 립

「1필의 토지의 일부를 특정하여 양도받고 편의상 그 전체에 관하여 공유지분등기를 경료한 경우에는 상호명의신탁에 의한 수탁자의 등기로서 유효하고, 위 특정 부분이 전전 양도되고 그에 따라 공유지분등기도 전전 경료되면 위와 같이 상호명의신탁한 지위도 전전 승계되어 최초의 양도인과 위 특정 부분의 최후의 양수인과의 사이에 명의신탁관계가 성립한다.」(대판 1996. 10. 25, 95다40939).

「구분소유적 공유관계는 어떤 토지에 관하여 그 위치와 면적을 특정하여 여러 사람이 구분소유하기로 하는 약정이 있어야만 적법하게 성립할 수 있고, 공유자들 사이에 그 공유물을 분할하기로 약정하고 그때부터 각자의 소유로 분할된 부분을 특정하여 각자 점유·사용하여 온 경우에도 구분소유적 공유관계가 성립할 수 있지만, 공유자들 사이에서 특정부분을 각각의 공유자들에게 배타적으로 귀속시키려는 의사의 합치가 이루어지지 아니한 경우에는 이러한 관계가 성립할 여지가 없는 것이다.」(대판 2005. 4. 29, 2004다71409)

「1동의 건물 중 위치 및 면적이 특정되고 구조상·이용상 독립성이 있는 일부분씩을 2인 이상이 구분소유하기로 하는 약정을 하고 등기만은 편의상 각 구분소유의 면적에 해당하는 비율로 공유지분등기를 하여 놓은 경우, 구분소유자들 사이에 공유지분등기의 상호명의신탁관계 내지 그 건물에 대한 구분소유적 공유관계가 성립하지만, 1동 건물 중 각 일부분의 위치 및 면적이 특정되지 않거나 구조상·이용상 독립성이 인정되지 아니한 경우에는 공유자들 사이에 이를 구분소유하기로 하는 취지의 약정이 있다 하더라도 일반적인 공유관계가 성립할 뿐, 공유지분등기의 상호명의신탁관계 내지 그 건물에 대한 구분소유적 공유관계가 성립한다고 할 수 없다.」(대판 2014. 2. 27, 2011다42430)

(ㄴ) 공유자의 권리

「1필지의 토지 중 일부를 특정하여 매수하고 다만 그 소유권이전등기는 그 필지 전체에 관하여 공유지분권 이전등기를 한 경우에는 그 특정부분 이외의 부분에 관한 등기는 상호명의신탁을 하고 있는 것으로서, 그 지분권자는 내부관계에 있어서는 특정부분에 한하여 소유권을 취득하고 이를 배타적으로 사용, 수익할 수 있고, 다른 구분소유자의 방해행위에 대하여는 소유권에 터잡아 그 배제를 구할 수 있다고 하겠으나, 외부관계에 있어서는 1필지 전체에 관하여 공유관계가 성립되고 공유자로서의 권리만을 주장할 수 있는 것이므로, 제 3 자의 방해행위가 있는 경우에는 자기의 구분소유 부분뿐 아니라 전체 토지에 대하여 공유물의 보존행위로서 그 배제를 구할 수 있다.」(대판 1994. 2. 8, 93다42986)

B-96 (ㄷ) 공유지분을 처분하거나 그것이 경매된 경우

「1필지의 토지의 위치와 면적을 특정하여 2인 이상이 구분소유하기로 하는 약정을 하고 그 구분소유자의 공유로 등기하는 이른바 구분소유적 공유관계에 있어서, 각 구분소유적 공유자가 자신의 권리를 타인에게 처분하는 경우 중에는 구분소유의 목적인 특정부분을 처분하면서 등기부상의 공유지분을 그 특정부분에 대한 표상으로서 이전하는 경우와 등기부의 기재대로 1필지 전체에 대한 진정한 공유지분으로서 처분하는 경우가 있을 수 있고, 이 중 전자의 경우에는 그 제3자에 대하여 구분소유적 공유관계가 승계될 것이나, 후자의 경우에는 제3자가 그 부동산 전체에 대한 공유지분을 취득하고 구분소유적 공유관계는 소멸된다.」(대판 2008. 2. 15, 2006다68810·68827[핵심판례 118면])

「1동의 건물 중 위치 및 면적이 특정되고 구조상 및 이용상 독립성이 있는 일부분씩을 2인 이상이 구분소유하기로 하는 약정을 하고 등기만은 편의상 각 구분소유의 면적에 해당하는 비율로 공유지분등기를 하여 놓은 경우 공유자들 사이에 상호명의신탁관계에 있는 이른바 구분소유적 공유관계에 해당하고, 낙찰에 의한 소유권취득은 성질상 승계취득이어서 1동의 건물 중 특정부분에 대한 구분소유적 공유관계를 표상하는 공유지분을 목적으로 하는 근저당권이 설정된 후 그 근저당권의 실행에 의하여 위 공유지분을 취득한 낙찰자는 구분소유적 공유지분을 그대로 취득하는 것이므로 건물에 관한 구분소유적 공유지분에 대한 입찰을 실시하는 집행법원으로서는 감정인에게 위 건물의 지분에 대한 평가가 아닌 특정 구분소유 목적물에 대한 평가를 하게 하고 그 평가액을 참작하여 최저입찰가격을 정한 후 입찰을 실시하여야 할 것이다.」(대결 2001. 6. 15, 2000마2633)

(ㄹ) 공유자의 법정지상권

구분소유적 공유관계에 있는 공유자의 법정지상권 취득(대판 2004. 6. 11, 2004다13533: B-365에 인용).

원고와 피고가 1필지의 대지를 공동으로 매수하여 같은 평수로 사실상 분할한 다음 각자 자기의 돈으로 자기 몫의 대지 위에 건물을 신축하여 점유하여 왔다면 비록 위 대지가 등기부상으로는 원·피고 사이의 공유로 되어 있다 하더라도 그 대지의 소유관계는 처음부터 구분소유적 공유관계에 있다 할 것이고, 따라서 피고 소유의 건물과 그 대지는 원고와의 내부관계에 있어서 피고의 단독소유로 되었다 할 것이므로 피고는 그 후 이 사건 대지의 피고지분만을 경락취득한 원고에 대하여 그 소유의 위 건물을 위한 관습상의 법정지상권을 취득하였다고 할 것이다(대판 1990. 6. 26, 89다카24094).

(ㅁ) 해소 관련

「여러 사람이 1필지인 토지의 각 특정부분을 점유·사용하기로 약정하되 편의상 그 토지 전체에 관하여 공유지분등기를 마친 구분소유적 공유관계에서, 특정부분 소유를 주장하는 자가 그 부분에 관한 전체 지분 소유권이전등기를 마치기 위해서는 그 부분에 관하여 신탁적으로 지분등기를 가지고 있는 다른 공유자를 상대로 명의신탁 해지를 원인으로 한 지분이전등기를 청구하면 된다.」(대판 2025. 6. 5, 2024다296763)

「상호명의신탁관계 내지 구분소유적 공유관계에서 건물의 특정 부분을 구분소유하는 자

는 그 부분에 대하여 신탁적으로 지분등기를 가지고 있는 자를 상대로 하여 그 특정부분에 대한 명의신탁 해지를 원인으로 한 지분이전등기 절차의 이행을 구할 수 있을 뿐 그 건물 전체에 대한 공유물분할을 구할 수는 없다.」(대판 2010. 5. 27, 2006다84171)

「공유물분할청구는 공유자의 일방이 그 공유지분권에 터잡아서 하여야 하는 것이지 공유지분권을 주장하지 아니하고 목적물의 특정부분을 소유한다고 주장하면서 그 부분에 대하여 신탁적으로 지분등기를 가지고 있는 자들을 상대로 하여 그 특정부분에 대한 신탁해지를 원인으로 한 지분이전등기를 받음에 갈음하여서 할 수는 없」다(대판 1989. 9. 12, 88다카10517).

「내부적으로는 토지의 특정부분을 소유하나 등기부상으로는 공유지분을 가지는 이른바 구분소유적 공유관계에서 구분공유자 중 1인이 소유하는 부분이 후에 독립한 필지로 분할되고 그 구분공유자가 그 필지에 관하여 단독 명의로 소유권이전등기를 경료받았다면, 그 소유권이전등기는 실체관계에 부합하는 것으로서 유효하고, 그 구분공유자는 당해 토지에 대한 단독소유권을 적법하게 취득하게 되어, 결국 당해 구분공유자에 관한 한 이제 구분소유적 공유관계는 해소된다고 할 것이다. 따라서 그 구분공유자이었던 사람이 위와 같이 분할되지 아니한 나머지 토지에 관하여 여전히 등기부상 공유지분을 가진다고 하여도, 그 공유지분등기는 명의인이 아무런 권리를 가지지 아니하는 목적물에 관한 것으로서 효력이 없게」 된다(대판 2009. 12. 24, 2008다71858).

「1필지의 토지의 위치와 면적을 특정하여 2인 이상이 구분소유하기로 하는 약정을 하고 그 구분소유자의 공유로 등기하는 이른바 구분소유적 공유관계에 있어서, 1필지의 토지 중 특정부분에 대한 구분소유적 공유관계를 표상하는 공유지분을 목적으로 하는 근저당권이 설정된 후 구분소유하고 있는 특정부분별로 독립한 필지로 분할되고 나아가 구분소유자 상호간에 지분이전등기를 하는 등으로 구분소유적 공유관계가 해소되더라도 그 근저당권은 종전의 구분소유적 공유지분의 비율대로 분할된 토지들 전부의 위에 그대로 존속하는 것이고, 근저당권설정자의 단독소유로 분할된 토지에 당연히 집중되는 것은 아니다.」(대판 2014. 6. 26, 2012다25944)

토지의 각 특정부분을 구분하여 소유하면서 상호명의신탁으로 공유등기를 거친 경우에 있어서 그 토지가 분할되면 분할된 각 토지에 종전토지의 공유등기가 전사되어 상호명의신탁 관계가 그대로 존속되는 것이고, 분할된 토지 중 한쪽 토지에 공유등기 명의자 중 일부의 구분소유 부분이 포함되어 있고 그 토지가 제3자에게 양도됨으로써 그 토지에 관한 상호명의신탁 관계가 소멸되었다고 하여도, 특정인의 구분소유 하에 있는 나머지 분할토지에 관한 다른 공유등기 명의자 앞으로의 명의신탁관계가 당연히 소멸되는 것은 아니다(대판 1992. 5. 26, 91다27952).

4) 부동산실명법의 적용을 받는 명의신탁의 법률관계 부동산실명법은 「명의신탁약 B-97
정」을 부동산에 관한 소유권이나 그 밖의 물권을 보유한 자 또는 사실상 취득하거나 취득하려고 하는 자(실권리자)가 타인과의 사이에서 대내적으로는 실권리자가 부동산에 관한 물권을 보유하거나 보유하기로 하고 그에 관한 등기(가등기 포함)는 그 타인의 명의로 하기로 하는 약정(위임·위탁매매의 형식에 의하거나 추인에 의한 경우 포함)이라고 정의한 뒤(동법 2조 1호), 누구든지 부동산물권을 명의신탁약정에 의하여 명의수탁자 명의로 등기해서는 안 된다고 한다(동법 3조 1항). 그리고 명의신탁약정은 무효이고(동법 4조 1항), 또 명의신탁약정에 따른 등기로 이루어진 부동산에 관한 물권변동은 무효로 하나, 다만 부동산에 관한 물권을 취득하기 위한 계약에서 명의수탁자가 어느 한쪽 당사자가 되고 상대방 당사자는 명의신탁약정이 있다는 사실을 알지 못한 경우에는 유효하다고 한다(동법 4조 2항). 나아가 명의신탁약정 및 물권변동의 무효는 제3자에게 대항하지 못한다고 한다(동법 4조 3항). 그 밖에 부동산실명법은 실권리자 명의 등기의무를 위반한 자에 대한 과징금 부과(동법 5조), 과징금을 부과받은 자의 실명등기의무와 위반시의 이행강제금 부과(동법 6조), 신탁자·수탁자에 대한 벌칙(동법 7조), 기존 명의신탁자의 실명등기의무와 이를 위반한 경우의 이 법 규정의 적용(동법 11조·12조)(동법에서 정한 유예기간 경과 후에 명의수탁자가 명의신탁자 앞으로 바로 경료해 준 소유권이전등기는 실체관계에 부합하는 등기로서 유효하다: 대판 2004. 6. 25, 2004다6764) 등도 규정하고 있다. 이들 규정을 바탕으로 하여 명의신탁의 법률관계를 사법관계를 중심으로 하여 살펴보기로 한다.

판 례 부동산실명법상의 명의신탁에서의 법률관계

(ㄱ) 「'부동산 실권리자 명의 등기에 관한 법률'(이하 '부동산실명법'이라 한다) 제2조 제1호 본문, 제2호, 제3호의 규정을 종합하면, … 명의신탁관계가 성립하기 위하여 명의수탁자 앞으로 새로운 소유권이전등기가 행하여지는 것이 반드시 필요한 것은 아니라 할 것이므로, 부동산 소유자가 그 소유하는 부동산의 전부 또는 일부 지분에 관하여 제3자(명의신탁자)를 위하여 '대외적으로만' 보유하는 관계에 관한 약정(명의신탁약정)을 하는 경우에도 부동산실명법에서 정하는 명의신탁관계가 성립할 수 있다.」(대판 2010. 2. 11, 2008다16899)

(ㄴ) 「부동산 실권리자 명의 등기에 관한 법률 제11조, 제12조 제1항과 제4조의 규정에 의하면, 같은 법 시행 전에 명의신탁약정에 의하여 부동산에 관한 물권을 명의수탁자의 명의로 등기하도록 한 명의신탁자는 같은 법 제11조에서 정한 유예기간 이내에 실명등기 등을 하여야 하고, 유예기간이 경과한 날 이후부터 명의신탁약정과 그에 따라 행하여진 등기에 의한 부동산에 관한 물권변동이 무효가 되므로, 명의신탁자는 더 이상 명의신탁 해지를 원인으로 하는 소유권이전등기를 청구할 수 없다.」(대판 2007. 6. 14, 2005다5140)

(ㄷ) 「부동산에 관하여 그 소유자로 등기되어 있는 자는 적법한 절차와 원인에 의하여 소유권을 취득한 것으로 추정되므로 그 등기가 명의신탁에 기한 것이라는 사실은 이를 주장하는 자에게 입증책임이 있다.」(대판 2008. 4. 24, 2007다90883)

B-98 우선 부동산실명법의 적용을 받는 명의신탁은 동법 제2조 제1호의 명의신탁약정에 의한 명의신탁 가운데 명문으로 제외되지 않은 모든 경우이다. 판례도 「부동산실명법이 조세포탈이나 법령위반의 목적을 떠나 모든 명의신탁을 금지하고 그 위반자를 행정

적·형사적 제재대상으로 삼고 있다 하더라도」 헌법에 위반되지 않는다고 하여, 같은 입장이다(대판 2007. 7. 12, 2006두4554).

부동산실명법이 규율하는 명의신탁에는 세 가지 모습이 있다. 전형적인 명의신탁, 중간생략 명의신탁, 계약명의신탁이 그것이다.

(가) **전형적인 명의신탁**(2자간 등기명의신탁) 부동산물권자로 등기된 자가 명의신탁약정에 의하여 타인 명의로 등기하는 경우이다. **이 경우 명의신탁약정과 물권변동은 무효이다**(동법 4조 1항·2항). 이는 명의신탁에 따른 등기가 무효라는 의미이다. 따라서 신탁자는 명의신탁약정의 「해지」에 기한 이전등기나 말소등기는 청구할 수 없고(대결 1997. 5. 1, 97마384; 대판 1999. 1. 26, 98다1027도 참조), 소유권에 기한 방해배제청구권을 행사하여 등기말소를 청구할 수 있다. 그리고 부당이득반환청구로 등기말소를 청구할 수 있다(이는 불법원인급여가 아니다: 대판 2003. 11. 27, 2003다41722). 이때 등기말소청구 대신 이전등기청구도 허용하여야 할 것이다(대판 2002. 9. 6, 2002다35157). 그런데 과징금의 부과·형사처벌을 받는 것은 별개의 문제이다(동법 5조·7조).

대법원은 최근에 전원합의체 판결로, 부동산실명법을 위반하여 무효인 명의신탁약정에 따라 명의수탁자 명의로 등기를 하였다는 이유만으로 그것이 당연히 불법원인급여에 해당한다고 단정할 수는 없으며(계약명의신탁의 경우에도 같다고 함), 그것은 농지법에 따른 제한을 회피하고자 명의신탁을 한 경우에도 마찬가지라고 하였다(대판(전원) 2019. 6. 20, 2013다218156[핵심판례 120면]. 이러한 다수의견에 대하여는 불법원인급여에 해당한다는 대법관 4인의 반대의견이 있음).

그리고 판례는, 명의수탁자가 양자간 명의신탁에 따라 명의신탁자로부터 소유권이전등기를 넘겨받은 부동산을 임의로 처분한 행위가 형사상 횡령죄로 처벌되지 않더라도, 위 행위는 명의신탁자의 소유권을 침해하는 행위로서 형사상 횡령죄의 성립 여부와 관계없이 민법상 불법행위에 해당하여 명의수탁자는 명의신탁자에게 손해배상책임을 부담한다고 한다(대판 2021. 6. 3, 2016다34007)(대판 2024. 4. 16, 2023다280556은, 전형적인 명의신탁과 중간생략 명의신탁 모두에 관하여 예외적으로, 부동산실명법 4조 1항에 따라 무효인 명의신탁약정의 목적물인 부동산이 수용이나 공공용지의 협의취득 등을 원인으로 제 3 자 앞으로 소유권이전등기가 된 경우는, 명의수탁자가 보상금 등의 이익을 명의신탁자에게 부당이득으로 반환할 의무를 부담하게 됨은 별론으로 하고, 특별한 사정이 없는 한 명의수탁자가 수용이나 공공용지의 협의취득에 따른 보상금을 처분하거나 반환거부하더라도 이는 불법행위에 해당하지 않는다고 한다).

(나) **중간생략 명의신탁**(3자간 등기명의신탁) 신탁자가 상대방과 물권을 취득하는 계 B-99
약을 체결하면서 그 물권에 관한 등기는 수탁자와의 명의신탁약정에 기하여 상대방으로부터 직접 수탁자 앞으로 하게 하는 경우이다(어떤 자가 타인 명의로 허락 없이 등기한 경우는 약정이 없어서 명의신탁이 아니고 당사자 확정의 문제에 속한다). **이때도 명의신탁약정 및 그에 따른 등기(물권변동)는 무효이다**(동법 4조 1항·2항). 그리고 부동산실명법 제 4 조 제 2 항 단서는 적용될 여지가 없어서 언제나 무효이다(대판 2002. 11. 22, 2002다11496). 물권변동이 무효이므로 상대방은 수탁자에 대하여 등기말소를 청구할 수 있다. 그러나 이는 매매계약의 무효로 인한 것이 아니므로, 수탁자는 매매대금의 반환시까지 등기말소에의 협력을 거절할 동시이행의 항변권은 없다. 그리고 **신탁자와 상대방 사이의 매매는 여전히 유효하므**

로(상대방이 악의여도) 신탁자는 상대방에 대하여 소유권이전등기 청구권을 가지고(대판 2022. 9. 29, 2022다228933), 그 반면에 매매대금 지급의무를 부담한다. 그 결과 신탁자는 자신의 상대방에 대한 등기청구권을 보전하기 위하여(404조 참조) 상대방이 수탁자에 대하여 가지고 있는 등기말소청구권을 대위행사할 수 있다(이설이 없으며, 판례도 같다. 대판 2022. 9. 29, 2022다228933 등 다수의 판결). 물론 이 경우 과징금 부과 및 형사처벌은 받게 된다(동법 5조·7조). 한편 판례는, 위의 법리에 비추어 보면 중간생략 명의신탁(3자간 등기명의신탁)에 있어서 명의신탁자는 명의수탁자를 상대로 부당이득 반환을 원인으로 하여 소유권이전등기를 구할 수 없다고 한다(대판 2008. 11. 27, 2008다55290·55306). 그 외에 판례는, 명의수탁자가 신탁부동산을 임의로 매각처분한 경우에는 매도인으로서는 명의수탁자의 처분행위로 인하여 손해를 입은 바가 없다고 한다(대판 2002. 3. 15, 2001다61654. 매도인으로서는 명의신탁자에 대하여 신의칙 내지 536조 1항 본문의 규정에 의하여 소유명의 회복과 동시이행의 관계에 있는 매매대금 반환채무의 이행을 거절할 수 있고, 명의신탁자의 소유권이전등기 청구도 허용되지 않기 때문이라는 이유를 든다). 그런가 하면, 명의수탁자가 3자간 등기명의신탁에 따라 매도인으로부터 소유권이전등기를 넘겨받은 부동산을 자기 마음대로 처분한 행위가 형사상 횡령죄로 처벌되지 않더라도, 이는 명의신탁자의 채권인 소유권이전등기 청구권을 침해하는 행위로써 민법 제750조에 따라 불법행위에 해당하여 명의수탁자는 명의신탁자에게 손해배상책임을 질 수 있다고 한다(대판 2022. 6. 9, 2020다208997[핵심판례 124면]. 제3자의 채권침해에 따른 불법행위책임이 성립할 수 있다고 함).

판 례 중간생략 명의신탁(3자간 등기명의신탁) 관련

(ㄱ) 「가. 3자간 등기명의신탁에서 명의수탁자가 제3자에게 부동산에 관한 소유명의를 이전하였을 때 명의신탁자가 명의수탁자에게 직접 부당이득 반환청구를 할 수 있는지 여부

3자간 등기명의신탁에서 명의수탁자의 임의처분 또는 강제수용이나 공공용지 협의취득 등을 원인으로 제3자 명의로 소유권이전등기가 마쳐진 경우, 특별한 사정이 없는 한 제3자는 유효하게 소유권을 취득한다(부동산실명법 제4조 제3항). 그 결과 매도인의 명의신탁자에 대한 소유권이전등기 의무는 이행불능이 되어 명의신탁자로서는 부동산의 소유권을 이전받을 수 없게 되는 한편, 명의수탁자는 부동산의 처분대금이나 보상금 등을 취득하게 된다. 판례는, 명의수탁자가 그러한 처분대금이나 보상금 등의 이익을 명의신탁자에게 부당이득으로 반환할 의무를 부담한다고 보고 있다(대법원 2011. 9. 8. 선고 2009다49193, 49209 판결, … 대법원 2019. 7. 25. 선고 2019다203811, 203828 판결 등 참조). 이러한 판례는 타당하므로 그대로 유지되어야 한다. …

나. 3자간 등기명의신탁에서 명의수탁자가 부동산에 관하여 근저당권을 설정하였을 때 명의신탁자가 명의수탁자에 대하여 직접 부당이득 반환청구를 할 수 있는지 여부

명의수탁자가 부동산에 관하여 제3자에게 근저당권을 설정하여 준 경우에도 부동산의 소유권이 제3자에게 이전된 경우와 마찬가지로 보아야 한다.

명의수탁자가 제3자에게 부동산에 관하여 근저당권을 설정하여 준 경우에 제3자는 부동산실명법 제4조 제3항에 따라 유효하게 근저당권을 취득한다. 이 경우 매도인의 부동산에 관한 소유권이전등기 의무가 이행불능된 것은 아니므로, 명의신탁자는 여전히 매도

인을 대위하여 명의수탁자의 부동산에 관한 진정명의 회복을 원인으로 한 소유권이전등기 등을 통하여 매도인으로부터 소유권을 이전받을 수 있지만, 그 소유권은 명의수탁자가 설정한 근저당권이 유효하게 남아 있는 상태의 것이다. 명의수탁자는 제 3 자에게 근저당권을 설정하여 줌으로써 피담보채무액 상당의 이익을 얻었고, 명의신탁자는 매도인을 매개로 하더라도 피담보채무액 만큼의 교환가치가 제한된 소유권만을 취득할 수밖에 없는 손해를 입은 한편, 매도인은 명의신탁자로부터 매매대금을 수령하여 매매계약의 목적을 달성하였으면서도 근저당권이 설정된 상태의 소유권을 이전하는 것에 대하여 손해배상책임을 부담하지 않으므로 실질적인 손실을 입지 않는다.

따라서 3자간 등기명의신탁에서 명의수탁자가 부동산에 관하여 제 3 자에게 근저당권을 설정한 경우 명의수탁자는 근저당권의 피담보채무액 상당의 이익을 얻었고 그로 인하여 명의신탁자에게 그에 상응하는 손해를 입혔으므로, 명의수탁자는 명의신탁자에게 이를 부당이득으로 반환할 의무를 부담한다.」(대판(전원) 2021. 9. 9, 2018다284233. 위 '나'의 다수의견에 대하여, 부당이득 반환관계를 인정할 수 없고 명의신탁자는 매도인을 대위하는 방법 등으로 손해를 전보받아야 한다는 대법관 5인의 반대의견이 있음)

(ㄴ) 「부동산 실권리자 명의 등기에 관한 법률 제 4 조 제 3 항에 따르면 명의수탁자가 신탁부동산을 임의로 처분하거나 강제수용이나 공공용지 협의취득 등을 원인으로 제 3 취득자 명의로 이전등기가 마쳐진 경우, 특별한 사정이 없는 한 그 제 3 취득자는 유효하게 소유권을 취득한다. 그리고 이 경우 명의신탁관계는 당사자의 의사표시 등을 기다릴 필요 없이 당연히 종료되었다고 볼 것이지, 주택재개발 정비사업으로 인해 분양받게 될 대지 또는 건축시설물에 대해서도 명의신탁관계가 그대로 존속한다고 볼 수 없다.」(대판 2021. 7. 8, 2021다209225 · 209232)

(다) 계약명의신탁 B-100

(a) 의 의 수탁자가 신탁자와의 계약에 의하여 자신이 계약의 일방당사자가 되고 그의 명의로 등기를 하기로 하는 경우이다. 이 경우에는 수탁자가 매수행위를 한다는 위임과 등기명의는 수탁자로 한다는 명의신탁의 약정이 있는 것으로 해석할 수밖에 없다. 그리고 그때의 **명의신탁약정은 부동산실명법 제 4 조 제 1 항에 의하여 무효로 되고, 위임도 일부무효의 법리에 의하여 무효로 된다**고 할 것이다. 따라서 신탁자는 계약에 기하여 수탁자에게 이전등기를 청구할 수는 없다.

판 례 계약명의신탁의 판단

「명의신탁약정이 이른바 3자간 등기명의신탁인지 아니면 계약명의신탁인지의 구별은 계약당사자가 누구인가를 확정하는 문제로 귀결된다. 그런데 타인을 통하여 부동산을 매수함에 있어 매수인 명의를 그 타인 명의로 하기로 하였다면 이때의 명의신탁관계는 그들 사이의 내부적인 관계에 불과하므로, 설령 계약의 상대방인 매도인이 그 명의신탁관계를 알고 있었다고 하더라도, 계약명의자인 명의수탁자가 아니라 명의신탁자에게 계약에 따른 법률효과를 직접 귀속시킬 의도로 계약을 체결하였다는 등의 특별한 사정이 인정되지 아니하는 한, 그 명의신탁관계는 계약명의신탁에 해당한다고 보아야 함이 원칙이다.」(대결 2013. 10. 7, 2013스133)(그러나 계약명의자인 명의수탁자가 아니라 명의신탁자에게 계약에 따른 법률효과를 직접 귀속시킬 의도로 계약을 체결한 사정이 인정된다면 명의신탁자가 계약당사자이고, 이 경우의 명의신탁관계는 3자간 등기명의신탁으로 보아야 한다. 대판 2010. 10. 28, 2010다52799; 대판 2022. 4. 28, 2019다300422)

B-101 (b) 물권변동의 유효 여부와 그 밖의 법률관계

가) 서　설　　계약명의신탁의 경우에 물권변동의 유효 여부는 수탁자와 계약을 체결한 상대방(가령 매도인)이 명의신탁약정이 있다는 사실을 알았는지에 달려 있다. 즉 그 상대방이 악의인 때에는 등기 및 물권변동도 무효로 되나, 그가 선의인 때에는 등기 및 물권변동은 유효하다(동법 4조 2항 본문 및 단서). 계약명의신탁에 기하여 부동산매매계약을 체결한 경우에 상대방(매도인)이 알았는지를 판단하는 기준시기는 매매계약을 체결할 당시이며, 매도인이 계약 체결 이후에 명의신탁약정 사실을 알게 되었다고 하더라도 그 계약과 등기의 효력에는 영향이 없다(대판 2018. 4. 10, 2017다257715).

나) 상대방이 선의인 경우　　상대방이 선의인 때에는 수탁자는 완전히 물권을 취득하게 된다(대판 2022. 5. 12, 2019다249428 등)(이 경우 명의수탁자가 당사자로서 선의의 소유자와 체결한 부동산의 취득에 관한 계약은 당연히 유효하다. 대판 2015. 12. 23, 2012다202932). 이때 신탁자는 수탁자의 상대방에 대하여 아무런 청구도 하지 못한다. 법률관계가 없기 때문이다. 다만, 그는 수탁자를 상대로 부당이득의 반환청구를 할 수 있을 것이다. 그런데 신탁자가 제공한 금전만을 부당이득으로 청구할 수 있을 뿐 부동산 자체의 반환은 청구할 수 없다고 하여야 한다. 판례도 같은 입장이다(대판 2024. 6. 13, 2023다304568 등 다수)(그리고 판례는, 당해 부동산의 매매대금 상당액 이외에 명의신탁자가 명의수탁자에게 지급한 취득세·등록세 등의 취득비용도 특별한 사정이 없는 한 위 계약명의신탁 약정의 무효로 인하여 명의신탁자가 입은 손해에 포함되어 명의수탁자는 이 역시 명의신탁자에게 부당이득으로 반환하여야 할 것이라고 한다. 대판 2010. 10. 14, 2007다90432[핵심판례 122면]). 그리고 이 경우에 신탁자와 수탁자 사이에 신탁자의 지시에 따라 부동산의 소유 명의를 이전하기로 약정하였더라도 이는 명의신탁약정이 유효함을 전제로 명의신탁 부동산 자체의 반환을 구하는 범주에 속하는 것에 해당하여 역시 무효이다(대판 2014. 8. 20, 2014다30483 등)(명의신탁자의 명의수탁자에 대한 소유권이전등기 청구권을 확보하기 위하여 명의신탁 부동산에 명의신탁자 명의의 가등기를 마치고 향후 명의신탁자가 요구하는 경우 본등기를 마쳐 주기로 약정하였더라도 같다. 대판 2015. 2. 26, 2014다63315 등). 그러나 명의수탁자가 명의수탁자의 완전한 소유권 취득을 전제로 하여 사후적으로 명의신탁자와의 사이에 매수자금 반환의무의 이행에 갈음하여 명의신탁된 부동산 자체를 양도하기로 합의하고 그에 기하여 명의신탁자 앞으로 소유권이전등기를 마쳐준 경우에는 그 소유권이전등기는 새로운 소유권 이전의 원인인 대물급부의 약정에 기한 것이므로 그 약정이 무효인 명의신탁약정을 명의신탁자를 위하여 사후에 보완하는 방책에 불과한 등의 다른 특별한 사정이 없는 한 유효하다고 할 것이고(대판 2024. 6. 13, 2023다304568 등), 그 대물급부의 목적물이 원래의 명의신탁부동산이라는 것만으로 그 유효성을 부인할 것은 아니다(대판 2014. 8. 20, 2014다30483).

한편 매수자금이 부당이득이라는 점은 부동산의 경매절차에서 명의신탁에 의하여 부동산을

매수한 경우에도 마찬가지이다. 즉 판례는, 부동산경매절차에서 부동산을 매수하려는 사람이 다른 사람과의 명의신탁약정 아래 그 사람의 명의로 매각허가결정을 받아 자신의 부담으로 매수대금을 완납한 경우에는, 경매목적 부동산의 소유권은 매수대금의 부담 여부와는 관계없이 그 명의인이 취득하게 되고, 매수대금을 부담한 명의신탁자와 명의를 빌려 준 명의수탁자 사이의 명의신탁약정은 부동산실명법 제 4 조 제 1 항에 의하여 무효이므로, 명의신탁자는 명의수탁자에 대하여 그 부동산 자체의 반환을 구할 수는 없고 명의수탁자에게 제공한 매수대금에 상당하는 금액의 부당이득 반환청구권을 가질 뿐이라고 한다(대판 2009. 9. 10, 2006다73102). 그리고 이 경우에 매수대금의 실질적 부담자와 명의인 사이에 매수대금의 실질적 부담자의 지시에 따라 부동산의 소유 명의를 이전하거나 그 처분대금을 반환하기로 약정하였다 하더라도, 이는 부동산실명법에 의하여 무효인 명의신탁약정을 전제로 명의신탁 부동산 자체 또는 그 처분대금의 반환을 구하는 범주에 속하는 것이어서 역시 무효라고 한다(대판 2006. 11. 9, 2006다35117).

그리고 판례는 이러한 결과를, 신탁자와 수탁자가 명의신탁약정을 맺고 그에 따라 수탁자가 당사자가 되어 명의신탁약정의 존재 사실을 알지 못하는 소유자와 부동산에 관한 매매계약을 체결한 계약명의신탁에서 신탁자와 수탁자 간의 명의신탁약정이 부동산실명법이 정한 유에기간의 경과로 무효가 된 경우에도 동일하게 인정한다(대판 2015. 9. 10, 2013다55300. 이 판결 사안은 명의신탁된 부농산의 지분이전등기청구권을 채권자대위권의 피보전채권으로 내세운 경우임).

그런데 판례는 부동산실명법이 시행되기 전에 계약명의신탁의 약정을 하고 그에 기하여 수 B-102
탁자 명의로 소유권이전등기까지 마친 경우에 관하여는 다음과 같이 판단한다. 그러한 경우 가운데 명의신탁자가 부동산실명법 제11조에서 정한 유예기간 내에 실명등기를 할 수 있었는데 하지 않고 그 기간을 경과한 때에는, 그 유예기간이 경과하기 전까지는 명의신탁자는 언제라도 명의신탁 약정을 해지하고 당해 부동산에 관한 소유권을 취득할 수 있었던 것이므로, 명의수탁자는 부동산실명법 시행에 따라 당해 부동산에 관한 완전한 소유권을 취득함으로써 당해 부동산 자체를 부당이득하였다고 보아야 할 것이고, 부동산실명법 제 3 조 및 제 4 조가 명의신탁자에게 소유권이 귀속되는 것을 막는 취지의 규정은 아니므로 명의수탁자는 명의신탁자에게 자신이 취득한 당해 부동산을 부당이득으로 반환할 의무가 있다고 한다(대판 2009. 7. 9, 2009다23313(이 부당이득 반환청구권은 10년의 시효에 걸림) 등). 그리고 이를, 부동산실명법 시행 전에 명의수탁자가 소유하는 부동산에 관하여 명의신탁자와 사이에 사후적으로 그 부동산을 명의신탁자를 위하여 「대외적으로만」 보유하는 관계에 관한 명의신탁약정이 이루어진 다음 부동산실명법 제11조에서 정한 유예기간 내에 실명등기 등을 하지 않고 그 기간을 경과함으로써 같은 법 제12조 제 1 항, 제 4 조에 의하여 위 명의신탁약정이 무효로 됨에 따라 명의수탁자가 당해 부동산에 관한 완전한 소유권을 취득하게 된 경우에도 그대로 인정하여, 그 경우에도 당해 부동산을 부당이득으로 반환할 의무가 있다고 한다(대판 2010. 2. 11, 2008다16899). 그러나 동일한 경우에 부동산실명법 제11조에서 정한 유예기간이 경과하기까지 명의신탁자가 그 명의로 당해 부동산을 등기이전하는 데 법률상 장애가 있었던 때에는, 명의신탁자는 당해 부동산의 소유권을 취득할 수 없었으므로, 명의신탁약정의 무효로 인하여 명의신탁자가 입은 손해는 당해 부동산 자체가 아니라 명의수탁자에게 제공한 매수자금이고, 따라서 명의수탁자는 당해 부동산 자체가 아니라 명의신탁자로부터 제공받은 매수자금을 부당이득하였다고 한다(대판 2008. 5. 15, 2007다74690).

B-103 다) 상대방이 악의인 경우 수탁자의 상대방이 악의인 때에는 명의신탁약정 및 물권변동은 무효로 된다. 그리고 상대방과 수탁자 사이의 계약은 원시적으로 물권변동의 목적 달성이 불가능하여 무효라고 할 것이다. 그리하여 상대방은 수탁자에게 계약의 무효를 원인으로 한 원상회복으로 등기의 말소를 청구할 수 있고(이전등기도 가능함), 수탁자는 상대방에게 급부한 것의 반환청구를 할 수 있다(동시이행관계). 그리고 신탁자는 수탁자에게 이전등기청구를 할 수 없고, 특별한 사정이 없는 한 그 상대방에게도 이전등기청구를 할 수 없다(동지 대판 2013. 9. 12, 2010다95185[핵심판례 126면] 등). 다만, 신탁자는 수탁자에게는 금전 부당이득 반환청구권을 가지므로, 이를 보전하기 위하여 수탁자를 대위하여 그 상대방에 대한 급부반환청구권을 행사할 수 있다.

라) 수탁자가 처분한 경우 판례에 따르면, 명의수탁자의 상대방인 부동산 매도인이 명의신탁자와 명의수탁자 사이의 명의신탁약정을 알면서 그 매매계약에 따라 명의수탁자 앞으로 당해 부동산의 소유권이전등기를 마친 경우에 명의수탁자가 자신의 명의로 소유권이전등기를 마친 부동산을 제3자에게 처분하면 그것은 매도인의 소유권 침해행위로서 불법행위가 된다고 한다(대판 2013. 9. 12, 2010다95185[핵심판례 126면]). 그렇지만 명의수탁자로부터 매매대금을 수령한 상태의 소유자로서는 그 부동산에 관한 소유 명의를 회복하기 전까지는 신의칙 내지 민법 제536조 제1항 본문의 규정에 의하여 명의수탁자에 대하여 이와 동시이행의 관계에 있는 매매대금 반환채무의 이행을 거절할 수 있는데, 이른바 계약명의신탁에서 명의수탁자의 제3자에 대한 처분행위가 유효하게 확정되어 소유자에 대한 소유명의 회복이 불가능한 이상, 소유자로서는 그와 동시이행관계에 있는 매매대금 반환채무를 이행할 여지가 없고, 또한 명의신탁자는 소유자와 매매계약관계가 없어 소유자에 대한 소유권이전등기청구도 허용되지 아니하므로, 결국 소유자인 매도인으로서는 특별한 사정이 없는 한 명의수탁자의 처분행위로 인하여 어떠한 손해도 입은 바가 없다고 한다(대판 2013. 9. 12, 2010다95185[핵심판례 126면]). 그리하여 매도인은 특별한 사정이 없는 한 명의수탁자를 상대로 불법행위를 이유로 손해배상청구를 할 수 없다고 한다(그러나 사견은 이에 반대함. 송덕수, 법학논집(이화여대 법학연구소) 19권 1호, 1면 이하 참조).

B-104 (c) 벌 칙 계약명의신탁의 경우에는 수탁자의 상대방이 선의이든 악의이든 과징금은 부과되지 않고 벌칙의 제재만 받는다고 할 것이다.

판 례 명의신탁에서의 법률관계

(ㄱ) 「어떤 사람이 타인을 통하여 부동산을 매수함에 있어 매수인 명의 및 소유권이전등기 명의를 타인 명의로 하기로 약정하였고 매도인도 그 사실을 알고 있어서 그 약정이 부동산 실명법 제4조의 규정에 의하여 무효로 되고 이에 따라 매매계약도 무효로 되는 경우에, 매매계약상의 매수인의 지위가 당연히 명의신탁자에게 귀속되는 것은 아니지만, 그 무효 사실이 밝혀진 후에 계약상대방인 매도인이 계약명의자인 명의수탁자 대신 명의신탁자가 그 계약의 매수인으로 되는 것에 대하여 동의 내지 승낙을 함으로써 부동산을 명의신탁자에게 양도할 의사를 표시하였다면, 명의신탁약정이 무효로 됨으로써 매수인의 지위를 상실한 명의수탁자의 의사에 관계없이 매도인과 명의신탁자 사이에는 종전의 매매계약과 같은 내용의 양도약정이 따로 체결된 것으로 봄이 상당하고, 따라서 이 경우 명의신탁자는 당초의 매수인이 아니라고 하더라도 매도인에 대하여 별도의 양도약정을 원인으로 하는 소유권이전등기청구를 할 수 있다.」(대판 2003. 9. 5, 2001다32120)

(ㄴ) 「부동산경매절차에서 부동산을 매수하려는 사람이 매수대금을 자신이 부담하면서 다른 사람의 명의로 매각허가결정을 받기로 그 다른 사람과 약정함에 따라 매각허가가 이루어진 경우 그 경매절차에서 매수인의 지위에 서게 되는 사람은 어디까지나 그 명의인이므로 경매 목적 부동산의 소유권은 매수대금을 실질적으로 부담한 사람이 누구인가와 상관없이 그 명의인이 취득한다고 할 것이고, 이 경우 매수대금을 부담한 사람과 이름을 빌려 준 사람 사이에는 명의신탁관계가 성립한다.」(대판 2005. 4. 29, 2005다664: 위의 경우를 일종의 계약명의신탁이라고 파악하고 그 명의신탁약정은 부동산실명법 4조 1항에 의하여 무효라고 하는 입장임)

(ㄷ) 「부동산경매절차에서 부동산을 매수하려는 사람이 다른 사람과의 명의신탁약정 아래 그 사람의 명의로 매각허가결정을 받아 자신의 부담으로 매수대금을 완납한 … 경우에 명의신탁자와 명의수탁자 및 제3자 사이의 새로운 명의신탁약정에 의하여 명의수탁자가 다시 명의신탁자가 지정하는 제3자 앞으로 소유권이전등기를 마쳐 주었다면, 제3자 명의의 소유권이전등기는 위 법률 제4조 제2항에 의하여 무효이므로, 제3자는 소유권이전등기에도 불구하고 그 부동산의 소유권을 취득하거나 그 매수대금 상당의 이익을 얻었다고 할 수 없다. 또한, 제3자 명의로 소유권이전등기를 마치게 된 것이 제3자가 명의수탁자를 상대로 제기한 소유권이전등기 청구소송의 확정판결에 의한 것이더라도, 소유권이전등기 절차의 이행을 명한 확정판결의 기판력은 소송물인 이전등기청구권의 존부에만 미치고 소송물로 되어 있지 아니한 소유권의 귀속 자체에까지 미치지는 않으므로, 명의수탁자가 여전히 그 부동산의 소유자임은 마찬가지이다.」(대판 2009. 9. 10, 2006다73102)

(라) 제3자에 대한 관계 위 (가), (나), (다)의 명의신탁에 있어서 명의신탁약정 또는 그에 기한 물권변동의 무효는 제3자에게 대항하지 못한다(부동산실명법 4조 3항). B-105

여기의 제3자는 명의신탁약정의 당사자 및 포괄승계인 이외의 자로서 명의수탁자가 물권자임을 기초로 새로운 이해관계를 맺은 자를 말한다. 이러한 제3자는 물권을 취득한 자에 한정되지 않는다. 제 3 자의 예로는 명의수탁자로부터 부동산을 매수하여 소유권을 취득한 자(대판 2021. 11. 11, 2019다272725), 저당권을 설정받은 자(대판 2021. 11. 11, 2019다272725), 명의수탁자로부터 부동산을 임차한 자, 매매계약만 체결하고 있는 매수인을 들 수 있다. 그리고 판례는 압류 또는 가압류채권자도 여기의 제 3 자에 포함된다고 한다(대판 2021. 11. 11, 2019다272725 등). 또 명의수탁자가 명의신탁 부동산을 재건축조합에게 신탁하고 재건축조합이 이를 바탕으로 재건축사업을 진행한 경우, 재건축조합도 여기서 말하는 새로운 이해관계인인 제 3 자에 해당한다고 한다(대판 2009. 6. 23, 2008다1132). 그에 비하여 명의수탁자의 일반 채권자는 새로이 이해관계를 맺은 자가 아니므로 여기의 제 3 자가 아니다(대판 2007. 12. 27, 2005다54104). 학교법인이 명의신탁약정에 기하여 명의수탁자로서 기본재산에 관한 등기를 마침으로써 관할청이 기본재산 처분에 관하여 허가권을 갖게 되는 경우에 관할청도 마찬가지이다(대판 2013. 8. 22, 2013다31403).

제 3 자가 되기 위하여 명의수탁자와 직접 이해관계를 맺었어야 하는 것은 아니다. 따라서 명의수탁자로부터 매수한 자로부터 다시 매수한 자, 즉 전득자도 제 3 자이다. 그런데 판례는, 부동산실명법 제 4 조 제 3 항에서 '제 3 자'라고 함은 명의신탁 약정의 당사자 및 포괄승계인 이외의 자로서 명의수탁자가 물권자임을 기초로 그와의 사이에 직접 새로운 이해관계를 맺은 사람이고, 명의수탁자와 직접 이해관계를 맺은 것이 아니라 부동산실명법 제 4 조 제 3 항에 정한 제 3 자가 아닌 자와 사이에서 무효인 등기를 기초로 다시 이해관계를 맺은 데 불과한 자는 위 조항이 규정하는 제 3 자에 해당하지 않는다고 한다(대판 2005.11. 10, 2005다34667 · 34674[핵심판례 128면])(사건은 반대함. 물권법 [66] 참조). 그리고 판례는 — 위의 판결과 같은 논리로 — 제 3 자란 명의신탁 약정의 당사자 및 포괄승계인 이외의 사람으로서 명의수탁자가 물권자임을 기초로 그와 사이에 직접 새로운 이해관계를 맺은 사람을 말하므로, 명의신탁자는 여기의 제 3 자에 해당하지 않고, 한편 명의수탁자로부터 명의신탁된 부동산에 관한 등기를 받은 사람이 위 규정의 제 3 자에 해당하지 않으면 그는 부동산실명법 제 4 조 제 3 항의 규정을 들어 무효인 명의신탁등기에 터 잡아 마쳐진 자신의 등기의 유효를 주장할 수 없으며, 따라서 무효인 명의신탁등기에 터 잡아 명의신탁자 앞으로 마쳐진 근저당권설정등기는 무효라고 한다(대판 2015. 4. 23, 2014다53790)(사견은 물권법 [66] 참조).

나아가 판례는, 명의신탁약정에 따라 형성된 외관을 토대로 다시 명의신탁이 이루어지는 등 연속된 명의신탁관계에서 최후의 명의수탁자가 물권자임을 기초로 그와 사이에 직접 새로운 이해관계를 맺은 사람은 제 3 자에 해당한다고 한다(대판 2021. 11. 11, 2019다272725). 그리고 임차하여 주택 인도와 주민등록을 마침으로써 주임법 제 3 조 제 1 항에 의한 대항요건을 갖춘 임차인은, 부동산실명법 제 4 조 제 3 항의 규정에 따라 명의신탁약정 및 그에 따른 물권변동의 무효를 대항할 수 없는 제 3 자에 해당하므로, 명의수탁자의 소유권이전등기가 말소됨으로써 등기명의를 회복하게 된 매도인 및 매도인으로부터 다시 소유권이전등기를 마친 명의신탁자에 대해 자신의 임차권을 대항할 수 있다고 한다(대판 2022. 3. 17, 2021다210720. D-249도 참조).

한편 판례는 「명의신탁자」와 부동산에 관한 물권을 취득하기 위한 계약을 맺고 단지 등기명의만을 명의수탁자로부터 경료받은 것 같은 외관을 갖춘 자는 제3자에 해당하지 않는다고 한다(대판 2022. 9. 29, 2022다228933 등). 그리하여 부동산실명법 제4조 제3항에 근거하여 무효인 명의신탁등기에 터 잡아 경료된 자신의 등기의 유효를 주장할 수는 없다고 한다. 그러나 이러한 자도 자신의 등기가 실체관계에 부합하는 등기로서 유효하다는 주장은 할 수 있다고 한다. 나아가 판례는, 이른바 3자간 등기명의신탁의 경우 명의신탁자가 제3자와 사이에 부동산 처분에 관한 약정을 맺고 그 약정에 기하여 명의수탁자에서 제3자 앞으로 마쳐준 소유권이전등기는 다른 특별한 사정이 없는 한 실체관계에 부합하는 등기로서 유효하다고 한다(대판 2022. 9. 29, 2022다228933)(여기에 관한 자세한 논의는 물권법 [66] 참조). B-106

그리고 **제3자가 선의이어야 하는가**에 관하여는 i) 긍정설과, ii) 부정설이 대립되나, 선의의 자에 한정하고 있지 않으므로 **악의의 자도 포함**된다고 하여야 한다. 판례도 제3자의 선의·악의를 묻지 않는다고 하여 사견과 같은 입장이다(대판 2021. 11. 11, 2019다272725 등).

이와 같이 **무효를 가지고 제3자에게 대항하지 못하므로**, 수탁자가 그에게 등기명의가 있음을 이용하여 목적부동산을 타인에게 매도하고 소유권이전등기를 해 준 경우에는 그 **매수인은 소유권을 취득한다**(대판 2013. 2. 28, 2010다89814). 그러나 제3자가 명의신탁 약정 및 물권변동의 무효를 인정하는 것은 무방하다(이설 있음).

판 례 **명의신탁자의 물권적 청구권**

「소유자가 자신의 소유권에 기하여 실체관계에 부합하지 아니하는 등기의 명의인을 상대로 그 등기말소나 진정명의회복 등을 청구하는 경우에, 그 권리는 물권적 청구권으로서의 방해배제청구권(민법 제214조)의 성질을 가지는데, 이와 같은 등기말소청구권 등의 물권적 청구권은 그 권리자인 소유자가 소유권을 상실하면 이제 그 발생의 기반이 없게 되어 더 이상 그 존재 자체가 인정되지 아니하는 것이다. 따라서 양자간 등기명의신탁에서 명의수탁자가 신탁부동산을 처분하여 제3취득자가 유효하게 소유권을 취득하고 이로써 명의신탁자가 신탁부동산에 대한 소유권을 상실하였다면, 명의신탁자의 소유권에 기한 물권적 청구권 즉 말소등기청구권이나 진정명의회복을 원인으로 한 이전등기청구권도 더 이상 그 존재 자체가 인정되지 않는다고 할 것이다. 그 후 명의수탁자가 우연히 신탁부동산의 소유권을 다시 취득하였다고 하더라도 명의신탁자가 신탁부동산의 소유권을 상실한 사실에는 변함이 없으므로, 여전히 물권적 청구권은 그 존재 자체가 인정되지 않는다고 할 것이다.」(대판 2013. 2. 28, 2010다89814)

(사례의 해결)

사례의 경우 A·C 사이에 계약명의신탁이 존재한다. 이를 구체적으로 분석해 보면, A·C 사이에서는 X토지의 매수를 A가 C에게 맡기는 내용의 위임계약과, 그럼에 있어서 X토지의 소유권이전등기는 C 명의로 한다는 명의신탁약정이 있는 것으로 해석된다. 그리고 여기의 명의신탁약정은 부동산실명법에 의하여 무효로 되고(동법 4조 1항), 위임계약도 일부무효의 법리에 의하여 무효로 된다.

물권변동 여부를 본다. 사례에서 B가 선의인 때(명의신탁약정이 있었음을 몰랐던 때)에는 X토지의 소유권은 B로부터 수탁자 C에게로 유효하게 이전된다(동법 4조 2항). X토지의 소유권이 A·C의 내부관계에서도 A에게 있는 것으로 인정되지 않는다. 그에 비하여 B가 악의인 때에는 B로부터 C로의 소유권이전은 무효로 되고, 따라서 C는 소유권을 취득하지 못한다. 물론 A도 소유권을 취득하지 못한다.

결국 사례의 경우 A는 언제나 X토지의 소유권을 취득하지 못한다. 그 이유는 부동산실명법상 A·C 사이의 명의신탁약정이 무효로 되기 때문이다. (사례: B-92)

B-107 Ⅲ. 등기를 갖추지 않은 부동산매수인의 법적 지위

부동산매수인이 대금을 완전히 지급하고 등기서류를 교부받은 외에 목적부동산을 인도받아 사용·수익까지 하고 있으면서 아직 등기는 하지 않고 있는 경우가 있다(과거에는 등기필증을 권리증(집문서·논문서)이라고 오해하여 그러한 일이 많았으나, 등기신청이 강제되는 현재에는 그 예가 적을 것이다. 부등특조법 2조·9조·11조, 부동산실명법 10조 등 참조). 그러한 경우에 부동산매수인의 법적 지위는 어떠한 것인가?

(1) 민법이 성립요건주의를 취하고 있는 만큼 매수인은 법률상 소유권을 취득하지 못한다. 그는 실질적·경제적으로는 소유자라고 할 수 있으나, 법률적인 소유권은 여전히 매도인에게 있다. 따라서 매도인의 채권자는 그 부동산에 대하여 강제집행을 할 수 있고, 그때 매수인은 이의를 제기하지 못한다. 그리고 매도인이 파산하면 그 부동산은 파산재단에 속하게 되고, 매수인은 환취권을 행사할 수도 없다.

(판 례) 건물을 매수하여 점유하고 있는 사람의 권한

「건물을 매수하여 점유하고 있는 사람은 소유자로서의 등기명의가 없다 하더라도 그 권리의 범위 내에서는 그 점유 중인 건물에 대하여 법률상 또는 사실상의 처분권을 가지고 있다.」(대판 2013. 11. 28, 2013다48364)

(2) 매수인이 목적부동산을 점유하고 있다면 점유자로서는 보호받을 수 있다.

(3) 그 밖에 매도인이 의무를 모두 이행하지 않았다면 매수인은 여전히 채권자로서의 지위를 가질 것이다.

(4) 만약 매도인이 자신의 법률상의 소유권을 근거로 부동산의 반환을 청구한다면 매수인은 당연히 이를 거절할 수 있다고 하여야 한다. 그런데 그 근거가 문제이다. 여기에 관하여 학설은 i) 물권적 기대권으로 보호하여야 한다는 견해, ii) 민법 제213조 단서에 기하여 매수인은 — 로마법에서 인정되었던 —「매각되어 인도된 물건의 항변」을 주장할 수 있다는 견해, iii) 위 ii)설처럼 제213조 단서에서 근거를 찾되「매각되어 인도된 물건의 항변」을 강조하지 않는 견해(사견도 같음)로 나뉘어 있다. 그리고 판례는,「토지의 매수인이 아직 소유권이전등기를 경료받지 아니하였다 하여도 매매계약의 이행으로 그 토지를 인도받은 때에는 매매계약의 효력으로서 이를 점유사용할 권리가 생기게 된 것으로 보아야 하고, 또 매수인으로부터 다시 위 토지를 매수한 자는 위와 같은 토지의 점유사용권을 취득한 것」이므로, 매도인은 매수인이나 그로부터 다시 매수한 자에 대하여 소유권에 기한 물권적 청구권을 행사할 수 없다고 한다(대판 1988. 4. 25, 87다카1682; 대판 1998. 6. 26, 97다42823; 대판 2001. 12. 11, 2001다45355(연립주택 신축공사의 수급인이 공사대금의 지급에 갈음하여 이전받기로 한 연립주택의 일부를 소유권이전등기를 경료받지 않은 상태에서 제 3 자에게 임대한 경우에는 소유자인 건축주는 위 제 3 자에게 소유권에 기한 명도청구나 부당이득 반환청구를 할 수 없고, 수급인이 건축주의 소유권이전등기의무와 동시이행관계에 있는 금전지급의무를 이행하지 않고 있다 하더라도 마찬가지라고 한 사례)). B-108

판 례 건물의 철거청구권자

「건물철거는 그 소유권의 종국적 처분에 해당되는 사실행위이므로 원칙으로는 그 소유자(민법상 원칙적으로는 등기명의자)에게만 그 철거처분권이 있다 할 것이고, 예외적으로 건물을 전 소유자로부터 매수하여 점유하고 있는 등 그 권리의 범위 내에서 그 점유 중인 건물에 대하여 법률상 또는 사실상 처분을 할 수 있는 지위에 있는 자에게도 그 철거처분권이 있다.」(미등기건물에 대한 양도담보계약상의 채권자의 지위를 승계하여 건물을 관리하고 있는 자는 건물의 소유자가 아님은 물론 건물에 대하여 법률상 또는 사실상 처분권을 가지고 있는 자라고 할 수도 없다 할 것이어서 건물에 대한 철거처분권을 가지고 있는 자라고 할 수 없다고 한 사례)(대판 2003. 1. 24, 2002다61521)

[참고] 물권적 기대권의 인정 여부

견해에 따라서는, 물권취득을 위한 요건 중 일부는 이미 갖추었으나 다른 일부를 갖추지 못한 경우에 물권적 기대권이라는 권리를 인정하기도 한다. 그런데 이를 인정하는 학설은 어떤 요건이 구비되었어야 하느냐에 관하여 다시 견해가 나뉜다. 물권행위만 갖추어지면 된다고 하는 문헌도 있고, 그 외에 점유까지도 취득하여야 한다는 문헌도 있다. 그런가 하면 물권적 기대권의 인정에 반대하는 견해도 있다(사견도 같음. 물권법 [67] 참조).

제 3 관 법률행위에 의하지 않는 부동산물권의 변동

B-109 Ⅰ. 제187조의 원칙

1. 제187조의 의의

(1) 민법 제187조는 「상속, 공용징수, 판결, 경매 기타 법률의 규정에 의한 부동산에 관한 물권의 취득은 등기를 요하지 아니한다. 그러나 등기를 하지 아니하면 이를 처분하지 못한다」고 규정한다. 여기의 「물권의 취득」은 널리 물권의 변동이라고 해석된다(이설 없음). 그러고 보면 이 규정은 법률행위에 의하지 않는 부동산 물권변동(법률규정에 의한 부동산 물권변동이라고도 한다)의 원칙을 선언하고 있는 것이다. 이에 의하면 법률행위에 의하지 않는 부동산 물권변동에는 등기가 필요하지 않게 된다.

제187조가 적용되는 경우에는 등기와 실체적 권리관계가 불일치하여 선의의 제 3 자에게 예측하지 못한 손해를 발생시킬 수 있다. 여기서 이를 보완하는 공신의 원칙의 채용이 요구된다(187조의 모범이 된 스위스민법(656조 2항)은 공신의 원칙을 채용하고 있다).

(2) 제187조 단서는 물권을 등기 없이 취득하였더라도 그것을 처분하려면 먼저 취득자의 명의로 등기하도록 하고 있다. 거기의 처분은 법률행위에 의한 처분만을 가리킨다. 그리고 등기 없이 처분하면 그 처분이 무효라는 의미이다.

한편 판례와 학설은 제187조 단서에도 불구하고 상당히 넓은 범위에서 등기 없이 처분한 경우에 그 등기를 무효라고 하지 않고 있다. 미등기 건물을 처분하고 양수인이 보존등기를 하는 경우, 상속인이 상속재산을 처분하고 등기는 피상속인으로부터 직접 양수인에게 하는 경우 등이 그 예이다. 이는 제187조 단서의 의미를 감소시키는 일이나, 등기의 공신력이 없는 상황에서 거래의 안전을 보호하기 위한 불가피한 해석이다.

판 례 등기 없이 처분한 행위의 채권적 효력

「민법 제187조 단서가 등기 없이 취득한 부동산물권은 등기를 하지 않으면 이를 처분하지 못한다고 규정하고 있는 취지는, 같은 조 본문에 의하여 부동산물권을 등기 없이 취득하였더라도 그 권리자가 이를 법률행위에 의하여 처분하려면 미리 물권의 취득을 등기하고 그 후에 그 법률행위를 원인으로 하는 등기를 경료하여야 한다는 당연한 원칙을 선언한 것에 불과하고, 따라서 부동산물권을 등기 없이 취득한 자가 자기 명의의 등기 없이 이를 처분한 경우 그 처분의 상대방은 부동산물권을 취득하지 못한다는 것일 뿐, 그 처분행위의 채권적 효력까지 부인할 수는 없다.」(대판 1994. 10. 21, 93다12176)

2. 제187조의 적용범위 B-110

(1) 원 칙

제187조의 원칙은 상속·공용징수·판결·경매 기타 법률의 규정에 의한 부동산 물권변동에 관하여 적용된다.

1) 상 속 상속인은 상속이 개시된 때 즉 피상속인이 사망한 때에(997조) 피상속인의 재산에 관한 포괄적 권리·의무를 승계한다(1005조). 부동산물권도 마찬가지이다. **포괄유증도 상속과 동일하게 해석하여야 한다**(1078조 참조. 이설 없음). 그러나 특정유증의 경우에는 포괄유증과 달리 유증을 받은 자가 유증의 이행을 청구할 수 있는 채권만을 취득할 뿐이다(대판 2003. 5. 27, 2000다73445). 상속·포괄유증의 경우에는 상속인·수증자가 단독으로 등기를 신청한다(부등법 23조 3항).

2) 공용징수 공용징수(수용)는 공익사업을 위하여 국민의 토지의 소유권 등 특정의 재산권을 법률에 의하여 강제적으로 취득하는 것이다. 수용할 수 있음을 규정하고 있는 개별 법률은 부지기수이며, 수용절차에 관한 법으로 「공익사업을 위한 토지 등의 취득 및 보상에 관한 법률」이 있다.

이 법에 의하면 사업시행자가 공익사업에 필요한 토지 등을 협의 또는 수용의 방법으로 취득하는 절차를 구체적으로 규정하고 있다.

그 법에서는 우선 사업시행자가 국토교통부장관의 사업인정이 있기 전에 협의에 의하여 취득하는 것(동법 14조－17조의 협의취득)과 사업인정이 있은 후에 수용에 의하여 취득하는 것(동법 19조 이하의 수용취득)을 규정하고 있다. 그 가운데 **협의취득**은 사적인 계약에 의하여 소유권을 취득하는 것으로서 수용에 해당하지 않는다.

다음에 그 법은 사업인정을 받은 후에는 **수용에 의한 취득**을 할 수 있도록 하고 있다. 그런데 그때에는 사업시행자가 먼저 토지소유자 및 관계인과의 협의의 절차를 거쳐야 한다(동법 26조 1항). 그리하여 사업시행자와 토지소유자 및 관계인 간에 협의가 성립된 때에는 사업시행자는 동법 제28조 제1항의 규정에 의한 재결의 신청기간 이내에 당해 토지소유자 및 관계인의 동의를 얻어 대통령령이 정하는 바에 따라 관할 토지수용위원회에 협의성립의 확인을 신청하여 확인을 받을 수 있다(동법 29조 1항). 그리고 이 확인은 동법에 의한 재결로 보며, 사업시행자·토지소유자 및 관계인은 그 확인된 협의의 성립이나 내용을 다툴 수 없다(동법 29조 4항). 이것은 **협의수용**이라고 부를 수 있다. 이 협의수용의 경우에 소유권 취득시기는 다음의 재결수용의 경우나 마찬가지라고 할 것이다.

그리고 수용절차에서 협의가 성립되지 않거나 협의를 할 수 없는 때에는 사업시행자는 사업인정고시가 있은 날부터 1년 이내에 대통령령이 정하는 바에 따라 관할 토지수용위원회에 재결을 신청할 수 있다(동법 28조 1항). 그러면 토지수용위원회는 여러 절차를 거쳐 서면으로 재결을 하게 된다(동법 31조–34조). 그리고 재결이 있으면 사업시행자는 수용의 개시일에 토지나 물건의 소유권을 취득하며, 그 토지나 물건에 관한 다른 권리는 이와 동시에 소멸한다(동법 45조 1항). 이는 이른바 원시취득이다. 수용에 의한 소유권이전등기는 등기권리자가 단독으로 신청하나, 관공서가 사업시행자인 때에는 등기를 촉탁하여야 한다(부등법 99조 1항·3항).

B-111 **3) 판 결** 판결에는 여러 종류가 있으나, 여기의 판결은 형성판결만을 가리키며, 이행판결·확인판결은 포함되지 않는다(이설이 없으며, 판례도 같다. 대판 1998. 7. 28, 96다50025 등). 그리고 재판상 화해, 청구의 포기·인낙을 변론조서·변론준비기일조서에 적은 때에는 그 조서가 확정판결과 같은 효력을 가지므로, 이들 조서 가운데 형성적인 효력을 생기게 하는 것은 여기의 판결에 포함된다. 그러나 그 외의 것, 가령 소유권이전의 약정을 내용으로 하는 화해조서(대판 1965. 8. 17, 64다1721)나 이행청구에 대하여 인낙한 것(대판 1998. 7. 28, 96다50025)은 그렇지 않다. 제187조의 판결에 의하여 물권변동이 생기는 시기는 판결이 확정된 때이다(민소 498조). 판결에 의한 등기는 승소한 등기권리자 또는 등기의무자가 단독으로 신청한다(부등법 23조 4항).

(판 례) 공유토지에 관한 현물분할 협의의 효력

「공유물분할의 소송절차 또는 조정절차에서 공유자 사이에 공유토지에 관한 현물분할의 협의가 성립하여 그 합의사항을 조서에 기재함으로써 조정이 성립하였다고 하더라도, 그와 같은 사정만으로 재판에 의한 공유물분할의 경우와 마찬가지로 그 즉시 공유관계가 소멸하고 각 공유자에게 그 협의에 따른 새로운 법률관계가 창설되는 것은 아니라고 할 것이고, 공유자들이 협의한 바에 따라 토지의 분필절차를 마친 후 각 단독소유로 하기로 한 부분에 관하여 다른 공유자의 공유지분을 이전받아 등기를 마침으로써 비로소 그 부분에 대한 대세적 권리로서의 소유권을 취득하게 된다고 보아야 할 것이다.」(대판(전원) 2013. 11. 21, 2011두1917. 이러한 다수의견에 대해, 공유물분할의 소에서 공유부동산의 특정한 일부씩을 각각의 공유자에게 귀속시키는 것으로 현물분할하는 내용의 조정이 성립하였다면, 그 조정조서는 공유물 분할판결과 동일한 효력을 가지는 것으로서 민법 제187조 소정의 '판결'에 해당하는 것이므로 조정이 성립한 때 물권변동의 효력이 발생한다고 보아야 한다는 소수의견이 있음)

4) 경 매 경매에는 사인 사이에서 행하여지는 사경매와 국가기관에 의하여 행하여지는 공경매가 있는데, 여기의 경매는 공경매만을 의미한다. 공경매에는 민사집행법에 의한 경매와 국세징수법에 의한 공매가 있고, 민사집행법상의 경매에는 일반채권자에 의한 강제경매(통상의 강제경매)(민사집행법 78조 이하)와 담보권의 실행을 위한 경매(담보권 실행경매)(민사집행법 264조 이하)가 있다.

민사집행법상의 경매의 경우에 부동산의 매각방법은 ① 호가경매(呼價競賣), ② 기일입찰(매각기일에 입찰·개찰하는 방법), ③ 기간입찰(입찰기간 내에 입찰하게 하여 매각기일에 개찰하는 방법)의 세 가지 가운데 집행법원이 정한다(민사집행법 103조·268조). 이 중에 호가경매는 제187조의 경매에 해당한다. 나머지 둘은 「기타 법률의 규정」에 해당한다고 볼 것이다.

경매의 경우에 매수인이 매각부동산의 소유권을 취득하는 때는 매각대금을 모두 낸 때이다(민사집행법 135조·268조, 국세징수법 77조).

5) 기타 법률의 규정 여기의「법률」은 널리 법을 의미하는 것으로 해석하여야 한다. B-112
그래야 관습법에 의한 물권의 성립도 가능할 수 있기 때문이다(185조 참조).「기타 법률의 규정」에 의한 물권변동의 주요한 예로는 ① 신축 건물의 소유권 취득(대판 2002. 4. 26, 2000다16350 등), ② 법정지상권의 취득(305조·366조, 가등기담보법 10조, 입목법 6조), ③ 분묘기지권의 취득, ④ 관습법상의 법정지상권 취득(대판 1966. 9. 20, 66다1434 등), ⑤ 법정저당권의 취득(649조), ⑥ 용익물권의 존속기간 만료에 의한 소멸, ⑦ 피담보채권의 소멸에 의한 저당권의 소멸, ⑧ 법정대위에 의한 저당권의 이전(368조·482조), ⑨ 혼동에 의한 물권의 소멸(191조), ⑩ 귀속재산처리법에 의한 관재기관의 매각행위(그 성질은 행정처분이며, 매수인이 매수대금을 완납할 때 등기 없이 소유권을 취득함)(대판(전원) 1984. 12. 11, 84다카557) 등을 들 수 있다.

그 밖에 제186조가 적용되는지 제187조가 적용되는지가 다투어지는 경우에 대하여는 앞에서 이미 살펴보았다(B-70 이하 참조).

판 례 건물의 소유권 취득 관련

(ㄱ)「자기 비용과 노력으로 건물을 신축한 자는 그 건축허가가 타인의 명의로 된 여부에 관계없이 그 소유권을 원시취득한다.

… 건축주의 사정으로 건축공사가 중단되었던 미완성의 건물을 인도받아 나머지 공사를 마치고 완공한 경우, 그 건물이 공사가 중단된 시점에서 이미 사회통념상 독립한 건물이라고 볼수 있는 형태와 구조를 갖추고 있었다면 원래의 건축주가 그 건물의 소유권을 원시취득하고, 최소한의 기둥과 지붕 그리고 주벽이 이루어지면 독립한 부동산으로서의 건물의 요건을 갖춘 것이라고 보아야 할 것」이다(대판 2002. 4. 26, 2000다16350).

(ㄴ)「건축주의 사정으로 건축공사가 중단된 미완성의 건물을 인도받아 나머지 공사를 하게 된 경우에는 그 공사의 중단시점에 이미 사회통념상 독립한 건물이라고 볼 수 있는 정도의 형태와 구조를 갖춘 경우가 아닌 한 이를 인도받아 자기의 비용과 노력으로 완공한 자가 그 건물의 원시취득자가 될 것」이다(대판 2006. 5. 12, 2005다68783).

(ㄷ)「주택조합은 그 소유의 자금으로 조합원의 건물을 신축·분양하는 것이 아니라 공정에 따라 조합원으로부터 각자 부담할 건축자금을 제공받아 조합원의 자금으로 이를 건축하는 것이므로, 건축절차의 편의상 조합 명의로 그 건축허가와 준공검사를 받았다고 하더라도 그 건물의 소유권은 조합원이 아닌 일반인에게 분양된 주택 부분 및 복리시설 등을 제외하고는 특단의 사정이 없는 한 건축자금의 제공자인 조합원들이 원시취득한 것으로 보아야 할 것이다.」(대판 1996. 4. 12, 96다3807)

(2) 예 외

민법은 제245조 제1항에서 점유 취득시효에 의하여 부동산소유권을 취득하려면 등기를 하여야 함을 규정하고 있다. 이는 제187조에 대한 예외규정이다. 그에 관하여는 뒤에 소유권 부분에서 설명하기로 한다(B-198 이하 참조).

제 5 절 동산물권의 변동

> **학습의 길잡이**
>
> 본절은 제목이 「동산물권의 변동」이라고 되어 있지만 — 서론에서 언급하는 것처럼 — 법률행위에 의한 동산물권 취득만을 논의한다. 그런데 동산거래에서는 선의취득이 인정되어 있어서 무권리자로부터의 취득도 살펴보게 된다.
>
> 본절에서는 권리자로부터의 취득의 원리를 명확하게 이해할 필요가 있으며, 간편한 인도방법과 선의취득에 특히 주의를 기울이는 것이 좋다.

B-113 Ⅰ. 서 설

동산 물권변동도 부동산의 경우와 마찬가지로 법률행위에 의한 것과 법률행위에 의하지 않는 것으로 나눌 수 있다. 그런데 민법은 후자 가운데 중요한 것은 소유권에 관하여 규정하고 있다. 그리고 동산물권의 소멸은 부동산물권에 관한 것과 함께 뒤의 제7절에서 기술할 것이다. 그리하여 본 절에서는 「법률행위에 의한 동산물권의 취득」만을 다루려고 한다. 그런데 법률행위에 의한 동산물권의 취득은 「권리자로부터의 취득」과 「무권리자로부터의 취득」(선의취득)의 두 가지를 살펴보아야 한다. 민법이 동산거래에 관하여는 공신의 원칙을 채용하고 있기 때문이다.

B-114 Ⅱ. 권리자로부터의 취득

1. 제188조 제1항과 제188조 제2항 · 제189조 · 제190조

(1) 위 규정의 의의(성립요건주의)

민법은 제188조 제1항에서 「동산에 관한 물권의 양도는 그 동산을 인도하여야 효력이 생긴다」고 하고, 제188조 제2항 · 제189조 · 제190조에서 「인도」와 관련하여 보충적인 내용을 규정하고 있다. 이는 민법이 부동산 물권변동에 있어서와 마찬가지로 동산 물권변동에 관하여도 성립요건주의를 채용하고 있음을 의미한다. 그 결과 법률행위에 의한 동산 물권변동은 물권행위 외에 공시방법으로서 인도까지 있어야 일어나게 된다.

(2) 위 규정의 적용범위

위의 규정 가운데 핵심적인 것은 제188조 제 1 항인데, 그 규정에서 말하는 「물권의 양도」는 「법률행위 즉 물권행위에 의한 물권의 이전」이다(물권법 [28] 참조). 따라서 그 규정(및 인도 관련규정)은 법률행위에 의한 물권의 이전에 적용된다. 한편 그 규정은 「동산에 관한 물권」의 양도를 규율하고 있다. 그러나 실제로 그 적용을 받는 동산물권은 소유권에 한한다. 왜냐하면 점유권·유치권·질권 등 다른 동산물권에 관하여는 따로 특별규정을 두고 있기 때문이다(192조·320조·328조·330조·332조 참조). 그리고 보면 제188조 제 1 항 및 관련규정은 「법률행위에 의한 동산소유권의 이전」에만 적용됨을 알 수 있다.

2. 동산소유권 양도의 요건으로서의 물권행위와 인도 B-115

(1) 물권행위

동산소유권 양도에 있어서의 물권행위에도 본장 제 2 절에서 한 설명이 그대로 타당하다(B-27 이하 참조).

(2) 인 도

1) 인도의 의의 인도는 점유의 이전을 가리킨다. 그리고 점유는 물건에 대한 사실상의 지배이다(192조 1항). 인도는 법률행위에 의한 동산 물권변동의 공시방법이면서 그 요건이다.

2) 인도의 종류 동산소유권 양도의 요건으로서 요구되는 인도는 현실의 인도를 원칙으로 한다(188조 1항 참조). 그런데 민법은 그 외에 간이인도에 의하여도 물권변동이 일어나는 것으로 하며, 점유개정·목적물반환청구권의 양도를 인도로 의제(간주)하고 있다(우리 문헌들은 모두 셋을 유사한 것으로 취급하나 그것은 옳지 않다. 법률규정상으로 보나 실질적으로 보나, 간이인도는 인도이고, 나머지 둘은 인도의 대용물이다). 이와 같은 경우에는 실제로는 점유가 움직이지 않았는데도 인도의 효과가 인정된다. 이들을 문헌들은 간편한 인도방법 또는 관념적인 인도라고 부른다.

(가) 현실의 인도 물건에 대한 사실상의 지배를 실제로 이전하는 것이다. 물건의 B-116
교부가 그 전형적인 예이다. 현실의 인도가 인정되려면 ① 사실상 지배의 이전과 ② 인도인과 인수인 사이의 점유이전의 합의가 필요하다.

사실상 지배의 이전은 ① 인도인(이는 일반적으로 양도인이라고 하나, 본권을 양도하는 것이 아닌 한 인도인이라고 함이 타당하다)의 점유이전과 ② 인수인(이를 양수인이라고도 한다)의 점유취득으로 완성된다. 즉 인도인이 인수인에게 점유를 넘겨주어 인도인의 점유는 종결하고 인수인이 확고하게 점유를 취득하여야 한다. 구체적인 경우에 이들 요건이 갖추어졌는가는 사회통념에 의하여 판단한다(이설이 없으며, 판례도 같음. 대판 2003. 2. 11, 2000다66454 등). 그 결과 가령 물건을 집에 배달하거나 물건이 들어 있는 창고의 유일한 열쇠를 넘겨주는 것은 현실의 인도이다. 다음에 점유이전의 합의는 「자연적 의사의 합치」라고 하여야 한다.

현실의 인도에 있어서 **점유이전**은 인도인이 직접 할 수도 있으나 그의 점유보조자나 직접점유자를 통하여 할 수도 있다. 그리고 인수인의 점유취득도 그가 직접 할 수도 있고 그의 점유보조자나 직접점유자를 통하여 할 수도 있다.

인수인이 실제로 물건에 대한 사실상의 지배를 취득한 것은 아니지만 지배할 가능성을 가지고 있는 경우, 예컨대 멀리 떨어진 벌채현장에 쌓아둔 목재를 인도하는 경우에는, 명문의 규정은 없지만(독일민법 854조 2항 참조) 물건에 대한 소유권이전의 합의가 있으면 현실의 인도가 있는 것으로 보아야 한다. 이를 **장수인도**(長手引渡)(longa manu traditio)라고 한다.

제188조 제1항에서 말하는 「인도」의 의미에 관하여 통설은 현실의 인도라고 해석한다.

B-117 (나) **간이인도**(簡易引渡) 양수인이 이미 그 동산을 점유한 때에는 현실의 인도가 없이도 당사자의 의사표시만으로 소유권의 이전이 일어나는데(188조 2항), 이 경우에 인정되는 인도를 간이인도라고 한다. 예컨대 A의 시계를 B가 빌려 쓰고 있다가 B가 A로부터 그 시계를 매수하는 경우에는, A·B 사이의 소유권이전의 합의만 있으면 점유가 움직이지 않고도 시계의 소유권이 B에게 이전한다. 간이인도는 단수인도(短手引渡)(brevi manu traditio)라고도 한다.

간이인도를 규정하고 있는 제188조 제2항에서 말하는 「의사표시」의 의미에 관하여 학설은 i) 소유권이전의 합의라는 견해(사견도 같음), ii) 점유의 승계에 관한 합의라는 견해로 나뉘어 있다.

점유자가 점유보조자에게 소유권을 이전하는 경우에 물건의 점유를 움직일 필요가 없다는 데 대하여는 다툼이 없다(그때는 188조 2항을 유추 적용해야 한다. 이설 있음).

B-118 (다) **점유개정**(占有改定) 동산에 관한 물권을 양도하는 경우에 당사자의 계약으로 양도인이 그 동산의 점유를 계속하는 때에는 양수인이 인도받은 것으로 보는데(189조), 이를 점유개정이라고 한다. 예컨대 A가 그의 시계를 B에게 팔고서 B로부터 다시 빌려 쓰는 경우에 그렇다. 이 경우에는 A와 B 사이에 시계의 대차관계가 합의되면 인도가 있었던 것으로 다루어진다.

점유개정은 실제로 점유가 움직이지 않는 점에서 간이인도와 같다. 그러나 간이인도의 경우에는 점유가 인도 전후 계속하여 양수인에게 있고, 점유개정의 경우에는 점유가 계속하여 양도인에게 있다는 점에서 둘은 서로 다르다. 점유개정의 경우에는 동산의 소유권이 이전된 후에도 권리를 이전한 소유자가 물건을 점유하고 있는 점에서 공시방법으로서는 대단히 바람직하지 않다. 그렇지만 그것에 인도의 효과를 부여하지 않는다고 해도 그러한 관계 자체가 허용되는 한 공시의 효과를 기대할 수 없으므로 이를 허용하고 있다. 점유개정에 의하여 동산의 양도담보(양도저당)가 가능하게 된다.

점유개정이 성립하려면 양도인(소유권의 양도인의 의미이다)과 양수인 사이에 양수인에게 간접점유를 취득시키는 합의, 즉 **점유매개관계를 설정하는 합의가 있어야 한다.** 그런데 점유매개관계는 계약에 의하는 것 외에 법률상 성립하는 것(가령 친권자가 자녀에게 물건을 증여한 뒤 자녀를 위하여 보관하는 경우)이라도 무방하다(이설 없음). 그리고 점유매개관계에서 양도인은 보통은 직접점유자일 것이나, 그가 간접점유자이면서 양수인을 상위의 간접점유자로 만들 수도 있다. 한편 양도인이 양수인의 점유보조자로 되는 경우(가령 회사원이 그의 차로 업무를 보다가 그 차를 회사에 매도하고 회사가 허용하여 그 차로 계속 업무를 보는 경우)에 관하여는 현실의 인도라는 견해가 주장되나, 그 실질은 점유개정과 같으므로 거기에 제189조를 유추적용하여야 한다.

점유매개관계가 계약에 의하여 성립하는 원칙적인 경우에는, **그러한 계약 외에 소유권이전의 합의가 있어야 소유권이 이전된다.** 그런데 그 두 행위는 보통 하나로 합해져서 행하여진다.

동산의 소유자가 그 동산을 2중으로 양도하고 모두 점유개정의 방법으로 매도인이 점유를 계속하는 경우 누가 소유권을 취득하는가에 관하여는 논란이 있다. 학설은 i) 현실의 인도가 인도의 기본형이기 때문에 먼저 현실의 인도를 받은 자가 소유권을 취득한다는 견해와 ii) 먼저 점유개정에 의하여 양수받은 자가 소유권을 취득하며, 그 후 점유개정에 의하여 양수받은 자가 소유권을 취득하는지는 선의취득의 문제로 돌아가 선의에 의하여 현실의 인도를 받아야 소유권을 취득한다는 견해(사견도 같음)로 나뉘어 있다. 판례는 예전에는 근거를 밝히지 않은 채 먼저 현실의 인도를 받아 점유를 해온 자가 소유권을 취득한다고 하였으나(대판 1975. 1. 28, 74다1564(2중매매의 경우); 대판 1989. 10. 24, 88다카26802(2중양도담보의 경우)), 근래에는 2중양도담보의 경우에 관하여 제 1 의 채권자가 소유권을 취득하고 제 2 의 채권자는 선의취득이 인정되지 않는 한 양도담보권을 취득할 수 없다고 한다(대판 2005. 2. 18, 2004다37430[핵심판례 130면] 등).

(라) **목적물반환청구권의 양도** 제190조는 「제 3 자가 점유하고 있는 동산에 관한 물권을 양도하는 경우에는 양도인이 그 제 3 자에 대한 반환청구권을 양수인에게 양도함으로써 동산을 인도한 것으로 본다」고 규정한다. 이에 의하면, 예컨대 A가 창고업자 B에게 맡겨놓은 쌀을 C에게 팔고 소유권을 이전하는 때에는, A가 그 쌀을 찾아서 C에게 현실의 인도를 할 필요 없이 A가 B에 대하여 가지고 있는 반환청구권을 C에게 양도하면 소유권이 이전하게 된다. 따라서 이 경우에 소유권의 이전을 위하여서는 소유권이전의 합의와 반환청구권 양도의 합의(계약)가 필요하게 되는데, 그 두 합의는 합해져서 행하여지는 것이 보통이다. 판례에 의하면, 수입화물을 운송한 운송인이 그 운송물을 자신이 지정한 보세창고에 반입하고 그 반출에 필요한 서류를 화물의 주인에게 교부한 때에는 인도를 완료한 것으로 보아야 할 것이라고 한다(대판 1986. 7. 22, 82다카1372). 그리고 운임 및 보험료 포함 조건으로 매수인을 수하인으로 하여 항공화물 운송인에게 운송물을 위탁하는 방법으로 물품을 인도하기로 하는 수출입매매계약이 체결된 경우에는, 특별한 사정이 없는 한 물품이 도착 B-119

지에 도착함으로써 매수인이 운송인에 대하여 물품의 인도청구권을 취득하였을 때에 매도인으로부터 매수인에게 물품의 인도가 이루어지고 그 소유권이 매수인에게 이전된다고 한다(대판 2018. 3. 15, 2017다240496).

여기의 반환청구권이 채권적 청구권이라는 데 대하여는 다툼이 없다. 그리고 그것이 채권적 청구권이라고 파악되는 한 그 양도에는 채권양도에 관한 규정(450조 이하)이 적용되어야 한다(이설 없음). 따라서 양도인의 점유자에 대한 통지나 점유자에 의한 승낙이 필요하다고 할 것이다.

3) 인도의 원칙에 대한 예외 동산소유권 양도에 인도가 필요하다고 하는 원칙에는 예외가 있다.

동산 가운데에는 등기나 등록에 의하여 공시되는 것이 있다. 먼저 특별사법인 상법에 규정되어 있는 것으로 선박이 있다. 선박에 관한 권리의 이전은 등기하지 않으면 제3자에게 대항하지 못한다(상법 743조)(등기로 공시하는 선박 크기와 소형 선박의 등록에 대하여는 물권법 [74] 참조). 그리고 자동차와 항공기의 소유권의 득실변경은 등록하여야 효력이 생긴다(자동차관리법 6조, 항공법 5조 1항)(대판 2016. 12. 15, 2016다205373은 자동차관리법이 적용되는 자동차의 소유권을 취득함에는 민법상의 공시방법인 인도에 의할 수 없다고 함). 그 밖에 일정한 건설기계는 소유자가 등록을 하여야 하나(건설기계 관리법 3조), 소유권이전은 일반원칙에 의하며, 단지 소유자의 변경을 신고하면 된다(동법 5조). 한편 소유권은 아니지만, 소형선박·소형어선·자동차·항공기·경량항공기·일정한 건설기계를 목적으로 하는 저당권의 득실변경은 등록하여야 효력이 생긴다(「자동차 등 특정동산 저당법」 5조).

부동산의 종물인 동산은 주물과 운명을 같이한다(100조 2항). 따라서 그러한 동산의 양도에 관하여는 따로 인도가 요구되지 않는다. 주물인 부동산에 저당권이 설정되는 경우에도 마찬가지이다.

4) 인도의 불완전성과 그에 대한 보완책 인도는 그 자체가 공시방법으로서는 완전하지 못하다(그것은 순간적으로 일어날 뿐만 아니라 본권의 내용을 공시해 주지 못하고, 중복공시도 불가능하다). 거기에다가 앞에서 본 것처럼, 실제로는 점유가 움직이지 않았는데 인도의 효과가 인정되는 경우들도 세 가지나 있어서 인도는 공시를 더욱 불완전하게 하고 있다. 그 때문에 거래의 안전이 크게 위협받을 것은 물론이다. 여기서 민법은 다른 한편으로 공신의 원칙을 채용하여 점유에 공신력을 인정함으로써 거래의 안전을 도모하고 있다.

B-120 Ⅲ. 선의취득(무권리자로부터의 취득)

(사 례) (신사례 [32]번 문제)

A는 그의 삼촌으로부터 일본제 손목시계를 선물로 받고서 B에게 자랑하였다. 그러자 B는 그 시계를 어떻게 해서든 손에 넣으려고 마음먹고서, A에게 그 시계는 일제가 아니고 홍콩에서 조립

한 것이라고 속인 뒤, A로부터 그 시계를 싸게 매수하여 대금을 지급하고 시계를 넘겨받았다. 그 후 그 과정을 모두 지켜보고 있었던 B의 친구 C가 B에게 그 시계를 자신에게 팔라고 종용하였고, 금전이 궁해진 B는 C로부터 자신이 지급한 금액보다 약간 많은 금액을 받고 그 시계를 C에게 넘겨주었다. 그런데 그러한 일이 있은 며칠 뒤 A는 자신이 B에게 속은 것을 알았다. 그리하여 B에게 사기를 이유로 그와의 시계 매매계약을 취소한다고 하였다. 그 시계는 아직까지도 C가 차고 다니고 있다.

이 경우에 시계의 소유관계는 어떻게 되는가? (사례의 해결: B-129)

1. 의 의

민법은 제249조에서 동산의 선의취득(善意取得)을 규정하고 있다. 이는 동산의 점유에 공신력을 인정하여 거래의 안전을 확보하기 위한 것이다(통설 · 판례도 같은 취지이다. 대판 1998. 6. 12, 98다6800). 이 제도가 있어서 동산의 경우에는 부동산에 있어서와 달리 일정한 요건 하에 무권리자로부터도 동산의 소유권을 취득할 수 있게 된다.

2. 요 건

(1) 객 체

선의취득의 객체는 동산에 한한다. 객체에 관하여 문제되는 것들을 살펴보기로 한다.

1) 금 전 금전에 관하여 제249조가 적용되는가에 관하여 학설은 i) 제250조 단서의 규정 등을 근거로 적용을 긍정하는 견해, ii) 금전이 가치의 상징으로서 유통되고 있는 경우에는 선의취득을 문제삼을 것도 없이 그 점유가 있는 곳에 소유권도 있다고 하여야 하고, 단순한 물건으로서 거래되는 경우에는 제249조의 적용을 받는다는 견해(사견도 같음)로 나뉘어 있다. ii)설은 금전이 가지는 특수성을 그 주된 이유로 들고 있다.

2) 등기 · 등록으로 공시되는 동산 선박 · 자동차 · 항공기와 같이 등기 · 등록으로 공시되는 동산은 선의취득의 대상이 아니다(판례도 자동차에 관하여 같은 태도이다. 대판 1966. 1. 25, 65다2137; 대판 2016. 12. 15, 2016다205373(그러나 구조와 장치상 적법하게 등록할 수 없는 등의 특별한 사정이 있다면 249조의 선의취득 규정이 적용될 수 있다고 함)). 그러나 건설기계는 등록을 하기는 하지만 그것의 소유권 이전이 등록에 의하여 이루어지지는 않기 때문에 선의취득의 대상이 된다고 할 것이다(이설 있음). B-121

3) 명인방법에 의하여 공시되는 지상물 수목의 집단 · 입도 · 미분리과실 등은 본래 토지의 일부이거나 토지의 일부의 일부이며, 더구나 거기에는 명인방법이라는 공시방법이 인정되어 있으므로 선의취득의 객체로 되지 않는다. 그러나 수목이 벌채되거나 미분리의 과실이 원물에서 분리되면 선의취득의 객체로 된다.

4) 불융통물 사법상 거래가 금지되는 불융통물(공용물 · 공공용물 · 금제물)(A-433 참조)은 선의취득의 객

체가 될 수 없다고 하여야 한다.

5) 권　리 　권리는 물건이 아니고, 따라서 동산도 아니기 때문에 제249조가 적용될 여지가 없다(판례도 같다. 대판 1985. 12. 24, 84다카2428 등). 그런데 지시채권·무기명채권에 관하여는 특별규정이 두어져 있다(514조·524조. 이 규정들 때문에 적용되지 않는 것이 아님을 주의하여야 한다). 그 특별규정에 따르면, 지시채권이나 무기명채권의 소지인은 그가 취득한 때에 양도인에게 권리가 없음을 알았거나(악의) 중과실로 몰랐으면 선의취득을 하지 못한다(514조·524조). 수표의 선의취득에 있어서도 같다(수표법 21조). 그리고 지시채권 등의 선의취득의 경우에는 도품 및 유실물에 관한 특례도 인정되지 않는다(250조·251조 참조).

6) 기　타 　위에서 설명한 것 이외의 동산은 그것이 직접·간접으로 등기·등록에 의하여 공시되는 것이라도 선의취득의 대상이 된다. 예컨대 「입목에 관한 법률」에 의하여 등기된 입목이 벌채된 경우에는 그것에 저당권의 효력이 미치는 때에도 선의취득의 대상이 되며, 공장저당권의 효력이 미치는 「공장의 토지에 설치된 동산」(「공장 및 광업재단 저당법」 7조 단서 참조), 부동산의 종물인 동산이 그 주물인 부동산의 등기에 의하여 공시되는 경우도 마찬가지이다(예: 저당권의 효력이 미치는 저당부동산의 종물).

B-122 **(2) 양도인에 관한 요건**

1) 양도인이 점유하고 있을 것 　선의취득은 점유에 공신력을 인정하는 제도이므로 양도인이 점유하고 있을 것이 필요하다. 양도인의 점유가 직접점유인가 간접점유인가, 자주점유인가 타주점유인가는 묻지 않는다. 그리고 점유보조자를 권리자로 믿는 경우에는 제249조를 유추적용하여야 한다(대판 1991. 3. 22, 91다70도 점유보조자의 횡령이 250조의 도품이 아니라고 한다).

2) 양도인이 무권리자일 것 　양도인이 권리자인 경우에는 권리자로부터의 권리취득이 될 것이다. 양도인이 무권리자인 경우의 전형적인 예는 그에게 소유권이 없는 것이나, 그 외에 타인의 동산을 자기 이름으로 처분할 권한이 없는 자도 포함된다(가령 위탁매매인·질권자·집행관 등이 그의 권한으로 처분하였는데 그 재산 속에 타인의 동산이 섞여 있었던 경우). 그리고 대리인이 본인 소유가 아닌 동산을 처분하였는데 양수인이 본인의 소유라고 믿고 있는 때에도 선의취득이 인정된다(이설 없음). 그에 비하여 물건은 본인 소유인데 대리인이 무권대리인인 때에는 양수인이 무권대리인에게 대리권이 있다고 믿었더라도 선의취득을 하지 못한다(그러나 표현대리의 요건을 구비하면 그 제도로 보호받을 수는 있다).

취소된 법률행위에 기하여 소유권을 취득한 자가 양도한 경우에, 양수인이 취득할 당시는 취소 전이라고 하더라도 취소에 의하여 양도인은 무권리자이었던 것으로 된다고 하여야 한다(만약 그렇게 새기지 않으면 권리자로부터의 취득이 된다).

B-123 **(3) 동산의 양도행위**

양도인과 양수인 사이에 동산물권 취득에 관하여 유효한 거래행위가 있었어야 한다(대판 1995. 6. 29, 94다22071 도 동지). 제249조의 「양수」는 그러한 의미로 규정된 것이다.

그 행위는 ① 우선 **동산물권**에 관한 것이어야 한다. 동산물권이라고 하지만 소유권과 질권에 한한다(343조가 질권에 관하여 249조를 준용한다). 유치권은 일정한 요건이 갖추어지는 때에 법률상 당연히 성립하는 것이어서 선의취득이 인정될 여지가 없다. ② **물권취득을 위한 법률행위**이어야 한다. 매매·증여·질권설정·대물변제가 그 예이다(민법상 무상행위여도 무방하다). 그에 비하여 상속·회사의 합병과 같은 포괄승계에는 선의취득이 인정되지 않는다. 경매(공경매)의 경우에도 선의취득이 인정되는가에 관하여는 긍정설만이 주장되고 있으며, 판례도 같다(대판 2008. 5. 8, 2007다36933·36940 등). 이러한 학설·판례는 타당하다(물권법 [76] 참조). ③ **유효한 법률행위**이어야 한다. 물권취득의 법률행위가 무효이거나 취소된 때에는 선의취득은 할 수 없다. 그러나 그 행위를 한 자로부터 다시 양수받은 자는 그 양수행위가 유효하면 선의취득을 할 수 있다.

판 례 경매된 물건의 선의취득

「저당권의 실행으로 부동산이 경매된 경우에 그 부동산에 부합된 물건은 그것이 부합될 당시에 누구의 소유이었는지를 가릴 것 없이 그 부동산을 낙찰받은 사람이 소유권을 취득하지만, 그 부동산의 상용에 공하여진 물건일지라도 그 물건이 부동산의 소유자가 아닌 다른 사람의 소유인 때에는 이를 종물이라고 할 수 없으므로 부동산에 대한 저당권의 효력에(여기의 '효력에'는 '효력이'의 오기로 보임: 저자 주) 미칠 수 없어 부동산의 낙찰인이 당연히 그 소유권을 취득하는 것은 아니며, 나아가 부동산의 낙찰인이 그 물건을 선의취득하였다고 할 수 있으려면 그 물건이 경매의 목적물로 되었고 낙찰인이 선의이며 과실없이 그 물건을 점유하는 등으로 선의취득의 요건을 구비하여야 한다.」(대판 2008. 5. 8, 2007다36933·36940)

(4) 양수인에 관한 요건 B-124

1) 평온(폭력을 쓰지 않음)·공연(숨기지 않고 드러내 놓음)하게 양수하였을 것

2) 선의·무과실 선의는 양도인이 무권리자임을 알지 못하는 것이다. 주의할 것은, 취소할 수 있는 법률행위에 기한 양수인의 경우에는 취소원인(예: 제한능력·착오·사기·강박)을 알고 있는 자는 악의라고 새겨야 한다는 점이다. 그렇지 않으면 취소 전에 취소할 수 있음을 알고 양수한 자는 적어도 그 당시에는 양도인이 무권리자가 아니고 따라서 악의일 수가 없어서 소유권을 취득하게 되어 부당하다. 무과실은 양도인이 무권리자임을 모르는 데 과실이 없는 것이다.

양수인의 선의·무과실은 법률행위 당시뿐만 아니라 인도받을 때까지도 유지되어야 한다. 판례도 같은 태도이다(대판 1991. 3. 22, 91다70은 선의·무과실의 기준시점은 물권행위가 완성된 때라고 하면서 물권적 합의와 동산의 인도 중 늦은 것이 있는 때라고 한다. 이러한 표현은 부적당하다).

선의·무과실의 증명책임은 누구에게 있는가? 제197조 제 1 항은 점유자는 선의로 점유하는 것으로 추정한다. 이 규정은 점유자의 점유상태에 관한 것이고 점유취득에 관한 것은 아니다. 그러나 여기에 유추적용하여도 무방할 것이라고 보는 데 다툼이 없다. 그 결과 양수인의 선의는 추정된다. 그에 비하여 무과실의 추정에 대하여 학설은 i) 인정설과 ii) 부정설(사견도 같음)로 나뉘어 있다. 그리고 판례는 부정설을 취하고 있다(대판 1962. 3. 22, 4294 민상1174·1175 등).

B-125 **3) 점유를 취득하였을 것** 선의취득이 인정되려면 양수인의 점유취득이 있어야 한다. 현실의 인도와 간이인도가 그러한 점유취득에 해당한다는 데 대하여는 다툼이 없다(간이인도에 관하여는 판례도 있다. 대판 1981. 8. 20, 80다2530). 그러나 점유개정과 반환청구권의 양도에 관하여는 견해가 일치하지 않는다.

점유개정의 경우, 예컨대 양수인이 동산의 임차인을 소유자라고 잘못 생각하여 그로부터 그 동산을 매수하고 그것을 계속하여 양도인(임차인)에게 임대차하는 경우에 양수인의 점유취득이 인정되는가가 문제된다. 여기에 관하여 학설은 나뉘어 있으며, 부정설이 다수설이다(사견도 같음). 다수설은 점유개정의 경우에는 지배상태가 불충분하므로 그때에도 선의취득을 인정하면 진정한 권리자에게 가혹하다는 이유로 이를 부정한다. 한편 판례는 부정설의 입장에 있다(대판 1978. 1. 17, 77다1872 등).

목적물반환청구권의 양도에 의한 점유취득을 인정할 것인가에 관하여 학설은 나뉘어 있으며, 다수설은 긍정설의 입장이다(사견은 물권법 [77] 참조). 그리고 판례는 양도인(소유권유보의 매수인)이 소유자로부터 보관을 위탁받은 동산을 제3자에게 보관시킨 경우에 양도인이 그 제3자에 대한 반환청구권을 양수인에게 양도하고 지명채권양도의 대항요건을 갖추었을 때는 동산의 선의취득에 필요한 점유의 취득요건을 충족한다고 한다(대판 1999. 1. 26, 97다48906).

B-126 3. 효 과

선의취득의 요건이 갖추어지면 양수인은 그 동산에 관한 물권을 취득한다. 그런데 선의취득하는 물권은 소유권과 질권만이다(249조·343조 참조).

선의취득에 의한 소유권·질권 취득의 성질에 관하여는 학설은 i) 원시취득설(사견도 같음)과 ii) 승계취득설로 나뉘어 대립되며, i)설이 압도적인 다수설이다. 그러나 판례의 태도는 분명치 않다.

선의취득에 의한 물권취득은 확정적이다. 따라서 **선의취득자는 물권취득을 하지 않을 수 없으며**(동지 대판 1998. 6. 12, 98다6800), 양도인도 양도의 무효를 주장할 수 없다.

판례 선의취득자가 선의취득의 효과를 거부할 수 있는지

「민법 제249조의 동산 선의취득제도는 동산을 점유하는 자의 권리외관을 중시하여 이를 신뢰한 자의 소유권취득을 인정하고 진정한 소유자의 추급을 방지함으로써 거래의 안전을 확보하기 위하여 법이 마련한 제도이므로 위 법조 소정의 요건이 구비되어 동산을 선의취

득한 자는 권리를 취득하는 반면, 종전 소유자는 소유권을 상실하게 되는 법률효과가 법률의 규정에 의하여 발생되므로, 취득자가 임의로 이와 같은 선의취득 효과를 거부하고 종전 소유자에게 동산을 반환받아 갈 것을 요구할 수 없다고 할 것이다.」(대판 1998. 6. 12, 98다6800)

선의취득자가 본래의 권리자에 대하여 부당이득 반환의무를 지는가? 여기에 관하여는 i) 일반적으로 부당이득 반환의무가 없다는 견해(사견도 같음)와 ii) 선의취득자가 무상으로 취득한 경우에는 부당이득 반환의무가 있다는 견해가 대립하고 있다.

4. 도품(盜品) 및 유실물(遺失物)에 관한 특칙 B-127

민법은 선의취득의 요건이 갖추어진 경우에도 취득한 동산이 도품이나 유실물인 때에는 피해자나 유실자가 2년 동안 그 반환을 청구할 수 있도록 하고 있다(250조). 그리고 일정한 경우에는 피해자 등이 대가를 변상하도록 규정한다(251조).

(1) 특칙의 적용범위

제250조·제251조의 특칙이 적용되는 것은 도품과 유실물의 선의취득의 경우이다.

1) 도품은 절도 또는 강도에 의하여 점유자의 의사에 반해서 점유를 상실한 물건이고, 유실물은 점유자의 의사에 의하지 않고서 그의 점유를 이탈한 물건으로서 도품이 아닌 것이다. 따라서 점유자의 의사에 기하여 점유를 이전한 물건, 예컨대 사기 또는 횡령(대판 1991. 3. 22, 91다70)의 목적물은 도품이나 유실물이 아니다. 유실물에 대하여는 이 특칙들 외에 제253조와 유실물법이 두어져 있다. 그런데 뒤의 규정들은 유실물의 습득자가 일정한 절차에 따라 그 소유권을 취득하는 경우에 관한 것이다. 그에 비하여 제250조·제251조는 습득자가 그러한 절차를 밟지 않고서 처분한 경우에 있어서의 선의취득에 관한 특례규정이다. 그때는 취득자에게 선의취득 요건이 필요할뿐더러 그 요건이 갖추어져도 반환당하는 문제가 생긴다(습득자가 소유권을 취득한 뒤에 다른 자가 그로부터 양수하였다면 그는 언제나 당연히 소유권을 취득한다. 그때에는 습득자는 권리자이기 때문이다).

금전은 도품이나 유실물일지라도 반환청구를 하지 못한다(250조 단서). 여기의 금전은 물건으로서 거래되는 것이다(B-120도 참조).

2) 본인이 간접점유를 하고 있는 경우에는 점유이탈의사의 유무는 직접점유자를 표준으로 하여 결정하여야 한다(이설 없음). 그리고 점유보조자를 사용하는 경우에는 점유보조자를 표준으로 하여야 한다(이것이 통설이며, 판례도 같다(대판 1991. 3. 22, 91다70)). 따라서 직접점유자·점유보조자가 처분한 물건은 도품·유실물이 아니다.

(2) 반환청구권 B-128

피해자 또는 유실자는 도난 또는 유실한 날로부터 2년 내에 그 물건의 반환을 청구할 수 있다.

1) 반환청구권자와 그 상대방　반환청구권자는 피해자 또는 유실자이다. 이들은 보통은 본래의 소유자이겠으나, 직접점유자(임차인·수치인 등)도 그에 해당한다. 직접점유자가 반환청구권을 갖는 경우에 본래의 소유자도 반환청구를 할 수 있다고 해석된다(이설 없음).

반환청구권의 상대방은 도품 또는 유실물을 취득하여 현재 점유하고 있는 자이다. 취득자로부터 또 취득한 자도 그에 포함된다.

2) 반환청구기간　이는 도난 또는 유실한 날로부터 2년간이다. 여기서 도난시기는 절취행위 성립시(예: 벌채시)가 아니고 점유를 상실한 때(예: 벌채된 나무들이 반출된 때)이다(이설 없음). 그리고 2년의 기간의 성질에 관하여는 i) 시효기간설과 ii) 제척기간설(사견도 같음)이 대립하고 있다.

3) 반환청구권의 내용(소유권의 귀속)　반환청구권이 인정되는 2년 동안 동산의 소유권이 누구에게 귀속되는가에 관하여 학설은 한결같이 선의취득자에게 속한다고 한다(사견은 물권법 [79] 참조). 본래의 소유자에게 속한다고 하면 선의취득자는 2년간 타인의 물건을 점유하는 것이 되고 또 소유권을 언제 취득하는지도 분명하지 않아 부당하다는 것이 그 이유이다.

B-129 **(3) 대가의 변상**

양수인이 도품 또는 유실물을 경매나 공개시장에서 또는 같은 종류의 물건을 판매하는 상인에게서 선의로 매수한 때에는 피해자 또는 유실자는 양수인이 지급한 대가를 변상하여야 그 물건의 반환을 청구할 수 있다(251조).

이때 매수인이 선의 외에 무과실이어야 하는가에 관하여는 다툼이 있으나, 다수설은 제251조가 제249조 및 제250조를 전제로 하는 규정이므로 무과실이 요구된다고 한다(사견도 같음). 그리고 판례도 다수설과 같다(대판 1991. 3. 22, 90다70).

제251조는 선의취득자에게 대가변상을 받을 때까지 물건의 반환청구를 거부할 수 있는 항변권만을 인정한 것이 아니고, 피해자가 그 물건의 반환을 청구하거나 어떤 원인으로 반환을 받은 경우에는 그 대가변상의 청구권이 있다는 취지의 것이다(이설이 없으며, 판례도 같다. 대판 1972. 5. 23, 72다115). 따라서 취득자가 어떤 사유로 반환한 때(예: 점유보조자가 반환한 경우, 피해자가 수사기관으로부터 반환받은 경우)에도 대가변상청구권을 행사할 수 있다.

사례의 해결

A는 B와의 시계 매매계약을 사기를 이유로 취소할 수 있다. 그리고 사례의 경우 A는 적법하게 그 계약을 취소하였다. 그 결과 A·B 사이의 계약은 소급해서 무효로 되고, 그와 함께 A·B 사이에 행하여진 시계의 소유권이전의 합의도 처음부터 효력이 없었던 것이 된다(유인·무인과 무관함).

그리하여 B는 소유권을 취득하지 않았던 것으로 된다. 따라서 C는 제110조 제 3 항이나 제249조에 의해서만 보호될 가능성이 있다. 그런데 C는 악의이어서 제110조 제 3 항에 의해서 보호받지 못한다. 그리고 제249조에 의해서 보호되지도 못한다. C가 「선의」의 요건을 갖추지 못하기 때문이다.

결국 사례의 경우 시계의 소유권은 계약의 취소와 함께 A에게 귀속하게 된다. 따라서 A는 C에게 소유권에 기하여 시계의 반환을 청구할 수 있다. (사례: B-120)

제 6 절 지상물에 관한 물권변동

Ⅰ. 서 설 B-130

우리 법상 토지 외에 토지의 정착물도 토지와는 별개의 부동산이 될 수 있다(99조 1항). 그런데 등기법은 부동산등기부로 토지등기부와 건물등기부만을 두어 건물 이외의 정착물은 등기법상 등기할 수가 없다. 그럼에도 불구하고 실제에 있어서는 수목의 집단이나 미분리의 과실이 그 지반과 분리하여 거래되어 왔으며, 그때 그 공시방법으로는 이른바 명인방법을 사용하였다. 그리고 판례가 이를 인정하고 있다. 그 후 수목의 집단에 관하여는 「입목에 관한 법률」(이하 입목법이라 함)이 제정되어 수목의 집단에 대하여는 등기를 할 수 있도록 하고 있다(그렇지만 수목의 집단에 대하여 명인방법을 사용할 수 있음은 물론이다). 아래에서 이들의 물권변동에 관하여 보기로 한다.

Ⅱ. 입목에 관한 물권변동

입목법에 따라 소유권보존등기를 받은 수목의 집단은 「입목」이 되어 토지와 분리하여 양도하거나 저당권의 목적으로 할 수 있다(입목법 2조·3조). 소유권보존등기는 1필의 토지의 일부분에 부착된 것이어도 무방하고(동법 15조), 또 수종의 제한도 없다(동법 시행령 1조). 입목에 관한 물권변동에 대하여는 입목법에 규정이 없으므로 제186조·제187조가 적용된다. 그리고 일정한 경우에는 법정지상권이 성립한다(동법 6조).

Ⅲ. 명인방법에 의한 물권변동(기타의 지상물의 물권변동) B-131

판례에 의하면, 입목을 제외한 수목의 집단과 미분리의 과실(과수열매·입도·잎담배·뽕잎·인삼 등)과 같은 지상물은 명인방법이라는 관습법상의 공시방법에 의하여 토지와는 별개의 부동산으로 되고, 또 물권변동도 일어날 수 있다.

명인방법은 수목의 집단이나 미분리의 과실의 소유권이 누구에게 속하고 있는지를 제 3 자가 명백하게 인식할 수 있도록 하는 관습법상의 공시방법이다. 명인방법은 특정한 방식이 정하여져 있는 것은 아니며 위와 같은 방법을 통틀어서 일컫는 말이다. 예컨대 논·밭의 주위에 새끼줄을 치고 소유자의 성명을 기재한 팻말을 세운 경우, 임야 주변 여러 곳의 나무껍질을 깎아 소유자의 성명을 적어 놓은 경우에 그렇다. 판례에 의하면, 집달관(현재의 집행관에 해당함)이 임야의 입구 부근에 그 지상입목이 원고의 소유에 속한다는 공시문을 붙인 팻말을 세운 경우(대판 1989. 10. 13, 89다카9064), 임야의 여러 곳에 입목소유자로서 입산을 금지한다는 푯말을 붙여놓은 경우(대판 1967. 12. 18, 66다2382), 입인삼의 권리에 변동이 있음을 일반에게 알리는 문구를 기재한 푯말을 인삼포를 통과하는 사람이면 누구나 쉽게 볼 수 있게 설치한 경우(대판 1972. 2. 29, 71다2573)에는 명인방법으로서 충분하다고 한다. 그러나 토지 주위에 새끼줄을 치고 그 안에 정원수를 심어 가꾸어 온 경우(대판 1991. 4. 12, 90다20220), 법원의 검증 당시 재판장의 명령으로 10년 이상 된 수목에 흰 페인트칠을 하고 편의상 그 위에 일련번호를 붙인 경우(대판 1990. 2. 13, 89다카23022)에는 명인방법을 갖춘 것으로 볼 수 없다고 한다. 나아가 명인방법에 의한 물권변동이 유효하려면 물권의 객체가 특정되어야 하기 때문에, 수목을 재적(세제곱미터)으로 표시한 때처럼 수목들이 특정되지 않은 경우에는 명인방법을 취하였다고 하더라도 그 효력이 생기지 않는다고 한다(대판 1977. 5. 10, 77다208 등). 그러나 입목의 전부에 대하여는 요소에 소유자를 게시하고 매수에서 제외된 20주의 수목에는 새끼줄을 치거나 철인으로 ○표를 한 경우에는 명인방법으로 인정할 수 있다고 한다(대판 1976. 4. 27, 76다72).

명인방법은 관습법에 의한 공시방법이므로 등기로 공시하는 토지 · 건물에는 사용할 수 없다. 그리고 입목(立木)으로 등기되어 있는 것도 마찬가지이다.

명인방법은 불완전한 공시방법이므로 소유권 및 그 양도(지상물의 소유권 양도 또는 지상물의 소유권의 유보 하에 토지의 양도)만을 공시할 수 있고, 저당권 기타의 제한물권의 설정은 공시하지 못한다. 그러나 양도담보는 소유권이전의 형식에 의하므로 명인방법에 의하여서도 할 수 있다.

명인방법에 의한 물권변동에도 제186조 · 제187조의 원리가 적용된다. 따라서 물권행위와 명인방법이 갖추어지면 소유권이 이전된다. 판례도 같은 취지이다(대판 2021. 8. 19, 2020다266375(이는 토지와 분리하여 입목을 처분하는 경우뿐만 아니라, 입목의 소유권을 유보한 채 입목이 식재된 토지의 소유권을 이전하는 경우에도 마찬가지라고 함) 등). 그리고 지상물이 2중으로 매도된 경우에는 먼저 명인방법을 갖춘 자가 소유권을 취득한다(대판 1967. 2. 28, 66다2442).

제 7 절 물권의 소멸

학습의 길잡이

본절에서는 모든 물권에 공통한 소멸원인을 다루는데, 그중에서 특히 혼동에 대하여 유의할 필요가 있다.

Ⅰ. 서 설 B-132

물권의 소멸(절대적 소멸)원인에는 모든 물권에 공통한 것과 각각의 물권에 특유한 것이 있다. 그중 뒤의 것은 각종의 물권에서 보기로 하고 여기서는 앞의 것만 설명하기로 한다. 모든 물권에 공통한 소멸원인으로는 목적물의 멸실·소멸시효·포기·혼동·공용징수·몰수 등이 있는데, 그중에서 중요한 것만 살펴본다.

Ⅱ. 목적물의 멸실

물권이 멸실하면 물권도 소멸한다. 물건의 소실 또는 토지의 포락(浦落)(토지가 바닷물이나 적용하천에 잠기는 것)이 그 예이다. 물건의 멸실 여부는 사회통념에 의하여 결정한다. 물건이 멸실된 경우 가운데에는 ① 물건이 완전히 소멸해 버리는 때(예: 물건의 소실), ② 물건의 물질적 변형물이 남아 있는 때(예: 집이 무너져 목재가 남는 경우)가 있고, 또 ③ 물건의 가치적 변형물이 남아 있거나(예: 건물이 멸실한 경우의 보험금청구권·손해배상청구권), ④ 없는 때가 있다. 이들 중 ②의 경우에는 물권이 물질적 변형물에 미치고(집의 소유권이 목재의 소유권으로 존속), ③의 경우에는 담보물권만은 그 가치적 변형물에 미친다(342조·370조의 물상대위).

Ⅲ. 소멸시효

민법규정상 소유권 이외의 물권도 모두 20년의 시효에 걸리는 것처럼 규정되어 있으나(162조 2항), 점유권·유치권은 점유를 상실하면 소멸하고, 담보물권은 피담보채권으로부터 독립하여 소멸시효에 걸리지 않으며(369조 참조), 전세권은 존속기간이 10년 이하이기 때문에(312조) 20년의 시효에 걸릴 일이 없다. 따라서 소멸시효에 걸리는 물권은 지상권과 지역권에 한한다.

이러한 물권이 소멸시효에 걸리는 경우에는 말소등기 없이도 소멸한다고 새겨야 한다(견해 대립에 관하여는 B-73 참조).

Ⅳ. 물권의 포기 B-133

물권의 포기는 물권을 소멸시키는 의사표시로 성립하는 단독행위(물권적 단독행위)이다. 물권의 포기 가운데 소유권과 점유권의 포기는 상대방 없는 단독행위이고, 제한물권의 포기는 상대방 있는 단독행위이다(통설도 같음).

물권의 포기는 법률행위이므로 그것에 의한 물권변동에는 제186조(부동산의 경우)와 제188조

(동산의 경우)가 적용된다. 따라서 부동산물권을 포기하는 때에는 포기의 의사표시 외에 등기가 있어야 한다(통설도 같음). 판례도 합유지분의 포기에 관하여 같은 입장에 있다(대판 1997. 9. 9, 96다16896). 한편 동산물권을 포기하는 때에는 포기의 의사표시 외에 점유의 포기도 있어야 한다.

판례 합유지분의 포기 관련

「합유지분 포기가 적법하다면 그 포기된 합유지분은 나머지 잔존 합유지분권자들에게 균분으로 귀속하게 되지만 그와 같은 물권변동은 합유지분권의 포기라고 하는 법률행위에 의한 것이므로 등기하여야 효력이 있고(민법 제186조) 지분을 포기한 합유지분권자로부터 잔존 합유지분권자들에게 합유지분권 이전등기가 이루어지지 아니하는 한 지분을 포기한 지분권자는 제3자에 대하여 여전히 합유지분권자로서의 지위를 가지고 있다.」(대판 1997. 9. 9, 96다16896)

부동산물권을 포기하는 경우의 등기절차에 관하여는 명문의 규정이 없으며, 그에 관하여는 학설이 대립하고 있다. i) 다수설은 언제나 권리자가 단독으로 말소등기를 신청할 수 있다고 하나, ii) 소유권의 포기의 경우에는 단독으로 신청할 수 있지만 제한물권의 포기의 경우에는 상대방과 공동으로 신청할 것이라고 하는 소수설도 있다(사견도 같음).

물권의 포기는 원칙적으로 자유로이 할 수 있으나, 그로 인하여 타인의 이익을 해하는 때에는 인정될 수 없다. 민법은 지상권 또는 전세권이 저당권의 목적인 경우에는 저당권자의 동의가 없이는 지상권이나 전세권을 포기할 수 없다는 규정을 두고 있다(371조 2항).

B-134

V. 혼동(混同)

(1) 의 의

서로 대립하는 법률상의 지위 또는 자격이 동일인에게 귀속하는 사실을 혼동이라고 한다. 혼동은 채권 및 물권에 공통한 소멸원인인데, 여기서는 물권에 관하여서만 본다.

민법은 혼동의 경우에는 원칙적으로 하나의 물권이 소멸하도록 하고, 예외적으로 소멸하지 않는 것으로 규정하고 있다(191조).

(2) 소유권과 제한물권의 혼동

동일한 물건에 대한 소유권과 제한물권이 동일인에게 귀속한 때에는 그 제한물권은 원칙적으로 소멸한다(191조 1항 본문). 그러나 「본인 또는 제3자」의 이익을 위하여 그 제한물권을 존속시킬 필요가 있다고 인정되는 경우에는 제한물권은 소멸하지 않는다(이설이 없으며, 판례도 같다. 대결 2013. 11. 19, 2012마745 등). 제191조 제1항 단서는 그 제한물권이 제3자의 권리의 목적이 된 경우에만 제한물권이 소멸하지 않는 것으로 규정하고 있으나, 본인의 이익을 위하여 존속시킬 필요도 있기 때문에 이와 같이 해석한다. 그리하여 예컨대 A의 토지에 B가 1번저당권을 가지고 있고 C가 그 토지에 2번저당권을 가지고 있는 경우에 B가 토지의 소유권을 취득한 때에는 B의 저당권은 존속한다. 이 점은 본인이 제한물권을 취득한 뒤 타인이 목적부동산을 가압류한 때에도 마찬가지라고 할 것이다. 판례도, 부동산에 관하여 갑이 1번 근저당권을 취득한 후 을이 2번 근저당권을 취득하고, 이어서 병·정이 각각 그 부동산에 대한 가압류등기를 한 다음, 을이 그 부동산을 매수하여 소유권을 취득한 경우에 관하여, 을의 근저당권은 그 이후의 소유권 취득에도 불구하고 혼동으로 소멸하지 않는다고 한다(대판 1998. 7. 10, 98다18643). 그리고 이 규정은 소유권과 등기된 임차권이 혼동한 경우에도 유추적용되어야 한다(대판 2001. 5. 15, 2000다12693). 그리하여 가령 부동산의 임차인이 임차권을 취득하고 대항요건까지 갖춘 후에 목적부동산에 타인의 저당권이 설정되었는데, 그 후 위의 임차인이 그 부동산의 소유권을 취득한 때에는, 제191조 제 1 항 단서를 유추적용하여 임차권은 소멸하지 않는다고 하여야 한다(대판 2001. 5. 15, 2000다12693). 주의할 것은, 예외의 적용이 있는 경우라도, 가령 채권·채무의 혼동으로 채권이 소멸하여 저당권이 부종성으로 말미암아 소멸하게 되는 때처럼, 다른 이유로 제한물권이 소멸할 수도 있다는 점이다.

(3) 제한물권과 그 제한물권을 목적으로 하는 권리의 혼동

위의 규정(191조 1항)은 제한물권과 그 제한물권을 목적으로 하는 제한물권이 혼동하는 경우에 준용된다(191조 2항). 따라서 지상권 위의 저당권을 가진 자가 그 지상권을 취득한 때에는 저당권은 원칙적으로 소멸한다. 그러나 본인 또는 제 3 자의 이익을 위하여 필요한 때에는 예외이다.

(4) 혼동에 의하여 소멸하지 않는 권리

점유권은 본권과 동일인에게 귀속하여도 소멸하지 않는다(191조 3항). 이는 당연한 것이다. 그리고 광업권은 토지소유권과는 별개의 권리이므로 혼동으로 소멸하지 않는다.

(5) 혼동의 효과

혼동에 의하여 물권이 소멸하며 그 효과는 절대적이다. 따라서 혼동 전의 상태로 복귀되더라도 일단 소멸한 물권은 부활하지 않는다. 그러나 혼동을 생기게 한 원인이 존재하지 않거나 원인행위가 무효 · 취소 · 해제로 인하여 효력을 잃은 때에는 혼동은 생기지 않았던 것으로 되고, 그 결과 소멸한 물권은 부활한다(통설 · 판례도 같다. 대판 1971. 8. 31, 71다1386).

제3장 점유권과 소유권

제1절 점 유 권

학습의 길잡이

이제부터는 개별적인 물권에 관하여 논의하게 된다. 본절은 그 첫째의 것으로서 점유권을 다루게 된다. 개별적인 물권에 관한 논의는 특히 물권변동이론이 전제가 됨을 유의해야 한다. 다만, 점유권은 그 성립에서 본권과는 많이 다르다.

본절에서 상대적으로 더 주의를 기울여야 할 사항으로는 점유 개념, 자주점유·타주점유, 점유자와 회복자의 관계, 점유보호청구권을 들 수 있다. 그리고 많은 경우에 부당이득이나 불법행위와도 밀접하게 관련되어 있는 만큼 그와 같은 관련사항에도 관심을 가져야 한다.

제1관 서 설

B-135 **Ⅰ. 점유제도**

1. 개 관

민법은 물건을 사실상 지배하고 있는 경우에 사실상 지배를 할 수 있느냐를 묻지 않고 여러 가지의 법률효과(점유보호청구권, 자력구제, 권리의 적법추정, 비용상환청구권, 선의취득 등)를 주고 있다. 이것이 점유제도이다.

2. 포세시오(possessio)와 게베레(Gewere)

점유는 권리를 고려하지 않고 사실의 측면에서만 파악할 수도 있고 권리의 표현으로 이해할 수도 있다. 로마법상의 점유인 「포세시오」는 전자에 해당하고, 게르만법상의 점유인 「게베레」는 후자에 해당한다. 즉 로마법에서의 점유(possessio)는 소유권 기타 본권의 유무와 관계없이 물건을 사실상 지배하는 것이고 그에 대하여 법적 보호가 주어졌다. 그에 비하여 게르만법에서의 점유(Gewere)는 본권을 표현해 주는 것으로서의 점유였고 그것은 곧 본권과 점유가 합하여진 것이었다. 그런데 우리 민법상의 점유는 이 「포세시오」와 「게베레」가 결합되어 있다. 점유보호청구권·과실취득권·비용상환청구권 등은 「포세시오」에서 유래한 것이고, 권리의 적법추정·자력구제·선의취득·물권의 공시 등은 「게베레」에서 유래한 것이다.

Ⅱ. 점유와 점유권

(1) 민법은 물권편 제 2 장의 제목을 「점유권」이라고 하고, 여러 규정에서 점유권이라는 표현을 사용하고 있다. 그런가 하면 그것과 별도로 점유 개념도 자주 사용한다. 이 점유와 점유권은 같은 것인가? 여기에 관하여 다수설은 점유를 법률요건으로 하여 점유권이 발생한다고 한다(사견은 다름. 물권법 [84] 참조).

(2) 점유권도 물건을 사실상 지배하는 때에 인정되는 권리로서 일종의 물권이다. 그런데 그 권리는 다른 물권과는 성질이 크게 다르다. 즉 일반적인 물권은 물건을 지배하고 있는가를 묻지 않고 종국적으로 지배할 수 있는 권리인 데 비하여, **점유권은 물건을 지배할 수 있는가를 묻지 않고 현재 지배하고 있는 때에 인정되는 권리이다.**

(3) 점유권은 점유할 수 있는 권리(점유할 권리) 즉 **본권과는 구별된다.** 그 결과 점유할 권리와 점유권을 모두 가지고 있는 자가 있는가 하면(예: 소유자가 점유하는 경우), 점유권은 없이 점유할 권리만 있는 자도 있고(예: 도난당한 피해자), 점유권만 있고 점유할 권리는 없는 자도 있다(예: 도둑이 가지고 있는 경우).

제 2 관 점　　유

Ⅰ. 점유의 의의 B-136

(1) 사실상의 지배

민법상 점유는 물건에 대한 사실상의 지배만 있으면 성립한다(192조 1항). 즉 사실상의 지배 외에 어떤 의사가 요구되지 않는다(객관설).

여기서 **사실상 지배**라는 것은 사회관념상 물건이 어떤 자의 지배 안에 있다고 할 수 있는 객관적 관계를 말한다. 사실상의 지배가 있는지 여부는 물건에 대한 공간적·시간적 관계, 본권관계, 타인지배의 배제가능성 등을 고려하여 사회관념에 의하여 합목적적으로 판단하여야 한다(통설·판례도 같다. 대판 2025. 6. 12, 2024다288915 등 많은 판결이 있다). 따라서 사실상의 지배는 반드시 물리적으로 실력을 미치고 있는 것과 동일하지 않을 수 있으며, 그러한 점에서 규범적인 성질을 가지고 있다고 하겠다.

사실상 지배의 판단에 고려되는 요소에 관하여 부연하여 설명하기로 한다. ① 사실상 지배가 인정되려면 원칙적으로 공간적으로 밀접한 관계에 있어야 한다. 그러나 규범적인 판단에 의하여 넓은 예외가 인정될 수 있다(예: 여행 중인 자의 가재도구의 점유). ② 사실상 지배관계는 시간적으로 어느 정도 계속되어야 한다. 그런데 이 요소는 점유가 타인의 지배를 배제하게 할 정도로 확고한가를 판단하는 의미를 갖는 것이므로, 지나치게 강조될 것은 아니다. ③ 사실상 지배를 판단함에 있어서 본권(점유할 권리)의 유무는 원칙적으로 문제가 되지 않는다. 그 결과 도둑에게도 점유가 인정될 수 있다. 그러나 많은 경우에는 본권관계를 고려하여 사실상 지배를 인정한다. 물리적인 실력행사가 계속되기 어려운 임야나 토지와 같은 부동산에 있어서 특히 그렇다. 우리 판례도 건물의 소유자가 그 건물이나 대지(부지)를 점거하고 있지 않더라도 그에게 건물대지에 대한 점유를 인정한다(대판 2023. 8. 18, 2021다249810 등 다수). ④ 타인 지배의 배제를 허용하여야 하느냐는 중요한 요소이다. 그런데 이것은 점유의 확고성, 물건에 대하여 본권이 있는가에 크게 영향을 받을 것이다. 판례는, 사실적 지배에 속하는 객관적 관계에 있다고 하기 위해서는 적어도 타인의 간섭을 배제하는 면이 있어야 하며, 다른 사람 소유의 토지를 통행하더라도 그 통로에 대하여 통행지 소유자의 점유를 배제할 정도의 배타적인 점유를 하고 있지 않다면(점유가 인정되지 않아서: 저자 주) 통행지 소유자가 통행자에 대하여 통로 부분의 인도를 구할 수 없다고 한다(대판 2024. 11. 14, 2024다251470).

B-137 (판 례) 토지나 건물의 점유자

(ㄱ) 「특히 임야에 대한 점유의 이전이나 점유의 계속은 반드시 물리적이고 현실적인 지배를 요한다고 볼 것은 아니고, 관리나 이용의 이전이 있으면 인도가 있었다고 보아야 하고, 임야에 대한 소유권을 양도하는 경우라면 그에 대한 지배권도 넘겨지는 것이 거래에 있어서 통상적인 형태라고 할 것이다. 또한 대지의 소유자로 등기한 자는 보통의 경우 등기할 때에 그 대지를 인도받아 점유를 얻은 것으로 보아야 할 것이므로 등기사실을 인정하면서 특별한 사정의 설시 없이 점유사실을 인정할 수 없다고 판단해서는 아니 된다고 할 것이다. 그러나 이는 그 임야나 대지 등이 매매 등을 원인으로 양도되고 이에 따라 소유권이전등기가 마쳐진 경우에 그렇다는 것이지, 소유권보존등기의 경우에도 마찬가지라고 볼 수는 없다. 소유권보존등기는 이전등기와 달리 해당 토지의 양도를 전제로 하는 것이 아니어서, 보존등기를 마쳤다고 하여 일반적으로 그 등기명의자가 그 무렵 다른 사람으로부터 점유를 이전받는다고 볼 수는 없기 때문이다.」(대판 2013. 7. 11, 2012다201410)

(ㄴ) 「사회통념상 건물은 그 부지를 떠나서는 존재할 수 없는 것이므로 건물의 부지가 된 토지는 그 건물의 소유자가 점유하는 것으로 볼 것이고, 이 경우 건물의 소유자가 현실적으로 건물이나 그 부지를 점거하고 있지 아니하고 있더라도 그 건물의 소유를 위하여 그 부지를 점유한다고 보아야 하며, 미등기건물을 양수하여 건물에 관한 사실상의 처분권을 보유하게 된 양수인은 건물부지 역시 아울러 점유하고 있다고 볼 수 있다.」(대판 2010. 1. 28, 2009다61193)

법인은 대표기관 기타의 구성원을 통하여 스스로 점유하는 것으로 되며, 그때 기관 개인의 점유는 인정되지 않는다. 법인 아닌 사단도 같다(대판 1997. 4. 25, 96다46484 등).

(2) 점유설정의사 B-138

우리 민법상 점유가 성립하기 위하여 일정한 점유의사가 필요하지는 않다. 그러나 이것이 사실상의 지배가 성립하기 위하여서도 어떤 의사가 필요하지 않다는 의미는 아니다. 사실상의 지배가 인정되기 위하여서는 어떤 의사가 필요하다고 할 수는 있는 것이다. 이에 관하여 학설이 대립하고 있으나, 통설은 적어도 **사실적 지배관계를 가지려는 의사 즉 점유설정의사는 필요**하다고 한다. 사견도 통설과 같다(물권법 [86] 참조).

점유설정의사는 일반적·잠재적인 것으로 충분하고, 개별적·명시적으로 표시될 필요는 없다. 따라서 우편함에 투입된 편지는 점유자가 인식하지 못하였더라도 점유설정의사가 있는 것으로 된다. 이는 투입이 예정되어 있었기 때문이다(그러나 잘못 배달된 편지나 죽은 쥐를 넣은 경우는 아니다). 그에 비하여 남의 모자가 자기 집에 바람에 날려 들어왔거나 남의 닭이 자기 집에 와서 돌아다니는 경우에는 점유설정의사가 없다.

점유설정의사는 효과의사가 아니고 사실상 지배를 하려고 하는 자연적 의사이다(점유설정의사를 요구하는 견해는 모두 이러한 입장이다. 대판 1973. 2. 13, 72다2450·2451도 간접점유에서의 점유의사에 관하여 같은 취지로 판단한다). 따라서 이를 위하여 행위능력을 가질 필요는 없으며, 의사능력만 있으면 된다. 그 결과 어린이도 의사능력이 있는 한 독립하여 점유를 할 수 있다. 그런데 판례는 미성년자(10세)가 상속인인 경우에는 그 법정대리인을 통하여 그 점유를 승계받아 점유를 계속할 수가 있다고도 하고(대판 1989. 4. 11, 88다카8217), 상속인이 10세 남짓 밖에 되지 않은 사안에서 그의 아버지가 점유하고 있었던 토지는 아버지의 사망으로 인하여 당연히 상속인의 점유가 되는 것이어서 상속토지에 대한 그의 점유가 자주점유가 아니라고 할 수 없다고도 한다(대판 1990. 12. 26, 90다5733).

(3) 점유의 관념화(규범성) B-139

점유가 물건에 대한 사실상의 지배가 있는 때에 성립한다고 하지만, 여기에는 **법률이 예외를 인정**하고 있다. 즉 물건에 물리적으로 실력을 미치고 있음에도 불구하고 점유를 인정하지 않는 때가 있는가 하면, 실제로 실력을 미치고 있지 않음에도 불구하고 점유를 인정하는 때도 있다. 점유보조자(195조)가 전자의 예이고, 간접점유(194조)·상속인의 점유(193조)가 후자의 예이다. 이러한 경우에는 사실상의 지배와 점유가 일치하지 않는다.

그런데 이는 민법이 점유제도를 단순히 사실상의 지배자를 무조건 보호하려는 관점에서가 아니고 누구를 보호하여야 하느냐의 관점에서 규율하고 있다는 징표이다. 다시 말하면 **이들 제도는 점유의 규범성이 민법상 구체화된 것**이라고 할 수 있다.

B-140 ## Ⅱ. 점유보조자

1. 의 의

점유보조자는 타인의 지시를 받아 물건에 대한 사실상의 지배를 하는 자이다(195조). 가정부·상점의 점원이 그 예이다. 이러한 점유보조자의 경우에는 그는 점유자로 되지 못하고 그에게 지시를 하는 타인이 점유자(직접점유자)로 된다. 그 타인을 보통 점유주라고 한다. 점유주는 점유보조자를 사용함으로써 점유의 범위를 넓힐 수 있다.

점유보조자에게 점유를 인정하지 않는 이유는 그를 점유자로서 보호하여야 할 필요성이 없을 뿐만 아니라 그를 보호할 경우에는 그가 점유주에 대하여 점유권을 행사하는 등의 문제가 생길 수 있기 때문이다. 따라서 점유보조자 또는 제3자의 이익을 위하여 필요한 경우에는 점유보조자를 점유자와 마찬가지로 다루어야 한다(우리는 그러한 예를 간이인도와 선의취득에서 보았다. B-117·122 참조).

2. 요 건

(1) 어떤 자(점유보조자)가 타인(점유주)을 위하여 물건에 대한 사실상의 지배를 하고 있어야 한다. 점유보조자에게 점유주를 위하여 지배한다는 의사가 있을 필요는 없다.

(2) 점유보조자와 점유주 사이에 점유보조자가 점유주의 지시에 따라야 할 관계(점유보조관계)가 있어야 한다. 제195조는 그 관계로 가사상·영업상의 관계를 예시하나, 그에 한정되지 않으며 널리 사회적 종속관계이면 된다. 그 관계의 기초는 계약일 수도 있고 친족법이나 공법상의 관계일 수도 있다. 그 관계가 반드시 유효할 필요는 없다.

점유보조관계가 외부로부터 인식될 수 있어야 하는가에 관하여는 견해가 대립되나(물권법 [87] 참조), 이를 긍정하면 점유보조자로 인정될 경우가 거의 없게 되어 사실상 그 제도를 부인하는 결과로 될 것이므로, 인식될 필요가 없다고 하여야 한다.

B-141 (3) **점유보조관계 여부가 문제되는 경우**

1) 자기 물건에 관하여도 점유보조자로 될 수 있다. 예컨대 의사능력 없는 미성년자에게 부모가 물건을 준 때에는, 그 미성년자는 점유설정의사를 가질 수가 없어서 점유자로 될 수 없으며, 그는 점유자인 부모의 점유보조자가 된다.

2) 처(妻)는 원칙적으로 부(夫)의 점유보조자가 아니라고 하여야 한다(통설도 같음). 그러나 가령 부(夫)의 가게에서 일을 돕고 있는 경우에는 그 범위에서 점유보조자라고 할 수 있다. 판례는, 건물을 신축하여 그 소유권을 원시취득한 자의 모(母)와 처는 소유자와 그 건물에서 동거하는 동안은 점유자인 소유자의 점유보조자에 불과하다고 하며(대판 1980. 7. 8, 79다1928), 처가 아무런 권원 없이 토지와 건물을 주택 및 축사 등으로 계속 점유·사용하여 오고 있

으면서 소유자의 명도요구를 거부하고 있다면 비록 그 시부모 및 부(夫)와 함께 이를 점유하고 있다고 하더라도 처는 소유자에 대한 관계에서 단순한 점유보조자에 불과한 것이 아니라 공동점유자로서 이를 불법점유하고 있다고 한다(대판 1998. 6. 26, 98다16456 · 16463).

3. 효 과

위의 요건이 갖추어지면 **점유보조자는 점유자가 아니고 점유주만이 점유자로 된다**(195조). 따라서 점유보조자에 대하여는, 점유자에 대한 관계에서나 제 3 자에 대한 관계에서나 점유권에 관한 효력이 인정되지 않는다. 판례도 점유보조자는 방해자에 대하여 방해배제청구(가처분신청)를 할 수 없다고 한다(대판 1976. 9. 28, 76다1588). 그러나 점유보조자도 점유주를 위하여 자력구제권(209조)은 행사할 수 있다고 하여야 한다(이설 없음).

제195조는 점유보조자가 물건에 대한 지배를 행사하는 경우에 관하여만 규정하고 있으나, **점유의 취득과 상실에도 적용되는** 것으로 해석하여야 한다(이설 없음). 따라서 점유보조자가 점유를 취득(예: 가정부의 물건 구입) · 상실하면 점유주도 점유를 취득 · 상실하는 것으로 보아야 한다.

점유보조자로서의 지위는 점유보조관계가 종료함으로써 상실된다. 그러나 그 사실은 외부에서 명백히 인식할 수 있어야 한다.

Ⅲ. 간접점유 B-142

1. 의 의

간접점유는 점유매개관계에 의하여 타인(점유매개자)으로 하여금 물건을 점유하게 한 자에게 인정되는 점유이다(194조). 임대인의 점유가 그 예이다. 간접점유는 직접점유와 대립되는데, 직접점유는 직접 또는 점유보조자를 통하여 물건을 지배하는 경우에 인정되는 점유이다. 보통 점유라고 하면 직접점유를 가리킨다. 간접점유자에게는 점유권이 인정된다(194조).

간접점유자에게 점유권을 인정하는 이유는 간접점유의 경우에는 사회관념상 간접점유자가 점유매개자를 통하여 간접적으로 물건에 대하여 지배력을 미치고 있는 만큼 점유자로서 보호할 필요가 있기 때문이다.

2. 요 건

(1) 특정인 즉 **점유매개자의 점유가 있어야 한다**. 점유매개자의 점유는 직접점유인 것이 보통이겠으나(점유보조자에 의한 점유도 가능함), 그가 다시 점유매개관계를 설정하는 경우에는 그의 점유도 간접점유로 되고, 그의 점유매개자의 점유만이 직접점유로 된다. 점유매개자의 점유는 언제

나 타주점유이다.

(2) **간접점유자와 점유매개자 사이에 점유매개관계가 있어야 한다.** 제194조는 점유매개관계를 「지상권, 전세권, 질권, 사용대차, 임대차, 임치 기타의 관계」라고 규정한다. 점유매개관계는 일시적으로 타인으로 하여금 점유할 수 있는 권리·의무를 발생하게 하는 법률관계라고 할 수 있다. 점유매개관계는 제194조가 열거한 것 외에 다른 여러 가지 계약(물건운송계약·위탁매매계약 등)·법률규정(유치권·친권 등)·국가행위(파산재단의 관리 등)에 의하여서도 발생한다(대판 2018. 3. 29, 2013다2559·2566 등). 점유매개관계는 중첩적으로 존재할 수 있다. 임차인이 목적물을 전대(轉貸)한 경우가 그 예이다. 그리고 판례에 따르면, 국가 또는 상위 지방자치단체 등 위임관청이 위임조례 등에 의하여 그 권한의 일부를 하위 지방자치단체의 장 등 수임관청에게 기관위임을 하여 수임관청이 그 사무처리를 위하여 공원 등의 부지가 된 토지를 점유하는 경우에는, 위임관청은 위임조례 등을 점유매개관계로 하여 법령상 관리청인 수임관청 또는 그가 속하는 지방자치단체가 직접점유하는 공원 등의 부지가 된 토지를 간접점유한다고 한다(대판 2010. 3. 25, 2007다22897; 대판 2018. 3. 29, 2013다2559·2566).

점유매개관계에 의하여 점유매개자의 점유할 권리가 간접점유자의 권리로부터 전래되며, 따라서 전자는 후자보다 내용상 제한되어 있다. 전래되는 것은 점유할 권리이지 점유 자체가 아니다. 그리하여 가령 수임인이 위임인을 위하여 물건을 매수하여 점유를 취득하면 점유는 전래되지 않았지만 간접점유는 성립한다.

점유매개관계는 반드시 유효하여야 하는 것은 아니다.

그리고 판례는, 점유매개관계를 이루는 임대차계약 등이 종료된 이후에도 직접점유자가 목적물을 점유한 채 이를 반환하지 않고 있는 경우에는, 간접점유자의 반환청구권이 소멸한 것이 아니므로 간접점유의 점유매개관계가 단절된다고 할 수 없다고 한다(대판 2023. 8. 18, 2021다249810 등).

간접점유자는 점유매개자에 대하여 반드시 반환청구권을 가져야 한다. 이 반환청구권의 존재는 간접점유자가 물건에 지배력을 미치고 있다는 데 대한 최소한의 요건이라고 할 수 있다. 여기의 반환청구권의 성질에 관하여는 견해가 대립하나(물권법 [88] 참조), 통설처럼 언제나 채권적 청구권이라고 하여야 한다. 한편 간접점유자의 반환청구권은 점유매개관계가 유효한 때에는 그에 기하여(또는 부당이득과 경합하여), 그리고 그것이 무효인 때에는 부당이득을 이유로 발생한다.

B-143

3. 효　과

(1) 서　설

간접점유자는 점유권이 있다(194조). 따라서 점유에 관한 규정은 그 성질상 적용이 배제되어야 하는 것을 제외하고는 간접점유자에도 적용된다. 중요한 효과를 대내·외 관계로 나누어 기술하기로 한다.

(2) **대내관계**(간접점유자와 직접점유자 사이)

간접점유자는 직접점유자에 대하여는 점유보호청구권이나 자력구제권을 행사할 수 없고, 단지 간접점유의 기초가 되는 법률관계(점유매개관계) 또는 물권에 기한 청구권을 행사할 수 있을 뿐이다. 그에 비하여 **직접점유자는** 간접점유자에 대하여 점유매개관계에 기한 청구권 외에 점유보호청구권·자력구제권도 행사할 수 있다.

(3) **대외관계**(간접점유자와 제 3 자 사이)

직접점유자가 그의 점유를 침탈(侵奪)당하거나(즉 빼앗기거나) 방해당하고 있는 경우에는 간접점유자도 점유보호청구권을 가진다(207조 1항). 그러나 직접점유자에 의하여 간접점유가 침해된 경우(예: 직접점유자가 횡령하여 처분한 경우)에는 간접점유자는 점유보호청구권이 없다.

간접점유자가 반환청구권을 행사하는 경우에는 직접점유자에의 반환을 청구하여야 하며, 직접점유자가 반환받을 수 없거나 반환을 원하지 않는 때에 한하여 자기에게 반환할 것을 청구할 수 있다(207조 2항).

직접점유자에 대한 침해가 있는 경우에 간접점유자도 자력구제권이 있는가에 관하여는 학설이 나뉜다(물권법 [88] 참조). 생각건대 개인의 사력(私力)을 행사하는 자력구제는 제한적으로 인정되어야 하므로, 간접점유에 관하여 이를 인정하는 명문규정이 없는 한 부정하여야 한다.

판 례 간접점유자의 권리

매수인이 소유권유보부 매매의 목적물을 타인의 직접점유를 통하여 간접점유 하던 중 그 타인의 채권자가 그 채권의 실행으로 그 목적물을 압류한 사안에서, 매수인은 그 강제집행을 용인하여야 할 별도의 사유가 있지 아니한 한 소유권유보매수인 또는 정당한 권원 있는 간접점유자의 지위에서 민사집행법 제48조 제 1 항에 정한 '목적물의 인도를 막을 수 있는 권리'를 가진다고 한 사례(대판 2009. 4. 9, 2009다1894).

Ⅳ. 점유의 모습 B-144

1. 자주점유(自主占有) · 타주점유(他主占有)

사 례 (신사례 [33]번 문제 중 일부)

A는 1965. 11. 18. 어느 지역의 14번지를 매수하여 같은 해 11. 26. 그의 명의로 소유권이전등기

를 마치고 이를 소유하여 오던 중, 1971. 8. 12.경 그 토지(대지) 위에 건축되어 있던 구 가옥을 철거하고 새로이 주택을 신축하였다. 그러면서 A는 자신의 토지와 인접해 있는 국가 소유의 일반재산인 그 지역 15번지 중 3분의 2 정도에 해당하는 부분(편의상 X부분이라고 함)을 국가가 설치해 놓은 철조망을 제거한 뒤 그 둘레에 담장을 설치하고 그 안에 창고와 차고를 만드는 외에 나머지 부분을 마당으로 사용하는 방법으로 점유하였다. 그 후 B는 1991. 3. 18. A로부터 14번지와 그 지상의 주택을 매수하여 등기도 마쳤고, X부분도 A와 똑같이 현재(1998. 1. 3)까지 점유·사용하여 오고 있다. 그리고 위 15번지는 1950년대 이래 지금까지 계속하여 국가 명의로 등기되어 있다.

이 경우에 B와 국가 사이의 법률관계를 논하시오. (사례의 해결: B－148)

(1) 자주점유·타주점유의 의의

자주점유는 물건을 소유자처럼 지배할 의사로써, 달리 말하면 자신을 위하여 배타적으로 지배할 의사로써 점유하는 것이다. 따라서 자주점유가 성립하기 위하여 정당한 권원이 필요하지도 않고 또 권원이 있다고 믿고 있었어야 하는 것도 아니다(그리하여 도둑도 자주점유자일 수 있다). 통설도 같은 태도이다. 그에 비하여 **타주점유**는 자주점유가 아닌 점유이다. 자주점유·타주점유의 구별은 취득시효(245조 이하)·무주물선점(252조)·점유자의 책임(202조)에서 의미가 있으며, 특히 취득시효에서 중요하다.

(2) 자주점유인지 여부의 판단

1) 판 례 우리 대법원은 자주점유 여부의 판단에 관하여 과거에 여러 가지 표현을 사용하였다. 그런데 1983년의 전원합의체 판결(대판(전원) 1983. 7. 12, 82다708·709, 82다카1792·1793)이 「취득시효에 있어서 자주점유의 요건인 소유의 의사는 객관적으로 점유취득의 원인이 된 점유권원의 성질에 의하여 그 존부를 결정하여야」 한다고 한 뒤에는, 대체로 그 내용으로 통일되었다. 그러다가 **1997년의 전원합의체 판결**(대판(전원) 1997. 8. 21, 95다28625[핵심판례 132면])에서 「점유자의 점유가 소유의 의사 있는 자주점유인지 아니면 소유의 의사 없는 타주점유인지의 여부는 점유자의 내심의 의사에 의하여 결정되는 것이 아니라 점유취득의 원인이 된 권원의 성질이나 점유와 관계 있는 모든 사정에 의하여 외형적·객관적으로 결정되는 것」이라고 판시하자, 그 이후에는 많은 판결에서 거의 예외 없이 이 판결에 따라 자주점유를 판단하고 있다(대판 1997. 10. 24, 97다32901 이래 수많은 후속판결에서 그렇다. 다만 대판 1999. 3. 9, 98다41759만은 예외이나, 그 판결도 1997년의 판결을 참고판결로 인용하고 있다). 자주점유의 판단에 관한 한 위의 두 판결의 태도는 일치하지 않는다. 그럼에도 불구하고 후자가 전자를 폐기하지 않은 이유는 아마도 전자가 「권원의 성질만에 의하여」 판단하라는 의미는 아니라고 이해하여서인 듯하다. 어쨌든 뒤의 판결은 판례를 사실상 변경한 것이며, 그 효과가 후속판결에서 그대로 나타나고 있다.

판례 자주점유 여부 B-145

(ㄱ) **증여의 경우** 「부동산을 증여받아 그 점유를 개시하였다면 그 점유권원의 성질상 이는 자주점유라 할 것이고 설사 그 증여가 무권리자에 의한 것이어서 소유권을 적법하게 취득하지 못한다는 사정을 알았다고 하더라도 그와 같은 사유만으로 그 점유가 타주점유가 된다고 볼 수는 없는 것이다.」(대판 1994. 11. 25, 94다14612)

(ㄴ) **매매의 경우**

① 매수인의 점유는 그 매매가 설사 타인 토지의 매매로서 그 소유권을 취득할 수 없다고 하여도 원칙적으로 자주점유이다(대판 1981. 11. 24, 80다3083). 그리고 나중에 매도인에게 처분권이 없었다는 등의 사유로 그 매매가 무효인 것이 밝혀졌다 하더라도 위와 같은 점유의 성질이 변하는 것은 아니다(대판 1996. 5. 28, 95다40328).

② 지상 건물과 함께 그 대지를 매수 취득하여 점유를 개시함에 있어서 매수인이 인접 토지와의 경계선을 정확하게 확인하여 보지 아니하여 착오로 인접 토지의 일부를 그가 매수 취득한 대지에 속하는 것으로 믿고 위 인접 토지의 일부를 현실적으로 인도받아 점유하여 왔다면 특별한 사정이 없는 한 인접 토지에 대한 점유 역시 소유의 의사가 있는 자주점유라고 보아야 할 것이다(대판 2009. 12. 10, 2006다55784 · 55791 등). 이는 토지를 매수하여 인접 토지의 일부를 점유하는 경우도 마찬가지이고(대판 2000. 9. 29, 99다58570 · 58587), 또 그 인접 토지의 점유방법이 분묘를 설치·관리하는 것이라도 같다(대판 2007. 6. 14, 2006다84423).

③ 매매 대상 토지의 면적이 등기부상의 면적을 상당히 초과하는 경우에는, 매도인이 그 초과부분에 대한 소유권을 취득하여 이전하여 주기로 약정하는 등의 특별한 사정이 없는 한, 그 초과부분은 단순한 점용권의 매매로 보아야 하고, 따라서 그 점유는 권원의 성질상 타주점유에 해당한다(대판 2014. 3. 13, 2011다111459 등).

④ 무효인 법률행위로 인하여 부동산을 취득한 사람이 그 법률행위가 무효임을 알면서 부동산을 인도받아 점유하기 시작한 때에는 특별한 다른 사정이 없는 한 소유의 의사로 점유를 개시한 것으로 볼 수는 없다(대판 1993. 7. 13, 93다1039 등). 그리고 학교법인의 기본재산을 매수한 사람이 관할청의 허가 없이 계약이 체결된 사실을 알면서 그 목적물을 인도받아 점유를 개시하였다면 이러한 경우의 점유는 자주점유로 인정할 수 없다(대판 1992. 5. 8, 91다37751). 그러나 학교법인의 기본재산을 매수한 사람이라도 관할관청의 허가 없이 계약이 체결된 사실을 알면서 점유를 개시한 것이 아니라면 그 점유가 자주점유가 아니라 할 수 없다(대판 1996. 3. 22, 95다53768).

(ㄷ) **공유자가 공유물을 전부 점유한 경우** 공유토지는 공유자 1인이 그 전부를 점유하고 있다고 하여도 다른 공유자의 지분비율의 범위 내에서는 타주점유라고 볼 수밖에 없다(대판 1996. 7. 26, 95다51861 등). 공유자인 공동상속인 1인이 상속토지 전체를 점유하는 경우에도 같다(대판 2008. 6. 26, 2007다7898).

(ㄹ) **기 타**

구분소유적 공유관계에서 어느 특정된 부분만을 소유·점유하고 있는 공유자가 매매 등과 같이 종전의 공유지분권과는 별도의 자주점유가 가능한 권원에 의하여 다른 공유자가 소유·점유하는 특정된 부분을 취득하여 점유를 개시하였다고 주장하는 경우에는, 타인 소유의 부동산을 매수·점유하였다고 주장하는 경우와 달리 볼 필요가 없으므로, 취득 권원이 인정되지 않는다고 하더라도 그 사유만으로 자주점유의 추정이 번복된다거나 점유권원의 성질상 타주점유라고 할 수 없고, 상대방에게 타주점유에 대하여 증명할 책임이 있다(대판 2013. 3. 28, 2012다68750).

2) 학 설 우리의 통설은 1983년의 판례의 태도를 따르고 있다. 그리하여 소유의 의사의 유무는 점유취득의 원인이 된 사실 즉 권원의 성질에 의하여 객관적으로 정하여진다고 한다(사견은 다름. 물권법 [89] 참조).

B-146 **(3) 자주점유의 추정과 번복(飜覆)**

점유자는 소유의 의사로 점유하는 것으로, 즉 **자주점유로 추정된다**(197조 1항)(이러한 추정은 지적공부 등의 관리주체인 국가나 지방자치단체가 점유하는 경우에도 적용된다. 대판 2023. 6. 29, 2020다290767 등 다수). 따라서 점유자가 스스로 자주점유를 증명할 책임이 없고 점유자의 점유가 타주점유임을 주장하는 상대방에게 타주점유의 증명책임이 있다(통설·판례도 같음. 대판(전원) 1983. 7. 12, 82다708·709, 82다카1792·1793; 대판(전원) 1997. 8. 21, 95다28625[핵심판례 132면] 등). 이와 같이 자주점유의 권원에 관한 증명책임이 점유자에게 있지 않으므로, 점유자가 스스로 매매 또는 증여와 같은 자주점유의 권원을 주장하였으나 이것이 인정되지 않는 경우에도, 그 점유권원이 인정되지 않는다는 사유만으로 자주점유의 추정이 번복되거나 점유권원의 성질상 타주점유라고 볼 수는 없다(대판(전원) 1983. 7. 12, 82다708·709, 82다카1792·1793; 대판 2023. 6. 29, 2020다290767 등 다수). 한편 자주점유의 추정은 전 점유자의 타주점유를 승계한 점유자가 자기의 점유만을 주장하는 경우에도 인정된다(대판 2002. 2. 26, 99다72743).

자주점유의 추정은 반대증명에 의하여 깨어진다. 그런데 어떠한 증명이 있어야 추정을 깰 수 있는지가 문제된다. 현재의 판례라고 할 수 있는 **1997년의 전원합의체 판결**(대판(전원) 1997. 8. 21, 95다28625[핵심판례 132면])에 의하면 「점유자가 성질상 소유의 의사가 없는 것으로 보이는 권원에 바탕을 두고 점유를 취득한 사실이 증명되었거나, 점유자가 타인의 소유권을 배제하여 자기의 소유물처럼 배타적 지배를 행사하는 의사를 가지고 점유하는 것으로 볼 수 없는 객관적 사정, 즉 점유자가 진정한 소유자라면 통상 취하지 아니할 태도를 나타내거나 소유자라면 당연히 취했을 것으로 보이는 행동을 취하지 아니한 경우 등 외형적·객관적으로 보아 점유자가 타인의 소유권을 배척하고 점유할 의사를 갖고 있지 아니하였던 것으로 볼 만한 사정이 증명된 경우에도 그 추정은 깨어진다」고 한다. 이 판결은 이어서 「점유자가 점유개시 당시에 소유권취득의 원인이 될 수 있는 법률행위 기타 법률요건이 없이 **그와 같은 법률요건이 없다는 사실을 잘 알면서 타인 소유의 부동산을 무단점유한 것이 입증된 경우에도**」 자주점유의 추정은 깨어진다고 한다. 즉 악의의 무단점유가 증명된 때에는 추정이 번복된다는 것이다. 이 판례는 이론상 옳은 것은 아니나 결과에서는 타당하다고 할 수 있다(자세한 것은 송덕수, 신사례, 274면 이하 참조).

한편 대법원은 많은 사안에서 무단점유의 경우에 자주점유의 추정이 깨어졌다고 하였다(대판 2011. 1. 13, 2010다66699 등). 그러나 임야에 대하여 소유권보존등기를 경료하고 점유를 개시한 지방자치단체가 점유권원을 주장·증명하지 못하고 있는 사례(대판 2005. 4. 15, 2003다49627)와, 국가 및 지방자치단체가 토지에 관하여 공공용 재산으로서의 취득절차를 밟았음을 인정할 증거를 제출하지 못하고 있는 사례(국가 등이 점유 개시 당시 공공용 재산의 취득절차를 거쳐서 소유권을 적법하게 취득하였을 가능성을 배제할 수 없는 경우에 그렇다고 함)(대판 2023. 6. 29, 2020다290767 등 다수)에서는 자주점유의 추정이 번복된다고 볼 수는 없다고 하였다. 그리고 지방자치단체가 토지구획정리사업의 시행자로서 그 사업 완료로 인하여 시행구역 안에 설치된 도로를 점유한 사례에 관하여, 비록 종전의 토지소유자에게 그에 대한 보상이 행하여지지 아니하였다고 하더라도 그 경우가 자주점유의 추정이 깨어지는 무단점유에 해당한다고 볼 수 없다고 하였다(대판 1998. 8. 21, 98다1607·1614).

(4) 전 환 B-147

1) 타주점유의 자주점유로의 전환 판례에 의하면, 타주점유가 자주점유로 전환되기 위하여는 타주점유자가 새로운 권원에 기하여 소유의 의사를 가지고 점유를 시작하거나 또는 자기에게 점유를 하게 한 자(간접점유자)에 대하여 소유의 의사가 있음을 표시하여야 한다고 한다(대판 1998. 3. 27, 97다53823 등). 학설도 판례와 같으나, 일부 견해는 간접점유자가 없는 경우에는 소유의 의사를 객관적으로 인식할 수 있으면 충분하다는 예외를 인정한다(사견은 다름. 물권법 [90] 참고).

한편 상속은 새로운 점유취득원인이 아니며, 그 경우에는 제193조에 의하여 피상속인의 점유가 그대로 승계된다(통설·판례도 같음. 대판 1997. 12. 12, 97다40100[핵심판례 134면] 등).

2) 자주점유의 타주점유로의 변경 다수설은 여기에 관하여도 위 1)의 이론을 그대로 인정하고 있다. 판례는 타주점유로부터 자주점유로의 전환의 경우와 달리 자주점유로부터 타주점유로의 전환에 관하여는 아무런 원칙도 밝히고 있지 않다. 그러나 새로운 권원(본래의 의미)에 기하여 타주점유를 취득한 경우에는 이 전환을 당연히 인정한다. 가령 대법원은, 부동산을 타인에게 매도하여 그 인도의무를 지고 있는 매도인의 점유는 특별한 사정이 없는 한 타주점유로 변경된다고 한다(대판 1997. 4. 11, 97다5824 등).

(판 례) 자주점유 추정의 번복/타주점유로의 전환 B-148

(ㄱ) 「민법 제197조 제 1 항이 규정하고 있는 점유자에게 추정되는 소유의 의사는 사실상 소유할 의사가 있는 것으로 충분한 것이지 반드시 등기를 수반하여야 하는 것은 아니므로 등기를 수반하지 아니한 점유임이 밝혀졌다고 하여 이 사실만 가지고 바로 점유권원의 성질상 소유의 의사가 결여된 타주점유라고 할 수도 없을 것이다.」(대판(전원) 2000. 3. 16, 97다37661)

(ㄴ) 「진정 소유자가 자신의 소유권을 주장하며 점유자 명의의 소유권이전등기는 원인무효의 등기라 하여 점유자를 상대로 토지에 관한 점유자 명의의 소유권이전등기의 말소등

기 청구소송을 제기하여 그 소송사건이 점유자의 패소로 확정되었다면, … 점유자로서는 토지에 관한 점유자 명의의 소유권이전등기에 관하여 정당한 소유자에 대하여 말소등기의무를 부담하게 되었음이 확정되었으므로, 단순한 악의점유의 상태와는 달리 객관적으로 그와 같은 의무를 부담하고 있는 점유자로 변한 것이어서 점유자의 토지에 대한 점유는 패소판결 확정 후부터는 타주점유로 전환되었다고 보아야 할 것이다.」(대판 2000. 12. 8, 2000다14934·14941)

(ㄷ)「타인의 부동산을 점유하는 사람은 일응 소유의 의사로 점유하는 것으로 추정되고 그 추정을 번복할 만한 특별한 사정이 있는 경우에 한하여 타주점유로 인정할 수 있다 할 것인바, 토지의 점유자가 이전에 토지 소유자를 상대로 그 토지에 관하여 매매를 원인으로 한 소유권이전등기 청구소송을 제기하였다가 패소하고 그 판결이 확정되었다 하더라도 그 사정만을 들어서는 토지 점유자의 자주점유의 추정이 번복되어 타주점유로 전환된다고 할 수 없다.」(대판 2009. 12. 10, 2006다19177)

(ㄹ)「계약명의신탁에서 명의신탁자는 … 특별한 사정이 없는 한 … 타인의 소유권을 배척하고 점유할 의사를 가지지 않았다고 할 것이므로 소유의 의사로 점유한다는 추정은 깨어진다.」(대판 2024. 4. 4, 2023다304650)

사례의 해결

먼저 B가 점유 취득시효의 요건을 갖추었는지를 본다. B는 시효취득의 주체가 될 수 있다. 그리고 X부분은 국가 토지이고 독립한 토지의 일부분이지만 시효취득의 대상이 된다. 사례에서 B가 시효취득을 하려면 그의 점유기간이 7년에도 미달하므로 A의 점유도 아울러 주장해야 한다. 그런데 A의 점유는 평온·공연한 점유이기는 하나, 악의의 무단점유에 해당하여 자주점유의 추정이 깨어지고, 따라서 자주점유 사실을 따로 증명하지 못하면 자주점유로 인정되지 못한다. 사례에서 다른 증명이 없으므로 A의 점유는 자주점유가 아니고, B는 A·B의 점유기간 동안 타주점유를 한 것으로 된다. 결국 B는 X부분에 대하여 시효취득을 할 수 없다.

국가는 B에 대하여 소유물방해제거청구권을 가진다. 국가가 방해제거청구를 할 경우 그 비용은 B가 부담해야 한다. 그리고 제201조 내지 제203조가 적용 또는 유추적용된다.

국가는 B에 대하여 부당이득 반환청구를 할 수 있다. 그런데 부당이득 반환에 관하여 다수설은 특수이론을 취하여, 손실자가 물권적 청구권을 가지는 경우에도 그들 사이의 관계를 부당이득 반환의 관계로 보고, 원물반환의 경우에는 언제나 제201조 내지 제203조만을 적용할 것이라고 한다.

B에게 책임능력이 있다면 B는 국가에 대하여 불법행위책임을 진다. 다만, 손해배상청구권의 시효완성 여부가 검토되어야 한다. (사례: B-144)

B-149

2. 선의점유 · 악의점유

선의점유는 점유할 권리 즉 본권이 없음에도 불구하고 본권이 있다고 잘못 믿고서 하는 점유이고, 악의점유는 본권이 없음을 알면서 또는 본권의 유무에 관하여 의심을 품으면서 하는 점유이다(통설임). 통설은 선의점유의 효과가 강력하다는 이유로 의심을 품는 때도 악의점유로 새긴다.

점유자는 선의로 점유한 것으로 추정된다(197조 1항). 그리고 판례는, 권원 없는 점유였음이 밝혀졌다고 하여 바로 그 동안의 점유에 대한 선의의 추정이 깨어졌다고 볼 것은 아니라고 한다(대판 2019. 1. 31, 2017다216028 · 216035 등). 한편 선의의 점유자가 본권에 관한 소에서 패소한 때에는 그 소가 제기된 때로부터 악의의 점유자였던 것으로 본다(197조 2항). 여기서 「본권에 관한 소」란 소유권에 기하여 제기된 일체의 소송을 가리킨다. 그러한 소의 대표적인 예로는 소유물반환청구 소송이 있으나, 타인 토지에 소유권 등기가 되어 있는 자에 대하여 제기한 등기말소청구 소송도 그에 해당한다(대판 1987. 1. 20, 86다카1372 참조). 그런가 하면 부당점유자를 상대로 점유로 인한 부당이득 반환을 청구하는 소송도 포함된다(대판 2002. 11. 22, 2001다6213). 주의할 것은, 소유자가 불법점유자를 상대로 소유물반환청구 소송을 제기한 후 소유권을 상실하였거나 점유자가 소제기 당시에는 소유권이 없었지만 그 후에 소유권을 취득하여, 결국 소유자가 소유물반환청구 소송에서는 패소하였지만 부당이득의 반환청구는 인정된 경우에는, 제197조 제 2 항에 따라 점유자는 악의로 의제되어야 한다는 점이다(동지 주해(4), 375면(양창수)). 그렇게 새기지 않으면 우연한 사정에 의하여 점유자가 지나치게 많이 보호되기 때문이다. 판례도 같은 입장이다(대판 2002. 11. 22, 2001다6213). 한편 여기서 「패소한 때」란, 판례에 따르면, 종국판결에 의하여 패소로 확정된 경우를 가리킨다(대판 1974. 6. 25, 74다128). 따라서 대법원의 파기환송판결은 이에 해당하지 않는다. 그리고 「소가 제기된 때」란 소송이 계속된 때, 즉 소장 부본이 피고에게 송달된 때를 말한다(대판 2016. 12. 29, 2016다242273).

3. 과실 있는 점유 · 과실 없는 점유

이는 선의점유에 있어서 본권이 있다고 잘못 믿은 데 과실이 있느냐 여부에 의한 구별이다. 점유자의 무과실에 관하여는 추정규정이 없으므로, 무과실을 주장하는 자가 그것을 증명하여야 한다.

4. 하자(흠) 있는 점유 · 하자 없는 점유

악의·과실·강포(强暴: 평온하지 않은 것)·은비(隱秘: 공연하지 않은 것) 또는 불계속의 점유가 하자 있는 점유이고, 선의·무과실·평온·공연한 점유가 하자 없는 점유이다. 점유자의 평온·공연한 점유도 추정된다(197조 1항). 그리고 점유의 계속도 추정된다. 즉 전후 양시에 점유한 사실이 있는 때에는 그 점유는 계속된 것으로 추정된다(198조). 그런데 이 점유계속 추정은 동일인이 전후 양 시점에 점유한 것이 증명된 때에만 적용되는 것이 아니고, 전후 양 시점의 점유자가 다른 경우에도 점유의 승계가 증명되는 한 점유계속이 추정된다(대판 1996. 9. 20, 96다24279).

5. 단독점유 · 공동점유

하나의 물건에 관하여 1인이 점유하는 것이 단독점유이고, 수인이 공동으로 점유하는 것이 공동점유이다.

제 3 관 점유권의 취득과 소멸

B-150 ### Ⅰ. 점유권의 취득

점유권의 취득은 직접점유의 경우와 간접점유의 경우로 나누어 살펴볼 수 있다.

1. 직접점유의 취득

(1) 원시취득(原始取得)

물건에 대하여 사실상의 지배를 하게 되면 직접점유를 원시취득한다. 무주물의 선점이나 유실물의 습득이 전형적인 예이나, 타인 소유의 물건을 훔친 경우에도 점유의 원시취득은 존재한다. 물건의 사실상 지배를 위하여 점유설정의사가 필요함은 앞에서 설명하였다(B-138 참조).

(2) 특정승계취득

특정승계취득은 특정물건의 점유를 타인으로부터 승계한 것을 말한다. 따라서 이 취득이 생기려면 그 물건의 인도가 있어야 한다(196조 1항은 이 취지를 규정한 것으로 이해해야 한다). 그런데 직접점유의 특정승계취득을 위한 인도는 현실의 인도만이다. 그리고 현실의 인도가 있으려면 사실상 지배의 이전 외에 점유이전의 합의가 필요하다는 점, 점유이전의 합의는 자연적 의사의 합치라는 점은 앞에서 설명한 바 그대로이다(B-116 참조).

한편 사실상 지배의 이전은 사회통념상 물건에 대한 지배가 인도인으로부터 인수인에게로 넘어가는 것을 가리킨다. 그 구체적인 방법은 경우에 따라 다르겠으나, 동산에 있어서는 보통 장소의 이전이 뒤따르고, 부동산에 있어서는 관리나 이용이 옮겨지게 된다. 판례에 의하면, 건물소유자가 그 건물의 소유권을 타인에게 넘겨주었을 때에는 특별한 사정이 없는 한 그 부지에 대한 점유도 함께 넘겨주었다고 볼 것이라고 한다(대판 1981. 9. 22, 80다2718). 그리고 임야에 대한 관리나 이용의 이전이 있으면 인도가 있었다고 보아야 하고, 임야에 대한 소유권을 양도하는 경우라면 그에 대한 지배권도 넘겨지는 것이 거래에 있어서 통상적인 형태라고 한다(대판 1997. 8. 22, 97다2665 등). 나아가 대지의 소유자로 등기한 자는 보통의 경우 등기할 때에 그 대지의 인도를 받아 점유를 얻은 것으로 보아야 할 것이라고 한다(대판 2001. 1. 16, 98다20110).

(3) 상속에 의한 취득

상속의 경우에는 상속인이 점유를 취득한다(193조). 그리고 포괄적 수증자(수유자)도 같다(1078조 참조). 따라서 피상속인이 사망하여 상속이 개시되면 피상속인이 점유하고 있던 물건은 상속인의 점유로 된다. 상속인이 관리하고 있거나 상속개시의 사실을 알고 있을 필요도 없다.

상속인이 승계하는 점유 및 점유권의 성질은 피상속인의 그것과 동일하다. 그리고 상속은 점유의 성질을 변경시키는 새로운 점유취득원인이 아니다.

2. 간접점유의 취득 B-151

(1) 간접점유의 설정

점유매개관계를 맺은 경우에 그에 기하여 직접점유자가 점유를 개시하면 간접점유가 성립한다. 그런데 그 구체적인 방법에는 여러 가지가 있다. 현재까지의 직접점유자인 소유자가 타인에게 직접점유를 시키는 경우(예: 임대인의 임대), 점유개정의 경우(예: 매도 후 매도인이 임차하는 경우), 점유매개자가 제 3 자로부터 매수하여 점유를 취득하는 경우(예: 수임인의 물건 매수) 등이 그 예이다.

(2) 간접점유의 특정승계

간접점유자는 목적물반환청구권의 양도에 의하여 간접점유를 승계시킬 수 있다(196조 2항 참조). 그때에 양수인과의 합의가 있어야 함은 물론이다(B-119 참조).

(3) 상속에 의한 취득

피상속인이 간접점유를 하고 있었던 경우에는 상속에 의하여 피상속인의 권리(본권)가 상속인에게 승계되어(1005조) 상속인은 역시 간접점유를 하게 된다(193조).

3. 점유승계의 효과

점유자의 승계인은 자기의 점유만을 주장할 수도 있고, 자기의 점유와 전 점유자의 점유를 아울러 주장할 수도 있다(199조 1항). 그런데 전 점유자의 점유를 아울러 주장하는 경우에는 그 하자도 승계한다(199조 2항).

한편 제199조가 상속의 경우에도 적용되는가에 관하여는 i) 긍정설과 ii) 부정설이 대립하고 있다(사견에 대하여는 물권법 [92] 참조). ii)설은 자신만의 고유한 점유를 주장하기 위하여서는 별도의 새로운 권원이 존재하여야 한다고 주장한다. 한편 판례는 부정하는 입장이다(대판 1997. 12. 12, 97다40100[핵심판례 134면]; 대판 2004. 9. 24, 2004다27273 등).

판 례 상속에 의한 점유

「상속에 의하여 점유권을 취득한 경우에는 상속인이 새로운 권원에 의하여 자기 고유의 점유를 시작하지 않는 한 피상속인의 점유를 떠나 자기만의 점유를 주장할 수 없고, 또 선대의 점유가 타주점유인 경우 선대로부터 상속에 의하여 점유를 승계한 자의 점유도 그 성질 내지 태양을 달리하는 것이 아니어서 특단의 사정이 없는 한 그 점유가 자주점유로 될 수 없고, 그 점유가 자주점유가 되기 위하여는 점유자가 소유자에 대하여 소유의 의사가 있는 것을 표시하거나 새로운 권원에 의하여 다시 소유의 의사로써 점유를 시작하여야 하는 것이다.」(대판 1997. 12. 12, 97다40100[핵심판례 134면])

B-152 Ⅱ. 점유권의 소멸

점유가 소멸하면 점유권도 소멸한다.

(1) 직접점유의 소멸

직접점유는 물건에 대한 사실상 지배를 상실하면 소멸한다(192조 2항 본문). 다만, 점유를 침탈당한 자가 1년 내에 점유회수의 청구에 의하여 점유를 회수하면 점유를 상실하지 않았던 것으로 된다(192조 2항 단서).

(2) 간접점유의 상실

간접점유는 직접점유자가 점유를 상실하거나 또는 점유매개자가 점유매개자의 역할을 중단하면 소멸한다.

제 4 관 점유권의 효력

B-153 Ⅰ. 권리의 추정

(1) 점유자가 점유물에 대하여 행사하는 권리는 적법하게 보유한 것으로 추정된다(200조). 여기서 「점유물에 대하여 행사하는 권리」는 물권뿐만 아니라 점유할 수 있는 권능을 포함하는 모든 권리를 의미한다(예: 소유권·질권·임차권). 한편 점유자는 소유의 의사로 점유한 것으로 추정되므로(197조 1항), 점유자는 원칙적으로 소유자로 추정된다.

권리의 추정을 받는 점유의 종류는 묻지 않는다. 따라서 하자 있는 점유라도 무방하다. 그리고 간접점유의 경우에도 권리추정이 인정된다(이설 없음).

이 점유자의 권리추정은 동산에만 인정되며, 부동산에 관하여는 그에 관하여 등기가 되어 있지 않을지라도 적용되지 않아야 한다(B-64 참조).

(2) 명문규정은 없으나, 과거에 점유한 자는 그 점유기간 중 적법하게 권리를 가졌던

것으로 추정된다(통설도 같음).

(3) 점유자는 권리추정을 모든 자에 대하여 주장할 수 있는가? 이것과 관련하여 소유자로부터 점유를 취득한 자가 소유자에 대하여 추정을 주장할 수 있는지가 문제된다. 학설은 i) 긍정설(사견도 같음)과 ii) 부정설로 나뉘어 있으며, 부정설이 압도적인 다수설이다. 그리고 판례는 다수설과 같이 부정한다(대판 1964. 12. 8, 64다714).

추정은 점유자의 이익을 위하여서뿐만 아니라 그의 불이익을 위하여서도 사용될 수 있다(따라서 소유자로서의 과세를 면하려면 점유자가 소유자 아님을 증명하여야 한다). 그리고 추정의 효과는 점유자 외에 제 3 자(예: 점유자로부터의 임차인)도 주장할 수 있다.

Ⅱ. 점유자와 회복자의 관계 B-154

1. 서 설

타인의 물건을 소유권 기타 본권 없이 점유하는 자는 본권자가 반환청구권을 행사하면 그 물건을 본권자에게 반환하여야 한다. 그런데 이때 점유자와 본권자 즉 회복자 사이에는 물건 반환 외에 남는 문제가 있다. 점유자가 ① 점유 중에 과실을 취득할 수 있는가, ② 점유 중에 물건을 멸실·훼손한 경우에 어떤 범위에서 책임을 지는가, ③ 점유 중에 그 물건에 비용을 지출한 경우에 본권자에게 그 상환을 청구할 수 있는가 등이 그것이다. 민법은 이들을 점유권의 효력의 일부로 보아 제201조 내지 제203조에서 규율하고 있다. 그러나 이 규정들은 그 위치에도 불구하고 소유물반환관계를 전제로 하여 그에 뒤따르는 문제를 해결하기 위한 것으로 이해하여야 한다(동지 주해(4), 350면(양창수)). 그리하여 제201조 내지 제203조는 점유자가 권원이 없이 물건을 점유하고 있는 경우에만 적용하여야 한다. 그리고 이 규정들은 불합리한 내용도 담고 있기 때문에(무상으로 점유를 취득한 자의 과실반환을 규정하는 독일민법 988조 참조), 가능한 한 그 적용범위를 좁혀야 한다. 따라서 당사자 사이에 소유물반환관계가 있다고 하더라도 그것과 동시에 점유자에게 계약상의 반환의무(예: 임대차의 소멸)나 원상회복의무(예: 매매계약이 해제된 경우)가 존재하는 때에는 이 규정들이 적용되지 않는다고 하여야 한다(동지 주해(4), 361면(양창수). 그리고 대판 2003. 7. 25, 2001다64752[핵심판례 136면]; 대판 2009. 3. 26, 2008다34828은 계약관계가 있는 경우에는 그 계약관계를 규율하는 법조항이 적용되고, 203조 2항이 적용되지 않는다고 한다).

2. 과실취득 B-155

(1) 선의점유자의 과실(果實)취득권

1) 민법은 제201조 제 1 항에서 「선의의 점유자는 점유물의 과실을 취득한다」고 규정한다.

여기서 「선의」의 점유자라 함은 과실수취권을 포함하는 본권(소유권·지상권·전세권·임차권 등)을 가지고 있다고 잘못 믿고 있는 점유자를 가리키며, 과실수취권을 포함하지 않는 본권(질권·유치권 등)을 가지고 있다고 믿고 있는 자는 이에 해당하지 않는다(통설·판례도 같음. 대판 2000. 3. 10, 99다63350 등). 선의의 점유자로 보호되기 위하여서는 선의인 데 무과실이어야 하는가? 여기에 관하여 판례는 권원이 있다고 오신할 만한 근거가 있을 것을 요구한다(대판 2000. 3. 10, 99다63350 등). 그리고 학설은 i) 과실 유무는 묻지 않는다는 견해(사견도 같음)와 ii) 무과실이어야 한다는 견해로 나뉘어 있다.

선의의 점유자라도 본권에 관한 소에서 패소한 때에는 그 소가 제기된 때부터 악의의 점유자로 의제되므로(197조 2항), 소가 제기된 후에는 선의자로 되지 않는다. 그리고 폭력 또는 은비(숨김)에 의한 점유자는 그가 비록 선의일지라도 악의의 점유자로 다루어진다(201조 3항).

B-156 **2)** 선의의 점유자가 취득하는 과실에는 천연과실 외에 **법정과실도 포함되는가?** 여기에 관하여 학설은 일치하여 긍정하고 있다. 그리고 물건을 사용하여 얻은 이익 즉 **사용이익**도 동일하게 다룰 것이라고 한다(사견은 반대함. 물권법 [95] 참조). 사용이익에 관하여는 판례도 같다(대판 1981. 9. 22, 81다233(토지경작으로 인한 이득); 대판 1995. 5. 12, 95다573·580(토지사용이득); 대판 1996. 1. 26, 95다44290(건물사용이득) 등).

제201조 제 1 항이 선의의 점유자에게 과실수취권을 부여한 것인지에 관하여는 논란이 있다. 학설은 i) 과실수취권을 인정한 것이라는 견해(사견도 같음), ii) 선의점유자의 과실반환의무를 면제한 것에 불과하다는 견해로 나뉘어 있다. i)설에 의하면 수취한 과실 전부를 반환할 필요가 없게 되나, ii)설을 취하면 소비하지 않은 과실은 반환하여야 한다는 결과로 된다.

선의점유자가 과실을 취득할 수 있는 범위에서 부당이득은 성립하지 않는다(이설이 없으며, 판례도 같음. 대판 1978. 5. 23, 77다2169 등).

제201조 제 1 항과 불법행위로 인한 손해배상책임의 관계에 관하여 학설은 i) 둘이 경합하여 적용된다는 견해(사견도 같음), ii) 제201조 제 1 항만 적용하여야 한다는 견해로 나뉘어 대립하고 있다. 그리고 판례는 선의의 점유자로 과실취득권이 있다 하여 불법행위로 인한 손해배상책임이 배제되는 것은 아니라고 하여 i)설과 같다(대판 1966. 7. 19, 66다994).

B-157 **(2) 악의점유자의 과실반환의무**

악의의 점유자(폭력 또는 은비에 의한 점유자를 포함한다. 201조 3항)는 수취한 과실(果實)을 반환하여야 하며, 소비하였거나 과실(過失)로 인하여 훼손 또는 수취하지 못한 경우에는 그 과실의 대가를 보상하여야 한다(201조 2항). 주의할 것은, **판례는 이 규정이 제748조 제 2 항에 의한 악의의 수익자의 이자지급의무까지 배제하는 취지는 아니라고 이해한다는 점이다**(대판 2003. 11. 14, 2001다61869[핵심판례 138면]). 그에 의하면, 제201조 제 2 항은 제748조 제 2 항의 특칙이 아니며, 따라서 악의의 수익자는 받은 이익에 이자를 붙여서 반환하여야 한다(자세한 사항은 D-411 참조). 한편 이 경우에도 불법행위책임이 배제되는 것은 아니다(대판 1961. 6. 29, 4293민상704).

3. 점유물의 멸실 · 훼손에 대한 책임 B-158

(1) 서 설

점유물이 점유자의 책임있는 사유로 인하여 멸실 또는 훼손된 경우에는, 본권 없는 점유자는 회복자에 대하여 손해배상의무를 진다(750조 참조). 그런데 민법은 그러한 경우의 배상범위에 관하여 제202조의 특칙을 두고 있다. 그에 의하면 점유자가 선의인지 악의인지에 따라 배상범위가 달라진다.

주의할 것은, 제202조에서 「책임있는 사유」라 함은 「자기 재산에 대하여 베푸는 것과 동일한 주의」(695조 참조)를 게을리한 것이라고 해석된다는 점이다. 그리고 멸실은 물건의 물리적 멸실 외에 제 3 자에게 양도하여 그 반환이 불가능하게 된 것도 포함한다(이설 없음).

제202조와 불법행위책임의 관계는 어떻게 되는가? 여기에 관하여 학설은 i) 제202조는 점유물에 대하여 발생한 손해만에 관한 것이므로 불법행위 규정의 적용을 배제하지 않는다는 견해와 ii) 제201조 · 제202조는 그것이 규정하는 범위를 초과하는 점유자의 책임을 배제하는 데에 그 입법취지가 있으므로 이들에 의한 청구권과 병행하여 불법행위에 의한 손해배상청구권을 행사할 수 없다는 견해(사견도 같음)로 나뉘어 있다. 그리고 의용민법 하에서의 대법원판례는 i)설과 같이 두 권리를 선택적으로 행사할 수 있다고 한다(대판 1961. 6. 29, 4293민상704).

(2) 선의점유자의 책임

선의의 점유자는 그가 자주점유를 하고 있는 때에는 **현존이익을 배상**하면 된다(202조 1문). 그러나 선의의 점유자일지라도 그가 타주점유를 하고 있는 때에는 악의의 점유자와 마찬가지로 점유물의 멸실 · 훼손으로 인한 모든 손해를 배상하여야 한다(202조 2문).

(3) 악의점유자의 책임

악의의 점유자는 그가 자주점유를 하고 있었든 타주점유를 하고 있었든 언제나 **손해 전부를 배상**하여야 한다(202조 1문).

4. 점유자의 비용상환청구권 B-159

(1) 서 설

점유자가 점유물에 관하여 비용을 지출한 경우에 그 반환을 청구할 수 있는지가 문제된다. 이 문제는 점유자에게 본권이 있는 때에는 그 본권관계에 기하여(대판 2003. 7. 25, 2001다64752(임차인)[핵심판례 136면]; 대판 2009. 3. 26, 2008다34828(사용차주)도 같은 태도이다), 점유자의 점유가 사무관리에 해당하면 사무관리 규정(734조 이하)에 의하여 결정될 것이다. 그러나 **본권도 없고 사무관리도 아닌 경우**에는 부당이득의 일반규정에 의할 수밖에 없게 된다. 그런데 민법은 이 경우를 위하여 제203조의 특칙을 두고 있다. 그에 의하면, 일정한 요건 하에 필요비와 유익비의 상환청구권이 인정된다.

(2) 필요비의 상환청구권

점유자가 점유물을 반환할 때에는 회복자에 대하여 점유물을 보존하기 위하여 지출한 금액 기타 필요비의 상환을 청구할 수 있다(203조 1항 본문). 그러한 필요비에는 보존비·수선비(대판 1996. 7. 12, 95다41161)·사육비·공조 공과(公租 公課) 등이 포함된다.

다만, 점유자가 과실을 취득한 경우에는 필요비 가운데 통상의 필요비(대판 1966. 12. 20, 66다1857은 토지에 퇴비·비료를 넣고 배토를 하는 것은 통상의 필요비라고 한다)만은 상환을 청구할 수 없다(203조 1항 단서). 그런데 판례는, 여기서 「점유자가 과실을 취득한 경우」란 점유자가 선의의 점유자로서 제201조 제 1 항에 따라 과실수취권을 보유하고 있는 경우를 뜻하며, 따라서 과실수취권이 없는 악의의 점유자에 대해서는 제203조 제 1 항 단서 규정이 적용되지 않는다고 한다(대판 2021. 4. 29, 2018다261889). 그 결과 악의의 점유자는 통상의 필요비도 청구할 수 있게 된다. 한편 통설·판례는 점유자가 목적물을 이용한 경우에도 과실을 취득한 경우와 동일하게 취급한다(대판 1964. 7. 14, 63다1119).

점유자의 필요비상환청구권은 점유자가 회복자로부터 점유물의 반환을 청구받거나 회복자에게 점유물을 반환한 때에 비로소 행사할 수 있는 상태가 되고 이행기가 도래한다(대판 2024. 12. 24, 2020다275744·275751 등 다수).

B-160 (3) 유익비의 상환청구권

점유자가 점유물을 개량하기 위하여 지출한 금액 기타 유익비에 관하여는 그 가액의 증가가 현존한 경우에 한하여 회복자의 선택에 좇아 그 지출금액이나 증가액의 상환을 청구할 수 있다(203조 2항). 그 결과 유익비의 상환범위는 「점유자가 유익비로 지출한 금액」과 「현존하는 증가액」 중에서 회복자가 선택하는 것으로 정해지는데, 실제 지출금액 및 현존 증가액에 관한 증명책임은 모두 유익비의 상환을 구하는 점유자에게 있다(대판 2018. 6. 15, 2018다206707). 그리고 이 규정에서 정한 점유자의 지출금액은 점유자가 실제 지출한 금액을 의미한다(대판 2018. 3. 27, 2015다3914·3921·3938). 판례는, 비용을 지출한 것은 명백하나 유익비를 지출한 때부터 오랜 시간이 지나 자료가 없어졌다는 이유로 실제 지출한 금액에 대한 증명이 불가능하여 가치 증가에 드는 비용을 추정하는 방법으로 지출금액을 인정해야 하는 경우에는 실제 비용을 지출한 날을 기준시점으로 하여 가치 증가에 드는 금액을 산정한 다음 그 금액에 대하여 물가상승률을 반영하는 등의 방법으로 현가한 금액을 지출금액으로 인정할 것이라고 한다(대판 2018. 3. 27, 2015다3914·3921·3938). 점유자의 유익비상환청구권이 발생하고 행사할 수 있는 시기는 필요비상환청구권과 마찬가지로 점유자가 점유물의 반환을 청구받거나 점유물을 반환한 때이다(대판 2024. 12. 24, 2020다275744·275751 등 다수). 한편 점유자가 유익비상환청구를 하는 경우에 법원은 회복자의 청구에 의하여 상당한 상환기간을 허여할 수 있다(203조 3항).

판 례 유익비상환청구권의 법리/점유자가 점유를 잃은 경우

(ㄱ) 「민법 제203조 제 2 항에 의한 점유자의 회복자에 대한 유익비상환청구권은 점유자가 계약관계 등 적법하게 점유할 권리를 가지지 않아 소유자의 소유물반환청구에 응하여야 할 의무가 있는 경우에 성립되는 것으로서, 이 경우 점유자는 그 비용을 지출할 당시의 소유자가 누구이었는지 관계없이 점유회복 당시의 소유자 즉 회복자에 대하여 비용상환청구권을 행사할 수 있는 것이나, 점유자가 유익비를 지출할 당시 계약관계 등 적법한 점유의 권원을 가진 경우에 그 지출비용의 상환에 관하여는 그 계약관계를 규율하는 법조항이나 법리 등이 적용되는 것이어서, 점유자는 그 계약관계 등의 상대방에 대하여 해당 법조항이나 법리에 따른 비용상환청구권을 행사할 수 있을 뿐 계약관계 등의 상대방이 아닌 점유회복 당시의 소유자에 대하여 민법 제203조 제 2 항에 따른 지출비용의 상환을 구할 수는 없는 것이다.」(대판 2003. 7. 25, 2001다64752: 건물의 임차인은 626조 2항에 의한 유익비상환청구만을 할 수 있을 뿐 이와는 별도로 203조 2항에 의한 유익비의 상환청구를 할 수는 없다고 함[핵심판례 136면])

(ㄴ) 「점유자가 점유물 반환 이외의 원인으로 물건의 점유자 지위를 잃어 소유자가 그를 상대로 물권적 청구권을 행사할 수 없게 되었다면, 그들은 더 이상 민법 제203조가 규율하는 점유자와 회복자의 관계에 있지 않으므로, 점유자(점유자이었던 자의 의미임: 저자 주)는 위 조항을 근거로 비용상환청구권을 행사할 수 없고, 다만 비용 지출이 사무관리에 해당할 경우 그 상환을 청구하거나(민법 제739조), 자기가 지출한 비용으로 물건 소유자가 얻은 이득의 존재와 범위를 증명하여 반환청구권(민법 제741조)을 행사할 수 있을 뿐이다.」(대판 2022. 6. 30, 2020다209815)

⑷ 유치권의 보호

점유자의 비용상환청구권은 필요비이든 유익비이든 제320조의 「물건에 관하여 생긴 채권」이므로 유치권(B-297 이하 참조)에 의하여 보호를 받을 수 있다. 다만, 점유자가 유익비의 상환을 청구하는 경우에 회복자는 법원에 상당한 상환기간을 허락해 줄 것을 요청할 수 있는데(203조 3항), 그 유예기간이 허락되면 점유자의 유치권은 성립하지 않는다.

Ⅲ. 점유보호청구권 B-161

1. 서 설

⑴ 의 의

점유보호청구권은 점유가 침해당하거나 침해당할 염려가 있는 때에 그 점유자에게 본권이 있는지를 묻지 않고 점유 그 자체를 보호하기 위하여 인정되는 일종의 물권적 청구권이다. 점유보호청구권에는 점유물반환청구권·점유물방해제거청구권·점유물방해예방청구권의 셋이 있다.

(2) 성 질

점유보호청구권은 일종의 물권적 청구권이다. 그런데 그 권리는 본권에 기한 물권적 청구권과는 크게 다르다. 즉 후자는 「있어야 할 상태」가 방해되고 있는 경우에 그 상태의 회복을 청구할 수 있는 권리인 데 비하여, 점유보호청구권은 「현재의 물적 지배상태」 그 자체를 보호하기 위한 것이다. 따라서 점유보호청구권의 경우에는 본권이 있는지를 묻지 않으며(대판 1970. 6. 30, 68다1416 등), 또 권리행사의 기간(204조 3항·205조 3항)과 상대방(204조 2항)에 대하여 제한이 가해져 있다.

민법은 점유보호청구권의 내용으로 손해배상청구권도 규정하고 있다(204조·205조). 그런데 이 손해배상청구권은 불법행위로 인하여 발생하는 채권인데 편의상 여기에 함께 규정한 것으로 보아야 한다(이설 없음).

B-162 2. 각종의 점유보호청구권

(1) 점유물반환청구권

1) 의 의 점유자가 점유의 침탈을 당한 경우에 그 물건의 반환 및 손해배상을 청구할 수 있는 권리이다(204조 1항). 점유제도는 본래 현재의 점유상태를 보호하는 것이기는 하나, 점유를 부당하게 침탈한 자의 점유까지 똑같이 보호하는 것은 부당하므로, 민법은 일정한 요건 하에 구 점유자의 점유물의 반환청구를 인정하고 있다.

2) 요 건 점유자가 점유의 침탈을 당하였어야 한다. 침탈이란 점유자가 그의 의사에 의하지 않고서 사실적 지배를 빼앗기는 것이다(위법한 강제집행에 의하여 목적물을 인도받은 경우에는 공권력을 빌려서 점유를 침탈한 것이다. 대판 1963. 2. 21, 62다919). 따라서 사기에 의하여 목적물을 인도한 경우는 침탈이 아니다(대판 1992. 2. 28, 91다17443). 그리고 침탈 여부는 직접점유자를 표준으로 하여 판단하여야 한다. 그 결과 직접점유자가 임의로 물건을 타인에게 인도한 경우에는 그 인도가 간접점유자의 의사에 반하더라도 점유침탈이 아니다(대판 1993. 3. 9, 92다5300). 한편 침탈당한 점유의 종류는 묻지 않는다. 그리하여 악의의 점유나 권원 없는 점유라도 무방하다(대판 1962. 1. 25, 4294민상793 등). 그리고 간접점유도 포함되나, 간접점유를 인정하기 위해서는 간접점유자와 직접점유를 하는 자 사이에 일정한 법률관계, 즉 점유매개관계가 필요하며, 이러한 점유매개관계는 직접점유자가 자신의 점유를 간접점유자의 반환청구권을 승인하면서 행사하는 경우에 인정된다(대판 2012. 2. 23, 2011다61424·61431).

점유침탈자의 고의·과실은 요건이 아니다. 다만, 손해배상청구에 관하여는 불법행위의 요건으로서의 고의·과실이 필요하다.

B-163 **3) 당 사 자**

(가) 청구권자는 점유를 빼앗긴 자이며, 자주점유자·타주점유자인가 직접점유자·간접점유자인가를 묻지 않는다.

(나) **반환청구의 상대방은 점유의 침탈자 및 그의 포괄승계인이다.** 그에 비하여 침탈자의 특정승계인(예: 매수인·임차인)에 대하여는 원칙적으로 반환을 청구할 수 없다(204조 2항 본문). 다만, 특정승계인이 악의인 때에는 예외적으로 반환청구를 허용한다(204조 2항 단서). 민법이 특정승계인에 대하여 반환청구권을 인정하지 않는 이유는 특정승계의 경우에는 침탈상태가 종료한 것으로 보아야 하기 때문이다. 선의의 특정승계인으로부터 다시 악의의 특정승계인에게 점유가 이전된 때에는 그 악의의 자에 대하여도 반환을 청구하지 못한다고 하여야 한다(이설 없음). 그리고 침탈자가 목적물을 제 3 자에게 임대한 경우에는 그 제 3 자는 특정승계인이어서 그가 선의인 한 그에게 반환을 청구할 수 없으나, 간접점유를 가지고 있는 침탈자에게는 반환청구를 할 수 있다(반환청구권의 양도의 청구).

점유물반환청구권의 상대방은 당연히 현재 점유(직접점유·간접점유)를 하고 있어야 한다. 따라서 침탈자이지만 현재는 전혀 점유하고 있지 않는 경우에는 상대방이 될 수 없다(대판 1995. 6. 30, 95다12927).

한편 **손해배상청구권의 상대방**은 스스로 손해를 발생하게 한 자이다. 그리고 그의 특정승계인은 상대방이 아니다.

(다) 점유를 침탈당하여 반환청구권을 가지고 있는 자가 실력으로 점유를 탈환한 경우, 즉 **상호침탈의 경우**에 피탈환자에게도 반환청구권이 인정되는가? 여기에 관하여 학설은 i) 부정설과 ii) 긍정설(사견도 같음)로 나뉘어 있다. 그리고 판례는, 점유자(탈환자)의 점유탈환행위가 제209조 제 2 항의 자력구제에 해당하지 않는다고 하더라도 특별한 사정이 없는 한 상대방(피탈환자)은 자신의 점유가 침탈당하였음을 이유로 점유자를 상대로 제204조 제 1 항에 따른 점유의 회수를 청구할 수 없다고 하여 부정설을 취한다(대판 2023. 8. 18, 2022다269675).

4) 내 용 물건의 반환 및 손해배상을 청구하는 것이다.

목적물의 반환과 관련하여서는, 그 물건이 법원의 환가명령에 의하여 환가되어 금전으로 변한 경우에 그 환가금의 반환을 청구할 수 있는지가 문제된다. 여기에 관하여 학설은 긍정설과 부정설 등으로 나뉘어 있다(물권법 [98] 참조).

간접점유자가 반환청구권을 행사하는 경우에는 원칙적으로 직접점유자에게 반환할 것을 청구하여야 하며, 직접점유자가 반환을 받을 수 없거나 이를 원하지 않는 때에 한하여 자기에게 반환할 것을 청구할 수 있다(207조 2항).

손해배상은 점유를 빼앗긴 데 대한 손해의 배상이므로, 그 범위는 물건의 교환가격에 의할 것이 아니고 물건의 사용가격에 의하여 산정하여야 한다(이설 없음).

판 례 **점유자에 대한 인도판결이 확정된 경우의 효과**

「물건 점유자를 상대로 한 물건의 인도판결이 확정되면 점유자는 인도판결 상대방에 대하여 소송에서 더 이상 물건에 대한 인도청구권의 존부를 다툴 수 없고 인도소송의 사실심 변론종결 시까지 주장할 수 있었던 정당한 점유권원을 내세워 물건의 인도를 거절할 수 없다. 그러나 의무 이행을 명하는 판결의 효력이 실체적 법률관계에 영향을 미치는 것은 아니므로, 점유자가 그 인도판결의 효력으로 판결 상대방에게 물건을 인도해야 할 실체적 의무가 생긴다거나 정당한 점유권원이 소멸하여 그때부터 그 물건에 대한 점유가 위법하게 되는 것은 아니다. 나아가 물건을 점유하는 자를 상대로 하여 물건의 인도를 명하는 판결이 확정되더라도 그 판결의 효력은 이들 물건에 대한 인도청구권의 존부에만 미치고, 인도판결의 기판력이 이들 물건에 대한 불법점유를 원인으로 한 손해배상청구 소송에 미치지 않는다.」(대판 2019. 10. 17, 2014다46778)

5) 제척기간 점유물반환청구권(손해배상청구권 포함)은 침탈을 당한 날로부터 1년 내에 행사하여야 한다(204조 3항). 이 기간은 제척기간이다. 판례는 이 제척기간을 출소기간(出訴期間)으로 해석한다(대판 2021. 8. 19, 2021다213866 등). 그런데 제204조 제3항은 본권 침해로 발생한 손해배상청구권의 행사에는 적용되지 않으므로 점유를 침탈당한 자가 본권인 유치권 소멸에 따른 손해배상청구권을 행사하는 때에는 제204조 제3항이 적용되지 않고, 점유를 침탈당한 날부터 1년 내에 행사할 것을 요하지 않는다고 한다(대판 2021. 8. 19, 2021다213866).

B-164 **(2) 점유물방해제거청구권**

1) 의 의 점유자가 점유의 방해를 받은 경우에 그 방해의 제거 및 손해의 배상을 청구할 수 있는 권리이다(205조 1항).

2) 요 건 점유의 방해가 있어야 한다. 점유의 방해란 점유가 점유침탈 이외의 방법으로 침해되고 있는 것이다(대판 1987. 6. 9, 86다카2942). 즉 점유자가 완전히 점유를 잃고 있지는 않는 경우이다.

방해자의 고의·과실은 요건이 아니다. 다만, 손해배상청구에 관하여는 불법행위의 요건으로서의 고의·과실이 필요하다.

3) 당 사 자 청구권자는 점유자이고, 그 상대방은 현재 방해를 하고 있는 자이다(대판 1955. 11. 24, 4288민상363).

4) 내 용 방해의 제거 및 손해배상을 청구하는 것이다.

5) 제척기간 점유물방해제거청구권(손해배상청구권 포함)은 방해가 종료한 날로부터 1년 내에 행사하여야 한다(205조 2항). 그런데 방해가 종료하면 방해제거는 청구할 필요가 없으므로 이 1년의 제척기간은 손해배상청구권만에 관한 것이라고 할 것이다. 판례는 이 1년의 제척기간은 재판 외에서 권리행사하는 것으로 족한 기간이 아니라 반드시 그 기간 내에 소를 제

기하여야 하는 이른바 출소기간으로 해석하며, 기산점이 되는 「방해가 종료한 날」은 방해행위가 종료한 날을 의미한다고 한다(대판 2016. 7. 29, 2016다214483 · 214490). 공사로 인하여 점유의 방해를 받은 경우에는 공사착수 후 1년이 경과하거나 그 공사가 완성된 때에는 방해의 제거를 청구하지 못한다(205조 3항).

(3) 점유물방해예방청구권 B-165

1) 의 의 점유자가 점유의 방해를 받을 염려가 있는 경우에 그 방해의 예방 또는 손해배상의 담보를 청구할 수 있는 권리이다(206조 1항).

2) 요 건 점유의 방해를 받을 염려가 있어야 한다. 그러한 염려가 있는지 여부는 점유자의 주관에 의하여 결정할 것이 아니고, 구체적인 사정 하에서 일반 경험법칙에 따라 객관적으로 판단되어야 한다(통설 · 판례도 같다. 대판 1987. 6. 9, 86다카2942 등). 그 외에 상대방의 고의 · 과실은 필요하지 않다.

3) 당 사 자 청구권자는 점유자이고, 그 상대방은 방해의 염려가 있는 상태를 만들어내는 자이다.

4) 내 용 방해의 예방 또는 손해배상의 담보를 청구하는 것이다.

5) 제척기간 이 권리는 방해의 염려가 있는 동안에는 언제라도 행사할 수 있으나, 공사로 인하여 점유의 방해를 받을 염려가 있는 경우에는 공사착수 후 1년이 경과하거나 그 공사가 완성된 때에는 행사할 수 없다(206조 2항 · 205조 3항).

3. 점유의 소(訴)와 본권의 소의 관계 B-166

(1) 점유의 소와 본권의 소의 의의

점유의 소는 점유보호청구권에 기한 소이고, 본권의 소는 소유권 · 지상권 · 전세권 · 임차권 등 점유할 수 있는 권리에 기한 소를 말한다.

(2) 양자의 관계

점유의 소와 본권의 소는 서로 영향을 미치지 않는다(208조 1항). 따라서 두 소를 동시에 제기할 수도 있고, 따로따로 제기할 수도 있다. 그리고 하나의 소에서 패소하여도 다른 소를 제기할 수 있다. 다만, 본권의 존재가 확정판결에 의하여 확인된 경우에는 점유보호청구권이 소멸한다고 하여야 한다.

점유의 소는 본권에 관한 이유로 재판하지 못한다(208조 2항). 따라서 예컨대 점유물반환청구에 대하여 점유침탈자가 점유물에 대한 본권이 있다는 이유로 반환을 거부할 수 없다(대판 2021. 2. 4, 2019다202795·202801 등). 그러나 점유의 소에 대하여 반소로서 본권에 기하여 반환청구소송을 제기하는 것은 허용된다고 할 것이다(판례도 같다. 대판 1957. 11. 14, 4290민상454).

(판 례) 점유권에 기한 본소에 대하여 본권자가 본권에 기한 예비적 반소(또는 별소)를 제기한 경우

「점유권을 기초로 한 본소에 대하여 본권자가 본소청구의 인용에 대비하여 본권에 기초한 장래이행의 소로서 예비적 반소를 제기하고 양 청구가 모두 이유 있는 경우, 법원은 점유권에 기초한 본소와 본권에 기초한 예비적 반소를 모두 인용해야 하고 점유권에 기초한 본소를 본권에 관한 이유로 배척할 수 없다.

이러한 법리는 점유를 침탈당한 자가 점유권에 기한 점유회수의 소를 제기하고, 본권자가 그 점유회수의 소가 인용될 것에 대비하여 본권에 기초한 장래이행의 소로서 별소를 제기한 경우에도 마찬가지로 적용된다.」(대판 2021. 3. 25, 2019다208441)

B-167 Ⅳ. 자력구제

1. 서 설

자력구제란 점유자가 자력으로 점유를 방위하거나 침탈당한 점유물을 탈환하는 것을 말한다. 자력구제는 원칙적으로 금지된다. 이를 허용하면 질서유지가 어렵게 되기 때문이다. 그런데 민법은 예외적으로 점유자에게 일정한 요건 하에 자력구제를 허용하고 있다(209조 참조). 이러한 점유자의 자력구제권은 점유에 대한 침해가 완료되기 전에 인정되는 것이며, 침해가 완료되면 점유보호청구권의 문제로 된다.

자력구제권을 가지는 자는 원칙적으로 직접점유자이다. 그리고 점유보조자도 자력구제권을 가진다고 새겨야 한다(B-141 참조). 그러나 간접점유자에게는 자력구제권이 없다고 할 것이다(B-143 참조).

점유자의 자력구제권에는 자력방위권과 자력탈환권이 있다.

2. 자력방위권

점유자는 그 점유를 부정히 침탈 또는 방해하는 행위에 대하여 자력으로써 이를 방위할 수 있다(209조 1항). 방해(침탈)행위가 완료되었지만 방해상태가 계속되는 때에도 방위할 수 있는가? 여기에 관하여 학설은 긍정설과 부정설로 나뉘어 대립하고 있다(물권법 [100] 참조).

한편 자력방위의 요건이 구비되지 않았음에도 불구하고 구비되었다고 믿고서 방위한 자(오상자력방위)에 대하여는 과실이 없어도 손해배상의무를 인정하는 것이 통설이다.

B-168 3. 자력탈환권

점유물이 침탈되었을 경우에 점유자는 일정한 요건 하에 이를 탈환할 수 있다. 즉 점

유물이 부동산인 경우에는 점유자는 침탈 후「직시(直時)」가해자를 배제하여 이를 탈환할 수 있고, 동산인 경우에는 현장에서 또는 추적하여 가해자로부터 이를 탈환할 수 있다(209조 2항). 판례에 의하면, 여기에서「직시」란「객관적으로 가능한 한 신속히」또는「사회관념상 가해자를 배제하여 점유를 회복하는 데 필요하다고 인정되는 범위 안에서 되도록 속히」라고 해석되므로, 점유자가 침탈사실을 알고 모르고와는 관계없이 침탈을 당한 후 상당한 시간이 흘렀다면 자력탈환권을 행사할 수 없다고 한다(대판 1993. 3. 26, 91다14116). 그리고 대법원은, 위법한 강제집행에 의하여 부동산의 명도를 받는 것은 공권력을 빌려서 상대방의 점유를 침탈하는 것이 되므로, 점유자(피신청인)가 그 강제집행이 일응 종료한 후 불과 2시간 이내에 자력으로 그 점유를 탈환한 것은 민법상의 점유자의 자력구제권의 행사에 해당하는 것이라고 한다(대판 1987. 6. 9, 86다카1683). 한편 통설은 오상자력탈환(誤想自力奪還)에 있어서도 무과실의 배상책임을 인정한다.

[참고] 본권자의 자력구제권

민법은 점유자의 자력구제는 인정하면서 본권자의 자력구제에 관하여는 명문의 규정을 두지 않고 있다. 그럼에도 불구하고 통설은 민법 및 형법의 정당방위·긴급피난의 규정을 유추하여 일정한 범위에서 본권자의 자력구제를 인정할 것이라고 한다.

제 5 관 준점유(準占有)

Ⅰ. 준점유의 의의 B-169

민법은 물건에 대한 사실상의 지배를 점유라고 하여 보호하고 있다. 그런데 민법은 이러한 보호를 재산권을 사실상 행사하는 경우에도 인정하려고 한다. 즉「재산권을 사실상 행사」하는 것을 준점유라고 하면서, 거기에 점유에 대한 규정을 준용하고 있다(210조).

Ⅱ. 준점유의 요건과 효과

(1) 요 건

재산권을 사실상 행사하는 것이 그 요건이다.

1) 우선 준점유의 객체는「재산권」이다. 따라서 가족권에는 준점유가 인정되지 않는다. 그리고 재산권일지라도 점유를 수반하는 것(소유권·지상권·전세권·질권·임차권 등)은 점유로서 보호되므로 준점유가 성립할 수 없다. 준점유가 인정되는 권리의 예로는 채권·지역권·저당권·특허권·상표권·어업권·광업권 등을 들 수 있다. 취소권·해제권 등은 그것 자체가 독립하여 준점유의 객체로 되지는 않으며, 그러한 권리를 포함하는 법률적 지위(매도인·매수인 등)를 가지는

것으로 사실상 인정되는 경우에 준점유가 성립할 수 있다.

2) 재산권을 「사실상 행사」하여야 한다. 이는 거래관념상 어떤 재산권이 어떤 자의 사실상의 지배 아래에 있다고 볼 수 있는 객관적 사정이 있는 경우에 인정된다. 예컨대 채권증서를 소지하거나 예금증서·인장을 소지하는 경우에 채권의 준점유가 성립한다.

(2) 효 과

준점유에 대하여는 점유에 관한 규정이 준용된다(210조). 구체적으로 어떤 규정이 준용될 것인가는 권리의 종류에 따라 다르겠으나, 권리추정·과실취득·비용상환·점유보호청구권에 관한 규정은 준용될 주요규정이라고 할 수 있다. 그리고 채권의 준점유에 관하여는 변제자 보호를 위하여 제470조의 규정이 두어져 있다(물론 이는 채권의 준점유자 보호를 위한 것은 아니다).

제 2 절 소 유 권

학습의 길잡이

본절에서는 본권 가운데 유일한 완전물권인 소유권에 관하여 논의한다. 구체적으로는 소유권에 관한 기초이론(서설), 부동산소유권의 범위, 소유권의 취득, 소유권에 기한 물권적 청구권, 공동소유를 다룬다.

소유권 부분에서는 여러 시험에서 대단히 많은 문제가 출제되고 있다. 특히 상린관계 중 건물의 구분소유와 주위토지통행권, 부동산소유권의 취득시효, 부합, 소유권에 기한 물권적 청구권, 공동소유 중 공유·총유에서 그렇다. 부동산의 점유 취득시효나 공유는 사례문제로도 자주 출제된다.

본절에서 다루는 사항은 개별적인 경우에 따라 채무불이행·부당이득·불법행위 등과 밀접하게 관련되어 있다. 그리고 때로는 계약과의 관계가 문제되기도 한다. 또한 합유는 조합계약과 직접적으로 관계되고, 총유는 법인 아닌 사단에서의 문제이다.

제 1 관 서 설

B-170 Ⅰ. 소유권의 의의와 성질

1. 의 의

소유권은 물건을 전면적으로 지배할 수 있는 권리이다.

2. 법적 성질

(1) 관 념 성

소유권은 물건을 현실적으로 지배하는 권리가 아니고 지배할 수 있는 권리이다.

(2) 전 면 성

소유권은 물건이 가지는 가치(사용가치·교환가치)를 전면적으로 지배할 수 있는 권리이다.

(3) 혼일성(渾一性)

소유권은 여러 권능이 단순히 결합되어 있는 것이 아니고 모든 권능의 원천이 되는 포괄적인 권리이다.

(4) 탄 력 성

소유권은 제한물권의 제한을 받으면 일시적으로 그 권능의 일부를 사용할 수 없지만, 그 제한이 소멸하면 본래의 모습으로 되돌아온다.

(5) 항 구 성

소유권은 존속기간의 제한이 없이 영원히 존재하며 소멸시효에도 걸리지 않는다(162조 2항).

(6) 대물적 지배성

소유권의 객체는 물건에 한하며, 권리 위에는 소유권이 성립하지 않는다.

Ⅱ. 소유권의 내용과 제한 B-171

1. 소유권의 내용

소유자는 법률의 범위 내에서 그 소유물을 사용·수익·처분할 권리가 있다(211조).

여기서 사용·수익이란 물건이 가지는 사용가치를 실현하는 것으로서 물건을 물질적으로 사용하거나 그로부터 생기는 과실(천연과실·법정과실)을 수취하는 것이다. 그리고 처분은 물건이 가지는 교환가치를 실현하는 것인데, 처분에는 물건의 소비·변형·개조와 같은 사실적 처분과 양도·담보설정 등의 법률적인 처분이 있다.

소유자는 그의 권능을 무한정 행사할 수 있는 것이 아니고, 법률의 범위 내에서만 행사할 수 있다. 이는 소유권의 제한의 문제라고 할 수 있다.

(판 례) 소유자의 사용·수익·처분

(ㄱ) 「소유자가 소유권의 핵심적 권능에 속하는 사용·수익의 권능을 대세적으로 포기하는 것은 특별한 사정이 없는 한 허용되지 않는다. 이를 허용하면 결국 처분권능만이 남는 새로운 유형의 소유권을 창출하는 것이어서 민법이 정한 물권법정주의에 반하기 때문이다.

따라서 사유지가 일반 공중의 교통을 위한 도로로 사용되고 있는 경우, 토지소유자가 스스로 토지의 일부를 도로부지로 무상 제공하더라도 특별한 사정이 없는 한 이는 대세적으로 사용·수익권을 포기한 것이라기보다는 토지소유자가 도로부지로 무상 제공받은 사람들에 대한 관계에서 채권적으로 사용·수익권을 포기하거나 일시적으로 소유권을 행사하지 않겠다고 양해한 것이라고 보아야 한다.」(대판 2017. 6. 19, 2017다211528·211535)

(ㄴ)「토지소유자가 일단의 택지를 조성, 분양하면서 개설한 도로는 다른 특단의 사정이 없는 한 그 토지의 매수인을 비롯하여 그 택지를 내왕하는 모든 사람에 대하여 그 도로를 통행할 수 있는 권한을 부여한 것이라고 볼 것이어서 토지소유자는 위 토지에 대한 독점적이고 배타적인 사용수익권을 행사할 수 없다.」(대판 2009. 6. 11, 2009다8802)

(ㄷ)「2. 토지 소유자의 독점적·배타적인 사용·수익권 행사의 제한에 관한 대법원 판례

가. 판례의 전개와 그 타당성

대법원 … 판결 등을 통하여 토지소유자 스스로 그 소유의 토지를 일반 공중을 위한 용도로 제공한 경우에 그 토지에 대한 소유자의 독점적이고 배타적인 사용·수익권의 행사가 제한되는 법리가 확립되었 … 다.

이러한 법리는 대법원이 오랜 시간에 걸쳐 발전시켜 온 것으로서, 현재에도 여전히 그 타당성을 인정할 수 있다. …

나. 구체적인 내용

(1) 판단 기준과 효과

토지소유자가 그 소유의 토지를 도로, 수도시설의 매설 부지 등 일반 공중을 위한 용도로 제공한 경우에, 소유자가 토지를 소유하게 된 경위와 보유기간, 소유자가 토지를 공공의 사용에 제공한 경위와 그 규모, 토지의 제공에 따른 소유자의 이익 또는 편익의 유무, 해당 토지 부분의 위치나 형태, 인근의 다른 토지들과의 관계, 주위 환경 등 여러 사정을 종합적으로 고찰하고, 토지 소유자의 소유권 보장과 공공의 이익 사이의 비교형량을 한 결과, 소유자가 그 토지에 대한 독점적·배타적인 사용·수익권을 포기한 것으로 볼 수 있다면, 타인[사인(私人)뿐만 아니라 국가, 지방자치단체도 이에 해당할 수 있다, 이하 같다]이 그 토지를 점유·사용하고 있다 하더라도 특별한 사정이 없는 한 그로 인해 토지소유자에게 어떤 손해가 생긴다고 볼 수 없으므로, 토지소유자는 그 타인을 상대로 부당이득반환을 청구할 수 없고, 토지의 인도 등을 구할 수도 없다. 다만 소유권의 핵심적 권능에 속하는 사용·수익 권능의 대세적·영구적인 포기는 물권법정주의에 반하여 허용할 수 없으므로, 토지소유자의 독점적·배타적인 사용·수익권의 행사가 제한되는 것으로 보는 경우에도, 일반 공중의 무상 이용이라는 토지이용현황과 양립 또는 병존하기 어려운 토지소유자의 독점적이고 배타적인 사용·수익만이 제한될 뿐이고, 토지소유자는 일반 공중의 통행 등 이용을 방해하지 않는 범위 내에서는 그 토지를 처분하거나 사용·수익할 권능을 상실하지 않는다.

(2) 적용 범위

(가) 물적 범위

위와 같은 법리는 토지소유자가 그 소유의 토지를 도로 이외의 다른 용도로 제공한 경우

에도 적용된다.

또한, 토지소유자의 독점적·배타적인 사용·수익권의 행사가 제한되는 것으로 해석되는 경우 특별한 사정이 없는 한 그 지하 부분에 대한 독점적이고 배타적인 사용·수익권의 행사 역시 제한되는 것으로 해석함이 타당하다(대법원 2009. 7. 23. 선고 2009다25890 판결 참조).

(나) 상속인의 경우

상속인은 피상속인의 일신에 전속한 것이 아닌 한 상속이 개시된 때로부터 피상속인의 재산에 관한 포괄적 권리·의무를 승계하므로(민법 제1005조), 피상속인이 사망 전에 그 소유 토지를 일반 공중의 이용에 제공하여 독점적·배타적인 사용·수익권을 포기한 것으로 볼 수 있고 그 토지가 상속재산에 해당하는 경우에는, 피상속인의 사망 후 그 토지에 대한 상속인의 독점적·배타적인 사용·수익권의 행사 역시 제한된다고 보아야 한다.

(다) 특정승계인의 경우

원소유자의 독점적·배타적인 사용·수익권의 행사가 제한되는 토지의 소유권을 경매, 매매, 대물변제 등에 의하여 특정승계한 자는, 특별한 사정이 없는 한 그와 같은 사용·수익의 제한이라는 부담이 있다는 사정을 용인하거나 적어도 그러한 사정이 있음을 알고서 그 토지의 소유권을 취득하였다고 봄이 타당하므로, 그러한 특정승계인은 그 토지 부분에 대하여 독점적이고 배타적인 사용·수익권을 행사할 수 없다.

이때 특정승계인의 독점적·배타적인 사용·수익권의 행사를 허용할 특별한 사정이 있는지 여부는 … 등의 여러 사정을 종합적으로 고려하여 판단하여야 한다.

(3) 사정변경의 원칙

토지소유자의 독점적·배타적인 사용·수익권 행사의 제한은 해당 토지가 일반 공중의 이용에 제공됨으로 인한 공공의 이익을 전제로 하는 것이므로, 토지소유자가 공공의 목적을 위해 그 토지를 제공할 당시의 객관적인 토지이용현황이 유지되는 한도 내에서만 존속한다고 보아야 한다. 따라서 토지소유자가 그 소유 토지를 일반 공중의 이용에 제공함으로써 자신의 의사에 부합하는 토지이용상태가 형성되어 그에 대한 독점적·배타적인 사용·수익권의 행사가 제한된다고 하더라도, 그 후 토지이용상태에 중대한 변화가 생기는 등으로 독점적·배타적인 사용·수익권의 행사를 제한하는 기초가 된 객관적인 사정이 현저히 변경되고, 소유자가 일반 공중의 사용을 위하여 그 토지를 제공할 당시 이러한 변화를 예견할 수 없었으며, 사용·수익권 행사가 계속하여 제한된다고 보는 것이 당사자의 이해에 중대한 불균형을 초래하는 경우에는, 토지소유자는 그와 같은 사정변경이 있은 때부터는 다시 사용·수익 권능을 포함한 완전한 소유권에 기한 권리를 주장할 수 있다고 보아야 한다. 이때 그러한 사정변경이 있는지 여부는 해당 토지의 위치와 물리적 형태, 토지소유자가 그 토지를 일반 공중의 이용에 제공하게 된 동기와 경위, 해당 토지와 인근 다른 토지들과의 관계, 토지이용상태가 바뀐 경위와 종전 이용상태와의 동일성 여부 및 소유자의 권리행사를 허용함으로써 일반 공중의 신뢰가 침해될 가능성 등 전후 여러 사정을 종합적으로 고려하여 판단하여야 한다(대법원 2013. 8. 22. 선고 2012다54133 판결[핵심판례 140면] 참조).」(대판(전원) 2019. 1. 24, 2016다264556(토지에 우수관이 매설된 경우임)[핵심판례 142

면]. 이러한 다수의견에 대해서 대법관 각 1인의 반대의견 둘이 있음)

(ㄹ) 「또한 독점적·배타적 사용·수익권 행사를 제한하는 법리는 토지 소유자의 권리행사를 제한하는 예외적인 법리이므로, 공공필요에 의한 재산권의 수용·사용 또는 제한에 관한 정당한 보상을 지급하여야 한다는 헌법 제23조 제 3 항 및 법치행정의 취지에 비추어 신중하고 엄격하게 적용되어야 하고, 독점적·배타적 사용·수익권 행사의 제한을 주장하는 사람이 그 제한 요건을 충족하였다는 점에 대한 증명책임을 진다.」(대판 2024. 11. 14, 2024다251470)

(ㅁ) 「그러나 이러한 토지소유자의 독점적·배타적 사용·수익권 행사 제한의 법리(위 (ㄷ)의 전원 판결 참조: 저자 주)는 토지가 도로, 수도시설의 매설 부지 등 일반 공중을 위한 용도로 제공된 경우에 적용되는 것이어서, 토지가 건물의 부지 등 지상 건물의 소유자들만을 위한 용도로 제공된 경우에는 적용되지 않는다. 따라서 토지소유자가 그 소유 토지를 건물의 부지로 제공하여 지상 건물소유자들이 이를 무상으로 사용하도록 허락하였다고 하더라도, 그러한 법률관계가 물권의 설정 등으로 특정승계인에게 대항할 수 있는 것이 아니라면 채권적인 것에 불과하여 특정승계인이 그러한 채권적 법률관계를 승계하였다는 등의 특별한 사정이 없는 한 특정승계인의 그 토지에 대한 소유권 행사가 제한된다고 볼 수 없다.」(대판 2019. 11. 14, 2015다211685)

(ㅂ) 「소유자는 제 3 자에게 그 물건을 제 3 자의 소유물로 처분할 수 있는 권한을 유효하게 수여할 수 있다고 할 것인데, 그와 같은 이른바 '처분수권'의 경우에도 그 수권에 기하여 행하여진 제 3 자의 처분행위(부동산의 경우에 처분행위가 유효하게 성립하려면 단지 양도 기타의 처분을 한다는 의사표시만으로는 부족하고, 처분의 상대방 앞으로 그 권리 취득에 관한 등기가 있어야 한다. 민법 제186조 참조)가 대세적으로 효력을 가지게 되고 그로 말미암아 소유자가 소유권을 상실하거나 제한받게 될 수는 있다고 하더라도, 그러한 제 3 자의 처분이 실제로 유효하게 행하여지지 아니하고 있는 동안에는 소유자는 처분수권이 제 3 자에게 행하여졌다는 것만으로 그가 원래 가지는 처분권능에 제한을 받지 아니한다. 따라서 그는, 처분권한을 수여받은 제 3 자와의 관계에서 처분수권의 원인이 된 채권적 계약관계 등에 기하여 채권적인 책임을 져야 하는 것을 별론으로 하고, 자신의 소유물을 여전히 유효하게 처분할 수 있고, 또한 소유권에 기하여 소유물에 대한 방해 등을 배제할 수 있는 민법 제213조, 제214조의 물권적 청구권을 가진다.」(대판 2014. 3. 13, 2009다105215)

B-172

2. 소유권의 제한

(1) 사유재산권 존중의 원칙(소유권절대의 원칙)

사유재산권, 특히 소유권에 대한 절대적 지배를 인정하고 국가나 다른 개인은 이에 제한을 가하지 않는다는 원칙이 사유재산권 존중의 원칙이다. 이 원칙은 근대민법의 기본원리 가운데 하나였다. 그리고 이 원칙에 힘입어 근대초기에는 소유권에 대한 제약이 극히 적었다. 그런데 20세기에 들어와 자본주의의 폐해가 심각하게 나타나자 이 원칙 및 소유권에 대한 제약이 많이 늘어나게 되었다.

이러한 현상은 우리나라도 마찬가지이다. 즉 우리 민법에 있어서도 사유재산권 존중의 원칙은 기본원리이기는 하나, 그 원칙과 소유권에 대하여는 많은 제약이 가해지고 있다. 그러한 제약은 무엇보다도 특별법 제정의 방법으로 현실화되는 일이 많다.

(2) 소유권 제한의 모습

소유권 제한의 모습은 매우 다양하나, 여기서는 주요한 것만 들어보기로 한다.

1) 민법상의 제한

(가) 상린관계에 의한 제한(215조 이하)

(나) 권리남용의 금지(2조 2항) 이는 소유권의 행사에 관한 제한이다.

2) 특별법(공법 포함)에 의한 제한

(가) 소유의 제한 농지는 원칙적으로 자기의 농업경영에 이용하거나 이용할 자만이 소유할 수 있으며(농지법 6조), 일정한 자는 농지를 소유할 수 있되 그 상한이 정해져 있다(농지법 7조. 자기의 농업경영에 이용하려는 자가 아니지만 농지 소유상한이 없는 경우도 있음을 유의할 것(농지법 6조 2항 참조)).

(나) 취득 또는 처분의 제한 농지의 취득에는 농지 소재지를 관할하는 시장·구청장·읍장·면장이 발급하는 농지취득자격증명이 있어야 하고(농지법 8조), 토지거래 허가구역에 있는 토지에 관한 소유권·지상권을 이전하거나 설정하는 계약을 체결하려는 당사자는 공동으로 대통령령으로 정하는 바에 따라 시장·군수 또는 구청장의 허가를 받아야 한다(「부동산 거래신고 등에 관한 법률」 11조). 그리고 학교법인의 기본재산을 처분할 때에는 관할청의 허가를 받아야 하고(사립학교법 28조), 공익법인의 기본재산을 처분할 때에는 주무관청의 허가를 받아야 하며(공익법인법 11조 3항), 전통사찰의 재산의 처분에는 문화체육관광부 장관의 허가가 있어야 한다(「전통사찰의 보존 및 지원에 관한 법률」 9조).

(다) 소유권의 박탈 공용징수(수용)에 의하여 소유권을 박탈할 수 있도록 하는 특별법이 매우 많이 있다.

제 2 관 부동산소유권의 범위

Ⅰ. 토지소유권의 경계 B-173

어떤 토지가 「공간정보의 구축 및 관리 등에 관한 법률」에 의하여 지적공부에 1필의 토지로 등록되면 그 토지의 소재, 지번, 지목, 지적 및 경계는 이 등록으로써 특정된다. 그리하여 **토지소유권의 범위는 현실의 경계와 관계없이 지적공부상의 경계에 의하여 확정된다**(대판 2006. 9. 22, 2006다24971 등 다수). 다만, 지적도를 작성함에 있어서 기점(基點)을 잘못 선택하는 등 기술적인 착오로 말미암아 지적도상의 경계선이 진실한 경계선과 다르게 작성되었다는 등과 같은 특별한 사정이 있는 경우에는 그 토지의 경계는 실제의 경계에 의하여야 한다(대판 2006. 9. 22, 2006다24971 등 다수). 그러나 설사 그렇더라도 그 후 그 토지에 인접한 토지의 소유자 등 이해관계인들이 그 토지의 실제의 경계선을 지적공부상의 경계선에 일치시키기로 합의하였다면 적어도 그때부터는 지적공부상의 경계에 의하여 그 토지의 공간적 범위가 특정된다(대판 2006. 9. 22, 2006다24971).

토지가 매매목적물인 경우의 경계에 관하여는 채권법각론의 매매 부분에서 논의한다(D-142 참조).

판 례 토지의 경계

(ㄱ) 「물권의 객체인 토지 1필지의 공간적 범위를 특정하는 것은 지적도나 임야도의 경계이지 등기부의 표제부나 임야대장·토지대장에 등재된 면적이 아니므로, 토지등기부의 표제부에 토지의 면적이 실제와 다르게 등재되어 있다 하여도, 이러한 등기는 해당 토지를 표상하는 등기로서 유효하다. 따라서 어느 토지의 지번과 지적을 등기부의 표제부에 등재된 대로 표시하여 경매하였으나 그 토지의 임야도나 지적도의 경계에 따라 측량한 실제 면적이 등기부의 표제부에 등재된 것보다 넓더라도, 집행법원이 직권으로 또는 이해관계인의 집행절차상 불복을 받아들여 별도의 재판을 하지 않은 이상, 등기부상의 지적을 넘는 면적은 경매의 목적물인 토지의 일부로서, 매각허가결정 및 그에 따른 매각대금의 납입에 따라 등기부상의 면적과 함께 매수인에게 귀속되는 것이고, 매각 목적물인 토지와 등기된 토지 사이에 동일성이 없어 경매가 무효라거나, 매각 목적물의 등기부상 표시 면적이 그 토지의 실제 면적에서 차지하는 비율만큼의 지분만 경매되었다고 볼 수는 없다.」(대판 2005. 12. 23, 2004다1691)

(ㄴ) 「토지의 경계는 공적으로 설정 인증된 것이고, 단순히 사적관계에 있어서의 소유권의 한계선과는 그 본질을 달리하는 것으로서 경계확정소송의 대상이 되는 경계란 공적으로 설정 인증된 지번과 지번과의 경계선을 가리키는 것이고, 사적인 소유권의 경계선을 가리키는 것은 아니라 할 것이다. 반면에 … 건물의 경계는 공적으로 설정 인증된 것이 아니고 단순히 사적관계에 있어서의 소유권의 한계선에 불과함을 알 수 있고, 따라서 사적자치의 영역에 속하는 건물 소유권의 범위를 확정하기 위하여는 소유권확인소송에 의하여야 할 것이고, 공법상 경계를 확정하는 경계확정소송에 의할 수는 없다.」(대판 1997. 7. 8, 96다36517)

(ㄷ) 토지경계확정의 소에 있어서 법원으로서는 원·피고 소유의 토지들 내의 일정한 지점을 기초점으로 선택하고 이를 기준으로 방향과 거리 등에 따라 위치를 특정하는 등의 방법으로 지적도상의 경계가 현실의 어느 부분에 해당하는지를 명확하게 표시할 필요가 있고, 당사자 쌍방이 주장하는 경계선에 기속되지 아니하고 스스로 진실하다고 인정하는 바에 따라 경계를 확정하여야 한다(대판 1993. 11. 23, 93다41792).

(판 례) 토지의 포락

판례에 의하면, 토지소유권 상실의 원인이 되는 포락이라 함은 토지가 바닷물이나 적용하천의 물에 개먹어 무너져 바다나 적용하천에 떨어져 그 원상복구가 불가능한 상태에 이르렀을 때를 말한다(대판 2000. 12. 8, 99다11687 등). 그리고 원상회복의 불가능 여부는 포락 당시를 기준으로 하여 물리적으로 회복이 가능한지, 원상회복에 드는 비용, 회복되는 토지의 가치 등을 비교 검토하여 사회통념에 의하여 결정하여야 한다. 그 결과 원상복구가 불가능하다고 인정되는 때에는 포락된 토지의 소유권은 영구히 소멸되고, 그 토지가 다시 성토되어도 종전의 소유자가 소유권을 취득할 수는 없다(대판 1992. 9. 25, 92다24677 등). 주의할 것은, 토지가 바닷물이나 적용하천의 유수가 아닌 사실상의 하천(보통하천)이나 준용하천의 물에 무너져 내려 사실상의 하상(河床)이 되어 그 원상복구가 어렵게 된 때까지 소유권 상실원인인 포락으로 되지는 않는다는 점이다(대판 1992. 4. 28, 92다3793 등). 포락으로 되는 사정의 존재는 사권의 소멸을 주장하는 자가 입증하여야 한다(대판 1992. 11. 24, 92다11176).

Ⅱ. 토지소유권의 상하의 범위 B-174

1. 제212조

토지소유권은 정당한 이익이 있는 범위 내에서 토지의 상하에 미친다(212조). 그러므로 토지소유자는 지표뿐만 아니라 지상의 공중이나 지하도 이용할 수 있다. 그러나 공중이나 지하는 정당한 이익이 있는 범위 내에서만 이용할 수 있으며, 정당한 이익이 없는 경우에는 특별법의 규정이 없더라도 타인의 이용을 금지할 수 없다고 할 것이다(예: 항공기의 고공 운행). 그런데 타인의 이용으로 소유자에게 손해가 생긴 경우에는 이용자는 손해배상책임을 져야 한다(이때는 무과실책임을 인정하여야 한다).

2. 특수문제

(1) 광 물

토지에 부존되어 있는 광물 가운데 광업권의 객체가 되는 것은 토지의 일부분이 아니며, 토지로부터 독립된 국가소유의 물건이라고 보아야 한다(이설 있음. A-436 참조).

(2) 지 하 수

지하수는 토지의 구성부분을 이루므로 거기에도 제212조가 적용된다. 따라서 자연히 솟아나는 지하수는 토지소유자가 자유로이 사용할 수 있다. 그러나 계속해서 타인의 토지에 흘러 내려가는 경우에는, 그 타인이 관습법상의 유수사용권을 취득할 수 있다. 나아가 토지소유자는 자기 토지에 있는 지하수를 개발하여 이용할 수도 있다. 그러나 그로 인하여 기존의 지하수 이용자의 생활용수에 장해가 생기는 경우에는 위법하다고 할 것이다(대판 1998. 4. 28, 97다48913). 그 경우 기존의 이용자는 방해의 제거나 예방을 청구할 수 있다(대판 1998. 6. 12, 98두6180 등).

B-175 Ⅲ. 상린관계

1. 의 의

서로 인접하고 있는 부동산에 있어서 그 소유자가 각기 자기의 소유권을 무한정 주장한다면 그들은 모두 부동산을 제대로 이용할 수 없게 된다. 여기서 각 소유자의 권리를 제한하여 부동산 상호간의 이용의 조절을 꾀할 필요가 있다. 그리하여 두어진 제도가 상린관계이다(상린관계로부터 생기는 권리를 상린권이라고 한다). 상린관계는 한편으로는 소유권의 제한이면서 다른 한편으로는 소유권의 확장의 의미를 가진다.

상린관계는 지역권과 흡사하다. 그러나 상린관계는 법률상 당연히 발생하며 소유권의 내용 자체이고 독립한 권리가 아닌 데 비하여, 지역권은 계약에 의하여 발생하며 독립한 물권으로서 상린관계에 의한 이용의 조절을 더욱 확대하는 것이다.

상린관계는 본래 부동산 상호간의 이용을 조절하는 것이므로 그에 관한 규정은 지상권·전세권에도 준용된다(290조·319조). 그리고 토지의 임대차에 관하여는 명문규정이 없지만 유추적용을 인정하여야 한다(이설 없음).

상린관계에 관한 민법규정이 임의규정인가에 관하여 학설은 i) 임의규정설, ii) 강행규정설(사견도 같음), iii) 원칙적으로는 강행규정이지만 모든 규정이 강행규정은 아니라는 절충설로 나뉘어 있다. 그리고 판례는 제242조와 제244조에 관하여 강행규정이 아니라고 하면서 그와 다른 내용의 당사자 사이의 합의가 유효하다고 한다(대판 1982. 10. 26, 80다1634 등).

판 례 상린관계 규정의 유추적용 관련

「인접하는 토지 상호간의 이용의 조절을 위한 상린관계에 관한 민법 등의 규정은 인접지 소유자에게 그 소유권에 대한 제한을 수인할 의무를 부담하게 하는 것이므로 그 적용요건을 함부로 완화하거나 유추하여 적용할 수는 없고, 상린관계 규정에 의한 수인의무의 범위를 넘는 토지이용관계의 조정은 사적자치의 원칙에 맡겨야 한다.

그러므로 어느 토지소유자가 타인의 토지를 통과하지 아니하면 필요한 전선 등을 시설할 수 없거나 과다한 비용을 요하는 경우에는 그 타인은 자기 토지를 통과하여 시설을 하는 데 대하여 수인할 의무가 있고(민법 제218조 참조), 또한 그 소유지의 물을 소통하기 위하여 이웃토지 소유자가 시설한 공작물을 사용할 수 있지만(민법 제227조), 이는 타인의 토지를 통과하지 않고는 전선 등 불가피한 시설을 할 수가 없거나 타인의 토지를 통하지 않으면 물을 소통할 수 없는 합리적 사정이 있어야만 인정되는 것이다. 인접한 타인의 토지를 통과하지 않고도 시설을 하고 물을 소통할 수 있는 경우에는 스스로 그와 같은 시설을 하는 것이 타인의 토지 등을 이용하는 것보다 비용이 더 든다는 등의 사정이 있다는 이유만으로 이웃토지 소유자에게 그 토지의 사용 또는 그가 설치·보유한 시설의 공동사용을 수인하라고 요구할 수 있는 권리는 인정될 수 없다.」(대판 2012. 12. 27, 2010다103086)

2. 건물의 구분소유 B-176

(1) 의의 및 법적 규제

1동의 건물을 구분하여 그 각각의 부분을 수인이 소유하는 것을 가리켜 건물의 구분소유라고 한다. 민법은 이러한 구분소유에 관하여 제215조에서 소유자 상호간의 관계를 규율하고 있다. 그런데 그 규정은 과거에 규모가 작은 건물을 세로로 구분한 경우를 생각하여 두어진 간단한 것이다. 따라서 그것만으로는 오늘날의 중·고층의 대규모 구분소유는 합리적으로 규율할 수가 없다. 그리하여 오늘날의 구분소유를 적절하게 규제하기 위하여 특별법으로 「집합건물의 소유 및 관리에 관한 법률」(이하 집합건물법이라고 약칭한다)이 제정·시행되고 있다.

(2) 민법 제215조

제215조에 의하면, 건물의 공용부분(예: 공통의 벽·계단)과 건물부속물의 공용부분(예: 공통의 출입문)은 각 구분소유자 전원의 공유로 추정된다(215조 1항). 공유의 효과는 공유규정에 의하나, 그에 대하여는 예외가 있다. 각 공유자는 단독으로 분할을 청구할 수 없고(268조 3항), 공용부분의 보존에 관한 비용 기타 부담은 각자의 소유부분의 가액에 비례하여 분담한다(215조 2항)는 것이 그것이다.

(3) 집합건물법의 내용 B-177

1) 구분소유권 집합건물법에 의하면, 구분소유권이란 1동의 건물 중 구조상 구분된 여러 개의 부분이 독립한 건물로서 사용될 수 있을 때 그 각 부분(동법 1조 참조) 또는 1동의 건물이 일정한 방식으로 여러 개의 건물부분으로 이용상 구분된 경우에 그 건물부분(이를 구분점포라 함. 동법 1조의 2)을 목적으로 하는 소유권을 말한다(동법 2조 1호). 따라서 구분소유권이 인정되려면 1동의 건물의 각 부분이 구조상·이용상 독립성을 가져야 한다(대결 2008. 9. 11, 2008마696 등). 그런데 하나의 건물이 그러한 독립성을 가지고 있다고 하여 당연히 구분건물로 되는 것은 아니다. 그때에도 소유자는 1개의 건물로 만들 수 있는 것이다. 즉 그러한 건물을 구분건물로 할 것인지 여부는 소유자의 의사에 의하여 결정된다. 따라서 **하나의 건물이 구분건물로 되려면 구조상·이용상 독립성을 가지는 외에 소유자의 구분행위가 있어야 한다**(대판(전원) 2013. 1. 17, 2010다71578 등). 여기의 구

분행위는 건물의 물리적 형질에 변경을 가함이 없이 법률관념상 그 건물의 특정 부분을 구분하여 별개의 소유권의 객체로 하려는 일종의 법률행위로서, 그 시기나 방식에 특별한 제한이 있는 것은 아니고 처분권자의 구분의사가 객관적으로 외부에 표시되면 인정된다. 따라서 구분건물이 물리적으로 완성되기 전에도 건축허가신청이나 분양계약 등을 통하여 장래 신축되는 건물을 구분건물로 하겠다는 구분의사가 객관적으로 표시되면 구분행위의 존재를 인정할 수 있고, 이후 1동의 건물 및 그 구분행위에 상응하는 구분건물이 객관적·물리적으로 완성되면 아직 그 건물이 집합건축물대장에 등록되거나 구분건물로서 등기부에 등기되지 않았더라도 그 시점에서 구분소유가 성립한다(대판(전원) 2013. 1. 17, 2010다71578(이러한 다수의견에 대하여 원칙적으로 건축물대장에의 등록이 필요하다는 소수의견이 있음) 등). 그런데 구분건물이 물리적으로 완성되기 전에 분양계약 등을 통하여 장래 신축되는 건물을 구분건물로 하겠다는 구분의사를 표시함으로써 구분행위를 한 후 소유권자가 분양계약을 전부 해지하고 1동 건물의 전체를 1개의 건물로 소유권보존등기를 마쳤다면 이는 구분폐지행위를 한 것으로서 이로 인하여 구분소유권은 소멸한다(대판 2016. 1. 14, 2013다219142). 그리고 이러한 법리는 구분폐지가 있기 전에 개개의 구분건물에 대하여 유치권이 성립한 경우에도 마찬가지이다(대판 2016. 1. 14, 2013다219142). 한편 집합건물이 아닌 일반건물로 등기된 기존의 건물이 구분건물로 변경등기되기 전이라도, 구분된 건물부분이 구조상·이용상 독립성을 갖추고 그 건물을 구분건물로 하겠다는 처분권자의 구분의사가 객관적으로 외부에 표시되는 구분행위가 있으면 구분소유권이 성립하며, 일반건물로 등기되었던 기존의 건물에 관하여 실제로 건축물대장의 전환등록절차를 거쳐 구분건물로 변경등기까지 마쳐진 경우라면 특별한 사정이 없는 한 위 전환등록 시점에는 구분행위가 있었던 것으로 보아야 한다(대판 2016. 6. 28, 2016다1854·1861 등). 그러나 처분권자의 구분의사는 객관적으로 외부에 표시되어야 할 뿐만 아니라, 건축법 등은 구분소유의 대상이 되는 것을 전제로 하는 공동주택과 그 대상이 되지 않는 것을 전제로 하는 다가구주택을 비롯한 단독주택을 엄격히 구분하여 규율하고 있고(건축법 2조 2항, 「건축법 시행령」 3조의 5, 같은 시행령 [별표 1], 주택법 2조 2호 등 참조), 이에 따라 등록·등기되어 공시된 내용과 다른 법률관계를 인정할 경우 거래의 안전을 해칠 우려가 크다는 점 등에 비추어 볼 때, 단독주택 등을 주용도로 하여 일반건물로 등록·등기된 기존의 건물에 관하여 건축물대장의 전환등록절차나 구분건물로의 변경등기가 마쳐지지 않은 상태에서 구분행위의 존재를 인정하는 데에는 매우 신중해야 한다(대판 2016. 6. 28, 2016다1854·1861).

판 례 구분건물 관련

(ㄱ)「법률상 1개의 부동산으로 등기된 기존 건물이 증축되어 증축부분이 구분소유의 객체가 될 수 있는 구조상 및 이용상의 독립성을 갖추었다고 하더라도 이로써 곧바로 그 증축부분이 법률상 기존 건물과 별개인 구분건물로 되는 것은 아니고, 구분건물이 되기 위하여는 증축부분의 소유자의 구분소유의사가 객관적으로 표시된 구분행위가 있어야 할 것인바, 이 사건과 같이 기존 건물에 관하여 증축 후의 현존 건물의 현황에 맞추어 증축으로 인한 건물표시변경등기가 경료된 경우에는 특별한 사정이 없는 한 그 소유자는 증축부분을 구분건물로 하지 않고 증축 후의 현존 건물 전체를 1개의 건물로 하려는 의사였다고 봄이 상당하다.」(대판 1999. 7. 27, 98다32540)

(ㄴ) 집합건물인 상가건물의 지하주차장이 그 건물을 신축함에 있어서 건축법규에 따른 부속주차장으로 설치되기는 하였으나, 분양계약상의 특약에 의하여 그 건물을 분양받은 구분소유자들의 동의 아래 공용부분에서 제외되어 따로 분양되었고, 그 구조상으로나 이용상으로도 상가건물의 지상 및 지하실의 점포, 기관실 등과는 독립된 것으로서, 이와 분리하여 구분소유의 대상이 될 수 있다고 한 사례(대판 1995. 12. 26, 94다44675).

2) 분양자의 담보책임 집합건물을 건축하여 분양한 자(즉 분양자)와 분양자와의 B-178
계약에 따라 건물을 건축한 자로서 대통령령으로 정하는 자(즉 시공자)는 구분소유자에 대하여 담보책임을 지며, 이 경우 그 담보책임에 관하여는 민법 제667조 및 제668조를 준용한다(동법 9조 1항). 그런데 시공자가 분양자에게 부담하는 담보책임에 관하여 다른 법률에 특별한 규정이 있으면 시공자는 그 법률에서 정하는 담보책임의 범위에서 구분소유자에게 집합건물법 제 9 조 제 1 항의 담보책임을 진다(동법 9조 2항). 그리고 집합건물법 제 9 조 제 1 항과 제 2 항에 따른 시공자의 담보책임 중 민법 제667조 제 2 항에 따른 손해배상책임은 분양자에게 회생절차개시 신청, 파산 신청, 해산, 무자력 또는 그 밖에 이에 준하는 사유가 있는 경우에만 지며, 시공자가 이미 분양자에게 손해배상을 한 경우에는 그 범위에서 구분소유자에 대한 책임을 면한다(동법 9조 3항). 그러나 시공자의 구분소유자에 대한 채무와 시공자의 분양자에 대한 채무는 엄연히 별도의 채무이므로, 뒤의 채무의 소멸시효가 완성되었다고 하여 앞의 채무가 이를 이유로 당연히 소멸한다고 할 수 없다(대판 2023. 12. 7, 2023다246600). 한편 분양자의 담보책임에 관하여 이 법과 민법에 규정된 것보다 매수인에게 불리한 특약은 효력이 없다(동법 9조 4항). 이 담보책임을 물을 수 있는 자는 수분양자이나, 수분양자가 집합건물을 양도한 경우에는 양도 당시 양도인이 이를 행사하기 위하여 유보하였다는 등의 특별한 사정이 없는 한 현재의 집합건물의 소유자이다(대판 2016. 7. 22, 2013다95070 등).

집합건물법은 위의 담보책임의 존속기간에 대하여는 민법을 준용하지 않고 별도로 자세한 규정을 두고 있다(동법 9조의 2 참조).

[참고] 공동주택관리법의 특별규정

집합주택의 하자담보책임과 관련해서는 공동주택관리법에도 특별규정(동법 36조)이 두어져 있어서 집합건물법과의 사이에 충돌이 생길 수 있다. 그런 문제를 해결하기 위하여 집합건물법은, 하자담보책임에 관한 공동주택관리법의 특별한 규정은 집합건물법에 저촉되어 구분소유자의 기본적인 권리를 해치지 않는 범위에서 효력이 있다고 규정한다(동법 2조의 2).

판례 분양자의 담보책임

(ㄱ)「집합건물법 제9조에 의한 하자담보추급권은 집합건물의 수분양자가 집합건물을 양도한 경우 양도 당시 양도인이 이를 행사하기 위하여 유보하였다는 등의 특별한 사정이 없는 한 현재의 집합건물의 구분소유자에게 귀속한다고 보아야 할 것이다.」(대판 2003. 2. 11, 2001다47733)

(ㄴ)「집합건물법 제9조는 건축업자 내지 분양자로 하여금 견고한 건물을 짓도록 유도하고 부실하게 건축된 집합건물의 소유자를 두텁게 보호하기 위하여 집합건물의 분양자의 담보책임에 관하여 민법상 수급인의 담보책임에 관한 규정을 준용하도록 함으로써 분양자의 담보책임의 내용을 명확히 하는 한편 이를 강행규정화한 것으로서, 분양자가 부담하는 책임의 내용이 민법상 수급인의 담보책임이라는 것이지 그 책임이 분양계약에 기한 것이라거나 아니면 분양계약의 법률적 성격이 도급이라는 취지는 아니다.

한편, … 집합건물법 제9조 제1항이 적용되는 집합건물의 분양계약에 있어서는 민법 제668조 단서가 준용되지 않고 따라서 수분양자는 집합건물의 완공 후에도 분양 목적물의 하자로 인하여 계약의 목적을 달성할 수 없는 때에는 분양계약을 해제할 수 있다.」(대판 2003. 11. 14, 2002다2485)

B-179 3) **전유부분**(專有部分)**과 공용부분**

(가) **전유부분** 구분소유권의 목적인 건물부분이 전유부분이다(동법 2조 3호). 전유부분이 되려면 그 부분이 구조상으로나 이용상으로 다른 부분과 구분되는 독립성이 있어야 한다(대판 1999. 11. 9, 99다46096 등). 그리고 이러한 전유부분에 성립하는 소유권이 구분소유권이다.

(나) **공용부분** 공용부분은 건물 중 전유부분 외의 건물부분(예: 지붕·계단·복도), 전유부분에 속하지 않는 건물의 부속물(예: 전기배선·수도 가스의 배관·저수탱크), 규약에 의하여 공용부분으로 된 부속의 건물(예: 창고·주차장)이다(동법 2조 4호). 이 공용부분은 원칙적으로 구분소유자 전원의 공유에 속하나, 일부의 구분소유자만이 공용하도록 제공되는 것임이 명백한 공용부분(일부공용부분)은 그들 구분소유자의 공유에 속한다(동법 10조 1항). 이때 각 공유자의 지분은 그가 가지는 전유부분의 면적의 비율에 의하나(동법 12조 1항), 규약으로 달리 정할 수 있다(동법 10조 2항). 공용부분의 지분은 전유부분의 처분에 따르며, 전유부분과 분리하여 그 지분만을 처분할 수 없다(동법 13조).

(판 례) 공용부분

「집합건물 중 여러 개의 전유부분으로 통하는 복도, 계단, 그 밖에 구조상 구분소유자의 전원 또는 일부의 공용에 제공되는 건물부분은 공용부분으로서 구분소유권의 목적으로 할 수 없다. 이때 건물의 어느 부분이 구분소유자의 전원 또는 일부의 공용에 제공되는지 여부는 소유자들 사이에 특단의 합의가 없는 한 그 건물의 구조에 따른 객관적인 용도에 의하여 결정된다.

따라서 구분건물에 관하여 구분소유가 성립될 당시 객관적인 용도가 공용부분인 건물부분을 나중에 임의로 개조하는 등으로 이용 상황을 변경하거나 집합건축물대장에 전유부분으로 등록하고 소유권보존등기를 하였다고 하더라도 그로써 공용부분이 전유부분이 되어 어느 구분소유자의 전속적인 소유권의 객체가 되지는 않는다.」(대판 2016. 5. 27, 2015다77212)

4) 대지(垈地)사용권 구분소유자는 일종의 건물소유자로서 건물의 대지를 이용할 권리가 있어야 한다. 그 권리를 대지사용권이라고 한다(동법 2조 6호). 이러한 대지사용권의 성립을 위해서는 집합건물의 존재와 구분소유자가 전유부분 소유를 위하여 해당 대지를 사용할 수 있는 권리를 보유하는 것 이외에 다른 특별한 요건이 필요하지 않다(대판(전원) 2013. 1. 17, 2010다71578; 대판 2021. 11. 11, 2020다278170 등). 대지사용권은 토지소유권의 공유지분인 것이 보통이나, 지상권·임차권을 준공유할 수도 있다(등기가 되지 않는 채권적 토지사용권도 대지사용권이 될 수 있다. 그러나 사후에 효력을 상실하여 소멸한 토지사용권은 더 이상 대지사용권이 될 수 없다. 대판 2017. 12. 5, 2014다227492: 신탁계약에 기한 사용권의 경우임). **이러한 대지사용권 중 건물과 분리하여 처분할 수 없는 것을 대지권이라고 한다**(부등법 40조 3항)(규약이나 공정증서로써 분리처분을 정할 수 있음). B-180

대지사용권과 구분소유권은 매우 밀접한 관계에 있기 때문에 집합건물법은 이들의 일체화(一體化)를 도모하고 있다. 즉 **구분소유자의 대지사용권은 그의 전유부분의 처분에 따르도록 하고, 전유부분과 분리하여 대지사용권만을 처분할 수 없도록 한다**(동법 20조). 그런데 분리처분이 금지되는 대지사용권이란 구분소유자가 전유부분을 소유하기 위하여 건물의 대지에 대하여 가지는 권리이므로(동법 2조 6호 참조), 구분소유자 아닌 자가 집합건물의 건축 전부터 전유부분의 소유와 무관하게 집합건물의 대지로 된 토지에 대하여 가지고 있던 권리는 같은 법 제20조에 규정된 분리처분금지의 제한을 받지 않는다(대판 2013. 10. 24, 2011다12149·12156 등). 그리고 구분소유가 성립하기 전에는 집합건물의 대지에 관하여 분리처분금지 규정이 적용되지 않는다(대판 2022. 3. 31, 2017다9121·9138 등). 또한 집합건물의 구분소유자가 애초부터 대지사용권을 보유하고 있지 않거나 대지사용권 보유의 원인이 된 계약의 종료 등에 따라 대지사용권이 소멸한 경우에는 특별한 사정이 없는 한 집합건물법 제20조가 정하는 전유부분과 대지사용권의 일체적 취급이 적용될 여지가 없다(대판 2017. 9. 12, 2015다242849 등). 한편 구분소유가 성립하기 전에 대지에 관하여만 근저당권이 설정되었다가 구분소유가 성립하여 대지사용권이 성립되었더라도 이미 설정된 그 근저당권 실행으로 대지가 매각됨으로써 전유부분으로부터 분리처분된 경우에는 그 전유부분을 위한 대지사용권이 소멸하게 된다(대판 2022. 3. 31, 2017다9121 · 9138).

판 례 대지사용권 관련

(ㄱ)「구분건물의 대지사용권은 전유부분 및 공용부분과 분리처분이 가능한 규약이나 공정증서가 없는 때에는 전유부분과 종속적 일체불가분성이 인정되어 전유부분에 대한 경매개시결정과 압류의 효력이 당연히 종물 내지 종된 권리인 대지사용권에도 미치며, 그와 같은 내용의 규약이나 공정증서가 있는 때에는 종속적 일체불가분성이 배제되어 전유부분에 대한 경매개시결정과 압류의 효력이 대지사용권에는 미치지 아니한다.」(대결 1997. 6. 10, 97마814)

(ㄴ)「아파트와 같은 대규모 집합건물의 경우, 대지의 분·합필 및 환지절차의 지연, 각 세대당 지분비율 결정의 지연 등으로 인하여 전유부분에 대한 소유권이전등기만 수분양자를 거쳐 양수인 앞으로 경료되고, 대지지분에 대한 소유권이전등기는 상당기간 지체되는 경우가 종종 생기고 있는데, 이러한 경우 집합건물의 건축자로부터 전유부분과 대지지분을 함께 분양의 형식으로 매수하여 그 대금을 모두 지급함으로써 소유권취득의 실질적 요건은 갖추었지만 전유부분에 대한 소유권이전등기만 경료받고 대지지분에 대하여는 앞서 본 바와 같은 사정으로 아직 소유권이전등기를 경료받지 못한 자는 매매계약의 효력으로써 전유부분의 소유를 위하여 건물의 대지를 점유·사용할 권리가 있다고 하여야 할 것인바, 매수인의 지위에서 가지는 이러한 점유·사용권은 단순한 점유권과는 차원을 달리하는 본권으로서 집합건물법 제 2 조 제 6 호 소정의 구분소유자가 전유부분을 소유하기 위하여 건물의 대지에 대하여 가지는 권리인 대지사용권에 해당한다고 할 것이고, 수분양자로부터 전유부분과 대지지분을 다시 매수하거나 증여 등의 방법으로 양수받거나 전전 양수받은 자 역시 당초 수분양자가 가졌던 이러한 대지사용권을 취득한다고 할 것이다.」(대판(전원) 2000. 11. 16, 98다45652 · 45669)

(ㄷ)「1동 건물의 구분소유자들이 당초 건물을 분양받을 당시 대지 공유지분 비율대로 그 건물 대지를 공유함으로써 집합건물법상 대지사용권을 가지는 경우에는 별도 규약이 존재하는 등 특별한 사정이 없는 한 구분소유자들이 그 대지에 대하여 가지는 공유지분 비율과 상관없이 대지 전부를 용도에 따라 사용할 수 있는 적법한 권원이 있다. 그러나 그 대지에 관하여 구분소유자 외의 다른 공유자가 있는 경우에는 공유물에 관한 민법의 일반 법리에 따라 대지를 사용·수익·관리할 수 있다고 보아야 한다. 따라서 1필의 대지 위에 집합건물과 일반건물이 공존하고 있고, 집합건물 구분소유자들에게는 집합건물법상 대지사용권이 있는 반면 일반건물 소유자들에게는 대지에 대한 민법상 공유지분이 있는 경우, 집합건물 구분소유자들과 일반건물 소유자들 사이의 대지 이용관계에는 공유물에 관한 민법의 일반 법리가 적용되어야 한다.」(대판 2024. 10. 31, 2024다202317)

(ㄹ)「집합건물의 건축자가 그 소유인 대지 위에 집합건물을 건축하고 전유부분에 관하여 건축자 명의로 소유권보존등기를 마친 경우, 건축자의 대지소유권은 집합건물법 제 2 조

제 6 호 소정의 구분소유자가 전유부분을 소유하기 위하여 건물의 대지에 대하여 가지는 권리인 대지사용권에 해당한다. 따라서 전유부분에 대한 대지사용권을 분리처분할 수 있도록 정한 규약이 존재한다는 등의 특별한 사정이 인정되지 않는 한 전유부분과 분리하여 대지사용권을 처분할 수 없고, 이를 위반한 대지지분의 처분행위는 그 효력이 없다.

그러므로 구분소유권이 이미 성립한 집합건물이 증축되어 새로운 전유부분이 생긴 경우에는, 건축자의 대지소유권은 기존 전유부분을 소유하기 위한 대지사용권으로 이미 성립하여 기존 전유부분과 일체불가분성을 가지게 되었으므로 규약 또는 공정증서로써 달리 정하는 등의 특별한 사정이 없는 한 새로운 전유부분을 위한 대지사용권이 될 수 없다.」(대판 2017. 5. 31, 2014다236809)

(ㅁ) 「1동의 집합건물의 구분소유자들은 그 전유부분을 구분소유하면서 건물의 대지 전체를 공동으로 점유·사용하는 것이므로, 대지 소유자는 대지사용권 없이 전유부분을 소유하면서 대지를 무단 점유하는 구분소유자에 대하여 그 전유부분의 철거를 구할 수 있다.

집합건물은 건물 내부를 (구조상·이용상 독립성을 갖춘) 여러 개의 부분으로 구분하여 독립된 소유권의 객체로 하는 것일 뿐 1동의 건물 자체는 일체로서 건축되어 전체 건물이 존립과 유지에 있어 불가분의 일체를 이루는 것이므로, 1동의 집합건물 중 일부 전유부분만을 떼어내거나 철거하는 것은 사실상 불가능하다. 그러나 구분소유자 전체를 상대로 각 전유부분과 공용부분의 철거 판결을 받거나 동의를 얻는 등으로 집합건물 전체를 철거하는 것은 가능하고 이와 같은 철거 청구가 구분소유자 전원을 공동피고로 해야 하는 필수적 공동소송이라고 할 수 없으므로, 일부 전유부분만을 철거하는 것이 사실상 불가능하다는 사정은 집행개시의 장애요건에 불과할 뿐 철거 청구를 기각할 사유에 해당하지 않는다.」(대판 2021. 7. 8, 2017다204247)

5) 구분소유자의 권리 · 의무 구분소유권에는 일종의 상린관계라고 할 수 있는 일정한 권리·의무가 수반된다. 즉 구분소유자(전유부분을 점유하는 자 포함)는 건물의 보존에 해로운 행위나 그 밖에 건물의 관리·사용에 관하여 구분소유자 공동의 이익에 어긋나는 행위를 하지 않아야 하며(동법 5조 1항·2항·4항)(대판 2007. 6. 1, 2005두17201은, 동법 5조 1항의 취지가 집합건물인 상가건물의 구분소유자가 해당 전유부분에 대한 용도변경행위를 함에 있어 다른 구분소유자들과 함께 하여야 한다거나 그들의 동의를 얻어야 한다는 것까지 포함한다고 볼 수 없다고 한다), 이에 위반한 때에는 행위의 정지, 사용금지, 구분소유권과 대지사용권의 경매 등을 청구할 수 있도록 하였다(동법 43조 내지 45조). 그리고 구분소유자는 전유부분·공용부분의 보존·개량을 위하여 다른 구분소유자의 전유부분 등의 사용을 청구할 수 있다(동법 5조 3항). B-181

구분소유자는 공용부분을 그 용도에 따라 사용할 수 있다(동법 11조. 지분비율로 사용할 수 있는 것이 아니다. 263조 참조). 공용부분의 보존행위는 각 공유자가 할 수 있으나(동법 16조 1항 단서), 공용부분의 변경에 관한 사항은 특별한 경우(동법 15조 1항 1호·2호의 경우)를 제외하고는 관리단집회에서 구분소유자 및 의결권의 각 3분의 2 이상의 결의로써 결정하여야 하고(동법 15조 1항. 이때 공용부분의 변경이 다른 구분소유자에게 특별한 영향을 미칠 경우에는 그 구분소유자의 승낙을 받아야 한다. 동법 15조 2항), 건물의 노후화 억제 또는 기능 향상 등을 위한 것으로 구분소유권 및 대지사용권의 범위나 내용에 변동을 일으키는 공용부분의 변경에 관한 사항은 구분소유자 및 의결권의 5분의 4 이상의 결의로써 결정하여야 하며(동법 15조의 2 1항), 그 밖의 공용부분의 관리에 관한 사항은 통상의 집회결의로써 결정한다(동법 16조 1항 본문). 그리고 판례는, 관리인이 집합건물법 제16조 제1항에 따라 관리단집회의 결의로 결정되어야 하는 공용부분의 「관리에 관한 사항」에 대해서 관리단규약에 정함이 없는데도 관리단집회를 거치지 않은 채 그러한 사항에 관하여 한 법률행위는 그 효력이 없다고 한다(대판 2024. 9. 27, 2023다287861).

각 공유자는 규약에 달리 정한 바가 없으면 그 지분의 비율에 따라 공용부분의 관리비용과 그 밖의 의무를 부담하며 공용부분에서 생기는 이익을 취득한다(동법 17조). 그리고 공유자가 공용부분에 관하여 다른 공유자에 대하여 가지는 채권은 그 특별승계인에 대하여도 행사할 수 있다(동법 18조).

판례에 따르면, 집합건물의 구분소유자가 집합건물법의 관련 규정에 따라 관리단집회 결의나 다른 구분소유자의 동의 없이 공용부분의 전부 또는 일부를 독점적으로 점유·사용하고 있는 경우 다른 구분소유자는 공용부분의 보존행위로서 그 인도를 청구할 수는 없고, 특별한 사정이 없는 한 자신의 지분권에 기초하여 공용부분에 대한 방해 상태를 제거하거나 공동 점유를 방해하는 행위의 금지 등을 청구할 수 있다고 한다(대판 2020. 10. 15, 2019다245822). 이는 공유물의 소수지분권자가 다른 공유자와 협의 없이 공유물의 전부 또는 일부를 독점적으로 점유·사용하고 있는 경우에 관한 대법원 전원합의체 판결(대판(전원) 2020. 5. 21, 2018다287522. B-231(ㄱ)판결)의 법리를 집합건물에 적용한 것이다. 그리고 구분소유자 중 일부가 정당한 권원 없이 집합건물의 복도, 계단 등과 같은 공용부분을 배타적으로 점유·사용함으로써 이익을 얻고, 그로 인하여 다른 구분소유자들이 해당 공용부분을 사용할 수 없게 되었다면, 공용부분을 무단점유한 구분소유자는 특별한 사정이 없는 한 해당 공용부분을 점유·사용함으로써 얻은 이익을 부당이득으로 반환할 의무가 있다(대판(전원) 2020. 5. 21, 2017다220744). 대법원은, 해당 공용부분이 구조상 이를 별개 용도로 사용하거나 다른 목적으로 임대할 수 있는 대상이 아니더라도, 무단점유로 인하여 다른 구분소유자들이 해당 공용부분을 사용·수익할 권리가 침해되었고 이는 그 자체로 민법 제741조에서 정한 손해로 볼 수 있다고 한다. 그런가 하면 판례는, 집합건물에서 전유부분 면적 비율에 상응하는 적정 대지지분을 가진 구분소유자는 그 대지 전부를 용도에 따라 사용·수익할 수 있는 적법한 권원을 가지므로, 구분소유자 아닌 대지 공유자는 그 대지 공유지분권에 기초하여 적정 대지지분을 가진 구분소유자를 상대로는 대지의 사용·수익에 따른 부당이득 반환을 청구할 수 없다고 한다(대판(전원) 2022. 8. 25, 2017다257067 등). 그러나 적정 대지지분보다 부족한 대지 공유지분(과소 대지지분)을 가진 구분소유자는, 과소 대지지분이 적정 대지지분에 매우 근소하게 부족하여 그에 대한 부당이득 반환청구가 신의성실의 원칙에 반한다고 볼 수 있는 경우, 구분건물의 분양 당시 분양자로부터 과소 대지지분만을 이전받으면서 건물 대지를 무상으로 사용할 수 있는 권한을 부여받았고 이러한 약정이 분양자의 대지지분을 특정승계한 사람에게 승계된 것으로 볼 수 있는 경우, 또는 과소 대지지분에 기하여 전유부분을 계속 소유·사용하는 현재의 사실상태가 장기간 묵인되어온 경우 등과 같은 특별한 사정이 없는 한, 구분소유자 아닌 대지공유자에 대하여 적정 대지지분에서 부족한 지분의 비율에 해당하는 차임 상당의 부당이득 반환의무를 부담한다고 한다(대판 2023. 9. 14, 2016다12823 등). 그리고 이때 구분소유자가 적정 대지지분을 소유하였는지 여부나 과소 대지지분권자로서 구분소유자 아닌 대지공유자에 대하여 부당이득 반환의무를 부담하는지 여부 및 그 범위는 구분소유권별로 판단하여야 하고, 이는 특정 구분소유자가 복수의 구분소유권을 보유한 경우에도 마찬가지이므로 특별한 사정이 없는 한 복수의 구분소유권에 관한 전체 대지지분을 기준으로 이를 판단하여서는 안 된다고 한다(대판 2023. 10. 18, 2019다266386). 또한 이때(즉 구분소유자들이 건물의 대지 중 일부 지분만 가지고 있고 구분소유자 아닌 대지공유자가 나머지 지분을 가진 경우 가운데 구분소유자 중 적정 대지지분을 갖지 않거나 부족하게 가진 사람이 있는 때) 구분소유자 아닌 대지공유자가 여러 명인 경우에는 각각 대지 전체에 대한 차임 상당액 중 자신의 대지 공유지분권에 상응하는 범위에서 부당이득 반환을 청구할 수 있고, 적정 대지지분을 갖지 않거나 적정 대지지분에 미달하는 대지지분만을 가진 구분소유자가 여러 명인 경우에는 각각 그 적정 대지지분이나 적정 대지지분에 미달하는 부분의 비율대로 부당이득 반환의무를 진다(대판 2025. 7. 17, 2021다308108 등).

판 례 공용부분 관리비

(ㄱ) 「전(前) 구분소유자의 특별승계인에게 전 구분소유자의 체납관리비를 승계하도록 한 관리규약 중 공용부분 관리비에 관한 부분은 위와 같은 규정에 터 잡은 것으로 유효하다. 한편, … 공용부분 관리비에 대한 연체료는 특별승계인에게 승계되는 공용부분 관리비에 포함되지 않는다.」(대판 2006. 6. 29, 2004다3598 · 3604)

(ㄴ) 「집합건물법상의 특별승계인은 관리규약에 따라 집합건물의 공용부분에 대한 유지·관리에 소요되는 비용의 부담의무를 승계한다는 점에서 채무인수인으로서의 지위를 갖는데, 위와 같은 집합건물법의 입법 취지와 채무인수의 법리에 비추어 보면 구분소유권이 순차로 양도된 경우 각 특별승계인들은 이전 구분소유권자들의 채무를 중첩적으로 인수한다고 봄이 상당하므로, 현재 구분소유권을 보유하고 있는 최종 특별승계인뿐만 아니라 그 이전의 구분소유자들도 구분소유권의 보유 여부와 상관없이 공용부분에 관한 종전 구분소유자들의 체납관리비채무를 부담한다고 보아야 한다.」(대판 2008. 12. 11, 2006다50420)

6) 관리단 · 규약 건물에 관하여 구분소유관계가 성립되면 구분소유자 전원을 구성원으로 건물·대지·부속시설의 관리를 목적으로 하는 관리단이 구성된다(동법 23조 1항). 이 관 B-182

리단은 구분소유관계가 성립하는 건물이 있는 경우 특별한 조직행위가 없어도 당연히 성립하는 단체이며(대판 2002. 12. 27, 2002다45284 등), 그 성격은 특별한 다른 사정이 없는 한 법인 아닌 사단이다(대판 1991. 4. 23, 91다4478은 관리단과 성격이 비슷한 공동주택의 입주자대표회의가 법인 아닌 사단이라고 한다). 그리고 구분소유자가 10인 이상일 때에는 관리단을 대표하고 관리단의 사무를 집행할 관리인을 선임하여야 한다(동법 24조 1항).

건물과 대지 또는 부속시설의 관리 또는 사용에 관한 구분소유자들 사이의 사항 중 집합건물법에서 규정하지 않은 사항은 규약으로써 정할 수 있다(동법 28조 1항). 그런가 하면 집합건물법에 규정을 두면서도 규약으로 달리 정할 수 있도록 한 것도 적지 않다(예: 동법 3조 2항·4조 1항·16조 3항·17조·17조의 2·20조 2항·21조 1항).

판 례 **관리단**

「집합건물의 분양이 개시되고 입주가 이루어져서 공동관리의 필요가 생긴 때에는 그 당시의 미분양된 전유부분의 구분소유자를 포함한 구분소유자 전원을 구성원으로 하는 관리단이 설립된다.」(대판 2002. 12. 27, 2002다45284)

B-183 3. 인지(隣地)사용청구권

토지소유자는 경계나 그 근방에서 담 또는 건물을 축조하거나 수선하기 위하여 필요한 범위 내에서 이웃 토지의 사용을 청구할 수 있다(216조 1항 본문). 만일 이웃 토지의 이용자(예: 토지소유자·지상권자·전세권자·임차인)가 승낙하지 않으면 승낙에 갈음하는 판결(389조 2항)을 받아야 한다(통설임). 그러나 이웃 사람(이는 거주하고 있는 자를 의미함)의 주거에 들어가려면 그의 승낙을 얻어야 한다(216조 1항 단서). 이때에는 판결로써 승낙에 갈음하지 못한다(이설 없음). 그리고 이들의 경우에 이웃 사람이 손해를 받은 때에는 그는 보상을 청구할 수 있다(216조 2항).

B-184 4. 생활방해의 금지

(1) 의 의

생활방해(Immission 또는 공해라고도 함)란 매연 기타 이와 유사한 것으로 이웃 토지의 사용을 방해하거나 이웃 거주자의 생활에 고통을 주는 것을 말한다. 민법은 이러한 생활방해에 관하여 일정한 한도에서는 인용(忍容)하도록 하되, 수인(受忍)의 한도를 넘는 경우에는 이를 금지시키고 있다(217조).

(2) 생활방해 금지의 요건

1) 금지의 대상이 되는 생활방해는 매연·열기체·액체·음향·진동 기타 이와 유사한 것이다. 여기서 「기타 유사한 것」의 의미에 관하여는 i) 불가량물(不可量物)이라는 견해, ii) 일정한 토지이용과 불가피적으로 결합되어 있는 간섭이라는 견해, iii) 불가량물이 토지이용

과 불가피하게 결합됨으로써 발생하는 생활방해라는 견해가 대립되나, 의미의 정확성을 생각한다면 ii)설을 따라야 할 것이다. 「기타 유사한 것」의 구체적인 예로는 가스·증기·냄새·소음(대판 2016. 11. 25, 2014다57846)·먼지·재(灰)·광선(태양반사광을 포함함. 대판 2021. 6. 3, 2016다33202·33219 등)·불꽃·연기 등을 들 수 있다. 그리고 이러한 간섭은 이웃 토지(반드시 인접할 필요는 없다)나 그 위의 시설물로부터 공중 또는 대기 중에 적극적으로 발산되어야 한다. 따라서 광선·공기 등을 벽으로 막는 것과 같은 소극적인 방해는 생활방해가 아니다(이설 있음). 그리고 여기의 액체는 공중에 분무되는 액체를 가리키는 것이고 지표를 흐르거나 지중에 스며드는 것은 포함되지 않는다(이설 있음). 그 밖에 사창가(私娼街)나 영안실과 같이 단순히 정신적·관념적으로 영향을 주는 것(소음 등이 있는 경우는 제외된다)도 생활방해가 아니다(이설 있음). 주의할 것은, 생활방해에서 제외된다고 하여 피해자가 보호받을 수 없다는 의미는 아니라는 점이다. 그때에는 물권적 청구권 등에 의하여 보호될 수도 있으며, 생활방해가 됨으로써 오히려 수인(受忍)을 해야 할 의무가 생길 수가 있다.

2) 간섭(매연 등)이 이웃 토지의 사용을 방해하거나 또는 이웃 거주자의 생활에 고통을 주는 것이어야 한다.

3) 간섭(매연 등)이 토지의 통상의 용도에 적당한 정도를 넘고 있어야 한다. 그 정도에 미달한 경우에는 이웃 거주자는 이를 인용(忍容)할 의무가 있다(217조 2항). 적당한 정도를 넘고 있는지는 토지의 주위상황(예컨대 공업지역인가 주택지인가)과 평균인을 표준으로 하여 사회통념에 의하여 결정하여야 한다. 그리고 기준이 되는 토지는 제217조의 법문상 가해지라고 보아야 한다.

(3) 생활방해 금지의 효과 B-185

위의 요건이 갖추어진 경우에는 토지소유자는 이웃 토지의 사용을 방해하거나 이웃 거주자의 생활에 고통을 주지 않도록 적당한 조치를 강구하여야 한다(217조 1항). 그리고 그러한 의무는 토지의 점유이용자에게도 있다고 하여야 한다. 만일 수인의 한도를 넘는 경우에는 피해자는 토지의 소유자 또는 점유자에 대하여 적당한 조처 또는 방해의 제거·예방을 청구할 수 있다. 그리고 손해가 생긴 때에는 불법행위로 인한 손해배상도 청구할 수 있다(환경정책기본법 44조에 해당하는 경우에는 무과실책임을 진다).

판 례 참을 한도를 넘는지의 판단

(ㄱ) 「도로변 지역의 소음에 관한 환경정책기본법의 소음환경기준을 초과하는 도로소음이 있다고 하여 바로 민사상 '참을 한도'를 넘는 위법한 침해행위가 있다고 단정할 수 없다.

이른바 도로소음으로 인한 생활방해를 원인으로 제기된 사건에서 공동주택에 거주하는 사람들이 참을 한도를 넘는 생활방해를 받고 있는지는 특별한 사정이 없는 한 일상생활이 실제 주로 이루어지는 장소인 거실에서 도로 등 해당 소음원에 면한 방향의 모든 창호를 개방한 상태로 측정한 소음도가 환경정책기본법상 소음환경기준 등을 초과하는지 여부에 따라 판단하는 것이 타당하다.」(대판 2015. 9. 24, 2011다91784. 위 둘째 단락과 같은 취지: 대판 2016. 11. 25, 2014다57846(소음 피해지점에서 소음원 방향으로 창문·출입문 또는 건물벽 밖의 0.5~1m 떨어진 지점에서 측정된 실외 소음도를 기준으로 할 것이 아님))

(ㄴ)「철도소음·진동을 규제하는 행정법규에서 정하는 기준을 넘는 철도소음·진동이 있다고 하여 바로 참을 한도를 넘는 위법한 침해행위가 있어 민사책임이 성립한다고 단정할 수 없다. 그러나 위와 같은 행정법규는 인근 주민의 건강이나 재산, 환경을 소음·진동으로부터 보호하는 데 주요한 목적이 있기 때문에 철도소음·진동이 이 기준을 넘는지 여부는 참을 한도를 정하는 데 중요하게 고려해야 한다.」(대판 2017. 2. 15, 2015다23321)

「그러나 이러한 기준(소음·진동을 규제하는 행정법규가 정하는 기준: 저자 주)은 주민의 건강 등을 보호하기 위한 최소한도의 기준이므로, 그 기준을 넘어야만 참을 한도를 넘는 위법한 침해행위가 되는 것은 아니고 그 기준에 형식적으로 부합한다고 하더라도 현실적인 피해의 정도가 현저하게 커서 사회통념상 참을 한도를 넘는 경우에는 위법행위로 평가될 수 있다.」(대판 2023. 4. 13, 2022다210000)

B-186 5. 수도 등의 시설권

토지소유자는 타인의 토지를 통과하지 않으면 필요한 수도·소수관·가스관·전선 등을 시설할 수 없거나 과다한 비용을 요하는 경우에는 타인의 토지를 통과하여 이를 시설할 수 있다(218조 1항 본문). 그런데 그때에는 손해가 가장 적은 장소와 방법을 선택하여 시설하여야 하며, 타 토지(시설통과지) 소유자의 청구에 의하여 손해를 보상하여야 한다(218조 1항 단서). 이러한 수도 등 시설권은 법정의 요건을 갖추면 당연히 인정되는 것이고, 그 시설권에 근거하여 수도 등 시설공사를 시행하기 위해 따로 수도 등이 통과하는 토지소유자의 동의나 승낙을 받아야 하는 것이 아니다(대판 2016. 12. 15, 2015다247325: 따라서 이러한 토지소유자의 동의나 승낙은 218조에 기초한 수도 등 시설권의 성립이나 효력 등에 어떠한 영향을 미치는 법률행위나 준법률행위라고 볼 수 없다). 한편 토지소유자에게 이러한 시설권이 인정되는 경우에 시설통과지의 소유자가 그 시설에 대하여 철거를 청구할 수 없음은 물론이다(대판 2003. 8. 19, 2002다53469).

위의 시설을 한 후 사정의 변경이 있는 때에는 시설통과지의 소유자는 그 시설의 변경을 청구할 수 있고, 시설변경의 비용은 토지소유자가 부담한다(218조 2항). 그런데 여기의 「토지소유자」(변경비용 부담자)의 의미에 관하여는 다툼이 있다. 학설은 i) 시설자(시설통과권자)라는 견해(사견도 같음)와 ii) 통과지 소유자라는 견해로 나뉘어 있고, 판례는 시설통과권자가 비용을 부담할 것이라고 하여 i)설과 같다(대판 1982. 5. 25, 81다1·2·3).

B-187 6. 주위(周圍)토지통행권

(1) 의의와 내용

어느 토지와 공로(公路) 사이에 그 토지의 용도에 필요한 통로가 없는 경우에, 그 토지

소유자는 주위의 토지를 통행하거나 또는 통로로 하지 않으면 공로에 출입할 수 없거나 과다한 비용을 요하는 때에는, 그 주위의 토지를 통행할 수 있고 필요한 경우에는 통로를 개설할 수 있다(219조 1항 본문).

이러한 주위토지통행권은 그 소유토지와 공로 사이에 그 토지의 용도에 필요한 통로가 없는 경우에 한하여 인정되는 것이므로, 이미 그 소유토지의 용도에 필요한 통로가 있는 경우에는 이 통로를 사용하는 것보다 더 편리하다는 이유만으로 다른 장소로 통행할 권리는 인정되지 않는다(대판 1995. 6. 13, 95다1088·1095 등). 토지소유자 자신이 토지와 공로 사이의 통로를 막는 건물을 축조한 경우에도 통행권은 생기지 않는다(대판 1972. 1. 31, 71다2113). 그러나 통로가 있기는 하지만 그것이 일상생활을 하기에 불편한 정도이거나(대판 1977. 9. 13, 77다792) 그 토지의 용도에 부적합하여 실제로 통로로서의 충분한 기능을 하지 못하고 있는 경우(대판 2003. 8. 19, 2002다53469 등)에는 통행권이 인정된다. 그리고 통행권은 토지를 현실적으로 이용하고 있는지 여부에 관계없이 상당한 범위 내에서 장래의 이용을 위하여서도 인정된다(대판 1988. 2. 9, 87다카1156).

주위토지통행권은 법정의 요건을 충족하면 당연히 성립하고 그 요건이 없어지게 되면 당연히 소멸한다(대판 2014. 12. 24, 2013다11669). 따라서 포위된 토지가 사정변경에 의하여 공로에 접하게 되거나 포위된 토지의 소유자가 주위의 토지를 취득함으로써 주위토지통행권을 인정할 필요성이 없어지게 된 경우에는 그 통행권은 소멸한다(대판 2014. 12. 24, 2013다11669 등).

통행권의 범위는 「토지의 용도」에 필요한 만큼이다. 어느 정도를 필요한 범위로 볼 것인가는 구체적인 사안에서 사회통념에 따라 쌍방 토지의 지형적·위치적 형상 및 이용관계, 부근의 지리상황, 상린지 이용자의 이해득실 기타 제반사정을 기초로 판단하여야 한다(대판 2006. 6. 2, 2005다70144[핵심판례 144면]; 대판 2017. 1. 12, 2016다39422 등 다수의 판결). 따라서 주거지의 경우 사람이 겨우 통행할 수 있는 범위로 제한되지 않으며 주택에 출입하여 일상생활을 영위하는 데 필요한 범위(출입과 물건운반이 가능한 범위)의 노폭까지 인정되어야 한다(대판 1989. 7. 25, 88다카9364 등). 그리고 토지의 이용방법에 따라서는 자동차 등이 통과할 수 있는 통로의 개설도 허용되지만 단지 토지이용의 편의를 위해 다소 필요한 상태라고 여겨지는 정도에 그치는 경우까지 자동차의 통행을 허용할 것은 아니다(대판 2006. 6. 2, 2005다70144[핵심판례 144면] 등). 한편 현재의 토지의 용법에 따른 이용의 범위에서 인정되는 것이고 장차의 이용상황까지 미리 대비하여 통행로를 정할 것은 아니다(대판 2006. 10. 26, 2005다30993 등). 그 외에, 주거는 사람의 사적인 생활공간이자 평온한 휴식처로서 인간생활에 있어서 가장 중요한 장소라고 아니할 수 없어 우리 헌법도 주거의 자유를 보장하고 있는바, 주위토지통행권을 행사함에 있어서도 이러한 주거의 자유와 평온 및 안전을 침해하여서는 아니 된다(대판 2009. 6. 11, 2008다75300·75317·75324 등). 그리고 주위토지통행권이 인정된다고 하더라도 그 통로를 상시적으로 개방하여 제한 없이 이용할 수 있도록 하거나 피통행지 소유자의 관리권이 배제되어야만 하는 것은 아니므로, 쌍방 토지의 용도 및 이용 상황, 통행로 이용의 목적 등에 비추어 그 토지의 용도에 적합한 범위에서 통행 시기나 횟수, 통행방법 등을 제한하여 인정할 수도 있다(대판 2017. 1. 12, 2016다39422).

주위토지통행권은 통행을 위한 지역권과는 달리 그 통행로가 항상 특정한 장소로 고정되어 있는 것은 아니고, 주위토지통행권 확인청구는 변론종결시에 있어서의 민법 제219조 소정의 요건에 해당하는 토지가 어느 토지인가를 확정하는 것이므로, 주위토지(통행지) 소유자가 그 용법에 따라 기존 통행로로 이용되던 토지의 사용방법을 바꾸었을 때(예컨대 그 지상에 건축물을 축조한 경우)에는 대지소유자(통행권자)는 그 주위토지 소유자를 위하여 보다 손해가 적은 다른 장소로 옮겨 통행할 수밖에 없는 경우도 있다(대판 2009. 6. 11, 2008다75300 · 75317 · 75324 등). 따라서 통행권자가 오랫동안 특정부분을 통행로로 이용하여 왔고, 주위토지 소유자도 통행권자의 통행을 묵인하여 왔다거나, 주위토지 소유자들이 사용하는 하수관이 통행권자 소유 토지의 지하에 설치되어 있다고 하더라도, 주위토지통행권의 인정 여부를 판단함에 있어서 그러한 사정을 크게 고려할 것은 아니라고 할 것이다(대판 2009. 6. 11, 2008다75300 · 75317 · 75324).

통행권자는 통행권의 범위 내에서 그 토지를 사용할 수 있다. 그리고 통행권이 본래의 기능을 발휘하기 위하여 필요한 경우에는 당초에 적법하게 설치되었던 담장이라도 그것이 통행에 방해가 되는 한 철거되어야 한다(대판 2006. 6. 2, 2005다70144 등). 그러나 통행지에 대한 소유자의 점유를 배제할 권능은 없으므로 통행권자가 통행지를 전적으로(배타적으로) 점유하고 있는 경우에는 통행지 소유자는 통행권자에 대하여 통행지의 인도를 청구할 수 있다(대판 1993. 8. 24, 93다25479 등).

B-188 **판 례** **주위토지통행권 관련**

(ㄱ) 「민법 제219조 제1항 본문에 의하여 주위토지통행권자가 통로를 개설하는 경우 통행지 소유자는 원칙으로 통행권자의 통행을 수인할 소극적 의무를 부담할 뿐 통로개설 등 적극적인 작위의무를 부담하는 것은 아니고, 다만 통행지 소유자가 주위토지통행권에 기한 통행에 방해가 되는 담장 등 축조물을 설치한 경우에는 주위토지통행권의 본래적 기능발휘를 위하여 통행지 소유자가 그 철거의무를 부담하게 되는 것이며, 나아가 주위토지통행권이 인정되는 때에도 그 통로개설이나 유지비용은 주위토지통행권자가 부담하여야 함은 물론, 그 경우에도 민법 제219조 제1항 후문 및 제2항에 따라 그 통로개설로 인한 손해가 가장 적은 장소와 방법을 선택하여야 하고 통행지 소유자의 손해를 보상하여야 하는 것이다.」(대판 2006. 10. 26, 2005다30993)

(ㄴ) 「주위토지통행권자는 필요한 경우에는 통행지상에 통로를 개설할 수 있으므로(민법 제219조), 모래를 깔거나, 돌계단을 조성하거나, 장해가 되는 나무를 제거하는 등의 방법으로 통로를 개설할 수 있으며 통행지 소유자의 이익을 해하지 않는다면 통로를 포장하는 것도 허용된다고 할 것이고, 주위토지통행권자가 통로를 개설하였다고 하더라도 그 통로에

대하여 통행지 소유자의 점유를 배제할 정도의 배타적인 점유를 하고 있지 않다면 통행지 소유자가 주위토지통행권자에 대하여 주위토지통행권이 미치는 범위 내의 통로 부분의 인도를 구하거나 그 통로에 설치된 시설물의 철거를 구할 수 없다.」(대판 2003. 8. 19, 2002다53469)

(ㄷ) 「통상 주위토지통행권에 관한 분쟁은 통행권자와 피통행지의 소유자 사이에 발생하나, 피통행지의 소유자 이외의 제3자가 일정한 지위나 이해관계에서 통행권을 부인하고 그 행사를 방해할 때에는 그 제3자를 상대로 통행권의 확인 및 방해금지 청구를 하는 것이 통행권자의 지위나 권리를 보전하는 데에 유효·적절한 수단이 될 수 있다.」(대판 2005. 7. 14, 2003다18661)

(ㄹ) 「주위토지통행권의 확인을 구하기 위해서는 통행의 장소와 방법을 특정하여 청구취지로써 이를 명시하여야 하고, 민법 제219조에 정한 요건을 주장·증명하여야 한다. 그러므로 주위토지통행권이 있음을 주장하여 확인을 구하는 특정의 통로부분이 민법 제219조에 정한 요건을 충족하지 못할 경우에는 다른 토지부분에 주위토지통행권이 인정된다고 할지라도 원칙적으로 그 청구를 기각할 수밖에 없다. 다만 이와 달리 통행권의 확인을 구하는 특정의 통로부분 중 일부분이 민법 제219조에 정한 요건을 충족하거나 특정의 통로부분에 대하여 일정한 시기나 횟수를 제한하여 주위토지통행권을 인정하는 것이 가능한 경우라면, 그와 같이 한정된 범위에서만 통행권의 확인을 구할 의사는 없음이 명백한 경우가 아닌 한 그 청구를 전부 기각할 것이 아니라, 그렇게 제한된 범위에서 청구를 인용함이 상당하다.」(대판 2017. 1. 12, 2016다39422)

(ㅁ) 「주위토지통행권은 통행을 위한 지역권과는 달리 통행로가 항상 특정한 장소로 고정되어 있는 것은 아니고, 주위토지의 현황이나 사용방법이 달라졌을 때에는 주위토지통행권자는 주위토지 소유자를 위하여 보다 손해가 적은 다른 장소로 옮겨 통행할 수밖에 없는 경우도 있으므로, 일단 확정판결이나 화해조서 등에 의하여 특정의 구체적 구역이 위 요건에 맞는 통행로로 인정되었더라도 그 이후 그 전제가 되는 포위된 토지나 주위토지 등의 현황이나 구체적 이용상황에 변동이 생긴 경우에는 민법 제219조의 입법취지나 신의성실의 원칙 등에 비추어 구체적 상황에 맞게 통행로를 변경할 수 있는 것」이다(대판 2004. 5. 13, 2004다10268).

(2) 토지소유자 이외의 자의 주위토지통행권 B-189

통행권은 토지소유자뿐만 아니라 지상권자·전세권자에게도 인정된다(290조·319조에 의한 219조의 준용). 그러나 임차인은 등기된 경우이든 아니든 독자적인 통행권을 갖지 않으며 소유자의 통행권을 행사하는 것으로 이해하여야 한다. 그 밖의 점유자도 점유권원에 기하여 판단하여야 한다(대판 1976. 10. 29, 76다1694는 적절하게도 불법점유자의 통행권을 부인한다). 그리고 판례는 명의신탁자에게는 주위토지통행권이 인정되지 않는다고 한다(대판 2008. 5. 8, 2007다22767).

(3) 통행 등의 방법

통행권자가 다른 토지를 통행하거나 통로를 개설할 때에는 통행지 또는 통로개설지에 손해가 가장 적은 장소와 방법을 선택하여야 한다(219조 1항 단서).

(4) 손해의 보상

통행권자는 통행지 소유자의 손해를 보상하여야 한다(219조 2항). 그러나 그 지급을 게을리하더라도 채무불이행책임만 생기며, 통행권이 소멸하지는 않는다(이설 없음). 손해보상의무는 통행권자에게 있는 것이므로 통행권자의 허락을 얻어 사실상 통행하고 있는 자는 그 의무가 없다(대판 1991. 9. 10, 91다19623은 국제상사가 통행권자인 경우에 그 대표이사에 대한 보상청구권을 부정한다).

이 경우의 손해액은 어떻게 산정해야 하는가? 그에 관하여 대법원은 다음과 같이 판시하고 있다. 타인 소유의 토지를 법률상 권원 없이 점유함으로 인하여 그 토지소유자가 입은 통상의 손해는 특별한 사정이 없는 한 그 점유토지의 임료 상당액이라고 할 것이지만(대판 1994. 6. 28, 93다51539), 주위토지통행권자가 단지 공로에 이르는 통로로서 통행지를 통행함에 그치고 통행지 소유자의 점유를 배제할 정도의 배타적인 점유를 하고 있지 않다면 통행지 소유자가 통행지를 그 본래 목적대로 사용·수익할 수 없게 되는 경우의 손해액이라 할 수 있는 임료 상당액 전부가 통행지 소유자의 손해액이 된다고 볼 수는 없으므로, 주위토지통행권자가 통행지 소유자에게 보상해야 할 손해액은 주위토지통행권이 인정되는 당시의 현실적 이용상태에 따른 통행지의 임료 상당액을 기준으로 하여, 구체적인 사안에서 사회통념에 따라 제반 사정을 고려하여 이를 감경할 수 있고(판례는 여기까지의 법리를 주위토지통행권자가 아닌 일반적인 통행 수익자에게도 인정한다. 대판 2023. 3. 13, 2022다293999), 단지 주위토지통행권이 인정되어 통행하고 있다는 사정만으로 통행지를 도로로 평가하여 산정한 임료 상당액이 통행지 소유자의 손해액이 된다고 볼 수 없다(대판 2014. 12. 24, 2013다11669).

B-190

(5) 토지가 분할 또는 일부양도된 경우

공로에 통하고 있던 토지가 분할 또는 일부양도로 인하여 공로에 통하지 못하게 된 때에는, 그 토지소유자는 공로에 출입하기 위하여 다른 분할자 또는 양수인의 토지를 통행할 수 있고(220조 1항 1문·2항), 제3자의 토지를 통행하지는 못한다(대판 2005. 3. 10, 2004다65589·65596 등). 그리고 이때에는 손해보상의 의무가 없다(220조 1항 2문·2항). 여기의 토지의 일부양도에는 1필의 토지의 일부가 양도된 경우뿐만 아니라 일단으로 되어 있던 동일인 소유의 수필의 토지 중 일부가 양도된 경우도 포함된다고 새겨야 한다(대판 2005. 3. 10, 2004다65589·65596 등). 한편 판례는, 양도인이 포위된 토지의 소유자에 대하여 무상의 주위토지 통행을 허용하지 않음으로써 포위된 토지의 소유자가 할 수 없이 주위의 다른 토지의 소유자와 일정기간 동안 사용료를 지급하기로 하고 그 다른 토지의 일부를 공로로 통하는 통로로 사용하였다고 하더라도 포위된 토지의 소유자가 제220조 소정의 무상의 주위토지통행권을 취득할 수 없는 것은 아니라고 한다(대판 1995. 2. 10, 94다45869·45876).

무상통행권을 규정한 제220조는 직접분할자 또는 일부양도의 당사자 사이에서만 적용되는가? 여기에 관하여 학설은 i) 긍정설(다수설이며, 사견도 같음)과 ii) 무상통행권이 현실로 행사되고 있거나 혹은 잔여지의 양수인이 통행권의 부담이 있는 것을 알고서 승계한 경우에는 잔여지의 양수인에게도 인정된다는 견해로 나뉘어 있다. 그리고 대법원은 이를 긍정하면서 포위된 토지 또는 피통행지의 특정승계인에게는 적용되지 않는다고 한다(대판 2002. 5. 31, 2002다9202 등 다수의 판결). 그런데 다른 한편으로, 토지소유자가 토지를 매수할 때 통로 부분이 주위의 토지소유자들을 위해 무상으로 통행에 제공된 사실을 용인하고 그 상태에서 매수한 경우에 통행료를 청구하는 것은 신의칙에 위배되어 허용될 수 없다고 한 적이 있으며(대판 1992. 2. 11, 91다40399), 토지의 원소유자가 토지를 분할·매각함에 있어서 토지의 일부를 분할된 다른 토지의 통행로로 제공하여 독점적·배타적인 사용수익권을 포기한 뒤 그와 같은 사용수익의 제한이 있다는 사정을 알면서 그 토지의 소유권을 승계취득한 자는 다른 특별한 사정이 없는 한 원소유자와 마찬가지로 분할토지의 소유자들의 무상통행을 수인할 의무가 있다고 한다(대판 1998. 3. 10, 97다47118. 그리고 대판 1996. 4. 12, 95다3619에서는 구체적인 사안에서 위의 결과를 인정하였다). 이 둘은 모두 예외를 인정한 것인데, 그 중에 전자는 신의칙을 적용한 소극적인 것이고, 후자는 사용수익권의 포기 이론에 입각한 적극적인 것이며, 후자가 근래 대법원의 주류적인 입장인 것으로 보인다. 결국 현재 우리의 판례는 제220조가 원칙적으로는 승계인에게 적용되지 않는다고 하면서도 예외를 적극적으로 인정하는 입장이라고 하겠다.

판 례 자기의 공유토지가 있는 경우의 주위토지통행권 문제

「공로에 통할 수 있는 자기의 공유토지를 두고 공로에의 통로라 하여 남의 토지를 통행한다는 것은 민법 제219조, 제220조에 비추어 허용될 수 없다. 설령 위 공유토지가 구분소유적 공유관계에 있고 공로에 접하는 공유 부분을 다른 공유자가 배타적으로 사용, 수익하고 있다고 하더라도 마찬가지이다.」(대판 2021. 9. 30, 2021다245443·245450)

7. 물에 관한 상린관계 B-191

(1) 자연적 배수

토지소유자는 이웃 토지로부터 자연히 흘러오는 물을 막지 못한다(221조 1항). 그리하여 그는 자연히 흘러오는 물(우수(雨水)도 포함한다. 대판 1995. 10. 13, 94다31488)을 인용(忍容)해야 할 의무 즉 **승수의무**(承水義務)가 있다. 토지에 가공을 함으로써 비로소 흐르는 물에 대하여는 승수의무가 없다(대판 1962. 4. 12, 61다1129). 그리고 승수의무는 소극적으로 물을 막지 못한다는 것일 뿐이고 적극적으로 물의 소통을 유지할 의무까지 포함하는 것은 아니다(대판 1977. 11. 22, 77다1588).

고지소유자는 이웃 저지에 자연히 흘러 내리는 이웃 저지에서 필요한 물을 자기의 정당한 사용범위를 넘어서 막지 못한다(221조 2항).

흐르는 물이 저지에서 폐색(閉塞: 막힘)된 때에는 고지소유자는 자비로 소통에 필요한 공사를 할 수 있다(222조). 이때 비용부담에 관하여 다른 관습이 있으면 그에 의한다(224조).

B-192 **(2) 인공적 배수**

인공적 배수를 위하여 원칙적으로 타인의 토지를 사용할 수 없다. 그리하여 우선 토지소유자는 처마물이 이웃에 직접 낙하하지 않도록 적당한 시설을 하여야 한다(225조). 처마가 경계를 넘으면 그것 자체가 위법한 것이나(242조 참조), 그렇지 않더라도 경사에 의하여 처마물이 이웃 토지에 낙하하지 않도록 하여야 하는 것이다. 그리고 토지소유자가 저수·배수 또는 인수하기 위하여 공작물을 설치한 경우에, 공작물의 파손 또는 폐색으로 타인의 토지에 손해를 가하거나 가할 염려가 있는 때에는, 타인은 그 공작물의 보수, 폐색의 소통 또는 예방에 필요한 청구를 할 수 있다(223조). 이때의 공사비용은 공작물 설치자가 부담하나, 비용부담에 관하여 특별한 관습이 있으면 그에 의한다(224조).

예외적으로 인공적 배수가 인정되는 때가 있다. 고지소유자는 침수지를 건조하기 위하여 또는 가용(家用)이나 농·공업용의 여수(餘水: 남은 물)를 소통하기 위하여 공로(公路)·공류(公流) 또는 하수도에 이르기까지 저지에 물을 통과하게 할 수 있다(226조 1항). 그 경우에는 저지의 손해가 가장 적은 장소와 방법을 선택하여야 하며, 손해가 있으면 보상하여야 한다(226조 2항). 그리고 토지소유자는 그 소유지의 물을 소통하기 위하여 이웃 토지소유자가 시설한 공작물을 사용할 수 있고(227조 1항), 이를 사용하는 자는 그 이익을 받는 비율로 공작물의 설치와 보존의 비용을 분담하여야 한다(227조 2항).

판 례 제227조의 공작물 시설자

「민법 제227조는 토지소유자가 소유지상의 물을 소통하기 위하여 이웃 토지소유자 시설의 공작물을 사용할 수 있고 그 경우 토지소유자는 이웃 토지소유자에 대하여 그 이익을 받는 비율로 공작물의 설치보존 비용을 분담하여야 한다고 규정하고 있는바, 여기서 말하는 공작물의 시설자는 이웃 토지소유자로 한정되지는 않으나 단순히 공작물을 시설한 것만으로는 부족하고 이에 대한 정당한 권리를 갖는 자를 의미한다.」(대판 2003. 4. 11, 2000다11645)

(3) 여수급여청구권

토지소유자는 과다한 비용이나 노력을 요하지 않고는 가용(家用)이나 토지이용에 필요한 물을 얻기가 곤란한 때에는 이웃 토지소유자에게 보상하고 여수(餘水)의 급여를 청구할 수 있다(228조).

B-193 **(4) 유수에 관한 상린관계**

1) 수류지가 사유인 경우 구거(溝渠: 도랑) 기타 수류지의 소유자는 대안(對岸)의 토지가 타인의 소유인 때에는 그 수로나 수류의 폭을 변경하지 못한다(229조 1항). 양안(兩岸)의 토지가

수류지 소유자의 소유인 때에는 소유자는 수로와 수류의 폭을 변경할 수 있으나(229조 2항 본문), 하류는 자연의 수로와 일치하도록 하여야 한다(229조 2항 단서). 그리고 이들에 관하여 다른 관습이 있으면 그에 의한다(229조 3항). 주의할 것은, 제229조 제 2 항 본문이 양안의 토지가 수류지 소유자의 소유인 때에는 소유자는 수로와 수류의 폭을 변경할 수 있다고 규정한 것은 대안의 수류지 소유자와의 관계에서의 수류이용권을 규정한 것으로서, 이는 위와 같은 경우 수류지 소유자는 그 수로와 수류의 폭을 변경하여 그 물을 가용 또는 농·공업용 등에 이용할 권리가 있다는 것을 의미함에 그치고, 그 수로와 수류의 폭을 임의로 변경하여 범람을 일으킴으로써 인지소유자에게 손해를 발생시킨 경우에도 면책된다는 취지를 규정한 것이라고 볼 수 없다는 점이다(대판 2012. 4. 13, 2010다9320).

수류지의 소유자가 언(堰: 둑)을 설치할 필요가 있는 때에는 그 언을 대안에 접촉하게 할 수 있다. 그러나 이로 인하여 생긴 손해는 보상하여야 한다(230조 1항). 그리고 대안의 소유자는 수류지의 일부가 자기 소유인 때에는 그 언을 사용할 수 있다. 그러나 그 이익을 받는 비율로 언의 설치·보존의 비용을 분담하여야 한다(230조 2항).

2) 공유하천용수권

(가) 공유하천의 연안에서 농·공업을 경영하는 자는 이에 이용하기 위하여 타인의 용수를 방해하지 않는 범위 내에서 필요한 인수(引水)를 할 수 있다(231조 1항). 그리고 그러한 인수를 하기 위하여 필요한 공작물을 설치할 수 있다(231조 2항). 이것이 공유하천용수권이다.

(나) 공유하천용수권은 특정인에게만 인정되는 것이 아니고 공유하천의 연안에서 농·공업을 경영하는 모든 자에게 인정되며, 특정인에게 우선권이 주어지는 것도 아니다. 그리하여 민법도 인수나 공작물로 인하여 하류연안의 용수권을 방해하는 때에는 그 용수권자는 방해의 제거 및 손해배상을 청구할 수 있도록 한다(232조).

(다) 그리고 농·공업의 경영에 이용하는 수로 기타 공작물의 소유자나 몽리자(蒙利者: 이익을 얻는 사람)의 특별승계인은 그 용수에 관한 전 소유자나 몽리자의 권리의무를 승계한다(233조).

(라) 한편 이상의 것에 관하여 다른 관습이 있으면 그에 의한다(234조).

(마) 공유하천용수권의 법적 성질에 관하여 학설은 i) 관습법상 인정되는 독립한 물권이라는 견해와 ii) 독립한 물권으로 볼 필요는 없고 일종의 상린권이라고 하여야 한다는 견해(사견도 같음)로 나뉘어 있다. 그리고 판례는 관습법상의 물권이라고 파악하는 듯하다. 나아가 기존의 용수권에 필요한 범위 또는 종전의 범위에서 우선권을 인정한다(대판 1983. 3. 8, 80다2658 등 참조).

(5) 지하수이용권

상린자는 그 공용에 속하는 원천(源泉)(자연히 솟는 지하수)이나 수도(水道)(인공적으로 솟게 한 지하수를 끌어오는 시설)를 각 수요의 정도에 의하여 타인의 용수를 방해하지 않는 범위 내에서 각각 용수할 권리가 있다(235조). 이러한 상린자의 지하수이용권은 일종의 인역권이라고 할 수 있다.

필요한 용도나 수익이 있는 원천이나 수도가 타인의 건축 기타 공사로 인하여 단수·감수 기타 용도에 장해가 생긴 때에는 용수권자는 손해배상을 청구할 수 있다(236조 1항). 그리고 이러한 공사로 인하여 음료수 기타 생활상 필요한 용수에 장해가 있을 때에는 원상회복을 청구할 수 있다(236조 2항).

B-194

8. 경계에 관한 상린관계

인접하여 토지를 소유한 자는 공동비용으로 통상의 경계표나 담을 설치할 수 있다(237조 1항). 이 경우 비용은 쌍방이 반씩 부담하나, 측량비용만은 토지의 면적에 비례하여 부담한다(237조 2항). 그런데 이들과 다른 관습이 있으면 그에 의한다(237조 3항).

대법원은 제237조 제1항에 근거하여, 토지의 경계에 경계표나 담이 설치되어 있지 않다면 특별한 사정이 없는 한 어느 한쪽 토지의 소유자는 인접한 토지의 소유자에 대하여 공동비용으로 통상의 경계표나 담을 설치하는 데에 협력할 것을 요구할 수 있고, 인접 토지 소유자는 그에 협력할 의무가 있다고 보아야 하므로, 한쪽 토지 소유자의 요구에 대하여 인접 토지 소유자가 응하지 않는 경우에는 한쪽 토지 소유자는 민사소송으로 인접 토지 소유자에 대하여 그 협력 의무의 이행을 구할 수 있다고 한다(대판 2023. 4. 13, 2021다271725). 한편 제237조 제1항이 기존의 경계표나 담장이 있는 경우에까지 새로운 경계표나 담장을 설치할 수 있도록 허용하는 것인지 문제된다. 여기에 관하여 대법원은, 기존의 경계표나 담장에 대하여 어느 쪽 토지 소유자도 일방적으로 처분할 권한을 가지고 있지 않다면 한쪽 토지 소유자가 인접 토지 소유자의 동의 없이 기존의 경계표나 담장을 제거하는 것은 허용되지 않고, 한쪽 토지 소유자의 의사만으로 새로운 경계표나 담장을 설치하도록 강제할 수는 없을 것이나, 기존의 경계표나 담장에 대하여 한쪽 토지 소유자가 처분권한을 가지고 있으면서 기존의 경계표나 담장을 제거할 의사를 분명하게 나타내고 있는 경우라면 한쪽 토지 소유자는 인접 토지 소유자에 대하여 새로운 경계표나 담장의 설치에 협력할 것을 소구할 수 있다고 한다(대판 2023. 4. 13, 2021다271725 등). 그리고 담장의 처분권한이 없는 토지 소유자가 그 처분권한이 있는 인접 토지 소유자를 상대로 기존 담장의 철거를 명하는 판결을 받아 그 담장이 적법하게 철거되어야 하는 경우에도 인접 토지 사이에 경계를 표시할 통상의 담장이 설치되지 않은 상태와 마찬가지로 볼 수 있으므로, 이와 같은 법리가 그대로 적용된다고 한다(대판 2023. 4. 13, 2021다271725).

인지소유자(隣地所有者)는 자기의 비용으로 담의 재료를 통상보다 양호한 것으로 할 수 있으며, 그 높이를 통상보다 높게 할 수 있고, 또 방화벽 기타 특수시설을 할 수 있다(238조).

경계에 설치된 경계표·담·구거(도랑) 등은 상린자의 공유로 추정한다. 그러나 그것들이 상린자 일방의 단독비용으로 설치되었거나 담이 건물의 일부인 경우에는 그렇지 않다

(239조). 공유가 되는 경계표 등에는 공유의 규정이 적용되나, 공유자가 분할을 청구하지는 못한다(268조 3항).

9. 경계를 넘은 수지(樹枝)·목근(木根)의 상린관계

인접지의 수목의 가지가 경계를 넘은 때에는 그 소유자에 대하여 가지의 제거를 청구할 수 있다(240조 1항). 상대방이 그 청구에 응하지 않는 때에는 청구자가 직접 제거할 수 있다(240조 2항). 그리고 인접지의 수목의 뿌리가 경계를 넘은 때에는 상린자가 임의로 제거할 수 있다(240조 3항). 이들 경우에 제거한 나뭇가지나 뿌리는 그것을 제거한 상린자의 소유에 속한다.

10. 토지의 심굴(深掘)에 관한 상린관계

토지소유자는 인접지의 지반이 붕괴할 정도로 자기의 토지를 심굴(깊이 팜)하지 못한다. 그러나 충분한 방어공사를 한 때에는 그렇지 않다(241조).

11. 경계선 부근의 공작물 설치에 관한 상린관계 B-195

(1) 경계선으로부터 일정한 거리를 두어야 할 의무

1) 건 물 건물을 축조할 때는 특별한 관습이 없으면 **경계로부터 반 미터 이상**의 거리를 두어야 한다(242조 1항). 제242조 제 1 항이 이렇게 규정한 것은 서로 인접한 대지에 건물을 축조하는 경우에 각 건물의 통풍이나 채광 또는 재해방지 등을 꾀하려는 데 그 취지가 있으므로, 「경계로부터 반 미터」는 경계로부터 건물의 가장 돌출된 부분(예: 지붕의 끝)까지의 거리를 말하며, 경계로부터 건물의 외벽까지의 거리를 의미하는 것이 아니다(대판 2011. 7. 28, 2010다108883).

제242조 제 1 항을 위반한 경우에는 인접지 소유자는 건물의 변경이나 철거를 청구할 수 있다. 그러나 건축에 착수한 후 1년이 경과하거나 건물이 완성된 후에는 손해배상만을 청구할 수 있다(242조 2항). 여기서 「건물의 착수」는 인접지의 소유자가 객관적으로 건축공사가 개시되었음을 인식할 수 있는 상태에 이른 것을 말하고, 「건물의 완성」은 사회통념상 독립한 건물로 인정될 수 있을 정도로 건축된 것을 말하며, 그것이 건축 관계 법령에 따른 건축허가나 착공신고 또는 사용승인 등의 적법한 절차를 거친 것인지 여부는 문제되지 않는다(대판 2011. 7. 28, 2010다108883).

2) 건물 이외의 공작물 우물을 파거나 용수(用水)·하수(下水) 또는 오물 등을 저치(貯置)할 지하시설을 하는 때에는 경계로부터 2미터 이상의 거리를 두어야 하며, 저수지·구거 또는 지하실의 공사에는 그 깊이의 반 이상의 거리를 두어야 한다(244조 1항). 그리고 이러한 공사를 할 때에는 토사가 붕괴하거나 하수 또는 오액이 이웃에 흐르지 않도록 적

당한 조치를 하여야 한다(244조 2항).

(2) 차면(遮面)시설의무

경계로부터 2미터 이내의 거리에서 이웃 주택의 내부를 관망할 수 있는 창이나 마루를 설치하는 경우에는 적당한 차면시설을 하여야 한다(243조).

제3관 소유권의 취득

B-196 Ⅰ. 개 관

민법은 제245조 이하에서 소유권의 특수한 취득원인으로 취득시효·선의취득·선점·습득·발견·부합·혼화·가공 등을 규정하고 있다. 이들 가운데 선의취득은 동산 물권변동에서 이미 보았으므로, 그것을 제외한 나머지를 여기서 살펴보기로 한다.

Ⅱ. 취득시효

1. 취득시효의 의의·존재이유

시효의 의의, 시효에 취득시효와 소멸시효가 있다는 점, 두 가지 시효의 의의, 시효제도의 존재이유에 관하여는 민법총칙 부분에서 자세히 살펴보았다(A-281 이하 참조). 그래서 여기서는 취득시효의 의의와 존재이유만을 간단히 적기로 한다.

취득시효는 어떤 자가 권리자인 것처럼 권리를 행사하고 있는 사실상태가 일정한 기간 동안 계속된 경우에 그가 진실한 권리자인가를 묻지 않고서 처음부터 권리자였던 것으로 인정하는 제도이다. 취득시효제도의 존재이유는 실질적으로 권리를 취득하였으나 이를 증명하지 못하는 권리자를 보호하려는 데 있으나, 부동산의 등기부 취득시효만은 부동산의 소유자로 등기하고서 점유하는 자의 신뢰를 보호하려는 데 그 이유가 있다.

2. 시효취득되는 권리

민법은 소유권(245조·246조)뿐만 아니라 그 밖의 재산권(248조)에 관하여서도 취득시효를 인정하고 있다. 그러나 소유권이 아닌 재산권 중에는 성질상 또는 법률상 취득시효가 인정되지 않는 것이 많다. 가령 점유를 수반하지 않는 물권(저당권), 가족관계를 전제로 하는 부양청구권, 법률규정에 의하여 성립하는 권리(점유권·유치권), 한번 행사하면 소멸하는 권리(취소권·환매권·해제권 등), 계속적이 아니거나 표현되지 않는 지역권 등은 취득시효가 인정되지 않는다. 그에 비하여 분묘기지권(대판 1995. 2. 28, 94다37912)·지상권(대판 1994. 10. 14, 94다9849: 건물을 소유하기 위하여 그 건물 부지를 평온·공연하게 20년간 점유함으로써 건물 부지에 대한 지상권을 시효취득하였다고 한사례)·계속되고 표현된 지역권·질권 등의 물권과 광업권·어업권·지식재산권과 같이 물권에 유사한 권리는 취득시효가 인정된다.

3. 부동산소유권의 취득시효 B-197

(1) 두 종류의 취득시효

민법은 제245조에서 부동산소유권의 취득시효에 관하여 두 종류를 규정하고 있다. 하나는 등기 없이 20년간 점유한 자가 일정한 요건 하에 소유권을 취득하는 것이고(245조 1항), 다른 하나는 소유자로서 등기된 자가 일정한 요건 하에 소유권을 취득하는 것이다(245조 2항). 이들 가운데 전자를 점유 취득시효(또는 일반취득시효)라고 하고, 후자를 등기부 취득시효라고 한다.

부동산소유자의 점유 취득시효는 등기를 공시방법으로 하고 성립요건주의를 취하는 법제에서는 비정상적인 것이다. 그것은 공식적인 권리의 추정을 받는 등기를 뒤엎고 단순한 점유자가 소유권을 취득하게 되는 제도이기 때문이다.

(2) 점유 취득시효 B-198

> **사 례** (신사례 [35]번 문제 중 일부)
>
> X도지는 A의 조부의 명의로 사정받은 후 소유권보존등기는 행해지지 않은 채 A의 부를 거쳐 A에게 상속되었고, 1981년 A의 명의로 소유권보존등기가 행하여졌다. 그 후 A와 B시(市) 사이에 X토지의 매매계약이 체결되어, B가 A에게 매매대금 5,000만원을 지급하였고, 1993. 2. 15.에 1993. 2. 1.의 매매를 원인으로 하여 B 명의의 소유권이전등기가 행해졌다. 그런데 X토지 중 일정부분(7분의 5 정도)(그 부분을 Y라고 함)은 C가 1969년 경 D에게 D 소유 건물의 부지로 임대하여 그로부터 매년 10만원의 차임을 수령하는 방법으로 계속하여 점유하여 왔다. 그리고 현재는 1994. 5. 1.이다.
>
> 이 경우에 Y의 소유자는 누구인지와 A·C 사이의 법률관계를 논하시오. (사례의 해결: B-206)

1) 요 건(245조 1항)

(가) 주 체 권리능력을 가진 자는 모두 취득시효의 주체가 될 수 있다. 그리하여 자연인은 물론이고 사법인(私法人)·공법인(公法人)과 법인 아닌 사단(대판 1970. 2. 10, 69다2013: 종중에 대하여 인정)이나 재단도 주체일 수 있다.

(나) 객 체 부동산이 객체가 된다.

그 부동산은 타인의 것이어야 할 필요는 없으며, 자기의 부동산인데도 소유권을 증명할 수 없을 때에는 취득시효를 주장할 수 있다(통설·판례도 같음. 대판 2001. 7. 13, 2001다17572 등). 그리고 성명불상자의 소유물에 대하여도 시효취득을 할 수 있다(대판 1992. 2. 25, 91다9312).

국유 또는 공유의 부동산은 원칙적으로 시효취득의 대상이 되지 않으나, 일반재산(구

잡종재산)만은 예외이다(국유재산법 7조 2항·6조, 「공유재산 및 물품관리법」 6조 2항·5조). 일반재산이란 국유 또는 공유재산 가운데 행정재산이 아닌 것 모두를 가리킨다(국유재산법 6조 3항, 「공유재산 및 물품관리법」 5조 3항). 국유재산이 시효취득의 대상이 되는 잡종재산(현행법상의 일반재산)이라는 점에 대한 증명책임은 시효의 이익을 주장하는 원고에게 있다(대판 1995. 6. 16, 94다42655). 그리고 판례에 의하면, 원래 잡종재산이던 것이 행정재산으로 된 경우 잡종재산일 당시에 취득시효가 완성되었다고 하더라도 행정재산으로 된 이상 이를 원인으로 하는 소유권이전등기를 청구할 수 없다고 한다(대판 1997. 11. 14, 96다10782).

1필의 토지의 일부도 시효취득을 할 수 있다(이설이 없으며, 판례도 같음. 대판 1989. 4. 25, 88다카9494 등). 다만, 1필의 토지의 일부에 대하여 시효취득을 하려면, 그 부분이 다른 부분과 구분되어 시효취득자의 점유에 속한다는 것을 인식하기에 족한 객관적인 징표가 계속하여 존재할 것이 필요하다(대판 1993. 12. 14, 93다5581 등).

한편 공유지분 일부에 대하여도 시효취득이 가능하다(대판 1979. 6. 26, 79다639). 그리고 판례는, 그 경우에는 특정된 토지부분의 취득을 주장하는 것이 아니므로, 객관적 증표가 계속 존재할 필요는 없다고 한다(대판 1975. 6. 24, 74다1877: 토지의 1/2지분에 대하여는 자주점유로 나머지 1/2지분에 대하여는 타주점유로 전 토지를 점유하여 왔음을 이유로 그 1/2의 지분권을 시효로 취득하였다고 주장하는 사안).

판례는, 집합건물의 공용부분은 취득시효에 의한 소유권 취득의 대상이 될 수 없다고 한다(대판 2013. 12. 12, 2011다78200).

(다) 일정한 요건을 갖춘 점유 소유의 의사로 평온·공연하게 점유하여야 한다. 즉 자주점유, 평온·공연한 점유가 필요하다(여기에 관한 자세한 내용은 B-144~149 참조). 그에 비하여 — 등기부 취득시효와 달리 — 점유자의 선의·무과실은 요건이 아니다. 그리고 여기의 점유는 직접점유에 한하지 않으며 간접점유라도 무방하다(대판 1991. 10. 8, 91다25116(농지를 소작을 준 사안에서 그것이 농지개혁법상 무효일지라도 인정); 대판 1998. 2. 24, 97다49053(토지를 매수하여 타인에게 무상으로 경작하게 한 사안)).

점유자의 자주점유와 평온·공연한 점유는 추정된다(197조 1항). 따라서 이 세 요건은 점유자가 증명할 필요가 없으며, 점유자의 시효취득을 막으려는 자가 그러한 점유가 아님을 증명하여야 한다(대판 1986. 2. 25, 85다카1891). 주의할 것은, 점유자의 점유가 불법이라고 주장하는 자로부터 이의를 받은 사실이 있거나 점유물의 소유권을 둘러싸고 당사자 사이에 법률상의 분쟁이 있었다고 하더라도 그러한 사실만으로 곧 그 점유의 평온·공연성이 상실되지는 않는다는 점이다(대판(전원) 1982. 9. 28, 81사9; 대판 1994. 12. 9, 94다25025 등).

B-199 (라) 20년간의 점유 위와 같은 점유가 20년간 계속되어야 한다.

그런데 이 기간의 기산점이 문제된다. 그에 관하여 판례는 과거에는 시효의 기초가 되는 점유가 시작된 때이며, 시효취득을 주장하는 자가 임의로 기산점을 선택하지 못한다고 하였다(대판 1966. 2. 28, 66다108). 그 뒤 판례가 변경되어, 시효기간 중 계속해서 등기명의자가 동일한 경우에는 기산점을 어디에 두어도 무방하다고 하였다(대판 1976. 6. 22, 76다487·488). 그리고 시효기간 만료 후 이해관계 있는 제3자가 있는 경우에는 기산점을 임의로 선택할 수 없다고 하였다(대판 1977. 6. 28, 77다47). 그 후 여기에 약간 수정을 가하여, 취득시효 완성 후 등기명의가 변경되고 그 뒤에 다시 취득시효가 완성된 때에는 등기명의 변경시를 새로운 기산점으로 삼아도 무방하다고 하였다(대판(전원) 1994. 3. 22, 93다46360; 대판(전원) 2009. 7. 16, 2007다15172 · 15189[핵심판례 148면] 등). 그리고 학설은 i) 실제로 점유를 시작한 때가 기산점이라는 견해(사견도 같음), ii) 임의로 기산점을 선택할 수 있다는 견해로 나뉘어 있다.

판례에 따르면, 자기 소유의 부동산을 점유하고 있는 상태에서 다른 사람 명의로 소유권이전등기가 된 경우 자기 소유 부동산을 점유하는 것은 취득시효의 기초로서의 점유라고 할 수 없고 그 소유권의 변동이 있는 경우에 비로소 취득시효의 기초로서의 점유가 개시되는 것이므로, 취득시효의 기산점은 소유권의 변동일 즉 소유권이전등기가 경료된 날이라고 한다(대판 1997. 3. 14, 96다55860 등. 동지 대판 2016. 10. 27, 2016다224596(부동산에 관하여 적법 · 유효한 등기를 마치고 그 소유권을 취득한 사람이 자기 소유의 부동산을 점유하는 경우에 그러한 점유는 취득시효의 기초가 되는 점유라고 할 수 없다고 함[핵심판례 146면]. 등기부 취득시효에 관하여 동지 대판 2016. 11. 25, 2013다206313)). 그리고 같은 맥락에서, 토지 소유자가 토지의 특정한 일부분을 타인에게 매도하면서 등기부상으로는 전체 토지의 일부 지분에 관한 소유권이전등기를 경료해 준 경우에 매도대상에서 제외된 나머지 특정부분을 계속 점유한다고 하더라도 그것은 자기 소유의 토지를 점유하는 것이어서 취득시효의 기초가 되는 점유라고 할 수 없다고 한다(대판 2001. 4. 13, 99나62036).

취득시효의 기초로 되는 점유가 승계된 경우에, 점유자는 자기의 점유만을 주장할 수도 있고, 자기의 점유와 전 점유자의 점유를 아울러 주장할 수도 있다(199조 1항). 그런데 뒤의 경우에는 전 점유자의 점유의 하자도 승계한다(199조 2항). 전 점유자가 여럿 있는 경우에 어느 자의 점유까지 주장할 것인지는 주장자가 선택할 수 있으나, 그러한 경우에도 그 점유의 개시시기를 전 점유자의 점유기간 중의 임의시점을 택하여 주장할 수는 없다(대판 1992. 12. 11, 92다9968 · 9975 등)(그에 비하여 대판 1998. 5. 12, 97다8496 · 8502는 전 점유자의 점유를 승계하여 자신의 점유기간을 통산하여 20년이 경과한 경우에 있어서도 전 점유자가 점유를 개시한 이후의 임의의 시점을 그 기산점으로 삼을 수 있다고 하고, 대판 1998. 5. 12, 97다34037은, 이는 소유권에 변동이 있더라도 그 이후 계속해서 취득시효기간이 경과하도록 등기명의자가 동일하다면 그 소유권 변동 이후 전 점유자의 점유기간과 자신의 점유기간을 통산하여 20년이 경과한 경우에 있어서도 마찬가지라고 하여, 대판 1992. 12. 11, 92다9968 · 9975 등과 모순을 보인다). 그리고 이러한 법리는 소유자의 변동이 없는 경우에만 적용되는 것이 아니다(대판 1998. 4. 10, 97다56822). 한편 상속의 경우에 제199조가 적용되는지에 관하여는 논란이 있으나(B-151 참조), 판례는 상속인은 새로운 권원에 의하여 자기 고유의 점유를 시작하지 않는 한 피상속인의 점유를 떠나 자기만의 점유를 주장할 수 없다고 한다(대판 1997. 12. 12, 97다40100[핵심판례 134면]: B-151에 인용).

판 례 취득시효의 기초로서의 점유/점유기간의 기산점 B-200

(ㄱ) 「토지구획정리사업의 시행으로 환지예정지 지정이 있을 경우 종전 토지의 소유자는 환지예정지로 지정된 토지에 관하여 사용·수익권을 취득하게 되고, 이 사용·수익권은 종전 토지에 대한 소유권에 기한 것이므로, 종전 토지소유자의 환지예정지에 대한 점유는 자

기 소유의 종전 토지에 대한 점유와 그 성질이 같다 할 것이어서, 종전 토지소유자가 종전 토지에 대한 환지예정지를 점유하는 것은 취득시효의 기초로서의 점유라고 볼 수 없다.」(대판 2002. 9. 4, 2002다22083 · 22090)

(ㄴ) 「환지처분이 있는 경우에는 비록 그것이 제자리환지라고 할지라도 종전 토지는 환지로 인하여 전체 토지의 지적·모양 및 위치에 변동이 생기는 것이므로, 종전 토지의 일부 특정부분을 점유하고 있던 중 취득시효 완성 전에 환지예정지 지정이 있고 환지가 확정된 경우, 그것이 제자리환지로서 종전 토지의 특정 점유부분이 환지예정지나 환지확정된 토지 내에 위치하게 되었다고 하더라도 특단의 사정이 없는 한 종전 토지의 특정부분의 점유자가 환지예정지 지정 이전에도 환지예정지나 환지된 토지상의 당해 특정부분을 점유하였다고 볼 수 없다.」(대판 2003. 3. 25, 2002다72781)

(ㄷ) 「환지처분이 환지예정지의 지정처분대로 이루어지는 한 환지예정지와 환지확정된 토지와의 사이에 전체 토지의 지적, 모양 및 위치에 변동이 생기지 않아 환지예정지의 특정부분을 그대로 환지확정된 토지의 특정부분으로 볼 수 있는 것이므로, 환지예정지의 특정부분을 점유하다가 그 소유권의 취득시효기간이 만료하기 전에 환지처분이 이루어지고 그 후로도 그 특정부분을 계속 점유하여 온 경우에는 점유로 인한 부동산 소유권의 취득시효기간을 산정함에 있어 그 점유기간을 통산할 수 있다.」(대판 1996. 11. 29, 94다53785)

(ㄹ) 「토지를 매수·취득하여 점유를 개시함에 있어서 매수인이 인접 토지와의 경계선을 정확하게 확인해 보지 아니하고 착오로 인접 토지의 일부를 그가 매수·취득한 토지에 속하는 것으로 믿고서 점유하고 있다면 인접 토지의 일부에 대한 점유는 소유의 의사에 기한 것으로 보아야 하며, 이 경우 그 인접 토지의 점유방법이 분묘를 설치·관리하는 것이었다고 하여 점유자의 소유 의사를 부정할 것은 아니다.」(대판 2007. 6. 14, 2006다84423)

(ㅁ) 「취득시효기간의 계산에 있어 점유기간 중에 당해 부동산의 소유권자의 변동이 있는 경우에는 취득시효를 주장하는 자가 임의로 기산점을 선택하거나 소급하여 20년 이상 점유한 사실만 내세워 시효완성을 주장할 수 없고, 이와 같은 경우에는 법원이 당사자의 주장에 구애됨이 없이 소송자료에 의하여 인정되는 바에 따라 진정한 점유의 개시시기를 인정하고, 그에 터잡아 취득시효 주장의 당부를 판단하여야 할 것이다.」(대판 1995. 5. 23, 94다39987)

(ㅂ) 「구분소유적 공유관계에 있는 토지 중 공유자 1인의 특정 구분소유 부분에 관한 점유취득시효가 완성된 경우 다른 공유자의 특정 구분소유 부분이 타에 양도되고 그에 따라 토지 전체에 대한 공유지분에 관한 지분이전등기가 경료되었다면 대외적인 관계에서는 점유취득시효가 완성된 특정 구분소유 부분 중 다른 공유자 명의의 지분에 관하여는 소유명의자가 변동된 경우에 해당한다고 할 것이어서, 점유자는 취득시효의 기산점을 임의로 선택하여 주장할 수 없다고 할 것이다.」(대판 2006. 10. 12, 2006다44753)

(ㅅ) 「건물 공유자 중 일부만이 당해 건물을 점유하고 있는 경우라도 그 건물의 부지는 건물 소유를 위하여 공유명의자 전원이 공동으로 이를 점유하고 있는 것으로 볼 것이며, 건물 공유자들이 건물부지의 공동점유로 인하여 건물부지에 대한 소유권을 시효취득하는 경

우라면 그 취득시효 완성을 원인으로 한 소유권이전등기 청구권은 당해 건물의 공유지분 비율과 같은 비율로 건물 공유자들에게 귀속될 것이다.」(대판 2003. 11. 13, 2002다57935)

(ㅇ) 「점유는 물건을 사실상 지배하는 것을 가리키므로, 1개의 물건 중 특정부분만을 점유할 수는 있지만, 일부 지분만을 사실상 지배하여 점유한다는 것은 상정하기 어렵다.

따라서 1동의 건물의 구분소유자들은 그 전유부분을 구분소유하면서 공용부분을 공유하므로 특별한 사정이 없는 한 그 건물의 대지 전체를 공동으로 점유한다고 할 것이다. 이는 집합건물의 대지에 관한 점유 취득시효에서 말하는 '점유'에도 적용되므로, 20년간 소유의 의사로 평온, 공연하게 집합건물을 구분소유한 사람은 등기함으로써 그 대지의 소유권을 취득할 수 있다. 이와 같이 점유 취득시효가 완성된 경우에 집합건물의 구분소유자들이 취득하는 대지의 소유권은 전유부분을 소유하기 위한 대지사용권에 해당한다.

… 집합건물의 구분소유자들이 대지 전체를 공동점유하여 그에 대한 점유 취득시효가 완성된 경우에도 구분소유자들은 대지사용권으로 그 전유부분의 면적 비율에 따른 대지 지분을 보유한다.」(대판 2017. 1. 25, 2012다72469)

2) 효 과 B-201

(가) **서 설** 본래 취득시효는 법률행위가 아닌 물권변동원인이어서 부동산의 취득시효라도 등기 없이 물권변동이 일어나는 것이 당연하다(187조 참조). 그런데 민법은 제245조 제 1 항에서 「등기함으로써」 소유권을 취득한다고 규정하고 있다. 그 때문에 통설·판례는 이를 제187조의 예외라고 보고, 등기를 제외한 취득시효의 요건이 갖추어졌다고 하여 부동산의 소유권을 취득하게 되지는 않으며, 취득시효 완성자는 등기청구권을 취득할 뿐이라고 한다(대판 1966. 10. 21, 66다976). 그리고 등기청구권을 행사하여 등기를 하여야 비로소 소유권을 취득하게 된다고 한다.

(나) **취득시효 완성 후 등기 전의 법률관계** 취득시효가 완성된 뒤 등기가 있기 전의 법률관계를 판례에 의하여 살펴보기로 한다(사견에 대하여는 물권법 [118] 참조).

(a) **취득시효 완성자의 등기청구권 취득** 취득시효가 완성되면 취득시효 완성자는 시효기간 만료 당시의 토지소유자에 대하여 소유권이전등기 청구권을 취득한다(대판 1999. 2. 23, 98다59132 등). 소유권을 취득하는 것이 아니며, 그것은 미등기 부동산이라도 마찬가지이다(대판 2006. 9. 28, 2006다22074·22081). 취득시효 완성자가 취득시효에 의하여 부동산의 소유권을 취득하려면 그로 인하여 소유권을 상실하게 되는 시효완성 당시의 소유자를 상대로 소유권이전등기 청구를 하여야 한다(대판 1999. 2. 23, 98다59132 등). 그리하여 시효완성 당시의 소유권보존등기 또는 이전등기가 무효라면 원칙적으로 그 등기명의인은 시효취득을 원인으로 한 소유권이전등기 청구의 상대방이 될 수 없고, 그러한 경우에는 취득시효 완성자는 소유자를 대위하여 위 무효등기의 말

소를 구하고 다시 위 소유자를 상대로 취득시효 완성을 이유로 한 소유권이전등기를 청구하여야 한다(대판 2007. 7. 26, 2006다64573 등). 다만, 토지의 사정명의인 또는 그 상속인을 찾을 수 없어 취득시효 완성을 원인으로 하는 소유권이전등기에 의하여 소유권을 취득하는 것이 사실상 불가능하게 된 때에는, 취득시효 완성자는 취득시효 완성 당시 진정한 소유자는 아니지만 소유권보존등기 명의를 가지고 있는 자에 대하여 직접 취득시효 완성을 원인으로 하는 소유권이전등기를 청구할 수 있다(대판 2005. 5. 26, 2002다43417). 한편 대법원은, 여러 명이 각기 공유지분 비율에 따라 특정부분을 독점적으로 소유하고 있는 토지 중 공유자 1인이 독점적으로 소유하고 있는 부분에 대하여 취득시효가 완성된 경우에, 공유자 사이에 그와 같은 구분소유적 공유관계가 형성되어 있다 하더라도 그로써 제3자인 시효취득자에게 대항할 수는 없으므로, 그 토지부분과 무관한 다른 공유자들도 그 토지 부분에 관한 각각의 공유지분에 대하여 취득시효 완성을 원인으로 한 소유권이전등기 절차를 이행할 의무가 있다고 한다(대판 1997. 6. 13, 97다1730).

취득시효 완성자의 이 **등기청구권은 채권적 청구권**이나, 부동산에 대한 점유가 계속되는 한 시효로 소멸하지 않고(대판 1995. 2. 10, 94다28468: 여기의 점유에는 직접점유뿐만 아니라 간접점유도 포함된다), 그 후 점유를 상실하였다고 하더라도 이를 시효이익의 포기로 볼 수 있는 경우가 아닌 한 바로 소멸되지 않는다(대판(전원) 1995. 3. 28, 93다47745[핵심판례 150면]). 다만, 취득시효 완성자가 그 부동산에 대한 점유를 상실한 때로부터 10년간 이를 행사하지 않으면 소멸시효가 완성한다(대판 1996. 3. 8, 95다34866 · 34873 등).

그리고 **부동산을 취득시효기간 만료 당시의 점유자로부터 양수하여 점유를 승계한 현 점유자**는 자신의 전 점유자에 대한 소유권이전등기 청구권을 보전하기 위하여 전 점유자의 소유자에 대한 등기청구권을 대위행사할 수 있을 뿐, 전 점유자의 취득시효 완성의 효과를 주장하여 직접 자기에게 소유권이전등기를 해달라고 청구할 권원은 없다(대판(전원) 1995. 3. 28, 93다47745[핵심판례 150면]).

B-202 **(b) 취득시효 완성자의 방해배제청구권** 취득시효가 완성된 점유자는 점유권에 기하여 등기부상의 명의인을 상대로 점유방해의 배제를 청구할 수 있다(대판 2005. 3. 25, 2004다23899 · 23905).

(c) 소유명의인의 손해배상청구권 · 부당이득 반환청구권 유무 취득시효가 완성된 경우에는, 소유명의자는 소유권이전등기 절차를 이행하여 점유자로 하여금 점유를 개시한 때에 소급하여 소유권을 취득케 할 의무가 있으므로, 그 부동산의 점유로 인한 손해배상을 청구할 수 없다(대판 1966. 2. 15, 65다2189). 그리고 부동산에 대한 취득시효가 완성되면, 점유자는 소유명의자에 대하여 취득시효 완성을 원인으로 한 소유권이전등기 절차의 이행을 청구할 수 있고 소유명의자는 이에 응할 의무가 있으므로, 점유자가 그의 명의로 소유권이전등기를 경료하지 아니하여 아직 소유권을 취득하지 못하였다고 하더라도 소유명의자는 점유자에 대하여 점유로 인한 부당이득 반환청구를 할 수 없다(대판 1993. 5. 25, 92다51280).

(d) **소유명의인의 부동산 처분과 불법행위 문제** 부동산에 관한 취득시효가 완성된 후 등기명의인이 부동산을 제 3 자에게 처분하더라도 불법행위가 성립하지 않으나(대판 2006. 5. 12, 2005다75910), 시효취득을 주장하는 권리자가 취득시효를 주장하거나 소유권이전등기의 청구소송을 제기한 뒤에 제 3 자에게 처분하여 소유권이전등기 의무가 이행불능으로 된 때에는 불법행위가 되며, 이때 부동산을 취득한 제 3 자가 부동산소유자의 이와 같은 불법행위에 적극 가담하였다면 이는 사회질서에 반하는 행위로서 무효이다(대판 1999. 9. 3, 99다20926[핵심판례 152면] 등).

(e) **취득시효 완성자의 손해배상청구권 및 대상청구권 문제** 취득시효 완성자에게 시효취득으로 인한 소유권이전등기 청구권이 있다고 하더라도 이로 인하여 부동산소유자와 시효취득자 사이에 계약상의 채권·채무관계가 성립하는 것은 아니므로, 그 부동산을 처분한 소유자에게 채무불이행책임을 물을 수 없다(대판 1995. 7. 11, 94다4509). 이와 같이 채무불이행은 인정하지 않으면서 이행불능의 효과인 대상청구권(대상청구권에 대하여는 채권법총론에서 설명한다. C-109 이하 참조)은 인정한다. 즉 부동산취득기간 만료를 원인으로 한 등기청구권이 이행불능으로 되기 전에 등기명의자에 대하여 점유로 인한 부동산소유권 취득기간이 만료되었음을 이유로 그 권리를 주장하였거나 그 취득기간 만료를 원인으로 한 등기청구권을 행사한 때에는 대상청구권을 행사할 수 있다고 한다(대판 1996. 12. 10, 94다43825[핵심판례 154면]).

(f) **취득시효 완성자의 명의로 등기하기 전에 제 3 자 명의로 등기된 경우** 취득시효 B-203
가 완성되었으나 아직 소유권이전등기를 하기 전에 제 3 자가 소유자로부터 부동산을 양수하여 등기를 한 경우에는 취득시효 완성자는 그 제 3 자에 대하여 취득시효를 주장할 수 없다(대판 1991. 6. 25, 90다14225 등). 제 3 자에의 이전등기 원인이 취득시효 완성 전의 것이라도 같다(대판 1998. 7. 10, 97다 45402). 또한 제 3 자가 취득시효 완성 사실을 알고 매수한 자이어도 상관없다(대판 1994. 4. 12, 93다50666 · 50673). 그러나 이는 어디까지나 그 제 3 자 명의의 등기가 적법·유효함을 전제로 하는 것이므로, 제 3 자 명의의 등기가 무효인 경우에는 점유자는 취득시효 완성 당시의 소유자를 대위하여 위 제 3 자 앞으로 경료된 원인무효인 등기의 말소를 청구(대판 2017. 12. 5, 2017다237339 등)하면서 아울러 위 소유자에게 취득시효 완성을 원인으로 한 소유권이전등기를 청구할 수 있다(대판 2002. 3. 15, 2001다77352 · 77369: 취득시효 완성 당시의 토지소유자 A의 상속인 B가 협의분할에 의하여 그 토지에 관하여 소유권이전등기를 한 뒤 C가 등기서류를 위조하여 소유권등기를 한 경우에 관하여, 취득시효 완성자는 B에게 등기청구권을 가지고, 또 B를 대위하여 C에 대하여 무효등기의 말소를 청구할 수 있다고 함). 이 법리에 의하면, 취득시효가 완성된 뒤 부동산 소유자가 이를 알면서 부동산을 제 3 자에게 불법적으로 처분(매매·증여 등)하였고 부동산을 취득한 제 3 자가 부동산의 소유자의 불법행위에 적극 가담한 경우에도(대판 1993. 2. 9, 92다47892(증여); 대판 2002. 3. 15, 2001다77352 · 77369(무효인 행위를 추인한 경우) 등), 매매계약이 사회질서에 반하여 무효로 되기 때문에, 취득시효 완성자는 위에 기술한 절차에 따라 소유권을 취득할 수 있다. 한편 가등기는 그 성질상 본등기의 순위보전의 효력만이 있어 후일 본등기가 경료된 때에는 본등기의 순위가 가등기한 때로 소급하는 것뿐이지 본등기에 의한 물권변동의 효력이 가등기한 때로 소급하여 발생하는 것은 아니므로, 원고들을 위하여 토지에 관한 취득시효가 완성된 후 원고들이 그 등기를 하기 전에 피고 갑이 취득시효 완성 전에 이미 설정되어 있던 가등기에 기하여 소유권이전의 본등기를 경료하였다면 그 가등기나 본등기를 무효로 볼 수 있는 경우가 아닌 한 원고들은 시효완성 후 부동산소유권을 취득한 제 3 자인 피고 갑에 대하여 시효취득을 주장할 수 없다 할 것이고, 따라서 결국 토지소유자인 피고 을의 원고들에 대한 시효취득을 원인으로 한 소유권이전등기 의무도 특별한 사정이 없는 한 이행불능으로 된 것으로 볼 수밖에 없다고 한다(대판 1992. 9. 25, 92다21258).

취득시효 완성자가 시효취득을 주장할 수 없는 제 3 자의 대표적인 예는 취득시효 목적 부동산의 매수인이나, 시효기간 경과 후 소유자의 위탁에 의하여 소유권이전등기를 마친 신탁법상의 수탁자(대판 2003. 8. 19, 2001다47467)나 타인 소유의 토지에 관하여 구 「부동산 소유권이전등기 등에 관한 특별조치법」(1992. 11. 30. 법률 제4502호, 실효)에 따라 소유권보존등기를 마친 자(대판 2007. 6. 14, 2006다84423. 이 자는 그 보존등기에 의하여 비로소 소유자로 된다), 시효기간 경과 후에 공동상속인 중의 한 사람이 다른 상속인의 상속지분을 양수하여 소유권이전등기를 마친 경우(대판 1993. 9. 28, 93다22883 등), 유효하게 명의신탁된 부동산에 관하여 시효가 완성된 뒤 명의신탁이 해지되어 그 등기명의가 명의수탁자로부터 명의신탁자에게로 이전된 경우의 그 명의신탁자(대판 2001. 10. 26, 2000다8861), 유효하게 명의신탁된 부동산에 관하여 시효가 완성된 뒤 명의신탁이 해지되고 새로운 명의신탁이 이루어져 그 소유 명의가 점유취득시효 완성 당시의 명의수탁자로부터 새로운 명의수탁자에게로 이전된 경우의 새로운 명의수탁자(대판 2000. 8. 22, 2000다21987)도 그에 해당한다. 그리고 판례는, 취득시효 완성 당시 그 부동산의 등기부상 소유명의자는 취득시효 완성으로 인한 권리변동의 당사자이나 그 등기가 실체관계와 부합하지 않는 무효의 등기인 때에는 권리변동의 당사자가 될 수 없는 것이므로, 소유권이전등기가 그 경료 당시에는 실체관계와 부합하지 않아 무효의 등기였다가 취득시효 완성 후에 적법한 권리자로부터 권리를 양수하여 실체관계에 부합하게 된 것이라면, 그 등기명의자는 취득시효 완성 후에 소유권을 취득한 자에 해당하므로 그에 대하여 취득시효 완성을 주장할 수 없다고 한다(대판 1992. 3. 10, 91다43329). 그에 비하여 취득시효기간 만료 당시의 등기명의인으로부터 명의신탁을 받은 수탁자(대판 1995. 9. 5, 95다24586), 취득시효 완성 당시 미등기로 남아 있던 토지에 관하여 소유권을 가지고 있던 자가 취득시효 완성 후에 그 명의로 소유권보존등기를 마친 경우(이는 소유권의 변경에 관한 등기가 아님)나 그러한 미등기 토지에 대하여 소유자의 상속인이 그의 명의로 소유권보존등기를 마친 경우는 시효취득을 주장할 수 없는 제 3 자에 해당하지 않는다(대판 2007. 6. 14, 2006다84423). 따라서 이들의 경우에는 그 등기명의인에게 취득시효 완성을 주장할 수 있다.

그리고 제 3 자 명의로 등기되었다고 하여 등기청구권을 상실하게 되는 것은 아니고 소유자의 점유자에 대한 소유권이전등기 의무가 이행불능으로 된 것일 뿐이므로, 그 후 어떤 사유로 취득시효 완성 당시의 소유자에게로 소유권이 회복되면 그 소유자에게 시효취득을 주장할 수 있다(대판 1999. 2. 12, 98다40688 등). 그러나 점유 취득시효 완성 당시 부동산이 신탁법상 신탁계약에 따라 수탁자 명의로 소유권이전등기와 신탁등기가 되어 있었는데 등기하지 않고 있는 사이에 제3자에게 처분되어 제3자 명의로 소유권이전등기가 마쳐졌다가 다시 별개의 신탁계약에 의해 동일한 수탁자 명의로 소유권이전등기와 신탁등기가 마쳐진 경우에는, 그 수탁자는 특별한 사정이 없는 한 취득시효 완성 후의 새로운 이해관계인에 해당하므로 점유자는 그에 대하여 취득시효 완성을 주장할 수 없다(대판 2016. 2. 18, 2014다61814). 한편 판례는, 소유권이전등기 의무자가 그 부동산상에 제3자 명의로 가등기를 마쳐 주었다 하여도 가등기는 본등기의 순위보전의 효력을 가지는 것에 불과하고, 또한 그 소유권이전등기 의무자의 처분권한이 상실되는 것도 아니므로 그 가등기만으로는 소유권이전등기 의무가 이행불능이 된다고 할 수 없다고 한다(대판 1993. 9. 14, 93다12268 등).

한편 취득시효기간 「만료 전에」 제3자가 등기를 취득한 경우에는 시효취득자는 시효기간 완성 당시의 등기명의자에 대하여 소유권 취득을 주장할 수 있다(대판 1989. 4. 11, 88다카5843 · 5850 등). 그리고 대법원은 전원합의체 판결에서, 이러한 법리는 부동산에 대한 점유 취득시효가 완성된 후 취득시효 완성을 원인으로 한 소유권이전등기를 하지 않고 있는 사이에 그 부동산에 관하여 제3자 명의의 소유권이전등기가 경료된 경우에, 소유자가 변동된 시점을 기산점으로 삼아 새로이 2차의 취득시효가 개시되어 그 취득시효기간이 경과하기 전에 등기부상의 소유 명의자가 다시 변경된 때에도 마찬가지로 적용된다고 하였다(대판(전원) 2009. 7. 16, 2007다15172 · 15189). 그 결과, 2차 취득시효기간이 경과하기 전에 등기부상 소유 명의를 취득한 자에게 시효취득을 주장할 수 있게 된다.

(g) 취득시효의 완성 후 부동산소유자가 파산선고를 받은 경우 파산선고 전에 점유 취득시효가 완성되었으나 이를 원인으로 하여 소유권이전등기를 마치지 않은 자는, 소유자에게 파산선고가 된 후에는, 파산관재인을 상대로 취득시효를 원인으로 한 소유권이전등기 절차의 이행을 청구할 수 없다(대판 2008. 2. 1, 2006다32187). B-204

판례 취득시효 완성 후의 처분 등

(ㄱ) 「특별한 사정이 없는 한 원소유자는 점유자 명의로 소유권이전등기가 마쳐지기까지는 소유자로서 그 토지에 관한 적법한 권리를 행사할 수 있다. 그와 같은 경위로 원소유자가 취득시효의 완성 이후 그 등기가 있기 전에 그 토지를 제3자에게 처분하거나 제한물권의 설정, 토지의 현상 변경 등 소유자로서의 권리를 행사하였다 하여 시효취득자에 대한 관계에서 불법행위가 성립하는 것이 아님은 물론 위 처분행위를 통하여 그 토지의 소유권이나 제한물권 등을 취득한 제3자에 대하여 취득시효의 완성 및 그 권리취득의 소급효를

들어 대항할 수도 없다 할 것이니, 이 경우 시효취득자로서는 원소유자의 적법한 권리행사로 인한 현상의 변경이나 제한물권의 설정 등이 이루어진 그 토지의 사실상 혹은 법률상 현상 그대로의 상태에서 등기에 의하여 그 소유권을 취득하게 된다. 따라서 시효취득자가 원소유자에 의하여 그 토지에 설정된 근저당권의 피담보채무를 변제하는 것은 시효취득자가 용인하여야 할 그 토지상의 부담을 제거하여 완전한 소유권을 확보하기 위한 것으로서 그 자신의 이익을 위한 행위라 할 것이니, 위 변제액 상당에 대하여 원소유자에게 대위변제를 이유로 구상권을 행사하거나 부당이득을 이유로 그 반환청구권을 행사할 수는 없다 할 것이다.」(대판 2006. 5. 12, 2005다75910)

(ㄴ) 「공유물분할은 공유자 상호간의 지분의 교환 또는 매매라고 할 것이므로, 2인 공유인 1필지 토지의 일부에 대한 점유 취득시효가 완성된 이후 그 1필지 토지가 공유물분할에 의하여 시효취득의 대상이 된 토지부분과 나머지 토지로 분할된 경우, 시효취득의 대상이 된 부분에 관한 공유자 1인의 공유지분은 공유물분할에 의하여 다른 공유자 1인에게 이전되었다 할 것이고, 따라서 점유자는 취득시효가 완성된 부분에 관한 공유자 1인의 공유지분에 대하여는 이를 이전받은 다른 공유자에게 시효완성으로써 대항할 수 없다.」(대판 2009. 12. 10, 2006다55784 · 55791)

B-205 (다) **점유 취득시효에 의한 등기** 점유 취득시효를 원인으로 하는 등기에 관하여는 민법이나 부동산등기법에 규정이 없다. 그런 상황에서 실무상으로는 등기의무자(명의인 또는 상속인)와 시효취득자의 공동신청에 의하여 소유권이전등기를 행하고 있다. 그리고 학설은 i) 보존등기를 하게 되면 물권변동의 공시가 도중에 중단된다는 등의 이유로 이전등기를 하여야 한다는 견해(사견도 같음)와 ii) 시효취득이 원시취득이고 그 등기는 본질적으로 보존등기이기 때문에 시효취득자가 단독으로 보존등기를 해야 한다는 견해 등으로 나뉘어 있다. 물론 미등기 부동산의 경우에는 보존등기를 신청하여야 한다.

B-206 (라) **원시취득** 취득시효에 의한 소유권취득의 성질에 관하여는 다투어진다. 학설은 i) 원시취득설(사견도 같음)과 ii) 승계취득설로 나뉘어 있다. 그리고 판례는 원시취득이라고 한다(대판 2004. 9. 24, 2004다31463 등). 다만, 판례에 의하면, 취득시효의 완성 후에 원소유자가 토지의 현상을 변경하거나 제한물권의 설정 등을 한 경우에는, 시효취득자는 그 상태에서 소유권을 취득한다고 한다(대판 2006. 5. 12, 2005다75910(B-204에 인용)). 이는 취득시효의 완성 후에 한 처분이 유효하다는 것과 같은 맥락에 있다.

판례 취득시효 완성의 효과 관련

「부동산 점유 취득시효는 20년의 시효기간이 완성한 것만으로 점유자가 곧바로 소유권을 취득하는 것은 아니고 민법 제245조에 따라 점유자 명의로 등기를 함으로써 소유권을 취득하게 되며, 이는 원시취득에 해당하므로 특별한 사정이 없는 한 원소유자의 소유권에 가하여진 각종 제한에 의하여 영향을 받지 아니하는 완전한 내용의 소유권을 취득하게 되고, 이와 같은 소유권취득의 반사적 효과로서 그 부동산에 관하여 취득시효의 기간이 진행 중에 체결되어 소유권이전등기 청구권 가등기에 의하여 보전된 매매예약상의 매수인의 지위는 소멸된다고 할 것이지만, 시효기간이 완성되었다고 하더라도 점유자 앞으로 등기를 마치지 아니한 이상 전 소유권에 붙어 있는 위와 같은 부담은 소멸되지 아니한다.」(대판 2004. 9. 24, 2004다31463)

또한 판례는 진정한 권리자가 아니었던 채무자 또는 물상보증인이 채무담보의 목적으로 채권자에게 부동산에 관하여 저당권설정등기를 경료해 준 후 그 부동산을 시효취득하는 경우에는, 채무자 또는 물상보증인은 피담보채권의 변제의무 내지 책임이 있는 사람으로서 이미 저당권의 존재를 용인하고 점유하여 온 것이므로, 저당목적물의 시효취득으로 저당권자의 권리는 소멸하지 않는다고 한다(대판 2015. 2. 26, 2014다21649). 그리고 이러한 법리는 부동산 양도담보의 경우에도 마찬가지이므로, 양도담보권 설정자가 양도담보 부동산을 20년간 소유의 의사로 평온, 공연하게 점유하였다고 하더라도 — 양도담보권자를 상대로 피담보채권의 시효소멸을 주장하면서 담보 목적으로 경료된 소유권이전등기의 말소를 구하는 것은 별론으로 하고 — 점유 취득시효를 원인으로 하여 담보 목적으로 경료된 소유권이전등기의 말소를 구할 수 없고, 이와 같은 효과가 있는 양도담보권설정자 명의로의 소유권이전등기를 구할 수도 없다고 한다(대판 2015. 2. 26, 2014다21649).

(마) **취득시효의 소급효** 취득시효로 인한 소유권취득의 효과는 점유를 개시한 때에 소급한다(247조 1항).

사례의 해결

먼저 Y의 소유자가 누구인지, 특히 C가 시효취득 하는지를 본다. Y가 X토지의 일부이기는 하나 그래도 취득시효가 가능하다. 그리고 C는 Y를 간접점유하지만 그것도 점유에 해당한다. 또 C의 점유는 자주점유이고 평온·공연한 점유이며, 20년간의 점유요건도 갖추었다. 구체적으로 1989년에 취득시효가 완성되었다. 따라서, 판례에 따르면, 그때 C는 A에 대하여 채권적 등기청구권을 취득한다. 그런데 C의 등기가 있기 전에 A가 Y를 포함한 X토지를 B에게 매도하고 소유권이전등기를 해 주었다. 그 결과 Y를 포함한 X토지의 소유권은 B가 취득하게 되고, C는 B에게 취득시효를 주장하지 못한다. 결국 사례에서 Y의 소유자는 B이다.

A·C 사이의 관계를 본다. 판례에 따르면, C는 A에 대하여 대상청구권을 가지지 못한다. A의 처분 전에 C가 취득시효를 주장했거나 등기청구권을 행사하지 않았기 때문이다. 그리고 A는 C에 대하여, 이행불능책임도 불법행위책임도 지지 않는다. 한편 판례에 따르면, A의 C에 대한 부당이득 반환청구권(임대이득)이 인정될 여지가 있다. (사례: B-198)

B-207 ### ⑶ 등기부 취득시효

사 례 (신사례 [36]번 문제)

어느 지역에 있는 X토지에 관하여 1940년대에 A 명의로 소유권보존등기가 행하여졌다. 그 뒤 B는 X토지를 농지개혁법에 의하여 분배받아 1953. 12. 20. 상환을 완료하고 이를 원인으로 1957. 11. 2. 그의 명의로 소유권이전등기를 마쳤다. 한편 C는 1958. 8. 24. B로부터 위 토지를 매수하였는데, 등기에 관하여는 그 토지가 미등기인 것으로 잘못 알고 1964. 2. 7. 그의 명의로 소유권보존등기를 하였다. 그 후 D는 C로부터 X토지를 매수하여 1970. 5. 7. 소유권이전등기를 마치고 현재(2003. 1. 10.)까지 점유·사용해오고 있다.

이 경우에 X의 소유관계를 비롯한 법률관계를 논하시오. (사례의 해결: B-211)

1) 요 건(245조 2항)

㈎ 주 체 점유 취득시효에서와 같다.

㈏ 객 체 부동산이 객체로 된다. 그런데 점유 취득시효에서와 달리 1필의 토지의 일부는 객체로 될 수 없다. 왜냐하면 등기부 취득시효에 있어서는 등기가 되어 있어야 하는데, 1필의 토지의 일부에 대하여는 등기가 될 수 없기 때문이다. 다만, 1필의 토지 전부에 관하여 소유권등기가 된 뒤에 그 토지의 일부만을 점유하는 경우에 그 일부에 관하여 취득시효를 인정할 수는 있을 것이다. 판례는 부동산 전체에 관하여 공유지분등기가 되어 있는 공유자의 1인이 그 부동산의 특정부분만을 점유한 경우에 관하여 그 특정부분에 대한 공유지분의 범위 내에서 등기부 취득시효를 인정한다(대판 1993. 8. 27, 93다4250 등).

국유재산·공유재산이라도 일반재산은 객체가 된다(국유재산법 7조 2항·6조, 「공유재산 및 물품관리법」 6조 2항·5조).

B-208 ㈐ 부동산소유자로 등기되어 있을 것

ⓐ 일 반 론 이 등기는 형식적 유효요건이나 실질적 유효요건을 갖추지 않아도 상관없다. 그리하여 적법·유효한 것일 필요가 없으며 무효의 등기라도 무방하다(대판 1998. 1. 20, 96다48527 등). 그러나 등기는 점유하는 부분을 표상(공시)하는 것이어야 한다. 판례는, 등기부상만으로 어떤 토지 중 일부가 분할되고 그 분할된 토지에 대하여 지번과 지적이 부여되어 등기되어 있다고 하더라도 위와 같은 지적공부 소관청에 의한 지번·지적·지목·경계확정 등의 분필절차를 거친 바가 없다면 그 등기가 표상하는 목적물은 특정되었다고 할 수는 없다고 할 것이니, 그 등기부에 소유자로 등기된 자가 그 등기부에 기재된 면적에 해당하는 만큼의 토지를 특정하여 점유하였다고 하더라도 그 등기는 그가 점유하는 토지부분을 표상하는 등기로 볼 수 없어 그 점유자는 등기부 시효취득을 할 수는 없다고 한다(대판 1995. 6. 16, 94다4615). 그리고 상속인은 상속의 개시 즉 피상속인의 사망이라는 법률요건의 성립에 의하여 피상속인의 재산에 관한 포괄적 권리의무를 승계하고 권리의 득실변경에 등기를

요건으로 하는 경우에도 상속인은 등기를 하지 아니하고도 상속에 의하여 곧바로 그 권리를 취득하는 것이므로 부동산에 관하여 피상속인 명의로 소유권이전등기가 10년 이상 경료되어 있는 이상 상속인은 부동산등기부 시효취득의 요건인 '부동산의 소유자로 등기한 자'에 해당한다고 한다(대판 1989. 12. 26, 89다카6140: 이 경우 피상속인과 상속인의 점유기간을 합산하여 10년을 넘을 때에 등기부 취득시효기간이 완성된다고 함).

(b) **2중등기의 경우** 2중등기로서 무효인 것도 제245조 제 2 항의 등기로 될 수 있는가? 여기에 관하여는 부정설과 긍정설이 대립하고 있다. i) 부정설은 2중등기로서 무효인 등기는 제245조 제 2 항에서 말하는 등기에 해당하지 않는다고 한다(사견도 같음). 이 견해는 그 이유로, 동 조항에 있어서의 등기는 1부동산 1용지(등기기록)주의에 위배되지 않는 것이어야 한다는 점을 든다. ii) 긍정설은 2중등기로서 무효인 등기도 제245조 제 2 항에서 말하는 등기에 해당한다고 한다. 이 견해는 그러한 등기명의인도 보호할 필요성이 있다는 견지에 서 있는 듯하다.

한편 판례는 과거에는 2중등기로서 무효인 제 2 등기를 제245조 제 2 항의 등기에 해당하지 않는다고 하기도 하고, 동 조항의 등기에 해당한다고도 하여 엇갈려 있었다. 그러다가 1996년의 전원합의체 판결에 의하여 뒤의 판결을 폐기하고 앞의 것으로 통일하였다(대판(전원) 1996. 10. 17, 96다12511[핵심판례 156면]). 그리하여 현재는 부정하는 입장이다.

(라) **일정한 요건을 갖춘 점유** 자주점유와 평온·공연한 점유가 필요하다(B-144~149 참조). B-209

(마) **10년간의 점유** 위의 점유가 10년간 계속되어야 한다. 이때에 자신이 소유자로 등기된 기간과 점유기간이 때를 같이하여 10년간 계속되어야 하는지가 문제된다. 학설은 i) 전 소유자 명의의 등기기간까지 포함해서 10년이면 충분하다는 다수설(사견도 같음)과 ii) 자신의 명의로 등기된 기간과 점유기간이 때를 같이하여 다같이 10년이어야 한다는 소수설이 대립하고 있다. 판례는 과거에는 소수설과 같았으나 현재에는 제245조 제 2 항의 규정에 의하여 소유권을 취득하는 자는 10년간 반드시 그의 명의로 등기되어 있어야 하는 것은 아니고 앞 사람의 등기까지 아울러 그 기간 동안 부동산의 소유자로 등기되어 있으면 된다고 하여 다수설로 변경하였다(대판(전원) 1989. 12. 26, 87다카2176 등).

(바) **점유자의 선의 · 무과실** 점유자는 선의·무과실이어야 한다. 여기의 선의는 선의취득에서와 달리 양도인의 등기에 관한 것이 아님은 물론 점유자 자신의 등기에 관한 것도 아니고 점유자의 점유취득에 관한 것이다(대판 1998. 1. 20, 96다48527 등). 그리하여 점유를 취득함에 있어서 자기가 소유자라고 믿고 있는 것을 말한다. 그리고 무과실은 점유자가 자기의 소유라고 믿은 데에 과실이 없는 것이다(대판 2016. 8. 24, 2016다220679 등). 판례에 따르면, 부동산을 매수하는 사람으로서는 매도인에게 그 부동산을 처분할 권한이 있는지 여부를 조사하여야 하므로, 이를 조사하였더라면 매도인에게 처분권한이 없음을 알 수 있었음에도 불구하고 그러한 조사를 하지 않고 매수하였다면 그 부동산의 점유에 대하여 과실이 있다고 한다(대판 2017. 12. 13, B-210

(2016다 248424 등). 그런데 매도인이 등기부상의 소유명의자와 동일인인 경우에는 일반적으로는 등기부의 기재가 유효한 것으로 믿고 매수한 사람에게 과실이 있다고 할 수 없고, 다만 등기부의 기재 또는 다른 사정에 의하여 매도인의 처분권한에 대하여 의심할 만한 사정이 있는 경우에는 예외라고 한다(대판 2017. 12. 13, 2016다248424 등). 그리고 이러한 법리는 매수인이 지적공부 등의 관리주체인 국가나 지방자치단체라고 하여 달리 볼 것이 아니라고 한다(대판 2019. 12. 13, 2019다 267464).

점유자의 선의와 무과실 중 **점유자의 선의는 추정되나**(197조), **무과실은 추정되지 않는다.** 그러므로 시효취득을 하는 자가 선의인 데 과실이 없었음을 증명하여야 한다(대판 1995. 2. 10, 94다 22651 등). 그리고 이 선의·무과실은 시효기간 내내 계속되어야 할 필요는 없으며, 점유를 개시한 때 갖추고 있으면 충분하다(통설도 같음. 대판 1993. 11. 23, 93다 21132 등도 무과실에 관하여 같은 태도이다).

B-211 **2) 효 과** 위의 요건이 갖추어지면 점유자는 곧바로 부동산의 소유권을 취득한다. 목적부동산에 관하여 이미 소유자로 등기가 되어 있기 때문에 등기를 해야 하는 문제도 생기지 않는다. 그리고 등기부 취득시효가 완성되어 소유권을 취득한 뒤에는 그 부동산에 관한 점유자 명의의 등기가 말소되거나 적법한 원인 없이 다른 사람 앞으로 소유권이전등기가 되더라도 점유자가 취득시효로 취득한 소유권을 상실하는 것은 아니며(대판 2001. 1. 16, 98다 20110. B-78도 참조), 따라서 그때에 점유자는 시효취득한 소유권에 기하여 현재의 등기명의자를 상대로 방해배제청구를 할 수 있을 뿐이고, 등기부 취득시효의 완성을 이유로 현재의 등기명의자를 상대로 소유권이전등기를 청구할 수는 없다(대판 1999. 12. 10, 99다25785). 한편 대법원은 구체적인 사안에서, 선등기명의자의 소유권이전등기가 원인무효라고 하더라도 그 이후의 최종 등기명의자가 등기부 시효취득의 항변을 제출하여 법원에서 그것이 받아들여진 경우에 그 전의 등기명의자들이 최종 등기명의자의 시효취득 사실을 원용하여 원소유자의 소유권 상실을 주장하고 있다면 원소유자의 소유권에 기한 등기말소청구는 배척될 수밖에 없다고 한 바 있다(대판 1995. 3. 3, 94다7348). 그런가 하면 무권리자로부터 부동산을 매수한 제3자나 그 후행 등기 명의인이 등기부 취득시효의 요건을 갖추면 제245조 제2항에 따라 바로 그 부동산에 대한 소유권을 취득하고, 이때 원소유자는 소급하여 소유권을 상실함으로써 손해를 입게 되는데, 이는 제245조 제2항에 따른 물권변동의 효과일 뿐 무권리자와 제3자가 체결한 매매계약의 효력과는 직접 관계가 없으므로, 무권리자가 제3자와의 매매계약에 따라 대금을 받음으로써 이익을 얻었다고 하더라도 이로 인하여 원소유자에게 손해를 가한 것이라고 볼 수 없다고 한다(대판 2022. 12. 29, 2019다272275). 그리하여 무권리자가 받은 대금이 원소유자에 대한 부당이득이 아니라고 한다.

이 소유권취득이 원시취득이고 소급효가 있다는 점은 점유 취득시효에 있어서와 같다.

사례의 해결

판례에 따르면, C 명의의 소유권보존등기는 2중등기로서 무효이다. 그리하여 C는 X토지의 소유권을 취득하지 못한다. 또한 D는 매매계약에 기하여 C로부터 X토지의 소유권을 취득하지 못한다.

사례에서 D는 등기부 취득시효에 의하여 X토지의 소유권을 취득하지도 못한다. 2중등기 가운데 무효인 등기는 제245조 제 2 항의 등기에 해당하지 않기 때문이다. 그리고 D가 현재의 상태에서 점유 취득시효에 의하여 X토지의 소유권을 취득한 것으로 인정되지는 않는다.

D가 X토지의 소유권을 취득할 수 있는 방법을 살펴본다. D는 C의 B에 대한 등기청구권을 대위행사하고, 그 후에 D 자신의 C에 대한 등기청구권을 행사하여 X토지의 소유권을 취득할 수 있다. 그러나 D가 B에 대하여 직접 등기청구권을 행사할 수는 없다. 그리고 D는 점유 취득시효에 기한 등기청구권을 행사하여 X토지의 소유권을 취득할 수도 있다. 한편 D는 C에 대하여 매도인으로서의 담보책임을 물을 수도 없고, 채무불이행책임을 물을 수도 없다. (사례: B-207)

4. 동산소유권의 취득시효 B-212

10년간 소유의 의사로 평온·공연하게 동산을 점유한 자는 그 소유권을 취득한다(246조 1항). 그리고 위의 점유가 선의이며 과실 없이 개시된 경우에는 5년이 경과한 때에 그 소유권을 취득한다(246조 2항). 여기의 소유권취득의 효과도 점유를 개시한 때에 소급한다(247조 1항).

5. 소유권 이외의 재산권의 취득시효

부동산·동산소유권의 취득시효에 관한 규정(245조 내지 247조)은 소유권 이외의 재산권의 취득시효에 준용된다(248조).

6. 취득시효의 중단 · 정지와 취득시효 이익의 포기 B-213

(1) 취득시효의 중단

소멸시효의 중단에 관한 규정은 취득시효에 준용된다(247조 2항·248조). 소멸시효의 중단에 관하여는 「민법총칙」 부분에서 자세히 설명하였다(A-303 이하 참조). 한편 민법에는 규정이 없지만 점유자가 점유를 상실하면 당연히 취득시효가 중단된다. 이를 자연중단이라고 한다. 만약 점유자가 타인에 의하여 점유를 침탈당한 때에는 점유물반환청구권을 행사하여 중단을 막을 수 있다. 그런데 그 청구권은 침탈을 당한 날부터 1년 이내에 행사하여야 한다(204조 3항).

판 례 취득시효의 중단 관련

(ㄱ) 「점유로 인한 부동산소유권의 취득에 있어 그 취득시효의 중단사유는 종래의 점유상태의 계속을 파괴하는 것으로 인정될 수 있는 사유라야 할 것인바, 취득시효기간의 완성

전에 그 부동산등기부상의 소유명의가 변경되었다 하더라도 이로써 종래의 점유상태의 계속이 파괴되었다고는 할 수 없으므로 이는 취득시효의 중단사유가 될 수 없다.」(대판 1993. 5. 25, 92다52764 · 52771)

(ㄴ) 공유자의 한 사람이 공유물의 보존행위로서 제소한 경우라도, 동 제소로 인한 시효중단의 효력은 재판상의 청구를 한 그 공유자에 한하여 발생하고, 다른 공유자에게는 미치지 아니한다(대판 1979. 6. 26, 79다639).

(ㄷ) 「민법 제168조 제2호에서 정하는 '압류 또는 가압류'는 금전채권의 강제집행을 위한 수단이거나 그 보전수단에 불과하여 취득시효기간의 완성 전에 부동산에 압류 또는 가압류 조치가 이루어졌다고 하더라도 이로써 종래의 점유상태의 계속이 파괴되었다고는 할 수 없으므로 이는 취득시효의 중단사유가 될 수 없다.」(대판 2019. 4. 3, 2018다296878)

B-214 **(2) 취득시효의 정지**

민법은 소멸시효의 중단에 관한 규정과 달리 정지에 관한 규정은 취득시효에 준용한다는 규정을 두고 있지 않다. 그럼에도 불구하고 통설은 이를 배척할 이유가 없다고 하면서 취득시효에 유추적용할 것이라고 한다(사견은 다름. 물권법 [125] 참조).

(3) 취득시효 이익의 포기

민법은 취득시효 이익의 포기에 관한 규정을 두고 있지 않다. 그러나 취득시효의 이익은 이론상 당연히 포기할 수 있다. 다만, 취득시효가 완성하기 전에는 포기할 수 없다고 새기는 것이 좋을 것이다(184조 1항의 유추해석. 이설 없음). 판례도 취득시효 완성 후의 포기를 인정한다(대판 1998. 5. 22, 96다24101 등).

판 례 **취득시효 이익의 포기 관련**

(ㄱ) 취득시효의 이익을 포기하였다고 판단한 예

(1) 피고가 원고 소유의 계쟁토지에 대한 취득시효 완성 후 원고가 점유하던 피고 소유의 토지와 계쟁토지를 서로 교환하기로 약정하여 그 등기까지 마쳤다면 그 후 피고의 요청에 따라 위 교환계약을 합의해제하여 각 그 등기를 말소하였더라도 피고가 위 교환계약으로 그 시효이익을 포기하였다고 본 사례(대판 1991. 8. 13, 91다16976 · 16983).

(2) 「국유재산을 점유하여 취득시효가 완성된 후 국가와 국유재산 대부계약을 체결하고 대부료를 납부한 사실만으로는 취득시효 완성의 이익을 포기하는 적극적인 의사표시를 한 것으로 보기 어려우나, 그러한 대부계약이 아무런 하자 없이 여러 차례에 걸쳐 체결되었다거나 단순히 대부계약의 체결에 그치지 않고 그 계약 전에 밀린 점용료를 변상금이란 명목으로 납부하는 데까지 나아갔다면 그러한 대부계약 체결이나 변상금 납부는 국가의 소유권을 인정하고 취득시효 완성의 이익을 포기한다는 적극적인 의사표시를 한 것으로 봄이

상당하다.」(대판 1994. 11. 22, 94다32511)

(3) 국유 잡종지의 점유자가 취득시효기간이 만료된 이후 그 부동산이 국가의 소유임을 인정함과 아울러 이를 권원 없이 무단으로 점유·사용하고 있음을 시인하고 관련 법규에 의하여 국가로부터 이에 대한 매수 또는 대부계약 및 변상금납부 기한유예를 받으려는 의사표시를 한 경우(대판 1995. 4. 14, 95다3756).

(ㄴ) **취득시효의 이익을 포기하지 않은 것으로 판단한 예**

(1) 「토지의 … 매수제의를 하였다는 사실을 가지고 점유자가 시효의 이익을 포기한다는 의사표시로 보거나 악의의 점유로 간주된다고 할 수도 없다.」(대판 1986. 2. 25, 85다카771)

(2) 「취득시효 완성 후에 매도하여 줄 것을 요청한 바 있으나, 매수대금에 대한 견해차로 매수교섭이 결렬된 바 있다는 사실만으로 시효이익을 포기하였다고 볼 수 없다.」(대판 1991. 2. 22, 90다12977)

(3) 점유자의 취득시효 완성 후 소유자가 토지에 대한 권리를 주장하는 소를 제기하여 승소판결을 받은 사실이 있다고 하더라도 그 판결에 의하여 시효중단의 효력이 발생할 여지는 없고, 점유자가 그 소송에서 그 토지에 대한 시효취득을 주장하지 않았다고 하여 시효이익을 포기한 것이라고도 볼 수 없다(대판 1996. 10. 29, 96다23573 · 23580).

Ⅲ. 선점 · 습득 · 발견 B-215

1. 무주물의 선점

무주의 동산을 소유의 의사로 점유한 자는 그 소유권을 취득한다(252조).

(1) 요 건

1) 무주물이어야 한다. 야생동물(252조 3항), 바닷속의 물고기가 그 예이다. 야생동물이라도 사육하는 것은 그 자의 소유에 속하나, 다시 야생상태로 돌아가면 무주물로 된다(252조 3항). 광업법의 적용을 받는 미채굴의 광물은 선점의 대상이 되지 않는다(광업법 2조 · 7조).

2) 동산이어야 한다. 무주의 부동산(부동산에 등기부상 소유자가 존재하는 등 그 부동산의 소유자가 따로 있음을 알 수 있는 경우에는 비록 그 소유자가 행방불명되어 생사 여부를 알 수 없다 하더라도 그 부동산이 바로 무주부동산에 해당하는 것은 아니다. 대판 2008. 10. 23, 2008다45057)은 국유이어서(252조 2항) 선점의 대상이 아니다.

3) 소유의 의사로 점유하여야 한다(252조 1항). 점유는 점유보조자나 점유매개자를 통하여서도 할 수 있다.

(2) 효 과

위의 요건이 갖추어지면 점유자가 그 소유권을 취득한다(252조 1항). 그러나 학술·기예 또는 고고의 중요한 재료가 되는 물건에 관하여는 선점이 인정되지 않으며 국유가 된다(255조 1항). 이 경우에 선점자가 국가에 대하여 적당한 보상을 청구할 수 있는가에 관하여, 민법은 습득자·발견자에 대하여와 달리 명문의 규정을 두고 있지 않으나(255조 2항 참조), 통설은 그 규정을 유추적용하여 보상청구권을 인정한다.

B-216 ## 2. 유실물의 습득

유실물은 법률(유실물법)에 정한 바에 의하여 공고한 후 6개월 내에 그 소유자가 권리를 주장하지 않으면 습득자가 그 소유권을 취득한다(253조).

(1) 요 건

1) 유실물 또는 그에 준하는 물건(유실물법 11조·12조는 일정한 물건에 253조를 준용한다)이어야 한다. 유실물은 점유자의 의사에 의하지 않고서 그의 점유를 이탈한 물건으로서 도품이 아닌 것을 말한다. 표류물과 침몰품에 관하여는 「수상에서의 수색·구조 등에 관한 법률」이 따로 규율하고 있다(동법 35조 3항·37조).

2) 습득하였어야 한다. 습득은 유실물의 점유를 취득하는 것이다.

3) 법률 즉 유실물법에 정한 바에 의하여 공고한 후 6개월 내에 그 소유자가 권리를 주장하지 않아야 한다.

(2) 효 과

위의 요건이 갖추어지면 습득자가 그 소유권을 취득한다(253조). 그러나 유실물법상 일정한 경우에는 소유권을 상실한다(동법 9조·14조).

유실물의 소유자 기타의 권리자가 나타난 경우에는 유실물은 그 자에게 반환되어야 하고, 습득자는 소유권을 취득하지 못한다. 이때 습득자와 반환받는 자 사이에는 사무관리가 성립한다. 다만, 보통의 사무관리에서와 달리 유실물법상 반환받는 자는 습득자에게 유실물 가액의 100분의 5 내지 100분의 20의 범위 내에서 보상금을 지급하여야 한다(동법 4조. 동법 9조의 보상청구권 상실도 참조). 이 보상금은, 습득자가 유실물을 관리자가 있는 선박·차량이나 건축물 기타 공중의 통행을 금지한 구내에서 습득한 경우에는 선박 등의 점유자(법적 습득자)와 실제의 습득자가 반씩 나눈다(소유권을 취득하는 때에는 양자가 절반하여 소유권을 취득하되, 습득물은 법적 습득자에게 인도한다. 동법 10조).

유실물이 학술·기예·고고의 중요한 재료가 되는 물건인 때에는 습득자가 소유권을 취득하지 못하고 국유가 되며(255조 1항), 그때 습득자는 국가에 대하여 적당한 보상을 청구할 수 있다(255조 2항).

B-217 ## 3. 매장물의 발견

매장물은 법률(유실물법)에 정한 바에 의하여 공고한 후 1년 내에 그 소유자가 권리를 주장하지 않으면 발견자가 그 소유권을 취득한다(254조).

(1) 요 건

1) 매장물이어야 한다. 매장물은 토지 기타의 물건(포장물)에 묻혀 외부에서 쉽게 발견할 수 없는 상태에 있고 현재 누구의 소유인지도 분명하지 않은 물건이다. 그것은 보통 동산이나, 건물과 같은 부동산일 수도 있다(통설임). 포장물은 토지인 경우가 많으나, 건물이

나 동산일 수도 있다. 매장문화재도 매장물이나, 그에 대하여는 특별규정이 있다(「매장문화재 보호 및 조사에 관한 법률」 17조 이하. 소유자가 없으면 국가에 귀속함).

2) 발견하였어야 한다. 발견은 매장물의 존재를 인식하는 것이며, 점유를 요하지 않는다. 그리고 발견이 우연이었는가 계획적이었는가는 묻지 않는다(통설임).

3) 법률 즉 유실물법에 정한 바에 의하여 공고한 후 1년 내에 그 소유자가 권리를 주장하지 않아야 한다.

(2) 효 과

위의 요건이 갖추어지면 발견자가 매장물의 소유권을 취득한다(254조 본문). 그러나 포장물이 타인의 물건인 때에는 발견자와 포장물 소유자가 절반하여 소유권을 취득한다(254조 단서). 보상금은 유실물에서와 같다(유실물법 13조). 포장물 소유자와 매장물 발견자가 다를 경우에는 양자가 보상금을 반씩 나눌 수 있다고 하여야 한다(「매장문화재 보호 및 조사에 관한 법률」 21조도 참조).

매장물이 학술·기예·고고의 중요한 재료가 되는 물건인 때에는 국유로 되며(255조 1항), 그때 발견자 및 포장물 소유자는 국가에 대하여 적당한 보상을 청구할 수 있다(255조 2항. 유실물법 13조 2항, 「매장문화재 보호 및 조사에 관한 법률」 21조도 참조).

Ⅳ. 점 부 R-218

1. 서 설

(1) 의 의

첨부(添附)는 어떤 물건에 다른 물건이나(부합·혼화의 경우) 또는 노력이(가공의 경우) 결합하여 사회관념상 분리할 수 없는 경우를 말한다. 첨부의 경우에는 복구가 허용되지 않고 하나의 물건으로 다루어진다. 첨부에는 부합·혼화·가공의 세 가지가 있다.

(2) 첨부의 일반적 효과

1) 첨부에 의하여 생기는 물건은 1개의 물건으로서 존속하고 복구는 허용되지 않는다(구체적인 요건은 개별적으로 살펴보아야 한다).

2) 첨부에 의하여 생긴 새 물건에 대하여는 새로이 소유자가 정해진다(누가 소유자가 되는지도 개별적으로 살펴보아야 한다). 그 결과 구 물건의 소유권은 소멸한다.

3) 첨부에 의하여 구 물건(동산)의 소유권이 소멸한 때에는 구 물건을 목적으로 하는 제3자의 권리도 소멸한다(260조 1항). 그러나 구 물건의 소유자가 새로운 물건의 단독소유자가 된 때에는 제3자의 권리는 새 물건에 존속하고, 구 물건의 소유자가 공유자가 된 때에는 제3자의 권리는 그 공유지분 위에 존속한다(260조 2항).

4) 첨부로 인하여 손해를 입은 자(소유권이 소멸한 구 물건의 소유자 또는 그 물건 위에 권리를 가지고 있었던 제3자(다만 담보물권자는 물상대위 규정에 의하여 보호받으므로 제외된다))

는 부당이득에 관한 규정에 의하여 보상(補償)을 청구할 수 있다(261조). 그런데 이러한 보상청구가 인정되기 위해서는 제261조 자체의 요건뿐만 아니라 부당이득 법리에 따른 판단에 의하여 부당이득의 요건이 모두 충족되었다고 인정되어야 한다(대판 2023. 4. 27, 2022다304189 등).

판 례 손해보상청구 관련

(ㄱ) 「건물 신축의 공사가 진행되다가 독립한 부동산인 건물로서의 요건을 아직 갖추지 못한 단계에서 중지된 것을 제3자가 이어받아 공사를 계속 진행함으로써 별개의 부동산인 건물로 성립되어 그 소유권을 원시취득한 경우에 그로써 애초의 신축 중 건물에 대한 소유권을 상실한 사람은 민법 제261조, 제257조, 제259조를 준용하여 건물의 원시취득자에 대하여 부당이득 관련 규정에 기하여 그 소유권의 상실에 관한 보상을 청구할 수 있다.」(대판 2010. 2. 25, 2009다83933)

(ㄴ) 「매도인에게 소유권이 유보된 자재가 제3자와 매수인 사이에 이루어진 도급계약의 이행으로 제3자 소유 건물의 건축에 사용되어 부합된 경우 보상청구를 거부할 법률상 원인이 있다고 할 수 없지만, 제3자가 도급계약에 의하여 제공된 자재의 소유권이 유보된 사실에 관하여 과실 없이 알지 못한 경우라면 선의취득의 경우와 마찬가지로 제3자가 그 자재의 귀속으로 인한 이익을 보유할 수 있는 법률상 원인이 있다고 봄이 상당하므로, 매도인으로서는 그에 관한 보상청구를 할 수 없다.

이러한 법리는 매도인에게 소유권이 유보된 자재가 본인에게 효력이 없는 계약에 기초하여 매도인으로부터 무권대리인에게 이전되고, 무권대리인과 본인 사이에 이루어진 도급계약의 이행으로 본인 소유 건물의 건축에 사용되어 부합된 경우에도 마찬가지로 적용된다.」(대판 2018. 3. 15, 2017다282391)

(ㄷ) 「양도담보권의 목적인 주된 동산에 다른 동산이 부합되어 부합된 동산에 관한 권리자가 그 권리를 상실하는 손해를 입은 경우 주된 동산이 담보물로서 가치가 증가된 데 따른 실질적 이익은 주된 동산에 관한 양도담보권설정자에게 귀속되는 것이므로, 이 경우 부합으로 인하여 그 권리를 상실하는 자는 그 양도담보권설정자를 상대로 민법 제261조의 규정에 따라 보상을 청구할 수 있을 뿐 양도담보권자를 상대로 그와 같은 보상을 청구할 수는 없다.」(대판 2016. 4. 28, 2012다19659)

(3) 첨부규정의 법적 성격

첨부에 관한 민법규정이 강행규정인지 문제된다. 통설은 위 (2)의 1), 3)에 관한 규정은 강행규정이나, 2), 4)에 관한 규정은 임의규정이라고 한다.

B-219 2. 부 합

(1) 의 의

부합(附合)은 소유자를 달리하는 여러 개의 물건이 결합하여 1개의 물건으로 되는 것이다. 민법은 이러한 부합을 부동산에의 부합(256조)과 동산 사이의 부합(257조)으로 나누어 규정하고 있다.

(2) 부동산에의 부합

부동산에 다른 물건이 부합하는 경우이다.

1) 요 건

(가) 부합되는 물건(부합의 모체)은 부동산이어야 한다. 토지·건물 어느 것이든 상관없다. 그런데 부합하는 물건(부합물)이 동산에 한정되는가에 대하여는 다툼이 있다. 학설은 i) 동산에 한정된다는 견해와 ii) 부동산도 포함된다는 견해(사견도 같음)로 나뉘어 있고, 판례는 ii)설과 같다(대판 1962. 1. 13, 4294민상445).

(나) 부착·합체가 일정한 정도에 이르러야 한다. 그 정도는, 동산 사이의 부합(257조)에서와 마찬가지로, 부합되는 부동산이나 부합하는 동산을 훼손하지 않으면 분리할 수 없거나 분리에 과다한 비용이 필요하여야 한다. 판례는, 건물에 다른 건물이 부합하는 경우에 부합이라고 볼 것인가에 대한 판단기준의 하나로, 과연 부속된 부분이 독립한 건물로서의 가치와 기능을 시인할 수 있는가 아니면 오로지 주건물에 부착되어 분리하여서는 독립된 건물로서의 가치가 없고 주건물의 사용편의에 제공될 뿐인가 하는 점을 들고 있다(대판 1991. 4. 12, 90다11967). 한편 부합의 원인은 인공적인 것이든 자연적인 것이든 무방하다(대판 1962. 1. 13, 4294민상445).

(다) 그 밖에 권원에 의하여 부속될 것을 요건으로 하지 않으며(256조 단서 참조), 반드시 그 부동산의 경제적 효용이나 가치 증대를 위한다는 의사를 필요로 하는 것도 아니다(대판 2009. 5. 14, 2008다49202).

2) 효 과 B-220

(가) **원 칙** 부합되는 부동산의 소유자는 원칙적으로 부합한 물건의 소유권을 취득한다(256조 본문). 부합하는 동산·부동산의 가격이 부합되는 부동산의 가격을 초과하여도 같다.

(나) **예 외** 부합한 물건이 타인의 권원에 의하여 부속된 때에는 부속시킨 물건은 그 타인의 소유로 된다(256조 단서). 여기서 말하는 권원은 지상권·전세권·임차권 등과 같이 타인의 부동산에 자기의 물건을 부속시켜 이용할 수 있는 권리를 가리킨다(통설·판례임. 대판 2018. 3. 15, 2015다69907 등). 따라서 그와 같은 권원이 없는 자가 토지소유자의 승낙을 받음이 없이 그 임차인의 승낙만을 받아 그 부동산 위에 나무를 심었다면 특별한 사정이 없는 한 토지소유자에 대하여 그 나무의 소유권을 주장할 수 없다(대판 1989. 7. 11, 88다카9067). 그리고 지상권을 설정한 토지소유자로부터 그 토지를 이용할 수 있는 권리를 취득하였다고 하더라도 지상권이 존속하는 한 이와 같은 권리는 원칙적으로 제256조 단서가 정한 「권원」에 해당하지 않는다(대판 2018. 3. 15, 2015다69907). 그런데 금융기관이 대출금 채권의 담보를 위하여 토지에 저당권과 함께 지료 없는

지상권을 설정하면서 채무자 등의 사용·수익권을 배제하지 않은 경우, 토지소유자는 저당부동산의 담보가치를 하락시킬 우려가 있는 등의 특별한 사정이 없는 한 그 토지를 사용·수익할 수 있다고 보아야 하며, 따라서 그러한 토지소유자로부터 그 토지를 사용·수익할 수 있는 권리를 취득하였다면 이러한 권리는 민법 제256조 단서가 정한 「권원」에 해당한다고 볼 수 있다(대판 2018. 3. 15, 2015다69907). 주의할 것은, 이 예외가 적용되려면 그 전제로서 부동산에 부합한 물건이 그 부동산과 일체를 이루는 부동산의 구성부분으로 되지 않고 독립성을 가져야 한다는 점이다(대판 1985. 12. 24, 84다카2428. 대판 2012. 1. 26, 2009다76546(주유소 영업을 하는 임차인이 매설한 유류저장조가 임차인 소유라고 한 사례)도 참조). **부동산의 구성부분으로 된 때에는 설사 권원을 가지고 있더라도 부합물은 부동산 소유자의 소유에 속한다**(대판 2008. 5. 8, 2007다36933·36940). 제256조 단서는 그러한 의미에서 「부속」이라고 표현한다. 권원을 가지고 부합한 물건이 독립성을 갖지 못한 때에는, 부속시킨 자는 소유권은 갖지 못하고 비용상환청구권만 문제된다(310조·626조 등 참조). 그리고 독립성이 있어서 소유권을 가지는 경우에는, 부속물(지상물 포함)의 수거권·수거의무 및 매수청구권이 문제된다(283조·285조·316조·643조·644조·646조·647조·615조·654조 등 참조).

판례 임차인이 벽에 붙인 은파석 등의 소유관계

건물의 내부 벽에 붙인 은파석이나 그 내부 천정에 부착된 합판은 사회관념상 건물의 일부 구성부분을 이루고 있고 이들을 기존건물과 분리하여서는 경제상 독립물로서의 효용을 갖지 못한다고 볼 수밖에 없으므로 비록 이들을 건물의 임차인이 그 권원에 의하여 건물에 부속시킨 것이라 하더라도 이들은 위 부착과 동시에 건물에 부합되어 건물 소유자의 소유에 귀속되었다 할 것이다(대판 1985. 4. 23, 84도1549).

B-221 **3) 특수문제**

(가) 건물의 증축·개축 건물을 증축 또는 개축한 경우에 그 증·개축부분은 원칙적으로 건물소유자의 소유에 속한다(256조 본문). 건물의 임차인 등이 임차한 건물에 그 권원에 기하여 증·개축을 하였더라도 **증·개축한 부분이 기존 건물의 구성부분이 된 때에는, 증축된 부분에 별개의 소유권이 성립할 수 없고**(대판 1999. 7. 27, 99다14518 등) 비용상환청구권만 문제된다. 그리고 그러한 경우에 건물이 경매되면 경락인이 증축부분의 소유권을 취득한다(대판 1981. 11. 10, 80다2757·2758). 그에 비하여 **권원에 기하여 증축된 부분이 구조상으로나 이용상으로 기존 건물과 구분되는 독립성이 있는 때에는, 구분소유권이 성립하여 증축된 부분은 독립한 소유권의 객체가 된다**(대판 1999. 7. 27, 99다14518). 증축 당시에는 독립성이 없었지만 그 후 구조의 변경 등으로 독립성을 갖게 된 때에도 마찬가지로 보아야 한다(대판 1982. 1. 26, 81다519). 이와 같이 소유권을 가지는 경우에 수거권(수거의무)·매수청구권이 문제됨은 앞에서 설명한 바와 같다. 증·개축부분이 독립성을 가지느냐 여부는 물리적 구조뿐만 아니라 용도와 기능면에서 독립성이 있는지,

그리고 증축하여 소유하는 자의 의사 등을 종합하여 판단하여야 한다(대판 1996. 6. 14, 94다53006 등. 그에 비하여 대판 1992. 10. 27, 92다33541 등은 소유자의 의사는 언급하지 않는다).

(나) **농작물 · 수목 등의 부합** 판례는 수목에 관하여는 제256조를 적용하여 권한 없이 타인의 토지에 심은 수목은 임야소유자에게 귀속하고(대판 2021. 8. 19, 2020다266375 등), 권원에 기하여 수목을 심은 경우에는 수목을 심은 자에게 그 소유권이 있다고 한다(대판 1998. 4. 24, 97도3425(권원 없이 식재한 감나무에서 감을 수확한 것은 절도죄에 해당한다고 함) 등). 그런데 **농작물**에 관하여는 적법한 권원 없이 타인의 토지에서 경작하였더라도 경작한 입도의 소유권은 경작자에게 귀속한다고 한다(대판 1979. 8. 28, 79다784 등). 농작물에 관한 이러한 판례에 대하여 학설은 i) 토지에의 부합을 인정하여야 한다는 견해(사견도 같음), ii) 부합을 인정하지 않는 판례를 지지하는 견해 등으로 나뉘어 있다.

(3) 동산 사이의 부합

1) 요 건 동산과 동산이 부합하여 훼손하지 않으면 분리할 수 없거나 그 분리에 과다한 비용을 요하여야 한다(257조 1문).

2) 효 과 부합한 동산들 사이에 주종을 구별할 수 있는 때에는 합성물의 소유권은 주된 동산의 소유자에게 속하나(257조 1문), 주종을 구별할 수 없는 때에는 부합 당시의 가액의 비율로 합성물을 공유한다(257조 2문).

3. 혼 화 B-222

(1) 의 의

혼화(混和)는 동산과 동산이 서로 섞이는 것이다. 혼화에는 고체인 종류물(예: 곡물 · 금전)이 섞이는 혼합(混合)과 유동성 종류물(예: 술 · 기름)이 섞이는 융합(融合)의 두 가지가 있다. 혼화에는 동산 사이의 부합에 관한 규정이 준용된다(258조).

(2) 요 건

동산과 동산이 서로 섞여 원물을 식별할 수 없거나 원물의 분리에 과다한 비용이 들어야 한다.

(3) 효 과

동산 사이의 부합에서와 같다.

4. 가 공

(1) 의 의

가공(加工)은 타인의 동산에 노력을 가하여 새로운 물건을 만드는 것이다.

(2) 효 과

가공한 물건의 소유권은 원칙적으로 원재료의 소유자에게 속한다(259조 1항 본문). 그러나 가공으로 인한 가액의 증가가 원재료의 가액보다 현저히 다액인 때에는 가공자의 소유로 된다(259조 1항 단서). 그리고 가공자가 재료의 일부를 제공하였을 때에는 그 가액은 증가액에 포함시켜 계산한다(259조 2항).

가공물의 귀속에 관한 제259조 제1항은 임의규정이다(통설도 같음). 따라서 그와 다르게 약정한 것도 유효하다.

제 4 관 소유권에 기한 물권적 청구권

B-223 ### I. 서 설

소유권에 기한 물권적 청구권에는 소유물반환청구권·소유물방해제거청구권·소유물방해예방청구권의 세 가지가 있다.

II. 소유물반환청구권

소유자가 그의 소유에 속하는 물건을 점유하는 자에 대하여 반환을 청구할 수 있는 권리이다(213조).

(1) 요 건

1) 청구권자는 점유하고 있지 않은 소유자이다. 소유자인데 현재 점유하고 있지 않으면 되고, 그가 점유를 취득하였다가 상실했을 필요는 없다. 예컨대 제3자가 불법으로 점유하고 있는 물건을 소유자로부터 양수한 자도 이 권리를 가질 수 있다. 그런데 여기의 소유자는 법률상의 소유자이어야 한다. 따라서 부동산 매수인이 이 권리를 행사하려면 이미 소유권이전등기를 하였어야 한다(동지 대판 2007. 6. 15, 2007다11347 등). 아직 소유권을 취득하지 못한 매수인은 매도인을 대위하여 반환청구를 할 수 있을 뿐이다(대판 1973. 7. 24, 73다114). 점유를 하고 있는지, 법률상 소유자인지는 사실심의 변론종결 당시를 표준으로 하여 결정한다. 한편 반사회질서 법률행위를 원인으로 하여 부동산에 관한 소유권이전등기를 마쳤더라도 그 등기는 원인무효로서 말소될 운명에 있으므로, 등기명의자가 소유권에 기한 물권적 청구권을 행사하는 경우에 권리 행사의 상대방은 법률행위의 무효를 항변으로서 주장할 수 있다(대판 2016. 3. 24, 2015다11281).

판 례 미등기 건물 매수인의 반환청구

(ㄱ) 「건물을 신축하여 그 소유권을 원시취득한 자로부터 그 건물을 매수하였으나 아직 소유권이전등기를 갖추지 못한 자는 그 건물의 불법점거자에 대하여 직접 자신의 소유권 등에 기하여 명도를 청구할 수는 없다.」(대판 2007. 6. 15, 2007다11347)

(ㄴ) 원고가 미등기 건물을 매수하였으나 소유권이전등기를 하지 못한 경우에는, 위 건물의 소유권을 원시취득한 매도인을 대위하여 불법점유자에 대하여 명도청구를 할 수 있고, 이 때 원고는 불법점유자에 대하여 직접 자기에게 명도할 것을 청구할 수도 있다(대판 1980. 7. 8, 79다1928).

2) 상대방은 현재 그 물건을 전부점유하고 있는 자이다. 어떤 자가 불법으로 점유하였더라도 현재 점유하고 있지 않으면 그는 상대방으로 될 수 없으며, 그때에는 현실적으로 점유하고 있는 자가 상대방으로 된다(대판 1999. 7. 9, 98다9045 등). 점유하고 있는지 여부는 사실심의 변론종결 당시를 기준으로 하여 정한다.

상대방이 간접점유를 하고 있는 경우에는 소유자는 직접점유자뿐만 아니라 간접점유자에 대하여도 반환을 청구할 수 있다. 그런데 간접점유자에 대한 청구의 내용에 관하여 학설은 나뉘어 있다. 그리고 판례는, 불법점유를 이유로 한 건물명도(인도)청구에 대하여 그 건물을 현실적으로 불법점유하고 있는 사람을 상대로 하여야 하고, 그 건물을 타인에게 임대하여 현실적으로 점유하고 있지 않은 사람을 상대로 할 것이 아니라고 한다(대판 1969. 2. 4, 68다1594). 다만, 토지임대차계약 종료 후 그 위에 설치한 가건물을 증여하기로 약정한 경우에 임대차계약의 종료를 이유로 그 계약에 따른 가건물 등의 명도를 구하는 때(대판 1983. 5. 10, 81다187)와 임대인이 임대차계약 종료로 인한 원상회복으로서 건물대지의 반환을 구하는 경우(대판 1991. 4. 23, 90다19695)에는, 직접점유하고 있지 않음을 이유로 반환을 거부할 수 없다고 한다.

상대방이 점유보조자를 통하여 점유하고 있는 경우에는 점유보조자는 상대방으로 되지 않는다.

3) 상대방에게 점유할 권리가 없어야 한다(213조 단서). 점유할 권리, 즉 점유를 정당하게 하는 B-224
권리에는 지상권·전세권·질권·유치권(대판 2014. 12. 24, 2011다62618)과 같은 점유를 수반하는 물권뿐만 아니라 임차권과 같은 채권과 동시이행의 항변권도 포함된다. 부동산의 매수인은 설사 등기를 하지 않았더라도 인도받은 목적물을 점유할 권리가 있으며, 따라서 매도인은 소유권에 기한 반환청구권을 행사할 수 없다. 매수인으로부터 매수한 자나 임차한 자에 대하여도 같다(판례도 같은 태도이다. 판례의 자세한 내용은 B-108 참조).

4) 상대방의 고의·과실 등의 유책사유는 묻지 않는다.

(2) 효 과

소유자는 점유자에 대하여 소유물의 반환을 청구할 수 있다. 반환은 점유의 이전 즉 인도이다(실무에서는 건물의 인도는 명도라고 하나, 이는 순수한 일본어이어서 부적당하다). 이 반환은 원상회복은 포함하지 않는 개념이다. 그러나 예컨대 A의 토지에 B가 불법으로 건물을 지어 사용하고 있는 경우에는, A는 방해배제를 청구하여 건물을 철거하게 하면서 동시에 대지 부분의 인도를 청구할 수 있다. 그러나 이때 자기 소유의 건물을 점유하고 있는 사람(앞의 예에서 B)에 대하여 건물에서 퇴거할 것을 청구할 수는 없다(대판 2022. 6. 30, 2021다276256 등). 그리고 이러한 법리는 건물이 공유관계에 있는 경우에 건물의 공유자에 대해서도 마찬가지로 적용된다(대판 2022. 6. 30, 2021다276256).

판례는, 물건의 소유자가 적법한 점유 권원 없는 점유자를 상대로 제213조에 따른 물권적 청구권을 행사하여 물건의 반환을 구할 수 있는 경우에, 점유자는 물건의 소유자를 상대로 제741조에 따라 해당 비용의 반환을 구할 수는 없고 제203조에 따라 「점유물을 반환할 때」 비로소 비용상환청구권을 행사할 수 있을 뿐이라고 한다(대판 2024. 12. 24, 2020다275744 · 275751. 203조가 정당한 법률관계가 없는 물건 점유자와 회복자 사이에서 점유물을 반환하는 경우 점유자가 지출한 필요비 또는 유익비의 상환청구 범위와 상환시기에 관하여 규정한 특별규정이어서).

판 례 소유권에 기한 반환청구권 관련

(ㄱ) 「소유자가 그 소유토지에 대하여 지상권을 설정하여도 그 소유자는 그 토지를 불법으로 점유하는 자에게 대하여 방해배제를 구할 수 있는 물권적 청구권이 있다.

그러나 본건 대지에 대하여는 건물소유를 목적으로 지상권이 설정되어 그것이 존속하는 한 원고는 그 대지소유자라 하여도 그 소유권행사에 제한을 받아 그 대지를 사용 수익할 수 없는 법리라 할 것이어서 특별한 사정이 없는 한 원고는 임료 상당의 손해금을 청구할 수 없을 것임에도 불구하고 피고의 불법점거로 인하여 사용 수익하지 못한 임료 상당의 손해금을 원고는 청구할 수 있다고 판단한 원판결 판단에는 지상권에 관한 법리를 오해한 위법이 있다.」(대판 1974. 11. 12, 74다1150)

(ㄴ) 「소유권에 기하여 미등기 무허가건물의 반환을 구하는 청구취지 속에는 점유권에 기한 반환청구권을 행사한다는 취지가 당연히 포함되어 있다고 볼 수는 없고, 소유권에 기한 반환청구만을 하고 있음이 명백한 이상 법원에 점유권에 기한 반환청구도 구하는지의 여부를 석명할 의무가 있는 것은 아니다.」(대판 1996. 6. 14, 94다53006)

(ㄷ) 「건물의 '인도'는 건물에 대한 현실적·사실적 지배를 완전히 이전하는 것을 의미하고, 민사집행법상 인도 청구의 집행은 집행관이 채무자로부터 물건의 점유를 빼앗아 이를 채권자에게 인도하는 방법으로 한다. 한편 건물에서의 '퇴거'는 건물에 대한 채무자의 점유를 해제하는 것을 의미할 뿐, 더 나아가 채권자에게 그 점유를 이전할 것까지 의미하지는 않는다는 점에서 건물의 '인도'와 구별된다. 그러므로 채권자가 소로써 채무자가 건물에서 퇴거할 것을 구하고 있는데 법원이 채무자의 건물 인도를 명하는 것은 처분권주의에 반하여 허용되지 않는다.」(대판 2024. 6. 13, 2024다213157)

Ⅲ. 소유물방해제거청구권 B-225

소유자가 소유권을 방해하는 자에 대하여 방해의 제거를 청구할 수 있는 권리이다(214조 전단).

(1) 요 건

1) 청구권자는 소유권의 내용 실현을 방해받고 있는 소유자이다. 과거에 소유자로서 방해를 받았더라도 소유권을 상실한 자는 방해배제청구를 할 수 없다(대판(전원) 1969. 5. 27, 68다725 등). 미등기 무허가건물의 양수인은 그 소유권이전등기를 마치지 않는 한 그 건물의 소유권을 취득할 수 없으므로 소유권에 기한 방해제거청구를 할 수 없다(대판 2016. 7. 29, 2016다214483 · 214490).

2) 상대방은 현재 방해하고 있는 자이다. 달리 표현하면, 방해하는 사정을 지배하는 지위에 있는 자이다. 따라서 과거에 방해하였더라도 현재 그 방해상태를 지배하는 지위에 있지 않으면 그는 상대방으로 되지 않는다. 예컨대 타인의 토지에 불법으로 건물을 지은 뒤 다른 자에게 양도한 경우에는 점유하고 있는 양수인이 상대방으로 된다(대판 1991. 6. 11, 91다11278 등은 미등기 건물의 경우에는 그 건물을 법률상 · 사실상 처분할 수 있는 지위에 있는 자가 상대방이라고 한다. 그리고 대판 1986. 12. 23, 86다카1751은 보존등기가 된 건물을 매수하여 이전등기를 하지 않은 경우에 같은 취지로 판단한다).

3) 상대방이 점유침탈 이외의 방법으로 소유권을 방해하고 있어야 한다. 방해의 예를 들면, 타인 토지의 전부 또는 일부 위에 불법으로 건축을 하고 있는 경우, 실제의 권리관계와 일치하지 않는 등기가 존재하는 경우를 들 수 있다(판례는, 소유권에 방해가 되는 불실등기가 존재하는 경우에, 그 등기명의인이 허무인 또는 실체가 없는 단체인 때에는, 소유자는 그와 같은 허무인 또는 실체가 없는 단체 명의로 실제 등기행위를 한 자에 대하여 소유권에 기한 방해배제로서 그 등기의 말소를 구할 수 있다고 한다(대판 2019. 5. 30, 2015다47105)). 그런데 「방해」는 현재에도 지속되고 있는 침해를 의미하며, 법익침해가 과거에 일어나서 이미 종결된 경우에 해당하는 「손해」와는 다르다(대판 2003. 3. 28, 2003다5917). 그러므로 가령 쓰레기 매립으로 조성한 토지에 소유자가 매립에 동의하지 않은 쓰레기가 매립되어 있다 하더라도, 이는 위법한 매립공사로 인하여 생긴 결과로서 소유자가 입은 손해에 해당할 뿐, 방해라고 볼 수는 없다(대판 2003. 3. 28, 2003다5917).

판 례 소유자의 방해제거청구권 관련

(ㄱ) 「건물이 그 존립을 위한 토지사용권을 갖추지 못하여 토지의 소유자가 건물의 소유자에 대하여 당해 건물의 철거 및 그 대지의 인도를 청구할 수 있는 경우에라도 건물소유자가 아닌 사람이 건물을 점유하고 있다면 토지소유자는 그 건물 점유를 제거하지 아니하는 한 위의 건물철거 등을 실행할 수 없다. 따라서 그때 토지소유권은 위와 같은 점유에 의하여 그 원만한 실현을 방해당하고 있다고 할 것이므로, 토지소유자는 자신의 소유권에 기한 방해배제로서 건물점유자에 대하여 건물로부터의 퇴출을 청구할 수 있다.

그리고 이는 건물점유자가 건물소유자로부터의 임차인으로서 그 건물임차권이 이른바 대항력을 가진다고 해서 달라지지 아니한다.」(대판 2010. 8. 19, 2010다43801)

(ㄴ) 「토지 소유자가 자신 소유의 토지 위에 공작물을 설치한 행위가 인근 건물의 소유자에 대한 관계에서 권리남용에 해당하고, 그로 인하여 인근 건물 소유자의 건물 사용수익이 실질적으로 침해되는 결과를 초래하였다면, 인근 건물 소유자는 건물 소유권에 기한 방해제거청구권을 행사하여 토지 소유자를 상대로 그 공작물의 철거를 구할 수 있다.」(대판 2014. 10. 30, 2014다42967)

(ㄷ) 「항공기가 토지의 상공을 통과하여 비행하는 등으로 토지의 사용·수익에 대한 방해가 있음을 이유로 비행 금지 등 방해의 제거 및 예방을 청구하거나 손해배상을 청구하려면, 토지소유권이 미치는 범위 내의 상공에서 방해가 있어야 할 뿐 아니라 그 방해가 사회통념상 일반적으로 참을 한도를 넘는 것이어야 한다.」(대판 2016. 11. 10, 2013다71098)

4) 상대방의 고의·과실은 묻지 않는다.

B-226 **(2) 효 과**

소유자는 방해자에 대하여 방해의 제거를 청구할 수 있다. 여기서 「방해의 제거」라 함은 방해 결과의 제거가 아니고 현재 계속되고 있는 방해의 원인을 제거하는 것이다(대판 2003. 3. 28, 2003다5917). 불법건물의 철거청구나 무효인 등기의 말소청구가 그 예이다. 한편 판례는 소유자가 제214조에 기하여 방해배제 비용(또는 방해예방 비용)을 청구할 수는 없고 그것은 집행비용으로 상환받아야 할 문제라고 하는데(대판 2014. 11. 27, 2014다52612), 그에 대해서는 앞에서 설명하였다(B-21 참조).

판례 등기말소청구를 할 수 없게 된 경우의 손해배상 문제

「소유자가 자신의 소유권에 기하여 실체관계에 부합하지 아니하는 등기의 명의인을 상대로 그 등기말소나 진정명의회복 등을 청구하는 경우에, 그 권리는 물권적 청구권으로서의 방해배제청구권(민법 제214조)의 성질을 가진다. 그러므로 소유자가 그 후에 소유권을 상실함으로써 이제 등기말소 등을 청구할 수 없게 되었다면, 이를 위와 같은 청구권의 실현이 객관적으로 불능이 되었다고 파악하여 등기말소 등 의무자에 대하여 그 권리의 이행불능을 이유로 민법 제390조상의 손해배상청구권을 가진다고 말할 수 없다. … 이러한 법리는 이 사건 선행소송에서 이 사건 소유권보존등기의 말소등기청구가 확정되었다고 하더라도 그 청구권의 법적 성질이 채권적 청구권으로 바뀌지 아니하므로 마찬가지이다.」(국가 명의로 소유권보존등기가 경료된 토지의 일부 지분에 관하여 갑 등 명의의 소유권이전등기가 경료되었는데, 을이 등기말소를 구하는 소를 제기하여 국가는 을에게 원인무효인 등기의 말소등기절차를 이행할 의무가 있고 갑 등 명의의 소유권이전등기는 등기부취득시효 완성을 이유로 유효하다는 취지의 판결이 확정되자, 을이 국가를 상대로 손해배상을 구한 사안에서, 소유권보존등기 말소등기절차 이행의무의 이행불능으로 인한 손해배상책임을 인정한

원심판결에는 법리오해 등 위법이 있다고 한 사례)(대판(전원) 2012. 5. 17, 2010다28604[핵심판례 158면]. 이러한 다수의견에 대하여, 물권적 청구권인 말소등기청구권의 이행불능으로 인한 전보배상을 인정하여야 한다는 별개의견이 있음)

Ⅳ. 소유물방해예방청구권 B-227

소유자가 소유권을 방해할 염려가 있는 행위를 하는 자에 대하여 그 예방이나 손해배상의 담보를 청구할 수 있는 권리이다(214조 후단).

(1) 요 건

1) 청구권자는 방해당할 염려가 있는 소유권을 가지고 있는 자이다.

2) 상대방은 장차 소유권을 방해할 염려가 있는 행위를 하는 자이다.

3) 상대방이 소유권을 방해할 염려가 있어야 한다. 현재 방해하고 있지는 않으나 장차 방해가 생길 상당한 개연성이 있어야 한다. 그 개연성은 객관적으로 존재하여야 하며 관념적인 가능성만으로는 불충분하다(대판 1995. 7. 14, 94다50533).

(2) 효 과

소유자는 상대방에 대하여 방해의 예방이나 손해배상의 담보를 청구할 수 있다.

제 5 관 공동소유

Ⅰ. 공동소유의 의의와 유형 B-228

(1) 의 의

공동소유는 하나의 물건을 2인 이상의 다수인이 공동으로 소유하는 것이다. 민법은 공동소유의 유형으로 공유·합유·총유의 세 가지를 규정하고 있다.

(2) 공동소유의 세 가지 유형

민법이 규정하고 있는 세 가지의 공동소유의 유형은 물건을 공동으로 소유하는 다수의 주체들 사이의 인적 결합관계가 물권법에 반영된 것이다.

1) **공유**(共有) 공동소유자 사이에 인적 결합관계가 없는 공동소유형태이다. 각 공유자는 지분을 가지며, 그 처분은 자유이고, 언제라도 공동소유관계를 소멸시키고 단독소유로 전환할 수 있다. 이는 개인주의적인 공동소유형태이다.

2) **총유**(總有) 법인 아닌 사단의 소유형태이다(법인 아닌 사단은 인적 결합관계가 매우 강한 단체이며, 법인격이 없는 점에서 법인과 다를 뿐이다). 총유에서는 소유권의 내용이 관리·처분의 권능과 사용·수익의 권능으로 나뉘어,

전자는 단체에 속하고 후자는 단체의 구성원에 속한다. 총유의 경우에는 지분이라는 것이 없고, 구성원의 사용·수익권은 단체의 구성원의 자격이 있는 동안에만 인정된다. 총유는 단체주의적인 공동소유형태이다.

3) **합유**(合有) 합유는 조합(합수적 조합)의 소유형태이다. 조합은 단체이기는 하나 단체성이 약하다. 합유에서는 합유자가 지분을 가지고 있기는 하지만, 그 처분이 제한되고, 또 조합관계가 종료할 때까지는 분할청구도 하지 못한다. 이러한 합유는 총유와 공유의 중간적인 공동소유형태라고 할 수 있다.

B-229 Ⅱ. 공 유

1. 공유 및 지분(持分)의 의의와 성질

(1) 공유의 의의 및 법적 성질

수인이 지분에 의하여 물건을 소유하는 것이 공유이다(262조 1항). 공유의 법적 성질에 관하여 학설은 i) 1개의 소유권이 분량적으로 분할되어 수인에게 속하는 것이라는 견해(양적 분할설)가 통설(사견도 같음)이나, ii) 수인이 1개의 물건 위에 각자 1개의 소유권을 가지고 있으나, 각 소유자는 일정비율에 따라서 서로 제한을 받으며 그 내용의 총화가 독립한 1개의 소유권의 내용과 같은 상태라고 하는 소수설(다수소유권 경합설)도 있다. 판례는 i)설의 견지에 있는 것(대판 2023. 6. 29, 2023다217916 등 다수)과, ii)설의 견지에 있는 것(대판 1965. 11. 9, 65다1646)이 병존하고 있다.

(2) 지분의 의의 및 법적 성질

양적 분할설에 의하면, 지분은 1개의 소유권의 분량적 일부분이다(다수소유권 경합설에 의하면, 지분은 다른 공유자의 소유권에 의하여 제한되는 소유권이다). 바꾸어 말하면, 지분은 각 공유자가 목적물에 대하여 가지는 소유의 비율이다(통설임). 그리고 이 지분에 기하여 각 공유자가 공유물에 대하여 가지는 권리를 지분권이라고 한다.

2. 공유의 성립

공유는 법률행위 또는 법률의 규정에 의하여 성립한다.

(1) 법률행위에 의한 성립

예컨대 하나의 물건을 수인이 공유하기로 합의하거나 또는 매수하는 경우에는 법률행위에 의하여 공유가 성립한다. 이때에 공유가 성립하기 위하여 법률행위에 의한 물권변동의 요건이 갖추어져야 함은 물론이다. 따라서 동산의 경우에는 공동점유가 있어야 하고, 부동산의 경우에는 등기(공유의 등기 및 지분의 등기)가 있어야 한다. 등기나 등록으로 공시되는 동산에 있어서도 등기나 등록이 필요하다.

(2) 법률규정에 의한 성립

타인의 물건 속에서 매장물을 발견한 경우(254조 단서), 동산 사이의 부합(257조 2문)과 혼화(258조)에 있어서 주종을 구별할 수 없는 경우, 건물의 구분소유에 있어서 공용부분(215조 1항), 경계에 설치된 경계표·담·구거 등(239조), 공동상속재산(1006조. 통설도 같음. E-213 참조)과 공동포괄수증재산(1078조) 등은 법률규정에 의하여 공유가 성립하는 주요한 예들이다.

3. 공유의 지분 B-230

(1) 지분의 비율

지분의 비율은 법률의 규정(254조 단서 · 257조 · 258조 · 1009조 이하 등) 또는 공유자의 의사표시에 의하여 정하여지나, 이들이 없는 경우에는 지분은 균등한 것으로 추정된다(262조 2항).

부동산의 공유의 경우에 공유지분의 비율에 관한 약정이 있는 때에는 이를 등기하여야 한다(부등법 48조 4항). 이를 등기하지 않으면 지분이 균등한 것으로 추정될 것은 분명하다. 그런데 실제의 비율을 가지고 제 3 자에게 대항할 수 있는가에 관하여는 i) 긍정설과 ii) 부정설(사견도 같음)이 대립하고 있다.

공유물분할청구 소송에 있어 원래의 공유자들이 각 그 지분의 일부 또는 전부를 제 3 자에게 양도하고 그 지분이전등기까지 마쳤다면, 새로운 이해관계가 형성된 그 제 3 자에 대한 관계에서는 달리 특별한 사정이 없는 한 일단 등기부상의 지분을 기준으로 할 수밖에 없을 것이나, 원래의 공유자들 사이에서는 등기부상 지분과 실제의 지분이 다르다는 사실이 인정된다면 여전히 실제의 지분을 기준으로 삼아야 할 것이고 등기부상 지분을 기준으로 하여 그 실제의 지분을 초과하거나 적게 인정할 수는 없다(대판 2001. 3. 9, 98다51169).

(2) 지분의 처분

공유자는 그의 지분을 처분할 수 있다(263조). 그리하여 그의 지분을 양도하거나 담보로 제공하거나 포기할 수 있다. 그리고 그때 다른 공유자의 동의는 필요하지 않다(대판 1972. 5. 23, 71다2760). 한편 공유지분의 포기는 상대방 있는 단독행위에 해당하고, 따라서 **부동산 공유자의 공유지분 포기의 경우에는** 제186조에 의하여 등기를 하여야 공유지분 포기에 따른 물권변동의 효력이 발생하며, 부동산 공유자의 공유지분 포기에 따른 등기는 해당 지분에 관하여 다른 공유자 앞으로 소유권이전등기를 하는 형태가 되어야 한다(대판 2016. 10. 27, 2015다52978. B-75도 참조).

판 례 공유자 중 1인이 가등기에 기한 본등기를 청구할 수 있는지

「공유자가 다른 공유자의 동의 없이 공유물을 처분할 수는 없으나 그 지분은 단독으로 처분할 수 있으므로, 복수의 권리자가 소유권이전청구권을 보존하기 위하여 가등기를 마

처 둔 경우 특별한 사정이 없는 한 그 권리자 중 한 사람은 자신의 지분에 관하여 단독으로 그 가등기에 기한 본등기를 청구할 수 있다.」(대판 2002. 7. 9, 2001다43922 · 43939)

⑶ 지분의 주장

지분은 실질에 있어서 소유권과 같으므로 각 공유자는 그의 지분을 단독으로 다른 공유자 또는 제 3 자에 대하여 주장할 수 있다.

1) 공유자는 단독으로 다른 공유자 또는 제 3 자에 대하여 지분의 확인을 구할 수 있다(대판 1970. 7. 28, 70다853 · 854).

2) 공유자는 자신의 지분을 다투는 다른 공유자 또는 제 3 자에 대하여 단독으로 지분의 등기를 청구할 수 있다.

3) 공유자는 자기의 지분에 관하여 단독으로 제 3 자의 취득시효를 중단할 수 있다.

B-231

⑷ 지분의 침해의 경우에 있어서 방해배제청구 · 부당이득 반환청구

1) 반환청구 제 3 자가 공유물을 불법으로 점유하고 있는 경우에 각 공유자는 그의 지분의 비율에 따른 반환을 청구할 수 있다. 그런데 각 공유자가 그의 지분에 기하여 단독으로 공유물의 전부의 인도를 청구할 수 있는지가 문제된다. 판례는 그것이 보존행위라는 이유로 이를 긍정한다(대판 1968. 9. 17, 68다1142 · 1143 등. 상호명의신탁의 경우에 관한 동지의 판결: 대판 1994. 2. 8, 93다42986(B-95에 인용)).

공유자 중의 1인이 공유물의 전부를 배타적 · 독점적으로 사용하는 경우에 다른 공유자는 단독으로 그 전부의 인도를 청구할 수 있는가? 여기에 관하여 종래 판례는, 이것 역시 공유물의 보존행위로서 인정된다고 한다(대판(전원) 1994. 3. 22, 93다9392 · 9408 등). 그리고 공유물의 일부를 배타적으로 독점사용하는 경우도 마찬가지로 취급한다(대결 1992. 6. 13, 92마290). 다만, 과반수의 지분권을 가진 자(2분의 1 지분권자는 이에 해당하지 않음. 대판 2003. 11. 13, 2002다57935)가 배타적으로 사용수익할 것을 정하는 것은 공유물의 관리방법(265조 참조)으로서 적법하다고 한다(대판 2022. 11. 17, 2022다253243 등 다수)(공유건물에 관하여 과반수지분권을 가진 자가 그 공유건물의 특정된 한 부분을 배타적으로 사용 · 수익할 것을 정하는 것도 공유물의 관리방법으로서 적법하다. 대판 2014. 2. 27, 2011다42430). 따라서 그때에는 방해배제를 청구할 수 없다고 한다(과반수 지분의 공유자로부터 사용 · 수익을 허락받은 자에 대하여도 같다). 그런데 대법원은 최근에, 공유물의 소수 지분권자가 다른 공유자와 협의 없이 공유물의 전부 또는 일부를 독점적으로 점유 · 사용하고 있는 경우 다른 소수 지분권자는 공유물의 보존행위로서 그 인도를 청구할 수는 없고, 다만 자신의 지분권에 기초하여 공유물에 대한 방해 상태를 제거하거나 공동 점유를 방해하는 행위의 금지 등을 청구할 수 있다고 하면서, 그와 저촉되는 범위에서 판례를 변경하였다(대판(전원) 2020. 5. 21, 2018다287522[핵심판례 160면]). 그 결과 인도청구에 관한 기존의 판례는 과반수 지분권자에 대한 것을 제외하고는 변경되었다고 보아야 한다.

판 례 공유물의 인도청구 및 방해배제청구 관련

(ㄱ) 「나. 소수지분권자가 공유물을 독점적으로 점유하는 다른 소수지분권자를 상대로 공유물의 인도를 청구할 수 있는지 여부

공유물의 소수지분권자인 피고가 다른 공유자와 협의하지 않고 공유물의 전부 또는 일부를 독점적으로 점유하는 경우 소수지분권자인 원고가 피고를 상대로 공유물의 인도를 청구할 수는 없다고 보아야 한다. …

다. 소수지분권자가 공유물을 독점적으로 점유하는 다른 소수지분권자를 상대로 방해배제를 청구할 수 있는지 여부 …

(2) 일부 공유자가 공유물의 전부나 일부를 독점적으로 점유한다면 이는 다른 공유자의 지분권에 기초한 사용·수익권을 침해하는 것이다. 공유자는 자신의 지분권 행사를 방해하는 행위에 대해서 민법 제214조에 따른 방해배제청구권을 행사할 수 있고, 공유물에 대한 지분권은 공유자 개개인에게 귀속되는 것이므로 공유자 각자가 행사할 수 있다. …

라. 판례 변경

이와 같이 공유물의 소수지분권자가 다른 공유자와 협의 없이 공유물의 전부 또는 일부를 독점적으로 점유·사용하고 있는 경우 다른 소수지분권자는 공유물의 보존행위로서 그 인도를 청구할 수는 없고, 다만 자신의 지분권에 기초하여 공유물에 대한 방해 상태를 제거하거나 공동 점유를 방해하는 행위의 금지 등을 청구할 수 있다고 보아야 한다. …」(대판(전원) 2020. 5. 21, 2018다287522[핵심판례 160면]. 이러한 다수의견에 대하여는 인도청구에 관한 대법관 5인의 반대의견, 방해배제청구에 관한 대법관 1인의 반대의견이 있음)

(ㄴ) 「공유 지분 과반수 소유자의 공유물인도청구는 민법 제265조의 규정에 따라 공유물의 관리를 위하여 구하는 것으로서 그 상대방인 타 공유자는 민법 제263조의 공유물의 사용수익권으로 이를 거부할 수 없다.」(대판 2022. 11. 17, 2022다253243)

(ㄷ) 「공유토지에 관하여 점유 취득시효가 완성된 후 취득시효 완성 당시의 공유자들 일부로부터 과반수에 미치지 못하는 소수 지분을 양수 취득한 제 3 자는 나머지 과반수 지분에 관하여 취득시효에 의한 소유권이전등기를 경료받아 과반수 지분권자가 될 지위에 있는 시효취득자(점유자)에 대하여 지상 건물의 철거와 토지의 인도 등 점유배제를 청구할 수 없는 것이다.」(대판 2001. 11. 27, 2000다33638 · 33645)

2) 방해제거청구 제 3 자가 공유물의 이용을 방해하고 있는 경우에 각 공유자는 그의 지분에 기하여 단독으로 공유물 전부에 대한 방해의 제거를 청구할 수 있다. 다른 공유자가 방해하고 있는 경우에는 그의 지분의 범위에서 방해의 제거를 청구할 수 있다고 할 것이다. 그런데 판례는, 공유 부동산에 관하여 제 3 자 명의로 원인무효의 소유권이전등기가 되어 있는 경우에는 「보존행위로서」 제 3 자에 대하여 그 등기 전부의 말소(또는 공유자 지분별 이전등기)를 청구할 수 있다고 하나, 공유 부동산에 관하여 공유자 중 1인이 부정한 방법으로 공유물 전부에 관한 소유권이전등기를 그의 단독명의로 행한 경우에는 방해받고 있는 B-232

공유자 중 1인은 「보존행위로서」 단독명의로 등기되어 있는 공유자에 대하여 「그 공유자의 공유지분을 제외한 나머지 공유지분 전부에 관하여」 등기말소를 청구할 수 있다고 한다(대판 2006. 8. 24, 2006다32200 등).

판 례 공유자의 1인의 등기청구 관련

(ㄱ) 「공유자 중 한 사람은 공유물에 경료된 원인무효의 등기에 관하여 각 공유자에게 해당 지분별로 진정명의 회복을 원인으로 한 소유권이전등기를 이행할 것을 단독으로 청구할 수 있다.」(대판 2005. 9. 29, 2003다40651)

(ㄴ) 「공유자가 다른 공유자의 지분권을 대외적으로 주장하는 것을 공유물의 멸실·훼손을 방지하고 공유물의 현상을 유지하는 사실적·법률적 행위인 공유물의 보존행위에 속한다고 할 수는 없으므로, 자신의 소유지분 범위를 초과하는 부분에 관하여 마쳐진 등기에 대하여 공유물에 관한 보존행위로서 무효라고 주장하면서 말소를 구할 수는 없다. 결국 공유물에 관한 원인무효의 등기에 대하여 모든 공유자가 항상 공유물의 보존행위로서 말소를 구할 수 있는 것은 아니고, 원인무효의 등기로 인하여 자신의 지분이 침해된 공유자에 한하여 공유물의 보존행위로서 그 등기의 말소를 구할 수 있을 뿐이므로, 원인무효의 등기가 특정 공유자의 지분에만 한정하여 마쳐진 경우에는 그로 인하여 지분을 침해받게 된 특정 공유자를 제외한 나머지 공유자들은 공유물의 보존행위로서 위 등기의 말소를 구할 수는 없다.」(대판 2023. 12. 7, 2023다273206)

3) 부당이득 반환청구 공유자의 1인이 지분 과반수의 합의가 없이 공유물의 전부 또는 일부(특정부분)를 배타적으로 사용하는 경우에 다른 공유자는 그의 지분의 비율로 부당이득의 반환을 청구할 수 있다(대판 2006. 11. 24, 2006다49307·49314 등)(구분소유의 경우는 다름. 대판(전원) 2022. 8. 25, 2017다257067; 대판 2023. 9. 14, 2016다12823(B-181) 참조). 배타적으로 점유·사용하는 그 특정부분의 면적이 자신들의 지분 비율에 상당하는 면적 범위 내라고 할지라도 마찬가지이다(대판 1972. 12. 12, 72다1814). 그리고 제3자가 공유물을 점유한 경우도 같다.

과반수 지분권자는 공유물인 토지의 관리방법으로서 특정부분을 배타적으로 사용·수익할 수 있으나, 그로 말미암아 그 부분을 전혀 사용·수익하지 못하여 손해를 입는 소수지분권자의 지분만큼 임료 상당 부당이득을 얻는 것이므로 이를 반환할 의무가 있다(대판 2021. 12. 30, 2021다252458)(과반수 지분권자가 공유물의 전부를 배타적으로 사용·수익하는 경우에도 동일함). 과반수 지분권자가 배타적으로 사용·수익하는 그 특정부분이 비록 자기의 지분비율에 상당하는 면적의 범위 내라 할지라도 같다(대판 2014. 2. 27, 2011다42430 등 다수). 왜냐하면 모든 공유자는 공유물 전부를 지분의 비율로 사용·수익할 수 있기 때문이다. 그러나 그 과반수 지분의 공유자로부터 다시 그 특정 부분의 사용·수익을 허락받은 제3자의 점유는 다수지분권자의 공유물관리권에 터잡은 적법한 점유이므로 그 제 3 자는 소수지분권자에 대하여도 그 점유로 인하여 법률상 원인 없이 이득을 얻고 있다고는 볼 수 없다(대판 2002. 5. 14, 2002다9738).

그리고 판례는, 공유자가 공유물을 제 3 자에게 임대한 경우에 부당이득 반환의 범위(또는 불법행위로 인한 손해배상의 범위)는 부동산 임대차로 인한 차임 상당액이고, 부동산의 임대차보증금 자체에 대한 다른 지분 소유자의 지분비율 상당액을 구할 수는 없다고 한다(대판 2021. 4. 29, 2018다261889 등). 한편 공유자 또는 제 3 자가 배타적으로 지배하는 부분이 공유물의 일부인 경우에는 그 점유부분에 해당하는 차임에 대하여 지분 비율로 반환해야 한다(대판 2011. 7. 14, 2009다76522 · 76539 등도 참조).

판 례 공유자 1인의 부당이득 관련

가. 부동산의 1/7 지분 소유권자가 타공유자의 동의없이 그 부동산을 타에 임대하여 임대차보증금을 수령하였다면, 이로 인한 수익 중 자신의 지분을 초과하는 부분에 대하여는 법률상 원인없이 취득한 부당이득이 되어 이를 반환할 의무가 있고, 또한 위 무단임대행위는 다른 공유지분권자의 사용, 수익을 침해한 불법행위가 성립되어 그 손해를 배상할 의무가 있다.

나. 위 "가"항의 경우 반환 또는 배상해야 할 범위는 위 부동산의 임대차로 인한 차임 상당액이라 할 것으로서 타공유자는 그 임대보증금 자체에 대한 지분비율 상당액의 반환 또는 배상을 구할 수는 없다(대판 1991. 9. 24, 91다23639. 동지 대판 2021. 4. 29, 2018다261889).

4) 불법행위로 인한 손해배상청구 판례는, 제 3 자가 공유물에 대하여 불법행위를 한 경우에 각 공유자는 특별한 사유가 없는 한 그 지분에 대응한 비율의 한도에서만 손해배상청구권을 행사할 수 있고 타인의 지분에 대해서는 청구권이 없다고 한다(대판 1970. 4. 14, 70다171). 그리고 그것은 공유자 중의 1인이 불법행위를 한 경우에도 같다고 할 것이다.

(5) 지분의 탄력성

지분은 실질적으로 소유권과 성질이 같으므로, 지분의 하나가 소멸하면 나머지 지분은 그에 확장하게 된다. 이를 지분의 탄력성이라고 한다. 민법도 **공유자가 그의 지분을 포기하거나 상속인 없이 사망한 때에는** 그 지분은 다른 공유자에게 각 지분의 비율로 귀속한다고 하여(267조), 이를 인정하고 있다. 그러나 여기에는 예외가 있다(집합건물법 22조 참조).

4. 공유물의 관리 등에 관한 공유자 사이의 법률관계 B-233

(1) 공유물의 사용 · 수익

각 공유자는 공유물의 전부를 그의 지분의 비율로 사용·수익할 수 있다(263조).

(2) 공유물의 관리

1) 보존행위 각 공유자는 단독으로 보존행위를 할 수 있다(265조 단서). 주의할 것은, 어느 공유자가 보존권을 행사하는 때에 그 행사의 결과가 다른 공유자의 이해와 충돌될 때에는 그 행사는 보존행위로 될 수 없다는 점이다(대판 2024. 3. 12, 2023다240879 등).

2) 이용 · 개량행위 공유물의 이용 및 개량 등 관리에 관한 사항은 공유자의 지분의 과반수로써 결정한다(265조 본문). 공유자 사이에 공유물을 사용·수익할 구체적인 방법을 정하는 것은 공유물의 관리에 관한 사항으로서 제265조에 따라 공유자의 지분의 과반수로써 결정하여야 할 것이고(대판 2020. 9. 7, 2017다204810 등), 과반수의 지분을 가진 공유자는 다른 공유자와 사이에 미리 공유물의 관리방법에 관한 협의가 없었다 하더라도 공유물의 관리에 관한 사항을 단독으로 결정할 수 있으므로 그 공유물의 특정부분을 배타적으로 사용·수익하기로 정할 수 있으나, 그 사용·수익의 내용이 공유물의 기존의 모습에 본질적 변화를 일으켜 관리가 아니고 처분이나 변경의 정도에 이르는 것이어서는 안 되며, 그리하여 예컨대 다수 지분권자라 하여 나대지에 새로이 건물을 건축한다든지 하는 것은 관리의 범위를 넘는 것이 되어 허용되지 않는다(대판 2001. 11. 27, 2000다33638). 그리고 공유자가 공유물을 타인에게 임대하는 행위 및 그 임대차계약을 해지하는 행위는 공유물의 관리행위에 해당하므로 제265조 본문에 의하여 공유자의 지분의 과반수로써 결정하여야 하며, 「상가건물 임대차보호법」이 적용되는 상가건물의 공유자인 임대인이 같은 법 제10조 제4항에 의하여 임차인에게 갱신거절의 통지를 하는 행위는 실질적으로 임대차계약의 해지와 같이 공유물의 임대차를 종료시키는 것이므로, 공유물의 관리행위에 해당하고, 따라서 공유자의 지분의 과반수로써 결정하여야 한다(대판 2010. 9. 9, 2010다37905).

판 례 공유물 관리에 관한 특약

(ㄱ) 「공유자 간의 공유물에 대한 사용수익·관리에 관한 특약은 공유자의 특정승계인에 대하여도 당연히 승계된다고 할 것이나, 민법 제265조는 "공유물의 관리에 관한 사항은 공유자의 지분의 과반수로써 결정한다"라고 규정하고 있으므로, 위와 같은 특약 후에 공유자에 변경이 있고 특약을 변경할 만한 사정이 있는 경우에는 공유자의 지분의 과반수의 결정으로 기존 특약을 변경할 수 있다고 할 것이다.」(대판 2005. 5. 12, 2005다1827)

(ㄴ) 「공유물에 관한 특약이 지분권자로서의 사용·수익권을 사실상 포기하는 등으로 공유지분권의 본질적 부분을 침해하는 경우에는 특정승계인이 그러한 사실을 알고도 공유지분권을 취득하였다는 등의 특별한 사정이 없는 한 특정승계인에게 당연히 승계된다고 볼 수 없다.」(대판 2012. 5. 24, 2010다108210)

(ㄷ) 「공유물을 분할한다는 공유자간의 약정이 공유와 서로 분리될 수 없는 공유자간의 권리관계라 할지라도 그것이 그 후 공유지분권의(여기의 '의'는 '을'의 오기로 보임: 저자 주) 양수받은 특정승계인에게

당연히 승계된다고 볼 근거가 없을 뿐 아니라 공유물을 분할하지 아니한다는 약정(민법 제268조 제1항 단서) 역시 공유와 서로 분리될 수 없는 공유자간의 권리관계임에도 불구하고 이 경우엔 부동산등기법 제89조에 의하여 등기하도록 규정하고 있는 점을 대비하여 볼 때 다 같은 분할에 관한 약정이면서 분할특약의 경우만 특정승계인에게 당연승계된다고 볼 수 없」다(대판 1975. 11. 11, 75다82).

(3) 공유물의 처분 · 변경

B-234

공유물의 처분·변경에는 공유자 전원의 동의가 있어야 한다(264조). 여기의 처분에는 법률상의 처분(양도 등) 외에 사실상의 처분도 포함된다.

어떤 공유자가 다른 공유자의 동의 없이 공유물을 제 3 자에게 매도한 경우에는, 매매가 무효가 아니고 자기의 지분을 넘는 범위에서 타인의 권리매매(569조)에 해당한다고 보아야 한다. 따라서 매도한 공유자는 다른 공유자의 지분을 취득하여 매수인에게 이전하여야 한다. 이 의무를 이행하지 못한 때에는 제 3 자는 권리를 취득하지 못한다. 다만, 그때에도 매도한 공유자의 지분의 범위 내에서는 유효하므로, 공유한 부동산의 전부에 관하여 매수인 명의로 소유권이전등기가 되었으면 다른 공유자는 매수인에 대하여 매도한 공유자의 지분의 범위에서는 말소청구를 할 수 없다(대판 1994. 12. 2, 93다1596 등).

공유물의 변경은 공유물을 그 자체의 경제적 용도에 따라 활용하는 이용행위나 공유물의 사용가치 내지 교환가치를 증대시키는 개량행위를 넘어서 공유물에 사실상의 물리적 변화를 가하여 공유자들의 공유물 이용관계에 중대한 변화를 가져오는 것을 말한다(대판 2024. 10. 31, 2024다202317). 공유물의 변경은 공유자 지분의 과반수로써 결정하는 공유물의 관리(265조 본문)와 달리 공유자 전원의 동의가 있어야 할 수 있다(264조)(대판 2024. 10. 31, 2024다202317).

(4) 공유물에 관한 부담

공유물의 관리비용 기타의 의무는 각 공유자가 지분의 비율로 부담한다(266조 1항). 그리고 공유자가 1년 이상 그러한 의무의 이행을 지체한 때에는, 다른 공유자는 상당한 가액으로 지분을 매수할 수 있다(266조 2항). 판례에 의하면, 이 매수청구권을 행사함에 있어서는 먼저 매수대상이 되는 지분 전부의 매매대금을 제공하여야 할 것이라고 한다(대판 1992. 10. 9, 92다25656).

판 례 정지공사의 공사비용 부담자

공유토지의 과반수 지분권자는 다른 공유자와 협의 없이 단독으로 관리행위를 할 수가 있으며 그로 인한 관리비용은 공유자의 지분비율에 따라 부담할 의무가 있으나, 위와 같은 관리비용의 부담의무는 공유자의 내부관계에 있어서 부담을 정하는 것일 뿐, 제 3 자와의 관계는 당해 법률관계에 따라 결정된다고 할 것이고, 따라서 과반수 지분권자가 관리행위가 되는 정지공사를 시행함에 있어 시공회사에 대하여 공사비용은 자신이 정산하기로 약정하였다면 그 공사비를 직접 부담해야 할 사람은 과반수 지분권자만이라 할 것이고, 다만 그가 그 공사비를 지출하였다면 다른 공유자에게 그의 지분비율에 따른 공사비만을 상환청구할 수 있을 뿐이다(대판 1991. 4. 12, 90다20220).

B-235 ## 5. 공유관계의 대외적 주장

(1) 공유관계의 확인청구 · 등기청구 등

제3자에게 전체로서의 공유관계를 주장해서 그 확인을 구하거나 등기를 청구하거나 시효를 중단하는 경우에는, 공유자 전원이 공동으로 하여야 한다(대판 1994. 11. 11, 94다35008).

(2) 공유관계에 기한 방해배제청구

제3자가 공유물을 전부점유하고 있거나 그 이용을 방해하고 있는 경우에 각 공유자는 그의 지분에 기하여 단독으로 그 반환청구 또는 방해제거청구를 할 수 있다(B-231 · 232 참조). 그러나 그 외에 공유관계 자체에 기하여서도 이를 할 수 있다고 하여야 한다. 그런데 그 때에는 공유자 전원이 공동으로 하여야 한다(대판 1961. 12. 7, 4293민상306).

B-236 ## 6. 공유물의 분할

(1) 공유물 분할의 자유

1) 공유자는 공유물의 분할을 청구할 수 있다(268조 1항 본문).

2) 공유물 분할의 자유는 계약이나 법률규정에 의하여 제한된다. 첫째로 공유자는 5년 내의 기간으로 분할하지 않을 것을 약정할 수 있으며(268조 1항 단서), 그때에는 분할은 허용되지 않는다. 이 불분할계약(不分割契約)은 갱신(更新)할 수 있으나, 그 기간은 갱신한 날로부터 5년을 넘지 못한다(268조 2항). 공유자 사이의 불분할계약은 지분의 양수인에게도 승계되나, 부동산의 경우에는 등기를 하여야 한다(부등법 67조 1항. 통설도 같음). 둘째로 건물을 구분소유하는 경우의 공용부분(268조 3항 · 215조), 경계에 설치된 경계표 · 담 · 구거 등(268조 3항 · 239조), 구분소유권의 목적인 건물의 사용에 필요한 범위 내의 대지(집합건물법 8조)는 법률상 분할이 금지되어 있다.

3) 상호명의신탁(B-95 참조)은 공유가 아니므로, 거기서는 공유물분할청구를 할 수 없고 명의신탁 해지를 원인으로 한 지분이전등기를 청구하여야 한다(대판 1996. 2. 23, 95다8430 등).

(2) 분할청구권의 법적 성질

공유자는 분할청구권을 가지는데, 분할청구권의 성질에 관하여는 견해가 대립하고 있다. 그런데 통설은 분할청구라는 일방적 의사표시에 의하여 각 공유자 사이에 구체적으로 분할을 실현할 법률관계가 생기므로 일종의 형성권이라고 하며(사견도 같음), 판례도 형성권이라고 한다(대판(전원) 2020. 5. 21, 2018다879 등).

분할청구권은 공유관계에 수반되는 형성권이므로 공유관계가 존속하는 한 그 분할청구권만이 독립하여 시효로 소멸하지는 않는다(대판 1981. 3. 24, 80다1888 · 1889). 한편 판례는 공유물분할청구권이 채권자대위권의 목적이 될 수 있다고 한다(대판(전원) 2020. 5. 21, 2018다879. 그런데 극히 예외적인 경우가 아니라면 금전채권자는 부동산에 관한 공유물분할청구권을 대위행사할 수 없다고 함).

(3) 분할의 방법 B-237

1) 협의에 의한 분할 공유물의 분할은 1차적으로 공유자의 협의에 의하여 한다(268조 1항 · 269조 1항). 이때에는 공유자 전원이 참여하여야 한다(대판 1968. 5. 21, 68다414 · 415). 분할방법에는 제한이 없으나, 일반적으로 다음의 방법이 사용된다.

(가) **현물분할** 공유물을 양적으로 나누는 것으로서 가장 보통의 방법이다.

(나) **대금분할** 공유물을 매각하여 그 대금을 나누는 방법이다(각 공유자는 매각과 동시에 대금채권을 취득한다. 408조 참조).

(다) **가격배상** 공유자의 1인이 다른 공유자의 지분을 양수하여 그 가격을 지급하고 단독소유권을 취득하는 방법이다.

2) 재판에 의한 분할 분할의 방법에 관하여 협의가 성립되지 않은 때에는 공유자는 법원에 그 분할을 청구할 수 있다(269조 1항).

(가) **전제조건** 공유물 분할의 소를 제기하려면 공유자 사이에 협의가 성립되지 않아야 하며, 협의가 성립된 경우에는 설사 일부 공유자가 분할에 따른 이전등기에 협조하지 않거나 분할에 관하여 다투더라도 분할의 소를 제기할 수 없다(대판 1995. 1. 12, 94다30348 · 30355).

(나) **소의 성질** 이 소는 형성의 소이다(통설 · 판례도 같음. 대판 2017. 5. 31, 2017다216981(공유물을 경매에 붙여 그 매각대금을 분배할 것을 명하는 판결은 경매를 조건으로 하는 특수한 형성판결임); 대판 2023. 6. 29, 2023다217916 등 다수). 따라서 부동산이 공유물인 경우에는 분할판결이 확정된 때에 분할의 효력이 생긴다(187조 참조). 한편 판례에 따르면, 공유물 분할의 소송절차 또는 조정절차에서 공유자 사이에 공유토지에 관한 현물분할의 협의가 성립하여 그 합의사항을 조서에 기재함으로써 조정이 성립하였다고 하더라도, 그와 같은 사정만으로 재판에 의한 공유물분할의 경우와 마찬가지로 그 즉시 공유관계가 소멸하고 각 공유자에게 그 협의에 따른 새로운 법률관계가 창설되는 것이 아니고, 공유자들이 협의한 바에 따라 토지의 분필절차를 마친 후 각 단독소유로 하기로 한 부분에 관하여 다른 공유자의 공유지분을 이전받아 등기를 마침으로써 비로소 그 부분에 대한 대세적 권리로서의 소유권을 취득하게 된다고 한다(대판(전원) 2013. 11. 21, 2011두1917).

(다) **소의 당사자** 이 소는 고유필수적 공동소송이어서 공유자 전원이 당사자로 되어야 한다(대판 2022. 6. 30, 2020다210686 · 210693 등 다수). 그 결과 원고를 제외한 공유자 모두가 피고로 된다.

(라) **판결의 내용**(분할방법) 현물분할이 원칙이며, 현물로 분할할 수 없거나 분할로 인하여 현저히 그 가액이 감손될 염려가 있는 때에는 법원은 물건의 경매를 명할 수 있다(269조 2항).

B-238 **판 례 공유물 분할 관련**

(ㄱ) 「공유물분할의 소는 형성의 소로서 공유자 상호 간의 지분의 교환 또는 매매를 통하여 공유의 객체를 단독 소유권의 대상으로 하여 그 객체에 대한 공유관계를 해소하는 것을 말하므로, 법원은 공유물분할을 청구하는 자가 구하는 방법에 구애받지 아니하고 자유로운 재량에 따라 공유관계나 그 객체인 물건의 제반 상황에 따라 공유자의 지분비율에 따른 합리적인 분할을 하면 된다. 따라서 여러 사람이 공유하는 물건을 분할하는 경우 원칙적으로는 각 공유자가 취득하는 면적이 그 공유 지분의 비율과 같도록 하여야 할 것이나, 반드시 그런 방법으로만 분할하여야 하는 것은 아니고, 분할 대상이 된 공유물의 형상이나 위치, 그 이용 상황이나 경제적 가치가 균등하지 아니할 때에는 이와 같은 여러 사정을 고려하여 경제적 가치가 지분비율에 상응되도록 분할하는 것도 허용되며, 일정한 요건이 갖추어진 경우에는 공유자 상호 간에 금전으로 경제적 가치의 과부족을 조정하여 분할을 하는 것도 현물분할의 한 방법으로 허용된다. 나아가 공유관계의 발생원인과 공유 지분의 비율 및 분할된 경우의 경제적 가치, 분할 방법에 관한 공유자의 희망 등의 여러 사정을 종합적으로 고려하여 당해 공유물을 특정한 자에게 취득시키는 것이 상당하다고 인정되고, 다른 공유자에게는 그 지분의 가격을 취득시키는 것이 공유자 간의 실질적인 공평을 해치지 않는다고 인정되는 특별한 사정이 있는 때에는 공유물을 공유자 중의 1인의 단독소유 또는 수인의 공유로 하되 현물을 소유하게 되는 공유자로 하여금 다른 공유자에 대하여 그 지분의 적정하고도 합리적인 가격을 배상시키는 방법에 의한 분할도 현물분할의 하나로 허용된다. 이때 그 가격배상의 기준이 되는 '지분가격'이란 공유물분할 시점의 객관적인 교환가치에 해당하는 시장가격 또는 매수가격을 의미하는 것으로, 그 적정한 산정을 위해서는 분할 시점에 가까운 사실심 변론종결일을 기준으로 변론과정에 나타난 관련 자료를 토대로 최대한 객관적·합리적으로 평가하여야 하므로, 객관적 시장가격 또는 매수가격에 해당하는 시가의 변동이라는 사정을 일절 고려하지 않은 채 그러한 사정이 제대로 반영되지 아니한 감정평가액에만 의존하여서는 아니 된다.」(대판 2023. 6. 29, 2023다217916)

(ㄴ) 「여러 사람이 공유하는 물건을 현물분할하는 경우에는 분할청구자의 지분한도 안에서 현물분할을 하고 분할을 원하지 않는 나머지 공유자는 공유로 남는 방법도 허용된다고 보아야 할 것이다. 그러나 분할청구자가 상대방들을 공유로 남기는 방식의 현물분할을 청구하고 있다고 하여, 상대방들이 그들 사이만의 공유관계의 유지를 원하고 있지 아니한데도 상대방들을 여전히 공유로 남기는 방식으로 현물분할을 하여서는 아니 된다.」(대판 2015. 3. 26, 2014다233428)

(ㄷ) 「공유물 분할을 청구한 공유자의 지분한도 안에서는 공유물을 현물 또는 경매·분할함으로써 공유관계를 해소하고 단독소유권을 인정하여야지, 그 분할청구자 지분의 일부에 대하여만 공유물 분할을 명하고 일부 지분에 대하여는 이를 분할하지 아니한 채 공유관계를 유지하도록 하는 것은 허용될 수 없다.」(대판 2010. 2. 25, 2009다79811)

(ㄹ) 공유물 분할에 관한 소송계속 중 변론종결일 전에 공유자 중 1인인 갑의 공유지분의 일부가 을 및 병 주식회사 등에게 이전된 사안에서, 변론종결 시까지 민사소송법 제81조에서 정한 승계참가나 민사소송법 제82조에서 정한 소송인수 등의 방식으로 일부 지분권을 이전받은 자가 소송의 당사자가 되었어야 함에도 그렇지 못하였으므로 위 소송 전부가 부적법하게 되었다고 한 사례(대판 2014. 1. 29, 2013다78556).

(4) 분할의 효과 B-239

1) 지분의 교환 · 매매 현물분할의 경우에는 지분의 교환이 있게 되고, 가격배상의 경우에는 지분의 매매가 있게 된다(통설 · 판례도 같음. 대판 1998. 3. 10, 98두229 등). 이와 같이 분할이 지분의 교환 또는 매매의 실질을 가지므로, 분할의 효과는 소급하지 않는다. 다만, 공동상속재산의 공유의 경우에는 분할의 소급효가 인정된다(1015조 참조).

그리고 각 공유자는 다른 공유자가 분할로 인하여 취득한 물건에 대하여 그 지분의 비율로 매도인과 동일한 담보책임이 있다(270조). 이는 분할이 지분의 교환이나 매매에 해당하기 때문에 당연한 것이다. 그 결과 제570조 이하의 규정에 의하여 일정한 요건 하에 손해배상·대금감액·해제(재분할이 이에 해당) 등의 담보책임을 물을 수 있다. 그러나 재판에 의한 분할의 경우에는 해제는 인정되지 않는다고 새겨야 한다(이설 없음). 해제에 의하여 재판의 결과를 뒤집는 것은 허용되지 않기 때문이다.

2) 지분상의 담보물권 공유자 1인의 지분 위에 존재하는 담보물권이 분할에 의하여 어떠한 영향을 받는지에 관하여는 명문의 규정이 없어서 해석으로 결정하여야 한다. 그런데 언제나 즉 ① 지분 위에 담보물권을 설정한 공유자가 공유물의 전부를 취득한 경우, ② 그 공유자가 공유물의 일부를 취득한 경우, ③ 그 공유자가 전혀 취득하지 않고 제3자나 다른 공유자가 공유물을 취득한 경우 중 어느 것에 해당하든 그 지분이 존속하고 담보물권은 그 지분 위에 존속한다고 하여야 한다(통설임). 판례도, 갑, 을의 공유인 부동산 중 갑의 지분 위에 설정된 근저당권 등 담보물권은 특단의 합의가 없는 한 공유물분할이 된 뒤에도 종전의 지분비율대로 공유물 전부 위에 그대로 존속하고 근저당권설정자인 갑 앞으로 분할된 부분에 당연히 집중되는 것은 아니므로, 갑과 담보권자 사이에 공유물분할로 갑의 단독소유로 된 토지부분 중 원래의 을지분부분을 근저당권의 목적물에 포함시키기로 합의하였다고 하여도 이런 합의가 을의 단독소유로 된 토지부분 중 갑지분부분

에 대한 피담보채권을 소멸시키기로 하는 합의까지 내포한 것이라고는 할 수 없다고 하여(대판 1989. 8. 8, 88다카24868), 이와 유사하다. 한편 ③의 경우에는 담보물권자가 물상대위의 규정(342조·370조)에 의하여 지분권자가 받은 대금 위에 권리를 행사할 수도 있는가가 문제되는데, 그에 관하여는 학설이 긍정설과 부정설로 나뉘어 대립하고 있다(물권법 [140] 참조).

B-240 ## Ⅲ. 합 유

1. 합유의 의의 및 법적 성질

합유는 수인(數人)이 조합체(組合體)로서 물건을 소유하는 것이다(271조 1항 1문). 그리고 여기서 조합체라 함은 합수적 조합(合手的 組合), 즉 동일목적을 가지고 결합되어 있으나 아직 단일적 활동체로서 단체적 체제를 갖추지 못하고 있는 복수인의 결합체를 가리킨다.

합유에 있어서도 공유에서처럼 합유자는 지분을 가진다. 그러나 지분처분의 자유와 분할청구권이 없는 점에서 공유와 다르다.

2. 합유의 성립

합유가 성립하기 위하여서는 그 전제로서 조합체의 존재가 필요하다. 그리고 그 조합체가 어떤 물건에 대한 소유권을 취득함으로써 합유가 성립한다. 한편 조합체의 성립원인에는 계약과 법률규정의 둘이 있다(271조 1항의 「법률의 규정 또는 계약」은 합유의 성립원인이 아니고 조합체의 성립원인으로 보아야 한다). 이들 중 계약은 조합계약을 의미하며 대표적인 예는 동업계약이다(대판 2002. 6. 14, 2000다30622도 참조). 그리고 법률규정에 의하여 조합체가 성립하는 경우로는 신탁에 있어서 수탁자가 여럿인 경우(신탁법 50조는 이때의 신탁재산은 합유라고 규정한다)와 공동광업권자가 공동소유하는 경우(광업법 17조 5항·30조)가 있다. 조합체가 어떤 원인에 의하여 성립하든 그 소유권 취득에는 물권변동의 일반이론이 적용된다. 따라서 어떤 경우든 부동산을 합유하는 때에는 합유등기를 하여야 한다(부등법 48조 4항).

판례 조합재산 관련

(ㄱ) 「수인이 부동산을 공동으로 매수한 경우, … 매수인들이 상호 출자하여 공동사업을 경영할 것을 목적으로 하는 조합이 조합재산으로서 부동산의 소유권을 취득하였다면 민법 제271조 제1항의 규정에 의하여 당연히 그 조합체의 합유물이 되고, 다만 그 조합체가 합유등기를 하지 아니하고 그 대신 조합원 1인의 명의로 소유권이전등기를 하였다면 이는 조합체가 그 조합원에게 명의신탁한 것으로 보아야 한다.」(대판 2006. 4. 13, 2003다25256)

(ㄴ) 「수인이 부동산을 공동으로 매수한 경우, 매수인들 사이의 법률관계는 공유관계로서 단순한 공동매수인에 불과할 수도 있고, 그 수인을 조합원으로 하는 동업체에서 매수한 것

일 수도 있는데, 부동산의 공동매수인들이 전매차익을 얻으려는 '공동의 목적 달성'을 위하여 상호 협력한 것에 불과하고 이를 넘어 '공동사업을 경영할 목적'이 있었다고 인정되지 않는 경우에는 이들 사이의 법률관계는 공유관계에 불과할 뿐 민법상 조합관계에 있다고 볼 수 없다.」(대판 2012. 8. 30, 2010다39918)

3. 합유의 법률관계 B-241

합유자의 권리, 즉 지분은 합유물의 전부에 미친다(271조 1항 2문). 합유관계의 그 밖의 내용은 계약에 의하여 정하여진다. 그런데 만약 계약이 없으면 제272조 내지 제274조에 의한다(271조 2항). 이들 규정을 보기로 한다(이들은 모두 임의규정인 셈이다).

합유물에 관한 **보존행위**, 가령 합유물에 관하여 경료된 소유권이전등기의 말소청구는 합유자 각자가 단독으로 할 수 있으나(대판 1997. 9. 9, 96다16896), **합유물을 처분 또는 변경하려면 합유자 전원의 동의가 있어야 한다**(272조). 그리고 판례는, 민법상 조합인 공동수급체가 경쟁입찰에 참가하였다가 다른 경쟁업체가 낙찰자로 선정된 경우에 그 공동수급체의 구성원 중 1인이 그 낙찰자 선정이 무효임을 주장하며 무효확인의 소를 제기하는 것은 합유재산의 보존행위에 해당한다고 한다(대판 2013. 11. 28, 2011다80449). 나아가 판례는 합유부동산에 관하여 합유자 1인이 단독명의로 행한 소유권보존등기는 실질관계에 부합하지 않는 원인무효의 등기라고 하므로(대판 1970. 12. 29, 69다22), 그에 따르면 다른 합유자는 그 보존등기의 말소를 청구할 수 있을 것이다. 그런가 하면 합유로 소유권이전등기가 된 부동산에 관하여 명의신탁 해지를 원인으로 한 소유권이전등기 절차의 이행을 구하는 소송은 조합재산인 합유물의 처분에 관한 소송으로서 합유자 전원을 피고로 하여야 할 뿐 아니라 합유자 전원에 대하여 합일적으로 확정되어야 하는 고유필수적 공동소송에 해당하며, 그 명의신탁 해지를 구하는 당사자가 합유자 중의 1인이라는 사유만으로 달리 볼 것은 아니라고 한다(대판 2015. 9. 10, 2014다73794·73800 등).

합유물에 대한 지분의 처분에도 합유자 전원의 동의가 필요하다(273조 1항). 만약 지분매매를 합유자 전원의 동의 없이 한 경우에는 효력이 없다(대판 1970. 12. 29, 69다22). 그리고 합유자는 합유물의 분할을 청구하지 못한다(273조 2항). 즉 합유재산 전체의 분할은 물론이고 개개의 합유물의 분할도 하지 못한다.

판 례 부동산의 합유자 중 일부가 사망한 경우

「부동산의 합유자 중 일부가 사망한 경우 합유자 사이에 특별한 약정이 없는 한 사망한 합유자의 상속인은 합유자로서의 지위를 승계하는 것이 아니므로, 해당 부동산은 잔존 합유자가 2인 이상일 경우에는 잔존 합유자의 합유로 귀속되고 잔존 합유자가 1인인 경우에

는 잔존 합유자의 단독소유로 귀속된다.」(대판 1996. 12. 10, 96다23238)

4. 합유의 종료

합유관계의 종료는 합유물의 전부가 양도된 경우와 조합체가 해산된 경우에만 일어난다(274조 1항). 조합체의 해산으로 합유관계가 종료하는 때에는 합유재산의 분할이 행하여지는데, 그 분할에는 공유물 분할에 관한 규정이 준용된다(274조 2항).

B-242 Ⅳ. 총 유

1. 총유의 의의 및 법적 성질

총유는 법인 아닌 사단의 사원이 집합체로서 물건을 소유하는 것이다(275조 1항). 총유에 있어서는 소유권의 내용이 관리·처분의 권능과 사용·수익의 권능으로 나뉘어, 전자는 구성원의 총체(즉 단체)에 속하고 후자는 각 구성원에게 속하게 된다.

2. 총유의 주체

총유의 주체는 법인 아닌 사단의 사원이다. 법인 아닌 사단은 매우 다양한데, 종중과 교회가 그 대표적인 예이다(그 밖의 예에 관하여는 A-362 참조)(대법원은, 5형제가 종산을 구입하여 부모 묘소를 쓰기로 합의하고 그중 자력이 있는 4형제가 돈을 모아 임야를 매수하여 맏형 명의로 소유권이전등기를 경료하고 부모 등의 묘소를 설치한 경우 위 임야는 부를 중시조로 하는 종중의 종산으로 보존하기 위하여 매수한 것으로서 5형제의 총유라고 한 적이 있다. 대판 1992. 10. 27, 91다11209).

총유재산이 부동산인 경우에는 등기하여야 하며, 이때 등기신청은 사단 명의로 그 대표자 또는 관리인이 한다(부등법 26조).

B-243 3. 총유의 법률관계

총유의 법률관계는 사단의 정관 기타 규약에 의하여 규율되나, 이들에 정한 것이 없으면 제276조 및 제277조에 의하게 된다(275조 2항). 이들 규정(임의규정임)의 내용은 다음과 같다.

총유물의 관리 및 처분은 사원총회의 결의에 의하여 한다(276조 1항). 그러나 총유물의 사용·수익은 각 사원이 정관 기타 규약에 좇아 이를 할 수 있다(276조 2항).

판 례 총유의 법률관계

(ㄱ) 「타인 간의 금전채무를 보증하는 행위는 총유물 그 자체의 관리·처분이 따르지 아니하는 단순한 채무부담행위에 불과하여 이를 총유물의 관리·처분행위라고 볼 수는 없다.…

원심이 적법하게 확정한 사실에 의하면 피고 조합장이 이 사건 보증을 함에 있어서 이

사건 규약에 따른 조합 임원회의 결의를 거치지 아니한 사실을 알 수 있으나, 이 사건 보증계약은 수급인인 소외 회사와 하수급인인 원고 사이의 금전채무를 보증하는 것에 불과하여 총유물의 관리·처분행위에 해당하지 아니하므로 총유물 관리·처분에 관한 법리가 적용될 수 없고, 따라서 이 사건 규약에서 정한 조합 임원회의 결의를 거치지 아니하였다거나 조합원총회 결의를 거치지 않았다고 하더라도 그것만으로 바로 이 사건 보증계약이 무효라고 할 수는 없다 할 것이다. 다만, 이와 같은 경우에 조합 임원회의 결의를 거치도록 한 이 사건 규약은 그 조합장의 대표권을 제한하는 규정에 해당하는 것이므로, 거래 상대방이 그와 같은 대표권제한 및 그 위반 사실을 알았거나 과실로 인하여 이를 알지 못한 때에는 그 거래행위가 무효로 된다고 봄이 상당하며, 이 경우 그 거래 상대방이 대표권제한 및 그 위반 사실을 알았거나 알지 못한 데에 과실이 있다는 사정은 그 거래의 무효를 주장하는 측이 이를 주장·입증하여야 할 것이다.」(대판(전원) 2007. 4. 19, 2004다60072·60089)

(ㄴ) 「주택건설촉진법에 의하여 설립된 재건축조합은 민법상의 비법인 사단에 해당하고, 총유물의 관리 및 처분에 관하여는 정관이나 규약에 정한 바가 있으면 이에 따라야 하고, 그에 관한 정관이나 규약이 없으면 사원총회의 결의에 의하여 하는 것이므로 정관이나 규약에 정함이 없는 이상 사원총회의 결의를 거치지 않은 총유물의 관리 및 처분행위는 무효라고 할 것이나, 총유물의 관리 및 처분행위라 함은 총유물 그 자체에 관한 법률적, 사실적 처분행위와 이용, 개량행위를 말하는 것으로서 피고 조합이 재건축사업의 시행을 위하여 설계용역계약을 체결하는 것은 단순한 채무부담행위에 불과하여 총유물 그 자체에 대한 관리 및 처분행위라고 볼 수 없다.」(대판 2003. 7. 22, 2002다64780)

(ㄷ) 「총유재산에 관한 소송은 법인 아닌 사단이 그 명의로 사원총회의 결의를 거쳐 하거나 또는 그 구성원 전원이 당사자가 되어 필수적 공동소송의 형태로 할 수 있을 뿐 그 사단의 구성원은 설령 그가 사단의 대표자라거나 사원총회의 결의를 거쳤다 하더라도 그 소송의 당사자가 될 수 없고, 이러한 법리는 총유재산의 보존행위로서 소를 제기하는 경우에도 마찬가지라 할 것이다.」(대판(전원) 2005. 9. 15, 2004다44971)

(ㄹ) 「주택법에 따라 설립된 주택조합의 재산은 조합원 전원의 총유에 속하며, 총유물의 관리 및 처분에 관하여 조합규약에 정한 바가 있으면 이에 따라야 하고 그에 관한 조합규약이 없으면 조합원 총회의 결의에 의하여야 할 것이며, 그와 같은 절차를 거치지 않은 행위는 무효이다.」(대판 2024. 10. 8, 2024다257362)

(ㅁ) 「비법인 사단인 피고 주택조합의 대표자가 조합총회의 결의를 거쳐야 하는 조합원 총유에 속하는 재산의 처분에 관하여는 조합원 총회의 결의를 거치지 아니하고는 이를 대리하여 결정할 권한이 없다 할 것이어서 피고 주택조합의 대표자가 행한 총유물인 이 사건 건물의 처분행위에 관하여는 민법 제126조의 표현대리에 관한 규정이 준용될 여지가 없다 할 것이다.」(대판 2003. 7. 11, 2001다73626. 교회재산 처분에 관하여 같은 취지의 판결로 대판 2009. 2. 12, 2006다23312가 있음)

(ㅂ) 「종중이 종중총회의 결의에 의하지 않고 타인에게 기한을 정하지 않은 채 건축물을 목적으로 하는 토지의 사용권을 부여하였다고 하더라도 이를 곧 처분행위로 단정하여 그

전체가 무효라고 볼 것이 아니라 관리권한에 기하여 사용권의 부여가 가능한 범위 내에서는 관리행위로서 유효할 여지가 있다.」(대판 2012. 10. 25, 2010다56586)

(ㅅ) 「비법인사단이 총유물에 관한 매매계약을 체결하는 행위는 총유물 그 자체의 처분이 따르는 채무부담행위로서 총유물의 처분행위에 해당하나, 그 매매계약에 의하여 부담하고 있는 채무의 존재를 인식하고 있다는 뜻을 표시하는 데 불과한 소멸시효 중단사유로서의 승인은 총유물 그 자체의 관리·처분이 따르는 행위가 아니어서 총유물의 관리·처분행위라고 볼 수 없다. 따라서 피고의 대표자가 이 사건 매매계약에 따른 소유권이전등기의무에 대하여 소멸시효 중단의 효력이 있는 승인을 하는 경우에 있어 주민총회의 결의를 거치지 않았다고 하더라도 그것만으로 그 승인이 무효라고 할 수는 없다.」(대판 2009. 11. 26, 2009다64383)

(ㅇ) 「비법인사단이 총유재산에 관한 소를 제기할 때에는 정관에 다른 정함이 있는 등의 특별한 사정이 없는 한 사원총회의 결의를 거쳐야 하지만, 이는 비법인사단의 대표자가 비법인사단 명의로 총유재산에 관한 소를 제기하는 경우에 비법인사단의 의사결정과 특별수권을 위하여 필요한 내부적인 절차이다. 채권자대위권은 채무자가 스스로 자기의 권리를 행사하지 아니하는 때에 채권자가 채무자에 대한 채권을 보전하기 위하여 채무자의 의사와는 상관없이 채무자의 권리를 대위하여 행사할 수 있는 권리로서 그 권리행사에 채무자의 동의를 필요로 하는 것은 아니므로, 비법인사단이 총유재산에 관한 권리를 행사하지 아니하고 있어 비법인사단의 채권자가 채권자대위권에 기하여 비법인사단의 총유재산에 관한 권리를 대위행사하는 경우에는 사원총회의 결의 등 비법인사단의 내부적인 의사결정절차를 거칠 필요가 없다.」(대판 2014. 9. 25, 2014다211336)

B-244 **4. 총유물에 관한 권리·의무의 취득·상실**

총유물에 관한 사원의 권리·의무는 사원의 지위를 취득·상실함으로써 취득·상실된다(277조). 대법원은, 비법인 사단인 어촌계의 구성원은 비록 그가 어촌계의 계원으로 있을 당시 어촌계가 취득한 보상금이라 하더라도 그 분배 결의 당시 계원의 신분을 상실하였다면 그 결의의 효력을 다툴 법률상의 이해관계가 없다고 하며(대판 2000. 5. 12, 99다71931), 교회의 일부 교인들이 교회를 탈퇴한 경우에 그 교인들은 종전 교회의 총유 재산의 관리처분에 관한 의결에 참가할 수 있는 지위나 그 재산에 대한 사용·수익권을 상실하고, 교단에 소속되어 있던 지교회의 교인들의 일부가 소속 교단을 탈퇴하기로 결의한 다음 종전 교회를 나가 별도의 교회를 설립하여 별도의 대표자를 선정하고 나아가 다른 교단에 가입한 경우에 그 교회 소속 교인들은 더 이상 종전 교회의 재산에 대한 권리를 보유할 수 없게 된다고 한다(대판(전원) 2006. 4. 20, 2004다37775).

Ⅴ. 준공동소유 B-245

(1) 준공동소유(準共同所有)란 소유권 이외의 재산권이 수인에게 공동으로 귀속하는 경우를 가리킨다. 준공동소유의 형태에는 공동소유와 마찬가지로 **준공유 · 준합유 · 준총유**의 세 가지가 있다.

(2) 준공동소유가 인정되는 재산권의 주요한 것으로는 지상권 · 전세권 · 지역권 · 저당권(대판 2008. 3. 13, 2006다31887 등 참조) 등의 물권과 주식 · 광업권 · 어업권 · 저작권 · 특허권 등이 있다(통설도 같음). 그런데 채권에 관하여 준공동소유가 인정되는지, 인정된다고 할 때 어떤 규정에 의하여 규율될 것인지에 관하여는 다투어진다(C-236도 참조).

(3) **준공동소유에는 공유 · 합유 · 총유에 관한 민법규정이 준용된다.** 다만, 다른 법률에 특별한 규정이 있으면 그에 의한다(278조).

제 4 장 용익물권

학습의 길잡이

본장에서는 민법에 규정된 물권 중 용익물권 세 가지, 즉 지상권·지역권·전세권에 관하여 기술한다. 이들 용익물권은 부동산 위에만 성립할 수 있는 것인데, 실제 사회에서 이용되는 빈도가 높지 않다. 그리하여 중요도도 상대적으로 떨어진다고 할 수 있다. 다만, 관습법상의 법정지상권은 판례도 많고 문제로도 자주 출제되니 특히 신경을 써야 한다. 다른 부분에서는 법률규정의 내용과 의미 있는 판례에 유의할 필요가 있다. 본장의 설명이 물권변동이론을 기초로 하고 있음은 물론이다.

제 1 절 지 상 권

B-246 I. 서 설

1. 지상권의 의의와 법적 성질

지상권(地上權)은 타인의 토지에서 건물 기타 공작물이나 수목을 소유하기 위하여 그 토지를 사용하는 물권이다(279조).

(1) 타인의 토지에 대한 권리

지상권은 타인의 토지에 대한 권리이다(제한물권). 따라서 지상권과 토지소유권이 동일인에게 귀속하면 그 지상권은 혼동으로 소멸한다. 지상권의 객체인 토지는 1필의 토지임이 원칙이나, 1필의 토지의 일부라도 무방하다(부등법 69조 6호, 부등규칙 126조 2항 참조). 지상권은 지표면뿐만 아니라 공중과 지하도 배타적으로 사용할 수 있는 권리이다(보통의 지상권)(대판 1978. 3. 14, 77다2379는 기존의 1층 건물의 옥상 위에 건물을 소유하기 위한 지상권 설정계약도 유효하다고 한다). 그런데 민법은 토지의 지하 또는 지상의 공간을 상하의 범위를 정하여 이용할 수 있게 하는 지상권(구분지상권)도 인정하고 있다(289조의 2. B-257·258 참조).

(2) 건물 기타 공작물이나 수목을 소유하기 위한 권리

지상권은 건물·도로·다리·광고탑 등의 지상공작물이나 지하철·터널 등의 지하공작물, 그리고 수목을 소유하기 위한 권리이다. 수목의 종류에는 제한이 없으며, 경작의 대상이 되는 모든 식물(벼·보리·과수 등)도 포함된다(통설도 같음).

(3) 타인의 토지를 사용하는 권리

유럽의 법제에서는 지상권은 지상물(특히 건물)을 소유할 수 있다는 데 중점이 두어져 있다. 그러나 우리 법에서는 건물이 토지와는 별개의 부동산이고 수목의 집단도 독립한 물권의 객체로 다루어질 수 있으므로, **지상권은 토지의 사용권이라는 데 중점이 두어져 있다**. 그 결과 지상권은 현재 공작물이나 수목이 없더라도 성립할 수 있고, 또 이미 존재하고 있는 공작물이나 수목이 멸실하더라도 존속할 수 있다(대판 1996. 3. 22, 95다49318). 그리고 지상권은 토지를 점유할 수 있는 권리를 포함하며, 거기에는 상린관계에 관한 규정이 준용된다(290조).

(4) 물 권

지상권은 토지소유자에 대하여 일정한 행위를 청구할 수 있는 권리가 아니고 그 객체인 토지를 직접 지배할 수 있는 물권이다. 그리하여 그 권리는 당연히 양도성과 상속성을 가진다(대판 1991. 11. 8, 90다15716은 지상권은 소유자의 의사에 반하여서도 자유롭게 양도할 수 있다고 한다).

(5) 지료 여부

토지사용의 대가인 **지료의 지급은 지상권의 요소가 아니다.**

2. 지상권의 사회적 작용 B-247

타인의 토지에서 공작물이나 수목을 소유하기 위하여 그 토지를 사용하는 방법으로는 지상권과 임대차의 두 가지가 있다. 그런데 이 둘 가운데 임대차가 널리 이용되고 지상권은 거의 이용되지 않는다. 그 이유는 지상권은 물권이어서 채권인 임차권보다 그 효력이 강하고, 따라서 토지소유자가 지상권의 설정을 꺼리기 때문이다. 이러한 현상은 앞으로도 계속될 것이다(구분지상권은 앞으로 많이 이용될 것으로 생각된다). 다만, 현재에도 저당권자나 가등기담보권자가 목적토지의 담보가치를 유지할 목적으로 토지소유자나 기타의 자에 의한 건축을 제한하기 위하여 지상권을 설정하는 경우가 종종 있기는 하다(대판 2011. 4. 14, 2011다6342 등도 참조). 그러나 이는 변칙적인 이용에 해당한다.

판 례 토지 가치를 유지하기 위한 지상권의 운명

(ㄱ) 토지를 매수하여 그 명의로 소유권이전청구권 보전을 위한 가등기를 경료하고 그 토지상에 타인이 건물 등을 축조하여 점유 사용하는 것을 방지하기 위하여 지상권을 설정하였다면 이는 위 가등기에 기한 본등기가 이루어질 경우 그 부동산의 실질적인 이용가치를 유지 확보할 목적으로 전 소유자에 의한 이용을 제한하기 위한 것이라고 봄이 상당하다고 할 것이고 그 가등기에 기한 본등기청구권이 시효의 완성으로 소멸하였다면 그 가등기와

함께 경료된 위 지상권 또한 그 목적을 잃어 소멸되었다고 봄이 상당하다(대판 1991. 3. 12, 90다카27570).

(ㄴ) 「근저당권 등 담보권 설정의 당사자들이 그 목적이 된 토지 위에 차후 용익권이 설정되거나 건물 또는 공작물이 축조·설치되는 등으로써 그 목적물의 담보가치가 저감하는 것을 막는 것을 주요한 목적으로 하여 채권자 앞으로 아울러 지상권을 설정하였다면, 그 피담보채권이 변제 등으로 만족을 얻어 소멸한 경우는 물론이고 시효소멸한 경우에도 그 지상권은 피담보채권에 부종하여 소멸한다.」(대판 2011. 4. 14, 2011다6342)

B-248 Ⅱ. 지상권의 취득

1. 법률행위에 의한 취득

법률행위에 의하여 지상권을 취득하는 경우로는 지상권을 새로이 설정받는 경우와 이미 성립한 지상권을 양수하는 경우가 있다. 그리고 전자의 예로는 지상권설정계약 또는 유언에 의한 지상권설정을 들 수 있으며, 지상권설정계약에 의한 지상권설정이 보통의 것이다. 법률행위에 의한 지상권취득은 모두 법률행위에 의한 물권변동에 해당하므로 거기에는 제186조가 적용되고, 따라서 등기를 하여야 한다.

[참고] 지상권설정계약의 성질

지상권설정계약의 성질에 관하여 학설은 i) 물권계약이라는 견해, ii) 지상권설정에 관한 채권·채무를 발생케 하는 채권계약으로서 그 속에는 물권적 합의도 포함되어 있는 것이 보통이라는 견해(사견도 같음), iii) 채권계약이라는 견해로 나뉘어 있다.

B-249 2. 법률행위에 의하지 않는 취득

(1) 제187조의 적용

지상권은 상속·공용징수·판결·경매·기타 법률의 규정에 의하여 취득될 수 있으며, 이때에는 등기를 요하지 않는다(187조). 그 밖에 점유 취득시효에 의하여 지상권이 취득될 수도 있는데, 통설은 그 경우에는 지상권의 등기까지 있어야 한다고 한다.

(2) 법정지상권

법률이 명문규정으로 지상권이 당연히 성립하는 것으로 규정하는 경우가 있다. 이는 우리 법상 건물이 토지와는 별개의 부동산으로 다루어지는 데서 연유한 것이다.

건물은 그것이 서 있는 토지의 이용이 없이는 존립할 수 없다. 즉 건물은 토지이용권을 전제로 하는 것이다. 이 토지이용권은 건물과 토지가 동일인에게 귀속하고 있는 경우에는 문제삼을 필요가 없다. 또한 당사자의 의사에 의하여 건물이나 토지가 양도되는 경우에도 당사자가 스스로 토지이용권을 설정할 것이므로 문제가 없다. 그러나 경매 등과 같이 당사자의 의사에 기하지 않고 토지와 건물의 소유자가 다르게 된 때에는 건물을 위한 토지이용권을 설정할 기회가 없어서 문제이다. 이때 토지이용권을 인정하지 않게 되면 건물소유자는 타인의 토지를 불법으로 사용하는 것이 되고, 따라서 건물이 철거될 수밖에 없다. 이러한 결함을 시정하기 위한 제도가 법정지상권이다. 즉 건물을 위한 토지이용권을 설정할 기회가 없었던 경우에 법률상 당연히 토지이용권을 인정하여 줌으로써 건물을 유지·사용할 수 있게 하는 것이 법정지상권이다.

현행법상 법정지상권이 성립하는 경우로는 민법이 규정하고 있는 두 가지와 특별법이 규정하고 있는 두 가지가 있다(그리고 이들은 어느 경우든 법률규정에 의한 지상권의 취득이므로 등기를 요하지 않는다). 구체적으로는 ① 토지와 그 지상건물이 동일한 소유자에게 속하는 경우에 건물에 대하여만 전세권을 설정한 후 토지소유자가 변경된 때(305조 1항), ② 토지와 그 지상건물이 동일인에게 귀속하는 경우에 토지와 건물 중 어느 하나 또는 둘 모두에 저당권이 설정된 후, 저당권의 실행으로 경매됨으로써 토지와 건물의 소유자가 다르게 된 때(366조), ③ 토지와 그 위의 건물이 동일한 소유자에게 속하는 경우에 그 토지나 건물에 대하여만 가등기담보권·양도담보권 또는 매도담보권이 설정된 후, 이들 담보권의 실행으로 토지와 건물의 소유자가 다르게 된 때(가등기담보법 10조), ④ 토지와 입목(立木)이 동일인에게 속하는 경우에 경매나 그 밖의 사유로 토지와 입목이 다른 소유자에게 속하게 된 때(입목법 6조 1항)에 그렇다.

(3) **관습법상의 법정지상권**

그 밖에 우리 판례는 일정한 경우에 관습법에 의하여 분묘기지권과 관습법상의 법정지상권이 성립한다고 한다. 그에 관하여는 뒤에 자세히 살펴보기로 한다(B-259 이하 참조).

Ⅲ. 지상권의 존속기간 B-250

1. 설정행위로 기간을 정하는 경우

지상권의 존속기간은 당사자가 설정행위에 의하여 자유롭게 정할 수 있다. 다만, 최단기간에 관하여는 제한이 있다.

(1) **최단기간**

1) 당사자가 지상권의 존속기간을 정하는 경우에는 그 기간은 다음의 연한보다 단축하지 못한다(280조 1항). 이 규정은 계약에 의한 경우만을 규정하나, 단독행위에 의한 경우도 마찬가지라고 하여야 한다.

(가) 석조·석회조·연와조(煉瓦造: 벽돌로 지은 것) 또는 이와 유사한 견고한 건물(무허가 또는 미등기의 건물을 포함한다. 대판 1988. 4. 12, 87다카2404)이나 수목의 소유를 목적으로 하는 때에는 30년. 판례에 의하면, 이 조항은 지상권

자가 건물을 건축하거나 수목을 식재하여 토지를 이용할 목적으로 지상권을 설정한 경우에만 적용되고, 지상권설정자의 건물을 사용할 목적으로 설정한 경우에는 적용되지 않는다(대판 1996. 3. 22, 95다49318). 그리고 견고한 건물인지 여부는 그 건물이 갖고 있는 물리적·화학적 외력 또는 화재에 대한 저항력 및 건물해체의 난이도 등을 종합하여 판단할 것이라고 한다(대판 2003. 10. 10, 2003다33165(기둥이 목재이지만 벽체가 벽돌·시멘트블록으로 되어 있고 지붕은 슬레이트인 경우 견고한 건물로 인정한 사례) 등).

(나) 그 밖의 건물의 소유를 목적으로 하는 때에는 15년.

(다) 건물 이외의 공작물의 소유를 목적으로 하는 때에는 5년.

2) 당사자가 존속기간을 위와 같은 기간보다 짧게 정한 때에는 존속기간은 위의 기간까지 연장된다(280조 2항).

(2) 최장기간

민법은 최장기간에 관하여는 규정을 두고 있지 않다. 따라서 당사자는 존속기간을 장기로 정할 수 있다. 문제는 존속기간을 영구무한으로 정할 수 있는가이다. 여기에 관하여 학설이 나뉘는데, 다수설(사견도 같음)은 부정설이다. 그리고 판례는 긍정하는 입장이다(대판 2001. 5. 29, 99다66410).

B-251 2. 설정행위로 기간을 정하지 않은 경우

설정행위로 존속기간을 정하지 않은 때에는(계약·단독행위의 경우 포함), 지상물의 종류와 구조에 따라서 제280조가 정하는 최단존속기간이 그 존속기간으로 된다(281조 1항). 다만, 지상권설정 당시에 공작물의 종류와 구조를 정하지 않은 때에는 존속기간은 15년이다(281조 2항). 그런데 이 예외의 경우에 수목은 포함되어 있지 않으므로, 수목의 소유를 목적으로 하는 지상권의 존속기간은 언제나 30년으로 된다.

3. 계약의 갱신과 존속기간

(1) 갱신계약

지상권의 존속기간이 만료된 경우에 당사자는 계약(갱신계약)에 의하여 이전의 계약을 갱신할 수 있다(계약 자유).

(2) 지상권자의 갱신청구권

당사자가 갱신계약을 체결하지 않은 경우에 지상권자는 일정한 요건 하에 계약의 갱신을 청구할 수 있다(283조).

이 권리는 지상권이 존속기간의 만료로 소멸한 경우에 건물 기타 공작물이나 수목이 현존하고 있는 때에 인정된다. 제283조 제 1 항은 단순히 「지상권이 소멸한 경우」라고 규정하고 있으나, 존속기간의 만료로 소멸한 경우라고 하여야 한다(이설이 없으며, 판례도 같음. 대판 1993. 6. 29, 93다10781(지상권자의 지료연체를 이유로 토지소유자가 그 지상권소멸청구를 하여 이에 터잡아 지상권이 소멸된 경우에는 매수청구권이 인정되지 않는다) 등). 이 갱신청구권은 지상권이 소멸한 때, 즉 존속기간이 만료한 때에 발생하며, 발생 후 지체없이 행사하여야 한다(동지 대판 2023. 4. 27, 2022다306642).

지상권자의 갱신청구권은 형성권이 아니고 청구권이다. 따라서 갱신청구에 의하여 갱신의 효과가 생기지는 않으며, 지상권설정자가 그에 응하여 갱신계약을 체결하여야 갱신의 효과가 생긴다. 그리고 제283조 제 2 항의 규정에 비추어볼 때 지상권설정자는 갱신청구를 거절할 수 있다. 그 경우에는 지상권자는 상당한 가액으로 공작물이나 수목의 매수를 청구할 수 있다(283조 2항). 그런데 지상권 갱신청구권의 행사는 지상권의 존속기간 만료 후 지체없이 하여야 하므로, 지상권의 존속기간 만료 후 지체없이 행사하지 않아 지상권 갱신청구권이 소멸한 경우에는 지상권자의 적법한 갱신청구권의 행사와 지상권설정자의 갱신 거절을 요건으로 하는 지상물 매수청구권은 발생하지 않는다(대판 2023. 4. 27, 2022다306642). 한편 이 매수청구권은 형성권이므로 지상권자가 이를 행사하면 매매계약이 성립하는데, 그때 매매가격의 산출은 매매계약 관계가 성립한 당시의 시가에 의한다(대판 1967. 12. 18, 67다2355).

존속기간이 만료되면 지상권은 소멸하나, 그 후 갱신청구에 의하여 갱신되거나 매수청구권의 행사에 의하여 매매가 성립할 때까지는 지상권자가 계속 토지를 사용할 수 있다고 하여야 한다(이설 없음).

(3) 계약갱신의 경우의 존속기간

당사자가 계약을 갱신하는 경우의 지상권의 존속기간은 제280조의 최단존속기간보다 짧게 정하지는 못하나, 그보다 장기의 기간을 정하는 것은 무방하다(284조).

4. 강행규정

지상권의 존속기간 및 그 갱신에 관한 제280조 내지 제284조는 모두 강행규정이며, 그에 위반되는 약정으로 지상권자에게 불리한 것은 효력이 없다(편면적 강행규정. 289조).

Ⅳ. 지상권의 효력 B-252

1. 지상권자의 토지사용권

(1) 토지사용권의 내용

지상권자는 설정행위에서 정한 목적(이는 등기하여야 한다. 부등법 69조 1호)으로 토지를 사용할 권리가 있다. 그 반면에 지상권설정자(토지소유자)는 토지를 스스로 사용할 수 없을 뿐만 아니라(구분지상권의 경우에는 범위 외에서는 사용할 수 있다), 지상권자의 사용을 방해하지 않아야 할 의무(인용의무)가 있다. 그러나 특약이 없는 한 토지를 사용·수익에 적합한 상태에 두어야 할 적극적인 의무는 없다(임대인의 의무에 관한 623조 참조).

(2) 상린관계에 관한 규정의 준용

지상권은 토지를 이용하는 권리이므로 상린관계에 관한 규정은 지상권과 인접토지의 이용권(소유권·지상권·전세권·임차권) 사이에 준용된다(290조).

(3) 지상권자의 점유권과 물권적 청구권

지상권은 토지를 점유할 권리를 포함한다. 그리고 점유하고 있는 지상권자의 점유가 침해당하거나 침해당할 염려가 있는 때에는 지상권자는 점유보호청구권(점유물반환청구권·점유물방해제거청구권·점유물방해예방청구권)을 행사할 수 있다(204조-206조). 또한 지상권의 내용의 실현이 방해된 때에는 물권적 청구권(반환청구권·방해제거청구권·방해예방청구권)이 생긴다(290조·213조·214조).

판 례 담보가치 확보를 위한 지상권 관련

(ㄱ) 「토지에 관하여 저당권을 취득함과 아울러 그 저당권의 담보가치를 확보하기 위하여 지상권을 취득하는 경우, … 제3자가 비록 토지소유자로부터 신축 중인 지상 건물에 관한 건축주 명의를 변경받았다 하더라도, 그 지상권자에게 대항할 수 있는 권원이 없는 한 지상권자로서는 제3자에 대하여 목적토지 위에 건물을 축조하는 것을 중지하도록 구할 수 있다.」(토지 위에 건물을 신축 중인 토지소유자가 토지에 관한 근저당권 및 지상권설정등기를 한 후 제3자에게 위 건물에 대한 건축주 명의를 변경하여 준 경우, 지상권자가 제3자에 대하여 목적토지 위에 건물을 축조하는 것을 중지하도록 요구할 수 있다고 한 사례)(대결 2004. 3. 29, 2003마1753)

(ㄴ) 금융기관이 대출금 채권의 담보를 위하여 토지에 저당권과 함께 지료 없는 지상권을 설정하면서 채무자 등의 사용·수익권을 배제하지 않은 경우, 위 지상권은 근저당 목적물의 담보가치를 확보하는 데 목적이 있으므로, 그 위에 도로개설·옹벽축조 등의 행위를 한 무단점유자에 대하여 지상권 자체의 침해를 이유로 한 임료 상당 손해배상을 구할 수 없다고 한 사례(대판 2008. 1. 17, 2006다586. 담보가치 감소로 인한 손해배상은 인정함).

B-253 2. 지상권의 처분

(1) 지상권의 양도 등

지상권자는 지상권을 타인에게 양도하거나(지상물을 제외하고 지상권만을 양도할 수도 있다. 대판 2006. 6. 15, 2006다6126·6133) 그 권리의 존속기간 내에서 그 토지를 임대할 수 있다(282조). 이 규정도 편면적 강행규정이다(289조). 따라서 지상권 양도금지의 특약은 무효이다.

(2) 지상권 위에 저당권 설정

지상권자는 지상권 위에 저당권을 설정할 수 있다(371조 1항).

(3) 지상물의 양도

지상권자가 지상물의 소유자인 경우에는 그는 지상물을 타인에게 양도할 수 있다. 그

때 지상권도 당연히 이전되는지 문제된다. 여기에 관하여는 학설이 나뉘는데, 부정설이 다수설(사견도 같음)이다. 판례는 지상권을 유보한 채 지상물 소유권만을 양도할 수 있다고 하므로(대판 2006. 6. 15, 2006다6126 · 6133) 원칙적으로 긍정하는 것으로 보인다.

판 례 지상권과 지상물의 분리 양도

「지상권자는 지상권을 유보한 채 지상물 소유권만을 양도할 수도 있고 지상물 소유권을 유보한 채 지상권만을 양도할 수도 있는 것이어서 지상권자와 그 지상물의 소유권자가 반드시 일치하여야 하는 것은 아니며, 또한 지상권설정시에 그 지상권이 미치는 토지의 범위와 그 설정 당시 매매되는 지상물의 범위를 다르게 하는 것도 가능하다고 할 것이다.」(임야 지상의 수목 중 일부만을 타인에게 양도하면서 그 토지 전부에 지상권설정 등기를 해 준 경우에 매도되지 않은 수목은 지상권자가 아니고 설정자의 소유라고 한 사례)(대판 2006. 6. 15, 2006다6126 · 6133)

3. 지료지급의무 B-254

(1) 서 설

지료의 지급은 지상권의 요소가 아니다. 그러나 당사자가 지료의 지급을 약정한 경우에는 지료지급의무가 발생한다. 당사자 사이에 지료에 관한 약정이 없으면 무상의 지상권을 설정한 것으로 인정된다(대판 1999. 9. 3, 99다24874).

지료액 및 그 지급시기에 관한 약정은 등기하여야 제 3 자(예: 그 뒤에 토지소유권 또는 지상권을 양수한 사람)에게 대항할 수 있다(부등법 69조 4호)(대판 2024. 11. 14, 2024다268997). 그리고 지상권자가 종전 소유자와 지료를 늘리지 않는다는 특약을 맺은 경우 이를 가지고 새로운 소유자에게 대항하기 위해서는 그 등기를 하고 있어야 한다(대판 2024. 11. 14, 2024다268997).

(2) 지상권 또는 토지소유권의 이전과 지료

지상권의 이전이 있으면 장래의 지료채무도 따라서 이전하나, 지료의 등기가 없으면 토지소유자는 신 지상권자에게 지료채권을 가지고 대항하지 못한다. 그리고 등기가 없으면 구 지상권자의 지료연체 사실을 가지고 신 지상권자에게 대항하지 못한다(대판 1996. 4. 26, 95다52864).

토지소유권의 이전등기가 있으면 지료의 등기가 없더라도 신 소유자는 구 소유자가 지상권자에 대하여 청구하던 지료를 청구할 수 있다. 이는 제 3 자에 대한 대항문제가 아니기 때문이다. 그러나 지상권자는 등기가 없는 한 그가 구 소유자와 체결한 지료인상 금지 특약을 신 소유자에게 주장할 수 없다(이는 제 3 자에의 대항문제이다).

(3) 지료증감청구권

지료가 토지에 관한 조세 기타 부담의 증감이나 지가의 변동으로 인하여 상당하지 않게 된 때에는 당사자는 그 증감을 청구할 수 있다(286조).

지료증감청구권은 형성권이다. 따라서 당사자 일방의 증액 또는 감액의 청구가 있으면, 지료는 곧바로 증액 또는 감액된다. 다만, 상대방이 이를 다투는 경우에는, 법원이 결정하게 되고, 법원이 결정한 지료는 증감청구를 한 때에 소급하여 효력이 생긴다. 이 경우 지료가 결정될 때까지 종래의 지료액(설정자의 증액청구시) 또는 감액청구한 만큼의 지료액(지상권자의 감액청구시)만을 지급하더라도 지료의 체납이 되지 않는다고 하여야 한다(통설도 같음).

(4) 지료체납의 효과

지상권자가 2년 이상의 지료를 지급하지 않은 때에는 지상권설정자는 지상권의 소멸을 청구할 수 있는데(287조), 그에 관하여는 아래에서 자세히 설명한다.

(5) 강행규정

제286조·제287조도 편면적 강행규정이다(289조).

B-255 **V. 지상권의 소멸**

1. 지상권의 소멸사유

(1) 일반적 소멸사유

지상권은 토지의 멸실·존속기간의 만료·혼동·소멸시효·지상권에 우선하는 저당권의 실행·토지수용 등에 의하여 소멸한다. 그러나 다음과 같은 소멸원인도 있다.

(2) 지상권설정자의 소멸청구

지상권자가 2년 이상의 지료를 지급하지 않은 때에는 지상권설정자는 지상권의 소멸을 청구할 수 있다(287조). 이 소멸청구권은 통산하여 2년분의 지료를 체납하면 인정되며, 반드시 연속된 2년간 지료를 체납하였어야 하는 것은 아니다. 지료의 체납이 토지소유권 양도의 전후에 걸쳐 이루어진 경우에는 특정한 소유자에 대하여 2년분 이상의 지료를 체납한 때에만 소멸청구권을 행사할 수 있다(대판 2001. 3. 13, 99다17142). 지상권자가 2년 이상의 지료를 지급하지 않았으나 지상권설정자가 지상권의 소멸을 청구하지 않고 있는 동안에 지상권자로부터 연체된 지료의 일부를 지급받고 그것을 이의 없이 수령하여 연체된 지료가 2년 미만으로 된 경우에는 지상권설정자는 종전에 지상권자가 2년분의 지료를 연체하였다는 사유를 들어 지상권자에게 지상권의 소멸을 청구할 수 없으며, 이러한 법리는 토지소유자와 법정지상권자 사이에서도 마찬가지이다(대판 2014. 8. 28, 2012다102384). 이 지료체납은 지상권자에게 책임 있는 사유에 의한 것이어야 한다. 소멸청구권의 성질에 관하여는 i) 형성권설(판례도 같음. 대판 1993. 6. 29, 93다10781)과 ii) 채권적 청구권설이 대립되나, ii)설이 타당하다(B-74 참조). 그 결과 소멸청구권을 행사하여 말소등기까지 하여야 지상권이 소멸하게 된다. 소멸청구권에 관한 제287조는 편면적 강행규정이다(289조).

지상권이 저당권의 목적인 때 또는 그 토지에 있는 건물·수목이 저당권의 목적이 된 때에는 지료연체를 이유로 하는 지상권소멸청구는 저당권자에게 통지한 후 상당한 기간이 경과함으로써 효력이 생긴다(288조). 여기서 「효력이 생긴다」고 하나, 등기까지 있어야 소멸한다고 새겨야 한다(통설도 같음).

(3) 지상권의 포기

무상의 지상권은 지상권자가 자유롭게 포기할 수 있다. 그러나 유상의 지상권의 경우에는, 포기에 의하여 토지소유자에게 손해가 생길 때에는 손해를 배상하여야 하며(153조 2항), 지상권이 저당권의 목적인 때에는 저당권자의 동의 없이 포기하지 못한다(371조 2항). 지상권을 포기할 수 있는 때에 지상권 소멸의 효과는 말소등기까지 있어야 발생한다(186조)(B-75 참조).

(4) 약정소멸사유

당사자는 지상권의 소멸사유를 약정할 수 있으나, 편면적 강행규정에 의한 제한이 있다.

2. 지상권 소멸의 효과 B-256

지상권이 소멸하면 지상권자는 토지를 반환하여야 한다. 그 밖의 법률관계로 다음의 것이 있다.

(1) 지상물수거권

지상권이 소멸한 때에는 지상권자는 건물 기타 공작물이나 수목을 수거하여 토지를 원상에 회복하여야 한다(285조 1항). 지상물의 수거와 원상회복은 지상권자의 권리인 동시에 의무이다. 이 수거권과 다음의 지상물의 매수청구권은 지상물이 독립성을 갖는 경우에 문제되고, 독립성이 없는 때에는 비용상환청구권만이 문제된다(B-220 참조).

(2) 지상물매수청구권

지상권이 소멸한 때에는 지상권설정자는 상당한 가액을 제공하여 공작물이나 수목의 매수를 청구할 수 있으며, 그 경우에 지상권자는 정당한 이유 없이 이를 거절하지 못한다(285조 2항). 여기서 「상당한 가액」이라 함은 매수청구권 행사 당시의 시가 상당액을 가리킨다.

이 매수청구권은 지상권이 소멸한 모든 경우에 인정되며, 그 성질은 형성권이다(통설도 같음).

일정한 경우에는 지상권자도 지상물매수청구권을 갖는다는 점은 앞에서 설명하였다(283조 2항. B-251 참조).

⑶ 유익비상환청구권

민법은 임대차에서와 달리 지상권의 경우에는 비용상환청구권을 규정하지 않고 있다(626조 참조). 그럼에도 불구하고 통설은 임차인의 유익비상환청구권 규정을 유추적용하여 지상권자에게도 유익비상환청구권을 인정한다. 그에 따르면 지상권자가 유익비를 지출한 경우에는, 지상권이 소멸하는 때에 토지소유자는 지출한 금액 또는 가치증가액을 상환하여야 한다(626조 2항 참조).

⑷ 강행규정

지상물수거권·지상물매수청구권에 관한 제285조도 편면적 강행규정이다(289조).

B-257 Ⅵ. 특수지상권

1. 구분지상권

⑴ 의의 및 작용

구분지상권은 건물 기타 공작물을 소유하기 위하여 타인의 토지의 지상 또는 지하의 공간을 상하의 범위를 정하여 사용하는 물권이다(289조의 2 1항 1문). 구분지상권은 지상권의 일종으로서 물권이라는 점에서 보통의 지상권과 같으나, 여러 가지 점에서 차이가 있다. 우선 보통의 지상권은 토지의 상하 전부를 객체로 하는 데 비하여, 구분지상권은 지상 또는 지하의 일정한 범위(「층」이라 함)를 객체로 한다. 그 결과 보통의 지상권이 설정되면 토지소유자는 토지를 전혀 이용할 수 없으나, 구분지상권의 경우에는 그 객체인 일정범위를 제외하고는 이용할 수 있다. 그리고 구분지상권은 보통의 지상권과 달리 공작물을 소유하기 위하여서만 설정할 수 있고, 수목의 소유를 위하여서는 설정할 수 없다.

⑵ 설 정

구분지상권도 지상권과 마찬가지로 원칙적으로 구분지상권 설정의 합의와 등기에 의하여 성립한다(186조). 설정에 관하여 특기할 점은 다음과 같다.

1) 구분지상권의 객체는 어떤 층에 한정되므로 층의 한계 즉 상하의 범위를 정하여 등기하여야 한다. 상하의 범위는 평행하는 두 개의 수평면으로 구분하는 것이 보통이나(예: 지표의 상 10미터부터 상 30미터 사이의 공간), 그 구분이 가능한 한 수평면이 아니라도 무방하다. 그리고 1필의 토지의 일부의 층을 객체로 하는 구분지상권도 설정할 수 있다.

2) 구분지상권을 설정하려고 할 때, 제3자가 그 토지를 사용·수익할 권리를 가지고 있는 경우에는, 그 권리자 및 그 권리를 목적으로 하는 권리를 가진 자 전원의 승낙이 있어야만 설정할 수 있다(289조의 2 2항 1문). 여기서 「사용·수익할 권리」는 지상권·지역권·전세권·등기된 임차권과 같이 대항력 있는 권리를 가리킨다. 그리고 하나의 구분지상권이 설정되어 있

는 토지에 다른 구분지상권을 설정하려고 하는 경우에는 두 구분지상권의 객체인 층이 일부라도 중복되는 때에만 기존의 구분지상권자의 승낙이 필요하다. 제 3 자의 승낙이 필요한 경우에 승낙이 없는 때에는 설사 설정등기가 되어 있더라도 그 등기는 무효라고 하여야 한다.

(3) 효 력 B-258

지상권에 관한 규정은 제279조를 제외하고는 모두 구분지상권에 준용된다(290조 2항). 그 밖에 특기할 점은 다음과 같다.

1) 구분지상권자는 그 객체가 되는 범위에서 토지를 사용할 권리가 있고, 나머지 부분은 토지소유자가 사용권을 가진다. 그런데 설정행위로써 구분지상권의 행사를 위하여 토지소유자의 토지사용권을 제한할 수 있다(289조의 2 1항 2문). 그리고 이 제한은 등기하면 제 3 자에게도 대항할 수 있다(부등법 69조 5호 참조).

구분지상권이 목적토지에 대한 용익권을 가지는 제 3 자의 승낙을 얻어서 설정된 경우에는, 그 제 3 자는 구분지상권의 행사를 방해하여서는 안 된다(289조의 2 2항 2문).

2) 구분지상권자와 인접토지의 이용권자(토지소유자 · 지상권자 · 전세권자 · 임차권자 등) 사이에는 상린관계에 관한 규정이 준용된다(290조 2항).

2. 분묘기지권 B-259

(1) 의의 및 성질

분묘기지권은 타인의 토지에서 분묘를 소유하기 위하여 분묘기지 부분의 타인 토지를 사용할 수 있는 지상권 유사의 물권이다. 이는 관습법상의 물권으로서 의용민법 하에서부터 판례에 의하여 확인된 것이다.

분묘기지권은 지상권에 유사한 물권이다(판례 · 통설도 같음). 그리고 그것은 관습법상 당연히 성립되는 것이다.

판례를 중심으로 하여 분묘기지권의 성립요건과 효력을 살펴보기로 한다.

(2) 성립요건

1) 분묘의 존재 분묘기지권이 성립하려면 어떤 자가 분묘를 설치하여 그것이 존재하고 있어야 한다. 분묘란 그 내부에 사람의 유골·유해·유발 등 시신을 매장하여 사자를 안장한 장소를 말하며, 장래의 묘소로서 설치하는 것과 같이 내부에 시신이 안장되어 있지 않은 것은 분묘가 아니다(대판 1991. 10. 25, 91다18040 등). 그리고 분묘기지권이 성립하기 위하여서는 분묘가 봉분 등 외부에서 분묘의 존재를 인식할 수 있는 형태를 갖추고 있어야 하고, 평장되어 있거나 암장되어 있어 객관적으로 인식할 수 있는 외형을 갖추고 있지 않은 경우에는 분묘기지권이 인정되지 않는다(대판 1996. 6. 14, 96다14036 등).

B-260 **2) 다음의 세 경우 가운데 하나일 것**

(가) 소유자의 승낙을 얻어 그의 소유지 안에 분묘를 설치한 때(대판 2021. 9. 16, 2017다271834·271841 등).

(나) 타인 소유의 토지에 그 소유자의 승낙 없이 분묘를 설치한 후 20년간 평온·공연하게 분묘의 기지를 점유한 경우(대판 1996. 6. 14, 96다14036 등). 이는 취득시효에 의하여 분묘기지권을 취득하는 경우이다. 분묘기지권은 분묘를 소유하기 위한 권리이므로 이를 소유할 수 있는 자만이 그 권리를 시효취득할 수 있고, 분묘를 소유할 수 없는 자는 그 분묘를 오랫동안 관리하였다고 하여도 시효취득을 할 수 없다(대판 1959. 4. 30, 4291민상182). 조상의 분묘에 관한 소유권은 관습상 종손에 속하고 방계자손에 속하지 않는다(대판 1979. 10. 16, 78다2117 등). 그러나 분묘에 안치된 선조의 자손은 종손이 아니더라도 분묘의 기지를 사용할 수 있다(앞의 대판 1979. 10. 16). 그리고 이 취득시효의 경우에 점유자는 분묘의 기지에 대하여 지상권 유사의 물권만을 취득할 뿐 분묘기지의 소유권을 취득하는 것은 아니다(대판 1969. 1. 28, 68다1927·1928). 분묘기지의 점유는 타주점유라고 보아야 하기 때문이다.

이 둘째 유형의 분묘기지권이 현재에도 인정되는가? 2001. 1. 13.부터 시행된 「장사 등에 관한 법률」(장사법)은 분묘의 설치기간을 제한하고(현재는 30년. 동법 19조 1항) 토지소유자의 승낙 없이 설치된 분묘에 대하여 토지소유자가 이를 개장하는 경우에 분묘의 연고자는 당해 토지소유자에게 토지사용권을 주장할 수 없다는 내용의 규정을 두고 있다(동법 27조 3항). 그런데 장사법 부칙은 그 규정들은 장사법 시행(2001. 1. 13) 후 설치된 분묘에 관하여만 적용한다고 명시해오고 있다(현재는 2조 2항). 그러므로 둘째 유형의 분묘기지권은 장사법 시행일인 2001. 1. 13. 이전에 설치된 분묘에 관하여 현재까지 유지되고 있다고 보아야 한다(대판(전원) 2017. 1. 19, 2013다17292[핵심판례 162면]). 그에 반하여 2001. 1. 13. 이후에 설치된 분묘의 경우에는 장사법의 규정상 둘째 유형의 분묘기지권이 인정될 수 없다.

(다) 자기 소유의 토지에 분묘를 설치한 자가 그 분묘기지에 대한 소유권을 보류하거나 또는 분묘도 함께 이전한다는 특약을 함이 없이 토지를 매매 등으로 양도한 때(대판 1967. 10. 12, 67다1920). 이는 후술하는 관습법상의 법정지상권의 법리를 유추적용한 것이다.

3) 등기의 필요 여부 그 외에 등기는 필요하지 않다. 분묘기지권을 시효취득하는 때에도 같다(통설·판례도 같음. 대판 1996. 6. 14, 96다14036).

B-261 **(3) 효 력**

분묘기지권은 지상권에 유사한 물권으로서 권리자는 타인의 토지를 제한된 범위에서 사용할 수 있다. 그 결과 분묘기지의 토지소유자는 소유권의 행사가 제한된다(대판 2000. 9. 26, 99다14006). 그리고 분묘기지권은 상속될 수는 있으나 타인에게 양도할 수는 없다고 하여야 한다. 분묘기지권의 효력에 관한 그 밖의 주요사항은 다음과 같다.

1) 분묘기지권은 분묘의 소유자가 취득한다(대판 2000. 9. 26, 99다14006 등). 그리하여 대체로 분묘를 수

호·관리하는 종손에게 전속하게 될 것이나, 공동선조의 후손들로 구성된 종중이 선조분묘를 수호·관리하여 왔다면 분묘의 수호관리권 내지 분묘기지권은 종중에 귀속한다(대판 2007. 6. 28, 2005다44114).

2) 분묘기지권이 미치는 범위는 분묘를 수호하고 봉제사하는 목적을 달성하는 데 필요한 범위 내이다(대판 2001. 8. 21, 2001다28367 등). 따라서 분묘의 기지 자체(봉분의 기저부분)뿐만 아니라 분묘의 보호 및 제사에 필요한 범위 내에서 분묘의 기지 주위의 공지를 포함한 지역에까지 미치는 것이고(대판 1997. 5. 23, 95다29086·29093 등), 그 확실한 범위는 각 구체적인 경우에 개별적으로 정하여야 한다(대판 2007. 6. 14, 2006다84423 등). 한편 분묘기지권의 효력이 미치는 지역의 범위 내라고 할지라도 기존의 분묘 외에 새로운 분묘를 신설할 권능은 포함하지 않는 것이므로, 부부 일방의 기존의 분묘에 사망한 다른 일방을 단분이나 쌍분 형태로 합장하는 것도 허용되지 않는다(대판 2001. 8. 21, 2001다28367 등). 또한 원래의 분묘를 같은 임야 내에서 다른 곳으로 이장할 수도 없다(대판 2007. 6. 28, 2007다16885).

분묘기지권이 침해되는 경우에는 권리자는 침해의 배제를 청구할 수 있다(대판 1962. 4. 26, 4294민상1451).

B-262 3) 분묘기지의 사용대가인 지료를 지급하여야 하는지가 문제된다. 대법원은, 승낙에 의하여 성립하는 분묘기지권의 경우(㈎의 경우) 성립 당시 토지 소유자와 분묘의 수호·관리자가 지료 지급의무의 존부나 범위 등에 관하여 약정을 하였다면 그 약정의 효력은 분묘기지의 승계인에 대하여도 미친다고 하였다(대판 2021. 9. 16, 2017다271834·271841). 그리고 최근에 전원합의체 판결로, 장사법 시행일 이전에 타인의 토지에 분묘를 설치한 다음 20년간 평온·공연하게 그 분묘의 기지를 점유함으로써 분묘기지권을 시효로 취득하였더라도(㈏의 경우), 분묘기지권자는 토지소유자가 분묘기지에 관한 지료를 청구하면 그 청구한 날부터의 지료를 지급할 의무가 있다고 하였다(대판(전원) 2021. 4. 29, 2017다228007[핵심판례 164면])(이러한 다수의견에 대하여, 분묘기지권자는 토지소유자에게 분묘를 설치하여 토지를 점유하는 기간 동안 지료를 지급할 의무가 있다는 대법관 3인의 별개의견과 토지소유자에게 지료를 지급할 의무가 없다고 하는 대법관 2인의 반대의견이 있음). 그러면서 분묘기지권자가 지료를 지급할 필요가 없다는 취지의 기존 판례(대판 1995. 2. 28, 94다37912)를 변경하였다. 그런가 하면 대법원은, 자기 소유 토지에 분묘를 설치한 사람이 그 토지를 양도하면서 분묘를 이장하겠다는 특약을 하지 않음으로써 분묘기지권을 취득한 경우(㈐의 경우), 특별한 사정이 없는 한 분묘기지권자는 분묘기지권이 성립한 때부터 토지 소유자에게 그 분묘의 기지에 대한 토지사용의 대가로서 지료를 지급할 의무가 있다고 하였다(대판 2021. 9. 16, 2017다271834·271841 등).

한편 대법원은 ㈏의 경우 — 구체적으로는 분묘기지 사용계약을 체결하였으나 계약면적을 초과한 부분에 대하여 분묘기지권을 시효취득한 경우에 관하여 — 법률상 원인 없이 초과토지에 관한 관리비 상당의 이익을 얻고 있으므로 그 이익을 반환하여야 한다고 판단하였다(대판 2011. 11. 10, 2011다63017·63024)(관리비는 지료가 아니고, 소유자가 부담해야 할 비용임). 그리고 자기 소유의 토지 위에 분묘를 설치한 후 그 토지의 소유권이 경매 등에 의하여 타인에게 이전되면서 분묘기지권을 취득한 자가, 판결에 의하여 그 분묘기지권에 관한 지료의 액수가 정해졌음에도 그 판결확정 후 책임 있는 사유로 상당한 기간 동안 지료의 지급을 지체하여 지체된 지료가 판결확정 전후에 걸쳐 2년분 이상이 되는 경우에는 제287조를 유추적용하여 새로운 토지소유자는 그 분묘기지권자에 대하여 분묘기지권의 소멸을 청구할 수 있다고 보아야 하며, 분묘기지권자가 판결확정 후 지료지급 청구를 받았음에도 책임있는 사유로 상당한 기간 동안 지료의 지급을 지체한 경우에만 분묘기지권의 소멸을 청구할 수 있는 것은 아니라고 한다(대판 2015. 7. 23, 2015다206850).

4) **분묘기지권의 존속기간**은 당사자 사이에 약정이 있으면 그에 의할 것이나, 약정이 없는 때에는 민법 제281조·제280조에 의하여 5년이라고 할 것이 아니고 권리자가 분묘의 수호와 봉사를 계속하며 그 분묘가 존속하고 있는 동안은 그 권리가 존속한다고 해석하여야 한다(이설이 없으며, 판례도 같다. 대판 1994. 8. 26, 94다28970). 그리고 분묘가 멸실된 경우라도 유골이 존재하여 분묘의 원상회복이 가능하여 일시적인 멸실에 불과하다면 분묘기지권은 소멸하지 않고 존속하고 있다고 해야 한다(대판 2007. 6. 28, 2005다44114).

5) 판례에 의하면, **분묘기지권의 포기**는 권리자가 의무자에 대하여 포기의 의사표시를 하면 곧바로 소멸하며, 그 의사표시 외에 점유까지도 포기하여야 하는 것은 아니라고 한다(대판 1992. 6. 23, 92다14762).

6) 종중원이 종산에 대하여 분묘를 설치하는 행위는 단순한 사용·수익에 불과한 것이 아니고 관습에 의한 지상권 유사의 물권을 취득하게 되는 처분행위에 해당하므로, 총유체인 종중의 결의가 필요하다(대판 1967. 7. 18, 66다1600).

B-263

3. 관습법상의 법정지상권

(사 례) (신사례 [38]번 문제 중 일부)

A는 X토지(13.9m²인 대지) 중 1/27 지분을 가지고 있었으며, 그 토지 중 1.7m² 지상에 미등기건물인 점포를 신축하여 사용하고 있었다. A는 X토지의 지분 및 건물을 B에게, B는 C에게 매도하였고, 그에 따라 C는 X토지의 지분에 관하여 소유권이전등기를 마쳤으나, 점포는 미등기이어서 이전등기를 하지 못했다. 그렇지만 C는 점포도 점유하여 사용하고 있다. 그 뒤 C는 D에게 금전을 빌리면서 그 채권을 담보하기 위하여 X토지의 지분 위에 D 명의의 근저당권설정등기를 해 주었다. 그런데 C가 채무를 변제하지 않자 D가 그의 근저당권을 실행하였고, 그 경매에서 D가 X토지의 지분을 경락받고 그 대금은 모두 지급하였다. 그런데 아직 D 명의로 지분의 이전등기를 하지는 않았다.

이 경우에 X토지의 1/27 지분의 귀속권자는 점포 소유자에 대하여 점포철거 및 대지인도를 청구할 수 있는가? (사례의 해결: B-267)

(1) 의 의

관습법상의 법정지상권은 동일인에게 속하였던 토지 및 건물이 매매 기타의 원인으로 소유자를 달리하게 된 때에 그 건물을 철거한다는 특약이 없으면 건물소유자가 당연히 취득하게 되는 법정지상권이다. 앞에서 본 바와 같이(B-249 참조), 민법과 특별법은 법정지상권이 성립하는 네 가지 경우를 규정하고 있다. 그런데 판례는 그 외에도 위와 같은 일정한 경우에는 관습법상 법정지상권이 성립한다고 한다. 그리고 대법원은 최근에 전원합의체 판결로, 관습법상의 법정지상권에 관한 관습법은 현재에도 법적 규범으로서의 효력을 여전히 유지하고 있다고 하였다(대판(전원) 2022. 7. 21, 2017다236749. 이러한 다수의견에는 종래의 판례를 폐기해야 한다는 대법관 1인의 반대의견이 있음).

(2) 성립요건

1) 토지와 건물이 동일인의 소유에 속하고 있었을 것 토지와 그 지상건물이 동일인의 소유에 속하고 있었어야 한다. 그런데 토지와 그 지상건물이 처음부터 원시적으로 동일인의 소유에 속하였을 필요는 없고, **그 소유권이 유효하게 변동될 당시에** 동일인이 토지와 그 지상건물을 소유하였던 것으로 족하다(대판(전원) 2012. 10. 18, 2010다52140; 대판 2013. 4. 11, 2009다62059[핵심판례 166면]). 소유권이 변동될 당시에 토지와 건물이 각각 소유자를 달리하고 있었을 때에는 이 권리가 성립하지 않는다. 그리고 토지 또는 그 지상건물의 소유권이 강제경매로 인하여 그 절차상의 매수인에게 이전되는 경우에는 그 매수인이 소유권을 취득하는 매각대금의 완납 시가 아니라 강제경매 개시결정으로 압류의 효력이 발생하는 때를 기준으로 토지와 지상 건물이 동일인에게 속하였는지 여부에 따라 관습상 법정지상권의 성립 여부를 가려야 한다(대판(전원) 2012. 10. 18, 2010다52140; 대판 2013. 4. 11, 2009다62059[핵심판례 166면]). 또한 강제경매의 목적이 된 토지 또는 그 지상건물에 대하여 강제경매 개시결정 이전에 가압류가 되어 있다가 그 가압류가 강제경매 개시결정으로 인하여 본압류로 이행되어 경매절차가 진행된 경우에는 처음의 가압류의 효력이 발생한 때를 기준으로 토지와 그 지상건물이 동일인에 속하였는지 여부에 따라 관습상 법정지상권의 성립 여부를 판단하여야 한다(대판(전원) 2012. 10. 18, 2010다52140; 대판 2013. 4. 11, 2009다62059[핵심판례 166면]). 나아가 강제경매의 목적이 된 토지 또는 그 지상건물에 관하여 강제경매를 위한 압류나 그 압류에 선행한 가압류가 있기 이전에 저당권이 설정되어 있다가 그 후 강제경매로 인해 그 저당권이 소멸하는 경우에는, 그 저당권 설정 당시를 기준으로 토지와 그 지상 건물이 동일인에게 속하였는지 여부에 따라 관습상 법정지상권의 성립 여부를 판단하여야 할 것이다(대판 2013. 4. 11, 2009다62059[핵심판례 166면]). 그리고 대법원은, 원래 채권을 담보하기 위하여 나대지상에 가등기가 경료되었고, 그 뒤 대지소유자가 그 지상에 건물을 신축하였는데, 그 후 그 가등기에 기한 본등기가 경료되어 대지와 건물의 소유자가 달라진 경우에 특별한 사정이 없는 한 건물을 위한 관습상 법정지상권이 성립한다고 할 수 없으며(가담법의 시행 전 사건이어서 법정지상권이 아니고 관습법상의 법정지상권을 문제삼은 듯함: 저자 주), 이 사건에서 그러한 건물에 강제경매가 개시되어 압류등기가 경료되었고, 강제경매절차가 진

행 중에 그 이전에 각 대지에 관하여 설정된 채권담보를 위한 가등기에 기하여 그 본등기가 경료되었으므로 건물경락인은 각 대지에 관하여 건물을 위한 관습상 법정지상권을 취득하지 않는다고 하였다(대판 1994. 11. 22, 94다5458).

여기의 건물은 건물로서의 요건을 갖추고 있는 이상 무허가건물이거나 미등기건물이거나를 가리지 않는다(대판 1991. 8. 13, 91다16631 등). 그런데 가설건축물(컨테이너 등)은 특별한 사정이 없는 한 독립된 부동산으로서 건물의 요건을 갖추지 못하여 법정지상권이 성립하지 않는다고 보아야 한다(대판 2022. 2. 10, 2016다262635 · 262642. 366조에 의한 법정지상권에 관하여 동지 대판 2021. 10. 28, 2020다224821(B-362 참조)). 이는 동일인의 소유에 속하던 토지와 건물의 소유자가 달라지게 된 시점에는 해당 건물이 독립된 부동산으로서 건물의 요건을 갖추었으나 그 후 해당 건물이 철거되고 가설건축물 등 독립된 건물이라고 볼 수 없는 지상물이 건축된 경우에도 마찬가지이다(대판 2022. 2. 10, 2016다262635 · 262642).

판 례 미등기건물을 대지와 함께 매수한 경우의 법정지상권

「민법 제366조의 법정지상권은 저당권 설정 당시에 동일인의 소유에 속하는 토지와 건물이 저당권의 실행에 의한 경매로 인하여 각기 다른 사람의 소유에 속하게 된 경우에 건물의 소유를 위하여 인정되는 것이므로, 미등기 건물을 그 대지와 함께 매수한 사람이 그 대지에 관하여만 소유권이전등기를 넘겨받고 건물에 대하여는 그 등기를 이전받지 못하고 있다가, 대지에 대하여 저당권을 설정하고 그 저당권의 실행으로 대지가 경매되어 다른 사람의 소유로 된 경우에는, 그 저당권의 설정 당시에 이미 대지와 건물이 각각 다른 사람의 소유에 속하고 있었으므로 법정지상권이 성립될 여지가 없다.

또한, 관습상의 법정지상권은 동일인의 소유이던 토지와 그 지상건물이 매매 기타 원인으로 인하여 각각 소유자를 달리하게 되었으나 그 건물을 철거한다는 등의 특약이 없으면 건물 소유자로 하여금 토지를 계속 사용하게 하려는 것이 당사자의 의사라고 보아 인정되는 것이므로 토지의 점유·사용에 관하여 당사자 사이에 약정이 있는 것으로 볼 수 있거나 토지소유자가 건물의 처분권까지 함께 취득한 경우에는 관습상의 법정지상권을 인정할 까닭이 없다 할 것이어서, 미등기 건물을 그 대지와 함께 매도하였다면 비록 매수인에게 그 대지에 관하여만 소유권이전등기가 경료되고 건물에 관하여는 등기가 경료되지 아니하여 형식적으로 대지와 건물이 그 소유명의자를 달리하게 되었다 하더라도 매도인에게 관습상의 법정지상권을 인정할 이유가 없다.」(대판(전원) 2002. 6. 20, 2002다9660)

B-264 **2) 토지와 건물의 소유자가 다르게 되었을 것** 토지와 건물이 매매 기타의 원인으로 소유자가 다르게 되었어야 한다. 판례에 의하면, 그 원인으로는 매매(대판 1997. 1. 21, 96다40080(매수인의 의사에 의하여 건물만이 매도된 경우) 등)·증여(대판 1963. 5. 9, 63아11)·대물변제(대판 1992. 4. 10, 91다45356 · 45363)·공유지 분할(대판 1974. 2. 12, 73다353)·귀속재산처리법상의 불하처분(대판 1986. 9. 9, 84다카2275)·국세징수법에 의한 공매(대판 1967. 11. 28, 67다1831)·민사집행법상의 통상의 강

제경매(대판(전원) 2012. 10. 18, 2010다52140; 대판 2013. 4. 11, 2009다62059 등) 등이 있다. 그러나 건물이 철거될 것으로 예상하고 부지를 매도한 경우(대판 1974. 6. 11, 73다1766)·토지공유자 중의 1인이 공유토지 위에 건물을 소유하고 있다가 토지지분만을 전매한 경우(대판 1988. 9. 27, 87다카140)·환지처분의 경우(대판 2001. 5. 8, 2001다4101 등)에는 관습법상의 법정지상권이 성립하지 않는다. 그리고 대지와 그 지상의 건물이 매도되었으나 대지에 관하여만 소유권이전등기를 하여 건물의 소유명의가 매도인에게 남아 있는 경우에는, 대지와 건물의 점유사용 문제가 당사자 사이의 계약에 의하여 해결될 수 있으므로 이 법정지상권을 인정할 필요가 없다(대판 1993. 12. 28, 93다26687). 또한 미등기건물을 그 대지와 함께 매도하였다면 비록 매수인에게 그 대지에 관하여만 소유권이전등기가 되고 건물에 관하여는 등기가 되지 않아 형식적으로 대지와 건물이 그 소유 명의자를 달리하게 되었다 하더라도 매도인에게 관습상의 법정지상권을 인정할 이유가 없다(대판(전원) 2002. 6. 20, 2002다9660). 그런가 하면 토지와 그 지상 건물이 함께 양도되었다가 채권자취소권의 행사에 따라 그중 건물에 관하여만 양도가 취소되고 수익자와 전득자 명의의 소유권이전등기가 말소되었다고 하더라도, 그것은 관습상 법정지상권의 성립요건인 「동일인의 소유에 속하고 있던 토지와 그 지상 건물이 매매 등으로 인하여 소유자가 다르게 된 경우」에 해당한다고 할 수 없다(대판 2014. 12. 24, 2012다73158). 채권자취소권의 행사로 인한 사해행위의 취소와 일탈재산의 원상회복은 채권자와 수익자 또는 전득자에 대한 관계에 있어서만 그 효력이 발생할 뿐이고 채무자가 직접 권리를 취득하는 것이 아니기 때문이다(대판 2014. 12. 24, 2012다73158 등).

3) **건물철거특약이 없을 것** 당사자 사이에 건물을 철거한다는 특약이 없어야 한다 B-265
(대판 1999. 12. 10, 98다58467). 그래야만 토지를 계속 사용하게 하려는 묵시적 합의가 인정될 수 있기 때문이다. 한편 판례는 건물을 위하여 대지에 임대차계약을 체결한 경우에는 관습법상의 법정지상권을 포기한 것으로 본다(대판 1992. 10. 27, 92다3984 등). 그리고 대법원은, 갑이 건물을 제외한 채 그 대지와 부근의 토지들을 함께 을에게 매도하여 건물과 대지가 소유자를 달리하게 되었더라도 갑이 위 대지부분을 다시 매수하고 그 대신 을에게 위 토지와 인접한 다른 토지를 넘겨주기로 하는 특약을 맺었다면, 당사자 사이에 매수인으로 하여금 아무런 제한 없는 토지를 사용하게 하려는 의사가 있었다고 보아야 하므로, 위 특약이 매도인 측의 귀책사유로 이행불능된 이상 매도인은 위 건물을 위한 관습상의 법정지상권을 주장하지 못하고 건물을 철거하여 매수인에게 아무런 제한 없는 토지를 인도할 의무가 있다고 한 바 있다(대판 2008. 2. 15, 2005다41771).

판례 구건물 철거 합의의 효력

토지와 건물의 소유자가 토지만을 타인에게 증여한 후 구 건물을 철거하되 그 지상에 자신의 이름으로 건물을 다시 신축하기로 합의한 경우, 그 건물 철거의 합의는 건물소유자가 토지의 계속 사용을 그만두고자 하는 내용의 합의로 볼 수 없어 관습상의 법정지상권의 발생을 배제하는 효력이 인정되지 않는다고 한 사례(대판 1999. 12. 10, 98다58467).

판 례 관습법상의 법정지상권의 성립 여부 관련

(ㄱ) 성립을 긍정한 예

① 공유지상에 공유자의 1인 또는 수인 소유의 건물이 있을 경우 위 공유지의 분할로 그 대지와 지상건물이 소유자를 달리하게 될 때(대판 1974. 2. 12, 73다353).

② 대지소유자가 그 지상건물을 타인과 함께 공유하면서 그 단독소유의 대지만을 건물철거의 조건 없이 타에 매도한 경우에는 건물공유자들은 각기 건물을 위하여 대지 전부에 대하여 관습에 의한 법정지상권을 취득한다(대판 1977. 7. 26, 76다388).

③ 원고와 피고가 1필지의 대지를 구분소유적으로 공유하고 피고가 자기 몫의 대지 위에 건물을 신축하여 점유하던 중 위 대지의 피고지분만을 원고가 경락 취득한 경우(대판 1990. 6. 26, 89다카24094).

(ㄴ) 성립을 부정한 예

① 명의신탁된 토지상에 수탁자가 건물을 신축한 후 명의신탁이 해지되어 토지소유권이 신탁자에게 환원된 경우, 수탁자는 관습상의 법정지상권을 취득하지 못한다(대판 1986. 5. 27, 86다카62).

② 공유토지 위에 건물을 소유하고 있는 토지공유자 중 1인이 그 토지지분만을 전매한 경우(대판 1988. 9. 27, 87다카140). 토지공유자의 한 사람이 다른 공유자의 지분 과반수의 동의를 얻어 건물을 건축한 후 토지와 건물의 소유자가 달라진 경우(대판 2014. 9. 4, 2011다73038 · 73045 등). 토지 및 그 지상 건물 모두가 각 공유에 속한 경우 토지 및 건물공유자 중 1인이 그중 건물 지분만을 타에 증여하여 토지와 건물의 소유자가 달라진 경우(대판 2022. 8. 31, 2018다218601).

③ 구분소유적 공유관계에 있는 자가 자신의 특정 소유가 아닌 부분에 건물을 신축한 경우(대판 1994. 1. 28, 93다49871)

④ 미등기 건물을 대지와 함께 양수한 자가 대지에 관하여서만 소유권이전등기를 경료한 상태에서 대지의 경매로 소유자가 달라지게 된 경우(대판(전원) 2002. 6. 20, 2002다9660 등).

⑤ 원래 동일인에게의 소유권 귀속이 원인무효로 이루어졌다가 그 원인이 무효임이 밝혀져 그 등기가 말소됨으로써 건물과 토지의 소유자가 달라지게 된 경우(대판 1999. 3. 26, 98다64189).

B-266 **4) 등기 문제** 관습법상의 법정지상권은 관습법에 의하여 당연히 성립하는 것이므로 등기는 필요하지 않다(대판 1988. 9. 27, 87다카279 등). 따라서 건물소유자는 이 법정지상권을 취득할 당시의 토지소유자에 대하여뿐만 아니라 토지의 전득자에게도 등기 없이 이 권리를 주장할 수 있다(대판 1988. 9. 27, 87다카279 등).

그러나 이 법정지상권을 제3자에게 처분하려면 제187조 단서에 의하여 먼저 이에 관하여 등기하여야 한다(대판 1971. 1. 26, 70다2576 등). 따라서 법정지상권이 붙어 있는 건물을 양수한 자가 그 법정지상권을 취득하려면 먼저 양도인이 법정지상권에 관하여 등기하고 그 후에 그것의 이전등기를 하여야 한다(대판 1965. 7. 27, 65다864). 법정지상권의 이전등기가 없는 한 그 권리는 양도인에게 남아 있게 되고 건물양수인은 그 권리를 주장할 수 없다(대판 1995. 4. 11, 94다39925). 다만, 제 3 자가 경매에 의하여 이 법정지상권이 붙은 건물을 경락받은 경우에는 등기 없이도 취득할 수 있다(대판 1991. 6. 28, 90다16214). 그리고 이러한 법리는 압류·가압류나 체납처분압류 등 처분제한의 등기가 된 건물에 관하여 그에 저촉되는 소유권이전등기를 마친 사람이 건물의 소유자로서 관습법상의 법정지상권을 취득한 후 경매 또는 공매절차에서 건물이 매각되는 경우에도 마찬가지로 적용된다(대판 2014. 9. 4, 2011다13463). 이는 제187조에 의한 물권변동이기 때문이다.

한편 판례에 의하면, 법정지상권을 취득한 건물소유자가 법정지상권의 설정등기를 함이 없이 건물을 양도한 경우에는 특별한 사정이 없는 한 건물과 함께 지상권도 양도하기로 하는 채권적 계약이 있었다고 할 것이므로, 법정지상권자는 지상권설정등기를 한 후에 건물양수인에게 이의 양도등기절차를 이행하여 줄 의무가 있는 것이고, 따라서 건물양수인은 건물양도인을 순차대위하여 토지소유자에 대하여 건물소유자였던 최초의 법정지상권자에의 법정지상권 설정등기 절차이행을 청구할 수 있는 것이고, 아울러 종전의 건물소유자들에 대하여도 차례로 지상권이전등기 절차이행을 구할 수 있다고 한다(대판 1996. 3. 26, 95다45545·45552·45569 등). 그리고 법정지상권을 가진 건물소유자로부터 건물을 양수하면서 지상권까지 양도받기로 한 자에 대하여 대지소유자가 소유권에 기하여 건물철거 및 대지의 인도를 구하는 것은 지상권의 부담을 용인하고 그 설정등기절차를 이행할 의무 있는 자가 그 권리자를 상대로 한 청구라 할 것이어서 신의칙상 허용될 수 없다고 한다(대판 1996. 3. 26, 95다45545·45552·45569 등. 이는 366조의 법정지상권에 관한 판례를 관습법상의 법정지상권에도 인정한 것이다. 대판(전원) 1985. 4. 9, 84다카1131·1132[핵심판례 182면] 참조).

(3) 효 력 B-267

관습법상의 법정지상권의 내용에 관하여는 특별한 사정이 없는 한 지상권에 관한 규정이 유추적용된다(대판 1968. 8. 30, 68다1029). 주의할 점은 다음과 같다.

1) 이 법정지상권의 존속기간은 지상권의 존속기간을 정하지 않은 경우에 해당하여 제280조 제 1 항 각 호의 구분에 따라 30년·15년·5년으로 된다(대판 1963. 5. 9, 63아11).

2) 이 법정지상권자의 토지사용권은 건물의 유지 및 사용에 필요한 범위에 미친다(대판 1995. 7. 28, 95다9075·9082). 이 법정지상권이 성립한 후에 건물을 개축하거나 증축한 경우 또는 건물의 멸실·철거 후에 신축한 경우에도 이 법정지상권은 성립하나, 그 법정지상권의 범위는 구 건물을 기준으로 하여 그 유지 또는 사용을 위하여 일반적으로 필요한 범위 내의 대지 부분에 한정된다(대판 1997. 1. 21, 96다40080).

3) 이 법정지상권을 양수한 자는 그에 관하여 등기를 하지 않았다고 하더라도 건물양도인의 지상권 갱신청구권을 대위행사할 수 있다(대판 1995. 4. 11, 94다39925).

4) 지료에 관하여는 제366조가 유추적용되어야 한다(대판 1996. 2. 13, 95누11023)(자세한 내용은 B-369 참조).

사례의 해결

X토지의 1/27 지분의 귀속자는 D이고, 점포의 법률상 소유자는 A이다.

사례의 경우, 판례에 따르면, C에게 제366조의 법정지상권이 성립하지 않는다. 그리고 A나 B에게 관습법상의 법정지상권이 인정되지도 않는다. 이렇게 A·B·C 누구에게도 점포소유를 위한 대지이용권이 없으므로 D는 점포철거 및 대지인도의 청구를 할 수 있다(214조). 그 경우의 상대방은, 판례에 따르면, 점포를 사실상·법률상 처분할 수 있는 C이다. D는 자기의 지분에 기하여 단독으로 또는 다른 공유자 전원과 함께 그러한 청구를 할 수 있다. (사례: B-263)

제2절 지 역 권

B-268
Ⅰ. 서 설

1. 지역권의 의의 및 법적 성질

지역권(地役權)은 설정행위에서 정한 일정한 목적을 위하여 타인의 토지를 자기의 토지의 편익에 이용하는 물권이다(291조).

(1) 타인의 토지를 자기의 토지의 편익에 이용하는 권리

지역권은 두 토지의 존재를 전제로 하며, 그중 편익을 받는 토지를 요역지(要役地)라 하고, 편익을 주는 토지를 승역지(承役地)라 한다. 이들 토지는 반드시 인접하고 있을 필요는 없다.

편익을 받는 것은 토지만이다. 따라서 요역지에 거주하는 자의 개인적 이익(예: 동물학자의 곤충채집)을 위해서는 지역권을 설정할 수 없다(특정인을 위하여 편익을 제공하는 권리는 인역권(人役權)이다). 물론 구체적으로 편익을 받는 자는 요역지의 소유자이나, 요역지 소유자와의 대인관계에 머물지 않고 소유자가 변경되어도 현재의 소유자(지상권자·전세권자·임차인 포함)가 편익을 받는 관계에 있는 것이다. 이를 토지가 편익을 받는다고 표현한다.

편익의 종류에는 제한이 없으며, 통행(通行)·인수(引水)·전망을 위한 건축금지 등 여러 가지가 있다.

승역지 이용자는 그 승역지가 요역지의 편익에 제공되는 범위에서 의무를 부담한다. 그 의무의 내용은 지역권자의 적극적 행위를 인용하는 것일 수도 있고(예: 통행·인수지역권의 경우), 승역지의 일정한 이용을 하지 않는 것일 수도 있다(예: 전망지역권). 그러한 의무와 함께 승역지 이용자에게 적극적인 의무를 부담하게 할 수도 있다(통설도 같음).

지역권은 무상일 수도 있고 유상일 수도 있다.

(2) 요역지와 승역지 사이의 관계 B-269

지역권은 두 토지의 소유자 사이에서만 인정되는 권리가 아니다. 지역권이 설정된 후의 요역지의 지상권자·전세권자·임차인도 지역권을 행사할 수 있고, 승역지의 지상권자·전세권자·임차인도 지역권의 제한을 받는다. 그리고 지상권자 등도 그들의 권한 내에서 지역권을 설정하거나 설정받을 수 있다(통설도 같음).

요역지는 1필의 토지이어야 하나, 승역지는 1필의 토지의 일부이어도 무방하다(부등법 70조 5호, 부등규칙 127조 2항·126조 2항 참조).

(3) 요역지 위의 권리의 종된 권리

지역권은 요역지 소유권의 내용이 아니고 독립한 권리이다. 그러나 지역권은 요역지와 분리하여 양도하거나 다른 권리의 목적으로 하지 못한다(292조 2항). 그리고 요역지의 소유권이 이전되거나 다른 권리의 목적이 된 때(예: 요역지에 저당권·지상권이 설정된 때)에는 지역권도 그에 수반한다(수반성)(292조 1항 본문). 그런데 이러한 수반성은 설정행위로 배제할 수 있으며(292조 1항 단서), 그 배제약정을 등기하면 제 3 자에게도 대항할 수 있다(부등법 70조 4호 참조).

(4) 불가분성

토지공유자의 1인은 그의 지분에 관하여 그 토지를 위한 지역권 또는 그 토지가 부담한 지역권을 소멸하게 하지 못한다(293조 1항). 그리고 토지의 분할이나 그의 일부양도의 경우에는, 지역권은 요역지의 각 부분을 위하여 또는 승역지의 각 부분에 존속한다(293조 2항 본문). 다만, 지역권이 토지의 일부분만에 관한 것일 때에는 그 일부분에 관하여서만 존속한다(293조 2항 단서).

공유자의 1인이 지역권을 취득한 때에는 다른 공유자도 이를 취득한다(295조 1항). 그러므로 점유로 인한 지역권 취득시효의 중단은 지역권을 행사하는 모든 공유자에 대하여 하지 않으면 효력이 없다(295조 2항).

요역지가 수인의 공유로 되어 있는 경우에 그 1인에 의한 지역권 소멸시효의 중단 또는 정지는 다른 공유자를 위하여 효력이 있다(296조).

2. 지역권의 종류 B-270

(1) 작위지역권 · 부작위지역권

지역권의 내용이 지역권자가 일정한 행위를 할 수 있는 것이 작위(적극)지역권이고(예: 통행·인수지역권), 승역지 이용자가 일정한 이용을 하지 않을 의무를 부담하는 것이 부작위(소극)지역권이다(예: 전망지역권).

(2) 계속지역권 · 불계속지역권

지역권의 내용실현이 끊임없이 계속되는 것이 계속지역권이고(예: 일정한 통로를 개설한 통행지역권), 권리의 내용을 실현함에 있어서 그때 그때 권리자의 행위를 필요로 하는 것이 불계속지역권이다(예: 통로를 개설하지 않은 통행지역권).

(3) 표현지역권 · 불표현지역권

지역권의 내용의 실현이 외부에 표현되는 것이 표현지역권이고(예: 통행지역권), 그렇지 않은 것이 불표현지역권이다(예: 전망지역권).

3. 지역권의 사회적 작용

민법이 규정하는 지역권의 내용은 토지의 임대차계약에 의하여서도 실현될 수 있고, 또 상린관계 규정에 의하더라도 어느 정도는 달성될 수 있다. 그러나 임대차의 경우에는 임차인이 토지를 독점적으로 이용하여 임대인은 전혀 이용을 할 수 없을뿐더러 임차인은 차임의 부담이 커지게 된다. 그에 비하여 지역권의 경우에는 지역권과 양립하는 범위에서 지역권설정자가 승역지를 이용할 수 있게 된다. 한편 상린관계는 지역권과 같이 토지의 이용을 조절하는 제도이기는 하나, 그것은 법률상 당연히 발생하는 최소한의 조절이다(소유권의 내용임). 그에 비하여 지역권은 당사자의 계약에 의하여 상린관계에 의한 이용의 조절을 확대하는 기능을 가진다.

4. 지역권의 존속기간

(1) 지역권의 존속기간은 당사자가 약정할 수 있다. 그리고 그것은 등기하여야 제3자에 대항할 수 있다(부동법 70조는 이 약정에 관하여 규정하지 않고 있으나 등기할 수 있다고 할 것이다).

(2) 지역권의 존속기간에 관하여는 제한이 두어져 있지 않다. 여기서 존속기간을 영구무한으로 정할 수 있는지가 문제되는데, 통설은 지역권은 소유권을 제한하는 정도가 낮고 또 제한범위 내에서도 소유자의 이용을 완전히 빼앗지 않는다는 이유로 긍정한다.

B-271

Ⅱ. 지역권의 취득

(1) 취득사유

지역권은 설정계약과 등기에 의하여 취득되는 것이 보통이나, 유언에 의하여 취득될 수도 있다(이때에도 186조에 따라 등기하여야 한다). 그 밖에 요역지의 소유권 또는 사용권의 양도·상속 등이 있으면 지역권도 그에 수반되므로(292조 1항), 그때에도 지역권의 취득이 있게 된다(지역권은 요역지와 분리하여 양도하지는 못한다. 292조 2항 참조).

(2) 시효취득

지역권은 취득시효에 의하여 취득될 수도 있다. 그런데 민법은 지역권의 취득시효에 관하여 제248조 외에 제294조도 두고 있다. 지역권은 「계속되고 표현된 것에 한하여」 제245조를 준용한다고 규정한 이 제294조가 불필요한 중복인가에 관하여 학설은 대립하고 있다(사견은 의미가 있다는 입장임. 물권법 [159] 참조).

한편 지역권의 취득시효는 점유 취득시효·등기부 취득시효가 모두 가능하다.

판례는, 제294조에 의하여 지역권을 취득하려면, 「요역지의 소유자가」 승역지상에 「통로를 새로 설치하여」 승역지를 사용하는 상태가 제245조에 규정된 기간 동안 계속될 것을 요구한다(대판 2001. 4. 13, 2001다8493 등). 그리고 소유권의 취득시효에 관한 법리는 지역권의 취득시효에 관한 제294조에 의하여 제245조의 규정이 준용되는 통행지역권의 취득시효에 관하여도 마찬가지로 적용된다고 한다(대판 2015. 3. 20, 2012다17479). 또한 판례는, 통행지역권의 취득시효에 관한 여러 사정들과 아울러 주위토지통행권과의 유사성 등을 종합해 볼 때, 종전의 승역지 사용이 무상으로 이루어졌다는 등의 다른 특별한 사정이 없다면 통행지역권을 취득시효한 경우에도 주위토지통행권의 경우와 마찬가지로 요역지 소유자는 승역지에 대한 도로 설치 및 사용에 의하여 승역지 소유자가 입은 손해를 보상함이 타당하다고 한다(대판 2015. 3. 20, 2012다17479).

Ⅲ. 지역권의 효력 B-272

1. 지역권자의 권리

(1) 지역권자는 지역권의 내용에 따라서 승역지를 자기 토지의 편익에 이용할 수 있다. 그리고 지역권의 내용(요역지의 편익과 이용 방법 등)은 지역권이 설정행위에 의하여 성립하는 경우에는 설정행위에 의하여(대판 2025. 6. 12, 2024다288915), 시효취득한 경우에는 취득시효의 기초가 되는 점유에 의하여 결정된다.

(2) 지역권은 여러 개의 토지 사이의 이용을 조절하는 제도이므로, 그 내용은 그 권리의 목적을 달성하는 데 필요할 뿐만 아니라 승역지 이용자에게 부담이 가장 적은 범위에 한정되어야 한다. 민법은 이러한 취지의 표현으로 다음과 같은 규정을 두고 있다.

용수지역권의 경우에 용수승역지의 수량이 요역지 및 승역지의 수요에 부족한 때에는 그 수요 정도에 의하여 먼저 가용(家用)에 공급하고 그 뒤에 다른 용도에 공급하여야 한다(297조 1항 본문). 그러나 설정행위에서 이와 달리 약정할 수 있다(297조 1항 단서)(이 약정은 등기하여야 제 3 자에 대항할 수 있다. 부등법 70조 4호 참조).

승역지의 소유자는 지역권의 행사를 방해하지 않는 범위 내에서 지역권자가 지역권의 행사를 위하여 승역지에 설치한 공작물을 사용할 수 있다(300조 1항). 그 경우에 승역지의 소유자는 수익 정도의 비율로 공작물의 설치·보존의 비용을 분담하여야 한다(300조 2항).

(3) 지역권도 배타성이 있으므로 먼저 성립한 것이 후에 성립한 것에 우선한다. 민법은 용수지역권에 관하여 이를 규정하고 있다(297조 2항).

(4) 지역권이 침해되는 경우에는 물권적 청구권이 생긴다. 그러나 지역권은 승역지를 점유할 권리를 수반하지 않으므로 지역권자에게는 반환청구권은 인정되지 않고, 일정한 요건 하에 방해제거청구권과 방해예방청구권만이 인정된다(301조·214조).

B-273 **2. 승역지 이용자의 의무**

(1) 승역지 이용자는 지역권자의 행위를 인용(忍容)하고 일정한 이용을 하지 않을 부작위의무를 부담한다. 이것이 승역지 이용자의 기본적 의무이다.

(2) 당사자 사이의 계약에 의하여 승역지 소유자는 자기의 비용으로 지역권의 행사를 위하여 공작물의 설치 또는 수선의 의무를 부담할 수 있고, 그때에는 승역지 소유자의 특별승계인도 그 의무를 부담한다(298조). 그런데 이를 가지고 특별승계인에게 대항하려면 등기를 하여야 한다(부등법 70조 4호 참조).

승역지 소유자의 이 의무가 지나치게 무거워 차라리 토지 이용을 포기하고서 이 의무를 면하고 싶은 경우가 있을 수 있다. 그러한 경우에는 승역지 소유자는 지역권에 필요한 부분의 토지소유권을 지역권자에게 위기(委棄)하여 그 부담을 면할 수 있다(299조). 여기의 위기는 토지소유권을 지역권자에게 이전한다는 물권적 단독행위이다. 그러므로 그것은 제186조에 따라 등기하여야 효력이 생긴다(통설도 같음). 한편 위기에 의하여 승역지의 소유권이 지역권자에게 이전하면 지역권은 혼동으로 소멸한다(이설 없음).

B-274 **Ⅳ. 지역권의 소멸**

(1) 소멸사유

지역권은 요역지 또는 승역지의 멸실·지역권의 포기·혼동·존속기간의 만료·승역지의 수용·약정소멸사유의 발생·승역지의 시효취득·지역권의 소멸시효 완성 등에 의하여 소멸한다. 이들 중 끝의 두 가지에 대하여만 부연하여 설명하기로 한다.

(2) 승역지의 시효취득에 의한 소멸

승역지가 제3자에 의하여 시효취득되는 경우에는 지역권은 소멸한다. 다만, 승역지의 점유자가 지역권의 존재를 인정하면서 점유하였거나 취득시효가 진행되는 동안에 지역권자가 그의 권리를 행사한 때에는 지역권은 소멸하지 않는다.

(3) 지역권의 시효소멸

지역권도 소멸시효에 걸리는데(162조 2항 참조), 그 기산점은 불계속지역권의 경우에는 그 권리를 최후에 행사한 때이고, 계속지역권의 경우에는 권리행사를 방해하는 사실이 생긴 때이다. 요역지가 수인의 공유로 되어 있는 경우에는 모든 공유자에 대하여 소멸시효가 완성되어야 지역권이 소멸한다(296조 참조). 한편 지역권자가 지역권의 내용의 일부만 행사하고 있는 경우(예: 3미터의 통로를 개설할 수 있는데 2미터의 통로만 개설한 경우)에는 그 불행사의 부분만이 시효로 소멸한다(이설 없음).

Ⅴ. 특수지역권 B-275

(1) 의 의

민법은 「어느 지역의 주민이 집합체의 관계로 각자가 타인의 토지에서 초목·야생물 및 토사의 채취, 방목 기타의 수익을 하는 권리」를 특수지역권이라고 하면서, 그에 대하여는 관습에 의하는 외에 지역권에 관한 규정을 준용한다고 한다(302조).

그러나 위와 같은 권리에 있어서는 편익을 얻는 것이 토지(요역지)가 아니고 어느 지역의 주민 즉 사람이므로, 그 권리는 지역권이 아니고 일종의 인역권에 해당한다. 따라서 특수지역권이라는 명칭은 바람직하지 않으며, 「**토지수익권의 준총유**」라고 하는 것이 좋다.

(2) 법적 규율

민법은 토지수익권의 준총유에는 지역권에 관한 규정을 준용한다(302조). 그렇지만 토지수익권은 지역 주민이 준총유하는 것이므로 총유에 관한 규정도 준용되어야 한다(278조). 다만, 여기에 관하여 법률규정과 다른 관습이 있으면 관습이 우선해서 적용된다(302조).

제 3 절 전 세 권

Ⅰ. 서 설 B-276

1. 전세권의 의의 및 기능

(1) 의 의

전세권(傳貰權)은 전세금을 지급하고 타인의 부동산을 점유하여 그 부동산의 용도에 좇아 사용·수익하고, 전세권이 소멸하면 목적부동산으로부터 우선변제를 받을 수 있는 물권이다(303조 1항). 이 전세권은 과거에 주로 도시에서 관행적으로 행하여져 오던 건물의 전세(일종의 임대차계약)를 물권의 일종으로 성문화한 것으로서 우리 민법만의 특유한 제도이다.

(2) 기 능

전세권은 1차적으로 타인의 부동산을 사용·수익하게 하는 기능을 한다. 그러나 그러한 기능을 하는 제도로는 전세권만 있는 것이 아니고, 지상권과 같은 다른 용익물권과 임대차·채권적 전세도 있다. 그 가운데 실제 사회에서 널리 이용되는 것은 채권적 전세이며(채권적 전세는 주택임대차보호법에 의하여 보호되고 있다), 물권적 전세권은 전세금이 고액인 경우에 다소 이용되는 정도에 머물러 있다.

다음에 전세권은 전세금의 이용의 측면에서 볼 때 담보제도로서의 기능도 한다. 전세권의 경우에는 실질적으로 전세권설정자가 부동산을 담보로 하여 고액의 전세금을 빌려 사용하는 것이 되기 때문이다. 그런데 이러한 기능 역시 채권적 전세도 가지고 있다.

B-277

2. 전세권의 법적 성질

(1) 타인의 부동산에 관한 물권

전세권은 타인의 부동산에 대한 권리이다. 그리하여 건물뿐만 아니라 토지도 전세권의 목적이 될 수 있다(303조 1항). 다만, 농경지는 예외이다(303조 2항).

전세권은 직접 객체를 지배하는 물권이다. 따라서 목적부동산의 소유자가 변경되어도 전세권에는 영향이 없다. 그리고 당연히 양도성과 상속성을 가진다.

(2) 용익물권

전세권은 목적부동산을 사용·수익하는 권리이다. 그 결과 전세권은 목적부동산을 점유할 수 있는 권리를 포함한다. 그리고 전세권자와 인접토지의 소유자(지상권자·전세권자·임차인 포함) 사이에는 상린관계의 규정이 준용된다(319조).

(3) 전 세 금

전세금의 지급은 전세권의 요소이다(303조 1항 참조)(통설·판례도 같다. 대판 1995. 2. 10, 94다18508). 따라서 전세금을 지급하지 않거나 지급하지 않는다고 특약을 한 경우에는 전세권은 성립하지 않는다.

(4) 담보물권

전세권자는 목적부동산에 대하여 전세금의 우선변제를 받을 수가 있다(303조 1항). 그리하여 전세권은 전세금채권(전세금 반환청구권)을 피담보채권으로 하는 담보물권적인 성질도 가지고 있다(통설·판례도 같음. 대판 2005. 3. 25, 2003다35659 등). 즉 본질적으로는 용익물권이지만 부수적으로는 담보물권인 것이다. 그 결과 전세권은 담보물권의 통유성인 부종성·수반성·물상대위성·불가분성을 가진다(B-296 참조).

B-278

Ⅱ. 전세권의 취득과 존속기간

1. 전세권의 취득

(1) 취득사유

전세권은 부동산소유자(전세권설정자)와 전세권자 사이의 설정계약과 등기에 의하여 취득되는 것이 보통이나, 그 밖에 전세권의 양도나 상속에 의하여서도 취득될 수 있다.

(2) 설정계약에 의한 취득

1) 전세권설정계약에는 물권적 합의가 포함되어 있으며(독자성 부인), 그 물권적 합의와 등기에 의하여 전세권이 성립한다(186조). 전세권의 객체는 반드시 1필의 토지나 1동의 건물이어야 할 필요가 없다(대판 1962. 3. 22, 4294민상1297은 건물 1층에 국한하여 전세권설정등기를 할 수 있다고 한다. B－7도 참조). 다만, 부동산의 일부가 전세권의 목적인 경우에는 등기를 신청하는 때에 그 부분을 표시한 지적도나 건물도면을 첨부정보로서 등기소에 제공하여야 한다(부등법 72조 1항 6호, 부등규칙 128조 2항).

판 례 전세권등기 관련

(ㄱ)「전세권은 다른 담보권과 마찬가지로 전세권자와 전세권설정자 및 제 3 자 사이에 합의가 있으면 그 전세권자의 명의를 제 3 자로 하는 것도 가능하므로, 임대차계약에 바탕을 두고 이에 기한 임차보증금반환채권을 담보할 목적으로 임대인, 임차인 및 제 3 자 사이의 합의에 따라 제 3 자 명의로 경료된 전세권설정등기는 유효」하다(대판 2005. 5. 26, 2003다12311).

(ㄴ)「전세권이 용익물권적인 성격과 담보물권적인 성격을 모두 갖추고 있는 점에 비추어 전세권 존속기간이 시작되기 전에 마친 전세권설정등기도 특별한 사정이 없는 한 유효한 것으로 추정된다. 한편 부동산등기법 제 4 조 제 1 항은 "같은 부동산에 관하여 등기한 권리의 순위는 법률에 다른 규정이 없으면 등기한 순서에 따른다."라고 정하고 있으므로, 전세권은 등기부상 기록된 전세권설정등기의 존속기간과 상관없이 등기된 순서에 따라 순위가 정해진다.」(대결 2018. 1. 25, 2017마1093)

(ㄷ)「전세권설정계약의 당사자가 주로 채권담보 목적으로 전세권을 설정하고 설정과 동시에 목적물을 인도하지 않는다고 하더라도 장차 전세권자가 목적물을 사용·수익하는 것을 배제하지 않는다면, 전세권의 효력을 부인할 수는 없다. 그러나 전세권 설정의 동기와 경위, … 등에 비추어 전세권설정계약의 당사자가 전세권의 핵심인 사용·수익 권능을 배제하고 채권담보만을 위해 전세권을 설정하였다면, 법률이 정하지 않은 새로운 내용의 전세권을 창설하는 것으로서 물권법정주의에 반하여 허용되지 않고 이러한 전세권설정등기는 무효라고 보아야 한다.」(대판 2021. 12. 30, 2018다40235·40242)

2) 전세권이 성립하려면 전세금의 지급이 필요한가? 여기에 관하여 학설은 대립하고 있는데, 통설은 전세금의 지급은 전세권의 요소이므로 당사자의 물권행위와 등기 외에 약정된 전세금을 주고받은 때에 전세권이 성립한다고 한다. 그리고 판례는 통설과 같다(대판 2021. 12. 30, 2018다268538 등). 다만, 판례는 전세금이 반드시 현실적으로 수수되어야만 하는 것은 아니고 기존의 채권으로 전세금의 지급에 갈음할 수 있다고 한다. B-279

전세금은 전세권자가 설정자에게 교부하는 금전으로서, 전세권이 소멸하는 때에 다시 반환받는다. 전세금의 액은 당사자가 자유롭게 결정할 수 있다. 그런데 그 액은 등기하여야 하며(부등법 72조 1항), 그렇지 않으면 제3자에게 대항할 수 없다.

전세금은 그 이자가 차임을 대신하는 특수한 기능을 갖는다. 즉 차임의 특수한 지급방법인 것이다. 그런가 하면 전세금은 목적물멸실의 경우에 전세권자가 부담하는 손해배상채무를 담보하므로(315조), 보증금으로서의 성질도 갖는다(다만 전세권 소멸 후에만 채무에 충당된다). 그 밖에 부동산을 담보로 고액의 금전을 빌리는 것에 해당한다. 그리하여 문헌들은 전세권이 부동산질권의 실질을 갖는다고 한다.

3) 전세권은 목적부동산을 점유할 권리를 포함하나, 설정자가 목적부동산을 인도하는 것은 전세권의 성립요건은 아니다(통설·판례도 같음. 대판 1995. 2. 10, 94다18508).

B-280 2. 전세권의 존속기간

(1) 설정행위에서 정하는 경우

1) 전세권의 존속기간은 당사자가 설정행위에서 임의로 정할 수 있으나, 최장기간과 최단기간에 관하여 일정한 제한이 있다.

전세권의 존속기간은 10년을 넘지 못하며, 당사자가 약정한 기간이 10년을 넘는 때에는 10년으로 단축된다(312조 1항). 그리고 건물에 대한 전세권의 존속기간을 1년 미만으로 정한 때에는 그 기간은 1년으로 된다(312조 2항).

전세권의 존속기간은 등기하여야 제3자에게 대항할 수 있다(부등법 72조 1항 3호).

2) 전세권의 존속기간이 만료되면 합의에 의하여 설정계약을 갱신할 수 있다(312조 3항 1문). 그런데 그 기간은 갱신한 날로부터 10년을 넘지 못한다(312조 3항 2문).

전세권설정계약의 법정갱신(묵시적 갱신)은 원칙적으로 인정되지 않는다. 다만, 건물의 전세권에 관하여 하나의 예외가 인정된다. 즉 건물의 전세권설정자가 전세권의 존속기간 만료 전 6월부터 1월 사이에 전세권자에 대하여 갱신 거절의 통지 또는 조건을 변경하지 않으면 갱신하지 않는다는 뜻의 통지를 하지 않은 경우에는, 그 기간이 만료된 때에 전 전세권과 동일한 조건으로 다시 전세권을 설정한 것으로 본다. 그리고 이 경우 전세권의 존속기간은 정하지 않은 것으로 본다(312조 4항). 이때 제313조가 적용되는가? 긍정하여야 한다. 따라서 각 당사자는 언제든지 상대방에 대하여 전세권의 소멸통고를 할 수 있고, 상대방이 소멸통고를 받은 날부터 6개월이 지나면 전세권은 소멸한다. 나아가 또 문제되는 것은, 이러한 법정갱신을 가지고 제3자에게 대항하기 위하여 등기가 필요한가이다. 이에 관하여 학설은 대립되는데, 판례는 불필요설의 견지에 있다(대판 2010. 3. 25, 2009다35743 등).

(2) 존속기간을 약정하지 않은 경우

당사자가 전세권의 존속기간을 약정하지 않은 경우에는, 각 당사자는 언제든지 상대방에 대하여 전세권의 소멸을 통고할 수 있고, 상대방이 이 통고를 받은 날로부터 6월이 경과하면 전세권이 소멸한다(313조). 이 경우에 말소등기가 없이도 전세권이 당연히 소멸하는지에 관하여 논란이 있으나, 제313조의 규정이 있는 한 말소등기 없이 전세권이 소멸한다고 새길 것이다(자세한 사항은 B-74 참조).

Ⅲ. 전세권의 효력 B-281

1. 전세권자의 사용·수익권

(1) 전세권자는 목적부동산을 점유하여 그 부동산의 용도에 좇아 사용·수익할 권리가 있다(303조 1항). 구체적인 사용방법은 설정계약에 의하여 정해지나, 설정계약에서 정하지 않은 경우에는 부동산의 성질에 의하여 결정된다(311조 참조). 전세권자가 목적부동산을 올바른 용법으로 사용·수익하지 않은 경우에는 전세권설정자는 전세권의 소멸을 청구할 수 있다(311조 1항). 그리고 그 경우에 전세권설정자는 전세권자에 대하여 원상회복 또는 손해배상을 청구할 수 있다(311조 2항).

(2) 설정계약에서 건물만을 전세권의 목적으로 하고 토지를 제외하였다고 하더라도 필요한 범위에서 토지도 사용할 수 있다고 하여야 한다. 그와 같은 취지에서 민법은 다음의 두 규정을 두고 있다.

(가) 타인의 토지에 있는 건물에 전세권을 설정한 때에는 전세권의 효력은 그 건물의 소유를 목적으로 한 지상권 또는 임차권에 미친다(304조 1항). 제304조는 전세권을 설정하는 건물소유자가 건물의 존립에 필요한 지상권 또는 임차권과 같은 토지사용권을 가지고 있는 경우에 관한 것으로서, 그 경우에 건물전세권자로 하여금 토지소유자에 대하여 건물소유자, 즉 전세권설정자의 그러한 토지사용권을 원용할 수 있도록 함으로써 토지소유자 기타 토지에 대하여 권리를 가지는 사람에 대한 관계에서 건물전세권자를 보다 안전한 지위에 놓으려는 취지의 규정이다. 따라서 전세권설정자가 건물의 존립을 위한 토지사용권을 가지지 못하여 그가 토지소유자의 건물철거 등 청구에 대항할 수 없는 경우에 제304조 등을 들어 전세권자 또는 대항력 있는 임차권자가 토지소유자의 권리행사에 대항할 수는 없다(대판 2010. 8. 19, 2010다43801).

한편 이와 같은 경우에 전세권설정자는 전세권자의 동의 없이 지상권 또는 임차권을 소멸하게 하는 행위를 하지 못한다(304조 2항). 이 규정은 전세권설정자가 임의로 포기나 기간을 단축하는 약정 등의 방법으로 지상권 또는 임차권을 소멸하지 못하게 하여 전세권자를 보호하려는 취지의 규정이다. 그리고 그 경우에 지상권설정자의 권리를 제한하려는 것은 아니다. 따라서 건물에 대하여 전세권 또는 대항력 있는 임차권을 설정하여 준 지상권자가 그 지료를 지급하지 않은 것을 이유로 토지소유자가 한 지상권소멸청구가 그에 대한 전세권자 또는 임차인의 동의가 없이 행하여졌다고 해도 제304조 제2항에 의하여 그 효과가 제한되지는 않는다(대판 2010. 8. 19, 2010다43801도 결과는 같으나, 이유를 조금 다르게 설명한다).

판 례 건물양수인이 법정지상권을 취득할 지위를 소멸시킨 경우

「토지와 건물을 함께 소유하던 토지·건물의 소유자가 건물에 대하여 전세권을 설정하여 주었는데 그 후 토지가 타인에게 경락되어 민법 제305조 제1항에 의한 법정지상권을 취득한 상태에서 다시 건물을 타인에게 양도한 경우, 그 건물을 양수하여 소유권을 취득한 자는 특별한 사정이 없는 한 법정지상권을 취득할 지위를 가지게 되고, 다른 한편으로는 전세권 관계도 이전받게 되는바, 민법 제304조 등에 비추어 건물 양수인이 토지 소유자와의 관계에서 전세권자의 동의 없이 법정지상권을 취득할 지위를 소멸시켰다고 하더라도, 그 건물 양수인은 물론 토지 소유자도 그 사유를 들어 전세권자에게 대항할 수 없다고 할 것이다.」(대판 2007. 8. 24, 2006다14684)

B-282 (나) **법정지상권** 대지와 건물이 동일한 소유자에 속한 경우에 건물에 전세권을 설정한 때에는, 그 대지소유자의 특별승계인은 전세권설정자에 대하여 지상권을 설정한 것으로 본다(305조 1항 본문). 이 규정에서 대지소유자의 특별승계인은 매매·증여 등에 의한 승계인과 경매·공매의 매수인을 포함한다.

여기의 법정지상권은 건물소유자(전세권설정자)가 대지소유권을 처분하면서 지상권이나 임차권과 같은 이용권을 취득한 때에는 인정되지 않는다. 그 경우에는 전세권이 당연히 그 권리에 미치기 때문이다(304조 1항). 그리고 대지가 아니고 건물이 경매됨으로 인하여 토지와 건물의 소유자가 다르게 된 경우에는 제305조가 아니고 제366조가 적용되어야 한다(이설 있음). 그 외에 건물만의 매매 등의 경우에는 법정지상권을 부정해야 하는데(이설 있음), 법원 실무는 건물의 경매나 매매의 경우 모두 관습법상의 법정지상권을 인정할 가능성이 크다.

법정지상권이 성립하기 위하여 등기가 필요하지는 않다. 이는 제187조의 물권변동에 해당하기 때문이다. 그리고 요건이 갖추어진 경우에 법정지상권을 취득하는 것은 전세권자가 아니고 건물소유자이다. 지상권은 지상물의 소유를 위한 권리이기 때문이다. 지료는 당사자의 청구에 의하여 법원이 결정한다(305조 1항 단서). 법정지상권이 성립하는 경우에 대지소유자는 타인에게 그 대지를 임대하거나 이를 목적으로 한 지상권 또는 전세권을 설정하지 못한다(305조 2항).

B-283 (3) 전세권자는 목적물의 현상을 유지하고 그 통상의 관리에 속한 수선을 하여야 한다(309조). 그 결과 전세권자는 임차인과 달리 필요비상환청구권을 갖지 못한다(임대차에 관한 623조·626조 참조).

(4) 상린관계 규정의 준용

전세권은 건물만을 목적으로 하는 것이라도 토지를 이용할 수 있는 권리이므로, 전세권자와 인지소유자(지상권자·전세권자·임차인 포함) 사이에는 상린관계에 관한 규정이 준용된다(319조).

(5) 전세금증감청구권

전세금이 목적부동산에 관한 조세·공과금 기타 부담의 증감이나 경제사정의 변동으로 인하여 상당하지 않게 된 때에는, 당사자는 장래에 대하여 그 증감을 청구할 수 있다(312조의 2 본문). 그러나 증액의 경우에는 대통령령이 정하는 기준에 따른 비율을 초과하지 못한다(312조의 2 단서). 이 대통령령(「민법 제312조의 2 단서의 시행에 관한 규정」)에 의하면, 전세금의 증액청구의 비율은 약정한 전세금의 20분의 1을 초과하지 못하며(동령 2조), 증액청구는 전세권설정계약이 있은 날 또는 약정한 전세금의 증액이 있은 날로부터 1년 이내에는 하지 못한다(동령 3조).

이 전세금증감청구권의 성질에 관하여는 i) 형성권이라는 견해(사견도 같음)와 ii) 보통의 청구권이라는 견해가 대립하고 있다.

(6) 전세권자의 점유권·물권적 청구권

전세권은 목적부동산을 점유할 권리를 포함한다. 그리고 점유하고 있는 전세권자의 점유가 침해당하거나 침해당할 염려가 있는 때에는 전세권자는 점유보호청구권(점유물반환청구권·점유물방해제거청구권·점유물방해예방청구권)을 행사할 수 있다(204조-206조). 또한 전세권의 내용의 실현이 방해된 때에는 물권적 청구권의 세 가지, 즉 반환청구권·방해제거청구권·방해예방청구권이 모두 생긴다(319조·213조·214조).

2. 전세권의 처분 B-284

(1) 처분의 자유

전세권자는 전세권을 타인에게 양도하거나 담보로 제공할 수 있고 또 그 존속기간 내에서 그 목적물을 타인에게 전전세 또는 임대할 수 있다(306조 본문). 그 결과 전세권자는 전세금 및 투하자본을 회수할 수 있다. 그런데 전세권자의 처분의 자유는 당사자가 설정행위로 금지할 수 있다(306조 단서). 그러나 그 금지의 특약은 등기하여야 제 3 자에게 대항할 수 있다(부등법 72조 1항 5호 참조).

(2) 전세권의 양도·담보제공과 목적물의 임대

1) 전세권자는 설정자의 동의 없이 전세권을 양도할 수 있다(306조). 그 방법은 제186조에 의한다. 전세권이 양도되면 양수인은 전세권설정자에 대하여 양도인과 동일한 권리·의무가 있다(307조). 그리고 양도인은 아무런 권리·의무도 없게 된다. 전세권의 양도대금은 제한이 없다. 따라서 본래의 전세금보다 고액이거나 저액이어도 무방하다. 그러나 어느 경우든 전세권이 소멸할 때 양수인이 반환을 청구할 수 있는 전세금은 본래의 전세금에 한한다.

판례 존속기간 만료 후의 전세권 양도

「전세권의 존속기간이 만료되면 전세권의 용익물권적 권능은 전세권설정등기의 말소 없이도 당연히 소멸하고 단지 전세금반환채권을 담보하는 담보물권적 권능의 범위 내에서 전세금의 반환시까지 그 전세권설정등기의 효력이 존속하고 있다 할 것인데, 이와 같이 존속기간의 경과로서 본래의 용익물권적 권능이 소멸하고 담보물권적 권능만 남은 전세권에 대해서도 그 피담보채권인 전세금반환채권과 함께 제3자에게 이를 양도할 수 있다 할 것이지만 이 경우에는 민법 제450조 제2항 소정의 확정일자 있는 증서에 의한 채권양도절차를 거치지 않는 한 위 전세금반환채권의 압류·전부 채권자 등 제3자에게 위 전세보증금반환채권의 양도사실로써 대항할 수 없다고 보아야 할 것이다.」(전세기간 만료이후 전세권 양도계약 및 전세권이전의 부기등기가 이루어진 것만으로는 전세금반환채권의 양도에 관하여 확정일자 있는 통지나 승낙이 있었다고 볼 수 없어 이로써 제3자인 전세금반환채권의 압류·전부 채권자에게 대항할 수 없다고 한 사례)(대판 2005. 3. 25, 2003다35659)

2) 전세권자는 전세권을 담보로 제공할 수 있다(306조). 이는 전세권에 저당권을 설정할 수 있다는 의미이다(371조 참조).

3) 전세권자는 전세권의 존속기간 내에서 목적물을 타인에게 임대할 수 있다(306조). 이 때 전세권설정자의 동의는 필요하지 않다. 그러나 전세권자의 책임은 가중된다. 즉 그 경우에는 전세권자는 임대하지 않았으면 면할 수 있는 불가항력으로 인한 손해에 대하여도 책임을 진다(308조).

B-285 **(3) 전세금반환청구권의 분리양도 문제**

1) 서 설 위에서 살펴본 「전세권의 양도」는 전세금반환청구권을 포함하여 전세권을 양도하는 것을 가리킨다. 그런데 전세권과 분리하여 전세금반환청구권만을 타인에게 양도할 수 있는지가 문제된다.

2) 학 설 여기에 관하여 학설은 긍정설, 부정설 등으로 나뉘어 있다. i) 긍정설은 전세금반환청구권은 전세권과 분리하여 양도할 수 있다고 한다. ii) 부정설은 전세권이 담보물권성을 가지는 한 전세금반환청구권만을 전세권으로부터 분리하여 양도할 수 없다고 한다(사견도 같음).

3) 판 례 판례는 초기에 분리양도를 부정하다가 다소 흔들리는 모습을 보였으나, 최근의 판결로 그 태도를 분명히 하였다. 그에 의하면 전세권이 존속하는 동안은 전세금반환채권만을 분리하여 확정적으로 양도하는 것은 허용되지 않는다고 한다(대판 2002. 8. 23, 2001다69122[핵심판례 168면](전세권 존속 중에는 장래에 그 전세권이 소멸하는 경우에 전세금 반환채권이 발생하는 것을 조건으로 그 장래의 조건부 채권을 양도할 수 있을 뿐이라고 함). 그 이전의 판결에 관하여는 송덕수, 신사례, 335면·336면 참조). 그러나 판례는 전세계약의 합의해지 또는 당사자 간의 특약에 의하여 전세금반환채권의 처분에도 불구하고 전세권의 처분이 따르지 않는 경우 등의 특별한 사정이 있는 때에는 분리양도를

인정한다(대판 1997. 11. 25, 97다29790: 이때 채권양수인은 담보물권이 없는 채권을 양수한 것이 된다고 함).

(4) 전전세(轉傳貰) B-286

1) 의 의 전전세는 전세권을 기초로 하여 전세권의 목적부동산(「전세권」이 아님을 주의)에 다시 전세권을 설정하는 것을 말한다. 이러한 전전세는 설정행위로 금지되어 있지 않는 한 전세권의 존속기간 내에서 자유롭게 할 수 있다(306조). 전전세의 요건과 효과는 전세권과 원칙적으로 같으나, 다음과 같은 점에서 다르다.

2) 요 건

(가) 당사자는 원전세권자(原傳貰權者)(전전세권설정자)와 전전세권자(轉傳貰權者)이며, 원전세권설정자는 아니다. 그리고 전전세의 설정에 원전세권설정자의 동의는 필요하지 않다.

(나) 전전세권도 전세권이므로, 제186조가 정하는 두 가지 요건(전전세권 설정의 합의와 등기)을 갖추어야 한다.

(다) 전전세권의 존속기간은 원전세권의 존속기간 내이어야 한다(306조 본문). 이를 넘는 기간으로 약정한 경우에는 원전세권의 존속기간으로 단축된다. 그리고 약정한 존속기간은 등기하여야 제 3 자에게 대항할 수 있다(부등법 72조 1항 3호 참조).

(라) 전전세에서도 반드시 전세금이 지급되어야 한다. 그런데 그 금액이 원전세금의 금액을 한도로 하는지에 관하여 다툼이 있다.

(마) 원전세권의 일부를 목적으로 하는 전전세도 가능하다(부등법 72조 1항 6호, 부등규칙 128조 2항 참조).

3) 효 과 B-287

(가) 전전세권이 설정되어도 원전세권은 소멸하지 않는다. 그리고 전전세권자는 그의 권리의 범위에서 목적부동산을 점유하여 사용·수익할 수 있는 등 전세권자로서의 모든 권리를 갖는다. 그러나 전질(책임전질에서 대항요건을 갖춘 경우(337조 참조), 승낙전질의 경우), 임대인의 동의를 얻어 행한 전대(630조 1항)의 경우와는 달리 직접 원전세권설정자에 대하여는 아무런 권리·의무도 없다.

(나) 전세권자는 전전세하지 않았으면 면할 수 있는 불가항력으로 인한 손해에 대하여도 책임을 진다(308조). 전세권자로 하여금 자유롭게 전전세를 할 수 있도록 하는 대신 책임을 가중한 것이다.

(다) 전세권이 소멸하면 전전세권도 소멸한다. 전전세권은 전세권을 기초로 하는 것이기 때문이다. 그리고 전전세권이 소멸한 때에는 전전세권자는 원전세권자에 대하여 전전세금의 반환을 청구할 수 있는데(317조 참조), 원전세권자가 전전세금의 반환을 지체한 경우에는 전전세권의 목적부동산을 경매할 수 있다(318조 참조). 다만, 경매청구권을 행사하려면 ① 원전세권도 소멸하고 있고, 또 ② 원전세권설정자가 원전세권자에게 원전세금의 반환을 지체하고 있어야 한다.

B-288 Ⅳ. 전세권의 소멸

1. 전세권의 소멸사유

전세권은 목적부동산의 멸실·존속기간의 만료·혼동·전세권에 우선하는 저당권의 실행에 의한 경매·토지수용·약정소멸사유 등으로 소멸한다(전세권은 존속기간이 10년 이하이기 때문에(312조), 20년의 소멸시효(162조 2항)로 소멸하는 일은 없다. B-132 참조). 그 밖에 특기할 만한 소멸사유로 다음의 것이 있다.

(1) 전세권설정자의 소멸청구

전세권자가 전세권설정계약 또는 그 목적물의 성질에 의하여 정하여진 용법으로 이를 사용·수익하지 않은 경우에는, 전세권설정자는 전세권의 소멸을 청구할 수 있다(311조 1항).

(2) 전세권의 소멸통고

전세권의 존속기간을 약정하지 않은 때에는, 각 당사자는 언제든지 상대방에 대하여 전세권의 소멸을 통고할 수 있고, 상대방이 이 통고를 받은 날로부터 6월이 경과하면 전세권이 소멸한다(313조).

B-289 (3) 목적부동산의 멸실

목적부동산이 멸실하면 전세권도 소멸하나, 멸실의 모습에 따라 그 구체적인 효과가 다르다.

1) 전부멸실의 경우 전세권의 목적부동산의 전부가 멸실한 경우에는, 그것이 불가항력으로 인한 것이든(314조 1항) 전세권자의 책임있는 사유로 인한 것이든, 전세권은 소멸한다. 이 경우에 손해배상책임은 ① 불가항력으로 인한 때에는 발생하지 않으나(전세금반환만 문제됨), ② 전세권자에게 책임있는 사유로 인한 때에는 발생한다(315조 1항. 이는 불법행위이면서 채무불이행이 된다(대판 1967. 12. 5, 67다2251)). 이 ②의 경우에는, 전세권설정자는 전세권이 소멸된 후에 전세금으로써 손해의 배상에 충당하고 잉여가 있으면 반환하여야 하며, 부족하면 부족액을 청구할 수 있다(315조 2항).

2) 일부멸실의 경우 이 경우에도 일부멸실이 어떤 사유로 생겼든 멸실된 부분의 전세권은 소멸한다(314조 1항 참조. 유책사유로 인한 경우에도 객체가 없는 전세권은 존재할 수가 없다). 그런데 남은 부분 위의 전세권과 전세금이 문제이다.

(개) 불가항력으로 인한 때 일부멸실이 불가항력으로 발생하였고 잔존부분만으로 전세권의 목적을 달성할 수 없는 때에는, 전세권자는 설정자에 대하여 전세권 전부의 소멸을 통고하고 전세금의 반환을 청구할 수 있다(314조 2항). 여기의 소멸통고는 제313조의 소멸통고가 아니고 제311조의 소멸청구와 같다고 새겨야 한다(다수설도 같음). 왜냐하면 전세권자의 유책사유도 없이 목적물의 일부가 멸실하여 전세권의 목적을 달성할 수 없게 되었는데 6개월의 기간을 전세권설정자에게 허락해 주는 것은 옳지 않기 때문이다(다만 311조의 소멸청구권은 전세권자의 의무위반의 경우에 전세권설정자에게 인정되는 권리임을 유의하여야 한다). 다음에 잔존부분만으로 전세권의 목적을 달성할 수 있는 때에는, 멸

실된 부분의 전세권은 소멸하나(314조 1항), 잔존부분 위의 전세권은 존속한다. 그리고 이때 전세금도 멸실된 부분에 해당하는 만큼 감액된다고 할 것이다(이설 없음).

(나) **전세권자의 유책사유로 인한 때** 일부멸실이 전세권자의 책임있는 사유로 발생하였고 잔존부분만으로 전세권의 목적을 달성할 수 없는 때에 관하여는 명문의 규정이 없으나, 통설은 이때에도 전세권자에게 제311조의 소멸청구권을 인정한다(전세권설정자에게 소멸청구권이 있음은 물론이다). 전세권을 존속시키는 것이 무의미하다는 이유에서이다. 잔존부분만으로 전세권의 목적을 달성할 수 있는 때에는, 잔존부분 위의 전세권은 존속한다(전세권설정자는 소멸청구권을 행사할 수 있다). 그리고 이때에는 전세금의 감액은 인정되지 않는다. 일부멸실의 책임이 전세권자에게 있기 때문이다.

(다) **손해배상책임** 일부멸실의 경우의 전세권자의 손해배상책임의 문제는 전부멸실에 있어서와 같다(315조 참조).

(4) 전세권의 포기 B-290

전세권자는 원칙적으로 전세권을 포기할 수 있다. 그러나 전세권이 제 3 자의 권리의 목적인 경우에는 포기할 수 없다(371조 2항 참조).

전세권을 포기하는 것이 전세금반환청구권까지 포기한 것으로 되느냐는 포기의 의사표시의 해석의 문제이다. 그러나 특별한 사정이 없으면 사용·수익권만 포기한 것으로 새겨야 할 것이다(통설도 같음).

전세권과 전세금반환청구권을 모두 포기하는 경우에는 그 효과를 인정하여도 전세권설정자에게 전혀 불이익하지 않다. 따라서 그러한 포기는 자유롭게 할 수 있다고 하여야 한다. 그에 비하여 **전세권만의 포기**는 전세권설정자로 하여금 전세금의 반환의무를 발생시키므로, 명문의 규정이 없는 한 인정되지 않는다고 하여야 한다.

2. 전세권 소멸의 효과 B-291

(1) 전세금의 반환 및 목적부동산의 인도

1) 동시이행관계 전세권이 소멸하면 전세권자는 목적부동산을 인도하고 전세권등기의 말소등기에 필요한 서류를 교부하여야 하고, 전세권설정자는 전세금을 반환하여야 한다. 그리고 이 두 당사자의 의무는 동시이행관계에 있다(317조). 전세권자는 목적물의 인도와 등기서류 교부를 모두 하여야 하므로, 그가 목적물의 인도만을 한 경우에 설정자는 전세금의 반환을 거부할 수 있고, 이 경우 다른 특별한 사정이 없는 한 그가 전세금에 대한 이자 상당액의 이득을 법률상 원인 없이 얻는다고 볼 수 없다(대판 2002. 2. 5, 2001다62091).

2) 목적부동산 양도의 경우 전세권의 목적부동산이 양도된 경우에는 양수인이 전세권설정자의 지위를 승계하는지, 그리하여 전세금반환의무를 그가 부담하는지가 문제된다. 전

세권의 경우에는 주택임대차보호법 제3조 제4항에서와 같이 승계를 인정하는 명문규정이 없기 때문에 해석으로 결정하여야 한다.

여기에 관하여 판례는 승계인정설의 견지에 있다(대판 2025. 4. 15, 2024다312566 등). 나아가 판례는, 전세권이 성립한 후 전세목적물의 소유권 중 일부 지분을 이전받은 새로운 공유자도 전세권자에 대하여 공동 전세권설정자의 지위에서 전세금반환의무를 부담한다고 한다(대판 2025. 4. 15, 2024다312566).

판 례 전세권의 목적물이 양도된 경우의 전세금반환의무자

「전세권이 성립한 후 전세목적물의 소유권이 이전된 경우 민법이 전세권관계로부터 생기는 상환청구, 소멸청구, 갱신청구, 전세금증감청구, 원상회복, 매수청구 등의 법률관계의 당사자로 규정하고 있는 전세권설정자 또는 소유자는 모두 목적물의 소유권을 취득한 신소유자로 새길 수밖에 없다고 할 것이므로, 전세권은 전세권자와 목적물의 소유권을 취득한 신소유자 사이에서 계속 동일한 내용으로 존속하게 된다고 보아야 할 것이고, 따라서 목적물의 신 소유자는 구 소유자와 전세권자 사이에 성립한 전세권의 내용에 따른 권리의무의 직접적인 당사자가 되어 전세권이 소멸하는 때에 전세권자에 대하여 전세권설정자의 지위에서 전세금반환의무를 부담하게 된다.」(대판 2006. 5. 11, 2006다6072)

B-292 **(2) 전세금의 우선변제권**

전세권설정자가 전세금의 반환을 지체한 때에는 전세권자는 민사집행법이 정한 바에 의하여 목적부동산의 경매(동법 264조 이하의 담보권 실행경매)를 청구할 수 있고(318조), 후순위권리자 기타 채권자보다 전세금의 우선변제를 받을 수 있다(303조 1항).

1) 경매청구권

(가) 전세권자가 경매를 청구하려면 우선 전세권설정자에 대하여 목적부동산의 인도의무 및 전세권설정등기 말소의무의 이행의 제공을 완료하여 전세권설정자를 이행지체에 빠뜨려야 한다(대결 1977. 4. 13, 77마90).

(나) 전세권이 1동의 건물 또는 1필의 토지의 일부 위에 설정된 경우에도 그 건물이나 토지의 전부에 대하여 경매를 신청할 수 있는가? 여기에 관하여 학설은 나뉘는데, 판례는 전세권의 목적물이 아닌 나머지 부분에 대하여는 우선변제권은 별론으로 하고(건물의 일부에 대하여 전세권이 설정되어 있는 경우 그 전세권자는 303조 1항에 의하여 그 건물 전부에 대하여 우선 변제를 받을 권리가 있음) 경매신청권은 없다고 하여 부정설을 취한다(대결 1992. 3. 10, 91마256·257; 대결 2001. 7. 2, 2001마212).

B-293 **2) 전세권자의 우선적 지위**

(가) 전세권자는 일반채권자에 우선한다.

(나) 전세권과 저당권이 경합하는 경우는 어느 것이 먼저 성립했는지에 따라 다르다.

전세권이 먼저 설정되고 그 후에 저당권이 설정된 때에는, 전세권자가 경매를 신청하면 두 권리는 모두 소멸하고, 배당순위는 등기의 선후에 의한다(민사집행법 145조, 민법 303조·356조, 부등법 4조·5조 참조). 그런데 이때 저당권자가 경매를 신청하면 전세권은 소멸하지 않는다(민사집행법 91조 4항 본문). 다만, 전세권자는 배당요구를 할 수 있고(민사집행법 88조 1항), 그때에는 전세권은 매각으로 소멸한다(민사집행법 91조 4항 단서)(대판 2015. 11. 17, 2014다10694). 한편 저당권이 전세권보다 먼저 설정된 경우에는, 누가 경매를 신청하든 두 권리는 모두 소멸하고(민사집행법 91조 3항) 배당순위는 등기의 선후에 의한다.

판 례 전세권의 종료시 최선순위 전세권자의 채권자의 배당요구 관련

「전세권이 존속기간의 만료 등으로 종료한 경우라면 최선순위 전세권자의 채권자는 그 전세권이 설정된 부동산에 대한 경매절차에서 채권자대위권에 기하거나 전세금반환채권에 대하여 압류 및 추심명령을 받은 다음 그 추심권한에 기하여 자기 이름으로 전세권에 대한 배당요구를 할 수 있다. 다만 … 최선순위 전세권자의 채권자가 위와 같이 채권자대위권이나 추심권한에 기하여 전세권에 대한 배당요구를 함에 있어서는 채권자대위권 행사의 요건을 갖추었다거나 전세금반환채권에 대하여 압류 및 추심명령을 받았다는 점과 아울러 그 전세권이 존속기간의 만료 등으로 종료하였다는 점에 관한 소명자료를 배당요구의 종기까지 제출하여야 한다.」(대판 2015. 11. 17, 2014다10694)

(다) 국세우선권과 전세권의 관계는 저당권에 있어서와 같다(B-354 참조).

(라) 전세권설정자가 파산하거나 그에게 개인회생절차가 개시된 경우, 회생절차에서 전세권자의 지위는 저당권자와 같다(B-354 참조).

3) 일반채권자로서의 권리행사 전세권자가 우선변제권을 행사하여 배당을 받았으나 전세금을 완전히 변제받지 못한 경우에는, 그 나머지의 금액은 무담보의 채권으로 되고, 전세권자는 전세권설정자의 일반재산에 대하여 그 권리를 행사할 수 있다. 그리하여 스스로 강제집행을 하거나(이때는 집행권원이 있어야 함) 또 타인이 집행할 때에 배당에 가입할 수 있다. 그러나 전세권자가 우선변제권을 행사하지 않고 먼저 설정자의 일반재산에 대하여 일반채권자로서 집행할 수는 없다(340조의 유추적용. B-322 참조)(이설 없음).

(3) 부속물수거권 · 부속물매수청구권

전세권이 소멸한 때에는(존속기간의 만료의 경우에 한하지 않는 것으로 해석함) 전세권자는 그 목적부동산을 원상에 회복하여야 하며, 그에 부속시킨 물건은 수거할 수 있다(316조 1항 본문). 그러나 전세권설정자가 그 부속물의 매수를 청구한 때에는 전세권자는 정당한 이유 없이 거절하지 못한다(316조 1항 단서). 이 매수청구권은 형성권이다. 그리고 일정한 경우에는 전세권자에게 부속물매수청구권이 인정된다. 부속물을 전세권설정자의 동의를 얻어 부속시킨 때와 그것을 설정자로부터 매수한 때에 그렇다(316조 2항).

(4) 유익비상환청구권

전세권자는 필요비의 상환을 청구할 수 없으나(309조에 의하여 수선의무가 있으므로), 유익비는 상환청구를 할 수 있다(310조 1항 · 2항).

제 5 장 담보물권

학습의 길잡이

본장에서는 개별적인 물권 가운데 담보물권에 대하여 다룬다. 민법은 담보물권으로 유치권·질권·저당권의 셋을 규정하고 있다. 그리하여 본장에서는 담보물권에 관한 기본적인 이론(제1절)을 적은 뒤에, 그 세 물권에 대하여 차례로 기술한다. 그 외에 근래 새로 제정된 동산·채권담보법에 의한 동산담보권·채권담보권을 살펴보고, 마지막으로 비전형담보에 대하여 설명한다.

담보물권에 관한 논의도 물권변동이론을 전제로 한다. 그런가 하면 민사집행법과도 밀접하게 관련되어 있다. 특히 담보물권의 우선변제적 효력이나 실행 부분에서 그렇다. 그러한 부분을 정확하고도 충실하게 이해하려면 집행법에도 관심을 가져야 한다.

본장의 논의사항 중 특히 유의해야 할 것을 적으면 다음과 같다. 유치권에서는 요건과 효력, 질권에서는 전질과 채권질권, 저당권은—중요한 부분이 매우 많지만 일부만 고르면—물상대위·법정지상권·공동저당·근저당, 비전형담보 중 가등기담보에서는 가등기담보법이 적용되는 경우와 가등기담보의 실행, 양도담보에서는 양도담보 개념의 이해, 유동집합동산의 양도담보, 효력이 그것이다.

제 1 절 서 설

Ⅰ. 담보제도 B-294

채권담보제도에는 인적 담보와 물적 담보가 있다.

(1) **인적 담보**

채무자의 책임재산에 제3자의 책임재산을 추가하는 방법에 의한 담보제도이다. **보증채무·연대채무**가 그에 해당한다. 이러한 인적 담보는 담보목적물이 없어도 이용할 수 있고 또 절차가 간편한 장점은 있으나, 담보하는 자의 재산상태에 의존하게 되어(인적 요소에 의존) 담보로서의 효력은 확실하지 않다.

(2) 물적 담보

채무자 또는 제 3 자의 특정한 재화(물건·권리)를 가지고 채권을 담보하는 제도이다. 여기서는 특정한 재화에 관하여 채권자 평등의 원칙을 깨뜨려서 다른 채권자보다 우선해서 변제를 받게 한다. 민법상의 담보물권이 그 전형적인 것이다. 이러한 물적 담보는 담보하는 자의 인적 요소에 의존하지 않고 재화의 객관적 가치에 의하여 담보하게 되어 담보로서의 효력이 확실하고, 그 결과 서로 알지 못하는 자들 사이의 신용을 매개하는 기능도 한다. 그러나 그 절차가 복잡하다는 단점도 있다.

(3) 오늘날의 담보제도

인적 담보·물적 담보는 서로 다른 장점이 있어서 오늘날 실제 사회에서는 이 둘 모두가 이용되고 있다. 물적 담보는 담보로서의 효력이 확실하기 때문에, 그리고 인적 담보는 담보목적물이 없어도 되기 때문에 필요한 경우에 이용되고 있는 것이다.

B-295 Ⅱ. 물적 담보의 종류

물적 담보는 여러 가지 표준에 의하여 종류를 나눌 수 있으나, 여기서는 주로 법률구성상의 차이의 관점에 의하여 나누어 보기로 한다.

(1) 제한물권의 법리에 의한 것

전면적인 지배권인 소유권과 대립하는 제한물권의 형식을 취한 것이 있다. 제한물권은 물건이 가지는 가치의 일부를 지배할 수 있는 물권인데, 그 가운데에는 물건이 가지는 사용가치를 지배할 수 있는 것이 있는가 하면 교환가치를 지배할 수 있는 것도 있다. 앞의 것이 용익물권이고 뒤의 것이 담보물권이다. 이들 중 담보물권이 바로 제한물권의 법리에 의한 물적 담보이다.

담보물권에는 민법상의 것, 주택임대차보호법 등 민사특별법상의 것(그 밖에 상법 등 특별사법상의 것도 있음)이 있다. 그리고 민법상의 담보물권에는 유치권·질권·저당권·전세권이 있다. 담보물권은 당사자의 약정에 의하여 성립하는 약정 담보물권과 법률규정에 의하여 당연히 성립하는 법정 담보물권으로 나누어질 수도 있다. 민법상의 담보물권 중 유치권은 법정 담보물권이나, 질권·저당권은 원칙적으로 약정 담보물권이다. 그리고 전세권은 약정 담보물권이다.

(2) 소유권이전의 법리에 의한 것

소유권(또는 기타의 재산권)을 이전하는 방법으로 채권을 담보하는 것이 있다. 이 담보에서는 채권의 담보를 위하여 물건의 소유권을 채권자에게 이전하되, 채권자는 소유권을 채권담보의 목적으로만 사용하도록 제한한다. 이 방법의 경우에는 채무가 변제되면 소유권이 되돌아오게 되나, 변제되지 않으면 채권자가 소유권을 확정적으로 취득하거나 또는 목적물을 환가하여 청산하게 된다.

이에 해당하는 것으로는 양도담보·환매·재매매의 예약·대물변제예약·매매예약·소유권유보부 매매 등이 있으며, 그 대부분은 「가등기담보 등에 관한 법률」의 규율을 받는다.

[참고] 전형적 담보제도와 변칙적 담보제도

위에서 본 바와 같이, 물적 담보에는 제한물권의 법리에 의한 것과 소유권이전의 법리에 의한 것이 있는데, 그 중에 민법의 물권편에서 규율하고 있는 것은 전자에 한한다. 후자는 대체로 채권편에서 규율되고 있는 것이 거래계의 필요에 따라 담보제도로서 발전·이용되어 온 것이다. 여기서 전자는 원칙적·전형적 담보제도라고 할 수 있고, 후자는 변칙적·비전형적 담보제도라고 할 수 있다.

Ⅲ. 담보물권 B-296

(1) 본 질

담보물권은 목적물의 교환가치의 취득을 목적으로 하는 것이어서 가치권이라고 할 수 있다(그에 비하여 용익물권은 이용권이다).

담보물권은 타인의 물건(또는 그 밖의 객체) 위에 성립하는 물권, 즉 타물권(他物權)(제한물권을 타인의 객체를 대상으로 한다는 의미에서 타물권이라고도 하나, 소유자가 자기의 소유물 위에 제한물권을 가지는 경우도 있으므로, 이는 좋은 용어가 아니다)이다. 그러나 혼동의 예외로 자기의 소유물 위에 담보물권이 존재하는 수는 있다(191조 1항 단서 참조).

담보물권도 물건 또는 재산권 등의 객체(교환가치)를 직접 지배할 수 있는 권리이므로 하나의 물권이라고 하여야 한다.

(2) 특 성(통유성. 通有性)

담보물권은 공통적으로 가지고 있는 성질이 있다. 그러나 이들이 모든 담보물권에서 똑같은 것은 아니다.

1) 부 종 성 담보물권은 피담보채권을 전제로 하여서만 성립할 수 있는데, 이것이 담보물권의 부종성이다. 이 부종성 때문에, 피담보채권이 성립하지 않으면 담보물권도 성립하지 않고, 피담보채권이 소멸하면 담보물권도 소멸하게 된다. 부종성은 유치권 등의 법정 담보물권에서는 엄격하게 적용되나, 질권·저당권 등의 경우에는 완화된다.

2) 수 반 성 피담보채권이 이전하면 담보물권도 따라서 이전하고, 피담보채권에 부담이 설정되면 담보물권도 그 부담에 복종하는 성질이다. 그런데 특별한 사정이 있으면 수반하지 않을 수 있으며, 그때 담보권은 소멸한다(대판 2004. 4. 28, 2003다61542).

3) 물상대위성(物上代位性) 담보물권의 목적물의 멸실·훼손·공용징수로 인하여 그에 갈음하는 금전 기타의 물건이 목적물의 소유자에게 귀속하게 된 경우에 담보물권이 그 물건

에 존속하는 성질이다(342조·355조·370조). 이 물상대위성은 유치권에는 인정되지 않는다.

4) 불가분성 담보물권자가 피담보채권의 전부를 변제받을 때까지 목적물의 전부에 대하여 그 권리를 행사할 수 있는 성질이다. 이 불가분성은 유치권·질권·저당권 모두에 인정된다(321조·343조·370조).

제2절 유 치 권

사 례 (신사례 [41]번 문제)

서울시 소재 4필지를 소유하고 있는 A 등은 B에게 그 토지들 위에 7동의 다세대주택(총 56세대)을 재건축하는 공사를 도급주었다. 그리고 B는 그 재건축공사 중 창호공사를 C에게 2억 6천만원에 하도급을 주었다. 그 후 C는 창호공사를 완료하였으나, 공사대금은 B로부터 1억 1천만원만 지급받았다. 그러자 C는 그가 창호공사를 한 다세대주택 중 7세대를 점유하기 시작하였다. 그런데 현재에는 다른 주택에 대한 점유는 상실하고 4동 301호만을 점유하고 있다. 한편 C가 점유한 4동 301호에 대하여는 D가 타인들과 공유로 소유권보존등기를 하였다가 다른 공유자들의 지분을 모두 이전받아 그가 단독소유하기에 이르렀다. 그 뒤 D는 C에게 4동 301호를 인도하라고 청구하였다. 그에 대하여 C는 그가 받지 못한 창호공사 대금 1억 5천만원을 모두 받을 때까지는 인도하지 않겠다고 한다. C가 4동 301호에 행한 창호공사 대금은 350만원이다.

C의 주장은 정당한가? (사례의 해결: B-308)

B-297 I. 유치권의 의의와 법적 성질

1. 의 의

(1) 개 념

유치권(留置權)은 타인의 물건 또는 유가증권을 점유한 자가 그 물건이나 유가증권에 관하여 생긴 채권이 변제기에 있는 경우에 그 채권의 변제를 받을 때까지 그 물건 또는 유가증권을 유치할 수 있는 물권이다(320조 1항). 예컨대 시계를 수선한 자는 수선료를 변제받을 때까지 그 시계를 유치하고 인도를 거절할 수 있는데, 그 이유는 시계수선자에게 유치권이 있기 때문이다.

법률이 이러한 유치권을 인정한 이유는 공평의 원칙을 실현하기 위하여서이다. 즉 타인의 물건 등을 점유하는 자가 그 물건 등에 채권을 가지는 경우에 그 채권의 변제를 받기 전에 자기만이 물건을 인도하게 하면 채권의 추심이 어렵게 되어 불공평하기 때문이다.

(2) 동시이행의 항변권과의 구별

유치권과 비슷한 제도로 동시이행의 항변권이 있다. 동시이행의 항변권은 상대방이 채무를 이행하거나 이행의 제공을 할 때까지 자기 채무의 이행을 거절할 수 있는 권리로서 매매계약과 같은 쌍무계약의 당사자에게 인정된다(536조). 예컨대 매매계약에 있어서 매도인은 매수인이 대금을 지급하지 않고서 소유권이전 및 목적물의 인도를 청구하면 이를 거절할 수 있다(매수인도 그와 같은 권리가 있음). 이러한 동시이행의 항변권은 유치권과 마찬가지로 공평의 원칙에 기한 것이고 그 효력(이행거절)도 유사하다. 그러나 둘은 동일하지 않다.

동시이행의 항변권은 쌍무계약의 효력으로서 상대방의 청구에 대한 항변을 내용으로 하는 데 비하여, 유치권은 하나의 물권이다. 그 결과 전자는 특정한 계약 상대방에 대하여만 행사할 수 있지만 후자는 누구에 대하여서도 주장할 수 있다. 그리고 동시이행의 항변권에 의하여 거절할 수 있는 급부는 쌍무계약에서 발생한 것 모두이어서 제한이 없는데, 유치권에 의하여 거절할 수 있는 것은 목적물(물건이나 유가증권)의 인도에 한한다. 나아가 두 제도는 공평의 원칙에 기하여 인정된 점에서는 같지만, 구체적인 목적에서는 차이가 있다. 동시이행의 항변권은 쌍무계약의 당사자 일방이 선이행당하는 것을 피하는 것을 그 목적으로 하는 데 비하여, 유치권은 유치권자의 채권담보를 목적으로 한다. 그러나 통설·판례는 상대방의 인도청구에 대하여 동시이행의 항변권을 행사하든 유치권을 행사하든 원고패소의 판결을 할 것이 아니고 상환급부판결(원고 일부 승소 판결)을 하여야 한다고 해석하므로, 이 점에서는 차이가 없다.

2. 법적 성질 B-298

(1) 물 권

1) 유치권은 단순한 인도거절권이 아니고 목적물을 점유할 수 있는 독립한 물권이다. 따라서 유치권자는 채무의 변제를 받을 때까지 목적물의 소유권이 누구에게 속하든 상관없이 누구에 대하여서도 그 권리를 행사할 수 있다. 즉 채무자에 한하지 않고, 물건의 소유자·양수인(대판 1975. 2. 10, 73다746 등)·경매에서의 매수인(B-304 참조)에 대하여도 행사할 수 있다.

2) 그러나 유치권은 유치권자가 점유를 상실하면 소멸하며(328조), 따라서 추급력(追及力)도 없다.

(2) 법정물권

유치권은 일정한 요건이 갖추어진 경우에 법에 의하여 당연히 성립하는 물권이다. 따라서 유치권이 부동산이나 유가증권 위에 성립하는 때에도 등기(부등법 3조 참조)나 배서는 필요하지 않다.

(3) 담보물권

1) 유치권은 담보물권 즉 법정 담보물권이다(대판 2023. 4. 27, 2022다273018). 그리하여 그것은 채권담보를 목적으로 한다. 그러나 유치권은 질권·저당권과 같은 전형적인 약정 담보물권과 같이 담보목적물의 교환가치로부터 우선변제를 받는 것을 본체로 하는 것이 아니고, 목적물을 유치함으로써 채무자에게 심리적 압박을 가하여 변제를 간접적으로 강제하는 것을 본체로 한다.

2) 유치권은 일종의 담보물권으로서 담보물권이 가지는 특성(통유성)을 갖는다. 그러나 질권·저당권과는 다소 차이가 있다. 유치권은 부종성(담보물권 중에서 가장 강함)·수반성·불가분성(321조)은 가지고 있으나, 물상대위성은 없다(유치권은 본래 목적물을 유치하는 권리이고 우선변제를 받는 권리가 아니기 때문이다).

판 례 **유치권의 불가분성**

「민법 제321조는 "유치권자는 채권 전부의 변제를 받을 때까지 유치물 전부에 대하여 그 권리를 행사할 수 있다"고 규정하고 있으므로, 유치물은 그 각 부분으로써 피담보채권의 전부를 담보한다고 할 것이며, 이와 같은 유치권의 불가분성은 그 목적물이 분할 가능하거나 수개의 물건인 경우에도 적용된다.」(대판 2007. 9. 7, 2005다16942: 다세대주택의 창호 등의 공사를 완성한 하수급인이 공사대금채권 잔액을 변제받기 위하여 위 다세대주택 중 한 세대를 점유하여 유치권을 행사하는 경우, 그 유치권은 위 한 세대에 대하여 시행한 공사대금만이 아니라 다세대주택 전체에 대하여 시행한 공사대금채권의 잔액 전부를 피담보채권으로 하여 성립한다고 본 사례[핵심판례 170면])

B-299 Ⅱ. 유치권의 성립

유치권은 다음과 같은 요건이 갖추어지면 법률상 당연히 성립한다(320조).

1. 목 적 물

(1) 물건이나 유가증권

유치권의 목적물로 될 수 있는 것은 물건과 유가증권이다. 그리하여 부동산(대결 2008. 5. 30, 2007마98은 사회통념상 독립한 건물이라고 볼 수 없는 정착물은 토지의 부합물에 불과하여 이러한 정착물에 대하여 유치권을 행사할 수 없다고 함)도 목적물이 될 수 있다. 그리고 유치권은 법률상 당연히 성립하기 때문에 부동산이나 유가증권이 목적물인 경우에도 등기나 배서가 필요하지 않고, 또 유치권은 피담보채권의 양도와 목적물의 점유이전이 있으면 그 수반성으로 인하여 그에 따라서 양도되기 때문에 제187조의 단서에 의한 등기나 유가증권의 양도를 위한 배서도 필요하지 않다.

(2) 타인의 소유일 것

유치권의 목적물은 유치권자의 소유이어서는 안 되고 타인의 소유이어야 한다(대판 1993. 3. 26, 91다14116은 수급인에게 건물의 소유권이 있는 경우에 유치권을 부인한다). 그 타인은 채무자인 것이 보통이겠으나, 제 3 자여도 무방하다

(예: 시계의 임차인 이 수선을 맡긴 경우)(이설 없음). 유치권의 발생 후 유치물의 소유자가 변동된 경우에도 유치권은 존속한다(대판 1975. 2. 10, 73다746 등).

2. 목적물의 점유 B-300

(1) 목적물을 점유할 것

유치권은 목적물을 점유하고 있는 경우에 그것을 유치할 수 있는 권리이기 때문에 그것이 성립하기 위하여서는 당연히 목적물의 점유가 필요하다. 그리고 그 점유는 계속되어야 하며, 유치권자가 점유를 잃으면 유치권은 소멸한다(328조). 다만, 유치권자가 물건에 대한 점유를 일시 상실하였다가 후에 다시 같은 물건을 점유하게 된 경우에는 점유 상실 당시 유치권을 포기하는 등 특별한 사정이 없는 한 그 채권을 위하여 유치권을 취득한다고 할 것이다(대판 2005. 1. 13, 2004다50853 · 50860). 점유는 직접점유이든 간접점유이든 상관없다(통설 · 판례도 같음. 대판 2019. 8. 14, 2019다205329 등). 다만, 유치권은 목적물을 유치함으로써 채무자의 변제를 간접적으로 강제하는 것을 본체적 효력으로 하는 권리인 점 등에 비추어, 그 직접점유자가 채무자인 경우에는 채권자의 간접점유는 유치권의 요건으로서의 점유에 해당하지 않는다고 할 것이다(대판 2008. 4. 11, 2007다27236).

판 례 유치권을 행사할 수 있는지 여부

(ㄱ) 「채무자 소유의 부동산에 경매개시결정의 기입등기가 경료되어 압류의 효력이 발생한 이후에 채권자가 채무자로부터 위 부동산의 점유를 이전받고 이에 관한 공사 등을 시행함으로써 채무자에 대한 공사대금채권 및 이를 피담보채권으로 한 유치권을 취득한 경우, 이러한 점유의 이전은 목적물의 교환가치를 감소시킬 우려가 있는 처분행위에 해당하여 민사집행법 제92조 제 1 항, 제83조 제 4 항에 따른 압류의 처분금지효에 저촉되므로, 위와 같은 경위로 부동산을 점유한 채권자로서는 위 유치권을 내세워 그 부동산에 관한 경매절차의 매수인에게 대항할 수 없고, 이 경우 위 부동산에 경매개시결정의 기입등기가 경료되어 있음을 채권자가 알았는지 여부 또는 이를 알지 못한 것에 관하여 과실이 있는지 여부 등은 채권자가 그 유치권을 경락인에게 대항할 수 없다는 결론에 아무런 영향을 미치지 못한다.」(대판 2006. 8. 25, 2006다22050)

(ㄴ) 「부동산에 저당권이 설정되거나 가압류등기가 된 뒤에 유치권을 취득하였더라도 경매개시 결정등기가 되기 전에 민사유치권을 취득하였다면 경매절차의 매수인에게 유치권을 행사할 수 있다.

한편 부동산에 관한 민사집행절차에서는 경매개시결정과 함께 압류를 명하므로 압류가 행하여짐과 동시에 매각절차인 경매절차가 개시되는 반면, 국세징수법에 의한 체납처분절차에서는 그와 달리 체납처분에 의한 압류(이하 '체납처분 압류'라고 한다)와 동시에 매각절차인 공매절차가 개시되는 것이 아닐 뿐만 아니라, 체납처분압류가 반드시 공매절차로 이어지는 것도 아니다. 또한 체납처분절차와 민사집행절차는 서로 별개의 절차로서 공매절차와 경매절차가 별도로 진행되는 것이므로, 부동산에 관하여 체납처분압류가 되어 있다고 하여 경매절차에서 이를 그 부동산에 관하여 경매개시결정에 따른 압류가 행하여진 경우와 마찬가지로 볼 수는 없다.

따라서 체납처분압류가 되어 있는 부동산이라고 하더라도 그러한 사정만으로 경매절차가 개시되어 경매개시결정등기가 되기 전에 그 부동산에 관하여 민사유치권을 취득한 유치권자가 경매절차의 매수인에게 그 유치권을 행사할 수 없다고 볼 것은 아니다.」(대판(전원) 2014. 3. 20, 2009다60336. 다수의견에 대하여 체납처분압류의 효력이 발생한 후에 채무자로부터 점유를 이전받아 유치권을 취득한 사람은 그 유치권으로써 경매의 매수인에게 대항할 수 없다고 보아야 한다는 소수의견이 있음)

(ㄷ) 「채무자 소유의 건물에 관하여 증·개축 등 공사를 도급받은 수급인이 경매개시결정의 기입등기가 마쳐지기 전에 채무자로부터 그 건물의 점유를 이전받았다 하더라도 경매개시결정의 기입등기가 마쳐져 압류의 효력이 발생한 후에 공사를 완공하여 공사대금채권을 취득함으로써 그때 비로소 유치권이 성립한 경우에는, 수급인은 그 유치권을 내세워 경매절차의 매수인에게 대항할 수 없는 것이다.」(대판 2011. 10. 13, 2011다55214)

(2) 적법한 점유일 것

점유가 불법행위에 의하여 시작되지 않았어야 한다(320조 2항). 그리하여 점유를 침탈한 경우는 물론 사기·강박에 의하여 점유하거나 적법한 권원 없이 점유한 경우(대판 1959. 11. 19, 4291민상135 등)에는 유치권이 없다. 권원이 없음을 알았거나 과실 없이 몰랐더라도 같다(판례는 경과실의 경우는 제외하고 중과실의 경우에 유치권을 부정함. 대판 2011. 12. 13, 2009다5162 등). 불법행위로 점유를 취득한 후 적법한 권원을 취득한 때에도 유치권은 부정되어야 한다. 처음에는 적법하게 점유를 취득하였으나 그 후에 권원이 소멸한 경우에 유치권의 성립을 인정할 것인지가 문제된다. 여기에 관하여 학설은 나뉘어 있다(사견은 부정설임). 그리고 판례는, 유익비상환청구권을 기초로 하는 유치권의 주장을 배척하려면 적어도 그 점유가 불법행위로 인하여 개시되었거나 유익비 지출 당시 이를 점유할 권원이 없음을 알았거나 이를 알지 못함이 중대한 과실에 기인하였다고 인정할 만한 사유의 상대방 당사자의 주장·증명이 있어야 한다고 한다(대판 2011. 12. 13, 2009다5162 등).

B-301 3. 변제기가 된 채권의 존재

(1) 점유자가 채권을 가지고 있어야 한다. 채권의 발생원인은 묻지 않는다. 그리하여 계약으로부터 발생한 것뿐만 아니라 사무관리·부당이득·불법행위에 의한 것이라도 무방하다.

(2) 점유자의 채권은 변제기에 있어야 한다(320조 1항). 채권의 변제기가 되지 않은 동안에는 유치권은 생기지 않는다. 유치권이 성립하였더라도 법원이 채권(유익비 상환청구권)에 관하여 상환기간을 허락한 경우(203조 3항·310조 2항·626조 2항 2문 등)에는 유치권이 소멸한다. 이와 같이 유치권에서는

채권이 변제기에 있어야 권리가 성립하는데, 이는 다른 담보물권과는 다른 점이다. 다른 담보물권의 경우에는 채권의 변제기 도래는 권리의 성립요건이 아니고 단지 실행요건에 지나지 않는다.

판례 동시이행의 항변을 한 때

「수급인의 공사대금채권이 도급인의 하자보수청구권 내지 하자보수에 갈음한 손해배상채권 등과 동시이행의 관계에 있는 점 및 피담보채권의 변제기 도래를 유치권의 성립요건으로 규정한 취지 등에 비추어 보면, 건물신축 도급계약에서 수급인이 공사를 완성하였다고 하더라도, 신축된 건물에 하자가 있고 그 하자 및 손해에 상응하는 금액이 공사잔대금액 이상이어서, 도급인이 수급인에 대한 하자보수청구권 내지 하자보수에 갈음한 손해배상채권 등에 기하여 수급인의 공사잔대금 채권 전부에 대하여 동시이행의 항변을 한 때에는, 공사잔대금 채권의 변제기가 도래하지 아니한 경우와 마찬가지로 수급인은 도급인에 대하여 하자보수의무나 하자보수에 갈음한 손해배상의무 등에 관한 이행의 제공을 하지 아니한 이상 공사잔대금 채권에 기한 유치권을 행사할 수 없다고 보아야 한다.」(대판 2014. 1. 16, 2013다30653)

4. 채권과 목적물 사이의 견련관계(牽連關係) B-302

(1) 견련관계가 인정되는 경우

유치권이 성립하기 위해서는 채권이 유치권의 목적물에 관하여 생긴 것이어야 한다(320조 1항). 즉 채권과 목적물 사이에 견련관계가 있어야 한다.

어떠한 경우에 견련관계를 인정할 것인가에 관하여 학설은 대립하고 있는데, 통설은 채권이 목적물 자체로부터 발생한 경우와 채권이 목적물의 반환청구권과 동일한 법률관계 또는 동일한 사실관계로부터 발생한 경우에 견련관계가 있다고 한다(이를 흔히 이원설이라고 한다). 그리고 판례는, 유치권제도 본래의 취지인 공평의 원칙에 특별히 반하지 않는 한, 채권이 목적물 자체로부터 발생한 경우는 물론이고 채권이 목적물의 반환청구권과 동일한 법률관계나 사실관계로부터 발생한 경우도 포함한다고 하여(대판 2007. 9. 7, 2005다16942[핵심판례 170면]), 통설과 같다.

판례 견련관계

(ㄱ) 이른바 계약명의신탁에 있어서 명의신탁자가 명의수탁자에 대하여 가지는 「부당이득반환청구권은 부동산 자체로부터 발생한 채권이 아닐 뿐만 아니라 소유권 등에 기한 부동산의 반환청구권과 동일한 법률관계나 사실관계로부터 발생한 채권이라고 보기도 어려우므로, 결국 민법 제320조 제1항에서 정한 유치권 성립요건으로서의 목적물과 채권 사이의

견련관계를 인정할 수 없다 할 것이다.」(대판 2009. 3. 26, 2008다34828)

(ㄴ) 「건물의 옥탑, 외벽 등에 설치된 간판의 경우 일반적으로 건물의 일부가 아니라 독립된 물건으로 남아 있으면서 과다한 비용을 들이지 않고 건물로부터 분리할 수 있는 것이 충분히 있을 수 있고, 그러한 경우에는 특별한 사정이 없는 한 간판 설치공사 대금채권을 그 건물 자체에 관하여 생긴 채권이라고 할 수 없다.」(대판 2013. 10. 24, 2011다44788)

생각건대 우리 법상 유치권은 단순한 인도거절권이 아니고 물권으로 되어 있어서 그것은 채무자 이외의 자에게 미치는 영향이 크다. 그러므로 유치권의 성립은 엄격한 요건 하에 제한적으로 인정되어야 한다. 즉 유치권의 취지와 효력을 고려하여 볼 때 유치권이 인정되어야 할 필요성이 있을 정도로 채권과 목적물 사이에 밀접성이 있을 경우에 견련관계가 있다고 할 것이다. 그리하여 동시이행의 항변권의 인정만으로 충분한 때에는 유치권의 성립을 인정하지 않아야 한다.

사견에 비추어 어떤 경우에 견련관계가 인정될 수 있는지를 살펴보기로 한다. 우선 채권이 목적물 자체로부터 발생한 경우에는 견련관계가 있다. 예컨대 물건의 점유자가 물건에 필요비 또는 유익비(대판 1959. 8. 27, 4291민상672)를 지출한 경우(비용이 각 호실의 개량을 위하여가 아니고 임차인의 주관적 이익이나 특정한 영업을 위한 목적으로 지출된 경우는 그렇지 않음. 대판 2023. 4. 27, 2022다273018 참조), 점유자가 목적물로부터 손해를 입은 경우(예: 수치인이 임치물의 하자로 인하여 손해를 입은 경우)에는, 비용상환청구권·손해배상청구권과 목적물 사이에 견련관계가 인정된다. 도급계약에 기하여 신축된 건물의 소유권이 도급인에게 속한 경우에 수급인이 공사대금 채권을 가지고 있는 때도 같다(대판 1995. 9. 15, 95다16202·16219). 그리고 채무불이행에 의한 손해배상청구권은 원채권의 연장으로 보아야 할 것이므로, 물건(가령 도급건축물)과 원채권(공사대금 채권)과 사이에 견련관계가 있는 경우에는 그 손해배상채권(공사대금의 지연손해금청구권)과 그 물건과의 사이에도 견련관계가 있다(대판 1976. 9. 28, 76다582). 그에 비하여 임차인의 임차권·보증금반환청구권(대판 1960. 9. 29, 4292민상229; 대판 1961. 12. 21, 4294민상127·128)·권리금반환청구권(대판 1994. 10. 14, 93다62119)·임차지상에 해놓은 시설물에 대한 매수청구권(대판 1977. 12. 13, 77다115)·건물의 임대차에 있어서 건물시설을 아니하기 때문에 임차인에게 건물을 임차목적대로 사용하지 못한 것을 이유로 하는 손해배상청구권(대판 1976. 5. 11, 75다1305)은 목적물과의 사이에 견련관계가 없다. 그리고 갑이 건물 신축공사 수급인인 을 주식회사와 체결한 약정에 따라 공사현장에 시멘트와 모래 등의 건축자재를 공급한 사안에서, 갑의 건축자재대금채권은 매매계약에 따른 매매대금채권에 불과할 뿐 건물 자체에 관하여 생긴 채권이라고 할 수는 없다(대판 2012. 1. 26, 2011다96208). 그런가 하면 통설이 말하는 둘째의 경우 즉 채권이 목적물의 반환청구권과 동일한 법률관계 또는 동일한 사실관계로부터 발생한 경우에는 대체로 견련관계가 인정되기 어려울 것이다. 가령 물건의 매매계약이 취소되어 대금과 목적물이 반환되어야 하는 때에는 제536조를 유추적용하여 동시이행의 항변권을 인정하면 충분할 것으로 생각된다(대판 2001.

7. 10, 2001다3764는 매매계약이 취소된 경우에 당사자 쌍방의 원상회복의무는 동시이행의 관계에 있다고 한다). 그 밖에 점유하지 않은 물건에 관한 채권의 경우에 견련관계가 없음은 물론이다(대판 1955. 10. 6, 4288민상54).

한편 판례에 따르면, 근저당권자는 유치권의 전부 또는 일부(대항할 수 있는 범위를 초과한 부분)의 부존재 확인을 구할 수 있고, 유치권 부존재 확인소송에서 유치권의 요건사실인 유치권의 목적물과 견련관계 있는 채권의 존재에 대해서는 피고가 주장·증명해야 한다(대판 2016. 3. 10, 2013다99409).

판 례 매도인의 유치권 부정

「부동산매도인이 매매대금을 다 지급받지 아니한 상태에서 매수인에게 소유권이전등기를 경료하여 목적물의 소유권을 매수인에게 이전한 경우에는, 매도인의 목적물인도의무에 관하여 위와 같은 동시이행의 항변권 외에 물권적 권리인 유치권까지 인정할 것은 아니다.」(대결 2012. 1. 12, 2011마2380. 그 이유는 판결 참조)

(2) 채권과 목적물의 점유 사이의 견련관계가 필요한지 여부 B-303

채권과 목적물 사이에는 견련관계가 있어야 하나, 채권과 목적물의 점유 사이에는 견련관계가 필요하지 않다(이설 없음). 즉 채권이 목적물을 점유하는 동안에 또는 점유의 시작과 함께 생겼어야 하는 것이 아니다. 따라서 목적물에 관하여 채권을 가진 자가 후에 그 물건을 점유하게 된 때에도 유치권은 성립한다(대판 1965. 3. 30, 64다1977 등).

5. 유치권을 배제하는 특약이 없을 것

유치권의 발생을 배제하는 특약도 유효하므로(대판 2018. 1. 24, 2016다234043(유치권 배제 특약에도 조건을 붙일 수 있다고 함) 등), 그러한 특약이 없어야 한다. 그리고 유치권 배제 특약이 있는 경우 그 특약에 따른 효력은 특약의 상대방뿐 아니라 그 밖의 사람도 주장할 수 있다(대판 2018. 1. 24, 2016다234043 등).

Ⅲ. 유치권의 효력 B-304

1. 유치권자의 권리

(1) 목적물을 유치할 권리

1) 유치의 의미 유치권자는 채권의 변제를 받을 때까지 목적물을 유치할 수 있다. 이것이 유치권의 중심적 효력이다. 여기서 「유치」한다는 것은 목적물의 점유를 계속하고 인도를 거절하는 것이다.

건물 또는 토지의 임차인이 그의 비용상환청구권에 관하여 유치권을 가지는 경우에 그는 종전대로 건물 또는 토지를 사용할 수 있다고 새겨야 한다(이설이 없으며, 판례도 같음). 그런데 그 근거에 관하여 판례는 보존행위라고 한다(대판 1972. 1. 31, 71다2414). 한편 유치권자의 사용으로 인한 이득은 부당이득이므로 반환하여야 한다(통설·판례도 같음. 대판 1963. 7. 11, 63다235 등)(그러나 보존행위의 경우에는 부당이득이 없다고 하여야 한다. B-306 참조).

(판 례) 유치권자의 건물 점유가 건물 부지 소유자에 대하여 부당이득으로 되는지

대판 2009. 9. 10, 2009다28462은, 건물 부지는 건물소유자가 점유하는 것이고(현실적으로 건물이나 그 부지를 점거하고 있지 않다고 하더라도 건물 소유를 위하여 부지를 점유한다고 함) 건물의 소유명의자가 아닌 자는 실제 건물을 점유하고 있다고 하더라도 그 부지를 점유하는 자로 볼 수 없다고 한 뒤, 그 판결 사안에서 원심이 — 피고가 유치권자로서 건물을 점유하였더라도 건물소유자는 원고이므로 피고는 그 건물의 부지 부분을 점유·사용하지 않았다는 이유를 들어 — 그 건물 부지부분의 점유·사용에 따른 부당이득 반환을 구하는 원고의 주장을 배척한 것은 정당하다고 하였다.

2) 유치권 행사의 상대방 유치권은 물권이기 때문에 채무자뿐만 아니라 모든 자에게 주장할 수 있다. 그 결과 유치권의 존속 중에 유치물의 소유권이 제 3 자에게 양도된 경우에는 유치권자는 그 제 3 자에 대하여도 유치권을 행사할 수 있다(대판 1972. 1. 31, 71다2414).

경매의 경우에는 어떤가? 부동산 유치권자는 목적부동산의 경매(통상의 강제경매·담보권 실행경매)의 경우에 매수인(경락인)에 대하여도 유치물의 인도를 거절할 수 있다(민사집행법 91조 5항·268조 참조). 그런데 판례에 의하면, 이 경우 유치권자가 매수인에 대하여 채권의 변제를 청구할 수는 없다고 한다(대판 1996. 8. 23, 95다8713). 한편 유치물이 동산이나 유가증권인 때에는 유치권자는 집행관에 대하여 목적물의 인도를 거절할 수 있고(민사집행법 191조), 그럼에도 불구하고 집행관이 경매를 하는 때에는 제 3 자 이의의 소를 제기하여 이를 막을 수 있다(민사집행법 48조). 또한 유치권자가 집행관에게 물건을 인도하더라도 유치권은 소멸하지 않는다고 하여야 한다(그때 유치권자는 간접점유를 갖는다).

3) 유치권 행사의 효과 상대방의 목적물 인도청구의 소에 대하여 유치권자가 유치권을 행사하여 목적물의 인도를 거절한 경우에는 이론상으로는 원고패소의 판결을 하여야 하나, 통설·판례는 상환급부판결을 할 것이라고 한다(대판 2011. 12. 13, 2009다5162 등).

B-305 **(2) 경매권과 우선변제권**

1) 경 매 권 유치권자는 채권의 변제를 받기 위하여 유치물을 경매할 수 있다(322조 1항, 민사집행법 274조).

(판 례) 유치권자의 배당순위(일반채권자와 동일)

「유치권에 의한 경매도 강제경매나 담보권 실행을 위한 경매와 마찬가지로 목적부동산 위의 부담을 소멸시키는 것을 법정매각조건으로 하여 실시되고 우선채권자뿐만 아니라 일반채권자의 배당요구도 허용되며, 유치권자는 일반채권자와 동일한 순위로 배당을 받을 수 있다고 봄이 상당하다. 다만 집행법원은 부동산 위의 이해관계를 살펴 위와 같은 법정

매각조건과는 달리 매각조건 변경결정을 통하여 목적부동산 위의 부담을 소멸시키지 않고 매수인으로 하여금 인수하도록 정할 수 있다.」(대결 2011. 6. 15, 2010마1059)

2) 우선변제권 유치권자는 원칙적으로 우선변제권이 없다(303조 1항 · 329조 · 356조 참조). 그러나 채무자 또는 제 3 자가 목적물의 인도를 받으려면 먼저 유치권자에게 변제하여야 하므로 사실상 우선변제를 받을 수 있게 된다.

유치권자에게 예외적으로 우선변제권이 인정되는 경우가 있다. 첫째로 유치권자는 정당한 이유가 있는 때에는 감정인의 평가에 의하여 유치물로 직접 변제에 충당할 것을 법원에 청구할 수 있다(322조 2항 1문). 이때 유치권자는 미리 채무자에게 통지하여야 한다(322조 2항 2문). 이를 간이변제충당이라고 한다. 간이변제충당을 허가하는 법원의 결정이 있으면 유치권자는 유치물의 소유권을 취득한다. 그 취득은 승계취득이지만 법률의 규정에 의한 것이기 때문에, 유치물이 부동산일지라도 등기가 필요하지 않다. 그리고 유치권자는 소유권취득과 동시에 평가액의 한도에서 변제를 받는 것으로 되고, 그 범위에서 채권은 소멸한다. 만약 평가액이 채권액을 초과하는 때에는 유치권자는 초과액을 이전의 소유자에게 반환하여야 한다(채무자와 유치물의 소유자가 불일치하는 경우에는 반환채권자는 소유자이다). 둘째로 유치권자는 유치물의 과실로 우선변제를 받을 수 있다(323조). 이에 관하여는 뒤에 따로 보기로 한다. 셋째로 채무자가 파산한 때에는 유치권자는 별제권을 가진다(채무자회생법 411조).

판 례 제322조 제 2 항의 정당한 이유 관련

「유치물의 처분에 관하여 이해관계를 달리하는 다수의 권리자가 존재하거나 유치물의 공정한 가격을 쉽게 알 수 없는 등의 경우에는 민법 제322조 제 2 항에 의하여 유치권자에게 유치물의 간이변제충당을 허가할 정당한 이유가 있다고 할 수 없다.」(대결 2000. 10. 30, 2000마4002)

(3) 과실수취권 B-306

유치권자는 유치물의 과실을 수취하여 다른 채권보다 먼저 그의 채권의 변제에 충당할 수 있다(323조 1항 본문). 여기의 과실에는 천연과실뿐만 아니라 법정과실(예: 소유자의 동의를 얻어 임대한 경우의 차임)도 포함된다.

과실은 먼저 채권의 이자에 충당하고 나머지가 있으면 원본에 충당한다(323조 2항). 그런데 과실이 금전이 아닌 때에는 그것을 경매하여야 한다(323조 1항 단서, 민사집행법 274조 1항). 그러나 당사자의 합의에 의하여 평가할 수도 있고, 경매로 지체할 경우 손해가 생길 염려가 있는 때에는 유치권자가 스스로 매각할 수 있다고 할 것이다(이설 없음).

(4) 유치물 사용권

유치권자는 원칙적으로 유치물을 사용할 수 없다. 그러나 여기에는 두 가지의 예외가 있다. 첫째로 유치권자는 채무자(정확하게는 소유자라고 하여야 함)의 승낙을 얻어 유치물을 사용할 수 있다(324조 2항 본문). 이 경우 사용으로 인한 이익은 채권의 변제에 충당된다. 둘째로 유치권자는 보존에 필요한 사용(예: 승마용 말의 정기적인 승마)은 채무자의 승낙 없이 할 수 있다(324조 2항 단서). 그런데 이 경우에는 유치권자에게 이익이 생기지 않는다고 할 것이다. 따라서 보존행위로서의 사용에 대하여는 부당이득의 반환의무가 없다. 이에 대하여 판례는, 공사대금채권에 기하여 유치권을 행사하는 자가 스스로 유치물인 주택에 거주하며 사용하는 것은 특별한 사정이 없는 한 유치물인 주택의 보존에 도움이 되는 행위로서 유치물의 보존에 필요한 사용에 해당한다고 할 것이라고 한 뒤, 유치권자가 유치물의 보존에 필요한 사용을 한 경우에도 특별한 사정이 없는 한 차임에 상당한 이득을 소유자에게 반환할 의무가 있다고 한다(대판 2009. 9. 24, 2009다40684). 한편 유치권자가 유치물에 대한 보존행위로서 목적물을 사용하는 것은 적법행위이므로 유치권자에게 불법점유로 인한 손해배상책임이 발생하지 않는다(대판 1972. 1. 31, 71다2414).

판 례 유치권자로부터 임차한 자가 경매의 매수인에게 대항할 수 있는지

「유치권의 성립요건인 유치권자의 점유는 직접점유이든 간접점유이든 관계없지만, 유치권자는 채무자의 승낙이 없는 이상 그 목적물을 타에 임대할 수 있는 처분권한이 없으므로(민법 제324조 제 2 항 참조), 유치권자의 그러한 임대행위는 소유자의 처분권한을 침해하는 것으로서 소유자에게 그 임대의 효력을 주장할 수 없고, 따라서 소유자의 동의 없이 유치권자로부터 유치권의 목적물을 임차한 자의 점유는 구 민사소송법(2002. 1. 26. 법률 제6626호로 전문 개정되기 전의 것) 제647조 제 1 항 단서에서 규정하는 '경락인에게 대항할 수 있는 권원'에 기한 것이라고 볼 수 없다.」(대결 2002. 11. 27, 2002마3516)

B-307 ### (5) 비용상환청구권

유치권자가 유치물에 관하여 필요비 또는 유익비를 지출한 때에는 유치권자는 그 상환을 청구할 수 있다(325조 1항·2항). 상환의무자는 소유자이다.

2. 유치권자의 의무

(1) 유치권자는 선량한 관리자의 주의로 유치물을 점유하여야 한다(324조 1항).

(2) 유치권자는 채무자의 승낙 없이 유치물을 사용·대여하거나 또는 담보로 제공하지 못한다(324조 2항 본문). 민법은 사용 등의 승낙을 할 수 있는 자를 「채무자」라고 하고 있으나, 소유자가 채무자와 다른 경우에는 승낙은 소유자만이 할 수 있다고 하여야 한다.

(3) 유치권자가 위의 의무를 위반한 때에는, 채무자는 유치권의 소멸을 청구할 수 있다

(324조 3항). 이와 관련하여 판례는, 하나의 채권을 피담보채권으로 하여 여러 필지의 토지에 대하여 유치권을 취득한 유치권자가 그중 일부 필지의 토지에 대하여 선량한 관리자의 주의의무를 위반하였다면 특별한 사정이 없는 한 위반행위가 있었던 필지의 토지에 대하여만 유치권 소멸청구가 가능하다고 한다(대판 2022. 6. 16, 2018다301350[핵심판례 172면]). 그리고 유치권자가 제324조 제 2 항을 위반하여 유치물 소유자의 승낙 없이 유치물을 임대한 경우 유치물의 소유자는 이를 이유로 제324조 제 3 항에 의하여 유치권의 소멸을 청구할 수 있으며, 특별한 사정이 없는 한 제324조 제 2 항을 위반한 임대행위가 있은 뒤에 유치물의 소유권을 취득한 제 3 자도 유치권 소멸청구를 할 수 있다고 한다(대판 2023. 8. 31, 2019다295278). 그런가 하면 제324조 제 2 항에서 말하는 대여는 임대차뿐만 아니라 사용대차도 포함되는데, 유치권자가 유치물을 다른 사람으로 하여금 사용하게 한 경우에 그것이 유치물의 보존에 필요한 사용을 넘어서는 것으로서 유치권 소멸청구의 사유가 되는 사용 또는 대여에 해당하는지 여부는 유치물의 특성과 유치권자의 점유 태양 등 여러 사정을 종합적으로 고려하여 판단할 것이라고 한다(대판 2023. 7. 13, 2021다274243).

이 소멸청구권은 형성권이며, 소멸청구의 의사표시만으로 효력이 생긴다(이설 없음). 즉 부동산유치권의 경우에도 등기가 필요하지 않다(유치권은 본래 점유로 공시함을 유의하라).

Ⅳ. 유치권의 소멸 B-308

(1) 일반적 소멸사유

유치권은 목적물의 멸실·토지수용·혼동·포기 등과 같은 물권의 일반적 소멸사유에 의하여 소멸한다. 그러나 소멸시효에 걸려서 소멸하는 일은 없다. 유치물의 점유가 유치권의 행사이기 때문이다.

유치권의 포기와 관련하여 판례는, 유치권은 법정담보물권이기는 하나 채권자의 이익보호를 위한 채권담보의 수단에 불과하므로 이를 포기하는 특약은 유효하고, 유치권을 사후에 포기한 경우 곧바로 유치권은 소멸한다고 한다. 그리고 유치권 포기로 인한 유치권의 소멸은 유치권 포기의 의사표시의 상대방뿐 아니라 그 이외의 사람도 주장할 수 있다고 한다(대결 2011. 5. 13, 2010마1544(채권자가 유치권의 소멸 후에 그 목적물을 계속하여 점유하면 무단점유가 됨); 대판 2016. 5. 12, 2014다52087).

유치권은 담보물권으로서 피담보채권의 소멸에 의하여 소멸한다. 그런데 유치권을 행사하고 있더라도 피담보채권의 소멸시효는 진행함을 주의하여야 한다(326조). 목적물의 유치가 채권의 행사는 아니기 때문이다.

(2) 유치권에 특유한 소멸사유

1) 채무자의 소멸청구 유치권자의 의무위반시 채무자는 유치권의 소멸을 청구할

수 있으며, 그 경우에 소멸청구의 의사표시만으로 유치권은 소멸한다(324조. B-307 참조).

2) 다른 담보의 제공 채무자는 상당한 담보를 제공하고 유치권의 소멸을 청구할 수 있다(327조). 민법은 소멸청구를 할 수 있는 자로 「채무자」만 규정하고 있으나, 소유자도 포함된다고 하여야 한다(이설이 없으며, 판례도 같음. 대판 2021. 7. 29, 2019다216077 등). 그리고 채무자나 소유자가 제공해야 하는 담보는, 유치물 가액이 피담보채권액보다 많을 경우에는 피담보채권액에 해당하는 담보를 제공하면 되고, 유치물 가액이 피담보채권액보다 적을 경우에는 유치물 가액에 해당하는 담보를 제공하면 된다(대판 2021. 7. 29, 2019다216077). 한편 담보는 물적 담보뿐만 아니라 인적 담보라도 무방하다.

이 경우에는 유치권은 소멸청구의 의사표시 외에 유치권자의 승낙이나 이에 갈음하는 판결이 있어야 소멸한다.

3) 점유의 상실 유치권자가 점유를 상실하면 유치권은 소멸한다(328조). 점유를 빼앗긴 때도 같으나, 다만 점유물반환청구권에 의하여 점유를 회복하면 점유를 상실하지 않았던 것으로 되어서(192조 2항 단서) 유치권은 소멸하지 않았던 것으로 된다(대판 2012. 2. 9, 2011다72189. 그러나 점유를 회복하기 전에는 유치권이 되살아나는 것이 아니다). 유치권자가 제 3 자에게 점유하게 한 경우에는 설사 소유자의 승낙 없이 임대한 때에도 그것만으로 유치권이 소멸하지는 않는다(그러나 채무자의 소멸청구가 있으면 다르다).

판 례 점유승계인의 유치권 대위행사 부정

「소외인 A가 이 사건 건물에 관하여 공사금 채권이 있어 A가 이 건물을 점유하고 있다면 A에게는 위 공사금 채권을 위하여 이 건물에 대한 유치권이 인정될 것이다. 그러나 피고들이 A로부터 그 점유를 승계한 사실이 있다고 하여 피고들이 A를 대위하여 유치권을 주장할 수는 없다. 왜냐하면 피대위자인 A는 그 점유를 상실하면서 곧 유치권을 상실한 것이기 때문이다.」(대판 1972. 5. 30, 72다548)

사례의 해결

C는 유치권을 주장하고 있다. 그런데 사례에서 C는 유치권의 요건을 모두 구비하고 있다. 그리고 지급받지 못한 공사대금채권 전부에 관하여 유치권을 행사할 수 있다. 또한 C가 점유하고 있는 4동 301호는 피담보채권과 견련관계가 있는 유치권의 물적 범위에 해당한다. 그런가 하면 유치권에는 불가분성이 있으므로 C는 유치물인 4동 301호에 관하여 그의 잔여 공사대금채권 1억 5천만원 전액을 변제받을 때까지 유치권을 행사할 수 있다. 한편 유치권자는 소유자에게도 유치권을 행사할 수 있기 때문에 D에 대하여도 유치물의 인도를 거절할 수 있다. 결국 C의 주장은 정당하다. (사례: B-297)

제 3 절 질 권

제 1 관 서 설

Ⅰ. 질권의 의의 및 작용 B-309

1. 의 의

질권(質權)은 채권자가 채권의 담보로서 채무자 또는 제 3 자(물상보증인)가 제공한 동산 또는 재산권을 유치하고, 채무의 변제가 없는 때에는 그 목적물로부터 우선변제를 받는 물권이다(329조·345조).

2. 종 류

민법상의 질권 즉 민사질은 여러 가지 표준에 의하여 종류를 나눌 수 있다.

(1) 동산질권 · 부동산질권 · 권리질권

질권은 그것이 성립하는 목적물(객체)에 따라 동산질권·부동산질권·권리질권으로 나눌 수 있다. 그런데 민법은 이들 중 부동산질권은 인정하지 않고, 동산질권(329조 이하)과 권리질권(345조 이하)만을 인정한다.

(2) 법정질권 · 약정질권

질권에는 법률규정에 의하여 당연히 성립하는 법정질권과 당사자의 설정계약에 의하여 성립하는 약정질권이 있다.

3. 사회적 작용

(1) 서민금융수단

질권은 유치적 효력이 있어서 동산이라도 생산용품은 입질을 할 수 없다. 그러나 일상생활용품인 동산은 질권설정에 적합하다. 그리하여 일반 서민은 그러한 동산에 질권을 설정하고 금융을 얻게 된다. 질권이 서민 금융의 수단이 되는 것이다. 그러나 요즈음에는 신용대출이 증가하면서 동산질권의 기능은 미미한 정도이다.

(2) 상품소유자의 금융수단

제조업자나 상인이 소유하는 상품에 대하여는 그것을 표상하는 증권(창고증권·화물상환증·선하증권)에 의하여 상품을 입질할 수 있다. 그 경우에는 상품소유자는 상품을 입질하면서 다른 한편으로 그것을 매각·송부할 수 있기 때문에 매우 훌륭하게 금융을 얻게 된다.

(3) 금융매개수단

질권 가운데 재산권(채권·주식 등)을 목적으로 하는 질권인 권리질권은 질권의 본래의 효력인 유치적 효력을 발휘하지 못함으로써 저당권 못지않은 금융매개수단이 되고 있다.

B-310
Ⅱ. 질권의 법적 성질

1. 제한물권

질권은 객체를 직접 지배할 수 있는 물권이다. 그리고 그 가운데에서도 타인의 동산이나 재산권을 객체로 하는 제한물권이다(혼동의 경우는 예외이다. 191조 1항 단서 참조).

2. 담보물권

(1) 약정 담보물권

질권은 객체 즉 목적물이 가지는 교환가치를 직접 그리고 배타적으로 지배할 수 있는 담보물권이다. 또한 원칙적으로 당사자의 설정계약에 의하여 성립하는 약정 담보물권이다(예외적으로 법정질권도 있다). 그리하여 질권은 금융을 매개하게 된다.

(2) 통 유 성

질권은 담보물권으로서의 공통적인 특성(통유성)을 갖는다.

1) 부종성이 있다. 그러나 약정 담보물권인 질권의 경우에는 해석상 부종성이 다소 완화된다.

2) 수반성이 있다. 그리하여 피담보채권이 승계되면 질권도 그에 수반하여 승계된다. 그러나 물상보증인이 설정한 질권은 그의 동의가 없는 한 수반하지 않는다(이설 없음). 그리고 질권을 이전할 때에는 질권의 목적물에 따라서 정하여져 있는 공시방법 내지 대항요건을 갖추어야 한다.

3) 불가분성이 있다(343조·321조).

4) 물상대위성이 있다(342조·355조).

B-311
3. 유치적 효력 · 우선변제적 효력

(1) 유치적 효력

질권에는 채권의 담보로서 채무자 또는 제 3 자로부터 받은 목적물을 점유하는 유치적 효력이 있다. 그리하여 간접적으로 채무의 변제를 강제하게 된다. 이 점에서 질권은 유치권과 같고 저당권과 다르다. 그러나 이러한 유치적 효력은 일상생활용품을 입질하는 경우인 동산질권에 있어서만 크게 기능을 발휘하며, 그 밖의 물건(상품 등)이나 권리에 대한 질권에 있어서는 거의 기능을 발휘하지 못한다.

(2) 우선변제적 효력

질권에는 목적물의 교환가치로부터 우선변제를 받을 수 있는 효력이 있다. 이 점에서 질권은 저당권과 같고 유치권과 다르다.

제 2 관 동산질권

I. 동산질권의 성립 B-312

동산질권은 원칙적으로 당사자 사이의 질권설정계약과 목적물인 동산의 인도에 의하여 성립하나, 예외적으로 법률의 규정에 의하여 성립하는 때도 있다. 동산질권의 성립을 원칙적인 경우를 중심으로 하여 살펴보기로 한다.

1. 동산질권설정계약

(1) 당 사 자

질권설정계약의 당사자는 질권자와 질권설정자이다. 질권자는 피담보채권의 채권자에 한하나, 질권설정자는 채무자 외에 제 3 자라도 무방하다(329조 참조). 그러한 제 3 자를 물상보증인이라고 한다.

(2) 물상보증인(物上保證人)

물상보증인이란 타인의 채무를 위하여 자기의 재산 위에 물적 담보(질권 · 저당권 · 가등기담보 · 양도담보 등)를 설정하는 자이다. 물상보증인은 채권자에 대하여 채무를 부담하고 있지는 않다. 그러나 채무의 변제가 없으면 담보권의 실행에 의하여 소유권 등의 권리를 상실하게 된다(즉 「책임」을 진다). 물상보증인이 그의 권리를 잃지 않기 위하여 채무를 변제하거나 질권의 실행으로 인하여 질물의 소유권을 잃은 때에는, 보증채무에 관한 규정에 의하여 채무자에 대하여 구상권이 있다(341조)(C-286 이하 참조). 그 결과 채무자의 부탁을 받고서 물상보증인이 되었는지에 따라 구상의 범위가 달라진다(441조 내지 447조 참조)(제 3 자가 자신의 명의로 대출을 받게 한 경우에 물상보증인이 그에 대하여 구상할 수 있는가에 관하여는 대판 2014. 4. 30, 2013다80429 · 80436 등 참조). 그런데 판례는 물상보증인은 사전구상권은 없다고 한다(대판 2009. 7. 23, 2009다19802 · 19819). 한편 물상보증인은 채무의 변제에 관하여 법률상 이해관계가 있는 제 3 자로서 채무자의 의사에 반하여서도 채무를 변제할 수 있으며(469조), 그때에는 당연히 채권자를 대위한다(481조). 그리고 구상권과 대위에 의한 권리는 별개의 것이어서 물상보증인은 두 권리를 선택적으로 행사할 수 있다(대판 1997. 5. 30, 97다1556).

판 례 물상보증의 법률관계

(ㄱ) 「물상보증은 채무자 아닌 사람이 채무자를 위하여 담보물권을 설정하는 행위이고 채무자를 대신해서 채무를 이행하는 사무의 처리를 위탁받는 것이 아니므로, 물상보증인이 변제 등에 의하여 채무자를 면책시키는 것은 위임사무의 처리가 아니고 법적 의미에서는 의무 없이 채무자를 위하여 사무를 관리한 것에 유사하다. 따라서 물상보증인의 채무자에 대한 구상권은 그들 사이의 물상보증위탁계약의 법적 성질과 관계없이 민법에 의하여 인정된 별개의 독립한 권리이고, 그 소멸시효에 있어서는 민법상 일반채권에 관한 규정이 적용된다.」(대판 2001. 4. 24, 2001다6237)

(ㄴ) 「타인의 채무를 담보하기 위하여 그 소유의 부동산에 저당권을 설정한 물상보증인이 타인의 채무를 변제하거나 저당권의 실행으로 저당물의 소유권을 잃은 때에는 채무자에 대하여 구상권을 취득한다(민법 제370조, 제341조). 그런데 구상권 취득의 요건인 '채무의 변제'라 함은 채무의 내용인 급부가 실현되고 이로써 채권이 그 목적을 달성하여 소멸하는 것을 의미하므로, 기존 채무가 동일성을 유지하면서 인수 당시의 상태로 종래의 채무자로부터 인수인에게 이전할 뿐 기존 채무를 소멸시키는 효력이 없는 면책적 채무인수는 설령 이로 인하여 기존 채무자가 채무를 면한다고 하더라도 이를 가리켜 채무가 변제된 경우에 해당한다고 할 수 없다. 따라서 채무인수의 대가로 기존 채무자가 물상보증인에게 어떤 급부를 하기로 약정하였다는 등의 사정이 없는 한 물상보증인이 기존 채무자의 채무를 면책적으로 인수하였다는 것만으로 물상보증인이 기존 채무자에 대하여 구상권 등의 권리를 가진다고 할 수 없다.」(대판 2019. 2. 14, 2017다274703)

(ㄷ) 「원칙적으로 수탁보증인의 사전구상권에 관한 민법 제442조는 물상보증인에게 적용되지 아니하고 물상보증인은 사전구상권을 행사할 수 없다.」(대판 2009. 7. 23, 2009다19802 · 19819)

(ㄹ) 「물상보증인이 담보권의 실행으로 타인의 채무를 담보하기 위하여 제공한 부동산의 소유권을 잃은 경우 물상보증인이 채무자에게 구상할 수 있는 범위는 특별한 사정이 없는 한 담보권의 실행으로 그 부동산의 소유권을 잃게 된 때, 즉 매수인이 매각대금을 다 낸 때의 부동산 시가를 기준으로 하여야 하고, 매각대금을 기준으로 할 것이 아니다.」(대판 2018. 4. 10, 2017다283028)

B-313

(3) 질권설정자의 처분권한

질권설정계약은 처분행위인 물권적 합의를 포함한다. 따라서 그것이 유효하려면 질권설정자에게 처분권한이 있어야 한다. 그러나 설정자에게 처분권한이 없는 경우에도, 채권자가 설정자에게 그러한 권한이 있다고 믿고 또 그렇게 믿는 데 과실이 없이 질권설정을 받은 때에는, 선의취득 규정에 의하여 질권을 취득할 수 있다(343조 · 249조)(대판 1981. 12. 22, 80다2910은 이 경우 취득자의 선의 · 무과실은 동산질권자가 증명할 것이라고 한다).

(4) 질권설정계약의 성질

질권설정계약이 물권계약인가 아니면 채권계약과 물권계약이 한 데 합하여져 행하여진 것인가가 문제되나, 이는 물권행위의 독자성의 인정 여부에 따라 결론이 달라진다. 독자성을 부정하는 사견에서는 후자로 이해한다.

2. 목적동산의 인도 B-314

(1) 동산인도와 제330조

동산 물권변동에 관한 원칙규정에 의하면, 동산 물권변동이 생기려면 물권적 합의 외에 동산의 인도도 있어야 한다(188조 1항). 따라서 동산질권의 설정에도 목적동산의 인도가 필요하게 된다. 그런데 민법은 제188조 제 1 항과는 별도로 제330조에서 「질권의 설정은 질권자에게 목적물을 인도함으로써 그 효력이 생긴다」고 규정하고 있다. 이 규정과 관련하여 질권설정계약이 요물계약인지, 그리고 이 규정이 의미가 있는 것인지가 논의된다. 사견은 질권설정계약은 요물계약이 아니고 그 규정은 의미가 없다는 입장이다(물권법 [187] 참조).

(2) 점유개정의 금지

질권설정계약에 필요한 인도에 관하여는 점유개정을 금지하는 제한규정을 두고 있다(332조). 그리하여 현실의 인도와 간이인도·목적물반환청구권의 양도에 의한 인도는 여기의 인도로 될 수 있으나, 질물을 설정자가 점유하게 되는 점유개정은 그렇지 않다. 이는 질권에 있어서는 목적물의 점유를 설정자로부터 빼앗아서 그의 사용·수익을 금지하는 유치적 효력을 확보하기 위한 것이다.

(3) 질권설정 후 질물을 반환한 경우

질권이 성립한 후에 질권자가 질물을 설정자에게 반환한 경우에 관하여 **통설은 질권이 소멸한다고** 한다(사견도 같음).

3. 동산질권의 목적물(질물) B-315

(1) 동산질권의 목적물은 동산이다. 그러나 **양도할 수 없는 동산은 질권의 목적물로 될 수 없다**(331조). 질권에는 우선변제적 효력이 있는데, 양도할 수 없는 물건은 환가하여 우선변제를 받을 수 없기 때문이다.

(2) **압류가 금지되는 동산은 압류금지 이유가 무엇인가에 따라 다르다.** 그 이유가 양도해서는 안 되는 것이기 때문인 경우(예: 훈장(민사집행법 195조 7호) 등)에는 질권의 목적물로 되지 못하나, 단순히 채무자의 보호를 위해서 압류를 금지한 경우(예: 채무자의 의복·침구 등(민사집행법 195조 1호))에는 질권의 목적물로 될 수 있다.

(3) 양도할 수 있는 동산임에도 불구하고 **정책적으로** 권리자가 스스로 사용·수익하게

하기 위하여 질권설정을 금지하는 것이 있다. 등기한 선박(상법 789조·790조)·소형선박(「자동차 등 특정동산 저당법」 9조)·자동차(「자동차 등 특정동산 저당법」 9조)·항공기 및 경량항공기(「자동차 등 특정동산 저당법」 9조)·일정한 건설기계(「자동차 등 특정동산 저당법」 9조) 등이 그렇다. 이러한 동산은 저당권의 객체가 된다.

B-316 **4. 동산질권을 설정할 수 있는 채권**(피담보채권)

(1) 일 반 론

질권을 설정하여 담보할 수 있는 채권에 관하여는 제한이 없다. 즉 발생원인이 계약인가 불법행위인가, 채권의 목적 즉 급부가 어떤 내용인가, 금전으로 가액을 산정할 수 있는가(373조 참조) 등을 묻지 않는다.

(2) 장래의 특정채권

조건부채권이나 기한부채권과 같은 장래의 특정한 채권을 위하여서도 질권을 설정할 수 있다(이설 없음). 본래 담보물권에 부종성이 있으나 그 정도는 담보물권의 종류에 따라 차이가 있으며, 약정 담보물권의 경우에는 그것이 실행될 때 채권이 존재하면 충분하다고 볼 것이기 때문이다.

(3) 근질(根質)

일정한 계속적인 거래관계로부터 장차 생기게 될 다수의 불특정채권을 담보하기 위하여 설정되는 질권을 근질이라고 하며, 그것은 근담보의 일종이다(근질·근저당·근보증을 통틀어 근담보라고 한다). 민법은 저당권에 관하여는 근저당을 인정하는 명문규정(357조)을 두고 있으나(근보증에 관하여도 428조의 3이 두어져 있음), 질권에 관하여는 규정을 두고 있지 않다. 그렇지만 학설은 모두 이를 인정한다. 근질의 경우에는 근저당에서와 달리 담보할 채권의 최고액을 정하는 것이 요건이 아니다. 최고액을 공시할 수 없기 때문이다.

판 례 **근질 관련**

「근질권이 설정된 금전채권에 대하여 제3자의 압류로 강제집행절차가 개시된 경우 근질권의 피담보채권은 근질권자가 위와 같은 강제집행이 개시된 사실을 알게 된 때에 확정된다.」(대판 2009. 10. 15, 2009다43621)

B-317 **5. 법정질권**

일정한 경우에는 법률상 당연히 질권이 성립한다.

(1) 법정질권이 인정되는 경우

1) 토지임대인의 법정질권 이는 토지임대인이 임대차에 관한 채권에 의하여 임차지에 부속 또는 그 사용의 편익에 제공한 임차인의 소유 동산 및 그 토지의 과실을 압류

한 때 성립한다(648조).

2) 건물 등의 임대인의 법정질권 이는 건물 기타 공작물의 임대인이 임대차에 관한 채권에 의하여 그 건물 기타 공작물에 부속한 임차인 소유의 동산을 압류한 때에 성립한다(650조).

(2) 피담보채권

이 두 법정질권에 있어서 피담보채권은 「임대차에 관한 채권」이다. 즉 차임이나 임대차에 의하여 임대인이 가지게 되는 손해배상청구권 등이다.

(3) 압 류

위의 법정질권이 성립하려면 임차인의 채무불이행이 있을 때 임대인(채권자)이 목적물을 압류하여야 한다.

(4) 법정질권의 선의취득의 인정 여부

임차인이 타인 소유의 동산을 토지나 건물 등에 부속시킨 경우에 임대인이 이를 압류한 때에는 법정질권이 성립하는지가 문제되나, 학설은 이를 부정하는 데 일치하고 있다. 민법이 「임차인 소유의 동산」이라고 하고 있고, 또 법정질권은 예외적인 것이므로 좁게 해석되어야 하기 때문이라고 한다.

(5) 준 용

법정질권에는 동산질권에 관한 규정이 유추적용된다고 해석하여야 한다(이설 없음).

Ⅱ. 동산질권의 효력 B-318

1. 동산질권의 효력이 미치는 범위

(1) 목적물의 범위

1) 질물 · 종물 · 과실 동산질권의 효력이 미치는 목적물의 범위에 관하여 민법은 명문의 규정을 두고 있지 않다. 그러나 다음과 같이 새겨야 한다.

(가) 질 물 설정계약에 의하여 목적물로 되고 인도된 질물 위에 미친다.

(나) 종 물 설정계약에서 다른 약정이 없고 또 그 종물이 인도된 경우에는 종물에도 미친다(100조 2항 참조).

(다) **천연과실** 질권자는 질물로부터 생기는 천연과실을 수취하여 다른 채권보다 먼저 그의 채권의 변제에 충당할 수 있다(343조·323조).

(라) **법정과실** 질권자는 소유자의 승낙이 있으면 질물을 사용하거나 임대할 수 있는데(343조·324조 2항), 이 경우에 생기는 사용이익 또는 차임도 채권의 변제에 충당할 수 있다(343조·323조).

B-319 **2) 물상대위** 담보물권은 목적물의 교환가치를 목적으로 하는 권리이므로, 그 목적물이 멸실·훼손되더라도 그것의 교환가치를 대표하는 것이 존재하는 때에는, 그 대표물 위에 존속하게 된다. 이를 물상대위라고 한다. 민법은 이러한 물상대위를 동산질권에 관하여 규정하고(342조), 권리질권(355조)과 저당권(370조)에 준용하고 있다.

이에 의하면, 물상대위가 인정되는 대표물은 「질물의 멸실·훼손 또는 공용징수로 인하여 질권설정자가 받을 금전 기타의 물건」이다(342조 1문). 그러나 금전과 같은 구체적인 물건이 아니고 그에 대한 청구권(금전 기타 대표물의 지급청구권 또는 인도청구권)이다(342조 2문 참조). 예컨대 보험금청구권·손해배상청구권·보상금청구권이 그에 해당한다. 주의할 것은, 목적물의 교환가치가 구체화된 경우라 할지라도 질권자가 질물에 추급(追及)할 수 있는 때에는 물상대위가 인정되지 않는다는 점이다(이설 없음). 가령 질물이 매각되거나 임대된 경우에는 질권자가 여전히 질물에 효력을 미치고 있기 때문에, 매각대금이나 차임에 대하여 물상대위를 하지 못한다. 그에 비하여 질권자가 질물에 추급할 수 없게 된 때에는 물리적인 멸실·훼손이 아닌 경우(이른바 법률적 멸실·훼손)에도 물상대위가 인정된다. 가령 질물이 부합·혼화·가공으로 인하여 보상청구권으로 변한 경우(261조 참조)에도 물상대위가 인정되는 것이다. 한편 멸실·훼손의 원인은 묻지 않으며, 따라서 그것이 사람의 행위이든 사건이든 상관없으나, 질권자의 과실(過失)에 기하지 않은 것이어야 한다. 그리하여 가령 제3자가 질물을 파괴한 데 대하여 질권자의 선관주의의무(343조·324조 1항) 위반이 경합한 경우에는 손해배상금에 대하여 물상대위가 인정되지 않는다.

질권자가 물상대위권을 행사하려면, 질권설정자가 금전 기타의 물건을 지급 또는 인도받기 전에 압류하여야 한다(342조 2문). 질권설정자가 지급을 받게 되면 대표물의 특정성이 상실되고, 그럼에도 불구하고 대위권을 행사하도록 하면 법률관계가 복잡해지고 다른 채권자의 이익을 해하게 되기 때문이다. 그리고 여기의 압류는 반드시 대위권을 행사하는 질권자가 하여야 할 필요는 없으며, 다른 채권자가 압류한 경우에도 대위권을 행사할 수 있다(통설·판례도 같다. 대판 1987. 5. 26, 86다카1058 등). 후자의 경우에도 특정성이 확보되기 때문이다.

B-320 **(2) 질권에 의하여 담보되는 범위**

1) 제334조 질권은 원본(元本)·이자·위약금(398조 4항 참조)·질권 실행의 비용(이 비용은 매각대금으로부터 우선적으로 변제된다. 민사집행법 53조 참조)·질물보존의 비용·채무불이행으로 인한 손해배상·질물의 하자로 인한 손해배상의 채권을 담보한다(334조 본문). 그러나 여기에 관하여는 당사자가 다른 특약을 할 수 있다(334조 단서).

이러한 질권에 의하여 담보되는 범위는 저당권에서보다 넓다(360조 참조). 그것은 질권의 경우에는 목적물이 질권자에게 인도되어 다른 질권이 설정되거나 양도되는 일이 적고, 따라서 다른 채권자나 새로운 소유자를 해할 염려가 적기 때문이다.

2) 불가분성 동산질권은 불가분성이 있어서 질권자는 채권 전부의 변제를 받을

때까지 질물 전부에 관하여 그 권리를 행사할 수 있다(343조·321조).

2. 유치적 효력

B-321

(1) 질권자는 피담보채권(334조에서 열거한 것) 전부의 변제를 받을 때까지 질물을 유치할 수 있다. 그러나 자기보다 우선권이 있는 채권자에게 대항하지 못한다(335조). 따라서 선순위의 질권자나 기타의 우선권자의 청구로 경매에 부쳐진 경우에는, 질권자는 배당만 받을 수 있고, 질물의 인도를 거절하지는 못한다.

(2) 질권은 유치권과 공통하는 성질이 있어서 민법은 유치권에 관한 규정 가운데 과실수취권(323조)·유치물의 관리 및 사용(324조)·비용상환청구권(325조)의 규정을 질권에 준용한다(343조). 그에 관하여는 유치권에 관한 설명을 참조하라(B-306·307).

3. 우선변제적 효력

B-322

(1) 순 위

동산질권자는 질물로부터 다른 채권자보다 먼저 자기의 채권의 우선변제를 받을 수 있다(329조). 물론 질권자에 우선하는 질권자나 우선특권자(가령 우선특권을 갖는 선박채권자(상법 788조·777조)나 일정한 국세·지방세 채권자(국세기본법 35조, 지방세기본법 71조))가 있는 때에는 그 범위에서 질권자의 우선변제권은 제한된다. 한편 동일한 동산에 수개의 질권이 설정된 경우에 그 순위는 설정의 선후에 의한다(333조).

[참고] 질권이 중복하여 성립하는 경우

질권이 설정되려면 질물이 인도되어야 하기 때문에 동일한 동산에 복수의 질권이 설정되는 일은 매우 드물다. 그러나 그것이 불가능하지는 않다. 예컨대 채무자(질물소유자) A가 B에 대한 채무를 담보하기 위하여 그의 동산에 질권을 설정한 뒤(현실의 인도를 함), 같은 동산에 C에 대한 채무를 담보하기 위하여 목적물반환청구권의 양도의 방법으로 다시 질권을 설정한 경우에는, 두 개의 질권이 병존하게 된다.

(2) 우선변제권의 행사

1) 요 건 질권자가 우선변제권을 행사할 수 있으려면 채무자가 이행지체에 빠져야 한다. 그리고 피담보채권이 금전을 목적으로 하지 않는 경우에는 그것이 금전채권으로 변했어야 한다(예: 이행불능으로 인한 손해배상청구권으로 된 때).

2) 행사방법

(가) 경 매 원칙적으로 민사집행법이 정하는 절차(동법 271조·272조)에 따라서 경매하여(338조 1항), 그 매각대금으로부터 우선변제를 받는다. 매각대금으로 채권의 전부를 변제받지 못한 경우에는 그 부족부분에 한하여 채무자의 다른 재산으로부터 변제를 받을 수 있다(340조 1항)(물론 이때에 강제집행을 하려면 집행권원이 있어야 한다). 그리고 채권을 변제받고 남은 것이 있으면 질권설정자에게

반환하여야 한다.

여기서 한 가지 문제되는 것은, 질권자가 질권을 실행하지 않고 처음부터 채무자의 일반재산에 대하여 먼저 집행할 수 있는가이다. 학설은 i) 긍정설과 ii) 부정설(사견도 같음)로 나뉘어 있다.

질물보다 먼저 채무자의 다른 재산에 관하여 배당을 실시하는 경우에는 제340조 제 1 항은 적용되지 않으며, 따라서 질권자는 채권 전액을 가지고 배당에 참가할 수 있다(340조 2항 본문). 그러나 다른 채권자는 질권자에게 그 배당금액의 공탁을 청구할 수 있다(340조 2항 단서).

(나) 간이변제충당 질권자가 우선변제를 받는 원칙적인 방법인 경매는 절차가 복잡하고 비용이 많이 든다. 따라서 그 방법을 모든 동산에 사용하도록 하는 것은 부적절하다. 그리하여 민법은 일정한 경우에는 쉬운 환가방법을 인정하고 있다. 즉 질권자는 정당한 이유가 있는 때에는 감정인의 평가에 의하여 질물로 직접 변제에 충당할 것을 법원에 청구할 수 있다(338조 2항 1문). 이 경우에는 질권자는 미리 채무자 및 질권설정자에게 통지하여야 한다(338조 2항 2문). 이것이 간이변제충당이다. 간이변제충당의 신청이 있는 경우에는 법원은 그 허부의 결정을 하기 전에 채무자 또는 질권설정자에 대한 심문절차를 거쳐야 한다(대결 1998. 10. 14, 98그58). 간이변제충당의 효과는 유치권에 있어서와 마찬가지이다(B-305 참조).

(다) 다른 채권자에 의한 환가절차 질물에 관하여 질권자가 경매를 신청하지 않고 있는 동안에 다른 채권자가 경매를 신청하거나 기타의 환가절차를 밟는 경우에는, 질권자는 그 대가로부터 순위에 따라 우선변제를 받는다(민사집행법 272조 · 217조). 그리고 질권설정자가 파산한 때에는 별제권을 갖는다(채무자회생법 411조).

B-323 ### (3) 유질계약의 금지

유질계약(流質契約)이란 질권설정자가 채무변제기 전의 계약으로 질권자에게 변제에 갈음하여 질물의 소유권을 취득하게 하거나 법률에 정한 방법(경매 · 간이 변제충당)에 의하지 않고 질물을 처분할 것을 약정하는 것을 말한다. 이러한 유질계약은 무효이다(339조). 이는 채무자가 일시적인 곤궁으로 고가품에 질권을 설정한 뒤 유질이 되어 큰 피해를 입지 않도록 하기 위하여 규정된 것이다.

유질계약에 의하여 무효로 되는 것은 유질에 관한 계약만이며, 질권계약 자체는 유효하다.

유질계약이 채무의 변제기 후에 체결된 경우에는 그것은 유효하다고 할 것이다(339조의 반대해석). 변제기 후에는 그 이전에 비하여 채무자가 곤궁하지 않을 것이고, 또한 변제기 후의 유질은 일종의 대물변제(466조)로 볼 수 있기 때문이다. 한편 상행위에 의하여 생긴 채권을 담보하기 위하여 설정된 질권(상사질)에는 유질계약의 금지(339조)가 적용되지 않는다(상법 59조).

4. 동산질권자의 전질권 B-324

(1) 의의 및 종류

1) 의 의 전질(轉質)이란 질권자가 질물 위에 새로이 질권을 설정하는 것을 말한다. 전질은 질권자가 자기의 타인에 대한 채무를 담보하기 위하여 행하여질 가능성이 크나, 제 3 자의 채무를 담보하기 위하여서도 행하여질 수 있다. 뒤의 경우에는 전질권 설정자는 물상보증인으로 된다. 특히 앞의 경우에 전질은 질권자가 그의 자금을 회수하는 수단이 된다.

2) 종 류 민법은 제336조에서 「질권자는 그 권리의 범위 내에서 자기의 책임으로 질물을 전질할 수 있다」고 규정한다. 그런데 다른 한편으로 민법은 유치권에 관한 제324조 제 2 항(채무자의 승낙 없이 유치물을 담보로 제공하지 못한다는 내용이 포함된 규정)을 질권에 준용하고 있다(343조).

이에 대하여 통설은 제324조 제 2 항은 질권자가 설정자의 승낙을 얻어서 다시 질권을 설정할 수 있도록 하는 것이고, 또 제336조는 설정자의 승낙이 없더라도 질권자의 책임 하에 다시 전질할 수 있음을 규정한 것이라고 이해한다. 질권이 질권자로 하여금 투하자본을 회수할 수 있도록 하는 것인 한 반드시 한 가지에 한정할 필요가 없고, 오히려 둘 모두를 인정하는 것이 합목적적이라고 한다. 그리고 앞의 전질을 승낙전질이라고 하고, 뒤의 전질은 책임전질이라고 한다. 이러한 통설은 타당하다(물권법 [192] 참조).

(2) 책임전질 B-325

1) 의의 및 성질 책임전질은 질권자가 질권설정자의 승낙 없이 자기의 책임 하에 질물 위에 다시 질권을 설정하는 것이다. 민법은 제336조 · 제337조에서 책임전질을 규정하고 있다.

책임전질의 성질에 관하여는 과거에는 질권자가 자기의 책임 아래 질물 위에 새 질권을 설정하는 것이라는 견해(질물 재입질설)도 있었으나, 현재는 피담보채권과 함께 질권이 전질권의 목적이 된다는 견해(채권 · 질권 공동입질설)만이 주장되고 있다.

2) 성립요건

(개) 원질권자와 전질권자의 물권적 합의와 질물의 인도가 있을 것

(내) 전질권은 원질권의 범위 내에 있을 것(피담보채권 및 존속기간)

(대) 전질은 피담보채권의 입질을 포함하므로 권리질권 설정의 요건을 갖추어야 한다. 즉 질권자의 통지 또는 채무자의 승낙이 있어야 한다(337조 1항). 민법은, 질권자가 채무자에게 전질의 사실을 통지하거나 채무자가 이를 승낙하지 않으면 전질로써 채무자, 보증인, 질권설정자 및 그 승계인에 대항하지 못한다고 규정하고 있다(337조 1항).

3) 효 과

(개) 질권자(전질권 설정자)는 전질을 하지 않았으면 면할 수 있었던 불가항력으로 인한 손해에

대하여도 책임을 진다(336조 2문).

(나) 질권자는 그의 질권을 소멸하게 하는 처분을 하지 못한다. 다만, 전질권을 해하지 않는 범위에서는 그러한 처분을 할 수 있다.

(다) 채무자는 전질권자의 동의 없이 질권자에게 채무를 변제하여도 이로써 전질권자에게 대항하지 못한다(337조 2항).

(라) 전질권자는 자기의 채권의 변제를 받을 때까지 질물을 유치할 수 있다(335조).

(마) 전질권자가 전질권을 실행하려면 전질권자의 채권과 원질권자의 채권이 모두 변제기가 되었어야 한다. 그리고 전질권의 실행으로 받은 매각대금은 먼저 전질권자의 채권에 충당하고, 나머지가 있으면 원질권자의 채권에 충당한다.

(바) 원질권이 소멸하면 전질권도 기초를 잃고 소멸한다.

B-326 **(3) 승낙전질**

1) 의의 및 성질 승낙전질은 질권자가 질권설정자(동산질권의 경우 이므로 질물소유자)의 승낙을 얻어 질물에 다시 질권을 설정하는 것이다. 승낙전질은 질물 위에 새 질권을 설정하는 것으로 보아야 한다(질물 재입질설)(이설 없음).

2) 성립요건 책임전질과 다른 점만 적어 본다.

(가) 질물소유자(324조 2항 본문의 법문상은 채무자이나, 소유자로 새겨야 함)의 승낙이 있어야 하며, 승낙 없이 질물만을 재입질(전질)하면 원질권설정자는 질권의 소멸을 청구할 수 있다(343조 · 324조 3항).

(나) 승낙전질은 원질권의 범위에 제한을 받지 않는다. 이 전질은 원질권과는 무관한 것이기 때문이다.

(다) 채무자에 대한 통지나 채무자의 승낙도 필요하지 않다.

3) 효 과 효과에 있어서 책임전질과 다른 점은 다음과 같다.

(가) 원질권자의 책임이 가중되지 않는다.

(나) 원질권설정자는 자기의 채무를 원질권자에게 변제하여 질권을 소멸시킬 수 있다(승낙전질은 원질권과 무관한 새로운 것이므로). 그리고 원질권이 소멸하여도 전질권은 그대로 존속한다. 다만, 원질권설정자가 채무를 변제하는 데 전질권자가 동의한 경우에는 그 변제로 전질권자에게 대항할 수 있고(337조 2항 참조), 따라서 그 경우 질물소유자는 질물의 반환을 청구할 수 있다(통설도 같음).

B-327 **5. 동산질권의 침해에 대한 효력**

(1) 점유보호청구권

동산질권은 질물을 점유할 권리를 포함한다. 그리고 질권자의 점유가 침해된 경우에는 점유보호청구권을 행사할 수 있다(204조 · 205조 · 206조).

(2) 물권적 청구권의 인정 여부

민법은 소유권에 관하여 물권적 청구권을 규정하고(213조·214조) 이를 다른 물권에 준용하면서 질권에 관하여서만은 준용한다는 규정을 두고 있지 않다.

그러한 상황에서 학설은 i) 인정설과 ii) 부정설(사견도 같음)로 나뉘어 있다. 인정설은 질권자의 보호를 생각할 때 점유보호청구권만으로 불충분하다는 점을 이유로 들고, 부정설은 입법자의 의사가 이를 인정하지 않으려고 했다는 것과 질권자는 점유보호청구권만으로 충분히 보호될 수 있다는 점을 들고 있다.

(3) 질물이 훼손된 경우

질물이 질권설정자인 채무자에 의하여 훼손된 경우에는, 채무자는 기한의 이익을 상실하게 되므로(388조 참조), 질권자는 곧 채무의 이행을 청구할 수도 있고 또 잔존물에 대하여 질권을 실행할 수도 있다. 그 밖에 손해배상을 청구할 수도 있다. 다만, 손해배상액은 피담보채권액을 한도로 한다고 새길 것이다.

제 3 자가 질물을 훼손한 경우에는 질권자는 그에게 손해배상을 청구할 수 있다.

6. 동산질권자의 의무 B-328

(1) 보관의무 등

질권자는 유치권자와 마찬가지로 선량한 관리자의 주의를 가지고 질물을 점유하여야 하고(343조·324조 1항), 설정자의 승낙 없이 질물을 사용·대여하거나 담보로 제공하지 못한다(343조·324조 2항). 그리고 질권자가 이들 의무를 위반하면 질권설정자는 질권의 소멸을 청구할 수 있다(343조·324조 3항).

(2) 질물반환의무

질권이 소멸하면 질권자는 질물을 질권설정자에게 반환하여야 한다. 이 반환의무는 질권설정계약에 기한 것이므로 그 반환 상대방은 언제나 질권설정자이다. 즉 설정자와 소유자가 다른 때에도 설정자가 상대방이다. 다만, 설정자가 아닌 소유자는 소유권에 기한 반환청구권을 행사할 수는 있다.

이러한 질물의 반환은 채무의 변제와 동시이행관계에 있는가? 여기에 관하여 통설은 채권의 변제가 있어야 비로소 질물반환청구권이 발생하고, 따라서 채권이 소멸하기 전에 설정자가 반환을 청구하면 유치권에서처럼 상환급부판결을 할 것이 아니고 원고패소판결을 할 것이라고 한다(사견도 같음).

B-329 Ⅲ. 동산질권의 소멸

동산질권은 물권 일반에 공통한 소멸사유(목적물의 멸실·몰수·첨부·취득시효·포기·혼동 등)와 담보물권에 공통한 소멸사유(피담보채권의 소멸·질권의 실행·질권에 우선하는 다른 채권자의 경매 등)에 의하여 소멸한다. 그리고 질권자가 목적물을 설정자에게 반환한 때(B-314 참조)와 질권자의 의무위반을 이유로 설정자가 소멸청구를 한 때(343조·324조 3항)에도 소멸한다.

질권은 피담보채권으로부터 독립하여 소멸시효에 걸리지는 않는다. 그러나 질물을 유치하고 있더라도 피담보채권의 시효는 진행한다고 할 것이다. 질물의 유치를 채권의 행사라고 볼 수는 없기 때문이다. 질권에 관하여는 유치권에서와 달리 이러한 취지의 규정을 두고 있지 않으나(326조 참조), 그 점에서는 유치권과 같으므로 그 규정은 질권에 유추적용되어야 한다(이설 없음).

B-330 Ⅳ. 증권에 의하여 표상되는 동산의 입질(入質)과 화환(貨換)

1. 증권에 의한 동산질권

근대법은 임치하고 있거나 운송 중에 있는 상품의 매각·입질을 쉽게 하기 위하여 상품을 표상하는 증권제도를 두고 있다. 화물상환증·선하증권·창고증권이 그것이다(그 중에 앞의 둘을 운송증권이라고 한다). 그리고 이들에 의하여 표상되는 상품의 입질은 그 증권에 의하여 할 수 있도록 한다.

이들 증권에 의한 상품의 입질에 관하여 상법은 특별규정을 두고 있지 않다. 그리하여 학설은 상품의 양도와 동일한 방식인 증권의 배서·교부에 의하여 입질할 수 있는 것으로 새긴다(상법 132조·133조·157조·861조). 이들 증권의 교부는 그것이 표상하는 상품의 인도와 동일한 효력이 있으므로, 여기의 질권은 상품인도청구권 위에 성립한 것이 아니고 상품 위에 성립한 것이다.

2. 화 환

화환이란 운송을 매개로 하여 행하여지는 격지자 사이의 매매에 있어서, 매도인이 대금채권을 추심하거나 또는 대금채권을 가지고 금융을 얻기 위하여 매수인 또는 그가 지정한 은행을 지급인으로 하고 매도인 자신을 수취인으로 하는 환어음을 발행하고, 매매의 목적물을 표상하는 운송증권(화물상환증·선하증권)을 그 어음채권의 담보로서 첨부한 것이다. 이러한 화환의 경우에 매도인이 은행으로부터 어음의 할인을 받으면 목적물 위에 은행을 위하여 질권이 성립한다. 이 질권도 동산질권이다.

제 3 관 권리질권

Ⅰ. 서 설 B-331

1. 권리질권의 의의 및 성질

(1) 의 의

권리질권은 재산권을 목적으로 하는 질권이다(345조 본문). 민법은 질권으로서 동산질권과 함께 권리질권도 규정하고, 권리질권에 관하여는 특칙이 없는 한 동산질권에 관한 규정을 준용한다(355조).

(2) 성 질

권리질권도 본질에 있어서 동산질권과 다름이 없는 하나의 질권이다. 다만, 본래 질권은 유치적 효력이 있어서 목적물의 이용을 설정자로부터 빼앗아서 채무의 변제를 간접적으로 강제하는 데 특질이 있는데, 권리질권의 경우에는 유치적 효력은 권리의 행사 또는 처분을 금지함으로써 단지 교환가치의 파악을 확보하는 수단으로 작용할 뿐이다.

2. 권리질권의 목적

권리질권의 목적으로 되는 것은 **양도성이 있는 재산권**이다. 이를 나누어 설명한다.

(1) 먼저 재산권이어야 한다(345조). 따라서 인격권·친족권 등은 권리질권의 목적이 될 수 없다.

(2) 양도할 수 있어야 한다(355조·331조). 양도할 수 없는 것은 환가하여 그것으로부터 우선변제를 받을 수 없기 때문이다.

(3) 부동산의 사용·수익을 목적으로 하는 권리가 아니어야 한다(345조 단서). 그리하여 지상권·전세권·부동산임차권 등은 목적이 될 수 없다.

(4) 그 밖에 소유권·지역권·광업권(광업법 11조)·어업권(수산업법 16조)은 질권의 목적이 되지 못한다.

(5) 그러고 보면 권리질권의 목적이 되는 **주요한 것은 채권**(대판 2005. 12. 22, 2003다55059는 신탁법 42조에서 규정하고 있는 수탁자의 비용상환청구권은 권리질권의 목적이 될 수 있다고 한다)**·주식·지식재산권**임을 알 수 있다.

3. 권리질권의 설정방법

권리질권의 설정은 **법률에 다른 규정이 없으면 그 권리의 양도에 관한 방법에 의하여야 한다**(346조). 민법이 이와 같이 규정한 이유는 권리질권의 목적이 되는 권리는 유체물과 달리 그것의 존재 또는 처분을 공시하는 방법이 각기 다르고, 이러한 공시방법의 특이성은 양도의 경우나 입질의 경우나 마찬가지이기 때문이다(통설도 같음).

B-332 ## Ⅱ. 채권질권

1. 채권질권의 설정

(1) 채권질권의 목적

채권질권의 목적이 되는 것은 채권이다. 그런데 양도할 수 없는 채권은 목적이 될 수 없다(355조·331조).

1) 채권은 양도성을 가지는 것이 원칙이므로(449조 1항), 채권은 원칙적으로 질권의 목적이 될 수 있다. 그러나 법률규정에 의하여 양도가 금지되는 채권이 있고(예: 부양청구권(979조)·연금청구권(공무원연금법 32조, 군인연금법 7조)·재해보상청구권(근로기준법 86조)), 채권의 성질상 양도가 금지되는 것이 있다(예: 특정인을 가르치거나 그의 초상을 그려주기로 하는 채권·부작위채권). 이러한 채권에는 질권이 설정될 수 없다.

2) 당사자 사이의 특약으로 양도가 금지되어 있는 채권도 질권의 목적이 될 수 없다(449조 2항 본문 참조). 그러나 그 특약은 선의의 제3자에게 대항할 수 없으므로(449조 2항 단서), 그러한 특약이 있더라도 질권자가 선의인 경우에는 질권이 유효하게 성립한다.

3) 질권자 자신에 대한 채권도 질권의 목적으로 될 수 있다(이설 없음). 예컨대 은행 또는 보험회사는 고객의 정기예금채권 또는 보험금청구권 위에 질권을 취득하고 금전을 대여해 줄 수 있다.

채무자 이외의 자가 타인을 위하여 자신의 채권 위에 권리질권을 설정할 수도 있다. 이러한 자가 물상보증인이다. 물상보증인이 채무자의 채무를 변제하거나, 질권의 실행으로 인하여 질물의 소유권을 잃은 경우에는, 제355조에 의하여 준용되는 제341조에 의하여 채무자에 대하여 구상권을 갖게 된다(대판 2007. 5. 31, 2005다28686).

(2) 채권질권을 설정할 수 있는 채권(피담보채권)

이는 동산질권에서와 같다.

B-333 #### (3) 설정방법

1) 민법의 태도 채권질권도 권리질권이므로 그 설정은 채권의 양도방법에 의하여야 할 것이다(346조). 그런데 민법은 다른 한편으로 「채권을 질권의 목적으로 하는 경우에 채권증서가 있는 때에는 질권의 설정은 그 증서를 교부함으로써 그 효력이 생긴다」고 규정한다(347조). 이는 민법이 채권질권의 설정에 대하여도 물권변동에 관한 성립요건주의를 관철하기 위하여 둔 규정으로 이해된다. 그러나 이들 규정이 그대로 적용되는 것은 지명채권

의 경우만이다. 지시채권·무기명채권에 대하여는 질권의 설정방법이 별도로 규정되어 있고(350조·351조), 이들 규정에는 증서 교부에 관한 내용도 포함되어 있기 때문이다.

2) 개별적인 검토

(가) 지명채권 지명채권의 입질은 질권설정의 합의와 채권증서의 교부에 의하여 이루어진다.

질권설정의 합의는 그것 자체만으로 효력이 생기나, 그것을 가지고 제 3 채무자 기타의 제 3 자에게 대항하기 위하여서는, 질권설정자가 제 3 채무자에게 질권의 설정을 통지하거나 제 3 채무자가 이를 승낙하여야 하고, 특히 제 3 채무자 이외의 제 3 자에게 대항하기 위하여서는 이 통지나 승낙을 확정일자 있는 증서로써 하여야 한다(349조 1항·450조)(그리고 이 경우의 통지·승낙의 효과에 관하여는 451조가 준용된다(349조 2항)).

판 례 채권질권의 설정 또는 해지의 경우 대항요건

(ㄱ) 은행 지점의 지점장대리가 허위의 정기예금통장을 만들어 가공의 정기예금에 대한 질권설정 승낙의뢰서에 질권설정에 대하여 아무런 이의를 유보하지 아니하고 승낙한다는 뜻을 기재하고 은행의 대리 약인을 찍은 질권설정 승낙서를 교부한 경우, 은행은 그 질권자에게 그 정기예금채권에 대한 질권설정에 이의를 유보하지 아니한 승낙을 하였으므로 그 정기예금채권의 부존재를 이유로 질권자에게 대항할 수 없다고 한 사례(대판 1997. 5. 30, 96다22648).

(ㄴ) 「제 3 채무자가 질권설정 사실을 승낙한 후 그 질권설정계약이 합의해지된 경우 질권설정자가 그 해지를 이유로 제 3 채무자에게 원래의 채권으로 대항하려면 질권자가 제 3 채무자에게 해지사실을 통지하여야 하고, 만일 질권자가 제 3 채무자에게 질권설정계약의 해지사실을 통지하였다면, 설사 아직 해지가 되지 아니하였다고 하더라도 선의인 제 3 채무자는 질권설정자에게 대항할 수 있는 사유로 질권자에게 대항할 수 있다고 봄이 상당하다. 그리고 위와 같은 해지통지가 있었다면 그 해지사실은 추정되고, 그렇다면 해지통지를 믿은 제 3 채무자의 선의 또한 추정된다고 볼 것이어서 제 3 채무자가 악의라는 점은 그 선의를 다투는 질권자가 증명할 책임이 있다.」(대판 2014. 4. 10, 2013다76192[핵심판례 174면])

지명채권에 있어서 채권증서가 있으면 그 증서를 교부하여야 한다(347조). 이는 동산질권에 있어서 목적물을 인도하는 것에 해당한다. 그러나 채권증서가 없는 경우에는 증서를 교부하지 않아도 된다. 증서가 있는 때에만 교부하도록 하고 있기 때문이다. 한편 여기의 증서의 교부에 점유개정도 포함되는가에 관하여는 다투어지고 있는데, 통설은 동산질권에 관하여 점유개정을 금지한 제332조는 여기에는 준용할 실질적인 이유가 없으므로, 지명채권의 입질에 있어서 증서의 교부에는 점유개정도 무방하고, 또한 증서를 반환하더라도 질권이 소멸하지 않는다고 한다(사견도 같음. 물권법 [199] 참조).

제347조에서 말하는「채권증서」는 채권의 존재를 증명하기 위하여 채권자에게 제공된 문서로서 특정한 이름이나 형식을 따라야 하는 것은 아니지만, 장차 변제 등으로 채권이 소멸하는 경우에는 제475조에 따라 채무자가 채권자에게 그 반환을 청구할 수 있는 것이어야 한다(대판 2013. 8. 22, 2013다32574). 그리고 그러한 점에 비추어 볼 때, 임대차계약서와 같이 계약 당사자 쌍방의 권리의무관계의 내용을 정한 서면은 그 계약에 의한 권리의 존속을 표상하기 위한 것이라고 할 수는 없으므로 위 채권증서에 해당하지 않는다(대판 2013. 8. 22, 2013다32574). 그 결과 임대차계약서를 교부하지 않았더라도 다른 요건이 갖추어진 경우에는 채권질권이 성립하게 된다.

B-334 **(나) 지시채권** 질권설정의 합의와 증서의 배서·교부가 있어야 한다(350조).

(다) 무기명채권 질권설정의 합의와 증서의 교부가 있어야 한다(351조).

(라) 사채(社債) 사채에는 기명식과 무기명식이 있다(상법 480조). 그 가운데 기명사채는 지명채권의 일종이므로 그것의 입질에는 지명채권에 관한 규정이 적용된다(346조·347조). 다만, 상법은 입질의 대항요건에 관하여 특칙을 두고 있다(상법 479조). 그에 의하면, 기명사채의 이전은 취득자의 성명과 주소를 사채원부에 기재하고 그 성명을 채권에 기재하지 않으면 회사 기타의 제 3 자에게 대항하지 못한다(상법 479조 1항). 다음에 무기명사채는 무기명채권에 해당하므로 무기명채권에 관한 규정이 그대로 적용된다.

(마) 저당권부 채권 저당권에 의하여 담보된 채권 위에 질권을 설정한 경우에는 그 저당권도 질권의 목적이 된다고 하여야 한다. 담보물권에는 부종성·수반성이 있기 때문이다. 그런데 이 경우에 저당권에 관하여는 등기에 의하여 질권을 공시하는 것이 바람직하므로, 민법은 그 저당권등기에 질권의 부기등기를 하여야 그 효력이 저당권에 미치는 것으로 규정하고 있다(348조. 부등법 76조 1항도 참조). 부기등기가 없는 경우에는 어떻게 되는가? 여기에 관하여 통설은 부기등기가 없으면 채권자는 저당권의 담보가 없는 채권에 관하여만 질권을 취득한다고 한다.

B-335

2. 채권질권의 효력

(1) 효력이 미치는 목적의 범위

1) 먼저 질권이 설정된 채권 즉 입질채권에 미친다. 주의할 것은, 피담보채권액이 입질채권액보다 적은 경우에도 입질채권 전부에 미친다는 점이다(대판 1972. 12. 26, 72다1941). 이는 담보물권에 불가분성이 있기 때문이다.

2) 입질채권이 이자가 있는 경우에는 그 이자에도 미친다(100조 2항). 그리하여 질권자는 이를 직접 추심하여 우선변제에 충당할 수 있다(353조 1항 2항·355조·343조·323조). 그러나 증권(證券)이 있는 경우의 이자는 증권의 인도가 있어야 직접 추심할 수 있을 것이다.

3) 채권질권의 효력은 입질채권의 지연손해금과 같은 부대채권에도 미친다(대판 2005. 2. 25, 2003다40668).

4) 입질채권이 보증채무나 담보물권에 의하여 담보되어 있는 때에는, 질권의 효력은 이들 종된 권리에도 미친다. 다만, 입질채권이 저당권부 채권인 때에는 저당권의 등기에 질권의 부기등기를 하여야 저당권에 대하여 질권의 효력이 미치며, 그에 관하여는 앞에서 설명하였다(B-334 참조).

5) 채권질권에도 물상대위가 인정된다(355조·342조).

(2) 채권질권에 의하여 담보되는 범위

동산질권에서와 같다(355조·334조). 그리고 판례는 이와 관련하여, 채권의 지연손해금을 별도로 등기부에 기재하지 않았더라도 근저당권부 질권의 피담보채권의 범위가 등기부에 기재된 약정이자에 한정되지 않는다고 한다(대판 2023. 1. 12, 2020다296840). 한편 불가분성이 있다는 점도 동산질권과 마찬가지이다(355조·343조·321조).

(3) 유치적 효력

B-336

1) 채권질권자는 피담보채권 전부의 변제를 받을 때까지 교부받은 채권증서 또는 증권을 유치할 수 있다(355조·335조). 그러나 채권은 사용가치가 대단히 적어서 채권질권의 이러한 유치적 효력은 동산질권에서와 달리 설정자에 대한 심리적인 압박감을 거의 주지 못한다.

2) 질권설정자는 질권자의 동의 없이 질권의 목적인 권리를 소멸하게 하거나(예: 추심·면제·상계) 질권자를 해하는 변경(예: 경개·변제기의 연장·이율의 인하)을 하지 못한다(352조). 이는 채권질권자의 추심권 기타의 환가권을 보호하기 위한 것이다. 제 3 채무자에 관하여는 명문의 규정이 없으나, 학설은 일치하여 제 3 채무자는 대항요건이 갖추어진 때에는 질권설정자에게 입질채권을 변제하지 못한다고 새긴다. 판례도, 질권설정자가 제 3 채무자에게 질권설정의 사실을 통지하거나 제 3 채무자가 이를 승낙한 때에는 제 3 채무자가 질권자의 동의 없이 질권의 목적인 채무를 변제하더라도 이로써 질권자에게 대항할 수 없고, 질권자는 제353조 제 2 항에 따라 여전히 제 3 채무자에 대하여 직접 채무의 변제를 청구할 수 있다고 한다(대판 2022. 3. 31, 2018다21326 등). 또한 제 3 채무자가 질권자의 동의 없이 질권설정자와 상계합의를 함으로써 질권의 목적인 채무를 소멸하게 한 경우에도, 마찬가지로 질권자에게 대항할 수 없고, 질권자는 여전히 제 3 채무자에 대하여 직접 채무의 변제를 청구할 수 있다고 한다(대판 2018. 12. 27, 2016다265689). 그런가 하면, 질권의 목적인 채권에 대하여 질권설정자의 일반채권자의 신청으로 압류·전부명령이 내려진 경우에도 그 명령이 송달된 날보다 먼저 질권자가 확정일자 있는 문서에 의해 민법 제349조 제 1 항에서 정한 대항요건을 갖추었다면, 전부채권자는 질권이 설정된 채권을 이전받을 뿐이고 제 3 채무자는 전부채권자에게 변제했음을 들어 질권자에게 대항할

수 없다고 한다(대판 2022. 3. 31, 2018다21326). 그런데 판례는, 질권설정자와 제3채무자가 질권의 목적된 권리를 소멸하게 하는 행위를 하였다고 하더라도 이는 질권자에 대한 관계에 있어 무효일 뿐이어서 특별한 사정이 없는 한 질권자 아닌 제3자가 그 무효의 주장을 할 수는 없다고 한다(대판 1997. 11. 11, 97다35375).

(판 례) 질권설정자의 변경 관련

「질권의 목적인 채권의 양도행위는 민법 제352조 소정의 질권자의 이익을 해하는 변경에 해당되지 않으므로 질권자의 동의를 요하지 아니한다.」(대판 2005. 12. 22, 2003다55059)

B-337 **(4) 우선변제적 효력**

1) 서 설 앞에서 본 바와 같이, 채권질권자는 입질채권의 이자를 추심하여 우선변제에 충당할 수 있다(B-335 참조). 그러나 우선변제의 주된 방법은 입질채권 자체로부터 우선변제를 받는 것이다. 채권질권자가 질권을 실행하여 입질채권으로부터 우선변제를 받는 구체적인 방법은 두 가지이다. 채권의 직접청구와 민사집행법이 정하는 집행방법이 그것이다.

하나의 채권 위에 여러 개의 질권이 설정되어 있는 경우에 우선순위는 설정의 선후에 의한다(355조·333조).

2) 채권의 직접청구

(가) 질권자는 질권의 목적이 된 채권을 직접 청구할 수 있다(353조 1항). 여기서 말하는 「직접 청구할 수 있다」는 것의 의미에 관하여 통설은 제3채무자에 대한 집행권원이나 질권설정자의 추심위임 등을 요하지 않고, 또한 질권설정자의 대리인으로서가 아니고 질권자가 자기의 이름으로 추심할 수 있다는 것이라고 한다. 그리고 그 효과는 그 채권의 채권자에게 귀속하는 것이고, 당연히 질권자의 채권에 충당되는 것이 아니라고 한다. 그러나 여기의 「직접 청구할 수 있다」는 것은 제539조에서와 마찬가지로 채권자(질권설정자)를 통하지 않고 질권자 자신이 곧바로 청구를 할 수 있다는 것이다(채권법각론 [49] 참조). 따라서 특별규정(353조 4항 참조)이 없다면 청구의 효과는 질권자에게 귀속함이 마땅하다. 이러한 사견에 의하면, 금전채권에 질권이 설정되어 있는 때에는 질권자는 그 채권을 직접 추심하여 자기채권의 변제에 충당할 수 있다. 판례도 같은 견지에 있다(대판 2005. 2. 25, 2003다40668. 아래에 인용함).

(나) 채권의 목적물이 금전인 때에는 질권자는 자기 채권의 한도에서 직접 청구할 수 있다(353조 2항). 만일 금전채권인 입질채권의 변제기가 피담보채권(질권자의 채권)의 변제기보다 먼저 도래한 때에는, 질권자는 아직 직접 청구는 할 수 없으나, 제3채무자에 대하여 그 변제금액의 공탁을 청구할 수 있다(353조 3항 1문). 이 경우에 질권은 그 공탁금(정확하게는 입질채권의 채권자가 가지는 공탁금청구권) 위에 존

재한다(353조 3항 2문).

(판 례) 채권의 직접청구 관련

「질권의 목적이 된 채권이 금전채권인 때에는 질권자는 자기채권의 한도에서 질권의 목적이 된 채권을 직접 청구할 수 있고(민법 제353조 제1항, 제2항), 채권질권의 효력은 질권의 목적이 된 채권의 지연손해금 등과 같은 부대채권에도 미치므로 채권질권자는 질권의 목적이 된 채권과 그에 대한 지연손해금채권을 피담보채권의 범위에 속하는 자기채권액에 대한 부분에 한하여 직접 추심하여 자기채권의 변제에 충당할 수 있는 것이다.」(대판 2005. 2. 25, 2003다40668)

(다) 질권자가 직접청구한 경우의 부당이득 문제에 관하여 근래 대법원이 두 차례 태도를 밝혔다. 그 판결 둘을 소개한다.

첫 판결의 내용은 다음과 같다(대판 2015. 5. 29, 2012다92258). 금전채권의 질권자가 제353조 제1항·제2항에 의하여 자기채권의 범위 내에서 직접청구권을 행사하는 경우 질권자는 질권설정자의 대리인과 같은 지위에서 입질채권을 추심하여 자기채권의 변제에 충당하고 그 한도에서 질권설정자에 의한 변제가 있었던 것으로 보므로, 그 범위 내에서는 제3채무자의 질권자에 대한 금전지급으로써 제3채무자의 질권설정자에 대한 급부가 이루어질 뿐만 아니라 질권설정자의 질권자에 대한 급부도 이루어진다고 한다. 그리고 이러한 경우 입질채권의 발생원인인 계약관계에 무효 등의 흠이 있어 입질채권이 부존재한다고 하더라도 제3채무자는 특별한 사정이 없는 한 상대방 계약당사자인 질권설정자에 대하여 부당이득 반환을 구할 수 있을 뿐이고 질권자를 상대로 직접 부당이득 반환을 구할 수 없다고 한다. 그 반면에 질권자가 제3채무자로부터 자기채권을 초과하여 금전을 지급받은 경우 그 초과지급 부분에 관하여는 위와 같은 제3채무자의 질권설정자에 대한 급부와 질권설정자의 질권자에 대한 급부가 있다고 볼 수 없으므로, 제3채무자는 특별한 사정이 없는 한 질권자를 상대로 초과지급 부분에 관하여 부당이득 반환을 구할 수 있다고 할 것이지만, 부당이득 반환청구의 상대방이 되는 수익자는 실질적으로 그 이익이 귀속된 주체이어야 하는데, 질권자가 초과지급 부분을 질권설정자에게 그대로 반환한 경우에는 초과지급 부분에 관하여 질권설정자가 실질적 이익을 받은 것이지 질권자로서는 실질적 이익이 없다고 할 것이므로, 제3채무자는 질권자를 상대로 초과지급 부분에 관하여 부당이득 반환을 구할 수 없다고 한다.

다음에 두 번째 판결은 다음과 같다(대판 2024. 4. 12, 2023다315155). 먼저, 금전채권의 질권자가 자기채권의 범위 내에서 직접청구권을 행사하는 경우, 위 범위 내에서는 제3채무자의 질권자에 대한 금전지급으로써 제3채무자의 질권설정자에 대한 급부가 이루어질 뿐만 아니라 질권설정자의 질권자에 대한 급부도 이루어진다는 앞의 판결의 법리는 근저당권부채권의 질권자가 부동산 임의경매절차에서 집행법원으로부터 배당금을 직접 수령하는 경우에도 적용된다고 한다. 그리고 경매목적물의 매각대금이 잘못 배당되어 배당받을 권리 있는 채권자가 배당받을 몫을 받지 못하고 그로 인해 권리 없는 다른 채권자가 그 몫을 배당받은 경우에는, 배당금을 수령한 다른 채권자는 배당받을 수 있었던 채권자의 권리를 침해하여 이득을 얻은 것이 되는데, 이때 부당이득 반환의무를 부담하는「배당금을 수령한 다른 채권자」는 실체법적으로 볼 때 배당을 통하여 법률상 원인 없이 이득을 얻은 사람을 의미하고, 그가 부동산 임의경매절차에서 현실적으로 배당금을 수령한 사람과 언제나 일치하여야 하는 것은 아니라고 한다. 그리하여 질권설정자의 채무자에 대한 근저당권부채권 범위를 초과하여 질권자의 질권설정자에 대한 피담보채권 범위 내에서 질권자에게 배당금이 직접 지급됨으로써 질권자가 피담보채권의 만족을 얻은 경우, 실체법적으로 볼 때 배당을 통하여 법률상 원인 없이 이득을 얻은 사람은 피담보채권이라는 법률상 원인에 기하여 배당금을 수령한 질권자가 아니라 근저당권부채권이라는 법률상 원인의 범위를 초과하여 질권자에게 배당금이 지급되게 함으로써 자신의 질권자에 대한 피담보채무가 소멸하는 이익을 얻은 질권설정자라고 한다.

(라) 채권의 목적물이 금전 이외의 물건인 때에는, 질권자는 그 변제를 받은 물건에 대하여 질권을 행사할 수 있다(353조 4항). 이 경우에는 추심한 물건으로 직접 변제에 충당할 수 없기 때문에 이와 같이 규정하였다. 이 규정의 결과 채권질권은 이제는 동산질권으로 변하게 된다(민법상 부동산질권이 인정되지 않으므로, 부동산의 급부를 목적으로 하는 채권은 질권의 목적으로 될 수 없다고 하여야 한다).

(마) 채권의 목적이 물건의 인도가 아니고「하는 급부」인 경우에 제353조가 적용되는지에 관하여는 논란이 있는데, 통설은 이를 긍정한다(사견은 부정설임).

B-338 **3) 민사집행법이 정하는 집행방법** 채권질권자는 위에서 설명한 입질채권의 직접청구 외에 민사집행법에 정하여진 집행방법에 의하여 질권을 실행할 수도 있다(354조). 그 방법에는 채권의 추심, 전부(轉付), 현금화(환가)의 세 가지가 있다(민사집행법 273조 1항·3항, 223조 내지 250조 참조). 이들은 모두 질권의 실행에 의한 것이므로 판결이나 그 밖의 집행권원을 요하지 않고 질권의 존재를 증명하는 서류만 제출되면 개시된다(민사집행법 273조 1항).

4) 유 질 채권질권에 있어서도 유질계약은 금지된다(355조·339조). 그러나 입질채권이 금전채권인 때에는 그 채권액의 한도에서 그 채권을 변제에 갈음하여 질권자에게 귀속시키는 계약을 변제기 전에 하더라도 그 계약은 유효하다고 새겨야 한다(이설 없음). 왜냐하면 금전채권의 질권자는 그의 채권의 한도에서 직접 청구를 할 수 있는데(353조 2항), 위와 같은 계약은 실질적으로는 직접청구와 같기 때문이다.

(5) 그 밖의 효력

1) 전 질 채권질권자도 동산질권자와 마찬가지로 전질을 할 수 있다(B-324 이하 참조).

2) 채권질권의 침해에 대한 효력 채권질권의 경우에도 동산질권에 있어서와 마찬가지로, 채권증서 또는 증권을 점유하고 있는 채권질권자의 점유가 침해된 때에는, 질권자는 점유보호청구권을 행사할 수 있다. 그러나 질권에 기한 물권적 청구권은 가지지 못한다고 할 것이다(B-327 참조).

3) 채권질권자의 의무 채권질권자는 교부받은 채권증서 또는 증권을 선량한 관리자의 주의로써 보관하고, 피담보채권이 소멸하는 때에는 이를 설정자에게 반환하여야 한다.

Ⅲ. 기타의 권리질권 B-339

1. 주식 위의 질권

주식은 양도할 수 있는 재산권이므로 질권의 목적이 될 수 있다. 그리고 실제 사회에서는 주식에 질권을 설정하고 금융을 얻는 경우가 대단히 많다. 이러한 주식질권은 상법에 의하여 규율되고 있으며(동법 338조 내지 340조 참조), 민법에는 전혀 규정이 없다.

2. 지식재산권 위의 질권

특허권(전용실시권 및 통상실시권 포함)(특허법 121조)·실용신안권(실용신안법 28조)·디자인권(그의 전용실시권 및 통상실시권 포함)(디자인보호법 108조)·상표권(전용사용권 및 통상사용권 포함)(상표법 104조. 동법 93조 8항은 예외를 규정함)·저작권 중 저작재산권(저작권법 47조) 등의 지식재산권에는 질권을 설정할 수 있다.

(1) 설 정

위의 지식재산권에 질권을 설정하려면 질권설정의 합의 외에 등록이 있어야 하며(특허법 85조 1항 3호·101조, 실용신안법 28조, 디자인보호법 98조 1항 3호(디자인권·전용실시권)·104조 3항(통상실시권), 상표법 96조 1항 2호), 등록을 하지 않으면 효력이 생기지 않는다. 다만, 저작권의 경우에는 등록이 제 3 자에 대한 대항요건이다(저작권법 54조)(상표권에 설정된 전용사용권·통상사용권을 목적으로 하는 질권설정의 경우에도 같다. 상표법 100조 1항 2호). 한편 지식재산권에 있어서는 그것의 존재를 증명하는 증서나 증권이 없는 권리이므로, 증서 또는 물건의 인도는 요구되지 않는다(우리 법은 지식재산권의 입질에 관하여도 원칙적으로 성립요건주의를 관철하고 있으나, 그 방법은 부동산 물권변동과 유사하게 규율하고 있는 것이다).

(2) 효 력

지식재산권을 목적으로 하는 질권에도 유치권에 관한 제323조와 제324조가 준용된다(355조·343조). 따라서 질권자는 설정자의 승낙이 없으면 이들 권리를 행사하여 그 수익으로 우선변제에 충당할 수 없으며, 단지 질권설정자가 받게 될 대가나 물건을 그것의 지급 또는 인도 전에 압류하여 질권을 행사할 수 있을 뿐이다(특허법 123조, 실용신안법 28조, 디자인보호법 109조, 상표법 105조, 저작권법 47조). 따라서 이 경우의 질권은 저당권과 유사하게 된다. 한편 설정자의 승낙이 있는 때에는 질권자는 그 수익으로 우선변제에 충당할 수 있다.

지식재산권 위의 질권을 실행하는 방법으로는 민사집행법이 정하는 환가방법밖에 없다(354조, 민사집행법 273조).

제4절 저당권

제1관 서 설

B-340 ### Ⅰ. 저당권의 의의 및 사회적 작용

1. 저당권의 의의

저당권(抵當權)은 채무자 또는 제3자(물상보증인)가 채무의 담보로 제공한 부동산 기타의 목적물을 인도받지 않고 단지 관념상으로만 지배하다가 채무의 변제가 없는 경우에 그 목적물로부터 우선변제를 받는 물권이다(356조). 저당권은 원칙적으로 약정 담보물권으로서 우선변제적 효력이 있는 점에서 질권과 같다. 그러나 목적물의 점유는 설정자가 계속하므로 유치적 효력을 가지지 않으며, 그 점에서 질권과 다르다.

저당권은 물질적인 지배를 직접 목적으로 하는 물질권(物質權)(용익물권)이 아니고, 목적물의 교환가치를 지배하는 가치권이다.

2. 사회적 작용

저당권에는 유치적 효력이 없어서 그 목적물은 소유자가 점유하여 이용하고 저당권자는 목적물의 교환가치만을 파악하게 된다. 그 때문에 저당권은 특히 기업이 그의 설비를 담보로 제공하고 금융을 얻는 수단으로 되고 있다(물론 일반인의 소비를 위한 금융수단이 되는 일도 많다). 그리고 이는 금융제공자의 입장에서 보면, 그가 이자의 형식으로 기업의 이윤의 분배에 참여함으로써 일종의 투자를 하는 것이 된다. 그리하여 저당권이 기업에 대한 투자의 매개수단이 되고 있는 것이다.

B-341 ### Ⅱ. 저당권의 법적 성질

1. 제한물권

저당권은 타인의 부동산이 가지는 가치 가운데 가치의 일부(교환가치)만의 지배를 목적으로 하는 제한물권이다. 그리하여 원칙적으로 타인의 부동산(또는 부동산물권) 위에 성립한다(혼동의 경우에는 예외이다. 191조 1항 단서 참조).

2. 담보물권

(1) 약정 담보물권

저당권은 목적물의 교환가치만을 지배하는 담보물권이다. 나아가 원칙적으로 당사자의 합의와 등기에 의하여 성립하는 약정 담보물권이다. 이 점에서 질권과 같고, 법정 담보물권인 유치권과 다르다.

저당권은 목적물로부터 우선변제를 받을 수 있는 권리이다. 이 점에서 저당권은 질권과 같고, 유치권과 다르다.

저당권에서는 설정자가 목적물을 저당권자에게 이전하지 않고 계속 점유·사용한다. 즉 유치적 효력이 없다. 이 점에서 저당권은 질권·유치권과 근본적으로 차이가 있다.

(2) 통 유 성

저당권은 담보물권으로서의 공통적인 특성(통유성)을 갖는다.

1) 피담보채권에 부종한다. 그리하여 계약의 불성립·무효 또는 취소에 의하여 피담보채권이 처음부터 성립하지 않거나 소급하여 성립하지 않았던 것으로 되는 때에는 저당권도 성립하지 않거나 소급하여 무효로 되고, 피담보채권이 변제·포기·혼동·면제 기타의 사유로 소멸하면 저당권도 소멸한다. 피담보채권의 일부가 무효인 경우에는 채권이 유효한 범위에서 저당권이 존재한다고 할 것이다(양도담보에 관한 대판 1970. 9. 17, 70다1250 참조). 그리고 저당권은 피담보채권과 분리하여 처분하지 못한다(361조). 그러나 저당권에서의 부종성은 질권에서와 마찬가지로 다소 완화되며, 따라서 장래에 발생하는 채권을 담보하기 위하여서도 저당권이 설정될 수 있다(357조 참조).

2) 피담보채권에 수반한다. 그리하여 피담보채권이 상속·양도 등에 의하여 동일성을 잃지 않고 승계되는 때에는 저당권도 승계된다. 그러나 물상보증인이 설정한 저당권은 그의 동의가 없으면 수반하지 않는다.

3) 불가분성이 있다(370조·321조).

4) 물상대위성이 있다(370조·342조).

제 2 관 저당권의 성립

B-342 ### Ⅰ. 개 관

저당권은 당사자 사이의 저당권설정의 합의와 등기에 의하여 성립하는 것이 원칙이나, 부동산공사 수급인의 저당권설정청구권의 행사에 의하여 성립할 수도 있고(666조), 또 일정한 경우에는 법률규정에 의하여 당연히 성립하기도 한다(649조). 아래에서 저당권의 성립을 원칙적인 경우를 중심으로 하여 살펴보기로 한다.

Ⅱ. 저당권설정계약

저당권은 약정 담보물권이므로, 원칙적으로 당사자 사이의 저당권설정의 합의와 등기에 의하여 성립한다(186조).

1. 저당권설정계약의 성질

저당권설정계약의 성질에 관하여 학설은 i) 물권계약이라는 견해, ii) 저당권의 설정을 약정하는 채권계약으로서 보통 저당권설정 그 자체를 목적으로 하는 물권적 합의를 포함하고 있다는 견해(사견도 같음), iii) 채권계약이라는 견해로 나뉘어 있다.

한편 이러한 저당권설정계약은 실제에 있어서는 그 저당권에 의하여 담보되는 채권(피담보채권)을 발생하게 하는 계약(예: 금전소비대차계약)과 함께 행하여지는 것이 보통이다.

판 례 근저당권 성립 관련

근저당권이 성립하려면(저자 주) 「근저당권설정행위와는 별도로 근저당권의 피담보채권을 성립시키는 법률행위가 있어야 하고, 근저당권의 성립 당시 근저당권의 피담보채권을 성립시키는 법률행위가 있었는지 여부에 대한 입증책임은 그 존재를 주장하는 측에 있다.」(대판 2009. 12. 24, 2009다72070)

B-343 #### 2. 계약의 당사자

당사자는 저당권을 취득하는 자(저당권자)와 저당권의 객체 위에 저당권을 설정하는 부동산 소유자 기타 객체의 귀속자(저당권설정자)이다.

(1) 저당권자는 피담보채권의 채권자에 한한다(이설 없음). 저당권은 담보물권으로서 부종성이

있기 때문이다. 판례는 예전에는 통설과 같이 채권과 저당권은 그 주체를 달리할 수 없다고 하였다(대판 1986. 1. 21, 84다카681 등). 그런데 근래에는 원칙적으로는 채권자와 근저당권자가 동일인이어야 하나, 제 3 자를 저당권(근저당권)의 명의인으로 하는 데 대하여 채권자 · 채무자 · 제 3 자 사이에 합의가 있고 또 채권이 그 제 3 자에게 실질적으로 귀속되었다고 볼 수 있는 특별한 사정이 있는 경우에는 제 3 자 명의의 저당권(근저당권)설정등기도 유효하다고 한다(대판(전원) 2001. 3. 15, 99다48948; 대판 2011. 1. 13, 2010다69940 등).

판 례 근저당권에서 채권자 · 채무자 명의 관련

(ㄱ) 「근저당권은 채권담보를 위한 것이므로 원칙적으로 채권자와 근저당권자는 동일인이 되어야 하고, 다만 제 3 자를 근저당권 명의인으로 하는 근저당권을 설정하는 경우 그 점에 대하여 채권자와 채무자 및 제 3 자 사이에 합의가 있고, 채권양도, 제 3 자를 위한 계약, 불가분 채권관계의 형성 등 방법으로 채권이 그 제 3 자에게 실질적으로 귀속되었다고 볼 수 있는 특별한 사정이 있는 경우에는 제 3 자 명의의 근저당권설정등기도 유효하다고 보아야 할 것이다. 그리고 부동산을 매수한 자가 소유권이전등기를 마치지 아니한 상태에서 매도인인 소유자의 승낙 아래 매수 부동산을 타에 담보로 제공하면서 당사자 사이의 합의로 편의상 매수인 대신 등기부상 소유자인 매도인을 채무자로 하여 마친 근저당권설정등기는 실제 채무자인 매수인의 근저당권에 대한 채무를 담보하는 것으로서 유효하다고 함이 이 법원의 견해이다.

그리고 이러한 견해를 취하는 이상, 그 양자의 형태가 결합된 근저당권이라 하여도, 그 자체만으로는 부종성의 관점에서 근저당권이 무효라고 보아야 할 어떤 질적인 차이를 가져오는 것은 아니라고 보아야 할 것이다.」(대판(전원) 2001. 3. 15, 99다48948[핵심판례 176면])

(ㄴ) 대판 2007. 1. 11, 2006다50055(B−83에 인용).

(ㄷ) 「근저당권설정등기상 근저당권자가 다른 사람과 함께 채무자로부터 유효하게 채권을 변제받을 수 있고 채무자도 그들 중 누구에게든 채무를 유효하게 변제할 수 있는 관계, 가령 채권자와 근저당권자가 불가분적 채권자의 관계에 있다고 볼 수 있는 경우에는 그러한 근저당권설정등기도 유효하다고 볼 것이다.」(갑이 을에게 금원을 대여하면서 이에 대한 담보로 을의 배우자인 병 소유의 부동산에 갑의 자녀인 무 등의 명의로 근저당권설정등기를 마친 사안에서, 갑과 무 등이 불가분적 채권자의 관계에 있다고 볼 여지가 상당하다고 본 사례)(대판 2020. 7. 9, 2019다212594)

(2) 저당권설정자는 피담보채권의 채무자인 것이 보통이겠으나, 제 3 자라도 무방하다(356조 참조). 그러한 제 3 자를 물상보증인이라고 하는데, 그에 관하여는 질권에 있어서 이미 설명하였다(B−312 참조).

(3) 저당권설정계약은 처분행위인 물권적 합의를 포함한다. 따라서 그것이 유효하려면 설정자에게 처분권한이 있어야 한다. 그 결과 부동산 기타 객체의 귀속권자가 아닌 자는 저당권을 설정하지 못하고, 객체의 귀속권자라도 처분권한을 제한당하고 있는 경우

(예: 파산선고를 받거나 압류·가압류·처분금지 가처분을 받은 자)에는 저당권을 설정하지 못한다.

B-344 ## Ⅲ. 저당권설정등기

(1) 저당권이 설정되려면 저당권설정의 합의라는 물권행위 외에 등기를 하여야 한다(186조). 등기사항은 채권자, 채권액, 채무자의 성명 또는 명칭과 주소 또는 사무소 소재지, 변제기, 이자 및 그 발생기·지급시기, 원본 또는 이자의 지급장소, 채무불이행으로 인한 손해배상에 관한 약정, 제358조 단서의 약정, 채권의 조건이다(부등법 75조 1항). 다만, 변제기 이하의 사항은 등기원인에 그 약정이 있는 경우에만 기록한다(부등법 75조 1항 단서).

판례에 의하면, 근저당권의 부종성에 비추어 **저당권설정계약상의 채무자와 다른 자를 채무자로 하여 행하여진 근저당권설정등기는 그 피담보채무를 달리한 것이므로 무효**라고 한다(대판 1981. 9. 8, 80다1468). 그런데 부동산의 명의신탁자가 제3자와의 거래관계에서 발생하는 차용금채무를 담보하기 위하여 그 부동산 위에 제3자 명의로 근저당권을 설정함에 있어서 당사자간의 편의에 따라 명의수탁자를 채무자로 등재한 경우에 관하여, 그 근저당권이 담보하는 채무는 명의신탁자의 제3자에 대한 채무로 보아야 한다고 하여(대결 1999. 7. 22, 99마2870), 등기가 유효하다는 전제에 서 있다. 그런가 하면 근저당권설정계약 당시 근저당권설정자와 근저당권자 사이에 그 근저당권에 의하여 담보되는 피담보채무와 그 채무자 등을 지정함에 관한 의사가 합치된 경우에는 비록 이로써 지정된 실제 채무자와 근저당권설정계약서상이나 등기부상의 채무자가 다르다고 하더라도 그 근저당권설정계약에 기해 경료된 근저당권설정등기는 유효하고, 그 근저당권의 피담보채무는 근저당권설정계약서나 등기부상 등재된 채무자의 채무가 아닌 실제 채무자의 그것으로 보아야 한다고 한다(대판 2010. 6. 24, 2010다17840).

그리고 판례는, 저당권설정등기의 비용은 당사자 사이에 특별한 약정이 없으면 채무자가 부담함이 거래상의 원칙이라고 한다(대판 1962. 2. 15, 4294민상291).

(2) 저당권등기가 불법으로 말소된 경우(B-78 참조), 등기를 옮기면서 누락된 경우(B-79 참조), 무효로 된 등기를 유용하는 문제(B-90 참조)에 대하여는 앞에서 설명하였다.

B-345 ## Ⅳ. 저당권의 객체(목적)

저당권은 객체를 인도받아 점유하는 방법으로 공시하지 않는 물권이므로 등기 또는 등록할 수 있는 것만이 그 객체로 될 수 있다.

(1) 민법이 규정하는 객체

1) 부 동 산 저당권의 객체는 원칙적으로 부동산이다(356조 참조). 즉 1필의 토지·1동의

건물이 저당권의 객체로 된다. 1필의 토지의 일부에는 저당권을 설정할 수 없다. 1동의 건물의 일부에도 저당권을 설정할 수 없으나, 구분소유권의 목적이 되는 것은 예외이다.

부동산의 공유지분 위에 저당권을 설정할 수 있다. 그리고 공유지분 위에 설정된 근저당권은 특단의 합의가 없는 한 공유물분할이 된 뒤에도 종전의 지분 비율대로 공유물 전부의 위에 그대로 존속하고 근저당권설정자 앞으로 분할된 부분에 당연히 집중되는 것은 아니다(대판 2012. 3. 29, 2011다74932 등).

2) 지상권 · 전세권 이들은 부동산물권이지만 예외적으로 저당권의 객체로 된다(371조).

(2) 민법 이외의 법률이 규정하는 객체

1) 입목법에 의하여 등기된 수목의 집단인 입목(입목법 3조 2항)

2) 광업권(광업법 11조) · 어업권(수산업법 16조 2항)

3) 공장재단(「공장 및 광업재단 저당법」 3조 이하) · 광업재단(「공장 및 광업재단 저당법」 52조 이하)

4) 특별사법인 상법이나 민사특별법에 의하여 저당권의 설정이 인정되어 있는 특수한 동산으로서 등기된 선박(상법 787조) · 소형선박(「자동차 등 특정동산 저당법」 3조) · 자동차(「자동차 등 특정동산 저당법」 3조) · 항공기 및 경량항공기(「자동차 등 특정동산 저당법」 3조) · 건설기계(「자동차 등 특정동산 저당법」 3조)

V. 저당권을 설정할 수 있는 채권(피담보채권) B-346

(1) 일 반 론

저당권에 의하여 담보할 수 있는 채권(피담보채권)은 소비대차에 기한 금전채권이 보통일 것이나, 그 밖의 채권이라도 무방하다. 왜냐하면 저당권의 피담보채권은 저당권을 실행할 당시에 금전채권으로 되어 있으면 충분한데, 금전채권이 아닌 채권도 채무불이행이 있으면 금전채권(손해배상청구권)으로 변하기 때문이다. 다만, 이와 같은 채권을 담보하기 위한 저당권설정등기를 할 때에는, **등기관은 그 채권의 평가액을 기록하여야 한다**(부등법 77조). 이는 목적부동산에 관하여 이해관계를 가지게 되는 자(예: 후순위 저당권자 · 부동산의 양수인)를 보호하기 위한 것이다. **이 경우 채권의 실제의 가격이 등기된 가액을 넘는 때에는 채권자는 제 3 자에 대하여 등기된 가액의 한도에서만 저당권의 효력을 주장할 수 있다**(대판 1971. 3. 23, 70다2982 등). 그리고 실제의 가격이 등기된 금액에 미치지 못한 때에는 실제의 가격에 의하여야 한다.

채권의 일부만을 위하여 저당권을 설정할 수도 있고, 또 복수의 채권에 관하여 1개의 저당권을 설정할 수도 있다.

(2) 장래의 채권

민법은 「장래의 불특정의 채권」을 담보하는 저당권인 근저당에 관하여는 명문의 규정을 두고 있으나(357조), 「장래의 특정한 채권」을 담보하는 저당권에 관하여는 직접적인 명문규정을 두고 있지 않다. 그렇지만 이를 인정하는 데 다툼이 없으며, 판례도 같다(대판 1993. 5. 25, 93다6362). 생각건대 조건부 또는 기한부 기타 장래의 특정의 채권을 위해서도 저당권이 설정될 수 있다고 해야 한다. 판례도, 장래에 발생할 특정의 조건부 채권을 담보하기 위하여도 저당권을 설정할 수 있으므로 그러한 채권도 근저당권의 피담보채권으로 확정될 수 있고, 그 조건이 성취될 가능성이 없게 되었다는 등의 특별한 사정이 없는 이상 확정 당시 조건이 성취되지 않았다는 사정만으로 근저당권이 소멸하는 것은 아니라고 한다(대판 2015. 12. 24, 2015다200531). 주의할 것은, 이러한 저당권도 저당권설정의 합의와 등기가 있으면 곧바로 성립하고 장래에 비로소 성립하는 것이 아니라는 점이다. 따라서 등기한 때에 성립하여 우선순위를 가지게 된다.

B-347 Ⅵ. 부동산공사 수급인의 저당권설정청구권

도급에 있어서 도급인은 수급인이 일을 완성하면 보수를 지급하여야 한다(665조 1항). 그리하여 수급인은 보수청구권을 가진다. 그리고 부동산공사 수급인은 이 보수청구권이라는 채권을 담보하기 위하여 그 부동산을 목적으로 하는 저당권의 설정을 청구할 수 있다(666조).

그런데 이 청구권이 행사되었다고 하여 저당권이 당연히 성립하는 것은 아니며, 도급인이 수급인의 청구에 응하여 등기를 하여야 비로소 성립한다(이설 없음).

Ⅶ. 법정저당권

민법은 예외적으로 일정한 요건 하에 법정저당권이 당연히 성립하는 경우를 한 가지 규정하고 있다. 「토지임대인이 변제기를 경과한 최후 2년의 차임채권에 의하여 그 지상에 있는 임차인 소유의 건물을 압류한 때」에 그렇다(649조). 이 경우에 법정저당권이 성립하는 시기는 압류등기를 한 때이다(이설 없음).

제 3 관　저당권의 효력

I. 저당권의 효력이 미치는 범위 B-348

1. 목적물의 범위

(1) 저당부동산 · 부합물 · 종물 · 과실(果實)

저당권의 효력은 저당부동산·부합된 물건·종물에 미친다(358조 본문). 그러나 법률에 특별한 규정이 있거나 설정행위에서 다른 약정을 한 때에는 다르다(358조 단서). 그리고 저당부동산으로부터 생기는 과실은 예외적으로만 효력이 미친다(359조).

1) 저당부동산　저당권의 효력이 저당권의 객체 자체에 미침은 당연하다.

2) 부 합 물　저당권의 효력은 저당부동산에 부합된 물건에 미친다(358조 본문). 여기의 부합은 제256조의 그것과 동일하다(B-219 이하 참조). 건물의 **증축부분**도 기존의 건물에 부합할 수 있으며, 그때에는 저당권의 효력이 거기에도 미친다(대판 2002. 10. 25, 2000다63110 등 다수). 그 결과 설사 증축부분에 관하여 별도로 보존등기가 되었고 또 본래의 건물에 대한 경매절차에서 경매목적물로 평가되지 않았더라도 경락인은 그 증축부분의 소유권을 취득한다(그리고 저당건물과는 별개의 건물을 저당건물의 부합물이나 종물로 보아 경매를 하더라도 경락인은 그 건물의 소유권을 취득하지 못한다. 거기에는 저당권의 효력이 미치지 않기 때문이다. 대판 1997. 9. 26, 97다10314 등).

부합의 시기가 저당권설정 전인가 후인가는 묻지 않는다(이설이 없으며, 판례도 같음. 대판 1972. 10. 10, 72다1437 참조).

저당권의 효력이 부합물에 미친다는 원칙에 대하여는 예외가 있다. **첫째로** 당사자는 설정계약에 의하여 저당권의 효력이 부합물에 미치지 않는 것으로 정할 수 있다(358조 단서). 그러나 이 약정은 등기를 하여야 제 3 자에게 대항할 수 있다(부등법 75조 1항 7호). **둘째로** 법률에 특별한 규정이 있는 때에도 예외이다(358조 단서). 그 대표적인 예로는 제256조 단서가 있다. 따라서 지상권자·전세권자·부동산임차인이 그들의 권원에 기하여 부속시킨 물건에는 저당권의 효력이 미치지 않는다(B-220 참조). 그리고 「공장 및 광업재단 저당법」 제 9 조도 그에 해당한다.

3) 종　　물　저당권의 효력은 저당부동산의 종물에도 미친다(358조 본문). 여기의 종물은 제100조가 규정하는 종물과 같다(A-441 이하 참조). 종물도 부합물과 마찬가지로 그것이 저당권설정 전에 종물로 되었는가 그 후에 종물로 되었는가를 묻지 않는다(대결 1971. 12. 10, 71마757). 그리고 저당권의 효력이 종물에 미친다는 원칙도 반대의 특약이나 특별규정이 있는 때에는 적용되지 않는다(358조 단서). B-349

저당권의 효력이 저당부동산의 **종된 권리**에도 미치는지가 문제되나, 제358조 본문을 유추적용하여 이를 긍정하여야 한다(이설이 없으며, 판례도 같음). 그리하여 건물에 대한 저당권의 효력은 그 건물의 소유를 목적으로 하는 지상권에 미치고(대판 1996. 4. 26, 95다52864[핵심판례 178면] 등), 또 구분건물의 전유부분만에 관하여 설정된 저당권의 효력은 대지사용권의 분리처분을 가능하도록 규약으로 정하는 등의 특별한 사정이 없는 한 그 전유부분의 소유자가 나중에 취득한 대지사용권에도 미친다(대판 2008. 3. 13, 2005다15048 등). 그리고 건물의 소유를 목적으로 하여 토지를 임차한 자가 그 건물에 저당권을 설정한 때에는, 저당권의 효력은 그 건물의 소유를 목적으로 한 토지의 임차권에도 미친다(대판 1993. 4. 13, 92다24950).

4) 과 실 저당권은 본래 목적물의 사용·수익을 설정자에게 남겨두는 권리이기 때문에 과실에는 그 효력이 미치지 않는다. 그렇지만 저당부동산에 대한 압류가 있은 후에 저당권설정자가 목적부동산으로부터 수취한 과실 또는 수취할 수 있는 과실에는 저당권의 효력이 미친다(359조 본문). 그러나 저당권자가 그 부동산에 대한 소유권·지상권 또는 전세권을 취득한 제3자에 대하여는 압류한 사실을 통지한 후가 아니면 이로써 대항하지 못한다(359조 단서). 그리고 여기의 과실은 천연과실·법정과실을 모두 포함한다(이설이 없으며, 판례도 같음. 대판 2016. 7. 27, 2015다230020). 따라서 저당부동산에 대한 압류가 있으면 그 압류 이후의 저당권설정자의 저당부동산에 관한 차임채권 등에도 저당권의 효력이 미친다(대판 2016. 7. 27, 2015다230020).

5) 분리 · 반출된 부합물 · 종물 부합물이나 종물의 분리·반출이 정당한 권리행사에 기한 경우(예: 정원의 수목의 이식)에는 그 분리된 부합물 등에 저당권의 효력이 미치지 않는다. 문제는 산림이 벌채되거나 가옥이 붕괴된 때와 같이 정당한 권리행사라고 볼 수 없는 경우이다. 여기에 관하여 학설이 대립되나, 통설은 분리된 동산은 목적부동산과 결합하여 공시의 작용이 미치는 한도 내에서만 저당권의 효력이 미친다고 한다(사견도 같음. 물권법 [210] 참조).

B-350 **(2) 물상대위**

저당권에 있어서도 질권에서와 마찬가지로 물상대위가 인정된다(370조·342조). 즉 저당권은 저당부동산의 멸실·훼손 또는 공용징수로 인하여 저당권설정자가 받을 금전 기타 물건에 대하여도 이를 행사할 수 있다. 그런데 이 경우에는 그 지급 또는 인도 전에 압류하여야 한다.

여기서 물상대위가 인정되는 대표물은 저당부동산의 멸실·훼손·공용징수로 인하여 저당권설정자가 받을 금전 기타의 물건이다(370조·342조 1문). 보험금·손해배상·수용보상금 등이 그 예이다. 그러나 금전과 같은 구체적인 물건이 아니고 그에 대한 청구권이 대위의 목적이 된다(보험금청구권이 물상대위권의 객체라는 판결: 대판 2004. 12. 24, 2004다52798). 한편 저당권자가 목적부동산에 추급할 수 있는 때에는 물상대위가 인정되지 않는다(대판 1981. 5. 26, 80다2109). 가령 저당권의 목적토지가 「공익사업을 위한 토지 등의 취득 및 보상에 관한 법률」에 따라 협의취득된 경우에는, 그것이 사법상의 매매계약이고 공용징수가 아니므로 저당권자는 그 토지에 추급할 수 있고, 따라서 보상금청구권에 대하여 물상대위권을 행사할 수 없다(위의 판결 참조).

저당권자가 물상대위권을 행사하려면, 저당권설정자가 금전 기타의 물건을 지급 또는 인

도받기 전에 압류하여야 한다(370조·342조 2문). 만약 저당권자(또는 근저당권자)가 위 금전이나 물건의 인도청구권을 압류하기 전에 토지의 소유자가 그 인도청구권에 기하여 금전 등을 수령한 경우에는 저당권자(또는 근저당권자)는 더 이상 물상대위권을 행사할 수 없다(대판 2015. 9. 10, 2013다216273 등). 이와 같이 압류를 요구하는 것은 대표물의 특정성을 유지하여 제 3 자에게 예측하지 못한 손해를 입히지 않도록 하기 위하여서이다. 따라서 압류는 반드시 대위권을 행사하는 저당권자가 할 필요가 없고, **다른 채권자가 압류하였어도 무방하다**(대판 2002. 10. 11, 2002다33137 등). 그러나 저당권이 등기된 것만으로는 우선변제를 받을 수 없으며, 우선변제를 받기 위하여서는 민사집행법 제273조에 의하여 담보권의 존재를 증명하는 서류를 집행법원에 제출하여 채권압류 및 전부명령을 신청하거나 민사집행법 제247조 제 1 항에 의하여 배당요구를 하여야 한다(대판 2022. 8. 11, 2017다256668 등). 그리고 이러한 **물상대위권의 행사는** 늦어도 민사집행법 제247조 제 1 항에서 규정하고 있는 **배당요구의 종기까지 하여야 한다**(대판 2022. 8. 11, 2017다256668 등). 한편 판례에 의하면, 수용보상금 지급청구권이 물상대위권자가 압류하기 전에 양도 또는 전부명령 등에 의하여 타인에게 이전된 경우라도 보상금이 직접 지급되거나 보상금지급청구권에 관한 강제집행절차에 있어서 배당요구의 종기에 이르기 전에는 여전히 그 청구권에 대한 추급이 가능하다고 한다(대판 2000. 6. 23, 98다31899).

(판 례) 저당권자의 물상대위 관련(전세권저당권 포함)

(ㄱ) 「물상대위권의 행사에 나아가지 아니한 채 단지 수용대상토지에 대하여 담보물권의 등기가 된 것만으로는 그 보상금으로부터 우선변제를 받을 수 없다. 그렇다면 저당권자가 물상대위권의 행사에 나아가지 아니하여 우선변제권을 상실한 이상, 다른 채권자가 그 보상금 또는 이에 관한 변제공탁금으로부터 이득을 얻었다고 하더라도 저당권자는 이를 부당이득으로서 반환청구할 수 없다.」(대판 2010. 10. 28, 2010다46756)

(ㄴ) 「전세권저당권이 설정된 경우에도 전세권이 기간만료로 소멸되면 전세권설정자는 전세금반환채권에 대한 제 3 자의 압류 등이 없는 한 전세권자에 대하여만 전세금반환의무를 부담한다.」(대판 1999. 9. 17, 98다31301)

(ㄷ) 「전세권에 대하여 설정된 저당권은 민사소송법 제724조 소정의 부동산 경매절차에 의하여 실행하는 것이나, 전세권의 존속기간이 만료되면 전세권의 용익물권적 권능이 소멸하기 때문에 더 이상 전세권 자체에 대하여 저당권을 실행할 수 없게 되고, 이러한 경우는 민법 제370조, 제342조 및 민사소송법 제733조에 의하여 저당권의 목적물인 전세권에 갈음하여 존속하는 것으로 볼 수 있는 전세금반환채권에 대하여 추심명령 또는 전부명령을 받거나(이 경우 저당권의 존재를 증명하는 등기부등본을 집행법원에 제출하면 되고 별도의 채무명의가 필요한 것이 아니다), 제 3 자가 위 전세금반환채권에 대하여 실시한 강제집행절차에서 배당요구하는 등의 방법으로 우선변제를 받을 수 있을 뿐이라고 할 것이다.」(대결 1995. 9. 18, 95마684)

「전세권저당권자가 물상대위권을 행사하여 전세금반환채권에 대하여 압류 및 추심명령 또는 전부명령을 받고 이에 기하여 추심금 또는 전부금을 청구하는 경우 제3채무자인 전세권설정자는 일반적 채권집행의 법리에 따라 압류 및 추심명령 또는 전부명령이 송달된 때를 기준으로 하여 그 이전에 채무자와 사이에 발생한 모든 항변사유로 압류채권자에게 대항할 수 있다. 다만 임대차계약에 따른 임대차 보증금반환채권을 담보할 목적으로 유효한 전세권설정등기가 마쳐진 경우에는 전세권저당권자가 저당권 설정 당시 그 전세권설정등기가 임대차 보증금반환채권을 담보할 목적으로 마쳐진 것임을 알고 있었다면, 제3채무자인 전세권설정자는 전세권저당권자에게 그 전세권설정계약이 임대차계약과 양립할 수 없는 범위에서 무효임을 주장할 수 있으므로, 그 임대차계약에 따른 연체차임 등의 공제 주장으로 대항할 수 있다.」(대판 2021. 12. 30, 2018다268538)

(ㄹ) 「적법한 기간 내에 적법한 방법으로 물상대위권을 행사한 저당권자는 전세권자에 대한 일반채권자보다 우선변제를 받을 수 있으며, 전세금은 그 성격에 비추어 민법 제315조 소정의 전세권설정자의 전세권자에 대한 손해배상채권 외 다른 채권까지 담보한다고 볼 수 없으므로, 전세권설정자가 전세권자에 대하여 위 손해배상채권 외 다른 채권을 가지고 있더라도 다른 특별한 사정이 없는 한 이를 가지고 전세금반환채권에 대하여 물상대위권을 행사한 전세권저당권자에게 상계 등으로 대항할 수 없다.」(대판 2008. 3. 13, 2006다29372 · 29389)

(ㅁ) 「전세권저당권자가 위와 같은 방법으로 전세금반환채권에 대하여 물상대위권을 행사한 경우, 종전 저당권의 효력은 물상대위의 목적이 된 전세금반환채권에 존속하여 저당권자가 그 전세금반환채권으로부터 다른 일반채권자보다 우선변제를 받을 권리가 있으므로, 설령 전세금반환채권이 압류된 때에 전세권설정자가 전세권자에 대하여 반대채권을 가지고 있고 그 반대채권과 전세금반환채권이 상계적상에 있다고 하더라도 그러한 사정만으로 전세권설정자가 전세권저당권자에게 상계로써 대항할 수는 없다.

그러나 전세금반환채권은 전세권이 성립하였을 때부터 이미 그 발생이 예정되어 있다고 볼 수 있으므로, 전세권저당권이 설정된 때에 이미 전세권설정자가 전세권자에 대하여 반대채권을 가지고 있고 그 반대채권의 변제기가 장래 발생할 전세금반환채권의 변제기와 동시에 또는 그보다 먼저 도래하는 경우와 같이 전세권설정자에게 합리적 기대 이익을 인정할 수 있는 경우에는 특별한 사정이 없는 한 전세권설정자는 그 반대채권을 자동채권으로 하여 전세금반환채권과 상계함으로써 전세권저당권자에게 대항할 수 있다.」(대판 2014. 10. 27, 2013다91672)

(ㅂ) 「물상대위권을 갖는 채권자가 동시에 채무명의(현재의 명칭은 집행권원임: 저자 주)를 가지고 있으면서 채무명의에 의한 강제집행의 방법을 선택하여 채권의 압류 및 전부명령을 얻은 경우에는 비록 그가 물상대위권을 갖는 실체법상의 우선권자라 하더라도 원래 일반채무명의에 의한 강제집행절차와 담보권의 실행절차와는 그 개시요건이 다를 뿐만 아니라 다수의 이해관계인이 관여하는 집행절차의 안정과 평등배당을 기대한 다른 일반채권자의 신뢰를 보호할 필요가 있는 점에 비추어 압류가 경합된 상태에서 발부된 위 전부명령은 무효로 볼 수밖에 없는 것이다.」(대판 1990. 12. 26, 90다카24816)

「저당권이 설정된 전세권의 존속기간이 만료된 경우에 … 저당목적물의 변형물인 금전 기타 물건에 대하여 일반 채권자가 물상대위권을 행사하려는 저당채권자보다 단순히 먼저 압류나 가압류의 집행을 함에 지나지 않은 경우에는 저당권자는 그 전은 물론 그 후에도 목적채권에 대하여 물상대위권을 행사하여 일반채권자보다 우선변제를 받을 수가 있으며, 위와 같이 전세권부 근저당권자가 우선권 있는 채권에 기하여 전부명령을 받은 경우에는 형식상 압류가 경합되었다 하더라도 그 전부명령은 유효하다.」(대판 2008. 12. 24, 2008다65396)

(ㅅ) 대판 2009. 5. 14, 2008다17656(D-387의 ② 참조).

2. 저당권에 의하여 담보되는 범위 B-351

(1) 제360조

저당권은 원본·이자·위약금·채무불이행으로 인한 손해배상 및 저당권의 실행비용을 담보하되, 지연배상에 대하여는 저당권의 행사범위가 제한된다(360조).

저당권에 의하여 담보되는 범위는 질권에서보다 좁다(334조 참조). 이는 저당권에 있어서는 후순위의 저당권이 설정되거나 또 목적부동산에 관하여 제 3 자가 이해관계를 갖는 경우가 적지 않은 만큼 그러한 제 3 자를 보호하기 위한 것이다.

제360조는 강행규정이라고 해야 한다(이설 있음).

저당권에 의하여 담보되는 범위를 나누어 설명한다.

1) 원 본 여기의 원본은 원본채권이다. 원본채권은 저당권을 설정하여 담보하려고 한 본래의 채권이며, 그것이 곧 피담보채권이다. 그러한 채권을 이자채권과 대비하여 원본채권이라고 부르는 것이다. 하나의 채권은 그 일부가 여기의 원본채권이 될 수도 있다.

담보되는 원본의 금액과 변제기·지급장소는 등기하여야 한다(부등법 75조 1항). 그리고 피담보채권이 금전채권이 아닌 경우에는 그 채권의 평가액을 등기하여야 한다(부등법 77조. B-346 참조).

2) 이 자 이자를 발생하게 하는 특약이 있는 때에는 이자 및 그 발생기·지급시기·지급장소를 등기하여야 한다(부등법 75조 1항 4호). 민법은 저당권의 효력이 미치는 이자의 범위를 제한하지 않고 있다. 따라서 이자채권은 저당권에 의하여 무제한으로 담보된다. 다만, 변제기 이후에는 지연배상으로 되어 그에 대한 제한규정의 적용을 받게 될 것이다.

3) 손해배상청구권 채무불이행으로 인한 손해배상 즉 지연배상(지연이자)도 저당권에 의하여 담보되나, 그것은 원본의 이행기일을 경과한 후의 1년분에 한한다(360조 단서). 그런데 지연배상에 대하여는 원본의 이행기일을 경과한 후의 1년분에 한하여 저당권을 행사할 수 있다고 규정하고 있는 것은 저당권자의 제 3 자에 대한 관계에서의 제한이며, 채무자나

저당권설정자가 저당권자에 대하여 대항할 수 있는 것이 아니다(대판 1992. 5. 12, 90다8855).

지연이자는 원본채무의 불이행이 있으면 법률상 당연히 발생하기 때문에, 그 등기는 필요하지 않다. 그리고 약정이자에 관하여 등기가 있으면, 그 이율에 의한 지연이자를 담보하게 된다. 그러나 약정이율의 등기가 없는 때에는 법정이율에 의한 이자를 담보한다(397조 1항).

4) 위 약 금 위약금의 특약이 있고 그에 관하여 등기가 되어 있으면 그것도 저당권에 의하여 담보된다. 위약금이 손해배상액의 예정인지는 묻지 않는다(398조 4항 참조).

5) 저당권의 실행비용 저당권의 실행에는 부동산 감정비용·경매신청 등록세 등의 비용이 든다. 그런데 저당권은 이러한 비용도 담보한다. 그리고 이 비용에 관하여는 등기가 요구되지 않는다. 민사집행법에 따르면 이 비용은 매각대금으로부터 우선적으로 변제받게 된다(민사집행법 53조 참조).

(2) 불가분성

저당권도 불가분성이 있어서 저당권자는 채권 전부의 변제를 받을 때까지 저당부동산 전부에 관하여 그 권리를 행사할 수 있다(370조·321조). 그리고 피담보채권이 남아 있는 한 저당권설정자는 저당권등기의 말소를 청구하지 못한다(대판 1970. 3. 24, 70다207). 다만, 공동저당의 경우에는 불가분성이 제한된다.

B-352 Ⅱ. 우선변제적 효력

1. 저당권자가 변제를 받는 모습

저당권에 의하여 담보되는 채권의 변제기가 되었음에도 불구하고 채무자가 변제하지 않는 경우에는, 저당권자는 저당권의 목적물을 매각·현금화하여(다른 채권자에 의하여 경매된 경우도 같음) 그 대금으로부터 다른 채권자에 우선해서 변제를 받을 수 있다(356조). 그런가 하면 저당권자가 저당권과 관계없이 하나의 채권자로서 채무자의 일반재산으로부터 변제를 받을 수도 있다.

(1) 저당권에 기하여 우선변제를 받는 경우

1) 저당권자가 우선변제를 받는 방법 가운데 가장 전형적인 것은 저당권자 자신이 저당권을 실행하여 변제받는 것이다. 그 구체적인 방법은 뒤에 따로 보기로 한다(B-356 이하 참조).

2) 저당권자가 직접 저당권을 실행하지 않고서도 목적물로부터 우선변제를 받는 때가 있다. 저당부동산에 대하여 일반채권자가 강제집행을 하거나 저당부동산의 전세권자가 경매를 신청하는 경우, 또는 후순위저당권자가 저당권을 실행하는 경우에 그렇다. 그러한 경우에 저당권자는 강제집행이나 경매를 막지 못하며, 그가 가지는 우선순위에 따라서 매각대금으로부터 당연히 변제를 받을 수 있을 뿐이다(민사집행법 268조·91조 2항·145조 참조).

다만, 일반채권자 또는 후순위저당권자가 신청하는 경매에 있어서는, 최저매각가격(민사집행법 97조)으로부터 그들의 채권에 우선하는 부동산의 모든 부담(선순위의 담보권 및 우선특권 등)과 절차비용을 변제하면 남을 것이 없겠다고 인정된 때에는 법원은 일정한 사유가 없는 한 그 경매절차를 취소하여야 한다(민사집행법 102조 · 268조). 그리하여 일반채권자 등은 원칙적으로 선순위저당권자 등의 채무를 변제하고 나머지가 있는 경우에만 경매를 할 수 있다.

(2) 단순히 채권자로서 변제를 받는 경우 B-353

1) 저당권자가 직접 청구하거나 또는 타인에 의하여 청구된 경매절차에서 저당부동산의 매각대금으로부터 배당을 받았지만 채권을 완전히 변제받지 못한 경우에는, 저당권자의 나머지의 채권은 무담보의 채권으로 존속하게 된다. 그리하여 저당권자는 이제는 그 나머지의 채권에 관하여 단순한 채권자로서 채무자의 일반재산에 대하여 강제집행을 하거나(이때는 집행권원이 필요함) 또는 타인이 집행을 하는 경우에 배당에 가입할 수 있다.

2) 저당권에 있어서도 질권에서와 마찬가지로, 저당권자가 저당목적물에 대하여 저당권을 실행하지 않고 처음부터 채무자의 일반재산에 대하여 먼저 집행할 수 있는지가 문제된다(물론 집행권원을 얻은 경우이다). 민법은 질권의 경우에서처럼 그에 대하여 제한을 가하고 있다(370조 · 340조). 그에 의하면, 저당권자는 저당부동산에 의하여 변제받지 못한 부분의 채권에 관하여서만 일반재산에 대하여 집행할 수 있으며, 그에 위반한 때에는 일반채권자는 이의를 제기할 수 있다(370조 · 340조 1항). 그러나 채무자는 이의를 제기하지 못한다(이설 없음. 그리고 질권에 관한 B-322도 참조). 한편 저당부동산보다 먼저 다른 재산에 관한 배당을 실시하는 경우에는 저당권자는 그의 채권 전액을 가지고 배당에 참가할 수 있다(370조 · 340조 2항 본문). 이때 다른 채권자는 저당권자에게 배당금액의 공탁을 청구할 수 있다(370조 · 340조 2항 단서).

2. 저당권자의 우선적 지위(우선순위) B-354

(1) 일반채권자에 대한 관계

저당권자는 일반채권자에 우선한다. 다만, 주택임대차보호법상 일정한 요건을 갖춘 주택의 임차인·미등기 전세권자는 저당권자에 우선한다(동법 8조 · 12조 · 3조의 2).

판 례 가압류등기가 먼저 되고 나서 근저당권설정등기가 마쳐진 경우

「부동산에 대하여 가압류등기가 먼저 되고 나서 근저당권설정등기가 마쳐진 경우에 그 근저당권등기는 가압류에 의한 처분금지의 효력 때문에 그 집행보전의 목적을 달성하는 데 필요한 범위 안에서 가압류채권자에 대한 관계에서만 상대적으로 무효라 할 것인바, 이 경우 가압류채권자와 근저당권자 및 위 근저당권설정등기 후 강제경매신청을 한 압류채권자 사이의 배당관계에 있어서, 근저당권자는 선순위 가압류채권자에 대하여는 우선변제권

을 주장할 수 없으므로 1차로 채권액에 따른 안분비례에 의하여 평등배당을 받은 다음, 후순위 경매신청압류채권자에 대하여는 우선변제권이 인정되므로 경매신청압류채권자가 받을 배당액으로부터 자기의 채권액을 만족시킬 때까지 이를 흡수하여 배당받을 수 있다 할 것이다.」(대결 1994. 11. 29, 94마417. 가등기담보의 경우에 관하여 동지 대판 1987. 6. 9, 86다카2570; 대판 1992. 3. 27, 91다44407)

(2) 전세권자에 대한 관계

이에 관하여는 전세권을 설명하면서 이미 살펴보았다(B-293 참조).

(3) 유치권자에 대한 관계

유치권은 우선변제력이 없으므로 이론상으로는 저당권과의 우열의 문제가 생기지 않는다. 그러나 유치권자는 채권의 변제를 받을 때까지 목적물을 유치할 수 있어서 사실상 우선변제를 받게 된다.

(4) 다른 저당권자에 대한 관계

동일한 부동산 위에 여러 개의 저당권이 설정되어 있는 경우에 그 순위는 설정의 선후, 즉 설정등기의 선후에 의한다(370조·333조). 그리하여 후순위저당권자는 선순위저당권자가 변제받은 나머지에 관하여만 우선변제를 받을 수 있다. 경매가 후순위저당권자의 신청에 의하여 행하여진 때에도 같다.

한편 우리 법상 선순위의 저당권이 변제 기타의 사유로 소멸하면 후순위의 저당권은 그 순위가 승진한다. 이를 순위승진의 원칙이라고 한다.

(5) 국세우선권과의 관계

국세·강제징수비는 다른 공과금이나 그 밖의 채권에 우선하여 징수한다(국세기본법 35조 1항 본문). 그리하여 국세 등은 원칙적으로 저당권에 의하여 담보된 채권에도 우선한다. 다만, 저당권이 국세의 「법정기일」(과세표준과 세액의 신고에 따라 납세의무가 확정되는 국세는 그 신고일이고(국세기본법 35조 2항 1호), 과세표준과 세액을 정부가 결정·경정 또는 수시부과 결정을 하는 경우 고지한 해당 세액은 그 납세고지서의 발송일임(국세기본법 35조 2항 2호). 그 밖의 국세에 대해서는 국세기본법 35조 2항 3호-7호 참조) 전에 등기된 때에는 저당채권이 국세에 우선하게 된다(국세기본법 35조 1항 3호). 그런데 그 재산에 대하여 부과된 상속세·증여세·종합부동산세는 그러한 저당채권에도 우선한다(국세기본법 35조 3항). 그리고 이러한 취지의 규정은 지방세에 관하여도 두어져 있다(지방세기본법 71조 1항 3호).

(6) 파산채권자·개인회생채권자·회생채권자에 대한 관계

저당부동산의 소유자가 파산한 때에는, 저당권자는 별제권(또는 준별제권)을 가진다(채무자회생법 411조·414조). 저당권설정자에 대하여 개인회생절차가 개시된 경우에도 같다(채무자회생법 586조). 그리고 저당권설정자에 대한 회생절차에서 저당권은 회생담보권으로 된다(채무자회생법 141조).

Ⅲ. 저당권의 실행 B-355

1. 서 설

저당권자가 저당권의 목적물을 매각·현금화하여 그로부터 그의 채권을 변제받는 것을 가리켜 저당권의 실행이라고 한다. 저당권의 실행은 원칙적으로는 민사집행법이 정하는 담보권 실행경매에 의하게 되나, 그 밖에 당사자의 약정에 의하여 행하여질 수도 있다(유저당). 아래에서 이 두 가지의 실행방법을 차례로 살펴보기로 한다.

2. 담보권 실행경매 B-356

(1) 의 의

담보권 실행경매란 유치권·질권·저당권 등의 담보권의 실행을 위한 경매를 가리킨다. 이것은 부동산에 대한 경매만을 의미하지는 않는다. 담보권 실행경매의 절차는 민사집행법이 정하고 있다(동법 264조 내지 275조). 이 경매의 경우에는 일반채권자에 의한 경매 즉 통상의 강제경매(민사집행법 80조 내지 162조)에서와 달리 확정판결과 같은 집행권원(민사집행법 24조·56조)이 필요하지 않다(민사집행법 80조 3호·264조).

(2) 요 건

저당권의 실행을 위한 경매를 신청하려면 저당권이 존재하고 또 채권의 이행기가 되었어야 한다.

1) 먼저 저당권이 존재하여야 한다. 따라서 경매를 신청할 때 담보권이 있다는 것을 증명하는 서류(확정판결·공정증서·등기사항증명서 등)를 제출하여야 한다(민사집행법 264조 1항·273조 1항). 그리고 저당권을 승계한 경우에는 승계를 증명하는 서류를 제출하여야 한다(민사집행법 264조 2항. 지상권·전세권을 목적으로 하는 저당권에 관하여는 규정이 없으나, 마찬가지로 해석하여야 한다).

2) 다음에 피담보채권이 존재하고 그 이행기가 되었어야 한다. 정확하게 말하면 채무자가 이행지체에 빠졌어야 한다. 만약 채무의 이행기가 되지 않은 때에 저당권자가 경매를 신청한 경우에는, 그 신청은 부적법한 것으로서 각하되어야 한다(대결 1968. 4. 24, 68마300 등). 다만, 채무의 이행기가 되기 전에 행하여진 경매신청에 의하여 경매절차가 개시된 경우에도 경락허가결정이 내려질 때까지 이행기가 도래하면 그 하자는 치유된다고 할 것이다(통설도 같음).

(3) 절 차

담보권 실행경매의 절차는 민사집행법이 규정하고 있다. 그런데 민사집행법은 담보권 실행경매에 관하여는 몇 개의 특별규정을 두고 있을 뿐이고(저당권의 경우에는 동법 264조 내지 267조·273조), 대체로 부동산(동법 79조 내지 162조) 또는 재산권의 강제경매에 관한 규정(동법 251조)을 거기에 준용하고 있다(동법 268조·273조 3항). 그에 의하면 경매절차는 ① 경매의 신청, ② 경매개시결정, ③ 매각, ④ 대금의 납부와 배당의 순으로 진행된다.

B-357 **(4) 매각의 효과**(매각허가결정의 효력)

1) 매수인의 권리취득 담보권 실행경매에 의하여 매수인(경락인)은 저당권의 목적이 되는 권리 즉 소유권·지상권·전세권을 취득한다. 그리고 저당부동산에 부합된 물건과 종물의 소유권도 취득한다. 저당권은 이들 물건에도 효력이 미치기 때문이다(358조 본문. 다만, 주물 소유자가 아닌 자의 물건은 종물이 아니어서 그것의 소유권은 취득하지 못한다. 대판 2008. 5. 8, 2007다36933·36940). 권리를 취득하는 시기는 매수인이 매각대금을 모두 지급한 때이다(민사집행법 268조·135조). 이들 권리의 취득은 제187조에 의한 물권변동이기 때문에 등기는 필요하지 않다. 그리고 매수인의 부동산 소유권 등의 취득은 담보권의 소멸로 영향을 받지 않는다(민사집행법 267조. 이 법은 저당권의 목적인 지상권·전세권의 취득에 관하여는 명문규정을 두고 있지 않으나, 마찬가지로 새겨야 한다). 그리하여 피담보채권이나 저당권의 소멸·무효·부존재와 같은 실체법상의 권리에 흠이 있더라도 채무자는 매수인의 권리취득을 다투지 못한다(판례는, 민사집행법 267조는 경매개시결정이 있은 뒤에 담보권이 소멸하였음에도 경매가 계속 진행되어 매각된 경우에만 적용된다고 한다. 대판(전원) 2022. 8. 25, 2018다205209 등). 그러나 처음부터 저당권이 존재하지 않는 경우(예: 원인무효의 소유권이전등기에 기하여 저당권 설정등기를 한 경우)에는 이를 다툴 수 있다고 할 것이다. 그리고 채무자나 소유자(지상권자·전세권자 포함)가 경매절차의 개시를 전혀 알지 못한 경우에도 제외하여야 한다(이때는 매각절차의 취소(민사집행법 127조)·정지(민사집행법 266조)를 신청할 수가 없기 때문이다).

2) 매각목적물 위의 다른 권리 매각부동산 위에 설정된 저당권은 부동산의 매각으로 소멸한다(민사집행법 268조·91조 2항). 그리고 지상권·지역권·전세권·등기된 임차권은 저당권에 대항할 수 없는 경우에는 매각으로 소멸한다(민사집행법 268조·91조 3항). 지상권 등이 저당권에 대항할 수 있는지 여부는 그 성립시기(설정등기를 한 때)에 의하여 결정된다. 그리하여 최우선순위의 저당권보다 후에 성립한 용익권은 모두 소멸한다. 그러나 최우선순위의 저당권보다 먼저 성립한 지상권·지역권·전세권·등기된 임차권은 소멸하지 않으며, 이들 권리는 매수인이 인수한 것으로 된다. 다만, 전세권의 경우에 전세권자가 배당요구를 한 때에는 예외적으로 매각으로 전세권이 소멸한다(민사집행법 268조·91조 4항). 한편 유치권은 부동산이 매각되더라도 여전히 유치적 효력을 가지며, 따라서 매수인은 유치권자에게 변제할 책임이 있다(민사집행법 268조·91조 5항).

경우에 따라서는 매수인이 법정지상권을 취득하거나 또는 법정지상권의 부담을 질 수도 있는데, 그에 관하여는 뒤에 따로 설명한다(B-361 이하 참조).

3) 인도명령 경매된 부동산의 점유자가 매수인에게 그 부동산을 인도하지 않는 경우에, 법원은 매수인이 대금을 낸 뒤 6개월 이내에 신청하면 채무자·소유자 또는 부동산점유자에 대하여 부동산을 매수인에게 인도하도록 명할 수 있다(민사집행법 268조·136조 1항 본문). 그리고 만약 채무자·소유자 또는 점유자가 인도명령에 따르지 않을 때에는, 매수인 또는 채권자는 집행관에게 그 집행을 위임할 수 있다(민사집행법 268조·136조 6항). 한편 매수인은 부동산의 소유자로서 소유권에 기하여 부동산의 인도를 청구할 수도 있다.

3. 유저당(流抵當) B-358

(1) 의 의

저당권으로 담보된 채무의 변제기가 되기 전에(변제기가 된 후에 약정을 한 것은 일종의 대물변제의 합의로 될 것이다), 저당채무의 불이행이 있으면 저당부동산의 소유권(또는 저당권의 목적인 지상권·전세권)을 저당권자가 취득하는 것으로 하거나 또는 법률이 정하지 않은 방법(즉 담보권 실행경매 이외의 방법)으로 저당부동산을 환가 내지 현금화하기로 약정하는 것이 **유저당계약**이고, 그러한 방법에 의한 저당권의 실행이 **유저당**이다. 민법은 이러한 유저당에 관하여 명문의 규정을 두고 있지 않다(유질계약 금지에 관한 339조 참조). 그런데 유저당에 의하면 저당권자가 피담보채권 이상의 이익을 얻을 수도 있다. 따라서 그것의 유효 여부가 문제된다.

유저당계약에는 저당권의 목적물의 소유권을 저당권자에게 귀속시키는 것과 목적물을 임의의 방법으로 현금화하는 것의 두 가지가 있다. 앞의 것은 저당권을 설정하면서 대물변제의 예약을 하는 것이다. 유저당의 두 가지 방법을 차례로 보기로 한다.

(2) 대물변제예약을 하는 경우

1) 저당권을 설정하면서 당사자 사이에 채무자가 변제기에 채무를 변제하지 못하면 그 채무의 변제에 갈음하여 부동산의 소유권을 채권자에게 이전하기로 하는 이른바 대물변제의 예약을 하는 경우가 있다. 그리고 **그러한 경우 가운데에는** 아울러 그 대물변제의 예약을 원인으로 하는 소유권이전청구권을 보전하기 위하여 **가등기를 하는 때가 있는가 하면, 가등기를 하지 않고** 소유권이전등기에 필요한 서류를 교부받고 있거나 아무런 후속조치를 취하지 않고 있는 때도 있다. 이들 중 앞의 경우에는 가등기담보라는 일종의 담보권을 설정한 것으로 되어 거기에는 「가등기담보 등에 관한 법률」이 적용되며, 따라서 당연히 청산의 절차를 밟아야만 한다(동법 3조 이하 참조). 그에 비하여 가등기가 없는 뒤의 경우에는 가등기담보법이 적용될 수가 없으며, 민법 제607조·제608조에 의하여 그 유효 여부가 결정되어야 한다.

2) **이 뒤의 경우에 대물변제예약은 유효한가?** 여기에 관하여 판례는 처음에는 제607조·제608조의 문언에 충실하게 해석하여, 부동산의 시가가 채무금액을 초과하고 그 약정의 내용이 채무자에게 불리한 것이면 계약이 무효이고, 그 결과 채권자는 부동산의 소유권을 취득하지 못한다고 하였다(대판 1962. 10. 18, 62다291 등). 그런데 그 뒤에 판례가 변경되어 현재는, 대물변제의 예약이 제607조·제608조의 적용을 받아서 그 효력이 없는 경우라도 특별한 사정이 없으면 당사자 사이에 **약한 의미의 양도담보계약**(소유권이 대외적으로만 이전하는 양도담보)을 함께 맺은 취지로 보아야 할 것이라고 한다(대판 1999. 2. 9, 98다51220 등 다수). 그리고 판례는 약한 의미의 양도담보가 약정된 경우에는 **채권자가 채무의 변제기 후에 반드시 담보권실행을 위한 정산절차를 거쳐야 하는 것으로 새긴다**(대판 1998. 4. 10, 97다4005).

한편 학설은 세 가지로 나뉘어 있다. i) 제 1 설은 제607조에 위반한 대물변제예약은 전면적으로 무효가 아니고 제607조에 위반하는 초과부분은 채무자에게 반환하여 청산하여야 한다는 의미라고 해석한다(사견도 같음). ii) 제 2 설은 대물변제예약은 그 전부가 무효이나 무효행위의 전환이론에 의하여 약한 의미의 양도담보로 전환되어 그 효력으로서 청산의무가 발생한다고 한다. iii) 제 3 설은 어느 견해에 의하든 대물변제예약을 담보관계로 해석하는 점은 같다고 하면서, 대물변제예약에 기하여 소유권이전등기가 행하여진 경우에는 가등기담보법 제11조 단서를 유추적용하여 선의의 제 3 자만을 보호하는 것이 타당하다고 한다.

B-359 (3) 임의환가의 약정

유저당의 또 하나의 방법은 저당권의 목적물을 담보권 실행경매 이외의 방법으로 제 3 자에게 매각하여 변제를 받는 것이다. 대물변제예약에 의한 유저당의 유효성을 인정하는 이상, 이러한 임의환가의 유저당도 유효하다고 할 것이다(이설 없음).

목적물을 제 3 자에게 매각하는 방법에는 저당권자 명의로 소유권이전등기를 한 뒤에 제 3 자에게 처분하는 것과 저당권자 명의의 등기 없이 곧바로 처분하는 것의 두 가지가 있다. 후자에 있어서는 저당권설정자가 저당권자에게 매매계약을 체결할 수 있는 대리권을 수여한 것으로 보아야 한다. 이들 두 경우 가운데 어느 것에 해당하는지는 약정의 해석에 의하여 결정된다.

임의환가의 경우에 피담보채권이 소멸하는 시기에 관하여 학설은 i) 제 3 자에게 이전등기를 한 때라는 견해, ii) 저당권자가 매각대금에서 자기채권액 상당을 변제받은 때라는 견해(사견도 같음) 등으로 나뉘어 있다.

B-360 Ⅳ. 저당권과 용익관계

1. 서 설

저당권은 목적물의 교환가치만을 지배하는 권리이다. 따라서 저당권이 설정되었더라도 설정자는 목적물을 스스로 이용하거나 또는 타인에게 이용하게 할 수 있다. 그러나 저당권이 실행되면 목적부동산의 소유권(또는 저당권의 객체인 지상권·전세권)이 경락인에게 이전되므로 기존의 이용관계는 근본에서부터 흔들리게 된다. 여기서 저당권의 실행과 관련하여 목적물의 용익관계를 살펴볼 필요가 있다. 구체적으로는 ① 저당권 실행경매의 경우에 용익권이 소멸하는지 여부(저당권과 용익권의 관계), ② 법정지상권, ③ 저당권자의 토지·건물 일괄경매권, ④ 저당부동산(또는 기타의 객체)의 제 3 취득자의 지위 등이 그것이다.

2. 저당권과 용익권의 관계

저당권이 실행된 경우에 용익권(지상권·지역권·전세권·등기된 임차권 등)이 소멸하는지에 관하여는 앞에서 이미 설명하였다(B-357 참조).

3. 법정지상권(제366조에 의한 법정지상권) B-361

> 사 례 (신사례 [45]번 문제 중 일부)
>
> A는 타인으로부터 X토지를 매수하여 소유권이전등기를 하고 그 위에 건물을 신축하였다. 그리고 그 건물에 관하여 소유권보존등기도 마쳤다. 그 후 A는 B로부터 금전을 빌리면서 B의 금전채권을 담보하기 위하여 그의 X토지 위에 B에게 저당권을 설정하여 주었다(저당권설정등기를 마침). 그런데 A가 B에 대한 채무를 변제하지 않자 B가 그의 저당권을 실행하였고, B는 경매절차에 참가하여 A의 X토지를 경락받았으며 매각대금도 모두 지급하였다. 그러나 아직 B 자신의 명의로 소유권이전등기를 하지는 않았다. 그 뒤 A는 건물을 C에게 매도하고 소유권이전등기를 해 주었다.
>
> 이 경우에 B는 C에게 건물을 철거하라고 청구할 수 있는가? (사례의 해결: B-370)

(1) 의 의

건물을 토지와는 별개의 부동산으로 다루고 있는 우리 법제에 있어서 당사자 사이에 건물을 위한 토지이용권을 현실화할 기회가 없었던 경우에 건물을 유지·사용할 수 있도록 하기 위하여 인정되는 토지이용권이 법정지상권이다(자세한 점에 관하여는 B-249 참조). 우리의 현행법상 이러한 법정지상권이 성립하는 경우로는 네 가지가 있으며, 그 중의 하나가 제366조에 의한 법정지상권이다(다른 경우에 관하여는 B-249 참조).

제366조에 의한 법정지상권은 토지와 그 지상건물이 동일인에게 귀속하는 경우에 토지와 건물 중 어느 하나 또는 둘 모두에 저당권이 설정된 후 저당권의 실행으로 경매됨으로써 토지와 건물의 소유자가 다르게 된 때에 건물의 소유자에게 당연히 인정되는 지상권을 말한다. 동일인의 소유에 속하는 토지 및 그 지상건물에 대하여 공동저당권이 설정되었으나 그중 하나에 대하여만 경매가 실행되어 소유자가 달라지게 된 경우에도 이 법정지상권이 성립할 수 있다(대판 2013. 3. 14, 2012다108634).

제366조의 적용을 배제하는 당사자 사이의 특약은 유효한가? 여기에 관하여 학설은 나뉘어 있는데, 다수설은 동조는 가치권과 이용권의 조절을 꾀한다는 공익상의 이유로 지상권의 설정을 강제하는 강행법규이고, 따라서 동조의 적용을 배제하는 특약은 효력이 없다는 견해이다(사견도 같음). 그리고 판례는 다수설과 같다(대판 1988. 10. 25, 87다카1564).

(2) 성립요건 B-362

1) 저당권설정 당시에 건물이 존재할 것 제366조는 저당권의 설정 당시에 건물이

존재하고 있을 것을 명문으로 요구하지 않는다. 그렇지만 통설은 저당권설정 당시부터 토지 위에 건물이 존재하는 경우에만 법정지상권의 성립을 인정한다(사견도 같음). 건물이 없는 토지가 건물이 있는 토지보다 담보가치가 높으므로, 저당권설정 후에 세워진 건물에 관하여서도 법정지상권을 인정하면 저당권자가 피해를 입게 된다는 이유에서이다. 그리고 판례는 통설과 같다(대결 1995. 12. 11, 95마1262 등).

판 례 저당권 설정 후 건축된 경우

「민법 제366조의 법정지상권은 저당권설정 당시부터 저당권의 목적되는 토지 위에 건물이 존재할 경우에 한하여 인정되며, 건물 없는 토지에 대하여 저당권이 설정된 후 저당권설정자가 그 위에 건물을 건축하였다가 임의경매절차에서 경매로 인하여 대지와 그 지상건물이 소유자를 달리 하였을 경우에는 위 법조 소정의 법정지상권이 인정되지 아니할 뿐만 아니라 관습상의 법정지상권도 인정되지 않는 것」이다(대판 1993. 6. 25, 92다20330).

토지 위에 여러 개의 저당권이 설정된 경우에는 가장 선순위의 저당권이 설정될 당시에 건물이 존재하였어야 한다.

그 건물은 저당권설정 당시에 실제로 존재하고 있었으면 충분하며, 반드시 보존등기가 되어 있어야 하는 것은 아니다. 그리하여 무허가 건물이나 미등기 건물이라도 법정지상권이 성립한다(이설이 없으며, 판례도 같음. 대판 1964. 9. 22, 63아62). 그리고 판례는 저당권이 설정될 당시에 건물이 건축 중이었고 그것이 사회관념상 독립된 건물로 볼 수 있는 정도에 이르지 않았더라도 건물의 규모·종류가 외형상 예상할 수 있는 정도까지 진전되어 있는 경우에는 법정지상권의 성립을 인정한다(대판 2011. 1. 13, 2010다67159 등 다수). 다만, 판례는 경매절차에서 매수인이 매각대금을 다 낸 때까지 최소한의 기둥과 지붕 그리고 주벽이 이루어지는 등 독립한 부동산으로서 건물의 요건을 갖추었을 것을 요구하며(대판 2014. 9. 4, 2011다73038·73045 등), 이 요건을 갖추는 한 그 건물이 미등기라 하더라도 법정지상권의 성립에는 아무런 지장이 없다고 한다(대판 2004. 6. 11, 2004다13533). 그런데 가설건축물(컨테이너 등)은 일시 사용을 위해 건축되는 구조물로서 일반적으로 토지에 정착되어 있다고 볼 수 없고, 따라서 특별한 사정이 없는 한 독립된 부동산으로서 건물의 요건을 갖추지 못하여 법정지상권이 성립하지 않는다고 한다(대판 2021. 10. 28, 2020다224821). 그리고 이는 동일인의 소유에 속하던 토지와 건물의 소유자가 달라지게 된 시점에는 해당 건물이 독립된 부동산으로서 건물의 요건을 갖추었으나 그 후 해당 건물이 철거되고 가설건축물 등 독립된 건물이라고 볼 수 없는 지상물이 건축된 경우에도 마찬가지라고 한다(대판 2022. 2. 10, 2016다262635·262642(관습법상의 법정지상권에 관한 사안임)). 한편 저당권이 설정될 당시 근저당권자가 토지소유자에 대하여 건물의 건축을 동의하였다고 하더라도 그러한 사정만으로는 법정지상권이 성립되지 않는다고 한다(대판 2003. 9. 5, 2003다26051).

건물이 있는 토지에 저당권을 설정한 후에 건물을 개축 · 증축한 경우 또는 건물이 멸실되거나 철거된 뒤 재건축한 경우에도 법정지상권이 성립하는가? 여기에 관하여 학설은 긍정하는 데 다툼이 없으나(사견은 통설과 다름. 물권법 [221] 참조), 다만 재건축의 경우에 관하여 i) 구 건물을 기준으로 하여 법정지상권을 인정하여야 한다는 견해와 ii) 새 건물을 기준으로 하여야 한다는 견해로 나뉘어 있다. 그리고 판례는 종래 저당권설정 당시 건물이 존재한 이상 그 이후 건물을 개축·증축하는 경우는 물론이고 재건축된 경우에도 법정지상권이 성립하며, 이때 법정지상권의 내용인 존속기간·범위 등은 구 건물을 기준으로 하여 그 이용에 일반적으로 필요한 범위 내로 제한된다고 하였다(대판 2001. 3. 13, 2000다48517 등 다수). 그럼에 있어서 토지와 그 위의 건물 중 어느 하나에만 저당권이 설정되었는가(단독저당) 아니면 둘 모두에 설정되었는가(공동저당)는 묻지 않았다. 그리고 재건축의 경우에 새 건물과 구 건물 사이에 동일성이 있거나 소유자가 동일할 필요도 없다고 한다(대판 2001. 3. 13, 2000다48517 등). 그런데 그 후 대법원은 전원합의체 판결에 의하여 공동저당에 관하여는 예외를 인정하였다. 그에 의하면, 동일인의 소유에 속하는 토지 및 그 지상건물에 관하여 공동저당이 설정된 후 그 지상건물이 철거되고 새로 건물이 신축된 경우에는, 토지의 저당권자에게 신축건물에 관하여 토지의 저당권과 동일한 순위의 공동저당권을 설정해 주는 등 특별한 사정이 없는 한, 그 신축건물을 위한 법정지상권이 성립하지 않는다고 한다(대판(전원) 2003. 12. 18, 98다43601[핵심판례 180면]). 그 이유는 그렇게 새기지 않으면 공동저당권자에게 불측의 손해가 생기기 때문이라고 한다. 그리고 이러한 법리는 집합건물의 전부 또는 일부 전유부분과 그 대지지분에 관하여 공동저당권이 설정된 후 그 지상 집합건물이 철거되고 새로운 집합건물이 신축된 경우에도 마찬가지로 볼 것이라고 한다(대판 2014. 9. 4, 2011다73038 · 73045). 그러나 대법원은, 토지와 함께 공동근저당권이 설정된 건물이 그대로 존속함에도 불구하고 사실과 달리 등기부에 멸실의 기재가 이루어지고 이를 이유로 등기부가 폐쇄된 경우에는, 저당권자로서는 멸실 등으로 인하여 폐쇄된 등기기록을 부활하는 절차 등을 거쳐 건물에 대한 저당권을 행사하는 것이 불가능한 것이 아닌 이상 저당권자가 이 사건 주택의 교환가치에 대하여 이를 담보로 취득할 수 없게 되는 불측의 손해가 발생한 것은 아니라고 보아야 하므로, 그 후 토지에 대하여만 경매절차가 진행된 결과 토지와 건물의 소유자가 달라지게 되었다면 그 건물을 위한 법정지상권은 성립하고, 단지 건물에 대한 등기부가 폐쇄되었다는 사정만으로 건물이 멸실된 경우와 동일하게 취급하여 법정지상권이 성립하지 않는 것은 아니라고 한다(대판 2013. 3. 14, 2012다108634). B-363

2) 소유자의 동일성 B-364

(가) 제366조는 「저당물의 경매로 인하여 토지와 그 지상건물이 다른 소유자에 속한 경우」에 법정지상권의 성립을 인정하고 있어, 그 법문에 의하면 토지와 지상건물의 소유권이 경매 당시에만 동일하면 되는 것처럼 보인다. 그러나 그러한 해석은 옳지 않으며, 다음

과 같이 새겨야 한다.

(나) 우선 저당권이 설정될 당시에 토지와 건물이 동일한 소유자에게 속하고 있었어야 한다. 저당권이 설정될 때 토지와 건물이 각기 다른 자의 소유에 속하고 있었다면 법정지상권의 성립을 인정할 필요가 없다. 그 경우에는 그 건물을 위하여 이미 토지소유자에게 대항할 수 있는 용익권이 설정되어 있거나 용익권을 설정할 수 있었음에도 불구하고 설정하지 않았을 것이기 때문이다.

판례에 의하면 토지 또는 건물의 명의를 타인에게 신탁한 경우에 신탁자는 제3자에게 그 토지 또는 건물이 자기의 소유임을 주장할 수 없고, 따라서 그 건물과 부지인 토지가 동일인의 소유임을 전제로 한 법정지상권을 취득할 수 없다고 한다(대판 2004. 2. 13, 2003다29043 등)(이 판례는 모두 「부동산 실권리자 명의 등기에 관한 법률」이 시행되기 전에 명의신탁이 된 경우에 관한 것이다).

(다) 토지와 건물이 저당권설정 당시에 동일인의 소유에 속하였으면 충분하며, 경매가 행하여질 때까지 그래야 할 필요는 없다. 그리하여 저당권설정 후에 토지와 건물 가운데 어느 하나를 제3자에게 양도한 경우에도 법정지상권은 성립한다고 하여야 한다(대판 1999. 11. 23, 99다52602). 그때에도 건물소유자인 제3자를 보호할 필요가 있고, 또 법정지상권을 인정하더라도 저당권자에게는 손해가 없기 때문이다. 그리고 이러한 결과는 토지만을 양도하면서 건물을 위하여 토지에 지상권·임차권을 취득하거나 아무런 권리도 취득하지 않은 경우 등에도 인정되어야 한다. 이러한 경우에는 경매가 있으면 용익권이 소멸하여 건물소유자를 보호할 필요가 있고, 그 점은 아무런 용익권이 없었던 때에도 마찬가지이며(판례에 의하면 이 경우에는 관습법상의 법정지상권이 성립하나, 그 권리 역시 선순위저당권의 경매로 소멸하게 된다), 그렇게 한다고 하여도 저당권자가 예측하지 못한 손해를 입지 않기 때문이다. 이때 법정지상권을 취득하는 자는 법률상의 소유자이다(사실상의 소유자가 아님을 주의할 것). 그리고 대법원은 저당권설정 당시에는 토지·건물이 동일인에게 속하였고, 그 후 건물이 타인에게 매도되었으나 그것이 미등기이어서 소유권이전등기를 하지 못하고 있던 사이에 토지에 관하여 경매가 이루어진 경우에 관하여, 그때에는 매도인에게 법정지상권이 성립한다고 한다(대판 1991. 5. 28, 91다6658).

B-365 (라) 우리 대법원은, 미등기 건물을 그 대지와 함께 매수한 사람이 그 대지에 관하여만 소유권이전등기를 넘겨받고 건물에 대하여는 그 등기를 이전받지 못하고 있다가, 대지에 대하여 저당권을 설정하고 그 저당권의 실행으로 대지가 경매되어 다른 사람의 소유로 된 경우에는, 그 저당권의 설정 당시에 이미 대지와 건물이 각각 다른 사람의 소유에 속하고 있었으므로 법정지상권이 성립될 여지가 없다고 한다(대판(전원) 2002. 6. 20, 2002다9660 등 다수).

판 례 공유와 제366조의 법정지상권

(ㄱ)「공유로 등기된 토지의 소유관계가 구분소유적 공유관계에 있는 경우에는 공유자 중 1인이 소유하고 있는 건물과 그 대지는 다른 공유자와의 내부관계에 있어서는 그 공유자의 단독소유로 되었다 할 것이므로 건물을 소유하고 있는 공유자가 그 건물 또는 토지지분에 대하여 저당권을 설정하였다가 그 후 저당권의 실행으로 소유자가 달라지게 되면 건물 소유자는 그 건물의 소유를 위한 법정지상권을 취득하게 되며, 이는 구분소유적 공유관계에 있는 토지의 공유자들이 그 토지 위에 각자 독자적으로 별개의 건물을 소유하면서 그 토지 전체에 대하여 저당권을 설정하였다가 그 저당권의 실행으로 토지와 건물의 소유자가 달라지게 된 경우에도 마찬가지라 할 것이다.」(대판 2004. 6. 11, 2004다13533)

(ㄴ)「건물공유자의 1인이 그 건물의 부지인 토지를 단독으로 소유하면서 그 토지에 관하여만 저당권을 설정하였다가 위 저당권에 의한 경매로 인하여 토지의 소유자가 달라진 경우에도, 위 토지소유자는 자기뿐만 아니라 다른 건물공유자들을 위하여도 위 토지의 이용을 인정하고 있었다고 할 것인 점, 저당권자로서도 저당권 설정 당시 법정지상권의 부담을 예상할 수 있었으므로 불측의 손해를 입는 것이 아닌 점, 건물의 철거로 인한 사회경제적 손실을 방지할 공익상의 필요성도 인정되는 점 등에 비추어 위 건물공유자들은 민법 제366조에 의하여 토지 전부에 관하여 건물의 존속을 위한 법정지상권을 취득한다고 봄이 상당하다. …

토지공유자의 한 사람이 다른 공유자의 지분 과반수의 동의를 얻어 건물을 건축한 후 토지와 건물의 소유자가 달라진 경우 토지에 관하여 관습법상의 법정지상권이 성립되는 것으로 보게 되면 이는 토지공유자의 1인으로 하여금 자신의 지분을 제외한 다른 공유자의 지분에 대하여서까지 지상권설정의 처분행위를 허용하는 셈이 되어 부당하다. 그리고 이러한 법리는 민법 제366조의 법정지상권의 경우에도 마찬가지로 적용되고, 나아가 토지와 건물 모두가 각각 공유에 속한 경우에 토지에 관한 공유자 일부의 지분만을 목적으로 하는 근저당권이 설정되었다가 경매로 인하여 그 지분을 제 3 자가 취득하게 된 경우에도 마찬가지로 적용된다.」(대판 2014. 9. 4, 2011다73038 · 73045)

3) 저당권의 설정 토지와 건물 중 어느 하나에 또는 둘 모두에 저당권이 설정되어야 한다. 둘 가운데 어느 것에도 저당권이 설정되지 않은 때에는 판례가 인정하는 관습법상의 법정지상권이 성립할 수는 있으나, 제366조에 의한 법정지상권은 성립하지 않는다. B-366

4) 경매로 소유자가 달라질 것 제366조에 의한 법정지상권이 성립하는 전형적인 경우는 저당권자의 신청으로 담보권 실행경매가 된 때이다. 그 외에 통상의 강제경매가 행하여진 때도 포함되는가에 관하여는, 학설은 i) 긍정설과 ii) 부정설로 나뉘어 대립하고 있다(사견은 물권법 [223] 참조). 그리고 판례는 그때에는 관습법상의 법정지상권의 성립을 인정한다(B-264 참조).

여기의 법정지상권이 성립하려면 경매로 인하여 토지와 건물의 소유자가 달라져야 한다. 즉 토지와 건물의 소유권이 각기 다른 자에게 귀속되어야 한다. 토지와 건물에 저당권이 설정되었고, 그 둘이 모두 동일인에게 매각된 때에는 법정지상권은 인정될 필요가 없다. 토지와 건물의 소유자가 동일인이 아니면 되고, 어느 것의 소유자가 달라졌는지, 설정 당시의 소유자인지 아닌지 등은 묻지 않는다.

판 례 저당권 설정과 동시에 설정하여 준 지상권이 저당권의 실행으로 소멸한 경우의 법정지상권

대지에 대하여 저당권을 설정할 당시 저당권자를 위하여 동시에 지상권을 설정하여 주었다고 하더라도 저당권 설정 당시 이미 그 대지상에 건물을 소유하고 있고 그 건물에 관하여 이를 철거하기로 하는 등 특별한 사유가 없으며, 저당권의 실행으로 그 지상권도 소멸한 경우에는 건물을 위한 법정지상권이 발생하지 않는다고 할 수 없다(대판 1991. 10. 11, 91다23462).

B-367 ### (3) 성립시기와 등기

1) 제366조에 의한 법정지상권이 성립하는 시기는 토지나 건물의 경매로 그 소유권이 경매의 매수인에게 이전하는 때이다. 따라서 구체적으로는 매수인이 매각대금을 모두 지급한 때에 법정지상권이 성립한다.

2) 법정지상권의 성립은 제187조에 의한 물권변동이다. 그러므로 법정지상권이 성립하기 위하여 등기가 행하여질 필요는 없다. 그리고 법정지상권을 취득한 건물소유자는 등기가 없이도 법정지상권을 취득할 당시의 토지소유자에 대하여는 물론이고 그로부터 토지소유권을 양수한 제3자에 대하여도 법정지상권을 주장할 수 있다(대판 1967. 6. 27, 66다987). 또한 법정지상권을 취득한 자는 토지소유자에 대하여 지상권설정등기를 청구할 수 있다. 법정지상권이 성립한 후 토지가 제3자에게 양도된 때에는 그 양수인에 대하여 등기청구권을 가진다.

이와 같이 법정지상권을 처음에 취득한 자는 등기 없이 토지소유자나 그 전득자에게 그 권리를 주장할 수 있으나, 그 권리를 처분하려면 제187조 단서에 의하여 먼저 자신의 명의로 지상권설정등기를 하여야 한다. 만일 법정지상권을 취득한 건물소유자가 법정지상권의 등기 없이 건물만을 타인에게 양도한 경우에 건물양수인은 법정지상권을 취득하는가? 여기에 관하여 학설은 i) 부정설(사견도 같음)과 ii) 긍정설로 나뉘어 있다. 판례는 제366조에 의한 법정지상권은 건물소유권의 종속적인 권리가 아니라고 하면서 부정설을 취한다(대판 1982. 10. 12, 80다2667 등). 즉 법정지상권의 등기가 있어야만 법정지상권을 취득하고 토지소유자에 대하여 토지의 사용수익권을 주장할 수 있다는 것이다. 다만, 판례는 법정지상권을 취득한 건물

소유자가 법정지상권 설정등기를 하지 않고 건물을 양도한 경우에는, 특별한 사정이 없는 한, 건물양수인은 건물양도인을 순차 대위하여 토지소유자에 대하여 법정지상권 설정등기 절차이행을 구할 수 있다고 한다(대판(전원) 1985. 4. 9, 84다카1131 · 1132; 대판 1996. 3. 26, 95다45545 · 45552 · 45569 등 다수). 이러한 판례는 학설에 의하여도 지지되고 있으며, 타당하다고 할 수 있다. 그리고 이와 같은 결과는 저당권이 설정된 뒤에 토지나 건물이 제3자에게 양도된 경우나 저당권이 설정된 토지와 함께 건물을 모두 양수하였으나 건물이 미등기이거나 기타의 사유로 토지에만 소유권이전등기가 된 경우에도 마찬가지로 인정되어야 한다. 즉 그 경우에 건물소유자에게 법정지상권이 성립하며 그로부터 건물을 양수한 자(또는 이미 매수한 자)는 법정지상권자를 대위하여 법정지상권의 등기를 할 수 있다(대판 1991. 5. 28, 91다6658도 참조).

법정지상권자로부터 건물을 양수하는 경우와 달리 그로부터 경매에 의하여 건물의 소유권을 이전받는 경매의 매수인은 경매에 의하여 법정지상권까지 당연히 취득하게 되며, 그는 법정지상권의 등기가 없이도 토지를 전득한 자에 대하여 법정지상권을 주장할 수 있다(대판 1985. 2. 26, 84다카1578 · 1579 등). 그리고 이는 압류·가압류 등 처분제한의 등기가 된 건물에 관하여 그에 저촉되는 소유권이전등기를 마친 사람이 건물의 소유자로서 법정지상권을 취득한 후 경매절차에서 건물이 매각되는 경우에도 마찬가지로 인정하여야 한다(관습법상의 법정지상권에 관하여 동지: 대판 2014. 9. 4, 2011다13463). 또한 이 법리는 사해행위의 수익자 또는 전득자가 건물의 소유자로서 법정지상권을 취득한 후 채무자와 수익자 사이에 행하여진 건물의 양도에 대한 채권자취소권의 행사에 따라 수익자와 전득자 명의의 소유권이전등기가 말소된 다음 경매절차에서 그 건물이 매각되는 경우에도 마찬가지로 적용되어야 한다(대판 2014. 12. 24, 2012다73158. 그 결과 경매에서 건물의 소유권을 취득한 자는 법정지상권도 함께 취득한다). B-368

한편 법정지상권을 취득하지 못한 건물양수인에 대하여 토지소유자가 건물의 철거를 청구할 수 있는가? 여기에 관하여 판례는 과거에는 이를 인정하였으나(대판 1982. 10. 12, 80다2667), 그 후 전원합의체 판결에 의하여 이를 허용하지 않는 쪽으로 판례를 변경하였다. 그 판결은, 미등기의 법정지상권자로부터 건물소유권 및 법정지상권을 양수한 자는 채권자대위에 의하여 전의 건물소유자들을 순차대위하여 지상권설정등기 및 이전등기를 청구할 수 있으므로, 토지소유자가 건물양수인을 상대로 건물철거를 구하는 것은 지상권의 부담을 용인하고 설정등기 절차를 이행할 의무 있는 자가 그 권리자를 상대로 청구하는 것이어서 신의성실의 원칙상 허용될 수 없다고 한다(대판(전원) 1985. 4. 9, 84다카1131 · 1132[핵심판례 182면]). 이러한 판례에 의하면, 토지소유자는 법정지상권이 붙어 있는 건물의 양수인에 대하여 건물철거를 청구할 수 없으며, 건물양수인은 점유를 잃지 않으면서 양도인을 대위하여 법정지상권의 설정등기 및 이전등기를 하여 법정지상권을 취득할 수 있게 된다.

나아가 판례에 의하면, 법정지상권 있는 건물의 양수인으로서 장차 법정지상권을 취득할 지위에 있어 대지소유자의 건물철거나 대지인도 청구를 거부할 수 있는 지위에 있는 자라고 할지라도 그 대지의 점거 사용으로 얻은 실질적 이득은 이로 인하여 대지소유자에게 손해를 끼치는 한에 있어서는 부당이득으로서 이를 대지소유자에게 반환할 의무가 있다고 한다(대판 1997. 12. 26, 96다34665 등). 그리고 이러한 임료 상당의 부당이득의 반환청구까지도 신의성실의 원칙에 반한다고 볼 수는 없다고 한다(대판 1988. 10. 24, 87다카1604). 토지소유자와 법정지상권자의 이익의 조정이라는 측면에서 볼 때 법정지상권의 성립에 의하여 토지에 제한을 가하고 있는 건물소유자에게 부당이득 반환의무를 면해 주는 것은 균형을 잃는 일이 된다. 따라서 판례처럼 해석하여야 한다.

B-369 (4) 효 력

1) 법정지상권의 범위는 해당 건물의 대지에 한정되지 않으며 건물로서 이용하는 데 필요한 한도에서 대지 이외의 부분에도 미친다(이설이 없으며, 판례도 같음. 대판 1977. 7. 26, 77다921).

2) 법정지상권의 존속기간에 관하여는 견해가 대립하는데, 다수설은 제281조의 기간을 정하지 않은 지상권으로 보아 동조 제1항에 의하여 제280조가 정하는 최단존속기간으로 보아야 한다는 입장이다(사견도 같음). 그리고 판례는 다수설과 같다(대판 1992. 6. 9, 92다4857).

3) 지료는 우선 당사자의 협의에 의하여 결정하게 되나, 협의가 성립하지 않는 경우에는 당사자의 청구에 의하여 법원이 정한다(366조 단서). 그리고 법원은 지료를 정함에 있어서 법정지상권 설정 당시의 제반사정을 참작하여야 하나, 법정지상권이 설정된 건물이 건립되어 있음으로 인하여 토지의 소유권이 제한을 받는 사정은 이를 참작하여 평가하여서는 안 된다(대판 1995. 9. 15, 94다61144 등). 그리고 법정지상권에 관한 지료가 결정된 바 없다면, 법정지상권자가 지료를 지급하지 않았다고 하더라도 지료지급을 지체한 것으로 볼 수 없으므로, 토지소유자는 법정지상권자가 2년 이상의 지료를 지급하지 않았음을 이유로 지상권 소멸청구를 할 수 없다(대판 1996. 4. 26, 95다52864[핵심판례 178면]; 대판 2001. 3. 13, 99다17142 등).

판례 법정지상권에서의 지료

(ㄱ) 「법정지상권 또는 관습에 의한 지상권이 발생하였을 경우에 토지의 소유자가 지료를 청구함에 있어서 지료를 확정하는 재판이 있기 전에는 지료의 지급을 소구할 수 없는 것은 아니고, 법원에서 상당한 지료를 결정할 것을 전제로 하여 바로 그 급부를 구하는 청구를 할 수 있다.」(대판 2003. 12. 26, 2002다61934)

(ㄴ) 「법정지상권이 성립되고 지료액수가 판결에 의하여 정해진 경우 지상권자가 판결확정 후 지료의 청구를 받고도 책임있는 사유로 상당한 기간 동안 지료의 지급을 지체한 때에는 지체된 지료가 판결확정의 전후에 걸쳐 2년분 이상일 경우에도 토지소유자는 민법 제287조에 의하여 지상권의 소멸을 청구할 수 있고, 판결확정일로부터 2년 이상 지료의 지급을 지체하여야만 지상권의 소멸을 청구할 수 있는 것은 아니라고 할 것」이다(대판 2005. 10. 13,

(2005다 37208).

(ㄷ) [1] 법정지상권의 경우 당사자 사이에 지료에 관한 협의가 있었다거나 법원에 의하여 지료가 결정되었다는 아무런 입증이 없다면, 법정지상권자가 지료를 지급하지 않았다고 하더라도 지료 지급을 지체한 것으로는 볼 수 없으므로 법정지상권자가 2년 이상의 지료를 지급하지 아니하였음을 이유로 하는 토지소유자의 지상권소멸청구는 이유가 없고, 지료액 또는 그 지급시기 등 지료에 관한 약정은 이를 등기하여야만 제 3 자에게 대항할 수 있는 것이고, 법원에 의한 지료의 결정은 당사자의 지료결정청구에 의하여 형식적 형성소송인 지료결정판결로 이루어져야 제 3 자에게도 그 효력이 미친다.

[2] 지상권자가 그 권리의 목적이 된 토지의 특정한 소유자에 대하여 2년분 이상의 지료를 지불하지 아니한 경우에 그 특정의 소유자는 선택에 따라 지상권의 소멸을 청구할 수 있으나, 지상권자의 지료 지급 연체가 토지소유권의 양도 전후에 걸쳐 이루어진 경우 토지양수인에 대한 연체기간이 2년이 되지 않는다면 양수인은 지상권소멸청구를 할 수 없다(대판 2001. 3. 13, 99다17142).

4) 판례에 의하면, 법정지상권은 건물의 소유에 부속되는 종속적인 권리가 아니고 하나의 독립된 법률상의 물권이므로 건물의 소유자가 건물과 법정지상권 중 어느 하나만을 처분하는 것도 가능하다고 한다(대판 2001. 12. 27, 2000다1976 등). B-370

5) 법정지상권이 성립한 뒤에 건물을 증축 · 개축하거나 재건축한 경우에 법정지상권이 존속하는지가 문제된다. 여기에 관하여 판례의 태도는 통일되어 있지 않다. 대법원은 한편으로는, 법정지상권을 취득한 뒤에 취득 당시의 건물이 멸실되어 다시 신축하였거나 건물의 독립성을 인정할 수 없을 정도로 훼멸된 것을 새로운 독립된 건물로 개축하여 양 건물이 동일성을 상실한 경우에는 이전의 건물 소유를 위한 법정지상권은 소멸하고 새로운 건물을 위하여는 법정지상권이 존속할 수 없으나, 증·개축 전후의 건물이 동일성을 상실할 정도가 아닌 경우에는 법정지상권은 존속한다고 한다(대판 1985. 5. 14, 85다카13). 그런가 하면 다른 한편으로, 「법정지상권이 성립한 후에 건물을 개축 또는 증축하는 경우는 물론이거니와 건물이 멸실되거나 철거된 후에 신축하는 경우에도 법정지상권은 성립하나, 다만 그 법정지상권의 범위는 구 건물을 기준으로 하여 그 유지 또는 사용을 위하여 일반적으로 필요한 범위 내의 대지부분에 한정된다」고 한다(대판 1997. 1. 21, 96다40080). 전자에 의하면 신구 건물 사이에 동일성이 있는 경우에만 법정지상권이 존속하게 되나, 후자에 의하면 동일성이 없어도 존속하게 된다.

이 문제는 저당권 설정 당시에 건물이 존재하였으면 그 이후에 증축·개축·재건축된 때에도 법정지상권이 성립하는가의 문제(B-363 참조)와 유사하나, 동일한 것은 아니다(사견은 물권법 [225] 참조).

사례의 해결

사례의 경우에는 제366조에 의한 법정지상권의 성립요건이 모두 갖추어졌다. 그리하여 A는 법정지상권을 취득한다. 그 시기는 B가 매각대금을 모두 낸 때이다. A가 법정지상권을 취득하기 위해 법정지상권 설정등기를 할 필요도 없다.

사례에서 A가 C에게 건물을 매도하고 소유권이전등기를 해 주었지만 C가 법정지상권을 취득하지는 못한다. C가 법정지상권을 취득하려면 먼저 A 명의로 법정지상권 설정등기를 하고 이어서 C 자신의 명의로 법정지상권 이전등기를 해야 한다. 그리고 판례에 따르면, 사례의 경우 C는 A를 대위하여 B에 대하여 법정지상권 설정등기를 청구할 수 있고, 이어서 A에 대하여 법정지상권 이전등기를 청구할 수 있으므로, B가 C를 상대로 건물철거를 구하는 것은 신의칙상 허용되지 않는다. (사례: B-361)

B-371

4. 일괄(一括)경매권

(1) 의의 및 취지

토지를 목적으로 저당권을 설정한 후 그 설정자가 그 토지에 건물을 축조한 때에는 저당권자는 토지와 함께 그 건물에 대하여도 경매를 청구할 수 있다(365조). 이것이 토지저당권자의 일괄경매권이다.

(2) 요 건

1) 일괄경매권은 토지에 저당권이 설정된 후에 건물이 축조된 경우에만 인정된다. 저당권이 설정되기 전에 건물이 축조된 때에는 법정지상권의 인정 여부만이 문제된다. 판례에 의하면, 저당권설정 당시에 건물의 존재가 예측되고 또한 당시 사회경제적 관점에서 그 가치의 유지를 도모할 정도로 건물의 축조가 진행되어 있는 경우에는 일괄경매권이 인정되지 않는다고 한다(대판 1987. 4. 28, 86다카2856).

2) 건물을 저당권설정자가 축조하여 소유하고 있어야 한다(대결 1999. 4. 20, 99마146 등). 토지와 그 지상건물의 소유자가 이에 대하여 공동저당권을 설정한 후 건물을 철거하고 그 토지상에 새로이 건물을 축조하여 소유하고 있는 경우에는 일괄경매를 청구할 수 있다(대결 1998. 4. 28, 97마2935). 그러나 저당권설정 후 토지를 양수한 자가 건물을 축조한 때에는 일괄경매권이 없다. 그리고 저당권설정자가 건물을 축조한 뒤 그 건물을 제3자에게 양도한 때에도 마찬가지로 새겨야 한다(동지 대결 1999. 4. 20, 99마146). 제365조는 저당권설정자가 건물을 소유하고 있는 경우에 한하여 일괄경매권을 인정하는 것으로 보아야 하기 때문이다. 한편 저당권설정자로부터 저당토지에 대한 용익권을 설정받은 자가 그 토지에 건물을 축조한 경우에도 일괄경매권은 없다고 하여야 한다. 그런데 판례는 위와 같은 경우라도 그 후 저당권설정자가 그 건물의 소유권을 취득한 때에는 저당권자는 토지와 함께 건물에 대하여도 경매를 청구할 수 있다

고 한다(대판 2003. 4. 11, 2003다3850).

3) 일괄경매의 요건이 갖추어졌다고 하여 저당권자가 반드시 일괄경매를 신청하여야 하는 것은 아니다. 즉 일괄경매권은 저당권자의 권능이지 의무가 아니므로, 그는 특별한 사정이 없는 한 일괄경매를 신청하지 않을 수도 있다(대판 1977. 4. 26, 77다77 등).

그리고 저당권의 목적인 토지만을 경매하여도 그 대금으로부터 충분히 피담보채권의 변제를 받을 수 있을 경우에도 일괄경매를 청구할 수 있다(이설이 없으며, 판례도 같음. 대판 1961. 3. 20, 4294민재항50). 즉 여기의 일괄경매에는 민사집행법 제124조의 과잉경매의 규정은 적용되지 않는다(대결 1968. 9. 30, 68마890 등).

4) 토지의 저당권자는 토지만에 대하여 경매를 신청한 후에도 그 토지상의 건물에 대하여 토지에 관한 경매기일 공고시까지는 일괄경매의 추가신청을 할 수 있다(대결 2001. 6. 13, 2001마1632).

(3) 효 력

일괄경매를 하는 경우에도 저당권의 우선변제적 효력은 건물에는 미치지 않으므로, 저당권자는 건물의 매각대가로부터는 우선변제를 받지 못한다(365조 단서)(이와 같은 경우 토지의 저당권자가 건물의 매각대금에서 배당을 받으려면 민사집행법 268조·88조에 의한 적법한 배당요구를 하였거나 그 밖에 달리 배당을 받을 수 있는 채권으로서 필요한 요건을 갖추고 있어야 한다. 대판 2012. 3. 15, 2011다54587).

5. 제 3 취득자의 지위 B-372

(1) 서 설

저당부동산의 제 3 취득자란 저당부동산의 양수인이나 저당부동산에 대하여 지상권·전세권을 취득한 제 3 자를 말한다(지상권·전세권에 저당권이 설정된 경우의 양수인도 같이 다루어야 한다. 371조 참조). 이러한 제 3 취득자는 저당권이 설정되어 있더라도 소유권·지상권·전세권 등 권리를 취득하고 또 목적물을 용익하는 데 전혀 제한을 받지 않는다. 그리고 채무자가 저당채무를 변제하면 저당권이 소멸하여 제 3 취득자에게는 아무런 문제도 생기지 않게 된다. 그런데 채무자의 변제가 없어서 저당권이 실행되면 제 3 취득자는 자신의 권리를 송두리째 잃게 된다. 이와 같이 제 3 취득자는 불안정한 지위를 가지기 때문에 민법은 그러한 제 3 자를 보호하기 위하여 다음과 같은 특별규정을 두고 있다.

(2) 경매의 매수인

저당부동산(기타 객체)의 제 3 취득자는 저당권을 실행하는 경매에 참가하여 매수인이 될 수 있다(363조 2항). 민법은 소유권을 취득한 자만을 규정하고 있으나, 지상권·전세권을 취득한 자도 포함하여 해석하여야 한다. 그런데 제 3 취득자는 이러한 명문규정이 없어도 당연히 매수인이 될 수 있고, 따라서 매수인이 될 수 있다고 하는 민법규정은 주의적인 것이라고 할 것이다(이 방법은 목적물의 가액이 피담보채권액에 미달하는 경우에 유용할 것이다).

(3) 제 3 취득자의 변제 B-373

저당부동산(기타 객체)의 제 3 취득자는 저당권자에게 그 부동산으로 담보된 채권을 변제하고 저당권의 소멸을 청구할 수 있다(364조).

1) 본래 채무의 변제는 원칙적으로 제 3 자도 할 수 있으며(469조 1항), 특히 저당부동산의 제 3 취득자는 변제에 이해관계 있는 제 3 자이므로 채무자의 의사에 반하여서도 변제할 수 있다(469조 2항). 그러므로 제 3 취득자의 변제를 인정하는 특별규정이 없더라도 제 3 취득자는 저당채무를 변제하여 저당권을 소멸시킬 수 있다. 그럼에도 불구하고 특별규정(364조)을 둔 이유는, 제 3 취득자의 변제의 범위를 제360조가 정하는 범위의 금액만에 한정하려는 데 있다(통설도 같음). 그리하여 제 3 취득자는 지연배상은 단순한 제 3 자처럼 그 전부를 변제할 필요가 없고, 원본의 이행기일을 경과한 후의 1년분만을 변제하면 된다. 그 밖에 과거에는 제 3 취득자로 하여금 변제기가 되기 전에도 변제할 수 있도록 하는 데에도 그 취지가 있다고 하는 견해도 있었으나, 현재는 학설은 일치하여 제 3 취득자도 변제기가 된 후에만 변제할 수 있다고 새긴다(물론 제 3 취득자도 468조에 따라 손해를 배상하고서 변제기 전에 변제할 수는 있으나, 이는 일반의 제 3 자도 마찬가지이다. 그런데 근저당에 있어서 피담보채권이 확정되지 않은 경우에는 그것이 확정될 때까지는 이 방법도 사용할 수 없을 것이다). 판례도 같다(대판 1979. 8. 21, 79다783).

2) 변제할 수 있는 제 3 취득자는 경매신청 전 또는 경매개시결정 전에 소유권·지상권·전세권을 취득한 자에 한하지 않으며, 경매개시 후에 소유권 등을 취득한 자도 포함한다(대결 1974. 10. 26, 74마440). 그러나 근저당부동산에 대하여 후순위저당권을 취득한 자는 여기의 제 3 취득자에 해당하지 않는다(대판 2013. 2. 15, 2012다48855 등).

3) 제 3 취득자의 변제가 있으면 저당권은 말소등기 없이도 당연히 소멸한다(187조에 의한 물권변동이다. 364조의 「저당권의 소멸을 청구할 수 있다」고 하는 표현은 부정확하다. 그 규정은 「저당권을 소멸시킬 수 있다」고 하였어야 한다). 그리고 변제한 제 3 취득자는 채무자에 대하여 구상권을 가지고(물상보증의 목적물인 저당부동산의 제 3 취득자가 그 채무를 변제하거나 저당권의 실행으로 인하여 저당부동산의 소유권을 잃은 때에는, 특별한 사정이 없는 한, 물상보증인의 구상권에 관한 370조·341조의 규정을 유추적용하여 보증채무에 관한 규정에 의하여 채무자에 대한 구상권이 있다. 대판 2014. 12. 24, 2012다49285 등), 또 변제에 정당한 이익을 가지는 자이므로 그가 변제를 하면 당연히 채권자를 대위하게 된다(법정대위. 481조 참조).

판 례 채무자에 대한 구상권 관련

「물상보증인이 담보부동산을 제 3 취득자에게 매도하더라도 제 3 취득자가 담보부동산에 설정된 근저당권의 피담보채무의 이행을 인수한 경우에는, 그 이행인수는 그 매매당사자 사이의 내부적인 계약에 불과하여 이로써 물상보증인의 책임이 소멸하지 않는 것이고, 그 담보부동산에 대한 담보권이 실행된 경우에도 제 3 취득자가 아닌 원래의 물상보증인이 채무자에 대한 구상권을 취득한다.」(대판 1997. 5. 30, 97다1556)

4) 제 3 취득자, 특히 부동산의 양수인이 매매계약을 할 때 피담보채무를 인수한 경우에는, 그때부터는 그는 채권자에 대한 관계에서는 채무자의 지위로 변경되므로 제364조의 규정은 거기에 적용되지 않는다(대판 2002. 5. 24, 2002다7176). 물론 이 경우에는 채무인수의 요건을 갖추어야 한

다(453조·454조 참조). 그러므로 제 3 자가 채무자와의 계약으로 채무를 인수한 때에는 채권자의 승낙이 있어야 한다(454조). 그러한 승낙이 없이 단지 매도인이 매매대금에서 피담보채무를 공제한 잔액만을 수수한 사실만으로는 채무인수가 있었다고 할 수 없다(판례는 그러한 경우는 특별한 사정이 없는 한 이행인수로 본다. C-338 참조). 따라서 이때의 매수인은 제 3 취득자로서 채무를 변제하여 저당권을 소멸시킬 수 있다(동지 대판 2002. 5. 24, 2002다7176).

(4) 비용상환청구권 B-374

저당물의 제 3 취득자가 그 부동산의 보존·개량을 위하여 필요비 또는 유익비를 지출한 때에는 그는 저당물의 매각대금에서 우선적으로 상환을 받을 수 있다(367조).

여기의 제 3 취득자의 범위에 관하여 학설은 제364조에서와 마찬가지로 저당부동산에 대하여 소유권·지상권·전세권을 취득한 자라고 함이 보통이다(사견도 같음. 물권법 [228] 참조). 그리고 판례는 저당물에 관하여 지상권·전세권을 취득한 자뿐만 아니라 소유권을 취득한 자도 여기의 제 3 취득자에 해당한다고 한다(대판 2023. 7. 13, 2022다265093 등). 그에 비하여 물상보증인을 포함하여 저당권설정자는 여기의 제 3 취득자가 아니다(대판 1959. 5. 14, 4291민상302도 참조).

제367조에 의한 우선상환은 제 3 취득자가 경매절차에서 배당받는 방법으로 제203조 제 1 항·제 2 항에서 규정한 비용에 관하여 경매절차의 매각대금에서 우선변제받을 수 있다는 것이지, 이를 근거로 제 3 취득자가 직접 저당권설정자, 저당권자 또는 경매절차 매수인 등에 대하여 비용상환을 청구할 수 있는 권리가 인정되는 것은 아니다. 따라서 제 3 취득자는 제367조에 의한 비용상환청구권을 피담보채권으로 주장하면서 유치권을 행사할 수 없다(대판 2023. 7. 13, 2022다265093).

Ⅴ. 저당권의 침해에 대한 구제 B-375

1. 저당권침해의 특수성

저당권의 침해란 저당권의 담보를 위태롭게 하는 것을 말한다. 예컨대 저당권의 목적인 가옥을 멸실·훼손하여 가옥의 교환가치를 감소하게 하거나 가옥이 비가 새는데도 수리를 하지 않고 방치하는 것이 그에 해당한다. 그러나 저당권은 목적물의 교환가치만 지배할 뿐 그것을 이용할 수 있는 권리는 아니기 때문에 저당권설정자가 목적물을 제 3 자에게 용익하게 하거나 그로부터 부합물을 분리하더라도 저당권의 침해는 없다고 할 것이다. 그리고 목적물의 교환가치가 감소되더라도 그것이 피담보채권액을 넘고 있는 한 저당권자에 대한 불법행위가 되지는 않는다. 이들은 다른 물권의 침해에 있어서와는 다른 점이다.

2. 각종의 구제방법

(1) 침해행위의 제거 · 예방의 청구(물권적 청구권)

저당권의 침해가 있는 때에는 저당권자는 방해의 제거나 예방을 청구할 수 있다(370조·214조). 예컨대 어떤 자가 저당권의 목적인 가옥을 훼손하는 경우에는 저당권자는 그 행위의 중지를 청구할 수 있고, 이미 소멸한 선순위의 저당권에 관한 등기가 말소되지 않고 있는 경우에는 그 말소를 청구할 수 있다. 그러나 제3자가 목적물을 불법으로 점유하고 있다고 하여 반환청구권을 행사할 수는 없다. 저당권은 점유를 수반하지 않는 것이기 때문이다(공장저당권의 목적동산이 공장으로부터 무단으로 반출된 경우에 원래의 설치장소에 원상회복할 것을 청구할 수 있음은 물론이다. 대판 1996. 3. 22, 95다55184). 그리고 저당부동산의 부합물·종물 등에 대하여 일반채권자가 강제집행을 하는 경우에는, 저당권자는 민사집행법 제48조에 따라 제3자이의의 소를 제기할 수 있다.

저당권자의 방해제거 또는 예방청구권은 목적물의 교환가치가 피담보채권을 모두 만족시킬 수 있는 때에도 발생한다(이설 없음). 저당권은 피담보채권이 전부 변제될 때까지 목적물 전부에 행사할 수 있기 때문이다(불가분성).

판례 저당권자의 물권적 청구권

「소유자 또는 제3자가 저당부동산을 점유하고 통상의 용법에 따라 사용·수익하는 한 저당권을 침해한다고 할 수 없다. 그러나 저당권자는 저당권 설정 이후 환가에 이르기까지 저당물의 교환가치에 대한 지배권능을 보유하고 있으므로 저당목적물의 소유자 또는 제3자가 저당목적물을 물리적으로 멸실·훼손하는 경우는 물론 그 밖의 행위로 저당부동산의 교환가치가 하락할 우려가 있는 등 저당권자의 우선변제청구권의 행사가 방해되는 결과가 발생한다면 저당권자는 저당권에 기한 방해배제청구권을 행사하여 방해행위의 제거를 청구할 수 있다.

대지의 소유자가 나대지 상태에서 저당권을 설정한 다음 대지상에 건물을 신축하기 시작하였으나 피담보채무를 변제하지 못함으로써 저당권이 실행에 이르렀거나 실행이 예상되는 상황인데도 소유자 또는 제3자가 신축공사를 계속한다면 신축건물을 위한 법정지상권이 성립하지 않는다고 할지라도 경매절차에 의한 매수인으로서는 신축건물의 소유자로 하여금 이를 철거하게 하고 대지를 인도받기까지 별도의 비용과 시간을 들여야 하므로, 저당목적 대지상에 건물신축공사가 진행되고 있다면 이는 경매절차에서 매수희망자를 감소시키거나 매각가격을 저감시켜 결국 저당권자가 지배하는 교환가치의 실현을 방해하거나 방해할 염려가 있는 사정에 해당한다.」(대판 2006. 1. 27, 2003다58454[핵심판례 184면])

B-376
(2) 손해배상청구권

저당권의 침해에 의하여 손해가 생긴 때에는 저당권자는 침해자에 대하여 불법행위를 이유로 손해배상을 청구할 수 있다(750조). 침해자는 저당부동산의 소유자이든 제 3 자이든 차이가 없다. 다만, 부동산의 소유자가 채무자이고 저당권설정의무가 있는 때에는, 불법행위로 인한 것과 함께 채무불이행을 이유로 한 손해배상의무를 부담할 수도 있다(청구권 경합설).

저당권자의 손해배상청구권은 목적물의 침해로 저당권자가 채권의 완전한 만족을 얻을 수 없는 때에 비로소 발생한다(이설 없음).

이 손해배상청구권은 후술하는 즉시변제청구권과는 같이 행사할 수 있으나, 담보물 보충청구권과는 같이 행사할 수 없다.

판 례 근저당권 소멸 여부와 소멸시의 손해

(ㄱ) 「타인의 불법행위로 인하여 근저당권이 소멸되는 경우에 있어 근저당권자로서는 근저당권이 소멸하지 아니하였더라면 그 실행으로 피담보채무의 변제를 받았을 것임에도 불구하고 근저당권의 소멸로 말미암아 이러한 변제를 받게 되는 권능을 상실하게 되는 것이므로, 그 근저당권의 소멸로 인한 근저당권자가 입게 되는 손해는 특별한 사정이 없는 한 위 부동산의 가액 범위 내에서 채권최고액을 한도로 하는 피담보채권액이라 할 것이나, 근저당 목적물인 부동산의 시가에서 위 소멸된 근저당권에 우선하는 선순위담보권 등의 피담보채권액을 공제한 잔액, 즉 잔존 담보가치 상당액이 채권최고액 또는 피담보채권액보다 적은 경우에는 그 잔존 담보가치 상당액을 손해로 보아야 할 것이다.」(대판 2010. 7. 29, 2008다18284 · 18291)

(ㄴ) 「등기는 물권의 효력발생요건이고 존속요건은 아니어서 등기가 원인 없이 말소된 경우에는 그 물권의 효력에 아무런 영향이 없고, 그 회복등기가 마쳐지기 전이라도 말소된 등기의 등기명의인은 적법한 권리자로 추정되며, 그 회복등기 신청절차에 의하여 말소된 등기를 회복할 수 있으므로(부동산등기법 제75조), 근저당권설정등기가 불법행위로 인하여 원인 없이 말소되었다 하더라도 말소된 근저당권설정등기의 등기명의인이 곧바로 근저당권 상실의 손해를 입게 된다고 할 수는 없다.」(대판 2010. 2. 11, 2009다68408)

(3) 담보물보충청구권

저당권설정자의 책임있는 사유로 인하여 저당물의 가액이 현저히 감소된 때에는 저당권자는 저당권설정자에 대하여 그 원상회복 또는 상당한 담보제공을 청구할 수 있다(362조). 이 담보물보충청구권을 행사할 때에는 손해배상청구권이나 즉시변제청구권은 행사하지 못한다.

(4) 즉시변제청구(기한의 이익 상실)

채무자가 담보를 손상 · 감소 · 멸실하게 한 때에는, 그는 기한의 이익을 잃는다(388조 1호). 따라서 그 경우에 저당권자는 즉시변제를 청구할 수 있고, 저당권을 실행할 수 있게 된다.

제 4 관 저당권의 처분 및 소멸

B-377 ## I. 저당권의 처분

1. 서 설

저당권자는 피담보채권의 변제기가 된 때에는 채무자로부터 변제를 받거나 저당권을 실행하여 자금을 회수할 수 있다. 그러나 피담보채권의 변제기가 되기 전에는 저당권을 처분하여야만 자금을 회수할 수 있게 된다. 그런데 민법은 저당권을 피담보채권과 분리하여 양도하거나 다른 채권의 담보로 하지 못하도록 규정하고 있다(361조). 그리하여 저당권자는 저당권을 피담보채권과 함께 양도하거나 입질하는 수밖에 없다. 저당권만의 양도는 무효이며(361조는 강행규정임), 저당권을 그대로 둔 채(즉 포기하지도 않고) 채권만을 양도하는 것도 허용되지 않는다(이설 있음). 그런데 판례는 후자의 문제에 대하여 다르게 해석하고 있다. 판례는 제361조가 저당권을 피담보채권과 분리하여 타인에게 양도하거나 다른 채권의 담보로 하지 못한다고 할 뿐 피담보채권을 저당권과 분리해서 양도하거나 다른 채권의 담보로 하지 못한다고 하고 있지 않다고 하면서, 저당권으로 담보된 채권에 질권을 설정한 경우 원칙적으로는 저당권이 피담보채권과 함께 질권의 목적이 된다고 보는 것이 합리적이지만, 질권자와 질권설정자가 피담보채권만을 질권의 목적으로 하고 저당권은 질권의 목적으로 하지 않는 것도 가능하고(이것이 저당권의 부종성에 반하지 않는다고 함), 또 담보가 없는 채권에 질권을 설정한 다음 그 채권을 담보하기 위하여 저당권이 설정된 경우 원칙적으로는 저당권도 질권의 목적이 되지만, 질권자와 질권설정자가 피담보채권만을 질권의 목적으로 하였고 그 후 질권설정자가 질권자에게 제공하려는 의사 없이 저당권을 설정받는 등 특별한 사정이 있는 경우에는 저당권은 질권의 목적이 되지 않는다고 한다(대판 2020. 4. 29, 2016다235411). 그리고 이때 저당권은 저당권자인 질권설정자를 위해 존재하며, 질권자의 채권이 변제되거나 질권설정계약이 해지되는 등의 사유로 질권이 소멸한 경우 저당권자는 자신의 채권을 변제받기 위해서 저당권을 실행할 수 있다고 한다(대판 2020. 4. 29, 2016다235411).

2. 저당권부 채권의 양도

우리 민법상 저당권자는 피담보채권과 분리하여 저당권만을 양도할 수 없고 언제나 피담보채권과 함께 양도하여야 한다. 이러한 저당권부 채권의 양도는 저당권 및 채권의 양도이기 때문에, 거기에는 부동산 물권변동에 관한 규정과 채권양도에 관한 규정이 모두 적용된다.

(1) 저당권의 양도는 물권적 합의와 등기라는 요건을 갖추어야 효력이 생긴다(186조). 저당권양도의 물권적 합의는 보통 채권양도계약과 함께 행하여진다.

판 례 저당권부 채권의 양도 방법

「저당권은 피담보채권과 분리하여 양도하지 못하는 것이어서 저당권부 채권의 양도는 언제나 저당권의 양도와 채권양도가 결합되어 행해지므로 저당권부 채권의 양도는 민법 제186조의 부동산 물권변동에 관한 규정과 민법 제449조 내지 제452조의 채권양도에 관한 규정에 의해 규율된다.

그러므로 저당권의 양도에 있어서도 물권변동의 일반원칙에 따라 저당권을 이전할 것을 목적으로 하는 물권적 합의와 등기가 있어야 저당권이 이전된다고 할 것이나, 이때의 물권적 합의는 저당권의 양도·양수받는 당사자 사이에 있으면 족하고 그 외에 그 채무자나 물상보증인 사이에까지 있어야 하는 것은 아니라 할 것이고, 단지 채무자에게 채권양도의 통지나 이에 대한 채무자의 승낙이 있으면 채권양도를 가지고 채무자에게 대항할 수 있게 되는 것이다.」(대판 2005. 6. 10, 2002다15412·15429)

(2) 피담보채권의 양도에는 채권양도에 관한 규정(449조 내지 452조)이 적용된다. 따라서 당사자의 계약만 있으면 양도의 효력이 생기나, 채무자 기타의 제3자에게 대항할 수 있으려면 양도인의 통지 또는 채무자의 승낙이 있어야 한다(450조). B-378

양도인이 채권양도의 통지를 한 때에는 채무자는 그 통지를 받은 때까지 양도인에 대하여 생긴 사유로 양수인에게 대항할 수 있다(451조 2항). 따라서 가령 통지를 받기 전에 변제 기타의 사유로 채권의 전부 또는 일부가 소멸한 경우에는 채무자는 그것을 양수인에게 주장할 수 있다. 채권의 전부가 소멸한 경우에 저당권도 소멸함은 물론이다.

채권양도에 대하여 채무자가 승낙을 한 때 가운데에는 이의를 보류하고 승낙한 경우와 이의를 보류하지 않고 승낙한 경우의 두 가지가 있다. 이들 중 앞의 승낙의 효력은 통지에 있어서와 같다. 그러나 뒤의 승낙의 경우에는 채무자는 그가 양도인에게 대항할 수 있는 사유로써 양수인에게 대항하지 못한다(451조 1항 본문). 즉 양수인이 선의인 때에는 채무자는 변제 등으로 채권이 소멸하였음을 주장할 수 없고(통설), 그 결과 양수인은 유효하게 채권을 취득하게 된다. 그런데 이때 저당권도 유효하게 존재하는 것으로 되는지 문제된다. 생각건대 우리 법상 등기의 공신력이 없기 때문에 피담보채권의 소멸에 의하여 이미 소멸한 저당권은 되살아나지 않는다고 하여야 한다(이설 없음).

판 례 저당권부 채권의 양도 관련

(ㄱ) 피담보채권과 근저당권을 함께 양도하는 경우에 채권양도는 당사자 사이의 의사표시만으로 양도의 효력이 발생하지만 근저당권이전은 이전등기를 하여야 하므로 채권양도와 근저당권이전등기 사이에 어느 정도 시차가 불가피한 이상 피담보채권이 먼저 양도되어 일시적으로 피담보채권과 근저당권의 귀속이 달라진다고 하여 근저당권이 무효로 된다고 볼 수는 없으나, 위 근저당권은 그 피담보채권의 양수인에게 이전되어야 할 것에 불과하고, 근저당권의 명의인은 피담보채권을 양도하여 결국 피담보채권을 상실한 셈이므로 집행채무자로부터 변제를 받기 위하여 배당표에 자신에게 배당하는 것으로 배당표의 경정을 구할 수 있는 지위에 있다고 볼 수 없다(대판 2003. 10. 10, 2001다77888).

(ㄴ) 「피담보채권을 저당권과 함께 양수한 자는 저당권이전의 부기등기를 마치고 저당권실행의 요건을 갖추고 있는 한 채권양도의 대항요건을 갖추고 있지 아니하더라도 경매신청을 할 수 있으며, 채무자는 경매절차의 이해관계인으로서 채권양도의 대항요건을 갖추지 못하였다는 사유를 들어 경매개시결정에 대한 이의나 즉시항고절차에서 다툴 수 있고, 이 경우는 신청채권자가 대항요건을 갖추었다는 사실을 증명하여야 할 것이나, 이러한 절차를 통하여 채권 및 근저당권의 양수인의 신청에 의하여 개시된 경매절차가 실효되지 아니한 이상 그 경매절차는 적법한 것이고, 또한 그 경매신청인은 양수채권의 변제를 받을 수도 있다고 할 것이며, …

또한, 채권양도의 대항요건의 흠결의 경우 채권을 주장할 수 없는 채무자 이외의 제3자는 양도된 채권 자체에 관하여 양수인의 지위와 양립할 수 없는 법률상 지위를 취득한 자에 한하므로, 선순위의 근저당권부 채권을 양수한 채권자보다 후순위의 근저당권자는 채권양도의 대항요건을 갖추지 아니한 경우 대항할 수 없는 제3자에 포함되지 않는다.」(대판 2005. 6. 23, 2004다29279)

(ㄷ) 「원심은 원고가 예비적으로 이 사건 각 근저당권이전의 부기등기인 판시 제 3, 4 등기의 말소를 구함에 대하여, 근저당권이전의 부기등기는 기존의 주등기인 근저당권설정등기에 종속되어 주등기와 일체를 이루는 것이어서, 근저당권설정등기가 그 피담보채무의 부존재 또는 소멸로 말소될 경우 주등기인 근저당권설정등기의 말소만 구하면 되고 그 부기등기는 별도로 말소를 구하지 않더라도 주등기의 말소에 따라 직권으로 말소되는 것이므로, 원고의 예비적 청구에 관한 소는 소의 이익이 없는 부적법한 소라고 판단하였다.

그런데 근저당권이전의 부기등기가 기존의 주등기인 근저당권설정등기에 종속되어 주등기와 일체를 이룬 경우에는 부기등기만의 말소를 따로 인정할 아무런 실익이 없지만, 근저당권의 이전원인만이 무효로 되거나 취소 또는 해제된 경우, 즉 근저당권의 주등기 자체는 유효한 것을 전제로 이와는 별도로 근저당권이전의 부기등기에 한하여 무효사유가 있다는 이유로 부기등기만의 효력을 다투는 경우에는 그 부기등기의 말소를 소구할 필요가 있으므로 예외적으로 소의 이익이 있다고 볼 것이다.」(대판 2005. 6. 10, 2002다15412 · 15429)

(3) 피담보채권이 법률의 규정에 의하여 이전되는 경우에도 저당권은 그에 수반하여 이전된다. 그런데 이때에는 저당권의 이전에 등기가 필요하지 않다(187조).

(4) **피담보채권의 일부가 양도된 경우**에는 채권자들이 그들의 채권액의 비율로 저당권을 준공유한다고 새겨야 한다(이설 없음)(이 경우 저당권의 이전에 등기가 필요함은 물론이다). 저당권은 불가분성이 있기 때문이다.

3. 저당권부 채권의 입질

입질도 피담보채권과 저당권을 함께 하여야 한다. 피담보채권과 저당권의 입질에는 권리질권의 설정에 관한 규정(346조)이 적용된다. 그리고 이 경우에는 저당권등기에 질권의 부기등기를 하여야 질권의 효력이 저당권에 미친다(348조). 한편 판례는, 담보가 없는 채권에 질권을 설정한 다음 그 채권을 담보하기 위해 저당권이 설정되었더라도(이 경우의 효력에 관하여 B-377 참조), 제348조가 유추적용되어 저당권설정등기에 질권의 부기등기를 하지 않으면 질권의 효력이 저당권에 미친다고 볼 수 없다고 한다(대판 2020. 4. 29, 2016다235411).

Ⅱ. 저당권의 소멸 B-379

저당권은 물권 일반에 공통하는 소멸원인 또는 담보물권 일반에 공통하는 소멸원인이 있으면 소멸하는 외에 경매 · 제 3 취득자의 변제 등에 의하여도 소멸한다. 그 밖에 다음의 것이 민법에 규정되어 있다.

(1) 피담보채권의 소멸

저당권은 피담보채권에 부종하기 때문에, 피담보채권이 소멸시효 기타의 사유로 소멸하면 저당권도 소멸한다(369조)(이 경우의 저당권의 소멸은 등기 없이 발생한다(187조)). 그러나 피담보채권과 별도로 저당권만이 소멸시효에 걸리지는 않는다.

(2) 지상권 · 전세권을 목적으로 하는 저당권의 경우

지상권 또는 전세권을 목적으로 하는 저당권의 경우에는, **지상권 · 전세권이 존속기간의 만료 기타의 사유로 소멸하면 저당권도 소멸한다**(대판 1999. 9. 17, 98다31301)(이때에도 저당권은 말소등기를 기다리지 않고서 소멸하게 된다). 따라서 지상권·전세권을 목적으로 하는 저당권을 설정한 자는 저당권자의 동의 없이 지상권·전세권을 소멸하게 하는 행위를 하지 못한다(371조 2항)(대판 2006. 2. 9, 2005다59864도 참조: 임대차보증금 반환채권을 담보하기 위하여 전세권설정등기를 경료한 후 그 전세권에 대하여 저당권이 설정된 경우에 임대차계약의 변경으로 전세권이 일부 소멸하더라도 저당권자의 동의가 없는 한 전세권설정자가 전세권의 일부소멸을 주장할 수 없다고 함).

(판 례) 전세권저당권에서 전세권이 기간만료로 종료된 경우

전세권이 기간만료로 종료된 경우 전세권은 전세권설정등기의 말소등기 없이도 당연히

소멸하고, 저당권의 목적물인 전세권이 소멸하면 저당권도 당연히 소멸하는 것이므로 전세권을 목적으로 한 저당권자는 전세권의 목적물인 부동산의 소유자에게 더 이상 저당권을 주장할 수 없다(대판 1999. 9. 17, 98다31301).

제 5 관 특수저당권

B-380 ### Ⅰ. 공동저당

(사 례) (신사례 [48]번 문제 중 일부)

갑은 을에 대한 9,000만원의 채권을 담보하기 위하여 을의 G토지(시가 1억원)에 2008. 9. 5. 1번 저당권등기를 하고, 을의 누나인 병의 H토지(시가 5,000만원)에 같은 날 역시 1번 저당권등기를 하였다. 그리고 정은 을에 대한 그의 5,000만원의 채권을 담보하기 위하여 G토지에 2008. 9. 22. 저당권등기를 하였고, 무는 병에 대한 2,000만원의 채권을 담보하기 위하여 H토지에 2008. 9. 25. 저당권등기를 하였다.

이 경우에 갑의 채권이 변제기가 되어 갑이 먼저 H토지를 경매에 부쳐 그것이 5,000만원에 경매되었고, 그 후에 G토지가 1억원에 경매되었다면, 그 매각대금은 어떻게 배당되고, 그때 을·병·정의 지위는 어떻게 되는가?(경매비용과 이자는 없는 것으로 가정한다) (사례의 해결: B－386)

1. 의의 및 작용

공동저당이란 동일한 채권의 담보로서 복수의 부동산 위에 설정된 저당권을 말한다(368조). 예컨대 A가 B에 대하여 가지고 있는 3,000만원의 채권을 담보하기 위하여 B의 X토지(시가 4,000만원)와 그 위의 Y건물(시가 2,000만원) 위에 저당권을 취득한 경우가 그에 해당한다. 공동저당에 있어서는 복수의 부동산이 동일한 채권의 담보로 되어 있는 점에 특징이 있다. 그런데 공동저당의 경우에 저당권의 수는 하나가 아니고, 부동산의 수만큼 있는 것으로 된다. 민법은 공동저당에 관하여 1개의 규정만을 두고 있어서 그 규율이 매우 불충분하다.

(판 례) 공동근저당권과 제368조

제368조는 공동근저당권의 경우에도 적용되고, 공동근저당권자 스스로 경매를 실행하는 경우는 물론 타인이 실행한 경매에서 우선배당을 받는 경우에도 적용된다(대판 2006. 10. 27, 2005다14502). 그리고 특정 공동근저당권에 있어서 공동저당물이 추가되기 전에 기존의 저당물에 관하여 후순위 근저당권이 설정된 경우에도 제368조 제 1 항이 적용된다(대판 2014. 4. 10, 2013다36040 등).

2. 공동저당의 성립 B-381

공동저당은 동일한 채권을 담보하기 위하여 복수의 부동산 위에 저당권이 설정됨으로써 성립한다. 저당권이 설정되기 위하여 저당권설정의 합의와 등기가 필요함은 물론이다(186조, B-342 이하 참조).

각각의 저당권은 동시에 설정될 수도 있으나, 저당권이 일부의 부동산에 먼저 설정된 뒤에 추가로 다른 부동산에 저당권이 설정되어도 무방하다(부등법 78조 4항 참조). 그리고 각 부동산 위의 저당권의 순위가 같을 필요도 없고, 또 부동산들의 소유자가 달라도 무방하다(채무자의 부동산·물상보증인의 부동산). 공동저당의 목적(객체)이 되는 것은 원칙적으로 부동산이나(368조 참조), 그 외에 1개의 부동산으로 다루어지는 공장재단·광업재단도 가능하다고 할 것이다(이설 없음). 그러나 선박 등은 저당권의 객체가 되기는 하여도 공동저당의 객체는 될 수 없다고 하여야 한다(동지 대판 2002. 7. 12, 2001다53264). 왜냐하면 부동산과 선박 등의 동산은 경매절차가 서로 달라서 경매대가가 동시에 배당될 수 없을 뿐만 아니라 후자에 대하여는 공동저당임을 공시할 수 없기 때문이다. 한편 저당권들의 피담보채권은 동일한 채권이나, 그것이 반드시 1개의 채권이어야 하는 것은 아니다.

공동저당에 관하여 특별한 공시방법이 정하여져 있지는 않으며, 각각의 부동산에 관하여 저당권의 등기를 하면 된다. 다만, 저당권의 등기를 할 때에 다른 부동산과 함께 공동담보로 되어 있다는 뜻을 기재하여야 하고(부등법 78조 1항), 공동저당부동산이 5개 이상인 때에는 공동담보목록을 제출하게 하여 그것으로 공동저당관계를 공시한다(부등법 78조 2항). 이 공동담보목록은 등기부의 일부로 의제된다(부등법 78조 3항).

3. 공동저당의 효력 B-382

공동저당에 있어서 저당권자는 원칙적으로 그의 선택에 따라 어느 부동산으로부터도 그의 채권의 전부 또는 일부를 우선변제받을 수 있다. 그러나 이 원칙을 끝까지 관철하게 되면 저당권자의 임의의 행위가 각 부동산의 소유자·후순위저당권자의 이해관계에 중대한 영향을 미치게 되고, 경우에 따라서는 심한 불공평을 초래하게 된다. 매각되어 그 대금으로부터 우선변제된 부동산의 소유자·후순위저당권자는 보호되지 못할 것이기 때문이다. 그리고 이를 시인한다면, 일단 공동저당의 목적으로 된 부동산에는 후순위저당권을 취득하려고 하지 않아 부동산의 잉여가치가 활용될 수 없게 된다. 여기서 민법은 저당권자의 자유선택권을 인정하면서 아울러 각 부동산의 소유자·후순위저당권자를 보호하기 위하여 일정한 조치를 취하고 있다.

판 례 **공동근저당권자의 일부배당이 다른 저당권 포기인지**

「공동저당권자가 공동저당의 목적인 수개의 부동산 중 어느 것이라도 먼저 저당권을 실행하여 피담보채권의 전부나 일부를 자유롭게 우선변제받을 수 있는 것이므로, 위 수개의 부동산 중 먼저 실행된 부동산에 관한 경매절차에서 피담보채권액 중 일부만을 청구하여 이를 배당받았다고 하더라도 이로써 나머지 피담보채권액 전부 또는 민법 제368조 제1항의 규정에 따른 그 부동산의 책임분담액과 배당액의 차액에 해당하는 채권액에 대하여 아직 경매가 실행되지 아니한 다른 부동산에 관한 저당권을 포기한 것으로 볼 수 없다.」(대판 1997. 12. 23, 97다39780)

(1) 동시배당(同時配當)의 경우(부담의 안분)

공동저당의 목적부동산 전부를 경매하여 그 경매대가를 동시에 배당하는 때에는, 각 부동산의 경매대가에 비례하여 피담보채권의 분담을 정한다(368조 1항). 예컨대 A가 B에 대한 3,000만원의 채권에 관하여 B의 X토지(시가 4,000만원)와 Y건물(시가 2,000만원)에 각각 1번저당권을 가지고, C가 X토지에 2,000만원의 채권에 관하여 2번저당권을, D가 Y건물에 1,000만원의 채권에 관하여 2번저당권을 가지고 있는 경우에, A가 X토지와 Y건물을 모두 경매하여 배당을 받는 때에는, X토지로부터 2,000만원, Y건물로부터 1,000만원을 변제받게 된다. 그리하여 C와 D는 각각 X토지와 Y건물의 경매대가로부터 2,000만원과 1,000만원을 변제받을 수 있게 된다.

이와 같은 동시배당에 있어서의 부담의 안분은 주로 후순위저당권자와의 사이에 공평을 유지하기 위한 것이다. 그렇지만 후순위저당권자가 없는 때에도 같은 결과가 인정되어야 한다. 왜냐하면 다른 담보권자·집행권원을 가지고 있는 배당요구자·가압류채권자와 물상보증인도 있을 수 있고, 그들도 후순위저당권자와 마찬가지로 보호하여야 할 필요가 있기 때문이다.

판례에 따르면, 제368조 제1항에서 「각 부동산의 경매대가」란 일반적으로 매각대금에서 당해 부동산이 부담할 경매비용과 선순위채권을 공제한 잔액을 말하지만(대판 2003. 9. 5, 2001다66291), 공동저당권 설정등기 전에 가압류등기가 마쳐진 경우처럼 공동저당권과 동순위로 배당받는 채권이 있는 경우에는 매각대금에서 당해 부동산이 부담할 경매비용과 선순위채권뿐만 아니라 동순위채권에 안분되어야 할 금액까지 공제한 잔액을 가리키며(대판 2024. 6. 13, 2020다258893), 따라서 공동저당권과 동순위로 배당받는 채권이 있는 경우 동시배당을 하는 때 제368조 제1항에 따른 채권의 분담은, 먼저 공동저당권과 동순위로 배당받을 채권자가 존재하는 부동산의 매각대금에서 경매비용과 선순위채권을 공제한 잔여금액을 공동저당권의 피담보채권액과 동순위채권액에 비례하여 안분한 다음, 공동저당권의 피담보채권에 안분된 금액을 경매대가로 삼아 다른 부동산들과 사이에서 각 경매대가에 안분하여 채권의 분담을 정하는 방법으로 이루어지며, 이는 공동근저당의 경우에도 마찬가지라고 한다(대판 2024. 6. 13, 2020다258893).

동시배당의 경우라 할지라도 제368조 제 1 항을 적용하지 않아야 하는 경우가 있는데, 그에 관하여는 뒤에 설명한다(B-386 참조).

(2) 이시배당(異時配當)의 경우(후순위저당권자의 대위) B-383

1) 민법규정 공동저당의 목적부동산 가운데 일부만이 경매되어 그 대가를 먼저 배당하는 경우에는, 공동저당권자는 그 대가로부터 그의 채권의 전부를 변제받을 수 있다(368조 2항 1문). 그리고 이 경우에 그 경매된 부동산의 후순위저당권자는 동시에 배당하였다면 공동저당권자가 다른 부동산의 경매대가로부터 변제받을 수 있는 금액의 한도에서 공동저당권자를 대위하여 저당권을 행사할 수 있다(368조 2항 2문). 앞의 예에서 A가 X토지만을 먼저 경매하여 그 대가 4,000만원으로부터 그의 채권 3,000만원을 변제받은 때에는, C는 일단 X토지의 경매대가로부터 1,000만원을 변제받고, 또 동시에 배당을 하였다면 A는 Y건물의 경매대가로부터 1,000만원을 변제받았을 것이므로 C는 그 범위에서 A의 1번저당권을 대위하게 된다.

민법은 공동저당권자를 대위하는 자를 「차순위저당권자」라고 규정하나, 그것은 바로 다음 순위의 저당권자만을 가리키는 것이 아니고 후순위저당권자 전부를 의미한다고 새겨야 한다(이설 없음).

판 례 공동근저당권자의 일부 저당권 포기 등

(ㄱ) 「선순위 공동저당권자가 피담보채권을 변제받기 전에 공동저당 목적 부동산 중 일부에 관한 저당권을 포기한 경우에는, 후순위저당권자가 있는 부동산에 관한 경매절차에서, 저당권을 포기하지 아니하였더라면 후순위저당권자가 대위할 수 있었던 한도에서는 후순위저당권자에 우선하여 배당을 받을 수 없다고 보아야 할 것이고, 이러한 법리는 공동근저당권의 경우에도 마찬가지로 적용된다.」(대판 2009. 12. 10, 2009다41151)

(ㄴ) 「선순위 공동저당권자가 피담보채권을 변제받기 전에 공동저당 목적 부동산 중 일부에 관한 저당권을 포기한 경우에는, 후순위저당권자가 있는 부동산에 관한 경매절차에서, 저당권을 포기하지 아니하였더라면 후순위저당권자가 대위할 수 있었던 한도에서는 후순위저당권자에 우선하여 배당을 받을 수 없다고 보아야 할 것이고, 이러한 법리는 동일한 채권의 담보를 위하여 공유인 부동산에 공동저당의 관계가 성립된 경우에도 마찬가지로 적용된다고 보아야 할 것이다.

그리고 위와 같이 민법 제368조 제 2 항에 의하여 공동저당 부동산의 후순위저당권자에게 인정되는 대위를 할 수 있는 지위 내지 그와 같은 대위에 관한 정당한 기대를 보호할 필요성은 그 후 공동저당 부동산이 제 3 자에게 양도되었다는 이유로 달라지지 않는다.」(대판 2011. 10. 13, 2010다99132)

B-384 **2) 대위권의 발생 및 그 시기** 후순위저당권자의 이러한 대위는 공동저당권자가 채권의 전부를 변제받은 경우뿐만 아니고 일부만을 변제받은 경우에도 인정되어야 한다(통설도 같음). 만약 그렇게 해석하지 않으면, 공동저당권자가 어느 부동산의 경매대가 전부로부터 채권의 일부를 변제받은 때에는, 그 부동산의 후순위저당권자는 담보권을 상실하는 결과로 되는 반면에 다른 부동산의 후순위저당권자는 대위 없는 배당을 받게 되어 유리하게 되는 불균형이 생기기 때문이다.

후순위저당권자의 대위권은 공동저당권자의 채권이 완전히 변제되는 때에 발생한다. 공동저당권자가 그의 채권의 일부만을 변제받은 경우에는, 공동저당권자가 다른 부동산의 경매대가로부터 채권액의 나머지를 완전히 변제받아 공동저당권이 소멸하는 때에 비로소 대위권이 생긴다.

(판 례) 차순위저당권자의 대위권의 발생시기

「차순위저당권자의 대위권은 일단 배당기일에 그 배당표에 따라 배당이 실시되어 배당기일이 종료되었을 때 발생하는 것이지 배당이의 소송의 확정 등 그 배당표가 확정되는 것을 기다려 그때에 비로소 발생하는 것은 아니라고 할 것이다.」(대판 2006. 5. 26, 2003다18401)

3) 대위의 효과 여기서 「대위」한다는 것은 공동저당권자가 가지고 있던 저당권이 후순위저당권자에게 이전한다는 의미이다(통설도 같음). 그리고 이것은 법률상 당연히 발생하는 것이므로 등기가 필요하지 않다(187조)(판례도 동지임. 대판 2015. 3. 20, 2012다99341). 그런데 대위될 저당권의 등기가 말소되고 그 후에 제 3 자의 저당권설정등기가 된 경우에도 대위자가 등기 없이 대위를 주장할 수 있는지가 문제된다. 여기에 관하여 학설은 i) 그 경우에는 대위의 등기를 하여야만 새로운 저당권자에게 대항할 수 있다는 견해와 ii) 그 경우에도 대위의 등기 없이 대위를 주장할 수 있다는 견해(사견도 같음) 등으로 나뉘어 있다. 그리고 판례는, 먼저 경매된 부동산의 후순위저당권자가 다른 부동산에 공동저당의 대위등기를 하지 아니하고 있는 사이에 선순위저당권자 등에 의해 그 부동산에 관한 저당권등기가 말소되고, 그와 같이 저당권등기가 말소되어 등기부상 저당권의 존재를 확인할 수 없는 상태에서 그 부동산에 관하여 소유권이나 저당권 등 새로 이해관계를 취득한 사람에 대해서는, 후순위저당권자가 민법 제368조 제 2 항에 의한 대위를 주장할 수 없다고 하여, i)설과 같다(대판 2015. 3. 20, 2012다99341. 이 판결은 482조 2항 1호 및 5호가 변제자대위의 경우에도 대위의 부기등기를 하지 않으면 제 3 취득자에 대하여 채권자를 대위하지 못하도록 정하고 있는데, 제 3 취득자를 보호할 필요성은 후순위저당권자의 대위의 경우에도 마찬가지로 존재한다고 하며, 그 외에도 두 가지 이유를 들고 있다). 대위등기가 불필요하다는 입장에서는 거래의 안전을 위한 조치가 필요하다(대판 1994. 5. 10, 93다25417은 물상보증인이 대위하게 될 저당권등기는 말소될 것이 아니라 물상보증인 앞으로 저당권이전의 부기등기가 되어야 할 것이라고 한다).

후순위저당권자의 대위등기에 관하여 과거에는 명문규정이 없었다. 그런데 2011년 부등법이 개정될 때 공동저당의 대위등기에 관한 규정이 신설되었다(부등법 80조 참조. 그런데 이 등기도 부기등기의 형식에 의하게 됨).

(3) 물상보증인 또는 제 3 취득자와의 관계 B-385

공동저당의 목적부동산 중 일부가 물상보증인이나 제 3 취득자의 소유에 속하는 경우에, 그러한 부동산이 경매된 때에는, 그 소유자였던 물상보증인 등은 변제에 의한 대위규정(481조·482조)에 의하여 구상권을 취득하고 다른 부동산에 대하여 공동저당권자를 대위하게 된다. 그리하여 후순위저당권자의 대위와 충돌하게 된다. 예컨대 A가 B에 대한 2,000만원의 채권을 위하여 B의 X토지(시가 2,000만원)와 물상보증인 C의 Y토지(시가 2,000만원)에 각각 1번저당권을 가지고 있고, D·E가 각각 X토지·Y토지에 1,000만원과 2,000만원의 채권을 위하여 2번저당권을 가지고 있는 경우에, A가 Y토지를 먼저 경매하여 그 경매대가 2,000만원으로부터 그의 채권 2,000만원 전부를 변제받았다고 하자. 이때 C가 2,000만원에 관하여 X토지에 대위하게 되면 C는 보호되나 D는 배당을 전혀 받을 수 없게 되고, C가 1,000만원(368조 2항의 적용 또는 유추적용으로)만에 관하여 대위를 하게 되면 D는 보호되나 C의 구상권이 부분적으로 보호되지 못하게 된다. 이 경우에 E의 지위도 문제이다.

여기에 관하여 학설은 i) 변제에 의한 대위 우선설, ii) 후순위저당권자의 대위 우선설, iii) 선등기자의 대위 우선설로 나뉘어 있다. i)설은 제368조 제 2 항은 채무자 소유의 수개의 부동산 위에 저당권이 존재하는 경우에 한하여 적용되는 것으로 보아 물상보증인을 우선시킨다(사견도 같음. 물권법 [238] 참조). ii)설은 물상보증인·제 3 취득자·후순위저당권자의 실질적인 이해관계를 비교·교량할 때, 물상보증인이나 제 3 취득자도 부동산의 가액에 비례한 피담보채권의 안분액의 한도에서는 후순위저당권자에 우선하지 않는다고 한다. iii)설은 물상보증인의 저당권설정등기·제 3 취득자의 소유권이전등기와 후순위저당권자의 저당권등기 가운데 어느 것이 먼저 행하여졌는가에 따라 선등기자의 대위를 우선시킬 것이라고 한다.

판례는 물상보증인의 대위를 우선시키고 있다(대판 1994. 5. 10, 93다25417[핵심판례 188면]; 대판 2021. 12. 16, 2021다247258 등 다수). 그리하여 **물상보증인은 그 전액에 관하여 공동저당권자를 대위하나, 채무자 소유 부동산 위의 후순위저당권자는 물상보증인의 부동산에 공동저당권을 대위할 수 없다**고 한다. 그리고 이러한 법리는 채무자 소유의 부동산에 후순위 저당권이 설정된 후에 물상보증인 소유의 부동산이 추가로 공동저당의 목적으로 된 경우에도 마찬가지로 적용된다고 한다(대판 2014. 1. 23, 2013다207996). 그런가 하면 물상보증인의 부동산 위의 후순위저당권자는 물상보증인이 대위취득한 1번저당권에 대하여 물상대위를 할 수 있다고 한다(대판 1994. 5. 10, 93다25417[핵심판례 188면]; 대판 2017. 4. 26, 2014다221777·221784 등). 그리고 이러한 법리는 공동근저당권의 경우에도 마찬가지로 적용된다고 한다(대판 2018. 7. 11, 2017다292756). 이러한 판례에 의하면, 앞의 예에 있어서 A가 Y토지를 경매하여 그의 채권 전부를 변제받았다면, C는 2,000만원 전부에 관하여 X토지에 대위를 하게 되어 D는 배당을 전혀 받지 못하 B-386

게 되며, 그때 E는 C가 대위하는 1번저당권에 물상대위를 하여 그의 채권 2,000만원을 모두 변제받게 된다. 그런데 판례는 위의 경우에 대하여 예외를 인정하여, 같은 물상보증인이 소유하는 복수의 부동산에 공동저당이 설정되고 그중 한 부동산에 후순위저당권이 설정된 다음에 그 부동산이 채무자에게 양도됨으로써 채무자 소유의 부동산과 물상보증인 소유의 부동산에 대해 공동저당이 설정된 상태에 있게 된 경우에는, 물상보증인의 변제자대위는 후순위저당권자의 지위에 영향을 주지 않는 범위에서 성립한다고 보아야 하고, 이는 물상보증인으로부터 부동산을 양수한 제3취득자가 변제자대위를 하는 경우에도 마찬가지라고 한다(대판 2021. 12. 16, 2021다247258). 한편 판례는, 물상보증인 부동산 위의 후순위저당권자가 물상보증인이 대위취득한 채무자 소유 부동산 위의 선순위공동저당권에 대하여 물상대위를 하는 경우에, 채무자는 물상보증인에 대한 반대채권이 있더라도 특별한 사정이 없는 한 물상보증인의 구상금 채권과 상계함으로써 물상보증인 소유의 부동산에 대한 후순위저당권자에게 대항할 수 없다고 한다(대판 2017. 4. 26, 2014다221777 · 221784).

판 례 **물상보증인 소유 부동산이 공동담보로 된 경우의 법률관계**

(ㄱ) 채권자가 물상보증인 소유 토지와 공동담보로 주채무자 소유 토지에 1번 근저당권을 취득한 후 이와 별도로 주채무자 소유 토지에 2번 근저당권을 취득한 사안에서, 먼저 주채무자의 토지에 대하여 피담보채무의 불이행을 이유로 근저당권이 실행되어 경매대금에서 1번 근저당권의 피담보채권액을 넘는 금액이 배당된 경우에는, 변제자 대위의 법리에 비추어 볼 때 민법 제368조 제2항은 적용되지 않으므로 후순위(2번)저당권자인 채권자는 물상보증인 소유 토지에 대하여 자신의 1번 근저당권을 대위행사할 수 없고, 따라서 물상보증인의 근저당권설정등기는 그 피담보채무의 소멸로 인하여 말소되어야 한다(대판 1996. 3. 8, 95다36596).

(ㄴ)「공동저당의 목적인 채무자 소유의 부동산과 물상보증인 소유의 부동산에 각각 채권자를 달리하는 후순위저당권이 설정되어 있는 경우, 물상보증인 소유의 부동산에 대하여 먼저 경매가 이루어져 그 경매대금의 교부에 의하여 1번저당권자가 변제를 받은 때에는 물상보증인은 채무자에 대하여 구상권을 취득함과 동시에 민법 제481조, 제482조의 규정에 의한 변제자대위에 의하여 채무자 소유의 부동산에 대한 1번저당권을 취득하고, 이러한 경우 물상보증인 소유의 부동산에 대한 후순위저당권자는 물상보증인에게 이전한 1번저당권으로 우선하여 변제를 받을 수 있다.

이러한 법리는 수인의 물상보증인이 제공한 부동산 중 일부에 대하여 경매가 실행된 경우에도 마찬가지로 적용되어야 하고(이 경우 물상보증인들 사이의 변제자대위의 관계는 민법 제482조 제2항 제4호, 제3호에 의하여 규율될 것이다), 따라서 자기 소유의 부동산이 먼저 경매되어 1번저당권자에게 대위변제를 한 물상보증인은 다른 물상보증인의 부동산에 대한 1번저당권을 대위취득하고, 그 물상보증인 소유 부동산의 후순위저당권자는 1번저당권에 대하여 물상대위를 할 수 있다.

그러므로 물상보증인이 대위취득한 선순위저당권 설정등기에 대하여는 말소등기가 경료될 것이 아니라 물상보증인 앞으로 대위에 의한 저당권이전의 부기등기가 경료되어야 하고, 아직 경매되지 아니한 공동저당물의 소유자로서는 1번저당권자에 대한 피담보채무가 소멸하였다는 사정만으로 말소등기를 청구할 수는 없다.」(대판 2001. 6. 1, 2001다21854)

(ㄷ)「공동저당의 목적인 물상보증인 소유의 부동산에 후순위저당권이 설정되어 있는 경우에 있어서, 물상보증인 소유의 부동산에 대하여 먼저 경매가 이루어져 그 경매대금의 교부에 의하여 선순위 공동저당권자가 변제를 받은 때에는 …, 그 선순위저당권 설정등기는 말소등기가 경료될 것이 아니라 위 물상보증인 앞으로 대위에 의한 저당권이전의 부기등기가 경료되어야 할 성질의 것이며, 따라서 아직 경매되지 아니한 공동저당물의 소유자로서는 위 선순위저당권자에 대한 피담보채무가 소멸하였다는 사정만으로는 그 말소등기를 청구할 수 없다고 보아야 할 것이다. 그리고 위 후순위저당권자는 자신의 채권을 보전하기 위하여 물상보증인을 대위하여 선순위저당권자에게 그 부기등기를 할 것을 청구할 수 있다.」(대결 2009. 5. 28, 2008마109)

(ㄹ)「공동저당이 설정된 복수의 부동산이 같은 물상보증인의 소유에 속하고 그중 하나의 부동산에 후순위저당권이 설정되어 있는 경우에, 그 부동산의 대가만이 배당되는 때에는 후순위저당권자는 민법 제368조 제 2 항에 따라 선순위 공동저당권자가 같은 조 제 1 항에 따라 공동저당이 설정된 다른 부동산으로부터 변제를 받을 수 있었던 금액에 이르기까지 선순위 공동저당권자를 대위하여 그 부동산에 대한 저당권을 행사할 수 있다.

이 경우 공동저당이 설정된 부동산이 제 3 자에게 양도되어 그 소유자가 다르게 되더라도 민법 제482조 제 2 항 제 3 호, 제 4 호에 따라 각 부동산의 소유자는 그 부동산의 가액에 비례해서만 변제자대위를 할 수 있으므로 후순위저당권자의 지위는 영향을 받지 않는다.」(대판 2021. 12. 16, 2021다247258)

판례는 물상보증인을 우선시키는 입장을 동시배당의 경우에도 관철하여, 공동저당권이 설정되어 있는 수개의 부동산 중 일부는 채무자 소유이고 일부는 물상보증인 소유인 경우 각 부동산의 경매대가를 동시에 배당하는 때에는 제368조 제 1 항은 적용되지 아니하고, 채무자 소유 부동산의 경매대가에서 공동저당권자에게 우선적으로 배당을 하고, 부족분이 있는 경우에 한하여 물상보증인 소유 부동산의 경매대가에서 추가로 배당을 할 것이라고 한다(대판 2016. 3. 10, 2014다231965 등). 그리고 이러한 이치는 물상보증인이 채무자를 위한 연대보증인의 지위를 겸하고 있는 경우에도 마찬가지라고 한다(대판 2016. 3. 10, 2014다231965).

판 례 第368조의 유추적용

소액보증금 반환청구권을 가지는 주택임차인이 대지와 건물 모두로부터 배당을 받는 경우에는 마치 그 대지와 건물 전부에 대한 공동저당권자와 유사한 지위에 서게 되므로 대지와 건물이 동시에 매각되어 그 경매대가를 동시에 배당하는 때에는 제368조 제 1 항을 유추 적용하여 대지와 건물의 경매대가에 비례하여 그 채권의 분담을 정할 것이라고 한다(대판 2003. 9. 5, 2001다66291).

사례의 해결

H토지가 먼저 경매되면 그 매각대금 5,000만원을 갑이 모두 받게 된다. 그리고 그 후 G토지가 경매되면, 그 매각대금 1억원에서 갑이 변제받지 못한 4,000만원을 받게 된다. 그리하여 나머지 6,000만원의 처리가 문제이다.

판례에 따르면, 물상보증인인 병이 6,000만원 중 5,000만원에 관하여 갑을 대위하게 된다. 그리고 무가 그 5,000만원 가운데 2,000만원을 물상대위하게 된다. 그 나머지 3,000만원은 병이 그대로 취득한다. 한편 정은 6,000만원 가운데 병이 대위하지 않은 1,000만원만 변제받게 된다. 그리하여 정의 4,000만원의 채권은 무담보의 것으로 남게 된다. (사례: B−380)

B-387 Ⅱ. 근저당(根抵當)

1. 근저당의 의의 및 특질

(1) 의 의

근저당(근저당권)이란 계속적 거래관계(예: 당좌대월계약 · 계속적 어음대부계약 · 계속적 상품공급계약)로부터 생기는 불특정 다수의 채권을 장래의 결산기에 일정한 한도액의 범위 안에서 담보하는 저당권이다(357조). 계속적 거래관계에 있는 당사자 사이에서는 채권이 수시로 발생하고, 그 금액도 증감변동하며, 때로는 채권액이 0이 되기도 한다. 따라서 그 경우에는 보통의 저당권으로 채권을 담보하게 할 수 없다. 보통의 저당권은 현재 또는 장래의 「특정한」 채권만을 담보할 수 있고, 또 채권액이 0이 되면 소멸하여 버리기 때문이다. 여기서 장래의 불특정한 채권을 담보할 수 있을 뿐만 아니라 저당권의 소멸에 있어서의 부종성을 완화하여 저당권과 채권의 결합관계가 요구되지 않는 저당권이 필요하게 되는데, 그러한 제도로 인정된 것이 바로 근저당이다.

(2) 특 질

근저당권은 장래의 증감·변동하는 불특정·다수의 채권을 담보하는 점에서 보통의 저당권과 다르다. 그리고 근저당권은 보통의 저당권에서와 달리 소멸에 있어서의 부종성이 요구되지 않는다(369조 참조). 그리하여 피담보채권이 확정되기 전에 그것이 일시적으로 소멸하더라도 근저당권은 소멸하지 않는다. 그 밖에 근저당권은 미리 정하여진 최고한도액의 한도 내에서 장래에 확정될 채권액을 담보한다.

2. 근저당권의 설정

B-388

근저당권은 근저당권설정의 물권적 합의와 등기에 의하여 성립한다(186조). 그리고 근저당권설정의 물권적 합의는 채권계약인 근저당권설정계약에 포함되어 행하여진다(B-342 참조).

(1) 근저당권설정계약

이 계약의 당사자는 근저당권설정자와 근저당권자이다. 설정자는 채무자인 것이 보통이나, 제 3 자(물상보증인)라도 무방하다.

설정계약에는 근저당권에 의하여 담보할 채권의 최고액과 피담보채권의 범위를 결정하는 기준이 정해져 있어야 한다. 후자는 피담보채권의 발생 기초가 되는 계속적 계약관계 즉 기본계약을 명시하는 방법으로 정하게 된다. 한편 근저당권의 존속기간 내지 결산기는 반드시 정할 필요는 없다(대판 1959. 5. 14, 4291민상564).

(2) 등　　기

등기절차는 기본적으로는 보통의 저당권에서와 같다. 그러므로 여기서는 근저당권에 특유한 것만 살펴본다.

근저당권의 등기에서는 그것이 근저당권이라는 것을 반드시 등기하여야 한다. 그 기재가 없으면 보통의 저당권으로 된다. 그리고 등기원인은 근저당권설정계약으로 하되 아울러 기본계약이 구체적으로 명시되는 것이 바람직하나, 우리의 등기실무에서는 단순히 「근저당설정계약」이라고만 기재하도록 하고 있다(구 부등법 140조 2항 1문 참조).

담보할 채권의 최고액을 반드시 등기하여야 한다(부등법 75조 2항 1호). 이 최고액에는 이자도 포함되므로(357조 2항), 이자의 등기는 따로 할 수 없다.

근저당권의 존속기간 또는 거래관계의 결산에 관한 약정은 그것이 있을 경우 등기할 수 있으나, 약정이 있어도 등기하지 않을 수 있고, 그때에도 근저당권의 성립에는 영향이 없다. 존속기간이 등기된 때에는 그 시기 이후에 생긴 채권은 피담보채권으로 될 수 없다(이설 없음).

판 례 근저당권 관련

(ㄱ) 갑이 을에게 자기 소유의 부동산을 담보로 추가대출을 받아 그 일부로 종전의 연체대출금을 상환하라는 취지의 추가대출 및 담보권설정의 대리권을 수여하였는데 을이 갑의 허락 없이 자기 앞으로 소유권이전등기를 한 후 다시 병 은행에 근저당권설정등기를 하였다고 하더라도 그 대출금으로 종전의 연체대출금을 모두 변제하고 그 담보이던 저당권설정등기도 말소하였다면 갑이 을에 대하여 그 등기명의의 환원을 청구할 수 있음은 의심이 없으나 병 은행에 대한 관계에서는 자기가 처음부터 부담하고자 한 저당권을 부담하고 있을 뿐이며 위임의 취지에 위배된다고 할 수 없으므로 형식상 저당권설정자가 다르다는 이유로 근저당권설정등기의 무효를 주장할 수 없다(대판 1989. 6. 27, 88다카23490).

(ㄴ) 신축 상가건물에 대한 공사대금채권의 담보를 위하여 상가건물에 근저당권을 설정하면서 근저당권설정자와 근저당권자 사이에 분양계약자가 분양대금을 완납하는 경우 그 분양계약자가 분양받은 지분에 관한 근저당권을 말소하여 주기로 하는 약정이 있었다 하더라도, 근저당권자는 근저당권설정자 또는 분양계약자에 대하여 그 약정에 따라 분양계약자의 분양 지분에 관한 근저당권을 말소하여 줄 채권적 의무가 발생할 뿐이지 물권인 근저당권자의 근저당권 자체가 등기에 의하여 공시된 바와 달리 위 약정에 의하여 제한되는 것은 아니고, 그 근저당권의 인수인이 당연히 위 약정에 따른 근저당권자의 채무를 인수하는 것도 아니다(대판 2001. 3. 23, 2000다49015).

B-389

3. 근저당권의 효력

근저당권은 피담보채권에 포함되는 채권을 최고액의 범위 안에서 담보한다.

(1) 근저당권으로 담보되는 범위

1) 담보되는 채권 근저당권으로 담보하는 피담보채권은 설정계약에 의하여 정하여진다. 당사자는 약정에 의하여 설정계약 전의 기존채무도 담보의 목적에 포함시킬 수 있으며(대판 1958. 6. 12, 4290민상875), 설정계약 전에 발생한 채무가 설정계약에서 정한 것과 같은 거래방법에 의하여 발생한 때에는 특별한 사정이 없는 한 당사자 사이에 근저당권에 의하여 담보하기로 합의한 것으로 보아야 한다(대판 1970. 4. 28, 70다103). 그러나 설정계약에서 채무자를 지정한 경우에는 지정된 채무자가 아닌 자의 채무는 담보되지 않는다(대판 1987. 12. 8, 87다카2008). 한편 판례에 의하면, 매수인의 매도인에 대한 매매대금채무의 담보를 위하여 설정된 근저당권은 그 매매계약이 매수인의 기망에 의한 것이라 하여 취소된 경우에 매수인이 지는 손해배상채무도 담보한다(대판 1987. 4. 28, 86다카2458).

2) 채권의 최고액 근저당권은 최고액의 한도 내에서 실제로 존재하는 채권을 담보한다(대판 1969. 2. 4, 68다2329). 그리하여 근저당권자는 결산기에 확정된 채권액이 최고액을 넘고 있으면 최고액까지 우선변제를 받게 되고, 채권액이 최고액보다 적으면 구체적인 채권액에 관하여 우선변제를 받게 된다.

문제는 결산기에 확정된 채권액이 최고액을 넘는 경우에 채무자가 최고액만을 변제하고 근저당권등기의 말소를 청구할 수 있는지이다. 여기에 관하여 판례는, 근저당권에 있어서 채권의 총액이 최고액을 초과하는 경우, 적어도 근저당권자와 채무자 겸 근저당권설정자와의 관계에서는 위 채권 전액의 변제가 있을 때까지 근저당권의 효력은 채권최고액과는 관계없이 잔존채무에 여전히 미친다고 하면서, 채무자 겸 근저당권설정자는 채무의 일부인 채권최고액과 지연손해금·집행비용만의 변제공탁으로는 근저당권설정등기의 말소를 청구할 수 없다고 한다(대판 2010. 5. 13, 2010다3681 등. 학설도 이에 동조하고 있음). 그에 비하여 물상보증인이나 근저당부동산의 제 3 취득자는 채권최고액과 경매비용을 변제공탁하면 근저당권의 소멸을 청구할 수 있다고 한다(대판 1974. 12. 10, 74다998 등. 대판 2002. 5. 24, 2002다7176은 근저당부동산의 제 3 취득자는 피담보채무가 확정된 이후에 그 확정된 피담보채무를 채권최고액의 범위 내에서 변제하고 근저당권의 소멸을 청구할 수 있다고 한다). 두 판례 중 후자는 제364조를 적용(물상보증인에게는 유추적용)한 것으로 보이며, 전자는 채무자인 근저당권설정자에 대한 특별취급이라고 생각된다. 그런데 전자의 타당성은 의심스럽다. 근저당권자는 채권의 최고액의 한도 내에서 담보권을 취득하려고 하였기 때문이다.

판 례 공동근저당권자의 우선변제 관련

(ㄱ) 「공동근저당권자가 목적 부동산 중 일부 부동산에 대하여 제 3 자가 신청한 경매절차에 소극적으로 참가하여 우선배당을 받은 경우에, 해당 부동산에 관한 근저당권의 피담보채권은 그 근저당권이 소멸하는 시기, 즉 매수인이 매각대금을 지급한 때에 확정되지만, 나머지 목적 부동산에 관한 근저당권의 피담보채권은 기본거래가 종료하거나 채무자나 물상보증인에 대하여 파산이 선고되는 등의 다른 확정사유가 발생하지 아니하는 한 확정되지 아니한다.」(대판 2017. 9. 21, 2015다50637)

(ㄴ) 「민법 제368조는 공동근저당권의 경우에도 적용되고, 공동근저당권자가 스스로 근저당권을 실행한 경우는 물론이며 타인에 의하여 개시된 경매 등의 환가절차에서 그 환가대금 등으로부터 다른 권리자에 우선하여 피담보채권의 일부에 대하여 배당받은 경우에도 적용된다.

공동근저당권이 설정된 목적 부동산에 대하여 동시배당이 이루어지는 경우에 공동근저당권자는 채권최고액 범위 내에서 피담보채권을 민법 제368조 제 1 항에 따라 부동산별로 나누어 각 환가대금에 비례한 액수로 배당받으며, 공동근저당권의 각 목적 부동산에 대하여 채권최고액만큼 반복하여, 이른바 누적적으로 배당받지 아니한다.

그렇다면 공동근저당권이 설정된 목적 부동산에 대하여 이시배당이 이루어지는 경우에도 동시배당의 경우와 마찬가지로 공동근저당권자가 공동근저당권 목적 부동산의 각 환가대금으로부터 채권최고액만큼 반복하여 배당받을 수는 없다고 해석하는 것이 민법 제368조 제 1 항 및 제 2 항의 취지에 부합한다. …

공동근저당권자가 스스로 근저당권을 실행하거나 타인에 의하여 개시된 경매 등의 환가절차를 통하여 공동담보의 목적 부동산 중 일부에 대한 환가대금 등으로부터 다른 권리자에 우선하여 피담보채권의 일부에 대하여 배당받은 경우에, 그와 같이 우선변제받은 금액에 관하여는 공동담보의 나머지 목적 부동산에 대한 경매 등의 환가절차에서 다시 공동근저당권자로서 우선변제권을 행사할 수 없다고 보아야 하며, 공동담보의 나머지 목적 부동산에 대하여 공동근저당권자로서 행사할 수 있는 우선변제권의 범위는 피담보채권의 확정 여부와 상관없이 최초의 채권최고액에서 위와 같이 우선변제받은 금액을 공제한 나머지 채권최고액으로 제한된다고 해석함이 타당하다. 그리고 이러한 법리는 채권최고액을 넘는 피담보채권이 원금이 아니라 이자·지연손해금인 경우에도 마찬가지로 적용된다.」(대판(전원) 2017. 12. 21, 2013다16992)

(ㄷ) 「공동근저당권자가 스스로 근저당권을 실행하거나 타인에 의하여 개시된 경매 등의 환가절차를 통하여 공동담보의 목적 부동산 중 일부에 대한 환가대금 등으로부터 다른 권리자에 우선하여 피담보채권의 일부를 배당받은 경우, 그와 같이 우선변제받은 금액에 관하여는 공동담보의 나머지 목적 부동산에 대한 경매 등의 환가절차에서 다시 공동근저당권자로서 우선변제권을 행사할 수 없다(대법원 2017. 12. 21. 선고 2013다16992 전원합의체 판결 참조).

이러한 법리는 채무자 소유의 부동산과 물상보증인 소유의 부동산에 공동근저당권이 설정된 후 공동담보의 목적 부동산 중 채무자 소유 부동산을 임의환가하여 청산하는 경우, 즉 공동담보 목적 부동산 중 채무자 소유 부동산을 제 3 자에게 매각하여 그 대가로 피담보채권의 일부를 변제하는 경우에도 적용되어, 공동근저당권자는 그와 같이 변제받은 금액에 관하여는 더 이상 물상보증인 소유 부동산에 대한 경매 등의 환가절차에서 우선변제권을 행사할 수 없다고 보아야 할 것이다. …

공동근저당의 목적 부동산 중 일부에 대한 경매절차에서, 공동근저당권자가 선순위근저당권자로서의 자신의 채권 전액을 청구하였다면, 민법 제370조, 제333조, 제368조 제 1 항(이는 제2항의 오기로 보임: 저자 주) 전문의 규정에 따라 선순위근저당권자가 그 경매대가로부터 우선하여 변제받고, 후순위근저당권자는 그 잔액으로부터 변제를 받는 것이며, 이는 선순위근저당권자와 후순위근저당권자가 동일인이라고 하여 달라지는 것은 아니다.」(대판 2018. 7. 11, 2017다292756)

〈누적적 근저당권〉

당사자 사이에 하나의 기본계약에서 발생하는 동일한 채권을 담보하기 위하여 여러 개의 부동산에 근저당권을 설정하면서 각각의 근저당권 채권최고액을 합한 금액을 우선변제받기 위하여 공동근저당권의 형식이 아닌 개별 근저당권의 형식을 취한 경우, 이러한 근저당권은 제368조가 적용되는 공동근저당권이 아니라 피담보채권을 누적적(累積的)으로 담보하는 근저당권에 해당한다(대판 2020. 4. 9, 2014다51756 · 51763[핵심판례 186면]). 그리고 이와 같은 누적적 근저당권은 공동근저당권과 달리 담보의 범위가 중첩되지 않으므로, 누적적 근저당권을 설정받은 채권자는 여러 개의 근저당권을 동시에 실행할 수도 있고, 여러 개의 근저당권 중 어느 것이라도 먼저 실행하여 그 채권최고액의 범위에서 피담보채권의 전부나 일부를 우선변제받은 다음 피담보채권이 소멸할 때까지 나머지 근저당권을 실행하여 그 근저당권의 채권최고액 범위에서 반복하여 우선변제를 받을 수 있다(대판 2020. 4. 9, 2014다51756 · 51763[핵심판례 186면]). 그리고 이러한 누적적 근저당권이 채무자 소유의 부동산과 물상보증인 소유의 부동산에 설정되었는데 물상보증인 소유의 부동산이 먼저 경매되어 매각대금에서 채권자가 변제를 받은 경우, 물상보증인은 변제자대위에 의하여 종래 채권자가 보유하던 채무자 소유 부동산에 관한 근저당권을 대위취득하여 행사할 수 있다(대판 2020. 4. 9, 2014다51756 · 51763[핵심판례 186면]).

B-390 **3) 최고액과 제360조** 「저당권으로 담보되는 범위」에 관한 제360조는 근저당권에

도 적용된다. 그러나 근저당권의 특수성에 비추어 그 규정의 내용대로 인정되지는 않아야 한다.

우선 원본이 최고액에 포함되고 근저당권에 의하여 담보됨은 물론이다. 이자에 관하여는 제357조 제 2 항이 「채무의 이자는 최고액 중에 산입한 것으로 본다」고 규정하고 있다. 그런데 이는 주의적인 규정이라고 할 것이다(이설이 없으며, 판례도 같음. 대결 1972. 1. 26, 71마1151). 어쨌든 이자는 최고액에 포함된다.

그리고 위약금이나 채무불이행으로 인한 손해배상도 최고액에 포함된다고 하여야 한다. 문제는 제360조 단서가 여기에도 적용될 것인가이다. 이를 긍정한다면 지연배상은 1년분만이 최고액에 포함되게 된다. 여기에 관하여 학설은 i) 긍정설과 ii) 부정설(사견도 같음)로 나뉘어 있다. 판례는, 제360조 단서는 근저당권에 적용되지 않으므로 근저당권의 피담보채권 중 지연손해금도 근저당권의 채권최고액 한도에서 전액 담보된다고 하여(대판 2021. 10. 14, 2021다240851), ii)설과 같은 견지에 있다.

근저당권 실행의 비용이 최고액에 포함되는지에 관하여도 학설은 나뉘는데, 판례는 경매비용이 최고액에 포함되지 않는 것으로 이해한다(대결 1971. 5. 15, 71마251 등).

4) 담보되는 채권의 확정 근저당권으로 담보되는 채권은 설정계약 내지 기본계약에 B-391
서 정한 결산기의 도래(근저당권은 그 설정계약에서 약정한 확정시기에 있어서의 채권을 담보하는 것이며 또 그 확정시기는 당사자 간 약정에 의하여 연장할 수 있다. 대판 1961. 12. 14, 4293민상893), 근저당권의 존속기간이 정하여져 있는 경우의 그 기간의 만료, 기본계약 또는 설정계약의 해지나 해제 등으로 확정된다. 존속기간이나 결산기를 정하지 않은 경우에는(결산기의 지정은 일반적으로 근저당권 피담보채무의 확정시기와 방법을 정한 것으로서 피담보채무의 이행기에 관한 약정과는 구별된다. 대판 2017. 10. 31, 2015다65042), 근저당권설정자와 근저당권자는 언제든지 기본계약을 해지할 수 있다(대판 2002. 2. 26, 2000다48265 등. 이들은 근저당권설정자의 해지를 인정하고 있다). 그리고 근저당부동산의 제 3 취득자가 설정계약을 해지할 수도 있다(대판 2006. 4. 28, 2005다74108 등). 나아가 존속기간이나 결산기가 정하여져 있다고 하더라도, 근저당권에 의하여 담보되는 채권이 모두 소멸하고 채무자가 거래를 계속할 의사가 없는 경우에는, 근저당권설정자는 계약을 해지할 수 있다(대판 2002. 5. 24, 2002다7176 등). 또한 물상보증인은 피담보채무가 현존하든 않든, 상당기간 거래가 없어 새로운 채무의 발생이 없고 또한 앞으로도 계속적인 거래관계를 유지할 수 없는 사정이 있는 경우에는, 근저당권의 소멸을 청구할 수 있다고 하여야 한다(대판 1990. 6. 26, 89다카26915). 이는 일종의 사정변경의 원칙에 기한 해지를 인정한 것이다. 그 밖에 계속적 거래계약에 기한 채무를 담보하기 위하여 존속기간이 없는 근저당권을 설정한 경우에, 그 거래관계가 종료됨으로써 피담보채무로 예정된 원본채무가 더 이상 발생할 가능성이 없게 된 때에도, 그때까지의 잔존채무가 근저당권으로 담보되는 채무로 확정된다(대판 1996. 10. 29, 95다2494 등). 그런가 하면 근저당권자 자신이 피담보채무의 불이행을 이유로 경매신청을 한 때에는 그 경매신청시에 채권은 확정된다(대판 2023. 6. 29, 2022다300248 등 다수). 그리고 이와 같이 경매신청을 하여 경매개시결정이 있은 후에 경매신청이 취하되었다고 하더라도 채무확정의 효과가 번복되는 것은 아니다(대판 2002. 11. 26, 2001다73022 등). 후순위근저당권자가 경매를 신청한 경우에도 피담보채권은 확정하나, 그 경우 선순위근저당권의 피담보채권은 그 근저당권이 소멸하는 시기 즉 경매의 매수인이 매각대금을 모두 지급한 때에 확정된다(동지 대판 1999. 9. 21, 99다26085). 그 밖에 근저당권이 설정된 뒤 채무자 또는 근저당권설정자에 대하여 회생절차개시결정이 내려진 경우 그 근저당권의 피담보채무는 특별한 사정이 없는 한 회생절차개시결정을 기준으로 확정된다(대판 2021. 1. 28, 2018다286994 등).

피담보채권이 확정되면 그 이후에 발생하는 채권은 그 근저당권에 의하여 담보되지 못한다(대판 2023. 6. 29, 2022다300248 등 다수). 따라서 근저당권자가 경매를 신청하면서 경매신청서의 청구금액 등에 장래 발생될 것으로 예상되는 원금채권을 기재하였거나 그 구체적인 금액을 밝혔다는 사정만으로 경매 신청 당시에 발생하지 않은 장래의 원금채권까지 피담보채권액에 추가될 수 없을 뿐만 아니라 경매절차상 청구금액이 그와 같이 확장될 수 있는 것도 아니다(대판 2023. 6. 29, 2022다300248). 그러나 피담보채권의 확정 전에 발생한 원본채권에 관하여 확정 후에 발생하는 이자나 지연손해금 채권은 채권최고액의 범위 내에서 여전히 담보된다(대판 2007. 4. 26, 2005다38300). 한편 피담보채권이 확정된 때부터는 근저당권은 보통의 저당권과 마찬가지로 다루어진다(이설이 없으며, 판례도 같음. 대판 2002. 11. 26, 2001다73022 등).

판 례 근저당권자의 확인의 소/근저당권설정자의 해제·해지

(ㄱ) 「근저당권자가 근저당권의 피담보채무의 확정을 위하여 스스로 물상보증인을 상대로 확인의 소를 제기하는 것이 부적법하다고 볼 것은 아니며, 물상보증인이 근저당권자의 채권에 대하여 다투고 있을 경우 그 분쟁을 종국적으로 종식시키는 유일한 방법은 근저당권의 피담보채권의 존부에 관한 확인의 소라고 할 것이므로, 근저당권자인 원고가 물상보증인인 피고들을 상대로 제기한 이 사건 확인의 소는 확인의 이익이 있어 적법하다.」(대판 2004. 3. 25, 2002다20742)

(ㄴ) 「근저당권에 의하여 담보되는 피담보채무는 근저당권설정계약에서 근저당권의 존속기간을 정하거나 근저당권으로 담보되는 기본적인 거래계약에서 결산기를 정한 경우에는 원칙적으로 존속기간이나 결산기가 도래한 때에 확정되지만, 이 경우에도 근저당권에 의하여 담보되는 채권이 전부 소멸하고 채무자가 채권자로부터 새로이 금원을 차용하는 등 거래를 계속할 의사가 없는 경우에는, 그 존속기간 또는 결산기가 경과하기 전이라 하더라도 근저당권설정자는 계약을 해제하고 근저당권설정등기의 말소를 구할 수 있고, 존속기간이나 결산기의 정함이 없는 때에는 근저당권설정자가 근저당권자를 상대로 언제든지 해지의 의사표시를 함으로써 피담보채무를 확정시킬 수 있으며, 이러한 계약의 해제 또는 해지에 관한 권한은 근저당부동산의 소유권을 취득한 제 3 자도 원용할 수 있다.」(대판 2006. 4. 28, 2005다74108)

(2) 근저당권의 실행 B-392

피담보채권이 확정되고 그것들의 변제기가 되면 근저당권자는 근저당권을 실행하여 우선변제를 받을 수 있다. 문헌들은 피담보채권이 확정된 때에 채권의 변제기가 된다고 하나, 그것의 변제기는 개별적으로 정하여진다고 할 것이다. 보통은 각 채권이 발생하면서 변제기에 있게 될 것이다.

판 례 채권최고액을 초과한 매각대금의 처리

「원래 저당권은 원본, 이자, 위약금, 채무불이행으로 인한 손해배상 및 저당권의 실행비용을 담보하는 것이며, 채권최고액의 정함이 있는 근저당권에 있어서 이러한 채권의 총액이 그 최고액을 초과하는 경우, 적어도 근저당권자와 채무자 겸 근저당권설정자와의 관계에 있어서는 위 채권 전액의 변제가 있을 때까지 근저당권의 효력은 채권최고액과는 관계없이 잔존채무에 여전히 미친다는 점을 고려할 때, 민사집행법상 경매절차에 있어 근저당권설정자와 채무자가 동일한 경우에 근저당권의 채권최고액은 민사집행법 제148조에 따라 배당받을 채권자나 저당목적 부동산의 제 3 취득자에 대한 우선변제권의 한도로서의 의미를 갖는 것에 불과하고 그 부동산으로서는 그 최고액 범위 내의 채권에 한하여서만 변제를 받을 수 있다는 이른바 책임의 한도라고까지는 볼 수 없으므로 민사집행법 제148조에 따라 배당받을 채권자나 제 3 취득자가 없는 한 근저당권자의 채권액이 근저당권의 채권최고액을 초과하는 경우에 매각대금 중 그 최고액을 초과하는 금액이 있더라도 이는 근저당권설정자에게 반환할 것은 아니고 근저당권자의 채권최고액을 초과하는 채무의 변제에 충당하여야 할 것이다.」(대판 2009. 2. 26, 2008다4001)

4. 근저당권의 변경 B-393

(1) 채무 · 채무자의 변경

근저당권에 있어서 피담보채무가 확정되기 전에는 근저당설정자와 근저당권자의 합의로 채무의 범위나 채무자를 변경(추가 · 교체 등)할 수 있고, 그때에는 변경 후의 범위에 속하는 채권이나 채무자에 대한 채권만이 당해 근저당권에 의하여 담보되고, 변경 전의 것은 제외된다(대판 2021. 12. 16, 2021다255648 등). 피담보채무의 범위 또는 채무자를 변경할 때 후순위저당권자 등 이해관계인의 승낙을 받을 필요는 없으며(이해관계인은 근저당권의 채권최고액에 해당하는 담보가치가 근저당권에 의하여 이미 파악되어 있는 것을 알고 이해관계를 맺었기 때문임), 등기사항의 변경이 있다면 변경등기를 해야 하지만 등기사항에 속하지 않는 사항은 당사자의 합의만으로 변경의 효력이 발생한다(대판 2021. 12. 16, 2021다255648). 그리고 물상보증인이 단지 근저당권의 채무자의 채무를 면책적으로 인수하고 이를 원인으로 하여 근저당권 변경의 부기등기가 된 경우에는, 특별한 사정이 없는 한 그 근저당권은 당초 채무자가 근저당권자에 대하여 부담하고 있던 것으로서 물상보증인이 인수한 채무만을 대상으로 하는 것이고, 그 후 채무를 인수한 물상보증인이 다른 원인으로 근저당권자에 대하여 부담하게 된 새로운 채무까지 담보하지는 않는다(대판 2002. 11. 26, 2001다73022 등).

(2) 채권자 · 채무자의 지위의 변경

기본계약상의 채권자의 지위나 채무자의 지위는 계약에 의하여 타인에게 이전될 수 있다. 이는 계약인수에 해당하는 것으로서 기본계약의 당사자 및 인수인의 3면계약에 의하여야 한다. 한편 채권자의 지위의 이전이 있으면 근저당권도 새로운 채권자에게 이전되나, 그러기 위해서는 근저당권의 이전등기가 갖추어져야 한다.

기본계약상의 지위의 승계는 채권자나 채무자의 사망이나 법인의 합병의 경우에도 일어난다고 할 것이다. 이때에는 근저당권의 이전에 등기가 필요하지 않다.

(3) 피담보채권의 양도

근저당권은 피담보채권과 함께 양도될 수 있으며, 피담보채권과 분리하여 양도할 수는 없다. 그런데 문제는 피담보채권의 일부가 양도된 때에 근저당권도 이전되는지이다. 이 문제는 피담보채권이 확정된 후에 양도된 경우와 확정되기 전에 양도된 경우로 나누어 보아야 한다.

1) 확정 후의 양도 피담보채권이 확정된 후에 일부의 채권이 양도되고 근저당권에 관하여 준공유등기를 하면, 채권자들은 근저당권을 준공유하게 된다(B-378도 참조). 물상보증인이나 근저당부동산의 제 3 취득자가 일부변제를 한 경우에는 등기 없이도 근저당권을 준공유한다(대판 2002. 7. 26, 2001다53929).

2) 확정 전의 양도 피담보채권이 확정되기 전에 일부의 채권이 양도 또는 이전된 때에도 근저당권이 이전되는가? 여기에 관하여 학설은 i) 부정설(사견도 같음)과 ii) 긍정설로 나뉘어 있다. 그리고 판례는 부정설을 취한다(대판 2002. 7. 26, 2001다53929 등).

B-394

5. 근저당권의 소멸

피담보채권이 확정되기 전에는 설사 채무자가 그때까지 발생한 채권을 모두 변제하여도 근저당권은 소멸하지 않는다. 그렇지만 피담보채권이 확정된 후에는, 담보할 채권이 전혀 없거나 그것 모두가 변제되거나 또는 근저당권이 실행되면 근저당권이 소멸한다. 그 밖에 당사자의 해지에 의하여 근저당권을 소멸시킬 수도 있는데, 그에 관하여는 피담보채권의 확정과 관련하여 앞에서 이미 설명하였다(B-391 참조).

판 례 근저당권설정등기 등의 말소청구 관련

(ㄱ) 「근저당권이 설정된 후에 그 부동산의 소유권이 제3자에게 이전된 경우에는 현재의 소유자가 자신의 소유권에 기하여 피담보채무의 소멸을 원인으로 그 근저당권설정등기의 말소를 청구할 수 있음은 물론이지만, 근저당권설정자인 종전의 소유자도 근저당권설정계약의 당사자로서 근저당권 소멸에 따른 원상회복으로 근저당권자에게 근저당권설정등기의 말소를 구할 수 있는 계약상 권리가 있으므로 이러한 계약상 권리에 터잡아 근저당권자에게 피담보채무의 소멸을 이유로 하여 그 근저당권설정등기의 말소를 청구할 수 있다고 봄이 상당하고, 목적물의 소유권을 상실하였다는 이유만으로 그러한 권리를 행사할 수 없다고 볼 것은 아니다.」(대판(전원) 1994. 1. 25, 93다16338)

(ㄴ) 「근저당권 이전의 부기등기는 기존의 주등기인 근저당권설정등기에 종속되어 주등기와 일체를 이루는 것이어서, 피담보채무가 소멸된 경우 또는 근저당권설정등기가 당초 원인무효인 경우 주등기인 근저당권설정등기의 말소만 구하면 되고 그 부기등기는 별도로 말소를 구하지 않더라도 주등기의 말소에 따라 직권으로 말소되는 것이며, 근저당권 양도의 부기등기는 기존의 근저당권설정등기에 의한 권리의 승계를 등기부상 명시하는 것뿐으로, 그 등기에 의하여 새로운 권리가 생기는 것이 아닌 만큼 근저당권설정등기의 말소등기청구는 양수인만을 상대로 하면 족하고 양도인은 그 말소등기청구에 있어서 피고 적격이 없으며, 근저당권의 이전이 전부명령 확정에 따라 이루어졌다고 하여 이와 달리 보아야 하는 것이 아니」다(대판 2000. 4. 11, 2000다5640).

6. 포괄근저당권의 유효 여부 B-395

포괄근저당이란 거래관계의 종류를 특정하여 그로부터 발생하는 모든 채권을 담보하거나 또는 거래관계의 종류를 특정하지 않고서 채권자가 채무자에 대하여 취득하는 모든 채권을 담보하는 모습의 근저당권을 말한다(뒤의 것만을 포괄근저당이라고 하는 문헌도 있다). 이러한 포괄근저당은 특히 은행거래에서 많이 이용되고 있다.

포괄근저당이 유효한지에 관하여는 논란이 심하다. 학설은 i) 전부유효설, ii) 제한적 유효설, iii) 채무제한설로 나뉘어 있다. 그리고 **판례는 포괄근저당의 유효성을 인정하고 있다**(대판 2001. 1. 19, 2000다44911 등). 다만, 경우에 따라서는 피담보채권에 관한 포괄적 기재가 예문에 불과하여 구속력이 없다고 한다(대판 2003. 3. 14, 2003다2109 등 다수).

Ⅲ. 특별법에 의한 저당권 B-396

민사특별법 또는 특별사법인 상법에 의하여 인정된 저당권들도 있다. 그러한 저당권에는 민법의 저당권에 관한 규정이 준용된다(372조).

1. 입목저당

입목저당은 입목(「입목에 관한 법률」에 의하여 소유권보존등기를 받은 수목의 집단) 위에 설정된 저당권이다(입목법 4조 참조). 입목저당권의 효력은 입목을 벌채한 경우에 그 토지로부터 분리된 수목에 대하여도 미친다(입목법 4조 1항). 그리고 그 경우 저당권자는 채권의 기한이 도래하기 전이라도 분리된 수목을 경매할 수 있다(입목법 4조 2항 본문). 그러나 그 매각대금을 공탁하여야 한다(입목법 4조 2항 단서). 이에 대하여 수목의 소유자는 상당한 담보를 공탁하고 경매의 면제를 신청할 수 있다(입목법 4조 3항).

한편 입목의 경매 기타의 사유로 인하여 토지와 그 입목이 각각 다른 소유자에게 속하게 되는 경우에는 입목소유자는 법정지상권을 취득한다(입목법 6조). 그리고 지상권자 또는 토지의 임차인에게 속하는 입목이 저당권의 목적이 되어 있는 경우에는 지상권자 또는 임차인은 저당권자의 승낙 없이 그 권리를 포기하거나 계약을 해지하지 못한다(입목법 7조).

B-397 2. 재단저당

재단저당제도는 기업경영을 위한 물적 설비(토지·건물·기계 등)와 권리(지상권·전세권·공업소유권 등)를 묶어 하나의 재단으로 한 뒤 그 위에 저당권을 설정할 수 있도록 하는 제도이다. 현재 재단저당을 인정하는 법률로 「공장 및 광업재단 저당법」이 있다.

(1) 공장저당

「공장 및 광업재단 저당법」은 공장재단저당과 함께 좁은 의미의 공장저당도 규정하고 있다.

1) 공장재단저당 이는 공장재단 위에 성립한 저당권이다(「공장 및 광업재단 저당법」 10조 1항). 공장재단은 공장에 속하는 토지·건물·그 밖의 공작물, 기계·기구·전봇대·전선·배관·레일·그 밖의 부속물, 항공기·선박·자동차 등 등기나 등록이 가능한 동산, 지상권·전세권·임대인이 동의한 경우 물건의 임차권·지식재산권의 전부 또는 일부로 구성할 수 있으며(동법 13조 1항), 공장재단등기부에 소유권보존등기를 함으로써 성립한다(동법 11조 1항). 공장재단은 1개의 부동산으로 보며(동법 12조 1항), 그것은 소유권과 저당권의 목적이 된다(동법 12조 2항). 공장재단에 속하는 것은 양도하지 못한다(동법 14조).

2) 좁은 의미의 공장저당 동법은 공장의 소유자가 공장에 속하는 토지에 설정한 저당권의 효력이 그 토지에 부합된 물건과 그 토지에 설치된 기계·기구·그 밖의 공장의 공용물에 미치도록 하고(동법 3조), 이를 공장의 소유자가 공장에 속하는 건물에 설정한 저당권에 준용하고 있다(동법 4조). 이것을 일반적으로 좁은 의미의 공장저당이라고 한다. 이 공장저당은 토지·건물의 부합물·종물 외에 기계·기구·그 밖의 공장의 공용물에까지 저당권의 효력이 미치는 점에서 민법상의 저당권과 다르다. 그런가 하면 토지 또는 건물에 저당권을 설정하는 것일 뿐 공장에 관한 재산으로 재단을 구성하여 저당권을 설정하지 않는 점에서 공

장재단저당과 다르다.

(2) **광업재단저당**

이는 광업재단 위에 성립한 저당권이다(동법 52조 참조). 그런데 광업재단은 광업권과, 그 광업에 관하여 동일 광업권자에게 속하는 토지·건물·그 밖의 공작물, 기계·기구·그 밖의 부속물, 항공기·선박·자동차 등 등기 또는 등록이 가능한 동산, 지상권이나 그 밖의 토지사용권, 임대인이 동의하는 경우 물건의 임차권, 지식재산권의 전부 또는 일부로 구성한다(동법 53조). 그리고 이 광업재단에 관하여는 동법 중 공장재단에 관한 규정이 준용된다(동법 54조). 한편 동법은 좁은 의미의 공장저당과 같은 제도는 인정하지 않는다.

3. 동산저당 B-398

동산은 원칙적으로 질권의 목적이 되나, 등기 또는 등록으로 공시하는 일정한 동산에 대하여는 저당권의 설정이 인정되고 있다. 민사특별법인 「자동차 등 특정동산 저당법」에 의한 소형선박(선박등기법이 적용되지 않는 선박)저당권·자동차저당권·항공기저당권·경량항공기저당권·건설기계저당권과 특별사법인 상법(787조)에 의한 선박저당권이 그것이다. 그리고 「자동차 등 특정동산 저당법」(9조)·상법(789조)은 자동차·항공기·경량항공기·건설기계·등기된 선박에 대하여 질권설정을 금지하는 명문규정을 두고 있다.

제 5 절 동산담보권·채권담보권

Ⅰ. 서 설 B-399

(1) 최근에 동산·채권·지식재산권을 목적으로 하는 담보권과 그 등기 등에 관한 사항을 규정한 「동산·채권 등의 담보에 관한 법률」(아래에서는 '동산·채권담보법'이라 함)이 제정되어 시행되고 있다(2012. 6. 11. 시행).

(2) 동산·채권담보법은 동산담보권과 채권담보권 제도를 창설하여 그 각각에 대하여 자세하게 규율하고(동산담보권은 동법 3조 이하에서, 채권담보권은 34조 이하에서 규정한다), 이를 위한 담보등기에 관하여 규정하고 있으며(동법 38조-57조), 아울러 지식재산권의 담보에 관하여 특례를 정하고 있다(동법 58조-61조). 그 외에 보칙(동법 62조·63조)과 벌칙(동법 64조)도 두고 있다. 이 법은 새로운 담보권을 신설할 뿐 기존의 제도, 가령 질권·양도담보제도를 부정하지는 않는다. 따라서 이 법이 시행되더라도 기존의 담보제도는 그대로 효력을 가진다.

(3) 동산·채권담보법의 핵심적인 내용은 **동산·채권담보를 위한 새로운 공시방법으로 담보등기제도를 도입한 데 있다.** 동법은 담보등기를 위하여 동산담보등기부와 채권담보등기

부를 두는 것으로 하고 있다(동법 2조 8호). 다만, 지식재산권담보권을 위하여는 따로 등기부를 두지 않고, 특허원부·저작권등록부 등 지식재산권을 등록하는 공적 장부에 담보권을 등록하는 것으로 하였다(동법 58조). 따라서 동일인이 동산·채권·지식재산권을 담보로 제공하는 경우에는 두 가지의 등기부와 등록원부에 각각 등기 또는 등록하여야 한다.

동산이나 채권의 담보등기부는 부동산등기부와 달리 인적 편성주의를 채택하여 담보권설정자별로 구분하여 작성한다(동법 47조 1항). 담보등기부에 기록할 사항은 동법 제47조 제2항에 규정되어 있다.

담보등기사무는 법원이 관할하는 것으로 정하였다(동법 39조). 구체적으로는 대법원장이 지정·고시하는 지방법원, 그 지원 또는 등기소에서 취급한다(동법 39조 1항).

B-400 ## Ⅱ. 동산담보권

1. 의의 및 성립

동산담보권은 담보약정에 따라 동산(여러 개의 동산 또는 장래에 취득할 동산을 포함한다)을 목적으로 등기한 담보권을 말한다(동법 2조 2호). 그리고 여기의 담보약정은 양도담보 등 명목을 묻지 아니하고 동산·채권담보법에 따라 동산을 담보로 제공하기로 하는 약정을 가리킨다(동법 2조 1호). 따라서 동산담보권이 성립하려면 담보권설정자와 담보권자 사이에 동산을 담보로 제공하기로 하는 약정(담보약정)이 있고 동산·채권담보법에 따른 등기 즉 담보등기(동법 2조 7호)를 하여야 한다.

담보약정은 그 명칭을 묻지 않기 때문에 양도담보·소유권유보부 매매·금융리스의 경우에도 동산·채권담보법에 따라 담보등기를 할 수 있다. 그리고 그와 같이 담보등기를 하는 경우에 이 법의 적용을 받게 됨은 물론이다.

동산·채권담보법에 따르면, 동산담보권을 설정하려는 자는 담보약정을 할 때 ① 담보목적물의 소유 여부, ② 담보목적물에 관한 다른 권리의 존재 유무를 상대방에게 명시하여야 한다(동법 6조).

동산담보권설정자로 될 수 있는 자는 법인(상사법인, 민법법인, 특별법에 따른 법인, 외국법인을 말한다) 또는 부가가치세법에 따라 사업자등록을 한 사람(2020. 10. 20. 개정, 2022. 4. 21. 시행)으로 한정된다(동법 2조 5호·3조 1항).

2. 동산담보권의 목적물

동산담보권의 목적물은 하나의 동산은 물론이고, 여러 개의 동산(장래에 취득할 동산을 포함한다)이더라도 목적물의 종류, 보관장소, 수량을 정하거나 그 밖에 이와 유사한 방법으로 특정할 수 있는 경우에는 목적물로 될 수 있다(동법 3조 2항). 그러나 ① 선박등기법에 따라 등기된 선박, 「자동차 등 특정동산 저당법」에 따라 등록된 건설기계·자동차·항공기·소형선박, 「공장 및 광업재단 저당법」에 따라 등기된 기업재산, 그 밖에 다른 법률에 따라 등기되거나 등록된 동산, ② 화물상환증·선하증권·창고증권이 작성된 동산, ③ 무기명채권증서 등 대통령령으로 정하는 증권은 담보등기를 할 수 없다(동법 3조 3항).

하나의 채권을 담보하기 위하여 한 곳에 있는 동산을 집합동산담보의 형식으로 담보로 제공할 수도 있고, 또 여러 곳에 있는 복수의 집합동산들을 담보로 제공할 수도 있다(동법 29조 1항은 이를 전제로 하고 있음). 한편 판례는, 여러 개의 동산을 종류와 보관장소로 특정하여 집합동산에 관한 담보권, 즉 집합동산 담보권을 설정한 경우 같은 보관장소에 있는 같은 종류의 동산 전부가 동산담보권의 목적물이며, 등기기록에 종류와 보관장소 외에 중량이 기록되었다고 하더라도 당사자가 중량을 지정하여 목적물을 제한하기로 약정하였다는 등 특별한 사정이 없는 한 목적물이 그 중량으로 한정된다고 볼 수 없고 중량은 목적물을 표시하는 데 참고사항으로 기록된 것에 불과하다고 한다(대결 2021. 4. 8, 2020그872).

3. 동산담보권을 설정할 수 있는 채권(피담보채권)

동산담보권에 의하여 담보할 수 있는 채권, 즉 피담보채권에는 제한이 없다. 보통은 금전채권이겠으나, 금전채권이 아닌 채권도 피담보채권으로 될 수 있다.

4. 담보등기의 효력 B-401

동산·채권담보법은 「약정에 따른 동산담보권의 득실변경은 담보등기부에 등기를 하여야 그 효력이 생긴다」고 하여(동법 7조 1항), 성립요건주의(형식주의)를 채용하고 있다. 그리고 동일한 동산에 여러 개의 동산담보권이 설정된 경우에 그 순위는 등기의 순서에 따른다(동법 7조 2항). 동산의 양도담보의 경우에는 판례상 2중 양도담보를 하면 제 2 의 채권자는 양도담보권을 취득할 수 없는데(B-427 참조), 이는 그와 다르다. 한편 이 법상 동일한 동산에 관하여 동산담보권과 함께 기존의 동산담보가 병존할 수 있고 그러한 경우에는 담보권들 사이에 순위를 정해야 하는데, 이 법은 법률에 다른 규정이 없으면 등기와 인도(간이인도·점유개정·목적물반환청구권의 양도를 포함한다)의 선후에 따라 그 순위를 정하도록 하였다(동법 7조 3항).

5. 동산담보권의 효력

(1) 동산담보권의 효력을 정하는 방법으로 동산질권과 유사하게 하는 방법 또는 저당권과 유사하게 하는 방법을 생각할 수 있으나, 동산·채권담보법은 동산질권과 저당권에 관한 규정 중에서 동산담보권에 맞는 내용을 추려 용어나 표현을 수정하거나 새로운 내용을 추가하는 방식으로 규정하였다.

(2) 구체적인 효력으로는 먼저 담보권자에게 우선변제권을 인정한 것을 들 수 있다. 즉

동법은 담보권자는 채무자 또는 제 3 자가 제공한 담보목적물에 대하여 다른 채권자보다 자기채권을 우선변제받을 권리가 있다고 규정한다(동법 8조). 그 외에 동산담보권의 불가분성(동법 9조), 동산담보권의 효력의 범위(동법 10조), 물상대위(동법 14조) 등에 관한 등 여러 규정을 두고 있다.

(3) 동산·채권담보법은 동산담보권의 원칙적인 실행방법으로 경매를 규정하고(동법 21조 1항), 정당한 이유가 있는 경우에는 담보권자가 담보목적물로써 직접 변제에 충당하거나 담보목적물을 매각하여 그 대금을 변제에 충당할 수 있도록 한다(동법 21조 2항 본문). 뒤의 방법은 사적인 실행방법으로 귀속청산과 처분청산을 인정한 것인데, 그때에는 선순위권리자(담보등기부에 등기되어 있거나 담보권자가 알고 있는 경우로 한정한다)가 있는 경우에는 그의 동의를 받도록 하고 있다(동법 21조 2항 단서).

동산·채권담보법은 담보권자와 담보권설정자가 그 법에서 정한 실행절차와 다른 내용의 약정을 할 수 있도록 하고 있다(동법 31조 1항 본문). 이는 유질계약을 허용한 것이다. 다만, 그 법 제23조 제 1 항에 따른 통지가 없거나 통지 후 1개월이 지나지 아니한 경우에도 통지 없이 담보권자가 담보목적물을 처분하거나 직접 변제에 충당하기로 하는 약정은 효력이 없다고 한다(동법 31조 1항 단서).

B-402 **6. 공동담보**

동산담보권의 경우 저당권에서와 마찬가지로 공동담보가 허용된다(동법 29조). 따라서 한 곳에 있는 다수의 동산을 집합동산담보의 형태로 담보로 제공하면서 다른 장소에 있는 다수의 동산을 공동담보로 제공할 수도 있다.

7. 근담보권

동산담보권은 그 담보할 채무의 최고액만을 정하고 채무의 확정을 장래에 보류하여 설정할 수 있고, 이 경우 그 채무가 확정될 때까지 채무의 소멸 또는 이전은 이미 설정된 동산담보권에 영향을 미치지 아니한다(동법 5조 1항). 이는 근담보권을 인정한 것이다. 한편 근담보권의 경우 채무의 이자는 최고액 중에 포함된 것으로 본다(동법 5조 2항).

8. 선의취득

동산·채권담보법에 따라 동산담보권이 설정된 담보목적물에 대하여는 민법 제249조 내지 제251조의 선의취득 규정이 준용된다(동법 32조). 따라서 동산담보권이 설정된 경우에도 제 3 자가 목적동산의 소유권이나 질권을 취득할 수 있다. 그러나 이 법에 따라 담보등기를 하였다고 하여 이 법상의 동산담보권을 선의취득하지는 못한다.

Ⅲ. 채권담보권 B-403

1. 의의 및 성립

채권담보권은 담보약정에 따라 금전의 지급을 목적으로 하는 지명채권(여러 개의 채권 또는 장래에 발생할 채권을 포함한다)을 목적으로 등기한 담보권을 말한다(동법 2조 3호). 그리고 여기의 담보약정은 양도담보 등 명목을 묻지 아니하고 동산·채권담보법에 따라 채권을 담보로 제공하기로 하는 약정을 가리킨다(동법 2조 1호). 따라서 채권담보권이 성립하려면 담보권설정자와 담보권자 사이에 채권을 담보로 제공하기로 하는 약정(담보약정)이 있고 동산·채권담보법에 따른 등기 즉 담보등기(동법 2조 7호)를 하여야 한다.

채권담보권설정자로 될 수 있는 자는 — 동산담보권에서와 마찬가지로 — 법인(상사법인, 민법법인, 특별법에 따른 법인, 외국법인을 말한다) 또는 부가가치세법에 따라 사업자등록을 한 사람(2020. 10. 20. 개정, 2022. 4. 21. 시행)으로 한정된다(동법 2조 5호·34조 1항).

2. 채권담보권의 목적

동산·채권담보법상 채권담보권의 목적으로 될 수 있는 채권은 지명채권에 한정된다(동법 3조 3호·34조 1항). 그 채권은 하나일 수도 있으나, 여러 개의 채권(채무자가 특정되었는지 여부를 묻지 아니하고 장래에 발생할 채권을 포함한다)이더라도 채권의 종류, 발생원인, 발생 연월일을 정하거나 그 밖에 이와 유사한 방법으로 특정할 수 있는 경우에는 이를 목적으로 하여 담보등기를 할 수 있다(동법 34조 2항). 그런데 채권의 당사자 사이에 양도금지특약이 있는 경우에는 민법 제449조 제 2 항에 의하여(동산·채권담보법에 이 규정을 배제하는 규정을 두지 않았기 때문에) 채권담보권의 담보로 제공될 수 없다.

3. 담보등기의 효력

동산·채권담보법은 「약정에 따른 채권담보권의 득실변경은 담보등기부에 등기한 때에 지명채권의 채무자(이하 "제 3 채무자"라 한다) 외의 제 3 자에게 대항할 수 있다」고 하여(동법 35조 1항), 담보등기를 제 3 자에 대한 대항요건으로 하고 있다. 그런데 제 3 채무자에 대한 대항요건은 담보등기로 갈음하지 않고 민법(349조·450조)과 마찬가지로 제 3 채무자에 대한 통지나 제 3 채무자의 승낙으로 규정하였다. 즉 담보권자 또는 담보권설정자(채권담보권 양도의 경우에는 그 양도인 또는 양수인을 말한다)는 제 3 채무자에게 동산·채권담보법 제52조의 등기사항증명서를 건네주는 방법으로 그 사실을 통지하거나 제 3 채무자가 이를 승낙하지 않으면 제 3 채무자에게 대항하지 못한다고 한다(동법 35조 2항). 그리고 동일한 채권에 관하여 담보등기부의 등기와 민법 제349조 또는 제450조 제 2 항에 따른 통지 또는 승낙이 있는 경우에 담보권자 또는 담보의 목적인 채권의 양수인은 법률에 다른 규정이 없으면 제 3 채무자 외의 제 3 자에게 등기와 그 통지의 도달 또는 승낙의 선후에 따라 그 권리를 주장할 수 있다고 규정한다(동법 35조 3항).

한편 판례는 위의 규정들을 바탕으로 하여, 동산·채권담보법에 의한 채권담보권자가 담보등기를 마친 후에서야 동일한 채권에 관한 채권양도가 이루어지고 확정일자 있는 증서에 의한 채권양도의 통지가 제 3 채무자에게 도달하였으나, 동산·채권담보법 제35조 제 2 항에 따른 담보권설정의 통지는 제 3 채무자에게 도달하지 않은 상태에서는, 제 3 채무자에 대한 관계에서 채권양수인만이 대항요건을 갖추었으므로 제 3 채무자로서는 채권양수인에게 유효하게 채무를 변제할 수 있고 이로써 채권담보권자에 대하여도 면책되고, 다만 채권양수인은 채권담보권자에 대한 관계에서는 후순위로서, 채권담보권자의 우선변제적 지위를 침해하여 이익을 받은 것이 되므로, 채권담보권자는 채권양수인에게 부당이득으로서 그 변제받은 것의 반환을 청구할 수 있다고 한다(대판 2016. 7. 14, 2015다71856·71863). 그러나 그 후 동산·채권담보법 제35조 제 2 항에 따른 담보권설정의 통지가 제 3 채무자에게 도달한 경우에는, 그 통지가 채권양도의 통지보다 늦게 제 3 채무자에게 도달하였더라도, 채권양수인에게 우선하는 채권담보권자가 제 3 채무자에 대한 대항요건까지 갖추었으므로 제 3 채무자로서는 채권담보권자에게 채무를 변제하여야 하고, 채권양수인에게 변제하였다면 특별한 사정이 없는 한 이로써 채권담보권자에게 대항할 수 없다고 한다(대판 2016. 7. 14, 2015다71856·71863).

B-404

4. 채권담보권의 실행

채권담보권자는 피담보채권의 한도에서 채권담보권의 목적이 된 채권을 직접 청구할 수 있다(동법 36조 1항). 그리고 채권담보권의 목적이 된 채권이 피담보채권보다 먼저 변제기에 이른 경우에는 담보권자는 제 3 채무자에게 그 변제금액의 공탁을 청구할 수 있고, 이 경우 제 3 채무자가 변제금액을 공탁한 후에는 채권담보권은 그 공탁금에 존재한다(동법 36조 2항). 그런가 하면 담보권자는 이 제 1 항 및 제 2 항에 따른 채권담보권의 실행방법 외에 민사집행법에서 정한 집행방법으로 채권담보권을 실행할 수 있다(동법 36조 3항).

5. 기 타

채권담보권에 관하여는 그 성질에 반하지 않는 범위에서 동산담보권에 관한 제 2 장과 민법 제348조 및 제352조를 준용한다. 따라서 담보권자에게 우선변제권이 인정됨은 물론이다(동법 8조 참조). 그리고 공동담보·근담보권제도도 허용된다(동법 29조·5조 참조).

Ⅳ. 지식재산권에 대한 특례 B-405

동산·채권담보법은 지식재산권에 관하여는 특례규정만을 두었다. 그 이유는 지식재산권에 관하여는 개별 법률에 별도의 등록제도가 두어져 있어 이 법에도 규정을 하면 혼란이 생길 가능성이 있기 때문이다. 특례규정의 내용은 다음과 같다.

우선 지식재산권담보권의 경우에는 담보권설정자가 법인과 사업자등록을 한 자에 한정되지 않는다(동법 2조 5호). 그 이유는 지식재산권의 경우에는 그 권리자만이 담보권을 설정할 수 있어서 동산담보권 등과 달리 굳이 제한을 둘 필요가 없기 때문이다.

지식재산권자가 약정에 따라 동일한 채권을 담보하기 위하여 2개 이상의 지식재산권을 담보로 제공하는 경우에는 특허원부·저작권등록부 등 그 지식재산권을 등록하는 공적 장부(이하 "등록부"라 한다)에 동산·채권담보법에 따른 담보권을 등록할 수 있다(동법 58조 1항). 그런데 제 1 항의 경우에 담보의 목적이 되는 지식재산권은 그 등록부를 관장하는 기관이 동일하여야 하고, 지식재산권의 종류와 대상을 정하거나 그 밖에 이와 유사한 방법으로 특정할 수 있어야 한다(동법 58조 2항).

약정에 따른 지식재산권담보권의 득실변경은 그 등록을 한 때에 그 지식재산권에 대한 질권의 득실변경을 등록한 것과 동일한 효력이 생긴다(동법 59조 1항). 이는 개별 법률에서 정하고 있는 등록의 효력과 중놀을 피하기 위한 것이다. 그 결과 특허권의 경우에는 등록이 효력발생요건이 되나(특허법 101조), 저작권의 경우에는 제 3 자에 대한 대항요건이 된다(저작권법 54조). 그리고 동일한 지식재산권에 관하여 동산·채권담보법에 따른 담보권 등록과 그 지식재산권을 규율하는 개별 법률에 따른 질권 등록이 이루어진 경우에 그 순위는 법률에 다른 규정이 없으면 그 선후에 따른다(동법 59조 2항).

지식재산권담보권자는 지식재산권을 규율하는 개별 법률에 따라 담보권을 행사할 수 있다(동법 60조). 한편 지식재산권담보권에 관하여는 그 성질에 반하지 않는 범위에서 동산담보권에 관한 제 2 장과 민법 제352조를 준용한다(동법 61조 본문). 다만, 사적 실행에 관한 동산·채권담보법 제21조 제 2 항과 지식재산권에 관하여 규율하는 개별 법률에서 다르게 정한 경우에는 준용하지 않는다(동법 61조 단서).

제6절 비전형담보

제1관 서 설

B-406 ### Ⅰ. 비전형담보의 의의 및 작용

민법이 규정하는 담보물권(유치권·질권·저당권)이 아니면서 실제의 거래계에서 채권담보의 기능을 수행하고 있는 여러 가지 제도를 통틀어서 비전형담보(변칙담보)라 한다.

이러한 비전형담보가 이용되는 이유에는 여러 가지가 있겠으나, 중요한 것으로 다음의 세 가지를 들 수 있다. 첫째로 기업용 동산(기계·원료 등)이나 상품만을 가지고 있는 자가 금전을 빌리려면 질권을 설정할 수밖에 없는데, 질권을 설정하게 되면 목적물의 점유를 이전하여야 하므로 그 동산을 이용하지 못하게 된다. 여기서 동산을 점유하여 이용하면서 담보로 제공할 수 있는 방법(양도담보 중 양도저당 등)이 필요하게 되었다. 둘째로 전형담보인 질권·저당권은 원칙적으로 경매에 의하여 실행하여야 하는데, 그러한 경매는 절차가 매우 복잡할 뿐만 아니라 충분한 대가를 확보하기도 어렵다. 그리하여 절차가 간편하고 충분한 대가를 확보할 수 있는 방법이 필요하였다. 셋째로 전형담보에 있어서는 담보목적물의 가치가 융자액(채권액)을 넘고 있더라도 채권자가 그 초과분을 취득할 수가 없다. 여기서 무엇보다도 고리대금업을 하는 채권자들은 그 초과분까지도 취득하여 큰 이득을 얻고자 하였으며, 그러한 목적으로 변칙적인 방법을 개발하게 되었다.

B-407 ### Ⅱ. 비전형담보의 모습

비전형담보에는 여러 가지 모습의 것이 있는데, 그것들은 자금의 획득방법과 소유권의 이전시기에 따라 다음과 같이 나눌 수 있다.

(1) 자금을 매매에 의하여 얻는 것

자금이 필요한 자가 그의 물건(부동산 등)을 파는 형식을 취하여 자금을 얻고 후에 그가 그 물건을 되사오기로 하는 방법이다. 환매와 재매매의 예약이 그에 해당한다(정확하게는 환매특약부 매매, 재매매의 예약부 매매라고 하여야 한다). 이들은 학문적으로 매도담보라고 한다. 그리고 이 매도담보는 넓은 의미의 양도담보에 포함된다.

(2) 자금을 소비대차에 의하여 얻는 것

이는 필요한 자금을 금전소비대차의 형식으로 얻고 그것을 담보하기 위하여 소유권을 이전하거나 또는 장차 소유권을 이전하기로 하는 방법이다. 이들 가운데에는 계약체결과 동시에 목적물의 소유권을 채권자에게 이전하는 경우가 있는가 하면, 장차 채무불이행이 있을 때 목적물의 소유권을 채권자에게 이전하기로 미리 약속을 하는 경우(대물변제예약을 한 경우)도 있다. 그리고 뒤의 경우에는 대물변제예약을 원인으로 한 소유권이전청구권 보전의 가등기를 하는 것이 보통이다. 그리하여 그 경우를 가등기담보라고 한다. 그에 비하여 앞의 경우는 좁은 의미의 양도담보라고 한다. 좁은 의미의 양도담보는 매도담보와 함께 넓은 의미의 양도담보를 이룬다.

Ⅲ. 비전형담보에 대한 규제

민법은 비전형담보의 규제를 위하여 의용민법에는 없던 제607조·제608조를 신설하였다. 그리고 판례는 그 규정을 널리 적용하여 모든 비전형담보에 있어서 정산을 하도록 하였다. 그러자 거래계에서 폭리를 취할 수 있는 새로운 수단이 등장하였다. 가등기담보를 하면서 미리 제소전 화해(민소 385조 이하)조서를 작성해 두고 변제기가 되면 그것을 이용하여 즉시 가등기에 기한 본등기를 하는 방법이다. 그 후 비전형담보를 규제하는 특별법인 「가등기담보 등에 관한 법률」(이하 가담법이라 함)이 제정·시행되었다. 이 법은 가등기담보뿐만 아니라 양도담보·매도담보에도 적용된다. 그런데 비전형담보 모두에 예외없이 적용되지는 않음을 주의해야 한다. 그 법이 적용되지 않는 경우에는 종래의 판례에 의하여 규율된다.

제 2 관 가등기담보(假登記擔保)

Ⅰ. 가등기담보의 의의 및 성질 B-408

(1) 의 의

가등기담보는 채권(특히 금전채권)을 담보할 목적으로 채권자와 채무자(또는 제 3 자) 사이에서 채무자(또는 제 3 자) 소유의 부동산을 목적물로 하는 대물변제예약 또는 매매예약을 하고, 아울러 채권자가 장차 가질 수 있는 소유권이전청구권을 보전하기 위한 가등기를 하는 방법으로 채권을 담보하는 경우를 말한다.

(2) 성 질

1) 가등기담보의 성질에 관하여는 i) 담보물권설과 ii) 신탁적 소유권이전설의 두 견해가 대립하고 있다.

i) 담보물권설은, 가등기담보권자에게 경매청구권·우선변제권·별제권이 인정될 뿐만

아니라 많은 경우에 가등기담보권을 저당권으로 보는 점에 비추어 볼 때 가등기담보권은 일종의 담보물권인 특수한 저당권이라고 한다(사견도 같음). 그리고 ii) 신탁적 소유권이전설은, 가등기담보는 근본적으로 소유권이전형의 담보방법에 속하는 것이므로, 소유권이전형인 양도담보의 본질을 신탁적 소유권이전으로 보아야 하는 이상 가등기담보도 그렇게 볼 수밖에 없는 것이며, 단지 그것이 정지조건의 성취 또는 예약완결권의 행사라고 하는 조건부로 행하여지는 것에 불과하다고 한다.

2) 가등기담보를 일종의 담보물권으로 파악하는 한, 거기에도 담보물권의 통유성(부종성·수반성·불가분성·물상대위성)이 인정된다고 할 것이다.

B-409 ## Ⅱ. 가등기담보권의 설정 및 이전

1. 가등기담보권의 설정

가등기담보권은 가등기담보권 설정에 관한 물권적 합의와 가등기에 의하여 성립한다. 그리고 가등기담보권 설정에 관한 물권적 합의는 가등기담보계약에 포함되어 행하여지며, 가등기담보계약은 보통 담보목적의 대물변제예약 또는 매매예약과 함께 행하여진다(가담법 2조 1호 참조).

(1) 가등기담보계약

1) 당 사 자 가등기담보계약의 당사자는 일반적으로 채권자와 채무자이겠으나, 재산권이전을 약속하는 당사자(가등기담보권 설정자)는 채무자 외에 제3자(물상 보증인)이어도 무방하다.

2) 계약의 요건

(가) 피담보채권의 발생원인 가등기담보권에 의하여 담보되는 채권이 소비대차에 기한 것에 한정되는가?

여기에 관하여 학설은 i) 긍정설(사견도 같음)과 ii) 부정설로 나뉘어 있는데, 부정설이 다수설이다. 그리고 판례는 긍정하는 견지에 있다. 그리하여 토지 매매대금채권(대판 2016. 10. 27, 2015다63138·63145 등 다수), 물품대금 선급금의 반환채권(대판 1992. 10. 27, 92다22879), 공사대금채권(대판 1992. 4. 10, 91다45356·45363), 불하대금채권(대판 1995. 4. 21, 94다26080), 매매계약 해제에 의한 대금반환채권(대판 1996. 11. 29, 96다31895), 낙찰자로서의 권리를 포기하는 대가로 채무자가 지급하기로 한 금전(대판 1998. 6. 23, 97다1495)을 담보하기 위하여 가등기를 한 때에는 가담법이 적용되지 않는다고 한다.

판 례 피담보채권의 발생원인과 가담법의 적용 여부

「가등기담보 등에 관한 법률은 차용물의 반환에 관하여 다른 재산권을 이전할 것을 예약한 경우에 적용되므로 금전소비대차나 준소비대차에 기한 차용금반환채무 이외의 채무를 담보하기 위하여 경료된 가등기나 양도담보에는 위 법이 적용되지 아니하나, 금전소비대차나 준소비대차에 기한 차용금반환채무와 그 외의 원인으로 발생한 채무를 동시에 담보할 목적으로 경료된 가등기나 소유권이전등기라도 그 후 후자의 채무가 변제 기타의 사유로 소멸하고 금전소비대차나 준소비대차에 기한 차용금반환채무의 전부 또는 일부만이 남게 된 경우에는 그 가등기담보나 양도담보에 가등기담보 등에 관한 법률이 적용된다.」(대판 2004. 4. 27, 2003다29968)

(나) **피담보채권액** 가등기담보에 의하여 담보되는 채권의 범위는 당사자의 약정에 의하여 정하여지며(판례에 의하면, 가등기 이후에 발생할 채무를 피담보채무의 범위에 포함시키기로 한 약정도 유효하다고 한다. 대판 1993. 4. 13, 92다12070), 가등기의 원인증서인 매매예약서상의 매매대금은 가등기절차의 편의상 기재하는 것에 불과하고 피담보채권이 그 한도로 제한되는 것은 아니다(대판 1996. 12. 23, 96다39387). B-410

판 례 가등기담보 설정 후에 피담보채권을 추가한 경우

「가등기담보권을 설정한 후에 채권자와 채무자의 약정으로 새로 발생한 채권을 기존 가등기담보권의 피담보채권에 추가할 수도 있으나, 가등기담보권 설정 후에 후순위권리자나 제 3 취득자 등 이해관계 있는 제 3 자가 생긴 상태에서 새로운 약정으로 기존 가등기담보권에 피담보채권을 추가하거나 피담보채권의 내용을 변경, 확장하는 경우에는 이해관계 있는 제 3 자의 이익을 침해하게 되므로, 이러한 경우에는 피담보채권으로 추가, 확장한 부분은 이해관계 있는 제 3 자에 대한 관계에서는 우선변제권 있는 피담보채권에 포함되지 않는다고 보아야 한다.」(대판 2011. 7. 14, 2011다28090)

(다) **담보의 목적으로 체결되었을 것** 가담법은 담보의 목적으로 대물변제예약이 체결되었을 것을 요구한다(동법 1조·2조 1호). 그러나 담보의 목적으로 체결되었으면 충분하고, 반드시 대물변제예약에 한정할 필요는 없다. 따라서 매매예약도 담보의 목적으로 체결된 경우에는 가등기담보를 성립시킬 수 있다. 판례도 같은 취지이다(대판 1992. 2. 11, 91다36932).

(라) **부동산 가액이 차용액 및 이자의 합산액을 초과할 것** 가담법은 채무불이행이 생긴 때에 이전하기로 한 부동산의 가액(예약 당시의 시가)이 차용액과 그에 붙인 이자의 합산액을 넘는 경우에 관하여 그 법을 적용하고 있다(동법 1조). 따라서 부동산의 가액이 차용액 및 이자의 합산액에 미치지 못하는 때에는 가담법이 적용되지 않는다(대판 1993. 10. 26, 93다27611 등). 그 결과 그때에는 청산금평가액의 통지, 청산금지급 등의 절차를 이행할 필요가 없다.

판 례 가담법의 적용범위 관련

(ㄱ) 「가등기담보 등에 관한 법률은 재산권 이전의 예약에 의한 가등기담보에 있어서 그 재산의 예약 당시의 가액이 차용액 및 이에 붙인 이자의 합산액을 초과하는 경우에 그 적용이 있는 것인바, 여기에서 말하는 재산의 가액은 원칙적으로 '통상적인 시장에서 충분한 기간 거래된 후 그 대상재산의 내용에 정통한 거래당사자 간에 성립한다고 인정되는 적정 가격'이…다.」(대판 2007. 6. 15, 2006다5611)

(ㄴ) 「가등기담보법은 재산권 이전의 예약에 의한 가등기담보에 있어서 그 재산의 예약 당시의 가액이 차용액 및 이에 붙인 이자의 합산액을 초과하는 경우에 그 적용이 있는 것이지만, 재산권 이전의 예약 당시 그 재산에 대하여 선순위 근저당권이 설정되어 있는 경우에는 그 재산의 가액에서 그 피담보채무액을 공제한 나머지 가액이 차용액 및 이에 붙인 이자의 합산액을 초과하는 경우에만 그 적용이 있다고 봄이 상당하다.

…가등기담보법이 적용되지 않는 경우에도 이 사건과 같이 채권자가 채권담보의 목적으로 부동산에 가등기를 경료하였다가 그 후 변제기까지 변제를 받지 못하게 되어 위 가등기에 기한 소유권이전의 본등기를 경료한 경우에는, 당사자들 사이에 채무자가 변제기에 피담보채무를 변제하지 아니하면 채권채무관계는 소멸하고 부동산의 소유권이 확정적으로 채권자에게 귀속된다는 명시의 특약이 없는 한, 그 본등기도 채권담보의 목적으로 경료된 것으로서 정산절차를 예정하고 있는 이른바 '약한 의미의 양도담보'가 된 것으로 보아야 하고, 이와 같이 약한 의미의 양도담보가 된 경우에는 채무의 변제기가 도과된 후라고 하더라도 채권자가 담보권을 실행하여 정산절차를 마치기 전에는 채무자는 언제든지 채무를 변제하고 채권자에게 위 가등기 및 그 가등기에 기한 본등기의 말소를 청구할 수 있다고 할 것」이다(대판 2006. 8. 24, 2005다61140[핵심판례 190면]).

(마) 이전하기로 한 재산이 가등기(또는 가등록)를 할 수 있는 것일 것 가담법은 담보의 목적으로 가등기(또는 소유권이전등기)가 된 경우에만 적용 또는 준용된다(동법 1조·18조 본문). 다만, 권리질권·저당권·전세권은 제외된다(동법 18조 본문). 그리고 「동산·채권 등의 담보에 관한 법률」에 따라 담보등기를 마친 경우도 제외된다(동법 18조 단서). 따라서 부동산의 소유권·지상권·지역권·임차권과 입목·자동차·항공기·건설기계·선박의 소유권 등이 예약의 객체가 될 것이다.

B-411 **(2) 가등기**(또는 가등록)

가등기담보권이 성립하려면 가등기 또는 가등록이 있어야 한다. 이 가등기를 가담법은 담보가등기라고 한다(동법 2조 3호). 그리고 현재의 등기실무상 등기부에 「담보가등기」라고 기재하고 등기원인은 「대물반환의 예약」이라고 적는다. 따라서 「소유권이전청구권 가등기」라고 기재하는 본래의 가등기와 외형상으로도 구별된다. 그런데 그 등기에서 채권에 관한 기재는 하지 않는다.

판례 가등기 등을 하지 않은 경우 관련

「채권자가 채무자와 담보계약을 체결하였지만, 담보목적 부동산에 관하여 가등기나 소유권이전등기를 마치지 아니한 경우에는 '담보권'을 취득하였다고 할 수 없으므로, 이러한 경우에는 가등기담보법 제3조, 제4조는 원칙적으로 적용될 수 없다. 따라서 채권자와 채무자가 담보계약을 체결하였지만, 담보목적 부동산에 관하여 가등기나 소유권이전등기를 마치지 아니한 상태에서 채권자로 하여금 귀속정산 절차에 의하지 않고 담보목적 부동산을 타에 처분하여 채권을 회수할 수 있도록 약정하였다 하더라도, 그러한 약정이 가등기담보법의 규제를 잠탈하기 위한 탈법행위에 해당한다는 등의 특별한 사정이 없는 한 가등기담보법을 위반한 것으로 보아 무효라고 할 수는 없다.」(대판 2013. 9. 27, 2011다106778)

가등기담보권자는 채권자이어야 한다. 그리하여 채권담보의 목적으로 가등기를 하는 경우에는 채권자와 가등기명의인이 동일인이어야 한다. 그런데 판례는, 저당권에 있어서와 유사하게(B-343 참조), 채권자 아닌 제3자의 명의로 가등기를 하는 데 대하여 채권자·채무자·제3자 사이에 합의가 있었고, 나아가 제3자에게 그 채권이 실질적으로 귀속되었다고 볼 수 있는 특별한 사정이 있거나, 거래경위에 비추어 제3자의 가등기가 한낱 명목에 그치는 것이 아니라 그 제3자도 채무자로부터 유효하게 채권을 변제받을 수 있고 채무자도 채권자나 가등기명의자인 제3자 중 누구에게든 채무를 유효하게 변제할 수 있는 관계, 즉 채권자와 제3자가 불가분적 채권자의 관계에 있다고 볼 수 있는 경우에는, 그 제3자 명의의 가등기도 유효하다고 볼 것이고, 이와 같이 제3자 명의의 가등기를 유효하게 볼 수 있는 경우에는 제3자 명의의 가등기를 부동산실명법이 금지하고 있는 실권리자 아닌 자 명의의 등기라고 할 수는 없다고 한다(대판 2002. 12. 24, 2002다50484).

가등기가 없는 경우에는 대물변제예약이 있어도 가담법이 적용되지 않는다.

일반적으로 가등기에는 순위보전의 효력만 있다고 하나(사견은 다름. B-65·66 참조), 담보가등기에는 실체법적 효력이 인정된다. 가등기담보권자는 가등기인 채로 우선변제권을 행사할 수 있기 때문이다(동법 13조).

2. 가등기담보권의 이전 B-412

가등기담보권은 일종의 담보물권으로서 양도성을 가진다고 하여야 한다. 그리고 가등기담보권의 양도에는 저당권에 관한 제361조가 적용되는 것이 마땅하므로, 그것도 피담보채권과 분리하여 양도할 수 없다고 할 것이다. 양도방법은 저당권에서와 같다(B-377·378 참조).

B-413 ## Ⅲ. 가등기담보권의 효력

1. 일반적 효력

(1) 효력이 미치는 범위

1) 목적물의 범위 가등기담보권의 효력이 미치는 목적물의 범위는 가등기담보계약에서 정하겠으나, 달리 규정한 바가 없으면 담보목적의 부동산 · 부합물 · 종물에 미친다(358조).

가등기담보권도 일종의 담보물권이므로 저당권에서와 마찬가지로(B-350 참조) 물상대위가 인정된다고 하여야 한다(370조 · 342조 참조).

2) 담보되는 범위 가등기담보권으로 담보되는 범위에 대하여는 저당권에 관한 제360조가 적용된다(가담법 3조 · 4조 · 12조 · 13조 참조). 그리하여 원본 · 이자 · 위약금 · 채무불이행으로 인한 손해배상 및 실행비용을 담보하되, 지연배상은 원본의 이행기를 경과한 1년분에 한정된다(B-351 참조)(다만, 채무자나 가등기담보설정자는 지연배상의 1년분 한정으로 가등기담보권자에게 대항하지 못한다. 대판 1992. 5. 12, 90다8855 참조).

> (판 례) 가등기담보권으로 담보되는 범위 관련
>
> 「가등기담보 채권자가 가등기담보권을 실행하기 이전에 그의 계약상의 권리를 보전하기 위하여 가등기담보 채무자의 제3자에 대한 선순위 가등기담보채무를 대위변제하여 구상권이 발생하였다면 특별한 사정이 없는 한 이 구상권도 가등기담보계약에 의하여 담보된다고 보는 것이 상당하다.」(대판 2002. 6. 11, 99다41657. 양도담보에 관한 같은 취지의 판결 대판 1976. 10. 26, 76다2169)

(2) 대내적 효력

가등기담보권이 설정되어도 목적물의 소유권(또는 기타의 권리)은 여전히 설정자에게 있고, 따라서 설정자는 그 권리를 자유롭게 행사할 수 있다.

(3) 대외적 효력

1) 담보권자의 처분 채권자는 가등기담보권을 제3자에게 양도할 수 있다(B-412 참조).

2) 국세우선권과의 관계 가등기담보권은 국세기본법 · 국세징수법 · 지방세기본법 등의 적용에 있어서는 저당권으로 본다(가담법 17조 3항).

3) 설정자의 파산 · 회생절차 · 개인회생절차 설정자가 파산한 경우 가등기담보권자는 별제권(또는 준별제권)을 가진다(가담법 17조 1항 · 2항, 채무자회생법 411조 · 414조). 설정자에 대하여 개인회생절차(채무자회생법 579조 이하 참조)가 개시된 경우에도 같다(채무자회생법 586조). 그리고 설정자에 대한 회생절차(채무자회생법 34조 이하 참조)에서는 가등기담보권은 회생담보권으로 된다(채무자회생법 141조). 그 밖에 일반적으로 「채무자회생 및 파산에 관한 법률」의 적용에 있어서는 가등기담보권은 저당권으로 본다(가담법 17조 3항).

2. 가등기담보권의 실행 B-414

가담법은 가등기담보권자가 가등기담보권을 실행하여 우선변제를 받는 방법으로 두 가지를 인정하고 그중 어느 것이든 자유롭게 선택할 수 있도록 하고 있다(동법 12조 1항 1문). 그 하나는 가등기담보권자가 목적부동산의 소유권을 취득하는 방법이고(권리취득에 의한 실행), 다른 하나는 가등기담보권자가 경매를 신청하여 그 대가로부터 변제를 받는 방법이다(경매에 의한 실행). 이 둘을 차례로 살펴보기로 한다.

(1) 권리취득에 의한 실행

이는 가등기담보권자가 목적부동산의 소유권을 취득하는 방법에 의한 실행이다. 그런데 이에 의하여 가등기담보권자가 소유권을 취득하려면 실행통지, 청산기간의 경과, 청산, 소유권취득의 절차를 밟아야 한다.

판 례 공동명의로 담보가등기를 한 경우의 담보권의 실행

「공동명의로 담보가등기를 마친 수인의 채권자가 각자의 지분별로 별개의 독립적인 매매예약완결권을 가지는 경우, 채권자 중 1인은 단독으로 자신의 지분에 관하여 가등기담보 등에 관한 법률이 정한 청산절차를 이행한 후 소유권이전의 본등기절차 이행청구를 할 수 있다고 할 것이다.」(대판(전원) 2012. 2.16, 2010다82530[핵심판례 326면])

1) 실행통지 가등기담보권자가 소유권을 취득하려면 먼저 실행의 통지를 하여야 한다(가담법 3조).

(가) **통지사항은 청산금의 평가액이다**(가담법 3조 1항 1문). 구체적으로는 「통지 당시」(예약당시가 아님)의 목적부동산의 평가액(이 평가액은 채권자가 주관적으로 평가한 것이면 족하며, 그 금액이 객관적인 평가액에 미치지 못하더라도 통지는 유효하다. 대판 1996. 7. 30, 96다6974 등)과 민법 제360조에 규정된 채권액(원본·이자·위약금·채무불이행에 의한 손해배상·실행비용)을 밝혀야 한다(가담법 3조 2항 1문). 이 경우 부동산이 둘 이상인 때에는 각 부동산의 소유권이전에 의하여 소멸시키려고 하는 채권과 그 비용을 밝혀야 한다(가담법 3조 2항 2문).

여기서 말하는 청산금의 평가액은 통지 당시의 담보목적부동산의 가액에서 그 당시의 피담보채권액(원본, 이자, 위약금, 지연배상금, 실행비용)을 뺀 금액을 의미하므로, 가등기담보권자가 담보권 실행을 통해 우선변제받게 되는 이자나 지연배상금 등 피담보채권의 범위는 위 통지 당시를 기준으로 확정된다(대판 2016. 6. 23, 2015다13171). 그리고 채권자는 주관적으로 평가한 청산금의 평가액을 통지하면 족하고, 채권자가 이와 같이 주관적으로 평가한 청산금의 액수가 정당하게 평가된 청산금의 액수에 미치지 못한다고 하더라도 담보권 실행의 통지로서의 효력에는 아무런 영향이 없다(대판 2016. 6. 23, 2015다13171).

목적부동산의 평가액이 채권액에 미달하여 청산금이 없다고 인정되는 때에는 그 뜻을

통지하여야 한다(가담법 3조 1항 2문). 「예약 당시」의 부동산의 가액이 채권액에 미달하는 경우에는, 가담법이 적용되지 않으므로 청산의 통지를 할 필요가 없으며, 그에 관하여는 앞에서 설명하였다(B-410 참조).

(나) **통지의 상대방**은 채무자·물상보증인·담보가등기 후에 소유권을 취득한 제3자(제3 취득자)이다(가담법 3조 1항 1문·2조 2호. 가담법은 이들을 「채무자 등」이라고 표현한다). 통지는 이들 모두에 대하여 하여야 하며, 그 전부 또는 일부에 대하여 통지를 하지 않으면 청산기간이 진행할 수 없게 되고, 따라서 가등기담보권자는 그 후 청산금을 지급하였더라도 가등기에 기한 본등기를 청구할 수 없으며, 설령 편법으로 본등기를 마쳤다고 하더라도 소유권을 취득할 수 없다(대판 2002. 4. 23, 2001다81856[핵심판례 192면] 등).

(다) **통지시기**는 피담보채권의 변제기가 된 후이다(가담법 3조 1항 1문).

(라) **통지방법**에는 제한이 없으며, 서면으로 하든 구두로 하든 어느 것이라도 무방하다. 판례는 귀속정산의 통지방법에 관하여 같은 입장에 있다(대판 2001. 8. 24, 2000다15661).

(마) 일단 통지를 한 후에는 채권자는 그가 통지한 청산금의 금액에 관하여 다툴 수 없다(가담법 9조).

B-415 **2) 청산기간의 경과** 실행통지가 채무자 등에게 도달한 날부터 2개월(청산기간)이 지나야 한다(가담법 3조 1항 1문).

3) 청 산

(가) **청산의무** 목적부동산의 가액이 채권액을 넘는 경우에는 가등기담보권자는 그 차액을 청산금으로서 채무자 등에게 지급하여야 한다(가담법 4조 1항 1문). 여기의 채권액을 계산함에 있어서 선순위담보권이 있는 때에는 그것에 의하여 담보된 채권액도 합산하여야 한다(가담법 4조 1항 2문). 그 밖에 담보가등기가 있기 전에 대항력 있는 임차권이나 채권적 전세권이 성립한 때에는 그 보증금이나 전세금도 채권액에 포함시켜야 할 것이다. 그리고 청산금 산정에 있어서 목적부동산의 가액은 객관적 가액을 말하며, 채권자가 실행통지에서 표시한 주관적인 평가액이 아니다.

청산의무에 관한 가담법 제4조 제1항에 위반하는 특약으로서 채무자 등에게 불리한 것은 무효이다(가담법 4조 4항 본문). 예컨대 청산금을 지급하지 않기로 한 특약은 무효이다. 다만, 청산기간 경과 후에 행하여진 특약으로서 제3자의 권리를 침해하지 않는 것은 예외이다(가담법 4조 4항 단서).

청산의무의 발생시기는 청산기간(실행통지가 채무자 등에게 도달한 날부터 2개월)이 만료한 때이다(가담법 3조 1항 1문). 채권자가 그 이전에 청산금을 지급한 경우에는 후순위권리자에게 대항하지 못한다(가담법 7조 2항).

(나) **청산방법** 가담법이 있기 전에는 청산방법으로 귀속청산과 처분청산의 두 가지가 인정되었다. 귀속청산은 담보권자가 목적물의 소유권을 취득하면서 청산금을 지급하는 방법이고, 처분청산은 담보권자가 먼저 목적물의 소유권을 취득한 뒤(따라서 등기도 마쳐야 함) 그

것을 제3자에게 처분하여 그 대금으로부터 변제를 받고 나머지를 청산금으로 지급하는 방법이다. 이들 두 청산방법이 현재에도 인정되는가?

여기에 관하여 학설은 i) 가담법상 처분청산은 부정되고 귀속청산만 인정된다는 견해(사견도 같음)와 ii) 귀속청산이 원칙이나 처분청산의 약정도 유효하다는 견해로 나뉘어 있다. 그리고 판례는 처음에는, 귀속청산을 한 경우에 대하여 판단하면서, 특단의 약정이 없는 한 처분청산이나 귀속청산 중 채권자가 선택하는 방법에 의할 수 있다고 하였으나(대판 1988. 12. 20, 87다카2685), 그 후에는 **처분청산방법은 가등기담보법상 허용될 수 없다고** 한다(대판 2002. 4. 23, 2001다81856[핵심판례 192면] 등).

(다) **청산금청구권자** 본래의 청산금청구권자는 채무자·물상보증인·목적부동산의 제3취득자이다(가담법 4조 1항 1문·2조 2호). 그런데 가담법은 담보가등기 후에 등기된 저당권자·전세권자·가등기담보권자(이를 후순위권리자라 함)도 청산금청구권을 행사할 수 있도록 한다(동법 5조 1항·2조 5호). 그러나 선순위담보권자는 청구권자에서 제외되어 있다. 그 이유는 가등기담보권자가 권리를 실행하여 소유권을 취득하여도 선순위의 담보권은 소멸하지 않기 때문이다. 그 밖에 담보가등기 후에 대항력 있는 임차권을 취득한 자도 청산금의 범위 내에서 보증금의 반환을 청구할 수 있다(가담법 5조 5항). B-416

한편 가담법은 위와 같은 청산금청구권자 가운데에서 **후순위권리자와 대항력 있는 임차권자에 관하여는 그들의 권리행사를 보전하기 위하여 몇 가지 제도를** 두고 있다. ① 실행통지가 채무자 등에게 도달하면 채권자는 지체없이 후순위권리자에게 그 통지의 사실과 내용 및 도달일을 통지하여야 하며(가담법 6조 1항), 담보가등기 후에 등기한 제3자(제1항에 따라 통지를 받을 자를 제외하고, 대항력 있는 임차권자를 포함한다)가 있으면 그 제3자에게 가담법 제3조 제1항에 따른 통지를 한 사실과 그 채권액을 통지하여야 한다(가담법 6조 2항). ② 채무자가 청산기간이 지나기 전에 한 청산금에 관한 권리의 양도나 그 밖의 처분(예: 입질·면제·포기·상계)은 이로써 후순위권리자에게 대항하지 못한다(가담법 7조 1항). ③ 채권자가 청산기간이 지나기 전에 청산금을 지급한 경우 또는 가담법 제6조 제1항에 따른 통지를 하지 않고 청산금을 지급한 경우에도 후순위권리자에게 대항하지 못한다(가담법 7조 2항). 그런데 이러한 채권자의 변제 제한의 효력은 후순위권리자에게만 적용되는 상대적인 것이므로, 후순위권리자는 청산금채권이 아직 소멸하지 않은 것으로 보고 채권자에게 직접 권리를 행사할 수 있고 후순위권리자가 채권자에게 청산금을 지급하여 줄 것을 청구하게 되면 채권자로서는 청산금의 이중지급의 책임을 면할 수 없다는 취지일 뿐이지, 후순위권리자가 존재한다는 사유만으로 채무자에게 담보권의 실행을 거부할 권원을 부여하는 것은 아니다(대판 2002. 12. 10, 2002다42001 등). ④ 후순위권리자는 그의 순위에 따라 채무자 등이 지급받을 청산금에 대하여 가담법 제3조 제1항에 따라 통지된 평가액의 범위에서 청산금이 지급될 때까지 그 권리를 행사할 수 있고, 채권자는 후순위권리자의 요구가 있는 경우에는 청산금을 지급하여야 한다(가담법 5조 1항). 그리고 후순위권리자가 그의 권리를 행사할 때에는 그 피담보채권의 범위에서 그 채권의 명세와 증서를 채권자에게 교부하여야 하며(가담법 5조 2항), 채권자가 그 채권의 명세와 증서를 받고 후순위권리자에게 청산금을 지급한 때에는 그 범위에서 청산금채무는 소멸한다(가담법 5조 3항). 한편 후순위권리자의 권리행사를 막으려는 자는 청산금을 압류하거나 가압류하여야 한다(가담법 5조 4항).

(라) **청산금의 공탁** 청산금채권이 압류되거나 가압류된 때에는 채권자는 청산기간이 지난 후 청산금을 법원에 공탁하여 그 범위에서 채무를 면할 수 있다(가담법 8조 1항). 그리고 이러한 공탁이 있는 경우에는 채무자 등의 공탁금출급청구권이 압류 또는 가압류된 것으로 본다(가담법 8조 2항). 이는 압류채권자 등을 보호하기 위한 것이다. 한편 채권자가 공탁을 한 때에는 채무자 등과 압류채권자 또는 가압류채권자에게 지체없이 공탁의 통지를 하여야 한다(가담법 8조 4항).

B-417 **4) 소유권취득** 실행통지, 청산기간의 경과, 청산금의 지급이 있으면 가등기담보권자는 가등기에 기하여 본등기를 함으로써 소유권을 취득하게 된다.

목적부동산의 가액이 채권액에 미달하여 청산금이 없는 경우에는, 가등기담보권자는 청산기간이 지난 후에 곧바로 가등기에 기한 본등기를 청구할 수 있다(가담법 4조 2항). 그에 비하여 청산금이 있는 경우에는, 가등기담보권자는 청산기간이 지난 후 청산금을 지급하거나 청산금을 공탁하여야 본등기를 청구할 수 있다(가담법 4조 2항·8조). 이때 가등기담보권자의 본등기청구권·목적물인도청구권과 채무자(또는 물상보증인)의 청산금지급청구권은 동시이행관계에 있다(가담법 4조 3항). 그리고 이들에 반하는 특약으로서 채무자나 물상보증인에게 불리한 것은 무효이다(가담법 4조 4항 본문).

판례에 의하면, 가담법 제3조·제4조에 위반하여, 예컨대 실행통지가 없이, 청산기간이 경과하기 전에, 또는 청산금의 지급 없이 담보가등기에 기하여 본등기가 이루어진 경우에는, 그 본등기는 무효라고 할 것이고(대판 2021. 10. 28, 2016다248325 등 다수), 설사 그 본등기가 가등기담보권자와 채무자 사이의 특약에 기한 것이라도 만일 그 특약이 채무자에게 불리한 것으로서 무효라고 한다면 그 본등기는 여전히 무효일 뿐, 이른바 약한 의미의 양도담보로서 담보의 목적 내에서 유효하다고 할 것이 아니라고 한다(대판 2019. 6. 13, 2018다300661 등. 대판 1993. 6. 22, 93다7334는 약한 의미의 양도담보라고 보았다). 다만, 가담법 제3조·제4조가 정한 절차에 따라 청산금의 평가액을 채무자 등에게 통지한 후 채무자에게 정당한 청산금을 지급하거나, 지급할 청산금이 없는 경우에는 채무자가 통지를 받은 날로부터 2월의 청산기간이 경과하면 무효였던 본등기는 실체적 법률관계에 부합하는 유효한 등기가 될 수 있다고 한다(대판 2019. 6. 13, 2018다300661 등). 한편 가담법의 규정을 위반하여 무효인 본등기가 마쳐진 후 가등기에 기한 본등기를 이행한다는 내용의 화해권고결정이 확정되었다고 하더라도, 그러한 화해권고결정의 내용이 가담법 제3조, 제4조가 정한 청산절차를 갈음하는 것으로 채무자 등에게 불리하지 않다고 볼 만한 특별한 사정이 없는 한, 위와 같이 확정된 화해권고결정이 있다는 사정만으로는 무효인 본등기가 실체관계에 부합하는 유효한 등기라고 주장할 수 없으며, 나아가 그러한 화해권고결정에 기하여 다시 본등기를 마친다고 하더라도 그 본등기는 가담법의 위 각 규정을 위반하여 이루어진 것이어서 여전히 무효라고 한다(대판 2017. 8. 18, 2016다30296).

가등기담보권의 목적부동산은 가등기담보권이 설정된 후에도 설정자인 소유자가 사용·수익권을 가지나, 그 권리는 소유권이전과 함께 채권자에게 속하게 된다. 그리고 청산금을 지급할 여지가 없는 때에는 2월의 청산기간이 지난 때에 사용·수익권이 채권자에게 넘어간다고 할 것이다(대판 2001. 2. 27, 2000다20465).

판례는, 담보가등기에 기하여 마쳐진 본등기가 무효인 경우, 담보목적 부동산에 대한 소유권은 담보가등기 설정자인 채무자 등에게 있고 소유권의 권능 중 하나인 사용수익권도 당연히 담보가등기 설정자가 보유한다고 하며, 따라서 채무자가 자신이 소유하는 담보목적 부동산에 관하여 채권자와 임대차계약을 체결하고 채권자에게 차임을 지급하거나 채무자가 자신과 임대차계약을 체결하고 있는 임차인으로 하여금 채권자에게 차임을 지급하도록 하여 채권자가 차임을 수령하였다면, 채권자와 채무자 사이에 위 차임을 피담보채무의 변제와는 무관한 별개의 것으로 취급하기로 약정하였거나 달리 차임이 피담보채무의 변제에 충당되었다고 보기 어려운 특별한 사정이 없는 한 위 차임은 피담보채무의 변제에 충당된 것으로 볼 것이라고 한다(대판 2019. 6. 13, 2018다300661).

5) 법정지상권 토지와 그 위의 건물이 동일한 소유자에게 속하는 경우에 그 토지나 건물에 대하여 가등기담보권이 설정되어 그것이 실행된 때에는, 건물소유자는 법정지상권을 취득한다(가담법 10조 1문). 이 경우 그 존속기간과 지료는 당사자의 청구에 의하여 법원이 정한다(가담법 10조 2문).

6) 채무자 등의 가등기말소청구권 가담법은 제11조에서 양도담보의 경우에 채무자 B-418
등이 일정시기까지 채무를 변제하고 소유권이전등기의 말소를 청구할 수 있다고 규정한다. 그러나 가등기담보에 관하여는 규정하는 바가 없다. 그렇지만 가등기담보의 경우에도 마땅히 그와 같은 권리가 인정되어야 한다. 그런데 명문규정이 없어서 그 해석이 문제이다. 양도담보에 관한 가담법 제11조는 원칙적으로 가등기담보에 유추적용되어야 할 것이다.

그 결과 채무자나 물상보증인은 청산금을 지급받을 때까지 채권액(변제할 때까지의 이자와 지연배상을 포함한다)을 채권자에게 지급하고 가등기의 말소를 청구할 수 있다고 하여야 한다(가담법 11조 본문의 유추적용). 청산기간이 지난 후에도 같다. 여기에 관하여는 학설이 일치하고 있으며, 판례도 같다(대판 1994. 6. 28, 94다3087·3094 등). 물론 청산금은 정당한 것이어야 한다. 따라서 채권자가 주관적으로 평가하여 통지한 액수가 객관적인 부동산 가액에 미달한 때에는 후자를 기준으로 하여 계산한 청산금을 지급받아야 하며, 그때까지는 가등기말소를 청구할 수 있다(대판 1996. 7. 30, 96다6974 등).

청산금이 없는 경우에는 채권자가 본등기를 할 때까지는 역시 채무를 변제하고 가등기를 말소할 수 있다고 하여야 한다.

문제는 「그 채무의 변제기가 지난 때부터 10년이 지나거나 선의의 제 3 자가 소유권을 취득한 경우」에는 소유권이전등기의 말소를 청구할 수 없다는 가담법 제11조 단서도 유추적용할 것인가이다. 여기에 관하여 학설은 i) 그 단서 전부의 유추적용을 인정하는 견해(사견도 같음. 물권법 [261] 참조)와 ii) 변제기가 경과한 때로부터 10년이 경과한 경우에 대하여는 유추적용을 부인하고 선의의 제 3 자가 소유권을 취득한 때에 관한 것만 유추적용을 인정하는 견해로 나뉘어 있다.

가등기담보의 채무자의 변제의무와 가등기말소절차의 이행이 동시이행관계에 있는가? 판례는 채무의 변제의무가 가등기의 말소의무보다 선행되는 것이라고 한다(대판 1991. 4. 12, 90다9872 등).

판 례 청산절차를 위반하여 본등기가 된 경우 관련

「가. '가등기담보 등에 관한 법률'(이하 '가등기담보법'이라고 한다) 제 3 조, 제 4 조를 위반하여 적법한 청산절차를 거치지 아니한 채 담보가등기에 기한 본등기가 이루어진 경우 그 본등기는 무효이다(대법원 1994. 1. 25. 선고 92다20132 판결 등 참조). 이때 가등기담보법 제 2 조 제 2 호에서 정한 채무자 등(이하 '채무자 등'이라고 한다)은 청산금채권을 변제받을 때까지는 여전히 가등기담보계약의 존속을 주장하여 그때까지의 이자와 손해금을 포함한 피담보채무액 전부를 변제하고 무효인 위 본등기의 말소를 청구할 수 있다(제11조 본문). 그러나 선의의 제 3 자가 소유권을 취득한 경우에는 그러하지 아니하다(제11조 단서 후문). 여기서 '선의의 제 3 자'라 함은 채권자가 적법한 청산절차를 거치지 않고 담보목적 부동산에 관하여 본등기를 마쳤다는 사실을 모르고 그 본등기에 터 잡아 소유권이전등기를 마친 자를 뜻한다. 제 3 자가 악의라는 사실에 관한 주장·증명책임은 무효를 주장하는 사람에게 있다.

나. 이와 같이 가등기담보법 제 3 조, 제 4 조의 청산절차를 위반하여 이루어진 담보가등기에 기한 본등기가 무효라고 하더라도 선의의 제 3 자가 그 본등기에 터 잡아 소유권이전등기를 마치는 등으로 담보목적 부동산의 소유권을 취득하면, 채무자 등은 더 이상 가등기담보법 제11조 본문에 따라 채권자를 상대로 그 본등기의 말소를 청구할 수 없게 된다. 이 경우 그 반사적 효과로서 무효인 채권자 명의의 본등기는 그 등기를 마친 시점으로 소급하여 확정적으로 유효하게 되고, 이에 따라 담보목적 부동산에 관한 채권자의 가등기담보권은 소멸하며, 청산절차를 거치지 않아 무효였던 채권자의 위 본등기에 터 잡아 이루어진 등기 역시 소급하여 유효하게 된다고 보아야 한다. 다만 이 경우에도 채무자 등과 채권자 사이의 청산금 지급을 둘러싼 채권·채무 관계까지 모두 소멸하는 것은 아니고, 채무자 등은 채권자에게 청산금의 지급을 청구할 수 있다.

이러한 법리는 경매의 법적 성질이 사법상 매매인 점에 비추어 보면 무효인 본등기가 마

쳐진 담보목적 부동산에 관하여 진행된 경매절차에서 경락인이 본등기가 무효인 사실을 알지 못한 채 담보목적 부동산을 매수한 경우에도 마찬가지로 적용된다.」(대판 2021. 10. 28, 2016다248325)

(2) 경매에 의한 실행 B-419

가등기담보권자는 권리취득에 의한 실행을 하지 않고 경매(즉 담보권 실행경매)를 청구하여 그 매각대금으로부터 우선변제를 받을 수도 있다(가담법 12조 1항 1문). 그 경우 경매에 관하여는 가등기담보권을 저당권으로 본다(가담법 12조 1항 2문). 그리하여 담보가등기가 된 때에 저당권의 설정등기가 있었던 것처럼 다루어진다. 한편 판례는, 가등기담보권자가 담보목적 부동산의 경매를 청구하는 방법을 선택하여 그 경매절차가 진행 중인 때에는 특별한 사정이 없는 한 가담법 제3조에 따른 담보권을 실행할 수 없으므로 그 가등기에 따른 본등기를 청구할 수 없다고 한다(대판 2022. 11. 30, 2017다232167 · 232174).

3. 가등기담보권자의 배당참가 B-420

가등기담보의 목적물이 저당권자 · 전세권자에 의하여 담보권 실행경매가 신청되거나 설정자의 일반채권자에 의하여 통상의 강제경매가 신청되는 경우에는, 가등기담보권자는 다른 채권자보다 자기 채권의 우선변제를 받을 권리가 있다(가담법 13조 1문). 이 경우 그 순위에 관하여는 그 가등기담보권을 저당권으로 보고, 그 담보가등기가 된 때에 그 저당권의 설정등기가 행하여진 것으로 본다(가담법 13조 2문).

후순위권리자는 청산기간에 한정하여 그 피담보채권의 변제기가 되기 전이라도 목적부동산의 경매를 청구할 수 있다(가담법 12조 2항).

담보가등기가 되어 있는 부동산에 대하여 경매(강제경매 · 담보권 실행경매)의 개시결정이 있는 경우에 그 경매의 신청이 청산금을 지급하기 전에 행하여진 때(청산금이 없는 경우에는 청산기간의 경과 전)에는 가등기담보권자는 가등기에 기한 본등기를 청구할 수 없다(가담법 14조. 대판 1992. 2. 11, 91다36932). 그리고 담보가등기가 되어 있는 부동산에 대하여 경매가 행하여진 때에는 가등기담보권은 그 부동산의 매각에 의하여 소멸한다(가담법 15조). 따라서 경매의 경우에 가등기담보권자는 오직 배당에 참가하여 변제받을 수 있을 뿐이다. 또한 경매의 경우 가등기담보권이 소멸하므로 경매가 있은 후에 가등기에 기하여 행하여진 본등기는 무효의 등기이며, 설사 그 본등기가 종전 소유자와의 대물변제의 합의에 기하여 이루어진 것이라고 하여도 이는 소유권을 경락인이 취득한 후에 무효인 가등기를 유용하는 것에 해당하여 역시 무효이다(대판 1994. 4. 12, 93다52853).

법원은 소유권의 이전에 관한 가등기가 되어 있는 부동산에 대한 강제경매 등의 개시결정이 있는 경우에는 가등기권리자에게 일정한 사항(해당 가등기가 담보가등기인 경우에는, 그 내용과 채권(이자나 그 밖의 부수채권을 포함함)의 존부 · 원인 및 금액, 해당 가등기가 담보가등기가 아닌 경우에는 해당 내용)을 법원에 신고하도록 적당한 기간을 정하여 최고하여야 한다(가담법 16조 1항). 여기의 채권신고 최고는 민사집행절차상 최고에 해당하는데, 그 방법에 관하여 가담법 등에서 특별한 규정을 두고 있지 않으므로, 가등기권리자에 대한 채권신고 최고는 상당하다고 인정되는 방법(민사집행규칙 8조 1항 참조)으로 할 수 있다고 보아야 한다(대판 2025. 3. 27, 2024다291102. 피고가 변경된 주소를 등기하지 않아 집행법원이 부득이 최고서를 피고의 등기부상 주소지로 등기우편에 의해 발송한 것은 상당하다고 인정되는 방법 중 하나라고 함). 그리고 압류등기 전에 이루어진 가등기담보권이 매각에 의하여 소멸되면 위의 채권신고를 한 경우에만 그 채권자는 매각대금을 배당받거나 변제금을 받을 수 있다(가담법 16조 2항). 따라서 신고하여야 하는 가등기담보권자가 집행법원이 정한 기간 안에 채권신고를 하지 아니하면 그는 매각대금의 배당을 받을 권리를 상실한다(대판 2025. 3. 27, 2024다291102 등). 한편 소유권의 이전에 관한 가등기권리자는 강제경매 등 절차의 이해관계인으로 본다(가담법 16조 3항).

B-421 Ⅳ. 가등기담보권의 소멸

가등기담보권은 목적물의 멸실과 같은 물권 일반에 공통하는 소멸원인이 있으면 소멸한다. 그리고 채무의 변제·소멸시효 기타의 사유로 피담보채권이 소멸하면 부종성 때문에 가등기담보권도 소멸한다. 그런가 하면 가등기담보권자가 가담법에 의하여 소유권을 취득한 경우(가담법 4조), 목적부동산에 경매가 행하여진 경우(가담법 15조), 소유권이전등기가 된 뒤 10년이 지나거나 선의의 제3자가 부동산의 소유권을 취득한 경우(가담법 11조 단서의 유추적용)에도 가등기담보권은 소멸한다.

판 례 담보대상 토지를 점유한 경우/대상 부동산을 경매한 경우의 가등기

(ㄱ) 「담보가등기를 경료한 토지를 인도받아 점유할 경우 담보가등기의 피담보채권의 소멸시효가 중단된다는 피고의 주장은 독자적인 견해로서 받아들일 수 없다. 한편, 담보가등기에 기한 소유권이전등기 청구권의 소멸시효가 완성되기 전에 그 대상 토지를 인도받아 점유함으로써 소유권이전등기 청구권의 소멸시효가 중단된다 하더라도 위 담보가등기의 피담보채권이 시효로 소멸한 이상 위 담보가등기 및 그에 기한 소유권이전등기는 결국 말소되어야 할 운명의 것」이다(대판 2007. 3. 15, 2006다12701).

(ㄴ) 「부동산의 강제경매절차에서 경매 목적부동산이 낙찰된 때에도 소유권이전등기 청구권의 순위보전을 위한 가등기는 그보다 선순위의 담보권이나 가압류가 없는 이상 담보목적의 가등기와는 달리 말소되지 아니한 채 낙찰인에게 인수되는 것인바, 권리신고가 되지 않아 담보가등기인지 순위보전의 가등기인지 알 수 없는 경우에도 그 가등기가 등기부상 최선순위이면 집행법원으로서는 일단 이를 순위보전을 위한 가등기로 보아 낙찰인에게 그 부담이 인수될 수 있다는 취지를 입찰물건명세서에 기재한 후 그에 기하여 경매절차를 진행하면 족한 것이지, 반드시 그 가등기가 담보가등기인지 순위보전의 가등기인지 밝혀질 때까지 경매절차를 중지하여야 하는 것은 아니다.」(대결 2003. 10. 6, 2003마1438)

제 3 관 양도담보(讓渡擔保)

Ⅰ. 서 설 B-422

1. 양도담보의 의의 · 종류 · 작용

(1) 의 의

널리 양도담보라고 하면 물건의 소유권(또는 기타의 재산권)을 채권자에게 이전하는 방법에 의하여 채권을 담보하는 경우를 가리킨다. 이 양도담보에 있어서는 채무자가 채무를 이행하면 목적물을 반환하지만 채무자의 이행이 없으면 채권자는 그 목적물로부터 우선변제를 받게 된다.

(2) 종 류

1) **매도담보(賣渡擔保)와 좁은 의미의 양도담보** 넓은 의미의 양도담보는 두 가지의 모습이 있다. 하나는 신용의 수수를 소비대차가 아닌 매매의 형식으로 행하고 외견상 당사자 사이에 채권·채무관계를 남기지 않는 것이다. 그리고 나머지 하나는 신용의 수수를 소비대차의 형식으로 행하여 당사자 사이에 채권·채무관계를 남겨 두는 것이다. 이들 중 앞의 것을 매도담보라고 하고, 뒤의 것을 좁은 의미의 양도담보라고 한다.

2) **부동산 양도담보와 동산 양도담보** 양도담보는 목적물이 부동산인가 동산인가에 따라 부동산 양도담보와 동산 양도담보로 나누어진다(물론 물건 이외의 권리를 객체로 하는 양도담보도 있다). 이들 중 부동산 양도담보(및 등기·등록으로 공시되는 재산권을 목적으로 하는 양도담보)는 가담법의 규율을 받는다.

3) **양도저당(讓渡抵當)과 양도질(讓渡質)** 좁은 의미의 양도담보는 누가 목적물을 점유하느냐에 따라 양도저당과 양도질로 나누어진다(통설도 같음). 양도저당은 저당권에 있어서처럼 목적물의 점유를 설정자에게 남겨두는 것이고, 양도질은 질권에 있어서처럼 점유를 채권자에게 이전하는 것이다.

2. 양도담보에 대한 법적 규제 B-423

앞에서 언급한 바와 같이, 민법은 양도담보에 관하여 아무런 규정도 두고 있지 않다. 그러한 상태에서 양도담보는 과거에 판례에 의하여 규율되어 왔으며, 판례는 양도담보에 대하여 체계적인 이론을 세워놓고 있었다. 그런데 가담법이 제정되고 그 법이 양도담보 가운데 일부(특히 부동산 양도담보)까지 규율대상으로 삼게 되면서 양도담보에 관한 이론은 크게 영향을 받지 않을 수 없게 되었다. 즉 가담법이 종래의 판례이론과 부합되지 않는 규정을 두게 됨에 따라 적어도 그 법의 적용을 받는 경우에는 달리 이론구성을 하여야만 하게 된 것이다. 문제는 가담법의 규율대상이 아닌 양도담보는 어떻게 할 것인가이다. 여기에 관하여는 양도담보 이론의 이원화가 불합리하다는 이유로 그러한 양도담보(특히 동산 양도담보)도 부동산 양도담보와 같이 이론구성하여야 한다는 견해만이 나타나 있다. 그러나 판례는 동산 양도담보를 종래의 이론에 의하여 판단하고 있다(대판 1994. 8. 26, 93다44739[핵심판례 194면] 등). 판례처럼 가담법이 규율대상으로 삼고 있지 않는 경우에는 종래의 이론에 의하여 규율하는 것이 타당하다(물권법 [264] 참조).

B-424 ## 3. 양도담보의 법적 성질

양도담보의 법적 성질은 가담법이 적용되는 경우와 가담법이 적용되지 않는 경우를 나누어 살펴보아야 한다.

(1) 가담법의 적용을 받는 경우

가담법은 가등기담보뿐만 아니라 일정한 경우의 양도담보에도 적용된다. 즉 부동산 양도담보 가운데 그것이 소비대차에 기한 채권을 담보하기 위한 것이고 또한 부동산의 가액이 차용액과 이자의 합산액을 초과하는 때에는 가담법의 적용을 받는다(가담법 1조 참조). 그럼에 있어서 그 양도담보가 좁은 의미의 양도담보인가 매도담보인가는 묻지 않는다(가담법 2조 1호 참조).

이와 같이 가담법의 적용을 받는 양도담보는 법적으로 어떤 성질을 갖는가? 여기에 관하여 학설은 i) 담보물권설(사견도 같음)과 ii) 신탁적 소유권이전설로 나뉘어 있다. i) 담보물권설은 가담법상 양도담보의 경우 소유권이전등기까지 되어 있다고 하더라도 소유권은 이전하지 않기 때문에 채권자는 양도담보권이라는 일종의 담보권을 가지는 데 불과하다고 한다. 그에 비하여 ii) 신탁적 소유권이전설은 가담법이 판례의 신탁적 소유권이전설을 입법화한 것이라는 이유로 양도담보는 담보목적으로 소유권을 신탁적으로 이전한 것이라고 한다. 한편 판례는 가담법 제정 후에는 소유권이 이전되지 않은 것을 전제로 한 점에서 담보물권설의 태도를 취한 것도 있고(대판 1991. 11. 8, 91다21770), 또 신탁적으로 소유권이 이전되었다고 한 것도 있어(대판 1995. 7. 25, 94다46428), 일관되어 있지 않다(양도담보에 관한 판례 중 가담법의 적용대상이 되는 것 자체가 많지 않다).

B-425 ### (2) 가담법의 적용을 받지 않는 경우

양도담보가 모두 가담법의 적용을 받는 것은 아니다. 동산 양도담보는 물론이고 부동산 양도담보라도 소비대차에 기한 채권을 담보하기 위한 것이 아니거나 부동산 가액이 차용액 및 이자의 합산액에 미달하는 경우에는 가담법이 적용되지 않는다. 판례도 같다(대판 2001. 1. 5, 2000다47682 등).

이처럼 가담법의 적용을 받지 않는 경우에는, 양도담보는 일종의 신탁행위이고, 그에 의하여 소유권은 채권자에게 이전하되 채권자는 그 권리를 채권담보의 목적을 넘어서 행사할 수는 없는 관계가 성립한다고 하여야 한다. 이는 가담법이 제정되기 전에 통설·판례가 취하고 있던

신탁적 소유권이전설의 입장이다. 판례는 동산 양도담보에 관하여는 현재에도 그와 같은 태도를 취하고 있으며(대판 1994. 8. 26, 93다44739[핵심판례 194면]), 그러한 판례는 타당하다.

4. 기술순서

양도담보에 여러 가지가 있고 그 가운데 일부는 가담법의 규율을 받지 않기 때문에 양도담보에 대하여 체계적으로 기술하기가 쉽지 않다. 그리하여 여기서는 양도담보 가운데 가장 중요한 「가담법의 규율을 받는 부동산의 양도담보」(그 가운데에서도 좁은 의미의 양도담보)를 중심으로 하여 논의하되, 필요한 때에는 경우를 나누어 살펴보기로 한다.

Ⅱ. 양도담보권의 설정 B-426

양도담보권은 양도담보권설정에 관한 물권적 합의와 목적재산권의 이전에 필요한 공시방법을 갖춤으로써 성립한다. 그 물권적 합의는 양도담보계약에 포함되어 행하여진다.

1. 양도담보계약

이는 채권담보의 목적으로 채무자(또는 제 3 자)의 특정의 재산권을 채권자에게 양도하고(대판 2015. 8. 27, 2013다28247은 채무자가 채무와 관련하여 채권자에게 채무자 소유의 재산을 양도하기로 약정한 경우에, 그것이 종전채무의 변제에 갈음하여 대물변제 조로 양도하기로 한 것인지 아니면 종전 채무의 담보를 위하여 추후 청산절차를 유보하고 양도하기로 한 것인지는 그 약정 당시의 당사자 의사해석에 관한 문제라고 한다) 채무자의 채무불이행이 있는 경우에는 그 재산권으로부터 채권을 변제받기로 하는 계약이다.

(1) 계약의 성질

양도담보계약은 일반적으로 채권계약과 물권계약의 성질을 함께 가지고 있다. 그리고 그것은 보통 피담보채권을 발생시키는 계약(예: 금전소비대차계약)에 포함되어 행하여진다.

매도담보의 경우에는 담보계약이 환매특약부 매매 또는 재매매예약부 매매에 포함되어 행하여진다.

(2) 당 사 자

양도담보권자와 양도담보권설정자가 당사자이다. 이 중 양도담보권자는 채권자가 되며, 설정자는 보통은 채무자이나 제 3 자(물상보증인)이어도 무방하다. 양도담보를 설정하려면 양도담보설정자에게 목적물에 대한 소유권이나 처분권 등 양도담보를 설정할 권한이 있어야 하며, 양도담보설정자에게 이러한 권한이 없는데도 양도담보설정계약을 체결한 경우에는 특별한 사정이 없는 한 양도담보가 유효하게 성립할 수 없다(대판 2022. 1. 27, 2019다295568).

(3) 목 적 물

재산적 가치가 있는 것으로서 양도성이 있는 것은 모두 목적물이 될 수 있다. 따라서 동산·부동산은 물론 채권·주식·지식재산권도 목적물이 될 수 있다.

회사의 상품·원자재 등과 같은 여러 동산이 집합물로서 양도담보의 목적이 될 수 있는가? 여기에 관하여 판례는 그 목적동산을 종류·장소 또는 수량지정에 의하여 특정할 수만 있다면 그 집합물 전체를 하나의 재산권으로 하는 담보권의 설정이 가능하다고 한다(대판 1988. 12. 27, 87누1043(원자재); 대판 1990. 12. 26, 88다카20224(양어장 내의 뱀장어들)[핵심판례 196면]; 대판 1999. 9. 7, 98다47283(의류들); 대판 2004. 11. 12, 2004다22858(돈사에서 대량으로 사육되는 돼지들) 등)(대판 2016. 7. 14, 2014다233268은 집합채권의 양도담보도 인정함). 그리고 학설도 대체로 이에 찬성한다. 판례에 의하여 인정된 이러한 집합동산 양도담보는 최근에 제정된 동산·채권담보법으로 인하여 큰 의미는 없게 되었다(B-399 이하 참조).

B-427 2. 공시방법

양도담보는 권리이전의 형식을 이용한 채권담보방법이기 때문에, 양도담보가 성립하려면 권리이전에 필요한 요건이 모두 갖추어져야 한다. 그리하여 권리이전에 공시방법이 필요한 경우에는 공시방법도 갖추어야 한다. 권리의 이전형식을 구비하지 않고 단지 채무불이행이 있으면 권리를 이전한다는 계약은 대물변제의 예약에 지나지 않으며, 양도담보가 아니다.

판 례 부동산에 관하여 양도담보계약만 체결하고 소유권이전등기는 하지 않은 경우

판례는 이 경우에 관하여, 「양도담보는 그 담보계약에 따라 소유권이전등기를 경료함으로써 비로소 담보권이 발생하는 것이므로 채권자는 가등기담보법상의 청산절차를 밟기 전에 우선 담보계약에 따른 소유권이전등기 절차의 이행을 구하여 소유권이전등기를 밟은 다음 같은 법에 따른 청산절차를 밟으면 되고, 따라서 채무자는 같은 법 소정의 청산절차가 없었음을 이유로 그 소유권이전등기 절차이행을 거절할 수 없다」고 한다(대판 1996. 11. 15, 96다31116). 그런가 하면 「민법 제607조, 제608조에 위반된 대물변제의 약정은 대물변제의 예약으로서는 무효가 되지만 약한 의미의 양도담보를 설정하기로 하는 약정으로서는 유효하되, 다만 그에 기한 소유권이전등기를 미처 경료하지 아니한 경우에는 아직 양도담보가 설정되기 이전의 단계이므로 가등기담보 등에 관한 법률 제3조 소정의 담보권 실행에 관한 규정이 적용될 여지가 없는 한편, 채권자는 양도담보의 약정을 원인으로 하여 담보목적물에 관하여 소유권이전등기 절차의 이행을 청구할 수 있다」고 한다(대판 1999. 2. 9, 98다51220).

(1) 동 산

양도담보를 성립시키기 위하여서는 동산의 인도가 있어야 한다(통설·판례도 같음. 대판 1997. 7. 25, 97다19656). 그리고 여기의 인도는 점유개정이라도 무방하다(이설이 없으며, 판례도 같다. 위의 집합물의 양도담보에 관한 판결 및 대판 2000. 6. 23, 99다65066 등 참조). 다만, 금

전채무를 담보하기 위하여 채무자가 그 소유의 동산을 채권자에게 양도하되 점유개정의 방법으로 인도하고 채무자가 다시 다른 채권자와 사이에 양도담보설정계약을 체결하고 점유개정의 방법으로 인도를 하더라도 양도담보권을 취득할 수 없다(대판 2005. 2. 18, 2004다37430 등). 제 2 의 채권자가 양도담보권을 취득하려면 선의취득을 하여야 하는데, 점유개정으로는 선의취득이 인정되지 않기 때문이다(B-118·125 참조). 판례에 의하면, 동산에 대하여 점유개정의 방법으로 양도담보를 설정한 후에는 양도담보권자나 설정자가 그 동산에 대한 점유를 상실하였다고 하더라도 그 양도담보의 효력에는 아무런 영향도 없다고 한다(대판 2000. 6. 23, 99다65066).

(2) 부 동 산

부동산이 목적물인 경우에는 이전등기를 한다. 그리고 그때에 등기원인은 등기실무상 「양도담보」로 기재한다. 한편 부동산의 양도담보의 경우에 등기비용·취득세·소개료·대서료 등 담보권자로서 부동산을 담보물로 취득하기 위하여 지출한 비용은 채무자가 부담하기로 하는 특약이 없는 한 담보권자가 부담하여야 한다(대판 1981. 7. 28, 81다257).

(3) 기타의 재산권

기타의 재산권이 양도담보의 목적인 경우 각각의 권리이전에 필요한 공시방법을 갖추어야 한다.

Ⅲ. 양도담보권의 대내적 효력 B-428

1. 효력이 미치는 범위

(1) 목적물의 범위

양도담보권의 효력이 미치는 범위는 양도담보계약에서 정하여지나, 특별히 정한 것이 없으면 부합물 · 종물에도 미친다(358조 참조).

판 례 양도담보권의 효력이 미치는 목적물의 범위

(ㄱ) 돼지를 양도담보의 목적물로 하여 소유권을 양도하되 점유개정의 방법으로 양도담보설정자가 계속하여 점유·관리하면서 무상으로 사용·수익하기로 약정한 경우, 「양도담보 목적물로서 원물인 돼지가 출산한 새끼 돼지는 천연과실에 해당하고 그 천연과실의 수취권은 원물인 돼지의 사용수익권을 가지는 양도담보설정자인 위 송○○에게 귀속되는 것이므로, 달리 원·피고 사이에 특별한 약정이 없는 한 천연과실인 위 새끼 돼지에 대하여는 양도담보의 효력이 미치는 것이라고 할 수 없다.」(대판 1996. 9. 10, 96다25463)

(ㄴ) 「재고상품, 제품, 원자재 등과 같은 집합물을 하나의 물건으로 보아 이를 일정 기간 계속하여 채권담보의 목적으로 삼으려는 이른바 집합물에 대한 양도담보권설정계약에 있어서는 … 집합물을 구성하는 개개의 물건이 변동되거나 변형되더라도 한 개의 물건으로

서의 동일성을 잃지 아니한 채 양도담보권의 효력은 항상 현재의 집합물 위에 미치고, 따라서 그러한 경우에 양도담보권자가 점유개정의 방법으로 양도담보권설정계약 당시 존재하는 집합물의 점유를 취득하면 그 후 양도담보권설정자가 집합물을 이루는 개개의 물건을 반입하였다 하더라도 별도의 양도담보권설정계약을 맺거나 점유개정의 표시를 하지 않더라도 양도담보권의 효력이 나중에 반입된 물건에도 미친다. 다만 양도담보권설정자가 양도담보권설정계약에서 정한 종류·수량에 포함되는 물건을 그 계약에서 정한 장소에 반입하였다고 하더라도 그 물건이 제3자의 소유라면 담보목적인 집합물의 구성부분이 될 수 없고 따라서 그 물건에는 양도담보권의 효력이 미치지 않는다.」(대판 2016. 4. 28, 2012다19659)

(ㄷ) 대법원은, 양도담보계약서 중 양도물건 목록에 소재지, 보관창고명과 목적물이 양만장 내 뱀장어, 수량 약 백만 마리라고 기재되어 있을 뿐이고 특별히 위 양만장 내의 뱀장어 중 1,000,000마리로 그 수량을 지정하여 담보의 범위를 제한한 사실이 인정되지 않는다면 위 양도담보계약서에 기재된 수량은 단순히 위 계약 당시 위 양만장 내에 보관하고 있던 뱀장어 등의 수를 개략적으로 표시한 것에 불과하고 당사자는 위 양만장 내의 뱀장어 등 어류 전부를 그 목적으로 하였다고 봄이 당사자의 의사에 합치된다고 한다(대판 1990. 12. 26, 88다카20224).

(ㄹ)「일단의 증감 변동하는 동산을 하나의 물건으로 보아 이를 채권담보의 목적으로 삼는 이른바 유동집합물에 대한 양도담보설정계약의 경우에, … 담보목적물은 담보설정자의 다른 물건과 구별될 수 있도록 그 종류, 소재하는 장소 또는 수량의 지정 등의 방법에 의하여 외부적·객관적으로 특정되어 있어야 … 할 것이다.」(대판 2003. 3. 14, 2002다72385)

(ㅁ)「원심이 원고 조합과 박○○이 체결한 이 사건 양도담보계약이 '유동집합물에 대한 양도담보계약'에 해당하는 것으로 보고 이 사건과 같이 돈사에서 대량으로 사육하는 돼지를 집합물에 대한 양도담보의 목적물로 삼은 경우에 그 돼지는 번식, 사망, 판매, 구입 등의 요인에 의하여 증감 변동하게 마련인데, 원고 조합이 그때마다 별도의 양도담보권설정계약을 맺거나 점유개정의 표시를 하지 아니하였더라도 하나의 집합물로서 동일성을 잃지 아니한 채 양도담보권의 효력은 항상 현재의 집합물 위에 미치게 되며, 피고가 선의취득의 요건을 갖추지 못한 채 이러한 양도담보의 목적물인 돼지를 양수한 이상 그 양도담보권의 부담을 그대로 인수하는 것이라고 판단한 부분 역시 정당한 것으로 수긍할 수 있고, 거기에 상고이유의 주장과 같은 법리오해의 위법이 있다고 할 수 없다.

그러나 이 사건 양도담보권의 효력은 피고가 애초에 양수한 ○○농장 내에 있던 돼지들 및 통상적인 양돈방식에 따라 그 돼지들을 사육·관리하면서 돼지를 출하하여 얻은 수익으로 새로 구입하거나 그 돼지와 교환한 돼지 또는 그 돼지로부터 출산시켜 얻은 새끼돼지에 한하여 미치는 것이지 피고가 별도의 자금을 투입하여 반입한 돼지가 있다면 그 돼지에는 미치지 않는다.」(대판 2004. 11. 12, 2004다22858)

양도담보권도 일종의 담보물권이므로 물상대위가 인정된다(370조·342조 참조).

(2) 담보되는 범위

양도담보권에 의하여 담보되는 범위에 대하여도 가등기담보에 있어서처럼 **저당권에 관한 제360조가 적용된다**(가담법 3조 2항). 그리하여 원본·이자·위약금·채무불이행으로 인한 손해배상 및 실행비용을 담보한다. 그리고 지연배상은 원본의 이행기를 경과한 1년분에 한정된다(대판 1992. 5. 12, 90다8855. 그런데 이는 양도담보권자의 제 3 자에 대한 제한이므로 채무자가 양도담보권자에게 이 제한을 주장할 수는 없다).

2. 목적물의 이용관계 B-429

목적물을 누가 점유·이용하는가는 당사자의 합의에 의하여 정하여진다. 그런데 그에 관한 **특약이 없으면 설정자가 목적물의 사용·수익권을 가진다**고 하여야 한다(이설이 없으며, 판례도 같음. 대판 2008. 2. 28, 2007다37394·37400 등 다수). 양도담보는 그것의 사회적 작용에 비추어 볼 때 양도질보다는 양도저당이 합목적적이기 때문이다. 따라서 목적부동산의 임대권한도 설정자가 갖는다(대판 2001. 12. 11, 2001다40213 등).

(판 례) 목적부동산의 사용수익 관련

(ᄀ)「일반적으로 부동산을 채권담보의 목적으로 양도한 경우 특별한 사정이 없는 한 목적부동산에 대한 사용수익권은 채무자인 양도담보설정자에게 있는 것이므로, 양도담보권자는 사용수익할 수 있는 정당한 권한이 있는 채무자나 채무자로부터 그 사용수익할 수 있는 권한을 승계한 자에 대하여는 사용수익을 하지 못한 것을 이유로 임료 상당의 손해배상이나 부당이득 반환청구를 할 수 없다.」(대판 2008. 2. 28, 2007다37394·37400)

(ᄂ)「양도담보권자는 담보권의 실행으로 담보채무자가 아닌 제 3 자에 대하여도 담보물의 인도를 구할 수 있고, 인도를 거부하는 경우에는 담보권실행이 방해된 것을 이유로 하는 손해배상을 구할 수는 있으나, 그러한 경우에도 양도담보권자에게는 목적부동산에 대한 사용수익권이 없으므로 임료 상당의 손해배상을 구할 수는 없다.」(대판 1991. 10. 8, 90다9780)

(ᄃ)「양도담보설정자가 채권을 담보하기 위하여 그 소유의 동산을 채권자에게 양도한 경우 담보목적물을 누가 사용·수익할 수 있는지는 당사자의 합의로 정할 수 있지만 반대의 특약이 없는 한 양도담보설정자가 그 동산에 대한 사용·수익권을 가진다(대법원 2009. 11. 26. 선고 2006다37106 판결 등 참조). 따라서 그 동산이 일정한 토지 위에 설치되어 있어 그 토지의 점유·사용이 문제된 경우에는 특별한 사정이 없는 한 양도담보설정자가 그 토지를 점유·사용하고 있는 것으로 보아야 한다.」(대판 2018. 5. 30, 2018다201429)

(ᄅ)「채무를 담보하기 위하여 채무자가 자기의 비용과 노력으로 신축하는 건물의 신축허가 명의를 채권자 명의로 한 경우 이는 완성될 건물을 양도담보로 제공하기로 하는 담보권 설정의 합의가 있다고 볼 수 있다. 이때 완성된 건물의 소유권은 이를 건축한 채무자가 원시적으로 취득하고, 채권자가 그 명의로 소유권보존등기를 함으로써 건물에 대한 양도담보가 설정된 것으로 보아야 한다. 이러한 양도담보가 가등기담보법의 적용 대상이 되는 경우에는 양도담보권자가 청산절차 등을 거쳐 담보목적 부동산의 소유권을 취득하기 전까지

특별한 사정이 없는 한 양도담보 설정자가 건물의 소유자로서 이를 현실적으로 점유하면서 사용·수익하고 있다고 볼 수 있으므로 채권자가 건물에 대한 양도담보권을 취득했다고 해서 그 대지 소유자에게 부당이득 반환의무를 부담하는 것은 아니다.」(대판 2022. 4. 14, 2021다263519)

3. 당사자의 의무

양도담보권자와 설정자는 목적물을 처분하는 등의 행위로 상대방의 권리를 소멸시켜서는 안 될 의무를 부담한다. 당사자 가운데 하나가 그 의무를 위반하여 상대방의 권리를 소멸시킨 경우에는 채무불이행을 이유로 손해배상을 하여야 한다.

B-430 Ⅳ. 양도담보권의 대외적 효력

1. 변제기가 되기 전의 처분의 효력

(1) 양도담보권자가 처분한 경우

1) 가담법의 규율을 받는 부동산 양도담보에 있어서 채권자는 양도담보권이라는 일종의 담보권만을 가지므로, 그는 그의 피담보채권과 함께 양도담보권을 처분할 수 있다. 그리고 그때에는 양도담보권 양도를 위한 물권적 합의와 이전등기를 하여야 하고, 채권양도에 관한 요건을 갖추어야 한다.

가담법의 규율을 받지 않는 양도담보의 경우에는 담보권이 아니고 소유권 등의 권리 자체를 가지기 때문에 담보권의 양도는 문제되지 않는다.

2) 양도담보권자가 목적물을 자기의 소유물로서 처분한 경우에는 어떻게 되는가?

가담법의 규율을 받는 양도담보에 있어서는 양도담보권자가 설정자에게 청산금을 지급할 때까지는 소유권을 취득하지 못한다(가담법 4조 2항 전단). 그러므로 양도담보권자는 소유권자로서 처분할 수는 없다. 그렇지만 외형상 소유자로 등기되어 있기 때문에 그렇게 할 가능성이 있다. 그런데 그와 같은 때에 양수인은 소유권을 취득할 수가 없다. 양도인에게 소유권이 없고, 또 우리 법상 등기의 공신력이 인정되지 않기 때문이다. 다만, 가담법 제11조 단서가 예외를 규정하고 있어서 그에 의하여 소유권을 취득할 수는 있다. 즉 그에 의하면, 「선의의 제 3 자가 소유권을 취득한 경우」에는 양도담보설정자가 소유권이전등기의 말소를 청구하지 못하게 된다. 그 결과 양수인이 선의인 때에는 소유권을 취득하게 된다.

(판 례) 양도담보권자가 처분한 경우

「채권자가 구 가등기담보법에 정해진 청산절차를 밟지 아니하여 담보목적 부동산의 소유권을 취득하지 못하였음에도 그 담보목적 부동산을 처분하여 선의의 제삼자가 소유권을 취득하고 그로 인하여 구 가등기담보법 제11조 단서에 의하여 채무자가 더는 채무액을 채권자에게 지급하고 그 채권담보의 목적으로 마친 소유권이전등기의 말소를 청구할 수 없게 되었다면, 채권자는 위법한 담보목적 부동산 처분으로 인하여 채무자가 입은 손해를 배상할 책임이 있다고 할 것이다. 이때 채무자가 입은 손해는 다른 특별한 사정이 없는 한 채무자가 더는 그 소유권이전등기의 말소를 청구할 수 없게 된 때의 담보목적 부동산의 가액에서 그때까지의 채무액을 공제한 금액이라고 봄이 상당하다. 그리고 … 채무자가 약정이자 지급을 연체하였다든지 채무자가 그 채무액을 채권자에게 지급하고 그 채권담보의 목적으로 마친 소유권이전등기의 말소를 청구할 수 있었다는 사정이나 채권자가 담보목적 부동산을 처분하여 얻은 이익의 크고 작음 등과 같은 사정은 위법한 담보목적 부동산 처분으로 인한 손해배상책임을 제한할 수 있는 사유가 될 수 없다.」(대판 2010. 8. 26, 2010다27458)

가담법이 적용되지 않는 양도담보의 경우, 특히 동산의 양도담보에 있어서는 소유권이 양도담보권자에게 이전되므로, 그로부터 소유권을 양수한 자는 유효하게 소유권을 취득하게 된다(판례도 같음). 이때 양수인이 선의인지 악의인지는 묻지 않는다(대판 1969. 10. 23, 69다1338 등).

(2) 양도담보권설정자가 처분한 경우 B-431

가담법이 적용되는 양도담보에 있어서는 부동산 소유권이 설정자에게 있으므로 이론상 그는 소유권을 제 3 자에게 처분할 수 있다. 그러나 실제로는 가능하지 않다. 왜냐하면 담보권자 명의로 등기가 되어 있기 때문이다.

가담법이 적용되지 않는 양도담보의 경우에는 소유권이 양도담보권자에게 이전되므로 이론상 설정자는 처분을 할 수 없다. 그러나 동산 양도담보에 있어서 설정자가 목적물을 점유하고 있는 때(양도저당)에는 처분이 행하여질 수 있다. 그러한 경우에는 양수인이 선의취득의 요건을 구비하여야만 소유권을 취득할 수 있다.

2. 일반채권자와의 관계 B-432

(1) 양도담보권자의 일반채권자와 설정자의 관계

1) 가담법이 적용되는 경우 이 경우에 양도담보권자의 일반채권자가 목적물을 압류한 때에는, 설정자는 소유자로서 제 3 자 이의의 소를 제기할 수 있다고 하여야 한다. 그리고 양도담보권자가 파산하면 설정자는 환취권을 가진다고 할 것이다(채무자회생법 407조 참조. 이는 담보물권설의 입장임. 구 파산법 80조는 가담법이 제정되기 전에 신탁적 소유권이전설에 기초하여 양도담보설정자의 환취권을 부정하였으나, 채무자회생법에는 그러한 규정을 두지 않았다). 양도담보권자에 대하여 개인회생절차가 개시된 때에도 똑같이 새겨야 한다(채무자회생법 585조 참조).

2) 가담법이 적용되지 않는 경우 이 경우에는 소유권이 양도담보권자에게 있으므로, 양도담보권자의 일반채권자가 목적물을 압류한 때에 설정자는 제 3 자 이의의 소를 제

기할 수 없다. 그리고 양도담보권자가 파산한 때에 설정자는 환취권도 가지지 못한다(구 파산법 80조 참조).

(2) 설정자의 일반채권자와 양도담보권자의 관계

1) 가담법이 적용되는 경우 이 경우에 설정자의 일반채권자가 목적물을 압류한 때에는 양도담보권자는 제3자 이의의 소를 제기할 수 없다.

양도담보설정자가 파산하거나 그에 대하여 개인회생절차가 개시된 경우에는 양도담보권자는 환취권은 없고 별제권(또는 준별제권)을 가진다(채무자회생법 411조·414조 참조. 담보물권설의 입장). 그리고 양도담보설정자에 대한 회생절차에서는 양도담보권은 회생담보권으로 된다(채무자회생법 141조).

2) 가담법이 적용되지 않는 경우 이 경우에는 소유권이 양도담보권자에게 있으므로, 설정자의 일반채권자가 목적물을 압류한 때에는 양도담보권자는 소유자로서 제3자 이의의 소를 제기할 수 있다. 그리고 설정자가 파산하였다면 양도담보권자는 환취권을 가진다(채무자회생법 407조 참조).

B-433 3. 제3자에 의한 침해

(1) 물권적 청구권

1) 가담법이 적용되는 경우 이 경우에 제3자가 양도담보의 목적물을 불법으로 점유하거나 그 밖의 방법으로 방해하는 때에는, 양도담보권자는 담보물권자로서, 그리고 설정자는 소유자로서 물권적 청구권을 갖는다. 그리고 목적물을 점유하는 당사자는 점유보호청구권도 가진다.

2) 가담법이 적용되지 않는 경우 이 경우에 제3자가 불법으로 점유하고 있으면, 양도담보권자는 소유자로서 물권적 청구권을 가진다(대판 1986. 8. 19, 86다카315). 그리고 설정자는 점유를 가지고 있는 때에만 점유보호청구권을 행사할 수 있다.

(2) 손해배상청구권

1) 가담법이 적용되는 경우 이 경우에 제3자가 목적물을 멸실·훼손한 때에는, 양도담보권자는 저당권 침해에 준하여 피담보채권을 한도로 손해배상을 청구할 수 있고, 설정자는 소유권 침해를 이유로 손해배상을 청구할 수 있다(양도담보권자가 배상을 받은 때에는 그 금액을 공제한 나머지만 청구할 수 있다).

2) 가담법이 적용되지 않는 경우 이 경우에 제3자의 불법행위가 있으면, 양도담보권자는 소유권 침해를 이유로 손해배상을 청구할 수 있다. 그러나 설정자는 소유권 침해를 이유로 한 손해배상청구권이 없다.

V. 우선변제적 효력 B-434

우선변제적 효력은 양도담보가 가담법의 적용을 받는 경우인지 아닌지에 따라 크게 다르다.

1. 가담법의 적용을 받는 경우

이에 대하여는 담보권 실행에 관한 가담법의 규정(2조 내지 11조)이 적용 또는 유추적용된다. 그 결과 양도담보권의 실행은 「권리취득에 의한 실행」에 의하게 된다(이때에 경매청구를 인정하는 것은 합목적적이 아니다). 그 절차는 가등기담보권에 있어서와 마찬가지로 실행통지, 청산기간의 경과, 청산, 소유권취득의 순서로 진행된다.

(1) 실행통지

양도담보권자는 먼저 가담법 제3조가 정하는 바에 의하여 실행의 통지를 하여야 한다. 그 자세한 내용은 가등기담보에 있어서와 같다(B-414 참조).

(2) 청산기간의 경과

실행통지가 채무자 등에게 도달한 날부터 2개월의 청산기간이 지나야 한다(가담법 3조 1항 1문).

(3) 청 산

목적부동산의 가액이 채권액을 넘는 경우에는 그 차액을 청산금으로 채무자 등에게 지급하여야 한다(가담법 4조 1항 1문). 청산방법은 귀속청산만 인정된다고 할 것이다(이설 있음). 자세한 내용은 가등기담보에 관한 설명을 참조할 것(B-415·416 참조).

(4) 소유권취득 B-435

위의 절차가 끝나면 양도담보권자는 소유권을 취득한다(가등기담보법이 적용되는 경우에는 채권자가 담보목적 부동산에 관하여 소유자로 등기되어 있다고 하더라도 청산절차 등 법에 정한 요건을 충족해야만 비로소 담보목적 부동산의 소유권을 취득할 수 있다. 대판 2022. 4. 14, 2021다263519). 등기는 이미 되어 있기 때문에 가등기담보에서와 달리 따로 등기를 할 필요는 없다.

부동산의 가액이 채권액에 미달하여 청산금이 없는 때(양도담보 당시에는 부동산의 가액이 차용액 및 그 이자의 합산액을 초과하였으나(그래야 가담법이 적용되므로), 실행통지시에는 미달하게 된 경우임)에는, 청산기간이 종료하는 때에 소유권을 취득하게 된다(가담법 4조 2항). 그에 비하여 **부동산의 가액이 채권액을 넘고 있는 때에는**, 청산기간이 지난 후 청산금이 지급되거나 청산금이 공탁된 때에 소유권을 취득한다(가담법 4조 2항·8조). 그리고 이들에 위반하는 특약으로 채무자 등에게 불리한 계약은 효력이 없다(가담법 4조 4항 본문). 그러나 청산기간이 지난 후에 행하여진 특약으로서 제3자의 권리를 침해하지 않는 것은 유효하다(가담법 4조 4항 단서).

(5) 법정지상권

토지와 그 위의 건물이 동일한 소유자에게 속하는 경우에 그 토지나 건물에 대하여 양도담보권이 설정되어 그것이 실행된 때에는, 건물소유자는 법정지상권을 취득한다(가담법 10

조 1문). 이 경우 그 존속기간과 지료는 당사자의 청구에 의하여 법원이 정한다(가담법 10조 2문).

B-436 ## 2. 가담법의 적용을 받지 않는 경우

가담법의 적용을 받지 않는 양도담보의 경우에는 가담법에 의한 실행은 요구되지 않는다. 그러나 반드시 정산은 하여야 한다. 정산의 방법에는 귀속정산과 처분정산이 있다. 귀속정산은 담보부동산의 가액에서 채권의 원리금을 공제한 나머지를 채무자에게 반환하고서 담보부동산의 소유권을 취득하는 방법이고, 처분정산은 담보부동산을 제 3 자에게 처분하여 그 매각대금에서 채권원리금의 변제에 충당하고 나머지를 채무자에게 반환하는 방법이다. 채권자는 이러한 정산방법 중 어느 것이든 자유롭게 선택할 수 있다고 할 것이다(대판 2001. 8. 24, 2000다15661 등). 그리고 정산은 부동산의 시가가 채권의 원리금에 미달하여도 행하여져야 한다(대판 1998. 4. 10, 97다4005). 그 경우 귀속정산을 하려면 부동산의 평가액이 채권액에 미달한다는 뜻의 통지를 하는 등의 정산절차를 거쳐야 하는데, 그때에는 청산금이 없으므로 부동산의 평가액 및 채권액을 구체적으로 언급할 필요 없이 그 미달을 이유로 담보권의 실행으로 그 부동산을 확정적으로 채권자의 소유로 귀속시킨다는 뜻을 채무자에게 알리는 것으로 충분하다(대판 2001. 8. 24, 2000다15661).

(판 례) 양도담보권의 실행 관련

(ㄱ) 「채권담보를 위하여 소유권이전등기를 경료한 양도담보권자는 채무자가 변제기를 도과하여 피담보채무의 이행지체에 빠졌을 때에는 담보계약에 의하여 취득한 목적부동산의 처분권을 행사하기 위한 환가절차의 일환으로서 즉, 담보권의 실행으로서 채무자에 대하여 그 목적부동산의 인도를 구할 수 있고 제 3 자가 채무자로부터 적법하게 목적부동산의 점유를 이전받은 경우 역시 그 목적부동산의 인도청구를 할 수 있다고 할 것이나, 직접 소유권에 기하여 그 인도를 구할 수는 없다.

한편, 위와 같은 경우에 채권자와 채무자 사이에 채무자가 양도담보의 목적부동산을 분양하는 등으로 처분하여 그 분양대금을 채무변제에 충당하기로 약정하였고 그 약정에 기하여 채무자가 제 3 자에게 목적부동산을 분양하거나 임대한 경우에는, 그 분양이나 임대는 채권자의 의사에 따른 것으로 볼 것이므로 그 목적부동산에 관한 채권자의 담보권은 이미 실행되어 소멸되었거나 채권자가 그 부분에 대한 담보권 주장을 포기한 것으로 볼 것이고, 따라서 이와 같은 경우에는 채권자가 제 3 자에게 담보권 실행을 위하여 그 목적부동산의 인도를 청구할 수도 없다.」(대판 2007. 5. 11, 2006다6836. 이 판결의 사안은 토지대금채무를 담보하기 위하여 채권자 명의로 소유권보존등기를 한 경우로서 판례상 가담법의 적용대상이 아닌 것으로 보임)

(ㄴ) 「채무의 담보를 위하여 채무자가 자기의 비용과 노력으로 신축하는 건물의 건축허가 명의를 채권자 명의로 하였다면 이는 완성될 건물을 양도담보로 제공하기로 하는 담보권 설정의 합의로서, 완성된 건물에 관하여 자신의 명의로 소유권보존등기를 마친 채권자는

채무자가 이행지체에 빠졌을 때에는 담보계약에 의하여 취득한 목적부동산의 처분권을 행사하기 위한 환가절차의 일환으로서 즉, 담보권의 실행으로서 채무자 또는 채무자로부터 적법하게 건물의 점유를 이전받은 주택임차인 등 제 3 자에 대하여 명도청구를 할 수 있고, 한편, 위와 같은 담보권 설정 합의시 채무자가 신축건물을 타에 처분하여 그 대금으로 채무변제에 충당하기로 약정한 바 있고, 그 약정에 기하여 신축건물의 처분행위가 이루어졌다면, 신축건물에 관한 채권자의 담보권은 이미 실행되어 소멸된 것으로 보거나 담보권 주장을 포기한 것으로 볼 여지가 있어 채권자는 채무자 또는 제 3 자를 상대로 명도청구를 할 수 없다 하겠으나, 그 약정이 신축건물의 처분 이전에 실효되거나 해제되었다면 채권자가 명도청구를 할 수 있음은 당연하다.」(대판 2002. 1. 11, 2001다48347)

(ㄷ) 양도담보에 있어서 채권자의 담보권실행은 당사자의 약정에 따라 환가처분을 하거나 평가하여 정산을 하는 것인바, 채권자가 담보부동산 위에 건물을 신축하였다거나 담보부동산에 관하여 제 3 자에게 근저당권을 설정해 주었다는 등 사정은 특별한 사정이 없는 한 자기의 담보권의 이용 내지 활용에 불과할 뿐 담보권의 실행으로서의 환가처분으로는 볼 수 없다(대판 1993. 9. 28, 92다32814).

(ㄹ) 동산을 목적으로 하는 유동 집합물 양도담보설정계약을 체결함과 동시에 채무불이행시 강제집행을 수락하는 공정증서를 작성한 경우, 양도담보권자로서는 그 집행증서에 기하지 아니하고 양도담보계약내용에 따라 이를 사적으로 타에 처분하거나 스스로 취득한 후 정산하는 방법으로 현금화할 수도 있지만, 집행증서에 기하여 담보목적물을 압류하고 강제경매를 실시하는 방법으로 현금화할 수도 있는데, 만약 후자의 방식에 의하여 강제경매를 실시하는 경우, 이러한 방법에 의한 경매절차는 형식상은 강제집행이지만, 그 실질은 일반 강제집행절차가 아니라 동산양도담보권의 실행을 위한 환가절차로서 그 압류절차에 압류를 경합한 양도담보설정자의 다른 채권자는 양도담보권자에 대한 관계에서 압류경합권자나 배당요구권자로 인정될 수 없고, 따라서 환가로 인한 매득금에서 환가비용을 공제한 잔액은 양도담보권자의 채권변제에 우선적으로 충당하여야 한다(대판 2005. 2. 18, 2004다37430).

(ㅁ)「당사자 사이에 매매대금 채무를 담보하기 위하여 부동산에 관하여 가등기를 마치고 위 채무를 변제하지 아니하면 그 가등기에 기한 본등기를 마치기로 약정한 경우에, 변제기에 위 채무를 변제하지 아니하면 채권채무관계가 소멸하고 부동산의 소유권이 확정적으로 채권자에게 귀속된다는 명시의 특약이 없는 이상 대물변제의 약정이 있었다고 인정할 수 없고, 단지 위 채무에 대한 담보권 실행을 위한 방편으로 소유권이전등기를 하는 약정, 이른바 정산절차를 예정하고 있는 '약한 의미의 양도담보' 계약이라고 봄이 타당하다.

그리고 위와 같이 '약한 의미의 양도담보'가 이루어진 경우에, 채권자는 채무의 변제기가 지나면 부동산의 가액에서 채권원리금 등을 공제한 나머지 금액을 채무자에게 반환하고 부동산의 소유권을 취득하거나(귀속정산), 부동산을 처분하여 그 매각대금에서 채권원리금 등의 변제에 충당하고 나머지 금액을 채무자에게 반환할 수도 있다(처분정산). 그렇지만 채무자가 채권자에게 적극적으로 위와 같은 정산을 요구할 청구권을 가지지는 아니하며, 다만 채무자는 채무의 변제기가 지난 후에도 채권자가 그 담보권을 실행하여 정산절차를 마치기 전에는 언제든지 채무를 변제하고 채권자에게 위 가등기 및 그 가등기에 기한 본등기의 말소를 청구할 수 있다.」(대판 2016. 10. 27, 2015다63138 · 63145)

B-437 ## Ⅵ. 양도담보권의 소멸

1. 피담보채권의 소멸

(1) 채무의 변제

1) 가담법의 적용을 받는 경우 채무가 변제되면 피담보채권이 소멸하고, 그 결과 양도담보권도 소멸한다. 그리고 그때에는 등기말소청구권을 행사할 수 있으며, 양도담보권자가 목적물을 점유하고 있는 경우에는 그것의 인도를 청구할 수 있다. 문제는 언제까지 변제할 수 있는가이다. 이는 경우에 따라 다르다.

청산금이 있는 때에는 청산기간이 지난 후 청산금이 지급될 때까지 변제할 수 있다(가담법 11조 본문). 청산금이 없는 때에는 청산기간 내에 변제할 수 있다. 그러나 채무의 변제기가 지난 때부터 10년이 경과하거나 선의의 제3자가 소유권을 취득한 경우에는 변제를 하고서 소유권이전등기의 말소를 청구할 수 없다(가담법 11조 단서). 가담법 제11조에 대하여 좀 더 설명하기로 한다(아래의 내용은 가담법 11조가 유추적용되는 가등기담보의 경우에도 그대로 인정되어야 함). 채무자 등이 가담법 제11조 본문에 따라 채권담보의 목적으로 마친 소유권이전등기의 말소를 구하기 위해서는 그때까지의 이자와 손해금을 포함한 피담보채무액을 전부 지급하여 그 요건을 갖추어야 한다(대판 2014. 8. 20, 2012다47074 등). 그리고 그 단서에 규정된 10년의 기간은 제척기간으로서 그 기간의 경과 자체만으로 곧 권리를 소멸시킨다. 이러한 점들에 비추어 볼 때, 채무자 등이 10년의 제척기간이 경과하기 전에 피담보채무를 변제하지 아니한 채 또는 그 변제를 조건으로 담보목적으로 마친 소유권이전등기의 말소를 청구하더라도 그것을 제척기간 준수에 필요한 권리의 행사에 해당한다고 볼 수 없으므로, 채무자 등의 말소청구권은 이 제척기간의 경과로 확정적으로 소멸한다고 새겨야 한다(대판 2014. 8. 20, 2012다47074 등). 그리고 이러한 법리는 채무자 등이 피담보채무를 변제하지 아니한 채 또는 그 변제를 조건으로 소유권이전등기의 말소등기를 청구하는 소를 제기한 경우에도 마찬가지로 적용된다고 할 것이다(대판 2014. 8. 20, 2012다47074). 한편 가담법 제11조 단서에 정한 제척기간이 경과함으로써 채무자 등의 말소청구권이 소멸하고 이로써 채권자가 담보목적 부동산의 소유권을 확정적으로 취득한 때에는 채권자는 가담법 제4조에 따라 산정한 청산금을 채무자 등에게 지급할 의무가 있고, 채무자 등은 채권자에게 그 지급을 청구할 수 있다고 보아야 한다(대판 2018. 6. 15, 2018다215947).

2) 가담법의 적용을 받지 않는 경우 가담법의 적용을 받지 않는 양도담보에 있어서는, 채권자가 담보권을 실행하여 정산을 하거나 제 3 자에게 매도하기 전까지는, 채무자는 변제기가 지난 후라도 언제든지 채무를 변제하고 소유권이전등기의 말소를 청구할 수 있다(대판 1996. 7. 30, 95다11900 등). 그리고 이는 양도담보약정 당시 부동산의 시가가 채권의 원리금에 미달하는 경우에도 마찬가지이다(대판 1998. 4. 10, 97다4005). B-438

[참고] 매도담보의 경우의 특수한 문제

매도담보의 경우에는 채무자가 환매대금(환매특약부 매매의 경우)이나 예약된 재매매대금(재매매 예약부 매매의 경우)을 제공하여 양도담보권(매도담보권)을 소멸시킬 수 있다. 그리고 자기에게 소유권을 이전할 것을 청구하게 된다. 이를 환매 또는 재매매의 예약의 실행이라고 한다. 민법은 환매의 실행에 관하여서만 제593조 내지 제595조의 특별규정을 두고 있다.

(2) 소멸시효의 완성

피담보채권이 시효로 소멸하면 양도담보권도 당연히 소멸한다.

2. 목적물의 멸실 · 훼손 B-439

양도담보의 목적물이 멸실·훼손하면 그 범위에서 양도담보권도 소멸한다. 그러나 피담보채권에는 영향이 없다.

제 3 부

채 권 법 총 론

제1장 서　　론

학습의 길잡이

본장은 채권법 전체에 관한 서론 부분이다. 본장에서는 우선 채권법의 일반이론으로 채권법의 의의와 법원, 민법전 「제3편 채권」의 내용, 채권법의 특질 등을 설명한다. 그 뒤에는 채권법의 규율대상인 채권에 관하여 자세히 살펴보게 된다. 구체적으로는 채권의 의의 및 특질, 채권과 청구권, 채권관계, 채권의 효력에 대하여 기술한다.

채권법의 내용을 제대로 이해하려면 먼저 그 기초가 되는 본장의 내용을 충실히 공부해야 한다. 그리고 본장에서 설명하는 사항 중 자연채무와 책임없는(또는 책임이 제한되는) 채무의 예를 공부할 때에는 해당 법 부분을 찾아서 철저하게 공부해 두는 것이 좋다. 또한 제3자에 의한 채권침해에 대하여 볼 때에는 완전한 이해를 위해 일반 불법행위 공부도 함께 할 필요가 있다.

제1절　채권법 일반론

Ⅰ. 채권법의 의의 C-1

채권법(債權法)은 물권법과 마찬가지로 민법의 일부분이다. 따라서 채권법의 의의도, 민법 전체나 물권법의 의의에 있어서처럼(A-1 이하, B-1 참조), 실질적으로 정의될 수도 있고 형식적으로 정의될 수도 있다. 앞의 것을 실질적 채권법이라고 하고, 뒤의 것을 형식적 채권법이라고 한다.

(1) 실질적 채권법

채권법을 실질적으로 파악하면 실질적 민법 가운데 채권에 관한 법이다. 이것을 달리 표현하면 「채권관계(2인 이상의 특정인 사이에 채권·채무가 존재하는 법률관계)를 규율하는 일반사법」이라고 할 수 있다.

(2) 형식적 채권법

형식적 의미의 채권법은 「민법」이라는 이름의 법률 가운데 「제3편 채권」(373조 내지 766조)을 가리킨다.

(3) 두 채권법 사이의 관계

실질적 채권법과 형식적 채권법은 일치하지 않는다. 후자가 전자의 핵심부분을 이루고 있어 두 법은 중요부분에서 서로 겹치나, 형식적 채권법 가운데에는 실질적 채권법에 속하지 않는 것도 있으며(예: 389조·704조), 민법전의 「제 3 편 채권」 이외의 규정 가운데 채권법적인 것도 있고(예: 201조 2항·202조·203조·261조), 또 주택임대차보호법·「약관의 규제에 관한 법률」·「보증인보호를 위한 특별법」·신원보증법 등과 같은 특별법에도 채권법적 규정이 많이 있다. 그 밖에 관습법과 판례(법원(法源)이라고 볼 경우) 중에도 실질적 채권법이 있다.

(4) 채권법학의 대상: 실질적 채권법

민법학의 일부인 채권법학의 대상이 되는 것은 실질적 채권법이다. 그런데 실질적 채권법의 중요부분을 이루고 있는 것이 형식적 채권법이기 때문에 후자를 중심으로 하여 다루게 된다.

Ⅱ. 채권법의 기능

채권법의 규율내용에 비추어 볼 때, 채권법은 ① 타인의 협력에 대한 보장(계약법), ② 법적으로 보호하여야 할 이익 즉 법익의 보호(불법행위법), ③ 부당한 가치이동의 조절(부당이득법), ④ 채권의 재산권성의 강화(채권양도법) 등과 같은 다양한 기능을 가진다고 할 것이다.

C-2 Ⅲ. 채권법의 법원(法源)

1. 서 설

민법의 법원에 관한 설명(A-8 이하 참조)은 채권법의 법원에 관하여도 원칙적으로 타당하다. 그러므로 여기서는 특별히 언급하여야 할 사항만 적기로 한다.

채권법의 법원에도 성문법과 불문법이 있다.

2. 성 문 법

(1) 민법 제 3 편 채권(373조 내지 766조)

채권법의 가장 중요한 법원이다.

(2) 특 별 법

특별법 가운데 채권법의 법원이 되는 것이 많이 있다. 그 주요한 것으로는 주택임대차보호법·상가건물임대차보호법·「할부거래에 관한 법률」·「방문판매 등에 관한 법률」·「약관의 규제에 관한 법률」·이자제한법·「대부업 등의 등록 및 금융이용자 보호에 관한 법률」·「보증인 보호를 위한 특별법」·신원보증법·어음법·수표법·공탁법·농지법·「실화책임에 관한 법률」·제조물책임법·「자동차손해배상 보장법」·국가배상법 등이 있다(그러나 상법과 은행법 등의 상사특별법은 특별사법이어서 채권법의 법원이 아니라고 하여야 한다. 통설은 반대임).

3. 불 문 법

(1) 관 습 법

관습법도 채권에 관한 것은 채권법의 법원이 된다.

(2) 판 례

판례는 채권법의 법원은 아니지만(이설 있음) 실제에 있어서는 「살아 있는 법」으로서 기능하고 있다.

Ⅳ. 민법전 「제 3 편 채권」의 내용 C-3

(1) 형식적 채권법인 민법전 「제 3 편 채권」은 총칙, 계약, 사무관리, 부당이득, 불법행위의 5장으로 이루어져 있다. 이들 가운데 「제 1 장 총칙」은 채권이 어떤 원인에 의하여 발생하였는지를 묻지 않고 모든 채권에 공통적으로 적용되는 내용을 규정하고 있으며, 제 2 장 내지 제 5 장은 채권의 발생원인 중 대표적인 것 4가지에 관하여 개별적인 사항을 규정하고 있다.

(2) 채권편 「제 1 장 총칙」은 모두 8절로 이루어져 있으며, 각 절의 제목은 채권의 목적·채권의 효력·수인의 채권자 및 채무자·채권의 양도·채무의 인수·채권의 소멸·지시채권·무기명채권이다.

이들 중 「제 1 절 채권의 목적」은 채권들 가운데 그 목적이 공통한 것에 관한 일반적인 규정을 모아둔 것이다. 그리고 「제 2 절 채권의 효력」에서는 채무불이행과 그로 인한 손해배상·강제이행·채권자지체·채권자대위권·채권자취소권을 규정하고 있다. 이 부분이 「제 1 장 총칙」에 있어서 가장 중요한 것이나, 그것의 제목 및 규율방식은 바람직하지 않다(채권법총론 [10] 참조). 「제 3 절 수인의 채권자 및 채무자」에서는 채권자 또는 채무자가 여럿 있는 특수한 경우로서 분할채권관계·불가분채권관계·연대채무·보증채무 등을 규정하고 있다. 「제 4 절 채권의 양도」와 「제 5 절 채무의 인수」에서는 채권·채무의 주체가 변경되는 경우를 규정하고 있다. 그리고 「제 6 절 채권의 소멸」에서는 변제·대물변제·공탁·상계·경개·면제·혼동 등 7가지의 채권소멸원인을 정하고 있다. 마지막으로 제 7 절과 제 8 절에서는 증권적 채권인 지시채권과 무기명채권에 관하여 규정하고 있다.

이와 같은 채권편 「제 1 장 총칙」에 관한 논의를 강학상(講學上) 채권총론 또는 채권법총론이라고 한다.

[참고] 주의할 점

채권편「제 1 장 총칙」 내지 채권법총론에 있어서「채권」이라 함은 채권 하나만을 가리킨다. 그리하여 하나의 채권관계에서 — 가령 쌍무계약에 의하여 — 두 개의 채권이 발생하는 경우에도 그 각각에 관하여 따로따로 채권총칙의 규정이 적용된다. 이와 같이 우리 민법의 채권총칙이 하나의 채권관계에서 복수의 채권이 발생하는 경우에도 채권들을 분리하여 각각의 채권을 하나씩 고찰하는 방식을 취하고 있기 때문에, 복수의 채권이 발생하는 경우에는 다른 채권에 관하여 따로 주의깊게 살펴보아야 한다.

(3) **채권편 제 2 장 내지 제 5 장**은 4가지의 가장 중요한 채권발생원인인 계약·사무관리·부당이득·불법행위에 관하여 규정하고 있다. 이들 중 계약은 둘 이상의 서로 대립하는 의사표시의 일치에 의하여 성립하는 법률행위 즉 넓은 의미의 계약 가운데 채권의 발생을 목적으로 하는 것이고, 사무관리는 의무 없이 타인의 사무를 처리하는 것이고, 부당이득은 법률상 원인 없는 이득이며, 불법행위는 고의 또는 과실로 위법하게 타인에게 손해를 가하는 행위이다. 이들이 있으면 채권이 발생한다. 그런데 이들 중 계약의 경우에는 법률행위에 의하여 채권이 발생하는 것이나, 나머지의 경우에는 모두 법률의 규정에 의하여 채권이 발생하는 것이다. 따라서 채권의 발생원인 중에는 계약이 가장 중요하다.

채권편「제 2 장 계약」은 16절로 이루어져 있는데, 그 가운데 제 1 절은 다시 총칙 즉 계약총칙이고, 제 2 절 내지 제15절은 증여·매매 등 15가지의 전형계약을 규정하고 있다.

채권편 제 2 장 내지 제 5 장에 관한 논의를 강학상 채권각론 또는 채권법각론이라고 한다. 그리고 채권편 계약의 장 제 1 절에 관한 논의를 계약총론이라고 하며, 제 2 절 내지 제15절에 규정된 개별적인 전형계약에 관한 논의를 계약각론이라고 한다.

C-4

V. 채권법의 특질

1. 채권법의 법적 성격

(1) 일반사법의 일부

채권법은 민법의 일부로서 당연히 사법, 그 중에서도 일반사법에 속한다. 따라서 상법 등의 특별사법은 채권에 관한 것이라도 채권법이 아니다(통설은 채권에 관한 법은 특별사법이라도 채권법이라고 파악한다).

(2) 재 산 법

일반사법(민법)은 크게 재산법과 가족법으로 나누어지는데, 그 경우에 채권법은 물권법·상속법과 함께 재산법에 속한다. 그리고 채권법은 특히 물권법과 더불어 재산법의 2대 분야를 이루고 있다.

채권법은 재산법 가운데 재화의 교환 즉 계약을 중심으로 하는 법이다. 그 점에서 소유권을 중심으로 하는 재산법인 물권법과 대비된다.

(3) 실 체 법

채권법은 절차법이 아니고, 권리의무관계를 직접 규율하는 실체법이다.

2. 채권법의 특질 C-5

채권법은 공법, 특별사법, 가족법과는 분명하게 구별된다. 따라서 여기서는 같은 재산법으로서 가장 가까운 법인 물권법에 비하여 어떤 특별한 성질이 있는지를 살펴보기로 한다.

(1) 임의규정성

물권법은 배타성을 가지는 물권을 규율하기 때문에 제3자 보호를 위하여 그 대부분의 규정을 강행규정으로 하고 있다(B-5 참조). 그에 비하여 채권법이 규율하는 채권은 배타성이 없는 상대적인 권리이어서 그것의 성립이나 내용을 당사자에게 맡기더라도 제3자에게 손해를 발생시킬 가능성이 적다. 그 때문에 채권법의 영역에서는 사적 자치가 널리 인정되며, 그 규정들은 대체로 임의규정으로 되어 있다. 특히 거래법인 계약법에 있어서 그렇다.

그러나 채권법에도 강행규정이 적지 않다. 우선 법정 채권발생원인인 사무관리·부당이득·불법행위에 관한 법은 대체로 강행규정이다. 그리고 재산으로서의 채권에 관한 규정(채권양도·채무인수·지시채권·무기명채권에 관한 규정)은 제3자에게 직접 영향을 미치는 것이므로 대부분 강행규정이다. 그런가 하면 계약법 가운데에도 경제적 약자 보호를 위하여 강행규정이 두어져 있으며(그러한 규정은 임대차와 소비대차의 경우에 많다. 652조·607조·608조 참조), 그러한 규정 또는 특별법은 앞으로 더욱 늘어날 것이다.

(2) 보 편 성

일반적으로 물권법은 각국의 관습과 전통의 영향을 강하게 받는다(우리의 물권법에 관하여는 B-5 참조). 그에 비하여 채권법은 거래법으로서 세계적으로 보편화·균질화하는 경향을 보인다. 무엇보다도 계약법 가운데 매매법에 있어서 그렇다.

(3) 동적인 모습

물권법은 물건에 대한 지배, 그리하여 현재상태의 유지를 규율하는 것이어서 정적(靜的)이다. 그러나 채권법(특히 계약법)은 물건·노무 등의 이동, 그리하여 현재상태의 변경을 규율하는 것이어서 동적(動的)이다.

(4) 신의칙의 지배

신의칙(2조 1항)은 민법의 모든 분야에 골고루 적용되나, 그 가운데 채권법에서 가장 현저하게 작용한다. 그에 비하여 물권법에서는 권리남용 금지(2조 2항)가 많이 문제될 것이다.

(5) 로마법의 영향

물권법은 로마법적 요소와 게르만법적 요소가 뒤섞여 있다(B-5 참조). 그러나 채권법은 로마법만의 영향을 강하게 받고 있다. 그것은 우리의 채권법이 로마법을 계수한 독일채권법·프랑스채권법을 모범으로 하여 만들어졌기 때문이다.

제 2 절 채권의 본질

C-6 ## Ⅰ. 채권의 의의·작용

1. 채권의 의의

채권은 특정인(채권자)이 다른 특정인(채무자)에 대하여 일정한 행위(이는 보통 급부라고 하나, 이행행위라고 함이 더 낫다)를 요구할 수 있는 권리이다. 채권은 내용 면에서는 재산권이고, 효력(작용) 면에서는 청구권이며, 의무자의 범위를 표준으로 해서 보면 상대권이다.

(1) 채권은 채무자의 행위 즉 급부(이행행위)를 목적으로 한다. 급부는 적극적인 행위인 작위일 수도 있고(예: 물건의 인도·강연), 소극적인 행위인 부작위일 수도 있다(예: 건축을 하지 않는 것)(급부의 자세한 내용에 관하여는 제 3 장에서 논의한다. C-33 이하 참조). 어쨌든 채권은 채무자의 행위를 목적으로 하기 때문에, 그것이 실현되려면 채무자의 협력이 있어야 한다.

(2) 채권은 채무자라고 하는 특정인에 대한 권리이다. 그 결과 채권자는 채무자에 대하여만 그 권리를 행사할 수 있을 뿐이며, 제 3 자에게는 일정한 행위를 요구할 수 없다. 채권을 상대권이라고 하는 이유가 거기에 있다.

(3) 채권은 채무자의 일정한 행위를 요구(청구)할 수 있는 권리이다. 그리하여 그것은 청구권이다. 여기서 「요구(청구)할 수 있다」는 것은 ① 청구하는 것이 법적으로 허용된다는 것(위법하지 않다는 것)과 ② 청구에 응하여 상대방이 급부를 한 경우 이를 수령·보유할 수 있다는 것(부당이득이 되지 않는다는 것)을 의미한다.

2. 채권의 작용

종래 우리 문헌들은 채권의 작용에 관하여 필요 이상으로 관심을 보여 왔다. 그러면서 대체로, 채권은 본래 물권에 도달하는 수단에 불과하였으나, 자본주의가 발전함에 따라 물권과 채권의 사회적 기능이 크게 변하여 물권이 채권을 매개로 하여 기능하고(물권의 채권화), 채권은 유가증권으로 화체(化體)하여 유통된다고 한다(채권의 증권화). 그리고 금융자본주의에 이르러서는 은행이 대부채권을 통하여 산업자본에 개입하고 사실상 이를 지배하게 된다고 한다. 그리하여 이제는 채권이 소유권에 대하여 우월적 지위를 차지하게 되었다고 한다.

Ⅱ. 채권의 특질 C-7

채권의 특질은 그것과 함께 재산권의 2대 지주를 이루는 물권과 비교하여 어떤 특별한 성질이 있는지 살펴보아야 한다.

(1) **청 구 권**

물권은 물건 기타의 객체를 직접 지배하는 권리인 데 비하여, 채권은 채무자에게 일정한 행위를 청구할 수 있는 권리에 지나지 않는다. 그 결과 물권은 타인의 협력(행위)이 없어도 실현될 수 있으나, 채권은 타인의 행위가 있어야 실현될 수 있다.

(2) **상 대 권**

물권은 절대권이어서 특정한 상대방이 없고 모든 자에 대하여 주장할 수 있다. 그에 비하여 채권은 특정인인 채무자에 대하여서만 주장할 수 있는 상대권이다. 그리하여 채권은 원칙적으로 채무자에 의하여서만 침해될 수 있으며(채무 불이행), 제 3 자에 의한 침해는 당연히 불법행위로 되는 것은 아니다(C-18 이하 참조).

(3) **평등성**(배타성 없음)

물권은 물건에 대한 직접적인 지배를 내용으로 하는 권리이므로 당연히 독점적인 이용이 가능할 수 있도록 배타성이 인정된다. 그러나 채권은 채무자의 일정한 행위를 청구할 수 있는 권리이므로 배타성이 없다. 따라서 **채권은 실질적으로 양립할 수 없는 것이라도 동시에 둘 이상 존재할 수 있다**(예: 2중매매 기타의 2중계약의 경우). 그리고 그러한 채권은 효력에 있어서도 차이가 없다. 이를 **채권자 평등의 원칙**이라고 한다.

Ⅲ. 채권과 청구권

많은 경우 청구권이라는 용어가 채권과 동의어로 쓰이고 있다. 여기서 채권과 청구권이 동일한 권리인지가 문제된다. 그런데 그에 관하여는 「민법총칙」 부분에서 논의하였으므로(A-35 참조), 중복을 피하는 의미에서 결론만을 적으면, **채권과 청구권은 동일한 것이 아니며 청구권은 채권의 본질적인 내용(효력)을 이루고 있을 뿐이라고** 할 수 있다.

Ⅳ. 채권과 채권관계 C-8

1. 채권관계의 의의

(1) 민법전은 채권에 관하여만 규정하고 있으며 채권관계라는 용어는 사용하지 않는다. 그러나 채권에 관한 법률관계에 있어서 채권만을 다루게 되면 법률문제의 해결은 불

충분하게 된다. 그러한 법률관계에는 채권으로 파악되지 않는 의무도 있기 때문이다. 따라서 채권에 관한 법률관계 즉 채권관계의 개념을 인정하고 그에 대하여 살펴보아야 할 필요가 있다.

(2) 채권관계란 2인 이상의 특정인 사이에 채권 · 채무가 존재하는 법률관계를 말한다. 이를 좀더 자세히 설명하면 다음과 같다.

1) 특별구속관계 채권관계는 일반인 사이의 관계가 아니고 채권자와 채무자라는 특정인 사이의 법률관계이다. 그러한 의미에서 채권관계는 일종의 특별구속관계라고 할 수 있다.

2) 포괄적인 관계(채권과의 구별) 채권관계는 기본적인 채권·채무만이 존재하는 관계가 아니고, 그 밖에 여러 가지의 권리(예: 항변권 · 해제권 · 해지권)와 의무(예: 통지의무 · 배려의무)도 포괄하는 관계이다. 즉 채권관계는 채권·채무의 단순한 결합관계가 아닌 것이다.

3) 유기적 관계 종래 우리의 통설에 의하면, 채권관계는 당사자가 달성하려는 목적을 향해서 서로 협력하여야 할 긴밀한 관계이고, 그러한 의미에서 채권관계는 하나의 유기적 관계라고 한다.

2. 호의관계(好意關係)와의 구별

채권관계는 법률관계의 일종이다. 따라서 그것은 비법률관계와는 구별된다. 비법률관계의 대표적인 예로 호의관계가 있다. 호의관계는 법적인 의무가 없음에도 불구하고 호의로 어떤 행위를 해 주기로 하는 생활관계이다. 호의관계의 구체적인 예에 관하여는 「민법총칙」 부분에서 설명하였으므로, 여기서는 생략하기로 한다(A-28 참조). 그리고 호의관계 가운데 법적으로 가장 중요한 호의동승에 관하여는 뒤에 따로 논의하기로 한다(D-477 참조).

C-9 Ⅴ. 채권의 효력

1. 채권의 효력 일반론

(1) 채권의 효력의 의의

채권의 효력을 논의하려면 먼저 그것이 무엇인지를 확정하여야 한다. 그런데 채권의 효력의 의의를 확정하기는 쉽지 않다. 사견으로는 「채권의 내용을 실현하게 하기 위하여 채권에 대하여 법이 인정하는 힘」이 채권의 효력이라고 이해한다. 그리고 이때 「법이 인정하는 힘」은 실체법상의 것뿐만 아니라 절차법상의 것도 포함한다고 할 것이다. 다만, 「법이 인정하는 힘」 가운데 소극적인 것은 제외되고 적극적인 것만이 효력이라고 하여야 한다. 그렇지 않으면 채권에 관한 모든 법률규정(법)이 그 효력을 구성하게 되기 때문이다.

(2) 채권의 효력의 개괄적 내용

채권의 효력은 우선 크게 대내적 효력, 대외적 효력, 책임재산 보전의 효력의 셋으로 나누어지는데, 그중 대내적 효력은 다시 청구력·실현강제력(소구력·집행력)·급부보유력으로 세분되며, 대외적 효력은 제3자의 불법한 침해에 대한 효력이고, 책임재산 보전의 효력은 채권자대위권·채권자취소권을 가리킨다(이와 같은 사견의 자세한 점은 채권법총론 [10] 참조). 아래에서 이들을 나누어 설명하기로 한다.

〈채권의 효력 개관〉

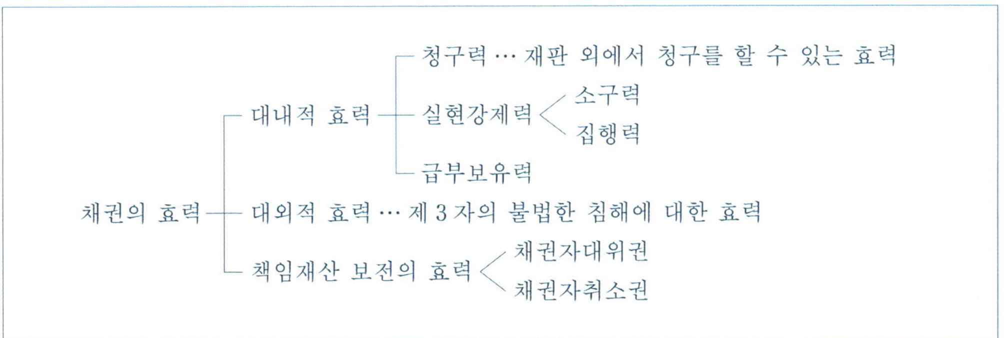

2. 대내적 효력 C-10

(1) 청구력과 급부보유력

1) 채권에는 당연히 일정한 행위를 청구할 수 있는 효력, 즉 청구력이 있다. 그런데 여기서 「청구할 수 있다」고 함은 재판 외에서 청구할 수 있다는 것만을 의미한다고 보아야 한다. 재판상의 청구는 따로 소구력의 문제로 다루는 것이 적당하기 때문이다.

채권이 청구력을 갖는 시기는 원칙적으로 채무의 이행기(변제기)가 된 때이다. 그러나 채무자가 기한의 이익을 포기하거나 상실한 때와 같은 경우(153조 2항·388조)에는 예외적으로 이행기가 되지 않았더라도 청구력을 갖게 된다.

채권의 청구력에 있어서 이행을 청구할 수 있는 것(청구내용)은 처음에는 본래의 급부의무에 관하여서이다. 그런데 채무불이행이 발생한 경우에는 손해배상의무에 관하여도 인정된다.

2) 채권에는 채무자의 급부가 있는 경우에 그것을 수령하고 적법하게 보유하는 효력, 즉 급부보유력이 있다. 이는 채권이 청구력을 가지는 한 당연히 인정되어야 하는 것이다. 이와 같이 채권에 급부보유력이 있기 때문에 채권자가 채무자로부터 수령한 급부를 보유하는 것은 적법하고 부당이득이 되지 않는다(부당이득이 되지 않는 것은 채무자에 대한 상대적 관계에 있어서만이다).

3) 청구력과 급부보유력은 채권의 기본적 효력 내지 최소한도의 효력이다. 따라서 그러한 효력만 갖추고 있으면 설사 실현강제력을 가지고 있지 않더라도 법률상의 채권이라고 할 수 있다. 뒤에 보는 자연채무(C-13 이하 참조)와 책임없는 채무(C-17 참조)가 그 예이다.

C-11 **(2) 실현강제력**

1) 의 의 채무자가 청구권의 내용(본래의 급부의무 및/또는 손해배상의무)을 자발적으로 이행하지 않는 경우에 그것을 강제적으로 실현시킬 수 없다면 채권은 실효성이 없는 권리로 전락할 것이다. **따라서 법률은 원칙적으로 채권에 채무(손해배상의무 포함)의 내용실현을 강제하는 힘을 부여하고 있는데**(389조, 민소 248조 이하, 민사집행법 61조 이하), 그러한 힘을 **실현강제력**이라고 한다.

채권의 실현강제력은 어떠한 내용의 것인가? 채무내용의 실현은 — 채무자의 인격·의사를 존중하고 있는 근대법에 있어서는 — 채무자의 재산(채권의 목적이 되는 특정재산 또는 채무자의 일반재산)을 강제집행하는 방법으로 행하여진다. 그런데 그러한 강제집행이 가능하려면 채권자는 먼저 이행판결 기타의 집행권원을 얻어야 한다. **따라서 채권에는 채무자의 재산을 강제집행할 수 있는 효력과 그 전제로서 소를 제기하여**(재판상의 청구를 하여) **이행판결을 받을 수 있는 효력이 인정되어야 한다. 전자를 집행력, 후자를 소구력(訴求力)**이라고 한다. 이들 가운데 집행력이 실현강제력의 중심에 있음은 물론이나, 소구력도 집행의 전제가 되는 만큼 실현강제력에 포함시켜서 생각하는 것이 바람직하다.

2) 소 구 력 우리 법상 채권에는 원칙적으로 소구력이 인정된다. 따라서 채무자가 채무를 이행하지 않는 경우에는, 채권자는 일정한 요건 하에 국가에 대하여 이행판결(급부판결)을 청구할 수 있다. 즉 채권자는 소권(訴權)을 갖는다. 그리고 이때 채권자가 얻은 이행판결(확정판결 또는 가집행선고 있는 종국판결)은 강제집행의 전제인 집행권원이 된다.

소구력이 없는 채무를 일반적으로 자연채무라고 하는데, 그에 관하여는 뒤에 따로 자세히 살펴보기로 한다(C-13 이하 참조).

C-12 **3) 집 행 력** 채권에는 원칙적으로 집행력이 있다. 따라서 채무자의 채무불이행이 발생할 경우, 채권자는 집행권원을 얻어 채무자의 재산(특정재산 또는 일반재산)에 강제집행을 할 수 있다. 여기서 강제집행이라 함은 채권자의 신청에 의하여 국가의 집행기관이 채권자를 위하여 집행권원에 표시된 사법상의 이행청구권을 국가권력에 기하여 강제로 실현하는 법적 절차이다. 강제집행은 강제이행이라고도 한다(민법 389조에서는 강제이행이라는 용어를 사용하고 있다).

4) 실현강제력이 채권의 속성(본질)인지 여부 실현강제력 내지 강제적 실현가능성이 채권의 속성(본질적·필수적 내용)인지에 관하여는 견해가 나뉘는데, 다수설(사견도 같음)은, 모든 채권이 법률상 강제적으로 실현될 수 있는 것은 아니고 채권 가운데에는 소구할 수 없는 것 또는 강제집행할 수 없는 것도 예외적으로 있기 때문에, 강제적 실현가능성은 채권의 본질적 성질(속성)이 아니라고 한다.

(3) 자연채무 C-13

1) 서　설　비록 예외적이기는 하지만 채권 가운데에는 실현강제력을 구비하지 못한 것도 있다. 즉 **소구력**(訴求力)**이 없는 채권**이 있는가 하면 집행력이 없는 채권도 있다. 이들 가운데 앞의 것을 보통 **자연채무**(自然債務)라고 한다.

2) 자연채무의 의의

(가) **자연채무 개념의 인정필요성**　우리 민법은 독일민법과 마찬가지로 자연채무에 관하여 아무런 규정도 두고 있지 않다. 그러한 상황에서 종래 우리의 통설은 자연채무의 개념을 인정하여 왔다.

(나) **자연채무 개념의 의의**　일반적으로 자연채무라고 하면, 채무자가 임의로 급부하지 않는 경우에도 채권자가 그 이행을 소로써 구하지 못하는 채무를 가리키는 것으로 이해되고 있으며, 그에 관하여는 다툼이 없다. 그런데 **여기의 채무가 법률상의 채무 내지 법률적으로 의의 있는 채무만을 의미하는가**에 관하여는 견해가 대립한다. 다수설은 자연채무에 있어서의 채무는 법률상 의의 있는 것이어야 한다고 주장하는 데 비하여, 반사회적 행위나 도덕상 채무를 포함시키는 소수설도 있다(채권법총론 [13] 참조).

3) 자연채무가 문제되는 경우들의 검토 C-14

다수설(사견도 같음)의 입장에서 자연채무가 문제되는 경우들을 살펴본다.

(가) **부제소의 합의가 붙은 채무**　채권의 당사자는 채권에 관하여 부제소의 합의를 할 수 있다. 그 합의는 채권을 발생시키는 계약 당시에 할 수도 있고 또 이미 발생해 있는 채무에 관하여 사후에 할 수도 있다. 이들 중 앞의 경우에는 처음부터 자연채무가 성립하고, 뒤의 경우에는 통상의 채무가 자연채무로 변경된다(대판 1993. 5. 14, 92다21760도 참조).

(나) **약혼에 의한 혼인체결의무**　견해에 따라서는, 약혼에 의한 혼인체결의무는 우리 민법(803조)이 계약으로 자연채무가 발생함을 분명하게 규정한 것이라고 한다. 그러나 약혼 당사자의 혼인체결의무는 자연채무라고 할 수 없다(그렇다고 하여 책임없는 채무라고 할 수도 없다. 주해(9), 33면(송덕수) 참조).

(다) **소멸시효가 완성된 채무**　소멸시효가 완성된 채무는, 소멸시효 완성의 효과에 관하여 절대적 소멸설을 취하든 상대적 소멸설을 취하든, 자연채무라고 할 수 없다.

(라) **반사회질서행위에 기한 채무**　견해에 따라서는, 사회질서 위반행위 가운데 경제적 질서·행정적 질서에 위반한 것으로서 질서위반의 정도가 미약한 경우에 그 행위에 기한 채무는 자연채무가 된다고 한다. 그러나 우리 민법상 사회질서 위반의 효과를 사정에 따라 차등적으로 인정할 수 없는 만큼 위의 견해는 옳지 않다.

(마) **불법원인에 기한 채무**　법적으로 의미 있는 채무만을 자연채무로 보아야 하는 한, 불법원인에 기한 채무(746조 참조)는 자연채무라고 할 수 없다.

구 이자제한법 아래에서는 제한을 넘는 이자채무가 자연채무인가에 관하여 다투어졌으나, 새로운 이자제한법(동법 2조 4항)과 「대부업 등의 등록 및 금융이용자 보호에 관한 법률」(동법 8조 4항)은 채무자가 제한초과이자를 임의로 지급한 경우에도 반환청구를 할 수 있다고 명문으로 규정함으로써(C-63 이하 참조) 자연채무인지의 논란이 생길 여지가 없게 되었다.

(바) 채권자가 승소의 종국판결을 받은 후에 소를 취하한 경우의 채무 채권자가 승소의 종국판결을 받은 후에 소를 취하한 때에는 같은 소를 제기하지 못한다(민소 267조 2항). 그렇지만 그 경우에 승소판결이 내려져 있는 만큼 소의 취하로 채권 자체가 소멸한다고는 할 수 없고, 따라서 그러한 채무는 자연채무라고 하여야 한다(통설도 같음).

C-15 **(사) 채권이 존재하고 있는데도 채권자의 패소판결이 확정된 경우의 채무** 여기에 관하여는 i) 자연채무라고 하는 견해(사견도 같음), ii) 도의상의 존재에 불과할 뿐 자연채무가 아니라는 견해가 대립하고 있다.

(아) 파산절차나 개인회생절차에서 면책된 채무(채무자회생법 566조 · 625조 2항) · 회생절차에서 일부 면책된 채무(채무자회생법 251조) 이와 같은 경우에 법률이 책임만을 면제한 만큼 채무 자체는 소멸하지 않고 존속한다고 하여야 한다. 다만, 여기의 면책은 소구가능성도 배제하는 의미로 새겨야 할 것이다. 결국 파산절차 등에서 면책된 채무는 자연채무라고 하여야 한다. 통설·판례(대판 2001. 7. 24, 2001다3122)도 같다.

4) 자연채무의 효력 자연채무는 소구할 수 없다. 그러나 자연채무도 법률상의 채무이기 때문에, 채무자의 임의의 급부는 증여가 아니고 채무의 변제이며, 따라서 그 급부는 비채변제(742조 참조)로서의 수령자의 부당이득이 되지 않는다. 그 결과 당연히 급부한 채무자는 채권자에게 급부한 것의 반환을 청구할 수 없게 된다. 이것이 자연채무의 최소한도의 공통적인 효력이다. 그 밖에 자연채무에 어떠한 효력이 부여될 것인가는 각각의 자연채무에 관하여 개별적으로 결정되어야 한다. 일반적으로 상계의 자동채권으로 하거나(다만 위 (사)의 채무만은 상계의 자동채권으로 될 수 없다고 하여야 한다) 경개 또는 준소비대차의 기초로 삼을 수 있고, 또한 그 채무를 위하여 보증이나 담보도 유효하게 성립시킬 수 있을 것이다. 한편 자연채무는 양도될 수 있으나, 그것이 자연채무임을 모르는(즉 선의의) 제 3 자에게 양도되더라도 자연채무로서의 성질은 잃지 않는다고 새겨야 한다(통설도 같음).

C-16 **(4) 채무와 책임**

1) 책임의 의의 책임은 다의적인 개념이다. 그것은 일반적으로는 ① 어떤 자가 자신이나 타인의 행위 또는 일정한 위험에 대한 결과를 피해자에게 손해를 배상하는 방식으로 떠맡는 것(책임지는 것)을 의미하나(과실책임 · 위험책임 · 채무불이행책임 · 불법행위책임 · 사용자책임 · 책임있는 사유 등의 경우), ② 채무를 의미하는 때도 있다(일정한 금액의 한도에서 책임을 진다거나 손해배상책임의 경우, 35조 · 750조 이하에서의 책임). 그러나 여기서 문제삼는 것은 ③ 채무에 대한 개념으로서의 책임이다.

채무에 대한 개념으로서의 책임은 「채무자의 재산이 채권자의 강제집행에 복종하는 상태」라고 할 수 있다. 통설은 책임을 「채무자의 재산이 채권자의 강제집행에 의한 공취(攻取)(내지 공취력)에 복종하는 상태」라고 하나, 위와 같이 정의하는 것이 바람직하다.

2) 채무와 책임의 관계 채무와 책임의 관계에 관하여 학설은 대립하고 있다. i) 제 1 설(다수설)(사견도 같음)은 채무와 책임을 구별·분리한다. ii) 제 2 설은 채무와 책임을 개념상 구별하는 것을 전제로 하여 채권의 본질적 속성을 채무와 책임이 대등한 요소로서 결합된 것이라고 이해한다. iii) 제 3 설은 채무와 책임의 개념적 구별을 부정하고 책임을 채무 속에 흡수되어 있는 것으로 파악한다.

3) 채무와 책임의 분리 현재의 우리 법에서 채무와 책임은 다음의 경우에는 분리 C-17
되는 현상을 보인다.

(가) 책임없는 채무 채권의 당사자는 채권을 발생시키면서 또는 기존의 채권에 관하여 강제집행을 하지 않기로 하는 특약을 할 수 있으며, 그러한 특약은 유효하다. 그 결과 그러한 특약이 있는 경우에 채권자가 특약에 반하여 강제집행을 하면, 채무자는 법원에 집행에 관한 이의를 신청할 수 있다(민사집행법 16조)(통설도 같으나, 이은영, 57면은 채무자가 그에 대하여 청구에 관한 이의의 소를 제기해야 할 것이라고 한다. 판례는 소수설과 같다. 대판 1996. 7. 26, 95다19072 등). 그런데 이때 채무와 분리되어 있는 책임의 관념을 인정한다면, 그러한 특약은 「책임없는 채무」에 관한 특약이라고 이해할 수 있다.

(나) 책임이 한정되는 채무 채무자는 채무의 전액에 관하여 그의 모든 재산으로써 책임을 지는 것이 원칙이다. 이를 인적 책임(人的 責任)(인적 책임은 생명·신체·자유·신분과 같은 인격으로 책임을 지는 것인 인격적 책임과 다름을 주의하여야 한다) 또는 무한책임이라고 한다. 그런데 이러한 인적 책임 또는 무한책임에는 법률규정 또는 당사자의 특약에 의하여 예외가 인정된다. 즉 예외적으로 책임이 채무자의 일정한 재산에 한정되거나 또는 일정한 금액의 한도로 제한되는 경우가 있다. 전자를 물적 유한책임이라고 하고, 후자를 금액 유한책임이라고 한다.

(a) 물적 유한책임 물적 유한책임이란 책임이 채무자의 일정한 재산에 한정되어 있어서 채권자는 그 특정재산에 대하여서만 강제집행을 할 수 있는 경우를 말한다. 그 예로는 상속의 한정승인(1028조)을 들 수 있다. 한정승인의 경우에는 상속채무는 줄어들지 않고 그대로 존속하지만 책임이 상속재산의 한도로 한정된다(대판 2006. 10. 13, 2006다23138).

(b) 금액 유한책임 금액 유한책임은 채무자가 그의 전재산으로써 책임을 지지만 그 책임액에 제한이 있는 경우이다. 이는 그의 전재산으로 책임을 지므로 인적 책임이고, 책임이 일정한 금액의 한도로 제한되어 있으므로 유한책임이다. 그리하여 금액 유한책임은 인적 유한책임이라고도 한다.

금액 유한책임의 예로는, 합자회사의 유한책임사원의 책임(상법 279조)·선박소유자의 일정한 채무에 대한 책임(상법 770조)을 들 수 있다. 통설은 주식회사의 주주의 책임(상법 331조)과 유한회사의 사원의 책임(상법 553조)도 금액 유한책임에 해당한다고 한다. 그러나 주식회사의 주주는 주식의 인수가액을 한도로 하여 회사에 대하여 출자의무를 부담할 뿐이고, 회사의 채권자에 대하여는 회사가 채무를 부담하여 그는 아무런 채무도 부담하지 않는다. 따라서 주식회사의 주주가 회사의 채권자에 대하여 유한책임을 진다는 표현은 옳지 않다. 그러한 점은 유한회사의 사원의 경우에도 마찬가지이다.

(다) **채무 없는 책임** 가령 물상보증인(대판 2018. 4. 10, 2017다283028)이나 저당부동산의 제 3 취득자는 채무를 부담함이 없이 책임만을 진다. 그러나 이 경우에 채무가 전혀 존재하지 않고 책임만이 있는 것은 아니며, 채무의 주체와 책임의 주체가 분리되어 있을 뿐이다.

C-18

3. 대외적 효력(제 3 자에 의한 채권침해)

(1) 서 설

1) 대외적 효력으로 논의하여야 할 문제 채권의 대외적 효력이 무엇인가에 대하여는 논란이 있으나, 제 3 자의 불법한 채권침해에 대한 효력이 그에 해당한다고 보아야 한다.

2) 제 3 자에 의한 채권침해의 의의 널리 채권침해라 함은 채권의 내용실현이 방해되는 것을 말한다. 이러한 채권침해는 내용실현을 방해하는 자, 즉 침해자가 누구인가에 따라 채무자에 의한 침해와 제 3 자에 의한 침해로 나눌 수 있다. 이 가운데 전자는 채무불이행이라고 하여 채권침해와 따로 다루어지며, 보통 채권침해라고 하면 후자만을 가리킨다.

제 3 자에 의한 채권침해를 둘러싸고 종래부터 논의되고 있는 것은 두 가지이다. 그 하나는 제 3 자의 불법한 채권침해행위가 채권자에 대하여 불법행위로 될 수 있는가이고, 나머지 하나는 제 3 자가 채권자의 권리행사를 방해하는 경우에 채권자는 채권에 기하여 방해배제를 청구할 수 있는가이다. 아래에서 이들을 차례로 살펴보기로 한다.

(2) 제 3 자의 채권침해에 의한 불법행위의 성립

1) 문제의 제기 앞에서 설명한 바와 같이(C-7 참조), 채권은 상대권으로서 특정한 의무자인 채무자에 의하여서만 침해될 수 있으며, 그것이 바로 채무불이행이다. 그리고 그러한 채무불이행의 경우에는 채권자는 채무자에 대하여 손해배상 등의 책임을 물을 수 있다. 그에 비하여 채권의 내용실현이 제 3 자의 행위에 의하여 방해당하는 경우에는, 상대권이라는 채권의 성질상 침해한 제 3 자는 의무자가 아니어서, 채권자는 그 제 3 자에 대하여 책임을 물을 수 없다고 하여야 할지 모른다. 그러나 채권이 상대권이라는 사실로부터 제 3 자에 의한 모든 침해가 당연히 용인될 수 있는 것은 아니다. 여기서 제 3 자의 불법한 채권침해가 불법행위로 될 수 있는가가 문제된다.

2) 불법행위의 성립 여부 C-19

(가) 학 설 제3자에 의한 채권침해가 불법행위를 성립시킬 수 있는가에 관하여 현재 우리의 학설은 일치하여 긍정하고 있다. 그런데 그 근거에 대하여는 견해가 대립하고 있다. 그중 다수설(사견도 같음)은 위법성설인데(채권법총론 [18] 참조), 그에 따르면 채권의 성질상 상대권인 채권도 예외적으로 일정한 경우에는 제3자에 의하여 침해될 수 있고, 그것이 불법행위로서 성립하려면 다시 불법행위의 요건을 갖추어야 하며, 무엇보다도 민법 제750조가 의용민법에서의 권리침해에 갈음하여 요구하는 위법성을 갖추어야 한다고 한다.

(나) 판 례 대법원은 「제3자에 의한 채권침해가 불법행위를 구성할 수는 있으나 제3자의 채권침해가 반드시 언제나 불법행위가 되는 것은 아니고 채권침해의 태양에 따라 그 성립 여부를 구체적으로 검토하여 정하여야 한다」는 태도를 취하고 있다(대판 2001. 5. 8, 99다38699[핵심판례 200면]). 그런가 하면 근래에는 이와 같은 이론의 바탕 위에서 불법행위의 성립, 특히 채권침해의 위법성의 판단에 관하여 상세히 판시하고 있다(대판 2021. 6. 30, 2016다10827 등 다수의 판결).

이러한 판례는 제3자의 채권침해가 있었다고 하여 언제나 불법행위로 되는 것은 아니고 일정한 요건이 갖추어진 경우, 특히 위법성이 있는 때에만 불법행위로 된다는 입장으로서 다수설인 위법성설과 같다.

3) 채권침해의 모습 제3자의 채권침해가 불법행위가 되는지를 검토하려면 먼저 채권이 어떤 경우에 제3자에 의하여 침해될 수 있는가를 살펴보아야 한다. 그러한 경우에만 불법행위의 성립이 인정될 수 있기 때문이다. 채권침해에는 다음과 같은 모습의 것들이 있다. C-20

(가) 채권의 귀속 자체를 침해한 경우 가령 타인의 무기명채권증서를 훼멸하거나 또는 이를 횡령하여 선의의 제3자에게 취득하게 한 경우, 채권을 양도하고서 양수인이 대항요건(450조)을 갖추기 전에 양도인이 그 채권을 2중으로 양도하고서 제2의 양수인으로 하여금 대항요건을 갖추게 한 경우(통설도 같음), 채권의 준점유자(470조) 또는 영수증소지자(471조)로서 유효한 변제를 받은 경우, 표현대리인으로서 채권을 처분한 경우 등과 같이, 제3자가 직접 채권을 처분 또는 행사하여 채권자로 하여금 그 채권 자체를 상실하게 한 경우에는 제3자의 채권침해가 가능하다고 하여야 한다. 물론 이 경우에 채권자는 침해한 제3자와의 내부관계에 기하여 그 제3자에 대하여 채무불이행책임을 묻거나 특별한 관계가 없더라도 부당이득을 이유로 구제를 받을 수 있다. 그러나 그러한 구제수단이 있다고 하여 불법행위의 성립이 배제되지는 않는다.

주의할 것은, 제3자의 채권침해가 불법행위로 되려면 채권자가 채권 자체를 상실하여야 하기 때문에 채권증서가 훼멸되거나 채권이 2중으로 양도되었다고 하여 당연히 불법행위로 되지는 않는다는 점이다. 예컨대 제3자가 지명채권의 채권증서를 훼멸하거나 이를 채무자에게 반환한 경우에는 채권이 소멸하지 않아서 불법행위로 되지 않는다. 그리고 2중양도나 2중계약도 원칙적으로는 유효하다.

C-21 (나) **채권의 목적인 급부를 침해한 경우** 제 3 자가 급부를 침해함으로써 그 급부의 전부 또는 일부가 불능으로 될 수도 있다. 그러한 경우 중에는 급부의 침해로 채권이 소멸하는 때가 있는가 하면 채권이 소멸하지 않는 때도 있다.

(a) **급부의 침해로 채권이 소멸한 경우** 가령 특정물의 인도를 목적으로 하는 채권에 있어서 제 3 자가 목적물을 멸실하게 하거나, 또는 채무자의 행위를 목적으로 하는 채권에 있어서 제 3 자가 채무자를 감금하여 이행할 수 없게 한 경우에는, **채무는 채무자에게 책임없는 이행불능으로 되어 소멸하지만, 채권자는 — 불법행위 요건이 갖추어지는 한 — 제 3 자에 대하여 손해배상을 청구할 수 있다.**

한편 이행불능에 있어서 대상청구권(C-109 이하 참조)을 인정하는 때에는 앞의 예 중 첫째의 경우에는 채권자는 채무자가 제 3 자에 대하여 가지는 손해배상청구권의 이전을 청구할 수도 있다. 그리고 만약 불능으로 된 채권이 쌍무계약에 의하여 발생한 때에는, 채권자는 제537조에 의하여 의무를 면할 수도 있으나(그 경우에는 채권자는 제 3 자에 대하여 손해배상청구권을 가지지 못한다), 제 3 자에 대하여 손해배상청구권을 행사할 수 있으며, 그 경우에는 — 대상청구권을 행사하는 때와 마찬가지로 — 상응하는 비율로 반대급부의무를 부담한다고 새겨야 한다.

(b) **급부의 침해로 채권이 소멸하지 않는 경우** 가령 제 3 자가 채무자와 공모하여 채권의 목적물을 파괴하거나, 또는 제 3 자가 채무자를 교사·방조하여 혹은 채무자와 공동으로 채권자의 권리행사를 방해한 경우에는, 채무자는 채무불이행책임을 지게 되므로 채권은 손해배상청구권으로 변하여 존속한다. 그렇지만 **이 경우에도 불법행위의 성립을 인정하여야 한다**(통설도 같음).

제 3 자가 채무자의 일반재산(책임재산)을 감소하게 한 경우에는, 채권이 소멸하지는 않지만 채권의 실행이 곤란하게 되므로 채권의 침해행위로 될 수 있다(통설도 같음). 다만, 그 행위가 정당한 법률행위이면 위법성이 없어서 불법행위로 될 수 없으며, 채권자취소권만에 의하여 해결하여야 한다. 그에 비하여 정당한 거래행위에 의하지 않고서 채무자의 일반재산을 감소하게 한 때에는 불법행위가 될 수 있을 것이다. 예컨대 제 3 자가 채무자와 공모하여 채무자의 유일한 재산을 은닉한 때에 그렇다. 대법원도, 제 3 자가 채무자에 대한 채권자의 존재 및 그 채권의 침해사실을 알면서 채무자와 적극 공모하거나 채권행사를 방해할 의도로 사회상규에 반하는 부정한 수단을 사용하는 등으로 채무자의 책임재산을 감소시키는 행위를 함으로써 채권자로 하여금 채권의 실행과 만족을 불가능 내지 곤란하게 한 경우 채권자에 대한 불법행위를 구성할 수 있다고 한다(대판 2019. 5. 10, 2017다239311 등).

C-22 **4) 불법행위의 성립요건** 제 3 자의 채권침해행위가 불법행위로 되려면 채권침해가

가능한 것만으로는 부족하며, 그 외에 일반 불법행위의 요건도 아울러 갖추어야 한다. 그 중에 특히 문제가 되는 것이 고의·과실과 위법성이다.

(가) **고의·과실** 제3자의 채권침해가 불법행위로 되려면 가해자인 제3자의 고의 또는 과실이 있어야 한다(750조 참조). 즉 채권침해를 적극적으로 의욕했거나(고의) 또는 부주의가 존재하였어야 한다(과실). 그런데 채권에는 일반적으로 공시방법이 없으므로 제3자가 채권을 침해했더라도 그가 채권의 존재를 알지 못하는 한 고의는 물론이고 과실도 인정하기 어려울 것이다. 따라서 제3자의 채권침해가 불법행위로 되려면 우선 제3자가 채권의 존재를 알고 있을 것이 필요하다.

(나) **위 법 성** 제3자의 채권침해가 불법행위로 되려면 그 침해행위가 위법하여야 한다(750조 참조). 그런데 채권에는 배타성이 없기 때문에 채권침해에 위법성이 없다고 인정되는 경우가 적지 않다(채권침해의 위법성의 판단에 관한 판례로 대판 2006. 6. 15, 2006다13117 등 참조). 특히 2중매매 기타의 2중계약에서 그렇다. 즉 채권에는 배타성이 없고 채권거래는 자유이므로 제3자의 2중계약행위는 원칙적으로 위법성이 없다. 그러나 제3자의 채권취득행위가 부정한 경업을 목적으로 행하여지거나 제3자가 사기·강박과 같은 부정한 수단을 써서 채무를 이행하게 한 경우에는 위법하다고 할 것이다(대판 2001. 5. 8, 99다38699 [핵심판례 200면] 참조). 한편 판례는 2중매매의 경우에 관하여 불법행위의 성립 여부를 판단한 적은 없으나, 매수인이 매도인에게 2중으로 매도할 것을 적극적으로 권유하는 등으로 매도인의 배임행위에 적극 가담하여 이루어진 매매계약은 사회질서에 반하는 법률행위로서 무효라고 한다(대판 1969. 11. 25, 66다1565 이래 그 예가 대단히 많다). 이와 같이 2중매매가 사회질서에 반하여 무효인 경우에는, 채권침해의 위법성이 인정되어 채권자인 제1매수인은 제2매수인에 대하여 불법행위를 이유로 직접 손해배상을 청구할 수 있다고 할 것이다(송덕수, 신사례, 30면·31면 참조). 대법원도 근래 이와 같은 취지의 판시를 한 바 있다. 즉 대법원은, 이미 분양된 아파트에 대하여 이중분양계약에 기한 금융기관의 대출과 근저당권설정행위가 최초 수분양자의 분양계약에 기한 채권을 침해하는 것으로서 불법행위에 해당하기 위해서는 그 금융기관의 임직원이 이중분양사실을 안다는 것만으로는 부족하고, 분양자의 이중분양행위에 적극 가담하여, 이중분양을 요청하거나 유도하여 계약에 이르게 하거나 그와 같이 평가될 수 있는 정도에 이르러야 한다고 하였다(대판 2009. 10. 29, 2008다82582).

5) 불법행위 성립의 효과 제3자의 채권침해가 불법행위로 되는 때에는, 그 효과로서 손해배상청구권이 발생한다. 그러나 이 사실이 채권자의 다른 권리를 방해하지는 않는다. 즉 채권자는 경우에 따라서 그가 가지게 되는 채무불이행으로 인한 손해배상청구권(채무자에 대하여 또는 내부관계가 있는 경우에는 침해자에 대하여도), 부당이득 반환청구권, 대상청구권도 행사할 수 있다.

(3) 제 3 자의 채권침해에 있어서 방해배제청구의 가부 C-23

제3자가 채권자의 채권행사를 방해하는 경우에 채권자가 채권에 기하여 방해한 제3자에 대하여 방해배제를 청구할 수 있는지가 문제된다.

1) 방해배제청구권의 인정 여부

(가) 학 설 여기에 관하여 학설은 대립하고 있다. i) 채권의 불가침성을 인정하는 입장에서 채권의 일반적 성질로서 침해배제청구권이 생긴다는 견해, ii) 공시방법을 갖춘 채권, 특히 임차권의 경우에 관하여 방해배제청구권을 인정하는 견해, iii) 임차권이 대항력을 갖춘 경우와 점유를 취득한 임차권의 경우에 방해배제를 청구할 수 있다는 견해가 그것이다(사견에 대하여는 채권법총론 [21] 참조).

(나) 판 례 우리 대법원은 의용민법 하에서 채권의 불가침성에 기하여 제3자의 채권침해의 경우에 방해배제청구권을 인정하였다(대판 1953. 2. 21, 4285민상129). 그러나 현행민법이 시행된 후에는 여기에 관하여 직접적으로 태도를 밝힌 적이 없다. 다만, 채권자(토지의 일시적인 경작권 또는 석유제품을 공급할 권리를 가지는 자)가 침해자에 대하여 직접 토지의 인도를 구한 경우(대판 1981. 6. 23, 80다1362)와 침해한 시설의 철거 등을 구한 경우(대판 2001. 5. 8, 99다38699)에 대하여, 그 권리가 채권적 권리에 불과하여 대세적인 효력이 없다는 이유로 이들 청구를 인정하지 않았으며, 임차권등기가 되어 있는 선박에 관하여 제3자 명의의 원인무효의 가등기 및 본등기가 행하여져 임차권등기가 말소된 경우에 대하여는, 임차권자는 그 방해를 배제하기 위한 청구를 할 수 있다고 하였다(대판 2002. 2. 26, 99다67079). 대법원의 이러한 태도는 전체적으로는 학설 중 ii)설과 유사한 것으로 생각된다.

2) 방해배제청구의 내용 채권자의 방해배제청구로서 방해제거와 방해예방청구가 인정된다는 데 대하여는 다툼이 없다. 그러나 반환청구에 관하여는, i) 그것은 방해배제의 범위를 넘는다는 견해와 ii) 채권자가 자기에게 반환하라고 청구할 수는 없지만 채무자에게 반환하라고 청구할 수는 있다는 견해가 대립하고 있다(사견은 채권법총론 [21] 참조).

C-24

4. 책임재산 보전의 효력

이는 채권자대위권(404조·405조)·채권자취소권(406조·407조)을 가리키는데, 그에 대하여는 제5장에서 설명하기로 한다(C-174 이하 참조).

제 2 장 채권의 발생

학습의 길잡이

본장에서는 채권의 발생원인을 개괄적으로 살펴보고 나아가 그것을 분류하여 설명한다. 이 부분은 무엇보다도 채권법의 전체적인 구조를 파악하기 위해서 필요하다. 그런가 하면 채권법총론에서 때로는 어느 하나의 채권발생원인에 특유한 사항(가령 계약의 경우 해제)이 언급되기도 하는데, 그것을 올바르게 이해하려면 채권발생원인을 전체적으로 알고 있을 필요가 있다.

Ⅰ. 채권의 발생원인 개관 C-25

앞에서 언급한 바와 같이(C-3 참조), 민법은 제 3 편(채권)에서 채권의 발생원인 가운데 4가지에 관하여만 개별적인 사항을 규정하고 있다. 계약·사무관리·부당이득·불법행위가 그것이다. 그러나 이들은 채권의 발생원인 중 대표적인 것일 뿐이며, 그 전부가 아니다.

채권의 발생원인은 그 성질에 따라 「법률행위」와 「법률행위가 아닌 것」으로 나눌 수 있다. 그런데 법률행위가 아닌 채권발생원인은 법률에 규정되어 있다. 그 결과 **채권의 발생원인에는 「법률행위」와 「법률의 규정」의 둘이 있다**고 할 수 있다. 채권의 발생원인을 이와 같이 나누는 경우에는, 민법 채권편에 규정되어 있는 것들 중 계약은 전자에 속하고, 나머지는 모두 후자에 속하게 된다.

법률행위(특히 계약)와 법률규정 이외의 원인에 의하여 채권이 발생할 수 있는가? 전통적 견해는 이를 부정한다. 그런데 사실적 계약관계론 내지 사회정형적 행위론을 지지하는 학자에 의하면, 때에 따라서는 일정한 사실적 행위에 의하여 계약이 성립한다고 한다.

Ⅱ. 법률행위에 의한 채권의 발생 C-26

법률행위 가운데에서 합동행위(예: 사단법인 설립행위)는 채권의 발생원인으로서 문제되지 않으며, 단독행위와 계약만이 채권을 발생시킨다.

1. 단독행위에 의한 발생

채권이 단독행위에 의하여 발생하는 경우가 있다. 그런데 그러한 경우로서 민법에 규정되어 있는 것으로는 유언과 재단법인 설립행위의 둘이 있을 뿐이다. 문제는 **법률규정이 없는 때에도 단독행위에 의하여 채권이 발생할 수 있는가**이다. 여기에 관하여는 부정설만이 나타나 있다(사견도 같음).

2. 계약에 의한 발생

계약(채권 계약)이 성립하면 채권이 발생하며, 거기에는 — 단독행위에서와 달리 — 법률규정이 필요하지도 않다. 그리고 사적 자치의 원칙상 계약은 가장 중요한 채권발생원인이 되고 있다. 민법은 제 3 편 제 2 장에서 계약에 관하여 자세하게 규정하고 있으며, 특히 증여·매매·교환·소비대차·사용대차·임대차·고용·도급·여행계약·현상광고(현상광고에 대해서는 사견처럼 단독행위라고 하는 견해도 있음. D-309 참조)·위임·임치·조합·종신정기금·화해 등의 **15가지에 대하여는 개별적인 규정**도 두고 있다. 그러나 이들은 종래 사회에서 널리 행하여지던 계약들을 유형별로 정리해 둔 것에 지나지 않는다. **계약자유의 원칙상 당사자는 다른 종류의 계약도 얼마든지 체결할 수 있고**, 또 열거된 종류의 계약을 체결하는 경우에도 규정된 것과 다른 내용으로 체결할 수도 있다(이는 정하여진 것 가운데 선택만 할 수 있는 물권의 경우와 다르다. 185조 참조).

C-27 Ⅲ. 법률의 규정에 의한 채권의 발생

채권이 법률규정에 의하여 발생하는 경우가 있다. 그러한 법률규정은 민법뿐만 아니라 각종의 특별법에도 두어져 있으나, 중요한 것은 민법전, 그 중에서도 채권편에 있는 것이다. 그것이 바로 사무관리·부당이득·불법행위이다.

(1) 사무관리는 법률상의 의무 없이 타인의 사무를 처리하는 행위이며(734조 참조), 사무관리가 있으면 민법 규정에 의하여 비용상환청구권·(일정한 경우의) 손해배상청구권·관리계속의무 기타의 채무가 발생한다.

(2) 부당이득은 법률상 원인 없는 이득인데(741조 참조), 부당이득이 있으면 민법상 손실자에게 부당이득 반환청구권이 생기게 된다.

(3) 불법행위는 고의 또는 과실로 인한 위법행위로 타인에게 손해를 가하는 행위이며, 불법행위가 있으면 피해자에게 손해배상청구권이 발생한다(750조 참조). 이 불법행위에 관한 규정은 그 수가 많지 않으나 각각의 불법행위를 일으키는 모습이 매우 다양하고 또 발생빈도도 대단히 높아서 실제 사회에서의 중요성은 결코 계약에 뒤지지 않는다.

제 3 장 채권의 목적

학습의 길잡이

민법전은 채권법 총칙의 맨 앞에 「채권의 목적」이라는 제목으로 특정물채권 등에 관한 규정을 두고 있다. 본장은 이들의 논의를 중심으로 한다. 그런데 그에 대한 논의에 앞서서 채권의 목적에 관한 일반이론을 서술한다. 구체적으로는 일반이론으로 채권의 목적의 의의·요건, 채무자의 의무, 채권의 목적의 분류를 살펴보고, 이어서 민법이 규정하고 있는 특정물채권·종류채권·금전채권·이자채권·선택채권과 민법에 규정되어 있지는 않은 임의채권에 대하여 설명한다.

본장에서 설명하는 채권의 목적은 그것들 하나하나가 채권관계 전부가 아닐 수 있음을 유의해야 한다. 가령 특정물매매에서는 특정물채권과 금전채권이 한꺼번에 생기기 때문이다. 그리고 종류채권을 공부할 때에는 특히 종류매매의 경우를 염두에 두어야 한다. 한편 본장의 논의사항 중에는 종류채권·금전채권이 다른 것에 비하여 더 중요하다.

Ⅰ. 일 반 론 C-28

1. 채권의 목적의 의의

「채권의 목적」의 의의에 관하여 전통적인 견해는 ― 표현은 다소 달라도 내용상으로는 일치하여 ― 「채권자가 채무자에 대하여 청구할 수 있는 일정한 행위 즉 채무자의 행위」라고 하였다. 그런데 근래에는 이와 다른 견해들이 주장되고 있다(채권법총론 [24] 참조). 지면관계상 여기서는 사견만 적기로 한다.

채권의 목적은 「채무자가 하여야 하는 행위」이다. 그런데 채권 가운데에는 채무자의 행위에 의하여 실현된 결과를 목적으로 하는 것(결과채무)도 있고, 또 채무자의 행위만을 목적으로 하는 것(행위채무)도 있기 때문에, 채권의 목적은 경우에 따라 결과실현행위일 수도 있고 행위 자체일 수도 있다. 고용계약에 있어서 피용자의 노무제공의무(655조)는 채권의 목적이 행위 자체인 채권의 예이고, 매도인의 재산권이전의무(568조 1항), 수급인의 일의 완성의무(664조)는 채권의 목적이 결과실현행위인 채권의 예이다.

우리 민법전은 채권의 목적을 가리키는 통일적인 용어를 사용하지 않고(독일민법은 Leistung이라고 하고, 일본민법은 급부라고 함), 때에 따라서 이행·행위·급여·변제·지급 등으로 각기 다르게 표현하고 있다. 그런데 학자들은 대부분 「급부」라는 단일한 용어를 쓰고 있다(일부 학자는 「급여」라고 하며, 「이행」이 적절하다는 견해도 있다). 사견으로는 「이행행위」(급부판결·「급부하여야 한다」 등 복합어의 경우에는 급부를 이행으로 바꾸어 쓰면 된다)라고 하는 것이 바람직한 것으로 생각되나(자세한 점은 주해(8), 66면(송덕수)), 급부라는 용어가 워낙 굳어져 있기 때문에 이 책에서도 급부라는 용어를 사용하기로 한다.

채권의 목적과 채권의 목적물은 구별하여야 한다. 채권의 목적은 채무자의 이행행위(급부)이고 채권의 목적물은 그 이행행위(급부)의 객체이기 때문이다. 가령 매도인의 소유권이전의무의 경우에 채권의 목적은 소유권이전행위인 데 비하여, 채권의 목적물은 매매의 객체인 물건이다. 민법도 이 둘을 구별하여 사용하고 있으나(373조·374조·375조·376조·399조 등), 용어사용이 부정확한 때도 있다(예: 375조 1항·399조. 일부 견해는 376조도 부정확하다고 하나, 이는 옳지 않다).

C-29 ## 2. 채권의 목적의 요건

채권이 법률규정에 의하여 발생하는 경우(가령 사무관리·부당이득·불법행위 등의 경우)에는 채권의 목적도 법률에 의하여 정하여지고, 따라서 그것은 당연히 유효하게 된다. 그러나 채권이 당사자의 법률행위, 특히 계약에 의하여 발생하는 경우에는 사정이 다르다. 그 경우에는 사적 자치가 인정되기 때문에 당사자는 원칙적으로 자유로운 의사에 기하여 채권의 목적(급부)을 정할 수 있다(이는 물권의 경우와 다른 점이다. 185조 참조). 그렇다고 하여 채권의 목적이 전혀 무제한일 수는 없다. 그것은 법률행위의 목적에 관한 일반적 유효요건(확정·가능·적법·사회적 타당성)을 갖추어야 한다. 즉 채권의 목적도 확정할 수 있어야 하고, 실현가능하여야 하며, 적법하여야 하고, 사회적 타당성이 있어야 한다(통설도 같음). 그 밖에 채권의 목적이 금전으로 평가할 수 있는 것이어야 하는가에 관하여는 민법이 명문규정(373조)을 두고 있다.

(1) 확 정 성

채권의 목적 즉 급부는 확정되어 있거나 적어도 확정될 수 있어야 한다. 급부가 이행기까지 확정될 수 없는 경우에는, 채권은 성립하지 않고, 그 채권을 발생시키는 법률행위도 무효이다(대판 1987. 4. 1, 87다카1273은 주택 1동의 매매약정(약정서도 존재함)이 있는 경우에 관하여 확정가능성이 없음을 이유로 계약을 무효라고 하였다).

급부의 확정은 법률행위 특히 계약에 의하여 발생하는 채권에 관하여만 문제된다. 왜냐하면 법률규정에 의하여 발생하는 채권의 경우에는, 법률이 급부의 확정표준도 정하기 때문이다(734조 이하, 741조 이하, 750조 이하, 974조 이하 등).

C-30 ### (2) 실현가능성

급부는 실현이 가능한 것이어야 한다. 실현이 불가능한 급부를 목적으로 하는 채권은 성립하지 않으며, 그러한 채권을 발생시키는 계약은 무효이다. 그런데 계약을 무효화하는 불능

(不能)(또는 불가능)은 모든 불능이 아니고 **원시적 불능**(A-116 참조)에 한한다. 즉 채권 성립시(법률행위성립시와 채권성립시가 다른 경우에는 전자가 기준이 된다)를 기준으로 하여 그때 이미 실현불능이 확정적인 경우(예: 매매계약 전날 밤에 목적물이 불타버린 경우)에만 계약이 무효이고 채권이 성립하지 않는다(통설도 같음). 그에 비하여 채권이 성립할 당시에 실현이 가능했다면, 그 후에 불능으로 되었다고 하더라도(후발적 불능), 채권의 성립에는 지장이 없으며 계약도 무효가 아니다(이때는 다른 효과가 생김).

급부의 가능이라는 요건에서 가능·불능 여부는 사회의 거래관념에 의하여 판단하여야 한다(통설도 같음). 한편 사회통념상 불능이기만 하면 그것이 일반인 모두에게도 불능인가(객관적 불능) 아니면 채무자에게만 불능인가(주관적 불능)는 묻지 않는다(통설도 같음).

(3) 적 법 성

급부는 적법한 것이어야 한다. 다시 말해서 **강행법규**에 위반하지 않아야 한다(A-117 이하 참조). 예컨대 범죄행위의 실행, 법률상 양도가 금지되어 있는 물건(마약 등)의 인도를 목적으로 하는 채권은 성립하지 않으며, 그와 같은 약속을 한 계약은 무효이다. 급부 자체는 적법하고 또 사회적 타당성이 있더라도 그러한 급부를 목적으로 하는 채권을 발생시키는 계약이 부적법하거나 사회적 타당성이 없어서 무효로 될 수도 있다.

(4) 사회적 타당성

급부는 사회적 타당성이 있는 것이어야 한다. 즉 **선량한 풍속 기타 사회질서**에 위반하지 않아야 한다(A-122 이하 참조). 예컨대 인신매매(人身賣買)나 남녀가 불륜관계를 맺는 것을 약속한 경우와 같이 급부의 내용이 사회질서에 반하는 때에는, 채권은 성립하지 않으며, 그러한 계약은 무효이다.

(5) 재산적(금전적) 가치

금전으로 가액을 산정할 수 없는 것이라도 채권의 목적으로 할 수 있다(373조).

「금전으로 가액을 산정할 수 없는 급부」를 목적으로 하는 채권에 있어서도 — 보통의 채권의 경우와 마찬가지로 — 채무불이행이 있으면 채권자는 금전으로 손해배상을 청구할 수 있다(394조). 그리고 본래의 급부(및 손해배상)에 관하여 국가에 이행판결을 선고해 줄 것을 청구할 수 있고, 또 그 판결에 기하여 채무내용의 실현을 강제할 수 있다.

재산적 가치가 없는 것을 목적으로 하는 채권도 보통의 채권처럼 재산권이라고 보아도 무방할 것이다(이설 없음). 그러한 채권도 불이행이 있으면 금전에 의하여 손해배상을 하게 되기 때문이다.

3. 채무자의 의무 C-31

(1) 서 설

채권의 목적, 즉 채무자가 하여야 하는 행위는 채권자가 요구할 수 있는 행위(권리)의 측면에서보다는 채무자가 하여야 하는 의무의 측면에서 살펴보아야 누락되는 것이 없게 된다. 채무자의 의무 가운데에는 채권자가 이행을 요구할 수 없는 것도 있기 때문이다.

⑵ 제 1 차적 급부의무 · 제 2 차적 급부의무

채권관계, 특히 계약에 의한 채권관계(약정 채권관계)에 있어서 채무자의 의무는 제 1 차적 급부의무와 제 2 차적 급부의무로 나눌 수 있다. 그럴 경우 전자는 채권이 성립할 당시에 발생한 급부의무이고(예: 매도인의 재산권이전의무, 매수인의 대금지급의무), 후자는 제 1 차적 급부의무에 장애가 생긴 경우에 그것 대신에 또는 그것과 병존하여 발생하는 급부의무이다(예: 매도인의 손해배상의무, 임대차가 소멸한 경우의 청산의무, 계약이 해제된 경우의 원상회복의무).

C-32 ⑶ 본래의 급부의무 · 기타의 행위의무

채권관계에 있어서 채무자가 부담하는 의무에는 급부의무만 있는 것이 아니고, 그 밖에 채무를 이행하는 과정에서 법률이나 신의칙 등에 의하여 부담하여야 하는 의무들도 있다. 후자를 가리키는 용어로 여러 가지가 사용되고 있으나, 사견으로는 「급부의무 이외의 행위의무」의 의미로 「기타의 행위의무」라고 표현하려고 한다(판례는 대체로 신의칙상의 부수적 의무라고 한다).

「본래의 급부의무」는 그 내용에 따라 다시 주된 급부의무와 부수적 급부의무(이를 종된 급부의무라고도 함)로 나눌 수 있다. 전자는 채권관계(계약)의 종류를 결정하고 또 그것의 합의가 없으면 그러한 종류의 채권관계가 유효하게 존재할 수 없는 본질적인 급부의무이다(예: 매도인의 소유권이전의무, 매수인의 대금지급의무). 그에 비하여 후자는 부수적인 의미만을 가지는 급부의무이다. 부수적 급부의무는 법률상 규정되어 있을 수도 있고(예: 683조의 수임인의 보고의무), 계약에 의하여 합의될 수도 있으며(예: 매매에 있어서 매도인이 송부하기로 한 경우), 신의칙으로부터 생길 수도 있다. 급부의무는 어느 것이든 소에 의하여 이행이 강제될 수 있다.

「기타의 행위의무」는 그 발생원인을 불문하고 — 이행청구권이 아니고 — 단지 손해배상청구권만에 의하여 제재를 당하는 의무이다. 특정물채무자의 선관주의 보존의무(374조), 채권자에게 신체적·재산적 손해를 가하지 않아야 할 의무가 그 예이다. 「기타의 행위의무」는 계약 목적의 달성을 적극적으로 촉진하는 의무(안전배려의무·설명의무 등)일 수도 있으나, 채권자의 완전성의 이익의 보호만을 목적으로 하는 것일 수도 있다.

〈채무자의 의무의 분류〉

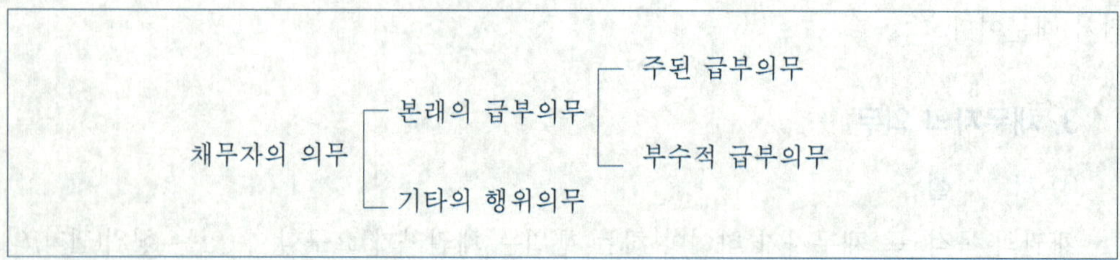

4. 채권의 목적(급부)의 분류 C-33

채권의 목적, 즉 급부는 그 내용이나 모습과 같은 표준에 의하여 여러 가지로 분류할 수 있다(아래의 분류 중 (1)–(3)은 내용에 의한 것이고, 나머지는 모습에 의한 것이다).

〈내용에 의한 급부의 분류〉

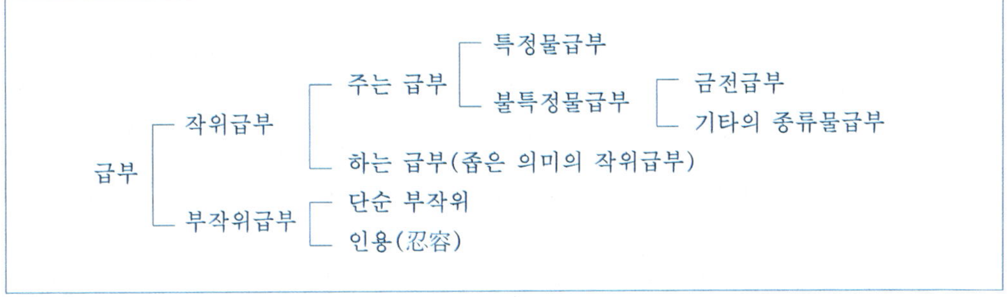

(1) 작위급부 · 부작위급부

급부의 내용이 적극적 행위 즉 작위인 경우를 작위급부(적극적 급부)라고 하고(예: 매도인의 소유권 이전의무), 소극적 행위 즉 부작위인 경우를 부작위급부(소극적 급부)라고 한다(예: 매매계약의 결과를 신의칙에 반하여 수포로 돌아가지 않게 할 매도인의 의무, 종업원의 경업금지의무(약정이 있는 경우)). 그리고 부작위급부에 있어서 부작위에는 단순부작위 외에 채권자가 일정한 행위를 하는 데 대하여 이의나 반대행위를 하지 않는 인용(忍容)(예: 임대인의 임대물수선행위를 방해하지 않을 임차인의 의무(624조))도 포함된다.

이 두 급부를 구별하는 실익은 채무불이행이 생긴 경우의 강제이행에 있어서 두드러진다(389조 참조).

(2) 주는 급부 · 하는 급부 C-34

급부가 작위인 경우, 즉 작위급부는 다시 「주는 급부」와 「하는 급부」로 나눌 수 있다. 「주는 급부」는 물건의 인도를 내용으로 하는 것이고(가령 채권과 같은 권리의 양도를 내용으로 하는 경우는 비록 물건의 인도는 아니지만 그와 마찬가지로 다루어야 한다. 즉 거기에는 「주는 급부」에 관한 규정이 유추적용되어야 한다), 「하는 급부」는 그 밖의 작위를 내용으로 하는 것이다. 「하는 급부」는 좁은 의미의 작위급부라고도 한다. 「주는 급부」와 「하는 급부」는 각각 — 종래 프랑스 통설·판례가 인정하던 — 「주는 채무」·「하는 채무」의 목적이 된다.

「주는 급부」의 경우에는 급부결과가 중요하고 급부행위 자체는 중요하지 않다. 그에 비하여 「하는 급부」의 경우에는 채무자 자신의 급부행위가 중요하다. 그리고 채무불이행이나 강제이행에 있어서도 양자는 차이를 보인다.

(3) 특정물급부 · 불특정물급부

앞에서 본 「주는 급부」는 인도할 물건이 특정되어 있느냐 여부에 의하여 특정물급부·불특정물급부로 나눌 수 있다(「주는 급부」의 객체가 권리인 경우에도 그것이 특정되어 있는가에 따라 특정물급부·불특정물급부에 관한 규정을 유추적용하여야 한다). 그리고 불특정물급부는 금전급부와 그 밖의 종류물의 급부로 세분될 수 있다(통설도 같음). 금전은 추상적인 일정량의 가치로서 급부되므로 보통의 물건과 현저한 차이가 있다.

특정물급부·불특정물급부의 구별은 특정을 요하느냐 여부, 이행의 방법·장소, 위험부담 등에 관하여 실익이 있다.

(4) 가분급부 · 불가분급부

급부는 그것의 본질 또는 가치를 손상하지 않고 분할하여 실현할 수 있느냐에 따라 가분급부·불가분급부로 나누어진다. 이 구별은 「하는 급부」에 관하여서도 할 수 있지만, 「주는 급부」에 관하여 행하는 때가 많다. 불가분급부에는 성질상 불가분인 것(예: 말 1마리의 인도)과 성질상으로는 가분이지만 당사자의 의사표시에 의하여 불가분으로 된 것(예: 금전 100만원을 한 번에 지급하기로 한 경우)이 있다(409조 참조).

가분급부·불가분급부의 구별은 우선 이행(이행의 제공), 불이행을 이유로 한 해제 등에서 의미를 가지나, 무엇보다도 채권자 또는 채무자가 다수 있는 경우에 그 구별실익이 현저하게 나타난다.

C-35

(5) 일시적 급부 · 계속적 급부 · 회귀적 급부

이는 급부를 실현하는 모습에 의한 구별이다.

일시적 급부는 1회(또는 수회)의 작위 또는 부작위에 의하여 완결되는 급부를 말한다(예: 건물의 인도, 대금의 지급). 일시적 급부는 반드시 1회에 의하여 행하여지는 것만을 의미하는 것이 아니며, 수회에 걸쳐 나누어 급부되는 경우(예: 매매대금 100만원을 10개월에 나누어 지급하기로 한 경우)라 할지라도 시간이 — 급부의 범위가 아니고 — 단지 급부의 방법만을 결정하고 있는 때에는 일시적 급부에 해당한다. 계속적 급부는 채무자가 급부를 완료하려면 계속적으로 작위·부작위를 하여야 하는 급부이다(예: 목적물을 사용·수익하게 할 임대인의 의무, 수치인의 보관의무, 피용자의 노무제공의무). 이는 계속적 채권관계에서의 급부이다. 그 밖에 계속적 공급계약에서의 급부(예: 맥주·석탄을 매월 얼마씩 공급하기로 한 경우)도 계속적 급부라고 하여야 한다. 회귀적 급부는 일정한 시간적 간격을 두고 일정한 행위를 반복하여야 하는 급부이다(예: 매일 신문을 배달하거나 매월 이자를 지급하는 경우).

이들 급부의 구별의 실익은 이행지체·이행불능·동시이행의 항변권·계약의 해제 등에서 나타난다.

(6) 대체적 급부 · 부대체적 급부

급부는 그 성질상 채무자만이 할 수 있는가 여부에 의하여 대체적 급부·부대체적 급부로 구별된다. 부대체적 급부는 채무자만이 할 수 있는 급부이고, 대체적 급부는 채무자 이외에 제3자에 의하여서도 행하여질 수 있는 급부이다. 대체적 급부를 목적으로 하는 채권에 있어서는 제3자에 의한 변제(469조 1항)·대체집행(389조 2항 후단)·채무인수가 가능하나, 부대체적 급부를 목적으로 하는 채권에서는 그것들이 불가능하다.

5. 채권의 목적에 관한 민법규정 C-36

민법은 제3편 제1장 제1절 「채권의 목적」에서 특정물채권·종류채권·금전채권·이자채권·선택채권에 관하여 규정하고 있다. 이들 규정은 채권이 어떤 원인에 의하여 발생하였든 간에 그 목적 즉 급부가 동일한 경우에 공통적으로 적용하기 위하여 두어진 것이다. 아래에서 이들을 차례로 살펴보기로 한다. 그리고 민법에 규정은 없지만 선택채권과 유사한 것으로 임의채권이 있으므로, 그것도 함께 기술하기로 한다.

Ⅱ. 특정물채권 C-37

1. 의 의

특정물채권은 특정물(A-434 참조)의 인도(B-115 이하 참조)를 목적으로 하는 채권이다.

특정물채권은 매매·증여·교환·사용대차·임대차(임대차가 종료한 경우의 임차인의 목적물인도의무도 특정물채무이다. 대판 1991. 10. 25, 91다22605·22612 참조)·임치와 같은 계약에 의하여 발생하는 것이 보통이나, 법률규정에 의하여서도 발생할 수 있다(예: 부당이득자가 금전 이외의 물건을 보유하고 있는 경우). 그리고 특정물채권은 채권이 성립할 당시부터 목적물이 특정되어 있어야만 하는 것은 아니다. 채권이 성립할 당시에는 특정되어 있지 않았더라도 후에 특정되면 그때부터는 특정물채권으로 된다(종류채권이나 선택채권의 경우).

2. 선관주의로 보존할 의무

특정물채권의 채무자는 목적물을 인도할 때까지 선량한 관리자의 주의로 보존하여야 한다(374조). 다만, 그 규정은 임의규정이고 일반적·원칙적 규정이므로, 당사자 사이에 다른 특약(가령 의무를 부인하거나 경감하는 특약)이 있거나 법률에 특별한 규정(예: 695조)이 있는 경우에는 적용되지 않는다.

(1) 선관주의의무

선량한 관리자의 주의 즉 선관주의는 거래상 일반적으로 평균인에게 요구되는 정도의 주의, 다시 말하면 행위자의 직업 및 사회적 지위 등에 따라서 보통 일반적으로 요구되는 정도의 주의이다. 민법은 제374조에서 선관주의를 특정물채무자의 보존에 관하여 규정하였지만, 학자들은 동조가 민법상의 주의의무의 원칙을 규정한 것으로 이해한다.

이와 같은 선관주의를 게을리하는 것을 추상적 과실이라고 한다(A-154 참조). **한편 민법은 일정한 경우에 특별히 주의의무를 경감하여 행위자 자신의 구체적인 주의능력에 따른 주의만을 요구하기도 한다.** 그러한 경우의 주의는 법률규정에서는 「자기 재산과 동일한 주의」(695조), 「자기의 재산에 관한 행위와 동일한 주의」(922조), 「고유재산에 대하는 것과 동일한 주의」(1022조·1044조) 등으로 표현되어 있다. 이처럼 경감된 주의를 게을리하는 것을 구체적 과실이라고 한다(통설도 같음). 그러므로 특정물채무자인 무상수치인의 주의의무에 관한 제695조는 제374

조에 대한 특별규정이라고 할 수 있다.

채무자의 선관주의의무 위반은 채권자가 증명할 필요가 없고 책임을 면하려는 채무자가 자신이 선관주의의무를 다하였음을 증명하여야 한다(이설이 없으며, 판례도 같음. 대판 1991. 10. 25, 91다22605 · 22612).

C-38 ⑵ 보존의무

특정물채권의 채무자는 선관주의를 가지고 목적물을 「보존할 의무」가 있다. 여기서 보존이라 함은 자연적 또는 인위적인 멸실·훼손으로부터 목적물을 보호하여 그것의 경제적 가치를 유지하는 것을 말한다.

목적물의 보존에 필요한 비용은 특약이 없는 한 원칙적으로 채무자가 부담하여야 한다. 다만, 채권자의 수령지체로 인하여 목적물의 보존비용이 증가된 때에는 그 증가액은 채권자가 부담하여야 한다(403조). 그러나 매매의 경우에는 매수인이 수령지체를 하더라도 보존비용을 매도인이 부담한다고 하여야 한다(대판 1981. 5. 26, 80다211도 매수인의 이행지체의 경우에 관리보존비용의 상환을 인정하지 않는다). 왜냐하면 제587조가 매매의 목적물이 매수인에게 인도될 때까지는 매도인으로 하여금 목적물로부터 생기는 과실을 수취할 수 있도록 하고 있는데, 그것은 동시에 목적물의 관리보존비용도 매도인이 부담하여야 한다는 의미로 새겨지기 때문이다.

⑶ 선관주의로 보존할 의무의 존속기간

제374조는 특정물채무자가 선관주의로 목적물을 보존하여야 하는 기간에 관하여 「물건을 인도하기까지」라고 규정하고 있는데, 그것은 채무자가 실제로 인도할 때까지를 뜻한다(이설 없음). 다만, 이행기 이후에는 이행을 하지 않거나 못하는 것이 이행지체·수령지체의 어느 것으로도 되지 않는 때(예: 불가항력으로 인하여 이행을 하지 못하거나 동시이행의 항변권이 있어서 이행을 하지 않은 경우)에만 그러한 의무가 존재한다는 점을 주의하여야 한다. 이행지체나 수령지체의 경우에는 채무자의 책임이 가중되거나 경감되기 때문이다(392조 · 401조 참조).

C-39 ⑷ 선관주의로 보존할 의무를 위반한 경우의 효과

1) 효과 일반 특정물채무자가 선관주의로 목적물을 보존한 경우에는, 설사 그 목적물이 멸실 또는 훼손되었다 하더라도, 채무자는 그로 인한 책임을 지지 않는다. 그에 비하여 채무자가 목적물을 보존함에 있어서 선관주의를 다하지 못하여 목적물이 멸실 · 훼손된 경우에는, 채무자는 다른 물건으로 급부할 의무는 없으나, 손해배상의무는 부담하게 된다(대판 1991. 10. 25, 91다22605 · 22612).

2) 위험부담 문제 특정물채권에 있어서 채무자가 선관주의의무를 다했음에도 불구하고 목적물이 멸실·훼손된 때에는, 그 불이익은 채권자에게 돌아가게 된다. 멸실의 경우 인도의무를 면하고, 훼손의 경우 그 상태로 인도하면 충분하며, 어느 경우에도 손해배상의 의무는 없기 때문이다. 이처럼 목적물의 멸실 · 훼손에 의한 손실을 채권자가 입게 되는 것을 가리켜 「채권자가 위험을 부담한다」고 한다.

그러나 여기의 위험은 급부의 위험(급부가 당사자 쌍방의 유책사유 없이 불능으로 된 경우에 채무자가 급부의무를 면할 수 있는가의 문제)이다. 이는 쌍무계약에서 문제되는 대가의 위험(당사자 일방의 채무가 채무자에게 책임없는 사유로 이행불능으로 되어 소멸한 경우에 대가적인 의미에 있는 채무는 여전히 존재하는지의 문제)과 구별된다. 이와 같이 대가의 위험은 급부의 위험과는 별개의 것이기 때문에 특정물채권이 쌍무계약에 기하여 발생한 경우에는, 급부의 위험과는 별도로 대가의 위험(537조·538조)도 문제된다. 그런데 이때에는 급부의 위험은 큰 의미가 없다. 왜냐하면 보다 중요한 것은 급부를 면할 수 있느냐가 아니고 대가를 받을 수 있느냐이기 때문이다.

3. 목적물의 인도의무 C-40

(1) 현상(現狀)인도의무

민법 제462조는 「특정물의 인도가 채권의 목적인 때에는 채무자는 이행기의 현상대로 그 물건을 인도하여야 한다」고 규정하고 있다. 그런데 이 규정의 해석에 관하여는 학설이 대립하고 있다. 하나의 견해는 i) 채무자가 선관주의를 가지고 보존한 후에 그 목적물을 인도하여야 할 때(또는 인도할 때)의 현상 그대로 인도하여야 하며, 또한 그것으로 충분하다고 한다. 그런가 하면, ii) 제462조의 현상인도는 특정물의 멸실·훼손과는 관계없이 채무의 대상인 본래의 특정물과 법적 동일성을 잃기까지에는 이르지 않은 변화가 있는 경우에만 인정되는 것이라고 하는 견해도 주장된다(사견은 이들과 다름. 채권법총론 [34] 참조).

(2) 천연과실의 귀속 문제

천연과실의 귀속문제는 특정물채권의 문제가 아니고 단지 과실수취권의 문제일 뿐이다. 따라서 각 특정물채무자에 대하여 과실수취권이 인정되는지가 검토되어야 한다. 굳이 일반화시킨다면, 특정물채무자에게 과실수취권이 있는 것을 전제로 하여 이행기까지의 과실은 채무자가 수취할 수 있지만 그 이후의 과실은 목적물과 함께 채권자에게 인도하여야 하며, 다만, 매매(및 기타의 유상계약)의 경우에는 예외(587조·567조)가 규정되어 있다고 할 수 있다(통설도 같음).

(3) 인도장소

특정물채권에 있어서 목적물의 인도장소는 당사자의 의사표시 또는 채무의 성질에 의하여 정하여지는데, 이것들에 의하여 정하여지지 않은 경우에는 채권 성립 당시에 그 물건이 있던 장소에서 인도하여야 한다(467조 1항).

C-41 ## Ⅲ. 종류채권

(사 례) (신사례 [52]번 문제)

농부인 A는 쌀 상인 B에게 그(A)가 작년에 생산한 쌀 100가마 가운데 10가마를 70만원의 대금으로 판다는 내용의 계약을 체결하였다. 그리고 B는 A의 요구에 따라 70만원의 대금 전액을 계약체결시에 A에게 지급하였다. 그 후 A는, 쌀을 운송회사인 C정기화물편으로 B의 주소지에 송부하기로 한 B와의 약정에 따라, 쌀 10가마를 C정기화물편으로 B의 주소지에 송부하였다. 그런데 쌀을 실은 C정기화물 트럭이 도중에 강으로 전복되어 쌀이 모두 떠내려가 버렸다.

이 경우에 A·B 사이의 법률관계를 논하시오. (사례의 해결: C-51)

1. 서 설

(1) 의 의

종류채권은 목적물(급부되어야 하는 물건)이 종류와 수량에 의하여 정하여지는 채권, 다시 말하면 일정한 종류에 속하는 물건의 일정량의 급부를 목적으로 하는 채권이다. 20kg짜리 쌀 10포대 또는 맥주 50병의 급부를 목적으로 하는 채권이 그 예이다.

종류채권은 상품의 대량거래에서 많이 발생한다. 그러나 상품매매 외에도 보통의 매매·증여·교환·소비대차·임대차·소비임치·혼장임치·유증을 원인으로 하여서도 발생한다.

종류채권에 있어서 종류를 표현하는 공통의 표지(標識)를 종류표지라고 한다. 이러한 종류표지의 결정은 당사자가 자유롭게 할 수 있다(종류표지를 누적할 수도 있다. 맥주→OB맥주→2008년산 OB맥주가 그 예이다). 또한 당사자는 거래관념에 의하여 구별되는 대체물·부대체물 사이의 구별에 구속당하지 않는다. 그리하여 부대체물도 종류채권의 목적물로 될 수 있다(예: 르누아르가 그린 그림 10점을 매수하는 경우). 그러나 보통은 대체물이 종류채권의 목적물로, 부대체물이 특정물채권의 목적물로 되고 있다(쌀과 같은 대체물이 「이 쌀」이라고 특정되어 거래되는 때도 자주 있다).

C-42 #### (2) 재고채권(한정종류채권)

한정된 범위의 종류물 가운데 일정량의 물건의 급부를 목적으로 하는 채권을 재고채권(在庫債權) 또는 한정(제한)종류채권이라고 한다(이 두 용어 중 후자는 종류표지가 누적되는 경우 모두를 가리키는 것으로 오해될 소지가 있어 부적당하다). 예컨대 특정창고에 있는 쌀 100포대 중 10포대를 급부하기로 한 경우(대판 1956. 3. 31, 4288민상232), 보유주식 중 일정량을 담보로 제공하기로 한 경우(대판 1994. 8. 26, 93다20191)에 재고채권이 발생한다.

재고채권도 일종의 종류채권이나(이설 없음), 처음부터 일정한 재고로만 급부의무를 부담하는 점에서 보통의 종류채권과 다르다(그리하여 조달의무가 없다). 구체적인 경우에 보통의 종류채권이 존재하는지 재고채권이 존재하는지는 계약의 해석으로 결정할 문제이다. 그런데 채무자 스스로 생산한 물건과 동종의 물건의 급부가 약속된 경우(예: 농부가 농산물을 매도하는 경우)에는, 재고에 한정시킨다는 특약이 없어도 — 다른 특별한 사정이 없는 한 — 재고채권이라고 보아야 한다.

일정범위의 부대체물 가운데에서 일정수량을 급부하기로 하는 채권이 재고채권인가 선택채권인가가 문제된다. 예컨대 1,000m²의 소유지 가운데 200m²를 급부하기로 한 경우에 그렇다(대판 2003. 3. 28, 2000다24856[핵심판례 202면]은 유사한 경우에 제한종류채권이라고 하였다. 그러나 대판 2011. 6. 30, 2010다16090 등은 선택채권이라고 한다). 이때에는 당사자의 의사가 그 일정범위만을 중요시하고 구체적인 물건의 개성을 중요시하지 않는 경우는 재고채권(그리하여 종류채권)이고, 각각의 물건의 개성을 중요시할 경우는 선택채권이라고 하여야 한다. 그렇지만 각각의 물건의 개성을 중요시하는 것이 보통일 것이므로 대체로 선택채권으로 될 것이다(통설도 같음). 선택채권이라고 해석되는 경우에는 선택된 물건이 그 범위 내의 것이기만 하면 가장 나쁜 것이라도 이행하는 데 지장이 없다.

판 례 토지 중 일정면적의 소유권을 양도하기로 한 경우의 채권

「토지소유자가 1필 또는 수필의 토지 중 일정면적의 소유권을 상대방에게 양도하기로 하는 계약을 체결한 경우, 상대방이 토지소유자에 대하여 구체적으로 어떠한 내용의 권리를 가지는 것인지는 원칙적으로 당해 계약의 해석문제로 귀착되는 것이지만, 위치와 형상이 중요시되는 토지의 특성 등을 감안하여 볼 때 특별한 사정이 없는 한 위치가 특정된 일정 면적의 토지 소유권을 양노받을 수 있는 권리를 가지는 것으로 보아야 할 것이고, 따라서 위와 같은 계약에 있어서 양도받을 토지의 위치가 확정되지 아니하였다면 상대방이 토지소유자에 대하여 가지는 채권은 민법 제380조 소정의 선택채권에 해당하는 것으로 보아야 한다.」(대판 2011. 6. 30, 2010다16090)

2. 특정이 있기 전의 위험부담(종류채무의 조달채무성) C-43

(1) 보통의 종류채권의 경우

종류채권의 채무자는 급부할 물건을 선택할 수 있는 자유를 가지는 반면에, 그가 급부하려고 준비한 물건이 멸실되어도 급부의무를 면하지 못한다. 그의 유책사유 없이 멸실되었더라도 마찬가지이다. 급부의 목적물이 확정되지 않은 동안(즉 특정이 있기 전)에는, 채무자는 같은 종류에 속하는 다른 물건을 다시 마련하여 급부하여야 한다. 그리하여 **종류채무는 조달채무**라고 할 수 있다. 조달채무인 종류채무에 있어서는 급부의 위험은 채무자가 부담한다.

(2) 재고채권의 경우

위의 설명은 원칙적으로 재고채권의 경우에도 타당하다. 다만, 재고채권에 있어서는 채권이 채무자의 재고(현재의 재고 또는 장래 생산할 물건)에 한정되기 때문에, 채무자의 수확물과 같은 **재고가**

모두 멸실되는 때에는 채무자는 급부의무를 면한다. 그리하여 채무자는 물건을 시장에서 다시 조달할 필요가 없다. 재고가 없게 된 경우에 채무자가 다른 물건으로 채무를 이행할 수 있는가? 즉 조달할 권리는 있는가? 이는 법률행위의 해석의 문제인데(재고조항이 채무자만을 위한 것일 때에 고려될 수 있을 것이다), 불분명한 경우에는 인정하지 않아야 한다.

C-44
3. 목적물의 품질

(1) 품질의 결정

종류채권에 있어서 같은 종류에 속하는 물건의 품질이 균일하지 않고 차이가 있는 경우에 채무자는 어떤 품질의 물건을 급부하여야 하는가? 여기에 관하여 민법은 「법률행위의 성질이나 당사자의 의사에 의하여 품질을 정할 수 없는 때에는 채무자는 중등품질(中等品質)의 물건으로 이행하여야 한다」고 규정하고 있다(375조 1항).

그리하여 목적물의 품질이 법률행위의 성질에 의하여 정하여질 수 있다. 예컨대 소비대차(598조)·소비임치(702조)에 있어서 차주(借主)와 수치인(受置人)은 처음에 받은 물건과 동일한 품질의 물건을 반환하여야 한다. 그리고 당사자의 의사에 의하여 목적물의 품질이 정하여질 수 있다. 즉 당사자들이 — 계약 당시에 또는 그 이후에 — 목적물의 품질에 관하여 합의한 경우에는 그에 따라야 한다. 계약의 해석에 의하여 당사자의 의사를 확정할 수 없는 경우에는 관습에 의하여 품질이 정하여질 수도 있다(106조).

목적물의 품질을 법률행위의 성질이나 당사자의 의사에 의하여 정할 수 없는 때에는 중등품질의 물건으로 급부하여야 한다(375조 1항). 따라서 채무자는 하등품질의 물건으로 급부할 수 없으며, 그 반면에 채권자는 상등품질의 물건을 요구할 수 없다. 한편 중등품질의 물건이란 「종류물」 가운데에서 중등품질을 갖는 것이므로, 재고채권의 경우에는 구체적인 재고 중에서 중등품질의 것을 급부하면 된다.

C-45
(2) 품질이 다른 경우

이상의 방법으로 정하여진 품질(즉 법률행위의 성질이나 당사자의 의사에 의하여 정하여진 품질 또는 중등품질)에 미달하는 물건을 채무자가 제공하는 경우에는 — 후술하는 — 특정은 일어나지 않는다. 그리고 채권자는 그러한 물건을 수령할 필요가 없으며, 수령을 거절하고 적합한 품질의 물건을 급부할 것을 요구할 수 있다(그것이 채권자지체로 되지도 않음). 만약 그가 수령하였다고 하더라도 그것이 채무내용에 좇은 이행으로 되지 못한다(390조 참조).

[참고] 종류매매(種類賣買)의 경우

종류채권이 종류매매(또는 매매규정이 준용되는 유상계약)에 기하여 발생하는 경우에는 특별한 고려가 필요하다. 종류매매에 관하여는 제581조가 두어져 있기 때문이다. 동조는 종류매매에 있어서 특정된 목적물에 하자가 있는 경우의 매도인의 담보책임을 규정하고 있다. 그런데 품질미달의 물건은 언제나 하자 있는 물건이다. 따라서 종류매매의 경우에 매도인(종류채권의 채무자)이 품질미달의 물건으로 급부하려고 하는 경우에는 제581조가 적용될 것이다. 그 결과 품질미달의 물건이 제공되면 매수인(종류채권의 채권자)은 하자 있는 물건의 수령을 거절하고 하자 없는 다른 물건의 급부를 요구할 수 있다(581조 2항). 그가 일단 수령한 때에도 수령한 물건을 반환하고 다른 물건의 급부를 요구할 수 있다. 그러나 매수인은 — 급부된 물건이 다른 종류의 물건(aliud)으로 인정되지 않는 한 — 하자 있는 물건을 채무의 이행으로서 수령하고 제581조 제 1 항(및 580조 1항·575조 1항)에 따라 계약해제와 손해배상청구(때에 따라서는 손해배상청구만) 등의 담보책임을 물을 수 있다. 그리하여 매수인이 두 방법(하자 없는 물건을 요구하는 것 또는 하자 있는 물건을 수령하고 담보책임을 묻는 것) 가운데 어느 것이든 자유롭게 선택하여 행사할 수 있다. 만약 매수인이 제581조 제 1 항에 따른 담보책임을 묻는 경우에는 급부된 하자 있는 물건에 특정이 일어나나, 하자 없는 다른 물건을 청구하는 경우에는 특정은 일어나지 않는다(Fikentscher, S. 154).

채무자는 정하여진 품질을 넘는 물건, 즉 고품질의 물건으로 급부할 수 있는가? 여기에 관하여 우리의 문헌은 대부분 「정하여진 품질」을 중등품질이라고만 생각하여 중등품질 이상의 것 즉 상등품에 대하여 논의하고 있으며(그러나 정하여진 품질이 항상 중등품질인 것은 아니기 때문에, 정확하게는 정하여진 품질 이상의 것인 「고품질의 물건」에 대하여 논의하여야 한다), 학설은 나뉘어 있다. 그중 다수설은 상등품이 채권자에게 불리할 수도 있으므로 상등품의 급부가 채무불이행이 되는지 여부는 그때 그때의 거래의 목적에 의하여 정하여진다고 하거나 또는 중등품질이 아니면 안 될 사정이 없는 한 채무불이행이 되지 않는다고 하여 경우에 따라서는 채무불이행이 성립할 수 있음을 인정한다.

4. 종류채권의 특정 C-46

(1) 특정의 의의

종류채권의 목적물은 종류와 수량에 의하여 추상적으로 정하여져 있을 뿐이므로, 종류채무가 실제로 이행되려면 그 종류에 속하는 물건 가운데 일정한 물건이 채권의 목적물로서 구체적으로 확정되어야 한다. 이를 종류채권의(정확하게는 종류채권의 목적물의) 특정 또는 집중이라고 한다.

(2) 특정의 방법

민법은 특정의 방법으로 두 가지를 정하고 있다. 그 하나는 「채무자가 이행에 필요한 행위를 완료」하는 것이고, 나머지 하나는 채무자가 「채권자의 동의를 얻어 이행할 물건을 지정」하는 것이다(375조 2항). 그러나 계약자유의 원칙상 당사자가 계약으로 특정방법을 정할 수 있으며(채무자에의 지정권의 부여도 그에 해당한다), 그때에는 제375조 제 2 항은 적용되지 않는다. 그 외에 당사자들이 합의로 목적물을 선정하면 특정이 생긴다고 하여야 하며, 이는 다른 특별한 사정이 없는 한 특정방법이 약정되어 있는 경우에도 인정하여야 한다(그리하여 가장 우선한다). 이들 특정방법을 우선적인 것부터 차례로 살펴보기로 한다.

[참고] 특정의 전제

특정이 생기려면 그 당연한 전제로서 분리된 물건이 약정된 종류에 속하고 있어야 하고, 또 제375조 제 1 항에 의하여 정하여진 품질의 물건이어야 한다(다만 종류매매의 경우에 특수성이 있다. C-45 참조).

1) 합의에 의한 특정 당사자는 언제든지 합의에 의하여 목적물을 선정할 수 있으며, 그러한 경우에는 특정이 이루어진다. 이 경우에 특정은 합의만으로 생기지 않으며 사실상 목적물을 분리하여야 한다.

C-47 **2) 약정된 방법에 의한 특정**(특히 채무자에게 지정권이 부여된 경우)

(가) 종류채권의 당사자는 특정방법을 약정할 수 있으며, 그때에는 약정된 방법에 의하여 특정이 이루어진다.

(나) 이와 같은 특정방법의 하나로 당사자가 계약에 의하여 당사자의 일방 또는 제 3 자에게 종류채권의 목적물을 구체적으로 결정할 수 있는 지정권을 부여할 수 있다. 그러한 경우에는 지정권자의 지정권의 행사에 의하여 특정이 생긴다. 제375조 제 2 항의 둘째 경우도 당사자의 계약에 의하여 지정권이 채무자에게 부여된 경우로서 여기에 포함된다. 그 규정에서의 동의는 어떤 물건을 특정한 데 대한 동의가 아니고, 채무자가 지정하여서 특정하여도 좋다는 동의, 즉 지정권을 준다는 동의이기 때문이다(통설도 같음). 지정권(이는 일종의 형성권임)의 행사는 특별한 방식을 필요로 하지 않으나 일정한 물건을 같은 종류의 물건으로부터 구체적으로 지정·분리하여야 한다. 그러면 그때에 특정이 생기게 된다.

어떤 자에게 지정권이 주어졌는데 지정권자가 지정권을 행사하지 않는 경우에 선택채권에 관한 제381조·제384조를 유추적용할 것인가? 여기에 관하여 학설은 i) 긍정설과 ii) 부정설(사견도 같음)이 대립하고 있다. 그리고 판례는 제한종류채권(재고채권)에 있어서 채무자가 이행에 필요한 행위를 하지 않거나 지정권자로 된 채무자가 이행할 물건을 지정하지 않은 경우에는 제381조를 준용할 것이라고 한다(대판 2003. 3. 28, 2000다24856[핵심판례 202면]; 대판 2009. 1. 30, 2006다37465).

C-48 **3) 채무자가 이행에 필요한 행위를 완료하는 경우** 위 1), 2)의 특정이 없는 경우에는 채무자가 이행에 필요한 행위를 완료하는 때에 특정이 있게 된다. 채무자가 이행에 필요한 행위를 완료하는 것이란 「채무의 내용에 따라서」 채무자가 이행을 위하여 하여야 하는 행위를 다하는 것을 말한다(이것은 460조의 「변제의 제공」과 대체로 일치하나 양자가 동일한 것은 아니다). 그 구체적인 시기는 채무의 종류에 따라 다르게 된다. 채무는 급부장소(이행장소)에 의하여 지참채무·추심채무·송부채무로 나누어지는데, 이들 각각에 있어서 채무자가 하여야 하는 행위는 차이가 있다.

(가) **지참채무의 경우** 지참채무라 함은 채무자가 목적물을 채권자의 주소지 또는 합의된 제 3 지(이 경우 급부장소를 제 3 지로 정하는 것은 채권자의 이익을 위하여서이다)에서 급부하여야 하는 채무이다. 우리의 통설은 채무자가 채권자의 주소에서 급부하여야 하는 채무만을 지참채무라고 하나, 채권자의 주소지 이외의 장소를 급부장소로 합의한 경우(예: 꽃다발을 연주회장으로 배달하게 하는 경우)도 지참채무에 해당한다.

민법은 급부장소에 관하여 당사자가 특별히 정하지 않는 한 특정물채무 이외의 채무는 지참채무를 원칙으로 하고 있다(467조). 따라서 종류채무도 원칙적으로 지참채무이다.

이러한 지참채무에 있어서는 **채무자가 채권자의 주소지 또는 합의된 제 3 지에서 적시에**(급부가 허용되는 시간에) **채무의 내용에 좇아 현실적으로 변제의 제공**(현실제공)을 한 때, 즉 목적물이 채권자의 주소지 또는 합의된 제 3 지에 도달하여 채권자가 언제든지 수령할 수 있는 상태에 놓여진 때에 비로소 특정이 생긴다(460조 본문 참조). 그러나 채권자가 미리 수령을 거절한 경우에는 목적물을 분리하고 구두의 제공을 하면 된다(460조 단서 참조).

(나) **추심채무의 경우** 추심채무는 채권자가 채무자의 주소지 또는 합의된 제 3 지(이 경우 곡물수확장소와 같은 제 3 지를 추심장소로 정하는 것은 채무자의 이익을 위하여서이다)에 와서 목적물을 추심하여 변제받아야 하는 채무이다(통설은 추심채무는 채무자의 주소에 와서 목적물을 추심하여 변제받아야 하는 채무라고 한다). 추심채무에 있어서는 채권자의 추심행위가 필요하므로, **채무자가 목적물을 분리하여 채권자가 추심하러 온다면 언제든지 수령할 수 있는 상태에 놓아 두고 이를 채권자에게 통지하여 수령을 최고한 때**, 즉 구두의 제공을 한 때 특정이 생긴다(460조 단서 참조)(통설도 같음). 그런데 여기의 구두의 제공은 채권자지체를 발생시키는 구두의 제공과 달리 구두로 제공된 물건이 미리 분리되어야 한다. 왜냐하면 그렇지 않으면 급부의 위험이 어떤 객체에 관하여 이전되는지를 확정할 수 없기 때문이다.

C-49 (다) **송부채무의 경우** 송부채무의 의의와 특정에 관하여는 학설이 대립하고 있다. i) 종래의 통설은 채권자 또는 채무자의 주소 이외의 제 3 지에 목적물을 송부하여야 하는 채무가 송부채무라고 하면서, 송부채무의 경우에는 목적물을 급부하여야 하는 제 3 지가 채무의 본래의 이행장소인 때에는 지참채무와 같고, 제 3 지가 본래의 이행장소는 아니지만 채무자의 호의로 제 3 지에 송부하는 경우에는 목적물을 분리하여 제 3 지로 발송하는 때에 특정이 생긴다고 한다. 그런데 근래에는 ii) 송부채무는 채무자가 채권자의 주소나 영업소 또는 제 3 의 장소로 발송하면 모든 의무를 면하는 채무이며, 그 채무에서는 **채무자가 목적물을 분리 · 지정하여 운송기관을 통해 발송한 때에 특정된다**는 견해(사견과 같은 견해임)도 주장된다. ii)설의 견지에서는 i)설이 말하는 첫째 경우는 지참채무의 일종이고, i)설이 말하는 둘째 경우는 추심채무에 지나지 않는다고 한다.

4) 목적물의 멸실에 의한 특정 종류에 속하는 물건이 멸실되어 이행에 필요한 수량만 남은 경우에는 종류채권은 특정물채권으로 변한다고 하여야 한다. 종류물이 급부하여야 할 양에 미달하는 경우에도 같다(이때 부족분에 대한 손해배상은 별개의 문제이다). 그러한 일은 재고채권에서 발생할 수 있을 것이다.

5) 재고채권(제한종류채권)**의 특정방법** 위에서 설명한 종류채권의 특정방법은 재고채권의 경우에도 마찬가지이다. 재고채권의 경우에는 단지 종류물의 범위에 있어서 제한을 받을 뿐이다. 판례도 같은 입장이다(대판 2007. 12. 13, 2005다52214).

(판 례) 제한종류채권의 특정방법

「제한종류채권에 관하여 당사자가 합의하여 급부 목적물을 특정하거나 특정방법 또는 지정권자를 정하는 경우에는 그에 따라야 하고, 그러한 약정이 없는 경우에는 민법 제375조 제 2 항에 따라 채무자가 이행에 필요한 행위를 완료하거나 채권자의 동의를 얻어 이행할 물건을 지정한 때에 그 물건을 채권의 목적물로 하는 것이다.」(대판 2007. 12. 13, 2005다52214)

C-50 (3) 특정의 효과

1) 급부의 위험의 이전 종류채권의 목적물이 특정되면 그 특정된 물건이 채권의 목적물로 된다(375조 2항). 즉 **종류채권은 특정으로 그 동일성을 유지하면서 특정물채권으로 변한다**(통설도 같음). **그 결과 급부의 위험은 채무자로부터 채권자에게 이전한다.** 따라서 채무자는 — 특정 전과는 달리 — 특정된 물건이 불가항력으로 멸실한 경우에는 같은 종류의 다른 물건이 있어도 더 이상 급부할 의무가 없다. 특정된 물건이 채무자에게 책임있는 사유로 멸실한 경우에도 다른 물건으로 급부할 의무는 없고 단지 손해배상의무만을 부담한다. 특정된 물건이 훼손된 때에도 다른 물건을 급부할 필요가 없으며, 훼손된 그 물건을 급부하면 된다(손해배상은 별개의 문제임). 그런데 이것들은 특정물채권에 관한 규정 및 이론에 의한 것이다.

C-51 **2) 대가의 위험 문제** 종류채권이 매매 기타의 쌍무계약으로부터 발생한 경우에는 급부의 위험 외에 대가의 위험도 문제된다. 그런데 **대가의 위험은 급부의 위험과 달리 특정에 의하여 영향을 받지 않는다.** 종류채권에 있어서도 대가의 위험을 누가 부담하는가는 제537조·제538조에 의하여 결정된다.

제537조에 의하면 대가의 위험은 원칙적으로 채무자가 부담한다. 다만 채권자의 수령지체 중에 당사자 쌍방의 책임없는 사유로 이행불능이 된 때에는 채권자가 위험을 부담한다(538조 1항 2문). 따라서 **종류채권의 목적물이 특정되었더라도 아직 수령지체의 요건을 갖추지 못하면 대가의 위험은 특정 전과 마찬가지로 채무자가 부담하게 된다.** 특히 송부채무에 있어서 그렇다(추심채무에서도 가능하다). 예컨대 A는 B로부터 20kg짜리 쌀 10포대를 50만원에 매수하기로 하는 내용의 계약을 체결하였고, B는 A와의 합의에 따라 철도편으로 쌀 10포대를 A의 주소지로 부쳤는데, 그 쌀을 실은 기차가 강으로 전복되어 쌀이 모두 떠내려 간 경우에는, 특정은 생겼으나 수령지체의 요건은 갖추어지지 않았으므로, B는 다른 쌀을 급부할 의무는 없지만, 그 대신에 쌀의 대금 50만원을 청구하지도 못한다. 한편 특정과 거의 동시에 채권자가 수령지체에 빠지는 경우도 많다. 지참채무에 있어서 그렇다. 그러한 경우에 특정된 목적물이 불가항력으로 멸실된 때에는 대체로 수령지체 상태에서의 멸실일 것이므로 채무자는 급부의무를 면하면서 상대방의 이행은 청구할 수 있을 것이다.

3) 채무자에 대한 특정의 구속성 문제(변경권 문제) 종류채권의 채무자는 경우에 따

라서 특정이 생긴 후라고 할지라도 특정의 구속에서 벗어나고 싶어할 것이다. 예컨대 특정은 생겼지만 대가의 위험은 채권자에게 이전되지 않은 경우에 반대급부를 받기 위하여, 또는 특정된 물건을 오랫동안 분리 보관하는 데 많은 비용이 들 경우에 보관비용을 줄이기 위하여 다른 물건으로 급부하려고 할 수 있다. 이때 채무자의 의욕을 정당한 것으로 인정할 것인가가 특정의 구속성 내지 변경권의 문제이다(우리의 많은 문헌은 다른 물건을 인도하는 것이 채무불이행으로 되는지에 관하여만 논의하나, 반대급부를 받기 위한 경우 등도 있으므로, 문헌들의 그러한 태도는 불완전하다).

여기에 관하여는 i) 특정이 원칙적으로 채무자를 구속하지 않는다는 견해와 ii) 원칙적으로 구속한다는 견해가 대립한다(사견은 채권법 총론 [40] 참조).

특정에의 구속이 인정되지 않는 경우에는 특정된 종류채권(특정물 채권)은 다시 종류채권의 상태로 되돌아간다(Larenz, S. 154). 그리하여 채무자는 같은 종류의 다른 물건으로 급부할 수 있다.

사례의 해결

사례의 경우 A의 쌀 10가마 인도채무는 종류채무 중에서 재고채무(제한종류채무)이다. 그리고 송부채무이다. 따라서 A의 채무는 A가 쌀을 C정기화물에 맡겨 송부하게 한 때에 특정된다.

사례에서 A의 채무가 특정 후에 A에게 책임없는 사유로 이행불능이 되었기 때문에 A는 채무를 면하게 된다. 그런데 사례의 경우 특정은 되었지만 채권자지체로는 되기 전에 목적물이 멸실되었으므로 대가의 위험은 제537조에 따라 여전히 A가 부담한다. 그 결과 A는 B에게 대금지급을 청구할 수 없다. 그럼에도 불구하고 A가 이미 대금을 받았기 때문에, A는 그것을 부당이득으로서 B에게 반환해야 한다.

그 밖에 A는 가령 매매대금을 그대로 보유하기 위하여 자기의 다른 쌀로 급부할 수 있다. (사례: C-41)

Ⅳ. 금전채권 C-52

1. 의 의

(1) 금전채권은 넓은 의미로는 금전의 급부(인도)를 목적으로 하는 채권이며, 좁은 의미로는 「일정액」의 금전의 인도(지급)를 목적으로 하는 채권이다. 이 둘 가운데 뒤의 것을 금액채권이라고 하는데, 보통 금전채권이라고 하면 그것을 가리킨다.

(2) 금전채권은 법률행위(증여·매매·소비대차·임대차·고용·도급·임치 등의 계약이나 유증 등의 단독행위)에 의하여 발생하기도 하고, 법률의 규정에 의하여 발생하기도 한다(예: 부당이득을 원인으로 한 가액반환의무, 불법행위에 의한 손해배상의무). 그리고 채무불이행으로 인한 손해배상채권도 원칙적으로 금전채권이다(손해배상은 금전배상을 원칙으로 하기 때문이다. 394조·763조 참조).

C-53 2. 금전채권의 종류와 각 종류별 채무이행

(1) 금액채권

금액채권은 일정액의 금전의 인도(지급)를 목적으로 하는 채권이며(예: 100만원의 지급을 목적으로 하는 채권), 이것이 본래의 의미의 금전채권이다. 금액채권은 일종의 종류채권이다. 그러나 급부되는 금전 자체는 의미가 없고 그것이 표시하는 금액 즉 화폐가치에 중점이 두어져 있다. 따라서 보통의 종류채권과 달리 「특정」이라는 것이 없고(그 결과 급부의 위험의 이전 문제도 생기지 않는다), 경제적 변혁이 생기지 않는 한 이행불능으로 되지도 않는다.

금액채권은 다른 특약이 없는 한, 채무자의 선택에 따라 각종의 통화로 변제할 수 있다(376조 참조). 여기서 통화라 함은 국가가 법률로써 강제통용력을 인정한 금전을 가리키는데, 현재 우리나라의 통화에는 한국은행이 발행한 한국은행권(지폐)과 주화(鑄貨)의 두 종류가 있다(한국은행법 47조·48조·53조 참조)(기념주화나 과거에 통용력을 가졌던 것은 통화, 그리하여 금전이 아니다). 금전 대신에 우편환·수표·어음을 급부하는 것이 금전채권의 유효한 변제로 되는지가 문제되나, 그에 대하여는 뒤에 대물변제의 문제로 살펴보기로 한다(C-396 참조).

C-54 (2) 금종채권(金種債權)

금종채권은 일정한 종류에 속하는 통화의 일정량의 급부를 목적으로 하는 채권이다(예: 1만원권으로 100만원을 지급하여야 하는 채권). 이러한 금종채권은 보통 당사자 사이의 특약에 의하여 발생할 것이다. 금종채권의 경우 채무자는 정하여진 종류의 통화로 변제하여야 한다. 그런데 문제는 그 종류의 통화가 변제기에 강제통용력을 잃으면 채무자가 급부의무를 면하게 되는지이다. 여기에 관하여 민법은 그러한 때에는 강제통용력 있는 다른 통화로 변제하도록 규정하고 있다(376조). 그러나 민법의 이 규정은 임의규정이라고 해석된다(이설 없음). 따라서 당사자는 일정한 종류의 통화가 강제통용력을 상실하든 않든 반드시(즉 절대적으로) 그 종류로 급부하도록 약정할 수 있다. 그 결과 금종채권은 절대적 금종채권과 상대적 금종채권으로 나누어진다.

절대적 금종채권은 절대적으로 일정한 종류의 금전으로 급부하여야 하는 채권이다(예: 수집의 목적으로 1996년에 발행된 1만원권 10매를 일정금액으로 매수하기로 한 경우). 그에 비하여 위에서 설명한 금종채권은 상대적 금종채권이다. 절대적 금종채권의 경우에는, 그 종류의 금전이 강제통용력을 잃더라도 그것이 존재하는 한 그것으로 급부하여야 한다. 이 절대적 금종채권은 금전을 하나의 종류물로 다루는 것으로서 금전채권이 아니고 종류채권에 지나지 않으며, 따라서 거기에는 종류채권에 관한 규정이 적용되어야 한다.

(3) 특정금전채권

이는 「특정한 금전」의 급부를 목적으로 하는 채권이다(예: 봉금을 임치한 경우, 수집의 목적으로 2008년에 발행된 1만원권 중 번호가 가장 빠른 것을 매수하기로 한 경우). 이러한 특정금전채권은 특정물채권에 해당한다.

(4) 외국금전채권(외화채권) C-55

1) 외국금전채권은 외국의 금전(예: 미화 10만달러, 일화 10만엔)의 급부를 목적으로 하는 채권이며, 이는 외화채권이라고도 한다. 이 외국금전채권도 — 내국금전채권과 마찬가지로 — 외국금액채권·외국금종채권(상대적 외국금종채권)·절대적 외국금종채권·특정 외국금전채권으로 나누어지는데, 그 가운데 절대적 외국금종채권은 종류채권이고 특정 외국금전채권은 특정물채권에 해당한다.

2) 외국의 금전은 우리나라에서는 통화로서 효력이 없으나, 민법은 국제간의 거래의 편의를 위하여 다음과 같은 특별규정을 두고 있다.

외화채권의 경우 당사자 사이에 특약이 없으면 채무자는 당해 외국의 각종의 통화로 변제할 수 있다(377조 1항). **그리고 이때 채무자는 외국의 통화로 지급하는 것 대신에 「지급할 때에 있어서의 이행지의 환금시가(換金市價)」에 의하여 우리나라의 통화로 변제할 수도 있다**(378조). **환산시기에 관하여 판례는 과거에는 변제하여야 할 때 즉 이행기(변제기)라고 하였으나**(대판 1987. 6. 23, 86다카2107 등), **현재에는 현실로 이행하는 때 즉 현실이행시라고 변경하였다**(대판(전원) 1991. 3. 12, 90다2147[핵심판례 204면]; 대판 2016. 6. 23, 2015다55397 등 다수). 이는 통설과 같은 태도로서 타당하다. 그리고 이러한 법리는 외화채권자가 경매절차를 통하여 변제를 받는 경우에도 동일하게 적용되어야 하므로, 집행법원이 경매절차에서 외화채권자에 대하여 배당을 함에 있어서는 특별한 사정이 없는 한 배당기일 당시의 외국환시세를 우리나라 통화로 환산하는 기준으로 삼아야 한다(대판 2011. 4. 14, 2010다103642). 또한 우리나라 통화를 외화채권에 변제충당할 때도 특별한 사정이 없는 한 현실로 변제충당할 당시의 외국환시세에 의하여 환산하여야 한다(대판 2000. 6. 9, 99다56512). 한편 제378조에 비추어 외화채권의 경우 채권자도 우리나라의 통화로 청구할 수 있다고 해석함이 바람직하다(동지 대판(전원) 1991. 3. 12, 90다2147).

판 례 외화채권에서 우리 통화로 변제하는 경우

(ㄱ) 「채권액이 외국통화로 지정된 금전채권인 외화채권을 채무자가 우리나라 통화로 변제함에 있어서는 민법 제378조가 그 환산시기에 관하여 외화채권에 관한 같은 법 제376조, 제377조 제 2 항의 "변제기"라는 표현과는 다르게 "지급할 때"라고 규정한 취지에서 새겨볼 때, 그 환산시기는 이행기가 아니라 현실로 이행하는 때, 즉 현실이행시의 외국환시세에 의하여 환산한 우리나라 통화로 변제하여야 한다고 풀이함이 상당하다. 따라서 채권자가 위와 같은 외화채권을 대용급부의 권리를 행사하여 우리나라 통화로 환산하여 청구하는 경우에도 법원이 채무자에게 그 이행을 명함에 있어서는 채무자가 현실로 이행할 때에 가장 가까운 사실심 변론종결 당시의 외국환시세를 우리나라 통화로 환산하는 기준시로 삼아야 할 것이다.」(대판(전원) 1991. 3. 12, 90다2147[핵심판례 204면])

(ㄴ) 「채권액이 외국통화로 지정된 금전채권인 외화채권을 채권자가 대용급부의 권리를

행사하여 우리나라 통화로 환산하여 청구하는 경우 법원이 채무자에게 그 이행을 명함에 있어서는 채무자가 현실로 이행할 때에 가장 가까운 사실심 변론종결 당시의 외국환시세를 우리나라 통화로 환산하는 기준시로 삼아야 할 것인바, 그와 같은 제1심 이행판결에 대하여 채무자만이 불복·항소한 경우, 항소심은 속심이므로 채무자가 항소이유로 삼거나 심리 과정에서 내세운 주장이 이유 없다고 하더라도 법원으로서는 항소심 변론종결 당시의 외국환시세를 기준으로 채권액을 다시 환산해 본 후 불이익변경금지 원칙에 반하지 않는 한 채무자의 항소를 일부 인용하여야 할 것이다.」(대판 2007. 4. 12, 2006다72765)

외국의 특별한 종류의 통화의 지급을 목적으로 하는 채권 즉 **외국금종채권의 경우에, 그 종류의 통화가 변제기에 강제통용력을 잃은 때에는**, 채무자는 그 나라의 다른 통화로 변제하여야 한다(377조 2항). 그리고 이때에도 채무자는 지급할 때의 이행지의 환금시가에 의하여 우리나라의 통화로 변제할 수 있다(378조).

C-56 ## 3. 금전채무불이행의 특칙(제397조)

금전채권(특히 금액채권)의 경우에는 이행불능은 있을 수 없고 이행지체만이 생길 수 있을 뿐이다. 그런데 민법은 이 금전채권의 이행지체(채무 불이행)에 관하여 제397조의 특칙을 두고 있다.

(1) 손해의 증명 문제

일반적으로 채무불이행의 경우에 채권자가 손해배상을 청구하려면 그가 손해의 발생 및 손해액을 증명하여야 한다. 그런데 **금전채무의 불이행(이행 지체)에 있어서는 채권자는 손해를 증명할 필요가 없다**(397조 2항 전단). 즉 그는 손해의 발생 및 손해액의 증명이 없이도 손해배상을 청구할 수 있는 것이다(그러나 채권자가 손해가 발생하였다는 취지의 주장은 하여야 한다. 대판 2000. 2. 11, 99다49644). 민법이 이러한 규정을 둔 이유는, 금전채권에 관하여는 손해의 증명이 곤란하고 또 금전은 자본으로서 이식을 가져오는 것이 보통이기 때문이다.

(2) 무과실 항변의 문제

금전채권의 채무자는 과실없음을 항변하지 못한다(397조 2항 후단). 따라서 그는 그에게 책임없는 사유로 이행을 지체한 경우에도 손해배상책임을 진다(무과실 책임). 여기서 한 가지 문제는 **불가항력(예: 홍수·지진·전쟁)으로 이행지체에 빠진 때에도 손해배상책임을 져야 하는지**이다. 여기에 관하여 학설은 i) 책임인정설과 ii) 책임부정설(사견도 같음)로 나뉘어 대립하고 있다(문헌에 대하여는 채권법총론 [43] 참조).

C-57 ### (3) 손해배상액

금전채무를 불이행한 경우의 손해배상액은 법정이율(법정이율의 자세한 점은 C-60 참조)**에 의하는 것이 원칙이다**(397조 1항 본문).

그러나 위의 원칙에는 **예외**가 있다. 법령의 제한에 위반하지 않는 약정이율이 있는 경우에 그렇다. 그때에는 손해배상액은 그 약정이율에 의하여 산정된다(397조 1항 단서). 문제는 약정이율이 법정이율보다 낮은 경우에도 약정이율에 의하여 지연손해배상액을 산정하여야 하는가이다. 대법원은 근래의 판결에서, 「제397조 제 1 항 … 단서규정은 약정이율이 법정이율 이상인 경우에만 적용되고, 약정이율이 법정이율보다 낮은 경우에는 그 본문으로 돌아가 법정이율에 의하여 지연손해금을 정할 것」이라고 하였다. 그러면서 그 이유로, 「금전채무에 관하여 아예 이자약정이 없어서 이자청구를 전혀 할 수 없는 경우에도 채무자의 이행지체로 인한 지연손해금은 법정이율에 의하여 청구할 수 있으므로, 이자를 조금이라도 청구할 수 있었던 경우에는 더욱이나 법정이율에 의한 지연손해금을 청구할 수 있다고 하여야 할 것」이라는 등의 여러 이유를 들고 있다(대판 2009. 12. 24, 2009다85342[핵심판례 206면]). 그런데 이 문제와 관련하여 우선 주의할 점이 있다. 제397조 제 1 항은 임의규정이다. 따라서 당사자가 금전채무의 손해배상률을 약정하고 있으면, 그 규정은 적용되지 않는다(그 약정은 일종의 손해배상액의 예정에 해당한다. 판례도 같은 입장이다. C－155 참조). 그리고 그 점은 그 율이 법정이율보다 낮은 때에도 마찬가지이다. 그리하여 법정이율보다 낮게 약정된 손해배상률이 적용되는 것이다. 그러나 손해배상률이 아니고 변제기까지의 이율에 관하여만 약정하고 있는 경우에는, 그것이 법정이율보다 낮은 때에도 그에 의하게 되는지는 검토를 필요로 한다. 여기에 관하여 위의 판결은 그때에는 법정이율이 적용된다고 하였다.

판 례 제소전 화해에서 변제기 이후의 지연손해금 규정이 없는 경우

「제소전 화해 조항에 채무의 변제기와 채무원금만 정하고 변제기 이후의 지연손해금에 관하여 아무런 규정을 두고 있지 아니한 경우에는 원칙으로 돌아가 변제기 이후에는 민법 소정의 연 5푼의 비율에 의한 지연손해금을 지급하여야 할 것이다.」(대판 1992. 5. 26, 91다28528)

이와 같이 채무자는 실제의 손해가 얼마인지를 묻지 않고 일정한 이율에 의하여 산정된 금액을 손해배상으로 지급하여야 한다. 그리하여 채무자는 실제의 손해가 그보다 작거나 없다는 것을 증명하여 책임을 면하지 못하며, 채권자는 실제의 손해가 그보다 크다는 것을 증명하여 초과손해의 배상을 청구하지 못한다. 그런데 대법원은, 금전을 특수한 용도에 사용하여 이자 상당액을 넘는 특별한 이득을 보았을 것인데 그것을 얻지 못한 것은 특별사정으로 인한 손해이며 그러한 손해를 배상받으려면 가해자가 그 특별사정을 알거나 알 수 있었어야 한다고 한다(대판 1991. 1. 11, 90다카16006. 대판 1991. 10. 11, 91다25369는 매도인이 매수인으로부터 매매대금을 지급받지 못하여 제 3 자로부터 부동산을 매수하고 그 잔대금을 지급하지 못하여 그 계약금을 몰수당한 경우에 대하여 특별한 사정으로 인한 손해라고 하였다). 그렇지만 대법원이 실제로 손해배상을 인정한 적은 없다.

C-58 (4) 외화채권의 경우

제397조는 외화채권에도 적용된다. 판례도 선물환계약에 기한 채권을 금전채권이라고 하면서, 그 당사자들은 제397조 제 2 항에 의하여 계약불이행에 대하여 과실없음을 들어 항변할 수 없다고 한다(대판 2003. 4. 8, 2001다38593).

4. 기타의 특수문제

(1) 사정변경의 원칙에 의한 금전채권의 증액 · 감액 평가

인플레이션 기타 경제사정의 변동으로 금전의 가치가 폭락하거나 폭등한 경우에 금전채권의 금액을 그대로 유지하면 일방당사자에게 가혹하게 된다. 여기서 사정변경의 원칙(내지 객관적 행위기초론)에 의하여 금전채권의 증액 또는 감액 평가를 인정할 것인지가 문제된다. 학설은 i) 인정설과 ii) 부정설로 나뉘어 있다. 그리고 판례는 이를 부정한다(대판 1955. 4. 14, 4286민상231).

(2) 지급유예 조치

경제공황·통화개혁과 같은 특별한 사정이 있는 경우에는 일정한 기간 동안 지급유예(Moratorium) 조치를 취하는 수도 있다(우리나라의 예: 1962년의 긴급통화조치법 15조 · 16조 참조(통화개혁시)). 이러한 지급유예 조치가 행하여지면 그 동안은 채무불이행책임을 지지 않게 된다.

C-59 Ⅴ. 이자채권

1. 서 설

이자채권이라 함은 이자의 급부(지급)를 목적으로 하는 채권을 말한다. 이자채권에 관한 논의는 이자가 무엇인지에서부터 시작하여야 한다. 그 뒤에 이자채권의 문제, 이자의 제한, 이자의 이자인 복리에 대하여 살펴보아야 한다.

2. 이 자

(1) 의 의

이자의 법적 의의에 관하여는 학자들의 견해가 일치하지 않고 있으나, 사견으로는 「원본(元本)인 금전 기타의 대체물을 소비의 방법으로 사용할 수 있는 데 대한 대가로서 수익에 관계없이 사용기간에 비례하여 지급되는 금전 기타의 대체물」이라고 정의하는 것이 가장 바람직하다고 생각한다.

특기할 점을 설명하면 다음과 같다. ① 이자는 원본인 「금전 기타의 대체물」을 사용할 수 있는 데 대한 대가이다(이자가 발생하는 가장 대표적인 경우인 소비대차에 관하여 598조가 대체가능성을 전제로 하고 있기 때문이다). 따라서 토지 · 건물과 같은 부대체물의 사용대가인 지료 · 차임은 이자가 아니다. ② 이자는 금전 기타의 대체물을

「사용할 수 있는 데 대한 대가」이다(원본이 실제로 사용되어야 하는 것은 아니다). 따라서 이자는 법정과실에 해당한다. 그에 비하여 원본의 소각금(消却金)·할부거래에서의 할부금·주식의 배당금은 원본의 사용가능성에 대한 대가가 아니므로 이자가 아니다. 또한 금전채무불이행의 경우에 지급되는 지연배상은 보통 「지연이자(遲延利子)」라고 불리나, 그것은 성질상 손해배상이며 이자가 아니다(통설도 같음). ③ 이율은 이자의 필수불가결한 요소가 아니다(다수설은 반대임). ④ 이자는 금전인 것이 보통이나 그 밖의 대체물일 수도 있다. 그리고 이자는 원본과 동종의 대체물일 필요가 없다(이설 없음).

(2) 발생원인

이자는 어떤 자가 금전 기타의 대체물을 사용할 수 있다고 하여 당연히 발생하는 것은 아니다. 이자는 이자를 발생시키기로 하는 당사자 사이의 특약(이자약정)이 있거나 또는 법률의 규정(29조 2항·411조·425조 2항·441조·548조 2항·587조·685조·688조 1항·701조·748조 2항·958조 등)이 있는 경우에만 발생한다. 이 가운데 당사자의 특약에 의하여 발생하는 이자를 약정이자라고 하고, 법률규정에 의하여 발생하는 이자를 법정이자라고 한다.

(3) 이 율 C-60

전술한 바와 같이, 이자는 반드시 이율에 의하여 산정되어야 하는 것은 아니다. 그렇지만 법정이자는 물론이고 약정이자도 대부분의 경우에는 원본액에 대한 비율, 즉 이율에 의하여 산정된다.

1) 법정이율 법정이율은 법률이 정한 이율인데, 민사(民事)에 있어서는 연 5푼이고(379조), 상사(商事)에 있어서는 연 6푼이다(상법 54조). 그리고 공탁금의 이자는 연 1만분의 35이다(공탁법 6조, 「공탁금의 이자에 관한 규칙」 2조).

법정이율은 이자의 산정 외에 금전채무불이행으로 인한 손해배상, 즉 지연이자의 산정에도 쓰인다(이율약정이 없는 경우에 그렇다. 397조 1항). 그런데 금전채무의 전부 또는 일부의 이행을 명하는 판결을 선고할 경우(민소 251조에 규정된 소에 해당하는 경우는 제외한다)에 금전채무불이행으로 인한 손해배상액 산정의 기준이 되는 법정이율은 그 금전채무의 이행을 구하는 소장(訴狀) 또는 이에 준하는 서면이 채무자에게 송달된 날의 다음날부터는 연 100분의 40 이내의 범위에서 은행법에 따른 은행이 적용하는 연체금리 등 경제여건을 고려하여 대통령령으로 정하는 이율에 따르며(「소송촉진 등에 관한 특례법」 3조 1항), 그 이율은 현재에는 연 100분의 12이다(「소송촉진 등에 관한 특례법 제 3 조 제 1 항 본문의 법정이율에 관한 규정」).

2) 약정이율 약정이율은 당사자에 의하여 정하여진 이율이다. 당사자는 원칙적으로 자유롭게 이율을 정할 수 있다. 다만, 특별법에 의하여 금전소비대차에 관하여는 이율이 제한되고 있다(C-63 이하 참조).

약정이자는 약정이율에 의하여 산정된다. 그러나 이자약정에서 이율이 정해지지 않은 경우에는 법정이율에 의한다(379조, 상법 54조).

C-61 3. 이자채권

(1) 의의 및 발생

이자채권은 이자의 급부(지급)를 목적으로 하는 채권이다. 그런데 이자는 금전 기타의 대체물로 지급되므로, 이자채권은 일종의 종류채권이고, 특히 이자가 금전인 경우에는 금전채권에 속하게 된다.

이자채권은 — 이자가 그러한 바와 같이 — 당사자 사이의 특약이나 법률의 규정에 의하여 발생한다. 이자채권을 발생시키는 특약은 소비대차·소비임치에 수반하여 행하여지는 것이 보통이나, 매매대금이나 임차보증금의 전부 또는 일부의 지급을 유예하면서 이자를 지급하기로 약정하는 경우도 있다.

(2) 이자채권의 분류 문제

우리 문헌들은 대체로 이자채권을 기본적 이자채권과 지분적 이자채권으로 나누고 있다. 그러면서 원본에 대하여 일정기(一定期)에 일정률의 이자를 발생시키는 채권이 기본적 이자채권이고, 기본적 이자채권의 효과로서 매기(每期)에 일정액의 이자를 지급하여야 할 채권이 지분적 이자채권이라고 한다. 그러나 우리 민법상 이자채권은 매기(每期)(가령 매월 말 또는 매년 말)에 원본에 대한 일정률의 액(또는 처음부터 확정된 일정액)의 지급을 청구할 수 있는 것이며, 그것은 한 가지일 뿐이다(사견의 이러한 이자채권 개념은 구별 학설이 말하는 지분적 이자채권에 가까운 것이다. 통설이 말하는 기본적 이자채권은 추상적 채권으로서 그 실은 공허한 것이다)(채권법총론 [48] 참조).

C-62 (3) 이자채권의 성질

이자채권은 한편으로 원본채권에 의존하는 성질, 즉 종속성 내지 부종성을 가지면서, 다른 한편으로 원본채권으로부터의 독립성도 가지고 있다.

1) 부 종 성 이자채권은 원본채권의 종된 권리로서 주된 권리인 원본채권의 존재를 전제로 한다. 그 결과 이자채권은 성립과 존속에 있어서 원본채권에 종속하게 된다. 즉 원본채권이 성립하지 않으면 이자채권은 발생하지 않으며, 원본채권이 소멸하면 이자채권도 소멸한다. 그리고 원본채권이 양도 또는 포기된 경우에는 이자채권도 양도 또는 포기되는 것으로 되며, 원본채권이 압류되면 그 효력이 이자채권에도 미치고, 원본채권에 대하여 전부명령(轉付命令)(민사집행법 229조)이 발하여지면 이자채권도 압류채권자에게 이전한다.

이자채권의 이러한 부종성은 「이미 변제기가 된 이자채권」의 경우에는 부분적으로 상당히 완화된다. 그리하여 그러한 이자채권만은 원본채권이 변제 또는 면제로 인하여 소멸하였다고 하여 당연히 소멸하지는 않으며, 원칙적으로 존속한다. 그러나 원본채권이 소멸시효에 의하여 소멸하는 때에는 다르다. 즉 원본채권이 시효로 소멸하게 되면, 변제기가 된 이자채권(1년 이내의 정기로 지급하기로 한 경우)은 그 채권 자체의 시효(163조 1호의 3년의 단기시효)가 완성되지 않았을지라도 원본채권의 시효소멸의 영향으로 소멸하게 된다. 왜냐하면 우리 민법상 소멸시효는 그 기산일에 소급하여 효력이 생기고(167조), 또 주된 권리의 소멸시효가 완성한 때에는 종된 권리에 그 효력이 미치기 때문이다(183조). 판례도 같은 태도이다(대판 2008. 3. 14, 2006다2940[핵심판례 208면]. A-323 참조). 그리고 원본채권의 양도 또는 포기는 특별한 의사표시가 없는 한 변제기가 된 이자채권에 대하여는 영향을 미치지 않는다(양도에 관하여 판례도 동지. 대판 1989. 3. 28, 88다카12803). 원본채권에 대한 압류나 전부명령도 마찬가지이다.

2) 독립성 이자채권은 하나의 권리로서 원본채권으로부터의 독립성도 가지고 있다. 그리하여 원본채권과 별도로 소를 제기할 수 있고, 양도할 수도 있으며, 그에 대하여 담보도 제공할 수 있고, 또 압류할 수도 있다. 그리고 원본채권과 분리하여 양도될 수 있는 이자채권에는 변제기가 되지 않은 채권도 포함된다.

4. 이자의 제한 C-63

(1) 서 설

현재의 제도상 이자의 제한은 이자제한법에 의한 것과 대부업법에 의한 것으로 2원화되어 있다(이는 장차 시정되어야 할 것이다). 아래에서 이자의 제한을 둘로 나누어 기술하기로 한다.

판 례 현저하게 고율인 이자약정

「금전 소비대차계약과 함께 이자의 약정을 하는 경우, 양쪽 당사자 사이의 경제력의 차이로 인하여 그 이율이 당시의 경제적·사회적 여건에 비추어 사회통념상 허용되는 한도를 초과하여 현저하게 고율로 정하여졌다면, 그와 같이 허용할 수 있는 한도를 초과하는 부분의 이자 약정은 대주가 그의 우월한 지위를 이용하여 부당한 이득을 얻고 차주에게는 과도한 반대급부 또는 기타의 부당한 부담을 지우는 것이므로 선량한 풍속 기타 사회질서에 위반한 사항을 내용으로 하는 법률행위로서 무효라 할 것이다.

이와 같이 선량한 풍속 기타 사회질서에 위반하여 무효인 부분의 이자 약정을 원인으로 차주가 대주에게 임의로 이자를 지급하는 것은 통상 불법의 원인으로 인한 재산급여라고 볼 수 있을 것이나, 불법원인급여에 있어서도 그 불법원인이 수익자에게만 있는 경우이거나 수익자의 불법성이 급여자의 그것보다 현저히 커서 급여자의 반환청구를 허용하지 않는 것이 오히려 공평과 신의칙에 반하게 되는 경우에는 급여자의 반환청구가 허용된다고 해석되므로, 대주가 사회통념상 허용되는 한도를 초과하는 이율의 이자를 약정하여 지급받은 것은 그의 우월한 지위를 이용하여 부당한 이득을 얻고 차주에게는 과도한 반대급부 또는 기타의 부당한 부담을 지우는 것으로서 그 불법의 원인이 수익자인 대주에게만 있거나 또는 적어도 대주의 불법성이 차주의 불법성에 비하여 현저히 크다고 할 것이어서 차주는 그 이자의 반환을 청구할 수 있다고 봄이 상당하다.」(대판(전원) 2007. 2. 15, 2004다50426[핵심판례 210면]. 동지 대판 2023. 6. 15, 2022다211959(그리고 공증료는 채권자가 채무자의 채무불이행에 대비하여 강제집행을 위한 집행권원을 미리 확보해 놓는 데 드는 비용으로서 채무자가 당연히 부담해야 할 성질의 것도 아니고 담보권 설정비용으로 볼 수도 없다고 함))

C-64 ### (2) 이자제한법에 의한 제한

1) 이자제한법의 적용범위 이자제한법은 금전대차 즉 금전의 소비대차에 있어서의 약정이자에 적용된다(동법 2조 1항 참조). ① 대차관계에 기하지 않고서 생긴 금전채권(예: 매매잔대금의 이자)에는 적용되지 않는다(과거의 판례도 금전 이외의 대차관계에 적용 또는 유추적용되지 않는다고 하였다. 대판 1980. 6. 10, 80다669 등). ② 금전의 소비대차인 한 이자가 금전이 아니더라도 적용된다고 하여야 한다. ③ 대차원금이 10만원 미만인 대차의 이자에 관하여는 적용되지 않는다(동법 2조 5항).

위에서 본 바와 같이, 이자제한법은 금전소비대차의 경우에만 적용되므로, 금전을 이전받는 상대방이 이전받은 금전의 원금 전액 반환을 보장하는 약정을 하지 않았다면 이는 금전소비대차계약이라고 할 수 없어(598조 참조) 이자제한법이 적용될 여지가 없다(대판 2024. 11. 14, 2023다272289). 그리고 판례는, 이자제한법의 적용을 받는 금전소비대차 계약인지 여부는 원칙적으로 당사자 사이의 계약 해석의 문제인데, 금전을 지급한 당사자와 상대방 사이에 이전받은 금전의 원금 전액 반환과 아울러 추가로 상대방의 사업 성공이나 이익의 발생 등과 같은 조건충족에 결부시키지 않은 일정한 금전의 지급을 약정 내용 자체에서 확정적으로 보장하였다면, 이러한 약정은 금전소비대차 계약으로서 이자제한법이 적용될 가능성이 높다고 한다(대판 2024. 11. 14, 2023다272289).

이자제한법의 시행 전에 성립한 대차관계에 관한 계약상의 이자율에 관하여도 그 법 시행일 이후부터는 그 법에 따라 이자율을 계산한다(동법 부칙 2항).

이자제한법은 다른 법률에 따라 인가·허가·등록을 마친 금융업 및 대부업과 대부업법 제 9 조의 4에 따른 미등록 대부업자에 대하여는 적용하지 않는다(동법 7조).

2) 제한이율

(가) 최고이자율 금전대차에 관한 계약상의 최고이자율은 연 25퍼센트를 초과하지 않는 범위 안에서 대통령령으로 정한다(동법 2조 1항). 그리고 대통령령에 의하면 **현재의 최고이자율은 연 20퍼센트이다**(「이자제한법 제 2 조 제 1 항의 최고이자율에 관한 규정」. 2021. 7. 7.부터 시행되며, 시행 후 새로이 체결되는 계약 또는 갱신되는 분부터 적용됨). 한편 이 최고이자율은 약정한 때의 이자율을 말한다(동법 2조 2항).

(나) 간주이자 금전의 대차와 관련하여 채권자가 받은 것은 예금(禮金)·할인금·수수료·공제금·체당금(替當金) 그 밖의 명칭에도 불구하고 이를 이자로 본다(동법 4조 1항). 그리고 채무자가 금전대차와 관련하여 금전지급의무를 부담하기로 약정하는 경우 의무발생의 원인 및 근거법령, 의무의 내용, 거래상 일반원칙 등에 비추어 그 의무가 원래 채권자가 부담하여야 할 성질인 때에는 이를 이자로 본다(동법 4조 2항).

(다) 제한이율이 변경된 경우의 문제 제한이율에 관한 법령이 개정되어 제한이율이 **변경된 경우에, 개정 전에 체결된 금전 소비대차에도 신법(新法)을 적용하여야 하는가?**(이 문제는 변제기가 도래하기 전에 이율이 변경된 경우뿐만 아니라 변제기가 도래한 후에 이율이 변경된 경우에도 똑같이 생김) 이는 신법이 그에 관하여 특별규정을 두거나(과거의 대통령령 중

(에는 특별규정(경과규정)을 두고 있는 것들이 많았다) 당사자가 이자(이율)에 관하여 새로이 약정을 한 경우에는 문제되지 않으나, 둘 모두가 없는 때에는 신법의 적용 여부를 해석으로 결정하여야 한다.

제한이율이 인하된 경우에는 그 이후에는 변경된 이율을 적용하여야 한다(이자제한법을 단순한 강행규정으로 보지 않고 사회질서에 기하여 폭리를 금지하기 위한 것이라고 이해하는 입장임)(과거의 학설·판례도 같음. 대판 1984. 4. 10, 82다512·82다카1284 등). 제한이율이 인상된 경우에는 어떤가? 이 경우에 문제되는 것은, 약정이율이 약정 당시의 제한이율을 넘고 있어서 무효로 된(그러나 이 경우에 「이자약정」이 무효로 되는가에 관하여는 검토가 필요하다) 초과부분의 전부 또는 일부가 인상된 제한이율의 한도까지 되살아나 유효하게 되는가이다. 여기에 관하여 과거의 학설·판례(대판 1991. 7. 26, 90다15488 등)는 유효하게 되지 않는다고 한다. 그러나 제한이율은 폭리의 기준으로 볼 수 있으므로 그것이 인상되었다면 변경 후에는 변경된 이율이 적용되어야 한다.

3) 제한위반의 효과 이자가 제한이율에 따라 산정된 금액을 초과하는 경우에는, 그 초과부분의 이자는 무효이다(동법 2조 3항). 그리하여 초과부분의 이자지급의무는 성립하지 않으며, 채권자는 제한초과이자를 재판상 청구할 수 없다. 그리고 제한초과이자를 원금에 포함시키는 계약을 하거나 준소비대차계약 또는 경개계약을 하여도 그 초과부분에 관하여는 효력이 생기지 않는다(대판 1998. 10. 13, 98다17046). C-65

채무자가 제한초과이자를 임의로 지급한 경우에는 초과 지급된 이자 상당 금액은 원본에 충당되고, 원본이 소멸한 때에는 그 반환을 청구할 수 있다(동법 2조 4항).

판례(대판 2021. 2. 25, 2020다230239)는, 금전을 대여한 채권자가 고의 또는 과실로 이자제한법을 위반하여 최고이자율을 초과하는 이자를 받아 채무자에게 손해를 입힌 경우에는 특별한 사정이 없는 한 제750조에 따라 불법행위가 성립한다고 한다. 그러면서 최고이자율을 초과하여 지급된 이자는 이자제한법 제 2 조 제 4 항에 따라 원본에 충당되므로, 이와 같이 충당하여 원본이 소멸하고도 남아 있는 초과 지급액은 이자제한법 위반 행위로 인한 손해라고 볼 수 있다고 한다. 그리고 부당이득 반환청구권과 불법행위로 인한 손해배상청구권은 서로 별개의 청구권으로서, 제한 초과이자에 대하여 부당이득 반환청구권이 있다고 해서 그것만으로 불법행위의 성립이 방해되지 않는다고 한다. 나아가 채권자와 공동으로 위와 같은 이자제한법 위반 행위를 하였거나 이에 가담한 사람도 제760조에 따라 연대하여 손해를 배상할 책임이 있다고 한다.

4) 선 이 자 소비대차를 함에 있어서 원본으로부터 이자를 미리 공제하고 그 잔액만을 차주에게 교부하는 경우가 있다. 이러한 경우에 미리 공제되는 이자를 선이자라고 한다. 새로운 이자제한법은 선이자에 관하여도 명문의 규정을 두고 있다. 그에 의하면, 선이자를 사전 공제한 경우에는 그 공제액이 채무자가 실제 수령한 금액을 원본으로 하여 제한이율에 따라 계산한 금액을 초과하는 때에는 그 초과부분은 원본에 충당한 것으로 본다(동법 3조)(대판 2021. 3. 25, 2020다289989).

5) 복리의 규제 이자제한법에 의하면, 이자에 대하여 다시 이자를 지급하기로 하는 복리약정은 제한이율을 초과하는 부분에 해당하는 금액에 대하여는 무효로 한다(동법 5조).

[참고] 이자제한법 제 6 조의 문제

이자제한법은 제 6 조에서 「법원은 당사자가 금전을 목적으로 한 채무의 불이행에 관하여 예정한 배상액을 부당하다고 인정한 때에는 상당한 액까지 이를 감액할 수 있다」고 규정하고 있다. 그런데 그 규정은 민법 제398조 제 2 항과 완전히 중복되는 것으로서 의미가 없다.

6) 벌 칙 이자제한법 제 2 조 제 1 항에서 정한 최고이자율을 초과하여 이자를 받은 자는 1년 이하의 징역 또는 1천만원 이하의 벌금에 처한다(동법 8조 1항). 그리고 여기의 징역형과 벌금형은 병과(倂科. 같이 부과)할 수 있다(동법 8조 2항).

C-66 **(3) 대부업법에 의한 제한**

1) 제한이율 대부업자(사업자가 그 종업원에게 대부하는 경우, 노동조합이 그 구성원에게 대부하는 경우, 국가·지방자치단체가 대부하는 경우, 비영리법인이 정관에서 정한 목적의 범위 안에서 대부하는 경우는 제외함. 대부업법 시행령 2조)가 개인이나 중소기업기본법 제2조 제2항에 따른 소기업(小企業)에 해당하는 법인에 대부를 하는 경우 그 이자율은 연 100분의 27.9 이하의 범위에서 대통령령으로 정하는 율을 초과할 수 없다(대부업법 8조 1항). 그리고 현재의 최고이율은 연 100분의 20이며(대부업법 시행령 5조 2항. 2021. 7. 7.부터 시행되며, 시행 후 새로이 체결되는 계약 또는 갱신되는 분부터 적용), 월이자율 및 일이자율은 연 100분의 20을 단리로 환산한다(대부업법 시행령 5조 3항).

그리고 대부와 관련하여 대부업자가 받는 것은 사례금·할인금·수수료·공제금·연체이자·체당금 등 그 명칭이 무엇이든 모두 이자로 본다(간주이자 내지 의제이자)(대부업법 8조 2항 본문). 다만, 해당 거래의 체결과 변제에 관한 부대비용으로서 대통령령으로 정한 사항은 그렇지 않다(대부업법 8조 2항 단서). 판례는, 명목 여하를 불문하고 대부업자와 채무자 사이의 금전대차와 관련된 것으로서 금전대차의 대가로 볼 수 있는 것이라면 이자로 간주되고, 따라서 대부업자가 이를 대부금에서 미리 공제하는 것은 선이자의 공제에 해당한다고 한다(대판 2024. 1. 25, 2022다229615 등). 그리고 채무자가 직접 대부중개업자에게 지급한 중개수수료(특별한 사정이 있으면 예외임)와 채권자에게 지급한 공증료는 간주이자라고 하며(대판 2014. 11. 13, 2014다24785·24792·24808), 대부업자가 대부계약의 채무자 외의 자와 별도로 체결한 약정에 따라 금전 기타 대체물을 받기로 한 경우에도 그것이 대부업자와 채무자 사이의 대부계약에 따른 금전대차와 관련된 것으로서 금전대차의 대가로 볼 수 있는 것은 대부업법 제 8 조 제 2 항의 이자 또는 간주이자에 해당한다고 한다(대판 2024. 1. 25, 2022다229615: 주식매매예약에 따른 예약완결권을 취득한 사례).

한편 대부업자가 개인이나 중소기업기본법 제 2 조 제 2 항에 따른 소기업(小企業)에 해당하는 법인에 대부를 하는 경우 대통령령으로 정하는 율을 초과하여 대부금에 대한 연체이자를 받을 수 없다(대부업법 8조 3항). 여기의 「대통령령으로 정하는 율」이란 금융위원회가 대부자금의 조달비용, 연체금의 관리비용, 연체금액, 연체기간, 대부계약의 특성 등을 고려하여 정하는 연체이자율을 말하는데, 연 100분의 20을 초과할 수 없다(대부업법 시행령 5조 5항).

2) 제한위반의 효과 대부업자가 제한을 위반하여 대부계약을 체결한 경우 제한이율을 초과하는 부분에 대한 이자계약은 무효이다(대부업법 8조 4항)(대부업법의 이자율 상한에 관한 규정은 특별한 사정이 없는 한 대부계약에 따른 채권이나 채권자의 지위가 양도되거나 신탁되는 경우에도 적용된다. 대판 2022. 6. 30, 2020다271322). 그리고 채무자가 대부업자에게 대부업법 제 8 조 제 1 항과 제 3 항에 따른 제한이율을 초과하는 이자를 지급한 경우 그 초과 지급된 이자 상당 금액은 원본에 충당되고, 원본에 충당되고 남은 금액이 있으면 그 반환을 청구할 수 있다(대부업법 8조 5항).

3) 선 이 자 대부업자가 선이자를 사전에 공제하는 경우에는 그 공제액을 제외하고 채무자가 실제로 받은 금액을 원본으로 하여 제한이율을 산정한다(대부업법 8조 6항). 그 결과 초과하는 부분이 있다면 그 초과부분은 대부업법 제 8 조 제 5 항에 따라 당사자 사이에서 약정된 선이자 공제 전의 대부원금에 충당되고 그 충당 후의 나머지가 채무자가 변제기에 갚아야 할 대부원금이 된다(대판 2023. 11. 16, 2023다266390 등).

4) 여신금융기관과 불법 사금융업자에 대한 규제 여신금융기관(대통령령으로 정하는 법령에 따라 인가 또는 허가 등을 받아 대부업을 하는 금융기관. 대부업법 2조 4호)은 연 100분의 27.9 이하의 범위에서 대통령령으로 정하는 율(현재는 연 100분의 20)을 초과하여 대부금에 대한 이자를 받을 수 없다(대부업법 15조 1항). 그리고 여신금융기관은 대부금의 연체이자도 대통령령으로 정하는 율(동법 시행령 9조 4항 참조. 이 연체이자율은 연 100분의 20을 초과할 수 없음)을 초과하여 받을 수 없다(대부업법 15조 3항). 한편 대부업법의 간주이자 규정(동법 8조 2항)과 제한을 위반한 경우의 효과 규정(동법 8조 4항-6항)은 여기에 준용된다(동법 15조 2항·5항).

불법 사금융업자(대부업의 등록 또는 등록갱신을 하지 않고 사실상 대부업을 영위하는 자. 대부업법 2조 7호)가 대부를 하는 경우 그 대부계약에 따른 이자(대부업법 8조 2항에 따라 이자로 보는 것을 포함함)를 받을 수 없으며, 해당 대부계약의 이자에 관한 약정은 무효이다(대부업법 11조 1항 1문). 그리고 그 경우 불법 사금융업자에 대해서는 상법 제54조(상사 법정이율) 및 제55조(법정이자 청구권)도 적용하지 않는다(대부업법 11조 1항 2문). 불법 사금융업자의 대부 활동을 막기 위하여 대부를 해도 법적으로 이자를 전혀 받을 수 없도록 한 것이다(개정 전에는 이자제한법상의 이자만 받을 수 있게 했었음).

[참고] 대부업법상 제한이율 규정의 한시적 적용규정 삭제

종래 대부업법은 제한이율 규정을 한시적으로 적용하도록 하는 부칙 규정을 두어왔다. 그런데 2018. 12. 24. 대부업법 개정시에 그 부칙 규정(2016. 3. 3. 대부업법 부칙 2조 1항)을 삭제하여 이제는 대부업법상의 제한이율 규정도 시간에 제약을 받음이 없이 상시적으로 적용되게 되었다.

[참고] 대부계약이 무효이거나 취소할 수 있는 경우

대부업법은 제 8 조의 2를 신설하여, 제1항에서 정하는 일정한 경우에는 대부계약이 무효로 되고, 그 경우 대부업자, 불법 사금융업자 또는 여신금융기관은 제 8 조, 제11조 및 제15조에도 불구하고 거래상대방에게 그 원본의 반환 및 이자의 변제를 청구하지 못하며, 거래상대방이 대부제공자에게 이미 지급한 원본과 이자가 있으면 이를 반환하여야 한다고 규정한다. 그리고 제 2 항에서 정하는 일정한 경우에는 대부제공자의 거래상대방이 대부계약을 취소할 수 있다고 규정한다.

C-67 **5. 복 리**

(1) 의 의

복리(複利)(또는 중리(重利))라 함은 이자의 이자, 즉 변제기가 도래한 이자를 원본에 산입하여 그에 대한 이자를 다시 붙이는 것을 말한다. 복리도 당사자의 특약이나 법률의 규정에 의하여 발생한다.

(2) 약정복리

약정복리는 당사자의 특약에 의하여 발생하는 복리이다. 이러한 약정복리는 어떤 범위에서 이자의 제한을 받는가? 통설(사견도 같음)은, 약정복리에는 ① 이자의 변제기가 된 뒤에 당사자가 새로운 합의에 의하여 이자를 원본에 산입하는 경우와 ② 이자의 변제기가 되기 전에 미리 복리의 예약을 해 두는 경우가 있고, ②의 경우는 다시 ㉠ 이자의 지급을 지체하는 것을 조건으로 하여 이자가 원본에 산입되도록 하는 경우와 ㉡ 이자지급의 지체를 조건으로 함이 없이 이자가 발생하면 당연히 원본에 산입되도록 하는 경우로 세분된다고 한 뒤, 이들 가운데 ①과 ② ㉠의 경우에는 그 이율 자체가 제한 내에 있으면 유효하나, ② ㉡의 경우에는 원본에 산입된 이자와 이 이자에 대한 이자와의 합산액이 본래의 원본에 대하여 제한범위 안에 있어야 모든 범위에서 유효하다고 한다. 그리고 판례는 ② ㉠의 경우에 관하여 통설과 같은 태도를 보이고 있다(대판 1978. 8. 22, 77다1392 · 1393).

(3) 법정복리

법정복리는 법률의 규정에 의하여 인정되는 복리이다.

이자채무의 이행이 지체된 경우에는 그 연체이자에 대하여 다시 지연이자를 지급하여야 한다(통설 · 판례도 같음. 대판 1996. 9. 20, 96다25302). 그러나 이것은 엄격한 의미에서는 복리라고 할 수 없다(이설 있음).

C-68 **Ⅵ. 선택채권**

1. 의 의

선택채권은 채권의 목적이 선택적으로 정하여져 있는 채권이다. 다시 말하면 수개의 선택적 급부를 목적으로 하는 채권이다. 예컨대 X토지 · 소나타 승용차 · 금전 1,000만원 · 채권자의 초상화를 그려 주는 것 가운데 어느 하나의 급부를 목적으로 하는 경우에 선택채권이 존재한다. 여기의 선택적 급부는 「주는 급부」에 한하지 않으며 「하는 급부」라도 무방하다.

선택채권은 복수의 채권이 아니고 하나의 채권이며, 따라서 그로부터 하나의 청구권만 생긴다. 그런데 선택채권의 경우에는 급부가 선택적으로 정하여져 있어서 채무자가 이행을 하려면 선택에 의하여 어느 하나의 급부로 확정되어야 한다. 여기서 선택권자의 선택이 중요한 의미를 가지게 됨을 알 수 있다.

선택채권은 법률행위(증여·매매·대차 등) 또는 법률의 규정(135조·203조 2항·310조 1항·626조 2항 등)에 의하여 발생한다.

2. 종류채권과의 구별

선택채권은 급부가 확정되어 있지 않다는 점에서 종류채권과 같다. 그러나 ① 급부의 수가 한정되어 있다는 점, ② 급부의 개성이 중요시된다는 점, ③ 이행불능에 의한 특정이 인정된다는 점, ④ 선택에 소급효가 있다는 점 등 여러 가지 사항에서 종류채권과 차이가 있다. 그런데 선택채권이 장차 종류채권으로 될 수 있는 경우도 있다. 선택적 급부 가운데 종류물의 인도가 포함되어 있는 때가 그렇다.

3. 선택채권의 특정 C-69

선택채권에 있어서 채무가 이행되려면 급부가 하나로 확정되어 단순채권으로 변경되어야 한다. 이를 선택채권의 특정이라고 한다. **민법은 선택채권의 특정방법으로 선택권의 행사와 급부불능의 두 가지를 규정**하고 있다. 그러나 계약 자유의 원칙상 계약(합의)에 의한 특정도 가능하다. 민법이 규정하고 있는 특정방법에 관하여 자세히 보기로 한다.

(1) 선택에 의한 특정

1) 선 택 권 선택채권의 목적인 수개의 급부 가운데 하나의 급부를 선정하는 의사표시가 선택이고, 이 선택을 할 수 있는 법률상의 지위가 선택권이다. 선택권은 일종의 형성권이다(이설 없음).

2) 선택권자 누가 선택권을 가지는가는 선택채권의 발생원인인 법률행위 또는 법률규정(135조·203조 2항·310조 1항·626조 2항 등)에 의하여 정하여지는 것이 보통이다. 그럼에 있어서 채권자나 채무자 외에 제 3 자도 선택권자가 될 수 있다. 그런데 만약 선택권자를 정하는 법률규정이나 당사자의 약정이 없으면 선택권은 채무자에게 속한다(380조).

3) 선택권의 이전 선택권은 권리이지 의무가 아니므로 선택권자에게 선택권의 행사를 강요하지는 못한다. 그러나 선택권자가 선택권을 행사하지 않으면 선택채권은 이행될 수 없으므로, 민법은 일정한 경우에는 선택권이 타인에게 이전되는 것으로 정하고 있다. C-70

(가) 당사자의 일방이 선택권을 가지는 경우 이 경우는 선택권 행사기간이 정해져 있는지 여부에 따라 차이가 있다. ① **선택권 행사의 기간이 정해져 있는 때**에 선택권자가 그 기간 내에 선택권을 행사하지 않으면, 상대방은 상당한 기간을 정하여 그 선택을 최고할 수 있고, 선택권자가 그 기간 내에 선택하지 않으면 선택권은 상대방에게 이전한다(381조 1항). ② **선택권 행사의 기간이 정해져 있지 않는 때**에는, 채권의 기한이 도래한 후 상대방이 상당

한 기간을 정하여 그 선택을 최고하여도 선택권자가 그 기간 내에 선택하지 않으면, 선택권은 상대방에게 이전한다(381조 2항).

(나) **제3자가 선택권을 가지는 경우** 이 경우는 제3자가 선택할 수 있는지 여부에 따라 다르다. ① 선택할 제3자가 선택할 수 없는 때에는 선택권은 곧바로 채무자에게 이전한다(384조 1항). ② 제3자가 선택할 수 있음에도 불구하고 선택하지 않는 때에는, 채권자나 채무자는 상당한 기간을 정하여 그 선택을 최고할 수 있고, 제3자가 그 기간 내에 선택하지 않으면 선택권은 채무자에게 이전한다(384조 2항).

C-71 **4) 선택권의 행사** 채권자나 채무자가 선택권을 가지는 경우에는 선택은 상대방에 대한 의사표시(여기의 의사표시는 묵시적인 것이라도 무방하다. 상품송부가 그 예이다)로 하여야 하며(382조 1항), 그 의사표시는 상대방의 동의가 없으면 철회하지 못한다(382조 2항)(대판 1965. 3. 16, 64다1216). 그리고 제3자가 선택권을 가지는 경우에는 선택은 채무자 및 채권자에 대한 의사표시로 하여야 하며(383조 1항), 그 의사표시는 채권자 및 채무자의 동의가 없으면 철회하지 못한다(383조 2항).

선택은 단독행위이므로 조건을 붙일 수 없고, 소급효가 있는 행위이어서 기한도 붙이지 못한다.

판 례 선택의 의사표시의 철회 관련

「선택권자가 선택의 의사표시를 한 뒤라도 상대방의 방해행위 등으로 선택의 목적을 달성할 수 없는 경우와 같이 특별한 사정이 있으면 상대방의 동의 없이도 이 의사표시를 철회하고 새로운 선택을 할 수 있다.」(대판 1972. 7. 11, 70다877)

5) 선택의 효과 선택이 행하여지면 선택채권은 하나의 급부를 목적으로 하는 단순채권으로 변한다. 그러나 반드시 특정물채권으로 되는 것은 아니며, 선택된 급부의 성질에 따라 특정물채권·종류채권·금전채권 또는 「하는 급부」를 목적으로 하는 채권으로 된다(C-68의 예 참조). 선택에 의하여 종류채권으로 변한 경우에 다시 특정이 필요함은 물론이다.

선택은 그 채권이 발생한 때에 소급하여 효력이 생긴다(386조 본문). 그 결과 채권이 발생한 때부터 선택된 급부를 목적으로 하는 채권이 성립하였던 것이 된다(그리하여 특정물의 인도가 선택된 때에는 처음부터 선관주의의무를 지게 된다). 그런데 이러한 선택의 소급효는 — 후술하는 바와 같이 — 급부불능의 경우에 잔존급부에 특정되지 않는 때(385조 2항)에 불능으로 된 급부도 선택할 수 있도록 하는 것임을 주의하여야 한다. 한편 민법은 선택의 소급효는 제3자의 권리를 해하지 못한다고 규정하고 있는데(386조 단서), 이는 물권변동에 관하여 대항요건주의를 취하고 있던 의용민법(411조)을 그대로 답습한 것으로서 성립요건주의(186조. 그 밖에 450조도 참조)를 취하는 우리 민법에서는 제3자가 해쳐지는 경우가 생길 수 없어서 전혀 무의미하다(이설 없음).

(2) 급부불능에 의한 특정 C-72

민법은 제385조에서 급부불능에 의한 특정을 규율하고 있다. 그럼에 있어서 그 제 1 항에서는 원시적 불능과 후발적 불능의 경우에 대하여 잔존급부에 특정된다고 하는 원칙을 규정하고, 제 2 항에서는 후발적 불능 가운데 선택권 없는 당사자의 과실에 의하여 불능이 생긴 경우에 대하여 예외를 인정하고 있다. 따라서 다음과 같이 정리할 수 있다.

1) 원시적 불능의 경우 수개의 급부 가운데 채권이 성립할 당시부터 원시적으로 불능한 것이 있는 때에는 **채권은 잔존하는 급부에 관하여 존재한다**(385조 1항). 즉 잔존급부에 특정이 일어난다.

2) 후발적 불능의 경우 후발적 불능의 경우에는 선택권 없는 당사자의 과실로 불능으로 된 때와 그렇지 않을 때가 다르다.

(가) **선택권 없는 당사자의 과실로 급부가 후발적으로 불능**(이행 불능)**으로 된 때에는** 잔존급부에 특정되지 않는다(385조 2항). 따라서 채권자가 선택권자인 경우 그는 채무자의 과실로 불능으로 된 급부를 선택하여 채무자에게 책임있는 이행불능을 이유로 손해배상을 청구할 수 있고, 채무자가 선택권자인 경우 그는 채권자의 과실로 불능으로 된 급부를 선택하여 채무자에게 책임없는 이행불능을 이유로 책임을 면할 수 있다. 이러한 경우에 불능으로 된 급부를 선택할 수 있도록 하는 것은 제386조에서 규정한 선택의 소급효이다.

(나) **선택권이 있는 당사자의 과실에 의하여 또는 당사자 쌍방의 과실없이 급부가 후발적으로 불능으로 된 때에는,** 채권의 목적은 잔존하는 급부에 존재한다(385조 1항). 이때 손해배상을 청구할 수 있는 것은 별개의 문제이다.

(다) **당사자의 공동과실로 불능으로 된 때에는** 채권은 잔존하는 급부에 존재한다고 할 것이다(385조 1항 참조)(통설도 같음).

Ⅶ. 임의채권 C-73

임의채권은 채권의 목적이 하나로 확정되어 있으나, 채권자 또는 채무자가 다른 급부로서 본래의 급부에 갈음할 수 있는 권리(대용권(代用權) 내지 보충권)를 가지고 있는 채권이다. 임의채권은 당사자의 법률행위 또는 법률의 규정(378조 · 443조 후단 · 602조 2항 본문 · 764조 등)에 의하여 발생한다. **임의채권은 하나의 확정된 급부가 본래의 채권의 목적이고 그것에 갈음하는 급부는 보충적 지위에 있는 점에서,** 수개의 선택적 급부가 동등한 지위를 가지고 있는 선택채권과 다르다.

제 4 장 채무불이행과 채권자지체

학습의 길잡이

본장은 채권법총론의 중심을 이루고 있는 부분이다. 그 가운데 특히 채무불이행의 유형과 그 요건, 손해배상의 범위를 비롯한 손해배상이론은 이론적으로 매우 중요하여 충분한 이해와 기억이 필요하다.

본장의 내용상 시험에서 자주 다루어지는 사항들도 많다. 이행지체에서 지체책임의 발생시기, 이행불능 여부의 판단과 대상청구권, 손해배상액의 산정시기, 손익상계, 과실상계, 손해배상액의 예정이 그 예이다. 한편 본장의 논의사항은 총론의 특성상 채권발생원인이 무엇인지를 묻지 않고 널리 적용됨은 물론이고, 특히 채무불이행이나 채권자지체가 계약에 기한 채무에 관하여 발생한 때에는 계약해제와도 밀접하게 관련된다. 그리고 이행지체는 동시이행의 항변권과, 이행불능은 위험부담과 관련되어 있다. 또한 과실상계는 불법행위에서도 동일하게 발생하는 문제여서 불법행위에 관하여도 여기서 함께 설명한다.

제 1 절 채무불이행

제 1 관 서 설

C-74 #### Ⅰ. 채무불이행의 의의

채무불이행이라 함은 채무자에게 책임있는 사유로 채무의 내용에 좇은 이행이 이루어지지 않고 있는 상태를 통틀어 일컫는 말이다. 이러한 채무불이행의 경우에는 채권자의 손해배상청구권 등의 법률효과가 발생하게 된다. 민법은 채무불이행에 관하여 제387조 이하(특히 390조)에서 자세히 규정하고 있다.

Ⅱ. 채무불이행의 모습(유형) C-75

(1) 문제의 제기

민법은 채무불이행의 모습에 관하여 한편으로 「채무의 내용에 좇은 이행을 하지 아니한 때」라고 포괄적으로 규정하면서(390조 본문), 다른 한편으로 이행지체(387조·392조·395조·544조·545조)와 이행불능(390조 단서·546조)이라는 구체적인 유형에 대하여서만은 별도의 규정도 두고 있다.

이러한 상황 하에서 종래 우리의 학설은 채무불이행의 유형을 이행지체·이행불능·불완전이행의 셋으로 나누는 데 일치하고 있었다. 그런데 근래 그와 같은 세 유형만으로의 분류는 적절하지 않다는 주장이 제기되어 세력을 얻어가고 있다(무엇보다도 주해(9), 224면 이하(양창수)). 이러한 견해는 제390조가 일반조항이라는 견지에서 채무불이행이 세 가지 유형에 한정되지 않는다고 한다(이른바 열린 유형론).

(2) 제390조의 일반조항성

제390조가 채무불이행에 관한 일반조항인지에 관하여는 i) 긍정설(사견도 같음)과 ii) 부정설이 대립하고 있다.

(3) 채무불이행의 유형(학설) C-76

채무불이행의 유형에 관하여 학설은 크게 i) 이행지체·이행불능·불완전이행(또는 이행가해)의 3유형을 인정하는 견해(3유형론)와 ii) 3유형에 한정되지 않는다는 견해(이른바 열린 유형론)로 나뉜다. 이 가운데 ii)설은 대체로 제390조가 채무불이행을 포괄적·일반적으로 규정하고 있다는 전제에 서 있다. 그러나 그러한 견지에 서 있으면서도 i)설을 취하는 문헌도 있다. 그리고 ii)설은 개별적인 주장 내용에 있어서 일치하지 않으며, (a) 이행지체·이행불능·불완전이행 외에 기타의 것(가령 부작위의무의 위반·이행거절)을 인정하는 견해가 있는가 하면, (b) 이행지체·이행불능·불완전급부·이행거절·부수의무위반을 드는 견해도 있다.

[참고] 사견

사견의 결론만을 적으면, 채무불이행의 유형으로는 이행지체·이행불능·불완전급부·「기타의 행위의무」 위반의 네 가지가 있으며, 그 외의 것은 없다(자세한 점은 채권법총론 [60]·[61] 참조). 일부 견해가 독립한 유형으로 인정하는 부작위채무의 위반과 이행거절은 이행지체의 특수한 경우로 보아야 한다.

〈채무불이행의 모습(유형)〉

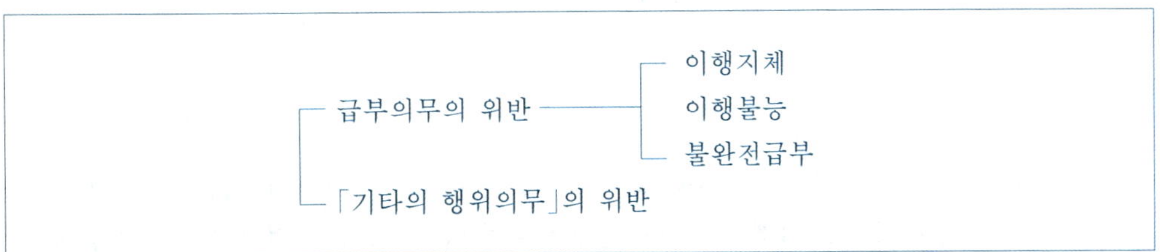

C-77 [참고] 제390조의 「채무」의 의미

채무불이행에 있어서 채무는 급부의무만을 가리키는가 아니면 「기타의 행위의무」(C-32 참조)도 포함하는가?

여기에 관하여 학설은 i) 모든 의무를 포함한다는 견해(사견도 같음)와 ii) 「기타의 행위의무」를 부수적 의무(또는 부수의무)와 보호의무로 나눈 뒤, 채권자의 완전성의 이익의 보호를 목적으로 하는 후자는 거기에 포함되지 않는다고 하는 견해로 나뉘어 있다.

그리고 판례는 숙박업자(대판 2023. 11. 2, 2023다244895 등 다수)·도급인(대판 1997. 4. 25, 96다53086)·사용자(대판 2021. 8. 19, 2018다270876 등 다수)·병원(대판 2003. 4. 11, 2002다63275)·건강보조식품 판매자(대판 2022. 5. 26, 2022다211089)의 보호의무(또는 안전배려의무)를 인정하고, 그것을 위반한 경우에는 채무불이행, 특히 불완전이행으로 된다고 한다(대판 2000. 11. 14, 2000다38718·38725가 그렇다). 그런가 하면 계약의 일방 당사자에게 신의성실의 원칙상 상대방에게 계약의 효력에 영향을 미치거나 상대방의 권리 확보에 위험을 가져올 수 있는 사정 등을 미리 고지할 의무가 있다고 한 뒤, 제조업자에 대하여 고지의무 위반을 이유로 위자료 지급을 인정한 경우가 있고(대판 2022. 5. 26, 2020다215124), 사용자의 보호의무 위반(대판 2000. 5. 16, 99다47129 등)과 증권회사와 고객 사이에 포괄적 일임매매약정 또는 투자수익보장약정이 있는 경우에 증권회사 직원의 보호의무 위반(대판 1999. 12. 24, 99다44588 등)에 대하여 불법행위 여부를 문제삼은 적도 있다.

그리고 신탁회사가 신탁계약의 체결을 권유하면서 합리적인 투자판단을 할 수 있도록 고객을 보호하여야 할 주의의무를 위반함으로써 고객이 본래 체결하지 않았을 신탁계약을 체결하게 된 경우에, 신탁회사는 그 신탁계약 체결로 고객이 입게 된 손해에 관하여 불법행위로 인한 손해배상책임을 지고, 다른 특별한 사정이 없는 한 계약상의 채무불이행에 의한 손해배상책임을 지지는 않는다고 한다(대판 2018. 2. 28, 2013다26425). 판례는 전체적으로는 i)설과 같고, 사안에 따라 일정한 때에는 불법행위책임만 인정하는 것으로 생각된다.

(판 례) 채무불이행 여부

「광고주가 모델이나 유명 연예인, 운동선수 등과 사이에 광고모델계약을 체결하면서 출연하는 유명 연예인 등에게 일정한 수준의 명예를 유지할 의무를 부과하는 품위유지약정을 한 경우, … 위 광고에 출연하기로 한 모델은 위와 같이 일정한 수준의 명예를 유지하기로 한 품위유지약정에 따라 계약기간 동안 광고에 적합한 자신의 긍정적인 이미지를 유지함으로써 그것으로부터 발생하는 구매 유인 효과 등 경제적 가치를 유지하여야 할 계약상 의무, 이른바 품위유지의무가 있고, 이를 이행하지 않는 경우에는 광고모델계약에 관한 채무불이행으로 인한 손해배상채무를 면하지 못한다.」(아파트 건설회사와 광고모델계약을 체결하면서 품위유지약정을 한 유명 연예인이 별거 중인 남편과의 물리적인 충돌로 자신의 멍들고 부은 얼굴 사진을 언론에 공개한 경우에 광고주에게 채무불이행으로 인한 손해배상책임을 진다고 한 사례)(대판 2009. 5. 28, 2006다32354)

C-78 (판 례) 이행거절(履行拒絶) 관련

저자는 이행거절을 독립한 채무불이행 유형으로 인정하지 않아야 한다는 입장이다. 그런데 이행거절에 해당하는 판례를 살펴보는 일은 유익할 수 있다. 그리하여 아래에서 이들을 정리해 두기로 한다.

(ㄱ) **이행기 후의 이행거절** 「쌍무계약인 부동산 매매계약에 있어 매수인이 이행기일을 도과한 후에 이르러 매도인에 대하여 계약상 의무 없는 과다한 채무의 이행을 요구하고 있는 경우에는 매도인으로서는 매수인이 이미 자신의 채무를 이행할 의사가 없음을 표시한 것으로 보고 자기 채무의 이행제공이나 최고없이도 계약을 해제할 수 있다.」(대판 1992. 9. 14, 92다9463)

(ㄴ) **이행기 전의 이행거절**

① 부동산 매도인이 중도금의 수령을 거절하였을 뿐만 아니라 계약을 이행하지 아니할 의사를 명백히 표시한 경우 매수인은 신의성실의 원칙상 소유권이전등기 의무 이행기일까지 기다릴 필요 없이 이를 이유로 매매계약을 해제할 수 있다고 한 사례(대판 1993. 6. 25, 93다11821).

② 「계약상 채무자가 계약을 이행하지 아니할 의사를 명백히 표시한 경우에 채권자는 신의성실의 원칙상 이행기 전이라도 이행의 최고 없이 채무자의 이행거절을 이유로 계약을 해제하거나 채무자를 상대로 손해배상을 청구할 수 있고, 채무자가 계약을 이행하지 아니할 의사를 명백히 표시하였는지 여부는 계약 이행에 관한 당사자의 행동과 계약 전후의 구체적인 사정 등을 종합적으로 살펴서 판단하여야 한다.」(대판 2005. 8. 19, 2004다53173[핵심판례 212면] 등)

③ 「이행거절이라는 채무불이행이 인정되기 위해서는 채무를 이행하지 아니할 채무자의 명백한 의사표시가 위법한 것으로 평가되어야 한다.」(대판 2015. 2. 12, 2014다227225)

(ㄷ) **이행거절이 철회된 경우** 「이행거절의 의사표시가 적법하게 철회된 경우 상대방으로서는 자기 채무의 이행을 제공하고 상당한 기간을 정하여 이행을 최고한 후가 아니면 채무불이행을 이유로 계약을 해제할 수 없다고 할 것이다.」(대판 2003. 2. 26, 2000다40995)

(ㄹ) **이행거절의 경우의 손해액 산정의 기준시기** 「이행지체에 의한 전보배상에 있어서의 손해액 산정은 본래의 의무이행을 최고하였던 상당한 기간이 경과한 당시의 시가를 표준으로 하고, 이행불능으로 인한 전보배상액은 이행불능 당시의 시가 상당액을 표준으로 해야 할 것인바, 채무자의 이행거절로 인한 채무불이행에서의 손해액 산정은, 채무자가 이행거절의 의사를 명백히 표시하여 최고 없이 계약의 해제나 손해배상을 청구할 수 있는 경우에는, 이행거절 당시의 급부목적물의 시가를 표준으로 해야 할 것이다.」(대판 2007. 9. 20, 2005다63337)

Ⅲ. 채무불이행의 요건과 효과 개관 C-79

사견에 따르면, 채무불이행에는 이행지체·이행불능·불완전급부·「기타의 행위의무」 위반의 네 유형이 있다. 이들 각각의 요건과 효과에 대하여는 후에 자세히 살펴보겠으나, 이해의 편의를 위하여 여기서 그것들을 개괄적으로 정리해 보려고 한다.

1. 채무불이행의 요건

채무불이행의 요건 가운데에는 모든 채무불이행에 공통하는 요건과 각각의 유형에 특유한 것이 있다.

(1) 공통적인 요건

채무불이행의 공통적인 요건으로 논의되는 것은 주관적 요건으로서 채무자의 책임있는 사유 즉 유책사유와 객관적 요건으로서 채무불이행의 위법성이다.

(가) 민법은 이행불능에 관하여서만 채무자의 유책사유(귀책사유)를 명문으로 요구하고 있다(390조 단서·546조 참조). 그러나 학설·판례는 일치하여 이행지체·불완전급부·「기타의 행위의무」 위반에 대하여도 유책사유가 필요하다는 견지에 있다.

채무자의 유책사유는 채무자의 고의·과실보다는 넓은 개념이다. 채무자의 법정대리인 또는 이행보조자의 고의·과실이 채무자의 고의·과실로 간주(의제)되기 때문이다(391조).

C-80 (나) 채무불이행의 위법성이 채무불이행의 공통적인 요건인가에 관하여는 i) 긍정설(사견도 같음)과 ii) 부정설이 대립하고 있다(문헌에 대하여는 채권법총론 [63] 참조).

채무불이행의 요건으로서의 위법성은 각각의 채무불이행에 있어서 구비하여야 하는 적극적인 요건이 아니고, 동시이행의 항변권·유치권·기한유예·긴급피난 등의 위법성 조각사유가 없으면 위법하다고 평가되는 소극적인 요건이다(대판 2015. 1. 29, 2013다100750 등). 민법은 이러한 취지에서 불법행위(750조)와 달리 채무불이행(390조)에 관하여서는 위법성을 명문으로 요구하지 않고 있다.

(2) 개별적인 요건

채무불이행이 성립하려면 각각의 채무불이행 유형에 따라 그 유형에 특유한 요건을 갖추어야 한다.

이행지체가 성립하려면 이행기가 도래하고 이행이 가능한데도 이행이 없어야 한다. 그리고 이행불능이 되려면 이행이 후발적으로 불능이어야 한다. 한편 불완전급부로 되려면 이행행위가 있었을 것과 그것에 하자가 있을 것이 필요하다. 끝으로 「기타의 행위의무」의 위반으로 되려면 그 의무위반이 있어야 한다.

C-81 2. 채무불이행의 효과

일반적으로 문헌들은 채무불이행의 효과로 이행강제권과 손해배상청구권, 계약의 해제권·해지권의 발생을 든다. 그러나 강제이행은 채권의 일반적인 효력이지 채무불이행의 효과가 아니다.

따라서 그것은 채무불이행에서 다룰 문제가 아니다. 그렇지만 민법이 그것을 채무불이행과 관련하여 규정하고 있으므로 이 책에서는 손해배상 다음에 그에 관하여 살펴보기로 한다(C-165 이하 참조).

채무불이행의 가장 중요한 효과는 손해배상청구권의 발생이다. 그런데 손해배상의 성격이 경우에 따라 달라지기도 하므로 유의하여야 한다. 그리고 불이행으로 된 채무가 계약에 기하여 발생한 때에는 일정한 요건 하에 **계약의 해제권 · 해지권**이 생기게 된다. 그 밖에 이행불능의 경우에는 통설 · 판례에 의하여 대상청구권이 인정되기도 한다.

〈채무불이행의 요건과 효과〉

유 형	요 건		효 과
	공통적 요건	개별적 요건	
이행지체	(1) 채무자의 유책사유(채무자의 고의·과실 외에 이행보조자 등의 고의 · 과실 포함) (2) 위법성(정당화 사유가 없을 것)	(1) 이행기 도래 (2) 이행 가능 (3) 이행이 없을 것	손해배상청구권 ─ 지연배상 원칙 / 예외적으로 전보배상 계약의 경우 해제권
이행불능		후발적 불능	손해배상청구권(전보배상) 계약의 경우 해제권 대상청구권(유책사유 없는 경우 포함)
불완전급부		(1) 이행행위가 있었을 것 (2) 이행에 하자가 있을 것	손해배상청구권 계약의 경우 해제권 ※ 문헌들은 완전이행이 가능한 경우와 그것이 불가능한 경우로 나누어 설명함
「기타의 행위의무」 위반		「기타의 행위의무」 위반이 있을 것	손해배상청구권 계약의 경우 해제권

제 2 관 채무불이행의 유형별 검토

I. 이행지체 C-82

1. 의의 및 요건

이행지체라 함은 채무의 이행기가 되었고 또 그 이행이 가능함에도 불구하고 채무자의 책임있는 사유(유책사유)로 이행을 하지 않고 있는 것을 말한다.

이행지체의 요건은 다음과 같다.

(1) 이행기가 도래하였을 것

이행지체가 성립하려면 우선 채무의 이행기(이행기는 당사자의 의사표시 또는 법률규정에 의하여 결정된다)가 되었어야 한다. 그러나 이행기가 되었다고 하여 당연히 이행지체로 되는 것은 아니다. 민법은 여러 가지

평가에 기하여 때에 따라서는 이행기의 도래 외에 다른 요건을 요구하기도 한다. 그런가 하면 일정한 경우에는 이행기가 되지 않았는데도 채무자로 하여금 기한의 이익을 잃게 하여 채권자가 즉시 이행을 청구할 수 있도록 하고 있다.

1) 확정기한부 채무 채무의 이행에 관하여 확정기한이 있는 경우에는 그 기한이 도래한 때로부터 지체책임이 있다(387조 1항 1문). 확정기한부 채무에 있어서는 — 기한 없는 채무(387조 2항)에서와 달리 — 지체책임이 생기기 위하여 채권자가 최고할 필요는 없다. 그리고 이 경우 채무자의 지체책임이 생기는 정확한 시기는 기한이 되기 시작한 때가 아니고 기한이 경과한 때(이를 도과 또는 허송이라고 함)이다. 그리하여 이행기가 확정일로 정하여져 있는 경우(예: 2008년 1월 10일에 이행하기로 한 채무)에는 그 기한의 다음날로부터 지체책임을 지고(이설이 없으며, 판례도 같은 취지임. 대판 1988. 11. 8, 88다3253), 이행기가 확정기간으로 정하여져 있는 경우(예: 11월 말까지 이행하기로 한 채무)에는 그 기간이 지난 다음날로부터 지체책임을 진다.

C-83 이러한 원칙에는 예외가 있다.

(가) **지시채권과 무기명채권의 경우**에는 확정기한이 정하여져 있는 때에도 그 기한이 도래한 후 소지인이 증서를 제시하여 이행을 청구한 때로부터 지체책임이 있다(517조·524조, 상법 65조). 면책증권의 경우에도 같다(526조).

(나) **추심채무나 그 밖에 채무를 이행하려면 먼저 채권자가 협력하여야 하는 경우**에는, 확정기한이 정하여져 있을지라도 채권자의 협력이 있어야 비로소 지체로 될 수 있다(이설 없음). 예를 들면, 쌀 10포대의 급부의무를 지는 채무자가 10월 15일에 채권자가 오면 그에게 쌀을 인도하기로 한 경우에는, 그 날 채권자가 오지 않아서 이행을 못한 때에는, 10월 16일이 지나도 채무자는 지체책임을 지지 않는다. 그리고 판례는, 만기가 정해진 예금계약에 따른 금융기관의 예금 반환채무는 그 만기가 도래하더라도 임치인이 미리 만기 후 예금 수령방법을 지정한 경우와 같은 특별한 사정이 없는 한 임치인의 적법한 지급 청구가 있어야 비로소 이행할 수 있으므로, 예금계약의 만기가 도래한 것만으로 금융기관인 수치인이 임치인에 대하여 예금 반환 지연으로 인한 지체책임을 부담한다고 볼 수는 없고, 정당한 권한이 있는 임치인의 지급 청구에도 불구하고 수치인이 예금 반환을 지체한 경우에 그 지체책임을 물을 수 있다고 한다(대판 2023. 6. 29, 2023다218353).

(다) **당사자 쌍방의 채무가 동시이행관계에 있는 때**(536조 참조)에는 이행기(확정기한 포함)가 되었을지라도 상대방이 이행의 제공을 할 때까지는 지체책임을 지지 않는다(대판 2001. 7. 10, 2001다3764 등). 그 경우에는 위법성이 없기 때문이다(이설 있음). 그리고 이러한 효과는 채무자가 동시이행의 항변권을 행사하지 않아도 당연히 인정된다(통설이며, 판례도 같음. 대판 2001. 7. 10, 2001다3764 등 다수).

판 례 이행기/동시이행항변권 관련

(ㄱ) 대법원은, 확정기한부 채무에 관하여 이행기를 지남으로써 이행지체에 빠진 이상 채권자가 「채무의 일부를 수령하였다고 하여 이행지체의 효과가 없어지고 기한의 정함이 없는 채무로 된다고 볼 수는 없다」고 한다(대판 1992. 10. 27, 91다483).

(ㄴ) 「매수인이 매도인으로부터 물품을 공급받은 다음 그들 사이의 물품대금 지급방법에 관한 약정에 따라 그 대금의 지급을 위하여 물품 매도인에게 지급기일이 물품 공급일자 이후로 된 약속어음을 발행·교부한 경우 물품대금 지급채무의 이행기는 그 약속어음의 지급기일이고, 위 약속어음이 발행인의 지급정지의 사유로 그 지급기일 이전에 지급거절되었더라도 물품대금 지급채무가 그 지급거절된 때에 이행기에 도달하는 것은 아니다.」(대판 2000. 9. 5, 2000다26333)

(ㄷ) 쌍무계약의 당사자 일방이 먼저 한 번 현실의 제공을 하고, 상대방을 수령지체에 빠지게 하였다고 하더라도 그 이행의 제공이 계속되지 않는 경우는 과거에 이행의 제공이 있었다는 사실만으로 상대방이 가지는 동시이행의 항변권이 소멸하는 것은 아니므로, 일시적으로 당사자 일방의 의무의 이행 제공이 있었으나 곧 그 이행의 제공이 중지되어 더 이상 그 제공이 계속되지 아니하는 기간 동안에는 상대방의 의무가 이행지체 상태에 빠졌다고 할 수는 없다고 할 것이고, 따라서 그 이행의 제공이 중지된 이후에 상대방의 의무가 이행지체되었음을 전제로 하는 손해배상청구도 할 수 없는 것이다(대판 1995. 3. 14, 94다26646).

2) 불확정기한부 채무 채무의 이행에 관하여 불확정기한이 있는 때에는 채무자는 그 기한이 도래하였음을 안 때(정확하게는 그 다음날)로부터 지체책임이 있다(387조 1항 2문). 이 경우에는 기한이 도래하면 채무는 이행기에 있게 되지만, 채무자가 그 사실을 알지 못함에도 불구하고 지체책임을 지도록 하는 것은 가혹하므로 이와 같이 규정한 것이다. 그리고 이러한 취지에 비추어 볼 때 채권자의 최고가 있으면 채무자가 기한 도래 사실을 알지 못하더라도 그 최고가 있는 때(정확하게는 그 다음날)로부터 지체책임을 진다고 하여야 한다(이설이 없음). 한편 여기의 기한 도래는 불확정한 사실이 발생한 때는 물론이고 그 사실의 발생이 불가능하게 된 때에도 인정되어야 한다(A-271 참조. 통설·판례도 같다. 대판 2002. 3. 29, 2001다41766 등). C-84

판 례 불확정기한 관련

(ㄱ) 「상가건물의 점포를 분양하면서 분양대금을 완납하고 건물 준공 후 공부정리가 완료되는 즉시 소유권을 이전하기로 약정한 경우, 그 점포에 관한 소유권이전등기에 관하여 확정기한이 아니라 불확정기한을 이행기로 정하는 합의가 이루어진 것으로 보아야 할 것이며, 건설공사의 진척상황 및 사회경제적 상황에 비추어 분양대금이 완납되고 분양자가 건물을 준공한 날로부터 사용승인검사 및 소유권보존등기에 소요될 것으로 예상할 수 있는

합리적이고 상당한 기간이 경과한 때 그 이행기가 도래한다고 보아야 한다.」(대판 2008. 12. 24, 2006다25745)

(ㄴ) 「채무이행시기가 확정기한으로 되어 있는 경우에는 기한이 도래한 때로부터 지체책임이 있으나, 불확정기한으로 되어 있는 경우에는 채무자가 기한이 도래함을 안 때로부터 지체책임이 발생한다고 할 것인바, 이 사건 중도금 지급기일을 '1층 골조공사 완료시'로 정한 것은 중도금 지급의무의 이행기를 장래 도래할 시기가 확정되지 아니한 때, 즉 불확정기한으로 이행기를 정한 경우에 해당한다고 할 것이므로, 중도금 지급의무의 이행지체의 책임을 지우기 위해서는 1층 골조공사가 완료된 것만으로는 부족하고 채무자인 원고가 그 완료 사실을 알아야 한다고 할 것이다.」(대판 2005. 10. 7, 2005다38546[핵심판례 214면])

(ㄷ) 구 공익사업을 위한 토지 등의 취득 및 보상에 관한 법률상의 사업시행자가 사업구역 내에 편입되는 토지의 소유자에게서 그 토지를 협의취득하면서 일부는 현금으로, 나머지는 채권으로 보상하기로 하고, 매매계약서에 '소유권이전등기를 필한 후 매매대금을 지급한다'고 정한 사안에서, 위 매매계약서상 매매대금 지급기일은 사업시행자 명의의 소유권이전등기가 경료된 때, 즉 등기에 필요한 서류가 등기소에 접수되고 등기관에 의해 해당 등기가 마쳐진 때에 도래하는 것으로 보아야 하고, 이는 불확정기한이므로 매매대금 지급의무의 이행을 지체하였다고 하기 위해서는 소유권이전등기가 경료된 것만으로는 부족하고 채무자인 사업시행자가 그 사실을 알아야 한다고 한 사례(대판 2011. 2. 24, 2010다83755).

C-85 **3) 기한 없는 채무** 채무의 이행에 관하여 기한이 정하여져 있지 않은 때에는 채무자는 이행청구를 받은 때로부터 지체책임이 있다(387조 2항). 기한이 없는 채무는 발생과 동시에 이행기에 있게 되나, 이행지체로 되려면 채권자의 최고(최고는 소장의 송달로도 할 수 있다. 대판 1969. 1. 28, 68다2313 등)가 있어야 한다. 이 경우에 채무자가 지체책임을 지는 것은 채권자로부터 이행청구를 받은 다음날부터이다(대판 2014. 4. 10, 2012다29557 등).

그런데 이와 같은 원칙에는 예외가 있다.

(가) 소비대차에 있어서 반환시기의 약정이 없는 때에는 대주는 상당한 기간을 정하여 반환을 최고하여야 하며(603조 2항 본문), 그 기간이 경과하여야 지체로 된다. 대주가 만약 상당한 기간을 정하지 않고 최고한 경우에는, 최고 후 상당한 기간이 경과한 때에 지체책임이 생긴다고 할 것이다(대판 1969. 1. 28, 68다2313 등).

(나) 불법행위로 인한 손해배상채무에 있어서는 그 채무의 성립과 동시에 지체로 된다고 하여야 한다(통설·판례도 같음. 대판 1971. 6. 8, 70다2401 등). 따라서 특별한 사정이 없는 한 채무 성립과 동시에 지연손해금이 발생한다(대판 2020. 1. 30, 2018다204787).

(다) 이행기의 정함이 없는 채권을 양수한 채권양수인이 채무자를 상대로 그 이행을 구하는 소를 제기하고 그 소송 계속 중 채무자에 대한 채권양도통지가 이루어진 경우에는 특별한 사정이 없는 한 채무자는 그 채권양도통지가 도달된 다음 날부터 이행지체의 책임

을 진다(대판 2014. 4. 10, 2012다29557). 지명채권이 양도된 경우 채무자에 대한 대항요건이 갖추어질 때까지 채권양수인이 채무자에게 대항할 수 없기 때문이다.

판 례 기한이 없는 채무/불법행위채무 C-86

(ㄱ) 「금전채무의 지연손해금채무는 금전채무의 이행지체로 인한 손해배상채무로서 이행기의 정함이 없는 채무에 해당하므로, 채무자는 확정된 지연손해금채무에 대하여 채권자로부터 이행청구를 받은 때로부터 지체책임을 부담하게 된다 할 것이다.」(대판 2004. 7. 9, 2004다11582)

「채무불이행으로 인한 손해배상채무는 특별한 사정이 없는 한 이행기한의 정함이 없는 채무이므로 채무자는 채권자로부터 이행청구를 받은 때부터 지체책임을 진다.

상법 제399조 제 1 항에 따라 주식회사의 이사가 회사에 대한 임무를 게을리하여 발생한 손해배상책임은 위임관계로 인한 채무불이행책임이다. 따라서 주식회사의 이사가 회사에 대하여 위 조항에 따라 손해배상채무를 부담하는 경우 특별한 사정이 없는 한 이행청구를 받은 때부터 지체책임을 진다.」(대판 2021. 5. 7, 2018다275888. 후단에 관하여 동지 대판 2021. 7. 15, 2018다298744)

「판결에 의해 권리의 실체적인 내용이 바뀌는 것은 아니므로, 이행판결이 확정된 지연손해금의 경우에도 채권자의 이행청구에 의해 지체책임이 생긴다.」(대판 2022. 3. 11, 2021다232331)

「판결이 확정된 채권자가 시효중단을 위한 신소를 제기하면서 확정판결에 따른 원금과 함께 원금에 대한 확정 지연손해금 및 이에 대한 지연손해금을 청구하는 경우, … 채무자는 확정 지연손해금에 대하여도 이행청구를 받은 다음 날부터 지연손해금을 별도로 지급하여야 하되 그 이율은 신소에 적용되는 법률이 정한 이율을 적용하여야 한다.」(대판 2022. 4. 14, 2020다268760)

(ㄴ) 「부당이득 반환의무는 이행기한의 정함이 없는 채무이므로 그 채무자는 이행청구를 받은 때에 비로소 지체책임을 진다.」(대판 2010. 1. 28, 2009다24187 · 24194[핵심판례 216면] 등)

(ㄷ) 「조세환급금은 조세채무가 처음부터 존재하지 않거나 그 후 소멸하였음에도 불구하고 국가가 법률상 원인 없이 수령하거나 보유하고 있는 부당이득에 해당하고, 환급가산금은 그 부당이득에 대한 법정이자로서의 성질을 가진다. 부당이득 반환의무는 일반적으로 기한의 정함이 없는 채무로서, 수익자는 이행청구를 받은 다음 날부터 이행지체로 인한 지연손해금을 배상할 책임이 있다. 그러므로 납세자가 조세환급금에 대하여 이행청구를 한 이후에는 법정이자의 성질을 가지는 환급가산금청구권 및 이행지체로 인한 지연손해금청구권이 경합적으로 발생하고, 납세자는 자신의 선택에 좇아 그중 하나의 청구권을 행사할 수 있다.」(대판(전원) 2018. 7. 19, 2017다242409)

(ㄹ) 「불법행위로 인한 손해배상채무의 지연손해금의 기산일은 불법행위 성립일」이다(대판 2010. 7. 22, 2010다18829).

(ㅁ) 「불법행위시와 사실심 변론종결시가 통화가치 등의 변동을 무시해도 좋을 정도로 근접해 있는 경우에는 위자료에 대하여도 재산상 손해에 대한 배상액과 마찬가지로 불법행위 당시부터 지연손해금의 지급을 명하더라도 특별히 문제될 것은 없고, 그렇게 하는 것이

원칙이다. 그러나 불법행위시부터 사실심 변론종결시까지 사이에 장기간이 경과하고 통화가치 등에 상당한 변동이 생긴 경우에는, 그와 같이 변동된 사정까지를 참작하여 사실심 변론종결시를 기준으로 한 위자료의 수액이 결정되어야 하는 것이므로, 그 위자료에 대하여는 앞서 본 원칙적인 경우와는 달리, 사실심 변론종결일 이후의 기간에 대하여 지연손해금을 지급하도록 하여야 하고, 불법행위시로 소급하여 그때부터 지연손해금을 지급할 아무런 합리적인 이유나 근거가 없다.」(대판(전원) 2011. 7. 21, 2011재다199)

(ㅂ)「불법행위에 있어 위법행위 시점과 손해발생 시점 사이에 시간적 간격이 있는 경우에 불법행위로 인한 손해배상청구권의 지연손해금은 손해발생 시점을 기산일로 하여 발생한다.」(대판 2011. 7. 28, 2010다76368)

(ㅅ)「타인의 불법행위로 인하여 상해를 입고 그 때문에 사망한 자는 상해를 입음과 동시에 가해자에 대하여 장래 생존하여 얻을 이익의 상실에 따른 손해배상청구권을 취득하는 것이고 그 손해는 사망 이전에 발생하는 것이지 사망을 원인으로 하여 발생하는 것이 아니므로 불법행위일부터 재산상 손해와 위자료를 합산한 금액 전부에 대하여 지연손해금의 지급을 명한 것은 정당하다」(대판 1993. 3. 9, 92다48413).

(ㅇ)「집합건물법 제 9 조에 의하여 준용되는 민법 제667조가 정하는 수급인의 하자보수에 갈음하는 손해배상채무는 이행의 기한이 없는 채무로서 이행청구를 받은 때부터 지체책임이 있다.」(대판 2009. 2. 26, 2007다83908)

(ㅈ)「신원보증인의 채무는 피보증인의 불법행위로 인한 손해배상채무 그 자체가 아니고 신원보증계약에 기하여 발생한 채무로서 이행기의 정함이 없는 채무이므로 채권자로부터 이행청구를 받지 않으면 지체의 책임이 생기지 않는다.」(대판 2009. 11. 26, 2009다59671)

(ㅊ)「추심명령은 압류채권자에게 채무자의 제 3 채무자에 대한 채권을 추심할 권능을 수여함에 그치고, 제 3 채무자로 하여금 압류채권자에게 압류된 채권액 상당을 지급할 것을 명하거나 그 지급기한을 정하는 것이 아니므로, 제 3 채무자가 압류채권자에게 압류된 채권액 상당에 관하여 지체책임을 지는 것은 집행법원으로부터 추심명령을 송달받은 때부터가 아니라, 추심명령이 발령된 후 압류채권자로부터 추심금 청구를 받은 다음날부터라고 할 것이다.」(대판 2012. 10. 25, 2010다47117)

(ㅋ)「기한을 정하지 않은 채무에 정지조건이 있는 경우, 정지조건이 객관적으로 성취되고 그 후에 채권자가 이행을 청구하면 바로 지체책임이 발생한다. …

그리고 청구금액이 확정되지 아니하였다는 이유만으로 채무자가 지체책임을 면할 수는 없다. 청구권은 이미 발생하였고 가액이 아직 확정되지 아니한 것일 뿐이므로, 지연손해금 발생의 전제가 되는 원본채권이 부존재한다고 말할 수는 없기 때문이다.」(대판 2018. 7. 20, 2015다207044)

(ㅌ)「지정에 의한 유언집행자가 특정유증을 받은 자에게 유증을 이행할 의무는 유언자가 유언으로 달리 정하였다는 등의 특별한 사정이 없는 한 이행기한의 정함이 없는 채무이므로, 유언집행자가 그 의무에 대한 이행청구를 받은 때에 비로소 지체책임을 진다.」(대판 2025. 7. 16, 2024다293313. E-295도 참조)

(ㅍ) 「유류분반환청구권의 행사로 인하여 생기는 원물반환의무 또는 가액반환의무는 이행기한의 정함이 없는 채무이므로, 반환의무자는 그 의무에 대한 이행청구를 받은 때에 비로소 지체책임을 진다.」(대판 2013. 3. 14, 2010다 42624 · 42631[핵심판례 490면])

4) 기한의 이익을 상실한 채무 C-87

(가) 일정한 사유가 있는 때에는 채무자는 기한의 이익(153조. A-275 · 276 참조)을 잃는다. 채무자를 신뢰할 수 없는 사정이 생긴 경우에까지 채무자에게 기한의 이익을 부여할 이유가 없기 때문이다. 그 사유는 다음과 같다.

(a) 채무자가 담보를 손상, 감소 또는 멸실하게 한 때(388조 1호) 여기의 담보는 물적 담보(질권 · 저당권 · 가등기담보 · 양도담보 등)뿐만 아니라 인적 담보(보증 등)도 포함한다. 그리고 손상·감소·멸실하게 하는 행위는 법률행위일 수도 있고 사실행위일 수도 있다(이설 없음).

(b) 채무자가 담보제공의 의무를 이행하지 않은 때(388조 2호) 채무자의 담보제공의무는 당사자 사이의 특약이나 법률의 규정에 의하여 생기며, 그것들 모두가 여기의 의무에 해당한다. 그리고 담보도 인적 담보인지 물적 담보인지를 묻지 않는다.

(c) 채무자가 파산의 선고를 받은 때(채무자회생법 425조)

(d) 그 밖에 민법에는 규정이 없으나, 당사자가 기한의 이익의 상실에 관하여 특약을 할 수도 있으며(대판 1997. 8. 29, 97다12990), 그때에는 임의규정인 제388조의 내용과 다르게 정할 수도 있다(대판 2001. 10. 12, 99다56192).

(나) 기한이익의 상실사유가 있으면 채무자는 기한의 이익을 「주장하지 못한다」(388조 본문). C-88
따라서 채권자는 기한이 있음에도 불구하고 즉시 이행을 청구할 수도 있다. 그러나 기한의 도래가 의제(간주)되는 것은 아니기 때문에, 채권자는 기한의 존재를 인정하여 기한까지의 이익을 청구할 수도 있다. 결국 기한이익의 상실사유가 있는 때에는 채권자의 청구가 있는 때로부터 채무자는 지체책임을 지게 된다.

판 례 기한이익 상실의 특약 관련

(ㄱ) 「기한이익 상실의 특약은 그 내용에 의하여 일정한 사유가 발생하면 채권자의 청구 등을 요함이 없이 당연히 기한의 이익이 상실되어 이행기가 도래하는 것으로 하는 정지조건부 기한이익 상실의 특약과 일정한 사유가 발생한 후 채권자의 통지나 청구 등 채권자의 의사행위를 기다려 비로소 이행기가 도래하는 것으로 하는 형성권적 기한이익 상실의 특약의 두 가지로 대별할 수 있고, 기한이익 상실의 특약이 위의 양자 중 어느 것에 해당하느냐는 당사자의 의사해석의 문제이지만 일반적으로 기한이익 상실의 특약이 채권자를 위하여 둔 것인 점에 비추어 명백히 정지조건부 기한이익 상실의 특약이라고 볼 만한 특별한 사정이 없는 이상 형성권적 기한이익 상실의 특약으로 추정하는 것이 타당하다. …

그리고 이른바 형성권적 기한이익 상실의 특약이 있는 경우에는 그 특약은 채권자의 이익을 위한 것으로서 기한이익의 상실사유가 발생하였다고 하더라도 채권자가 나머지 전액을 일시에 청구할 것인가 또는 종래대로 할부변제를 청구할 것인가를 자유로이 선택할 수 있으므로, 이와 같은 기한이익 상실의 특약이 있는 할부채무에 있어서는 1회의 불이행이 있더라도 각 할부금에 대해 그 각 변제기의 도래시마다 그때부터 순차로 소멸시효가 진행하고 채권자가 특히 잔존채무 전액의 변제를 구하는 취지의 의사를 표시한 경우에 한하여 전액에 대하여 그때부터 소멸시효가 진행하는 것」이다(대판 2002. 9. 4, 2002다28340[핵심판례 218면]).

(ㄴ) 「계약당사자 사이에 일정한 사유가 발생하면 채무자는 기한의 이익을 잃고 채권자의 별도의 의사표시가 없더라도 바로 이행기가 도래한 것과 같은 효과를 발생케 하는 이른바 정지조건부 기한이익 상실의 특약을 하였을 경우에는 그 특약에 정한 기한이익의 상실사유가 발생함과 동시에 기한의 이익을 상실케 하는 채권자의 의사표시가 없더라도 이행기 도래의 효과가 발생하고, 채무자는 특별한 사정이 없는 한 그때부터 이행지체의 상태에 놓이게 된다고 할 것이다.」(대판 1989. 9. 29, 88다카14663. 동지 대판 1999. 7. 9, 99다15184)

C-89 **5) 채권이 가압류된 경우** 채권이 가압류된 경우에 제 3 채무자가 이행지체책임을 면하는가? 여기에 관하여 판례는, 채권의 가압류는 제 3 채무자에 대하여 채무자에게 지급하는 것을 금지하는 데 그칠 뿐 채무 그 자체를 면하게 하는 것이 아니고, 가압류가 있다 하여도 그 채권의 이행기가 도래한 때에는 제 3 채무자는 그 지체책임을 면할 수 없다고 한다(대판 1994. 12. 13, 93다951(이 경우에 제 3 채무자로서는 공탁을 함으로써 이중변제의 위험에서 벗어나고 이행지체의 책임도 면할 수 있다): C-403에 인용).

(2) 이행이 가능할 것

이행지체로 되려면 이행기에 이행이 가능하여야 하며, 이행이 불가능하면 이행불능으로 된다. 그리고 이행기에 이행이 가능하였으나, 그 이후에 불능으로 된 경우 즉 이행지체 후의 이행불능도 불능으로 된 때부터는 이행불능으로 다루어야 할 것이다(이설 없음).

(3) 이행이 없을 것

채무가 이행되었거나 이행의 제공이 있으면 이행지체로 되지 않으며, 그 어느 것도 없는 경우에 이행지체로 된다.

대법원은, 계약당사자 사이에서 일방이 상대방에 대해 계약의 체결이 관련 법령 등에 위반되지 않는다는 점과 함께 그 계약의 이행을 진술·보장하였는데도 계약을 이행하지 못하여 상대방에게 손해를 입힌 경우에는 계약상 의무를 이행하지 않은 것에 해당하므로 일종의 채무불이행 책임이 성립하나, 당사자 사이에 체결된 계약이 강행법규 위반으로 무효인 경우에 그 계약 불이행을 이유로 진술·보장 약정에 따른 손해배상채무를 이행하는 것이 강행법규가 금지하는 것과 동일한 결과를 가져온다면 이는 강행법규를 잠탈하는 결과가 되고, 이러한 경우에는 진술·보장 조항 위반을 이유로 손해배상을 청구할 수 없다고 한다(대판 2019. 6. 13, 2016다203551).

(4) 이행하지 않는 데 대하여 채무자에게 책임있는 사유(유책사유)가 있을 것 C-90

1) 서 설 민법은 이행불능에 관하여는 채무자의 책임있는 사유 즉 유책사유(귀책사유)를 요구하고 있다(390조 단서·546조). 그에 비하여 이행지체에 관하여는 명문의 규정이 없다. 그렇지만 학설은 일치하여 이행지체의 경우에도 유책사유가 필요하다고 한다(사견도 같음).

채무자의 유책사유는 채무자의 고의·과실 외에 채무자의 법정대리인·이행보조자의 고의·과실도 포함한다(391조). 따라서 그 유책사유는 채무자의 고의·과실보다 넓은 개념이다.

2) 채무자의 고의·과실 고의는 자기의 행위로부터 이행지체라는 위법한 결과가 발생할 것을 인식하면서도 그 행위를 하는 것이다. 그리고 과실은 자기의 행위로부터 이행지체라는 위법한 결과가 발생할 것을 인식했어야 함에도 불구하고 부주의로 말미암아 인식하지 못하는 것이다. 여기서 요구되는 주의는 원칙적으로 선량한 관리자의 주의(선관주의) 즉 채무자의 사회적 지위·종사하는 직업 등에서 보통 일반적으로 요구되는 정도의 주의이다(이 원칙을 민법은 374조에서 특정물채무에 관하여 규정하고 있다). 다만, 무상임치(695조) 등에서는 「자기 재산과 동일한 주의」 등으로 주의의무를 경감시키고 있다(C-37 참조). 이들 중 선량한 관리자의 주의의무 위반을 추상적 과실이라고 하고, 경감된 주의를 위반하는 것을 구체적 과실이라고 한다.

위와 같은 채무자의 고의나 과실이 있으면 채무자의 이행지체가 성립할 수 있다.

한편, 판례에 따르면, 채무자가 자신에게 채무가 없다고 믿었고 그렇게 믿은 데 정당한 사유가 있는 경우에는 채무불이행에 고의나 과실이 없는 때에 해당한다고 한다(대판 2015. 1. 29, 2013다100750 등). 그러나 채무자가 채무의 발생원인 내지 존재에 관한 법률적인 판단을 통하여 자신의 채무가 없다고 믿고 채무의 이행을 거부한 채 소송을 통하여 이를 다투었다고 하더라도, 채무자의 그러한 법률적 판단이 잘못된 것이라면 특별한 사정이 없는 한 채무불이행에 관하여 채무자에게 고의나 과실이 없다고는 할 수 없다고 한다(대판 2015. 1. 29, 2013다100750 등).

3) 법정대리인·이행보조자의 고의·과실 C-91

(가) 서 설 제391조는 「채무자의 법정대리인이 채무자를 위하여 이행하거나 채무자가 타인을 사용하여 이행하는 경우에는 법정대리인 또는 피용자의 고의나 과실은 채무자의 고의나 과실로 본다」고 규정한다. 민법이 이와 같은 규정을 둔 이유는 타인을 사용하여 이익을 얻는 채무자는 동시에 그로부터 생길 수 있는 위험(채권자의 이익을 침해할 위험)도 부담하는 것이 마땅하다는 데 있다.

제391조는 채권관계가 존재하고 있는 경우(예: 지붕수리의 도급계약을 체결한 경우)에 넓은 의미의 채무이행(이행행위 외에 그것과 관련성이 있는 행위)에 관하여서만 적용된다(판례도 같다. 대판 2008. 2. 15, 2005다69458). 그에 비하여 그 밖의 관계에서는 적용되지 않는다. 따라서 어떤 법정채권관계가 새로 성립하는 경우에는 적용이 없다(예: 지붕수리 보조자가 공구를 떨

(어뜨려 행인을 다치게 한 경우). 이행보조자 등의 행위가 단순히 그러한 행위를 하는 기회에 즈음하여 행하여진 경우에도 같다(예: 지붕수리 보조자가 나오면서 시계를 훔친 경우). 그리고 채무이행에 관한 것인 한 급부의무의 위반이 있었는지 「기타의 행위의무」의 위반이 있었는지는 묻지 않는다(따라서 지붕수리 보조자가 수리를 하다가 과실로 유리창을 깬 경우에는 채무자가 책임을 지게 된다).

판 례 이행보조자의 행위에 대한 채무자의 책임

「이행보조자의 행위가 채무자에 의하여 그에게 맡겨진 이행업무와 객관적, 외형적으로 관련을 가지는 경우에는 채무자는 그 행위에 대하여 책임을 져야 하고, 채무의 이행에 관련된 행위이면 가사 이행보조자의 행위가 채권자에 대한 불법행위가 된다고 하더라도 채무자가 면책될 수는 없다.」(대판 2008. 2. 15, 2005다69458)

법정대리인 또는 이행보조자의 과실 판단의 경우에는 누구의 주의의무를 기준으로 하여야 하는가? 여기에 관하여는 보조자가 아니고 채무자를 기준으로 하여야 한다는 견해만 주장되고 있다(사견은 다름. 채권법총론 [70] 참조). 그럼에 있어서 법정대리인과 이행보조자를 구분하지도 않는다.

C-92 (나) **법정대리인** 법정대리인은 대리권이 법률의 규정에 기초하여 주어지는 대리인이다(A-190 참조). 여기의 법정대리인은 제391조의 취지에 비추어 넓게 새기는 것이 일반이다. 그리하여 친권자·후견인·부재자 재산관리인뿐만 아니라 유언집행자·파산관재인·일상가사대리권 있는 부부 등이 모두 포함된다(이설 없음).

(다) **이행보조자** 이행보조자는 채무자가 채무의 이행을 위하여 사용하는 자이다. 종래의 통설은 이러한 이행보조자를 넓은 의미의 것으로 이해하고, 그것을 다시 협의의 이행보조자(履行補助者)와 이행대행자(履行代行者)로 구분한다. 그런데 근래에는 이러한 구별에 소극적인 견해도 있다(대판 2002. 7. 12, 2001다44338[핵심판례 220면] 등도 유사한 것으로 보인다). 그러나 이행대행자에 대하여는 제391조가 적용되지 않아야 하는 경우도 있으므로 양자는 구별하는 것이 옳다.

판 례 이행보조자 관련

(ㄱ) 「민법 제391조에서의 이행보조자로서의 피용자라 함은 일반적으로 채무자의 의사관여 아래 그 채무의 이행행위에 속하는 활동을 하는 사람이면 족하고, 반드시 채무자의 지시 또는 감독을 받는 관계에 있어야 하는 것은 아니므로 채무자에 대하여 종속적인가 독립적인 지위에 있는가는 문제되지 않는 것이어서, 임대인이 임차인과의 임대차계약상의 약정에 따라 제 3 자에게 도급을 주어 임대차목적 시설물을 수선한 경우에는, 그 수급인도 임대인에 대하여 종속적인지 여부를 불문하고 이행보조자로서의 피용자라고 보아야 할 것이고, 이러한 수급인이 시설물 수선공사 등을 하던 중 수급인의 과실로 인하여 화재가 발생한 경우에는, 임대인은 민법 제391조에 따라 위 화재발생에 귀책사유가 있다 할 것이어서

임차인에 대한 채무불이행상의 손해배상책임이 있다 할 것이다.」(대판 2002. 7. 12, 2001다44338[핵심판례 220면])

(ㄴ) 「이행보조자가 채무의 이행을 위하여 제 3 자를 복이행보조자로서 사용하는 경우에도 채무자가 이를 승낙하였거나 적어도 묵시적으로 동의한 경우에는 채무자는 복이행보조자의 고의, 과실에 관하여 민법 제391조에 의하여 책임을 부담한다.」(대판 2011. 5. 26, 2011다1330)

(ㄷ) 「민법 제391조의 이행보조자로서의 피용자라 함은 채무자의 의사 관여 아래 그 채무의 이행행위에 속하는 활동을 하는 사람을 의미하므로, 채무자의 채권자에 대한 채무 이행행위에 속한다고 볼 수 없는 활동을 하는 사람을 민법 제391조의 이행보조자에 해당한다고 볼 수는 없다.」(대판 2013. 8. 23, 2011다2142)

(a) 협의의 이행보조자　　좁은 의미로 이행보조자라고 하면 채무자의 지시에 따라 채무의 이행을 보조하는 자이다. 지붕수리업자의 조수가 그 예이다. 이행보조자가 이행을 보조하는 관계는 사실상의 관계(예: 가족이나 친구가 보조하는 경우)로 충분하며 고용과 같은 채권계약이 있을 필요는 없다(동지 대판 2018. 2. 13, 2017다275447). 그리고 제 3 자가 단순히 호의로 행위를 한 경우에도 그것이 채무자의 용인 아래 이루어지는 것이면 그 제 3 자는 이행보조자에 해당한다(대판 2018. 2. 13, 2017다275447). 또한 이행보조자의 활동이 일시적인지 계속적인지도 문제되지 않는다(대판 2018. 2. 13, 2017다275447). 이행보조자이기 위하여서는 그 자의 행위에 관하여 채무자가 간섭을 할 수 있는 가능성이 있어야 하는가, 즉 그 보조자에 관하여 선임·지휘·감독 등을 할 수 있어야 하는가? 구체적으로는 우편·철도 등을 이용하는 경우에 그 직원이 이행보조자로 되는지 문제된다. 여기에 관하여 학설은 i) 긍정설(사견도 같음)과 ii) 부정설로 나뉘어 대립하고 있다(채권법총론 [71] 참조). 그리고 판례는 협의의 이행보조자와 이행대행자로 구분하지 않으면서, 제391조에 정하고 있는 「이행보조자」로서 피용자는 채무자의 의사 관여 아래 그 채무의 이행행위에 속하는 활동을 하는 사람이면 충분하고 반드시 채무자의 지시 또는 감독을 받는 관계에 있어야 하는 것은 아니며, 따라서 그가 채무자에 대하여 종속적인 지위에 있는지, 독립적인 지위에 있는지는 상관없다고 한다(대판 2002. 7. 12, 2001다44338[핵심판례 220면]; 대판 2020. 6. 11, 2020다201156 등). 그런데 이 판결 사안들은 대부분 이행대행자에 관한 것이다(대판 2008. 2. 15, 2005다69458만은 그렇지 않다). 주의할 것은, 이러한 판례가 우편·철도 등을 이용하는 경우에도 꼭 같은 결론을 취할 것인지는 확언하기 어렵다는 점이다. C-93

이행보조자가 협의의 이행보조자인 경우에는 언제나 제391조가 적용된다.

(b) 이행대행자　　이행대행자는 채무자의 이행을 위하여 단순히 보조하는 것이 아니라 독립하여 채무의 전부 또는 일부를 채무자에 갈음하여 이행하는 자이다. 수치인에 갈음하여 임치물을 보관하는 제 3 수치인, 임차물을 수선하거나 거기에 일정한 시설을 할 의무가 있는 임대인으로부터 도급을 받아 목적물을 수선하거나(대판 2002. 7. 12, 2001다44338 참조) 시설을 설치하는 수급인(대판 1999. 4. 13, 98다51077·51084 참조)이 그 예이다. C-94

이행대행자의 행위에 대하여 채무자가 책임을 지는가? 여기에 관하여 학설은 나뉘어 있다. 그런데 통설은 세 경우 즉 ① 명문규정상·특약상·채무의 성질상 대행자의 사용이 허용되지 않는 경우(120조·657조 2항·682조·701조·1103조 2항 등), ② 명문규정상(122조 등)·채권자의 승낙에 의하여 대행자의 사용이 허용되는 경우, ③ 명문상 또는 특약으로 금지되어 있지도 않고 허용되어 있지도 않아서 채무의 성질상 사용해도 무방한 경우로 나누어, ①의 경우에는 대행자를 사용하는 것 자체가 의무위반(채무불이행)이 되므로 대행자의 고의·과실을 불문하고 채무자의 책임이 생기고, ②의 경우에는 원칙적으로 대행자의 선임·감독에 과실이 있는 때에만 책임을 지며(121조·682조 2항·701조·1103조 2항 등 참조), ③의 경우에는 제391조가 적용되어 대행자의 고의·과실이 채무자의 고의·과실로 다루어진다고 한다(사견에 대하여는 채권법총론 [71] 참조).

C-95 [참고] 이행보조자와 관련된 기타의 문제

(ㄱ) **이용보조자** 이행대행자의 특수한 것에 이용보조자가 있다. 이용보조자는 채무자가 목적물을 이용할 때 그 이용을 보조하는 자이며, 임차인의 가족·동거인이 그 예이다. 이용보조자의 행위는 채무자(가령 임차인)의 목적물 이용권(권리)에 협력하는 행위이면서 동시에 목적물 보관의무(채무)를 보조하는 행위이다. 그리고 후자의 면에서 보면 이용보조자의 행위도 이행보조자의 행위라고 할 수 있다. 그러나 이용보조자는 권리행사도 보조하는 점에서 이행보조자와 다르다. 그렇지만 채무불이행에 관하여는 제391조를 적용하여야 한다.

(ㄴ) **전차인(轉借人) 문제** 전차인이 이행보조자인가, 이행대행자인가, 이용보조자인가에 관하여는 학설의 태도가 분명치 않다. 그리고 전차인의 과실에 대한 임차인의 책임과 관련하여서는 학설이 여럿으로 나뉘어 있다(채권법총론 [71] 참조). 사견으로는, 전차인은 일종의 이행대행자라고 보는 것이 옳을 듯하다. 그리하여 전차인의 과실에 임차인이 책임을 지느냐에 대하여는 이행대행자에 관한 이론을 그대로 적용하여야 한다. 그에 의하면 임차인이 임대인의 동의를 얻지 않고 전대한 경우에는 전대 자체가 의무위반이므로 임차인은 전차인의 과실을 불문하고 책임을 져야 하고, 임대인의 동의를 얻어 전대한 경우에는 전차인의 선임·감독에 과실이 있는 때에만 책임을 진다(건물의 임차인이 건물의 소부분을 임대인의 동의 없이 전대한 때에는 391조를 적용하는 것이 옳다. 632조는 임차인의 편의를 위한 규정이라고 보아야 하기 때문이다).

(ㄷ) **체약(締約)보조자 문제** 계약체결상의 과실(D-47 이하 참조)이론을 취할 경우에는 체약보조자의 과실에 대하여도 본인이 책임을 지게 된다.

C-96 (ㄹ) **효 과** (a) 채무자의 법정대리인·이행보조자의 고의·과실이 있는 경우에는 채무자에게 고의·과실이 있는 것으로 의제되어(391조), **채무자가 채권자에 대하여 채무불이행으로 인한 손해배상책임을 진다**(390조). 이행보조자 등은 채권자에 대하여 채무불이행책임은 지지 않는다. 그러나 불법행위책임을 질 수는 있다(750조). 그 경우의 채무자의 책임과 이행보조자의 책임은 부진정연대채무 관계에 있다(대판 1994. 11. 11, 94다22446).

(b) 사정에 따라서는 이행보조자의 행위에 대하여 채무자의 사용자책임의 요건이 갖추어질 수도 있다. 그러한 때 가운데 채무자에게 채무불이행책임은 없는 경우도 있으나, 채무불이행책임을 져야 하는 경우도 있다. 그런데 후자의 경우에는 청구권의 경합도 문

제된다(D-417 참조).

(c) 이행보조자는 내부관계에 기하여 또는 일반적인 구상법리에 의하여 채무자에게 손해배상책임을 져야 할 경우도 있다.

[참고] 이행보조자의 행위에 대한 채무자의 책임(391조)과 사용자책임(756조)의 비교

이 두 책임은 모두 타인에 의하여 발생한 손해에 대한 책임인 점에서 같다. 그러나 다음과 같은 여러 가지 점에서 차이가 있다. ① 전자는 이미 현존하는 채권관계를 전제로 하나(채무불이행 책임), 후자는 기존의 채권관계를 전제로 하지 않는다(불법행위 책임). ② 전자는 타인의 행위에 대한 책임인데 비하여, 후자는 자신의 행위(선임·감독상의 부주의)에 대한 책임이다. ③ 제391조에 의하여서는 새로운 채권이 발생하지 않으나(독립한 채권발생원인이 아님), 제756조에 의하여서는 독립한 손해배상채권이 발생한다. ④ 제391조에서는 면책이 불가능하나, 제756조에서는 면책이 가능하다. ⑤ 제391조의 경우에 이행보조자는 채무불이행책임을 지지 않으나(이행보조자가 불법행위책임을 질 수는 있음), 제756조에서는 피용자도 불법행위책임을 진다. ⑥ 제391조에 의한 채무자책임에는 소멸시효의 일반원칙(162조)이 적용되나, 사용자책임에는 제766조의 단기시효가 적용된다.

4) 책임능력 채무자의 유책사유가 인정되기 위하여서는 채무자에게 책임능력이 있어야 하는지가 문제된다. 생각건대 고의·과실이 인정되기 위하여서는 행위의 위법한 결과와 책임을 인식할 수 있어야 하고, 또 그 점은 과실의 종류와는 무관하다. 결국 책임능력이 필요하다고 할 것이다. C-97

법정대리인·이행보조자에게도 책임능력이 요구된다고 새겨야 한다.

5) 면책특약의 효력 당사자 사이에 채무자 또는 이행보조자의 책임을 면하는 내용의 특약이 있었던 경우 그러한 특약도 원칙적으로 유효하다. 문제는 고의 또는 중과실에 대하여 면책된다는 것도 유효한지이다. 그에 관하여는 학설이 대립하고 있다(자세한 점은 채권법총론 [73] 참조). 한편 보통거래약관(D-7 이하 참조) 안에 있는 면책조항에 대하여는 「약관의 규제에 관한 법률」에 특별규정이 있다(동법 7조).

6) 증명책임 채무자의 유책사유의 증명은 누가 하여야 하는가? 여기에 관하여 다수설(사견도 같음)은 채무자가 자기에게 유책사유가 없음을 증명하여야 책임을 면한다는 입장이다. 그리고 판례는 이행불능(대판 1982. 8. 24, 82다카254 등)과 이행지체(대판 1984. 11. 27, 80다177)에 관하여, 또는 채무불이행 일반에 관하여(대판 2023. 8. 31, 2022다290297 등) 다수설처럼 채무자에게 반대증명책임을 지운다.

(5) 이행하지 않는 것이 위법할 것 C-98

채무불이행이 성립하려면 위법성이 있어야 한다(이설 있음. C-80 참조). 그런데 위법성은 정당화사유 즉 위법성조각사유가 없으면 당연히 인정되는 소극적인 요건이다(대판 2015. 1. 29, 2013다100750 등). 그리하여 채무불이행으로 인한 손해배상청구에 있어서 확정된 채무의 내용에 좇은 이행을 하지 않았다면 그 자체가 바로 위법한 것으로 평가된다(대판 2015. 1. 29, 2013다100750 등). 이행지체의 위법성을 조각시키는 사유로는 유치권·동시이행의 항변권·기한유예의 항변 등이 있다.

C-99 ## 2. 이행지체의 효과

이행지체가 발생하였다고 하여 본래의 채무가 소멸하거나 손해배상채무로 변경되지는 않으며, 그 채무는 그대로 존속한다(395조가 이를 전제로 규정하고 있음). 그리고 그 채무는 이행이 가능하므로 채권자는 본래의 채무의 이행을 청구할 수 있다. 그러나 이는 이행지체의 효과라고 할 수는 없다. 이행지체의 효과는 손해배상청구권과 계약해제권의 발생이다(강제이행에 관하여는 뒤에 설명한다).

(1) 손해배상청구권의 발생

이행지체가 성립하면 채권자는 손해배상을 청구할 수 있다(390조 본문).

1) 지연배상(遲延賠償) 이행지체에 있어서 손해배상은 원칙적으로 이행의 지체로 인하여 생긴 손해의 배상 즉 지연배상이다(금전채무의 경우의 지연이자가 그 예이다). 이 경우에 채권자는 지연배상과 함께 본래 채무의 이행도 청구할 수 있다. 그러므로 채무자는 이들 모두를 제공하여야 채무내용에 좇은 이행의 제공을 한 것으로 된다(460조 참조).

2) 전보배상(塡補賠償) 이행지체의 경우에 채권자는 일정한 요건이 갖추어진 때에는 예외적으로 이행에 갈음하는 손해의 배상 즉 전보배상을 청구할 수 있다. 채권자가 상당한 기간을 정하여 이행을 최고하여도 그 기간 내에 이행하지 않거나 지체 후의 이행이 채권자에게 이익이 없는 때에 그렇다(395조). 그리고 전보배상을 청구할 수 있는 것은 대체물 인도의무를 이행하지 않는 경우에도 마찬가지이다(대판 2024. 2. 15, 2019다238640).

3) 책임가중 민법은 지체 후에 생긴 손해에 대하여는 채무자에게 유책사유가 없는 경우에도 배상하도록 하고 있다(392조 본문). 그 결과 이행지체 후에는 채무자는 과실없음을 이유로 항변하지 못하고, 또 채무자가 고의·중과실에 관하여서만 책임을 지도록 되어 있는 경우에도 지체 후에는 경과실에 대하여도 책임을 지게 된다. 다만, 채무자가 이행기에 이행하여도 손해를 면할 수 없는 경우만은 예외로 하고 있다(392조 단서). 이것의 증명책임은 채무자에게 있다(반대 증명책임).

C-100 ### (2) 계약해제권의 발생

계약상의 채무가 이행지체로 된 경우에는 채권자는 일정한 요건 하에 해제권을 취득하게 된다. 즉 채권자가 상당한 기간을 정하여 이행을 최고하였는데 그 기간 내에 이행이 없으면 그는 계약을 해제할 수 있다(544조 본문). 그러나 채무자가 미리 이행하지 않을 의사를 표시한 경우 또는 정기행위의 경우에는 최고 없이 곧바로 해제할 수 있다(544조 단서·545조). 그리고 채권자는 계약을 해제하면서 동시에 손해배상도 청구할 수 있다(551조).

[참고] 강제이행(强制履行)의 문제

민법은 제389조에서 강제이행을 규정하고 있다. 그 때문에 대부분의 문헌은 이행지체의 첫째의 효과로 강제이행을 들고 있다. 그러나 강제이행은 이행지체 기타 채무불이행의 효과가 아니고 일반적인 채권의 효력의 문제이다. 그러한 점은 그것이 본래의 채무에 관하여서만 인정되는 것이 아니고 손해배상채무에 관하여서도 인정되는 것에서도 분명히 드러난다. 또한 강제이행은 채무가 이행기에 있고 강제실현이 가능하면 채무자에게 유책사유가 없어도 행하여질 수 있다. 즉 이행지체의 전형적인 효과인 손해배상청구권·계약해제권과 다른 것이다.

3. 이행지체의 종료 C-101

(1) 채권의 소멸

채권이 소멸하면 그 원인을 묻지 않고 이행지체도 종료한다.

(2) 채권자의 지체면제

채권자가 지체의 책임을 면제하면 지체책임은 소멸한다(이때 장래의 기간에 대하여까지 이행지체로 되지 않는지는 법률행위의 해석의 문제이다). 이행지체가 성립한 후에 채권자가 기한을 유예한 경우에는, 유예기간 동안에는 지체책임이 발생하지 않을 것이나, 이미 발생한 지체책임도 소멸하는지는 문제이다. 이는 기한유예의 의사표시의 해석으로 결정되어야 하며, 불분명한 때에는 책임이 소멸하지 않는다고 하여야 한다.

(3) 이행의 제공

채무자가 지연배상과 함께 본래의 채무의 이행의 제공을 하면 지체는 종료한다. 그러나 채권자가 이미 해제를 하였거나(544조 참조) 지체 후의 이행이 채권자에게 이익이 없어 전보배상을 청구한 때(395조 참조)에는 이행의 제공을 하여 지체를 소멸시킬 수 없다.

(4) 지체 후의 이행불능

지체 후에 이행불능으로 된 경우를 이행불능으로 보게 되면(C-89 참조), 그때에도 이행지체는 종료한다.

Ⅱ. 이행불능 C-102

1. 의의 및 요건

이행불능이란 채권이 성립한 후에 채무자에게 책임있는 사유로 이행할 수 없게 된 것을 말한다. 그 요건은 다음과 같다.

(1) 채권의 성립 후에 이행이 불가능하게(불능으로) 되었을 것(후발적 불능)

1) 사회통념상 불능 불능이라는 개념은 본래 물리적·자연적인 것이다. 그러나 통설과 판례(대판 2025. 5. 1, 2024다293580 등 다수의 판결)는 일치하여 민법상 불능은 절대적·물리적 불능이 아니고 사회관념상 내지 거래관념상의 불능을 가리킨다고 한다(A-116도 참조). 불능을 그렇게 이해하면 이행불능은 사회통념에 비추어 볼 때 채무자의 이행을 기대할 수 없는 것이라고 할 수 있다(위에 인용된 판례 참조). 한편 판례는, 이와 같이 사회통념상 이행불능이라고 보기 위해서는 이행의 실

현을 기대할 수 없는 객관적 사정이 충분히 인정되어야 하고, 특히 계약은 어디까지나 그 내용대로 지켜져야 하는 것이 원칙이므로, 채권자가 굳이 채무의 본래 내용대로의 이행을 구하고 있는 경우에는 쉽사리 그 채무의 이행이 불능으로 되었다고 보아서는 안 된다고 한다(대판 2016. 5. 12, 2016다200729: 매매나 증여의 대상인 권리가 타인에게 귀속되어 있다는 이유만으로 채무자의 계약에 따른 이행이 불능이라고 할 수는 없다고 함).

사회통념상의 불능을 불능이라고 하게 되면, 물리적으로 이행이 불가능한 경우(물리적 불능)는 물론이고 물리적으로는 가능하지만 지나치게 많은 비용과 노력이 드는 경우도 불능으로 된다. 가령 태평양 바다에 빠진 보석을 찾아주기로 하는 채무가 그렇다. 그리고 사실상 이행이 불가능한 경우뿐만 아니고 법률상 불가능한 경우(법률적 불능의 예: 일정한 종류의 물건의 거래가 법률상 금지된 경우)도 불능에 해당하게 된다. 그에 비하여 현재는 가능하지 않더라도 장차 가능할 수 있으면 불능이 아니다. 가령 타인 소유의 물건을 매도한 경우에 그렇다(569조·570조 참조)(그러나 그 경우에 소유자가 제 3 자에게 소유권을 이전하거나 수용되면 사회통념상 불능으로 된다고 할 것이다). 또 채무자 이외의 자에게는 가능하더라도 채무자에게 불가능한 때(이른바 주관적 불능)는 불능이다.

채무를 이행하는 행위가 법률로 금지되어 그 행위의 실현이 법률상 불가능한 경우(법률적 불능)도 불능에 해당한다(대판 2017. 8. 29, 2016다212524).

C-103 **2) 후발적 불능** 이행불능으로 되려면 채권이 성립한 후에 불능으로 되었어야 한다. 즉 후발적 불능이어야 한다. 채권의 성립 당시에 이미 불능인 원시적 불능의 경우에는 채권은 성립하지 않게 되고, 따라서 특별한 사정이 없는 한 채권자가 그 이행을 구하는 것은 허용되지 않으며, 제535조에서 정한 계약체결상의 과실이 문제될 뿐이다(대판 2017. 10. 12, 2016다9643 등). 그리고 채권자가 이미 이행한 급부가 있으면 그것은 부당이득의 법리에 따라 반환청구할 수 있다(대판 2017. 10. 12, 2016다9643).

3) 일부불능의 경우 불능에는 전부가 불능인 경우와 일부만이 불능인 경우가 있다. 이들 가운데 일부만이 불능인 일부불능에 대하여는 — 그것이 원시적인 것이든 후발적인 것이든 — 제137조의 일부무효의 법리가 적용된다(대판 1995. 7. 25, 95다5929).

4) 불능의 기준시기 이행이 가능한가 불가능한가는 이행기를 표준으로 하여 결정하여야 한다. 그러나 이행기가 되기 전에 불능으로 되었고 이행기에 있어서도 불능인 것이 확실한 때에는 이행기를 기다리지 않고 그때 이미 불능으로 된다. 물론 이행기 전에 일시적으로만 불능인 경우는 불능이 아니다. 한편 이행지체 후에 불능으로 되면 그때부터는 이행불능으로 다루어야 한다(C-89 참조).

C-104 **판 례 이행불능의 구체적인 예(판례)**

우리의 대법원이 이행불능인지 여부에 관하여 판단한 사안들을 정리하기로 한다.

(ㄱ) 물리적 불능의 경우 임차건물이 불타버린 때에는 임차인의 임차목적물 반환의무

는 이행불능으로 된다(대판 2004. 2. 27, 2002다39456 등 다수의 판결). 그러나 임대인이 소유권을 상실하였다는 이유만으로는 임대인이 부담하는 목적물을 사용·수익하게 할 의무는 불능이라고 할 수 없다(대판 1994. 5. 10, 93다37977).

(ㄴ) **2중매매 기타 2중양도의 경우** 부동산을 2중으로 매도하고 매도인이 그중 1인(특히 제2매수인)에게 먼저 소유권이전등기를 해 준 경우에는 특별한 사정(소유권을 회복하여 이전하여 줄 수 있는 사정)이 없는 한 다른 1인에 대한 소유권이전등기 의무는 이행불능으로 된다(대판 1983. 3. 22, 80다1416 등). 매매 이외의 2중양도에 있어서도 같다. 그리하여 가령 A가 토지를 B에게 증여하기로 하는 계약을 체결하고 나서 그 토지를 다시 C에게 노무제공에 대한 보수조로 양도하기로 하는 계약을 체결하였고, 그 후 B에게 토지의 소유권이전등기를 한 경우에는, A의 C에 대한 소유권이전의무는 이행불능으로 된다(대판 1984. 11. 27, 84다카1542·1543). 그러나 매매목적물에 관하여 2중으로 제3자와 매매계약을 체결하였다는 사실만으로는 매매계약이 이행불능으로 되었다고 할 수 없다(대판 1996. 7. 26, 96다14616).

(ㄷ) **매매 등의 경우** ① 부동산의 소유권이전등기 의무자가 그 의무를 이행할 수 없게 되면 이행불능으로 된다. 그리하여 부동산의 매도인이 목적물을 제3자에게 양도하고 이전등기를 마친 경우나 매도인이 제3자에게 지상권 및 저당권등기를 마친 경우에는 매도인은 이행불능에 빠진다(대판 1974. 5. 28, 73다1133). 그리고 1필지의 토지 중 일부를 특정하여 매매계약이 체결되었으나 그 부분의 면적이 법령상 분할이 제한되는 경우에 해당한다면, 매도인으로서는 그 부분을 분할하여 소유권이전등기 절차를 이행할 수 없으며, 따라서 매도인의 소유권이전등기 절차 이행의무는 이행이 불가능하고(대판 2017. 10. 12, 2016다9643 등), 이는 교환계약에서도 마찬가지이다(대판 2017. 8. 29, 2016다212524). ② 그에 비하여 소유권이전등기 의무자로부터 타인에게 등기가 되었을지라도 회복 내지 처분·이행이 가능한 때에는 이행불능으로 되지 않는다. 그 결과 갑과 을 사이의 토지교환계약 후 갑 소유의 교환목적 토지에 관하여 병 명의로 소유권이전등기가 되었다고 하더라도 갑과 병 사이에 명의신탁관계의 성립이 인정되는 경우(토지의 일부매매가 있었는데 전부에 관하여 매수인 앞으로 이전등기가 되어 이른바 상호명의신탁이 인정되는 경우)(대판 1989. 9. 12, 88다카33176), 부동산 매도인으로부터 제3자에게 불법으로 소유권이전등기가 된 경우(대판 1975. 7. 22, 75다450), 소유권이전등기 의무자(취득시효 완성자의 상대방)가 그 부동산 위에 제3자 명의로 단순히 가등기를 해 준 경우(대판 1993. 9. 14, 93다12268 등), 매매목적 부동산에 관하여 제3자의 처분금지 가처분 등기(대판 1993. 5. 27, 92다20163)나 환매특약의 등기(대판 1994. 10. 25, 94다35527) 또는 소유권말소예고등기(대판 1999. 7. 9, 98다13754·13761)가 된 경우에는 등기의 회복이나 부동산의 처분이 가능하므로 이행불능으로 되지 않는다. ③ 부동산 소유권이전등기 의무자가 목적부동산을 제3자에게 양도하고 아직 등기를 해 주지 않은 경우에는 특단의 사정이 없는 한 소유권이전등기 의무는 이행불능이 아니고 그 경우에 등기의무자의 상속인 명의로 소유권이전등기가 된 때도 같다(대판 1984. 4. 10, 83다카1222. 이 판결의 사안은 미등기 부동산을 매도한 후 등기 전에 매도인이 사망하자 매도인의 상속인이 상속의 등기를 한 경우이다). ④ 매매목적물에 관하여 매도인의 다른 채권자가 강제경매를 신청하여 그 절차가 진행 중에 있다는 사유만으로는 아직 매수인이 그 목적물의 소유권을 취득할 수 없는 때에 해당한다고 할 수 없으므로 매수인은 이를 이유로 계약을 해제하거나 위약금의 청구를 할 수 없으며(대판 1987. 9. 8, 87다카655), 매매목적 C-105

물에 대하여 가압류집행이 되었다고 하여 매매에 따른 소유권이전등기가 불가능한 것도 아니다(대판 1999. 6. 11, 99다11045). ⑤ 부동산 소유권이전등기 의무자가 그 부동산에 관하여 제3자 앞으로 비록 채무담보를 위하여 소유권이전등기를 하였을지라도 그 의무자가 채무를 변제할 자력이 없는 경우에는, 특단의 사정이 없는 한 그 소유권이전등기 의무는 이행불능으로 된다(대판 1991. 7. 26, 91다8104). ⑥ 토지의 교환계약 후 목적토지에 관하여 그 소유자인 계약당사자로부터 그의 처 앞으로 소유권이전등기가 된 경우에는, 사회통념상 소유권을 회복하여 이전하여 줄 수 있는 특별한 사정이 있다고 하여야 하므로, 아직 이행불능으로 확정되었다고 볼 수는 없다(대판 1992. 10. 13, 91다34394). ⑦ 매도인이 자신의 제수 앞으로 가등기가 되어 있는 점포를 매도하였는데 그 뒤 가등기에 기한 점포 경매가 있었고 그때 매도인의 아들이 점포를 경락받은 경우에도 이행불능이라고 단정할 수 없다(대판 1994. 12. 22, 94다40789). ⑧ 「매수인에게 부동산의 소유권이전등기를 해줄 의무를 지는 매도인이 그 부동산에 관하여 다른 사람에게 이전등기를 마쳐 준 때에는 매도인이 그 부동산의 소유권에 관한 등기를 회복하여 매수인에게 이전등기해 줄 수 있는 특별한 사정이 없어야 비로소 매수인에 대한 소유권이전등기의무가 이행불능의 상태에 이르렀다고 할 수 있다.」(대판 2010. 4. 29, 2009다99129) ⑨ 민법이 타인의 권리의 매매를 인정하고 있는 것처럼 타인의 권리의 증여도 가능하며, 이 경우 채무자는 그 권리를 취득하여 채권자에게 이전하여야 하고, 이 같은 사정은 계약 당시부터 예정되어 있는 것이므로, 매매나 증여의 대상인 권리가 타인에게 귀속되어 있다는 이유만으로 채무자의 계약에 따른 이행이 불능이라고 할 수는 없다(대판 2016. 5. 12, 2016다200729).

C-106 **(ㄹ) 임대차의 경우** 임대차에 있어서 목적물을 사용·수익하게 할 임대인의 의무는 임대인이 소유권을 상실하였다는 이유만으로는 불능하게 된 것이라고 단정할 수 없으나(대판 1994. 5. 10, 93다37977), 임대인이 임대차 목적물의 소유권을 제3자에게 양도하고 그 소유권을 취득한 제3자가 임차인에게 그 임대차 목적물의 인도를 요구하여 이를 인도한 경우(대판 1996. 3. 8, 95다15087) 또는 임차인이 진실한 소유자로부터 목적물의 반환청구나 차임 내지 그 해당액의 지급요구를 받는 등의 이유로 임대인이 임차인으로 하여금 사용·수익하게 할 수가 없게 된 경우(대판 1978. 9. 12, 78다1103; 대판 1996. 9. 6, 94다54641)에는 임대인의 채무는 이행불능으로 된다.

(ㅁ) 기타의 경우 ① 골재채취를 하기로 한 곳에 학교교사 건물의 신축 및 운동장 부지 조성작업이 진척되어 원상회복이 용이하지 않게 된 경우에는, 골재채취에 협력할 의무가 이행불능으로 된다(대판 1990. 5. 8, 88다카4574·4581). ② 마을버스 운송사업조합이 광고업자 A와 마을버스 차체 내부 및 정류소 표지판을 이용한 광고계약을 체결한 후, 광고업자 B와 다시 광고계약을 체결하고 B로 하여금 광고를 하게 한 경우에는, 사회통념상 운송사업조합의 A에 대한 의무는 이행불능으로 된다(대판 2002. 3. 15, 2001다76397). ③ 계약의 일방당사자가 계약기간 중에 부도가 발생하였다는 사실만으로 당해 계약의 이행이 그의 유책사유로 불가능하게 되었다고 단정할 수 없고, 그 부도발생 전후의 계약의 이행정도, 부도에 이르게 된 원인, 부도발생 후의 영업의 계속 혹은 재개 여부, 당해 계약을 이행할 자금사정 기타 여건 등 제반사정을 종합하여 계약의 이행불능 여부를 판단하여야 한다(대판 2006. 4. 28, 2004다16976). ④ 구 국토이용관리법

(현행 「부동산 거래신고 등에 관한 법률」)상 토지거래허가구역 내에서 허가 없이 체결한 계약은 유동적 무효이고, 그 결과 채권적 효력도 전혀 생기지 않으므로, 이행불능은 아예 문제되지 않는다(대판 1997. 7. 25, 97다 4357·4364).

판 례 이행불능 관련

「피고가 원고를 강박하여 그에 따른 하자 있는 의사표시에 의하여 부동산에 관한 소유권이전등기를 마친 다음 타인에게 매도하여 소유권이전등기를 경료하여 준 경우, 그 소유권이전등기는 소송 기타 방법에 따라 말소 환원 여부가 결정될 특별한 사정이 있으므로 피고의 원고에 대한 소유권이전등기 의무는 아직 이행불능이 되었다고 할 수 없으나, 원고가 등기명의인을 상대로 제기한 소유권이전등기 말소청구소송 또는 진정명의 회복을 위한 소유권이전등기 청구소송이 패소확정되면 그때에 피고의 목적 부동산에 대한 소유권이전등기 말소등기의무는 이행불능 상태에 이른다고 할 것이고, 위 등기 말소청구소송 등에서 등기명의인의 등기부 취득시효가 인용된 결과 원고가 패소하였다고 하더라도 등기부 취득시효 완성 당시에 이행불능 상태에 이른다고 볼 것은 아니다.」(대판 2005. 9. 15, 2005다29474)

(2) 채무자에게 책임있는 사유로 불능으로 되었을 것 C-107

민법은 이행불능에 관하여는 채무자의 유책사유를 명문으로 규정하고 있다(390조 단서·546조). 그에 관하여는 이행지체와 관련하여 자세히 설명하였다(C-90 이하 참조).

이행불능이 채무자에게 유책사유 없이 발생한 경우에는 채무자는 채무를 면하게 된다(390조 단서). 그리고 이 경우에 불능으로 되어 소멸한 채무가 쌍무계약에 의하여 발생한 것일 때에는 상대방의 채무도 소멸하는가의 문제가 생기는데, 그것이 곧 위험부담의 문제이다(537조·538조 참조. D-69 이하 참조).

판 례 이행불능의 요건인 유책사유 관련

(ㄱ) 「공공사업의 시행자가 공공용지의 취득 및 손실보상에 관한 특례법에 따라 그 사업에 필요한 토지를 협의취득하는 행위는 토지수용의 경우와는 달리 사경제주체로서 하는 사법상의 법률행위에 지나지 아니하여 토지 소유자는 그 협의매수의 제의에 반드시 응하여야 할 의무가 있는 것은 아니라 할 것이므로, 이 사건 제 1 토지의 5/6지분 및 제 2 토지가 각 위 특례법에 따라 협의취득된 것이라면 피고는 위 제 2 토지에 관한 소유권이전등기의무의 이행불능에 대하여, 원고는 위 제 1 토지의 5/6지분에 관한 소유권이전등기의무의 이행불능에 대하여 각 귀책사유가 없다고 단정할 수는 없다.」(대판 1996. 6. 25, 95다6601[핵심판례 224면])

(ㄴ) 「계약당사자 일방이 자신이 부담하는 계약상 채무를 이행하는 데 장애가 될 수 있는

사유를 계약을 체결할 당시에 알았거나 예견할 수 있었음에도 이를 상대방에게 고지하지 아니한 경우에는, 비록 그 사유로 말미암아 후에 채무불이행이 되는 것 자체에 대하여는 그에게 어떠한 잘못이 없다고 하더라도, 상대방이 그 장애사유를 인식하고 이에 관한 위험을 인수하여 계약을 체결하였다거나 채무불이행이 상대방의 책임 있는 사유로 인한 것으로 평가되어야 하는 등의 특별한 사정이 없는 한, 그 채무가 불이행된 것에 대하여 귀책사유가 없다고 할 수 없다. 그것이 계약의 원만한 실현과 관련하여 각각의 당사자가 부담하여야 할 위험을 적절하게 분배한다는 계약법의 기본적 요구에 부합한다.」(대판 2011. 8. 25, 2011다43778)

(3) 이행불능이 위법할 것

이행불능이 되려면 위법성이 있어야 한다. 즉 위법성 조각사유가 없어야 한다. 그런데 이행불능에 있어서는 위법성 조각사유가 거의 없다(곽윤직, 86면은 동물의 보관자가 긴급피난으로 그것을 죽인 경우 정도를 들고 있다).

C-108 2. 이행불능의 효과

이행불능의 경우에는 이행지체에 있어서와 달리 채무의 이행 자체가 불가능하기 때문에 본래의 채무의 이행청구는 문제도 되지 않는다(그리고 강제이행도 불가능하다). 이행불능의 효과로는 손해배상청구권과 계약해제권의 발생이 명문으로 규정되어 있고, 그 밖에 통설·판례는 대상청구권(대체이익청구권)도 인정한다. 그런데 이 대상청구권은 책임있는 이행불능뿐만 아니라 책임없는 이행불능의 경우에도 인정되는 것임을 주의하여야 한다.

(1) 손해배상청구권의 발생

이행불능(책임있는 이행불능)의 요건이 갖추어진 경우에는 채권자는 손해배상을 청구할 수 있다(390조). 이때의 손해배상은 그 성질상 이행에 갈음하는 손해배상, 즉 전보배상이다. 이행불능에 있어서는 설사 채무 전부의 이행이 불능으로 되었을지라도 채무 자체가 소멸하는 것은 아니다. 본래의 채무가 동일성을 유지한 채 손해배상채무로 변경되는 것에 불과하다(내용적 변경. 이설 없음). 그 결과 본래의 채무에 붙어 있던 담보도 그대로 유지되며, 이행불능으로 된 채무가 쌍무계약에 의하여 발생한 때에도 본래의 채무의 소멸이 없어서 위험부담이 문제되지도 않는다.

앞에서 언급한 바와 같이(C-103 참조), 채무의 일부만이 불능인 경우에는 일부무효의 법리(137조)가 적용된다. 그리하여 일부불능은 원칙적으로 전부불능처럼 다루어진다. 다만, 나머지 부분만으로도 채권 내지 계약의 목적을 달성할 수 있는 때에는 나머지 부분은 불능으로 되지 않는다. 일부불능이 전부불능으로 다루어지는 경우에는, 채권자는 이행이 가능한 부분의 급부를 청구할 수는 없고, 채무 전부의 이행에 갈음하는 손해배상(전보배상)을 청구하거나 계약 전부를 해제할 수 있을 뿐이다(대판 1995. 7. 25, 95다5929). 그에 비하여 나머지 부분이 유효하게 다루어지는 일부불능에 있어서는, 채권자는 가능한 부분의 이행을 청구하면서 아울러 이행이 불가능한 부분의 전보배상을 청구할 수 있다.

(2) **계약해제권의 발생**

계약에 기하여 발생한 채무가 채무자의 책임있는 사유로 이행이 불능으로 된 때에는, 채권자는 계약을 해제할 수 있다(546조). 이때 최고는 요구되지 않는다. 그리고 그 채무(예: 매도인의 소유권이전등기 의무)가 쌍무계약으로부터 발생한 경우에 상대방이 자기의 채무(예: 매수인의 잔대금지급의무)의 이행의 제공을 할 필요도 없다(대판 2003. 1. 24, 2000다22850).

판 례 **소멸시효가 완성된 채무의 채무불이행시 효과**

판례는, 본래의 채권(공사비 채권임)이 시효소멸된 이상 그 채권이 이행불능이 되었다 하여 이를 원인으로 한 손해배상청구권이 허용될 수는 없다고 한다(대판 1987. 6. 23, 86다카2549). 그리고 채무불이행에 따른 해제의 의사표시 당시에 이미 채무불이행의 대상이 되는 본래 채권이 시효가 완성되어 소멸하였다면, 채무자가 소멸시효의 완성을 주장하는 것이 신의성실의 원칙에 반하여 허용될 수 없다는 등의 특별한 사정이 없는 한, 채권자는 채무불이행 시점이 본래 채권의 시효 완성 전인지 후인지를 불문하고 그 채무불이행을 이유로 한 해제권 및 이에 기한 원상회복청구권을 행사할 수 없다고 한다(대판 2022. 9. 29, 2019다204593).

(3) **대상청구권**(代償請求權) C-109

1) 의의 및 인정근거 대상청구권(명칭으로서는 대체이익청구권 또는 대용물청구권이 더 낫다)은 이행을 불능하게 하는 사정의 결과로 채무자가 이행의 목적물에 대신하는 이익(일반적으로 이를 대상(代償)이라고 표현하나, 본래 대상에는 그러한 의미가 없다)을 취득하는 경우에 채권자가 채무자에 대하여 그 이익을 청구할 수 있는 권리이다.

독일민법(동법 285조·326조 3항)과 프랑스민법(동법 1351－1조)은 채권자의 대상청구권을 명문으로 규정하고 있으나, 우리 민법은 그러한 규정을 가지고 있지 않다. 그렇지만 우리의 학설은 이행불능의 경우에 채권자의 대상청구권을 인정하는 데 다툼이 없다. 다만, 그 권리를 일반적으로 인정할 것인가, 아니면 제한적으로 인정할 것인가에 관하여는 견해가 나뉘고 있으며, 전자가 압도적인 다수설이다(사견도 같음). 그리고 대법원도 1992년에 처음으로 대상청구권을 인정한 이래 같은 취지의 판결을 잇달아 내놓고 있다(대판 1992. 5. 12, 92다4581·4598 및 그 후속 판결). 그런데 몇몇 판결에서는 취득시효 완성자에게도 일정한 요건 하에 대상청구권을 인정하고 있다(대판 1996. 12. 10, 94다43825 등).

2) 요 건 대상청구권이 성립하려면 다음의 네 가지 요건을 갖추어야 한다. 첫째로, 급부(이행)가 후발적인 불능으로 되어야 한다. 불능이 법률행위에 의하여 생겼는가 사실행위나 그 밖의 원인에 의하였는가는 중요하지 않다(그 원인의 예로는 수용·하천구역에의 편입(대판 2002. 2. 8, 99다23901)이 있음). 급부가 원시적으로 불능인 때에는 채무가 성립하지 않으며, 따라서 대상청구권이 문제될 C-110

여지가 없다. 후발적 불능인 한 채무자에게 책임있는 사유로 인한 것이냐의 여부는 묻지 않는다(대판 1996. 6. 25, 95다6601 [핵심판례 224면]도 참조). 그리고 종류채권의 경우에는 대상청구권이 인정되지 않는다(대상청구권이 성립하려면 채무가 성립한 후 급부가 불능으로 되어야 하는데, 종류채권의 경우에는 특정이 되기 전에는 채무자가 급부의무를 면하지 못하여 불능으로 되지 않기 때문이다). 그러나 종류채무라도 특정된 후에는 그것이 특정물채무로 변하게 되므로 대상청구권이 인정될 수 있다. 그리고 종류채권, 특히 재고채권(한정종류채권)의 경우에 종류물(또는 모든 재고)이 모두 소실되거나 압류된 때에는 대상청구권이 인정된다. 둘째로, 채권의 목적물에 관하여 그것에 대신하는 이익을 취득하여야 한다. 「대신하는 이익」(대체 이익)의 예로는 손해배상, 수용보상금(대판 2002. 2. 8, 99다23901 등 다수. 그 밖에 취득시효에 관한 판결도 같다), 보험금(대판 2016. 10. 27, 2013다7769: 화재보험금·화재공제금에 대하여 대상청구권을 인정함), 매매대금, 담보권자가 받은 배당금(대판 2012. 6. 28, 2010다71431), 그리고 이들에 대한 청구권을 들 수 있다. 셋째로, 급부를 불능하게 하는 사정의 결과로 채무자가 채권의 목적물에 관하여 「대신하는 이익」을 취득하여야 한다. 바꾸어 말하면 「급부를 불능하게 하는 사정」과 「대신하는 이익의 취득」 사이에 인과관계 즉 상당인과관계가 있어야 한다(대판 2003. 11. 14, 2003다35482도 이같이 판시하였다). 넷째로, 급부가 불능하게 된 객체와 채무자가 그에 관하여 「대신하는 이익」을 취득한 객체 사이에 동일성이 존재하여야 한다.

C-111 **3) 효 과** 대상청구권은 채권적 청구권이다. 따라서 대상청구권의 요건이 갖추어졌다고 하여 「대신하는 이익」(가령 수용보상금이나 수용보상금청구권)이 채권자에게 직접 이전되지는 않는다(동지 대판 1996. 10. 29, 95다56910). 그리고 채무자는 그가 취득한 것 모두를 채권자에게 인도하여야 하며, 그 결과 대체이익이 채권의 목적물의 통상의 가치를 넘는 경우에는 초과가치도 인도하여야 한다(동지 이은영, 232면). 판례도 같은 입장으로 생각된다(대판 2016. 10. 27, 2013다7769: 화재보험금·화재공제금 전부에 대하여 대상청구권을 행사할 수 있고, 인도의무의 이행불능 당시 매수인이 지급하였거나 지급하기로 약정한 매매대금 상당액의 한도 내로 범위가 제한된다고 할 수 없다. 대판 2008. 6. 12, 2005두5956도 참조). 일부 견해는 손해의 한도 내에서 대상청구권을 인정할 것이라고 하나, 그렇게 새기면 채무자에게 유책사유가 있는 경우에는 대상청구권이 무의미하게 될 뿐만 아니라 그러한 해석의 타당성도 의심스럽다(가령 증여의 목적물을 증여자가 타인에게 비싸게 매각한 경우에 초과가치도 마땅히 수증자에게 속하여야 할 것이다).

채무자의 유책사유로 이행불능이 발생한 경우에는 채권자는 채무불이행으로 인한 손해배상청구권과 아울러 대상청구권도 가지게 된다. 그리하여 채권자는 두 권리를 선택적으로 행사할 수 있다. 다만, 그가 대상청구권을 행사하여 「대신하는 이익」을 수령하는 때에는, 손해배상액이 수령한 이익의 가치만큼 감소된다(이는 상계가 없이도 당연히 일어난다).

[참고] 쌍무계약에서의 문제

쌍무계약에 있어서 당사자 일방의 채무가 당사자 쌍방에게 책임없는 사유로 이행할 수 없게 된 때에는, 채무자는 상대방의 이행을 청구하지 못한다(537조). 그런데 대상청구권이 인정되면 그때에도 채권자는 그 권리를 가지게 된다. 결국 채권자는 자기의 채무는 이행하지 않으면서 채무자가 취득한 「대신하는 이익」은 청구할 수 있다는 결과로 된다. 이것이 부당함은 물론이다. 그러한 경우에 채권자가 대상청구권을 행사하면, 그는 제537조의 규정에도 불구하고 여전히 반대급부의무를 부담한다고 새겨야 한다(동지 대판 1996. 6. 25, 95다6601[핵심판례 224면]). 이는 쌍무계약에 있어서 급부의무와 반대급부의무 사이의 견련성의 당연한 귀결이다. 즉 제537조에서 「상대방의 이행을 청구하지 못한다」는 것은 채권이 이행불능으로 되어 소멸한 점에 한하여 적용되는 것으로 보아야 한다. 다만, 대상청구권은 채권자의 권리이지 의무가 아니므로, 채권자는 제537조에 의하여 자신의 채무를 면할 수도 있고 또 대상청구권을 행사할 수도 있다. 채권자가 대상청구권을 행사하는 경우에는 그는 자신의 채무를 이행하여야 하는데, 만약 「대신하는 이익」이 본래의 급부보다 적은 경우에는 그의 채무도 그에 상응하게(비례하여) 줄어든다(구체적인 예에 대하여는 D-73 참조).

판 례 대상청구권에 관한 중요판례 C-112

(ㄱ) 소유권이전등기의무의 목적 부동산이 수용되어 그 소유권이전등기 의무가 이행불능이 된 경우, 등기청구권자는 등기의무자에게 대상청구권의 행사로써 등기의무자가 지급받은 수용보상금의 반환을 구하거나 또는 등기의무자가 취득한 수용보상금청구권의 양도를 구할 수 있을 뿐 그 수용보상금청구권 자체가 등기청구권자에게 귀속되는 것은 아니다(대판 1996. 10. 29, 95다56910).

(ㄴ) 우리 민법은 이행불능의 효과로서 채권자의 전보배상청구권과 계약해제권 외에 별도로 대상청구권을 규정하고 있지 않으나 해석상 대상청구권을 부정할 이유가 없다고 할 것인데, 매매의 일종인 경매의 목적물인 토지가 경락허가결정 이후 하천구역에 편입되게 됨으로써 소유자의 경락자에 대한 소유권이전등기 의무가 이행불능이 되었다면 경락자는 소유자가 하천구역 편입으로 인하여 지급받게 되는 손실보상금에 대한 대상청구권을 행사할 수 있다.

대상청구권은 특별한 사정이 없는 한 매매 목적물의 수용 또는 국유화로 인하여 매도인의 소유권이전등기 의무가 이행불능되었을 때 매수인이 그 권리를 행사할 수 있다고 보아야 할 것이고 따라서 그때부터 소멸시효가 진행하는 것이 원칙이라 할 것이나, 국유화가 된 사유의 특수성과 법규의 미비 등으로 그 보상금의 지급을 구할 수 있는 방법이나 절차가 없다가 상당한 기간이 지난 뒤에야 보상금청구의 방법과 절차가 마련된 경우라면, 대상청구권자로서는 그 보상금청구의 방법이 마련되기 전에는 대상청구권을 행사하는 것이 불가능하였던 것이고, 따라서 이러한 경우에는 보상금을 청구할 수 있는 방법이 마련된 시점부터 대상청구권에 대한 소멸시효가 진행하는 것으로 봄이 상당할 것인바, 이는 대상청구권자가 보상금을 청구할 길이 없는 상태에서 추상적인 대상청구권이 발생하였다는 사유만으로 소멸시효가 진행한다고 해석하는 것은 대상청구권자에게 너무 가혹하여 사회정의와 형평의 이념에 반할 뿐만 아니라 소멸시효제도의 존재이유에 부합된다고 볼 수 없기 때문이다.

채무자가 수령하게 되는 보상금이나 그 청구권에 대하여 채권자가 대상청구권을 가지는 경우에도 채권자는 채무자에 대하여 그가 지급받은 보상금의 반환을 청구하거나 채무자로부터 보상청구권을 양도받아 보상금을 지급받아야 할 것이나, 어떤 사유로 채권자가 직접 자신의 명의로 대상청구의 대상이 되는 보상금을 지급받았다고 하더라도 이로써 채무자에 대한 관계에서 바로 부당이득이 되는 것은 아니라고 보아야 할 것이다(대판 2002. 2. 8, 99다23901).

(ㄷ)「점유로 인한 부동산소유권 취득기간 만료를 원인으로 한 등기청구권이 이행불능으로 되었다고 하여 대상청구권을 행사하기 위하여는 그 이행불능 전에 등기명의자에 대하여 점유로 인한 부동산소유권 취득기간이 만료되었음을 이유로 그 권리를 주장하였거나 그 취득기간 만료를 원인으로 한 등기청구권을 행사하였어야 하고, 그 이행불능 전에 위와 같은 권리의 주장이나 행사에 이르지 않았다면 대상청구권을 행사할 수 없다고 봄이 공평의 관념에 부합한다.」(대판 1996. 12. 10, 94다43825)

(ㄹ) 취득시효가 완성된 토지가 수용됨으로써 취득시효 완성을 원인으로 하는 소유권이전등기 의무가 이행불능이 된 경우에는 그 소유권이전등기 청구권자가 대상청구권의 행사로서 그 토지의 소유자가 토지의 대가로서 지급받은 수용보상금의 반환을 청구할 수 있다고 하더라도, 시효취득자가 직접 토지의 소유자를 상대로 공탁된 토지수용보상금의 수령권자가 자신이라는 확인을 구할 수는 없다(대판 1995. 7. 28, 95다2074).

(ㅁ)「쌍무계약의 당사자 일방이 상대방의 급부가 이행불능이 된 사정의 결과로 상대방이 취득한 대상에 대하여 급부청구권을 행사할 수 있는 경우가 있다고 하더라도, 그 당사자 일방이 대상청구권을 행사하려면 상대방에 대하여 반대급부를 이행할 의무가 있다고 할 것인바, 이 경우 당사자 일방의 반대급부도 그 전부가 이행불능이 되거나 그 일부가 이행불능이 되고 나머지 잔부의 이행만으로는 상대방의 계약목적을 달성할 수 없는 등 상대방에게 아무런 이익이 되지 않는다고 인정되는 때에는, 상대방이 당사자 일방의 대상청구를 거부하는 것이 신의칙에 반한다고 볼 만한 특별한 사정이 없는 한, 당사자 일방은 상대방에 대하여 대상청구권을 행사할 수 없다고 봄이 상당하다 할 것이다.」(대판 1996. 6. 25, 95다6601[핵심판례 224면])

(ㅂ) 신용보증기금이 갑 주식회사를 상대로 제기한 사해행위 취소소송에서 원물반환으로 근저당권설정등기의 말소를 구하여 승소판결이 확정되었는데, 그 후 해당 부동산이 관련 경매사건에서 담보권 실행을 위한 경매절차를 통하여 제 3 자에게 매각된 사안에서, 위와 같이 부동산이 담보권 실행을 위한 경매절차에 의하여 매각됨으로써 확정판결에 기한 갑 회사의 근저당권설정등기 말소등기절차 의무가 이행불능된 경우, 신용보증기금은 대상청구권 행사로서 갑 회사가 말소될 근저당권설정등기에 기한 근저당권자로서 지급받은 배당금의 반환을 청구할 수 있다고 한 사례(대판 2012. 6. 28, 2010다71431)

C-113 **(4) 이른바 청구권 경합의 문제**

때에 따라서는 동일한 사실이 한편으로는 이행불능을 가져오면서 다른 한편으로 제750조의 불법행위를 성립시키기도 한다. 가령 대가를 받고 다른 자의 골동품을 보관하고 있는 자(수치인)가 잘못하여 그 골동품을 깨뜨려 버린 경우에 그렇다. 그와 같은 경우에 골동품의 보관을 맡긴 자(임치인)가 이행불능을 이유로 한 손해배상청구권과 불법행위로 인한 손해배상청구권을 선택적으로 행사할 수 있는지가 문제된다. 여기에 관하여는 논란이 있으나, 사견은 이를 긍정하는 견지에 있다(청구권경합설임. 자세한 점은 D-417 참조).

Ⅲ. 불완전급부 C-114

사 례 (신사례 [54]번 문제 물음 1)

A는 주택 수리업자인 B에게 그의 집의 지붕의 수리를 의뢰하였다. B는 그의 조수인 C를 보내 그것을 수리하게 하였다. 그런데 C는 그로서는 최선을 다했으나 원래 경험이 적고 기능이 부족하여 비가 새게 수리를 하였다. 그 뒤 비가 새어 곰팡이가 피었고 그 때문에 2~3년 후에 A의 몇몇 그림이 못쓰게 되었다.

A는 B에게 그의 그림이 상한 데 대한 손해배상을 청구할 수 있는가? (사례의 해결: C-118)

1. 의의 및 법적 근거

(1) 의 의

불완전급부는 채무자가 급부의무의 이행행위를 하였으나 그 이행에 하자가 있는 것을 말한다. 법전을 매수하였는데 그 책의 몇 장이 빠져있는 경우, 닭을 매수하였는데 병든 닭을 급부한 경우, 지붕을 수리하였는데 비가 새는 경우, 수술을 받았는데 의사의 잘못으로 다른 곳이 나빠진 경우가 그 예이다. 이러한 **불완전급부는 불완전이행의 한 가지로 설명되는 것이 보통**이나, 독립한 유형으로 파악하는 것이 옳다. 하자 있는 이행의 경우에는 그 흠 있는 이행의 결과로 채권자의 다른 법익이 침해되는 경우도 있다. 그 경우에 늘어난 손해를 보통 「확대손해」 또는 「부가적 손해」라고 한다. 앞의 예에서 책의 몇 장이 빠져 있어 졸업시험에 불합격하였거나, 병든 닭이 인도되어 채권자의 다른 닭이 병들어 죽은 것이 그에 해당한다.

문헌들은 보통 여기의 하자 있는 이행과 뒤에서 보는 「기타의 행위의무」 위반을 한데 묶어 다루면서 그것을 불완전이행이라고 표현한다.

(2) 법적 근거

불완전급부의 법적 근거에 관하여는(문헌들은 불완전이행에 관하여 논함) 학설이 대립하고 있다. i) 다수설은 제390조가 근거라고 하나, ii) 소수설은 형식적으로는 제390조를 근거라고 할 수 있으나, 실질적으로는 「기본채무 이외의 용태의무」 위반이 그 근거라고 한다. 사견은 다수설과 유사하게 불완전급부의 근거가 제390조에 있다는 입장이다(채권법총론 [81] 참조).

2. 불완전급부의 요건 C-115

(1) 이행행위가 있었을 것

불완전급부가 되려면 급부의무의 이행행위가 있었어야 한다. 만약 그것이 없었으면 이행지체나 이행불능으로 될 것이다. 이행한 급부는 「주는 급부」에 한하지 않으며 「하는 급부」라도 무방하다. 위에서 든 예 중 지붕수리나 수술의 경우는 후자에 해당한다.

(2) 이행에 하자가 있을 것

이행행위가 흠이 없게 되면 완전한 이행이 되고 불완전급부는 문제되지 않는다(뒤의 「기타의 행위의무」 위반은 남을 수 있다). 이행에 하자가 있는 때에 불완전급부로 되는 것이다. 불완전급부의 모습은 「주는 채무」와 「하는 채무」에 따라 다르다.

C-116 **1) 주는 채무의 경우** 「주는 채무」에 있어서 불완전급부는 인도된 물건에 하자가 있는 때에 많이 문제된다. 인도된 말(馬)이나 닭이 병이 들어 있거나 구입한 책의 몇 장이 빠져 있는 경우에 그렇다. 우리 판례에 나타난 예로는, 매수한 채소종자 중 30퍼센트만 발아된 경우(대판 1977. 4. 12, 76다3056), 감자종자가 잎말림병에 감염된 것인 경우(대판 1989. 11. 14, 89다카15298), 수입한 면제품 셔츠가 세탁하면 심하게 줄어드는 등의 하자가 있는 경우(대판 1992. 4. 28, 91다29972), 공기정화기에 하자가 있는 경우(대판 2003. 7. 22, 2002다35676) 등이 있다.

이와 같이 인도된 물건은 특정물일 수도 있고 불특정물일 수도 있다. 그리고 어떤 경우이든 일단 하자담보책임이 문제된다. 즉 매매(및 기타 유상계약)에서는 원칙적으로 매도인이 하자담보책임을 지게 되며(580조·581조), 증여의 경우에는 예외적으로만 책임을 진다(559조). 이 하자담보책임에 있어서 하자는 특정물채권에 있어서는 채권성립시에, 종류채권에 있어서는 특정시에 존재하여야 한다. 그러면 이와 같이 인도된 물건에 하자가 있는 경우에는 채무자(매도인 등)는 하자담보책임만 지는가? 여기에 관하여는 불완전급부(불완전이행) 책임이 보충적인 성격이 있다는 견지에서 확대손해가 생기지 않는 때에는 하자담보책임만 인정되고, 확대손해가 생긴 때에만 불완전급부가 인정된다는 견해가 있을 수 있다. 그러나 하자가 채무자의 유책사유에 의하여 발생한 때에는 확대손해가 없는 때에도 제390조에 의하여 불완전급부책임을 물을 수 있다고 하여야 한다.

C-117 **2) 하는 채무의 경우** 「하는 채무」에 있어서도 불완전급부가 생길 수 있다. 그런데 그 모습에는 「하는 채무」의 성질상 두 가지가 있다. 하나는 「하는 채무」의 내용이 일정한 결과의 실현을 목적으로 하는 경우에, 채무자가 하자 있는 결과를 발생시킨 때에 생긴다. 임차인이 임차물을 손상한 경우, 수치인이 목적물을 훼손한 경우, 운송인의 운송방법이 부적당하여 화물이 손상되거나 여객이 다친 경우, 수급인이 완성한 일에 흠이 있는 경우(가령 지붕수리업자가 지붕을 수리하였는데 비가 새는 경우)가 그 예이다. 다른 하나는 일정한 결과를 실현시킬 필요가 없고 그러한 결과를 위하여 최선을 다하여야 하는 경우에, 그 노력을 다하지 않는 때에 생긴다. 의사가 처방이나 수술을 잘못하였거나 변호사가 법률자문을 잘못한 경우가 그 예이다.

(3) 확대손해의 발생이 필요한지 여부

불완전급부의 결과 확대손해가 발생한 때도 많으나, 확대손해의 발생은 그 요건이 아니다. 그리하여 확대손해가 발생한 경우는 물론이고 확대손해가 없더라도 불완전급부의 요건이 갖추어지면 불완전급부로 된다고 할 것이다. 하자담보책임 규정이 있어도 같다.

(4) 채무자의 유책사유

불완전급부로 되려면 하자 있는 이행이 채무자의 책임있는 사유로 행하여졌어야 한다(대판 2003. 7. 22, 2002다35676 등). 채무자의 유책사유에 대하여는 이행지체와 관련하여 설명한 것이 그대로 적용된다(C-90 이하 참조). 그리하여 이 요건의 증명도 채무자가 유책사유 없음을 증명하여야 할 것이다.

(5) 불완전급부가 위법할 것

불완전급부가 성립하려면 그것이 위법하여야 한다(C-80 참조).

3. 불완전급부의 효과 C-118

통설은 — 불완전급부를 포함하여 — 불완전이행의 효과를 완전이행이 가능한 경우와 그것이 불가능한 경우로 나누어 설명한다. 구체적으로는 전자의 경우에는 완전이행청구권이 생기되 추완방법이 있으면 추완청구권이 생기고, 그 외에 이행지체로 인한 손해배상(및 확대손해의 배상)을 청구할 수 있다고 하며, 후자의 경우에는 확대손해의 배상과 전보배상만을 청구할 수 있다고 한다. 그리고 그 밖에 완전이행이 가능한지 여부에 따라 이행지체와 이행불능에 준하여 계약해제권을 인정한다. **판례**도 같다(대판 1996. 11. 26, 96다27148). **사견**은 완전이행청구권은 인정될 수 없고 손해배상청구권만 인정되며, 계약의 경우에는 제580조를 유추적용하여 불완전급부로 인하여 계약의 목적을 달성할 수 없을 때에 한하여 계약해제권이 생긴다는 입장이다(채권법총론 [83] 참조).

판례 의사의 의무위반 관련

「의사가 선량한 관리자의 주의의무를 다하지 아니한 탓으로 오히려 환자의 신체기능이 회복불가능하게 손상되었고, 또 손상 이후에는 그 후유증세의 치유 또는 더 이상의 악화를 방지하는 정도의 치료만이 계속되어 온 것뿐이라면 의사의 치료행위는 진료채무의 본래 내용에 좇은 이행을 하지 아니한 것이거나 손해전보의 일환으로 행하여진 것에 불과하여 병원 측으로서는 환자에 대하여 그 수술비와 치료비의 지급을 청구할 수 없다. 그리고 이는 손해의 발생이나 확대에 피해자 측의 귀책사유가 없음에도 공평의 원칙상 피해자의 체질적 소인이나 질병과 수술 등 치료의 위험도 등을 고려하여 의사의 손해배상책임을 제한하는 경우에도 마찬가지이다.」(대판 2016. 6. 23, 2015다55397. 대판 2018. 4. 26, 2017다288115는 위 전단의 법리를 인정하면서, 그 법리는 환자가 종전 소송에서 특정 시점 이후에 지출될 것으로 예상되는 향후치료비 청구를 누락한 경우에도 마찬가지라고 한다)

사례의 해결

사례의 경우 C가 지붕을 제대로 수리하지 못하고 비가 새도록 한 것은 B의 불완전급부로 된다(통설에서는 불완전이행). 이제 손해가 발생했는지를 본다. 그림이 상한 것은 C의 하자 있는 지붕수리의 후속손해이나 그것과 상당인과관계 있는 손해라고 할 수 없다. 그러므로 B측(C)에서 수리되는 지붕 아래에 그림이 있다는 것을 알았거나 알 수 있었을 경우에만 특별손해로서 배상청구를 할 수 있을 뿐이다. 그런데 사례에서 어떤 경우인지를 판단할 자료가 없다. 아마도 특별한 사정이 없다면 C는 그림이 상하게 될 사정을 알 수 없었을 것이다. 결국 A는 B에 대하여 그림이 상한 데 대하여는 손해배상을 청구할 수 없다.

사례의 경우 B의 사용자책임의 요건은 갖추어져 있다. 그러나 그 요건이 갖추어진 경우에도 손해배상 범위에 관하여는 제393조가 준용된다(763조). 따라서 A는 B에 대하여 그림이 상한 데 대하여는 사용자책임을 이유로 해서도 배상을 청구할 수 없다. (사례: C-114)

C-119

Ⅳ. 「기타의 행위의무」 위반

1. 의 의

급부의무 이외의 행위의무, 즉 「기타의 행위의무」(판례는 이를 신의칙상의 부수의무라고도 하나, 그러한 표현은 바람직하지 않다. 그 의무는 신의칙에 의하여서만 생기는 것이 아니고 또 그 표현은 부수적 급부의무와 혼동하게 할 우려가 있기 때문이다)를 위반하는 것도 채무불이행이 된다. 「기타의 행위의무」 위반은 일반적으로 불완전이행의 일부로 다루나, 불완전급부와 매우 다르기 때문에 독립한 유형으로 다루는 것이 바람직하다.

2. 요 건

(1) 「기타의 행위의무」의 위반이 있을 것

이 유형의 채무불이행이 되려면 당연히 「기타의 행위의무」(C-32 참조)의 위반이 있어야 한다. 그것 외에 불완전급부에서처럼 급부의무의 이행행위가 있었을 것은 필요하지 않다. 이행행위가 있는 경우가 많겠으나, 때에 따라서는 이행행위가 없었어도 「기타의 행위의무」의 위반이 있을 수 있다.

「기타의 행위의무」는 법률규정이나 신의칙 또는 계약(연예인의 품위유지의무는 계약에 의하여 생긴 「기타의 행위의무」의 예이다)에 의하여 생기며, 그 모습에는 설명의무·안전배려의무·보호의무 등이 있다(이것이 그 전부가 아님을 주의할 것).

C-120 **1) 설명의무** 가령 기계의 매도인은 그 기계의 사용방법을 올바르게 설명하여야 할 의무가 있다. 그리고 농민들이 농약판매업자와 상의하여 농약을 선택하여 온 때에는 판매업자는 농약의 성능·사용방법 등에 관하여 정확하게 설명을 해 줄 의무가 있다(대판 1995. 3. 28, 93다62645). 또한 종묘업자는 그가 생산한 종자에 대하여 설명할 의무가 있으나, 종자들에 관하여 그 봉투 및 품종설명서에 상세히 설명하면 충분하다고 할 것이다(대판 2001. 4. 10, 99다70945). 그 밖

에 의사는 그가 수술 등의 의료행위를 하는 경우에는 질병의 증상·치료방법·발생이 예상되는 위험 등에 관하여 환자나 그 법정대리인에게 설명할 의무가 있다(대판 1999. 9. 3, 99다10479 등).

2) 안전배려의무 가령 근로계약에 있어서 사용자는 피용자가 노무를 제공하는 과정에서 피용자의 생명·신체·건강의 안전을 배려하여야 할 의무가 있다(대판 2001. 7. 27, 99다56734 등. 대판 1998. 2. 10, 95다39533은 피용자가 다른 피용자에게 은밀하게 성희롱을 당하지 않도록 할 의무까지는 없다고 한다). 그리고 판례는, 근로자 파견관계에서 사용사업주와 파견근로자 사이에는 특별한 사정이 없는 한 파견근로와 관련하여 사용사업주가 파견근로자에 대한 보호의무 또는 안전배려의무를 부담한다는 점에 관한 묵시적인 의사의 합치가 있다고 한다(대판 2013. 11. 28, 2011다60247(따라서 사용사업주의 보호의무 또는 안전배려의무 위반으로 손해를 입은 파견근로자는 사용사업주와 직접 고용 또는 근로계약을 체결하지 아니한 경우에도 위와 같은 묵시적 약정에 근거하여 사용사업주에 대하여 보호의무 또는 안전배려의무 위반을 원인으로 하는 손해배상을 청구할 수 있고, 이러한 약정상 의무 위반에 따른 채무불이행책임을 원인으로 하는 손해배상청구권에 대하여는 불법행위책임에 관한 민법 제766조 제 1 항의 소멸시효 규정이 적용될 수는 없다고 한다)). 또한 술에 취한 사람에게 재차 영리의 목적으로 술을 판매하는 영업자로서는 추가적인 음주로 말미암아 그가 안전상 사고를 당하지 않도록 구체적인 상황 하에서 요구되는 필요한 조치를 취하여야 할 안전배려의무가 인정될 수 있고, 이러한 안전배려의무는 고온의 찜질실 등 이용객의 구체적 상태 여하에 따라 안전에 위해를 초래할 수도 있는 시설을 제공하는 찜질방 영업자에게도 마찬가지로 요구된다고 한다(대판 2010. 2. 11, 2009다79316). 그런가 하면, 학교법인은 학생과의 재학계약에서 학생의 생명·신체·건강 등의 안전을 확보하기 위하여 교육상소의 물적 환경을 정비하여야 하고, 학생이 교육을 받는 과정에서 위험발생의 우려가 있을 때에는 미리 그 위험을 제거할 수단을 마련하는 등 합리적 조치를 하여야 할 안전배려의무를 부담하며, 학교법인이 안전배려의무를 위반하여 학생의 생명·신체·건강 등을 침해하여 손해를 입힌 때에는 불완전이행으로서 채무불이행으로 인한 손해배상책임을 부담한다고 한다(대판 2018. 12. 28, 2016다33196). 이러한 의무를 안전배려의무라고 한다.

3) 보호의무 채무자는 채무이행과정에서 채권자에게 신체적·재산적 손해를 가하지 C-121
않아야 할 의무가 있다. 이것이 보호의무이다. 이 의무의 위반을 채무불이행으로 파악하지 않고 불법행위 문제로 돌리려는 견해도 있으나, 이는 옳지 않다.

채무자가 보호의무를 위반한 경우의 예로는 채무자가 피아노를 운반하다가 채권자의 카펫을 망가뜨린 경우, 창문을 수리하는 자가 수리를 하다가 옆 창문의 유리를 깬 경우를 들 수 있다. 그리고 판례에 의하면, 여행업자는 여행자에 대하여 보호의무를 지므로 여행자가 놀이기구를 이용하다가 다른 여행자의 과실로 상해를 입은 경우에는 손해배상책임이 있다고 하며(대판 1998. 11. 24, 98다25061), 숙박업자는 투숙객에 대하여 보호의무를 지므로 숙박업자가 이를 위반하여 투숙객에게 손해를 입힌 경우에는 불완전이행책임을 진다고 한다(대판 2000. 11. 24, 2000다38718·38725 등). 또한 병원은 입원환자의 휴대품 등의 도난을 방지할 보호의무가 있어서 입원환자와 무관한 자가 병실에 무단출입하여 입원환자의 휴대품 등을 절취하였다면 그로 인한 책임이 있다고 한다(대판 2003. 4. 11, 2002다63275). 그런가 하면 학원의 운영자나 교습자는 교습계약(수

강계약)의 당사자로서 수강생의 생명·신체의 안전을 미리 확보할 수 있도록 배려하여야 할 의무가 있다고 한다(대판 2008. 1. 17, 2007다40437). 그에 비하여 탁아소는 이미 급부의무로서 유아를 보호할 의무를 부담한다. 병원도 환자의 질병으로 인한 위험을 막아야 할 급부의무가 있다.

(2) 채무자의 유책사유

채무자의 책임있는 사유가 있어야 한다(C-79 참조). 이 요건의 증명도 다른 채무불이행에 있어서처럼 채무자가 자신에게 과실없음을 주장·증명하여야 한다(대판 2000. 11. 24, 2000다38718·38725 등. 그에 비하여 채권자는 구체적인 보호의무의 존재와 그 위반사실을 증명하여야 한다).

(3) 「기타의 행위의무」 위반이 위법할 것

이것도 채무불이행의 하나이므로 위법성이 필요하다(C-79 참조).

C-122

3. 「기타의 행위의무」 위반의 효과

「기타의 행위의무」 위반이라는 채무불이행의 요건이 갖추어지면 채권자(근로계약의 경우에는 근로자)는 손해배상을 청구할 수 있다. 그리고 위반된 의무가 계약에 기하여 생긴 때에는 일정한 요건 하에 계약을 해제(계속적 채권관계의 경우에는 해지)할 수 있다고 하여야 한다. 해제요건도 불완전급부의 경우처럼 계약의 목적을 달성할 수 없는 때라고 하는 것이 좋을 것이다.

제 3 관 손해배상

C-123

Ⅰ. 서 설

채무자의 채무불이행이 있으면 채권자는 채무자에 대하여 손해배상을 청구할 수 있다(390조). 이러한 손해배상에 관하여 민법은 그 범위 및 방법·배상액의 예정·과실상계·배상자대위 등에 대하여 명문의 규정을 두고 있다(393조 이하). 그런데 손해배상은 불법행위의 경우에도 인정된다. 그리고 채무불이행으로 인한 손해배상에 대한 대부분의 규정은 불법행위로 인한 손해배상에도 준용된다(763조). 그 결과 아래에서 설명하는 이론은 불법행위에도 원칙적으로 적용된다(설명 자체에서 불법행위의 경우를 언급하기도 함을 유의할 것).

C-124

Ⅱ. 손해배상의 의의

손해배상의 의의를 손해와 배상으로 나누어 살펴보기로 한다.

1. 손 해

(1) 손해의 의의

1) 손해 개념 손해의 의의에 관하여 학설은 차액설과 구체적 손해설(현실적 손해설)의 두 가지 견해로 나뉘어 대립하고 있다(사견에 대하여는 채권법총론 [85] 참조). i) 차액설은 법익에 관하여 받은 불이익이 손해라고 한 뒤, 그것은 가해원인이 없었다고 한다면 있었어야 할 이익상태와 가해가 이미 발생하고 있는 현재의 이익상태와의 차이라고 한다. 그에 비하여 ii) 구체적 손해설은 법익에 대한 구체적 불이익이 손해라고 한다. ii)설은 i)설이 비재산적 손해에는 적절하지 않다는 이유를 든다. 그리고 판례는 불법행위로 인한 재산적 손해에 관하여 차액설을 취하고 있다(대판(전원) 1992. 6. 23, 91다33070; 대판 2024. 1. 4, 2022다286335 등 다수).

2) 규범적 손해 어떤 가해원인에 의하여 피해자에게 피해가 생겼지만 그것이 손해배상이 아닌 다른 방법으로 전보되어 피해자의 재산상태가 가해 전후에 차이가 없는 경우에는 손해는 존재하지 않는가? 여기에 관하여는 그러한 경우에도 손해가 존재한다고 하면서, 그것은 규범적 손해라고 하는 견해가 주장된다(김학동, 126면). 위와 같은 주장은 타당하다. 그리하여 가령 어떤 자가 신체침해를 당했지만 치료비는 의료보험에 의하여 지급받고 그의 노무제공이 없었음에도 불구하고 임금을 지급받았을지라도, 그는 손해를 입은 것으로 된다.

우리 판례(대판 1987. 6. 23, 87다카296 이래 다수의 판결. 특히 대판 1992. 12. 22, 92다31361; 대판 1993. 7. 27, 92다15031 참조)도 규범적 손해의 결과를 인정하고 있는 것으로 이해된다.

(2) 손해의 종류 C-125

손해는 여러 가지 표준에 의하여 종류를 나눌 수 있다.

1) 재산적 손해 · 비재산적 손해 재산적 손해와 비재산적 손해를 어떠한 표준에 의하여 구별할 것인가에 관하여는 두 가지의 견해가 대립하고 있다. 그중 하나는 i) 침해되는 법익을 기준으로 하는 것으로서, 재산에 관하여 생긴 손해가 재산적 손해이고, 생명·신체·자유·명예 등의 비재산적 법익에 관하여 생긴 손해가 비재산적 손해라고 한다. 다른 하나는 ii) 침해행위의 결과로서 발생하는 손해가 재산적인 것인가 비재산적인 것인가에 따라 전자를 재산적 손해, 후자를 비재산적 손해라고 한다(사견도 같음). 판례는 ii)설과 같다(대판(전원) 1992. 6. 23, 91다33070; 대판 1998. 9. 22, 98다2631 등).

비재산적인 손해는 흔히 정신적 손해라고 한다. 그러나 그것은 정확하지는 않다. 비재산적인 손해에는 순수한 정신적 손해(심리적 고통)만 있는 것이 아니고 실제로 느끼는 신체적 고통도 있기 때문이다. 그러므로 이들을 포괄하는 용어로는 비재산적인 손해가 더 적당하다. 한편 이와 같은 비재산적인 손해에 대한 배상을 위자료(慰藉料)라고 한다.

2) 적극적 손해와 소극적 손해 손해 가운데 기존의 이익의 멸실 또는 감소로 인하여 생긴 불이익이 적극적 손해(예: 멸실된 물건의 가치, 신체침해에 있어서 치료비)이고, 장래에 얻을 수 있는 이익(일실이

익)을 얻지 못함으로 인하여 생긴 불이익이 소극적 손해이다(예: 전매(轉賣)하여 얻었을 이익을 얻지 못한 경우, 노동수입 상실 손해). 이와 같은 두 손해의 구별은 학설·판례(주로 불법행위의 사례에 있어서 그렇다. 대판(전원) 1992. 6. 23, 91다33070; 대판 1998. 7. 10, 96다38971 등) 모두가 인정한다. 적극적 손해·소극적 손해의 구별 실익은 무엇보다도 적극적 손해는 「통상의 손해」(393조 1항 참조)로, 소극적 손해는 「특별손해」(393조 2항 참조)로 되는 수가 많다는 데 있다.

C-126 **3) 이행이익 · 신뢰이익** 법률행위의 영역에 있어서는 법률이 이행이익의 배상과 신뢰이익의 배상을 구별한다(535조 참조). 이 경우 이행이익(적극적 이익)은 법률행위 특히 계약이 이행되지 않음으로써 생긴 손해이고, 신뢰이익(소극적 이익)은 법률행위의 유효를 믿음으로써 생긴 손해이다. 따라서 이행이익은 법률행위가 유효한데 이행되지 않는 경우에 문제되고, 신뢰이익은 계약이 무효로 된 경우(원시적 불능의 경우, 착오취소로 인하여 무효로 된 경우가 그 대표적 예이나, 계약이 유효한 경우라도 계약체결상의 과실이 인정되는 때나 매도인의 담보책임이 인정되는 때에는 거기에 해당한다(이설 있음). 근래 판례는 계약해제의 경우에도 신뢰이익 배상을 인정한다)에 문제된다.

채무불이행의 경우에는 원칙적으로 이행이익을 배상해야 하며, 특별한 경우에 한하여 — 법률규정이나 이론에 의하여 — 신뢰이익의 배상이 인정된다.

이 두 이익의 구체적인 계산방법을 본다. 이행이익(예: 인도할 물건의 가치)은 법률행위가 이행되었으면 있었을 재산상태에서 피해자의 현재의 재산상태를 빼는 방법으로 계산한다. 그리고 신뢰이익(예: 계약서 작성비 기타의 계약체결 비용)은 피해자가 문제되는 법률행위에 관하여 아무것도 듣지 않았으면 있었을 재산상태에서 현재의 재산상태를 빼는 방법으로 계산한다. 대부분의 경우 신뢰이익은 이행이익보다 적다. 그러나 신뢰이익이 이행이익보다 더 커지는 때도 있다. 어떤 계약이 유효하다고 믿음으로써 더 유리한 계약의 체결을 거절한 경우가 그 예이다(구체적인 예는 주해(2), 513면(송덕수) 참조). 그러한 경우에는 이행이익의 한도에서 신뢰이익을 배상하도록 하여야 한다. 그러지 않으면 채무불이행을 한 자는 그가 이행한 경우보다 더 큰 손실을 입게 되어 부당하기 때문이다. 민법은 원시적 불능에 있어서 계약체결상의 과실책임으로 신뢰이익의 배상을 인정하면서 이와 같은 취지를 명문으로 규정하고 있다(535조 1항 단서). 그러나 명문규정이 없어도 마찬가지로 해석하여야 한다. 판례도 같은 취지이다(대판 2003. 10. 23, 2001다75295 등).

판 례 계약의 이행을 믿고 지출한 비용의 배상 문제

대법원은 여러 판결에서 계약의 일방 당사자가 상대방의 이행을 믿고 지출한 비용의 배상청구를 인정한다(대판 2002. 6. 11, 2002다2539[핵심판례 226면]; 대판 2017. 2. 15, 2015다235766 등 다수). 그와 같은 대법원 판결 가운데에는 그러한 비용을 신뢰이익이라고 명시한 것도 있다(대판 2002. 6. 11, 2002다2539[핵심판례 226면]; 대판 2007. 1. 25, 2004다51825 등이 그렇다). 그리고 대법원은 지출비용의 배상요건과 관련하여, 초기의 판결에서는 지출사실을 상대방이 알았거나 알 수 있었고 또 그것이 통상적인 지출비용의 범위 내에 속한 경우에 배상을 청구할 수 있다고 하였다(대판 1999. 7. 27, 99다13621 등. 동지의 최근 판결: 대판 2023. 7. 27, 2023다223171 · 223188). 그런데 그 뒤에는, 채무불이행을 이유로 계약해제와 아울러 손해배상을 청구하는 경우에 관하여, 그 비용 중 계약의 체

결과 이행을 위하여 통상적으로 지출되는 비용은 통상의 손해로서 상대방이 알았거나 알 수 있었는지의 여부와는 관계없이 그 배상을 구할 수 있고, 이를 초과하여 지출되는 비용은 특별한 사정으로 인한 손해로서 상대방이 이를 알았거나 알 수 있었던 경우에 한하여 그 배상을 구할 수 있다고 하였다(대판 2002. 6. 11, 2002다2539[핵심판례 226면]; 대판 2016. 4. 15, 2015다59115 등). 이는 대법원이 지출비용의 배상범위에 제393조를 적용한 것이다. 한편 대법원은, 채무불이행을 이유로 계약해제와 아울러 손해배상을 청구하는 경우 그 계약 이행으로 인하여 채권자가 얻을 이익 즉 이행이익의 배상을 구하는 것이 원칙이고, 다만 일정한 경우에는 그 계약이 이행되리라 믿고 채권자가 지출한 비용 즉 신뢰이익의 배상도 구할 수 있는 것이지만, 중복배상 및 과잉배상 금지원칙에 비추어 그 신뢰이익(지출비용)의 배상은 이행이익에 갈음하여서만 청구할 수 있고, 청구범위도 이행이익을 초과할 수 없다고 한다(대판 2007. 1. 25, 2004다51825. 그 밖에 대판 2002. 6. 11, 2002다2539[핵심판례 226면] 등). 그리고 지출비용 상당의 손해를 일실이익 상당의 손해와 같이 청구하는 경우에는 중복배상을 방지하기 위하여 일실이익은 제반 비용을 공제한 순이익에 한정된다고 한다(대판 2023. 7. 27, 2023다223171 · 223188 등). 그런가 하면 채권자가 계약의 이행으로 얻을 수 있는 이익이 인정되지 않는 경우라면, 채권자에게 배상해야 할 손해가 발생하였다고 볼 수 없으므로, 당연히 지출비용의 배상을 청구할 수 없다고 한다(대판 2017. 2. 15, 2015다235766).

이러한 판결에 대한 검토의견은 채권법총론 [87]을 참조할 것.

4) 직접적 손해와 간접적 손해 손해는 직접적 손해와 간접적 손해로 나누어지기도 한다. 그러할 경우 직접적 손해는 침해된 법익 자체에 대한 손해이고, 간접적 손해는 법익 침해의 결과로 생기는 손해이다. 예컨대 신체침해의 경우 신체침해 그 자체는 전자에 해당하고, 신체침해로 인한 노동수입의 결손은 후자의 예이다. 주의할 것은, 직접적 손해·간접적 손해의 개념은 직접적 피해자·간접적 피해자의 개념(C-129 참조)과는 전혀 다르다는 점이다. 이 점에서 혼동을 피하게 하기 위하여 간접적 손해를 후속손해라고 표현하는 것이 좋다. C-127

2. 손해의 배상

불법한 원인으로 발생한 손해를 피해자 이외의 자가 「전보」(塡補: 메워서 채워 줌)하는 것이 손해의 배상이다. 민법은 적법한 원인으로 인하여 생긴 손실을 전보하는 것은 배상이라고 하지 않고, 「보상(補償)」이라고 한다(216조 2항 · 218조 1항 · 219조 2항 · 220조 1항 · 226조 2항 · 228조 · 230조 1항 · 261조 등 참조).

Ⅲ. 손해배상청구권 C-128

1. 발생요건

채무불이행에 있어서 손해배상청구권이 발생하기는 하나, 채무불이행의 요건만으로 충분하지는 않다(손해발생이 채무불이행의 요건이 아님을 상기하라). 손해배상청구권이 생기려면 그 밖에 「손해의 발생」이 있어야 하며, 또 그것이 배상범위(393조 참조)에 해당하여야 한다. 그리고 이것들은 피해자(채권자)가 증명하여야 한다. 한편 손해배상청구권은 손해가 현실화되기 전에도 인정된다. 그리하여 가령 지붕수리업자가 지붕을 잘못 수리하여 비가 새는 경우에, 그것의 재수리를 의뢰하기 전이어서 아직 수리비를 지출하지 않았더라도 손해배상을 청구할 수 있다.

C-129 **2. 손해배상청구권자**

어떤 하나의 행위(채무불이행·불법행위)에 의하여 피해를 입은 자 가운데에는 손해배상청구권의 요건이 갖추어지는 경우가 있는가 하면 독립적으로 요건이 구비되어 있지는 않고 단지 다른 자에 대한 침해의 결과로 피해를 입는 경우도 있다. 전자를 직접적 피해자라고 하고, 후자를 간접적 피해자라고 한다. 우리 민법상 명문의 규정은 없지만 원칙적으로 직접적인 피해자만이 손해배상청구권을 갖는다고 하여야 한다. 간접적인 피해자에게 이를 인정할 경우에는 그 한계를 정할 수가 없기 때문이다(동지 Brox, S. 189). 간접적인 피해자는 법률에 명문규정(예: 752조)이 있는 경우에만 예외적으로 손해배상청구권을 갖는다고 할 것이다.

채무불이행에 있어서는 채권자(계약의 당사자 및 제 3 자를 위한 계약의 경우의 제 3 자)가 손해배상청구권을 가지게 된다. 다만, 제 3 자 보호효력 있는 계약을 인정한다면, 채권자와 밀접한 관계에 있는 일정한 제 3 자도 계약에 기한 손해배상청구권을 가질 수 있다(채권법각론 [52] 참조).

C-130 **3. 손해배상청구권의 성질**

채무불이행으로 인한 손해배상청구권은 본래의 채권이 확장된 것이거나(지연배상의 경우) 또는 내용이 변경된 것(전보배상의 경우)이다. 즉 손해배상청구권은 본래의 채권과 동일성이 있다. 따라서 본래의 채권의 담보는 손해배상청구권에도 미친다(334조·360조·429조 참조). 그리고 손해배상청구권의 소멸시효기간은 본래의 채권의 성질에 의하여 결정된다(가령 10년(보통의 채권 시효)·5년(상사 시효)·3년·1년 등)(판례도 같다. 대판 2010. 9. 9, 2010다 28031 등). 다만, 그 시효기간은 채무불이행이 생긴 때부터 진행한다고 하여야 한다(판례는 동지이나, 이설 있음. A-292 참조).

C-131 **Ⅳ. 손해배상의 방법**

(1) 입법주의

손해배상방법에 관한 입법주의로는 금전배상주의와 원상회복주의가 있다. 전자는 손해를 금전으로 평가하여 배상하게 하는 방법이고, 후자는 손해발생의 원인이 없었으면 있었을 상태로 회복하게 하는 방법(예: 물건의 수선·상처의 치료)이다.

(2) 우리 민법의 경우: 금전배상주의의 원칙

민법은 금전배상주의를 원칙으로 하고 있다(394조). 다만, 다른 의사표시(이는 당사자 한쪽의 일방적인 의사표시가 아니고 양 당사자의 합의를 가리킨다. 이설 없음)가 있거나(394조) 법률에 다른 규정이 있는 때(764조, 광업법 77조, 「부정경쟁방지 및 영업비밀 보호에 관한 법률」 6조, 특허법 131조 등)에는 예외이다.

판 례 손해배상채권의 성질

「채무불이행으로 인한 손해배상을 규정하고 있는 민법 제394조는 다른 의사표시가 없는 한 손해는 금전으로 배상하여야 한다고 규정하고 있는바, 위 법조 소정의 금전이라 함은 우리나라의 통화를 가리키는 것이어서 채무불이행으로 인한 손해배상을 구하는 채권은 당사자가 외국통화로 지급하기로 약정하였다는 등의 특별한 사정이 없는 한 채권액이 외국통화로 지정된 외화채권이라고 할 수 없다.」(대판 2005. 7. 28, 2003다12083. 불법행위에 관하여 같은 취지의 판결: 대판 1995. 9. 15, 94다61120)

V. 손해배상의 범위 C-132

1. 서 설

민법은 제393조에서 손해배상의 범위에 관하여 규정하고 있다. 그 제1항에서는 통상의 손해를 배상하도록 하고, 제2항에서는 특별한 손해는 예견가능성이 있는 때에만 배상하도록 한다. 그런데 이 규정을 어떻게 해석하여야 하는가에 관하여는 견해가 나뉘고 있다. 다투어지고 있는 문제는 두 가지이다. 하나는 손해배상책임의 성립과 책임의 범위(배상범위)를 구별하여야 할 것인가이고, 다른 하나는 어떤 기준으로 배상범위를 결정할 것인가이다. 이 두 문제를 차례로 살펴본 뒤, 그것을 바탕으로 하여 우리 민법에 있어서의 손해배상 범위에 관한 올바른 이론을 기술하기로 한다.

2. 손해배상책임의 성립과 배상범위의 구별

과거 우리의 학설은 채무불이행이나 불법행위로 인한 손해배상책임의 성립의 문제와 손해배상 범위의 결정의 문제를 구별하지 않고 한꺼번에 처리하여 왔다. 그리고 현재에도 대부분의 문헌은 그러한 경향에 있다. 그런데 근래에는 이 두 문제를 구별하여야 한다는 견해가 주장되고 있다(사견도 같음). 그런가 하면 이에 대하여 비판적인 견해도 있다.

3. 손해배상 범위의 결정기준 C-133

(1) 학 설

손해배상 범위의 결정기준에 관한 학설은 크게 i) 상당인과관계설, ii) 위험성관련설,

iii) 규범목적설로 나누어진다.

i) **상당인과관계설**은 채무불이행(또는 불법행위)과 상당인과관계에 있는 손해를 배상하여야 한다는 견해이다. 그리고 객관적으로 보아 어떤 전행사실(前行事實)로부터 보통 일반적으로 초래되는 후행사실(後行事實)이 있을 때 양자는 상당인과관계에 있다고 한다. 상당인과관계설은 어떤 사정 하에서 상당인과관계를 살펴보아야 하는가에 따라 주관적 상당인과관계설·객관적 상당인과관계설·절충설의 셋으로 나누어질 수 있다. 그런데 우리나라에서 주장되고 있는 것은 절충설 한 가지이며, 이것이 우리의 다수설이다. 이는 채무불이행 당시에 보통인(평균인)이 알 수 있었던 사정과 채무자가 특히 알고 있었던 사정을 함께 고찰의 대상으로 삼아야 한다는 견해이다. 즉 보통인이 알 수 있었던 사정과 채무자가 특히 알고 있었던 사정 하에서 보통·일반적으로 발생하는 손해를 배상하여야 한다는 것이다. 그리고 이러한 절충설을 취하면서 상당성을 판단함에 있어서 특별한 고려가 필요하다고 하는 견해도 있다.

상당인과관계설 중 절충설은 제393조에 관하여 그 제 1 항은 상당인과관계의 원칙을 선언한 것이고, 제 2 항은 절충설의 견지에서 고찰의 대상으로 삼는 사정의 범위를 규정한 것이라고 새긴다.

ii) **위험성관련설**은 손해를 피침해규범과 직접적인 관련이 있는 1차손해와 그 1차손해를 기점으로 하여 야기된 후속손해로 나누어, 1차손해는 제390조를 근거로 채무자에 귀속되고, 후속손해는 1차손해가 가지는 위험성과 후속손해 사이의 평가적 관계, 즉 위험성관련이 있는 경우에 한하여 채무자에 귀속된다고 한다. 그리고 이러한 위험성관련은 특별한 경우를 제외하고는 일반적으로 긍정되어야 한다고 한다. 이 견해에 의하면 제390조는 1차손해에 관한 규정이고, 제393조는 후속손해에 관한 규정이라고 한다.

iii) **규범목적설**은 손해배상의 책임귀속에 있어서는 배상의무를 근거지우는 규범의 보호목적을 토대로 하여 손해배상의 범위를 결정하여야 한다는 견해이다. 이 견해는 ii)설처럼 손해를 1차손해와 후속손해로 나누며, 1차손해의 귀속근거는 제390조이고, 제393조는 후속손해에 관한 규정이라고 한다. 그러나 이 견해는 불법행위에 있어서와 달리 채무불이행의 경우에는 계약의 규범목적에 따라 배상책임이 귀속된다고 한다.

C-134 **(2) 판 례**

우리 판례는 다수설과 마찬가지로 상당인과관계설을 취하고 있다(대판 1966. 5. 3, 66다503(불법행위); 대판 2012. 1. 27, 2010다81315(채무불이행) 등). 특기할 것은, 근래 판례가 공무원의 직무상 의무 위반에 의한 국가배상책임이 문제된 사안에서 상당인과관계의 유무를 판단함에 있어서 규범의 목적 등도 고려하고 있다는 점이다(대판 2003. 4. 25, 2001다59842 등 다수의 판결).

[참고] 사견 C-135

상당인과관계설은 미흡한 점만 보완한다면 적절한 이론이 될 수 있다고 생각한다.

상당인과관계설의 문제점을 보기로 한다. 그 견해에 의하면 채무불이행 또는 불법행위에 의하여 발생한 손해 가운데 채무불이행 등과 상당인과관계 있는 손해만이 배상되게 된다. 그런데 이를 엄격하게 고집하는 경우에는 부적절한 결과가 생기게 된다. 가령 유리창수선의무 부담자가 수리를 하면서 옆의 창문을 아주 가볍게 건드렸는데 그 유리창이 깨진 경우, 또는 어떤 자가 다른 자를 살짝 밀었는데 그가 넘어지면서 벽에 머리를 부딪쳐 중상을 입은 경우에, 유리창이 깨진 것과 중상을 입은 것은 개념상 가해행위와 상당인과관계 있는 손해라고 할 수는 없다. 이들 경우의 결과는 그와 같은 가해행위가 있을 경우에 「보통·일반적으로」 생기는 것이 아니기 때문이다.

이러한 문제는 왜 생기는 것인가? 채무불이행 또는 불법행위에 의한 손해 가운데에는 채무불이행 또는 불법행위가 성립하면서 발생하는 것과 그 밖의 것이 있다. 전자가 직접적 손해이고, 후자가 후속손해(간접적 손해)이다(C-127 참조). 이 중에 직접적 손해(가령 위의 예에서의 유리창 가치, 신체침해(그리하여 그에 대한 치료비와 위자료))는, 가해행위에 의하여 야기된 것인 한, 상당인과관계가 없어도 배상되어야 한다. 그때의 인과관계는 조건관계로 충분한 것이다(이는 손해배상책임이 성립함에 있어서 요구되는 인과관계가 조건관계인 것과 같은 맥락에 있다). 그에 비하여 후속손해(가령 위의 예에서 유리창이 깨져서 감기가 든 것, 수입의 결손)는 가해행위와 조건관계에 있다고 하여 모두 배상하게 할 수는 없다. 그리하면 배상범위가 지나치게 확대되기 때문이다. 따라서 배상범위의 제한이 필요하게 된다. 배상범위를 제한하는 이론은 여러 가지가 있을 수 있으며, 상당인과관계설도 그중 하나이다.

이제 배상범위에 관한 민법규정을 어떻게 해석할 것인가에 관하여 설명하기로 한다. 직접적 손해는 상당인과관계의 문제가 아니다. 따라서 그것은 제393조가 아니고 제390조에 의하여 배상이 인정된다고 볼 것이며, 제393조는 그것을 전제로 하고 있다고 생각된다. 그리고 제393조 제 1 항은 「통상의 손해」를 한도로 한다고 규정한 것으로 보아 상당인과관계의 원칙을 선언한 것으로 보인다. 그런데 제393조는 직접적 손해를 제외한 손해, 즉 후속손해에 관한 것으로 보아야 하므로, 그 제 1 항은 후속손해에 관한 상당인과관계원칙 규정이라고 할 것이다. 한편 제393조 제 2 항은 상당인과관계설과는 별개로 민법이 일정한 요건 하에 「특별한 사정으로 인한 손해」 즉 특별손해의 배상을 인정하기 위한 규정으로 생각된다. 특별손해는 배상하지 않음을 원칙으로 하되, 채무자가 특별한 사정을 알았거나 알 수 있었을 경우에는 예외적으로 배상을 인정한 것이다. 그런가 하면 제 1 항의 상당인과관계의 원칙은 보통인(평균인)이 알 수 있었던 사정만을 기초로 적용하여야 한다(사견은 우리 민법이 상당인과관계설 중 절충설의 입장이 아니라고 이해한다. 채권법총론 [94] 참조).

4. 제393조의 해석(손해배상의 범위) C-136

위에서 적은 바와 같이, 제393조는 통상손해와 특별손해의 배상에 관하여 규정하고 있으나, 이는 후속손해만에 관한 것으로 보아야 한다. 따라서 손해배상의 범위문제는 직접적 손해·통상손해·특별손해의 셋으로 나누어 보아야 한다.

(1) 직접적 손해

예컨대 특정물채무에 있어서 채무자의 과실로 목적물이 멸실된 경우, 어떤 자가 과실로 남의 장식장에 부딪쳐 그 위의 도자기가 떨어져 깨진 경우에, 목적물의 가치·도자기의 가치는 직접적 손해이다. 이러한 손해는 가해행위와 상당인과관계에 있을 필요가 없이 배상되어야 하며, 그 근거는 제393조가 아니고 제390조(불법행위의 경우에는 750조)라고 하여야 한다. 신체침해의 경우, 피해자의 상해 자체와 그로 인한 정신적 손해도 직접적 손해이어서 마찬가지로 된다. 뿐만 아니라 이 경우의 치료비도 직접적 손해로 보아, 가령 특이체질로 인하여 치료비가 많이 든 때에도 그 모두를 배상하도록 하여야 할 것이다(판례는 이와 같은 경우에 대하여 — 상당인과관계의 필요 여부에 대하여는 명시하지 않으면서 — 손해배상액을 정하면서 과실상계의 법리를 유추적용하여 그 손해의 발생 또는 확대에 기여한 피해자 측의 요인을 참작할 수 있다고 한다(대판 2016. 6. 23, 2015다55397 등 다수). C-153 참조).

C-137 **(2) 통상손해(通常損害)**

후속손해 가운데에는 통상의 손해만을 배상하는 것이 원칙이다(393조 1항). 여기서 통상의 손해라고 하는 것은, 그 종류의 채무불이행(또는 불법행위)이 있으면 보통 · 일반적으로 발생한다고 생각되는 손해이다. 그러한 손해로 인정되려면 두 가지 요건을 갖추어야 한다. 즉 A라는 채무불이행에 의하여 B라는 손해가 생긴 경우에, 첫째로 A라는 채무불이행이 없었으면 B라는 손해가 생기지 않았어야 하고(구체적 관계), 둘째로 일반적으로도 A라는 채무불이행이 있으면 보통 B라는 손해가 발생하여야 한다(일반적 관계).

예컨대 이행지체의 경우 이행이 늦어서 이용하지 못한 것, 신체침해의 경우 수입을 올리지 못한 것 등이 그에 해당한다. 직접적 손해를 따로 인정하지 않으면 그것들은 모두 통상손해로 취급된다.

통상손해에 관하여는 채무자의 예견 유무는 묻지 않는다. 따라서 채권자는 채무불이행과 손해액만 증명하면 된다.

판 례 통상손해 · 특별손해의 의미

「민법 제393조 제 1 항… 의 통상손해는 특별한 사정이 없는 한 그 종류의 채무불이행이 있으면 사회일반의 거래관념 또는 사회일반의 경험칙에 비추어 통상 발생하는 것으로 생각되는 범위의 손해를 말하고, 제 2 항의 특별한 사정으로 인한 손해는 당사자들의 개별적, 구체적 사정에 따른 손해를 말한다.」(대판 2008. 12. 24, 2006다25745)

C-138 **(3) 특별손해(特別損害)**

특별한 사정으로 인한 손해 즉 특별손해(이는 통상손해와 달리 구체적 관계만 있고 일반적 관계는 없는 경우이다)는 채무자가 그 사정을 알았거나 알 수 있었을 때에 한하여 배상책임이 있다(393조 2항). 이와 같이 특별손해는 그것을 발생시킨 「특별한 사정」에 관하여 채무자가 이를 알았거나 알 수 있었을 경우에만 배상책임이 있다. 특별한 사정에 관하여 예견가능성이 있으면 되고, 그 결과인 손해(또는 손해의 액수)에 관하여는 예견가능성이 필요하지 않다(대판 2002. 10. 25, 2002다23598). 문제는 이 예견가능성을 언제를 기준으로 하여 결정할 것인가이다. 학설은 i) 이행기설, ii) 채무불이행시, 즉 이행지체의 경우에는 이행기, 이행불능의 경우에는 불능시, 불완전이행의 경우에는 불완전이행을 한 때라는 견해(사견도 같음), iii) 계약체결시설이 대립하고 있다. 그리고 판례는 이행기설을 취한다(대판 1985. 9. 10, 84다카1532).

특별손해의 경우에 특별한 사정의 존재와 그 사정에 대한 예견가능성은 채권자가 증명해야 한다(이설 없음).

특별손해의 예로는, 물건의 매수인이 자기가 산 가격보다 비싼 가격으로 전매하는 계 C-139
약을 체결하였는데 목적물에 흠이 있어서 판매할 수 없게 된 경우에 얻지 못한 전매이익(대판 1992. 4. 28, 91다29972), 매도인이 매수인으로부터 매매대금을 받지 못하여 그가 제 3 자로부터 매수한 부동산의 대금을 지급하지 못함으로써 계약금을 몰수당한 경우의 그 금액(대판 1991. 10. 11, 91다25369), 아직 매매대금을 완불하지 않은 토지의 매수인이 그 토지상에 건물을 신축하기 위하여 설계비 또는 공사계약금을 지출하였다가 계약이 해제됨으로 말미암아 이를 회수하지 못하는 손해(대판 1996. 2. 13, 95다47619), 매매의 목적물에 관한 소유권이전등기 의무가 이행불능이 된 경우에 이행불능 이후에 목적물의 가격이 등귀한 때에 그 등귀금액(대판 1996. 6. 14, 94다61359 · 61366), 매수인이 잔금지급을 지체하는 사이에 매매대상 토지의 개별 공시지가가 급등하여 매도인의 양도소득세 부담이 늘게 된 경우의 손해(대판 2006. 4. 13, 2005다75897: 지체된 기간 동안의 지연이자는 통상손해임)를 들 수 있다. 그리고 대법원은 불법행위의 직접적 대상에 대한 손해가 아닌 간접적 손해(이것은 간접적 피해의 의미인 듯하다)는 특별손해라고 하면서, 전신주에 대한 가해로 전기가 공급되지 않음으로써 영업상의 손실이 발생할 것이라는 데 대하여는 예견가능성이 없으나, 불시의 전력중단으로 가동 중이던 기계에 고장이 발생한다든지 작업 중인 자료가 못쓰게 되는 등의 적극적인 손해가 발생할 수 있을 것이라는 데 대하여는 예견가능성을 인정한다(대판 1996. 1. 26, 94다5472).

[참고] 채무불이행으로 인한 위자료

불법행위 가운데에는 비재산적인 손해배상을 인정하는 명문규정이 두어져 있는 경우도 있다(751조 · 752조). 그러나 채무불이행에 관하여는 그와 같은 규정이 없다. 여기서 채무불이행의 경우에도 비재산적인 손해의 배상이 인정되는지가 문제된다. 여기에 관하여 학설은 긍정하면서, 그 손해는 특별손해로 되는 경우가 많을 것이라고 한다. 판례도, 재산적 손해의 배상만으로는 회복될 수 없는 정신적 고통을 입었다는 특별한 사정이 있고, 채무불이행자가 그와 같은 사정을 알았거나 알 수 있었을 경우에 한하여 정신적 고통에 대한 위자료를 인정할 수 있다고 하여 같은 취지이다(대판 2004. 11. 12, 2002다53865[핵심판례 228면] 등). 그리고 하나의 판결에서는, 숙박업자의 의무 위반으로 투숙객이 사망한 경우에, 투숙객의 근친자에 대하여 채무불이행을 이유로 한 위자료청구권을 인정하지 않았다(대판 2000. 11. 24, 2000다38718 · 38725). 이러한 학설 · 판례는 모두 타당하다(2002다53865 판결에서는 간접피해자의 위자료청구권이 문제되었는데, 명문규정이 없는 한 그 권리는 부정되어야 한다).

5. 손해배상액의 산정기준 C-140

우리 민법상 손해배상은 원칙적으로 금전으로 하여야 한다(394조). 따라서 손해배상이

행하여지려면 배상범위에 해당하는 손해가 금전으로 평가되어야 한다. 여기서 어떤 기준으로 배상액을 산정할 것인지가 문제된다.

(1) 배상액 산정의 가격

1) 재산적 손해 재산적 손해의 배상액은 물건 기타 급부의 재산적 가치를 금전적으로 평가한 금액으로 나타난다. 그런데 그러한 평가금액, 즉 재산가격은 무엇을 기준으로 하였는가에 따라 통상가격(일반거래상 인정되는 교환가치)·특별가격(특수한 경제적·지역적·계층적 여건하의 거래에서 형성되는 교환가치)·감정가격(재산권의 주체의 감정에 따라 평가되는 가격)으로 나누어진다. 그러나 상당인과관계이론에 비추어 볼 때 일반적으로는 통상가격 내지 통상교환가격을 표준으로 하여야 한다. 그에 비하여 특별가격이나 감정가격은 그것이 생기게 된 특별한 사정에 관하여 채무자가 알았거나 알 수 있었을 경우에 한하여 특별손해로서 배상하게 할 수 있을 것이다.

한편 판례는 재산적 손해가 있음은 분명한데 그 손해액의 확정이 불가능한 경우에는, 그것을 위자료의 증액사유로 삼을 수 있다고 한다(대판 2004. 11. 12, 2002다53865[핵심판례 228면]; 대판 2018. 4. 12, 2017다229536 등). 그러나 재산적 손해배상을 위자료의 방법으로 명하는 것은 옳지 않으며, 산정이 어려워도 재산적 손해 자체로 배상을 하도록 하여야 한다.

> (판 례) 재산상 손해의 확정이 가능한 경우와 위자료의 증액
>
> 「발생한 재산상 손해의 확정이 가능한 경우에 위자료의 명목 아래 재산상 손해의 전보를 꾀하는 일은 허용될 수 없고, 재산상 손해의 발생에 대한 증명이 부족한 경우에는 더욱 그러하다.」(대판 2014. 1. 16, 2011다108057)

2) 비재산적 손해 비재산적 손해는 그것을 직접 금전으로 평가하는 것이 불가능하다. 따라서 그에 대한 배상액은 신체적 또는 심리적 고통을 덜어줄 만한 수단이나 물자를 금전으로 평가할 수밖에 없다. 그런데 어떠한 수단이나 물자가 적절한지도 문제이다. 그러므로 그에 대하여는 피해자로 하여금 적당하다고 생각되는 액을 청구하게 하고, 법원이 여러 가지 사정을 고려하여 판정하는 도리밖에 없다. 이때 법원은 신체적·심리적 고통의 정도는 물론이고 피해자의 인격이나 사회적 지위·쌍방 당사자의 자산상태·가해의 동기·가해 전후의 모든 사정 등을 널리 고려하여야 한다(이설 없음). 그리고 판례는, 채무불이행으로 입은 정신적 피해에 대한 위자료 액수에 관해서는 ―불법행위의 경우와 마찬가지로― 사실심법원이 여러 사정을 참작하여 그 전권에 속하는 재량에 따라 확정할 수 있다고 한다(대판 2018. 11. 15, 2016다244491).

C-141 (2) 배상액 산정의 시기

가령 배상액을 물건의 통상가격을 표준으로 산정한다고 할 때, 그 가격이 변동하고

있다면 어떤 시점을 기준으로 하여 정할 것인지가 문제된다. 이러한 문제는 모든 채무불이행 유형에서 발생하고 또 이행지체의 경우에는 전보배상뿐만 아니라 지연배상에서도 생기나, 여기서는 「주는 채무」(물건급부의무)의 이행지체 또는 이행불능을 이유로 한 전보배상의 경우를 중심으로 하여 살펴보기로 한다.

여기에 관하여 학설은 i) 사실심에서의 구두변론종결시를 기준으로 하여야 한다는 견해(판결시설), ii) 손해배상책임이 발생한 때를 기준으로 하여 그 배상액을 산정하고, 그 후의 손해는 상당인과관계의 범위 내의 손해를 가산하여야 한다는 견해(손해배상책임발생시설) 등으로 나뉘어 있다(사견에 대하여는 채권법총론 [98] 참조). i)설은 손해의 전보라는 손해배상제도의 목적에 비추어 손해가 없는 상태로 되돌려야 한다는 입장이다. 그에 비하여 ii)설은 손해배상책임은 원칙적으로 금전채권이며, 그 내용은 원칙적으로 채권이 발생한 때 정하여져야 한다고 주장한다.

판례는 이행불능에 의한 전보배상의 경우에는 이행불능이 발생한 때를 기준으로 할 것 C-142
이라고 한다(대판 2005. 9. 15, 2005다29474 등). 그리고 이때 배상액의 지급이 지연되면 이행불능 당시부터 배상을 받을 때까지 지연이자(법정이자)를 청구할 수 있으나(대판 1996. 6. 14, 94다61359·61366 등), 이행불능 후에 가격이 등귀하였다고 하여도 그 손해는 특별한 사정으로 인한 것이어서 매도인이 이행불능 당시 예견가능성이 있는 경우에만 배상을 청구할 수 있다고 한다(대판 1996. 6. 14, 94다61359·61366 등). 그에 비하여 이행지체에 의한 전보배상의 경우에 대하여는 본래의 채무이행을 최고한 후 상당한 기간이 경과한 당시의 시가를 표준으로 하여야 한다는 것도 있고(이것이 주류의 판례이다. 대판 2007. 9. 20, 2005다63337 등), 사실심 변론종결시의 시가를 기준으로 하여야 한다는 것도 있다(대판 1969. 5. 13, 68다1726). 한편 채무자의 이행거절의 경우에 대하여는, 채무자가 이행거절의 의사를 명백히 표시하여 최고 없이 계약의 해제나 손해배상을 청구할 수 있는 경우에는, 이행거절 당시의 급부목적물의 시가를 표준으로 해야 할 것이라고 한다(대판 2007. 9. 20, 2005다63337(C-78에 인용)).

판 례 전보배상액 산정의 기준시기 C-143

(ㄱ) 「매도인이 매매목적물에 관한 소유권이전등기 의무가 이행불능이 됨으로 말미암아 매수인이 입는 손해액은 원칙적으로 그 이행불능이 될 당시의 목적물의 시가 상당액이라고 할 것이고, 그 이후 목적물의 가격이 등귀하였다 하여도 그로 인한 손해는 특별한 사정으로 인한 것이어서 매도인이 이행불능 당시 그와 같은 특수한 사정을 알았거나 알 수 있었을 때에 한하여 그 등귀한 가격에 의한 손해배상을 청구할 수 있다 함은 대법원의 확립된 판례이고, 이러한 법리는 이전할 토지가 환지예정이나 환지 확정 후의 특정토지라고 하여도 다를 바가 없으며, 그 배상금의 지급이 지체되고 있다고 하여도 그 배상금에 대한 법정이자 상당의 지연손해금을 청구하는 외에 사실심 변론종결시의 시가에 의한 손해배상을 청구할 수 있게 되는 것은 아니다.」(대판 1996. 6. 14, 94다61359·61366)

(ㄴ) 「이행지체에 의한 전보배상청구에 있어서는 다른 특별한 사정이 없는 한, 채권자는

채무자에 대하여 상당한 기간을 정하여 그 본래의 의무이행을 최고하고 그 이행이 없는 경우에 그 본래 의무이행에 대신하는 전보배상을 청구할 수 있고, 그 전보배상에 있어서의 손해액 산정의 표준시기는 원칙적으로 최고하였던, '상당한 기간'이 경과한 당시의 시가에 의하여야 하는 것이다.」(대판 1997. 12. 26, 97다24542)

(3) 배상액 산정의 장소

채무불이행에 있어서 통상가격 등의 산정은 특약 또는 특별한 규정(예: 상법 137조)이 없는 한 채무의 이행지에서의 가격을 표준으로 하여야 한다(이설 없음).

C-144 Ⅵ. 손해배상의 범위에 관한 특수문제

1. 손익상계

(1) 의 의

손익상계는 채무불이행(또는 불법행위)으로 손해를 입은 자가 같은 원인으로 이익을 얻고 있는 경우에 그의 손해배상액의 산정에 있어서 그 이익을 공제하는 것이다. 신체침해를 당한 자가 입원비를 손해배상으로 받는 경우에 그가 입원기간 동안 절약하게 된 식비를 손해배상액에서 공제하는 것이 그 예이다(대판 1967. 7. 18, 67다1092 참조). 손익상계는 민법에 명문의 규정은 없지만 통설·판례(대판 2020. 11. 26, 2016다13437 등)는 당연한 것으로 인정하고 있다.

그리고 이러한 손익상계는 공평의 관념상 당사자의 주장을 기다리지 않고 법원이 손해를 산정함에 있어서 당연히 행하여야 한다(대판 2025. 6. 12, 2021다256696·256702 등 다수).

C-145 (2) 공제되는 이익

손익상계의 경우에 어떤 범위에서 이익을 공제할 것인지가 문제된다. 학설은 i) 배상원인과 상당인과관계를 가지는 것에 한한다는 견해와 ii) 구체적 사정에 따라 개별적으로 결정될 수밖에 없으며, 그때의 기준은 손해배상제도의 목적인 손해의 공평분담을 지도원리로 하여 각 계약규범의 보호목적을 유형적으로 고찰하여 형량하게 될 것이라는 견해로 나뉘어 있다. 그리고 판례는 i)설과 같다(대판 2025. 6. 12, 2021다256696·256702 등 다수)(이때의 이익은 장래에 얻을 수 있는 것도 포함한다. 대판 2002. 5. 10, 2000다37296·37302).

이와 같이 채무불이행 등과 상당인과관계에 있는 이익만 공제되기 때문에, 채무불이행이 아닌 다른 원인(다른 계약 등)에 의하여 얻은 이익은 공제되지 않는다. 예컨대 보험계약에 기한 이익(대판 1998. 11. 24, 98다25061), 다른 계약에 기한 보수 등은 공제대상이 아니다.

(판 례) 손익상계가 허용되기 위한 요건

「손해배상액 산정에서 손익상계가 허용되기 위해서는 손해배상책임의 원인이 되는 행위로 인하여 피해자가 새로운 이득을 얻었고, 그 이득과 손해배상책임의 원인인 행위 사이에 상당인과관계가 있어야 하며, 그 이득은 배상의무자가 배상하여야 할 손해의 범위에 대응하는 것이어야 한다.」(대판 2023. 11. 30, 2019다224238)

(판 례) 손익상계의 대상인지 C-146

(ㄱ) **공제대상의 예** 판례에 의하면, 도급계약의 수급인이 계약에 따른 일의 완성을 위하여 준비하여 둔 원석 및 좌대(그 비용이 손해로 인정된 경우)를 처분하여 얻을 수 있는 대가(대판 2002. 5. 10, 2000다37296 · 37302), 신체침해를 받은 자의 입원비가 손해로 인정된 경우의 입원 중의 식비(대판 1967. 7. 18, 67다1092), 일반 노동능력을 100퍼센트 상실한 피해자의 일실수익 산정에서 잔존 여명(잔존여명이 평균인의 기대여명과 달리 짧은 경우임)시부터 55세(당시의 가동연한임)까지의 생계비(대판 1984. 3. 27, 83다카853), 근로기준법이나 산업재해보상보험법에 의한 휴업급여 · 장해급여(대판 1995. 4. 25, 93다61703. 같은 성질의 손해에 대한 것에서만 공제를 인정함) 또는 치료비(대판 1981. 6. 23, 80다2316), 사용자의 고용의무 불이행을 이유로 고용의무를 이행하였다면 받을 수 있었던 임금 상당액을 손해배상으로 청구하는 경우에 그 근로자가 사용자에게 제공하였어야 할 근로를 다른 직장에 제공함으로써 얻은 이익(대판 2022. 9. 29, 2018다301527 등. 그 이익이 사용자의 고용의무 불이행과 사이에 상당인과관계가 있어야 함)은 손해배상액에서 공제될 것이라고 한다. 그리고 「국가유공자 등 예우 및 지원에 관한 법률」 또는 공무원연금법에 따라 연금을 받던 자가 타인의 불법행위로 사망한 경우에 유족이 받은 유족연금은 사망한 자의 연금액에서 공제되어야 하고(대판 2002. 5. 28, 2002다5019 등), 공무원이 다른 공무원의 불법행위로 사망한 경우에 유족이 받은 공무원연금법 소정의 유족보상금과 국가배상에 의한 손해배상금은 서로 공제대상이 된다고 한다(대판(전원) 1998. 11. 19, 97다36873).

(ㄴ) **공제대상이 아닌 예** 그에 비하여 상해보험의 성질을 가지는 해외여행보험에 가입하여 수령한 보험금(대판 1998. 11. 24, 98다25061), 부상을 당한 자의 생활비(대판 1966. 5. 31, 66다590), 교통사고의 피해자가 사고로 상해를 입은 후에도 종전과 같이 직장에 근무하여 종전과 같은 보수를 지급받고 있는 경우의 그 보수(대판 1992. 12. 22, 92다31361), 개인택시 운전사가 교통사고로 부상을 입고 개인택시 운송사업면허를 양도하여 받은 대가(대판 1990. 2. 13, 88다카34100), 행정기관의 위법한 행정지도로 일정기간 어업권을 행사하지 못하는 손해를 입은 자가 그 어업권을 타인에게 매도하여 받은 매매대금(대판 2008. 9. 25, 2006다18228), 타인의 생명침해의 경우에 가해자가 지급한 조위금(대판 1971. 7. 27, 71다1158. 이것은 위자료 산정시에는 참작할 것이라고 함), 생명침해의 경우에 사망한 자에 대하여 지불할 부양비(대판 1966. 2. 28, 65다2523. 피해자 자신의 이익은 아니라고 함), 불법행위로 사망한 피해자 명의의 개인택시 운송사업면허를 매도함으로써 발생한 처분가액에 대한 가동연한까지의 중간이자 상당의 이득(대판(전원) 1989. 12. 26, 88다카16867), 증권회사 직원이 고객의 계좌를 이용하여 고객의 위임이 없이 임의로 주식을 거래함으로써 발생한 이득(대판 2003. 1. 24, 2001다2129. 이는 고객이 추인하면 고객에게 귀속된다고 함), 국가가 입찰담합에 의한 불법행위의 피해자인 경우에 가해자에게 부과하여 납부받은 과징금(대판 2011. 7. 28, 2010다18850)은 공제되지 않는다고 한다. 그리고 근로기준법상의

유족보상금·장사비와 이에 상응하는 산업재해보상보험법에 의한 유족보상일시금·장의비(대판 1981. 10. 13, 80다2928), 근로기준법상의 요양보상(대판 2008. 11. 27, 2008다40847 등. 이는 언제나 지급되어야 함), 구「국가유공자 예우 등에 관한 법률」에 의한 기본연금·부가연금·간호수당 등의 보상금(대판 1997. 7. 22, 95다6991)도 공제대상이 아니라고 한다.

C-147 **2. 과실상계**

(1) 의 의

과실상계는 손해의 발생 또는 확대에 관하여 피해자에게도 과실이 있는 경우에 손해배상의 범위를 정함에 있어서 그 과실을 참작하는 제도이다. 민법은 이러한 과실상계(엄격하게는 「상계」가 아니므로 과실참작이라고 해야 한다)를 채무불이행에 관하여 규정하고(396조), 이를 불법행위에 준용하고 있다(763조).

(2) 요 건

1) 채무불이행에 의한 손해배상청구권이 성립하기 위한 요건이 갖추어져야 한다. 즉 채무불이행·손해발생·인과관계 및 배상범위에 해당할 것 등이 그것이다.

2) 채무불이행 또는 손해의 발생에 관하여 채권자에게 과실이 있어야 한다.

(가) 민법은 「채무불이행에 관하여」 채권자에게 과실이 있을 것을 요구하고 있다. 그러나 이는 채무불이행(또는 불법행위)의 성립 자체에 과실이 있는 경우(예: 채무의 이행기 전에 채권자가 이사를 하고 이를 통지하지 않았고 채무자도 조사를 하지 않아 이행지체가 된 때, 택시의 난폭운전으로 사고가 났는데 승객이 과속을 요구했거나 이를 제지하지 않은 때)뿐만 아니라, 채무불이행이 생긴 후에 손해의 발생 또는 확대에 과실이 있는 경우(예: 채무자의 이행지체 후 채권자가 이사하고 이를 통지하지 않은 때, 교통사고의 승객이 치료를 게을리하여 상처가 악화된 때)도 포함된다. 통설·판례(대판 1993. 5. 27, 92다20163. 그리고 판례는 손해경감조치 불이행의 경우에 이를 참작한다. 대판 2003. 7. 25, 2003다22912 등)도 같다.

판 례 손해경감조치의무 관련

「손해의 확대를 방지하거나 경감하는 데 적절한 법적 조치가 존재하는 경우 이는 손해경감조치에 해당될 수 있고, 피해자가 그 법적 조치를 취함에 있어 감당하기 어려운 많은 비용이 소요된다든가, 그 결과가 불확실하다거나, 판단을 받기까지 현저하게 많은 시간이 필요하다는 등의 사정이 없음에도 불구하고 합리적인 이유 없이 그 법적 조치를 취하지 아니한 경우에는 그 손해확대에 기여한 피해자의 의무불이행의 점을 손해배상액을 정함에 있어 참작할 수 있을 것이다.」(대판 2003. 7. 25, 2003다22912)

C-148 (나) 여기의 과실의 의미에 관하여는 논란이 있다. 학설은 i) 보통의 과실에 있어서의 의무 위반이라는 것은 위법한 부주의라는 뜻에 지나지 않으며, 이와 같이 새긴다면 과실상계에 있어서의 과실을 특이한 관념으로 생각할 필요가 없다는 견해, ii) 과실상계에 있어

서의 과실은 타인에 대한 법적 의무를 전제로 하지 않는 것으로서 자신에 대한 책무에 지나지 않는다는 점에서 일반적 과실과 구별된다는 견해, iii) 여기의 과실은 단순한 부주의로서 보통의 과실에서보다 낮은 정도의 주의 위반이라는 견해(사견도 같음) 등으로 나뉘어 있다(채권법총론 [100] 참조). 그리고 **판례는** 「가해자의 과실이 의무위반의 강력한 과실임에 반하여 과실상계에 있어서 과실이란 사회통념상, 신의성실의 원칙상, 공동생활상 요구되는 약한 부주의까지를 가리키는 것」이라고 하여(대판 2001. 3. 23, 99다33397; 대판 2004. 7. 22, 2001다58269 등 동지의 판결도 많음), iii)설과 유사하다.

(다) 채권자의 과실을 인정하기 위하여서는 **채권자에게 책임능력이 있어야 하는가?** 여기에 관하여 학설은 i) 책임능력이 필요하다는 견해, ii) 책임능력이 필요하지 않다는 견해, iii) 책임능력까지는 필요하지 않고 사리변별능력 내지 위험변별능력이 있으면 된다는 견해(사견도 같음) 등으로 나뉘어 있다(채권법총론 [101] 참조). 그리고 판례는 사리를 변식함에 족한 지능을 가지고 있으면 충분하고 행위의 책임을 변식함에 족한 지능을 가질 것을 요하지 않는다고 하면서, 8세(대판 1968. 8. 30, 68다1224)와 14세(대판 1971. 3. 23, 70다2986)의 미성년자에 대하여 과실능력을 인정한다(그러나 6세의 자에게는 부정한다. 대판 1974. 12. 24, 74다1882 등).

(라) 채권자의 과실에는 **채권자 자신의 과실뿐만 아니라 그의 수령보조자**(채무자의 이행보조자에 대응하는 개념)의 C-149
과실도 포함하는 것으로 새겨야 한다(이설 없음). 판례도 「민법 제763조, 제396조 소정의 피해자의 과실에는, 피해자 본인의 과실만이 아니라, 사회공평의 이념상 피해자와 신분상 내지는 생활상 일체로 볼 수 있는 관계에 있는 자의 과실도 이른바 피해자측의 과실로서 포함된다고 해석하여야 할 것」이라고 하여 같은 견지에 있다(대판 1994. 6. 28, 94다2787). 그러면서 구체적인 경우에 피해자인 어린 미성년자의 감호의무자(보호감독 의무자)인 부모(대판 1974. 12. 24, 74다1882 등 다수), 피해자의 피용자(대판 1969. 7. 29, 69다829), 피해자가 동승한 차량의 운전자인 아버지(대판 1989. 12. 12, 89다카43)·조카(대판 1987. 2. 10, 86다카1759(삼촌트럭에 삼촌가족을 태운 경우))·남동생(대판 1996. 10. 11, 96다27384), 남편 오토바이에 동승한 처가 피해를 입은 경우의 남편(대판 1993. 5. 25, 92다54753)의 과실을 피해자의 손해 산정에 참작하고 있다. 그에 비하여 피해자인 4촌동생(가족회사의 동료임)을 회사 차량에 동승시키고 운전한 4촌형(대판 1996. 11. 12, 96다26183), 결혼할 사이인 피해 여성을 호의로 동승시키고 운전한 화물자동차 운전자(대판 1997. 11. 14, 97다35344), 다방 종업원이 차배달을 목적으로 다방 주인이 운전하는 차량에 동승했다가 사고를 당한 경우에 운전자인 다방 주인(대판 1998. 8. 21, 98다23232)의 과실은 참작하지 않을 것이라고 한다(판례는 동승의 경우에는 운전자가 동승자와 신분상 또는 생활관계상 일체일 것을 요구하고 있다).

(3) 효 과 C-150

법원은 채권자(피해자)와 채무자(가해자)의 과실을 비교·교량하여 채무자의 책임을 면하게 하거나 감경할 수 있다. 채권자의 과실의 참작 비율을 정하는 일은 법원의 자유재량에 속한다(대판 1984. 7. 10, 84다카440). 그리고 판례에 의하면 과실상계 사유에 관한 사실인정이나 그 비율을 정하는 것은 그것이 형평의 원칙에 비추어 현저히 불합리하다고 인정되지 않는 한(대판 2014. 11. 27, 2011다68357은 불법행위로 인한 피해자의 손해가 실질적으로 전부 회복되었다거나 손해를 전적으로 피해자에게 부담시키는 것이 합리적이라고 볼 수 있는 등의 특별한 사정이 없는 한 가해자의 책임을 함부로 면제하여서는 안 된다고 한다) 사실심의 전권사항에 속한다고 한다(대판 2023. 11. 30, 2019다224238 등 다수의 판결)(대판 2023. 6. 1, 2020다242935는 불법행위에 따른 손해배상액을 산정할 때에 손해부담의 공평을 기하기 위하여 가해자의 책임을 제한할 수 있으며, 불법행위로 인한 손해배상사건에서 책임제한 사유에 관한 사실인정이나 그 비율도 사실심의 전권사항에 속한다고 한다). 그러나 과실이 있는 한 반드시 참작되어야 한다(396조. 대판 1967. 12. 5, 67다2367 등). 또한 과실상계는 배상의무자의 주장이 없더라도 소송자료에 의하여 피해자의 과실이 인정되면 법원이 직권으로 심리판단하여야 한다(대판 2016. 4. 12, 2013다31137 등).

판 례 **과실상계 관련**

가해자가 가입한 자동차보험회사로부터 피해자가 지급받은 치료비액수 중 피해자의 과실에 상당하는 부분은 피해자가 부담하여야 할 것인데도 이를 가해자가 부담한 셈이므로 이 건 청구가 치료비에 관한 것이 아니라고 하더라도 이를 가해자의 손해배상액에서 공제하여야 한다(대판 1981. 7. 7, 80다2271).

손해배상사건에서 피해자측에도 과실이 있는 경우에 손해배상책임을 면제할 것인가 또는 배상액을 정함에 있어서만 참작할 것인가는 가해자측과 피해자측의 과실의 경중과 그 밖의 제반 사정을 비교교량하여 공평의 원칙에 따라 결정해야 한다(대판 1991. 4. 26, 90다14539(불법행위의 경우); 대판 2009. 9. 10, 2006다64627(채무불이행의 경우)).

C-151 그리고 판례는, 불법행위로 인한 손해배상 사건에서 피해자의 과실을 들어 과실상계를 함에 있어서는 피해자의 부주의를 이용하여 고의로 불법행위를 저지른 자가 바로 그 피해자의 부주의를 이유로 자신의 책임을 감하여 달라고 주장할 수 없으나(대판 1970. 4. 28, 70다298(사용자의 감독이 소홀한 틈을 이용하여 피용자가 부정행위를 한 경우); 대판 1976. 5. 11, 75다11(정부양곡 보관자가 자기에 대한 도 재무관의 양곡보관관리에 관한 감시가 소홀한 틈을 이용하여 스스로 부정행위를 저지른 경우); 대판 2018. 2. 13, 2015다242429 등), 그러한 사유가 없는 불법행위자는 과실상계의 주장을 할 수 있다고 한다(대판 2007. 6. 14, 2005다 32999; 대판 2011. 7. 14, 2011다21143(피해자인 건물주에게서 임대차계약 체결, 보증금 수령 등 건물 관리 업무 일체를 위임받은 공인중개사 중개보조원이 임대차계약 체결 후 보증금을 건물주에게 지급하지 않고 횡령을 하자 건물주가 공인중개사와 공인중개사협회를 상대로 손해배상을 구한 사안); 대판 2018. 2. 13, 2015다242429 등). 그런데 피해자의 부주의를 이용하여 고의로 불법행위를 저지른 자가 바로 그 피해자의 부주의를 이유로 자신의 책임을 감하여 달라고 주장하는 것이 허용되지 아니하는 것은, 그와 같은 고의적 불법행위가 영득행위에 해당하는 경우 과실상계와 같은 책임의 제한을 인정하게 되면 가해자로 하여금 불법행위로 인한 이익을 최종적으로 보유하게 하여 공평의 이념이나 신의칙에 반하는 결과를 가져오기 때문이므로, 고의에 의한 불법행위의 경우에도 위와 같은 결과가 초래되지 않는 경우에는 과실상계나 공평의 원칙에 기한 책임의 제한은 얼마든지 가능하다고 볼 것이라고 한다(대판 2016. 4. 12, 2013다31137 등). 따라서 가해행위가 사기·횡령·배임 등의 영득행위인 경우 등 과실상계를 인정하게 되면 가해자로 하여금 불법행위로 인한 이익을 최종적으로 보유하게 하여 공평의 이념이나 신의칙에 반하는 결과를 가져오는 경우에만 예외적으로 과실상계가 허용되지 않는다고 한다(대판(전원) 2013. 9. 26, 2012다1146; 대판(전원) 2013. 9. 26, 2012다13637).

채권자(피해자)가 손해배상액 가운데 일부만을 청구한 경우에 어떤 방법으로 과실상계를 할 것인지가 문제된다. 여기에 관한 학설로는 i) 손해액과 청구액의 비율에 따라서 감액부분을 안분하여 청구액에서 안분된 감액부분을 공제한 나머지 금액만을 인용하는 견해(안분설. 按分說)(이 견해는 결국 청구액에 관하여 과실상계비율을 정하게 된다), ii) 손해의 전액에서 과실상계의 비율에 의한 감액을 하여 잔액이 청구액보다 많으면 청구액을 인용하고 잔액이 청구액보다 적으면 잔액을 인용하는 견해(외측설. 外側說)(사견도 같음), iii) 손해의 전액에서 과실감액한 액을 우선 청구액에서 공제하고 잔액만을 인용하는 견해(내측설. 內側說)를 생각할 수 있다. 그런데 학자들은 대체로 분명한 입장을 밝히지 않고 있다. 한편 판례는 ii)의 외측설을 취하고 있다(대판 1976. 6. 22, 75다819[핵심판례 230면]; 대판 2008. 12. 24, 2008다51649 등). 판례는 그렇게 풀이하는 것이 일부청구를 하는 당사자의 통상적인 의사라고 한다.

판 례 일부만 청구한 경우의 과실상계(외측설)

「일개의 손해배상청구권 중 일부가 소송상 청구되어 있는 경우에 과실상계를 함에 있어서는 손해의 전액에서 과실비율에 의한 감액을 하고 그 잔액이 청구액을 초과하지 않을 경우에는 그 잔액을 인용할 것이고 잔액이 청구액을 초과할 경우에는 청구의 전액을 인용하는 것으로 해석하여야 할 것이며 이와 같이 풀이하는 것이 일부청구를 하는 당사자의 통상적 의사라고 할 것이다. 이는 소위 외측설에 따른 이론인바 외측설에 따라 원고의 청구를 인용한다고 하여도 이것이 당사자 처분권주의에 위배되는 것이라고 할 수는 없는 것이라고 할 것이다.」(대판 1976. 6. 22, 75다819[핵심판례 230면])

동일한 경우에 손익상계와 과실상계를 하여야 하는 때에는 먼저 과실상계를 한 다음에 이득을 공제하여야 한다(대판 2010. 2. 25, 2009다87621 등). 그리고 이는 과실상계뿐만 아니라 손해부담의 공평을 기하기 위한 책임제한의 경우에도 마찬가지이다(대판 2008. 5. 15, 2007다37721).

(4) 적용범위 C-152

1) 본래의 급부를 청구하는 경우 과실상계는 채무불이행 내지 불법행위로 인한 손해배상책임에 대하여 인정되는 것이므로 채무내용에 따른 본래의 급부를 청구하는 경우에는 적용되지 않는다(대판 2015. 5. 14, 2013다69989·69996 등 다수의 판결). 그리하여 채권자의 청구가 연대보증인들에 대하여 그 보증채무의 이행을 구하고 있는 것이 명백한 경우에는 과실상계의 법리는 적용될 여지가 없고(대판 1987. 3. 24, 84다카1324; 대판 1996. 2. 23, 95다49141), 예금주가 인장관리를 다소 소홀히 하였거나 입·출금 내역을 조회하여 보지 않음으로써 금융기관 직원의 불법행위가 용이하게 된 사정이 있다고 할지라도 정기예탁금 계약에 기한 정기예탁금 반환청구사건에 있어서는 그러한 사정을 들어 금융기관의 채무액을 감경하거나 과실상계할 수 없다(대판 2001. 2. 9, 99다48801).

2) 수령지체의 경우 과실상계는 손해배상책임의 문제일뿐더러 수령지체에 대하여는 그 법률효과가 따로 규정되어 있으므로, 수령지체의 경우에도 과실상계는 인정되지

않는다(대판 1993. 7. 27, 92다42743(근로자가 사용자의 수령지체로 근로하지 못한 기간에 대한 임금을 청구하는 경우)).

3) 하자담보책임의 경우 판례는 매도인이나 수급인의 하자담보책임은 무과실책임으로서 여기에 제396조가 준용될 수 없다 하더라도 담보책임이 공평의 원칙에 입각한 것인 이상 매수인이나 도급인의 잘못을 참작하여 손해배상의 범위를 정할 것이라고 한다(매도인에 관하여 대판 1995. 6. 30, 94다23920. 수급인에 관하여 대판 1999. 7. 13, 99다12888 등).

4) 계약해제로 인한 원상회복청구의 경우 판례에 따르면, 과실상계는 매매계약이 해제되어 원상회복의무의 이행으로서 이미 지급한 매매대금 기타의 급부의 반환을 구하는 경우에는 적용되지 않는다(대판 2014. 3. 13, 2013다34143). 그리고 계약의 해제로 인한 원상회복청구권에 대하여 해제자가 그 해제의 원인이 된 채무불이행에 관하여 「원인」의 일부를 제공하였다는 등의 사유를 내세워 신의칙 또는 공평의 원칙에 기하여 일반적으로 손해배상에 있어서의 과실상계에 준하여 그 권리의 내용이 제한될 수도 없다(대판 2014. 3. 13, 2013다34143).

C-153 **5) 기 타** 판례에 의하면, 고의에 의한 채무불이행으로 손해배상책임을 지는 채무자가 계약 체결 당시 채권자가 계약내용의 중요부분에 관하여 착오에 빠진 사실을 알면서도 이를 이용하거나 이에 적극 편승하여 계약을 체결하고 그 결과 채무자가 부당한 이익을 취득하게 되는 경우 등과 같이 채무자로 하여금 채무불이행으로 인한 이익을 최종적으로 보유하게 하는 것이 공평의 이념이나 신의칙에 반하는 결과를 초래하는 경우에는, 채권자의 과실에 터 잡은 채무자의 과실상계 주장을 허용하여서는 안 된다고 한다(대판 2014. 7. 24, 2010다58315 등). 그리고 — 전술한 바와 같이(C-151) — 피해자의 부주의를 이용하여 고의의 불법행위를 한 자는 피해자의 부주의를 이유로 과실상계를 할 수 없다고 한다(대판 2005. 11. 10, 2003다66066 등). 그러나 피용자의 고의에 의한 불법행위로 사용자책임을 지는 경우(대판 2002. 12. 26, 2000다56952), 또는 대표기관의 고의의 불법행위로 법인이 책임을 지는 경우(대판 1987. 12. 8, 86다카1170 등)에는 피해자의 과실을 참작할 것이라고 한다. 또 중개보조원이 업무상 행위로 거래당사자인 피해자에게 고의로 불법행위를 저지른 경우라고 하더라도, 중개보조원을 고용하였을 뿐 이러한 불법행위에 가담하지 않은 개업공인중개사에게 책임을 묻고 있는 피해자에게 과실이 있다면, 법원은 과실상계의 법리에 따라 손해배상의 책임과 그 금액을 정하는 데 이를 참작하여야 하고(대판 2008. 6. 12, 2008다22276; 대판 2018. 2. 13, 2015다242429), 따라서 과실에 의한 불법행위자인 중개보조원이 고의에 의한 불법행위자와 공동불법행위 책임을 부담하는 경우 중개보조원의 손해배상액을 정할 때에는 피해자의 과실을 참작하여 과실상계를 할 수 있고, 중개보조원을 고용한 개업공인중개사의 손해배상금액을 정할 때에는 개업공인중개사가 중개보조원의 사용자일 뿐 불법행위에 관여하지는 않았다는 등의 개별적인 사정까지 고려하여 중개보조원보다 가볍게 책임을 제한할 수도 있다고 한다(대판 2018. 2. 13, 2015다242429). 나아가 판례는 표현대리가 성립한 경우에 본인은 표현대리행위에 의하여 전적인 책임을 져야 하고, 상대방에게 과실이 있다

고 하더라도 과실상계의 법리를 유추적용하여 본인의 책임을 경감할 수 없다고 한다(대판 1996. 7. 12, 95다49554 등). 그리고 손해배상액의 예정의 경우에는 과실상계가 허용되지 않는다고 한다(대판 1972. 3. 31, 72다108). 대법원은 그 이유로 예정액을 감액할 때 제반사정이 고려되기 때문에 채권자의 과실 등을 들어 따로 감경할 필요가 없다는 점을 들기도 한다(대판 2002. 1. 25, 99다57126). 그런가 하면 대법원은, 가해행위와 피해자 측의 요인이 경합하여 손해가 발생하거나 확대된 경우에는 피해자 측의 요인이 체질적인 소인 또는 질병의 위험도와 같이 피해자 측의 귀책사유와 무관한 것이라고 할지라도, 그 질환의 태양·정도 등에 비추어 가해자에게 손해의 전부를 배상하게 하는 것이 공평의 이념에 반하는 경우에는, 법원은 손해배상액을 정하면서 과실상계의 법리를 유추적용하여 그 손해의 발생 또는 확대에 기여한 피해자 측의 요인을 참작할 수 있다고 한다(대판 2016. 6. 23, 2015다55397 등 다수). 다만, 책임제한에 관한 사실인정이나 그 비율을 정하는 것이 형평의 원칙에 비추어 현저하게 불합리하여서는 안 된다고 한다(대판 2016. 6. 23, 2015다55397 등). 그러나 질병의 특성, 치료방법의 한계 등으로 당해 의료행위에 수반되는 위험을 감내해야 한다고 볼 만한 사정도 없이, 그 의료행위와 관련하여 일반적으로 요구되는 판단능력이나 의료기술 수준 등에 비추어 의사나 간호사 등에게 요구되는 통상적인 주의의무를 소홀히 함으로 인하여 피해가 발생한 경우에는 단지 치료 과정에서 손해가 발생하였다는 등의 막연한 이유만으로 손해배상책임을 제한할 것은 아니라고 한다(대판 2016. 6. 23, 2015다55397). 그리고 대법원은, 교통사고 피해자의 기왕증이 그 사고와 경합하여 악화됨으로써 피해자에게 특정 상해의 발현 또는 치료기간의 장기화, 나아가 치료종결 후 후유장애 정도의 확대라는 결과 발생에 기여한 경우에는, 기왕증이 그 특정 상해를 포함한 상해 전체의 결과 발생에 대하여 기여하였다고 인정되는 정도에 따라 피해자의 전 손해 중 그에 상응한 배상액을 부담케 하는 것이 손해의 공평한 부담이라는 견지에서 타당하다고 한다(대판 2019. 5. 30, 2015다8902 등 다수).

3. 중간이자의 공제 C-154

채무불이행 또는 불법행위로 인하여 채권자가 장래의 일정한 시기에 손해를 입게 되는 경우(예: 일실이익이나 장래의 치료비)에 그 손해의 배상을 현재에 할 때에는 그때까지의 중간이자를 공제하여야 한다. **중간이자의 공제방법**에는 단리(單利)로 공제하는 **호프만**(Hoffmann)**식**과 복리(複利)로 공제하는 **라이프니츠**(Leibniz)**식** 등이 있다. 구체적으로는 현재의 배상액을 X, 연수를 n, 연이율을 r, 장래의 손해액을 A라고 하면 호프만식은 $X = \frac{A}{1+nr}$ 로 계산하고, 라이프니츠식은 $X = \frac{A}{(1+r)^n}$ 로 계산된다. 이 두 방식 가운데 호프만식이 계산하기가 쉽고 피해자에게 유리하나, 라이프니츠식이 합리적이라고 평가된다.

민법상 중간이자의 공제방법은 규정되어 있지 않다(국가배상법 시행령 6조 3항은 호프만식에 의하도록 함). 그러한 상황에서 우리의 판례는 과거에는 호프만식에 의하였으나(대판 1981. 9. 22, 81다588 등), 그 후에는 위의 판례가 호프만식 이외의 방법을 부정한 것이 아니라고 하면서 호프만식에 의할 것인가 라이프니츠식에 의할 것인가를 법원이 자유로운 판단에 따라 결정할 수 있다고 하였고(대판 1983. 6. 28, 83다191), 그 뒤에는 두 방법이 모두 이용되고 있다. 그리고 1980년대 중반 이후에는 호프만식에 의한 계산이 위법하지 않다고 판단한 예가 많다(대판 1985. 10. 22, 85다카819 및 그 후속판결).

C-155

4. 손해배상액의 예정

(1) 손해배상액 예정의 의의

손해배상액의 예정은 채무불이행의 경우에 채무자가 지급하여야 할 손해배상의 액을 당사자가 미리 계약으로 정해 두는 것이다(398조 1항). 배상액은 일정 금액으로 정하는 것이 보통이나, 채무액에 대한 일정 비율로 정하여도 무방하다(대판 2017. 7. 18, 2017다206922 등). 이러한 **배상액 예정**을 하는 이유는 ① 채무자의 채무불이행이 있을 때 손해 발생 및 손해액의 증명 곤란을 배제하고, 아울러 ② 채무의 이행을 확보하려는 데 있다(통설도 같음. 대판(전원) 2022. 7. 21, 2018다248855 · 248862 등도 통설과 유사함(그 외에 분쟁을 사전에 방지하여 법률관계를 간이하게 해결함을 추가하고 있음)). 당사자는 법률규정(근로기준법 20조(사용자는 근로계약 불이행에 대한 위약금 또는 손해배상액을 예정하는 계약을 체결하지 못한다), 선원법 29조(선박소유자는 선원근로계약의 불이행에 대한 위약금이나 손해배상액을 미리 정하는 계약을 체결하지 못한다) 등)이나 사회질서에 반하지 않는 한 배상액 예정계약을 체결할 수 있다(398조 1항). 다만, 보통거래약관에 의할 경우에는 약관규제법의 제한을 받는다(동법 8조).

판 례 손해배상액 예정인지 여부

(ㄱ) 「금전채무에 관하여 이행지체에 대비한 지연손해금 비율을 따로 약정한 경우에 이는 일종의 손해배상액의 예정으로서 민법 제398조 제 2 항에 의한 감액의 대상이 된다.」(대판 2017. 7. 18, 2017다206922)

(ㄴ) 1년 이상 해외 파견된 피용자가 귀국일로부터 5년 이상 근무하지 아니할 때에는 파견에 소요된 경비 및 기타 손해를 배상한다는 규정은 피용자가 해외에서 교육받는 데 사용자가 필요한 모든 경비를 지급하고 피용자가 귀국 후에 약정기간을 근무하지 아니하고 퇴직하는 경우에는 실제로 소요된 비용을 사용자에게 반환하되 약정기간 동안 근무하는 경우에는 이를 면제한다는 약정으로 보아야 하고 이러한 약정은 근로기준법 제24조(현행 20조에 해당: 저자 주)에서 금지된 위약금 또는 손해배상예정의 약정은 아니다(대판 1980. 7. 8, 80다590).

(ㄷ) 「매수인이 대금을 약정기일까지 납부하지 아니할 경우 그 체납액에 대하여 연체료를 가산하여 지급하기로 하는 연체료 약정은 이행지체에 대한 손해배상의 예정으로서 지체책임이 발생할 때 비로소 그 지급의무가 발생한다.」(대판 2025. 6. 26, 2025다209893 · 209894)

배상액 예정계약은 채무불이행이 발생하기 전에 체결한 것을 의미한다. 채무불이행이 발생한 후에 체결한 것은 일종의 화해인 「손해배상에 관한 합의」에 해당한다(D-364 참조).

배상액 예정계약의 법적 성질은 채무불이행을 정지조건으로 하는 정지조건부 계약이고, 본래의 채권관계에 종된 계약이다.

배상액 예정에 관한 규정(398조)은 금전이 아닌 것으로 손해배상에 충당하기로 예정한 경우에도 준용된다(398조 5항).

판 례 손해배상액 예정과 불법행위 손해

「계약 당시 당사자 사이에 손해배상액을 예정하는 내용의 약정이 있는 경우에는 그것은 계약상의 채무불이행으로 인한 손해액에 관한 것이고 이를 그 계약과 관련된 불법행위상의 손해까지 예정한 것이라고는 볼 수 없다.」(대판 1999. 1. 15, 98다48033)

(2) 배상액 예정의 효과 C-156

1) 일반적 효과 채무불이행으로 인한 손해배상액의 예정이 있는 경우에는 채권자는 채무불이행의 사실만 증명하면 손해의 발생 및 그 액을 증명하지 않고서 예정배상액을 청구할 수 있다(이설이 없으며, 판례도 같음. 대판 2007. 12. 27, 2006다9408 등 다수). 제398조가 「손해배상액」만을 규정하고 있으나 「손해의 발생의 예정」도 포함하는 것으로 새겨야 하는 것이다.

문제는 채무불이행의 요건으로 채무자의 유책사유도 필요한지이다. 여기에 관하여 학설은 i) 불필요설과 ii) 필요설(사견도 같음)로 나뉘어 있다(채권법총론 [106] 참조). i)설은 본래 배상액의 예정이 모든 증빙문제를 피할 목적으로 체결된 것이라는 이유를 들고, ii)설은 민법이 채무불이행에 관하여 과실책임주의를 취하므로 그것을 배제하는 특약이 없는 한 유책사유가 필요하다고 한다. 우리 대법원도 근래에 사견과 같은 필요설을 취하였다(대판 2010. 2. 25, 2009다83797 등). 즉 채무자는 채권자와 사이에 채무불이행에 있어 채무자의 귀책사유를 묻지 않는다는 약정을 하지 않은 이상 자신의 귀책사유가 없음을 주장·증명함으로써 예정배상액의 지급책임을 면할 수 있다고 한다.

그 밖에 손해의 발생도 요건인가? 여기에 관하여도 학설은 i) 불필요설(사견도 같음)과 ii) 필요설이 대립한다(채권법총론 [106] 참조). ii)설은 우리 민법상 배상액의 예정은 제재적인 성질의 것으로 해석될 수 없음을 이유로 든다. 다만 ii)설은 이 제도의 취지상 채무자가 채권자에게 손해가 없음을 증명하여 책임을 면할 수 있다고 한다. 한편 판례는 i)설과 같다(대판 1975. 3. 25, 74다296 등 판결). 그러면 채권자는 실제의 손해액이 예정액보다 크다는 것을 증명하여 초과액을 청구할 수 있는가? 배상액 예정의 취지를 생각해 볼 때, 다른 특약이 없는 한 예정배상액에는 모든 손해(직접적 손해·통상손해·특별손해)가 포함된 것으로 해석하여야 한다(이설 있음). 판례도 같은 취지이다(대판 1993. 4. 23, 92다41719 등). 따라서 채권자는 실제의 손해액이 예정액보다 크다는 것을 증명하여도 초과액을 청구할 수 없다(대판 1970. 10. 23, 70다1756). 다만, 초과액을 증명하여 청구할 수 있다는 특약이 있을 때에는 예외이다. 그리고 그러한 특약은 묵시적으로 행하여질 수도 있다(판례는 도급계약에 있어서 하자보수보증금을 약정한 경우에 관하여 이를 인정한다. 대판 2002. 7. 12, 2000다17810 등). C-157

(판 례) 도급계약에서 하자보수보증금의 성격

「공사도급계약서 또는 그 계약내용에 편입된 약관에 수급인이 하자담보책임 기간 중 도급인으로부터 하자보수요구를 받고 이에 불응한 경우 하자보수보증금은 도급인에게 귀속한다는 조항이 있을 때 이 하자보수보증금은 특별한 사정이 없는 한 손해배상액의 예정으로 볼 것이고, 다만 하자보수보증금의 특성상 실손해가 하자보수보증금을 초과하는 경우에는 그 초과액의 손해배상을 구할 수 있다는 명시 규정이 없다고 하더라도 도급인은 수급인의 하자보수의무 불이행을 이유로 하자보수보증금의 몰취 외에 그 실손해액을 입증하여 수급인으로부터 그 초과액 상당의 손해배상을 받을 수도 있는 특수한 손해배상액의 예정으로 봄이 상당하다.」(대판 2002. 7. 12, 2000다17810)

C-158 **2) 예정액의 감액** 손해배상의 예정액이 부당히 과다한 경우에는 법원은 적당히 감액할 수 있다(398조 2항). 이는 배상액 예정제도가 채무자를 부당하게 압박할 목적으로 이용될 우려가 있기 때문에 두어진 것이다. 그리고 판례에 따르면, 금전채무에 관하여 이행지체에 대비한 지연손해금 비율을 따로 약정한 경우에 그것은 일종의 손해배상액의 예정으로서 제398조 제 2 항에 의한 감액의 대상이 된다(대판 2017. 8. 18, 2017다228762 등).

여기서 「부당히 과다한 경우」란 손해가 없다거나 손해액이 예정액보다 적다는 것만으로는 부족하고(대판 2023. 8. 18, 2022다227619 등), 채권자와 채무자의 각 지위, 계약의 목적 및 내용, 손해배상액을 예정한 동기, 채무액에 대한 예정액의 비율, 예상 손해액의 크기, 그 당시의 거래관행 등 모든 사정을 참작하여 일반 사회관념에 비추어 그 예정액의 지급이 경제적 약자의 지위에 있는 채무자에게 부당한 압박을 가하여 공정성을 잃는 결과를 초래한다고 인정되는 경우를 뜻하는 것으로 보아야 하고(대판 2021. 11. 25, 2017다8876 등 다수)(대판 2017. 7. 11, 2016다52265는 특히 금전채무의 불이행에 대하여 손해배상액을 예정한 경우에는 위에서 든 고려요소 이외에 통상적인 연체금리도 고려하여야 한다고 함), 단지 예정액 자체가 크다든가 계약체결 시부터 계약해제 시까지의 시간적 간격이 짧다든가 하는 사유만으로는 부족하다(대판 2023. 8. 18, 2022다227619 등). 그리고 예정액이 부당하게 과다한지 여부는 사실심의 변론종결 당시를 기준으로 하여 그때까지 발생한 모든 사정을 종합적으로 고려하여 판단하여야 한다(대판 2025. 7. 18, 2022다311736 등 다수의 판결). 그런데 이때 실제의 손해액을 구체적으로 심리·확정할 필요는 없으나(대판 1995. 11. 10, 95다33658 등), 기록상 실제의 손해액 또는 예상 손해액을 알 수 있는 경우에는 그 예정액과 대비하여 볼 필요는 있다(대판 2023. 8. 18, 2022다227619 등). 판례는, 예정액을 감액하는 경우에, 손해배상액 예정이 없더라도 채무자가 당연히 지급의무를 부담하여 채권자가 받을 수 있던 금액보다 적은 금액으로 감액하는 것은 손해배상액 예정에 관한 약정 자체를 전면 부인하는 것과 같은 결과가 되기 때문에 감액의 한계를 벗어나는 것이라고 한다(대판 2023. 8. 18, 2022다227619). 감액사유에 대한 사실인정이나 그 비율을 정하는 것은 형평의 원칙에 비추어 현저히 불합리하다고 인정되지 않는 한 사실심의 전권에 속하는 사항이다(대판 2021. 11. 25, 2017다8876 등 다수). 한편 예정액이 부당하게 과다한 경우에는 **법원은 당사자의 주장이 없더라도 직권으로** 이를 감액할 수 있으나, 여러 가지 사정을 고려하더라도 부당하게 과다하다고 인정되지 않는 경우에는 이에 대하여 당사자의 주장이 없다면 법원이 직권으로 과다하지 않다는 것을 판단할 필요까지는 없다(대판 2002. 12. 24, 2000다54536). 나아가 법원이 감액을 한 경우에는 배상액 예정에 관한 약정 중 감액부분에 해당하는 부분은 처음부터 무효이다(대판 2004. 12. 10, 2002다73852 등).

판례에 의하면, 손해배상액의 예정을 보통거래약관(D-7 이하 참조)에 의하여 한 경우에 약관규제법에 의하여 약관조항이 무효인 때에는, 그것이 유효함을 전제로 제398조 제 2 항을 적용하여 적당한 한도로 손해배상예정액을 감액하거나 과중한 손해배상의무를 부담시키는 부분을 감액한 나머지 부분만으로 그 효력을 유지시킬 수는 없다고 한다(대판 2009. 8. 20, 2009다20475 · 20482 등).

배상예정액이 부당하게 과다(過多)한 경우 가운데에는 예정계약이 제103조 또는 제104조에 위반되는 때가 있을 수 있다. 그러한 경우에는 그 규정들에 의하여 예정계약 전체가 무효로 된다. 이에 대하여 일부 견해는 그 한도 내에서 무효가 된다고 하나, 근거 없는 해석이다. C-159

예정액이 부당하게 과소(過少)한 경우에 증액을 할 수 있는가? 이에 대하여 긍정하는 견해가 있다. 그러나 증액이나 감액은 모두 계약자유에 대한 중대한 제한이기 때문에 명문규정이 있는 경우에만 허용된다. 따라서 증액은 이를 인정하는 명문규정이 없기 때문에 인정되지 않는다고 하여야 한다.

배상액이 예정된 경우에 과실상계를 허용할 것인가에 대하여 학설은 일치하여 긍정하고 있으나, **판례는 부정한다**(대판 2016. 6. 10, 2014다200763 · 200770 등). 대법원은 그 이유로 예정액을 감액할 때 제반사정이 고려되기 때문이라는 점을 들기도 한다(대판 2002. 1. 25, 99다57126). 한편 손익상계도 인정된다고 할 것이다(이설 없음).

판 례 **지체상금 관련/손해배상액 예정의 예** C-160

(ㄱ) 「지체상금을 계약 총액에서 지체상금률을 곱하여 산출하기로 정한 경우, 민법 제398조 제 2 항에 의하면, 손해배상액의 예정액이 부당히 과다한 경우에는 법원은 적당히 감액할 수 있다고 규정되어 있고 여기의 손해배상의 예정액이란 문언상 그 예정한 손해배상액의 총액을 의미한다고 해석되므로, 손해배상의 예정에 해당하는 지체상금의 과다 여부는 지체상금 총액을 기준으로 하여 판단하여야 하고, 손해배상 예정액이 부당하게 과다한 경우에는 법원은 당사자의 주장이 없더라도 직권으로 이를 감액할 수 있으며, … 한편 위 규정의 적용에 따라 손해배상의 예정액이 부당하게 과다한지 및 그에 대한 적당한 감액의 범위를 판단하는 데 있어서는 법원이 구체적으로 그 판단을 하는 때, 즉 사실심의 변론종결

당시를 기준으로 하여 그 사이에 발생한 위와 같은 모든 사정을 종합적으로 고려하여야 할 것이나, 위와 같은 사정을 고려하더라도 지체상금이 부당하게 과다하다고 인정되지 아니하는 경우에는 이에 대하여 당사자의 주장이 없다면 법원이 직권으로 지체상금이 부당하게 과다하지 않다는 것을 판단할 필요까지는 없다고 할 것이다.」(대판 2002. 12. 24, 2000다54536)

(ㄴ) 매수인이 당초 약정된 잔금 지급기일까지 잔금을 지급하지 못하여 그 지급독촉을 받아 오다가, 매도인과의 사이에 그 잔금의 지급기일을 연기받는 한편 그 기일의 준수를 다짐하면서 만일 그 연기된 날까지 잔금을 지급하지 아니하면 매매계약을 해제하여 무효로 함과 아울러 매도인에게 이미 지급한 계약금 및 중도금에 대한 반환청구권을 포기 내지 상실키로 하는 약정을 한 경우, 그 포기 약정을 손해배상액의 예정으로 보아 그 예정액이 부당히 과다하다는 이유로 이를 감액한 원심판결을 수긍한 사례(대판 1995. 12. 12, 95다40076).

(ㄷ)「계약 당시 일방의 책임으로 계약이 해지되면 계약이행보증금이 상대방에게 귀속된다고 정한 경우 계약이행보증금은 위약금으로서 민법 제398조 제 4 항에 따라 손해배상액의 예정으로 추정된다. 손해배상액을 예정한 경우 다른 특약이 없는 한 채무불이행으로 발생할 수 있는 모든 손해가 예정액에 포함된다. 그 계약과 관련하여 손해배상액을 예정한 채무불이행과 별도의 행위를 원인으로 손해가 발생하여 불법행위 또는 부당이득이 성립한 경우 그 손해는 예정액에서 제외되지만(대법원 1999. 1. 15. 선고 98다48033 판결 등 참조), 계약 당시 채무불이행으로 인한 손해로 예정한 것이라면 특별한 사정이 없는 한 손해를 발생시킨 원인행위의 법적 성격과 상관없이 그 손해는 예정액에 포함되므로 예정액과 별도로 배상 또는 반환을 청구할 수 없다.」(대판 2018. 12. 27, 2016다274270 · 274287)

3) 이행의 청구 · 계약의 해제와의 관계 손해배상액의 예정은 이행의 청구나 계약의 해제에 영향을 미치지 않는다(398조 3항). 이는 당연한 것이다. 다만, 배상액의 예정에는 여러 성질이 있으므로(예: 지연배상액 · 전보배상액 · 계약청산 배상액), 각각의 경우에 예정액이 표준이 되는지를 면밀히 살펴보아야 한다. 예컨대 지연배상의 예정액은 이행불능에 있어서는 표준이 되지 않을 것이다. 판례는, 전보배상에 관하여 손해배상액을 예정한 경우에 채권자가 계약을 해제하거나 해지하더라도 원칙적으로 손해배상액의 예정은 실효되지 않는다고 한다(대판 2022. 4. 14, 2019다292736 · 292743. D－124 참조).

C-161 **(3) 위약금(違約金)**

위약금은 채무불이행의 경우에 채무자가 채권자에게 지급할 것을 약속한 금전이다(금전이 아닌 것을 약속한 때에는 위약금은 아니나, 위약금에 관한 규정을 준용한다. 398조 5항). **위약금에는 위약벌(違約罰)의 성질을 가지는 것과 손해배상액의 예정의 성질을 가지는 것의 두 가지가 있는데, 민법은 후자로 추정한다**(398조 4항). 따라서 위약금이 위약벌로 인정되려면 이를 주장·증명하여야 한다(대판 2017. 11. 29, 2016다259769 등 다수).

위약금이 배상액의 예정으로 인정되는 경우에는 배상액의 예정에 관한 규정이 적용된다. 따라서 채무불이행이 있으면 채권자는 실제의 손해액을 증명할 필요 없이 그 예정액을 청구할 수 있고, 실제 손해액이 예정액을 초과하더라도 그 초과액을 청구할 수 없다(대결 1990. 2. 13, 89다카26250 등). 그에 비하여 위약금이 위약벌인 때에는 배상액의 예정에 관한 규정은 적용되지 않는다. 그 결과 그것이 부당하게 과다하여도 제398조 제2항을 유추적용하여 감액할 수 없다(이설 있음). 판례도 같다(대판(전원) 2022. 7. 21, 2018다248855 · 248862(현재의 판례는 타당하고 그 법리에 따라 거래계의 현실이 정착되었다고 할 수 있으므로 그대로 유지되어야 한다고 함. 이러한 다수의견에 대해 대법관 6인의 반대의견이 있음) 등 다수). 그런데 판례는, 의무의 강제에 의하여 얻어지는 채권자의 이익에 비하여 약정된 벌이 과도하게 무거울 때에는 그 일부 또는 전부가 공서양속에 반하여 무효로 된다고 한다(대판 1993. 3. 23, 92다46905(백화점 수수료 위탁판매매장 계약에서 임차인이 매출신고를 누락하는 경우 판매수수료의 100배에 해당하고 매출신고 누락분의 10배에 해당하는 벌칙금을 임대인에게 배상하기로 한 위약벌의 약정이 공서양속에 반하지 않는다고 한 사례); 대판 2013. 12. 26, 2013다63257[핵심판례 232면]; 대판 2016. 1. 28, 2015다239324 등). 한편 판례는, 위약금 약정이 손해배상액의 예정과 위약벌의 성격을 함께 가지는 경우에는 특별한 사정이 없는 한 법원은 당사자의 주장이 없더라도 직권으로 제398조 제2항에 따라 위약금 전체 금액을 기준으로 감액할 수 있다고 한다(대판 2020. 11. 12, 2017다275270).

위약벌에 이자제한법의 이자제한 규정이 적용되는가? 이에 대하여 판례는, 이자제한법의 최고이자율 제한에 관한 규정은 금전대차에 관한 계약상의 이자에 관하여 적용될 뿐, 계약을 위반한 사람을 제재하고 계약의 이행을 간접적으로 강제하기 위하여 정한 위약벌의 경우에는 적용될 수 없다고 한다(대판 2017. 11. 29, 2016다259769).

판 례 위약금 관련

(ㄱ) 「도급계약에 있어 계약이행보증금과 지체상금의 약정이 있는 경우에는 특별한 사정이 없는 한 계약이행보증금은 위약벌 또는 제재금의 성질을 가지고, 지체상금은 손해배상의 예정으로 봄이 상당하다.」(대판 1997. 10. 28, 97다21932)

(ㄴ) 「위약금이 위약벌로 해석되기 위하여는 특별한 사정이 주장·입증되어야 하는바, 소외 A주식회사와 소외 B주식회사 사이의 이 사건 하도급계약서에 계약보증금 외에 지체상금도 규정되어 있다는 점만을 이유로 하여 이 사건 계약보증금을 위약벌로 보기는 어렵다.」(대판 2000. 12. 8, 2000다35771)

(4) 계 약 금 C-162

계약금은 계약을 체결할 때 당사자 일방이 상대방에게 교부하는 금전 기타의 유가물(有價物)이다. 민법은 이 계약금에 관하여 당사자 사이에 다른 약정이 없는 한 해약금 즉 해제권을 보류하기 위하여 수수(授受)된 것으로 추정하고 있다(565조. D-147 이하 참조). 그런데 문제는 계약금을 수수하면서 당사자가, 채무불이행이 있으면 계약금을 교부한 자는 이를 몰수당하고 계약금을 교부받은 자는 그 배액을 상환하기로 약정한 때에는 어떻게 되는지이다. 여기에 관하여 판례는 계약금은 위약금의 특약이 있으면 손해배상액의 예정의 성질을 가지는 것으로 볼 수 있으나(대판 1996. 6. 14, 95다11429 등. 그리고 대판 1992. 5. 12, 91다2151[핵심판례 330면]은 특약이 있으면 배상액 예정과 해약금의 두 성질을 모두 갖는다고 한다), 특약이 없으면 배상액의 예정으로 인정될 수 없다고 한다. 그리고 그 결과로 위약금의 특약이 없는 때에는 당사자 일방의 유책사유로 계약이 해제되더라도 계약금이 위약금으로서 상대방에게 당연히 귀속되지도 않고(대판 1996. 6. 14, 95다54693 등), 또 그것이 부당히 과다하다고 하여 감액할 수도 없다고 한다(대판 1981. 7. 28, 80다2499 등). 그에 비하여 위약금의 특약이 있는 때에는 위약금에 관한 규정이 적용될 것이다(다만, 이 경우의 계약금은 이미 교부되어 있는 점에서 단순히 위약금의 약정이 있는 경우와 다르다).

C-163 **Ⅶ. 손해배상자의 대위**

1. 의　　의

채권자가 그 채권의 목적인 물건 또는 권리의 가액 전부를 손해배상으로 받은 때에는 채무자는 그 물건 또는 권리에 관하여 당연히 채권자를 대위한다(399조). 예컨대 수치인이 과실로 임치물을 도난당하여 그가 임치인에게 물건의 가액을 변상하면 수치인은 물건의 소유권을 취득하게 된다. 이것을 손해배상자의 대위 또는 배상자의 대위라고 한다. 민법은 배상자대위를 채무불이행에 관하여 규정하고(399조), 불법행위에도 준용하고 있다(763조). 민법이 배상자대위를 인정하는 이유는 배상을 받은 채권자가 2중의 이득을 얻지 않게 하려는 데 있다.

2. 요　　건

배상자대위가 되려면 채권자가 채권의 목적인 물건 또는 권리의 가액의 전부를 손해배상으로 받았어야 한다. 즉 물건 또는 권리를 목적으로 하는 채권에 관하여 「전보배상」의 「전부」를 받았어야 한다. 따라서 단순히 지연배상을 받았거나 전보배상의 일부만을 받은 경우에는 대위는 생기지 않는다(대판 2007. 10. 12, 2006다42566). 일부만을 받은 경우에 일부만의 대위도 인정되지 않는다(변제에 의한 대위(483조)와 보험자대위의 경우(상법 682조 단서)에는 일부대위가 인정됨).

C-164 ### 3. 효　　과

배상자대위의 요건이 갖추어진 때에는 채권의 목적인 물건 또는 권리가 법률상 당연히 채권자로부터 배상자에게 이전된다(이른바 물권적 대위). 여기에는 물건이나 권리의 이전에 필요한 양도행위 기타의 요건(등기, 인도, 채권양도의 통지·승낙 등)은 필요하지 않다(이설이 없으며, 판례도 같다. 대판 1977. 7. 12, 76다408). 그리고 채권자가 제 3 자에 대하여 손해배상청구권을 가지는 경우(채무자의 과실과 제 3 자의 과실이 경합하여 이행불능으로 된 때)에는 그 권리도 대위한다(통설). 그때의 손해배상청구권은 채권의 목적이 된 물건·권리에 갈음하는 것이라고 할 수 있기 때문이다. 그러나 권리자(소유자 등)가 보험계약에 기하여 가지게 되는 보험금청구권에는 대위하지 않는다. 그 권리는 채권의 목적이 된 물건·권리와 같은 것으로 볼 수 없기 때문이다. 그리하여 가령 소유자가 화재보험에 가입해 있는 건물을 임차하고 있는 자가 과실로 그 건물을 불태워 버린 경우에 그 임차인은 그가 전액의 손해배상을 하였다고 하더라도 소유자의 보험금청구권을 취득하지 못한다. 그러한 경우에는 오히려 보험금을 지급한 보험자가 소유자의 손해배상청구권을 대위한다(보험자대위. 상법 682조).

배상자대위가 일어난 후 물건이 발견된 경우에 채권자가 가액을 반환하고 그 물건의 반환을 청구할 수 있는지가 문제된다. 여기에 관하여 학설은 대립하고 있다(사견은 부정설임).

제 4 관 강제이행(현실적 이행의 강제)

Ⅰ. 서 설

C-165

강제이행은 채무자가 채무를 임의로 이행하지 않는 경우에 채권자가 국가권력에 의하여 강제로 채권의 내용을 실현하는 것을 말한다. 이러한 강제이행은, 앞에서 몇 차례 언급한 바와 같이, 채무불이행의 효과가 아니고 채권의 속성의 문제이다. 그런데 민법이 이를 채무불이행과 관련하여 규정하고 있고(389조), 그 영향으로 문헌들도 강제이행을 채무불이행의 효과로서 논의하고 있기 때문에, 이 책에서는 논의는 하되 채무불이행의 말미인 이 곳에서 간략하게만 적기로 한다.

우리의 현행법은 강제이행에 관하여 민법과 민사집행법에서 규율하고 있다(본래는 민법에 있을 것이 아님). 그에 의하면 강제이행의 방법에는 직접강제 · 대체집행 · 간접강제의 셋이 있으며, 그것을 사용하는 순서는 방금 열거한 순서와 같다(이설 없음). 우리 법상 각각의 강제이행의 의의와 그것들이 허용되는 경우들을 나누어 살펴보기로 한다.

Ⅱ. 직접강제

(1) 직접강제는 국가기관이 채무자의 의사를 묻지 않고 채권의 내용을 그대로 실현하는 방법이다(예: 동산인도채무의 경우의 동산 교부). 직접강제는 대단히 효과적이고 인격존중의 사상에도 적합하다. 그러나 이는 「주는 채무」에 있어서 그러하며, 「하는 채무」의 경우에는 그렇지 않다.

(2) 직접강제는 「주는 채무」에 관하여서만 허용된다(389조 1항. 이 1항의 「강제이행」은 직접강제의 의미이다). 그리고 직접강제가 인정되는 채무의 경우에는 대체집행이나 간접강제는 허용되지 않는다. 가장 효과적인 방법이 있음에도 불구하고 우회하는 다른 수단을 인정할 이유가 없기 때문이다.

C-166
Ⅲ. 대체집행

(1) 대체집행은 채무자로부터 비용을 추심하여 그 비용으로 채권자 또는 제3자로 하여금 채무자에 갈음하여 채권의 내용을 실현하게 하는 방법이다(예: 건물철거채무의 경우에 철거비용을 추심하여 타인을 시켜 철거하게 한 때).

(2) 대체집행은 「하는 채무」(389조 2항 첫부분의 「전항의 채무」는 1항 단서의 채무를 가리킨다.) 중 제3자가 이행하여도 무방한 채무 즉 대체적 작위를 목적으로 하는 채무에 관하여 허용된다(389조 2항 후단, 민사집행법 260조). 그리고 이와 같은 채무에는 간접강제는 인정되지 않는다고 해석한다(이설 없음). 인격존중을 위하여서이다.

Ⅳ. 간접강제

(1) 간접강제는 손해배상의 지급을 명하거나 벌금을 과하거나 채무자를 구금하는 등의 수단을 써서 채무자를 심리적으로 압박하여 채권의 내용을 실현시키는 방법이다(예: 지체기간에 따라 지연손해금을 명하는 것)(대판 2003. 10. 24, 2003다36331은 간접강제란 채무불이행에 대한 제재를 고지함으로써 그 제재를 면하기 위하여 채무를 이행하도록 동기를 부여하는 것을 목적으로 하는 집행방법이라고 한다). 이 간접강제는 인격존중의 사상에 반할 가능성이 있다. 그리하여 최후의 수단으로서만 인정된다.

(2) 간접강제는 「하는 채무」 가운데 대체집행이 허용되지 않는 것, 즉 부대체적 작위를 목적으로 하는 채무에 한하여 허용된다(389조 2항 후단 참조, 민사집행법 261조). 감정(鑑定)·계산보고·재산 목록작성 등의 채무가 그 예이다. 부작위채무도 부대체적 채무이어서 그에 대한 강제집행은 간접강제만 가능하다(대판 2014. 5. 29, 2011다31225). 그러나 채무자의 자유의사 또는 인격존중에 반하는 경우에는 간접강제도 허용되지 않는다. 가령 초상화를 그려줄 채무, 부부의 동거의무가 그렇다.

그리고 우리 법상 간접강제의 구체적인 수단으로는 손해배상(늦어진 기간에 따른 배상 또는 즉시의 손해배상)만 인정된다(민사집행법 261조 1항 2문).

C-167
Ⅴ. 기 타

(1) 법률행위(의사표시)를 목적으로 하는 채무의 경우에는 채무자의 의사표시에 갈음할 재판을 청구할 수 있다(389조 2항 전단). 그러한 채무도 부대체적 작위채무이기는 하나, 그 행위 자체보다는 그 행위의 효과만이 필요하므로, 대체집행이나 간접강제를 허용하지 않고 의사표시를 명하는 판결로 채무자의 의사에 갈음하게 한 것이다. 그리고 이러한 결과는 준법률행위(의사의 통지·관념의 통지)에 관하여도 인정된다(민사집행법 263조 1항). 한편 위의 채무에 있어서는 다른 강제이행방법은 허용되지 않는다고 할 것이다.

(2) 부작위채무의 경우에는 특수성이 있다. 부작위채무에 있어서는 그 채무 자체의 강제이행은 필요하지 않다. 다만, 그 의무 위반으로 유형적(有形的)인 결과가 생긴 경우에는 그것을 제거하여야 하는 문제가 생긴다. 그런데 민법은 그러한 때에는 채무자의 비용으

로 그 위반한 것을 제각(除却)하고 장래에 대한 적당한 처분을 법원에 청구할 수 있도록 하고 있다(389조 3항). 이는 대체적인 제거의무에 대한 강제이행의 방법으로서 일종의 대체집행이다. 그리고 이때에도 다른 강제이행방법은 허용되지 않는다.

(3) **강제이행의 청구는 손해배상의 청구에 영향이 없다**(389조 4항). 따라서 채무자에게 유책사유가 있는 경우에는 강제이행을 청구하면서도 채무불이행을 이유로 손해배상(예: 지연배상)을 청구할 수도 있다.

판 례 판결절차에서 간접강제를 명할 수 있는지와 그 요건

「대법원은 부작위채무에 관하여 판결절차의 변론종결 당시에 보아 부작위채무를 명하는 집행권원이 성립하더라도 채무자가 이를 단기간 내에 위반할 개연성이 있고, 또한 판결절차에서 민사집행법 제261조에 의하여 명할 적정한 배상액을 산정할 수 있는 경우에는 판결절차에서도 채무불이행에 대한 간접강제를 할 수 있다고 하였다.

또한 대법원은 부대체적 작위채무에 관하여서도 판결절차의 변론종결 당시에 보아 집행권원이 성립하더라도 채무자가 부대체적 작위채무를 임의로 이행할 가능성이 없음이 명백하고, 판결절차에서 채무자에게 간접강제 결정의 당부에 관하여 충분히 변론할 기회가 부여되었으며, 민사집행법 제261조에 의하여 명할 적정한 배상액을 산정할 수 있는 경우에는 판결절차에서도 채무불이행에 대한 간접강제를 할 수 있다고 하였다.

… 위와 같은 현재의 판례는 타당하므로 그대로 유지되어야 한다.」(대판(전원) 2021. 7. 22, 2020다248124[핵심판례 234면])

제 2 절 채권자지체

Ⅰ. 의 의 C-168

채권자지체란 채무의 이행에 급부의 수령 기타 채권자의 협력을 필요로 하는 경우에, 채무자가 채무의 내용에 좇은 이행의 제공을 하였음에도 불구하고 채권자가 그것의 수령 기타의 협력을 하지 않거나 혹은 협력을 할 수 없기 때문에 이행이 지연되고 있는 것이다(400조). 채권자지체는 수령지체라고도 한다.

채권은 그 대부분이 채무의 이행에 채권자의 협력을 필요로 한다. 채권자가 공급하는 재료에 가공하기로 하는 채무, 물건의 인도채무, 금전지급의무 등이 그 예이다. 이러한 채무의 경우에 채권자의 협력이 없어서 채무의 이행이 완료되지 않은 때에 그 불이익을 모두 채무자에게 지우는 것은 옳지 않다. 여기서 민법은 채권자지체라는 제도를 두어 일정한 요건 하에 채권자에게 불이익을 받게 하고 있다(401조 내지 403조).

C-169 Ⅱ. 채권자지체의 법적 성질

채권자지체의 법적 성질에 관하여 학설은 i) 채무불이행책임설, ii) 법정책임설, iii) 절충설, iv) 제 4 설로 나뉘어 있다. 이들은 채권자에게 수령의무가 있는지, 그것의 성질은 무엇인지를 둘러싸고 생기는 견해의 대립이다.

i) 채무불이행책임설은 채권관계에 있어서 채권자와 채무자는 공동목적의 달성에 협력할 유기적 관계를 구성하며, 따라서 채권자는 채권과 아울러 수령의무도 진다고 한다. 그리고 채권자지체는 채권자의 수령의무(협력의무)의 불이행책임이라고 본다. ii) 법정책임설은 채권자지체를 법정책임(법이 정한 책임)으로 이해한다. iii) 절충설은 채권자에게 일반적인 수령(협력)의무를 인정하지 않으나, 매매·도급·임치관계에서는 부수적 의무 내지 신의칙을 기초로 하여 수취의무를 인정한다. iv) 제 4 설은 채권자의 수령의무를 법적인 책무로 이해한 뒤, 수령지체로 인한 불이익은 채권자에게 유책사유가 있느냐 없느냐에 따라 다르다고 하면서, 유책사유가 없는 경우에는 민법이 명시적으로 규정하는 효과만 인정하고, 유책사유가 있는 경우에는 채무자에게 계약해제권 및 손해배상청구권을 인정한다(김상용, 211면).

판례는 최근에, 채권자지체의 성립에 채권자의 유책사유는 요구되지 않고, 채권자지체가 성립하는 경우 그 효과로서 원칙적으로 손해배상이나 계약 해제를 주장할 수는 없다고 하여, 법정책임설을 취했다(대판 2021. 10. 28, 2019다293036[핵심판례 236면]).

[참고] 사견

우리 민법상 채권자에게는 당사자의 특약이나 법률의 특별규정이 없는 한 법적 의무로서의 협력의무는 없다고 할 것이다(그 이유에 대하여는 채권법총론 [113] 참조). 다만, 그에게는 협력이 없으면 불이익을 입게 되는 간접의무(책무)만이 있을 뿐이다. 그 결과 채권자지체책임은 채무불이행책임이 아니고 민법이 정한 책임이라고 하는 수밖에 없다. 이에 의하면 채권자지체의 요건으로 채권자의 유책사유와 위법성이 필요하지도 않고, 그 효과로서 손해배상청구권·계약해제권도 인정되지 않는다(불법행위를 이유로 손해배상을 청구할 수는 있다. 그러나 해제권은 인정될 여지가 없다).

C-170 Ⅲ. 채권자지체의 요건

(1) 채권의 성질상 이행에 채권자의 협력을 필요로 할 것

부작위채무와 같이 채무의 이행에 채권자의 협력이 요구되지 않는 경우에는 채권자지체가 문제되지 않는다.

(2) 채무의 내용에 좇은 이행의 제공(이는 변제의 제공과 같음. 그 자세한 내용에 관하여는 C-364 이하 참조)이 있을 것

이행의 제공이 없거나 이행의 제공이 채무의 내용에 좇은 것이 아닌 때에는 채권자지체는 성립하지 않는다. 따라서 채무자는 원칙적으로 현실의 제공을 하여야 한다. 다만, 채권자가 미리 변제받기를 거절하거나 채무의 이행에 채권자의 행위를 요하는 경우에는 구두의 제공으로 하더라도 무방하고, 채권자의 변제받지 않을 의사가 확고한 경우(채권자의 영구적 불수령)에는 구두의 제공조차 필요하지 않다(대판 2004. 3. 12, 2001다79013). 그런데 판례는, 구두의 제공조차 필요없는 경우라고 하더라도, 이는 그로써 채무자가 채무불이행책임을 면한다는 것에 불과하고, 제538조 제 1 항 제 2 문 소정의 「채권자의 수령지체 중에 당사자 쌍방의 책임없는 사유로 이행할 수 없게 된 때」에 해당하기 위해서는 현실제공이나 구두제공이 필요하다고 한다(대판 2004. 3. 12, 2001다79013: 채권자가 자신의 잔대금지급채무를 이행하지 않을 의사를 명백히 표시하여 채무자의 소유권이전등기 의무의 수령을 거절할 의사가 명백한 경우임).

(3) 채권자의 수령불능 또는 수령거절

채권자지체로 되려면 채권자가 이행을 받을 수 없거나(수령불능) 또는 수령을 받지 않아야 한다(수령거절)(400조). 그 이유는 묻지 않는다.

여기의 수령불능은 채무자가 이행을 할 수 있는 것(이행가능)을 전제로 하며, 채무자가 이행할 수 없기 때문에(이행불능) 수령할 수 없는 것은 포함되지 않는다. 그런데 이행이 가능한지의 구별이 매우 어려운 경우가 있어서 문제이다. 그러한 경우의 구별표준에 관하여 학설은 i) 급부를 불가능하게 한 장애가 채권자 또는 채무자 가운데 어느 쪽의 영향 범위 내에서 생겼느냐를 표준으로 하여, 그것이 채무자 쪽에 있으면 이행불능, 채권자 쪽에 있으면 수령불능이 된다고 하는 견해(영역설), ii) 급부장애의 위험을 누가 부담하는 것이 공평한 것인가의 관점에서 해결하여야 한다는 견해가 대립하고 있다. 생각건대 i)설이 타당하다. 그에 의하면 고용계약의 경우 질병·교통기관의 파업 등에 의한 노무급부의무의 불이행은 채무자의 책임있는 이행불능으로 되고, 원료나 전기 등의 공급불능·공장의 소실·기계의 파괴 등에 의한 노무제공불능은 수령불능으로 된다. 주의할 것은, 수령불능이라고 해도 영구적인 불능은 이행불능(채권자에게 책임있는 이행불능. 그러나 의사의 왕진을 요청한 뒤 환자가 사망한 경우에는 채권자에게도 책임없는 불능이라고 할 것이다)으로 된다고 새겨야 한다는 점이다. 그리하여 쌍무계약에 있어서는 채권자는 급부를 수령할 수 없지만 반대급부는 하여야 한다(538조 1항).

(4) 그 밖에 채권자의 유책사유나 위법성은 필요하지 않다(이설 있음). 판례도 같다(대판 2021. 10. 28, 2019다293036).

Ⅳ. 채권자지체의 효과 C-171

(1) 채무자의 주의의무 경감

채무자는 채권자지체 중에는 고의 또는 중대한 과실이 있는 때에만 책임을 지고 경과실이 있는 때에는 면책된다(401조). 한편 판례는, 어떠한 부동산에 관한 소유권이전등기 의무에 관하여 채무자가 일단 그 이행제공을 하여 채권자가 수령지체에 빠지게 되었다고 하더라도 그 후 채무자가 목적 부동산을 제 3 자에게 양도하여 그 소유권이전등기 의무의 이행이 불능하게 되었다면, 채무자는 다른 특별한 사정이 없는 한 제401조·제390조에 기하여 상대방에 대하여 자기 채무의 이행불능으로 인한 손해배상채무를 부담한다고 한다(대판 2014. 4. 30, 2010다11323).

판 례 수령지체 중의 채무자의 책임

「원고와 피고 사이의 위 건고추 보관약정은 기간의 약정이 없는 임치라고 할 것이므로 수치인인 피고는 언제든지 그 계약을 해지할 수 있다고 할 것인바, 원심이 인정하고 있는 바와 같이 위 건고추가 변질되고 벌레먹기 전인 1981. 5.경 피고가 원고에게 보관물의 처분과 인수를 요구하였다면 이는 임치계약을 해지하고 임치물의 회수를 최고한 의사표시라고 볼 여지가 있고, 그와 같이 본다면 원고가 원심 인정과 같이 시세가 싸다는 등 이유로 그 회수를 거절한 이상 이때부터 수령지체에 빠진 것이라 하겠으므로 그 후 피고 보관 중인 위 건고추가 변질되고 벌레가 먹음으로써 상품가치가 상실되었다고 하여도 그것이 피고의 고의 또는 중대한 과실로 인한 것이 아닌 한 피고에게 그 배상책임을 물을 수 없을 것이다.」(대판 1983. 11. 8, 83다카1476)

(2) 채무자의 이자의 지급 정지

채무자는 채권자지체 중에는 채권이 이자 있는 것일지라도 이자를 지급할 의무가 없다(402조).

(3) 증가비용의 채권자부담

채권자지체로 인하여 그 목적물의 보관 또는 변제의 비용이 증가된 때에는 그 증가액은 채권자가 부담한다(403조).

C-172

(4) 쌍무계약에 있어서의 위험이전

쌍무계약의 당사자 일방의 채무가 채권자지체 중에 당사자 쌍방의 책임없는 사유로 이행할 수 없게 된 때에는 채권자가 위험을 부담하게 된다(538조 1항 2문. 이행제공에 관한 대판 2004. 3. 12, 2001다79013에 유의. C-170 참조). 이는 쌍무계약의 당사자 일방의 채무가 채권자지체가 아닌 때에 쌍방의 책임없는 사유로 이행할 수 없게 된 때에 채무자가 위험을 부담하게 되는 것(537조)과 다른 점이다.

판 례 채권자지체 중 제 3 자 행위로 이행할 수 없게 된 경우

수급인이 도급인에게 공사금을 지급하고 기성부분을 인도받아 가라고 최고하였다면 수급인은 이로써 자기 의무의 이행 제공을 하였다고 볼 수 있는데 도급인이 아무런 이유 없이 수령을 거절하던 중 쌍방이 책임질 수 없는 제 3 자의 행위로 기성부분이 철거되었다면 도급인의 수급인에 대한 공사대금지급채무는 여전히 남아 있다(대판 1993. 3. 26, 91다14116).

(5) 공 탁 권

채권자지체책임을 법정책임으로 이해하면 채권자지체의 요건은 공탁의 요건과 같게 된다. 그 결과로 채권자지체가 있는 때에는 변제자는 채권자를 위하여 변제의 목적물을 공탁하여 그 채무를 면할 수 있다(487조 1문). 그리고 변제의 목적물이 공탁에 적당하지 않거나 멸실 또는 훼손될 염려가 있거나 공탁에 과다한 비용을 요하는 경우에는 변제자는 법원의 허가를 얻어 그 물건을 경매하거나 시가(市價)로 방매(放賣)하여 대금을 공탁할 수 있다(490조).

(6) 기 타

그러나 손해배상청구권이나 계약해제권(쌍무계약에 있어서 수령지체한 채권자의 이행지체를 이유로 해제할 수는 있다)은 인정되지 않는다(이설 있음). 판례(대판 2021. 10. 28, 2019다293036[핵심판례 236면])도 최근에, 채권자지체가 성립하는 경우 그 효과로서 원칙적으로 채권자에게 민법 규정에 따른 일정한 책임이 인정되는 것 외에, 채무자가 채권자에 대하여 일반적인 채무불이행책임과 마찬가지로 손해배상이나 계약 해제를 주장할 수는 없다고 한 뒤, 그러나 계약 당사자가 명시적·묵시적으로 채권자에게 급부를 수령할 의무 또는 채무자의 급부 이행에 협력할 의무가 있다고 약정한 경우, 또는 구체적 사안에서 신의칙상 채권자에게 위와 같은 수령의무나 협력의무가 있다고 볼 특별한 사정이 있다고 인정되는 경우에는 그러한 의무 위반에 대한 책임이 발생할 수 있다고 한다. 그리고 이와 같이 채권자에게 계약상 의무로서 수령의무나 협력의무가 인정되는 경우, 그 수령의무나 협력의무가 이행되지 않으면 계약 목적을 달성할 수 없거나 채무자에게 계약의 유지를 더 이상 기대할 수 없다고 볼 수 있는 때에는 채무자는 수령의무나 협력의무 위반을 이유로 계약을 해제할 수 있다고 한다.

V. 채권자지체의 종료 C-173

(1) 채권의 소멸

채권자지체 중에 채무의 변제·변제의 수령·공탁 등으로 채권이 소멸하면 채권자지체도 소멸한다.

(2) 채권자지체의 면제

(3) 채무불이행의 발생

채권자지체 중에 채무자의 이행이 불능으로 되면 채권자지체는 종료한다. 채무자에게 유책사유(고의·중과실)가 있는지를 묻지 않는다.

(4) 수령하겠다는 통지

채권자가 수령에 필요한 준비를 하고 또한 지체 중의 모든 효과를 승인하여 수령하겠다는 통지(문헌들은 수령의 「의사표시」라고 하나, 이것은 의사의 통지일 뿐 의사표시가 아니다)를 한 때에도 채권자지체는 종료한다(통설도 같음).

제 5 장 책임재산의 보전

학습의 길잡이

본장은 채무자의 책임재산을 보전하는 제도인 채권자대위권과 채권자취소권에 대하여 서술한다. 이 두 제도는 이론적으로뿐만 아니라 실무적으로도 매우 중요하며, 대단히 많은 판례가 축적되어 있다. 그러므로 그에 관한 이론을 충분히 이해하고 중요 판례에 대하여도 빠짐없이 익혀두어야 한다.

채권자대위권은 실제 재판에서 널리 활용되고 있다. 특히 특정채권의 보전을 위한 대위권이 그렇다. 채권자대위권에서는 요건이 가장 중요하나, 그 권리의 행사, 행사의 효과도 소홀히 해서는 안 된다. 그리고 채권자취소권에서도 요건이 가장 중요한데, 요건을 살펴봄에 있어서는 각각의 경우의 사례들도 유심히 관찰하고 기억해야 한다. 그리고 행사, 행사의 효과, 소멸도 주의깊게 살펴보아야 한다. 한편 채권자대위권과 채권자취소권은 민사소송법·비송사건절차법·민사집행법 등 절차법과 밀접하게 관련되어 있다.

제 1 절 서 설

C-174 I. 서 설

채권 가운데에는 처음부터 금전급부를 목적으로 하는 것(금전채권)도 많다. 그러나 그러한 채권이 아니라고 하더라도 채무자의 채무불이행이 있으면 — 이행이 불가능한 경우는 물론이고 이행이 가능한 경우에도 채권자가 본래의 채무의 이행을 원하지 않을 때(395조 참조)에는 — 채권은 그 전부가 손해배상청구권으로 변하게 되고(본래의 채무의 이행을 원하는 때에는 손해배상청구권이 병존함), 결국 채권자는 금전으로 손해배상을 받게 된다(394조). 그런데 금전채권의 실현을 위한 금전은 채무자의 일반재산에 의하여 확보된다. 그러므로 채무자의 일반재산은 채권에 대한 최후의 보장이라고 할 수 있다(강제집행 가능). 이와 같이 채무자의 일반재산이 최후에 책임을 진다는 의미에서 그 재산을 책임재산이라고 한다.

채무자의 책임재산은 특정한 채권만을 담보하는 것은 아니고 모든 채권자를 위한 공동담보로 된다. 그렇지만 채무자의 책임재산이 감소하게 되면 채권을 변제받을 가능성은 그만큼 줄어들게 된다. 따라서 변제받을 가능성을 크게 하려면 채무자의 재산이 감소되지 않게 하여야 할 것이다. 그렇다고 하여 채무자의 재산감소행위를 모두 금지할 수는 없다. 왜냐하면 채권은 채무자의 재산을 직접 지배하는 권리가 아니기 때문이다. 여기서 민법은 채무자가 그의 권리의 실행을 게을리함으로써 그의 재산을 감소하게 하거나 또는 제3자와 공모하여 고의로 재산의 감소를 꾀하는 경우에만 채권자로 하여금 간섭할 수 있게 한다. 전자가 채권자대위권 제도이고, 후자가 채권자취소권 제도이다. 이들은 모두 채무자의 책임재산을 보전하기 위한 것이다.

제 2 절 채권자대위권

Ⅰ. 채권자대위권의 의의 및 성질 C-175

1. 의 의

채권자대위권(債權者代位權)이란 채권자가 자기의 채권을 보전하기 위하여 그의 채무자에게 속하는 권리를 행사할 수 있는 권리이다(404조 1항 본문). A가 B에 대하여 200만원의 금전채권을 가지고 있고 B가 C에 대하여 100만원의 금전채권을 가지고 있는 경우에, A가 자신의 채무자인 B가 제3자(제3채무자) C에 대하여 가지고 있는 100만원의 금전채권을 행사하는 것이 그 예이다.

채권자대위권 제도의 기능으로는 세 가지를 들 수 있다. 첫째로 강제집행의 준비로서 작용을 할 수 있다. 강제집행을 하려면 집행권원이 필요하고 절차가 복잡하다. 그런데 대위권은 요건·절차가 간단하다. 따라서 급속을 요하는 경우에는 먼저 대위권을 행사하고 뒤에 집행을 할 수 있다. 둘째로 강제집행(강제집행은 청구권만 할 수 있음)을 할 수 없는 권리도 행사할 수 있게 한다. 예컨대 취소권·해제권·환매권도 대위할 수 있다. 셋째로 특정채권(특정물채권이 아님)의 보전을 위하여 이용되어 오고 있다. 이는 의용민법 하에서부터 판례에 의하여 인정된 것인데, 실제에 있어서는 이것이 가장 중요한 작용을 하고 있다.

2. 성 질

채권자대위권의 성질에 관하여 학설은 크게 둘로 나뉘어 있다. 하나는 i) 소송법상의 권리가 아니고 실체법상의 권리이며, 구체적으로는 일종의 법정재산관리권이라고 하는 견해이고(다수설이며, 사견도 같음), 나머지 하나는 ii) 일종의 포괄적 담보권과 사적인 실행방법의 복합적인 성질을 가진 것이라는 견해이다.

C-176 ## Ⅱ. 채권자대위권의 요건

1. 채권자가 자기의 채권을 보전할 필요가 있을 것

채권자대위권이 성립하려면 채권자가 자기의 채권을 보전할 필요가 있어야 한다(404조 1항 본문). 따라서 우선 채권자의 채권이 존재하여야 하고, 그 채권의 보전 필요성이 있어야 한다.

(1) 채권자의 채권(피보전채권)의 존재

채권자에게 보전할 채권이 존재하여야 한다. 민법은 「채권」이라고 규정하고 있으나, 학설·판례는 채권에 한정하지 않고 넓게 인정한다. 학설은 i) 널리 청구권을 의미한다고 하는 견해가 다수설이나, ii) 청구권의 성질에 비추어 개별적으로 판단하여야 한다는 소수설도 있다. 그리고 판례에 의하면, 물권적 청구권(대판 2007. 5. 10, 2006다82700·82717[핵심판례 238면]: 건물에 관한 철거청구권에 대하여 인정), 토지거래허가 신청절차의 협력의무의 이행청구권(대판 2013. 5. 23, 2010다50014 등), 수임인이 위임인에 대하여 가지는 자기에 갈음하여 변제하게 할 수 있는 권리(688조 2항 전단의 대변제청구권(代辨濟請求權))는 피보전채권이 될 수 있으나(대판 2002. 1. 25, 2001다52506), 이혼으로 인한 재산분할청구권은 협의 또는 심판에 의하여 그 구체적 내용이 형성되기 전에는 피보전채권이 될 수 없다고 한다(대판 1999. 4. 9, 98다58016[핵심판례 440면]).

보전되는 채권의 발생원인은 묻지 않으며, 그것이 제3채무자에게 대항할 수 있는 것일 필요도 없다(대판 2003. 4. 11, 2003다1250 등 다수의 판결). 그리고 대위할 권리보다 먼저 성립하고 있지 않아도 무방하다. 그러나 채권이 저당권 등의 특별담보로 보전되어 있는 경우에 관하여는 담보로부터 완전한 변제를 받기 어려운 때에만 대위할 수 있다고 하여야 한다.

C-177 채권자대위소송에서 대위에 의하여 보전될 채권자의 채무자에 대한 권리(피보전채권)가 존재하는지 여부는 소송요건으로서 법원의 직권조사사항이므로, 법원으로서는 그 판단의 기초자료인 사실과 증거를 직권으로 탐지할 의무까지는 없다 하더라도, 법원에 현출된 모든 소송자료를 통하여 살펴보아 피보전채권의 존부에 관하여 의심할 만한 사정이 발견되면 직권으로 추가적인 심리·조사를 통하여 그 존재 여부를 확인하여야 할 의무가 있다(대판 2009. 4. 23, 2009다3234).

판례에 따르면, 채권자대위권을 행사함에 있어서 채권자가 채무자를 상대로 하여 그 보전되는 청구권에 기한 이행청구의 소를 제기하여 승소판결을 선고받고 그 판결이 확정되면 제3채무자는 그 청구권의 존재를 다툴 수 없다고 한다(대판 2007. 5. 10, 2006다82700·82717[핵심판례 238면] 등). 그런데 판례는, 그 청구권의 취득이, 채권자로 하여금 채무자를 대신하여 소송행위를 하게 하는 것을 주목적으로 이루어진 경우와 같이, 강행법규에 위반되어 무효라고 볼 수 있는 경우 등에는 그 확정판결에도 불구하고 채권자대위소송의 제3채무자에 대한 관계에서는 피보전권리가 존재하지 않는다고 보아야 하며, 이는 그 확정판결 또는 그와 같은 효력이 있는 재판상 화해조서 등이 재심이나 준재심으로 취소되지 않아 채권자와 채무자 사이에서는 그 판결이나 화해가 무효라는 주장을 할 수 없는 경우라 하더라도 마찬가지라고 한다(대판 2019. 1. 31, 2017다228618).

채권자대위소송에서 **채권자의 보전할 채권이 인정되지 않거나 채무자에 대한 소에서 패소한 경우에는**, 채권자가 스스로 원고가 되어 채무자의 제 3 채무자에 대한 권리를 행사할 당사자적격이 없게 되므로, **그 대위소송은 부적법하여 각하할** 수밖에 없다(대판 2003. 5. 13, 2002다64148 등 다수의 판결). 따라서 채권자가 채권자대위소송을 제기한 경우, 제 3 채무자는 채무자가 채권자에 대하여 가지는 항변권이나 형성권 등과 같이 그 권리자에 의한 행사를 필요로 하는 사유를 들어 채권자의 채무자에 대한 권리가 인정되는지 여부를 다툴 수 없지만, 채권자의 채무자에 대한 권리의 발생원인이 된 법률행위가 무효라거나 위 권리가 변제 등으로 소멸하였다는 등의 사실을 주장하여 채권자의 채무자에 대한 권리가 인정되는지 여부를 다투는 것은 가능하고, 이 경우 법원은 제 3 채무자의 위와 같은 주장을 고려하여 채권자의 채무자에 대한 권리가 인정되는지 여부에 관하여 직권으로 심리·판단하여야 한다(대판 2015. 9. 10, 2013다55300). 한편 판례는, 피대위자인 채무자가 실존인물이 아니거나 사망한 사람인 경우도 피보전채권인 채권자의 채무자에 대한 권리를 인정할 수 없는 경우에 해당하므로 그러한 채권자대위소송은 당사자적격이 없어 부적법하다고 한다(대판 2021. 7. 21, 2020다300893).

판 례 **채권자대위권의 재판상 행사시 증명할 사항**

「채권자대위권을 재판상 행사하는 경우에 있어서도 채권자인 원고는 그 채권의 존재사실 및 보전의 필요성, 기한의 도래 등을 입증하면 족한 것이지, 채권의 발생원인사실 또는 그 채권이 제 3 채무자인 피고에게 대항할 수 있는 채권이라는 사실까지 입증할 필요는 없으며, 따라서 채권자가 채무자를 상대로 하여 그 보전되는 청구권에 기한 이행청구의 소를 제기하여 승소판결이 확정되면 제 3 채무자는 그 청구권의 존재를 다툴 수 없다 할 것이다.」(대판 2003. 4. 11, 2003다1250)

(2) 채권보전의 필요성 C-178

민법은 명문으로 채권보전의 필요성을 요구하고 있다(404조 1항 본문). 그런데 어떤 경우에 그것이 인정되는지가 문제이다.

1) 판 례 판례는 이 요건과 관련하여 보전하려는 채권이 금전채권인 경우와 금전채권이 아닌 채권, 특히 특정채권인 경우를 다르게 다루어 오고 있다.

(가) 피보전채권이 금전채권인 경우 판례에 의하면, 보전하려는 채권 즉 피보전채권이 금전채권이거나 금전채권이 아니더라도 손해배상채권으로 귀착할 수밖에 없는 것인

때에는, 「채무자가 무자력하여 그 일반재산이 감소되는 것을 방지할 필요가 있는 경우」에 보전의 필요성이 인정된다고 한다(대판 1969. 11. 25, 69다1665 등. 대판 1968. 1. 23, 67다2440도 참조(손해배상청구권)). 그리하여 단순히 채무자가 채무이행의 의사가 없는 것만으로는 대위권을 행사할 수 없다고 한다. 그리고 채권의 보전이 필요한지 여부는 사실심의 변론종결 당시를 표준으로 하여 판단하여야 하며, 그러한 요건의 존재사실은 채권자가 주장·증명하여야 할 것이라고 한다(대판 1976. 7. 13, 75다1086).

그런데 판례는 다른 한편으로 피보전채권이 금전채권임에도 불구하고 일정한 경우에는 채무자의 무자력을 요구하지 않고 있다. 구체적으로는, 타인의 건물에서 유실물을 실제로 습득한 자가 법률상의 습득자(건물 등의 점유자. 유실물법 10조 2항)를 대위하여 보상금의 반액을 청구하는 경우(이때는 법률상의 습득자만이 보상금청구권을 가지며, 보상금은 반씩 나누게 된다. 유실물법 10조 3항)(대판 1968. 6. 18, 68다663), 채권자가 채무자(상속인)를 대위하여 상속등기를 하는 경우(대결 1964. 4. 3, 63마54), 의료인이 그의 치료비청구권을 보전하기 위하여 채무자인 환자가 국가에 대하여 가지고 있는 국가배상청구권(치료비 청구권)을 대위행사하는 경우(대판 1981. 6. 23, 80다1351), 임대차보증금 반환채권을 양수한 채권자가 그 이행을 청구하기 위하여 임차인의 가옥인도가 선이행되어야 할 필요가 있어서 임대인을 대위하여 임차인에게 가옥을 임대인에게 인도하라고 하는 경우(대판 1989. 4. 25, 88다카4253·4260), 수임인이 위임인에 대하여 가지는 대변제청구권(代辨濟請求權)(688조 2항 전단)을 보전하기 위하여 채무자인 위임인의 채권을 대위행사하는 경우(대판 2002. 1. 25, 2001다52506), 명의신탁자가 명의수탁자의 상속인에 대하여 — 명의신탁 해지를 원인으로 한 소유권이전등기 청구권의 이행불능을 이유로 — 가지고 있는 제747조의 가액배상청구권을 보전하기 위하여 그 상속인이 자신의 상속지분에 관한 원상회복이 불가능함으로 인하여 제3자에 대하여 가지고 있는 가액배상청구권을 대위행사하는 경우(대판 2006. 1. 27, 2005다39013[핵심판례 240면])에 관하여, 채무자의 무자력이 요건이 아니라고 한다. 판례는 이러한 예외적인 경우에는 채권보전의 필요성을 뒤에 보는 특정채권의 경우와 동일하게 이해하고 있는 듯하다(대판 2006. 1. 27, 2005다39013[핵심판례 240면]). 그런가 하면 분양계약을 해제한 수분양자 갑이 분양대금 반환채권(금전채권)을 보전하기 위해 분양자인 을 주식회사를 대위하여 그로부터 분양수입금 등의 자금관리를 위탁받은 수탁자인 병 주식회사를 상대로 사업비 지출 요청권을 행사한 사안에서, 채권보전의 필요성을 특정채권의 경우와 똑같이 설명한 뒤, 을 회사가 무자력이라고 할 수 없어 보전의 필요성이 인정되지 않는다고 한 원심이 잘못이 있다고 하면서 대위행사가 인정된다고 한다(대판 2014. 12. 11, 2013다71784).

대법원은 최근에 전원합의체 판결로, 「보전의 필요성은 채권자가 보전하려는 권리의 내용, 채권자가 보전하려는 권리가 금전채권인 경우 채무자의 자력 유무, 채권자가 보전하려는 권리와 대위하여 행사하려는 권리의 관련성 등을 종합적으로 고려하여 채권자가 채무자의 권리를 대위하여 행사하지 않으면 자기 채권의 완전한 만족을 얻을 수 없게 될 위험이 있어 채무자의 권리를 대위하여 행사하는 것이 자기 채권의 현실적 이행을 유효·

적절하게 확보하기 위하여 필요한지 여부를 기준으로 판단하여야 하고, 채권자대위권의 행사가 채무자의 자유로운 재산관리행위에 대한 부당한 간섭이 되는 등 특별한 사정이 있는 경우에는 보전의 필요성을 인정할 수 없다」고 하였다(대판(전원) 2020. 5. 21, 2018다879[핵심판례 242면])(이는 대법원이 보전의 필요성을 피보전채권이 금전채권인가 특정채권인가를 묻지 않고 공통적으로 적용되도록 종합한 것으로 보인다). 그러면서 채권자가 자신의 금전채권을 보전하기 위하여 채무자를 대위하여 부동산에 관한 공유물분할청구권을 행사하는 경우에는 보전의 필요성을 인정할 수 없고, 극히 예외적인 경우가 아니라면 금전채권자는 부동산에 관한 공유물분할청구권을 대위행사할 수 없다고 한다(대판(전원) 2020. 5. 21, 2018다879[핵심판례 242면]). 그리고 이는 채무자의 공유지분이 다른 공유자들의 공유지분과 함께 근저당권을 공동으로 담보하고 있고, 근저당권의 피담보채권이 채무자의 공유지분 가치를 초과하여 채무자의 공유지분만을 경매하면 남을 가망이 없어 민사집행법 제102조에 따라 경매절차가 취소될 수밖에 없는 반면, 공유물분할의 방법으로 공유부동산 전부를 경매하면 민법 제368조 제 1 항에 따라 각 공유지분의 경매대가에 비례해서 공동근저당권의 피담보채권을 분담하게 되어 채무자의 공유지분 경매대가에서 근저당권의 피담보채권 분담액을 변제하고 남을 가망이 있는 경우에도 마찬가지라고 한다(대판(전원) 2020. 5. 21, 2018다879[핵심판례 242면]).

그런가 하면, 대법원은 보전의 필요성에 관한 위 전원합의체 판결(대판(전원) 2020. 5. 21, 2018다879)의 법리를 다시 확인한 뒤, 그 법리에 따르면, 보전의 필요성이 인정되기 위하여는 우선 적극적 요건으로서 채권자가 채권자대위권을 행사하지 않으면 피보전채권의 완전한 만족을 얻을 수 없게 될 위험의 존재가 인정되어야 하고, 나아가 채권자대위권을 행사하는 것이 그러한 위험을 제거하여 피보전채권의 현실적 이행을 유효·적절하게 확보하여 주어야 하며, 다음으로 소극적 요건으로서 채권자대위권의 행사가 채무자의 자유로운 재산관리행위에 대한 부당한 간섭이 된다는 사정이 없어야 한다고 하였다(대판(전원) 2022. 8. 25, 2019다229202). 그리고 이러한 적극적 요건과 소극적 요건은 채권자가 보전하려는 권리의 내용, 보전하려는 권리가 금전채권인 경우 채무자의 자력 유무, 피보전채권과 채권자가 대위행사하는 채무자의 권리와의 관련성 등을 종합적으로 고려하여 그 인정 여부를 판단할 것이라고 하였다(대판(전원) 2022. 8. 25, 2019다229202[핵심판례 244면]). 그러면서 피보험자가 임의 비급여 진료행위에 따라 요양기관에 진료비를 지급한 다음 실손의료보험계약상의 보험자에게 청구하여 그 진료비와 관련한 보험금을 지급받았는데, 그 진료행위가 위법한 임의 비급여 진료행위로서 무효이고, 동시에 보험자와 피보험자가 체결한 실손의료보험계약상 그 진료행위가 보험금 지급사유에 해당하지 않아 보험자가 피보험자에 대하여 보험금 상당의 부당이득 반환채권을 갖게 된 경우, 채권자인 보험자가 금전채권인 부당이득 반환채권을 보전하기 위하여 채무자인 피보험자를 대위하여 제 3 채무자인 요양기관을 상대로 진료비 상당의 부당이득 반환채권을 행사하는 형태의 채권자대위소송에서 채무자가 자력이 있는 때에는 보전의 필요성이 인정된다고 볼 수 없다고 하였다(대판(전원) 2022. 8. 25, 2019다229202[핵심판례 244면]. 소수의견은 보전 필요성을 인정하자고 함). 이 판결은 피보전채권이 금전채권인 경우 채무자가 무자력이 아닌 때에는 채권 보전의 필요성 인정을 매우 까다롭게 한 것이다.

C-179 (나) **피보전채권이 특정채권인 경우** 판례에 의하면, 보전하려는 채권이 특정의 채권(금전채권이 아닌 채권, 특히 특정채권. 특정물채권이 아님을 주의)인 때에는 일정한 요건이 구비되어 있는 한 채무자의 무자력은 그 요건이 아니라고 한다. 구비하여야 할 요건은 「채권자가 보전하려는 권리와 대위하여 행사하려는 채무자의 권리가 밀접하게 관련되어 있고 채권자가 채무자의 권리를 대위하여 행사하지 않으면 자기 채권의 완전한 만족을 얻을 수 없게 될 위험이 있어 채무자의 권리를 대위하여 행사하는 것이 자기 채권의 현실적 이행을 유효·적절하게 확보하기 위하여 필요한 경우」이어야 한다(대판 2007. 5. 10, 2006다82700·82717[핵심판례 238면]; 대판 2013. 5. 23, 2010다50014 등). 다만, 채권자대위권의 행사가 채무자의 자유로운 재산관리행위에 대한 부당한 간섭이 된다는 등의 특별한 사정이 있는 경우에는 보전의 필요성을 인정할 수 없다고 한다(대판 2007. 5. 10, 2006다82700·82717[핵심판례 238면]; 대판 2013. 5. 23, 2010다50014 등). 그리고 이러한 요건이 갖추어져 있는 한 등기청구권이나 임차인의 인도청구권(판례는 이를 「명도청구권」이라고 표현함) 등의 보전을 위한 경우에만 대위권이 인정되는 것은 아니라고 한다(대판 2001. 5. 8, 99다38699). 그러면서 물권적 청구권에 대하여도 제404조의 규정과 위와 같은 법리가 적용될 수 있다고 한다(대판 2007. 5. 10, 2006다82700·82717[핵심판례 238면]). 주의할 것은, 특정채권의 보전을 위하여 대위행사가 인정되는 권리는 그 특정채권의 보전을 위한 것에 한정된다는 점이다(대판 1993. 4. 23, 93다289). 어떤 권리든 자유롭게 대위행사될 수 있는 것은 아니다(그러므로 특정채권의 보전을 위한 경우는 피보전채권과 대위되는 권리를 함께 고찰하여야 한다). 판례가 특정채권의 보전을 위하여 채무자의 자력과 관계없이 대위행사를 인정하는 경우들을 구체적으로 살펴보기로 한다.

C-180 (a) **등기청구권을 보전하기 위하여 등기청구권을 대위행사하는 경우** 채권자가 자신의 등기청구권을 보전하기 위하여 채무자의 등기청구권·환매권 등을 대위행사할 수 있다고 한다(등기청구권만을 대위행사할 수 있는 것이 아님을 주의). 즉 판례에 의하면, 부동산소유권이 전전양도(매도·교환 등)된 경우에 최후의 양수인은 중간취득자를 대위하여 최초의 양도인에 대하여 중간취득자 앞으로 이전등기를 할 것을 청구할 수 있고(대판 1969. 10. 28, 69다1351), 환매로 인하여 취득하게 되는 토지를 매수한 자는 매도인의 환매권을 대위행사할 수 있다(대판 1992. 10. 27, 91다483).

그런가 하면 채무자가 행사하여야 할 올바르지 못한 등기의 말소청구권도 대위할 수 있다. 즉 매도한 부동산을 제 3 자에게 증여하거나 양도한 것이 반사회질서행위에 해당하는 경우에 매수인은 매도인을 대위하여 수증자 또는 양수인 명의의 등기의 말소를 청구할 수 있으며(대판 1983. 4. 26, 83다카57(형식주의 아래서 등기청구권의 성질상 매수인이 수증자에 대하여 직접 말소청구를 할 수는 없다) 등), 채무담보의 목적으로 채권자 앞으로 소유권이전등기를 해 준 자는 장차 원리금을 변제하고 그 등기의 말소를 청구할 수 있으므로 그것을 보전하기 위하여 채권자(등기청구권에 대하여는 채무자임)가 제 3 자에게 행한 소유권이전등기가 무효인 경우 그 채권자를 대위하여 제3자 명의의 등기의 말소를 청구할 수 있다(대판 1988. 1. 19, 85다카1792 등). 그리고 명의신탁자는 명의신탁의 해지 없이도 그 채권을 보전하기 위하여 수탁자가 가지고 있는 원인무효의 소유권이전등기 말소청구권을 대위행사할 수 있고(대판 1993. 5. 11, 92다52870 등 다수의 판결), 취득시효 완성자가 취득시효 완성으로 인한 등기를 하기 전에 제3자 명의로 원인무효의 등기가 된 경우에는 취득시효 완성자는 취득시효 완성 당시의 소유자가 가지는 등기말소청구권을 대위행사할 수 있으며(대판 1990. 11. 27, 90다6651)(그런데 취득시효 완성자의 공동상속인이 채무자의 제3채무자에 대한 소유권이전등기의 말소등기청구권을 대위행사하는 경우에는, 그 공동상속인은 자신의 지분 범위 내에서만 말소등기청구권을 대위행사할 수 있고, 그 지분을 초과하는 부분에 관하여는 채무자를 대위할 보전의 필요성이 없다. 대판 2014. 10. 27, 2013다25217 등), 매도인이 부동산을 매도한 후 등기이전을 하기 전에 제3자에 대한 채무담보의 목적으로 이전등기를 한 경우에 매수인은 매도인의 제3자에 대한 채무를 변제한 뒤 매도인을 대위하여 제3자 명의의 소유권이전등기의 말소를 청구할 수 있다(대판 1971. 10. 22, 71다1888 · 1889).

판 례 등기말소청구의 대위의 예

한편 판례는, 무자력한 채무자가 그의 유일한 재산인 부동산을 매매를 가장하여 제3자에게 이전등기한 경우에 채권자가 채무자를 대위하여 그 등기의 말소를 청구할 수 있다는 견지에 있다(대판 1989. 2. 28, 87다카1489 참조. 이 판결 사안은 채권자가 부동산매수인과 같은 특정채권자가 아니고 금전채권자인 경우임).

나아가 법정지상권자(366조에 의한 법정지상권자 또는 관습법상의 법정지상권자)가 지상권의 등기 없이 그 소유건물을 양도한 경우에 건물양수인은 건물양도인을 대위하여 지상권설정등기(및 이전등기)를 청구할 수 있다(대판 1989. 5. 9, 88다카15338 등).

그러나 부동산소유자에 대하여 소유권이전등기 청구권을 가지고 있는 자라도 그가 등기를 하기 전에 제3자가 소유자를 상대로 소유권이전등기 절차이행의 확정판결을 받아 소유권이전등기를 한 경우에는, 그 확정판결이 당연무효이거나 재심의 소에 의하여 취소되지 않는 한, 소유자를 대위하여 등기의 원인무효를 이유로 등기의 말소를 청구할 수 없다(대판 1999. 2. 24, 97다46955 등). 이는 확정판결의 기판력에 저촉되기 때문이다.

(b) **임차권 등 사용청구권을 보전하기 위하여 방해배제청구권을 대위행사하는 경우** 판 C-181
례는 임차인과 같이 사용청구권을 가지는 자가 그의 권리를 보전하기 위하여 채무자(임대인 등)의 권리를 대위하는 것도 채무자의 자력 유무에 관계없이 인정하고 있다. 즉 판례에 의하면, 임차인은 임차권의 보전을 위하여 임대인의 반환청구권을 대위행사할 수 있고(대판 1964. 12. 29, 64다804 등), 지하도상가 내 각 점포의 사용청구권을 가지는 자는 상가의 소유자인 시가 불법점유자들에 대하여 가지는 점포의 인도청구권을 대위행사할 수 있다(대판 1995. 5. 12, 93다59502). 그러나 임대인의 동의 없이 임차권이 양도된 경우에는, 특약이 없는 한 임차권의 양도를 가지고 임대인에게 대항할 수 없고(629조 1항), 따라서 양수인은 임대인의 권한을 대위행사할 수 없다

(대판 1985. 2. 8, 84다카188).

C-182 (c) 기타의 경우 판례는 등기청구권이나 임차권 이외의 권리를 보전하기 위하여서도 대위권을 행사하는 것을 인정한다. 판례에 의하면, 미등기 건물의 매수인은 매도인에 대하여 완전한 권리행사에의 협력을 요구할 수 있으므로 매도인을 대위하여 불법점유자에 대하여 인도청구를 할 수 있고(대판 1980. 7. 8, 79다1928 등), 부동산의 매수인은 대위의 대상이 된 매도인(채무자)의 권리가 제3자로부터 방해를 받아 확정을 보지 못하고 있는 경우에는 매도인을 대위하여 제3자에 대하여 매도인의 권리의 확인과 그 방해의 제거를 구할 수 있다(대판 1976. 4. 27, 73다1306). 그리고 매수인이 매도인으로부터 구 국토이용관리법상의 규제구역(현행 「부동산 거래신고 등에 관한 법률」 10조의 허가구역에 해당) 내에 있는 토지로서 등기부 등 관계공부가 멸실되어 토지대장상 소유자 미복구로 되어 있는 토지를 매수하였는데 후에 매도인이 사망한 경우에, 매수인은 매도인의 상속인들에 대한 토지거래허가 신청절차의 협력의무의 이행청구권을 보전하기 위하여 그 상속인들을 대위하여 그 토지가 그들의 소유라는 확인을 구할 수 있다(대판 1993. 3. 9, 92다56575). 또한 부동산의 명의신탁자는 수탁자를 대위하여 제3자의 침해에 대하여 그 배제를 구할 수 있으며(대판(전원) 1979. 9. 25, 77다1079), 도로공사에 대하여 특정 주유소에 자기의 상표를 표시하고 자기의 석유제품을 공급할 권리를 가지는 자는 그 권리를 보전하기 위하여 도로공사가 그 주유소에 대하여 가지는 권리를 대위할 수 있다(대판 2001. 5. 8, 99다38699). 그런가 하면 토지소유자는 자신의 토지 위에 있는 타인의 건물에 대한 철거청구권을 보전하기 위하여 그 건물소유자를 대위하여 그 건물의 임차인들에 대하여 임대차계약을 해지하고 건물의 인도를 구할 수 있다(대판 2007. 5. 10, 2006다82700 · 82717[핵심판례 238면]).

C-183 **판 례** 채권보전의 필요성 관련

(ㄱ) 「채권자가 채무자를 대위함에 있어서 대위에 의하여 보전될 채권자의 채무자에 대한 권리가 금전채권인 경우에는 그 보전의 필요성 즉, 채무자가 무자력인 때에만 채권자가 채무자를 대위하여 채무자의 제3채무자에 대한 권리를 행사할 수 있는 것인바, 채권자대위의 요건으로서의 무자력이란 채무자의 변제자력이 없음을 뜻하는 것이고 특히 임의 변제를 기대할 수 없는 경우에는 강제집행을 통한 변제가 고려되어야 하므로, 소극재산이든 적극재산이든 위와 같은 목적에 부합할 수 있는 재산인지 여부가 변제자력 유무 판단의 중요한 고려요소가 되어야 한다. 따라서 채무자의 적극재산인 부동산에 이미 제3자 명의로 소유권이전청구권 보전의 가등기가 경료되어 있는 경우에는 강제집행을 통한 변제가 사실상 불가능하므로, 위 가등기가 가등기담보 등에 관한 법률에 정한 담보가등기로서 강제집행을 통한 매각이 가능하다는 등의 특별한 사정이 없는 한 위 부동산은 실질적으로 재산적 가치가 없어 적극재산을 산정함에 있어서 이를 제외하여야 할 것이다.」(대판 2009. 2. 26, 2008다76556)

(ㄴ) 「채권자는 채무자에 대한 채권을 보전하기 위하여 채무자를 대위해서 채무자의 권리

를 행사할 수 있는바, 채권자가 보전하려는 권리와 대위하여 행사하려는 채무자의 권리가 밀접하게 관련되어 있고 채권자가 채무자의 권리를 대위하여 행사하지 않으면 자기 채권의 완전한 만족을 얻을 수 없게 될 위험이 있어 채무자의 권리를 대위하여 행사하는 것이 자기 채권의 현실적 이행을 유효·적절하게 확보하기 위하여 필요한 경우에는 채권자대위권의 행사가 채무자의 자유로운 재산관리행위에 대한 부당한 간섭이 된다는 등의 특별한 사정이 없는 한 채권자는 채무자의 권리를 대위하여 행사할 수 있어야 하고, 피보전채권이 특정채권이라 하여 반드시 순차매도 또는 임대차에 있어 소유권이전등기 청구권이나 명도청구권 등의 보전을 위한 경우에만 한하여 채권자대위권이 인정되는 것은 아니다. 한편, 원고가 조치원 버스정류장에 대하여 가지는 이 사건 건물에 관한 철거청구권은 이 사건 토지들의 소유권에 기한 방해배제청구권으로서 물권적 청구권에 해당하는 것인데 물권적 청구권에 대하여도 채권자대위권에 관한 민법 제404조의 규정과 위와 같은 법리가 적용될 수 있다고 할 것이다.」(대판 2007. 5. 10, 2006다82700·82717[핵심판례 238면])

2) 학 설 학설은 i) 무자력요건설(대체로 판례지지설), ii) 무자력불요설, iii) 절충설로 나뉘어 있다. C-184

i) **무자력요건설**(無資力要件說)은 원칙적으로는 채무자가 무자력이어야 하나, 특정채권(및 특수한 경우의 금전채권)의 보전을 위한 경우에는 무자력이 필요하지 않다고 한다(사견도 이에 속함). 이 견해는 예외적인 경우는 대위권을 전용(轉用)하는 것이기는 하지만 합리적인 효과를 긍정할 수 있으므로 시인할 것이라고 한다. ii) **무자력불요설**(無資力不要說)은 대위권의 행사는 채권자가 채무자의 권리를 대신 행사하는 것이므로 거기에 채무자의 무자력을 요구하는 것은 부당하다고 한다. iii) **절충설**은 채무자의 무자력은 대위권행사의 필수적인 요건이 아니라고 한 뒤, 채무자의 무자력을 대위권행사의 전제로 할 것인가의 문제에 관하여는 채무자의 제3채무자에 대한 권리가 채권자의 채권에 대하여 담보로서의 관련성이 강하거나 또는 밀접불가분의 관계에 있느냐 하는 점을 고려하여 판단하면 될 것이라고 한다.

3) 채권보전의 필요성이 없는 경우에 법원이 취해야 할 조치 만약 채권을 보전할 필요가 인정되지 않는 경우에는 소가 부적법하므로 법원으로서는 소를 각하하여야 한다(대판 2012. 8. 30, 2010다39918 등).

2. 채무자가 제 3 자에 대하여 대위행사에 적합한 권리를 가지고 있을 것 C-185

(1) 채무자의 권리의 존재

채권자대위권은 채권자가 채무자의 권리를 행사하는 것이므로 당연히 채무자가 제 3 자(제 3 채무자)에 대하여 권리를 가지고 있어야 한다(대판 1982. 8. 24, 82다283 등). 따라서 채무자의 권리가 존재하지 않거나 이미 소멸한 경우에는 대위권은 인정되지 않는다.

⑵ 채무자의 권리가 대위행사에 적합할 것

채무자가 제3채무자에 대하여 가지는 권리는 대위행사에 적합한 것이어야 한다. 따라서 채권의 공동담보에 적합한 것이어야 하고, 그 반면에 채무자의 일신에 전속한 권리(404조 1항 단서)나 압류가 금지되는 권리는 제외된다. 행정처분적인 성질의 것도 제외된다고 할 것이다(대판 2002. 5. 28, 2000다5817).

일신전속권에는 「귀속상의 일신전속권」(비양도성·비상속성)과 「행사상의 일신전속권」(비법정대리성·비채권자대위성)이 있는데, 대위의 목적이 되지 않는 것은 후자이다. 그 결과 순수한 비재산적인 권리(가족권·인격권)는 모두 제외되고(친권·이혼청구권 등), 재산적 의의가 있는 권리라도 주로 인격적 이익을 위한 것은 제외된다(인격권의 침해로 인한 위자료청구권 등). 판례는, 이혼으로 인한 재산분할청구권(대판 2023. 9. 21, 2023므10861·10878 등. 파산재단에도 속하지 않는다고 함), 후견인이 친족회의 동의 없이 일정한 행위를 한 경우에 피후견인 또는 친족회가 그 후견인의 행위를 취소할 수 있는 권리는 행사상의 일신전속권이므로 대위권의 목적이 될 수 없다고 한다(대판 1996. 5. 31, 94다35985). 그러나 임대인의 임대차계약에 대한 해지권은 행사상의 일신전속권이 아니라고 한다(대판 2007. 5. 10, 2006다82700·82717[핵심판례 238면]). 그리고 공유물분할청구권도 공유자 본인만 행사할 수 있는 권리가 아니어서 채권자대위권의 목적이 될 수 있다고 한다(대판(전원) 2020. 5. 21, 2018다879).

압류가 금지되는 권리(민사집행법 246조, 공무원연금법 32조, 사립학교교직원연금법 40조, 국민연금법 58조, 군인연금법 18조, 근로기준법 86조, 국가배상법 4조 등)는 채권의 공동담보로 하지 못하므로 대위권의 목적이 되지 못한다(다만, 대판 1981. 6. 23, 80다1351은 의료인이 그의 치료비청구권에 기하여 국가에 대한 피해자의 같은 치료비청구권을 대위행사하는 것은 국가배상법 4조에 불구하고 허용된다고 한다. C-178도 참조).

C-186 **행사상의 일신전속권이 아니고 또 압류가 금지되지 않는 권리는 모두 대위권의 목적이 된다.** 그것은 채권적 청구권에 한하지 않으며, 물권적 청구권(대판 1966. 9. 27, 66다1334)·형성권·채권자대위권(대판 1968. 1. 23, 67다2440)·채권자취소권(대판 2001. 12. 27, 2000다73049)이라도 무방하다. 그리고 판례는 이행인수가 약정된 경우 그에 기한 채무자의 인수인에 대한 청구권(대판 2009. 6. 11, 2008다75072)·토지거래허가 신청절차 협력의무의 이행청구권(이는 일종의 청구권임. 대판 1996. 10. 25, 96다23825 등)·전화가입계약의 해지권(이는 형성권임. 대판 1976. 2. 24, 76다52)은 대위권의 목적이 될 수 있다고 한다. 또한 채무자가 제3자에게 여객자동차 운송사업 면허만을 양도한 계약이 무효인 경우에 채권자는 대위권의 행사로서 면허권자 명의변경을 구할 수 있다고 한다(대판 2007. 12. 28, 2005다38843). 나아가 채무자가 제3자에 대하여 갖는 상계권도 채권자대위권의 목적이 될 수 있지만, 채권자대위권을 행사하기 위해서는 원칙적으로 채권의 존재 및 보전의 필요성, 기한의 도래 등의 요건을 충족하여야 함에 비추어, 어느 부진정연대채무자가 현실적으로 자신의 부담부분을 초과하는 출재를 하여 채무를 소멸시킴으로써 다른 부진정연대채무자에 대하여 구상권을 취득한 상태에 이르지 아니한 채 단지 장래에 출재를 할 경우 취득할 수 있는 다른 부진정연대채무자에 대한 구상권을 보전하기 위하여 다른 부진정연대채무자가 채권자에게 갖는 상계권을 대위행사하는 것은 허용되지 않는다고 한다(대판 2010. 8. 26, 2009다95769). 그리고 계약의 청약이나 승낙과 같이 비록 행사상의 일신전속권은 아니지만 이를 행사하면 그로써 새로운 권리의무관계가 발생하는 등으로 권리

자 본인이 그로 인한 법률관계 형성의 결정 권한을 가지도록 할 필요가 있는 경우에는, 채무자에게 이미 그 권리행사의 확정적 의사가 있다고 인정되는 등 특별한 사정이 없는 한, 그 권리는 채권자대위권의 목적이 될 수 없다고 보아야 하고, 이는 일반채권자의 책임재산의 보전을 위한 경우뿐만 아니라 특정채권의 보전이나 실현을 위하여 채권자대위권을 행사하고자 하는 경우에 있어서도 마찬가지라고 한다(대판 2012. 3. 29, 2011다100527). 그에 비하여 채무자의 재산인 조합원 지분을 압류한 채권자는, 당해 채무자가 속한 조합에 존속기간이 정하여져 있다거나 기타 채무자 본인의 조합탈퇴가 허용되지 않는 것과 같은 특별한 사유가 있지 않은 한, 채권자대위권에 의하여 채무자의 조합 탈퇴의 의사표시를 대위행사할 수 있다고 한다(대결 2007. 11. 30, 2005마1130).

대위권의 목적이 되는 재산권의 행사를 위하여 소송 기타 공법상의 행위를 필요로 하는 때에는 채권자는 채무자가 가지는 공법상의 권리에 대하여도 대위할 수 있다(등기신청권에 관하여는 부등법 28조에 규정이 있다). 문제는 **소송상의 행위도 대위할 수 있는지**이다. 실체법상의 권리를 주장하는 방법으로 소송상의 행위(소제기 · 강제집행의 신청 · 제 3 자 이의의 소 · 가처분명령의 취소신청 등)를 대위할 수 있음은 당연하나(대결 1993. 12. 27, 93마1655는 본안제소명령의 신청권이나 제소기간의 도과에 의한 가압류 · 가처분의 취소신청권이 대위권의 목적이 된다고 한다), 채무자와 제 3 자 사이에 소송이 계속(係屬)된 후에 그 소송을 수행하기 위한 개개의 행위(예: 공격방어방법의 제출 · 상소의 제기 · 집행방법에 대한 이의신청)는 대위하지 못한다(대판 2012. 12. 27, 2012다75239 등. 통설도 같음). 나아가 그러한 취지에서 볼 때, 상소의 제기와 마찬가지로 종전 재심대상판결에 대하여 불복하여 종전 소송절차의 재개, 속행 및 재심판을 구하는 재심의 소 제기는 채권자대위권의 목적이 될 수 없다(대판 2012. 12. 27, 2012다75239).

3. 채무자가 스스로 그의 권리를 행사하지 않을 것 C-187

이는 민법이 명문으로 규정하고 있지 않으나 당연한 것이다(이설이 없으며, 판례도 같음. 대판 2018. 10. 25, 2018다210539 등 다수의 판결). 채무자가 스스로 그의 권리를 행사하고 있는데도 대위를 허용하는 것은 채무자에 대한 부당한 간섭이 되기 때문이다. 다만, 판례는, 비법인사단이 사원총회의 결의 없이 제기한 소는 소제기에 관한 특별수권을 결하여 부적법하고(대판 2007. 7. 26, 2006다64573 등), 그 경우 소제기에 관한 비법인사단의 의사결정이 있었다고 할 수 없으므로, 비법인사단인 채무자 명의로 제 3 채무자를 상대로 한 소가 제기되었으나 사원총회의 결의 없이 총유재산에 관한 소가 제기되었다는 이유로 각하판결을 받고 그 판결이 확정된 경우에는 채무자가 스스로 제 3 채무자에 대한 권리를 행사한 것으로 볼 수 없다고 한다(대판 2018. 10. 25, 2018다210539).

대위권행사의 요건으로 **채무자가 스스로 그의 권리를 행사하지 않을 것**이라 함은 채무자가 그의 권리를 행사할 수 있는 상태에 있으나 스스로 그 권리를 행사하고 있지 않는 것을 의미하고, 여기서 권리를 행사할 수 있는 상태에 있다는 것은 권리행사를 할 수 없게 하는 법률적 장애가 없어야 한다는 뜻이고, 채무자 자신에 관한 현실적인 장애까지 없어야 한다는 뜻은 아니다(대판 1992. 2. 25, 91다9312. 이 판결은 성명불상자의 부동산에 대하여 시효취득을 하는 자가 소유자를 대위하여 그 부동산 위에 행하여진 타인 명의의 무효의 등기를 말소하는 데 법률적 장애가 없다고 한다). 그리고 이 요건에서 채무자가 그의 권리를 행사하지 않는 이유(대판 1992. 2. 25, 91다9312)나 고의·과실 유무는 묻지 않는다. 또한 대위권행사에 채무자가 동의해야 할 필요도 없을뿐더러(대판 1971. 10. 25, 71다1931), 채무자가 대위행사에 반대하더라도 대위권행사는 가능하다(대판 1963. 11. 21, 63다634).

한편 채무자가 제3자에 대한 권리를 스스로 행사하는 경우에는, 그 방법이나 결과가 좋든 나쁘든, 채권자는 대위할 수 없다. 즉 채무자가 이미 소를 제기하고 있는 때는 물론이고(대판 1970. 4. 28, 69다1311), 설사 부적당한 소송으로 패소한 때에도 대위권은 인정되지 않는다(대판 1993. 3. 26, 92다32876 등).

C-188 **4. 채권자의 채권이 이행기에 있을 것**

민법 제404조 제2항은 원칙적으로 채권이 이행기에 있어야 할 것을 요구하면서, 긴급한 채권보전이 필요한 경우를 고려하여 두 가지의 예외를 인정하고 있다.

(1) 재판상의 대위

채권의 이행기가 되기 전이라도 채권자는 「법원의 허가」가 있으면 대위권을 행사할 수 있다(404조 2항 본문). 이 경우의 절차에 관하여는 비송사건절차법이 정하고 있다(동법 45조 내지 52조. 동법 45조는 긴급할 경우에 대위를 신청하도록 한다).

(2) 보존행위

예컨대 시효중단(채무자의 채권이 시효로 소멸하려 할 때)·보존등기·제3채무자가 파산한 경우의 채무자의 채권의 신고 등과 같은 보존행위는 채권의 이행기가 되지 않았더라도 법원의 허가를 받지 않고서 대위행사할 수 있다(404조 2항 단서). 이는 항상 채무자에게 이익이 될 뿐만 아니라 시급한 때가 많기 때문이다.

C-189 **Ⅲ. 채권자대위권의 행사**

1. 행사의 방법

채권자대위권의 요건이 갖추어지면 채권자는 채무자의 권리를 행사할 수 있는데, 그때 채권자는 채무자의 이름으로가 아니라 자기의 이름으로 행사한다. 그리고 채권자대위권은 채권자취소권과는 달리 반드시 재판상 행사할 필요는 없다.

채권자대위권은 채권자의 고유권리이기는 하지만 채무자가 제3채무자에 대하여 가지고 있는 권리를 대위행사하는 것이므로, 채권자가 대위권을 행사하는 경우에 제3채무자에 대하여 채무자에게 일정한 급부행위를 하라고 청구하는 것이 원칙이다(대판 2024. 3. 12, 2023다301682 등). 그런데 금전의 지급이나 물건의 인도 등과 같이 급부(변제)의 수령이 필요한 경우에는 예외적으로 채권자가 제 3 채무자에 대하여 직접 자신에게 급부행위를 하도록 청구할 수도 있다. 이를 인정하지 않으면 채무자가 수령을 하지 않을 때에는 대위권은 목적을 달성할 수 없게 되고, 또 채권을 행사하는 권한에는 당연히 수령권한도 포함된다고 해석해야 하기 때문이다. 통설·판례(대판 2024. 3. 12, 2023다301682 등 다수의 판결)도 같다. 그리고 이러한 법리는 말소등기청구권을 대위행사하는 때에도 마찬가지이다(대판 2024. 3. 12, 2023다301682 등). 그에 비하여 채무자가 제 3 채무자에게 채권의 양도를 구할 수 있는 권리를 가지고 있고, 채권자가 채무자의 그 권리를 대위행사하는 경우에는 채권자의 직접청구를 인정할 예외적인 사유가 없으므로, 원칙으로 돌아가 채권자는 제 3 채무자에 대하여 채무자에게 채권양도절차를 이행하도록 청구하여야 하고, 직접 자신에게 채권양도절차를 이행하도록 청구할 수 없다(대판 2024. 3. 12, 2023다301682. 이 경우에는 별도로 급부의 수령이 필요하지 않을 뿐만 아니라, 만약 제 3 채무자가 직접 채권자에게 채권을 양도하는 절차를 이행하도록 하면 대위행사의 효과가 채무자가 아닌 채권자에게 귀속하게 되기 때문이다).

그런데 채권자대위소송에서 제 3 채무자로 하여금 직접 대위채권자에게 금전의 지급을 명하는 판결이 확정되더라도, 대위의 목적인 권리, 즉 채무자의 제 3 채무자에 대한 피대위채권이 그 판결의 집행채권으로서 존재하는 것이고 대위채권자는 채무자를 대위하여 피대위채권에 대한 변제를 수령하게 될 뿐 자신의 채권에 대한 변제로서 수령하게 되는 것이 아니므로, 그 피대위채권이 변제 등으로 소멸하기 전이라면 채무자의 다른 채권자는 이에 대하여 압류 또는 가압류, 처분금지 가처분을 할 수 있다(대판 2016. 9. 28, 2016다205915. 대판 2016. 8. 29, 2015다236547도 압류·가압류에 관하여 같은 취지임). 그러나 채권자대위소송이 제기되고 대위채권자가 채무자에게 대위권 행사사실을 통지하거나 채무자가 이를 알게 된 이후에는 민사집행법 제229조 제 5 항이 유추적용되어 피대위채권에 대한 전부명령은, 우선권 있는 채권에 기초한 것이라는 등의 특별한 사정이 없는 한, 무효라고 보는 것이 타당하다(대판 2016. 8. 29, 2015다236547. 그리고 대위채권자의 제 3 채무자에 대한 추심권능 내지 변제수령권능은 압류할 수 없는 성질의 것이고, 따라서 이러한 추심권능 내지 변제수령권능에 대한 압류명령 등은 무효이고, 채권자대위소송에서 확정된 판결에 따라 대위채권자가 제 3 채무자로부터 지급받을 채권에 대한 압류명령 등도 무효라고 함).

판 례 채권자대위권의 행사 관련 C-190

(ㄱ) 「집행채무자의 채권자가 그 집행채권자를 상대로 위 부당이득금 반환채권을 대위행사하는 경우 집행채무자에게 그 반환의무를 이행하도록 청구할 수도 있지만, 직접 대위채권자에게 이행하도록 청구할 수도 있다.」(대판 2005. 4. 15, 2004다70024)

(ㄴ) 「채권자대위권을 행사함에 있어서 채권자가 제 3 채무자에 대하여 자기에게 직접 급부를 요구하여도 상관없는 것이고, 자기에게 급부를 요구하여도 어차피 그 효과는 채무자에게 귀속되는 것이므로 채권자대위권을 행사하여 채권자가 제 3 채무자에게 그 명의의 소유권보존등기나 소유권이전등기의 말소절차를 직접 자기에게 이행할 것을 청구하여 승소하였다고 하여도 그 효과는 원래의 소유자인 대한민국에 귀속되는 것이니, 원심이 채권자대위권을 행사하는 채권자인 원고에게 직접 말소등기절차를 이행할 것을 명하였다고 하여 무슨 위법이 있다고 할 수 없다.」(대판 1996. 2. 9, 95다27998)

(ㄷ)「채권자가 채무자를 대위하여 제 3 채무자를 상대로 제기한 채권자대위소송이 법원에 계속 중 채무자와 제 3 채무자 사이에 채권자대위소송과 소송물을 같이하는 내용의 소송이 제기된 경우, 양 소송은 동일소송이므로 후소는 중복제소금지원칙에 위배되어 제기된 부적법한 소송이라 할 것」이다(대판 1992. 5. 22, 91다41187).

(ㄹ)「채권자대위소송이 계속 중인 상황에서 다른 채권자가 동일한 채무자를 대위하여 채권자대위권을 행사하면서 공동소송참가신청을 할 경우, 양 청구의 소송물이 동일하다면 민사소송법 제83조 제 1 항이 요구하는 '소송목적이 한쪽 당사자와 제 3 자에게 합일적으로 확정되어야 할 경우'에 해당하므로 그 참가신청은 적법하다. 이때 양 청구의 소송물이 동일한지는 채권자들이 각기 대위행사하는 피대위채권이 동일한지에 따라 결정되고, 채권자들이 각기 자신을 이행 상대방으로 하여 금전의 지급을 청구하였더라도 채권자들이 채무자를 대위하여 변제를 수령하게 될 뿐 자신의 채권에 대한 변제로서 수령하게 되는 것이 아니므로 이러한 채권자들의 청구가 서로 소송물이 다르다고 할 수 없다. 여기서 원고가 일부 청구임을 명시하여 피대위채권의 일부만을 청구한 것으로 볼 수 있는 경우에는 참가인의 청구금액이 원고의 청구금액을 초과하지 아니하는 한 참가인의 청구가 원고의 청구와 소송물이 동일하여 중복된다고 할 수 있으므로 소송목적이 원고와 참가인에게 합일적으로 확정되어야 할 필요성을 인정할 수 있어 참가인의 공동소송참가신청을 적법한 것으로 보아야 할 것이다.」(대판 2015. 7. 23, 2013다30301)

채권자대위권을 행사하는 **채권자와 채무자 사이의 관계**에 관하여 학설은 i) 법정위임관계가 있는 것으로 보는 견해와 ii) 사무관리라는 견해로 나뉘어 있다. 그리고 판례는 i)설과 같다(대결 1996. 8. 21, 96그8). i)설에 찬성한다. 그에 의하면 선량한 관리자로서의 주의의무가 있고(681조), 비용상환청구권도 가진다(688조).

C-191 **2. 행사의 범위**

채권자대위권은 채권의 보전을 위하여 채무자의 권리를 행사하는 권리이므로, 그 행사는 **채권보전에 필요한 범위에 한정된다.** 그리하여 관리행위만 가능하며, 처분행위는 허용되지 않는다. 그리고 채권의 공동담보를 위하여 채권자의 채권액 이상의 채무자의 권리(1개의 권리일 경우)를 행사할 수 있으나(이설 있음), 하나의 권리의 행사로 그 목적을 달성할 수 있는 때에는 다른 권리는 행사하지 못한다. 물론 특정채권의 보전을 위한 경우에는 그 채권의 보전에 필요한 권리만 행사할 수 있을 뿐이다(대판 1993. 4. 23, 93다289).

3. 행사의 효력 C-192

(1) 채무자의 처분권의 제한

1) 재판상의 대위신청을 허가한 경우에는 법원은 직권으로 채무자에게 고지하여야 하며(비송 49조 1항), 고지를 받은 채무자는 그 권리를 처분할 수 없다(비송 49조 2항).

2) 재판 외의 대위에 관하여는 민법이 규정하고 있다. 그에 의하면, 채권자가 보존행위 이외의 권리를 행사한 때에는 채무자에게 이를 통지하여야 하고(405조 1항), **채무자가 그 통지를 받은 후에는 그 권리를 처분하여도 채권자에게 대항하지 못한다**(405조 2항). 민법은 통지에 대하여만 규정하고 있으나, 통지는 없었지만 채무자가 대위권행사 사실을 안 때에도 통지가 있었던 때와 마찬가지로 다루어야 한다(통설·판례도 같다. 대판 2003. 1. 10, 2000다27343 등). 한편 채권자가 채무자에게 통지를 하거나 채무자가 채권자의 대위권행사 사실을 안 경우에는, 그 권리에 대한 채무자의 처분행위가 금지될 뿐 관리·보존행위까지 금지되는 것은 아니므로, 채무자는 변제수령(이는 처분행위가 아님)을 할 수 있고 또한 같은 이치에서 그의 명의로 소유권이전등기를 할 수 있다(대판 1991. 4. 12, 90다9407 등). 그러나 금지되는 것은 처분행위만이 아니며, 권리의 행사도 허용되지 않는다고 하여야 한다. 따라서 통지 등이 있은 후에는 채무자는 소제기도 하지 못한다(대판 1962. 5. 24, 4294민상251·252).

판 례 채권자대위권 행사의 효력 관련

(ㄱ) 「채권자가 채권자대위권에 기하여 채무자의 권리를 행사하고 있다는 사실을 채무자가 알게 된 이후에는 채무자가 그 권리를 처분하여도 이로써 채권자에게 대항하지 못하는 것인바, 채권자가 채무자와 제3채무자 사이에 체결된 부동산매매계약에 기한 소유권이전등기 청구권을 보전하기 위해 채무자를 대위하여 제3채무자의 부동산에 대한 처분금지가처분을 신청하여 가처분결정을 받은 경우에는 피보전권리인 소유권이전등기 청구권을 행사한 것과 같이 볼 수 있으므로, 채무자가 그러한 채권자대위권 행사 사실을 알게 된 이후에 그 매매계약을 합의해제함으로써 채권자대위권의 객체인 부동산 소유권이전등기 청구권을 소멸시켰다 하더라도 이로써 채권자에게 대항할 수 없고, 그 결과 제3채무자 또한 그 계약해제로써 채권자에게 대항할 수 없는 것이다.」(대판 2007. 6. 28, 2006다85921)

(ㄴ) 「채무자가 자신의 채무불이행을 이유로 매매계약이 해제되도록 한 것을 두고 민법 제405조 제2항에서 말하는 '처분'에 해당한다고 할 수 없다. 따라서 채무자가 채권자대위권 행사의 통지를 받은 후에 채무를 불이행함으로써 통지 전에 체결된 약정에 따라 매매계약이 자동적으로 해제되거나, 채권자대위권행사의 통지를 받은 후에 채무자의 채무불이행을 이유로 제3채무자가 매매계약을 해제한 경우 제3채무자는 그 계약해제로써 대위권을 행사하는 채권자에게 대항할 수 있다고 할 것이다. 다만 형식적으로는 채무자의 채무불이행을 이유로 한 계약해제인 것처럼 보이지만 실질적으로는 채무자와 제3채무자 사이의 합

의에 따라 계약을 해제한 것으로 볼 수 있거나, 채무자와 제 3 채무자가 단지 대위채권자에게 대항할 수 있도록 채무자의 채무불이행을 이유로 하는 계약해제인 것처럼 외관을 갖춘 것이라는 등의 특별한 사정이 있는 경우에는 채무자가 그 피대위채권을 처분한 것으로 보아 제 3 채무자는 그 계약해제로써 대위권을 행사하는 채권자에게 대항할 수 없다고 할 것이다.」(대판(전원) 2012. 5. 17, 2011다87235[핵심판례 246면])

C-193 **(2) 제 3 자(제 3 채무자)의 항변권**

채권자가 대위권을 행사하는 경우에 제 3 채무자는 채무자가 그 권리를 행사하는 경우보다 더 불이익한 지위에 놓이지 않아야 한다. 따라서 제 3 채무자는 채무자에 대하여 가지는 모든 항변(예: 권리소멸 · 상계 · 동시이행 · 무효의 항변)으로 채권자에게 대항할 수 있다(동지 대판 2023. 4. 13, 2022다244836 등). 그러나 채무자가 채권자에게 주장할 수 있는 사유(예: 소멸시효의 항변)를 주장할 수 없음은 물론이다(대판 2004. 2. 12, 2001다10151 등).

대위권행사의 통지 후에는(채무자가 대위권행사 사실을 안 때에도 같음) 채무자의 처분행위가 금지되므로 채무자가 권리를 소멸시키는 행위(예: 면제)를 하더라도 제 3 채무자가 이를 가지고 채권자에게 대항할 수 없으나, 대위권행사 통지나 법원의 고지가 있은 후에도 채무자에 대한 변제 등 채무자의 처분행위에 의하지 않고 취득한 항변권이 있으면 채권자에게 대항할 수 있다.

(판 례) 대위권 행사시 채권자가 주장할 수 있는 사유

「채권자대위권은 채무자의 제 3 채무자에 대한 권리를 행사하는 것이므로, 제 3 채무자는 채무자에 대해 가지는 모든 항변사유로써 채권자에게 대항할 수 있으나, 채권자는 채무자 자신이 주장할 수 있는 사유의 범위 내에서 주장할 수 있을 뿐, 자기와 제 3 채무자 사이의 독자적인 사정에 기한 사유를 주장할 수는 없는 것이다.」(대판 2009. 5. 28, 2009다4787)

C-194 **Ⅳ. 채권자대위권 행사의 효과**

1. 효과의 귀속

채권자대위권 행사의 효과는 직접 채무자에게 귀속하고(대판 1996. 2. 9, 95다27998), 모든 채권자를 위하여 공동담보가 된다. 즉 채권자는 설사 그가 목적물을 변제받았더라도 우선변제권을 갖지 않으며, 그가 채권의 변제를 받으려면 채무자로부터 임의변제를 받거나 강제집행절차(이때는 다른 채권자의 배당가입신청이 있을 수 있음)를 밟아야 한다. 다만, 상계의 요건이 갖추어진 때에는 상계함으로써 사실상 우선변제를 받을 수는 있다.

판 례 대위권 행사의 효과 귀속

「채권자대위권 행사의 효과는 채무자에게 귀속되는 것이므로 채권자대위소송의 제기로 인한 소멸시효 중단의 효과 역시 채무자에게 생긴다.」(대판 2011. 10. 13, 2010다80930)

2. 비용상환청구권

채권자대위는 일종의 법정위임관계이므로, 채권자는 대위를 위하여 비용을 지출하였을 경우 제688조를 유추적용하여 채무자에게 그 비용의 상환을 청구할 수 있다(대결 1996. 8. 21, 96그8: 그 비용상환청구권은 강제집행을 직접 목적으로 하여 지출된 집행비용이라고는 볼 수 없으므로 지급명령신청에 의하여 지급을 구할 수 있다).

3. 대위소송의 판결의 효력 C-195

대위소송의 판결의 효력이 그 당사자인 대위채권자와 제 3 채무자에게 미침은 당연하다. 그런데 채무자에게도 미치는지 문제된다.

(1) 대위소송이 제기된 경우에 채무자가 독립당사자로서 소송에 참가할 수는 없다. 그것은 이중제소가 되기 때문이다(채무자가 별도의 소를 제기한 경우도 같다). 그러나 채무자가 보조참가를 할 수는 있다(민소 71조). 그런가 하면 당사자가 채무자에게 소송고지를 할 수도 있다(민소 84조). 그러한 때에는 대위소송판결의 효력이 채무자에게도 미친다(민소 77조, 86조). 그런데 보조참가를 한 경우나 소송고지가 된 경우에 채무자에게 효력이 미치는 것은 참가적 효력이고 기판력과는 다르다.

(2) 채무자가 보조참가를 하지도 않았고 또 소송고지를 받지도 않은 경우에는 어떤가? 여기에 관하여 판례는 과거에는 채무자에게 효력이 미치지 않는다고 하였으나(대판 1970. 7. 21, 70다866 등), 현재에는 어떤 사유로 인하여서든 소송이 제기된 사실을 채무자가 알았을 경우에는 그 판결의 효력이 채무자에게 미친다고 한다(대판(전원) 1975. 5. 13, 74다1664; 대판 2014. 1. 23, 2011다108095 등). 그리고 학설은 i) 언제나 채무자에게 미친다는 견해(사견도 같음)와 ii) 현재의 판례와 같은 견해로 나뉘어 있다.

주의할 것은, 이때 채무자에게도 기판력이 미친다는 의미는 채권자대위소송의 소송물인 피대위채권의 존부에 관하여 채무자에게도 기판력이 인정된다는 것이고, 채권자대위소송의 소송요건인 피보전채권의 존부에 관하여 당해 소송의 당사자가 아닌 채무자에게 기판력이 인정된다는 것은 아니라는 점이다(대판 2014. 1. 23, 2011다108095). 따라서 채권자가 채권자대위권을 행사하는 방법으로 제 3 채무자를 상대로 소송을 제기하였다가 채무자를 대위할 피보전채권이 인정되지 않는다는 이유로 소각하 판결을 받아 확정된 경우 그 판결의 기판력이 채권자가 채무자를 상대로 피보전채권의 이행을 구하는 소송에 미치는 것은 아니다(대판 2014. 1. 23, 2011다108095).

제 3 절 채권자취소권

사 례 (신사례 [59]번 문제 물음 1)

A는 2006. 10. 15. B로부터 5,000만원을 이자 월 2푼, 변제기를 1년 후로 하여 빌리면서 B의 대여금채권을 담보하기 위하여 자신의 유일한 재산인 X토지(시가 1억원)에 채권의 최고액을 1억원으로 하는 근저당권을 설정해 주었다. 그리고 A는 2007. 12. 5. C로부터 7,000만원을 이자 월 2푼, 변제기를 6개월 후로 하여 빌렸다. 2008. 1. 16. A는 X토지를 그의 형인 D에게 1억원에 매도하고 같은 달 28. 소유권이전등기를 해 주었다. 한편 D의 채권자인 E는 D가 채무를 변제하지 않자 2008. 2. 13. X토지를 가압류하였다. 그 뒤 채권을 변제받지 못한 B는 X토지에 설정된 자신의 근저당권을 실행하였고, 그 매각대금으로 받은 1억원은 B에게 6,800만원이 지급되고 나머지는 E에게 지급되었다. 현재는 2008. 4. 20.이다.

이 경우에 C는 A와 D 사이의 매매를 사해행위를 이유로 취소할 수 있는가? (사례의 해결: C-233)

C-196 I. 채권자취소권의 의의 및 성질

1. 의 의

채권자취소권은 채권자를 해함을 알면서 행한 채무자의 법률행위(사해행위)를 취소하고 채무자의 재산을 회복하는 것을 목적으로 하는 채권자의 권리이다(406조 1항). 가령 A에 대하여 1,000만원의 금전채무를 부담하고 있는 B가 그의 유일한 재산인 토지를 그의 친척 C에게 증여한 경우에, A는 B·C 사이의 증여계약을 취소하고 그 토지를 회복할 수 있는데, 이것이 채권자취소권이다.

채권자취소권은 채권의 공동담보가 부족한 것을 알면서 재산감소행위를 한 경우에 그 행위의 효력을 부인하고 재산을 되찾아와 채권의 공동담보를 유지·보전하는 제도이다. 그런데 그와 같은 목적을 가지는 제도로는 「채무자회생 및 파산에 관한 법률」상의 부인권(동법 100조 이하(회생절차의 경우)·391조 이하(파산선고절차의 경우)·584조(개인회생절차의 경우))도 있다.

채권자취소권은 채권자대위권과 마찬가지로 채무자의 책임재산 보전을 목적으로 한다. 그러나 채권자대위권은 채무자가 본래 행사하여야 할 권리를 행사하지 않는 때에 채권자가 대신 행사하는 것이다. 그리하여 그것은 채무자나 제 3 자에게 미치는 영향이 적다. 그에 비하여 채권자취소권은 채무자가 제 3 자와 행한 완전히 유효한 법률행위를 취소하고 재산을 회복시키는 것이어서, 채무자나 제 3 자에 대하여 크게 영향을 미치게 된다. 그 때문에 민법은 채권자취소권에 대하여는 규제를 많이 가하고 있다(예: 재판상 행사, 단기의 제척기간).

2. 성 질 C-197

(1) 실체법상의 권리

채권자취소권은 소송법상의 권리가 아니고 실체법상의 권리이다.

(2) 채권의 효력으로서 인정된 권리

채권자취소권은 채권의 효력(책임재산 보전의 효력)으로 인정된 것이다. 따라서 채권이 양도되면 그 권리도 이전한다.

(3) 본질적 내용

채권자취소권의 본질적 내용이 사해행위의 취소에 있는지(형성 권설), 사해행위로 일탈(逸脫)한 재산의 회복에 있는지(청구 권설), 이 둘의 결합에 있는지(결합 설)가 문제된다. 여기에 관하여 우리의 다수설(결합설의 수정 설. 사견도 같음)은 채권자취소권은 사해행위를 취소하고 사해행위의 결과 채무자로부터 빠져나간 재산의 반환을 청구하는 권리라고 한다. 그런데 이 견해는 사해행위의 취소는 채권자가 수익자 또는 전득자로부터 재산의 반환을 청구하는 데 필요한 범위에서 이들에 대한 관계에서만, 즉 상대적으로 그 효력이 없게 될 뿐이라고 한다(이 점에서 본래의 결합설과는 다른 수정적인 견해가 됨). 그리고 판례는, 채권자취소권은 채무자의 사해행위를 채권자와 수익자 또는 전득자 사이에서 상대적으로 취소하고 채무자의 책임재산에서 일탈한 재산을 회복하여 채권자의 강제집행이 가능하도록 하는 것을 본질로 하는 권리라고 하여(대판 2008. 4. 24, 2007다84352), 다수설과 같다.

다수설·판례 및 사견에 의하면, 채권자취소권 행사의 경우 소의 성질은 형성의 소와 이행의 소의 결합이 되고, 판결주문에서는 취소와 재산반환을 모두 명하게 된다(다만, 재산의 일탈이 없을 경우에는 사해행위의 취소만을 명한다). 그리고 피고는 수익자나 전득자가 되고, 채무자는 포함되지 않는다. 나아가 사해행위의 취소는 수익자 또는 전득자로부터 재산의 반환을 청구하는 데 필요한 범위에서만 상대적으로 효력이 생기게 된다(상대적 무효).

Ⅱ. 채권자취소권의 요건 C-198

채권자취소권이 성립하려면, 당연한 요건으로서 채권자의 채권의 존재가 필요하고, 그 외에 채무자가 채권자를 해치는 법률행위 즉 사해행위(詐害行爲)를 하였어야 하며, 채무자와 수익자(또는 전득자)가 사해(詐害)의 사실을 알고 있었어야 한다(악의)(406조 1항).

1. 채권자의 채권(피보전채권)의 존재

채권자가 보전하여야 할 채권을 가지고 있어야 한다. 채권자의 채권과 관련하여서는 모든 채권이 피보전채권이 될 수 있는지, 채권이 언제 성립하여야 하는지, 그리고 채권의 변제기가 되었어야 하는지 등이 문제된다.

(1) 피보전채권이 될 수 있는 채권

1) 금전채권 금전채권은 가장 전형적인 피보전채권이다(대판 1961. 8. 10, 60다436은 금전채권자만이 채권자취소권을 가진다고 하나, 이는 옳지 않다).

C-199 **2) 금전채권 이외의 채권, 특히 특정채권** 금전채권이 아닌 채권 특히 특정채권(특정물채권을 포함하여 급부가 특정되어 있는 채권 전부를 가리킴. 예: 등기청구권·임차권)이 피보전채권이 될 수 있는가? 여기에 관하여 판례는, 채권자취소권은 채권자의 공동담보인 채무자의 책임재산의 감소를 방지하기 위한 것이고 특정채권의 보전을 목적으로 하는 것이 아니므로 특정물에 대한 소유권이전청구권을 보전하기 위하여서는(특히 2중매매의 경우) 채권자취소권을 행사할 수 없다고 한다(대판 1999. 4. 27, 98다56690[핵심판례 248면] 등 다수의 판결). 그리고 학설은 i) 특정채권의 보전을 위하여서는 채권자취소권을 행사할 수 없다는 견해, ii) 특정물채권에 관하여 논의하면서, 특정물채권의 실현 그 자체를 위하여서는 취소권을 행사할 수 없지만, 공동담보의 보전을 목적으로 하여서는 행사할 수 있다는 견해 등으로 나뉘어 있다(사견은 채권법총론 [130] 참조). 한편 판례(대판 1965. 6. 29, 65다477. 이 판결에서는 백미 8가마니의 채권(불특정물채권)이 문제되었다)와 i)설을 취하는 문헌은 금전채권이 아니더라도 그 채무의 불이행으로 손해배상채권으로 변할 수 있는 것은 모두 피보전채권으로 될 수 있다고 한다.

나아가 불특정채권(대표적인 예: 종류채권)의 경우에는 많은 경우에 채권자취소권이 공동담보의 보전을 가져올 것이다. 그 채무가 조달채무(C-43 참조)로서의 성질을 가진 때에 그렇다. 따라서 그러한 때에는 취소권을 행사할 수 있다. 그러나 재고채권(한정종류채권)에 있어서는 다르다. 그 때에는 물건을 외부에서 조달할 의무가 없기 때문이다.

한편 채권자의 채권이 특정채권이든 불특정채권이든 그것이 후에 채무불이행 특히 이행불능에 의하여 손해배상채권으로 변한 때에는 그것 자체가 금전채권으로서 피보전채권이 될 수 있다. 다만, 그 경우에는 손해배상채권이 발생한 이후에 행하여진 행위만 취소될 수 있다. 판례도 2중매매의 경우에 2중양도로 인한 손해배상채권은 2중양도행위에 대하여 취소권을 행사할 수 있는 피보전채권으로 될 수 없다고 한다(대판 1999. 4. 27, 98다56690[핵심판례 248면]).

C-200 **3) 물적 담보를 수반하는 채권** 질권·저당권과 같은 물적 담보에 의하여 담보되는 채권은 우선변제를 받지 못하는 범위에서만 취소권을 행사할 수 있다. 판례도 같은 입장에서, 주채무자 또는 제3자 소유의 부동산에 대하여 채권자 앞으로 근저당권이 설정되어 채권자에게 우선변제권이 확보되어 있다면 그 범위 내에서는 채무자의 재산처분행위는 채권자를 해하지 않으므로 그 담보물로부터 우선변제받을 액을 공제한 나머지 채권액에 대하

여만 채권자취소권이 인정된다고 한다(대판 2002. 4. 12, 2000다63912[핵심판례 250면]; 대판 2021. 11. 25, 2016다263355 등 다수)(이때 취소채권자가 「담보물로부터 우선변제받을 금액」은 사해행위 당시를 기준으로 담보물의 가액에서 취소채권자에 앞서는 선순위 담보물권자가 변제받을 금액을 먼저 공제한 다음 산정하여야 한다. 대판 2021. 11. 25, 2016다263355). 그리고 이 경우 피보전채권의 존재와 범위는 채권자취소권 행사의 한 요건에 해당하므로, 채권자취소권을 행사하는 채권자가 자신이 주장하는 피보전채권이 담보권의 존재에도 불구하고 우선변제권 범위 밖에 있다는 점을 주장·증명할 것이라고 한다(대판 2014. 9. 4, 2013다60661 등). 그리고 이때 우선변제받을 금액은 처분행위 당시의 담보목적물의 시가를 기준으로 산정할 것이라고 한다(대판 2014. 9. 4, 2013다60661). 또한 이와 같은 법리는 「자동차 등 특정동산 저당법」에 따라 자동차에 대하여 채권자 앞으로 근저당권이 설정되어 있는 경우에도 마찬가지로 적용된다고 한다(대판 2014. 9. 4, 2013다60661: 따라서 자동차에 대하여 채권자 앞으로 근저당권이 설정되어 있는 경우 근저당권에 의하여 우선변제받을 금액과 이를 공제한 피보전채권액의 산정은 특별한 사정이 없는 한 처분행위 당시의 자동차 시가를 기준으로 할 것이라고 함). 나아가 채권자의 채권원리금이 그 우선변제권에 의하여 전액 담보되지 아니하는 경우에는, 변제충당의 법리를 유추적용하여 사해행위 시점에서는 이자채권이 원금채권에 우선하여 우선변제권에 의하여 담보되고 있다고 볼 것이므로, 담보되지 않는 부분 가운데에는 원금에 해당하는 금원이 포함되어 남아 있게 될 것이고, 따라서 채권자가 채권자취소권을 행사할 수 있는 범위는 그 이후 담보권의 실행 등으로 소멸한 부분을 제외하고 난 다음 실제로 남은 미회수 원리금 전부가 아니라 사해행위 당시 채권최고액 및 담보부동산의 가액을 초과하는 부분(대판 2002. 11. 8, 2002다41589는 '사해행위 당시 채권최고액 및 이 사건 담보부동산의 가액을 초과하는 부분'이라고 하고, 대판 2010. 2. 11, 2009다81616은 '사해행위 당시 담보부동산의 가액과 채권최고액 중 적은 금액을 초과하는 부분'이라고 하는데, 뒤의 것이 더 정확한 것으로 생각된다)에 해당하는 채무원리금 및 그중 원금부분에 대한 사실심 변론종결시점까지 발생한 지연이자 상당의 금원이 이에 해당한다고 한다(대판 2010. 2. 11, 2009다81616 등 다수).

4) 인적 담보를 수반하는 채권 보증채무·연대채무와 같은 인적 담보를 수반하는 채권은 담보자에게 변제자력이 있더라도 우선변제가 보장되는 것은 아니므로 그 전 범위에서 취소권을 행사할 수 있다. C-201

5) 재산분할청구권 민법은 근래 개정을 통하여(2007. 12. 21) 협의상 이혼 또는 재판상 이혼한 자의 재산분할청구권을 보전하기 위하여서 채권자취소권을 행사할 수 있도록 하였다. 그에 의하면, 부부의 일방이 다른 일방의 재산분할청구권 행사를 해함을 알면서도 재산권을 목적으로 하는 법률행위를 한 때에는, 다른 일방은 제406조 제 1 항을 준용하여 그 취소 및 원상회복을 가정법원에 청구할 수 있다(839조의 3 1항·843조). 그리고 그 소는 제406조 제 2 항의 기간 내에 제기하여야 한다(839조의 3 2항·843조).

6) 채무자가 파산절차에서 면책결정을 받은 채권 채권자취소권은 채무자의 책임재산을 보전하기 위한 제도로서 채무자에 대하여 채권을 행사할 수 있음이 전제되어야 할 것이므로, 채무자가 파산절차에서 면책결정을 받은 때에는, 파산채권을 피보전채권으로 하여 채권자취소권을 행사하는 것은 그 채권이 채무자회생법 제566조 단서의 예외사유에 해당하지 않는 한 허용되지 않는다(대판 2008. 6. 26, 2008다25978).

7) 확정판결의 집행이 권리남용에 해당하는 경우의 판결금 채권 판례는, 확정판결에 기한 집행이 권리남용에 해당하여 청구이의의 소에 의하여 그 집행의 배제를 구할 수 있는 정도의 경우라면 그러한 판결금 채권에 기초한 다른 권리의 행사, 예를 들어 그 판결금 채권을 피보전채권으로 하여 채권자취소권을 행사하는 것 등도 허용될 수 없다고 한다(대판 2014. 2. 21, 2013다75717).

C-202 **(2) 피보전채권의 성립시기**

채권자의 채권은 사해행위가 있기 전에 발생한 것이어야 한다(이설이 없으며, 판례도 같음. 대판 2002. 4. 12, 2000다43352(법률행위(매매계약)의 이행으로서 가등기를 한 경우에 그 법률행위가 취소채권자의 채권보다 먼저 발생한 경우에는 그 가등기는 채권자취소권의 대상이 아니라고 함) 등). 사해행위 이후에 발생한 채권은 사해행위에 의하여 침해될 수가 없기 때문이다. 다만, 판례는 이러한 원칙에 하나의 예외를 인정하고 있다. 즉 사해행위 당시에 이미 채권 성립의 기초가 되는 법률관계(이는 약정에 의한 것 외에 준법률관계나 사실관계를 포함하며, 따라서 계약교섭이 상당히 진행된 때도 포함된다고 함. 대판 2002. 11. 8, 2002다42957)가 발생되어 있고, 가까운 장래에 그 법률관계에 기하여 채권이 성립되리라는 것에 대한 고도의 개연성이 있으며, 실제로 가까운 장래에 그 개연성이 현실화되어 채권이 성립된 경우에는, 그 채권도 채권자취소권의 피보전채권이 될 수 있다고 한다(대판 2023. 3. 16, 2022다272046 등 다수의 판결). 그리고 이러한 법리는 물적 담보권자가 채권자취소권을 행사할 수 있는 피보전채권의 범위를 정하는 경우에도 마찬가지로 적용된다고 한다. 그리하여 취소채권자가 채무자 소유의 부동산에 관하여 근저당권을 설정하였는데 사해행위 당시 채무자에 대하여 근로기준법에 따라 최우선변제권을 갖는 임금채권이 이미 성립되어 있고, 임금채권자가 우선변제권 있는 임금채권에 기하여 취소채권자의 담보물에 관하여 압류나 가압류 등기를 마치는 등 가까운 장래에 우선변제권을 행사하리라는 점에 대한 고도의 개연성이 있으며, 실제로 가까운 장래에 임금채권자가 그 담보물에 관하여 우선변제권을 행사하여 그 개연성이 현실화된 경우에는, 사해행위 당시 담보물로부터 우선변제를 받을 수 없는 일반채권이 발생할 고도의 개연성이 가까운 장래에 현실화된 것이므로 그 일반채권도 채권자취소권을 행사할 수 있는 피보전채권이 될 수 있다고 하며, 이러한 경우 취소채권자가 「담보물로부터 우선변제받을 금액」은 사해행위 당시를 기준으로 담보물의 가액에서 우선변제권 있는 임금채권액을 먼저 공제한 다음 산정하여야 하고, 취소채권자는 그 채권액에서 위와 같이 산정된 「담보물로부터 우선변제받을 금액」을 공제한 나머지 채권액에 대하여만 채권자취소권이 인정된다고 한다(대판 2021. 11. 25, 2016다263355). 한편 대법원은, 특별한 사정이 없는 한 사해행위 당시 계속적인 물품거래관계가 존재하였다는 사정만으로 채권 성립의 기초가 되는 법률관계가 발생하여 있었다고 할 수 없다고 한다(대판 2023. 3. 16, 2022다272046 등).

채권자의 채권이 사해행위 이전에 성립되어 있는 이상 그 채권이 양도된 경우에도 그 양수인이 채권자취소권을 행사할 수 있고, 이 경우 채권양도의 대항요건을 사해행위 이후에 갖추었더라도 채권양수인이 채권자취소권을 행사하는 데 아무런 장애사유가 될 수 없다(대판 2006. 6. 29, 2004다5822. 사해행위 전에 채권이 양도된 경우임). 사해행위 이전에 성립한 채권이 사해행위 이후에 양도되었다고 하더라도 양수인이 채권자취소권을 행사할 수 있는 점은 같다(대판 2012. 2. 9, 2011다77146). 한편 판례는, 피보전채권이 사해행위 이전에 성립되어 있는 이상 그 액수나 범위가 구체적으로 확정되지 않은 경우라고 하더라도 채권자취소권의 피보전채권이 된다고 한다(대판 2018. 6. 28, 2016다1045).

판 례 **피보전채권의 발생시기 관련** C-203

(ㄱ) 「부동산을 양도받아 소유권이전등기 청구권을 가지고 있는 자가 양도인이 제 3 자에게 이를 이중으로 양도하여 소유권이전등기를 경료하여 줌으로써 취득하는 부동산 가액 상당의 손해배상채권은 이중양도행위에 대한 사해행위취소권을 행사할 수 있는 위와 같은 피보전채권에 해당한다고 할 수 없다.」(대판 1999. 4. 27, 98다56690[핵심판례 248면])

(ㄴ) 채무자가 보증인의 보증 하에 은행으로부터 대출을 받음에 있어 채무자의 보증인에 대한 구상채무에 대하여 연대보증한 자가 연대보증 후 소유 부동산을 제 3 자에게 증여한 사안에서, 증여계약 당시 채무자가 당해 대출금을 당초 변제기까지 변제하지 못하고 변제기를 연장하였을 뿐만 아니라 그 외에도 원금을 변제하지 못하고 있는 대출금이 많이 있었고, 거래처의 부도로 인하여 막대한 손해를 보고 있었던 점 등 증여계약 당시의 채무자의 재정상태에 비추어 볼 때 채권자취소권의 피보전채권인 구상채권의 성립의 개연성이 있었다고 인정한 사례(대판 1997. 10. 28, 97다34334).

(ㄷ) 채권자의 보증채무 이행으로 인한 구상금채권이 채무자의 사해행위 당시 아직 발생하지는 않았으나 그 기초가 되는 신용보증약정은 이미 체결되어 있었고 사해행위 시점이 주채무자의 부도일 불과 한 달 전으로서 이미 주채무자의 재정상태가 악화되어 있었던 경우, 위 구상금채권은 채권자취소권의 피보전채권이 된다고 한 사례(대판 2000. 2. 25, 99다53704).

(ㄹ) 채무자가 채권자와 신용카드 가입계약을 체결하고 신용카드를 발급받았으나 자신의 유일한 부동산을 매도한 후에 비로소 신용카드를 사용하기 시작하여 신용카드대금을 연체하게 된 경우, 그 신용카드대금채권은 사해행위 이후에 발생한 채권에 불과하여 사해행위의 피보전채권이 될 수 없다고 한 사례(대판 2004. 11. 12, 2004다40955).

(3) 피보전채권의 이행기가 되었어야 하는지 여부

채권자대위권의 경우와 달리 채권자취소권에서는 채권이 이행기에 있을 것이 요구되지 않는다. 따라서 채권의 이행기가 되기 전에도 취소권은 행사할 수 있다(이설 없음). 나아가 조건부 채권 · 기한부 채권도 피보전채권으로 될 수 있다고 하여야 한다. 판례도, 취소채권자의 채권이 정지조건부 채권인 경우에 관하여, 장래에 그 정지조건이 성취되기 어려울 것으로 보이는 등의 특별한 사정이 없는 한, 그것을 피보전채권으로 하여 채권자취소권을 행사할 수 있다고 한다(대판 2011. 12. 8, 2011다55542: 공사도급계약의 수급인이 공사가 완공되지 못하고 중도에 계약이 해제될 경우 원고에게 일정액을 지급해야 하는 정지조건부 채무를 부담하고 있는데, 그의 유일한 재산에 관하여 타인에

계 근저당권설정 등기를 해 준 사안).

C-204 ## 2. 사해행위

채권자취소권이 성립하려면 사해행위가 있어야 한다.

(1) 채무자의 법률행위

채무자가 행한 행위만 사해행위로서 취소할 수 있으며, 채무자 이외의 자가 행한 행위(예: 채무자로부터 토지를 매수한 자나 전득한 자가 행한 양도행위 또는 저당권설정행위)는 취소하지 못한다. 그리고 사해행위는 원칙적으로 법률행위이나, 준법률행위(최고 · 채권양도의 통지 · 채무승인 등)도 취소할 수 있다고 하여야 한다(이설 없음). 나아가 통설은 법률상 의사표시가 있었던 것처럼 다루어지는 경우(법정추인(15조 · 145조) · 추인거절(131조) 등)에도 취소할 수 있다고 새긴다(사견은 다름. 채권법총론 [133] 참조). 사해행위가 법률행위인 경우 그것은 종류를 묻지 않으며, 따라서 계약뿐만 아니라 단독행위(권리포기 · 채무면제 등)나 합동행위(회사설립 행위 등)라도 무방하다. 그리고 그 법률행위가 채권행위·물권행위·준물권행위 중 어느 것이라도 상관없다(동지 대판 1975. 4. 8, 74다1700).

법률행위가 무효인 경우에는 채권자취소권을 행사할 수 없는가? 이 문제는 주로 허위표시행위(가장행위)에 관하여 논의되고 있다. 여기에 관하여 판례는 채무자의 법률행위가 통정허위표시인 경우에도 채권자취소권의 대상이 된다고 할 것이고(대판 2022. 5. 26, 2021다288020 등 다수), 한편 채권자취소권의 대상으로 된 채무자의 법률행위라도 허위표시의 요건을 갖춘 경우에는 무효라고 한다(대판 1998. 2. 27, 97다50985). 이때 통정 허위표시에 관한 증명책임은 취소채권자에게 있다고 한다(대판 2012. 7. 26, 2012다30861. 이 판결 사안에서는 가장증여가 문제되었다). 그리고 학설은 일치하여 판례와 마찬가지로 허위표시행위라도 채권자취소권을 행사할 수 있다고 한다.

C-205 ### (2) 재산권을 목적으로 하는 법률행위

취소의 대상이 되는 사해행위는 매매 · 대물변제 · 저당권설정과 같이 직접 재산권을 목적으로 하는 법률행위(또는 기타의 행위)이어야 한다(406조 1항 본문). 이는 채무자의 자유를 침해하지 않기 위한 것이다. 그러므로 혼인 · 입양 · 인지 등과 같이 직접 재산권을 목적으로 하지 않는 행위는 취소할 수 없다. 그리고 재산행위일지라도 채무자의 자유의사에 맡겨야 하는 행위(예: 상속의 포기 · 승인, 증여 또는 유증의 거절)는 원칙적으로는 취소할 수 없다(대판 2011. 6. 9, 2011다29307은, 상속의 포기는 406조 1항에서 정하는 「재산권에 관한 법률행위」에 해당하지 않아 사해행위 취소의 대상이 되지 못한다고 하며, 대판 2019. 1. 17, 2018다260855는 유증을 받을 자가 이를 포기하는 것은 사해행위 취소의 대상이 되지 않는다고 한다). 다만, 사정에 따라서는 취소가 인정되어야 할 때도 있다. 가령 채무자가 협의이혼을 하면서 배우자에게 상당한 정도를 넘는 과대한 재산분할을 하는 특별한 사정이 있는 경우에는 상당한 부분을 초과하는 부분에 대하여 취소할 수 있다(대판 2005. 1. 28, 2004다58963 등)(상당한 정도를 벗어나는 과대한 재산분할이라고 볼 만한 특별한 사정이 있다는 점에 관한 증명책임은 채권자에게 있다. 대판 2000. 7. 28, 2000다14101(E-64에 인용)).

상속재산의 분할협의는 그 성질상 재산권을 목적으로 하는 법률행위이므로 사해행위 취소권 행사의 대상이 될 수 있고(대판 2024. 5. 30, 2024다208315 등), 이미 채무초과 상태에 있는 채무자가 상속재산의 분할협의를 하면서 자신의 상속분에 관한 권리를 포기함으로써 일반 채권자에

대한 공동담보가 감소된 경우에는 원칙적으로 채권자에 대한 사해행위에 해당한다(대판 2024. 5. 30, 2024다208315 등). 그런데 재산분할 결과가 구체적 상속분에 상당하는 정도에 미달하는 과소한 것이라고 인정되어야 하며, 그 경우에도 사해행위로서 취소되는 범위는 그 미달하는 부분에 한정하여야 한다(대판 2001. 2. 9, 2000다51797. 이때 지정상속분이나 기여분, 특별수익 등의 존부 등 구체적 상속분이 법정상속분과 다르다는 사정은 채무자가 주장·증명해야 함: E-223에 인용함)(금전채무와 같이 급부의 내용이 가분인 채무가 공동상속된 경우 이는 상속개시와 동시에 당연히 법정상속분에 따라 공동상속인에게 분할되어 귀속되는 것이어서 상속재산 분할의 대상이 될 여지가 없으므로, 채무자가 상속한 금전채무를 구체적 상속분 산정에 포함할 것은 아니다. 대판 2014. 7. 10, 2012다26633).

압류가 금지되는 재산권은 채권의 공동담보가 되지 못하므로 그에 관한 행위도 취소할 수 없다.

판례는, 공법상의 허가권 등의 양도행위가 사해행위로서 채권자취소권의 대상이 되기 위해서는, 행정관청의 허가 없이 그 허가권 등을 자유로이 양도할 수 있는 등으로 그 허가권 등이 독립한 재산적 가치를 가지고 있어 민사집행법 제251조 소정의 「그 밖의 재산권」에 대한 집행방법에 의하여 강제집행할 수 있어야 할 것인데 구 수산업법(2009. 4. 22. 법률 제9626호로 전부 개정되기 전의 것) 제43조에서 규정하는 어업허가의 양도는 허용되지 않는다고 할 것이므로, 결국 민사집행법 제251조 소정의 강제집행의 대상이 될 수 없는 어업허가를 양도한 행위는 채권자취소권의 대상이 될 수 없다고 한다(대판 2010. 4. 29, 2009다105734). 그에 비하여 공유수면관리법과 같은 법 시행령의 각 규정에 의하면, 공유수면 점용허가권은 공법상의 권리라고 하더라도 허가를 받은 자가 관할 관청의 허가 없이 그 점용허가권을 자유로이 양도할 수 있으므로 독립한 재산적 가치를 가지고 있고, 법률상 압류가 금지된 권리도 아니어서 민사집행법 제251조 소정의 「그 밖의 재산권」에 대한 집행방법에 의하여 강제집행을 할 수 있고, 사해행위로서 이를 양도한 경우에는 채권자취소권의 대상이 된다고 한다(대판 2005. 11. 10, 2004다7873).

판례는, 채무자가 소멸시효 완성 후에 한 소멸시효이익의 포기행위는 소멸하였던 채무가 소멸하지 않았던 것으로 되어 결과적으로 채무자가 부담하지 않아도 되는 채무를 새롭게 부담하게 되는 것이므로 채권자취소권의 대상인 사해행위가 될 수 있다고 한다(대결 2013. 5. 31, 2012마712). 그리고 협의 또는 심판에 의하여 구체화되지 않은 이혼에 따른 재산분할청구권은 채무자의 책임재산에 해당하지 않고, 이를 포기하는 행위 또한 채권자취소권의 대상이 될 수 없다고 한다(대판 2013. 10. 11, 2013다7936). 그런가 하면 채무자가 영업재산과 영업권이 유기적으로 결합된 일체로서의 영업을 양도함으로써 채무초과상태에 이르거나 이미 채무초과상태에 있는 것을 심화시킨 경우, 그 영업양도는 채권자취소권 행사의 대상이 된다고 한다(대판 2015. 12. 10, 2013다84162).

(3) 채권자를 해하는 법률행위일 것 C-206

1) 서 설 여기서 채권자를 해한다는 것은 채무자의 재산행위로 말미암아 채무자의 적극재산이 소극재산인 채무의 총액보다 적은 것, 즉 채무초과 또는 무자력을 가리킨다(대판 1982. 5. 25, 80다1403 등)(채무자의 재산처분행위로 인하여 무자력 또는 채무초과상태가 초래되었다는 사실에 관한 주장·증명책임은 취소채권자가 부담함. 대판 2023. 10. 18, 2023다237804 등). 그러나 사해행

위 여부를 무자력인지에 의하여 단순히 숫자적으로 판단할 것은 아니다. 그것 외에 채무자의 의도, 채권자가 변제받을 가능성이 줄어드는 정도 등 사해행위 당시에 있는 모든 사정을 종합적으로 고려하여 정하여야 한다. 판례는, 사해행위에 해당하는지 여부는, 행위 목적물이 채무자의 전체 책임재산 가운데에서 차지하는 비중, 무자력의 정도, 법률행위의 경제적 목적이 갖는 정당성 및 그 실현수단인 당해 행위의 상당성, 행위의 의무성 또는 상황의 불가피성, 채무자와 수익자 간 통모의 유무와 같은 공동담보의 부족 위험에 대한 당사자의 인식의 정도 등 그 행위에 나타난 여러 사정을 종합적으로 고려하여, 그 행위를 궁극적으로 일반채권자를 해하는 행위로 볼 수 있는지 여부에 따라 최종 판단하여야 할 것이라고 한다(대판 2014. 3. 27, 2011다107818 등).

(판 례) 가등기의 경우

판례에 따르면, 소유권이전청구권을 보전하기 위한 가등기를 마친 경우에는 가등기 자체만으로는 소유권이전의 효력이 발생하지 않지만 후일 본등기를 마치면 가등기 시에 소급하여 소유권변동의 효력이 발생하고, 그 결과 채권자가 채무자의 재산으로부터 완전한 변제를 받을 수 없게 되어 채권자를 해할 수 있다고 한다(대판(전원) 2015. 5. 21, 2012다952 등). 따라서 채권자를 해하는 가등기의 원인인 법률행위는 사해행위로서 취소의 대상이 되고, 그 법률행위가 사해행위로 취소되면 특별한 사정이 없는 한 가등기권자는 그 취소에 따른 원상회복으로서 원물반환의무인 가등기말소의무를 진다고 한다(대판(전원) 2015. 5. 21, 2012다952).

C-207 **2) 자력 산정** 채무자의 자력을 산정함에 있어서는 채무자의 신용 등도 포함하여야 하며, 조건부 채권·기한부 채권도 평가·가산하여야 한다(이설 없음). 그런데 적극재산을 산정함에 있어서는 실질적으로 재산적 가치가 없어 채권의 공동담보로서의 역할을 할 수 없는 재산은 특별한 사정이 없는 한 제외하여야 하고(그러나 실질적으로 재산가치가 있는 재산을 강제집행이나 현금화의 용이성이 다소 떨어진다는 이유만으로 채무자의 적극재산에서 제외할 수는 없다. 대판 2023. 8. 31, 2023다235679), 그 재산이 채권인 경우에는 그것이 용이하게 변제받을 수 있는 확실성이 있다는 것이 합리적으로 긍정되는 경우에 한하여 적극재산에 포함시켜야 한다(대판 2023. 10. 18, 2023다237804 등 다수의 판결)(어떠한 채권의 존부 및 범위에 관한 증명이 있는 경우에는, 그 채권이 용이하게 변제를 받을 수 있는 확실성이 없는 등 실질적으로 재산적 가치가 없어 채권의 공동담보로서의 역할을 할 수 없는 재산에 해당한다는 점에 대한 주장·증명책임은 취소채권자가 부담함. 대판 2023. 10. 18, 2023다237804). 이는 그 재산이 신탁재산에 대한 수익권인 경우에도 마찬가지이다(대판 2013. 12. 12, 2012다111401). 그리고 압류금지재산은 공동담보가 될 수 없으므로 이를 적극재산에 포함시켜서는 안 된다(대판 2005. 1. 28, 2004다58963). 한편 **채권자가 물적 담보를 가지고 있는 경우에**는 우선변제가 확보된 범위에서 그 채무를 소극재산에서 제외하고, 또 그 범위에서 담보재산도 적극재산에서 제외하여야 한다. 그리고 **채무자 소유 부동산에 제 3 자의 담보권이 설정되어 있는 경우에도**, 그 담보권으로 담보된 채권액을 제외한 나머지 부분만이 일반채권자들의 공동담보로 되는 책임재산이 되므로(대판 2007. 7. 26, 2007다23081; 대판 2018. 4. 24, 2017다287891(그러한 경우 그 부동산에서 일반 채권자들의 공동담보로 되는 책임재산은 채권최고액을 한도

로 실제 부담하고 있는 피담보채권액을 뺀 나머지 부분이라고 함) 등), 그 부분만을 적극재산으로 보아야 한다. 바꾸어 말하면 제 3 자에게 담보로 제공된 재산의 가액에서 그 제 3 자가 가지는 피담보채권액을 공제한 잔액만을 채무자의 적극재산으로 평가하여야 한다(대판 2016. 8. 18, 2013다90402 등). 그런데 **수개의 부동산에 공동저당권이 설정되어 있는 경우** 책임재산을 산정함에 있어 각 부동산이 부담하는 피담보채권액은 특별한 사정이 없는 한 민법 제368조의 규정 취지에 비추어 공동저당권의 목적으로 된 각 부동산의 가액에 비례하여 공동저당권의 피담보채권액을 안분한 금액이라고 보아야 한다(대판(전원) 2013. 7. 18, 2012다5643[핵심판례 252면]; 대판 2017. 5. 30, 2017다205073 등). 그리고 공동채무자들이 하나의 부동산을 공동소유하면서 전체 부동산에 저당권을 설정한 경우에도 특별한 사정이 없는 한 이 법리가 적용된다(대판 2017. 5. 30, 2017다205073). **그러나** 그 수개의 부동산 중 일부는 채무자의 소유이고 일부는 공동저당권이 설정된 상태에서 이를 취득한 제 3 취득자의 소유로서 그 제 3 취득자가 민법 제481조·제482조의 규정에 의한 변제자대위에 의하여 채무자 소유의 부동산에 대하여 저당권을 행사할 수 있는 지위에 있는 경우라면 채무자 소유의 부동산에 관한 피담보채권액은 공동저당권의 피담보채권액 전액으로 보아야 한다(대판 2010. 12. 23, 2008다25671). 그리고 이러한 법리는 한 개의 공유부동산 중 일부 지분이 채무자의 소유이고 일부는 제 3 취득자의 소유인 경우에도 마찬가지로 적용된다(대판 2010. 12. 23, 2008다25671). 나아가, 이들 법리와 유사하게, 그 수개의 부동산 중 일부는 채무자의 소유이고 다른 일부는 물상보증인의 소유인 경우에는, 물상보증인이 제481조·제482조의 규정에 따른 변제자대위에 의하여 채무자 소유의 부동산에 대하여 저당권을 행사할 수 있는 지위에 있는 점 등을 고려할 때, 그 물상보증인이 채무자에 대하여 구상권을 행사할 수 없는 특별한 사정이 없는 한 채무자 소유의 부동산에 관한 피담보채권액은 — 채무자 소유 부동산의 가액을 한도로 한(이 부분은 대판 2016. 8. 18, 2013다90402에 추가된 문구임) — 공동저당권의 피담보채권액 전액으로 보아야 하고(대판(전원) 2013. 7. 18, 2012다5643[핵심판례 252면]; 대판 2016. 8. 18, 2013다90402 등), 물상보증인 소유의 부동산이 부담하는 피담보채권액은 공동저당권의 피담보채권액에서 채무자 소유의 부동산이 부담하는 피담보채권액을 제외한 나머지라고 보아야 한다(대판 2016. 8. 18, 2013다90402). 그리고 이 법리는 하나의 공유부동산 중 일부 지분이 채무자의 소유이고, 다른 일부 지분이 물상보증인의 소유인 경우에도 마찬가지로 적용된다(대판(전원) 2013. 7. 18, 2012다5643[핵심판례 252면]; 대판 2016. 8. 18, 2013다90402). **한편** 사해행위 당시 존속하고 있는 임대차관계에서의 임차인의 보증금반환채권은, 장차 임대차관계가 종료되는 등으로 그 권리가 실제로 성립하는 때에 선순위권리의 존재 또는 임차인의 차임지급의무 불이행 등으로 임차인이 이를 현실적으로 반환받을 가능성이 없거나 제한되는 것으로 합리적으로 예측되는 등의 특별한 사정이 없는 한, 처음의 보증금액 상당의 가치대로 적극재산에 포함시켜야 한다(대판 2013. 4. 26, 2012다118334). 그리고 판례는, 채무자가 수익자에게 양도한 부동산에 관하여 일반채권에 대하여 우선변제권이 있는 조세채권 등에 기초한 압류등기가 마쳐져 있는 경우에는 그 부동산 중에서 일반채권자의 공동담보에 제공되는 책임재산을 산정할 때 위 조세채권액 등을 공제해야 한다고 한다(대판 2023. 9. 21, 2023다249739).

C-208 채무자의 무자력 여부는 사해행위 당시를 기준으로 판단하여야 한다. 판례도 같다(대판 2013. 4. 26, 2012다118334 등). 그리고 대법원은, 「채무자의 재산처분행위가 사해행위가 되는지 여부는 처분행위 당시를 기준으로 판단하여야 하므로, 담보로 제공된 부동산에 대하여 임의경매 등의 환가절차가 개시되어 진행되는 도중에 재산처분행위가 이루어졌다고 하더라도 그 재산처분행위의 사해성 여부를 판단하기 위한 부동산 가액의 평가는 부동산 가액의 하락이 예상되는 등의 특별한 사정이 인정되지 아니하는 한 사후에 환가된 가액을 기준으로 할 것이 아니라 사해성 여부가 문제되는 재산처분행위 당시의 시가를 기준으로 하여야 할 것」이라고 한다(대판 2009. 10. 29, 2009다47582 등 다수. 그리고 판례는 가등기에 기하여 본등기가 된 경우에는 가등기의 원인된 법률행위 당시를 기준으로 사해행위 여부를 판단할 것이라고 한다. 대판 1998. 3. 10, 97다51919 등 참조). 재산처분행위가 정지조건부인 경우라 하더라도 특별한 사정이 없는 한 마찬가지이다(대판 2013. 6. 28, 2013다8564). 만약 채무자가 연속하여 수개의 재산처분행위를 한 경우에는 전체로서가 아니고 각 행위에 대하여 무자력을 초래하였는지를 검토하여야 한다(대판 2014. 3. 27, 2012다34740 등)(다만 그 일련의 행위를 하나의 행위로 볼 특별한 사정이 있는 때에는 이를 일괄하여 전체로서 사해성이 있는지 판단하게 되고, 이때 그러한 특별사정이 있는지 여부를 판단함에 있어서는 처분의 상대방이 동일한지, 처분이 시간적으로 근접한지, 상대방과 채무자가 특별한 관계가 있는지, 처분의 동기 내지 기회가 동일한지 등이 구체적 기준이 되어야 한다. 대판 2014. 3. 27, 2012다34740 등). 그 밖에 채권자가 취소권을 행사하는 때, 즉 사실심의 변론종결 당시에도 무자력이어야 한다(동지 대판 2007. 11. 29, 2007다54849). 따라서 처분행위 당시에는 채권자를 해하는 것(무자력)이었더라도 그 후 채무자가 자력을 회복하거나 채무가 감소하여 취소권 행사시에 채권자를 해하지 않게 되었다면, 채권자취소권에 의하여 책임재산을 보전할 필요성이 없으므로 채권자취소권은 소멸한다(대판 2009. 3. 26, 2007다63102). 그러므로 채권자취소소송에서 피보전채권의 존재가 인정되어 사해행위 취소 및 원상회복을 명하는 판결이 확정되었다고 하더라도, 그에 기하여 재산이나 가액의 회복을 마치기 전에 피보전채권이 소멸하여 채권자가 더 이상 채무자의 책임재산에 대하여 강제집행을 할 수 없게 되었다면, 이는 위 판결의 집행력을 배제하는 적법한 청구이의 이유가 된다(대판 2017. 10. 26, 2015다224469).

C-209 **판 례** 자력산정 관련

(ㄱ) 「채무자 소유 부동산에 담보권이 설정되어 있으면 그 피담보채권액을 공제한 나머지 부분만이 일반 채권자들의 공동담보로 제공되는 책임재산이 되므로 피담보채권액이 부동산의 가액을 초과하고 있는 때에는 그와 같은 부동산의 양도나 그에 대한 새로운 담보권의 설정은 사해행위에 해당한다고 할 수 없으나, 위와 같이 새로 설정된 담보권의 말소를 구하는 사해행위취소 청구에 앞서 선순위담보권 설정행위가 사해행위로 인정되어 취소되고 그에 기한 등기가 말소되었거나 채권자가 선순위담보권과 후순위담보권에 대한 사해행위취소 및 등기말소를 구하는 소송에서 선순위담보권 설정행위가 사해행위로 인정되는 경우에는 후순위담보권 설정행위가 사해행위에 해당하는지 여부를 판단함에 있어 그 선순위담보권의 피담보채무액을 당해 부동산에 설정된 담보권의 피담보채무액에 포함시켜서는 안

될 것이다.」(대판 2007. 7. 26, 2007다23081)

(ㄴ) 「처분행위 당시에는 채권자를 해하는 것이었다고 하더라도 그 후 채무자가 자력을 회복하여 사해행위취소권을 행사하는 사실심의 변론종결시에는 채권자를 해하지 않게 된 경우에는 책임재산 보전의 필요성이 없어지게 되어 채권자취소권이 소멸하는 것으로 보아야 할 것이나, 그러한 사정변경이 있다는 사실은 채권자취소소송의 상대방이 입증하여야 한다.」(대판 2007. 11. 29, 2007다54849)

(ㄷ) 「채무초과상태를 판단할 때 소극재산은 원칙적으로 사해행위가 있기 전에 발생되어야 하지만, 사해행위 당시 이미 채무 성립의 기초가 되는 법률관계가 성립되어 있고 가까운 장래에 그 법률관계에 기초하여 채무가 성립되리라는 고도의 개연성이 있으며 실제로 가까운 장래에 그 개연성이 현실화되어 채무가 성립되었다면, 그 채무도 채무자의 소극재산에 포함된다. 여기에서 채무 성립의 기초가 되는 법률관계에는 당사자 사이의 약정에 의한 법률관계에 한정되지 않고 채무 성립의 개연성이 있는 준법률관계나 사실관계 등도 포함된다. 따라서 당사자 사이에 채권 발생을 목적으로 하는 계약의 교섭이 상당히 진행되어 계약체결의 개연성이 고도로 높아진 단계도 여기에 포함될 수 있다.」(대판 2022. 7. 14, 2019다281156. 이 판결은, 사해행위로 주장되는 토지나 건물의 양도 자체에 대한 양도소득세와 지방소득세 채무는 사해행위로 주장되는 행위 당시의 채무초과상태를 판단할 때 소극재산으로 고려할 수는 없다고 함)

(ㄹ) 「공유지분에 관하여 담보가등기를 설정하였다가 공유물분할로 단독소유가 된 부동산에 전사된 담보가등기에 관하여 사해행위를 이유로 채권자취소권을 행사할 경우에는 특별한 사정이 없는 한 공유지분에 대한 담보가등기 설정 당시를 기준으로 사해행위에 해당하는지 여부를 판단하여야 한다. 또한 공유물분할 이후 당초 공유지분에 담보가등기를 설정한 공유자의 단독소유로 귀속된 부동산에 종전의 담보가등기에 대체하는 새로운 담보가등기를 설정하고 다른 공유자의 소유로 분할된 부동산에 전사된 담보가등기는 모두 말소한 경우에 그 담보권설정자에 대한 채권자가 채권자취소권을 행사할 때에는 공유물분할 자체가 불공정하게 이루어져 사해행위에 해당한다는 등 특별한 사정이 없는 한 공유물분할이 되어 단독소유로 된 부동산에 설정된 담보가등기 설정계약의 취소와 그 담보가등기의 말소를 구하는 방법으로 할 수 있다.」(대판 2016. 5. 27, 2014다230894)

(ㅁ) 「집합채권의 양도담보의 예약이 체결된 다음 예약완결권의 행사에 기하여 채권이 양도된 경우 사해행위 여부는 양도담보 예약시를 기준으로 판단하여야 한다.」(대판 2016. 7. 14, 2014다233268)

3) 구체적인 경우 C-210

(가) **변제 및 대물변제** 변제는 채무자가 특히 일부의 채권자와 통모하여 다른 채권자를 해할 의사를 가지고 변제를 한 경우를 제외하고는 원칙적으로 사해행위가 되지 않는다(통설·판례도 같음. 대판 2005. 3. 25, 2004다10985·10992(채무자가 일부 채권자와 통모하여 변제하였는지 여부는 사해행위임을 주장하는 사람이 증명하여야 함) 등)(판례는 기존 금전채무의 변제에 갈음하여 다른 금전채권을 양도하는 경우에도 같은 법리를 적용한다. 대판 2004. 5. 28, 2003다60822). 변제의 경우에는 적극재산뿐만 아니라 소극재산도 감소하게 하여 채무자의 책임재산에 변동을 가져오지 않을뿐더러 채무자는 변제를 거절하지 못하기 때문

이다. 이러한 관점에서 보면, 채무이행을 위하여 부동산을 양도하는 것도 상당한 가격으로 평가되었으면 사해행위가 아니라고 하게 된다(대판 1981. 7. 7, 80다2613. 이혼 후 위자료조로 유일한 부동산을 무상양도한 경우에 관하여 사해행위를 인정한 대판 1990. 11. 23, 90다카24762도 참조). 그리고 채무자가 이전부터 있는 채무의 변제를 위하여 약속어음을 발행하는 행위도 소극재산을 증가시키는 것이 아니므로 그것만으로는 사해행위라고 하기 어렵다(대판 2002. 8. 27, 2002다27903). 그러나 새로운 약속어음을 발행하는 행위는 다르다(대판 2002. 10. 25, 2000다64441).

대물변제도 상당한 가격으로 행하여진 경우에는 사해행위가 아니다(통설·판례도 같음. 대판 2003. 6. 24, 2003다1205 등). 다만, 채무자가 특히 일부의 채권자와 통모하여 다른 채권자를 해할 의사를 가지고 대물변제를 한 때는 다르다(대판 2003. 6. 24, 2003다1205). 그리고 판례에 의하면, 채무자의 재산이 채무의 전부를 변제하기에 부족한 경우에 그의 유일한 재산인 부동산으로 대물변제하였다면 그러한 행위는 특별한 사정이 없는 한 사해행위가 되고(대판 1998. 5. 12, 97다57320; 대판 1999. 11. 12, 99다29916; 대판 2005. 11. 10, 2004다7873(유일한 재산인 공유수면 점용허가권을 양도한 경우) 등 다수), 대물변제나 담보조로 제공된 재산이 채무자의 유일한 재산이 아니거나 그 가치가 채권액에 미달한다고 하여도 마찬가지이다(대판 2007. 7. 12, 2007다18218(주식을 양도한 경우); 대판 2009. 9. 10, 2008다85161(대물변제한 부동산가격이 채무에 미달한 경우); 대판 2022. 1. 14, 2018다295103(담보로 채권을 양도한 경우) 등). 그리고 대법원은, 채무초과의 상태에 있는 채무자가 여러 채권자 중 일부에게만 채무의 이행과 관련하여 그 채무의 본래 목적이 아닌 다른 채권 기타 적극재산을 양도하는 행위는, 채무자가 특정 채권자에게 채무 본지에 따른 변제를 하는 경우와는 달리 원칙적으로 다른 채권자들에 대한 관계에서 사해행위가 될 수 있다고 한 뒤, 다만 이러한 경우에도 사해성의 일반적인 판단기준(C-206에 소개한 판례 참조)에 비추어 그 행위가 궁극적으로 일반채권자를 해하는 행위로 볼 수 없는 경우에는 사해행위의 성립이 부정될 수 있다고 하였다(대판 2010. 9. 30, 2007다2718(채무초과 상태의 채무자가 유일한 재산인 전세권과 전세금반환채권을 특정 채권자에게 그 채무 일부에 대한 대물변제조로 양도한 행위가 최고액 채권자와의 거래관계를 유지하면서 채무초과 상태에 있던 회사의 갱생을 도모하기 위한 유일한 방안이었던 점 등을 감안하면, 위 양도행위가 다른 채권자를 해하는 사해행위라고 단정하기 어렵다고 한 원심의 판단을 수긍한 사례); 대판 2011. 10. 13, 2011다28045. 그리고 대판 2014. 3. 27, 2011다107818은 채무초과의 상태에 있는 채무자가 여러 채권자 중 일부에게만 채무의 이행과 관련하여 그 채무의 본래 목적이 아닌 다른 채권을 양도하는 경우에도, 그 행위가 사해행위가 되는지는 일반적인 판단기준에 비추어 그 행위를 궁극적으로 일반채권자를 해하는 행위로 볼 수 있는지 여부에 따라 판단해야 한다고 한다). 이때 채무자가 일반채권자 일부에 대한 특정 채무의 이행과 관련하여 그보다 적은 가액의 다른 채권 기타 적극재산을 양도함에 따라 채무초과상태가 유발되었는지 여부를 판단하기 위한 채무자의 책임재산을 산정함에 있어 양도된 재산을 적극재산에서 제외하였다면, 특별한 사정이 없는 한 위 특정 채무 중 양도된 재산과 같은 금액에 해당하는 부분도 소극재산에서 제외하여야 할 것이라고 한다(대판 2023. 10. 18, 2023다237804). 그에 비하여 우선변제권 있는 채권자에 대한 대물변제의 제공행위는 특별한 사정이 없는 한 다른 채권자들의 이익을 해한다고 볼 수 없어 사해행위가 되지 않는다(대판 2008. 2. 14, 2006다33357). 한편 대물변제가 상당한 가격으로 행하여지지 않은 경우에는 채무를 초과한 가치의 범위에서 사해행위가 된다고 하여야 한다.

C-211 (나) **물적 담보의 제공** 일부의 채권자를 위하여 저당권의 설정 기타의 물적 담보를 제공하는 것은 원칙적으로는 사해행위가 아니다. 그러나 이미 채무초과의 상태에 빠져 있는

채무자가 그의 유일한 재산인 부동산(일부 판결은 유일한 재산인 부동산이라고 하지 않고 단순히 「부동산」이라고 함)을 채권자 중의 어느 한 사람에게 담보로 제공하는 행위는 원칙적으로 다른 채권자들에 대한 관계에서 사해행위가 된다고 하여야 한다(대판 2002. 4. 12, 2000다43352; 대판 2007. 2. 23, 2006다47301(유일한 재산인 채권을 채권담보로 제공한 경우); 대판 2007. 10. 11, 2007다45364(그 특정 채권자로부터 차용한 금원의 사용처에 따라 사해행위의 범위가 달라지는 것은 아니라고 함) 등 다수). 다만, 그러한 경우라 할지라도 사업을 계속 추진하기 위하여, 특히 신규자금을 융통받기 위하여 부득이 특정한 채권자에게 담보로 제공하는 것과 같은 특별한 사정이 있는 때에는 사해행위가 아니다(대판 2022. 1. 13, 2017다264072 · 264089(사해성 여부 판단시 고려할 사항도 판시함) 등 다수). 그런데 대법원은, 채무자가 사업활동에서 실제로 활용할 수 있는 신규자금의 유입과 기존채무의 이행기의 연장 내지 채권회수 조치의 유예는 사업의 갱생이나 계속적 추진을 위하여 가지는 경제적 의미가 동일하다고 볼 수 없다고 하면서, 비록 사업의 갱생이나 계속 추진의 의도에서 근저당권을 설정하였다고 하더라도 신규자금의 융통 없이 단지 기존채무의 이행을 유예받기 위하여 채권자 중 한 사람에게 담보를 제공하는 행위는 다른 특별한 사정이 없는 한 다른 채권자들에 대한 관계에서는 사해행위에 해당한다고 한다(대판 2010. 4. 29, 2009다104564 등). 한편 판례는, 채무자의 재산처분행위가 사해행위가 되려면 그 행위로 채무자의 총재산이 감소되어 채권의 공동담보가 부족한 상태를 유발 또는 심화시켜야 하는 것이므로, 채무자가 제3자로부터 자금을 차용하여 부동산을 매수하고 해당 부동산을 차용금채무에 대한 담보로 제공하거나, 채무자가 제3자로부터 부동산을 매수하여 매매대금을 지급하기 전에 소유권이전등기를 마치고 해당 부동산을 매매대금채무에 대한 담보로 제공한 경우와 같이 기존채권자들의 공동담보가 감소되었다고 볼 수 없는 경우에는, 그 담보제공행위를 사해행위라고 할 수 없다고 한다(대판 2018. 12. 28, 2018다272261 등). 나아가 위와 같은 부동산매수행위와 담보제공행위가 한꺼번에 이루어지지 않고 단기간 내에 순차로 이루어졌다고 하더라도 다른 특별한 사정이 없는 한 그 일련의 행위 전후를 통하여 기존 채권자들의 공동담보에 증감이 있었다고 평가할 것도 아니므로, 그 담보제공행위만을 분리하여 사해행위에 해당한다고 하여서도 안 된다고 한다(대판 2018. 12. 28, 2018다272261 등. 동지 대판 2009. 4. 23, 2008다95663).

판례는, 어느 특정 채권자에 대한 담보제공행위가 사해행위가 되기 위하여는 채무자가 이미 채무초과 상태에 있을 것과 그 채권자에게만 다른 채권자에 비하여 우선변제를 받을 수 있도록 하여 다른 일반 채권자의 공동담보를 감소시키는 결과를 초래할 것을 그 요건으로 한다고 하면서, 특정 채권자에게 부동산을 담보로 제공한 경우 그 담보물이 채무자 소유의 유일한 부동산인 경우에 한하여만 사해행위가 성립한다고 볼 수는 없다고 한다(대판 2008. 2. 14, 2005다47106 · 47113 · 47120: 채무자의 부동산 중 이미 근저당권이 설정되어 실질적인 재산가치를 인정하기 어려운 부동산을 제외한 이 사건 부동산에 매매예약을 하고 소유권이전청구권 보전의 가등기를 마쳐 준 행위는 사해행위라고 함). 그리고 수익자가 채무초과 상태에 있는 채무자의 부동산에 관하여 설정된 선순위 담보가등기의 피담보채무를 변제하여 그 가등기를 말소하는 대신 동일한 금액을 피담보채무로 하는 새로운 담보가등기를 설정하는 것은 사해행위가 아니지만(수익자가 채무초과 상태에 있는 채무자의 부동산에 관하여 설정된 선순위 근저당권의 피담보채무를 변제하여 그 근저당권설정등기를 말소하는 대신 동일한 금액을 피담보채무로 하는 새로운 근저당권설정등기를 설정하는 것도 채무자의 공동담보를 부족하게 하는 것이라고 볼 수 없어 사해행위가 성립하지 않는다고 한다. 대판 2012. 1. 12, 2010다64792), 선순위 담보가등기를 말소시킨 후 그 부동산에 관하여 매매예약을 하고 그에 기하여 소유권이전등기 청구권 보전의 가등기를 한 경우에는 부동산가액에서 피담보채무액을 공제한 잔액의 범위 내에서 사해행위가 성립한다고 한다(대판 2003. 7. 11, 2003다19435). 주의할 것은, 사해행위가 되려면 물적 담보가 제공되는 재산이 채무자의 것이어야 한다는 점이다. 따라서 가령 부동산실명법상 무효인 명의신탁에 기하여 부동산에 관하여 채무자(수탁자) 명의로 등기가 된 뒤에(채무자 명의의 등기가 무효이어서 그 부동산은 채무자의 소유가 아님), 그 위에 근저당권등기를 한 행위는 사해행위가 아니다(대판 2012. 8. 23, 2012다45184 등). 근저당권설정등기가 된 그 부동산에 관하여 채무자의 일반 채권자의 신청으로 강제경매절차가 개시되었더라도, 이로써 무효인 채무자 명의의 소유권이전등기가 유효로 되거나 위 부동산이 채무자의 일반 채권자들의 공동담보에 제공되는 책임재산이 되는 것이 아니므로, 채무자의 근저당권설정행위가 사해행위가 된다고 할 수 없다(대판 2012. 8. 23, 2012다45184). 그리고 채무자가 그러한 부동산(즉 부동산실명법상 명의수탁자인 채무자 명의의 소유권이전등기가 무효인 경우의 부동산)에 관하여 제 3 자와 매매계약을 체결하고 그 제 3 자에게 소유권이전등기를 마쳐준 때에도 마찬가지이다(대판 2008. 9. 25, 2008다41635 등).

채무자가 제 3 자의 채무를 담보하기 위하여 자신의 부동산에 근저당권을 설정함으로써 물상보증인이 되는 행위는 그 부동산의 담보가치만큼 채무자의 일반 채권자들을 위한 책임재산에 감소를 가져오는 것이므로, 물상담보로 제공된 부동산의 가액에서 다른 채권자가 가지는 피담보채권액을 채권최고액의 범위 내에서 공제한 잔액만을 채무자의 적극재산으로 평가해야 하고, 그로 인하여 채무자의 책임재산이 부족하게 되거나 그 상태가 심화되었다면 사해행위가 성립한다(대판 2015. 6. 11, 2014다237192).

C-212 가압류된 부동산에 근저당권을 설정하는 행위는 원칙적으로는 사해행위가 아니나, 가압류채권자의 실제 채권액이 가압류 채권금액보다 많은 경우에는 그 초과하는 부분에 관하여는 사해행위가 된다(대판 2008. 2. 28, 2007다77446. 그 이유에 관하여는 C-217 ㈂ 판결 참조). 가압류된 부동산에 채무자가 제 3 자를 위하여 근저당권을 설정하여 주는 물상보증행위는, 그 부동산의 담보가치만큼 채무자의 총재산에 감소를 가져오는 것이므로, 그 물상보증으로 책임재산이 부족하게 되거나 그 상태가 악화되는 경우에는, 사해행위가 된다(대판 2010. 6. 24, 2010다20617 · 20624 등. 이때의 근저당권이 채권자의 가압류와 동순위의 효력밖에 없다 하여도 완전한 만족을 얻지 못하게 될 가능성이 있다고 함). 그리고 신축건물의 도급인이 민법 제666조가 정한 수급인의 저당권설정청구권의 행사에 따라 공사대금채무의 담보로 그 건물에 저당권을 설정하는 행위는 특별한 사정이 없는 한 사해행위에 해당하지 않는다(대판 2021. 5. 27, 2017다225268 등). 나아가 신축건물의 수급인으로부터 공사대금채권을 양수받은 자의 저당권설정청구에 의하여 신축건물의 도급인이 그 건물에 저당권을 설정하는 행위 역시 다른 특별한 사정이 없는 한 사해행위에 해당하지 않는다(대판 2018. 11. 29, 2015다19827).

판례는, 주택임대차보호법 제8조의 소액보증금 최우선변제권은 임차목적 주택에 대하여 저당권에 의하여 담보된 채권, 조세 등에 우선하여 변제받을 수 있는 일종의 법정담보물권을 부여한 것이므로, 채무자가 채무초과 상태에서 채무자 소유의 유일한 주택에 대하여 위 법조 소정의 임차권을 설정해 준 행위는 채무초과 상태에서의 담보제공행위로서 채무자의 총재산의 감소를 초래하는 행위가 되는 것이고, 따라서 그 임차권설정행위는 사해행위취소의 대상이 된다고 한다(대판 2005. 5. 13, 2003다50771).

판 례 **전세권설정계약이 사해행위인 예**

전세권설정계약이 사해행위에 해당함을 이유로 한 사해행위취소 소송에서, 채무자가 일반채권자들을 위한 공동담보가 부족한 상태에서 책임재산의 주요부분을 구성하는 부동산에 관하여 제3자에게 우선변제권이 있는 전세권을 설정하여 주고 전세금을 취득함으로써 그 부동산의 담보가치 일부를 은닉 또는 소비하기 쉽게 현금화하여 그 공동담보 부족상태를 실질적으로 심화시킨 점, … 전세권설정계약을 통하여 전세금을 취득한 목적이 채권자 일반을 위하여 변제자력을 회복 또는 향상시키고자 한 것도 아니었던 점 등에 비추어 보면, 위 전세권설정계약은 채권자를 해하는 사해행위에 해당한다고 한 사례(대판 2010. 7. 15, 2007다21245).

(다) **인적 담보의 부담** 채무자가 보증채무나 연대채무를 부담하는 행위는 소극재산 C-213
을 증가시키는 것으로서 사해행위가 된다. 다만, 주채무에 관하여 주채무자 또는 세3자 소유의 재산에 저당권 등 물적 담보가 있는 경우(그 전액에 관하여 우선변제권이 확보된 때)에는 그 범위에서는 사해행위가 아니라고 할 것이다(대판 2003. 7. 8, 2003다13246(처분의 경우) 참조). 그에 비하여 주채무자의 일반적인 자력은 고려할 것이 아니다(대판 2003. 7. 8, 2003다13246(처분의 경우) 참조). 학설은 보증채무의 경우에는 최고·검색의 항변권이 인정되므로 주채무자에게 충분한 자력이 있음을 증명한 때에는 사해행위가 아니라고 하나, 자력이 계속 변하게 됨을 고려할 때 이는 옳지 않다.

(라) **부동산의 매각 기타 양도** 부동산을 타인에게 무상으로 양도하는 행위는 당연히 C-214
사해행위가 된다(대판 1999. 11. 12, 99다29916 등)(이때 수익자가 증여가 아니고 가령 변제를 받은 것이라고 다툰다면, 증여 사실의 증명책임은 사해행위를 주장하는 채권자에게 있다. 대판 2022. 5. 12, 2021다309484 등).

부동산을 매각한 경우는 어떤가? 판례는 채무자가 유일한 재산인 부동산을 매각하여 소비하기 쉬운 금전으로 바꾸는 행위는 그 매각이 채권자에 대한 정당한 변제에 충당하기 위하여 상당한 가격으로 이루어졌다든가 하는 특별한 사정이 없는 한 원칙적으로 사해행위가 된다고 한다(대판 1998. 4. 14, 97다54420[핵심판례 254면]; 대판 2003. 3. 25, 2002다62036(매각한 채무자가 이미 채무초과였던 경우) 등. 한편 부동산의 매각 목적이 채무를 변제하거나 변제자력을 얻기 위한 것이고 그 대금이 부당한 염가가 아니며 실제 이를 채권자에 대한 변제에 사용하거나 변제자력을 유지하고 있는 때에는, 채무자가 일부 채권자와 통모하여 다른 채권자를 해칠 의사를 가지고 변제를 하는 등의 특별한 사정이 없는 한, 사해행위에 해당한다고 볼 수 없으며(대판 2015. 10. 29, 2013다83992 등), 이러한 법리는 유일한 재산으로서 영업재산과 영업권이 유기적으로 결합된 일체로서 영업을 양도하는 경우에도 마찬가지로 적용된다고 함(대판 2021. 10. 28, 2018다223023)). 그리고 채무초과의 상태에서 채권자 1인과 통모하여 그에게 부동산을 매각한 뒤 그의 매매대금채권과 그 채권자의 채권을 상계한 경우에 관하여 사해행위로 인정하였다(대판 1995. 6. 30, 94다14582 등). 그러나 연대보증인이 그의 유일한 재산을 처분하였더라도, 주채무의 전액에 관하여 주채무자 또는 제3자의 부동산으로 이미 우선변제권이 확보되어 있었다면, 사해행위가 아니라고 한다(대판 2010. 1. 28, 2009다30823 등. 채무자가 유일한 재산이 아닌 다른 재산을 처분하는 법률행위를 한 경우에 관한 같은 취지의 판례: 대판 2009. 6. 23, 2009다549 등). 그에 비하여 채권자에게 우선변제권이 확보되어 있는 경우가 아닌 이상 주채무자의 일반적인 자력은 고려할 요소가 아니므로, 공사대금채무의 연대보증인이 그 채무를 감당할 만한 유일한 부동산을 처분한 경우 연대보증인이 그 부동산을 처분할 당시 주채무자가 채무초과 상태가 아니었다고 하더라도 그러한 사정만으로 그 부동산의 처분이 사해행위에 해당하지 않는다고 볼 수는 없다고 한다(대판 2003. 7. 8, 2003다13246). 나아가 판례는, 채권 전액에 관하여 우선변제권이 확보되어 있는 경우 주채무의 보증인이 있더라도 채무자가 보증인에 대하여 부담하는 사전구상채무를 별도로 소극재산으로 평가할 수는 없고, 보증인이 변제로 채권자를 대위할 경우 자기의 권리에 의하여 구상할 수 있는 범위에서 채권 및 그 담보에 관한 권리를 행사할 수 있으므로, 사전구상권을 피보전권리로 주장하는 보증인에 대하여도 사해행위가 성립하지 않는다고 한다(대판 2009. 6. 23, 2009다549).

C-215 **채무자가 채무초과의 상태에서 근저당권이 설정된 부동산을 매도하는 경우에는,** 부동산 가액에서 피담보채권액을 공제한 잔액의 범위 내에서는 사해행위가 된다(대판 2008. 2. 14, 2006다33357 등)(근저당권의 경우 피담보채권액은 채권최고액이 아니고 실제의 채권액임. 대판 2009. 7. 23, 2009다19802 · 19819 등). 따라서 부동산 매도 후 변제 등에 의하여 저당권설정등기가 말소된 때에는 — 매매계약 전부를 취소하여 그 부동산 자체의 회복을 명하는 것은 당초 담보로 되어 있지 않던 부분까지 회복시키는 것이 되어 공평에 반하는 결과가 되므로 — 그 잔액의 한도에서 양도 등 행위를 취소하고 그 가액의 배상을 구할 수 있을 뿐이다(대판 2023. 6. 29, 2022다244928 등)(이는 사해행위 후 변제 등으로 근저당권설정등기가 말소된 경우에 관한 것임). 그러나 피담보채권액이 부동산가액을 초과한 때에는 사해행위로 되지 않는다(대판(전원) 2013. 7. 18, 2012다5643; 대판 2017. 1. 12, 2016다208792(그러나 저당권의 피담보채권액이 목적물의 가액을 초과하였더라도 채무자가 목적물을 양도하기에 앞서 자신의 출재로 피담보채무의 일부를 변제하여 잔존 피담보채권액이 목적물의 가액을 초과하지 않게 되었다면 이러한 목적물의 양도로 그 목적물의 가액에서 잔존 피담보채권액을 공제한 잔액의 범위 내에서 사해행위가 성립하는 것이고, 이는 채무자의 출재에 의한 피담보채무의 일부 변제가 양도계약 체결 후 이에 따른 소유권이전등기 등이 마쳐지는 과정에서 이루어진 경우에도 마찬가지로 보아야 한다); 대판 2017. 5. 30, 2017다205073 등 다수)(대판 2018. 4. 24, 2017다287891은 채무자가 양도한 부동산에 제3자의 채무를 담보하기 위한 근저당권이 설정되어 있는 경우에, 근저당권의 피담보채권액과 채권최고액이 모두 부동산 가격을 초과하는 때에는, 일반 채권자들의 공동담보로 되는 책임재산이 없으므로 부동산의 양도가 사해행위에 해당하지 않는다고 함). 그리고 이러한 법리는 채권자들 중에 저당권자보다 우선하여 변제받을 수 있는 채권자가 있는 경우에도 마찬가지이다(대판 2008. 2. 14, 2006다33357). 그런가 하면 체육시설법 제17조에 따라 모집한 회원에 대한 입회금액의 반환채무 금액은 일반채권자들의 공동담보에 제공되는 책임재산에 포함되지 않는 것이므로 그 상당액은 공제되어야 하는데, 이와 같이 책임재산의 범위에서 공제되는 금액이 목적물의 가격을 초과하고 있는 때에는 당해 목적물의 양도는 사해행위에 해당하지 않는다(대판 2013. 11. 28, 2012다31963). 한편 이 경우 부동산 가액에서 피담보채권액을 공제하는 가액 산정은 사실심 변론종결시를 기준으로 하여야 한다(대판 2023. 6. 29, 2022다244928 등). 그 외에 판례는, 채무자가 근저당권이 설정된 부동산을 처분하면서 매매대금으로 그 부동산에 대

해서 다른 채권자에 우선하여 변제를 받을 수 있는 지위에 있는 근저당권자의 피담보채권액 중 일부를 변제하고 근저당권을 말소한 경우라면 특별한 사정이 없는 한 부동산 처분행위를 사해행위로 볼 수 없다고 한다(대판 2018. 4. 24, 2017다287891. 이 판결의 사안은 해당 부동산에 설정된 근저당권의 피담보채권액과 채권최고액이 모두 그 부동산의 가격을 초과하고 있고, 물상보증인이 부동산을 처분하면서 그 매매대금 전부로 우선변제권이 있는 근저당권자의 피담보채무를 변제한 경우였음).

채무자가 그의 유일한 부동산을 명의신탁한 때에도 사해행위로서 취소할 수 있다고 하여야 한다(대판 1999. 9. 7, 98다41490. 부동산실명법상 명의신탁이 무효로 되는 때에도 같다). 그리고 판례에 따르면, 부동산실명법의 시행 후에 부동산의 소유자가 등기명의를 수탁자에게 이전하는 이른바 양자간 명의신탁의 경우에 있어서, 신탁자의 일반채권자들의 공동담보에 제공되는 책임재산인 신탁부동산에 관하여 채무자인 신탁자가 직접 자신의 명의 또는 수탁자의 명의로 제 3 자와 매매계약을 체결하는 등 신탁자가 실질적 당사자가 되어 법률행위를 하는 때에, 이로 인하여 신탁자의 소극재산이 적극재산을 초과하게 되거나 채무초과 상태가 더 나빠지게 되고 신탁자도 그러한 사실을 인식하고 있었다면, 이러한 신탁자의 법률행위는 신탁자의 일반채권자들을 해하는 행위로서 사해행위에 해당할 수 있다고 한다(대판 2012. 10. 25, 2011다107382). 또한 이 경우 사해행위취소의 대상은 신탁자와 제 3 자 사이의 법률행위가 될 것이고, 원상회복은 제 3 자가 수탁자에게 말소등기절차를 이행하는 방법에 의할 것이라고 한다(대판 2012. 10. 25, 2011다107382).

C-216

신탁자가 부부간의 명의신탁약정처럼 유효한 명의신탁약정을 해지함을 전제로 신탁된 부동산을 제 3 자에게 직접 처분하면서 수탁자 및 제 3 자와의 합의 아래 중간등기를 생략하고 수탁자에게서 곧바로 제 3 자 앞으로 소유권이전등기를 마쳐 준 경우에는 이로 인하여 신탁자의 책임재산인 수탁자에 대한 소유권이전등기 청구권(이 청구권은 신탁자의 일반채권자들에게 제공되는 책임재산임)이 소멸하게 되므로, 이로써 신탁자의 소극재산이 적극재산을 초과하게 되거나 채무초과상태가 더 나빠지게 되고, 신탁자도 그러한 사실을 인식하고 있었다면, 이러한 신탁자의 법률행위는 신탁자의 일반채권자들을 해하는 행위로서 사해행위에 해당한다(대판 2016. 7. 29, 2015다56086).

계약명의신탁 약정의 명의수탁자가 채무초과 상태에서 명의신탁자나 그가 지정하는 사람에게 **신탁부동산을 양도하는 행위**가 사해행위에 해당하는지는 그 수탁자가 신탁부동산의 소유권을 취득하는가에 따라 다르다. 부동산에 관하여 부동산실명법 제 4 조 제 2 항 본문이 적용되어 명의수탁자인 채무자 명의의 소유권이전등기가 무효인 경우에는, 그 부동산은 채무자의 소유가 아니기 때문에 이를 채무자의 일반 채권자들의 공동담보로 되는 책임재산이라고 볼 수 없고, 채무자가 그 부동산에 관하여 제 3 자와 매매계약을 체결하고 그에게 소유권이전등기를 마쳐주었다고 하더라도 그로써 채무자의 책임재산에 감소를 초래한 것이라고 할 수 없으므로, 채무자의 일반 채권자들을 해하는 사해행위라고 할 수 없으며, 채무자에게 사해의 의사가 있다고 볼 수도 없다(대판 2008. 9. 25, 2007다74874). 그러나 명의신탁자와 명의수탁자가 이른바 계약명의신탁 약정을 맺고 명의수탁자가 당사자가 되어 명의신탁 약정이 있다는 사실을 알지 못하는 소유자와의 사이에 부동산에 관한 매매계약을 체결한 후 그 매매계약에 따라 당해 부동산의 소유권이전등기를 명의수탁자 명의로 마친 경우에는, 명의신탁자와 명의수탁자 사이의 명의신탁 약정의 무효에도 불구하고 부동산실명법 제4조 제2항 단서에 의하여 그 명의수탁자는 당해 부동산의 완전한 소유권을 취득하게 되고 다만 명의신탁자에 대하여 그로부터 제공받은 매수자금 상당액의 부당이득반환의무를 부담하게 되는바, 위와 같은 경우에 명의수탁자가 취득한 부동산은 채무자인 명의수탁자의 일반 채권자들의 공동담보로 되는 책임재산이 되고, 명의신탁자는 명의수탁자에 대한 관계에서 금전채권자 중 한 명에 지나지 않으므로, 명의수탁자의 재산이 채무의 전부를 변제하기에 부족한 경우 명의수탁자가 그 부동산을 명의신탁자 또는 그가 지정하는 자에게 양도하는 행위는 특별한 사정이 없는 한 다른 채권자의 이익을 해하는 것으로서 다른 채권자들에 대한 관계에서 사해행위가 된다(대판 2008. 9. 25, 2007다74874). 그런데 계약명의신탁에서 부동산의 매도인이 선의이어서 수탁자가 그 부동산의 소유권을 취득하고 신탁자는 수탁자에 대하여 부당이득 반환채권만을 가지는 경우에는, 그 부동산은 신탁자의 일반채권자들의 공동담보에 제공되는 책임재산이라고 볼 수 없고, 신탁자가 위 부동산에 관하여 제3자와 매매계약을 체결하는 등 신탁자가 실질적인 당사자가 되어 처분행위를 하고 소유권이전등기를 마쳐주었다고 하더라도 그로써 신탁자의 책임재산에 감소를 초래한 것이라고 할 수 없으므로, 신탁자의 일반채권자들을 해하는 사해행위라고 할 수 없다(대판 2013. 9. 12, 2011다89903).

판례는, 특정한 채권에 대한 공동 연대보증인 중 1인이 다른 공동 연대보증인에게 재산을 증여하여 특정채권자가 추급할 수 있는 채무자들의 총 책임재산에는 변동이 없다고 하더라도, 재산을 증여한 연대보증인의 재산이 감소되어 그 특정한 채권자를 포함한 일반채권자들의 공동담보에 부족이 생기거나 그 부족이 심화된 경우에는, 그 증여행위의 사해성을 부정할 수는 없다고 한다(대판 2009. 3. 26, 2007다63102).

그리고 판례는, 채권양도행위가 사해행위에 해당하지 않는 경우에 양도통지가 따로 채권자취소권 행사의 대상이 될 수는 없다고 한다(대판 2012. 8. 30, 2011다32785 · 32792). 판례는 그 이유로, 채권자취소권은 채무자가 채권자에 대한 책임재산을 감소시키는 행위를 한 경우에 이를 취소하고 원상회복을 하여 공동담보를 보전하는 권리이고, 채권양도의 경우 그 권리이전의 효과는 원칙적으로 당사자 사이의 양도계약의 체결과 동시에 발생하며 채무자에 대한 통지 등은 채무자를 보호하기 위한 대항요건일 뿐이라는 점을 든다.

판례는, 채무자가 유일한 재산인 그 소유의 부동산에 관한 매매예약에 따른 예약완결권이 제척기간 경과가 임박하여 소멸할 예정인 상태에서 제척기간을 연장하기 위하여 새로 매매예약을 하는 행위는 채무자가 부담하지 않아도 될 채무를 새롭게 부담하게 되는 결과가 되므로 채권자취소권의 대상인 사해행위가 될 수 있다고 한다(대판 2018. 11. 29, 2017다247190).

판 례 사해행위인지 판단한 예 C-217

(ㄱ) 채권자가 채권담보를 위하여 채무자로부터 백지 근저당권설정계약서 등을 교부받을 당시에는 채무초과 상태가 아니었으나 이를 보충할 당시에는 채무초과 상태에 있었던 경우, 백지 근저당권설정계약서를 보충한 날 근저당권설정계약이 체결되었다고 보아야 한다는 이유로 사해행위에 해당한다고 한 사례(대판 2000. 4. 25, 99다55656).

(ㄴ) 「채무초과 상태에 있는 채무자가 그 소유의 부동산을 채권자 중의 어느 한 사람에게 채권담보로 제공하는 행위는 특별한 사정이 없는 한 다른 채권자들에 대한 관계에서 사해행위에 해당한다고 할 것이나, 자금난으로 사업을 계속 추진하기 어려운 상황에 처한 채무자가 자금을 융통하여 사업을 계속 추진하는 것이 채무변제력을 갖게 되는 최선의 방법이라고 생각하고 자금을 융통하기 위하여 부득이 부동산을 특정 채권자에게 담보로 제공하고 그로부터 신규자금을 추가로 융통받았다면 특별한 사정이 없는 한 채무자의 담보설정행위는 사해행위에 해당하지 않으며, 다만 사업의 계속 추진과는 아무런 관계가 없는 기존채무를 아울러 피담보채무 범위에 포함시켰다면, 그 부분에 한하여 사해행위에 해당할 여지는 있다 할 것이다.」(대판 2002. 3. 29, 2000다25842)

(ㄷ) 「채권자들의 공동담보가 되는 채무자의 총재산에 대하여 다른 채권자에 우선하여 변제를 받을 수 있는 권리를 가지는 채권자는 처음부터 채무자의 재산에 대한 환가절차에서 다른 채권자에 우선하여 배당을 받을 수 있는 지위에 있으므로 그와 같은 우선변제권 있는 채권자에 대한 대물변제의 제공행위는 특별한 사정이 없는 한 다른 채권자들의 이익을 해한다고 볼 수 없어 사해행위가 되지 않는다고 할 것이다.

또한, 저당권이 설정되어 있는 재산이 사해행위로 양도된 경우에 그 사해행위는 그 재산의 가액, 즉 시가에서 저당권의 피담보채권액을 공제한 잔액의 범위 내에서 성립하고, 피담보채권액이 그 재산의 가액을 초과하는 때에는 당해 재산의 양도는 사해행위에 해당한다고 할 수 없다고 할 것인바, 이와 같은 법리는 채권자들 중에 그 채무자에 대하여 경매 등의 환가절차에서 저당권에 의하여 담보되는 채권보다 우선하여 배당을 받을 수 있는 채권자가 있는 경우에도 마찬가지라고 할 것이므로 피담보채권액이 그 재산의 가액을 초과하는 재산의 양도행위가 저당권의 피담보채권보다 우선하여 배당받을 수 있는 채권자에 대한 관계에 있어서만 사해행위가 된다고 할 수도 없다.」(대판 2008. 2. 14, 2006다33357)

(ㄹ) 「부동산에 대하여 가압류등기가 먼저 되고 나서 근저당권설정등기가 마쳐진 경우에 경매절차의 배당관계에서 근저당권자는 선순위 가압류채권자에 대하여는 우선변제권을 주장할 수 없으므로 그 가압류채권자는 근저당권자와 일반 채권자의 자격에서 평등배당을 받을 수 있고, 따라서 가압류채권자는 채무자의 근저당권설정행위로 인하여 아무런 불이익을 입지 않으므로 채권자취소권을 행사할 수 없다 할 것이나, 채권자의 실제 채권액이 가압류 채권금액보다 많은 경우 그 초과하는 부분에 관하여는 가압류의 효력이 미치지 아

니하여 그 범위 내에서는 채무자의 처분행위가 채권자들의 공동담보를 감소시키는 사해행위가 되므로 그 부분 채권을 피보전채권으로 삼아 당연히 채권자취소권을 행사할 수 있다.」(대판 2008. 2. 28, 2007다77446)

(ㅁ) 대법원은 부동산실명법이 시행되기 전에 「수탁자가 신탁행위에 기한 반환의무의 이행으로서 신탁자가 지정하는 제3자 명의로 신탁부동산의 소유권이전등기를 경료하는 행위는 기존채무의 이행으로서 사해행위를 구성하지 않는다」고 한 적이 있다(대판 1981. 2. 24, 80다1963).

C-218 (ㅂ) 「무자력상태의 채무자가 기존채무에 관한 특정의 채권자로 하여금 채무자가 가지는 채권에 대하여 압류 및 추심명령을 받음으로써 강제집행절차를 통하여 사실상 우선변제를 받게 할 목적으로 그 기존채무에 관하여 강제집행을 승낙하는 취지가 기재된 공정증서를 작성하여 주어 채권자가 채무자의 그 채권에 관하여 압류 및 추심명령을 얻은 경우에는 그와같은 공정증서 작성의 원인이 된 채권자와 채무자의 합의는 기존채무의 이행에 관한 별도의 계약인 이른바 채무변제계약에 해당하는 것으로서 다른 일반채권자의 이익을 해하여 사해행위가 된다.」(대판 2010. 4. 29, 2009다33884)

(ㅅ) 「채권자가 채무의 변제를 요구하는 것은 그의 당연한 권리행사로서 다른 채권자가 존재한다는 이유로 이것이 방해받아서는 아니 되고, 채무자도 다른 채권자가 있다는 이유로 그 채무이행을 거절할 수는 없는 것이므로, 채무자가 채권자의 요구에 따라 그 채권자에 대한 기존채무의 변제를 위하여 소비대차계약을 체결하고 강제집행을 승낙하는 취지가 기재된 공정증서를 작성하여 주어 전체적으로 채무자의 책임재산이 감소하지 않는 경우에는, 그와 같은 행위로 인해 채무자의 책임재산을 특정 채권자에게 실질적으로 양도한 것과 다를 바 없는 것으로 볼 수 있는 특별한 사정이 있는 경우에 해당하지 아니하는 한, 다른 채권자를 해하는 사해행위가 된다고 볼 수 없다.

위와 같은 법리에 의하면 채무자의 부동산에 관한 매매계약 등의 유상행위가 사해행위라는 이유로 취소되고 그 원상회복이 이루어짐으로써 수익자에 대하여 부당이득 반환채무를 부담하게 된 채무자가 그 부당이득 반환채무의 변제를 위하여 수익자와 소비대차계약을 체결하고 강제집행을 승낙하는 취지가 기재된 공정증서를 작성하여 준 경우에도, 그와 같은 행위로 인해 자신의 책임재산을 그 수익자에게 실질적으로 양도한 것과 다를 바 없는 것으로 볼 수 있는 특별한 사정이 있는 경우에 해당하지 아니하는 한, 다른 채권자를 해하는 새로운 사해행위가 된다고 볼 수 없다.

이러한 수익자의 채무자에 대한 채권은 당초의 사해행위 이후에 취득한 채권에 불과하므로 수익자는 그 원상회복된 재산에 대한 강제경매절차에서 배당을 요구할 권리가 없다.」(대판 2015. 10. 29, 2012다14975)

(ㅇ) 「이미 채무초과 상태에 있는 채무자가 상속재산의 분할협의를 하면서 유일한 상속재산인 부동산에 관하여는 자신의 상속분을 포기하고 대신 소비하기 쉬운 현금을 지급받기로 하였다면, 이러한 행위는 실질적으로 채무자가 자기의 유일한 재산인 부동산을 매각하여 소비하기 쉬운 금전으로 바꾸는 것과 다르지 아니하여 특별한 사정이 없는 한 채권자에

대하여 사해행위가 된다고 할 것이며, 이와 같은 금전의 성격에 비추어 상속재산 중에 위 부동산 외에 현금이 다소 있다 하여도 마찬가지로 보아야 할 것이다.」(대판 2008. 3. 13, 2007다73765)

(ㅈ) 「위탁자가 위와 같이 담보신탁된 부동산을 당초 예정된 신탁계약의 종료사유가 발생하기 전에 우선수익자 및 수탁자의 동의를 받아 제3자에게 처분하는 등으로 담보신탁계약상의 수익권을 소멸하게 하고, 그로써 위탁자의 소극재산이 적극재산을 초과하게 되거나 채무초과상태가 더 나빠지게 되었다면 이러한 위탁자의 처분행위는 위탁자의 일반채권자들을 해하는 행위로서 사해행위에 해당한다.

그 경우 사해행위 취소에 따른 원상회복의 방법으로 제3자 앞으로 마쳐진 소유권이전등기를 단순히 말소하게 되면 당초 일반채권자들의 공동담보로 되어 있지 아니한 부분까지 회복시키는 것이 되어 공평에 반하는 결과가 된다. 이때는 그 부동산에 대하여 위탁자가 가지고 있던 담보신탁계약상 수익권의 평가금액 한도 내에서 위탁자의 법률행위를 취소하고 그 가액의 배상을 명하여야 한다.」(대판 2016. 11. 25, 2016다20732)

(ㅊ) 「무자력상태의 채무자가 소송절차를 통해 수익자에게 자신의 책임재산을 이전하기로 하여, 수익자가 제기한 소송에서 자백하는 등의 방법으로 패소판결 또는 그와 같은 취지의 화해권고결정 등을 받아 확정시키고, 이에 따라 수익자 앞으로 그 책임재산에 대한 소유권이전등기 등이 마쳐졌다면, 이러한 일련의 행위의 실질적인 원인이 되는 채무자와 수익자 사이의 이전합의는 다른 일반채권자의 이익을 해하는 사해행위가 될 수 있다.」(대판 2017. 4. 7, 2016다204783)

(ㅋ) 「건축 중인 건물 외에 별다른 재산이 없는 채무자가 수익자에게 책임재산인 위 건물을 양도하기 위해 수익자 앞으로 건축주 명의를 변경해주기로 약정하였다면 위 양도 약성이 포함되어 있다고 볼 수 있는 건축주 명의변경 약정은 채무자의 재산감소 효과를 가져오는 행위로서 다른 일반채권자의 이익을 해하는 사해행위가 될 수 있다.」(대판 2017. 4. 27, 2016다279206)

3. 채무자 등의 악의(惡意) C-219

(1) 채무자의 악의

채권자취소권이 인정되려면 채무자가 사해행위에 의하여 채권자를 해함을 알고 있었어야 한다(406조 1항 본문). 이것을 「사해(詐害)의 의사」라고 한다. 그러나 이는 적극적인 의욕이 아니고 소극적인 인식으로 충분하다(이설이 없으며, 판례도 같음. 대판 2009. 3. 26, 2007다63102). 그것도 특정한 채권자를 해한다는 것을 인식할 필요는 없고, 일반적으로 채권자를 해한다는 것 즉 공동담보에 부족이 생긴다는 것을 알고 있으면 된다(대판 2009. 3. 26, 2007다63102 등). 채무자가 연대보증인인 경우에 그에게 부동산의 매도행위 당시 사해의 의사가 있었는지 여부는 그가 자신의 자산상태가 채권자에 대한 연대보증채무를 담보하는 데 부족하게 되리라는 것을 인식하였는가 하는 점에 의하여 판단하여야 하고, 주채무자의 자산상태가 채무를 담보하는 데 부족하게 되리라는 것까지 인식하였어야만 하는 것은 아니다(대판 2010. 6. 10, 2010다12067).

그 인식의 기준시기는 사해행위가 행하여진 때이다(대판 1960. 8. 18, 4293민상86). 따라서 사해의 의사를 판단함에 있어서는 사해행위 당시까지의 사정을 기초로 하게 되나, 그 후의 사정도 간접사실로서 판단에 고려될 수 있다(대판 2003. 12. 12, 2001다57884 등).

채무자의 악의의 증명책임은 취소채권자에게 있다(다만 대판 2010. 6. 10, 2010다12067 등은 채무자가 유일한 부동산을 매각한 경우에는 채무자의 사해의사가 추정된다고 하며, 대판 2010. 4. 29, 2009다104564 등은 채무자의 제 3 자에 대한 담보제공행위가 객관적으로 사해행위에 해당하는 경우 수익자의 악의는 추정된다고 한다).

C-220 (2) 수익자 또는 전득자의 악의

사해행위취소가 가능하려면, 사해행위로 인하여 이익을 받은 자(수익자)나 전득(轉得)한 자(전득자)가 그 행위 또는 전득 당시에 채권자를 해함을 알고 있었어야 한다(406조 1항 단서). 즉 수익자만이 있을 때에는 그가 악의이어야 하고, 전득자도 있는 때에는 그들 중 적어도 하나가 악의이어야 한다(통설도 같음). 여기의 악의도 사해의 사실에 대한 인식으로 충분하다. 그리고 전득자의 악의는 전득행위 당시 취소를 구하는 법률행위가 채권자를 해한다는 사실, 즉 사해행위의 객관적 요건을 구비하였다는 것에 대한 인식을 의미하므로, 전득자의 악의를 판단함에 있어서는 전득자가 전득행위 당시 채무자와 수익자 사이의 법률행위의 사해성을 인식하였는지 여부만이 문제가 될 뿐이고(대판 2012. 8. 17, 2010다87672 등), 수익자가 채무자와 수익자 사이의 법률행위의 사해성을 인식하였는지 여부는 원칙적으로 문제가 되지 않으며(대판 2012. 8. 17, 2010다87672), 수익자와 전득자 사이의 전득행위가 다시 채권자를 해하는 행위로서 사해행위의 요건을 갖추어야 하는 것도 아니다(대판 2006. 7. 4, 2004다61280). 수익자 또는 전득자의 악의는 채권자가 증명할 필요가 없고, 책임을 면하려는 수익자 또는 전득자가 그들의 선의를 증명하여야 한다. 통설·판례(대판 2006. 7. 4, 2004다61280(객관적이고 납득할 만한 증거자료 등에 의하여야 하고, 수익자가 선의였다고 선뜻 단정해서는 안 된다); 대판 2010. 2. 25, 2007다28819·28826; 대판 2010. 6. 10, 2010다12067; 대판 2015. 6. 11, 2014다237192(전득자가 선의였음을 인정함에 있어서는 객관적이고도 납득할 만한 증거자료 등에 의하여야 하고, 채무자나 수익자의 일방적인 진술이나 제 3 자의 추측에 불과한 진술 등에만 터 잡아 수익자 또는 전득자가 선의였다고 선뜻 단정하여서는 안 된다); 대판 2018. 4. 10, 2016다272311(수익자의 악의는 추정된다고 함) 등. 선의를 인정한 판결로 대판 2003. 3. 25, 2002다62036 등도 참조)도 같다. 그런데 판례는 수익자의 선의 여부는 채무자와 수익자의 관계, 채무자와 수익자 사이의 처분행위의 내용과 그에 이르게 된 경위 또는 동기, 그 처분행위의 거래조건이 정상적이고 이를 의심할만한 특별한 사정이 없으며 정상적인 거래관계임을 뒷받침할만한 객관적인 자료가 있는지 여부, 그 처분행위 이후의 정황 등 여러 사정을 종합적으로 고려하여 논리칙·경험칙에 비추어 합리적으로 판단하여야 할 것이라고 한다(대판 2023. 9. 21, 2023다234553 등 다수). 한편 사해행위취소 소송에서는 수익자(전득자도 같다)의 선의 여부만이 문제되고, 수익자의 선의에 과실이 있는지 여부는 문제되지 않는다(대판 2023. 9. 21, 2023다234553 등).

사해행위인지가 문제되는 법률행위가 대리인에 의하여 이루어진 때에는 수익자의 사해의사 또는 전득자의 사해행위에 대한 악의의 유무는 대리인을 표준으로 결정하여야 한다(대판 2006. 9. 8, 2006다22661).

Ⅲ. 채권자취소권의 행사 C-221

1. 행사의 방법

(1) 채권자의 이름으로 행사

채권자취소권은 채권자가 자기의 이름으로 행사한다. 그것도 채권자대위권과 달리 채무자의 권리를 대신 행사하는 것이 아니고 채권자가 자신의 권리를 행사하는 것이다. 취소채권자는 재산의 반환을 청구하게 되는데, **직접 자기에게 인도하라고 할 수도 있다**(동지 대판 1999. 8. 24, 99다23468 · 23475). 그에 비하여 채무자는 인도를 청구할 수 없다. 한편 대법원은 원상회복을 가액배상으로 하는 경우의 상대방이 누구인가에 관하여 태도가 엇갈리고 있다. 하나의 판결에서는 그 이행의 상대방은 채권자이어야 한다고 판시한다(대판 2008. 4. 24, 2007다84352). 그런가 하면 다른 판결에서는 「취소채권자가 직접 자기에게 가액배상금을 지급할 것을 청구할 수 있」다고 한다(대판 2008. 11. 13, 2006다1442: C-223에 인용). 이 둘 중 앞의 판결은 흩어지기 쉬운 금전을 반환하는 경우에 강제집행을 가능하게 하기 위한 것으로 보이나, 판례가 오직 채권자만이 상대방이라고 하는 것은 지나친 것이라고 생각된다. 그에 비하여 뒤의 판결은 적절하다.

(2) 재판상 행사

채권자취소권은 반드시 법원에 소를 제기하는 방법으로 행사하여야 하며(406조 1항 본문), **소송상의 공격 · 방어방법으로는 행사할 수 없다**(대판 1998. 3. 13, 95다48599 · 48605 등). 그리하여 소송에서 단지 항변만으로 행사할 수는 없다(대판 1978. 6. 13, 78다404). 이와 같이 소제기의 방법으로만 행사하도록 하는 이유는 채권자취소권이 제3자의 이해관계에 영향을 크게 미치기 때문이다.

(3) 취소의 상대방(피고)

채권자취소권 행사의 상대방 즉 취소소송의 **피고는 이익반환청구의 상대방인 수익자 또는 전득자이며**, 채무자만이 피고로 되거나 채무자를 피고에 추가할 수 없다(대판 2009. 1. 15, 2008다72394 등 다수). 따라서 사해행위가 채무면제와 같은 단독행위인 경우에도 수익자만을 상대방으로 하여야 한다. 한편 수익자 외에 전득자가 있는 경우는 그들 모두가 악의인지 여부에 따라 다르게 된다. 둘 모두가 악의인 때에는, 채권자는 전득자를 상대로 재산의 반환을 청구할 수도 있고, 수익자를 상대로 이익반환을 청구할 수도 있다. 그러나 수익자만이 악의인 때에는 수익자를 상대로 이익의 반환을 청구하여야 하며, 전득자만이 악의인 때에는 전득자를 상대로 재산의 반환을 청구하여야 한다.

판 례 채권자가 수익자와 전득자를 공동피고로 삼아 채권자취소의 소를 제기한 경우 관련

「채권자가 수익자와 전득자를 공동피고로 삼아 채권자취소의 소를 제기하면서 청구취지로 '채무자와 수익자 사이의 사해행위취소 청구'를 구하는 취지임을 명시한 경우 전득자에

대한 관계에서 채무자와 수익자 사이의 사해행위를 취소하면서 채권자취소권을 행사한 것으로 보아야 한다. 사해행위 취소를 구하는 취지를 수익자에 대한 청구취지와 전득자에 대한 청구취지로 분리하여 각각 기재하지 않았다고 하더라도 취소를 구하는 취지가 수익자에 대한 청구에 한정된 것이라고 볼 수는 없다.」(대판 2021. 2. 4, 2018다271909: 전득자에 대한 채권자취소의 소가 제척기간 내에 제기되었는지 문제된 사안임)

C-222

2. 행사의 범위

(1) 취소의 범위는 취소채권자의 채권액을 표준으로 하므로, **다른 채권자가 있더라도 원칙적으로 자신의 채권액을 넘어서 취소하지는 못한다**(대판 2008. 11. 13, 2006다1442 등)(이때 기준이 되는 채권액은 사해행위 당시까지의 것이나, 사해행위 후 사실심 변론종결시까지 발생한 이자나 지연손해금은 포함된다. 대판 2001. 12. 11, 2001다64547 등). 따라서 사해행위가 가분이면 채권보전에 필요한 범위에서 일부취소를 하여야 한다. 그러나 목적물이 불가분이거나 분할취소가 부적당한 특별한 사유가 있는 경우 또는 다른 채권자가 배당참가를 신청할 것이 분명한 경우에는 그의 채권액을 넘어서도 취소권을 행사할 수 있다. 통설·판례(대판 2010. 5. 27, 2007다40802 등)도 같다.

사해행위취소권은 채권의 공동담보를 보전하는 것을 목적으로 하므로, 취소의 범위는 다른 한편으로 공동담보의 보전에 필요하고 충분한 범위에 한정된다. 따라서 채무자가 사해행위에 의하여 비로소 채무초과 상태에 이르게 되는 경우에, 채권자는 사해행위가 가분인 한 그중 **채권의 공동담보로 부족하게 되는 부분만을 자신의 채권액을 한도로 취소하면 족하고**, 그 행위 전부를 취소할 수는 없다(대판 2010. 8. 19, 2010다36209).

C-223

판 례 채권자취소권의 행사 관련

(ㄱ) 「사해행위취소로 인한 원상회복으로서 가액배상을 명하는 경우에는, 취소채권자는 직접 자기에게 가액배상금을 지급할 것을 청구할 수 있고, 위 지급받은 가액배상금을 분배하는 방법이나 절차 등에 관한 아무런 규정이 없는 현행법 아래에서 다른 채권자들이 위 가액배상금에 대하여 배당요구를 할 수도 없으므로, 결국 채권자는 자신의 채권액을 초과하여 가액배상을 구할 수는 없다고 할 것이다.

채권자가 어느 수익자(전득자를 포함한다)에 대하여 사해행위취소 및 원상회복청구를 하여 승소판결을 받아 그 판결이 확정되었다 하더라도 그에 기하여 재산이나 가액의 회복을 마치지 아니한 이상 채권자는 자신의 피보전채권에 기하여 다른 수익자에 대하여 별도로 사해행위취소 및 원상회복청구를 할 수 있고, 채권자가 여러 수익자들을 상대로 사해행위취소 및 원상회복청구의 소를 제기하여 여러 개의 소송이 계속 중인 경우에는 각 소송에서 채권자의 청구에 따라 사해행위의 취소 및 원상회복을 명하는 판결을 선고하여야 하며, 수익자가 가액배상을 하여야 할 경우에도 다른 소송의 결과를 참작할 필요 없이 수익자가 반환하여야 할 가액 범위 내에서 채권자의 피보전채권 전액의 반환을 명하여야 한다. 그리고 이러한 법리는 채무자가 동시에 여러 부동산을 수인의 수익자들에게 처분한 결과 채무초과 상태가 됨으로써 그와 같은 각각의 처분행위가 모두 사해행위로 되고, 채권자가 그 수익자들을 공동피고로 하여 사해행위취소 및 원상회복을 구하여 각 수익자들이 부담하는 원상회복의무의 대상이 되는 책임재산의 가액을 합산한 금액이 채권자의 피보전채권액을 초과하는 경우에도 마찬가지라고 할 것이다.」(대판 2008. 11. 13, 2006다1442)

(ㄴ) 「채권자가 채무자를 상대로 그 채무의 이행을 구하는 소를 제기하여 승소판결이 확정되면 채권자취소소송의 상대방인 수익자나 전득자는 그와 같이 확정된 채권자의 채권의 존부나 범위에 관하여 다툴 수 없다.」(대판 2003. 7. 11, 2003다19572).

(ㄷ) 「취소채권자는 위와 같은 특별한 사정이 없는 한 자신의 채권액 범위 내에서 채무자의 책임재산을 회복하기 위하여 채권자취소권을 행사할 수 있고 그 취소에 따른 효력을 주장할 수 있을 뿐이며, 채무자에 대한 채권 보전이 아니라 제 3 자에 대한 채권 만족을 위해서는 사해행위취소의 효력을 주장할 수 없다.」(대판 2010. 5. 27, 2007다40802)

(ㄹ) 「채권자취소권의 요건을 갖춘 각 채권자는 고유의 권리로서 채무자의 재산처분행위를 취소하고 그 원상회복을 구할 수 있는 것이므로 각 채권자가 동시 또는 이시에 채권자취소 및 원상회복소송을 제기한 경우 이들 소송이 중복제소에 해당하는 것이 아닐 뿐만 아니라, 어느 한 채권자가 동일한 사해행위에 관하여 채권자취소 및 원상회복청구를 하여 승소판결을 받아 그 판결이 확정되었다는 것만으로 그 후에 제기된 다른 채권자의 동일한 청구가 권리보호의 이익이 없어지게 되는 것은 아니고, 그에 기하여 재산이나 가액의 회복을 마친 경우에 비로소 다른 채권자의 채권자취소 및 원상회복청구는 그와 중첩되는 범위 내에서 권리보호의 이익이 없게 된다고 보아야 할 것이다.」(대판 2003. 7. 11, 2003다19558)

(2) 채권자취소권이 행사되면 원칙적으로 원상회복으로서 사해행위의 목적물을 채무자에게 반환하여야 하며, 원물반환이 불가능하거나 현저히 곤란한 때에 한하여 원상회복의무의 이행으로서 목적물의 가액 상당을 배상하여야 한다(대판 2006. 12. 7, 2006다43620[핵심판례 256면]; 대판 2018. 12. 27, 2017다290057 등). 그런데 가액배상액을 산정함에 있어 그 가액은 수익자가 전득자로부터 실제로 수수한 대가와는 상관없이 사실심 변론종결시를 기준으로 객관적으로 평가하여야 한다(대판 2010. 4. 29, 2009다104564 등). 그리고 여기에서 원물반환이 불가능하거나 현저히 곤란한 경우란 원물반환이 단순히 절대적·물리적으로 불능인 경우가 아니라 사회생활상의 경험법칙 또는 거래상의 관념에 비추어 채권자가 수익자나 전득자로부터 이행의 실현을 기대할 수 없는 경우를 말한다(대판 1998. 5. 15, 97다58316; 대판 2006. 12. 7, 2004다54978(사해행위 후 목적물에 제 3 자가 저당권이나 지상권 등의 권리를 취득한 경우에는, 채권자는 가액 상당의 배상을 구할 수도 있고, 채무자 앞으로 직접 소유권이전등기 절차를 이행할 것을 구할 수도 있는데, 사실심 변론종결 당시의 채권자의 선택에 따라 원물반환청구를 하여 승소판결이 확정되었으면 그 후 어떤 사유로 원물반환의 목적을 달성할 수 없게 되었다고 하더라도 다시 원상회복청구권을 행사하여 가액배상을 청구할 수는 없다. 대판 2018. 12. 28, 2017다265815도 그러한 경우에 다시 수익자를 상대로 원상회복청구권을 행사하여 가액배상을 청구하거나 원물반환으로서 채무자 앞으로 직접 소유권이전등기 절차를 이행할 것을 청구할 수는 없다고 함); 대판 2009. 3. 26, 2007다63102(사정변경에 따른 주식 가치의 변동은 주식의 통상적인 속성에 포함되는 것이고 주식 자체의 성질이나 내용에는 변화가 없는 것이어서, 이를 가액배상의 사유로 삼을 수는 없다); 대판(전원) 2015. 5. 21, 2012다952; 대판 2018. 12. 27, 2017다290057 등). 이때 원물반환이 불가능하게 된 데 대하여 수익자 등의 고의·과실은 요구되지 않는다(대판 1998. 5. 15, 97다58316). 그리고 금전의 지급을 사해행위로서 취소하여 원상회복으로 금전의 지급을 구하는 경우 원금 외에 C-224

지연배상금의 지급도 구할 수 있고, 이 경우 지연배상금의 기산점은 상대방이 실제로 금전을 지급받은 때로 보아야 한다(대판 2006. 10. 26, 2005다76753). 한편 일부취소의 경우에도 그것이 가분인 한 원물을 반환하는 것이 원칙이다.

사해행위를 이유로 채권자취소권을 행사하는 경우에는 행위를 하지 않았다면 있었을 책임재산을 회복하도록 하여야 하고, 그보다 더 많은 책임재산을 회복하는 결과를 초래하는 것은 허용되지 않는다. 따라서 일반채권자들의 공동담보에 제공되지 않은 책임재산은 취소의 범위에서 제외되어야 한다(대판 2025. 4. 15, 2024다312566). 그리고 가액배상에 있어서는 일반 채권자들의 공동담보로 되어 있어 사해행위가 성립하는 범위 내의 가액의 배상을 명하여야 한다(대판 2003. 12. 12, 2003다40286 등). 그러므로 저당권이 설정되어 있는 부동산에 관하여 매매가 사해행위가 된 경우에, 사해행위 후 변제 등에 의하여 저당권설정등기가 말소된 때에는, 그 부동산의 가액에서 저당권의 피담보채무액을 공제한 잔액의 한도에서 사해행위를 취소하고 그 가액의 배상을 구할 수 있을 뿐이다(대판 1996. 10. 29, 96다23207 등 다수. C-215 참조). 그리고 사해행위 목적 부동산에 관하여 주임법 제3조 제1항이 정한 대항력을 갖추고 임대차계약서에 확정일자를 받아 임대차보증금 우선변제권을 가진 임차인 또는 같은 법 제8조에 의하여 임대차보증금 중 일정액을 우선하여 변제받을 수 있는 소액임차인이 있는 때에는 수익자가 배상하여야 할 부동산의 가액에서 그 우선변제권 있는 임차보증금 반환채권 금액을 공제하여야 하며, 이러한 법리는, 주택 소유자의 사망으로 인하여 그 주택에 관한 포괄적 권리의무를 승계한 공동상속인들 사이에 이루어진 상속재산 분할협의가 일부 상속인의 채권자에 대한 사해행위에 해당하는 경우 그 상속인의 상속지분을 취득한 수익자로 하여금 원상회복의무의 이행으로서 지분 가액 상당의 배상을 명하는 경우에도 그대로 적용된다(대판 2007. 7. 26, 2007다29119). 그런가 하면 공유물인 주택에 주임법에 따라 임차보증금을 우선적으로 변제받을 권리를 가진 임차인이 있고 그 주택의 공유자들이 불가분채무인 임차보증금 반환의무를 부담하는 경우, 공유자 중 1인인 채무자가 처분한 지분 중에서 일반채권자들의 공동담보에 제공되는 책임재산은 우선변제권이 있는 임차보증금 반환채권 전액을 공제한 나머지 부분이다(대판 2025. 4. 15, 2024다312566. 상가건물 임대차에 관하여 동지 대판 2017. 5. 30, 2017다205073). 그리고 이러한 법리는 전세목적물의 소유권 중 일부 지분이 이전되어 전세목적물의 공유자들이 불가분채무인 전세금 반환의무를 부담하게 된 이후 그 공유자 중 1인이 자신의 지분을 처분함으로써 사해행위가 문제 되는 경우에도 마찬가지로 적용된다(대판 2025. 4. 15, 2024다312566). 여기서 반환채권 전액을 공제하도록 한 것은 임차보증금 반환채무와 전세금 반환의무를 성질상 불가분채무라고 보기 때문에 생긴 결과이다.

판 례 원상회복·가액배상 관련 C-225

(ㄱ)「사해행위의 취소에 따른 원상회복은 원칙적으로 그 목적물 자체의 반환에 의하여야 하고, 그것이 불가능하거나 현저히 곤란한 경우에 한하여 예외적으로 가액배상에 의하여야 할 것인바, 근저당권설정계약 중 일부만이 사해행위에 해당하는 경우에는 특별한 사정이 없는 한 그 원상회복은 근저당권설정등기의 채권최고액을 감축하는 근저당권변경등기 절차의 이행을 명하는 방법에 의하여야 할 것이다.」(대판 2006. 12. 7, 2006다43620[핵심판례 256면])

(ㄴ)「사해행위로 경료된 근저당권설정등기가 사해행위취소 소송의 변론종결시까지 존속하고 있는 경우 그 원상회복은 근저당권설정등기를 말소하는 방법에 의하여야 할 것이고, 사해행위 이전에 설정된 별개의 근저당권이 사해행위 이후에 말소되었다는 사정은 원상회복의 방법에 아무런 영향을 주지 아니한다.」(대판 2007. 10. 11, 2007다45364)

(ㄷ) 자기 앞으로 소유권을 표상하는 등기가 되어 있었거나 법률에 의하여 소유권을 취득한 자가 진정한 등기명의를 회복하기 위한 방법으로는 그 등기의 말소를 구하는 외에 현재의 등기명의인을 상대로 직접 소유권이전등기 절차의 이행을 구하는 것도 허용되어야 하는바, 이러한 법리는 사해행위 취소소송에 있어서 취소 목적 부동산의 등기명의를 수익자로부터 채무자 앞으로 복귀시키고자 하는 경우에도 그대로 적용될 수 있다고 할 것이고, 따라서 채권자는 사해행위의 취소로 인한 원상회복 방법으로 수익자 명의의 등기의 말소를 구하는 대신 수익자를 상대로 채무자 앞으로 직접 소유권이전등기 절차를 이행할 것을 구할 수도 있다(대판 2000. 2. 25, 99다53704).

(ㄹ)「사해행위 후 그 목적물에 관하여 제 3 자가 저당권이나 지상권 등의 권리를 취득한 경우에는 수익자가 목적물을 저당권 등의 제한이 없는 상태로 회복하여 이전하여 줄 수 있다는 등의 특별한 사정이 없는 한 채권자는 수익자를 상대로 원물반환 대신 그 가액 상당의 배상을 구할 수도 있다고 할 것이나, 그렇다고 하여 채권자가 스스로 위험이나 불이익을 감수하면서 원물반환을 구하는 것까지 허용되지 아니하는 것으로 볼 것은 아니고, 그 경우 채권자는 원상회복 방법으로 가액배상 대신 수익자 명의의 등기의 말소를 구하거나 수익자를 상대로 채무자 앞으로 직접 소유권이전등기 절차를 이행할 것을 구할 수도 있다.」(대판 2001. 2. 9, 2000다57139)

(ㅁ)「어느 부동산에 관한 법률행위가 사해행위에 해당하는 경우에는 원칙적으로 그 사해행위를 취소하고 소유권이전등기의 말소 등 부동산 자체의 회복을 명하여야 하는 것이나, 저당권이 설정되어 있는 부동산에 관하여 사해행위가 이루어진 경우에 그 사해행위는 부동산의 가액에서 저당권의 피담보채권액을 공제한 잔액의 범위 내에서만 성립한다고 보아야 할 것이므로 사해행위 후 변제 등에 의하여 저당권설정등기가 말소된 경우, 사해행위를 취소하여 그 부동산 자체의 회복을 명하는 것은 당초 일반 채권자들의 공동담보인 책임재산으로 되어 있지 아니하던 부분까지 회복시키는 것이 되어 공평에 반하는 결과가 되므로, 그 부동산의 가액에서 저당권의 피담보채권액을 공제한 잔액의 한도에서 사해행위를 취소하고 그 가액의 배상을 명할 수 있을 뿐이다. C-226

따라서 사해행위의 목적인 부동산에 수개의 저당권이 설정되어 있다가 사해행위 후 그 중 일부 저당권만이 말소된 경우에도 사해행위의 취소에 따른 원상회복은 가액배상의 방법에 의할 수밖에 없을 것이고, 그 경우 배상하여야 할 가액은 그 부동산의 가액에서 말소된 저당권의 피담보채권액과 말소되지 아니한 저당권의 피담보채권액을 모두 공제하여 산정하여야 한다.」(대판 2007. 7. 12, 2005다65197)

(ㅂ)「어느 부동산에 관한 법률행위가 사해행위에 해당하는 경우에는 원칙적으로 그 사해행위를 취소하고 소유권이전등기의 말소 등 부동산 자체의 회복을 명하여야 하는 것이나, 다만 원물반환이 불가능하거나 현저히 곤란한 경우에는 원상회복의무의 이행으로서 사해행위 목적물의 가액 상당의 배상을 명하여야 하는 것이고, 이러한 가액배상에 있어서는 일반 채권자들의 공동담보로 되어 있어 사해행위가 성립하는 범위 내의 가액의 배상을 명하여야 하는 것이므로, 사해행위 후 그 목적물에 관하여 선의의 제 3 자가 저당권을 취득하였음을 이유로 가액배상을 명하는 경우에는 사해행위 당시 일반 채권자들의 공동담보로 되어 있었던 부동산 가액 전부의 배상을 명하여야 할 것이고, 그 가액에서 제 3 자가 취득한 저당권의 피담보채권액을 공제할 것은 아니다. 그리고 증여의 형식으로 이루어진 사해행위를 취소하고 원물반환에 갈음하여 그 목적물 가액의 배상을 명함에 있어서는 수익자에게 부과된 증여세액과 취득세액을 공제하여 가액배상액을 산정할 것도 아니다.」(대판 2003. 12. 12, 2003다40286)

「이는(위의 판결 중 전단, 즉 사해행위 후 제 3 자가 취득한 저당권의 피담보채권액을 공제할 수 없다는 것: 저자 주) 채무자의 부동산에 관하여 증여 등 사해행위로 수익자에게 그 소유권이 이전된 후 경매의 실행으로 배당절차가 진행된 경우에도 마찬가지로, 그 부동산 가액 중 수익자의 채권자가 배당절차에 참여하여 취득한 배당액 상당은 사해행위 당시 채무자의 일반 채권자들의 공동담보였으므로 가액배상 등 원상회복의 범위에서 공제하여 산정할 것은 아니고, 수익자의 채권자가 채무자의 일반채권자에 해당하는 지위를 겸하고 있다고 하여 달리 볼 것도 아니다.」(대판 2023. 6. 29, 2022다244928)

(ㅅ)「저당권이 설정되어 있는 부동산에 관하여 사해행위 후 변제 등으로 저당권설정등기가 말소되어 사해행위 취소와 함께 가액반환을 명하는 경우, 부동산 가액에서 저당권의 피담보채권액을 공제한 한도에서 가액반환을 하여야 한다. 그런데 그 부동산에 위와 같은 저당권 이외에 우선변제권 있는 임차인이 있는 경우에는 임대차계약의 체결시기 등에 따라 임차보증금 공제 여부가 달라질 수 있다. 가령 사해행위 이전에 임대차계약이 체결되었고 임차인에게 임차보증금에 대해 우선변제권이 있다면, 부동산 가액 중 임차보증금에 해당하는 부분이 일반 채권자의 공동담보에 제공되었다고 볼 수 없으므로 수익자가 반환할 부동산 가액에서 우선변제권 있는 임차보증금 반환채권액을 공제하여야 한다. 그러나 부동산에 관한 사해행위 이후에 비로소 채무자가 부동산을 임대한 경우에는 그 임차보증금을 가액반환의 범위에서 공제할 이유가 없다. 이러한 경우에는 부동산 가액 중 임차보증금에 해당하는 부분도 일반 채권자의 공동담보에 제공되어 있음이 분명하기 때문이다.」(대판 2018. 9. 13, 2018다215756)

(ㅇ) 「저당권자의 신청에 의하여 담보권 실행을 위한 경매절차가 진행 중인 물건이 사해행위로 이전되고 그 후 변제 등에 의하여 저당권설정등기가 말소되고 그 경매신청이 취하된 경우에는 그 물건의 가액에서 저당권의 피담보채권액뿐만 아니라 그 경매절차에서 우선적으로 변상받을 수 있었던 집행비용액도 공제하여야 … 한다.」(대판 2008. 8. 21, 2008다26360)

(ㅈ) 부동산에 관한 법률행위가 사해행위에 해당하여 민법 제406조 제 1 항에 의하여 취소된 경우에 수익자 또는 전득자가 사해행위 이후 그 부동산을 직접 사용하거나 제 3 자에게 임대하였다고 하더라도, 당초 채권자의 공동담보를 이루는 채무자의 책임재산은 당해 부동산이었을 뿐 수익자 또는 전득자가 그 부동산을 사용함으로써 얻은 사용이익이나 임차인으로부터 받은 임료 상당액까지 채무자의 책임재산이었다고 볼 수 없으므로 수익자 등이 원상회복으로서 당해 부동산을 반환하는 이외 그 사용이익이나 임료 상당액을 반환해야 하는 것은 아니다(대판 2008. 12. 11, 2007다69162).

(ㅊ) 「소유권이전등기 청구권 보전을 위한 가등기가 사해행위로서 이루어진 경우 그 매매예약을 취소하고 원상회복으로서 가등기를 말소하면 족한 것이고, 가등기 후에 저당권이 말소되었다거나 그 피담보채무가 일부 변제된 점 또는 그 가등기가 사실상 담보가등기라는 점 등은 그와 같은 원상회복의 방법에 아무런 영향을 주지 않는다.」(대판 2003. 7. 11, 2003다19435)

(ㅋ) 「저당권이 설정되어 있는 부동산이 사해행위로 이전된 경우에 그 사해행위는 부동산의 가액에서 저당권의 피담보채권액을 공제한 잔액의 범위 내에서만 성립한다고 보아야 하므로, 사해행위 후 변제 등에 의하여 저당권설정등기가 말소된 경우 그 부동산의 가액에서 저당권의 피담보채무액을 공제한 잔액의 한도에서 사해행위를 취소하고 그 가액의 배상을 구할 수 있을 뿐이고, 특별한 사정이 없는 한 변제자가 누구인지에 따라 그 방법을 달리한다고 볼 수는 없는 것이며, 원고가 사해행위인 계약 전부의 취소와 부동산 자체의 반환을 구하는 청구취지 속에는 위와 같이 일부취소를 하여야 할 경우 그 일부취소와 가액배상을 구하는 취지도 포함되어 있다고 보아, 청구취지의 변경이 없더라도 바로 가액반환을 명할 수 있다.」(대판 2001. 6. 12, 99다20612)

(ㅌ) 「공동저당권이 설정된 수개의 부동산 전부의 매매계약이 사해행위에 해당하고 사해행위의 목적부동산 전부가 하나의 계약으로 동일인에게 일괄 양도된 경우에는 사해행위로 되는 매매계약이 공동저당 부동산의 일부를 목적으로 할 때처럼 그 부동산 가액에서 공제하여야 할 피담보채권액의 산정이 문제되지 아니하므로 특별한 사정이 없는 한 그 취소에 따른 배상액의 산정은 목적 부동산 전체의 가액에서 공동저당권의 피담보채권 총액을 공제하는 방식으로 함이 취소채권자의 의사에도 부합하는 상당한 방법이라 할 것이고, 특별한 사정이 없는 한 목적물 전부를 사해행위로 취소하는 경우와 그중 일부를 개별적으로 취소하는 경우 사이에 그 취소에 따른 배상액 산정기준이 달라져야 할 이유가 없으므로 사해행위인 매매계약의 목적물 중 일부 목적물만을 사해행위로 취소하는 경우 그 일부 목적물의 사실심 변론종결 당시 가액에서 공제되어야 할 피담보채권액은 공동저당권의 피담보채권총액을 사실심 변론종결 당시를 기준으로 한 공동저당 목적물의 가액에 비례하여 안분

한 금액이라고 보아야 할 것이다.」(대판 2014. 6. 26, 2012다77891)

(ㅍ) 「저당권이 설정되어 있는 부동산에 관하여 사해행위에 의하여 수익자가 새로 저당권을 취득하였는데 선행 저당권의 실행으로 사해의 저당권이 말소되고 수익자에게 돌아갈 배당금이 배당금지급금지 가처분 등으로 인하여 지급되지 못한 경우에는, 사해행위인 저당권 취득의 원인행위를 취소한 후 수익자가 취득한 배당금청구권을 채무자에게 양도하는 방법으로 원상회복이 이루어져야 하고, 이는 결국 배당금채권의 양도와 그 채권양도의 통지를 배당금채권의 채무자에게 할 것을 명하는 형태가 될 것이다.」(대판 2013. 9. 13, 2013다34945. 동지 대판 2005. 5. 27, 2004다67806(사해행위로 부동산을 양도받은 경우); 대판 2023. 6. 29, 2022다244928(수익자가 사해행위로 증여받은 경우))

채무자와 수익자 사이의 근저당권설정계약이 사해행위인 이상 그로 인한 근저당권설정등기가 경락으로 인하여 말소되었다고 하더라도 수익자로 하여금 근저당권자로서의 배당을 받도록 하는 것은 민법 제406조 제 1 항의 취지에 반하므로, 수익자에게 그와 같은 부당한 이득을 보유시키지 않기 위하여 그 근저당권설정등기로 인하여 해를 입게 되는 채권자는 근저당권설정계약의 취소를 구할 이익이 있다(대판 1997. 10. 10, 97다8687).

(ㅎ) 「여러 명의 채권자가 사해행위취소 및 원상회복청구의 소를 제기하여 여러 개의 소송이 계속 중인 경우에는 각 소송에서 채권자의 청구에 따라 사해행위의 취소 및 원상회복을 명하는 판결을 선고하여야 하고, 수익자(전득자를 포함한다. 이하 같다)가 가액배상을 하여야 할 경우에도 수익자가 반환하여야 할 가액을 채권자의 채권액에 비례하여 채권자별로 안분한 범위 내에서 반환을 명할 것이 아니라, 수익자가 반환하여야 할 가액 범위 내에서 각 채권자의 피보전채권액 전액의 반환을 명하여야 한다. 이와 같이 여러 개의 소송에서 수익자가 배상하여야 할 가액 전액의 반환을 명하는 판결이 선고되어 확정될 경우 수익자는 이중으로 가액을 반환하게 될 위험에 처할 수 있을 것이나, 수익자가 어느 채권자에게 자신이 배상할 가액의 일부 또는 전부를 반환한 때에는 그 범위 내에서 다른 채권자에 대하여 청구이의 등의 방법으로 이중지급을 거부할 수 있을 것이다.」(대판 2008. 4. 24, 2007다84352)

(ㄲ) 「여러 개의 사해행위취소소송에서 각 가액배상을 명하는 판결이 선고되어 확정된 경우, 각 채권자의 피보전채권액을 합한 금액이 사해행위 목적물의 가액에서 일반채권자들의 공동담보로 되어 있지 않은 부분을 공제한 잔액(이하 '공동담보가액'이라 한다)을 초과한다면 수익자가 채권자들에게 반환하여야 할 가액은 공동담보가액이 될 것인데, 그럼에도 수익자는 공동담보가액을 초과하여 반환하게 되는 범위 내에서 이중으로 가액을 반환하게 될 위험에 처할 수 있다. 이때 각 사해행위취소 판결에서 산정한 공동담보가액의 액수가 서로 달라 수익자에게 이중지급의 위험이 발생하는지를 판단하는 기준이 되는 공동담보가액은, 그중 다액(多額)의 공동담보가액이 이를 산정한 사해행위취소소송의 사실심 변론종결 당시의 객관적인 사실관계와 명백히 다르고 해당 소송에서의 공동담보가액의 산정 경위 등에 비추어 그 가액을 그대로 인정하는 것이 심히 부당하다고 보이는 등의 특별한 사정이 없는 한 그 다액에 해당하는 금액이라고 보는 것이 채권자취소권의 취지 및 채권자취소소송에서 변론주의 원칙 등에 부합한다. 따라서 수익자가 어느 채권자에게 자신이 배상할 가액의 일부

또는 전부를 반환한 때에는 다른 채권자에 대하여 각 사해행위취소 판결에서 가장 다액으로 산정된 공동담보가액에서 자신이 반환한 가액을 공제한 금액을 초과하는 범위에서 청구이의의 방법으로 집행권원의 집행력의 배제를 구할 수 있을 뿐이다.」(대판 2022. 8. 11, 2018다202774)

(ㄴ) 「채무자와 수익자 사이의 소송절차에서 확정판결 등을 통해 마쳐진 소유권이전등기가 사해행위 취소로 인한 원상회복으로써 말소된다고 하더라도, 그것이 확정판결 등의 효력에 반하거나 모순되는 것이라고는 할 수 없다.」(대판 2017. 4. 7, 2016다204783)

(ㄷ) 「출연자와 예금주인 명의인 사이의 예금주 명의신탁계약이 사해행위에 해당하여 취소되는 경우 그 취소에 따른 원상회복은 수탁자인 명의인이 금융회사에 대한 예금채권을 출연자에게 양도하고 아울러 금융회사에 대하여 양도통지를 하도록 명하는 방법으로 이루어져야 한다.

예금계좌에서 예금이 인출되어 사용된 경우에는 위와 같은 원상회복이 불가능하므로 가액반환만이 문제 되는데, 신탁자와 수탁자 중 누가 예금을 인출·사용하였는지에 따라 결론이 달라진다. 신탁자가 수탁자의 통장과 인장, 접근매체 등을 교부받아 사용하는 등 사실상 수탁자의 계좌를 지배·관리하고 있을 때에는 신탁자가 통상 예금을 인출·사용한 것이라고 볼 수 있다. 그러나 신탁자가 사실상 수탁자의 계좌를 지배·관리하고 있음이 명확하지 않은 경우에는 신탁자가 명의인의 예금계좌에서 예금을 인출하거나 이체하여 사용했다는 점을 수탁자가 증명하지 못하면 수탁자가 예금을 인출·사용한 것으로 보아야 한다.」(대판 2018. 12. 27, 2017다290057)

(ㄹ) 「근저당권설정계약을 사해행위로서 취소하는 경우 경매절차가 진행되어 타인이 소유권을 취득하고 근저당권설정등기가 말소되었다면 원물반환이 불가능하므로 가액배상의 방법으로 원상회복을 명할 것인바, 이미 배당이 종료되어 수익자가 배당금을 수령하였다면 수익자로 하여금 배당금을 반환하도록 명하여야」 한다(대판 2004. 1. 27, 2003다6200).

(ㅁ) 「수익자가 사해행위취소 소송의 확정판결에 따른 원상회복으로 대체물 인도의무를 이행하지 않았다는 이유만으로 취소채권자가 수익자를 상대로 민법 제395조에 따라 이행지체로 인한 전보배상을 구할 수는 없다. 다만 수익자의 대체물 인도의무에 대한 강제집행이 불가능하거나 현저히 곤란하다고 평가할 수 있는 경우에는 전보배상을 구할 수 있다.」(대판 2024. 2. 15, 2019다238640)

Ⅳ. 채권자취소권 행사의 효과 C-227

(1) 채무자의 일반재산으로의 회복

채권자취소권 행사의 효과는 모든 채권자를 위하여 그 효력이 있다(407조). 즉 수익자 또는 전득자로부터 받은 재산이나 이익은 채무자의 일반재산으로 회복되고 모든 채권자를 위하여 공동담보가 된다. 따라서 취소채권자가 자기에게 인도하도록 한 경우에도 그것으로부터 우선변제를 받는 것은 아니다. 그가 변제를 받으려면 다시 집행권원에 기하여 강제집행을 하여야 한다. 다만, 상계를 할 수 있는 때에는 상계를 함으로써 사실상 우선변제를 받을 수 있다. 한편 판례는, 「사해행위 이후에 채권을 취득한 채권자는 채권의 취득 당시에 사해행위 취소에 의하여 회복되는 재산을 채권자의 공동담보로 파악하지 아니한 자로서 민법 제407조 소정의 사해행위 취소와 원상회복의 효력을 받는 채권자에 포함되지 아니한다」고 한다(대판 2009. 6. 23, 2009다18502). 구체적으로는, 채무자가 채무초과의 상태에서 그의 처에게 재산분할의 명목으로 부동산들을 증여하였고, 그 처가 남편에 대하여 이혼 및 위자료소송을 제기하여 위자료와 양육비채권을 취득하였으며, 증여한 부동산 중 하나에 대하여 사해행위를 이유로 증여계약이 취소된 뒤 그것이 경매된 때에 그 처도 배당을 받은 경우에 관하여, 대법원은 처의 위자료 및 양육비 채권이 증여행위 이후에 취득한 것인지를 따져 증여행위 후에 취득한 것이라면 처는 제407조의 채권자에 포함되지 않으므로 배당에서 제외하였어야 할 것이라고 하였다.

판 례 **채권자취소권 행사의 효과 관련**

(ㄱ) 「사해행위의 취소와 원상회복은 모든 채권자의 이익을 위하여 효력이 있으므로(민법 제407조), 취소채권자가 자신이 회복해 온 재산에 대하여 우선권을 가지는 것은 아니라고 할 것이다.

따라서 사해행위의 수익자 소유의 부동산에 대한 경매절차에서 취소채권자가 수익자에 대한 가액배상판결에 기하여 배당을 요구하여 배당을 받은 경우, 그 배당액은 배당요구를 한 취소채권자에게 그대로 귀속되는 것이 아니라 채무자의 책임재산으로 회복이 되는 것이며, 이에 대하여 채무자에 대한 채권자들은 채권만족에 관한 일반원칙에 따라 채권 내용을 실현할 수 있는 것이다.」(대판 2005. 8. 25, 2005다14595)

(ㄴ) 「사해행위의 취소와 원상회복은 모든 채권자의 이익을 위하여 그 효력이 있으므로(민법 제407조), 채권자취소권의 행사로 채무자에게 회복된 재산에 대하여 취소채권자가 우선변제권을 가지는 것이 아니라 다른 채권자도 총채권액 중 자기의 채권에 해당하는 안분액을 변제받을 수 있는 것이지만, 이는 채권의 공동담보로 회복된 채무자의 책임재산으로부터 민사집행법 등의 법률상 절차를 거쳐 다른 채권자도 안분액을 지급받을 수 있다는 것을 의미하는 것일 뿐, 다른 채권자가 이러한 법률상 절차를 거치지 아니하고 취소채권자를 상대로 하여 안분액의 지급을 직접 구할 수 있는 권리를 취득한다거나 취소채권자가 인도받은 재산 또는 가액배상금의 분배의무를 부담한다고 볼 수는 없는 것이다. 가액배상금을 수령한 취소채권자가 이러한 분배의무를 부담하지 아니함으로 인하여 사실상 우선변제를 받는 불공평한 결과를 초래하는 경우가 생기더라도, 이러한 불공평은 채무자에 대한 파산절차 등 도산절차를 통하여 시정하거나 가액배상금의 분배절차에 관한 별도의 법률규정을 마련하여 개선하는 것은 별론으로 하고, 현행 채권자취소 관련 규정의 해석상으로는 불가피한 것이다.」(대판 2008. 6. 12, 2007다37837[핵심판례 258면])

(2) 상대적 효력 C-228

취소의 효력은 채권자와 수익자 사이 또는 채권자와 전득자 사이에만 발생하며, 채무자(및 당사자가 아닌 수익자나 전득자)나 제 3 자(대판 2009. 6. 11, 2008다7109 등은 제 3 자의 범위를 사해행위를 기초로 목적부동산에 관하여 새롭게 법률행위를 한 그 목적부동산의 전득자 등만으로 한정할 것은 아니라고 한다. 그러나 이는 옳지 않다. 그 이유에 관하여는 송덕수, 신사례, [59]번 문제 참조)에게는 미치지 않고, 또 채무자와 수익자 사이의 또는 수익자와 전득자 사이의 법률관계에도 미치지 않는다(대판 2012. 8. 17, 2010다87672 등 다수의 판결). 따라서 채무자는 취소판결에 기하여 아무런 권리도 취득하지 못한다. 그리고 채권자가 변제받은 나머지는 수익자나 전득자에 귀속한다. 다만, 채무자는 수익자나 전득자의 손실로 부당이득을 한 것이 되므로, 수익자 등은 그 범위에서 채무자에 대하여 부당이득의 반환을 청구할 수 있다. 한편 판례에 의하면, 재산을 반환하는 수익자도 채권자 중 1인인 경우 수익자가 가액배상을 할 때에 수익자 자신도 채권자임을 이유로 총 채권액 중 자기 채권에 대한 안분액의 분배를 청구하거나 배당요구권으로 원상회복청구와의 상계를 주장하여 그 안분액의 지급을 거절할 수 없다고 한다(대판 2001. 6. 1, 99다63183). 그리고 채무자에게 가액배상금 명목의 돈을 지급하였다는 점을 들어 채권자취소권을 행사하는 채권자에 대해 이를 가액배상에서 공제할 것을 주장할 수 없다(대판 2001. 6. 1, 99다63183; 대결 2017. 8. 21, 2017마499). 그러나 그도 집행권원을 갖추어 강제집행절차에서 배당을 요구할 수는 있다고 한다(대판 2003. 6. 27, 2003다15907). 그런가 하면 수익자가 채권자취소권을 행사하는 채권자에 대해 가지는 별개의 다른 채권을 집행하기 위하여 그에 대한 집행권원을 가지고 위 채권자의 수익자에 대한 가액배상채권을 압류하고 전부명령을 받는 것은 허용된다고 한다(대결 2017. 8. 21, 2017마499). 이것은 수익자의 채무자에 대한 채권을 기초로 한 상계나 임의적인 공제와는 그 내용과 성질이 다르고, 채권자가 채무자의 제 3 채무자에 대한 채권을 압류하는 경우 제 3 채무자가 채권자 자신인 경우에도 이를 압류하는 것이 금지되지 않으므로 단지 채권자와 제 3 채무자가 같다고 하여 채권압류 및 전부명령이 위법하다고 볼 수 없다는 것이 그 이유이다.

판례는, 저당권설정행위 등이 사해행위에 해당하여 채권자가 저당권설정자를 상대로 제기한 사해행위 취소소송에서 채권자의 청구를 인용하는 판결이 선고되었다고 하더라도 이러한 사해행위 취소판결의 효력은 해당 부동산의 소유권을 이전받은 자에게 미치지 않으므로, 저당권이 설정되어 있는 부동산이 사해행위로 양도된 경우 부동산의 가액에서 저당권의 피담보채무액을 공제한 잔액의 한도에서 그 양도행위를 사해행위로 취소하고 가액의 배상을 구할 수 있다는 법리는 저당권설정행위 등이 사해행위로 인정되어 취소된 때에도 마찬가지로 적용된다고 한다(대판 2018. 6. 28, 2018다214319).

채무자의 책임재산이 원상회복되어 그로부터 채권자가 채권의 만족을 얻음으로써 채무자의 다른 공동채무자도 자신의 채무가 소멸하는 이익을 얻을 수 있다. 이러한 경우에 공동채무자와 수익자 등의 관계에 대하여 판례는, 공동채무의 법적 성격이나 내용에 따라 채무자와 다른 공동채무자 사이에 구상관계가 성립하는 것은 별론으로 하고 공동채무자가 수익자나 전득자에게 직접 부당이득 반환채무를 부담하는 것은 아니며, 따라서 채무자의 공동채무자가 수익자나 전득자의 가액배상의무를 대위변제한 경우에도 특별한 사정이 없는 한 수익자나 전득자에게 구상할 수 있다고 한다(대판 2017. 9. 26, 2015다38910).

부동산에 관한 소유권이전의 원인행위가 사해행위로 인정되어 취소된 경우에 부동산의 소유관계는 어떻게 되는가? 판례는, 그러한 경우에 사해행위 취소의 효과는 채권자와 수익자 사이에서 상대적으로 생길 뿐이어서, 사해행위가 취소되더라도 그 부동산은 여전히 수익자의 소유이고, 다만 채권자에 대한 관계에서 채무자의 책임재산으로 환원되어 강제집행을 당할 수 있는 부담을 지고 있는 데 지나지 않는다고 한다(대판 2016. 11. 25, 2013다206313). 즉 채무자와 수익자 사이의 부동산매매계약이 사해행위로 취소되고 그에 따른 원상회복으로 수익자 명의의 소유권이전등기가 말소되어 채무자의 등기명의가 회복되더라도, 그 부동산은 취소채권자나 제407조에 따라 사해행위 취소와 원상회복의 효력을 받는 채권자와 수익자 사이에서 채무자의 책임재산으로 취급될 뿐, 채무자가 직접 그 부동산을 취득하여 권리자가 되는 것은 아니라고 한다(대판 2017. 3. 9, 2015다217980[핵심판례 260면]). 따라서 채무자가 사해행위 취소로 그 등기명의를 회복한 부동산을 제 3 자에게 처분하더라도 그것은 무권리자의 처분에 불과하여 효력이 없으므로, 채무자로부터 제 3 자에게 마쳐진 소유권이전등기나 이에 기초하여 순차로 마쳐진 소유권이전등기 등은 모두 원인무효의 등기로서 말소되어야 하며, 이 경우 취소채권자나 제407조에 따라 사해행위 취소와 원상회복의 효력을 받는 채권자는 채무자의 책임재산으로 취급되는 그 부동산에 대한 강제집행을 위하여 위와 같은 원인무효 등기의 명의인을 상대로 그 등기의 말소를 청구할 수 있다고 한다(대판 2017. 3. 9, 2015다217980[핵심판례 260면]).

C-229 **판 례** **채권자취소권 행사의 효력, 특히 상대적 효력 관련**

(ㄱ) 「사해행위의 목적부동산 등을 새로운 법률관계에 의하여 취득한 전득자 등은 민법 제406조 제 1 항 단서에 의하여 보호되므로, 사해행위의 취소에 상대적 효력만을 인정하는 것은 사해행위 취소채권자와 수익자 그리고 제 3 자의 이익을 조정하기 위한 것으로 그 취소의 효력이 미치지 아니하는 제 3 자의 범위를 사해행위를 기초로 목적부동산에 관하여 새롭게 법률행위를 한 그 목적부동산의 전득자 등만으로 한정할 것은 아니라고 할 것인바, 피고들이 수익자와 새로운 법률관계를 맺은 것이 아니라 수익자의 채권자로서 이미 가지고 있던 채권확보를 위하여 이 사건 부동산을 압류 또는 가압류한 자에 불과하더라도 목적부동산의 매각대금에 대하여 사해행위취소 채권자에게 수익자의 채권자인 피고들에 우선하여 변제받을 수 있는 권리를 부여하여 사해행위취소 판결의 실효성을 확보하여야 할 아무런 근거가 없으므로 단지 원심 판시와 같은 이유만으로 사해행위취소의 상대적 효력을 부정하여 피고들에게 사해행위취소 판결의 효력이 미친다고는 볼 수 없다.」(대판 2005. 11. 10, 2004다49532)

(ㄴ)「수익자와 새로운 법률관계를 맺은 것이 아니라 수익자의 고유채권자로서 이미 가지고 있던 채권확보를 위하여 수익자가 사해행위로 취득한 근저당권에 배당된 배당금을 가압류한 자에게 사해행위취소판결의 효력이 미친다고 볼 수 없다.」(대판 2009. 6. 11, 2008다7109)

(ㄷ)「채권자가 사해행위의 취소와 함께 수익자 또는 전득자로부터 책임재산의 회복을 명하는 사해행위취소의 판결을 받은 경우 그 취소의 효과는 채권자와 수익자 또는 전득자 사이에만 미치므로, 수익자 또는 전득자가 채권자에 대하여 사해행위의 취소로 인한 원상회복 의무를 부담하게 될 뿐, 채무자와 사이에서 그 취소로 인한 법률관계가 형성되거나 취소의 효력이 소급하여 채무자의 책임재산으로 회복되는 것은 아니다.」(대판 2007. 4. 12, 2005다1407)

(ㄹ)「채권에 대한 압류의 처분금지의 효력은 절대적인 것이 아니고, 이에 저촉되는 채무자의 처분행위가 있어도 그 압류의 효력이 미치는 범위에서 압류채권자에게 대항할 수 없는 상대적 효력을 가지는 데 그치므로, 압류 후에 피압류채권이 제 3 자에게 양도된 경우 그 채권양도는 압류채무자의 다른 채권자 등에 대한 관계에서는 유효하다. 그리고 채권양도 행위가 사해행위로 인정되어 그 취소 판결이 확정된 경우에도 그 취소의 효과는 그 사해행위 이전에 이미 그 채권을 압류한 다른 채권자에게는 미치지 아니한다.」(대판 2015. 5. 14, 2014다12072)

(ㅁ)「채권자가 사해행위의 취소와 함께 수익자 또는 전득자로부터 책임재산의 회복을 명하는 사해행위취소의 판결을 받은 경우 그 취소의 효과는 채권자와 수익자 또는 전득자 사이에만 미치므로, 수익자 또는 전득자가 채권자에 대하여 사해행위의 취소로 인한 원상회복의무를 부담하게 될 뿐, 채무자와 사이에서 그 취소로 인한 법률관계가 형성되거나 취소의 효력이 소급하여 채무자의 책임재산으로 회복되는 것은 아니다. 따라서 채권압류명령 등 당시 피압류채권이 이미 제 3 자에 대한 대항요건을 갖추어 양도되어 그 명령이 효력이 없는 것이 되었다면, 그 후의 사해행위취소소송에서 위 채권양도계약이 취소되어 채권이 원채권자에게 복귀하였다고 하더라도 이미 무효로 된 채권압류명령 등이 다시 유효로 되는 것은 아니다.」(대판 2022. 12. 1, 2022다247521)

(ㅂ)「사해행위인 매매예약에 기하여 수익자 앞으로 가등기를 마친 후 전득자 앞으로 그 가등기 이전의 부기등기를 마치고 나아가 그 가등기에 기한 본등기까지 마쳤다 하더라도, 위 부기등기는 사해행위인 매매예약에 기초한 수익자의 권리의 이전을 나타내는 것으로서 위 부기등기에 의하여 수익자로서의 지위가 소멸하지는 아니하며, 채권자는 수익자를 상대로 그 사해행위인 매매예약의 취소를 청구할 수 있다. 그리고 설령 부기등기의 결과 위 가등기 및 본등기에 대한 말소청구소송에서 수익자의 피고적격이 부정되는 등의 사유로 인하여 수익자의 원물반환의무인 가등기말소의무의 이행이 불가능하게 된다 하더라도 달리 볼 수 없으며, 특별한 사정이 없는 한 수익자는 위 가등기 및 본등기에 의하여 발생된 채권자들의 공동담보 부족에 관하여 원상회복의무로서 가액을 배상할 의무를 진다 할 것이다(사해행위인 매매예약에 의하여 마친 가등기를 부기등기에 의하여 이전하고 그 가등기에 기한 본등기를 마친 경우에, 그 가등기에 의한 권리의 양도인은 가등기말소등기 청구소송의 상대방이 될 수 없고 본등기의 명의인도 아니므로 가액배상의무를 부담하지 않는다는 취지의 대판 2005. 3. 24, 2004다70079 등은 이 판결의 견해에 배치되는 범위 안에서 변경함: 저자 주). …

채권자가 채무자의 부동산에 관한 사해행위를 이유로 수익자를 상대로 그 사해행위의 취소 및 원상회복을 구하는 소송을 제기한 후 소송계속 중에 그 사해행위가 해제 또는 해지되고 채권자가 그 사해행위의 취소에 의해 복귀를 구하는 재산이 벌써 채무자에게 복귀한 경우에는, 특별한 사정이 없는 한 그 사해행위취소소송의 목적은 이미 실현되어 더 이상 그 소에 의해 확보할 권리보호의 이익이 없어진다. 그리고 이러한 법리는 사해행위 취소소송이 제기되기 전에 그 사해행위의 취소에 의해 복귀를 구하는 재산이 채무자에게 복귀한 경우에도 마찬가지로 타당하다」(대판(전원) 2015. 5. 21, 2012다952)

(ㅅ) 「채무자의 수익자에 대한 채권양도가 사해행위로 취소되는 경우, 수익자가 제3채무자로부터 아직 그 채권을 추심하지 아니한 때에는, 채권자는 사해행위취소에 따른 원상회복으로서 수익자가 제3채무자에 대하여 채권양도가 취소되었다는 취지의 통지를 하도록 청구할 수 있다.

그런데 사해행위의 취소는 채권자와 수익자의 관계에서 상대적으로 채무자와 수익자 사이의 법률행위를 무효로 하는 데에 그치고, 채무자와 수익자 사이의 법률관계에는 영향을 미치지 아니한다. 따라서 채무자의 수익자에 대한 채권양도가 사해행위로 취소되고, 그에 따른 원상회복으로서 제3채무자에게 채권양도가 취소되었다는 취지의 통지가 이루어지더라도, 채권자와 수익자의 관계에서 그 채권이 채무자의 책임재산으로 취급될 뿐, 채무자가 직접 그 채권을 취득하여 권리자로 되는 것은 아니므로, 채권자는 채무자를 대위하여 제3채무자에게 그 채권에 관한 지급을 청구할 수 없다.」(대판 2015. 11. 17, 2012다2743)

(ㅇ) 「사해행위 취소의 효력은 채무자와 수익자 사이의 법률관계에 영향을 미치지 아니하고, 사해행위 취소로 인한 원상회복 판결의 효력도 그 소송의 당사자인 채권자와 수익자 또는 전득자에게만 미칠 뿐 채무자나 다른 채권자에게 미치지 아니하므로, 어느 채권자가 수익자를 상대로 사해행위 취소 및 원상회복으로 소유권이전등기의 말소를 명하는 판결을 받았으나 말소등기를 마치지 아니한 상태라면 그 소송의 당사자가 아닌 다른 채권자는 위 판결에 기하여 채무자를 대위하여 그 말소등기를 신청할 수 없다. 그럼에도 불구하고 다른 채권자의 위와 같은 등기신청으로 말소등기가 마쳐졌다면 그 등기에는 절차상의 흠이 존재한다.

그러나 … 점 등에 비추어 보면, 사해행위 취소 및 원상회복으로 소유권이전등기의 말소를 명한 판결의 소송당사자가 아닌 다른 채권자가 위 판결에 기하여 채무자를 대위하여 마친 말소등기는 그 등기절차상의 흠에도 불구하고 실체관계에 부합하는 등기로서 유효하다고 볼 수 있다.」(대판 2015. 11. 17, 2013다84995)

C-230

V. 채권자취소권의 소멸

(1) 채권자취소권은 채권자가 취소원인을 안 날로부터 1년, 법률행위가 있은 날로부터 5년 내에 행사하여야 한다(406조 2항)(이는 납세자가 국세의 징수를 피하기 위하여 사해행위를 한 경우에도 마찬가지이다(대판 2022. 5. 26, 2021다288020 등). 국세징수법 25조도 참조). 채권자취

소권은 법률행위에 흠이 있어서가 아니고 공동담보의 보전을 위하여 취소할 수 있도록 한 것이고, 또 제 3 자에게 미치는 영향이 크기 때문에 이와 같이 단기의 권리행사기간을 두고 있다. 여기의 1년 또는 5년의 기간은 소멸시효기간이 아니고 제척기간이다(이설이 없으며, 판례도 같음. 대판 1996. 5. 14, 95다50875 등). 그리하여 그 기간은 법원이 직권으로 조사할 수 있다(그러나 직권으로 조사할 의무는 없다. 대판 2002. 7. 26, 2001다73138 · 73145 등). 그리고 이 두 기간 중 어느 하나가 만료하면 채권자취소권은 소멸한다.

(2) 1년의 제척기간의 기산점이 되는 「채권자가 취소원인을 안 날」이라 함은 채권자가 채권자취소권의 요건을 안 날, 즉 채무자가 채권자를 해함을 알면서 법률행위를 한 사실을 채권자가 안 때를 의미한다고 할 것이므로, 단순히 채무자가 재산의 처분행위를 하였다는 사실을 아는 것만으로는 부족하고, 구체적인 사해행위의 존재를 알고(즉 그 행위에 의하여 채권의 공동담보에 부족이 생기거나 이미 부족상태에 있는 공동담보가 한층 더 부족하게 되어 채권을 완전하게 만족시킬 수 없게 된다는 것까지 알아야 한다. 대판 2022. 5. 26, 2021다288020 등) 나아가 채무자에게 사해의 의사가 있었다는 사실까지 알 것을 요하나, 채권자가 수익자나 전득자의 악의까지 알아야 하는 것은 아니다(대판 2000. 9. 29, 2000다3262; 대판 2023. 4. 13, 2021다309231 등 다수). 그리고 법인이 그 대표자의 불법행위로 인한 손해배상청구권을 피보전권리로 하여 채권자취소권을 행사하는 경우에 「취소원인을 안 날」을 판단할 때에는 — 불법행위로 인한 손해배상청구권에 관한 단기 소멸시효의 기산점을 판단할 때(대판 2015. 1. 15, 2013다50435 등. D－510의 (ㄴ) 판결 참조)와 마찬가지로 — 법인의 이익을 정당하게 보전할 권한을 가진 다른 대표자, 임원 또는 사원이나 직원 등(그 대표자가 아는 것으로는 부족함. 그리고 공동불법행위를 한 다른 대표자나 임원 등은 배제하고 판단해야 함)이 안 날을 제척기간의 기산점으로 삼아야 한다(대판 2015. 1. 15, 2013다50435). 그리고 예금보험공사 등이 채무자에 대한 채권을 피보전채권으로 하여 채무자의 법률행위를 대상으로 채권자취소권을 행사하는 경우, 제척기간의 기산점과 관련하여 예금보험공사 등이 취소원인을 알았는지 여부는 특별한 사정이 없는 한 피보전채권의 추심 및 보전 등에 관한 업무를 담당하는 직원의 인식을 기준으로 판단하여야 하므로, 그 담당직원이 채무자의 재산 처분행위 사실뿐만 아니라 구체적인 사해행위의 존재와 채무자에게 사해의 의사가 있었다는 사실까지 인식하였다면 이로써 예금보험공사 등도 그 시점에 취소원인을 알았다고 볼 수 있으며, 이러한 법리는 예금보험공사가 파산관재인으로서 대리인을 선임하였다 하더라도 피보전채권의 추심 및 보전에 관하여 직접 조사하여 법적 조치를 지시하는 경우에는 마찬가지로 적용된다고 한다(대판 2018. 7. 20, 2018다222747). 그런가 하면 국민건강보험법에 따라 설립된 공법인인 원고(국민건강보험공단)가 채무자에 대한 채권을 피보전채권으로 하여 채무자의 법률행위를 대상으로 채권자취소권을 행사하는 경우, 제척기간의 기산점과 관련하여 원고가 취소원인을 알았는지는 특별한 사정이 없는 한 피보전채권의 추심 및 보전 등에 관한 업무를 담당하는 직원의 인식을 기준으로 판단하여야 하므로, 담당직원이 채무자의 재산 처분행위 사실뿐만 아니라 구체적인 사해행위의 존재와 채무자에게 사해의 의사가 있었다는 사실까지 인식하였다면 이로써 원고도 그 시점에 취소원인을 알았다고 볼 수 있다고 한다

(대판 2023. 4. 13, 2021다309231). 한편 판례는, 채권자가 사해행위(또는 사해)의 객관적 사실을 알았다고 하여 취소원인을 알았다고 추정할 수는 없다고 한다(대판 2023. 4. 13, 2021다309231 등 다수).

판례는, 사해행위 당시에 이미 채권 성립의 기초가 되는 법률관계가 발생되어 있고, 가까운 장래에 그 법률관계에 터 잡아 채권이 성립되리라는 점에 대한 고도의 개연성이 있으며, 실제로 가까운 장래에 그 개연성이 현실화되어 채권이 성립되는 등 예외적으로 그 채권을 채권자취소권의 피보전채권으로 인정하는 경우에도, 그 단기 제척기간의 기산일은 채권자취소권의 피보전채권이 성립하는 시점과 관계없이 「채권자가 취소원인을 안 날」이라고 보아야 하고, 이는 채권자취소권의 피보전채권이 피고인에 대하여 추징을 명한 형사판결이 확정됨으로써 비로소 현실적으로 성립하게 되는 경우에도 마찬가지라고 한다(대판 2022. 5. 26, 2021다288020. 그 사안에서는 원고가 추징보전명령을 청구한 때부터 제척기간이 진행한다고 함).

사해행위가 있은 후 채권자가 취소원인을 알면서 피보전채권을 양도하고 양수인이 그 채권을 보전하기 위하여 채권자취소권을 행사하는 경우에는, 그 채권의 양도인이 취소원인을 안 날을 기준으로 제척기간 도과 여부를 판단하여야 한다(대판 2018. 4. 10, 2016다272311). 그리고 파산자의 채권에 기한 사해행위취소의 소에서 채무자의 사해행위를 알았는지 여부는 파산자를 기준으로 판단하여야 하나, 파산자가 사해행위의 취소원인을 알지 못한 상태에서 파산관재인이 선임되었다면, 그 후로는 파산관재인을 기준으로 판단하여야 한다(대판 2008. 4. 24, 2006다57001).

(3) 한편 판례에 의하면, 채무자 소유의 부동산에 관하여 수익자 명의로 소유권이전청구권 보전의 가등기가 되었다가 그 가등기에 기한 소유권이전의 본등기가 된 경우에, 가등기의 등기원인인 법률행위와 본등기의 등기원인인 법률행위가 명백히 다른 것이 아닌 한, 본등기의 기초가 된 가등기의 등기원인인 법률행위를 제쳐놓고 본등기의 등기원인인 법률행위만이 취소의 대상이 되는 사해행위라고 볼 것은 아니므로, 가등기 및 본등기의 원인행위에 대한 사해행위 취소 등 청구의 제척기간의 기산일은 가등기의 원인행위가 사해행위임을 안 때라고 할 것이고, 채권자가 가등기의 등기원인인 법률행위를 안 날이 언제인지와 관계없이 본등기가 경료된 것을 안 날(또는 본등기시)로부터 따로 사해행위의 취소를 청구하는 소의 제척기간이 진행된다고 볼 수는 없다고 한다(대판 2006. 12. 21, 2004다24960 등). 따라서 가등기 및 본등기의 원인행위에 대한 사해행위취소 등 청구의 제척기간의 기산일은 가등기의 원인행위가 사해행위임을 안 때라고 할 것인바, 가등기의 원인행위가 사해행위임을 채권자가 안 때부터 1년 내에 가등기의 원인행위에 대하여 취소의 소를 제기하였다면 본등기의 원인행위에 대한 취소청구는 그 원인행위에 대한 제척기간이 경과한 후 하더라도 적법하다고 한다(대판 2006. 12. 21, 2004다24960). 그에 비하여 가등기와 본등기의 원인인 법률행위가 다르다면 사해행위 요건의 구비 여부는 본등기의 원인인 법률행위를 기준으로 판단해야 하고 제척기간의 기산일도 본등기의 원인인 법률행위가 사해행위임을 안 때라고 볼 것이라고 한다(대판 2021. 9. 30, 2019다266409). 그러면서 채

무자가 유일한 재산인 부동산에 관하여 가등기의 효력이 소멸한 상태에서 새로 매매계약을 체결하고 말소되어야 할 가등기를 기초로 하여 본등기를 한 행위(매매예약의 상대방이 아닌 자와 새로 매매계약을 체결하면서 말소되어야 할 가등기를 유용하기로 합의하고 그 가등기를 기초로 하여 본등기를 해준 경우임)는 가등기의 원인인 법률행위와 별개로 일반채권자의 공동담보를 감소시키는 것으로 특별한 사정이 없는 한 채권자취소권의 대상인 사해행위이고, 이때 본등기의 원인인 새로운 매매계약을 기준으로 사해행위 여부나 제척기간의 준수 여부를 판단할 것이라고 한다(대판 2021. 9. 30, 2019다266409).

5년의 제척기간의 기산점이 되는 「법률행위가 있은 날」은 사해행위에 해당하는 법률행위가 실제로 이루어진 날을 가리킨다(대판 2002. 7. 26, 2001다73138 · 73145). 그런데 실제로 사해행위가 이루어진 날을 판정하기 곤란한 경우에는 다른 특별한 사정이 없는 한 처분문서에 기초한 것으로 보이는 등기부상 등기원인일자를 중심으로 그러한 사해행위가 실제로 이루어졌는지 여부를 판정할 수밖에 없다(대판 2010. 2. 25, 2007다28819 · 28826 등). C-231

판 례 제척기간 관련 C-232

(ㄱ) 채무자가 자기의 유일한 재산인 부동산을 매각하여 소비하기 쉬운 금전으로 바꾸는 행위는 특별한 사정이 없는 한 채권자에 대하여 사해행위가 되어 채무자의 사해의 의사가 추정되는 것이므로, 이와 같이 채무자가 유일한 재산인 부동산을 처분하였다는 사실을 채권자기 알았다면 특별한 사정이 없는 한 채무자의 사해의사도 채권자가 알았다고 봄이 상당하다(대판 2000. 9. 29, 2000다3262).

(ㄴ) 「채권자가 전득자를 상대로 민법 제406조 제 1 항에 의한 채권자취소권을 행사하기 위하여는 같은 조 제 2 항에서 정한 기간 안에 채무자와 수익자 사이의 사해행위 취소를 법원에 소를 제기하는 방법으로 청구하여야 하는 것이고, 채권자가 수익자를 상대로 사해행위 취소를 구하는 소를 제기하여 채무자와 수익자 사이의 법률행위를 취소하는 내용의 판결이 선고되어 확정되었더라도 그 판결의 효력은 그 소송의 피고가 아닌 전득자에게는 미치지 아니하므로, 채권자가 전득자에 대하여 채권자취소권을 행사하여 원상회복을 구하기 위하여는 민법 제406조 제 2 항에서 정한 기간 안에 별도로 전득자에 대한 관계에서 채무자와 수익자 사이의 사해행위를 취소하는 청구를 하여야 한다. 이는 기존 전득자 명의의 등기가 말소된 후 다시 새로운 전득자 명의의 등기가 경료되어 새로운 전득자에 대한 관계에서 채무자와 수익자 사이의 사해행위를 취소하는 청구를 하는 경우에도 마찬가지이다.」(대판 2014. 2. 13, 2012다204013)

(ㄷ) 「공동저당권이 설정된 수개의 부동산에 관한 일괄 매매행위가 사해행위에 해당함을 이유로 그 매매계약의 전부취소 및 그 원상회복으로서 각 소유권이전등기의 말소를 구하다가 사해행위 이후 저당권이 소멸된 사정을 감안하여 법률상 이러한 경우 원상회복이 허용되는 범위 내의 가액배상을 구하는 것으로 청구취지를 변경하면서 그에 맞추어 사해행위취소의 청구취지를 변경한 데에 불과한 경우에는 하나의 매매계약으로서의 당해 사해행

위의 취소를 구하는 소 제기의 효과는 그대로 유지되고 있다고 봄이 상당하다 할 것이므로 비록 취소소송의 제척기간이 경과한 후에 당초의 청구취지 변경이 잘못되었음을 이유로 다시 위 매매계약의 전부취소 및 소유권이전등기의 말소를 구하는 것으로 청구취지를 변경한다 해도 최초 소 제기시에 발생한 제척기간 준수의 효과에는 영향이 없다 할 것이다.」(대판 2005. 5. 27, 2004다67806)

(ㄹ)「채권자취소권에서 취소의 대상이 되는 사해행위는 채권행위거나 물권행위임을 불문하는 것이므로 이 사건에서 소외 박○○와 피고와의 간에 매매예약을 하고 그 소유권이전청구권 보전을 위한 가등기가 이루어진 때에 사해행위가 있는 것으로 본 원심의 조치는 정당」하다(대판 1975. 4. 8, 74다1700).

(ㅁ)「민법 제974조, 제975조에 의하여 부양의 의무 있는 사람이 여러 사람인 경우에 그중 부양의무를 이행한 1인이 다른 부양의무자에 대하여 이미 지출한 과거 부양료의 지급을 구하는 권리는 당사자의 협의 또는 가정법원의 심판 확정에 의하여 비로소 구체적이고 독립한 재산적 권리로 성립하게 되지만, 그러한 부양료청구권의 침해를 이유로 채권자취소권을 행사하는 경우의 제척기간은 부양료청구권이 구체적인 권리로서 성립한 시기가 아니라 민법 제406조 제 2 항이 정한 '취소원인을 안 날' 또는 '법률행위가 있은 날'로부터 진행한다.」(대판 2015. 1. 29, 2013다79870)

C-233 **(4)** 채권자취소권을 행사하는 경우 채권자는 사해행위의 취소와 원상회복을 동시에 청구할 수도 있고(대판 1980. 7. 22, 80다795), 사해행위 취소청구를 한 뒤에 원상회복청구를 할 수도 있는데, 후자의 경우에는 사해행위 취소청구가 위의 제척기간 내에 행하여졌으면 원상회복청구는 그 기간이 지난 뒤에도 할 수 있다(대판 2001. 9. 4, 2001다14108). 한편 판례는, 채권자가 사해행위의 취소를 청구하면서 그 보전하고자 하는 채권을 추가하거나 교환하는 것은 그 사해행위 취소권을 이유 있게 하는 공격방법에 관한 주장을 변경하는 것일 뿐이지 소송물 또는 청구 자체를 변경하는 것이 아니므로 소의 변경이라 할 수 없다고 한다(대판 2003. 5. 27, 2001다13532; 대판 2012. 7. 5, 2010다80503). 그 결과 제척기간 내에 사해행위 취소의 소를 제기한 채권자는 제척기간이 경과된 뒤에도 피보전채권을 추가하거나 변경할 수 있게 된다.

(5) 채권자취소권도 대위행사할 수 있는데, 그때에 기간의 준수 여부는 대위채권자가 아니고 대위의 목적으로 되는 권리의 채권자인 채무자를 기준으로 하여 판단하여야 한다(대판 2001. 12. 27, 2000다73049). 왜냐하면 대위권은 채무자의 권리를 대신 행사하는 것이기 때문이다. 따라서 대위채권자가 취소원인을 안 지 1년이 지났더라도 채무자가 1년 및 5년의 기간 내에 있으면 취소의 소를 제기할 수 있다.

(6) 채권자취소권을 행사할 수 있는 기간(제척기간)이 지났다는 사실의 증명책임은 채권자취소 소송의 상대방에게 있다(대판 2023. 4. 13, 2021다309231 등 다수).

사례의 해결

C의 A에 대한 7,000만원의 채권은 피보전채권에 해당하고, 그것은 사해행위인지가 문제되는 A·D 사이의 매매가 있기 전에 발생하였다.

사례에서 A의 적극재산은 B의 근저당권으로 담보된 원본 5,000만원과 그 이자를 제한 금액이어서 C의 채권액인 7,000만원에 미달한다. 그런데 이는 A의 매도행위 전이나 후나 마찬가지여서 그것만으로 사해행위라고 단정할 수는 없다. 그런데 A는 그의 유일한 재산인 X토지를 그의 형에게 매도하였다. 판례에 따르면, 그러한 경우는 사해행위로 된다.

C가 채권자취소권을 행사하려면 채무자인 A가 악의여야 하고, 수익자인 D도 악의여야 한다. 그런데 사례에서 이들이 악의인지는 불분명하다. 한편 C는 채권자취소권을 행사할 수 있는 기간 내에 있다.

결론적으로 C는 A·D가 모두 악의인 경우에는 A·D 사이의 매매를 사해행위를 이유로 취소할 수 있으나, 둘 중에 어느 하나라도 선의이면 취소할 수 없다. (사례: C−196)

제 6 장 다수당사자의 채권관계

학습의 길잡이

보통의 경우 하나의 채권·채무에는 채권자와 채무자가 각각 1인씩 존재한다. 그런데 하나의 채권·채무, 정확하게는 하나의 급부에 채권자 또는(및) 채무자가 여럿 있는 경우도 있다. 민법은 그런 경우에 대하여 제3편 제1장 제3절에서 따로 규율하고 있다. 본장은 거기에 규정된 것을 주된 논의대상으로 한다. 그 외에 민법에는 규정이 없는 연대채권과 부진정연대채무에 대하여도 기술한다. 그런데 이들 다수당사자의 채권관계의 경우에는 채권·채무가 당사자 수만큼 복수로 존재한다.

본장에서는 먼저 다수당사자의 채권관계의 의의·종류·기능, 그리고 중요문제를 파악하고, 나아가 채권·채무가 하나인데 복수의 귀속주체가 있는 경우에 대하여도 분명히 이해해야 한다. 그런 뒤에 개별적인 채권관계를 살펴보아야 한다. 본장에서 다루는 사항 가운데 특히 중요한 것은 연대채무, 보증채무, 부진정연대채무이다. 그 중에서도 부진정연대채무는 민법의 다른 분야에서 자주 언급되는 매우 중요한 제도이다. 그리고 연대채무자·보증채무자는 제3자의 변제, 변제에 의한 대위에서 특별히 취급되는 자이기도 하다.

제 1 절 서 설

C-234 I. 서 설

(1) 의 의

「다수당사자의 채권관계」란 하나의 급부에 관하여 채권자 또는 채무자가 여럿 있는 경우를 가리킨다. 민법은 이러한 다수당사자의 채권관계를 제3편 제1장 제3절에서 「수인(數人)의 채권자 및 채무자」라는 제목 아래 규율하고 있다(408조 이하).

「다수당사자의 채권관계」나 「수인의 채권자 및 채무자」라는 용어는 어느 것이나 문자상으로는 「하나의 채권 또는 채무」에 관하여 그 귀속주체가 복수인 경우, 즉 뒤에 설명하는 채권·채무의 준공유·준합유·준총유를 의미한다. 그러나 민법이 규율하고 있는 것은 분할채권관계·불가분채권관계·연대채무·보증채무의 네 가지이고, 이들은 모두 당사자 수만큼의 복수의 채권·채무가 존재하는 경우이다.

(2) 다수당사자의 채권관계의 종류 및 기능

방금 언급한 바와 같이, 민법이 규정하고 있는 다수당사자의 채권관계로는 분할채권관계(분할채권·분할채무)·불가분채권관계(불가분채권·불가분채무)·연대채무·보증채무의 네 가지(분할채권·분할채무 등으로 세분하면 여섯 가지)가 있다. 그리고 학설은 민법에는 규정이 없지만 연대채권과 부진정연대채무의 개념을 인정한다. 아래에서 이들을 하나씩 살펴보게 된다.

모든 근대민법이 그렇듯이 우리 민법도 다수당사자의 채권관계를 채권관계의 주체에 있어서의 특수한 모습 또는 그러한 것의 효력으로서 규율하는 면이 강하다. 그런데 오늘날 이 제도는 채권담보의 기능을 수행하는 인적 담보제도(人的 擔保制度)라는 점에서 의의를 찾고 있다(특히 특약에 의한 불가분채무, 연대채무, 보증채무에서 그렇다). 따라서 이 제도를 검토함에 있어서는 채권담보의 기능이라는 측면에 유의하여야 할 필요가 있다.

(3) 다수당사자의 채권관계에서 살펴보아야 할 중요문제 C-235

다수당사자의 채권관계에서 주로 살펴보아야 하는 것은 그 효력인데, 효력에는 대외적 효력과 대내적 효력이 있다. 그리고 대외적 효력은 두 가지로 나누어진다. 하나는 각 채권자·채무자와 상대방 사이에 이행청구나 이행이 어떤 효력이 있는지, 즉 복수주체와 상대방 사이에 이행청구나 이행을 어떻게 하느냐이고, 다른 하나는 채권자 또는 채무자 1인에 대하여 생긴 사유(예: 1인에 대한 청구·채권포기·채무면제)가 다른 채권자 또는 채무자(이는 앞의 1인과 같은 쪽의 당사자만을 가리킴)에게 영향을 미치는지 여부이다. 이들 가운데 후자는 채권의 담보력과 관련되어 있다. 한편 대내적 효력은 복수의 채권자들 또는 채무자들 사이의 내부관계로서, 채권자로서 수령한 것을 나누어 주거나(분급관계(分給關係)) 또는 채무자로서 출연(出捐)한 것을 다른 채무자로부터 상환받는 문제이다(구상관계(求償關係)).

(4) 채권 · 채무의 공동적 귀속 C-236

앞에서 기술한 바와 같이, 민법이 규정하는 다수당사자의 채권관계(408조 이하)에서는 당사자 수만큼의 복수의 채권·채무가 존재한다. 그런데 이론상 하나의 채권·채무가 다수인에게 귀속할 수도 있다. 뿐만 아니라 그것은 법적으로도 가능하다. 민법은 물건에 관하여 공동소유를 규정한 뒤(262조 이하), 그 규정들을 다른 재산권에 준용하고 있기 때문이다(278조).

민법이 규정하는 물건의 공동소유의 유형에는 공유·합유·총유의 세 가지가 있다(B-228 이하 참조). 그리하여 채권·채무의 공동귀속에도 공유적 귀속(준공유)·합유적 귀속(준합유)·총유적 귀속(준총유)의 세 가지 모습이 있게 된다. ① 채권·채무의 준공유가 가능함은 물론이다. 그런데 민법에 규정되어 있는 다수당사자의 채권관계는 이 「채권·채무의 준공유」에 대한 특칙으로 이해된다. 따라서 이 특칙이 적용되지 않고 채권·채무의 준공유가 성립하려면 준공유의 특약이 있어야 한다. ② 그리고 계약이나 법률규정에 의하여 수인이 조합체로서 채권을 가지거나 채무를 부담하는 것이 채권·채무의 준합유이다(그 내용은 합유에 준한다. B-241 참조). ③ 한편 법인 아닌 사단의 사원이 집합체로서 채권을 가지거나 채무를 부담하는 것이 채권·채무의 준총유이다(그 내용은 총유에 준한다. B-243 참조).

제 2 절 분할채권관계

C-237
I. 의의 및 성립

(1) 의 의

분할채권관계는 하나의 급부에 관하여 채권자 또는 채무자가 여럿 있는 경우에 그 채권이나 채무가 각 채권자 또는 채무자에게 분할되는 다수당사자의 채권관계이다. 민법은 이 분할채권관계를 다수당사자의 채권관계의 원칙으로 삼고 있다(408조가 다수당사자의 채권관계의 총칙으로 이를 규정하고 있기 때문이다)(통설·판례도 동지임). 따라서 다수당사자의 채권관계는 급부가 그 성질상 불가분이 아니고(급부가 성질상 불가분일 때에는 특별한 의사표시가 없어도 불가분채권관계가 된다) 당사자 사이에 특별한 의사표시(약정)도 없으면 분할채권관계로 된다(대판 1992. 10. 27, 90다13628 등). 분할채권관계에는 채권자가 여럿인 분할채권과 채무자가 여럿인 분할채무가 있다. A·B·C가 공유하는 건물을 D에게 300만원에 매도한 경우의 A·B·C의 매매대금채권은 분할채권의 예이고, E가 그의 건물을 F·G·H에게 매도한 경우에 F·G·H의 매매대금채무는 분할채무의 예이다.

C-238
(2) 성 립

분할채권관계는 다수당사자의 채권관계에 있어서 급부가 가분이고 특별한 의사표시가 없는 때에 성립한다. 다만, 민법은 일정한 경우에는 예외를 인정하기도 한다(616조·654조·760조·832조 등).

그런가 하면 학설 중 일부 견해는 i) 분할의 원칙이 너무 형식주의적이고 개인주의적이며, 특히 분할채무에 있어서는 채권의 실효성을 약하게 한다는 이유로, 보다 넓게 분할채권관계의 성립을 제한하려고 한다(사견도 같음). 그에 대하여 ii) 분할의 원칙에 따르는 것이 민법규정에도 맞고 거래관습에도 맞는다는 견해도 있다. 그리고 판례는 건물의 공유자가 채권적인 전세계약 또는 건물의 임대차계약에 기하여 받은 전세금 또는 임차보증금의 반환채무는 성질상 불가분채무라고 하고(대판 2025. 4. 15, 2024다312566 등. 건물의 공유자가 공동으로 건물을 임대하고 임차보증금을 수령한 경우 특별한 사정이 없는 한 그 임대는 각자 공유지분을 임대한 것이 아니라 임대목적물을 다수 당사자로서 공동으로 임대한 것이고, 임대인 지위를 공동으로 승계한 공동임대인들의 임차보증금 반환채무는 성질상 불가분채무에 해당하며, 이는 임대목적물의 소유권 중 일부 지분을 이전받은 새로운 공유자가 임대인 지위를 승계하여 기존 임대인과 함께 임차보증금 반환의무를 부담하게 되는 경우에도 마찬가지이다), 공유자가 공유물에 대한 법률관계에서 부당이득을 얻은 경우에 그것의 반환의무도 불가분채무라고 하며(대판 1980. 7. 22, 80다649. 이 판결의 사안은 공유임야에 제 3 자가 심은 수목이 부합에 의하여 공유자에게 귀속된 경우임), 여럿이 공동으로 법률상 원인없이 타인의 재산을 사용한 경우의 부당이득 반환채무는 특별한 사정이 없는 한 불가분적 이득의 상환으로서 불가분채무라고 한다(대판 2001. 12. 11, 2000다13948; 대판 2018. 6. 28, 2016다219419 · 219426(대지사용권이 없는 전유부분의 공유자는 대지 지분 소유자에게 부당이득을 반환할 의무가 있는데, 이 의무는 특별한 사정이 없는 한 불가분채무이므로, 일부 지분만을 공유하고 있더라도 그 전유부분 전체 면적에 관한 부당이득을 반환할 의무가 있다) 등). 그리고 토지거래허가지역 내에 있는 토지의 매매계약을 체결하면서 계약이행에 관하여 매도인들 전원의 의사나 능력이 일체로서 고려된 경우에 계약이 확정적으로 무효로 되면서 매도인들이 지게 되는 부당이득 반환채무도 성질상 불가분채무라고 한다(대판 1997. 5. 16, 97다7356. 대판 1993. 8. 14, 91다41316도 참조. 이 판결에서는 특별한 사정이 없는 경우에 분할채무를 인정하였다). 이러한 판례는 대체로 i)설과 같은 경향에 있다.

판 례 분할채권·분할채무의 예

(ㄱ) **분할채권**

① 공유자가 공유토지를 불법으로 점유하고 있는 제3자에 대하여 그들의 지분에 대응하는 비율의 범위 내에서 가지는 토지의 임료 상당의 부당이득금 반환의 청구권(대판 1979. 1. 30, 78다2088)(대판 2021. 12. 16, 2021다257255도 공유물 무단 점유자에 대한 차임 상당 부당이득 반환청구권은 특별한 사정이 없는 한 각 공유자에게 지분 비율만큼 귀속되며, 불가분채권이 아니라고 함).

② 토지의 공동매수인 2인이 각 1/2씩의 지분권에 관하여 매도인에 대하여 가지는 소유권이전등기를 청구할 수 있는 권리(대판 1981. 2. 24, 79다14).

③ 4인의 매수인에게 임야를 매도하기로 하는 계약을 체결한 경우, 그 매수인들이 매매계약의 무효를 원인으로 부당이득으로서 계약금의 반환을 구하는 채권(대판 1993. 8. 14, 91다41316).

(ㄴ) **분할채무**

① 수인의 채권자가 채무자에게 별개로 금전을 빌려 주고서 2필지의 토지에 대하여 공동으로 담보목적의 소유권이전등기를 경료받았다가 담보권을 실행함에 있어 합의에 의한 공유물 분할방법으로 각 채권자들의 대여금 비율에 따라 각 단독소유로 소유권이전등기를 마친 다음 각각 따로 자기 몫의 담보부동산을 처분한 경우에, 그 정산금을 채무자에게 반환할 채무(대판 1987. 5. 26, 85다카1146).

② 변호사에게 공동당사자로서 소송대리를 위임한 경우 소송대리 위임에 따른 보수금지급채무(대판 1993. 2. 12, 92다42941).

③ 금전채무와 같이 급부의 내용이 가분인 채무가 공동상속된 경우(대판 1997. 6. 24, 97다8809).

④ 공동불법행위자들 중의 1인이 전체 채무를 변제한 경우, 나머지 공동불법행위자들이 부담하는 구상채무(대판 2012. 3. 15, 2011다52727(구상권자인 공동불법행위자 측에 과실이 없는 경우, 즉 내부적인 부담부분이 전혀 없는 경우에는 이와 달리 그에 대한 수인의 구상의무 사이의 관계를 부진정연대관계라고 함); 대판 2023. 6. 29, 2022다309474 등).

C-239 ## Ⅱ. 분할채권관계의 효력

1. 대외적 효력

(1) 각 채권자 또는 각 채무자는 특별한 의사표시가 없으면 균등한 비율로 분할된 채권을 가지고 채무를 부담한다(408조). 여기의 「특별한 의사표시」는 불가분채권관계·연대채무 등을 발생시키는 의사표시뿐만 아니라 채권·채무의 분할에 관한 의사표시도 포함한다(따라서 이 둘이 모두 없어야 408조가 그대로 적용되고, 전자만 없으면 비율은 약정에 의한다). 그리고 의사표시는 상대방 당사자와의 약정(계약)을 의미한다(일방 당사자들 사이의 특약은 상대방에게는 효력이 없다). 어쨌든 그러한 약정이 없으면 채권·채무는 각 당사자에게 균등하게 분할된다. 그리하여 가령 토지를 2인이 공동으로 매수한 경우에는 특별한 사정(준공유의 특약, 조합체로서 매수, 다른 다수당사자의 채권관계에 관한 특약 등)이 없으면 2인의 공동매수인은 그들의 매수지분(채권의 분할비율 특약이 없으면 2분의 1 지분)에 관하여서만 소유권이전등기를 청구할 수 있고(대판 1981. 2. 24, 79다14도 같은 취지임), A가 그의 토지를 B에게 매도하였는데 B의 명의로 소유권이전등기가 되기 전에 C·D가 B로부터 그 토지를 공동으로 매수한 경우에는 특별한 사정이 없는 한 C나 D는 각자의 매수지분의 범위 내에서만 B(채무자)의 A(제3채무자)에 대한 소유권이전등기 청구권을 대위행사할 수 있다(대판 2010. 11. 11, 2010다43597. 그 지분을 초과하는 부분에 관하여는 채무자를 대위할 보전의 필요성이 없다).

(2) 각 채권자·채무자의 채권·채무는 독립한 것이므로, 1인의 채권자 또는 채무자와 상대방과 사이에 생긴 사유(예: 이행청구·채무면제)는 다른 채권자 또는 채무자에 대하여 영향을 미치지 않는다. 다만, 계약의 해제·해지의 경우에는 해제·해지의 불가분성(전원이 전원에 대하여 행함) 때문에 모든 당사자에게 효력이 생긴다(547조 참조).

(3) 각 채권자는 자기가 가지는 채권액 이상의 것을 이행하도록 청구할 수 없고, 각 채무자도 자기가 부담하는 채무액 이상의 것을 변제할 수 없다. 하나의 채권자가 분할액을 넘는 변제를 받은 경우에는 부당이득이 되므로 채무자에게 반환하여야 하며, 하나의 채무자가 분할액을 넘어서 변제한 경우에는 변제에 이해관계 없는 타인의 변제로 된다(469조).

C-240 ### 2. 대내적 효력

제408조는 분할채권자·분할채무자와 그의 상대방과의 관계만을 규정한 것이며, 분할채권자·분할채무자 상호간의 내부관계까지 규정하고 있는 것은 아니다. 그렇지만 그 규정은 내부관계에도 준용된다고 하여야 한다. 그 결과 특별한 약정이 있으면 그에 의하되, 약정이 없으면 내부적으로도 비율은 균등하게 된다. 한편 약정이나 법률규정에 의하여 대외적인 비율과 대내적인 비율이 동일하게 정하여진 경우에는(둘 모두의 비율이 균등한 때에 한하지 않는다) 각 채권자들이나 각 채무자들 사이에 분급관계(分給關係)나 구상관계(求償關係)는 생기지 않는다. 그에 비하여 대외적인 비율과 대내적인 비율이 다른 경우(예: 분할채무자 A·B가 408조에 의하여 대외적으로는 채무를 균등부담하게 되나, 대내적으로

(특약에 의하여 2:1로 부담하기로 한 때)에는, 그 비율을 넘어서 변제를 수령한 채권자는 그 넘는 부분을 다른 채권자에게 나누어 주어야 하고, 자기가 부담하여야 할 비율을 넘어서 변제한 채무자는 다른 채무자로부터 그것의 상환을 요구할 수 있다(통설도 동지임).

제 3 절 불가분채권관계

Ⅰ. 불가분채권관계의 의의 C-241

(1) 불가분채권관계는 불가분의 급부를 목적으로 하는 다수당사자의 채권관계이다. 불가분채권관계에는 채권자가 여럿 있는 불가분채권과 채무자가 여럿 있는 불가분채무가 있다.

(2) 불가분채권관계는 급부가 불가분인 경우에 성립하는데, 급부가 불가분인 경우는 급부의 **성질상 불가분인 때**(성질상 불가분인 것을 가분으로 약정할 수는 있다)도 있고, 성질상으로는 가분이지만 당사자의 **의사표시에 의하여 불가분으로 된 때**도 있다(409조 참조). 예컨대 A·B가 C로부터 건물을 공동 매수한 경우의 A·B의 인도청구권은 성질에 의한 불가분채권이고(대판 2025. 4. 15, 2024다312566 등은 건물공유자가 공동으로 건물을 임대하고 보증금을 수령한 경우, 그 보증금반환채무는 성질상 불가분채무에 해당한다고 한다), D·E가 그들이 공유하고 있는 건물을 F에게 매도한 경우의 D·E의 건물인도의무, 공동상속인들의 건물철거의무(대판 1980. 6. 24, 80다756)는 성질에 의한 불가분채무이며, 갑으로부터 을·병·정 세 사람이 건물을 매수하면서 그 대금지급에 관하여 불가분으로 약정한 경우의 을·병·정의 대금지급의무는 의사표시에 의한 불가분채무이다. 그리고 다수설과 판례가 불가분적 이득의 반환의무 등에 관하여 불가분채무(성질상의 불가분채무)로 파악하고 있음은 앞에서 설명하였다(C-238 참조).

(판 례) 건물철거의무 관련

판례에 따르면, 타인의 토지에 무단으로 건축된 건물을 공유하고 있는 자(공동상속인 포함)의 철거의무는 공유자 각자가 그 지분의 한도 내에서 건물 전체에 관하여 부담하므로(대판 1980. 6. 24, 80다756: 공동상속인의 경우임), 반드시 공유자 전원을 피고로 하여서만 철거를 청구하여야 하는 것이 아니고, 공유자 중의 한사람을 상대로 하여 그의 상속분의 한도에서 철거를 청구할 수도 있다고 한다(대판 1968. 7. 31, 68다1102). 철거소송은 필수적 공동소송이 아니라는 것이다(대판 1969. 7. 22, 69다609: 공유자가 둑을 철거하여야 하는 경우).

불가분채무, 특히 의사표시에 의한 불가분채무는 단순히 이행의 청구나 이행을 불가분적으로 하는 특징만 있는 것이 아니다. 그 채무의 경우에는 채권자가 채무자 각각에 대하여 전부급부를 청구할 수 있게 함으로써 채권이 채무자 모두의 자력에 의하여 담보되고, 따라서 채권의 담보력이 강화된다. 즉 그것은 인적 담보로서 기능하는 것이다(불가분채무는 채무자 1인에게 생긴 사유 가운데 절대적 효력이 인정되는 것이 연대채무에 있어서보다 적기 때문에 채권의 효력은 연대채무보다 더 강하다).

(3) 불가분채권관계의 경우에는 각 채권자 또는 채무자 수만큼 복수의 채권·채무가 존재한다. 그리고 불가분채권·불가분채무가 가분채권·가분채무로 변경된 때에는 그것들은 분할채권·분할채무로 변하게 된다(412조).

C-242

Ⅱ. 불가분채권

1. 대외적 효력(모든 채권자와 채무자 사이의 관계)

(1) 각 채권자는 단독으로 모든 채권자를 위하여 자기에게 급부 전부를 이행할 것을 청구할 수 있다(409조 전단). 그리고 채무자는 모든 채권자를 위하여 각 채권자에게 급부 전부를 이행할 수 있다(409조 후단).

(2) 채권자 1인의 청구는 다른 채권자에게도 효력이 있으므로, 청구가 있으면 다른 채권자를 위하여서도 이행지체·시효중단의 효력이 생기고, 채권자 1인에 대한 이행이 다른 채권자에게도 효력이 있으므로, 이행에 의한 채권의 소멸이나 수령지체의 효과도 모든 채권자에 대하여 생긴다. 그러나 채권자 1인과 채무자 사이에 생긴 그 밖의 사유는 다른 채권자에게는 효력이 없다(410조 1항). 즉 상대적 효력만 가진다. 따라서 불가분채권자 중의 1인과 채무자 사이에서 경개(更改)나 면제가 행하여진 경우에도 다른 채권자는 채무의 전부의 이행을 청구할 수 있다. 다만, 이행을 받은 채권자는 그 1인의 채권자가 권리를 잃지 않았으면 그에게 분급(分給)할 이익을 채무자에게 상환하여야 한다(410조 2항). 이는, 전부급부를 받은 채권자가 경개나 면제를 한 채권자에게 분급(分給)하고, 분급받은 채권자가 그것을 다시 부당이득으로서 채무자에게 반환하는 상환의 순환을 피하고 법률관계를 단순하게 처리하도록 한 것이다. 그리고 이러한 결과는 경개나 면제뿐만 아니라 대물변제·상계·혼동 등의 경우에도 인정하여야 한다. 한편 판례는, 수인의 채권자에게 금전채권이 불가분적으로 귀속되는 경우(구체적으로는 건물 공동임차인의 임대차보증금 반환채권)에, 불가분채권자들 중 1인을 집행채무자로 한 압류 및 전부명령이 이루어지면 그 불가분채권자의 채권은 전부채권자에게 이전되지만, 그 압류 및 전부명령은 집행채무자가 아닌 다른 불가분채권자에게 효력이 없으므로, 다른 불가분채권자의 채권의 귀속에 변경이 생기는 것은 아니며, 따라서 다른 불가분채권자는 모든 채권자를 위하여 채무자에게 불가분채권 전부의 이행을 청구할 수 있고, 채무자는 모든 채권자를 위하여 다른 불가분채권자에게 전부를 이행할 수 있다고 한다(대판 2023. 3. 30, 2021다264253). 그리고 이러한 법리는 불가분채권의 목적이 금전채권인 경우 그 일부에 대하여만 압류 및 전부명령이 이루어진 경우에도 마찬가지라고 한다(대판 2023. 3. 30, 2021다264253).

2. 대내적 효력(채권자들 상호간의 관계)

민법은 채권자들 사이의 내부관계에 대하여는 규정을 두고 있지 않다. 그러나 변제받은 채권자는 다른 채권자에게 정하여진 비율에 따라 급부받은 것을 분급(分給)하여야 한다. 그리고 그 비율은 균등한 것으로 추정하여야 한다.

Ⅲ. 불가분채무 C-243

1. 대외적 효력(모든 채무자와 채권자 사이의 관계)

민법은 불가분채무에 관하여는 불가분채권에 관한 제410조와 연대채무에 관한 여러 규정을 준용하고 있다(411조).

(1) 채권자는 채무자 1인에 대하여 또는 채무자 전원에 대하여 동시에 또는 순차(順次)로 채무의 전부나 일부의 이행을 청구할 수 있다(411조·414조). 그리고 채무자 1인이 그의 채무를 이행하면 모든 채무자의 채무는 소멸한다.

(2) 채무자 1인의 변제(대물변제·공탁도 마찬가지로 보아야 한다)·변제의 제공 및 그 효과인 수령지체는 다른 채무자에 대하여도 효력이 있다(절대적 효력)(411조·422조 참조). 채권자의 이행청구(그리고 그에 의한 이행지체·시효중단)는 어떤가? 여기에 관하여 다수설은 제416조가 준용되지 않는다는 이유로 상대적 효력만 가진다고 하며, 이러한 다수설은 타당하다(채권법총론 [152] 참조). 그리고 그 외의 사유도 모두 상대적 효력만 가진다(411조·410조). 경개나 면제도 마찬가지이다. 그리하여 채권자가 채무자 1인과 경개나 면제를 한 경우에도 다른 채무자는 채무의 전부를 이행하여야 한다. 다만, 채권자는 면제를 받거나 경개를 한 채무자가 부담하였을 부분(가액이익)을 전부를 변제한 채무자에게 상환하여야 한다(411조·410조 2항). 그리고 이러한 결과는 혼동의 경우에도 인정되어야 한다.

2. 대내적 효력(채무자들 상호간의 내부관계)

불가분채무자들 상호간의 관계에 대하여는 연대채무에 관한 규정이 준용된다(411조). 그리하여 변제를 한 채무자는 다른 채무자에 대하여 그들의 부담부분에 관하여 구상할 수 있다(424조 내지 427조 참조). 불가분채무자들의 부담부분의 비율은 특별한 사정이 없는 한 균등한 것으로 추정된다(424조 참조). 그런데 불가분채무자 사이에 부담부분에 관한 특약이 있거나 특약이 없더라도 채무자의 수익비율이 다르다면 — 연대채무에서와 마찬가지로 — 그 특약 또는 비율에 따라 부담부분이 결정된다고 해야 한다(대판 2020. 7. 9, 2020다208195).

제 4 절 연대채무

C-244
Ⅰ. 연대채무의 의의 및 성질

(1) 의 의

연대채무란 수인(數人)의 채무자가 동일한 내용의 급부에 관하여 각각 독립해서 전부의 급부를 하여야 할 채무를 부담하고, 그 가운데 1인의 채무자가 전부의 급부를 하면 모든 채무자의 채무가 소멸하는 다수당사자의 채무이다(413조). 연대채무의 경우에는 경제적·실질적으로는 하나의 채무인데도 모든 채무자가 전부급부의무를 부담함으로써 책임재산의 범위가 채무자들 모두의 일반재산에까지 확장되고, 그 결과 일종의 인적 담보(일반재산에 의한 담보)의 기능을 하게 된다(인적 담보의 전형적인 것은 보증채무이나, 담보작용은 채무자들 사이에 주종관계가 없는 연대채무가 보증채무보다 더 강하다).

(2) 성 질

1) 연대채무는 채무자 수만큼의 복수의 독립한 채무이고, 그 채무들 사이에는 주종관계가 없다. 그 결과 연대채무를 발생시키는 법률행위가 어느 연대채무자에 대하여 무효 또는 취소가능한 것일지라도 다른 연대채무자의 채무에는 영향을 미치지 않는다(415조). 그리고 각 채무자의 채무는 그 모습(예: 조건·기한·이행기·이행지·이자 여부)을 달리할 수 있으며, 채무자 1인을 위하여 보증채무를 성립시킬 수 있다(447조). 또한 채무자 1인에 대한 채권만을 분리하여 양도할 수도 있다.

2) 채무자의 1인 또는 수인에 의하여 1개의 전부급부가 있으면 모든 채무자의 채무는 소멸한다. 왜냐하면 각 채무자의 채무는 1개의 급부를 달성하기 위한 목적의 것이기 때문이다.

3) 채무자 1인에 관하여 생긴 사유는 일정한 범위에서 다른 채무자에게도 영향을 미친다(416조 내지 422조). 그리고 채무자가 출재(출연)를 하여 공동면책이 되면 다른 채무자에 대하여 구상을 할 수 있다(424조 내지 427조). 이와 같은 효과가 생기는 것은 연대채무자들 사이에 결합관계가 있기 때문이다. 그런데 그 결합관계의 내용이 문제이다. 여기에 관하여 학설이 나뉘는데, 각 채무자의 채무가 주관적으로 공동의 목적에 의하여 연결되어 있다는 주관적 공동관계설이 무난하다.

C-245
Ⅱ. 연대채무의 성립

연대채무는 법률행위 또는 법률규정에 의하여 성립한다.

(1) 법률행위에 의한 성립

연대채무를 성립시키는 법률행위는 보통은 계약이지만 유언과 같은 단독행위일 수도 있다(이설 없음). 그리고 계약으로 연대채무가 성립하는 경우에도 그 계약은 1개일 필요가 없다(그러나 사후의 계약에 의한 때에는 채무자들 사이에 연대에 관한 사전 또는 사후의 합의는 필요하다. 그렇지 않으면 절대적 효력이 넓게 인정될 수 없기 때문이다).

법률행위에 의하여 연대채무를 성립시키기 위하여서는 **연대의 표시**가 있어야 한다. 그런데 그 표시는 반드시 명시적으로 할 필요가 없으며, 묵시적인 것이라도 무방하다. 일부 견해는 당사자가 채무자 전원의 자력을 종합적으로 고려하였다고 볼 수 있는 특별한 사정이 있는 때에는 연대의 추정을 할 것이라고 하고, 판례는 유사한 경우에 관하여 불가분채무를 인정한 바 있다(대판 1997. 5. 16, 97다7356).

앞에서 언급한 바와 같이(C-244 참조), 연대채무가 법률행위(1개 또는 수개)에 의하여 성립하는 경우에 그 법률행위가 채무자 1인에게 무효 또는 취소의 원인이 있는 것일지라도 다른 채무자의 채무의 성립에는 영향이 없다(415조).

(2) 법률규정에 의한 성립

연대채무가 법률규정에 의하여 성립하는 경우도 있다. 그러한 법률규정은 민법에 있기도 하지만(35조 2항 · 65조 · 616조 · 654조 · 760조 · 832조 등), 상법(24조 · 57조 · 81조 · 138조 · 212조 · 321조 · 323조 · 333조 · 399조 · 567조 등)이나 다른 특별법에도 있다. 한편 법률이 수인에게 객관적으로 동일한 배상책임을 인정하는 경우에 그것을 연대책임으로 규정하지 않은 때에는 부진정연대채무로 해석하여야 한다(통설도 같음)

Ⅲ. 연대채무의 대외적 효력 C-246

1. 채권자의 이행청구와 채무자의 이행

(1) 채권자는 연대채무자 가운데 임의의 1인에 대하여 **채무의 전부 또는 일부의 이행을 청구**할 수 있고, 또한 모든 채무자에 대하여 동시에 또는 순차로 전부나 일부의 이행을 청구할 수 있다(414조). 이러한 이행의 청구는 재판 외에서뿐만 아니라 재판상으로도 할 수 있고, 다른 채무자에 대하여 승소 또는 패소의 판결을 받은 후에도 가능하다(기판력이 미치지 않음). 그러나 일부의 변제를 받은 때에는 나머지 금액만을 청구(또는 소구(訴求))할 수 있다(변제받은 부분은 모든 채무자에 대하여 소멸하기 때문이다).

연대채무자의 전원 또는 일부가 파산선고를 받은 때에는, 채권자는 파산선고시에 가진 채권의 전액에 관하여 각 파산재단의 배당에 참가할 수 있다(채무자회생법 428조). 그리고 파산선고 후에 어느 파산절차(회생절차 · 개인회생절차도 같음)에서 일부의 배당변제를 받거나 다른 채무자로부터 일부변제를 받더라도 다른 파산재단에 대한 배당참가액을 줄일 필요가 없다(이설이 없으며, 판례도 같음. 대판 2003. 2. 26, 2001다62114 등). 이러한 점은 회생절차 및 개인회생절차에 있어서도 같다(채무자회생법 126조 1항 · 581조 2항 · 428조 참조).

(2) 채무자 1인(또는 수인)이 채무의 전부를 이행하면 모든 채무자의 채무가 소멸한다.

C-247 **2. 연대채무자 1인에 관하여 생긴 사유의 효력**

(1) 어느 연대채무자에게 생긴 사유가 다른 연대채무자에게도 효력이 인정되는 경우에 이를 절대적 효력이 있는 사유라고 한다. 민법은 제416조 내지 제422조에서 7가지의 사유에 대하여 절대적 효력을 인정하고 있다. 그러나 연대채무는 채권자에게 1개의 만족을 주는 점에서 객관적으로 목적을 공통으로 하고 있으므로, 이 공통의 목적에 도달하는 사유(예: 변제)는 당연히 절대적 효력을 가진다.

[참고] 절대적 효력사유와 채권의 담보력

절대적 효력을 넓게 인정하면 할수록 복수의 채무들이 점점 더 하나의 채무처럼 다루어지게 되고, 그 결과 대체로 채권의 담보력은 그만큼 약해진다. 채무면제의 경우가 대표적인 예이다(그러나 이행청구의 경우에는 오히려 채권자에게 유리해진다). 이러한 점에서 볼 때, 절대적 효력사유가 많은 연대채무는 그러한 사유가 적은 불가분채무나 부진정연대채무보다 담보력에 있어서 약하게 됨을 알 수 있다.

C-248 **(2) 절대적 효력이 있는 사유**

1) 변제 · 대물변제 · 공탁 이들은 모두 채권자에게 만족을 주는 것이어서 명문규정이 없어도 당연히 절대적 효력이 있다(변제에 관하여 동지 대판 2013. 3. 14, 2012다85281).

(판 례) 연대채무 등의 변제충당/변제의 절대적 효력

「연대채무자 또는 연대보증인 중 1인이 채무의 일부를 변제한 경우에 당사자 사이에 특별한 합의가 없는 한 그 변제된 금액은 민법 제479조의 법정충당 순서에 따라 비용, 이자, 원본의 순서로 충당되어야 하므로 지연손해금 채무가 원본채무보다 먼저 충당된다. 한편 여러 명의 연대채무자 또는 연대보증인에 대하여 따로따로 소송이 제기되는 등으로 그 판결에 의하여 확정된 채무원본이나 지연손해금의 금액과 이율 등이 서로 달라지게 되어 원금이나 지연손해금에 채무자들이 공동으로 부담하는 부분과 공동으로 부담하지 않는 부분이 생긴 경우에 어느 채무자가 채무 일부를 변제한 때에는 그 변제자가 부담하는 채무 중 공동으로 부담하지 않는 부분의 채무 변제에 우선 충당되고 그 다음 공동 부담 부분의 채무 변제에 충당된다고 할 것이다. 그리고 채권의 목적을 달성시키는 변제와 같은 사유는 연대채무자 또는 연대보증채무자 전원에 대하여 절대적 효력을 가지므로 어느 채무자의 변제 등으로 다른 채무자와 공동으로 부담하는 부분의 채무가 소멸되면 그 채무소멸의 효과는 다른 채무자 전원에 대하여 미친다.」(대판 2013. 3. 14, 2012다85281. C-264의 〈부진정연대채무자 사이에 채무액이 다른 경우의 문제〉도 참조)

2) 이행의 청구 어느 연대채무자에 대한 이행청구는 다른 연대채무자에게도 효

력이 있다(416조). 그 청구에 의한 이행지체·시효의 중단도 마찬가지이다(우리 민법은 소멸시효 완성에 절대적 효력을 인정하기 때문에(421조), 청구에 의한 시효중단에 절대적 효력을 인정해야 한다).

3) 채권자지체　어느 연대채무자에 대한 채권자지체는 다른 연대채무자에게도 효력이 있다(422조). 이러한 규정을 둔 이유는, 어느 연대채무자가 이행의 제공을 하는 경우 그것을 수령하면 변제가 되어 절대적 효력이 생기므로, 그것을 수령하지 않는 효과에도 절대적 효력이 인정되어야 한다는 데 있다.

4) 상　계　어느 연대채무자가 채권자에 대하여 채권을 가지는 경우에, 그 채무자가 상계(C-416 이하 참조)를 한 때에는, 채권은 모든 연대채무자의 이익을 위하여 소멸한다(418조 1항). 이 경우에 채권이 있는 연대채무자가 상계하지 않는 때에는 「그 채무자의 부담부분에 한하여」 다른 연대채무자가 상계할 수 있다(418조 2항). 이는 반대채권을 가지는 채무자를 보호하고 구상관계를 간편하게 처리하기 위하여 인정한 것이다.

5) 경　개　어느 연대채무자와 채권자 사이에 채무의 경개(채무의 중요한 부분을 변경함으로써 신채무를 성립시키는 동시에 구채무를 소멸하게 하는 계약. C-432 이하 참조)가 있는 때에는 채권은 모든 연대채무자의 이익을 위하여 소멸한다(417조).

6) 면　제　어느 연대채무자에 대한 채무면제(채권을 무상으로 소멸시키는 채권자의 일방적 의사표시. C-439·440 참조)는 「그 채무자의 부담부분에 한하여」 다른 연대채무자의 이익을 위하여 효력이 있다(419조). 그리하여 가령 B·C·D가 A에 대하여 120만원의 연대채무를 부담하고 그들의 부담부분이 동일한 경우에 A가 B에 대하여 그의 채무를 면제하면, B는 채무를 면하게 되고(통설도 동지임), C·D는 각각 B의 부담부분인 40만원의 범위에서 채무를 면하고 80만원의 채무만을 부담하게 된다. 이는 당사자 사이의 구상관계를 간략하게 하기 위하여 인정된 것이다. 그렇지만 연대채무자 사이에 분별의 이익을 인정하는 것이 되어, 채권의 담보력을 약화시키는 요인이 된다. 제419조는 임의규정이므로, 특약으로 그 적용을 배제할 수 있다. 판례는 채권자가 의사표시로 그 적용을 배제하여 어느 한 연대채무자에 대하여서만 채무면제를 할 수 있다고 한다(대판 1992. 9. 25, 91다37553). 한편 여기의 「연대채무의 면제」는 뒤에 설명하는 「연대의 면제」와는 다르다(C-257 참조). C-249

[참고]　연대채무의 일부의 면제

제419조의 연대채무의 면제는 전부면제를 가리킨다. 그러면 어느 채무자에 대하여 연대채무의 일부만을 면제한 경우에는 어떻게 되는가? 여기에 관하여 판례는, 연대채무자 중 1인에 대한 채무의 일부 면제에 상대적 효력만 있다고 볼 특별한 사정이 없는 한 일부 면제의 경우에도 면제된 부담부분에 한하여 면제의 절대적 효력이 인정된다고 하며, 구체적으로 연대채무자 중 1인이 채무 일부를 면제받는 경우에 그 연대채무자가 지급해야 할 잔존 채무액이 부담부분을 초과하는 경우에는 그 연대채무자의 부담부분이 감소한 것은 아니므로 다른 연대채무자의 채무에도 영향을 주지 않아 다른 연대채무자는 채무 전액을 부담하여야 하고, 반대로 일부 면제에 의

한 피면제자의 잔존 채무액이 부담부분보다 적은 경우에는 차액(부담부분 — 잔존 채무액)만큼 피면제자의 부담부분이 감소하였으므로 차액의 범위에서 면제의 절대적 효력이 발생하여 다른 연대채무자의 채무도 차액만큼 감소한다고 한다(대판 2019. 8. 14, 2019다216435)(학설과 사건은 채권법총론 [156] 참조).

C-250 **7) 혼 동** 어느 연대채무자와 채권자 사이에 혼동(채권 · 채무가 동일인에게 귀속하는 사실. C-441 참조)이 있는 때에는,「그 채무자의 부담부분에 한하여」다른 연대채무자도 의무를 면한다(420조). 이것 역시 구상관계를 간략하게 처리하기 위한 것이다.

8) 시효의 완성 어느 연대채무자에 관하여 소멸시효가 완성한 때(각 연대채무는 이행기 등의 모습에서 다를 수 있고, 이행청구 이외의 중단사유는 상대적 효력만 있기 때문에, 어느 하나의 채무만에 관하여 시효가 완성할 수도 있다)에는,「그 부담부분에 한하여」다른 연대채무자도 의무를 면한다(421조).

9) 계약의 해지 · 해제 계약의 당사자 일방 또는 쌍방이 수인인 경우에는 계약의 해지나 해제는 전원이 전원에게 하여야 하고, 또 해지권이나 해제권이 당사자 1인에 대하여 소멸하면 다른 당사자에 대하여도 소멸한다(547조). 그 결과 연대채무의 경우 해제·해지는 절대적 효력이 있는 것과 같이 된다.

(3) 상대적 효력이 있는 사유

위 (2)에서 열거한 사유를 제외하고는, 어느 연대채무자에 관한 사항은 다른 연대채무자에게는 효력이 없다(423조). 즉 상대적 효력만 가질 뿐이다. 예컨대 이행청구에 의하지 않는 시효중단(대판 2001. 8. 21, 2001다22840은 압류에 의한 시효중단이, 대판 2018. 10. 25, 2018다234177은 채무 승인에 의한 시효중단이 상대적 효력만 있다고 한다), 시효의 정지, 채무자의 과실과 채무불이행, 확정판결 등이 그렇다. 그러나 제423조도 임의규정이기 때문에, 당사자의 특약으로 일정한 사유에 절대적 효력을 인정할 수 있다.

C-251 Ⅳ. 연대채무의 대내적 효력(구상관계)

1. 구 상 권

어느 연대채무자가 변제 기타 자기의 출재로 공동면책이 된 때에는, 다른 연대채무자의 부담부분에 대하여 구상권을 행사할 수 있다(425조 1항). 제425조 제 1 항에 의한 구상권 행사의 상대방은 공동면책이 된 다른 연대채무자에 한하며, 다른 연대채무자가 그 채권자에게 부담하는 채무를 연대보증한 연대보증인은 상대방이 아니다(대판 1991. 10. 22, 90다20244: 425조 1항은 부진정연대채무에도 준용되므로, 이 내용은 부진정연대채무에 있어서도 같다).

연대채무자의 구상권의 이론적 기초 내지 근거에 관하여는 i) 채무자의 내부관계에서 각자가 그 부담부분에 응하여 출재를 분담한다고 하는 주관적인 공동관계에 근거가 있다는 견해(사견도 같음)와 ii) 연대채무의 상호보증적 성질(부담부분에 대한 의무는 고유의무이고, 부담부분 이외의 부분에 대한 의무는 타인의 채무를 담보한 것)이 근거라는 견해가 대립하고 있다.

2. 연대채무자 사이의 부담부분 C-252

연대채무자의 부담부분이란 연대채무자가 내부관계에서 출재를 분담하는 비율을 말한다. 연대채무에 있어서 구상관계는 이 부담부분을 전제로 한다.

부담부분의 비율은 당사자의 특약으로 정할 수 있다. 그리고 특약이 없는 경우에는 민법상 부담부분이 균등한 것으로 추정된다(424조). 그런데 학설(사견도 같음)은 일치하여 이 추정 규정은 특별한 사정이 전혀 없는 경우에만 적용되는 것으로 해석한다. 그리하여 각 연대채무자가 받는 이익에 차이가 있는 것과 같이 특별한 사정이 있는 때에는 그에 의하여 비율이 정해질 것이라고 한다. 판례도, 연대채무자 사이에 부담부분에 관한 특약이 있거나 특약이 없더라도 채무의 부담과 관련하여 각 채무자의 수익비율이 다르다면 그 특약 또는 비율에 따라 부담분이 결정된다고 하여(대판 2020. 7. 9, 2020다208195 등), 학설과 같다.

이와 같이 정하여진 부담부분이 균등할 때에는 채권자에 대하여도 효력이 있으나, 균등하지 않은 때에는 채권자가 이를 안 경우에 한하여 효력이 있다고 할 것이다(그러나 통설은 알 수 있었을 경우도 포함시킨다). 한편 연대채무가 성립할 때 결정되었던 부담부분은 후에 채무자의 합의에 의하여 변경될 수도 있는데, 그 변경을 가지고 채권자에 대하여도 대항할 수 있는지가 문제된다. 학설은 i) 변경사실을 채권자에게 통지하거나 또는 승낙을 얻어야 한다는 견해(채권양도 유추설)와 ii) 채권자의 승낙이 있어야 한다는 견해(채무인수 유추설)(사견도 같음)로 나뉘어 있다.

3. 구상권의 성립요건 C-253

(1) 공동면책

구상권이 성립하려면 공동면책이 있어야 한다(425조 1항). 즉 연대채무자의 1인이 모든 채무자를 위하여 채무를 소멸하게 하거나 또는 감소하게 하였어야 한다(수탁보증인과 달리 사전구상권은 인정되지 않는다. 442조 참조).

(2) 자기의 출재

공동면책 외에 자기의 출재(출연)(출재 내지 출연은 자기의 재산의 감소로 타인의 재산을 증가하게 하는 것이다)가 있어야 한다(425조 1항). 그리하여 변제·대물변제·공탁·상계·경개·혼동의 경우에는 구상권이 발생한다. 그러나 면제나 시효완성의 경우에는 출재가 없어서 구상권은 생기지 않는다.

(3) 부담부분과의 관계

구상권이 성립하려면 자기의 부담부분을 넘어서 공동면책을 얻었어야 하는가? 여기에 관하여 학설은 i) 자기의 부담부분(채무액)을 넘어 출재했을 때에 비로소 구상권이 발생한다는 견해, ii) 부담부분이라는 것은 각 채무자가 부담하여야 할 채무액이라기보다는 일정한 비율이라고 보는 것이 옳으며, 따라서 공동면책이 있으면 되고 그 범위가 출재자의 부담부분 이상이어야 할 필요는 없다는 견해(사견도 같음) 등으로 나뉘어 있다. 그리고 판례는, 연대채무자 사이의 구상권행사에 있어서 부담부분이란 연대채무자가 그 내부관계에서 출재를 분담하기로 한 비율을 말하며(448조 2항은 「자기의 부담부분을 넘은」 변제를 하였을 것을 그 요건으로 하고 있으나, 425조 1항은 그러한 제한 없이 「부담부분」에 대하여 구상권을 행사할 수 있는 것으로 규정하고 있다는 이유를 들고 있음), 그 결과 변제 기타 자기의 출재로 일부 공동면책되게 한 연대채무자는 역시 변제 기타 자기의 출재로 일부 공동면책되게 한 다른 연대채무자를 상대로 하여서도 자신의 공동면책액 중 다른 연대채무자의 분담비율에 해당하는 금액이 다른 연대채무자의 공동면책액 중 자신의 분담비율에 해당하는 금액을 초과한다면 그 범위에서 여전히 구상권을 행사할 수 있다고 한다(대판 2013. 11. 14, 2013다46023).

C-254
4. 구상권의 범위

출재한 연대채무자는 출재액(出財額)(공동면책액과 출재액 가운데 적은 것), 면책된 날 이후의 법정이자, 필요비(변제 기타 공동면책을 위하여 피할 수 없었던 비용. 예: 운반비 · 포장비 · 환요금(換料金)), 기타의 손해(공동면책을 위하여 피할 수 없었던 손해. 예: 채권자로부터 소송이나 강제집행을 당한 경우의 소송비용 · 집행비용)를 구상할 수 있다(425조 1항 · 2항).

C-255
5. 구상권의 제한

(1) 서 설

민법은 제426조에서, 어느 연대채무자가 다른 연대채무자에게 통지하지 않고서 자기의 출재로 공동면책이 된 경우에 다른 연대채무자가 채권자에게 대항할 수 있는 사유가 있는 때에는 그 사유로 면책행위를 한 연대채무자에게 대항할 수 있다고 하고(426조 1항), 어느 연대채무자가 자기의 출재로 공동면책되었음을 다른 연대채무자에게 통지하지 않은 경우에 다른 연대채무자가 선의로 채권자에게 변제 기타 유상의 면책행위를 한 때에는 그 연대채무자가 자기의 면책행위의 유효를 주장할 수 있다고 한다(426조 2항). 그 결과 면책행위를 한 연대채무자는 면책행위에 앞서서 그러한 사실을 통지(사전의 통지)하지 않거나 면책행위 후에 그 사실을 통지(사후의 통지)하지 않은 때에는 불이익을 입을 수 있게 된다.

[참고] 보증채무의 경우

민법은 제426조와 같은 규정을 보증채무에도 두고 있다. 즉 제445조 제 1 항 · 제 2 항에서 제426조와 비슷한 내용을 규정하고 있으며, 제446조에서는 주채무자가 수탁보증인에게 사후통지를 하지 않은 경우에 관하여 제426조 제 2 항과 비슷한 내용을 규정하고 있다. 따라서 보증채무에서도 연대채무에서와 같은 문제가 생긴다. 그리고 보증채무에 관하여는 판례도 나왔다(대판 1997. 10. 10, 95다46265[핵심판례 270면]. C-289 참조).

(2) 제426조의 해석에 관한 통설의 내용

민법 제426조의 해석은 매우 어렵다. 그러한 상황에서 우리의 학설은 한결같이 일본의 통설·판례를 그대로 받아들이고 있다. 그리하여 연대채무자가 공동면책을 얻기 위하여 출재행위를 함에 있어서는 다른 채무자에 대하여 사전 및 사후에 통지를 하여야 하며, 이 통지는 구상권이 발생하기 위한 요건도 구상권이 소멸하는 원인도 아니고, 이 통지를 게을리하면 구상권의 제한을 받게 될 뿐이라고 한다. 그리고 제426조는 사전의 통지나 사후의 통지의 어느 한쪽만을 게을리한 경우에만 적용되는 것이라고 전제한 뒤, 한 채무자가 사후의 통지를 게을리하고 다른 채무자가 사전의 통지를 게을리한 때에 관하여는 민법에 규정이 없기 때문에 해석으로 해결할 수밖에 없으며, 그 경우에는 일반원칙에 따라 제 1 의 출재행위만이 유효한 것으로 새겨야 할 것이라고 한다. 사견은 통설에 반대하나, 자세한 논의는 교과서로 미루고(채권법총론 [159]·[160] 참조), 여기서는 통설의 입장만을 소개하기로 한다.

(3) 제426조의 해석 C-256

1) 제426조 제 1 항 어느 연대채무자가 다른 연대채무자에게 통지하지 않고 변제 기타 자기의 출재로 공동면책이 된 경우에, 다른 연대채무자가 채권자에게 대항할 수 있는 사유가 있었을 때에는, 그 부담부분에 한하여 이 사유로 면책행위를 한 연대채무자에게 대항할 수 있고, 그 대항사유가 상계인 때에는 상계로 소멸할 채권은 그 연대채무자에게 이전된다(426조 1항). 통설에 따르면, 이 규정은 면책행위자가 면책행위를 하기 전에 언제나 미리 통지하여야 함을 규정한 것이고, 사전의 통지만 게을리한 경우에 한하여 적용된다고 한다.

2) 제426조 제 2 항 어느 연대채무자가 변제 기타 자기의 출재로 공동면책되었음을 다른 연대채무자에게 통지하지 않은 경우에, 다른 연대채무자가 선의로 채권자에게 변제 기타 유상의 면책행위를 한 때에는, 그 연대채무자는 자기의 면책행위의 유효를 주장할 수 있다(426조 2항). 통설에 따르면, 이 규정은 사후의 통지만을 게을리한 경우에 한하여 적용된다고 한다.

제426조 제 2 항의 요건이 갖추어진 경우에는 제 2 면책행위자는 제 1 면책행위자에 대하여 자기의 면책행위의 유효를 주장할 수 있다. 그런데 문제는 제 2 면책행위자가 자기의 면책행위의 유효를 주장한 경우에 그 효과가 어떤 범위의 자에게 미치는가이다. 이에 대하여는 절대적 효과설과 상대적 효과설이 대립하고 있다. i) 절대적 효과설은 제 2 면책행위의 유효의 효과가 모든 자, 즉 채권자 및 모든 채무자에 대하여 미친다는 견해로서 소수설이다. 그에 비하여 ii) 상대적 효과설은 제 2 면책행위의 유효의 효과가 모든 자에게 미치지 않고 과실있는 제 1 면책행위자와 선의의 제 2 면책행위자 사이에만 미친다는 견해로서, 우리의 다수설이다(사견도 같음).

[참고] 한 채무자가 사전의 통지를 게을리하고 다른 채무자가 사후의 통지를 게을리한 경우

전술한 바와 같이, 통설은 이에 관하여는 민법에 규정이 없으며, 일반원칙에 따라 제 1의 출재행위만이 유효하다고 한다. 그리고 판례는 연대채무에 관하여는 판단한 적이 없으나, 보증채무에 관하여 통설과 같은 입장에 있어서(C-289 참조), 연대채무에도 같은 태도를 취할 가능성이 크다(사견은 반대함).

C-257 **6. 상환무자력자가 있는 경우의 구상권자의 보호**(구상권의 확장)

(1) 무자력자의 부담부분의 분담

연대채무자 중에 상환할 자력이 없는 자가 있는 때에는, 그 채무자의 부담부분은 구상권자 및 다른 자력이 있는 채무자가 그 부담부분에 비례하여 분담한다(427조 1항 본문). 그리하여 가령 A·B·C·D가 E에 대하여 120만원의 연대채무를 부담하고 부담부분이 균등한 경우에, A가 120만원을 변제한 뒤 B·C·D에 대하여 30만원씩 구상을 하는 때에, C가 무자력이면 C의 부담부분 30만원은 A·B·D가 10만원씩 부담하게 된다. 그러나 구상권자에게 과실이 있는 때(가령 A가 구상을 늦게 하여 C가 무자력이 된 경우)에는 다른 연대채무자에게 분담을 청구하지 못한다(427조 1항 단서).

(2) 연대의 면제와 무자력자의 부담부분

위 (1)의 경우에 상환할 자력이 없는 채무자의 부담부분을 분담할 다른 채무자가 채권자로부터 연대의 면제를 받은 때에는, 그 채무자의 분담할 부분은 채권자의 부담으로 한다(427조 2항).

「연대의 면제」란 연대채무의 면제와 달리 채무의 전부면제가 아니고 연대하여 이행하는 의무만을 면제하는 것이다. 즉 전부급부청구권을 포기하고 채무자의 채무액을 부담부분만에 한정시키는 것이다. 연대의 면제(이는 일종의 채무면제이므로 단독행위로 할 수 있다)에는 모든 채무자에 대하여 연대를 면제하는 절대적 연대면제와, 연대채무자 1인 또는 수인에 대하여 연대를 면제하는 상대적 연대면제가 있다. 이들 중 앞의 경우에는 연대채무는 분할채무가 되고 구상관계는 생기지 않는다. 그에 비하여 뒤의 경우에는 면제를 받은 채무자만이 그의 부담부분만을 목적으로 하는 분할채무를 부담하고, 나머지의 채무자는 전부급부의무를 그대로 지며(연대면제가 상대적 효력만 가지므로), 따라서 구상관계는 존속한다.

이러한 점으로 볼 때, 제427조 제 2 항은 상대적 연대면제에 대하여만 적용될 수 있는 것임을 알 수 있다. 그리하여 가령 위의 (1)에서 든 사례의 경우에 C의 부담부분을 분담하여야 할 채무자 중의 하나인 D가 채권자 E로부터 연대면제를 받고 있었다면, D가 부담하여야 할 10만원은 채권자 E가 부담하게 된다. 이러한 제427조 제 2 항은 당사자의 의사에 적합하지 않은 규정이라고 비판을 받고 있다.

7. 구상권자의 대위권 C-258

연대채무자는 타인(다른 연대채무자)의 채무를 「변제할 정당한 이익이 있는 자」이므로, 그가 변제하면 그는 당연히 채권자를 대위하게 된다(481조의 법정대위. C-373 이하, 특히 C-376 참조). 그가 대위할 수 있는 것은 구상권의 범위에 한정된다.

V. 부진정연대채무 C-259

> **사 례** (신사례 [62]번 문제)
>
> A회사의 재무과장으로서 자금 입출금 등의 업무를 담당하던 갑은 A회사 명의의 근보증서와 이사회입보결의서 및 약속어음 배서를 위조하여 X레미콘 주식회사를 통하여 B은행에 제출함으로써 B은행은 위 서류들이 적법하게 작성된 것으로 믿고 X레미콘과 금전 소비대차계약을 체결하고 X레미콘에게 100억원을 대출해 주었다. 이때 B은행이 갑의 불법행위로 인하여 손해를 입은 데 대하여 B은행의 과실은 30%로 인정된다. 그 후 B은행은 X레미콘으로부터 10억원을 변제받았고, X레미콘이 B은행에 대하여 가지고 있던 20억원의 예금채권과 상계하였다.
>
> 이 경우에 B은행과 X레미콘, A회사 사이의 채권·채무관계는 어떻게 되는가? (사례의 해결: C-265)

1. 의 의

민법은 연대채무를 한 가지만 규정하고 있다. 그런데 통설·판례는 민법이 정하고 있지 않은 연대채무 즉 부진정연대채무도 인정하고 있다. 통설에 의하면, **부진정연대채무**는 수인의 채무자가 동일한 내용의 급부에 관하여 각각 독립하여 전부급부의무를 부담하고, 그중 1인의 전부급부가 있으면 모든 채무자의 채무가 소멸하는 다수당사자의 채무로서, 민법의 연대채무가 아닌 것이라고 한다. 그런데 이는 실질적·경제적으로는 하나인 전부급부에 관하여 수인이 채무를 부담하는 경우를 부진정연대채무라는 개념으로 이해하는 데 지나지 않는다(즉 부진정연대채무라는 특별한 모습의 채무가 있는 것이 아니다). 부진정연대채무를 생기게 하는 전부급부의무는 법률규정에 의하여 발생하는 것이 대부분이나 당사자의 계약에 의하여 발생할 수도 있다(예: 병존적 채무인수의 경우를 부진정연대채무로 이해하는 때).

> **판 례** 부진정연대채무의 성립 관련
>
> 부진정연대채무의 성립에 관하여 판례는, 「부진정연대채무 관계는 서로 별개의 원인으로 발생한 독립된 채무라 하더라도 동일한 경제적 목적을 가지고 있고 서로 중첩되는 부분에 관하여 일방의 채무가 변제 등으로 소멸할 경우 타방의 채무도 소멸하는 관계에 있으면

성립할 수 있고, 반드시 양 채무의 발생원인, 채무의 액수 등이 서로 동일할 것을 요한다고 할 수는 없」다고 하여(대판 2009. 3. 26, 2006다47677 등), 통설과 다른 견지에 있다. 그리고 그 판결 사안에서, 피고 A에 대한 주위적 청구(수탁보증에 기한 구상금청구 또는 약정금청구), 제 1 예비적 청구(위임에 기한 비용상환청구, 사무관리에 기한 비용상환청구 또는 부당이득반환청구), 제 2 예비적 청구(불법행위에 기한 손해배상청구) 중 어느 하나와 피고 B에 대한 주위적 청구(약정금청구) 및 예비적 청구(불법행위에 기한 손해배상청구) 중 어느 하나는 서로 법률상 성립요건이 다르기는 하지만 동일한 경제적 목적을 가지고 있고 중첩되는 부분에 관하여 일방의 채무가 변제 등으로 소멸하면 타방의 채무도 소멸하는 관계에 있으므로 서로 부진정연대채무의 관계에 있다고 할 것이고, 따라서 피고 A에 대한 위 각 청구 중 어느 하나와 피고 B에 대한 위 각 청구 중 어느 하나를 병합하여 심리·판단하더라도 서로 민사소송법 제70조 제 1 항 소정의 예비적·선택적 공동소송의 관계에 있다고 할 수 없다고 한다(대판 2009. 3. 26, 2006다47677). 이러한 판례는 타당하다고 생각한다.

C-260 **부진정연대채무의 예**로는 피용자의 불법행위에 있어서 피용자가 지는 배상의무(750조)와 사용자의 배상의무(756조)(대판 1975. 12. 23, 75다1193), 법인의 불법행위에 있어서 법인의 책임(35조 1항 1문)과 이사 기타 대표자 자신의 책임(35조 1항 2문), 임치물을 제 3 자가 훔쳐간 경우에 수치인의 채무불이행에 의한 배상의무(390조)와 훔친 제 3 자의 불법행위에 의한 손해배상의무(750조), 경비인의 경비용역계약상의 채무불이행으로 인한 손해배상의무와 절도범의 절도라는 불법행위로 인한 손해배상의무(대판 2006. 1. 27, 2005다19378[핵심판례 266면]), 임대인의 이행보조자가 임차인으로 하여금 임차목적물을 사용·수익하지 못하게 한 경우에 임대인이 지는 채무불이행으로 인한 손해배상의무와 그 이행보조자의 불법행위로 인한 손해배상의무(대판 1994. 11. 11, 94다22446), 어떤 물건에 대하여 직접점유자와 간접점유자가 있는 경우에 점유·사용으로 부담하는 부당이득 반환의무(대판 2012. 9. 27, 2011다76747), 미등기건물의 원시취득자와 사실상의 처분권자(미등기건물을 양수하여 건물에 관한 사실상의 처분권을 보유하게 된 자)가 건물 부지의 점유·사용으로 인하여 토지 소유자에 대하여 부담하는 부당이득 반환의무(대판 2022. 9. 29, 2018다243133·243140), 타인의 가옥을 불타게 한 자의 불법행위에 의한 배상의무(750조)와 보험계약에 의한 화재보험회사의 보험금지급의무, 수급인이 도급인에 대하여 부담하는 하자보수에 갈음하는 손해배상채무와 하수급인이 건설산업기본법 제32조 제 1 항에 따라 하도급받은 공사에 대하여 도급인에 대하여 수급인과 동일하게 부담하는 채무(대판 2010. 5. 27, 2009다85861. 양 채무가 서로 중첩되는 부분에 관하여 그렇다), A회사의 재무과장이 A회사 명의의 근보증서와 이사회입보결의서 및 약속어음배서를 위조하여 B회사를 통하여 C은행에 제출하여 C은행이 그 서류들이 적법하게 작성된 것으로 믿고 그것이 원인이 되어 B회사에 대출을 해 준 경우에 A회사의 사용자책임과 B회사의 대출금채무(대판 2000. 3. 14, 99다67376[핵심판례 264면]), 설계용역계약상 채무불이행으로 인한 손해배상채무와 공사도급계약상 채무불이행으로 인한 손해배상채무 중 서로 중첩되는 부분(대판 2015. 2. 26, 2012다89320)을 들 수 있다. 그 밖에 **공동불법행위**에 대하여는, 민법이 제760조에서 공동불법행위

자로 하여금 「연대하여」 배상하도록 규정하고 있음에도 불구하고, 통설 · 판례(대판 1982. 4. 27, 80다2555 등)는 부진정연대채무가 발생한다고 한다(그러나 이는 옳지 않다. D-459 참조).

판 례 부진정연대채무의 예

(ㄱ) 「채무자가 부담하는 채무불이행으로 인한 손해배상채무와 제 3 자가 부담하는 불법행위로 인한 손해배상채무가 그 원인이 동일한 사실관계에 기한 것인 경우에는 하나의 동일한 급부에 관하여 수인의 채무자가 각자 독립해서 그 전부를 급부하여야 할 의무를 부담하는 경우로서 부진정연대채무 관계에 있다.」(대판 2006. 9. 8, 2004다55230)

(ㄴ) 「금융기관이 회사 임직원의 대규모 분식회계로 인하여 회사의 재무구조를 잘못 파악하고 회사에 대출을 해 준 경우, 회사의 금융기관에 대한 대출금채무와 회사 임직원의 분식회계 행위로 인한 금융기관에 대한 손해배상채무는 서로 동일한 경제적 목적을 가진 채무로서 서로 중첩되는 부분에 관하여는 일방의 채무가 변제 등으로 소멸하면 타방의 채무도 소멸하는 이른바 부진정연대의 관계에 있다.」(대판 2008. 1. 18, 2005다65579)

부진정연대채무의 개념을 인정할 실익이 있는가? 여기에 관하여 통설(사견도 같음)은 민법의 연대채무에 있어서는 절대적 효력이 인정되는 범위가 넓어서 채권의 담보력이 약하므로 담보력이 강한 부진정연대채무를 인정할 실익이 있다고 한다. C-261

부진정연대채무는 1개의 선부급부가 있으면 채무 전부가 소멸하는 점에서는 연대채무와 같다. 그러나 연대채무와 달리 주관적인 공동관계가 없어서 채무자 1인에게 생긴 사유가 다른 채무자에게 영향을 미치지 않고, 또 채무자들 사이에 원칙적으로 구상관계가 생기지 않는다.

2. 효 력 C-262

(1) 대외적 효력

1) 채권자의 이행청구와 채무자의 이행

(개) 부진정연대채무에 있어서도 연대채무의 경우와 마찬가지로, 채권자는 채무자 가운데 임의의 1인에 대하여 채무의 전부 또는 일부의 이행을 청구할 수 있고(동지 대판 2018. 4. 10, 2016다252898), 또한 모든 채무자에 대하여 동시에 또는 순차로 전부나 일부의 이행을 청구할 수 있다(414조 참조). 한편 「채무자회생 및 파산에 관한 법률」 제428조(이는 구 파산법 19조에 해당하며, 학설은 그에 대하여 논의함)(동법 126조 1항 · 581조 2항도 유사함. C-246 참조)가 부진정연대채무에 적용되는지에 관하여는 i) 긍정설(사견도 같음)과 ii) 부정설이 대립된다.

(내) 채무자 1인(또는 수인)이 하나의 전부급부를 하면 모든 채무자의 채무가 소멸한다.

2) 채무자 1인에 관하여 생긴 사유의 효력 채권을 만족시키는 사유인 변제 · 대물변 C-263

제 · 공탁은 절대적 효력이 있다. 그리고 상계에 관하여는 통설은 절대적 효력을 인정하고 있다. 판례는 과거에는 상계에 상대적 효력만 있다고 하였으나(대판 1996. 12. 10, 95다24364 등), 최근에 전원합의체 판결로 판례를 변경하여 「상계로 인한 채무소멸의 효력은 소멸한 채무 전액에 관하여 다른 부진정연대채무자에 대하여도 미친다」고 하여 상계에 절대적 효력을 인정하고 있다(대판(전원) 2010. 9. 16, 2008다97218[핵심판례 262면]. 이러한 다수의견에 대하여 상계에는 절대적 효력을 인정하지 않음이 타당하고, 나아가 부진정연대채무자 중 1인이 채권자와 상계계약을 한경우에도 상계와 달리 볼 것이 아니라는 소수의견이 있음). 이 판결은 더 나아가 부진정연대채무자 중 1인이 채권자와 상계계약을 체결한 경우에도 마찬가지라고 한다. 그리고 이러한 법리는 채권자가 상계 내지 상계계약이 이루어질 당시 다른 부진정연대채무자의 존재를 알았는지 여부에 의하여 좌우되지 않는다고 한다. 생각건대 상계는 변제와 마찬가지로 채권을 만족시키는 사유라고 보아야 하므로, 절대적 효력이 있다고 하여야 한다. 그리고 상계계약도 상계와 동일하게 취급하는 것이 옳다. 다만, 부진정연대채무에서는 채무자들 사이에 주관적 공동관계가 없기 때문에 제418조 제 2 항은 유추적용되지 않아야 한다(동지 대판 1994. 5. 27, 93다21521). 일부변제 · 일부배당이 연대채무에서처럼 절대적 효력을 가지는가에 관하여는 i) 절대적 효력설(사견도 같음)과 ii) 상대적 효력설이 대립되나, 일부변제 등의 경우에도 그 범위에서는 채권의 공동목적이 달성되므로 i)설을 취하여야 한다. 판례도 공동불법행위의 경우에 일부변제에 의한 공동면책을 인정한다(대판 1976. 7. 13, 74다746).

위와 같은 사유 이외의 것은 모두 상대적 효력만 갖는다. 그리하여 예컨대 이행청구(대판 2017. 5. 30, 2016다34687 등) 또는 채무의 승인 등의 소멸시효 중단사유(대판 2017. 5. 30, 2016다34687 등), 채무면제(대판 1989. 5. 9, 88다카16959 등), 채권자의 청구권 포기(대판 1981. 6. 23, 80다1796 등), 소멸시효의 완성(대판 1997. 12. 23, 97다42830), 소멸시효 이익의 포기(대판 2017. 5. 30, 2016다34687 등)는 다른 채무자에게 영향이 없다.

판 례 절대적 또는 상대적 효력 사유

(ㄱ) 「부진정연대채무자 상호간에 있어서 채권의 목적을 달성시키는 변제와 같은 사유는 채무자 전원에 대하여 절대적 효력을 발생하지만 그 밖의 사유는 상대적 효력을 발생하는 데에 그치는 것이므로 피해자가 채무자 중의 1인에 대하여 손해배상에 관한 권리를 포기하거나 채무를 면제하는 의사표시를 하였다 하더라도 다른 채무자에 대하여 그 효력이 미친다고 볼 수는 없다 할 것이고, 이러한 법리는 채무자들 사이의 내부관계에 있어 1인이 피해자로부터 합의에 의하여 손해배상채무의 일부를 면제받고도 사후에 면제받은 채무액을 자신의 출재로 변제한 다른 채무자에 대하여 다시 그 부담부분에 따라 구상의무를 부담하게 된다 하여 달리 볼 것은 아니다.」(대판 2006. 1. 27, 2005다19378)

(ㄴ) 「부진정연대채무에 있어서 부진정연대채무자 1인이 한 상계가 다른 부진정연대채무자에 대한 관계에 있어서도 공동면책의 효력 내지 절대적 효력이 있는 것인지는 별론으로 하더라도, 부진정연대채무자 사이에는 고유의 의미에 있어서의 부담부분이 존재하지 아니

하므로 위와 같은 고유의 의미의 부담부분의 존재를 전제로 하는 민법 제418조 제 2 항은 부진정연대채무에는 적용되지 아니하는 것으로 봄이 상당하고, 따라서 부진정연대채무에 있어서는 한 부진정연대채무자가 채권자에 대하여 상계할 채권을 가지고 있음에도 상계를 하지 않고 있다 하더라도 다른 부진정연대채무자가 그 채권을 가지고 상계를 할 수는 없는 것으로 보아야 할 것」이다(대판 1994. 5. 27, 93다21521).

[참고] 부진정연대채무자 사이에 채무액이 다른 경우의 문제 C-264

부진정연대채무자 사이에 부담하는 채무액이 다른 경우에 연대채무자 중 1인이 변제를 하면 다른 연대채무자의 채무는 어떤 범위에서 소멸하는가? 그러한 경우에 소액 채무자가 그의 채무의 전부 또는 일부를 변제한 때에는, 변제금액만큼 다액 채무자의 채무가 소멸하게 되고, 특별한 문제가 없다(대판 2024. 5. 30, 2024다208315 등). 그런데 다액 채무자가 그의 채무의 일부를 변제한 때에는, 중첩되는 부분의 채무가 먼저 소멸하는가 아니면 중첩되지 않은 부분 즉 다액 채무자만이 부담하는 채무가 먼저 소멸하는가에 따라, 각각 채무자 또는 채권자에게 유리하게 되는 문제가 생긴다. 여기에 관한 이론으로는 중첩되는 부분의 채무가 먼저 소멸한다는 내측설, 중첩되지 않는 채무가 먼저 소멸한다는 외측설, 연대채무자의 책임비율(공동불법행위의 경우에는 과실비율)에 따라 소멸한다는 안분설이 있다. 그리고 판례는 과거 안분설(과실비율설)을 취한 것이 많았고(대판 1994. 2. 22, 93다53696 등 다수), 근래 외측설을 취한 판결이 일부 나왔었는데(대판 2000. 3. 14, 99다67376[핵심판례 264면] 등), 최근에 전원합의체 판결로 전자를 변경하고 외측설로 통일하였다(대판(전원) 2018. 3. 22, 2012다74236. 동지 대판 2022. 11. 30, 2017다841 · 858 등 다수). 아래에 전원합의체 판결을 인용한다.

「금액이 다른 채무가 서로 부진정연대 관계에 있을 때 다액채무자가 일부 변제를 하는 경우 그 변제로 인하여 먼저 소멸하는 부분은 당사자의 의사와 채무 전액의 지급을 확실히 확보하려는 부진정연대채무 제도의 취지에 비추어 볼 때 다액채무자가 단독으로 채무를 부담하는 부분으로 보아야 한다. 이러한 법리는 사용자의 손해배상액이 피해자의 과실을 참작하여 과실상계를 한 결과 타인에게 직접 손해를 가한 피용자 자신의 손해배상액과 달라졌는데 다액채무자인 피용자가 손해배상액의 일부를 변제한 경우에 적용되고, 공동불법행위자들의 피해자에 대한 과실비율이 달라 손해배상액이 달라졌는데 다액채무자인 공동불법행위자가 손해배상액의 일부를 변제한 경우에도 적용된다. 또한 중개보조원을 고용한 개업공인중개사의 공인중개사법 제30조 제 1 항에 따른 손해배상액이 과실상계를 한 결과 거래당사자에게 직접 손해를 가한 중개보조원 자신의 손해배상액과 달라졌는데 다액채무자인 중개보조원이 손해배상액의 일부를 변제한 경우에도 마찬가지이다.」(대판(전원) 2018. 3. 22, 2012다74236. 사용자책임 또는 공동불법행위책임이 문제되는 사안에서 다액채무자가 손해배상액의 일부를 변제하는 경우 소액채무자의 과실비율에 상응하는 만큼 소액채무자와 공동으로 채무를 부담하는 부분에서도 변제된 것으로 보아야 한다고 판시한 판결들은 변경함)

(2) 대내적 효력 C-265

부진정연대채무자 사이에는 주관적인 공동관계가 없어서 부담부분이 없고, 따라서 구상관계가 당연히 발생하지는 않는다. 다만, 채무자들 사이에 특별한 법률관계가 있으면 그에 기하여 구상관계가 생길 수 있다(예: 756조 3항). 그리고 그러한 관계가 없더라도 어느 채무자만이 최후의 책임자인 때에는 다른 자가 구상권을 행사하는 것과 같은 결과가 생길 수 있다(예: 배상자대위, 보험자대위). 그러나 이들은 주관적 공동관계에 의한 연대채무에 있어서의 구상관계와는 다르다.

판례는 이제까지 대체로 구상을 인정하지 않고(대판 1975. 12. 23, 75다1193), 공동불법행위의 경우에만 구상을 인정해 왔다(대판 1989. 9. 26, 88다카27232 등). 그런데 최근에는 일반적으로 구상을 인정하려는 듯한 태도를 보인다(대판 2006. 1. 27, 2005다19378[핵심판례 266면]).

판 례 **부진정연대채무의 경우 구상**

「원고의 경비용역계약상 채무불이행으로 인한 손해배상채무와 피고들의 절도라는 불법행위로 인한 손해배상채무는 서로 별개의 원인으로 발생한 독립된 채무이나 동일한 경제적 목적을 가진 채무로서 서로 중첩되는 부분에 관하여는 일방의 채무가 변제 등으로 소멸하면 타방의 채무도 소멸하는 이른바 부진정연대의 관계에 있고, 위와 같은 부진정연대채무의 관계에 있는 복수의 책임주체 내부관계에 있어서는 형평의 원칙상 일정한 부담부분이 있을 수 있으며, 그 부담부분은 각자의 고의 및 과실의 정도에 따라 정하여지는 것으로서 부진정연대채무자 중 1인이 자기의 부담부분 이상을 변제하여 공동의 면책을 얻게 하였을 때에는 다른 부진정연대채무자에게 그 부담부분의 비율에 따라 구상권을 행사할 수 있다.」(대판 2006. 1. 27, 2005다19378[핵심판례 266면])

부진정연대채무에 있어서 구상을 하는 경우에 사전 또는 사후에 통지를 하여야 하는가? 판례는 공동불법행위의 경우에 대하여 통지에 관한 제426조가 유추적용될 수 없고, 따라서 제 1 변제자의 변제가 있었으면 그가 사후통지를 하였는지 그 후에 변제를 한 자가 사전통지를 하였는지를 묻지 않고 제 2 변제자에게 그의 면책행위의 유효를 주장할 수 있다고 한다(대판 1998. 6. 26, 98다5777 등).

사례의 해결

X와 B 사이의 금전 소비대차계약은 유효하고 X는 B에 대하여 100억원의 대출금 상환의무(및 이자지급의무)를 부담한다. 그리고 갑의 행위는 B에 대하여 불법행위가 된다. 또한 A는 갑의 가해행위에 의하여 B에게 생긴 손해에 대하여 사용자책임을 진다. 그런데 B의 과실이 30%이므로 A는 70억원에 대하여만 손해배상채무를 부담한다. 한편 X가 B에 대하여 부담하는 대출금 상환의무와 A가 사용자로서 지는 손해배상의무는 부진정연대채무의 관계에 있다.

판례에 따르면, 부진정연대채무의 경우 일부변제와 상계에는 절대적 효력이 인정된다. 그리고 부진정연대채무자 사이에 채무액이 다른 경우에 다액채무자가 그의 채무의 일부를 변제한 때에는, 판례처럼 중첩되지 않은 채무가 먼저 소멸한다고 해야 한다(외측설). 이에 의하면 X가 B에게 변제한 10억원과 B가 X에 대하여 행한 20억원의 상계는 모두 중첩되지 않은 부분의 채권을 소멸시킨다. 그리하여 X의 채무액은 100억원에서 70억원으로 줄어드나, A의 채무액 70억원은 그대로이다.

갑이 A의 명의로 체결한 근보증계약은 무권대리행위로서 A에게 효력이 발생하지 않는다. 그리고 갑의 행위에 의하여 X에게 손해가 생겼다면 A가 사용자책임을 질 가능성이 있다. (사례: C-259)

Ⅵ. 연대채권(連帶債權) C-266

연대채권이란 수인의 채권자가 동일한 내용의 급부에 관하여 각각 독립해서 전부 또는 일부의 급부를 청구하는 권리를 가지고, 그중 1인이 전부급부를 수령하면 모든 채권이 소멸하는 다수당사자의 채권을 말한다. 민법은 이러한 연대채권에 대하여 규정을 두고 있지 않으나, 통설은 계약자유의 원칙상 연대채권도 성립할 수 있다고 한다.

연대채권은 당사자의 계약에 의하여 성립하므로(법률규정에 의하여 성립하는 경우는 없음), 그 내용이나 효력도 당사자의 계약에 의하여 정하여지며, 그 밖에는 연대채무 규정이 유추적용된다(통설도 같음).

제 5 절 보증채무

Ⅰ. 서 설 C-267

1. 보증채무의 의의

(1) **보증채무**란 타인(주채무자)이 그의 채무를 이행하지 않는 경우에 이를 이행하여야 할 채무를 말한다(428조 1항). 보증채무는 주채무와 함께 경제적·실질적으로는 1개의 급부를 하면 충분한 점에서 다수당사자의 채무로서 규율될 수도 있고, 그것이 보증계약에 의하여 성립하는 점에서 하나의 전형계약으로 규율될 수도 있다. 그런데 민법은 전자의 견지에 있다.

이와 같이 민법상 보증채무는 다수당사자의 채무이나, 그 작용은 채권을 담보하는 데 있다. 즉 보증채무는 보증인이 주채무자의 채무와 같은 채무를 부담함으로써 그(보증인)의 모든 재산을 책임재산으로 되도록 하고, 그 결과 채권자의 주채무자에 대한 채권을 담보하는 일종의 **인적 담보**인 것이다(물상보증인은 채무는 부담하지 않고 책임만 지나, 보증인은 채무도 부담하고 책임도 진다).

인적 담보로서 기능하는 다수당사자의 채무에는 보증채무 외에 연대채무·불가분채무도 있으나, 보증채무의 경우에는 연대채무 등과 달리 주채무와의 사이에 주종의 관계가 있는 점에서 담보성이 뚜렷하게 나타나 있고, 따라서 그것은 가장 전형적인 인적 담보제도라고 할 수 있다(담보제도 일반에 관하여는 B-294 참조).

(2) 근래 일반인인 보증인의 피해를 방지하기 위하여 「보증인보호를 위한 특별법」(아래에서는 보증인보호법이라고 함)이 제정되어 시행되고 있다(2008. 3. 21. 제정, 2008. 9. 22. 시행). 이 법은 일반인이 대가를 받지 않고 호의로 금전채무의 보증을 한 경우에 관하여 특례를 규정하고 있다(동법 2조 2호 참조). 그리하여 가령 기업의 대표자가 그 기업의 채무에 대하여 보증하는 경우와 같은 여러 가지 특수한 경우(기관보증·법인보증)에는 이 법이 적용되지 않는다(동법 2조 1호 참조)(이 법은 물상보증의 경우에는 적용되지 않는다. 대판 2015. 3. 26, 2014다83142). 그리고 이 법의 규정은 편면적 강행규정이다(동법 11조).

C-268

2. 보증채무의 법적 성질

(1) 채무의 독립성

보증채무는 주채무와는 별개의 독립한 채무이다(대판 1977. 3. 8, 76다2667). 따라서 보증채무와 주채무의 소멸시효기간은 그 채무의 성질에 따라 각각 별개로 정해진다(대판 2014. 6. 12, 2011다76105 등). 그러나 보증채무의 독립성은 부종성·수반성 때문에 연대채무에서처럼 완전하지는 못하다.

(2) 주채무와 동일한 내용의 채무

보증채무의 내용은 주채무의 내용과 동일하다(428조 1항도 그러한 의미로 이해하여야 한다). 따라서 주채무는 원칙적으로 대체적 급부를 목적으로 하여야 한다. 만약 보증인이 부대체적 급부를 목적으로 하는 채무에 관하여 보증한 경우에는, 주채무가 불이행으로 인하여 손해배상채무로 변하는 것을 정지조건으로 하여 보증을 한 것으로 새긴다(이설 없음).

(3) 부 종 성

보증채무는 주채무의 이행을 담보하는 것이므로, 주채무에 종속하는 성질, 즉 부종성을 가진다. 보증채무의 부종성은 여러 방면에서 나타난다.

1) 주채무가 무효이거나 취소된 때에는 보증채무도 무효이다.

2) 주채무가 소멸하면 보증채무도 소멸한다. 보증채무에 대한 소멸시효가 중단된 뒤 주채무가 소멸시효에 걸려 소멸한 경우에도 같다(대판 2012. 7. 12, 2010다51192 등).

3) 주채무의 내용에 변경이 생기면 보증채무의 내용도 변경된다(429조 1항 참조).

4) 보증채무는 그 내용 또는 모습에 있어서 주채무보다 무거울 수 없다(430조 참조).

5) 보증인은 주채무자가 가지는 항변권으로써 채권자에게 대항할 수 있다(433조 1항 참조).

C-269

(4) 수 반 성

주채무자에 대한 채권이 이전하는 때에는 원칙적으로 보증인에 대한 채권도 이전한다. 다만, 당사자는 주채무자에 대한 채권만을 이전하기로 특약을 할 수 있으며, 그러한 경우에는 그 채권만 이전하고, 보증채무는 소멸한다. 그에 비하여 보증인에 대한 채권만을 이전하기로 하는 특약은 무효이다(동지 대판 2002. 9. 10, 2002다21509). 한편 채무인수 등에 의하여 주채무자가 변경된 때에는 보증채무는 원칙적으로 소멸한다(459조).

판 례 주채무자에 대한 채권·보증인에 대한 채권의 양도 관련

「보증채무는 주채무에 대한 부종성 또는 수반성이 있어서 주채무자에 대한 채권이 이전되면 당사자 사이에 별도의 특약이 없는 한 보증인에 대한 채권도 함께 이전하고, 이 경우 채권양도의 대항요건도 주채권의 이전에 관하여 구비하면 족하고, 별도로 보증채권에 관하여 대항요건을 갖출 필요는 없다고 할 것이다. 그런데 주채권과 보증인에 대한 채권의 귀속주체를 달리하는 것은, 주채무자의 항변권으로 채권자에게 대항할 수 있는 보증인의 권리가 침해되는 등 보증채무의 부종성에 반하고, 주채권을 가지지 않는 자에게 보증채권만을 인정할 실익도 없기 때문에 주채권과 분리하여 보증채권만을 양도하기로 하는 약정은 그 효력이 없다고 할 것이다.」(대판 2002. 9. 10, 2002다21509)

(5) 보 충 성

보증채무는 주채무가 이행되지 않는 경우에 이행할 채무이다(428조 1항). 따라서 보충성을 가진다. 그러나 이것은 주채무자가 이행하지 않는 경우에만 청구할 수 있다는 것이 아니고, 채권자는 보증인에 대하여 자유롭게 청구를 할 수 있되, 보증인은 최고·검색의 항변권을 가진다는 의미에 지나지 않는다(437조 참조). 그런데 연대보증에 있어서는 보충성이 없다.

3. 보증의 종류 C-270

보증채무를 부담함으로써 주채무자에 대한 채권을 담보하는 제도를 보증이라고 한다. 그러한 보증에는 보통의 보증 외에도 다음과 같은 여러 가지 모습의 것이 있다(이들 중 둘 이상이 결합되어 있는 것도 있음).

1) **연대보증** 보증인이 주채무자와 연대하여 보증하는 것이다.

2) **공동보증** 수인이 동일한 채무를 보증하는 것이다.

3) **근보증**(根保證)(신용보증) 일정한 계속적인 거래관계로부터 장차 발생하게 될 불특정·다수의 채무를 보증하는 것이다.

4) **부보증**(副保證) 보증채무를 다시 보증하는 것이다.

5) **구상보증**(求償保證)(역보증. 逆保證) 보증인이 채권자에게 변제한 때에 가지게 되는 주채무자에 대한 구상권을 보증하는 것이다.

6) **배상보증**(賠償保證) 채권자가 주채무자로부터 이행을 받지 못한 부분에 관하여서만 보증하는 것이다.

C-271 Ⅱ. 보증채무의 성립

1. 보증계약

보증채무는 채권자와 보증인 사이에 체결되는 보증계약에 의하여 성립한다.

(1) 보증계약은 채권자와 보증인 사이에 체결되며, 주채무자는 당사자가 아니다. 그러나 주채무자가 보증인의 대리인 또는 사자의 자격으로 채권자와 보증계약을 체결할 수는 있다(대판 1965. 2. 4, 64다1264).

보증인은 보통 주채무자의 부탁을 받고 보증계약을 체결하나, 부탁의 유무는 보증계약의 효력에는 영향이 없다(단지 구상권의 범위에 차이를 가져올 뿐이다. 441조 이하 참조). 그리고 주채무자가 그의 자력·담보 등에 관하여 보증인을 속인 때에는 그것은 상대방의 사기가 아니고 제 3 자의 사기가 된다(110조 2항. A-174 참조).

C-272 (2) 보증계약은 무상(無償)(채권자에 대한 관계에서 그러하며, 주채무자로부터는 대가를 받는 경우도 있다)·편무(片務)·낙성(諾成)의 계약이다.

보증계약은 보증의사가 보증인의 기명날인 또는 서명이 있는 서면으로 표시되어야 효력이 발생한다(428조의 2 1항 본문)(이 규정이 보증의사가 일정한 서면으로 표시되는 것을 정할 뿐이라는 점 등을 고려할 때, 작성된 서면에 반드시 「보증인」 또는 「보증한다」는 문언의 기재가 있을 것이 요구되지는 않는다. 대판 2013. 6. 27, 2013다23372). 다만, 보증의 의사가 전자적 형태로 표시된 경우에는 효력이 없다(428조의 2 1항 단서). 그런데 「전자문서 및 전자거래 기본법」은, 보증인이 자기의 영업 또는 사업으로 작성한 보증의 의사가 표시된 전자문서는 민법 제428조의 2 제 1 항 단서에도 불구하고 같은 항 본문에 따른 서면으로 본다고 규정한다(동법 4조 1항). 한편 여기의 「보증인의 서명」은 원칙적으로 보증인이 직접 자신의 이름을 쓰는 것을 의미하며, 타인이 보증인의 이름을 대신 쓰는 것은 이에 해당하지 않으나, 「보증인의 기명날인」은 타인이 이를 대행하는 방법으로 하여도 무방하다(대판 2019. 3. 14, 2018다282473). 제 1 항의 결과 보증계약은 일종의 요식행위가 된다. 보증인의 채무를 불리하게 변경하는 경우에도 마찬가지이다(428조의 2 2항). 그런데 보증인이 보증채무를 이행한 경우에는, 그 한도에서 방식의 하자를 이유로 무효를 주장할 수 없다(428조의 2 3항). 이 점에서 요식성이 다소 완화된다.

(3) 보증인보호법상의 보증계약을 체결할 때에는 보증채무의 최고액(最高額)을 서면으로 특정하여야 하며(주채무에 관한 채권증서에 보증인이 기명날인 또는 서명하는 방식으로 보증의 의사를 표시한 일반보증의 경우에 그 서면에 주채무자가 부담하는 원본채무의 금액이 명확하게 기재되어 있다면 다른 특별한 사정이 없는 한 보증인보호법 4조 전단의 요건은 적법하게 충족되었다고 볼 것이고, 그 외에 이자 또는 지연손해금 등과 같은 종된 채무에 관하여 별도로 그 액을 특정할 것이 요구되지는 않는다. 대판 2013. 6. 27, 2013다23372), 이는 보증기간을 갱신할 때에도 같다(동법 4조). 이를 위반한 경우의 효력에 관하여는 명문규정이 없으나, 무효라고 새겨야 할 것이다(동법 6조 2항 참조)(사업을 하는 개인이나 법인이 타인의 채무에 대하여 체결한 보증계약을 체결한 경우에 그 타인의 채무가 자신이 영위하는 사업과 관련된 것이라면 그 보증계약은 보증인보호법의 적용대상이 되지 아니하므로 비록 보증하는 채무의 최고액을 서면으로 특정하지 아니하였더라도 보증인보호법 제 6 조 제 2 항에 따라 무효라고 할 수 없다. 대판 2013. 12. 12, 2013다71159).

(4) 채권자는 보증계약을 체결할 때 보증계약의 체결 여부 또는 그 내용에 영향을 미

칠 수 있는 주채무자의 채무 관련 신용정보를 보유하고 있거나 알고 있는 경우에는 보증인에게 그 정보를 알려야 하며, 그 점은 보증계약을 갱신할 때에도 또한 같다(436조의 2 1항). 채권자가 이 의무를 위반하여 보증인에게 손해를 입힌 경우에는, 법원은 그 내용과 정도 등을 고려하여 보증채무를 감경하거나 면제할 수 있다(436조의 2 4항). 이는 2015년 개정 시에 신설된 것이다.

한편 보증인보호법에도 이와 유사한 규정이 있다. 그 규정을 살펴본다. 은행 등 일정한 금융기관(동법 2조 3호 참조)이 보증인보호법상의 보증계약을 체결할 때에는 채무자의 채무관련 신용정보를 보증인에게 제시하고(이 경우 채무자의 동의를 받아야 함. 동법 8조 2항) 그 서면에 보증인의 기명날인이나 서명을 받아야 하며, 이는 보증기간을 갱신할 때에도 같다(동법 8조 1항). 금융기관이 그 정보를 제시하지 않은 경우에는, 보증인은 정보제시를 요구할 수 있다(동법 8조 3항). 그리고 만약 금융기관이 이 제시요구를 받은 날부터 7일 이내에 그 요구에 응하지 않으면 보증인은 그 사실을 안 날부터 1개월 이내에 보증계약의 해지를 통고할 수 있고, 그 경우에는 금융기관이 해지통고를 받은 날부터 1개월이 경과한 때에 해지의 효력이 생긴다(동법 8조 4항).

2. 보증채무의 성립에 관한 요건 C-273

보증채무는 보증계약에 의하여 성립하므로 보증계약이 계약의 일반적 성립요건을 갖추어야 한다. 그러나 그 밖에도 보증채무와 주채무와의 관계에서, 그리고 보증인의 자격과 관련하여 갖추어야 할 요건이 있다. 이는 보증계약의 특별 성립요건이라고 할 수 있다.

(1) 주채무에 관한 요건

1) 주채무가 있을 것 보증채무는 주채무의 이행을 담보하는 채무이므로, 보증채무가 성립하려면 주채무가 존재하여야 한다. 채권담보를 목적으로 하는 계약일지라도 주채무의 존재를 전제로 하지 않는 것은 보증계약이 아니고 손해담보계약에 해당한다(C-302 참조).

2) 주채무는 대체적 급부를 내용으로 할 것 보증채무는 주채무와 내용상 같아야 하므로 주채무는 대체적 급부를 내용으로 하여야 한다. 그러나 이는 본질적인 것은 아니다. 따라서 객관적으로 대체성이 없음에도 불구하고 당사자가 대체성을 인정하면 보증채무는 성립할 수 있다. 그리고 부대체적 급부를 목적으로 하는 채무에 관하여 보증한 경우에, 주채무가 손해배상채무로 변하는 것을 정지조건으로 하여 보증한 것으로 새겨야 함은 앞에서 언급하였다(C-268 참조).

3) 장래의 채무 · 조건부 채무의 보증 보증은 현재의 채무에 대하여뿐만 아니라 장 C-274
래의 채무에 대하여도 할 수 있다(428조 2항). 그리고 여기의 장래의 채무에는 장래의 특정의 채무뿐만 아니라 장래의 불특정의 채무도 포함된다. 뒤의 채무의 보증, 가령 당좌대월계약 등과 같은 계속적 거래관계로부터 생기는 증감변동하는 채무에 관하여 담보하는 것을 근보증(신용보증)이라고 한다(근보증은 근질·근저당과 함께 근담보에 해당한다). 이러한 근보증에 대하여 과거에는 법률에 특별한 규정이 없었다. 그런 상태에서 통설·판례는, 근보증에 있어서는 보증되는 채무의 범위를 확정할 수 있어야 하나, 그 기준은 근저당의 경우보다는 완화되어도 무방하고, 따라서 보증기간이나 보증하는 최고한도액을 정하지 않아도 당연히 무효로 되지는 않으며(대판 1976. 8. 24, 76다1178 등), 계속적 거래로부터 생기는 모든 채무를 보증할 수도 있다고 하였다(대판 1990. 4. 13, 89다카913·920·937 등). 그런데 2015년에 민법이 개정되어 근보증에 관한 규정을 신설하였다. 그 규정에 따르면 근보증은 포괄근보증이라도 허용되나, 보증하는 채무의 최고액을 서면으로 특정해야 하며(428조의 3 1항), 최고액을 서면으로 특정하지 않은 보증계약은 무효로 된다(428조의 3 2항)(보증인보호법상의 근보증에 관하여는 동법 6조 참조. 그 규정상 한정근보증만 허용되고, 최고액 특정의 점은 민법에서와 같음). 한편 주채무는 조건부 채무일 수도 있다.

판 례 **보증계약 관련**

「주채무 발생의 원인이 되는 기본계약이 반드시 보증계약보다 먼저 체결되어야만 하는 것은 아니고, 보증계약 체결 당시 보증의 대상이 될 주채무의 발생원인과 그 내용이 어느 정도 확정되어 있다면 장래의 채무에 대해서도 유효하게 보증계약을 체결할 수 있다.」(대판 2006. 6. 27, 2005다50041)

주채무가 장래의 채무·조건부 채무인 경우에 보증채무는 현재의 채무인가? 물적 담보의 경우에는 피담보채권이 장래의 채권·조건부 채권일지라도 채권자는 목적물의 담보가치를 현실적으로 파악하고 그 순위를 확보할 필요가 있으므로 현재 담보권(근질·근저당)이 성립한다고 하여야 하나, 보증채무에 있어서는 그럴 필요가 없으므로 부종성에 비추어 주채무가 효력을 발생할 때 보증채무도 효력이 생기는 것(장래의 보증채무)으로 해석하여야 한다(이설 없음).

4) 취소의 원인 있는 채무를 보증한 경우 본래 보증채무는 부종성이 있기 때문에 주채무가 취소되면 보증채무도 무효로 된다. 한편 2015년에 민법이 개정되기 전에는 「취소의 원인 있는 채무를 보증한 자가 보증계약 당시에 그 원인 있음을 안 경우에 주채무의 불이행 또는 취소가 있는 때에는 주채무와 동일한 목적의 독립채무를 부담한 것으로 본다」고 규정하고 있었다(개정 전 436조). 그런데 그 규정은 불합리한 것으로 비판받아 삭제되었다.

C-275 **(2) 보증인에 관한 요건**

1) 일반의 경우 보증인이 될 수 있는 자격에 관하여는 원칙적으로 제한이 없다.

2) 보증인을 세울 의무가 있는 경우 당사자 사이의 계약·법률규정 또는 법원의 명령에 의하여 채무자가 보증인을 세울 의무가 있는 경우에는, 그 보증인은 행위능력 및 변제자력이 있는 자로 하여야 한다(431조 1항). 그리고 보증인이 변제자력이 없게 된 때에는, 채권자는 보증인의 변경을 청구할 수 있다(431조 2항). 그런데 이 두 가지는 채권자가 스스로 보

증인을 지명한 경우에는 적용되지 않는다(431조 3항). 그때는 채권자를 보호할 필요가 없기 때문이다. 한편 채무자는 다른 상당한 담보를 제공함으로써 보증인을 세울 의무를 면할 수 있다(432조).

위에서 설명한 보증인의 자격은 보증인을 세울 의무의 요건일 뿐이며 보증계약의 성립요건은 아니다. 따라서 보증인이 무자격자일지라도 일단 그와 보증계약을 체결하였으면 그 계약은 유효하다. 다만, 그 경우 채무자는 보증인을 세울 의무를 이행하지 않은 것으로 되고, 그 결과 기한의 이익을 잃는다(388조 2호).

Ⅲ. 보증기간 C-276

민법은 보증기간에 관하여 명문의 규정을 두고 있지 않다. 그런데 보증인보호법은 특별규정을 두고 있다. 이에 의하면, 동법상의 보증의 경우 보증기간은 원칙적으로 당사자의 약정에 의하여 정하여지나, 약정이 없는 때에는 그 기간이 3년으로 된다(동법 7조 1항). 이 규정에서 정한 보증기간의 의미에 관하여 판례는, 특별한 사정이 없는 한 보증인이 보증책임을 부담하는 주채무의 발생기간이고, 보증채무의 존속기간이 아니라고 한다(대판 2020. 7. 23, 2018다42231). 그리고 보증기간은 갱신할 수 있으며, 그 경우 보증기간의 약정이 없는 때에는 계약체결시의 보증기간을 그 기간으로 본다(동법 7조 2항). 또한 동법 제 7 조 제 1 항 및 제 2 항에서 간주되는 보증기간은 계약을 체결하거나 갱신하는 때에 채권자가 보증인에게 고지하여야 한다(동법 7조 3항). 한편 보증계약 체결 후 채권자가 보증인의 승낙 없이 채무자에 대하여 변제기를 연장하여 준 경우에는, 채권자나 채무자는 보증인에게 그 사실을 알려야 한다(동법 7조 4항 1문). 그리고 이 경우 보증인은 즉시 보증채무를 이행할 수 있다(동법 7조 4항 2문).

Ⅳ. 보증채무의 내용 C-277

보증채무의 내용은 보증채무의 부종성과 보증계약에 의하여 정하여진다.

(1) 보증채무의 목적

보증채무의 목적 즉 급부는 보증채무의 부종성으로 말미암아 주채무의 목적과 동일하다. 그리고 주채무의 목적이 동일성을 유지한 채 변경된 때(예: 주채무가 채무불이행으로 인하여 손해배상채무로 변경되거나 그것이 병존하게 된 경우, 책임없는 이행불능으로 소멸한 경우)에는 보증채무도 그에 따라 변경된다.

(2) 보증채무의 범위

보증채무의 범위는 주채무의 범위보다 클 수 없으며, 만일 더 큰 때에는 주채무의 한도로 줄어든다(430조). 보증채무의 범위가 주채무의 범위보다 작은 것은 상관없다(유한 보증).

보증채무의 범위에 관하여 당사자 사이에 특약이 없는 경우에는 민법의 보충규정(429조 1항)에 의하여 범위가 정하여진다(이 규정은 보충적인 해석규정이므로 명시적·묵시적 특약이나 특별한 사정이 있는 때에는 적용되지 않는다. 대판 1997. 8. 29, 96다37879). 그리하여 보증채무는 주채무의 이자, 위약금, 손해배상 기타 주채무에 종속한 채무를 포함하게 된다(429조 1항). 그런데 여기의 손해배상채무는 주채무의 손해배상에 대한 것이며, 보증채무의 이행지체로 인한 것은 아니다. 보증채무의 이행지체로 인한 지연배상은 보증채무와는 별도로 부담하여야 한다(대판 2016. 1. 28, 2013다74110 등). 그리고 위와 같이 보증채무 자체의 이행지체로 인한 지연손해금을 보증한도액과 별도로 부담하는 경우, 보증채무의 연체이율에 관하여 특별한 약정이 없다면 그 거래행위의 성질에 따라 상법 또는 민법에서 정한 법정이율에 따라야 할 것이지, 주채무에 관하여 약정된 연체이율이 당연히 여기에 적용된다고 볼 것은 아니다(대판 2016. 1. 28, 2013다74110 등). 그러나 특별한 약정이 있다면 그에 따라야 한다. 한편 판례는, 선급금 반환에 관한 보증계약에서 선급금 반환사유가 발생하였을 경우 선급금 잔액에 대하여 선급금 지급 시부터 이자를 가산하여 반환할 것인지는 주계약 당사자 사이의 약정에 따라야 할 것이라고 한다(대판 2016. 1. 28, 2013다74110).

보증채무는 주채무에 관한 계약의 해제·해지에 의한 원상회복의무 및 손해배상의무도 담보하는가? 여기에 관하여 학설·판례(대판 1972. 5. 9, 71다1474; 대판 2012. 5. 24, 2011다109586(민간공사 도급계약에 있어 수급인의 보증인은 특별한 사정이 없다면 선급금 반환의무(이는 해제로 인한 원상회복의무임)에 대하여도 보증책임을 진다고 한다))는 일치하여 긍정하고 있다.

C-278 **(3) 보증채무의 모습**

보증채무의 모습(조건·기한 등)은 주채무보다 가벼울 수는 있으나, 무거울 수는 없으며, 만일 더 무거운 때에는 주채무의 한도로 줄어든다(430조).

판 례 **주채무자에게 변제기를 연장해 준 경우**

「보증계약 체결 후 채권자가 보증인의 승낙 없이 주채무자에 대하여 변제기를 연장하여 준 경우, 그것이 반드시 보증인의 책임을 가중하는 것이라고는 할 수 없으므로 원칙적으로 보증채무에 대하여도 그 효력이 미친다.」(대판 1996. 2. 23, 95다49141)

(4) 보증채무에 대한 손해배상액의 예정

보증인은 보증채무에 관하여 위약금 기타 손해배상액을 예정할 수 있다(429조 2항). 이는 보증채무가 주채무와는 별개의 채무이기 때문에 인정되는 것이다. 그런 견지에서 볼 때, 보증채무에 대하여 보증을 하거나(부보증(副保證)) 담보물권(물상보증(物上保證))을 설정할 수도 있다고 할 것이다.

판 례 보증채무의 내용 관련

(ㄱ) 「원래 보증한도액을 정한 근보증에 있어 보증채무는 특별한 사정이 없는 한 보증한도 범위 안에서 확정된 주채무 및 그 이자, 위약금, 손해배상 기타 주채무에 종속한 채무를 모두 포함한다고 할 것이다.

한편, 보증채무는 주채무와는 별개의 채무이기 때문에 보증채무 자체의 이행지체로 인한 지연손해금은 보증한도액과는 별도로 부담하고 이 경우 보증채무의 연체이율에 관하여 특별한 약정이 없는 경우라면 그 거래행위의 성질에 따라 상법 또는 민법에서 정한 법정이율에 따라야 하며, 주채무에 관하여 약정된 연체이율이 당연히 여기에 적용되는 것은 아니지만, 특별한 약정이 있다면 이에 따라야 한다.」(대판 2000. 4. 11, 99다12123. 동지 대판 2014. 3. 13, 2013다205693)

(ㄴ) 「보증계약이 성립한 후에 보증인이 알지도 못하는 사이에 주채무의 목적이나 형태가 변경되었다면, 그 변경으로 인하여 주채무의 실질적 동일성이 상실된 경우에는 당초의 주채무는 경개로 인하여 소멸하였다고 보아야 할 것이므로 보증채무도 당연히 소멸하겠지만, 그 변경으로 인하여 주채무의 실질적 동일성이 상실되지 아니하고 동시에 주채무의 부담내용이 축소·감경된 것에 불과한 경우에는 보증인은 그와 같이 축소·감경된 주채무의 내용에 따라 보증책임을 진다고 할 것이다.」(대판 2001. 3. 23, 2001다628)

(ㄷ) 「채권자와 채무자 사이에 계속적인 거래관계에서 발생하는 불확정한 채무를 보증하는 이른바 계속적 보증의 경우뿐만 아니라 특정채무를 보증하는 일반보증의 경우에 있어서도, 채권자의 권리행사가 신의칙에 비추어 용납할 수 없는 성질의 것인 때에는 보증인의 책임을 제한하는 것이 예외적으로 허용될 수 있을 것이나, 일단 유효하게 성립된 보증계약에 따른 책임을 신의칙과 같은 일반원칙에 의하여 제한하는 것은 자칫 잘못하면 사적 자치의 원칙이나 법적 안정성에 대한 중대한 위협이 될 수 있으므로 신중을 기하여 극히 예외적으로 인정하여야 할 것이다.」(대판 2004. 1. 27, 2003다45410)

(ㄹ) 「채무가 특정되어 있는 확정채무에 대하여 보증한 보증인으로서는 자신의 동의 없이 피보증채무의 이행기를 연장해 주었는지의 여부에 상관없이 그 보증채무를 부담하는 것이 원칙이다. 그렇지만 당사자 사이에 보증인의 동의를 얻어 피보증채무의 이행기가 연장된 경우에 한하여 피보증채무를 계속하여 보증하겠다는 취지의 특별한 약정이 있다면 그 약정에 따라야 한다. 이 경우에 보증채무를 존속시키기 위하여 필요한 이행기 연장에 대한 보증인의 동의는 이행기가 연장된 주채무에 대하여 보증채무를 변제하겠다는 의사를 의미하며, 위와 같은 의사가 담겨져 있는 이상 그 동의는 이행기가 연장되기 전뿐 아니라 이행기가 연장된 후에도 가능하고 묵시적 의사표시의 방법으로도 할 수 있다고 봄이 상당하다.」(대판 2012. 8. 30, 2009다90924)

C-279 Ⅴ. 보증채무의 대외적 효력

1. 채권자의 이행청구와 채무자의 이행

(1) 채권자의 이행청구

1) 서 설 주채무와 보증채무의 이행기가 모두 도래한 때에는(보증채무의 이행기가 먼저 도래할 수는 없음), 채권자는 주채무자와 보증인에 대하여 따로따로 또는 동시에 채무의 전부나 일부의 이행을 청구할 수 있다. 이때 만약 채권자가 주채무자에게 청구하지 않고 보증인에게 청구하는 경우에는 보증인은 일정한 항변권 기타의 권리를 행사할 수 있다(C-280 이하 참조).

주채무자와 보증인 중 전원 또는 일부가 파산선고를 받은 때에는 채권자는 파산선고 시에 가진 채권의 전액에 관하여 각 파산재단에 대하여 파산채권자로서 권리를 행사할 수 있고(채무자회생법 428조·429조·431조), 주채무자와 보증인 중 전원 또는 일부에 관하여 회생절차가 개시된 때에는 채권자는 회생절차 개시 당시 가진 채권의 전액에 관하여 각 회생절차에서 회생채권자로서 그 권리를 행사할 수 있으며(채무자회생법 126조 1항·127조), 주채무자와 보증인 중 전원 또는 일부가 개인회생절차 개시결정을 받은 때에는 채권자는 개인회생절차 개시결정시에 가진 채권의 전액에 관하여 각 개인회생재단에 대하여 개인회생채권자로서 권리를 행사할 수 있다(채무자회생법 581조 2항·428조·429조·431조).

2) 채권자의 통지의무 민법은 2015년 개정 시에 일종의 배려의무로서 채권자의 통지의무규정을 신설하였다. 그에 따르면 채권자는 보증계약을 체결한 후에 일정한 사유가 있는 경우에는 지체없이 보증인에게 그 사실을 알려야 한다(436조의 2 2항). 주채무자가 원본·이자·위약금·손해배상 또는 그 밖에 주채무에 종속한 채무를 3개월 이상 이행하지 않는 경우, 주채무자가 이행기에 이행할 수 없음을 미리 안 경우, 주채무자의 채무 관련 신용정보에 중대한 변화가 생겼음을 알게 된 경우에 그렇다. 그런가 하면 채권자는 보증인의 청구가 있으면 주채무의 내용 및 그 이행 여부를 알려야 한다(436조의 2 3항). 한편 채권자가 제2항·제3항에 따른 의무를 위반하여 보증인에게 손해를 입힌 경우에는, 법원은 그 내용과 정도 등을 고려하여 보증채무를 감경하거나 면제할 수 있다(436조의 2 4항).

보증인보호법도 채권자의 보증인에 대한 통지의무를 규정하고 있다. 그 내용은 다음과 같다. 채권자는, 주채무자가 원본·이자 그 밖의 채무를 3개월 이상 이행하지 아니하는 경우 또는 주채무자가 이행기에 이행할 수 없음을 미리 안 경우에는, 지체없이 보증인에게 그 사실을 알려야 한다(동법 5조 1항). 채권자가 일정한 금융기관(동법 2조 3호 참조)인 때에는, 주채무자가 원본·이자 그 밖의 채무를 1개월 이상 이행하지 아니하는 경우에는, 지체없이 그 사실을 보증인에게 알려야 한다(동법 5조 2항). 그리고 보증인의 청구가 있으면 채권자는 주채무의 내용 및 그 이행 여부를 보증인에게 알려야 한다(동법 5조 3항). 한편 채권자가 동법 제5조 제1항부터 제3항까지의 규정에 따른 의무를 위반한 경우에는, 보증인은 그로 인하여 손해를 입은 한도에서 채무를 면한다(동법 5조 4항).

3) 보증인의 권리 C-280

(가) **부종성에 기한 권리** 보증인은 주채무자가 가지는 항변을 가지고 채권자에게 대항할 수 있다(433조 1항). 그리고 주채무자가 항변을 포기하여도 그것은 보증인에게는 효력이 없다(433조 2항).

보증인이 행사할 수 있는 항변으로는 기한유예의 항변권, 동시이행의 항변권, 주채무의 부존재의 항변(주채무의 성립원인이 무효이거나 취소된 경우), 주채무의 소멸의 항변(변제·대물변제·공탁·상계·경개 등의 경우) 등이 있다. 주채무가 소멸시효의 완성으로 소멸한 때에도 보증인은 시효소멸을 주장할 수 있다(이설이 없으며, 판례도 같음. 대판 2012. 7. 12, 2010다51192 등). 주채무가 시효로 소멸한 후에 주채무자가 시효이익을 포기한 때에도 같다(대판 1991. 1. 29, 89다카1114). 문제는 **보증인이 시효이익을 포기한 경우**이다. 여기에 관하여 학설은, i) 보증채무의 시효이익의 포기는 주채무에 관한 포기의 의사표시도 포함한다는 견해(사견도 같음), ii) 그 포기가 언제나 당연히 주채무자의 시효이익의 포기를 포함하지는 않는다는 견해 등으로 나뉘어 있다(자세한 점은 채권법총론 [173] 참조). 그리고 판례는, 주채무에 대한 소멸시효가 완성된 경우에는 보증채무의 부종성에 따라 보증채무 역시 당연히 소멸되는 것이 원칙이고, 다만 보증채무의 부종성을 부정하여야 할 특별한 사정이 있는 경우에는 예외적으로 보증인은 주채무의 시효소멸을 이유로 보증채무의 소멸을 주장할 수 없으나(대판 2012. 7. 12, 2010다51192: 주채무에 대한 소멸시효가 완성되어 보증채무가 소멸된 상태에서 보증인이 보증채무를 이행하거나 승인하였다고 하더라도, 주채무에 대한 소멸시효 이익의 포기 효과가 발생되지 않는다고 함), 특별한 사정을 인정하여 보증채무의 본질적인 속성에 해당하는 부종성을 부정하려면 보증인이 주채무의 시효소멸에도 불구하고 보증채무를 이행하겠다는 의사를 표시하거나 채권자와 그러한 내용의 약정을 하였어야 하고, 단지 보증인이 주채무의 시효소멸에 원인을 제공하였다는 것만으로는 보증채무의 부종성을 부정할 수 없다고 한다(대판 2018. 5. 15, 2016다211620). 이러한 판례는 시효이익의 묵시적 포기를 원칙적으로 인정하지 않는 입장이다(A-321 참조).

보증인은 주채무자의 채권에 의한 상계로 채권자에게 대항할 수 있다(434조). 이처럼 보증인은 주채무자의 채권으로 상계할 수는 있으나, 채권자가 상계적상(相計適狀)에 있는 자동채권을 상계처리하지 않았다고 하여 그것을 이유로 보증채무의 이행을 거절할 수는 없으며, 그가 면책될 수도 없다(대판 2018. 9. 13, 2015다209347 등).

주채무자가 채권자에 대하여 취소권 또는 해제권이나 해지권이 있는 동안은 보증인은 채권자에 대하여 채무이행을 거절할 수 있다(435조). 그러나 보증인이 그 권리를 행사하지는 못한다.

(나) **보충성에 기한 권리** 보증채무의 보충성에 기한 권리로 민법은 제437조에서 보증인의 최고·검색의 항변권을 규정하고 있다. 그런데 이 권리가 최고의 항변권과 검색의 C-281

항변권이라는 별개의 두 항변권인지 「최고와 검색의 항변권」이라는 하나의 항변권인지에 관하여는 견해가 대립된다. i) 다수설은 전자의 견지에 있으나(사견도 같음), ii) 소수설은 후자의 입장을 취한다.

이하에서는 다수설의 견지에서 두 항변권을 나누어 살펴보기로 한다.

(a) **최고의 항변권** 최고의 항변권은 채권자가 보증인에게 채무의 이행을 청구한 경우에 보증인이 일정한 요건을 증명하여 먼저 주채무자에게 청구할 것을 항변할 수 있는 권리이다(437조 본문). 이 최고의 항변권은 연기적 항변권에 해당한다.

이 항변권을 행사하려면, ① 채권자가 주채무자에게 청구하지 않은 상태에서 보증인에게 청구하였어야 하며, ② 보증인이 주채무자에게 변제자력이 있다는 사실과 그 집행이 용이하다는 것을 증명하여야 한다. 최고의 항변권은 채권자가 주채무자에게 청구하지 않고서 보증인에게 청구한 경우에 인정될 수 있으므로, 채권자가 보증인에 대하여 이행청구를 함과 동시에 주채무자에 대하여도 이행청구를 한 때에는, 보증인은 최고의 항변권을 행사하지 못한다(그러나 이때 검색의 항변권은 행사할 수 있음). 한편 주채무자의 변제자력은 채무 전액을 완전히 변제할 정도일 필요는 없고 채무액에 대하여 거래상 상당하다고 인정되는 정도이면 충분하다. 그리고 집행이 용이하다는 것은 채권자가 집행을 위하여 많은 시일과 비용을 요함이 없이 쉽게 집행을 할 수 있다는 것이다. 그리하여 단순히 주채무자에게 일정한 재산이 있다는 것이 증명되었다고 하여 집행이 용이하다는 증명까지 있었다고 할 수는 없다(대판 1962. 9. 27, 62다367 등). 이는 구체적인 경우에 여러 사정에 비추어 판단되어야 하나, 일반적으로 말하면 채무자의 주소에 있는 동산은 집행이 용이하지만, 부동산(대판 1962. 9. 27, 62다367)·채권·멀리 있는 동산은 용이하지 않다고 할 수 있다.

최고의 항변권의 행사효과는 두 가지이다. 첫째로 채권자는 주채무자에게 최고하지 않는 한 다시 보증인에게 이행청구를 할 수 없다. 그러나 최고는 재판 외의 것이라도 무방하고, 또 효과가 없어도 상관없다. 둘째로 최고의 항변권이 행사되었음에도 불구하고 채권자가 최고를 게을리하여 주채무자로부터 채무의 전부나 일부의 변제를 받지 못한 경우에는, 보증인은 채권자가 최고를 게을리하지 않았으면 변제받았을 한도에서 그 의무를 면한다(438조).

보증인이 최고의 항변권을 가지지 못하는 경우가 있다. 보증인이 연대보증인인 때(437조 단서), 주채무자가 파산선고·개인회생절차 개시결정을 받거나 주채무자에 대하여 회생절차가 개시된 때(이때는 변제자력이 없으므로), 주채무자의 행방을 알 수 없는 때(이때는 집행이 용이하지 않으므로)에 그렇다. 그리고 보증인은 최고의 항변권을 포기할 수 있으며, 그때에도 최고의 항변권은 없게 된다.

C-282 (b) **검색의 항변권**(선소(先訴)의 항변권) 검색의 항변권은 채권자가 보증인에게 채무의 이행을 청구한 경우에 보증인이 일정한 요건을 증명하여 먼저 주채무자의 재산에

대하여 집행할 것을 항변할 수 있는 권리이다(437조 본문). 이 검색의 항변권도 연기적 항변권이다. 검색의 항변권은 최고의 항변권과는 달리 실효성이 매우 큰 권리이다. 그리고 이 두 항변권은 별개의 것이므로, 채권자의 청구가 있는 경우에 보증인은 곧바로 실효성이 큰 검색의 항변권을 행사할 수도 있다.

검색의 항변권의 요건은 최고의 항변권에 있어서와 같다(C-281 참조).

이 항변권이 행사되면, 채권자는 먼저 주채무자의 재산에 대하여 집행하지 않으면 보증인에 대하여 다시 이행을 청구하지 못한다. 그리고 보증인이 검색의 항변권을 행사하였음에도 불구하고 채권자가 집행을 게을리하여 주채무자로부터 채무의 전부 또는 일부의 변제를 받지 못한 경우에는, 보증인은 채권자가 집행을 게을리하지 않았으면 변제받았을 한도에서 그 의무를 면한다(438조).

연대보증인이 검색의 항변권을 가지지 못함은 최고의 항변권에서와 같다(437조 단서). 그리고 검색의 항변권도 포기할 수 있다.

(2) 채무자의 이행

보증인이 보증채무의 전부를 이행하면 보증채무뿐만 아니라 주채무도 소멸한다. 주채무가 이행된 경우에도 같다. 보증채무는 다수당사자의 채무이기 때문이다.

> (판 례) 주채무자가 일부변제를 한 경우
>
> 「연대보증인이 주채무자의 채무 중 일정 범위에 대하여 보증을 한 경우에 주채무자가 일부변제를 하면, 특별한 사정이 없는 한 그 일부변제금은 주채무자의 채무 전부를 대상으로 변제충당의 일반원칙에 따라 충당되는 것이고, 연대보증인은 이러한 변제충당 후 남은 주채무자의 채무 중 보증한 범위 내의 것에 대하여 보증책임을 부담한다.」(대판 2016. 8. 25, 2016다2840: 주채무자가 이자 연 18%로 금전을 차용하였는데, 연대보증인이 원금과 연 4%의 이자 및 연 8%의 지연손해금만 연대보증한 경우임)

2. 주채무자 또는 보증인에게 생긴 사유의 효력 C-283

(1) 주채무자에 관하여 생긴 사유의 효력

채권자와 주채무자와의 사이에서 주채무자에 관하여 생긴 사유는 모두 보증인에 대하여 그 효력이 미친다. 즉 절대적 효력이 있다. 보증채무는 주채무에의 부종성이 있기 때문이다. 다만, 보증채무를 가중하는 합의는 효력을 미치지 못한다(430조). 특기할 점은 다음과 같다.

1) 주채무의 소멸 주채무의 소멸은 그 원인이 무엇이든 언제나 보증인에게 효력이 있다. 그러나 채무가 소멸한 것이 아니고 책임이 한정된 경우(예: 주채무에 관하여 상속의 한정승인이 있는 경우)에는 그렇지 않다. 그리고 채무자회생법상의 회생계획에 의하여 주채무의 일부가 면제(이는 법적으로는 면

책」이라고 해야 할 것으로 생각되나, 실무에서는 널리 「면제」라고 하고 있음)되더라도 보증인의 채무에는 영향이 없다(동법 250조 2항). 한편 주채무를 소멸시킨 행위가 무효·취소 등으로 인하여 효력을 상실하여 주채무가 소멸하지 않은 것으로 되면 보증채무도 되살아난다.

(판 례) 보증인의 출연행위 후 주계약이 해제된 경우

「보증채무는 주채무와 동일한 내용의 급부를 목적으로 함이 원칙이지만 주채무와는 별개 독립의 채무이고, 한편 보증채무자가 주채무를 소멸시키는 행위는 주채무의 존재를 전제로 하므로, 보증인의 출연행위 당시에는 주채무가 유효하게 존속하고 있었다 하더라도 그 후 주계약이 해제되어 소급적으로 소멸하는 경우에는 보증인은 변제를 수령한 채권자를 상대로 이미 이행한 급부를 부당이득으로 반환청구할 수 있다.」(대판 2004. 12. 24, 2004다20265)

C-284 **2) 주채무에 대한 시효중단** 민법은 주채무자에 대한 시효의 중단은 보증인에 대하여 그 효력이 있다고 규정한다(440조). 그리하여 이행청구 기타의 사유에 의한 모든 시효중단이 절대적 효력을 가지게 된다. 이는 보증채무의 부종성에 기한 것이 아니며, 주채무가 시효로 소멸하기 전에 보증채무가 시효로 소멸하지 않도록 하여 채권의 담보를 확보하기 위해 정책적으로 두어진 특별규정이다(이설이 없으며, 판례도 같음. 대판 1986. 11. 25, 86다카1569[핵심판례 268면]; 대판 1998. 11. 10, 98다42141). 판례는, 제440조가 시효중단사유를 제한하지 않고 있으므로 주채무자에 대한 시효중단사유가 무엇인지에 관계없이 보증인에 대해서도 시효중단의 효력이 생기고, 따라서 채권자가 주채무자에 대하여 이행을 최고한 후 주채무자가 6개월 내에 채무를 승인한 경우 최고가 주채무자에게 도달한 때 시효중단의 효력이 발생한다고 보는 이상, 그 중단의 효력은 보증인에게도 미친다고 한다(대판 2022. 7. 28, 2020다46663). 그리고 제440조는 제169조의 예외규정으로서 채권자 보호 내지 채권담보의 확보를 위하여 주채무자에 대한 시효중단의 사유가 발생하였을 때는 그 보증인에 대한 별도의 중단조치가 이루어지지 않아도 동시에 시효중단의 효력이 생기도록 한 것이고, 그 시효중단사유가 압류, 가압류 및 가처분이라고 하더라도 이를 보증인에게 통지하여야 비로소 시효중단의 효력이 발생하는 것은 아니라고 한다(대판 2005. 10. 27, 2005다35554·35561). 또한 제440조가 중단된 이후의 시효기간까지 당연히 보증인에게도 그 효력이 미친다고 하는 취지는 아니라고 한다(대판 2006. 8. 24, 2004다26287·26294). 나아가 판례는, 채권자와 주채무자 사이의 확정판결에 의하여 주채무가 확정되어 그 소멸시효기간이 10년으로 연장되었다 할지라도 그 보증채무까지 당연히 단기소멸시효의 적용이 배제되어 10년의 소멸시효기간이 적용되는 것은 아니고, 채권자와 연대보증인 사이에 있어서 연대보증채무의 소멸시효기간은 여전히 종전의 소멸시효기간에 따른다고 한다(대판 1986. 11. 25, 86다카1569[핵심판례 268면]; 대판 2006. 8. 24, 2004다26287·26294. 이 판결의 타당성에 관하여는 논란이 있으며, 사견은 타당하지 않다는 입장이다. 송덕수, 신사례, [20]번 문제 참조).

(2) 보증인에 관하여 생긴 사유의 효력

채권자와 보증인 사이에서 보증인에게 생긴 사유는 원칙적으로 주채무자에게 효력이 미치지 않는다(상대적 효력). 다만, 변제·대물변제·공탁·상계와 같이 채권을 만족시키는 사유만은 절대적 효력이 있다.

판 례 보증채무의 시효가 중단된 경우

「보증채무에 대한 소멸시효가 중단되었다고 하더라도 이로써 주채무에 대한 소멸시효가 중단되는 것은 아니고, 주채무가 소멸시효 완성으로 소멸된 경우에는 보증채무도 그 채무 자체의 시효중단에도 불구하고 부종성에 따라 당연히 소멸된다고 할 것이다.」(대판 2002. 5. 14, 2000다62476)

Ⅵ. 보증채무의 대내적 효력(구상관계) C-285

1. 서 설

보증인이 자기의 출재로 공동의 면책을 얻은 때에는, 그는 당연히 주채무자에 대하여 구상권을 가진다(441조·444조). 그런데 구상의 범위는 보증인이 주채무자로부터 부탁을 받았는지 여부에 따라 다르다. 민법이 두 경우를 달리 규율하고 있기 때문이다(441조 2항·444조 참조)(수탁보증인의 경우는 위임사무 처리비용의 상환에 준하고(687조·688조), 부탁 없는 보증인의 경우는 사무관리비용의 상환에 준한다(739조)). 그리고 민법은 부탁받은 보증인(수탁 보증인)에게는 일정한 경우에 사전구상권도 인정한다(442조). 한편 판례는, 주채무자의 부탁 즉 보증 위임의 의사표시는 명시적으로는 물론이고 묵시적으로도 이루어질 수 있다고 한다(대판 2017. 7. 18, 2017다206922).

2. 수탁보증인의 구상권 C-286

(1) 면책행위에 의한 구상권

수탁보증인이 과실없이 변제 기타의 출재로 주채무를 소멸하게 한 때에는 주채무자에 대하여 구상권이 있다(441조 1항). 그런데, 판례에 따르면, 보증채무자가 주채무를 소멸시키는 행위는 주채무의 존재를 전제로 하므로, 보증인의 출연행위 당시 주채무가 성립되지 않았거나 타인의 면책행위로 이미 소멸되었거나 유효하게 존속하고 있다가 그 후 소급적으로 소멸한 경우에는 보증채무자의 주채무 변제는 비채변제가 되어 채권자와 사이에 부당이득 반환의 문제를 남길 뿐이고 주채무자에 대한 구상권을 발생시키지 않는다고 한다(대판 2012. 2. 23, 2011다62144 등). 그리하여 가령 공사도급의 공사대금채무를 보증한 자가 주채무자가 변제한 뒤에 또는 그 채무의 소멸시효가 완성된 뒤(그 기간은 기산일부터 3년임. 163조 3호 참조)에 변제한 경우에는 주채무자에게 구상권을 행사할 수 없다(그러나 사건에 따르면 주채무자가 면책행위 후 사후의 통지를 하지 않은 경우에는 다르게 보아야 한다. 445조 2항 참조).

수탁보증인의 사후구상권이 발생하려면 수탁보증인이 반드시 주채무의 변제기가 도래한 후에 변제 등의 면책행위를 해야 하는가? 판례는, 채무자가 변제기 전에 변제할 수 있는 것처럼(468조), 주채무에 관하여 이해관계 있는 제 3 자인 수탁보증인도 변제기 전에 변제할 수 있다고 한다(469조 참조)(대판 2024. 10. 25, 2024다252305). 다만 그 경우 수탁보증인으로서는 주채무의 변제기가 도래할 때까지 주채무자에 대하여 사후구상권을 행사할 수 없을 뿐이라고 한다(대판 2024. 10. 25, 2024다252305). 한편 수탁보증인의 출재에 과실이 없어야 하는데 만약 출재에 과실이 존재한다면 그와 인과관계가 있는 범위에서는 구상권이 발생하지 않는다고 한다(대판 2024. 10. 25, 2024다252305).

(2) 사전구상권

1) 수탁보증인은 다음과 같이 일정한 경우에는 사전구상권을 가진다(442조).

(가) 보증인이 과실없이 채권자에게 변제할 재판을 받은 때(442조 1항 1호)

(나) 주채무자가 파산선고를 받은 경우에 채권자가 파산재단에 가입하지 않은 때(442조 1항 2호)

(다) 채무의 이행기가 확정되지 않고 그 최장기(最長期)도 확정할 수 없는 경우에 보증계약 후 5년을 경과한 때(442조 1항 3호)

(라) 채무의 이행기가 도래한 때(442조 1항 4호). 그러나 이 경우에는 보증계약 후에 채권자가 주채무자에게 허여(許與)한 기한으로 보증인에게 대항하지는 못한다(442조 2항).

2) 판례는, 수탁보증인이 사전구상권을 행사하기 위해서는 주채무자의 부탁으로 보증인이 되었다는 사실을 주장·증명하여야 하며, 따라서 타인에게 자기의 성명 또는 상호를 사용하여 영업을 할 것을 허락하였다는 사정만으로 명의차용인이 명의대여자에게 내부적으로 보증인이 되어달라는 등의 부탁을 하였다는 점에 관한 주장·증명이 없는 상태에서 곧바로 수탁보증인의 사전구상권에 관한 제442조 제 1 항이 적용되거나 유추적용된다고 볼 수 없다고 한다(대판 2022. 6. 30, 2020다271926).

3) 수탁보증인이 사전구상권을 행사하여 주채무자가 보증인에게 배상하는 경우에, 주채무자는 자기를 면책하게 하거나 자기에게 담보를 제공할 것을 보증인에게 청구할 수 있다(443조 전단). 따라서 주채무자는 수탁보증인이 제442조에 정한 바에 따라 주채무자에게 사전구상의무 이행을 구하면 제443조 전단을 근거로 수탁보증인에게 담보의 제공을 구할 수 있고, 그러한 담보제공이 있을 때까지 사전구상의무 이행을 거절할 수 있다(대판 2023. 2. 2, 2020다283578). 그리고 만약 수탁보증인이 주채무자의 담보제공 청구에 응하여 구상금액에 상당한 담보를 특정하여 제공할 의사를 표시한다면 법원은 주채무자가 수탁보증인으로부터 그 특정한 담보를 제공받음과 동시에 사전구상의무를 이행하여야 한다고 판결해야 하지만, 수탁보증인이 주채무자의 담보제공 청구를 거절하거나 구상금액에 상당한 담보를 제공하려는 의사를 표시하지 않는다면 법원은 수탁보증인의 사전구상금 청구를 기각하는 판결을 해

야 한다(대판 2023. 2. 2, 2020다283578).

한편 주채무자는 배상할 금액을 공탁하거나 담보를 제공하거나 보증인을 면책하게 함으로써 배상의무를 면할 수 있다(443조 후단).

4) 판례는, 수탁보증인의 사전구상권과 사후구상권은 그 종국적 목적과 사회적 효용을 같이하는 공통성을 가지고 있으나, 발생원인을 달리하고 그 법적 성질도 달리하는 별개의 독립된 권리이므로(대판 1992. 9. 25, 91다37553), 사후구상권이 발생한 이후에도 사전구상권은 소멸하지 않고 병존하며, 다만 목적달성으로 일방이 소멸하면 타방도 소멸하는 관계에 있을 뿐이라고 한다(대판 2019. 2. 14, 2017다274703).

판 례 사전구상권 관련 C-287

(ㄱ) 「수탁보증인이 사전구상권을 행사하여 사전구상금을 수령하였다면 이는 결국 사전구상 당시 채권자에 대하여 보증인이 부담할 원본채무와 이미 발생한 이자, 피할 수 없는 비용 및 기타의 손해액을 선급받는 것이어서 이 금원은 주채무자에 대하여 수임인의 지위에 있는 수탁보증인이 위탁사무의 처리를 위하여 선급받은 비용의 성질을 가지는 것이므로 보증인은 이를 선량한 관리자의 주의로서 위탁사무인 주채무자의 면책에 사용하여야 할 의무가 있다.」(대판 2002. 11. 26, 2001다833)

(ㄴ) 「특히 수탁보증인이 주채무자에 대하여 가지는 민법 제442조의 사전구상권에는 민법 제443조 소정의 담보제공청구권이 항변권으로 부착되어 있는 만큼 이를 자동채권으로 하는 상계는 허용될 수 없으며, 다만 민법 제443조는 임의규정으로서 주채무자가 사전에 담보제공청구권의 항변권을 포기한 경우에는 보증인은 사전구상권을 자동채권으로 하여 주채무자에 대한 채무와 상계할 수 있다 할 것이다.」(대판 2004. 5. 28, 2001다81245)

(ㄷ) 「수탁보증인은 특별한 사정이 없는 한 그 주채무의 변제기 연장이 언제 이루어졌던지 간에 본래의 변제기가 도래한 후에는 민법 제442조 제 1 항 제 4 호에 의하여 주채무자에 대하여 사전구상권을 행사할 수 있고, 이 경우에는 민법 제442조 제 2 항에 따라 보증계약 후에 채권자가 주채무자에게 허여(許與)한 기한으로 보증인에게 대항하지 못할 뿐만 아니라, 수탁보증인이 본래의 변제기가 도래한 후 과실없이 변제 기타의 출재로 주채무를 소멸하게 한 후 이를 주채무자에게 통지하였다면, 민법 제445조 제 1 항에 의하여 주채무자는 위 통지를 받은 후 채권자와 사이에 이루어진 변제기 연장에 관한 합의로서 사후구상권을 행사하는 수탁보증인에게 대항할 수는 없다.」(대판 2007. 4. 26, 2006다22715)

(3) 구상권의 범위 C-288

수탁보증인의 구상권의 범위는 출재한 연대채무자의 구상권의 범위와 같다(441조 2항·425조 2항. C-254 참조). 그러나 사전구상을 하는 경우에는 주채무인 원금과 사전구상에 응할 때까지 이미 발생한 이자와 기한 후의 지연손해금, 피할 수 없는 비용 기타의 손해액이 포함될 뿐이고, 주채무인 원금에 대한 완제일까지의 이자는 포함될 수 없다(대판 2005. 11. 25, 2004다66834 · 66841 등). 사전구상은 장래의 변제를 위하여 자금의 제공을 청구하는 것이기 때문이다.

판 례 사전구상권의 범위

「수탁보증인이 사전구상권을 행사하는 경우 보증인은 자신이 부담할 것이 확정된 채무 전액에 대하여 구상권을 행사할 수 있지만, 면책비용에 대한 법정이자나 채무의 원본에 대한 장래 도래할 이행기까지의 이자 등을 청구하는 것은 사전구상권의 성질상 허용될 수 없다 할 것이다.

따라서 보증인이 보증채무를 이행함에 따라 주채무자가 보증인에 대하여 부담하게 될 구상금채무를 근보증하면서, 면책원금 외에 면책일 이후의 법정이자나 피할 수 없는 비용 등까지 담보하기 위하여 근보증한도액을 면책원금에 해당하는 보증인의 보증한도액보다 높은 금액으로 정했다고 하더라도, 보증인이 사전구상권을 행사할 수 있는 금액은 근보증한도액이 아닌 보증인의 보증한도액으로 한정된다고 할 것이다.」(대판 2005. 11. 25, 2004다66834 · 66841)

C-289 ### (4) 구상권의 제한

1) 제445조 · 제446조와 그에 관한 학설 · 판례 민법은 제445조 · 제446조에서 연대채무에 관한 제426조와 유사한 규정을 두고 있다. 즉 제445조 제 1 항에서는 「보증인이 주채무자에게 통지하지 아니하고 변제 기타 자기의 출재로 주채무를 소멸하게 한 경우에 주채무자가 채권자에게 대항할 수 있는 사유가 있었을 때에는 이 사유로 보증인에게 대항할 수 있고 그 대항사유가 상계인 때에는 상계로 소멸할 채권은 보증인에게 이전된다」고 하고, 그 제 2 항에서는 「보증인이 변제 기타 자기의 출재로 면책되었음을 주채무자에게 통지하지 아니한 경우에 주채무자가 선의로 채권자에게 변제 기타 유상의 면책행위를 한 때에는 주채무자는 자기의 면책행위의 유효를 주장할 수 있다」고 한다. 그리고 제446조에서는 「주채무자가 자기의 행위로 면책하였음을 그 부탁으로 보증인이 된 자에게 통지하지 아니한 경우에 보증인이 선의로 채권자에게 변제 기타 유상의 면책행위를 한 때에는 보증인은 자기의 면책행위의 유효를 주장할 수 있다」고 한다(이는 주채무자에게는 원칙적으로 면책행위 전후에 통지할 의무는 없다는 전제에서 수탁보증인에 대하여서만은 면책행위 후에 통지를 해 주도록 한 것이다).

제445조 · 제446조의 해석과 관련하여 우리의 문헌은 대부분 해당 규정만을 기술하고 있으며, 약간의 문헌만이 제426조에 관한 통설을 여기에서도 그대로 취하고 있다(사견은 채권법총론 [177] 참조). 그러한 상황에서 우리 대법원은, 수탁보증에 있어서 주채무자가 면책행위를 하고도 보증인에게 통지하지 않은 동안에 보증인도 사전통지 없이 2중의 면책행위를 한 경우에 대하여(이는 446조에 관한 사안임), 연대채무에 관한 우리의 통설과 같은 결과를 인정하여 먼저 이루어진 주채무자의 면책행위가 유효하다고 하였다(대판 1997. 10. 10, 95다46265[핵심판례 270면]).

(판 례) 수탁보증에서 주채무자의 사후통지, 보증인의 사전통지가 없었던 경우

「민법 제446조의 규정은 같은 법 제445조 제 1 항의 규정을 전제로 하는 것이어서 같은 법 제445조 제 1 항의 사전통지를 하지 아니한 수탁보증인까지 보호하는 취지의 규정은 아니라 할 것이므로, 수탁보증에 있어서 주채무자가 면책행위를 하고도 그 사실을 보증인에게 통지하지 아니하고 있던 중에 보증인도 사전통지를 하지 아니한 채 이중의 면책행위를 한 경우에는 보증인은 주채무자에 대하여 같은 법 제446조에 의하여 자기의 면책행위의 유효를 주장할 수 없다고 봄이 상당하다 할 것이다. 따라서 이 경우에는 이중변제의 기본원칙으로 돌아가 먼저 이루어진 주채무자의 면책행위가 유효하고 나중에 이루어진 보증인의 면책행위는 무효로 보아야 할 것이므로 보증인은 같은 법 제446조에 기하여 주채무자에게 구상권을 행사할 수 없다고 할 것이다.」(대판 1997. 10. 10, 95다46265[핵심판례 270면])

3. 부탁 없는 보증인의 구상권 C-290

(1) 주채무자의 부탁 없이, 그러나 그의 의사에 반하지 않고 보증인이 된 자가 변제 기타 자기의 출재로 주채무를 소멸하게 한 때에는, 주채무자는 「그 당시에 이익을 받은 한도에서」 배상하여야 한다(444조 1항). 그리하여 면책된 날 이후의 법정이자와 손해배상은 제외된다.

(2) 주채무자의 부탁을 받지도 않고 또 그의 의사에 반하여 보증인이 된 자가 변제 기타 자기의 출재로 주채무를 소멸하게 한 때에는, 주채무자는 「현존이익의 한도에서」 배상하여야 한다(444조 2항). 이 경우에 주채무자가 구상한 날 이전에 상계원인이 있었음을 주장한 때에는, 그 상계로 소멸할 채권은 보증인에게 이전된다(444조 3항).

(3) 부탁을 받지 않고 보증인이 된 자는 사전구상권은 없다. 그리고 부탁 없이 보증인이 된 자도 수탁보증인과 마찬가지로 일정한 경우에 통지를 하여야 하나(445조), 주채무자는 수탁보증에 있어서와는 달리 부탁 없이 보증인이 된 자에게는 면책행위를 한 뒤에 통지를 할 필요가 없다(446조 참조).

4. 주채무자가 수인 있는 경우의 구상관계 C-291

(1) 주채무자가 수인 있는 경우에 그 전원을 위하여 보증인이 된 경우의 구상관계는 주채무의 성질에 따라 달라진다. 주채무가 분할채무인 때에는 구상권도 각 채무자에 대하여 분할채무로 되고, 주채무가 불가분채무 또는 연대채무인 때에는 구상권도 각 채무자에 대하여 불가분채무 또는 연대채무로 된다.

(2) 주채무자가 수인 있는 경우에 그 중의 1인만을 위하여 보증인이 된 경우는 어떻게 되는가? 주채무가 분할채무인 때에는, 보증한 채무자에 대하여 구상권을 가지게 되며, 만약 주채무자들의 채무 전부를 변제한 경우에는 나머지 부분에 대하여는 제 3 자의 변제로 된다.

그에 비하여 주채무가 연대채무 또는 불가분채무인 때에는, 보증인은 보증한 채무자에 대하여 전액을 구상할 수 있는 외에, 다른 연대채무자나 불가분채무자에 대하여 그 부담 부분에 한하여 구상권이 있다(447조. 이는 구상권의 순환을 피하기 위한 것임).

판 례 연대채무자 모두를 위해 물상보증인이 된 자의 구상권

연대채무자 갑, 을의 채권자에 대한 채무를 담보할 목적으로 자기 소유의 부동산에 관하여 근저당권을 설정하였다가 그 실행으로 인하여 위 부동산의 소유권을 상실하게 된 물상보증인은 채무자들에 대한 구상권이 있다 할 것이고, 다만 연대채무자 갑의 부탁 없이 물상보증인이 되었다면 갑은 그 당시에 이익을 받은 한도 내에서 물상보증인에게 이를 구상하여 줄 의무가 있다.

민법 제447조는 어느 연대채무자나 어느 불가분채무자를 위하여 보증인이 된 자의 다른 연대채무자나 다른 불가분채무자에 대한 구상권에 관한 규정에 불과함으로 연대채무자 모두를 위하여 물상보증인이 된 자가 그 연대채무자의 1인에 대하여 구상권을 행사하는 경우에는 적용될 여지가 없다(대판 1990. 11. 13, 90다카26065).

5. 보증인의 변제에 의한 대위권

보증인은 — 부탁 없이 보증인이 된 자도 — 변제할 정당한 이익이 있는 자이므로 변제로 당연히 채권자를 대위한다(481조의 법정대위).

C-292 Ⅶ. 특수한 보증

1. 연대보증

(1) 의의 및 성질

연대보증이란 보증인이 주채무자와 연대하여 채무를 부담하는 것을 말한다(437조 단서 참조). 연대보증채무도 보증채무이므로 **부종성이 있다**. 그러나 연대보증인은 주채무자와 연대하여 채무를 부담하기 때문에 **보충성은 없다**(그리하여 최고·검색의 항변권은 가지지 못한다). 그리고 연대보증인이 수인 있더라도 **분별(分別)의 이익**(C-294 참조)**이 없어서** 채권자는 어느 연대보증인에 대하여서도 전액을 청구할 수 있다. 그 결과 연대보증의 경우에는 보통의 보증에 있어서보다 채권의 담보력이 크기 때문에 실제에서 널리 이용되고 있다.

연대보증과 구별하여야 할 것으로 보증연대가 있다. **보증연대는** 보증인 상호간에 연대의 특약이 있는 경우이다. 이 둘은 모두 보증인이 여럿 있는 경우에 분별의 이익이 없다는 점에서는 같으나, 연대보증에서는 보충성이 없는 데 비하여 보증연대에 있어서는

보충성이 있다는 점에서 차이를 보인다.

(2) 연대보증의 성립

연대보증은 일반적으로 보증계약을 체결하면서 연대의 특약을 하는 때에 성립한다. 그러나 보통의 보증이 성립한 뒤에 최고·검색의 항변권을 포기하는 때에도 성립하며, 법률규정에 의하여 성립하는 경우도 있다(예: 상법 57조 2항).

판례 구상금채무의 연대보증/연대보증계약과 물상보증계약을 체결한 경우

(ㄱ) 「보증인이 보증채무를 이행함에 따라 주채무자가 보증인에 대하여 부담하게 될 구상금채무를 연대보증하는 경우, 연대보증인은 특별한 사정이 없으면 주채무자와 같은 내용의 채무를 부담한다.」(대판 2014. 3. 27, 2012다6769)

(ㄴ) 「어느 한 사람이 같은 채권의 담보를 위하여 연대보증계약과 물상보증계약을 체결한 경우 부종성을 인정할 특별한 사정이 없는 한 위 두 계약은 별개의 계약이고 따라서 보증책임의 범위가 담보부동산의 가액범위 내로 제한된다고 할 수 없다.」(대판 1990. 1. 25, 88다카26406)

(3) 효　력 C-293

1) 대외적 효력 채권자의 이행청구는 연대채무의 경우와 같다. 그리고 연대보증인은 부종성에 기한 권리는 가지나, 최고·검색의 항변권은 없다(437조 단서). 한편 채무의 이행은 보통의 보증과 마찬가지이다.

연대보증도 본질은 보증이므로, 주채무자와 연대보증인에 관하여 생긴 사유의 효력은 보통의 보증에 있어서와 같다.

판례 연대보증인(또는 그 1인)에 대한 면제의 상대적 효력

「연대보증인이라고 할지라도 주채무자에 대하여는 보증인에 불과하므로 연대채무에 관한 면제의 절대적 효력을 규정한 민법 제419조의 규정은 주채무자와 보증인 사이에는 적용되지 아니하는 것이니, 채권자가 연대보증인에 대하여 그 채무의 일부 또는 전부를 면제하였다 하더라도 그 면제의 효력은 주채무자에 대하여 미치지 아니한다 할 것이고, 수인의 연대보증인이 있는 경우, 연대보증인들 사이에 연대관계의 특약이 있는 경우가 아니면 채권자가 연대보증인의 1인에 대하여 채무의 전부 또는 일부를 면제하더라도 다른 연대보증인에 대하여는 그 효력이 미치지 아니한다 할 것이다.」(대판 1992. 9. 25, 91다37553)

2) 대내적 효력 주채무자와 연대보증인 사이의 구상관계도 보통의 보증에서와 같다.

C-294 ## 2. 공동보증

(1) 의 의

공동보증이란 동일한 주채무에 대하여 수인이 보증채무를 부담하는 것을 말한다. 공동보증에는 ① 보통의 보증, ② 연대보증, ③ 보증연대의 세 가지가 있다.

(2) 채권자에 대한 관계

1) 분별의 이익 공동보증인은 — 그들이 1개의 계약으로 공동보증인이 된 때는 물론이고 별개의 계약으로 공동보증인이 된 때에도 — 주채무를 균등하게 나눈 액에 관하여 보증채무를 부담한다(439조). 이를 분별의 이익이라고 한다. 이 분별의 이익이 인정됨으로써 공동보증의 경우에는 채권의 담보력이 약화된다(입법론상 비판의 여지가 있음).

2) 분별의 이익이 없는 경우 ① 주채무가 불가분일 때, ② 보증연대의 경우, ③ 연대보증의 경우(대판 1993. 5. 27, 93다4656 등)에는 분별의 이익이 없다(448조 2항).

C-295 ### (3) 공동보증인 사이의 구상관계

공동보증인 중 1인이 자기의 출재로 주채무자를 면책하게 한 때에는, 그는 그 전액에 관하여 주채무자에게 구상할 수 있다. 뿐만 아니라 그가 자기의 부담부분을 넘는 변제를 한 때에는, 다른 공동보증인에 대하여도 구상할 수 있다(다만 다른 보증인 가운데 이미 자기의 부담부분을 변제한 사람에 대하여는 구상을 할 수 없다. 대판 1993. 5. 27, 93다4656). 그런데 그 범위는 다음의 두 경우에 차이가 있다.

1) 분별의 이익이 있는 경우 이 경우에 공동보증인 중 1인이 자기의 부담부분을 넘는 변제를 한 때에는, 부탁을 받지 않은 보증인의 구상권에 관한 규정(444조)을 준용한다(448조 1항. C-290 참조).

2) 분별의 이익이 없는 경우 이 경우에 공동보증인 중 1인이 자기의 부담부분을 넘는 변제를 한 때에는, 연대채무자의 구상권에 관한 규정(425조 내지 427조)을 준용한다(448조 2항. C-251 이하 참조).

판 례 연대보증의 경우 구상관계

(ㄱ) 「채권자에 대한 관계에서는 공동연대보증인이지만 내부관계에서는 실질상의 주채무자인 경우에 다른 연대보증인이 채권자에 대하여 그 보증채무를 변제한 때에 그 연대보증인은 실질상의 주채무자에 대하여 구상권을 행사할 수 있는 반면에 실질상의 주채무자인 연대보증인이 자기의 부담부분을 넘어서 그 보증채무를 변제한 경우에는 다른 연대보증인에 대하여 민법 제448조 제 2 항, 제425조에 따른 구상권을 행사할 수는 없다고 할 것이다.」(대판 2004. 9. 24, 2004다27440 · 28504)

(ㄴ) 「수인의 보증인이 주채무자의 채무를 일정한 한도에서 보증하기로 하는 이른바 일부보증을 한 경우에 보증인 중 1인이 채무의 전액이나 자기의 부담부분 이상을 변제함으로

써 다른 보증인의 책임한도가 줄어들게 되어 공동으로 면책이 되었다면 다른 보증인에 대하여 구상을 할 수 있고, 그 부담부분의 비율에 대하여는 그들 사이에 특약이 있으면 당연히 그에 따르되 그 특약이 없는 경우에는 각자 보증한도액의 비율로 부담하게 된다고 할 것이다.」(대판 2005. 3. 11, 2004다42104)

(ㄷ) 「연대보증인 가운데 한 사람이 자기의 부담부분을 초과하여 변제하였을 때에는 다른 연대보증인에 대하여 구상을 할 수 있는데, 다만 다른 연대보증인 가운데 이미 자기의 부담부분을 변제한 사람에 대하여는 구상을 할 수 없으므로 그를 제외하고 아직 자기의 부담부분을 변제하지 아니한 사람에 대하여만 구상권을 행사하여야 한다.

또한 연대보증인 가운데 한 사람이 자기의 부담부분을 초과하여 변제하여 다른 연대보증인에 대하여 구상을 하는 경우의 부담부분은 수인의 연대보증이 성립할 당시 주채무액에 분담비율을 적용하여 산출된 금액으로 일단 정하여지지만, 그 후 주채무자의 변제 등으로 주채무가 소멸하면 부종성에 따라 각 연대보증인의 부담부분이 그 소멸액만큼 분담비율에 따라 감소하고 또한 연대보증인의 변제가 있으면 당해 연대보증인의 부담부분이 그 변제액만큼 감소하게 된다. 그러므로 자기의 부담부분을 초과한 변제를 함으로써 그 초과변제액에 대하여 다른 연대보증인을 상대로 구상권을 행사할 수 있는 연대보증인인지 여부는 당해 변제시를 기준으로 판단하되, 구체적으로는 우선 그때까지 발생·증가하였던 주채무의 총액에 분담비율을 적용하여 당해 연대보증인의 부담부분 총액을 산출하고 그 전에 앞서 본 바와 같은 사유 등으로 감소한 그의 부담부분이 있다면 이를 위 부담부분 총액에서 공제하는 방법으로 당해 연대보증인의 부담부분을 확정한 다음 당해 변제액이 위 확정된 부담부분을 초과하는지 여부에 따라 판단하여야 한다. 한편 이미 자기의 부담부분을 변제함으로써 위와 같은 구상권 행사의 대상에서 제외되는 다른 연대보증인인지 여부도 원칙적으로 구상의 기초가 되는 변제 당시에 위와 같은 방법에 의하여 확정되는 그 연대보증인의 부담부분을 기준으로 판단하여야 한다.」(대판 2024. 10. 25, 2024다232066 · 232073)

(ㄹ) 「공동연대보증인 중 1인이 채무 전액을 대위변제한 후 주채무자로부터 구상금의 일부를 변제받은 경우, … 주채무자의 구상금 일부 변제는 특별한 사정이 없는 한 대위변제를 한 연대보증인의 부담부분에 상응하는 주채무자의 구상채무를 먼저 감소시키고 이 부분 구상채무가 전부 소멸되기 전까지는 다른 연대보증인들이 부담하는 구상채무의 범위에는 아무런 영향을 미치지 않는다고 봄이 상당하다. 그러나 주채무자의 구상금 일부변제금액이 대위변제를 한 연대보증인의 부담부분을 넘는 경우에는 그 넘는 변제금액은 주채무자의 구상채무를 감소시킴과 동시에 다른연대보증인들의 구상채무도 각자의 부담비율에 상응하여 감소시킨다.」(대판 2010. 9. 30, 2009다46873)

C-296 ## 3. 계속적 보증

(1) 의 의

계속적 보증은 일시적 보증에 대응하는 개념으로서 일정기간 또는 부정기간 동안 계속하여 채무를 보증하는 것을 가리킨다. 이러한 계속적 보증에는 근보증(신용보증)·신원보증·임차인 채무의 보증 등 여러 가지가 있다. 계속적 보증의 경우에는 보증인에게 과중한 책임이 요구되므로 보증인을 보호하여야 할 필요성이 크다. 그리하여 민법과 보증인보호법은 근보증에 관하여 명문규정을 두었으며, 신원보증에 관하여는 특별법이 있다(신원보증법이 그것이다). 아래에서는 계속적 보증 가운데 근보증에 관하여 좀더 살펴보기로 한다.

C-297 ### (2) 근보증(신용보증)

1) 의 의 근보증은 당좌대월계약·어음할인계약 기타 계속적 거래관계로부터 발생하는 불확정의 채무를 보증하는 것을 말하며, 이는 신용보증이라고도 한다.

민법은 2015년 개정 시에 근보증에 관한 규정을 신설하였다(428조의 3). 그에 따르면 민법상 — 거래관계의 종류를 특정하여 그로부터 발생하는 모든 채권을 담보하거나 또는 거래관계의 종류를 특정하지 않고서 채권자가 채무자에 대하여 취득하는 모든 채권을 보증하는 — 포괄근보증(이와 유사한 포괄근저당에 대하여는 B-395 참조)도 인정된다(428조의 3 1항 1문). 그러면서 근보증의 경우에 보증하는 채무의 최고액을 서면으로 특정하도록 하고(428조의 3 1항 2문), 채무의 최고액을 제428조의 2 제 1 항에 따른 서면으로 특정하지 않은 보증계약은 무효라고 규정한다(428조의 3 2항). 그 결과 근보증에 관한 과거의 판례 중 제428조의 3에 어긋나는 것(특히 보증한도액을 정하지 않은 경우에 관한 판례)은 유지되기 어려울 것이다.

대법원은, 제428조의 3의 규정 및 그 입법취지에 비추어 볼 때, 불확정한 다수의 채무에 대하여 보증하는 경우 보증채무의 최고액이 서면으로 특정되어 보증계약이 유효하다고 하기 위해서는, 보증인의 보증의사가 표시된 서면에 보증채무의 최고액이 명시적으로 기재되어 있어야 하고, 보증채무의 최고액이 명시적으로 기재되어 있지 않더라도 그 서면 자체로 보아 보증채무의 최고액이 얼마인지를 객관적으로 알 수 있는 등 보증채무의 최고액이 명시적으로 기재되어 있는 경우와 동일시할 수 있을 정도의 구체적인 기재가 필요하다고 한다(대판 2019. 3. 14, 2018다282473).

[참고] 보증인보호법상의 근보증

보증인보호법도 근보증에 관하여 규정을 두고 있다. 그런데 그 법에서는 포괄근보증이 허용되지 않고 한정근보증(특정한 계속적 거래계약이나 그 밖의 일정한 종류의 거래로부터 발생하는 채무 또는 특정한 원인에 기하여 계속적으로 발생하는 채무에 대하여 보증하는 것)만 인정된다(동법 6조 1항 1문). 그리고 근보증의 경우 보증하는 채무의 최고액을 서면으로 특정해야 하며(동법 6조 1항 2문), 그것을 위반한 보증계약은 무효로 된다(동법 6조 2항).

근보증은 채권자와 주채무자 사이의 특정한 계속적 거래계약뿐 아니라 그 밖에 일정한 종류의 거래로부터 발생하는 채무 또는 특정한 원인에 기하여 계속적으로 발생하는 채무에 대하여도 할 수 있다(대판 2013. 11. 14, 2011다29987). 또한 근보증의 대상인 주채무는 근보증계약을 체결할 당시에 이미 발생되어 있거나 구체적으로 내용이 특정되어 있을 필요는 없고, 장래의 채무, 조건부 채무는 물론 장래 증감·변동이 예정된 불특정의 채무라도 이를 특정할 수 있는 기준이 정해져 있으면 된다(대판 2013. 11. 14, 2011다29987). 이와 같이 근보증은 그 보증대상인 주채무의 확정을 장래 근보증관계가 종료될 시점으로 유보하여 두는 것이므로, 그 종료 시점에 이르러 비로소 보증인이 부담할 피보증채무가 구체적으로 확정된다(대판 2013. 11. 14, 2011다29987). 한편 위와 같은 근보증의 특질에 비추어 볼 때, 근보증계약이 특정 기본거래계약에 기하여 발생하는 채무만을 보증하기로 한 것이 아니라, 기본거래의 종류만을 정하고 그 종류에 속하는 현재 또는 장래의 기본거래계약에 기하여 근보증 결산기 이전에 발생하는 채무를 보증한도액 범위 내에서 보증하기로 하는 이른바 한정근보증계약인 경우, 미리 정한 기본거래의 종류에 의하여 장래 체결될 기본거래계약 또는 그에 기하여 발생하는 보증대상인 채무를 특정할 수 있다면 비록 주채무 발생의 원인이 되는 기본거래계약이 한정근보증계약보다 먼저 체결되어 있지 아니하더라도 그 근보증계약의 성립이나 효력에는 아무런 영향이 없다(대판 2013. 11. 14, 2011다29987).

한정근보증계약은 거기에 정한 기본거래의 종류에 속하는 기본거래계약이 별도로 체결되는 것을 예정하고 있으므로, 채권자와 주채무자가 한정근보증계약 체결 이후 새로운 기본거래계약을 체결하거나 기존 기본거래계약의 기한을 갱신하고 그 거래 한도금액을 증액하는 약정을 하였다고 하더라도, 그것이 당초 정한 기본거래의 종류에 속하고 그로 인한 채무가 근보증 결산기 이전에 발생한 것으로서 근보증한도액을 넘지 않는다면, 그것은 모두 한정근보증의 피보증채무 범위에 속한다고 보아야 하고, 별도의 약정이 있다는 등의 특별한 사정이 없는 한 새로운 기본거래계약 체결 등에 관하여 보증인의 동의를 받거나 보증인에게 통지하여야만 피보증채무의 범위에 속하게 되는 것은 아니다(대판 2013. 11. 14, 2011다29987).

2) 책임의 범위 근보증의 경우에는 보증하는 채무의 최고액을 서면으로 특정해 C-298
야 하며, 그렇지 않으면 보증계약은 무효이다(428조의 3 1항 2문·2항). 그리고 최고액(보증한도액)을 특정한 경우에 보증인은 그 한도액만큼만 책임을 지게 된다. 그때 그 한도액이 주채무의 원금만을 기준으로 하는지 여부는 당사자의 특약의 해석에 의하여 정하여지나, 특별한 사정이 없는 한 보증한도의 범위 안에서 확정된 주채무 및 그 이자, 위약금, 손해배상 기타 주채무에 종속한 채무를 모두 포함한다고 새길 것이다(대판 2000. 4. 11, 99다12123 등).

(판 례) 계속적 보증 관련

(ㄱ) 「계속적인 신용거래관계로부터 장래 발생할 불특정채무를 보증하기 위해 이른바 보증한도액을 정하여 근보증을 하고 아울러 그 불특정채무를 담보하기 위하여 동일인이 근저당권설정등기를 하여 물상보증도 한 경우에, 근보증약정과 근저당권설정계약은 별개의 계약으로서 원칙적으로 그 성립과 소멸이 따로 다루어져야 할 것이나, 근보증의 주채무와 근저당권의 피담보채무가 동일한 채무인 이상 근보증과 근저당권은 특별한 사정이 없는 한 동일한 채무를 담보하기 위한 중첩적인 담보로서 근저당권의 실행으로 변제를 받은 금액은 근보증의 보증한도액에서 공제되어야 할 것이다.」(대판 2004. 7. 9, 2003다27160)

(ㄴ) 「회사의 이사 등이 회사의 제3자에 대한 계속적 거래로 인한 채무를 연대보증한 경우 이사 등에게 회사의 거래에 대하여 재직 중에 생긴 채무만을 책임지우기 위하여는 그가 이사의 지위 때문에 부득이 회사의 계속적 거래로 인하여 생기는 회사의 채무를 연대보증하게 된 것이고 또 회사의 거래상대방이 거래할 때마다 거래 당시의 회사에 재직하고 있던 이사 등의 연대보증을 새로이 받아오는 등의 특별한 사정이 있을 것임을 요하고 그러한 사정이 없는 경우의 연대보증에까지 그 책임한도가 위와 같이 제한되는 것으로 해석할 수는 없다.」(대판 1998. 12. 22, 98다34911. 동지의 판결도 많음)

(ㄷ) 「계속적 채권관계에서 발생하는 주계약상의 불확정 채무에 대하여 보증한 경우 그 보증채무는 통상적으로 주계약상의 채무가 확정된 때에 이와 함께 확정된다. 그러나 채권자와 주채무자 사이에서 주계약상의 거래기간이 연장되었으나 보증인과 사이에서 보증기간이 연장되지 아니하는 등의 사정으로 보증계약 관계가 먼저 종료된 때에는 그 종료로 보증채무가 확정되므로, 보증인은 그 당시의 주계약상의 채무에 대하여 보증책임을 지고, 그 후의 채무에 대하여는 보증책임을 지지 아니한다.」(대판 2021. 1. 28, 2019다207141)

C-299 **3) 해 지** 대법원은, 계속적 보증은 계속적 거래관계에서 발생하는 불확정한 채무를 보증하는 것으로 보증인의 주채무자에 대한 신뢰가 깨어지는 등 정당한 이유가 있는 경우에는 보증인으로 하여금 그 보증계약을 그대로 유지·존속시키는 것이 신의칙상 부당하므로 특별한 사정이 없는 한 보증인은 보증계약을 해지할 수 있다고 한다(대판 2018. 3. 27, 2015다12130). 그리고 다른 판결에서는, 근보증 기타 계속적 보증의 경우 보증에 이르게 된 경위, 상당기간의 경과, 주채무자에 대한 신뢰의 상실, 주채무자의 자산상태의 변화, 보증인의 지위의 변동 기타 채권자측의 여러 사정을 고려하여 사회통념상 그 보증을 계속 존속시키는 것이 상당하지 않다고 볼 수 있는 경우에는, 상대방인 채권자에게 신의칙상 묵과할 수 없는 손해를 입게 하는 등의 특별한 사정이 없는 한 보증인에게 그 해지권이 인정된다고 한다(대판 2001. 11. 27, 99다8353). 학설은 뒤의 판결이 열거하는 개별적인 사유가 있는 경우에 해지권을 인정한다. 나아가 학설은 보증계약 성립 후 상당한 기간이 경과한 때에도 보증인은 해지권을 갖는다고 한다. 그러나 판례는 기간을 정하지 않은 계속적 보증계약이라고

하여 상당한 기간이 경과하였다는 사정만으로 바로 해지권이 발생하지는 않는다고 한다(대판 2001. 11. 27, 99다8353). 판례가 옳다.

한편 판례에 의하면, 회사의 이사라는 지위에 있었기 때문에 부득이 회사와 은행 사이의 계속적 거래로 인한 회사의 채무에 연대보증인이 된 자가 그 후 회사로부터 퇴직하여 이사의 지위를 상실하게 된 때에는, 연대보증계약 성립 당시의 사정에 현저한 변경이 생긴 것을 이유로 그 보증계약을 해지할 수 있다고 한다(대판 2002. 5. 31, 2002다1673; 대판 2018. 3. 27, 2015다12130(보증보험계약에서 보험계약자가 보험자에게 부담하게 될 불확정한 구상채무를 보증한 사람도 위와 같은 사정이 있는 경우에는 마찬가지라고 함) 등). 그러나 사정변경을 이유로 보증계약을 해지할 수 있는 것은 포괄근보증이나 한정근보증과 같이 채무액이 불확정적이고 계속적인 거래로 인한 채무에 대하여 한 보증에 한하고, 회사의 이사로 재직하면서 보증 당시 그 채무액과 변제기가 특정되어 있는 회사의 확정채무에 대하여 보증을 한 경우에는, 그 후 이사직을 사임하였다 하더라도, 사정변경을 이유로 보증계약을 해지할 수 없다고 한다(대판 2006. 7. 4, 2004다30675 등 다수).

판례 신용보증채무의 이행으로 인한 구상채무 보증 관련

「근보증으로서의 신용보증채무 이행으로 인한 구상채무를 보증한 자가 신용보증채무가 확정되기 전에 적법하게 보증계약을 해지한 때에는 구체적인 보증채무의 발생 전에 보증계약 관계가 종료되므로, 그 이후 신용보증사고의 발생으로 신용보증기관의 신용보증채무가 확정되고 나아가 주채무자의 구상채무까지 확정된다 하여도 구상보증인은 그에 관하여 아무런 보증책임을 지지 아니한다. 그리고 이러한 법리는 주계약상 거래기간의 연장에 따라 신용보증기간이 연장되었으나 구상보증인에 대한 관계에서는 보증기간이 연장되지 아니하여 구상보증계약 관계가 먼저 종료되는 경우에도 마찬가지로 적용된다.」(대판 2014. 4. 10, 2011다53171)

4) 보증인이 사망한 경우 판례는 근보증에 관한 사안에서, 보증한도액이 정해진 계속적 보증계약의 경우 보증인이 사망하였다 하더라도 보증계약이 당연히 종료되는 것은 아니고 특별한 사정이 없는 한 상속인들이 보증인의 지위를 승계한다고 보아야 할 것이나, 보증기간과 보증한도액의 정함이 없는 계속적 보증계약의 경우에는 보증인이 사망하면 보증인의 지위가 상속인에게 상속된다고 할 수 없고, 다만 기왕에 발생된 보증채무만이 상속된다고 한다(대판 2001. 6. 12, 2000다47187).

4. 신원보증(身元保證) C-300

(1) 의 의

신원보증은 주로 고용계약에 부수하여 체결되는 계약으로서 다음과 같은 세 가지의 모습이 있다. ① 피용자가 장차 고용계약상의 채무불이행으로 손해배상의무를 부담하게 되는 경우에 그 이행을 담보하는 일종의 신용보증, ② 피용자의 채무 유무를 묻지 않고

사용자의 모든 손해를 담보하는 일종의 손해담보계약, ③ 사용자의 모든 손해 외에 피용자의 의무위반이 없을 것 등도 담보하는 것이 그것이다. 이들 가운데 ①만이 본래의 신원보증이다(②③은 신원인수라고도 한다). 구체적인 신원보증이 이들 중 어느 것에 해당하는지는 계약의 해석의 문제인데, 불분명한 때에는 보다 합리적인 것이라고 할 수 있는 본래의 신원보증, 즉 ①의 유형으로 새겨야 한다.

신원보증은 보통 대가를 받지 않고 친분관계에 의하여 행하여진다. 그러면서도 그 기간이 길고 책임범위도 넓다. 그리하여 신원보증인에게 대단히 불리하다. 여기서 신원보증인의 책임을 완화하여야 할 필요가 있게 되는데, 그러한 목적으로 제정된 특별법이 신원보증법이다.

판 례 신원보증인의 보증채무 관련

신원보증인의 보증채무는 주채무자인 신원본인의 채무가 소멸시효 완성에 의하여 소멸되면 그 범위에서 당연히 소멸된다(대판 1977. 9. 13, 77다418).

C-301 **(2) 신원보증법의 내용**

1) 적용범위 신원보증법은 제 2 조에서 신원보증계약을 「피용자가 업무를 수행하는 과정에서 그에게 책임있는 사유로 사용자에게 손해를 입힌 경우에 그 손해를 배상할 채무를 부담할 것을 약정하는 계약」이라고 정의한다. 따라서 그 법은 그러한 신원보증계약에 적용된다.

2) 존속기간 신원보증계약의 존속기간을 당사자가 정한 경우에는 원칙적으로 그 기간이 존속기간이 된다. 그러나 그 경우에도 기간은 2년을 초과하지 못하며, 그보다 장기간으로 정한 때에는 그 기간을 2년으로 단축한다(동법 3조 2항). 그에 비하여 당사자가 기간을 정하지 않은 경우에는 존속기간은 계약성립일부터 2년이다(동법 3조 1항). 그리고 신원보증계약은 갱신할 수 있으나, 그 기간은 갱신한 날부터 2년을 초과하지 못한다(동법 3조 3항).

3) 사용자의 통지의무 사용자는 ① 피용자가 업무상 부적격자이거나 불성실한 행적이 있어 이로 인하여 신원보증인의 책임을 야기할 우려가 있음을 안 경우, ② 피용자의 업무 또는 업무수행의 장소를 변경함으로써 신원보증인의 책임이 가중되거나 업무감독이 곤란하게 될 경우에는 지체없이 신원보증인에게 통지하여야 한다(동법 4조 1항). 만약 사용자가 고의 또는 중과실로 이 통지의무를 게을리하여 신원보증인이 동법 제 5 조에 따른 해지권을 행사하지 못한 경우 신원보증인은 그로 인하여 발생한 손해의 한도에서 의무를 면한다(동법 4조 2항).

4) 신원보증인의 계약해지권 신원보증인은 ① 사용자로부터 동법 제 4 조 제 1 항의

통지를 받거나, 신원보증인이 스스로 제 4 조 제 1 항 각호의 어느 하나에 해당하는 사유가 있음을 안 경우, ② 피용자의 고의 또는 과실로 인한 행위로 발생한 손해를 신원보증인이 배상한 경우, ③ 그 밖에 계약의 기초되는 사정에 중대한 변경이 있는 경우에는 계약을 해지할 수 있다(동법 5조).

5) 신원보증인의 책임 신원보증인은 피용자의 고의 또는 중과실로 인한 행위로 C-302
발생한 손해를 배상할 책임이 있으며(동법 6조 1항), 경과실에 대하여는 책임을 지지 않는다. 그리고 신원보증인이 2명 이상인 경우에는 특별한 의사표시가 없으면 각 신원보증인은 같은 비율로 의무를 부담한다(동법 6조 2항). 즉 공동신원보증인에게는 분별의 이익이 인정된다. 한편 법원은 신원보증인의 손해배상액을 산정하는 경우 피용자의 감독에 관한 사용자의 과실 유무, 신원보증을 하게 된 사유 및 이를 할 때 주의를 한 정도, 피용자의 업무 또는 신원의 변화, 그 밖의 사정을 고려하여야 한다(동법 6조 3항). 그 결과 신원보증인의 책임이 제한될 수 있다.

6) 신원보증채무의 비상속성 신원보증계약은 신원보증인의 사망으로 종료된다(동법 7조). 즉 신원보증인이 사망하면 그의 지위가 상속인에게 승계되지 않는다. 그러나 신원보증인이 사망하기 전에 발생한 신원보증계약상의 보증채무는 상속된다(대판 1972. 2. 29, 71다2747).

7) 불이익금지 신원보증법의 규정은 강행규정이며, 그 법의 규정에 반하는 특약으로서 어떠한 명칭이나 내용으로든지 신원보증인에게 불리한 것은 효력이 없다(동법 8조).

[참고] 손해담보계약

손해담보계약은 당사자의 일방이 상대방에 대하여 일정한 사항에 대한 위험을 인수하고 그로부터 생기는 손해를 담보하는 것을 목적으로 하는 계약을 말한다. 이 손해담보계약은 채권자가 채무자의 행위로 입게 될 손해를 담보하는 점에서 보증과 유사하다. 그러나 주채무의 존재를 전제로 하지 않아서 부종성·보충성이 없는 점에서 보증과 다르다.

(판 례) 손해담보계약상 담보의무자 책임의 성격

「손해담보계약상 담보의무자의 책임은 손해배상책임이 아니라 이행의 책임이고, 따라서 담보계약상 담보권리자의 담보의무자에 대한 청구권의 성질은 손해배상청구권이 아니라 이행청구권이므로, 민법 제396조의 과실상계 규정이 준용될 수 없음은 물론 과실상계의 법리를 유추적용하여 그 담보책임을 감경할 수도 없는 것이 원칙이지만, 다만 담보권리자의 고의 또는 과실로 손해가 야기되는 등의 구체적인 사정에 비추어 담보권리자의 권리행사가 신의칙 또는 형평의 원칙에 반하는 경우에는 그 권리행사의 전부 또는 일부가 제한될 수는 있다.」(대판 2002. 5. 24, 2000다72572)

제 7 장 채권양도와 채무인수

학습의 길잡이

본장은 크게 채권양도와 채무인수로 이루어져 있다. 그중 채권양도는 서설 외에 지명채권 양도와 증권적 채권의 양도로 나뉘는데, 전자는 민법 제 3 편 제 4 절(채권양도)을 중심으로 하는 논의이고, 후자는 제 3 편 제 7 절(지시채권)·제 8 절(무기명채권)을 중심으로 하는 논의이다. 그리고 채무인수는 제 3 편 제 5 절(채무의 인수)을 논의의 주된 대상으로 한다.

본장의 내용 중 지명채권 양도에서는 지명채권의 양도성 부분이나 지명채권 양도의 대항요건 부분이 모두 중요하다. 특히 대항요건은 사례형 문제로도 빈번히 다루어진다. 그에 비하여 증권적 채권의 양도 부분은 중요도가 상대적으로 낮다. 그렇지만 기본적인 내용은 숙지하고 있어야 한다. 그리고 채무인수 부분은 민법에 규정되어 있는 면책적 채무인수도 중요하나, 병존적 채무인수나 이행인수도 잘 알아두어야 할 사항이다.

채권양도나 채무인수는 채권·채무를 발생시키는 어떤 법률관계에서의 문제이기 때문에 다양한 법률관계와 관련하여 그것들이 문제됨을 유의해야 한다.

제 1 절 채권의 양도

제 1 관 서 설

C-303 #### Ⅰ. 채권양도의 의의 및 법적 성질

1. 의 의

채권양도(債權讓渡)라 함은 채권을 그 동일성을 유지하면서(이 점에서 채권자 변경에 의한 경개와 다르다) 이전하는 계약을 말한다(통설·판례도 같음. 대판 2002. 4. 26, 2001다59033). 채권의 이전은 법률규정(예: 399조의 배상자대위, 481조의 변제에 의한 대위)·법원의 명령(전부명령(轉付命令). 민사집행법 229조)·유언에 의하여서도 일어나지만, 그 경우는 채권양도라고 하지 않으며, 계약의 경우만을 채권양도라고 한다.

판 례 채권이 이전된 경우의 판단

「기존의 채권이 제 3 자에게 이전된 경우 이를 채권의 양도로 볼 것인가 또는 경개로 볼 것인가는 일차적으로 당사자의 의사에 의하여 결정되고 만약 당사자의 의사가 명백하지 아니할 때에는 특별한 사정이 없는 한 동일성을 상실함으로써 채권자가 담보를 잃고 채무자가 항변권을 잃게 되는 것과 같이 스스로 불이익을 초래하는 의사를 표시하였다고는 볼 수 없으므로 일반적으로 채권의 양도로 볼 것이다.」(대판 1996. 7. 9, 96다16612)

민법은 「채권의 양도」라는 절을 두고 있다(제 3 편 제 1 장 제 4 절). 그런데 그것은 보통의 채권인 지명채권의 양도만에 관한 것이며, 증권적 채권의 양도에 관하여는 따로 「지시채권」(제 7 절)·「무기명채권」(제 8 절)의 절이 두어져 있다. 그렇지만 이 책에서는 이해의 편의를 위하여 이들 모두를 여기서 같이 다루기로 한다.

2. 법적 성질 C-304

(1) 처분행위

채권양도는 채권이 귀속하는 주체를 직접 변경시키는 계약이다. 그리하여 그에 의하여 직접 채권이 이전되는 처분행위이다(동지 대판 2016. 7. 14, 2015다46119). 따라서 채권양도가 유효하기 위해서는 양도인이 채권을 처분할 수 있는 권한을 가지고 있어야 하며, **처분권한 없는 자가 지명채권을 양도한 경우에는 특별한 사정이 없는 한 양수인은 채권을 취득하지 못한다**(대판 2016. 7. 14, 2015다46119).

(2) 낙성 · 불요식의 계약인지 여부

지명채권의 경우에는 채권양도는 당사자인 채권자와 양수인 사이의 합의만 있으면 효력이 발생한다(다만 통지·승낙 등의 요건을 갖추지 못하면 채무자·제 3 자에게 대항하지 못할 뿐이다. 450조 참조). 따라서 지명채권의 양도는 낙성·불요식의 계약이다(이설 없음).

그에 비하여 **증권적 채권의 경우**에는 양도의 합의 외에 증서의 배서·교부(지시채권의 경우. 508조) 또는 증서의 교부(무기명채권의 경우. 523조)가 있어야 양도의 효력이 생긴다. 여기의 증서의 배서·교부 또는 증서의 교부는 양도합의의 방식(또는 효력 발생요건)이고, 따라서 증권적 채권의 양도는 요식계약이라고 해야 한다(다수설임).

(3) 준물권계약 C-305

채권양도는 채권의 이전 자체를 목적으로 하는 것으로서 일종의 준물권계약이다(대판 2016. 7. 14, 2015다46119). 따라서 채권이전의 채무를 발생시키는 채권계약(예: 매매·증여)과는 별개의 것이다(대판 2011. 3. 24, 2010다100711). 그런데 이 채권양도가 그 원인행위인 채권의 매매·증여 등과 어떤 관계에 있는지가 문제된다. 이는 물권행위의 독자성·무인성 인정 여부와 같은 문제이다(B-34 이하 참조).

지명채권과 증권적 채권을 나누어 보기로 한다

1) 지명채권의 경우 지명채권의 양도는 원칙적으로 원인행위인 채권행위와 함께 행하여진 것으로 보아야 하며(독자성 부정), 그 원인행위가 부존재·무효·취소·해제 등으로 효력을 잃게 되면 그에 따라 채권양도도 무효로 된다고 하여야 한다(유인성 인정)(여기에 관하여 근래에는 견해가 일치한다). 판례도 같다(대판 2011. 3. 24, 2010다100711).

(판 례) 채권양도계약의 유인성

「비록 채권양도계약과 양도의무계약은 실제의 거래에서는 한꺼번에 일체로 행하여지는 경우가 적지 않으나, 그 법적 파악에 있어서는 역시 구별되어야 하는 별개의 독립한 행위이다. 그리하여 채권양도계약에 대하여는 그 원인이 되는 개별적 채권계약의 효과에 관한 민법상의 임의규정은 다른 특별한 사정이 없는 한 적용되지 아니한다고 할 것이다.

한편 종전의 채권자가 채권의 추심 기타 행사를 위임하여 채권을 양도하였으나 양도의 '원인'이 되는 그 위임이 해지 등으로 효력이 소멸한 경우에 이로써 채권은 양도인에게 복귀하게 되고, 나아가 양수인은 그 양도의무계약의 해지로 인하여 양도인에 대하여 부담하는 원상회복의무(이는 계약의 효력 불발생에서의 원상회복의무 일반과 마찬가지로 부당이득 반환의무의 성질을 가진다)의 한 내용으로 채무자에게 이를 통지할 의무를 부담한다고 봄이 상당하다.」(대판 2011. 3. 24, 2010다100711)

2) 증권적 채권의 경우 이 경우에 대하여는 채권양도의 독자성과 무인성을 인정하는 데 다툼이 없다. 그리하여 증권적 채권의 양도는 증서의 배서·교부 또는 증서의 교부가 있는 때에 있는 것으로 해석되며(독자성 인정), 채권행위가 실효되어도 채권양도는 영향을 받지 않는다고 하게 된다(무인성 인정).

(4) 채권의 동일성 유지

채권양도가 있으면 채권은 동일성을 유지하면서 양수인에게 이전한다(대판 2002. 4. 26, 2001다59033 도 같음). 그 결과 그 채권에 종속된 권리(예: 변제기가 되지 않은 이자채권, 보증채권)도 양수인에게 이전한다. 그리고 그 채권에 붙어 있는 각종의 항변권(예: 동시이행의 항변권·기한유예의 항변권)도 그대로 존속한다.

C-306 Ⅱ. 채권양도의 모습

채권양도는 다음과 같은 여러 가지 모습의 것이 있다.

(1) 매매 · 증여를 목적으로 하는 양도

이는 보통의 경우이다.

(2) 다른 채권을 담보할 목적으로 하는 양도(매도담보 또는 양도담보)

예를 들면 대출을 받으면서 그것을 담보하기 위하여 기존의 채권 자체를 이전하는 경우가 그렇다. 그러한 경우 가운데에는 채권을 매매하는 형식으로 대출을 받을 수도 있고(매도담보), 대출은 소비대차의 형식으로 받되 담보의 목적으로 채권을 이전할 수도 있다(양도담보).

(3) 추심을 목적으로 하는 양도

이러한 양도에는 양수인에게 단순히 추심권능을 주는 것(이는 진정한 의미의 채권양도는 아님)과 추심을 위한 채권의 신탁적 양도(이는 일종의 신탁행위임)의 두 가지가 있다.

제 2 관 지명채권의 양도

Ⅰ. 지명채권의 양도성 C-307

1. 지명채권의 의의

지명채권(指名債權)은 채권자가 특정되어 있는 채권이며, 보통 채권이라고 하면 지명채권을 가리킨다. 지명채권의 경우에는 증권적 채권과 달리 채권의 성립·존속·행사·양도에 증서(즉 증권)의 작성·교부 등이 필요하지 않다(증서가 작성되었더라도 그것은 채권의 증거방법에 불과함).

2. 양도의 원칙

지명채권(물론 채권이 존재하고 특정할 수 있어야 함)은 원칙적으로 양도성을 갖는다(449조 1항 본문). 그러나 뒤에 보는 바와 같이 상당히 넓은 범위에서 양도가 제한된다.

판 례 채권양도의 유효 여부 관련

(ㄱ) 「채권양도에 있어 사회통념상 양도목적 채권을 다른 채권과 구별하여 그 동일성을 인식할 수 있을 정도이면 그 채권은 특정된 것으로 보아야 할 것이고, 채권양도 당시 양도목적 채권의 채권액이 확정되어 있지 아니하였다 하더라도 채무의 이행기까지 이를 확정할 수 있는 기준이 설정되어 있다면 그 채권의 양도는 유효한 것으로 보아야 할 것」이다(대판 1997. 7. 25, 95다21624).

(ㄴ) 「장래의 채권도 양도 당시 기본적 채권관계가 어느 정도 확정되어 있어 그 권리의 특정이 가능하고 가까운 장래에 발생할 것임이 상당 정도 기대되는 경우에는 이를 양도할 수 있는 것이다.」(대판 2010. 4. 8, 2009다96069)

(ㄷ) 「가압류된 채권도 이를 양도하는 데 아무런 제한이 없다 할 것이나, 다만 가압류된 채권을 양수받은 양수인은 그러한 가압류에 의하여 권리가 제한된 상태의 채권을 양수받는다고 보아야 할 것이고, 이는 채권을 양도받았으나 확정일자 있는 양도통지나 승낙에 의한 대항요건을 갖추지 아니하는 사이에 양도된 채권이 가압류된 경우에도 동일하다고 할 것이다.

그리고 일반적으로 채권에 대한 가압류가 있더라도 이는 채무자가 제3채무자로부터 현실로 급부를 추심하는 것만을 금지하는 것일 뿐 채무자는 제3채무자를 상대로 그 이행을 구하는 소송을 제기할 수 있고 법원은 가압류가 되어 있음을 이유로 이를 배척할 수는 없는 것이 원칙이다. … 또한 위와 같은 채권가압류의 처분금지의 효력은 본안소송에서 가압류채권자가 승소하여 채무명의를 얻는 등으로 피보전권리의 존재가 확정되는 것을 조건으로 하여 발생하는 것이므로 채권 가압류결정의 채권자가 본안소송에서 승소하는 등으로 채무명의를 취득하는 경우에는 가압류에 의하여 권리가 제한된 상태의 채권을 양수받는 양수인에 대한 채권양도는 무효가 된다고 할 것이다.」(대판 2002. 4. 26, 2001다59033)

C-308

3. 양도의 제한

(1) 채권의 성질에 의한 제한

채권의 성질이 양도를 허용하지 않는 때에는, 그 채권은 양도할 수 없다(449조 1항 단서). 그러한 채권의 예로는, ① 채권자가 변경되면 급부의 내용이 전혀 달라지는 채권(예: 특정인의 초상을 그리게 하는 채권, 부작위채권), ② 채권자가 변경되면 권리의 행사가 크게 달라지는 채권(예: 사용차주의 채권(610조 2항), 임차권(629조 1항), 사용자의 채권(657조 1항), 위임인의 채권)(이들의 경우 양도가 당연히 무효로 되는 것은 아님), ③ 특정의 채권자와의 사이에서 결제되어야 하는 채권(예: 상호계산(상법 72조 이하)에 계입된 채권, 당좌대월계약상의 채권), ④ 채권 사이에 주·종의 관계가 있는 경우의 종된 채권(예: 보증채권(대판 2002. 9. 10, 2002다21509))(이 경우는 주된 채권과 분리하여 단독으로 양도할 수 없음)을 들 수 있다. 그리고 전세금반환청구권은 전세권이 존재하는 상태에서는 전세권과 분리하여 양도할 수 없다(판례도 같음. B-285 참조). 나아가 판례는 매매로 인한 소유권이전등기 청구권은 그 권리의 성질상 양도가 제한된다고 한다(대판 2001. 10. 9, 2000다51216[핵심판례 272면]; 대판 2025. 4. 24, 2024다248290 등). 한편 근로기준법상 임금은 직접 근로자에게 지급하도록 규정되어 있으나(동법 43조 1항·109조), 이는 양도금지규정은 아니므로 임금채권은 양도할 수 있다고 하여야 한다(동지 대판(전원) 1988. 12. 13, 87다카2803).

판 례 채권양도의 제한 관련

(ㄱ) 「부동산의 매매로 인한 소유권이전등기 청구권은 물권의 이전을 목적으로 하는 매매의 효과로서 매도인이 부담하는 재산권이전의무의 한 내용을 이루는 것이고, 매도인이 물권행위의 성립요건을 갖추도록 의무를 부담하는 경우에 발생하는 채권적 청구권으로 그 이행과정에 신뢰관계가 따르므로, 소유권이전등기 청구권을 매수인으로부터 양도받은 양수인은 매도인이 그 양도에 대하여 동의하지 않고 있다면 매도인에 대하여 채권양도를 원인으로 하여 소유권이전등기 절차의 이행을 청구할 수 없고, 따라서 매매로 인한 소유권이전등기 청구권은 특별한 사정이 없는 이상 그 권리의 성질상 양도가 제한되고 그 양도에 채무자의 승낙이나 동의를 요한다고 할 것이므로 통상의 채권양도와 달리 양도인의 채무

자에 대한 통지만으로는 채무자에 대한 대항력이 생기지 않으며 반드시 채무자의 동의나 승낙을 받아야 대항력이 생긴다.」(대판 2005. 3. 10, 2004다67653 · 67660)

(ㄴ) 「취득시효 완성으로 인한 소유권이전등기 청구권은 채권자와 채무자 사이에 아무런 계약관계나 신뢰관계가 없고, 그에 따라 채권자가 채무자에게 반대급부로 부담하여야 하는 의무도 없다. 따라서 취득시효 완성으로 인한 소유권이전등기 청구권의 양도의 경우에는 매매로 인한 소유권이전등기 청구권에 관한 양도제한의 법리가 적용되지 않는다고 보아야 한다.」(대판 2018. 7. 12, 2015다36167)

(ㄷ) 「근로자의 임금채권의 양도를 금지하는 법률의 규정이 없으므로 이를 양도할 수 있다는 원심의 판단 부분에 잘못이 있다고 할 수는 없다. 그러나 근로기준법 제36조 제 1 항(현행 근로기준법 43조 1항에 해당: 저자 주)에서 임금 직접지급의 원칙을 규정하고 그에 위반하는 자는 처벌을 하도록 하는 규정(같은 법 제109조)을 두어 그 이행을 강제하고 있는 이유는 임금이 확실하게 근로자 본인의 수중에 들어가게 하여 그의 자유로운 처분에 맡기고 나아가 근로자의 생활을 보호하고자 하는 데 있는 것이므로 이와 같은 근로기준법의 규정의 취지에 비추어 보면 근로자가 그 임금채권을 양도한 경우라 할지라도 그 임금의 지급에 관하여는 같은 원칙이 적용되어 사용자는 직접 근로자에게 임금을 지급하지 아니하면 안 되는 것이고 그 결과 비록 양수인이라고 할지라도 스스로 사용자에 대하여 임금의 지급을 청구할 수는 없다고 해석하여야 할 것이며, 그렇게 하지 아니하면 임금 직접지급의 원칙을 정한 근로기준법의 규정은 그 실효를 거둘 수가 없게 될 것이다.」(대판(전원) 1988. 12. 13, 87다카2803)

(2) 당사자의 의사표시에 의한 제한 C-309

채권은 당사자가 반대의 의사표시를 한 경우에는 양도하지 못한다(449조 2항 본문). 이 의사표시는 채권성립시에 할 수도 있으나(채권이 계약으로 발생한 경우에는 의사표시도 계약에 의하여야 하고, 유언에 의한 경우에는 일방적인 의사표시로 하여야 함), 채권성립 후에 하여도 무방하다.

그런데 채권의 양도금지의 의사표시가 있다고 하여도 그것으로써 선의의 제 3 자에게는 대항하지 못한다(449조 2항 단서). 제449조 제 2 항 단서가 채권양도금지 특약으로써 대항할 수 없는 자를 「선의의 제 3 자」라고만 규정하고 있어 채권자로부터 직접 양수한 자만을 가리키는 것으로 해석할 이유는 없으므로, 악의의 양수인으로부터 다시 선의로 양수한 전득자도 위 조항에서의 선의의 제 3 자에 해당한다고 보아야 한다(대판 2015. 4. 9, 2012다118020). 그리고 선의의 양수인을 보호하고자 하는 위 조항의 입법 취지에 비추어 볼 때, 이러한 선의의 양수인으로부터 다시 채권을 양수한 전득자는 그 선의·악의를 불문하고 채권을 유효하게 취득한다고 할 것이다(대판 2015. 4. 9, 2012다118020). **여기의 제 3 자로서 보호받기 위하여서는 그가 선의 외에 선의인 데 과실이 없어야 하는가?** 이 문제에 관하여서는 학설이 나뉘어 있다. i) 선의로서 충분하고 무과실은 필요하지 않다고 하는 견해(사견도 같음)가 있는가 하면, ii) 이는 표현적(表見的)인 것에 대한 신뢰를 보호해서 거래안전을 꾀하려는 제도이기 때문에, 무과실이 요구된다고 하는 견해, iii) 채권의 양도성은 법이 인정한 대원칙이므로 양수인의 보호에 그의 무과실을 요구하는 것은 타당하지 않으나, 중대한 과실은 악의와 동일하게 다루어도 무방할 것이라는 견해도 있다. 그리고 판례는 iii)설과 같다(대판 2003. 1. 24, 2000다5336·5343 등).

주의할 것은, 제449조 제 2 항이 채권양도 금지의 특약은 선의의 제 3 자에게 대항할 수 없다고만 규정하고 있는데, 우리 판례는 제 3 자의 중대한 과실은 악의와 같이 취급되어야 하므로 양도금지 특약의 존재를 알지 못하고 채권을 양수한 경우에 있어서 그 알지 못함에 중대한 과실이 있는 때에는 악의의 양수인과 같이 양도에 의한 채권을 취득할 수 없다고 해석하고 있다는 점이다(대판 2015. 4. 9, 2012다118020 등 다수). 그런데 선불리 그리할 일은 아니다.

제 3 자가 선의의 제 3 자로 보호받기 위하여서 그가 선의임을 증명할 필요가 없고, 제 3 자의 악의를 주장하는 자(가령 채무자)가 양도금지의 의사표시의 존재 및 제 3 자의 악의를 증명하여야 한다(이설이 없으며, 판례도 같음. 대판 2015. 4. 9, 2012다118020; 대판(전원) 2019. 12. 19, 2016다24284(중과실의 증명도 같음)[핵심판례 274면] 등).

최근에 대법원 전원합의체 판결에서 양도금지특약을 위반하여 이루어진 채권양도가 유효한지에 대하여 다투어졌는데, 다수의견은 당사자가 양도를 반대하는 의사를 표시(양도금지특약)한 경우 채권은 양도성을 상실한다고 한 뒤, 양도금지특약에 위반하여 채권을 제3자에게 양도한 경우에 채권양수인이 양도금지특약이 있음을 알았거나 중대한 과실로 알지 못하였다면 채권 이전의 효과가 생기지 아니하나, 반대로 양수인이 중대한 과실 없이 양도금지특약의 존재를 알지 못하였다면 채권양도는 유효하게 되어 채무자는 양수인에게 양도금지특약을 가지고 그 채무 이행을 거절할 수 없으며, 채권양수인의 악의 내지 중과실은 양도금지특약으로 양수인에게 대항하려는 자가 주장·증명하여야 한다고 하여, 기존의 판례를 유지하였다(대판(전원) 2019. 12. 19, 2016다24284[핵심판례 274면]. 이러한 다수의견에 대하여, 그러한 양도의 경우에도 양수인이 채무자에게 채무이행을 구할 수 있고, 채무자는 양도인이 아닌 양수인에게 채무를 이행할 의무를 진다고 하는 대법관 4인의 반대의견이 있음).

판례는, 당사자의 양도금지의 의사표시로써 채권은 양도성을 상실하며 양도금지의 특약에 위반해서 채권을 제 3 자에게 양도한 경우에 악의 또는 중과실의 채권양수인에 대하여는 채권 이전의 효과가 생기지 않으나, 악의 또는 중과실로 채권양수를 받은 후 채무자가 그 양도에 대하여 승낙을 한 때에는 채무자의 사후승낙에 의하여 무효인 채권양도행위가 추인되어 유효하게 되며 이 경우 다른 약정이 없는 한 소급효가 인정되지 않고 양도의 효과는 승낙시부터 발생한다고 한다(대판 2009. 10. 29, 2009다47685. 집합채권의 양도가 양도금지특약에 위반해서 무효인 경우 채무자는 일부 개별 채권을 특정하여 추인하는 것이 가능하다고 함).

당사자의 의사표시에 의하여 양도가 금지되더라도 압류까지 금지되는 것은 아니다(이설이 없으며, 판례도 같음. 대판 2002. 8. 27, 2001다71699). 한편 판례는, 당사자 사이에 양도금지의 특약이 있는 채권이더라도 전부명령에 의하여 전부되는 데에는 지장이 없고, 양도금지의 특약이 있는 사실에 관하여 집행채권자가 선의인가 악의인가는 전부명령의 효력에 영향을 미치지 못하는 것인바, 이와 같이 양도금지특약부 채권에 대한 전부명령이 유효한 이상, 그 전부채권자로부터 다시 그 채권을 양수한 자가 그 특약의 존재를 알았거나 중대한 과실로 알지 못하였다고 하더라도 채무자는 위 특약을 근거로 삼아 채권양도의 무효를 주장할 수 없다고 한다(대판 2003. 12. 11, 2001다3771).

(3) 법률에 의한 양도금지 C-310

법률이 본래의 채권자에게 변제하게 할 목적으로 채권의 양도를 금지하는 경우가 있다. 부양청구권(979조)·각종의 연금청구권(공무원연금법 32조, 사립학교교직원연금법 40조, 국민연금법 58조, 군인연금법 7조, 기초연금법 21조, 장애인연금법 19조)·재해보상청구권(근로기준법 86조)·국가배상청구권(국가배상법 4조) 등이 그 예이다.

법률에 의하여 양도가 금지되는 것은 압류도 할 수 없다. 그러나 압류가 금지되는 채권은 반드시 양도까지 금지된다고 할 수는 없다(통설·판례도 같음. 대판 2015. 5. 14, 2014다12072 등).

Ⅱ. 지명채권 양도의 대항요건 C-311

사 례 (신사례 [64]번 문제)

A는 2002. 12. 2. 자신이 B에 대하여 가지고 있는 600만원의 물품 대금 채권을 C에게 양도하고, 12월 3일 내용증명우편으로 위 양도사실을 B에게 통지하여 그 통지가 12월 4일 B에게 도달하였다. 한편 A의 채권자인 D는 A가 B에 대하여 가지고 있는 채권 중 300만원에 대하여 법원에 채권가압류 신청을 하여 2002. 12. 3.자 가압류결정 정본이 12월 4일 B에게 송달되었다. 그 후 B는 D로부터 이행청구를 받고 2002. 12. 9. D에게 300만원을 지급하였다. 현재는 2003. 12. 21.이다.

이 경우의 법률관계를 논하시오. (사례의 해결: C-322)

1. 서 설

지명채권의 양도는 당사자인 양도인과 양수인의 합의(낙성계약)에 의하여 행하여진다. 따라서 양도의 당사자가 아닌 채무자와 기타의 제3자는 채권양도의 사실을 알지 못하여 예측하지 못한 손해를 입을 가능성이 있다. 여기서 민법은 채무자와 기타의 제3자를 보호하기 위하여 일정한 요건을 갖추지 못하면 채권양도를 가지고 이들에게 대항하지 못하도록 규정하고 있다(450조의 대항요건주의).

민법이 정하고 있는 대항요건은 양도인의 통지 또는 채무자의 승낙이다(450조 1항). 그리고 이는 대항하게 되는 자가 채무자이든 기타의 제3자이든 차이가 없다. 그렇지만 **채무자에 대한 대항요건과 기타의 제3자에 대한 대항요건은 그 취지가 다르다.** 전자는 양수인이 채무자에 대하여 채권을 주장하기 위한 요건인 데 비하여, 후자는 「채권의 양수인」과 「그 양수인의 지위와 양립할 수 없는 법률상의 지위를 취득한 자, 예컨대 채권의 2중양수인·질권자·압류채권자」와의 사이에서 우열을 결정하는 표준이 된다. 그 때문에 민법은 후자에 대하여는 일정한 형식을 요구하고 있기도 하다(450조 2항). 이러한 점에서 볼 때 대항요건은 위의 둘로 나누어 살펴보아야 한다.

「자산유동화에 관한 법률」 제7조는 민법 제450조에 대한 특례를 규정하고 있다. 그에 의하면, 양도인뿐만 아니라 양수인의 통지도 채무자에 대한 대항요건이 되며(동법 7조 1항), 양도사실을 금융위원회에 등록하면 제3자에 대한 대항요건을 갖춘 것으로 본다(동법 7조 2항).

대항요건을 위와 같이 이해하게 되면 민법 제450조 제1항을 언제나 강행규정이라고 새길 필요가 없다. 즉 채무자 이외의 제3자에 대한 대항요건은 제3자에 영향을 미치므로 포기할 수 없고, 따라서 그에 관한 규정은 강행규정이라고 하여야 하나, 채무자에 대한 대항요건에 관한 규정은 임의규정이라고 하여야 한다(이설 없음). 판례도 채무자는 채권양도의 통지를 받거나 그 승낙을 할 이익을 미리 포기할 수 있다고 한다(대판 1987. 3. 24, 86다카908).

C-312 **2. 채무자에 대한 대항요건**

(1) 대항요건의 두 가지

채무자에 대한 대항요건은 「채무자에 대한 양도인의 통지」 또는 「채무자의 승낙」이다(450조 1항). 이들 대항요건은 기타의 제3자에 대한 대항요건에 있어서와는 달리 특별한 방식이 요구되지 않는다(450조 2항 참조. 대판 1965. 11. 16, 65다1720).

1) 채무자에 대한 양도인의 통지 통지는 채권양도의 사실이 있었음을 알리는 행위이며, 그 법적 성질은 관념의 통지이다(대판 1994. 12. 27, 94다19242 등). 그리하여 거기에는 의사표시(107조 이하)·도달주의(111조. 대판 1983. 8. 23, 82다카439)·대리(114조 이하. 대판 1994. 12. 27, 94다19242) 등에 관한 규정이 유추적용된다.

(판 례) 채권양도 통지에 민소법 규정 유추 불허용

「민사소송법상의 송달은 당사자나 그 밖의 소송관계인에게 소송상 서류의 내용을 알 기회를 주기 위하여 법정의 방식에 좇아 행하여지는 통지행위로서, 송달장소와 송달을 받을 사람 등에 관하여 구체적으로 법이 정하는 바에 따라 행하여지지 아니하면 부적법하여 송달로서의 효력이 발생하지 아니한다.

한편 채권양도의 통지는 채무자에게 도달됨으로써 효력이 발생하는 것이고, 여기서 도달이라 함은 사회통념상 상대방이 통지의 내용을 알 수 있는 객관적 상태에 놓여졌다고 인정되는 상태를 가리킨다. 이와 같이 도달은 보다 탄력적인 개념으로서 송달장소나 수송달자 등의 면에서 위에서 본 송달에서와 같은 엄격함은 요구되지 아니하며, 이에 송달장소 등에 관한 민사소송법의 규정을 유추적용할 것이 아니다. 따라서 채권양도의 통지는 민사소송법상의 송달에 관한 규정에서 송달장소로 정하는 채무자의 주소·거소·영업소 또는 사무소 등에 해당하지 아니하는 장소에서라도 채무자가 사회통념상 그 통지의 내용을 알 수 있는 객관적 상태에 놓여졌다고 인정됨으로써 족하다.」(대판 2010. 4. 15, 2010다57)

통지는 양도인이 채무자에 대하여 하여야 하며, 양수인의 통지는 대항력을 생기게 하지 않는다. 그러나 반드시 양도인이 직접 할 필요는 없고, 사자(使者)나 대리인으로 하여금 하게 할 수 있으며, 양수인이 양도인의 대리인으로서 통지를 할 수도 있다(대판 2004. 2. 13, 2003다43490(채권양도 통지를 함에 있어 현명을 하지 아니한 경우라도 채권양도통지를 둘러싼 여러 사정에 비추어 양수인이 대리인으로서 통지한 것임을 상대방이 알았거나 알 수 있었을 때에는 115조 단서의 규정에 의하여 유효하다) 등). 그런데 대법원은, 양수인이 양도인을 대리하여 통지하는 경우에는, 양도인이 한 채권양도의 통지만이 대항요건으로서의 효력을 가지게 한 뜻이 훼손되지 아니하도록 채무자의 입장에서 양도인의 적법한 수권에 기하여 그러한 대리통지가 행하여졌음을 제반사정에 비추어 커다란 노력 없이 확인할 수 있는지를 무겁게 고려하여야 할 것이라고 한다(대판 2011. 2. 24, 2010다96911: 하도급인 을이, 도급인 갑이 을에게 지급할 의무가 있는 공사대금 중 일부를 하수급인 병에게 직접 지급하는 것에 동의한다는 내용의 '하도급대금 직불동의서'를 작성하여 병에게 교부하고 병이 이를 갑에게 내용증명우편으로 발송하여 갑이 수령한 사안에서, 그 문서 발송과 수령으로 위 공사대금 중 일부에 관한 유효한 채권양도의 통지가 행하여졌다고 볼 수 없다고 한 사례). 한편 판례는, 이 통지나 승낙이 확정일자 있는 증서에 의한 것이 아니면 채무자 이외의 제 3 자에게 대항하지 못하므로(450조 2항), 양수인은 대항요건을 구비하기 위해 채권자에게 채권양도 통지 절차의 이행을 청구할 수 있다고 한다(대판 2022. 10. 27, 2017다243143).

통지는 양도행위와 동시에 할 수도 있으나, 양도 후에 하여도 무방하다(이때 효력은 통지의 도달시에 발생하며, 소급하지 않음). C-313
그러나 양도행위 전에 하는 통지(사전의 통지)는 효력이 없다. 그런데 판례는, 채권양도가 있기 전에 미리 하는 사전통지는 채무자로 하여금 양도의 시기를 확정할 수 없는 불안한 상태에 있게 하는 결과가 되어 원칙적으로 허용될 수 없다 할 것이지만(대판 2000. 4. 11, 2000다2627), 이는 채무자를 보호하기 위하여 요구되는 것이므로 사전통지가 있더라도 채무자에게 법적으로 아무런 불안정한 상황이 발생하지 않는 경우에까지 그 효력을 부인할 것은 아니라고 한다(대판 2010. 2. 11, 2009다90740). 그러면서 채권양도인의 확정일자부 채권양도통지와 채무자의 확정일자부 채권양도승낙이 모두 있은 후에 채권양도계약이 체결된 사안에서, 실제로 채권양도계약이 체결된 날 위 채권양도의 제 3 자에 대한 대항력이 발생한다고 본 원심을 정당하다고 하였다(대판 2010. 2. 11, 2009다90740).

통지는 일반적으로 철회할 수 있는가? 여기에 관하여 일부 견해는 제452조 제 2 항을 근거로 양도인은 양수인의 동의를 얻어 철회할 수 있다고 한다(사견은 반대함. 채권법총론 [192] 참조). 그리고 판례도 같은 견지에 있는 것으로 보인다(대판 1993. 7. 13, 92다4178).

2) 채무자의 승낙 여기의 승낙은 채권양도의 사실에 대한 인식을 표명하는 행위이며, 그 법적 성질은 의사표시가 아니고 관념의 통지이다(계약 청약에 대한 승낙과 다름을 주의할 것). 승낙은 채무

자가 하는 것인데, 그 상대방은 양도인과 양수인 중 누구라도 상관없다(대판 1986. 2. 25, 85다카1529).

승낙은 보통 채권양도 후에 하게 될 것이다. 그러나 통지의 경우와 달리 채권양도가 있기 전에 하는 승낙 즉 **사전의 승낙도 유효하다**고 할 것이다. 양수인이 특정되어 있지 않아도 같다(통설도 동지). 한편 판례는, 채무자는 채권양도를 승낙하면서 조건을 붙여서 할 수 있다고 한다(대판 1989. 7. 11, 88다카20866은 관념의 통지라고 하여 조건을 붙일 수 없는 것은 아니라고 하면서 이를 인정하고, 대판 2011. 6. 30, 2011다8614는 지명채권 양도의 대항요건인 채무자의 승낙은 채권양도 사실을 채무자가 승인하는 의사를 표명하는 채무자의 행위라고 할 수 있다고 하면서 같은 결론을 취한다).

C-314 **(2) 채권양도가 해제 · 취소된 경우의 문제**

채권양도가 있은 후 그 계약(정확하게는 채권양도의 원인이 된 채권의 매매계약 · 증여계약 등)이 합의해제되거나 해제 또는 취소된 경우에도 대항요건을 구비하여야 하는지가 문제된다. 여기에 관하여 학설은 — 합의해제에 관하여 또는 이들 전부에 관하여 — **양수인으로부터 채무자에게 통지되지 않으면 양도인은 채무자에게 대항할 수 없다**고 한다(사견은 다름. 채권법총론 [193] 참조). 그리고 **판례도 학설과 같다**(대판 2014. 4. 10, 2013다76192 등 다수)(다만 법률규정에 의하여 채권이 이전되는 경우에는 통지의 유무와 관계없이 채권양수인의 청구를 거부할 수 있다고 한다: 대판 2003. 9. 5, 2002다40456). 그런데 대법원은 최근에 하나의 판결에서, 제452조는 채권양도가 해제 또는 합의해제되어 소급적으로 무효가 되는 경우에도 유추적용할 수 있다고 할 것이므로, 지명채권의 양도통지를 한 후 양도계약이 해제 또는 합의해제된 경우에 채권양도인이 해제 등을 이유로 다시 원래의 채무자에 대하여 양도채권으로 대항하려면 채권양도인이 채권양수인의 동의를 받거나 채권양수인이 채무자에게 위와 같은 해제 등 사실을 통지하여야 한다고 한 뒤, 이 경우 위와 같은 대항요건이 갖추어질 때까지 양도계약의 해제 등을 알지 못한 선의인 채무자는 해제 등의 통지가 있은 다음에도 채권양수인에 대한 반대채권에 의한 상계로써 채권양도인에게 대항할 수 있다고 하였다(대판 2012. 11. 29, 2011다17953[핵심판례 276면]).

판례 채권양도가 해제된 경우 대항요건

「지명채권의 양도통지를 한 후 그 양도계약이 해제된 경우에, 양도인이 그 해제를 이유로 다시 원래의 채무자에 대하여 양도채권으로 대항하려면 양수인이 채무자에게 위와 같은 해제사실을 통지하여야 할 것이다.」(대판 1993. 8. 27, 93다17379)

C-315 **(3) 통지나 승낙이 없는 동안의 효력**

채권양도가 있은 후 아직 통지나 승낙이 없는 때에는, **양수인은 채권양도를 채무자에게 주장하지 못한다.** 채무자가 악의인 경우에도 같다(통설도 같음). 따라서 채무자는 양수인에게 변제를 거절할 수 있고, 양수인은 채무자에 대하여 담보권실행 · 파산신청 등의 행위를 하지 못한다(대판 2005. 11. 10, 2005다41818은, 비록 대항요건을 갖추지 못하여 채무자에게 대항하지 못한다고 하더라도 채권의 양수인이 채무자를 상대로 재판상의 청구를 하였다면 이는 소멸시효 중단사유인 재판상의 청구에 해당한다고 한다). 그리고 채무자가 양도인에게 한 변제 기타의 면책행위도 유효하고, 양도인이 채무자에게 행한 상계·면제도 유효하다. 그러나 채권양도의 효력은 양도계약만으로 발생하고(통설도 동지) 통지·승낙은 대항요건에 지나지 않으므로, **채무자가 채권양도의 효력을 인정할 수는 있다.** 그 결과 채무자는 양수인에게 유효하게 변제할 수 있다.

(4) 통지·승낙의 효력 C-316

민법은 통지의 효력과 승낙의 효력을 달리 규정하고 있다(451조 참조). 따라서 이 둘을 나누어 살펴보아야 한다.

1) 통지의 효력 채권양도가 있으면 채권은 동일성을 유지하면서 양수인에게 이전한다(채권양도의 대항요건을 갖추지 못했더라도 같다. 대판 2022. 1. 13, 2019다272855 등). 따라서 채권에 관한 항변사유는 채권양도 후에도 그대로 존속한다. 다만, 채무자에 대한 대항요건이 갖추어진 후에는 채무자가 양도인에 대하여 가지는 항변사유는 행사할 수 없다고 하여야 한다. 그리하여 민법은 **양도인의 통지가 있는 경우에는 채무자는 그 통지를 받은 때까지 양도인에 대하여 생긴 사유로써 양수인에게 대항할 수 있다고** 규정한다(451조 2항). 그 결과 채무자는 변제 기타의 사유로 채권이 소멸하였다는 항변, 동시이행의 항변, 채무의 불성립·무효·취소·계약해제의 항변을 할 수 있다. 취소나 계약해제를 양도통지 후에 하였어도 상관없다. **상계의 항변은 어떤가?** 통지 당시에 채무자가 양도인에 대하여 상계적상에 있는 반대채권을 가지고 있었던 때에는 채무자는 양수인에 대하여서도 그 채권으로써 상계할 수 있으나, 통지가 있은 후에 양도인에 대하여 반대채권을 취득한 때에는 상계할 수 없음이 분명하다(대판 1984. 9. 11, 83다카2288). 그런데 통지 당시에 채무자가 반대채권을 가지고 있기는 하였지만 그 변제기가 되지 않아서 상계를 하지 못한 경우는 문제이다. 여기에 관하여는 학설이 나뉘는데, 다수설(사견도 같음)은 채무자의 반대채권이 상계적상에 있게 되면 채무자는 양수인에 대하여 상계할 수 있다고 하며, 판례도 다수설과 같다(대판 1999. 8. 20, 99다18039). 한편 판례는, 통지(또는 이의를 보류한 승낙) 당시 이미 상계할 수 있는 원인이 있었던 경우에는 아직 상계적상에 있지 않았더라도 그 후에 상계적상에 이르면 채무자는 양수인에 대하여 상계로 대항할 수 있다고 한다(대판 2019. 6. 27, 2017다222962. 이의를 보류한 승낙이 있는 경우 등에 관하여 동지 대판 1999. 8. 20, 99다18039). 나아가 채무자의 채권양도인에 대한 자동채권이 발생하는 기초가 되는 원인이 양도 전에 이미 성립하여 존재하고 그 자동채권이 수동채권인 양도채권과 동시이행의 관계에 있는 경우에는, 양도통지가 채무자에게 도달하여 채권양도의 대항요건이 갖추어진 후에 자동채권이 발생하였다고 하더라도 채무자는 동시이행의 항변권을 주장할 수 있고, 따라서 그 채권에 의한 상계로 양수인에게 대항할 수 있다고 한다(대판 2015. 4. 9, 2014다80945).

판례 채무자의 항변권의 예

「채무자가 기존채무의 지급을 위하여 채권자에게 수표를 교부하였는데 채권자가 그 수표와 분리하여 기존 원인채권만을 제 3 자에게 양도한 경우, 채무자는 위에서 본 바와 같이 기존 원인채권의 양도인에 대하여 채권자가 위 수표의 반환 없는 기존 원인채무의 이행을 거절할 수 있는 항변권을 그 채권양도통지를 받기 이전부터 이미 가지고 있었으므로 채권 양수인에 대하여도 이와 같은 항변권을 행사할 수 있다.」(대판 2003. 5. 30, 2003다13512)

양도인의 통지는 채권양도가 유효한 경우에만 효력이 생기게 하여야 할 것이나, 민법은 선의의 채무자를 보호하기 위하여 특별한 규정을 두고 있다. 그에 의하면, 양도인이 채무자에게 채권양도를 통지한 때에는, 아직 양도하지 않았거나 그 양도가 무효인 경우에도, 선의의 채무자는 양수인에게 대항할 수 있는 사유로 양도인에게 대항할 수 있다(452조 1항). 그러나 통지가 양수인의 동의를 얻어 철회된 후에 생긴 사유로는 대항하지 못한다(452조 2항 참조).

C-317 **2) 승낙의 효력** 민법은 승낙의 효력에 관하여는 이의(異議)를 보류하지 않고 행한 승낙에 대한 것만 명문으로 규정하고 있다. 따라서 승낙의 효력은 이의를 보류한 경우와 그렇지 않은 경우로 나누어 기술하여야 한다.

(가) 이의를 보류하고 행한 승낙의 효력 여기서 「이의를 보류한 승낙」이라 함은 채무자가 양도인에 대하여 가지고 있는 항변사유를 보유함을 밝히면서 하는 승낙을 말한다. 이와 같이 승낙한 경우에 대하여 민법은 명문의 규정을 두고 있지 않다. 그것은 이 경우의 효력을 통지의 경우와 동일하게 인정하려는 취지로 이해된다(통설도 같음).

(나) 이의를 보류하지 않고 행한 승낙의 효력 「이의를 보류하지 않고 행한 승낙」이란 채권의 불성립·소멸 기타의 항변사유를 보유하고 있음을 밝히지 않고 단순히 승낙한 것을 가리킨다. 그러한 승낙이 있는 경우에는 양수인은 그 채권에 아무런 항변이 없는 것으로 믿을 것이다. 따라서 민법은 이의를 보류하지 않고 승낙을 한 때에는 양도인에게 대항할 수 있는 사유로써 양수인에게 대항하지 못한다고 규정한다(451조 1항 본문). 이것이 i) 승낙에 공신력을 인정한 것인지, ii) 제451조 제1항 본문이 적극적인 공신력을 인정한 것이 아니라 소극적인 항변절단의 효과를 규정한 것인지는 학설상 다투어지고 있으며, 판례는 i)설과 같다(대판 2013. 6. 28, 2011다83110 등).

여기서 「승낙」이라 함은 채무자가 채권양도 사실에 관한 인식을 표명하는 것으로서 이른바 관념의 통지에 해당하고, 대리인에 의하여도 이와 같은 승낙을 할 수 있다(대판 2013. 6. 28, 2011다83110).

제451조 제1항 본문은 양수인의 신뢰보호를 위한 규정이므로 양수인이 악의인 때에는 보호할 필요가 없다. 즉 양수인은 선의이어야 한다. 그런데 판례는 악의나 중과실이 아니어야 한다고 한다(대판 2002. 3. 29, 2000다13887 등).

채무자가 이의를 보류하지 않고 승낙을 하여 양도인에게 대항할 수 있는 사유를 가지고 양수인에게 주장하지 못함으로써 받은 불이익은, 양도인과의 사이에서 조정된다. 즉 채무자가 채무를 소멸하게 하기 위하여 양도인에게 급여한 것이 있으면 이를 회수할 수 있고, 양도인에 대하여 부담한 채무가 있으면(가령 경개의 경우) 그것이 성립하지 않았다고 주장할 수 있다(451조 1항 단서).

판 례 채권양도 관련 C-318

(ㄱ) 채권양도가 다른 채무의 담보조로 이루어졌으며 또한 그 채무가 변제되었다고 하더라도, 이는 채권 양도인과 양수인 간의 문제일 뿐이고, 양도채권의 채무자는 채권 양도·양수인 간의 채무 소멸 여하에 관계없이 양도된 채무를 양수인에게 변제하여야 하는 것이므로, 설령 그 피담보채무가 변제로 소멸되었다고 하더라도 양도채권의 채무자로서는 이를 이유로 채권양수인의 양수금 청구를 거절할 수 없다(대판 1999. 11. 26, 99다23093).

(ㄴ) 「민법 제451조 제 1 항 전단은 "채무자가 이의를 보류하지 아니하고 전조의 승낙을 한 때에는 양도인에게 대항할 수 있는 사유로써 양수인에게 대항하지 못한다"고 규정하고 있으므로, 이 사건과 같은 채권의 귀속사실(채권이 이미 타인에게 양도되었다는 사실)이 위 규정의 "양도인에게 대항할 수 있는 사유"에 해당하는지 여부에 달려 있는바, 살피건대, 민법은 채권의 귀속에 관한 우열을 오로지 확정일자 있는 증서에 의한 통지 또는 승낙의 유무와 그 선후로써만 결정하도록 규정하고 있는데다가, 채무자의 "이의를 보류하지 아니한 승낙"은 위 규정 자체로 보더라도 그의 양도인에 대한 항변을 상실시키는 효과밖에 없고, 채권에 관하여 권리를 주장하는 자가 여럿인 경우 그들 사이의 우열은 채무자에게도 효력이 미치므로, 위 "양도인에게 대항할 수 있는 사유"란 채권의 성립, 존속, 행사를 저지·배척하는 사유를 가리킬 뿐이고, 채권의 귀속은 이에 포함되지 아니한다고 해석함이 상당하다.」(대판 1994. 4. 29, 93다35551)

(ㄷ) 「채무자가 양도되는 채권의 성립이나 소멸에 영향을 미치는 사정에 관하여 양수인에게 알려야 할 신의칙상 주의의무가 있다고 볼 만한 특별한 사정이 없는 한 채무자가 그러한 사정을 알리지 아니하였다고 하여 불법행위가 성립한다고 볼 수 없다.」(대판 2015. 12. 24, 2014다49241)

3. 채무자 이외의 제 3 자에 대한 대항요건 C-319

(1) 서 설

채권양도의 제 3 자에 대한 대항요건도 채무자에 대한 것과 마찬가지로 양도인의 통지 또는 채무자의 승낙이다(450조 1항). 다만, 단순한 통지·승낙만으로 대항할 수 있게 하면 제 3 자의 지위가 불안할 수 있기 때문에(채권의 양도인·양수인·채무자가 통모하여 통지일 또는 승낙일을 소급함으로써 제 3 자의 권리를 침해할 우려가 있다. 대판 2011. 7. 14, 2009다49469), 민법은 제 3 자에게 대항하기 위하여서는 통지 또는 승낙을 확정일자 있는 증서로써 하도록 규정하고 있다(450조 2항).

(2) 확정일자

여기의 확정일자는 증서에 대하여 그 작성한 일자에 관한 완전한 증거가 될 수 있는 것으로 법률상 인정되는 일자를 말하며, 당사자가 후에 변경하는 것이 불가능한 확정된 일자를 가리킨다(대판 2010. 5. 13, 2010다8310 등). 어떤 것이 확정일자가 되는지에 관하여는 민법 부칙 제3조가 정하고 있다. 그에 의하면, 사문서(私文書)에 공증인 또는 법원서기가 일정한 절차에 따라(부칙 3조 2항 참조) 확정일자인(確定日字印)을 찍은 경우의 일자(부칙 3조 1항 참조), 공정증서에 기입한 일자, 그리고 공무소(公務所)에서 사문서에 어느 사항을 증명하고 기입한 일자(예: 내용증명 우편의 일자)(부칙 3조 4항 참조) 등이 그에 해당한다. 판례는 공증인가 합동법률사무소의 확정일자 인증을 받은 경우(대판 1986. 12. 9, 86다카858), 한국토지공사가 작성한 권리의무 승계계약서에 기입한 일자는 확정일자로 볼 수 있다고 하며, 확정일자가 기재된 판결서 즉 확정판결은 확정일자 있는 증서에 해당한다고 한다(대판 1999. 3. 26, 97다30622). 그리고 분양대금 반환채권의 채무자인 한국토지공사의 전북지사장이 그 채권의 양도를 승낙하는 취지의 승낙서를 작성하면서 승낙일자란에는 "2004년 8월 일"로 기재한 경우에, 그 승낙일자는 민법 부칙 제3조 제4항의 유효한 확정일자로 보아야 하고, 그렇다면 그 승낙서는 민법 제450조 제2항 소정의 '확정일자 있는 증서'에 해당한다고 한다(대판 2011. 7. 14, 2009다49469).

통지나 승낙을 확정일자 있는 증서로 하라는 것은 **통지행위나 승낙행위 자체를 확정일자 있는 증서로 하여야 한다는 의미이며**(대판 2011. 7. 14, 2009다49469), 통지나 승낙이 있었음을 확정일자 있는 증서로 증명하라는 것이 아니다. 그런데 반드시 통지·승낙을 처음부터 확정일자 있는 증서로 하여야 할 필요는 없으며, 통지·승낙을 확정일자 없는 증서로 한 후에 그 증서에 확정일자를 받아도 그 뒤에는 대항력을 가지게 된다(대판 2010. 5. 13, 2010다8310 등). 그리고 판례는, 확정일자 제도의 취지에 비추어 볼 때 원본이 아닌 사본에 확정일자를 갖추었더라도 대항력이 있다고 한다(대판 2006. 9. 14, 2005다45537).

C-320 (3) 제 3 자

여기의 「제3자」는 채권양도의 당사자와 채무자를 제외한 모든 자를 가리키는 것이 아니고, 「그 채권에 관하여 양수인의 지위와 양립할 수 없는 법률상의 지위를 취득한 자」만을 가리킨다(이설이 없으며, 판례도 같음. 대판 1983. 2. 22, 81다134·135·136 등). 그러한 **제3자의 예로는** 채권의 2중양수인, 채권 위의 질권자, 채권을 압류 또는 가압류한 양도인의 채권자, 양도인이 파산한 경우의 파산채권자를 들 수 있다. 그에 비하여 채권양도에 의하여 간접적으로 영향을 받을 수 있는 채무자의 채권자 등은 제3자에 해당하지 않으며, 그러한 자에 대하여는 대항요건이 없더라도 대항할 수 있다. 그리고 판례는, 선순위의 근저당권부 채권을 양수한 채권자보다 후순위의 근저당권자는 채권양도의 대항요건을 갖추지 아니한 경우 대항할 수 없는 제3자에 포함되지 않는다고 한다(대판 2005. 6. 23, 2004다29279(피담보채권을 저당권과 함께 양수한 자는 저당권이전의 부기등기를 마치고 저당권실행의 요건을 갖추고 있는 한 채권양도의 대항요건을 갖추고 있지 아니하더라

(도 경매신청을 할 수 있다)).

판례는, 제450조 제 2 항에서 정한 지명채권 양도의 제 3 자에 대한 대항요건은 양도된 채권이 존속하는 동안에 그 채권에 관하여 양수인의 지위와 양립할 수 없는 법률상의 지위를 취득한 제 3 자가 있는 경우에 적용되며, 따라서 지명채권 양수인이 「양도되는 채권의 채무자」여서 양도된 채권이 채권양도에 따른 처분행위 시에 혼동에 의하여 소멸한 경우에는, 그 후에 그 채권에 관한 압류 또는 가압류결정이 제 3 채무자에게 송달되더라도 그 채권압류 또는 가압류결정은 존재하지 않는 채권에 대한 것으로서 무효이고, 그 압류 또는 가압류채권자는 제450조 제 2 항에서 정한 제 3 자에 해당하지 않는다고 한다(대판 2022. 1. 13, 2019다272855).

(4) 「대항한다」는 것의 의미 C-321

채권양도를 가지고 제 3 자에게 「대항한다」는 것은 동일한 채권에 관하여 양립할 수 없는 법률상의 지위를 취득한 자 사이에 있어서 우열을 정하는 것이다. 그리하여 제 3 자가 2중양수인이라면 이 대항요건에 의하여 양수인과 2중양수인 가운데 누가 채권을 배타적으로 취득하게 되는지가 결정된다. 2중양도를 중심으로 하여 대항관계를 구체적으로 살펴보기로 한다.

첫째로 채권이 2중으로 양도된 경우에, 제 1 양도에 관하여는 단순한 통지나 승낙이 있었고 제 2 양도에 관하여는 확정일자 있는 증서에 의한 통지나 승낙이 있었다면, 제 1 양수인은 제 2 양수인에 대하여 자기의 채권을 주장할 수 없게 되고, 이때에는 제 2 의 양수인이 유일한 채권자로 된다(대판 2013. 6. 28, 2011다83110). 그 결과 채무자는 제 2 양수인에게만 변제의무를 부담한다(대판 1972. 1. 31, 71다2697).

둘째로 2중양도에 있어서 제 1 양도 · 제 2 양도 모두에 관하여 단순한 통지나 승낙만이 있었던 경우는 어떻게 되는가? 그에 대하여 학설은 i) 채무자가 양수인 중의 한 사람을 임의로 선택하여 변제할 수 있다는 견해, ii) 먼저 통지 · 승낙이 있는 양수인이 우선한다는 견해(사견도 같음) 등으로 나뉘어 있다. 그리고 판례는, 채무자가 승낙을 한 뒤 제 2 양도에 관하여 채권양도의 통지를 받고 그 2중양수인에게 변제를 한 경우에 대하여 채무자는 제 1 양수인에게 채무를 변제할 의무가 있다고 하여, ii)설과 같은 견지에 있다(대판 1971. 12. 28, 71다2048).

셋째로 2중양도에 있어서 제 1 양도 · 제 2 양도 모두에 관하여 확정일자 있는 통지나 승낙이 있었던 경우도 문제이다. 이에 대하여 확정일자의 선후에 의하여 우열을 결정하여야 한다는 견해가 있으나, 판례는 채권양도에 대한 채무자의 인식시, 즉 양도통지가 도달한 일시 또는 승낙의 일시의 선후에 의할 것이라고 한다(대판(전원) 1994. 4. 26, 93다24223[핵심판례 278면]; 대판 2013. 6. 28, 2011다83110).

C-322 **판 례** **채권양도의 제 3 자에 대한 대항요건 관련**

(ㄱ) 「채권이 이중으로 양도된 경우의 양수인 상호간의 우열은 통지 또는 승낙에 붙여진 확정일자의 선후에 의하여 결정할 것이 아니라, 채권양도에 대한 채무자의 인식, 즉 확정일자 있는 양도통지가 채무자에게 도달한 일시 또는 확정일자 있는 승낙의 일시의 선후에 의하여 결정하여야 할 것이고, 이러한 법리는 채권양수인과 동일 채권에 대하여 가압류명령을 집행한 자 사이의 우열을 결정하는 경우에 있어서도 마찬가지라 할 것이므로, 확정일자 있는 채권양도 통지와 가압류결정 정본의 제 3 채무자(채권양도의 경우는 채무자. 이하 같다)에 대한 도달의 선후에 의하여 그 우열을 결정하여야 할 것이다. …

채권양도 통지, 가압류 또는 압류명령 등이 제 3 채무자에 동시에 송달되어 그들 상호간에 우열이 없는 경우에도 그 채권양수인, 가압류 또는 압류채권자는 모두 제 3 채무자에 대하여 완전한 대항력을 갖추었다고 할 것이므로, 그 전액에 대하여 채권양수금, 압류전부금 또는 추심금의 이행청구를 하고 적법하게 이를 변제받을 수 있고, 제 3 채무자로서는 이들 중 누구에게라도 그 채무 전액을 변제하면 다른 채권자에 대한 관계에서도 유효하게 면책되는 것이며, 만약 양수채권액과 가압류 또는 압류된 채권액의 합계액이 제 3 채무자에 대한 채권액을 초과할 때에는 그들 상호간에는 법률상의 지위가 대등하므로 공평의 원칙상 각 채권액에 안분하여 이를 내부적으로 다시 정산할 의무가 있다고 할 것이다.

다만 채권양도의 통지와 가압류 또는 압류명령이 제 3 채무자에게 동시에 송달되었다고 인정되어 채무자가 채권양수인 및 추심명령이나 전부명령을 얻은 가압류 또는 압류채권자 중 한 사람이 제기한 급부소송에서 전액 패소한 이후에도 다른 채권자가 그 송달의 선후에 관하여 다시 문제를 제기하는 경우 기판력의 이론상 제 3 채무자는 이중지급의 위험이 있을 수 있으므로, 동시에 송달된 경우에도 제 3 채무자는 송달의 선후가 불명한 경우에 준하여 채권자를 알 수 없다는 이유로 변제공탁을 함으로써 법률관계의 불안으로부터 벗어날 수 있다고 보아야 할 것이다.

당원의 판례 중 위에서 설시한 법리와는 달리 채권양도 통지와 채권가압류결정 정본이 동시에 제 3 채무자에게 도달된 경우에 양수인의 양수금청구에 대하여 채무자가 채권양도 통지와 채권가압류결정 정본을 동시에 송달받은 사실로써 대항할 수 있다는 취지의 판례(당원 1987. 8. 18. 선고 87다카553 판결)는 이를 폐기하기로 한다.」(대판(전원) 1994. 4. 26, 93다24223[핵심판례 278면]. 이 판결은 채권양도 통지와 채권가압류결정 정본이 같은 날 도달되었는데 그 선후관계에 대하여 달리 증명이 없으면 동시에 도달된 것으로 추정한다)

(ㄴ) 「동일한 채권에 대하여 두 개 이상의 채권압류 및 전부명령이 발령되어 제 3 채무자에게 동시에 송달된 경우 당해 전부명령이 채권압류가 경합된 상태에서 발령된 것으로서 무효인지의 여부는 그 각 채권압류명령의 압류액(압류채권자의 청구채권액: 저자 주)을 합한 금액이 피압류채권액(제 3 채무자의 채무액: 저자 주)을 초과하는지를 기준으로 판단하여야 하므로 전자가 후자를 초과하는 경우에는 당해 전부명령은 모두 채권의 압류가 경합된 상태에서 발령된 것으로서 무효로 될 것이지만 그렇지 않은 경우에는 채권의 압류가 경합된 경우에 해당하지 아니하여 당해 전부명령은 모두 유효하게 된다고 할 것이며, 그때 동일한 채권에 관하여 확정일자 있는 채권양

도통지가 그 각 채권압류 및 전부명령 정본과 함께 제 3 채무자에게 동시에 송달되어 채권양수인과 전부채권자들 상호간에 우열이 없게 되는 경우에도 마찬가지라고 할 것이다. …

또한, 동일한 채권에 관하여 확정일자 있는 채권양도통지와 두 개 이상의 채권압류 및 전부명령 정본이 동시에 송달된 경우 채권의 양도는 채권에 대한 압류명령과는 그 성질이 다르므로 당해 전부명령이 채권의 압류가 경합된 상태에서 발령된 것으로서 무효인지의 여부를 판단함에 있어 압류액에 채권양도의 대상이 된 금액을 합산하여 피압류채권액과 비교하거나 피압류채권액에서 채권양도의 대상이 된 금액 부분을 공제하고 나머지 부분만을 압류액의 합계와 비교할 것은 아니다.」(대판 2002. 7. 26, 2001다68839)

(ㄷ) 「양도인이 지명채권을 제 1 양수인에게 1차로 양도한 다음 제 1 양수인이 그에 따라 확정일자 있는 증서에 의한 대항요건을 적법하게 갖추었다면 이로써 채권이 제 1 양수인에게 이전하고 양도인은 그 채권에 대한 처분권한을 상실한다고 할 것이므로, 그 후 양도인이 동일한 채권을 제 2 양수인에게 양도하였더라도 제 2 양수인은 그 채권을 취득할 수 없다. 이 경우 양도인이 다른 채무를 담보하기 위하여 제 1 차 양도계약을 한 것이더라도 대외적으로 채권이 제 1 양수인에게 이전되어 제 1 양수인이 채권을 취득하게 되므로 그 후에 이루어진 제 2 차 양도계약에 의하여 제 2 양수인이 채권을 취득하지 못하게 됨은 마찬가지이다.

또한 제 2 차 양도계약 후 양도인과 제 1 양수인이 제 1 차 양도계약을 합의해지한 다음 제 1 양수인이 그 사실을 채무자에게 통지함으로써 채권이 다시 양도인에게 귀속하게 되었더라도 특별한 사정이 없는 한 양도인이 처분권한 없이 한 제 2 차 양도계약이 채권양도로서 유효하게 될 수는 없으므로, 그로 인하여 제 2 양수인이 당연히 그 채권을 취득하게 된다고 볼 수는 없다.」(대판 2016. 7. 14, 2015다46119[핵심판례 280면])

(ㄹ) 「임대차보증금 반환채권을 양도하는 경우에 확정일자 있는 증서로 이를 채무자에게 통지하거나 채무자가 확정일자 있는 증서로 이를 승낙하지 아니한 이상 그 양도로써 채무자 이외의 제 3 자에게 대항할 수 없으며(민법 제450조 참조), 이러한 법리는 임대차계약상의 지위를 양도하는 등 임대차계약상의 권리의무를 포괄적으로 양도하는 경우에 그 권리의무의 내용을 이루고 있는 임대차보증금 반환채권의 양도 부분에 관하여도 마찬가지로 적용된다. 따라서 위 경우에 기존 임차인과 새로운 임차인 및 임대인 사이에 임대차계약상의 지위 양도 등 그 권리의무의 포괄적 양도에 관한 계약이 확정일자 있는 증서에 의하여 체결되거나, 임대차보증금 반환채권의 양도에 대한 통지·승낙이 확정일자 있는 증서에 의하여 이루어지는 등의 절차를 거치지 아니하는 한, 기존의 임대차계약에 따른 임대차보증금 반환채권에 대하여 채권가압류명령, 채권압류 및 추심명령 등(이하 '채권가압류명령 등'이라 한다)을 받은 채권자 등 그 임대차보증금 반환채권에 관하여 양수인의 지위와 양립할 수 없는 법률상의 지위를 취득한 제 3 자에 대하여는 임대차계약상의 지위 양도 등 그 권리의무의 포괄적 양도에 포함된 임대차보증금 반환채권의 양도로써 대항할 수 없다고 보아야 한다.」(대판 2017. 1. 25, 2014다52933)

주의할 것은, 제 3 자에 대한 대항관계는 채권이 존속하는 동안에 그 채권 위에 양립할 수 없는 권리관계가 생긴 경우에만 발생하며, 채권이 소멸한 후에는 생기지 않는다는 점이다. 그리하여 가령 제 1 의 양도가 있은 후 그 채권이 변제·면제 등으로 소멸한 때에는, 그 후 다시 그 채권에 관하여 제 2 의 양도가 행하여지고 그 사실을 확정일자 있는 증서로 통지하였더라도 제 2 의 양도는 무효이고, 대항요건의 문제는 발생할 여지가 없다(이설이 없으며, 판례도 같다. 대판 2017. 1. 25, 2014다52933 등).

사례의 해결

사례에서 D는 제 3 자에 해당한다. 그리고 C는 제3자에 대한 대항요건을 갖추었다. 한편 C와 D는 동순위를 갖는다.

C와 D가 동순위를 갖는 경우에는 C나 D는 누구든지 B에 대하여 이행청구를 할 수 있고, 청구가 있는 때 B는 거절하지 못한다. 그리고 B가 C나 D 중 누구에게 변제하든 변제는 유효하고, B는 다른 채권자에 대하여도 면책된다. 따라서 B는 D에 대하여 완전히 채무를 면하고, C에 대하여는 300만원만큼 면책된다.

한편 사례의 경우 B가 D에게 변제한 것에 관하여 C와 D가 채권액의 비율로 내부적으로 정산할 의무가 있다. 구체적으로 D는 B로부터 지급받은 300만원 가운데 200만원을 C에게 급부해야 한다. (사례: C－311)

제 3 관 증권적 채권의 양도

C-323 I. 서 설

증권적 채권(證券的 債權)은 채권의 성립·존속·양도·행사 등을 그 채권이 화체(化體)(또는 표창(表彰))되어 있는 증권(證券)에 의하여 하여야 하는 채권을 말한다(이때 채권이 화체(化體)되어 있는 증권(증서)은 일종의 유가증권이다). 증권적 채권에는 기명채권·지시채권(指示債權)·지명소지인출급채권(指名所持人出給債權)·무기명채권(無記名債權)의 네 가지가 있는데, 민법은 이들 중 기명채권을 제외한 나머지 세 가지에 관하여만 규정하고 있다.

C-324 II. 지시채권의 양도

(1) 지시채권의 의의

지시채권은 특정인 또는 그가 지시(지정)한 자에게 변제하여야 하는 증권적 채권이다. 화물상환증(상법 130조)·창고증권(상법 157조)·선하증권(상법 861조)·어음(어음법 11조·77조)·수표(수표법 14조) 등 상법·어음법·수표법이 규정하는 전형적인 유가증권은 배서금지의 기재가 없는 한 법률상 당연한 지시채권이다. 그 밖에 이론상으로는 민법의 적용만을 받는 지시채권도 있을 수 있으나, 실제로는 그 예가 없다. 따라서 민법의 지시채권에 관한 규정은 그 의의가 매우 적다(화물상환증 등에는 상법 등이 적용되기 때문이다).

(2) 지시채권의 양도방법

지시채권은 그 증서(증권)에 배서하여 양수인에게 교부하는 방식으로 양도한다(508조). 증서의 배서·교부는 지시채권 양도의 대항요건이 아니고 성립요건 내지 효력발생요건이다(C-304 참조).

(3) 배 서 C-325

1) 배서의 방식 배서는 증서(보통 이면(裏面)에 하나, 반드시 그래야 하는 것은 아님) 또는 그 보충지에 그 뜻을 기재하고 배서인이 서명 또는 기명날인하는 방식으로 한다(510조 1항).

2) 배서의 모습 배서는 피배서인을 지정하여 하는 것(이것이 정식배서(正式背書)임)이 원칙이나, 피배서인을 지정하지 않고 할 수 있으며(이는 배서문구는 없는 때임) 또 배서인의 서명이나 기명날인만으로 할 수도 있다(510조 2항). 이를 약식배서(略式背書) 또는 백지식 배서라고 한다. 이와 같은 약식배서의 경우에는 소지인은 ① 자기나 타인의 명칭을 피배서인으로 기재할 수도 있고, ② 약식으로 또는 타인을 피배서인으로 표시하여 다시 증서에 배서할 수도 있으며, ③ 피배서인을 기재하지 않고 배서 없이 증서를 제 3 자에게 교부하여 양도할 수도 있다(511조).

배서에는 증서의 소지인에게 지급하라는 뜻을 기재하는 소지인출급배서도 있는데, 그러한 배서는 약식배서와 같은 효력이 있다(512조).

지시채권은 그 채무자에 대하여도 배서하여 양도할 수 있다(509조 1항). 이 경우의 배서를 환배서(還背書)라고 한다. 채무자가 지시채권을 환배서에 의하여 양수하더라도 채권은 혼동으로 소멸하지 않으며(507조 참조), 그 채무자는 다시 배서하여 이를 양도할 수 있다(509조 2항).

3) 배서의 효력 민법상 지시채권의 배서에는 이전적 효력과 자격수여적 효력이 있다. 그러나 어음법·수표법상 인정되는 담보적 효력은 없다(어음법 15조·77조 1항, 수표법 18조 참조).

판 례 배서금지 어음의 양도

「배서금지의 문언을 기재한 약속어음은 어음법상의 배서의 방법에 의하여서는 양도할 수는 없는 것이나 배서금지 어음이라도 양도성 그 자체까지 없어지는 것은 아니므로 어음법 제77조 제 2 항, 제11조 제 2 항에 의하여 지명채권의 양도에 관한 방식에 따라서 그리고 그 효력으로써는 이를 양도할 수 있는 것이고 이 경우에는 민법 제450조의 대항요건(통지 또는 승낙)을 구비하는 외에 약속어음을 인도(교부)하여야 하고 지급을 위하여서는 어음을 제시하여야 하며 또 어음금을 지급할 때에는 이를 환수하게 되는 것이므로 증권과 분리시켜 양도하는 불합리한 결과는 생기지 아니한다고 할 것이다.」(대판 1989. 10. 24, 88다카20774)

(가) 이전적 효력 민법상 명문의 규정은 없지만, 지시채권이 양도되려면 증서의 배서·교부가 있어야 하므로, 배서에는 채권을 이전하게 하는 효력인 권리이전적 효력이 있다.

(나) 자격수여적 효력 배서의 연속이 있을 경우 피배서인으로 되어 있는 자가 증서를 소지하고 있으면 채권자로서의 자격이 인정되는 것을 자격수여적 효력이라고 한다(513조).

최후의 배서가 약식인 때에는 증서의 점유자를 적법한 소지인으로 본다(513조 1항 2문). 그리고 약식배서 다음에 다른 배서가 있으면 그 배서인은 약식배서로 증서를 취득한 것으로 본다(513조 2항). 한편 말소된 배서는 배서의 연속에 관하여 그 기재가 없는 것으로 본다(513조 3항).

C-326 **(4) 양수인의 보호**

민법은 지시채권의 양수인을 보호하고 그 채권의 유통성을 확보하기 위하여 다음의 두 제도를 두고 있다.

1) 인적 항변의 제한 지시채권의 채무자는 소지인의 전자(前者)에 대한 인적 관계의 항변으로 소지인에게 대항하지 못한다(515조 본문). 따라서 그러한 인적 항변은 그 배서인에게만 대항할 수 있다. 다만, 소지인이 그 채무자를 해함을 알고 지시채권을 취득한 때에는 채무자는 인적 항변으로도 소지인에게 대항할 수 있다(515조 단서). 한편 채무자가 모든 소지인에 대하여 대항할 수 있는 항변인 물적 항변은 제한을 받지 않는다. 여기서 무엇이 물적 항변이고 무엇이 인적 항변인지가 문제되나, 일반적으로는 증서의 기재로부터 명백한 것(변제기의 도래, 시효소멸 등)과 채무자의 이익에 중대한 관계가 있는 것(증서의 위조·변조 등)은 물적 항변이고 그 밖의 것은 인적 항변이라고 한다.

2) 선의취득 민법은 거래의 안전을 보호하고 지시채권의 유통성을 확보하기 위하여 매우 완화된 요건 하에 선의취득을 인정하고 있다. 즉 증서의 소지인이 증서를 무권리자로부터 취득한 경우에도 그 소지인이 양도인에게 권리가 없음을 몰랐고(선의) 또 그 모른 데 중대한 과실이 없는 때에는 그 증서상의 권리를 취득한다(514조). 이때 소지인의 선의·무중과실은 소지인이 증명할 필요가 없으며, 선의취득을 막으려는 자가 악의 또는 중과실을 주장·증명하여야 한다(514조 단서 참조).

C-327 **(5) 채무자의 보호**

지시채권의 채무자는 배서의 연속 여부를 조사할 의무가 있으며, 배서인의 서명 또는 날인의 진위나 소지인의 진위를 조사할 권리는 있으나 의무는 없다(518조 본문). 여기서 진위를 조사할 권리가 있다는 것은 진위를 조사하는 데 필요한 기간 동안에는 이행지체가 되지 않는다는 뜻이고, 의무를 지지 않는다는 것은 조사를 하지 않고 변제하더라도 변제가 유효하다는 뜻이다. 그런데 후자에는 예외가 있다. 즉 채무자가 변제하는 때에 소지인이 권리자가 아님을 알았거나 중대한 과실로 알지 못한 때에는 그 변제는 무효로 된다(518조 단서).

그 밖에 채무자 보호를 위한 규정으로는 다음의 것이 있다. ① 증서에 변제장소를 정하지 않은 때에는 채무자의 현영업소(現營業所)를 변제장소로 하고, 영업소가 없는 때에는 현주소를 변제장소로 한다(516조). ② 증서에 변제기한이 있는 경우에도 그 기한이 도래한 후에 소지인이 증서를 제시하여 이행을 청구한 때로부터 채무자는 지체책임이 있다(517조). ③ 채무자는 증서와 교환하여서만 변제할 의무가 있다(519조). ④ 채무자는 변제하는 때에 소지인에 대하여 증서에 영수(領收)를 증명하는 기재를 할 것을 청구할 수 있고(520조 1항), 일부변제의 경우에 채무자의 위의 청구가 있으면 채권자는 증서에 그 뜻을 기재하여야 한다(520조 2항).

(6) 증권의 멸실 · 상실

멸실한 증서나 소지인의 점유를 이탈한 증서는 공시최고의 절차에 의하여 무효로 할 수 있다(521조). 증권이나 증서의 무효선언을 위한 공시최고의 신청권자는 증권 또는 증서를 도난당하거나 증서를 분실·멸실한 사람이므로(521조, 민소 492조 1항), 증서를 횡령당한 경우에는 공시최고를 신청할 수 없다(대판 2016. 10. 27, 2016다235091). 공시최고의 신청이 있는 때에는 채무자로 하여금 채무의 목적물을 공탁하게 할 수 있고, 소지인이 상당한 담보를 제공하면 변제하게 할 수 있다(522조).

Ⅲ. 무기명채권의 양도 C-328

무기명채권은 특정한 채권자를 지정함이 없이 증서(증권)의 소지인에게 변제하여야 하는 증권적 채권이다. 무기명채권의 예로는 무기명사채·무기명식 수표 등의 상법·수표법상의 유가증권, 상품권·철도승차권·극장의 입장권·시중은행의 양도성예금증서(대판 2000. 3. 10, 98다29735)를 들 수 있다.

무기명채권의 양도는 증서를 교부하는 방식으로 행한다(523조). 그리고 무기명채권에는 지시채권에 관한 규정(배서에 관한 규정을 제외한 514조 내지 522조)이 준용된다(524조).

Ⅳ. 지명소지인출급채권의 양도

지명소지인출급채권은 특정인 또는 증서(증권)의 정당한 소지인에게 변제하여야 하는 증권적 채권을 말하며, 이는 무기명채권의 하나의 변형이다. 지명소지인출급채권의 효력(양도 포함)은 무기명채권에서와 같다(525조).

Ⅴ. 면책증서(면책증권)

면책증서란 증서(증권)의 소지인에게 변제하면 비록 그 자가 진정한 채권자가 아닌 경우에도 채무자가 선의인 한 면책되는 증권이다. 철도여객의 수하물상환증, 호텔의 휴대품예치증이 그 예이다. 이것은 단순한 자격증서이며 유가증권이 아니다(이때의 채권은 보통 지명채권이다). 그렇지만 면책증서가 증권적 채권과 비슷한 측면이 있기 때문에 민법은 지시채권에 관한 일부규정(516조 · 517조 · 520조)을 면책증서에 준용하고 있다(526조).

제 2 절 채무의 인수

C-329 Ⅰ. 채무인수의 의의 및 법적 성질

1. 의 의

채무인수(債務引受)는 채무를 그 동일성을 유지하면서 인수인에게 이전시키는 계약이다. 이러한 채무인수가 있으면 종래의 채무자는 채무를 면하게 되고 인수인이 새로이 채무자가 된다. 이와 같은 채무인수는 뒤에 설명하는 병존적(중첩적) 채무인수(C-335 이하 참조)와 구별하여 면책적 채무인수라고도 한다. 채무인수의 경우에는 채무가 동일성을 유지하면서 인수인에게 이전되는 점에서 채무자변경에 의한 경개(C-432 이하 참조)와 다르다.

채무의 이전은 법률규정에 의하여 생길 수도 있으나(예: 1005조(상속), 주택임대차보호법 9조), 계약인 채무인수에 의하는 때가 많다.

채무는 급부의무이고, 따라서 채무자가 변경되면 의무의 질이 달라지게 된다. 따라서 채권양도와 달리 채무인수는 인정하기가 쉽지 않다. 그렇지만 계약에 의한 채무의 이전도 인정하여야 할 사회적 필요가 있기 때문에 민법은 채권자의 관여 하에 채무인수를 할 수 있도록 규정하고 있다.

2. 법적 성질

(1) 채무인수의 법적 성질은 채무인수의 종류에 따라 다르다. 채무인수는 당사자가 누구인가에 의하여 세 가지로 나누어진다. 채권자 · 채무자 · 인수인의 3면계약에 의하는 경우, 채권자 · 인수인이 당사자인 경우, 채무자 · 인수인이 당사자인 경우가 그것이다. 이들 가운데 앞의 두 경우에는 채무인수는 채권행위와 준물권행위(그리하여 처분행위)의 성질을 갖는다(통설도 같음). 그에 비하여 채무자 · 인수인이 당사자인 채무인수는 처음에는 채권행위로서의 성질만을

가지고 있다가 채권자의 승낙이 있으면 준물권행위로 된다고 할 것이다(이설 있음).

(2) 채무인수는 낙성·불요식의 계약이다.

Ⅱ. 채무인수의 요건 C-330

1. 채무에 관한 요건

(1) 채무의 존재

채무인수가 되려면 먼저 채무가 유효하게 존재하여야 한다. 채무가 유효하게 존재하는 한 그것이 자연채무이거나 책임없는 채무라도 무방하며, 장래의 채무라도 상관없다(이설 없음).

(2) 채무의 이전가능성

채무인수가 되려면 채무가 이전할 수 있는 것이어야 한다.

채무 가운데에는 그 성질상 이전할 수 없는 것이 있다. 채무자가 변경되면 급부의 내용이 전혀 달라지는 채무(예: 그림을 그려주기로 한 채무, 고용·위임에 의한 채무), 특정의 채무자와의 사이에서 결제되어야 할 채무(예: 상호계산에 계입(計入)된 채무) 등이 그렇다. 이러한 채무는 채무인수의 대상이 되지 못한다(453조 1항 단서).

그리고 민법상 명문의 규정은 없지만 채권자·채무자 사이에 인수금지 특약이 체결된 때에는 인수가 인정되지 않는다고 하여야 한다(이설 없음). 다만, 그 특약은 선의의 제 3 자에게는 대항하지 못한다고 할 것이다(449조 2항 단서 참조).

2. 인수계약의 당사자 C-331

채무인수는 당사자의 측면에서 볼 때 다음의 세 경우가 있다(이론상으로는 그 외에 채권자와 채무자가 당사자인 경우를 생각해 볼 수 있으나, 그것은 제 3 자 부담을 목적으로 하는 것으로서 유효할 수 없다).

(1) 채권자 · 채무자 · 인수인이 당사자로 되는 경우

민법이 여기에 관하여 명문의 규정을 두고 있지는 않으나, 계약자유의 원칙상 이들 세 당사자에 의한 채무인수도 유효하다.

(2) 채권자와 인수인이 당사자로 되는 경우

채무인수의 기본적인 모습은 채권자와 인수인이 당사자로 되는 경우이다. 이러한 채무인수도 당연히 유효하며(453조 1항), 그때에는 채무자의 동의 또는 수익의 의사표시는 필요하지 않다. 다만, 이해관계 없는 제 3 자는 채무자의 의사에 반하여 채무를 인수하지 못한다(453조 2항). 여기서 채무자의 의사에 반하는지 여부는 인수 당시를 기준으로 하여 결정하여야 한다. 채무자의 의사에 반한다는 사실의 증명책임을 누가 부담하는가에 관하여 학설은 i) 이를 주장하는 자가 부담한다는 견해(사견도 같음)와 ii) 채무자가 부담한다는 견해로 나뉘어 있으며,

판례는 i)설과 같다(대판 1966. 2. 22, 65다2512).

C-332 **(3) 채무자와 인수인이 당사자로 되는 경우**

채무인수는 채무자와 인수인 사이의 계약으로도 할 수 있다. 그러나 이러한 채무인수는 채권자의 승낙이 있어야 효력이 생긴다(454조 1항). 채무자의 변경은 곧 책임재산의 변경을 가져오므로 채권자에게 불이익이 생기지 않도록 하기 위하여 그의 승낙에 의존하게 한 것이다. 여기의 채권자의 승낙은 채무인수계약의 효력발생요건으로 보아야 한다(대판 2013. 9. 13, 2011다56033 등). 그리고 채권자의 승낙이 없는 경우에는 채무자와 인수인 사이에서 면책적 채무인수 약정을 하더라도 이행인수 등으로서의 효력밖에 갖지 못하며 채무자는 채무를 면하지 못한다(대판 2012. 5. 24, 2009다88303). 채권자의 승낙 또는 거절(이들의 성질은 의사표시이다. 이설 없음)은 채무자나 인수인 가운데 누구에게 하여도 무방하다(454조 2항). 한편 판례는, 채권자의 승낙에 의하여 채무인수의 효력이 생기는 경우 채권자가 승낙을 거절하면 그 이후에는 채권자가 다시 승낙하여도 채무인수로서의 효력이 생기지 않는다고 한다(대판 1998. 11. 24, 98다33765).

승낙은 명시적으로뿐만 아니라 묵시적으로도 할 수 있으며(대판 2024. 6. 13, 2024다215542 등), 채권자가 채무인수인에게 지급을 청구한 것은 묵시적인 승낙에 해당한다(대판 1989. 11. 14, 88다카29962). 그리고 판례는, 부동산의 매수인이 매매목적물에 관한 임대차보증금 반환채무 등을 인수하는 한편 그 채무액을 매매대금에서 공제하기로 약정한 경우(그 인수는 특별한 사정이 없는 이상 이행인수이고, 면책적 채무인수로 되려면 이에 대한 채권자 즉 임차인의 승낙이 있어야 함)에 관하여, 임차인이 채무자인 임대인을 면책시키는 것은 그의 채권을 처분하는 행위이므로, 만약 임대보증금 반환채권의 회수가능성 등이 의문시되는 상황이라면 임차인의 어떠한 행위를 임대차보증금 반환채무의 면책적 인수에 대한 묵시적 승낙의 의사표시에 해당한다고 쉽게 단정해서는 안 된다고 한다(대판 2024. 6. 13, 2024다215542 등). 한편 인수인이나 채무자는 상당한 기간을 정하여 승낙 여부의 확답을 채권자에게 최고할 수 있고(455조 1항), 만약 채권자가 그 기간 내에 확답을 발송하지 않은 때에는 거절한 것으로 본다(455조 2항). 그리고 이 채무인수는 채권자의 승낙이 있을 때까지는 당사자가 이를 철회하거나 변경할 수 있다(456조). 그러나 채무인수에 채권자의 승낙이 있은 후에는 철회나 변경에 다시 채권자의 승낙이 있어야 그것이 유효하게 된다고 할 것이다(동지 대판 1962. 5. 17, 62다161. 이 판결에서는 취소를 언급하나, 그것은 철회에 해당한다).

판 례 채무자와 제 3 자 사이의 인수계약 관련

채무자와 제 3 자 사이의 채무인수계약을 채권자가 승낙한 바 있다면, 그 뒤 채무인수인이 위 채무인수계약을 적법하게 취소하려면, 채권자의 승낙이 있다든가 채권자가 위 인도계약을 승낙할 때에 채무인수인의 취소권 유보를 승낙하였다든가 기타 특수한 사정이 있어야 한다(대판 1962. 5. 17, 62다161).

Ⅲ. 채무인수의 효과 C-333

(1) 채무의 이전

채무인수가 있으면 채무는 그 동일성을 유지하면서 채무자로부터 인수인에게 이전한다. 그리하여 이제는 전 채무자는 채무를 면하게 된다.

판 례 인수채무의 소멸시효기간

「인수채무가 원래 5년의 상사시효의 적용을 받던 채무라면 그 후 면책적 채무인수에 따라 그 채무자의 지위가 인수인으로 교체되었다고 하더라도 그 소멸시효의 기간은 여전히 5년의 상사시효의 적용을 받는다 할 것이고, 이는 채무인수행위가 상행위나 보조적 상행위에 해당하지 아니한다고 하여 달리 볼 것이 아니다. 다만, 그 소멸시효기간은 채무인수와 동시에 이루어진 소멸시효 중단사유, 즉 채무승인에 따라 채무인수일로부터 새로이 진행되는 것일 뿐」이다(대판 1999. 7. 9, 99다12376).

채무가 이전되는 시기는 채무인수가 준물권행위로서 효력을 발생하는 때이다. 따라서 원칙적으로는 채무인수계약을 체결하는 때에 이전한다. 다만, 채무인수가 채무자와 인수인 사이의 계약에 의하여 이루어지는 경우에는, 채권자의 승낙이 있는 때에 준물권행위로서 효력을 발생하므로, 그 승낙이 있는 때에 채무가 이전한다고 하여야 한다. 그런데 채권자의 이 승낙은 다른 의사표시가 없으면 채무를 인수한 때에 소급하여 그 효력이 생긴다(457조 본문). 즉 소급효가 인정된다. 그러나 이 승낙의 소급효는 제3자의 권리를 해하지 못한다(457조 단서).

(2) 항변권의 이전

인수인은 전 채무자가 가지고 있던 항변으로 채권자에게 대항할 수 있다(458조). 그 결과 인수인은 채무의 성립·존속 또는 이행을 저지 또는 배척하는 모든 사유를 주장할 수 있다. 그러나 인수된 채무의 발생원인이 되는 계약의 취소권·해제권과 같이 그 계약의 당사자만이 가질 수 있는 권리는 행사할 수 없다. 그리고 인수인은 전 채무자가 가지고 있던 채권으로 상계하지도 못한다.

한편 채무인수의 경우 인수인이 전 채무자에 대하여 가지는 항변사유로 채권자에게 대항할 수는 없다(대판 1966. 11. 29, 66다1861).

(3) 종된 채무와 담보 C-334

1) 채무인수가 있으면 위약금채무, 변제기가 되지 않은 이자채무 등의 종된 채무는 함께 이전한다.

2) 전 채무자의 채무에 부종하는 담보는 어떻게 되는가? 먼저 법정담보권(유치권·법정질권·법정저당권 등)은 채무인수에 영향을 받지 않는다고 하여야 한다. 그에 비하여 약정담보는 담보제공자가 제3자인가 채무자인가에 따라 달라지게 된다.

제3자가 제공한 담보는 그것이 보증이든 물상보증이든 채무인수로 모두 소멸하는 것이 원칙이다(459조 본문). 그러나 보증인이나 물상보증인이 채무인수에 동의한 때에는 소멸하지 않는다(459조 단서). 그런데 여기에 규정된 채무인수에 대한 동의는 인수인을 위하여 새로운 담보를 설정하도록 하는 의사표시를 의미하는 것이 아니고 기존의 담보를 인수인을 위하여 계속시키는 데 대한 의사표시를 의미한다고 할 것이므로, 물상보증인이 채무인수에 동의함으로써 소멸하지 않는 담보는 당연히 기존의 담보와 동일한 내용을 갖는 것이다(대판 1996. 10. 11, 96다27476). 물상보증인이 인수인으로 된 경우에는 언제나 채무인수에 동의한 것으로 해석되므로 그가 제공한 담보는 언제나 존속하게 된다.

한편 채무자가 설정한 담보(이는 언제나 물적 담보임)는, 민법상 명문의 규정은 없지만, 채권자·인수인 사이의 채무인수의 경우에는 소멸하고, 채무자·인수인 사이의 채무인수의 경우에는 제459조 단서를 유추하여 존속한다고 새겨야 할 것이다(이설 없음).

C-335 ## Ⅳ. 채무인수와 유사한 제도

1. 병존적 채무인수

(1) 의 의

병존적 채무인수란 제3자(인수인)가 종래의 채무자와 함께 그와 동일한 내용의 채무를 부담하는 계약을 말하며, 이는 중첩적 채무인수라고도 한다.

병존적 채무인수에 있어서는 면책적 채무인수에 있어서와 달리 종래의 채무자가 채무를 면하지 않고 인수인이 그와 별도로 같은 내용의 채무를 부담하게 됨으로써 두 채무가 병존하게 된다. 따라서 병존적 채무인수는 엄격한 의미에서는 채무인수가 아니며, 기능면에서 보증채무나 연대채무와 같이 인적 담보로서 기능을 하게 된다.

병존적 채무인수는 면책적 채무인수와 달리 처분행위(준물권행위)로서의 성질은 없으며 단순한 채권행위 내지 의무부담행위에 지나지 않는다. 이 채무인수의 경우에는 채무의 면책적 이전이 없고 인수인이 새로이 채무를 부담하게 될 뿐이기 때문이다.

어떤 채무인수가 면책적 채무인수인지 병존적 채무인수인지는 계약의 해석에 의하여 결정할 문제인데(대판 1998. 11. 24, 98다33765), 불분명한 때에는 병존적 채무인수로 해석하여야 한다. 면책적 채무인수의 경우에는 주채무자가 채무를 면하게 되는 만큼 그것의 인정은 신중하여야 하기 때문이다. 통설·판례(대판 2013. 9. 13, 2011다56033 등)도 같다.

한편 대법원은 대체로, 금전 소비대차계약으로 인한 채무에 관하여 제 3 자가 채무자를 위하여 어음이나 수표를 발행하는 것은 특별한 사정이 없는 한 동일한 채무를 중첩적으로 인수한 것으로 봄이 타당하다고 한다(대판 1998. 3. 13, 97다52493 등. 다만, 대판 1997. 5. 7, 97다4517은 특별한 사정이 없는 한 동일한 채무를 면책적 또는 중첩적으로 인수한 것으로 볼 것이라고 한다).

(2) 요 건 C-336

1) 인수대상 채무는 제 3 자에 의하여서도 이행될 수 있는 것이어야 한다.

2) 병존적 채무인수도 당사자의 측면에서 세 가지 경우를 생각할 수 있다.

(가) 채권자·채무자·인수인의 3면계약으로 할 수 있다.

(나) 채권자와 인수인 사이의 계약으로 할 수 있다. 그런데 이때 채무자의 의사에 반하여서도 할 수 있는가? 여기에 관하여 학설은 i) 긍정설(다수설이며, 사견도 같음)과 ii) 부정설로 나뉘어 있고, 판례는 i)설과 같다(대판 1988. 11. 22, 87다카1836 등).

(다) 채무자와 인수인 사이의 계약으로도 할 수 있다. 그런데 이 방법에 의한 병존적 채무인수는 일종의 제 3 자를 위한 계약에 해당한다(통설·판례도 같음. 대판 2013. 9. 13, 2011다56033 등). 따라서 채무자와 인수인 사이에 채권자에게 채권을 취득시키는 합의가 행하여져야 하고, 또 채권자의 수익의 의사표시가 있어야 한다(539조 2항 참조). 이 경우 채권자는 인수인에 대하여 채무이행을 청구하거나 기타 채권자로서의 권리를 행사하는 방법으로 수익의 의사표시를 함으로써 인수인에 대하여 직접 청구할 권리를 갖게 된다(대판 2013. 9. 13, 2011다56033). 채무자와 인수인의 합의에 의한 중첩적 채무인수의 경우 채권자의 수익의 의사표시는 — 면책적 채무인수의 경우와 달리 — 그 계약의 성립요건이나 효력발생요건이 아니라 채권자가 인수인에 대하여 채권을 취득하기 위한 요건이다(대판 2013. 9. 13, 2011다56033).

판례에 따르면, 채무자와 인수인의 합의에 의한 중첩적 채무인수의 경우 채권자가 수익을 받지 않겠다는 의사표시를 하였다면 채권자는 인수인에 대하여 채권을 취득하지 못하고, 특별한 사정이 없는 한 사후에 이를 번복하고 다시 수익의 의사표시를 할 수는 없다고 할 것이지만, 인수인이 채권자에게 중첩적 채무인수라는 취지를 알리지 않은 채 채무인수에 대한 승낙 여부만을 최고하여 채권자가 인수인으로부터 최고받은 채무인수가 채무자에 대한 채권을 상실하게 하는 면책적 채무인 것으로 잘못 알고 면책적 채무인수를 승낙하지 않는다는 취지의 의사표시를 한 경우에는, 그것은 중첩적 채무인수에 대하여 수익 거절의 의사표시를 한 것이라고 볼 수 없으므로, 채권자는 그 후 중첩적 채무인수 계약이 유효하게 존속하고 있는 한 수익의 의사표시를 하여 인수인에 대한 채권을 취득할 수 있다고 한다(대판 2013. 9. 13, 2011다56033).

한편 채무자와 인수인 사이에 단지 인수인이 채무자에 대하여서만 인수한 채무를 변제할 의무를 부담하기로 할 뿐 채권자에게 직접 채권을 취득시키려고 하지 않은 경우에는, 병존적 채무인수가 아니고 이행인수가 존재하게 된다(병존적 채무인수와 이행인수의 구별에 관하여는 대판 1997. 10. 24, 97다28698(C-338에 인용) 참조).

C-337 (3) 효 과

병존적 채무인수가 있는 경우에는 기존의 채무가 그대로 있는 채로 인수인이 그와 별도로 같은 내용의 채무를 부담하게 된다. 그렇지만 두 채무 가운데 어느 하나가 변제되면, 두 채무는 모두 소멸하게 된다.

병존적 채무인수에 있어서 채무자의 채무와 인수인의 채무 사이의 관계에 관하여 판례는, 중첩적 채무인수에서 인수인이 채무자의 부탁 없이 채권자와의 계약으로 채무를 인수하는 것은 매우 드문 일이므로 채무자와 인수인은 원칙적으로 주관적 공동관계가 있는 연대채무관계에 있고, 인수인이 채무자의 부탁을 받지 아니하여 주관적 공동관계가 없는 경우에는 부진정연대관계에 있는 것으로 본다(대판 2014. 8. 20, 2012다97420·97437 등). 그러면서 보험자의 채무인수는 피보험자의 부탁(보험계약이나 공제계약)에 따라 이루어지는 것이므로 보험자의 손해배상채무와 피보험자의 손해배상채무는 연대채무관계에 있다고 한다(대판 2010. 10. 28, 2010다53754).

판 례 병존적 채무인수 관련

(ㄱ) 중첩적 채무인수인이 채권자에 대한 손해배상채권을 자동채권으로 하여 채권자의 자신에 대한 그 채권에 대하여 대등액에서 상계의 의사표시를 하였다면, 연대채무자 1인이 한 상계의 절대적 효력을 규정하고 있는 민법 제418조 제 1 항의 규정에 의하여, 다른 연대채무자인 원채무자의 채권자에 대한 채무도 상계에 의하여 소멸되었다고 보아야 한다(대판 1997. 4. 22, 96다56443).

(ㄴ) 「채권자와 보증인 사이에 보증인이 주채무를 중첩적으로 인수하기로 약정하였다 하더라도 특별한 사정이 없는 한 보증인은 주채무자에 대한 관계에서는 종전의 보증인의 지위를 그대로 유지한다고 봄이 상당하므로, 채무인수로 인하여 보증인과 주채무자 사이의 주채무에 관련된 구상관계가 달라지는 것은 아니라 할 것이다.」(대판 2003. 11. 14, 2003다37730)

C-338 2. 이행인수

이행인수는 인수인이 채무자에 대하여 채무자의 채무를 이행할 것을 약정하는 채무자와 인수인 사이의 계약이다(동지 대판 2016. 10. 27, 2015다239744). 이 이행인수에 있어서는 인수인이 직접 채권자에 대하여 채무를 부담하지 않고 단지 채무자에 대하여만 변제의무를 부담할 뿐이다(동지 대판 2016. 10. 27, 2015다239744). 판례는, 부동산의 매수인이 매매목적물에 관한 근저당권의 피담보채무·가압류채무·임대차보증금 반환채무를 인수하면서 그 채무액을 매매대금에서 공제하기로 한 경우에는, 특별한 사정이 없는 한 채무인수가 아니고 이행인수라고 한다(대판 1993. 2. 12, 92다23193[핵심판례 282면]; 대판

2021. 11. 25, 2020다294516 등 다수)(매수인이 인수하기로 한 근저당권의 피담보채무를 변제하지 않아 원리금이 늘어났다면 그 원리금이 매수인의 이행인수계약 불이행으로 인한 통상의 손해액이 된다. 대판 2021. 11. 25, 2020다294516 등). 그러나 인수의 대상으로 된 채무의 책임을 구성하는 권리관계도 함께 양도된 경우이거나 채무인수인이 그 채무부담에 상응하는 대가를 얻을 때에는 특별한 사정이 없는 한 원칙적으로 이행인수가 아닌 병존적 채무인수로 볼 것이라고 한다(대판 2010. 5. 13, 2009다105222 등).

판 례 병존적 채무인수와 이행인수 관련

(ㄱ) 병존적 채무인수와 이행인수의 구별 「제 3 자를 위한 계약과 이행인수의 판별기준은 계약당사자에게 제 3 자 또는 채권자가 계약당사자 일방 또는 인수인에 대하여 직접 채권을 취득케 할 의사가 있는지 여부에 달려 있다.」(대판 1997. 10. 24, 97다28698)

(ㄴ) 이행인수의 예

① 「부동산의 매수인이 매매목적물에 관한 임대차보증금 반환채무 등을 인수하는 한편, 그 채무액을 매매대금에서 공제하기로 약정한 경우, 그 인수는 특별한 사정이 없는 이상 매도인을 면책시키는 면책적 채무인수가 아니라 이행인수로 보아야 하고, 면책적 채무인수로 보기 위하여는 이에 대한 채권자 즉, 임차인의 승낙이 있어야 하는 것이다.」(대판 2001. 4. 27, 2000다69026. 동지 대판 2008. 9. 11, 2008다39663; 대판 2015. 5. 29, 2012다84370)

② 「부동산의 매수인이 매매목적물에 관한 근저당권의 피담보채무, 가압류채무, 임대차보증금 반환채무를 인수하는 한편, 그 채무액을 매매대금에서 공제하기로 약정한 경우, 다른 특별한 사정이 없는 이상, 이는 매도인을 면책시키는 채무인수가 아니라 이행인수로 보아야 하고, 매수인이 그 채무를 현실적으로 변제할 의무를 부담한다고도 해석할 수 없으며, 특별한 사정이 없는 한 매수인이 매매대금에서 그 채무액을 공제한 나머지를 지급함으로써 잔금지급의무를 다한 것으로 보아야 하고, 또한 이 약정의 내용은 매도인과 매수인과의 계약으로 매수인이 매도인의 채무를 변제하기로 하는 것으로서 매수인은 제 3 자의 지위에서 매도인에 대하여만 그의 채무를 변제할 의무를 부담함에 그치며, 한편 이와 같이 부동산매매계약과 함께 이행인수계약이 이루어진 경우 매수인이 인수한 채무는 매매대금지급채무에 갈음한 것으로서 매도인이 매수인의 인수채무불이행으로 말미암아 또는 임의로 인수채무를 대신 변제하였다면 그로 인한 손해배상채무 또는 구상채무는 인수채무의 변형으로서 매매대금 지급채무에 갈음한 것의 변형으로 보아야 할 것이다.」(대판 2002. 5. 10, 2000다18578)

③ 대판 2008. 8. 21, 2007다8464 · 8471(D-75에 인용).

(ㄷ) 병존적 채무인수의 예

① 임대아파트 매수인이 매도인과 체결한 약정에 따라 매도인으로부터 '임대아파트 각 세대에 대한 임대차보증금 반환채무'와 '은행에 대한 대출금 채무'를 인수하는 대신 매매대금에서 그 금액을 공제한 나머지 금원만을 매도인에게 지급한 뒤 임대아파트 각 세대의 소유권을 이전받아 매도인의 임대사업자 지위를 승계한 사안에서, 매수인이 위 대출금 채무를 인수한 것은 이행인수가 아닌 병존적 채무인수라고 본 사례(대판 2010. 5. 13, 2009다105222).

② 부동산을 매매하면서 매도인과 매수인 사이에 중도금 및 잔금은 매도인의 채권자에

게 직접 지급하기로 약정한 경우, 그 약정은 매도인의 채권자로 하여금 매수인에 대하여 그 중도금 및 잔금에 대한 직접청구권을 행사할 권리를 취득케 하는 제 3 자를 위한 계약에 해당하고 동시에 매수인이 매도인의 그 제 3 자에 대한 채무를 인수하는 병존적 채무인수에도 해당한다고 본 사례(대판 1997. 10. 24, 97다28698).

C-339

3. 계약인수

계약인수는 계약당사자의 지위(예: 임차인의 지위)의 승계를 목적으로 하는 계약이다. 이러한 계약인수가 있으면 종래 계약당사자 일방이 가지고 있던 권리·의무가 모두 그대로 승계인에게 이전된다.

계약인수는 본래의 계약당사자와 양수인의 3면계약으로 할 수 있음은 물론이나, 인적 요소가 문제되지 않는 계약의 경우에는 양도인·양수인의 합의(관계당사자 3인 중 2인의 합의)와 남은 당사자의 동의 또는 승낙에 의하여서도 할 수 있다(이설이 없으며, 판례도 같음. 대판 2020. 12. 10, 2020다245958 등 다수)(나머지 당사자의 동의 내지 승낙이 반드시 명시적 의사표시에 의하여야 하는 것은 아니며 묵시적 의사표시에 의하여서도 가능하다. 대판 2023. 3. 30, 2022다296165). 그런데 판례는 임대인의 지위의 양도에 관하여는 완화된 모습을 보인다(대결 1998. 9. 2, 98마100: D-221에 인용함).

계약인수가 있으면 인수인이 계약당사자로서의 지위를 승계한다. 그리하여 그 계약에서 이미 발생한 채권·채무뿐만 아니라(대판(전원) 2011. 6. 23, 2007다63089·63096) 장래에 발생할 채권·채무도 이전되며, 계약상의 취소권·해제권도 이전한다(대판 1987. 9. 8, 85다카733·734). 그리고 양도인은 계약관계에서 벗어나게 된다(대판 2007. 9. 6, 2007다31990). 그러나 계약상의 지위를 전제로 한 권리관계만이 이전될 뿐 불법행위에 기한 손해배상청구권은 별도의 채권양도절차 없이 제 3 자에게 당연히 이전되는 것이 아니다(대판 2015. 7. 23, 2012다15336. 따라서 표시광고법상 허위·과장광고로 인한 손해배상청구권을 가지고 있던 아파트 수분양자가 수분양자의 지위를 제 3 자에게 양도하였다는 사정만으로 그 양수인이 당연히 위 손해배상청구권을 행사할 수 있다고 볼 수는 없고, 특별한 사정이 있는 경우에만 양수인이 그 손해배상청구권을 행사할 수 있다).

판례에 따르면, 계약인수는 개별 채권·채무의 이전을 목적으로 하는 것이 아니라 다수의 채권·채무를 포함한 계약당사자로서의 지위의 포괄적 이전을 목적으로 하는 것으로서 계약당사자 3인의 관여에 의해 비로소 효력을 발생하는 반면, 개별 채권의 양도는 채권양도인과 양수인 2인만의 관여로 성립하고 효력을 발생하는 등 양자가 그 법적인 성질과 요건을 달리하므로, 채무자 보호를 위해 개별 채권양도에서 요구되는 대항요건은 계약인수에서는 별도로 요구되지 않는다고 한다(대판 2020. 12. 10, 2020다245958). 그리고 이러한 법리는 상법상 영업양도에 수반된 계약인수에 대해서도 마찬가지로 적용된다고 한다(대판 2020. 12. 10, 2020다245958).

4. 계약가입

계약가입은 종래의 당사자가 계약관계에서 벗어나지 않고 가입자와 더불어 당사자의 지위를 가지는 것을 말한다. 이는 병존적 계약인수라고 표현할 수 있다. 계약가입의 인정에 관하여 우리의 학설은 소극적이나, 판례는 계약자유 내지 사적 자치의 원칙상 당연히 인정된다고 한다(대판 1996. 9. 24, 96다25548 등).

제 8 장 채권의 소멸

학습의 길잡이

본장은 채권법 총칙에 규정되어 있는 채권의 소멸원인 7가지에 대하여 서술한다.

7가지의 채권소멸원인의 서술 내용 가운데 이론적으로 특히 중요한 것으로는 변제 중 채권의 준점유자에 대한 변제, 변제의 충당, 변제의 제공, 변제에 의한 대위와, 상계 전반을 들 수 있다. 그리고 선택형으로 자주 출제되는 사항으로는 변제 중 제3자의 변제, 변제의 충당, 변제에 의한 대위, 대물변제의 요건, 공탁 전반, 상계의 요건 중 상계적상, 상계의 방법, 상계의 효과를 들 수 있다. 그에 비하여 경개·면제·혼동은 상대적으로 덜 중요하다.

본장은 채권의 소멸원인에 대하여 논의하는 부분이기 때문에, 채무불이행·채권자지체·계약해제·부당이득 등과도 밀접하게 관련되어 있다. 그리고 변제의 제공은 그것들 외에 동시이행의 항변권과도 관계되고, 변제에 의한 대위는 연대채무자·보증인·물상보증인·저당부동산의 제3취득자와도 관계된다. 한편 공탁은 법실무적으로 매우 자주 이용되는 제도이다.

제 1 절 서 설

C-340 Ⅰ. 채권의 소멸과 그 원인

채권의 소멸이란 채권이 객관적으로 존재하지 않게 되는 것을 말한다(이는 채권의 절대적 소멸이다. 그에 비하여 채권의 이전은 상대적 소멸이라고 할 수 있다). 채권의 소멸원인에는 여러 가지가 있으나, 민법은 제3편(채권) 제1장(총칙) 제6절(채권의 소멸)에서 **채권의 소멸원인으로 변제·대물변제·공탁·상계·경개·면제·혼동의 7가지를 규정하고 있다.** 그러나 이는 채권소멸원인의 전부가 아니다. 채권은 채무자에게 책임 없는 이행불능, 목적의 소멸, 소멸시효의 완성(소멸시효 완성의 효과에 관하여 상대적 소멸설을 취할 경우에는 시효의 원용이 필요함), 채권의 존속기간의 만료 등에 의하여서도 소멸한다. 아래에서는 채권편에 규정되어 있는 7가지의 채권소멸원인에 관하여서만 살펴보기로 한다.

제 2 절 변 제

Ⅰ. 변제의 의의 및 성질 C-341

1. 변제의 의의

변제란 채무자(또는 제 3 자)가 채무의 내용인 급부를 실현하는 것을 말한다. 동산의 매도인이 목적물을 인도하거나 또는 임차인이 차임으로 금전을 지급하는 것(금전채무의 변제는 특히 지급이라고 함)이 그 예이다. 변제는 채무의 이행과 그 실질에 있어서 같다. 이행은 채권을 소멸시키는 행위의 측면에서 본 것이고, 변제는 채권의 소멸이라는 측면에서 본 것이다.

변제는 이행행위(급부행위)에 의한 「급부의 실현」으로서 이행행위와 구별된다. 적어도 개념상 이행행위는 변제의 수단에 지나지 않는다. 이행행위는 사실행위일 수도 있고(예: 금전의 지급 · 노무의 제공 · 부작위채무의 이행) 법률행위일 수도 있다(예: 제 3 자에의 매매).

2. 변제의 성질

변제의 법적 성질에 관하여는 독일 보통법시대부터 다투어지고 있었으며, 그 영향으로 의용민법 아래에서도 학설이 대립하였다. 논의의 핵심은 변제에 변제의사(및 변제수령의사)가 필요한가 아닌가였다. 그러면서 학설은 법률행위설(계약설 · 단독행위설 · 계약 또는 단독행위라는 설) · 준법률행위설 · 절충설(급부가 법률행위이면 변제도 법률행위이나 급부가 사실행위이면 변제도 사실행위라는 설)로 나뉘어 있었다. 그러나 오늘날에는 변제가 법률행위가 아니라는 견해만 주장되고 있다. 그런데 학설은 구체적인 모습에 있어서 다소의 차이를 보인다. 우선 i) 준법률행위설은 변제는 법률행위가 아니고 준법률행위라고 한다. ii) 사실행위설은, 변제는 사람의 행위를 필요로 하는 법률사실이라는 의미에서 사실행위라고 새기는 것이 타당하다고 한다. iii) 목적적 급부실현설은 변제는 변제를 목적으로 하는 목적적 급부의 실현으로 이해할 것이라고 한다(사견도 같음).

Ⅱ. 변 제 자 C-342

1. 채 무 자

채무자는 변제의무를 부담할 뿐만 아니라 변제권한도 가지고 있다. 따라서 본래 채무자가 변제자가 된다. 그러나 항상 채무자가 직접 이행행위(급부행위)를 하여야 하는 것은 아니다. 이행행위가 사실행위인 때에는 그 행위를 이행보조자가 할 수도 있고(대판 2001. 6. 15, 99다13515), 그것이 법률행위인 때에는 대리인이 행할 수도 있다.

2. 제 3 자

(1) 원 칙

채무변제는 언제나 채무자만이 하여야 하는 것은 아니다. 제 3 자도 원칙적으로 변제를 할 수 있다(469조 1항 본문). 특별한 사정이 없는 한 변제는 채권자에게 불이익하지 않기 때문이다. 제 3 자의 변제는 제 3 자가 채무자의 채무를 「자기의 이름으로」, 그러나 「타인의 채무로서」 변제하는 것이다(「자기의 채무로서」 변제하는 경우에는 비채변제가 된다. 742조 · 745조 참조). 이와 관련하여 판례는, 「제 3 자가 타인의 채무를 변제하여 그 채무를 소멸시키기 위하여는 제 3 자가 타인의 채무를 변제한다는 의사를 가지고 있었음을 요건으로 하고 이러한 의사는 타인의 채무변제임을 나타내는 변제지정을 통하여 표시되어야 할 것이지만, 채권자가 변제를 수령하면서 제 3 자가 타인의 채무를 변제하는 것이라는 사실을 인식하였다면 타인의 채무변제라는 지정이 있었다고 볼 수 있다」고 한다(대판 2010. 2. 11, 2009다71558).

제 3 자의 변제가 있으면 채무자의 변제가 있는 때와 마찬가지로 채권은 소멸한다. 다만, 변제한 제 3 자는 일정한 경우에는 채권자의 권리를 대위한다(「변제에 의한 대위」이다. C－373 이하 참조). 그리하여 그 경우에는 채권은 변제자와 채무자 사이에 존속하게 된다(문헌들은 이를 채권의 상대적 소멸이라고 설명하는 것이 보통이다). 한편 제 3 자의 변제의 제공이 있음에도 불구하고 채권자가 수령하지 않으면 채권자지체가 된다고 할 것이다(이설 없음).

[참고] 제 3 자의 대물변제·공탁·상계 문제

제 3 자는 변제 외에 대물변제·공탁·상계도 할 수 있는가? 문헌들은 제 3 자의 대물변제·공탁을 인정하는 데 다툼이 없다. 그러나 상계에 관하여는 i) 부정설(사견도 같음)과 ii) 긍정설이 대립하고 있다.

C-343 ### (2) 예 외

민법은 다음 세 가지의 경우에는 제 3 자의 변제를 금지하고 있다.

1) 채무의 성질에 의한 제한 채무의 성질이 제 3 자의 변제를 허용하지 않는 때에는 제 3 자가 변제할 수 없다(469조 1항 단서). 일신전속적 급부를 내용으로 하는 채무가 그렇다. 그런데 일신전속적인 급부 중에 절대적인 것(예: 학자의 강연, 유명 연주가의 연주)은 제 3 자의 변제가 언제나 금지되지만, 상대적인 것(예: 노무자의 급부(657조 2항) · 수임인의 급부(682조))은 채권자의 동의가 있으면 제 3 자의 변제가 허용된다.

2) 당사자의 의사표시에 의한 제한 당사자의 의사표시로 제 3 자의 변제를 허용하지 않는 때에는 제 3 자가 변제할 수 없다(469조 1항 단서). 이에 대하여 문헌들은 대체로 계약으로 발생하는 채권은 계약에 의하여, 그리고 단독행위로 발생하는 채권은 단독행위로 제 3 자의 변제를 금지할 수 있다고 한다(사견은 다름).

3) 이해관계 없는 제 3 자의 변제의 제한 이해관계 없는 제 3 자는 채무자의 의사에 반하여 변제하지 못한다(469조 2항). 여기의 「이해관계」는 법률상 이해관계를 가리킨다(대결 2009. 5. 28, 2008마109 등). 그리고 채무자의 반대의사는 적극적으로 표시될 필요는 없으나, 변제할 당시의 객관적인 제반사정에 비추어 명확하게 인식될 수 있어야 한다(대판 1988. 10. 24, 87다카1644. 사실 제 3 자의 변제는 채무자에게 이익이 되므로 채무자의 반대의사가 없는 것으로 추정함이 옳다). 이에 대한 증명책임은 채무자의 의사에 반한다고 주장하는 자에게 있다(이설 없음). C-344

연대채무자·보증인·물상보증인·저당부동산의 제 3 취득자(대판 1995. 3. 24, 94다44620) 등과 같이 **법률상 변제에 이해관계 있는 제 3 자는 채무자의 의사에 반하여서도 변제할 수 있고, 변제로 채무자에 대하여 구상권을 행사할 수 있다**(대판 2010. 3. 25, 2009다29137). 그에 비하여 공동저당의 목적인 물상보증인 소유의 부동산에 후순위로 소유권이전청구권 가등기가 설정되어 있는데 그 부동산에 대하여 먼저 경매가 실행되어 공동저당권자가 매각대금 전액을 배당받고 채무의 일부가 남은 경우에, 가등기권리자는 — 물상보증인이 선순위저당권을 대위취득하고 그 가등기권리자는 이 선순위저당권에 대하여 물상대위함으로써 우선변제를 받을 수 있으므로 — 사실상 이해관계만 가지며, 따라서 그는 채무자의 의사에 반하여 변제(또는 변제공탁)할 수 없다(대결 2009. 5. 28, 2008마109).

(판 례) 제 3 자 변제 관련

(ㄱ) 「부동산의 매수인은 그 권리실현에 장애가 되는 그 부동산에 대한 담보권 등의 권리를 소멸시키기 위하여 매도인의 채무를 대신 변제할 법률상 이해관계 있는 제 3 자라고 볼 것」이다(대판 1995. 3. 24, 94다44620. 대판 1993. 10. 12, 93다9903·9910도 참조).

(ㄴ) 원고가 소외인으로부터 금전을 차용하고 자기 소유의 부동산을 양도담보로 제공하였는데 다시 위 소외인이 원고로부터 수령해야 할 원리금과 등기비용을 피고로부터 차용하고 위 부동산을 피고에게 소유권이전등기를 한 경우, 원고는 소외인의 피고에 대한 채무를 변제함에 있어 정당한 이익을 갖는 자에 해당된다(대판 1980. 4. 22, 79다1980).

(ㄷ) 변제할 정당한 이익이 있는 자란 변제를 하지 않으면 채권자로부터 집행을 받게 되거나 또는 채무자에 대한 자기의 권리를 잃게 되는 지위에 있기 때문에 변제함으로써 당연히 대위의 보호를 받아야 할 법률상의 이익을 가지는 자를 가리키는 것이지 채무자와 연립주택건설 사업을 같이 하고 있어 채무자가 수사기관에서 조사를 받음으로 인하여 연립주택건설 사업에 지장을 받을 우려가 있는 사실상의 이해관계를 가지는 자는 여기에 포함된다고 할 수 없다(대판 1990. 4. 10, 89다카24834).

(ㄹ) 채무담보 목적의 가등기가 경료되어 있는 부동산을 시효취득하여 소유권이전등기 청구권을 취득한 자가 그 등기를 경료하지 못하던 중에 채권자가 청산절차를 거치지 아니하고 위 가등기에 기하여 본등기를 경료하였다면 그는 부동산 소유자에 대한 소유권이전등

기 청구권을 보전하기 위하여 위 소유자를 대위하여 그의 채권자에게 위 채무를 변제할 법률상의 권한이 있어 이해관계 있는 제 3 자에 해당한다(대판 1991. 7. 12, 90다17774).

(ㅁ) 건물을 신축한 자가 건물을 매도함과 동시에 소유권이전등기 전까지 그 건물을 매수인에게 임대하기로 하였는데 그 건물의 건축공사 수급인이 공사금 일부를 지급받지 못하였다는 이유로 건물의 매수인 겸 임차인의 입주를 저지하자 건물의 매수인 겸 임차인이 매도인에게 지급할 매매대금의 일부를 건축공사 수급인에게 공사금채무 변제조로 지급한 경우, 건물의 매수인 겸 임차인은 그 권리실현에 장애가 되는 위 수급인의 건물에 대한 유치권 등의 권리를 소멸시키기 위하여 매도인의 공사금채무를 대신 변제할 법률상 이해관계 있는 제3자이자 변제할 정당한 이익이 있는 자라고 볼 것이므로, 위 변제는 공사금채무의 범위 내에서는 매도인의 의사에 반하여도 효력이 있다(대판 1993. 10. 12, 93다9903).

C-345 **Ⅲ. 변제수령자**

1. 의 의

변제수령자는 유효하게 변제를 수령할 수 있는 자이다. 원칙적으로 채권자(및 그의 대리인 또는 수령보조자)가 변제수령자가 되나, 채권자라도 수령권한이 없는 경우가 있고, 채권자 이외의 자에게 수령권한이 있는 경우도 있다.

2. 채 권 자

(1) 원 칙

채권자는 원칙적으로 변제수령권한을 가진다.

(2) 예 외

채권자임에도 불구하고 예외적으로 다음과 같은 경우에는 수령권한이 없다.

1) 채권이 압류(또는 가압류)된 경우(민사집행법 227조 · 296조 3항).

2) 채권이 입질된 경우(352조 내지 354조).

3) 채권자가 파산선고를 받은 경우(이때는 파산관재인이 수령권한을 가짐. 채무자회생법 384조. 동법 332조 · 334조도 참조)(우리의 도산법실무에서 자주 행하여지는 동시폐지의 경우(파산선고와 동시에 파산을 폐지하는 결정을 내리는 경우)에는 채권자의 수령권한은 문제되지 않음.).

4) 회생절차 개시신청 후 그 절차의 개시결정이 있기 전에 법원이 보전관리인을 선임한 경우(이 경우에는 보전관리인이 수령권한을 가짐(채무자회생법 85조 · 43조 3항). 다만, 보전관리인을 선임하지 않은 경우에는 채권자가 여전히 수령권한을 가짐(동법 74조 3항 · 4항 참조)).

5) 회생절차가 개시된 후 관리인이 선임된 경우(이때는 관리인이 수령권한을 가짐(채무자회생법 56조 1항. 동법 67조 · 68조도 참조))(그에 비하여 개인회생절차의 경우에는 채권자가 여전히 수령권한을 가짐. 채무자회생법 580조 2항 참조).

3. 채권자 이외의 변제수령자 C-346

(1) 수령권한이 있는 자

채권자에 의하여 또는 법률규정 · 법원의 선임에 의하여 변제수령권한이 부여된 자는 수령권한이 있다. 채권자의 임의대리인 · 부재자가 선임한 재산관리인 · 채권의 추심을 위임받은 수임인은 전자의 예이고, 제한능력자의 법정대리인 · 대항요건을 갖춘 채권질권자(353조) · 파산관재인(채무자회생법 384조) · 회생절차 개시결정 전에 선임된 보전관리인(채무자회생법 85조) · 회생절차 개시 후에 선임된 관리인(채무자회생법 56조 1항) · 추심명령 또는 전부명령(전부명령을 받은 자는 이미 채권자로 됨)을 받은 압류채권자(민사집행법 229조 2항 · 3항) · 법원이 선임한 부재자의 재산관리인(25조) · 채권자대위권자(404조) 등은 후자의 예이다.

(2) 표현수령권자

민법은 선의의 변제자(그 결과 거래의 안전)를 보호하기 위하여 일정한 경우에는 채권자 이외의 자에 대한 변제를 유효한 것으로 하고 있다.

1) 채권의 준점유자(470조)

(가) 채권의 준점유자의 의의　　채권의 준점유자란 채권을 사실상 행사하는 자이다(210조 참조). 여기서 「채권을 사실상 행사한다」 함은 거래관념상 채권을 행사할 정당한 권한을 가진 것으로 믿을 만한 외관을 가지는 것을 말한다(대판 2013. 12. 12, 2013다54055 등). 채권의 준점유자의 예로는 예금증서 기타의 채권증서와 인장을 소지한 자 · 표현상속인(表見相續人)(대판 1995. 3. 17, 93다32996 등) · 가압류로 인하여 채권의 추심 기타 처분행위에 제한을 받다가 가압류를 취소하는 가집행선고부 판결을 선고받아 다시 채권을 제한 없이 행사할 수 있을 듯한 외관을 가지게 된 채권자(대판 2003. 7. 22, 2003다24598)를 들 수 있다. 그리고 위조한 영수증을 제시하여 변제받은 자도 채권자라고 인정될 만한 외관을 갖춘 때에는 채권의 준점유자로 된다(이설 없음). 그에 비하여 위조된 수표의 소지자(대판 1971. 3. 9, 70다2895) · 부동산 사업의 동업자(대판 1982. 11. 9, 80다3135) · 금융실명제 이후 예금명의자도 아니고 예금통장도 소지하지 않은 예금행위자(대판 2002. 6. 14, 2000다38992 등)는 채권의 준점유자가 아니다.

채권양도가 무효 또는 취소된 경우의 채권의 사실상의 양수인이 채권의 준점유자인가에 관하여는 의용민법에는 없던 제452조가 있다는 이유로 부정하거나 제한적으로 인정하는 견해가 있으나, 제452조가 적용되는 경우에도 제470조의 적용을 배제할 이유가 없으므로 긍정하여야 한다(채권법총론 [212] 참조). 한편 채권양도가 무효 · 취소된 경우에 선의로 변제한 채무자는 선의의 제 3 자 보호규정에 의하여서도 보호될 수 있다(이설 있음. A-142 참조).

판례에 의하면, 무효인 전부명령을 받은 자는 채권의 준점유자로 다루어진다(대판 1997. 3. 11, 96다44747[핵심판례 284면] 등).

C-347 (판 례) 무효인 전부명령에 의한 전부채권자에게 변제한 경우

「채권압류가 경합된 경우에 있어서는 그 압류채권자들 중의 한 사람이 전부명령을 얻더라도 그 전부명령은 무효가 된다.

그런데 이 경우에 제3채무자가 그 무효인 전부명령에 의한 전부채권자에게 그 전부금을 변제하였다면 그 전부채권자는 진정한 채권자로 볼 수 있는 외관을 갖춘 자로 민법 제470조 소정의 채권의 준점유자에 해당한다고 보아야 할 것이니 제3채무자가 선의·무과실인 때에는 같은 조문의 채권의 준점유자에 대한 변제로서 그 변제는 유효하고 제3채무자가 채무자에 대하여 부담하고 있던 채무는 소멸되고 제3채무자는 압류채권자에 대하여 이중변제의 의무를 부담하지 않으며, 제3채무자가 전부채권자에 대하여 전부명령이 무효임을 주장하여 부당이득의 반환청구도 할 수 없는 것으로 보아야 하는데 경합 압류채권자에 대한 관계에 있어서는 전부채권자가 무효인 전부명령에 의하여 수령한 금원을 독점할 법률상의 원인이 없는 것이어서 경합 압류채권자는 전부채권자에 대하여 자기가 배당받아야 할 금액의 범위 내에서 부당이득의 반환청구를 할 수 있는 것으로 보아야 할 것인바, 이때에 제3채무자측에서 경합 압류채권자가 배당받아야 할 금원을 그 압류채권자에게 대위변제하였다면 이는 이해관계 없는 제3자의 변제로서 그 대위변제자는 변제자의 임의대위권 밖에 행사할 수 없을 것이다.

그러나 제3채무자가 위 전부금을 변제함에 있어서 선의·무과실이 아니었다면 제3채무자가 전부채권자에게 한 전부금의 변제는 효력이 없는 것이라고 할 것이고, 또 그것이 경합 압류채권자에 대하여 불법행위가 될 수 있는 것이니 제3채무자는 경합 압류채권자에 대하여 그로 인한 손해를 배상할 의무가 있는 것이라고 할 것이고 이때에 제3채무자의 피용자(그 사람의 과실로 인하여 제3채무자에게 위와 같은 배상책임을 발생하게 한 자)가 위의 손해금을 경합 압류채권자에게 배상하였다면 이는 이해관계 있는 제3자의 변제가 될 것이니 그 변제자(제3채무자의 피용자)는 변제자의 법정대위권에 의거하여 제3채무자를 대위하여 피고에 대하여 부당이득금의 반환을 구할 수 있는 것으로 풀이하여야 할 것이다.」(대판 1980. 9. 30, 78다1292)

어떤 자가 스스로 채권자라 하지 않고 채권자의 대리인이라고 하면서 채권을 행사하는 경우에도 채권의 준점유자로 되는가? 여기에 관하여 학설은 i) 채권자를 사칭하는 경우와 구별하지 않는 견해(사견도 같음), ii) 사실행위에만 인정하고 이행행위가 법률행위인 때에는 표현대리의 문제로 보는 견해, iii) 채권자의 귀책사유가 전제되어야 한다는 견해로 나뉘어 있다(채권법총론 [213] 참조). 판례는 준점유자가 스스로 채권자라고 하여 채권을 행사하는 경우뿐만 아니라 채권자의 대리인이라고 하면서 채권을 행사하는 때에도 채권의 준점유자에 해당한다고 한다(대판 2004. 4. 23, 2004다5389). 한편 대리인을 사칭한 경우가 표현대리의 요건을 갖춘 때에는 표현대리의 규정에 의하여 채무자가 보호받을 수도 있다.

C-348 (나) **준점유자에 대한 변제가 유효하기 위한 요건** 채권의 준점유자에 대한 변제가 유

효하려면 **변제자가 선의 · 무과실이어야 한다**(470조). 여기서 선의라는 것은 준점유자에게 변제수령권한이 없음을 알지 못하는 것만으로는 부족하며 적극적으로 수령권한이 있다고 믿었어야 한다(이설이 없으며, 판례도 같음. 대판 2021. 1. 14, 2018다286888). 그리고 무과실은 그렇게 믿은 데에 과실이 없는 것이다.

변제자의 선의 · 무과실은 변제시를 기준으로 판단한다. 그런데 대법원은 폰뱅킹에 의한 자금이체 신청의 경우에는 자금이체시의 사정뿐만 아니라 그 이전에 행하여진 폰뱅킹의 등록을 비롯한 제반사정을 총체적으로 고려할 것이라고 한다(대판 1998. 11. 10, 98다20059). 한편 변제자의 선의·무과실은 변제의 유효를 주장하는 자가 증명하여야 한다(대판 1992. 2. 14, 91다9244도 이를 전제로 하고 있음).

판 례 **변제자에게 과실이 있는 예**

「효력규정인 강행법규에 위반되는 계약을 체결한 자가 그 약정의 효력이 부인된다는 사실을 알지 못한 탓에 그 약정에 따라 변제수령권을 갖는 것처럼 외관을 갖게 된 자에게 변제를 한 경우에는, 특별한 사정이 없는 한 그 변제자가 채권의 준점유자에게 변제수령권이 있는 것으로 오해한 것은 법률적인 검토를 제대로 하지 않은 과실에 기인한 것이라고 할 것이다.」(대판 2004. 6. 11, 2003다1601)

(다) **준점유자에 대한 변제의 효과** 채권의 준점유자에 대한 변제가 위와 같은 요건을 갖춘 경우의 효과는 어떻게 되는가? 이에 대하여 학설은 i) 채권의 준점유자에 대한 선의 변제의 효과는 확정적이고, 따라서 변제자는 준점유자에 대하여 변제한 것의 반환을 청구하지 못한다는 견해(사견도 같음), ii) 원칙적으로는 i)설과 같되, 진정한 채권자에게 2중으로 변제한 때에는 예외적으로 준점유자에 대한 반환청구권을 인정할 것이라는 견해, iii) 제470조는 변제자의 항변권을 정한 규정이며, 채무자는 준점유자에 대하여 변제한 것의 반환을 청구할 수 있다는 견해로 나뉘어 대립하고 있다. 그리고 판례는 i)설과 같다(대판 1980. 9. 30, 78다1292). C-349

i)설 및 판례에 의하면 준점유자에 대한 변제가 유효한 때에는 변제자는 준점유자에 대하여 반환청구를 하지 못하고, 진정한 채권자만이 부당이득의 반환청구권을 가진다. 물론 준점유자에 대한 변제가 무효인 때에는 채권은 소멸하지 않으며, 채무자가 진정한 채권자에게 다시 변제하여야 한다. 이 경우 변제자는 수령자에 대하여는 비채변제를 한 것이 된다(742조 참조).

2) 영수증 소지자(471조) C-350

(가) 영수증을 소지한 자에 대한 변제는 그 소지자가 변제를 받을 권한이 없는 경우에도 효력이 있다(471조 본문). 그러나 변제자가 그 권한 없음을 알았거나 알 수 있었을 경우에는 그러하지 아니

하다(471조 단서).

영수증은 변제의 수령을 증명하는 문서인데, 이 규정에서의 영수증은 진정한 것(작성권한이 있는 자가 작성한 것 외에 대리인이 작성한 것, 무권대리인이 작성하였으나 표현대리의 요건이 갖추어진 경우도 이에 해당한다)만을 가리키며 위조된 것은 포함되지 않는다(이설 없음). 다만, 위조된 영수증 소지자에 대한 변제는 경우에 따라서 제470조의 채권의 준점유자에 대한 변제로 될 수는 있다.

(나) 앞서 본 바와 같이, 영수증 소지자에 대한 변제가 유효하게 되려면 변제자가 선의·무과실이어야 하는데, 그 증명책임은 변제가 무효임을 주장하는 자에게 있다.

(다) 영수증 소지자에 대한 변제의 효과는 채권의 준점유자에 대한 변제의 경우와 같다(C-349 참조).

3) 증권적 채권의 증서의 소지인 지시채권·무기명채권·지명소지인출급채권과 같은 증권적 채권의 증서(증권)의 소지인에 대하여 행한 변제는, 그 소지인이 진정한 권리자가 아니더라도, 변제자가 악의이거나 그에게 중과실이 없는 한 유효하다(514조·518조·524조·525조). 이는 변제자 보호 외에 증권적 채권의 유통을 위한 것이다.

C-351

4. 수령권한 없는 자에 대한 변제

변제수령권한 없는 자에 대한 변제는, 위에서 설명한 표현수령권자에 대한 것(C-346~350 참조)을 제외하고는, 무효이다. 그러나 그 변제로 인하여 채권자가 이익을 받은 경우(예: 무권대리인이 변제된 것을 채권자에게 인도한 경우)에는 그 한도에서 유효하게 된다(472조). 여기서 「채권자가 이익을 받은」 경우로는 변제의 수령자가 진정한 채권자에게 채무자의 변제로 받은 급부를 전달한 경우는 물론이고, 그렇지 않더라도 무권한자의 변제수령을 채권자가 사후에 추인한 때와 같이 무권한자의 변제수령을 채권자의 이익으로 돌릴 만한 실질적 관련성이 인정되는 경우(대판 2016. 7. 14, 2015다71856·71863 등)나 변제수령자가 변제로 받은 급부를 가지고 채권자의 자신에 대한 채무의 변제에 충당하거나 채권자의 제3자에 대한 채무를 대신 변제함으로써 채권자의 기존 채무를 소멸시키는 등 채권자에게 실질적인 이익이 생긴 경우를 포함한다(대판 2021. 3. 11, 2017다278729 등). 그러나 변제수령자가 변제로 받은 급부를 가지고 자신이나 제3자의 채권자에 대한 채무를 변제함으로써 채권자의 기존 채권을 소멸시킨 경우에는 채권자에게 실질적인 이익이 생겼다고 할 수 없으므로 제472조에 의한 변제의 효력을 인정할 수 없다(대판 2021. 3. 11, 2017다278729 등). 한편 이 경우에 변제자의 선의·악의는 묻지 않는다.

(판 례) 무권한자의 변제수령을 채권자가 추인한 경우

「무권한자의 변제수령을 채권자가 추인한 경우에 채권자는 무권한자에게 부당이득으로서 그 변제받은 것의 반환을 청구할 수 있다.

따라서 채권담보권자가 채권양수인보다 우선하고 담보권설정의 통지가 제 3 채무자에게 도달하였음에도, 그 통지보다 채권양도의 통지가 먼저 도달하였다는 등의 이유로 제 3 채무자가 채권양수인에게 채무를 변제한 경우에 채권담보권자가 무권한자인 채권양수인의 변제수령을 추인하였다면, 이러한 추인에 의하여 제 3 채무자의 채권양수인에 대한 변제는 유효하게 되는 한편 채권담보권자는 채권양수인에게 부당이득으로서 그 변제받은 것의 반환을 청구할 수 있다.」(대판 2016. 7. 14, 2015다71856 · 71863)

Ⅳ. 변제의 목적물 C-352

민법은 「주는 급부」(물건의 인도를 내용으로 하는 급부. C-34 참조)를 목적으로 하는 채무 즉 「주는 채무」의 경우에 변제하여야 할 물건과 관련하여 몇 개의 특별규정을 두고 있다.

(1) 특정물의 현상인도

특정물의 인도가 채권의 목적인 때에는 채무자는 이행기의 현상(現狀)대로 그 물건을 인도하여야 한다(462조). 이 규정의 해석과 관련하여서는 논란이 있으나, 그에 관하여는 앞에서 설명하였다(C-40 참조). 그리고 여기의 「이행기」는 「인도할 때」로 새겨야 한다(C-40 참조).

(2) 타인의 물건의 인도

채무의 변제로 타인의 물건을 인도한 채무자는 다시 유효한 변제를 하지 않으면 그 물건의 반환을 청구하지 못한다(463조). 즉 타인의 물건을 인도하는 것이 유효한 변제로 되지는 않으며, 단지 그 반환청구만 제한될 뿐이다. 그런데 반환청구를 할 수 없는 것은 채무자만이고 채무자가 아닌 소유자와 같은 자까지 그러한 것은 아니다(대판 1993. 6. 8, 93다14998 · 15007).

타인의 물건의 인도가 **예외적으로 유효한 변제로 되는 경우가 있다**. 채무자가 타인의 물건을 인도한 경우에 채권자가 변제로 받은 물건을 선의로 소비하거나 타인에게 양도한 때에 그렇다(465조 1항). 그러나 이것 역시 채무자에 대한 관계에서 인정되는 효과이다. 따라서 가령 채무자가 아닌 소유자는 채권자에 대하여 부당이득의 반환을 청구할 수 있고, 그러한 경우에 반환을 한 채권자는 채무자에 대하여 구상권을 행사할 수 있다(465조 2항).

방금 설명한 제463조 · 제465조의 해석에 관하여는 **주의할 점**이 있다. 첫째로 제463조(그 결과 465조도)는 특정물채권에는 적용되지 않는다. 그때는 유효한 변제를 다시 할 수 없기 때문이다. 둘째로 이들 규정에 있어서 「채무자」는 널리 「변제자」의 의미로 새겨야 한다(이에 대한 학자들의 논의는 없다). 제 3 자가 타인의 물건을 인도한 경우를 달리 취급할 이유가 없기 때문이다. 셋째로 채권자에게 선의취득 · 첨부(添附)에 의한 소유권취득 · 취득시효 등의 요건이 갖추어진 경우에는, 채권자가 소유권을 취득하게 되고, 제465조는 적용되지 않는다.

(3) 양도능력 없는 소유자의 물건인도

제한능력자와 같이 양도할 능력 없는 소유자가 채무의 변제로 물건을 인도한 경우에는, 그 변제가 취소된 때에도, 다시 유효한 변제를 하지 않으면 그 물건의 반환을 청구하지 못한다(464조). 그러나 이러한 경우에도 채권자가 변제로 받은 물건을 선의로 소비하거나 타인에게 양도한 때에는, 변제는 유효하게 된다(465조 1항). 그리고 그 경우에 채권자가 제3자로부터 배상의 청구를 받으면 반환을 한 채권자는 채무자에 대하여 구상권을 행사할 수 있다(465조 2항).

제464조도 특정물채권에는 적용되지 않는다. 그리고 제한능력자 측에서 변제만을 취소한 것이 아니고 채무를 발생하게 하는 법률행위 자체를 취소한 경우에는, 채무 자체가 존재하지 않게 되어 제464조가 적용될 여지가 없으며, 비채변제(742조)가 문제될 뿐이다.

C-353 V. 변제의 장소

(1) 변제의 장소(급부장소)는 변제(이행)를 하여야 하는 장소이다(급부효과 발생지와 구별하여야 함). 채무는 변제의 장소에 의하여 지참채무·추심채무·송부채무로 나누어진다(C-48 이하 참조). 변제의 장소는 우선 당사자의 의사표시(이는 합의를 의미함) 또는 채무의 성질(예: 가옥의 수리채무)에 의하여 정하여진다(467조 1항). 그런데 이들 표준에 의하여 정하여지지 않는 경우에는, 특별한 규정(586조·700조 상법 56조 등)이 없는 때에는, 제467조의 규정에 의하여 정하여진다(467조 2항 본문).

제467조에 의하면, 특정물의 인도를 목적으로 하는 채무는 채권성립 당시에 그 물건이 있던 장소에서 변제하여야 하며(1항), 특정물채무 이외의 채무의 변제는 채권자의 현주소(채무를 이행할 당시의 주소)에서 하여야 한다(2항 본문). 후자가 이른바 지참채무의 원칙이다. 채권자의 주소 이전·채권의 양도 등으로 변제장소가 변경되어 변제비용이 증가한 때에는, 그 증가액은 채권자가 부담한다(473조 단서). 한편 특정물채무 이외의 채무일지라도 그것이 영업에 관한 것일 때에는 채권자의 현영업소에서 변제하여야 한다(467조 2항 단서). 판례에 따르면, 이 규정의 「영업에 관한 채무」는 영업과 관련성이 인정되는 채무를 의미하고, 「현영업소」는 변제 당시를 기준으로 그 채무와 관련된 채권자의 영업소로서 주된 영업소(본점)에 한정되는 것이 아니라 그 채권의 추심 관련 업무를 실제로 담당하는 영업소까지 포함된다. 따라서 영업에 관한 채무의 이행을 구하는 소는 제소 당시 채권 추심 관련 업무를 실제로 담당하는 채권자의 영업소 소재지 법원에 제기할 수 있다(대결 2022. 5. 3, 2021마6868).

(2) 변제의 제공은 변제의 장소에서 행하여져야 하며, 다른 곳에서의 제공은 채무의 내용에 좇은 것이 되지 못한다. 따라서 그 경우 채권자는 수령을 거절할 수 있다(그렇게 되면 채권자지체가 아니고 이행지체로 됨).

Ⅵ. 변제의 시기 C-354

(1) 변제의 시기는 채무를 이행하여야 하는 시기 즉 이행기 또는 변제기를 가리킨다. 이행기(변제기)는 당사자의 의사표시·급부의 성질 또는 법률의 규정(585조·603조·613조·635조·660조·698조 등)에 의하여 정하여진다. 그런데 문제는 이들 표준에 의하여 이행기가 정하여지지 않는 경우이다. 여기에 관하여는 i) 채권이 발생함과 동시에 이행기에 있다고 하는 견해(채권발생시설)(사견도 같음. 채권법총론 [218] 참조), ii) 이행의 청구를 받은 때에 이행기에 있게 된다는 견해(이행청구시설), iii) 원칙적으로는 이행의 청구가 있을 때에 이행기에 있게 되나, 이행의 청구를 요하지 않는 채무는 채권의 발생과 동시에 이행기에 있게 된다는 견해(절충설)가 대립하고 있다.

이행기에 있어서 이행시간에 관하여, 민법은 정하는 바가 없으며(상법에는 특별규정이 있다. 동법 63조 참조), 그것은 거래관행 및 신의칙에 따라 정하여진다고 할 것이다.

(2) 채무자는 이행기에 변제(이행)하여야 한다. 그러나 당사자의 특별한 의사표시가 없으면 채무자는 기한의 이익을 포기하여(153조 참조) 변제기 전에 변제할 수 있다(468조 본문). 그런데 이 경우 상대방의 손해는 배상하여야 한다(468조 단서). 그리하여 채권자와 채무자 모두가 기한의 이익을 갖는 이자부 금전소비대차계약 등에 있어서, 채무자가 변제기로 인한 기한의 이익을 포기하고 변제기 전에 변제하는 경우 변제기까지의 약정이자 등 채권자의 손해를 배상하여야 한다(대판 2023. 4. 13, 2021다305338). 그 경우에 약정이자 등 손해액을 함께 제공하지 않으면 채무의 내용에 따른 변제제공이라고 볼 수 없으므로, 채권자는 수령을 거절할 수 있다(대판 2023. 4. 13, 2021다305338). 이는 제 3 자가 변제하는 경우에도 마찬가지이다(대판 2023. 4. 13, 2021다305338). 한편 기한의 이익과 그 포기에 관한 제153조 제 2 항, 변제기 전의 변제에 관한 제468조의 규정들은 임의규정으로서 당사자가 그와 다른 약정을 할 수 있고, 은행여신거래에 있어서 당사자는 계약 내용에 편입된 약관에서 정한 바에 따라 위 민법 규정들과 다른 약정을 할 수도 있다(대판 2023. 4. 13, 2021다305338).

채무자가 변제기 전에 변제한 경우에 채무자는 그 반환을 청구하지 못한다(743조 본문). 다만, 채무자가 변제기를 잘못 알고 미리 변제한 때에는 채권자는 이로 인하여 얻은 이익을 반환하여야 한다(743조 단서).

(3) 채무자가 이행기에 이행하지 않으면 이행지체가 되고(387조), 채권자가 수령하지 않으면 수령지체가 된다(400조). 그리고 이행기가 되면 그때부터 소멸시효가 진행한다(166조).

Ⅶ. 변제비용의 부담 C-355

변제비용은 다른 의사표시가 없으면 채무자가 부담한다(473조 본문). 그러나 채권자의 주소

이전 기타의 행위로 인하여 변제비용이 증가된 때에는 그 증가액은 채권자가 부담한다(473조 단서).

판 례 담보권 확보 비용/담보권 실행 비용 관련

(ㄱ)「담보권자가 담보권을 확보하기 위하여 지출한 비용은 특약이 없는 한 담보권자가 부담하여야 한다.」(대판 1987. 6. 9, 86다카2435 등) 그런데 이들 판결은 모두 양도담보의 경우에 관한 것이고, 그것도 가등기담보법이 시행되기 전의 것임을 주의하여야 한다. 즉 그 판결들은 당시의 판례상 양도담보의 경우 목적물의 소유권이 양도담보권자에게 신탁적으로 이전되는 특수성 등을 고려하여 그와 같이 판시한 것으로 보인다.

다른 한편으로 대법원은 저당권설정등기의 비용은 당사자 사이에 특별한 약정이 없으면 채무자가 부담함이 거래상의 원칙이라고 한다(대판 1962. 2. 15, 4294민상291). 이 판례는 타당하다.

(ㄴ)「채무자가 피담보채무를 이행하지 아니함으로써 담보권자가 담보권을 실행하였을 때는 상당시할 수 있는 범위 내에서 그 실행에 필요한 비용은 채무불이행으로 인하여 발생한 비용이라고 할 것이어서 당사자 간에 특약이 없는 한 채무자가 부담하여야 한다.」(대판 1976. 12. 14, 76다957)

C-356 Ⅷ. 변제의 증거

변제 자체에 의하여 채권·채무는 소멸한다. 그런데 변제가 있은 후에도 다툼이 생길 가능성이 있다. 그러한 경우를 위하여 민법은 변제자에게 영수증청구권과 채권증서 반환청구권을 인정한다. 전자는 변제자가 적극적으로 변제사실을 증명할 수 있도록 하기 위한 것이고, 후자는 채권자로부터 다시 이행을 청구당하지 않도록 하기 위한 것이다.

판 례 변제에 관한 증명

「변제에 관한 증명책임은 채무자에게 있다. 채무자는 채권자에게 급부한 점 및 그 급부가 특정 채무의 변제로서 이루어졌다는 점을 증명해야 한다. 급부가 특정 채무의 변제로서 이루어졌는지는 급부와 채무의 구체적 내용, 당사자의 의사, 급부 당시의 상황 등 여러 사정을 고려하여 판단한다. 채무자가 객관적으로 특정 채무의 내용에 적합한 급부를 하였다면 특별한 사정이 없는 한 급부가 그 채무의 변제로서 이루어졌다는 점이 인정된다.」(대판 2024. 10. 8, 2024다258921)

(1) 영수증청구권

변제자는 변제를 받는 자에게 영수증의 교부를 청구할 수 있다(474조). 이 영수증청구권은 전부의 변제뿐만 아니라 일부변제, 나아가 대물변제의 경우에도 인정된다고 하여야 한다(이설 없음). 그리고 변제와 영수증의 교부는 동시이행의 관계에 있다고 할 것이다(이설 없음). 한편 영

수증의 작성·교부비용은 채권자가 부담하여야 한다.

(2) 채권증서 반환청구권

채권증서(채권의 성립을 증명하는 서면)가 있는 경우에 변제자(제 3 자가 변제를 하는 경우에도 같다. 대판 2005. 8. 19, 2003다22042)가 채무 전부를 변제한 때에는 채권증서의 반환을 청구할 수 있다(475조 1문). 채권이 변제 이외의 사유로 전부 소멸한 때에도 같다(475조 2문).

이 채권증서 반환청구권은 일부변제자에게는 인정되지 않는다(그 증서에 일부변제의 뜻을 기재할 수는 있다). 그리고 채권자 이외의 제 3 자가 채권증서를 점유하는 경우에는 변제자는 직접 그 제 3 자에 대하여 반환을 청구할 수 있다(이설 없음). **채권증서의 반환과 변제는 동시이행관계에 있지 않으며**(영수증의 교부와 동시이행관계에 있으면 충분하다), 변제가 선행되어야 한다(동지 대판 2005. 8. 19, 2003다22042). 채권증서의 반환비용은 반환채무자인 채권자가 부담한다(473조).

한편 판례는, 채권자가 채무자로부터 채권증서를 교부받은 후 이를 다시 채무자에게 반환하였다면 특별한 사정이 없는 한 그 채권은 변제 등의 사유로 소멸하였다고 추정할 수 있다고 한다(대판 2011. 11. 24, 2011다74550).

Ⅸ. 변제의 충당 C-357

1. 서 설

변제의 충당이란 채무자가 동일한 채권자에 대하여, ① 같은 종류의 목적을 가지는 수개의 채무(예: 수개의 금전채무)를 부담하거나(476조) ② 1개의 채무의 변제로서 수개의 급부(예: 수개월분의 차임의 지급)를 하여야 하거나(478조) 또는 ③ 채무자가 1개 또는 수개의 채무에 관하여 원본 외에 비용·이자를 지급하여야 할 경우(479조)에, 변제로서 제공한 급부가 그 전부를 소멸하게 하는 데 부족한 때에 그 변제를 어느 채무에 채울(충당할) 것인지의 문제이다. 변제의 충당이 문제되는 이유는, 채무들이 이자 여부·담보 여부·이행기 도래 여부 등에 관하여 여러 가지 모습이 있어 변제로서 급부한 것이 어떤 채무에 충당되느냐가 당사자의 이해관계에 직접 영향을 미치기 때문이다.

2. 민법규정과 변제충당의 방법

민법은 변제충당의 방법에 관하여 제476조 내지 제479조를 두고 있다. 그런데 이들 규정은 임의규정이라고 이해하여야 한다(통설·판례도 같음. 대판 2015. 6. 11, 2012다10386(변제자인 채무자와 변제수령자인 채권자는 약정에 의하여 이를 배제하고 제공된 급부를 어느 채무에 어떤 방법으로 충당할 것인가를 결정할 수 있다); 대판 2015. 11. 26, 2014다71712 등). 따라서 당사자는 합의에 의하여 충당할 수 있다(합의충당 내지 계약충당). 이는 명문규정은 없지만 사적 자치에 의하여 당연히 인정된다. 그리고 합의충당이 없을 때 법률규정에 의하여 지정충당·법정충당이 행하여진다.

판 례 변제충당의 방법

「변제충당에 관한 민법 제476조 내지 제479조의 규정은 임의규정이므로 변제자와 변제받는 자 사이에 위 규정과 다른 약정이 있다면 그 약정에 따라 변제충당의 효력이 발생하고, 위 규정과 다른 약정이 없는 경우에 변제의 제공이 그 채무 전부를 소멸하게 하지 못하는 때에는 민법 제476조의 지정변제충당에 의하여 변제충당의 효력이 발생하고 보충적으로 민법 제477조의 법정변제충당의 순서에 따라 변제충당의 효력이 발생한다.」(대결 2010. 3. 10, 2009마1942; 대판 2015. 11. 26, 2014다71712)

C-358 [참고] 민사집행법에 의한 경매에 있어서의 변제충당

판례는, 대판 1996. 5. 10, 95다55504 이후에는 담보권 실행 등을 위한 경매(구 경매법에 의한 경매에 해당함)의 경우 변제충당에 관한 합의가 있었다고 하더라도 그 합의에 의한 변제충당은 허용될 수 없고 획일적으로 가장 공평 타당한 충당방법인 제477조(및 479조)의 규정에 의한 법정변제충당의 방법에 따라 충당할 것이라고 한다(동지 대판 2000. 12. 8, 2000다51339 등). 이에 의하면 담보권 실행 경매의 경우에도 법정충당만 허용된다. 주의할 것은, 공경매 가운데 국세징수법에 의한 공매의 경우, 즉 조세채권의 충당에는 법정충당의 법리를 그대로 적용하는 것이 타당하지 않다고 하는 점이다(대판 2013. 7. 12, 2011두20321 등).

변제충당의 방법에 관한 주장·증명책임은 최후의 법정충당(477조 4호의 안분비례에 의한 충당)과 다른 충당을 주장하는 자가 부담한다. 즉 그가 자신에게 유리한 변제충당의 합의의 존재, 변제충당의 지정, 우선적인 법정충당 등에 관하여 주장·증명하여야 한다(대판 2024. 10. 8, 2024다258921 등 다수). 이 경우 위의 사실을 주장하는 자가 증명을 다하지 못하면 당연히 각 채무액에 안분비례하여 법정충당이 행하여진다(대판 2021. 10. 28, 2021다247937·247951·247968 등).

판 례 채무자가 특정채무를 지정하여 변제한 경우 관련

「동일 당사자 사이에 수 개의 채권관계가 성립되어 있는 경우 채무자가 특정채무를 지정하여 변제를 한 때에는 그 특정채무에 대한 변제의 효과가 인정된다. 이때 그 변제액수가 지정한 특정채무의 액수를 초과하더라도, 초과액수 상당의 채권이 부당이득관계에 따라 다른 채권에 대한 상계의 자동채권이 될 수 있음은 별론으로 하고, 당사자 사이에 다른 채권의 변제에 충당하거나 공제의 대상으로 삼기로 하는 합의가 있는 등 특별한 사정이 없는 한 초과액수가 다른 채권의 변제에 당연 충당된다거나 공제의 대상이 된다고 볼 수는 없다.」(대판 2021. 1. 14, 2020다261776)

각각의 충당방법을 차례로 살펴보기로 한다.

C-359 3. 합의충당(계약충당)

당사자(변제자 및 변제수령자) 사이의 합의에 의한 충당은 모든 것에 우선한다. 충당의 합의는 내용

에 있어서 ① 구체적인 채무에의 충당에 관한 것일 수도 있고 ② 충당의 방법에 관한 것일 수도 있으나, 어느 것이라도 무방하다. 그리고 대법원은 ①과 관련하여 다음과 같이 판시하고 있다. 「다수의 채무 중 보증인에 의하여 담보되고 있는 채무와 그렇지 않은 채무가 있는 경우에, 채권자와 채무자가 충당의 합의를 함에 있어서 보증인이 있는 채무를 반드시 먼저 변제하여야 한다고 볼 근거가 없고, 계약자유의 원칙에 의하여 채권자와 채무자는 제공된 급부를 어느 채무에 어떤 방법으로 충당할 것인가를 결정할 수 있으며, 다만 그러한 충당이 보증인에게 현저히 부당하고 신의칙에 반하는 때에는 합의충당의 효력이 부정된다」(대판 2010. 10. 28, 2010다55187). 이러한 판시는 타당하다.

판 례 충당방법에 관한 합의 관련

(ㄱ) 채권자와 채무자 사이에 「미리 변제충당에 관한 별도의 약정(채권자가 적당하다고 인정하는 순서와 방법에 의하여 충당하기로 한 것: 저자 주)이 있는 경우에는 채무자가 변제를 하면서 위 약정과 달리 특정 채무의 변제에 우선적으로 충당한다고 지정하더라도, 그에 대하여 채권자가 명시적 또는 묵시적으로 동의하지 않는 한 그 지정은 효력이 없어 채무자가 지정한 채무가 변제되어 소멸하는 것은 아니라 할 것이다.」(대판 1999. 11. 26, 98다27517[핵심판례 286면])

(ㄴ) 「변제충당지정은 상대방에 대한 의사표시로써 하여야 하는 것이기는 하나, 채권자와 채무자 사이에 미리 변제충당에 관한 약정이 있고, 그 약정내용이 변제가 채권자에 대한 모든 채무를 소멸시키기에 부족한 때에는 채권자가 적당하다고 인정하는 순서와 방법에 의하여 충당하기로 한 것이라면, 변제수령권자인 채권자가 위 약정에 터 잡아 스스로 적당하다고 인정하는 순서와 방법에 좇아 변제충당을 한 이상 변제자에 대한 의사표시와 관계없이 그 충당의 효력이 있는 것이라고 해석하는 것이 상당하다.」(대판 2012. 4. 13, 2010다1180)

(ㄷ) 「변제자(채무자)와 변제수령자(채권자)는 변제로 소멸한 채무에 관한 보증인 등 이해관계 있는 제 3 자의 이익을 해하지 않는 이상 이미 급부를 마친 뒤에도 기존의 충당방법을 배제하고 제공된 급부를 어느 채무에 어떤 방법으로 다시 충당할 것인가를 약정할 수 있다.」(대판 2013. 9. 12, 2012다118044 · 118051)

4. 지정충당 C-360

지정충당은 변제의 충당이 지정권자의 지정에 의하여 이루어지는 경우이다.

(1) 변제자의 지정

지정충당에 있어서 충당 지정권자는 1차적으로는 변제자이다(채무자가 아님을 주의)(476조 1항 · 3항, 478조). 그가 변제에 가장 이해관계가 크기 때문에 인정된 것이다. 이 변제자의 지정에 변제수령자의 동의는 필요하지 않으며, 또한 수령자가 이의를 제기할 수도 없다.

(2) 변제수령자의 지정

변제자의 지정이 없으면 변제수령자가 지정할 수 있다(476조 2항 본문 · 3항, 478조). 그 시기는 「변제받는 … 당시」라고 규정되어 있으나, 「수령 후 지체없이」의 의미로 새긴다. 변제수령자의 지정에는 변제자가 이의를 제기할 수 있다(476조 2항 단서). 그런데 이의의 효과에 관하여는 견해가 나뉜다. i) 다수설은 지정권이 변제자에게 이전하지 않고 법정충당을 하게 된다고 하나(사견도 같음), ii) 소수설은 다시 변제자가 지정권을 행사할 수 있다고 한다.

C-361
(3) 지정충당에 대한 제한

민법은 제479조에서, 채무자가 1개 또는 수개의 채무의 비용 및 이자를 지급할 경우에 변제자가 그 전부를 소멸하게 하지 못한 급여를 한 때에는 비용 · 이자 · 원본의 순서로 변제에 충당하여야 하고(1항), 비용 · 이자 · 원본 상호간에 있어서는 뒤에 설명하는 법정충당을 할 것이라고 규정한다(2항). 문제는 이 제479조가 지정충당에 대한 제한인지이다. 여기에 관하여 학설은 i) 긍정설(사견도 같음)과 ii) 부정설로 나뉘어 있다. i)설은 제479조 제1항과 다르게 일방적으로 지정할 수 없다는 견해이고, ii)설은 제479조가 임의규정이므로 그와 다른 당사자의 합의가 있으면 그 적용이 배제되고 지정충당도 제479조에 우선한다고 한다. 그에 비하여 판례는 i)설의 견지에 있다(479조는 명시적 · 묵시적 합의가 없는 한 적용된다고 함)(대판 1990. 11. 9, 90다카7262; 대판 2022. 8. 31, 2022다239896(같은 채권자가 가지는 수개의 원본채권과 그 이자 또는 지연손해금 사이) 등 다수).

C-362 **판 례** 제479조의 충당순서가 적용되는 경우

「비용, 이자, 원본에 대한 변제충당의 순서는 민법 제479조에 법정되어 있으므로 당사자 사이에 그와 다른 특별한 합의가 있었다거나 일방의 지정에 대하여 상대방이 지체없이 이의를 제기하지 않음으로써 묵시적인 합의가 되었다고 보여지는 경우 등 특단의 사정이 없는 한 위의 법정순서에 의하여 변제충당이 이루어져야 하는 것이며, 채무자는 물론 채권자라 할지라도 그와 다르게 일방적으로 충당의 순서를 지정할 수 없는 것」이다(대판 1990. 11. 9, 90다카7262).

채무의 원본 외에 비용 · 이자가 있는 경우에는 제479조에 의하여 비용 · 이자 · 원본의 순으로 충당된다. 여기의 비용에 관하여 판례는 다음과 같이 판시한다. 「비용은 당사자 사이의 약정이나 법률의 규정 등에 의하여 채무자가 당해 채권에 관하여 부담하여야 하는 비용을 의미한다. 따라서 채무자가 부담하여야 하는 변제비용(민법 제473조 본문)이나, 채권자의 권리실행비용 중에서 소송비용액 확정결정이나 집행비용액 확정결정에 의하여 채무자가 부담하는 것으로 확정된 소송비용 또는 집행비용 등은 위와 같은 비용의 범주에 속한다. 그러나 변제비용이라고 하여도 채권자의 주소이전 기타의 행위로 인하여 증가된 액수는 원칙적으로 채권자가 부담하여야 하므로(민법 제473조 단서), 이를 위 규정에서 말하는 비용에 해당한다고 할 수 없다. 나아가 민사소송법은 패소한 당사자가 소송비용을 부담하는 것을 원

칙으로 하면서도(같은 법 제98조), 그 부담자 및 부담범위 등에 관하여 여러 가지 예외를 인정하고 있다(같은 법 제99조 이하)」(대판 2008. 12. 24, 2008다61172). 그리고 **제479조의 이자**는 법령의 제한이 있는 때에는 제한 내의 이자만을 가리킨다. 그리하여 이자제한법 제 2 조 제 1 항 및 「이자제한법 제 2 조 제 1 항의 최고이자율에 관한 규정」, 「대부업 등의 등록 및 금융이용자 보호에 관한 법률」 제 8 조 제 1 항 및 동법 시행령 제 5 조 제 2 항의 제한을 초과하는 이자는 제외된다(C-64~66 참조). 그리고 **지연이자**는 실질적으로는 이자와 동일하므로 여기의 이자에는 포함된다(판례도 같은 취지임. 대판 2020. 1. 30, 2018다204787). 한편 합의충당만은 이러한 제한을 받지 않는다(그러나 제한초과이자는 제한된다. 이자제한법 2조 4항, 대부업법 8조 4항 참조).

변제충당에 관한 제479조는 변제뿐만 아니라 공탁·상계 등 그 밖의 채무소멸원인에도 마찬가지로 적용된다(대판 2006. 10. 12, 2004재다818).

판 례 **원본 외에 지연이자가 있는 경우의 지정**

「채무자가 이행지체에 빠진 이상, 채무자의 이행제공이 이행지체를 종료시키려면 완전한 이행을 제공하여야 하므로, 채무자가 원본뿐 아니라 지연이자도 지급할 의무가 있는 때에는 원본과 지연이자를 합한 전액에 대하여 이행의 제공을 하여야 할 것이고, 그에 미치지 못하는 이행제공을 하면서 이를 원본에 대한 변제로 지정하였더라도, 그 지정은 민법 제479조 제 1 항에 반하여 채권자에 대하여 효력이 없으므로, 채권자는 그 수령을 거절할 수 있다 할 것이다.」(대판 2005. 8. 19, 2003다22042)

5. 법정충당 C-363

합의충당도 지정충당도 없는 경우에는 법률규정에 의하여 충당이 일어나게 된다(477조). 채무의 원본 외에 비용·이자가 있는 경우에 비용 상호간, 이자 상호간, 원본 상호간에도 같다(479조 2항). 이를 법정충당이라고 한다. 그 방법은 다음과 같다. 이때 변제충당의 순서는 채무자의 변제제공 당시를 기준으로 정해야 한다(대판 2015. 11. 26, 2014다71712).

(1) **채무 중에 이행기가 도래한 것과 도래하지 않은 것이 있으면 이행기가 도래한 채무의 변제에 충당한다**(477조 1호·478조).

(2) **채무 전부의 이행기가 도래하였거나 도래하지 않은 때에는 채무자에게 변제이익이 많은 채무의 변제에 충당한다**(477조 2호·478조). 변제이익은 변제자를 기준으로 판단하여야 한다(대판 1999. 8. 24, 99다22281·22298). 일반적으로 무이자 채무보다는 이자부 채무, 저이율의 채무보다는 고이율의 채무, 무담보 채무보다는 담보부 채무(자신의 물건에 의한 담보부 채무), 변제자가 보증인으로서 부담하는 보증채무(연대보증채무도 포함)보다는 변제자 자신의 채무(대판 2002. 7. 12, 99다68652 등), 연대채무보다는 단순채무(대판 1999. 7. 9, 98다55543)가 변제이익이 많다. 그러나 변제자가 주채무자인 경우에 보증인이 있는 채무와 보

증인이 없는 채무는 변제이익에 있어서 차이가 없다(대판 2021. 1. 28, 2019다207141 등). 마찬가지로 변제자가 채무자인 경우에 물상보증인이 제공한 물적 담보가 있는 채무와 그러한 담보가 없는 채무 사이에도 변제이익의 점에서 차이가 없다(대판 2014. 4. 30, 2013다8250). 한편 여러 가지 조건이 섞여 있는 경우(예: 저리의 물적 담보부 채무와 고리의 무담보 채무)에는 모든 사정을 고려하여 판단하여야 한다.

판 례 법정충당 관련

(ㄱ) 「주채무자 이외의 자가 변제자인 경우에는, 변제자가 발행 또는 배서한 어음에 의하여 담보되는 채무가 다른 채무보다 변제이익이 많다고 보아야 할 것이고, 주채무자가 변제자인 경우에는, 담보로 제 3 자가 발행 또는 배서한 약속어음이 교부된 채무와 다른 채무 사이에 변제이익의 점에서 차이가 없다고 보아야 할 것이나 담보로 주채무자 자신이 발행 또는 배서한 어음이 교부된 채무는 다른 채무보다 변제이익이 많은 것으로 보아야 할 것이다. 또 법정 변제충당의 순위를 정함에 있어서 변제의 유예가 있는 채무에 대하여는 유예기까지 변제기가 도래하지 않은 것과 같게 보아야 할 것이다.」(대판 1999. 8. 24, 99다22281 · 22298)

(ㄴ) 「변제자가 주채무자인 경우, 보증인이 있는 채무와 보증인이 없는 채무 사이에 변제이익의 점에서 차이가 없다고 보아야 할 것이므로, 보증기간 중의 채무와 보증기간 종료 후의 채무 사이에서는 변제이익의 점에서 차이가 없고, 따라서 주채무자가 변제한 금원은 이행기가 먼저 도래한 채무부터 법정변제충당하여야 할 것이다.」(대판 1999. 8. 24, 99다26481)

(3) **채무자에게 변제이익이 같으면** 이행기가 먼저 도래한 채무나 먼저 도래할 채무의 변제에 충당한다(477조 3호 · 478조). 기한이 정해져 있지 않은 채무는 채무 발생시에 이행기에 있게 되므로(C-354 참조) 그러한 채무 상호간에 있어서는 먼저 성립한 것에 충당되어야 한다.

(4) **이상과 같은 표준에 의하여 충당의 선후를 정할 수 없는 경우에는** 각 채무들의 채무액에 비례하여 변제에 충당한다(477조 4호 · 478조).

C-364 X. 변제의 제공

1. 변제제공의 의의

변제의 제공이란 채무의 이행에 채권자의 협력을 필요로 하는 채무(예: 채권자가 공급하는 재료에 가공하여야 할 채무, 추심채무, 수령을 요하는 채무)에 있어서 채무자가 급부에 필요한 모든 준비를 다해서 채권자의 협력을 요구하는 것을 말하며, 그것은 「이행의 제공」 또는 단순히 「제공」이라고도 한다. 채무 가운데에는 채무자의 행위만으로 이행할 수 있는 것도 있으나(예: 부작위채무, 의사표시를 하여야 할 채무), 채무의 이행에 채권자의 협력이 필요한 것이 대부분이다. 이들 중 후자에 있어서는 채무자가 아무리 변제하려고 하여도 채권자의 협력이 없으면 변제를 할 수가 없다. 그러한 때에 채무자로 하여금 채무불이행책임을 면하게 하는 등으로 채무자를 보호하려는 제도가 「변제의 제공」이다.

변제의 제공이 유효하려면 채무의 내용에 좇은 것이어야 한다(460조). 채무의 내용에 좇은 것이 아니면 그 효과가 발생하지 않는다. 따라서 변제제공은 일정한 수준의 준비가 갖추어지는 것 외에 주체(C-342 이하 참조)·객체(C-352 참조)·장소(C-353 참조)·시기(C-354 참조) 등에 있어서 적합하여야 한다.

2. 변제제공의 방법 C-365

(1) 개 관

민법은 제460조에서 **변제제공의 방법으로 현실의 제공과 구두의 제공의 두 가지를 규정**하고 있다. **현실의 제공**은 채무자가 하여야 할 급부행위를 채무의 내용에 좇아 현실적으로 하는 것이다(이는 채권자의 수령이 있으면 곧 변제의 효과가 생기는 정도의 것임). 이 현실의 제공이 민법상 변제의 제공의 원칙이다(460조 본문). 그에 비하여 **구두의 제공**은 채무자가 언제든지 변제를 할 수 있는 준비를 하고 이를 채권자에게 통지하여 수령 기타의 협력을 최고하는 것이다. 민법은 일정한 경우에는 현실의 제공을 강요하는 것이 채무자에게 가혹하다는 이유에서 구두의 제공만으로 충분한 것으로 정하고 있다(460조 단서).

판 례 금전채무의 현실제공 방법

판례는, 금전채무의 현실제공은 특별한 사정이 없는 한 채권자가 급부를 즉시 수령할 수 있는 상태에 있어야만 인정될 수 있으며(대판 2022. 10. 27, 2022다238053 등), 따라서 채무자가 채무내용에 좇은 급부를 제공하면서도 채권자가 그 급부를 즉시 수령하기 어려운 장애요인을 형성·유지한 경우에는 현실제공이 없다고 한다(대판 2012. 10. 11, 2011다17403).

(2) 현실의 제공 C-366

현실의 제공에서 문제되는 사항을 검토하기로 한다.

1) 변제제공자 변제제공자는 변제자와 같다. 따라서 본래 채무자가 제공자가 되나, 제 3 자도 원칙적으로 제공을 할 수 있다(469조 참조. C-342 이하도 참조).

2) 변제제공의 상대방 이는 변제수령자와 같다. 따라서 원칙적으로 채권자가 제공의 상대방이 되나, 채권자임에도 불구하고 상대방이 될 수 없는 경우도 있고, 채권자가 아닌데도 수령권한이 있는 경우도 있다(C-346 이하 참조). 표현수령권자도 변제가 유효하게 될 수 있는 경우에는 제공의 상대방이 된다고 하여야 한다(470조·471조·514조·518조·524조·525조 참조).

판 례 제 3 자 명의의 예금계좌에 입금한 것이 변제제공으로 되는지

「채권자가 아닌 제 3 자 명의로 개설된 예금계좌에 채무자가 현금을 입금시켰다고 하더라도 그 예금명의자인 제 3 자가 당해 금전채권에 대한 변제의 제공을 받을 수 있는 지위에 있지 아니하는 한 그 입금이 채무내용에 좇은 현실의 제공이라고 볼 수 없을 것이지만, 채권자가 금융기관으로서 채무자에게 금전채무의 이행방법으로 제 3 자 명의로 개설된 예금계좌에 입금할 것을 요청하였고, 그 예금계좌가 채권자의 관리 하에 있어 채권자가 즉시 인출받을 수 있는 지위에 있는 경우에는, 채권자 명의로 개설된 예금계좌에 아무런 유보 없이 입금시킨 경우와 마찬가지로, 채무자가 입금한 금원이 그 예금계좌에 들어가 입금기재된 때에 그에 따른 변제의 효력이 발생한다.」(대판 1998. 7. 24, 98다7698).

C-367 **3) 변제제공의 장소** 변제제공은 정하여진 장소에서 하여야 한다. 그리하여 지참채무의 경우에는 채무자가 채권자의 주소지 또는 합의된 제 3 지에 목적물을 가지고 가서 수령하게 하여야 한다. 그리고 추심채무의 경우에는 채무자가 변제준비를 하고 수령을 최고하여야 한다. 한편 송부채무의 경우에는 채무자가 목적물을 운송기관에 위탁(인도)하면 된다. 즉 송부채무에 있어서 운송기관에 위탁하는 것으로 변제제공으로 되느냐 아니면 채권자에게 도달하여야 변제제공이 되느냐가 문제될 수 있으나, 전자만으로 변제제공이 되고 다만 채권자의 수령거절이 있을 때 수령지체는 발생한다고 해석하는 것이 적당하다.

4) 변제제공의 시기 변제제공은 변제기가 도래하였을 때 하는 것이 원칙이다. 다만 당사자의 특별한 의사표시가 없으면 채무자는 기한의 이익을 포기하고 변제기 전에 변제할 수 있으므로(468조 본문), 그는 변제기 전에도 변제제공을 할 수 있다고 하여야 한다. 그러나 이때 상대방의 손해는 배상하여야 한다(468조 단서).

C-368 **5) 급부의 적합성**

(가) 금전채무의 경우

(a) 일부제공 금전채무에 있어서 채무액의 일부만을 제공한 것 즉 일부제공도 유효한 변제제공이 되는지가 문제된다. 여기에 관하여 다수설(사견도 같음)과 판례는 부정하는 견지에 있다(대판 1984. 9. 11, 84다카781).

(b) 통화 이외의 지급수단 금전채무는 통화로 변제하여야 한다(376조). 그런데 때로는 채무자가 우편환·수표 등과 같이 통화가 아닌 수단으로 제공을 하기도 한다. 이것도 현실의 제공이 되는가? 우편환은 현금과 동일한 작용을 하므로 금전과 같이 다루어야 한다. 수표 중에 신용 있는 은행이 발행·배서 또는 지급보증한 것도 마찬가지이다(이설이 없으며, 판례도 같음. 대판 1960. 5. 19, 4292민상784). 그러나 보통의 수표는 부도(不渡)의 가능성이 있기 때문에 현금과 같이 볼 수 없다. 그리고 예금통장(인장 포함)의 교부도 유효한 제공이 아니다. 다만, 당사자 사이에 특약이나 거래상 관습이 있는 때에는 다를 수 있다.

(나) **금전 이외의 물건을 목적으로 하는 채무** 특정물채무의 경우에는 설사 목적물에 약속한 성질이 없더라도 변제의 제공이 된다(통설도 동지임). 그때 매수인은 하자담보책임을 물을 수는 있다(580조 참조).

종류채무의 경우에는 제공된 물건이 종류·품질·수량에 있어서 적합하여야 한다. 품질이 미달된 경우에는 채권자는 수령을 거절할 수 있다. 그리고 종류매매의 경우에는 수령거절의 방법 외에 목적물을 수령하고 담보책임을 물을 수도 있다(581조 참조).

(다) **채무자의 이행행위와 동시에 채권자가 협력하여야 하는 경우** 등기이전채무에 있어 C-369
서는 채무자는 등기에 필요한 준비를 완료하고 등기소 기타 약속장소에 감으로써 현실의 제공이 된다. 근저당권설정등기 있는 부동산을 매도한 경우 매도인은 소유권이전등기에 필요한 서류 외에 근저당권 말소에 필요한 서류도 준비하여야 하며 근저당채무가 변제되었다는 것만으로는 부족하다(대판 1979. 11. 13, 79다1562). 그리고 등기의무자의 주소 등 표시가 변경된 경우에는 주소변경등기에 필요한 서류도 제공하여야 한다(대판 1987. 4. 14, 86다카2605).

쌍무계약상의 채무자는 동시이행의 항변권이 있어서(536조) 상대방의 제공이 있을 때까지는 자기의 제공이 없더라도 이행지체의 책임을 지지 않는다. 따라서 채무자의 지체책임을 발생하게 하려면, 그리고 그것을 이유로 계약을 해제하려면, 상대방(문제되는 채무의 채권자)이 자기 채무의 제공을 하고 있어야 한다. 그러기 위하여 상대방은 언제든지 현실로 이행을 할 수 있는 준비를 완료하고 그 뜻을 통지하여 수령을 최고하여야 하며, 단순히 이행의 준비태세를 갖추고 있는 것으로는 부족하다(대판 1994. 10. 11, 94다24565 등). 부동산매매계약에 있어서 매도인의 소유권이전등기 의무도 이와 마찬가지이어서, 그 의무의 이행제공이 있었다고 하려면 언제든지 현실의 제공을 할 수 있을 정도로 등기에 필요한 서류를 모두 준비하고 그 뜻을 통지하여 수령을 최고하여야 한다(대판 2001. 5. 8, 2001다6053·6060·6077 등).

판례 부동산 매도인의 이행제공의 정도 C-370

(ㄱ) 「쌍무계약인 부동산 매매계약에 있어서는 특별한 사정이 없는 한 매수인의 잔대금지급의무와 매도인의 소유권이전등기 서류 교부의무는 동시이행관계에 있다 할 것이고, 이러한 경우에 매도인이 매수인에게 지체책임을 지워 매매계약을 해제하려면 매수인이 이행기일에 잔대금을 지급하지 아니한 사실만으로는 부족하고 매도인이 소유권이전등기 신청에 필요한 일체의 서류를 수리할 수 있을 정도로 준비하여 그 뜻을 상대방에게 통지하여 수령을 최고함으로써 이를 제공하여야 하는 것이 원칙이고, 또 상당한 기간을 정하여 상대방의 잔대금 채무이행을 최고한 후 매수인이 이에 응하지 아니한 사실이 있어야 하는 것이며, 매도인이 제공하여야 할 소유권이전등기 신청에 필요한 일체의 서류라 함은 등기권리증, 위임장 및 부동산매도용 인감증명서 등 등기신청행위에 필요한 모든 구비서류를 말하는 것임은 원심의 판시취지와 같다 하겠으나, 그렇다고 하여 매수인의 잔대금의 준비나 제공

여부와는 관계없이 매도인에게 일률적으로 즉시 소유권이전등기가 가능할 정도로 구비서류를 완성하여 매수인에게 현실의 제공을 할 의무까지는 없다 할 것이고, 매수인이 계약의 이행에 비협조적인 태도를 취하면서 잔대금의 지급을 미루는 등 소유권이전등기 서류를 수령할 준비를 아니한 경우에는 매도인으로서도 그에 상응한 이행의 준비를 하면 족하다 할 것이고, 이 경우에 매도인이 부동산매도용 인감증명서를 발급받아 놓고 인감도장과 등기권리증 등을 준비하여 잔대금 수령과 동시에 법무사 등에게 위임하여 소유권이전등기 신청행위에 필요한 서류를 작성할 수 있도록 준비하였다면 그 이행의 제공은 이로써 충분하다 할 것이다.」(대판 1992. 11. 10, 92다36373. 동지 대판 1987. 9. 8, 86다카1379(인감증명서의 제공만으로는 불충분하다고 함); 대판 1992. 7. 14, 92다5713(위의 서류들은 자신의 집에 보관하고 있어도 무방하다고 함)[핵심판례 288면])

(ㄴ) 「특별한 사정이 없으면 이행장소로 정한 법무사 사무실에 그 서류 등을 계속 보관시키면서 언제든지 잔대금과 상환으로 그 서류들을 수령할 수 있음을 통지하고 신의칙상 요구되는 상당한 시간 간격을 두고 거듭 수령을 최고하면 이행의 제공을 다한 것이 되고 그러한 상태가 계속된 기간 동안은 매수인이 이행지체로 된다 할 것이다.」(대판 2001. 5. 8, 2001다6053 · 6060 · 6077)

(ㄷ) 「쌍무계약에 있어서 일방 당사자의 자기 채무에 관한 이행의 제공을 엄격하게 요구하면 오히려 불성실한 상대 당사자에게 구실을 주는 것이 될 수도 있으므로 일방 당사자가 하여야 할 제공의 정도는 그 시기와 구체적인 상황에 따라 신의성실의 원칙에 어긋나지 않게 합리적으로 정하여야 하고, 따라서 매수인이 잔대금의 지급 준비가 되어 있지 아니하여 소유권이전등기 서류를 수령할 준비를 안 한 경우에는 매도인으로서도 그에 상응한 이행의 준비를 하면 족하다.」(대판 2012. 11. 29, 2012다65867)

(ㄹ) 「부동산 매도인이 계약의 이행에 비협조적인 태도를 취하면서 잔금 지급일까지 부동산 매매계약에서 정한 매도인의 의무를 이행하지 못하여 잔금을 수령할 준비를 하지 않은 경우에는 매수인도 그에 상응한 이행의 준비를 하면 족하다.」(대판 2024. 9. 13, 2024다237757)

C-371 **(3) 구두의 제공**

구두(口頭)의 제공으로 충분한 경우는 다음 1), 2)의 두 가지이다. 구두의 제공의 방법은 변제준비를 완료하고 수령 기타의 협력을 최고하는 것이다(460조 단서).

1) 채권자가 수령을 거절한 경우 채권자가 정당한 이유 없이 수령을 거절한 경우에는 구두의 제공만으로 충분하다(460조 단서). 그러한 경우까지 현실의 제공을 요구하는 것은 불공평하기 때문이다. 채권자의 수령거절은 묵시적인 것이라도 무방하다(예: 채권자가 이유 없이 수령기일을 연기하거나 계약해제를 요구하거나 반대급부의 이행을 거절하는 것). 그에 비하여 내용에 적합한 제공이 아니어서 수령을 거절한 것은 여기의 수령거절이 아니다.

2) 채권자의 행위가 필요한 경우 채무의 이행에 채권자의 행위를 요하는 경우에도 구두의 제공만 있으면 된다(460조 단서). 여기에서 「채권자의 행위」라 함은 수령 이외의 적극적 행위를 가리킨다. 채권자가 공급하는 재료에 가공을 하여야 할 채무가 그 예이다(추심채무는 현실의 제공으로 설명하여야 함. C-367 참조).

이러한 채무는 채권자의 협력이 없으면 채무자가 이행에 착수할 수 없기 때문에 구두의 제공만을 요구하는 것이다.

(4) 구두의 제공조차 필요하지 않은 경우

채권자가 변제를 수령하지 않을 의사가 명백하고 그것이 번복될 가능성이 보이지 않는 경우에는 구두의 제공도 필요하지 않다고 하여야 한다(대판 1995. 4. 28, 94다16083 등)(판례는 538조 1항 2문(채권자의 수령지체 중 당사자 쌍방의 책임없는 이행불능에 의한 채권자의 위험부담)에 있어서 수령지체가 되려면, 이 경우에도 현실의 제공이나 구두의 제공이 필요하다고 한다. 대판 2004. 3. 12, 2001다79013. C-170과 D-75도 참조). 회귀적 급부의무(예: 이자 또는 월세의 지급의무)에 있어서 전회분(前回分)에 대하여 수령지체에 빠져 있는 경우에 차회분(次回分)의 급부의무에 대하여도 마찬가지이다.

3. 변제제공의 효과 C-372

(1) 채무불이행책임의 면제

변제제공이 있으면 채무자는 채무불이행책임을 면하게 된다(461조). 그 결과 채무불이행을 이유로 한 손해배상·지연이자·위약금의 청구를 당하지 않는다.

(2) 채권자지체의 발생 여부

채권자지체의 법적 성질에 관하여는 견해가 대립되나(C-169 참조), 어느 견해에 의하든 변제제공만으로는 채권자지체가 성립하지 않는다. 즉 법정책임설에 의하더라도 수령거절 또는 수령불능이 있어야 하며, 채무불이행책임설에 의하면 그 밖에 유책사유와 위법성도 필요하다.

(3) 약정이자의 발생 정지

변제기 전에 변제제공이 된 경우에 제공 후에도 약정이자를 지급하여야 하는지가 문제된다. 여기에 관하여 다수설은 이 경우에 채무자로 하여금 변제기까지의 약정이자를 지급하게 하는 것은 결과에 있어서 제공 후의 지연이자를 지급하게 하는 것이 되기 때문에 약정이자는 그 발생을 정지한다고 한다(사견은 다름. 채권법총론 [229] 참조).

(4) 쌍무계약의 경우 상대방의 동시이행항변권 상실

쌍무계약에 있어서 당사자 일방의 변제제공이 있으면 상대방은 동시이행의 항변권을 상실한다. 그 결과 상대방은 자신이 이행의 제공을 하지 않으면 지체책임을 지게 된다. 그런데 이와 같이 상대방의 동시이행항변권을 상실시키려면 변제제공이 계속되어야 한다(통설·판례도 같음. 대판 1995. 3. 14, 94다26646 등).

C-373 ## XI. 변제에 의한 대위(변제자대위 · 대위변제)

> **사 례** (신사례 [71]번 문제)
>
> 갑은 을로부터 6억원을 빌리면서 병과 정에게 부탁하여 을 명의로 병의 G토지(시가 6억원)와 정의 H토지(시가 3억원)에 저당권을 설정하도록 하였다. 그 뒤 채무의 변제기가 되었는데도 갑이 변제를 하지 않자, 병은 G토지의 소유권을 잃을까봐 을에게 갑의 채무 전부를 변제하였다. 그 후 정은 그의 H토지를 무에게 팔고 등기를 넘겨주었다.
>
> 이 경우에 병은 H토지에 등기되어 있는 을의 저당권을 행사할 수 있는가? (사례의 해결: C-387)

1. 의의 및 법적 성질

(1) 의 의

변제에 의한 대위란 채무의 변제가 제 3 자(연대채무자 · 보증인 등 외에 일반 제 3 자도 포함)에 의하여 행하여진 경우에, 변제자가 채무자(또는 공동채무자)에 대하여 취득한 구상권을 확보(확실하게 보장)하게 하기 위하여, 종래 채권자가 가지고 있던 채권에 관한 권리가 구상권의 범위 안에서 변제자에게 이전하는 것이다. 변제에 의한 대위는 변제자대위 또는 대위변제라고도 한다.

(2) 법적 성질

1) 변제에 의한 대위의 경우에 **채권자의 권리가 변제자에게 이전되는가?** 여기에 관하여 통설은 종래 채권자가 가지고 있던 채권에 관한 권리가 법률상 당연히 변제자에게 이전한다고 한다(사견도 같음). 판례도 통설과 같다(대판 1996. 12. 6, 96다35774 등 다수).

2) 변제자대위에 있어서는 그 요건이 갖추어지면 채권자의 채권 등이 법률상 당연히 변제자에게 이전된다. 따라서 계약에 의하여 채권이 이전되는 채권양도와는 구별된다. 다만, 임의대위의 경우에는 채권양도에 있어서와 마찬가지로 채무자와 제 3 자를 보호하여야 할 필요가 있어서 **채권양도의 대항요건에 관한 규정을 준용하고 있다**(480조 2항).

변제자대위는 변제한 제 3 자가 채권자의 권리를 취득하여 자신의 권리로서 행사하는 점에서, 채권자가 자기의 채권을 보전하기 위하여 자기의 채무자의 권리를 대위하여 행사하는 채권자대위권(404조)과는 전혀 다르다.

C-374 ### 2. 요 건

(1) 변제 기타로 채권자에게 만족을 줄 것

변제자대위는 변제 등을 한 제 3 자가 가지는 구상권의 실현을 확보하게 하기 위하여 인정된 제도이므로(통설 · 판례도 같음. 대판 2010. 5. 27, 2009다85861 등), 그러한 제도의 목적에 비추어 볼 때 당연히 변제

기타로 채권자에게 만족을 주었을 것이 필요하다. 만족을 주는 사유는 변제(480조·481조)에 한하지 않으며, 공탁 기타 자기의 출재로 채무자가 채무를 벗어나게 한 것도 포함된다(486조). 그리하여 대물변제, 공동채무자의 상계(418조), 연대채무자 또는 연대보증인의 채권양수, 물상보증인 또는 저당부동산의 제 3 취득자가 저당권 실행으로 소유권을 잃은 경우에도 대위가 일어난다.

판 례 누적적 근저당권이 설정된 후 물상보증인의 부동산이 경매된 경우

「채권자가 하나의 기본계약에서 발생하는 동일한 채권을 담보하기 위하여 채무자 소유의 부동산과 물상보증인 소유의 부동산에 누적적 근저당권(누적적 근저당권의 개념에 대해서는 B-381 참조: 저자 주)을 설정받았는데 물상보증인 소유의 부동산이 먼저 경매되어 매각대금에서 채권자가 변제를 받은 경우, 물상보증인은 채무자에 대하여 구상권을 취득함과 동시에 민법 제481조, 제482조에 따라 종래 채권자가 가지고 있던 채권 및 담보에 관한 권리를 행사할 수 있다. 이때 물상보증인은 변제자대위에 의하여 종래 채권자가 보유하던 채무자 소유 부동산에 관한 근저당권을 대위취득하여 행사할 수 있다고 보아야 한다.」(대판 2020. 4. 9, 2014다51756·51763[핵심판례 186면])

(2) 변제자 등이 채무자에 대하여 구상권을 가질 것 C-375

변제자대위 제도가 본래 변제자 등의 구상권의 실현을 확보하기 위한 것이므로 **구상권이 없으면 대위는 일어나지 않는다**(대판 1994. 12. 9, 94다38106).

[참고] 구상권과 대위하는 권리의 관계

구상권과 변제자대위에 의하여 취득하는 권리는 원본, 변제기, 이자, 지연손해금의 유무 등에 있어서 내용이 다른 별개의 것으로서 변제자 등이 두 권리 가운데 어느 것을 행사하느냐는 자유이다(대판 2022. 3. 17, 2021다276539 등). 다만, 대위의 경우에는 구상권의 범위에서 채권 및 그 담보에 관한 권리를 행사할 수 있는 것이어서 변제자대위가 구상권의 실현을 확보하는 제도라고 하는 것이다.

구상권을 가질 수 있는 자로는 우선 불가분채무자(411조)·연대채무자(425조 이하)·보증인(441조 이하)·물상보증인(341조·355조·370조)·담보물의 제 3 취득자·후순위 담보권자를 들 수 있다. 그 밖에 제 3 자가 채무자를 위하여 변제한 경우에는, 채무자의 부탁에 의하여 변제한 때에는 위임사무 처리비용의 상환청구권(688조)에 의하여, 그리고 채무자의 부탁에 의하지 않은 때에는 사정에 따라 사무관리 비용의 상환청구권(739조)에 의하여 구상권을 취득하게 될 수 있다(대판 1994. 12. 9, 94다38106 등).

판 례 구상권의 유무와 변제자대위의 관련성

(ㄱ) 「어느 부진정연대채무자를 위하여 보증인이 된 자가 채무를 이행한 경우에는 다른 부진정연대채무자에 대하여도 직접 구상권을 취득하게 되고, 그와 같은 구상권을 확보하기

위하여 채권자를 대위하여 채권자의 다른 부진정연대채무자에 대한 채권 및 그 담보에 관한 권리를 구상권의 범위 내에서 행사할 수 있다.」(대판 2010. 5. 27, 2009다85861)

(ㄴ) 「변제자대위에 관한 민법 제481조, 제482조의 규정에 의하면 물상보증인은 자기의 권리에 의하여 구상할 수 있는 범위에서 채권 및 그 담보에 관한 권리를 행사할 수 있는 것이므로, 물상보증인이 채무를 변제하거나 저당권의 실행으로 인하여 저당물의 소유권을 잃었더라도 다른 사정에 의하여 채무자에 대하여 구상권이 없는 경우에는 채권자를 대위하여 채권자의 채권 및 그 담보에 관한 권리를 행사할 수 없다. 따라서 실질적인 채무자와 실질적인 물상보증인이 공동으로 담보를 제공하여 대출을 받으면서 실질적인 물상보증인이 저당권설정등기에 자신을 채무자로 등기하도록 한 경우, 실질적 물상보증인인 채무자는 채권자에 대하여 채무자로서의 책임을 지는지와 관계없이 내부관계에서는 실질적 채무자인 물상보증인이 변제를 하였더라도 그에 대하여 구상의무가 없으므로, 실질적 채무자인 물상보증인이 채권자를 대위하여 실질적 물상보증인인 채무자에 대한 담보권을 취득한다고 할 수 없다. 그리고 이러한 법리는 실질적 물상보증인인 채무자와 실질적 채무자인 물상보증인 소유의 각 부동산에 공동저당이 설정된 후에 실질적 채무자인 물상보증인 소유의 부동산에 후순위저당권이 설정되었다고 하더라도 다르지 아니하다.

이와 같이 물상보증인이 채무자에 대한 구상권이 없어 변제자대위에 의하여 채무자 소유의 부동산에 대한 선순위공동저당권자의 저당권을 대위취득할 수 없는 경우에는 물상보증인 소유의 부동산에 대한 후순위저당권자는 물상대위할 대상이 없으므로 채무자 소유의 부동산에 대한 선순위공동저당권자의 저당권에 대하여 물상대위를 할 수 없다고 보아야 한다.」(대판 2015. 11. 27, 2013다41097)

C-376 **(3) 변제할 정당한 이익이 있거나**(법정대위의 경우) **채권자의 승낙이 있을 것**(임의대위의 경우)

이 요건과 관련하여 변제자대위는 임의대위와 법정대위로 나누어지며, 그 각각의 경우에 일정한 요건을 갖추어야 한다.

1) 법정대위 변제할 정당한 이익이 있는 자는 변제로 당연히 채권자를 대위한다(481조). 이 경우에는 채권자의 승낙이 없이도 법률상 당연히 대위가 일어나기 때문에 법정대위라고 한다. 여기서 「변제할 정당한 이익이 있는 자」란 변제를 하지 않으면 채권자로부터 집행을 받게 되거나 또는 채무자에 대한 자기의 권리를 잃게 되는 지위에 있기 때문에 변제함으로써 당연히 대위의 보호를 받아야 할 법률상의 이익을 가지는 자를 가리키며, 사실상의 이해관계를 가지는 자는 포함되지 않는다(대결 2009. 5. 28, 2008마109 등). 구체적으로는 불가분채무자·연대채무자·보증인·물상보증인·담보물의 제 3 취득자(대판 1991. 10. 11, 91다25369 등)·후순위 담보권자·이행인수인(대결 2012. 7. 16, 2009마461: 선박대리점이 선박소유자를 대리하여 체결한 계약에서 발생한 채무를 선박소유자를 대신하여 채권자에게 우선 지급하기로 한 약정(이는 이행인수약정이라 함)에 따라 변제한 경우에 법정대위를 인정한다) 등이 그에 해당한다. 그에 비하여 공동저당의 목적인 물상보증인 소유의 부동산에 후순위로

소유권이전청구권 가등기가 설정되어 있는데 그 부동산에 대하여 먼저 경매가 실행되어 공동저당권자가 매각대금 전액을 배당받고 채무의 일부가 남은 경우에, 가등기권리자는 — 물상보증인이 선순위저당권을 대위취득하고 그 가등기권리자는 이 선순위저당권에 대하여 물상대위함으로써 우선변제를 받을 수 있으므로 — 변제할 정당한 이익이 있는 자에 해당하지 않는다(대결 2009. 5. 28, 2008마109).

2) 임의대위 변제할 정당한 이익이 없는 자는 채권자의 승낙이 있어야 채권자를 대위할 수 있다(480조 1항). 이는 이해관계 없는 제3자가 채무자의 의사에 반하여 변제할 수 없게 한 것(469조 2항)과 균형을 맞춘 것이다. C-377

여기의 승낙은 채권자의 권리가 법률상 이전되는 데 대하여 허락하는 것으로서 일종의 의사표시이다(그에 비하여 채권양도의 승낙은 채권양도 사실을 인정하는 관념의 통지에 지나지 않는다). 그러나 권리의 이전이 그 의사표시에 의하여 일어나는 것은 아니다. 권리의 이전은 법률규정에 의하여 일어나되, 임의대위에 있어서 그것이 가능하려면 승낙의 의사표시도 있어야 하는 것이다. 이와 같은 승낙은 변제할 때에 행하여져야 한다(480조 1항).

임의대위의 경우에 채무자는 대위 여부나 채권자의 승낙 여부를 알기가 어렵다. 그런가 하면 대위하는 변제자와 제3자 즉 대위자와 양립할 수 없는 법률상의 지위를 취득한 자(대판 1996. 2. 23, 94다21160 등) 사이의 우열관계도 문제이다. 여기서 민법은 — 채권이전이라는 점에서 변제자대위와 유사한 — 지명채권 양도의 대항요건에 관한 규정(450조 내지 452조)을 준용하고 있다(480조 2항). 그 결과 **채무자에 대하여 대위를 가지고 대항하려면** 채권자가 채무자에게 대위통지를 하거나 채무자의 대위승낙이 있어야 하며(대판 1962. 1. 25, 4294민상183), **제3자에게 대항하려면** 대위통지나 대위승낙이 확정일자 있는 증서에 의하여 행하여져야 한다(대판 1996. 2. 23, 94다21160)(C-311 이하 참조).

3. 효 과 C-378

(1) 대위자 · 채무자 사이의 효과

1) 「채권자를 대위한 자는 자기의 권리에 의하여 구상할 수 있는 범위에서 채권 및 그 담보에 관한 권리를 행사할 수 있다」(482조 1항). 여기에서 「권리를 행사할 수 있다」는 것은 법률상 당연히 권리가 이전된다는 의미이다(대판 2021. 2. 25, 2016다232597(이때 대위할 범위에 관하여 종래 채권자가 배당요구 없이도 당연히 배당받을 수 있었던 경우에는 대위변제자는 따로 배당요구를 하지 않아도 배당을 받을 수 있다) 등). 그리고 「채권에 관한 권리」는 이행청구권 · 손해배상청구권 · 채권자대위권 · 채권자취소권 등을 가리키며, 「채권의 담보에 관한 권리」는 질권 · 저당권과 같은 물적 담보와 보증인에 대한 권리와 같은 인적 담보는 물론, 채권자와 채무자 사이에 채무의 이행을 확보하기 위한 특약이 있는 경우에 그 특약에 기하여 채권자가 가지게 되는 권리도 포함한다(대판 1997. 11. 14, 95다11009). 한편 **대위자는 그가 취득하는 권리를 구상권의 범위에서만 행사할 수 있다**(482조 1항. 대판 1999. 10. 22, 98다22451도 참조). 변제자대위가 구상권의 실현을 확보하기 위한 것이기 때문에 두어

진 제한이다(대판 2021. 2. 25, 2016다232597 등). 물론 앞서 언급한 바와 같이, 대위자는 대위하지 않고 구상권을 행사할 수도 있다(C-375 참조).

그런데 대위자가 가지는 구상권과 변제자대위권은 그 원본·변제기·이자·지연손해금의 유무 등에 있어서 그 내용이 다른 별개의 권리이므로(대판 2021. 2. 25, 2016다232597 등), 대위변제자와 채무자 사이에 구상금에 관한 지연손해금 약정이 있더라도 이 약정은 구상금을 청구하는 경우에 적용될 뿐, 변제자대위권을 행사하는 경우에는 적용될 수 없다(대판 2009. 2. 26, 2005다32418).

판 례 변제자대위의 효과 관련

(ㄱ) 「민법 제481조, 제482조 제 1 항에 의하면, 변제할 정당한 이익이 있는 자는 변제로 당연히 채권자를 대위하는 결과, 자기의 권리에 의하여 구상할 수 있는 범위에서 채권자의 채권 및 그 담보에 관한 권리를 행사할 수 있으므로, 채권자가 판결 등의 집행권원을 가지고 있는 때에는 변제자가 승계집행문을 받아 강제집행을 할 수도 있다고 할 것이다.」(대판 2007. 4. 27, 2005다64033)

(ㄴ) 「주채무가 제 3 자의 변제에 의하여 소멸한 경우에는 주채무의 소멸로 인하여 보증채무도 소멸하므로(연대보증의 경우도 보증인은 채무자와 연대하여 채무를 이행할 책임이 있어 보증채무의 보충성이 인정되지 아니하는 것에 불과하고, 보증이라고 하는 성질에는 다름이 없으므로 주채무가 제 3 자의 변제에 의하여 소멸하는 경우에는 연대보증채무도 소멸되는 것은 마찬가지이다), 민법 제480조 내지 제481조 소정의 변제자대위가 성립하지 아니하는 한 제 3 자는 보증인에 대하여 부당이득 반환청구 등의 어떠한 청구도 할 수 없게 되는 것이며, 또한 부당이득이라 함은 타인의 재산 또는 노무로 인하여 이익을 얻고 이로 인하여 타인에게 손해를 가한 경우에 성립하는 것인바, 위와 같이 제 3 자인 원고의 출재로 인하여 주채무가 소멸되면 원고로서는 주채무자인 소외 회사에 대하여 자신의 출재에 대한 구상권을 행사할 수 있어 원고에게 손해가 있다고 보기도 어렵다고 할 것이니 이 점으로도 원고의 피고에 대한 부당이득 반환청구는 받아들일 수 없는 것이라고 할 것이다.」(대판 1996. 9. 20, 96다22655)

C-379 **2) 일부대위** 변제자대위는 채권의 일부가 변제된 경우에도 인정된다. 그때에는 대위자는 변제한 가액에 비례하여 채권자와 함께 그의 권리를 행사한다(483조 1항). 이 경우 대위자와 채권자 사이에 우열관계는 없는가? 여기에 관하여 다수설(사견도 같음)은, 일부대위자는 대위한 권리가 비록 가분이더라도 그것을 단독으로 행사하지는 못하며, 채권자가 그 권리를 행사하는 경우에 그 채권자와 함께 그 권리를 행사할 뿐이고, 또한 이 경우에 변제(이는 담보권을 행사하여 변제받는 것을 가리킴)에 관하여는 채권자가 우선한다고 한다. 그리고 판례도 채권자가 대위자에 우선하여 변제받는다고 한다(대판 2004. 6. 25, 2001다2426 등).

다수설의 내용을 정확히 이해하기 위하여 예를 들어 보기로 한다. 1,000만원의 저당권부 채권에 관하여 보증인이 500만원을 변제하면, 500만원의 채권 및 저당권이 대위자에게 이전한다. 이때 보증인이 이전된 권리를 행사할 수 있는지가 문제이다. 그리고 더 나아가 채권자가 저당권을 실행하여 경매대가로 800만원을 받은 경우에 그것을 400만원씩 나누어야 하는지도 문제된다. 다수설에 의하면 위의 사례에서는 채권자가 권리를 행사할 때만 보증인은 채권자와 함께 그의 권리를 행사할 수 있고, 경매대가 800만원으로부터는 채권자가 먼저 500만원을 변제받고 보증인은 그 나머지 300만원만 변제받게 된다.

판 례 일부대위의 경우 C-380

(ㄱ) 「변제할 정당한 이익이 있는 자가 채무자를 위하여 채권의 일부를 대위변제할 경우에 대위변제자는 변제한 가액의 범위 내에서 종래 채권자가 가지고 있던 채권 및 담보에 관한 권리를 법률상 당연히 취득하게 되는 것이므로, 채권자가 부동산에 대하여 근저당권을 가지고 있는 경우에는, 채권자는 대위변제자에게 일부대위변제에 따른 저당권의 일부 이전의 부기등기를 경료해 주어야 할 의무가 있다 할 것이나, 이 경우에도 채권자는 일부변제자에 대하여 우선변제권을 가지고 있다 할 것이고, 근저당권이라고 함은 계속적인 거래관계로부터 발생하고 소멸하는 불특정 다수의 장래채권을 결산기에 계산하여 잔존하는 채무를 일정한 한도액의 범위 내에서 담보하는 저당권이어서, 거래가 종료하기까지 채권은 계속적으로 증감변동하는 것이므로, 근저당 거래관계가 계속 중인 경우, 즉 근저당권의 피담보채권이 확정되기 전에 그 채권의 일부를 양도하거나 대위변제한 경우 근저당권이 양수인이나 대위변제자에게 이전할 여지는 없다 할 것이나, 그 근저당권에 의하여 담보되는 피담보채권이 확정되게 되면, 그 피담보채권액이 그 근저당권의 채권최고액을 초과하지 않는 한 그 근저당권 내지 그 실행으로 인한 경락대금에 대한 권리 중 그 피담보채권액을 담보하고 남는 부분은 저당권의 일부 이전의 부기등기의 경료 여부와 관계없이 대위변제자에게 법률상 당연히 이전된다 할 것이다.」(대판 2002. 7. 26, 2001다53929)

(ㄴ) 「변제할 정당한 이익이 있는 사람이 채무자를 위하여 채권의 일부를 대위변제할 … 경우에도 채권자는 일부 대위변제자에 대하여 우선변제권을 가진다 할 것이고, 다만 일부 대위변제자와 채권자 사이에 변제의 순위에 관하여 따로 약정(이하 '우선회수특약'이라 한다)을 하였다면 그 우선회수특약에 따라 변제의 순위가 정해진다.

그런데 … 일부 대위변제자의 채무자에 대한 구상채권에 대하여 보증한 사람이 자신의 보증채무를 변제함으로써 일부 대위변제자를 다시 대위하게 되었다 하더라도, 그것만으로 채권자의 채무자에 대한 권리가 아니라 채권자와 일부 대위변제자 사이의 약정에 해당하는 '우선회수특약'에 따른 권리까지 당연히 대위하거나 이전받게 된다고 볼 수는 없다.

그렇지만 … 일부 대위변제자로서는 특별한 사정이 없는 한 그 보증채무 변제자가 대위로 이전받은 담보에 관한 권리 행사 등과 관련하여 채권자 등을 상대로 '우선회수특약'에 따른 권리를 주장할 수 있도록 그 권리의 승계 등에 관한 절차를 해 주어야 할 의무를 지고, 이를 위반함으로 인해 그 보증채무 변제자가 채권자 등에 대하여 그 권리를 주장할 수 없게 되어 손해를 입은 경우에는 그에 대한 손해배상책임을 진다고 봄이 타당하다.」(대판 2017. 7. 18, 2015다206973)

(ㄷ) 「변제할 정당한 이익이 있는 자가 채무자를 위하여 근저당권의 피담보채무의 일부를

대위변제한 경우에는 대위변제자는 근저당권의 일부 이전의 부기등기의 경료 여부에 관계없이 변제한 가액의 범위 내에서 종래 채권자가 가지고 있던 채권 및 담보에 관한 권리를 법률상 당연히 취득하게 되는 것이고, 대위할 범위에 관하여 종래 채권자가 이미 배당요구를 하였거나 배당요구 없이도 당연히 배당받을 수 있었던 경우에는 대위변제자는 따로 배당요구를 하지 않아도 배당을 받을 수 있」다(대판 2006. 2. 10, 2004다2762).

㈃「채권의 일부에 대하여 대위변제가 있는 때에는 대위자는 민법 제483조 제1항에 의하여 그 변제한 가액에 비례하여 채권자의 권리를 행사할 수 있으므로, 수인이 시기를 달리하여 채권의 일부씩을 대위변제하고 근저당권 일부 이전의 부기등기를 각 경료한 경우 그들은 각 일부대위자로서 그 변제한 가액에 비례하여 근저당권을 준공유하고 있다고 보아야 하고, 그 근저당권을 실행하여 배당함에 있어서는 다른 특별한 사정이 없는 한 각 변제채권액에 비례하여 안분배당하여야 할 것이다.」(대판 2001. 1. 19, 2000다37319)

㈄「수인이 시기를 달리하여 채권의 일부씩을 대위변제한 경우 그들은 각 일부 대위변제자로서 변제한 가액에 비례하여 근저당권을 준공유한다고 보아야 하나, 그 경우에도 채권자는 특별한 사정이 없는 한 채권의 일부씩을 대위변제한 일부 대위변제자들에 대하여 우선변제권을 가지고, 채권자의 우선변제권은 채권최고액을 한도로 자기가 보유하고 있는 잔존 채권액 전액에 미치므로, 결국 그 근저당권을 실행하여 배당할 때에는 채권자가 자신의 잔존 채권액을 일부 대위변제자들보다 우선하여 배당받고, 일부 대위변제자들은 채권자가 우선 배당받고 남은 한도액을 각 대위변제액에 비례하여 안분 배당받는 것이 원칙이다.

다만 채권자와 어느 일부 대위변제자 사이에 변제의 순위나 배당금의 충당에 관하여 따로 약정을 한 경우에는 그 약정에 따라 배당의 방법이 정해지는바, 이 경우에 채권자와 다른 일부 대위변제자들 사이에 동일한 내용의 약정이 있는 등의 특별한 사정이 없는 한 그 약정의 효력은 약정의 당사자에게만 미치므로, 약정의 당사자가 아닌 다른 일부 대위변제자가 대위변제액에 비례하여 안분 배당받을 권리를 침해할 수는 없다.」(대판 2011. 6. 10, 2011다9013)

C-381 **3) 계약당사자의 지위에 따른 권리의 이전 여부** 변제자대위에 의하여 취소권·해제권·해지권 등과 같이 계약당사자의 지위에 따르는 권리는 이전되지 않는다. 변제자대위는 구상권의 확보를 위하여 채권과 담보권을 이전하는 것이지 계약당사자의 지위를 이전하는 것이 아니기 때문이다. 민법은 이러한 법리를 일부대위에 관해서만 규정하나(483조 2항), 그것은 전부대위에서도 인정되어야 한다(통설도 같음. 그런데 전부대위의 경우에는 전부변제가 있었을 것이므로 채무불이행을 이유로 해제할 여지가 없을 것이다. C-387도 참조).

C-382 **(2) 법정대위자 상호간의 효과**

민법은 법정대위자가 여럿 있는 경우에 혼란을 피하고 공평을 유지하기 위하여 이들 사이의 대위의 순서와 비율을 규정하고 있다(482조 2항).

1) 보증인과 전세물·저당물의 제3취득자 사이

㈎ 보증인이 변제한 경우 보증인은 전세물·저당물의 제3취득자에 대하여 전액에 관

하여 채권자를 대위한다. 그런데 이 대위를 하려면 「미리」 전세권·저당권등기에 대위의 부기등기를 하여야 한다(482조 2항 1호). 여기서 「미리」라고 함은 보증인의 변제 후 제 3 취득자의 취득 전을 가리킨다(통설도 같음). 따라서 보증인이 채무를 변제한 후 저당권 등의 등기에 관하여 대위의 부기등기를 하지 않고 있는 동안 제 3 취득자가 목적부동산에 대하여 권리를 취득한 경우 보증인은 제 3 취득자에 대하여 채권자를 대위할 수 없다(대판 2020. 10. 15, 2019다222041). 그러나 제 3 취득자가 목적부동산에 대하여 권리를 취득한 후 채무를 변제한 보증인은 대위의 부기등기를 하지 않고도 대위할 수 있다고 보아야 한다(대판 2020. 10. 15, 2019다222041). 보증인이 변제하기 전 목적부동산에 대하여 권리를 취득한 제 3 자는 등기부상 저당권 등의 존재를 알고 권리를 취득하였으므로 나중에 보증인이 대위하더라도 예측하지 못한 손해를 입을 염려도 없다.

판 례 물상보증인의 부동산이 경매된 뒤 후순위저당권자가 부기등기를 하지 않은 경우

공동근저당의 목적인 채무자 갑 소유 부동산과 물상보증인 을 소유 부동산 중 을 소유 부동산에 먼저 경매가 이루어져 공동근저당권자인 병이 변제를 받았는데, 을 소유 부동산에 대한 후순위저당권자 정이 을 명의로 대위의 부기등기를 하지 않고 있는 동안 병이 임의로 갑 소유 부동산에 설정되어 있던 공동근저당권을 말소하였고, 그 후 갑 소유 부동산에 무 명의의 근저당권이 설정되었다가 경매로 그 부동산이 매각된 사안에서, 민법 제482조 제 2 항 제 1 호에 의하여 갑과 정은 무에게 대항할 수 없다고 한 사례(대판 2011. 8. 18, 2011다30666 · 30673).

(나) 제 3 취득자가 변제한 경우 보증인과 달리 제 3 취득자는 보증인에 대하여 채권자를 대위하지 못한다(482조 2항 2호). 제 3 취득자는 담보의 부담을 각오한 자이기 때문이다(그 밖의 이유에 대하여 대판 2013. 2. 15, 2012다48855도 참조).

판 례 후순위 근저당권자의(또는 그에 대한) 대위 관련

「민법 제482조 제 2 항 제 2 호의 제 3 취득자에 후순위 근저당권자는 포함되지 아니한다고 해석하여야 할 것이다.

한편 … 점 등을 종합하여 보면, 보증인은 미리 저당권의 등기에 그 대위를 부기하지 않고서도 저당물에 후순위 근저당권을 취득한 제 3 자에 대하여 채권자를 대위할 수 있다고 할 것이므로 민법 제482조 제 2 항 제 1 호의 제 3 자에 후순위 근저당권자는 포함되지 않는다고 할 것이다.」(대판 2013. 2. 15, 2012다48855)

2) 보증인과 물상보증인 사이 보증인과 물상보증인 사이에서는 그 인원수에 비례하여 C-383
채권자를 대위한다(482조 2항 5호 본문). 만약 보증인이 물상보증인을 겸하는 때에는 1인(보증인 1인)으로 계산한다(판례도 같다. 대판 2010. 6. 10, 2007다61113 · 61120[핵심판례 290면]). 그리고 물상보증인이 수인인 경우에는 보증인의 부담

부분을 공제하고 그 잔액에 대하여 각 재산의 가액에 비례하여 채권자를 대위한다(482조 2항 5호 단서). 가령 90만원의 채무에 관하여 A가 보증인이 되고 B·C가 물상보증인으로서 각각 60만원·30만원의 재산을 담보로 제공하였다면, 먼저 A의 부담부분인 30만원(90만원을 인원수 3으로 나눈 액)을 제하고, 나머지 60만원에 관하여 B에게는 40만원(60만원× $\frac{60}{60+30}$), C에게는 20만원(60만원× $\frac{30}{60+30}$)을 대위하게 된다.

한편 민법은 이에 덧붙여 「이 경우에 그 재산이 부동산인 때에는 제 1 호의 규정을 준용한다」고 규정한다(482조 2항 5호 단서 후문). 그런데 이 규정의 해석에 관하여는 견해가 나뉘고 있다. i) 다수설은 「보증인」은 대위의 부기등기를 하여야만 변제 후에 물상보증인으로부터 담보부동산을 취득한 제 3 취득자에 대하여 채권자를 대위할 수 있다는 의미로 새기고 있으나 ii) 소수설은 판례와 마찬가지로 물상보증인이 수인일 때 그중 일부의 물상보증인이 다른 물상보증인에 대하여 대위할 경우에 미리 대위의 부기등기를 하지 않으면 그 저당물을 취득한 제 3 취득자에 대하여 대위를 할 수 없다는 의미로 해석한다(사견도 같음). ii)설은 그 조항을 단서에 한정되는 것으로 이해하고, i)설은 본문에 관한 것으로 이해하고 있다. 그리고 판례는, 물상보증인들이 채무를 변제한 뒤 다른 물상보증인 소유부동산에 설정된 근저당권설정등기에 관하여 대위의 부기등기를 하여 두지 않고 있는 동안에 제 3 취득자가 그 부동산을 취득하였다면 대위변제한 물상보증인들은 제 3 취득자에 대하여 채권자를 대위할 수 없다고 하여, ii)설과 같다(대판 1990. 11. 9, 90다카10305). 주의할 것은, 물상보증인으로부터의 제 3 취득자에 대하여는 저당권 등을 가지고 대항할 수 있는지의 문제이므로, 그 인원수만큼 부담하는 것은 아니라는 점이다. 그는 ―요건이 구비된 경우― 전의 물상보증인이 설정한 저당권 등으로 책임을 질뿐이다. 그러나 저당권 등이 이미 설정되어 있는 부동산을 채무자로부터 취득한 제 3 취득자의 경우에는 다르다.

여러 보증인 또는 물상보증인 중 어느 1인이 자신의 부담부분에 미달하는 변제 등을 한 경우에 제482조 제 2 항 제 5 호에 따라 변제자대위를 할 수 있는가? 여기에 관하여 판례는, 그 규정을 어느 1인에 의하여 주채무 전액이 상환되었을 것을 전제로 한 것이라고 이해하고, 어느 1인이 위 규정에 따라 산정되는 자신의 부담부분에 미달하는 대위변제 등을 한 경우 그 대위변제액 또는 경매에 의한 채무상환액에 위 규정에서 정한 대위비율을 곱하여 산출된 금액만큼 곧바로 다른 자를 상대로 채권자의 권리를 대위할 수 있도록 한다면, 먼저 변제 등을 한 자가 부당하게 이익을 얻거나 대위자들 상호간에 대위가 계속 반복되게 되고 대위관계를 공평하게 처리할 수도 없게 되므로, 제482조 제 2 항 제 5 호의 규정취지에 반하는 결과가 생기게 된다고 한다. 따라서 보증인과 물상보증인이 여럿 있는 경우 어느 누구라도 위와 같은 방식으로 산정한 각자의 부담부분을 넘는 대위변제 등을 하지 않으면 다른 보증인과 물상보증인을 상대로 채권자의 권리를 대위할 수 없다고 한다(대판 2010. 6. 10, 2007다61113·61120[핵심판례 290면]). 한편 여러 보증인과 물상보증인 사이에서 제482조 제 2 항 제 5 호에 의하여 대위관계에서의 부담부분을 정하는 경우, 당초 성립한 주채무가 주채무자의 변제나 채무면제 등으로 감소하거나 이자·지연손해금이 증가하는 때에는 그 당시 현존하고 있는 보증인이나 물상보증인의 부담부분도 원칙적으로 그에 상응하여 감소하거나 증가하게 되므로, 보증인이나 물상보증인이 대위변제 등을 할 당시에 이미 주채무자의 변제나 채무면제 등으로 주채무가 감소하거나 이자·지연손해금이 증가한 사정이 있다면, 이를 반드시 참작하여 그 대위변제 등 당시를 기준으로 하여 당해 보증인이나 물상보증인의 대위변제액 등이 그의 부담부분을 초과하는 것인지 여부를 판단하여야 한다고 한다(대판 2010. 6. 10, 2007다 61113·61120[핵심판례 290면]).

3) 물상보증인과 제 3 취득자 사이　여기에 관하여 대법원은 다음과 같이 판시하고 C-384
있다(대판(전원) 2014. 12. 18, 2011다50233). 「물상보증인이 채무를 변제하거나 담보권의 실행으로 소유권을 잃은 때에는 보증채무를 이행한 보증인과 마찬가지로 채무자로부터 담보부동산을 취득한 제 3 자에 대하여 구상권의 범위 내에서 출재한 전액에 관하여 채권자를 대위할 수 있는 반면, 채무자로부터 담보부동산을 취득한 제 3 자는 채무를 변제하거나 담보권의 실행으로 소유권을 잃더라도 물상보증인에 대하여 채권자를 대위할 수 없다고 보아야 할 것이다.」(그러면서 대법원은, 담보부동산을 매수한 제 3 취득자는 물상보증인에 대하여 각 부동산의 가액에 비례하여 채권자를 대위할 수 있다고 한 대판 1974. 12. 10, 74다1419를 이 판결의 견해에 배치되는 범위 내에서 이를 변경하였다) 그런데 물상보증인이 제 3 취득자에 대하여 대위하려면 제 3 취득자가 취득하기 전에 대위의 부기등기를 해야 한다(482조 2항 1호 참조).

4) 제 3 취득자들 사이　2인 이상의 제 3 취득자가 있고(예컨대 공동저당의 경우) 그들 중 1인이 변제하거나 담보권이 실행되어 소유권을 잃은 경우에는, 그는 각 부동산의 가액에 비례하여 다른 제 3 취득자에 대하여 채권자를 대위한다(할당주의)(482조 2항 3호).

5) 물상보증인들 사이　물상보증인들 사이의 대위는 제 3 취득자들에 있어서와 같다(482조 2항 4호). 그리하여 물상보증인 중 1인이 변제하거나 담보권이 실행되어 소유권을 잃은 경우에는, 그는 각 부동산의 가액에 비례하여 다른 물상보증인에 대하여 채권자를 대위한다(482조 2항 3호 참조). 물상보증인은 물론이고 그로부터 담보 목적 부동산에 관하여 소유권 등을 취득한 제3취득자가 채무를 변제하거나 담보권의 실행으로 소유권을 잃은 때에도 다른 물상보증인 또는 그로부터 담보의 목적이 된 부동산에 관하여 소유권을 취득한 제 3 취득자에 대하여 구상권의 범위 내에서 채권자를 대위하여 채권 및 그 담보에 관한 권리를 행사할 수 있고, 이때에도 특별한 사정이 없는 한 그 행사는 물상보증인 상호 간의 대위를 규정한 제482조 제 2 항 제 3 호 및 제 4 호에 따라 각 부동산의 가액에 비례한다(대판 2024. 7. 31, 2023다266420). 이들 경우에 다른 물상보증인에게 대위할 때는 대위를 위하여 미리 대위등기를 하였을 필요가 없다. 변제 등이 있기 전에 다른 물상보증인으로부터 목적 부동산을 취득한 제 3 자에 대하여 대위하는 때도 같다. 그에 비하여 — 명문의 규정은 없지만 — 변제 등이

있은 후에 물상보증인으로부터 목적 부동산을 취득한 제 3 취득자에게 채권자를 대위하려면 제 3 취득자가 취득하기 전에 대위의 부기등기를 하였어야 한다고 새길 것이다(C-383 참조).

공동저당이 설정된 복수의 부동산이 같은 물상보증인의 소유에 속하고 그중 하나의 부동산에 후순위저당권이 설정되어 있는 경우에, 공동저당이 설정된 부동산이 제 3 자에게 양도되어 그 소유자가 다르게 되더라도, 민법 제482조 제 2 항 제 3 호, 제 4 호에 따라 각 부동산의 소유자는 그 부동산의 가액에 비례해서만 변제자대위를 할 수 있다(대판 2021. 12. 16, 2021다247258. 그 결과 후순위저당권자의 지위는 영향을 받지 않는다).

6) 연대채무자들 사이 또는 보증인들 사이 연대채무자 사이(425조)·보증인들 사이(448조)·연대채무자나 불가분채무자와 보증인과의 사이(447조)에서는 특별규정이 구상의 범위를 정하고 있으며, 대위는 그 범위에서 일어난다.

C-385 **(3) 대위자 · 채권자 사이의 효과**

1) 채권자의 채권증서 · 담보물의 교부의무 제 3 자로부터 채권의 전부의 변제를 받은 채권자는 그 채권에 관한 증서 및 점유한 담보물을 대위자에게 교부하여야 한다(484조 1항). 그리고 채권의 일부에 대한 제 3 자의 변제가 있는 때에는 채권자는 채권증서에 그 대위를 기입하고 자기가 점유한 담보물의 보존에 관하여 대위자의 감독을 받아야 한다(484조 2항).

2) 채권자의 담보보존의무 「법정대위를 할 자가 있는 경우」에 채권자의 고의나 과실로 담보가 상실되거나 감소된 때에는 대위할 자는 그 상실 또는 감소로 인하여 상환을 받을 수 없는 한도에서 그 책임을 면한다(485조). 즉 채권자는 법정대위자를 위하여 담보를 보존할 의무가 있다.

판 례 구상권을 가진 연대보증인이 주채무자에 대한 담보를 상실·감소시킨 경우

「민법 제485조는 보증인 기타 법정대위권자를 보호하여 주채무자에 대한 구상권을 확보할 수 있도록 채권자에게 담보보존의 의무를 부담시키는 것으로서, 그 채권자가 당초의 채권자이거나 장래 대위로 인하여 채권자로 되는 자이거나를 구별할 이유가 없다. 연대보증인 중 1 인이 변제 기타 자기의 출재로 공동면책이 된 때에는 민법 제448조 제 2 항, 제425조에 의하여 다른 연대보증인의 부담부분에 대하여 구상권을 행사할 수 있는 것과는 별개로 민법 제481조에 의하여 당연히 채권자를 대위하여 주채무자에 대하여 구상권의 범위 내에서 채권자로 되고, 위 연대보증인에 대하여 자기의 부담부분에 대하여 상환을 하는 다른 연대보증인은 그의 상환액을 다시 주채무자에 대하여 구상할 수 있고 이 구상권의 범위 내에서는 그 자는 공동면책시킨 위 연대보증인이 당초 채권자를 대위하여 가지는 권리를 다시 대위취득할 수 있기 때문에, 변제로 당초의 채권을 대위 행사하는 연대보증인과 다른 연대보증인과의 관계는 바로 민법 제485조에서 정한 "채권자"와 "제481조의 규정에 의하여 대위할 자"의 관계가 되는 것이다. 따라서 변제로 공동면책시켜 구상권을 가지는 연대보증인이 주채무자에 대한 채권의 담보를 상실 또는 감소시킨 때에는 민법 제485조의 "채권자

의 고의나 과실로 담보가 상실되거나 감소된 때"에 해당하여, 다른 연대보증인은 구상의무를 이행하였을 경우에 그 담보의 소멸로 인하여 주채무자로부터 상환을 받을 수 없는 한도에서 그 책임을 면한다고 보아야 한다.」(대판 2012. 6. 14, 2010다11651)

여기서「담보」라 함은 주된 채무를 담보하기 위한 인적 담보 또는 물적 담보를 말하며, 담보의 상실 또는 감소의 전형적인 예로는 채권자가 인적 담보인 보증인의 채무를 면제해 주거나 물적 담보인 담보물권을 포기하거나 순위를 불리하게 변경하거나 담보물을 훼손하거나 반환하는 행위 등을 들 수 있다(대판 2000. 12. 12, 99다13669). 판례에 나타난 구체적인 예를 보면, 양도담보의 목적물을 채무자에게 반환한 뒤 채무자가 이를 매각한 경우(대판 1962. 3. 8, 4294민상637), 근저당권의 말소등기가 된 경우(대판 1994. 9. 23, 94다5359), 채권자가 일부대위변제자에게 그가 대위변제한 비율을 넘어 근저당권 전부를 이전하여 준 경우(대판 1996. 12. 6, 96다35774: 다른 보증인은 법정대위권자로서 근저당권을 실행하여 배당받을 수 있었던 금액의 한도에서 보증책임을 면한다고 함)에는 담보의 상실 또는 감소가 있으나, 채권자인 은행이 담보물 중 부동산의 감정을 시가보다 높이 평가한 것(대판 1974. 7. 23, 74다257), 양도담보로 제공된 부동산에 대하여 양도담보권자의 채권자가 가압류나 가처분의 기입등기를 경료한 것(대판 1997. 10. 28, 97다28858)은 담보의 상실·감소행위가 아니다. 한편 판례는 법정대위의 전제가 되는 보증 등의 시점 이전에 이미 소멸한 채권자의 담보에 대해서는 제485조가 적용되지 않는다고 보아야 하고, 위와 같은 담보 소멸에 채권자의 고의나 과실이 있다거나 법정대위의 전제가 되는 보증 등의 시점 당시 소멸된 담보의 존재를 신뢰하였다는 등의 사정이 있다고 해도 마찬가지라고 한다(대판 2014. 10. 15, 2013다91788).

대위자는 이와 같은 담보의 상실·감소가 있으면 그로 인하여 상환을 받을 수 없는 한도에서 책임을 면한다(이는, 법정대위자가 물상보증인인 경우에는, 채무자가 부담하는 근저당권의 피담보채무 자체가 소멸한다는 뜻은 아니고 피담보채무에 관한 물상보증인의 책임이 소멸한다는 의미이다. 대판 2017. 10. 31, 2015다65042). 면책의 범위를 결정하는 시기에 관하여 통설은 상실 또는 감소된 담보가 객관적으로 보아 실행될 수 있었을 때라고 하나(사견도 같음), 판례는 담보가 상실 또는 감소된 시점이라고 한다(대판 2008. 12. 11, 2007다66590 등). C-386

판 례 공동근저당권자인 채권자가 담보를 상실하게 하거나 감소시킨 경우

「채무자 소유 부동산과 물상보증인 소유 부동산에 공동근저당권을 설정한 채권자가 공동담보 중 채무자 소유 부동산에 대한 담보 일부를 포기하거나 순위를 불리하게 변경하여 담보를 상실하게 하거나 감소하게 한 경우, 물상보증인은 그로 인하여 상환받을 수 없는 한도에서 책임을 면한다. 그리고 이 경우 그 공동근저당권자는 나머지 공동담보 목적물인 물상보증인 소유 부동산에 관한 경매절차에서, 물상보증인이 위와 같이 담보 상실 내지 감소로 인한 면책을 주장할 수 있는 한도에서는, 물상보증인 소유 부동산의 후순위근저당권자에 우선하여 배당받을 수 없다.」(대판 2018. 7. 11, 2017다292756)

대위자가 면책되는 범위는 상환을 받을 수 없는 것에 한정된다. 따라서 담보가 상실된 경우에는 담보가 실행될 수 있었을 때의 목적물의 교환가치 상당액이며(대판 2001. 10. 9, 2001다36283은 담보상실 당시의 교환가치 상당액이라 함), 채권액을 훨씬 초과하는 부동산을 양도담보로 취득하였다가 그것을 상실하고 채권액에 미달하는 양도담보만을 갖게 된 경우에는 총 채권액에서 잔존 양도담보 부동산 가액을 뺀 나머지 액만큼이다(대판 1997. 10. 28, 97다28858).

위의 제485조의 규정은 임의규정이며, 따라서 법정대위권자는 채권자와의 특약으로 이 규정에 의한 면책이익을 포기하거나 면책의 사유와 범위를 제한 내지 축소할 수 있다(대판 1987. 4. 14, 86다카520. 동지 대판 1987. 3. 24, 84다카1324).

(판 례) 담보권을 성실히 행사해야 할 의무가 있는지 / 그 의무가 있는 경우의 효과

(ㄱ) 「채권자가 자신의 채권이나 담보권을 행사할지 여부는 채권자가 자유롭게 선택할 수 있는 영역에 속하는 것이므로 채권자가 제 3 자에 대하여 자신의 채권이나 담보권을 성실하게 행사하여야 할 의무를 부담하는 특단의 사정이 없는 한 채권자가 자신의 채권이나 담보권을 행사하지 않거나 포기하였다고 하여 이를 불법행위에 해당한다고 할 수는 없는 것이고, 대위변제의 정당한 이익을 갖는 자가 채권자의 담보상실 또는 감소행위를 들어 민법 제485조 소정의 면책을 주장할 수 있음은 별론으로 하더라도 대위변제의 정당한 이익을 갖는 자가 있다는 사정만으로 채권자가 자신의 채권이나 담보권을 성실히 행사하여야 할 의무를 부담한다고는 할 수 없다.」(대판 2005. 11. 25, 2004다66834 · 66841)

(ㄴ) 「법정대위를 할 자는 채권자가 고의나 과실로 담보를 상실하게 하거나 감소하게 한 때에는 원칙적으로 민법 제485조에 따라 면책을 주장할 수 있을 뿐이지만, 채권자가 제 3 자에 대하여 자신의 담보권을 성실하게 보존·행사하여야 할 의무를 부담하는 특별한 사정이 인정되는 경우에는 채권자의 담보권의 포기 행위가 불법행위에 해당할 수 있다.」(대판 2022. 12. 29, 2017다261882. 그 사안에서 곧 변제자대위의 대상이 될 채무자에 대한 근저당권설정등기를 말소하여 줌으로써 저당권을 포기한 행위는 불법행위에 해당한다고 함)

C-387 **3) 제 3 자의 일부변제 후에 계약이 해제된 경우** 제 3 자의 일부변제가 있은 후에 채권자가 채무불이행을 이유로 계약을 해제한 경우에는, 채권자가 받은 변제는 비채변제가 된다(742조 참조). 그런데 민법은 이 경우에 악의의 부당이득에 준하여 특별한 반환의무를 인정하고 있다. 즉 그때에 채권자는 대위자에게 그 변제한 가액과 이자를 상환하여야 한다(483조 2항). 한편 제 3 자가 전부변제한 경우에는 채무불이행 및 그로 인한 해제권이 생길 수 없고, 따라서 이득반환도 문제되지 않는다.

사례의 해결

사례에서 병은 변제에 의한 대위의 요건을 모두 갖추었다. 그런데 H토지가 현재 물상보증인이 아니고 제 3 취득자에게 속하므로, 판례에 의할 경우, 병이 대위를 하려면 변제 후 무의 취득 전에 대위의 부기등기를 했어야 한다. 그럼에도 불구하고 사례에서는 병이 대위의 부기등기를 했다는 것이 전혀 나타나 있지 않다. 따라서 병은 H토지에 대하여 을의 저당권을 대위하지 못한다. 즉 병은 을의 저당권을 행사할 수 없다. 만약 요건이 구비되어 병이 대위할 수 있다면, 병은 H토지에 대하여는 채무액 6억원의 1/3인 2억원에 관하여 채권자인 을의 채권과 저당권을 대위할 수 있을 것이다. (사례: C-373)

제 3 절 대물변제

Ⅰ. 서 설 C-388

1. 의 의

대물변제(代物辨濟)의 의의는 대물변제의 법적 성질을 어떻게 파악하느냐, 특히 그것을 계약으로 보느냐 여부에 따라 달라진다. 그런데, 뒤에 보는 바와 같이, 사견은 대물변제를 계약으로 이해하기 때문에 그러한 견지에서 개념정의를 하려고 한다.

대물변제라 함은 본래의 급부에 갈음하여 다른 급부를 현실적으로 함으로써 채권을 소멸시키는 변제당사자(원칙적으로 채권자와 채무자이나, 그에 한정되지 않음) **사이의 계약을 말한다**(판례도 동지임. 대판 2023. 2. 2, 2022다276789 등 참조. 대물변제를 변제라고 이해하는 견해에서는 채무자(또는 제 3 자)가 채권자의 승낙을 얻어 현실적으로 다른 급여를 한 경우라고 정의한다). 예컨대 500만원의 금전채무를 부담하고 있는 자가 채권자의 승낙을 얻어 500만원의 금전지급에 갈음하여 특정 토지의 소유권을 이전한 경우가 그에 해당한다. **이러한 대물변제에는 변제와 같은 효력이 인정된다**(466조). 따라서 대물변제가 있으면 채권은 소멸하게 된다.

2. 법적 성질 C-389

(1) 계약인지 여부

대물변제는 변제인가 아니면 하나의 계약인가?

여기에 관하여 학설은 세 가지로 나뉘어 있다. i) 대물변제의 법적 성질은 대물변제계약이라는 특수한 요물·유상계약이라는 견해(사견도 같음), ii) 대물변제의 경우 채무자와 채권자 사이에 대물변제에 관한 합의가 필요하기는 하지만 그 합의는 대물급부에 의한 변제가 변제로서의 효력을 갖기 위한 하나의 요건에 지나지 않으며, 따라서 대물변제의 본질은 변제이지 계약이 아니라는 견해, iii) 대물변제는 채무의 이행행위로서 변제에 준하는 효과를 가진다는 점에서 변칙적 변제방법이라는 견해가 그것이다.

판례는 대물변제를 요물계약이라고 한다(대판 1987. 10. 26, 86다카1755 등).

한편 대물변제가 유상계약인지는 세심한 검토를 필요로 한다. 이는 대물변제의 목적물에 흠이 있을 경우에 대물변제자에게 매도인과 같은 담보책임을 지울 것인가와 관련하여 논의된다(독일민법 365조는 명문으로 이를 인정한다). 대물변제에 의하여 채권이 소멸한다는 점에서 보면 이를 인정할 여지도 있다. 그러나 채무가 증여에 기하여 성립한 경우까지 매도인과 같이 담보책임을 지도록 하는 것이 과연 올바른지 의심이 생기기도 한다. 그리하여 학설도 (a) 유상계약이어서 매도인의 담보책임에 관한 규정이 준용된다는 견해와 (b) 본계약에 의하여 정하여진 본래의 채무가 유상이냐 무상이냐에 따라서 담보책임의 내용도 정해져야 한다는 견해로 나뉘어 있다(사견은 채권법총론 [239] 참조). 그리고 판례는, 매도인의 하자담보 책임에 관한 규정은 그 계약의 성질이 이를 허용하지 않는 것이 아닌 한 다른 유상계약에도 준용되는 것이라고 하면서, 대물변제도 유상계약이므로 목적물에 하자가 있을 경우 매도인의 담보책임에 관한 민법 조항이 준용된다고 한다(대판 2023. 2. 2, 2022다276789 등).

C-390 **(2) 경개와의 차이**

대물변제는 경개(C-432 이하 참조)와 유사하나, 본래의 급부와 다른 급부를 현실적으로 하여야 하는 점에서 단순히 새로운 채무를 부담하는 데 불과한 경개와 다르다.

(3) 변제규정의 적용

대물변제는 변제가 아니지만, 민법은 거기에 변제와 같은 효력을 인정하고 있다(466조). 그 결과 변제에 관한 규정은 그 성질이 허용하는 한 대물변제에도 적용된다고 하여야 한다. 제 3 자의 변제규정(469조)이 그 예이다.

C-391 **3. 사회적 작용**

(1) 본래의 사회적 작용

대물변제는 이행의 대용수단 내지 보조수단으로서 작용한다. 그러나 대물변제가 실제로 그렇게 이용되는 일은 적은 것으로 보인다.

(2) 대물변제예약

실제 사회에서는 「대물변제」와 「예약」(장차 본계약을 체결할 것을 약속하는 계약)이라는 두 제도를 결합시킨 「대물변제의 예약」이라는 것이 널리 이용되어 중요하게 작용하고 있다. 그리고 그것은 대물변제의 본래의 목적과는 거리가 멀게 **채권담보의 목적으로 이용**되고 있다. 즉 금전소비대차를 하면서 당사자 사이에서 장차 채무불이행시에는 특정 부동산의 소유권을 이전하기로 한다는 예약을 체결한다. 그리고 그때에는 대체로 장차 취득할 소유권이전청구권

보전의 가등기를 한다. 이것이 바로 가등기담보라고 불리는 것이다.

대물변제예약 내지 가등기담보에 있어서는 채권자의 폭리 취득이 문제된다. 그리하여 민법은 제607조·제608조의 특별규정을 두고 있다. 그러나 이들 규정만으로 불충분하다고 생각되어 「가등기담보 등에 관한 법률」을 제정·시행하고 있다. 그에 대하여는 「물권법」 부분에서 자세히 설명하였다(B-408 이하 참조).

Ⅱ. 대물변제의 요건 C-392

1. 당 사 자

대물변제에는 변제와 같은 효력이 있으므로(466조), 그 당사자도 변제에 준한다고 할 것이다. 따라서 대물변제의 당사자는 원칙적으로 채권자와 변제자이다. 즉 채무자 외에 제 3 자도 원칙적으로 당사자가 될 수 있다(469조 참조). 그리고 채권자는 당연히 일방 당사자가 될 수 있으나(대판 1970. 2. 24, 69다2112·2113은 대물변제는 특별한 사정이 없는 한 채권자에게 하는 것이 원칙이라고 한다), 채권이 압류되거나 입질된 경우 등에는 그 자격이 제한된다(C-345 참조). 그런가 하면 채권자가 아니지만 당사자가 될 수 있는 때도 있다(C-346 이하 참조).

2. 당사자 사이에 합의 내지 계약이 있을 것

채권자나 채무자는 누구도 일방적으로 급부를 변경할 수 없다(다만 임의채권의 경우에는 특약으로 당사자 일방에게 급부변경권이 주어져 있다). 따라서 대물변제가 성립하려면 당사자 사이에 대물변제에 관한 합의가 있어야 한다. 민법 제466조가 「채무자가 채권자의 승낙을 얻어」라고 규정하고 있는 것은 이를 의미한다. 이러한 합의는 묵시적으로도 할 수 있다. 한편 대물변제는 계약이므로 당사자는 행위능력을 가져야 한다(변제의 경우는 이행행위의 성질이 무엇인가에 따라 다르다).

3. 채권이 존재할 것 C-393

대물변제는 본래의 급부에 갈음하여 다른 급부를 함으로써 채권을 소멸하게 하는 것이므로, 대물변제가 가능하려면 당연히 채권이 존재하고 있어야 한다. 그런데 만약 채권이 존재하지 않거나 무효 또는 취소된 때에는 대물변제의 목적물의 소유권이전의 효과는 어떻게 되는가? 이는 물권행위의 무인성을 인정하는지에 따라 달라지게 된다. 무인성을 인정하는 경우에는, 그때에도 대물변제의 목적물의 소유권이전은 일어나고 변제자는 단지 부당이득의 반환을 청구할 수 있을 뿐이라고 하게 된다. 그에 비하여 유인성을 인정하는 경우에는, 목적물의 소유권이전이 일어나지 않으며, 따라서 변제자는 소유권에 기한 물권적 청구권을 행사할 수 있다고 하게 된다. 판례는 후자의 견지에 있다(대판 1993. 4. 23, 92다19163 등).

C-394 4. 본래의 급부와 다른 급부를 할 것

대물변제가 성립하려면 본래의 급부와 다른 급부가 행하여져야 한다. 그런데 그 다른 급부의 내용이나 종류는 묻지 않는다. 그리하여 본래의 급부와 다른 것이면 동산 또는 부동산의 소유권이전이든 금전의 지급이든 상관없다. 채권의 양도, 예금증서의 교부, 어음·수표의 교부도 그것이 이행에 갈음하여 행하여진 때에는 여기의 급부로 될 수 있다. 다만, 양도가 금지되어 있는 물건의 급부로 대물변제를 할 수는 없다(대판 1965. 7. 6, 65다563은 판매가 금지된 특정 외래품으로 대물변제한다는 계약은 무효라고 한다).

대물변제는 요물계약이므로, 그것이 성립하려면 본래의 급부와 다른 급부를 단순히 약속하는 것만으로는 부족하며(이는 경개에 지나지 않음), 그 다른 급부를 현실적으로 하여야 한다(대판 1995. 9. 15, 95다13371 등 다수의 판결). 따라서 다른 급부가 부동산 소유권의 이전인 경우에는 당사자의 의사표시 외에 등기까지도 완료하여야만 대물변제가 성립한다(대판 2023. 2. 2, 2022다276789 등 다수의 판결). 물론 그 등기는 유효하여야 하며, 등기가 되었더라도 그것이 원인무효의 등기로서 말소되었다면 대물변제의 효과가 생기지 않는다(대판 1977. 6. 7, 77다369). 그리고 부동산 소유권이전이 급부인 이상 등기 외에 부동산의 인도까지 필요하지는 않다. 그런가 하면 등기가 행하여지지 않은 한 설사 부동산의 인도가 있더라도 대물변제는 성립하지 않는다(대판 1965. 7. 20, 65다1029·1030 등). 한편 동산 소유권이전이 대물급부인 경우에는 합의 외에 목적물의 인도가 필요하다.

C-395 [참고] 부동산으로 대물변제를 하는 경우의 등기청구권

과거 판례는 대물급부가 부동산 소유권의 이전인 경우에 관하여 대물변제의 합의를 채권계약인 대물변제계약이라고 하면서 그 계약의 채권적 효력으로서 이를 원인으로 하여 등기청구권이 생긴다고 하였다(대판 1974. 6. 25, 73다1819 등). 그러나 이에 대하여는 그 경우 등기까지 완료되어야 비로소 대물변제가 성립하므로 판례의 견해는 옳지 않으며, 판례가 말하는 대물변제계약은 대물변제의 예약, 그 중에서도 편무예약이라고 보아야 하고, 그리하여 채권자가 본계약으로서의 대물변제의 체결을 청약하면 채무자는 이전등기를 하여야 할 의무를 부담하고, 그 이행이 있을 때에 대물변제계약은 성립한다는 비판이 제기되고 있다(곽윤직, 268면). 그 때문인지 그 이후의 판례는 이전등기가 완료되기 전 단계의 것을 대물변제의 예약으로 다룬다(대판 1979. 9. 11, 79다381). 한편 판례는 대물변제계약의 효력발생 전에 채무의 본지에 따른 이행으로 기존채무가 소멸되었다면 채권자는 당사자간에 예약된 대물변제계약으로서는 부동산 소유권이전등기 청구를 할 수 없다고 한다(대판 1987. 10. 26, 86다카1755; 대판 1997. 4. 25, 96다32133).

본래의 급부와 다른 급부는 가치가 같을 필요는 없다. 대물급부의 가치가 채무액보다 크더라도 초과액이 이자에 충당되지 않으며, 거기에 제607조·제608조가 적용되지도 않는다(대판 1992. 2. 28, 91다25574 등). 그리고 대물급부의 가치가 채무액보다 적더라도, 일부의 대물변제라는 취지가 표시되어 있지 않는 한, 채권 전부가 소멸한다. 다만, 대물급부와 본래의 급부 사이

에 현저한 불균형이 있는 때에는 제104조의 폭리행위로 될 경우가 있을 수 있다(대판 1959. 9. 24, 4291민상762 등 참조).

5. 「본래의 채무이행에 갈음하여」 다른 급부가 행하여질 것 C-396

대물변제가 성립하려면 「다른 급부」(대물급부)가 「이행(변제)을 위하여」(즉 본래의 채무의 변제의 수단으로서)가 아니고 「이행(변제)에 갈음하여」(즉 본래의 채무를 소멸시키기 위하여) 행하여져야 한다. 단순히 「이행을 위하여」 대물급부가 행하여진 때에는 대물변제로 되지 못하여 채권은 소멸하지 않는다.

이 요건과 관련하여 가장 문제가 되는 것은 채무자가 어음이나 수표를 변제수단으로 교부한 경우이다. 어음·수표의 교부가 「변제를 위하여」 한 것이면 대물변제가 아니어서 채권은 소멸하지 않고 새로운 채무가 추가되는 결과가 되나, 그것이 「변제에 갈음하여」 한 것이면 대물변제로 되어 채권은 소멸하게 된다. 구체적인 경우에 이들 중 어느 것에 해당하는지는 여러 가지 사정을 종합적으로 고려하여 판단하여야 한다. 그러나 특별한 약정이 없으면 「변제를 위하여」 행하여진 것으로 추정하여야 한다. 금전취득이 확실하지 않기 때문이다. 통설·판례도 같은 견지에 있다(어음에 관한 판례: 대판 2001. 7. 13, 2000다57771 등 다수. 수표에 관한 판례: 대판 1976. 6. 22, 75다1600 등 다수). 이는 채권자가 어음·수표를 제 3 자에게 양도하였더라도 다르지 않다(대판 1960. 10. 31, 4291민상390). 다만, 신용 있는 은행이 발행한 자기앞수표를 교부한 것은 금전지급에 갈음한 것으로 추정하여야 할 것이다.

[참고] 「변제를 위하여」 어음·수표를 교부한 경우의 권리행사의 순서 C-397

어음·수표를 「변제를 위하여」 교부한 경우에는 본래의 채무 외에 어음·수표에 기한 새로운 의무가 추가되어 두 채무가 병존하게 된다(대판 1969. 2. 4, 68다567). 이때 채권자는 새로운 채권을 먼저 행사하여야 하는가? 여기에 관하여 판례는 과거에는 두 권리 가운데 선택적으로 행사할 수 있다고 한 적이 있다(대판 1972. 3. 28, 72다119). 그런데 근래에는 기존채무의 이행을 위하여 제 3 자 발행의 어음을 교부한 경우에 관하여, 어음채권을 먼저 행사하여야 하고 그에 의하여 만족을 얻을 수 없을 때 비로소 기존의 원인채권을 행사할 수 있다고 한다(대판 1996. 11. 8, 95다25060 등). 그에 비하여 학설은 채권자에게 선택권을 인정한다. 근래의 판례가 타당하다.

판 례 채무자가 어음을 교부한 경우의 해석

「기존채무의 이행에 관하여 채무자가 채권자에게 어음을 교부할 때의 당사자의 의사는 기존 원인채무의 '지급에 갈음하여', 즉 기존 원인채무를 소멸시키고 새로운 어음채무만을 존속시키려고 하는 경우와, 기존 원인채무를 존속시키면서 그에 대한 지급방법으로서 이른바 '지급을 위하여' 교부하는 경우 및 단지 기존채무의 지급 담보의 목적으로 이루어지는 이른바 '담보를 위하여' 교부하는 경우로 나누어 볼 수 있는데, 당사자 사이에 특별한 의사표시가 없으면 어음의 교부가 있다고 하더라도 이는 기존 원인채무는 여전히 존속하고 단지 그 '지급을 위하여' 또는 그 '담보를 위하여' 교부된 것으로 추정할 것이며, 따라서 특별한 사정이 없는 한 기존의 원인채무는 소멸하지 아니하고 어음상의 채무와 병존한다고 보아야 할 것이고, 이 경우 어음상의 주채무자가 원인관계상의 채무자와 동일하지 아니한 때에는 제 3 자인 어음상의 주채무자에 의한 지급이 예정되고 있으므로 이는 '지급을 위하여' 교부된 것으로 추정할 것이다.」(대판 1996. 11. 8, 95다25060)

C-398 채무자가 제 3 채무자에 대하여 가지고 있는 채권을 양도하는 것도 당사자 사이에 특별한 의사표시가 없었다면 기존채무의 변제를 위하거나 또는 담보를 위한 것으로 추정하여야 하며, 채무변제에 갈음하여 양도한 것으로 볼 것이 아니다(대판 1995. 12. 22, 95다16660 등 다수의 판결). 따라서 그 경우 채권양도만 있으면 바로 원래의 채권이 소멸한다고 볼 수는 없고, 채권자가 양도받은 채권을 변제받은 때에 비로소 그 범위 내에서 채무자가 면책된다(대판 2013. 5. 9, 2012다40998 등). 채무자가 제 3 채무자로부터 받은 수표를 채권자에게 전달한 경우에도 특별한 사정이 없으면 그로써 채무자의 제 3 자에 대한 채권을 채권자에게 양도하여 채무가 소멸되었다 할 수 없다(대판 1963. 10. 10, 63다408).

판 례 채무변제에 갈음하여 다른 채권을 양도한 경우

「채무변제에 '갈음하여' 다른 채권을 양도하기로 한 경우에는 특별한 사정이 없는 한 채권양도의 요건을 갖추어 대체급부가 이루어짐으로써 원래의 채무는 소멸하는 것이고 그 양수한 채권의 변제까지 이루어져야만 원래의 채무가 소멸한다고 할 것은 아니다. 이 경우 대체급부로서 채권을 양도한 양도인은 양도 당시 양도대상인 채권의 존재에 대해서는 담보책임을 지지만 당사자 사이에 별도의 약정이 있다는 등 특별한 사정이 없는 한 그 채무자의 변제자력까지 담보하는 것은 아니라 할 것이다.」(대판 2013. 5. 9, 2012다40998)

C-399 Ⅲ. 대물변제의 효과

대물변제에는 변제와 같은 효력이 있다(466조). 따라서 대물변제가 있으면 채권이 소멸한다(대물변제 후 본래의 채무가 변제되었더라도 대물변제의 효력에는 영향이 없다. 대판 1966. 6. 18, 66다640). 그리고 그 채권을 위한 담보권도 소멸한다.

대물변제는 채무의 일부에 관하여도 행하여질 수 있다. 그리하여 예컨대 채무자가 채권자와 대물변제하기로 약정한 급여 중 일부만을 이행한 경우에도 채권자가 이를 수령하면 채무의 일부에 관하여 유효한 대물변제를 한 것으로 보아야 한다(대판 1993. 5. 11, 92누11602). 그런데 대물변제의 예약이 체결되어 있는 한 그것은 원칙적으로 채권 전부의 대물변제에 관한 것이라고 새겨야 하므로, 채권의 일부에 대한 대물변제를 주장하는 자(채권자)가 그 사실을 주장·증명하여야 한다(대판 1987. 3. 10, 86다카2055).

대물변제로 급부된 목적물에 흠이 있는 경우에 대물변제자가 담보책임을 지는지에 관하여는 앞에서 이미 설명하였다(C-389 참조).

제4절 공 탁

Ⅰ. 공탁의 의의 및 법적 성질 C-400

1. 의 의

공탁(供託)은 금전·유가증권 기타의 물건을 공탁소에 임치하는 것이다. 이러한 공탁은 변제를 위하여뿐만 아니라(변제공탁. 487조 이하) 담보(담보공탁. 353조 3항 참조)·집행(집행공탁. 민사집행법 222조 참조)·보관(보관공탁. 상법 70조 참조) 등을 위하여서도 이용된다. 그런가 하면 변제와 아울러 집행을 위하여서도 공탁을 할 수 있다(이른바 혼합공탁. 대판 2005. 5. 26, 2003다12311; 대판 2018. 10. 12, 2017다221501). 그 경우에는 변제공탁에 관련된 새로운 채권자에 대해서는 변제공탁으로서 효력이 있고 집행공탁에 관련된 압류채권자 등에 대해서는 집행공탁으로서 효력이 있으며, 이 경우에도 적법한 공탁으로 채무자의 채무는 소멸한다(대판 2018. 10. 12, 2017다221501). **그런데 여기서 다루는 것은 변제를 위한 공탁 즉 변제공탁에 한정된다**(형사사건의 피고인이 그 피해자를 위하여 하는 변제공탁 즉 형사공탁에 대하여 최근에 공탁법에 특례규정이 신설되었다(2022. 12. 9. 시행). 공탁법 5조의 2 참조).

공탁은 반드시 법령에 근거하여야 하고 당사자가 임의로 할 수 없는 것이므로, 금전채권의 채무자가 공탁의 방법에 의한 채무의 지급을 약속하더라도 채권자가 채무자에게 이러한 약정에 기하여 공탁하라고 청구할 수는 없다(대판 2014. 11. 13, 2012다52526). 그리고 이러한 법리는 채무자에게 민사집행법 제248조에서 정한 집행공탁의 요건이 갖추어져 있는 경우라도 같다(대판 2014. 11. 13, 2012다52526).

변제공탁이 있으면 채무자는 채무를 면하게 된다(487조). 이러한 변제공탁제도는 왜 필요한가? 채무의 이행에 채권자의 수령이 필요한 경우에 채무자가 변제의 제공을 하면 채무자는 채무불이행책임을 지지 않게 된다(461조. 그리고 일정한 요건이 갖추어지면 채권자지체로 된다. 400조 참조). 그러나 변제제공이 있었다고 하여 채무자가 채무를 면하지는 못한다. 채권자가 수령을 거절하거나 수령할 수 없는 때에도 같다. 그런데 이와 같은 때에 언제까지나 채무자가 채무에 구속당하게 하는 것은 적절하지 않다. 그리하여 민법은 채무자 기타의 변제자가 목적물을 공탁함으로써 채무를 면할 수 있도록 하였는데, 그것이 바로 변제공탁제도이다.

2. 법적 성질 C-401

공탁의 법적 성질에 관하여 학설은 i) 사법관계설, ii) 공법관계설, iii) 양면설로 나뉘어 있다. i) 사법관계설은 공탁은 사법상의 행위이며 제 3 자를 위한 계약을 겸한 임치계약이라고 한다. 그리고 ii) 공법관계설은 공탁은 기본적으로 공법관계(공법상의 임치관계)라고 한다. 그에 비하여 iii) 양면설은 공탁에는 공법적인 측면과 사법적인 측면이라는 두 측면이 있으며, 민법이 규율하는 사법적인 측면에서 공탁의 성질을 밝힌다면 그것은 제 3 자를 위한 임치계약이라고 한다(사견도 같음). 한편 판례는 공법관계설의 견지에 있다(대판 1993. 7. 13, 91다39429 등).

C-402

Ⅱ. 공탁의 요건

1. 일정한 공탁원인의 존재

공탁(변제공탁)은 채무의 존재를 전제로 한다. 그 채무는 현존하는 확정채무이어야 하고, 장래채무나 불확정채무는 원칙적으로 변제공탁의 목적이 되지 못한다. 그러나 채무자에 대한 각 채권자의 채권이 동일한 채권이어야 하는 것은 아니다(대판 2014. 12. 24, 2014다207245: 원고가 주장하는 채권은 퇴직신탁계약 해지를 원인으로 한 신탁잔여재산 반환청구권이고, 피고가 주장하는 채권은 퇴직신탁계약의 수익자로서 퇴직신탁계약에 의한 퇴직급부금 지급청구권인 경우에 공탁을 인정함).

그리고 공탁에 의하여 채무를 면하려면 다음의 두 공탁원인 가운데 어느 하나가 있어야 하며, 그 중에 어느 것도 없는 경우에는 설사 채무자가 공탁을 하였다 하더라도 그는 채무를 면하지 못한다(대판 1962. 4. 12, 4294민상1138). 한편 공탁을 하면서 제487조 제 1 문과 제 2 문 중 어느 사유를 공탁원인사실로 할 것인지는 공탁자가 선택할 수 있으며, 공탁이 제487조 제 1 문의 공탁(수령불능을 원인으로 한 변제공탁)인지, 같은 조 제 2 문의 공탁(상대적 불확지 변제공탁)인지, 아니면 두 가지 성격을 모두 가지고 있는지 여부는 공탁서의 「법령조항」란의 기재와 「공탁원인사실」란의 기재 등에 비추어 객관적으로 판단해야 한다(대판 2008. 10. 23, 2007다35596).

C-403 (1) 「채권자가 변제를 받지 아니하거나 받을 수 없는 때」(487조 1문)

제487조 제 1 문은 「채권자가 변제를 받지 아니하거나 받을 수 없는 때」에는 공탁을 인정하고 있다. 그런데 동조의 그 표현은 채권자지체에 관한 제400조와 같다(두 경우의 앞뒤만 바뀌어 있음). 여기서 그것이 채권자지체가 있는 경우를 의미하는지가 문제된다. 그에 관하여 학설은 일치하여 공탁의 요건과 채권자지체의 요건은 다르다고 한다. 그 결과 채권자가 미리 수령을 거절한 경우 또는 거절할 것이 명백한 경우에는, 채무자는 구두의 제공 없이 곧바로 공탁을 할 수 있게 된다(460조 단서를 적용하지 않음). 학설은 그 이유로 ① 뒤에 설명하는 (2)의 공탁원인은 채권자지체와는 전혀 관계가 없고, ② 공탁은 포기와 달라서 채권자에게 부당한 불이익을 미치는 것이 아니라는 점을 든다. 판례도 채권자가 미리 수령거절의 의사를 표명한 경우(대결 1975. 7. 19, 75마163)와 수령을 거절할 것이 명백한 경우(대판 1994. 8. 26, 93다42276 등 다수)에 관하여 학설과 같은 견지에 있다. 이러한 학설·판례는 정당하다.

위와 같이 새기게 되면 「채권자가 변제를 받을 수 없는 때」도 마찬가지로 채권자지체의 요건이 구비되어야 할 필요가 없다고 해석하여야 한다. 그리하여 가령 채권자가 그의 주소에 없어서 변제하지 못하는 경우에는 그 부재가 설사 일시적인 것일지라도 공탁을 할 수 있다. 그리고 판례는 여기의 변제는 채무자로 하여금 종국적으로 채무를 면하게 하는 변제를 의미하므로 채권이 가압류된 경우도 「채권자가 변제를 받을 수 없는 때」에 해당한다고 한다(대판 1994. 12. 13, 93다951).

채권자의 수령거절 또는 수령불능이 채권자의 책임있는 사유로 생겼는가는 묻지 않는다. 이는 채권자지체에 관하여 어떤 견해를 취하든 같다.

판 례 채권이 가압류된 경우에 공탁을 할 수 있는지

「채권의 가압류는 제 3 채무자에 대하여 채무자에게 지급하는 것을 금지하는 데 그칠 뿐 채무 그 자체를 면하게 하는 것이 아니고, 가압류가 있다 하여도 그 채권의 이행기가 도래한 때에는 제 3 채무자는 그 지체책임을 면할 수 없다고 보아야 할 것이다.

이러한 경우 가압류에 불구하고 제 3 채무자가 채무자에게 변제를 한 때에는 나중에 채권자에게 2중으로 변제하여야 할 위험을 부담하게 되므로 제 3 채무자로서는 민법 제487조의 규정에 의하여 공탁을 함으로써 2중변제의 위험에서 벗어나고 이행지체의 책임도 면할 수 있다고 보아야 할 것이다.」(대판 1994. 12. 13, 93다951)

(2) **「변제자가 과실없이 채권자를 알 수 없는 경우」**(487조 2문) C-404

이는 객관적으로 채권자 또는 변제수령권자가 존재하고 있으나 채무자가 선량한 관리자의 주의를 다하여도 채권자가 누구인지를 알 수 없는 경우를 말하며(대판 2005. 5. 26, 2003다12311 등 다수)(민법상 채권자를 전혀 알 수 없는 절대 불확지 공탁은 허용되지 않는다. 대판(전원) 1997. 10. 16, 96다11747 참조), 이 경우에도 공탁을 할 수 있다. 예컨대 상속이 개시되었으나 공동상속인들이나 그 상속인들의 상속지분을 구체적으로 알기 어려운 때(대판 1991. 5. 28, 91다3055), 채권양도가 있었으나 그 효력에 의문이 있거나 변제받을 자격이 있는지를 확정하기 어려운 때(대판(전원) 1994. 4. 26, 93다24223; 대판 2000. 12. 22, 2000다55904 등), 예금계약의 출연자와 예금명의자가 서로 다르고 양자 모두 예금채권에 관한 권리를 적극 주장하고 있는 경우로서 금융기관이 그 예금의 지급시는 물론 예금계약 성립시의 사정까지 모두 고려하여 선량한 관리자로서의 주의의무를 다하여도 어느 쪽이 진정한 예금주인지에 관하여 사실상 혹은 법률상 의문이 제기될 여지가 충분히 있다고 인정되는 때(대판 2004. 11. 11, 2004다37737), 신탁계약에서 신탁재산을 수령할 권한이 있는 수익자인지 여부에 관하여 다툼이 있는 경우(대판 2014. 12. 24, 2014다207245)에 그렇다(확정일자 있는 채권양도 통지와 채권 가압류명령이 제 3 채무자에게 동시에 도달된 경우에도 제 3 채무자는 송달의 선후가 불명한 경우에 준하여 채권자를 알 수 없다는 이유로 변제공탁을 할 수 있다. 대판(전원) 1994. 4. 26, 93다24223(C-322에 인용)[핵심판례 278면]; 대판 2004. 9. 3, 2003다22561(확정일자 있는 채권양도 통지와 채권 가압류명령이 동시에 도달됨으로써 제3채무자가 변제공탁을 하고, 그 후에 다른 채권압류 또는 가압류가 이루어졌다 하더라도, 채권양수인과 선행 가압류채권자 사이에서만 채권액에 안분하여 배당하여야 한다고 한 사례)). 여기의 해석도 엄격하게 할 것이 아니다. 그리하여 단순히 채권자라고 주장하는 자가 여럿 있는 때에도 공탁을 인정하여야 한다.

C-405 2. 공탁의 당사자

공탁은 제3자를 위한 임치계약으로서 그 당사자는 공탁자와 공탁소이다. 그리고 피공탁자인 채권자는 당사자가 아니며, 그는 제3자를 위한 계약에 의하여 채권을 취득할 뿐이다.

(1) 공 탁 자

공탁자는 변제자이다. 그는 채무자 외에 제3자일 수도 있다. 수인의 공탁자가 공탁을 하면서 각자의 공탁금액을 나누어 기재하지 않고 공동으로 하나의 공탁금액을 기재한 경우에 공탁비율을 어떻게 보아야 하는가?(이는 회수청구권의 범위에 영향을 준다) 그에 관하여 판례는, 공탁자가 공탁한 내용은 공탁의 기재에 의하여 형식적으로 결정되므로 그 경우에는 공탁자들이 균등한 비율로 공탁한 것으로 보아야 하고, 공탁자들 내부의 실질적인 분담금액이 다르다고 하더라도 그것은 공탁자들 내부 사이에 별도로 해결하여야 할 문제라고 한다(대판 2015. 9. 10, 2014다29971).

(2) 공 탁 소

공탁은 채무이행지의 공탁소에 하여야 한다(488조 1항). 공탁소는 지방법원·지방법원 지원·시 법원·군 법원에 두며, 공탁사무는 지방법원장·지방법원 지원장이 그 소속 공무원 중에서 지정하는 자가 담당한다(공탁법 2조). 공탁의 경우에 실제로 공탁물을 보관하는 자는 공탁물 보관자인데, 공탁물 보관자는 대법원장이 지정하는 은행 또는 창고업자이다(공탁법 3조).

그리고 이들에 의하여 공탁소가 정하여지지 않는 때에는 법원은 변제자의 청구에 의하여 공탁소를 지정하고 공탁물 보관자를 선임하여야 한다(488조 2항).

(3) 피공탁자

공탁은 피공탁자를 특정하여 하여야 한다(대판(전원) 1997. 10. 16, 96다11747). 피공탁자(공탁물 수령자)는 채권자가 된다. 그런가 하면 채권자의 대리인(대판 2012. 3. 15, 2011다77849 등)이나 청산인(대판 1992. 7. 28, 91다13380)도 피공탁자로 될 수 있다.

피공탁자는 제3자를 위한 계약에 있어서의 제3자이지만 법률규정상 그는 수익의 의사표시 없이(539조 2항 참조) 공탁소에 대하여 채권(공탁물 인도청구권)을 취득한다고 할 것이다(이설 없음).

C-406 3. 공탁의 목적물

변제의 목적물이 공탁의 목적물이 된다. 유가증권·금전 기타의 동산이 목적물로 됨은 공탁법 규정상 명백하다(동법 3조 1항). 그러나 부동산이 목적물로 되는지에 관하여는 i) 긍정설(사견도 같음)과 ii) 부정설이 대립하고 있다.

한편 변제의 목적물이 공탁에 적당하지 않거나 멸실 또는 훼손될 염려가 있거나 공탁에 과다한 비용을 요하는 경우에는 변제자는 법원의 허가를 얻어 그 물건을 경매하거나 시가로 방매하여 대금을 공탁할 수 있다(490조).

4. 공탁의 내용

C-407

공탁의 내용은 채무내용에 좇은 것이어야 한다. 이것과 관련하여 특히 문제가 되는 것은 채무액(또는 목적물)의 일부만을 공탁한 경우와 조건을 붙여서 공탁한 경우이다.

(1) 일부의 공탁

채무액(또는 목적물)의 **일부의 공탁은 채무를 변제함에 있어서 일부의 제공이 유효한 제공이라고 시인될 수 있는 특별한 사정이 있는 경우를 제외하고는 채권자가 이를 수락하지 않는 한 그에 상응하는 효력을 발생할 수 없다**(대판 1998. 10. 13, 98다17046 등 다수. 통설도 같음). 만약 채권자가 공탁금을 채권의 일부에 충당한다는 유보의 의사표시를 하고 이를 수령한 때에는 그 공탁금은 채권의 일부의 변제에 충당되는데(대판 1996. 7. 26, 96다14616), 그 경우 유보의 의사표시는 반드시 명시적으로 해야 하는 것은 아니다(대판 2009. 10. 29, 2008다51359). 그리고 채무자가 채무액의 일부만을 공탁하였으나 그 후 부족분을 추가로 공탁하였다면 그때부터는 전 채무액에 대하여 유효한 공탁이 이루어진 것으로 볼 수 있다(대판 1991. 12. 27, 91다35670). 한편 공탁금액이 채무 총액에 비하여 아주 근소하게 부족한 경우에는 그 공탁은 신의칙상 유효한 것이라고 하여야 한다(대판 2002. 5. 10, 2002다12871 · 12888 등). 물론 이 때 유효하게 되는 것은 공탁금액의 범위에 한하여서이다.

판 례 일부공탁이 유효한지

「변제공탁이 유효하려면 채무 전부에 대한 변제의 제공 및 채무 전액에 대한 공탁이 있어야 하고, 채무 전액이 아닌 일부에 대한 공탁은 그 부족액이 아주 근소하다는 등의 특별한 사정이 있는 경우를 제외하고는 채권자가 이를 수락하지 않는 한 그 공탁부분에 관하여서도 채무 소멸의 효과가 발생하지 않으며, 이러한 점은 채권자가 종래 거듭하여 일부변제를 수령하여 왔다거나 갑자기 영업소를 폐쇄하고 그 소재를 감추는 바람에 어쩔수 없이 변제공탁하게 되었다고 하여 달라지지 아니하며, 근저당권의 피담보채무에 관하여 전액이 아닌 일부에 대하여 공탁한 이상 그 피담보채무가 계속적인 금전거래에서 발생하는 다수의 채무의 집합체라고 하더라도 공탁금액에 상응하는 범위에서 채무 소멸의 효과가 발생하는 것은 아니다.」(대판 1998. 10. 13, 98다17046)

(2) 조건부 공탁

C-408

채권자가 선이행의무를 부담하거나 채무자(공탁자)에게 동시이행의 항변권이 있는 경우에는, 채권자의 반대급부의 이행을 조건으로 하여 공탁할 수 있다(대판 1992. 12. 22, 92다8712 등). 그에 비하여 공탁이 채무의 내용에 좇은 것이라 할지라도, **채권자에게 반대급부 또는 기타의 조건의 이행의무가 없음에도 불구하고 채무자가 이를 조건으로 공탁한 때에는, 채권자가 이를 수락하**

지 않는 한 그 공탁은 효력이 없다(대판 2002. 12. 6, 2001다2846 등 다수). 그러나 무효인 조건부 공탁이 있은 후 공탁자가 조건 표시의 정정청구를 하고 공탁공무원이 이를 인가한 경우에는, 공탁은 인가결정시부터는 조건 없는 공탁으로서 유효하다(대판 1986. 8. 19, 85누280 등). 그리고 조건이 이미 성취되어 공탁물 수령에 아무런 지장이 없으면 그 공탁은 효력이 발생한다(대판 1969. 2. 18, 66다1244). 한편 채권담보의 목적으로 근저당권설정등기 또는 가등기가 된 경우에 채무자가 그 등기의 말소에 필요한 서류의 교부를 조건으로 하여 공탁을 하면 그것은 무효이다(근저당권 설정등기의 경우: 대판 1975. 12. 23, 75다1134 등. 가등기의 경우: 대판 1982. 12. 14, 82다카1321 · 1322. 저당권설정등기 및 가등기의 경우: 대판 1991. 4. 12, 90다9872). 이 경우에는 채무의 변제의무가 그 등기의 말소의무보다 선이행되어야 하고, 그것들이 동시이행관계에 있지 않기 때문이다. 그리고 건물인도와 동시이행관계에 있는 임차보증금의 공탁을 함에 있어서 건물인도 확인서의 첨부를 반대급부조건으로 붙인 것은 인도의 선이행을 조건으로 한 것으로서 효력이 없다(대판 1991. 12. 10, 91다27594).

C-409 Ⅲ. 공탁의 절차

공탁의 절차는 공탁규칙에 규정되어 있다(동 규칙 20조 이하). 한편 민법은 공탁자가 지체없이 채권자에게 공탁통지를 하도록 규정하고 있으나(488조 3항), 실무에서는 공탁관이 이를 대신하고 있다. 그리고 이 공탁통지는 공탁의 유효요건이 아니어서 공탁자가 공탁통지를 하지 않았어도 채무는 소멸한다(대판 1976. 3. 9, 75다1200).

C-410 Ⅳ. 공탁의 효과

1. 채권의 소멸

공탁이 있으면 변제가 있었던 것과 마찬가지로 채권이 소멸한다(487조). **채권이 소멸하는 시기는 공탁관의 수탁처분과 공탁물 보관자의 공탁물수령이 있는 때이며, 채권자에 대한 공탁통지나 채권자의 수익의 의사표시가 있는 때가 아니다**(이설이 없으며, 판례도 같음. 대결 1972. 5. 15, 72마401). 채권자가 인도(출급)청구를 하였는지 여부와도 관계없다(대판 2014. 5. 29, 2013다212295 등). 그리고 공탁 후 공탁물 출급청구권에 대하여 가압류 집행이 되더라도 그 변제의 효력에 영향을 미치지 않는다(대판 2011. 12. 13, 2011다11580).

그런데 이 공탁에 의한 채권의 소멸과 관련하여서는 짚고 넘어가야 할 문제가 있다. 그것은 공탁 후에도 일정시기까지는 공탁자에게 회수권이 있어서 그 동안은 공탁의 효력이 확정적이지 않다는 것이다(489조). 이 때문에 공탁에 의한 채권소멸의 효과발생에 관하여 학설은 i) 해제조건설과 ii) 정지조건설로 나뉘어 있다. i) 해제조건설은 채무는 공탁에 의하여 곧 소멸하나 공탁물의 회수가 있는 때에는 채권은 소급하여 소멸하지 않았던 것으로 된다고 한다(사견도 같음). 그에 비하여 ii) 정지조건설은 회수권의 소멸을 정지조건으로 하여 공탁시에 소급하여 채권이 소멸한다고 주장한다. 그리고 판례는 해제조건설의 견지에 있다(대판 1981. 2. 10, 80다77 등). 즉 판례는, 변제공탁자가 공탁물 회수권의 행사에 의하여 공탁물을 회수한 경우에는 공탁하지 않은 것으로 보아 채권소멸의 효력은 소급하여 없어진다고 하고, 이와 같이 채권소멸의 효력을 소급적으로 소멸시키는 공탁물의 회수에는 공탁자에 의하여 이루어진 경우뿐만 아니라, 제 3 자가 공탁자에게 대하여 가지는 별도 채권의 집행권원으로써 공탁자의 공탁물 회수청구권에 대하여 압류 및 추심명령을 받아 그 집행으로 공탁물을 회수한 경우도 포함된다고 한다(대판 1981. 2. 10, 80다77(압류 · 전부명령을 받아 회수한 경우); 대결 2020. 5. 22, 2018마5697 등).

판 례 공탁물의 수령 관련 C-411

공탁물수령자가 아무 이의 없이 공탁물을 수령하였다면 그는 공탁의 취지에 따라 수령한 것이 되어 공탁사유에 따른 법률효과가 발생한다(대판 1980. 8. 26, 80다629 등 다수). 공탁이 변제제공 없이 이루어졌다거나(대판 1989. 11. 28, 88다카34148(공탁의 효력을 다투지 못함) 등) 공탁자가 공탁원인으로 들고 있는 사유가 법률상 효력이 없는 것이어서 공탁이 부적법하다고 하더라도 같다(대판 1992. 5. 12, 91다44698). 채권액에 관하여 다툼이 있는 채권에 관하여 공탁한 경우에도 마찬가지이다. 즉 그러한 채권에 관하여 채무자가 채무 전부의 변제임을 밝히고 공탁한 경우 채권자가 그 공탁금을 채권의 일부로서 수령한다는 등의 별도의 유보 의사표시를 하지 않은 이상 그 수령이 채권 전부에 대한 공탁의 효력을 인정한 것으로 해석된다(대판 1983. 6. 28, 83다카88 · 89).

그리고 수령 후 그에 저촉되는 의사표시를 하였다고 하여도 결과는 달라지지 않는다(대판 1984. 11. 13, 84다카465 등). 특히 토지수용위원회의 재결에 따라 기업자가 공탁한 토지수용보상금을 이의를 유보함이 없이 수령한 토지소유자는 비록 그 재결에 대하여는 이의를 신청한 바 있다고 하여도 그 재결에 승복하고 그 공탁의 취지에 따라 이를 수령한 것으로 보아야 한다(대판(전원) 1982. 11. 9, 82누197(소를 제기한 경우도 같음); 대판 1983. 6. 14, 81누254 등).

공탁물 수령에 따른 효과는 공탁의 취지에 따라 생기기 때문에, 공탁서에 아무런 언급도 없는 비용에 대하여는 변제의 효과가 없다(대판 1976. 9. 28, 76다1548). 그리고 공탁물을 수령하면서 이의를 유보한 경우에는 공탁의 취지대로 효과가 발생하지 않는다. 이의 유보의 의사표시는 채무액뿐만 아니라 공탁원인에 관하여서도 할 수 있다(대판 1996. 7. 26, 96다14616 참조(부당이득 대신 손해배상)). 이 의사표시는 반드시 명시적으로 하여야 하는 것은 아니며 묵시적으로도 할 수 있다(대판 1997. 11. 11, 97다37784). 그리고 그 의사표시는 공탁공무원뿐만 아니라 채무자에 대하여도 할 수 있다(대판(전원) 1982. 11. 9, 82누197; 대판 1997. 11. 11, 97다37784).

2. 채권자의 공탁물 인도(출급)청구권 C-412

채권자는 공탁소에 대하여 공탁물 인도(출급)청구권을 취득한다(그 절차에 대하여는 공탁규칙 32조 이하 참조). 민법은 이를 규정하고 있지 않으나, 공탁에 의하여 채무가 소멸하는 것은 채권자가 그 권리를 취득하기 때문이다. 그리고 그런 연유로 공탁을 제 3 자를 위한 임치계약이라고 한다(이때 수익의 의사표시가 필요하지 않음은 앞에서 설명하였다(C-405 참조)).

채권자의 공탁물 인도청구권은 본래의 급부청구권에 갈음하는 것이어서 그 권리의 성질·범위는 본래의 급부청구권의 그것과 같아야 한다. 그 결과 본래의 급부청구권에 동시이행의 항변권이 붙어 있는 경우에는, 채권자는 반대급부를 하지 않으면 공탁물을 수령하지 못한다(491조, 공탁법 10조). 그리고 채무자가 누가 진정한 채권자인지를 알 수 없어 상대적 불확지의 변제공탁을 하여 피공탁자 중 1인이 다른 피공탁자들을 상대로 자기에게 공탁금출급청구권이 있다는 확인을 구한 경우에, 피공탁자들 사이에서 누가 진정한 채권자로서 공탁금출급청구권을 가지는지는 피공탁자들과 공탁자인 채무자 사이의 법률관계에서 누가 본래의 채권을 행사할 수 있는 진정한 채권자인지를 기준으로 판단하여야 한다(대판 2017. 5. 17, 2016다270049).

공탁물 인도청구가 각하된 경우에 민사소송·행정소송 가운데 어느 것에 의하여 다투어야 하는지, 그리고 공탁물 인도청구권의 소멸시효기간이 얼마인지는 공탁의 법적 성질을 어떻게 파악하느냐에 따라 다르다. 공탁을 공법관계로 보면 행정소송을 하여야 하고 인도청구권은 5년의 시효에 걸리게 되나(「정부보관금에 관한 법률」 1조), 사법관계 또는 양면관계라고 보면 민사소송에 의하고 시효기간은 10년이 된다. 그런데 공탁법은, 공탁물이 금전인 경우(동법 7조에 따른 유가증권상환금, 배당금과 동법 11조에 따른 물품을 매각하여 그 대금을 공탁한 경우를 포함한다) 그 원금 또는 이자의 수령, 회수에 대한 권리는 그 권리를 행사할 수 있는 때부터 10년간 행사하지 않을 때에는 시효로 인하여 소멸한다고 규정한다(동법 9조 3항).

판 례 공탁물 출급청구 관련

(ㄱ) 「변제공탁의 공탁물 출급청구권자는 피공탁자 또는 그 승계인이고 피공탁자는 공탁서의 기재에 의하여 형식적으로 결정되므로, 실체법상의 채권자라고 하더라도 피공탁자로 지정되어 있지 않으면 공탁물 출급청구권을 행사할 수 없다. 따라서 피공탁자 아닌 제 3 자가 피공탁자를 상대로 하여 공탁물 출급청구권 확인판결을 받았다 하더라도 그 확인판결을 받은 제 3 자가 직접 공탁물 출급청구를 할 수는 없고, 수인을 공탁금에 대하여 균등한 지분을 갖는 피공탁자로 하여 공탁한 경우 피공탁자 각자는 공탁서의 기재에 따른 지분에 해당하는 공탁금을 출급청구할 수 있을 뿐이며, 비록 피공탁자들 내부의 실질적인 지분비율이 그 공탁서상의 지분비율과 다르다고 하더라도 이는 피공탁자 내부간에 별도로 해결해야 할 문제이다.」(대판 2006. 8. 25, 2005다67476)

(ㄴ) 「동일한 금액 범위 내의 사해행위취소 및 가액배상을 구하는 소송을 제기한 수인의 취소채권자들 중 누구에게 가액배상금을 지급하여야 하는지 알 수 없다는 이유로 채권자들의 청구금액 중 판결 또는 화해권고결정 등에 의하여 가장 다액으로 확정된 금액 상당을 공탁

금액으로 하고 그 취소채권자 전부를 피공탁자로 하여 상대적 불확지 공탁을 한 경우, 피공탁자 각자는 공탁서의 기재에 따라 각자의 소송에서 확정된 판결 또는 화해권고결정 등에서 인정된 가액배상금의 비율에 따라 공탁금을 출급청구할 수 있을 뿐이다.」(대판 2007. 5. 31, 2007다3391)

3. 공탁물 소유권의 이전

C-413

공탁물의 소유권이 채권자에게 이전하는 시기는 경우에 따라 다르다.

(1) **공탁물이 금전인 경우에는**, 공탁물의 소유권은 일단 공탁물 보관자에게 귀속하고(금전의 소유권은 점유자에게 있으므로) 채권자가 공탁물 보관자로부터 금전을 수령하는 때에 채권자가 그 소유권을 취득한다(문헌들은 모두 금전과 기타의 소비물을 동일시하나, 이는 옳지 않다).

(2) **공탁물이 금전 이외의 소비물인 경우에는**, 소비임치(불규칙임치)가 성립하므로(702조 참조), 공탁물의 소유권은 일단 공탁소에 귀속하고 채권자가 공탁소로부터 동종·동질·동량의 물건을 수령하는 때에 채권자가 그 소유권을 취득한다.

(3) **공탁물이 특정물인 경우에는** 어떤가? 여기에 관하여 통설은 공탁소가 소유권을 취득하지 않고 공탁자로부터 직접 채권자에게 소유권이 이전된다고 한다. 그리고 그 이전시기는 그 특정물이 동산이면 공탁소로부터 채권자가 목적물을 취득하는 때이고, 부동산이면 등기를 갖춘 때라고 한다. 즉 변제자의 공탁신청 속에 소유권이전의 청약이 포함되어 있고 채권자가 공탁소에 대하여 인도청구권을 행사할 때 위의 청약에 대한 승낙을 한 것이 되어 물권적 합의가 성립하고, 그 밖에 인도·등기를 갖춘 때에 소유권이전이라는 물권변동이 일어난다는 것이다(사견은 동산에 관하여는 다름. 채권법총론 [253] 참조).

V. 공탁물의 회수

C-414

1. 민법상의 회수

민법은 변제자의 공탁물의 회수를 인정하고 있다(489조). 본래 공탁은 변제자(공탁자)를 위한 제도이므로 채권자나 제 3 자에게 불이익하지 않는 한 회수를 인정하는 것이 바람직하기 때문이다. 이 회수의 법적 성질은 임치계약의 해지라고 할 수 있다(이설 있음). **변제자가 공탁물을 회수한 경우에는 공탁하지 않은 것으로 본다**(489조 1항 2문).

한편 판례는, 부적법한 변제공탁으로 변제의 효력이 발생하지 않았다고 하더라도, 피공탁자는 이를 수락하여 공탁물 출급청구를 하는 대신 공탁자에 대한 다른 채권에 기하여 공탁자의 공탁물 회수청구권에 대하여 압류 및 추심명령을 받아 그 집행으로 공탁물을 회수할 수 있다고 한다(대결 2020. 5. 22, 2018마5697). 그리고 공탁물 출급청구권과 공탁물 회수청구권은 서로 독립한 별개의 청구권이므로 설령 공탁물 출급청구권에 대한 압류 등이 있었다고 하더라도 그것은 공탁물 회수청구권에 대하여 아무런 영향을 미치지 않는다고 한다(대결 2020. 5. 22, 2018마5697).

민법상 다음과 같은 경우에는 회수가 인정되지 않는다.

(1) 채권자가 변제자에 대한 의사표시로 공탁을 승인하거나 공탁소에 대하여 공탁물을 받기로 통고한 때(489조 1항 1문).

(2) 공탁유효의 판결이 확정된 때(489조 1항 1문).

(3) 공탁으로 질권 또는 저당권이 소멸한 때(489조 2항). 공탁으로 채권은 소멸하므로 그것을 담보하던 질권·저당권도 소멸한다. 그런데 그 뒤 공탁물을 회수하면 채권과 질권·저당권은 부활하여야 할 것이나, 그렇게 되면 제 3 자에게 예측하지 못한 손해를 줄 염려가 있다. 그리하여 민법은 질권·저당권이 소멸하면 회수할 수 없는 것으로 규정하였다. 이와 같이 질권 등이 설정되었으면 공탁에 의하여 그것들이 언제나 소멸하고, 따라서 항상 회수권은 없게 된다.

한편 대법원은 「가등기담보 등에 관한 법률」이 시행되기 전에, 공탁으로 인하여 가등기담보권이나 양도담보권이 소멸하는 경우에는 공탁금을 회수할 수 있다고 하였다(대판 1982. 7. 27, 81다495). 그러나 적어도 현재는 가등기담보권 등은 저당권과 마찬가지로 다루어야 하므로(가담법 13조 참조) 가등기담보권 등이 소멸한 때에는 회수할 수 없다고 하여야 한다(이설 있음).

그에 비하여 공탁이 있으면 공동채무자 또는 보증인의 채무도 소멸하게 되지만, 그 경우에는 회수권이 인정되고, 회수권이 행사되면 공동채무자나 보증인의 채무도 부활된다고 할 것이다. 이 경우에는 제 3 자의 보호 필요성이 없을뿐더러 공동채무자나 보증인에게 부당한 불이익을 강요하는 것도 아니기 때문이다.

(4) 공탁자가 회수권을 포기한 때. 이는 명문규정은 없어도 당연한 것이다.

판 례 적법하게 보상금을 공탁한 경우

기업자가 토지수용법의 규정에 따라 적법하게 보상금을 공탁하는 등의 수용절차를 마친 이상 수용 목적물의 소유권을 원시적으로 적법하게 취득하므로 그 후에 부적법하게 공탁금이 회수된 사정만으로 종전의 공탁의 효력이 무효로 되는 것은 아니다(대판 1997. 9. 26, 97다24290).

C-415 2. 공탁법상의 회수

공탁법은 민법 제489조의 경우 외에 ① 착오로 공탁을 한 때와 ② 공탁의 원인이 소멸한 때에도 공탁물의 회수를 인정하고 있다(공탁법 9조 2항). 이 두 경우는 민법 제489조에 의하여 회수권이 인정되지 않을 때에도 공탁법에 의하여 회수권이 인정된다는 점에서 의미가 있다. 한편 공탁법상, 공탁물이 금전인 경우에 그 원금 또는 이자의 회수에 대한 권리가 10년의 소멸시효에 걸린다는 점(동법 9조 3항)은 앞에서 설명하였다(C-412 참조).

(판 례) 공탁법상 회수할 수 있는 경우

「공탁자가 착오로 공탁한 때 또는 공탁의 원인이 소멸한 때에는 공탁자가 공탁물을 회수할 수 있을 뿐(공탁법 제 9 조 제 2 항 참조), 피공탁자의 공탁물 출급청구권은 존재하지 않는 것이므로, 이러한 경우 공탁자가 공탁물을 회수하기 전에 위 공탁물 출급청구권에 대한 전부명령을 받아 공탁물을 수령한 자는 법률상 원인 없이 공탁물을 수령한 것이 되어 공탁자에 대하여 부당이득 반환의무를 부담한다.」(대판 2008. 9. 25, 2008다34668)

제 5 절 상 계

Ⅰ. 상계의 의의 C-416

1. 개 념

상계(相計)란 채권자와 채무자가 서로 같은 종류를 목적으로 하는 채권·채무를 가지고 있는 경우에 그 채무들을 대등액에서 소멸하게 하는 단독행위이다(492조 1항 참조). 가령 A는 B에 대하여 200만원의 금전채권을 가지고 있고 B는 A에 대하여 100만원의 금전채권을 가지고 있는 경우에, A 또는 B는 각각 상대방에 대한 일방적인 의사표시로 100만원의 금액에서 그들의 채권을 소멸시킬 수 있는데, 그것이 곧 상계이다.

(판 례) 공제

(ㄱ) 「공제는 복수 채권·채무의 상호 정산을 내용으로 하는 채권소멸 원인이라는 점에서 상계와 유사하다. 그러나 공제에는 원칙적으로 상계적상, 상계 금지나 제한, 상계의 기판력 등 상계에 관한 법률 규정이 적용되지 않는다는 점, 부동산임대차 관계 등 특정 법률관계에서는 일정한 사유가 발생하면 원칙적으로 공제의 의사표시 없이도 당연히 공제가 이루어진다고 보는 점 등에서 공제는 상계와 구별된다. … 한편 계약자유의 원칙에 따라 당사자는 강행규정에 반하지 않는 한 공제나 상계에 관한 약정을 할 수 있으므로, 공제나 상계적상 요건을 어떻게 설정할 것인지, 공제 기준시점이나 상계적상 시점을 언제로 할 것인지, 공제나 상계의 의사표시가 별도로 필요한지 등을 자유롭게 정하여 당사자 사이에 그 효력을 발생시킬 수 있다.」(대판 2024. 8. 1, 2024다227699)

(ㄴ) 「1) 계약자유의 원칙에 따라 당사자는 강행규정에 반하지 않는 한 공제에 관한 약정

을 할 수 있으므로, … 당사자가 공제의 대상으로 약정하는 양 채권 사이에 반드시 어떠한 견련성이 있어야 한다고 볼 수도 없다.

2) … 당사자가 공제하기로 약정한 양 채권 사이에 견련성이 없더라도 그 약정 자체는 유효하지만, 어느 일방에 대하여 채무자회생법에서 정한 회생절차가 개시된 경우라면 견련성이 없는 양 채권 사이의 공제를 제한 없이 허용하여 채권자 상호 간의 공평을 해하는 것은 강행규정인 채무자회생법 제145조(상계금지 규정: 저자 주)의 취지를 잠탈하는 결과가 되므로, 그 약정은 더 이상 유효하다고 볼 수 없다.」(대판 2025. 7. 18, 2022다311736)

2. 기 능

상계에는 다음 두 가지의 기능이 있다(통설도 같은 취지이며, 판례도 같다. 대판 2003. 4. 11, 2002다59481).

(1) 채무결제의 간이화

상계는 당사자 쌍방의 채권·채무를 대등액에서 소멸시키므로 채권자·채무자가 동종의 채권·채무를 서로 현실적으로 청구하고 이행하는 번거로운 절차를 피할 수 있게 한다.

(2) 담보적 기능

상계를 하게 되면 설사 상대방이 무자력이 된 경우에도 상대방에 대한 자신의 채무를 면함으로써 사실상 우선변제를 받는 것과 같은 결과로 된다. 즉 수동채권의 존재가 사실상 자동채권에 대한 담보로서 기능하게 되는 것이다. 이를 상계의 담보적 기능이라고 한다.

3. 성 질

당사자 사이에 서로 채무를 부담하고 있고 그 채무들이 변제기가 되어 이른바 상계적상에 있는 경우에 법률은 당연히 상계가 이루어지는 것으로 규정할 수도 있다. 그러나 우리 민법은 상계의 의사표시가 있어야 채무들이 대등액에서 소멸하는 것으로 규정하고 있다(493조). 그리고 그 의사표시는 상대방의 승낙이 필요하지 않은 일방적 의사표시이다. 그 결과 우리 민법이 정하는 상계는 단독행위의 성질을 가진다. 즉 상계는 상대방 있는 단독행위이다(대판 2024. 10. 31, 2023다307383). 그리고 그것은 하나의 독립한 채권소멸원인이 된다.

C-417

4. 상계계약

민법이 규정하고 있는 상계는 단독행위이지만(493조 참조), 계약자유의 원칙상 당사자는 계약에 의하여서도 그 목적(즉 채권들을 대등액에서 소멸시키는 것)을 달성할 수 있다. 그러한 계약이 상계계약이다. 상계계약은 당사자 사이의 채권들을 대등액에서 소멸시키는 것을 목적으로 하는 유상계약이다. 상법이 규정하고 있는 「상호계산」은 그 전형적인 예이다(상법 72조 참조).

상계계약의 내용은 계약에 의하여 결정되겠으나 불분명한 경우에도 민법상의 상계에 관한 규정(특히 요건에 관한 규정)은 원칙적으로 상계계약에는 적용되지 않는다. 그리하여 두 채권이 같은 종류가 아니어도 무방하고 불법행위에 의한 채권도 대상이 될 수 있다. 다만, 채권소멸의 소급효는 인정된다고 할 것이다.

판 례 상계계약의 효과

「당사자 쌍방이 가지고 있는 같은 종류의 급부를 목적으로 하는 채권을 서로 대등액에서 소멸시키기로 하는 상계계약이 이루어진 경우, 상계계약의 효과로서 각 채권은 당사자들이 그 계약에서 정한 금액만큼 소멸한다. 이러한 법리는 기업개선작업절차에서 채무자인 기업과 채권자인 금융기관 사이에 채무자가 채권자에게 주식을 발행하여 주고 채권자의 신주인수대금채무와 채무자의 기존채무를 같은 금액만큼 소멸시키기로 하는 내용의 상계계약 방식에 의하여 이른바 출자전환을 하는 경우에도 마찬가지로 적용되며, 이와 달리 주식의 시가를 평가하여 그 시가 평가액만큼만 기존의 채무가 변제되고 나머지 금액은 면제된 것으로 볼 것은 아니다.」(대판(전원) 2010. 9. 16, 2008다97218[핵심판례 262면])

Ⅱ. 상계의 요건 C-418

1. 상계적상(相計適狀)

상계가 유효하려면 당사자 쌍방의 채권이 다음과 같은 여러 요건을 갖추고 있어야 한다. 그것을 상계적상이라고 한다.

(1) 쌍방이 채권을 가지고 있을 것

상계를 할 수 있으려면 먼저 당사자 쌍방이 채권을 가지고 있어야 한다(492조 1항 본문)(이혼한 부부 사이의 자의 양육비채권은 당사자의 협의 또는 가정법원의 심판에 의하여 구체적인 청구권의 내용과 범위가 확정되기 전에는 상계할 수 없지만, 가정법원의 심판에 의하여 구체적인 청구권의 내용과 범위가 확정된 후의 양육비채권 중 이미 이행기에 도달한 후의 것은 상계의 자동채권으로 할 수 있다. 대판 2006. 7. 4, 2006므751(E-52도 참조)). 이때 **상계를 하려는 자의 채권을 자동채권(능동채권)이라고 하고, 상대방의 채권을 수동채권이라고 한다.** 그런데 상계의 대상이 되는 이러한 채권은 상대방과 사이에서 직접 발생한 채권에 한정되지 않으며, 제 3 자로부터 양수 등을 원인으로 하여 취득한 채권도 포함된다(대판 2003. 4. 11, 2002다59481).

판 례 상계를 할 수 있는지 여부

(ㄱ) 「파산자의 보증인이 파산선고 후에 보증채무를 전부 이행함으로써 구상권을 취득한 경우, … 그 구상권을 자동채권으로 하여 파산채무자에 대한 채무와 상계할 수 있다고 봄이 상당하다.

그런데 구 파산법 제19조는 "수인의 채무자가 각각 전부의 채무를 이행하여야 할 경우에 그 채무자의 전원 또는 수인이나 1인이 파산선고를 받은 때에는 채권자는 파산선고시에 가진 채권의 전액에 관하여 각 파산재단에 대하여 파산채권자로서 그 권리를 행사할 수 있다"고 규정하고 있고, 제20조는 "보증인이 파산선고를 받은 때에는 채권자는 파산선고시에 가진 채권의 전액에 관하여 파산채권자로서 그 권리를 행사할 수 있다"고 규정하고 있으므로, 파산선고 후에 파산채권자가 다른 채무자로부터 일부 변제를 받거나 다른 채무자에 대한 회사정리절차 내지 파산절차에 참가하여 변제 또는 배당을 받았다 하더라도 그에 의하여 채권자가 채권 전액에 대하여 만족을 얻은 것이 아닌 한 파산채권액에 감소를 가져오는 것은 아니어서, 채권자는 여전히 파산선고시의 채권 전액으로써 계속하여 파산절차에 참가할 수 있고, 채권의 일부에 대한 대위변제를 한 구상권자가 자신이 변제한 가액에 비례하여 채권자와 함께 파산채권자로서 권리를 행사할 수 있는 것은 아니다.

따라서 파산자의 보증인이 파산선고 후 채권자에게 그 보증채무의 일부를 변제하여 그 출재액을 한도로 파산자에 대하여 구상권을 취득하였다 하더라도 채권자가 파산선고시의 채권 전액을 파산채권으로 신고한 이상 보증인으로서는 파산자에 대하여 그 구상권을 파산채권으로 행사할 수 없어 이를 자동채권으로 하여 파산자에 대한 채무와 상계할 수도 없다고 보아야 한다.」(대판 2008. 8. 21, 2007다37752)

(ㄴ)「채권의 일부 양도가 이루어지면 특별한 사정이 없는 한 각 분할된 부분에 대하여 독립한 분할채권이 성립하므로 그 채권에 대하여 양도인에 대한 반대채권으로 상계하고자 하는 채무자로서는 양도인을 비롯한 각 분할채권자 중 어느 누구도 상계의 상대방으로 지정하여 상계할 수 있고, 그러한 채무자의 상계 의사표시를 수령한 분할채권자는 제3자에 대한 대항요건을 갖춘 양수인이라 하더라도 양도인 또는 다른 양수인에 귀속된 부분에 대하여 먼저 상계되어야 한다거나 각 분할채권액의 채권 총액에 대한 비율에 따라 상계되어야 한다는 이의를 할 수 없다.」(대판 2002. 2. 8, 2000다50596)

(ㄷ)「가분적인 금전채권의 일부에 대한 전부명령이 확정되면 특별한 사정이 없는 한 전부명령이 제3채무자에 송달된 때에 소급하여 전부된 채권 부분과 전부되지 않은 채권 부분에 대하여 각기 독립한 분할채권이 성립하게 되므로, 그 채권에 대하여 압류채무자에 대한 반대채권으로 상계하고자 하는 제3채무자로서는 전부채권자 혹은 압류채무자 중 어느 누구도 상계의 상대방으로 지정하여 상계하거나 상계로 대항할 수 있고, 그러한 제3채무자의 상계 의사표시를 수령한 전부채권자는 압류채무자에 잔존한 채권 부분이 먼저 상계되어야 한다거나 각 분할채권액의 채권 총액에 대한 비율에 따라 상계되어야 한다는 이의를 할 수 없다.」(대판 2010. 3. 25, 2007다35152)

(ㄹ)「집행력 있는 판결정본을 가진 채권자가 우선변제권을 주장하며 담보권에 기하여 배당요구를 한 경우 여기서 배당의 기초가 되는 것은 담보권이지 집행력 있는 판결정본이 아니므로, 채무자로서는 그 담보권에 대한 배당에 이의한 후 제기한 배당이의의 소에서 그 담보권에 기한 우선변제권이 미치는 피담보채권의 존부 및 범위 등을 다투기 위하여 상계를 주장할 수 있고, 이 경우 채무자의 상계에 의하여 소멸하는 것은 피담보채권 자체이지

집행력 있는 판결정본의 집행력이 아님이 명백하므로, 이러한 상계를 주장하기 위하여 집행력 있는 판결정본의 집행력을 배제하기 위하여 필요한 청구이의의 소를 제기할 필요는 없다.」(대판 2011. 7. 28, 2010다70018)

자동채권은 원칙적으로 상계자 자신이 피상계자에 대하여 가지는 채권이어야 한다(동지 대판 2022. 12. 16, 2022다218271). 그러나 여기에는 예외가 있다. 연대채무(418조 2항)·보증채무(434조)의 경우에는 상계자 자신의 채권이 아니고 타인의 채권으로 상계할 수 있다. 가령 B·C·D가 A에 대하여 120만원의 연대채무를 부담하고 있는 경우(B·C·D의 부담부분이 같다고 가정한다)에 B가 A에 대하여 120만원의 채권을 가지고 있으면서 상계를 하지 않으면 C(또는 D)는 B의 부담부분인 40만원에 관하여 A에 대한 그의 채무와 B의 채권으로 A와 상계할 수 있다(418조 2항 참조). 그리고 연대채무(426조 1항)·보증채무(445조 1항)·채권양도(451조 2항)의 경우에는 피상계자에 대한 채권이 아니고 타인에 대한 채권으로 상계할 수 있다. 가령 B·C·D가 A에 대하여 120만원의 연대채무를 부담하고 있고(B·C·D의 부담부분이 같다고 가정한다) B가 A에 대하여 120만원의 채권을 가지고 있다고 하자. 이 경우에 C가 B에게 통지하지 않고 A에게 120만원을 변제한 뒤 B에게 40만원을 구상하는 때에는 B는 A에 대한 40만원의 채권으로 그의 C에 대한 구상채무와 상계할 수 있다(426조 1항). 이때 B가 상계에 사용한 B의 A에 대한 채권은 C에게 이전된다(426조 1항). C-419

수동채권은 피상계자가 상계자에 대하여 가지는 채권이어야 한다. 피상계자가 제3자에 대하여 가지는 채권과는 상계하지 못한다(대판 2011. 4. 28, 2010다101394 등). 그리하여 예컨대 유치권이 인정되는 아파트를 경락·취득한 자가 유치권자에 대한 임료 상당의 부당이득금 반환채권을 자동채권으로 하고 유치권자의 종전 소유자에 대한 유익비상환채권을 수동채권으로 하여 상계하지는 못한다(대판 2011. 4. 28, 2010다101394). 한편 변제의 경우와는 달리 제3자가 채무자를 위하여 상계하지는 못한다.

(2) 두 채권이 동종의 목적을 가질 것 C-420

상계를 할 수 있으려면 당사자 쌍방의 채권이 같은 종류를 목적으로 한 것이어야 한다(492조 1항 본문). 따라서 우선 종류채권이어야 하고, 그것들이 같은 종류의 것이어야 한다(쌀의 인도청구권과 금전채권은 같은 종류가 아니어서 상계할 수 없다. 대판 1960. 2. 18, 4291민상424). 그런데 보통은 금전채권이 상계에 이용된다. 같은 종류의 채권이기만 하면, 채권액의 동일 여부·채권액의 확정 여부·이행지의 동일 여부(494조 참조) 등은 묻지 않는다. 그리고 채권의 발생원인도 중요하지 않다. 그리하여 가령 탈퇴조합원의 출자지분 반환청구권과 조합의 횡령금 반환청구권은 서로 상계할 수 있고(대판 1983. 10. 11, 83다카542), 소송비용청구권은 소송상 발생하는 권리이기는 하나 사법상의 청구권이므로 수동채권으로 될 수 있다(대판 1994. 5. 13, 94다9856). 또한 벌금채권도 상계의 자동채권으로 될 수 있다(대판 2004. 4. 27, 2003다37891).

(3) 두 채권이 변제기(이행기)에 있을 것

민법은 쌍방의 채권이 모두 변제기(이행기)에 있을 것을 요구한다(492조 1항 본문)(492조 1항에서 정한 「채무의 이행기가 도래한 때」는 채권자가 채무자에게 이행의 청구를 할 수 있는 시기가 도래하였음을 의미하고, 채무자가 이행지체에 빠지는 시기를 말하는 것이 아니다(대판 2021. 5. 7, 2018다25946 등). 그리고 부당이득 반환채권은 이행기의 정함이 없는 채권으로서 채권의 성립과 동시에 언제든지 이행을 청구할 수 있으므로, 그 채권의 성립일에 상계적상에서 의미하는 이행기가 도래한 것으로 볼 수 있다(대판 2022. 3. 17, 2021다287515)). 그런데 이는 자동채권·수동채권에 있어서 다소 다르다. 자동채권은 반드시 변제기에 있어야 한다. 그러지 않으면 상대방은 부당하게 기한의 이익을 잃게 되기 때문이다. 그러나 수동채권은 반드시 변제기에 있을 필요는 없다. 즉 상계자가 기한의 이익을 포기할 수 있는 경우에는 이를 포기하면서 상계할 수 있다(대판 1979. 6. 12, 79다662). 그리하여 임대인은 임대차계약이 존속 중이라도 임대차보증금 반환채무에 관한 기한의 이익을 포기하고 임차인의 임대차보증금 반환채권을 수동채권으로 하여 상계할 수 있다(대판 2017. 3. 15, 2015다252501).

C-421 ### (4) 채권의 성질이 상계를 허용하는 것일 것(492조 1항 단서)

쌍방의 채권이 현실의 이행이 있어야 목적을 달성할 수 있는 경우에는(하나의 채권이 그러한 경우는 두 채권이 같은 종류의 채권이 아니어서 이미 제외된다), 채권의 성질상 상계가 허용되지 않는다. 부작위채무(예: 서로 소음을 내지 않기로 한 경우)나 「하는 채무」(예: 같은 종류의 노무를 급부하기로 한 경우)가 그에 해당한다. 자동채권에 항변권이 붙어 있는 경우도 마찬가지이다(대판 1969. 10. 28, 69다1084; 대판 1975. 10. 21, 75다48(동시이행의 항변권이 붙어 있는 매매대금채권); 대판 2001. 11. 13, 2001다55222·55239(443조의 면책청구권이 항변권으로 붙어 있는 수탁보증인의 사전구상권); 대판 2002. 8. 23, 2002다25242(약정에 의하여 지급거절의 항변권이 붙어 있는 기성공사대금채권); 대판 2004. 5. 28, 2001다81245 및 대판 2019. 2. 14, 2017다274703(443조의 담보제공청구권이 항변권으로 붙어 있는 수탁보증인의 사전구상권)). 이 경우에 상계를 허용하면 상대방은 항변권 행사의 기회를 잃게 되기 때문이다. 그러나 수동채권에 항변권이 붙어 있으면 채무자는 항변권을 포기하면서 상계할 수 있다.

판 례 항변권이 있는 경우 관련

(ㄱ) 「상계의 대상이 될 수 있는 자동채권과 수동채권이 동시이행관계에 있다고 하더라도 서로 현실적으로 이행하여야 할 필요가 없는 경우라면 상계로 인한 불이익이 발생할 우려가 없고 오히려 상계를 허용하는 것이 동시이행관계에 있는 채권·채무관계를 간명하게 해소할 수 있으므로 특별한 사정이 없는 한 상계가 허용된다.」(대판 2006. 7. 28, 2004다54633: 컴퓨터 매매계약이 해제된 경우에 매도인의 지위를 승계한 자의 대금반환의무와 매수인의 컴퓨터 사용이익의 반환의무는 동시이행관계에 있으나, 매수인은 상계할 수 있다고 함)

(ㄴ) 「항변권이 붙어 있는 채권을 자동채권으로 하여 다른 채무(수동채권)와의 상계를 허용한다면 상계자 일방의 의사표시에 의하여 상대방의 항변권 행사의 기회를 상실시키는 결과가 되므로 그러한 상계는 허용될 수 없고, 특히 수탁보증인이 주채무자에 대하여 가지는 민법 제442조의 사전구상권에는 민법 제443조 소정의 담보제공청구권이 항변권으로 부착되어 있는 만큼 이를 자동채권으로 하는 상계는 허용될 수 없으며, 다만 민법 제443조는 임의규정으로서 주채무자가 사전에 담보제공청구권의 항변권을 포기한 경우에는 보증인은 사전구상권을 자동채권으로 하여 주채무자에 대한 채무와 상계할 수 있다.」(대판 2004. 5. 28, 2001다81245)

(5) 상계가 금지되어 있지 않을 것 C-422

상계가 금지되어 있는 경우에는 상계를 할 수 없다.

1) 당사자의 의사표시에 의한 금지 채권을 가지고 있는 당사자는 상계를 금지하는 특약을 할 수 있으며, 그때에는 상계를 하지 못한다(492조 2항 본문). 그러나 **이 상계금지는 선의의 제 3 자에게 대항하지 못한다**(492조 2항 단서). 그 결과 채권을 양수하거나 채무를 인수한 제 3 자가 상계금지에 관하여 알지 못한 경우에는, 그 채권양수인 또는 채무인수인은 각각 그들이 남은 당사자에 대하여 부담하고 있는 채무 또는 가지고 있는 채권으로 상계할 수 있다. 그리고 판례에 따르면, 회생절차에서 관리인은 회생절차 개시결정에 따라 채무자와 독립하여 채권자 등 전체의 공동의 이익을 위하여 선량한 관리자의 주의로써 직무를 수행하게 되므로, 채권자와 채무자가 채무자의 상계를 금지하는 특약을 한 후에 채무자에 대한 회생절차가 개시된 경우 채무자의 관리인은 상계금지특약에 있어 제492조 제 2 항 단서에 정한 제 3 자에 해당하며, 이때 상계금지특약 사실에 대한 관리인의 선의·악의는 관리인 개인의 선의·악의를 기준으로 할 수는 없고, 모든 회생채권자 및 회생담보권자를 기준으로 하여 회생채권자 및 회생담보권자 모두가 악의로 되지 않는 한 관리인은 선의의 제 3 자라고 할 수밖에 없다고 한다(대판 2024. 5. 30, 2019다47387).

2) 법률에 의한 금지 법률은 수동채권에 일정한 사정이 있는 경우에는 상계자의 상대방이 현실의 변제를 받게 하기 위하여 상계를 금지한다.

(가) 고의의 불법행위로 인한 손해배상채권 채무가 고의의 불법행위로 인한 것인 때에는, 그 채무자는 상계로 채권자에게 대항하지 못한다(496조). **즉 고의로 불법행위를 한 자는 피해자의 손해배상청구권을 수동채권으로 하여 상계하지 못한다**(대판 1990. 12. 21, 90다7586 등). 이는 불법행위의 유발을 방지하고(채무자의 무자력 등으로 변제받지 못하게 된 채권자는 고의의 불법행위를 할 우려가 있다) 불법행위의 피해자에게 현실의 변제를 받게 하려는 취지의 것이다(대판 2017. 2. 15, 2014다19776 등). 상계가 금지되는 것은 고의의 경우만이며 과실의 불법행위의 경우에는 손해배상채권이 수동채권으로 될 수 있다(이설이 없으며, 판례도 같음. 대판 1991. 5. 14, 91다513 등). 불법행위자에게 중과실이 있는 때에도 같다(대판 1994. 8. 12, 93다52808). 그리고 고의의 불법행위채권일지라도 수동채권이 아니고 자동채권으로 하여 상계하는 것(즉 불법행위의 피해자의 상계)은 허용된다(이설이 없으며, 판례도 같음. 대판 1983. 10. 11, 83다카542 등). **자동채권 · 수동채권이 모두 고의의 불법행위채권인 경우**(가령 사용자가 구타하고 피용자는 횡령한 경우 또는 싸움을 하다가 서로 상처를 입힌 경우)에는 어떤가? 여기에 관하여 학설은 i) 상계가 허용되지 않는다는 견해(사견도 같음)와 ii) 격투 등과 같이 동일한 사안에서 발생한 때에는 인정하자는 견해로 나뉘어 있고, 판례는 격투에 있어서도 상계를 허용하지 않는다(대판 1994. 2. 25, 93다38444).

제496조가 채무불이행으로 인한 손해배상채권에도 적용되는가? 그에 관하여 판례는, 그 규정은 고의의 불법행위로 인한 손해배상채권을 수동채권으로 한 상계에 관한 것이고 고의의 채무불이행으로 인한 손해배상채권에는 적용되지 않으며(대판 2024. 8. 1, 2024다204696은 고의의 불법행위로 인한 손해배상채권 외의

(채권을 수동채권으로 한 상계에는 적용되지 않는다고 함), 다만 고의에 의한 행위가 불법행위를 구성함과 동시에 채무불이행을 구성하여 불법행위로 인한 손해배상채권과 채무불이행으로 인한 손해배상채권이 경합하는 경우에는 이 규정을 유추적용할 필요가 있다고 한다(대판 2017. 2. 15, 2014다19776 등). 이러한 경우에 고의의 채무불이행으로 인한 손해배상채권을 수동채권으로 한 상계를 허용하면 이로써 고의의 불법행위로 인한 손해배상채권까지 소멸하게 되어 고의의 불법행위에 의한 손해배상채권은 현실적으로 만족을 받아야 한다는 이 규정의 입법취지가 몰각될 우려가 있기 때문이라는 이유에서이다. 따라서 그러한 예외적인 경우에는 제496조를 유추적용하여 고의의 채무불이행으로 인한 손해배상채권을 수동채권으로 하는 상계를 한 경우에도 채무자가 그 상계로 채권자에게 대항할 수 없다고 한다(대판 2017. 2. 15, 2014다19776). 나아가 판례는 부당이득 반환채권에 대하여도 유사한 입장을 취한다. 즉 부당이득의 원인이 고의의 불법행위에 기인함으로써 불법행위로 인한 손해배상채권과 부당이득 반환채권이 모두 성립하여 양 채권이 경합하는 경우 피해자가 부당이득 반환채권만을 청구하고 불법행위로 인한 손해배상채권을 청구하지 않은 때에도, 그 청구의 실질적 이유, 즉 부당이득의 원인이 고의의 불법행위였다는 점은 불법행위로 인한 손해배상채권을 청구하는 경우와 다를 바 없다 할 것이어서, 고의의 불법행위에 의한 손해배상채권은 현실적으로 만족을 받아야 한다는 상계 금지의 취지는 이러한 경우에도 타당하므로, 제496조를 유추적용할 것이라고 한다(대판 2002. 1. 25, 2001다52506 등). 그리하여 고의의 불법행위로 인한 부당이득 반환채권을 수동채권으로 한 상계가 허용되지 않는다고 한다. 그에 비하여 상대방의 기망행위로 소비대차계약을 체결한 자가 불법행위로 인한 손해배상청구를 하지 않고 계약상 채권에 따른 대여금 및 이자 등의 지급을 구하는 경우에는 제496조가 유추적용될 수 없다고 한다(대판 2024. 8. 1, 2024다204696). 계약상 채권은 상대방의 기망행위가 아니라 쌍방 사이의 계약에 기초하여 발생하는 권리이고, 그 급부의 이행으로 지향하는 경제적 이익이 불법행위로 인한 손해배상채권과 동일하여 양자가 경합하는 관계에 있다고 보기도 어려우며, 달리 제496조가 정한 상계 금지의 취지에 비추어 계약상 채권이 실질적으로 고의의 불법행위로 인한 채권과 마찬가지라고 평가할 만한 사정도 없다는 이유에서이다(대판 2024. 8. 1, 2024다204696). 이러한 판례는 적절하다.

C-423 **판 례** 불법행위채권의 상계 관련

(ㄱ) 「피해자의 과실과 가해자의 과실이 경합하여 사고가 발생하였고 그 피해자의 과실이 상대방에 대한 주의의무 위반으로 불법행위의 책임요건을 충족하는 것이라면 위 사고로 제3자가 입은 손해에 대하여 피해자 및 가해자는 각자 이를 배상할 책임이 있고 가해자가 그 손해를 배상하였을 때에는 각자의 과실비율에 따른 피해자의 부담부분에 대하여 피해자에게 구상권을 행사할 수 있으므로, 가해자는 이러한 구상권을 가지고 피해자의 가해자

에 대한 손해배상청구권과 상계할 수 있는 것이다.」(대판 1991. 5. 14, 91다513)

(ㄴ)「피용자의 고의의 불법행위로 인하여 사용자책임이 성립하는 경우에도, 불법행위의 피해자에게 현실의 변제에 의하여 손해를 전보케 하려는 취지에서 규정된 민법 제496조의 적용을 배제하여야 할 이유는 없다고 할 것이므로, 사용자책임이 성립하는 경우 사용자는 자신의 고의의 불법행위가 아니라는 이유로 민법 제496조의 적용을 면할 수는 없다고 할 것이다.」(대판 2006. 10. 26, 2004다63019: 은행의 대출업무 담당직원이 고의로 대출금 중 2억원을 편취한 경우에 은행이 사용자책임으로 부담하는 손해배상채무를 수동채권으로 하여 상계할 수 없다고 함)

(ㄷ)「고의의 불법행위로 인한 손해배상채권의 채무자는 그 채권을 수동채권으로 한 상계로 채권자에게 대항하지 못하고(민법 제496조) 그 결과 그 채권이 양도된 경우에 양수인에게도 상계로 대항할 수 없게 되나(민법 제451조 제 2 항 참조), 그 채권양도가 사해행위에 해당하는 경우 그 손해배상채권의 채무자가 채권양도인에 대한 채권자 지위에서 채권자취소권을 행사하여 채권양도의 취소를 구함과 아울러 그 취소에 따른 원상회복의 방법으로 직접 자신 앞으로 가액배상의 지급을 구하는 것 자체는 민법 제496조에 반하지 않으므로 허용된다.」(대판 2011. 6. 10, 2011다8980·8997)

(나) **압류가 금지된 채권** 채권이 압류하지 못할 것인 때에는, 그 채무자는 상계로 채권자에게 대항하지 못한다(497조). 즉 **압류금지채권**(민사집행법 246조, 공무원연금법 32조, 사립학교교직원연금법 40조, 국민연금법 58조, 군인연금법 7조, 기초연금법 21조, 장애인연금법 19조, 근로기준법 86조, 국가배상법 4조, 「형사보상 및 명예회복에 관한 법률」 23조 등)을 **수동채권으로 하여 상계하지 못한다**. 이는 압류금지의 취지를 관철하여 상대방으로 하여금 현실의 변제를 받게 하려는 취지이다. 압류금지채권을 수동채권으로 하는 상계만 금지되므로 **그것을 자동채권으로 하여서는 상계할 수 있다**. C-424

판 례 압류금지채권을 수동채권으로 한 상계 금지 관련

「양도 또는 대위되는 채권이 원래 압류가 금지되는 것이었던 경우에는, 처음부터 이를 수동채권으로 한 상계로 채권자에게 대항하지 못하던 것이어서 그 채권의 존재가 채무자의 자동채권에 대한 담보로서 기능할 여지가 없고 따라서 그 담보적 기능에 대한 채무자의 합리적 기대가 있다고도 할 수 없으므로, 그 채권이 양도되거나 대위의 요건이 구비된 이후에 있어서도 여전히 이를 수동채권으로 한 상계로써 채권양수인 또는 대위채권자에게 대항할 수 없다.」(대판 2009. 12. 10, 2007다30171).

임금채권은 다소 특수하다. 민사집행법은 급료·연금·봉급·상여금·퇴직연금 등의 급여채권에 대하여 원칙적으로 그 2분의 1의 압류를 금지하고 있다(동법 246조 1항 4호 본문. 단서에 예외가 있음). 그 결과 원칙적으로 그러한 급여채권의 2분의 1은 상계의 수동채권으로 될 수 없다. 그런데 근로기준법은 임금에 관하여 특별규정을 두고 있다. 즉 사용자는 전차금(前借金)이나 그 밖에 근로할 것을 조건으로 하는 전대채권(前貸債權)과 임금을 상계하지 못한다고 하고 C-425

(동법 21조), 또 임금은 통화로 직접 근로자에게 그 전액(법령이나 단체협약에 특별규정이 있는 때에만 일부공제 허용)을 지급하여야 한다고 규정한다(동법 43조). 여기서 임금은 전액에 관하여 상계가 금지되는지 문제된다(학설과 사견은 채권법총론 [259] 참조). 종래 판례는 근로자의 퇴직금(이는 임금의 성질을 가짐)채권을 수동채권으로 하여 사용자의 불법행위채권(대판 1976. 9. 28, 75다1768) 또는 대출금채권(대판 1990. 5. 8, 88다카26413)과 상계할 수 없다고 한다(대판 1977. 5. 24, 77다309는 퇴직금채권의 변형으로 볼 부당이득 반환청구권의 상계도 부정한다. 그러나 대판(전원) 1995. 12. 21, 94다26721은 일정한 경우에는 초과지급된 임금의 반환청구권을 자동채권으로 하여서는 상계할 수 있다고 한다). 그러나 근로자의 동의를 얻어 상계하는 것은 그 동의가 자유로운 의사에 터잡아 이루어진 것이라고 인정될 때에는 허용된다고 한다(대판 2001. 10. 23, 2001다25184). 그런데 근래에 판례는 이 문제에 대하여 전원합의체 판결로 정리를 하였다. 그에 따르면, 사용자는 원칙적으로 근로자에 대하여 가진 채권으로 근로자의 임금채권이나 퇴직금채권과 상계하지 못하지만, 예외적으로 일정한 경우에는 상계할 수 있다고 한다(대판(전원) 2010. 5. 20, 2007다90760). 구체적으로, 사용자가 근로자에게 퇴직금 명목으로 지급한 금원 상당의 부당이득 반환채권을 자동채권으로 하여 근로자의 퇴직금채권을 상계하는 것은 퇴직금채권의 2분의 1을 초과하는 부분에 해당하는 금액에 관하여만 허용된다고 한다(대판 2014. 12. 11, 2011다77290도 이와 유사하게, 사용자가 근로자에게 계산의 착오 등으로 위 초과 지급한 임금 상당 금원의 부당이득 반환채권을 자동채권으로 하여 근로자의 임금채권을 상계하는 것은 임금채권의 2분의 1을 초과하는 부분에 해당하는 금액에 관하여만 허용된다고 함). 주의할 것은, 이 판결로써 이전의 판결이 폐기되거나 변경되지는 않았다는 점이다. 따라서 이전의 판례도 실질적으로 모순되지 않는 것은 여전히 의미를 가진다.

C-426 (다) **지급이 금지된 채권** 지급을 금지하는 명령을 받은 제3채무자는 그 후에 취득한 채권에 의한 상계로 그 명령을 신청한 채권자에게 대항하지 못한다(498조). 지급금지명령을 받은 채권은 압류 또는 가압류된 채권을 가리키며, **그러한 채권의 채무자는 그 채권을 수동채권으로 하여 지급금지 후에 취득한 채권과 상계할 수 없다.** 그러나 지급금지 전에 취득한 채권과는 상계할 수 있다.

문제는 지급금지 전에 취득한 채권(즉 자동채권)이 압류 또는 가압류 당시에 상계적상에 있어야 하는지이다. 여기에 관하여 판례는 변천을 거듭하였다. 대법원은 처음에는 전부명령(이는 압류와 동시에 또는 그 후에 행하여진다) 당시에 상계적상에 있었으면 그 후라도 상계할 수 있다고 하였다(대판 1964. 4. 21, 63다658). 그러나 그 뒤 압류 및 전부명령 이전에 상계적상에 있었을지라도 상계를 하지 않았으면 상계할 수 없다고 하였다가(대판 1972. 12. 26, 72다2117), 이 판결을 폐기하고 압류 및 전부명령이 송달되기 이전에 상계적상에 있었으면 그 명령이 송달된 후에 상계로써 전부채권자에게 대항할 수 있다고 하였다(대판(전원) 1973. 11. 13, 73다518). 그 후 압류명령이 송달되기 이전에 자동채권의 이행기가 도래한 이상 수동채권의 이행기가 도래하지 않았더라도 수동채권에 관한 기한의 이익을 포기하고 상계할 수 있다고 하였다(대판 1980. 9. 9, 80다939 등). 그 뒤 대법원은 한 걸음 더 나아가, 가압류의 효력발생 당시에 양 채권이 상계적상에 있거나, 반대채권(자동채권)이 압류(또는 가압류) 당시 변제기에 이르지 않은 경우에는 피압류채권인 수동채권의 변제기와 동시에 또는 보다 먼저 변제기에 도달하는 경우에는 상계로써 가압류채권자에게 대항할 수 있다고 하였다(대판(전원) 2012. 2. 16, 2011다45521[핵심판례 292면]; 대판 2015. 1. 29, 2012다108764 등 다수의 판결). 그리고 대법원은 최근에, 이러한 법리가 채권압류명령을 받은 제3채무자이자 보증채무자인 사람이 압류 이후 보증채무를 변제함으로써 담보제공청구의 항변권을 소멸시킨 다음, 압류채무자에 대하여 압류 이전에 취득한 사전구상권으로 피압류채권과 상계하려는 경우에도 적용된다고 하며, 그리하여 결국 제3채무자가 압류채무자에 대한 사전구상권을 가지고 있는 경우에 상계로써 압류채권자에게 대항하기 위해서는, ① 압류의 효력 발생 당시 사전구상권에 부착된 담보제공청구의 항변권이 소멸하여 사전구상권과 피압류채권이 상계적상에 있거나, ② 압류 당시 여전히 사전구상권에 담보제공청구의 항변권이 부착되어 있는 경우에는 제3채무자의 면책행위 등으로 인해 위 항변권을 소멸시켜 사전구상권을 통한 상계가 가능하게 된 때가 피압류채권의 변제기보다 먼저 도래하여야 한다고 한다(대판 2019. 2. 14, 2017다274703).

한편 판례는 이와는 별도로, 제3채무자의 압류채무자에 대한 자동채권이 수동채권인 피압류채권과 동시이행의 관계에 있는 경우에는, 압류명령(또는 가압류명령)이 제3채무자에게 송달되어 압류(또는 가압류)의 효력이 생긴 후에 자동채권이 발생하였다고 하더라도 제3채무자는 동시이행의 항변권을 주장할 수 있고, 따라서 그 채권에 의한 상계로 압류채권자에게 대항할 수 있다고 한다(대판 2001. 3. 27, 2000다43819(가압류의 경우); 대판 2010. 3. 25, 2007다35152(압류의 경우) 등). 그러면서, 이 경우에 자동채권 발생의 기초가 되는 원인은 수동채권이 압류(또는 가압류)되기 전에 이미 성립하여 존재하고 있었으므로, 그 자동채권은 제498조 소정의 「지급을 금지하는 명령을 받은 제3채무자가 그 후에 취득한 채권」에 해당하지 않는다고 한다. C-427

그리고 동산 양도담보권자가 물상대위권 행사로 양도담보 설정자의 화재보험금청구권에 대하여 압류 및 추심명령을 얻어 추심권을 행사하는 경우(동산 양도담보권자는 양도담보 목적물이 소실되어 양도담보 설정자가 보험회사에 대하여 화재보험계약에 따른 보험금청구권을 취득한 경우 담보물 가치의 변형물인 그 화재보험금청구권에 대하여 양도담보권에 기한 물상대위권을 행사할 수 있음. 대판 2009. 11. 26, 2006다37106) 특별한 사정이 없는 한 제3채무자인 보험회사는 그 양도담보 설정 후 취득한 양도담보 설정자에 대한 별개의 채권을 가지고 상계로써 양도담보권자에게 대항할 수 없고, 이는 보험금청구권과 그 본질이 동일한 공제금청구권에 대하여 물상대위권을 행사하는 경우에도 마찬가지라고 한다(대판 2014. 9. 25, 2012다58609).

판례 채권압류명령 등을 받은 제3채무자의 상계 관련

(ㄱ) 「채권압류명령 또는 채권가압류명령(이하 채권압류명령의 경우만을 두고 논의하기로 한다)을 받은 제3채무자가 압류채무자에 대한 반대채권을 가지고 있는 경우에 상계로써 압류채권자에게 대항하기 위하여는, 압류의 효력 발생 당시에 대립하는 양 채권이 상계적상에 있거나, 그 당시 반대채권(자동채권)의 변제기가 도래하지 아니한 경우에는 그것이 피압류채권(수동채권)의 변제기와

동시에 또는 그보다 먼저 도래하여야 할 것이다.」(대판(전원) 2012. 2. 16, 2011다45521 [핵심판례 292면]. 반대 의견 있음)

(ㄴ) 「금전채권에 대한 가압류로부터 본압류로 전이하는 압류 및 추심명령이 있는 때에는 제3채무자는 채권이 가압류되기 전에 압류채무자에게 대항할 수 있는 사유로써 압류채권자에게 대항할 수 있으므로, 제3채무자의 압류채무자에 대한 자동채권이 수동채권인 피압류채권과 동시이행의 관계에 있는 경우에는, 그 가압류명령이 제3채무자에게 송달되어 가압류의 효력이 생긴 후에 자동채권이 발생하였다고 하더라도 제3채무자는 동시이행의 항변권을 주장할 수 있고, 따라서 그 상계로써 압류채권자에게 대항할 수 있다. 이 경우에 자동채권 발생의 기초가 되는 원인은 수동채권이 가압류되기 전에 이미 성립하여 존재하고 있었으므로, 그 자동채권은 민법 제498조 소정의 "지급을 금지하는 명령을 받은 제3채무자가 그 후에 취득한 채권"에 해당하지 아니한다.」(부동산 매수인의 매매잔대금 지급의무와 매도인의 가압류기입등기 말소의무가 동시이행관계에 있었는데 위 가압류에 기한 강제경매절차가 진행되자 매수인이 강제경매의 집행채권액과 집행비용을 변제공탁한 경우 매도인은 매수인에 대해 대위변제로 인한 구상채무를 부담하게 되고, 그 구상채무는 가압류기입등기 말소의무의 변형으로서 매수인의 매매잔대금 지급의무와 여전히 대가적인 의미가 있어 서로 동시이행관계에 있으므로, 매수인은 매도인의 매매잔대금채권에 대해 가압류로부터 본압류로 전이하는 압류 및 추심명령을 받은 채권자에게 가압류 이후에 발생한 위 구상금채권에 의한 상계로 대항할 수 있다고 한 사례)(대판 2001. 3. 27, 2000다43819)

C-428 (라) **질권이 설정된 채권** 질권이 설정된 채권은 질권의 효력에 의하여 지급금지의 효력이 생기므로(B-336 참조), 지급금지명령을 받은 채권과 마찬가지로 취급하여야 한다. 따라서 그 채권의 채무자(제3채무자)는 입질채권을 수동채권으로 하여 질권설정의 통지(349조 1항 참조) 후에 채권자(질권설정자)에 대하여 취득한 채권과 상계하더라도 질권자에게 대항하지 못한다.

(마) **특별법상 상계가 금지되는 채권** 그 밖에 특별법에서 상계를 금지하는 경우도 있다(상법 421조 2항·596조, 근로기준법 21조, 신탁법 25조 등).

C-429

2. 상계적상의 현존

위와 같은 상계적상은 원칙적으로 상계의 의사표시를 할 당시에 현존하여야 한다. 따라서 두 채권 가운데 어느 하나가 부존재 또는 무효인 때에는 상계도 무효로 된다. 그리고 일단 상계적상에 있었더라도 상계를 하지 않고 있는 동안에 변제 기타의 사유로 소멸한 때에는, 상계를 할 수 없게 된다(대판 1979. 8. 28, 79다1077). 다만, 민법은 소멸시효가 완성된 채권이 그 완성 전에 상계할 수 있었던 것이면 그 채권자는 상계할 수 있도록 하고 있다(495조)(이는 「자동채권의 소멸시효 완성 전에 양 채권이 상계적상에 이르렀을 것」을 요건으로 한다. 이와 관련된 판례인 대판 2016. 11. 25, 2016다211309 및 대판 2025. 3. 27, 2024다302217(D-241); 대판 2021. 2. 10, 2017다258787(D-219)의 내용도 살펴볼 것). 그리고 민법의 이러한 취지는 제척기간이 경과한 채권에 대하여도 유추적용되어야 하며, 따라서 제척기간이 경과한 채권을 자동채권으로 하여 상계할 수 있다고 할 것이다(이설 없음). 판례도, 매도인이나 수급인의 담보책임을 기초로 한 손해배상채권의 제척기간이 지난 경우에도 제척기간이 지나기 전에 상대방의 채권과 상계할 수 있었던 경우에는 매수인이나 도급인은 제495조를 유추적용해서 그 손해배상채권을 자동채권으로 해서 상대방의 채권과 상계할 수 있다고 한다(대판 2019. 3. 14, 2018다255648[핵심판례 294면]).

Ⅲ. 상계의 방법 C-430

상계는 상대방에 대한 의사표시로 한다(493조 1항 1문). 당사자 쌍방의 채무가 상계적상에 있다고 하더라도 다른 특약이 없는 한 그 자체만으로 상계의 효과가 생기지 않으며 **상계의 의사표시가 있어야 채무가 소멸한다**(대판 2000. 9. 8, 99다6524). 이 상계의 의사표시에는 상계하는 채권(자동채권·수동채권)을 표시하여야 한다. 그러나 그것은 동일성을 인식할 수 있을 정도이면 충분하다. 그리고 상계의 의사표시는 재판 외에서뿐만 아니라 재판상으로도 할 수 있다(대판 2024. 10. 31, 2023다307383). 한편 판례는, 수동채권이 제3자에 의해 압류된 경우에 자동채권의 채권자의 상계 의사표시는 그 압류채권자에 대하여도 할 수 있다고 한다(대판 2024. 10. 31, 2023다307383).

판 례 보험약관 대출 원리금의 공제가 상계가 아니라는 판결

「보험약관 대출금의 경제적 실질은 보험회사가 장차 지급하여야 할 보험금이나 해약환급금을 미리 지급하는 선급금과 같은 성격이라고 보아야 한다. 따라서 위와 같은 약관에서 비록 '대출'이라는 용어를 사용하고 있더라도 이는 일반적인 대출과는 달리 소비대차로서의 법적 성격을 가지는 것은 아니라고 할 것이며, 보험금이나 해약환급금에서 대출 원리금을 공제하고 지급한다는 것은 보험금이나 해약환급금의 선급금의 성격을 가지는 위 대출원리금을 제외한 나머지 금액만을 지급한다는 의미이므로 민법상의 상계와는 성격이 다르다고 할 것이다.

이와 달리 해약환급금 범위 내에서 대출을 받을 수 있도록 정한 단체보험약관에 따라 이루어진 보험약관대출금에 관하여 이를 해약환급금의 선급금으로 보지 아니하고 별도의 대여금으로 보는 전제하에, 그 해약환급금 반환채권과 보험약관대출금 채권은 보험회사의 상계의 의사표시에 의하여 그 상계적상의 시기에 상계되는 것이라는 취지로 판단한 대법원 1997. 4. 8. 선고 96다51127 판결 등은 이 판결의 견해에 배치되는 범위 내에서 이를 변경하기로 한다.」(대판(전원) 2007. 9. 28, 2005다15598).

상계의 의사표시에는 조건이나 기한을 붙이지 못한다(493조 1항 2문). 상계가 단독행위이어서 그것에 조건을 붙이게 하면 상대방을 불안정한 지위에 놓이게 하고, 기한을 붙이는 것은 상계의 소급효 때문에 의미가 없기 때문이다.

피고의 소송상 상계항변에 대하여 원고가 소송상 상계의 재항변을 할 수 있는가? 판례는 원고의 소송상 상계의 재항변은 일반적으로 이를 허용할 이익이 없으므로, 다른 특별한 사정이 없는 한 허용되지 않는다고 한다(대판 2015. 3. 20, 2012다107662 등). 그리고 이러한 법리는 원고가 2개의 채권을 청구하고, 피고가 그중 1개의 채권을 수동채권으로 삼아 소송상 상계항변을 하자, 원고가 다시 위 청구채권 중 다른 1개의 채권을 자동채권으로 소송상 상계의 재항변을 하는 경우에도 마찬가지로 적용된다고 한다(대판 2015. 3. 20, 2012다107662. 그리고 이 판결은, 불법행위 또는 채무불이행에 따른 채무자의 손해배상액을 산정할 때에 손해부담의 공평을 기하기 위하여 채무자의 책임을 제한할 필요가 있고, 채무자가 채권자에 대하여 가지는 반대채권으로 상계항변을 하는 경우에는 책임제한을 한 후의 손해배상액과 상계해야 한다고 함).

C-431 Ⅳ. 상계의 효과

(1) 채권의 소멸

상계가 있으면 당사자 쌍방의 채권은 대등액에서 소멸한다(492조 1항 본문). 한편 수동채권이 여러 개이고 자동채권이 그 전부를 소멸하기에 부족한 때에는, 변제충당에 관한 규정에 따라 상계충당된다(499조). 그리하여 가령 원본 외에 지연손해금(이는 이자와 동일시할 수 있다)이 있으면 지연손해금·원본의 순서로 자동채권과 대등액에서 소멸한다(대판 2013. 2. 28, 2012다94155 등). 그런데 제499조에 따라 상계에 준용되는 제476조 내지 제479조의 규정은 임의규정이므로 상계자와 상대방은 약정에 의하여 그 규정을 배제하고 자동채권을 어느 채무에 어떤 방법으로 충당할 것인가를 결정할 수 있다(대판 2015. 6. 11, 2012다10386). 그리고 상계자와 상대방 사이에 미리 상계충당에 관한 약정이 있고, 그 약정내용이 상계가 상대방에 대한 모든 채무를 소멸시키기에 부족한 때에는 상대방이 적당하다고 인정하는 순서와 방법에 의하여 충당하기로 한 것이라면, 상대방이 그 약정에 터 잡아 스스로 적당하다고 인정하는 순서와 방법에 좇아 상계충당을 한 이상 상대방에 대한 의사표시와 관계없이 그 충당의 효력이 있다(대판 2015. 6. 11, 2012다10386. 이는 변제충당에 관한 법리를 상계의 경우에도 적용한 결과임).

판 례 상계에 의한 차액계산 등의 기준 시점/상계 후 상계무효 약정

(ㄱ) 「상계의 의사표시가 있는 경우, 채무는 상계적상시에 소급하여 대등액에 관하여 소멸한 것으로 보게 되므로, 상계에 의한 양 채권의 차액 계산 또는 상계 충당은 상계적상의 시점을 기준으로 하게 되고, 따라서 그 시점 이전에 수동채권의 변제기가 이미 도래하여 지체가 발생한 경우에는 상계적상 시점까지의 수동채권의 약정이자 및 지연손해금을 계산한 다음 자동채권으로써 먼저 수동채권의 약정이자 및 지연손해금을 소각하고 잔액을 가지고 원본을 소각하여야 할 것이다.」(대판 2005. 7. 8, 2005다8125)

(ㄴ) 「상계의 의사표시는 일방적으로 철회할 수는 없는 것이지만, 상계의 의사표시 후에 상계자와 상대방이 상계가 없었던 것으로 하기로 한 약정은 제 3 자에게 손해를 미치지 않는 한 계약자유의 원칙상 유효하다.」(대판 1995. 6. 16, 95다11146)

(2) 상계의 소급효

상계가 있으면 각 채무가 상계할 수 있는 때에 대등액에 관하여 소멸한 것으로 본다(493조 2항). 즉 상계에는 소급효가 있다. 따라서 상계적상이 생긴 뒤부터는 이자가 발생하지 않으며, 이행지체도 소멸한다. 주의할 점은, 이러한 상계의 소급효는 양 채권 및 이에 관한 이자나 지연손해금 등을 정산하는 기준시기를 소급하는 것일 뿐이고 특별한 사정이 없는 한 상계의 의사표시 전에 이미 발생한 사실을 복멸시키지는 않는다는 점이다(대판 2015. 10. 29, 2015다32585. 이 판결은 그 사안에서, 임대인의 상계가 있었다고 하여 상계의 의사표시 이전까지 존재하였던 임대인의 부속물 매매대금 지급의무와 임차인의 임차 건물 부분 인도의무 사이의 동시이행관계가 상계적상이 있었던 시기로 소급하여 소멸되고 그로 인하여 임차인의 임차물 인도의무가 그때부터 이행지체에 빠지게 된다거나 임차 건물 부분에 대한 임차인의 점유가 소급하여 불법점유로 된다고 할 수는 없다고 함).

채권양수인이 양수채권을 자동채권으로 하여 그 채무자가 채권양수인에 대해 가지고 있던 기존 채권과 상계한 경우, 채권양수인은 채권양도의 대항요건이 갖추어진 때 비로소 자동채권을 행사할 수 있으므로 채권양도 전에 이미 양 채권의 변제기가 도래하였다고 하더라도 상계의 효력은 변제기로 소급하는 것이 아니라 채권양도의 대항요건이 갖추어진 시점으로 소급한다(대판 2022. 6. 30, 2022다200089. 상계의 효력은 상계적상 시로 소급하여 발생하고, 상계적상은 자동채권과 수동채권이 상호 대립하는 때에 비로소 생긴다).

(3) 이행지를 달리하는 채권의 상계

상계는 쌍방의 채무의 이행지가 다른 경우에도 할 수 있다(494조 본문). 그러나 이때 상계를 하는 당사자는 상대방에게 상계로 인한 손해를 배상하여야 한다(494조 단서).

제 6 절 경 개

Ⅰ. 경개의 의의 및 성질 C-432

1. 의 의

경개(更改)는 채무의 중요한 부분(의용민법 513조가 「채무의 요소」라고 표현하고 있었기에 「채무의 중요한 부분」 대신 「채무의 요소」라고 표현하는 문헌도 많이 있다)을 변경함으로써 신채무를 성립시키는 동시에 구채무를 소멸시키는 계약이다(500조). 예컨대 500만원의 금전채무를 소멸시키고 특정 토지의 소유권이전채무를 발생시키는 계약이 그에 해당한다.

2. 법적 성질

(1) 계 약

경개는 당사자의 합의에 의하여 성립하는 계약이다. 그런데 그것이 유상계약인가에 관하여는 학설이 나뉜다. i) 유상계약이라는 견해가 있는가 하면, ii) 언제나 유상계약인 것은 아니라는 견해(특히 채권자·채무자 변경의 경우)도 있다(사견은 다름. 채권법총론 [263] 참조).

C-433 **(2) 처분행위**

경개는 신채권을 성립시키고 구채권을 소멸시키는 처분행위(일종의 준물권행위)이다(대판 2003. 2. 11, 2002다62333 등).

(3) 채권소멸원인

경개는 구채권을 소멸시키는 점에서 하나의 채권소멸원인이다. 경개의 경우에 신채권이 성립하기는 하나, 구채권과 신채권 사이에는 동일성이 인정되지 않는다.

(4) 대물변제와의 구별

경개 가운데 채권의 목적의 변경에 의한 경개는 대물변제와 비슷하나, 본래의 급부와 다른 급부가 현실적으로 행하여지지 않고 단지 다른 급부를 목적으로 하는 새로운 채무가 성립하는 데 지나지 않는 점에서 대물변제와 다르다.

3. 사회적 작용

과거 로마법에서는 채권관계에 있어서 인적 요소를 중요시하여 채권이 동일성을 유지하면서 당사자가 변경되는 것을 인정하지 않았다. 그리하여 경개제도가 중요한 역할을 하였다. 그러나 근대에 와서는 채권양도와 채무인수가 인정되고 목적의 변경도 내용변경계약에 의하여 달성될 수 있어서 경개는 큰 의미가 없게 되었다. 그러한 점은 우리 민법에 있어서도 마찬가지이다.

C-434 Ⅱ. 경개의 요건

1. 소멸할 채권(구채무)의 존재

경개가 유효하려면 소멸할 채권 즉 구채무가 존재하여야 하며, 구채무가 없으면 경개는 무효로 되고 신채권도 성립하지 않는다. 그리고 구채무를 발생시킨 계약에 취소원인이 있는 경우에 당사자가 이의를 보류하지 않고 경개를 한 때에는 법정추인에 의하여 그 경개는 유효하게 되나(145조 3호), 이의를 보류해서 경개를 한 때에는 그 후에 계약이 취소될 수 있고 그 취소가 있으면 경개도 무효로 된다. 다만, 채권자의 변경에 의한 경개에는 제451조 제 1 항이 준용되어(503조), 채권이 소멸하고 있음에도 불구하고 이의를 보류하지 않고 경개를 한 경우에는 채권소멸을 항변할 수 없게 되고(대판 1964. 12. 8, 64다570), 그 결과 신채권은 유효하게 성립한다.

2. 신채무의 성립

신채무가 성립하지 않으면 경개는 무효이고, 따라서 구채무도 소멸하지 않는다. 그런데 이

점과 관련하여 민법은 제504조를 두고 있다. 그에 의하면 ① 신채무가 그 원인의 불법(즉 사회질서 위반)으로 성립하지 않은 때, ② 신채무가 그 밖의 사유(예: 급부의 불능)로 성립하지 않았고 당사자가 그 사유를 알지 못한 때, ③ 신채무가 취소된 때에는 구채무는 소멸하지 않는다.

판 례 조건부 경개계약 관련

「경개계약은 구채무를 소멸시키고 신채무를 성립시키는 처분행위로서 구채무의 소멸은 신채무의 성립에 의존하므로, 경개로 인한 신채무가 원인의 불법 또는 당사자가 알지 못한 사유로 인하여 성립되지 아니하거나 취소된 때에는 구채무는 소멸되지 않는 것이며(민법 제504조), 특히 경개계약에 조건이 붙어 있는 이른바 조건부 경개의 경우에는 구채무의 소멸과 신채무의 성립 자체가 그 조건의 성취 여부에 걸려 있게 된다.」(이미 확정적으로 취득한 폐기물 소각처리시설 관련 권리를 포기하는 대신 수주 여부가 분명하지 않은 매립장 복원공사를 상대방으로부터 하도급받기로 약정한 사안에서, 위 약정은 상대방이 위 복원공사를 수주하지 못할 것을 해제조건으로 한 경개계약이라고 해석한 사례)(대판 2007. 11. 15, 2005다31316)

3. 채무의 중요한 부분의 변경 C-435

채무의 중요한 부분(채무의 요소)의 변경이 있어야 한다(500조). **채무의 중요부분**은 채무의 동일성을 결정하는 부분을 가리키며, 채권의 발생원인(예: 매매대금채무를 소비대차의 목적으로 하는 경우)·채권자·채무자·채권의 목적이 그에 해당한다. 그에 비하여 변제기는 중요부분이 아니다. 주의할 것은 채무의 중요부분의 변경이 있다고 하여 언제나 경개로 되지는 않는다는 점이다. 경개가 인정되려면 신·구채무 사이에 동일성이 없어야 한다(이 점에서 채권양도·채무인수 등과 다르다). 그리고 당사자 사이에 신채무를 성립시키고 구채무를 소멸시키려는 의사 즉 경개의사의 합치가 있어야 한다(대판 1974. 7. 9, 74다668).

판 례 경개와 준소비대차/경개가 아닌 예

(ㄱ) 「준소비대차는 당사자 쌍방이 소비대차에 의하지 아니하고 금전 기타의 대체물을 지급할 의무가 있는 경우에 당사자가 그 목적물을 소비대차의 목적으로 할 것을 약정한 때에 성립하는 것으로서, 기존채무를 소멸케 하고 신채무를 성립시키는 계약인 점에 있어서는 경개와 동일하지만 경개에 있어서는 기존채무와 신채무 사이에 동일성이 없는 반면, 준소비대차에 있어서는 원칙적으로 동일성이 인정된다는 점에 차이가 있고, 기존채권·채무의 당사자가 그 목적물을 소비대차의 목적으로 할 것을 약정한 경우 그 약정을 경개로 볼 것인가 또는 준소비대차로 볼 것인가는 일차적으로 당사자의 의사에 의하여 결정되고, 만약 당사자의 의사가 명백하지 않을 때에는 특별한 사정이 없는 한 동일성을 상실함으로써 채권자가 담보를 잃고 채무자가 항변권을 잃게 되는 것과 같이 스스로 불이익을 초래하는 의

사를 표시하였다고는 볼 수 없으므로 일반적으로 준소비대차로 보아야 하지만, 신채무의 성질이 소비대차가 아니거나 기존채무와 동일성이 없는 경우에는 준소비대차로 볼 수 없다.」(대판 2003. 9. 26, 2002다31803 · 31810)

(ㄴ) 판례에 의하면, 현실적인 자금의 수수 없이 형식적으로만 신규 대출을 하여 기존채무를 변제하는 이른바 대환의 법률적 성질은 기존채무가 여전히 동일성을 유지한 채 존속하는 준소비대차로 보아야 할 것이라고 한다(대판 2002. 10. 11, 2001다7445. D-201도 참조).

(ㄷ) 기존의 물품대금 채무를 정산하면서 그 채무액을 감액하여 주고 이를 분할 변제할 수 있도록 그 변제방법과 변제기일을 새로이 약정한 것만으로는 경개계약이 체결되었다 할 수 없고, 기존의 물품대금 채권은 단지 금액이 감액되고 변제기만 연장된 채 그 동일성을 여전히 유지하고 있다고 한 사례(대판 2004. 4. 27, 2003다69119).

(ㄹ) 「채권자에 대하여 금전채무를 부담하는 채무자가 채권자에게 그 금전채무와 관련하여 다른 급부를 하기로 약정한 경우, 그 약정을 언제나 기존 금전채무를 소멸시키고 다른 채무를 성립시키는 약정이라고 단정할 수는 없다. 기존 금전채무를 존속시키면서 당사자의 일방 또는 쌍방에게 기존 급부와 다른 급부를 하거나 요구할 수 있는 권능을 부여하는 등 그 약정이 기존 금전채무의 존속을 전제로 하는 약정일 가능성도 배제하기 어렵다.」(대판 2018. 11. 15, 2018다28273)

C-436 **4. 경개계약의 당사자**

당사자는 경개계약의 종류에 따라 다르다.

(1) 채권자 변경에 의한 경개

이 경개는 구 채권자·신 채권자·채무자의 3면계약에 의한다. 채무자도 당사자가 되어야 하는 점에서 채권양도와 다르다. 이 경개는 확정일자 있는 증서로 하지 않으면 제 3 자에게 대항하지 못한다(502조).

(2) 채무자 변경에 의한 경개

이 경개는 3면계약에 의할 수도 있으나(명문규정은 없어도 계약자유의 원칙상 가능함), 채권자와 신 채무자 사이의 계약에 의하여도 할 수 있다(501조 본문). 그런데 후자의 경우에는 구 채무자의 의사에 반하여서는 하지 못한다(501조 단서).

(3) 목적 또는 발생원인의 변경에 의한 경개

이는 채권자와 채무자 사이의 계약에 의한다.

C-437 Ⅲ. 경개의 효과

1. 구채무의 소멸과 신채무의 성립

경개에 의하여 구채무는 소멸하고 신채무가 성립한다(500조). 그리고 이 두 채무는 동일성이 없기 때문에, 구채무에 관하여 존재하였던 담보권·보증채무·위약금 기타의 종된 권리와 항변권은 모두 소멸한다. 그러나 민법은 여기에 예외를 인정하고 있다. 그에 의하면, 경개의 당사자가 특약으로써 구채무의 담보를 그 목적의 한도에서 신채무의 담보로 할 수 있다(505조 본문). 그러나 그 담보가 제3자가 제공한 것일 때에는 그 제3자의 승낙을 얻어야 한다(505조 단서). 그리고 채권자 변경에 의한 경개의 경우 채무자가 이의를 보류한 때에는 구채무에 관한 항변권은 존속한다(503조·451조 1항 참조).

2. 경개계약의 해제가능성 여부

C-438

경개계약에 의하여 성립한 신채무에 관하여 채무자의 불이행이 있는 경우에 경개계약을 해제할 수 있는가? 여기에 관하여 다수설은 경개계약은 신채무가 유효하게 성립하면 그 효과는 완결하고 신채무의 불이행은 경개계약의 불이행으로 볼 것은 아니므로 경개계약을 해제할 수는 없다고 한다(사견은 채권법총론 [266] 참조). 판례도 다수설과 같다(대판 2003. 2. 11, 2002다62333 등). 그러나 계약자유의 원칙상 경개계약의 성립 후에 그 계약을 합의해제하여 구채권을 부활시키는 것은 적어도 당사자 사이에서는 가능하다고 한다(앞의 판결들 참조). 그리고 판례는, 다수당사자 사이에서 경개계약이 체결된 경우 일부 당사자만이 경개계약을 합의해제하더라도 이를 무효라고 볼 수는 없고, 다만 그 효과가 경개계약을 해제하기로 합의한 당사자들에게만 미치는 것에 불과하다고 한다(대판 2010. 7. 29, 2010다699).

판 례 경개의 효과 관련

(ㄱ) 「민법 제505조(신채무에의 담보이전)는 "경개의 당사자는 구채무의 담보를 그 목적의 한도에서 신채무의 담보로 할 수 있다. 그러나 제3자가 제공한 담보는 그 승낙을 얻어야 한다"고 규정하고 있는바, 이 규정은 경개에 의하여 구채무가 소멸하기 때문에 이에 따르는 인적·물적 담보 또한, 부종성의 원리에 따라 당연히 함께 소멸하고, 당사자가 신채무에 관하여 저당권 등을 설정하기로 합의하여도 구채무에 관하여 존재하던 저당권 등은 어차피 소멸하여 그 순위의 보전이 불가능하나, 이러한 결과가 많은 경우 당사자의 의도에 반하는 것인 점을 고려하여 당사자의 편의를 위하여 부종성에 대한 예외를 인정한 것으로서, 경개계약의 경우 구채무에 관한 저당권 등이 신채무에 이전되기 위하여는 당사자 사이에 그러한 뜻의 특약이 이루어져야 하지만, 반드시 명시적인 것을 필요로 하지는 않고, 묵시적인 합의로도 가능하다.」(대판 2002. 10. 11, 2001다7445)

(ㄴ) 「다수당사자 사이에서 경개계약이 체결된 경우 일부 당사자만이 경개계약을 합의해제하더라도 이를 무효라고 볼 수는 없고, 다만 그 효과가 경개계약을 해제하기로 합의한 당사자들에게만 미치는 것에 불과하다. 그런데 일부 당사자만이 경개계약을 합의해제하게 되면 그들 사이에서는 구채무가 부활하고 나머지 당사자들 사이에서는 경개계약에 따른 신채무

가 여전히 효력을 가지게 됨으로써 당사자들 사이의 법률관계가 간명하게 규율되지 않는 경우가 발생할 수 있고, 경개계약을 합의해제하는 당사자들로서도 이러한 문제를 해결하는 것이 중요한 관심사가 될 터이므로 이에 관한 아무런 약정이나 논의 없이 그들 사이에서만 경개계약을 해제하기로 합의하는 것은 경험칙에 비추어 이례에 속하는 일이다.」(대판 2010. 7. 29, 2010다699)

제 7 절 면 제

C-439 **I. 면제의 의의 · 요건 · 효과**

(1) 의 의

면제(免除)는 채권자가 채무자에 대한 그의 채권을 무상으로 소멸시키는 단독행위이다(506조). 채권은 당사자의 계약(면제계약)에 의하여서도 소멸시킬 수 있으나(계약자유의 원칙), 민법은 채무면제를 단독행위로 규정하고 있다.

면제는 채권을 소멸시키는 행위로서 준물권행위이고, 따라서 처분행위이다.

면제는 단독행위이지만 상대방에게 이익이 되는 것이므로 조건을 붙일 수 있다.

(2) 요 건

면제는 처분행위이므로 채권의 처분권한을 가지고 있는 자만이 할 수 있다. 그리하여 가령 채권의 추심을 위임받은 자는 면제를 할 수 없다. 그리고 채권자일지라도 그 채권이 압류되었거나 질권의 목적으로 되어 있는 경우에는 처분권한이 제한되기 때문에 면제로써 압류채권자나 질권자에게 대항하지 못한다.

면제는 채권자가 채무자에 대하여 일방적인 의사표시로 한다(506조 본문). 그 의사표시는 방식의 제한을 받지 않으며, 명시적으로뿐만 아니라 묵시적으로도 할 수 있다(동지 대판 2020. 10. 15, 2020다227523 · 227530 등). 그런데 묵시적인 채무면제를 인정하기 위하여서는 의사표시의 해석을 엄격히 하여야 한다(대판(전원) 2007. 2. 15, 2004다50426; 대판 2020. 10. 15, 2020다227523 · 227530 등). 그러나 채무면제의 사실을 인정하는 데 반드시 처분문서가 있어야 하는 것은 아니다(대판 2006. 12. 21, 2004다45400).

C-440 **(3) 효 과**

면제가 있으면 채권은 소멸한다. 일부면제도 유효하며, 그 경우에는 면제된 범위에서 채권이 소멸한다. 그리고 채권이 전부 소멸한 때에는, 그 채권에 수반하는 담보물권·보증채무 등의 종된 권리도 소멸한다.

채권자는 자유롭게 면제할 수 있으나, 그 채권에 관하여 정당한 이익을 가지는 제 3 자에게는 면제를 가지고 대항하지 못한다(506조 단서).

제8절 혼 동

Ⅰ. 혼동의 의의 및 효과 C-441

혼동(混同)은 채권과 채무가 동일인에게 귀속하는 사실이다(일반적인 혼동과 물권의 혼동에 관하여는 B-134 참조). 예컨대 채권자가 채무자를 상속하거나 채무자가 채권을 양수한 경우(이 경우에는 채권양도에 따른 처분행위시 채권과 채무가 동일한 주체에 귀속한 때에 해당하므로 채권이 혼동에 의하여 소멸한다. 대판 2022. 1. 13, 2019다272855)에 혼동이 일어난다. 혼동의 법률적 성질은 사건이다.

혼동이 있으면 채권은 원칙적으로 소멸한다(507조 본문). 자기에 대하여 채권을 가지고 있는 것이 의미가 없기 때문이다. **그러나 채권의 존속을 인정하여야 할 정당한 이익이 있는 때에는 채권을 존속시켜야 한다**(대판 1995. 7. 14, 94다36698 등). 민법은 그러한 경우로 「그 채권이 제3자의 권리의 목적인 때」를 들고 있다(507조 단서). 그리하여 가령 A의 B에 대한 채권에 C의 질권이 설정된 경우에는 B가 A를 상속하여도 A의 채권은 소멸하지 않는다. 그리고 지시채권·무기명채권·사채(社債) 등과 같은 증권화한 채권은 그 자체가 독립한 유가물로 거래되기 때문에 소멸하지 않는다(509조, 어음법 11조 3항, 수표법 14조 3항 참조). 또한 상속인이 한정승인을 한 때에도 같다(1031조). 그 밖에 명문의 규정은 없지만, 채권의 존재가 채권자 겸 채무자의 제3자에 대한 권리행사의 전제가 되는 경우에도 채권은 존속한다고 하여야 한다(대판 2003. 1. 10, 2000다41653·41660 등).

판 례 혼동 관련 C-442

(ㄱ) 「채권은 채권과 채무가 동일한 주체에 귀속한 때에 한하여 혼동으로 소멸하는 것이 원칙이고, 어느 특정의 물건에 관한 채권을 가지는 자가 그 물건의 소유자가 되었다는 사정만으로는 채권과 채무가 동일한 주체에 귀속한 경우에 해당한다고 할 수 없어 그 물건에 관한 채권이 혼동으로 소멸하는 것은 아닌바, 매매계약에 따른 소유권이전등기청구권 보전을 위하여 가등기가 경료된 경우 그 가등기권자가 가등기설정자에게 가지는 가등기에 기한 본등기청구권은 채권으로서 가등기권자가 가등기설정자를 상속하거나 그의 가등기에 기한 본등기절차 이행의 의무를 인수하지 아니하는 이상, 가등기권자가 가등기에 기한 본등기절차에 의하지 아니하고 가등기설정자로부터 별도의 소유권이전등기를 경료받았다고 하여 혼동의 법리에 의하여 가등기권자의 가등기에 기한 본등기청구권이 소멸하지는 않는다 할 것이다. 한편 그와 같이 가등기권자가 별도의 소유권이전등기를 경료받았다 하더라도, 가등기 경료 이후에 가등기된 목적물에 관하여 제3자 앞으로 처분제한의 등기가 되어 있거나 중간처분의 등기가 되어 있지 않고 가등기와 소유권이전등기의 등기원인도 실질상 동일하다면, 가등기의 원인이 된 가등기의무자의 소유권이전등기의무는 그 내용에 좇은 의무이행이 완료되었다 할 것이어서 가등기에 의하여 보전될 소유권이전등기청구권

은 소멸되었다고 보아야 하므로, 가등기권자는 가등기의무자에 대하여 더 이상 그 가등기에 기한 본등기절차의 이행을 구할 수 없는 것이다.」(대판 2007. 2. 22, 2004다59546)

(ㄴ) 자동차손해배상보장법(이하 '자배법'이라 한다) 「제 9 조 제 1 항(현행 자배법 10조 1항에 해당: 저자 주)에 의한 피해자의 보험자에 대한 직접청구권이 수반되는 경우에는 그 직접청구권의 전제가 되는 자배법 제 3 조에 의한 피해자의 운행자에 대한 손해배상청구권은 비록 위 손해배상청구권과 손해배상의무가 상속에 의하여 동일인에게 귀속되더라도 혼동에 의하여 소멸되지 않고 이러한 법리는 자배법 제 3 조에 의한 손해배상의무자가 피해자를 상속한 경우에도 동일하지만, 예외적으로 가해자가 피해자의 상속인이 되는 등 특별한 경우에 한하여 손해배상청구권과 손해배상의무가 혼동으로 소멸하고 그 결과 피해자의 보험자에 대한 직접청구권도 소멸한다고 할 것이다.

그런데 상속포기는 자기를 위하여 개시된 상속의 효력을 상속개시시로 소급하여 확정적으로 소멸시키는 제도로서(민법 제1019조 제 1 항, 제1042조 등) 피해자의 사망으로 상속이 개시되어 가해자가 피해자의 자신에 대한 손해배상청구권을 상속함으로써 위의 법리에 따라 그 손해배상청구권과 이를 전제로 하는 직접청구권이 소멸하였다고 할지라도 가해자가 적법하게 상속을 포기하면 그 소급효로 인하여 위 손해배상청구권과 직접청구권은 소급하여 소멸하지 않았던 것으로 되어 다른 상속인에게 귀속되고, 그 결과 위에서 본 '가해자가 피해자의 상속인이 되는 등 특별한 경우'에 해당하지 않게 되므로 위 손해배상청구권과 이를 전제로 하는 직접청구권은 소멸하지 않는다고 할 것이다.」(대판 2005. 1. 14, 2003다38573 · 38580)

제4부

채권법각론

제 1 장 계약총론

학습의 길잡이

본장은 모든 계약에 공통적으로 적용되는 이론·규정에 대하여 서술한다. 그 가운데에는 제 1 절(계약의 의의 및 작용), 제 2 절(계약자유와 그 한계), 제 4 절(계약의 종류)과 같이 이론적인 것도 있고, 제 5 절 내지 제 7 절처럼 민법전 제 3 편 제 2 장 제 1 절에 규정된 것도 있으며(그중 일부는 규정이 없음), 제 3 절처럼 약관규제법에 규정된 것도 있다.

본장은 법적으로나 실무적으로 중요한 내용을 대단히 많이 품고 있다. 본장의 내용 중 사례문제에 대비해서는 계약체결상의 과실, 동시이행의 항변권, 위험부담, 제 3 자를 위한 계약, 해제 전부 특히 해제의 효과에 주의해야 하고, 선택형 문제에 대비해서는 보통거래약관 중 요건, 동시이행의 항변권, 위험부담, 제 3 자를 위한 계약, 해제계약, 해제권의 발생 중 이행지체와 이행불능, 해제의 효과에 관심을 더 기울여야 한다. 한편 본장의 서술내용 가운데 동시이행의 항변권은 채무불이행·변제제공과, 위험부담은 이행불능과, 계약해제는 채무불이행 및 손해배상과 밀접하게 관련되어 있다.

제 1 절 계약의 의의 및 작용

Ⅰ. 계약의 의의 D-1

계약이라는 용어는 넓은 의미와 좁은 의미의 두 가지로 사용된다. 그에 따라 계약의 의의도 두 가지가 있게 된다.

넓은 의미로 계약이라고 하면, 둘 이상의 서로 대립하는 의사표시의 일치에 의하여 성립하는 법률행위를 말한다. 넓은 의미의 계약에는 채권계약(채권의 발생을 목적으로 하는 계약)뿐만 아니라 물권계약(물권변동을 목적으로 하는 계약), 준물권계약(물권 이외의 재산권의 변동을 목적으로 하는 계약), 가족법상의 계약(가족법상의 법률관계의 변동을 목적으로 하는 계약) 등도 포함된다.

좁은 의미로 계약이라고 하면, 넓은 의미의 계약 가운데 채권계약만을 가리킨다. 즉 채권의 발생을 목적으로 하는 계약이 좁은 의미의 계약이다. 그리고 문헌들은 이러한 채권계약과 구별하기 위하여 다른 계약에 대하여는 「계약」이라고 하지 않고 「합의」라고 표현하기도 한다(예: 소유권 이전의 합의·혼인의 합의). 민법도 채권계약에 관하여만 계약이라는 용어를 사용하고 있다. 이 책에서도 계약법 부분에서는 「계약」이라는 용어를 채권계약의 의미로만 사용할 것이다.

민법은 넓은 의미의 계약에 관하여는 일반적으로 적용되는 규정을 두고 있지 않으며, 좁은 의미의 계약에 관하여만 그러한 규정을 두고 있다. 민법 제 3 편(채권) 제 2 장(계약)의 제 1 절 총칙(527조 내지 553조)이 그것이다. 이들 규정은 그것이 채권계약에만 적용되어야 할 특수성이 없는 한 넓은 의미의 계약에 유추적용될 수 있을 것이다.

D-2

Ⅱ. 계약의 사회적 작용

자본주의 사회에서 사람은 계약을 맺어 삶을 영위하고 있다. 예컨대, 생존에 필요한 식량이나 의류를 매매계약을 통하여 얻고, 주거를 위한 공간은 매매계약·임대차계약 또는 도급계약으로 마련하며, 생활에 필요한 타인의 노동력을 고용계약이나 도급계약에 의하여 조달한다. 그리고 생존에 필요한 금전은 고용계약이나 물건의 매매계약 등에 의하여 마련하게 된다. 이와 같이 사람의 삶의 거의 대부분이 계약에 의하여 이루어짐을 볼 때, 우리 사회에서 계약이 가지는 의미는 가늠하기 어려울 정도로 크다고 할 것이다.

제 2 절 계약의 자유와 그 한계

D-3

Ⅰ. 계약자유의 의의

계약자유라 함은 계약에 의한 법률관계의 형성은 법의 제한에 부딪히지 않는 한 계약당사자의 자유에 맡겨진다는 원칙을 말한다. 이 계약자유는 사적 자치(A-67 이하 참조)의 발현형식(내지 내용) 가운데 가장 대표적인 것이다.

Ⅱ. 계약자유의 법적 근거

1. 헌법적 기초

계약자유는 사적 자치의 하나의 발현형식이다. 따라서 사적 자치의 헌법적 근거인 헌법 제10조와 제37조 제 1 항에 의하여 계약자유도 일반적으로 보장된다고 할 수 있다(A-67 참조. 헌재 1991. 6. 3, 89헌마204는 계약자유의 원칙은 행복추구권 속에 함축된 일반적 행동자유권으로부터 파생되는 것이라고 한다). 그런가 하면 헌법 제23조(재산권 보장), 제15조(직업 선택의 자유), 제119조 제 1 항(경제상 의 자유) 등에 의하여 개별적으로 보장되고 있다.

2. 민법상의 근거

민법은 사적 자치를 당연한 전제로 하고 있으며, 제105조가 이를 간접적으로 규정한다. 사적 자치를 간접적으로 규정한 이 제105조는 계약자유에 대하여도 근거가 된다고 할 수 있다. 그리고 제103조·제104조와 계약법의 많은 규정은 계약자유를 전제로 한 것이다.

Ⅲ. 계약자유의 내용

계약자유의 내용에는 체결의 자유, 상대방 선택의 자유, 내용결정의 자유, 방식의 자유의 네 가지가 있다. 그런데 상대방 선택의 자유는 체결의 자유의 한 내용으로 볼 수 있다.

체결의 자유(상대방 선택의 자유 포함)는 계약을 체결할 것인가, 그리고 체결하는 경우에 누구와 체결할 것인가는 당사자의 자유라는 것이다. 그런데 계약은 보통 청약과 승낙에 의하여 성립하기 때문에, 체결의 자유는 청약 여부의 자유와 승낙 여부의 자유를 포함한다. 내용결정의 자유는 계약의 내용은 당사자가 자유롭게 결정할 수 있다는 것이다. 이 내용결정의 자유는 좁은 의미의 계약자유라고도 한다. 방식의 자유는 계약체결에 일정한 방식이 요구되지 않음을 말한다.

판 례

「계약 체결 후에 한쪽 당사자가 계약의 내용을 변경하고자 계약 내용과는 다른 사항이 포함된 문서를 상대방에게 송부하고 상대방이 이를 수령하고도 이의를 제기하지 않은 경우에 계약의 내용이 변경되었다고 보려면, 거래의 종류와 성질, 거래관행, 발송한 문서의 내용과 형식, 상대방의 태도 등에 비추어 상대방이 그 변경에 묵시적으로 동의하였다고 볼 수 있어야 한다. 이때 변경되는 사항이 이미 체결된 계약의 내용을 중요하게 변경하는 결과를 초래하는 경우에는 위와 같은 묵시적 동의를 쉽사리 인정해서는 안 된다.」(대판 2016. 10. 27, 2014다 88543·88550)

Ⅳ. 계약자유의 한계 D-4

1. 계약자유의 한계의 종류

계약자유의 한계에는 외적인 한계와 내적인 한계가 있다. 전자는 계약당사자 쌍방이 모두 자유로운 자기결정에서 행위한 경우에도 계약자유에 끌어들여지는 한계이고, 후자는 당사자 일방의 자기결정이 타방당사자의 우월적 지위에 의하여 위협받는 경우에 생기는 한계이다. 내적인 한계는 계약당사자에 의한 사적 자치적 규율에서 일반적으로 일정한 영역을 제거하는 것이 아니고, 따라서 엄밀한 의미에서 「한계」가 아니다. 그것은 오히려 계약당사자의 자치적인 규율에 맡겨진 영역 안에서 당사자 사이에 존재하는 불평등한 지위 때문에 약자가 보호되어야 하는 때에 작용한다. 따라서 그때에는 양 당사자의 자유가 아니고, 한 당사자 즉 우월적인 지위의 계약당사자의 자유만이 그 행사에 있어서 제한된다. 이러한 계약자유의 두 한계 가운데 중요한 것은 내적인 것이다.

D-5

2. 외적인 한계

외적인 한계는 경제적 지위의 우열관계와 무관한 것으로서 일반적인 한계라고 할 수 있다. 계약자유의 외적인 한계로는 강행규정과 제103조를 들 수 있다.

(1) 강행규정

우리법상 계약은 그것이 강행규정(A-118 이하 참조)에 반하는 경우에는 무효이다(105조 참조). 그러므로 강행규정은 계약자유의 한계를 형성한다. 그런데 계약자유를 제한하는 강행규정 가운데에는 계약자유의 내적인 한계에 관한 것이 많다. 그러나 모두가 그런 것은 아니다. 강행규정 중에는 약자 보호를 위하여서가 아니고 사회 일반의 이익 또는 제 3 자의 이익을 위하여 두어진 것도 있다.

계약자유의 외적인 한계를 이루는 강행규정의 예로는 광업권의 대차(이른바 덕대계약)를 금지하고 있는 광업법 제11조, 어업권의 임대차를 금지하고 있는 수산업법 제33조, 금융투자업자의 명의대여를 금지한 「자본시장과 금융투자업에 관한 법률」 제39조를 들 수 있다.

계약의 체결에 관청의 허가나 일정한 증명을 요구하는 법률규정도 같은 맥락에서 파악할 수 있다. 그러한 규정에 어긋나는 때에는 계약이 무효로 되기 때문이다. 토지거래 허가구역에 있는 토지에 관한 소유권·지상권을 이전하거나 설정하는 계약을 체결하려는 경우에 시장·군수 또는 구청장의 허가를 받도록 하는 「부동산 거래신고 등에 관한 법률」 제11조 제 1 항(대판(전원) 1991. 12. 24, 90다12243 등은 허가 없이 체결한 토지매매계약은 유동적 무효라고 한다. A-180 참조), 농지를 취득하는 경우에 소재지의 시장·구청장·읍장 또는 면장의 농지취득자격 증명을 요구하는 농지법 제 8 조, 학교법인의 기본재산의 매도 등을 하는 경우에 관할청의 허가를 받도록 하는 사립학교법 제28조 등이 그러한 규정이다.

그에 비하여 계약을 체결하기 전이나 후에 단순히 신고하도록 할 뿐, 신고가 없었다고 하여 계약을 무효로 하지는 않는 경우에는 외적인 한계가 아니라고 할 것이다. 외국인 등이 토지취득계약을 체결한 때에 계약체결일부터 60일 이내에 시장·군수·구청장에게 신고하도록 하는(예외 있음) 「부동산 거래신고 등에 관한 법률」 제 8 조 제 1 항이 그 예이다(이 경우에는 과태료의 제재만 받는다. 「부동산 거래신고 등에 관한 법률」 28조 참조).

(2) 제103조

제103조도 계약자유의 외적인 한계가 된다. 동조에 의하면, 계약은 강행규정에 반하지 않을지라도 선량한 풍속 기타 사회질서에 반하는 경우에는 무효로 되기 때문이다. 사회질서에 반하는 계약의 예로는 인신매매(人身賣買), 남녀가 불륜관계를 맺기로 약속한 경우를 들 수 있다.

3. 내적인 한계

D-6

계약당사자가 대등한 지위를 갖는다면 계약자유는 외적인 한계로 충분하다. 그러나 실제에 있어서는 계약당사자의 일방이 우월한 지위를 갖고, 그리하여 쌍방의 자기결정 대신에 그 자의 일방적인 결정이 행하여지는 때가 많이 있다. 그러한 때에는 우월한 당사자의 계약자유는 약자의 보호를 위하여 제한되어야 한다. 이것이 계약자유의 내적인 한계의 문제이다. 법질서도 그러한 입장에서 많은 강행규정을 두고 있다.

(1) 체약(締約)강제

1) 공익적 독점기업의 체약의무 우편·전기통신(유무선 전화 등)·운송(철도·버스·택시 등) 등의 사업을 경영하거나, 전기·수도·가스 등의 생활필수품을 공급하는 공익적 독점기업은 정당한 사유가 없는 한 급부제공을 거절하지 못한다(우편법 50조, 전기통신사업법 3조, 철도사업법 20조·22조, 「여객자동차 운수사업법」 26조, 전기사업법 14조·21조, 수도법 39조, 도시가스사업법 19조 등 참조). 그리고 이러한 공익적 독점기업에 대한 계약체결 강제는 법률에 명문규정이 없어도 인정되어야 한다.

2) 공공적·공익적 직무담당자의 체약의무 공증인·집행관·법무사·행정사 등의 공공적 직무담당자(공증인법 4조, 집행관법 14조, 법무사법 20조, 행정사법 22조)와, 의사·치과의사·한의사·조산사·약사·한약사 등 공익적 직무담당자(의료법 15조, 약사법 24조)에 대하여 정당한 사유 없이 직무의 집행을 거절할 수 없다는 공법적 의무가 부과되어 있다.

3) 경제통제법에 의한 체약강제 전쟁이나 경제적 위기가 닥칠 때에 경제에 관하여 통제하는 내용의 법률을 경제통제법이라고 한다. 그러한 경제통제법 중에는 계약체결을 강제하거나 금지하는 내용을 담고 있는 것도 있다. 「물가안정에 관한 법률」(6조·7조), 「농수산물 유통 및 가격안정에 관한 법률」(4조 이하), 비료관리법(7조) 등이 그 예이다. 경제통제법은 체약강제의 방법으로 영업허가나 등록의 취소, 형벌 등을 사용하는 것이 보통이나, 때에 따라서는 「명령된 계약」으로 강제하기도 한다. 명령된 계약은 법규에 기한 행정명령에 의하여 당사자 사이에 성립한 계약을 말한다. 이러한 명령된 계약의 경우에는 행정명령이 당사자의 합의에 갈음하게 된다. 우리의 현행법에서는 「농수산물 유통 및 가격안정에 관한 법률」 제10조 이하, 비료관리법 제 7 조에 의하여 이 계약이 성립할 가능성이 있다.

(2) 내용에의 간섭

경제적 약자보호를 위하여 법질서가 직접 계약의 내용에 간섭을 가하기도 한다. 제607조, 제608조, 임대차에 관한 규정(652조 참조), 근로기준법을 비롯한 노동법, 이자제한법, 주택임대차보호법, 「상가건물 임대차보호법」, 「가등기담보 등에 관한 법률」, 「약관의 규제에 관한 법률」 등이 그 예이다.

전쟁이나 경제적 위기가 닥친 때에 경제통제법에 의하여 계약체결이 강제될 수 있음에 대하여서는 앞에서 보았다(D-6 참조). 그런데 경우에 따라서는 계약을 체결하려면 반드시 일정한 내용(예: 공정가격)에 따르도록 강제하기도 한다. 이때 법규가 정하는 내용으로 성립하는 계약을 「규제된 계약」이라고 한다.

제 3 절 계약과 보통거래약관

D-7 ### Ⅰ. 서 설

보통의 계약의 경우 계약당사자는 서로 협의하여 계약의 내용을 확정한다. 그런데 어떤 경우에는 계약당사자 일방이 계약내용으로 삼을 사항(계약조건)을 일방적으로 미리 정해 놓고서 계약체결시에 이를 제시하기도 한다. 그때 상대방이 이를 받아들이면 그것은 계약의 내용으로 된다. 이처럼 **계약의 내용으로 삼기 위하여 당사자 일방이 미리 준비한 계약조건을 보통거래약관이라고 한다.**

보통거래약관은 실제거래에 있어서 특히 대기업에 의하여 널리 사용되고 있다. 예컨대 은행·보험회사·운송기업·상품생산기업은 그들(법률고문 또는 이익단체)이 만든 보통거래약관(은행약관·보험약관·운송약관·공급약관 등)을 계약체결에 사용하고 있다. 그 결과 보통거래약관은 오늘날의 경제생활에서 대단히 중요한 역할을 수행하고 있다.

보통거래약관은 여러 가지 **긍정적 기능**을 가지고 있다. 무엇보다도 다수의 상대방과 계약을 체결하여야 하는 경우 계약내용을 일일이 상대방과 협의하여 정하는 번거로움을 피하고 신속하게 거래를 행할 수 있게 한다.

그런데 보통거래약관은 무시하지 못할 **부정적 기능**도 있다. 보통거래약관은 약관의 사용자 측에서 일방적으로 준비하는 것이므로 그 사용자에게만 유리한 내용으로 이루어질 가능성이 크다. 물론 보통거래약관의 사용자가 약관을 이용하여 계약을 체결하려는 경우에 상대방은 계약체결을 거절할 수 있다. 그러나 일단 계약을 체결하려고 하면 보통거래약관에 따라서 계약을 체결할 수밖에 없게 된다. 그 결과 계약체결의 자유는 있으나 계약내용결정의 자유는 가지지 못하게 된다.

이와 같이 보통거래약관이 중대한 폐단을 가져올 수 있기 때문에 종래 각국의 판례와 학설은 보통거래약관을 규제하기 위하여 부심해왔다. 그러나 판례·학설에 의한 보통거래약관의 통제는 한계가 있어서 각국은 보통거래약관을 규제하기 위한 특별법을 제정하게 되었다. 우리나라에서도 1986년 「약관의 규제에 관한 법률」(이하에서는 약관규제법이라고 약칭함)을 제정하여 시행하고 있다(1987. 7. 1. 시행). 이 법은 보통거래약관을 — 개별약관별로가 아니고 — 일반적으로 규제하고 있다.

아래에서는 이러한 우리의 약관규제법을 기초로 하여 보통거래약관에 관하여 살펴보기로 한다.

[참고] 용어 문제

우리의 약관규제법은 보통거래약관을 단순히 「약관」이라고 표현하고 있다(동법 2조 1호). 그리고 약관의 사용자와 그 상대방을 각각 「사업자」와 「고객」이라고 표현한다(동법 2조 2호·3호). 사업자와 고객은 모두 일반적인 의미를 가지는 용어이어서 항상 그대로 쓰기는 부적절하다. 정확하게는 「약관 사용자」, 「상대방」이라고 하여야 한다. 이하에서는 필요에 따라 이들 용어를 병행하여 쓰기로 한다.

Ⅱ. 약관의 의의 D-8

약관 즉 보통거래약관은 계약의 한쪽 당사자(약관 사용자 즉 사업자)가 여러 명의 상대방(고객)과 계약을 체결하기 위하여 일정한 형식으로 미리 마련한 계약의 내용을 말한다(약관규제법 2조 1호)(현재의 약관규제법 2조 1호가 '약관은 … 계약의 내용'이라고 한 것은 잘못이다. 왜냐하면 약관은 그 자체가 계약의 내용은 아니며 여러 요건을 갖추어야 계약의 내용으로 주장될 수 있기 때문이다(동법 3조 4항 참조). 그러한 점에서 '약관은 … 계약의 내용이 되는 것'이라고 한 개정 전의 문구가 더 정확하다).

이를 나누어 살펴본다. **첫째**, 약관은 장차 계약의 내용으로 되는 것이다. 따라서 계약의 내용으로 될 수 없는 것은 약관이 아니다(대판 2000. 3. 10, 99다70884 등 참조). 그것은 계약내용의 전체에 관한 것일 수도 있고 그 일부에 관한 것일 수도 있다(예: 지급조건, 송부조건). **둘째**, 「여러 명」의 상대방과 계약을 체결하기 위한 것이어야 한다. 특정한 상대방과 계약을 체결하기 위하여 준비한 계약조건은 약관이 아니다(동지 대판 1999. 7. 9, 98다13754·13761). **셋째**, 일정한 형식으로 「미리」 마련하였어야 한다. 즉 약관 사용자가 일방적으로 사전에 준비하였어야 한다. 약관은 사용자가 스스로 작성할 수도 있고 이익단체나 제3자가 작성할 수도 있다. 어떤 경우이든 상대방과의 협의에 의하여 마련된 것은 약관이 아니다. 약관 중 일부조항에 대하여 협의·교섭한 때에도 그 조항은 약관이 아니다. 구체적인 계약에서 당사자 사이에 개별적으로 이루어진 합의도 마찬가지이다(대판 2020. 11. 26, 2020다253379 등). **넷째**, 명칭·형태·범위는 묻지 않는다(약관규제법 2조 1호). 약관은 보통 신용카드약관·보험약관 등과 같이 약관이라고 표현하나, 거래약정서·공급규칙·회원규정 등과 같이 다른 명칭을 써도 무방하다. 그리고 외관상 계약서 자체에 포함되어 있는지 따로 독립되어 있는지, 서면으로 작성되어 있는지 전자게시판에 게시되어 있는지, 인쇄되어 있는지 손으로 썼는지, 조문의 형식을 취하고 있는지 여부도 묻지 않는다. 나아가 약관이 계약의 모든 내용을 담고 있는지 일부분의 내용인지, 중요한 내용이 포함되어 있는지 여부도 차이가 없다. 한편 우리의 판례는 전기사업법에 의한 전기공급규정(대판 2002. 4. 12, 98다57099) 또는 기본공급약관(대판 2023. 3. 30, 2018다207076), 예탁금회원제 골프장의 회칙 중 회원권의 양도·양수절차와 같은 당사자의 권리·의무에 관한 규정(대판 2000. 3. 10, 99다70884 등)은 약관으로서의 성질을 가진다고 한다.

판 례 **약관의 일부 조항이 교섭된 경우에 나머지 조항 관련**

「사업자와 고객 사이에 교섭이 이루어진 조항은 약관작성상의 일방성이 없으므로 약관규제법 소정의 약관에 해당하지 않는다고 할 것이나, 이 경우 원칙적으로 개개의 조항별로 교섭의 존재 여부를 살펴야 하며, 약관조항 중 일부의 조항이 교섭되었음을 이유로 그 조항에 대하여는 약관규제법의 적용이 배제되더라도 교섭되지 아니한 나머지 조항들에 대하여는 여전히 약관규제법이 적용되어야 할 것이다.」(대판 2000. 12. 22, 99다4634)

약관과 구별되는 것으로 「서식(書式)」이 있다. 서식은 계약의 내용으로 삼기 위하여 준비한 것이 아니고 모범으로 삼기 위한 것이다. 그런데 이 서식을 계약체결에 이용하게 되면 실질적으로는 약관과 같은 기능을 하게 된다. 따라서 서식을 이용하여 계약을 체결하는 경우에는 약관규제법을 적용하는 것이 타당하다.

D-9 Ⅲ. 약관의 구속성

약관은 계약당사자 일방이 일방적으로 준비한 계약조건에 지나지 않는다. 따라서 그것이 당연히 상대방을 구속할 수는 없다. 만약 약관이 상대방을 구속한다면 거기에는 어떤 근거가 있어야 한다. 나아가 약관이 상대방을 구속하기 위하여 갖추어야 할 사항이 있다면 그것도 살펴보아야 한다. 이는 일방적으로 준비·사용된 약관으로부터 상대방 즉 고객을 보호하는 첫 번째 단계의 문제이다. 약관이 이 단계를 통과하면 내용통제라는 두 번째 단계에 이르게 된다.

1. 구속력의 근거

약관규제법이 제정되어 있는 현재 약관이 어떤 근거로 상대방을 구속하게 되는가? 이는 약관규제법의 해석의 문제이다. 이에 관하여 우리의 학설은 i) 계약설, ii) 절충적 계약설, iii) 이원설로 나뉘어 있다. i) 계약설은 구속력의 근거를 약관을 계약내용으로 삼고자 하는 당사자의 합의에서 찾는 견해이다(사견도 같음). ii) 절충적 계약설은 계약설을 기본적으로 취하면서 약관의 사회적 기능을 고려하여 규범과 유사한 비자발적 구속성을 인정하는 견해이다. iii) 이원설은 원칙적으로 계약설을 취하면서 현행법상 예외적으로 법률상의 수권으로 구속력이 인정되는 경우(약관규제법 3조 2항 단서의 경우)가 있다는 견해이다.

판례는 약관이 구속력을 가지는 것은 당사자 사이에서 약관을 계약내용에 포함시키기로 합의하였기 때문이라고 하여 계약설을 취하고 있다(대판 1992. 7. 28, 91다5624(은행거래약관); 대판 1998. 9. 8, 97다53663(신용보증약관); 대판 2004. 11. 11, 2003다30807(보험약관) 등).

2. 사업자가 약관을 계약내용으로 주장할 수 있기 위한 요건 D-10

(1) 개 설

우리 문헌들은 이 문제를 독일문헌 등에 따라 약관의 계약에의 편입의 문제로 다루고 있다. 그러나 우리 약관규제법은 독일과 달리(독일민법 305조 2항 참조) 일정한 요건을 갖추지 못한 경우에는 사업자는 「해당 약관을 계약의 내용으로 주장할 수 없다」고 규정하고 있다(약관규제법 3조 4항). 따라서 우리 법 아래서는 요건이 모두 갖추어지지 않았더라도 상대방인 고객이 약관을 계약내용으로 주장할 수 있게 된다. 즉 당연히 계약내용으로 되지 못하는 것이 아니다. 그러고 보면 우리 법상 약관의 계약에의 편입요건은 특별한 것이 없다는 결과로 된다. 문제는 사업자가 약관을 계약내용으로 주장할 수 있기 위한 요건이 무엇인가이다.

약관규제법은 그러한 요건으로 ① 사업자가 약관내용을 분명하게 밝힐 것과 ② 사업자가 약관의 중요내용을 설명할 것을 규정하고 있다(동법 3조 2항·3항). 그리고 당연한 전제요건으로 사업자와 고객 사이의 계약체결이 있다. 그 밖에 고객의 동의도 필요한지가 문제된다. 아래에서 당연한 요건을 제외하고 세 가지에 관하여 차례로 살펴보기로 한다.

약관규제법에 의하면, 사업자는 약관을 한글로 작성하고, 표준화된 용어를 사용하며, 중요내용을 명확하게 표시하여 알아보기 쉽게 작성해야 한다(동법 3조 1항). 그러나 이에 위반하더라도 사업자가 약관을 계약의 내용으로 주장할 수 없는 것은 아니며(따라서 그것은 계약내용으로 주장할 수 있는 요건이 아니다(동법 3조 4항 참조)), 또한 위반시에 벌칙의 제재가 가해지지도 않는다(동법 32조 이하 참조). 결국 위 규정은 훈시규정에 지나지 않는다고 하겠다.

(2) 구체적인 요건 D-11

1) 사업자에 의한 명시(明示)(고객의 인식취득의 가능성) 사업자는 예외적인 경우를 제외하고는 계약을 체결할 때에는 고객에게 약관의 내용을 계약의 종류에 따라 일반적으로 예상되는 방법으로 분명하게 밝히고, 고객이 요구할 경우 그 약관의 사본을 고객에게 내주어 고객이 약관의 내용을 알 수 있도록 하여야 한다(약관규제법 3조 2항 본문). 약관의 명시는 「계약을 체결할 때」 즉 계약 당시에 하여야 한다. 계약이 체결된 후에 하는 것으로는 불충분하다. 그때

에는 이미 체결된 계약의 변경 청약이 문제되기 때문이다(Brox, AS, S. 30). 상대방은 이 청약을 받아들일 의무가 없다(상대방의 침묵이나 급부수령이 승낙으로 추정되지도 않는다). 그리고 약관은 「명시」하여야 하므로, 약관을 계약청약서의 뒷면에 단순히 인쇄하여 둔 것만으로는 부족하다.

그런데 여객운송업, 전기·가스 및 수도사업, 우편업, 공중전화 서비스 제공 통신업 중 어느 하나에 해당하는 업종의 약관에 대하여는 위에서 설명한 명시의무가 없다(약관규제법 3조 2항 단서).

2) 사업자에 의한 약관의 중요내용의 설명

(가) 원 칙 사업자는 원칙적으로 약관에 정하여져 있는 중요한 내용을 고객이 이해할 수 있도록 설명하여야 한다(약관규제법 3조 3항 본문). 이는 약관에 의한 계약의 경우 사업자와 고객이 중요내용을 협의하여 정할 수는 없을지언정 적어도 고객이 이를 알고서 계약을 체결할 수 있도록 하기 위한 것이다. 여기서 중요한 내용이라 함은 사회통념에 비추어 고객이 계약체결의 여부나 대가를 결정하는 데에 직접적인 영향을 미칠 수 있는 사항을 말한다(대판 2019. 5. 30, 2016다276177 등). 무엇이 중요한 내용인지는 구체적인 경우에 계약의 해석에 의하여 결정되어야 한다(판례는 어떤 약관 조항에 관하여 알았더라면 계약을 체결하지 않았으리라고 인정할 만한 사정이 있는 경우에 중요내용으로 파악하기도 한다. 대판 1996. 6. 25, 96다12009 등).

한편 판례는, 약관조항에 관한 명시·설명의무가 제대로 이행되었더라도 그러한 사정이 그 보험계약의 체결 여부에 영향을 미치지 않았다고 볼 수 있다면 그 약관조항은 명시·설명의무의 대상이 되는 보험계약의 중요한 내용이 아니라고 한다(대판 2016. 9. 23, 2016다221023 등).

D-12 (판 례) 약관의 중요내용인 예/아닌 예

우리 대법원은 은행거래약관에 있어서 예금채권의 양도금지특약(대판 1998. 11. 10, 98다20059), 일반적으로 보통거래약관에 있어서 보험상품의 내용, 보험료율의 체계 및 보험청약서상 기재사항의 변동사항, 보험자의 면책사유(대판 2004. 11. 25, 2004다28245 등 다수), 보험계약상 「암」의 분류기준을 정한 「원발부위 기준 분류조항」(대판 2025. 3. 13, 2023다250746), 자동차종합보험의 가족운전자 한정운전 특별약관(대판 2003. 8. 22, 2003다27054; 대판 2014. 9. 4, 2013다66966(그러나 특별한 사정이 없는 한 기명피보험자의 자녀가 사실혼관계에 있을 경우를 상정하여 그 자녀와 사실혼관계에 있는 사람은 기명피보험자의 사위나 며느리로서 가족의 범위에 포함되지 않는다고까지 이 약관을 명시·설명할 의무는 없다고 함)), 자동차종합보험의 부부운전자 한정운전 특별약관(대판 2010. 3. 25, 2009다84141)은 약관의 중요한 내용이라고 한다. 그에 비하여 자동차종합보험약관의 면책조항에서 「배우자」에 사실혼관계의 배우자도 포함되는지 여부(대판 1994. 10. 25, 93다39942), 전기공급규정에 있어서 전기공작물의 고장 등으로 전기공급이 중지된 경우의 면책규정(대판 1995. 12. 12, 95다11344), 자동차종합보험약관의 무면허운전 면책과 관련하여 어떤 면허가 무면허운전이 되지 않는지(대판 2000. 5. 30, 99다66236)는 중요한 내용에 해당하지 않는다고 한다.

약관의 중요내용의 설명은 약관을 계약의 내용으로 주장하는 자 즉 사업자(보험계약의 경우에는 보험자)가 하여야 하며, 설명의 상대방은 고객이겠으나 그의 대리인과 계약을 체결하는 때에는 그 대리인에게 설명하면 충분하다(대판 2001. 7. 27, 2001다23973). 그리고 설명하였다는 사실의 증명책임은 사업자가 진다.

설명은 구체적이고 상세하게 하여야 하며, 기존의 계약내용 중 잘못된 부분이 있으면 즉시 수정 신고하여야 한다는 안내문 또는 청약을 유인하는 추상적·개괄적인 내용의 안내문을 우송한 것만으로는 불충분하다(대판 1999. 3. 9, 98다43342·43359 등).

(나) 예 외 계약의 성질상 설명하는 것이 현저하게 곤란한 경우에는 중요내용의 설명의무가 없다(약관규제법 3조 3항 단서).

판례는, 고객(또는 그 대리인이)이 약관의 내용을 충분히 잘 알고 있는 경우(대판 2018. 6. 19, 2018다201610 등)와 약관에 정해진 사항이라고 하더라도 거래상 일반적이고 공통된 것이어서 계약 상대방이 별도의 설명 없이도 충분히 예상할 수 있었던 사항이거나 이미 법령에서 정하여진 것을 되풀이하거나 부연하는 정도에 불과한 사항이라면 그러한 사항에 대해서는 설명의무가 없다고 한다(대판 2023. 4. 13, 2021다250285 등 다수. 동지 대판 2018. 6. 19, 2018다201610). 여기에서 말하는 「법령」은 일반적인 의미에서의 법령, 즉 법률과 그 밖의 법규명령으로서의 대통령령·총리령·부령 등을 의미하고, 행정규칙은 일반적으로 행정조직 내부에서만 효력을 가질 뿐 대외적인 구속력을 갖는 것이 아니므로 이에 해당하지 않으나, 행정규칙이라 하더라도, 법령의 규정이 특정 행정기관에게 법령 내용의 구체적 사항을 정할 수 있는 권한을 부여함으로써 그 법령 내용을 보충하는 기능을 가지고, 그 내용이 해당 법령의 위임한계를 벗어나지 않아 그 법령과 결합하여 대외적 구속력이 있는 법규명령으로서의 효력을 가지는 등의 특별한 사정이 인정된다면, 달리 볼 수 있다고 한다(대판 2019. 5. 30, 2016다276177). 그런데 대외적 구속력이 인정되지 않는 행정규칙으로서의 고시는, 약관이 포함된 계약의 일방 당사자인 고객에게 당연히 그 법률효과가 미친다고 할 수 없을 뿐만 아니라 고객이 별도의 설명 없이 그 내용을 예상할 수 있었다고 보기도 어려우므로, 약관 조항에서 고시의 내용을 되풀이하거나 부연하고 있다는 이유만으로 사업자의 설명의무가 면제된다고 할 수 없다고 한다(대판 2019. 5. 30, 2016다276177). 한편, 위와 같이 사업자가 고객에게 약관의 내용을 따로 설명할 필요가 없는 특별한 사정이 있다는 점은 이를 주장하는 사업자가 증명할 것이라고 한다(대판 2018. 6. 19, 2018다201610 등).

판 례 그 밖에 명시·설명의무가 없는 예

대법원은 신용보증약정서에 있어서 당사자 사이의 약정의 취지를 명백히 하기 위한 확인적 규정에 불과한 경우는 명시·설명의무가 없다고 한다(대판 1998. 2. 27, 96다8277).

3) 고객의 동의 약관규제법은 계약설에 기초를 두고 있으면서도 독일민법과 달리(동법 305조 2항 참조) 약관을 계약내용으로 주장하기 위한 요건으로 고객의 동의를 명문으로 규정하고 있지 않다. 이러한 상황에서 우리의 학설은 i) 고객의 동의 내지 당사자의 합의가 필 D-13

요하다는 견해(사견도 같음)와 ii) 고객의 동의가 필요하지 않다는 견해로 나뉘어 있다.

(3) 요건을 갖추지 못한 경우의 효과

사업자가 위의 요건을 갖추지 못한 경우에는 그는 해당 약관을 계약의 내용으로 주장할 수 없다(약관규제법 3조 4항). 그에 비하여 그러한 경우에도 고객은 그 약관을 계약내용으로 주장할 수 있다(이설 없음). 한편 판례는, 약관규제법 제3조 제4항에 따라 해당 약관을 계약의 내용으로 주장할 수 없는 사유로서 「약관 사본 교부와 관련하여 약관법 제3조 제2항을 위반하여 계약을 체결한 경우」라 함은 고객이 계약 체결 당시 사업자에게 약관 사본을 내줄 것을 요구하여 사업자가 약관 사본 교부의무를 부담하게 되었음에도 이를 이행하지 않은 경우를 의미하고, 계약이 체결된 이후 고객이 사업자에게 약관의 사본을 내줄 것을 요구하고 사업자가 이에 불응한 경우까지 포함하는 것은 아니라고 한다(대판 2023. 6. 29, 2020다248384·248391).

약관을 계약내용으로 주장할 수 없는 경우의 구체적인 효과는 약관의 일부조항이 무효인 경우와 같다(D-21 참조).

판 례 명시·설명의무를 위반한 경우의 효과

「보험자 및 보험계약의 체결 또는 모집에 종사하는 자는 보험계약의 체결에 있어서 보험계약자 또는 피보험자에게 보험약관에 기재되어 있는 보험상품의 내용, 보험료율의 체계 및 보험청약서상 기재사항의 변동사항 등 보험계약의 중요한 내용에 대하여 구체적이고 상세한 명시·설명의무를 지고 있다고 할 것이어서 보험자가 이러한 보험약관의 명시·설명의무에 위반하여 보험계약을 체결한 때에는 그 약관의 내용을 보험계약의 내용으로 주장할 수 없다 할 것이므로, 보험계약자나 그 대리인이 그 약관에 규정된 고지의무를 위반하였다 하더라도 이를 이유로 보험계약을 해지할 수는 없다.」(대판 1997. 9. 9, 95다45873)

D-14 Ⅳ. 약관의 해석

약관을 계약내용으로 주장할 수 있게 된 뒤에는 약관을 해석하여 그 내용을 확정하여야 한다. 이는 그 자체만으로도 의미가 있으나, 약관에 대한 제2단계의 규제인 내용통제를 위하여서도 필요하다.

약관은 실질적으로는 계약조항과 같지만 그것이 지니는 특수성이 있기 때문에 특별한 고려가 요청된다. 약관규제법은 그런 취지에서 약관의 해석과 관련하여 별개의 특별규정을 두고 있다.

1. 해석의 방법

약관은 계약의 내용으로 되는 것이다. 따라서 약관의 해석에는 마땅히 법률행위의 해석의 원칙(A-90 이하 참조)이 적용되어야 한다. 그 결과 약관에도 밝히는 해석(단순한 해석)과 보충적 해석이 고려된다. 그러나 약관은 다른 한편으로 대량계약에 있어서 획일적인 처리를 목적으로 하는 것이므로, 약관을 해석하는 때에는 구체적인 고객이 개별적인 경우에 어떻게 이해하였는가 또는 이해하였어야 하는가에 좌우되지는 않아야 한다(구체적인 상대방의 이해가능성에 의한 해석은 불가하다. A-90 참조). 오히려 평균적인 고객의 이해를 표준으로 하여야 한다. 그리하여 약관의 해석에 있어서는 단지 평균적인 고객에 의하여 인식될 수 있는 사정들만이 고려되어야 한다. 약관규제법 제 5 조 제 1 항은 이러한 취지를 규정하고 있다.

판 례 약관의 해석 관련

(ㄱ) 「보통거래약관의 내용은 개개 계약체결자의 의사나 구체적인 사정을 고려함이 없이 평균적 고객의 이해가능성을 기준으로 하되 보험단체 전체의 이해관계를 고려하여 객관적, 획일적으로 해석하여야 하고, 고객 보호의 측면에서 약관내용이 명백하지 못하거나 의심스러운 때에는 약관작성자에게 불리하게 제한해석하여야 한다.」(대판 2005. 4. 15, 2004다65138 · 65145)

(ㄴ) 「약관의 내용통제원리로 작용하는 신의성실의 원칙은 보험약관이 보험사업자에 의하여 일방적으로 작성되고 보험계약자로서는 그 구체적 조항내용을 검토하거나 확인할 충분한 기회가 없이 보험계약을 체결하게 되는 계약성립의 과정에 비추어, 약관작성자는 계약 상대방의 정당한 이익과 합리적인 기대 즉 보험의 손해전보에 대한 합리적인 신뢰에 반하지 않고 형평에 맞게끔 약관조항을 작성하여야 한다는 행위원칙을 가리키는 것이며, 보통거래약관의 작성이 아무리 사적자치의 영역에 속하는 것이라고 하여도 위와 같은 행위원칙에 반하는 약관조항은 사적자치의 한계를 벗어나는 것으로서 법원에 의한 내용통제 즉 수정해석의 대상이 되는 것은 지극히 당연하다. 그리고 이러한 수정해석은 조항 전체가 무효사유에 해당하는 경우뿐만 아니라 조항 일부가 무효사유에 해당하고 그 무효부분을 추출배제하여 잔존부분만으로 유효하게 존속시킬 수 있는 경우에도 가능한 것이다.

이 사건 무면허운전면책조항(자동차의 운전자가 무면허운전을 하였을 때에 생긴 사고로 인한 손해를 보상하지 않는다는 조항: 저자 주) … 이 보험계약자나 피보험자의 지배 또는 관리가능성이 없는 무면허운전의 경우에까지 적용된다고 보는 경우에는 그 조항은 신의성실의 원칙에 반하여 공정을 잃은 조항으로서 위 약관규제법의 각 규정에 비추어 무효라고 볼 수밖에 없다. 그러므로 위 무면허운전면책조항은 위와 같은 무효의 경우를 제외하고 무면허운전이 보험계약자나 피보험자의 지배 또는 관리가능한 상황에서 이루어진 경우에 한하여 적용되는 조항으로 수정해석을 할 필요가 있으며 그와 같이 수정된 범위 내에서 유효한 조항으로 유지될 수 있는바, 무면허운전이 보험계약자나 피보험자의 지배 또는 관리가능한 상황에서 이루어진 경우라고 함은 구체적으로는 무면허운전이 보험계약자나 피보험자 등의 명시적 또는 묵시적 승인 하에 이루어진 경우를 말한다고 할 것이다(대체로 보험계약자나 피보험자의 가족, 친지 또는 피용인으로서 당해 차량을 운전할 기회에 쉽게 접할 수 있는 자에 대하여는 묵시적인 승인이 있었다고 볼 수 있을 것이다).」(대판(전원) 1991. 12. 24, 90다카23899)

D-15 **2. 불명료한 규정의 해석**

약관의 어떤 조항이 모든 사정을 고려하여도 분명하지 않고 최소한 두 가지로 해석될 수 있는 경우에는, 그것은 고객에게 유리하게 즉 사업자에게 불리하게 해석되어야 한다(약관규제법 5조 2항).

(판 례) 약관의 해석 관련(다의적 / 일의적인 경우)

(ㄱ) 「약관의 해석은, 신의성실의 원칙에 따라 당해 약관의 목적과 취지를 고려하여 공정하고 합리적으로 해석하되, 개개 계약당사자가 기도한 목적이나 의사를 참작함이 없이 평균적 고객의 이해가능성을 기준으로 객관적·획일적으로 해석하여야 하며, 위와 같은 해석을 거친 후에도 약관조항이 객관적으로 다의적으로 해석되고 그 각각의 해석이 합리성이 있는 등 당해 약관의 뜻이 명백하지 아니한 경우에는 고객에게 유리하게 해석하여야 할 것이나, 당해 약관의 목적과 취지를 고려하여 공정하고 합리적으로, 그리고 평균적 고객의 이해가능성을 기준으로 객관적이고 획일적으로 해석한 결과 그 약관조항이 일의적으로 해석된다면 그 약관조항을 고객에게 유리하게 제한해석할 여지가 없다.」(대판 2010. 9. 9, 2007다5120)

(ㄴ) 「이러한 법리(위 (ㄱ) 판결 전단의 법리: 저자 주)는 회사가 작성한 회칙이 약관으로서 회원과 회사 사이의 계약의 내용을 이루는 경우에도 마찬가지로 적용된다.」(대판 2017. 12. 13, 2015다33441)

약관규제법에는 규정되지 않았지만 독일판례에 의하여 형성된 「엄격해석(축소해석)의 원칙」도 적용되어야 한다. 즉 고객에게 불이익하게 임의규정과 다르게 작성된 약관조항은 좁게 해석되어야 한다. 이는 특히 면책조항에서 자주 고려된다(약관규제법 7조 참조). 예컨대 도급계약에서 완성된 일의 손해로부터 면책된다고 하는 경우에는, 불분명한 때에는, 면책되는 책임은 계약책임만이고 불법행위책임은 아니라고 해석되어야 한다.

판례는 근저당설정계약의 경우에 피담보채무에 관한 약관조항이 그 문언대로 해석하면 금융기관의 일반 대출관례에 어긋나고 당사자의 의사는 당해 대출금채무만을 피담보채무로 약정한 취지로 해석하는 것이 합리적일 때에는 피담보채무에 관한 포괄적 기재는 부동문자로 인쇄된 일반거래약관의 예문에 불과한 것으로 보아 구속력을 배제하는 것이 타당하다고 한다(대판 2004. 2. 13, 2002다43882 등 다수). 그리하여 약관에 대하여도 이른바 예문해석을 하고 있다. 그러나 그러한 판례는 바람직하지 않다(자세한 사항은 A-93 참조).

(판 례) 신용보증약관의 해석 예

신용보증사고의 통지를 지연함으로써 채권보전에 장애를 초래한 경우에는 보증채무가 면책된다는 보증약관은, 피보험자가 신용보증사고의 통지기한 내에 통지를 하지 아니함으로 인하여 채권보전조치에 실질적인 장애를 초래한 경우에 한하여 면책된다는 취지로 해석하여야 하고, 피보험자가 통지기한 내에 통지를 하지 아니하였다 하여 언제나 보험자의 채권보전에 장애가 초래되었다고 볼 수 없고, 비록 보험자가 통지기한 만료일까지 통지를 받지 못하였다 하더라도 보험자가 통지를 받은 후 채권보전조치를 취할 수 있는 상당한 기간이 지난 후까지 아무런 조치도 취하지 아니한 경우에는 면책을 주장할 수 없다고 보아야 한다(대판 2001. 3. 23, 2000다71555).

3. 개별약정의 우선

D-16

약관에서 정하고 있는 사항에 관하여 사업자와 고객이 약관의 내용과 다르게 합의한 사정이 있을 때에는 그 합의사항은 약관보다 우선한다(약관규제법 4조). 이는 종래의 학설·판례에 의하여 인정되던 것을 입법화한 것으로서 타당하다. 약관조항이 당사자 사이의 합의에 의하여 개별약정으로 되었다는 사실은 그것을 주장하는 사업자 측에서 증명하여야 한다(대판 2014. 6. 12, 2013다214864 등).

그리고 대법원은, 계약의 일방당사자가 일정한 형식에 의하여 미리 계약서를 마련하여 두었다가 이를 상대방에게 제시하여 그 내용대로 계약을 체결하는 경우에도 특정조항에 관하여 상대방과 개별적인 교섭을 거침으로써 상대방이 자신의 이익을 조정할 기회를 가졌다면, 그 조항은 약관규제법의 규율대상이 아닌 개별약정이 된다고 보아야 하며, 이 때 개별적인 교섭이 있었다고 하기 위하여는 그 교섭의 결과가 반드시 특정조항의 내용을 변경하는 형태로 나타나야 하는 것은 아니고, 계약상대방이 그 특정조항을 미리 마련한 당사자와 대등한 지위에서 당해 조항에 대하여 충분한 검토와 고려를 한 뒤 그 내용을 변경할 가능성이 있었다고 인정되면 된다고 한다(대판(전원) 2013. 9. 26, 2011다53683·53690; 대판(전원) 2013. 9. 26, 2012다1146·1153; 대판(전원) 2013. 9. 26, 2012다13637; 대판(전원)2013. 9. 26, 2013다26746 등). 그러면서 갑이 을 은행 등과 체결한 키코(KIKO) 통화옵션계약이 약관규제법의 규율대상인지 문제된 사안에서, 그 통화옵션계약의 구조는 다른 장외파생상품들과 마찬가지로 을 은행 등이 고객의 필요에 따라 구조나 조건을 적절히 변경하여 사용하기 편하도록 표준화하여 미리 마련해 놓은 것일 뿐, 구조만으로는 거래당사자 사이에 아무런 권리의무가 발생하지 않고 거기에 개별적 교섭에 의해서 결정된 계약금액, 행사환율 등 구체적 계약조건들이 결부됨으로써 비로소 전체 계약의 내용으로 완결되는 것이므로, 그 구조 자체는 따로 약관에 해당하지 않는다고 하였다(대판(전원) 2013. 9. 26, 2011다53683·53690; 대판(전원) 2013. 9. 26, 2012다1146·1153; 대판(전원) 2013. 9. 26, 2012다13637; 대판(전원) 2013. 9. 26, 2013다26746).

V. 약관의 내용통제

D-17

약관에 대하여 일정한 요건을 갖추어 사업자가 그것을 계약의 내용으로 주장할 수 있는 경우에 그 가운데에는 고객에게 대단히 불리한 조항이 포함되어 있을 수 있다. 그리하여 제2단계로 약관의 조항 중 어떤 것은 무효로 해야 할 필요가 있다. 특히 약관의 조항이 고객에게 불리하게 임의규정을 일방적으로 배제하는 때에 그렇다. 이를 위하여 약관규제법은 상당수의 규정을 두고 있다(동법 6조 내지 16조).

1. 무효근거

약관규제법은 한편으로 구체적·개별적인 약관조항이 무효로 되는 경우를 규정하고(동법 7조 내지 14조), 다른 한편으로 일반규정의 형태로 무효인 경우를 규정하고 있다(동법 6조).

(1) 개별적인 금지규정

약관규제법이 개별적인 약관조항에 대하여 무효라고 규정하고 있는 경우로는, ① 부당하게 사업자의 책임(예: 손해배상 책임·담보책임)을 배제 또는 제한하는 면책조항(동법 7조), ② 고객에게 부당하게 과중한 손해배상의무를 부담시키는 손해배상액의 예정조항(동법 8조), ③ 계약의 해제·해지에 관한 일정한 조항(동법 9조), ④ 채무의 이행에 관한 일정한 조항(동법 10조), ⑤ 법률이 인정하는 고객의 권익(예: 항변권·기한의 이익)을 부당하게 배제 또는 제한하는 조항(동법 11조), ⑥ 의사표시에 관하여 그 존부(存否)와 도달을 의제하거나 형식이나 요건을 부당하게 제한하는 등의 조항(동법 12조), ⑦ 고객의 대리인에게 부당하게 책임을 부담시키는 조항(동법 13조), ⑧ 고객에 대하여 부당하게 불리한 소송제기의 금지·재판관할의 합의·증명책임의 부담을 정하는 조항(동법 14조)이 있다.

D-18 #### (2) 일반규정

1) 약관규제법 제6조 제1항 약관규제법은 앞에서 본 약관에 대한 개별적인 금지규정 외에 일반규정도 두고 있다. 그에 의하면 「신의성실의 원칙을 위반하여 공정성을 잃은 약관조항은 무효이다」(약관규제법 6조 1항). 이로써 개별적인 금지규정들은 열거적인 의미만을 갖게 되며, 따라서 약관조항이 거기에 해당하지 않는 경우에도 이 규정에 의하여 무효로 될 수 있다.

2) 불공정성의 추정 나아가 약관규제법상 다음 세 가지 경우에는 약관조항이 공정성을 잃은 것으로 추정된다(동법 6조 2항). 그 결과 그에 해당하는 경우에는 사업자가 불공정하지 않다는 반대증명을 하지 않는 한 불공정한 것으로 인정되어 무효로 된다.

(가) 「고객에게 부당하게 불리한 조항」(약관규제법 6조 2항 1호)

판례에 의하면, 약관규제법 제6조 제1항, 제2항 제1호에 따라 고객에 대하여 부당하게 불리한 조항으로서 「신의성실의 원칙에 반하여 공정을 잃은 약관조항」이라는 이유로 무효라고 보기 위해서는, 그 약관조항이 고객에게 다소 불이익하다는 점만으로는 부족하고, 약관 작성자가 거래상의 지위를 남용하여 계약 상대방의 정당한 이익과 합리적인 기대에 반하여 형평에 어긋나는 약관 조항을 작성·사용함으로써 건전한 거래질서를 훼손하는 등 고객에게 부당하게 불이익을 주었다는 점이 인정되어야 한다(대판 2023. 3. 30, 2018다207076

등 다수). 그리고 이와 같이 약관조항의 무효 사유에 해당하는 '고객에게 부당하게 불리한 조항'인지 여부는 그 약관조항에 의하여 고객에게 생길 수 있는 불이익의 내용과 불이익 발생의 개연성, 당사자들 사이의 거래과정에 미치는 영향, 관계법령의 규정 등 모든 사정을 종합하여 판단하여야 한다(대판 2023. 3. 30, 2018다207076 등 다수).

판 례 **약관조항이 고객에게 부당하게 불리한지 여부에 관한 예** D-19

(ㄱ) **부당하게 불리한 조항의 예** 대법원은, 한국토지공사가 공급하는 분양용지의 당첨자가 계약을 체결하지 않는 경우 공급가액의 10%에 상당하는 분양신청 예약금을 한국토지공사에 귀속시키는 약관조항(대판 1996. 9. 10, 96다19758 등), 계약의 해제로 인한 고객의 원상회복청구권을 부당하게 포기하도록 하는 약관조항(대판 1999. 3. 26, 98다33260 등), 변제충당에 관한 약관조항이 채권자에게 무제한의 포괄적 충당권을 부여하면서도 그 순서와 방법의 기준 등을 전혀 규정하지 아니하여 채무자 또는 담보제공자가 충당되는 채무를 예측할 수 없는 경우(대판 2002. 7. 12, 99다68652 등), 사업자가 시장상황을 고려하여 필요한 경우 판매대리점의 판매지역 내에 사업자의 판매대리인을 추가로 선정할 수 있다고 한 약관조항과 사업자와 판매대리점 중 어느 일방의 당사자가 대리점계약을 해지하고자 할 경우에는 상대방에게 그 뜻을 계약해지 예정일로부터 2개월 전에 서면으로 예고하여야 한다고 한 약관조항(대판 2003. 1. 10, 2001두1604), 건설기계 판매 대리계약에 있어서 대리상에 불과한 판매회사에게 미회수 매매대금에 관한 무조건의 이행담보책임을 지우는 약관조항(대판 2003. 4. 22, 2000다55775 · 55782), 상가건물의 관리 · 운영에 필요한 상가관리운영규칙을 임대인이 특별한 기준이나 절차 없이 일방적으로 제정 또는 개정할 수 있도록 한 조항과 임대인이 상가운영상 필요하다고 판단되면 특별한 절차나 제한 없이 상가건물 내의 각 층별로 지정된 업종을 변경할 수 있도록 하면서도 임차인에게는 이러한 업종변경으로 인하여 손해가 발생하더라도 이의 제기 등 아무런 조치도 취할 수 없도록 한 조항(대판 2005. 2. 18, 2003두3734), 가맹점계약에 있어서 가맹본부가 아무런 제약 없이 언제라도 가맹점의 점포와 동일지역 내에 직영점을 개설하거나 가맹점을 둘 수 있도록 하는 조항(대판 2000. 6. 9, 98다45553 · 45560 · 45577), 위탁자가 신탁이익 전부를 향수하는 신탁에서 위탁자에게 인정되는 해지권을 상당한 이유 없이 배제하는 약관 조항(대판 2012. 7. 12, 2010다1272), 계약해제로 인하여 사업자가 이미 받은 금전을 반환함에 있어 이자의 반환의무를 배제하는 약관조항(대판 2008. 12. 24, 2008다75393)은 고객에 대하여 부당하게 불리한 조항(일부의 경우에는 약관규제법 6조 2항 2호 또는 3호도 언급함)으로 추정되어 무효라고 한다.

(ㄴ) **부당하게 불리하지 않은 조항의 예** 가맹점계약에 있어서 가맹점이 일일 송금의무를 위반한 경우 지체배상금을 부과하는 외에 3일 이상 계속 송금하지 아니하는 경우 가맹점계약을 해지할 수 있도록 한 조항(대판 2000. 6. 9, 98다45553 · 45560 · 45577), 약관상 매매계약 해제시 매도인을 위한 손해배상액의 예정조항은 있는 반면에 매수인을 위한 손해배상액의 예정조항은 없는 경우의 전자의 조항(대판 2000. 9. 22, 99다53759 · 53766), 하도급대금 지급채무의 이행기일이 보증기간 안에 있지 아니한 경우 그 해당 채무를 보증범위에서 제외하고 있는 건설공제조합의 보증약관규정(대판 2001. 3. 23, 2000다11560), 형사피의 사건에 관한 위임계약에서 변호사사무실 소재지 지방법원을 전

속관할 법원으로 하는 조항(대결 2008. 12. 16, 2007마1328), 하도급대금지급 보증약관에서 건설공제조합의 면책사유로 '건설산업기본법령상 하도급을 금지하는 공사를 하도급받거나, 무자격자가 하도급받은 공사인 때'를 정한 조항(대판 2009. 7. 9, 2008다88221), 주택분양보증약관에서 '입주자모집공고 전에 주택분양계약을 체결한 자가 납부한 입주금'을 보증채무 대상에서 제외하고 있는 조항(대판 2011. 4. 28, 2010다106337), 한국전력공사가 작성하여 인가받은 기본공급약관 중 주택용 전력에 관하여 두고 있는 누진요금제 자체와 누진요금제의 구간 및 구간별 전기요금(대판 2023. 3. 30, 2018다207076), 갑 항공사 등이 항공마일리지에 약 10년의 유효기간을 도입하는 내용으로 개정한 약관조항(대판 2024. 11. 28, 2021다308030)은 부당하게 불리한 조항(일부의 경우에는 약관규제법 6조 2항 2호 또는 3호도 언급)이 아니라고 한다.

(ㄷ) 기 타 대법원은 「약관은 사업자가 다수의 고객과 계약을 체결하기 위하여 일방적으로 작성한 것으로서 고객이 그 구체적인 조항내용을 검토하거나 확인할 충분한 기회를 가지지 못한 채 계약의 내용으로 되는 것이므로, 그 약관의 내용이 사적자치의 영역에 속하는 것이라고 하더라도, 사업자가 상당한 이유 없이 자신이 부담하여야 할 위험을 고객에게 이전하는 내용의 약관조항은 고객의 정당한 이익과 합리적인 기대에 반할 뿐 아니라 사적자치의 한계를 벗어나는 것으로 무효」라고 한다(대판 2010. 10. 28, 2008다83196).

D-20 (나) **「고객이 계약의 거래형태 등 관련된 모든 사정에 비추어 예상하기 어려운 조항」**(약관규제법 6조 2항 2호) 이러한 조항을 기습조항 또는 의외조항이라고 한다. 고객은 약관이 해당계약의 종류에 있어서 일반적으로 기대되는 범위 내의 내용을 가지고 있다고 신뢰할 수 있어야 한다. 즉 그는 전혀 예상할 수 없는 약관조항으로부터 보호되어야 한다. 기습조항의 예로는 커피기계를 매매하면서 기계의 매수인으로 하여금 그 매도인으로부터 커피를 구입하도록 한 조항을 들 수 있다. 우리 대법원은 상가 임대분양계약서에 기재된 「기부채납에 대한 부가가치세액은 별도」 규정은 기습조항에 해당하나(대판 1998. 12. 22, 97다15715), 자동차종합보험 보통약관에 있어서 대인배상에 관한 보험회사의 면책사유로 피해자가 「배상책임의무가 있는 피보험자의 피용자로서 근로기준법에 의한 재해보상을 받을 수 있는 사람」 또는 「피보험자의 사용자의 업무에 종사 중인 다른 피용자로서 근로기준법에 의한 재해보상을 받을 수 있는 사람」을 들고 있는 것은 기습조항이 아니라고 한다(대판 1990. 12. 11, 90다카26553).

(다) **「계약의 목적을 달성할 수 없을 정도로 계약에 따르는 본질적 권리를 제한하는 조항」**(약관규제법 6조 2항 3호) 예컨대 경비용역회사의 약관에서 경비에 흠이 있는 경우에 책임을 배제하는 경우가 이에 해당한다.

(3) 금지규정의 적용 제한

약관규제법은, 국제적으로 통용되는 약관이나 그 밖에 특별한 사정이 있는 약관으로서 대통령령으로 정하는 경우에는 개별적인 금지규정인 약관규제법 제7조부터 제14조까지의 규정을 적용하는 것을 조항별·업종별로 제한할 수 있다고 규정한다(약관규제법 15조). 그리고 약관규제법 시행령은 국제적으로 통용되는 운송업·금융업·보험업, 무역보험법에 따른 무역보험의 약관을 그러한 약관으로 규정한다(동 시행령 3조). 한편 판례는 약관규제법 제6조도 그러한 약관에는 적용되지 않는다고 한다(대판 2002. 5. 28, 2000다50299 등). 그 규정이 적용되면 약관규제법 제15조의 규정취지가 몰각된다는 이유에서이다.

2. 약관조항이 무효인 경우의 법률효과 D-21

계약내용으로 된 약관에 무효조항이 포함되어 있는 경우는 법률행위의 일부가 무효인 때에 해당한다. 따라서 그에 대한 특별규정이 없다면 일부무효의 법리(137조)가 적용되어 원칙적으로 전체 계약이 무효로 될 것이다. 그런데 이는 고객보호의 측면에서 바람직하지 않다. 그보다는 무효조항을 제외한 내용으로 계약을 유지하는 것이 고객의 이익에 더 부합한다. 그 때문에 약관규제법은 일부무효의 법리를 규정한 민법 제137조에 대한 특별규정을 두고 있다. 그에 의하면 **약관의 전부 또는 일부의 조항이 약관규제법 제6조부터 제14조까지의 규정에 따라 무효인 경우에는 원칙적으로 계약은 나머지 부분만으로 유효하게 존속한다**(약관규제법 16조 본문). **다만, 유효한 부분만으로는 계약의 목적 달성이 불가능하거나 그 유효한 부분이 한쪽 당사자에게 부당하게 불리한 경우에는 그 계약 전체가 무효로 된다**(약관규제법 16조 단서). 이 경우 계약 전체를 무효로 만들려는 자가 유효한 부분만으로는 계약의 목적 달성이 불가능함 또는 유효부분이 한쪽 당사자에게 부당하게 불리함을 주장·증명해야 한다. 한편 계약이 무효부분을 제외한 나머지 부분만으로 유효하게 되는 경우에는 계약에 틈이 생길 수 있다. 그 때에 틈은 법률행위의 해석에 의하여 보충되어야 한다. 그리하여 우선 관습에 의하여 보충되고(106조), 관습이 없으면 임의규정에 의하며, 임의규정도 없으면 순수한 보충적 해석이 행하여져야 한다(A-94 참조).

한편 위의 내용은 약관이 약관규제법 제3조 제4항에 따라 계약의 내용으로 되지 못하는 경우에도 같다(약관규제법 16조). 그리하여 가령 설명의무 위반으로 보험약관의 전부 또는 일부의 조항이 보험계약의 내용으로 되지 못하는 경우 보험계약은 나머지 부분만으로 유효하게 존속하고, 다만 유효한 부분만으로는 보험계약의 목적 달성이 불가능하거나 그 유효한 부분이 한쪽 당사자에게 부당하게 불리한 경우에는 그 보험계약은 전부 무효가 된다(대판 2015. 11. 17, 2014다81542). 그리고 나머지 부분만으로 보험계약이 유효하게 존속하는 경우에 당해 보험계약의 내용은 나머지 부분의 보험약관에 대한 해석을 통하여 확정되어야 하고, 만일 보험계약자가 이렇게 하여 확정된 보험계약의 내용과 다른 내용을 보험계약의 내용으로 주장하려면 보험자와 사이에 그 다른 내용을 보험계약의 내용으로 하기로 하는 합의가 있었다는 사실을 증명하여야 한다(대판 2015. 11. 17, 2014다81542).

판 례 약관조항이 무효인 경우 관련

「약관의 규제에 관한 법률에 의하여 약관조항이 무효인 경우 그것이 유효함을 전제로 민법 제398조 제 2 항을 적용하여 적당한 한도로 손해배상 예정액을 감액하거나, 과중한 손해배상의무를 부담시키는 부분을 감액한 나머지 부분만으로 그 효력을 유지시킬 수는 없」다(대판 2009. 8. 20, 2009다20475 · 20482).

D-22

Ⅵ. 위반약관의 규제

사업자는 약관규제법 제 6 조부터 제14조까지의 규정에 해당하는 불공정한 약관조항을 계약내용으로 하여서는 안 되며(동법 17조), 사업자가 이를 위반한 경우에는 공정거래위원회가 그 약관조항의 삭제·수정 등 시정에 필요한 조치를 권고하고(동법 17조의 2 1항 · 18조) 때로는 시정조치를 명할 수 있다(동법 17조의 2 2항).

Ⅶ. 약관규제법의 적용범위

약관규제법은 약관의 규제에 관한 일반법이다. 따라서 특정한 거래분야의 약관에 대하여 다른 법률에 특별한 규정이 있는 경우에는 그 규정이 약관규제법에 우선하여 적용된다(동법 30조 2항). 그리고 약관규제법은 약관이 상법 제 3 편(회사), 근로기준법(대판 2022. 6. 30, 2019다246696 · 246702도 참조) 또는 그 밖에 대통령령으로 정하는 비영리사업의 분야에 속하는 계약에 관한 것일 때에는 적용되지 않는다(동법 30조 1항).

제 4 절 계약의 종류

D-23

Ⅰ. 서 설

계약은 여러 가지 표준에 의하여 종류를 나눌 수 있다. 그중에서 중요한 것들을 살펴보기로 한다. 주의할 것은, 여기에서 다루는 계약은 채권계약에 한정된다는 점이다.

Ⅱ. 전형계약 · 비전형계약

민법 제 3 편 제 2 장 제 2 절부터 제15절까지 규정되어 있는 15가지의 계약(현상광고를 단독행위라고 보면 14가지 계약)을 전형계약이라고 하며, 채권계약 가운데 그 외의 계약을 비전형계약이라고 한다.

전형계약은 증여·매매·임대차 등과 같이 민법전상 이름이 붙여져 있다고 하여 유명계약(有名契約)이라고도 하며, 비전형계약은 무명계약(無名契約)이라고도 한다. 비전형계약의 예로는 자동판매기 설치계약·은행계약·리스(시설대여)계약(대판 1994. 11. 8, 94다23388 등. 리스계약은 현재에는 여신전문금융업법과 상법(금융리스업)이 규율하고 있다)·연예인 출연전속계약을 들 수 있다.

비전형계약 중 두 가지 이상의 전형계약의 요소가 섞여 있거나 하나의 전형계약의 요소와 기타의 사항이 섞여 있는 것을 특히 **혼합계약**이라고 한다. 혼합계약에 대하여 법규적용을 어떻게 할 것인가에 관하여는, 가장 가까운 전형계약에 관한 규정을 유추적용하여야 한다는 견해(유추적용설) 등이 주장되고 있다.

(판 례) 혼합계약의 해석 관련

「법률행위의 해석… 법리(A-88의 (ᄀ)판결 참조: 저자 주)는 비전형의 혼합계약의 해석에도 적용된다고 할 것인데, 비전형의 혼합계약에서는 다수의 전형계약의 요소들이 양립하면서 각자 그에 상응하는 법적 효력이 부여될 수 있으므로, 당사자가 그 표시행위에 부여한 객관적인 의미를 있는 그대로 확정하는 것이 필요하다.」(대판 2010. 10. 14, 2009다67313)

Ⅲ. 쌍무계약·편무계약 D-24

(1) 쌍무계약·편무계약의 의의

쌍무계약(雙務契約)은 계약의 각 당사자가 서로 대가적인 의미를 가지는 채무를 부담하는 계약이다. 여기서 채무가 「대가적 의미」를 갖는다는 것은 A가 채무를 부담하는 것은 B가 채무를 부담하기 때문이고, B가 채무를 부담하는 것은 A가 채무를 부담하기 때문이라는 것과 같이, 당사자들의 채무부담이 서로 의존적임을 뜻하며, 채무의 경제적 가치가 동등할 필요는 없다. 전형계약 중 매매·교환·임대차·고용·도급·여행계약·조합·화해는 쌍무계약이고, 소비대차·위임·임치도 유상인 때에는 쌍무계약에 해당한다.

채권계약 가운데 쌍무계약 이외의 모든 것이 편무계약(片務契約)이다. 그중에는 당사자 일방만이 채무를 부담하는 경우 외에 당사자 쌍방이 채무를 부담하지만 그 채무들이 서로 대가적인 의미가 없는 경우도 있다. 증여·현상광고는 전자의 예이고, 사용대차는 후자의 예이다(사용대차에서 대주는 목적물의 사용을 허용할 채무가 있고, 차주(借主)는 후에 목적물을 반환할 채무가 있으나, 이 두 채무는 의존관계에 있지 않다). 소비대차·위임·임치도 무상인 때에는 사용대차와 마찬가지로 편무계약에 속한다.

(2) 구별실익

쌍무계약에 있어서는 동시이행의 항변권(536조)·위험부담(537조·538조)의 문제가 생기나, 편무계약에서는 이들이 문제되지 않는다.

D-25 Ⅳ. 유상계약 · 무상계약

(1) 유상계약 · 무상계약의 의의

유상계약(有償契約)은 계약의 각 당사자가 서로 대가적인 의미를 가지는 출연(出捐)(출재(出財))을 하는 계약이고, 무상계약(無償契約)은 채권계약 중 그 이외의 것이다. 무상계약에는 당사자 일방만이 출연을 하는 경우(예: 증여)도 있고, 당사자 쌍방이 출연을 하지만 대가적인 의미가 없는 경우도 있다(예: 사용대차 · 무상 소비대차).

유상계약 · 무상계약의 구별은 쌍무계약 · 편무계약의 구별과 어떻게 다른가? 쌍무계약과 편무계약은 계약의 효과로서 생기는 채권관계만을 관찰하여 당사자들이 서로 대가적인 의미의 채무를 부담하는지를 표준으로 하여 구별하는 데 비하여, 유상계약·무상계약은 계약의 성립에서부터 그 계약의 효과로서 생기는 채권관계의 실현에 이르기까지의 모든 과정을 살펴서 그 안에서 당사자들이 서로 대가적인 출연을 하는지를 표준으로 하여 구별하며, 그럼에 있어서 출연이 계약성립시에 행하여지느냐 계약의 효과로서 발생한 채권관계에 기하여 행하여지느냐는 묻지 않는다. 여기서 쌍무계약과 유상계약의 관계가 드러나게 된다. 즉 각 당사자들이 서로 대가적인 의미에 있는 채무들을 부담하는 쌍무계약에서는 각 당사자들의 대가적인 재산상의 출연이 반드시 있게 된다. 그러므로 쌍무계약은 모두 유상계약이다. 그리고 편무계약일지라도 후에 채무를 부담하는 당사자의 상대방이 계약성립시에 대가적인 의미의 출연을 하면 역시 유상계약으로 된다. 현상광고를 계약이라고 본다면 현상광고가 그 예이다(이 경우 계약성립 후에는 광고자만이 채무를 부담하나, 계약성립시 응모자가 행한 지정행위의 완료가 대가적인 출연이 된다).

민법상의 전형계약 가운데 매매 · 교환 · 임대차 · 고용 · 도급 · 여행계약 · 조합 · 화해 · 현상광고(계약이라고 할 경우)는 유상계약이고, 증여 · 사용대차는 무상계약이다. 그리고 소비대차 · 위임 · 임치 · 종신정기금은 대가 지급을 하도록 하느냐에 따라 유상계약 또는 무상계약이 된다. 부담부 증여는 수증자도 재산상의 출연을 하지만 증여자의 출연과 대등한 상태가 아니어서 무상계약으로 파악한다(통설도 같음.).

(2) 구별실익

민법은 가장 대표적인 유상계약인 매매에 관하여 자세한 규정을 두고, 그 규정들을 다른 유상계약에 준용하고 있다(567조 참조).

D-26 Ⅴ. 낙성계약 · 요물계약

낙성계약(諾成契約)은 당사자의 합의만으로 성립하는 계약이고, 요물계약(要物契約)은 당사자의 합의 외에 물건의 인도 기타 급부가 있어야만 성립하는 계약이다. 민법상의 전형계약은 그 대부분이 낙성계약이며, 현상광고(계약이라 고 볼 경우)만이 요물계약에 해당한다. 그리고 전형계약은 아니지만 계약금계약은 요물계약이라고 해석되며(D-147 참조), 대물변제는 채권계약은 아니지만 요물계약이라고 새겨야 한다(C-389 참조).

Ⅵ. 계속적 계약 · 일시적 계약 D-27

(1) 의 의

계약에 의하여 발생한 채무 가운데에는 급부가 일정한 시간 동안 계속되어야 하는 것이 있다. 그러한 채무를 발생시키는 계약이 계속적 계약이다(동지 대판 2022. 3. 11, 2020다297430). 그에 비하여 급부 실현에 시간적 계속성이 요구되지 않는 채무를 발생시키는 계약은 일시적 계약이다. 이 두 계약의 구별은 계속적 계약에 의하여 생기는 계속적 채권관계가 가지는 특질을 밝히는 데 의미가 있다(그리하여 「계속적 채권관계」라는 용어가 많이 쓰인다).

전형계약 가운데 계속적 채권관계를 발생시키는 계약(즉 계속적 계약)에는 소비대차·사용대차·임대차·고용·위임·임치·조합·종신정기금이 있다.

(2) 계속적 채권관계의 특질

계속적 채권관계에는 다음과 같이 여러 가지 특질이 있다(이는 구체적인 채권관계에 따라 차이가 있음을 유의할 것).

1) 급부의 실현이 시간적 계속성을 가진다.

2) 시간은 급부의 방법을 정하는 것이 아니고(예: 할부매매의 경우) 급부의 범위를 결정한다.

3) 통설은 기본채권과 지분채권(예: 임대차의 추상적인 차임채권과 매 기간의 차임채권)이 발생한다고 설명한다(사견은 이 구분에 반대하며, 임대차의 경우에는 매기의 차임채권이 있을 뿐이다. C-61도 참조).

4) 당사자의 상호신뢰성이 강하게 요구되고 신의칙이 중요하게 작용한다.

5) 사정변경의 원칙이 고려되며, 당사자의 해지권이 문제된다.

6) 채권관계의 해소는 장래에 향하여만 효력이 생기고 소급하지 않는다.

(3) 계속적 공급계약

일정한 기간 또는 부정기간(不定期間) 동안에 종류로서 정하여진 물건(예: 맥주·석탄)을 일정한 대가를 받고서 계속적으로 공급하기로 하는 계약이 계속적 공급계약이다. 계속적 공급계약은 한편으로는 물건의 급부의무를 발생시키는 점에서 매매계약 또는 제작물공급계약의 성질을 가지고 있으나, 다른 한편으로는 공급되어야 하는 양이 처음부터 확정되어 있지 않고 시간이 경과함에 따라 증가하는 점(예: 맥주의 수요에 따른 공급, 부정기간 동안 매달 10톤의 석탄의 공급)에서 계속적 채권관계로서의 특성도 지니고 있다. 그 결과 계속적 채권관계와 유사한 종류를 이루고 있다고 할 것이다.

우리의 통설(대표적으로 곽윤직, 31면)은 전기·수도·가스의 공급계약을 계속적 공급계약의 전형적인 경우로 설명한다(사견은 다름. 채권법각론 [19] 참조).

계속적 공급계약과 구별하여야 할 것으로 분할공급계약과 회귀적 채권관계가 있다. **분할공급계약**은 매매의 목적물은 처음부터 확정되어 있고 그 확정된 일정량을 일정시기에 나누어서 공급하기로 하는 계약이다(예: 석탄 100톤을 매매하면서 석탄을 매월 10톤씩 10개월에 나누어 공급하기로 한 경우). 이러한 분할공급계약은 하나의 매매계약이고 단지 그 이행방법이 특수할 뿐이다. 그리고 **회귀적 채권관계**는 회귀적 급부(매일 아침에 신문을 배달하는 것과 같이 일정한 시기에 반복적으로 하는 급부)를 내용으로 하는 채권관계이다. 회귀적 채권관계는 묵시적 또는 명시적으로 계약체결이 반복되는 것으로 볼 수도 있으나, 일정한 기간을 기준으로 하여 보면 계속적 공급계약과 차이가 없으므로 계속적 공급계약으로 파악함이 옳다.

D-28 **Ⅶ. 예약 · 본계약**

예약은 장차 일정한 계약을 체결할 것을 미리 약정하는 계약이며, 이 예약에 기하여 장차 체결될 계약이 본계약이다. 예약은 본계약을 체결하여야 할 채무를 발생시키는 계약이므로 채권계약이나, 본계약은 채권계약일 수도 있고 물권계약(예: 저당권 설정계약)이나 가족법상의 계약(예: 혼인)일 수도 있다(통설도 같음.). 예약은 쌍무예약·편무예약, 쌍방예약·일방예약으로 그 종류를 나눌 수 있는데, 그에 관하여는 「매매」를 다룰 때 기술하기로 한다(D-143 참조).

제 5 절 계약의 성립

D-29 **Ⅰ. 서 설**

1. 계약의 성립요건으로서의 합의(合意)

계약은 둘 이상의 계약당사자의 의사표시의 일치에 의하여 성립한다(낙성계약이 그러하며, 요물계약에서는 그 외에 물건의 인도 기타 급부가 있어야 한다. 이런 의미에서 볼 때 당사자의 의사표시의 일치는 모든 계약의 성립에 요구되는 최소한도의 요건 즉 일반적 성립요건이라고 할 수 있다. A-78 참조). 계약을 성립시키는 이러한 의사표시의 일치를 합의라고 한다.

합의는 어떠한 사항에 관하여 행하여져야 하는가? 우선 계약의 본질적인 구성부분(계약의 필수 불가결한, 그리고 종류를 결정하는 구성부분), 예컨대 매매의 경우 매매의 객체와 대금(563조 참조), 임대차의 경우 임차물과 차임(618조 참조)에 관하여 합의가 행하여져야 한다. 그런가 하면 누가 계약당사자가 되어야 하고, 그들이 어떤 역할을 하여야 하는지(가령 매도인 또는 매수인)에 관하여도 합의가 필요하다. 물론 계약체결 당시에 이러한 점에 관하여 구체적으로 확정되어 있어야 할 필요는 없으나, 구체적으로 확정할 수 있는 방법과 기준은 정해져 있어야 한다(대판 2017. 5. 30, 2015다34437 등). 그에 비하여 민법이 각각의 계약유형에 있어서 상세하게 규정하고 있는 사항(예: 580조)이나 모든 계약에 적용되는 일반규정이 규율하는 사항(예: 390조)에 관하여는 당사자가 특별히 합의할 필요가 없다. 다만,

민법이 규정하고 있는 사항일지라도 당사자 일방이 법률규정(임의규정에 한함)과 다른 합의가 필요함을 표시한 때에는 예외이다(동지 대판 2003. 4. 11, 2001다53059).

판 례 합의 관련 D-30

(ㄱ) 「계약이 성립하기 위하여는 당사자 사이에 의사의 합치가 있을 것이 요구되고 이러한 의사의 합치는 당해 계약의 내용을 이루는 모든 사항에 관하여 있어야 하는 것은 아니나 그 본질적 사항이나 중요사항에 관하여는 구체적으로 의사의 합치가 있거나 적어도 장래 구체적으로 특정할 수 있는 기준과 방법 등에 관한 합의는 있어야 하며, 한편 당사자가 의사의 합치가 이루어져야 한다고 표시한 사항에 대하여 합의가 이루어지지 아니한 경우에는 특별한 사정이 없는 한 계약은 성립하지 아니한 것으로 보는 것이 상당하다고 할 것이다.」(대판 2001. 3. 23, 2000다51650)

(ㄴ) 「계약이 성립하기 위하여는 당사자의 서로 대립하는 수개의 의사표시의 객관적 합치가 필요하고 객관적 합치가 있다고 하기 위하여는 당사자의 의사표시에 나타나 있는 사항에 관하여는 모두 일치하고 있어야 하는 한편, 계약내용의 '중요한 점' 및 계약의 객관적 요소는 아니더라도 특히 당사자가 그것에 중대한 의의를 두고 계약성립의 요건으로 할 의사를 표시한 때에는 이에 관하여 합치가 있어야 계약이 적법·유효하게 성립하는 것이다.」(대판 2003. 4. 11, 2001다53059)

(ㄷ) 「당사자 사이에 체결된 계약과 이에 따라 장래 체결할 본계약을 구별하고자 하는 의사가 명확하거나 일정한 형식을 갖춘 본계약 체결이 별도로 요구되는 경우 등의 특별한 사정이 없다면, 매매계약이 성립하였다고 보기에 충분한 합의가 있었음에도 법원이 매매계약 성립을 부정하고 별도의 본계약이 체결되어야 하는 매매예약에 불과하다고 단정할 것은 아니다.」(대판 2022. 7. 14, 2022다225767·225774)

(ㄹ) 대판 2009. 4. 23, 2008다96291·96307(A-157에 인용).

합의를 계약당사자의 의사표시의 일치라고 할 때 의사표시의 일치가 당사자의 (내적인) 의사의 일치인지 아니면 (외적인) 표시의 일치인지가 문제된다. 우리 민법상 착오에 대한 법률효과가 취소가능성으로 규정되어 있기 때문에 후자로 새겨야 한다(그러나 착오의 경우 무효라고 규정하는 법제에서도 동일하게 해석한다). 그러지 않으면 착오의 경우에는 불합의로 되어, 계약의 유효한 성립을 전제로 하는 취소가능성이 무의미해지기 때문이다.

구체적인 경우에 합의가 존재하는지 여부는 의사표시 내지 법률행위의 해석(A-87 이하 참조)의 고려 하에서만 판단될 수 있다. 법률행위의 해석(상대방 있는 경우)은 자연적 해석에서 시작하여야 하며, 그것이 불가능한 경우 규범적 해석을 하게 된다. ① 계약의 당사자 쌍방이 그들의 의사표시를 동일한 의미로 이해한 때에는 — 자연적 해석에 의하여 — 그들이 이해한 의미로 효력이 있다. 이는 당사자들의 의사표시가 객관적으로 서로 다른 의미이든 동일하지만 다의적인 경우이든 다의적이 아닌 동일한 하나의 의사표시이든 상관없다(이러한 경우의 표시를 falsa demonstratio(그릇된 표시)라고 한다). 예컨대 A가 B에게 자신의 그림을 980만원에 매도하려고 하면서 잘못하여 890만원에 매도하겠다고 표시하였는데, B는 A가 그 그림의 대금으로 980만원을 받으려는 것을 알고 980만원에 매수하겠다고 한 경우에는, 980만원을 대금으로 하는 그림의 매매 합의가 존재한다(이 경우의 합의를 자연적 합의라고 한다). ② 계약의 당사자들이 그들의 의사표시를 동일한 의미로 이해하지 않은 때에는 규범적인 해석이 행하여진다. 그리하여 각각의 의사표시에 관하여 상대방이 적절한 주의를 베푼 경우에 이해했어야 하는 의미가 탐구되어야 하며, 그것들이 일치하게 되면, 그러한 의미로 합의가 인정된다(규범적 합의). 예컨대 A가 B에게 그의 그림을 980만원에 매각하려고 하면서 편지에 890만원에 매각하겠다고 쓰고, B는 A의 착오를 모르고 890만원에 매수한다고 답한 경우에는, 890만원을 대금으로 하는 매매계약이 성립한다(A의 착오 문제는 남음).

D-31

2. 불합의(不合意)

(1) 의의 및 종류

불합의는 의사표시의 불일치, 즉 해석에 의하여 확정된 의사표시들의 의미가 일치하지 않는 것이다. 불합의는 여러 가지 표준에 의하여 종류를 나눌 수 있다. 우선 불합의의 존재를 당사자들이 알고 있느냐의 여부에 따라 크게 의식적인 불합의와 무의식적인 불합의로 나누어진다. 그리고 이들 각각은 다시 본질적 구성부분에 관한 불합의와 부수적인 구성부분에 관한 불합의로 세분된다.

(2) 의식적인 불합의

계약당사자 쌍방(또는 일방)이 계약이 체결되지 않았다는 점 또는 합의를 요하는 사항에 관하여 합의가 없음을 의식하고 있는 경우를 「의식적인 불합의」 또는 「안 불합의」라고 한다(예: 조건을 붙이거나 변경을 가한 승낙. 534조 참조).

계약의 본질적인 구성부분에 관하여 의식적인 불합의가 있는 경우에는 계약은 성립하지 않는다(이는 명문규정이 없어도 당연하다. 예외: 656조 1항). 그에 비하여 **계약의 부수적인 구성부분만에 관하여 의식적인 불합의가 있는 경우에 계약이 성립하는지 여부는, 우선 계약의 해석에 의하여 결정하여야 하며, 불분명한 때에는 계약이 성립하지 않는다고 하여야 한다.** 다만, 당사자 쌍방이 의식적인 불합의에도 불구하고 계약의 실행을 시작한 경우와 같이 계약에 구속당하려고 하는 특별한 사정이 있는 때에는 예외이다. 판례도 「당사자의 의사의 합치가 이루어져야 한다고 표시한 사항에 대하여 합의가 이루어지지 아니한 경우에는 특별한 사정이 없는 한 계약은 성립하지 아니한 것으로」 볼 것이라고 한다(대판 2017. 5. 30, 2015다34437 등).

D-32

(3) 무의식적인 불합의

1) 의 의 당사자들이 완전히 합의하였다고 믿는 반면에 실제로는 합의가 존

재하지 않는 경우를 「무의식적인 불합의」 또는 「숨겨진 불합의」라고 한다.

2) 착오와의 구별 무의식적인 불합의와 착오 사이의 구별이 문제된다. 무의식적인 불합의의 경우 당사자들은 합의가 있다고 믿는 점에서 넓은 의미로 착오가 존재한다. 그러나 그 착오는 계약의 성립에 관한 것이며, 당사자 일방이 자신의 의사표시 내에서 자신이 행한 표시의 내용에 관하여 착오에 빠지는 경우와는 관념상 명백히 구별된다.

그렇지만 실제에 있어서는 구별이 어려운 때가 있다. 그때에는 당사자 쌍방의 의사표시를 해석하여 그 의미를 확정한 뒤 이를 비교하여 판단한다. 그리하여 의사표시들의 의미가 일치하지 않는 경우에는 불합의로 되고, 그럼에도 불구하고 당사자들이 계약의 성립을 믿고 있었다면 무의식적 불합의로 될 것이다. 그때에는 계약은 원칙적으로 성립하지 않으며, 당사자에 의한 취소는 필요하지도 않고 객체가 없어서 가능하지도 않다. 그에 비하여 의사표시들의 의미가 일치하는 경우에는 계약은 유효하게 성립한다. 그 경우에 당사자 일방의 의사가 해석된 의사표시의 의미와 다른 때에는 그 당사자의 착오가 문제된다. 예컨대 A가 B에게 그림을 980만원에 매각하려고 생각하면서 890만원에 매각하겠다고 표시하였고, B는 A에게 단순히 「그 청약에 동의한다」고 한 경우에는, A·B의 의사표시의 의미는 890만원으로 일치한다. 그 결과 890만원을 대금으로 하는 매매계약이 성립하며, A의 착오만이 문제된다. 그에 비하여 A가 그림을 980만원에 매각하려고 하는 그의 의사를 올바르게 표시하였는데, B가 이를 890만원이라고 잘못 읽고 890만원에 매수할 생각으로 890만원에 매수하겠다고 하였고, 이를 받은 A는 B의 표시를 980만원에 매수하겠다는 뜻으로 이해한 경우에는, A·B의 의사표시의 의미는 일치하지 않으며, 따라서 불합의(무의식적 불합의)로 된다. 그리고 A가 980만원에 팔려고 하면서 890만원에 팔겠다고 표시하였고, B는 890만원에 사겠다고 하려고 했으나 잘못하여 980만원에 사겠다고 한 경우에도, 역시 불합의가 된다. 그런데 이 경우 A·B 모두 의사와 표시가 불일치하나, 착오는 문제되지 않는다. 왜냐하면 착오는 계약이 성립한 뒤에 비로소 문제되는데, 이때는 계약 자체가 성립하지 않기 때문이다.

3) 무의식적인 불합의의 법률효과 계약의 본질적인 구성부분에 관하여 무의식적인 D-33
불합의가 존재하는 경우에는 당연히 계약은 성립하지 않는다.

불합의가 부수적인 구성부분에 관하여만 존재하는 경우에는 어떤가? 여기에 관하여 학설은 i) 계약이 성립하지 않는다는 견해와 ii) 합치된 내용만으로 계약이 성립한다는 견해로 나뉘어 있다(사견은 다름. 채권법각론 [21] 참조).

4) 무의식적인 불합의의 경우의 손해배상 문제 계약당사자 일방이 과실로 무의식적인 불합의를 일으키고 그럼으로써 상대방이 손해를 입은 경우에 그 상대방이 손해배상청구를 할 수 있는지가 문제된다. 여기에 관하여 학설은 i) 상대방에게 사기와 같은 위법행

위가 없는 한 손해배상청구권은 성립하지 않는다는 견해(사견도 같음)와 ii) 제535조를 유추적용하여 과실있는 자가 상대방에게 신뢰이익을 배상하여야 한다는 견해로 나뉘어 있다. 판례는, 계약이 의사의 불합치로 성립하지 아니한 경우 그로 인하여 손해를 입은 당사자가 상대방에게 부당이득 반환청구 또는 불법행위로 인한 손해배상청구를 할 수 있는지는 별론으로 하고, 상대방이 계약이 성립되지 아니할 수 있다는 것을 알았거나 알 수 있었음을 이유로 제535조를 유추적용하여 계약체결상의 과실로 인한 손해배상청구를 할 수는 없다고 한다(대판 2017. 11. 14, 2015다10929).

3. 계약성립의 모습

계약은 원칙적으로 계약당사자의 청약과 승낙의 일치에 의하여 성립한다. 그런데 민법은 그 외에도 의사실현과 교차청약에 의하여서도 계약이 성립할 수 있음을 규정하고 있다. 그 밖에 학자들 사이에서는 일정한 사실적인 행위에 의하여서 계약관계가 성립할 수 있는지도 논의되고 있다(이른바 사실적 계약관계의 문제).

D-34 Ⅱ. 청약과 승낙에 의한 계약성립

1. 청　약

(1) 의　의

청약은 그에 대응하는 승낙과 결합하여 계약을 성립시킬 것을 목적으로 하는 일방적·확정적 의사표시이다.

1) 청약은 하나의 의사표시이고 법률행위가 아니다. 따라서 그것 자체만으로는 법률효과가 발생하지 않는다.

2) 청약은 상대방 있는 의사표시이다.

3) 청약은 그에 응하는 승낙이 있으면(단순 동의만으로도) 곧바로 계약을 성립시킬 수 있을 정도로 내용적으로 확정되어 있거나 적어도 확정될 수 있어야 한다(이설이 없으며, 판례도 같음. 대판 2003. 5. 13, 2000다45273 등). 따라서 계약의 내용을 결정할 수 있을 정도의 사항이 포함되어 있어야 한다(대판 2005. 12. 8, 2003다41463 등). 예컨대 매매계약의 체결을 위한 청약은 최소한 매매의 객체와 대금에 관한 사항이 확정되어 있거나 확정될 수 있어야 한다.

4) 청약은 특정인에 대하여 하는 것이 원칙이나, 불특정 다수인에 대하여서도 할 수 있다(예: 자동판매기의 설치).

5) 청약은 타인으로 하여금 청약을 하게 하려는 행위인 「청약의 유인(誘因)」과 구별된다. 청약의 유인은 청약이 아니어서 상대방이 그에 대하여 계약체결을 원하는 의사표시

를 하더라도 그것이 비로소 청약으로 되어 유인을 한 자는 그에 대하여 승낙 여부를 자유롭게 결정할 수 있다. 청약의 유인의 예로는 구인광고·물품판매 광고·상품목록의 배부·기차 등의 시간표의 배부를 들 수 있다. 정찰부 상품(正札附 商品)의 진열에 대하여는 i) 청약설과 ii) 청약의 유인설이 대립되나, ii)설이 옳다(i)설에 의할 경우에는 A가 편지로 매수표시를 한 뒤, A의 편지가 도달되기 전에 B가 실제로 와서 매수한 때에 해결이 곤란해진다). 그리고 셀프서비스 점포에서의 상품진열은 일반적으로는 청약이겠으나, 계약체결 여부를 결정할 권리를 유보하고 있는 경우(예: 한정된 양만 특별조건으로 제공하기로 한 경우)에는 청약의 유인이라고 할 것이다. 대법원은 상가분양 광고 및 분양계약 체결시의 설명(대판 2001. 5. 29, 99다55601·55618), 하도급계약을 체결하려는 교섭당사자가 견적서를 제출하는 행위(대판 2001. 6. 15, 99다40418)에 대하여 청약의 유인이라고 판단한 바 있다. 그 밖에 청약인지 청약의 유인인지가 문제되는 것으로 경매와 입찰이 있는데, 그에 대하여는 뒤에 따로 살펴본다(D-41·42 참조).

판 례 청약의 유인 관련

(ㄱ) 「상가나 아파트의 분양광고의 내용은 청약의 유인으로서의 성질을 갖는 데 불과한 것이 일반적이라 할 수 있다. 그런데 선분양·후시공의 방식으로 분양되는 대규모 아파트단지의 거래사례에 있어서 … 비록 분양광고의 내용, 모델하우스의 조건 또는 그 무렵 분양회사가 수분양자에게 행한 설명 등이 비록 청약의 유인에 불과하다 할지라도 그러한 광고내용이나 조건 또는 설명 중 구체적 거래조건, 즉 아파트의 외형·재질 등에 관한 것으로서 사회통념에 비추어 수분양자가 분양자에게 계약내용으로서 이행을 청구할 수 있다고 보여지는 사항에 관한 한 수분양자들은 이를 신뢰하고 분양계약을 체결하는 것이고 분양자들도 이를 알고 있었다고 보아야 할 것이므로, 분양계약시에 달리 이의를 유보하였다는 등의 특단의 사정이 없는 한, 분양자와 수분양자 사이에 이를 분양계약의 내용으로 하기로 하는 묵시적 합의가 있었다고 봄이 상당하다.」(대판 2007. 6. 1, 2005다5812·5829·5836[핵심판례 298면])

(ㄴ) 상가를 분양하면서 그 곳에 첨단 오락타운을 조성·운영하고 전문경영인에 의한 위탁경영을 통하여 분양계약자들에게 일정액 이상의 수익을 보장한다는 광고를 하고, 분양계약 체결시 이러한 광고내용을 계약상대방에게 설명하였더라도, 체결된 분양계약서에는 이러한 내용이 기재되지 않은 점과, 그 후의 위 상가 임대운영경위 등에 비추어 볼 때, 위와 같은 광고 및 분양계약 체결시의 설명은 청약의 유인에 불과할 뿐 상가 분양계약의 내용으로 되었다고 볼 수 없고, 따라서 분양 회사는 위 상가를 첨단 오락타운으로 조성·운영하거나 일정한 수익을 보장할 의무를 부담하지 않는다고 한 사례(대판 2001. 5. 29, 99다55601).

(ㄷ) 「광고는 일반적으로 청약의 유인에 불과하지만 그 내용이 명확하고 확정적이며 광고주가 광고의 내용대로 계약에 구속되려는 의사가 명백한 경우에는 이를 청약으로 볼 수 있다. 나아가 광고가 청약의 유인에 불과하더라도 이후의 거래과정에서 상대방이 광고의 내용을 전제로 청약을 하고 광고주가 이를 승낙하여 계약이 체결된 경우에는 광고의 내용이 계약의 내용으로 된다고 보아야 한다.」(대판 2018. 2. 13, 2017다275447)

D-35 **(2) 효 력**

청약에는 기본적으로 그에 대한 승낙을 받아 계약을 성립하게 하는 효력(이를 실질적 효력이라 한다)이 있다. 그리고 민법은 청약의 구속력을 규정하고 있다(527조).

1) 효력 발생시기 청약은 상대방 있는 의사표시이다. 따라서 청약은 상대방에게 도달한 때에 효력이 생긴다(111조 1항). 그리고 불특정인에 대한 청약(예: 자동판매기의 설치, 신문광고에 의한 청약)의 경우에는 불특정인이 알 수 있는 상태가 성립한 때에 도달이 인정된다. 청약이 발송된 뒤 상대방에게 도달하기 전에 「청약자」가 사망하거나 제한능력자가 되어도 청약의 효력에는 영향이 없다(111조 2항)(이 점은 도달 후 승낙발신 전에도 같으나, 그때는 청약의 구속력이 인정되는 점에 차이가 있다). 다만, 청약의 해석상 청약자가 사망하거나 행위능력을 상실할 경우 청약의 효력을 유지하지 않을 것이라고 인정되는 때에는 예외라고 할 것이다. 우리 문헌은 당사자의 인격이나 개성이 중요시되는 계약(예: 위임 · 조합 · 고용)에서는 청약자가 사망하는 경우 그의 상속인이 청약자의 지위를 승계하지는 않으므로 청약은 효력을 잃는다고 한다.

청약이 발송된 뒤 상대방에게 도달하기 전에 「상대방」이 제한능력자로 되면 의사표시의 수령능력의 문제로 되고(112조 및 A-182 참조), 사망한 때에는 청약은 도달하지 않으나 — 의사표시의 해석에 의하여 — 청약자가 상속인에게도 청약하였으리라고 인정되는 경우 청약의 효력을 인정할 수 있다(청약이 상대방에게 도달한 뒤에 상대방이 사망한 때에도 같다. 그에 비하여 승낙표시의 발신 후 상대방이 사망하면 계약은 성립한다).

2) 실질적 효력(승낙적격) 청약은 그에 대한 승낙만 있으면 계약을 성립하게 하는 효력 즉 승낙을 받을 수 있는 효력을 가진다. 이를 문헌들은 청약의 실질적 효력 또는 승낙적격(承諾適格)(승낙능력)이라고 한다(이는 청약의 구속력을 의식한 명칭이다). 위와 같은 청약의 효력은 청약에 당연히 전제된 중심적인 효력이다. 그리고 그러한 효력이 승낙에도 인정됨은 물론이다. 또한 청약과 승낙에 모두 인정되는 이러한 효력 가운데 더 의미가 있는 것은 승낙에 있어서이다. 왜냐하면 계약은 청약만으로가 아니고 승낙에 의하여 비로소 성립하게 되기 때문이다(그리하여 이 책에서는 이 문제를 승낙에서 자세히 논의하려고 한다. D-39 참조).

청약의 실질적 효력 내지 승낙적격은 청약이 유효한 동안 인정된다(D-37 참조).

D-36 **3) 청약의 구속력**(비철회성) 청약자가 청약을 한 뒤에는 이를 임의로 철회하지 못한다(527조). 이를 청약의 구속력이라고 한다. 청약에 구속력이 인정됨으로써 상대방은 그에 대하여 승낙 또는 거절을 선택할 수 있는 유리한 법적 지위에 있게 된다.

청약의 구속력은 청약의 효력이 발생한 뒤에 문제된다. 따라서 청약이 상대방에게 도달하기 전에는 청약자가 이를 철회할 수 있다(이설 없음). 다만, 철회의 의사표시는 청약의 의사표시가 도달되기 전에 도달하거나 늦어도 청약의 도달과 동시에 상대방에게 도달하여야 한다.

청약의 구속력은 ① 청약자가 청약을 하면서 철회할 수 있음을 표시한 경우, ② 승낙이 있기 전에 사정변경으로 구속력을 기대할 수 없는 경우(그러나 이 경우 지체없이 철회하지 않거나 청약자가 사정변경을 예견하고 위험을 인수한 때에는 예외적으로 철회할 수 없다)에는 인정되지 않는다. 한편 판례는 사직의 의사표시 또는 명예퇴직의 신청은 특별한 사정이 없는 한 사용자의 승낙이 있기 전(명예퇴직의 합의 후에는 철회가 불가능하다: 대판 2003. 6. 27, 2003다1632)에는 자유로이 철회할 수 있다고 한다(대판 2003. 4. 25, 2002다11458 등 다수). 이는 고용계약에 있어서 피용자를 보호하기 위한 특별배려로 보아야 할 것이다.

특별법이 「계약체결 후」 일정기간 내에 청약을 철회할 수 있음을 규정하고 있는 경우도 있다. 할부계약(「할부거래에 관한 법률」 8조)·방문판매나 전화권유판매 방법에 의한 재화 등의 구매계약(「방문판매 등에 관한 법률」 8조)·다단계 판매의 방법에 의한 재화 등의 구매계약(「방문판매 등에 관한 법률」 17조)·통신 판매업자와 체결한 재화 등의 구매계약(「전자상거래 등에서의 소비자 보호에 관한 법률」 17조)에 있어서 그렇다. 이는 소비자 보호를 위하여 두어진 특별제도이다(이른바 cooling off제도).

청약의 구속력도 실질적 효력과 마찬가지로 청약이 유효한 동안 인정되며(D-37 참조), 그 후에는 청약의 효력이 없어서 철회의 문제는 생기지 않는다.

(3) 소멸(청약의 존속기간) D-37

청약에 대하여 일정한 기간 내에 승낙이 없거나 거절이 있으면 청약은 소멸한다. 그러나 청약자의 사망이나 행위능력 상실은 소멸사유가 아니다(D-35 참조). 이러한 청약의 소멸은 청약자로 하여금 일정한 시간 후에는 청약에 구속당하지 않고 자유로워지게 하기 위하여 인정되는 것이다.

1) 일정한 기간 내에 승낙이 없는 경우 청약을 하면서 청약자는 승낙기간을 지정할 수 있다(예: 「10월 20일까지」 또는 「앞으로 1주일」). 그러한 경우, **청약자가 그 기간 내에 승낙의 통지를 받지 못한 때에는**(도달이 필요함), **청약은 효력을 잃는다**(528조 1항)(대판 1994. 8. 12, 92다23537은 청약의 유효기간을 1990. 8. 8. 18:00까지로 정한 경우에는 18:00가 경과하면 청약이 효력을 상실한다고 한다). 여기에는 약간의 예외가 있으나(528조 2항·3항), 그에 관하여는 뒤에 자세히 설명한다(D-39 참조).

청약자가 승낙기간을 정하지 않고 청약을 한 경우에는, **청약자가 상당한 기간 내에 승낙의 통지를 받지 못한 때에는 청약은 효력을 잃는다**(529조). 여기의 「상당한 기간」은 청약이 상대방에게 도달하여 상대방이 그것을 받아들일지 여부를 결정하여 회신을 함에 필요한 기간을 가리키는 것으로서, 이는 구체적인 경우에 청약과 승낙의 방법·계약내용의 중요도·거래상의 관행 등 여러 사정을 고려하여 객관적으로 정하여진다(이설이 없으며, 판례도 같음. 대판 1999. 1. 29, 98다48903).

이러한 결과는 **대화자 사이의 청약**에서도 그대로 인정되어야 한다. 이 점에 관한 한 민법이 격지자와 대화자를 구별하지 않기 때문이다. 따라서 대화자 사이의 청약에서 승낙기간이 정해진 때에는 그 기간 내에 승낙을 받지 못하면 청약은 소멸한다. 그리고 대화자 사이의 청약이 대화관계의 종료로 소멸하는 것이 아니라고 해석되는 경우에는 상당한 기간 동안 유효하다고 할 것이다. 즉 상행위에서와 달리 즉시 승낙하지 않으면 청약이 소멸한다고 새길 것이 아니다(상법 51조 참조). 그러나 대화자 사이의 청약은 보통은 대화관계의 종료로 소멸한다고 해석될 것이다(예외적으로 대화의 종료 후에도 청약이 유효한 경우에는 구속력도 인정된다. D-36 참조).

2) **청약이 거절된 경우** 청약의 상대방이 청약자에 대하여 승낙하지 않는다는 의사표시 즉 거절을 한 경우에는, 승낙기간 또는 상당한 기간이 경과하기 전이라도 청약은 소멸한다. 그리고 승낙자가 청약에 대하여 조건을 붙이거나 변경을 가하여 승낙을 한 때에는 청약을 거절하고 새로이 청약한 것으로 본다(534조). 따라서 그때에도 청약은 소멸한다(대판 2002. 4. 12, 2000다17834).

D-38 **2. 승 낙**

(1) 의 의

승낙은 청약에 응하여 계약을 성립시킬 것을 목적으로 청약자에 대하여 행하는 의사표시이다.

1) 승낙은 청약과 마찬가지로 상대방 있는 의사표시이다. 그런데 승낙이 그 상대방인 청약자에게 도달한 때 효력이 생기는지는 제531조의 규정 때문에 다투어지고 있다(D-40 이하 참조).

2) 승낙방법은 원칙적으로 제한이 없다(대판 1992. 10. 13, 92다29696). 다만, 청약자는 승낙기간 외에 승낙방법(예: 구두로 하도록 하거나 공증하게 하는 방법)도 지정할 수 있고, 예약에 의하여 승낙방법이 정해져 있을 수도 있는데, 그러한 때에는 정해진 방법으로 승낙하여야 한다.

3) 승낙은 명시적으로뿐만 아니라 묵시적으로도 할 수 있다(예: 청약받은 주문품을 송부하는 경우).

4) 승낙은 특정한 청약에 대하여 행하여져야 한다(이를 문헌들은 주관적 합치라고 한다). 승낙자는 승낙에 의하여 청약에 대한 동의를 표시하기 때문이다. 따라서 불특정 다수인에 대한 승낙은 있을 수 없다.

5) 해석에 의하여 확정된 승낙의 의미는 청약과 일치하여야 한다(이를 문헌들은 객관적 합치라고 한다). 만약 청약과 승낙이 일치하지 않는 때에는 계약은 성립하지 않는다.

6) 청약의 상대방은 승낙 여부의 자유를 가진다(계약의 자유). 다만, 일정한 경우에 법률에 의하여 계약체결이 강제되는 때가 있고(D-6 참조), 예약에 의하여 승낙의 의무가 생길 수 있다. 그리고 상인이 상시(常時) 거래관계에 있는 자로부터 그 영업부류에 속한 계약의 청약을 받은 때에는 지체없이 낙부(諾否)의 통지를 발송하여야 하며, 이를 해태한 때에는 승낙한 것으로 본다(상법 53조). 그러나 이러한 통지의무는 일반적으로는 존재하지 않으며, 그러한 경우에는 설사 청약자가 「미리 정한 기간 내에 이의를 하지 않으면 승낙한 것으로 보겠다」는 뜻을 청약시에 표시하였다고 하더라도 이는 상대방을 구속하지 않는다(대판 1999. 1. 29, 98다48903. 이 기간은 경우에 따라 단지 승낙기간을 정하는 의미를 가질 수 있을 뿐이라고 한다).

(2) 효 력 D-39

1) 계약을 성립시키는 효력 승낙은 청약과 결합하여 계약을 성립하게 하는 효력이 있다(물론 요물계약의 경우에는 그 외에 물건의 인도 기타 급부가 있어야 한다). 이는 청약의 실질적 효력에 대응하는 것이다. 그런데 계약을 성립시키려면 먼저 승낙의 의미가 청약과 일치하여야 한다. 나아가 승낙이 일정한 기간 내에 즉 청약이 유효한 동안에 행하여져야 한다. 뒤의 문제를 자세히 살펴보기로 한다.

2) 승낙기간이 정하여져 있는 경우의 도달 문제 청약에 승낙기간이 정하여져 있는 경우에는, 승낙이 그 기간 내에 청약자에게 도달하여야 계약이 성립한다(528조 1항). 승낙기간이 경과한 뒤에 승낙이 도달한 때에는 계약이 성립하지 않는다. 그런데 민법은 여기에 하나의 예외를 인정한다. 즉 승낙의 통지가 승낙기간이 경과한 뒤에 도달한 경우에 보통 그 기간 내에 도달할 수 있는 발송인 때에는 청약자는 지체없이 상대방에게 그 연착의 통지(승낙이 기간 경과 후에 도착했다는 통지)를 하여야 하며(528조 2항 본문. 다만 그 도달 전에 지연의 통지, 즉 기간이 경과할 때까지 도착하지 않고 있다는 통지를 발송한 때에는 연착의 통지를 요구하지 않는다(528조 2항 단서)), 청약자가 그 통지를 하지 아니한 때에는 승낙의 통지는 연착되지 않은 것으로 본다(528조 3항). 그 결과 이때에는 계약이 성립한다. 이러한 예외에 해당하지 않는 경우, 즉 승낙의 발송 자체가 늦은 경우 또는 발송은 늦지 않았으나 연착의 통지(528조 2항 본문 참조) 또는 지연의 통지(528조 2항 단서 참조)를 한 경우에는, 계약은 성립하지 않으며, 그때에는 청약자가 연착된 승낙을 새 청약으로 볼 수 있다(530조). 따라서 청약자가 그에 대하여 승낙을 하면 계약은 성립하게 된다.

3) 승낙기간이 정하여져 있지 않은 경우의 도달 문제 청약에 승낙기간이 정하여져 있지 않은 경우에는, 승낙이 상당한 기간 내에 청약자에게 도달하여야 계약이 성립한다(529조). 그리고 이때는 승낙기간이 정해진 때와 달리 예외가 규정되어 있지 않다. 따라서 상당한 기간이 지난 뒤에 도달한 승낙은 언제나 계약을 성립시킬 수 없으며, 다만 청약자가 그것을 새 청약으로 볼 수는 있다(530조).

4) 청약의 거절 등 청약자의 상대방이 청약을 거절한 경우에 계약이 성립할 수 없음은 물론이다. 나아가 승낙자가 청약에 대하여 조건을 붙이거나 변경을 가하여(예: 대금을 100만원 대신 80만원으로 해달라는 것) 승낙한 때에는, 그 청약의 거절과 동시에 새로 청약한 것으로 의제되어(534조), 계약은 역시 불성립으로 된다. 그리고 이때에는 청약이 거절되면서 이전의 청약이 효력을 잃게 되므로(대판 2002. 4. 12, 2000다17834), 이전의 청약에 대하여 동의를 표시하여도 그것만으로 계약은 성립하지 않는다.

(3) 승낙의 효력발생시기 D-40

승낙의 효력발생시기에 관하여 특별규정이 없다면 승낙은 도달주의의 일반원칙(111조 1항)에 따라서 그것이 청약자에게 도달한 때에 효력이 생긴다고 새겨질 것이다. 그런데 민법은 격지자 사이의 계약 성립시기에 관하여 제531조의 특별규정을 두고 있다. 계약은 승낙이 효력을 발생하여야 성립하는 점에서 이 규정은 승낙의 효력발생시기와 관련이 있게 되며, 그 때문에 승낙의 효력발생시기를 특별히 논의하여야 한다. 이 문제는 특별규정이 있는 격지자(隔地者) 사이의 계약의 경우와 그러한 규정이 없는 대화자 사이의 경우로 나누어 검토하여야 한다.

1) 격지자 사이의 경우 민법은 상대방이 있는 의사표시는 상대방에게 도달한 때에 그 효력이 생긴다고 하여 도달주의를 원칙으로 채용하고 있다(111조 1항). 그런데 다른 한편으로 제531조에서 격지자 사이의 계약은 승낙의 통지를 발송한 때에 성립한다고 규정한다. 이에 의하면 청약의 상대방이 승낙의 통지를 발송하면 그것이 청약자에게 도달하지 않더라도 계약이 성립하게 된다. 그런가 하면 민법은 제528조 제 1 항과 제529조에서 승낙의 통지가 승낙기간 또는 상당한 기간 내에 청약자에게 도달할 것을 요구하고 있다. 그 결과 승낙이 일정한 기간 내에 청약자에게 도달하지 않으면 계약은 성립할 수 없게 된다. 여기서 제531조와 제528조 제 1 항 · 제529조 사이에 생기는 충돌을 어떻게 해소할 것인지가 문제된다.

(가) 학 설 이 문제에 관하여는 i) 승낙의 통지가 기간(승낙기간 또는 상당한 기간) 내에 청약자에게 도달할 것을 정지조건으로 하여 승낙의 통지를 발송한 때에 소급해서 유효한 계약이 성립한다는 견해와 ii) 계약은 승낙이 효력을 발생하는 때에 성립하므로, 제531조는 승낙의 효력발생시기에 관하여 발신주의를 규정한 것이라고 하면서, 승낙은 부도달(不到達)을 해제조건으로 하여 발신으로 효력이 발생한다는 견해(사견도 같음)로 나뉘어 있다. i)설은 결국 승낙은 도달한 때에 효력이 생긴다는 견해이다. 그리고 ii)설은 발신주의의 특칙을 중요시하는 견해로서 i)설은 제531조가 거래의 신속을 위한 것임을 전혀 고려하지 않은 것이어서 취할 수 없다고 한다.

(나) 학설에 따른 차이 위에서 본 두 견해 중 어느 것을 취하든 승낙이 도달하지 않은 경우의 불이익은 승낙자가 부담한다. 그러나 증명책임의 면에서는 차이가 있다. i)설에 의하면 승낙자 쪽에서 발송과 도달 모두를 증명하여야 하나, ii)설에 의하면 승낙자는 발송사실만 증명하면 되고 계약의 불성립을 주장하는 청약자가 기간 내에 승낙이 도달하지 않았음을 증명하여야 한다.

그리고 i)설에 의하면 승낙이 도달할 때까지는 철회할 수 있을 것이나, ii)설에 의하면 승낙이 발송된 후에는 철회할 수 없게 된다.

2) 대화자 사이의 경우 대화자 사이의 계약의 성립시기에 관하여는 특별한 규정이 없다. 따라서 거기에는 도달주의의 원칙이 그대로 적용되어, 승낙은 도달한 때에 효력이 발생하고 계약도 그때 성립한다고 해석된다.

3. 계약의 경쟁체결 D-41

(1) 서 설

청약과 승낙에 의한 계약성립의 특수한 것으로서 계약의 경쟁체결이 있다. 계약의 경쟁체결이라 함은 계약의 내용에 관하여 다수인으로 하여금 경쟁하게 하여 그 가운데 가장 유리한 내용을 표시하는 자와 계약을 체결하는 것이다. 이러한 경쟁체결은 상대방의 급부를 되도록 크게 하거나(예: 매매·임대차에서) 또는 자신의 급부를 되도록 적게 하기 위한 방법이다(예: 도급에서). 계약의 경쟁체결에는 두 가지의 모습이 있다. 하나는 각 경쟁자가 다른 경쟁자의 표시내용을 알 수 있는 경우이고, 나머지 하나는 다른 경쟁자의 표시내용을 알 수 없는 경우이다. 경매는 전자에 속하고, 입찰은 후자에 해당한다.

경쟁체결에 있어서 핵심적인 문제는 경쟁체결에 부치겠다는 표시가 청약인가 청약의 유인인가이다. 왜냐하면 이들 중 어느 것으로 인정되느냐에 따라 경쟁에 부친 자가 가장 유리한 내용을 표시한 자에 대하여도 계약체결을 거절할 수 있는지 여부가 달라지기 때문이다. 그런데 이에 관하여는 일반적인 기준이 없으므로 개개의 경우에 여러 사정을 종합하여 판단하여야 한다. 경우를 나누어서 보기로 한다.

(2) 경매(사경매)

경매에는 사인 사이에서 행하여지는 경매인 사경매(私競賣)와 국가기관이 법률에 의하여 행하는 경매인 공경매(公競賣)가 있는데(좀 더 자세한 점은 B-111 참조), 청약·승낙에 의한 계약성립의 특수한 모습으로서의 경매는 사경매만이다. 이러한 사경매에는 값을 올려가는 것과 값을 내려가는 것이 있다.

1) 값을 올려가는 경매 값을 올려가는 경매 중에는 경매자가 스스로 일정한 가격(최저가격)을 제시하지 않는 경우가 있다. 그 경우에는 경매에 응한 자의 일정한 가격의 표시가 청약이고 경매에 부친다는 표시는 청약의 유인이다. 따라서 경매자는 최고가격의 표시에 대하여도 승낙을 거절할 수 있다.

값을 올려가는 경매 중에 경매자가 최저가격을 제시하는 경우가 있다. 그 경우에는 경매자가 그 가격 이상이면 판다는 확정적 의사표시를 한 것으로 보아야 하므로, 경매에 부친다는 표시가 청약이고 최고가격의 제시가 승낙이 된다.

2) 값을 내려가는 경매 값을 내려가는 경매에 있어서는 경매자가 일정한 가격을 제시하면서 수락자를 찾는 것인데, 이 경우의 경매자의 가격 제시는 그 값이면 판다는 확정적 의사표시라고 보아야 한다. 따라서 그것이 청약이고 수락이 승낙이 된다.

(3) 입찰(入札) D-42

입찰은 먼저 입찰에 부치는 자가 입찰에 부친다는 표시를 하고(입찰공고), 이에 따라 경쟁자가 입찰을 하며(입찰), 입찰에 부친 자가 입찰한 것을 개봉하고(개찰(開札)), 이어서 낙찰을 결정하는 과정을 거치게 된다(낙찰). 그리고 계약서를 작성하는 때도 많다.

이러한 입찰에 있어서 **입찰공고가 청약인가 청약의 유인인가?** 입찰공고가 청약이라고 인정되면 가장 좋은 조건으로 입찰한 자와 반드시 계약을 체결하여야 한다. 그런데 그러한 입찰자가 도저히 계약을 이행할 수 없는 자이거나 대가가 터무니없이 낮은 경우가 있어서 문제이다. 따라서 입찰에 부친다는 표시 즉 입찰공고는 원칙적으로 청약의 유인이라고 새겨야 한다(통설임). 그 결과 입찰이 청약이고 낙찰결정이 승낙이 된다. 그리고 계약은 이때 성립하며, 계약서의 작성은 계약성립의 증거에 지나지 않는다. 이와 같이 입찰이 청약이기 때문에 입찰공고인은 가장 유리한 내용으로 입찰한 자와도 계약을 체결하지 않을 수 있다. 그러나 입찰공고인이 최고가격이나 최저가격을 정하고 그 밖에 계약조건을 구체적으로 표시하고 있는 때에는 입찰공고가 청약으로 인정될 가능성도 크다. 그때에는 개찰을 시작하는 때에 승낙의 효력이 생긴다고 할 것이다.

D-43 Ⅲ. 의사실현에 의한 계약성립

(1) 민법은 제532조에서 「청약자의 의사표시나 관습에 의하여 승낙의 통지가 필요하지 아니한 경우에는 계약은 승낙의 의사표시로 인정되는 사실이 있는 때에 성립한다」고 규정한다. 이를 의사실현에 의한 계약성립이라고 한다. 이는 청약자를 보호하고(긴급시 계약성립으로 이익을 얻음) 계약성립에 관한 당사자 사이의 다툼을 피하기 위한 취지에서 두어진 제도이다.

제532조에서 말하는 **「승낙의 의사표시로 인정되는 사실」이 의사실현**이다. 예컨대 매도청약과 함께 보내온 책에 이름을 쓰고 읽어가는 행위, 호텔 방의 예약을 받고 어느 방에 예약표시를 해 두는 행위가 그렇다. 이러한 의사실현이 의사표시(묵시적 의사표시)인지에 관하여는 견해가 대립되고 있다(학설과 사견은 채권법각론 [28] 참조).

(2) **의사실현에 의하여 계약이 성립하는 경우로 제532조는 두 가지를 규정하고 있다.** ① 하나는 청약자의 의사표시에 의하여 승낙의 통지가 필요하지 않은 경우이다. 가령 매도할 목적으로 청약과 함께 상품을 부치는 때(이른바 현실청약)에는 일반적으로 그러한 의사가 인정될 수 있다. ② 다른 하나는 관습에 의하여 승낙의 통지가 필요하지 않은 경우이다. 이는 긴급의료계약이나 여행 중의 숙박계약 등에서와 같이 긴급을 요하는 때에 인정될 가능성이 크다. 그리고 판례는 예금계약과 관련하여, 예금자가 예금의 의사를 표시하면서 금융기관에 돈을 제공하고 금융기관이 그 의사에 따라서 그 돈을 받아 확인을 하면 그로써 예금계약이 성립한다고 한다(대판 2005. 12. 23, 2003다30159 등).

(3) **의사실현에 의하여 계약이 성립하는 시기는 「승낙의 의사표시로 인정되는 사실」이 발생한 때**이며, 청약자가 그 사실을 아는 때가 아니다.

Ⅳ. 교차청약에 의한 계약성립 D-44

교차청약은 당사자들이 우연히 같은 내용을 가지는 청약을 서로 행한 경우이다. 교차청약에 있어서 두 의사표시는 청약과 승낙의 관계에 있지 않지만(승낙은 청약에 대하여 행하여지는 것이기 때문이다), 그 의미에 있어서 일치한다. 실질적으로 합의가 존재하는 것이다. 여기서 민법은 교차청약의 경우에 계약이 성립함을 인정하고 있다(533조). 교차청약에 의하여 계약이 성립하게 되어 계약성립을 위한 또다른 의사표시(승낙)는 필요하지 않게 된다.

교차청약의 경우에는 「양 청약이 상대방에게 도달한 때」에 계약이 성립한다(533조). 따라서 두 청약이 동시에 도달하는 경우에는 그 도달시에, 그리고 동시에 도달하지 않는 경우에는 늦게 도달하는 청약이 도달하는 때에 성립한다.

Ⅴ. 사실적 계약관계 D-45

1. 서 설

계약은 청약과 승낙에 의하거나 적어도 두 개의 의사표시의 일치(교차청약의 경우)에 의하여 성립한다. 그런데 독일의 하우프트(Haupt)에 의하여 처음 주장된 사실적 계약관계에 관한 이론(사실적 계약관계론)은 일정한 경우에는 당사자 사이의 합의(의사표시의 일치)가 없이도 단지 순수하게 사실적인 행위(Verhalten)만에 의하여 성립할 수 있다고 한다. 가령 전차의 승차, 전기·수도·가스의 이용, 유료주차장의 이용 등의 경우에는 당사자의 의사표시와 관계없이 구체적인 이용행위만으로 계약관계가 성립한다는 것이다.

아래에서 하우프트의 사실적 계약관계론의 내용과 그에 대한 독일에서의 반응을 살펴보고, 이어서 우리나라에서 이 이론을 받아들일 것인지를 검토하기로 한다.

2. 하우프트의 사실적 계약관계론과 독일에서의 반응

(1) 하우프트의 이론

하우프트는 오늘날의 법적 거래에 있어서는 청약과 승낙에 의하지 않고 사실적 과정에 의하여 성립하는 계약관계가 존재한다고 하면서, 그것을 사실적 계약관계라고 한다. 그리고 사실적 계약관계는 성립에서는 계약과 다르지만 그 존속(내지 내용)에서는 원칙적으로 계약과 같으며, 따라서 거기에는 계약법이 직접 적용될 것이라고 한다.

하우프트는 이러한 사실적 계약관계의 예로서 다음 3가지 유형을 들고 있다.

1) 사회적 접촉에 의한 사실적 계약관계 예컨대 계약체결상의 과실, 호의동승의 경우의 운전자의 책임배제는 사회적 접촉이라는 사실에 기하여 발생하는 것이라고 한다.

2) 공동체관계에의 가입에 의한 사실적 계약관계(사실적 조합·사실적 고용관계) 조합계약이 처음부터 무효임에도 불구하고 조합이 성립하고 사실상 활동을 계속한 경우에는 조합은 존재하였다고 보아야 하며(사실적 조합), 무효인 고용계약에 기하여 노무가 사실상 제공된 경우에는 고용관계가 성립한다고 한다(사실상 고용관계).

3) 사회적 급부의무에 의한 사실적 계약관계 전차·버스 등의 대중교통기관의 이용, 전기·수도·가스의 공급, 유료주차장의 이용과 같은 생활필수적인 생존배려의 영역의 대량적 거래에 있어서는 급부의 이용관계의 내용이 미리 약관의 형식으로 확정되어 있고, 따라서 당사자가 합의할 대상이 없으며(급부제공자인 기업에게는 사회적 급부의무가 부과되어 있다고 한다), 그 경우의 급부의 이용관계는 급부제공자인 기업의 사실상의 제공과 급부이용자의 사실상의 이용(예: 전차에의 승차나 전기의 이용)이라는 사실적 과정에 의하여 성립한다고 주장한다. 그러면서 이 경우에 청약과 승낙에 의하여 계약이 성립한다고 하는 것은 비현실적이라고 한다.

D-46 **(2) 독일에서의 반응**

하우프트의 이론은 독일 민법학계에 커다란 충격을 주었으며, 그에 대하여는 전면적인 거부에서부터 흔연한 찬성에 이르기까지 다양한 반응이 나타났다. 그리고 찬성론자들도 여러 가지 모습을 보였다. 하우프트가 든 세 가지 예 가운데 1)을 인정하는 경우는 없었고, 2)·3) 중 어느 하나 또는 둘 모두를 인정하였다. 그 후 논의는 전통적인 이론에 의하여 해결하기가 가장 어려운 3)에 집중되었고, 그에 관한 세련된 이론으로 라렌츠(Larenz)의 「사회정형적 행위론」이 있다(이 이론은 1989년 민법총칙 교과서에서 포기됨).

하우프트의 사실적 계약관계론 내지 라렌츠의 사회정형적 행위론은 독일의 판례로 채용되기도 하였다(그 대표적인 것이 주차장 사건이다. 이 사건은 함부르크 시민이 시가 토지를 임대하여 개설된 유료주차장에 주차하면서(6주간) 자기는 시민으로서 시 소유 토지를 이용하는 것이니 주차료 지급을 거절한다고 하였다. 이에 대하여 독일연방대법원은 주차행위만으로 계약관계가 성립하였으며, 따라서 요금표에 따른 주차료를 지급할 의무가 있다고 판시하였다).

그런데 근래에는 대다수의 학자가 이 이론에 반대한다.

(3) 반대론자의 주장

하우프트가 들고 있는 경우들을 반대론자들은 어떻게 해결하는가?

1)의 유형은 종전의 논의가 타당하다는 견지에 있다(계약체결상의 과실이 문제되고, 호의동승의 경우에는 묵시적인 책임배제의 합의가 인정된다고 한다(후자에 대하여는 근래에는 다른 견해가 더 많음을 주의)).

2)의 유형에 대하여는 학자에 따라서, 입법자가 계속적 채권관계의 특징을 보지 못했다는 이유, 신뢰보호 또는 제한능력자 보호를 이유로 장래에 향하여서만 계약관계의 해소를 인정한다.

3)의 유형에 대하여는, 먼저 전차에 승차하여 이용하는 경우처럼 생존배려의 급부관계가 정상적으로 성립하는 때에는 급부의 이용행위 속에 승낙의 의사표시를 인정하고 그러한 행위에 의하여 계약이 성립한다고 하며, 주차장 사건에서와 같이 급부이용자가 명

시적으로 급부의 대가지급을 거절한 때에는 「행위와 모순되는 이의의 불고려」에 의하여 이의는 무효로 된다고 한다(근래에는 당사자의 의사를 존중하여 계약의 성립을 부정하고 대가는 불법행위·부당이득·점유자 소유자의 관계로 인정할 것이라는 견해도 주장된다. Lange-Köhler, AT, S. 178).

3. 우리 민법에 있어서의 사실적 계약관계론의 인정 여부(우리의 학설)

사실적 계약관계론을 우리 민법에서도 인정할 것인가에 대하여는 i) 긍정설과 ii) 부정설로 견해가 나뉘어 있다. i) 긍정설은 과거에는 다수설이었으나 근래에는 소수설로 되었으며, ii) 부정설이 현재의 다수설이다(사견도 같음).

Ⅵ. 계약체결상의 과실 D-47

1. 서 설

(1) 의 의

계약의 준비나 성립과정에서 당사자 일방이 그에게 책임있는 사유로 상대방에게 손해를 준 것을 「계약체결상의 과실」 또는 「체약상의 과실」이라고 한다. 이미 멸실된 가옥에 대하여 매도인이 그 사실을 알면서 매매계약을 체결한 경우가 그 예이다. 체약상의 과실이 인정되는 때에는, 과실있는 당사자는 상대방에 대하여 손해를 배상하여야 한다.

우리 민법은 제535조에서 원시적 불능에 관하여만 체약상의 과실을 규정하고 있다(그 밖에 개별적인 전형계약의 규정 속에 체약상의 과실에 관련된 것도 포함되어 있다. 559조·571조 이하·602조·612조·697조 등 참조).

(2) 인정범위

방금 언급한 바와 같이, 민법은 원시적 불능에 관하여서만 체약상의 과실을 명문으로 규정하고 있다. 이러한 상황에서 체약상의 과실을 원시적 불능을 넘어서서 널리 일반적으로 인정할 것인지가 문제된다.

그에 관하여 학설은 i) 일반적 인정설(다수설이며 사견도 같음)과 ii) 한정적 인정설이 대립하고 있다. ii)설은 우리 민법은 독일민법과 달리 채무불이행과 불법행위에 관하여 포괄적인 내용의 일반조항을 두고 있기 때문에(390조·750조) 체약상의 과실이 문제되는 경우들을 그 규정으로 해결할 수 있고, 따라서 명문규정이 있는 원시적 불능을 제외하고는 인정할 필요가 없다고 한다. 한편 i)설은, 계약의 과정에서 타인의 생명·신체·소유권 등에 손해를 가한 경우에 대하여도 체약상의 과실을 인정할 것인가에 관하여, (a) 긍정설(사견도 같음)과 (b) 부정설로 나뉘어 있다.

판례는 체약상의 과실을 문제삼을 수도 있는 경우에 관하여 불법행위책임을 인정한 적이 있으나(계약교섭을 부당하게 중도에 파기한 경우: 대판 2004. 5. 28, 2002다32301 등. 계약교섭과정에서 상대방의 성과물을 무단으로 이용한 경우: 대판 2021. 6. 30, 2019다268061), 그것만으로 한정적 인정설의 견지에 있다고 단정할 수는 없다.

D-48

2. 법적 성질(학설)

체약상의 과실책임의 법적 성질에 관하여 학설은 i) 계약책임설, ii) 불법행위책임설, iii) 독자적인 법정책임설로 나뉘어 있다(사견은 채권법각론 [31] 참조).

i)설은, 계약상의 의무는 급부의무가 전부는 아니고 그 밖에 신의칙상의 부수적 의무(「기타의 행위의무」)도 있고, 그러한 의무는 계약의 성립과정에서 이미 존재한다고 한다. 그리고 체약상의 과실책임은 그러한 신의칙상의 의무를 위반한 데 대한 책임이므로 계약책임으로 이론구성할 수 있다고 한다. ii)설은 계약체결에 있어서의 주의의무는 누구에게나 요구되는 신의칙상의 의무이므로 그에 위반한 자는 불법행위책임을 진다고 한다. iii)설은 체약상의 과실책임은 계약체결을 목적으로 접촉을 하고 있는 특정인 사이의 것이므로 계약에 유사한 책임이라고 할 수 있지만 계약이 체결된 적이 없으므로 계약 외적 책임이라고 하거나, 의무의 성질·배상범위 등을 볼 때 계약책임도 불법행위책임도 아니라고 한다. 그렇지만 iii)설은 체약상의 과실에 주로 계약에 관한 규정을 적용(또는 유추적용)할 것이라고 한다.

체약상의 과실책임을 계약책임(또는 계약에 유사한 책임)으로 보는 경우에는(독자적인 법정책임설도 대체로 같다) 거기에 계약에 관한 규정이 적용된다. 그 결과 보조자의 행위에 대하여도 가해자가 면책되지 않고(391조), 과실증명을 피해자가 할 필요가 없이 가해자가 반대증명을 하여야 하며, 손해배상청구권은 10년의 시효에 걸리게 된다(162조 1항). 그에 비하여 불법행위책임이라고 하면, 보조자의 행위에 대하여 면책이 가능하고(756조 1항 단서), 과실은 피해자가 증명하여야 하며, 청구권은 3년의 시효(및 10년의 시효)에 걸린다(766조). 따라서 불법행위책임이라고 하는 경우에는 체약상의 과실을 인정하는 의미가 거의 없게 된다.

D-49

3. 체약상의 과실책임의 요건과 효과

어떤 요건을 갖추어야 체약상의 과실책임이 성립하고 그 효과가 어떠한가에 관하여 우리의 문헌들은 한결같이 개별적인 경우들로 나누어 검토하고 있을 뿐이다. 그러나 체약상의 과실을 일반적으로 인정하는 견지에서 장차 새로이 나타날 수 있는 경우들까지 생각한다면 공통적인 요건과 효과를 정리한 뒤에 개별적인 경우를 살펴보는 것이 좋다.

(1) 요 건

1) 계약체결을 위한 사회적 접촉의 개시 체약상의 과실은 일반인 사이에서 인정되는 것이 아니고, 사회적 접촉이 시작된 자들 사이에 문제된다. 그리고 그 접촉은 계약체결을 목적으로 한 것이어야 한다(가령 비를 피하기 위하여 백화점에 들어간 경우는 아니다. 그러나 정보수집을 목적으로 간 것은 해당한다). 계약체결을 목적으로 한 접촉이 개시되었으면 계약의 상의(相議) 전이라도 무방하다.

2) 「기타의 행위의무」(신의칙상의 의무)**의 위반이 있을 것** 체약상의 과실은 일정한 주의의무 즉 「기타의 행위의무」의 존재를 전제로 하며, 그 의무를 위반하는 것이다. 따라서 그러한 의무가 인정되지 않는 경우에는 체약상의 과실책임이 생기지 않는다.

「기타의 행위의무」에는 타인의 생명·신체·재산권을 침해하지 않을 의무인 보호의무, 일정한 사항을 설명해 주어야 할 설명의무 등이 있다.

3) 계약의 성립 전에 의무위반이 있을 것 체약상의 과실은 계약 전에 신뢰관계의 성립시부터 계약의 성립시까지의 사이에 의무위반이 있는 것이다. 「기타의 행위의무」의 위반이 있었을지라도 그것이 계약성립 후의 위반이면 채무불이행으로서의 「기타의 행위의무」 위반(이는 통설의 불완전이행에 포함됨. C-119 이하 참조)의 문제로 된다.

4) 가해자의 고의 · 과실이 있을 것

(2) 효 과

체약상의 과실책임의 요건이 갖추어지면 배상의무자는 배상의무를 생기게 한 사정이 없었다면 있었을 상태를 만들어 주어야 한다. 즉 그의 행위를 신뢰함으로써 생긴 손해(신뢰이익. C-126 참조)를 배상하여야 한다(535조 1항 본문의 유추). 다만, 이행이익도 계산될 수 있는 때에는 이행이익의 한도에서 배상하면 된다고 할 것이다(535조 1항 단서 유추).

4. 개별적인 경우들 D-50

(1) 생명 · 신체 · 재산권 등이 침해된 경우

상점에 들어가다가 통로에 놓인 바나나껍질을 밟고 넘어져 다친 경우(독일의 이른바 바나나껍질 사건), 상점에서 물건을 고르다가 쌓여 있는 물건이 넘어져 다친 경우가 그 예이다. 이러한 경우에 체약상의 과실을 인정하지 않고 불법행위의 문제로 처리하여야 할 것인가에 관하여 논란이 있으나, 체약상의 과실로 다루는 것이 옳다(D-47 참조).

(2) 계약이 유효한 경우

계약이 유효하지만 체약상의 과실이 문제되는 경우가 있다. 그리고 그러한 경우 중에는 민법이 명문규정으로 규율하는 때도 있으나(예: 559조·571조 이하·602조·612조·688조·697조·707조 등), 그렇지 않은 때도 있다. 예컨대 고용계약에 있어서 중요한 사실을 알리지 않아 계약이 체결된 경우, 도급계약에서 문의한 사항을 수급인이 제대로 답하지 않은 경우, 운송계약에서 문의한 열차시간표를 잘못 알려준 경우에서 그렇다.

이 경우에 체약상의 과실책임이 인정되려면 ① 계약이 유효하여야 하고, ② 「기타의 행위의무」(설명의무)의 위반이 있어야 하며, ③ 행위자에게 과실이 있어야 하고, ④ 상대방은 선의·무과실이어야 한다(535조 2항의 유추).

(3) 계약이 불성립 · 무효 · 취소된 경우 D-51

1) 제한능력의 경우 법률행위자가 제한능력을 이유로 법률행위를 취소한 경우에는 설사 상대방이 능력자라고 믿음으로써 손해를 입었다고 하더라도 체약상의 과실은 인정되지 않는다. 그렇지 않으면 민법의 제한능력자 보호 취지에 어긋나기 때문이다. 그리

고 의사무능력을 이유로 법률행위가 무효로 된 경우에도 마찬가지로 보아야 한다.

2) 착오의 경우 의사표시에 흠이 있는 경우 가운데에는 착오를 이유로 취소한 때에만 체약상의 과실이 문제된다(나머지의 경우에는 상대방의 보호필요성이 없거나 취소가 불가능하기 때문이다. 107조·108조·110조 참조). 민법은 착오에 관하여 법률행위의 내용의 중요부분에 착오가 있으면 착오자에게 중과실이 없는 한 법률행위를 취소할 수 있다고 규정한다(109조 1항). 따라서 착오자에게 경과실이 있는 경우에 체약상의 과실책임을 인정할 것인지가 문제된다(무과실인 때에는 명문규정이 없는 한 책임을 지울 수 없다). 여기에 관하여 학설은 i) 체약상의 과실을 인정하는 견해(사견도 같음)와 ii) 착오자의 배상책임을 부정하는 견해로 나뉘어 있다. 그리고 판례는, 전문건설공제조합이 계약보증서를 발급하면서 수급공사의 실제 도급금액을 확인하지 않은 과실이 있다고 하더라도 제109조가 중과실이 없는 착오자의 취소를 허용하고 있는 이상 위법하다고 할 수 없어 불법행위책임이 생기지 않는다고 한다(대판 1997. 8. 22, 97다13023).

착오자에게 배상책임이 인정되려면 ① 착오를 이유로 한 취소가 있어야 하고, ② 표의자에게 경과실이 있어야 하며, ③ 상대방은 선의·무과실이어야 한다. 그리고 그 효과로서 착오자는 이행이익의 한도에서 신뢰이익을 배상하여야 한다.

D-52 **3) 계약교섭을 중단한 경우 등** 계약체결을 위한 교섭을 하다가 이를 중단하여 계약이 불성립으로 된 경우에도 체약상의 과실책임이 발생하는가? 계약체결을 목적으로 교섭을 시작하였다고 하여 일반적으로 교섭을 계속하여야 할 의무 또는 계약체결을 하여야 할 의무가 있는 것은 아니다. 다만, 교섭 중에 당사자 일방이 계약을 체결할 것이라는 확신을 상대방에게 준 뒤에 상당한 이유 없이 교섭을 파기한 경우에는 문제이다. 이에 관하여 학설은 i) 체약상의 과실책임을 인정하는 견해와 ii) 불법행위책임을 인정하는 견해로 나뉘어 있다(사견은 채권법각론 [32] 참조). 그리고 판례는 불법행위책임을 인정한다(대판 2003. 4. 11, 2001다53059[핵심판례 300면]; 대판 2004. 5. 28, 2002다32301 등).

(판 례) 계약교섭을 파기한 경우/계약교섭과정에서 상대방의 성과물을 무단으로 이용한 경우

(ㄱ) 「어느 일방이 교섭단계에서 계약이 확실하게 체결되리라는 정당한 기대 내지 신뢰를 부여하여 상대방이 그 신뢰에 따라 행동하였음에도 상당한 이유 없이 계약의 체결을 거부하여 손해를 입혔다면 이는 신의성실의 원칙에 비추어 볼 때 계약자유 원칙의 한계를 넘는 위법한 행위로서 불법행위를 구성한다고 할 것이다. 그리고 그러한 불법행위로 인한 손해는 일방이 신의에 반하여 상당한 이유 없이 계약교섭을 파기함으로써 계약체결을 신뢰한 상대방이 입게 된 상당인과관계 있는 손해로서 계약이 유효하게 체결된다고 믿었던 것에 의하여 입었던 손해 즉 신뢰손해에 한정된다고 할 것이고, 이러한 신뢰손해란 예컨대, 그 계약의 성립을 기대하고 지출한 계약준비비용과 같이 그러한 신뢰가 없었더라면 통상 지출하지 아니하였을 비용 상당의 손해라고 할 것이며, 아직 계약체결에 관한 확고한 신뢰가 부여되기 이전 상태에서 계약교섭의 당사자가 계약체결이 좌절되더라도 어쩔 수 없다고

생각하고 지출한 비용, 예컨대 경쟁입찰에 참가하기 위하여 지출한 제안서, 견적서 작성비용 등은 여기에 포함되지 아니한다고 볼 것이다. 한편 그 침해행위와 피해법익의 유형에 따라서는 계약교섭의 파기로 인한 불법행위가 인격적 법익을 침해함으로써 상대방에게 정신적 고통을 초래하였다고 인정되는 경우라면 그러한 정신적 고통에 대한 손해에 대하여는 별도로 배상을 구할 수 있다고 할 것이다.」(대판 2003. 4. 11, 2001다53059[핵심판례 300면])

(ㄴ) 「계약체결을 위한 교섭과정에서 어느 일방이 보호가치 있는 기대나 신뢰를 가지게 된 경우에, 그러한 기대나 신뢰를 보호하고 배려해야 할 의무를 부담하게 된 상대방이 오히려 상당한 이유 없이 이를 침해하여 손해를 입혔다면, 신의성실의 원칙에 비추어 볼 때 계약체결의 준비 단계에서 협력관계에 있었던 당사자 사이의 신뢰관계를 해치는 위법한 행위로서 불법행위를 구성할 수 있다고 보아야 한다. 특히 계약체결을 위한 교섭과정에서 상대방의 기대나 신뢰를 보호하고 배려해야 할 의무를 위반하면서 상대방의 성과물을 무단으로 이용한 경우에는 당사자 사이의 신뢰관계를 해칠 뿐만 아니라 상도덕이나 공정한 경쟁질서를 위반한 것으로서 그러한 행위의 위법성을 좀 더 쉽게 인정할 수 있다.」(대판 2021. 6. 30, 2019다268061)

(ㄷ) 「계약 교섭 단계에서는 아직 계약이 성립된 것이 아니므로 당사자 중 일방이 계약의 이행행위를 준비하거나 이를 착수하는 것은 이례적인 일로서, 설령 이행에 착수하였다고 하더라도 이는 자기의 위험 판단과 책임에 따른 것이라고 평가할 수 있다. 그러나 만일 이행의 착수가 상대방의 적극적인 요구에 따른 것이고 바로 위와 같은 이행에 들인 비용의 지급에 관하여 이미 계약 교섭이 진행되고 있었다는 등의 특별한 사정이 있다면, 당사자 중 일방이 계약의 성립을 기대하고 이행을 위하여 지출하였거나 지출할 것이 확실한 비용은 계약체결을 신뢰하여 발생한 손해로서 계약 교섭의 부당파기로 인한 손해배상의 범위에 해당할 수 있다.」(대판 2022. 7. 14, 2021다216773)

4) 원시적 불능의 경우 민법은 제535조에서 원시적 불능으로 계약이 무효로 되는 경우에는 일정한 요건 하에 체약상의 과실책임이 생기는 것으로 규정하고 있다. D-53

(ㄱ) 요 건 (a) 체결된 계약이 원시적 불능(A-116 참조)이어서 그 계약이 무효이어야 한다(예: 소실된 가옥의 매매계약). 이 요건과 관련해서는 주의할 점이 있다. 민법은 매매의 목적물의 수량이 부족하거나 물건의 일부가 멸실된 경우(574조)와 매매의 목적물에 흠이 있는 경우에도 담보책임을 인정하고(580조), 이를 다른 기타의 유상계약에 준용한다(567조). 그 결과 매매를 비롯한 유상계약에서 원시적 「일부불능」이 있는 때에는 제574조 및 제580조에 의한 담보책임만이 발생하고, 제535조에 의한 체약상의 과실책임은 생기지 않는다(동지 대판 2002. 4. 9, 99다47396).

(b) 무효인 계약이 유효하였다면 급부를 하였을 자가 그 불능을 알았거나 알 수 있었어야 한다(535조 1항).

(c) 상대방은 선의·무과실이어야 한다(535조 2항). 악의이거나 과실있는 자의 신뢰는 보호

할 필요가 없기 때문이다.

(나) 효 과 위의 요건이 갖추어진 때에는 과실있는 당사자는 상대방에게 그가 계약을 유효하다고 믿었음으로 인하여 받은 손해, 즉 신뢰이익을 배상하여야 한다(535조 1항 본문). 그러나 그 배상액은 계약이 유효함으로 인하여 생길 이익액, 즉 이행이익을 넘지는 못한다(535조 1항 단서). 즉 이행이익의 한도 내에서 신뢰이익을 배상하면 된다.

제 6 절 계약의 효력

D-54 Ⅰ. 서 설

계약 특히 채권계약의 효력은 채권계약에 의하여 발생하는 법률효과로서 채권·채무의 발생이다. 그런데 그 구체적 내용은 각각의 전형계약에 따라 다르다. 따라서 그에 대하여는 전형계약별로 논의하여야 한다. 그리고 계약의 효력은 계약이 성립요건과 유효요건을 모두 갖추는 경우에 발생한다. 그런데 그에 대하여는 민법총칙 부분에서 「법률행위의 요건」의 문제로서 이미 설명하였기 때문에 여기서는 생략한다(A-78·79 참조).

한편 민법전은 제 3 편(채권) 제 2 장(계약) 제 1 절(총칙) 제 2 관의 제목을 「계약의 효력」이라고 붙이고, 그 아래에서 동시이행의 항변권(536조)·위험부담(537조·538조)·제 3 자를 위한 계약(539조 내지 542조)에 관하여 규정하고 있다. 그리고 이들 중 앞의 두 가지는 쌍무계약에 특유한 문제이다. 아래에서는 이 세 가지 제도에 관하여서만 살펴보기로 한다.

Ⅱ. 쌍무계약의 효력

1. 쌍무계약의 특질(견련성)

앞서 본 바와 같이(D-24 참조), 쌍무계약은 각 당사자가 서로 대가적인 의미를 가지는 채무를 부담하는 계약이다. 이러한 쌍무계약의 경우에는 당사자 쌍방의 채무가 대가적인 의미(상대방의 채무부담을 전제 또는 목적으로 하여 자신이 채무를 부담함)가 있기 때문에 그것들은 서로 운명을 같이 하는 의존관계에 있게 되는데, 쌍무계약에 있어서 채무들 상호간의 의존관계를 채무의 견련성(牽連性)이라고 한다.

쌍무계약상의 채무의 견련성은 채무의 성립·이행·소멸(존속)의 세 방향에서 나타난다.

(1) 성립상의 견련성

이는 당사자 일방의 채무가 불능·불법 기타의 이유로 성립하지 않는 경우에는 상대방의 채무도 성립하지 않는다는 관계이다(예: 이미 불타 버린 건물을 매매한 경우, 불륜관계를 맺고 그 대가를 지급하기로 한 경우).

(2) 이행상의 견련성

이는 당사자 일방의 채무가 이행될 때까지는 상대방의 채무도 이행되지 않아도 무방하다는 것이다. 제536조의 동시이행의 항변권은 이행상의 견련성을 입법화한 제도이다.

(3) 존속상의 견련성

쌍무계약에서는 당사자 일방의 채무가 채무자에게 책임없는 사유로 이행불능이 되어 소멸한 경우에 상대방의 채무는 어떻게 되느냐가 문제된다. 소멸 내지 존속상의 견련성을 인정한다면 상대방의 채무도 소멸한다고 하게 될 것이고, 이를 부정한다면 상대방의 채무는 존속한다고 하게 될 것이다. 민법은 제537조·제538조에서 이에 대하여 규정하고 있으며, 그것이 곧 위험부담의 문제이다.

2. 동시이행의 항변권 D-55

(1) 의 의

1) 쌍무계약에 있어서 당사자 일방은 상대방이 채무를 이행하거나 이행의 제공을 할 때까지 자기 채무의 이행을 거절할 수 있는데(536조 1항)**, 이를 동시이행의 항변권이라고 한다.** 예컨대 A가 B에게 그의 시계를 3만원에 팔면서 그 시계를 1월 15일에 대금을 받으면서 넘겨주기로 하였는데, 1월 15일에 B가 시계의 대금은 준비하지 않은 채 A에게 시계를 넘겨달라고 하는 경우에, A는 B가 대금을 준비하여 제공할 때까지 시계의 인도를 거절할 수 있는바, 인도를 거절하는 A의 그 권리가 동시이행의 항변권이다.

쌍무계약의 경우 당사자 쌍방의 채무는 서로 대가적인 의미를 가지고 있다. 따라서 그 계약에서는 어느 일방 당사자가 자기 채무는 이행하지 않으면서 상대방에 대하여 이행을 청구하는 것은 **공평의 원칙과 신의칙**에 반한다. 여기서 민법은 쌍무계약의 당사자 사이의 공평을 꾀하기 위하여 동시이행의 항변권을 인정하고 있다.

2) 동시이행의 항변권은 쌍무계약에서의 채무들의 이행상의 견련관계를 인정하려는 제도이다. 이행상의 견련관계를 인정하는 방법(입법주의)에는 ① 상대방에 대하여 이행청구를 하려면 먼저 자기 채무를 이행하거나 또는 이행의 제공을 하여야 하는 태도(스위스채무법 82조)와 ② 이행청구는 자유롭게 할 수 있지만, 청구를 받은 당사자는 상대방의 반대급부가 있을 때까지 자기 급부를 거절할 수 있다고 하는 태도(독일민법 320조)의 두 가지가 있다. 이들 중 민법은 ②의 태도를 따르고 있다. 그리하여 우리 민법상 쌍무계약의 당사자는 자기의 채무를 이행하지 않고도 얼마든지 상대방에 대하여 이행을 청구할 수 있으며(대판 1994. 10. 28, 94다8679도 이를 인정함), 다만 청구를 받은 자는 청구자가 이행의 제공을 할 때까지 동시이행의 항변권을 행사하여 자신의 채무이행을 거절할 수 있을 뿐이다.

판 례 고유의 대가관계에 있는 채무가 아닌 경우 관련

「원래 동시이행의 항변권은 공평의 관념과 신의칙에 입각하여 각 당사자가 부담하는 채무가 서로 대가적 의미를 가지고 관련되어 있을 때 그 이행에 있어서 견련관계를 인정하여 당사자 일방은 상대방이 채무를 이행하거나 이행의 제공을 하지 아니한 채 당사자 일방의 채무의 이행을 청구할 때에는 자기의 채무이행을 거절할 수 있도록 하는 제도인바, 이러한 제도의 취지에서 볼 때 당사자가 부담하는 각 채무가 쌍무계약에 있어 고유의 대가관계가 있는 채무가 아니라고 하더라도 구체적인 계약관계에서 각 당사자가 부담하는 채무에 관한 약정내용에 따라 그것이 대가적 의미가 있어 이행상의 견련관계를 인정하여야 할 사정이 있는 경우에는 동시이행의 항변권을 인정할 수 있을 것이다.」(대판 1992. 8. 18, 91다30927)

3) 동시이행의 항변권과 비슷한 제도로 유치권이 있다. 그런데 이 두 제도의 비교에 관하여는 물권법 부분에서 자세히 설명하였으므로(B-297), 여기서는 생략하기로 한다.

4) 동시이행의 항변권에 관한 제536조는 임의규정이다. 따라서 당사자는 이를 포기할 수 있다(동지 대판 2025. 6. 26, 2025다209893 · 209894). 동시이행항변권의 포기는 명시적 의사표시뿐만 아니라 묵시적 의사표시로 이루어지는 것도 가능하지만, 묵시적 의사표시의 해석을 통한 동시이행항변권 포기의 인정은 엄격하고 신중하게 이루어져야 한다(대판 2025. 6. 26, 2025다209893 · 209894).

D-56 **(2) 법적 성질**

1) 학 설

(가) **원 용 설** 이 견해는, 동시이행의 항변권은 연기적 항변권으로서 상대방의 청구가 있어야 성립하고, 행사(원용)하지 않으면 효력이 생기지 않으나, 다만 예외적으로 두 경우(이행지체책임의 불발생과 상계금지)에는 그 권리가 존재하는 것만으로 효력이 생긴다고 한다. 이 견해는 과거에는 일치된 학설이었으며, 현재도 다수설이다(사견도 같음. 채권법각론 [36] 참조).

(나) **불원용설** 이 견해는, 동시이행의 항변권은 쌍무계약상의 채무의 성질에 해당하는 것으로서 원용을 기다리지 않고 계약의 체결과 동시에 그 항변권도 발생한다고 한다. 이는 근래에 새로이 주장된 소수설이며, 그에 의하면 동시이행의 항변권은 상대방의 청구 없이 발생하고 그것을 행사(원용)하는 것도 요구되지 않는다.

2) 판 례 판례는, 동시이행의 항변권은 행사하지 않는 한 고려할 필요가 없다고 하며(대판 2006. 2. 23, 2005다53187 등), 다만 이행지체책임은 그 권리를 행사하지 않아도 발생하지 않는다고 한다(대판 2024. 2. 29, 2023다289720 등. 그런데 판례는 536조가 유추적용되는 경우 중 일정한 때에는 동시이행의 항변권을 행사하여야 지체책임을 면한다고 한다(D-65 · 67 참조)). 이는 학설 중 원용설과 같은 태도이다.

3) 동시이행의 항변권의 법적 성질에 관하여 어떤 입장을 취하느냐에 따라, 그 권리의 요건과 효과에서 차이가 있다. 아래에서는 다수설인 원용설의 견지에서 적을 것이다.

(3) 성립요건 D-57

뒤에 보는 바와 같이(D-66 이하), 때에 따라서는 동일한 쌍무계약에 의하지 않은 채권관계의 당사자에게도 동시이행의 항변권이 인정된다. 그러나 그것은 제536조의 준용 또는 유추적용의 결과이다. 그에 비하여 제536조는 쌍무계약의 당사자에게만 그 권리를 인정한다. 이들 중 여기서는 제536조에서 정하는 요건만을 살펴보기로 한다.

1) 동일한 쌍무계약에 의한 대가적 의미 있는 채무의 존재 동일한 쌍무계약에 의하여 당사자 쌍방이 대가적 의미 있는 채무를 부담하고 있어야 한다.

(가) 당사자 쌍방의 채무가 동일한 쌍무계약이 아니고 별개의 계약에 의하여 생긴 경우에는 동시이행의 특약이 없는 한 동시이행의 항변권은 인정되지 않는다(대판 1990. 4. 13, 89다카23794 등).

(나) 쌍무계약에서 발생하는 당사자 일방의 채무가 여럿인 경우에는 어느 채무가 상대방의 채무와 동시이행의 관계에 있는가? 이는 상대방의 채무의 불이행이 있을 때 이행을 거절할 수 있는 채무의 범위의 문제이기도 하여 중요하다. 원칙적으로는 「본래의 급부의무」(급부의무의 개념에 대하여는 C-32 참조) 가운데 「주된 급부의무」만이 동시이행의 관계에 있고 「부수적 급부의무」는 아니라고 할 것이나, 「부수적 급부의무」일지라도 당사자가 그것을 동시이행하기로 특약하였거나 또는 그것이 당사자 일방에게 중요한 것으로 인정되는 경우에는 그 의무도 동시이행관계에 놓이게 된다(동지 대판 1976. 10. 12, 73다584).

판 례 동시이행의 항변권이 인정된 예 D-58

(ㄱ) 부동산 매매의 경우 매도인의 소유권이전등기 의무·인도의무와 매수인의 잔대금 지급의무는 동시이행의 관계에 있는 것이 원칙이고(대판 2000. 11. 28, 2000다8533 등), 여기의 소유권이전등기 의무는 제한이나 부담이 없는 소유권이전등기 의무이므로 매매목적 부동산에 근저당권이 설정되어 있거나 가압류등기 또는 가처분등기가 되어 있거나 지상권등기와 함께 가압류등기가 되어 있는 경우에는 근저당설정등기의 말소의무(대판 1991. 11. 26, 91다23103 등), 가압류등기의 말소의무(대판 2001. 7. 27, 2001다27784·27791 등), 가처분등기의 말소의무(대판 1999. 7. 9, 98다13754·13761 등 참조), 지상권설정등기 및 가압류등기의 말소의무(대판 1991. 9. 10, 91다6368)도 매수인의 잔대금 지급의무와 동시이행관계에 있다. 토지거래신고구역에서의 매매의 경우에는 신고필증 제공의무도 마찬가지이다(대판 1993. 8. 24, 92다56490 등).

(ㄴ) 부동산 매매계약시 그 부동산의 양도로 인하여 매도인이 부담할 양도소득세를 매수인이 부담하기로 하는 약정이 있는 경우, 매수인이 양도소득세를 부담하기 위한 이행제공의 형태·방법·시기 등이 매도인의 소유권이전등기 의무와 견련관계에 있는 때에는, 매도인의 소유권이전등기 의무와 매수인의 양도소득세 제공의무는 동시이행관계에 있다(대판 1995. 3. 10, 94다27977 등).

(ㄷ) 수급인이 도급계약에 따른 의무를 제대로 이행하지 못함으로 말미암아 도급인의 신체 또는 재산에 손해가 발생한 경우 … 하자확대손해로 인한 수급인의 손해배상채무와 도급인의 공사대금채무도 동시이행관계에 있는 것으로 보아야 한다(대판 2005. 11. 10, 2004다37676. D-294에 자세히 인용).

㈃「하나의 계약 혹은 그 계약에 추가된 약정으로 둘 이상의 민법상의 전형계약 내지 민법상의 채권적 권리의무관계(이하 '민법상의 전형계약 등'이라 한다)가 포괄되어 있고, 이에 따른 당사자 사이의 여러 권리의무가 동일한 경제적 목적을 위하여 서로 밀접하게 연관되어 있는 경우에는, 이를 민법상의 전형계약 등에 상응하는 부분으로 서로 분리하여 그 각각의 전형계약 등의 범위 안에서 대가관계에 있는 의무만을 동시이행관계에 있다고 볼 것이 아니고, 당사자 일방의 여러 의무가 포괄하여 상대방의 여러 의무와 사이에 대가관계에 있다고 인정되는 한, 이러한 당사자 일방의 여러 의무와 상대방의 여러 의무는 동시이행의 관계에 있다고 볼 수 있다.」(공사도급계약의 도급인이 자신 소유의 토지에 근저당권을 설정하여 수급인으로 하여금 공사에 필요한 자금을 대출받도록 한 사안에서, 수급인의 근저당권 말소의무는 도급인의 공사대금채무에 대하여 공사도급계약상 고유한 대가관계가 있는 의무는 아니지만, 담보제공의 경위와 목적, 대출금의 사용용도 및 그에 따른 공사대금의 실질적 선급과 같은 자금지원 효과와 이로 인하여 도급인이 처하게 될 이중지급의 위험 등 구체적인 계약관계에 비추어 볼 때, 이행상의 견련관계가 인정되므로 양자는 서로 동시이행의 관계에 있고, 나아가 수급인이 근저당권 말소의무를 이행하지 아니한 결과 도급인이 위 대출금 및 연체이자를 대위변제함으로써 수급인이 지게 된 구상금채무도 근저당권 말소의무의 변형물로서 그 대등액의 범위 내에서 도급인의 공사대금채무와 동시이행의 관계에 있다고 한 사례)(대판 2010. 3. 25, 2007다35152)

㈄ 갑의 대지 위에 갑 명의로 건축허가를 받아 을이 3층 건물을 신축한 뒤 일부 층은 갑, 나머지 층은 을의 소유로 하고 그 비율에 따른 대지지분을 을에게 이전하기로 한 경우, 그로 인한 갑과 을 사이의 여러 권리의무가 전체로서 동시이행관계에 있다고 인정한 사례(대판 1995. 8. 22, 95다1521).

D-59 ㈐ 동시이행의 항변권은 쌍무계약을 체결한 본래의 당사자에게만 인정되는 것은 아니다. 쌍무계약에 의한 대가적인 의미의 채무가 동일성을 유지하는 한 다른 자와의 사이에서도 인정된다. 그리하여 채권양도·채무인수·상속의 경우에는 그 항변권이 존속한다. 채권이 전부(轉付)(민사집행법 229조 3항 참조)된 경우에도 같다(대판 1989. 10. 27, 89다카4298: 536조가 유추적용되는 사안임). 채권에 대하여 압류 및 추심명령(민사집행법 229조 2항 참조)이 있는 경우에는 채권이 추심채권자에게 이전되는 것도 아니므로 추심채무자는 당연히 동시이행의 항변권을 상실하지 않는다(대판 2001. 3. 9, 2000다73490). 당사자 일방의 채무가 책임있는 이행불능으로 인하여 손해배상채무로 변한 때에도 동시이행관계는 유지된다(대판 1997. 4. 25, 96다40677 · 40684(536조가 유추적용되는 사안); 대판 2000. 2. 25, 97다30066(536조가 준용되는 사안)). 그에 비하여 경개와 같이 채권의 동일성이 유지되지 않는 경우에는 동시이행의 항변권은 소멸한다.

판 례 채권이 전부된 경우의 동시이행관계

「임차인의 임차보증금 반환청구채권이 전부된 경우에도 채권의 동일성은 그대로 유지되는 것이어서 동시이행관계도 당연히 그대로 존속한다고 해석할 것이므로 임대차계약이 해지된 후에 임대인이 잔존 임차보증금 반환청구채권을 전부받은 자에게 그 채무를 현실적으로 이행하였거나 그 채무이행을 제공하였음에도 불구하고, 임차인이 목적물을 명도하지 않음으로써 임차목적물 반환채무가 이행지체에 빠지는 등의 사유로 동시이행의 항변권을 상실하게 되었다는 점에 관하여 임대인이 주장·입증을 하지 않은 이상 임차인의 목적물에 대한 점유는 동시이행의 항변권에 기한 것이어서 불법점유라고 볼 수 없다.」(대판 2002. 7. 26, 2001다68839)

(라) 동시이행의 항변권이 인정되려면 대가적인 의미의 채무가 대립하여 존재하고 있어야 하며, 당사자 일방의 채무가 소멸하여 대립상태가 해소되면 그 권리는 존속하지 않는다. 그리하여 예컨대 당사자 일방의 채무가 채무자의 책임없이 이행불능으로 되면 동시이행의 항변권도 소멸한다. 다만, 상대방에게 대상청구권이 발생한 때에는 예외이다.

(마) 토지임차인이 제643조에 의하여 건물 기타 지상시설의 매수청구를 한 경우에는, 비록 지상시설의 매매계약이 임차인의 일방적 의사표시에 의하여 성립하기는 하지만(매수청구권은 형성권이라고 해석됨), 그 매매에 의하여 토지임차인의 건물인도 및 소유권이전등기 의무와 토지임대인의 건물대금 지급의무는 서로 대가관계에 있으므로 그 당사자들은 동시이행의 항변권을 가진다(대판 1998. 5. 8, 98다2389 등). 따라서 임차인이 임대인에게 매수청구권이 행시된 건물들에 대한 인도(명도)와 소유권이전등기를 마쳐주지 아니하였다면 임대인에게 그 매매대금에 대한 지연손해금을 청구할 수 없다(대판 1998. 5. 8, 98다2389).

(바) 동시이행관계에 있는 쌍무계약상의 확정기한을 당사자의 합의로 연기한 경우에는 다른 의사표시가 없는 한 동시이행관계에 있는 쌍무계약으로 존속한다(대판 1956. 4. 12, 4288민상398).

2) 상대방의 채무가 변제기에 있을 것 D-60

(가) 이는 제536조 제 1 항 단서가 규정한다(그리하여 증명책임은 상대방에게 전가됨). 여기의 상대방은 「동시이행의 항변권을 가지게 될 자의 상대방」 즉 청구하는 자이다. 그러면 동시이행의 항변권을 가지게 될 자의 채무는 변제기에 있지 않아도 되는가? 그 경우에는 상대방은 청구 자체를 할 수 없고, 따라서 청구받은 자는 동시이행의 항변권을 가질 여지도 없으나(항변권은 청구권의 작용을 저지하는 권리로서 청구권을 전제로 하는데, 그때는 청구권이 없으므로 항변권도 생길 수 없다), 청구받은 자가 아무런 행위를 하지 않아도 이행판결이 선고되지 못한다(그는 곧바로 이행 거절을 하여도 됨). 결국 동시이행의 항변권은 당사자 쌍방의 채무가 모두 변제기에 있는 경우에 성립한다.

이 요건 때문에 상대방의 채무는 변제기에 있지 않고 자기의 채무만이 변제기에 있는 당사자는 동시이행의 항변권을 가지지 못한다. 즉 선이행의무자는 동시이행의 항변권이 없다. 선이행의무는 당사자의 특약(대판 2001. 6. 26, 99다47501 참조)이나 법률규정(예: 633조 · 665조 · 686조)에 의하여 생긴다.

(나) 선이행의무자에게 동시이행의 항변권이 없다는 원칙에는 예외가 있다.

첫째는 민법이 규정하는 예외로서, 선이행의무자의 「상대방의 이행이 곤란할 현저한 사유가 있는 때」에는 선이행의무자에게 동시이행의 항변권이 인정된다(536조 2항). 이를 불안의 항변권이라고 한다.

판 례 선이행의무자의 동시이행항변권 관련(536조 2항)

(ㄱ) 「민법 제536조 제 2 항 소정의 선이행의무를 지고 있는 당사자가 상대방의 이행이 곤란할 현저한 사유가 있는 때에 자기의 채무이행을 거절할 수 있는 경우란 선이행의무를 지게 된 채권자가 계약성립 후 채무자의 신용불안이나 재산상태의 악화 등 사정으로 반대급부를 이행받을 수 없는 사정변경이 생기고 이로 인하여 당초의 계약내용에 따른 선이행의무를 이행케 하는 것이 공평과 신의칙에 반하게 되는 경우를 말하는 것이고, 이와 같은 사유는 당사자 쌍방의 사정을 종합하여 판단하여야 할 것」이다(대판 1990. 11. 23, 90다카24335).

(ㄴ) 대법원은, 아파트 건설업자가 수분양자와 분양계약을 체결하고 입주시킨 날로부터 5년여가 경과한 시기에 이르기까지 아파트에 대한 준공검사조차 마치지 못한 경우(대판 1992. 4. 24, 92다3779), 법령상의 제한 때문에 매매목적 토지를 당초에 지정한 용도대로 사용할 수 없어 계약목적 달성이 불가능하고 장래에도 불투명한 경우(대판 1997. 7. 25, 97다5541), 매매목적 부동산인 상가부지에 처분금지 가처분등기 및 예고등기가 기입되어 있어 소유권이전등기 의무 이행이 현저히 불투명한 경우(대판 1999. 7. 9, 98다13754 · 13761), 구상권자에 대하여 파산이 선고된 후에 사전구상권을 행사하는 경우(대판 2002. 11. 26, 2001다833), 토지매수인 · 시공회사 · 신탁회사간에 신탁방식에 의한 오피스텔 신축 및 분양사업에 관한 기본약정을 맺은 후 외환위기로 신탁회사가 사업자금 차입 곤란 등으로 공사선급금 등의 지급확보책을 제시하지 못한 경우(대판 2003. 5. 16, 2002다2423)에 대하여 각각 수분양자, 토지매수인, 상가부지의 매수인, 구상채무의 보증인, 시공회사는 그들의 선이행의무의 이행을 거절할 수 있다고 하였다.

(ㄷ) 「계속적 거래관계에 있어서 재화나 용역을 먼저 공급한 후 일정기간마다 거래대금을 정산하여 일정기일 후에 지급받기로 약정한 경우에 공급자가 선이행의 자기 채무를 이행하고 이미 정산이 완료되어 이행기가 지난 전기의 대금을 지급받지 못하였거나 후이행의 상대방의 채무가 아직 이행기가 되지 아니하였지만 이행기의 이행이 현저히 불안한 사유가 있는 경우에는 민법 제536조 제 2 항 및 신의성실의 원칙에 비추어 볼 때 공급자는 이미 이행기가 지난 전기의 대금을 지급받을 때 또는 전기에 대한 상대방의 이행기 미도래채무의 이행불안사유가 해소될 때까지 선이행의무가 있는 다음 기간의 자기 채무의 이행을 거절할 수 있다.」(대판 2002. 9. 4, 2001다1386)

(ㄹ) 「상대방의 채무가 아직 이행기에 이르지 않았지만 이행기에 이행될 것인지 여부가 현저히 불확실하게 된 경우에는 선이행채무를 지고 있는 당사자라도 상대방의 이행이 확실하게 될 때까지 선이행의무의 이행을 거절할 수 있다.」(대판 2023. 12. 7, 2023다269139)

둘째는 학설·판례가 인정하는 예외로서, 선이행의무자가 이행하지 않고 있는 동안에 상대방의 채무의 변제기가 된 때에는 종래 선이행의무자였던 자에게 동시이행의 항변권을 인정한다. 동시이행의 항변권의 요건으로서의 변제기의 도래는 항변권을 행사할 때 상대방의 채무가 이행기에 있을 것을 요구하는 것일 뿐이며 처음부터 이행기가 같아야 하는 것이 아니라는 이유에서이다. 그런데 어떤 범위에서 이를 인정할 것인가에 대하여는 학설이 나뉜다. i) 다수설은 특별한 제한을 두지 않고 일반적으로 항변권을 인정하나, ii) 소수설은 당사자의 의사해석이나 계약의 성질에 비추어 선이행의무가 존속되어야 할 경우 이외에만 항변권을 인정할 것이라고 한다(사견도 같음). 판례는 얼핏보면 다수설과 같은 것처럼 보이나(대판 2002. 3. 29, 2000다577 등), 많은 판결에서 「특별한 사정이 없는 한」 동시이행관계에 있다고 하고(대판 2021. 7. 29, 2017다3222·3239 등), 또 구체적인 경우에 선이행을 유지해야 할 특별한 사정이 있다고 인정한 적이 있는 점에 비추어 볼 때(대판 1997. 4. 11, 96다31109), 특별한 사정이 없는 때에만 동시이행의 항변권을 인정하는 견지에 있다고 할 것이다. D-61

(판 례) 선이행의무자가 이행하지 않는 동안에 상대방의 채무의 변제기가 된 경우 관련 D-62

(ㄱ) 「부동산매매계약에 있어 특별한 약정이 없는 한 매수인은 그 부동산에 설정된 근저당권설정등기가 있어 완전한 소유권이전을 받지 못할 우려가 있으면 그 근저당권의 말소등기가 될 때까지 그 등기상의 담보한도금액에 상당한 대금지급을 거절할 수 있다 할 것이고 또한 매수인이 선이행의무 있는 중도금을 이행하지 않았다 하더라도 계약이 해제되지 않은 상태에서 잔대금 지급기일이 도래하여 그때까지 중도금과 잔대금이 지급되지 아니하고 잔대금과 동시이행관계에 있는 매도인의 그 소유권이전등기 소요서류가 제공된 바 없이 그 기일이 도과하였으면 매수인의 위 중도금 및 잔대금의 지급과 매도인의 소유권이전등기 소요서류의 제공은 동시이행관계에 있다 할 것이고 그때부터는 매수인은 위 중도금을 지급하지 아니한데 대한 이행지체의 책임을 지지 아니한다.」(대판 1988. 9. 27, 87다카1029)

(ㄴ) 그 밖에 대법원은, 선이행의무인 인도의무가 이행되지 않은 상태에서 잔금 지급기일이 도래한 경우(대판 1988. 12. 6, 87다카2739·2740), 선이행의무인 잔대금 지급의무가 이행되지 않은 채로 부동산의 인도의무의 이행기가 된 경우(대판 1991. 8. 13, 91다13144), 매도인이 선이행의무인 소유권이전등기 및 근저당권 말소의무를 이행하지 않던 중 매수인의 잔대금 지급채무의 이행기가 지난 경우(대판 1992. 7. 24, 91다38723·38730), 매수인들이 선이행해야 할 중도금 지급의무를 이행하지 않은 상태에서 입주예정일이 도래한 경우(입주를 가능하게 할 의무)(대판 1998. 2. 10, 96다7793·7809·7816), 교환계약의 당사자 일방 A의 대출이자 지급의무는 상대방 B의 소유권이전등기 의무보다 선이행의무이고 B의 소유권이전등기 의무는 A의 대출원금 지급의무보다 선이행의무인 경우에 위의 모든 채무가 이행기에 이행되지 않은 채 이행기를 지난 때(대판 1998. 7. 24, 98다13877), 수분양자가 중도금 지급의무를 지체한 상태에서 입주예정일이 된 경우(분양자의 입주를 가능하게 할 의무)(대판 1999. 2. 23, 97다53588)에도 (ㄱ)과 같은 결과를 인정하였다.

(ㄷ) 「매수인이 선이행하여야 할 중도금지급을 하지 아니한 채 잔대금지급일을 경과한 경

우에는 매수인의 중도금 및 이에 대한 지급일 다음날부터 잔대금지급일까지의 지연손해금과 잔대금의 지급채무는 매도인의 소유권이전등기의무와 특별한 사정이 없는 한 동시이행관계에 있」다(대판 1991. 3. 27, 90다19930[핵심판례 302면]). 주의할 것은, 이 판례에서 「잔대금지급일까지의 지연손해금」은 잔금지급일에 이를 때까지의 지연손해금, 따라서 잔대금지급일 전날까지의 지연손해금을 가리키는 것으로 이해해야 한다. 왜냐하면 잔대금지급일부터는 동시이행관계에 있으므로, 그 날부터는 이행하지 않는다고 해도 이행지체로 되지 않기 때문이다.

㈑ 매도인이 매수인으로부터 중도금을 지급받아 원 매도인에게 매매잔대금을 지급하지 아니하고서는 토지의 소유권이전등기 서류를 갖추어 매수인에게 제공하기 어려운 특별한 사정이 있었고, 매수인도 그러한 사정을 알고 매매계약을 체결하였던 경우, 매도인의 소유권이전등기절차 서류의 제공의무는 매수인의 중도금 지급이 선행되었을 때에 매수인의 잔대금의 지급과 동시에 이를 이행하기로 약정한 것이라고 할 것이므로, 매수인의 중도금 지급의무는 당초 계약상의 잔금 지급기일을 도과하였다고 하여도 매도인의 소유권이전등기 서류의 제공과 동시이행의 관계에 있다고 할 수 없다고 한 사례(대판 1997. 4. 11, 96다31109).

D-63 **3) 상대방이 이행 또는 이행의 제공을 하지 않고서 이행을 청구하였을 것**

㈎ 상대방이 채무의 내용에 좇은 이행을 하면 채무의 대립상태는 소멸하고, 따라서 동시이행의 문제는 생기지 않는다.

상대방이 채무의 내용에 좇은 이행의 제공을 한 때에도 동시이행의 항변권은 인정되지 않는다(536조 1항 본문 참조). 이때의 이행제공의 정도는 일반원칙에 따른다(C-364 이하 참조).

㈏ **상대방이 일부이행 또는 불완전급부**(이는 통설의 불완전이행에 포함됨. C-114 이하 참조)**를 하거나 그 제공만을 한 경우**에는 어떤가? 이러한 때에는 원칙적으로 급부를 수령할 필요가 없고, 따라서 자신의 채무도 이행할 필요가 없다. 그러나 특정물채무의 경우에는 목적물의 동일성이 유지되는 한 현상대로 수령하여야 하고(462조), 그러한 한 반대급부의 이행도 거절하지 못한다. 그리고 종류채무의 경우에는 가분인 급부를 수령한 때에는 상응하는 반대급부를 하여야 하나, 부족부분이 경미하면 신의칙상 반대급부 전부를 이행하여야 한다.

㈐ 상대방이 이행의 제공을 하였으나 이를 수령하지 않음으로써 **수령지체에 빠진 당사자는 그 후 상대방이 이행의 제공을 하지 않고서 이행을 청구한 경우에 동시이행의 항변권을 행사할 수 있는가?** 이를 인정하는 것이 통설이며, **판례도 같다**(대판 2014. 4. 30, 2010다11323 등 다수). 이에 의하면 청구자는 무조건의 급부판결이 아니고 상환급부판결만을 받게 된다.

판례 수령지체에 빠진 당사자의 동시이행항변권

「쌍무계약의 당사자 일방이 먼저 한번 현실의 제공을 하고, 상대방을 수령지체에 빠지게 하였다 하더라도 그 이행의 제공이 계속되지 않는 경우는 과거에 이행의 제공이 있었다는 사실만으로 상대방이 가지는 동시이행의 항변권이 소멸하는 것은 아니므로, 일시적으로 당사자 일방의 의무의 이행제공이 있었으나 곧 그 이행의 제공이 중지되어 더 이상 그 제공이 계속되지 아니하는 기간 동안에는 상대방의 의무가 이행지체 상태에 빠졌다고 할 수는 없다고 할 것이고, 따라서 그 이행의 제공이 중지된 이후에 상대방의 의무가 이행지체되었음을 전제로 하는 손해배상청구도 할 수 없다.」(대판 1999. 7. 9, 98다13754 · 13761)

판 례 동시이행의 항변권 행사가 권리남용에 해당하는 경우

대법원은 「일반적으로 동시이행의 관계가 인정되는 경우에 그러한 항변권을 행사하는 자의 상대방이 그 동시이행의 의무를 이행하기 위하여 과다한 비용이 소요되거나 또는 그 의무의 이행이 실제적으로 어려운 반면 그 의무의 이행으로 인하여 항변권자가 얻는 이득은 별달리 크지 아니하여 동시이행의 항변권의 행사가 주로 자기 채무의 이행만을 회피하기 위한 수단이라고 보여지는 경우에는 그 항변권의 행사는 권리남용으로서 배척되어야 할 것이다」라고 하며(대판 2001. 9. 18, 2001다9304), 임대차가 종료된 경우에 있어서 임차인이 326,000원이 소요되는 전기시설의 원상회복을 하지 않은 채 건물을 인도하려고 하는데 임대인이 이를 이유로 1억 2천여만원의 잔존 임대차보증금 전액의 반환을 거부하는 것은 공평의 관념에 반하여 부당하고 그와 같은 임대인의 동시이행의 항변은 신의칙에 반하는 것이 되어 허용할 수 없다고 하였다(대판 1999. 11. 12, 99다34697).

(4) 효 력 D-64

1) 이행거절 권능(본질적 효력) 동시이행의 항변권은 상대방이 채무를 이행하거나 이행의 제공을 할 때까지 자기 채무의 이행을 거절할 수 있는 권리이다. 즉 일시적으로 상대방의 청구권의 작용을 저지하는 연기적 항변권이다(청구권을 소멸시키지는 않음).

동시이행의 항변권은 항변권의 일종으로서 재판상 또는 재판 외에서 행사하여야 그 본질적 효력이 생긴다. 만약 이를 행사하지 않으면 청구권은 온전한 효력을 발휘하며, 법원도 그 존재를 고려하지 않는다(대판 1967. 9. 19, 67다1231). 그리하여 원고승소판결을 하게 된다. 이 항변권을 행사할지 여부는 항변권자가 자유롭게 결정할 수 있고, 행사시기는 제한이 없으므로 청구받은 때 행사하면 된다(동시이행의 항변권을 가지게 될 자의 채무가 이행기에 있지 않으면, 상대방의 청구권이 인정되지 않고, 동시이행의 항변권도 존재하지 않으므로, 동시이행의 항변권을 행사할 여지가 없다. D-60 참조).

소송에서 원고의 청구에 대하여 피고가 적법하게 동시이행의 항변권을 행사한 경우에, 원고가 자기 채무의 이행의 제공을 하고 있음을 증명하지 못한 때에는, 법원은 원고패소판결을 할 것이 아니고 상환급부판결(피고는 원고의 이행과 상환으로 이행하여야 한다는 판결)을 하여야 한다(이설 없음). 그리고 이 상환급부판결에 기하여 강제집행을 하는 경우에 원고가 하는 급부는 집행력 있는 정본 부여의 요건(민사집행법 30조 2항 참조)이 아니고 집행개시의 요건이다(민사집행법 41조 참조)(통설 · 판례임. 대결 1977. 11. 30, 77마371). 이에 의하면 반대

급부의 이행이나 제공 유무를 법원이 아니고 집행관 기타의 집행기관이 심사하게 된다(이때는 반대급부의 내용이 이미 확정되어 있으므로, 이렇게 하여도 청구자의 상대방을 불이익하게 하지 않는다).

판 례 매수인이 일부청구를 한 경우 이행거절의 범위(전부)

「부동산매매계약에서 발생하는 매도인의 소유권이전등기 의무와 매수인의 매매잔대금 지급의무는 동시이행관계에 있고, 동시이행의 항변권은 상대방의 채무이행이 있기까지 자신의 채무이행을 거절할 수 있는 권리이므로, 매수인이 매도인을 상대로 매매목적 부동산 중 일부에 대해서만 소유권이전등기 의무의 이행을 구하고 있는 경우에도 매도인은 특별한 사정이 없는 한 그 매매잔대금 전부에 대하여 동시이행의 항변권을 행사할 수 있다.」(대판 2006. 2. 23, 2005다53187)

D-65 **2) 부수적 효과** 문헌들은 일치하여 뒤에 기술하는 일정한 경우에는 동시이행의 항변권이 존재하는 것만으로 효과가 생긴다고 한다. 그러면서 원용설에서는 예외라고 하고, 불원용설은 원용설의 그러한 태도를 일관성이 없다고 비판한다. 그러나 그 경우들은 동시이행의 항변권의 본질적 효력인 이행거절과 관련이 없고, 이행지체나 상계법에서의 문제이다. 그리고 각기 그 법영역에서 동시이행관계에 있는 때 즉 청구가 있으면 동시이행의 항변권이 생길 수 있는 때(잠재적으로 항변권의 발생이 가능한 상태)에는 특수한 효과가 인정되는 것일 뿐이다. 그러므로 그 효과발생을 위하여 항변권을 행사하여야 할 필요도 없다. 어떤 방법으로든 그러한 사실이 인정되면 효과가 생기게 된다. 그러한 경우를 구체적으로 살펴보기로 한다.

동시이행관계에 있어서 동시이행의 항변권이 생길 수 있는 동안에는 채무자는 이행지체가 되지 않는다(통설·판례임). 이행지체의 요건 중 위법성이 없기 때문이다. 이때 동시이행의 항변권을 행사할 필요도 없다(D-56에 인용된 판례도 같음. 다만, 판례는 기존채무의 이행확보를 위하여 어음이나 수표를 발행한 경우와 상품권을 발행한 경우에 관하여, 그 경우에는 채무자로 하여금 2중지급의 위험을 면하게 하려고 동시이행의 항변권을 인정하는 것이므로, 동시이행의 항변권을 행사하지 않으면 지체책임을 진다고 한다(D-67의 ④ 판결 참조)). 따라서 청구자가 이행지체를 이유로 계약을 해제하려면 자기 채무의 이행의 제공을 하여야 한다(동지 대판 2022. 10. 27, 2022다238053 등 다수). 한편 채무자가 선이행의무자인 때에는 동시이행의 항변권이 없어서(D-60 참조) 이행기에 이행을 하지 않으면 이행지체책임을 면하지 못한다. 판례도 같은 취지에서, 금전채권의 채무자가 채권자에게 담보를 제공한 경우 특별한 사정이 없는 한 채권자는 채무자로부터 채무를 모두 변제받은 다음 담보를 반환하면 될 뿐 채무자의 변제의무와 채권자의 담보 반환의무가 동시이행관계에 있다고 볼 수 없으며, 따라서 채권자가 채무자로부터 제공받은 담보를 반환하기 전에도 특별한 사정이 없는 한 채무자는 이행지체책임을 진다고 한다(대판 2019. 10. 31, 2019다247651)(D-68의 ① 판결도 참조).

동시이행의 항변권이 생길 수 있는 채권을 자동채권으로 상계하지 못한다(통설·판례임. 대판 1975. 10. 21, 75다48)(동시이행의 항변권뿐만 아니라 다른 항변권이 붙어 있는 경우에도 같다. C-421 참조). 이를 허용하면 상대방은 부당하게 동시이행의 항변권의 기능을 잃게 되기 때문이다. 예컨대 B로부터 금전을 빌리고 있는 A가 그의 부동산을 B에게 매도한 경우에, A는 그의 매매대금채권(동시이행의 항변권이 생길 수 있는 채권임)을 자동채권으로 그의 대여금채무와 상계하지 못한다. 그러나 B가 상계하는 것은 허용된다. 이때에 B는 항변권을 스스로 포기하는 것이기 때문이다.

(5) 제536조의 준용 및 유추적용 D-66

동시이행의 항변권을 인정하는 이유는 쌍무계약에서 발생하는 대가적인 의미의 채무는 동시에 이행되는 것이 공평하고 신의칙에 부합하기 때문이다. 그렇다면 이러한 결과는 당사자 쌍방의 채무가 비록 쌍무계약에 의하여 발생하지는 않았지만 서로 견련적으로 이행하는 것이 공평한 경우에도 인정됨이 마땅하다. 그러한 입장에서 민법과 특별법은 일정한 경우에는 제536조를 준용하고 있다(예: 549조 · 583조 · 667조 · 728조, 주택임대차보호법 3조 6항, 가등기담보법 4조 3항 · 5조 5항). 그뿐만 아니라 판례는 제536조를 준용한다는 규정이 없는 경우에도 때에 따라서는 그 규정을 유추적용하여 동시이행의 항변권을 인정하고 있으며, 학설도 이를 지지하고 있다. 이를 좀더 자세히 살펴보기로 한다.

판례는, 「양 채무가 동일한 법률요건으로부터 생겨서 공평의 관점에서 보아 견련적으로 이행시킴이 마땅한 경우」(대판 2000. 10. 27, 2000다36118 등) 또는 「구체적 계약관계에서 당사자 쌍방이 부담하는 채무 사이에 대가적 의미가 있어 이행상 견련관계를 인정하여야 할 사정이 있는 경우」(대판 1993. 2. 12, 92다23193[핵심판례 282면]; 대판 2021. 2. 25, 2018다265911 등 다수)에는 동시이행의 항변권(대판 2022. 5. 13, 2019다215791은 위 둘째의 경우에 536조 1항의 항변권뿐만 아니라 그 2항의 항변권도 인정한다)을 인정할 것이라고 한다. 그런데 쌍무계약상의 채권채무관계나 그와 유사한 대가관계가 있어서가 아니고 이중지급의 위험을 방지하기 위하여 공평의 관념과 신의칙상 동시이행관계를 인정한 경우도 있다(대판 1999. 7. 9, 98다47542(원인채무 이행의무와 어음 반환의무 사이); 대판 2007. 9. 20, 2005다63337(상품권 발행인의 손해배상의무와 소지인의 상품권 반환의무 사이); 대판 2015. 1. 29, 2013다100750(예탁금제 골프회원권에 있어서 골프장 시설업자의 예탁금 반환의무와 회원의 회원증 반납의무 사이. 이 경우에는 대가관계가 있어서가 아니므로 골프장 시설업자의 예탁금 반환의무에 관하여는 탈퇴 의사표시와 그 반환청구를 받은 때부터 이행지체의 책임을 진다고 함) 등).

판 례 제536조의 유추적용을 인정 또는 부정한 예 D-67

(ㄱ) 인정한 예 대법원은, ① 쌍무계약이 무효 또는 취소된 경우의 각 당사자의 반환의무(무효의 경우: 대판 1994. 9. 9, 93다31191(근저당권등기 말소의무와 부당이득 반환의무); 대판 2007. 12. 28, 2005다38843 등. 취소의 경우: 대판 2001. 7. 10, 2001다3764)(쌍무계약이 무효로 되어 각 당사자가 서로 취득한 것을 반환하여야 할 경우 각 당사자의 반환의무는 동시이행의 관계에 있고, 그러한 동시이행의 항변권을 행사하여 계약 목적물을 계속 점유한 것이라면 그 점유를 불법점유라고 할 수 없을 것이나, 그러한 동시이행의 항변권을 상실하였음에도 불구하고 그 목적물의 반환을 계속 거부하면서 점유하고 있다면 그러한 점유는 적어도 과실에 의한 점유로서 불법행위를 구성한다: 대판 1996. 6. 14, 95다54693. 임대차계약이 종료된 경우에 관한 동지의 판례는 D-243 참조), ② 경매절차가 무효로 된 때에 있어서 소유권이전등기 말소의무와 배당금 반환의무(대판 1995. 9. 15, 94다55071. 그런데 대판 2006. 9. 22, 2006다24049는, 낙찰자가 부담하는 소유권이전등기 말소의무는 채무자에 대한 것이고 낙찰자의 배당금 반환청구권은 수령한 채권자에 대한 것이어서, 두 의무는 상대방을 달리한 것이므로 동시이행관계에 있지 않다고 한다), ③ 임대차가 종료된 경우의 임차인의 목적물반환의무와 임대인의 보증금반환의무(대판(전원) 1977. 9. 28, 77다1241 · 1242; 대판 1987. 6. 23, 87다카98. 그 밖에 동시이행관계를 전제로 판단한 판결도 많이 있다. 가령 대판 2002. 2. 26, 2001다77697), ④ 기존채무의 이행확보를 위하여 어음이나 수표를 발행한 경우의 기존채무의 이행과 어음·수표의 반환(어음에 대한 판결: 대판 1992. 12. 22, 92다8712; 대판 1996. 3. 22, 96다1153(채권만 양도

된 경우임); 대판 1996. 9. 24, 96다23030(어음을 양도한 경우임) 등. 수표에 대한 판결: 대판 2003. 5. 30, 2003다13512 등)(그런데 판례는, 기존채무와 어음·수표채무가 병존하는 경우 원인채무의 이행과 어음·수표의 반환이 동시이행의 관계에 있다 하더라도 채권자가 어음·수표의 반환을 제공을 하지 않으면 채무자에게 적법한 이행의 최고를 할 수 없다고 할 수는 없고, 채무자는 원인채무의 이행기를 도과하면 원칙적으로 이행지체의 책임을 지고, 채권자로부터 어음·수표의 반환을 받지 아니하였다 하더라도 이 어음·수표를 반환하지 않음을 이유로 위와 같은 항변권을 행사하여 그 지급을 거절하고 있는 것이 아닌 한 이행지체의 책임을 면할 수 없다고 한다. 대판 1999. 7. 9, 98다47542·47559 등. 상품권 반환에 관하여 동지 대판 2007. 9. 20, 2005다63337), ⑤ 차용금채무의 이행확보를 위하여 어음과 수표를 교부한 뒤 이 차용금채무에 대한 대물변제로서 부동산에 대하여 매매계약을 체결한 경우의 대물변제의 이행과 어음·수표의 반환(대판 1985. 11. 26, 85다카848), ⑥ 명의수탁재산이 상속재산에 포함됨으로써 명의수탁자의 상속인이 추가로 부담한 상속세 상당액에 대하여 명의신탁자가 상환의무를 부담하는 경우에 명의신탁자가 상속인에 대하여 부담하는 상환의무와 상속인이 부담하는 소유권이전등기 의무(대판 1999. 10. 12, 98다6176), ⑦ 화물자동차의 지입계약이 종료된 경우 지입회사의 지입차량에 대한 소유권이전 등록절차 이행의무와 지입차주의 연체된 관리비 등의 지급의무(대판 2003. 11. 28, 2003다37136), ⑧ 신탁계약에 있어서 위탁자 또는 수익자가 부담하는 신탁비용 및 신탁보수 지급의무와 신탁종료시에 수탁자가 부담하는 신탁재산을 이전할 의무(대판 2006. 6. 9, 2004다24557)는 각각 동시이행관계에 있다고 한다. 그리고 ⑨「부동산 매매계약에 있어 매수인이 부가가치세를 부담하기로 약정한 경우 부가가치세를 매매대금과 별도로 지급하기로 했다는 등의 특별한 사정이 없는 한 부가가치세를 포함한 매매대금 전부와 부동산의 소유권이전등기 의무가 동시이행의 관계에 있」고(대판 2006. 2. 24, 2005다58656·58663), ⑩「부동산 매매계약과 함께 이행인수계약이 이루어진 경우, 매수인이 인수한 채무는 매매대금 지급채무에 갈음한 것으로서 매도인이 매수인의 인수채무 불이행으로 말미암아 또는 임의로 인수채무를 대신 변제하였다면, 그로 인한 손해배상채무 또는 구상채무는 인수채무의 변형으로서 매매대금 지급채무에 갈음한 것의 변형이므로 매수인의 손해배상채무 또는 구상채무와 매도인의 소유권이전등기 의무는 동시이행의 관계에 있다」고 한다(대판 1993. 2. 12, 92다23193[핵심판례 282면]; 대판 2007. 6. 14, 2007다3285 등). 또한 ⑪ 구분소유적 공유관계가 해소되는 경우 공유지분권자 상호간의 지분이전등기의무는 그 이행상 견련관계에 있으며, 그러한 경우에 있어서 공유지분에 근저당권설정등기 또는 압류·가압류등기가 되어 있는 때에는 쌍방의 지분소유권 이전등기의무와 아울러 그러한 근저당권설정등기 등의 말소의무 또한 동시이행의 관계에 있다고 한다(대판 2008. 6. 26, 2004다32992).

D-68 **(ㄴ) 부정한 예** 그에 비하여 ① 채권담보의 목적으로 (근)저당권설정등기(대판 1991. 4. 12, 90다9872 등)·소유권이전등기(대판 1989. 10. 13, 88다카29351 등) 또는 가등기 및 그에 기한 본등기(대판 1984. 9. 11, 84다카781 등)를 한 경우에 채무변제는 각 등기의 말소등기에 앞서는 선이행의무이고, ② 제소전 화해조항에 채무원금 지급과 담보가등기 말소를 동시이행하도록 규정하고 있는 경우에는 그 변제기까지 원금을 지급하는 경우에만 그 조항이 적용되고 변제기 이후에는 채무변제와 담보권 말소의 일반원칙으로 돌아가 채무의 이행이 선이행관계에 있으며(대판 1990. 6. 8, 89다카20481), ③ 건물매수인이 소유권을 취득하지 않은 채 매도인의 동의를 얻어 제3자에게 임대하였으나 매수인의 채무불이행으로 매매계약이 해제된 경우의 임차인의 건물인도의무와 매수인의 보증금반환의무는 동시이행관계에 있지 않고(대판 1990. 12. 7, 90다카24939), ④ 임대차계약 해제에 따른 임차인의 목적물반환의무와 임대인이 건물을 사용수익하게 할 의무를 불이행한 데 대하여 손

해배상을 하기로 한 각서에 기하여 발생된 약정 지연배상의무는 발생원인을 달리하여 동시이행관계에 있지 않으며(대판 1990. 12. 26, 90다카25383), ⑤ 임대인의 임대차보증금 반환의무는 주택임대차보호법 제3조의 3에 의한 임차권등기 말소의무보다 먼저 이행되어야 할 의무라고 한다(대판 2005. 6. 9, 2005다4529). ⑥ 그 외에 대판 2009. 7. 9, 2009다18526도 참조(D-125에 인용). ⑦ 그리고 대법원은 「기존의 원인채권과 어음채권이 병존하는 경우에 채권자가 원인채권을 행사함에 있어서 채무자는 원칙적으로 어음과 상환으로 지급하겠다고 하는 항변으로 채권자에게 대항할 수 있다. 그러나 채무자가 어음의 반환이 없음을 이유로 원인채무의 변제를 거절할 수 있는 것은 채무자로 하여금 무조건적인 원인채무의 이행으로 인한 이중지급의 위험을 면하게 하려는 데 그 목적이 있고, 기존의 원인채권에 터잡은 이행청구권과 상대방의 어음반환청구권 사이에 민법 제536조에 정하는 쌍무계약상의 채권채무관계나 그와 유사한 대가관계가 있기 때문은 아니다. 따라서 어음상 권리가 시효완성으로 소멸하여 채무자에게 이중지급의 위험이 없고 채무자가 다른 어음상 채무자에 대하여 권리를 행사할 수도 없는 경우에는 채권자의 원인채권 행사에 대하여 채무자에게 어음상환의 동시이행항변을 인정할 필요가 없으므로 결국 채무자의 동시이행항변권은 부인된다」고 한다(대판 2010. 7. 29, 2009다69692). ⑧ 대법원은 임차인의 임차목적물 반환의무와 임대인의 권리금 회수 방해로 인한 손해배상의무 사이에 이행상 견련관계를 인정하기 어렵다고 한다(대판 2019. 7. 10, 2018다242727).

3. 위험부담 D-69

사 례 (신사례 [78]번 문제)

A는 2002. 4. 10. 자신이 소유하고 있는 고려시대의 도자기를 B에게 1,000만원에 매각하기로 하는 계약을 체결하였다. 그러면서 A는 B로부터 100만원을 계약금으로 받았고 그것은 매매대금으로 충당하기로 합의하였다. 그리고 나머지 대금 900만원은 2002. 5. 10.에 도자기를 인도하면서 받기로 하였다. 그러나 A·B는 모두 5월 10일에 이행을 하지 않았고 그러한 상태가 지속되었다. 그러던 중에 A의 친구인 C가 5월 15일에 A의 집에 놀러왔고, 평소 도자기에 관심이 많던 C는 그 날 A의 도자기를 구경하다가 그것을 그만 깨뜨리고 말았다. C는 A·B 사이의 거래에 관하여는 전혀 알지 못했었다. 그리고 멸실 당시의 도자기의 시가는 1,200만원이며, 현재는 2002. 5. 20.이다.

이 경우에 A·B·C 사이의 법률관계는 어떻게 되는가? (사례의 해결: D-77)

(1) 의 의

위험부담은 쌍무계약의 당사자 일방의 채무가 채무자의 책임없는 사유로 이행불능이 되어 소멸한 경우에 그에 대응하는 상대방의 채무의 운명은 어떻게 되느냐의 문제이다. A와 B 사이에 A의 승용차를 B에게 팔기로 하는 계약을 체결하였는데, 그 계약이 이행되기 전에 승용차가 폭우에 떠내려가 못쓰게 된 경우에, B가 승용차의 대금을 지불하여야 하는가가 그 예이다.

일반적으로 위험이라고 하면 생활이익의 손실을 가리킨다. 그러한 위험 가운데 중요한 것으로는 급부의 위험과 대가(반대급부)의 위험이 있다. 급부의 위험은 급부가 당사자 쌍방의 유책사유 없이 불능으로 된 경우에 채무자가 급부의무를 면할 수 있는가의 문제이고(일부 문헌은 이 문제를 물건의 위험(물건을 상실할 위험)으로 설명하나, 급부의 위험으로 설명하는 것이 더 의미가 있다), 대가(반대급부)의 위험은 당사자 일방의 채무가 채무자에게 책임없는 사유로 이행불능이 되어 소멸한 경우에 대가적인 의미에 있는 채무는 여전히 존재하는지의 문제이다. 특정물채무나 종류채무에서 채권자나 채무자가 위험을 부담한다고 할 때의 위험은 전자이고(C-39·50·51 참조), 위험부담에서 말하는 위험은 후자이다. 그리고 단순히 위험이라고 하면 대가의 위험을 의미하는 때가 많다.

D-70 1) 위험부담은 **쌍무계약**에서 생기는 문제이다. 편무계약에서는 대가적인 의미에 있는 채무들의 대립상태가 없기 때문에 위험부담이 문제될 여지가 없다.

2) 위험부담은 **채무의 후발적 불능**(이행불능)의 경우에 문제된다. 쌍무계약상의 하나의 채무가 원시적으로 불능인 때에 다른 채무의 존립 여부는 성립상의 견련성으로 해결된다.

3) 위험부담은 **후발적 불능이 채무자에게 책임없는 사유로 생긴 때**에 문제된다. 채무자의 유책사유로 불능이 된 때에는 본래의 채무가 손해배상채무로 변하여 존속하고, 다른 채무에는 영향이 없다. 한편 채무자에게 유책사유가 없는 경우에는 채권자에게 유책사유가 있는 때와 채권자에게도 유책사유가 없는 때가 있는데, 어느 때이든 채무는 소멸하여 위험부담의 문제가 생긴다.

〈법률행위의 목적이 불능인 경우의 법률효과 개관〉

- 원시적 불능: 법률행위(계약) 무효 → 불능인 채무 불성립 → 경우에 따라 체약상의 과실이 문제됨(535조)
  - ※ 쌍무계약의 경우의 대가적 의미의 채무: 불성립(성립상의 견련성)
- 후발적 불능: 법률행위(계약) 유효 → 채무성립
  - 채무자에게 유책사유가 있는 경우(책임있는 이행불능) → 채무가 손해배상의무로 변함(해제 가능)
    - ※ 쌍무계약의 경우: 상대방 채무는 존속(해제하면 다름)
  - 채무자에게 유책사유가 없는 경우(책임없는 이행불능) → 채무 소멸
    - ※ 쌍무계약의 경우: 상대방 채무의 운명은 위험부담의 문제(존속상의 견련성의 결과)
      - 채권자 유책사유 없는 때 — 소멸(537조)
      - 채권자 유책사유 있는 때 — 존속(538조)

(2) 위험부담에 관한 입법방법 D-71

1) 위험부담에 관한 입법방법에는 채무자주의, 채권자주의, 소유자주의가 있다. 이들은 모두 계약당사자 일방에게 위험을 부담시키는 방법이며, 위험을 당사자 쌍방에 분담시키는 경우는 없다.

(가) **채무자주의** 채무자주의는 이행불능으로 소멸한 채무의 채무자에게 위험을 부담하게 하는 방법이다(쌍무계약의 당사자는 모두 채무자이면서 동시에 채권자인데, 채무자주의·채권자주의라고 할 때의 채무자·채권자는 소멸채무를 기준으로 하는 것이다). 이에 의하면 반대급부의무도 소멸한다. 채무자주의의 이론적 기초는 쌍무계약에서의 채무의 견련성이다.

(나) **채권자주의** 채권자주의는 소멸한 채무의 채권자에게 위험을 부담하게 하는 방법이다. 여기서는 반대급부의무가 소멸하지 않는다.

(다) **소유자주의** 이는 물건의 멸실·훼손 당시의 소유자에게 위험을 부담하게 하는 방법이다(이 방법은 성질상 「하는 채무」에는 쓸 수 없다).

2) 이러한 입법방법 가운데 쌍무계약에서 발생한 대가적 채무의 존속상의 견련성을 인정하는 채무자주의가 가장 합리적인 것으로 평가된다(그런데 실제 입법례에서는 어느 하나에 의하지 않고 여러 방법을 병용하는 경우도 많다).

(3) 채무자 위험부담의 원칙 D-72

민법은 제537조에서 채무자주의를 취하고 있다.

1) **제537조에 의하면, 쌍무계약의 당사자 일방의 채무가 당사자 쌍방의 책임없는 사유(자연력이든 제3자의 행위든 불문함)로 이행할 수 없게 된 경우에는, 채무자는 상대방의 이행을 청구하지 못한다.** 그리하여 앞의 승용차매매의 예에서(D-69 참조) 매도인은 승용차의 소유권이전 및 인도의무를 면하지만, 아울러 대금지급청구권도 상실한다. 이때 매수인이 계약금이나 대금 일부를 이미 지급하였다면 매도인은 부당이득으로 이를 반환하여야 한다(이설 없음. 대판 2009. 5. 28, 2008다98655·98662[핵심판례 304면]; 대판 2025. 5. 1, 2024다293580(이미 이행한 급부는 법률상 원인 없는 급부가 되어 부당이득 법리에 따라 반환을 청구할 수 있다고 함) 등). 매수인이 이행이 불능으로 된 것을 모르고 후에 대금을 지급하면, 그것도 비채변제에 의한 부당이득이 된다(742조 참조).

대법원은, 매매 목적물이 경매절차에서 매각됨으로써 당사자 쌍방의 귀책사유 없이 이행불능에 이르러 매매계약이 종료된 경우에 관하여, 위험부담의 법리에 따라 매도인은 이미 지급받은 계약금을 반환하여야 하고 매수인은 목적물을 점유·사용함으로써 취득한 임료 상당의 부당이득을 반환할 의무가 있다고 하였다(대판 2009. 5. 28, 2008다98655·98662[핵심판례 304면]).

제537조는 계속적 계약의 경우에도 적용된다. 대법원도 그러한 전제에서, 기간을 정한 부동산의 임대차계약 등 채권·채무의 내용을 이루는 급부가 일정기간 계속하여 행하여지는 이른바 계속적 계약에서 어떠한 사유로 일정기간 동안 채무 이행이 불가능하게 된 경우, 계약의 목적과 유형, 급부의 내용 및 특성, 이행의 형태와 방법 등에 따라 채권자가 채무자의 이행의 실현을 기대할 수 없다면, 해당 기간의 급부불능을 일시적인 것이 아

니라 종국적인 것이라고 평가할 수 있으며, 이때 해당 기간의 급부불능이 종국적 이행불능에 해당하는 이상 계약의 존속 여부는 제537조의 적용 여부에 영향을 미치지 않는다고 하였다(대판 2025. 5. 1, 2024다293580: 한국공항공사가 A 회사 등에게 공항 내 매점을 면세점 용도로 임대하였는데 코로나-19가 확산되자 국토교통부가 국제선 운항 중단 조치를 하는 바람에 A 회사 등이 일정기간 동안 매점을 면세점 용도로 사용·수익할 수 없게 되었던 경우임).

2) 급부의 일부가 불능으로 된 경우에는 어떤가? 민법은 임대차에 관하여는 특칙을 두고 있으나(627조. 그 외에 운송계약에 관한 상법 134조 1항 참조), 일반적인 규정은 두고 있지 않다.

그런 상태에서 학설은 나뉘어 있는데, 다수설은, 채무자는 불능으로 된 범위에서 채무를 면하고 아울러 이에 대응하는 범위에서 반대급부를 받을 권리도 법률상 당연히 소멸한다고 하면서, 만약 채권자가 부담하는 반대급부가 분할할 수 없는 것이면 불능부분에 대응하는 반대급부 부분을 금전으로 환가하여 부당이득으로서 반환을 청구할 수 있다고 하여야 하고, 일부불능으로 계약의 목적을 달성할 수 없게 된 때에는 전부불능과 마찬가지로 다룰 것이라고 한다(사견은 채권법각론 [43] 참조). 그리고 판례는, 담보권 실행경매(구 임의경매)에 있어서 경락인의 책임없는 사유로 목적물의 일부가 소실되었고 경락인이 나머지 부분만이라도 매수할 의사가 있어서 경락대금의 감액신청을 한 경우에는 민법상의 위험부담 이론을 적용하여 그 감액결정을 허용할 것이라고 한다(대결 2004. 12. 24, 2003마1665 등).

D-73 3) 이행불능의 효과로서 대상청구권의 발생을 인정하는 때에는, 제537조가 적용되는 경우 특별한 고려를 하여야 한다(C-109 이하, C-111 참조). 채권자가 대상청구권은 취득하면서 자신의 반대급부의무를 면하게 되는 것은 부당하기 때문이다. 따라서 채권자가 대상청구권을 행사하면 그는 제537조의 규정에도 불구하고 상응하는 비율로 반대급부의무를 부담한다고 새겨야 한다(동지 대판 1996. 6. 25, 95다6601). 예를 들어 본다. A는 B에게 1,200만원의 가치가 있는 가옥을 800만원에 팔기로 하는 계약을 체결하였다. 그런데 그 가옥에는 보험금 600만원의 화재보험계약이 체결되어 있다. 그 후 계약이 이행되기 전에 그 가옥이 벼락에 맞아 불타 버렸다. 이 경우에 B는 600만원의 보험금청구권(또는 실제 받은 금액)에 대하여 대상청구권을 가진다. 그리고 그는 상응하는 비율로 급부도 하여야 한다. 그 금액은 1,200 : 600 = 800 : X로 계산되며, 따라서 400만원이 된다. 다만, 대상청구권은 채권자의 권리이지 의무가 아니므로, 채권자(이 예에서는 B)는 제537조에 의하여 자신의 채무를 면할 수도 있고, 또 대상청구권을 행사할 수도 있다.

D-74 (4) 채권자의 유책사유로 인한 이행불능(채권자주의)

1) 쌍무계약의 당사자 일방의 채무가 채권자의 책임있는 사유로 이행할 수 없게 된 때와 채권자의 수령지체 중에 당사자 쌍방의 책임없는 사유로 이행할 수 없게 된 때(채권자지체 중에는 채무자에게 경과실이 있는 경우에도 채무자가 401조에 의하여 면책되는데, 그 경우도 여기에 포함된다)에는, 채무자는 상대방의 이행을 청구할 수 있다(538조). 즉 이때는 예외적으로 채권자주의가 적용된다.

여기서 「채권자의 책임있는 사유」가 채무불이행에 있어서 채무자의 유책사유와 같은지 문제된다. 다수설은, 둘이 다르다고 하면서, 채권자의 어떤 작위나 부작위가 채무자의 이행의 실현을 방해하고 그 작위나 부작위는 채권자가 이를 피할 수 있었다는 점에서 신의칙상 비난받을 수 있는 경우라고 한다(사견도 같음). 그리고 판례도 다수설과 같은 견지에 있다(대판 2014. 11. 27, 2013다94701 등).

2) 예외적으로 채권자가 위험을 부담하는 위의 두 경우에 채무자가 자기의 채무를 면함으로써 이익을 얻은 때에는 이를 채권자에게 상환하여야 한다(538조 2항). 채무자의 여행비, 원료·기계가 소모되지 않음으로써 받은 이익, 노동임금(대판 1996. 4. 23, 94다446 등)이 그에 해당한다. 그런데 이 이익은 채무를 면한 것과 상당인과관계에 있는 것에 한한다(대판 1993. 5. 25, 92다31125 등).

판 례 제538조 제 1 항·제 2 항 관련 D-75

(ㄱ) 「매수인이 매매목적물에 관한 근저당권의 피담보채무에 관하여 그 이행을 인수한 경우, 채권자에 대한 관계에서는 매도인이 여전히 채무를 부담한다고 하더라도, 매도인과 매수인 사이에서는 매수인에게 위 피담보채무를 변제할 책임이 있다고 할 것이므로, 매수인이 그 변제를 게을리하여 근저당권이 실행됨으로써 매도인이 매매목적물에 관한 소유권을 상실하였다면, 특별한 사정이 없는 한, 이는 매수인에게 책임있는 사유로 인하여 소유권이전등기 의무가 이행불능으로 된 경우에 해당하고, 거기에 매도인의 과실이 있다고 할 수는 없다.」(대판 2008. 8. 21, 2007다8464·8471)

(ㄴ) 「민법 제400조 소정의 채권자지체가 성립하기 위해서는 민법 제460조 소정의 채무자의 변제제공이 있어야 하고, 변제제공은 원칙적으로 현실제공으로 하여야 하며 다만, 채권자가 미리 변제받기를 거절하거나 채무의 이행에 채권자의 행위를 요하는 경우에는 구두의 제공으로 하더라도 무방하고, 채권자가 변제를 받지 아니할 의사가 확고한 경우(이른바, 채권자의 영구적 불수령)에는 구두의 제공을 한다는 것조차 무의미하므로 그러한 경우에는 구두의 제공조차 필요없다고 할 것이지만, 그러한 구두의 제공조차 필요없는 경우라고 하더라도, 이는 그로써 채무자가 채무불이행책임을 면한다는 것에 불과하고, 민법 제538조 제 1 항 제 2 문 소정의 '채권자의 수령지체 중에 당사자 쌍방의 책임없는 사유로 이행할 수 없게 된 때'에 해당하기 위해서는 현실제공이나 구두제공이 필요하다고 할 것」이다(대판 2004. 3. 12, 2001다79013).

(ㄷ) 부당해고의 경우의 임금에 대한 판례를 정리해 본다. 해고 또는 퇴직처분이 무효이거나 취소된 때에는 근로자가 근로제공을 하지 못한 것이 사용자의 귀책사유로 인한 것이므로 근로자는 제538조 제 1 항에 의하여 계속 근로하였을 경우에 받을 수 있는 임금 전부의 지급을 청구할 수 있다(대판 2011. 3. 10, 2010다13282(위장폐업에 의한 부당해고가 불법행위를 구성하는 경우 임금청구 또는 손해배상청구를 선택적으로 할 수 있다고 함); 대판 2014. 3. 13, 2011다95519 등 다수의 판결). 그리고 근로자가 부당해고로 인하여 지급받지 못한 임금이 연차휴가수당인 경우에도 해당 근로자의 연간 소정 근로일수와 출근일수를 고려하여 근로기준법 제60조 제 1 항의 요건을 충족하면 연차유급휴가가 부여되는 것을 전제로 연차휴가수당을 지급하여야 하고, 이를 산정하기 위한 연간 소정 근로일수와 출근일수를 계산함에 있어서 사용자의 부당해 D-76

고로 인하여 근로자가 출근하지 못한 기간을 근로자에 대하여 불리하게 고려할 수는 없으므로 그 기간은 연간 소정 근로일수 및 출근일수에 모두 산입되는 것으로 보는 것이 타당하며, 설령 부당해고기간이 연간 총 근로일수 전부를 차지하고 있는 경우에도 마찬가지이다(대판 2014. 3. 13, 2011다95519). 그러나 해고가 없었다고 하더라도 취업이 사실상 불가능한 상태가 발생한 경우라든가 사용자가 정당한 사유에 의하여 사업을 폐지한 경우에는 사용자의 귀책사유로 근로제공을 못한 것이 아니므로 그 기간 중에는 임금을 청구할 수 없다(대판 1994. 9. 13, 93다50017(구속기간 동안의 임금청구 부인); 대판 1994. 10. 25, 94다25889(수배 및 교도소 수감기간 동안); 대판 1995. 1. 24, 94다40987(구속기간 동안); 대판 2012. 9. 27, 2010다99279). 그리고 해고가 무효라고 하더라도 만일 해당 근로자가 해고가 없었어도 쟁의행위에 참가하여 근로를 제공하지 않았을 것임이 명백한 경우라면(그 증명책임은 사용자에게 있음) 이 역시 취업이 사실상 불가능한 상태가 발생한 경우에 준하여 해당 근로자는 그 쟁의행위 기간 중의 임금을 청구할 수 없으나, 다만 해당 근로자에 대한 무효인 해고가 직접적 원인이 되어 쟁의행위가 발생한 경우 등 쟁의행위 기간 중 근로를 제공하지 못한 것 역시 사용자에게 귀책사유가 있다고 볼 수 있는 특별한 사정이 있는 경우에는 여전히 임금청구를 할 수 있다(대판 2012. 9. 27, 2010다99279). 의료전문인인 근로자들이 해고된 뒤 다른 병원에 취업하거나 독자적으로 개업을 하여 소득을 얻고 있다고 하더라도 이로써 사용자에 대한 근로제공이 사실상 불가능하게 되어 사용자의 귀책사유가 소멸하였다고 단정할 수 없다(대판 1996. 9. 24, 95다21785).

사용자의 귀책사유로 인하여 해고된 근로자가 해고기간 중에 다른 직장에 종사하여 얻은 이익(이른바 중간수입)은 제538조 제 2 항에서 말하는 채무를 면함으로써 얻은 이익에 해당하므로, 사용자는 이 근로자에게 해고기간 중의 임금을 지급함에 있어 그 이익의 금액을 임금액에서 공제할 수 있다(대판 1996. 4. 23, 94다446 등). 또한 이러한 공제는 부당해고가 불법행위임을 이유로 손해배상청구를 하는 때에도 행하여져야 한다(대판 1996. 4. 23, 94다446). 그러나 상환하여야 할 이익은 채무를 면한 것과 상당인과관계에 있는 것에 한한다고 할 것이어서(대판 1993. 5. 25, 92다31125 등), 일부 해고기간 중에 노동조합 기금으로부터 지급받은 금원(대판 1991. 5. 14, 91다2656)과 해고 전부터 처의 주도로 경영하던 과수원에서 부업으로 얻어온 수입(대판 1993. 5. 25, 92다31125)은 공제하여야 할 이익이 아니다. 나아가 근로기준법 제38조(현행 근로기준법 46조에 해당)가 근로자의 최저생활을 보장하려는 취지에서 사용자의 귀책사유로 인하여 휴업하는 경우에는 사용자는 휴업기간 중 당해 근로자에게 그 평균임금의 100분의 70 이상의 수당을 지급하여야 한다고 규정하고 있고, 이 규정에서의 휴업에는 개개의 근로자가 근로계약에 따라 근로를 제공할 의사가 있음에도 불구하고 그 의사에 반하여 취업이 거부되거나 또는 불가능하게 된 경우도 포함된다고 할 것이므로, 근로자가 사용자의 귀책사유로 인하여 해고된 경우에도 위 휴업수당에 관한 근로기준법이 적용될 수 있으며, 이 경우에 근로자가 지급받을 수 있는 해고기간 중의 임금액 중 위 휴업수당의 한도에서는 이를 중간수입 공제의 대상으로 삼을 수 없고, 그 휴업수당을 초과하는 금액 범위에서만 공제하여야 할 것이다(대판 1996. 4. 23, 94다446 등). 한편 사용자가 부당하게 해고한 근로자를 원직(종전의 일과 다소 다르더라도 원직에 복직시킨 것으로 볼 수 있는 경우를 포함한다)이 아닌 업무에 복직시켜 근로를 제공하게 하였다면 근로자는 사용자에게 원직에서 지급받을 수 있는 임금 상당액을 청구할 수 있지만, 이 경우 근로자가 복직하여 실제 근로를 제공한 이상 휴업하였다고 볼 수는 없으므로 근로자가 원직이 아닌 업무를 수행하여 지급받은 임금은 그 전액을 청구액에서 공제하여야 하지, 근로기준법 제46조를 적용하여 휴업수당을 초과하는 금액의 범위 내에서만 이른바 중간수입을 공제할 것은 아니다(대판 2024. 4. 12, 2023다300559).

(ㄹ) 「무효인 부당전직의 경우 근로자가 이에 불응하여 전직명령의 효력을 다투면서 전직 발령지에서 근로를 제공하지 아니하는 경우 이는 부당한 전직명령을 한 사용자의 귀책사유로 말미암은 것이므로, 근로자는 전직명령시부터 원직복귀시까지의 기간 동안 종전 근무지에서 계속 근로하였을 경우에 받을 수 있는 임금의 지급을 청구할 수 있다.」(대판 2006. 9. 14, 2006다33531)

(ㅁ) 아파트 수분양자에게 중도금을 대출한 은행이 수분양자가 그 대출금 이자의 지급 및 후취담보약정의 이행 등을 하지 않자 위 대출채무의 연대보증인인 분양회사로부터 그 회사 명의로 소유권보존등기가 되어 있던 분양아파트에 대하여 근저당권을 설정받아 결국 그 근저당권을 실행함으로써 제 3 자가 그 아파트의 소유권을 취득한 사안에서, 위 근저당권의 실행으로 제 3 자가 분양아파트 소유권을 취득한 결과 분양회사의 소유권이전의무가 이행불능이 된 것은 채권자인 수분양자가 자신의 분양잔금지급의무, 나아가 위 대출금 및 그 이자의 지급의무를 이행하지 않은 귀책사유로 인한 것이므로, 이는 민법 제538조 제 1 항 제 1 문의 '채권자의 책임있는 사유'로 인하여 채무자의 채무가 이행할 수 없게 된 때에 해당한다고 한 사례(대판 2011. 1. 27, 2010다25698).

(ㅂ) 영상물 제작공급계약상 수급인의 채무가 도급인과 협력하여 그 지시감독을 받으면서 영상물을 제작하여야 하므로 도급인의 협력 없이는 완전한 이행이 불가능한 채무이고, 한편 그 계약의 성질상 수급인이 일정한 기간 내에 채무를 이행하지 아니하면 계약의 목적을 달성할 수 없는 정기행위인 사안에서, 도급인의 영상물제작에 대한 협력의 거부로 수급인이 독자적으로 성의껏 제작하여 납품한 영상물이 도급인의 의도에 부합되지 아니하게 됨으로써 결과적으로 도급인의 의도에 부합하는 영상물을 기한 내에 제작하여 납품하여야 할 수급인의 채무가 이행불능케 된 경우, 이는 계약상의 협력의무의 이행을 거부한 도급인의 귀책사유로 인한 것이므로 수급인은 약정대금 전부의 지급을 청구할 수 있다고 한 사례(대판 1996. 7. 9, 96다14364).

3) 쌍무계약에서 당사자 쌍방에게 유책사유가 있는 때에는 제390조와 과실상계 규정(396조)이 적용되어야 하며, 제538조 제 1 항이 적용되지 않는다(이설 있음). D-77

(5) 매매계약에서의 위험이전 문제

매매의 경우 매도인은 소유권이전의무와 인도의무를 부담한다. 매도인이 이들 의무를 모두 이행한 뒤에 목적물이 멸실되면 위험부담은 문제되지 않는다. 매도인의 의무가 모두 이행되어 소멸하고 없기 때문이다(그러나 매수인의 이행완료는 아직 위험부담을 종료시키지 못한다. 매도인의 급부의무가 불능으로 될 수 있기 때문이다). 그에 비하여 매도인이 그의 의무 가운데 일부를 이행하지 못한 상태에서 목적물이 멸실되면 —

특별한 취급이 없는 한 — 위험부담의 문제가 지속되고, 그 멸실이 양 당사자에게 유책사유 없이 일어난 때에는 제537조에 의하여 매도인은 대금지급청구권을 잃는다. 그런데 가령 매도인이 인도를 마쳤지만 소유권이전의무를 이행하지 못한 경우나 그 반대의 경우에도 그 결과를 인정하여야 하는가? 여기에 관하여 학설은 나뉘어 있으며, 다수설은 동산은 인도시에, 부동산은 소유권이전등기 또는 인도가 있는 때에 위험이 이전한다고 한다. 그러나 명문규정이 없는 상태에서 그러한 해석을 하기는 어렵다(학설과 사견은 채권법각론 [45] 참조). 다만, 부동산의 경우 매도인이 목적물을 인도하고 아울러 소유권이전등기에 필요한 서류를 모두 넘겨주었는데 매수인이 등기신청을 지체하고 있다면 그것은 수령지체라고 할 수 있어서, 그때부터는 제538조 제1항 제2문에 의하여 채권자가 위험을 부담하게 될 수 있다.

(6) 제537조 · 제538조의 임의규정성

위험부담에 관한 이 두 민법규정은 임의규정이다. 따라서 당사자는 그와 달리 약정할 수 있다(다만 약관규제법상 제한이 있음. 동법 7조 2호 참조).

사례의 해결

(1) A·B 사이의 관계를 본다. ① A와 B가 그들의 채무를 이행하지 않은 채로 5월 10일을 넘긴 것은 이행지체가 아니다. 그러므로 A와 B는 모두 이행지체를 이유로 상대방에게 손해배상을 청구할 수도 없고 계약을 해제하지도 못한다. ② C가 도자기를 멸실시킨 것은 A에게는 책임없는 이행불능이다. 그 결과 A의 소유권이전의무·목적물인도의무는 소멸한다. ③ 사례의 경우에는 제537조가 적용되어 A는 자신의 채무도 면하지만 B에 대하여 대금지급도 청구하지 못한다. 그런데 B가 대상청구권을 가지고 그 권리를 행사하는 경우에는 별도의 논의가 필요하다. ④ 사례의 경우 B는 대상청구권을 가지게 된다. 그리고 B가 대상청구권을 행사하면 그는 제537조에도 불구하고 같은 비율로 반대급부를 해야 한다. B가 이전받을 손해배상청구권의 범위는 1,200만원이 넘을 것이므로 B는 1,000만원의 대금 전부를 지급해야 한다. ⑤ B가 제537조의 적용을 주장하는 경우에는 A가 수령한 계약금은 부당이득이 되므로 B에게 반환해야 한다. 그에 비하여 B가 대상청구권을 행사하는 경우에는 계약금은 약정에 따라 매매대금에 충당된다.

(2) A·C 사이의 관계를 본다. C가 도자기를 멸실시킨 것은 A에 대한 불법행위로 되며, 따라서 A는 C에 대하여 손해배상청구권을 가진다. 그리고 A의 이 손해배상청구권이 B의 대상청구권의 객체이다.

(3) B·C 사이의 관계를 본다. C의 채권침해행위는 B에 대한 불법행위는 아니다. 따라서 B는 자신의 권리에 기하여 C에게 손해배상을 청구할 수는 없다. 그러나 그가 대상청구권을 행사하여 A로부터 이전받은 손해배상청구권을 행사할 수는 있다. (사례: D-69)

Ⅲ. 제 3 자를 위한 계약 D-78

1. 서　　론

(1) 의　　의

널리 제 3 자를 위한 계약이라고 하면 제 3 자에게 급부하여야 하는 계약 모두를 가리킨다. 그리하여 그 가운데에는 제 3 자가 계약에 기하여 급부청구권을 취득하는 경우가 있는가 하면, 제 3 자는 권리를 취득하지 않고 단지 채무자가 제 3 자에게 급부하여야 할 의무가 있거나 또는 그러한 권한이 있는 경우도 있다. 앞의 것을 「진정한 제 3 자를 위한 계약」이라고 하고, 뒤의 것을 「부진정한 제 3 자를 위한 계약」이라고 한다. 이들 중 뒤의 것에 있어서는 제 3 자는 채무자에 대하여 채권취득을 하지 못하고 단지 채무자가 행한 급부를 수령할 권한만 가진다. 따라서 「부진정한 제 3 자를 위한 계약」은 제539조 이하의 제 3 자를 위한 계약이 아니다(539조는 제 3 자가 채권취득을 하는 것을 전제로 하므로). 민법상의 제 3 자를 위한 계약은 「진정한」 것만을 가리킨다.

(진정한) **제 3 자를 위한 계약은 계약당사자가 아닌 제 3 자로 하여금 직접 계약당사자의 일방에 대하여 채권을 취득하게 하는 것을 목적으로 하는 계약이다.** A가 B에게 그의 가옥을 파는 계약을 체결하면서 A의 요청으로 B가 C에 대하여 직접 대금지급채무를 부담하기로 하는 경우(즉 C가 B에 대하여 대금지급을 청구할 수 있다고 약정한 경우)가 그 예이다. 이때 A를 요약자(要約者), B를 낙약자(諾約者)(민법전에는 채무자라고 표현함), C를 수익자(민법전에는 제 3 자라고 표현함)라고 한다.

(2) 유효근거

제 3 자를 위한 계약이 유효한 근거가 무엇인가에 관하여 우리의 통설은 계약당사자의 의사에 기하여 효력이 생긴다고 설명하는 것으로 충분하다고 한다(사견은 539조 1항이 근거라고 함. 채권법각론 [46] 참조).

(3) 법적 성질 D-79

1) 제 3 자를 위한 계약은 하나의 계약이며, 그 당사자는 요약자와 낙약자이고 수익자는 아니다. 다만, 수익자는 수익의 의사표시를 함으로써 채권을 취득하게 된다.

제 3 자를 위한 계약은 **대리와 유사하다.** 실제로 계약을 체결하는 자(대리인과 요약자)가 아닌 자(본인과 제 3 자)에게 계약의 법률효과가 직접 귀속되는 점에서 그렇다. 그러나 두 제도는 여러 가지 점에서 차이가 있다. 첫째로 대리인은 본인(제 3 자)의 이름으로 행위를 하는 데 비하여(114조), 요약자는 자신의 이름으로 계약을 체결한다. 둘째로 대리의 경우에 법률행위의 효과는 모두 본인에게 귀속하며 대리인은 법률행위에 기한 권리·의무를 전혀 취득하지 못하나, 제 3 자를 위한 계약의 경우에는 제 3 자는 채권만을 취득하고 나머지의 권리·의무는 모두 요약자에게 귀속된다. 셋째로 대리의 경우에는 대리인이 제한능력자라도 법률행위를 취소할 수 없는데(117조), 제3자를 위한 계약의 경우에는 요약자가 제한능력자이면 계약을 취소할 수 있다. 넷째로 대리에서는 본인이 특별한 의사표시 없이 권리·의무를 취득하나, 제3자를 위한 계약에 있어서 제3자는 수익의 의사표시를 하여야 채권을 취득할 수 있다(539조 2항).

2) 방금 적은 바와 같이, 우리 민법상 제3자를 위한 계약의 경우 제3자는 수익의 의사표시를 하여야만 채권을 취득하게 되지만(539조 2항), 그러한 한 그는 **제3자를 위한 계약 자체로부터 직접 채권을 취득한다**. 제3자가 요약자로부터 채권을 양도받는 것이 아니다.

3) 제3자를 위한 계약은 독립적인 계약의 한 종류(내지 전형계약)가 아니다. 보통의 계약(예: 매매·운송·보험·임대차·증여)이 모두 제3자를 위한 계약으로 체결될 수 있다.

(4) 사회적 작용

제3자를 위한 계약은 우선 제3자에 대한 급양(給養)기능(Versorgungsfunktion)을 하게 된다. 어떤 자가 자신(요약자)을 피보험자로 하고 그의 자녀(제3자)를 보험수익자로 하여 생명보험계약을 체결하거나, 갑(요약자)이 을(정기금채무자)에게 특정 부동산의 소유권을 이전하면서 앞으로 병(제3자)이 사망할 때까지 을이 병에게 매월 100만원을 지급하기로 한 경우(종신정기금계약. 725조)가 그 예이다.

제3자를 위한 계약은 그 밖에 급부과정을 단축시킨다. 가령 병에 대하여 1,000만원의 금전채무를 부담하고 있는 갑이 자신의 부동산을 을에게 매각하여 그 대금 1,000만원으로 병에게 변제하려고 하는 경우에, 갑이 을로부터 1,000만원을 받아서 병에게 지급하는 것보다는 을이 직접 병에게 지급하게 하면 법률관계가 간편하게 결제되어 매우 편리할 것이다.

D-80

(5) 3자 사이의 법률관계 개관

제3자를 위한 계약은 관련된 자가 셋이므로 관계자들 사이의 법률관계도 셋이 있게 된다.

1) 낙약자 · 요약자 사이의 관계 이 관계는 기본관계라고 할 수 있다(문헌들은 보상관계라고 하나, 부적절하다. 판례도 최근에는 기본관계라는 표현을 사용한다. 대판 2003. 12. 11, 2003다49771). 이 기본관계는 제3자를 위한 계약의 법적 성질을 결정하고, 그럼으로써 제3자의 채권취득의 유효요건도 결정한다. 그리고 **기본관계는 제3자 기타 관계자의 권리를 성립시키는 기초이다**. 따라서 그것이 무효이면 제3자는 채권을 취득하지 못한다. 또한 계약당사자들이 제3자의 채권을 다시 소멸시킬 수 있는지도 결정한다. 나아가 낙약자가 제3자에 대하여 어떤 항변을 주장할 수 있는지도 결정한다. 즉 낙약자는 기본관계에 기한 모든 항변으로 제3자에게 대항할 수 있는 것이다(542조).

2) 낙약자 · 제3자 사이의 관계 이 관계는 실행관계라고 할 수 있다(급부관계, 제3자 수익관계라고도 함). 이 실행관계는 독립한 것이기는 하지만 계약관계는 아니다. 그 주된 내용은 제3자의 낙약

자에 대한 채권이다. 그러나 단순히 채권만 있는 것은 아니고 「기타의 행위의무」도 존재한다.

3) 요약자 · 제 3 자 사이의 관계 이 관계는 보통 대가관계라고 하나, 제 3 자 수익의 원인관계라고도 한다. 그런데 후자의 표현이 더 낫다. 이 제 3 자 수익의 원인관계는 일반적으로 제 3 자를 위한 계약을 체결한 원인이 된다. 그것의 모습은 다양할 수 있다. 계약(소비대차 · 증여 등)에 기한 채무를 부담하는 것일 수도 있고, 법률상의 부양의무를 부담하는 것일 수도 있다. 그런가 하면 그것은 제 3 자를 위한 계약이 체결되기 전에 존재해 있을 수도 있으나, 계약체결 후에 성립할 수도 있다(이때는 아무리 늦어도 제 3 자의 수익표시와 함께 성립하게 된다).

제 3 자 수익의 원인관계는 제 3 자를 위한 계약 자체와는 무관하다. 따라서 그 관계는 기본관계에 아무런 영향을 미치지 못한다. 그 결과 그것이 존재하지 않더라도 낙약자는 의무를 부담한다. 그리고 그때 낙약자는 제 3 자 수익의 원인관계에 기한 항변을 가지고 제 3 자에게 대항하지도 못한다(542조의 반대해석)(대판 2003. 12. 11, 2003다49771도 같음). 다만, 그 관계는 제 3 자에의 급부의 법적 근거를 형성하는 것이므로, 그러한 관계가 유효하게 존재하지 않는 경우에는, 요약자는 제 3 자에 대하여 부당이득을 이유로 반환을 청구할 수 있다.

판 례 요약자와 제 3 자 사이의 법률관계의 효력

「제 3 자를 위한 계약의 체결 원인이 된 요약자와 제 3 자(수익자) 사이의 법률관계(이른바 대가관계)의 효력은 제 3 자를 위한 계약 자체는 물론 그에 기한 요약자와 낙약자 사이의 법률관계(이른바 기본관계)의 성립이나 효력에 영향을 미치지 아니한다. 따라서 낙약자는 요약자와 수익자 사이의 법률관계에 기한 항변으로 수익자에게 대항하지 못하고, 요약자도 대가관계의 부존재나 효력의 상실을 이유로 자신이 기본관계에 기하여 낙약자에게 부담하는 채무의 이행을 거부할 수 없다.」(대판 2003. 12. 11, 2003다49771)

2. 제 3 자를 위한 계약의 성립 D-81

(1) 성립요건

1) 제 3 자를 위한 계약이 성립하려면 요약자와 낙약자 사이에 채권계약을 성립시키는 합의가 있어야 한다(성립을 위하여 제 3 자의 의사표시가 필요하지는 않다). 그리고 기본관계에 관하여 요구되는 성립요건과 유효요건을 모두 갖추어야 효력이 발생할 수 있다.

2) 제 3 자를 위한 계약으로 되려면 제 3 자로 하여금 직접 권리를 취득하게 하는 의사표시가 있어야 한다. 그러한 의사표시를 **제 3 자조항**(제 3 자약관)이라고 한다(제 3 자를 위한 계약의 특질은 제 3 자조항의 존재에 있다). 여기의 제 3 자는 처음부터 확정되어 있을 필요는 없으며, 확정될 수 있으면 충분하다. 그리고 반드시 현존하고 있어야 하는 것도 아니다. 따라서 태아나 아직 성립하지 않은

법인(동지 대판 1960. 7. 21, 4292민상773)도 제 3 자로 될 수 있다. 그러나 계약이 효력을 발생하여 그 효과가 제 3 자에게 귀속하려면 제 3 자는 현존하고 특정되어야 한다.

(2) 구체적인 경우

어떤 구체적인 계약이 제 3 자를 위한 계약인가를 결정하는 것은 계약해석의 문제이다. 따라서 거기에도 계약의 해석 원칙이 그대로 적용된다. 판례도 같은 견지에서, 「어떤 계약이 제 3 자를 위한 계약에 해당하는지는 당사자의 의사가 그 계약으로 제 3 자에게 직접 권리를 취득하게 하려는 것인지에 관한 의사해석의 문제로서, 계약 체결의 목적, 당사자가 한 행위의 성질, 계약으로 당사자 사이 또는 당사자와 제 3 자 사이에 생기는 이해득실, 거래 관행, 제 3 자를 위한 계약제도가 갖는 사회적 기능 등을 종합하여 계약당사자의 의사를 합리적으로 해석하여 판단해야 한다」고 한다(대판 2022. 1. 14, 2021다271183 등 다수). 아래에서 몇 가지 경우에 대하여 제 3 자를 위한 계약인지 여부를 살펴보기로 한다.

타인을 위한 보험계약(상법 639조 1항), 제 3 자를 수익자로 하는 신탁계약(신탁법 56조), 변제를 위한 공탁(C-401 참조), 가족의 의료행위에 관한 계약은 모두 제 3 자를 위한 계약이라고 하여야 한다.

이행인수(C-338 참조)의 경우에는 인수인이 채무자에 대하여 변제의무를 부담할 뿐 채권자가 인수인에 대하여 채권을 취득하지 않으므로, 그것은 — 부진정한 제 3 자를 위한 계약에 해당하며 — 진정한 제 3 자를 위한 계약은 아니다(이설 없음). 면책적 채무인수(C-329 이하 참조) 가운데 채무자와 인수인이 당사자로 되는 경우에는 제 3 자를 위한 계약인지가 문제되나, 그때에는 채권자에게 새로운 채권을 취득시키는 것이 아니므로 제 3 자를 위한 계약이 아니라고 할 것이다(다수설도 같은 취지임). 그에 비하여 채무자와 인수인의 계약으로 체결되는 병존적 채무인수(C-335 이하 참조)에 대하여는 제 3 자를 위한 계약이라고 보는 데 다툼이 없으며, 판례도 같다(대판 1997. 10. 24, 97다28698 등).

D-82 3. 제 3 자의 지위

(1) 제 3 자의 채권취득

1) 제539조의 의미 제539조 제 1 항 · 제 2 항에 관하여 우리의 통설은, 그 제 1 항에서는 근대적인 제 3 자 계약의 법리가 그대로 인정되어 있어서 그것만을 떼어서 보면 계약당사자가 원하는 데 따라 제 3 자는 아무런 행위를 하지 않고서도 채권을 취득하는 것과 같이 보이지만, 동조 제 2 항에서는 제 3 자의 권리의 발생이 수익의 의사표시를 하느냐 하지 않느냐에 의하여 좌우되고, 요약자 · 낙약자 사이의 계약에 기하여 제 3 자가 곧 채권을 취득하는 법리는 긍정되어 있지 않은 것처럼 보여서, 이들은 적어도 표면상 서로 모순을 보인다고 한다(사견은 다름. 채권법각론 [49] 참조).

2) 수익의 의사표시의 법적 성질 수익의 의사표시가 없더라도 제 3 자를 위한 계약은 성립하고 당사자 사이에 효력을 발생한다. 따라서 그것은 제 3 자를 위한 계약의 성립

요건이나 유효요건이 아니고 제 3 자가 채권을 취득하기 위한 요건이라고 하여야 한다. 우리의 통설도 제 3 자의 권리의 발생요건이라고 하여 같은 태도를 취하고 있다.

3) 제539조 제 2 항의 강행규정성 수익의 의사표시가 제 3 자의 채권취득의 절대적 요건인가, 즉 당사자가 제 3 자는 수익의 의사표시에 관계없이 당연히 채권을 취득한다고 약정한 경우에 그것이 유효한가가 문제된다. 여기에 관하여는 i) 강행규정설(절대적 요건설)(사견도 같음)과 ii) 임의규정설(상대적 요건설)이 대립하고 있다.

4) 수익의 의사표시의 방법 수익의 의사표시는 제 3 자(수익자)가 채무자 즉 낙약자에 대하여 하여야 한다(539조 2항). 그 의사표시는 명시적으로뿐만 아니라 묵시적으로도 행하여질 수 있다. 그리하여 예컨대 제 3 자가 낙약자에게 이행청구를 하거나 이행의 소를 제기한 때(대판 1972. 8. 29, 72다1208)에는 수익의 의사표시가 있는 것으로 볼 수 있다.

(2) 수익의 의사표시 이전의 제 3 자의 지위 D-83

1) 제 3 자는 수익의 의사표시가 있기 이전에도 일방적인 의사표시에 의하여 권리를 취득할 수 있는 지위에 있게 되며, 그것은 **일종의 형성권**이라 할 수 있다. 제 3 자의 이 권리는 당사자의 계약으로 변경·소멸될 수 있다(541조의 반대해석). 그리고 그 권리가 일신전속권인가에 관하여 다수설은 이를 부정하나, 이는 제 3 자를 위한 계약의 해석의 문제라고 할 것이며, 만약 불분명하다면 다수설처럼 일신전속권으로 보지 않아야 할 것이다. 그 결과 제 3 자의 이 권리는 양도나 상속도 가능하고, 채권자대위권의 목적으로 될 수도 있다.

2) 제 3 자가 수익의 의사표시를 할 수 있는 기간은, ① 당사자가 존속기간을 정하고 있는 경우에는 그 기간이고, ② 존속기간을 정하고 있지 않은 경우에는 10년의 제척기간에 걸린다(통설. 요약자의 낙약자에 대한 채권이 10년의 시효에 걸리는데, 수익자의 이 권리는 형성권이므로).

위 ②의 경우에 제 3 자의 권리가 10년간 존속할 수 있어서 낙약자는 매우 불안정한 지위에 놓인다. 그리하여 민법은, 이 경우에 낙약자는 상당한 기간을 정하여 계약의 이익의 향수 여부의 확답을 제 3 자에게 최고할 수 있고 낙약자가 그 기간 내에 확답을 받지 못한 때에는 제 3 자가 계약의 이익을 받을 것을 거절한 것으로 의제하고 있다(540조).

한편 수익의 의사표시를 하여 발생하는 제 3 자의 「채권」은 그의 수익의 의사표시가 있는 때부터 소멸시효가 진행된다고 새겨야 한다(이설 있음).

(3) 수익의 의사표시 후의 제 3 자의 지위 D-84

1) 수익의 의사표시가 있으면 제 3 자는 채권을 — 요약자로부터 양도받는 것이 아니고 — 계약으로부터 직접 취득하게 된다. 그리고 수익의 의사표시가 있은 뒤에 낙약자의 채무불이행이 있으면 제 3 자는 손해배상을 청구할 수 있다(물론 계약이 무효이면 채권을 취득할 수 없고, 또 채무불이행을 이유로 한 손해배상청구도 할 수 없다. 대판 1996. 6. 21, 66다674).

판 례 요약자의 해제시 수익자의 손해배상청구권

「제3자를 위한 계약에 있어서 수익의 의사표시를 한 수익자는 낙약자에게 직접 그 이행을 청구할 수 있을 뿐만 아니라 요약자가 계약을 해제한 경우에는 낙약자에게 자기가 입은 손해의 배상을 청구할 수 있는 것」이다(대판 1994. 8. 12, 92다41559).

한편 제3자의 수익표시가 있으면 계약당사자는 제3자의 권리를 변경 또는 소멸시키지 못한다(541조). 그러나 계약당사자가 미리 계약에서 제3자의 권리가 발생한 후에도 그것을 변경시키거나 소멸시킬 수 있음을 보류하였거나(대판 1974. 12. 10, 73다1591), 제3자의 동의가 있는 때에는 예외이다(대판 2022. 1. 14, 2021다271183 등). 이러한 예외적인 경우가 아닌 때에 계약의 당사자가 제3자의 권리를 임의로 변경·소멸시키는 행위를 하면, 그것은 제3자에 대하여 효력이 없다(대판 2022. 1. 14, 2021다271183 등).

2) 제3자는 계약의 당사자가 아니다. 따라서 그는 해제권(낙약자의 채무불이행을 이유로)이나 해제를 원인으로 한 원상회복청구권을 가지지 못하고(대판 1994. 8. 12, 92다41559), 취소권(요약자의 제한능력이나 착오, 낙약자의 사기·강박 등을 이유로)도 없다. 그리고 법률행위의 상대방의 선의·악의·과실·무과실 등이 문제될 때(126조·129조·135조·570조–580조 등)에는 오직 요약자에 관하여만 그것을 문제삼아야 한다(통설). 또한 의사와 표시의 불일치나 사기·강박의 유무에 관하여도 요약자와 낙약자를 표준으로 하여야 한다.

3) 제3자를 위한 계약에 있어서는 요약자와 수익자의 밀접한 관계로 말미암아 제110조 제2항에 규정된 사기·강박과 관련하여 특수한 문제가 생긴다. 즉 수익자가 낙약자(표의자)에 대하여 사기·강박을 행하였고 요약자(상대방)가 선의·무과실일 때 낙약자는 계약을 취소할 수 있는가, 그리고 수익자 아닌 제3자(제4자)가 낙약자(표의자)에 대하여 사기를 행하였고 요약자(상대방)는 이에 대하여 선의·무과실이었으나 수익자가 악의 또는 과실이 있는 때에는 낙약자가 계약을 취소할 수 있는가가 문제이다. 우리 문헌은 대체로 사기의 경우에 관하여만 논의하면서 다수설은 두 경우에 모두 취소를 인정하지 않는다(사견도 같음).

4) 수익자는 계약의 당사자는 아니지만 계약으로부터 「직접」 채권을 취득하므로 제3자 보호규정(107조 2항·108조 2항·109조 2항·110조 3항·548조 1항 단서)에 있어서의 제3자는 아니다. 그런데 판례는, 제3자를 위한 계약에서 낙약자와 요약자 사이의 법률관계(기본관계)에 기초하여 수익자가 요약자와 원인관계(대가관계)를 맺음으로써 해제 전에 새로운 이해관계를 갖고 그에 따라 등기, 인도 등을 마쳐 권리를 취득하였다면, 수익자는 제548조 제1항 단서에서 말하는 계약해제의 소급효가 제한되는 제3자에 해당한다고 한다(대판 2021. 8. 19, 2018다244976[핵심판례 308면]).

4. 요약자의 지위 D-85

(1) 요약자의 이행청구권 · 손해배상청구권 문제

제 3 자를 위한 계약의 경우에 제 3 자가 채권을 취득하는 것과는 별도로 요약자도 낙약자에 대하여 제 3 자에 대한 채무를 이행할 것을 청구할 수 있는가? 이에 대하여 우리의 통설은 긍정한다. 판례도 이를 긍정하면서, 이때 낙약자가 요약자의 이행청구에 응하지 않으면 특별한 사정이 없는 한 요약자는 낙약자에 대하여 제 3 자에게 급부를 이행할 것을 소로써 구할 이익이 있다고 한다(대판 2022. 1. 27, 2018다259565).

제 3 자의 수익표시 후 낙약자의 채무불이행이 있으면 제 3 자는 물론 손해배상을 청구할 수 있다. 그런데 이 경우에 요약자도 「자기에 대하여」 손해배상을 청구할 수 있는지가 문제된다. 여기에 대하여는 i) 요약자가 제 3 자에의 이행에 특별한 이익이 있을 때에는 독립한 손해배상청구권을 가진다고 하는 긍정설과 ii) 요약자는 제 3 자에게 배상할 것을 청구할 수 있을 뿐이고 자기에게 배상할 것을 청구하지는 못한다고 하는 부정설(사견도 같음)이 대립하고 있다.

(2) 요약자의 계약상의 지위 D-86

제 3 자를 위한 계약에 의하여 요약자가 채무를 부담한 경우에는 물론 그는 이를 이행하여야 한다(예: 쌍무계약에서의 반대급부의무). 그리고 제 3 자를 위한 계약이 쌍무계약인 때에는 동시이행의 항변권에 관한 규정(536조)과 위험부담에 관한 규정(537조 · 538조)이 그대로 적용된다.

쌍무계약에 있어서 요약자의 채무불이행이 있으면 낙약자는 제 3 자의 동의 없이 해제할 수 있는가, 그리고 해제가 있으면 수익자는 원상회복의무나 부당이득 반환의무가 있는가가 문제된다(이에 대한 사견은 채권법각론 [51] 참조). 이에 대하여 판례(대판 2005. 7. 22, 2005다7566 · 7573[핵심판례 306면])는 해제가 가능하다는 전제에서 제 3 자에게는 원상회복이나 부당이득 반환의무가 없다고 한다. 그리고 이러한 법리를 계약이 무효인 경우에도 그대로 인정한다(대판 2010. 8. 19, 2010다31860 · 31877). 그런데 타인을 위한 생명보험이나 상해보험의 경우(제 3 자를 위한 계약임)에는, 보험자가 보험계약이 무효이거나 해제되었다는 것을 이유로 보험수익자를 상대로 하여 그가 이미 보험수익자에게 급부한 것의 반환을 구할 수 있다고 한다(대판 2018. 9. 13, 2016다255125. 이 판결은 보험자의 보험수익자에 대한 급부가 보험수익자에 대한 보험자 자신의 고유한 채무를 이행한 것이라는 이유를 든다).

판례 제 3 자계약이 해제되거나 무효인 경우 낙약자의 수익자에 대한 권리 유무

(ㄱ) 「제 3 자를 위한 계약관계에서 낙약자와 요약자 사이의 법률관계(이른바 기본관계)를 이루는 계약이 해제된 경우 그 계약관계의 청산은 계약의 당사자인 낙약자와 요약자 사이에 이루어져야 하므로, 특별한 사정이 없는 한 낙약자가 이미 제 3 자에게 급부한 것이 있더라도 낙약자는 계약해제에 기한 원상회복 또는 부당이득을 원인으로 제 3 자를 상대로 그 반환을 구할 수 없다.」(대판 2005. 7. 22, 2005다7566 · 7573: 요약자의 채무불이행을 이유로 낙약자가 해제한 경우임[핵심판례 306면])

(ㄴ) 매도인 갑과 매수인 을이 토지거래허가구역 내 토지의 지분에 관한 매매계약을 체결하면서 매매대금을 병에게 지급하기로 하는 제 3 자를 위한 계약을 체결하고 그 후 매수인 을이 그 매매대금을 병에게 지급하였는데, 토지거래허가를 받지 않아 유동적 무효였던 위 매매계약이 확정적으로 무효가 된 사안에서, 그 계약관계의 청산은 요약자인 갑과 낙약자인 을 사이에 이루어져야 하므로 특별한 사정이 없는 한 을은 병에게 매매대금 상당액의 부당이득 반환을 구할 수 없다고 한 사례(대판 2010. 8. 19, 2010다31860 · 31877).

낙약자의 채무불이행이 있는 경우에 계약의 해제권은 요약자만이 가진다(제 3 자는 계약의 당사자가 아니므로 해제권을 가지지 못한다). 그런데 요약자가 그 권리를 단독으로 행사할 수 있는지가 문제된다. 제 3 자가 수익의 의사표시를 하기 전에는 단독으로 해제할 수 있음은 이론의 여지가 없다. 그런데 수익의 의사표시를 한 경우에 대하여는 학설이 나뉜다. i) 단독으로 해제할 수 있다는 견해, ii) 제 3 자의 동의를 얻은 때에만 해제할 수 있다는 견해(사견도 같음)가 그것이다. 판례는 i)설과 같다(대판 1970. 2. 24, 69다1410 · 1411).

D-87 5. 낙약자의 지위

낙약자의 지위는 제 3 자 · 요약자의 지위의 반면(反面)을 이룬다. 즉 낙약자는 계약으로부터 직접 제 3 자에 대하여 급부하여야 할 채무를 부담하며, 그러한 채무는 특별한 사정이 없는 한 요약자에 대하여도 부담한다. 그러나 낙약자가 부담하는 채무는 모두 기본관계(보상관계)에 근거한 것이므로, 낙약자는 「그 관계에 기하는 항변」으로 제 3 자에게 대항할 수 있다(542조). 여기의 항변은 널리 「이의(異議)」라고 하는 것과 같으며, 제 3 자의 권리의 존재를 부인하고 그 행사를 막을 수 있는 모든 사실의 주장을 포함한다. 그러므로 고유한 의미에 있어서의 항변권 외에 권리불발생의 항변이나 권리소멸의 항변 등도 포함한다.

판 례 수익자의 항변 관련

「제 3 자를 위한 계약에 있어서 낙약자의 제 3 자에 대한 급부의 내용에는 제한이 없어 낙약자가 제 3 자에 대하여 가지는 청구권을 행사하지 않도록 하는 것도 급부에 해당하고, 이 경우 제 3 자는 낙약자의 청구에 대해 청구권 불행사의 합의(부제소특약)가 있었다는 항변권을 행사할 수 있으며, 제 3 자를 위한 계약에 있어서의 제 3 자는 계약의 당사자는 아니지만 낙약자가 제 3 자에 대하여 직접 급부의무를 부담하게 되고, 그 급부의무의 기초에는 요약자와 제 3 자 사이의 원인관계(대가관계)가 존재한다는 점에서 제 3 자의 의사나 사정은 요약자를 통해 계약의 내용에 반영되어 있다고 보아야 할 것이므로 제 3 자를 위한 계약의 내용을 해석할 때에는 제 3 자의 의사나 사정도 고려하여야 할 것」이다(대판 2006. 1. 12, 2004다46922).

6. 그 밖의 문제 D-88

(1) 제 3 자를 위한 처분행위(물권행위 · 준물권행위)

제 3 자를 위한 물권계약(예: 갑이 을에게 부동산을 매도함에 있어서 그 대금은 을이 직접 병에게 지급하기로 하고, 아울러 병의 을에 대한 대금채권을 확실하게 변제받을 수 있도록 그 부동산에 병의 저당권을 설정하기로 갑과 을이 합의한 경우) 또는 준물권계약(채권양도 · 채무면제계약 등)도 유효한지 문제된다. 제539조는 채권계약만을 규율하므로 물권계약 등에는 적용되지 않는다. 그런데 유추적용은 허용할 것인지가 문제되는 것이다.

여기에 관하여 압도적 다수설은 유효성을 인정한다(사견은 다름. 채권법각론 [52] 참조). 그리고 판례는 제 3 자를 위한 채무면제계약의 유효성을 인정하고 있다(대판 1980. 9. 24, 78다709; 대판 2004. 9. 3, 2002다37405).

(2) 제 3 자의 부담을 목적으로 하는 계약

제 3 자의 부담을 목적으로 하는 계약 즉 제 3 자에게 직접 채무를 부담시키기로 하는 계약은 무효이다(통설도 결과에서 같음).

제 3 자에 대하여 채권을 취득시키면서 동시에 그 계약으로부터 직접 의무도 부담시키는 계약이 유효한지에 대하여 학설은 i) 유효설, ii) 무효설(사견도 같음), iii) 제한적 유효설로 나뉘어 있다. 그리고 판례는 유효하다는 견지에 있다(대판 1965. 11. 9, 65다1620 등).

제 7 절 계약의 해제 · 해지

Ⅰ. 계약해제 서설 D-89

1. 해제의 의의

(1) 계약의 해제란 유효하게 성립하고 있는 계약의 효력을 당사자 일방의 의사표시에 의하여 처음부터 없었던 것과 같은 상태로 되돌아가게 하는 것을 말한다.

계약해제의 의의는 해제의 효과를 어떻게 파악하는지, 특히 해제의 소급효를 인정하는지에 따라 차이를 보인다. 그런데 사견은 해제의 소급효를 인정하는 직접효과설을 따르므로(D-113 참조), 그러한 견지에서 해제의 의의를 기술하였다. 그리고 다른 문제에 관한 앞으로의 설명에서도 그리 할 것이다.

해제는 상대방 있는 단독행위이다. 해제는 법률행위이기는 하지만 타인의 권리·의무에 영향을 미치게 되는 단독행위이므로, 그것을 행할 권리 즉 해제권이 있을 때에만 행하여질 수 있다.

판 례 해제원인 등의 증명책임 부담자

「계약이 일단 성립한 후 그 해제원인의 존부에 대한 다툼이 있는 경우에는 그 계약해제권을 주장하는 자가 이를 증명하여야 하나, 이미 발생한 계약해제권이 다른 사유로 소멸되었거나 그 행사가 저지되는지 여부에 대해 다툼이 있는 경우에는 이를 주장하는 상대방이 이를 증명하여야 한다.」(대판 2009. 7. 9, 2006다67602·67619)

(2) 우리 민법상 해제권은 당사자 사이의 계약이나 법률규정에 의하여 발생한다(543조 1항). 이 가운데 당사자 사이의 계약에 의하여 발생하는 해제권을 약정해제권이라고 하고, 법률규정에 의하여 발생하는 해제권을 법정해제권이라고 한다. 그리고 약정해제권 중에는 당사자가 명백히 해제권의 발생을 보류(약정)하지 않았는데도 법률이 해제권을 보류한 것으로 다루는 경우가 있다. 매매 기타의 유상계약에서 계약금의 수수가 있는 때가 그렇다(565조 참조). 한편 법정해제권을 발생시키는 법률규정 중에는 모든 계약에 공통한 것이 있는가 하면(544조 내지 546조. 이들은 채무불이행을 원인으로 하는 것임), 개별적인 계약에 특수한 것(예: 556조·557조(증여), 570조 내지 578조·580조·581조(매매), 668조·673조·674조(도급))도 있다. 이렇게 해제권 발생의 경우가 여러 가지로 나누어지는데, 그 가운데 여기서는 일반적인 약정해제와 일반적인 법정해제에 관하여만 살펴보고, 특수한 경우들은 개별적인 계약에서 다루기로 한다.

해제권은 일방적인 의사표시에 의하여 법률관계를 변동시키므로 일종의 형성권이다(이설이 없으며, 판례도 같음. 대판 2005. 7. 14, 2004다67011 등). 그리고 그 권리는 계약을 소급해서 무효화하므로 계약의 당사자와 그의 지위를 승계한 자만이 가질 수 있으며, 계약상의 채권만을 양수한 자는 해제권이 없다.

D-90

2. 해제와 구별되는 제도

(1) 해제계약(합의해제)

해제계약은 계약의 당사자가 이전에 체결한 계약을 체결하지 않았던 것과 같은 상태로 되돌리려는 내용의 새로운 계약을 말하며, 이는 합의해제(合意解除)라고도 한다. 이러한 해제계약은 계약자유의 원칙상 유효성이 인정된다. 해제계약은 계약을 소급하여 무효로 하는 점에서 해제와 같으나, 하나의 계약이라는 점에서 단독행위인 해제와 본질적으로 다르다. 따라서 해제계약의 효력은 그 내용에 의하여 결정되고 해제에 관한 제543조 이하의 규정은 적용되지 않는다(대판 1979. 10. 30, 79다1455; 대판 1996. 7. 30, 95다16011(548조 2항이 적용되지 않으므로 당사자 사이에 약정이 없는 이상 합의해제로 인하여 반환할 금전에 그 받은 날로부터의 이자를 가하여야 할 의무가 있는 것은 아니라고 함); 대판 1997. 11. 14, 97다6193).

판 례 합의해제 및 합의해지 관련

합의해제에 관한 판례를 정리해 본다.

(ㄱ) 계약이 합의해제되기 위하여는 일반적으로 계약이 성립하는 경우와 마찬가지로 계약의 청약과 승낙이라는 서로 대립하는 의사표시가 합치될 것(합의)을 그 요건으로 하고, 이와 같은 합의가 성립하기 위하여는 쌍방 당사자의 표시행위에 나타난 의사의 내용이 객관적으로 일치하여야 한다(대판 2011. 2. 10, 2010다77385 등 다수). 따라서 계약당사자의 일방이 계약해제에 따른 원상회복 및 손해배상의 범위에 관한 조건을 제시한 경우 그 조건에 관한 합의까지 이루어져야 합의해제가 성립된다(대판 1996. 2. 27, 95다43044 등). 그리고 계약을 합의해제할 때에 원상회복에 관하여 반드시 약정을 하여야 하는 것은 아니지만, 매매계약을 합의해제하는 경우에 이미 지급된 계약금, 중도금의 반환 및 손해배상금에 관하여는 아무런 약정도 하지 않은 채 매매계약을 해제하기만 하는 것은 우리의 경험칙에 비추어 이례에 속하는 일이다(대판 1994. 9. 13, 94다17093. 임대차계약의 합의해제에 관하여 동지 대판 1992. 6. 23, 92다4130 · 4147).

(ㄴ) 「계약의 합의해제는 명시적으로뿐만 아니라 당사자 쌍방의 묵시적인 합의에 의하여도 할 수 있다고 할 것이나, 묵시적인 합의해제를 한 것으로 인정하려면 매매계약이 체결되어 그 대금의 일부가 지급된 상태에서 당사자 쌍방이 장기간에 걸쳐 잔대금을 지급하지 아니하거나 소유권이전등기 절차를 이행하지 아니함으로써 이를 방치한 것만으로는 부족하고, 당사자 쌍방에게 계약을 실현할 의사가 없거나 계약을 포기할 의사가 있다고 볼 수 있을 정도에 이르렀다고 할 수 있어야 할 것이고, 당사자 쌍방이 계약을 실현할 의사가 있었는지의 여부는 계약이 체결된 후의 여러 가지 사정을 종합적으로 고려하여 판단하여야 할 것이다.」(대판 1996. 6. 25, 95다12682 · 12699)

「계약의 성립 후에 당사자 쌍방의 계약실현 의사의 결여 또는 포기로 인하여 쌍방 모두 이행의 제공이나 최고에 이름이 없이 장기간 이를 방치하였다면, 그 계약은 당사자 쌍방이 계약을 실현하지 아니할 의사가 일치됨으로써 묵시적으로 합의해제되었다고 해석함이 상당하다.」(대판 2007. 6. 15, 2004다37904 · 37911)

판례에 의하면, 매도인이 잔대금 지급기일 경과 후 계약해제를 주장하여 이미 지급받은 계약금과 중도금을 반환하는 공탁을 하였을 때, 매수인이 아무런 이의 없이 그 공탁금을 수령한 경우에는 특단의 사정이 없는 한 합의해제된 것으로 본다(대판 1979. 10. 10, 79다1457). 그리고 피고의 불법행위로 인한 피고에 대한 치료비 배상책임에 대한 합의가 성립되어 그에 따른 합의금이 지급된 후 원고가 그 합의에 불만을 품고 이를 해제할 목적으로 위 합의금을 반환하자 피고가 이를 이의 없이 수령하였다면 그 합의는 해제되었다고 본다(대판 1979. 7. 24, 79다643).

(ㄷ) 계약의 합의해제에 있어서는 당사자 쌍방이 자기 채무의 이행의 제공이 없이 합의에 의하여 해제할 수 있음은 계약자유의 원칙상 당연하고 이는 묵시적 합의해제의 경우에도 마찬가지이다(대판 1991. 7. 12, 90다8343). 그리고 계약자유의 원칙상 경개계약의 성립 후 그 계약을 합의해제하여 구 채권을 부활시키는 것은 적어도 당사자 사이에서는 가능하다(대판 2003. 2. 11, 2002다62333). 한편 채권에 대한 가압류는 채권의 발생원인인 법률관계에 대한 채무자의 처분까지도 구

속하는 효력은 없으므로, 제 3 채무자는 채권에 대한 가압류가 있은 후라고 하더라도 채권의 발생원인인 법률관계를 합의해제하고 이로 인하여 가압류채권이 소멸되었다는 사유를 들어 가압류채권자에 대항할 수 있다(대판 2001. 6. 1, 98다17930). 그러나 토지의 매매계약을 체결하였다가 매수인의 사정으로 매도인이 그 토지를 다시 매수하고 원계약을 해제하기로 약정한 경우 재계약상의 해제합의는 원계약을 소멸(해제)시키는 것으로서 원계약의 소멸(해제)로써 그 효과는 완결되고 합의해제 자체의 이행의 문제는 발생할 여지가 없으므로, 재계약상의 의무를 불이행하였다고 하더라도 그것을 이유로 원계약에 대한 해제합의를 해제할 수는 없다(대판 1992. 8. 18, 92다6266).

㈑ 매매계약이 합의해제된 경우에도 — 일방적인 해제에서와 마찬가지로 — 매수인에게 이전되었던 소유권은 당연히 매도인에게 복귀한다(대판 1982. 7. 27, 80다2968). 그리고 경매신청 기입등기로 인한 압류의 효력은 부동산소유자에 대하여 압류채권자에 대한 관계에 있어서 부동산의 처분을 제한하는 데 그치는 것일 뿐 그 밖의 다른 제 3 자에 대한 관계에 있어서까지 부동산의 처분을 금지하는 것이 아니므로, 부동산 소유자는 경매절차 진행 중에도 경락인이 경락대금을 완납하여 목적부동산의 소유권을 취득하기 전까지는 목적부동산을 취득한 원인이 되는 계약을 그 거래상대방과 사이에 합의해제할 수 있는 것이고, 그 합의해제로 인하여 그 부동산의 소유권은 등기에 관계없이 당연히 그 거래상대방에게 복귀한다(대판 1995. 1. 12, 94누1234. 이 판결에서는 양도소득세의 부과와 관련하여 경매로 인한 소득의 사실상 귀속자가 누구인지가 쟁점이 되었음).

계약의 합의해제에 있어서도 계약해제의 경우와 같이 이로써 제 3 자의 권리를 해할 수 없으나(대판 2005. 6. 9, 2005다6341 등), 그 대상 토지를 전득한 매수자라도 완전한 권리를 취득하지 못한 자는 이 제 3 자에 해당하지 않는다(대판 1991. 4. 12, 91다2601 등). 그리고 계약이 합의해제되면 계약은 소급하여 소멸하게 되어 해약당사자는 각 원상회복의 의무를 부담하게 되나 이 경우 계약해제로 인한 원상회복등기 등이 이루어지기 이전에 해약당사자와 양립되지 아니하는 법률관계를 가지게 되었고 계약해제 사실을 몰랐던 제 3 자에 대하여는 계약해제를 주장할 수 없고, 이 경우 제 3 자가 악의라는 사실의 주장·증명책임은 계약해제를 주장하는 자에게 있다고 할 것이다(대판 2005. 6. 9, 2005다6341). 상속재산 분할협의가 합의해제되면 그 협의에 따른 이행으로 변동이 생겼던 물권은 당연히 그 분할협의가 없었던 원상태로 복귀하지만, 제548조 제 1 항 단서의 규정상 이러한 합의해제를 가지고서는, 그 해제 전의 분할협의로부터 생긴 법률효과를 기초로 하여 새로운 이해관계를 가지게 되고 등기·인도 등으로 완전한 권리를 취득한 제 3 자의 권리를 해하지 못한다(대판 2004. 7. 8, 2002다73203[핵심판례 310면]). 한편 계약이 합의에 따라 해제되거나 해지된 경우에는 특별한 사정이 없는 한 채무불이행으로 인한 손해배상을 청구할 수 없으나, 상대방에게 손해배상을 하기로 특약하거나 손해배상청구를 유보하는 의사표시가 있으면 그러한 특약이나 의사에 따라 손해배상을 하여야 하는데, 그와 같은 손해배상의 특약이 있었다거나 손해배상청구를 유보하였다는 점은 이를 주장하는 당사자가 증명할 책임이 있다(대판 2021. 3. 25, 2020다285048 등 다수의 판결). 그리고 그러한 특약이나 의사표시가 있었는지는 합의해제·해지 당시를 기준으로 판단하여야 하는데, 원래의 계약에 있는 위약금이나 손해배상에 관한 약정은 그것이 계약 내용이나 당사자의 의사표시 등에 비추어 합의해제·해지의 경우에도 적용된다고 볼 만한 특별한 사정이 없는 한 합의해제·해지의 경우에까지 적용되지는 않는다(대판 2021. 5. 7, 2017다220416).

(ㅁ) 「합의해지」에 대한 판례를 본다. 판례에 의하면, 「계약의 합의해지는 계속적 채권채무관계에 있어서 당사자가 이미 체결한 계약의 효력을 장래에 향하여 소멸시킬 것을 내용으로 하는 새로운 계약」이며, 그것은 합의를 요건으로 하고, 또 합의해지는 묵시적으로 이루어질 수도 있으나, 그러려면 계약에 따른 채무의 이행이 시작된 후에 당사자 쌍방의 계약실현의사의 결여 또는 포기로 인하여 계약을 실현하지 않을 의사가 일치되어야 한다(대판 2000. 3. 10, 99다70884). 그리고 이와 같은 합의가 성립하기 위해서는 쌍방 당사자의 표시행위에 나타난 의사의 내용이 객관적으로 일치하여야 하므로, 계약당사자 일방이 계약해지에 관한 조건을 제시한 경우 그 조건에 관한 합의까지 이루어져야 한다(대판 2018. 12. 27, 2016다274270·274287). 한편 당사자 사이에 계약을 종료시킬 의사가 일치되었더라도 계약 종료에 따른 법률관계가 당사자들에게 중요한 관심사가 되고 있는 경우 그러한 법률관계에 관하여 아무런 약정 없이 계약을 종료시키는 합의만 하는 것은 경험칙에 비추어 이례적이고, 이 경우 합의해지가 성립하였다고 보기 어렵다(대판 2018. 12. 27, 2016다274270·274287). 합의해지의 효력은 그 합의의 내용에 의하여 결정되고 이에는 해제·해지에 관한 제543조 이하의 규정이 적용되지 않고(대판 1997. 11. 14, 97다6193), 그리하여 제548조 제 2 항도 적용되지 않는다(대판 2003. 1. 24, 2000다5336·5343).

(2) 해 지 D-91

해지는 계속적 계약의 효력을 장래에 향하여 소멸하게 하는 단독행위이다(D-128 이하 참조). 해지는 계약의 효력을 소멸시키는 점에서 해제와 같으나, 계속적 계약에서만 문제되고, 또 소급효가 없다는 점에서 해제와 다르다.

(3) 취 소

취소는 일단 유효하게 성립한 법률행위의 효력을 제한능력 등을 이유로 소급하여 소멸하게 하는 단독행위이다(A-249 이하 참조). 취소는 권리자의 일방적인 의사표시(단독행위)만으로 법률행위의 효력을 소급해서 소멸시키는 점에서 해제와 같다. 그러나 ① 해제는 계약에 특유한 제도인 데 비하여, 취소는 모든 법률행위에 관하여 인정되며, ② 해제권은 법률규정(법정해제) 외에 당사자의 계약(약정해제)에 의하여서도 발생할 수 있으나, 취소권은 법률규정(원인: 제한능력·착오·사기·강박)에 의하여서만 발생하고, ③ 해제의 경우에는 제548조 제 1 항에 의하여 원상회복의무가 생기는 데 비하여, 취소의 경우에는 부당이득 반환의무가 생긴다는 점에서 차이가 있다.

(4) 해제조건과 실권약관 D-92

1) 계약에 해제조건(법률행위의 효력의 소멸을 장래의 불확실한 사실에 의존하게 하는 조건. A-262 참조)이 붙어 있는 경우에 그 조건이 성

취되면 계약의 효력은 소멸하는데, 이는 약정해제와 유사하다. 그러나 해제조건의 경우에는 조건의 성취라는 사실에 의하여 법률행위가 당연히 효력을 잃게 되는 데 비하여, 약정해제의 경우에는 약정에 기하여 해제권이 발생하여도 그것이 행사되어야 해제의 효과가 발생하는 점에서 차이가 있다(그 밖에 해제조건은 소급효가 없으나, 해제는 소급효가 있다).

2) 계약을 체결하면서, 채무불이행이 있으면 채권자의 특별한 의사표시가 없더라도 당연히 계약이 효력을 잃는다고 약정하는 수가 있다. 예컨대 월부판매에 있어서 1회라도 대금지급을 지체하면, 계약은 당연히 효력을 잃고 매수인은 목적물을 매도인에게 반환하여야 한다고 약정하는 경우에 그렇다. 이러한 경우의 계약 실효조항을 실권약관(정확하게는 실효조항이라고 하여야 함. 그리고 보통거래약관이 아님을 주의)이라고 한다. 실권약관이 붙은 계약에 있어서는 해제권이 유보되어 있는 것이 아니며, 채무자의 채무불이행을 해제조건으로 하는 조건부 계약이 있는 것으로 해석된다. 그리하여 채무불이행이 발생하면 계약은 당연히 효력을 잃는다.

그런데 실권약관은 대부분 경제적으로 우위에 있는 자에게 유리하게 정하여진다. 그러므로 경우에 따라서는 실권약관이 사회질서에 반하여 무효로 될 수도 있다. 그리고 실권약관이 보통거래약관으로 되어 있는 때에는 약관규제법에 의하여 무효로 될 수도 있다(동법 9조 2호).

D-93 **판 례** 실권약관 관련

판례는, 중도금을 약정된 일자에 지급하지 않으면 계약이 해제된 것으로 한다는 실권약관부 매매계약에 있어서는 매수인이 약정의 중도금 지급의무를 이행하지 않으면 그 계약은 그 일자에 자동적으로 해제된 것으로 본다(대판 1992. 8. 18, 92다5928 등. 그 밖에 입점하지 않은 경우의 임대차의 자동해지에 관한 판결로 대판 2003. 1. 24, 2000다5336·5343). 그러나 부동산 매매계약에 있어서 매수인이 잔대금 지급기일까지 그 대금을 지급하지 못하면 그 계약이 자동적으로 해제된다는 취지의 약정이 있더라도 특단의 사정이 없는 한 매수인의 잔대금 지급의무와 매도인의 소유권이전등기 의무는 동시이행의 관계에 있으므로 매도인이 잔대금 지급기일에 소유권이전등기에 필요한 서류를 준비하여 매수인에게 알리는 등 이행의 제공을 하여 매수인으로 하여금 이행지체에 빠지게 하였을 때에 비로소 자동적으로 매매계약이 해제된다고 보아야 하고 매수인이 그 약정기한을 초과하였더라도 이행지체에 빠진 것이 아니라면 대금 미지급으로 계약이 자동해제된다고는 볼 수 없다고 한다(대판 1992. 10. 27, 91다32022[핵심판례 312면]; 대판 2022. 11. 30, 2022다255614 등 다수). 다만, 매도인이 소유권이전등기에 필요한 서류를 갖추었는지 여부를 묻지 않고 매수인의 지급기일 도과사실 자체만으로 계약을 실효시키기로 특약을 하였다거나, 매수인이 수회에 걸친 채무불이행에 대하여 책임을 느끼고 잔금 지급기일의 연기를 요청하면서 새로운 약정기일까지는 반드시 계약을 이행할 것을 확약하고 불이행 시에는 매매계약이 자동적으로 해제되는 것을 감수하겠다는 내용의 약정을 하였다고 볼 특별한 사정이 있다면, 매수인이 잔금 지급기일까지 잔금을 지급하지 않음으로써 그 매매계약은 자동적으로 실효된다(대판 2022. 11. 30, 2022다255614 등). 그런가 하면 대법원은, 갑이 을과 토지매매계약을 체결하면서 매매대금이 지급되지 않을 경우 매매계약을 무효로 하는 내용의 자동실효특약을 두었는데 매매대상 토지들 가운데 일부가 경매되거나 수용되었고, 을이 일부 매매대금의 지급을 위하여 발행·교부한 약속어음이 지급 거절된 사안에서, 을이 일부 토지들에 대한 소유권 취득이 불가능하게 됨에 따라 잔금 지급의무 불이행에 따른 이행지체책임을 부담하지 않게 되었으므로, 위 특약을 그대로 적용하여 을이 잔금을 지급하지 않았다는 이유만으로 매매계약이 무효가 되는 것은 아니라고 한 적이 있다(대판 2013. 9. 27, 2011다110128). 그리고 당사자들이 계약이 여전히 유효함을 전제로 논의를 계속하면서 해제에 따른 법률효과를 주장하지 아니한 채 계약 내용에 따른 이행을 촉구하거나 온전한 채무의 이행을 받지 못한 상대방이 별다른 이의 없이 급부 중 일부를 수령하였다면, 특별한 사정이 없는 한 계약당사자들 사이에서는 자동해제 약정의 효력을 상실시키고 자동해제된 계약을 부활시키기로 하는 합의가 있었다고 봄이 상당하다. 이러한 경우 채무이행을 받지 못한 상대방은 새로운 이행의 최고 없이 바로 해제권을 행사할 수 없다고 한다(대판 2019. 6. 27, 2019다216817).

그리고 판례는, 부동산 매매계약서상 '매도인이 위약시에는 계약금의 배액을 매수인에게 배상하고 매수인이 위약시에는 계약금을 포기하기로 하여 위 계약은 통지 없이 해약하기로 한다'는 내용이 인쇄되어 있는 경우에 관하여 단순한 예문이라고 본 적이 있으며(대판 1992. 2. 11, 91다21954), 다른 한편으로 유사한 경우에 대하여, 일종의 해제권 유보조항이라고 할 것이고 최고나 통지 없이 해제할 수 있다는 특약이 아니라고 한 적도 있다(대판 1982. 4. 27, 80다851 등).

한편 실권약권(실권특약이라고 표현하기도 함)부 매매계약이 실권약관에 의하여 소급적으로 실효된 경우에도 계약해제에 관한 제548조 제 1 항 단서의 법리가 적용되어, 실권약관에 의하여 계약이 소급적으로 소멸한 뒤에 계약의 실효를 주장하는 자와 양립되지 않는 법률관계를 가지게 되었고 실효사실을 몰랐던 제 3 자에 대하여는 계약 소멸을 주장할 수 없다(대판 2000. 4. 21, 2000다584 등).

(5) 철 회 D-94

철회는 법률행위의 효과가 발생하지 않은 법률행위나 의사표시의 효력을 장차 발생하지 않도록 막는 것으로서, 이미 효력이 발생하고 있는 계약의 효력을 소급해서 소멸하게 하는 해제와 구별된다.

3. 해제의 사회적 작용

해제의 사회적 작용은 약정해제와 법정해제에 있어서 다르다. 그런데 해제가 가장 의미있게 작용하는 것은 법정해제, 그중에서도 이행지체의 경우이다. 예컨대 A가 B에게 그의 가옥을 1억원에 매도하는 계약을 체결하였는데 집값이 8,000만원으로 하락하자 B가 대금을 지급하지 않았다. 이러한 경우에 A는 소로써 B의 이행을 구하고 아울러 손해배상을 청구할 수도 있으나, 그러려면 A 자신이 소유권이전채무·인도채무도 이행하여야 하는 번거로

움이 따른다. 이때 A가 B와의 계약을 해제하고 손해배상으로 시가(時價)와의 차액을 청구하게 되면, A로서는 계약의 구속으로부터 벗어나 자유로워질 수 있으며 손실은 입지 않게 된다. 이와 같이 해제는 당사자 일방이 이행을 지체한 경우에 상대방으로 하여금 계약의 구속으로부터 벗어나게 하는 데 의미가 있다.

약정해제를 하는 이유에는 여러 가지가 있겠지만, 특히 장차 계약의 구속으로부터 벗어날 수 있도록 하는 여지를 남겨놓기 위한 것과 채무불이행에 대비한 수단을 강구해 놓기 위한 것을 생각해 볼 수 있다.

D-95 4. 해제할 수 있는 계약의 범위

(1) 법정해제의 경우

법정해제가 채권계약에 인정됨은 의문의 여지가 없다. 그리고 우리 민법에서는 법정해제를 쌍무계약에 한정하지 않고 있기 때문에 편무계약도 법정해제의 대상이 된다(통설임).

그에 비하여 물권계약·준물권계약에 대하여는 법정해제가 인정되지 않는다(통설도 같음). 물권계약·준물권계약은 처분행위로서 이행의 문제를 남기지 않고, 따라서 채무불이행이 생길 수 없기 때문이다. 그런데 판례는 — 일종의 준물권계약인 — 경개에 관하여는 법정해제를 부정하나(대판 2003. 2. 11, 2002다62333), 채권양도에 대하여는 이를 인정한다(대판 1961. 10. 26, 4293민상125).

(2) 약정해제의 경우

채권계약에 대하여 약정해제가 인정된다는 점은 명백하다. 그런데 물권계약이나 준물권계약에 대하여는 학설이 대립하고 있다(사견은 부정함).

판 례 유동적 무효상태인 계약을 해제할 수 있는지(부정)

「유동적 무효의 상태에 있는 거래계약의 당사자는 상대방이 그 거래계약의 효력이 완성되도록 협력할 의무를 이행하지 아니하였음을 들어 일방적으로 유동적 무효의 상태에 있는 거래계약 자체를 해제할 수 없는 것」이다(대판(전원) 1999. 6. 17, 98다40459).

D-96 Ⅱ. 해제권의 발생

1. 약정해제권의 발생

계약의 당사자가 당사자 일방 또는 쌍방을 위하여 해제권의 보류(유보라고도 함)에 관하여 특약을 한 경우에는 계약에 의하여 해제권이 발생한다(543조 1항)(약정해제권을 유보한 경우의 해석방법에 관하여 대판 2016. 12. 15, 2014다14429·14436 참조). 이러한 해제권 보류의 특약은 처음의 계약(즉 해제될 계약)에서 할 수도 있지만 그 후에 별개의 계약으로 할 수도 있다. 그리고 계약이 이행되기 전에만 해제할 수 있도록 할 수도 있고, 이행된 후에 해제할 수 있도록 하여도 무방하다. 한편 매매 기타의 유상계약에서 계약금이 교부된 경우에는 해제권 보류의 특약이 있는 것으로 다루어진다(565조 참조).

[참고] 약정해제의 그 밖의 문제

약정해제의 경우에는 해제권의 행사방법이나 해제의 효과에 관하여 특약을 하는 때가 많다. 그때에는 당연히 그 특약에 따라야 한다. 그런데 특약이 없는 때에는 해제에 관한 민법규정 중 법정해제권의 발생에 관한 규정(544조-546조)을 제외한 것이 적용된다. 그 규정들은 약정해제와 법정해제에 공통하는 것이기 때문이다. 그리하여 뒤에 보는 해제권의 행사, 해제의 효과, 해제권의 소멸에 관한 설명은 대체로 약정해제에도 그대로 적용된다. 다만, 해제의 효과에 있어서 손해배상청구(551조)는 그것이 채무불이행을 원인으로 하는 것이기 때문에 약정해제에는 인정되지 않으며(이설이 없으며, 판례도 같음. 대판 1983. 1. 18, 81다89·90), 해제권이 채무불이행자의 이행이나 이행의 제공으로 소멸하는 문제도 생기지 않는다(D-103 참조). 한편 판례는, 상대방의 채무불이행 여부와 상관없이 일정한 사유가 발생하면 계약을 해제할 수 있도록 하는 약정해제권을 유보한 경우(약정해지권을 유보한 경우에도 같음)에 상대방에게 고의 또는 과실이 없을 때에는 배상책임을 지지 않으며, 그것이 자기책임의 원칙에 부합한다고 한다(대판 2016. 4. 15, 2015다59115).

판 례 약정해제권 관련

(ㄱ) 「계약서에 명문으로 위약시의 법정해제권의 포기 또는 배제를 규정하지 않은 이상, 계약당사자 중 어느 일방에 대한 약정해제권의 유보 또는 위약벌에 관한 특약의 유무 등은 채무불이행으로 인한 법정해제권의 성립에 아무런 영향을 미칠 수 없다.」(대결 1990. 3. 27, 89다카14110)

(ㄴ) 판례는, 약정해제권은 중도금 지급 후에 행사하여도 유효하다고 한다(대판 1979. 9. 25, 79다832·833).

2. 법정해제권의 발생 D-97

(1) 서 설

민법이 일반적 법정해제권의 발생원인으로 규정하고 있는 것은 이행지체(544조·545조)와 이행불능(546조)의 두 가지이다. 그럼에도 불구하고 문헌들은 일반적 법정해제권의 발생원인은 넓은 의미의 채무불이행이라고 하면서 채무불이행의 모든 유형 — 그리하여 보통 이행지체·이행불능·불완전이행·채권자지체 — 에 대하여 해제권의 발생을 논의하고 있다. 그런가 하면 사정변경의 원칙에 의한 해제권의 발생과 부수적 채무의 불이행의 문제도 다루고 있다.

그런데 사견은 채무불이행의 유형으로 이행지체·이행불능·불완전급부·「기타의 행위의무」 위반의 네 가지를 인정하므로(C-76 참조), 그 각각에 대하여 해제권 발생을 기술하게 될 것이다.

(2) 이행지체의 경우

민법은 제544조에서 이행지체 일반에 관하여 해제권의 발생을 규정하고 있다. 그런데 다른 한편으로 계약이 정기행위인 경우에 대하여는 제545조의 특별규정을 두고 있다. 따라서 이행지체는 계약이 정기행위가 아닌 보통의 이행지체의 경우와 정기행위인 경우로 나누어 살펴보는 것이 좋다.

1) 보통의 이행지체의 경우(계약이 정기행위가 아닌 경우) 제544조에 비추어 볼 때 보통의 이행지체에 있어서 해제권이 발생하려면, ① 채무자의 유책사유에 의한 이행지체(채무의 이행기가 도래하기 전에는 이행지체가 있을 수 없음. 대판 2021. 7. 8, 2020다290804 등)가 있을 것, ② 채권자가 상당한 기간을 정하여 이행을 최고하였을 것, ③ 최고기간 내에 이행이나 이행의 제공이 없었을 것이라는 세 가지 요건이 갖추어져야 한다.

(가) 채무자의 유책사유에 의한 이행지체가 있을 것 이 요건과 관련하여 문제되는 것을 살펴보기로 한다.

D-98 (a) 제544조는 채무자가 이행하지 않을 것만 요구할 뿐 그것이 **채무자의 유책사유에 의한 것이어야 하는지**에 관하여는 명시하지 않고 있다(546조와 비교해 볼 것). 그러한 상황에서 학설은 i) 유책사유가 필요하다는 견해(사견도 같음), ii) 유책사유가 필요하지 않다는 견해로 나뉘어 있다.

(b) 이행지체가 되려면 지체를 정당화하는 사유가 없어야 한다. 따라서 **쌍무계약의 경우 동시이행의 항변권이 생길 수 있는 때에는, 채권자가 자신의 채무에 관하여 이행의 제공을 하여야만 해제권을 취득할 수 있다**(D-65 참조)(이설이 없으며, 판례도 같다. 대판 2022. 10. 27, 2022다238053 등 다수). 이때 채권자가 어떻게 이행의 제공을 하여야 하는지, 특히 부동산 매도인의 준비정도에 관하여는 채권법총론에서 기술하였다(C-369·370 참조). 주의할 것은, 채권자로서는 채무자를 이행지체에 빠지게 하기 위하여 자신이 이행의 제공을 하여야 할 뿐만 아니라, 더 나아가 상당한 기간을 정하여 이행을 최고하는 동안에도 제공을 하여야 한다는 점이다(D-103 참조).

(c) 판례는, 부동산 매수인이 매매목적물에 관한 채무(근저당권의 피담보채무·가압류채무·임대차보증금 반환채무 등)를 인수하는 한편 그 채무액을 매매대금액에서 공제하기로 약정한 경우(근저당권의 피담보채무 등 인수하는 것으로 매매대금의 지급에 갈음하기로 약정한 경우)에 관하여, 그 인수는 채무인수가 아니고 이행인수라고 하면서, 그 경우 매수인은 매매대금에서 그 채무액을 공제한 나머지를 지급함으로써 잔금 지급의무를 다하였다고 할 것이므로 설사 매수인이 그 채무를 현실적으로 변제하지 않았다고 하더라도 그러한 사정만으로는 매도인은 매매계약을 해제할 수 없고, 매수인이 인수채무를 이행하지 않음으로써 매매대금의 일부를 지급하지 않은 것과 동일하다고 평가할 수 있는 특별한 사유가 있을 때(가령 근저당권의 피담보채무의 변제를 게을리하여 담보권 실행경매가 개시되고 매도인이 경매절차의 진행을 막기 위하여 피담보채무를 변제한 경우) 계약해제권이 발생한다고 한다(대판 1993. 6. 29, 93다19108; 대판 1998. 10. 27, 98다25184(매수인이 매매대금의 일부 지급에 갈음하여 인수한 피담보채무인 대출금채무의 이자를 지급하지 않았더라도 특별한 사정이 없으면 계약을 해제하지 못한다); 대판 2007. 9. 21, 2006다69479·69486 등).

D-99 (d) **채무자가 채무의 일부만을 이행지체한 경우에 계약 전부를 해제할 수 있는지가 문제된다.** 학설은 i) 일부불이행에 의하여 계약의 목적을 달성할 수 없는 때에는 계약 전부를 해

제할 수 있으나, 그렇지 않은 경우에는 불이행 부분에 관하여서만 해제권이 발생한다고 하는 견해, ii) 원칙적으로 계약 전부를 해제할 수 있다고 하면서 예외를 인정하는 견해로 나뉘어 있다(사견은 채권법 각론 [58] 참조). 그리고 판례는 전부해제를 인정한 적도 있고(대판 1994. 4. 12, 93 다45480 · 45497 등), 불이행 부분만의 실효를 인정한 적도 있어서(대판 1989. 2. 14, 88 다카4819(도급의 경우)) 불분명하다. 한편 불이행한 부분이 아주 적은 때에는 신의칙상 그 부분에 관하여도 해제하지 못한다고 새겨야 한다(이설이 없으며, 판례도 같음. 대판 1971. 3. 31, 71다352 · 353 · 354 등).

판 례 매매계약이 일부만 무효인 경우 관련

매매계약 중 일부만 무효이고 나머지는 유효인 경우 매도인은 매매계약 전부가 유효한 것으로 알고 있는 매수인에게 이행의 최고를 함에 있어서는 계약의 일부이행이 불능임을 알리고 이행이 가능한 나머지 부분의 이행의 제공을 하여 이행의 최고를 하여야지 이를 부인하거나 무시하고 한 이행의 최고는 적법하다고 할 수 없고, 매수인으로서는 계약의 전부 무효를 주장할 수 있는 경우에는 그 이행을 거부하는 것이 당연하다고 하겠으나, 무효인 부분이 없더라도 계약을 유지하고자 할 경우에는 그에 상응한 자신의 채무는 이행하는 것이 옳고 그렇게 하지 아니하면 이행지체의 책임을 진다고 보는 것이 상당하다(대판 1992. 4. 14, 91다43527).

(나) **상당한 기간을 정하여 이행을 최고할 것** (a) 여기의 「이행의 최고」는 채무자에게 D-100
급부를 실현할 것을 요구하는 행위이며, 제387조 제 2 항의 「이행청구」와 같은 성질의 것이다(의사의 통지임). 따라서 기한이 정하여져 있지 않은 채무에 있어서 채무자를 지체에 빠뜨리기 위하여 이행청구를 한 경우에 해제를 위하여 다시 최고를 할 필요는 없다(이설 없음).

(b) 최고의 방법에 대하여는 제한이 없다. 그렇지만 대체로는 이행하여야 할 채무를 지시하여 일정한 기일 또는 일정한 기간 내에 이행할 것을 요구하면 된다(대판 2001. 4. 10, 2000다64403은 최고된 채무액수가 정당하면 그 채무액수에 관하여 항소심에 소송계속 중이었다고 하여 최고가 부적법하다고 할 수는 없다고 하며, 대판 2002. 4. 26, 2000다50497은 채권자에게도 단순한 수령 이상의 행위를 하여야 이행이 완료되는 경우(예: 소유권이전등기 의무)에도 단지 언제까지 이행하여야 한다는 최고만 하였다고 하여 그 최고를 무효로 볼 수는 없다고 한다). 최고를 하면서 지정된 일시에 이행이 없을 경우 해제하겠다는 표시를 덧붙일 필요는 없다. 그렇지만 그러한 표시를 붙인 때에 그것이 유효함은 물론이다. 그런데 판례는 그러한 경우에는 뒤에 보는 정지조건부 해제와 마찬가지로 해제의 의사표시가 없더라도 그 기간의 경과로 계약이 해제된 것으로 본다(대판 1979. 9. 25, 79다1135 · 1136). 한편 **판례는, 정해진 기간 내에 이행하지 않으면 계약이 당연히 해제된 것으로 한다는 이행청구**(이는 실권약관과 비슷하나, 약관은 합의에 의하여 약정한 것인 데 비하여 여기의 것은 일방적으로 최고를 하면서 덧붙인 것인 점에서 차이가 있다. 실권약관의 경우의 효과에 관하여는 D-93 참조)는 그 이행청구와 동시에 그 기간 내에 이행이 없을 것을 정지조건으로 하여 미리 해제의 의사표시를 한 것으로 보며(대판 1981. 4. 14, 80다2381[핵심판례 314면]; 대판 1992. 12. 22, 92다28549), 그 결과 채무이행 없이 그 기간이 경과하면 곧바로(즉 해제의 의사표시 없이) 해제의 효과가 발생하게 된다(대판 1970. 9. 29, 70다1508). 이러한 판례는 채무자에게 특별히 불이익하지 않으므로 인정하여도 무방하다(이설 없음).

(c) 채권자가 최고를 하면서 채무자가 본래 급부하여야 할 양(量)보다 크거나 적게 표시한 경우의 효과가 문제된다.

과대최고를 하였어도 급부할 수량과의 차이가 비교적 적고 채권자가 과대하게 최고한 진의가 본래 급부하여야 할 수량을 청구한 것이라면, 그 최고는 본래 급부하여야 할 수량의 범위 내에서 유효하다고 할 것이나, 과다한 정도가 현저하고 채권자가 청구한 금액을 제공하지 않으면 그것을 수령하지 않을 것이라는 의사가 분명한 경우에는 최고로서의 효력이 없다고 하여야 한다(대판 2004. 7. 9, 2004다13083 등 다수의 판결).

과소최고는 채무의 동일성이 있으면 최고에 표시된 수량에 관하여서만 효력이 생긴다. 채권자는 일부최고를 할 수 있기 때문이다. 그러나 수량의 차이가 아주 작아서 채무 전부의 최고로 인정할 수 있는 경우에는 그 전부에 관하여 효력이 생긴다고 하여야 한다.

최고가 과대최고로서 무효인 경우에는 그에 따른 법적 효과가 발생하지 않을 뿐이며, 그 최고로 인하여 채무자에게 손해가 생긴다고 할 수는 없다(대판 1999. 12. 10, 99다31407).

D-101 **(d) 이행의 최고는 「상당한 기간」을 정하여서 하여야 한다.** 상당한 기간은 채무자가 이행을 준비하고 이행을 하는 데 필요한 기간이며, 그것은 구체적인 경우에 채무의 성질 기타 객관적 사정을 고려하여 결정한다. 그에 비하여 채무자의 여행·질병 등의 주관적인 사정은 고려되지 않는다(이설 있음). 판례 가운데에는, 200만원의 금전지급의무에 관하여 1일의 유예기간이(대판 1976. 4. 27, 75다739), 그리고 매매잔대금 지급에 관하여 2일이(대판 1979. 7. 24, 78다2496) 상당한 기간으로 볼 수 없다고 한 것이 있는가 하면, 2일 이내에 잔대금을 지급하라는 최고가 적법하다고 한 것도 있다(대판 1980. 1. 15, 79다1859).

채권자가 정한 기간이 「상당한 기간」보다 짧은 경우(예컨대 7일이 상당한데 2일이라고 한 경우)**에 최고는 무효인가?** 그러한 경우에도 최고는 유효하며, 다만 「상당한 기간」이 경과한 뒤에 해제권이 생긴다고 새겨야 한다(통설이며, 판례도 같음. 대판 1979. 9. 25, 79다1135·1136). 제544조에 의한 해제권의 발생에서 중요한 것은 상당한 기간을 정한 최고가 아니라, 최고를 하여도 상당한 기간 내에 이행하지 않는 사실이며, 또한 이때 최고를 무효라고 하면 채무불이행자를 지나치게 보호하는 결과가 되기 때문이다. 그리고 이러한 견지에 선다면, 유예기간을 전혀 정하지 않고 행한 최고도 유효하고, 다만 최고 후 상당한 기간이 경과한 때에 해제권이 생긴다고 해석할 수 있다(통설·판례임. 대판 1994. 11. 25, 94다35930 등). 그런가 하면 판례는, 채권자가 채무자의 급부불이행 사정을 들어 계약을 해제하겠다는 통지를 한 때에는 특별히 그 급부의 수령을 거부하는 취지가 포함되어 있지 않는 한 그로써 이행의 최고가 있었다고 볼 수 있으며, 그로부터 상당한 기간이 경과하도록 이행되지 않았다면 채권자는 계약을 해제할 수 있다고 한다(대판 2022. 10. 27, 2022다238053 등).

(e) 채무자가 미리 이행하지 않을 의사를 표시한 경우(즉 이행거절의 경우)(대판 2005. 10. 13, 2005다37949는 이행할 의사가 없음을 확정적·종국적으로 표시했을 것을 요구한다)**에는 최고 없이 계약을 해제할 수 있다**(544조 단서). 이때 채권자는 자기 채무의 이행의 제

공(이행을 준비하였다는 통지도 포함)을 할 필요도 없고(대판 1984. 12. 26, 84다카1763(매도인이 매수인을 상대로 매매잔대금 청구의 소를 제기하자 매수인이 매도인의 소유권이전등기 의무의 이행지체로 매매계약이 해제되었다고 주장하면서 오히려 반소로서 이미 지급한 계약금과 중도금의 반환과 위약금의 지급청구를 한 경우); 대판 2011. 2. 10, 2010다77385 등. 선이행의무자의 선이행의무의 제공도 필요 없다(대판 1990. 3. 9, 89다카29)), 또 해제하기 위하여 채무의 이행기를 기다릴 필요도 없다(대판 2005. 8. 19, 2004다53173 등). 이행하지 않을 의사의 표명 여부는 계약이행에 관한 당사자의 행동과 계약 전후의 구체적 사정 등을 살펴서 판단하여야 한다(대판 2005. 8. 19, 2004다53173 등 다수). 그리고 판례는, 매수인이 계약상의 의무 없는 과다한 채무의 이행을 요구하고 있는 경우에는 자신의 채무를 이행할 의사가 없음을 표시한 것으로 보고 매도인은 자기 채무의 이행제공이나 최고 없이도 계약을 해제할 수 있다고 한다(대판 1992. 9. 14, 92다9463 등).

그 외에 판례는, 당사자의 일방이 이행을 제공하더라도 상대방이 상당한 기간 내에 그 채무를 이행할 수 없음이 객관적으로 명백한 경우에도, 그 일방은 자신의 채무의 이행을 제공함이 없이 상대방의 이행지체를 이유로 계약을 해제할 수 있다고 한다. 그리고 이 경우 당사자의 일방이 이행을 제공하더라도 상대방이 채무를 이행할 수 없음이 명백한지의 여부는 계약해제시를 기준으로 하여 판단할 것이라고 한다(대판 1993. 8. 24, 93다7204).

판 례 제544조 단서 관련 및 기타 D-102

(ㄱ) 대법원이 채무를 이행하지 않을 의사를 표시하였는지에 관하여 판단한 예는 대단히 많다. 그중에 긍정한 예를 하나만 들면, 매수인이 매도인과 매매계약을 체결하면서 맺은 특약에 내하여 그 존재를 부인하면서 이행하지 않는 경우에는 특약사항의 이행거절이 있는 것으로 보았다(대판 1997. 11. 28, 97다30257). 그에 비하여 ① 잔대금의 최고에도 아무런 회답이 없는 것(대판 1991. 7. 12, 90다8343), ② 매수인이 소유권이전등기 소송을 제기하면서 부동산에 의해 담보되고 있는 채무를 실제보다 훨씬 높여서 주장한 경우(대판 1991. 9. 10, 91다6368), ③ 채무자가 채무의 이행기가 도래하지 않았다고 믿을 만한 상당한 근거가 있어 이행을 거절하였는데 후에 법원 판결에 의해 이행기가 도래한 것으로 판명된 경우(대판 1996. 7. 30, 96다17738)에 관하여 그것만으로는 불이행 표시로 볼 수 없다고 하였다. 그런가 하면 매매대금의 일부가 남아 있는데도 전액 지급되었다면서 소유권이전등기의 이행을 소구하는 경우에 대하여 그것만으로는 불이행표시가 있다고 할 수 없지만 사정에 따라서는 불이행 표시로 인정될 수 있다고 한다(대판 1995. 3. 10, 93다30129·30136; 대판 2000. 11. 24, 2000다49053(상계를 주장한 때임) 등). 그런데 그와 비슷한 경우에 대하여 원칙적으로 이행거절을 인정할 것이라고 한 예도 있다(대판 1993. 12. 14, 93다26045).

(ㄴ) 대법원은, 매도인이 매매잔대금 청구의 소를 제기하자 매수인이 매도인의 소유권이전등기 의무의 이행지체로 매매계약이 해제되었다고 주장하면서 오히려 반소로써 이미 지급한 계약금과 중도금의 반환과 위약금의 지급청구를 한 경우(대판 1984. 12. 26, 84다카1763)에 관하여, 채무를 이행할 의사가 없음이 명백하다고 하였다. 그러나 매수인이 잔대금 지급의 연기를 수차 요청한 것만으로는 이를 인정할 수 없다고 한다(대판 1990. 11. 13, 90다카23882).

(ㄷ) 「쌍무계약에 있어 상대방이 미리 이행을 하지 아니할 의사를 표시하거나 당사자의 일

방이 이행을 제공하더라도 상대방이 그 채무를 이행하지 아니할 것이 객관적으로 명백한 경우는 그 일방이 이행을 제공하지 아니하여도 상대방은 이행지체의 책임을 지고 이를 이유로 계약을 해제할 수 있다고 할 것이고, 당사자의 일방이 이행을 제공하더라도 상대방이 상당한 기간 내에 그 채무를 이행할 수 없음이 객관적으로 명백한 경우에도 그 일방은 자신의 채무의 이행을 제공하지 않더라도 상대방의 이행지체를 이유로 계약을 해제할 수 있다고 보아야 할 것이다.」(대판 1993. 8. 24, 93다7204)

㈃「쌍무계약에서 발생되는 쌍방 당사자의 채무는 서로 동시이행의 관계에 있다고 할 것이지만, 상대 당사자가 일방 당사자의 채무 이행에 대한 수령을 거절하는 의사를 명백히 표시하고 그 의사를 뒤집을 가능성이 보이지 아니하는 경우에는 일방 당사자는 위 채무를 이행하거나 그 이행을 제공하지 아니하더라도 채무불이행의 책임을 면하며, 동시이행의 항변권은 상실되어 상대 당사자에 대한 자신의 채권을 행사할 수 있다.」(대판 2012. 10. 25, 2010다89050)

㈄「채무불이행에 의한 계약해제에 있어 미리 이행하지 아니할 의사를 표시한 경우로서 이른바 '이행거절'로 인한 계약해제의 경우에는 상대방의 최고 및 동시이행관계에 있는 자기 채무의 이행제공을 요하지 아니하여 이행지체 시의 계약해제와 비교할 때 계약해제의 요건이 완화되어 있는바, 명시적으로 이행거절의사를 표명하는 경우 외에 계약 당시나 계약 후의 여러 사정을 종합하여 묵시적 이행거절의사를 인정하기 위하여는 그 거절의사가 정황상 분명하게 인정되어야 한다.」(대판 2011. 2. 10, 2010다77385. 동지 대판 2021. 7. 15, 2018다214210)

판례에 의하면, 제544조 단서에 의하여 계약을 최고 없이 해제할 수 있으려면 불이행 의사를 표시한 내용 자체가 계약목적 달성에 필요 불가결한 것이어야 하고 부수적 채무에 관한 것이 아니어야 한다(대판 1987. 5. 26, 85다카914·915).

이행거절의 의사표시는 해제가 있기까지는 철회할 수 있다고 할 것이다(이는 해제시까지 채무자가 이행을 하여 해제권을 소멸시키는 것에 대응한 것이다). 그리고 그러한 철회가 있는 때에는, 채권자는 자신의 채무의 이행을 제공하고서 상당한 기간을 정하여 이행을 최고하여야만 해제할 수 있다(대판 2003. 2. 26, 2000다40995 등).

D-103 (다) **최고기간 내에 이행 또는 이행의 제공이 없을 것** (a) 최고기간 내에 채무자의 이행이나 이행의 제공이 없어야 해제권이 생긴다. 문제는 채무자가 유책사유에 기하여 이행 등을 하지 않았어야 하는지이다. 여기에 관하여 학설은 i) 긍정설(사견도 같음)과 ii) 부정설로 나뉘어 있다. 그리고 판례는, 「이행을 지체하게 된 전후 사정, 그 이행에 관한 당사자의 태도, 소송의 경과 등 제반사정에 비추어 보아 채무자가 최고기간 또는 상당한 기간 내에 이행하지 아니한 데에 정당한 사유가 있다고 여겨질 경우에는 신의칙상 그 최고기간 또는 상당한 기간 내에 이행 또는 이행의 제공이 없다는 이유로 해제권을 행사하는 것이 제한될 수 있다」고 하여(대판 2013. 6. 27, 2013다14880·14897), i)설과 유사하다.

(b) 쌍무계약에 있어서 당사자 쌍방의 채무가 동시이행의 관계에 있는 때에는, 채권자는

채무자를 이행지체에 빠지게 하기 위하여 자기 채무의 이행의 제공을 하는 것 외에 최고기간에도 이행의 제공을 하여야 한다(이설이 없으며, 판례도 같음. 대판 1993. 4. 13, 92다56438 등 다수). 채권자가 이행의 제공을 하여야 하는 기간은 채무자에 대한 이행청구에 표시된 이행기이며, 그것이 일정한 기간으로 정해져 있으면 그 기간 중에 하여야 하고, 일정한 일시로 정하여져 있으면 그 기일에 이행의 제공을 하면 된다(대판 1981. 4. 14, 80다2381[핵심판례 314면]; 대판 1992. 12. 22, 92다28549). 그런데 이때의 제공은 이행지체를 위한 것과 달리 엄격하게 새길 필요가 없다(동지 대판 1982. 6. 22, 81다카1283 · 1284; 대판 1996. 11. 26, 96다35590 · 35606. 이 두 판결은, 「이행기에 한번 이행제공을 하여서 상대방을 이행지체에 빠지게 한 경우 신의성실의 원칙상 이행을 최고하는 일방 당사자로서는 그 채무이행의 제공을 계속할 필요는 없다」고도 하고 있으나, 이러한 표현은 지나친 것으로서 적절하지 않다). 판례도, 부동산 매수인이 현실로 이행제공하였던 잔대금으로 양도성예금증서를 구입하여 보관하고 있으면서 자신의 채무를 이행할 수 있는 준비를 하고 있었던 경우에 관하여 적법한 이행제공이라고 한다(앞의 1996. 11. 26. 판결). 채권자가 최고기간 동안 이행의 제공을 하여 해제권이 발생하면 그 이후에는 해제를 위하여 더 이상 이행의 제공을 할 필요는 없다(이설 없음).

판 례 쌍무계약에서 계약해제를 하려는 자의 이행제공

「동시이행의 관계에 있는 쌍무계약에 있어서 상대방의 채무불이행을 이유로 계약을 해제하려고 하는 자는 동시이행관계에 있는 자기 채무의 이행을 제공하여야 하고, 그 채무를 이행함에 있어 상대방의 행위를 필요로 할 때에는 언제든지 현실로 이행을 할 수 있는 준비를 완료하고 그 뜻을 상대방에게 통지하여 그 수령을 최고하여야만 상대방으로 하여금 이행지체에 빠지게 할 수 있는 것이며 단순히 이행의 준비태세를 갖추고 있는 것만으로는 안 된다.」(대판 2009. 3. 26, 2008다94646)

(라) **해제권의 발생요건을 경감하는 특약** 이행지체에 의한 법정해제권의 발생요건을 D-104
경감하는 특약은 유효하다. 최고 없이 해제할 수 있다는 특약이 그 예이다. 그러한 특약이 있는 경우에는 최고 없이 해제할 수 있게 된다.

(마) **이행지체에 의한 해제권의 발생과 소멸** (a) 해제권 발생의 요건이 갖추어지면 해제권이 발생하는데, 그 시기는 원칙적으로는 최고기간이 만료하는 때이다. 그러나 여기에는 많은 예외가 있다. 즉 채무자가 채무를 이행하지 않을 의사표시(이행거절)를 한 경우(이때는 최고가 필요하지 않다)에는 이행기 전이든 후이든 묻지 않고 그러한 — 확고한 — 의사표시가 있는 때에 발생한다고 하여야 하며(동지 대판 2005. 8. 19, 2004다53173 등), 상당하지 않은 기간을 정하여 또는 유예기간을 정함이 없이 최고할 경우에는 최고 후 상당한 기간이 경과한 때에 해제권이 발생하게 되고 당사자 사이에 최고 없이 해제할 수 있다는 특약이 있는 경우에는 이행지체가 있으면 곧바로 해제권이 발생한다. 계약상의 의무 없는 과다한 채무이행을 요구하는 경우에는 이행거절을 한 때와 같고, 당사자의 일방이 이행을 제공하더라도 상대방이 상당한

기간 내에 그 채무를 이행할 수 없음이 객관적으로 명백한 경우에는 그 사실이 명백하게 된 때 해제권이 발생한다고 할 것이다.

(b) 해제권이 발생한 후에도 채권자가 해제권을 행사하기 전에는 채무자는 채무 내용에 좇은 이행의 제공(지연배상 포함)을 하여 해제권을 소멸시킬 수 있다(이설 없음).

(c) 해제권이 발생한 경우 채권자가 이를 반드시 행사하여야 하는 것은 아니다. 즉 그는 해제권을 포기하고 본래의 급부를 청구할 수도 있다. 그 밖에 해제권의 실효도 문제되나, 그에 관하여는 뒤에 기술한다(D-126 참조).

D-105 **2) 계약이 정기행위(定期行爲)인 경우**

(가) 정기행위의 의의 정기행위란 계약 가운데 계약의 성질 또는 당사자의 의사표시에 의하여 일정한 시일 또는 일정한 기간 내에 이행하지 않으면 계약의 목적을 달성할 수 없는 것을 말한다(545조 참조). 정기행위에는 계약의 성질에 의한 정기행위(예: 초대장의 주문, 교향곡 연주에서의 플루트 연주) 즉 절대적 정기행위와 당사자의 의사표시에 의한 정기행위(예: 결혼식에 입을 양복의 주문) 즉 상대적 정기행위의 두 가지가 있다. 이 중에 상대적 정기행위는 계약 내지 급부의 성질에 의하여서가 아니고 당사자의 의사표시에 의하여 정기행위로 된 것인데, 여기의 의사표시는 당사자의 합의의 의미로 새겨야 한다.

(나) 정기행위의 이행지체에 의한 해제권의 발생 (a) 정기행위에 있어서는 — 그것이 절대적 정기행위이든 상대적 정기행위이든 — **이행지체가 있으면 곧바로 해제권이 발생하고, 보통의 계약에서와 달리 최고는 요구되지 않는다**(545조). 여기의 이행지체가 채무자의 유책사유 있는 위법한 것이어야 함은 보통의 계약에서와 같다(이설 있음).

(b) 정기행위의 경우에는 이행기에 이행이 없으면 계약의 목적을 달성할 수 없다. 그렇지만 민법은 이행지체가 되었다고 하여 곧바로 해제의 효과를 발생시키지는 않는다. 계약은 채권자가 해제의 의사표시를 한 때에 무효로 되는 것이다(상법 68조는 상인간의 확정기매매의 경우에는 즉시 이행을 청구하지 않으면 계약이 해제된 것으로 본다).

D-106 **(3) 이행불능의 경우**

1) 채무자에게 책임있는 사유로 이행이 불능하게 된 때에는 채권자는 계약을 해제할 수 있다(546조). 해제권 발생의 요건은 채무불이행으로서의 이행불능의 성립으로 충분하고(C-102 이하 참조. 판례에 의한 구체적 사례에 관하여는 특히 C-104 이하 참조), **보통의 이행지체에서와 달리 최고는 필요하지 않다. 그리고 채무자의 채무가 상대방의 채무와 동시이행관계에 있다고 하더라도 그 이행의 제공을 할 필요도 없다**(대판 2003. 1. 24, 2000다22850 등).

(판 례) 이행불능을 이유로 계약을 해제할 수 있는 예

「매도인의 소유권이전등기 청구권이 가압류되어 있거나 처분금지 가처분이 있는 경우에는 그 가압류 또는 가처분의 해제를 조건으로 하여서만 소유권이전등기 절차의 이행을 명받을 수 있는 것이어서, 매도인은 그 가압류 또는 가처분을 해제하지 아니하고서는 매도인 명의의 소유권이전등기를 마칠 수 없고, 따라서 매수인 명의의 소유권이전등기도 경료하여 줄 수 없다고 할 것이므로, 매도인이 그 가압류 또는 가처분 집행을 모두 해제할 수 없는 무자력의 상태에 있다고 인정되는 경우에는 매수인이 매도인의 소유권이전등기 의무가 이행불능임을 이유로 매매계약을 해제할 수 있다.」(대판 2006. 6. 16, 2005다39211[핵심판례 222면])

2) 채무자에게 책임없는 사유로 이행이 불능하게 된 경우에는, 채권자에게 유책사유가 있든 없든 위험부담의 문제(537조·538조 참조)로 되며, 이행불능을 이유로 한 해제는 인정되지 않는다(대판 1977. 12. 27, 76다1472(쌍방에게 유책사유 없는 경우); 대판 2002. 4. 26, 2000다50497(채권자에게 유책사유 있는 경우)).

(판 례) 이행불능이 매수인의 유책사유에 의한 경우

「이행불능을 이유로 계약을 해제하기 위해서는 그 이행불능이 채무자의 귀책사유에 의한 경우여야만 한다 할 것이므로(민법 제546조), 매도인의 매매목적물에 관한 소유권이전의무가 이행불능이 되었다고 할지라도, 그 이행불능이 매수인의 귀책사유에 의한 경우에는 매수인은 그 이행불능을 이유로 계약을 해제할 수 없다.」(대판 2002. 4. 26, 2000다50497)

3) 일부불능의 경우에 계약 전부를 해제할 수 있는가? 여기에 관하여 학설은 i) 급부가 가분이면 원칙적으로 불능인 부분에 관하여서만 해제할 수 있고 잔존부분만으로는 계약의 목적을 달성할 수 없는 때에는 계약 전부를 해제할 수 있으나, 급부가 불가분이면 잔존부분만으로는 계약의 목적을 달성할 수 없는 때에는 계약 전부를 해제할 수 있고 잔존부분만으로도 계약의 목적을 달성할 수 있는 때에는 해제는 할 수 없고 불능부분에 관하여 손해배상만을 청구할 수 있다는 견해, ii) 원칙적으로 계약 전부를 해제할 수 있다고 하면서 예외를 인정하는 견해로 나뉘어 있다(사견은 다름. 채권법각론 [62] 참조). 그리고 판례는 — 가분급부인 경우에 관하여 — i)설의 견지에 있다(대판 1996. 2. 9, 94다57817 등).

4) 판례는, 채무불이행에 따른 해제의 의사표시 당시에 이미 채무불이행의 대상이 되는 본래 채권이 시효가 완성되어 소멸하였다면, 특별한 사정이 없는 한, 채권자는 그 채무불이행을 이유로 한 해제권 및 이에 기한 원상회복청구권을 행사할 수 없다고 한다(대판 2022. 9. 29, 2019다204593. C-108도 참조).

5) 이행불능에 의하여 해제권이 발생하는 시기는 이행불능이 생긴 때이다. 이행기가 되지 않은 경우에도 이행기를 기다릴 필요가 없다.

D-107 **(4) 불완전급부의 경우**

1) 종래 우리의 통설은 채무의 이행으로서 급부는 있었으나 그 급부가 불완전한 경우를 불완전이행이라고 하면서 그 경우에도 해제권이 발생한다고 한다. 그런데 불완전이행 외에 어떤 요건을 더 갖추는 때에 해제권이 발생하는가에 관하여 다수설은 완전이행이 가능한 경우에는 — 이행지체의 규정을 유추하여 — 채권자가 상당한 기간을 정하여 완전이행을 최고하였으나 채무자가 완전이행을 않은 때에 해제권이 발생하고, 완전이행이 불가능한 경우에는 — 이행불능의 규정을 유추하여 — 최고 없이 곧 해제할 수 있다고 한다. 그리고 대법원은, A(위임인)가 B(수임인)에게 C의 토지에 관하여 A를 임차인으로 하는 임대차계약을 체결하라고 위임하였는데 B가 자신을 임차인으로 하는 임대차계약을 체결한 경우에 대하여, 「수임인이 위임계약상의 채무를 제대로 이행하지 아니하였다 하여 위임인이 언제나 최고 없이 바로 그 채무불이행을 이유로 하여 위임계약을 해제할 수 있는 것은 아니고, 아직도 수임인이 위임계약상의 채무를 이행하는 것이 가능하다면 위임인은 수임인에 대하여 상당한 기간을 정하여 그 이행을 최고하고, 수임인이 그 기간 내에 이를 이행하지 아니할 때에 한하여 계약을 해제할 수 있다」고 하였다(대판 1996. 11. 26, 96다27148). 이는 완전이행이 가능한 경우에 관하여 이행지체의 규정을 유추적용한 것으로서 다수설과 같은 태도이다.

그런데 — 채권법총론에서 설명한 바와 같이(C-75·76 참조) — 통설의 불완전이행은 「불완전급부」와 「기타의 행위의무의 위반」의 두 가지로 나누어 다루는 것이 바람직하다. 이 두 가지는 성질이 전혀 다르고 요건 등에서도 차이가 있기 때문이다. 그리하여 여기서는 이 둘의 각각에 대하여 해제권의 발생을 살펴볼 것이다.

2) 불완전급부는 채무자가 급부의무의 이행행위를 하였으나 그 이행에 하자가 있는 것이다(C-114 이하 참조). 불완전급부의 경우의 해제권의 발생에 관하여는 민법에 규정이 없으나, 그것도 채무불이행의 하나인 만큼 해제권이 발생한다고 하여야 하며 그 경우의 해제권은 — 그와 가장 유사한 제580조를 유추적용하여 — 불완전급부로 인하여 계약의 목적을 달성할 수 없는 때에 한하여 인정된다고 새기는 것이 좋다.

3) 「주는 채무」에 있어서 불완전급부에 대하여는 — 인도된 물건이 특정물이든 불특정물이든 — 하자담보책임 규정(580조·581조·559조)이 적용됨을 주의하여야 한다(C-116도 참조).

D-108 **(5) 「기타의 행위의무」 위반의 경우**

급부의무 이외의 행위의무, 즉 「기타의 행위의무」(이를 신의칙상의 부수의무라고도 함)를 위반한 경우(C-119 이하 참조. 통설은 이 경우도 불완전이행으로 다룬다)에도 해제권이 발생한다고 하여야 한다. 그리고 이 경우에도 불완전급부에서처럼 계약의 목적을 달성할 수 없는 때에만 해제할 수 있다고 새길 것이다.

(6) 채권자지체(수령지체)의 경우

채권자지체의 경우에 해제권이 발생하는지 여부는 **채권자지체의 법적 성질**(C-169 참조)**을 어떻게 파악하느냐에 달려 있다.** 채권자에게 일반적으로 수령의무를 인정하거나 매매·도급·임치관계에서 예외적으로 수취의무를 인정하거나 또는 채권자에게 유책사유가 있는 때에는 채무불이행이라고 하는 견해는 그 범위에서 해제권이 생긴다고 하게 된다. 그리고 그때에는 채무자가 상당한 기간을 정하여 수령을 최고하고 그 기간 내에 채권자의 수령이 없는 경우에 해제할 수 있다고 새긴다(사견은 채권법각론 [63] 참조). 최근에 대법원은, 채권자지체가 성립하는 경우 그 효과로서 원칙적으로 계약 해제를 주장할 수는 없으나, 계약 당사자가 명시적·묵시적으로 채권자에게 급부를 수령할 의무 또는 채무자의 급부 이행에 협력할 의무가 있다고 약정한 경우, 또는 구체적 사안에서 신의칙상 채권자에게 위와 같은 수령의무나 협력의무가 있다고 볼 특별한 사정이 있다고 인정되는 경우에는 그러한 의무 위반에 대한 책임이 발생할 수 있고, 이와 같이 채권자에게 계약상 의무로서 수령의무나 협력의무가 인정되는 경우, 그 수령의무나 협력의무가 이행되지 않으면 계약 목적을 달성할 수 없거나 채무자에게 계약의 유지를 더 이상 기대할 수 없다고 볼 수 있는 때에는 채무자는 수령의무나 협력의무 위반을 이유로 계약을 해제할 수 있다고 하였다(대판 2021. 10. 28, 2019다293036[핵심판례 236면]).

쌍무계약에 있어서는 수령지체한 채권자는 보통 자신의 채무에 관하여 이행지체에 빠져 있을 것이나. 그때 수령지체 채무의 채무자가 이행지체 채무의 채권자로서 해제할 수 있음은 물론이다.

(7) 사정변경의 원칙에 의한 해제권의 발생 D-109

1) 사정변경의 원칙은 법률행위의 기초가 된 사정이 후에 당사자가 예견하지도 못했고 또 예견할 수도 없는 중대한 변경을 받게 되어, 처음의 효과를 그대로 유지하는 것이 부당한 경우에, 법률행위의 내용을 개조하거나 계약을 해제·해지할 수 있다는 원칙이다.

2) 민법에는 사정변경의 원칙에 입각한 규정은 많이 있으나, 이를 일반적으로 인정하는 규정은 두어져 있지 않다. 그렇지만 학설은 대체로 신의칙의 파생적 원칙으로 이 원칙을 인정하고 있다. 그리고 판례는 과거에는 이를 인정하지 않았으나, 근래에는 사정변경으로 인한 계약의 해제뿐만 아니라(대판 2007. 3. 29, 2004다31302[핵심판례 316면]), 계속적 계약관계에서 사정변경을 이유로 한 계약의 해지도 인정하며(대판(전원) 2013. 9. 26, 2012다13637; 대판(전원) 2013. 9. 26, 2013다26746), 최근에는 그 법리를, 「계약 성립의 기초가 된 사정이 현저히 변경되고 당사자가 계약의 성립 당시 이를 예견할 수 없었으며, 그로 인하여 계약을 그대로 유지하는 것이 당사자의 이해에 중대한 불균형을 초래하거나 계약을 체결한 목적을 달성할 수 없는 경우에는 계약준수 원칙의 예외로서 사정변경을 이유로 계약을 해제하거나 해지할 수 있다」고 정리하였다(대판 2017. 6. 8, 2016다249557 등). 한편

판례는, 여기에서 말하는 사정이라 함은 계약의 기초가 되었던 객관적인 사정을 가리키고, 일방당사자의 주관적 또는 개인적인 사정을 의미하는 것이 아니며(대판 2007. 3. 29, 2004다31302[핵심판례 316면]; 대판(전원) 2013. 9. 26; 2012다13637; 대판(전원) 2013. 9. 26, 2013다26746), 당사자들이 계약의 기초로 삼지 않은 사정이나 어느 일방당사자가 변경에 따른 불이익이나 위험을 떠안기로 한 사정도 포함되지 않는다고 한다(대판 2017. 6. 8, 2016다249557 등). 그리고 계약의 성립에 기초가 되지 아니한 사정이 그 후 변경되어 일방당사자가 계약 당시 의도한 계약목적을 달성할 수 없게 됨으로써 손해를 입게 되었다 하더라도 특별한 사정이 없는 한 그 계약내용의 효력을 그대로 유지하는 것이 신의칙에 반한다고 볼 수 없다고 한다(대판 2007. 3. 29, 2004다31302[핵심판례 316면]; 대판(전원) 2013. 9. 26; 2012다13637; 대판(전원) 2013. 9. 26, 2013다26746). 그런가 하면, 사정변경에 대한 예견가능성이 있었는지는 추상적·일반적으로 판단할 것이 아니라, 구체적인 사안에서 계약의 유형과 내용, 당사자의 지위, 거래경험과 인식가능성, 사정변경의 위험이 크고 구체적인지 등 여러 사정을 종합적으로 고려하여 개별적으로 판단해야 하며, 이때 합리적인 사람의 입장에서 볼 때 당사자들이 사정변경을 예견했다면 계약을 체결하지 않거나 다른 내용으로 체결했을 것이라고 기대되는 경우 특별한 사정이 없는 한 예견가능성이 없다고 한다(대판 2021. 6. 30, 2019다276338). 그리고 경제상황 등의 변동으로 당사자에게 손해가 생기더라도 합리적인 사람의 입장에서 사정변경을 예견할 수 있었다면 사정변경을 이유로 계약을 해제할 수 없으며(대판 2020. 5. 14, 2016다12175 등), 특히 계속적 계약에서는 계약의 체결 시와 이행 시 사이에 간극이 크기 때문에 당사자들이 예상할 수 없었던 사정변경이 발생할 가능성이 높지만, 이러한 경우에도 그 계약을 해지하려면 경제적 상황의 변화로 당사자에게 불이익이 발생했다는 것만으로는 부족하고 사정변경의 원칙에 관한 요건을 충족할 것이 필요하다고 한다(대판 2017. 6. 8, 2016다249557 등).

판례 사정변경에 해당하지 않는 예

지방자치단체로부터 매수한 토지가 공공공지에 편입되어 매수인이 의도한 음식점 등의 건축이 불가능하게 되었더라도 이는 매매계약을 해제할 만한 사정변경에 해당하지 않고, 매수인이 의도한 주관적인 매수목적을 달성할 수 없게 되어 손해를 입었다 하더라도 매매계약을 그대로 유지하는 것이 신의칙에 반한다고 볼 수도 없다고 한 사례(대판 2007. 3. 29, 2004다31302[핵심판례 316면]).

3) 사정변경의 원칙에 의하여 해제권이 발생하기 위한 요건은 ① 계약의 기초가 된 사정이 당사자가 예견하지 못했고 또 예견할 수도 없이 중대하게 변경되었을 것, ② 사정의 변경이 해제권을 취득하는 당사자에게 책임없는 사유로 생겼을 것, ③ 계약의 내용을 유지하는 것이 신의칙에 반할 것 등이다. 그리고 최고는 요건이 아니다. 이에 의한 해제의 효과는 보통의 법정해제에서와 같다. 다만, 이 경우는 채무불이행을 이유로 해제하는 것

이 아니므로 손해배상의무는 생기지 않는다.

(8) 부수적 채무(정확하게는 부수적 급부의무)의 불이행의 경우 D-110

하나의 계약에서 여러 가지 의무가 생기는 때가 많다. 그러한 경우에 어느 하나의 의무에 관하여 채무불이행이 있어도 해제권이 발생하는지가 문제된다.

여기에 대하여 판례는, 채무불이행을 이유로 계약을 해제하려면 당해 채무가 계약의 목적달성에 있어 필요불가결하고 이를 이행하지 않으면 계약의 목적이 달성되지 않아 채권자가 그 계약을 체결하지 않았을 것이라고 여겨질 정도의 주된 채무이어야 하고 그렇지 않은 부수적 채무를 불이행한 데에 지나지 않은 경우에는 계약을 해제할 수 없다고 한다(대결 1997. 4. 7, 97마575[핵심판례 318면]; 대판 2022. 6. 16, 2022다203804 등 다수. 그런데 이전의 판례인 대판 1992. 6. 23, 92다7795 등은 원칙적으로 해제할 수 없다고 한다). 판례는 더 나아가, 주된 채무와 부수적 채무를 구별함에 있어서는 급부의 독립된 가치와는 관계없이 계약을 체결할 때 표명되었거나 그 당시 상황으로 보아 분명하게 객관적으로 나타난 당사자의 합리적 의사에 의하여 결정하되, 계약의 내용·목적·불이행의 결과 등의 여러 사정을 고려할 것이라고 한다(대결 1997. 4. 7, 97마575[핵심판례 318면]; 대판 2022. 6. 16, 2022다203804 등).

판 례 부수적 채무인지 판단한 예

(ㄱ) 상가의 일부 층을 먼저 분양하면서 그 수분양자에게 장차 나머지 상가의 분양에 있어 상가 내 기존 업종과 중복되지 않는 업종을 지정하여 기존 수분양자의 영업권을 보호하겠다고 약정한 경우, 그 약정에 기한 영업권 보호 채무를 분양계약의 주된 채무로 본 사례(대결 1997. 4. 7, 97마575[핵심판례 318면]).

(ㄴ) 영상물 제작공급계약의 수급인이 내부적인 문제로 영상물제작 일정에 다소의 차질이 발생하여 예정된 일자에 시사회를 준비하지 못한 경우, 그와 같은 의무불이행은 그 계약의 목적이 된 주된 채무를 이행하는 과정에서의 부수된 절차적인 의무의 불이행에 불과하므로, 도급인은 그와 같은 부수적인 의무의 불이행을 이유로 계약을 해제할 수 없다고 본 원심판결을 수긍한 사례(대판 1996. 7. 9, 96다14364).

(ㄷ) 전대차계약을 체결한 후 중도금 수수 시에 비로소 전차보증금의 반환을 담보하기 위하여 전대인이 그 소유 부동산에 근저당권을 설정하여 주기로 약정한 경우, 근저당권설정약정이 이미 전대차계약이 체결된 후에 이루어진 점에서 전대인의 근저당권설정약정이 없었더라면 전차인이 전대인과 사이에 전대차계약을 체결하지 않았으리라고 보기 어려울 뿐 아니라, 전대인의 근저당권설정등기 의무가 전대차계약의 목적달성에 필요불가결하다거나 그 의무의 이행이 없으면 전대차계약이 목적을 달성할 수 없다고 볼 만한 사정을 찾아볼 수 없으므로 전대인의 근저당권설정등기 의무가 전대차계약에서의 주된 의무라고 보기 어렵고, 따라서 전차인은 전대인이 약정대로 근저당권을 설정하여 주지 않았음을 이유로 전대차계약을 해지할 수 없다고 한 사례(대판 2001. 11. 13, 2001다20394).

그리고 학설도 부수적 채무의 불이행의 경우에 해제를 인정하지 않는다(사견은 다름. 채권법각론 [64] 참조).

D-111 ## Ⅲ. 해제권의 행사

(1) 해제권의 행사방법

해제권의 행사는 상대방에 대한 의사표시로 한다(543조 1항). 여기의 상대방은 해제되는 계약의 당사자인 상대방 — 또는 그의 법률상의 지위를 승계하고 있는 자 — 이다.

해제의 의사표시의 방식에는 제한이 없다. 따라서 서면에 의할 수도 있고, 구두로 할 수도 있다. 그리고 재판 외에서도 할 수 있고, 재판상 공격·방어의 방법으로 할 수도 있다(대판 1969. 1. 28, 68다626은 지급명령을 청구하면서 계약의 존속과 양립할 수 없는 청구를 한 경우에는 지급명령이 상대방에 송달된 때에 해제의 효력이 발생한다고 한다). 판례는 소제기로 해제권을 행사한 후 그 뒤에 소를 취하하였다고 하여도 해제권은 형성권이므로 그 행사의 효력에 영향이 없다고 한다(대판 1982. 5. 11, 80다916). 한편 약정해제권에 관하여 당사자가 그 행사방법을 정하고 있는 때에는 그에 따라야 하며, 그에 따르지 않고 한 해제표시는 무효이다.

해제의 의사표시에는 조건이나 기한은 붙이지 못한다. 해제권이 형성권이어서 이를 허용하면 불확정한 법률상태가 생겨 상대방이 불안한 지위에 놓이기 때문이다. 따라서 그럴 염려가 없는 경우에는 조건이나 기한을 붙일 수 있다고 할 것이다. 가령 최고를 하면서 최고기간 내에 이행하지 않으면 당연히 해제된다고 하는 것은 불이행을 정지조건으로 하는 해제의 의사표시인데, 그것은 유효하다고 하여야 한다(D-100 참조).

해제의 의사표시는 철회하지 못한다(543조 2항). 그러나 당사자의 합의로 철회하는 것은 허용된다고 할 것이다.

판 례 압류·가압류와 해제·해지·합의해제

(ㄱ) 소유권이전등기 청구권의 가압류나 압류가 행하여지면 제3채무자로서는 채무자에게 등기이전행위를 하여서는 아니 되고, 그와 같은 행위로 채권자에게 대항할 수 없다 할 것이나, 가압류나 압류에 의하여 그 채권의 발생원인인 법률관계에 대한 채무자와 제3채무자의 처분까지도 구속되는 것은 아니므로 기본적 계약관계인 매매계약 자체를 해제할 수 있다(대판 2000. 4. 11, 99다51685).

(ㄴ) 채권이 가압류되면 그 효력으로 채무자가 가압류채권을 처분하더라도 채권자에게 대항할 수 없고, 또 채무자는 가압류채권에 관하여 제3채무자로부터 변제를 받을 수 없으므로, 제3채무자인 임차인이 가압류채무자인 임대인에게 임차보증금 잔금을 지급한 것은 가압류결정의 효력에 의하여 가압류채권자에게 대항할 수 없으나, 임차인으로서는 임차보증금 잔금채권이 압류되어 있다고 하더라도 그 채권을 발생시킨 기본적 계약관계인 임대차계약 자체를 해지할 수 있고, 따라서 임차인과 임대인 사이의 임대차계약이 해지된 이상

그 임대차계약에 의하여 발생한 임차보증금 잔금채권은 소멸하게 되고, 이를 대상으로 한 압류 및 추심명령 또한 실효될 수밖에 없다(대판 1997. 4. 25, 96다10867).

(ㄷ) 제 3 채무자는 채권에 대한 가압류가 있은 후라고 하더라도 채권의 발생원인인 법률관계를 합의해제하고 이로 인하여 가압류채권이 소멸되었다는 사유를 들어 가압류채권자에 대항할 수 있다(대판 2001. 6. 1, 98다17930).

(2) 해제권의 불가분성 D-112

당사자의 일방 또는 쌍방이 수인인 경우에는 계약의 해제는 그 전원으로부터 또는 전원에 대하여 하여야 한다(547조 1항). 이는 복수의 당사자 각각에 대하여 법률관계가 달라지지 않게 하기 위한 것이다. 이 규정의 결과, 매매계약의 일방당사자가 사망하였고 그에게 여러 명의 상속인이 있는 경우에 그 상속인들이 위 계약을 해제하려면 상속인들 전원이 해제의 의사표시를 하여야 한다(대판 2013. 11. 28, 2013다22812. 상대방과 사이에 다른 내용의 특약이 있는 등의 특별한 사정이 있는 때에는 예외이다). 그런데 이 규정은 강행규정이 아니라고 해석되므로 당사자가 특약으로 이를 배제할 수 있다. 해제의 의사표시를 공동으로 동시에 하여야 할 필요는 없다. 그 의사표시를 따로따로 하는 경우에는 가장 늦게 해제표시가 도달하는 때에 해제의 효력이 생긴다.

판 례 공유자들이 하나의 매매계약으로 매도한 경우 일부 공유지의 해제

「하나의 부동산을 수인이 공유하는 경우 각 공유자는 각 그 소유의 지분을 자유로이 처분할 수 있는 것이므로, 공유자 전원이 공유물에 대한 각 그 소유지분 전부를 형식상 하나의 매매계약에 의하여 동일한 매수인에게 매도하는 경우라도 당사자들의 의사표시에 의하여 각 지분에 관한 소유권이전의무, 대금지급의무를 불가분으로 하는 특별한 사정이 없는 한 실질상 각 공유지분별로 별개의 매매계약이 성립되었다고 할 것이고, 일부 공유자가 매수인의 매매대금지급의무 불이행을 원인으로 한 그 공유지분에 대한 매매계약을 해제하는 것은 가능하다.」(대판 1995. 3. 28, 94다59745. 그러나 당사자들의 의사표시에 의하여 각 지분에 관한 소유권이전의무, 대금지급의무를 불가분으로 하는 실질상으로도 하나의 매매계약이 되면 매도인 중 한 사람이 그의 지분비율에 상응하는 매매대금 중 일부를 매수인으로부터 지급받지 못하였다 할지라도 이를 이유로 자신의 지분에 관한 매매계약 부분만을 해제할 수는 없다고 함)

당사자의 일방 또는 쌍방이 수인 있는 경우에 그중의 1인에 관하여 해제권이 소멸한 때에는 다른 당사자에 대하여도 해제권이 소멸한다(547조 2항).

D-113

Ⅳ. 해제의 효과

> **사 례** (신사례 [77]번 문제)
>
> A는 2002. 9. 15. 자신의 X토지를 B에게 5,000만원에 팔기로 하는 내용의 계약을 체결하였다. 계약 당시에 B는 A에게 계약금으로 500만원을 지급하였고, 대금 중 2,000만원은 중도금으로 2002. 10. 15.에 X토지의 소유권이전등기에 필요한 서류를 받으면서 지급하기로 하고, 잔금 2,500만원은 B가 X토지를 C은행에 담보로 제공하고서 금전을 대출받아 2002. 11. 5.에 지급하기로 하였다. 그리하여 A는 2002. 10. 15.에 B로부터 중도금 2,000만원을 받으면서 등기서류를 교부하였고, B는 X토지의 소유권이전등기를 한 뒤 C은행에 저당권을 설정하여 주고서 2,500만원을 대출받았다. 그런데 B는 다른 급한 용도가 생겨 대출금으로 잔금을 지급하지 않고 다른 곳에 사용하였다. 한편 A와 B 사이의 매매계약서에는 「매도자가 본 계약을 어겼을 때에는 계약금으로 받은 금액의 배를 매수자에게 주기로 하고, 매수자가 본 계약을 어겼을 때에는 계약금은 무효가 되고 돌려달라는 청구를 하지 않기로 함」이라는 조항이 들어가 있다. 그리고 현재는 2003. 1. 15.이다.
>
> 이 경우에 A가 계약을 해제하기 위한 요건은 무엇이며, 그때의 법률관계는 어떻게 되는가? (사례의 해결: D-125)

1. 서 설

민법은 계약해제의 효과에 관한 규정으로 제548조·제549조·제551조의 세 조항을 두고 있다. 제548조에서는 계약해제의 경우에는 각 당사자에게 원상회복의무가 있고(1항), 반환할 것이 금전인 때에는 그 받은 날로부터 이자를 붙여야 한다고 규정한다(2항). 그리고 제549조는 당사자의 원상회복의무에 대하여 동시이행의 항변권 규정(536조)을 준용한다고 하며, 제551조는 해제가 손해배상청구에 영향을 미치지 않는다고 한다. 그 결과 민법상 해제의 경우에 계약이 소급하여 효력을 잃는지, 해제시의 손해배상의 범위가 어떠한지에 대하여는 명시되어 있지 않다. 이러한 상황에서 계약해제의 효과를 어떻게 이론구성하여 설명할 것인가가 문제이다. 아래에서는 먼저 해제의 효과에 관한 이론을 정리하고, 그것을 바탕으로 하여 개별적인 효과들을 살펴보기로 한다. 그럼에 있어서 법정해제를 중심으로 할 것이다.

2. 해제의 효과에 관한 이론과 그에 따른 효과의 개관

(1) 이 론

1) 학 설 해제의 효과에 관한 우리의 학설로는 i) 직접효과설과 ii) 청산관계설이 있다.

i) 직접효과설(사견도 같음)은 해제에 의하여 계약은 처음부터 존재하지 않았던 것으로 되고,

계약에 의한 채권관계는 소급적으로 소멸한다고 한다. 따라서 아직 이행되지 않은 채무는 당연히 소멸하고, 이미 이행한 채무의 경우에는 급부가 법률상 원인을 잃게 되어 목적소멸에 의한 부당이득의 반환이 문제된다고 한다. 그러나 그 반환의 범위는 현존이익에 한정하는 것(748조)보다는 원상회복을 하는 것이 합리적이라고 한다.

ii) 청산관계설은 계약이 해제되면 기존의 계약관계는 청산관계로 변경된다고 한다. 그리하여 아직 이행되지 않은 채무는 소멸되고, 이미 이행된 채무의 경우에는 이를 반환해야 할 의무가 발생한다고 한다. 그리고 청산관계는 원래의 채권관계와 동일성을 가지면서 내용상의 변형만 있다고 한다.

2) 판　　례　　판례는 해제가 있으면 그 소급효로 인하여 계약의 효력이 소급하여 상실한다고 하여 직접효과설의 견지에 있다(대판 1977. 5. 24, 75다1394[핵심판례 320면]; 대판 2002. 9. 27, 2001두5989 등).

(2) 해제의 효과 개관

사견인 직접효과설에 의할 때, 해제의 효과는 크게 ① 계약의 소급적 실효, ② 원상회복의무, ③ 손해배상, ④ 반환의무·손해배상의무의 동시이행 문제의 넷으로 나눌 수 있다.

3. 계약의 소급적 실효　D-114

계약이 해제되면 해제된 계약은 소급하여 무효로 되고, 따라서 계약에 의한 법률효과도 생기지 않았던 것이 된다(이러한 계약 소멸의 효과는 채무불이행을 한 당사자도 주장할 수 있다. 그리하여 계약이 해제로 소멸하였음을 들어 그 계약에 기한 채무의 이행을 거절할 수 있다. 대판 2001. 6. 29, 2001다21441·21458).

(1) 소급적 실효의 구체적인 결과

1) 채권·채무의 소멸　　해제가 있으면 계약에 기하여 발생한 채권·채무가 모두 소급적으로 소멸하게 된다. 따라서 아직 이행하지 않은 채무가 있어도 이행할 필요가 없게 된다(계약의 법적 구속으로부터의 해방).

우리의 학설은 당사자 일방이 채권을 제 3 자에게 양도한 경우에도 양수인의 채권은 해제로 소멸한다고 한다. 그리고 해제에 양수인의 동의는 필요하지 않으며, 양수인의 불이익은 양도인의 하자담보책임으로 해결하면 된다고 한다(사견은 다름. 채권법각론 [67] 참조).

2) 물권 등의 권리가 이전(설정)**된 경우**　　계약의 이행으로서 권리의 이전(또는 설정)을 목적으로 하는 물권행위나 준물권행위가 행하여지고, 등기나 인도와 같은 권리의 이전(또는 설정)에 필요한 요건이 모두 갖추어져 권리의 이전(또는 설정)이 일어난 경우에, 계약이 해제되면 이전(또는 설정)된 권리가 당연 복귀(또는 소멸)하는가? 예컨대 A가 B에게 토지를 매도하고 약정에 따라 소유권이전등기까지 해주었는데, B가 대금을 지급하지 않아 A에 의하여 계약이 해제된 경우에, B에게 이전되었던 토지의 소유권이 해제로 당연히 되돌아오는지가 문제된다.　D-115

여기에 관하여 학설은 i) 채권적 효과설과 ii) 물권적 효과설(사견도 같음)로 나뉘어 있다. i)

채권적 효과설은 해제에 의하여 당사자 사이에 원상회복의무가 생기지만 이로 인하여 당연히(즉 물권적으로) 원상회복이 되고 이행행위도 당연히 효력을 잃는 것은 아니라고 한다. 해제가 있더라도 이행행위(물권행위나 준물권행위) 자체는 그대로 효력을 보유하며 이를 전제로 하여 새로이 그 급부를 반환하여 원상회복을 시킬 채권관계가 발생한다고 한다. 그에 비하여 ii) 물권적 효과설은 해제된 계약에 기하여 물권(또는 재산권)의 변동이 있었더라도 원인행위인 채권계약이 해제되면 일단 이전(또는 설정)하였던 권리는 당연히 복귀한다고 한다.

판례는, 계약이 해제되면 그 계약의 이행으로 변동이 생겼던 물권은 당연히 그 계약이 없었던 원상태로 복귀한다고 하여, 물권적 효과설을 취하고 있다(대판 1977. 5. 24, 75다1394[핵심판례 320면]; 대판 2002. 9. 10, 2002다29411(주권 발행 전에 주식이 양도되었으나 해제된 경우); 대판 2021. 8. 19, 2018다244976[핵심판례 308면] 등).

(판 례) 해제의 효과(물권적 효과설)

「우리의 법제가 물권행위의 독자성과 무인성을 인정하고 있지 않는 점과 민법 제548조 제 1 항 단서가 거래안정을 위한 특별규정이란 점을 생각할 때 계약이 해제되면 그 계약의 이행으로 변동이 생겼던 물권은 당연히 그 계약이 없었던 원상태로 복귀한다고 봄이 타당하다.」(대판 1977. 5. 24, 75다1394)

청산관계설에 의하면 계약이 해제되면 이미 급부받은 것을 반환할 의무만이 생기므로 반환행위가 있을 때까지는 물권변동이 아무런 영향을 받지 않고 그대로 존속하게 된다.

D-116 **3) 기 타** ① 주된 계약이 해제되면 그에 부수적인 종된 계약도 실효된다(대판 1991. 9. 24, 91다9756·9763). ② 어떤 계약에 의하여 권리가 소멸한 경우(예: 임대인이 토지를 임차인에게 매도하여 임차인의 임차권이 혼동으로 소멸한 경우)에 그 계약이 해제되면, 소멸하였던 권리는 되살아난다(청산관계설은 이를 설명하기가 어렵다). ③ 계약에 의한 채권을 수동채권으로 하여 상계한 후에 계약이 해제되면 그 채권은 소급하여 소멸하고 상계도 무효로 되어 상계로 소멸한 채권자의 다른 채권은 다시 살아난다(대판 1980. 8. 26, 79다1257·1258). ④ 계약에 의한 채권을 담보하기 위하여 물적 담보를 설정하였거나 보증을 한 경우에, 그것이 해제시의 원상회복의무 및 손해배상의무도 담보하는지 문제된다. 판례는 보증에 관하여 이를 긍정한다(대판 1999. 3. 26, 96다23306 등).

D-117 **(2) 제 3 자의 보호**

1) 서 설 민법은 제548조 제 1 항 단서에서 해제에 의하여 「제 3 자의 권리를 해하지 못한다」고 규정하고 있다. 이 규정은, 해제의 소급효를 인정하지 않고 기존의 채권관계가 새로운 반환채무관계로 변경된다는 청산관계설이나 해제의 소급효를 인정하더라도 해제의 효과가 채권적으로만 생긴다는 채권적 효과설에서는 무의미한 것이 된다. 왜냐하면 그러한 견해에 의하면, 해제가 있더라도 이미 일어난 권리변동이 무효로 되지

않아서 제 3 자가 해쳐질 경우가 생길 수 없기 때문이다. 그에 비하여 직접효과설과 함께 물권적 효과설을 취하게 되면, 위의 규정은 대단히 중요한 의미를 가진다. 그 견해에 의하면, 해제에 의하여 권리변동은 무효로 되고, 따라서 제 3 자는 그 규정에 의하여서만 보호될 수 있기 때문이다(민법이 불필요한 규정을 두지 않았을 것이므로, 이 규정은 물권적 효과설의 근거로 되는 것이다). 물권적 효과설에서 볼 때 제548조 제 1 항 단서는 제 3 자 내지 거래의 안전을 보호하기 위하여 해제의 소급효를 제한하는 특별규정이다.

2) 제 3 자의 범위

(가) **제548조 제 1 항 단서는「해제가 있기 전에」해제된 계약을 기초로 새로이 이해관계를 맺은 자를「제 3 자」라고 규정한 것으로 보인다.** 무엇보다도 선의·악의를 묻지 않기 때문이다. 계약해제는 채무불이행(법정해제) 또는 해제권 보류약정(약정해제)에 기하여 행하여지는데, 그것들은 계약의 흠이 아닐뿐더러 다른 자가 알 수 있는 것도 아니다. 그에 비하여 해제 후에는 해제사실을 알았는지에 관하여 선의·악의가 있을 수 있다. 여기서 동조항이 단순히「제 3 자」라고만 한 것을 보면「해제 전에」이해관계를 맺은 자를 염두에 둔 것으로 이해되는 것이다(그것이 원칙적인 경우이기도 하다). 판례도 같은 입장이다(대판 2021. 8. 19, 2018다244976[핵심판례 308면] 등).

판 례 **해제의 경우 제 3 자 관련**

「계약당사자의 일방이 계약을 해제한 경우 그 계약의 해제 전에 그 해제와 양립되지 아니하는 법률관계를 가진 제 3 자에 대하여는 계약의 해제에 따른 법률효과를 주장할 수 없고, 이는 제 3 자가 그 계약의 해제 전에 계약이 해제될 가능성이 있다는 것을 알았거나 알 수 있었다 하더라도 달라지지 아니한다.」(대판 2010. 12. 23, 2008다57746)

그러나 제 3 자의 범위는 이에 한정하지 않아야 한다. 만약 그러한 자만을 제 3 자라고 하면「해제 후에 해제가 있었음을 모르고」이해관계를 맺은 자를 보호하지 못하는 문제가 생긴다. 따라서 **제 3 자의 범위는 확장되어야 한다.** 그런데 제 3 자 범위의 확장은 예외의 인정이기 때문에 타당한 범위에 한정하여야 한다. 그리하여 공시방법의 제거가 있기 전에 해제가 있었음을 모르고(선의) 이해관계를 맺은 자만을 제 3 자에 포함시켜야 한다. 즉 부동산의 경우에는 계약의 해제에 의한 말소등기가 있을 때까지, 동산의 경우에는 인도가 있을 때까지 해제가 있었음을 모르고 새로이 이해관계를 맺은 자는 제548조 제 1 항 단서의 제 3 자라고 하여야 한다(권리 거래의 경우에도 마찬가지로 다루어야 한다).

판례는 해제 이전에 새로이 이해관계를 맺은 자를 제 3 자로서 보호하는 외에(대판 2005. 1. 14, 2003다33004 등),「계약해제로 인한 원상회복등기 등이 이루어지기 이전에 계약의 해제를 주장하는 자와 양립되지 아니하는 법률관계를 가지게 되었고 계약해제 사실을 몰랐던 제 3 자」 D-118

에 대하여 계약해제를 주장할 수 없다고 함으로써(대판 2005. 6. 9, 2005다6341 등), 위의 사견과 같은 태도를 취하고 있다. 그리고 판례는 제 3 자 범위의 확장의 경우 제 3 자가 자신이 선의임을 증명할 필요가 없고 해제를 주장하는 자가 제 3 자의 악의를 주장·증명할 것이라고 한다(대판 2005. 6. 9, 2005다6341).

(나) **제548조 제 1 항 단서의 「제 3 자」는 완전한 권리를 취득한 자이어야 한다.** 따라서 권리취득에 등기나 인도가 요구되는 때에는 그 요건도 갖추어야 한다(이설이 없으며, 판례도 같음. 대판 2014. 12. 11, 2013다14569[핵심판례 322면]; 대판 2021. 8. 19, 2018다244976[핵심판례 308면] 등 다수의 판결). 일반적으로, 법률이 제108조 제 2 항에서처럼 「선의의 제 3 자에 대항하지 못한다」고 규정하고 있으면 제 3 자가 계약만 맺고 있어도 보호되도록 해석하나, 여기에서처럼 「제 3 자의 권리를 해하지 못한다」고 규정하고 있는 경우에는 계약만 맺고 있으면 보호되지 못하고 완전한 권리를 취득하고 있어야 보호되는 것으로 해석한다.

D-119 (다) **여기의 제 3 자의 예로는** 해제된 매매계약의 매수인(또는 교환계약의 당사자)으로부터 목적물을 매수하여 소유권을 취득한 자(대판 1999. 9. 7, 99다14877 등), 그 목적물에 저당권이나 질권을 취득한 자, 매수인과 매매예약을 체결한 후 그에 기한 소유권이전청구권 보전을 위한 가등기를 마친 사람(대판 2014. 12. 11, 2013다14569[핵심판례 322면] 등), 해제된 계약에 의하여 채무자의 책임재산이 된 계약의 목적물을 가압류한 자(대판 2000. 1. 14, 99다40937; 대판 2005. 1. 14, 2003다33004(그러나 가압류 집행 전에 그 가압류채무자(현 소유자)의 전 소유자가 처분금지 가처분등기를 하고 해제를 주장하면서 소유권이전등기 말소소송을 제기하여 승소판결을 받았다면 예외임)), 소유권을 취득하였다가 계약해제로 인하여 소유권을 상실하게 된 임대인으로부터 그 계약이 해제되기 전에 주택을 임차하고 주택임대차보호법상의 대항요건을 갖춘 임차인(대판 2003. 8. 22, 2003다12717 등), 매매계약의 이행으로 주택을 인도받아 그 임대권한을 명시적 또는 묵시적으로 부여받은 매수인으로부터 매매계약의 해제 전에 그 주택을 임차하여 주택임대차보호법상의 대항요건을 갖춘 임차인(대판 2009. 1. 30, 2008다65617: 아파트 수분양자가 입주 잔금을 지급할 무렵 분양자로부터 아파트 열쇠를 교부받은 경우에 그것의 임대권한을 묵시적으로 부여받았다고 봄)을 들 수 있다. **그에 비하여** 계약상의 채권을 양도받은 양수인(대판 2000. 8. 22, 2000다23433(양수한 채권을 피보전권리로 하여 처분금지 가처분 결정을 받았어도 같음); 대판 2003. 1. 24, 2000다22850 등), 건축주 허가명의만을 양수한 자(대판 2007. 4. 26, 2005다19156), 계약상의 채권 자체를 압류 또는 전부한 자(대판 2000. 4. 11, 99다51685)는 여기의 「제 3 자」가 아니다. 새로운 권리를 완전하게 취득하지 않았기 때문이다. 그리고 토지를 매도하였다가 대금 지급을 받지 못하여 그 매매계약을 해제한 경우에 있어서 토지매수인으로부터 그 토지 위에 신축된 건물을 매수한 자도 「제 3 자」가 아니다(대판 1991. 5. 28, 90다카16761). 그는 계약의 목적물에 관하여 권리를 취득하지 않았기 때문이다. 또한 미등기 무허가건물에 관한 매매계약이 해제되기 전에 그 매수인으로부터 해당 무허가건물을 다시 매수하고 무허가건물 관리대장에 소유자로 등재되었다고 하더라도 그는 그 건물에 관하여 완전한 권리를 취득한 것으로 볼 수 없으므로 제548조 제 1 항 단서에서 규정하는 제 3 자에 해당하지 않는다(대판 2014. 2. 13, 2011다64782). 한편 판례는, 매매계약 해제시 원상회복의 방법으로 매도인에게 소유권이전등기를 하기로 하는 약정에 따라 청구권을 보전하기 위한 가등기가 된 경우에 그 가등기 후 본등기 전에 행하

여진 제 3 자 명의의 소유권이전등기는 후일 가등기에 기한 본등기가 행하여지면 말소되며, 이는 가등기 후 본등기 전에 이루어진 중간처분은 실효되는 법리에 의한 것이고, 또 매도인의 소유권이전등기 청구권은 계약해제의 소급효 그 자체에 의하여 생긴 것이 아니므로 그 등기청구권의 실현과 계약해제의 소급효 제한에 관한 제548조 제 1 항 단서의 규정과는 직접적으로 관련이 없다고 한다(대판 1982. 11. 23, 81다카1110).

4. 원상회복의무 D-120

계약이 해제되면 각 당사자는 원상회복의무가 있다(548조 1항 본문).

(1) 성 질

계약해제의 효과에 관하여 직접효과설을 취하게 되면, **원상회복의무는 부당이득 반환의무의 성질을 가진다**고 하게 된다. 계약이 해제되면 채무가 성립하지 않았던 것이 되고, 그 결과 이미 급부한 것은 법률상 원인 없는 이익이 되기 때문이다. 그리고 그러한 견지에서 보면, 원상회복의무를 규정한 제548조 제 1 항 본문은 부당이득에 관한 제741조의 특칙으로 이해된다(대판 2014. 3. 13, 2013다34143 등 다수). 이는 모두 타당하다.

(2) 내 용

1) 원상회복의무는 계약의 모든 당사자가 부담한다. 즉 해제의 상대방은 물론이고 해제한 자도 원상회복의무가 있다(대판 1995. 3. 24, 94다10061). 계약상의 채권이 양도된 경우의 양수인도 마찬가지이다(대판 2003. 1. 24, 2000다22850).

판 례 대리인이 급부를 수령한 경우 해제시 원상회복의무자(본인)

「계약이 적법한 대리인에 의하여 체결된 경우에 대리인은 다른 특별한 사정이 없는 한 본인을 위하여 그 계약상 급부를 변제로서 수령할 권한도 가진다고 할 것이다. 그리고 대리인이 그 권한에 기하여 계약상 급부를 수령한 경우에, 그 법률효과는 계약 자체에서와 마찬가지로 직접 본인에게 귀속되고 대리인에게 돌아가지 아니한다. 따라서 계약상 채무의 불이행을 이유로 계약이 상대방 당사자에 의하여 유효하게 해제되었다면, 그 해제로 인한 원상회복의무는 대리인이 아니라 계약의 당사자인 본인이 부담한다. 이는 본인이 대리인으로부터 그 수령한 급부를 현실적으로 인도받지 못하였다거나 해제의 원인이 된 계약상 채무의 불이행에 관하여 대리인에게 책임 있는 사유가 있다고 하여도 다른 특별한 사정이 없는 한 마찬가지라고 할 것이다.」(대판 2011. 8. 18, 2011다30871)

2) 원상회복의무의 범위는 제548조의 특칙과 부당이득 반환의무 규정에 의하여 결정된다. 그리하여 우선 제548조에 따라 이익의 현존 여부나 선의·악의를 불문하고 이익 전부를 반환하여야 한다(대판 2014. 3. 13, 2013다34143 등).

(가) **급부된 물건이 남아 있으면 그 물건을 반환하여야 한다**(원물반환의 원칙). 해제에 의하여 물건의 소유권 등이 당연히 복귀한 때에는 등기 명의의 회복과 점유이전이 원상회복의 내용이다. 그리고 채권양도(정확하게는 채권양도의 원인이 된 채권의 매매계약·증여계약 등)가 해제된 경우에 양수인의 통지를 요구하는 다수설의 입장에서는(C-314 참조) 원상회복의무로 양수인의 해제통지가 필요하다고 할 것이다(사견은 다름. 채권법각론 [69] 참조).

(나) 수령한 물건이 멸실·훼손·소비되어 **원물반환이 불가능한 때에는 가액반환**을 하여야 한다. 이때의 가액은 해제 당시의 것이다(통설도 같다. 판례는 이행불능으로 해제된 경우에 관하여 이행불능 당시의 가액이라고 한다. 대판 1998. 5. 12, 96다47913 등).

물건의 멸실·훼손이 반환의무자의 유책사유 없이 일어난 경우에도 가액반환을 하여야 하는가? 여기에 관하여는 i) 긍정설과 ii) 부정설(면책설)이 대립하고 있다(사견은 다름. 채권법각론 [69] 참조).

D-121 (다) **원물반환이 처음부터 불가능한 급부**, 예컨대 노무 기타의 무형의 것을 급부한 경우에는 그 급부의 가액을 반환하여야 한다. 그 가액의 기준시에 대하여는 i) 급부 당시의 가격이라는 견해와 ii) 해제 당시의 가격이라는 견해(사견도 같음)가 대립하고 있다.

(라) **채무자가 목적물을 이용한 경우**에는 그 사용에 의한 이익을 반환하여야 하나(대판 2024. 2. 29, 2023다289720), 사용으로 인하여 감가 요인이 생겼다고 하여도 감가비는 반환할 필요가 없다(대판 1991. 8. 9, 91다13267). 그리고 판례는, 여기의 사용이익의 반환의무는 부당이득 반환의무에 해당하므로, 특별한 사정이 없는 한 매수인이 점유·사용한 기간 동안 그 재산으로부터 통상 수익할 수 있을 것으로 예상되는 이익, 즉 임료 상당액을 매수인이 반환하여야 할 사용이익으로 보아야 한다고 한다(대판 2024. 2. 29, 2023다289720 등). 나아가 판례는, 채무자(매수인)의 영업수완 등 노력으로 인한 운용이익은, 사회통념상 채무자의 행위가 개입되지 않았더라도 그 목적물로부터 채권자가 당연히 취득하였으리라고 생각되는 범위 내의 것이 아닌 한, 매수인이 반환하여야 할 사용이익의 범위에서 공제하여야 한다고 한다(대판 2006. 9. 8, 2006다26328·26335). 이는 부당이득제도에서 운용이익도 통상적인 범위를 넘는 것은 반환의무가 없다는 것과 같은 맥락에 있다(D-405에 소개된 판결 참조).

판례 사용이익·감가비의 반환 문제

계약해제로 인하여 계약당사자가 원상회복의무를 부담함에 있어서 당사자 일방이 목적물을 이용한 경우에는 그 사용에 의한 이익을 상대방에게 반환하여야 하는 것이므로, 양도인은 양수인이 양도 목적물을 인도받은 후 사용하였다 하더라도 양도계약의 해제로 인하여 양수인에게 그 사용에 의한 이익의 반환을 구함은 별론으로 하고, 양도 목적물 등이 양수인에 의하여 사용됨으로 인하여 감가 내지 소모가 되는 요인이 발생하였다 하여도 그것을 훼손으로 볼 수 없는 한 그 감가비 상당은 원상회복의무로서 반환할 성질의 것은 아니다(대판 2000. 2. 25, 97다30066).

(마) 채무의 이행으로 금전이 급부된 경우에는 받은 날로부터 이자를 붙여서 반환하여야 한다(548조 2항). 판례는 이자반환의무는 부당이득 반환의 성질을 가지는 것이고 이행지체로 인한 지연손해금이 아니므로(대판 2013. 4. 26, 2011다50509[핵심판례 324면]; 대판 2016. 6. 9, 2015다222722), 당사자 쌍방의 의무가 동시이행관계에 있는지 여부와 관계없이 그 받은 날로부터 연 5푼의 비율에 의한 법정이자를 부가하여 지급하여야 할 것이라고 한다(대판 2000. 6. 9, 2000다9123(약정한 해제권을 행사하는 경우); 대판 2000. 6. 23, 2000다16275 · 16282(이 이자에 「소송촉진 등에 관한 특례법」 3조 1항에 의한 이율적용을 부정함); 대판 2003. 7. 22, 2001다76298(2000. 6. 23의 것과 같은 취지임) 등). 다만, 당사자 사이에 그 이자에 관하여 특별한 약정이 있으면 그 약정이율이 적용되고 법정이율이 적용되지 않는다(대판 2013. 4. 26, 2011다50509[핵심판례 324면]). 한편 원상회복의무가 이행지체에 빠진 이후(반환을 청구한 날 이후)의 이자는 부당이득 반환의무로서의 이자가 아니고 반환채무에 대한 지연손해금이므로 거기에는 지연손해금률이 적용되어야 한다. 그리하여 그 지연손해금률에 관하여 당사자 사이에 별도의 약정이 있으면 그에 따라야 하며, 설사 그것이 법정이율보다 낮다 하더라도 마찬가지이다(대판 2013. 4. 26, 2011다50509[핵심판례 324면] 등). 그런데 만약 반환할 금전에 가산할 이자에 관하여만 약정이 있고 지연손해금률에 관하여는 약정이 없는 경우에는, 특별한 사정이 없는 한 이행지체로 인한 지연손해금도 그 약정이율에 의하기로 하였다고 보는 것이 당사자의 의사에 부합한다(대판 2013. 4. 26, 2011다50509[핵심판례 324면] 등). 그렇지만 그 약정이율이 법정이율보다 낮은 경우에는 약정이율에 의하지 않고 법정이율에 의한 지연손해금을 청구할 수 있다고 보아야 한다(대판 2013. 4. 26, 2011다50509[핵심판례 324면]). 계약해제로 인한 원상회복 시 반환할 금전에 그 받은 날로부터 가산할 이자의 지급의무를 면제하는 약정이 있는 때에도 그 금전반환의무가 이행지체 상태에 빠진 경우에는 법정이율에 의한 지연손해금을 청구할 수 있는 점과 비교해 볼 때 그렇게 보는 것이 논리와 형평의 원리에 맞기 때문이다(대판 2013. 4. 26, 2011다50509[핵심판례 324면]).

판 례 해제의 경우 소촉법 적용 여부

「민법 제548조 제 2 항은 계약해제로 인한 원상회복의무의 이행으로 반환하는 금전에는 그 받은 날로부터 이자를 가산하여야 한다고 하고 있는바, … 위 이자에는 소송촉진 등에 관한 특례법 제 3 조 제 1 항에 의한 이율을 적용할 수 없지만, 원상회복의무의 이행으로 금전의 반환을 구하는 소송이 제기된 경우 채무자는 그 소장을 송달받은 다음날부터 반환의무의 이행지체로 인한 지체책임을 지게 되므로 그와 같이 원상회복의무의 이행으로 금전의 반환을 명하는 판결을 선고할 경우에는 금전채무불이행으로 인한 손해배상액 산정의 기준이 되는 법정이율에 관한 특별규정인 소송촉진 등에 관한 특례법 제 3 조 제 1 항에 의한 이율을 적용하여야 할 것이다.」(대판 2003. 7. 22, 2001다76298)

(바) 매도인으로부터 매매 목적물의 소유권을 이전받은 매수인이 매도인의 계약해제 이전에 제 3 자에게 목적물을 처분하여 계약해제에 따른 원물반환이 불가능하게 된 경우에는 매수인 D-122

은 원상회복의무로서 가액을 반환하여야 하며, 이때에 반환할 금액은 특별한 사정(예: 대금이 시가를 벗어나 정해졌다는 것)이 없는 한 그 처분 당시의 목적물의 대가 또는 그 시가 상당액과 처분으로 얻은 이익에 대하여 그 이득일부터의 법정이자를 가산한 금액이다(대판 2013. 12. 12, 2013다14675).

3) 판례는, 과실상계는 본래 채무불이행 또는 불법행위로 인한 손해배상책임에 대하여 인정되는 것이고, 매매계약이 해제되어 소급적으로 효력을 잃은 결과 매매당사자에게 당해 계약에 기한 급부가 없었던 것과 동일한 재산상태를 회복시키기 위한 원상회복의무의 이행으로서 이미 지급한 매매대금 기타의 급부의 반환을 구하는 경우에는 적용되지 않는다고 한다(대판 2014. 3. 13, 2013다34143). 그리고 계약의 해제로 인한 원상회복청구권에 대하여 해제자가 그 해제의 원인이 된 채무불이행에 관하여 「원인」의 일부를 제공하였다는 등의 사유를 내세워 신의칙 또는 공평의 원칙에 기하여 일반적으로 손해배상에 있어서의 과실상계에 준하여 그 권리의 내용이 제한될 수도 없다고 한다(대판 2014. 3. 13, 2013다34143).

(3) 소멸시효

해제의 결과 발생하는 원상회복청구권도 소멸시효에 걸린다(대판 1993. 9. 14, 93다21569는 상행위인 계약의 해제로 인한 원상회복청구권은 상사시효의 대상이라고 한다). 그 기간은 민사상의 계약이 해제된 경우에는 10년이라고 할 것이다. 그리고 소멸시효의 기산점은 해제권 발생시가 아니고, 해제시 즉 원상회복청구권이 발생한 때이다(대판 2009. 12. 24, 2009다63267).

D-123

5. 해제와 손해배상청구

민법은 해제를 하면서 동시에 손해배상도 청구할 수 있도록 규정하고 있다(551조). 그런데 이때 손해배상청구권의 성질과 손해배상의 범위가 문제된다.

(1) 손해배상청구권의 성질

직접효과설에 따를 경우 해제가 있으면 채무가 성립하지 않았던 것이 되므로 채무불이행 및 그로 인한 손해배상은 인정될 수 없게 된다. 그러나 이는 단순한 형식논리에 지나지 않는다. 해제(법정해제)의 경우에는 해제 전에 채무불이행에 의하여 손해가 발생하고 그 손해는 해제 후에도 여전히 남아 있게 되며, 민법은 직접효과설에 입각하면서도 이러한 손해 잔존의 현실을 감안하여 정책적으로 손해배상청구를 인정한 것이다(551조는 배상청구를 인정하는 정책적 특별규정이라고 할 수 있다). 요컨대 민법이 인정하는 손해배상청구는 해제 전에 채무불이행으로 인하여 발생하여 해제 후에도 남아 있는 손해, 그리하여 결국 채무불이행으로 인한 손해에 대한 청구이다. 판례도 같은 태도이다(대판 2016. 4. 15, 2015다59115 등). 그리고 판례는 여기의 손해배상책임이 채무불이행으로 인한 손해배상책임과 다를 것이 없으므로 상대방에게 고의 또는 과실이 없을 때에는 배상책임을 지지 않는다고 한다(대판 2016. 4. 15, 2015다59115).

(2) 손해배상의 범위 D-124

1) 손해배상의 범위에 관하여 학설은 i) 이행이익설과 ii) 신뢰이익설로 나뉘어 있다(사견은 채권법각론 [71] 참조). 그리고 판례는 초기에는 이행이익만을 청구할 수 있고 신뢰이익은 청구할 수 없다고 하였으나(대판 1983. 5. 24, 82다카1667), 근래에는 이행이익의 배상을 구하는 것이 원칙이지만 그에 갈음하여 신뢰이익의 배상을 구할 수도 있다고 한다(대판 2002. 6. 11, 2002다2539[핵심판례 226면]; 대판 2003. 10. 23, 2001다75295).

판 례 해제시의 손해배상청구

「채무불이행을 이유로 계약해제와 아울러 손해배상을 청구하는 경우에 그 계약이행으로 인하여 채권자가 얻을 이익 즉 이행이익의 배상을 구하는 것이 원칙이지만, 그에 갈음하여 그 계약이 이행되리라고 믿고 채권자가 지출한 비용 즉 신뢰이익의 배상을 구할 수도 있다고 할 것이고, 그 신뢰이익 중 계약의 체결과 이행을 위하여 통상적으로 지출되는 비용은 통상의 손해로서 상대방이 알았거나 알 수 있었는지의 여부와는 관계없이 그 배상을 구할 수 있고, 이를 초과하여 지출되는 비용은 특별한 사정으로 인한 손해로서 상대방이 이를 알았거나 알 수 있었던 경우에 한하여 그 배상을 구할 수 있다고 할 것이고, 다만 그 신뢰이익은 과잉배상 금지의 원칙에 비추어 이행이익의 범위를 초과할 수 없다.」(대판 2002. 6. 11, 2002다2539[핵심판례 226면])

2) 해제의 경우에는 당사자 쌍방의 채무가 모두 소멸한다. 따라서 배상의 범위를 정할 때에는 이 점이 고려되어야 한다. 그리하여 이행불능을 이유로 해제한 때에는, 이행에 갈음하는 손해배상(전보배상)액에서 해제자가 채무를 면하거나 급부한 것을 반환받음으로써 얻는 이익을 뺀 나머지 금액이 배상액이 되고, 이행지체를 이유로 해제한 때에는, 지연배상을 전보배상으로 변경하고 그것으로부터 해제자가 채무를 면하거나 급부한 것을 반환받음으로써 얻는 이익을 뺀 나머지 금액이 배상액이다.

3) 목적물의 가격이 이행시 · 해제시 · 손해배상시에 차이가 있는 경우에는 해제시를 기준으로 하자는 것이 통설이다. 그러나 이행지체를 이유로 해제한 때에는 해제시에 급부청구권이 전보배상청구권으로 변하기 때문에 해제시가 적당하나, 이행불능을 이유로 해제한 때에는 불능시를 기준으로 하여야 한다(대판 1980. 3. 11, 80다78은 타인의 권리매매에 관하여 같은 태도를 취한다. C-141 이하도 참조). 한편 해제에 의한 손해배상청구권은 지급을 최고한 때부터 지연이자가 발생한다(이설 없음).

4) 손해배상액의 예정이 되어 있는 경우에 관하여 학설은 일치하여 계약이 해제되어도 그것이 유효하다고 한다. 그러나 이것은 배상액예정 특약의 해석의 문제이다. 그리하여 해석상 해제 후의 손해배상에 대하여도 적용되는지가 검토되어야 한다. 불분명한 때에는 긍정하여야 한다. 판례는, 계약당사자가 채무불이행으로 인한 전보배상에 관하여 손해배상액을 예정한 경우에 채권자가 채무불이행을 이유로 계약을 해제하거나 해지하더라도 원칙적으로 손해배상액의 예정은 실효되지 않고, 전보배상에 관하여 특별한 사정이 없는

한 손해배상액의 예정에 따라 배상액을 정해야 하며, 다만 위와 같은 손해배상액의 예정이 계약의 유지를 전제로 정해진 약정이라는 등의 사정이 있는 경우에 채무불이행을 이유로 계약을 해제하거나 해지하면 손해배상액의 예정도 실효될 수 있다고 한다(대판 2022. 4. 14, 2019다292736 · 292743).

D-125

6. 해제와 동시이행

계약해제시에 부담하는 당사자 쌍방의 원상회복의무에 대하여는 동시이행의 항변권 규정(536조)이 준용된다(549조). 그런데 원상회복의무뿐만 아니라 손해배상의무도 동시이행관계에 있다고 새겨야 한다(대판 2024. 2. 29, 2023다289720 등).

판 례 가처분등기가 된 뒤에 계약이 해제된 경우

「부동산에 관한 매매계약을 체결한 후 매수인 앞으로 소유권이전등기를 마치기 전에 매수인으로부터 그 부동산을 다시 매수한 제 3 자의 처분금지 가처분 신청으로 매매목적부동산에 관하여 가처분등기가 이루어진 상태에서 매도인과 매수인 사이의 매매계약이 해제된 경우, 매도인만이 가처분이의 등을 신청할 수 있을 뿐 매수인은 가처분의 당사자가 아니어서 가처분이의 등에 의하여 가처분등기를 말소할 수 있는 법률상의 지위에 있지 않고, 제 3 자가 한 가처분을 매도인의 매수인에 대한 소유권이전등기 의무의 일부이행으로 평가할 수 없어 그 가처분등기를 말소하는 것이 매매계약 해제에 따른 매수인의 원상회복의무에 포함된다고 보기도 어려우므로, 위와 같은 가처분등기의 말소와 매도인의 대금반환의무는 동시이행의 관계에 있다고 할 수 없다.」(매도인인 피고는 위 가처분등기로 인하여 현실적으로 입은 손해의 배상을 구할 수 있을 뿐, 위 가처분등기의 말소와 상환으로 위 매매계약 해제에 따른 대금반환의무를 이행할 것을 주장할 수는 없다고 함)(대판 2009. 7. 9, 2009다18526)

사례의 해결

(1) A가 B의 채무불이행을 이유로 계약을 해제하려면 B의 이행지체, A의 최고, B의 이행 또는 이행제공이 없을 것이 필요하다. 사례에서는 이 중 첫째요건은 갖추어졌으나, 나머지 두 요건은 아직 갖추어져 있지 않다. 나머지 요건도 갖추어진다면 A는 B의 일부 불이행을 이유로 계약 전부를 해제할 수 있다. 한편 사례에서 A나 B는 계약금에 기초하여 해제할 수는 없다.

(2) A가 계약을 해제했을 경우의 법률관계를 본다. 판례에 의하면, A의 해제가 있을 경우 A·B 사이의 계약은 소급해서 무효로 된다. 그 결과 B의 잔금지급의무도 소멸하고 그가 이미 이행한 채무도 발생하지 않았던 것으로 된다. 그런데 C는 제548조 제 1 항 단서의 제 3 자에 해당하므로, A의 해제가 있더라도 C의 저당권은 유효하다. 그렇지만 X토지의 소유권은 C의 저당권의 부담을 안은 채 A에게 복귀한다.

다음에 A·B는 원상회복의무가 있다. B는 그의 명의의 소유권등기를 말소하여야 한다. 그리고

그가 X토지를 점유하고 있다면 그것을 인도하여야 한다. 한편 A가 받은 계약금은 손해배상액 예정의 기능을 하므로 A는 계약금을 반환할 필요가 없다. 그리고 A는 B에게 C의 저당권의 부담이 있게 된 데 따른 손해배상을 청구할 수 있다. A가 B로부터 받은 중도금은 B에게 반환해야 한다. A의 중도금반환의무와 B의 등기말소의무·손해배상의무(C의 저당권 관련)는 동시이행관계에 있다. (사례: D-113)

V. 해제권의 소멸 D-126

해제권은 하나의 권리(형성권)로서 권리 일반의 소멸원인 또는 해제권에 특유한 소멸원인에 의하여 소멸한다.

(1) 권리 일반에 공통하는 소멸원인(특기사항)

1) 해제권은 형성권이므로 10년의 제척기간에 걸린다고 할 것이다. 그런데 통설은 본래의 계약상의 채권이 시효로 소멸한 후에는 해제권을 행사할 수 없다고 한다. 그러나 해제권(법정해제권)은 채무불이행에 대한 구제책으로 인정되는 것이므로 손해배상청구권이 존속하는 동안 행사할 수 있어야 하고, 손해배상청구권은 채무불이행시부터 새로이 시효기간이 진행한다고 보아야 하므로(A-292 참조), 통설의 설명은 옳지 않다.

2) 해제권은 포기할 수 있다. 그리고 포기의 의사표시는 묵시적으로도 할 수 있다. 그리하여 예컨대 해제권이 발생한 후 해제의 의사표시를 하지 않고 그 잔대금과 약정연체료까지 지급받으면서 소유권이전등기 절차를 이행할 뜻을 통고한 경우에는 해제권을 포기한 것으로 보아야 한다(대판 1991. 5. 14, 91다8005).

판 례 계약이 해제된 후에 계약목적물을 받은 경우

판례는, 계약이 해제된 후에 당사자 일방이 그 계약목적물을 받은 경우에는 특별한 사정이 없는 한 당사자 사이에 해제된 계약을 부활시키는 약정이 있었다고 해석함이 상당하고, 이러한 때에는 새로운 이행의 최고 없이 바로 해제권을 행사할 수 없다고 한다(대판 1992. 10. 27, 91다483).

3) 해제권의 행사가 실효의 원칙(A-49 참조)상 인정되지 못할 수도 있다(이설 없음). 판례도 같은 태도를 취한다(대판 1994. 11. 25, 94다12234 등).

(2) 해제권에 특유한 소멸원인 D-127

1) 해제권 행사의 기간이 정해져 있지 않은 경우에는, 상대방은 상당한 기간을 정하여 해제권 행사 여부의 확답을 해제권자에게 최고할 수 있고(552조 1항), 그 기간 내에 해제의 통지를 받지 못한 때에는 해제권은 소멸한다(552조 2항). 그러나 이에 의한 해제권의 소멸은 그 후 새로운 사유에 의하여 발생한 해제권에는 영향이 없다(대판 2005. 12. 8, 2003다41463).

2) 해제권자의 고의나 과실로 인하여 계약의 목적물이 현저히 훼손되거나 반환할 수 없게 된 때 또는 가공이나 개조로 인하여 다른 종류의 물건으로 변경된 때에는 해제권은 소멸한다(553조).

3) 당사자의 일방 또는 쌍방이 수인인 경우에 당사자 1인에 관하여 해제권이 소멸하면 다른 당사자에 대하여도 소멸한다(547조 2항. 해제권의 불가분성).

D-128 Ⅵ. 계약의 해지

1. 해지의 의의

해지(解止)는 계속적 계약의 효력을 장래에 향하여 소멸하게 하는 단독행위이다.

(1) 해지는 계속적 채권관계를 발생시키는 계약인 계속적 계약(소비대차 · 사용대차 · 임대차 · 고용 · 위임 · 임치 · 조합 · 종신정기금 등)에서만 문제된다. 계속적 계약이 일단 실행이 된 경우에는 해제는 할 수 없고 해지나 기타의 것만 가능하다고 하여야 한다(동지 대판 1994. 5. 13, 94다7157(조합); 대판 1994. 11. 22, 93다61321(임대차) 등).

(2) 해지는 「장래에 향하여」 효력을 발생한다. 이 점에서 해지는 계약의 효력을 소급적으로 소멸시키는 해제와 구별된다(직접효과설의 입장).

(3) 해지는 상대방 있는 단독행위이다. 따라서 그것은 상대방에게 도달한 때에 효력이 생긴다(111조 1항. 그러나 해지기간이 있는 때에는 다르다).

D-129 2. 해지권의 발생

(1) 해지할 수 있는 권리가 해지권이다. 해지권은 해제권과 마찬가지로 형성권이다(대판 2000. 1. 28, 99다50712).

(2) 해지권도 해제권처럼 법률의 규정 또는 당사자의 계약에 의하여 발생한다(543조 1항). 법률의 규정에 의하여 발생한 해지권을 법정해지권이라 하고, 계약에 의하여 발생한 해지권을 약정해지권이라 한다.

1) 법정해지권 민법은 각각의 전형계약에 관하여 개별적으로 해지권을 규정하고 있다(610조 3항 · 613조 2항 · 614조 · 625조 · 627조 · 629조 · 635조 · 636조 · 637조 · 639조 · 640조 · 641조 · 657조 · 658조 · 659조 · 660조 · 661조 · 662조 · 663조 · 689조 · 698조 · 699조 · 716조 · 720조 등). 그 원인은 존속기간의 약정이 없는 것, 채무불이행, 신의칙 위반 등이다.

민법은 해제와 달리 일반적인 법정해지권 규정을 두고 있지 않다. 여기서 일반적으로 해지권의 발생을 인정할 수 없는지가 문제된다. 문헌에서는 이를 일반적 법정해제권의 발생 규정인 제544조 내지 제546조를 계속적 계약에도 적용(유추적용)할 것인가의 문제로 논의하고 있다. 학설은 i) 부정설, ii) 긍정설, iii) 제한적 긍정설로 나뉘어 있다(사견은 다름. 채권법각론 [73] 참조). 그리고 판례는 계속적 「계약의 존속 중에 당사자의 일방이 그 계약상의 의무를 위반함으로써 그로 인하여 계약의 기초가 되는 신뢰관계가 파괴되어 계약관계를 그대로 유지하기 어려운 정도에 이르게 된 경우」에는 곧바로 해지할 수 있다고 하고(대판 1995. 3. 24, 94다17826 등), 계속적 보증계약에 관하여 신뢰파괴·현저한 사정변경 등을 이유로 한 해지를 인정하며(C-299 참조. 특히 대판 2003. 1. 24, 2000다37937 등 참조), 근래에는 계속적 계약관계에서 사정변경을 이유로 계약의 해지를 주장하는 경우에도 사정변경을 이유로 한 계약해제의 법리가 적용된다고 한다(대판(전원) 2013. 9. 26, 2012다13637; 대판(전원) 2013. 9. 26, 2013다26746).

판 례 사정변경을 이유로 임대차계약의 해지를 인정한 예

갑이 주택건설사업을 위한 견본주택 건설을 목적으로 임대인 을과 토지에 관하여 임대차계약을 체결하면서 임대차계약서에 특약사항으로 위 목적을 명시하였는데, 지방자치단체장으로부터 가설건축물 축조신고 반려통보 등을 받고 위 토지에 견본주택을 건축할 수 없게 되자, 갑이 을을 상대로 임대차계약의 해지 및 임차보증금 반환을 구한 사안에서, 위 임대차계약은 갑의 해지통보로 적법하게 해지되었고, 을이 갑에게 임대차보증금을 반환할 의무가 있다고 한 사례(대판 2020. 12. 10, 2020다254846).

2) 약정해지권 계속적 계약을 체결하면서 당사자 일방이나 쌍방을 위하여 해지권을 보류하는 특약을 할 수도 있다(민법은 636조에서 임대차에 관하여 이를 규정하고 있으나, 그러한 규정이 없더라도 특약은 가능하다)(위와 같은 해지가 인정되는 것은 계속적 채권관계를 발생시키는 계약에 한한다. 대판 2015. 5. 29, 2012다87751). 그때에는 그 특약에 의하여 해지권(약정해지권)이 발생한다. D-130

3. 해지권의 행사

해지권의 행사는 상대방(생명보험계약에서 보험금 수익자는 상대방이 아니다. 대판 1989. 2. 14, 87다카2973)에 대한 일방적 의사표시로써 한다(543조 1항). 그것은 재판 외에서도 할 수 있고 재판상으로도 할 수 있다(해지의 의사표시를 담은 소장 부본을 피고에게 송달하는 방법으로 해지권을 재판상 행사하는 경우에는, 그 소장 부본이 제척기간 내에 피고에게 송달되어야 한다. 대판 2000. 1. 28, 99다50712). 해지의 의사표시는 철회하지 못하고(543조 2항), 해지권도 해제권처럼 불가분성이 있다(547조). 따라서 여러 사람이 공동임대인으로서 임차인과 하나의 임대차계약을 체결한 경우에는 제547조 제 1 항의 적용을 배제하는 특약이 있다는 등의 특별한 사정이 없는 한 공동임대인 전원의 해지의 의사표시에 따라 임대차계약 전부를 해지하여야 하며, 이러한 법리는 임대차계약의 체결 당시부터 공동임대인이었던 경우뿐만 아니라 임대차목적물 중 일부가 양도되어 그에 관한 임대인의 지위가 승계됨으로써 공동임대인으로 되는 경우에도 마찬가지로 적용된다(대판 2015. 10. 29, 2012다5537).

4. 해지의 효과 D-131

(1) 해지의 비소급효

해지가 있으면 계약은 장래에 대하여 그 효력을 잃으며(550조), 소급하여 무효로 되지 않는다.

판 례 매매와 임대차의 혼합계약이 해지된 경우

판례는, 매매계약과 임대차계약이 혼합된 계약에서 매도인의 귀책사유로 이행불능이 되어 매수인이 계약을 해제한 경우에는, 그 계약으로 생긴 법률효과가 모두 소급적으로 소멸하는 것이 아니고 그 계약 중 임대차계약의 성질을 가진 부분은 이행불능으로 해지된 것으로서 장래에 향해서만 계약관계가 종료된다고 한다(대판 1996. 7. 26, 96다14616).

(2) 해지기간

민법은 계약의 존속기간을 정하지 않거나 기타 일정한 경우에는 해지를 하더라도 일정한 유예기간이 경과한 뒤에 비로소 해지의 효력이 발생하도록 하고 있다(예: 635조 · 637조 · 660조 · 662조). 이러한 경우에 해지가 있은 후 해지의 효력이 생길 때까지 사이의 기간을 해지기간이라고 한다(해지기간이 해지할 수 있는 기간이 아님을 주의하라). 해지기간이 붙어 있는 경우에는 민법은 「해지할 수 있다」고 하지 않고 「해지의 통고를 할 수 있다」고 규정한다(가령 640조와 비교해 보라).

(3) 이미 성립한 채무의 효력

해지가 있기 이전에 성립한 채무(예: 연체된 차임채무나 이자채무)는 해지가 있더라도 소멸하지 않고 그대로 존속한다. 따라서 그 채무는 이행하여야 한다(동지 대판 1996. 9. 6, 94다54641(연체 차임채무)).

(4) 청산의무

계속적 계약이 해지되면 계약관계의 청산의무가 존재한다. 임대차에 있어서 임차인의 목적물반환의무가 그 예이다. 민법은 이를 원상회복이라고 표현하고 있으나(615조 · 654조 참조), 여기의 원상회복은 해제의 경우와는 전혀 다르다.

(5) 손해배상의 청구

손해가 있으면 계약을 해지하면서 동시에 손해배상도 청구할 수 있다(551조). 한편 판례는, 상대방의 채무불이행 여부와 상관없이 일정한 사유가 발생하면 계약을 해지할 수 있도록 하는 약정해지권을 유보한 경우(약정해제권을 유보한 경우에도 같음)에 상대방에게 고의 또는 과실이 없을 때에는 배상책임을 지지 않으며, 그것이 자기책임의 원칙에 부합한다고 한다(대판 2016. 4. 15, 2015다59115).

제 2 장 계약각론

학습의 길잡이

본장은 민법전 제 3 편(채권) 제 2 장(계약)에 규정되어 있는 15가지의 개별적인 계약(현상광고 포함)에 대하여 서술한다. 사적 자치를 기본원리로 하고 있는 우리 민법에서 계약은 매우 중요한 기능을 한다. 그리하여 민법은 종래 우리 사회에서 널리 행해져온 계약 유형을 모아 규정을 두었다. 그런데 민법에 규정된 계약 유형 중에는 처음부터 널리 이용되고 있는 것도 있지만 별로 많이 이용되지 않는 것도 있다. 그 결과 각각의 계약이 중요도에 있어서 동일하지 않다. 그런가 하면 새로운 유형의 계약이 추가되기도 하였다. 여행계약이 그에 해당한다.

본장에서 설명하는 계약 유형에 대하여 전반적으로 공부해야 함은 물론이나, 실제에 있어서나 법원실무에 있어서 상대적으로 더 중요한 유형에 대하여는 더욱 주의를 기울여 공부해야 한다. 학습의 면에서 각 계약의 중요도를 일반적으로 평가해 본다면, 먼저 사례형 문제와 관련해서는 매매(특히 계약금·담보책임 등), 임대차 전체(특히 수선의무·임차물반환의무·전대·보증금과 주택임대차), 도급(소유권의 귀속·수급인의 담보책임 등), 조합 전체, 화해(특히 착오취소와의 관계·후발손해와의 관계)가 매우 중요하고, 소비대차·위임·임치(특히 예금계약에 유의)가 중간 정도이며, 교환·사용대차·고용·현상광고·종신정기금은 덜 중요하다. 그리고 선택형 문제와 관련해서 특히 중요한 사항을 열거해 보면, 증여 전반, 매매 중 매매예약·계약금·과실의 귀속·매도인의 담보책임, 소비대차, 임대차 중 존속기간·수선의무·부속물매수청구권·보증금·주택임대차 전부·상가건물임대차, 도급 전체, 위임 전체, 임치 중 예금계약·계좌이체, 조합 전반(특히 성립·업무집행·재산관계·조합원의 변동), 화해 등을 들 수 있다. 그리고 여행계약도 새로 신설된 만큼 유의할 필요가 있다.

본장에서 다루는 계약은 채권법총론에서 설명한 채권의 목적·채무불이행·채권소멸 중 특히 변제, 계약총론에서 설명한 계약성립·동시이행의 항변권·위험부담과 계약해제·해지와 밀접하게 관련되어 있다. 그리고 민법총칙상의 법률행위 이론과도 관계가 깊다. 그러므로 계약을 공부하면서는 그것들에 대하여도 항상 관심을 가져야 한다.

제 1 절 증 여

D-132 ## Ⅰ. 증여의 의의 및 성질

(1) 의 의

증여는 당사자 일방(증여자)이 무상으로 재산을 상대방(수증자)에게 수여하는 의사를 표시하고 상대방이 이를 승낙함으로써 성립하는 계약이다(554조). 보통 사회에서 증여라고 하면 증여하는 행위를 가리키나 민법에서는 증여계약을 의미한다.

판 례 증여 여부에 대하여 판단한 예

(ㄱ)「기부채납이란 지방자치단체 외의 자가 부동산 등의 소유권을 무상으로 지방자치단체에 이전하여 지방자치단체가 이를 취득하는 것으로서, 기부자가 재산을 지방자치단체의 공유재산으로 증여하는 의사표시를 하고 지방자치단체가 이를 승낙하는 채납의 의사표시를 함으로써 성립하는 증여계약에 해당한다.」(대판 2022. 4. 28, 2019다272053)

(ㄴ)「부모가 생전에 자신이 일군 재산을 자식에게 물려준 때에는, 그 후에도 자식의 협조 내지 승낙하에 부모가 여전히 당해 재산에 대한 관리·처분권을 행사하는 경우가 흔히 있을 수 있는 모습이므로, 부모가 자식에게 재산의 명의를 이전하여 준 이후에도 그 재산에 대한 관리·처분권을 계속 행사하였다고 해서 곧바로 이를 증여가 아닌 명의신탁이라고 단정할 수는 없다.」(대판 2010. 12. 23, 2007다22859)

(ㄷ)「다른 사람의 예금계좌에 금전을 이체하는 등으로 송금하는 경우에 그 송금은 다양한 법적 원인에 기하여 행하여질 수 있는 것으로서, 과세 당국 등의 추적을 피하기 위하여 일정한 인적 관계에 있는 사람이 그 소유의 금전을 자신의 예금계좌로 송금한다는 사실을 알면서 그에게 자신의 예금계좌로 송금할 것을 승낙 또는 양해하였다거나 그러한 목적으로 자신의 예금계좌를 사실상 지배하도록 용인하였다는 것만으로는 다른 특별한 사정이 없는 한 객관적으로 송금인과 계좌명의인 사이에 그 송금액을 계좌명의인에게 위와 같이 무상 공여한다는 의사의 합치가 있었다고 추단된다고 쉽사리 말할 수 없다.」(대판 2012. 7. 26, 2012다30861)

D-133 ### (2) 법적 성질

증여는 낙성·편무·무상·불요식의 계약이다(554조).

1) 증여는 증여자의 단독행위가 아니고 증여자와 수증자 사이의 계약이다. 따라서 증여가 성립하려면 이들 두 당사자의 의사표시의 일치가 있어야 한다. 청약은 증여자가 하는 것이 보통이나, 수증자가 청약을 하여도 무방하다(이설 없음. 554조는 보통의 경우를 염두에 둔 규정일 뿐이다). 그리고 태아(대판 1982. 2. 9, 81다534)나 아직 형성되지 않은 종중 또는 친족공동체(대판 1992. 2. 25, 91다28344)는 권리능력이 없어서

(태아의 수증능력을 인정하는 특별규정이 없다. A-329도 참조) 승낙의 의사표시를 할 수 없고, 그 결과 증여자의 의사표시만으로는 아무런 효력도 생기지 않는다.

2) 증여는 증여자만이 채무를 부담하는 **편무계약**이다.

3) 증여는 대가(반대급부) 없이 재산출연을 하는 대표적인 **무상계약**이다. 수증자가 부담을 지더라도 그것이 급부의 대가로 인정되지 않으면 증여로 된다. 무상인지 여부, 즉 대가성이 있는지 여부는 당해 계약만을 관찰하고 당사자의 의사에 의하여 판단하여야 한다.

증여자의 출연은 권리(물권 · 채권 · 지식재산권 등)의 양도, 용익물권(지상권 · 지역권 등)의 설정, 무상으로 하는 노무의 제공일 수도 있다. 그리고 여기의 권리는 타인에게 귀속하고 있는 것이라도 무방하다(569조 참조). 다만, 무상으로 물건을 사용하게 하는 것은 제외된다. 민법이 사용대차·소비대차(무이자의 경우)를 별도의 전형계약으로 규정하고 있기 때문이다.

4) 증여는 **낙성계약**이다. 따라서 목적물의 인도 기타 출연행위가 없더라도 당사자의 합의만으로 증여는 성립한다. 그런데 실제에 있어서는 동산의 증여의 경우 계약과 동시에 목적물이 인도되는 때가 많다. 부의금(대판 1992. 8. 18, 92다2998은 증여라고 한다), 결혼축의금, 교회헌금을 주는 경우가 그 예이다. 이러한 증여를 「현실증여」라고 한다. 현실증여가 채권계약인지 물권계약인지 문제되나, 그 경우에는 채권행위·물권행위가 합해져서 행하여진 것으로 이해된다.

5) 증여는 **불요식계약**이다. 다만, 증여의사가 서면으로 표시되지 않은 경우에는 증여를 해제할 수 있으나(555조), 그렇다고 하여 증여가 요식계약으로 되는 것은 아니다.

Ⅱ. 증여의 효력 D-134

1. 증여자의 의무

증여자는 증여계약에 의하여 발생한 채무를 이행하여야 한다. 이 채무는 보통의 것과 마찬가지이므로, 수증자는 이를 강제로 실현할 수 있다. 그리고 채무불이행이 있으면 손해배상도 청구할 수 있다.

증여의 객체가 특정물인 경우에 증여자는 증여계약이 성립한 때부터 선량한 관리자의 주의로 보존하여야 하는지가 문제된다(374조 참조). 학설은 i) 선관주의로 보존하여야 한다는 견해(사견도 같음)와 ii) 자기 재산과 동일한 주의로 보관하면 된다는 견해로 나뉘어 있다.

2. 증여자의 담보책임

(1) 증여자는 증여의 목적인 물건 또는 권리에 하자나 흠결이 있어도 **원칙적으로 담보책임을 지지 않는다**(559조 1항 본문). **그러나 증여자가 그 하자나 흠결을 알고 수증자에게 고지하지 않은 때에는 예외적으로 담보책임을 진다**(559조 1항 단서). 민법에 명문의 규정은 없지만 이 담보책임은 수

증자가 악의인 때에는 생기지 않는다고 하여야 한다(이설 없음). 담보책임의 내용은 수증자가 하자나 흠결이 없다고 오신(誤信)하였기 때문에 입은 손해(신뢰이익)의 배상이라고 새기는 데 학설이 일치되어 있다. 담보책임을 물을 수 있는 권리는 매매의 규정(575조 3항)을 유추적용하여 1년의 제척기간에 걸린다고 할 것이다.

제559조가 특정물의 증여에 대하여만 적용되고 불특정물의 경우에는 하자 없는 물건을 구해서 급부하여야 한다는 견해가 있다. 그러나 증여의 목적물이 특정물이든 불특정물이든 같은 결과가 인정되어야 한다(증여에 관하여 581조와 같은 규정이 없는 한 특히 증여가 무상계약임을 고려하여 이와 같이 해석하여야 한다).

(2) 증여가 부담부인 경우에는 증여자는 그 부담의 한도에서 매도인과 같은 담보책임을 진다(559조 2항).

(3) 제559조는 강행규정이 아니다. 따라서 당사자가 특약으로 담보책임을 지기로 할 수도 있다.

D-135

3. 증여의 해제

민법은 다음 세 가지 경우에는 증여계약을 해제할 수 있도록 하고 있다.

(1) 증여의 의사가 서면으로 표시되지 않은 경우

1) 증여의사가 서면으로 표시되지 않은 경우(구두의 증여계약이 있다고 하여 증여자가 이를 서면으로 작성할 의무는 없다. 대판 1963. 5. 30, 63다123)에는 **각 당사자는 증여계약을 해제할 수 있다**(555조). 민법이 이러한 규정을 둔 취지는, 증여자가 경솔하게 증여하는 것을 방지함과 동시에 증여자의 의사를 명확하게 하여 뒤에 분쟁이 생기는 것을 피하게 하려는 데 있다(대판 1993. 3. 9, 92다18481 등).

증여의사가 서면으로 표시된 경우에는 증여계약을 해제할 수 없는데, 그러기 위하여 반드시 증여계약서가 작성되어 있을 필요는 없으며, 당해 서면의 작성에 이르게 된 경위도 함께 고려할 때 그 서면이 증여의사(증여자가 자기의 재산을 상대방에게 무상으로 준다는 의사)를 표시한 서면이라고 인정될 수 있으면 충분하다(대판 2003. 4. 11, 2003다1755 등). 그러나 증여의 의사표시는 수증자에 대하여 서면으로 표시되어야 한다(대판 1998. 9. 25, 98다22543 등). 따라서 증여자가 단순히 제3자에 대한 관계(예: 증여의사를 강제집행의 방법으로 실현하기 위하여 스스로 선임료를 지급하고 소송대리인을 선임하여 수증자 명의로 부동산에 가압류 신청을 한 경우. 대판 1996. 3. 8, 95다54006) 또는 자신의 내부관계(예: 일기장에 증여의사를 기재한 경우)에서 증여의사가 있음을 인정할 수 있는 것만으로는 부족하다. 한편 이 서면은 증여계약 체결시에 작성될 수도 있으나, 그 후에도 계약이 존속하는 동안에는 작성될 수 있으며, 그러한 경우에는 서면 작성시부터는 당사자가 임의로 해제할 수 없게 된다(대판 1992. 9. 14, 92다4192 등). 그리고 부동산의 증여에 있어서는 등기신청을 위하여 반드시 계약서를 작성하고 그것에 시장 등의 검인을 받아야 하는데(부등특조법 3조), 이 계약서도 여기의 서면에 해당한다.

판 례　증여의사가 서면으로 표시되었는지 여부

(ㄱ) 「비록 서면 자체는 매매계약서, 매도증서로 되어 있어 매매를 가장하여 증여의 증서를 작성한 것이라고 하더라도 증여에 이른 경위를 아울러 고려할 때 그 서면이 바로 증여의사를 표시한 서면이라고 인정되면 이는 민법 제555조에서 말하는 서면에 해당한다.」(대판 1991. 9. 10, 91다6160)

(ㄴ) 갑, 을, 병 사이에서 갑이 을과 그 태생 자녀들에게 일정 재산을 분배하여 주고 나머지 재산에 대한 일체의 상속권은 포기하기로 하는 내용의 조정이 성립된 후 잔여 재산에 속하는 토지를 병과의 사이에서 출생한 정에게 증여한 경우, 정이 참가하지 아니한 위의 조정절차에서 갑의 증여의 의사표시가 정에게 서면으로 표시된 것으로 볼 수 없다고 한 사례(대판 1998. 9. 25, 98다22543).

증여의사가 서면으로 표시되지 않은 경우에 해제할 수 있는 자는 증여자와 수증자 모두이다(555조). 해제의 상대방은 증여계약의 상대 당사자이며, 증여목적물의 전득자는 상대방이 될 수 없다(대판 1977. 2. 8, 76다2423). 그리고 판례는, 여기의 해제는 일종의 특수한 철회이고 본래의 의미의 해제와는 다르므로 형성권의 제척기간(10년의 제척기간)의 적용을 받지 않는다고 한다(대판 2003. 4. 11, 2003다1755).

2) 이 경우의 해제는 이미 이행한 부분에 대하여는 영향을 미치지 않는다(558조). 그리하여 동산의 증여에 있어서는 인도(현실의 인도 외에 간이인도·점유개정·목적물반환청구권의 양도도 포함한다)가 있으면 해제할 수 없다. 그리고 부동산의 증여에 있어서는 본래 소유권의 이전등기와 인도 모두가 완료되어야 이행한 것으로 된다. 그러나 등기를 위하여 계약서가 작성되면 그때부터는 해제할 수가 없고(555조), 그 이전이라도 인도가 있으면 일부이행이 있으므로 해제할 수 없다고 새겨야 할 것이다. 그런데 판례는 소유권이전등기가 있으면 해제할 수 없다는 입장이다(대판 2005. 5. 12, 2004다63484 등). 한편 판례는, 증여자의 의사에 기하지 않은 원인무효의 등기가 경료된 경우에는 증여계약의 적법한 이행이 있다고 볼 수 없으므로, 서면에 의하지 아니한 증여자의 증여계약의 해제에 대해 수증자가 실체관계에 부합한다는 주장으로 대항할 수 없다고 한다(대판 2009. 9. 24, 2009다37831). D-136

판 례　증여의 해제 관련

(ㄱ) 판례는, 물권변동에 관하여 성립요건주의(형식주의)를 채택하고 있는 현행민법의 해석으로는 부동산 증여에 있어서 이행이 되었다고 함은 그 부동산의 인도만으로는 부족하고 이에 대한 소유권이전등기 절차까지 마친 것을 의미한다고 한다(대판 1977. 12. 27, 77다834). 그런데 다른 한편으로 「부동산의 증여에 있어서는 그에 대한 소유권이전등기 절차를 마침으로써 그 이행이 종료되어 수증자는 그로써 확정적으로 그 소유권을 취득하는 법리이므로, 목적부동산을 인도하기 전에는 아직 증여가 이행되지 않은 것이라는 소론 논지는 그 독자적 견해에 불과하여 채용할 수 없」다고 한다(대판 1981. 10. 13, 81다649). 그리고 토지의 증여에 관하여 역시 소유권이전

등기가 행하여짐으로써 이행이 완료되므로 증여자가 그 이행 후 증여계약을 해제하였다고 하더라도 증여계약이나 그에 의한 소유권이전등기의 효력에 아무런 영향이 없다고 한다(대판 2005. 5. 12, 2004다63484 등). 그런가 하면 부동산을 증여한 자가 생전에 소유권이전등기에 필요한 서류를 제공하고 그가 사망한 후에 그 등기가 행하여진 경우에는 증여자의 상속인이 증여계약을 해제하여도 아무런 영향이 없다고 한다(대판 2001. 9. 18, 2001다29643 등). 그 밖에 증여자가 서면에 의하지 않고 소유권이전등기가 되지 않은 매수 토지를 증여하였으나 위 토지에 관한 소유권이전등기 청구권을 수증자에게 양도하고 매도인에게 양도통지까지 마친 경우에도, 상속인들의 해제는 아무런 영향도 미치지 않는다고 한다(대판 1998. 9. 25, 98다22543).

(ㄴ) 「민법 제47조 제 1 항에 의하여 생전처분으로 재단법인을 설립하는 때에 준용되는 민법 제555조는 "증여의 의사가 서면으로 표시되지 아니한 경우에는 각 당사자는 이를 해제할 수 있다"고 함으로써 서면에 의한 증여(출연)의 해제를 제한하고 있으나, 그 해제는 민법총칙상의 취소와는 요건과 효과가 다르므로 서면에 의한 출연이더라도 민법총칙 규정에 따라 출연자가 착오에 기한 의사표시라는 이유로 출연의 의사표시를 취소할 수 있고, 상대방 없는 단독행위인 재단법인에 대한 출연행위라고 하여 달리 볼 것은 아니다.」(대판 1999. 7. 9, 98다9045)

D-137 (2) 망은행위(忘恩行爲)가 있는 경우

민법은 수증자의 일정한 망은행위가 있는 때에는 증여자가 증여계약을 해제할 수 있다고 한다(556조). ① 증여자 또는 그 배우자나 직계혈족에 대하여 범죄행위가 있는 때(556조 1항 1호)와 ② 증여자에 대하여 부양의무가 있는 경우에 이를 이행하지 않은 때(556조 1항 2호)에 그렇다. 판례는, 위 ①에서 「범죄행위」는, 수증자가 증여자에게 감사의 마음을 가져야 함에도 불구하고 증여자가 배은망덕하다고 느낄 정도로 둘 사이의 신뢰관계를 중대하게 침해하여 수증자에게 증여의 효과를 그대로 유지시키는 것이 사회통념상 허용되지 아니할 정도의 범죄를 저지르는 것을 말한다고 하며, 이때 반드시 수증자가 그 범죄행위로 형사처벌을 받을 필요는 없다고 한다(대판 2022. 3. 11, 2017다207475 · 207482). 그리고 위 ②에서 「부양의무」는 제974조에 규정되어 있는 직계혈족 및 그 배우자 또는 생계를 같이하는 친족간의 부양의무를 가리키며, 친족간이 아닌 당사자 사이의 약정에 의한 부양의무는 이에 해당하지 않는다고 한다(대판 1996. 1. 26, 95다43358).

망은행위에 의한 해제권은 망은행위가 있었음을 안 날로부터 6개월이 경과하거나 증여자가 수증자에 대하여 용서의 의사를 표시한 때에는 소멸한다(556조 2항). 그리고 망은행위를 이유로 해제하더라도 이미 이행한 부분에 대하여는 영향이 없다(558조).

(3) 증여자의 재산상태가 악화된 경우

증여계약 후 증여자의 재산상태가 현저히 변경되고 그 이행으로 인하여 생계에 중대한 영향을 미칠 경우에는, 증여자는 증여계약을 해제할 수 있다(557조). 이는 사정변경의 원칙을 입법화한 것이다. 그리고 이 경우의 해제도 이미 이행한 부분에 대하여는 영향이 없다(558조).

Ⅲ. 특수한 증여 D-138

1. 부담부 증여

부담부 증여(민법은 「상대부담 있는 증여」라고 함)는 수증자가 증여를 받으면서 일정한 급부를 하기로 하는 증여이다. 가령 토지소유자가 토지를 증여하면서 후에 나이가 들어 자신의 거동이 불편하면 수증자가 증여자 부부를 부양하고 그의 선조의 제사를 지내주기로 약속한 경우(대판 1996. 1. 26, 95다43358 참조)가 그에 해당한다. 부담부 증여의 경우에는 수증자가 급부의무를 지기는 하나 그것이 증여자의 의무와 대가관계에 있지는 않으므로 그것은 편무·무상계약이다(이설 있음).

판 례 상대부담 등의 부관이 붙어 있는지 등의 증명책임

「증여에 상대부담(민법 제561조) 등의 부관이 붙어 있는지 또는 증여와 관련하여 상대방이 별도의 의무를 부담하는 약정을 하였는지 여부는 … 그 존재를 주장하는 자가 증명하여야 하는 것이다.」(대판 2010. 5. 27, 2010다5878)

부담부 증여의 경우에는 증여자는 그의 부담의 한도에서 매도인과 같은 담보책임이 있다(559조 2항). 그리고 부담부 증여에 대하여는 증여의 규정 외에 쌍무계약에 관한 규정(특히 536조·537조)이 준용된다(561조. 동조는 「적용」이라고 하나 「준용」이라고 해야 한다). 그 결과 부담부 증여에 있어서 부담의무 있는 상대방이 자신의 의무를 이행하지 않은 때에는 비록 증여계약이 이행되어 있더라도 그 계약을 해제할 수 있고(대판 1996. 1. 26, 95다43358), 그 경우 민법 제555조와 제558조는 적용되지 않는다(대판 1997. 7. 8, 97다2177).

부담부 증여도 증여의 의사가 서면으로 표시되지 않은 경우 각 당사자는 원칙적으로 제555조에 따라 부담부 증여계약을 해제할 수 있다. 그러나 부담부 증여계약에서 증여자의 증여 이행이 완료되지 않았더라도 수증자가 부담의 이행을 완료한 경우에는, 그러한 부담이 의례적·명목적인 것에 그치거나 그 이행에 특별한 노력과 비용이 필요하지 않는 등 실질적으로는 부담 없는 증여가 이루어지는 것과 마찬가지라고 볼 만한 특별한 사정이 없는 한, 각 당사자가 서면에 의하지 않은 증여임을 이유로 증여계약의 전부 또는 일부를 해제할 수는 없다(대판 2022. 9. 29, 2021다299976·299983. 증여자가 마을회관 부지를 증여하면서 마을회가 증여자의 숙모에게 300만 원을 지급하기로 약정한 사안임).

2. 정기증여 D-139

정기증여는 정기적으로 무상으로 재산을 주는 증여이며(예: 매월 말에 50만 원씩 주기로 한 경우), 계속적 채권관계로서의 성질을 가진다. 정기증여는 증여자 또는 수증자가 사망한 때에는 효력을 잃는다

(560조). 문제는 이 결과가 정기증여의 기간이 약정된 경우에도 인정되는지이다. 그것은 계약의 해석의 문제이나, 불분명한 때에는 긍정하는 것이 타당하다.

3. 사인증여(死因贈與)

사인증여는 증여자의 사망으로 인하여 효력이 생기는 증여이다. 사인증여에는 유증에 관한 규정을 준용한다(562조). 그 주요한 것으로는 유증의 효력에 관한 규정(1073조 이하)이다. 그러나 능력(1061조-1063조)·방식(1065조 이하. 이 규정들은 유증이 단독행위임을 전제로 한 것이기 때문이다(대판 2001. 9. 14, 2000다66430·66447 등))·승인과 포기(1074조-1077조)(따라서 사인증여는 포기할 수 없다. 1074조 1항 참조) 등에 관한 규정은 준용되지 않는다. 판례는 포괄적 유증을 받은 자의 권리·의무규정(1078조)도 준용되지 않는다고 한다(대판 1996. 4. 12, 94다37714·37721). 방식을 위배한 포괄적 유증은 대부분 사인증여로 보여질 것인데, 포괄적 사인증여에 – 포괄적 유증을 받은 자는 상속인과 동일한 권리의무가 있다고 규정하고 있는 – 제1078조가 준용되면 양자의 효과가 같게 되어 결과적으로 포괄적 유증을 엄격한 방식을 요하는 요식행위로 규정한 조항들이 무의미하게 된다는 이유에서이다. 그런데 특별한 사정이 없는 한 유증의 철회에 관한 제1108조 제1항은 사인증여에 준용된다고 한다(대판 2022. 7. 28, 2017다245330).

판 례 유증의 방식 규정이 사인증여에 준용되는지

「민법 제562조는 사인증여에 관하여는 유증에 관한 규정을 준용하도록 규정하고 있지만 유증의 방식에 관한 민법 제1065조 내지 제1072조는 그것이 단독행위임을 전제로 하는 것이어서 계약인 사인증여에는 적용되지 아니한다.」(대판 1996. 4. 12, 94다37714·37721)

제 2 절 매 매

제 1 관 서 설

D-140 ### Ⅰ. 매매의 의의

(1) 매매는 당사자 일방(매도인)이 재산권을 상대방(매수인)에게 이전할 것을 약정하고, 상대방이 그 대금을 지급할 것을 약정함으로써 성립하는 계약이다(563조). 그 당사자는 매도인과 매수인이다.

(2) 매매는 자본주의 경제조직에서 유통과 거래의 중심을 이루는 대동맥으로서 기능하고 있다. 매매는 또한 법적으로도 대단히 중요한 제도이다.

Ⅱ. 매매의 법적 성질

(1) 매매는 낙성·쌍무·유상·불요식의 전형계약이다. ① 매매는 당사자의 의사표시의 일치만으로 성립하는 낙성계약이다. ② 매매계약에 의하여 발생하는 매도인의 재산권이전의무와 매수인의 대금지급의무는 서로 대가적인 의미에 있으므로, 매매는 쌍무계약이다. ③ 매매는 쌍무계약인 만큼 대가적인 의미의 재산출연도 있게 되는 유상계약이다. 민법은 매매가 가장 대표적인 유상계약이어서 그에 관하여 자세한 규정을 두고, 그 규정들을 — 성질이 허용하는 한 — 다른 유상계약에 준용하고 있다(567조)(대판 1987. 7. 7, 86다카2943은 매도인의 담보책임 규정은 그 성질이 허용하는 한 다른 유상계약에 준용된다고 하며, 대판 1993. 6. 25, 93다13131은 매도인의 담보책임 규정을 임차보증금 반환채권의 양도에 준용하고 있다). ④ 매매는 불요식계약이다.

(2) 물건을 매매하면서 계약체결과 동시에 당사자 쌍방이 이행을 하는 경우가 있다. 이러한 경우를 현실매매라고 한다. 학자들은 일치하여 현실매매도 매매에 해당하고, 단지 채권행위와 물권행위가 하나로 합체되어 행하여지는 것으로 이해한다.

제 2 관 매매의 성립

Ⅰ. 서 설 D-141

매매의 성립의 문제로는 우선 매매의 성립요건을 살펴보아야 한다. 그 밖에 민법이 매매계약의 성립과 관련하여 제564조 내지 제566조의 특별규정을 두고 있으므로 그것들에 대하여도 여기서 설명할 필요가 있다(이 규정들은 567조에 의하여 다른 유상계약에도 준용된다).

Ⅱ. 매매의 성립요건

매매는 낙성계약이므로 당사자 쌍방의 의사표시의 일치 즉 합의만 있으면 성립한다(D-29 이하 참조). 그 합의는 구두의 것이어도 무방하므로, 반드시 서면으로 행할 필요는 없다.

매매를 성립시키기 위한 합의는 우선 매매의 본질적 구성부분인 목적재산권과 대금에 대하여 이루어져야 한다(563조 참조. 대판 1986. 2. 11, 84다카2454 및 그 후속판결도 같은 취지임). 그에 비하여 매매계약 비용·채무의 이행시기 및 이행장소·담보책임 등 부수적인 구성부분에 대하여는 합의가 없어도 상관없다(합의가 필요하다고 표시한 때는 예외임)(동지 대판 2023. 9. 14, 2023다227500). 그것들에 대하여 합의가 없는 때에는 법률규정이나 해석에 의하여 보충된다.

매매의 목적인 재산권은 보통 매도인에게 속하고 있을 것이나, 타인에게 속하고 있어도 매매는 유효하다(569조가 이러한 매매도 유효함을 전제로 함. 대판 1982. 10. 26, 80다557은 매각되지 않은 귀속재산의 매매를 무효라고 할 수 없다고 한다). 매매의 목적이 된 권리가 매도인과 타인의 공유라고 해도 마찬가지이다(대판 2021. 6. 24, 2021다220666). 그리고 매매 목적 재산권은 물권에 한하지 않고 채권·지식재산권 등도 포함하며, 장래에 성립할 재산권(예: 제작 중인 물건)도 매매의 목적이 될 수 있다.

매매의 목적물과 대금은 보통 계약체결 당시에 특정되나, 반드시 그래야 하는 것은 아니고, 사후에라도 구체적으로 특정할 수 있는 방법과 기준이 정해져 있으면 충분하다(대판 2023. 9. 14, 2023다227500 등 다수의 판결. 그리고 대판 2023. 9. 14, 2023다227500 등은 이 경우 대금액 산정에 다툼이 있으면 법원이 정할 수밖에 없다고 한다)(그런데 매매계약 체결 당시에 적어도 매매계약의 당사자인 매도인과 매수인이 누구인지는 구체적으로 특정되어 있어야만 매매계약이 성립할 수 있다. 대판 2021. 1. 14, 2018다223054). 그러므로 매매대금 액수를 일정기간 후 시가에 의하여 정하기로 하였다는 사유만을 들어 매매계약이 아닌 매매예약이라고 단정할 것은 아니다(대판 2023. 9. 14, 2023다227500 등). 그에 비하여 이행기까지 특정할 수 없으면 매매계약은 무효로 된다(불성립이 아님). 한편 대법원은, 당사자 사이에 계약을 체결하면서 일정한 사항에 관하여 장래의 합의를 유보한 경우에 당사자에게 계약에 구속되려는 의사가 있고 계약 내용을 나중에라도 구체적으로 특정할 수 있는 방법과 기준이 있다면 계약 체결 경위, 당사자의 인식, 조리, 경험칙 등에 비추어 당사자의 의사를 탐구하여 계약 내용을 정해야 하며. 매매대금의 확정을 장래에 유보하고 매매계약을 체결한 경우에도 이러한 법리가 적용된다고 한다(대판 2020. 4. 9, 2017다20371).

D-142 **판 례** **매매목적 토지의 경계 관련**

판례에 의하면, 토지에 대한 매매는 매매당사자가 지적공부에 의하여 소유권의 범위가 확정된 토지를 매매할 의사가 아니고 사실상의 경계대로의 토지를 매매할 의사를 가지고 매매한 사실이 인정되는 등 특별한 사정이 없으면, 현실의 경계와 관계없이 지적공부상의 경계와 지적에 의하여 확정된 토지를 매매의 대상으로 하는 것으로 보아야 할 것이라고 하며(대판 2005. 3. 24, 2004다71522·71539 등), 이 법리는 ① 지적도상의 경계표시가 분할측량의 잘못 등으로 사실상의 경계와 다르게 표시된 경우(대판 1993. 5. 11, 92다48918·48925 등)나 ② 1필의 토지 위에 여러 동의 건물을 짓고 건물의 경계에 담장을 설치하여 각 건물의 부지로 사실상 구획지워 어림잡아 매도한 후 그 분필등기를 하였기 때문에 그 경계와 지적이 실제의 것과 일치하지 않은 경우(대판 1997. 2. 28, 96다49339·49346)에도 인정한다. 그리고 ③ 매매당사자가 토지의 실제 경계가 지적공부상의 경계와 상이한 것을 모르는 상태에서 실제의 경계를 대지의 경계로 알고 매매하였다고 하여 매매당사자들이 지적공부상의 경계를 떠나 현실의 경계에 따라 매매목적물을 특정하여 매매한 것이라고 볼 수 없다고 한다(대판 2005. 3. 24, 2004다71522·71539 등).

그러나 ④ 지적도를 작성함에 있어서 그 기점을 잘못 선택하는 등 기술적인 착오로 말미암아 지적도상의 경계선이 진실한 경계선과 다르게 작성된 때에는 실제의 경계대로 매매한 것으로 인정한다(대판 1998. 6. 26, 97다42823 등. 그러나 대판 1996. 7. 9, 95다55597·55603은 그와 동시에 해당 토지가 전전매도되면서 당사자들이 실제의 경계대로 거래되었을 것을 요구한다. 그런데 이 경우는 본래 실제의 경계가 토지소유권의 경계가 된다는 것이 판례이다. 대판 2000. 5. 26, 98다15446 등 참조). 그런가 하면 ⑤ 위 ④의 경우에 있어서 그 토지들이 전전매도되면서 당사자들이 실제의 경계대로 매매할 의사를 가지고 거래를 한 것과 같이 특별한 사정이 있는 때에도 실제의 경계에 의하여 매매한 것으로 본다(대판 1991. 2. 22, 90다12977 등. 그런데 대판 1975. 11. 11, 75다1080 · 1081은 ④의 경우에는 추가적인 요건을 묻지 않고 같은 결과를 인정한다).

그 밖에 ⑥ 매매목적 토지의 범위가 지적공부상의 경계에 의하여 확정된다는 법리는 어디까지나 토지가 지적공부에 1필지로서 등록되어 있음을 전제로 한 것일 뿐이므로, 1필의 토지 중 일부만을 매매의 목적물로 삼은 경우에는 이 법리가 적용되지 않으며, 그러한 경우에는 구체적인 증거에 터잡아 그 목적물의 범위를 확정할 것이라고 한다(대판 1996. 7. 30, 94다30324 등).

Ⅲ. 매매의 예약 D-143

매매계약을 체결할 것인지는 당사자의 자유이다. 그러나 여기에는 예외가 있다. 법률이 체약의무를 부과하는 경우(283조 · 285조 · 316조 · 644조 · 646조 · 647조 등)와 매매의 예약이 있는 경우에 그렇다.

1. 매매예약의 종류

(1) 예약은 장차 본계약을 체결할 것을 약속하는 계약이다. 예약의 종류는 크게 두 그룹으로 나누어지고, 그 각각의 그룹이 또 둘로 나누어진다.

1) 편무예약 · 쌍무예약 이들은 예약상의 권리자가 본계약 체결을 원하여 청약을 하면 상대방이 승낙하여야 할 채무를 부담하기로 약정하는 계약이며, 그중에 당사자 일방만이 예약상의 권리를 가지고 상대방이 승낙의무를 부담하는 경우가 편무예약이고, 당사자 쌍방이 예약상의 권리를 가지는 경우가 쌍무예약이다.

2) 일방예약 · 쌍방예약 이들은 예약상의 권리자가 상대방에 대하여 본계약을 성립시킨다는 의사표시(예약완결의 의사표시)를 하면 상대방의 승낙을 기다리지 않고 본계약이 성립하는 경우의 예약이며, 그중에 예약완결의 의사표시를 할 수 있는 권리를 당사자 일방만이 가지는 것이 일방예약이고, 당사자 쌍방이 그러한 권리를 가지는 것이 쌍방예약이다.

(2) 본계약이 요물계약인 때에는 예약이 편무예약·쌍무예약일 수밖에 없다. 왜냐하면 예약상의 권리자의 의사표시만으로 요물계약인 본계약이 성립할 수는 없기 때문이다. 그에 비하여 낙성계약의 예약으로는 위의 네 가지가 모두 가능하다. 그러나 상대방에의 계약체결 강제라는 예약의 목적에 비추어 볼 때 의무자의 승낙이 필요하고 승낙이 없으면 의사표시에 갈음하는 판결을 얻어야 하는(389조 2항 참조) 편무예약·쌍무예약보다는 일방예약·쌍방예약이 더 합리적이다(전자의 경우는 어차피 본계약 체결이 가능한데 번거로운 우회절차를 거치게 된다). 그 가운데서도 당사자 일방만이 권리를 가지는 것이 보통일 것이다(체약강제는 일방이 더욱 원하는 경우가 일반적이다). 결국 합리적으로 생각한다면 낙성계약의 예약은 일방예약이어야 한다.

판 례 공사도급계약의 낙찰자를 결정한 경우

「공사도급계약의 도급인이 될 자가 수급인을 선정하기 위해 입찰절차를 거쳐 낙찰자를 결정한 경우 입찰을 실시한 자와 낙찰자 사이에는 도급계약의 본계약체결의무를 내용으로 하는 예약의 계약관계가 성립하고, 어느 일방이 정당한 이유 없이 본계약의 체결을 거절하는 경우 상대방은 예약채무불이행을 이유로 한 손해배상을 청구할 수 있다.」(대판 2011. 11. 10, 2011다41659)

(3) 민법은 매매의 일방예약에 관하여만 규정하고 있다(564조). 그렇지만 계약자유의 원칙상 위의 네 가지 예약이 모두 인정된다. 당사자가 예약을 한 경우에 네 가지 중 어느 것에 해당하느냐는 당해 예약의 해석에 의하여 결정된다. 그런데 불분명한 때에는 일방예약으로 해석하여야 한다(이설 없음. 564조는 추정규정은 아니나, 낙성계약인 매매의 예약으로는 일방예약이 합리적이므로 그와 같이 새긴다).

D-144 **2. 매매예약의 작용**

매매예약은 본래에는 현재 매매계약을 체결하기 어려운 사정이 있지만 장래에는 그 계약을 체결하고 싶은 경우에 상대방이 그때 가서 계약체결을 거절하지 않도록 묶어두는 제도이다. 그런데 근래에는 매매예약이 그러한 목적으로는 거의 이용되지 않으며, 주로 채권담보의 수단으로 이용되고 있다. 즉 금전을 빌려주면서 그 채권을 담보하기 위하여 채무자의 부동산을 장차 일정한 금액으로 매수하기로 하는 예약(매매예약)을 체결하고 그 예약에 기하여 장차 가질 수 있는 소유권이전청구권을 보전하기 위한 가등기를 해 둔다(이 경우는 가등기담보에 속한다). 그리고 채무자의 변제가 없으면, 예약상의 권리를 행사하여 부동산의 소유권을 취득하게 된다. 이러한 경우에는 채권자가 폭리를 취할 가능성이 있다. 그리하여 그에 대하여는 「가등기담보 등에 관한 법률」이 규제하고 있다(B-408 이하 참조).

D-145 **3. 매매의 일방예약**

(1) 일방예약의 추정

앞에서 언급한 바와 같이, 매매의 예약은 일방예약으로 추정된다.

(2) 성립요건

매매의 일방예약도 보통의 낙성계약처럼 당사자의 합의만 있으면 성립한다. 그리고 통설·판례는, 매매의 일방예약은 매매를 완결할 의사표시를 한 때에 매매의 효력이 생기는 것이므로 그것이 성립하려면 그 예약에 기하여 체결될 본계약의 요소가 되는 내용이 확정되어 있거나 적어도 확정될 수 있어야 한다고 한다(대판 1988. 2. 23, 86다카2768; 대판 1993. 5. 27, 93다4908·4915·4922. 뒤의 판결은 목적물·가액 외에 이전방법·대금지급방법 등도 확정할 수 있어야 한다고 하나, 본질적 구성부분의 확정가능성만으로 충분하다). 그러나 이는 일방예약의 성립요건이 아니고 유효요건의 문제이다.

(3) 법적 성질

매매의 일방예약(쌍방예약도 같다)의 법적 성질에 관하여는 i) 예약권리자의 완결의 의사표시를 조건으로 하는 정지조건부 매매라는 견해와 ii) 예약의 일종이며, 다만 정지조건부 매매에 있어서와 같은 효과가 생기는 특수한 예약에 지나지 않는다는 견해(사견도 같음)가 대립하고 있다.

(4) 예약완결권 D-146

1) 예약완결권이란 매매의 일방예약(또는 쌍방예약)에 기하여 예약상의 권리자가 예약의무자(564조는 이를 「예약자」라 함)에 대하여 매매완결의 의사표시를 할 수 있는 권리이다. 이 권리는 일방적인 의사표시에 의하여 본계약인 매매를 성립하게 하는 것이므로 일종의 형성권이다(통설·판례도 같음. 대판 2018. 11. 29, 2017다247190 등)(편무예약·쌍무예약상의 권리는 채권이다). 부동산물권을 이전하여야 할 본계약의 예약완결권은 가등기할 수 있으며(부등법 88조), 그때에는 그 예약완결권을 가지고 제 3 자에게 대항할 수 있다.

2) 예약완결권은 양도할 수 있으며, 그때에는 예약의무자의 승낙은 필요하지 않으나, 채권양도처럼 양도인의 통지 또는 의무자의 승낙이 있어야 대항할 수 있다(이설 없음. 450조 참조). 그리고 예약완결권이 가등기되어 있는 때에는 가등기의 이전등기(가등기 이전의 부기등기)만으로 대항할 수 있다(B-47 참조).

3) 예약완결권은 권리자가 예약의무자에 대하여 행사하여야 한다. 완결권이 양도된 경우에는 양수인이 행사한다. 예약완결권이 가등기된 경우에 목적부동산이 제 3 자에게 양도된 때에 완결권자가 누구에게 완결권 행사를 하여야 하는지에 관하여는, i) 예약의무자라는 견해, ii) 부동산 양수인이라는 견해가 대립하고 있다(사견은 나름. 채권법각론 [83] 참조).

판 례 수인의 채권자가 예약완결권을 행사하는 방법

「수인의 채권자가 각기 그 채권을 담보하기 위하여 채무자와 채무자 소유의 부동산에 관하여 수인의 채권자를 공동매수인으로 하는 1개의 매매예약을 체결하고 그에 따라 수인의 채권자 공동명의로 그 부동산에 가등기를 마친 경우, 수인의 채권자가 공동으로 매매예약완결권을 가지는 관계인지 아니면 채권자 각자의 지분별로 별개의 독립적인 매매예약완결권을 가지는 관계인지는 매매예약의 내용에 따라야 … 한다.」(대판(전원) 2012. 2. 16, 2010다82530[핵심판례 326면])

4) 매매완결의 의사표시를 하면 그때 본계약인 매매가 성립하고, 효력이 발생한다(564조 1항). 그런데 매매예약이 성립한 이후 상대방의 매매예약 완결의 의사표시 전에 목적물이 멸실 기타의 사유로 이전할 수 없게 되어 예약완결권의 행사가 이행불능이 된 경우에는 예약완결권을 행사할 수 없고, 이행불능 이후에 상대방이 매매예약 완결의 의사표시를 하여도 매매의 효력이 생기지 않는다(대판 2015. 8. 27, 2013다28247).

5) 예약완결권은 ① 당사자 사이에 그 행사기간을 정한 때에는 그 기간 내에 행사하여야 하고(판례는 당사자 사이에 약정하는 예약완결권의 행사기간에 특별한 제한은 없다고 한다. 대판 2017. 1. 25, 2016다42077: 예약 후 30년 가까이까지 행사하기로 한 경우에 예약완결권이 10년의 제척기간의 경과로 소멸했다고 한 원심을 파기함), ②

당사자가 행사기간을 정하지 않은 때에는 예약이 성립한 때로부터 10년의 기간(제척기간) 내에 행사하여야 한다(대판 2018. 11. 29, 2017다247190 등). 판례에 따르면, 이 10년의 제척기간의 기산점은 특별한 사정이 없는 한 원칙적으로 권리가 발생한 때(즉 예약성립시)이고, 당사자 사이에 예약완결권을 행사할 수 있는 시기(여기의 「시기」는 예약완결권을 처음 행사할 수 있는 시점을 가리키며, 행사기간의 의미가 아님을 주의: 저자 주)를 특별히 약정한 경우에도 그 제척기간은 당초 권리의 발생일로부터 10년의 기간이 경과하면 만료된다(대판 1995. 11. 10, 94다22682 · 22699). 그리고 그 기간이 지나면 상대방이 목적물을 인도받은 경우에도 권리가 소멸한다(대판 1997. 7. 25, 96다47494 · 47500 등). 예약완결권은 재판상이든 재판 외이든 그 기간 내에 행사하면 되는데, 예약완결권자가 예약완결권 행사의 의사표시를 담은 소장 부본을 상대방에게 송달함으로써 재판상 행사하는 경우에는 예약완결권 행사의 의사표시가 담긴 소장 부본이 제척기간 내에 상대방에게 송달되어야만 예약완결권자가 제척기간 내에 적법하게 예약완결권을 행사하였다고 볼 수 있다(대판 2019. 7. 25, 2019다227817). 예약완결권의 제척기간이 지났는지 여부는 직권조사사항이다(대판 2000. 10. 13, 99다18725). 한편 당사자가 권리행사기간을 정하지 않은 때에는, 10년이 경과되기 전이라도, 예약의무자는 상당한 기간을 정하여 매매완결 여부의 확답을 상대방에게 최고할 수 있고(564조 2항), 만약 예약의무자가 그 기간 내에 확답을 받지 못한 경우에는 예약은 효력을 잃는다(564조 3항).

D-147 ## Ⅳ. 계 약 금

1. 계약금의 의의

계약금은 계약의 체결시에(계약성립 후에 주고받아도 무방함) 당사자 일방이 상대방에 대하여 교부하는 금전 기타의 유가물이다. 계약금은 매매(부동산 매매는 거의 예외가 없음) · 임대차 · 도급 등 많은 계약에서 교부되며, 민법은 매매에 관하여 규정(565조)을 두고 이를 다른 유상계약에 준용하고 있다(567조). 매매의 경우 계약금은 보통 매수인이 매도인에게 교부한다.

계약금의 교부도 하나의 계약이며(양 당사자의 합의에 의하여 수수되므로), 그것은 금전 기타 유가물의 교부를 요건으로 하므로 요물계약이고(실제로 교부되지 않았어도 형식상 매도인이 계약금을 받아서 이를 다시 매수인에게 보관한 것으로 하여 매수인이 현금보관증을 작성 교부하였으면 계약금계약은 유효하게 성립한다. 대판 1999. 10. 26, 99다48160 등), 매매 기타의 계약에 부수하여 행하여지므로 「종된 계약」이다(통설도 같음). 이와 같이 계약금계약이 종된 계약이므로, 주된 계약이 무효 · 취소되거나 채무불이행을 이유로 해제된 때에는, 계약금계약도 무효로 되고 계약금은 부당이득으로서 반환하여야 한다(당사자 일방의 채무가 쌍방의 책임없는 사유로 이행불능으로 되어 소멸한 때(537조 참조)에도 같다. 대판 1975. 8. 29, 75다765).

판 례 계약금의 일부나 전부를 지급하지 않은 경우

(ㄱ) 「계약이 일단 성립한 후에는 당사자의 일방이 이를 마음대로 해제할 수 없는 것이 원칙이고, 다만 주된 계약과 더불어 계약금계약을 한 경우에는 민법 제565조 제1항의 규정에 따라 임의해제를 할 수 있기는 하나, 계약금계약은 금전 기타 유가물의 교부를 요건으로 하므로 단지 계약금을 지급하기로 약정만 한 단계에서는 아직 계약금으로서의 효력, 즉 위 민법 규정에 의해 계약해제를 할 수 있는 권리는 발생하지 않는다고 할 것이다. 따라서 당사자가 계약금의 일부만을 먼저 지급하고 잔액은 나중에 지급하기로 약정하거나 계약금 전부를 나중에 지급하기로 약정한 경우, 교부자가 계약금의 잔금이나 전부를 약정대로 지급하지 않으면 상대방은 계약금 지급의무의 이행을 청구하거나 채무불이행을 이유로 계약금약정을 해제할 수 있고, 나아가 위 약정이 없었더라면 주계약을 체결하지 않았을 것이라는 사정이 인정된다면 주계약도 해제할 수도 있을 것이나, 교부자가 계약금의 잔금 또는 전부를 지급하지 아니하는 한 계약금계약은 성립하지 아니하므로 당사자가 임의로 주계약을 해제할 수는 없다.」(대판 2008. 3. 13, 2007다73611)

(ㄴ) 매도인이 '계약금 일부만 지급된 경우 지급받은 금원의 배액을 상환하고 매매계약을 해제할 수 있다'고 주장한 사안에서, '실제 교부받은 계약금'의 배액만을 상환하여 매매계약을 해제할 수 있다면 이는 당사자가 일정한 금액을 계약금으로 정한 의사에 반하게 될 뿐 아니라, 교부받은 금원이 소액일 경우에는 사실상 계약을 자유로이 해제할 수 있어 계약의 구속력이 약화되는 결과가 되어 부당하기 때문에, 계약금 일부만 지급된 경우 수령자가 매매계약을 해제할 수 있다고 하더라도 해약금의 기준이 되는 금원은 '실제 교부받은 계약금'이 아니라 '약정 계약금'이라고 봄이 타당하므로, 매도인이 계약금의 일부로서 지급받은 금원의 배액을 상환하는 것으로는 매매계약을 해제할 수 없다고 한 사례(대판 2015. 4. 23, 2014다231378[핵심판례 328면]).

계약금계약은 종된 계약이기는 하지만 주된 계약과 동시에 성립할 필요는 없으며(통설도 같음), 주된 계약이 성립한 후의 계약금의 수수도 유효하다(대판 1955. 3. 10, 4287민상388).

2. 계약금의 종류 D-148

(1) 증약금(증약계약금)

이는 계약체결의 증거로서의 의미를 가지는 계약금이다. 계약금이 교부되어 있는 경우에는 그것이 언제나 계약체결의 증거가 되므로, 모든 계약금은 적어도 증약금으로서의 성질을 가진다.

(2) 위약계약금(398조 4항의 위약금과 구별해야 하기 때문에 이를 「위약금」이라고 하지는 못함)

이는 위약 즉 채무불이행이 있는 경우에 의미를 가지는 계약금이다. 위약계약금에는 위약벌의 성질을 가지는 것과 손해배상액의 예정의 성질을 가지는 것이 있다.

전자는 교부자의 채무불이행이 있을 때 벌로서 몰수하는 계약금이다. 계약금이 위약벌인 경우에 교부자의 상대방에게 손해가 발생하면 그는 계약금과 별도로 손해배상도 청구할 수 있다(대판 1979. 9. 11, 79다1270은 채무불이행으로 인한 계약금의 귀속에 손해발생은 필요하지 않다고 한다). 그리고 위약벌은 손해배상액의 예정과 다르므로 부당하다는 이유로 감액할 수도 없다(398조 2항 참조)(대판 1968. 6. 4, 68다491).

후자 즉 손해배상액의 예정의 성질을 가지는 것은 채무불이행의 경우 계약금의 교부자는 그것을 몰수당하고 교부받은 자는 그 배액을 상환하여야 하는 계약금이다. 이는 손해배상액의 예정으로 추정되는 위약금과 실질적으로 같으나, 이미 교부되어 있는 점에서 단순히 약정만 하고 있는 위약금과는 차이가 있다. 이 계약금은 손해배상액의 예정으로서 부당히 과다한 경우에는 법원이 적당히 감액할 수 있다(대판 1996. 10. 25, 95다33726 등).

계약금이 위약계약금으로 되려면 반드시 특약이 있어야 한다(판례도 손해배상액의 예정의 성질을 가지는 계약금에 관하여 같은 입장이다. 대판 1992. 11. 27, 92다23209 등). 그러므로 유상계약을 체결하면서 계약금이 수수된 경우에 위약금으로 하기로 하는 특약이 없는 한 계약이 당사자 일방의 유책사유(귀책사유)로 인하여 해제되었다 하더라도 상대방은 계약불이행으로 입은 실제 손해만을 배상받을 수 있을 뿐 계약금이 위약금으로서 상대방에게 당연히 귀속되지 않는다(대판 2010. 4. 29, 2007다24930 등). 한편 위약계약금의 특약이 있는데 위약벌의 성격인지 손해배상액 예정의 성격인지 불분명할 때에는 후자로 추정하여야 한다. 그것이 당사자의 의사에 부합하고 또 위약금 규정과도 일치하기 때문이다.

D-149 **(3) 해약금**(해약계약금)

이는 계약의 해제권을 보류하는 작용을 하는 계약금이다. 그리하여 **이 해약금이 교부된 경우에는 계약금의 교부자는 그것을 포기하면서 계약을 해제할 수 있고, 교부받은 자는 그 배액을 상환하면서 계약을 해제할 수 있다**(해약금의 이러한 표현은 위의 「손해배상액의 예정의 성질을 가지는 위약계약금」과 유사하다. 그 둘은 계약금만큼 손실을 입게 되는 점에서 같으나, 전자는 채무불이행과는 관계없이 그만큼 손실을 입으면서 해제할 수 있게 하는 것이고, 후자는 채무불이행이 있을 때 계약금만큼 배상받거나 배상하는 것이다). 계약금이 해약금인 경우에는 양 당사자가 채무불이행에 관계없이 계약을 해제할 수 있어 계약의 효력은 약해진다.

3. 해약금의 추정

계약금이 어떤 성질의 것인지는 계약금계약의 해석에 의하여 결정된다. 그런데 **불분명한 때에는 해약금으로 추정된다**(565조 1항). 그러나 제565조의 해약권은 당사자 간에 다른 약정이 없는 경우에 한하여 인정되는 것이고, 만일 당사자가 위 조항의 해약권을 배제하기로 하는 약정을 하였다면 더 이상 그 해제권을 행사할 수 없다(대판 2009. 4. 23, 2008다50615). 그리고 판례는 손해배상액의 예정의 성질을 가지는 위약계약금의 특약이 있는 경우에는 특별한 사정이 없는 한 그 성질 외에 해약금의 성질도 가진다고 한다(대판 1992. 5. 12, 91다2151[핵심판례 330면]).

판 례 가계약금(假契約金) 관련

판례는, 가계약금에 관하여 해약금 약정이 있었다고 인정하기 위해서는 정식으로 계약을 체결하기 전까지 교부자는 이를 포기하고, 수령자는 그 배액을 상환하여 계약을 체결하지 않기로 약정하였음이 명백하게 인정되어야 한다고 한다(대판 2022. 9. 29, 2022다247187). 그리고 당사자 사이에 가계약금을 해약금으로 하는 약정이 있었음이 명백히 인정되지 않는 한 교부자가 스스로 계약 체결을 포기하더라도 가계약금이 수령자에게 몰취되는 것으로 볼 수는 없다고 한다.

4. 해약금의 효력

D-150

(1) 해약금에 기한 해제

계약금이 해약금인 경우에는 당사자의 일방이 이행에 착수할 때까지 계약금 교부자는 이를 포기하면서, 수령자는 그 배액을 상환하면서 매매계약을 해제할 수 있다(565조 1항).

1) **계약금의 교부자는** 계약금을 포기하면서 계약을 해제할 수 있는데, 그가 해제와 별도로 계약금 포기의 의사표시를 할 필요는 없다.

2) **계약금의 수령자는** 계약금의 배액을 상환하면서 계약을 해제할 수 있다. 이때에는 해제의 의사표시만으로는 부족하고 그 배액의 제공이 있어야 해제의 효과가 생긴다(대판 1992. 7. 28, 91다33612 등). 배액의 제공만 있으면 충분하고, 상대방이 이를 수령하지 않는다고 하여 공탁까지 할 필요는 없다(대판 1992. 5. 12, 91다2151[핵심판례 330면] 등). 그리고 배액의 제공이 적법하지 못한 경우에는 해제권을 보유하고 있는 기간 안에 적법한 제공을 한 때에 계약이 해제된다고 볼 것이고(대판 1997. 6. 27, 97다9369), 또 매도인이 계약을 해제하기 위하여 계약금의 배액을 공탁하는 경우에는 공탁 원인사실에 계약해제의 의사가 포함되어 있다고 할 것이므로, 상대방에게 공탁통지가 도달한 때에 계약해제의 의사표시가 있었다고 보아야 한다(대판 1993. 1. 19, 92다31323[핵심판례 332면]).

3) 해약금에 기하여 해제할 수 있는 시기는 「**당사자의 일방이 이행에 착수할 때까지**」이다. 해제권 행사의 시기를 이와 같이 제한한 것은, 당사자의 일방이 이행에 착수한 때에는 그 당사자는 그에 필요한 비용을 지출하였을 것이고, 또 그 당사자는 계약이 이행될 것으로 기대하고 있는데 만일 그러한 단계에서 상대방에 의하여 계약이 해제되면 그는 예측하지 못한 손해를 입게 될 우려가 있어서 이를 방지하려는 데에 그 이유가 있다(대판 2006. 2. 10, 2004다11599 등).

여기서 「이행에 착수」한다는 것은 객관적으로 외부에서 인식할 수 있는 정도로 채무의 이행행위의 일부를 하거나(예: 중도금 지급) 또는 이행을 하기 위하여 필요한 전제행위를 하는 경우를 말하며, 단순히 이행의 준비를 하는 것만으로는 부족하다(대판 2024. 1. 4, 2022다256624 등 다수). 그런데 그 행위가 반드시 계약내용에 맞는 이행제공의 정도까지 이르러야 하는 것은 아니다. 그렇지만 가령 매도인이 매수인에 대하여 매매계약의 이행을 최고하고 매매 잔대금의 지급을 구하는 소송을 제기한 것만으로는 이행에 착수하였다고 볼 수 없다(대판 2008. 10. 23, 2007다72274 · 72281). 그리고 이행기의 약정이 있는 경우라도 당사자가 채무의 이행기 전에는 착수하지 않기로 하는 특약을 하는 등 특별한 사정이 없는 한 이행기 전에 이행에 착수할 수도 있다(대판 1993. 1. 19, 92다31323[핵심판례 332면]; 대판 2002. 11. 26, 2002다46492; 대판 2006. 2. 10, 2004다11599(매매계약체결 후 시가 상승이 예상되자 매도인이 증액요청을 하였고 매수인은 이에 확답하지 않은 상태에서 중도금을 이행기 전에 제공한 경우에 매도인의 해제를 허용하지 않음) 등. 다만 맨앞의 판결에서는, 매도인이 해약금에 기한 해제표시를 하고 일정한 기한까지 수령을 최고하며 기한을 넘기면 공탁하겠다고 통지한 경우에는, 매수인이 이행기 전에 이행에 착수할 수 없는 특별한 사정이 있는 경우에 해당한다고 한다). 한편 대법원은, 부동산 매매계약에서 중도금 또는 잔금 지급기일은 일반적으로 계약금에 의한 해제권의 유보기간의 의미를 가진다고 이해되고 있으므로, 계약에서 정한 매매대금의 이행기가 매도인을 위해서도 기한의 이익을 부여하는 것이라고 볼 수 있다면, 채무자가 이행기 전에 이행에 착수할 수 없는 특별한 사정이 있는 경우에 해당한다고 하였다(대판 2024. 1. 4, 2022다256624).

판 례 이행착수 관련

D-151 (ㄱ) 판례에 의하면, 매수인에 의한 중도금의 지급이나 매도인에 의한 매매목적물의 인도(대판 1994. 11. 11, 94다17659), 중도금 및 잔금의 변제공탁(대판 1991. 10. 11, 91다25369)은 물론, 매수인이 묘목 매매계약의 잔대금 지급 전이라도 매수 묘목을 이식 인도받을 수 있기로 한 특약에 따라 묘목의 이식작업을 완료한 것(대판 1983. 6. 28, 83도1132), 잔대금 지급을 위하여 금융기관에서 금전을 찾아 가지고 매도인의 딸에게 이전등기서류의 준비 여부를 문의하였으나 그녀가 계약을 이행할 의사가 없는 것이 아닌가 하는 의심스러운 행동을 하여 그 날 목적토지에 대하여 처분금지 가처분 신청을 한 경우(대판 1993. 5. 25, 93다1114), 매수인이 잔금 지급기일에 잔금을 지참하고 매도인에게 찾아가 이를 지급하려고 하였으나 매도인이 그때까지 목적토지에 경료된 근저당권등기의 말소에 필요한 서류 및 소유권이전등기에 필요한 서류 등을 준비하지 않은 것을 알고 매도인에게 잔금 중 일부만 지급하고 나머지는 등기서류가 준비되면 그것을 교부받으면서 지급하겠다고 제의하였으나 매도인이 이를 거절하자 매수인이 잔금을 지급하지 않고 돌아간 경우(대판 1993. 7. 27, 93다11968), 매매계약 체결시 매도인이 중도금 지급기일에 그 소유의 다른 부동산에 대하여 매수인 앞으로 근저당권을 설정하여 주고 중도금을 지급받기로 약속하여, 매수인의 대리인이 약정된 중도금 지급기일에 그 지급을 위하여 중도금을 마련하여 가지고 매도인의 처를 만나 근저당권 설정을 요구하였으나 매도인의 처가 우여곡절 끝에 결국 이에 응하지 않을 뜻을 밝히면서 중도금 지급만을 요구하자 중도금을 지급하지 않은 채 돌아온 경우(대판 1994. 5. 13, 93다56954), 매수인이 매도인의 동의 하에 매매계약의 계약금 및 중도금 지급을 위하여 은행도어음을 교부한 경우(대판 2002. 11. 26, 2002다46492)는 이행에 착수한 것이라고 한다.

그에 비하여 이행기가 되기 전에 잔대금 수령을 최고한 행위(대판 1979. 11. 27, 79다1663), 유동적 무효상태인 매매계약에 있어서 매수인이 토지거래허가 협력의무 이행의 소를 제기한 행위(대판 1997. 6. 27, 97다9369), 토지거래 허가 신청을 하여 허가를 받은 경우(대판 2009. 4. 23, 2008다62427)는 이행에 착수한 것으로 볼 수 없다고 한다.

(ㄴ) 판례는, 중도금 지급기일에 매도인이 우편에 의하여 해제의 의사표시를 보냈으나 그 것이 매수인에게 도달하기 전에 매수인이 온라인으로 중도금을 송금한 경우에는 해제의 의사표시는 해제의 요건을 갖추지 못하여 부적법하다고 한다(대판 1992. 2. 11, 91다22322).

「당사자 일방이 이행에 착수」한 경우에는 이행에 착수한 자의 상대방뿐만 아니라 이행에 착수한 자 자신도 해제할 수 없다(통설·판례도 같음. 대판 2000. 2. 11, 99다62074 등). 제565조 제 1 항이 착수한 자의 상대방에 한정하지 않고 있고, 또 스스로 이행에 착수하는 것은 해제권의 포기를 전제로 하는 것으로 해석할 수 있기 때문이다.

판 례 해약금에 기한 해제 관련

판례는, 구 국토이용관리법(「부동산 거래신고 등에 관한 법률」로 대체됨)상의 토지거래허가를 받지 않아 유동적 무효 상태인 매매계약에 있어서도 매도인은 계약금의 배액을 상환하고 계약을 해제할 수 있다고 한다(대판 1997. 6. 27, 97다9369). 그리고 매도인이 제 1 심에서 패소한 후 항소심에서 비로소 해제권을 행사한 것이 신의칙에 반하지 않는다고 한다(대판 2004. 12. 9, 2004다51054).

(2) 해제의 효과 D-152

해약금에 기한 해제가 있으면 계약(주된 계약)은 소급하여 무효로 된다. 그러나 원상회복의무는 생기지 않는다. 이행의 착수가 있기 전에만 해제될 수 있기 때문이다. 그리고 여기의 해제는 채무불이행을 원인으로 한 것이 아니어서 손해배상청구권도 생기지 않는다(565조 2항이 이를 규정하나, 그것은 당연한 사항을 규정한 것이다).

계약금이 교부되어 있어도 채무불이행이 발생하면 채무불이행을 이유로 해제할 수도 있다. 그 경우에는 원상회복청구나 손해배상청구도 인정된다(그런데 손해배상액의 예정의 성질을 갖는 위약계약금의 약정이 있으면 손해배상청구액은 계약금액만큼으로 된다).

5. 기타의 문제

(1) 계약이 이행된 경우의 계약금의 반환

계약이 이행되면 계약금은 교부자에게 반환되어야 한다. 이 반환청구권의 성질은 부당이득 반환청구권이 아니고 계약금계약상의 권리라고 하여야 하며, 따라서 이익의 현존 여부를 불문하고 받은 것과 같은 금액을 반환하여야 한다. 그러나 교부된 것이 금전이고, 매매계약이 이행된 때에는, 매매대금의 일부에 충당되는 것이 보통이다.

(2) 선 급 금

계약금과 비슷하면서도 다른 것으로 선급금이 있다. 선급금(전도금)이란 금전채무(예: 매매

(대금채무·도급인의 보수지급의무)에 있어서 일부의 변제로서 지급하는 것을 말한다. 이는 본질적으로 대금채무 등의 일부변제에 지나지 않으며, 그것은 증약금으로서 기능할 수는 있겠으나, 해약금으로 작용하지는 못한다.

D-153 V. 매매계약 비용의 부담

(1) 매매계약에 관한 비용이란 매매계약을 체결함에 있어서 일반적으로 필요로 하는 비용이며, 이행비용(473조: 특약이 없는 한 채무자가 부담)이나 이행의 수령에 필요한 비용(원칙적으로 채권자 부담)은 그에 해당하지 않는다. 그리하여 목적물의 측량비·평가비·계약서 작성비 등이 그에 해당한다. 그러나 부동산 매매에 있어서의 등기비용은 매매계약 비용이 아니다(등기는 공동신청으로 하여야 하므로 그 비용은 당사자가 균분하여 부담하여야 하나, 매수인이 부담하는 것이 관행이다).

(2) 매매계약에 관한 비용은 당사자 쌍방이 균분하여 부담한다(566조). 그러나 당사자가 다른 특약을 한 때에는 그에 의한다(566조는 임의규정임).

제 3 관 매매의 효력

D-154 I. 개 관

매매계약이 성립하면 그로부터 매도인의 재산권 이전의무와 매수인의 대금지급의무가 생긴다(568조 1항). 그 외에 민법은 매매의 목적인 재산권이나 목적물에 흠이 있는 경우에 매도인에게 일정한 담보책임을 지우고 있다(570조 이하). 매매의 효력의 문제로 살펴보아야 할 것은 이 세 가지이다.

D-155 II. 매도인의 재산권 이전의무

1. 재산권 이전의무

매도인은 매수인에게 매매의 목적이 된 재산권을 이전하여야 할 의무가 있다(568조 1항).

매도인은 목적재산권 자체를 이전하여야 한다. 따라서 권리 이전에 필요한 요건을 모두 갖추어 주어야 한다(부동산―등기, 동산―인도, 채권―대항요건). 그리고 재산권은 다른 특약이나 특별한 사정이 없는 한 아무런 부담이 없는 완전한 것이어야 한다. 그러므로 가령 목적부동산에 근저당권등기·지상권등기·가압류등기·가처분등기가 있는 경우(그러나 가등기 후 본등기가 된 뒤에는 그 이전의 중간처분의 등기는 매도인이 매수인에게 말소해주어야 할 등기상의 부담이 아니다. 대판 1991. 8. 13, 91다13144)에는 그러한 등기를 말소하고 이전등기를 해주어야 한다(자세한 판결에 대하여는

(D−58 참조). 타인의 재산권을 매도한 때에는, 매도인은 이를 취득하여 매수인에게 이전하여야 한다(569조). 목적재산권에 종된 권리가 있는 때(예: 타인 소유의 토지 위에 건물을 소유하고 있는 자가 건물을 매도하는 경우의 매도인의 지상권 또는 임차권)에는 그 권리도 이전하여야 한다.

목적재산권이 부동산의 점유를 내용으로 하는 경우(예: 토지소유권·지상권·전세권)**에는 등기 외에 그 부동산의 점유도 이전**(인도)**하여야 한다.** 이 매도인의 인도의무가 민법에 따로 규정되어 있지 않으나, 그 의무는 당연히 인정되어야 하므로 「재산권 이전의무」에 포함되어 있다고 새길 것이다.

매도인의 재산권 이전의무 및 인도의무와 매수인의 대금지급의무는 원칙적으로 동시이행관계에 있다(다수설임). 판례도 같다(대판 2000. 11. 28, 2000다8533 등. 대판 1976. 4. 27, 76다297·298 하나만은 예외이나, 판례가 이미 변경된 것으로 보아야 한다).

2. 과실의 귀속 D-156

물건으로부터 생기는 과실은 그것을 수취할 권리자에게 귀속하는 것이 원칙이다(102조). 그런데 민법은 매매의 경우에는 과실과 이자의 복잡한 법률관계를 정리하기 위하여 **목적물을 인도하기 전에는 그것으로부터 생긴 과실이 매도인에게 속한다고 규정한다**(587조). 이는 수취권이 누구에게 있는지를 묻지 않는다는 의미이다. 그 결과 매도인은 그가 목적물의 인도를 지체하고 있을지라도 매매대금을 완전히 지급받고 있지 않는 한 목적물을 인도할 때까지의 과실(법정과실 포함)을 수취할 수 있다(대판 2004. 4. 23, 2004다8210 등). **그러나 매매목적물이 인도되기 전이라도 매수인이 매매대금을 모두 지급한 때에는 그 이후의 과실은 매수인에게 속한다고 새겨야 한다**(통설·판례도 같음. 대판 2021. 6. 24, 2021다220666 등). 만약 이때에도 매도인에게 과실수취권을 인정하면 매도인은 2중의 이득(대금의 이자와 과실)을 얻게 되기 때문이다. 한편 여기의 과실은 대금의 이자에 대응한 것으로 관념되는 것이므로, 매도인이 목적물을 인도하지 않았으면 매수인이 대금지급을 지체하여도 인도가 되기 이전 기간 동안의 목적물의 관리보존비의 상환이나 매매대금의 이자 상당액의 손해배상청구를 할 수 없고(대판 1995. 6. 30, 95다14190 등. 대판 1993. 5. 14, 92다45025도 참조(쌍무계약이 취소된 경우에 선의의 매도인의 운용이익 내지 법정이자 반환을 부인함)), 매수인이 대금을 완전히 지급하지 않은 때에는 매도인의 이행지체가 있더라도 매수인은 인도의무의 지체로 인한 손해배상을 청구할 수 없다(대판 2004. 4. 23, 2004다8210).

판 례 쌍무계약이 취소된 경우 대금의 운용이익 등의 반환 의무

쌍무계약이 취소된 경우 선의의 매수인에게 민법 제201조가 적용되어 과실취득권이 인정되는 이상 선의의 매도인에게도 민법 제587조의 유추적용에 의하여 대금의 운용이익 내지 법정이자의 반환을 부정함이 형평에 맞다(대판 1993. 5. 14, 92다45025).

D-157 ## Ⅲ. 매도인의 담보책임

1. 매도인의 담보책임의 의의와 법적 성질

(1) 의 의

매도인의 담보책임이란 매매의 목적인 「재산권」 또는 그 재산권의 객체인 「물건」에 하자(흠)가 있는 경우에 매도인이 매수인에 대하여 지는 책임을 통틀어서 일컫는 말이다. 민법은 제570조 내지 제584조에서 매도인의 담보책임을 규정하고 있다.

(2) 법적 성질

1) 매도인의 담보책임의 법적 성질에 관하여는 우선 과거의 전통적인 학설인 i) 매매계약의 유상성에 기하여 법률에 의하여 인정된 무과실책임이라는 견해가 있다. 그런가 하면 ii) 결과에서는 i)설과 같으나 본질을 다르게 이해하는 견해, 즉 본질에 있어서는 채무불이행 내지 불완전이행에 대한 책임이며 연혁적 이유로 법정책임으로 된 것이라는 견해도 있다(사견도 같음). 이 견해도 담보책임은 무과실책임이라고 한다.

그에 비하여 근래에 iii) 담보책임을 채무불이행책임이라고 하는 견해가 주장되어 세력을 많이 얻고 있다. 이 견해는 담보책임에 관한 민법규정을 채무불이행에 관한 규정의 특칙으로 이해한다. 그리하여 담보책임에 규정되지 않은 사항에 대하여는 채무불이행책임의 일반원칙이 적용되어야 한다고 한다. 이 견해는 대체로 매도인의 담보책임은 무과실책임이 아니고 과실책임이라고 한다(그 외에 채권법각론 [89]도 참조).

2) 사견의 견지에서 매도인의 담보책임의 법적 성질을 정리해 본다.

(가) 매도인의 담보책임은 본질에 있어서는 채무불이행책임이나 연혁적인 이유로 법정책임으로 된 것이며, 결국 법정책임이다.

(나) 매도인의 담보책임은 매도인의 고의·과실을 문제삼지 않는 무과실책임이다.

(다) 매도인에게 유책사유(고의·과실)가 있는 경우에 채무불이행책임을 묻는 것이 배제되지 않는다. 따라서 매수인은 담보책임의 요건이 구비되어 있는 때에는 담보책임을 물을 수도 있고, 채무불이행책임의 요건이 갖추어져 있는 때에는 그 요건을 증명하여 채무불이행책임을 물을 수도 있다. 판례도 같은 태도이다(대판 1993. 11. 23, 93다37328(권리의 하자의 경우); 대판 2004. 7. 22, 2002다51586(물건의 하자의 경우)).

D-158 ### 2. 매도인의 담보책임의 내용 개관

(1) 담보책임의 발생원인

우리 민법상 매도인이 담보책임을 지는 경우를 정리하면 다음과 같다.

1) 권리(매매의 목적인 재산권)**에 하자가 있는 경우**

(가) 권리의 전부가 타인에게 속하는 경우(569조-571조)

(나) 권리의 일부가 타인에게 속하는 경우(572조·573조)

(다) 권리의 일부가 전혀 존재하지 않는 경우(574조)

(라) 권리가 타인의 권리에 의하여 제한받고 있는 경우(575조-577조)

2) 물건(매매의 목적물)**에 하자가 있는 경우**

(가) 특정물매매의 경우(580조·582조)

(나) 불특정물매매의 경우(581조·582조)

3) 채권매매의 경우(579조)

4) 경매의 경우(578조)

(2) 담보책임의 개괄적 내용

매도인이 지는 담보책임의 내용은 개별적인 경우에 따라 다르나, 매수인은 일정한 요건 하에 계약해제권·대금감액청구권(대금감액은 실질적으로는 계약의 일부해제에 해당함)·손해배상청구권·완전물급부청구권 가운데 일부를 행사할 수 있다.

매도인이 담보책임으로서 손해배상책임을 지는 경우에 그 범위가 어떤지가 문제된다. 학설은 i) 신뢰이익설(사견도 같음), ii) 이행이익설, iii) 매도인에게 과실이 있는 경우에는 이행이익을 배상하여야 하고, 과실이 없는 경우에는 신뢰이익을 배상하면 된다는 견해로 나뉘어 있다. 그리고 판례는 타인의 권리매매에 관하여 과거 신뢰이익설을 취하다가 이행이익설로 변경되었다(대판(전원) 1967. 5. 18, 66다2618; 대판 1979. 4. 24, 77다2290).

3. 권리의 하자에 대한 담보책임 D-159

사 례 (신사례 [82]번 문제 중 일부)

A는 C가 자신(C)의 토지를 팔려고 한다는 소식을 듣고, C로부터 그 토지를 사서 타인에게 비싸게 팔 계획을 세우고, 먼저 B와의 사이에 C의 토지에 관한 매매계약을 체결하였다. 그리고 그 계약 당시 B는 매매목적 토지가 C의 소유라는 것을 알고 있었다.

이 경우에 C가 A와의 매매대금 협의가 잘 되지 않자 토지를 D에게 매도하고 소유권이전등기까지 해 주었다면, B는 A에게 어떤 권리를 행사할 수 있는가? (사례의 해결: D-167)

(1) 권리의 전부가 타인에게 속하는 경우

1) 요 건 매매의 목적이 된 권리의 전부가 타인에게 속하는 경우 즉 타인의 권리를 매매한 경우에도 계약은 유효하다(대판 1993. 8. 24, 93다24445; 대판 1993. 9. 10, 93다20283(원시적 불능으로 무효가 아니라고 함)). 그리고 그때에는 매도인이 그 권리를 취득하여 매수인에게 이전하여야 한다(569조)(대판 2001. 9. 25, 99다19698 등은 타인의 권리를 처분한 뒤 처분자가 사망하고 그 타인이 처분자를 상속한 경우에는, 신의칙에 반할 만한 특별한 사정이 없는 한 상속인은 의무이행을 거절할 수 있다고 한다). 만약 매도인이 그 권리를 취득하여 매수인에게 이전할 수 없는 때에는 일정한 담보책임을 지게 된다(570조).

㈎ 여기의 담보책임이 생기려면 매매의 목적물은 현존하고 있어야 하며, 목적물이 처음부터 존재하지 않았거나 존재하였으나 멸실된 때에는 담보책임이 문제되지 않는다(목적물이 처음부터 부존재한 경우는 체약상의 과실이, 후에 멸실된 경우는 채무불이행이나 채권 소멸 및 위험부담이 문제된다).

㈏ 여기서 「이전할 수 없다는 것」 즉 이전불능은 채무불이행에 있어서와 같은 정도로 엄격하게 해석할 필요는 없고, 사회통념상 매수인에게 해제권을 행사하게 하는 것이 타당하다고 할 정도의 이행장애가 있으면 족하고, 반드시 객관적 불능에 한하는 엄격한 개념은 아니라고 해야 한다(통설 · 판례도 같음. 대판 1982. 12. 28, 80다2750).

㈐ 이전불능이 이행기 전에 생겼는가 그 후에 생겼는가는 묻지 않는다. 그리고 소유권이전등기 후 등기가 말소된 때에도 담보책임이 생긴다.

㈑ 매도인이 부동산을 매수한 뒤 자신의 명의로 등기하지 않은 채 이를 다시 제3자에게 매도한 경우(미등기 전매)도 타인의 권리매매라고 보아야 한다(통설도 같음). 그런데 판례는 타인의 권리매매가 아니라고 한다(대판 1972. 11. 28, 72다982; 대판 1996. 4. 12, 95다55245). 판례는 그 이유로, 매도인이 부동산을 사실상 처분할 수 있을 뿐 아니라 법률상으로도 처분할 수 있는 권원에 의하여 매도한 것이라는 점을 든다. 그리고 판례는, 명의신탁(여기의 명의신탁은 종중 부동산의 명의신탁과 같이 명의신탁이 유효한 경우만을 가리키는 것으로 보아야 함: 저자 주)한 부동산을 신탁자가 매도하는 경우에 매도인은 그 부동산을 사실상 처분할 수 있을 뿐 아니라 법률상으로도 처분할 수 있는 권원에 의하여 매도한 것이므로, 그것은 타인의 권리 매매가 아니라고 한다(대판 1996. 8. 20, 96다18656). 한편 타인의 대리인으로서 매도하는 때에는 타인의 권리매매가 아니다(대판 1982. 5. 25, 81다1349, 81다카1209도 같은 취지이다). 그러나 타인의 권리를 자기의 이름으로 또는 자기의 권리로 처분한 경우는 타인의 권리매매이다(대판 1981. 1. 13, 79다2151은 이때 본인이 그 처분을 인정하면 무권대리의 추인의 경우처럼 그 처분은 본인에게 효력이 생긴다고 한다).

㈒ 매도인의 이전불능이 오직 매수인의 유책사유로 인한 것인 때에는 매도인은 담보책임을 지지 않는다고 새겨야 한다(이설이 없으며, 판례도 같다. 대판 1979. 6. 26, 79다564).

D-160 **2) 책임의 내용**

㈎ 매수인은 계약을 해제할 수 있다(570조 본문). 매도인의 유책사유는 묻지 않는다. 그리고 악의의 매수인도 해제할 수 있다. 해제의 경우 원상회복의 범위에 대하여는 특별한 규정이 없으므로 제548조 제2항이 적용된다고 할 것이다(대판 1974. 5. 14, 73다1564 등).

㈏ 매수인이 선의인 때에는 해제를 하면서 동시에 손해배상도 청구할 수 있다(570조 단서). 이 경우 손해배상의 범위는 신뢰이익이다(매도인에게 유책사유가 있는 경우에 채무불이행책임을 물을 때에만 이행이익 배상이다). 그런데 판례는 이행이익을 배상할 것이라고 한다(대판(전원) 1967. 5. 18, 66다2618; 대판 1979. 4. 24, 77다2290). 그리고 배상액의 산정은 불능 당시의 시가에 의할 것이라고 한다(대판(전원) 1967. 5. 18, 66다2618; 대판 1980. 3. 11, 80다78 등). 그리하여 매도인에 대하여 소유권이전등기 말소소송이 제기되어 매도인의 패소로 확정된 경우에는 패소 확정시가 기준으로 된다고 한다(대판 1981. 6. 9, 80다417(등기 말소시가 아니라고 함); 대판 1993. 4. 9, 92다25946 등).

악의의 매수인은 제570조에 의하여 담보책임으로서 손해배상청구를 할 수는 없다. 그러나 매도인에게 유책사유가 있는 경우에 채무불이행책임을 물을 수는 있다(대판 1993. 11. 23, 93다37328)(이때 채무자의 유책사유의 증명은 보통의 채무불이행에서처럼 매도인이 반대증명을 하여야 한다. 그러나 대판 1970. 12. 29, 70다2449는 반대임). 그리고 이는 매수인이 선의인 때에도 마찬가지라고 하여야 한다.

판 례 타인의 권리매매에서 매도인에게 유책사유가 있는 경우

「타인의 권리를 매매의 목적으로 한 경우에 있어서 그 권리를 취득하여 매수인에게 이전하여야 할 매도인의 의무가 매도인의 귀책사유로 인하여 이행불능이 되었다면 매수인이 매도인의 담보책임에 관한 민법 제570조 단서의 규정에 의해 손해배상을 청구할 수 없다 하더라도 채무불이행 일반의 규정(민법 제546조, 제390조)에 좇아서 계약을 해제하고 손해배상을 청구할 수 있다.」(대판 1993. 11. 23, 93다37328)

매수인이 선의인 데에 과실이 있는 때에는 매도인의 배상금액을 산정함에 있어서 이를 참작하여야 한다(대판 1971. 12. 21, 71다218).

㈐ 판례는, 타인의 권리매매에 있어서 매도인의 기망에 의하여 타인의 물건을 매도인의 것으로 알고 매수의 의사표시를 한 경우에는 제110조에 의하여 사기를 이유로 취소할 수도 있다고 한다(대판 1973. 10. 23, 73다268).

㈑ 제570조의 해제권과 손해배상청구권의 행사기간에 대하여는 제한을 두지 않고 있다. 이는 권리를 오래 존속시키려는 입법자의 의사가 반영된 것으로 보인다. 따라서 그 권리는 10년간 존속한다고 할 것이다.

3) 선의의 매도인의 해제권 민법은 선의의 매도인을 보호하기 위하여 제571조의 D-161
특칙을 두고 있다(이는 매도인의 담보책임이 아님). 그에 의하면, 매도인이 계약 당시에 매매의 목적이 된 권리가 자기에게 속하지 않음을 알지 못한 경우에, 그 권리를 취득하여 매수인에게 이전할 수 없는 때에는, 매도인은 손해를 배상하고(대판 1977. 9. 13, 76다1699는 타인의 권리매매에서 당사자 쌍방이 모두 선의인 경우 위약금의 약정은 타인의 권리매매에서의 담보책임까지 예상하여 그 배상액을 예정한 것이라고 볼 수 없다고 한다) 계약을 해제할 수 있다(571조 1항). 매도인이 선의이기만 하면 선의인 데 과실이 있어도 이 권리가 인정된다. 나아가 매도인에게 과실이 없어도 손해배상의무가 없어지지는 않는다. 그리고 매수인이 선의라도 마찬가지이다. 그런데 만약 매수인이 계약 당시 그 권리가 매도인에게 속하지 않음을 안 때(즉 악의인 때)에는, 매도인은 매수인에 대하여 손해배상을 하지 않고 단지 그 권리를 이전할 수 없음을 통지하고 계약을 해제할 수 있다(571조 2항).

여기의 해제의 효과에 대하여 특별한 규정이 없으나, 일반적인 해제와 달리 해석할 이유가 없으므로, 매도인은 매수인에게 손해배상의무를 부담하는 반면에 매수인은 매도인에게 목적물을 반환하고 목적물을 사용하였으면 사용이익을 반환할 의무가 있다(대판 1993. 4. 9, 92다25946). 그리고 이 경우의 양 당사자의 의무는 동시이행관계에 있다.

판 례 제571조 제 1 항이 적용되는 경우

「민법 제571조 제 1 항 …은 선의의 매도인이 매매의 목적인 권리의 전부를 이전할 수 없는 경우에 적용될 뿐 매매의 목적인 권리의 일부를 이전할 수 없는 경우에는 적용될 수 없고, 마찬가지로 수개의 권리를 일괄하여 매매의 목적으로 정하였으나 그중 일부의 권리를 이전할 수 없는 경우에도 위 조항은 적용될 수 없다.」(대판 2004. 12. 9, 2002다33557)

D-162 (2) 권리의 일부가 타인에게 속하는 경우

1) 요 건 매매의 목적이 된 권리의 일부가 타인에게 속함으로 인하여 매도인이 그 권리를 취득하여 매수인에게 이전할 수 없는 경우이다(572조). 여기의 「이전불능」 개념도 — 타인의 권리매매의 경우처럼 — 채무불이행에서와 같은 정도의 엄격한 개념이 아니며 사회관념상 매수인에게 해제권을 행사하게 하는 것이 타당하다고 인정될 정도의 이행장애가 있는 경우를 의미한다(대판 1981. 5. 26, 80다2508 등). 그리고 판례는 수개의 권리를 일괄하여 매매의 목적으로 정한 경우에 일부를 이전할 수 없는 때에도, 비율에 따른 대금산출이 불가능하다는 것과 같은 특별한 사정이 없는 한 제572조를 적용할 것이라고 한다(대판 1989. 11. 14, 88다카13547).

판 례 매매목적 건물의 일부가 이웃 토지에 건립되어 있는 경우에 유추적용될 규정

「매매계약에서 건물과 그 대지가 계약의 목적물인데 건물의 일부가 경계를 침범하여 이웃 토지 위에 건립되어 있는 경우에 매도인이 그 경계 침범의 건물부분에 관한 대지부분을 취득하여 매수인에게 이전하지 못하는 때에는 매수인은 매도인에 대하여 민법 제572조를 유추적용하여 담보책임을 물을 수 있다고 할 것이다. 그리고 그 경우에 이웃 토지의 소유자가 소유권에 기하여 그와 같은 방해상태의 배제를 구하는 소를 제기하여 승소의 확정판결을 받았으면, 이제 다른 특별한 사정이 없는 한 매도인은 그 대지부분을 취득하여 매수인에게 이전할 수 없게 되었다고 봄이 상당하다. …

한편 민법 제575조 제 2 항은 매매의 목적인 부동산을 위하여 존재할 지역권이 없는 경우 매도인의 담보책임에 대하여 규정하나, 이는 목적물 용익의 편의에 관한 권리가 없는 경우에 관한 것으로서 위와 같이 건물의 존립을 위한 권리가 없는 경우에 유추적용할 것이 못된다. 또한 원심이 이 사건에 적용한 민법 제580조는 매매목적물의 물질적 성상에 흠이 있는 경우에 관한 것으로서 이 사건에서와 같이 매매목적물의 권리상태에 흠이 있는 경우에 쉽사리 적용될 수 없다.」(대판 2009. 7. 23, 2009다33570)

D-163 2) 책임의 내용

(가) 대금감액청구권 매수인은, 그가 선의이든 악의이든, 이전받을 수 없는 부분의

비율로 대금의 감액을 청구할 수 있다(572조 1항). 이 대금감액청구권은 형성권이고, 대금감액청구는 계약의 일부해제에 해당한다.

(나) **해 제 권** 선의의 매수인은 잔존부분만이면 매수하지 않았을 때에는 계약 전부를 해제할 수 있다(572조 2항). 매수하지 않았을지 여부는 계약과 관련된 계약체결 당시의 모든 사정을 고려하여 매수인의 입장에서 판단하여야 한다. 이 경우 매수인의 구체적인 실제의 의사가 표준이 되는 것이 아니며, 그렇다고 순객관적으로 결정할 것도 아니다(통설은 객관적으로 판단할 것이라고 한다).

(다) **손해배상청구권** 선의의 매수인은 감액청구 또는 계약해제 외에 손해배상도 청구할 수 있다(572조 3항). 여기의 배상범위도 신뢰이익이라고 해야 하는데, 판례는 이행이익(이전불능으로 된 때의 시가)이라고 한다(대판 1993. 1. 19, 92다37727).

판 례 **권리의 일부가 타인에게 속한 경우의 손해배상범위**

「매매의 목적이 된 권리의 일부가 타인에게 속함으로 인하여 매도인이 그 권리를 취득하여 매수인에게 이전할 수 없게 된 때에는 선의의 매수인은 매도인에게 담보책임을 물어 이로 인한 손해배상을 청구할 수 있는바, 이 경우에 매도인이 매수인에 대하여 배상하여야 할 손해액은 원칙적으로 매도인이 매매의 목적이 된 권리의 일부를 취득하여 매수인에게 이전할 수 없게 된 때의 이행불능이 된 권리의 시가, 즉 이행이익 상당액이라고 할 것이어서, 불법등기에 대한 불법행위책임을 물어 손해배상청구를 할 경우의 손해의 범위와 같이 볼 수 없는 것이다.」(대판 1993. 1. 19, 92다37727)

(라) **제척기간** 매수인의 위의 세 권리는 매수인이 선의인 경우에는 사실을 안 날로부터, 악의인 경우에는 계약한 날로부터 1년 내에 행사하여야 한다(573조). 여기서 선의인 경우 「사실을 안 날」은 단순히 권리의 일부가 타인에게 속한 사실을 안 날이 아니라, 그 때문에 매도인이 이를 취득하여 매수인에게 이전할 수 없게 되었음이 확실하게 된 사실을 안 날을 가리킨다(대판 2002. 11. 8, 99다58136 등). 그리고 1년의 기간은 제척기간이다(그 기간 안에 반드시 소제기가 있어야 하는지는 논란이 있으나, 그럴 필요는 없다고 해야 한다. A-284 참조).

(3) 권리의 일부가 존재하지 않는 경우(목적물의 수량부족 · 일부멸실) D-164

1) 요 건 당사자가 수량을 지정해서 매매한 경우에 그 목적물의 수량이 부족한 때이거나 매매목적물의 일부가 계약 당시에 이미 멸실된 경우이어야 한다(574조).

(가) 「수량을 지정한 매매」란 매매의 목적물인 「특정물」이 일정한 수량을 가지고 있다는 데 중점을 두고 대금도 그 수량을 기준으로 하여 정한 경우를 말한다(대판 1991. 4. 9, 90다15433 이래의 많은 판결). 토지를 매매함에 있어서는 등기부에 기재된 바에 따라 토지의 면적을 계약서 등에 표시하는 때가 많으나, 그것만으로 수량 지정 매매라고 할 수는 없다. 면적의 표시가 매매목적

물을 특정하기 위한 것에 지나지 않은 경우(예: 대판 1977. 6. 28, 77다579(공매 입찰의 경우)) 또는 면적을 기초로 대금을 산정하기는 하였지만 지정된 구획(대상토지)을 전체로서 평가하고 면적에 따른 계산은 대금을 결정하기 위한 방편에 지나지 않은 경우(대판 2003. 1. 24, 2002다65189 등 다수)는 「수량 지정 매매」가 아니다. 그에 비하여 매수인이 일정한 면적이 있는 것으로 믿고 매도인도 그 면적이 있는 것을 명시적 또는 묵시적으로 표시하고, 나아가 당사자들이 면적을 가격 결정요소 중 가장 중요한 것으로 파악하고 그 객관적인 수치를 기준으로 가격을 정한 경우는 「수량 지정 매매」이다(대판 2001. 4. 10, 2001다12256 등. 대판 1986. 12. 23, 86다카1380은 매매목적물들별로 매매대금을 정하지 않고 포괄적으로 정하였더라도 이를 인정한다). 매매계약서에 면적당 가격을 기재하지 않았더라도 마찬가지이다(대판 2001. 4. 10, 2001다12256 등). 그리고 아파트 분양계약은 목적물이 일정한 면적을 가지고 있다는 데 중점을 두고 대금도 면적을 기준으로 하여 정하여지므로 「수량 지정 매매」에 해당한다(대판 2002. 11. 8, 99다58136. 그런데 대판 1991. 3. 27, 90다13888에서는 분양 아파트의 실제면적이 계약서에 표시된 것보다 넓은 경우에 대하여 수량 지정 매매가 아니고 특정물매매라고 한다).

판 례 수량 지정 매매가 아닌 예

「일반적으로 담보권실행을 위한 임의경매에 있어 경매법원이 경매목적인 토지의 등기부상 면적을 표시하는 것은 단지 토지를 특정하여 표시하기 위한 방법에 지나지 아니한 것이고, 그 최저경매가격을 결정함에 있어 감정인이 단위면적당 가액에 공부상의 면적을 곱하여 산정한 가격을 기준으로 삼았다 하여도 이는 당해 토지 전체의 가격을 결정하기 위한 방편에 불과하다 할 것이어서, 특별한 사정이 없는 한 이를 민법 제574조 소정의 '수량을 지정한 매매'라고 할 수 없다.」(대판 2003. 1. 24, 2002다65189)

「수량 지정 매매」는 특정물매매에서만 인정되며(통설도 같음), 불특정물매매에서 급부된 물건이 부족한 때에는 채무불이행으로 될 뿐이다. 아파트 분양계약에 있어서 공유대지지분이 부족한 경우는 종류채무의 경우와 유사하나, 그것은 아파트에 부수하는 것이므로 동일하지 않다(따라서 그 경우에도 담보책임이 문제된다(대판 2002. 11. 8, 99다58136). 그런데 대판 1996. 12. 10, 94다56098은 아파트 대지의 일부를 분양계약 후에 기부채납하여 계약보다 적은 공유지분을 이전등기한 때에는 574조의 담보책임을 물을 수 없고, 일부 불능으로 된다고 한다).

(나) 매매의 목적물의 일부가 「계약 당시」에 이미 멸실된 경우에도 담보책임이 생긴다(대판 2001. 6. 12, 99다34673은 경매절차 진행 중에 자수기의 중요부품이 분리·반출된 경우에 여기의 책임을 인정하였다). 즉 원시적 일부불능의 경우이다. 원시적 불능에 대하여는 제535조가 두어져 있다. 그러나 동조는 일반규정이고 제574조는 특별규정이므로, 제574조가 적용되는 범위에서는 제535조는 적용되지 않는다고 할 것이다(동지 대판 2002. 4. 9, 99다47396. D-53도 참조).

2) 책임의 내용 제574조는 권리의 일부가 타인에게 속하는 경우에 관한 규정(572조·573조)을 「매수인이 그 부족 또는 멸실을 알지 못한 때」 즉 선의인 때에 한하여 준용한다. 그 결과 악의의 매수인은 담보책임을 묻지 못하며(대판 2002. 11. 8, 99다58136은 악의의 경우에 대하여도 권리행사기간을 설시하고 있으나(쟁점은 아님), 이는 민법에 반한다), 선의의 매수인은 대금감액청구권·계약해제권(일정한 경우)·손해배상청구권을 가진다

(574조·572조). 그리고 매수인의 이 권리들은 1년의 제척기간에 걸린다(574조·573조).

판례 수량 지정 매매 등의 효과 관련

판례에 의하면, 건물 일부의 임대차계약을 체결함에 있어서 건물 면적을 기초로 한 경우는 수량을 지정한 임대차이고, 그 경우 면적이 부족한 때에는 그에 해당하는 임료를 지급할 의무가 없다고 한다(대판 1995. 7. 14, 94다38342). 그리고 제574조의 취지는 매매로 인한 채무의 일부를 원시적으로 이행할 수 없는 경우에 대가적인 계약관계를 조정하여 그 등가성을 유지하려는 데 있는바, 매매계약을 체결함에 있어서 토지의 면적을 기초로 대금을 산정하였는데 그 토지의 일부가 매매계약 당시에 이미 도로부지에 편입되어 있었고 매수인이 그 사실을 알지 못하고 계약을 체결한 것이라면, 매수인은 제574조에 따라 목적토지 중 도로부지로 편입된 부분의 비율로 대금의 감액을 청구할 수 있다고 봄이 위 규정의 취지에 부합한다고 한다(대판 1992. 12. 22, 92다30580). 그런가 하면 매매목적물의 일부가 부족하여 매수인이 대금감액을 청구할 수 있는 경우라면 매도인이 매수인의 감액요구를 거절하고 대금 전액의 지급만을 요구하면서 그 불이행을 이유로 한 계약해제는 부적법하다고 한다(대판 1989. 9. 26, 89다카10767 등. D-101도 참조).

(4) 재산권이 타인의 권리에 의하여 제한받고 있는 경우 D-165

1) 용익적 권리에 의하여 제한받고 있는 경우

(가) 요 건 (a) 먼저 다음 세 경우 중 하나이어야 한다. ① 매매의 목적물이 지상권·지역권·전세권·질권·유치권 또는 주택임대차보호법이나 상가건물임대차보호법에 의하여 대항력을 가지는 임차권이나 채권적 전세의 목적이 되어 있는 경우(575조 1항, 주택임대차보호법 3조 5항, 상가건물 임대차보호법 3조 3항), ② 매매목적 부동산을 위하여 존재할 지역권이 없는 경우(575조 2항), ③ 매매목적 부동산에 등기된 임대차계약이 있는 경우(575조 2항). 그런데 ③의 「등기된 임대차계약」은 「제 3 자에 대항할 수 있는 임차권」의 의미이므로, 거기에는 건물의 소유를 목적으로 하는 토지임대차에 있어서 임차인이 그 지상건물만을 등기한 경우(622조 참조)도 포함시켜야 한다.

이들 세 경우에 매도인에게 담보책임을 지도록 한 이유는, ①③의 경우에는 매수인의 목적물 사용·수익이 제한을 받기 때문이고, ②의 경우에는 목적부동산의 사용가치가 감소하기 때문이다.

(b) 매수인은 선의이어야 한다(575조 1항·2항).

(나) 책임의 내용 매수인(선의)이 용익적 권리로 인하여 계약의 목적을 달성할 수 없는 때에는 계약해제와 함께 손해배상을 청구할 수 있고, 그렇지 않은 때에는 손해배상만을 청구할 수 있다(575조 1항). 여기의 손해배상범위도 신뢰이익인데, 해제를 할 수 없는 때에는 가치감소분에 대한 배상도 포함되어야 한다(대금감액이 인정되지 않기 때문이다).

매수인의 위의 권리는 매수인이 용익권의 존재 또는 지역권의 부존재를 안 날로부터

1년(제척기간) 내에 행사하여야 한다(575조 3항).

D-166 **2) 저당권 · 전세권에 의하여 제한받고 있는 경우**

(가) 요 건 ① 매매의 목적이 된 부동산에 설정된 저당권 또는 전세권의 행사로 인하여 매수인이 그 소유권을 취득할 수 없거나(매매계약 후 소유권 취득 전에 경매된 경우), ② 취득한 소유권을 잃거나(소유권 취득 후에 경매된 경우) 또는 ③ 매수인이 출재하여 소유권을 보존한 때이어야 한다(576조 1항 · 2항).

저당권은 점유할 권리를 수반하지 않으므로 저당권이 설정되어 있더라도 매수인의 용익은 방해받지 않는다. 따라서 민법은 저당권이 존재하는 것만으로 담보책임을 지우지는 않는다. 그에 비하여 전세권은 용익물권이므로 그것이 설정되어 있는 것만으로 담보책임을 발생시킨다(575조). 그런데 전세권자에게는 우선변제권·경매청구권이 있어서 그 권리들이 행사되면 저당권이 실행되는 것과 같은 결과가 된다. 그리하여 여기에서 추가로 담보책임을 규정하고 있다.

위 ③과 관련하여 언급할 점이 있다. 매수인이 피담보채무를 변제하면 제576조에 의하지 않아도 출재한 것의 상환청구를 할 수 있다(변제에 의한 대위. 481조). 그런데 제576조에 의하면 손해배상도 청구할 수 있는 점에서 차이가 있다.

매매 당사자 사이에 매수인의 출재 특약이 있는 경우에는 여기의 담보책임이 생기지 않는다(대판 2002. 9. 4, 2002다11151은 매수인이 피담보채무를 일부 인수한 경우에 매도인이 자신의 채무를 모두 이행한 때에는 매수인이 소유권을 잃더라도 576조의 담보책임이 없다고 한다). 그리고 가령 저당권으로 담보된 채무를 매매대금에서 공제하고 대금을 정한 때에는 채무인수 내지 이행인수의 특약이 있다고 새길 것이다(판례는 이 경우에는 특별한 사정이 없는 한 채무인수가 아니고 이행인수가 인정된다고 한다. C-338에 인용된 판결들 참조).

제576조는 저당권 · 전세권만 규정하고 있으나, 그 규정은 가등기담보의 경우에도 유추적용되어야 한다. 한편 판례는, 가등기의 목적이 된 부동산을 매수한 사람이 그 뒤 가등기에 기한 본등기가 경료됨으로써 그 부동산의 소유권을 상실하게 된 때에는 매매의 목적부동산에 설정된 저당권 또는 전세권의 행사로 인하여 매수인이 취득한 소유권을 상실한 경우와 유사하므로, 이와 같은 경우 제576조의 규정이 준용된다고 보아 같은 조 소정의 담보책임을 진다고 보는 것이 상당하고 제570조에 의한 담보책임을 진다고 할 수 없다고 한다(대판 1992. 10. 27, 92다21784).

판 례 제576조가 적용되지 않는 예

「임대차계약에 기한 임차권(임대차보증금 반환청구권을 포함한다. 이하 같다)을 그 목적물로 한 매매계약이 성립한 경우, 매도인이 임대인의 임대차계약상의 의무이행을 담보한다는 특별한 약정(민법 제579조 참조)을 하지 아니한 이상, 임차권 매매계약 당시 임대차 목적물에 이미 설정되어 있던 근저당권이 임차권 매매계약 이후에 실행되어 낙찰인이 임대차 목적물의 소유권을 취득함으로써 임대인의 목적물을 사용·수익하게 할 의무가 이행불능으로 되었다거나, 임대인의 무자력으로 인하여 임대차보증금 반환의무가 사실상 이행되지 않고 있다고 하더라도, 임차권 매도인에게 민법 제576조에 따른 담보책임이 있다고 할 수 없다. 이러한 법리는 임차권을 교환계약의 목적물로 한 경우에도 마찬가지라 할 것이다.」(대판 2007. 4. 26, 2005다34018 · 34025)

(나) **담보책임의 내용**　매수인은, 선의이든 악의이든(즉 저당권 · 전세권의 존재를 몰랐든 알았든), 위 ①②의 경우에는 계약을 해제하면서 동시에 손해배상을 청구할 수 있고(576조 1항 · 3항), ③의 경우에는 출재한 것의 상환을 청구할 수 있고(대판 1996. 4. 12, 95다55245는 악의의 매수인도 출재의 상환을 청구할 수 있다고 한다) 아울러 손해배상도 청구할 수 있다(576조 2항 · 3항). D-167

매수인의 이들 권리에 대하여는 행사기간 제한 규정이 없다.

3) 저당권의 목적인 지상권 · 전세권의 매매의 경우　부동산 위에 설정된 지상권 · 전세권에도 저당권이 설정될 수 있는데(371조 참조), 그러한 지상권 · 전세권이 매매의 목적이 된 경우에는, 제576조가 적용되는 경우와 유사하게 된다. 그리하여 민법은 저당권의 목적으로 되어 있는 지상권이나 전세권이 매매의 목적인 경우에 제576조를 준용하고 있다(577조).

사례의 해결

사례에서 A · B 사이의 매매는 유효하다. ① B는 A에 대하여 제570조에 의하여 담보책임을 물을 수 있다. 구체적으로 B는 A와의 계약을 해제할 수 있다. 그러나 그가 악의이기 때문에 담보책임으로서의 손해배상을 청구할 수 없다. 그리고 B가 계약을 해제하는 때에는 그 계약은 소급해서 무효로 되고(직접효과설), A · B는 원상회복의무가 있다. 그 결과 B가 급부한 것이 있으면 부당이득으로 반환청구를 할 수 있다. ② B는 A에게 제390조에 의하여 이행에 갈음하는 손해배상을 청구할 수 있다. 이때 손해배상액은 이행불능으로 된 때, 즉 D에게로의 소유권이전등기가 된 때의 토지의 시가이다. 그런가 하면 B는 제546조에 의하여 A와의 계약을 해제하고 동시에 토지 시가와 매매대금과의 차액을 손해배상으로 청구할 수도 있다. ③ B는 A에게 불법행위를 이유로 손해배상을 청구할 수는 없다. ④ B는 A에게 부당이득을 이유로 하여 급부한 것의 반환을 청구하지는 못한다. (사례: D-159)

4. 물건의 하자에 대한 담보책임(하자담보책임) D-168

(1) 의　의

민법은 매매의 목적이 된 재산권에 하자가 있는 경우뿐만 아니라 매매의 목적물에 하자가 있는 경우에도 매도인에게 담보책임을 지우고 있다. 이와 같이 매매의 목적물(물건)에 하자가 있는 경우에 대한 매도인의 담보책임을 보통 하자담보책임이라고 한다(그에 비하여 권리에 하자가 있는 경우는 추탈담보책임이라고도 하나, 근래에는 그 용어는 별로 사용하지 않는다). 매도인의 하자담보책임은 특정물매매에서뿐만 아니라(580조) 불특정물매매에서도(581조) 인정되는데, 두 경우를 함께 살펴보기로 한다.

(2) 요 건

1) 매매의 목적물에 하자가 있을 것

(가) **하자 개념** 무엇이 하자인가에 관하여 학설은 i) 객관설, ii) 주관설, iii) 병존설로 나뉘어 있다(사견은 채권법각론 [97] 참조). i) 객관설은 일반적으로 그 종류의 물건이 보통 가지고 있는 성질이 없는 경우가 하자라고 한다. ii) 주관설은 당사자 사이에 합의된 성질이 없으면 하자가 존재하나, 당사자의 의사가 불분명한 때에는 객관설처럼 판단할 것이라고 한다. iii) 병존설은 물건이 본래 가지고 있어야 할 객관적 성질이 없는 경우와 매매 당사자가 합의한 성질이 없는 경우가 모두 하자라고 한다. 그리고 문헌들은 모두 견본이나 광고에 의하여 목적물이 특수한 품질이나 성능을 가지고 있음을 표시한 때에는, 그 품질과 성능을 표준으로 하여 결정할 것이라고 한다. 판례는 「매매의 목적물이 거래통념상 기대되는 객관적 성질·성능을 결여하거나, 당사자가 예정 또는 보증한 성질을 결여한 경우」에 매도인이 하자담보책임을 진다고 하여(대판 2000. 1. 18, 98다18506 등) iii)설과 유사한 것처럼 보인다. 그러나 다른 한편으로 물건이 통상의 품질이나 성능을 갖추고 있는 경우에도 당사자의 다른 합의가 있으면 예외가 인정된다고 하고 있어서(대판 2002. 4. 12, 2000다17834 등), 오히려 주관적 표준을 우선시키는 ii)설에 가깝다고 할 것이다(다만 주관설을 원칙으로 하지 않고 객관설에 대한 예외인정의 형식으로 하는 점에서 ii)설과는 차이가 있다).

판 례 매매 물건의 하자에 대한 책임 관련

「신축건물이나 신축한 지 얼마 되지 않아 그와 다름없는 건물을 매도하는 매도인이 매수인에 대하여 매도건물에 하자가 있을 때에는 책임지고 그에 대한 보수를 해 주기로 약정한 경우 특별한 사정이 없는 한 매도인은 하자 없는 완전한 건물을 매매한 것을 보증하였다고 할 것이므로 매도인은 계약당시 또는 매수인이 인도받은 후에 용이하게 발견할 수 있는 하자 뿐만 아니라 건물의 본체부분의 구조상의 하자 특히 품질이 떨어지는 재료를 사용하는 등 날림공사로 인한 하자 등 바로 발견할 수 없는 하자는 물론 당초의 하자로부터 확산된 하자에 대하여도 책임을 져야 한다고 보아야 할 것이며, 다만 확대된 하자에 관하여는 매수인 스스로가 용이하게 당초의 하자를 발견하여 이를 보수하고 그 비용을 매도인에게 청구할 수 있음에도 불구하고 이를 방치하여 하자가 확산되는 등의 사정이 있어 하자의 확대에 대하여 매수인에게 과실이 있는 경우라면 매도인의 하자보수의무 불이행으로 인한 손해배상액을 정함에 있어서 매수인의 이러한 과실을 참작할 수 있을 뿐이라 할 것이다.」(대판 1993. 11. 23, 92다38980)

D-169 (나) **법률적 장애** 매매의 목적물에 물질적인 흠은 없으나 법률적인 장애로 인하여 원하는 목적으로 사용할 수 없는 경우도 물건의 하자인지가 문제된다. 건축을 목적으로 토지를 매수하였는데 건축허가가 나오지 않는 지역인 경우(대판 2000. 1. 18, 98다18506)나 트럭을 매매하여

즉시 운행하려 하였는데 매도인이 불법운행하여 150일간 운행정지 처분된 트럭이었던 경우(대판 1985. 4. 9, 84다카2525)가 그 예이다. 여기에 관하여는 i) 하나의 견해는 권리의 하자라고 하나, ii) 물건의 하자라고 하는 견해도 있다(사견도 같음). 그리고 판례는 ii)설처럼 물건의 하자로 본다(위의 판결).

(다) **하자결정의 기준시기** 하자담보책임은 특정물매매에서뿐만 아니라 불특정물매매에서도 인정된다(민법이 의용민법과 달리 581조를 신설하여 이 문제는 논란의 대상이 아니다). 문제는 하자를 어느 시점을 기준으로 하여 판단하여야 하는가이다. 여기에 관하여 학설은 i) 특정물매매에 있어서는 계약체결시, 종류매매에 있어서는 특정시라고 보는 견해(사견도 같음)와 ii) 위험이 이전하는 목적물 인도시라는 견해가 대립하고 있다. 그리고 판례는 특정물매매에 관하여 계약성립시가 기준이 된다고 한다(대판 2000. 1. 18, 98다18506).

2) 매수인의 선의 · 무과실 매수인이 하자 있는 것을 알았거나(대판 2003. 6. 27, 2003다20190은 표고버섯 종균의 매매에 있어서 그 종균에 하자가 있다는 사실을 알았다고 하려면, 종균이 정상적으로 발아하지 않은 사실을 알았다는 것만으로는 부족하고, 그 원인이 바로 종균에 존재하는 하자로 인한 것임을 알았어야 한다고 한다) 과실(대판 1979. 4. 24, 79다827은 대지의 매매에 있어서 30평의 대지 중 10평이나 도로로 사용되고 있는 사실을 간과하였다면 과실이 있다고 한다)로 인하여 알지 못한 때에는, 매도인은 담보책임을 지지 않는다(580조 1항 단서 · 581조 1항). 그러므로 담보책임을 물으려면 매수인이 선의이고 선의인 데 과실이 없어야 한다. D-170

이 요건은 매수인이 그의 선의·무과실을 증명할 필요가 없고, 담보책임을 면하려는 매도인이 매수인의 악의 또는 과실있음을 증명하여야 한다(이설 없음).

(3) 책임의 내용 D-171

담보책임의 내용을 특정물매매와 불특정물매매를 같이 기술하고, 어느 하나에 특별한 사항은 따로 언급하기로 한다.

1) 목적물의 하자로 인하여 계약의 목적을 달성할 수 없는 때에는, 매수인은 계약을 해제함과 동시에 손해배상을 청구할 수 있다(580조 1항 본문 · 581조 1항 · 575조 1항 1문).

여기서 목적물의 하자로 인하여 계약의 목적을 달성할 수 없다는 것은 그 하자가 중대하고 보수가 불가능하거나 가능하더라도 장기간을 요하는 등 계약해제권을 행사하는 것이 정당하다고 인정되는 경우를 의미한다(대판 2023. 4. 13, 2022다296776). 그리고 계약의 목적을 달성할 수 있는지 여부는 계약체결 당시의 모든 사정을 고려하여 매수인의 입장에서 판단하여야 한다. 이 경우 매수인의 구체적인 실제의 의사가 표준이 되는 것이 아니며, 그렇다고 순객관적으로 결정할 것도 아니다(드러난 사정들을 기초로 매수인의 입장에서 객관적으로 판단하여야 한다)(대판 2023. 4. 13, 2022다296776도 유사함).

통설은 쉽고도 값싸게 보수(補修)할 수 있는 경우에는 계약을 해제하지 못하고 그 보수에 필요한 비용을 손해배상의 일부로 청구할 수 있을 뿐이라고 한다. 그러나 이는 해제권의 행사가 신의칙에 반한 경우에만 인정될 수 있는 것이며, 적극적으로 인정할 것도 아니다.

하자가 목적물의 일부에만 존재하고 또 그 부분이 분리될 수 있는 경우에는, 일부무효의 법리(137조 참조)에 따라, 원칙적으로 전부해제를 할 수 있지만 나머지 부분으로 계약의 목적을 달성할 수 있는 때에는 예외적으로 그 부분에 대하여만 해제할 수 있다고 하여야 한다.

계약이 해제되면 이행하지 않은 채무는 소멸하고 이미 이행한 급부는 서로 반환하여 원상으로 회복하여야 한다. 그리고 매수인은 손해배상을 청구할 수 있는데, 손해배상의 범위는 신뢰이익이다.

2) 목적물의 하자가 계약의 목적을 달성할 수 없을 정도로 중대하지 않는 때에는, 매수인은 계약을 해제하지는 못하고 손해배상만 청구할 수 있다(580조 1항 본문 · 581조 1항 · 575조 1항 2문). 이때의 손해배상도 신뢰이익의 배상인데, 거기에는 하자로 인한 가치감소분도 포함되어야 한다(대금감액청구가 인정되지 않으므로).

3) 불특정물매매(종류매매)에 있어서는 매수인은 계약의 해제 또는(및) 손해배상을 청구하지 않고서 하자 없는 물건 즉 완전물의 급부를 청구할 수 있다(581조 2항). 이 완전물급부청구권을 행사하면서는 손해배상은 청구하지 못한다(다만 매도인에게 유책사유가 있는 때에는 채무불이행을 이유로 손해배상을 청구할 수 있다고 할 것이다). 한편 판례는, 매매목적물의 하자가 경미하여 수선 등의 방법으로도 계약의 목적을 달성하는 데 별다른 지장이 없는 반면 매도인에게 하자 없는 물건의 급부의무를 지우면 다른 구제방법에 비하여 지나치게 큰 불이익이 매도인에게 발생되는 경우와 같이 하자담보의무의 이행이 오히려 공평의 원칙에 반하는 경우에는, 완전물급부청구권의 행사를 제한함이 타당하다고 한다(대판 2014. 5. 16, 2012다72582: 자동차를 매수하여 인도받은 지 5일 만에 계기판의 속도계가 작동하지 않는 하자가 발생하였음을 이유로 신차 교환을 구한 사안에서, 완전물급부청구권 행사가 허용되지 않는다고 한 사례[핵심판례 334면]).

4) 경매의 경우에는 매도인의 하자담보책임이 생기지 않는다(580조 2항).

5) 매도인이 담보책임을 지는 경우에 매수인이 하자의 발생 및 그 확대에 영향을 미친 때에는 법원은 손해배상의 범위를 정함에 있어서 이를 참작하여야 하며, 이 경우 배상의무자의 항변이 없더라도 소송에 나타난 자료에 의하여 그 과실이 인정되면 법원은 직권으로 이를 심리·판단하여야 한다(대판 1995. 6. 30, 94다23920).

D-172 6) 매수인이 매도인에 대하여 가지는 계약해제권·손해배상청구권·완전물급부청구권은 매수인이 목적물에 하자가 있다는 사실을 안 날로부터 6개월 내에 행사하여야 한다(582조). 판례는 이 기간은 재판상 또는 재판 외의 권리행사기간이고 재판상 청구를 위한 출소기간은 아니라고 한다(대판 2003. 6. 27, 2003다20190 등). 이 6개월의 기간은 제척기간인데, 제척기간은 출소기간의 의미로 새길 것이 아니므로(A-284 참조), 위의 판례는 타당하다. 그런가 하면 판례는, 매도인에 대한 하자담보에 기한 손해배상청구권에 대하여는 제582조의 제척기간과 함께 제162조 제 1 항의 채권 소멸시효의 규정이 적용되고, 이때 다른 특별한 사정이 없는 한 무엇보다도 매수인이 매매 목적물을 인도받은 때부터 소멸시효가 진행한다고 해석한다

(대판 2011. 10. 13, 2011다10266[핵심판례 336면]). 이에 의하면 그 손해배상청구권은 매수인이 선의이어서 제척기간이 진행하기 전이라도 시효로 소멸할 수 있게 된다.

7) 목적물에 하자가 있는 경우에는 매도인은 하자담보책임만 지는가? 여기에 관하여는 불완전급부(이는 통설의 불완전이행에 속한다)책임이 보충적인 성격이 있다는 견지에서 확대손해에 대하여만 불완전급부책임이 인정된다는 견해가 있을 수 있다. 그러나 하자담보책임이 무과실책임이고 거기에서의 손해배상범위가 신뢰이익이므로, 매도인에게 유책사유가 있는 때에는 확대손해가 없는 때에도 그 요건을 증명하여 불완전급부책임을 물을 수 있다고 하여야 한다(채무 일반에 대하여 설명한 C-116도 참조). 판례는 과거에, 확대손해에 대하여 배상책임을 지우려면 채무의 내용으로 된 하자 없는 목적물을 인도하지 못한 의무위반 사실 외에 매도인에게 유책사유가 있어야 한다고 하고(대판 2003. 7. 22, 2002다35676 등), 토지의 매도인이 성토작업을 기화로 다량의 폐기물을 토지에 매립하고 그 위에 토사를 덮은 다음 토지를 매도한 경우에 불완전이행책임과 하자담보책임의 경합을 인정한 적이 있다(대판 2004. 7. 22, 2002다51586[핵심판례 338면]). 그리고 최근에는, 매매의 목적물에 하자가 있는 경우 매도인의 하자담보책임과 채무불이행책임은 별개의 권원에 의하여 경합적으로 인정되며, 이 경우 특별한 사정이 없는 한 하자를 보수하기 위한 비용은 매도인의 하자담보책임과 채무불이행책임에서 말하는 손해에 해당하고, 따라서 매매 목적물인 토지에 폐기물이 매립되어 있고 매수인이 폐기물을 처리하기 위해 비용이 발생한다면 매수인은 그 비용을 제390조에 따라 채무불이행으로 인한 손해배상으로 청구할 수도 있고, 제580조 제 1 항에 따라 하자담보책임으로 인한 손해배상으로 청구할 수도 있다고 하여(대판 2021. 4. 8, 2017다202050), 사견처럼 명백하게 경합을 인정하였다.

판 례 매도인의 하자담보책임 관련

판례는, 감자종자가 잎말림병에 감염된 것이어서 수확량이 현저하게 줄은 경우 매수인이 입은 손해는 감자를 경작하여 정상적으로 얻을 수 있었던 평균수입금에서 실제로 소득한 금액을 제한 나머지가 되어야 하고, 매수인이 실제로 들인 비용에서 소득한 금액을 공제한 금액을 기준으로 하여 손해액을 산정할 것이 아니라고 한다(대판 1989. 11. 14, 89다카15298. 다만 피해자가 후자의 방식으로 청구하는 때에는 예외라고 함). 그리고 매수한 채소종자가 30퍼센트만 발아된 경우에 관하여, 채소종자처럼 그 일부가 불량한 때에 그것을 양호한 것과 분류할 수 없는 상태로 혼합되어 있는 물건의 거래에 있어서는 특별한 사유가 없는 한 매수인의 손해를 일률적으로 불량한 부분에 대한 비율에 상당한 채소종자의 가격이라 할 수 없고 그 전량이 불량성을 갖게 된다고 봄이 상당하다고 한다(대판 1977. 4. 12, 76다3056).

8) 상사매매에 관하여는 상법에 특칙이 두어져 있다(상법 69조). 그에 의하면, 매수인은 목적물을 수령한 때에는 지체없이 이를 검사하여야 하고, 하자 또는 수량의 부족을 발견한 경

우에는 즉시 매도인에게 그 통지를 발송하여야 하며, 그러지 않으면 이로 인한 계약해제·대금감액·손해배상을 청구할 수 없다.

D-173 **5. 채권의 매도인의 담보책임**

(1) 서 설

채권의 매매에 있어서 그 채권에 권리의 하자가 있는 때에는 제570조 내지 제576조의 규정에 의하여 매도인은 담보책임을 진다(유추적용).

(2) 채무자의 자력에 대한 담보책임

채무자에게 변제자력이 없는 것은 채권의 물질적인 하자라고 할 수 있다. 그러나 채무자에게 변제자력이 없는 경우에는 제580조는 유추적용되지 않는다고 하여야 한다. 제579조가 채권의 매도인이 채무자의 자력을 담보한 때에 한하여 그에게 책임을 지우고 있기 때문이다(579조의 반대해석). 다만, 매매의 목적인 채권에 어떤 담보권이나 보증이 있다고 해서 매매하였는데 그것이 없는 경우에는 제580조의 유추적용이 문제된다(이설 있음).

(3) 채무자의 자력을 담보하는 특약이 있는 경우

위에서 본 바와 같이, 채권매도인은 채권의 존재나 채권액에 대하여는 책임을 지나, 채무자의 변제자력에 대하여는 책임이 없다. 다만, 매도인이 매수인에 대하여 채무자의 자력을 담보한다는 특약(무자력으로 변제받지 못하면 배상한다는 특약)을 한 경우에는 책임을 져야 한다. 문제는 그러한 특약이 있는 경우에는 어느 시기를 표준으로 하여 매도인이 채무자의 자력을 담보한 것인지이다. 이는 특약의 해석의 문제인데, 불분명한 때를 위한 해석규정으로 제579조를 두고 있다.

1) 제579조에 의하면, 「변제기가 이미 도래한 채권」(변제기의 약정이 없는 채권을 포함한다)의 매도인이 채무자의 자력을 담보한 때에는 매매계약 당시의 자력을 담보한 것으로 추정한다(579조 1항). 제579조 제 1 항은 단순히 「채권의 매도인이」라고 하고 있으나, 동조 제 2 항이 「변제기가 도래하지 않은 채권」에 대하여 따로 규정하고 있기 때문에 그 경우를 제외하고 위와 같이 해석하여야 한다. 그리고 여기서 「매매계약 당시」라고 하였으나, 매매계약시와 채권 이전 시기가 다른 경우에는 후자를 표준으로 하여야 한다. 매수인이 채권 행사를 할 수 없는 시기의 자력을 담보하는 것은 의미가 없기 때문이다.

2) 「변제기가 도래하지 않은 채권」의 매도인이 채무자의 자력을 담보한 때에는 변제기의 자력을 담보한 것으로 추정한다(579조 2항).

3) 담보책임의 내용은 채무자가 변제자력이 없는 경우에 매도인이 그 손해를 배상하는 것이다. 손해배상의 범위는 담보한 시기의 채권액·그 시기 이후의 이자·효과 없는 소송비용 등이다.

6. 경매에 있어서의 담보책임 D-174

(1) 서 설

민법은 경매에 있어서의 담보책임에 관하여 특별규정(578조·580조 2항)을 두고 있다. 그런데 여기의 경매는 공경매(통상의 강제경매·담보권 실행경매·국세징수법에 의한 공매)만을 가리킨다(대판 2016. 8. 24, 2014다80839도 같은 입장임)(578조 3항 참조)(사경매에는 일반규정이 적용된다). 공경매의 경우에는 여러 가지의 특수성이 있기 때문이다(특히 소유자의 의사에 의하지 않고 매각되며, 매각대금으로부터 채권자 등이 우선변제를 받는다). 이들 특별규정에 의하면, 권리의 하자에 대한 책임만 인정하고(578조) 물건의 하자에 대한 책임은 인정하지 않는다(580조 2항. 다만 물건의 흠결을 안 경우에는 578조 3항에 의하여 손해배상의무가 발생한다). 그리고 판례는 경매절차 자체가 무효인 경우에는 경매에 있어서의 채무자나 채권자의 담보책임은 인정될 여지가 없다고 한다(대판 2004. 6. 24, 2003다59259 등)(이 경우 경락인은 채권자에게 부당이득 반환청구를 할 수 있을 것이다). 또한 판례는, 농지법상 농지에 관한 공매절차에서 매수인이 농지취득자격 증명을 발급받지 못하여 소유권을 취득하지 못하던 중 원소유자에 대한 가압류채권에 근거한 민사집행절차에서 농지를 매수한 매수인이 농지취득자격 증명을 발급받고 대금을 완납한 때에는 그가 적법하게 농지의 소유권을 취득하고 공매절차의 매수인은 소유권을 취득할 수 없게 되는데, 이러한 결론은 공매절차의 매수인이 가압류의 처분금지적 효력에 의하여 민사집행절차의 매수인에게 대항할 수 없어 발생하는 것이 아니라 국세체납절차와 민사집행절차가 별개의 절차로 진행된 결과일 뿐이므로, 이러한 경우에까지 제578조·제576조가 준용된다고 볼 수는 없다고 한다(대판 2014. 2. 13, 2012다45207).

(2) 권리에 하자가 있는 경우 D-175

경매에 있어서 권리에 하자가 있는 경우에는 제570조 내지 제577조에 의하여 제 1 차적으로는 「채무자」가, 제 2 차적으로는 「대금의 배당을 받은 채권자」가 경락인에 대하여 담보책임을 진다(578조)(우리 문헌은 576조·577조가 적용될 일이 없다고 하나, 전세권이 소멸하지 않는 경우가 있고(민사집행법 91조 3항), 또 유추적용되어야 할 경우도 있으므로(대결 1997. 11. 11, 96그64: 가등기에 기한 본등기에 의하여 소유권을 잃은 경우에 578조·576조의 유추적용 인정), 제외시키지 않아야 한다).

1) 제 1 차의 책임자 경락인은 제 1 차적으로 「채무자」에 대하여 계약을 해제하거나 대금감액을 청구할 수 있다(578조 1항). 채무자는 매매에서는 매도인에 해당하는 자이다. 채무자가 소유자가 아니고 목적물이 물상보증인의 소유라면 어떻게 해야 하는가? 여기에 관하여 학설은 i) 물상보증인이 제 1 차의 책임자라고 하는 견해와 ii) 그 경우에도 채무자가 제 1 차의 책임자라고 하는 견해(사견도 같음)로 나뉘어 있다. 판례는, 여기의 채무자에 물상보증인이 포함되는 것이라고 보아야 하므로, 경락인이 그에 대하여 적법하게 계약해제권을 행사했을 때에는 물상보증인은 경락인에 대하여 원상회복의 의무를 진다고 하여, i)설과 같다(대판 1988. 4. 12, 87다카2641).

2) 제 2 차의 책임자 채무자가 무자력인 때에는 「대금의 배당을 받은 채권자」가 제 2 차적으로 책임을 진다. 그리하여 경락인은 그 채권자에 대하여 그 받은 대금의 전부나 일부

의 반환을 청구할 수 있다(578조 2항). 경락인은 채무자의 무자력을 증명하여야 하며, 반환청구는 배당받은 금액의 한도 내에서만 할 수 있다.

3) 손해배상의무 경매의 경우에는 권리의 하자가 있더라도 손해배상책임은 원칙적으로 생기지 않는다. 본래 경매가 채무자의 의사에 의하지 않은 매매이기 때문이다. 그러나 「채무자가 물건 또는 권리의 흠결을 알고 고지하지 않은 때」(예: 선순위 근저당권의 존재로 후순위 임차권이 소멸하는 것으로 알고 부동산을 낙찰받았는데, 그 후 채무자가 후순위 임차권의 대항력을 존속시키려고 선순위 근저당권의 피담보채무를 변제하여 그 근저당권을 소멸시키고도 낙찰자에게 아무런 고지도 하지 않아 낙찰자가 임차권의 존속을 모른채 낙찰대금을 지급한 경우(대판 2003. 4. 25, 2002다70075))와 「채권자가 이를 알고 경매를 청구한 때」에는 예외적으로 채무자나 채권자가 손해배상책임을 진다(578조 3항)(판례에 의하면, 소유권이전청구권 가등기가 경료된 부동산을 경락받았으나 가등기에 기한 본등기가 경료되지 않은 경우에는 아직 경락인이 부동산의 소유권을 상실한 것이 아니므로 578조의 손해배상책임이 성립하지 않는다고 한다. 대판 1999. 9. 17, 97다54024). 이 경우 채무자·채권자에게 모두 과실이 있는 때에는 통설은 그 둘이 연대책임을 진다고 한다.

D-176 7. 담보책임과 동시이행

매수인이 담보책임을 이유로 계약을 해제하는 때에는, 그가 지급하였던 대금의 전부나 일부의 반환 또는 손해금의 지급을 청구하면서 아울러 그가 수령한 것이 있으면 그것도 반환하여야 한다(원상회복). 그런데 당사자 쌍방의 이러한 의무는 하나의 쌍무계약에서 발생한 것은 아니지만 동일한 생활관계에서 발생한 것으로서 서로 밀접한 관계에 있으므로, 그 이행에 있어서 견련관계를 인정하는 것이 공평의 원칙에 부합한다(대판 1993. 4. 9, 92다25946). 그리하여 민법은 제572조 내지 제575조·제580조·제581조의 경우에 동시이행의 항변권에 관한 규정을 준용한다(583조).

8. 담보책임에 관한 특약

매도인의 담보책임에 관한 규정은 임의규정이다. 따라서 담보책임을 배제하거나 경감 또는 가중(예: 채권매매에 있어서 채무자의 자력 담보 특약)하는 **특약은 원칙적으로 유효**하다. 그러나 책임면제의 특약은 일정한 경우에는 효력이 없다. 즉 담보책임 발생의 요건이 되는 사실을 매도인이 알고 고지하지 않은 데 대하여 또는 담보책임 발생의 요건이 되는 권리를 매도인이 제3자에게 설정해 주거나 양도한 행위에 대하여 책임을 지지 않는다는 특약은 무효이다(584조).

9. 담보책임과 착오의 관계

매매계약에 있어서 권리 또는 물건의 하자의 존재가 담보책임의 요건과 착오취소의 요건을 모두 충족할 수 있는가? 이는 동기의 착오에 대하여 어떤 태도를 취하느냐에 따라 차이가 있다. 동기의 착오에 대하여 — 일반적으로나 제한적으로 — 취소를 인정하면 그 범위에서 양자의 요건이 충족되는 경우가 생길 수 있다. 그리고 경합이 문제되는 담보책임은 물건의 하자에 대한 것에 한하지 않고 권리의 하자에 대한 것도 포함된다(가령 권리의 일부가 타인에게 속하지 않는다고 믿었기 때문에 매수한 경우). 즉 동기의 착오(성질의 착오에 한하지 않음)와 매도인의 모든 담보책임 사이에 경합이 문제될 수 있는 것이다.

이 문제에 관하여 우리의 학설은 i) 담보책임 규정만이 적용된다는 견해와 ii) 양자의 경합을 인정하는 견해로 나뉘어 있다. 그리고 판례는 경합을 인정하고 있다(대판 2018. 9. 13, 2015다78703. A-164 참조).

Ⅳ. 매수인의 의무 D-177

1. 대금지급의무

매수인은 대금지급의무를 부담한다(568조 1항). 대금의 지급시기나 장소 등은 당사자의 특약에 의하여 정하여지는 것이 보통인데, 특약이 없는 경우를 위하여 민법은 보충규정을 두고 있다(그 결과 다른 특약이 있으면 그것이 우선한다).

(1) 대금지급시기

매매의 당사자 일방에 대한 의무이행의 기한이 있는 때에는 상대방의 의무이행에 대하여도 동일한 기한이 있는 것으로 추정한다(585조). 따라서 재산권 이전의무와 대금지급의무 중 어느 하나에 관하여 기한이 정해져 있는 경우에는 다른 의무의 이행시기도 동일한 것으로 추정된다.

(2) 대금지급장소

특정물채무가 아닌 채무는 채권자의 주소지에서 변제하는 것이 원칙이다(467조 2항: 지참채무의 원칙). 그런데 민법은 매매의 목적물의 인도와 동시에 대금을 지급할 경우에는 그 인도장소에서 이를 지급하여야 한다는 특별규정을 두고 있다(586조). 이 규정은 인도가 완료된 후에는 적용되지 않는다(이설 없음).

(3) 대금의 이자

제587조는 매매의 경우에 관하여 특별히 과실의 취득과 대금이자의 지급을 연계하여 규정하고 있다. 그에 의하면 매수인은 목적물의 인도가 없는 한 이자를 지급할 필요가 없고(이는 매도인과 매수인의 의무가 동시이행관계에 있음을 전제로 한다. 587조 단서 참조), 목적물의 인도를 받은 날로부터 이자를 지급하면 된다(587조 2문). 이는 목적물의 인도시까지 매도인이 목적물로부터 생긴 과실을 취득하게 한 것(587조 1문)에 대응하는 것이다(과실취득에 관하여는 D-156 참조). 그러나 대금의 지급에 관하여 기한이 정해져 있고 그 기한이 인도를 받은 때보다 후인 경우에는 그 기한이 될 때까지는 이자를 지급할 필요가 없다(587조 단서). 대금지급의무가 목적물 인도의무보다 선이행의무로 되어 있는 경우에는 인도 전이라도 기한이 된 때부터 이자를 지급하여야 한다.

한편 매수인의 대금지급의무와 매도인의 소유권이전등기 의무가, 또는 매수인의 대금지급의무와 매도인의 근저당권설정등기 내지 가압류등기 말소의무가 동시이행관계에 있는 등으로 매수인이 대금 지급을 거절할 정당한 사유가 있는 경우에는, 매매목적물을 미리 인도받았다 하더라도 제587조 제 2 문에 의한 이자를 지급할 의무는 없다고 해야 한다(대법원 2013. 6. 27, 2011다98129; 대판 2018. 9. 28, 2016다246800. 동지 대판 1996. 5. 10, 96다6554).

D-178 **(4) 대금지급거절권**

매수인은 — 그에게 동시이행의 항변권이 있는 경우에 그 권리를 행사하여 대금지급을 거절할 수 있는 외에 — 일정한 요건이 갖추어진 때에는 제588조에 의하여 대금지급을 거절할 수 있다. 제588조가 정한 대금지급거절권의 요건과 효과를 정리한다.

1) 요 건

(가) 매매의 목적물에 관하여 권리를 주장하는 자가 있어야 한다. 여기의 「권리」는 소유권에 한정되지 않으며 용익권(용익물권 및 등기 있는 임차권 등)도 포함한다. 저당권과 같은 담보권도 포함되는가에 대하여는 i) 긍정설(사견도 같음)과 ii) 부정설이 대립하고 있다. ii)설은 그때에는 매수인이 제536조의 동시이행의 항변권을 행사할 수 있다고 한다. 판례는 긍정하는 입장이나(대판 1955. 4. 21, 4287민상287; 대판 1996. 5. 10, 96다6554), 다른 한편으로 매도인의 근저당권의 말소의무와 매수인의 잔대금 지급의무가 동시이행관계에 있다고 한다(대판 1962. 6. 21, 62다200 등. D-58 참조).

판례 대금지급거절권이 인정된 예

판례는 수용결정이 있는 경우(대판 1981. 7. 28, 80다2400), 매매계약이 체결된 후에야 등기부상 매매목적물이 매도인의 소유가 아닌 것이 발견된 경우(대판 1974. 6. 11, 73다1632), 매매부동산에 대하여 매도인의 세금체납으로 인한 압류등기가 되어 있는 경우(대판 1967. 7. 11, 67다813), 매도인이 등기되어 있다고 말한 매매목적물의 대부분에 해당하는 임야가 등기부상 등재되어 있지 않은 것을 매수인이 계약 후에 알았고 또 매도인인 종중이 종중결의서도 제시하지 않은 경우(대판 1973. 10. 23, 73다292)에도 대금지급거절권을 인정한다.

(나) 매수한 권리의 전부나 일부를 잃을 염려가 있어야 한다. 제 3 자의 권리가 확정적으로 존재하거나 또는 현재 그러한 권리가 행사되고 있을 필요는 없으며, 객관적·일반적으로 보아서 권리의 전부 또는 일부를 잃을 위험성이 있으면 된다.

D-179 **2) 효 과** 위의 요건이 갖추어지면 매수인은 「그 위험의 한도에서」 대금의 지급을 거절할 수 있다(588조 본문). 대금은 잔금에 한하지 않으며 선이행하기로 되어 있는 중도금일 수도 있다(대판 1974. 6. 11, 73다1632 등).

판 례 대금지급거절권 행사의 효과

「매매목적물에 대하여 권리를 주장하는 자가 있어 매수인이 매수한 권리의 전부 또는 일부를 잃을 염려가 있는 때에는 매수인은 민법 제588조에 의하여 그 위험의 한도에서 대금의 전부나 일부의 지급을 거절할 수 있고, 여기에는 매매목적물에 저당권과 같은 담보권이 설정되어 있는 경우도 포함되는 것이므로, 매도인이 말소할 의무를 부담하고 있는 매매목적물상의 저당권을 말소하지 못하고 있다면 매수인은 그 위험의 한도에서 매매대금의 지급을 거절할 수 있고, 그 결과 민법 제587조 단서에 의하여 매수인이 매매목적물을 인도받았다고 하더라도 미지급 대금에 대한 인도일 이후의 이자를 지급할 의무가 없다고 할 것이나, 이 경우 지급을 거절할 수 있는 매매대금이 어느 경우에나 근저당권의 채권최고액에 상당하는 금액인 것은 아니고, 매수인이 근저당권의 피담보채무액을 확인하여 이를 알고 있는 경우와 같은 특별한 사정이 있는 경우에는 지급을 거절할 수 있는 매매대금은 위 확인된 피담보채무액에 한정된다.」(대판 1996. 5. 10, 96다6554)

그러나 매도인이 상당한 담보(이는 담보물권의 설정 또는 보증계약의 체결을 말하며, 이들의 청약만으로는 부족하다. 대판 1963. 2. 7, 62다826)를 제공한 때에는, 매수인은 대금지급을 거절하지 못한다(588조 단서). 그리고 매수인에게 대금지급거절권이 있는 경우에 매도인은 매수인에 대하여 대금의 공탁을 청구할 수 있다(589조).

2. 매수인의 목적물 수령의무의 존재 여부

매수인에게 목적물 수령의무가 있는가? i) 채권자지체를 채무불이행책임이라고 하는 견해는 수령의무를 인정하나, ii) 채권자지체를 법정책임이라고 하는 견해는 수령의무를 부정하고 단지 매수인이 일정한 불이익을 받게 되는 간접의무만 있다고 한다(사견도 같음). iii) 그 밖에 매매에서는 도급·임치에서처럼 매수인의 수취의무가 있다는 견해도 주장된다.

V. 환 매 D-180

1. 환매의 의의 및 작용

(1) 의 의

환매(還買)란 매도인이 매매계약과 동시에 매수인과의 특약에 의하여 환매하는 권리(즉 환매권)를 보류한 경우에 그 환매권을 행사하여 매매의 목적물을 다시 사오는 것을 말한다(590조). 이러한 환매는 매매계약과 동시에 환매권 보류의 특약이 있는 때에만 행하여질 수 있는데(원래의 매도인이 우연히 다시 사오는 경우는 단순한 매매이며, 민법상의 환매가 아니다), 그러한 매매를 환매특약부 매매라고 한다. 그리고 이 매매(원매매)를 한 뒤 환매권을 행사하여 다시 사오는 매매가 환매이다.

환매의 법적 성질에 대하여는 i) 매매계약의 해제라는 견해, ii) 재매매의 예약이라는 견해(사견도 같음), iii) 환매권의 행사를 정지조건으로 하는 정지조건부 환매라는 견해가 대립하고 있다.

환매를 할 수 있는 권리가 환매권이다. 환매권의 법적 성질에 대하여 학설은 i) 해제권설과 ii) 예약완결권설(사견도 같음)로 나뉘며, 어느 입장을 취하든 그 권리는 형성권이라고 한다.

[참고] 법률에 의한 환매

환매권이 법률에 의하여 발생하는 경우가 있다. 「공익사업을 위한 토지 등의 취득 및 보상에 관한 법률」 제91조, 「징발재산 정리에 관한 특별조치법」 제20조가 그 예이다. 이들 경우에는 그 법률들이 환매에 대하여 특별히 규정을 하고 있기 때문에, 그 환매권에 의한 환매는 민법상의 환매가 아니라고 하여야 한다. 판례도 징발재산정리법상의 환매에 대하여 그것은 환매권자와 국가와의 사법상의 매매이고 민법상의 환매와 같이 볼 수 없다고 한다(대판 1989. 12. 12, 89다카9675). 또한 판례는 특별법상의 환매권(폐지된 「공공용지의 취득 및 손실보상에 관한 특례법」 9조)은 제 3 자에게 양도할 수 없다고 한다(대판 2001. 5. 29, 2001다11567).

D-181 **(2) 작 용**

환매특약부 매매를 하는 경우는 크게 두 가지이다. ① 하나는 장차 다시 매수하여야 할 필요성이 생길 가능성이 있어서 그에 대비하기 위한 경우이고(예: 공장용지로 분양받은 것을 매수인이 다른 목적으로 전용하는 것을 막기 위해서 또는 이민갔다가 적응을 하지 못하고 되돌아왔을 때 필요할 수가 있어서), ② 다른 하나는 금전대차를 하면서 채권담보를 위한 경우이다. 민법은 이 중에 ①의 경우를 생각하였거나 적어도 그 목적이 무엇인지를 도외시하고서 환매에 관한 규정을 두었다. 그런데 실제에 있어서는 ― ①의 경우가 없는 것은 아니지만(관결례: 대판 1994. 10. 25, 94다35527; 대판 2002. 9. 27, 2000다27411) ― 그보다는 ②의 경우가 더 이용된 것으로 보인다(요즈음에는 환매특약부 매매보다는 대물변제예약이 더 많이 이용된다). ②의 경우는 민법제도가 다른 목적으로 전용된 한 예라고 할 수 있다.

채권담보의 목적으로 환매특약부 매매를 하는 경우를 좀더 부연한다. 예컨대 1,000만원이 필요한 A가 B로부터 금전을 빌리는 경우에, A는 그 담보제공의 방법으로 자신의 토지를 1,000만원에 B에게 파는 것으로 하고 5년 이내에 그 금액으로 다시 사올 수 있도록 약정을 하면(1,000만원의 이자는 B가 토지를 이용하는 것으로 대신하도록 한다. 그러나 이용을 A가 하면서 이자를 지급하는 것으로 할 수도 있다), 채무자인 A가 변제하지 못하는 때에 B가 토지의 소유권을 취득하는 방법으로 우선변제를 받게 된다. 그리하여 채권담보의 기능을 하는 것이다(이때 담보기능을 하는 것은 매매에 의한 소유권이전등기이고 환매권의 등기가 아님을 유의하여야 한다. 환매권의 등기는 원 매도인 즉 채무자 보호를 위한 것이다). 이는 후술하는 재매매의 예약(D-185 참조)도 마찬가지이다. 그리고 이 두 제도가 담보목적으로 행하여진 경우를 매도담보라고 한다.

(3) 법적 규율

환매특약부 매매에는 본래 의미의 것과 채권담보를 위한 것의 두 가지가 있으나, 그 둘의 법적 규율은 다르다. 본래의 것에 대하여는 제590조 이하의 규정만이 적용된다. 그런데 채권담보를 위한 것에 대하여는 매도담보(이는 넓은 의미의 양도담보에 포함된다. B-422 이하 참조)에 대하여 적용되는 법률규정 및 이론이 적용된다. 그 결과 당해 환매특약부 매매(재매매의 예약도 같음)의 경우에 당사자 사이에 어떤 담보권이 설정되었는가, 그리고 채무자(매도인)가 채무를 변제하지 못하여 환매권(또는 재매매의 예약완결권)을 행사할 수 없을 때에 당사자 사이에 어떻게 청산되는가는 「가등기담보 등에 관한 법률」(이하 「가등기담보법」이라 한다)에 의하여 규율되고(그런데 부동산 가액이 차용액 및 이자의 합산액에 미달하는 경우에는 매도담보 이론에 의한다. B-425 참조), 채무자(매도인)가 매매대금을 제공하여 환매권(또는 재매매의 예약완결권)을 행사하는 문제에 관하여는(요건과 행사) 제590조 이하의 규정이 적용된다.

[참고] 여기에 적용되는 가등기담보법의 주요내용

가등기담보법에 의하면, 매도담보의 경우 소유권이전등기가 되어 있을지라도 소유권은 이전하지 않으며 청산금을 지급하여야 채권자가 비로소 소유권을 취득하게 된다(동법 4조 2항). 그리고 채무자는 청산금이 있는 때에는 청산기간이 경과한 후 청산금이 지급될 때까지 변제하고 가등기담보를 소멸시킬 수 있다. 다만, 채무의 변제기가 지난 때부터 10년이 지나거나 선의의 제 3 자가 소유권을 취득한 경우에는 예외이다(동법 11조).

2. 환매의 요건 D-182

매매계약과 동시에 환매권을 보류하는 특약을 하면 환매권이 성립한다.

(1) **목적물**은 제한이 없다. 따라서 부동산·동산뿐만 아니라 재산권(채권·지식재산권 등)에 대하여도 환매의 특약을 할 수 있다.

(2) **환매의 특약**은 매매계약과 동시에 하여야 한다(590조 1항). 매매계약 후에 행한 특약은 환매로서는 효력이 없다(그러나 재매매의 예약으로서는 효력이 있을 수 있다). 특약은 매매계약과 동시에 하였으면 그 후에 내용을 변경하여도 무방하다. 그리고 환매의 특약은 매매계약에 종된 계약이므로 매매계약이 무효·취소되면 환매의 특약도 무효로 된다.

부동산의 매매에 있어서 환매의 특약을 한 경우에는 매매등기와 동시에 환매권의 보류를 등기할 수 있으며, 그 등기를 한 때에는 제 3 자에 대하여도 효력이 있다(592조). 환매권의 등기는 매매에 의한 이전등기에 부기등기의 형식으로 하며(부등법 52조 6호), 따라서 환매권의 이전등기도 이전의 부기등기에 의하게 된다.

(3) **환매대금**은 당사자 사이의 특약으로 정할 수 있으나(590조 2항), 특약이 없으면 처음의 매매대금과 매수인이 부담한 매매비용이 환매대금으로 된다(590조 1항). 당사자의 특약으로 환매대금을 정하는 경우에 그 대금이 처음의 매매대금과 매매비용의 합산액을 초과하거나 미달하여도 무방하다.

환매할 때까지의 목적물의 과실과 대금의 이자는 상계한 것으로 본다(590조 3항). 그러나 당사자가 다른 특약을 하면 예외이다. 그리고 그 특약은 매도인(환매권자)이 목적물을 용익하는 내용을 포함하여도 유효하다.

(4) **환매기간**은 부동산은 5년, 동산은 3년을 넘지 못한다(591조 1항 1문). 약정한 환매기간이 이를 넘는 때에는 부동산은 5년, 동산은 3년으로 단축된다(591조 1항 2문). 그리고 환매기간을 정한

때에는 다시 이를 연장하지 못한다(591조 2항). 한편 환매기간을 정하지 않은 때에는 그 기간은 부동산은 5년, 동산은 3년으로 되며(591조 3항), 당사자가 후에 다시 정하지 못한다(다시 정하여도 무효이다. 이설 없음).

D-183 ### 3. 환매의 실행

(1) 환매권의 행사방법

1) 환매는 환매기간 내에 하여야 한다(594조 1항).

2) 환매의 의사표시는 환매권자가 환매의무자에 대하여 하여야 한다. 환매권이 양도된 때에는 양수인이 환매권을 행사한다. 환매권 보류의 등기가 되어 있는 경우에 목적물이 양도된 때에는, 전득자에 대하여 환매권을 행사한다(592조·594조 2항 참조).

3) 환매권자는 환매대금을 상대방에게 제공하여야 한다(594조 1항).

(2) 환매권의 대위행사의 경우의 매수인 보호

환매권은 양도성이 있고 또 일신전속권이 아니어서 매도인(환매권자)의 채권자는 이를 대위행사할 수 있다(404조). 그런데 민법은 그 경우에 매수인을 보호하기 위한 특칙을 두고 있다. 그에 의하면, 매도인의 채권자가 매도인을 대위하여 환매하고자 하는 때에는, 매수인은 법원이 선정한 감정인의 평가액에서 매도인이 반환할 금액을 공제한 잔액으로 매도인의 채무를 변제하고 잉여액이 있으면 이를 매도인에게 지급하여 환매권을 소멸시킬 수 있다(593조).

D-184 #### (3) 환매의 효과

이는 환매 내지 환매권의 성질을 어떻게 이해하느냐에 따라 차이가 있다. 사견은 환매를 재매매의 예약의 일종으로 본다. 그에 의하면, 환매권(재매매예약의 예약완결권)이 행사되면 두 번째의 매매 즉 환매가 성립한다. 그리하여 두 번째의 매매에 의한 권리·의무가 발생하고, 그것이 이행되면 환매권자는 소유권을 취득한다. 목적물이 부동산인 경우에는 이행으로서 등기를 하여야 하며, 그때의 등기는 말소등기가 아니고 이전등기이다(동지 대판 1990. 12. 26, 90다카16914). 그리고 환매특약의 등기는 말소하여야 한다(부등규칙 114조).

매수인이나 전득자가 목적물에 대하여 비용을 지출한 때에는 매도인은 제203조의 규정에 의하여 이를 상환하여야 한다(594조 2항 본문). 그러나 유익비에 대하여는 법원은 매도인의 청구에 의하여 상당한 상환기간을 허여할 수 있다(594조 2항 단서).

(판 례) 환매 관련

「부동산에 관하여 매매등기와 아울러 환매특약의 등기가 경료된 이후 그 부동산 매수인으로부터 그 부동산을 전득한 제3자가 환매권자의 환매권 행사에 대항할 수 없음은 소론과 같으나, 환매특약의 등기가 부동산의 매수인의 처분권을 금지하는 효력을 가지는 것은 아니므로 그 매수인은 환매특약의 등기 이후 부동산을 전득한 제 3 자에 대하여 여전히 소유권이전등기 절차의 이행의무를 부담한다고 할 것이고, 나아가 환매권자가 환매권을 행사하지 아니한 이상 매수인이 전득자인 제 3 자에 대하여 부담하는 위 소유권이전등기 절차의 이행의무는 이행불능 상태에 이르렀다고 할 수 없으므로, 부동산의 매수인은 전득자인 제 3 자에 대하여 환매특약의 등기사실만으로 제 3 자의 소유권이전등기 청구를 거절할 수는 없는 것이다.」(대판 1994. 10. 25, 94다35527)

(4) 공유지분의 환매

공유자의 1인이 환매할 권리를 보류하고 그 지분을 매도한 후 그 목적물의 분할이나 경매가 있는 때에는, 매도인은 매수인이 받은 또는 받을 부분(현물분할의 경우) 또는 대금(대금분할의 경우)에 대하여 환매권을 행사할 수 있다(595조 본문). 그러나 매도인에게 통지하지 않은 매수인은 그 분할이나 경매로써 매도인에게 대항하지 못한다(595조 단서). 그리하여 그때에는 환매권자는 분할이나 경매가 없었던 것처럼 공유지분을 환매할 수 있다. 그런데 제 3 자에 대하여도 분할이나 경매의 무효를 주장하려면 환매권의 등기가 있어야 한다.

4. 재매매(再賣買)의 예약 D-185

(1) 의 의

재매매의 예약은 어떤 물건 또는 권리를 타인에게 매각하면서(또는 매각한 후에) 장차 그 물건이나 권리를 다시 매수하기로 하는 예약이다. 민법은 이에 대하여 명문의 규정을 두고 있지 않다. 그렇지만 계약자유의 원칙상 그러한 계약도 유효하다.

재매매의 예약은 일종의 매매예약이며, 따라서 거기에는 일방예약에 관한 규정(564조)이 적용된다. 그 결과 재매매의 예약은 일방예약(예약완결권을 최초의 매도인이 가지는)으로 추정된다.

재매매의 예약의 작용은 환매의 경우와 같다. 그리하여 재매매예약부 매매가 채권담보의 목적으로 행하여진 경우에는 매도담보가 되어 그에 대한 규정과 이론이 적용된다.

(2) 환매와의 차이

① 목적물에는 차이가 없다. ② 환매의 특약은 매매계약과 동시에 하여야 하나, 재매매의 예약에는 그러한 제한이 없다. ③ 환매대금은 특약이 없으면 일정한 범위에 한정되나(590조 1항), 재매매의 예약에는 처음부터 제한이 없다. ④ 환매기간은 제한이 있으나(591조), 재매매의 예약에는 제한이 없다. ⑤ 환매의 경우에는 환매권의 보류를 등기할 수 있으나(592조), 재매매의 예약의 경우에는 특별규정이 없어서 일반적인 청구권 보전의 가등기를 할 수 있을 뿐이다.

D-186 Ⅵ. 특수한 매매

1. 할부매매

일반적으로 할부매매라 하면 매매대금을 분할하여 일정기간마다 계속해서 지급하기로 하는 특약이 붙은 매매를 말한다. 이와 관련하여 우리나라에서는 경제적 약자인 매수인을 보호하고 합리적인 거래질서를 확립하기 위하여 「할부거래에 관한 법률」(이하 「할부거래법」이라 함)이 제정·시행되고 있다. 아래에서 할부거래법의 일부 내용을 — 선불식 할부거래는 제외하고 — 설명하기로 한다.

(1) 할부계약의 의의

할부거래법상 할부계약은 계약의 명칭·형식이 어떠하든 재화나 용역(일정한 시설을 이용하거나 용역을 제공받을 수 있는 권리를 포함한다)(이하 「재화 등」이라 한다)에 관한 다음 각 계약(2호에 따른 선불식 할부계약에 해당하는 경우는 제외)을 말한다(동법 2조 1호). ① 소비자(여기의 「소비자」의 뜻은 동법 2조 5호 참조)가 사업자에게 재화의 대금(代金)이나 용역의 대가(이하 「재화 등의 대금」이라 한다)를 2개월 이상의 기간에 걸쳐 3회 이상 나누어 지급하고, 재화 등의 대금을 완납하기 전에 재화의 공급이나 용역의 제공(이하 「재화 등의 공급」이라 한다)을 받기로 하는 계약(이하 「직접할부계약」이라 한다)(동법 2조 1호 가목), ② 소비자가 신용제공자(여기의 「신용제공자」의 뜻은 동법 2조 6호 참조)에게 재화 등의 대금을 2개월 이상의 기간에 걸쳐 3회 이상 나누어 지급하고, 재화 등의 대금을 완납하기 전에 사업자로부터 재화 등의 공급을 받기로 하는 계약(이하 「간접할부계약」이라 한다)(동법 2조 1호 나목). 한편 이 법의 적용 예외에 대하여는 동법 제3조 참조.

D-187 (2) 소비자의 철회권

소비자는 다음 각 기간(거래당사자가 그보다 긴 기간을 약정한 경우에는 그 기간을 말한다) 이내에 할부계약에 관한 청약을 철회할 수 있다(동법 8조 1항). ① 동법 제6조 제1항에 따른 계약서를 받은 날부터 7일(다만, 그 계약서를 받은 날보다 재화 등의 공급이 늦게 이루어진 경우에는 재화 등을 공급받은 날부터 7일)(동법 8조 1항 1호), ② 동법 제6조 제1항에 따른 계약서를 받지 않은 경우, 할부거래업자의 주소 등이 적혀 있지 않은 계약서를 받은 경우, 할부거래업자의 주소 변경 등의 사유로 제1호의 기간 이내에 청약을 철회할 수 없는 경우에는, 그 주소를 안 날 또는 알 수 있었던 날 등 청약을 철회할 수 있는 날부터 7일(동법 8조 1항 2호), ③ 동법 제6조 제1항에 따른 계약서에 청약의 철회에 관한 사항이 적혀 있지 않은 경우에는 청약을 철회할 수 있음을 안 날 또는 알 수 있었던 날부터 7일(동법 8조 1항 3호), ④ 할부거래업자가 청약의 철회를 방해한 경우에는 그 방해행위가 종료한 날부터 7일(동법 8조 1항 4호).

D-188 (3) 할부거래업자의 할부계약 해제

소비자가 할부금지급의무를 이행하지 않으면 할부거래업자는 할부계약을 해제할 수 있다(동법 11조 1항 1문). 이 경우 할부거래업자는 그 계약을 해제하기 전에 14일 이상의 기간을 정하여 소비자에게 이행할 것을 서면으로 최고하여야 한다(동법 11조 1항 2문).

할부계약이 해제된 경우에는 할부거래업자 또는 소비자는 상대방에게 원상회복하여 줄 의무를 지며, 이 경우 상대방이 원상회복할 때까지 자기의 의무이행을 거절할 수 있다(동법 11조 2항). 한편 재화 등의 소유권이 할부거래업자에게 유보된 경우 할부거래업자는 할부계약을 해제하지 않고서는 재화 등의 반환을 청구할 수 없다(동법 11조 3항).

[참고] 소유권유보부 매매 D-189

매매계약을 체결하면서 매도인이 목적물을 매수인에게 인도하지만 대금을 모두 받을 때까지는 소유권이 매도인에게 보류된다는 특약을 하는 때가 있다. 그러한 특약은 할부매매에 있어서는 거의 언제나 있으며, 그 외의 경우도 있을 수 있다. 이러한 특약이 붙어 있는 매매계약을 소유권유보부 매매라고 한다. 소유권유보부 매매(동산의 경우)의 성질에 관하여 학설은 i) 대금의 완급을 정지조건으로 하는 소유권 양도라고 하는 견해(사견도 같음)와 ii) 매도인은 소유권이 아니고 담보물권(일종의 양도담보권)을 갖는다는 견해로 나뉘어 있다. 그리고 판례는 i)설과 같다(대판 2010. 2. 11, 2009다93671 등).

위 i)설에 의하면, 매매계약만으로는 소유권이 이전하지 않으므로 목적물이 인도되었다고 하더라도 특별한 사정이 없는 한 매도인은 대금이 모두 지급될 때까지 매수인뿐만 아니라 제3자에 대하여도 유보된 목적물의 소유권을 주장할 수 있고, 대금이 모두 지급되었을 때에는 정지조건이 완성되어 별도의 의사표시 없이 목적물의 소유권이 매수인에게 이전된다(대판 2010. 2. 11, 2009다93671 등). 그리고 이러한 법리는 소유권유보의 특약을 한 매매계약이 매수인의 목적물 판매를 예정하고 있고, 그 매매계약에서 소유권유보의 특약을 제3자에 대하여 공시한 바 없고, 또한 그 매매계약이 종류물을 목적물로 하고 있더라도 다를 바 없다(대판 1999. 9. 7, 99다30534).

(판 례) 소유권유보부 매매 개념을 원용할 필요가 없는 경우

「부동산과 같이 등기에 의하여 소유권이 이전되는 경우에는 등기를 대금 완납시까지 미룸으로써 담보의 기능을 할 수 있기 때문에 굳이 위와 같은 소유권유보부 매매의 개념을 원용할 필요성이 없으며, 일단 매도인이 매수인에게 소유권이전등기를 경료하여 준 이상은 특별한 사정이 없는 한 매수인에게 소유권이 귀속되는 것이다.

한편, 자동차, 중기, 건설기계 등은 비록 동산이기는 하나 부동산과 마찬가지로 등록에 의하여 소유권이 이전되고, 등록이 부동산등기와 마찬가지로 소유권이전의 요건이므로, 역시 소유권유보부 매매의 개념을 원용할 필요성이 없는 것이다.」(대판 2010. 2. 25, 2009도5064)

2. 방문판매 · 전화권유판매 · 다단계판매 · 통신판매 D-190

오늘날 물건 등을 영업소에서의 대면거래가 아닌 특수한 방법으로 판매하는 경우들이 자주 있다. 방문판매·전화권유판매·다단계판매·통신판매 등이 그 예이다. 이들 특수한 모습의 판매에 있어서는 속임수나 강매를 비롯한 많은 문제가 있다. 이들 중 앞의 셋은 「방문판매 등에 관한 법률」(이하 「방문판매법」이라 함)이, 통신판매는 「전자상거래 등에서의 소비자 보호에 관한 법률」(이하 「전자상거래법」이라 함)이 규제하고 있다.

D-191 3. 견본매매 · 시험매매(시미매매. 試味賣買)

(1) 견본매매는 견본에 의하여 목적물의 품질·속성을 미리 정해 두는 매매이다. 견본매매의 경우에 견본과 같은 물건이 급부되지 않은 때에는 하자담보책임이 생긴다. 그리고 때에 따라서는 불완전급부(불완전이행에 포함됨)가 문제될 수도 있다.

(2) 시험매매(시미매매)는 매수인이 실제로 물건을 시험해 본 뒤에 마음에 들면 사겠다는 정지조건부 매매이다(경우에 따라서는 일방예약일 수도 있다). 시험매매에 있어서는 매도인은 매수인으로 하여금 시험해 볼 수 있도록 하여야 하며, 그 결과 매수인이 매수하지 않아도 특약이 없는 한 시험한 대가를 청구하지는 못한다.

제 3 절 교 환

D-192 Ⅰ. 의의 및 성질

교환은 당사자 쌍방이 금전 이외의 재산권을 서로 이전할 것을 약정함으로써 성립하는 계약이다(596조). 교환은 낙성·쌍무·유상·불요식의 계약이다. 교환에는 매매에 관한 규정이 준용된다(567조).

Ⅱ. 성립 및 효력

(1) 성 립

교환은 낙성계약이므로 당사자 사이에 교환의 합의만 있으면 성립하고, 서면의 작성을 필요로 하지도 않는다. 그리고 교환을 성립시키는 합의는 원칙적으로 청약과 승낙에 의한 것이며, 그에 대한 일반이론이 여기에도 그대로 적용된다(D-34 이하 참조). 그 결과 청약은 그에 대한 승낙만 있으면 곧 계약이 성립될 수 있을 정도로 구체적이어야 하고, 승낙은 구체적인 청약에 대한 것이어야 하며, 승낙의 의사표시는 명시적으로뿐만 아니라 묵시적으로도 할 수 있다(대판 1992. 10. 13, 92다29696).

교환계약이 성립하기 위하여 교환목적물이 반드시 계약 체결 당시에 구체적으로 특정되어 있어야 할 필요는 없으며, 이를 나중에라도 구체적으로 특정할 수 있는 방법과 기준이 정해져 있으면 충분하다(대판 2024. 5. 30, 2024다214808. 매매에서와 같음. D-141 참조).

당사자 쌍방이 금전 이외의 재산권을 서로 이전할 것을 약정하면서 재산권들의 가치가 같지 않아서 일방 당사자가 일정금액을 보충하여 지급하기로 하는 경우가 있다(보충금의 지급). 민법은 그러한 경우도 교환으로 보고 특별규정을 두고 있다(597조).

(2) 효 력

교환은 유상계약이므로 매매에 관한 규정이 준용된다(567조). 그럼에 있어서 매도인의 담보책임 규정은 교환의 각 당사자를 매도인으로 보고 이를 준용하여야 한다. 한편 보충금 지급의 특약이 있는 교환의 경우, 보충금에 관하여는 매매대금에 관한 규정을 준용한다(597조).

제 4 절 소비대차

Ⅰ. 서 설 D-193

1. 소비대차의 의의 및 사회적 작용

(1) 의 의

소비대차는 당사자 일방(대주. 貸主)이 금전 기타의 대체물의 소유권을 상대방(차주. 借主)에게 이전할 것을 약정하고, 상대방은 그와 같은 종류(동종)·품질(동질)·수량(동량)으로 반환할 것을 약정함으로써 성립하는 계약이다(598조). 소비대차에서는 차주가 빌린 물건 자체를 반환하지 않고 동종·동질·동량의 다른 물건을 반환하는 점에서 다른 대차인 임대차·사용대차와 차이가 있다.

(2) 사회적 작용

소비대차는 생활에 궁핍한 자가 궁핍을 면하기 위하여 이용하기도 하나, 기업 등이 생산자금을 마련하기 위하여 금전소비대차를 하기도 한다(이때 자본가는 대여금의 이자로 소득을 올린다). 그리고 소비대차는 차주의 이익을 위하여 무이자로 행하여지기도 하지만, 오늘날에는 이자를 지급하기로 하는 경우가 대부분이다.

소비대차 가운데 궁핍을 면하기 위한 소비대차에 있어서는, 차주가 대차 당시의 절박한 사정 때문에 고율의 이자지급에 동의하는 때가 많다. 그때 약정된 이자를 모두 그대로 지급하게 한다면, 차주는 파탄에 이르게 되고, 반면에 대주는 폭리를 취하게 될 가능성이 있다. 여기서 차주를 보호하고 대주의 폭리취득을 막아야 할 필요성이 생긴다. 이를 위한 법으로 이자제한법과 「대부업 등의 등록 및 금융이용자 보호에 관한 법률」이 있다(C-63 이하 참조).

2. 소비대차의 법적 성질

(1) 소비대차는 당사자의 합의만 있으면 성립하는 **낙성계약이다**(598조. 프랑스민법에서는 요물계약임).

(2) 제598조의 규정상(이자 지급의 언급이 없으므로) 소비대차는 **무상계약을 원칙으로 하나**(무이자 소비대차의 경우), 유상

계약으로 될 수도 있다(이자부 소비대차의 경우)(상인간의 금전소비대차는 이자부가 원칙이다. 상법 55조). 소비대차가 유상계약인 경우에는 매매에 관한 규정이 준용된다(567조).

(3) 소비대차는 편무계약인가 쌍무계약인가? 이자부 소비대차가 쌍무계약이라는 데 대하여는 학설·판례(대판 1966. 1. 25, 65다2337)가 일치한다. 이때는 대주의 목적물을 이용하게 할 채무와 차주의 이자채무가 대가적 의미가 있기 때문이다. 그런데 무이자 소비대차에 대하여는 학설이 나뉘어 있으나, 편무계약이라고 할 것이다(자세한 내용은 채권법각론 [115] 참조).

(4) 소비대차는 불요식계약이다.

D-194 ## Ⅱ. 소비대차의 성립

1. 소비대차의 성립요건

(1) 소비대차는 낙성계약이므로 당사자의 일정한 합의만 있으면 성립한다. 그 합의는 적어도 ① 대주가 금전 기타 대체물을 차주에게 이전하여 일정기간 동안 이용하게 할 것과 ② 반환하여야 할 시기에 차주가 그가 빌려 쓴 것과 동종·동질·동량의 물건을 반환할 것에 대하여 이루어져야 한다. 그 밖의 사항(예: 채무이행의 시기·장소·방법)은 약정을 하지 않아도 무방하다(그때는 민법 규정에 의한다). 따라서 이자나 변제기의 약정이 없다고 하여 소비대차가 불성립으로 되는 것은 아니다(대판 1992. 10. 9, 92다13790). 그리고 소비대차는 낙성계약이므로, 차주가 실제로 금전 등을 수수하거나 현실의 수수가 있은 것과 같은 경제적 이익을 취득하여야만 성립하는 것도 아니다(대판 2018. 12. 27, 2015다73098 등). 그런가 하면 당사자 일방이 상대방에게 현실로 금전 기타 대체물의 소유권을 상대방에게 이전하였다고 하더라도 상대방이 같은 종류, 품질 및 수량으로 반환할 것을 약정한 경우가 아니라면 이들 사이의 법률행위를 소비대차라 할 수 없다(대판 2018. 12. 27, 2015다73098).

(2) 소비대차의 목적물은 「금전 기타의 대체물」이다(비대체물에 관하여는 소비대차가 성립하지 않는다). 그런데 오늘날 소비대차는 대부분 금전에 관하여 행하여진다.

금전대차의 경우에 대주가 금전에 갈음하여 약속어음·국채·예금통장과 인장 등의 유가증권 기타의 물건을 인도하는 경우가 있다. 그러한 경우는 「대물대차(代物貸借)」라고 하는데, 이러한 대물대차의 경우에는 그 물건의 인도시의 가액을 차용액으로 한다(606조). 이는 유가증권 기타의 물건의 가액이 변동하는 상황에서 차용액 결정의 시기에 관한 당사자의 다툼을 방지하고, 대주가 차용금액보다 훨씬 작은 가치의 유가증권 등을 교부하여 폭리를 취하지 못하도록 하기 위한 조치이다. 그리고 이 규정(606조)은 강행규정이며, 그에 위반한 당사자의 약정으로서 차주에게 불리한 것은 어떠한 명목이라도 효력이 없다(608조).

2. 소비대차의 실효와 해제에 관한 특칙

(1) 대주가 목적물을 차주에게 인도하기 전에 당사자 일방이 파산선고를 받은 때에는 소비대차는 그 효력을 잃는다(599조). 그리고 판례는, 금전소비대차계약이 성립된 이후에 차주의 신용불안이나 재산상태의 현저한 변경이 생겨 장차 대주의 대여금반환청구권 행사가 위태롭게 되는 등 사정변경이 생기고 이로 인하여 당초의 계약내용에 따른 대여의무를 이행케 하는 것이 공평과 신의칙에 반하게 되는 경우에 대주는 대여의무의 이행을 거절할 수 있다고 한다(대판 2021. 10. 28, 2017다224302).

(2) 이자 없는 소비대차의 당사자는 목적물의 인도 전에는 언제든지 계약을 해제할 수 있다(601조 본문). 무이자 소비대차는 차주의 이익만을 위한 것이기 때문에 이와 같이 규정하고 있다. 다만, 무이자 소비대차라고 할지라도 대주의 해제에 의하여 차주가 손해를 입어서는 안 되므로, 민법은 차주에게 손해가 생긴 때에는 대주가 손해를 배상하여야 한다고 규정한다(601조 단서).

Ⅲ. 소비대차의 효력 D-195

1. 대주의 의무

(1) 목적물의 소유권을 이전하여 이용하게 할 채무

대주는 차주에게 목적물의 소유권을 이전하여 소비의 방법으로 그것을 이용할 수 있게 할 채무를 부담한다(598조는 소유권이전의무만 규정하나, 소비대차가 대차형 계약이므로 이와 같이 설명하여야 한다). 그리고 소유권을 이전하여야 하므로, 목적물인 금전이나 다른 대체물이 동산인 때에는 인도를 하여야 하고, 금전대차의 경우에 유가증권을 인도할 때(606조 참조)에는 교부를 하여야 한다.

(2) 담보책임

1) 이자부 소비대차의 경우 이자 있는 소비대차의 목적물에 하자가 있는 때에는 제580조 내지 제582조의 규정을 준용한다(602조 1항). 따라서 담보책임이 생기려면, 먼저 목적물에 하자가 있어야 하고, 차주는 선의·무과실이어야 한다(602조 1항·580조 1항 단서·581조 1항). 담보책임의 내용은 ① 하자로 인하여 계약의 목적을 달성할 수 없는 경우에는 계약을 해제하면서 손해배상을 청구할 수 있고(통설도 같음), ② 기타의 경우에는 손해배상을 청구할 수 있으며(602조 1항·580조 1항 본문·581조 1항·575조 1항), ③ 계약해제 또는(및) 손해배상청구를 하지 않고 하자 없는 물건(완전물)의 교부를 청구할 수 있다(602조 1항·581조 2항). 그리고 이러한 차주의 권리는 6개월의 제척기간에 걸린다(602조 1항·582조).

2) 무이자 소비대차의 경우 이 경우에는 대주가 목적물에 하자가 있음을 알면서 차주

에게 고지하지 않은 때에만 대주의 담보책임이 생긴다(602조 2항 단서). 담보책임의 내용은 이자부 소비대차에 있어서와 같다.

D-196 2. 차주의 의무

(1) 목적물반환의무

차주는 그가 빌려 쓴 금전 기타의 대체물을 반환시기가 도래하면 반환하여야 할 의무가 있다. 이 반환의무는 대주로부터 목적물의 인도를 받은 때에 성립한다고 할 것이다.

1) 반환할 물건 차주는 원칙적으로 대주로부터 받은 것과 동종·동질·동량의 물건으로 반환하여야 하나(598조), 여기에는 예외가 있다.

(가) 대물대차의 경우 이 경우에는 금전에 갈음하여 인도되는 물건의 인도시의 가액을 차용액으로 하는데(606조), 반환도 그 차용액만큼 하면 된다(이설 없음).

D-197 **(나) 대물변제예약의 경우**

(a) 개 설 채권의 당사자 사이에 본래의 급부에 갈음하여 다른 급부를 하기로 예약하는 경우가 있다. 이를 대물변제예약이라고 한다. 이 대물변제예약은 채무이행의 대용이라는 본래의 목적으로보다는, 특히 금전소비대차에 있어서 채권담보의 목적으로 많이 이용되어 왔다. 즉 금전소비대차를 하면서 차주의 채무불이행이 있으면 특정한 물건(부동산 등)의 소유권을 이전하기로 하는 예약을 체결하는 것이다. 그때 장차 대주가 취득할 소유권이전청구권 보전의 가등기를 해 두는 것이 일반적이다.

이러한 대물변제예약이 행하여지는 경우에는 대주가 폭리를 취하는 수가 많다. 그 때문에 민법은 제607조에서 대물변제예약의 경우에는 「그 재산의 예약 당시의 가액이 차용액 및 이에 붙인 이자의 합산액을 넘지 못한다」고 하고, 제608조에서 그에 「위반한 당사자의 약정으로서 차주에 불리한 것은 환매 기타 여하한 명목이라도 그 효력이 없다」고 규정한다. 그런가 하면 이들 규정만으로 불충분하다고 하여 대물변제예약과 함께 가등기(또는 가등록)를 한 때(그 외에 양도담보도 규율함)에 엄격한 청산절차를 거치도록 하는 내용의 「가등기담보 등에 관한 법률」(이하 가등기담보법이라 함)을 제정·시행하고 있다.

(b) 법적 규제 대물변제예약은 여러 가지 모습의 것이 있다. 우선 채권담보의 목적에 의한 것이 있는가 하면, 채무이행을 대신하기 위한 것도 있다. 그리고 대물변제예약과 함께 소유권 등의 이전청구권 보전의 가등기(또는 가등록)를 한 경우가 있는가 하면(이는 부동산·일부 동산·일부 권리가 목적인 때에 할 수 있다), 그렇지 않은 경우도 있다. 또한 목적물의 예약 당시의 가액이 차용액 및 이에 붙인 이자의 합산액을 넘는 때가 있는가 하면, 그에 미달하는 때도 있다.

이들 가운데 대물변제예약이 채권담보의 목적으로 행하여지고, 가등기(또는 가등록)가 되어 있으며, 예약 당시의 가액이 차용액 및 이에 붙인 이자의 합산액을 넘는 때에는, 제607

조·제608조에 의하여 그 예약은 무효로 되고(판례) 거기에는 가등기담보법이 적용된다. 그에 비하여 대물변제예약이 채권담보의 목적으로 행하여지지 않았거나, 설사 목적물이 부동산일지라도 소유권이전청구권 보전의 가등기(또는 가등록)를 하지 않은 경우(대판 1999. 2. 9, 98다51220), 또는 예약 당시의 가액이 차용액 및 그 이자의 합산액에 미달하는 경우에는(B-410 참조), 가등기담보법이 적용되지 않으며, 오직 제607조·제608조에 의하여서만 법률관계가 결정된다.

(c) **제607조 · 제608조의 내용** 대물변제예약이 있는 경우의 법률관계 가운데 가등기담보법이 적용되는 때에 있어서의 구체적인 내용은 물권법 부분에서 자세히 살펴보았다(B-407 이하). 그리하여 여기서는 그 외의 내용 가운데 주요한 것만을 정리하기로 한다. D-198

판례는, 제607조·제608조는 소비대차계약 또는 준소비대차계약에 의하여 차주가 반환할 차용물에 관하여 대물변제의 예약이 있는 경우에만 적용되고(대판 1997. 3. 11, 96다50797 등 다수), 널리 유상행위에 수반하여 예약이 있는 경우에 적용되는 것이 아니라고 한다(대판 1965. 9. 21, 65다1302). 구체적으로 대물변제(대판 1992. 2. 28, 91다25574 등), 계의 청산관계로 부담하게 된 채무를 변제하기 위하여 대물변제예약이 이루어진 경우(대판 1968. 11. 26, 68다1468·1469), 경매(대결 1980. 3. 21, 80마77)에는 제607조·제608조가 적용되지 않는다고 한다(판례는 이런 태도를 가등기담보법에서도 유지하고 있다. B-409 참조).

또한 판례는, 채무자가 채권자에 대하여 소비대차 등으로 인한 채무를 부담하고 이를 담보하기 위하여 대물변제의 예약을 한 후에 다시 같은 채권자로부터 추가로 채무를 지게 되는 경우에는, 그 추가채무에 관하여 별도의 담보제공이 있었거나 반대의 특약이 있다는 등의 특별한 사정이 없는 한, 추가되는 채무 역시 기왕에 한 대물변제예약의 대상이 되는 채무 범위에 포함된다고 볼 것이라고 한다(대판 2010. 4. 29, 2009다16896 등. 매매예약에 관하여 동지 대판 1985. 12. 24, 85다카1362).

제607조에 있어서 목적물의 가액이 차용액과 그 이자의 합산액을 넘는지 여부는 예약 당시를 기준으로 하여야 하며, 소유권이전 당시를 기준으로 할 것이 아니다(대판 1996. 4. 26, 95다34781). 그리고 여기의 이자는 변제기까지의 것이고 그 후의 지연손해금은 포함되지 않는다(대판 1966. 5. 31, 66다638).

대물변제예약에 있어서 대신 급부하기로 한 목적물에는 제한이 없다. 따라서 부동산·동산뿐만 아니라 기타의 권리(재산권)도 목적이 될 수 있다(채권이 목적인 예: 대판 2002. 7. 9, 2001다46761).

대물변제예약이 제607조에 위반하는 때에는 효력이 없게 된다(608조). 그런데 그 자세한 의미가 무엇인지 문제된다. 여기에 관하여 현재의 판례는, 예약이 효력이 없는 경우라도 특별한 사정이 없으면 **당사자 사이에 정산절차를 밟아야 하는 약한 의미의 양도담보계약**(소유권이 대외적으로만 이전하는 양도담보)**을 함께 맺은 취지로** 보아야 할 것이라고 한다(B-358 참조). 생각건대 여기서 효력이 없다는 것은 전면적인 무효가 아니고 초과부분을 채무자에게 반환하여 청산하여야 한다는 의미라고 새겨야 한다(학설과 사견의 자세한 점은 B-358 참조). 그래야 가등기담보와도 균형을 이룰 수 있기 때문이다(가등기담보는 청산을 하여야 함).

청산 내지 정산을 하는 경우에 그 방법에는 귀속(취득)정산(채권자가 재산권을 취득하고 초과가치를 반환하는 방법)과 처분정산(채권자가 제 3 자에게 매각하여 잉여가치를 반환하는 방법)의 두 가지가 있는데, 당사자 사이에 특별한 약정이 없으면 — 가등기담보법의 적용이 없는 양도담보에서처럼(B-436 참조) — 채권자는 어느 방법이든 자유롭게 선택할 수 있다고 할 것이다.

D-199 **판 례** 제607조 · 제608조 관련

(ㄱ) 「채무자가 채권자 앞으로 차용물 아닌 다른 재산권을 이전한 경우에 있어 그 권리의 이전이 채무의 이행을 담보하기 위한 것이 아니고 그 채무에 갈음하여 상대방에게 완전히 그 권리를 이전하는 경우 즉 대물변제의 경우에는 가사 그 시가가 그 채무의 원리금을 초과한다고 하더라도 민법 제607조, 제608조가 적용되지 아니」한다(대판 1992. 2. 28, 91다25574).

(ㄴ) 「민법 제607조의 규정취지는 대주(貸主)가 차주(借主)로부터 채권의 원리금 합산액(이하 채권액이라고 한다)을 상회하는 가액의 재산을 대물반환받음으로써 채권액을 초과하여 이득을 보는 것을 허용치 않으려는 데에 있으므로 위 법조에서 말하는 재산의 가액은 대주의 이득으로 귀속될 것이 명백한 가액을 뜻한다고 볼 것이다. 그러므로 이 사건에서와 같이 차주의 재산에 제3자 앞으로 선순위 근저당권이 설정되어 있는 경우에는 위 재산가액 중 근저당권자의 우선변제권 있는 현존 피담보채무액 상당부분은 대주의 이득으로 귀속될 것이 명백하다고 할 수 없으므로, 차주가 그 피담보채무를 인수한 여부에 관계없이 위 피담보채무액을 공제한 가액을 민법 제607조에서 말하는 재산가액으로 보는 것이 타당하다.」(대판 1991. 2. 26, 90다카24526)

(다) **하자 있는 물건을 받은 경우** 민법은 무이자 소비대차의 경우에 관하여, 차주가 하자 있는 물건을 받은 때에는 같은 품질의 물건을 반환하여도 좋지만 하자 있는 물건의 가액(이행지 및 이행기의 가액)으로 반환할 수 있다고 규정한다(602조 2항 본문. 하자 있는 물건을 구하기 어려울 것을 염려하여 일종의 임의채권(C-73 참조)을 인정한 것이다). 그러나 이는 이자부 소비대차의 경우에도 — 차주가 완전물급부청구권을 행사하지 않는 한 — 인정되어야 한다(이설 없음).

(라) **반환불능의 경우** 차주가 대주로부터 받은 물건과 동종 · 동질 · 동량의 물건을 반환할 수 없는 때에는, 그는 불능으로 된 때의 시가(市價)로 반환하여야 한다(604조 본문). 그러나 특정한 종류의 통화 또는 외화로 반환하여야 하는 경우에 그 종류의 통화가 강제통용력을 잃은 때에는 차주는 다른 통화로 반환하여야 하며, 그 종류의 통화의 시가로 반환할 수 없다(604조 단서 · 376조 · 377조 2항).

D-200 **2) 반환시기**

(가) **반환시기의 약정이 있는 경우** 당사자가 반환시기를 약정하고 있는 경우에는, 차주는 약정시기에 반환하여야 한다(603조 1항). 반환시기가 정하여져 있는 경우에도 일정한 사유

(C-87 참조)가 있는 때에는 차주는 기한의 이익을 상실하며, 대주는 즉시 이행을 청구할 수 있다(388조). 그리고 기한의 이익은 상대방의 이익을 해하지 않는 범위 안에서 포기할 수 있다(153조 2항). 따라서 무이자 소비대차의 차주는 언제든지 반환할 수 있고, 이자부 소비대차에 있어서는 기한의 이익이 차주에게만 있으면 변제시까지의 이자만을 붙여서 반환하면 되나, 기한의 이익이 대주에게도 있는 때에는 이행기(변제시가 아님)까지의 이자를 붙여서 기한 전에 반환할 수 있다.

(나) 반환시기의 약정이 없는 경우 이 경우에는 대주는 상당한 기간을 정하여 반환을 최고(이는 소장의 송달로도 할 수 있다. 대판 1969. 1. 28, 68다2313 등)하여야 한다(603조 2항 본문). 그리고 그 기간이 경과하여야 지체책임을 물을 수 있다(C-85 참조). 그러나 차주는 언제든지 반환할 수 있다(603조 2항 단서). 그리하여 이자부 소비대차의 차주도 언제라도 그때까지의 이자를 붙여 반환할 수 있다.

(2) 이자지급의무(이자부 소비대차의 경우)

소비대차를 하면서 이자를 지급하기로 약정한 경우(이자부 소비대차)에는 차주는 이자를 지급하여야 한다. 이율은 이자제한법(및 대부업법)의 제한을 넘지 않는 범위 내에서 자유롭게 정할 수 있으며(이자의 제한에 대하여는 C-63 이하 참조), 이자지급 약정만 하고 이율을 정하지 않은 때에는 법정이율에 의한다(민사상 연 5푼(379조), 상사상 연 6푼(상법 54조)).

이자는 차주가 목적물의 인도를 받은 때(자기앞수표는 현금과 같이 취급되므로, 그것이 교부된 때부터 이자가 발생한다. 대판 2003. 5. 16, 2002다65745)로부터 계산하여야 하나, 차주가 그의 책임있는 사유로 수령을 지체할 때에는 대주가 이행을 제공한 때로부터 이자를 계산하여야 한다(600조).

(3) 담보제공의무

소비대차를 하면서 대주가 그의 반환채권(원본 및 이자)을 확보하기 위하여 차주에게 담보(물적 담보·인적 담보)를 제공하도록 하는 경우가 있다. 그러한 경우에는 차주는 담보제공의무를 이행하여야 한다.

Ⅳ. 준소비대차 D-201

(1) 의 의

계약당사자 쌍방이 소비대차에 의하지 않고 금전 기타의 대체물을 지급할 의무가 있는 경우에 당사자가 그 목적물을 소비대차의 목적으로 할 것을 약정한 때에는 소비대차의 효력이 있다(605조). 이를 준소비대차라고 한다. 매매계약의 당사자가 매매대금채무를 소비대차로 하기로 합의한 때가 그 예이다. 준소비대차는 기존채무를 소멸시키고 신채무를 성립시키는 계약인 점에서 경개(C-432 참조)와 같지만, 두 채무 사이에 동일성이 있는 점에서 경개와 차이가 있다(준소비대차와 경개의 구별에 관하여 대판 2006. 12. 22, 2004다37669 등도 참조).

(2) 성립요건

1) 준소비대차가 성립하려면 당사자 사이에 금전 기타의 대체물의 급부를 목적으로 하는 채무가 존재하고 있어야 한다(대판 2024. 4. 25, 2022다254024). 그 채무가 소비대차에 의하여 생긴 것이라도 무방하다(통설·판례도 같음. 대판 1994. 5. 13, 94다8440)(605조가 「소비대차에 의하지 아니하고」라고 한 것은 보통의 경우를 규정한 것이라고 이해하여야 한다). 기존채무가 부존재이거나 무효이면 준소비대차는 성립하지 않는다(대판 2024. 4. 25, 2022다254024 등). 그리고 준소비대차계약의 채무자가 기존 채무의 부존재를 주장하는 이상 채권자로서는 기존 채무의 존재를 증명할 책임이 있다(대판 2024. 4. 25, 2022다254024).

2) 「기존채무의 당사자가」(대판 2002. 12. 6, 2001다2846) 그 채무의 목적물을 소비대차의 목적으로 한다는 합의를 하여야 한다.

판 례 대환의 법적 성질

「현실적인 자금의 수수 없이 형식적으로만 신규대출을 하여 기존채무를 변제하는 이른바 대환은 특별한 사정이 없는 한 형식적으로는 별도의 대출에 해당하나, 실질적으로는 기존채무의 변제기 연장에 불과하므로, 그 법률적 성질은 기존채무가 여전히 동일성을 유지한 채 존속하는 준소비대차로 보아야 하고, 이러한 경우 채권자와 보증인 사이에 사전에 신규 대출 형식에 의한 대환을 하는 경우 보증책임을 면하기로 약정하는 등의 특별한 사정이 없는 한 기존채무에 대한 보증책임이 존속된다.」(대판 2012. 2. 23, 2011다76426)

(3) 효 력

준소비대차는 소비대차의 효력이 생긴다(605조). 그리하여 기존채무는 소멸하고 소비대차에 의하여 신채무가 성립한다. 그리고 기존채무와 신채무는 원칙적으로 동일성이 있으므로(대판 2007. 1. 11, 2005다47175 등), 기존채무에 관하여 존재하는 담보권(대판 1994. 5. 13, 94다8440)·보증(대판 2002. 10. 11, 2001다7445: 대환의 경우)과 동시이행의 항변권은 그대로 존속한다고 할 것이다(다른 특약이 있을 경우에는 다름). 그러나 소멸시효는 언제나 신채무를 기준으로 한다. 따라서 신채권을 행사할 수 있을 때(가령 신채무의 변제기)부터 진행하고, 그 기간은 신채무의 객관적 성질에 의하여 결정된다(예: 대판 1981. 12. 22, 80다1363).

제 5 절 사용대차

D-202 I. 사용대차의 의의 및 법적 성질

(1) 의 의

사용대차는 당사자 일방(대주)이 상대방(차주)에게 무상으로 사용·수익하게 하기 위하여 목적물을 인도할 것을 약정하고, 상대방은 이를 사용·수익한 후 그 물건을 반환할 것을 약정함으로써 성립하는 계약이다(609조).

사용대차는 무상이라는 점에서 임대차와 다르고, 차용물 자체를 그대로 반환하는 점에서 임대차와 같고 소비대차와 다르다. 오늘날 사용대차의 의미는 별로 없다.

(2) 법적 성질

사용대차는 낙성·편무·무상계약이다.

Ⅱ. 사용대차의 성립

사용대차는 낙성계약이어서 대주와 차주가 — 위 의의에서 언급한 사항에 관하여 — 합의하면 곧바로 성립한다. 그 목적물은 물건이면 되고(권리는 아님), 동산인지 부동산인지(다만 농지의 사용대차는 원칙적으로 금지된다. 농지법 23조), 대체물인지 부대체물인지는 묻지 않는다. 그리고 대주의 소유에 속하는 경우는 물론 제3자 또는 차주의 소유에 속하여도 무방하다. 사용대차는 무상이나, 부담(예: 공조(公租)·공과(公課)의 부담)을 지울 수는 있다.

사용대차의 당사자는 대주가 목적물을 인도하기 전에는 언제든지 계약을 해제할 수 있다. 그러나 상대방에게 손해가 생긴 때에는 이를 배상하여야 한다(612조·601조).

Ⅲ. 사용대차의 효력 D-203

(1) 대주의 의무

1) 사용·수익 허용의무 대주는 차주에게 목적물을 인도하여 사용·수익을 하게 할 의무가 있다. 대주의 이 의무(용익 허용의무)는 임대차에서처럼 사용·수익에 적합한 상태를 마련해 주어야 할 적극적 의무가 아니고 정당한 용익을 방해하지 않을 소극적 의무에 지나지 않는다(611조 1항 참조. 이는 무상이기 때문이다).

2) 담보책임 대주의 담보책임에 관하여는 제559조(증여자의 담보책임)가 준용된다(612조. D-134 참조).

(2) 차주의 권리·의무

1) 목적물의 사용·수익권 차주는 계약 또는 차용물의 성질에 의하여 정하여진 용법으로 그 물건을 사용·수익할 권리(그 성질은 채권임)가 있다(610조 1항). 그리고 차주는 대주의 승낙이 없으면 제3자에게 차용물을 사용·수익하게 하지 못한다(610조 2항). 만약 차주가 이들을 위반한 때에는 대주는 계약을 해지할 수 있고(610조 3항), 손해가 있으면 그 배상을 청구할 수 있다(617조). 이 손해배상청구권은 대주가 목적물을 반환받은 날로부터 6개월 내에 행사하여야 한다(617조). 그리고 판례에 따르면, 사용대차의 차주가 대주의 승낙이 없이 제3자에게 차용물을 사용·수익하게 한 때에는 대주는 계약을 해지하지 않고서도 제3자

에 대하여 그 목적물의 인도를 청구할 수 있고, 사용대차에서 차주의 권리를 양도받은 자는 그 양도에 관한 대주의 승낙이 없으면 대주에게 대항할 수 없다고 한다(대판 2021. 2. 4, 2019다202795·202801).

판 례 사용차주에게 목적물 처분금지권한이 없다는 판결

「사용대차계약에 따라 사용차주는 목적물을 사용·수익할 권리를 취득하고 이를 위하여 사용대주에게 목적물의 인도를 구할 권리를 가진다고 할 것이지만, 나아가 사용차주에게 자신의 사용·수익을 위하여 소유자인 사용대주가 목적물을 처분하는 것까지 금지시킬 권능이 있다고 할 수는 없다.」(대판 2007. 1. 26, 2006다60526)

2) 차용물보관의무 차주는 선량한 관리자의 주의로 차용물을 보관하여야 한다(374조). 그리고 차주는 차용물의 통상의 필요비를 부담한다(611조 1항). 그 밖의 비용에 대하여는 제594조 제 2 항(환매의 경우의 비용상환)이 준용된다(611조 2항)(D-184 참조).

판 례 종중이 종중원에게 토지를 무상으로 사용하게 한 경우의 유익비상환 관련

「사용대차에서 차주는 민법 제611조 제 2 항, 제594조 제 2 항, 민법 제203조 제 2 항에 따라 유익비상환을 청구할 수 있다. 그러나 종중이 종중원에게 종중 소유 토지를 무상으로 사용하도록 하는 사용대차계약이 묵시적으로 성립했다고 볼 수 있는 … 경우에는 사용·수익에 충분한 기간이 지나면 종중의 반환 요청을 받은 종중원이 유익비를 지출하였더라도 그 상환을 청구하지 않고 토지를 그대로 반환한다는 묵시적 약정이 포함되어 있다고 보는 것이 당사자의 진정한 의사에 부합한다.」(대판 2018. 3. 27, 2015다3914·3921·3938)

3) 차용물반환의무 사용대차가 종료하면 차주는 차용물 자체를 반환하여야 한다. 그때 차주는 원상에 회복하여야 하는데, 부속시킨 물건은 철거할 수 있다(615조).

4) 공동차주의 연대의무 수인이 공동으로 물건을 차용한 때에는 연대하여 그 의무를 부담한다(616조).

D-204 Ⅳ. 사용대차의 종료

(1) 존속기간의 만료

당사자가 계약의 존속기간을 정한 경우에는, 그 기간이 만료된 때에 사용대차는 종료하고, 차주는 그때 차용물을 반환하여야 한다(613조 1항). 당사자가 존속기간을 정하지 않은 경우에는, 계약 또는 차용물의 성질에 의한 사용·수익이 종료한 때에 사용대차는 종료하고,

차주는 그때 반환하여야 한다(613조 2항 본문).

(2) 대주 또는 차주의 해지

차주가 차용물을 정하여진 용법으로 사용·수익하지 않거나 대주의 승낙 없이 제3자에게 사용·수익하게 한 때에는 대주는 계약을 해지할 수 있다(610조 3항). 그리고 존속기간을 정하지 않은 사용대차에 있어서 사용·수익에 충분한 기간이 경과한 때에는 대주는 언제든지 계약을 해지할 수 있다(613조 2항 단서). 이때는 현실로 사용·수익이 종료하였을 것이 필요하지 않다(대판 1978. 11. 28, 78사13). 여기서 사용·수익에 충분한 기간이 경과하였는지 여부는 제반사정을 종합적으로 고려하여 공평의 입장에서 대주에게 해지권을 인정하는 것이 타당한가의 여부에 의하여 판단하여야 한다(대판 2001. 7. 24, 2001다23669 등). 한편 차주가 사망하거나(대판 1993. 11. 26, 93다36806은 건물의 소유를 목적으로 하는 토지의 사용대차에 있어서는 대주가 차주의 사망사실을 사유로 들어 사용대차를 해지할 수 없다고 한다) 파산선고를 받은 때에는 대주는 계약을 해지할 수 있다(614조).

차주는 다른 특약이 없으면 언제든지 계약을 해지할 수 있다(153조 참조).

(3) 계약의 해제

앞에서 언급한 바와 같이, 목적물이 인도되기 전에는 당사자 모두 계약을 해제할 수 있다(D-202 참조).

제6절 임 대 차

Ⅰ. 서 설 D-205

1. 임대차의 의의 및 성질

(1) 의의 및 사회적 작용

임대차는 당사자 일방(임대인)이 상대방(임차인)에게 목적물(임대물)을 사용·수익하게 할 것을 약정하고, 상대방이 이에 대하여 차임을 지급할 것을 약정함으로써 성립하는 계약이다(618조). 임대차는 임차물 자체를 반환하여야 하는 점에서 소비대차와 다르고 사용대차와 같으며, 사용·수익의 대가를 지급하는 점에서 사용대차와 다르다.

임대차는 오늘날 물건을 소유하고 있지 않은 자가 타인의 물건(부동산·동산)을 이용하는 가장 대표적인 수단이 되고 있으며, 따라서 그것은 매매와 함께 가장 중요한 전형계약이라고 할 수 있다.

(2) 법적 성질

임대차는 낙성·쌍무·유상·불요식의 계약이다.

2. 부동산임차권의 강화(물권화)

(1) 토지·건물과 같은 부동산은 공급이 무한할 수 없다. 그 결과 필요한 부동산을 소유하지 못한 자는 타인의 부동산을 사용하는 수밖에 없다. 이때 쓸 수 있는 방법에는 용익물권과 임대차의 두 가지가 있다. 이 가운데 용익물권의 경우에는 이용자의 권리(물권)가 강하여 큰 걱정이 없다. 그에 비하여 임대차의 경우에는 그의 지위가 약하여(채권) 문제이다. 특히 부동산의 공급은 적고 수요는 많을 때에는 소유자에게 유리한 내용으로 임대차계약이 체결될 가능성이 크다. 그런데 부동산의 임차인은 대체로 빌린 토지나 건물을 기반으로 하여 생활을 영위하고 있기 때문에, 그의 열악한 지위를 그대로 방치해서는 안 된다. 여기서 많은 나라들이 부동산임차인을 보호하는 규정을 민법이나 특별법에 두게 되었다. 그 내용은 — 모두는 아니지만 — 대부분이 물권에 대하여 인정되는 것들이다. 그리하여 학자들은 이를 가리켜 「부동산임차권의 물권화」 또는 「부동산임차권의 강화」라고 한다.

부동산임차권 강화의 내용에는 여러 가지가 있으나, 보통 ① 대항력 강화(임차권을 가지고 제 3 자에게 대항할 수 있도록 하는 것), ② 침해배제(제 3 자의 침해 시 침해배제 인정), ③ 임차권의 자유처분 허용, ④ 존속기간의 보장을 든다.

(2) 우리나라에서도 부동산임차인을 보호하여야 할 필요성은 크다. 그리하여 민법은 의용민법에는 없던 규정들을 신설하면서까지 부동산임차인의 보호를 강화하였다(예: 622조). 그러나 민법상의 부동산임차인 보호는 충분하지 않다(대항력 강화만이 다소의 의미가 있을 뿐이다. 621조·622조 참조). 특히 주택난이 심각한 대도시에서의 주택임차인 보호는 대단히 미흡하다. 그 때문에 우리나라에서는 특별법으로 「주택임대차보호법」을 제정하여, 주택임차인을 보호하고 있다. 그런가 하면 상가건물의 임차인을 보호하기 위하여 「상가건물 임대차보호법」을 제정·시행하고 있다. 이 두 법의 내용에 대하여는 뒤에 자세히 설명한다(D-248 이하와 D-268 이하 참조).

D-206 Ⅱ. 임대차의 성립

(1) 성립요건

임대차는 낙성계약이므로 임대인과 임차인 사이에 일정한 합의만 있으면 성립한다. 그 합의는 적어도 본질적인 구성부분인 목적물과 차임에 관하여는 반드시 있어야 한다.

(2) 목 적 물

임대차의 목적물은 물건이며, 권리는 포함되지 않는다(권리가 객체인 경우에는 임대차와 유사한 무명계약이 성립한다고 할 것이다). 그리고 임대차에 있어서는 목적물 자체를 반환하여야 하기 때문에 물건 중 「관리할 수 있는 자연력」(98조 참조)은 임대차의 목적물이 되지 못한다. 그러나 물건 자체를 반환할 수 있는 한 대체물·소비물이라도 목적물이 될 수 있다(예: 전시의 목적으로 금전을 유상으로 빌린 경우).

부동산도 임대차의 목적물이 되나, 농지에 관하여는 특별법상 제한이 있다. 즉 농지법은 농지의 임대차를 원칙적으로 금지하고 일정한 경우에만 예외를 인정한다(동법 23조. 동법은 계약방법(서면계약을 원칙으로 함. 24조)·3년의 최단기간(24조의 2)·묵시적 갱신(25조)·임대인의 지위승계(26조)·편면적 강행규정(26조의 2) 등도 규정한다).

임대차에 있어서 소비대차와 달리 임대인은 목적물의 소유권을 임차인에게 이전할 의무가 없다(소비의 방법으로 사용하지 않기 때문이다). 따라서 임대인이 목적물에 대한 소유권이나 기타 그것을 처분할 권한을 반드시 가져야 하는 것이 아니다(통설·판례도 같음. 대판 1996. 9. 6, 94다54641 등).

Ⅲ. 임대차의 존속기간

D-207

1. 계약으로 기간을 정한 경우

(1) 계약으로 정한 기간

임대차의 당사자가 그 존속기간을 계약으로 정한 경우에는 그 기간이 존속기간이 된다. 그 기간에 대하여는 제한이 없다(개정 전 651조 1항은 일정한 경우를 제외하고는 임대차의 최장기간을 20년으로 제한하였음). 그러나 그 기간을 「영구무한」으로 정할 수는 없다고 하여야 한다. 그런데 그러한 약정을 한 경우에 존속기간을 어떻게 해석하여야 하는지 문제이다. 그 경우에는 존속기간을 정하지 않은 것으로 이해할 수밖에 없을 것이다(그리하여 635조를 적용해야 함). 그에 비하여 판례는, 당사자들이 자유로운 의사에 따라 임대차기간을 영구로 정한 약정은 이를 무효로 볼 만한 특별한 사정이 없는 한 계약자유의 원칙에 의하여 허용된다고 한다(대판 2023. 6. 1, 2023다209045). 그러면서 영구임대라는 임대차기간의 보장은 임대인에게는 의무가 되나 임차인에게는 권리의 성격을 갖는 것이므로 임차인으로서는 언제라도 그 권리를 포기할 수 있고, 그렇게 되면 임대차계약은 임차인에게 기간의 정함이 없는 임대차가 된다고 한다(대판 2023. 6. 1, 2023다209045).

(2) 임대차의 갱신(기간의 연장)

민법은 존속기간을 계약으로 정한 임대차에 대하여 갱신(更新)을 인정하고 있는데, 민법이 정하는 갱신에는 계약에 의한 것과 법률에 의한 것(묵시의 갱신 또는 법정갱신)의 두 가지가 있다.

1) 계약에 의한 갱신

(가) 보통의 경우 당사자가 계약으로 정한 임대차의 존속기간은 갱신할 수 있다. 여기에 관하여는 명문규정이 없으나(개정 전 651조 2항 1문 참조), 계약자유의 원칙상 당연하다. 그리고 갱신된 임대차의 존속기간은 제한이 없으며(개정 전 651조 2항 2문은 10년을 넘지 못한다고 하였음), 갱신 횟수에도 제한이 없다.

(나) 일정한 목적의 토지임대차에 있어서의 계약갱신청구권과 지상시설의 매수청구권

(a) 건물 기타 공작물의 소유 또는 식목·채염·목축을 목적으로 한 토지임대차의 기간이 만료한 경우에, 건물·수목 기타 지상시설이 현존한 때에는, 임차인은 계약의 갱신을 청구할 수 있다(643조·283조 1항).

갱신청구권을 행사할 수 있으려면 임대차 기간이 만료하고 그때 건물·수목 기타의 지상시설이 현존하고 있어야만 한다(임차인의 채무불이행 등의 사유로 임대차계약이 해지된 경우에는 계약갱신청구권이 없다. 대판 1972. 12. 26, 72다2013). 임차인의 갱신청구권은 형성권이 아니고 청구권이다. 따라서 갱신청구에 의하여 갱신의 효과가 생기지는 않으며, 임대인이 그에 응하여 갱신계약을 체결하여야 갱신의 효과가 생긴다. 그리고 민법규정상 임차인이 그 권리를 행사하여도 임대인은 이를 거절할 수 있다(643조 · 283조 2항 참조). 다만, 임대인이 거절하면 임차인은 다음에 설명하는 지상시설의 매수청구권을 행사할 수 있다(그 권리는 형성권이다).

D-208 **(b) 임대인이 계약의 갱신을 원하지 않는 때에는 위 (a)의 토지임차인은 상당한 가액으로 건물 · 수목 기타 지상시설의 매수를 청구할 수 있다(643조 · 283조 2항).**

a) **민법규정상 이 매수청구권(지상시설 매수청구권 내지 지상물 매수청구권)을 행사할 수 있는 것은** 당사자가 정한 임대차의 기간이 만료되고 지상시설이 현존하는 경우에 한한다. 그런데 판례는 기간의 정함이 없는 임대차에 있어서 임대인의 해지통고에 의하여 임차권이 소멸한 경우에도 매수청구권을 인정한다(대판(전원) 1995. 7. 11, 94다34265[핵심판례 340면]; 대판 1995. 12. 26, 95다42195 등). 그리고 이때 임차인이 계약갱신청구를 했는지도 묻지 않는다(대판 2009. 11. 26, 2009다70012). 그에 비하여 토지임차인의 차임연체 등 채무불이행을 이유로 임대차계약이 해지된 경우에는 매수청구권이 없다(대판 2003. 4. 22, 2003다7685 등 다수).

b) 건물 등의 지상시설이 객관적으로 경제적 가치가 있는지 또는 임대인에게 소용이 있는지는 묻지 않는다(대판 2002. 5. 31, 2001다42080). 그리고 매수청구권의 대상이 되는 건물은 그것이 토지의 임대목적에 반하여 축조되고 임대인이 예상할 수 없을 정도의 고가의 것이라는 특별한 사정이 없는 한 임대차기간 중에 축조되었다고 하더라도 그 만료시에 그 가치가 잔존하고 있으면 그 범위에 포함되는 것이고, 반드시 임대차계약 당시의 기존건물이거나 임대인의 동의를 얻어 신축한 것에 한정되지 않는다(대판 1993. 11. 12, 93다34589). 또한 행정관청의 허가를 받은 적법한 건물이 아니라도 무방하다(대판 2013. 11. 28, 2013다48364 등). 그런가 하면 종전 임차인으로부터 미등기 무허가건물을 매수하여 점유하고 있는 임차인은 특별한 사정이 없는 한 비록 소유자로서의 등기명의가 없어 소유권을 취득하지 못하였다 하더라도 임대인에 대하여 지상물매수청구권을 행사할 수 있는 지위에 있다(대판 2013. 11. 28, 2013다48364).

판례는, 제643조가 규정하는 매수청구의 대상이 되는 건물에는 임차인이 임차토지상에 그 건물을 소유하면서 그 필요에 따라 설치한 것으로서 건물로부터 용이하게 분리될 수 없고 그 건물을 사용하는 데 객관적인 편익을 주는 부속물이나 부속시설 등이 포함되는 것이지만, 이와 달리 임차인이 자신의 특수한 용도나 사업을 위하여 설치한 물건이나 시설은 이에 해당하지 않는다고 한다(대판 2002. 11. 13, 2002다46003 · 46027 · 46010).

D-209 c) **지상시설이 건물 기타 공작물인 경우에는 토지임대차가 그것들의 소유를 목적으로 하였어야 한다.** 따라서 노점상의 간이천막을 설치하기 위하여 토지를 임차한 경우에는 매수청구권이 없다(대판 1994. 4. 12, 93다37649). 화초의 판매용지로 임차한 자가 그 위에 비닐하우스를 설

치한 때에도 같다(대판 1997. 2. 14, 96다46668 참조).

d) **건물에 저당권(또는 근저당권)이 설정되어 있더라도 매수청구권을 행사할 수 있다**(대판 1972. 5. 23, 72다341; 대판 2008. 5. 29, 2007다4356. 첫째의 판결은 대판(전원) 1995. 7. 11, 94다34265[핵심판례 340면] 및 대판(전원) 1996. 3. 21, 93다42634에 의하여 변경되었으나, 이 부분에 대하여는 그렇지 않다). 그리고 판례는, 이러한 경우에도 그 건물의 매수가격은 건물 자체의 가격 외에 건물의 위치, 주변 토지의 여러 사정 등을 종합적으로 고려하여 매수청구권 행사 당시 건물이 현재하는 대로의 상태에서 평가된 시가 상당액을 의미하고, 여기에서 근저당권의 채권최고액이나 피담보채무액을 공제한 금액을 매수가격으로 정할 것은 아니며, 다만 매수청구권을 행사한 지상건물 소유자가 위와 같은 근저당권을 말소하지 않는 경우 토지소유자는 제588조에 의하여 위 근저당권의 말소등기가 될 때까지 그 채권최고액에 상당한 대금의 지급을 거절할 수 있다고 한다(대판 2008. 5. 29, 2007다4356).

e) **임차인 소유 건물이 임대인이 임대한 토지 외에 임차인 또는 제 3 자 소유의 토지 위에 걸쳐서 건립되어 있는 경우에** 어떤 범위에서 매수청구를 할 수 있는가? 여기에 관하여 판례는 과거에는, 특별한 사정이 없는 한 매수청구를 할 수 없다는 것(대판 1972. 5. 23, 72다341)과 인접한 임차인 소유 대지 위에 건립된 건물부분이 효용가치가 극히 적은 경우에 있어서 건물 전체에 대한 매수청구권을 인정한 것(대판 1991. 3. 27, 90다카20357)이 있어서 통일되어 있지 않았다. 그런데 그 후 전원합의체 판결에 의하여 이들 판결을 모두 폐기하고, 그러한 경우에는 「임차지 상에 서 있는 건물부분 중 구분소유의 객체가 될 수 있는 부분에 한하여 임차인에게 매수청구가 허용된다」고 하였다(대판(전원) 1996. 3. 21, 93다42634).

f) **이 매수청구권은 지상시설의 소유자만이 행사할 수 있고**, 따라서 건물을 신축한 토지임 D-210
차인이 그 건물을 타인에게 양도한 경우에는 그 임차인은 매수청구권을 행사할 수 없다(대판 1993. 7. 27, 93다6386). 그리고 매수청구권의 상대방은 원칙적으로 기간만료(또는 해지통고)로 인하여 임차권이 소멸할 당시의 토지소유자인 임대인이지만, 임대인이 제 3 자에게 토지를 양도하는 등으로 토지 소유권이 이전된 경우에는 임대인의 지위가 승계되거나 임차인이 토지소유자에게 임차권을 대항할 수 있다면(건물에 관하여 보존등기가 되어 있는 경우. 622조 참조) 새로운 토지소유자를 상대로 위 매수청구권을 행사할 수 있다(대판 2017. 4. 26, 2014다72449 · 72456[핵심판례 342면] 등)(대판 1994. 7. 29, 93다59717 · 59724는 임대인이 임차권 소멸 당시에 토지소유권을 상실한 경우에는 「그에게」 매수청구권을 행사할 수 없다고 한다). 한편 토지소유자가 아닌 제 3 자가 토지 임대행위를 한 경우에는 제 3 자가 토지 소유자를 적법하게 대리하거나 토지 소유자가 제 3 자의 무권대리행위를 추인하는 등으로 임대차계약의 효과가 토지 소유자에게 귀속되었다면 토지 소유자가 임대인으로서 지상물매수청구권의 상대방이 된다(대판 2017. 4. 26, 2014다72449 · 72456). 그러나 제 3 자가 임대차계약의 당사자로서 토지를 임대하였다면, 토지소유자가 임대인의 지위를 승계하였다는 등의 특별한 사정이 없는 한 임대인이 아닌 토지소유자가 직접 지상물매수청구권의 상대방이 될 수는 없다(대판 2017. 4. 26, 2014다72449 · 72456[핵심판례 342면]). 그리고 토지소유자가 아닌 제 3 자가 토지를 임대한 경우에 임대인은 특별한 사정이 없는 한 지상물매수청구권의 상대방이 될 수 없다(대판 2022. 4. 14, 2020다254228 · 254235).

g) 이 매수청구권은 그 행사에 특정한 방식이 요구되지 않는 것으로서 재판상으로뿐만 아니라 재판 외에서도 행사할 수 있고, 그 행사시기에 대하여도 제한이 없으므로 임차인이 건물 매수청구권을 제1심에서 행사하였다가 철회한 후 항소심에서 다시 행사하여도 무방하다(대판 2002. 5. 31, 2001다42080). 그리고 판례는, 토지임차인이 건물의 매수청구권을 행사할 수 있음에도 불구하고 이를 행사하지 않은 채 토지의 임대인이 제기한 토지인도 및 건물철거소송에서 패소하여 그 패소판결이 확정되었다고 하더라도, 그 확정판결에 의하여 건물철거가 집행되지 않은 이상, 토지의 임차인은 건물 매수청구권을 행사하여 별소로써 임대인에 대하여 건물 매매대금의 지급을 구할 수 있다고 한다(대판 1995. 12. 26, 95다42195). 또한 임차인의 건물 매수청구권이 인정되는 경우에는, 임대인의 건물철거 및 대지인도청구는 건물 매매대금의 지급과 상환으로 구하지 않으면 기각될 수밖에 없다고 한다(대판 2009. 11. 26, 2009다70012).

D-211 h) 지상시설 매수청구권은 형성권이어서 그 권리가 행사되면 임대인과 임차인 사이에 지상시설에 관하여 매수청구권 행사 당시의 건물 시가를 대금으로 하는 매매가 성립하며, 임대인은 매수를 거절하지 못한다(통설 · 판례도 같음. 대판(전원) 1995. 7. 11, 94다34265[핵심판례 340면] 등). 건물 매수청구권을 행사한 경우에 그 건물의 매수가격은 건물 자체의 가격 외에 건물의 위치·주변토지의 여러 사정 등을 종합적으로 고려하여 매수청구권의 행사 당시 건물이 현존하는 대로의 상태에서 평가된 시가이다(대판 2024. 4. 12, 2023다309020 · 309037). 시가를 산정함에 있어서 그 건물에서 임차인이 영업을 하면서 얻고 있었던 수익까지 고려할 것은 아니다(대판 1997. 12. 23, 97다37753). 그리고 건물의 매수청구가 있으면 건물시가를 대금으로 하는 매매계약이 체결된 것과 같은 효과가 생길 뿐이므로, 임차인이 기존건물을 철거하고 새건물을 신축하기 위하여 지출한 비용을 임대인이 보상할 의무는 없다(대판 2002. 11. 13, 2002다46003). 한편 지상물매수청구의 대상이 된 건물의 매수가격에 관하여 당사자 사이에 의사합치가 이루어지지 않았다면, 법원은 여러 사정을 종합적으로 고려하여 인정된 매수청구권 행사 당시의 건물 시가를 매매대금으로 하는 매매계약이 성립하였음을 인정할 수 있을 뿐, 그와 같이 인정된 시가를 임의로 증감하여 직권으로 매매대금을 정할 수는 없다(대판 2024. 4. 12, 2023다309020 · 309037. 매수청구권의 행사로써 곧바로 행사 당시의 건물 시가를 대금으로 하는 매매계약이 체결된 것과 같은 효과가 발생하므로).

토지임차인의 매수청구권 행사로 지상건물에 대하여 매매가 성립한 경우에, 토지임차인의 건물인도의무 및 그 소유권이전등기 의무와 토지임대인의 건물 대금지급의무는 서로 대가관계에 있는 채무이므로, 임차인은 임대인의 건물인도청구에 대하여 대금지급과의 동시이행을 주장할 수 있다(대판 1991. 4. 9, 91다3260). 그리고 임차인이 그 의무를 모두 이행하지 않았다면 임대인에게 그 매매대금에 대한 지연손해금을 청구할 수 없다(대판 1998. 5. 8, 98다2389).

판 례 임차인의 지상시설 매수청구권 관련

(ㄱ) 대법원은 토지임대인이 임차인에 대하여 건물철거와 그 부지의 인도를 청구하자 임차인이 지상시설 매수청구권을 행사한 경우에 관하여, 「원고의 건물철거와 그 부지인도청구에는 건물 매수대금 지급과 동시에 건물명도를 구하는 청구가 포함되어 있다고 볼 수는 없다고 함이 당원의 견해」라고 한 뒤, 그러한 경우에 「법원으로서는 임대인이 종전의 청구를 계속 유지할 것인지, 아니면 대금지급과 상환으로 지상물의 명도를 청구할 의사가 있는 것인지(예비적으로라도)를 석명하고 임대인이 그 석명에 응하여 소를 변경한 때에는 지상물 명도의 판결을 함으로써 분쟁의 1회적 해결을 꾀하여야 한다」고 하였다(대판(전원) 1995. 7. 11, 94다34265[핵심판례 340면]).

(ㄴ) 「건물 기타 공작물의 소유를 목적으로 한 토지임대차에 있어서 임차인이 그 지상건물 등에 대하여 민법 제643조 소정의 매수청구권을 행사한 후에 그 임대인인 토지의 소유자로부터 매수대금을 지급받을 때까지 그 지상건물 등의 인도를 거부할 수 있다고 하여도, 지상건물 등의 점유·사용을 통하여 그 부지를 계속하여 점유·사용하는 한 그로 인한 부당이득으로서 부지의 임료 상당액을 반환하여야 할 의무가 있다.」(대판 1997. 3. 14, 95다15728. 동지 대판 2001. 6. 1, 99다60535)

(c) 계약의 갱신청구권과 지상시설의 매수청구권을 규정한 **제643조는 강행규정**이며, 그에 위반하는 약정으로서 임차인에게 불리한 것은 효력이 없다(즉 편면적 강행규정이다)(652조). 여기서 임차인(또는 전차인)에게 불리한 약정인지는, 우선 당해 계약의 조건 자체에 의하여 가려져야 하지만, 계약체결 경위와 제반사정 등을 종합적으로 고려하여 실질적으로 임차인 등에게 불리하다고 볼 수 없는 특별한 사정을 인정할 수 있을 때에는 강행규정에 저촉되지 않는 것으로 보아야 한다(대판 2011. 5. 26, 2011다1231).

2) 묵시의 갱신(법정갱신) D-212

(가) 임대차기간이 만료한 후 임차인이 임차물의 사용·수익을 계속하는 경우에, 임대인이 상당한 기간 내에 이의를 하지 않는 때에는, 전(前) 임대차와 동일한 조건으로 다시 임대차한 것으로 본다(639조 1항 본문). 다만, 존속기간은 약정이 없는 것으로 다루어져서 당사자는 언제든지 계약해지의 통고를 할 수 있고, 일정한 기간이 경과하면 해지의 효력이 생긴다(639조 1항 단서·635조). 이를 묵시의 갱신 또는 법정갱신이라고 한다.

제639조 제 1 항의 경우에 임대인의 이의는 명시적으로뿐만 아니라 묵시적으로도 할 수 있고, 차임을 증액하지 않으면 임대차관계를 지속하지 않겠다는 것과 같이 조건부로도 할 수 있으나, 임차인의 신뢰를 보호하기 위한 위 규정의 취지에 비추어 볼 때, 묵시적 또는 조건부 이의가 있다고 보기 위해서는 더 이상 임대차관계를 지속하지 않겠다는 임대인의 의사를 객관적으로 추단할 만한 사정이 있어야 한다(대판 2025. 3. 13, 2024다315046). 그리고 제628조의 차임증액청구권은 임대차계약이 존속하고 있음을 전제로 행사하는 권리이므로, 임대인이 전 임대차기간 만료 후 차임증액청구권을 행사하였다는 사정만으로는 임대인이

더 이상 임대차관계를 지속하지 않겠다는 의사에 기하여 제639조 제1항의 이의를 하였다고 보기 어렵다(대판 2025. 3. 13, 2024다315046). 그에 비하여 임대인이 소로써 임대건물의 철거와 대지의 인도를 청구하고 있으면 특별한 사정이 없는 한 그 후부터는 묵시의 갱신을 인정할 수 없다(대판 1967. 1. 24, 66다2202).

(나) 묵시의 갱신이 되는 경우에는, 전 임대차에 대하여 제3자가 제공한 담보(여기의 담보는 질권·저당권·보증 등을 가리키고, 건물의 임차보증금채권이 양도되었을 경우까지도 포함되는 개념은 아니다. 대판 1977. 6. 7, 76다951)는 전 임대차기간이 만료된 때에 법률상 당연히 소멸한다(639조 2항)(639조 2항은 당사자들의 합의에 의하여 임대차기간이 연장된 경우에는 적용되지 않는다. 대판 2005. 4. 14, 2004다63293). 이때 소멸하는 담보는 제3자가 제공한 것만이며, 당사자가 제공한 것은 소멸하지 않는다.

(다) 제639조는 제652조에 강행규정으로 열거되어 있지 않으나, 동조가 의용민법(동법 619조 참조)에서와 달리 의제규정으로 개정된 점을 고려할 때 강행규정이라고 새겨야 한다(동지 대판 1964. 12. 8, 64누62).

D-213 2. 계약으로 기간을 정하지 않은 경우

(1) 임대차(위토경작계약은 임대차와 성질이 다르므로 거기에 635조는 적용되지 않으며(대판 1964. 7. 22, 63다1124), 경작자가 분묘수호 또는 제수준비의무를 불이행한 경우에 한하여 일반 계약해제 규정에 따라 해제할 수 있다(대판 1964. 5. 26, 63다984))의 당사자가 그 존속기간을 계약으로 정하지 않은 때는, 당사자(임대인·임차인 모두)는 언제든지 계약해지의 통고를 할 수 있고(635조 1항), 그 경우 해지의 효력은 상대방이 해지통고(임대인의 건물철거소송의 제기 자체도 해지의 통고에 해당한다. 대판 1984. 3. 27, 83다카841 등)를 받은 날로부터 일정한 기간이 경과한 후에 생긴다(635조 2항). 그 기간을 해지기간이라고 하는데(D-131 참조), 해지기간은 토지·건물 기타 공작물에 대하여는 임대인이 해지를 통고한 경우에는 6개월이고, 임차인이 해지를 통고한 경우에는 1개월이며, 동산에 대하여는 누가 해지통고를 하든 5일이다(635조 2항 1호·2호).

(2) 당사자가 존속기간을 정하였을지라도 당사자 일방 또는 쌍방이 그 기간 내에 해지할 권리를 보류한 때에는 제635조가 준용된다(636조).

(3) 제635조는 편면적 강행규정이다(652조).

(4) 임대차계약이 해지의 통고로 종료된 경우에, 이전에 그 임대물이 적법하게 전대(D-232 이하 참조)되었을 때에는, 임대인은 전차인에 대하여 그 사유를 통지하지 않으면 해지로써 전차인에게 대항하지 못한다(638조 1항). 전차인이 임대인의 통지를 받은 때에는 제635조 제2항이 준용되어 통지를 받은 날로부터 일정기간이 경과한 후에 해지의 효력이 생긴다(638조 2항). 이 규정도 강행규정이다(652조).

D-214 3. 단기임대차의 존속기간

(1) 임대차는 처분행위가 아니고 관리행위이어서 처분의 능력이나 권한이 없는 자도 이를 할 수 있다. 그러나 지나치게 장기로 임대차를 하는 것은 실질적으로는 처분행위와

같아지므로, 민법은 처분의 능력 또는 권한 없는 자에 대하여는 일정한 기간을 넘는 임대차를 금지하고 있다. 즉 그러한 자가 행한 임대차는, 식목·채염 또는 석조·석회조·연와조 및 이와 유사한 건축을 목적으로 한 토지의 임대차의 경우에는 10년(619조 1호), 기타의 토지의 임대차의 경우에는 5년(619조 2호), 건물 기타 공작물의 임대차의 경우에는 3년(619조 3호), 동산의 임대차의 경우에는 6개월(619조 4호)을 넘지 못한다. 이를 보통 「단기임대차」라고 한다.

(2) 「처분의 능력 또는 권한 없는 자」는 「관리능력은 있어도 처분능력은 없는 자」와 「관리권한은 있어도 처분권한은 없는 자」를 가리키는데, 민법상 전자에 해당하는 자는 없으며(입법상의 잘못이다), 후자에 해당하는 자에는 부재자의 재산관리인(25조)·권한이 정해져 있지 않은 대리인(118조)·후견인(950조·946조)·상속재산관리인(1023조 2항·1047조 2항·1053조 2항) 등이 있다.

(3) 단기임대차의 기간은 계약으로 갱신할 수 있으나(620조 본문), 그러려면 존속기간이 만료될 때까지의 기간이 토지에 대하여는 1년, 건물 기타 공작물에 대하여는 3개월, 동산에 대하여는 1개월 이내에 있어야 하며, 그 이전에 갱신하지 못한다(620조 단서). 그리고 갱신되는 기간은 제619조가 정하는 것을 넘지 못한다.

(4) 처분권한 없는 자가 제619조가 정한 기간을 넘는 임대차를 한 경우의 효과는 권한을 정하는 법률규정에 따라 해석되어야 하나, 보통은 무권대리가 될 것이다. 그때 그 계약이 전부무효(130조 참조)로 될 것인가가 문제이나, 통설은 일부무효의 법리(137조)를 적용하여 만일에 그러한 단기라면 임차인 쪽에서 계약을 하지 않았으리라고 인정될 만한 사정이 없는 한 제619조의 기간으로 단축된다고 해석한다. 그러나 거기에는 제126조가 적용되어야 할 것이다(A-222 이하 참조).

Ⅳ. 임대차의 효력 D-215

1. 서 설

임대차가 성립하면 그에 기하여 임대인과 임차인의 권리·의무가 생기게 된다. 그런데 두 당사자의 권리와 의무는 보통 서로 대응하여 있는바, 아래에서는 임대차의 효력을 주로 의무의 측면에서 살펴보려고 하며, 필요한 때에만 권리에 대하여 설명할 것이다. 그리고 임차권의 양도와 임차물의 전대는 임차인의 권리·의무에 포함시켜 논할 수도 있으나, 특수한 점도 있어서 따로 떼어서 기술하려고 한다.

2. 임대인의 의무

(1) 목적물을 사용·수익하게 할 의무

임대인은 임대차계약이 존속하는 동안 임차인이 목적물을 사용·수익할 수 있게 할

「적극적 의무」를 부담한다. 그리고 이 의무에 의하여, 임대인은 우선 목적물을 임차인에게 인도하여야 하고, 계약이 존속하는 동안 그 사용·수익에 필요한 상태를 유지하여야 한다(623조). 어떠한 상태가 사용·수익에 적합한 상태인지 여부는 임대차 목적물의 통상적인 사용방법을 중심으로 하되, 단순히 물리적인 사용·수익 가능성뿐만 아니라, 임대차의 목적과 유형, 거래 관행, 계약의 내용을 통해 드러난 당사자의 의사 등을 종합적으로 고려하여 판단해야 한다(대판 2025. 5. 1, 2024다293580). 구체적인 의무들을 살펴본다.

1) 목적물인도의무 임대인은 임차인이 사용할 수 있도록 목적물을 임차인에게 인도하여야 한다(623조). 그리하여 만약 임대인이 임차인에게 인도하기 전에 목적물을 제3자에게 양도하거나 임대하였다면, 임대인의 사용·수익하게 할 의무는 이행불능으로 된다. 그리고 임대차계약이 성립한 후 그 존속기간 중에 임대인이 목적물에 대한 소유권을 상실한 경우에는, 그 사실만으로 임대인의 의무가 이행불능으로 되어 임대차가 종료하지는 않으나, 임차인이 진정한 소유자로부터 목적물의 반환청구와 차임 내지 그 해당액의 지급요구를 받아 사용·수익이 불가능해지거나 또는 임대인이 목적물을 제3자에게 양도하고 그 제3자가 임차인에게 목적물의 인도를 요구하여 이를 인도한 때에는, 임대인의 사용·수익하게 할 의무는 이행불능으로 된다(대판 1996. 9. 6, 94다54641 등). 그러나 임대인이 목적물을 제3자에게 양도하였더라도 임차인이 임차권을 가지고 그 제3자에게 대항할 수 있고, 그가 대항력을 행사하여 사용·수익을 계속하고 있으면, 임대인의 책임은 생기지 않는다.

2) 방해제거의무 임대인은 제3자가 점유침탈 등의 방법으로 임차인의 사용·수익을 방해하는 경우에는 그 방해를 제거할 의무가 있다. 임차인이 점유보호청구권이나 방해배제청구권을 가지고 있어도 같다.

D-216 **3) 수선의무**(修繕義務) 임대인이 임차인에 대하여 「사용·수익에 필요한 상태를 유지하게 할 의무」를 부담하는 결과로(623조 참조), 임대인은 사용·수익에 필요한 수선의무를 진다.

(가) 수선의무는 목적물이 인도된 뒤에 목적물에 파손이나 장해가 생긴 경우뿐만 아니라 임대인이 목적물을 인도할 당시에 목적물에 하자가 있었던 경우에도 인정된다. 임차인이 계약에 의하여 정하여진 목적에 따라 사용·수익하는 데 하자가 있는 목적물인 경우 임대인은 하자를 제거한 다음 임차인에게 하자 없는 목적물을 인도할 의무가 있으며, 임대인이 임차인에게 그와 같은 하자를 제거하지 않고 목적물을 인도하였다면 사후에라도 그 하자를 제거하여 임차인이 목적물을 사용·수익하는 데 아무런 장해가 없도록 해야만 하는 것이다(대판 2021. 4. 29, 2021다202309).

(나) 목적물에 파손 또는 장해가 생겼더라도 임차인이 큰 비용을 들이지 않고도 손쉽게 고칠 수 있을 정도의 사소한 것이어서 임차인의 사용·수익을 방해할 정도의 것이 아니라

면 임대인은 수선의무를 부담하지 않으며, 그것을 수선하지 않으면 임차인이 계약에 의하여 정해진 목적에 따라 사용·수익할 수 없는 상태로 될 정도의 것인 때에 수선의무를 부담한다(대판 2012. 3. 29, 2011다107405(이 판결은 임대인의 수선의무를 발생시키는 사용·수익의 방해에 해당하는지 여부에 대한 판단기준도 제시한다); 대판 2012. 6. 14, 2010다89876·89883 등 다수). 그리고 계약 당시에 임대차의 목적을 특별한 용도(예: 단란주점)로 정하지 않은 경우에는, 그 목적물에 대하여 통상의 사용·수익에 필요한 상태를 유지하여 주면 족하고, 임차인의 특별한 용도에 적합한 구조나 기타의 상태를 유지하게 할 의무까지는 없다(대판 1996. 11. 26, 96다28172).

(다) 수선의무는 수선이 가능한 때에만 인정되며, 수선이 불가능한 때에는 임대물의 전부 또는 일부의 멸실에 의한 이행불능이 문제된다.

(라) 수선의무는 임대물이 천재 기타 불가항력으로 인하여 파손된 경우에도 인정된다(이설 없음). 판례도, 임대인의 임차목적물의 사용·수익상태 유지의무(수선의무)는 임대인 자신에게 유책사유(귀책사유)가 있어 하자가 발생한 경우는 물론, 자신에게 유책사유가 없이 하자가 발생한 경우에도 면해지지 않으며(대판 2010. 4. 29, 2009다96984 등), 임대인이 그와 같은 하자 발생 사실을 몰랐다거나 반대로 임차인이 이를 알거나 알 수 있었다고 하더라도 마찬가지라고 하는 점(대판 2021. 4. 29, 2021다202309)에 비추어 볼 때, 같은 입장이라고 생각된다.

임차인의 유책사유로 임대물이 파손된 경우에도 임대인에게 수선의무가 있는가? 여기에 관하여 학설은 i) 긍정설(사견도 같음)과 ii) 부정설로 나뉘어 있다. i)설은 그 경우에는 수선은 임대인이 하고 수선한 임대인은 임차인에 대하여 임대물의 보관의무 위반 또는 불법행위를 이유로 손해배상을 청구할 수 있다고 한다. 그에 비하여 ii)설은 그 경우에는 신의칙상 수선의무를 부정해야 한다고 한다. 그러면서 그러한 경우에는 임차인이 스스로 수선하든지 임대인이 수선한 데 대하여 그 비용을 상환할 것이라고 한다.

(마) 임대인의 수선의무가 특약으로 면제될 수 있는가에 관하여 학설은 i) 긍정설, ii) 부정 D-217
설, iii) 긍정하되 대수선을 임차인에게 부담시키는 것은 허용하지 않는 견해로 나뉘어 있다(사견은 채권법각론 [131] 참조). 그리고 판례는, 특약에 의하여 수선의무를 면제하거나 임차인의 부담으로 돌릴 수 있으나, 그러한 특약에서 수선의무의 범위를 명시하고 있는 등의 특별한 사정이 없는 한, 그것은 통상 생길 수 있는 파손의 수선 등 소규모의 수선에 한하고, 대파손의 수리, 건물의 주요 구성부분에 대한 대수선, 기본적 설비부분의 교체 등과 같은 대규모의 수선은 이에 포함되지 않고 여전히 임대인이 그 수선의무를 부담한다고 한다(대판 1994. 12. 9, 94다34692·34708[핵심판례 344면]).

(바) 임대인의 수선의무 불이행이 있으면 임차인은 손해배상청구권(390조)과 계약해지권(544조 참조)뿐만 아니라 차임지급거절권 또는 감액청구권도 가지게 된다. 즉 임차인이 목적물을 전혀 사용할 수 없는 경우에는 차임 전부의 지급을 거절할 수 있고, 사용·수익이 부분적으로 지장을 받고 있는 경우에는 그 지장의 한도 내에서 차임의 지급을 거절할 수 있다(대판 1997. 4. 25, 96다44778·44785 등). 그리고 차임을 후급으로 지급하기로 한 때에 용익에 지장이 있었던 경우

에는 차임의 감액을 청구할 수 있다(627조의 유추적용).

(사) 임대인이 임대물의 보존에 필요한 수선을 하려고 하는 때에는, 임차인은 이를 거절하지 못한다(624조). 그런데 임대인이 임차인의 의사에 반하여 보존행위를 하고, 임차인이 이로 인하여 임차의 목적을 달성할 수 없는 때에는, 임차인은 계약을 해지할 수 있다(625조).

D-218 (2) 비용상환의무

1) 임차인이 임차물에 필요비·유익비 등의 비용을 지출한 경우에는, 임대인은 이를 상환하여야 한다.

(가) 필 요 비 임차인이 임차물의 보존에 관한 필요비를 지출한 때에는, 임차인은 임대인에 대하여 그 상환을 청구할 수 있다(626조 1항). 「임차물의 보존을 위하여 지출한 비용」(대판 2019. 11. 14, 2016다227694 등)인 필요비는 임대인의 사용·수익하게 할 의무의 내용으로서 마땅히 임대인이 부담하여야 한다. 임차인이 필요비를 지출한 경우에는 유익비와 달리 지출 후 즉시 상환청구를 할 수 있다.

(나) 유 익 비 임차인이 유익비를 지출한 경우에는, 임대인은 임대차 종료시에 그 가액의 증가가 현존한 때에 한하여, 임차인이 지출한 금액이나 그 증가액을 상환하여야 한다(626조 2항 1문)(상환액에 대하여는 임대인(채무자)에게 선택권이 주어지는 일종의 선택채권이다. C-68 이하 참조). 이 경우에 법원은 임대인의 청구에 의하여 상당한 상환기간을 허여할 수 있다(626조 2항 2문). 여기서 유익비란 임차인이 임차물의 객관적 가치를 증가시키기 위하여 투입한 비용을 말한다(대판 1991. 8. 27, 91다15591·15607 등). 대법원은 영업을 위한 건물의 임대차에 있어서 음식점 영업을 위한 내부공사비(대판 1991. 8. 27, 91다15591·15607), 카페 영업을 위한 내부시설공사비(대판 1991. 10. 8, 91다8029), 간이음식점 영업을 위한 간판설치비(대판 1994. 9. 30, 94다20389·20396)는 유익비가 아니라고 한다. 임차인이 유익비의 상환을 청구하는 경우에는 지출한 금액은 물론 증가액에 대하여도 임차인에게 증명책임이 있다(대판 1962. 10. 18, 62다437). 주의할 것은, 유익비 상환청구권은 임차인이 그의 비용으로 부가한 물건이 독립한 존재를 가지지 않는 경우에만 인정된다는 점이다. 부가한 것이 독립한 존재로 되는 때에는, 임차인이 그것의 소유권을 취득하게 되어(256조 단서) 그의 철거권과 부속물 매수청구권이 문제될 뿐이다(D-224 이하 참조).

D-219 2) 임차인의 비용상환청구권에 관한 규정은 임의규정이다. 따라서 이를 포기하는 당사자의 약정도 유효하다(대판 1996. 8. 20, 94다44705·44712 등 참조)(다만 필요비의 경우에는 제한된 범위에서 포기가 인정된다고 할 것이다). 실제에 있어서 건물임대차의 경우에 증·개축한 부분에 대하여 원상회복의무를 면하는 대신 유익비 상환청구권을 포기하는 약정을 하는 일이 자주 있다(대판 2002. 11. 22, 2002다38828 등 참조). 그리고 판례는, 임차인에게 임차건물의 개축·변조를 허용하면서 목적물 반환시에는 임차인이 일체의 비용을 부담하여 원상복구를 하기로 약정한 경우에 관하여, 그 약정은 유익비 상환청구권을 미리 포기하는 취지의 특약으로 이해한다(대판 1995. 6. 30, 95다12927 등).

3) 임차인의 필요비·유익비의 상환청구권은 임대인이 목적물을 반환받은 날로부터 6

개월 내에 행사하여야 한다(654조·617조). 즉 **6개월의 제척기간**에 걸린다(이설 있음). 그 기간의 기산점은 임대인이 목적물을 반환받은 때이나, 유익비에 관하여 법원이 기간을 허여한 때에는 그 기간이 된 때부터이다. 그리고 필요비의 경우에는 이 제척기간과 별도로 지출시부터 보통의 소멸시효가 진행한다.

임차인은 **비용상환청구권에 관하여 유치권**을 가진다. 다만, 필요비·유익비의 상환청구권을 포기하거나(대판 1975. 4. 22, 73다2010) 유익비에 관하여 기간을 허락받은 경우, 그리고 임대차가 종료한 후에 점유하는 경우(320조 2항 참조)에는 유치권이 생기지 않는다(B-300도 참조).

4) 판례는, 임차인의 유익비상환채권은 임대차계약이 종료한 때에 비로소 발생한다고 보아야 하고, 따라서 임대차 존속 중 임대인의 구상금채권의 소멸시효가 완성된 경우에는 위 구상금채권과 임차인의 유익비상환채권이 상계할 수 있는 상태에 있었다고 할 수 없으므로, 그 이후에 임대인이 이미 소멸시효가 완성된 구상금채권을 자동채권으로 삼아 임차인의 유익비상환채권과 상계하는 것은 민법 제495조에 의하더라도 인정될 수 없다고 한다(대판 2021. 2. 10, 2017다258787).

(3) 임대인의 담보책임 D-220

임대차는 유상계약이어서 매매에 관한 규정이 준용된다(567조). 그 결과 임대인은 매도인과 같은 담보책임을 진다(구체적인 예로 D-164에 인용된 대판 1995. 7. 14, 94다38342도 참조). 임대인의 담보책임은 임대인에게 수선의무가 있다고 하여 면제되는 것은 아니다(이설 없음).

판례 타인 소유의 부동산을 임대한 경우 관련

판례에 의하면, 타인 소유의 부동산을 임대한 것이 임대차계약을 해지할 사유는 될 수 없고, 「임대인이 임대하는 물건이 자기의 것이 아님에도 불구하고 자기의 소유인 양 가칭하고, 또한 그 임대차계약에서 그 목적물이 반드시 임대인의 소유일 것을 특히 계약의 내용으로 삼았다면 임차인은 이것을 이유로 하여 법률행위의 내용의 중요부분에 착오가 있다 하여 취소할 수 있을 뿐이다.」(대판 1975. 1. 28, 74다2069)

(4) 「기타의 행위의무」

임대인은 임대차에 있어서 급부의무 이외의 행위의무 즉 「기타의 행위의무」(C-32 참조)도 부담하며, 구체적인 의무내용은 경우에 따라 다르다. 판례에 의하면, 통상의 임대차관계에서는 임차인의 안전을 배려하여 주거나 도난을 방지하는 등의 보호의무까지는 없다고 하면서도(대판 1999. 7. 9, 99다10004), 일시사용을 위한 임대차에 해당하는 숙박계약에 있어서는 숙박업자에게 고객의 안전을 배려해야 할 보호의무가 있다고 한다(대판 2023. 11. 2, 2023다244895 등. C-121도 참조).

D-221 (5) 임대인의 지위의 양도

임대인의 지위의 양도는 계약인수에 해당하므로 그 방법에 의하여야 한다(C-339 참조)(주택임대차보호법 3조 4항은 이에 대한 특별규정이다). 그런데 판례는 임대인의 지위의 양도를 보다 완화하여 인정한다(대결 1998. 9. 2, 98마100).

(판 례) 임대인의 지위 양도 관련

「임대차계약에 있어 임대인의 지위의 양도는 임대인의 의무의 이전을 수반하는 것이지만 임대인의 의무는 임대인이 누구인가에 의하여 이행방법이 특별히 달라지는 것은 아니고, 목적물의 소유자의 지위에서 거의 완전히 이행할 수 있으며, 임차인의 입장에서 보아도 신 소유자에게 그 의무의 승계를 인정하는 것이 오히려 임차인에게 훨씬 유리할 수도 있으므로 임대인과 신소유자와의 계약만으로써 그 지위의 양도를 할 수 있다 할 것이나, 이 경우에 임차인이 원하지 아니하면 임대차의 승계를 임차인에게 강요할 수는 없는 것이어서 스스로 임대차를 종료시킬 수 있어야 한다는 공평의 원칙 및 신의성실의 원칙에 따라 임차인이 곧 이의를 제기함으로써 승계되는 임대차관계의 구속을 면할 수 있고, 임대인과의 임대차관계도 해지할 수 있다.」(대결 1998. 9. 2, 98마100)

D-222 3. 임차인의 권리 · 의무

(1) 임 차 권

1) 의의 및 성질 임대차에 기하여 임차인은 임대인에게 임차물을 사용·수익하게 할 것을 요구할 수 있는 권리가 있다. 이것이 임차인의 임차권이다. 임차권은 하나의 채권이며, 다만 부동산임차권은 물권의 특성도 어느 정도 지니고 있는 점에서 특수할 뿐이다(통설도 같음).

2) 임차권(사용·수익)의 범위 임차인은 계약 또는 그 목적물의 성질에 의하여 정하여진 용법으로 이를 사용·수익(사용과 수익 중 어느 하나라도 무방하다)하여야 한다(654조·610조 1항). 그리고 임차인은 임대인의 승낙 없이 임차물을 타인에게 사용·수익하게 하지 못한다(629조. 자세한 사항은 D-233 참조). 만약 임차인이 이들을 위반한 경우에는, 임대인은 계약을 해지할 수 있고(임차인이 정해진 용법에 위반하여 사용·수익한 경우에 관하여는 명문의 규정은 없으나 채무불이행을 이유로 해지를 인정하는 데 다툼이 없으며, 임차인이 임대인의 승낙 없이 임차물을 타인에게 사용·수익하게 한 경우에는 629조 2항에 의하여 해지할 수 있다), 손해배상을 청구할 수도 있다(654조·617조).

D-223 **3) 임차권의 대항력**

(가) 임차권이 채권으로 규율되고 있는 법제에서는, 임차인이 임차권을 가지고 목적물의 양수인 기타의 제 3 자에게 대항하지 못한다. 즉 「매매는 임대차를 깨뜨린다」. 그런데 이를 끝까지 관철하게 되면 특히 부동산임차인에게 매우 불리하게 된다. 여기서 우리 민법은 부동산임차권에 관하여 일정한 경우에 예외적으로 대항력을 인정하고 있다(621조·622조).

(나) 부동산임차인은 당사자간에 반대약정이 없으면 임대인에 대하여 그의 임대차등기절차에 협력할 것을 청구할 수 있고(621조 1항), 부동산임대차를 등기한 때에는 그때부터 제 3 자에 대하여 효력이 생긴다(621조 2항).

(다) 건물의 소유를 목적으로 하는 토지임대차(판례는, 건물 및 대지의 임차인이 후에 건물을 강제경매절차에서 경락받아 이전등기를 한 경우는 건물 소유 목적의 토지임대차가 아니라고 한다. 대판 1994. 11. 22, 94다5458)는 이를 등기하지 않은 경우에도, 임차인이 그 지상건물을 등기한 때에는(건물등기의 지번이 토지등기의 지번과 다르더라도 그 지상건물이 등기부상의 건물표시와 동일성이 있고 쉽게 경정등기를 할 수 있는 경우에는 대항력이 인정된다. 대판 1986. 11. 25, 86다카1119), 제 3 자에 대하여 임대차의 효력이 생긴다(622조 1항). 예컨대 건축을 목적으로 토지를 임차한 자가 토지임차권등기는 안 한 채 건물을 지은 뒤에 건물에 관하여 보존등기를 하는 경우에 그렇다. 전 임차인으로부터 토지의 임차권과 지상건물을 양수하여 건물의 이전등기를 한 때에도 같다(통설·판례도 같음). 그런데 이때에는 임차권의 양도가 적법하여야 하므로 임차권의 양도에 구 토지소유자(임대인)의 동의가 있어야 하며(대판 1996. 2. 27, 95다29345 등), 건물을 양수한 것(건물의 소유권이전등기)만으로는 부족하다(대판 1968. 7. 31, 67다2126).

토지임차인이 대항력을 갖추기 전에 토지가 양도되어 양수인이 토지에 관하여 소유권이전등기를 마친 때에는 그 후에 지상건물을 등기하더라도 양수인에 대하여 임대차의 효력이 생기지 않는다(대판 2003. 2. 28, 2000다65802·65819 등).

건물 등기 있는 경우의 토지임대차의 대항력은 임대차가 존속하고 또 건물이 존재하는 동안에만 인정된다. 따라서 건물이 임대차기간 만료 전에 멸실 또는 후폐(朽廢: 썩어서 소용없게 됨)한 때에는, 토지임대차는 대항력을 잃는다(622조 2항).

(라) 제621조·제622조에 의하여 대항력을 갖게 된 부동산임대차·토지임대차의 경우에, 부동산·토지의 양수인(경락인도 같음)과 임차인이 어떠한 관계에 있게 되는가? 민법은 「제 3 자에 대하여 효력이 생긴다」(621조 2항), 「제 3 자에 대하여 임대차의 효력이 있다」(622조 1항)고만 하고 있다. 그런데 이는 임대차가 임차인과 부동산의 양수인(경락인을 포함하는 새로운 소유자의 의미임) 사이에 그대로 존속한다는 의미이다(통설도 같음). 주택임대차보호법은 이 점을 명백히 하기 위하여 「임차주택의 양수인(그 밖에 임대할 권리를 승계한 자를 포함한다)은 임대인의 지위를 승계한 것으로 본다」(동법 3조 4항)고 규정하고 있으나, 그러한 규정이 없어도 같은 결과를 인정하여야 한다. 결국 임차인은 새로운 소유자에게 임대차계약상의 모든 권리·의무를 가지게 되고, 임대인은 임대차관계에서 벗어난다고 할 것이다. 그리하여 임차인은 보증금의 반환도 임대인이 아니고 새로운 소유자에게 청구하여야 한다(임차보증금은 등기되어 있어야 함. 부등법 74조 참조). 다만, 연체차임채권은 특약이 없는 한 새로운 소유자에게 이전되지 않으며, 종래의 소유자와 임차인 사이에 있었던 임대차에 부수하는 특약 중 등기하여야 할 사항(차임지급시기, 존속기간, 임차보증금, 임차권의 양도 또는 임차물의 전대에 대한 임대인의 동의. 부등법 74조 참조)은 등기가 되어 있을 때에만 새로운 소유자에게 대항할 수 있다.

D-224 (2) 철 거 권

임차인이 임차물에 부가한 물건이 독립한 존재로 인정되는 경우에는, 그 부분은 임대인의 소유권에 흡수되지 않고 임차인의 소유에 속한다(256조 단서). 그러한 경우 임차인은 그 물건을 철거할 수 있다(654조·615조). 철거시기는 보통은 임차물을 반환할 때이나, 그 이전이라도 무방하다고 하여야 한다. 한편 경우에 따라서는 임차인이 철거권과 함께 지상시설(지상물) 매수청구권(643조·283조)이나 부속물 매수청구권(646조)을 가질 수도 있으며, 그때 철거권을 행사하지 않고서 매수청구권을 행사할 수도 있다.

D-225 (3) 부속물 매수청구권

1) 건물 기타 공작물의 임차인이 그 사용의 편익을 위하여 임대인의 동의를 얻어 이에 부속시킨 물건이 있거나 또는 임대인으로부터 매수한 부속물이 있는 때에는, 임차인은 임대차의 종료시에 임대인에 대하여 그 부속물의 매수를 청구할 수 있다(646조). 이것이 임차인의 부속물 매수청구권이다.

(가) 여기서 **매수청구의 대상이 되는 부속물**은 건물 기타의 공작물에 부속된 물건으로서 임차인의 소유에 속하고 건물의 구성부분이 되지 않은 것(건물의 구성부분이 된 때에는 비용상환청구의 문제가 된다)으로서 건물의 사용에 객관적인 편익을 가져오는 물건이고, 따라서 부속된 물건이 오로지 임차인의 특수목적(예: 카페 영업·삼계탕집 영업)에 사용하기 위하여 부속된 것은 이에 해당하지 않으며(대판 1993. 10. 8, 93다25738·25745 등 다수)(643조의 매수청구권에 관한 판례도 이와 같은 맥락에 있다. 대판 2002. 11. 13, 2002다46003·46027·46010. D-208 참조), 기존건물과 분리되어 독립한 소유권의 객체가 될 수 없는 증축부분이나 임대인의 소유에 속하기로 한 부속물은 매수청구의 대상이 될 수 없다(대판 1983. 2. 22, 80다589 등). 부속물의 예로는 차양·출입문·샤시·전기 수도시설을 들 수 있다.

판 례 매수청구의 대상이 되는 부속물

「민법 제646조가 규정하는 매수청구의 대상이 되는 부속물이란 건물에 부속된 물건으로서 임차인의 소유에 속하고, 건물의 구성부분으로는 되지 아니한 것으로서 건물의 사용에 객관적인 편익을 가져오게 하는 물건이라 할 것이므로, 부속된 물건이 오로지 임차인의 특수목적에 사용하기 위하여 부속된 것일 때에는 이에 해당하지 않는다고 할 것이고, 당해 건물의 객관적인 사용목적은 그 건물 자체의 구조와 임대차계약 당시 당사자 사이에 합의된 사용목적, 기타 건물의 위치, 주위환경 등 제반사정을 참작하여 정하여지는 것이다.」(대판 1993. 10. 8, 93다25738·25745)

(나) 부속물은 임대인의 동의를 얻어 부속시켰거나(646조 1항) 또는 임대인으로부터 매수하였어야 한다(646조 2항). 여기의 동의는 임차인이 건물 기타의 공작물에 부속물을 부속시키는 데 대한 승인이며, 일종의 관념의 통지이다. 그리고 부속의 경우 임차인 자신이 부속시켰어야 하

는 것은 아니다. 한편 임대인으로부터 매수한 경우에는 건물사용의 편익(이용가치 증가)을 위한 것인가는 중요하지 않다.

(다) **청구권자**는 「건물 기타 공작물」의 임차인이며, 임차인의 지위가 승계된 때에는 현 D-226
임차인이 권리자이다(대판 1995. 6. 30, 95다12927). **상대방**은 원칙적으로 임대인이나, 임차권을 가지고 제3자에게 대항할 수 있는 경우 또는 임대인의 지위가 승계된 경우에는 제3자(예: 임대물의 양수인)나 새로운 임대인이 상대방이 된다.

(라) **부속물 매수청구권이 생기는 것은 임대차가 종료한 때**이며, 종료의 원인은 묻지 않는다(646조 1항 참조). 따라서 임차인의 채무불이행을 이유로 해지된 때에도 임차인은 매수청구를 할 수 있다(통설도 같음). 그러나 판례는 매수청구권을 부인한다(대판 1990. 1. 23, 88다카7245·7252).

부속물 매수청구권의 행사기간은 — 필요비·유익비의 상환청구권(654조·617조)과 달리 — 제한이 없다.

(마) 제646조는 편면적 강행규정이다(652조). 주의할 것은 임차인이 부속물 매수청구권을 포기하는 약정을 하였다고 하여 그 약정이 언제나 무효가 되지는 않는다는 점이다. 가령 임차보증금과 차임을 저렴하게 해 주거나(대판 1992. 9. 8, 92다24998·25007 등) 원상회복의무를 면하여 주는(대판 1996. 8. 20, 94다44705·44712) 사정이 있는 때에는 임차인에게 불리하지 않아서 무효로 되지 않을 수 있다. 한편 제646조는 일시사용을 위한 임대차에는 적용되지 않는다(653조).

2) 임차인의 **부속물 매수청구권은 형성권**이다. 따라서 그 권리가 행사되면 임대인과 임차인 사이에 매매가 성립하게 된다. 매매대금은 매수청구권을 행사할 때의 시가라고 하여야 한다.

3) 임대차계약 종료로 발생한 임차인의 목적물반환의무와 임차인의 부속물매수청구권 행사로 발생한 임대인의 부속물 매매대금 지급의무는 동시이행관계에 있으므로, 임대인이 부속물 매매대금 지급의무를 이행하거나 적법하게 이행제공을 하는 등으로 임차인의 동시이행항변권을 상실시키지 않은 이상, 임차인이 적법한 부속물매수청구권 행사 후에 목적물을 계속 점유하는 것을 불법점유라고 할 수 없고 임차인은 이에 대한 손해배상의무를 지지 않는다(대판 2025. 5. 15, 2024다317332·317349. 임차인의 목적물반환의무와 임대인의 보증금반환의무의 동시이행관계에 따른 동지의 판례로 대판 2020. 5. 14, 2019다252042가 있음(D-243 참조)).

(4) 차임지급의무 D-227

1) 서 설 임대차에 기하여 임차인은 차임을 지급할 의무가 있다(618조). 이 의무는 임차인의 의무 가운데 핵심적인 것이다. 임차인의 차임지급의무(임대인이 부담하는 목적물을 사용·수익하게 할 의무도 같음)는 특별한 사정이 없는 한 임대차계약이 유효하게 성립하면 발생하는 것이고, 상대방의 의무 이행이나 이행의 제공이 있어야 비로소 발생하는 것은 아니다(대판 2024. 9. 13, 2024다256116). 즉 임차인의 차임지급의무는 그가 임대인으로부터 목적물을 인도받았는지와 무관하게 임대차계약의 효력으로서 발생한다(대판 2024. 9. 13, 2024다256116). 다만, 임대인이 부담하는 목적물을 사용·수익하

게 할 의무는 임차인의 차임지급의무와 서로 대응하는 관계에 있으므로, 임대인이 이러한 의무를 불이행하여 목적물의 사용·수익에 지장이 있으면 임차인은 지장이 있는 한도에서 차임 지급을 거절할 수 있다(대판 2024. 9. 13, 2024다256116 등). 그리고 판례는, 임대인의 필요비상환의무도 특별한 사정이 없는 한 임차인의 차임지급의무와 서로 대응하는 관계에 있으므로(D-218도 참조), 임차인은 지출한 필요비 금액의 한도에서 차임의 지급을 거절할 수 있다고 한다(대판 2019. 11. 14, 2016다227694). 한편 차임은 금전에 한정되지 않는다는 것이 통설이다.

2) 차임의 증감청구 민법은 일정한 경우에 차임의 감액 또는 증감을 청구할 수 있도록 하고 있다.

(가) 제627조의 차임감액청구권 임차물의 일부가 임차인의 과실없이 멸실 기타 사유로 인하여 사용·수익할 수 없는 때에는, 임차인은 그 부분의 비율에 의한 차임의 감액을 청구할 수 있다(627조 1항). 그 경우에 잔존부분으로 임차의 목적을 달성할 수 없는 때에는 임차인은 계약을 해지할 수 있다(627조 2항). 임차인의 이 권리는 형성권이다. 그리고 제627조는 편면적 강행규정이다(652조).

이 규정은 임차물의 일부를 용익할 수 없는 경우에 관한 것이어서 그 전부를 용익할 수 없는 경우에는 적용되지 않는다. 학설은 뒤의 경우에는, 용익불능이 불가항력에 의하여 생겼든 당사자 일방에 의하여 생겼든 임대차는 언제나 종료하고, 당사자 일방에게 유책사유가 있는 때에는 손해배상의 문제만 남는다고 새긴다. 용익불능의 경우의 차임지급거절에 관하여는 앞에서 설명하였다(D-217 참조).

(나) 제628조의 차임증감청구권 임대물에 대한 공과부담의 증감 기타 경제사정의 변동(예: 부동산 가격의 등락)으로 인하여 약정한 차임이 상당하지 않게 된 때에는, 당사자는 장래에 대한 차임의 증감을 청구할 수 있다(628조). 이는 사정변경의 원칙을 구체화한 규정이다. 증액청구권은 차임을 증액하지 않는다는 특약이 있는 경우에는 인정되지 않는다(감액하지 않는다는 특약은 628조가 강행규정이어서 무효이다(652조)). 그런데 판례는, 「차임 불증액의 특약이 있더라도 그 약정 후 그 특약을 그대로 유지시키는 것이 신의칙에 반한다고 인정될 정도의 사정변경이 있다고 보여지는 경우에는 형평의 원칙상 임대인에게 차임증액 청구를 인정하여 주어야 할 것」이라고 한다(대판 1996. 11. 12, 96다34061). 한편 이 규정은 일시사용을 위한 임대차에는 적용되지 않는다(653조).

이 차임증감청구권은 형성권이며(통설·판례도 같음. 대판 1968. 11. 19, 68다1882·1883(이 판결은 이어서 법원에 형성판결을 구할 수 있는 권리가 아니라고 한다)), 그 권리는 재판상뿐만 아니라 재판 외에서도 행사할 수 있다(대판 1974. 8. 30, 74다1124). 그 효력은 재판시가 아니고 청구시(정확하게는 청구의 의사표시가 상대방에게 도달한 때)에 발생하며(대판 1974. 8. 30, 74다1124), 특별한 사정이 없는 한 증액된 차임에 대하여는 법원 결정시가 아니라 증액청구의 의사표시가 상대방에게 도달한 때가 그 이행기로 된다(대판 2018. 3. 15, 2015다239508·239515). 차임이 상당한지에 관하여 당사자 사이에 다툼이 생기면 법원에서 확정하게 될 것이다(판결이 확정되면 청구시에 소급한다).

D-228

3) 차임의 지급시기 차임의 지급시기는 당사자가 계약으로 자유롭게 정할 수 있다. 그러한 특약이 없고, 또한 다른 관습이 없으면(106조 참조), 동산·건물·대지에 관하여는 매월 말에, 대지가 아닌 토지에 대하여는 매년 말에 지급하여야 한다(633조 본문). 그러나 수확기 있는 임차물에 대하여는 그 수확 후 지체없이 지급하여야 한다(633조 단서). 당사자가 차임지급시기를 정한 경우에 차임채권의 소멸시효는 특별한 사정(가령 임대차 존속 중 차임을 연체하더라도 임대차 종료 후 목적물 인도 시에 임대차보증금에서 일괄 공제하는 방식에 의하여 정산하기로 약정한 것)이 없는 한 임대차계약에서 정한 지급기일부터 진행한다(대판 2025. 3. 27, 2024다302217 등).

4) 부동산임대인의 법정 담보물권 민법은 임대인의 차임채권 기타의 채권을 보호하기 위하여 일정한 경우에 법률상 당연히 질권 또는 저당권이 성립하도록 하고 있다. ①「토지임대인이」 임대차에 관한 채권에 의하여 임차지에 부속 또는 그 사용의 편익에 공용(供用)한 임차인의 소유동산 및 그 토지의 과실(果實)을 압류한 때에는, 질권과 동일한 효력이 있다(648조). ②「토지임대인이」 변제기를 경과한 후 최후 2년의 차임채권에 의하여 그 지상에 있는 임차인 소유의 건물을 압류한 때에는, 저당권과 동일한 효력이 있다(649조). ③「건물 기타 공작물의 임대인이」 임대차에 관한 채권에 의하여 그 건물 기타 공작물에 부속한 임차인 소유의 동산을 압류한 때에는, 질권과 동일한 효력이 있다(650조). ④ 위 ①③은 일시사용을 위한 임대차에는 적용되지 않는다(653조).

5) 공동임차인의 연대의무 수인이 공동으로 임차한 때에는, 그들은 연대하여 의무를 부담한다(654조·616조).

6) 차임지급의 연체와 해지

(가)「건물 기타 공작물의 임대차」에 있어서는 임차인의 차임연체액이 2기(期)의 차임액에 달하는 때에는, 임대인은 계약을 해지할 수 있다(640조). 여기의 2기(期)는 연속할 필요가 없으며 연체한 차임의 합산액이 2기분에 달하면 된다(띄엄띄엄 차임의 일부씩 연체한 것이 모두 2기분이어도 그에 해당한다). 여기의 해지를 위하여 최고를 할 필요는 없다(통설·판례도 같음. 대판 1962. 10. 11, 62다496).

제640조는 주택임대차보호법의 적용을 받는 주택임대차에도 적용된다(특별규정이 신설되기 전의 상가건물 임대차에 관한 판례: 대판 2014. 7. 24, 2012다28486).「상가건물 임대차보호법」에는 특별규정이 있으나, 주임법에는 특별규정이 없기 때문이다(주임법 6조 3항은 640조에 대한 특례가 아님). 따라서 주택의 임대인이라도 임차인의 차임연체액이 2기의 차임액에 이르는 때에는 임대차계약을 해지할 수 있다.

(나) 건물 기타 공작물의 소유 또는 식목·채염·목축을 목적으로 한「토지임대차」의 경우에도 위와 같다(641조). 다만, 그 경우에 그 지상에 있는 건물 기타 공작물이 담보물권의 목적으로 되어 있는 때에는, 그 저당권자에게 통지한 후 상당한 기간이 경과하여야 해지의 효력이 생긴다(642조·288조).

(다) 제640조·제641조는 강행규정이다(652조).

D-229 **(5) 임차물보관의무**

1) 임차인은 임차물을 임대인에게 반환할 때까지(임대차가 종료할 때까지가 아님) 선량한 관리자의 주의를 가지고 보관할 의무가 있다(374조). 임차인이 이 의무를 위반하여 목적물이 멸실·훼손되면 채무불이행책임을 진다(해지(544조·546조)와 손해배상(390조)). 임차물이 훼손된 경우의 손해배상의 범위는 수리나 원상복구가 불가능하면 훼손 당시의 임차물의 교환가치이고, 수리나 원상복구가 가능하다면 그 수리비나 원상복구비일 것이나, 그것이 임차물의 교환가치 감소분을 현저하게 넘는 때에는 임차물의 교환가치 감소분으로 제한되어야 한다(대판 1999. 12. 21, 97다15104 등). 임차인의 보관의무 위반이 있는 경우에 임대인이 임차인이 의무를 위반하였음을 증명할 필요가 없고 임차인이 의무위반이 없었음을 증명하여야 한다(대판 1991. 10. 25, 91다22605·22612).

2) 임차물이 수리를 요하거나 임차물에 대하여 권리를 주장하는 자가 있는 때에는, 임차인은 지체없이 임대인에게 이를 통지하여야 한다(634조 본문). 그러나 임대인이 이미 이를 안 때에는 통지의무가 없다(634조 단서). 통설은 임차인이 이 의무를 위반한 경우에는 임대인은 해지는 할 수 없고 손해배상만 청구할 수 있다고 하나, 때에 따라서는 해지도 인정되어야 한다(이는 통지의무 위반 자체 때문이 아니고 그 결과로 생긴 손해발생 등을 이유로 함).

D-230 **(6) 임차물반환의무**

임차인은 임대차가 종료한 때에 임차물을 반환할 의무가 있다(임대인이 소유자인 때에는 그는 계약에 기한 이 반환청구권 외에 소유물반환청구권도 가진다). 반환의 상대방은 임대인이고, 다만 임차권이 제3자에게도 효력을 가지거나 임대인의 지위가 승계된 때에는 임차물의 양수인이 상대방이 된다(대판 2001. 6. 29, 2000다68290은 특별한 사정이 없으면 임대인에게 반환할 것이라고 한다).

임차인의 임차물반환의무가 이행불능이 된 경우에 임차인이 그 이행불능으로 인한 손해배상책임을 면하려면 그 이행불능이 임차인의 유책사유에 의하지 않은 것임을 증명하여야 하며, 임차물이 화재로 소실된 경우에 그 화재발생원인이 불명인 때에도 임차인이 그 책임을 면하려면 그 임차건물의 보존에 관하여 선량한 관리자의 주의의무를 다하였음을 증명하여야 한다(대판(전원) 2017. 5. 18, 2012다86895·86901[핵심판례 346면] 등 다수의 판결). 그리고 이러한 법리는 임대차의 종료 당시 임차목적물 반환채무가 이행불능 상태는 아니지만 반환된 임차건물이 화재로 인하여 훼손되었음을 이유로 손해배상을 구하는 경우에도 동일하게 적용되고(대판(전원) 2017. 5. 18, 2012다86895·86901[핵심판례 346면] 등)(이는 임대차 목적물이 훼손되었고, 훼손의 구체적인 발생원인이 밝혀지지 않은 때에도 마찬가지임: 대판 2019. 4. 11, 2018다291347), 나아가 그 임대차계약이 임대인의 수선의무 지체로 해지된 경우라도 마찬가지이다(대판 2010. 4. 29, 2009다96984)(이는 임대인이 훼손된 임대차 목적물에 관하여 수선의무를 부담하더라도 동일하게 적용됨: 대판 2019. 4. 11, 2018다291347). 그러나 임대인은 목적물을 임차인에게 인도하고 임대차계약 존속 중에 그 사용, 수익에 필요한 상태를 유지하게 할 의무를 부담하므로(623조), 임대차계약 존속 중에 발생한 화재가 임대인이 지배·관리하는 영역에 존재하는 하자로 인하여 발생한 것으로 추단된다면, 그 하자를 보수·제거하는 것은 임대차 목적물을 사용·수익하기에 필요한 상태로 유지하여야 하는 임대인의 의무에 속하며, 임차인이 그 하자를 미리 알았거나 알 수 있었다는 등의 특별한 사정이 없는 한, 임대인은 그 화재로 인한 목적물 반환의무의 이행불능 등에 관한 손해배상책임을 임차인에게 물을 수 없다(대판(전원) 2017. 5. 18, 2012다86895·86901[핵심판례 346면] 등)(이는 ─화재가 아니고─ 훼손이 임대인이 지배·관리하는 영역에 존재하는 하자로 발생한 것으로 추단된 경우에도 같음: 대판 2019. 4. 11, 2018다291347). 한편 대법원은 전원합의체 판결로, 임차인이 임대인 소유 건물의 일부를 임차하여 사용·수익하던 중 임차 건물 부분에서 화재가 발생하여 임차 건물 부분이 아닌 건물 부분(임차 외 건물 부분)까지 불에 타 그로 인해 임대인에게 재산상 손해가 발생한 경우에, 임차인이 보존·관리의무를 위반하여 화재가 발생한 원인을 제공하는 등 화재 발생과 관련된 임차인의 계약상 의무 위반이 있었음이 증명되고, 그러한 의무 위반과 임차 외 건물 부분의 손해 사이에 상당인과관계가 있으며, 임차 외 건물 부분의 손해가 그러한 의무 위반에 따른 통상의 손해에 해당하거나, 임차인이 그 사정을 알았거나 알 수 있었을 특별한 사정으로 인한 손해에 해당한다고 볼 수 있는 경우라면, 임차인은 임차 외 건물 부분의 손해에 대해서도 제390조·제393조에 따라 임대인에게 손해배상책임을 부담하게 된다고 하면서, 위와 같은 임대인의 주장·증명이 없는 경우에도 임차인이 임차 건물의 보존에 관하여 선량한 관리자의 주의의무를 다하였음을 증명하지 못하는 이상 임차 외 건물 부분에 대해서까지 채무불이행에 따른 손해배상책임을 지게 된다고 한 종래의 판례(대판 1986. 10. 28, 86다카1066 등)를 변경하였다(대판(전원) 2017. 5. 18, 2012다86895·86901[핵심판례 346면]. 이러한 다수의견에 대하여 두 개의 별개의견과 하나의 반대의견이 있음).

판 례 숙박계약에서 이행불능이 발생한 경우

대법원은 숙박계약을 「일종의 일시 사용을 위한 임대차계약」이라고 하면서도, 숙박계약이 통상의 임대차계약과는 다른 여러 가지 요소들도 포함하고 있으므로, 숙박계약에 대한 임대차 관련 법리의 적용 여부와 범위는 이러한 숙박계약의 특수성을 고려하여 개별적으로 판단할 것이라고 한다(대판 2023. 11. 2, 2023다244895). 그리고 숙박계약의 경우 객실을 비롯한 숙박시설은 특별한 사정이 없는 한 숙박기간 중에도 고객이 아닌 숙박업자의 지배 아래 놓여 있다고 보아야 하고, 그렇다면 임차인이 임대차기간 중 목적물을 직접 지배함을 전제로 한 임대차 목적물 반환의무 이행불능에 관한 법리는 이와 전제를 달리하는 숙박계약에 그대로 적용될 수 없으며, 고객이 숙박계약에 따라 객실을 사용·수익하던 중 발생 원인이 밝혀지지 않은 화재로 인하여 객실에 발생한 손해는 특별한 사정이 없는 한 숙박업자의 부담으로 귀속된다고 한다(대판 2023. 11. 2, 2023다244895).

임차인이 임차물을 반환할 때에는 이를 원상에 회복하여야 한다(654조·615조 1문). 원상회복은 특별한 사정이 없는 한 임차인이 임차물을 인도받았을 때의 상태로 회복시키면 된다(대판 2023. 11. 2, 2023다249661 등은 전 임차인이 설치한 것까지 원상회복할 의무가 없다고 한다). 임차인의 원상회복의무는 임대차가 종료한 경우이면, 설사 임대인의 유책사유로 중도에 해지된 때에도 인정된다(대판 2002. 12. 6, 2002다42278: 그로 인한 손해배상을 청구할 수는 있다). 임차인이 D-231

원상회복의무를 이행하지 않는 경우에는 임대인에게 손해를 배상하여야 하는데, 원상회복을 하는 데 필요한 비용(예: 철거비용. 대판 1995. 4. 28, 94다33989)과 그동안 이용하지 못한 데 따른 손해가 그 내용이다. 이 중 후자의 배상범위는 이행지체일로부터 임대인이 실제로 자신의 비용으로 원상회복을 완료한 날까지의 임대료 상당액이 아니고 임대인 스스로 원상회복을 할 수 있었던 기간까지의 임대료 상당액이다(대판 2001. 10. 26, 2001다47757 등). 한편 임차인은 일정한 경우에는 철거권을 가지는데(654조·615조 2문), 그에 관하여는 앞에서 설명하였다(D-224 참조).

판 례 임차인의 원상회복의무 관련

(ㄱ)「임차인이 임차목적물을 수리하거나 변경한 때에는 원칙적으로 수리·변경 부분을 철거하여 임대 당시의 상태로 사용할 수 있도록 해야 한다. 다만 원상회복의무의 내용과 범위는 임대차계약의 체결 경위와 내용, 임대 당시 목적물의 상태, 임차인이 수리하거나 변경한 내용 등을 고려하여 구체적·개별적으로 정해야 한다.」(대판 2019. 8. 30, 2017다268142: 전 임차인으로부터 커피전문점을 양수하여 영업을 한 임차인에 대해 전 임차인이 설치한 인테리어시설 등의 철거의무를 인정한 사례)

(ㄴ) 임대차종료로 인한 임차인의 원상회복의무에는 임차인이 사용하고 있던 부동산의 점유를 임대인에게 이전하는 것은 물론 임대인이 임대 당시의 부동산 용도에 맞게 다시 사용할 수 있도록 협력할 의무도 포함한다. 따라서 임대인 또는 그 승낙을 받은 제3자가 임차 건물 부분에서 다시 영업허가를 받는 데 방해가 되지 않도록 임차인은 임차건물 부분에서의 영업허가에 대하여 폐업신고절차를 이행할 의무가 있다(대판 2008. 10. 9, 2008다34903).

D-232

4. 임차권의 양도와 임차물의 전대

(1) 의의 및 성질

1) 의 의

(가) **임차권의 양도** 임차권 양도의 의의와 성질에 관하여는 견해가 나뉘고 있다. i) 종래의 통설은,「임차권을 그 동일성을 유지하면서 이전하는 계약」이 임차권의 양도이고, 그것은 지명채권의 양도, 그리하여 준물권계약의 성질을 가진다고 한다(사견도 같음). 그에 비하여 ii) 근래 새롭게 주장되는 견해에 의하면, 임차권의 양도는 단순한 채권양도가 아니고 임차인의 임대차계약상의 권리·의무를 양수인에게 승계이전시키는 일종의 계약양도(계약인수)라고 한다.

(나) **임차물의 전대(轉貸)** 이는 임차인이 자신이 임대인(또는 사용대주)이 되어서 그의 임차물을 다시 제3자에게 사용·수익하게 하는 계약이다. 전대에서는 임차인이 종전의 계약상의 지위를 유지한다. 임차인(전대인)과 전차인 사이의 관계는 보통 임대차이나 사용대차라도 무방하다(그러나 대부분 임대차이므로 그 관점에서 설명한다). 그리고 임차물의 일부만의 전대도 가능하다.

2) 임차권의 양도 · 임차물의 전대에 대한 민법의 태도 D-233

(가) 민법은 원칙적으로 임차권의 양도와 임차물의 전대를 금지하고, 임대인의 동의가 있을 때에만 양도·전대를 허용한다(629조 1항). **임차인이 임대인의 동의 없이 임차권을 양도하거나 임차물을 전대한 때에는, 임대인은 계약을 해지할 수 있다**(629조 2항). 다만, 건물의 임차인이 그 건물의 소부분을 타인에게 사용하게 한 경우에는 예외이다(632조). 한편 대법원은, 과거에는 임대인의 동의 없이 전대한 경우에 관하여 임차인의 배신행위라는 특단의 사정이 없어도 임대인은 그 계약을 해지할 수 있다고 하였는데(대판 1972. 1. 31, 71다2400), 근래에는 임대인으로부터 별도의 승낙을 얻은 바 없이 제3자에게 임차물을 사용·수익하도록 한 경우(주로 임차권의 양도를 의미하나 전대도 포함함)에 있어서도 임차인의 당해 행위가 임대인에 대한 배신적 행위라고 인정할 수 없는 특별한 사정이 있는 경우에는 제629조에 의한 해지권은 발생하지 않는다고 한다(대판 1993. 4. 27, 92다45308; 대판 2007. 11. 29, 2005다64255(전대의 경우) 등). 따라서 임대인은 자신의 동의 없이 양도나 전대차가 이루어졌다는 것만을 이유로 임대차계약을 해지할 수 없으며, 임차권 양수인이나 전차인은 임차권의 양수나 전대차 및 그에 따른 사용·수익을 임대인에게 주장할 수 있다고 한다. 그러면서 임차권의 양수인이 임차인과 부부로서 임차건물에 동거하면서 함께 가구점을 경영하고 있는 경우에 관하여 해지권을 인정하지 않으며(위의 1993. 4. 27. 판결), 아파트의 임차인이 임대차 종료 후 임대인(주택건설회사)의 부도로 임차보증금을 반환받지 못한 채 수년 간 그 곳에서 거주해 오던 중 다른 지역에서 음식점을 운영하기 위하여 이사를 가야 했고, 그리하여 임대인에게 보증금반환을 내용증명우편으로 요청하였음에도 그 회답조차 받지 못하자, 그 아파트를 타인에게 전대하고 자신은 퇴거하는 한편, 그 전차인이 이를 인도받아 거주하면서 그 곳에 주민등록을 마친 경우에 관하여, 이 전대는 실질적으로 임대인의 인적 신뢰나 경제적 이익을 침해한다거나 그와의 신뢰관계를 파괴하는 배신적 행위라고는 할 수 없는 특별한 사정이 있는 경우에 해당한다고 볼 소지가 충분히 있다고 하였다(위의 2007. 11. 29. 판결).

(나) 제629조는 강행규정이 아니므로, 임대인의 동의를 요하지 않는다는 특약도 유효하다. 물론 당사자 사이의 특약으로 임차권의 양도를 금지할 수도 있다(449조 2항 참조). 한편 대법원은, 임대차계약의 당사자 사이에 「임차인은 임대인의 동의 없이는 임차권을 양도 또는 담보 제공 하지 못한다」는 약정을 하였다면, 그 약정의 취지는 임차권의 양도를 금지한 것으로 볼 것이지 임대차계약에 기한 임대보증금 반환채권의 양도를 금지하는 것으로 볼 수는 없다고 하였다(대판 2013. 2. 28, 2012다104366·104373).

3) 임차권 양도와 임차물 전대의 법적 성질 D-234

(가) 임차권의 양도는 양도인(임차인)과 양수인 사이의 낙성·불요식의 계약이며, 임대인은 당사자가 아니다. 따라서 임차권의 양도는 양도인과 양수인 사이의 양도계약만으로 언제나 유효하게 성립한다. 다만, 양수인이 임대인 기타 제3자에 대한 관계에서 임차권을 유

효하게 취득하려면 임대인의 동의가 필요하다(대판 1986. 2. 25, 85다카1812 등도 같음).

(나) 임차물의 전대는 전대인과 전차인 사이의 낙성·불요식의 계약이며, 이 경우에도 임대인은 당사자가 아니다. 따라서 전대인과 전차인 사이의 계약으로 전대차는 유효하게 성립하고, 다만 임대인 기타 제3자에 대한 관계에서도 임차권을 취득하려면 임대인의 동의가 필요하다(대판 1959. 9. 24, 4291민상788도 같음).

(다) 임차권의 양도인과 임차물의 전대인은 임대인의 동의를 받아주어야 할 의무가 있다(대판 1986. 2. 25, 85다카1812(양도의 경우)). 그리고 임대인의 동의가 없는 경우 양도인 또는 전대인은 타인의 물건을 양도하거나 임대(또는 사용대차)한 경우에서와 같은 담보책임을 진다.

(2) 임대인의 동의

임대인의 동의의 성질은 임차권의 승계적 이전(양도의 경우) 또는 설정적 이전(전대의 경우)을 가능하게 하는 권능을 임차인(양도인·전대인)에게 주는 의사표시이다. 따라서 임대인의 동의가 없어도 양도나 전대는 유효하고 단지 임대인에게 대항할 수 없을 뿐이다(대판 1959. 9. 24, 4291민상788 등).

동의는 양도·전대가 있기 전에는 물론 사후에도 할 수 있다. 그리고 임대인이 일단 동의를 한 후에는 철회할 수 없다고 하여야 한다(이설 있음).

D-235
(3) 임대인의 동의 없는 양도·전대의 법률관계

1) 양도의 경우

(가) 양도인·양수인 사이 동의가 없어도 양도계약은 양도인·양수인 사이에서는 유효하여 양수인은 임차권을 취득하고, 임차인은 임대인의 동의를 얻을 의무를 부담한다(판례도 같음. 대판 1986. 2. 25, 85다카1812). 임대인의 동의가 없는 경우 임차인은 담보책임을 진다(매매규정 준용. 567조 참조).

(나) 임대인·양수인 사이 양수인의 점유는 임대인에게는 불법점유이고, 따라서 양수인은 임대인에게 방해하지 않을 의무를 부담한다. 그런데 임대인은 임대차를 해지하지 않는 한 직접 자기에게 반환할 것을 청구하지는 못하고 임차인에게 반환하라고 청구할 수 있을 뿐이다(물론 임차인이 반환받지 않으면 자기에게 반환할 것을 청구할 수 있다. 207조 2항 후단 참조). 그리고 양수인은 임차권을 가지고 임대인에게 대항할 수 없으므로 임대인의 권리를 대위행사하지도 못한다(대판 1985. 2. 8, 84다카188).

(다) 임대인·임차인 사이 임대인은 해지권을 가진다(629조 2항). 그러나 해지를 하지 않는 한 계약은 그대로 존속한다. 그리고 양수인은 임대인에 대한 관계에서는 임차인의 이행보조자이므로 양수인의 행위로 임대인에게 손해가 생기면 임차인은 제391조에 의하여 책임을 진다. 이때 양수인은 임대인에 대하여 채무불이행책임은 지지 않는다(불법행위책임은 별개임).

D-236
2) 전대의 경우

(가) 전대인(임차인)·전차인 사이 전대차계약은 전대인·전차인 사이에서는 유효하다(대판 1959. 9. 24, 4291민상788도 같음). 그리하여 전차인은 전대인에 대한 관계에서는 임차권을 취득하고, 전대인의 차임청구권도 인정된다. 그리고 전대인은 임대인의 동의를 얻을 의무를 부담한다.

(나) **임대인 · 전차인 사이** 전차인은 그의 임차권을 가지고 임대인에게는 대항하지 못한다. 임대인은 소유물반환청구권을 행사하여 전차인에게 목적물의 반환을 청구할 수 있다(통설도 같음). 그러나 임대차를 해지하지 않는 한 원칙적으로 전대인에게 반환하라고 하여야 한다.

(다) **임대인 · 임차인(전대인) 사이** 전대가 있더라도 임대차관계에는 영향이 없다. 따라서 임대인은 임차인에 대하여 여전히 차임청구권도 가진다. 그런데 임대인은 임대차를 해지할 수 있다(629조 2항). 다만, 해지할 수 있으려면, 전차인이 목적물의 전부 또는 일부에 관하여 독립한 용익자로서의 지위를 취득하는 정도의 것이어야 하고(가족 · 사용인 · 친족 · 친구의 동거는 아님), 또 건물임차인이 건물의 소부분을 전대한 것이 아니어야 한다(632조 참조).

전차인의 과실로 임대인에게 손해가 생긴 경우에 임차인이 책임을 지는가? 이에 대하여는 논란이 있으나, 전차인은 일종의 이행대행자로 보아야 하고, 무단전대의 경우에는 전대 자체가 의무위반이므로 임차인은 전차인의 과실을 불문하고 책임을 져야 한다(자세한 사항은 C-95 참조).

판 례 임대인의 동의 없는 임차권 양도·전대의 경우 제 3 자에 대한 손해배상청구 등

「임차인이 임대인의 동의를 받지 않고 제 3 자에게 임차권을 양도하거나 전대하는 등의 방법으로 임차물을 사용·수익하게 하더라도, 임대인이 이를 이유로 임대차계약을 해지하거나 그 밖의 다른 사유로 임대차계약이 적법하게 종료되지 않는 한 임대인은 임자인에 대하여 여전히 차임청구권을 가지므로, 임대차계약이 존속하는 한도 내에서는 제 3 자에게 불법점유를 이유로 한 차임 상당 손해배상청구나 부당이득 반환청구를 할 수 없다(대법원 2008. 2. 28. 선고 2006다10323 판결 등 참조). 그러나 임대차계약이 종료된 이후에는 임차물을 소유하고 있는 임대인은 제 3 자를 상대로 위와 같은 손해배상청구나 부당이득 반환청구를 할 수 있다.」(대판 2023. 3. 30, 2022다296165)

(4) 임대인의 동의 있는 양도 · 전대의 법률관계 D-237

1) 양도의 경우 이때에는 임차권은 동일성을 유지하면서 양수인에게 이전된다. 그리고 양도인은 임대차관계에서 벗어난다. 장래의 차임지급의무는 양수인에게 이전된다고 할 것이다(계약해석에 의하여). 그러나 연체된 차임지급의무나 손해배상의무, 임대차 보증금반환채권은 특약이 없는 한 이전되지 않는다(판례도 같음. 대판 1998. 7. 14, 96다17202(보증금반환채권은 양도 승낙시에 이행기가 된다고 한다)).

2) 전대의 경우

(가) **전대인(임차인) · 전차인 사이** 이들 사이의 관계는 전대차계약의 내용에 의하여 정해진다(임대차 또는 사용대차). 그리고 전차인은 임대인에게 직접 의무를 부담하게 되지만, 그렇더라도 전차인과 전대인의 관계는 유지된다. 다만, 전차인이 임대인에게 차임을 지급하면 그 한

도에서 전대인에 대하여는 의무를 면하고, 임대차·전대차가 동시에 종료하여 전차인이 목적물을 임대인에게 반환하면 전대인에 대한 반환의무를 면한다(대판 1995. 12. 12, 95다23996). 또한 임대인이 임대차가 종료된 뒤 전차인에 대하여 목적물반환과 차임 상당 손해배상을 청구한 때에는, 그 청구 이후에는 전차인은 전대인에게 차임 상당의 부당이득을 반환할 의무가 없다(대판 2005. 5. 26, 2005다4048·4055).

판 례 임대차 기간·전대차 기간이 모두 만료된 경우의 효과

「임차인이 임차물을 전대하여 그 임대차 기간 및 전대차 기간이 모두 만료된 경우에는 그 전대차가 임대인의 동의를 얻은 여부와 상관없이 임대인으로서는 전차인에 대하여 소유권에 기한 반환청구권에 터잡아 목적물을 자신에게 직접 반환해 줄 것을 요구할 수 있고, 전차인으로서도 목적물을 임대인에게 직접 명도함으로써 임차인(전대인)에 대한 목적물 명도의무를 면한다.」(대판 1995. 12. 12, 95다23996)

(나) **임대인 · 임차인(전대인) 사이** 전대차가 성립하여도 이들의 관계에는 영향이 없다(대판 2018. 7. 11, 2018다200518 등. 630조 2항도 참조). 따라서 전대차에 의하여 임대인이 전차인에게 권리를 행사할 수는 있지만, 임대인은 임차인에게도 권리를 행사할 수 있다(630조 2항).

전차인의 과실로 목적물이 손상된 경우에 임차인이 책임을 지는지 문제된다. 여기에 관하여 학설은 i) 임차인은 선임·감독에 과실이 있는 때에만 책임을 진다는 견해와 ii) 전차인은 임차인의 이행보조자이므로 임차인의 과실과 같이 다루어져서 임차인도 그에 대하여 채무불이행책임을 진다는 견해(391조 적용)로 나뉘어 있다(사견은 채권법각론 [141] 참조).

D-238 (다) **임대인 · 전차인 사이** 전차인의 임차권(또는 사용차권)은 임대인에 대하여도 적법한 것이다. 그러나 임대인과 전차인 사이에 임대차관계가 성립하지는 않으므로(동지 대판 2018. 7. 11, 2018다200518 등. 이설 있음), 그 결과 전차인은 임대인에게는 권리(가령 전차물에 대한 수선청구권, 비용상환청구권)를 갖지 않게 된다(이설 있음).

전차인은 임대인에 대하여 직접 의무를 부담한다(630조 1항 1문). 그 의무의 내용은 전대차계약에 의하여 정하여지나, 임대차계약에 의하여 제한을 받는다. 그리하여 전차인은 전대차에서 정한 것 이상으로 임대인에게 의무를 부담하지 않고, 또 임대차계약상 임차인이 부담하는 것 이상으로 부담하지도 않는다(대판 2018. 7. 11, 2018다200518). 한편 전대인과 전차인은 계약자유의 원칙에 따라 전대차계약의 내용을 변경할 수 있으며, 그로 인하여 제630조 제 1 항에 따라 전차인이 임대인에 대하여 직접 부담하는 의무의 범위가 변경되더라도, 전대차계약의 내용 변경이 전대차에 동의한 임대인 보호를 목적으로 한 제630조 제 1 항의 취지에 반하여 이루어진 것이라고 볼 특별한 사정이 없는 한 전차인은 변경된 전대차계약의 내용을 임대인에게 주장할 수 있다(대판 2018. 7. 11, 2018다200518). 그리고 이는 전대인과 전차인이 전대차계약상의

차임을 감액한 경우도 마찬가지이다(대판 2018. 7. 11, 2018다200518). 또한 그 경우, 임대차종료 후 전차인이 임대인에게 반환하여야 할 차임 상당 부당이득액을 산정함에 있어서도, 부당이득 당시의 실제 차임액수를 심리하여 이를 기준으로 삼지 않고 약정 차임을 기준으로 삼는 경우라면, 전차인이 임대인에 대하여 직접 의무를 부담하는 차임인 변경된 차임을 기준으로 할 것이지, 변경 전 전대차계약상의 차임을 기준으로 할 것은 아니다(대판 2018. 7. 11, 2018다200518).

차임지급의무에 관하여 보면, 차임지급의무는 전대차상의 차임과 임대차상의 차임 가운데 적은 것만큼 부담하고, 임대인의 차임청구시기는 전대인·전차인의 차임채무의 변제기가 모두 도래한 때이며, 전차인이 임대인과 전대인 중 어느 하나에게 이행하면 다른 자에게는 의무를 면한다. **다만, 전대인에 대한 차임의 지급으로 임대인에게 대항하지 못한다**(630조 1항 2문). 그러므로 전차인이 차임을 전대인에게 지급한 후에 임대인의 청구가 있으면 전차인은 임대인에게 다시 지급하여야 한다(이때 전차인은 전대인에게 부당이득 반환청구를 할 수 있다). 그런데 여기서 전차인이 임대인에게 대항할 수 없는 차임의 범위는 전대차계약상의 차임지급시기를 기준으로 하여 그 전에 전대인에게 지급한 차임에 한정되며, 그 이후에 지급한 차임으로는 임대인에게 대항할 수 있다(대판 2008. 3. 27, 2006다45459; 대판 2018. 7. 11, 2018다200518 등). 또한 전대차계약상의 차임지급시기 전에 전대인에게 지급한 차임이라도, 임대인의 차임청구 전에 그 차임지급시기가 도래한 경우에는 그 지급으로 임대인에게 대항할 수 있다(대판 2018. 7. 11, 2018다200518).

판 례 전대차 종료 후 연체차임의 공제 관련

전대차계약 종료와 전대차 목적물의 반환 당시 전차인의 연체차임은 전대차보증금에서 당연히 공제되어 소멸하며, 이는 전대차계약상의 차임지급시기 이후 발생한 채무소멸사유이므로 전차인은 이로써 임대인에게 대항할 수 있다고 본 사례(대판 2008. 3. 27, 2006다45459).

전차인의 전차권은 전대인의 임차권을 기초로 한 것이다. 따라서 전대인의 임차권이 기간만료, 채무불이행을 이유로 한 해지 등으로 소멸하면 전차권도 소멸한다(대판 1990. 12. 7, 90다카24939: 건물매수인이 매도인의 동의를 얻어 제 3 자에게 임대한 경우임). 여기서 민법은 **전차인 보호를 위하여 특별규정**을 두고 있다. 그에 의하면, 임대인과 임차인이 합의로 계약을 종료하게 한 때에도 전차인의 권리는 소멸하지 않는다(631조). 이는 강행규정이다(652조). 그리고 임차인이 임차권을 포기한 경우도 똑같이 다루어야 한다. 한편 이러한 경우에 임대차는 전대차를 유지하는 범위에서만 존속하며, 임대차에 따른 관리의무는 소멸한다고 새겨야 한다.

(라) **전차인 보호를 위한 특별규정** 민법은 적법하게 전대된 경우의 전차인 보호를 D-239
위하여 몇 개의 특별규정을 두고 있다. ① 임대차계약이 해지의 통고로 인하여 종료된 경우에는 임대인은 전차인에 대하여 그 사유를 통지하지 않으면 해지로써 전차인에게 대항하지 못하며(638조 1항), 전차인이 전항의 통지를 받은 때에는 전차인에 대하여는 일정기간이 경과한 후에 해지의 효력이 생긴다(638조 2항·635조 2항). 그러나 제640조에 터 잡아 임차인의 차임연체액이 2기의 차임액에 달함에 따라 임대인이 임대차계약을 해지하는 경우에는, 전차인에 대하여 그 사유를 통지하지 않더라도 해지로써 전차인에게 대항할 수 있고, 그 해지의 의사표시가 임차인에게 도달하는 즉시 임대차관계는 해지로 종료된다(대판 2012. 10. 11, 2012다55860). ② 건물 기타 공작물의 소유 또는 식목·채염·목축을 목적으로 한 토지임차인이 적법하게 그 토지를 전대한 경우에, 임대차 및 전대차의 기간이 동시에 만료되고 건물·수목 기타 지상시설이 현존한 때에는, 전차인은 임대인에 대하여 전(前) 전대차(轉貸借)와 동일한 조건으로 임대할 것을 청구할 수 있고(644조 1항), 이때 임대인이 임대할 것을 원하지 않는 때에는, 전차인(지상시설의 소유자에 한함. 대판 1993. 7. 27, 93다6386)은 임대인에 대하여 상당한 가액으로 지상시설을 매수할 것을 청구할 수 있다(644조 2항·283조 2항)(전차인의 임대청구권과 매수청구권은 적법하게 전대가 된 경우에만 인정된다. 대판 1993. 7. 27, 93다6386 등). 그리고 이 규정은 지상권자가 그 토지를 임대한 경우에 준용한다(645조). ③ 건물 기타 공작물의 임차인이 적법하게 전대한 경우에, 전차인이 그 사용의 편익을 위하여 임대인의 동의를 얻어 이에 부속한 물건이 있는 때에는, 전대차의 종료시에 임대인에 대하여 그 부속물의 매수를 청구할 수 있으며(647조 1항)(임차인이 임대인의 동의를 얻어 전대한 경우에 전차인은 임대인을 대위하여 명도청구를 하는 임대인의 채권자에 대하여도 부속물 매수대금 지급시까지의 연기적 항변권을 주장할 수 있다: 대판 1981. 11. 10, 81다378. C-193도 참조), 임대인으로부터 매수하였거나 그 동의를 얻어 임차인으로부터 매수한 부속물에 대하여도 같다(647조 2항). ④ 제638조·제644조·제645조·제647조는 모두 편면적 강행규정이고(652조), 제638조·제647조는 일시사용을 위한 전대차에는 적용되지 않는다(653조).

(5) 전대에 관한 제629조·제630조·제631조는 건물의 임차인이 건물의 소부분을 타인에게 사용하게 하는 경우에는 적용되지 않는다(632조).

D-240
Ⅴ. 보증금 및 권리금

1. 서 설

부동산의 임대차 특히 건물의 임대차에 있어서는 임대인의 차임채권과 장차 생길지도 모를 건물의 손상에 따른 손해배상채권을 담보하는 것이 필요하게 된다. 그리하여 실제에 있어서 많은 경우에 그러한 목적으로 이른바 보증금이 수수되고 있다. 그런가 하면 임차물의 가치 외에 장소적 이익(교통관계·고객관계 등에 따른 이익)도 존재한다고 생각하여 그 대가로서 권리금을 수수하는 일도 자주 있다. 그런데 이들 문제에 관하여 민법은 전혀 규율한 바가 없으며, 특별법(주택임대차보호법, 「상가건물 임대차보호법」)에 약간의 규정이 두어져 있을 뿐이다. 따라서 그 문제는 대부분 학설·판례에 맡겨져 있다.

2. 보 증 금

(1) 의의 및 성질

보증금은 부동산임대차 특히 건물임대차에 있어서 임대인의 채권(차임채권·손해배상채권 등)을 담보하기 위하여 임차인이나 제3자가 임대인에게 교부하는 금전 기타의 유가물이다.

보증금의 성질에 관하여는 논란이 있다. 이 문제는 보증금반환채무의 발생시기, 증명책임 등과도 관련된다. 학설은 i) 임대차 종료 후 임차인이 목적물을 인도한 때에 임차인의 채무불이행이 없었을 것을 정지조건으로 하는 정지조건부 반환채무를 수반하는 금전소유권의 이전이라는 견해와 ii) 임대차보증금은 임대차 종료시에 임대인의 반대채권의 존재를 해제조건으로 하여 반환된다고 하는 견해로 나뉘어 있다(사견은 채권법각론 [142] 참조). 그리고 판례는 보증금반환청구권의 발생시기에 관하여 처음에는 임대차 종료시라고 하였으나(대판 1969. 12. 26, 69다853), 지금은 건물 인도시라고 한다(대판 2005. 9. 28, 2005다8323·8330 등)(대판 2017. 3. 15, 2015다252501 등은 임대인의 임대차보증금반환채무가 임대차계약의 종료시점에 이행기에 도달한다고 한다. 그런데 이들은 상계와 관련하여 판시한 것이고, 또 참조판결로 인용한 대판 2002. 12. 10, 2002다52657은 목적물을 반환하는 때에 이행기에 있다는 입장으로 생각된다). 그리고 보증금에서 채무 등을 공제하려면 임대인이 공제 주장을 하여야 하고(나아가 임대인이 보증금에서 공제될 차임채권·관리비채권 등의 발생원인에 관하여 주장·증명하여야 한다고 함), 다만 그 발생한 채권이 소멸하였는지는 임차인이 주장·증명할 것이라고 한다(대판 2005. 9. 28, 2005다8323·8330 등).

(2) 보증금계약

보증금은 보증금계약에 의하여 수수된다. 보증금계약은 임대차에 종된 계약인데, 보통 임대차계약시에 함께 행하여진다. 그러나 반드시 그래야 하는 것은 아니다. 그리고 보증금계약은 계약금계약과 달리 낙성계약이다(문헌들은 보통 요물계약으로 행하여진다고 하나, 그렇지 않다). 보증금계약의 당사자는 보통 임대인과 임차인이나, 임차인 대신 제3자가 당사자로 될 수도 있다(판례는, 임차인이 그의 채무를 담보하기 위하여 임대인·임차인·채권자 3자의 합의로 임대차계약상의 임차인 명의를 채권자로 변경한 경우에는, 특별한 사정이 없는 한 임대인은 임대차 종료시에 임차인의 채권자에게 보증금을 지급할 의무가 있다고 한다(그러나 채무 소멸시에는 아님. 대판 1994. 8. 23, 94다18966)).

(3) 보증금의 효력 D-241

보증금은 차임채권(임대차 종료시까지뿐만 아니라 그 후 임차물 반환시까지의 차임 상당액을 포함한다), 임차물의 멸실·훼손 기타의 원인에 의한 손해배상채권 등 임대인의 모든 채권을 담보한다(판례도 같음. 대판 2017. 3. 15, 2015다252501 등). 따라서 임대차가 종료되어 목적물을 반환받을 때, 명백하고도 명시적인 반대약정이 없는 한, 임대인의 모든 채권액이 별도의 의사표시 없이 보증금으로부터 당연히 공제된다(대판 1987. 6. 23, 86다카2865(차임 연체시 인도청구를 할 수 있었는데 이를 하지 않았더라도 같다); 대판 2016. 7. 27, 2015다230020 등 다수). 보증금이 수수된 임대차계약에서 차임채권이 양도되었다고 하더라도, 임차인은 그 임대차계약이 종료되어 목적물을 반환할 때까지 연체한 차임 상당액을 보증금에서 공제할 것을 주장할 수 있다(대판 2015. 3. 26, 2013다77225). 그리고 보증금이 수수된 저당부동산에 관한 임대차계약이 저당부동산에 대한 경매로 종료되었는데, 저당권자가 차임채권 등에 대하여는 민사집행법 제273조에 따른 채권집행의 방법으로 별개로 저당권을 실행하지 아니한 경우에 저당부동산에 대한 압류의 전후와 관계없이 임차인이 연체한 차임 등의 상당액이 임차인이 배당받을 보증금에서 당연히 공제됨은 물론, 저당권자가 차임채권 등에 대하여 위와 같은 방법으로 별개로 저당권을 실행한 경우에도 그 채권집행 절차에서 임차인이 실제로 그 차임 등을 지급하거나 공탁하지 아니하였다면 잔존하는 차임채권 등의 상당액은 임차인이 배당받을 보증금에서 당연히 공제된다(대판 2016. 7. 27, 2015다230020). 그러나 임대차보증금이 임대인에게 교부되어 있더라도 임대인은 임대차관계가 계속되고 있는 동안에는 그 임대차보증금에서 연체차임을 충당할 것인지 여부를 자유로이 선택할 수 있으므로, 임대차계약 종료 전에는 연체차임이 공제 등의 별도의 의사표시 없이 임대차보증금에서 당연히 공제되는 것은 아니고(대판 2013. 2. 28, 2011다49608 · 49615(그리고 임대인이 차임채권을 양도하는 등의 사정으로 인하여 차임채권을 가지고 있지 않은 경우에는 특별한 사정이 없는 한 임대차계약의 종료 전에 임대차보증금에서 공제한다는 의사표시를 할 수 있는 권한이 있다고 할 수도 없다); 대판 2016. 11. 25, 2016다211309), 임차인도 임대차보증금의 존재를 이유로 차임의 지급을 거절할 수 없다(대판 2016. 11. 25, 2016다211309). 한편 판례는, 임대인으로서는 임대차보증금 없이도 부동산 임대차계약을 유지할 수 있으므로, 임대차계약이 존속 중이라도 임대차보증금 반환채무에 관한 기한의 이익을 포기하고 임차인의 임대차보증금 반환채권을 수동채권으로 하여 상계할 수 있고, 임대차 존속 중에 그와 같은 상계의 의사표시를 한 경우에는 임대차보증금 반환채무에 관한 기한의 이익을 포기한 것으로 볼 수 있다고 한다(대판 2017. 3. 15, 2015다252501). 그리고 임대차 존속 중 차임채권의 소멸시효가 완성된 경우에는 그 소멸시효 완성 전에 임대인이 임대차보증금 반환채무에 관한 기한의 이익을 실제로 포기하였다는 등의 특별한 사정이 없는 한 양 채권이 상계할 수 있는 상태에 있었다고 할 수 없고, 따라서 그 이후에 임대인이 이미 소멸시효가 완성된 차임채권을 자동채권으로 삼아 임대차보증금 반환채무와 상계하는 것은 제495조에 의하더라도 인정될 수 없다고 보아야 할 것이지만, 임대차 존속 중 차임이 연체되고 있음에도 임대차보증금에서 연체차임을 충당하지 않고 있었던 임대인의 신뢰와 차임연체 상태에서 임대차관계를 지속해 온 임차인의 묵시적 의사를 감안하면 그 연체차임은 제495조의 유추적용에 의하여 임대차보증금에서 공제할 수는 있다고 한다(대판 2016. 11. 25, 2016다211309; 대판 2025. 3. 27, 2024다302217).

판 례 **임대차보증금 관련**

(ㄱ) 「임대차계약에 있어 임대차보증금은 임대차계약 종료 후 목적물을 임대인에게 명도할 때까지 발생하는, 임대차에 따른 임차인의 모든 채무를 담보하는 것으로서, 그 피담보채무 상당액은 임대차관계의 종료 후 목적물이 반환될 때에, 특별한 사정이 없는 한, 별도의 의사표시 없이 보증금에서 당연히 공제되는 것이므로, 임대인은 임대차보증금에서 그 피담보채무를 공제한 나머지만을 임차인에게 반환할 의무가 있다고 할 것이다. 그러나 이 경우 임대차보증금에서 그 피담보채무 등을 공제하려면 임대인으로서는 그 피담보채무인 연체차임, 연체관리비 등을 임대차보증금에서 공제하여야 한다는 주장을 하여야 하고 나아가 그 임대차보증금에서 공제될 차임채권, 관리비채권 등의 발생원인에 관하여 주장·입

증을 하여야 하는 것이며, 다만 그 발생한 채권이 변제 등의 이유로 소멸하였는지에 관하여는 임차인이 주장·입증책임을 부담한다고 할 것이다.」(대판 2005. 9. 28, 2005다8323·8330)

(ㄴ)「임대차계약에서 보증금을 지급하였다는 입증책임은 보증금의 반환을 구하는 임차인이 부담하고, 임대차계약이 성립하였다면 임대인에게 임대차계약에 기한 임료채권이 발생하였다 할 것이므로 임료를 지급하였다는 입증책임도 임차인이 부담한다.」(대판 2005. 1. 13, 2004다19647)

(ㄷ) 판례에 의하면, 원상복구에 필요한 비용(대판 2002. 12. 10, 2002다52657. 그러나 원상복구를 하지 않고 그대로 이용하려고 하는 때는 예외이다), 임차인이 임대인 명의로 사용한 전기·전화요금을 납부하지 않아 전기의 동력선이 끊기고 임대인 명의의 전화가입권이 말소됨으로 인하여 생긴 손해(대판 1991. 10. 25, 91다22605·22612)도 공제될 것이라고 한다. 그리고 차임채권에 압류 및 추심명령이 있었다고 하더라도 임차물이 반환될 때까지 추심되지 않은 차임채권 상당액도 당연히 공제되고(대판 2004. 12. 23, 2004다56554 등), 임차보증금 채권을 피전부채권으로 하여 전부명령이 있는 경우에도 제3채무자인 임대인은 임차인에게 대항할 수 있으므로 임대인의 채권을 공제한 잔액에 대하여는 전부명령이 유효하다고 한다(대판 1987. 6. 9, 87다68; 대판 1988. 1. 19, 87다카1315).

(ㄹ)「부동산임대차에 있어서 임차인이 임대인에게 지급하는 임대차보증금은 임대차관계가 종료되어 목적물을 반환하는 때까지 그 임대차관계에서 발생하는 임차인의 모든 채무를 담보하는 것으로서, 임대인의 임대차보증금 반환의무는 임대차관계가 종료되는 경우에 그 임대차보증금 중에서 목적물을 반환받을 때까지 생긴 연체차임 등 임차인의 모든 채무를 공제한 나머지 금액에 관하여서만 비로소 이행기에 도달하는 것이므로, 그 임대차보증금 반환채권을 양도함에 있어서 임대인이 아무런 이의를 보류하지 아니한 채 채권양도를 승낙하였어도 임차 목적물을 개축하는 등 하여 임차인이 부담할 원상복구비용 상당의 손해배상액은 반환할 임대차보증금에서 당연히 공제할 수 있다 할 것이나, 임대인과 임차인 사이에서 장래 임대목적물 반환시 위 원상복구비용의 보증금 명목으로 지급하기로 약정한 금액은, 임대차관계에서 당연히 발생하는 임차인의 채무가 아니라 임대인과 임차인 사이의 약정에 기하여 비로소 발생하는 채무에 불과하므로, 반환할 임대차보증금에서 당연히 공제할 수 있는 것은 아니라 할 것이어서, 임대차보증금 반환채권을 양도하기 전에 임차인과 사이에 이와 같은 약정을 한 임대인이 이와 같은 약정에 기한 원상복구비용의 보증금 청구 채권이 존재한다는 이의를 보류하지 아니한 채 채권양도를 승낙하였다면 민법 제451조 제1항이 적용되어 그 원상복구비용의 보증금 청구 채권으로 채권양수인에게 대항할 수 없다.」(대판 2002. 12. 10, 2002다52657)

(ㅁ)「부동산임대차에 있어서 임차인이 임대인에게 지급하는 임대차보증금은 임대차관계가 종료되어 목적물을 반환하는 때까지 그 임대차관계에서 발생하는 임차인의 모든 채무를 담보하는 것으로서, 임대인이 임차인을 상대로 차임연체로 인한 임대차계약의 해지를 원인으로 임대차목적물인 부동산의 인도 및 연체차임의 지급을 구하는 소송비용은 임차인이 부담할 원상복구비용 및 차임지급의무 불이행으로 인한 것이어서 임대차관계에서 발생하는 임차인의 채무에 해당하므로 이를 반환할 임대차보증금에서 당연히 공제할 수 있고, 한

편 임대인의 임대차보증금 반환의무는 임대차관계가 종료되는 경우에 그 임대차보증금 중에서 목적물을 반환받을 때까지 생긴 임차인의 모든 채무를 공제한 나머지 금액에 관하여서만 비로소 이행기에 도달하는 것이므로, 임차인이 다른 사람에게 그 임대차보증금 반환채권을 양도하고, 임대인에게 양도통지를 하였어도 임차인이 임대차목적물을 인도하기 전까지는 임대인이 위 소송비용을 임대차보증금에서 당연히 공제할 수 있다.」(대판 2012. 9. 27, 2012다49490)

D-242 보증금이 공제되어야 할 채무액에 부족한 때에는, 일단 보증금으로 법정충당의 규정에 의하여 충당되고(대판 2007. 8. 23, 2007다21856 · 21863), 나머지의 채무는 존속한다. 한편 임대차계약의 존속 중에 임차인이 차임지급을 지체하거나 건물을 훼손한 경우에, 임대인이 보증금에서 충당할 수 있는가? 이는 계약의 해석의 문제이나, 불분명한 때에는 임대인은 보증금에서 충당할 수도 있고 임차인에게 청구할 수도 있다고 하여야 한다(D-241에서 설명한 바와 같이 판례도 동지이다. 대판 2013. 2. 28, 2011다49608 · 49615; 대판 2016. 11. 25, 2016다211309). 그리고 전자의 경우에는 다시 임차인에게 보증금의 보충을 청구할 수도 있다고 새겨야 한다. 일반적으로 보증금은 그 이자가 차임의 기능도 담당하고 있기 때문이다. 나아가 후자의 경우 즉 임대인이 임차인에게 청구를 하는 경우에, 임차인은 보증금의 존재를 이유로 차임의 지급을 거절할 수 없고(대판 1994. 9. 9, 94다4417; 대판 2016. 11. 25, 2016다211309) 또 그 연체에 따른 채무불이행책임을 면할 수도 없다(대판 1994. 9. 9, 94다4417). 임대차계약이 종료된 때에도 임차물이 반환되지 않는 한 역시 연체차임의 지급을 거절할 수 없다(대판 2007. 8. 23, 2007다21856 · 21863 등).

임대차의 묵시의 갱신이 있는 경우에 보증금은 제3자가 제공한 것도 소멸하지 않고 존속한다. 왜냐하면 보증금은 제639조 제2항의 「담보」에 포함되지 않기 때문이다(대판 1977. 6. 7, 76다951). 그런데, 판례에 의하면, 임대차의 존속 중에 보증금반환채권이 양도되고 임대인에게 양도통지가 된 경우에는, 그 후 당사자 사이에 임대차의 갱신에 관한 명시적 또는 묵시적 합의가 있었다고 하여도 그 합의의 효과는 보증금반환채권의 양수인에게는 미치지 않는다(그리하여 임대차는 본래의 기간 만료시에 종료한다. 대판 1989. 4. 25, 88다카4253 · 4260).

(4) 부동산소유권의 이전과 보증금의 승계

부동산임대차가 등기되어 있거나(621조) 건물소유를 목적으로 한 토지임차인이 그 지상건물을 등기한 때(622조)에는, 임차인은 임차한 부동산 또는 토지의 양수인에 대하여도 임차권을 가지고 대항할 수 있다. 그 경우에 보증금에 대한 권리·의무도 신 소유자에게 당연히 이전된다(3면계약으로 다른 특약을 한 때에는 예외이다). 다만, 구 소유자(전 임대인)에게 보증금으로 담보된 채권이 있는 때에는, 그것이 공제된 나머지만 승계된다.

D-243 (5) 보증금반환청구권

판례에 의할 경우 임차인의 보증금반환청구권이 임차물 반환시에 채무를 공제한 잔액에 관하여 발생한다는 것은 앞에서 설명하였다(D-240 참조). 그리고 임대인의 보증금반환의무는 임차인의 임차물반환의무와 동시이행관계에 있다(보증금의 개념상 후자가 선이행의무이나, 임차인 보호를 위하여 그렇게 새긴다)(통설·판례도 같은 견지에 있다. 대판(전원) 1977. 9. 28, 77다1241·1242[핵심판례 348면]; 대판 2002. 2. 26, 2001다77697 등 다수의 판결). 따라서 임대인이 임대차보증금의 반환의무를 이행하거나 적법하게 이행제공을 하는 등으로 임차인의 동시이행항변권을 상실시키지 않은 이상, 임대차계약 종료 후 임차인이 목적물을 계속 점유하더라도 그 점유를 불법점유라고 할 수 없고 임차인은 이에 대한 손해배상의무를 지지 않는다(대판 2020. 5. 14, 2019다252042). 그러나 임차인이 그러한 동시이행항변권을 상실하였는데도 목적물의 반환을 계속 거부하면서 점유하고 있다면, 달리 점유에 관한 적법한 권원이 인정될 수 있는 특별한 사정이 없는 한 이러한 점유는 적어도 과실에 의한 점유로서 불법행위를 구성한다(대판 2020. 5. 14, 2019다252042). 한편 임차인이 민법 제621조에 의하여 임차권등기를 마친 경우 당사자 사이에 다른 약정이 없는 한 임대차 종료 후 임대인의 임차보증금 반환의무와 임차인의 임차권등기 말소의무는 동시이행관계에 있으므로, 임차인은 임차권등기 말소의무를 이행하거나 이행제공을 하여 상대방을 이행지체에 빠뜨려야 비로소 임차보증금에 대한 지연손해금의 지급을 청구할 수 있다(대판 2024. 12. 12, 2024다261989).

판례 임대차 종료시의 법률관계

(ㄱ) 판례는 임차인이 동시이행의 항변권에 기하여 임차목적물을 점유하고 사용수익한 경우 그 점유는 불법점유라 할 수 없어 그로 인한 손해배상책임을 지지 않지만, 사용수익으로 인하여 실질적으로 얻은 이익이 있으면 부당이득으로 반환할 것이라고 한다(대판 1998. 7. 10, 98다15545 등 다수의 판결). 이때 부당이득은 차임 상당액이다(대판 2002. 11. 13, 2002다46003·46027·46010 등). 그러나 임차인이 점유한 경우에도 그것이 단지 보증금반환채권을 확보하기 위한 것이어서 임차인이 본래의 용도대로 사용수익하지 않은 때에는 실질적 이익을 얻고 있다고 할 수 없으므로 부당이득 반환채무가 생기지 않는다고 한다(대판 2006. 10. 12, 2004재다818 등 다수의 판결). 그리고 이는 임차인의 사정으로 인하여 임차물을 사용·수익하지 못하였거나 임차인이 자신의 시설물을 반출하지 않았더라도 마찬가지라고 한다(대판 2006. 10. 12, 2004재다818 등).

(ㄴ) 판례는, 임차인이 불이행한 원상회복의무가 사소한 부분이고, 그로 인한 손해배상액 역시 근소한 금액(326,000원)인 경우에 임대인이 이를 이유로 거액의 잔존 보증금 전액(125,226,670원)에 대하여 반환을 거부하는 것은 공평의 관념에 반하여 부당하다고 한다(대판 1999. 11. 12, 99다34697).

(ㄷ) 「임대차가 종료된 경우 임대목적물이 타인 소유라고 하더라도 그 타인이 목적물의 반환청구나 임료 내지 그 해당액의 지급을 요구하는 등 특별한 사정이 없는 한 임차인은 임대인에게 그 부동산을 명도하고 임대차 종료일까지의 연체차임을 지급할 의무가 있음은 물론, 임대차 종료일 이후부터 부동산 명도 완료일까지 그 부동산을 점유·사용함에 따른 차임 상당의 부당이득금을 반환할 의무도 있다고 할 것인바, 이와 같은 법리는 임차인이 임차물을 전대하였다가 임대차 및 전대차가 모두 종료된 경우의 전차인에 대하여도 특별

한 사정이 없는 한 그대로 적용된다고 할 것이다.」(대판 2001. 6. 29, 2000다68290)

㈃ 「임대차관계가 종료된 후 임차인이 목적물을 임대인에게 반환하였으면 임대인은 보증금을 무조건으로 반환하여야 하고, 임차인으로부터 목적물의 인도를 받는 것과의 상환이행을 주장할 수 없다. 그리고 이는 종전의 임차인이 임대인으로부터 새로 목적물을 임차한 사람에게 그 목적물을 임대인의 동의 아래 직접 넘긴 경우에도 다를 바 없다. 그 경우 임차인의 그 행위는 임대인이 임차인으로부터 목적물을 인도받아 이를 새로운 임차인에게 다시 인도하는 것을 사실적인 실행의 면에서 간략하게 한 것으로서, 법적으로는 두 번의 인도가 행하여진 것으로 보아야 하므로, 역시 임대차관계 종료로 인한 임차인의 임대인에 대한 목적물반환의무는 이로써 제대로 이행되었다고 할 것이기 때문이다.」(대판 2009. 6. 25, 2008다55634)

㈄ 임차인이 임차건물을 명도할 의무와 임대인이 임대보증금 중 미지급 월임료 등을 공제한 나머지 보증금을 반환할 의무가 동시이행관계에 있는 이상, 임대인이 임차인에게 위 보증금반환의무를 이행하였다거나 그 현실적인 이행의 제공을 하여 임차인의 건물명도의무가 지체에 빠졌다는 사실이 인정되지 않는다면 임차인은 임대차기간 만료 후 명도를 지연할 경우 지급키로 한 약정지연손해금을 지급할 의무가 없다(대판 1988. 4. 12, 86다카2476).

D-244 3. 권 리 금

권리금은 주로 도시에서 토지 또는 건물(특히 점포)의 임대차에 부수하여 임차물이 가지는 장소적 이익의 대가로서 임차인이 임대인에게(또는 임차권의 양수인이 양도인에게) 지급하는 금전이다. 임대차가 종료하더라도 임차인은 임대인에게 권리금의 반환을 청구하지 못하나(그리고 상가 개발업자에게 지급한 권리금은 임대인인 상가소유주에게는 효력이 미치지 않는다. 대판 1989. 2. 28, 87다카823 · 824), 임대인의 사정으로 임대차계약이 중도에 해지되는 것과 같은 특별한 사정이 있는 때에는 권리금 중 잔존기간에 대응하는 금액은 반환청구를 할 수 있다(대판 2008. 4. 10, 2007다76986 · 75993 등 다수). 한편 실제에 있어서 임차인은 임차권을 타인에게 양도하거나 임차물을 전대하면서 양수인이나 전차인으로부터 권리금을 받고 있다. 그리고 이는 판례도 인정한다(대판 2000. 4. 11, 2000다4517 · 4524 등). 나아가 판례는 전대차계약이 그 기간 중에 해지된 경우에는 전대인은 잔존기간에 대응하는 권리금을 반환할 의무가 있다고 한다(대판 2001. 11. 13, 2001다20394 · 20400). 그런데 임차권의 양도나 임차물의 전대는 임대인의 동의가 없으면 적법하게 행하여질 수가 없어서 문제이다(임대차를 해지하면 권리금은 사라질 것이다). 그 때문에 문헌 중에는 임대인이 고액의 권리금을 받은 경우에는 임차권을 양도할 권능을 임차인에게 준 것으로 새기기도 한다.

「상가건물 임대차보호법」은 상가건물에 관하여 권리금을 인정하고 보호하는 규정을 신설하였다(동법 10조의 3 이하)(D-272 참조). 그 결과 전술한 이론은 동법이 적용되지 않는 범위에서만 적용될 수 있다(동법의 규정은 강행규정임).

판 례 권리금 및 권리금계약 관련

「권리금은 상가건물의 영업시설·비품 등 유형물이나 거래처, 신용, 영업상의 노하우(know-how) 혹은 점포 위치에 따른 영업상의 이점 등 무형의 재산적 가치의 양도 또는 일정 기간 동안의 이용대가이다. 임차권양도계약에 수반되어 체결되는 권리금계약은 임차권양도계약과는 별개의 계약이지만 위 두 계약의 체결 경위와 계약 내용 등에 비추어 볼 때, 권리금계약이 임차권양도계약과 결합하여 전체가 경제적·사실적으로 일체로 행하여진 것으로서, 어느 하나의 존재 없이는 당사자가 다른 하나를 의욕하지 않았을 것으로 보이는 경우에는 그 계약 전부가 하나의 계약인 것과 같은 불가분의 관계에 있다고 보아야 한다.」(대판 2017. 7. 11, 2016다261175)

Ⅵ. 임대차의 종료 D-245

(1) 임대차의 종료원인

1) 존속기간의 만료 임대차에 존속기간이 정해져 있는 경우에는, 기간이 만료되면 사전 최고나 해지를 할 필요 없이 임대차는 종료한다(대판 1969. 1. 28, 68다1537).

2) 해지의 통고 ① 임대차의 존속기간을 약정하지 않은 때에는 당사자는 언제든지 계약해지의 통고를 할 수 있고, 상대방이 그 통고를 받은 날로부터 일정한 기간이 경과하면 임대차는 종료한다(635조). ② 임대차의 존속기간이 약정된 경우에도, 당사자 일방 또는 쌍방에게 해지권이 보류된 때에는, 제635조가 준용된다(636조). ③ 임차인이 파산선고를 받은 경우에는 임대차의 존속기간에 관한 약정이 있는 때에도 임대인 또는 파산관재인은 제635조의 규정에 의하여 계약해지의 통고를 할 수 있고(일정기간이 경과하면 임대차는 종료함), 그 경우에 각 당사자는 상대방에 대하여 계약해지로 인하여 생긴 손해의 배상을 청구하지 못한다(637조).

3) 해 지 일정한 경우에는 존속기간의 약정 유무를 묻지 않고 해지할 수 있도록 하고 있으며, 그때에는 즉시 해지의 효력이 생긴다. ① 임대인이 임차인의 의사에 반하여 보존행위를 하고 그로 인하여 임차의 목적을 달성할 수 없을 때(625조), ② 임차물의 일부가 임차인의 과실없이 멸실 기타의 사유로 사용·수익할 수 없는 경우에 잔존부분만으로 임차의 목적을 달성할 수 없는 때(627조 2항), ③ 임차인이 임대인의 동의 없이 임차권을 양도하거나 임차물을 전대한 경우(629조 2항), ④ 임차인의 차임연체액이 2기의 차임액에 달하는 때(640조·641조), ⑤ 그 밖에 당사자 일방의 채무불이행이 있는 때(544조·546조)에 그렇다.

(2) 임대차 종료의 효과 D-246

존속기간 만료의 경우에는 물론이고 해지통고나 해지에 의하여 임대차가 소멸하는 때에도, 임대차는 장래에 향하여 소멸한다. 즉 소급효가 없다(550조 참조). 그리고 해지의 경우 당사자 일방에 과실이 있으면 손해배상도 청구할 수 있다(551조 참조). 한편 임대차가 종료하면 임차인은 원상회복의무·임차물의 반환의무를 지고, 그 반면에 일정한 경우 비용상환청구권·지상시설 또는 부속물 매수청구권·철거권 등을 가지는데, 그에 관하여는 앞에서 모두 살펴보았다.

판 례 임대차의 법률관계 관련

(ㄱ) 「등기된 임차권에는 용익권적 권능 외에 임차보증금 반환채권에 대한 담보권적 권능이 있고, 임대차기간이 종료되면 용익권적 권능은 임차권등기의 말소등기 없이도 곧바로 소멸하나 담보권적 권능은 곧바로 소멸하지 않는다고 할 것이어서, 임차권자는 임대차기간이 종료한 후에도 임차보증금을 반환받기까지는 임대인이나 그 승계인에 대하여 임차권등기의 말소를 거부할 수 있다고 할 것이고, 따라서 임차권등기가 원인 없이 말소된 때에는 그 방해를 배제하기 위한 청구를 할 수 있다.」(대판 2002. 2. 26, 99다67079)

(ㄴ) 「임대인의 방해행위로 임차인의 임대차 목적물에 대한 임차권에 기한 사용·수익이 사회통념상 불가능하게 됨으로써 임대인의 귀책사유에 의하여 임대인으로서의 의무가 이행불능되어 임대차계약이 종료되었다고 하는 경우에도, 임대인이나 제 3 자의 귀책사유로 그 임대차계약의 목적물이 멸실되어 임대인의 이행불능 등으로 임대차계약이 종료되는 경우와 마찬가지로, 임차인으로서는 임대인에 대하여 그 임대차보증금 반환청구권을 행사할 수 있고 그 이후의 차임지급의무를 면하는 한편 다른 특별한 사정이 없는 한 그 임대차 목적물을 대신할 다른 목적물을 마련하기 위하여 합리적으로 필요한 기간 동안 그 목적물을 이용하여 영업을 계속하였더라면 얻을 수 있었던 이익, 즉 휴업손해를 그에 대한 증명이 가능한 한 통상의 손해로서 배상을 받을 수 있을 뿐이며(그 밖에 다른 대체 건물로 이전하는 데에 필요한 부동산중개료, 이사비용 등은 별론으로 한다.), 더 나아가 장래 그 목적물의 임대차기간 만료시까지 계속해서 그 목적물을 사용·수익할 수 없음으로 인한 일실수입 손해는 이를 별도의 손해로서 그 배상을 청구할 수 없다고 할 것이다.」(대판 2006. 1. 27, 2005다16591·16607)

D-247 Ⅶ. 특수한 임대차

1. 전 세

우리나라에서는 해방 전부터 「전세」라는 것이 건물(특히 주택) 대차의 방법으로 많이 이용되었다. 이 전세는 빌리는 자가 일시에 고액(건물 시가의 반 정도)의 금전(전세금)을 건물소유자(대주)에게 지급하고 이를 전세계약이 종료하는 때에 돌려받기로 하며, 건물을 빌려쓰는 대가(차임)는 따로 지급하지 않고 전세금의 이자로 그것을 대신하는 방법이다. 관행에 의한 이러한 전세제도는 민법 제정시에 전세권이라는 물권으로 규정되었고 채권적 전세로는 전혀 규율되지 않았다. 그런데 실제 사회에서는 이용자의 권리가 강한 전세권제도는 거의 이용되지 않고, 채권적 전세는 널리 이용되었다. 그리하여 채권적 전세의 규율, 즉 채권적 전세권자의 보호가 절실하였다. 그러나 그에 대한 입법은 쉽게 이루어지지 않았으며, 1983년 주택임대차보호법이 개정되면서 채권적 전세에 그 법이 준용된다는 내용의 규정 하나가 마련되었을 뿐이다(동법 12조). 채권적 전세에는 주택임대차보호법이 준용되므로, 그에 대하여는 주택임대차의 내용을 참고하면 될 것이다.

2. 주택임대차 D-248

주택의 임차인(및 채권적 전세권자)을 보호하기 위한 특별법으로 주택임대차보호법(이하에서는 「주임법」이라 함)이 있다. 이 법은 주거용 건물의 임대차에 관하여 민법에 대한 특례를 규정한 것이다(동법 1조). 주임법의 주요내용을 살펴본다.

(1) 적용범위

1) 주임법은 주거용 건물(이하에서는 「주택」이라 함)의 전부 또는 일부의 임대차에 적용되며, 그 임차주택의 일부가 주거 외의 목적으로 사용되는 경우에도 같다(동법 2조).

판 례 주임법의 적용범위 관련

① 주임법은 실제 주택을 사용·수익하는 임차인을 보호하기 위한 것이므로, 실제 주택을 사용·수익할 목적이 없이 단지 소액임차인으로서 보호받기 위하여 거주하거나(대판 2001. 5. 8, 2001다14733) 또는 주택임대차로서 우선변제권을 취득할 목적으로 외관을 만든 데 지나지 않는 경우(대판 2002. 3. 12, 2000다24184·24191(임대차가 통정허위표시로서 무효라고 함); 대판 2003. 7. 22, 2003다21445)에는 주임법이 적용되지 않는다(임대차계약 당사자가 기존 채권을 임대차보증금으로 전환하여 임대차계약을 체결하였다는 사정만으로 임차인이 대항력을 갖지 못한다고 볼 수는 없다. 대판 2002. 1. 8, 2001다47535). ② 이 법은 자연인을 보호하려는 것이므로 법인은 법인의 직원이 주민등록을 하였더라도 이 법에 의하여 보호되지 않는다(대판 1997. 7. 11, 96다7236. 현재는 동법 2조 2항·3항의 예외가 있음을 주의(D-258 참조)). ③ 주거용 건물에 해당하는지 여부는 공부상의 표시만을 기준으로 할 것이 아니고 그 실지용도에 따라서 정하여야 하고(대판 1996. 3. 12, 95다51953 등), 건물의 일부가 임대차의 목적이 되어 주거용과 비주거용으로 겸용되는 경우에는, 구체적인 경우에 따라 그 임대차의 목적, 전체 건물과 임대차 목적물의 구조와 형태 및 임차인의 임대차 목적물의 이용관계, 그리고 임차인이 그 곳에서 일상생활을 영위하는지 여부 등을 아울러 고려하여 합목적적으로 결정하여야 한다. ④ 이 법이 적용되려면 임대차계약 체결 당시에 건물이 구조상 주거용 또는 그와 겸용할 정도의 형태를 실질적으로 갖추고 있어야 하고, 만일 그 당시에는 주거용 건물부분이 없었는데 그 후 임의로 주거용으로 개조하였다면, 임대인이 그 개조를 승낙하였다는 등의 특별사정이 없는 한 이 법은 적용되지 않는다(대판 1986. 1. 21, 85다카1367). ⑤ 주임법 제 2 조 제 2 문의 규정(「임차주택의 일부가 주거 외의 목적으로 사용되는 경우」에 적용한다는 것)은 반드시 주된 목적이 주거용에 있는 주거용 건물의 일부가 주거 이외의 목적으로 사용되는 경우만을 대상으로 하는 것은 아니다(대판 1988. 12. 27, 87다카2024). ⑥ 이 법은 비주거용 건물의 일부가 주거용으로 사용되는 경우에는 적용되지 않는다(대판 1987. 4. 28, 86다카2407(여인숙을 경영할 목적으로 방 10개를 임차하여 현관 앞의 방 하나를 내실로 사용한 경우에 관하여 주거용 건물이 아니라고 함); 대판 1996. 3. 12,

95다51953(다방의 임차인이 다방에 딸린 방을 주거목적으로 사용한 경우에 관하여 비주거용 건물의 일부가 주거목적으로 사용된 것일 뿐이라고 함)). ⑦ 주임법의 적용대상으로 규정하고 있는 「주거용 건물」의 임대차라 함은 임차목적물 중 건물의 용도가 점포나 사무실 등이 아닌 주거용인 경우의 임대차를 뜻하는 것일 뿐이지, 같은 법의 적용대상을 대지를 제외한 건물에만 한정하는 취지는 아니다(대판 1996. 6. 14, 96다7595). 따라서 주임법 제3조의 2 제1항의 「임차주택」(즉 경매대상인 임차주택)에는 건물뿐만 아니라 그 부지도 포함되고(대결 2000. 3. 15, 99마4499), 주택의 대지 및 건물에 관하여 경매가 신청되었다가 그중 건물에 대한 신청이 취하되어 대지부분만 낙찰되었더라도 그 주택의 소액임차인은 대지의 낙찰대금 중에서 소액보증금을 담보물권자보다 우선하여 변제받을 수 있다(대판 1996. 6. 14, 96다7595). ⑧ 어느 건물이 국민의 주거생활의 용도로 사용되는 주택에 해당하는 이상 비록 그 건물에 관하여 아직 등기를 마치지 아니하였거나 등기가 이루어질 수 없는 사정이 있다고 하더라도 다른 특별한 규정이 없는 한 같은 법의 적용대상이 된다(대판(전원) 2007. 6. 21, 2004다26133). ⑨ 점포 및 사무실로 사용되던 건물에 근저당권이 설정된 후 그 건물이 주거용 건물로 용도 변경되어 이를 임차한 소액임차인도 특별한 사정이 없는 한 주임법 제8조에 의하여 보증금 중 일정액을 근저당권자보다 우선하여 변제받을 권리가 있다(대판 2009. 8. 20, 2009다26879).

2) 주임법은 일시사용하기 위한 임대차임이 명백한 경우에는 적용되지 않는다(동법 11조).

3) 주임법은 「주택의 등기를 하지 아니한 전세계약」 즉 채권적 전세(미등기 전세)에 준용된다. 이 경우 「전세금」은 「임대차의 보증금」으로 본다(동법 12조).

4) 주임법에 의한 임차인의 보호는 법인인 임차인에게는 인정되지 않는데(대판 1997. 7. 11, 96다7236), 주임법을 두 차례 개정하여(2007. 8. 3, 2013. 8. 13) ① 주택도시기금을 재원으로 하여 저소득층 무주택자에게 주거생활 안정을 목적으로 전세임대주택을 지원하는 법인이 주택을 임차한 경우(동법 3조 2항)와 ② 중소기업기본법 제2조에 따른 중소기업에 해당하는 법인이 소속 직원의 주거용으로 주택을 임차한 경우(동법 3조 3항)에 대항력과 우선변제권을 부여하였으며, 그 결과 그러한 법인들은 보증금을 확보할 수 있게 되었다.

[참고] 주택임대차계약의 신고제도

임대차계약 당사자는, 대통령령으로 정하는 지역(특별자치시·특별자치도·시·군(광역시 및 경기도의 관할구역에 있는 군으로 한정한다)·구(자치구를 말한다)를 말한다. 동법 시행령 4조의 3 2항)에서는(「부동산거래 신고 등에 관한 법률」 6조의 2 2항), 주택(주임법 2조에 따른 주택을 말하며, 주택을 취득할 수 있는 권리를 포함함)에 대하여 대통령령으로 정하는 금액을 초과하는 임대차계약(보증금이 6천만원을 초과하거나 월 차임이 30만원을 초과하는 주택임대차계약을 말하며, 계약을 갱신하는 경우로서 보증금 및 차임의 증감 없이 임대차 기간만 연장하는 계약은 제외한다. 동법 시행령 4조의 3 1항)을 체결한 경우 그 보증금 또는 차임 등 국토교통부령으로 정하는 사항을 임대차계약의 체결일부터 30일 이내에 주택 소재지를 관할하는 신고관청에 공동으로 신고하여야 한다(동법 6조의 2 1항 본문). 그리고 임대차계약 당사자는 동법 제6조의 2에 따라 신고한 후 해당 주택 임대차계약의 보증금, 차임 등 임대차 가격이 변경되거나 임대차계약이 해제된 때에는 변경 또는 해제가 확정된 날부터 30일 이내에 해당 신고관청에 공동으로 신고하여야 한다(동법 6조의 3 1항). 그런데 임차인이 주민등록법에 따라 전입신고를 하는 경우 이 법에 따른 주택임대차계약의 신고를 한 것으로 본다(동법 6조의 5 1항. 그 밖에 동조 2항의 의제도 참조). 그리고 동법 제 6 조의 2, 제 6 조의 3에 따른 신고의 접수를 완료한 때에는 주임법 제 3 조의 6 제 1 항에 따른 확정일자를 부여한 것으로 본다(임대차계약서가 제출된 경우로 한정한다)(동법 6조의 3 3항).

(2) 임대인의 정보 제시 의무(2023. 4. 18. 신설)

임대차계약을 체결할 때 임대인은 다음 사항들을 임차인에게 제시하여야 한다(동법 3조의 7 본문). ① 주임법 제 3 조의 6 제 3 항에 따른 해당 주택의 확정일자 부여일, 차임 및 보증금 등 정보. 다만, 임대인이 임대차계약을 체결하기 전에 제 3 조의 6 제 4 항에 따라 동의함으로써 이를 갈음할 수 있다(동법 3조의 7 1호). ② 국세징수법 제108조에 따른 납세증명서 및 지방세징수법 제 5 조 제 2 항에 따른 납세증명서. 다만, 임대인이 임대차계약을 체결하기 전에 국세징수법 제109조 제 1 항에 따른 미납국세와 체납액의 열람 및 지방세징수법 제 6 조 제 1 항에 따른 미납지방세의 열람에 각각 동의함으로써 이를 갈음할 수 있다(동법 3조의 7 2호).

(3) 대 항 력 D-249

1) 요 건 주택임대차는 그 등기가 없는 경우에도 임차인이 주택을 인도받고 주민등록을 마친 때에는 그 다음 날부터 제 3 자에 대하여 효력이 생긴다(동법 3조 1항 1문). 이 경우 전입신고를 한 때 주민등록이 된 것으로 본다(동법 3조 1항 2문). 특기할 사항은 다음과 같다.

(가) 주택임차인이 임차권을 가지고 제 3 자에게 대항할 수 있으려면 그 당연한 전제로서 주임법에 의하여 보호되는 임차권을 유효하게 취득하여야 한다. 따라서 임대차가 주임법의 적용을 받지 않는 경우(D-248 참조)에는 대항력을 가질 수 없다. 주의할 것은, 주임법이 적용되는 임대차가 반드시 주택의 소유자가 임대한 것만에 한정되지 않는다는 점이다. 주택의 소유자는 아니지만 적법하게 임대차계약을 체결할 수 있는 권한(적법한 임대권한)을 가진 임대인이 임대한 경우도 주임법의 적용을 받는다(대판 2012. 7. 26, 2012다45689; 대판 2014. 2. 27, 2012다93794(갑이 임의경매절차에서 최고가매수 신고인의 지위에 있던 을과 주택임대차계약을 체결한 후 주택을 인도받아 전입신고를 마치고 임대차계약서에 확정일자를 받았는데, 다음날 을이 매각대금을 완납하고 병 주식회사에 근저당권설정등기를 마쳐준 사안에서, 을이 최고가 매수신고인이라는 것 외에는 적법한 임대권한이 있었음을 인정할 자료가 없어서, 갑이 주임법 3조의 2 2항에서 정한 우선변제권을 취득하였다고 볼 수 없다고 한 사례) 등). 따라서 명의신탁자로부터 임차한 주택임차인은 등기부상 주택의 소유자인 명의수탁자에 대하여도 적법한 임대차임을 주장할 수 있다(대판 1999. 4. 23, 98다49753 등). 그리고 주택에 관한 부동산 담보신탁계약을 체결한 경우 임대권한은 특별한 약정이 없는 한 수탁자에게 있는 것이 일반적이지만, 위탁자가 수탁자의 동의 없이 임대차계약을 체결한 후 수탁자로부터 소유권을 회복한 때에는 위 임대차계약에 대하여 주임법 제 3 조 제 1 항이 적용될 수 있다(대판 2019. 3. 28, 2018다44879 · 44886). 또한 매매계약의 이행으로 매매목적물을 인도받은 매수인도 그 물건을 사용·수익할 수 있는 지위에서 그 물건을 타인에게 적법하게 임대할 수 있으며, 이러한 지위에 있는 매수인으로부터 매매계약이 해제되기 전에 매매목적물인 주택을 임차받아 대항요건을 갖춘 임차인은 민법 제548조 제 1 항 단서의 규정에 따라 계약해제로 인하여 권리를 침해받지 않는 제 3 자에 해당하므로 임대인의 임대

권원의 바탕이 되는 계약의 해제에도 불구하고 자신의 임차권을 새로운 소유자에게 대항할 수 있다(대판 2008. 4. 10, 2007다38908 · 38915). 매매계약에 의하여 소유권을 취득하였다가 계약해제로 인하여 소유권을 상실하게 된 임대인으로부터 그 계약이 해제되기 전에 대항요건을 갖춘 임차인도 같다(대판 2003. 8. 22, 2003다12717 등). 그에 비하여 매도인으로부터 매매계약의 해제를 해제조건부로 전세권한을 부여받은 매수인이 주택을 임대한 후 매도인과 매수인 사이의 매매계약이 해제됨으로써 해제조건이 성취되어 그때부터 매수인이 주택을 전세놓을 권한을 상실하게 된 경우에는, 임차인은 매도인에 대하여 임차권을 주장할 수 없다(대판 1995. 12. 12, 95다32037). 한편, 매도인이 악의인 계약명의신탁에서 명의수탁자로부터 명의신탁의 목적물인 주택을 임차하여 주택 인도와 주민등록을 마침으로써 주임법 제3조 제1항에 의한 대항요건을 갖춘 임차인은 부동산실명법 제4조 제3항의 규정에 따라 명의신탁약정 및 그에 따른 물권변동의 무효를 대항할 수 없는 제3자에 해당하므로 명의수탁자의 소유권이전등기가 말소됨으로써 등기명의를 회복하게 된 매도인 및 매도인으로부터 다시 소유권이전등기를 마친 명의신탁자에 대해 자신의 임차권을 대항할 수 있고, 이 경우 소유권이전등기를 마친 명의신탁자는 주임법 제3조 제4항에 따라 임대인의 지위를 승계한다(대판 2022. 3. 17, 2021다210720).

판례 소유권 취득한 매수인이 임대한 후 계약이 해제된 경우의 대항력 유무

「소유권을 취득하였다가 계약해제로 인하여 소유권을 상실하게 된 임대인으로부터 그 계약이 해제되기 전에 주택을 임차받아 주택의 인도와 주민등록을 마침으로써 주택임대차보호법 제3조 제1항에 의한 대항요건을 갖춘 임차인은 민법 제548조 제1항 단서의 규정에 따라 계약해제로 인하여 권리를 침해받지 않는 제3자에 해당하므로 임대인의 임대권원의 바탕이 되는 계약의 해제에도 불구하고 자신의 임차권을 새로운 소유자에게 대항할 수 있고, 이 경우 계약해제로 소유권을 회복한 제3자는 주택임대차보호법 제3조 제2항(현행 주임법 3조 4항에 해당: 저자 주)에 따라 임대인의 지위를 승계한다.」(대판 2003. 8. 22, 2003다12717)

(나) 여기의 「주택의 인도」는 임차목적물인 주택에 대한 점유의 이전을 말한다. 이때 점유는 사회통념상 어떤 사람의 사실적 지배에 있다고 할 수 있는 객관적 관계를 가리키는 것으로서, 사실상의 지배가 있다고 하기 위해서는 반드시 물건을 물리적·현실적으로 지배할 필요는 없고, 물건과 사람의 시간적·공간적 관계, 본권관계, 타인의 간섭가능성 등을 고려해서 사회통념에 따라 합목적적으로 판단하여야 한다(대판 2017. 8. 29, 2017다212194 등). 그리고 임대주택을 인도하는 경우에는 임대인이 임차인에게 현관이나 대문의 열쇠를 넘겨주었는지, 자동문 비밀번호를 알려주었는지, 이사를 할 수 있는지 등도 고려하여야 한다(대판 2017. 8. 29, 2017다212194).

(다) 주택의 인도와 더불어 대항력의 요건으로 규정되어 있는 「주민등록」은 거래의 안전을 위하여 임차권의 존재를 제 3 자가 명백하게 인식할 수 있게 하는 공시방법으로서 마련된 것이라고 볼 것이므로, 주민등록이 어떤 임대차를 공시하는 효력이 있는지 여부는 일반 사회통념상 그 주민등록으로 당해 임대차 건물에 임차인이 주소 또는 거소를 가진 자로 등록되어 있다고 인식할 수 있는지 여부에 따라 결정되어야 한다(대판 1987. 11. 10, 87다카1573 이래 무수한 판결). 한편 외국인 또는 외국국적동포가 출입국관리법이나 재외동포법에 따라서 한 외국인등록이나 체류지변경신고(출입국관리법 88조의 2 2항 참조) 또는 국내거소신고나 거소이전신고(재외동포법 10조 4항, 출입국관리법 88조의 2 2항 참조)도 여기의 주민등록과 동일한 법적 효과가 인정된다고 보아야 한다(대판 2016. 10. 13, 2014다218030 · 218047 등). 그리고 재외국민(대한민국의 국민으로서 외국의 영주권을 취득한 자 또는 영주할 목적으로 외국에 거주하고 있는 자. 재외동포법 2조 1호)의 국내거소신고에도 여기의 주민등록과 같은 법적 효과가 인정되어야 하고(명문규정은 없지만 출입국관리법 88조의 2 2항을 유추적용함), 이 경우 거소이전신고를 한 때에 전입신고가 된 것으로 보아야 한다(대판 2019. 4. 11, 2015다254507).

그러면 「주민등록」은 언제 행하여진 것으로 보아야 하는가? 여기에 관하여 판례는 전입신고가 수리된 때라고 한다. 즉 판례는 「주민등록의 신고는 행정청에 도달하기만 하면 신고로서의 효력이 발생하는 것이 아니라 행정청이 수리한 경우에 비로소 신고의 효력이 발생한다 할 것이고, 따라서 주민등록 신고서를 행정청에 제출하였다가 행정청이 이를 수리하기 전에 신고서의 내용을 수정하여 위와 같이 수정된 전입신고서가 수리되었다면 수정된 사항에 따라서 주민등록 신고가 이루어진 것으로 보는 것이 타당하다」고 하고, 정확한 지번과 동, 호수로 주민등록 전입신고서를 작성 · 제출하였는데 담당공무원이 착오로 수정을 요구하여, 잘못된 지번으로 수정하고 동, 호수 기재를 삭제한 주민등록 전입신고서를 다시 작성 · 제출하여 그대로 주민등록이 된 경우에 관하여, 그 주민등록은 임대차의 공시방법으로서 유효하지 않고 그것이 담당공무원의 요구에 기인한 것이라 하더라도 마찬가지라고 한다(대판 2009. 1. 30, 2006다17850).

판 례 주민등록 관련 D-250

대법원이 구체적인 주민등록에 관하여 공시방법으로서 유효한지 여부를 판단한 예를 정리해 보기로 한다.

(ㄱ) **건물 대지의 지번을 잘못 기재한 경우** 예컨대 주택의 실제 지번인 「산 53의 6」이나 등기부상의 지번인 「산 53」과 일치하지 않는 「53의 6」에 주민등록을 한 경우(대판 2000. 6. 9, 2000다8069)에는 주민등록이 유효한 공시방법이 아니다. 임차건물의 토지(지번: 「166의 16」)가 본래 A토지(지번: 「166의 1」)로부터 B토지(지번: 「166의 6」)를 거쳐 분할되어 나왔더라도 해당 토지에만 건물이 서있다는 등의 특별한 사정이 없는 한 A토지의 지번(「166의 1」)으로 행한 주민등록은 공시방법으로서 유효하지 않다(대판 1989. 6. 27, 89다카3370).

그러나 임차인이 전입신고를 올바르게(즉 임차건물 소재지의 지번 「545의 5」로) 하였는데 담당공무원의 착오로 주민등록표상에 신거주지 지번이 다소 틀리게 기재된 경우(「545의 2」)에는, 주민등록은 유효하고, 따라서 대항력을 가지는 데 지장이 없다(대판 1991. 8. 13, 91다18118).

(ㄴ) **동·호수를 잘못 기재하거나 누락한 경우** 임차인이 신축된 다세대주택(다세대주택은 다가구주택과 달리 구분소유가 인정되는 집합건물임) 「라」동의 한 세대를 임차하여 「라동 101호」로 주민등록을 이전하였는데 그 다세대주택에 건축물관리대장이 작성되면서 「라」동이 「가」동으로 표시되어 등재되고 이에 따라 등기부에도 「가동 101호」로 보존등기가 된 경우(대판 1994. 11. 22, 94다13176), 등기부상 동·호수 표시인 「디동 103호」와 불일치한 「라동 103호」로 주민등록이 된 경우(대판 1999. 4. 13, 99다4207)에는 주민등록은 공시방법으로서 유효하지 않다.

그러나 등기부상 건물의 표제부에 「에이(A)동」이라고 기재되어 있는 연립주택의 임차인이 전입신고를 하면서 주소지를 「가동」으로 신고하였으나, 주소지의 대지 위에는 2개동의 연립주택만 있고, 그 2개동도 크기가 달라 혼동의 여지가 없으며, 실제로 건물의 외벽에는 「가동」, 「나동」으로 표기되어 사회생활상 그렇게 호칭되어 온 경우(또 경매기록에서 경매목적물의 표시가 「에이동」과 「가동」으로 병기되어 있었음)(대판 2003. 6. 10, 2002다59351)에는 주민등록이 그 임대차를 유효하게 공시한다.

판례에 의하면, 집합주택의 임차인이 동·호수를 누락한 때에는 주민등록이 공시방법으로서 유효하지 않다고 한다. 예컨대 연립주택 가동 중 1층 102호에 거주하는 미등기 전세권자가 연립주택의 동·호수 등의 표시 없이 그 지번만을 신고하여 주민등록이 된 경우(대판 1995. 4. 28, 94다27427)에 그렇다.

D-251 (ㄷ) 주민등록은 등기부상의 주택의 표시와 일치하여야 한다. 판례에 의하면, 「소유권보존등기가 경료되기 전에 마친 임차인의 주민등록상의 주소기재가 그 당시의 주택의 현황과 일치한다 하더라도 그 후 사정변경으로 등기부상의 주택의 표시가 달라졌다면, 주민등록상의 주소가 주민등록법 시행령 제 5 조 제 5 항에 따라 건축물관리대장의 기재에 근거하여 된 것이라는 등의 특별한 사정이 없는 한, … 그 주민등록은 그 제 3 자에 대한 관계에서 유효한 공시방법이 될 수 없다.」(대판 1999. 9. 3, 99다15597) 예컨대 임차주택이 포함되어 있는 「1197의 9」 지상의 지하 1층·지상 3층의 주택은 원래 다가구용 단독주택으로 허가를 받았다가 다세대주택으로 용도변경되어 다세대주택으로 각 층·호마다 구분하여 소유권보존등기가 되었는데, 임차인은 건축허가 당시의 주택현황을 기초로 「1197의 9」로만 전입신고를 마쳤다가 채권자의 근저당권설정등기가 된 뒤에 비로소 정정한 경우에는, 보존등기 전에 마친 「1197의 9」라는 당초의 주민등록상의 주소기재는 공시방법으로서 유효하지 않다(대판 1999. 9. 3, 99다15597). 그리고 위의 법리는 입찰절차에서의 이해관계인 등이 잘못된 임차인의 주민등록상의 주소가 건축물관리대장 및 등기부상의 주소를 지칭하는 것을 알고 있었다고 하더라도 마찬가지로 인정된다(대판 2003. 5. 16, 2003다10940).

D-252 (ㄹ) 판례에 의하면, 「주민등록이 대항력의 요건을 충족시킬 수 있는 공시방법이 되려면 단순히 형식적으로 주민등록이 되어 있다는 것만으로는 부족하고, 주민등록에 의하여 표상되는 점유관계가 임차권을 매개로 하는 점유임을 제 3 자가 인식할 수 있는 정도는 되어야 한다」(대판 1999. 4. 23, 98다32939). 따라서 아파트 소유자가 등기와 전입신고를 하고 거주하다가, 아파

트를 타인에게 매도하고 그로부터 다시 임차하되 매매잔금 지급기일부터 매도인이 임차인의 자격으로 거주하는 것으로 약정하고 현재까지 거주해왔으나, 매수인이 나중에야 소유권이전등기를 한 경우에는, 매수인 명의의 등기가 되기 전까지는 주민등록이 유효한 공시방법이 될 수 없다(대판 1999. 4. 23, 98다32939). 그리고 A가 주택에 관하여 소유권이전등기를 하고 주민등록까지 마친 다음 처와 함께 거주하다가, B에게 매도함과 동시에 그로부터 이를 다시 임차하여 계속 거주하기로 약정하고, 임차인을 A의 처로 하는 임대차계약을 체결하였고, 그 한참 후에 B가 소유권이전등기를 하고 같은 날 근저당권설정등기를 해 준 경우에는, A의 처의 주민등록은 B 명의의 소유권이전등기가 되기 전에는 적법한 공시방법으로서의 효력이 없고, 그 날에야 유효한 공시방법이 되며, A의 처는 「B 명의의 등기가 된 다음 날부터」 임차인으로서 대항력을 갖는다(대판 2000. 2. 11, 99다59306). 또한 갑이 병 회사 소유의 임대아파트의 임차인인 을로부터 아파트를 임차하여 전입신고를 마치고 거주하던 중, 을이 병으로부터 그 아파트를 분양받아 자기 명의로 소유권이전등기를 한 후 근저당권을 설정한 경우에, 이 주민등록은 갑이 전입신고를 마친 날부터 임대차를 공시하는 기능을 수행하고 있었다고 할 것이고, 갑은 을 명의의 「등기가 경료되는 즉시」 대항력을 취득한다(그 결과 임차인은 근저당권에 기한 낙찰인에 대항할 수 있게 됨)(대판 2001. 1. 30, 2000다58026 · 58033. 이 판결은, 위의 2000. 2. 11.의 판결은 주택소유자가 임차인으로 된 경우에 임차인의 주민등록은 매수인 명의로 등기가 된 날에야 임대차를 공시하는 것이 되고, 따라서 그 다음 날부터 임차인으로 대항력을 갖는다는 것으로서, 이 판결 사안과 다르다고 한다). 나아가 임차인이 임차주택의 원래의 소유자로부터 그 주택을 임차하여 거주하고 있으나 그의 전입신고는 근저당권설정등기가 된 후에 행하여졌는데, 그 후 그 근저당권이 실행되어 그 주택의 경매가 개시되었고, 그 경매절차에서 신 소유자(소유자의 장모)가 낙찰받아 대금을 완납하고 그 다음 날 소유권이전등기를 하였으며 이어서 근저당권설정등기를 해 준 경우에는(임차주택의 신 소유자와 임차인 사이에 묵시적으로 새로운 임대차계약이 체결된 것으로 볼 수 있는 특별한 사정이 있는 경우임), 임차인의 주민등록은 신 소유자의 소유권취득 이전부터 신 소유자와 임차인 사이의 임대차관계를 공시하는 기능을 수행하고 있었다고 할 것이고, 따라서 임차인은 신 소유자가 낙찰대금을 완납하여 「소유권을 취득하는 즉시」 임차권의 대항력을 취득하였다고 할 것이다(그리하여 나중의 근저당권등기는 임차인의 대항력 취득 후에 되었으므로, 임차인은 그 낙찰인 및 승계인에게 대항할 수 있다. 대판 2002. 11. 8, 2002다38361 · 38378).

(ㅁ) **다가구용 단독주택(다가구주택)의 경우** 원래 단독주택으로 건축허가를 받아 건축되고 건축물관리대장에도 구분소유가 불가능한 건물로 등재된 이른바 다가구용 단독주택은 건축법이나 주택건설촉진법상 이를 공동주택으로 볼 근거가 없어 단독주택으로 보는 이상, 임차인이 전입신고를 하는 경우 지번만 기재하는 것으로 충분하고, 건물 거주자의 편의상 구분하여 놓은 호수까지 기재할 의무나 필요는 없다(등기부의 갑구란의 각 지분 표시 뒤에 각 그 호수가 기재되어 있으나 이는 소유자들의 편의를 위하여 등기공무원이 임의로 기재하는 것에 불과함)(대판 1998. 1. 23, 97다47828 등). D-253

여기의 「주민등록」은 임차인 본인뿐만 아니라 그 배우자나 자녀 등 가족의 주민등록을 포함하고(대판 2016. 10. 13, 2014다218030 · 218047 등 다수), 이러한 법리는 재외동포법에 의한 재외국민이 임차인인 경우에도 마찬가지로 적용된다고 보아야 한다(대판 2016. 10. 13, 2014다218030 · 218047). 따라서 임차인 자신의 주민 D-254

등록을 하지 않았어도 가족의 주민등록을 하였으면 이 요건을 갖추는 것이 된다. 그리고 임차인이 그 가족과 함께 그 주택에 대한 점유를 계속하고 있으면서 그 가족의 주민등록은 그대로 둔 채 임차인만 주민등록을 다른 곳으로 옮긴 경우에는, 전체적으로나 종국적으로 주민등록의 이탈이라고 볼 수 없어서 임차인은 대항력을 잃지 않는다(대판 1996. 1. 26, 95다30338 등).

주택의 인도 및 주민등록이라는 대항요건은 대항력 취득시에만 구비하면 족한 것이 아니고 그 대항력을 유지하기 위하여서도 계속 존속하고 있어야 한다(대판 2025. 4. 15, 2024다326398 등 다수의 판결). 따라서 임차인이 전입신고를 마치고 입주함으로써 임차권의 대항력을 취득한 후 임시적으로라도 다른 곳으로 주민등록을 이전하였다면 전출 당시에 대항요건을 상실함으로써 대항력은 소멸하고, 그 후 임차인이 다시 그 주택의 소재지로 주민등록을 이전하였다면 대항력이 당초에 소급하여 회복되는 것이 아니고 재전입한 때로부터 새로운 대항력이 다시 발생한다(대판 1998. 1. 23, 97다43468(가족의 주민등록도 하였는데 가족의 주민등록도 함께 옮긴 경우임); 대판 1988. 12. 11, 98다34584(이때 확정일자는 다시 받을 필요가 없다고 함)). 그리고 주택임차인이 일단 임차권의 대항력을 취득하였으나 그 후 주택의 점유를 상실하였다면 그 대항력은 점유 상실시에 소멸한다(대판 2025. 4. 15, 2024다326398). 한편 임차권등기명령의 집행에 따른 임차권등기가 행해진 경우에 임차권의 대항력과 우선변제권은 임차권등기가 마쳐진 때부터 발생하므로(동법 3조의 3 5항), 임차권의 대항력이 상실된 이후에 임차권등기가 마쳐졌더라도 그로써 소멸하였던 대항력이 당초에 소급하여 회복되는 것이 아니라 그 등기가 마쳐진 때부터 그와는 동일성이 없는 새로운 대항력이 발생한다(대판 2025. 4. 15, 2024다326398).

판 례 대항요건 관련

(ㄱ) 「주택임차인이 그 지위를 강화하고자 별도로 전세권설정등기를 마쳤더라도 주택임차인이 주택임대차보호법 제 3 조 제 1 항의 대항요건을 상실하면 이미 취득한 주택임대차보호법상의 대항력 및 우선변제권을 상실한다.」(대판 2007. 6. 28, 2004다69741)

(ㄴ) 주민등록이 주택임차인의 의사에 의하지 않고 제 3 자에 의하여 임의로 이전되었고 그와 같이 주민등록이 잘못 이전된 데 대하여 주택임차인에게 책임을 물을 만한 사유도 없는 경우, 주택임차인이 이미 취득한 대항력은 주민등록의 이전에도 불구하고 그대로 유지된다고 본 사례(대판 2000. 9. 29, 2000다37012).

D-255 (라) 판례에 의하면, 「대항력을 갖춘 주택임차인이 임대인의 동의를 얻어 적법하게 임차권을 양도하거나 전대한 경우에 있어서 양수인이나 전차인이 임차인의 주민등록 퇴거일로부터 주민등록법상의 전입신고 기간 내에 전입신고를 마치고 주택을 인도받아 점유를 계속하고 있다면 비록 위 임차권의 양도나 전대에 의하여 임차권의 공시방법인 점유와 주민등록이 변경되었다 하더라도 원래의 임차인이 갖는 임차권의 대항력은 소멸되지

아니하고 동일성을 유지한 채로 존속한다」(대판 2010. 6. 10, 2009다101275 등). 그리고 이러한 경우 임차권 양도에 의하여 임차권은 동일성을 유지하면서 양수인에게 이전되고 원래의 임차인은 임대차관계에서 탈퇴하므로 임차권 양수인은 원래의 임차인이 주임법 제3조의 2 제2항(확정일자를 갖춘 임차인의 경우) 및 동법 제8조 제1항(소액임차인의 경우)에 의하여 가지는 우선변제권을 행사할 수 있고, 전차인은 원래의 임차인이 주임법 제3조의 2 제2항 및 동법 제8조 제1항에 의하여 가지는 우선변제권을 대위행사할 수 있다고 한다(대판 2010. 6. 10, 2009다101275). 그런가 하면 주택임차인이 임차주택에 직접점유하여 거주하지 않고 간접점유하여 자신의 주민등록을 이전하지 않은 경우라 하더라도, 임대인의 승낙을 받아 임차주택을 전대하고 그 전차인이 주택을 인도받아 자신의 주민등록을 마친 때에는, 그때로부터 임차인은 제3자에 대하여 대항력을 취득한다(대판 2007. 11. 29, 2005다64255[핵심판례 350면] 등). 이 경우 그 주택에 실제로 거주하지 않는 간접점유자인 임차인은 주민등록의 대상이 되는 「당해 주택에 주소 또는 거소를 가진 자」(주민등록법 6조 1항)가 아니어서 그 자의 주민등록은 적법한 주민등록이라고 할 수 없고, 따라서 간접점유자에 불과한 그의 주민등록으로는 대항요건을 적법하게 갖추었다고 할 수 없으며, 임차인과의 점유매개관계에 기하여 당해 주택에 실제로 거주하는 직접점유자가 주민등록을 하였어야 한다(대판 2001. 1. 19, 2000다55645).

2) 대항력의 내용 D-256

(가) 주택의 임차인이 주택의 인도와 주민등록을 마친 때에는, 그 다음 날부터(즉 다음 날 오전 영시부터. 대판 1999. 5. 25, 99다9981) 제3자에 대하여 효력이 생긴다(동법 3조 1항 본문). 그리하여 대항력이 생긴 이후에 이해관계를 맺은 자가 인도를 요구하여도 임차인은 그것을 거절하고 사용·수익을 계속할 수 있다. 그에 비하여 대항력이 생기기 전에 이해관계를 맺은 자에 대하여는 대항하지 못한다. 즉 임차주택에 저당권설정등기(대판 2025. 4. 15, 2024다326398 등) 또는 가압류등기(대판 1983. 4. 26, 83다카116)가 행하여진 뒤에 그 주택을 임차한 자는 저당권 실행 또는 가압류사건의 본안판결의 집행으로 그 부동산을 취득한 경락인에게 임대차의 효력을 주장할 수 없다. 저당권이 여러 개 존재하는 경우에는 최우선순위의 저당권과 임차권을 비교하여 판단한다. 그리하여 선순위 저당권이 성립한 후 임차인이 대항요건을 갖추었고 그 뒤 후순위 저당권이 성립한 경우에 후순위 저당권이 실행되어도 임차인은 경락인에게 임차권을 주장하지 못한다(이때는 모든 저당권과 임차권이 소멸한다)(대판 1999. 4. 23, 98다32939 등)(다만 낙찰대금 지급기일 이전에 선순위 근저당권이 다른 사유로 소멸한 경우에는 대항력이 소멸하지 않는다. 대판 2003. 4. 25, 2002다70075 등). 선순위 저당권 성립 후 임차인이 대항력을 갖추고 다른 자가 강제경매를 신청한 때에도 같다(대판 1987. 3. 10, 86다카1718). 나아가 임차주택이 양도담보가 된 뒤에 대항요건을 갖춘 때에도 임차인은 그 담보권에 기하여 그 주택의 소유권을 취득하는 자에게 대항하지 못한다(대판 2001. 1. 5, 2000다47682).

판 례 대항력 관련

(ㄱ) 판례에 의하면, 채권적 전세권자인 A가 대항력을 갖춘 후에 임차주택에 B 명의의 근저당권설정등기가 있었고 그 뒤 A의 전세권설정등기를 하였는데 B의 경매신청으로 C가 경락을 받은 경우에 관하여, A가 전세권설정등기를 한 이유가 대항력을 갖추었지만 그의 지위를 강화시키기 위한 것이었다면, A 명의의 전세권설정등기가 선순위 근저당권의 실행에 따른 경락으로 인하여 말소된다 하더라도 그 때문에 A가 확보한 대항력마저 상실하게 되는 것은 아니다(대판 1993. 11. 23, 93다10552·10569).

(ㄴ) 대항력을 갖춘 임차인이 타인의 저당권설정등기 후(대판 2010. 5. 13, 2010다12753 등) 또는 담보목적의 가등기 후(대판 1986. 9. 9, 86다카757)에 임대인과 임차보증금을 증액하기로 합의한 경우에는, 그 합의는 저당권자나 가등기권리자에게 대항하지 못하고, 따라서 임차인은 증액한 임차보증금을 경락인이나 가등기에 기한 본등기 명의인에게 주장하지 못한다. 그리고 이러한 법리는 대항력을 갖춘 임차인이 체납처분에 의한 압류등기 이후에 임대인과 보증금을 증액하기로 합의한 경우에도 마찬가지로 적용된다(대판 2010. 5. 13, 2010다12753).

(ㄷ) 「주택임대차보호법상 임차인으로서의 지위와 전세권자로서의 지위를 함께 가지고 있는 자가 그중 임차인으로서의 지위에 기하여 경매법원에 배당요구를 하였다면 배당요구를 하지 아니한 전세권에 관하여는 배당요구가 있는 것으로 볼 수 없다.」(대판 2010. 6. 24, 2009다40790)

(ㄹ) 「주택에 관하여 최선순위로 전세권설정등기를 마치고 등기부상 새로운 이해관계인이 없는 상태에서 전세권설정계약과 계약당사자, 계약목적물 및 보증금(전세금액) 등에 있어서 동일성이 인정되는 임대차계약을 체결하여 주택임대차보호법상 대항요건을 갖추었다면, 전세권자로서의 지위와 주택임대차보호법상 대항력을 갖춘 임차인으로서의 지위를 함께 가지게 된다. 이러한 경우 … 최선순위 전세권자로서 배당요구를 하여 전세권이 매각으로 소멸되었다 하더라도 변제받지 못한 나머지 보증금에 기하여 대항력을 행사할 수 있고, 그 범위 내에서 임차주택의 매수인은 임대인의 지위를 승계한 것으로 보아야 할 것이다.」(대결 2010. 7. 26, 2010마900)

D-257 (나) 임차인이 대항력을 가지는 경우, 임차주택이 양도된 때에는, 임차주택의 양수인(그 밖에 임대할 권리를 승계한 자를 포함한다)은 임대인의 지위를 승계한 것으로 본다(동법 3조 4항). 이는 주택이 양도되는 경우에 임차인을 보호하기 위하여 법률이 임대인의 지위승계를 의제한 것이다. 따라서 임대인의 지위승계에 임차인의 동의는 필요하지 않다(대판 1996. 2. 27, 95다35616(선순위 저당권이 있는 경우도 같다)). 그리고 여기의 「양수인」이려면 주택을 임대할 권리나 이를 수반하는 권리를 종국적·확정적으로 이전받았어야 한다(대판 2002. 4. 12, 2000다70460). 매매·증여·경매(공경매임. 강제경매에 의한 경락인을 양수인으로 인정하는 대판 1992. 7. 14, 92다12827도 참조)(그런데 경매는 임차권이 소멸하지 않은 때에만 의미가 있을 것임. 동법 3조의 5 참조)·상속·공용징수 등에 의하여 임차주택의 소유권을 취득한 자가 그에 해당한다(대판 1993. 11. 23, 93다4083). 나아가 판례는, 명의신탁자로부터 임차한 경우의 명의수탁자(대판 1999. 4. 23, 98다49753), 미등기 건물을 전 소유자로부터 임차한 경우의 그 건물의 양수인(등기하지 않은 때)(대판 1987. 3. 24, 86다카164), 매도인

이 악의인 계약명의신탁에서 명의수탁자로부터 명의신탁의 목적물인 주택을 임차한 경우에 그 주택의 소유권이전등기를 마친 명의신탁자(대판 2022. 3. 17, 2021다210720. D-249 참조)도 여기의 양수인으로 인정한다(동법 시행 전에 양수계약을 체결하고 그 법 시행 후에 등기를 한 자도 포함함. 대판 1987. 6. 23, 86다카2408). 그리고 임차인이 임차주택의 소유권을 취득한 때에는 그도 양수인이 된다(이때는 임차인의 보증금반환채권은 혼동으로 소멸함)(대판 1996. 11. 22, 96다38216). 그에 비하여 주택의 양도담보권자는 여기의 양수인이 아니다(대판 1993. 11. 23, 93다4083. 이 판결은, 주택의 양도담보의 경우는 채권담보를 위하여 신탁적으로 양도담보권자에게 주택의 소유권이 이전될 뿐이어서, 특별한 사정이 없는 한, 양도담보권자가 주택의 사용수익권을 갖게 되는 것이 아니고 또 주택의 소유권이 양도담보권자에게 확정적·종국적으로 이전되는 것도 아니기 때문에 그렇다고 한다). 그리고 임차권에 우선하는 저당권에 기하여 경락을 받은 자(대판 2025. 4. 15, 2024다326398 등), 주임법의 적용을 받지 않는 경우의 권리취득자(대판 2024. 6. 13, 2024다215542 등(임차인이 법인인 경우 중에 동법 2조 2항·3항이 적용되지 않는 일반적인 때. 이 때는 임대인의 임대차보증금 반환채무를 양수인이 면책적으로 인수하였다는 등의 특별한 사정이 없는 한 임대인의 보증금반환의무는 소멸하지 않음); 대판 1988. 12. 13, 87다카3097(주거용 건물이 아닌 경우. 이때 임차인의 점유사실을 알고 근저당권을 취득하였더라도 근저당권자가 임대인의 지위를 승계하지 않음))도 여기의 양수인이 아니다.

그런데 판례는, 임차주택의 양수인에게 대항할 수 있는 임차권자라도 스스로 임대차관계의 승계를 원하지 않을 때에는 승계되는 임대차관계의 구속을 면할 수 있다고 보아야 하므로, 임대차기간의 만료 전에 일방적인 해지에 의하여(대판 2018. 12. 27, 2016다265689. 임대차기간이 만료되기 전에 경매된 경우에 관하여 동지 대판 1996. 7. 12, 94다37646(D-258에 직접 인용함)) 또는 임대인과 합의에 의하여(대판 2018. 12. 27, 2016다265689) 임대차계약을 해지하고 임대인으로부터 임대차보증금을 반환받을 수 있으며, 이러한 경우 임차주택의 양수인은 임대인의 지위를 승계하지 않는다고 한다(대판 2018. 12. 27, 2016다265689). 그런가 하면 다른 판례에서, 임차인이 임대인의 지위승계를 원하지 않는 경우에는 임차인이 임차주택의 양도사실을 안 때로부터 상당한 기간 내에 이의를 제기함으로써 승계되는 임대차관계의 구속으로부터 벗어날 수 있다고 봄이 상당하고, 그와 같은 경우에는 양도인의 임차인에 대한 보증금 반환채무는 소멸하지 않는다고 한다(대판 2002. 9. 4, 2001다64615).

임차주택의 양수인이 임대인의 지위를 승계하는 경우에는, 임대차 보증금반환채무도 부동산의 소유권과 함께 일체로서 이전하며, 양도인의 임대인으로서의 지위나 보증금반환채무는 소멸한다(대판 1996. 2. 27, 95다35616(중첩적 채무인수가 아니라고 함); 대판(전원) 2013. 1. 17, 2011다49523 등 다수)(이는 임차인이 임대차 보증금반환채권에 질권을 설정하고 임대인이 그 질권 설정을 승낙한 후에 임대주택이 양도된 경우에도 마찬가지이고, 따라서 이 경우에도 임대인은 임대차관계에서 탈퇴하고 임차인에 대한 임대차 보증금반환채무를 면하게 된다. 대판 2018. 6. 19, 2018다201610). 바꾸어 말하면 임차주택의 양수인은 임대차보증금 반환채무를 면책적으로 인수하고, 양도인은 임대차관계에서 탈퇴하여 임차인에 대한 임대차 보증금반환채무를 면하게 된다(대판 2018. 12. 27, 2016다265689). 따라서 주택의 양수인이 임차인에게 임대차 보증금을 반환하였다 하더라도, 그것은 자신의 채무를 변제한 것에 불과할 뿐, 양도인의 채무를 대위변제한 것이라거나, 양도인이 위 금액 상당의 반환채무를 면함으로써 법률상 원인 없이 이익을 얻고 양수인이 그로 인하여 위 금액 상당의 손해를 입었다고 할 수 없다(그 결과 양수인은 양도인에게 부당이득 반환청구를 할 수 없다)(대판 1993. 7. 16, 93다17324). 그리고 임대인의 지위가 승계되어 양수인이 보증금반환의무를 부담하게 된 때에는, 그 후에 임차인이 주민등록을 다른 곳으로 옮겼더라도 이미 발생한 보증금반환채무가 소멸하지는 않는다(대판 1993. 12. 7, 93다36615).

판례는, 주택의 공동임차인 중 1인이라도 주임법 제3조 제1항에서 정한 대항력 요건을 갖추게 되면 그 대항력은 임대차 전체에 미치므로, 임차건물이 양도되는 경우 특별한 사정이 없는 한 공동임차인에 대한 보증금반환채무 전부가 임대인 지위를 승계한 양수인에게 이전되고 양도인의 채무는 소멸한다고 한다(대판 2021. 10. 28, 2021다238650). 그리고 이러한 법리는 계약당사자 사이에 공동임차인의 임대차보증금 지분을 별도로 정한 경우에도 마찬가지라고 한다(대판 2021. 10. 28, 2021다238650).

판례는, 임차인에 대하여 임대차 보증금반환채무를 부담하는 임대인임을 당연한 전제로 하여 그 임대차 보증금반환채무의 지급금지를 명령받은 제3채무자의 지위는 임대인의 지위와 분리될 수 있는 것이 아니므로, 임대주택의 양도로 임대인의 지위가 일체로 양수인에게 이전된다면 채권가압류의 제3채무자의 지위도 임대인의 지위와 함께 이전된다고 한다(대판(전원) 2013. 1. 17, 2011다49523[핵심판례 352면]). 그러므로 임차인의 임대차 보증금반환채권이 가압류된 상태에서 임대주택이 양도되면 양수인이 채권가압류의 제3채무자의 지위도 승계하고, 가압류권자 또한 임대주택의 양도인이 아니라 양수인에 대하여만 위 가압류의 효력을 주장할 수 있다고 한다(대판(전원) 2013. 1. 17, 2011다49523[핵심판례 352면]. 이러한 다수의견에 대하여 소수의견은, 우리의 민사집행법은 금전채권에 대한 집행에서 당사자의 처분행위에 의한 제3채무자 지위의 승계라는 관념을 알지 못한다는 등의 이유로, 주택양수·도로 인한 임대차 보증금반환채무의 이전의 경우 이미 집행된 가압류의 제3채무자 지위는 승계되지 않는다고 한다). 그리고 「임대차 보증금반환채권에 대한 압류 및 전부명령이 확정되어 임차인의 임대차 보증금반환채권이 집행채권자에게 이전된 경우 제3채무자인 임대인으로서는 임차인에 대하여 부담하고 있던 채무를 집행채권자에 대하여 부담하게 될 뿐 그가 임대차목적물인 주택의 소유자로서 이를 제3자에게 매도할 권능은 그대로 보유하는 것이며, 위와 같이 소유자인 임대인이 당해 주택을 매도한 경우 주택임대차보호법 제3조 제2항(현행 주임법 3조 4항에 해당: 저자 주)에 따라 전부채권자에 대한 보증금지급의무를 면하게 되므로, 결국 임대인인 피고는 전부금지급의무를 부담하지 않는다」고 한다(대판 2005. 9. 9, 2005다23773).

D-258 (판례) 임대인 지위의 승계 등 관련

(ㄱ) 주택의 임차인이 주택을 전대한 이후에도 그의 임차권의 대항력이 소멸되지 않고 그대로 존속하고 있다면 임차인은 그의 임차권의 대항력을 취득한 후에 경료된 근저당권의 실행으로 소유권을 취득하게 된 자에 대하여 임대보증금 반환청구권에 기한 동시이행의 항변권을 행사하여 그 반환을 받을 때까지는 위 주택을 적법하게 점유할 권리를 갖게 되는 것이고, 따라서 그로부터 위 주택을 전차한 자도 그의 동시이행항변권을 원용하여 임차인이 보증금의 반환을 받을 때까지 위 주택을 적법하게 점유·사용할 권리를 갖게 된다(대판 1988. 4. 25, 87다카2509).

(ㄴ) 경매의 목적물에 대항력 있는 임대차가 존재하는 경우에 경락인은 담보책임만 물을 수 있을 뿐(개정 전 주임법 3조 3항(현행 주임법 3조 5항), 민법 575조 1항·578조), 계약을 해제함이 없이 채무자나 경락대금을 배당

받은 채권자들을 상대로 부당이득 반환을 청구할 수는 없다(대판 1996. 7. 12, 96다7106).

(ㄷ) 「양수인에게 대항할 수 있는 임차권자라도 스스로 임대차관계의 승계를 원하지 아니할 때에는 승계되는 임대차관계의 구속을 면할 수 있다고 보아야 하므로 임차주택이 임대차기간의 만료 전에 경매되는 경우 임대차계약을 해지함으로써 종료시키고 우선변제를 청구할 수 있다고 할 것이다. 위의 경우 … 해지통고 즉시 그 효력이 생긴다고 보아야 할 것이다.

그리고 임대차의 목적물인 주택이 경매되는 경우에 대항력을 갖춘 임차인이 임대차기간이 종료되지 아니하였음에도 경매법원에 배당요구를 하는 것은 스스로 더 이상 임대차관계의 존속을 원하지 아니함을 명백히 표명하는 것이어서 다른 특별한 사정이 없는 한 이를 임대차해지의 의사표시로 볼 수 있고, 한편 … 경매법원이 위 법조에 정한 바에 따라 임대인에게 배당요구 사실의 통지를 하면 결국 임차인의 해지의사가 경매법원을 통하여 임대인에게 전달되어 이때 해지통지가 임대인에게 도달된 것으로 볼 것이니, 임대차관계는 위 배당요구 통지의 임대인에 대한 도달 즉시 해지로 종료된다고 할 것이다.

따라서 임차주택이 임대차기간의 만료 전에 경매되는 경우에 대항력 있는 임차인이 배당요구를 하고 그 배당요구의 통지가 임대인에게 도달하였다면 임대차관계는 이로써 종료되어 법 제3조의 2 제1항 단서에 해당하지 아니하게 되므로 임차인에게 같은 법조 제1항 본문 또는 제8조 제1항에 의한 우선변제권을 인정하여야 할 것이다.」(대판 1996. 7. 12, 94다37646)

3) 일정한 법인이 임차인인 경우

(ㄱ) 주택도시기금을 재원으로 하여 저소득층 무주택자에게 주거생활 안정을 목적으로 전세임대주택을 지원하는 법인이 주택을 임차한 후 지방자치단체의 장 또는 그 법인이 선정한 입주자가 그 주택을 인도받고 주민등록을 마친 때에는, 그 다음 날부터 제3자에 대하여 효력이 생기며, 이 경우 전입신고를 한 때에 주민등록이 된 것으로 본다(동법 3조 2항). 한편 이 경우 대항력이 인정되는 법인은 대통령령으로 정하는데(동법 3조 2항 2문), 대통령령에 의하면 ① 한국토지주택공사법에 따른 한국토지주택공사와 ② 지방공기업법 제49조에 따라 주택사업을 목적으로 설립된 지방공사가 그에 해당한다(동법 시행령 2조).

(ㄴ) 중소기업기본법 제2조에 따른 중소기업에 해당하는 법인이 소속 직원의 주거용으로 주택을 임차한 후 그 법인이 선정한 직원(판례는, 여기의 「직원」은 해당 법인이 주식회사라면 그 법인에서 근무하는 사람 중 법인등기사항증명서에 대표이사 또는 사내이사로 등기된 사람을 제외한 사람을 의미하며, 그 밖에 다른 사정을 고려하여 그 요건을 갖추었는지를 판단할 것은 아니라고 함. 대판 2023. 12. 14, 2023다226866)이 해당 주택을 인도받고 주민등록을 마쳤을 때에도, 그 다음 날부터 제3자에 대하여 효력이 생기며, 이 경우 전입신고를 한 때에 주민등록이 된 것으로 본다(동법 3조 3항 1문). 그런데 임대차가 끝나기 전에 그 직원이 변경된 경우에는, 그 법인이 선정한 새로운 직원이 주택을 인도받고 주민등록을 마친 다음 날부터 제3자에 대하여 효력이 생긴다(동법 3조 3항 2문).

(다) 위 (가)와 (나)의 경우에는 — 일반적인 법인의 경우(대판 2024. 6. 13, 2024다215542)와 달리 — 동법 제 3 조 제 4 항도 당연히 적용된다.

D-259 (4) 존속의 보호

1) 주택임대차에 있어서 당사자가 그 존속기간을 정하지 않았거나 2년 미만으로 정한 때에는, 존속기간은 2년으로 의제된다(동법 4조 1항 본문). 다만, 임차인은 2년 미만으로 정한 기간이 유효함을 주장할 수 있다(동법 4조 1항 단서).

2) 임대차기간이 끝난 경우에도 임차인이 보증금을 반환받을 때까지는 임대차관계가 존속되는 것으로 본다(동법 4조 2항). 임차인의 보증금반환채권을 보호하기 위하여 둔 특칙이다.

3) 주임법은 묵시의 갱신에 관한 특별규정을 두고 있다. 그에 의하면, 임대인이 임대차기간이 끝나기 6개월 전부터 2개월 전까지의 기간에 임차인에게 갱신거절의 통지를 하지 않거나 계약조건을 변경하지 않으면 갱신하지 않는다는 뜻의 통지를 하지 않은 경우에는, 그 기간이 끝난 때에 전(前) 임대차와 동일한 조건으로 다시 임대차한 것으로 본다(동법 6조 1항 1문). 임차인이 임대차기간이 끝나기 2개월 전까지 통지하지 않은 경우에도 또한 같다(동법 6조 1항 2문). 이 경우 임대차의 존속기간은 2년으로 본다(동법 6조 2항). 그러나 임차인은 언제든지 임대인에 대하여 계약해지를 통지(이는 통고라고 해야 함)할 수 있고(동법 6조의 2 1항), 이 해지는 임대인이 그 통지를 받은 날부터 3개월이 지나면 그 효력이 발생한다(동법 6조의 2 2항). 이 경우 임대인이 해지통고를 할 수는 없다(이설 있음).

묵시의 갱신은 임차인이 2기(期)의 차임액에 달하도록 차임을 연체하거나 그 밖에 임차인으로서의 의무를 현저히 위반한 때에는 인정되지 않는다(동법 6조 3항). 그리고 임대주택법의 적용을 받는 임대주택에 있어서는 일정한 사유가 없는 한 임대인은 계약의 갱신을 거절하지 못한다(대판 2005. 4. 29, 2005다8002).

4) 주임법에는 최근(2020. 7. 31)에 임차인의 갱신요구권 제도가 신설되었다.

그에 따르면, 주임법 제 6 조에도 불구하고 임대인은 임차인이 동법 제 6 조 제 1 항 전단의 기간 이내에 계약갱신을 요구할 경우 정당한 사유 없이 거절하지 못한다(동법 6조의 3 1항 본문). 그런데 여기에는 예외가 있다(동법 6조의 3 1항 단서). 임차인이 2기의 차임액에 해당하는 금액에 이르도록 차임을 연체한 사실이 있는 경우(동항 1호), 임차인이 거짓이나 그 밖의 부정한 방법으로 임차한 경우(동항 2호), 서로 합의하여 임대인이 임차인에게 상당한 보상을 제공한 경우(동항 3호), 임차인이 임대인의 동의 없이 목적 주택의 전부 또는 일부를 전대한 경우(동항 4호), 임차인이 임차한 주택의 전부 또는 일부를 고의나 중대한 과실로 파손한 경우(동항 5호), 임차한 주택의 전부 또는 일부가 멸실되어 임대차의 목적을 달성하지 못할 경우(동항 6호), 임대인이 괄호 안의 어느 하나(임대차계약 체결 당시 공사시기 및 소요기간 등을 포함한 철거 또는 재건축 계획을 임차인에게 구체적으로 고지하고 그 계획에 따르는 경우, 건물이 노후·훼손 또는 일부 멸실되는 등 안전사고의 우려가 있는 경우, 다른 법령에 따라 철거 또는 재건축이 이루어지는 경우)에 해당하는 사유로 목적 주택의 전부 또는 대부분을 철거하거나 재건축하기 위하여 목적 주택의 점유를 회복할 필요가 있는 경우(동항 7호), 임대인(임대인의 직계존속·직계비속을 포함한다)이 목적 주택에 실제 거주하려는 경우(동항 8호)(이 경우에 해당한다는 점에 대한 증명책임은 임대인에게 있음. 대판 2023. 12. 7, 2022다279795 등), 그 밖에 임차인이 임차인으로서의 의무를 현저히 위반하거나 임대차를 계속하기 어려운 중대한 사유가 있는 경우(동항 9호)에 그렇다. 한편 판례는, 임차인이 주임법 제6조의 3 제1항 본문에 따라 계약갱신을 요구하였더라도, 임대인으로서는 특별한 사정이 없는 한 같은 법 제6조 제1항 전단에서 정한 기간 내라면 제6조의 3 제1항 단서 제8호에 따라 임대인이 목적 주택에 실제 거주하려고 한다는 사유를 들어 임차인의 계약갱신 요구를 거절할 수 있고, 같은 법 제3조 제4항에 의하여 임대인의 지위를 승계한 임차주택의 양수인도 그 주택에 실제 거주하려는 경우 위 갱신거절 기간 내에 위 제8호에 따른 갱신거절 사유를 주장할 수 있다고 한다(대판 2022. 12. 1, 2021다266631).

임차인은 이 계약갱신요구권을 1회에 한하여 행사할 수 있고, 이 경우 갱신되는 임대차의 존속기간은 2년으로 본다(동법 6조의 3 2항). 그리고 갱신되는 임대차는 전 임대차와 동일한 조건으로 다시 계약된 것으로 본다(동법 6조의 3 3항 본문). 다만, 차임과 보증금은 주임법 제7조의 범위에서 증감할 수 있다(동법 6조의 3 3항 단서). 한편 제1항에 따라 갱신되는 임대차의 해지에 관하여는 제6조의 2를 준용한다(동법 6조의 3 4항). 임차인의 갱신요구와 해지통지의 효력발생시기에 관하여 판례는, 임차인이 주임법 제6조의 3 제1항에 따라 임대차계약의 갱신을 요구하면 임대인에게 갱신거절 사유가 존재하지 않는 한 임대인에게 갱신요구가 도달한 때 갱신의 효력이 발생하고, 갱신요구에 따라 임대차계약에 갱신의 효력이 발생한 경우 임차인은 제6조의 2 제1항에 따라 언제든지 계약의 해지통지를 할 수 있고, 해지통지 후 3개월이 지나면 그 효력이 발생하며, 그것은 계약해지의 통지가 갱신된 임대차계약 기간이 개시되기 전에 임대인에게 도달하였더라도 마찬가지라고 한다(대판 2024. 1. 11, 2023다258672)(사견은 반대함. 채각 [157] 참조).

임대인이 동조 제1항 제8호의 사유로 갱신을 거절하였음에도 불구하고 갱신요구가 거절되지 않았더라면 갱신되었을 기간이 만료되기 전에 정당한 사유 없이 제3자에게 목적 주택을 임대한 경우 임대인은 갱신거절로 인하여 임차인이 입은 손해를 배상하여야 한다(동법 6조의 3 5항). 그리고 이 제5항에 따른 손해배상액은 거절 당시 당사자 간에 손해배상액의 예정에 관한 합의가 이루어지지 않는 한 괄호 안의 금액(갱신거절 당시 월차임(차임 외에 보증금이 있는 경우에는 그 보증금을 7조의 2 각 호 중 낮은 비율에 따라 월 단위의 차임으로 전환한 금액을 포함한다. 이하 '환산월차임'이라 한다)의 3개월분에 해당하는 금액, 임대인이 제3자에게 임대하여 얻은 환산월차임과 갱신거절 당시 환산월차임 간 차액의 2년분에 해당하는 금액, 1항 8호의 사유로 인한 갱신거절로 인하여 임차인이 입은 손해액) 중 큰 금액으로 한다(동법 6조의 3 6항).

(5) 차임 등의 증감청구권 D-260

약정한 차임이나 보증금이 임차주택에 관한 조세, 공과금, 그 밖의 부담의 증감이나 경제사정의 변동으로 인하여 적절하지 않게 된 때에는, 당사자는 장래에 대하여 그 증감을 청구할 수 있다(동법 7조 1항 1문). 이 경우 증액청구는 임대차계약 또는 약정한 차임이나 보증금의 증액이 있은 후 1년 이내에는 하지 못한다(동법 7조 1항 2문). 그리고 제 1 항에 따른 증액청구는 약정한 차임이나 보증금의 20분의 1의 금액을 초과하지 못한다(동법 7조 2항 본문). 다만, 특별시·광역시·특별자치시·도 및 특별자치도는 관할 구역 내의 지역별 임대차시장 여건 등을 고려하여 본문의 범위에서 증액청구의 상한을 조례로 달리 정할 수 있다(동법 7조 2항 단서). 한편 임차인이 증액비율을 초과하여 차임 또는 보증금을 지급한 경우에는, 초과 지급된 차임 또는 보증금 상당금액의 반환을 청구할 수 있다(동법 10조의 2).

주임법 제 7 조는 임대차계약의 존속 중 당사자 일방이 약정한 차임 등의 증감을 청구한 때에 한하여 적용되고, 임대차계약이 종료된 후 재계약을 하거나 또는 임대차계약 종료 전이라도 당사자의 합의로 차임 등이 증액된 경우에는 적용되지 않는다(대판 2002. 6. 28, 2002다23482 등).

D-261 **(6) 보증금의 효력**

1) 보증금의 우선변제 주택임차인(동법 3조 2항·3항의 법인을 포함한다. 이하 같음)이 대항력을 위한 요건(동법 3조 1항의 요건인 주택인도와 주민등록 또는 동법 3조 2항·3항의 요건)을 갖추고 임대차계약증서(동법 3조 2항·3항의 경우에는 법인과 임대인 사이의 임대차계약증서)에 확정일자를 받은 경우에는, 민사집행법에 따른 경매 또는 국세징수법에 따른 공매를 할 때에 임차주택(대지를 포함한다)의 환가대금에서 후순위권리자나 그 밖의 채권자보다 우선하여 보증금을 변제받을 권리가 있다(동법 3조의 2 2항). 이는 그와 같은 주택임차인에게 부동산 담보권에 유사한 권리를 인정한다는 취지이고(대판 1992. 10. 13, 92다30597), 따라서 대항요건과 확정일자를 갖춘 임차인들 상호간에는 대항요건과 확정일자를 최종적으로 갖춘 순서대로 우선변제받을 순위를 정하게 된다(대판 2007. 11. 15, 2007다45562). 한편 과거에는, 임차인이 당해 주택의 양수인에게 대항할 수 있는 경우에는 임대차가 종료된 후가 아니면 보증금의 우선변제를 청구하지 못한다고 규정하고 있었다(1999. 1. 21.에 개정되기 전 주임법 3조의 2 1항 단서). 그런데 그 규정이 지금은 삭제되어 그러한 제한을 받지 않는다.

주택의 인도와 주민등록이라는 우선변제의 요건은 우선변제권 취득 시에만 구비하면 족한가? 여기에 관하여 판례는 배당요구의 종기까지 계속 존속할 것을 요구한다(대판 2007. 6. 14, 2007다17475. 2002년에 민사소송법이 개정되기 전에는 배당요구의 종기가 경락기일이었으나(당시의 민소 605조 1항), 현재는 집행법원이 첫 매각기일 이전으로 배당요구의 종기를 정하도록 되어 있다(민사집행법 84조 1항). 민사소송법 개정 전의 판례로서, 우선변제의 요건이 배당요구의 종기인 경락기일까지 계속 존속하고 있어야 한다는 대판 2002. 8. 13, 2000다61466 등도 참조). 이는 — 뒤에 설명하는 — 소액임차인이 보증금 중 일정액을 우선변제 받는 경우에도 같다(방금 인용한 판결들은 모두 소액임차인에 관한 것임).

확정일자는 주택 소재지의 읍·면사무소, 동 주민센터 또는 시(특별시·광역시·특별자치시는 제외하고, 특별자치도는 포함한다)·군·구(자치구를 말한다)의 출장소, 지방법원 및 그 지원과 등기소 또는 공증인법에 따른 공증인(이하 이 조에서는 「확정일자부여기관」이라 한다)이 부여한다(동법 3조의 6 1항)(그리고 「부동산거래 신고 등에 관한 법률」에 따라 주택임대차계약 신고의 접수를 완료한 때에는 주임법 3조의 6 1항에 따른 확정일자를 부여한 것으로 봄. 「부동산거래 신고 등에 관한 법률」 6조의 5 3항). 그런데 확정일자 부여기관은 해당 주택의 소재지, 확정일자 부여일, 차임 및 보증금 등을 기재한 확정일자부를 작성하여야 하며, 이 경우 전산처리정보조직을 이용할 수 있다(동법 3조의 6 2항). 그리고 주택의 임대차에 이해관계가 있는 자는 확정일자 부여기관에 해당 주택의 확정일자 부여일, 차임 및 보증금 등 정보의 제공을 요청할 수 있고,

이 경우 요청을 받은 확정일자 부여기관은 정당한 사유 없이 이를 거부할 수 없다(동법 3조의 6 3항). 그런가 하면 임대차계약을 체결하려는 자는 임대인의 동의를 받아 확정일자 부여기관에 제 3 항에 따른 정보제공을 요청할 수 있다(동법 3조의 6 4항). 제 1 항·제 3 항·제 4 항에 따라 확정일자를 부여받거나 정보를 제공받으려는 자는 수수료를 내야 한다(동법 3조의 6 5항). 한편 확정일자부에 기재해야 할 사항, 주택의 임대차에 이해관계가 있는 자의 범위, 확정일자 부여기관에 요청할 수 있는 정보의 범위 및 수수료, 그 밖에 확정일자 부여사무와 정보제공 등에 필요한 사항은 대통령령 또는 대법원규칙으로 정한다(동법 3조의 6 6항).

주임법은 임차인에게 우선변제권이 인정되기 위하여 대항요건과 임대차계약증서상의 확정일자를 갖추는 것 외에 계약 당시 임차보증금이 전액 지급되어 있을 것을 요구하지는 않는다. 따라서 임차인이 임대인에게 **임차보증금의 일부만을 지급**하고 주임법 제 3 조 제 1 항에서 정한 대항요건과 임대차계약증서상의 확정일자를 갖춘 다음 나머지 보증금을 나중에 지급하였다고 하더라도 특별한 사정이 없는 한 대항요건과 확정일자를 갖춘 때를 기준으로 임차보증금 전액에 대해서 후순위권리자나 그 밖의 채권자보다 우선하여 변제를 받을 권리를 갖는다(대판 2017. 8. 29, 2017다212194).

판례(대판(전원) 2007. 6. 21, 2004다26133[핵심판례 354면]; 대판 2012. 7. 26, 2012다45689)에 따르면, **대항요건 및 확정일자를 갖춘 임차인**(이 점 등에서는 소액임차인의 경우에도 같다)**은 임차주택과 그 대지가 함께 경매될 경우뿐만 아니라 임차주택과 별도로 그 대지만이 경매될 경우에도** 그 대지의 환가대금에 대하여 우선변제권을 행사할 수 있고, 이와 같은 우선변제권은 이른바 법정담보물권의 성격을 갖는 것으로서 임대차 성립시의 임차 목적물인 임차주택 및 대지의 가액을 기초로 임차인을 보호하고자 인정되는 것이므로, 임대차 성립 당시 임대인의 소유였던 대지가 타인에게 양도되어 임차주택과 대지의 소유자가 서로 달라지게 된 경우에도 마찬가지이다. 그리고 이러한 법리는 임차주택이 미등기인 경우에도 그대로 적용된다(대판(전원) 2007. 6. 21, 2004다26133[핵심판례 354면]). 또한 여러 필지의 임차주택 대지 중 일부가 타인에게 양도되어 일부 대지만이 경매되는 경우도 마찬가지이다(대판 2012. 7. 26, 2012다45689). 다만, 대지의 환가대금에서 우선변제를 받는 것은 대지에 관한 저당권 설정 당시에 이미 그 지상 건물이 존재하는 경우에만 인정되며, 저당권 설정 후에 비로소 건물이 신축된 경우에까지 인정되는 것은 아니다(대판 2010. 6. 10, 2009다101275). 따라서 대지에 관한 저당권 설정 후에 비로소 건물이 신축되고 그 신축건물에 대하여 다시 저당권이 설정된 후 대지와 건물이 일괄경매된 경우, 확정일자를 갖춘 임차인은 대지의 환가대금에서는 우선하여 변제를 받을 권리가 없다고 하겠다. 그러나 신축건물의 환가대금에서는 확정일자를 갖춘 임차인이 신축건물에 대한 후순위권리자보다 우선하여 변제받을 권리가 있다(대판 2010. 6. 10, 2009다101275).

확정일자를 갖춘 임차인에게 우선변제적 효력이 생기는 정확한 시기는, 확정일자를 입주 및 주민등록일과 같은 날 또는 그 이전에 갖춘 경우에는, 대항력과 마찬가지로 인도와 주 D-262

민등록을 마친 다음 날부터이고(대판 1999. 3. 23, 98다46938 등), 대항력의 요건이 구비된 뒤에 확정일자를 받은 경우에는, 확정일자를 받은 즉시라고 할 것이다(대판 1992. 10. 13, 92다30597도 참조).

임차인이 대항력과 확정일자를 갖춘 후에 임대차계약이 갱신되더라도 대항력과 확정일자를 갖춘 때를 기준으로 종전 임대차의 내용에 따른 우선변제권을 행사할 수 있다(대판 2012. 7. 26, 2012다45689 등).

임차인이 임차주택에 대하여 보증금반환청구 소송의 확정판결이나 그 밖에 이에 준하는 집행권원에 따라서 경매를 신청하는 경우에는, 민사집행법 제41조에도 불구하고 반대의무의 이행이나 이행의 제공을 집행개시의 요건으로 하지 않는다(동법 3조의 2 1항). 그러나 임차인은 임차주택을 양수인에게 인도하지 않으면 보증금을 받을 수 없다(동법 3조의 2 3항). 이 규정은 경매 또는 공매 절차에서 임차인이 보증금을 받기 위해서는 임차주택을 인도(판례는 명도라고 함)한 증명을 해야 한다는 의미이고, 임차인의 주택인도(명도)의무가 보증금반환의무보다 선이행되어야 한다는 것이 아니다(대판 1994. 2. 22, 93다55241).

임차주택에 대하여 민사집행법에 따른 경매가 행하여진 경우에는, 임차권은 임차주택의 경락에 따라 소멸한다(동법 3조의 5 본문). 다만, 보증금이 전부 변제되지 않은, 대항력이 있는 임차권은 소멸하지 않는다(동법 3조의 5 단서). 그 결과 임대차기간이 끝난 경우에도 임차인이 보증금 전액을 반환받을 때까지 임대차관계는 존속하고(동법 4조 2항), 경락인이 임대인의 지위를 승계하게 된다(동법 3조 4항).

주임법에 의하여 우선변제의 효력이 인정되는 임대차 보증금반환채권은 당연히 배당을 받을 수 있는 채권(가압류채권자 · 저당권자 · 전세권자 등의 채권)이 아니고 배당요구가 필요한 배당요구채권이어서(민사집행법 148조 참조), 임차인이 배당요구의 종기(집행법원이 첫 매각기일 이전으로 정함. 과거에는 경락기일이 종기였음)까지 배당요구를 한 경우에 한하여 비로소 배당을 받을 수 있다(그가 적법한 배당요구를 하지 않아서 그가 받을 수 있었던 금액이 후순위 채권자에게 배당되었다고 하여 이를 부당이득이라고 할 수 없다. 대판 1998. 10. 13, 98다12379). 그런데 주임법상의 대항력과 우선변제권을 모두 가지고 있는 임차인이 보증금을 반환받기 위하여 보증금반환청구 소송의 확정판결 등 집행권원을 얻어 임차주택에 대하여 스스로 강제경매를 신청하였다면 특별한 사정이 없는 한 대항력과 우선변제권 중 우선변제권을 선택하여 행사한 것으로 보아야 하고, 이 경우 우선변제권을 인정받기 위하여 배당요구의 종기까지 별도로 배당요구를 하여야 하는 것은 아니다(대판 2013. 11. 14, 2013다27831). 그리고 이와 같이 우선변제권이 있는 임차인이 집행권원을 얻어 스스로 강제경매를 신청하는 방법으로 우선변제권을 행사하고, 그 경매절차에서 집행관의 현황조사 등을 통하여 경매신청 채권자인 임차인의 우선변제권이 확인되고 그러한 내용이 현황조사보고서, 매각물건명세서 등에 기재된 상태에서 경매절차가 진행되어 매각이 이루어졌다면, 특별한 사정이 없는 한 경매신청 채권자인 임차인은 배당절차에서 후순위권리자나 일반채권자보다 우선하여 배당받을 수 있다(대판 2013. 11. 14, 2013다27831).

판례(대판 2010. 5. 27, 2010다10276)에 따르면, 어떤 자가 우선변제권을 행사할 수 있는 주택임차인으로부터 임차보증금 반환채권을 양수하였다고 하더라도, 임차권과 분리된 임차보증금 반환채권만을 양수하였으면, 그 채권양수인은 주임법상의 우선변제권을 행사할 수 있는 임차인에 해당하지 않는다. 따라서 그 채권양수인은 임차주택에 대한 경매절차에서 주임법상의 임차보증금 우선변제권자의 지위에서 배당요구를 할 수 없고, 그 점은 채권양수인이 주택임차인으로부터 다른 채권에 대한 담보목적으로 임차보증금 반환채권을 양수한 경우에도 마찬가지이다. 다만, 그러한 경우에도 채권양수인이 일반 금전채권자로서의 요건을 갖추어 배당요구를 할 수 있음은 물론이다.

그런데 근래에(2013. 8. 13) 개정된 주임법에 의하면, 동법 제3조의 2 제7항이 규정한 금융기관 등이 제3조의 2 제2항(확정일자 갖춘 경우), 제3조의 3 제5항(임차권등기명령을 신청하여 임차권등기를 마친 경우), 제3조의 4 제1항(민법 621조에 따라 주택 임대차등기를 마친 경우)에 따른 우선변제권을 취득한 임차인의 보증금반환채권을 계약으로 양수한 경우에는, 양수한 금액의 범위에서 우선변제권을 승계한다(동법 3조의 2 7항). 다만, 우선변제권을 승계한 금융기관 등은, 임차인이 동법 제3조 제1항·제2항·제3항의 대항요건을 상실한 경우, 동법 제3조의 3 제5항에 따른 임차권등기가 말소된 경우, 또는 민법 제621조에 따른 임대차등기가 말소된 경우에는, 우선변제권을 행사할 수 없다(동법 3조의 2 8항). 그리고 금융기관 등은 우선변제권을 행사하기 위하여 임차인을 대리하거나 대위하여 임대차를 해지할 수 없다(동법 3조의 2 9항).

국세기본법은 주임법 제8조(또는 「상가건물 임대차보호법」 제14조)에 따라 임차인이 우선변제를 받을 수 있는 소액보증금채권(동법 35조 1항 4호)과 법정기일 전에 주임법 제3조의 2 제2항(또는 「상가건물 임대차보호법」 제5조 제2항)에 따른 대항요건과 확정일자를 갖춘 보증금채권(동법 35조 1항 3호)을 국세 우선징수에 대한 예외로 규정하고 있다(다만 그 재산에 대하여 부과된 국세는 제외함). 그 결과 이들 채권은 국세에 우선한다. 그러한 취지의 규정은 지방세기본법에도 두어져 있다(동법 71조 1항 3호·4호).

판 례 보증금의 우선변제 관련 D-263

(ᄀ) 「주택임대차보호법 제3조의 2의 규정에 의하여 대항요건을 갖추고 증서상에 확정일자까지 부여받음으로써 우선변제권을 갖게 되는 임차보증금채권자도 선순위의 가압류채권자와는 평등배당의 관계에 있게 된다고 할 것이며, 이때 가압류채권자가 주택임차인보다 선순위인지 여부는, 위 법문상 임차인이 확정일자 부여에 의하여 비로소 우선변제권을 가지는 것으로 규정하고 있음에 비추어, 임대차계약증서상의 확정일자 부여일을 기준으로 삼는 것으로 해석함이 타당하다 할 것이어서, 가령 대항요건을 미리 갖추었다고 하더라도 확정일자를 부여받은 날짜가 가압류일자보다 늦은 이 사건의 경우에는 가압류채권자가 선순위라고 볼 수밖에 없다 할 것이므로, 원고(선순위 가압류채권자에 해당함: 저자 주)의 가압류채권과 피고의 임차

보증금채권은 각 채권액에 비례하여 평등하게 배당되어야 할 것이다.」(대판 1992. 10. 13, 92다30597)

(ㄴ) 「주택임대차보호법상의 대항력과 우선변제권의 두 가지 권리를 함께 가지고 있는 임차인이 우선변제권을 선택하여 제 1 경매절차에서 보증금 전액에 대하여 배당요구를 하였으나 보증금 전액을 배당받을 수 없었던 때에는 경락인에게 대항하여 이를 반환받을 때까지 임대차관계의 존속을 주장할 수 있을 뿐이고, 임차인의 우선변제권은 경락으로 인하여 소멸하는 것이므로 제 2 경매절차에서 우선변제권에 의한 배당을 받을 수 없다. 이는 이 사건 원고와 같이 근저당권자가 신청한 1차 임의경매절차에서 확정일자 있는 임대차계약서를 첨부하거나 임차권등기명령을 받아 임차권등기를 하였음을 근거로 하여 배당요구를 하는 방법으로 우선변제권을 행사한 것이 아니라, 임대인을 상대로 보증금반환청구 소송을 제기하여 승소판결을 받은 뒤 그 확정판결에 기하여 1차로 강제경매를 신청한 경우에도 마찬가지이다.」(대판 2006. 2. 10, 2005다21166)

(ㄷ) 「주택임대차보호법에 정한 대항력과 우선변제권 두 가지 권리를 겸유하고 있는 임차인이 먼저 우선변제권을 선택하여 임차주택에 대하여 진행되고 있는 경매절차에서 배당요구를 하였으나 보증금 전액을 배당받지 못한 경우 임차인은 여전히 대항요건을 유지함으로써 임대차관계의 존속을 주장할 수 있으므로, 임차인이 대항력을 구비한 후 임차주택을 양수한 자는 그와 같이 존속되는 임대차의 임대인 지위를 당연히 승계한다.

이는 주택임대차보호법 제 3 조의 2 제 7 항에서 정한 금융기관이 임차인으로부터 보증금반환채권을 계약으로 양수함으로써 양수한 금액의 범위에서 우선변제권을 승계한 다음 경매절차에서 배당요구를 하여 보증금 중 일부를 배당받은 경우에도 마찬가지이다. 따라서 주택임대차의 대항요건이 존속되는 한 임차인은 보증금반환채권을 양수한 금융기관이 보증금 잔액을 반환받을 때까지 임차주택의 양수인을 상대로 임대차관계의 존속을 주장할 수 있다.」(대판 2023. 2. 2, 2022다255126[핵심판례 356면])

(ㄹ) 「주택에 관하여 임대차계약을 체결한 임차인이 자신의 지위를 강화하기 위한 방편으로 따로 전세권설정계약서를 작성하고 전세권설정등기를 한 경우에, 따로 작성된 전세권설정계약서가 원래의 임대차계약서와 계약일자가 다르다고 하여도 계약당사자, 계약목적물 및 보증금액(전세금액) 등에 비추어 동일성을 인정할 수 있다면 그 전세권설정계약서 또한 원래의 임대차계약에 관한 증서로 볼 수 있고, 등기필증에 찍힌 등기관의 접수인은 첨부된 등기원인계약서에 대하여 민법 부칙 제 3 조 제 4 항 후단에 의한 확정일자에 해당한다고 할 것이므로, 위와 같은 전세권설정계약서가 첨부된 등기필증에 등기관의 접수인이 찍혀 있다면 그 원래의 임대차에 관한 계약증서에 확정일자가 있는 것으로 보아야 할 것이고, 이 경우 원래의 임대차는 대지 및 건물 전부에 관한 것이나 사정에 의하여 전세권설정계약서는 건물에 관하여만 작성되고 전세권등기도 건물에 관하여만 마쳐졌다고 하더라도 전세금액이 임대차보증금액과 동일한 금액으로 기재된 이상 대지 및 건물 전부에 관한 임대차의 계약증서에 확정일자가 있는 것으로 봄이 상당하다.」(대판 2002. 11. 8, 2001다51725)

(ㅁ) 「주택임대차보호법 제 3 조의 5 … 의 입법취지와 규정내용에 비추어 보면, 주택임대차보호법상의 대항력과 우선변제권의 두 권리를 겸유하고 있는 임차인이 우선변제권을 선

택하여 임차주택에 대하여 진행되고 있는 경매절차에서 보증금에 대한 배당요구를 하여 보증금 전액을 배당받을 수 있는 경우에는, 특별한 사정이 없는 한 임차인이 그 배당금을 지급받을 수 있는 때, 즉 임차인에 대한 배당표가 확정될 때까지는 임차권이 소멸하지 않는다고 해석함이 상당하다 할 것이므로, 경락인이 낙찰대금을 납부하여 임차주택에 대한 소유권을 취득한 이후에 임차인이 임차주택을 계속 점유하여 사용·수익하였다고 하더라도 임차인에 대한 배당표가 확정될 때까지의 사용·수익은 소멸하지 아니한 임차권에 기한 것이어서 경락인에 대한 관계에서 부당이득이 성립되지 아니한다고 보아야 한다.」(대판 2004. 8. 30, 2003다23885)

2) **임차권등기명령** 임대차가 종료되더라도 보증금을 반환받지 못하면 임차인은 대항력과 우선변제권을 잃을 염려 때문에 이사를 해야 할 사정이 있어도 하지 못하게 된다. 주임법은 이러한 임차인을 보호하기 위하여 임차권등기명령 제도를 마련하고 있다. D-264

(가) 임대차가 끝난 후 보증금이 반환되지 않은 경우 임차인은 신청서에 일정사항(동법 3조의 3 2항 참조)을 적어 임차주택의 소재지를 관할하는 법원에 임차권등기명령을 신청할 수 있다(동법 3조의 3 1항)(임차인은 임차권등기명령의 신청과 그에 따른 임차권등기와 관련하여 든 비용을 임대인에게 청구할 수 있는데(동법 3조의 3 8항), 임차인은 민사소송으로 그 비용을 청구하거나, 상계의 자동채권으로 삼는 등의 방법으로 비용상환청구권을 행사할 수 있다(대판 2025. 4. 24, 2024다221455)). 그리고 **임차권등기명령이 집행되어 임차권등기가 있게 되면, 임차인은 대항력 및 우선변제권을 취득한다**(동법 3조의 3 5항 본문)(이때 대항력과 우선변제권은 임차권등기가 마쳐진 때부터 발생한다. 대판 2025. 4. 15, 2024다326398). 다만, 임차인이 임차권등기 이전에 이미 대항력이나 우선변제권을 취득한 경우에는 그 대항력이나 우선변제권은 그대로 유지되며, 임차권등기 이후에는 대항요건(동법 3조 1항의 대항요건인 주택인도와 주민등록 또는 동법 3조 2항·3항의 대항요건)을 상실하더라도 이미 취득한 대항력이나 우선변제권을 상실하지 않는다(동법 3조의 3 5항 단서). 그에 비하여, 앞에서 설명한 바와 같이(D-254 참조), 이미 취득한 임차권의 대항력이 어떤 사유로 상실된 이후에 임차권등기가 마쳐진 경우에는, 소멸하였던 대항력이 당초에 소급하여 회복되지 않으며, 그 등기가 마쳐진 때부터 그와는 동일성이 없는 새로운 대항력이 발생한다(대판 2025. 4. 15, 2024다326398). 그리고 판례는, 임차권등기명령에 의하여 임차권등기를 한 임차인은, 그 임차권등기가 첫 경매개시결정등기 전에 등기된 경우, 별도로 배당요구를 하지 않아도 당연히 배당받을 채권자에 속한다고 한다(대판 2005. 9. 15, 2005다33039. 민사집행법 148조 4호 참조). 한편 이와 같이 임차권등기가 된 주택(임대차의 목적이 주택의 일부분인 경우에는 해당부분으로 한정한다)을 그 이후에 임차한 임차인은 소액보증금의 우선변제권을 가질 수 없다(동법 3조의 3 6항). 그러나 ― 그가 요건을 갖추었으면 ― 대항력과 우선변제권은 인정할 수 있다(대판 2023. 9. 27, 2022다246610·246627).

(나) 주임법 제 3 조의 2 제 7 항이 규정한 일정한 금융기관 등은 임차인을 대위하여 임차권등기명령을 신청할 수 있다(동법 3조의 3 9항 1문).

(다) 임차권등기명령에 의한 등기의 경우의 효력은 제621조에 의한 임차권등기가 있는

때에도 그대로 인정된다(동법 3조의 4 1항). 따라서 임차인은 임차권등기명령에 의하지 않고 임대인의 협력을 얻어 제621조에 의한 등기를 할 수도 있다.

(라) 임대인의 임차보증금 반환의무는 임차권등기명령에 의한 임차권등기의 말소의무보다 먼저 이행되어야 할 의무이다(대판 2005. 6. 9, 2005다4529).

D-265 **3) 보증금 중 일정액의 보호** 임차인은 보증금 중 일정액을 다른 담보물권자보다 우선하여 변제받을 권리가 있다(동법 8조 1항 1문). 이 경우 임차인 즉 소액임차인은 주택에 대한 경매신청의 등기 전에 주임법 제 3 조 제 1 항의 요건(주택의 인도와 주민등록)을 갖추어야 한다(동법 8조 1항 2문). 임대차계약서에 확정일자까지 받을 필요는 없다. 그리고 이에 따라 우선변제를 받을 임차인 및 보증금 중 일정액의 범위와 기준은 주임법 제 8 조의 2에 따른 주택임대차위원회(우선변제를 받을 임차인 및 보증금 중 일정액의 범위와 기준을 심의하기 위하여 법무부에 법무부차관을 위원장으로 하는 주택임대차위원회를 둔다. 동법 8조의 2)의 심의를 거쳐 대통령령으로 정한다(동법 8조 3항 본문). 다만, 보증금 중 일정액의 범위와 기준은 주택가액(대지의 가액을 포함한다)의 2분의 1을 넘지 못한다(동법 8조 3항 단서).

판례에 의하면, 소액임차인이 임차주택의 환가대금으로부터 우선변제를 받는 문제는 대항요건 및 확정일자를 갖춘 임차인의 경우(D-261 참조)와 거의 같다. 그리하여 소액임차인은 임차주택과 그 대지가 함께 경매될 경우뿐만 아니라 임차주택과 별도로 그 대지만이 경매될 경우에도 그 대지의 환가대금에 대하여 우선변제권을 행사할 수 있고, 이러한 우선변제권은 임대차 성립 당시 임대인의 소유였던 대지가 타인에게 양도되어 임차주택과 대지의 소유자가 서로 달라지게 된 경우에도 인정된다(대판(전원) 2007. 6. 21, 2004다26133[핵심판례 354면]). 그리고 이 법리는 임차주택이 미등기인 경우에도 그대로 적용된다(대판(전원) 2007. 6. 21, 2004다26133[핵심판례 354면]은 주임법 8조 1항 2문이 미등기 주택의 경우에 소액임차인의 대지에 관한 우선변제권을 배제하는 규정에 해당하지 않는다고 한다). 그러나 대지에 관한 저당권 설정 당시에 이미 그 지상 건물이 존재하는 경우에만 소액임차인이 대지의 환가대금에서 우선변제를 받을 수 있으며, 저당권 설정 후에 비로소 건물이 신축된 경우에까지 공시방법이 불완전한 소액임차인에게 우선변제권을 인정한다면 저당권자가 예측할 수 없는 손해를 입게 되는 범위가 지나치게 확대되어 부당하므로, 이러한 경우에는 대지의 환가대금에 대하여 우선변제를 받을 수 없다(대판 2010. 6. 10, 2009다101275 등). 따라서 대지에 관한 저당권 설정 후에 비로소 건물이 신축되고 그 신축건물에 대하여 다시 저당권이 설정된 후 대지와 건물이 일괄경매된 경우, 소액임차인은 대지의 환가대금에서는 우선하여 변제를 받을 권리가 없다(대판 2010. 6. 10, 2009다101275). 그러나 신축건물의 환가대금에서는 우선변제권이 있다고 해야 한다(확정일자를 갖춘 임차인이 신축건물에 대한 후순위권리자보다 우선하여 변제받을 권리가 있다고 한 대판 2010. 6. 10, 2009다101275도 참조). 그리고 소액임차인의 경우 주임법 시행령 부칙의 「소액보증금의 범위변경에 따른 경과조치」를 적용함에 있어서는 신축건물에 대하여 담보물권을 취득한 때를 기준으로 소액임차인 및 소액보증금의 범위를 정하여야 한다(대판 2010. 6. 10, 2009다101275).

소액임차인이 동시에 확정일자를 갖춘 경우에는, 소액임차인으로서의 권리와 확정일자를 갖춘 임차인으로서의 권리를 모두 가진다. 따라서 먼저 소액임차인으로서 소액보증금의 우선변제를 받고, 소액보증금을 초과하는 보증금에 대하여는 확정일자를 갖춘 임차인으로서 그 순위에 따라 환가대금에서 후순위권리자나 그 밖의 채권자보다 우선하여 보증금을 변제받을 수 있다(대판 2007. 11. 15, 2007다45562).

주임법 시행령에 의하면, 우선변제를 받을 수 있는 보증금 중 일정액의 범위는, 서울특별시에서는 보증금 1억 6,500만원 이하인 경우에 한하여 5,500만원까지이고, 수도권정비계획법에 따른 과밀억제권역(서울특별시는 제외한다)·세종특별자치시·용인시·화성시·김포시에서는 보증금 1억 4,500만원 이하인 경우에 한하여 4,800만원까지이고, 광역시(수도권정비계획법에 따른 과밀억제권역에 포함된 지역과 군지역은 제외한다)·안산시·광주시·파주시·이천시·평택시에서는 보증금 8,500만원 이하인 경우에 한하여 2,800만원까지이고, 그 밖의 지역에서는 보증금 7,500만원 이하인 경우에 한하여 2,500만원까지이다(동법 시행령 10조·11조). 그리고 하나의 주택에 임차인이 2명 이상이고, 그 각 보증금 중 일정액을 모두 합한 금액이 주택 가액의 2분의 1을 초과하는 경우에는, 그 각 보증금 중 일정액을 모두 합한 금액에 대한 각 임차인의 보증금 중 일정액의 비율로 그 주택가액의 2분의 1에 해당하는 금액을 분할한 금액을 각 임차인의 보증금 중 일정액으로 본다(동법 시행령 10조 3항). 또, 하나의 주택에 임차인이 2명 이상이고 이들이 그 주택에서 가정공동생활을 하는 경우에는, 이들을 1명의 임차인으로 보아 이들의 각 보증금을 합산한다(동법 시행령 10조 4항).

판 례 소액임차인 관련 D-266

(ㄱ) 임대차계약의 주된 목적이 주택을 사용·수익하려는 것에 있지 않고 소액임차인으로 보호받아 선순위 담보권자에 우선하여 채권을 회수하려는 것에 주된 목적이 있었던 경우에는, 그러한 임차인을 주임법상 소액임차인으로 보호할 수 없다(대판 2001. 5. 8, 2001다14733; 대판 2008. 5. 15, 2007다23203).

(ㄴ) 주임법 제 8 조 소정의 우선변제권의 한도가 되는 주택가액의 2분의 1에서 「주택가액」이라 함은 낙찰대금에다가 입찰보증금에 대한 배당기일까지의 이자, 몰수된 입찰보증금 등을 포함한 금액에서 집행비용을 공제한 실제 배당할 금액이다(대판 2001. 4. 27, 2001다8974).

(ㄷ) 대법원은, 다가구용 단독주택의 대지 및 건물에 관한 근저당권자가 그 대지 및 건물에 관한 경매를 신청하였다가 그중 건물에 대한 경매신청만을 취하하여 대지부분만이 낙찰되었다고 하더라도, 그 주택의 소액임차인은 그 대지에 관한 낙찰대금 중에서 소액보증금을 담보물권자보다 우선하여 변제받을 수 있다고 하였다(대판 1996. 6. 14, 96다7595).

(ㄹ) 소액임차인의 소액보증금 반환채권은 배당요구가 필요한 배당요구채권에 해당한다(대판 2002. 1. 22, 2001다70702).

(ㅁ) 소액보증금 반환청구권은 임차목적 주택에 대하여 저당권에 의하여 담보된 채권, 조세 등에 우선하여 변제받을 수 있는 법정담보물권으로서, 주택임차인이 대지와 건물 모두로부터 배당을 받는 경우에는 마치 그 대지와 건물 전부에 대한 공동저당권자와 유사한 지위에 서게 되므로 대지와 건물이 동시에 매각되어 주택임차인에게 그 경매대가를 동시에 배당하는 때에는 민법 제368조 제 1 항을 유추적용하여 대지와 건물의 경매대가에 비례하

여 그 채권의 분담을 정하여야 한다(대판 2003. 9. 5, 2001다66291).

(ㅂ) 주임법 소정의 소액임차보증금의 임차인이라 할지라도 당해 목적물의 경매절차에서 보증금의 지급을 받지 못한 이상 그 임차주택의 경락인에 대하여 보증금의 우선변제를 요구할 수는 없다(대판 1988. 4. 12, 87다카844).

(ㅅ) 실제 임대차계약의 주된 목적이 주택을 사용·수익하려는 것인 이상, 처음 임대차계약을 체결할 당시에는 보증금액이 많아 주택임대차보호법상 소액임차인에 해당하지 않았지만 그 후 새로운 임대차계약에 의하여 정당하게 보증금을 감액하여 소액임차인에 해당하게 되었다면, 그 임대차계약이 통정허위표시에 의한 계약이어서 무효라는 등의 특별한 사정이 없는 한, 그러한 임차인은 같은 법상 소액임차인으로 보호받을 수 있다(대판 2008. 5. 15, 2007다23203).

D-267

(7) 임차인의 사망과 주택임차권의 승계

임차인이 상속인 없이 사망한 경우에는, 그 주택에서 가정공동생활을 하던 사실상의 혼인관계에 있는 자가 임차인의 권리와 의무를 승계한다(동법 9조 1항). 이때 임대차관계에서 이미 생긴 채권·채무는 임차인의 권리의무를 승계한 자에게 귀속된다(동법 9조 4항). 그러나 임차인이 사망한 후 1개월 이내에 임대인에게 승계대상자가 반대의사를 표시한 경우에는, 임차인의 권리의무가 승계되지 않는다(동법 9조 3항).

임차인이 사망한 때에 사망 당시 상속인이 그 주택에서 가정공동생활을 하고 있지 않은 경우에는, 그 주택에서 가정공동생활을 하던 사실상의 혼인관계에 있는 자와 2촌 이내의 친족이 공동으로 임차인의 권리와 의무를 승계한다(동법 9조 2항). 그리고 이때에도 임대차관계에서 이미 생긴 채권·채무는 임차인의 권리의무를 승계한 자에게 귀속된다(동법 9조 4항). 또 임차인이 사망한 후 1개월 이내에 임대인에게 승계대상자가 반대의사를 표시하면 승계가 되지 않는다(동법 9조 3항).

(8) 월차임 전환시 산정률의 제한

보증금의 전부 또는 일부를 월 단위의 차임으로 전환하는 경우에는, 그 전환되는 금액에 다음 둘 중 낮은 비율을 곱한 월차임의 범위를 초과할 수 없다(동법 7조의 2). ① 은행법에 따른 은행에서 적용하는 대출금리와 해당 지역의 경제여건 등을 고려하여 대통령령으로 정하는 비율(연 1할임. 동법 시행령 9조 1항)(동법 7조의 2 1호), ② 한국은행에서 공시한 기준금리에 대통령령으로 정하는 비율(연 2퍼센트임. 동법 시행령 9조 2항)을 더한 비율(동법 7조의 2 2호).

임차인이 주임법 제7조의 2에 따른 월차임 산정률을 초과하여 차임을 지급한 경우에는, 초과 지급된 차임 또는 보증금 상당금액의 반환을 청구할 수 있다(동법 10조의 2).

(9) 강행규정

주임법에 위반된 약정으로서 임차인에게 불리한 것은 그 효력이 없다(동법 10조).

(10) 주택임대차 분쟁조정위원회

주임법의 적용을 받는 주택임대차와 관련된 분쟁을 심의·조정하기 위하여 대통령령으로 정하는 바에 따라 법률구조법 제 8 조에 따른 대한법률구조공단의 지부 또는 다른 곳에 주택임대차 분쟁조정위원회(조정위원회)를 둔다(동법 14조 1항 1문). 특별시·광역시·특별자치시·도 및 특별자치도는 그 지방자치단체의 실정을 고려하여 조정위원회를 둘 수 있다(동법 14조 1항 2문). 주임법은 조정위원회 및 조정에 관하여 제14조 내지 제29조에서 자세히 규정하고 있다.

(11) 주택임대차 표준계약서의 사용

주택임대차계약을 서면으로 체결할 때에는 법무부장관이 국토교통부장관과 협의하여 정하는 주택임대차 표준계약서를 우선적으로 사용해야 한다(동법 30조 본문). 다만, 당사자가 다른 서식을 사용하기로 합의한 경우에는 그렇지 않다(동법 30조 단서).

3. 상가건물임대차 D-268

상가건물 임차인을 보호하기 위한 특별법으로 「상가건물 임대차보호법」이 있다. 이 법은 상가건물임대차에 관하여 민법에 대한 특례를 규정한 것이다(동법 1조). 이 법의 주요내용은 다음과 같다.

(1) 적용범위

「상가건물 임대차보호법」(이하 여기에서는 동법이라 함)은 상가건물(3조 1항에 따른 사업자등록의 대상이 되는 건물을 말한다)의 임대차(임대차 목적물의 주된 부분을 영업용으로 사용하는 경우를 포함한다)에 대하여 적용된다(동법 2조 1항 본문). 다만, 동법 제14조의 2에 따른 상가건물임대차 위원회(우선변제를 받을 임차인 및 보증금 중 일정액의 범위와 기준 등을 심의하기 위하여 법무부에 법무부차관을 위원장으로 하는 상가건물임대차 위원회를 둔다. 동법 14조의 2)의 심의를 거쳐 대통령령으로 정하는 보증금액(동법 시행령 2조 1항에 따르면, 차임이 있을 경우에는 월 단위 차임에 100을 곱한 액을 보증금과 합하여(동법 시행령 2조 2항·3항), 서울특별시에서는 9억원, 수도권정비계획법에 따른 과밀억제권역(서울특별시는 제외한다) 및 부산광역시에서는 6억 9천만원, 광역시(수도권정비계획법에 따른 과밀억제권역에 포함된 지역과 군지역, 부산광역시는 제외한다)·세종특별자치시·파주시·화성시·안산시·용인시·김포시·광주시에서는 5억 4천만원, 그 밖의 지역에서는 3억 7천만원임)을 초과하는 임대차에 대하여는 적용되지 않는다(동법 2조 1항 단서). 그런데 동법 제 2 조 제 1 항 단서에도 불구하고 동법 제 3 조, 제10조 제 1 항· 제 2 항·제 3 항 본문, 제10조의 2부터 제10조의 9, 제11조의 2 및 제19조는 제 2 조 제 1 항 단서에 따른 보증금액을 초과하는 임대차에 대하여도 적용한다(동법 2조 3항). 그리고 동법은 일시사용을 위한 임대차임이 명백한 경우에는 적용되지 않는다(동법 16조).

판 례 「상가건물 임대차보호법」의 적용범위 등 관련

(ㄱ) 「상가건물 임대차보호법의 목적과 위 규정에 비추어 보면, 상가건물 임대차보호법이 적용되는 상가건물의 임대차는 사업자등록의 대상이 되는 건물로서 임대차 목적물인 건물을 영리를 목적으로 하는 영업용으로 사용하는 임대차를 가리킨다고 볼 것이다. 그리고 상

가건물 임대차보호법이 적용되는 상가건물에 해당하는지 여부는 공부상의 표시가 아닌 건물의 현황·용도 등에 비추어 영업용으로 사용하느냐에 따라 실질적으로 판단하여야 하고, 단순히 상품의 보관·제조·가공 등 사실행위만이 이루어지는 공장·창고 등은 영업용으로 사용하는 경우라고 할 수 없으나 그곳에서 그러한 사실행위와 더불어 영리를 목적으로 하는 활동이 함께 이루어진다면 상가건물 임대차보호법의 적용대상인 상가건물에 해당한다고 할 것이다.」(대판 2011. 7. 28, 2009다40967)

(ㄴ) 「부칙(「상가건물 임대차보호법」의 2013. 8. 13. 개정법률: 저자 주) 제 2 조의 '이 법 시행 후 최초로 체결되거나 갱신되는 임대차'는 위 개정 상가임대차법이 시행되는 2013. 8. 13. 이후 처음으로 체결된 임대차 또는 2013. 8. 13. 이전에 체결되었지만 2013. 8. 13. 이후 갱신되는 임대차를 가리킨다고 보아야 한다. 따라서 개정 법률 시행 후에 임대차가 갱신되지 않고 기간만료 등으로 종료된 경우는 이에 포함되지 않는다.」(대판 2017. 12. 5, 2017다9657)

(2) 대 항 력

상가건물임대차(이하 여기서는 임대차라 함)는 그 등기가 없는 경우에도, **임차인이 건물의 인도와 부가가치세법 제 8 조, 소득세법 제168조 또는 법인세법 제111조에 따른 사업자등록을 신청하면 그 다음 날부터 제 3 자에 대하여 효력이 생긴다**(동법 3조 1항). 그리고 임차인이 대항력을 가지는 경우, 임차건물의 양수인(그 밖에 임대할 권리를 승계한 자를 포함한다)은 임대인의 지위를 승계한 것으로 본다(동법 3조 2항). 법률에서는 「양수인」이라고 하고 있으나, 소유권 변동의 원인이 매매 등 법률행위인가 상속·경매 등 법률의 규정인가를 묻지 않으며, 따라서 임대를 한 상가건물을 여러 사람이 공유하고 있다가 이를 분할하기 위한 경매절차에서 건물의 소유자가 바뀐 경우에도 양수인이 임대인의 지위를 승계한다(대판 2017. 3. 22, 2016다218874). 또한 상속에 따라 임차건물의 소유권을 취득한 자도 위 조항에서 말하는 임차건물의 양수인에 해당한다(대판 2024. 8. 1, 2023다318857 등). 그리고 판례는, 이 규정에 따라 임차건물의 양수인이 임대인의 지위를 승계하면, 양수인은 임차인에게 임대보증금 반환의무를 부담하고 임차인은 양수인에게 차임지급의무를 부담하나, 임차건물의 소유권이 이전되기 전에 이미 발생한 연체차임이나 관리비 등은 별도의 채권양도절차가 없는 한 원칙적으로 양수인에게 이전되지 않고 임대인만이 임차인에게 청구할 수 있다고 한다(대판 2017. 3. 22, 2016다218874). 한편 판례는, 임차건물의 양수인이 건물 소유권을 취득한 후 임대차관계가 종료되어 임차인에게 임대차보증금을 반환해야 하는 경우에 임대인의 지위를 승계하기 전까지 발생한 연체차임이나 관리비 등이 있으면 특별한 사정이 없는 한 임대차보증금에서 당연히 공제될 것이라고 한다(대판 2017. 3. 22, 2016다218874).

임차권의 대항 등을 받는 새로운 소유자라고 할지라도 임차인과의 계약에 기하여 그들 사이의 법률관계를 그들의 의사에 좇아 자유롭게 형성할 수 있고, 따라서 새로운 소유자와 임차인이 동일한 목적물에 관하여 종전 임대차계약의 효력을 소멸시키려는 의사로 그와는 별개의 임대차계약을 새로이 체결하여 그들 사이의 법률관계가 이 새로운 계약에 의하여 규율되는 것으로 정할 수 있다(대판 2013. 12. 12, 2013다211919). 그리고 그 경우에는 종전의 임대차계약은 그와 같은 합의의 결과로 그 효력을 상실하게 되므로, 다른 특별한 사정이 없는 한 이제 종전의 임대차계약을 기초로 발생하였던 대항력 또는 우선변제권 등도 종전 임대차계약과 함께 소멸하여 이를 새로운 소유자 등에게 주장할 수 없다(대판 2013. 12. 12, 2013다211919).

(3) 보증금의 효력 D-269

1) 보증금의 우선변제 제3조 제1항의 대항요건을 갖추고, 관할 세무서장으로부터 임대차계약서상의 확정일자를 받은 임차인은 민사집행법에 따른 경매 또는 국세징수법에 따른 공매시 임차건물(임대인 소유의 대지를 포함한다)의 환가대금에서 후순위권리자나 그 밖의 채권자보다 우선하여 보증금을 변제받을 권리가 있다(동법 5조 2항).

(판 례) 보증금의 우선변제 관련

상가건물에 근저당권설정등기가 마쳐지기 전 최초로 임대차계약을 체결하여 사업자등록을 마치고 확정일자를 받아 계속 갱신해 온 임차인 갑 등이 위 건물에 관한 임의경매절차에서 '근저당권설정등기 후 다시 임대차계약을 체결하여 확정일자를 받은 최후 임대차계약서'에 기한 배당요구를 하였다가 배당요구 종기 후 최초 임대차계약서에 기한 확정일자를 주장한 사안에서, 갑 등의 주장은 배당요구 종기 후 배당순위의 변동을 초래하여 매수인이 인수할 부담에 변동을 가져오는 것으로서 특별한 사정이 없는 한 허용될 수 없다고 한 사례(대판 2014. 4. 30, 2013다58057).

임차인이 임차건물에 대하여 보증금반환청구 소송의 확정판결, 그 밖에 이에 준하는 집행권원에 의하여 경매를 신청하는 경우에는, 민사집행법 제41조에도 불구하고 반대의무의 이행이나 이행의 제공을 집행개시의 요건으로 하지 않는다(동법 5조 1항). 그러나 임차인은 임차건물을 양수인에게 인도하지 않으면 보증금을 받을 수 없다(동법 5조 3항).

동법 제5조 제7항이 규정한 일정한 금융기관 등이 동법 제5조 제2항(확정일자를 갖춘 경우), 제6조 제5항(임차권등기명령의 집행에 따른 임차권등기를 마친 경우), 제7조 제1항(민법 621조에 따라 건물 임대차등기를 마친 경우)에 따른 우선변제권을 취득한 임차인의 보증금반환채권을 계약으로 양수한 경우에는, 양수한 금액의 범위에서 우선변제권을 승계한다(동법 5조 7항). 다만, 우선변제권을 승계한 금융기관 등은, 임차인이 동법 제3조 제1항의 대항요건을 상실한 경우, 동법 제6조 제5항에 따른 임차권등기가 말소된 경우, 또는 민법 제621조에 따른 임대차등기가 말소된 경우에는, 우선변제권을 행사할 수 없다(동법 5조 8항). 그리고 금융기관 등은 우선변제권을 행사하기 위하여 임차인을 대리하거나 대위하여 임대차를 해지할 수 없다(동법 5조 9항).

임차권은 임차건물에 대하여 민사집행법에 따른 경매가 실시된 경우에는 그 임차건물이 매각되면 소멸한다(동법 8조 본문). 다만, 보증금이 전액 변제되지 않은, 대항력이 있는 임차권은 소멸하지 않는다(동법 8조 단서).

D-270 **2) 임차권등기명령** 임대차가 종료된 후 보증금이 반환되지 않은 경우 임차인은 신청서에 일정사항(동법 6조 2항)을 적어 임차건물의 소재지를 관할하는 법원에 임차권등기명령을 신청할 수 있다(동법 6조 1항). 임차권등기명령의 집행에 따른 임차권등기를 마치면, 임차인은 대항력과 우선변제권을 취득한다(동법 6조 5항 본문). 다만, 임차인이 임차권등기 이전에 이미 대항력 또는 우선변제권을 취득한 경우에는 그 대항력 또는 우선변제권이 그대로 유지되며, 임차권등기 이후에는 대항요건을 상실하더라도 이미 취득한 대항력 또는 우선변제권을 상실하지 않는다(동법 6조 5항 단서). 한편 임차권등기명령의 집행에 따른 임차권등기를 마친 건물(임대차의 목적이 건물의 일부분인 경우에는 그 부분으로 한정한다)을 그 이후에 임차한 임차인은 동법 제14조에 따른 우선변제를 받을 권리 즉 소액보증금의 우선변제권이 없다(동법 6조 6항).

동법 제5조 제7항이 규정한 일정한 금융기관 등은 임차인을 대위하여 임차권등기명령을 신청할 수 있다(동법 6조 9항 1문).

3) 보증금 중 일정액의 보호 임차인은 보증금 중 일정액을 다른 담보물권자보다 우선하여 변제받을 권리가 있다(동법 14조 1항 1문). 이 경우 임차인은 건물에 대한 경매신청의 등기 전에 동법 제3조 제1항의 요건을 갖추어야 한다(동법 14조 1항 2문). 그리고 이에 따라 우선변제를 받을 임차인 및 보증금 중 일정액의 범위와 기준은 임대건물 가액(임대인 소유의 대지가액을 포함한다)의 2분의 1 범위에서 해당 지역의 경제여건, 보증금 및 차임 등을 고려하여 동법 제14조의 2에 따른 상가건물 임대차 위원회의 심의를 거쳐 대통령령으로 정한다(동법 14조 3항)(임차인과 임대인 사이에 구분점포 각각에 대하여 별도의 임대차관계가 성립한 것이 아니라 일괄하여 단일한 임대차관계가 성립한 것으로 볼 수 있는 때에는, 비록 구분점포 각각에 대하여 별개의 임대차계약서가 작성되어 있더라도 그 구분점포 전부에 관하여 동법 2조 2항의 규정에 따라 환산한 보증금액의 합산액을 기준으로 동법 14조에 의하여 우선변제를 받을 임차인의 범위를 판단해야 한다. 대판 2015. 10. 29, 2013다27152). 그리고 대통령령에 의하면 상가건물 가액의 2분의 1에 해당하는 금액까지만 우선변제권이 있다(동법 시행령 7조 2항·3항).

동법 시행령에 의하면, 우선변제를 받을 보증금의 범위는 서울특별시에서는 보증금(보증금과 차임이 있는 경우에는 동법 2조 2항에 의하여 환산한 금액의 합계. 환산금액은 현재는 월 단위 차임에 100을 곱한 액임(동법 시행령 2조 2항·3항))이 6,500만원 이하인 경우에 한하여 2,200만원까지이고, 수도권정비계획법에 따른 과밀억제권역(서울특별시는 제외한다)에서는 5,500만원 이하인 경우에 한하여 1,900만원까지이고, 광역시(수도권정비계획법에 따른 과밀억제권역에 포함된 지역과 군지역은 제외한다)·안산시·용인시·김포시·광주시에서는 3,800만원 이하인 경우에 한하여 1,300만원까지이고, 그 밖의 지역에서는 3,000만원 이하인 경우에 한하여 1,000만원까지이다(동법 시행령 6조·7조).

D-271 **(4) 존속의 보호**

당사자가 임대차의 존속기간을 정하지 않았거나 기간을 1년 미만으로 정한 경우에는, 그 기간을 1년으로 본다(동법 9조 1항 본문). 다만, 임차인은 1년 미만으로 정한 기간이 유효함을 주장할 수 있다(동법 9조 1항 단서).

임대차가 종료한 경우에도 임차인이 보증금을 돌려받을 때까지는 임대차관계는 존속하는 것으로 본다(동법 9조 2항).

판 례 상가임대차가 종료된 경우 임차인의 의무 관련

「상가임대차법 제 9 조 제 2 항의 입법 취지, 상가건물 임대차 종료 후 의제되는 임대차관계의 법적 성격 등을 종합하면, 상가임대차법이 적용되는 임대차가 기간만료나 당사자의 합의, 해지 등으로 종료된 경우 보증금을 반환받을 때까지 임차 목적물을 계속 점유하면서 사용·수익한 임차인은 종전 임대차계약에서 정한 차임을 지급할 의무를 부담할 뿐이고, 시가에 따른 차임에 상응하는 부당이득금을 지급할 의무를 부담하는 것은 아니다.」(대판 2023. 11. 9, 2023다257600)

동법은 임차인의 계약갱신요구권과 묵시의 갱신을 규정하고 있다. ① 임대인은 임차인이 임대차기간이 만료되기 6개월 전부터 1개월 전까지 사이에 계약갱신을 요구할 경우 정당한 사유 없이 거절하지 못한다(동법 10조 1항 본문. 동항 단서에 8가지의 예외사유가 규정됨). 그런데 대통령령으로 정한 보증금액을 초과하는 임대차에는 「상가건물 임대차보호법」이 적용되지 않으므로(동법 2조 1항 단서), 그러한 임대차로서 기간을 정하지 않은 경우에는 민법 제635조 제 1 항·제 2 항 제 1 호에 따라 임대인이 언제든지 해지를 통고할 수 있고 임차인이 그 통고를 받은 날로부터 6개월이 지남으로써 효력이 생기며, 임대차기간이 정해져 있음을 전제로 그 기간 만료 6개월 전부터 1개월 전까지 사이에 행사하도록 규정된 임차인의 계약갱신요구권(동법 10조 1항)은 발생할 여지가 없다(대판 2021. 12. 30, 2021다233730). 한편 임차인의 계약갱신요구권은 최초의 임대차기간을 포함한 전체 임대차기간이 10년을 초과하지 않는 범위에서만 행사할 수 있다(동법 10조 2항). 이 경우 갱신되는 임대차는 전 임대차와 동일한 조건으로 다시 계약된 것으로 본다. 다만, 차임과 보증금은 동법 제11조의 규정에 따른 범위에서 증감할 수 있다(동법 10조 3항). ② 임대인이 동법 제10조 제 1 항의 기간 이내에 임차인에게 갱신거절의 통지 또는 조건변경의 통지를 하지 않은 경우에는, 그 기간이 만료된 때에 전 임대차와 동일한 조건으로 다시 임대차한 것으로 본다(동법 10조 4항 1문). 이 경우에 임대차의 존속기간은 1년으로 본다(동법 10조 4항 2문). 이것이 묵시의 갱신이다. 그런데 이 경우 임차인은 언제든지 임대인에게 계약해지의 통고를 할 수 있고, 임대인이 통고를 받은 날부터 3개월이 지나면 효력이 발생한다(동법 10조 5항). 주의할 것은, 동법 제10조 제 4 항의 묵시의 갱신에는 — 임차인의 갱신요구권에 관하여 전체 임대차기간을 10년으로 제한하는 — 제10조 제 2 항의 규정이 적용되지 않는다는 점이다(대판 2010. 6. 10, 2009다64307). 동법 제10조 제 1 항이 정하는 임차인의 계약갱신요구권은 임차인의 주도로 임대차계약의 갱신을 달성하려는 것이고, 동법 제10조 제 4 항이 정하는 묵시의 갱신은 임대인의 적극적

인 조치를 요구하는 것으로서, 이들 두 임대차갱신제도는 그 취지와 내용을 달리하는 것이므로, 임차인의 갱신요구권(동법 10조 1항)에 적용하도록 규정되어 있는 동법 제10조 제 2 항은 묵시의 갱신에는 적용하지 않아야 하는 것이다. 그 결과 묵시의 갱신은 10년의 기간 제한을 받지 않게 된다. 한편 동법 제10조 제 4 항에 따른 임대인의 갱신거절의 통지에 동법 제10조 제 1 항 제 1 호 내지 제 8 호에서 정한 정당한 사유가 없는 한 그와 같은 임대인의 갱신거절의 통지의 선후와 관계없이 임차인은 동법 제10조 제 1 항에 따른 계약갱신요구권을 행사할 수 있고, 이러한 임차인의 계약갱신요구권의 행사로 인하여 종전 임대차는 동법 제10조 제 3 항에 따라 갱신된다고 할 것이다(대판 2014. 4. 30, 2013다35115). 나아가 위와 같이 임차인이 계약갱신요구권을 행사한 이후 임차인과 임대인이 종전 임대차기간이 만료할 무렵 신규 임대차계약의 형식을 취한 경우에도 그것이 임차인의 계약갱신요구권 행사에 따른 갱신의 실질을 갖는다고 평가되는 한 이를 두고 종전 임대차에 관한 재계약으로 볼 것은 아니다(대판 2014. 4. 30, 2013다35115). ③ 판례는, 상가의 임차인이 임대차기간 만료 1개월 전부터 만료일 사이에 갱신거절의 통지를 한 경우 해당 임대차계약은 묵시적 갱신이 인정되지 않고 임대차기간의 만료일에 종료한다고 한다(대판 2024. 6. 27, 2023다307024).

판 례 **차임연체와 계약갱신 거절**

상가건물 임대차보호법 제10조 제 1 항 제 1 호의 「취지는, 임대차계약 관계는 당사자 사이의 신뢰를 기초로 하므로, 종전 임대차기간에 차임을 3기분에 달하도록 연체한 사실이 있는 경우에까지 임차인의 일방적 의사에 의하여 계약관계가 연장되는 것을 허용하지 아니한다는 것이다.

위 규정들의 문언과 취지에 비추어 보면, 임대차기간 중 어느 때라도 차임이 3기분에 달하도록 연체된 사실이 있다면 그 임차인과의 계약관계 연장을 받아들여야 할 만큼의 신뢰가 깨어졌으므로 임대인은 계약갱신요구를 거절할 수 있고, 반드시 임차인이 계약갱신요구권을 행사할 당시에 3기분에 이르는 차임이 연체되어 있어야 하는 것은 아니다.」(대판 2021. 5. 13, 2020다255429)

동법 제 2 조 제 1 항 단서에 따른 보증금액을 초과하는 임대차의 계약갱신의 경우에는, 당사자는 상가건물에 관한 조세, 공과금, 주변 상가건물의 차임 및 보증금, 그 밖의 부담이나 경제사정의 변동 등을 고려하여 차임과 보증금의 증감을 청구할 수 있다(동법 10조의 2).

D-272

(5) 권리금의 인정과 보호

동법은 종래 법적으로 인정받지 못하고 있었던 권리금을 인정하고 그것의 회수를 돕는 규정을 신설하였다. 동법의 규정내용은 다음과 같다.

권리금이란 임대차 목적물인 상가건물(동법의 적용을 받는 상가건물이어야 하나, 그중에서도 일정한 상가건물의 경우는 적용되지 않음. 동법 10조의 5)에서 영업을 하는 자 또는 영업을 하려는 자가 영업시설·비품, 거래처, 신용, 영업상의 노하우, 상가건물의 위치에 따른 영업상의 이점 등 유형·무형의 재산적 가치의 양도 또는 이용대가로서 임대인, 임차인에게 보증금과 차임 이외에 지급하는 금전 등의 대가를 말한다(동법 10조의 3 1항). 그리고 **권리금 계약**이란 신규임차인이 되려는 자가 임차인에게 권리금을 지급하기로 하는 계약을 말한다(동법 10조의 3 2항).

임대인은 임대차기간이 끝나기 6개월 전부터 임대차 종료 시까지 일정한 행위(신규임차인에게 권리금을 요구하는 등 동법 10조의 4 1항 1호–4호가 정하는 행위. 그리고 동조 1항 4호와 관련된 동조 2항의 1호–4호도 참조)를 함으로써 권리금 계약에 따라 임차인이 주선한 신규임차인이 되려는 자로부터 권리금을 지급받는 것을 방해하여서는 안 된다(동법 10조의 4 1항 본문)(이때 권리금 회수 방해를 인정하기 위하여 반드시 임차인과 신규임차인이 되려는 자 사이에 권리금 계약이 미리 체결되어 있어야 하는 것은 아님: 대판 2019. 7. 10, 2018다239608). 다만, 동법 제10조 제 1 항 각 호의 어느 하나에 해당하는 사유가 있는 경우에는 그렇지 않다(동법 10조의 4 1항 단서). 그런데 대법원은, 구 동법 제10조 제 2 항에 따라 최초의 임대차기간을 포함한 전체 임대차기간이 5년(현재는 10년임)을 초과하여 임차인이 계약갱신요구권을 행사할 수 없는 경우에도 임대인은 같은 법 제10조의 4 제 1 항에 따른 권리금 회수기회 보호의무를 부담한다고 한다(대판 2019. 5. 16, 2017다225312·225329). 그리고 임대인이 동조 제 1 항을 위반하여 임차인에게 손해를 발생하게 한 때에는 그 손해를 배상할 책임이 있으며(판례는, 임차인의 임차목적물 반환의무와 임대인의 권리금 회수 방해로 인한 손해배상의무 사이에 이행상 견련관계를 인정하지 않음: 대판 2019. 7. 10, 2018다242727), 이 경우 그 손해배상액은 신규임차인이 임차인에게 지급하기로 한 권리금과 임대차 종료 당시의 권리금 중 낮은 금액을 넘지 못한다(동법 10조의 4 3항). 또한 동조 제 3 항에 따라 임대인에게 손해배상을 청구할 권리는 임대차가 종료한 날부터 3년 이내에 행사하지 않으면 시효의 완성으로 소멸한다(동법 10조의 4 4항). 한편 임차인은 임대인에게 임차인이 주선한 신규임차인이 되려는 자의 보증금 및 차임을 지급할 자력 또는 그 밖에 임차인으로서의 의무를 이행할 의사 및 능력에 관하여 자신이 알고 있는 정보를 제공하여야 한다(동법 10조의 4 5항).

판 례 권리금 회수 방해로 인한 손해배상청구 관련

(ㄱ) 「상가임대차법 관련 규정의 내용과 입법취지에 비추어 보면, 임차인이 임대인에게 권리금 회수 방해로 인한 손해배상을 구하기 위해서는 원칙적으로 임차인이 신규임차인이 되려는 자를 주선하였어야 한다. 그러나 임대인이 정당한 사유 없이 임차인이 신규임차인이 되려는 자를 주선하더라도 그와 임대차계약을 체결하지 않겠다는 의사를 확정적으로 표시하였다면 이러한 경우에까지 임차인에게 신규임차인을 주선하도록 요구하는 것은 불필요한 행위를 강요하는 결과가 되어 부당하다. 이와 같은 특별한 사정이 있다면 임차인이 실제로 신규임차인을 주선하지 않았더라도 임대인의 위와 같은 거절행위는 상가임대차법 제10조의 4 제 1 항 제 4 호에서 정한 거절행위에 해당한다고 보아야 한다. 따라서 임차인은 같은 조 제 3 항에 따라 임대인에게 권리금 회수 방해로 인한 손해배상을 청구할 수 있다.」(대판 2019. 7. 4, 2018다284226)

(ㄴ) 「특별한 사정이 없는 한, 임대인이 신규 임차인이 되려는 사람과 임대차계약 체결을 위한

협의 과정에서 철거·재건축 계획 및 그 시점을 고지하였다는 사정만으로는 상가임대차법 제10조의 4 제1항 제4호에서 정한 '권리금 회수 방해행위'에 해당한다고 볼 수 없다. … 임대인의 고지 내용에 상가임대차법 제10조 제1항 제7호 각 목의 요건이 충족되지 않더라도 마찬가지이다.」(대판 2022. 8. 11, 2022다202498)

(ㄷ) 「구 상가임대차법(2018. 10. 16. 개정되기 전의 것: 저자 주) 제10조의 4 제2항 제3호(이하 '이 사건 조항'이라 한다)에서 정하는 "임대차 목적물인 상가건물을 1년 6개월 이상 영리목적으로 사용하지 아니한 경우"는 임대인이 임대차 종료 후 임대차 목적물인 상가건물을 1년 6개월 이상 영리목적으로 사용하지 아니하는 경우를 의미하고, 이 사건 조항에 따른 정당한 사유가 있다고 보기 위해서는 임대인이 임대차 종료시 그러한 사유를 들어 임차인이 주선한 자와 신규 임대차계약 체결을 거절하고, 실제로도 1년 6개월 동안 상가건물을 영리목적으로 사용하지 않아야 한다. 그렇지 않고 임대인이 다른 사유로 신규 임대차계약 체결을 거절한 후 사후적으로 1년 6개월 동안 상가건물을 영리목적으로 사용하지 않았다는 사정만으로는 이 사건 조항에 따른 정당한 사유로 인정할 수 없다.」(대판 2021. 11. 25, 2019다285257)

(ㄹ) 「이때(위 (ㄷ) 판결 제1문의 경우를 가리킴: 저자 주) 종전 소유자인 임대인이 임대차 종료 후 상가건물을 영리목적으로 사용하지 아니한 기간이 1년 6개월에 미치지 못하는 사이에 상가건물의 소유권이 변동되었더라도, 임대인이 상가건물을 영리목적으로 사용하지 않는 상태가 새로운 소유자의 소유기간에도 계속하여 그대로 유지될 것을 전제로 처분하고, 실제 새로운 소유자가 그 기간 중에 상가건물을 영리목적으로 사용하지 않으며, 임대인과 새로운 소유자의 비영리 사용기간을 합쳐서 1년 6개월 이상이 되는 경우라면, 임대인에게 임차인의 권리금을 가로챌 의도가 있었다고 보기 어려우므로, 그러한 임대인에 대하여는 이 사건 조항에 의한 정당한 사유를 인정할 수 있다.」(대판 2022. 1. 14, 2021다272346)

(ㅁ) 「임대인의 권리금 회수기회 방해로 인한 손해배상책임은 상가임대차법이 그 요건, 배상범위 및 소멸시효를 특별히 규정한 법정책임이고, 그 손해배상채무는 임대차가 종료한 날에 이행기가 도래하여 그 다음 날부터 지체책임이 발생하는 것으로 보아야 한다.」(대판 2023. 2. 2, 2022다260586)

(6) 차임지급의 연체와 해제

임차인의 차임연체액이 3기의 차임액에 달하는 때에는 임대인은 계약을 해지할 수 있다(동법 10조의 8)(상가건물의 임차인이 갱신 전부터 차임을 연체하기 시작하여 갱신 후에 차임연체액이 3기의 차임액에 이른 경우에도 임대차계약의 해지사유인 「차임연체액이 3기의 차임액에 달하는 때」에 해당함. 대판 2014. 7. 24, 2012다28486). 이는 민법 제640조와 유사한 규정을 신설한 것이다.

[참고] 계약 갱신요구 등에 관한 임시 특례 규정

동법은 임시 특례규정으로, 2020. 9. 29. 개정법률의 시행일부터 6개월까지의 기간 동안 연체한 차임액은 동법 제10조 제1항 제1호, 제10조의 4 제1항 단서 및 제10조의 8의 적용에 있어서는 차임연체액으로 보지 않으며, 이 경우 연체한 차임액에 대한 임대인의 그 밖의 권리는 영향을 받지 않는다는 규정을 두었다(동법 10조의 9). 한편 판례는 이 특례기간 차임의 변제충당과 관련하여, 임차인의 변제제공이 특례기간을 포함하여 그 전후의 연체 차임액 전부에 미치지 못하는 경우에는, 합의충당이나 임차인의 지정변제충당(476조 1항) 등의 특별한 사정이 없는 이상 제477조의 법정변제충당이 적용된다고 한 뒤, 따라서 변제제공 시점에 이미 이행기가 도래한 연체 차임의 변제에 먼저 충당되고(477조 1호), 그중 「특례기간의 연체 차임」은 상대적으로 변제이익이 적은 경우에 해당되므로, 이행기가 도래한 다른 연체 차임보다 후순위로 충당된다(477조 2호)고 한다(대판 2023. 4. 13, 2022다309337).

⑺ 차임 등의 증감청구권 D-273

약정한 차임 또는 보증금이 임차건물에 관한 조세, 공과금, 그 밖의 부담의 증감이나 「감염병의 예방 및 관리에 관한 법률」 제 2 조 제 2 호에 따른 제 1 급감염병 등에 의한 경제사정의 변동으로 인하여 상당하지 않게 된 때에는 당사자는 장래의 차임 또는 보증금에 대하여 증감을 청구할 수 있다(동법 11조 1항 본문). 그러나 차임 또는 보증금의 증액청구는 청구 당시의 차임 또는 보증금의 100분의 5의 금액을 초과하지 못하고(동법 11조 1항 단서, 동법 시행령 4조), 임대차계약 또는 약정한 차임 등의 증액이 있은 후 1년 이내에는 하지 못한다(동법 11조 2항). 그리고 「감염병의 예방 및 관리에 관한 법률」 제 2 조 제 2 호에 따른 제 1 급감염병에 의한 경제사정의 변동으로 차임 등이 감액된 후 임대인이 제 1 항에 따라 증액을 청구하는 경우에는 증액된 차임 등이 감액 전 차임 등의 금액에 달할 때까지는 같은 항 단서를 적용하지 않는다(동법 11조 3항). 그런데 동법 제11조는 임대차계약의 존속 중 당사자 일방이 약정한 차임 등의 증감을 청구한 경우에 한하여 적용되고, 임대차계약이 종료한 후 재계약을 하거나 임대차계약 종료 전이라도 당사자의 합의로 차임 등을 증액하는 경우에는 적용되지 않는다(대판 2014. 4. 30, 2013다35115 등). 이러한 해석은 주택임대차의 경우에도 동일하게 하고 있다(D-260 참조).

⑻ 폐업으로 인한 임차인의 해지권

임차인은 「감염병의 예방 및 관리에 관한 법률」 제49조 제 1 항 제 2 호에 따른 집합제한 또는 금지조치(같은 항 2호의 2에 따라 운영시간을 제한한 조치를 포함함)를 총 3개월 이상 받음으로써 발생한 경제사정의 중대한 변동으로 폐업한 경우에는 임대차계약을 해지할 수 있다(동법 11조의 2 1항). 그리고 제 1 항에 따른 해지는 임대인이 계약해지의 통고를 받은 날부터 3개월이 지나면 효력이 발생한다(동법 11조의 2 2항).

⑼ 상가건물임대차 분쟁조정위원회

동법의 적용을 받는 상가건물 임대차와 관련된 분쟁을 심의·조정하기 위하여 대통령령으로 정하는 바에 따라 법률구조법 제 8 조에 따른 대한법률구조공단의 지부 또는 다른 곳에 상가건물임대차 분쟁조정위원회(조정위원회)를 두며, 특별시·광역시·특별자치시·도 및 특별자치도는 그 지방자치단체의 실정을 고려하여 조정위원회를 둘 수 있다(동법 20조 1항). 조정위원회에 대하여는 이 법에 규정한 사항 외에는 주택임대차 분쟁조정위원회에 관한 주임법 제14조부터 제29조까지의 규정을 준용한다(동법 21조).

판 례 상가임대차의 대항력 관련

(ㄱ) 「사업자가 상가건물의 일부분을 임차하는 경우에는 사업자등록신청서에 해당 부분의 도면을 첨부하여야 하고, 이해관계인은 임대차의 목적이 건물의 일부분인 경우 그 부분 도면의 열람 또는 제공을 요청할 수 있도록 하고 있으므로, 건물의 일부분을 임차한 경우 그 사업자등록이 제3자에 대한 관계에서 유효한 임대차의 공시방법이 되기 위해서는 특별한 사정이 없는 한 사업자등록신청시 그 임차 부분을 표시한 도면을 첨부하여야 할 것이다.

다만 앞서 본 사업자등록이 상가건물 임대차에 있어서 공시방법으로 마련된 취지에 비추어 볼 때, 상가건물의 일부분을 임차한 사업자가 사업자등록시 임차 부분을 표시한 도면을 첨부하지는 않았지만, 예컨대 상가건물의 특정 층 전부 또는 명확하게 구분되어 있는 특정 호실 전부를 임차한 후 이를 제3자가 명백히 인식할 수 있을 정도로 사업자등록사항에 표시한 경우, 또는 그 현황이나 위치, 용도 등의 기재로 말미암아 도면이 첨부된 경우에 준할 정도로 임차 부분이 명백히 구분됨으로써 당해 사업자의 임차 부분이 어디인지를 객관적으로 명백히 인식할 수 있을 정도로 표시한 경우와 같이 일반 사회통념상 그 사업자등록이 도면 없이도 제3자가 해당 임차인이 임차한 부분을 구분하여 인식할 수 있을 정도로 특정이 되어 있다고 볼 수 있는 경우에는 그 사업자등록을 제3자에 대한 관계에서 유효한 임대차의 공시방법으로 볼 수 있다.」(대판 2011. 11. 24, 2010다56678)

(ㄴ) 「사업자등록신청서에 첨부한 임대차계약서와 등록사항현황서(이하 '등록사항현황서 등'이라 한다)에 기재되어 공시된 임대차보증금 및 차임에 따라 환산된 보증금액이 구 상가임대차법의 적용대상이 되기 위한 보증금액 한도를 초과하는 경우에는, 실제 임대차계약의 내용에 따라 환산된 보증금액이 위와 같은 기준을 충족하는 것이더라도, 임차인은 구 상가임대차법에 따른 대항력을 주장할 수 없다고 할 것이다.

이러한 법리는 임대차계약이 변경되거나 갱신되었는데 임차인이 사업자등록정정신고를 하지 아니하여 등록사항현황서 등에 기재되어 공시된 내용과 실제 임대차계약의 내용이 불일치하게 된 경우에도 마찬가지로 적용된다.」(대판 2016. 6. 9, 2013다215676)

(ㄷ) 「상가건물의 임차인이 임대차 보증금반환채권에 대하여 상가건물 임대차보호법 제3조 제1항 소정의 대항력 또는 같은 법 제5조 제2항 소정의 우선변제권을 가지려면 임대차의 목적인 상가건물의 인도 및 부가가치세법 등에 의한 사업자등록을 구비하고, 관할세무서장으로부터 확정일자를 받아야 하며, 그중 사업자등록은 대항력 또는 우선변제권의 취득요건일 뿐만 아니라 존속요건이기도 하므로, 배당요구의 종기까지 존속하고 있어야 한다.

그런데 … 상가건물을 임차하고 사업자등록을 마친 사업자가 임차 건물의 전대차 등으로 당해 사업을 개시하지 않거나 사실상 폐업한 경우에는 그 사업자등록은 부가가치세법 및 상가건물 임대차보호법이 상가임대차의 공시방법으로 요구하는 적법한 사업자등록이라고 볼 수 없고, 이 경우 임차인이 상가건물 임대차보호법상의 대항력 및 우선변제권을 유지하기 위해서는 건물을 직접점유하면서 사업을 운영하는 전차인이 그 명의로 사업자등

록을 하여야 할 것이다.」(대판 2006. 1. 13, 2005다64002)

㈃「소유권이전등기 청구권을 보전하기 위하여 가등기를 경료한 자가 그 가등기에 기하여 본등기를 경료한 경우에 가등기의 순위보전의 효력에 의하여 중간처분이 실효되는 효과를 가져 오므로, 가등기가 경료된 후 비로소 상가건물 임대차보호법 소정의 대항력을 취득한 상가건물의 임차인으로서는 그 가등기에 기하여 본등기를 경료한 자에 대하여 임대차의 효력으로써 대항할 수 없다.」(대판 2007. 6. 28, 2007다25599)

제 7 절 고 용

Ⅰ. 서 설 D-274

1. 의의 · 법적 성질

(1) 의 의

고용은 당사자 일방(노무자)이 상대방(사용자)에 대하여 노무를 제공할 것을 약정하고, 상대방이 이에 대하여 보수를 지급할 것을 약정함으로써 성립하는 계약이다(655조).

판례에 의하면 사립학교 교원의 임용을 위한 계약은 고용계약이라고 한다(대판 2000. 12. 22, 99다55571 등 다수).

(2) 사회적 작용

사람이 생존하려면 재화나 용역을 구입하여야 하고, 그러기 위하여서는 금전이 필요하게 된다. 고용은 이러한 금전 마련을 할 수 있게 하는 대표적인 법적 수단이다. 그런 점에서 고용은 커다란 작용을 하는 것이나, 오늘날에는 노동법의 등장으로 민법의 고용에 관한 규정은 그 적용범위가 한정되어 있어서 의미가 크지 않다.

(3) 법적 성질

고용은 낙성·쌍무·유상·불요식의 계약이다(655조).

2. 고용과 근로계약 D-275

(1) 근대민법에서의 고용

사적 자치를 기본원리로 하는 근대민법은 노무제공관계를 하나의 채권관계로 규율하면서 그 내용을 각자가 자유롭게 정할 수 있도록 하였다. 그것이 바로 고용계약이다. 이러한 점은 우리 민법에서도 같다.

(2) 근로계약

노동법에서 노동법 원리에 의하여 규율하는 노무이용계약을 근로계약이라고 한다.

이 근로계약은 민법상의 고용계약의 특수한 것이다.

D-276 ### (3) 고용과 근로계약의 관계

민법이 규율하는 고용계약과 노동법이 규율하는 근로계약이 본질에 있어서 동일한가에 관하여는 다툼이 있다. 그러나 이들은 모두 노무제공자(노무자·근로자)가 종속적인 지위에서 노무를 제공한다는 점에서 본질상 동일하다고 할 것이다. 이와 같이 근로계약은 본질상 고용계약과 같으나, 노동법에 의하여 규율되고 있는 것이다. 이러한 근로계약에 대하여는 근로기준법과 같은 노동법이 우선적으로 적용된다. 따라서 민법의 고용에 관한 규정은 노동법에 규정이 없는 사항에 대하여만 보충적으로 적용될 뿐이다.

한편 근로기준법은 그 법의 적용범위를 제한하고 있다. 동법은 「상시(常時) 5명 이상의 근로자를 사용하는 모든 사업 또는 사업장」에 적용하되, 동거의 친족만을 사용하는 사업 또는 사업장과 가사사용인에 대하여는 적용하지 않는다(동법 11조 1항). 그리고 「상시(常時) 4명 이하의 근로자를 사용하는 사업 또는 사업장」에 대하여는 대통령령이 정하는 바에 따라 그 법의 일부규정을 적용할 수 있다(동법 11조 2항, 동법 시행령 7조). 이들을 종합하여 보면, 동거의 친족만을 사용하는 사업 또는 사업장과 가사사용인(예: 가정부·별장지기)에 대하여는 민법의 고용에 관한 규정만이 적용되고, 상시 4명 이하의 근로자를 사용하는 사업 또는 사업장에 대하여는 근로기준법의 일부규정만 적용되어 그 외에서만 민법이 적용되고(판례도 같은 입장에서, 상시 4인 이하의 근로자를 사용하는 사업 또는 사업장의 사용자가 근로자와 기간을 정함이 없는 근로계약을 체결한 경우에는 근기법 30조 1항이 적용되지 않고 민법 660조 1항이 적용되며, 민법의 그 규정은 임의규정이므로 당사자가 해고제한의 특약을 하였으면 그 특약에 따를 것이라고 한다. 대판 2008. 3. 14, 2007다1418), 상시 5명 이상의 근로자를 사용하는 사업 또는 사업장에 대하여는 근로기준법이 모두 적용되어 민법은 규정이 없는 사항에 대하여만 보충적으로 적용된다.

D-277 ## Ⅱ. 고용의 성립

(1) 성립요건

고용은 낙성계약이므로 당사자의 합의만 있으면 성립한다. 그 합의는 적어도 노무자의 노무제공과 사용자의 보수지급에 관하여 행하여져야 한다. 다만, 보수지급(고용의 본질적 구성부분임)에 관하여는 약정이 없어도 민법이 이를 보충하여 준다(656조). 이 점은 다른 전형계약과 다른 점이다.

1) 노무의 종류에는 제한이 없다. 따라서 육체적인 것 외에 정신적인 것이라도 무방하다. 그리고 노무는 노무자가 직접 제공하여야 한다(타인으로 하여금 제공하게 하는 것은 고용이 아님). 또한 노무자는 종속적인 지위에 있어야 한다.

2) 보수지급에 관한 합의는 반드시 명시적으로 할 필요가 없고 묵시적으로도 할 수 있다. 그리고 관행이나 사회통념에 비추어 노무의 제공에 보수를 수반하는 것이 보통인 경우에는 당사자 사이에 보수에 관한 묵시적 합의가 있었다고 보아야 하며, 그때에는 보

수의 종류와 범위 등은 관행 등에 의하여 결정하여야 할 것이다(대판 1999. 7. 9, 97다58767).

보수의 종류에 관하여는 민법상 제한이 없다(근로계약의 경우는 통화로 지급해야 함. 근기법 43조). 따라서 금전에 한하지 않으며 그 밖의 물건의 급부나 기술의 전수라도 무방하다(제 3 자로부터 팁을 받을 수 있는 기회를 주는 것도 상관없다). 보수를 정하는 기준에 대하여도 민법에는 제한이 없다(근로계약은 최저임금법의 제한을 받는다).

3) 고용의 당사자의 최저연령이나 자격에 대하여 민법에는 제한이 없다. 그러나 근로계약의 경우에는 제한이 있다(근기법 64조·65조·67조 등 참조).

(2) 고용이 무효·취소된 경우 소급효 제한

고용계약에 있어서 노무가 제공된 후에 계약이 무효임이 드러나거나 취소된 경우에는, 계약관계는 장래에 향하여서만 효력을 잃는다고 하여야 한다(근로계약 취소의 경우에 관하여 동지 대판 2017. 12. 22, 2013다25194·25200).

Ⅲ. 고용의 효력 D-278

1. 노무자의 의무

(1) 노무제공의무

노무자는 **계약에서 정한 대로**(약정하지 않은 때에는 관습에 의하여 정해짐. 106조 참조) 노무를 제공하여야 한다. 노무자는 약정된 노무를 제공하면 되므로, 사용자가 노무자에 대하여 약정하지 않은 노무의 제공을 요구한 때에는, 노무자는 계약을 해지할 수 있다(658조 1항). 한편 약정한 노무가 특수한 기능을 요하는 경우에, 노무자가 그 기능이 없는 때에는, 사용자는 계약을 해지할 수 있다(658조 2항).

노무자는 **원칙적으로 자신이 노무를 급부**하여야 한다(노무제공의무의 일신전속성). 따라서 노무자는 사용자의 동의 없이 제 3 자로 하여금 자기에 갈음하여 노무를 제공하게 하지 못하며(657조 2항), 노무자가 이를 위반한 때에는 사용자는 계약을 해지할 수 있다(657조 3항). 그리고 사용자도 노무자의 동의 없이 그의 노무청구권을 제 3 자에게 양도하지 못하며(657조 1항), 사용자가 이를 위반한 때에는 노무자는 계약을 해지할 수 있다(657조 3항).

고용의 경우에 노무자가 제공하는 노무를 어떤 목적으로 어떻게 이용할 것인지는 사용자의 자유이다. 따라서 노무자는 자주성이 없이 종속적 지위에 놓이게 되며, 사용자는 지휘·명령권을 갖는다. 노무자는 사용자의 지시에 따라 노무를 제공하여야 하며(지휘·명령이 사회질서에 반하거나 공법적 규정에 반하는 때에는 그에 따를 필요가 없다), 노무자가 이를 어긴 때에는 채무불이행책임과 — 특약이 있는 경우에는 — 징계처분을 받게 된다.

노무자는 특약이 없더라도 「선량한 관리자의 주의」를 가지고 노무를 제공하여야 한다.

(2) 성실의무(충실의무)

신의칙에 기하여 노무자는 노무제공의무를 비롯하여 그가 부담하는 여러 의무를 성실하게 이행하여야 하며, 그 결과로 사용자에게 불이익을 주지 않아야 할 의무(예: 업무상 비밀 준수, 각종 물자나 전기 등의 절약, 기계·기구의 주의 깊은 관리)가 있다(통설도 같음). 이는 「기타의 행위의무」(C-32 참조)에 해당하는 것이다.

D-279 **2. 사용자의 의무**

(1) 보수지급의무

사용자는 보수지급의무가 있다. 보수의 종류와 액수는 당사자의 계약으로 정하여지나, 약정이 없으면 관습으로 정하여진다(656조 1항). 보수액의 산출방법(시간제·도급제, 주급·월급·연급 등)도 제한이 없다.

보수는 약정한 시기에 지급하여야 하며, 약정이 없으면 관습에 의하고, 관습이 없으면 약정한 노무를 종료한 후 지체없이 지급하여야 한다(656조 2항). 그리하여 특약이나 관습이 없으면 후급으로 된다.

(2) 안전배려의무

신의칙에 기하여 노무자가 사용자에 대하여 성실의무를 부담하는 데 대응하여, 사용자는 노무자가 노무를 제공하는 과정에서 노무자의 생명·신체·건강의 안전을 배려할 의무가 있다. 통설·판례(대판 2001. 7. 27, 99다56734 등 다수. 판례는 보호의무라고 한다)도 같다. 이 의무 역시 「기타의 행위의무」에 속한다.

D-280 **Ⅳ. 고용의 종료**

고용은 계약기간의 만료, 당사자의 합의, 계약종료의 일반적인 원인 등으로 종료되나, 민법은 그 밖에 일정한 경우에 해지통고나 해지를 할 수 있도록 하고 있다. 몇 가지 종료원인을 살펴보기로 한다.

(1) 고용기간의 만료

당사자가 고용기간을 정한 경우에는, 그 기간의 만료로 고용은 종료한다. 그러나 고용기간이 만료한 후 노무자가 계속하여 그 노무를 제공하는 경우에, 사용자가 상당한 기간 내에 이의를 하지 않은 때(대판 1998. 11. 27, 97누14132는 사용자가 2개월간 이의하지 않은 경우에 묵시의 갱신을 인정하였다)에는, 전(前) 고용(雇傭)과 동일한 조건으로 다시 고용한 것으로 본다(662조 1항 본문). 다만, 고용기간은 정하지 않은 것으로 되며(그러나 대판 1986. 2. 25, 85다카2096은 연장계약기간도 이전의 계약에서와 같이 되었다고 보아야 하며, 이에 반하는 주장을 하는 경우 그 주장자에게 증명책임이 있다고 한다), 당사자는 제660조에 의하여 해지의 통고를 할 수 있다(662조 1항 단서). 이러한 묵시의 갱신이 있는 경우에는 전 고용에 대하여 제3자가 제공한 담보는 기간의 만료로 인하여 소멸한다(662조 2항).

(2) 해지의 통고

고용기간의 약정이 없는 때에는, 당사자는 언제든지 계약해지의 통고를 할 수 있다

(660조 1항). 이 해지통고가 있으면 상대방이 해지의 통고를 받은 날로부터 1개월이 경과한 때에 해지의 효력이 생긴다(660조 2항). 그러나 기간으로 보수를 정한 경우에는 상대방이 해지의 통고를 받은 당기(當期) 후의 1기(期)를 경과한 때에 해지의 효력이 생긴다(660조 3항).

고용의 약정기간이 3년을 넘거나 당사자의 일방 또는 제 3 자의 종신까지로 된 때에는, 각 당사자는 3년을 경과한 후 언제든지 계약해지의 통고를 할 수 있다(659조 1항). 이 경우에는 상대방이 해지의 통고를 받은 날로부터 3개월이 경과한 때에 해지의 효력이 생긴다(659조 2항).

(3) 해 지

고용기간의 약정이 있는 경우에도 부득이한 사유가 있는 때에는, 각 당사자는 계약을 해지할 수 있다(661조 본문). 그러나 그 사유가 당사자 일방의 과실로 인하여 생긴 때에는, 상대방에 대하여 손해를 배상하여야 한다(661조 단서).

사용자가 파산선고를 받은 경우에는, 고용기간의 약정이 있는 때에도, 노무자 또는 파산관재인은 계약을 해지할 수 있다(663조 1항). 이 경우에는 각 당사자는 계약해지로 인한 손해의 배상을 청구하지 못한다(663조 2항).

(4) 제657조·제658조에 의하여 사용자나 노무자가 계약을 해지할 수 있는데, 그에 관하여는 앞에서 설명하였다(D-278 참조).

(5) 노무자가 사망하면 고용은 종료한다. 그러나 사용자가 사망하면 원칙적으로 고용은 종료하지 않는다. 다만, 사용자의 개성에 중점이 두어져 있는 경우(예: 사용자를 간호하는 내용의 고용)에는 예외이다.

제 8 절 도 급

Ⅰ. 서 설 D-281

1. 도급의 의의 및 사회적 작용

도급은 당사자 일방(수급인)이 어떤 일을 완성할 것을 약정하고, 상대방(도급인)이 그 일의 결과에 대하여 보수를 지급할 것을 약정함으로써 성립하는 계약이다(664조). 도급도 고용처럼 노무공급계약에 해당하나 「일의 완성」을 목적으로 하는 데에 특색이 있다.

오늘날 도급은 각종의 건설공사나 선박의 건조 등에 많이 이용될 뿐만 아니라 운송·출판·연구의뢰 등에도 이용되고 있다.

2. 도급의 법적 성질

(1) 일반적인 도급의 경우

도급은 낙성·쌍무·유상·불요식의 계약이다. 건설산업기본법은 건설공사의 도급계약의 당사자는 계약의 체결에 있어서 일정한 사항을 서면으로 명시하도록 하고 있다(동법 22조 2항). 그러나 이는 중요한 사항에 관하여 이를 명백히 하여 당사자 사이의 다툼을 예방하려는 취지의 것이며, 도급계약을 요식행위로 하려는 것은 아니다(이설 없음). 따라서 서면에 의하지 않은 건설공사의 도급계약도 유효하다.

(2) 제작물 공급계약

제작물 공급계약은 당사자 일방(제작자)이 상대방(주문자)의 주문에 따라서 전적으로 또는 주로 자기의 재료를 사용하여 제작한 물건을 공급하기로 하고, 이에 대하여 상대방이 보수를 지급하기로 하는 계약이다(예: 가구, 특정인에 맞는 양복, 특별한 설계에 의한 기계의 제작). 제작물 공급계약에는 「물건의 제작」(도급에서의 일의 완성에 해당함)과 「제작된 물건의 공급」(매매의 성질)의 요소가 있기 때문에 그 성질에 관하여 논란이 되고 있다. 학설은 i) 제작물이 대체물인 때에는 매매이고, 부대체물인 때에는 도급이라는 견해(사견도 같음), ii) 언제나 도급이라는 견해(소유권은 주문자에게 귀속한다고 함) 등으로 나뉘어 있다. 그리고 판례는 i)설과 같다(대판 2010. 11. 25, 2010다56685 등 다수). 그리하여 판례는 제작물이 대체물인 경우에는 매매에 관한 규정이 적용되나, 부대체물인 경우에는 매매에 관한 규정(예: 580조 1항 단서)이 당연히 적용된다고 할 수 없다고 한다.

D-282 Ⅱ. 도급의 성립

(1) 도급은 낙성계약이므로 당사자의 합의만 있으면 성립한다(664조). 그 합의는 적어도 「일의 완성」과 「보수의 지급」에 대하여 이루어져야 한다.

여기서 「일」이란 노무에 의하는 결과인데, 거기에는 건물의 건축·선박의 건조·가옥의 수리와 같은 유형적 결과뿐만 아니라 사람의 운송·병의 치료·소송사건의 처리·음악의 연주·강연과 같은 무형적인 결과도 포함된다. 일의 「완성」은 노무에 의하여 일정한 결과가 발생하게 하는 것이다.

도급이 무형적인 결과의 완성을 목적으로 하는 때에는 특히 위임과의 구별이 문제되나, 구체적인 결과의 발생을 목적으로 하는지 아니면 단순히 사무처리를 맡긴 것인지에 따라, 전자인 때에는 도급이 되고 후자인 때에는 위임이 된다. 예컨대 병의 치료나 소송사건의 처리를 목적으로 하는 계약의 경우, 병의 완치나 승소를 목적으로 한 것이면 도급계약이고, 단순히 병의 치료나 소송사건의 수행이라는 사무의 처리를 맡긴 것이면 위임으로 된다.

(2) 판례는 많은 예에서 건축공사계약을 도급계약이라고 하는 외에 세차의뢰(대판 1976. 10. 26, 76다517), 차량의 엔진오일 교환의뢰(대판 1987. 7. 7, 87다카449), 물품(모래·자갈 등) 운송계약(대판 1983. 4. 26, 82누92), 토석 채취허가를 받은 자와의 계약에 의하여 허가 명의자의 비용과 책임 하에 토석을 채취하고 그 채

취된 토석을 허가 명의자가 소유하되 그 가액을 나누기로 한 경우(대판 1983. 8. 23, 82다카1596)는 모두 도급계약이라고 한다.

Ⅲ. 도급의 효력 D-283

1. 수급인의 의무

(1) 일을 완성할 의무

수급인은 적당한 시기에 일에 착수하여 이를 완성할 의무가 있다. 수급인이 이 의무를 게을리하는 경우에는 제544조·제545조에 의하여 계약을 해제할 수 있다(그리하여 이행지체를 이유로 해제하려면 다른 계약에서처럼 상당한 기간을 정하여 이행을 최고하여야 한다. 대판 1994. 4. 12, 93다45480·45497; 대판 1996. 10. 25, 96다21393·21409(이 판결은 공사기한부터 상당한 기간 내에 완공할 것을 최고하여야 한다고 판시한다) 등).

판 례 공사도급계약의 해제 관련

「공사도급계약에 있어서 수급인의 공사중단이나 공사지연으로 인하여 약정된 공사기한 내의 공사완공이 불가능하다는 것이 명백하여진 경우에는 도급인은 그 공사기한이 도래하기 전이라도 계약을 해제할 수 있다 할 것이지만, 다만 그에 앞서 수급인에 대하여 위 공사기한으로부터 상당한 기간 내에 완공할 것을 최고하여야 할 것이고, 예외적으로 수급인이 미리 이행하지 아니할 의사를 표시한 때에는 위와 같은 최고 없이도 계약을 해제할 수 있다.」(대판 1996. 10. 25, 96다21393·21409)

수급인은 도급인으로부터 독립한 지위에서 일을 하게 되나, 도급인은 수급인에게 큰 부담을 주지 않는 범위 내에서 적당한 지시나 감독을 할 수 있다(669조 참조). 그리고 일의 완성은, 일의 성질상 또는 당사자의 특약에 의하여 수급인이 직접 하여야 하는 경우가 아니면, 제3자로 하여금 하게 하여도 무방하다(통설·판례도 같음. 대판 2002. 4. 12, 2001다82545·82552). 이때 제3자는 단순한 보조자일 수도 있으나 독립해서 일의 전부나 일부를 완성하는 자일 수도 있다. 앞의 제3자는 이행보조자이고, 뒤의 제3자는 이행대행자인데, 수급인은 이들의 고의·과실에 대하여도 책임을 지게 된다(C-92 이하 참조). 한편 수급인이 제3자를 이행대행자로 사용하는 경우는 하도급(下都給)이라고 한다(하도급 관련 특별법으로 「하도급거래 공정화에 관한 법률」, 건설산업기본법(22조 이하) 등이 있다).

판례는, 도급계약에서 목적물의 주요구조부분이 약정된 대로 시공되어 사회통념상 일반적으로 요구되는 성능을 갖추었고 당초 예정된 최후의 공정까지 마쳤다면 일이 완성되었다고 보아야 하며, 개별 사건에서 예정된 최후의 공정을 마쳤는지는 당사자의 주장에 구애받지 않고 계약의 구체적 내용과 신의성실의 원칙에 비추어 객관적으로 판단할 것이라고 한다(대판 2019. 9. 10, 2017다272486·272493. 동지 대판 2006. 10. 13, 2004다21862(D-285에 직접 인용함)).

D-284 **판 례 지체상금 관련**

특히 건설공사 도급계약에 있어서는 당사자가 지체상금(계약당사자가 미리 계약에 의하여 정한 이행지체시에 채무자가 지급하여야 할 손해배상액)에 관하여 약정하는 경우가 많다. 지체상금의 구체적인 모습에는 배상액 총액을 일시금으로 정하는 것(대판 1986. 2. 25, 85다카2025 · 2026은 특단의 사정이 없는 한 일시금으로 정하는 것은 경험칙에 반한다고 함)과 배상액을 지연기간에 비례하여 일정금액 또는 계약금에 대한 일정비율로 정하는 것이 있는데, 뒤의 것이 많이 이용된다. 지체상금은 성질상 손해배상액의 예정인 것과 위약벌의 두 가지가 있으며, 그중에 어느 것에 해당하는지는 계약의 해석으로 판정된다.

판례에 의하면, 지체상금은 손해배상액의 예정으로 인정되며, 따라서 그것이 부당하게 과다한 때에는 감액(연대보증인이 부담하는 지체상금의 과다 여부는 주채무자인 공사수급인을 기준으로 판단할 것이라고 한다. 대판 2005. 8. 19, 2002다59764)도 할 수 있다(대판 2002. 9. 4, 2001다1386 등). 이때 감액사유에 대한 사실인정이나 그 비율을 정하는 것은 형평의 원칙에 비추어 현저히 불합리하다고 인정되지 않는 한 사실심 법원의 전권에 속하는 사항이다(대판 2018. 10. 12, 2015다256794). 지체상금에 관하여 약정이 있는 경우에는, 수급인이 약정된 기간 내에 그 일을 완성하여 도급인에게 인도하지 않는 한 특별한 사정이 있는 경우를 제외하고는 지체상금을 지급할 의무가 있고, 이는 약정된 기일 이전에 그 공사의 일부만을 완료한 후 공사가 중단된 상태에서 약정기일을 넘기고 그 후에 도급인이 계약을 해제함으로써 일을 완성하지 못한 경우에도 적용된다(대판 1999. 1. 26, 96다6158 등. 반대의 판례: 대판 1989. 9. 12, 88다카15901 · 15918).

지체상금을 청구하려면 수급인에게 유책사유가 있어야 하며, 수급인에게 유책사유가 없이 공사가 지연된 경우에는 그 기간만큼 공제된다(대판 2010. 1. 28, 2009다41137 · 41144 등 다수). 판례에 따르면, 도급계약의 보수 일부를 선급하기로 하는 특약이 있는 경우에 도급인이 수급인에 대하여 약정한 선급금의 지급을 지체하였다는 사정은 일의 완성이 지연된 데 대하여 수급인이 책임질 수 없는 사유에 해당한다(대판 2016. 12. 15, 2014다14429 · 14436). 그리고 천재지변이나 이에 준하는 경제사정의 급격한 변동 등 불가항력으로 인하여 목적물의 준공이 지연된 경우에는 수급인은 지체상금을 지급할 의무가 없다고 할 것이지만, 이른바 IMF사태 및 그로 인한 자재 수급의 차질 등은 그와 같은 불가항력적인 사정이라고 볼 수 없고, 일반적으로 수급인이 공사도급계약상 공사기간 등을 약정함에 있어서는 통상 비가 와서 정상적으로 작업을 하지 못하는 것까지 감안하고 이를 계약에 반영하는 점에 비추어 볼 때 천재지변에 속하는 이례적인 강우가 아니라면 지체상금의 면책사유로 삼을 수 없다(대판 2002. 9. 4, 2001다1386).

지체상금의 발생의 시기(始期)는 특별한 사정이 없는 한 약정된 준공기일의 다음 날이고, 종기는 수급인이 공사를 중단하거나 기타 해제사유가 있어 실제로 해제한 때가 아니고 이를 해제할 수 있었을 때부터 도급인이 다른 업자에게 의뢰하여 건물을 완성할 수 있었던 기간이 경과하기까지의 시점이다(대판 2001. 1. 30, 2000다56112 등 다수. 대판 1995. 9. 5, 95다18376은 시기를 준공일이라 한다). 한편 판례는 공사도급계약상 도급인의 지체상금채권과 수급인의 공사대금채권은 특별한 사정이 없는 한 동시이행의 관계에 있지 않다고 한다(대판 2015. 8. 27, 2013다81224 · 81231).

(2) 목적물인도의무 D-285

도급의 목적이 가옥지붕의 수리·병의 치료와 같은 경우에는 수급인은 수리나 치료의 완료로 그의 의무를 다한 것이 된다. 그런데 제작물 공급계약 등의 경우에는 완성한 목적물을 도급인에게 인도할 의무가 있다. 이 목적물인도의무는 「일을 완성할 의무」의 한 내용으로 보아야 한다(이설 있음). 그리고 도급인은 보수를 목적물의 인도와 동시에 지급하여야 하므로(665조 1항 본문), 목적물인도의무와 보수지급의무는 동시이행의 관계에 있게 된다(대판 1964. 10. 28, 64다291). 또한 목적물이 도급인의 소유인 경우에는 수급인은 그의 채권을 변제받을 때까지 목적물을 유치할 권리가 있다(대판 1995. 9. 15, 95다16202·16219. 대판 1993. 3. 26, 91다14116도 참조(수급인 소유의 경우는 유치권이 인정될 여지가 없다고 함)).

여기의 인도는 단순한 직접점유의 이전에 그치지 않으며, 도급인에 의하여 일의 완성 여부가 검사되면서 직접점유를 받는 것 즉 검수(檢收)를 의미한다(이설이 없으며, 판례도 같다. 대판 2023. 3. 30, 2022다289174 등). 한편 완성된 목적물의 소유권이 수급인에게 속하는 경우에는, 수급인은 목적물의 소유권도 이전해 주어야 한다.

판 례 제작물 공급계약에서 수급인의 보수지급청구 요건

「제작물 공급계약에서 보수의 지급시기에 관하여 당사자 사이의 특약이나 관습이 없으면 도급인은 완성된 목적물을 인도받음과 동시에 수급인에게 보수를 지급하는 것이 원칙이고, 이때 목적물의 인도는 완성된 목적물에 대한 단순한 점유의 이전만을 의미하는 것이 아니라 도급인이 목적물을 검사한 후 그 목적물이 계약내용대로 완성되었음을 명시적 또는 묵시적으로 시인하는 것까지 포함하는 의미라고 보아야 한다. … 그리고 도급계약에 있어 일의 완성에 관한 주장·입증책임은 일의 결과에 대한 보수의 지급을 구하는 수급인에게 있고, 제작물공급계약에서 일이 완성되었다고 하려면 당초 예정된 최후의 공정까지 일응 종료하였다는 점만으로는 부족하고 목적물의 주요 구조부분이 약정된 대로 시공되어 사회통념상 일반적으로 요구되는 성능을 갖추고 있어야 하며, 개별적 사건에 있어서 예정된 최후의 공정이 일응 종료하였는지 여부는 수급인의 주장에 구애됨이 없이 당해 제작물 공급계약의 구체적 내용과 신의성실의 원칙에 비추어 객관적으로 판단할 수밖에 없으므로, 제작물공급에 대한 보수의 지급을 청구하는 수급인으로서는 그 목적물 제작에 관하여 계약에서 정해진 최후 공정을 일응 종료하였다는 점뿐만 아니라 그 목적물의 주요구조 부분이 약정된 대로 시공되어 사회통념상 일반적으로 요구되는 성능을 갖추고 있다는 점까지 주장·입증하여야 한다.」(대판 2006. 10. 13, 2004다21862)

(3) 완성물의 소유권귀속 문제 D-286

도급에 있어서 언제나 재료를 사용하는 것은 아니나, 보통은 재료를 사용한다. 그럴 경우 재료의 공급자는 당사자 사이의 계약으로 정하여진다. 그런데 이와 같이 도급인 또

는 수급인이 재료를 공급하여 완성된 것이 독립한 존재를 가지게 되면 그 물건의 소유권의 귀속이 문제된다.

1) 도급인이 재료의 전부 또는 주요부분을 공급하는 경우에는, 완성된 물건의 소유권은 그것이 동산이든 부동산이든 모두 원시적으로 도급인에게 귀속하며, 여기에는 가공에 관한 제259조가 적용되지 않는다(그것이 당사자의 의사에 부합하기 때문에). 학설·판례(대판 1962. 7. 6, 4292민상876)도 같다.

2) 수급인이 재료의 전부 또는 주요부분을 제공한 경우에 대하여는 다툼이 있다. 우선 당사자 사이에 명시적 또는 묵시적 특약이 있는 때에는 그 특약에 의하여 정하여지며, 이에 대하여는 학설·판례(대판 1985. 5. 28, 84다카2234[핵심판례 358면])가 일치한다(소유권 귀속에 관한 이 합의는 완성물이 건물과 같은 부동산인 경우에는 독립성이 갖추기 전에 행해졌어야 한다. 독립성을 갖춘 뒤에는 소유권 이전에 등기가 필요하기 때문이다). 당사자 사이에 특약이 없는 때에 관하여 학설은 i) 완성물이 동산이든 부동산이든 수급인에게 귀속한다는 견해와 ii) 완성물이 동산인 경우에는 수급인에게 속하나, 부동산인 경우에는 원시적으로 도급인에게 속한다는 견해(사견도 같음)로 나뉜다. i)설은 과거에는 다수설이었으나 지금은 소수설이다. 그리고 ii)설은 그 이유로 ① i)설은 민법의 물권변동 이론에 맞지 않는다는 점, ② 실제에 있어서 도급인 명의로 보존등기를 하고 또 일반적으로 완성된 건물은 도급인의 소유라고 생각한다는 점, ③ 수급인의 보수청구권 확보는 유치권·동시이행의 항변권·저당권(666조 참조)으로 달성될 수 있다는 점 등을 든다. 한편 판례는 i)설과 같이 — 특약이 없는 한 — 수급인에게 귀속된다고 한다(대판 2011. 8. 25, 2009다67443·67450 등 다수의 판결). 그리고 — 원시적으로 수급인에게 귀속한다고 하는 — i)설과 판례는 목적물을 인도할 때에 소유권이 도급인에게 이전한다고 한다(대판 1985. 5. 28, 84다카2234[핵심판례 358면]; 대판 1988. 12. 27, 87다카1138·1139 등).

D-287 **판 례** 건물의 소유권 귀속 관련

(ㄱ) 수급인이 자기의 재료와 노력으로 건물을 건축한 경우에 관하여 판례는 특약(일부 판결은 특별한 사정도 언급함)이 없으면 수급인의 소유에 속한다고 하면서, 넓은 범위에서 특약의 존재를 인정한다. 즉 도급인과 수급인 사이에 도급인 명의로 건축허가를 받아 소유권보존등기를 하기로 하는 경우에는 건물의 소유권을 도급인에게 귀속시키기로 합의한 것으로 보며(대판(전원) 2003. 12. 18, 98다43601; 대판 2010. 1. 28, 2009다66990 등 다수), 공사대금 지불은 공사 후 기성고에 의하여 도급인이 검수 후에 하기로 하였고, 기성고에 따라 부분불을 하고 도급인이 인도를 받은 부분에 대한 위험부담은 공사가 완성되어 전부인도를 받을 때까지 수급인이 지기로 약정하였으며, 도급인은 기성고에 맞추어 수급인에게 공사대금의 95퍼센트에 이르는 금액을 이미 지급한 경우(대결 1994. 12. 9, 94마2089)와 다가구용 단독주택의 신축공사 도급계약을 체결함에 있어서 공사대금은 평당 150만원으로 하되 계약 당일에 계약금 300만원을 지급하고 공사착수일에 1,500만원을 지급하며 나머지 공사대금은 공사완료 후 도급인이 주택의 각 가구를 전세놓아 그 전세금으로 지급하기로 약정하고, 주택의 신축공사에 있어서 그 건축허가가 명의도 도급인으로 되어 있는 경우(대판 1996. 9. 20, 96다24804)에 관하여 건축물의 소유권을 원시적으로 도급인에게 귀속시키기로 하는

묵시적 합의가 있었다고 한다. 그런데 판례는 다른 한편으로, 건축허가는 일정한 건축행위를 하여도 좋다는 자유를 회복시켜 주는 행정처분일 뿐 수허가자에게 어떤 새로운 권리나 능력을 부여하는 것이 아니고, 건축허가서는 허가된 건물에 관한 실체적 권리의 득실변경의 공시방법이 아니며 추정력도 없으므로 건축허가서에 건축주로 기재된 자가 건물의 소유권을 취득하는 것이 아니므로, 자기 비용과 노력으로 건물을 신축한 자는 그 건축허가가 타인의 명의로 된 여부에 관계없이 그 소유권을 원시취득한다고 한다(대판 2002. 4. 26, 2000다16350).

그리고 판례는, 위에서 언급한 바와 같이, 도급인과 수급인 사이에 도급인 명의로 건축허가를 받아 소유권보존등기를 하기로 하는 등 완성된 건물의 소유권을 도급인에게 귀속시키기로 합의한 경우에는 그 건물의 소유권은 도급인에게 원시적으로 귀속된다고 하는데, 이때 신축건물이 집합건물로서 여러 사람이 공동으로 건축주가 되어 도급계약을 체결한 것이라면, 그 집합건물의 각 전유부분 소유권이 누구에게 원시적으로 귀속되느냐는 공동건축주들 사이의 약정에 따라야 할 것이라고 한다(대판 2010. 1. 28, 2009다66990 등).

(ㄴ) 대법원은 예전에는, 담보의 목적으로 건축 명의를 담보권자로 하여 건물을 건축하면 대외적으로는 건축 완성과 동시에 동 건물의 대외적인 소유권은 그 건축허가 명의자인 담보권자에게 그 담보의 목적에서 원시적으로 귀속된다고 하였다(대판 1987. 6. 23, 86다카60 등). 그러나 근래에는, 단지 채무의 담보를 위하여 채무자가 자기 비용과 노력으로 신축하는 건물의 건축허가 명의를 채권자 명의로 하였다면 이는 완성될 건물을 담보로 제공키로 하는 합의로서 법률행위에 의한 담보물권의 설정에 다름 아니므로, 완성된 건물의 소유권은 일단 이를 건축한 채무자가 원시적으로 취득한 후 채권자 명의로 소유권보존등기를 마침으로써 담보목적의 범위 내에서 채권자에게 그 소유권이 이전된다고 보아야 할 것이며, 이와 달리 채권자가 완성될 건물의 소유권을 원시적으로 취득한다고 볼 것이 아니라고 한다(대판 2001. 6. 26, 99다47501 등 다수). 그리고 건축업자가 타인의 대지를 매수하여 그 대금을 전혀 지급하지 않은 채 그 위에 자기의 노력과 재료를 들여 건물을 건축하면서 그 건축허가 명의를 대지소유자로 한 경우에는, 부동산등기법 제131조(현행 부등법 65조에 해당)의 규정에 의하여 특단의 사정이 없는 한 건축허가 명의인 앞으로 소유권보존등기를 할 수밖에 없는 점에 비추어 볼 때, 그 목적이 대지대금채무를 담보하기 위한 경우가 일반적이라고 한다(대판 2002. 4. 26, 2000다16350 등). 주의할 것은, 여기의 판결(ㄴ의 판결)들은 전혀 도급계약이 존재하지 않는 경우이거나 적어도 허가명의자의 도급계약이 존재하지 않는 경우에 대한 것이라는 점이다.

(ㄷ) 판례에 의하면, 건축주의 사정으로 건축공사가 중단되었던 미완성의 건물을 인도받아 나머지 공사를 마치고 완공하였다 하더라도 공사가 중단된 시점에서 사회통념상 독립한 건물이라고 볼 수 있는 형태와 구조를 갖추고 있었다면 원래의 건축주가 이를 원시취득한다(대판 2002. 4. 26, 2000다16350 등). 그에 비하여 그 공사의 중단 시점에 사회통념상 독립한 건물이라고 볼 수 있는 정도의 형태와 구조를 갖추지 못한 때에는 이를 인도받아 자기의 비용과 노력으로 완공한 자가 그 건물의 원시취득자가 된다(대판 2006. 5. 12, 2005다68783). 그리고 건물이 설계도상 처음부터 여러 층으로 건축할 것으로 예정되어 있어 이에 따라 같은 내용으로 건축허가를 받아

건축공사를 진행하던 중에 건축주의 사정으로 공사가 중단되었고 그와 같이 중단될 당시까지 이미 일부 층의 기둥과 지붕 그리고 둘레 벽이 완성되어 있어 그 구조물을 토지의 부합물로 볼 수 없는 상태에 이른 경우에는, 인도받아 건물을 완공한 자가 그 건물 전체의 소유권을 원시취득하고, 건축공사가 중단될 당시까지 기둥과 지붕 그리고 둘레 벽이 완성되어 있던 층만을 분리해 내어 이 부분만의 소유권을 종전 건축주가 원시취득하는 것이 아니다(대판 2006. 11. 9, 2004다67691).

D-288 **(4) 담보책임**

1) 법적 성질 수급인이 「완성된 일」의 하자에 대하여 지는 책임이 수급인의 담보책임이다(하자담보책임). 도급은 유상계약이기 때문에 거기에는 매도인의 담보책임에 관한 규정이 준용된다(567조 참조). 그런데 민법은 수급인의 담보책임에 관하여 특별규정을 두고 있다(667조-672조). 민법이 특별규정을 둔 이유는 도급에 있어서는 완성된 「일」의 하자가 재료의 하자에 의하여뿐만 아니라 수급인이 「일」을 완성하는 과정상의 잘못에 의하여 생길 수도 있다는 데 있다(통설).

제667조가 정하고 있는 수급인의 하자담보책임은 무과실책임이다(통설 · 판례도 같다. 대판 1990. 3. 9, 88다카31866 등). 따라서 수급인의 담보책임이 발생하기 위하여 하자가 수급인의 유책사유로 생겼을 필요는 없다.

하자가 수급인의 유책사유로 생긴 경우에 수급인은 불완전이행 내지 불완전급부(C-114 이하 참조. 이는 통설의 불완전이행에 속함)의 책임을 지는가? 여기에 관하여 학설은 i) 불완전이행이 배제된다는 견해와 ii) 수급인의 하자담보책임에 의하여 도급인의 손해가 충분히 전보되지 않는 범위에서 수급인의 불완전이행책임을 인정하여야 한다는 견해로 나뉘어 있다(사견에 대해서는 채권법각론 [174] 참조). 그리고 판례는 도급계약에 따라 완성된 목적물에 하자가 있는 경우에 수급인의 하자담보책임과 채무불이행책임은 별개의 권원에 의하여 경합적으로 인정된다고 하고(대판 2020. 6. 11, 2020다201156 등), 목적물의 하자를 보수하기 위한 비용은 수급인의 하자담보책임과 채무불이행책임에서 말하는 손해에 해당하므로, 도급인은 하자보수비용을 제667조 제 2 항에 따라 하자담보책임으로 인한 손해배상으로 청구할 수도 있고, 제390조에 따라 채무불이행으로 인한 손해배상으로 청구할 수도 있다고 하면서, 하자보수를 갈음하는 손해배상에 관해서는 제667조 제 2 항에 따른 하자담보책임만이 성립하고 제390조에 따른 채무불이행책임이 성립하지 않는다고 볼 이유가 없다고 한다(대판 2020. 6. 11, 2020다201156). 또 완성물의 하자에 의해 확대손해가 발생한 경우에 수급인의 손해배상책임을 인정하고 있다(대판 2005. 11. 10, 2004다37676 등).

D-289 **2) 요 건** 수급인의 담보책임이 생기려면 「완성된 목적물 또는 완성 전의 성취된 부분에 하자」가 있어야 한다(667조 · 668조). 판례는, 목적물이 완성되었다면 목적물의 하자는 하자

담보책임에 관한 민법규정에 따라 처리하도록 하는 것이 당사자의 의사와 법률의 취지에 부합하는 해석이라고 한다(대판 2019. 9. 10, 2017다272486·272493). 그리고 여기서 「완성 전의 성취된 부분」이라 함은 도급계약에 따른 일이 전부 완성되지는 않았지만 하자가 발생한 부분의 작업이 완료된 상태를 말한다(대판 2001. 9. 18, 2001다9304). 「하자」는 우선 계약체결 당시에 당사자들에 의하여 전제된 성질이 없는 경우(설계도에 따르기로 하였는데 따르지 않은 경우도 이에 해당한다. 대판 1996. 9. 20, 96다4442도 참조)에 인정되나, 당사자들이 특별히 어떤 성질을 전제로 하지 않은 때에는 그 종류의 물건이 일반적으로 가지고 있는 성질이 없는 경우에 하자가 있게 된다(매매에 관하여는 D-168 이하 참조). 이러한 하자는 유형적인 일(예: 건물)뿐만 아니라 무형적인 일(예: 병의 치료)에도 있을 수 있다. 하자의 원인은 재료의 하자에 있을 수도 있고 시공상의 잘못이나 기타의 것일 수도 있다(대판 1987. 11. 10, 87다카876은 수급인에게 하자담보책임을 물으려면 하자의 원인과 하자의 범위를 확정할 것이 필요하다고 한다).

3) 책임의 내용 수급인의 담보책임의 요건이 갖추어진 경우에는 도급인은 하자 D-290
보수청구권·손해배상청구권·계약해제권을 가진다.

(가) **하자보수청구권** 도급인은 수급인에 대하여 상당한 기간을 정하여 그 하자의 보수(補修)를 청구할 수 있다(667조 1항 본문). 그러나 하자가 중요하지 않은 경우(대판 1996. 5. 14, 95다24975는 수급인이 약정과 달리 다른 회사의 승강기를 설치하였고 그 후 그 승강기 생산회사가 도산한 경우는 하자가 중요하다고 한다)에 그 보수에 과다한 비용을 요할 때에는 보수를 청구하지 못한다(667조 1항 단서). 이때에는 — 하자보수에 갈음하는 손해배상도 청구할 수 없고(667조 2항 참조) — 그 하자로 인하여 입은 손해의 배상만을 청구할 수 있을 뿐이다(동지 대판 1998. 3. 13, 97다54376 등). 그에 비하여 하자가 중요한 경우에는 비록 보수에 과다한 비용이 필요하더라도 그 보수에 갈음하는 비용, 즉 실제로 보수에 필요한 비용이 모두 손해배상에 포함된다(대판 2016. 8. 18, 2014다31691). 나아가 완성된 건물 기타 토지의 공작물에 중대한 하자가 있고 이로 인하여 그 건물 등이 무너질 위험성이 있어서 보수가 불가능하고 다시 건축할 수밖에 없는 경우에는, 특별한 사정이 없는 한 건물 등을 철거하고 다시 건축하는 데 드는 비용 상당액을 하자로 인한 손해배상으로 청구할 수 있다(대판 2016. 8. 18, 2014다31691).

(a) 도급인이 상당한 기간을 정하여 하자보수를 청구한 경우에는, 그 기간이 경과할 때까지는 도급인은 하자보수에 갈음하는 손해배상을 청구하지 못한다(통설). 민법이 보수청구권(補修請求權)과 보수(補修)에 갈음하는 손해배상청구권을 선택적으로 행사할 수 있도록 규정하고 있기 때문이다(667조 1항·2항 참조). 그리고 통설은 수급인이 기간 내에 보수하지 않는 경우에도 도급인은 보수청구권을 잃지 않는다고 한다. 이때 도급인이 제544조에 의하여 해제할 수 있는가? 담보책임에 의한 해제와 채무불이행에 의한 해제는 구별해야 하므로, 하자보수의무의 불이행을 이유로 해제할 수 있다고 하여야 한다(이설 있음).

(b) 수급인의 하자보수의무 및 손해배상의무는 도급인의 보수지급의무(報酬支給義務)와 동 D-291
시이행의 관계에 있다(이설이 없으며, 판례도 같음. 대판 2007. 10. 11, 2007다31914 등 다수). 따라서 도급인이 하자보수청구권을 행사하는 경우에는, 도급인의 보수지급의무는 이행지체에 빠지지 않는다(그리고 판례는, 이와 같은 관계는 동일한 도급계약에서 보수채권을 보유하고 행사하는 수급인이 도급인에게 부담하는 손해배상채무에 대한 이행지체책임의 발생 여부에 관하여도 마찬가지로 적용된다고 한다(대판 2007. 8. 23, 2007다26455 · 26462). 한편 판례는 도급인이 하자보수나 손해배상채권을 자동채권으로 하고 수급인의 공사잔대금채권을 수동채권으로 하여 상계의 의사표시를 한 다음날 비로소 이행지체에 빠진다고 한다. 앞의 1989. 12. 12. 판결 및 1996. 7. 12. 판결). 그러나 도급인이 목적물에 하자가 있다는 이유만으로 하자의 보수나 손해배상을 청구하지 않고 막바로 보수(報酬)의 지급을 거절할 수는 없다(이설이 없으며, 판례도 같음. 대판 1991. 12. 10, 91다33056 등). 도급인이 동시이행을 이유로 지급을 거절할 수 있는 보수의 범위는 공사대금에 비하여 하자보수비가 극히 소액인 것과 같은 특별한 사정이 없는 한 보수 전부라고 하여야 한다(동지 대판 2001. 9. 18, 2001다9304). 그렇지 않으면 수급인으로서는 손해가 없게 되어 하자보수가 불투명해지기 때문이다(손해배상청구시와는 구별해야 함).

판 례 하자보수의무와 공사대금채무의 동시이행관계 관련

(ㄱ) 「이 사건과 같이 기성고에 따라 공사대금을 분할하여 지급하기로 약정한 경우라도, 특별한 사정이 없는 한 하자보수의무와 동시이행관계에 있는 공사대금지급채무는 당해 하자가 발생한 부분의 기성공사대금에 한정되는 것은 아니라고 할 것이다.」(대판 2001. 9. 18, 2001다9304)

(ㄴ) 「도급계약에 있어서 완성된 목적물에 하자가 있는 때에는 도급인은 수급인에 대하여 하자의 보수를 청구할 수 있고 그 하자의 보수에 갈음하여 또는 보수와 함께 손해배상을 청구할 수 있는바, 이들 청구권은 특별한 사정이 없는 한 수급인의 공사대금채권과 동시이행관계에 있는 것이므로, 수급인의 하수급인에 대한 하도급 공사대금채무를 인수한 도급인은 특별한 사정이 없는 한 수급인이 하수급인과 사이의 하도급계약상 동시이행의 관계에 있는 수급인의 하수급인에 대한 하자보수청구권 내지 하자에 갈음한 손해배상채권 등에 기한 동시이행의 항변으로서 하수급인에게 대항할 수 있다.」(대판 2007. 10. 11, 2007다31914)

(c) 수급인의 담보책임은 도급인이 목적물을 인도받은 경우 또는 그것을 제 3 자에게 양도한 경우에도 존속한다.

(d) 판례는 도급인의 하자보수청구권의 변제기는 도급인이 그 권리를 행사한 때라고 한다(대판 1989. 12. 12, 88다카18788).

D-292 (ㄴ) **손해배상청구권** 도급인은 하자보수가 가능하더라도 하자보수를 청구하지 않고 그것에 갈음하여 손해배상을 청구할 수 있고 또 하자보수와 함께 손해배상을 청구할 수 있다(667조 2항). 또한 하자가 중요하지 않은 경우에 보수에 과다한 비용을 요할 때에도 손해배상을 청구하게 된다(667조 1항 단서).

(a) 여기의 손해배상의 범위에 관하여 학설은 i) 신뢰이익이며, 수급인에게 유책사유가 있는 때에는 불완전이행을 이유로 이행이익의 배상을 청구할 수 있다는 견해(사견도 같음), ii) 이행이익이라는 견해 등으로 나뉘어 있다.

(b) 수급인의 손해배상의무와 도급인의 보수지급의무는 동시이행관계에 있다(667조 3항)(하자에 의한 확대손해의 배상의무도 도급인의 보수지급의무와 동시이행관계에 있다고 할 것이다. 대판 2005. 11. 10, 2004다37676). 따라서 도급인이 하자의 보수에 갈음하여 손해배

상을 청구하는 경우 도급인은 그 손해배상의 제공을 받을 때까지 보수의 지급을 거절할 수 있는데, 이때 거절범위(동시이행 관계의 범위)는 배상액에 상당하는 보수액만이라고 하여야 한다(판례도 같음. 대판 1996. 6. 11, 95다12798 등).

(c) 판례는, 제667조가 정하는 수급인의 하자보수에 갈음하는 손해배상채무는 이행의 기한이 없는 채무로서 이행청구를 받은 때부터 지체책임이 있다고 한다(대판 2009. 2. 26, 2007다83908).

판 례 도급계약에서 하자로 인한 손해 관련 D-293

(ㄱ) 「하자보수에 갈음한 손해배상청구권은 하자가 발생하여 보수가 필요하게 된 시점에서 성립된다.」(대판 2000. 3. 10, 99다55632)

(ㄴ) 「도급계약에 있어서 완성된 목적물에 하자가 있을 경우에 도급인은 수급인에게 그 하자의 보수나 하자의 보수에 갈음한 손해배상을 청구할 수 있으나 다만 그 하자가 중요하지 아니하면서 동시에 그 보수에 과다한 비용을 요할 때에는 하자의 보수나 하자의 보수에 갈음하는 손해배상을 청구할 수는 없고 그 하자로 인하여 입은 손해의 배상만을 청구할 수 있다고 할 것이고, 이러한 경우 그 하자로 인하여 입은 통상의 손해는 특별한 사정이 없는 한 도급인(이는 수급인의 오기로 보임: 저자 주)이 하자 없이 시공하였을 경우의 목적물의 교환가치와 하자가 있는 현재의 상태대로의 교환가치와의 차액이 된다.」(대판 1998. 3. 13, 97다54376. 동지 대판 1997. 2. 25, 96다45436(그 하자 있는 목적물을 사용함으로 인하여 발생하는 정신적 고통으로 인한 손해는 수급인이 그러한 사정을 알았거나 알 수 있었을 경우에 한하여 특별손해로서 배상받을 수 있다))

(ㄷ) 「수급인은 목적물이 하자로 인하여 훼손된 경우 그 훼손된 부분을 철거하고 재시공하는 등 복구하는 데 드는 비용 상당액의 손해를 배상할 의무가 있는 것이고, 이 사건과 같이 공사도급계약의 목적물인 건물에 하자가 있어 이로부터 화재가 발생한 경우 그 화재 진압시 사용한 물이 유입됨으로써 훼손된 부분을 복구하는 데 드는 비용 상당액도 위 하자와 상당한 인과관계가 있는 손해에 해당한다.」(대판 1996. 9. 20, 96다4442)

(ㄹ) 「일반적으로 건물신축 도급계약에 있어서 수급인이 신축한 건물에 하자가 있는 경우에, 이로 인하여 도급인이 받은 정신적 고통은 하자가 보수되거나 하자보수에 갈음한 손해배상이 이루어짐으로써 회복된다고 봄이 상당하고, 도급인이 하자의 보수나 손해배상만으로는 회복될 수 없는 정신적 고통을 입었다면 이는 특별한 사정으로 인한 손해로서 수급인이 이와 같은 사정을 알았거나 알 수 있었을 경우에 한하여 정신적 고통에 대한 위자료를 인정할 수 있다.」(대판 1996. 6. 11, 95다12798) D-294

(ㅁ) 「완성된 목적물에 하자가 있어 도급인이 수급인에 대하여 하자보수에 갈음한 손해배상을 청구하는 경우 그 손해배상의 액에 상응하는 보수의 액에 관하여는 그 지급을 거절할 수 있고, 이 경우 그 손해배상의 액수 즉 하자보수비는 목적물의 완성시가 아니라 손해배상청구시를 기준으로 산정함이 상당하다.」(대판 1994. 10. 11, 94다26011)

(ㅂ) 「수급인의 하자담보책임은 법이 특별히 인정한 무과실책임으로서 여기에 민법 제396조의 과실상계 규정이 준용될 수는 없다 하더라도 담보책임이 민법의 지도이념인 공평의

원칙에 입각한 것인 이상 하자발생 및 그 확대에 가공한 도급인의 잘못을 참작할 수 있다.」(대판 2004. 8. 20, 2001다70337)

(ㅅ) 공사도급계약에 의하여 도급인이 수급인으로부터 하자보증금을 보관하였다면 특단의 사정이 없는 한 공사준공검사 후에 하자가 발견되어 이를 수리한 도급인은 보관하고 있는 하자보증금 중에서 수리비를 지출하여야 하고 하자보증금과 별도로 수리비 상당의 금원을 청구할 수 없는 것이다(대판 1974. 6. 25, 73다1986. 그리고 대판 1998. 1. 23, 97다38329는 건설회사가 지방자치단체와 체결한 공사도급계약에서 약정한 하자보수 보증금은 위약벌 내지 제재금에 해당한다고 한다).

(ㅇ) 「수급인이 도급계약에 따른 의무를 제대로 이행하지 못함으로 말미암아 도급인의 신체 또는 재산에 손해가 발생한 경우 수급인에게 귀책사유가 없었다는 점을 스스로 입증하지 못하는 한 도급인에게 그 손해를 배상할 의무가 있다고 보아야 할 것이고, … 점 등에 비추어 보면, 하자확대손해로 인한 수급인의 손해배상채무와 도급인의 공사대금채무도 동시이행관계에 있는 것으로 보아야 할 것이다.」(대판 2005. 11. 10, 2004다37676)

(ㅈ) 하자보수보증금의 성격 등에 관한 대판 2002. 7. 12, 2000다17810(C-157에 인용).

(ㅊ) 「도급인이 그가 분양한 아파트의 하자와 관련하여 구분소유자들로부터 손해배상청구를 당하여 그 하자에 대한 손해배상금 및 이에 대한 지연손해금을 지급한 경우, 그 지연손해금은 도급인이 자신의 채무의 이행을 지체함에 따라 발생한 것에 불과하므로 특별한 사정이 없는 한 수급인의 도급계약상의 채무불이행과 상당인과관계가 있는 손해라고 볼 수는 없다. 이러한 경우 도급인으로서는 구분소유자들의 손해배상청구와 상관없이 수급인을 상대로 위 하자에 대한 손해배상금(원금)의 지급을 청구하여 그 이행지체에 따른 지연손해금을 청구할 수 있을 뿐이다.」(대판 2013. 11. 28, 2011다67323)

(ㅋ) 대판 2014. 1. 16, 2013다30653(B-301에 인용)

D-295 (다) **계약해제권** 도급인이 완성된 목적물의 하자로 인하여 계약의 목적을 달성할 수 없는 때에는, 계약을 해제할 수 있다(668조 본문). 이때 해제하려면 상당한 기간을 정하여 최고를 하여야 하는가? 여기에 관하여 학설은 i) 필요설과 ii) 불필요설(사견도 같음)로 나뉘어 있다. 한편 이 경우 해제를 하면서 손해배상도 청구할 수 있다고 하여야 한다(통설도 같음).

건물 기타 토지의 공작물에 관하여는 그것이 완성된 경우 하자가 중대하여도 계약을 해제할 수는 없다(668조 단서. 이것은 강행규정이다). 따라서 도급인은 손해배상만을 청구할 수 있을 뿐이다. 그러나 토지의 공작물이 완성되기 전에는 채무불이행의 일반원칙에 따라서 해제할 수 있다(통설·판례도 같음. 대판 1996. 10. 25, 96다21393·21409).

4) 책임의 감면에 관한 특칙

(가) 목적물의 하자가 도급인이 제공한 재료의 성질 또는 도급인의 지시(수급인이 설계도면 대로 시공한 경우는 도급인의 지시에 따른 것과 같음. 대판 1996. 5. 14, 95다24975)에 기인한 때에는, 수급인의 담보책임은 생기지 않는다(669조 본문)(669조 본문은 390조에 따른 채무불이행책임에는 적용되지 않음. 대판 2020. 1. 30, 2019다268252). 그러나 수급인이 그 재료 또는 지시의 부적당함을 알고 도급인에게

고지하지 않은 때에는 담보책임이 생긴다(669조 단서)(대판 2016. 8. 18, 2014다31691 등).

(나) 당사자가 수급인의 담보책임을 면제 또는 경감하는 특약을 한 경우에 그 특약은 원칙적으로 유효하다. 그러나 책임을 면제하는 특약이 있어도 수급인이 알고 고지하지 않은 사실에 대하여는 면책되지 않는다(672조). 그리고 이 규정은 담보책임기간을 단축하는 것과 같이 담보책임을 제한 내지 경감하는 경우에도 유추적용되어야 한다(동지 대판 1999. 9. 21, 99다19032).

5) 책임의 존속기간 D-296

(가) 도급인은 원칙적으로 목적물의 인도를 받은 날로부터 1년 내에 권리(하자보수청구권·손해배상청구권·계약해제권)를 행사하여야 하며, 목적물의 인도를 요하지 않는 경우에는 일이 종료한 날로부터 1년 내에 행사하여야 한다(670조)(기계를 설치한 후 시운전을 하여 성능검사가 끝난 때에 잔금을 지급받기로 한 경우에는, 성능검사가 끝난 날이 기산점이다. 대판 1994. 12. 22, 93다60632·60649).

(나) 토지, 건물 기타 공작물의 수급인은 목적물 또는 지반공사의 하자에 대하여 인도 후 5년간 담보책임이 있다(671조 1항 본문). 그러나 목적물이 석조·석회조·연와조·금속 기타 이와 유사한 재료로 조성된 것인 때에는, 그 기간은 10년으로 한다(671조 1항 단서). 그리고 하자로 인하여 목적물이 멸실 또는 훼손된 때에는, 도급인은 멸실 또는 훼손된 날로부터 1년 내에 담보책임을 물어야 한다(671조 2항).

(다) 위의 각 기간은 모두 제척기간이다(통설·판례도 같음)(그리고 출소기간이 아니다. 대판(전원) 2012. 3. 22, 2010다28840 등 다수). 한편 판례는, 채권양도의 통지는 그 양도인이 채권이 양도되었다는 사실을 채무자에게 알리는 것에 그치는 행위이므로, 그것만으로 제척기간의 준수에 필요한 권리의 재판 외 행사에 해당한다고 할 수 없다고 한다(대판(전원) 2012. 3. 22, 2010다28840).

판 례 도급인의 손해배상청구권에 대한 소멸시효 규정의 적용

「수급인의 담보책임에 기한 하자보수에 갈음하는 손해배상청구권에 대하여는 민법 제670조 또는 제671조의 제척기간이 적용되고, 이는 법률관계의 조속한 안정을 도모하고자 하는 데에 그 취지가 있다. 그런데 이러한 도급인의 손해배상청구권에 대하여는 그 권리의 내용·성질 및 취지에 비추어 민법 제162조 제1항의 채권 소멸시효의 규정 또는 그 도급계약이 상행위에 해당하는 경우에는 상법 제64조의 상사시효의 규정이 적용된다고 할 것이고, 민법 제670조 또는 제671조의 제척기간 규정으로 인하여 위 각 소멸시효 규정의 적용이 배제된다고 볼 수 없다.」(대판 2012. 11. 15, 2011다56491)

2. 도급인의 의무(보수지급의무) D-297

도급인은 수급인에게 보수를 지급할 의무가 있다.

(1) 보수의 종류 및 결정방법

보수의 종류에는 제한이 없으나, 보통은 금전으로 지급한다. 보수를 금전으로 지급하

는 경우에 그 결정방법으로는 정액도급(일의 완성에 필요한 비용에 적당한 이윤을 붙여 보수를 산출하는 방법), 개산도급(概算都給)(개괄적인 금액만을 정해두고 작업 진행에 따라 또는 종료 후에 확정하기로 하는 방법), 처음에는 정하지 않고 후에 결정하기로 하는 방법 등이 있다. 이 중 마지막 방법의 경우에는 거래관행에 비추어 실제로 소요된 비용에 적정한 이윤을 포함한 금액을 보수액으로 하여야 한다(대판 1965. 11. 16, 65다1176).

(2) 보수의 지급시기

보수의 지급시기는 당사자 사이에 특약이 있으면 그에 의하고, 특약이 없으면 관습에 의하며, 관습도 없으면 목적물의 인도와 동시에 지급하여야 한다(665조 1항·2항, 656조 2항)(따라서 건물건축공사 도급계약의 수급인은 공사대금을 변제받을 때까지 목적물인 건물 및 그 대지에 대하여 동시이행의 항변권에 기하여 인도를 거절할 수 있으나, 완공 후에도 그것들을 무상으로 사용·수익할 수 있는 권능이 있는 것은 아니다. 대판 1992. 12. 24, 92다22114 참조. 이 판결 사안에서는 건물소유권이 수급인에게 귀속되었다고 하여 건물 사용에 대한 부당이득은 문제되지 않았다). 그러나 목적물의 인도를 요하지 않는 경우에는 그 일을 완성한 후(일의 완성에 관한 주장·증명책임은 수급인에게 있다. 대판 1994. 11. 22, 94다26684·26691) 지체없이 지급하여야 한다(665조 1항 단서)(대판 2016. 10. 27, 2014다72210도 같은 입장이다. 그런데 대판 2017. 4. 7, 2016다35451은 공사도급계약에서 소멸시효의 기산점이 되는 보수청구권의 지급시기는, 당사자 사이에 특약이 있으면 그에 따르고, 특약이 없으면 관습에 의하며, 특약이나 관습이 없으면 공사를 마친 때라고 한다). 그리하여 특약·관습이 없으면 후급(後給)으로 된다. 그런데 실제에서는 분할급(分割給)으로 약정하는 때도 많다.

수급인의 보수청구권은 후급인 경우에도 계약과 동시에 성립하며, 따라서 수급인의 채권자는 일이 완성되기 전이라도 보수청구권을 압류할 수 있다.

D-298 **판 례** 공사도급계약의 해제 등 관련

(ㄱ) 수급인의 채무불이행을 이유로 도급인이 계약을 해제한 경우의 법률관계에 관하여 대법원은 일련의 판결을 내놓고 있다. 주요 판결을 인용한다.

「건축공사 도급계약에 있어서는 공사 도중에 계약이 해제되어 미완성 부분이 있는 경우라도 그 공사가 상당한 정도로 진척되어 원상회복이 중대한 사회적·경제적 손실을 초래하게 되고 완성된 부분이 도급인에게 이익이 되는 때에는 도급계약은 미완성 부분에 대해서만 실효되어 수급인은 해제된 상태 그대로 그 건물을 도급인에게 인도하고 도급인은 그 건물의 기성고 등을 참작하여 인도받은 건물에 대하여 상당한 보수를 지급하여야 할 의무가 있게 되는 것이다.」(대판 1997. 2. 25, 96다43454)

「수급인이 공사를 완성하지 못한 채 공사도급계약이 해제되어 기성고에 따른 공사비를 정산하여야 할 경우에 특별한 다른 사정이 없는 한 그 공사비는 약정 총공사비에서 막바로 미시공 부분의 완성에 실제로 소요될 공사비를 공제하여 산정할 것이 아니라 기성부분과 미시공 부분에 실제로 소요되거나 소요될 공사비를 기초로 산출한 기성고 비율을 약정공사비에 적용하여 산정하여야 하고, 기성고 비율은 이미 완성된 부분에 소요된 공사비에다가 미시공 부분을 완성하는 데 소요될 공사비를 합친 전체 공사비 가운데 이미 완성된 부분에 소요된 비용이 차지하는 비율이라 할 것이다.」(대판 1995. 6. 9, 94다29300·29317. 동지 대판 1992. 3. 31, 91다42630(수급인이 실제로 지출한 비용을 기준으로 할 것은 아님); 대판(전원) 2019. 12. 19, 2016다24284(다만 당사자 사이에 기성고 비율 산정에 관하여 특약이 있는 등 특별한 사정이 인정되는 경우라면 그와 달리 산정할 수 있음) 등 다수의 판결. 그리고 이 법리는 당사자가 기성고 비율에 따라 공사대금을 지급하기로 한 경우에도 인정된다(대판 1996. 1. 23, 94다31631·31648))

「만약 공사도급계약에서 설계 및 사양의 변경이 있는 때에는 그 설계 및 사양의 변경에 따라 공사대금이 변경되는 것으로 특약하고, 그 변경된 설계 및 사양에 따라 공사가 진행되다가 중단되었다면 설계 및 사양의 변경에 따라 변경된 공사대금에 기성고 비율을 적용하는 방법으로 기성고에 따른 공사비를 산정하여야 한다.」(대판 2003. 2. 26, 2000다40995)

판례는, 수급인의 유책사유로 계약이 해제되어 도급인이 그 당시까지의 기성고에 대한 공사금 상당액을 지급하여야 할 경우에, 이에 대한 지연손해금은 계약이 해제된 다음 날부터 발생한다고 한다(대판 1991. 7. 9, 91다11490).

판례에 의하면, 수급인의 공사대금채권이 남아있는 경우에는 설사 그 도급계약의 일부가 해제되었다 하더라도 그에 부수된 공사대금채권 양도금지 특약은 실효되지 않는다(대판 1994. 11. 4, 94다18584).

(ㄴ) 「도급계약에 있어서 수급인의 보수는 통상 그 완성된 목적물의 인도와 동시에 지급하면 족하다 할 것이나 당사자 사이에 일의 진행(시공) 정도에 따라 보수를 일정액씩 분할지급하기로 특약을 한 경우에는 수급인이 상당정도의 공사를 시행한 후 그 이후의 공정의 공사시행을 포기함으로써 잔여부분의 도급공사가 중단되었다 하여도 이미 시행한 공사분에 대한 약정보수채권은 위 도급계약 자체가 해제되었거나 기왕의 보수채권을 포기하는 등 특별한 사정이 없는 한 그 일의 전체가 완성되지 못하였다는 사유만으로 당연히 소멸된다고는 할 수 없고 도급인이 공사의 현장을 인도받아 잔여공사를 완성하였다 하여 기히 발생한 보수지급의무를 당연히 면하는 것이 아니」다(대판 1985. 5. 28, 84다카856).

(ㄷ) 「공사도급계약에 있어서 수수되는 이른바 선급금은 구체적인 기성고와 관련하여 지급된 공사대금이 아니라 전체 공사와 관련하여 지급된 공사대금이고, 이러한 점에 비추어 선급금을 지급한 후 계약이 해제 또는 해지되는 등의 사유로 수급인이 도중에 선급금을 반환하여야 할 사유가 발생하였다면, 특별한 사정이 없는 한 별도의 상계 의사표시 없이도 그때까지의 기성고에 해당하는 공사대금 중 미지급액은 선급금으로 충당되고 도급인은 나머지 공사대금이 있는 경우 그 금액에 한하여 지급할 의무를 부담하게 되나, 이때 선급금의 충당 대상이 되는 기성공사대금의 내역을 어떻게 정할 것인지는 하도급계약 당사자(여기의 「하도급계약 당사자」는 「도급계약 당사자」의 오기로 보임. 대판 2004. 11. 26, 2002다68362는 「도급계약 당사자」라고 함: 저자 주)의 약정에 따라야 한다. 그리고 그와 같이 정산하고 남은 선급금을 공사의 수급인이 도급인에게 반환하여야 할 채무는 선급금 그 자체와는 성질을 달리하는 것이다.」(대판 2010. 7. 8, 2010다9597)

(ㄹ) 「도급계약에서 수급인의 보수는 완성된 목적물의 인도와 동시에 지급하여야 하고, 인도를 요하지 않는 경우 일을 완성한 후 지체 없이 지급하여야 하며, 도급인은 완성된 목적물의 인도의 제공이나 일의 완성이 있을 때까지 그 보수 지급을 거절할 수 있으므로, 도급계약에서 정한 일의 완성 이전에 계약이 해제된 경우 수급인으로서는 도급인에게 보수를 청구할 수 없음이 원칙이다.

다만 당해 도급계약에 따라 수급인이 일부 미완성한 부분이 있더라도 계약해제를 이유로 이를 전부 원상회복하는 것이 신의성실의 원칙 등에 비추어 공평·타당하지 않다고 평가되는 특별한 경우라면 예외적으로 이미 완성된 부분에 대한 수급인의 보수청구권이 인정될 수 있」다(대판 2023. 3. 30, 2022다289174).

D-299 (3) 부동산수급인의 저당권설정청구권

부동산공사의 수급인은 그의 보수에 관한 채권을 담보하기 위하여 목적부동산에 저당권을 설정할 것을 도급인에게 청구할 수 있다(666조). 이 저당권설정청구권은 순수한 청구권이어서, 저당권은 도급인과의 저당권설정의 합의와 등기가 있어야 성립한다(이설 없음). 판례는, 제666조의 취지에 비추어, 건물신축공사에 관한 도급계약에서 수급인이 자기의 노력과 출재로 건물을 완성하여 그 소유권이 수급인에게 귀속된 경우에는 수급인으로부터 건물신축공사 중 일부를 도급받은 하수급인도 수급인에 대하여 제666조에 따른 저당권설정청구권을 가진다고 한다(대판 2016. 10. 27, 2014다211978). 그리고 건축공사의 도급인이 제666조가 정한 수급인의 저당권설정청구권 행사에 따라 공사대금채무의 담보로 건물에 저당권을 설정하는 행위가 특별한 사정이 없는 한 사해행위에 해당하지 않음은 채권법총론 부분에서 설명하였다(대판 2021. 5. 27, 2017다225268 등. C-212).

3. 도급에 있어서 위험부담

도급은 쌍무계약이므로 위험부담에 관한 제537조·제538조의 적용을 받는다. 그런데 수급인의 이행불능의 의미를 분명하게 할 필요가 있다. 도급에는 「일」의 성질상 목적물의 인도가 필요한 경우와 인도가 문제되지 않는 경우가 있다. 수급인의 이행불능은, 전자에 있어서는 수급인이 목적물을 완성하여 도급인에게 인도(정확하게는 도급인에 의한 검수)하기 전에 이미 성취한 일이 멸실 또는 훼손되어 계약대로 일을 다시 할 수 없게 되는 것이고(대판 1993. 3. 26, 91다14116은 수급인이 기성부분의 수령을 최고하였는데 도급인이 수령을 거절하던 중 도급인이 대지를 제 3 자에게 매도하여 매수인이 기성부분을 철거한 경우에 도급인의 공사대금 지급채무가 존속한다고 한다), 후자에 있어서는 일을 완성하기 전에 어떤 사정으로 이제는 완성할 수 없게 되는 것이다.

D-300 Ⅳ. 도급의 종료

민법은 도급에 특유한 종료원인으로 도급인에 의한 해제와 도급인이 파산한 경우의 수급인 또는 파산관재인에 의한 해제를 규정하고 있다.

(1) 도급인의 해제

수급인이 일을 완성하기 전에는 도급인은 손해를 배상하고 계약을 해제할 수 있다(673조). 이는 도급이 도급인에게 불필요하게 된 경우에 손해를 배상하고 계약을 종료시킬 수 있게 한 것이다.

해제는 일이 완성되기 전에만 할 수 있으며, 완성된 후에는 인도 전이라도 해제할 수 없다(통설·판례도 같음. 대판 1995. 8. 22, 95다1521). 해제하려면 손해배상을 제공하여야 하는가에 관하여는 견해가 나뉘는데, 통설은 손해액 산정의 어려움을 이유로 제공이 필요하지 않다고 한다. 한편 해제 사유에는 제한이 없다(통설도 같음).

해제의 경우 도급인은 수급인에게 손해를 배상하여야 하는데, 그 범위는 수급인이 이미 지출한 비용과 장차 얻었을 이익을 합한 것이다. 그리고 판례에 의하면, 여기의 해제의 경우에는, 손해배상에 있어서 과실상계나 손해배상 예정액의 감액을 주장할 수는 없으나, 손익상계는 할 것이라고 한다(대판 2002. 5. 10, 2000다37296·37302).

한편 판례는, 도급인이 수급인의 채무불이행을 이유로 도급계약 해제의 의사표시를 하였으나 실제로는 채무불이행의 요건을 갖추지 못한 것으로 밝혀진 경우, 도급계약의 당사자 사이에 분쟁이 있었다고 하여 그러한 사정만으로 위 의사표시에 제673조에 따른 임의해제의 의사가 포함되어 있다고 볼 수는 없다고 한다(대판 2022. 10. 14, 2022다246757).

(2) 도급인의 파산

도급인이 파산선고를 받은 때에는, 수급인 또는 파산관재인은 계약을 해제할 수 있다(674조 1항 1문). 이때에는 수급인은 일의 완성된 부분에 대한 보수 및 보수에 포함되지 않은 비용에 대하여 파산재단의 배당에 가입할 수 있다(674조 1항 2문). 그리고 이에 의한 해제의 경우에는 각 당사자는 상대방에 대하여 계약해제로 인한 손해의 배상을 청구하지 못한다(674조 2항).

제 9 절 여행계약

Ⅰ. 서 설 D-301

(1) 여행계약의 의의

여행계약은 당사자 한쪽(여행주최자)이 상대방(여행자)에게 운송, 숙박, 관광 또는 그 밖의 여행 관련 용역을 결합하여 제공하기로 약정하고 상대방이 그 대금을 지급하기로 약정함으로써 성립하는 계약이다(674조의 2). 여행계약의 당사자는 여행주최자와 여행자이다(그에 관하여는 뒤에 자세히 살펴본다).

(2) 여행계약의 법적 성질

여행계약은 낙성·쌍무·유상·불요식계약이다. ① 여행계약은 당사자의 합의만 있으면 성립하는 낙성계약이다. 그리하여 가령 계약금이 교부되어야 성립하는 것이 아니다. ② 여행계약에서 여행주최자의 여행용역의 제공의무와 여행자의 대금지급의무는 서로 대가적인 의미에 있으므로 쌍무계약이다. ③ 여행계약은 쌍무계약이므로 또한 유상계약이다. ④ 여행계약은 특별한 방식을 요하지 않는 불요식계약이다. 그러므로 반드시 서면으로 작성해야 하는 것도 아니다. 그런데 실제에 있어서는 계약의 성립과 내용을 분명히 하기 위하여 계약서를 작성하고 있다.

D-302

Ⅱ. 여행계약의 성립

1. 당 사 자

전술한 바와 같이, 여행계약의 당사자는 여행주최자와 여행자이다.

(1) 여행주최자

여행주최자는 운송·숙박 등 여행 관련 용역을 결합하여 제공하기로 약정한 자이다. 여행주최자는 여행 관련 용역을 「자신의 급부」로서 제공하여야 하는 자이며 타인의 급부로서 하는 자는 그에 해당하지 않는다.

여행자와 여행주최자 사이에 여행계약을 중개하는 여행모집인(또는 여행사)은 여행주최자가 아니다. 여행자와 여행모집인 사이의 계약은 중개계약일 뿐이다. 그리고 여행주최자와 체결한 계약에 기초하여 여행과 관련한 개별적인 용역(예: 운송·숙박)을 제공하는 자(개별 급부자)도 여행주최자가 아니다.

(2) 여 행 자

여행자는 여행주최자와 계약을 체결한 자이다.

2. 여행계약의 성립요건

(1) 여행계약은 낙성계약이므로 여행주최자와 여행자 사이의 합의만 있으면 성립한다.

그 합의는 우선 여행계약의 본질적 구성부분인 「운송, 숙박, 관광 또는 그 밖의 여행 관련 용역을 결합하여 제공하는 것」에 관하여 존재해야 한다. 여행계약에 관한 민법규정은 운송, 숙박, 관광 등 여행 관련 용역 중에 어느 하나만을 제공하기로 하는 경우에는 적용되지 않는다(그 경우에는 개별 용역계약에 관한 규정과 이론이 적용될 뿐이다).

다음에 합의는 여행대금에 관하여도 이루어져야 한다. 그런데 여기의 여행대금은 여행주최자가 제공하는 모든 용역에 대한 대가이다. 그러므로 여행자는 여행주최자와 합의된 여행대금 외에 개별적인 용역에 대하여 별도로 대금을 지급할 필요는 없다(Brox, BS, Rn. 289a).

(2) 여행계약을 체결할 때 여행주최자는 거의 언제나 보통거래약관(여행약관)을 사용한다. 그러한 경우에 약관규제법이 적용됨은 물론이다.

Ⅲ. 여행계약의 효력 D-303

1. 여행주최자의 의무

(1) 여행 관련 용역 제공의무

여행주최자는 우선 여행자와의 계약에 의하여 약정된 내용대로 여행을 실행할 의무가 있다. 그리고 여행의 내용은 계약서에 명시된 것은 물론이고, 여행계약의 유인을 위한 여행계획서·여행안내책자 등에서 여행의 내용으로 표시된 사항도 포함된다.

(2)「기타의 행위의무」

여행주최자는 여행 관련 용역 제공의무 외에「기타의 행위의무」도 부담한다. 구체적으로는 여행지에 관하여 사전에 충분히 조사하여 여권·입국사증(비자)·건강정책(가령 예방접종 필요 유무) 등 여행에 관련된 정보를 제공해야 한다. 그리고 여행자의 생명·신체·재산 등에 침해가 없도록 주의해야 할 의무도 진다. 우리 대법원은 여행계약 규정이 신설되기 전에, 여행주최자(여행업자라고 함)에게 합리적 조치를 취할 신의칙상의 주의의무가 있다고 하였다(대판 2014. 9. 25, 2014다213387; 대판 2017. 12. 13, 2016다6293 등 다수).

(3) 담보책임 D-304

1) 법적 성질 여행주최자는 여행(여기의 여행은 여행주최자가 제공하기로 한 여행 관련 용역 전체를 가리킴)에 하자가 있는 경우에는 일정한 내용의 담보책임을 진다(674조의 6·674조의 7). 여행계약은 유상계약이기 때문에 매도인의 담보책임에 관한 규정이 여행계약에도 준용된다(567조 참조). 그런데 민법은 그것과 별도로 여행주최자의 담보책임에 관하여 특별규정을 두고 있는 것이다.

여행주최자의 담보책임은 무과실책임이다. 따라서 여행의 하자가 여행주최자의 유책사유로 발생했는지를 묻지 않는다.

하자가 여행주최자의 유책사유로 발생한 경우에 여행자가 담보책임과 별도로 채무불이행책임 특히 불완전급부(내지 불완전이행)책임을 물을 수 있는지 문제된다. 특별규정이 없는 한 채무불이행책임도 물을 수 있다고 해야 한다(물론 채무불이행의 요건은 갖추어야 함).

2) 요 건 여행주최자의 담보책임이 생기려면 여행에 하자가 있어야 한다(674조의 6 1항 본문). 무엇이 하자인지는 매매의 경우처럼 판단하면 된다(D-168 참조). 따라서 1차적으로는 당사자가 약정한 여행의 내용과 품질이 판단기준이 된다. 그리고 당사자가 정한 것이 없는 부분은 보충적으로 그 종류의 여행이 일반적으로 갖추고 있는 내용과 품질을 기준으로 하여 판단해야 한다. 한편 여행주최자가 여행광고나 안내문에서 제시한 것이 있으면 그 내용은 여행주최자가 보증한 것으로서 당사자가 약정한 것과 마찬가지로 다루어져야 한다. 하자의 예로는 호텔등급이 약정된 등급보다 낮은 경우, 침실이 지저분한 경우, 주변의 건축으로 인하여 소음이 심하여 수면을 취하기 어려운 경우, 부패한 음식을 제공한 경우,

관광코스의 일부를 생략한 경우 등을 들 수 있다.

D-305 **3) 책임의 내용** 여행주최자의 담보책임의 요건이 갖추어진 경우에는 여행자는 시정청구권·대금감액청구권·손해배상청구권·계약해지권을 가진다.

(가) 시정청구권 여행에 하자가 있는 경우에는 여행자는 여행주최자에게 하자의 시정을 청구할 수 있다(674조의 6 1항 본문). 그리하여 여행자는 적어도 원래의 급부와 동등한 가치가 있고 흠이 없는 급부를 청구할 수 있다. 물론 그에 대하여 여행자가 추가비용을 부담하지도 않아야 한다. 그런데 일정한 경우에는 예외적으로 시정청구권을 행사할 수 없다. 시정에 지나치게 많은 비용이 들거나 그 밖에 시정을 합리적으로 기대할 수 없는 경우에 그렇다(674조의 6 1항 단서).

여행자가 시정청구를 할 때에는 상당한 기간을 정해서 해야 한다(674조의 6 2항 본문). 다만, 즉시 시정할 필요가 있는 경우에는 상당한 기간을 정해서 할 필요가 없다(674조의 6 2항 단서). 그리고 민법에 규정이 없지만 여행주최자가 시정을 거절한 경우에도 기간설정이 필요하지 않다고 할 것이다.

(나) 대금감액청구권 여행에 하자가 있는 경우에는 여행자는 여행주최자에게 대금의 감액을 청구할 수 있다(674조의 6 1항 본문). 이 대금감액청구권은 시정청구권과 경합하여 인정된다. 따라서 여행자는 두 권리 가운데 선택적으로 행사할 수 있다. 여행자가 대금감액청구권을 행사할 때에는 상당한 기간을 정해서 할 필요는 없다.

얼마만큼의 대금이 감액되어야 하는지는 여행 전체를 표준으로 하여 판단해야 한다. 구체적으로는 계약체결 당시에 여행이 가지는 가치에서 실제 여행의 가치를 뺀 부분의 비율만큼 감액해야 하며, 하자 있는 개별적인 급부만을 대상으로 하여 가치를 평가할 것이 아니다.

대금감액청구권은 계약의 일부해제에 해당하는 것으로서 형성권에 속한다. 따라서 감액청구의 의사표시가 여행주최자에게 도달하면 감액의 효과가 생긴다. 한편 여행주최자가 여행대금 전부를 미리 받은 경우에는 감액부분만큼 여행자에게 반환해야 한다. 그리고 거기에는 해제에 관한 제548조 제 2 항이 준용된다고 할 것이다. 따라서 받은 날부터 이자를 지급해야 한다.

(다) 손해배상청구권 여행에 하자가 있는 경우에 여행자는 시정청구·대금감액청구를 갈음하여 손해배상을 청구할 수도 있고, 시정청구·대금감액청구와 함께 손해배상을 청구할 수도 있다(674조의 6 3항). 이 중에 앞의 손해배상은 시정청구 내지 대금감액에 해당하는 것이다. 그에 비하여 뒤의 손해배상은 시정청구·대금감액 외에 추가적인 것이다.

D-306 **(라) 계약해지권** 여행에 「중대한 하자」가 있는 경우에 그 시정이 이루어지지 않거나 계약의 내용에 따른 이행을 기대할 수 없는 경우에는, 여행자는 계약을 해지할 수 있다(674조의 7 1항). 이 계약해지권은 여행에 단순한 하자가 있는 경우에는 인정되지 않고, 중대한 하자가 있

어야 인정된다. 나아가 중대한 하자의 시정이 이루어지지 않거나 계약의 내용에 따른 이행을 기대할 수 없어야 인정된다. 여행계약이 해지되면 계약이 소멸하기 때문에 해지는 강화된 요건 하에서만 인정한 것이다. 그리고 여행계약은 계속적 계약의 성질을 가지기 때문에 이행이 시작된 후에는 해제를 인정하는 것이 부적당하다. 그리하여 해제 대신 해지를 규정하고 있다.

계약이 해지된 경우에는 여행주최자는 대금청구권을 상실한다(674조의 7 2항 본문). 따라서 대금을 이미 받은 경우에는 그것을 여행자에게 반환해야 한다. 다만, 여행자가 실행된 계약으로 이익을 얻은 경우에는, 그 이익을 여행주최자에게 상환해야 한다(674조의 7 2항 단서).

계약이 해지되면 계약관계를 청산해야 한다. 여행계약의 경우에도 마찬가지이다. 그 중에 특히 중요한 것이 여행으로 주소지에서 멀리 떠나 있는 여행자를 주소지로 운송하는 일이다. 여기에 관하여 민법은 여행주최자는 계약의 해지로 인하여 필요하게 된 조치를 할 의무를 지며, 계약상 귀환운송의무가 있으면 여행자를 귀환운송하여야 한다고 규정한다(674조의 7 3항 1문). 여행자의 귀환운송의무를 항상 여행주최자에게 지우지 않고 계약상 귀환운송의무가 있는 경우에만 그리하고 있다. 계약 외의 의무를 부과할 이유가 없기 때문이다. 그리고 — 계약상 귀환운송의무가 있는 경우에 — 계약이 해지되었음에도 불구하고 귀환운송의무를 여행주최자에게 지운 이유는 계약해지가 여행의 중대한 하자로 인하여 행해지고 또한 여행주최자는 운송에 관하여 정보나 능력 면에서 여행자보다 월등하게 뛰어나기 때문이다.

여행자의 귀환운송비용(여기의 비용에는 운송 자체의 비용 외에 증가된 숙식비용도 포함시켜야 한다. 674조의 4 3항 참조)은 여행주최자가 부담한다(674조의 7 3항 본문이 귀환운송의무를 여행주최자에게 부담시키고 있기 때문임). 그런데 상당한 이유가 있는 때에는 여행주최자는 여행자에게 그 비용의 일부를 청구할 수 있다(674조의 7 3항 2문).

4) 책임의 존속기간 여행자의 시정청구권 · 대금감액청구권 · 손해배상청구권 · 계 D-307
약해지권은 여행기간 중에도 행사할 수 있으며, 계약에서 정한 여행종료일부터 6개월 내에 행사해야 한다(674조의 8). 여기의 6개월의 기간은 제척기간이다(출소기간은 아니라고 해야 함). 한편 민법은 6개월의 기산일을 계약에서 정한 여행종료일이라고 규정하고 있으나, 실제의 여행종료일이 계약상의 종료일보다 뒤일 경우에는 여행자보호를 위하여 전자를 기산일로 규정했어야 한다.

5) 강행규정 제674조의 6 · 제674조의 7 · 제674조의 8을 위반하는 약정으로서 여행자에게 불리한 것은 효력이 없다(674조의 9). 즉 그 규정들은 편면적 강행규정이다. 보통거래약관이 그 규정들을 위반하는 경우에도 마찬가지이다.

2. 여행자의 의무(대금지급의무)

여행자는 계약에서 정한 여행대금을 지급할 의무가 있다(674조의 2 후단). 여행자가 대금을 지급할 시기에 관하여는 민법이 명문으로 규정하고 있다. 그에 따르면, 여행자는 1차적으로 약정한 시기에 대금을 지급해야 하며, 대금지급시기의 약정이 없으면 관습에 따라 지급해야 하고, 관습이 없으면 여행의 종료 후에 지체없이 지급해야 한다(674조의 5).

D-308 Ⅳ. 여행계약의 종료

여행계약은 여행이 계약대로 완전하게 실행이 된 경우, 당사자 사이에 계약을 종료시키기로 합의한 경우 등에도 종료한다. 그런데 민법은 여행개시 전의 해제와 부득이한 사유로 인한 해지를 규정하고 있다. 이 둘을 살펴본다.

1. 여행개시 전의 해제

여행자는 여행이 개시되기 전에는 언제든지 계약을 해제할 수 있다(674조의 3 본문). 여행계약이 계속적 계약이지만 여행이 개시되기 전이어서 해제를 인정한다. 해제를 하기 위하여 특별한 원인이 필요하지는 않다. 다만, 해제를 한 경우에 여행자는 상대방에게 발생한 손해를 배상해야 한다(674조의 3 단서).

제674조의 3을 위반하는 약정으로서 여행자에게 불리한 것은 효력이 없다(674조의 9).

2. 부득이한 사유로 인한 해지

부득이한 사유가 있는 경우에는 각 당사자는 계약을 해지할 수 있다(674조의 4 1항 본문). 이 계약해지는 여행이 시작된 후에 하는 것이며, 부득이한 사유가 있는 한 당사자 쌍방 모두 할 수 있다. 「부득이한 사유」의 예로는 여행자 부모의 사망과 같은 가정 사정, 질병, 천재지변 등을 들 수 있다. 부득이한 사유는 당사자의 유책사유에 의한 것일 수도 있다. 따라서 무과실의 경우를 가리키는 「불가항력」과 다르다.

부득이한 사유로 계약을 해지한 경우에 그 사유가 당사자 한쪽의 과실로 인하여 생긴 때에는, 그 당사자는 상대방에게 손해를 배상해야 한다(674조의 4 1항 단서). 여기의 해지가 있는 경우에 여행주최자가 대금청구권을 가지는가? 그에 관하여는 제674조의 7 제 2 항과 같은 규정을 두었어야 한다. 그런데 그러한 규정이 없는 상태에서는 해지의 일반론에 따라 해결해야 할 것이다. 그 결과 여행주최자는 해지 당시까지의 대금청구권만 가지게 되며, 그 이후의 것은 상실한다. 다만, 여행주최자가 귀환운송의무를 부담하는 경우에는 여행자의 대금 중 해당하는 부분을 청구할 수 있다고 해야 한다(674조의 4 3항은 「추가 비용」만을 규정하고 있다).

부득이한 사유로 계약이 해지된 경우에도 계약을 청산해야 한다. 그중에 여행자의 귀환운송이 특히 문제이다. 그에 관하여 민법은 그 경우에도 계약상 귀환운송의무가 여행주최자에게 있으면 그가 여행자를 귀환운송할 의무가 있다고 규정한다(674조의 4 2항).

부득이한 사유로 계약을 해지한 경우에는 대체로 해지로 인하여 추가비용이 발생하게 된다. 가령 원래 예약된 항공편을 취소하고 다른 정기항공편을 이용함으로써 증가된 귀환운송비용과 증가된 숙박비용 및 식사비용 등이 그 예이다. 민법은 이러한 추가비용은 해지사유가 어느 당사자의 사정에 속하는 경우에는 그 당사자가 부담하고, 누구의 사정에도 속하지 않는 경우에는 각 당사자가 절반씩 부담하도록 하고 있다(674조의 4 3항).

제674조의 4를 위반하는 약정으로서 여행자에게 불리한 것은 효력이 없다(674조의 9).

제10절 현상광고

Ⅰ. 서 설 D-309

1. 의의 및 사회적 작용

(1) 현상광고(675조)의 의의는 그것의 법적 성질을 어떻게 이해하느냐에 따라 다르다. i) 현상광고를 계약이라고 하는 견해에 의하면, 「현상광고는 광고자가 어느 행위를 한 자에게 일정한 보수를 지급할 의사를 표시하고, 이에 응한 자가 그 광고에 정한 행위를 완료함으로써 효력이 생기는(또는 성립하는) 계약」이라고 하나, ii) 단독행위라고 하는 견해에 의하면, 「지정행위를 완료한 자에게 보수를 지급한다는 불특정 다수인에 대한 광고자의 일방적 의사표시」라고 한다(사견도 같음).

(2) 현상광고제도는 종래 여러 가지 목적(예: 사람을 찾거나 범죄자 적발, 우수 예술작품 · 건축 설계작품 · 학술 연구논문의 발굴)으로 많이 이용되어 왔다. 그러나 그것은 사회적·경제적으로 별로 큰 작용을 하는 것은 아니어서 법적으로도 의미가 적다.

2. 법적 성질

(1) 현상광고의 법적 성질에 관하여 학설은 i) 계약설과 ii) 단독행위설(사견도 같음)로 나뉘어 있다.

(2) 계약설에 의하면 현상광고는 편무·유상·요물계약이다.

D-310 **Ⅱ. 성립과 효력**

(1) 광 고

현상광고는 단독행위이므로 일정한 광고만 있으면 성립한다(계약설에서는 지정행위의 완료까지 있어야 성립함). 여기의 광고는 어떤 지정된 행위를 한 자에게 일정한 보수를 지급한다는 내용의 불특정 다수인에 대한 의사표시이다. 광고의 방법(예: 신문·잡지·게시판 게시·라디오·TV·구두광고), 지정행위의 종류, 보수의 종류(예: 금전급부·여행·연구기회 제공)는 제한이 없다. 지정행위의 완료에는 조건이나 기한을 붙일 수 있다(대판 2000. 8. 22, 2000다3675. 이 판결에서는 탈옥수를 수배하면서 「제보로 검거되었을 때에 신고자 또는 제보자에게 현상금을 지급한다」고 현상광고를 한 경우, 지정행위는 신고 내지 제보이고 「검거되었을 때」는 조건이라고 한다).

(2) 지정행위의 완료

상대방은 지정행위를 완료하여야 보수를 청구할 수 있다(675조 참조). 이 지정행위의 완료는 계약설에서는 승낙에 해당하나, 단독행위설에서는 정지조건의 성취라고 이해한다(어느 견해에 의하든 보수청구권은 지정행위 완료시에 생긴다).

지정행위의 완료는 광고가 있음을 알지 못하고 하여도 상관없다(677조). 그리고 지정행위를 하는 자가 행위능력자일 필요도 없다.

(3) 현상광고의 철회

민법은 현상광고의 철회에 관하여 규정하고 있다. 그에 의하면, 광고에서 그 지정행위의 완료기간을 정한 때에는, 그 기간만료 전에는 광고를 철회하지 못한다(679조 1항). 그러나 광고에서 지정행위의 완료기간을 정하지 않은 때에는, 그 행위를 완료한 자가 있기 전에는, 그 광고와 동일한 방법으로 광고를 철회할 수 있다(679조 2항). 그리고 전(前) 광고(廣告)와 동일한 방법으로 철회할 수 없는 때에는, 그와 유사한 방법으로 철회할 수 있되, 그 철회는 철회한 것을 안 자에 대하여만 효력이 있다(679조 3항).

(4) 광고자의 보수지급의무

지정행위를 완료한 자는 광고에서 정한 보수를 청구할 수 있다(675조 참조). 광고가 있기 전에 지정행위를 하였거나 광고를 모르고 하였어도 무방하다(677조 참조). 보수청구권은 지정행위의 완료시에 생기며(지정행위의 완료에 정지조건이 붙어 있는 경우에는 조건의 성취도 있어야 한다. 대판 2000. 8. 22, 2000다3675도 참조), 광고자가 지정행위 완료사실을 알았을 필요는 없다(따라서 광고자에 대한 사전 또는 사후의 통지는 필요하지 않다)(이설 있음).

지정행위를 완료한 자가 수인(數人)인 경우에는, 먼저 그 행위를 완료한 자가 보수청구권을 취득한다(676조 1항). 그리고 수인이 동시에 지정행위를 완료한 경우에는, 각각 균등한 비율로 보수를 받을 권리가 있다(676조 2항 본문). 그러나 보수가 그 성질상 분할할 수 없거나 광고에 1인만이 보수를 받을 것으로 정한 때에는 추첨에 의하여 보수청구권자를 결정한다(676조 2항 단서). 수인이 공동으로 지정행위를 완료한 경우에 대하여는 규정이 없으나, 보수가 가분이면 분할채권으로 되고(408조 참조), 보수가 불가분이면 불가분채권으로 된다고 할 것이다(409조 참조).

Ⅲ. 우수현상광고 D-311

(1) 의 의

우수현상광고란 광고에서 정한 행위를 완료한 자 가운데 우수한 자에게만 보수를 지급하기로 한 현상광고이다(678조 1항 참조). 우수현상광고는 응모기간을 정한 경우에만 유효하다(678조 1항). 따라서 이 광고는 기간만료 전에는 철회하지 못한다(679조 1항 참조).

(2) 응 모

우수현상광고에서는 응모가 있게 된다. 응모는 광고자에 대하여 지정행위를 완료했음(현상경기의 경우에는 완료하겠음)을 통지하는 행위이다(일종의 관념의 통지임).

(3) 판 정

판정은 응모자가 행한 지정행위의 결과의 우열을 판단하는 행위이다. 판정은 광고에서 정한 자가 하고, 광고 중에 판정자를 정하지 않은 때에는 광고자가 한다(678조 2항). 광고에서 정한 판정자가 판정을 할 수 없거나 판정을 하지 않는 때에는 광고자가 판정할 수 있다고 새겨야 한다(이설 없음). 그리고 광고 중에 다른 의사표시가 있거나 광고의 성질상 판정의 표준이 정해져 있는 경우를 제외하고는, 우수한 자가 없다는 판정을 할 수 없다(678조 3항). 또한 응모자는 판정에 이의를 제기하지 못한다(678조 4항). 한편 수인의 행위가 동등하다고 판정된 때에는, 보수가 가분이면 균등한 비율로 나누어진 분할채권으로 되고, 불가분이면 추첨으로 보수청구권자를 결정한다(678조 5항 · 676조 2항).

제11절 위 임

Ⅰ. 서 설 D-312

(1) 의 의

1) 위임은 당사자 일방(위임인)이 상대방(수임인)에 대하여 사무의 처리를 위탁하고, 상대방이 이를 승낙함으로써 성립하는 계약이다(680조). 위임도 노무공급계약에 해당하나, 위임인이 신뢰를 바탕으로 맡긴 사무를 수임인이 자주적으로 처리하는 점에 특색이 있다.

2) 위임의 경우에는 보통 대리권이 수여된다. 그렇지만 대리권 수여행위(수권행위)와 위임과 같이 기초적 내부관계를 발생시키는 행위는 별개의 것이다(통설 · 판례도 같다. 대판 1962. 5. 24, 4294민상251 · 252)(자세한 점은 A-191 참조).

3) 민법은 타인의 사무처리에 관한 법률관계가 위임에 의하지 않고 생긴 많은 경우에

관하여 위임에 관한 규정을 준용하고 있다(701조·707조·919조·956조·959조·1103조·1104조 등. 상법 382조·415조도 같다). 이는 민법이 위임에 관한 규정을 타인의 사무처리에 관하여 일반적으로 적용되어야 하는 원칙규정으로 이해하고 있는 것으로 볼 수 있다. 그렇다면 타인의 사무처리에 관하여는 준용한다는 규정이 없어도 위임에 관한 규정을 유추적용함이 좋을 것이다.

(2) 사회적 작용

위임은 친구·친족·이웃 사이에 사소한 업무처리를 위하여 행하여지기도 하나(이들 사이에는 법적 구속의사가 없는 호의관계가 성립하는 때도 많을 것이다), 각 분야의 전문가에게 복잡하고 전문적인 사무처리를 위탁하기 위하여 행하여지는 일이 많다(예: 부동산의 매매알선, 의사에의 치료위탁, 변호사에의 소송위탁, 법무사에의 등기절차 위탁). 전자에서는 무상인 때도 많으나, 후자에서는 거의 예외없이 유상이다. 이들 가운데 오늘날 중요한 것은 후자의 경우이다.

(3) 법적 성질

위임은 원칙적으로 편무·무상계약이다(686조 1항 참조). 그러나 보수지급의 특약을 하는 경우에는 쌍무·유상계약이 된다. 그리고 위임은 유상이든 무상이든 언제나 낙성·불요식의 계약이다. 실제에 있어서는 제 3 자에 대하여 수임인의 권한을 표시하기 위한 서면인 위임장을 교부하는 때가 많으나, 그것은 단순한 증거방법에 지나지 않는다.

D-313 Ⅱ. 위임의 성립

(1) 위임은 낙성계약이므로 당사자의 합의만 있으면 성립한다. 그 합의는 적어도「사무처리의 위탁」에 관하여 이루어져야 한다(680조 참조). 보수의 지급에 관하여 합의하는 때도 많으나, 그것은 요건이 아니며, 특약이 없으면 무상으로 된다.

여기의「사무」는 법률상 또는 사실상의 모든 행위로서 법률행위·준법률행위·사실행위를 포함한다. 그러나 성질상 본인 스스로 의사결정을 하는 행위는 위임의 목적이 되지 못한다(예: 혼인·입양·이혼). 그리고「사무」는 위임인이나 제 3 자의 것이어야 하며 수임인 자신의 것이어서는 안 된다.

(2) 판례는 일반인이 법무사에게 등기의 신청대리를 의뢰하고 법무사가 이를 승낙하는 법률관계(대판 2003. 1. 10, 2000다61671), 부동산 중개업자와 중개의뢰인과의 법률관계(대판 2024. 9. 12, 2024다239364 등 다수), 관광회사가 관광단지 조성을 위한 용지의 매수업무를 군에게 위탁한 경우(대판 1987. 10. 13, 87다카1345), 이른바 지입제(실질적으로 자동차를 소유하고 있는 차주가 외부적으로 자동차를 화물자동차 운송사업면허를 가진 운송사업자 명의로 등록하여 운송사업자에게 귀속시키고 내부적으로는 각 차주들이 독립된 관리 및 계산으로 영업을 하며 운송사업자에 대하여는 지입료를 지불하는 운송사업형태)의 계약(대판 2000. 10. 13, 2000다20069 등), 보증의뢰인과 보증인 사이의 은행보증서 발행을 위한 보증의뢰계약(대판 1994. 12. 9, 93다43873), 사채알선업자와 사채업자와의 법률관계(대판 1996. 5. 14, 95다45767), 아파트 입주자 대표회의와 아파트 관리회사 사이의 법률관계(대판 1997. 11. 28, 96다22365), 공사감리계약(대판 2003.

(1. 10, 2002다11236 등), 신축상가의 분양계약에서 분양대금과 별도로 상가개발비 항목을 두어 수분양자에게 지급의무를 부담시키고 분양자에게는 상가홍보 등 상가 활성화 등의 의무를 부담시킨 경우에 상가개발비 약정(대판 2013. 10. 24, 2010다22415), 세무사와 조세 신고의 대리업무를 맡긴 납세자 사이의 법률관계(대판 2018. 9. 13, 2015다48412), 관세사 또는 관세사 법인과 그에게 통관업무를 맡긴 수입업자 사이의 법률관계(대판 2005. 10. 7, 2005다38294)는 위임이라고 한다. 그리고 운송주선계약(상법 114조)은 위임의 일종이라고 한다(대판 1987. 10. 13, 85다카1080. 중개계약(상법 93조)·위탁매매계약(상법 101조)도 위임에 해당한다). 그러나 콘도미니엄 시설의 공유제 회원과 콘도미니엄 시설 전체를 관리 운영하는 시설경영기업 사이의 시설이용계약은 민법상의 위임계약에 해당하지 않는다고 한다(대판 2005. 1. 13, 2003다63043). 그리고 채용을 원하는 후보자가 인재소개업체에게 구인기업에의 지원 의사를 밝히는 것은, 다른 특별한 사정이 없는 한 인재소개업체와 후보자 사이에서 위임 등의 계약관계가 성립되었다고 할 수는 없다고 한다(대판 2007. 10. 26, 2005다21302). 또한 경찰관이 응급의 구호를 요하는 자를 보건의료기관에 긴급구조요청을 하고 보건의료기관이 이에 따라 치료행위를 한 경우에는, 국가와 보건의료기관 사이에 치료위임계약이 체결된 것으로 볼 수 없다고 한다(대판 1994. 2. 22, 93다4472).

Ⅲ. 위임의 효력

1. 수임인의 의무 D-314

(1) 위임사무 처리의무

수임인은 「위임의 본지에 따라 선량한 관리자의 주의로써」 위임사무를 처리할 의무가 있다(681조). 여기서 위임의 본지에 따른다는 것은 위임계약의 목적과 그 사무의 성질에 따른다는 의미이다.

1) 위임은 위임인의 신뢰를 바탕으로 하기 때문에 수임인은 어느 정도 재량을 가지고 독립적으로 사무를 처리하게 된다. 그렇지만 사무의 처리에 관하여 위임인의 지시가 있으면 그에 따라야 한다. 그런데 위임인의 지시에 따르는 것이 위임의 취지에 적합하지 않거나 위임인에게 불이익한 때에는, 수임인은 그 사실을 위임인에게 통지하고 지시의 변경을 요청하여야 한다(통설·판례도 같음. 대판 2005. 10. 7, 2005다38294 등). 그리고 만약 사정이 급박하여 그럴 여유가 없는 경우에는 적절한 임시조치를 취하여야 한다.

2) 수임인은 「선량한 관리자의 주의」, 즉 선관주의를 가지고 사무를 처리하여야 한다. 그리고 이 주의의무는 위임이 무상인 경우에도 동일하다(동지 대판 2002. 2. 5, 2001다71484(무상의 중개행위의 경우)). 위임이 당사자 사이의 신뢰를 기초로 하는 계약이기 때문이다.

수임인이 위임의 본지에 좇아 선관주의로 사무처리를 하지 않은 경우에는, 그는 위임인에게 채무불이행을 이유로 손해배상을 하여야 한다.

D-315 **판 례** 수임인의 선관주의의무 관련

(ㄱ) 판례는, 소송수행의 사무처리를 위임받은 변호사가 구두변론기일에 2회 불출석하여 공소취하로 간주되고 위임인의 패소판결이 확정된 경우(대판 1959. 11. 26, 4292민상271), 변호사가 위임인에게 상고제기기간을 잘못 고지하여 상고의 기회를 잃은 경우(대판 1997. 5. 28, 97다1822), 변호사가 판결문을 제대로 검토하지 않아 그 패소부분에 계산상의 오류가 있음을 발견하지 못하고 위임인에게 그 판결의 내용과 상소하는 때의 승소가능성에 대하여 설명하고 조언하지 않은 경우(대판 2004. 5. 14, 2004다7354), 부동산 중개업자가 중개대상 물건에 설정된 근저당에 있어서 실제의 피담보채무액에 관한 그릇된 정보를 제대로 확인하지도 않은 채 마치 그것이 진실인 것처럼 의뢰인에게 그대로 전달한 경우(대판 1999. 5. 14, 98다30667)(공인중개사는 자기가 조사·확인하여 설명할 의무가 없는 사항이라도 중개의뢰인이 계약을 맺을지를 결정하는 데 중요한 것이라면 그에 관해 그릇된 정보를 제공해서는 안 되고, 그 정보가 진실인 것처럼 그대로 전달하여 중개의뢰인이 이를 믿고 계약을 체결하도록 했다면 선량한 관리자의 주의로 신의를 지켜 성실하게 중개해야 할 의무를 위반한 것이 된다. 대판 2022. 6. 30, 2022다212594), 신용보증기금으로부터 대출보증 및 이에 수반되는 신용조사업무를 위탁받은 은행이 제출받은 주민등록표 초본과 인감증명서를 통하여 주민등록번호의 정정사실을 쉽게 알 수 있었음에도 불구하고 이를 발견해 내지 못하여 정정 전의 주민등록번호로 신용조회를 하지 못한 경우(대판 2005. 6. 10, 2005다886), 관세사가 의뢰인으로부터 위임받은 수입물들의 통관업무를 처리하면서 관세청장에 대한 사전회시 등 수입물들의 관세물품 품목분류번호(세번)를 확정하는 데 필요한 조치를 취하지 않은 채 의뢰인의 요구에 따라 잘못된 세번과 세율로 수입신고함으로써 의뢰인으로 하여금 가산세를 무는 손해를 입게 한 경우(대판 2005. 10. 7, 2005다38294)에는 선관주의의무를 위반하였다고 한다. 그러나 공인중개사가 부동산을 중개하는 과정에서 채무인수의 법적 성격에 관하여 조사·확인하여 설명하지 않았다는 사정만으로 선량한 관리자의 주의로 신의를 지켜 성실하게 중개행위를 하여야 할 의무를 위반하였다고 볼 수 없으며(대판 2024. 9. 12, 2024다239364), 피사취수표와 관련된 본안소송을 위임받은 변호사가 사고신고 담보금에 대한 권리보전조치의 위임을 별도로 받은 바 없다면 적극적으로 사고신고 담보금에 대한 권리보전조치로서 지급은행에 소송계속 중임을 증명하는 서면을 제출할 의무는 없다고 한다(대판 2002. 11. 22, 2002다9479).

(ㄴ) 「위임계약에 있어서 수임인이 위임의 본지에 좇은 업무처리를 하지 아니한 까닭에 만약 수임인이 위임의 본지에 좇은 업무처리를 하였더라면 지출하지 아니하여도 될 비용을 위임인이 지출한 경우에 수임인의 채무불이행으로 인하여 위임인이 입게 된 손해액은 그 지출한 비용이라 할 것이다. …

일반적으로 위임계약에 있어서 수임인의 채무불이행으로 인하여 위임의 목적을 달성할 수 없게 되어 손해가 발생한 경우, 이로 인하여 위임인이 받은 정신적인 고통은 그 재산적 손해에 대한 배상이 이루어짐으로써 회복된다고 보아야 할 것이고, 위임인이 재산적 손해에 대한 배상만으로는 회복될 수 없는 정신적 고통을 입었다는 특별한 사정이 있고, 수임인이 그와 같은 사정을 알았거나 알 수 있었을 경우에 한하여 정신적 고통에 대한 위자료를 인정할 수 있다.」(대판 1996. 12. 10, 96다36289)

3) 위임은 당사자의 신임관계를 기초로 하므로 수임인은 원칙적으로 스스로 위임사무를 처리하여야 한다(자기(자신) 복무의 원칙). 그런데 민법은 제682조에서 일정한 범위에서 복위임(復委任)을 인정하고 있다. D-316

그에 의하면 수임인은 ① 위임인의 승낙이 있는 때와 ② 부득이한 사유(예: 수임인의 질병·여행)가 있는 때에 한하여 복위임을 할 수 있다(682조 1항). 이러한 사유가 있어 수임인이 제 3 자(복수임인)에게 위임사무를 처리하게 한 경우에, 복수임인의 행위에 의하여 위임인에게 손해가 생긴 때에는, 수임인은 그 복수임인의 선임 또는 감독에 과실이 있는 때에만 책임을 지며(682조 2항·121조 1항), 그러한 때라도 수임인이 위임인의 지명에 의하여 복수임인을 선임하였다면 복수임인의 부적임(不適任) 또는 불성실(不誠實)을 알고 위임인에게 통지나 해임하는 것을 태만한 경우에만 책임을 진다(682조 2항·121조 2항). 한편 복위임의 경우 복수임인과 위임인 사이의 관계에 대하여는 제123조를 준용한다(682조 2항). 그러나 제123조 제 1 항은 준용될 여지가 없고(이설 없음), 제123조 제 2 항이 준용되는 결과 복수임인과 위임인 사이에는 위임인과 수임인 사이에서와 같은 권리의무관계가 생긴다. 그런데 이 권리의무관계는 위임인과 수임인 사이의 본래의 관계의 범위와 복위임계약에서 정해진 범위에 한정된다. 그리고 위임인과 복수임인 사이에 직접적인 관계가 있어도 위임인·수임인 사이의 위임계약의 효력은 그대로 유지된다.

(2) 그 밖의 의무 D-317

1) 보고의무 수임인은 위임인의 청구가 있는 때에는 위임사무의 처리상황을 보고하고, 위임이 종료한 때에는 지체없이 그 전말을 보고하여야 한다(683조).

2) 취득물 인도의무 수임인은 위임사무의 처리로 인하여 받은 금전 기타의 물건 및 그 수취한 과실을 위임인에게 인도하여야 한다(684조 1항). 이때 수임인이 위임인에게 인도한 목적물은 그것이 대체물이더라도 당사자 간에 있어서는 특정된 물건과 같은 것으로 보아야 한다(대판 1962. 12. 16, 67다1525). 그리고 인도시기는 당사자 간에 특약이 있거나 위임의 본뜻에 반하는 경우 등과 같은 특별한 사정이 없는 한 위임계약이 종료한 때이고, 수임인이 반환할 금전의 범위도 위임종료시를 기준으로 정해진다(대판 2024. 11. 14, 2021다215060 등).

판례 수임인의 취득물 인도의무 관련

「민법 제684조 제 1 항 … 에서 말하는 "위임사무의 처리로 인하여 받은 금전 기타 물건"에는 수임인이 위임사무의 처리와 관련하여 취득한 금전 기타 물건으로서 이를 수임인에게 그대로 보유하게 하는 것이 위임의 신임관계를 해한다고 사회통념상 생각할 수 있는 것도 포함된다.」(대판 2010. 5. 27, 2010다4561)

3) 취득권리 이전의무 수임인은 위임인을 위하여 자기의 명의로 취득한 권리를 위임인에게 이전하여야 한다(684조 2항). 권리의 이전시기는 당사자 간에 특약이 있거나 위임의 본뜻에 반하는 경우 등과 같은 특별한 사정이 없는 한 위임계약이 종료된 때이고, 따라서 위임사무로 수임인 명의로 취득한 권리에 관한 위임인의 이전청구권의 소멸시효는 위임계약이 종료된 때부터 진행하게 된다(대판 2022. 9. 7, 2022다217117). 한편 수임인이 대리권을 가지는 경우에는, 권리가 처음부터 위임인(본인)에게 귀속되므로 이 규정은 적용되지 않는다.

4) 금전소비의 책임 수임인이 위임인에게 인도할 금전 또는 위임인의 이익을 위하여 사용할 금전을 자기를 위하여 소비한 때에는, 소비한 날 이후의 이자를 지급하여야 하며, 그 외에 손해가 있다면 배상하여야 한다(685조).

5)「기타의 행위의무」(신의칙상의 의무) 수임인은 신의칙에 기하여「기타의 행위의무」도 부담한다. 그러한 의무로는 보호의무, 통지의무, 설명·조언의무, 정보제공의무, 비밀유지의무 등 여러 가지가 있다.

D-318 (판 례) 수임인의「기타의 행위의무」가 인정된 예

판례에 의하면, 병원은 입원환자의 휴대품 등의 도난을 방지함에 필요한 적절한 조치를 강구하여 줄 보호의무가 있다(대판 2003. 4. 11, 2002다63275). 그리고 구분건물의 수분양자로부터 소유권이전등기 신청절차를 위임받은 법무사가 그 절차를 마치기 전에 건축주로부터 등기권리증의 반환을 요구받은 경우에 수분양자가 의무이행을 완료한 사실을 알고 있었고 건축주가 등기권리증을 이용하여 구분건물을 담보로 제공하고 금원을 차용하려 한다는 것을 예상할 수 있는 때에는 건축주의 요청을 거부하거나 최소한 그 사실을 위임인에게 알려주고 권리보호를 위하여 적당한 조치를 취할 기회를 부여할 위임계약상의 의무가 있으며(대판 2001. 2. 27, 2000다39629), 피사취수표와 관련된 본안소송을 위임받은 변호사는 사고신고 담보금에 대한 권리보전조치의 위임을 별도로 받은 바가 없더라도 사고신고 담보금이 예치된 사실을 알게 되었다면, 수표 소지인이 당해 수표에 관한 소송이 계속 중임을 증명하는 서면을 지급은행에게 제출하고 수익의 의사표시를 하면 나중에 확정판결 등을 통하여 정당한 소지인임을 증명함으로써 사고신고 담보금에 대한 직접청구권이 생기므로, 법률전문가의 입장에서 승소판결금을 회수하는 데 있어 매우 실효성이 있는 이와 같은 방안을 위임인에게 설명하고 필요한 정보를 제공하여 위임인이 그 회수를 위하여 필요한 수단을 구체적으로 강구할 것인지를 결정하도록 하기 위한 법률적인 조언을 하여야 할 보호의무가 있다(대판 2002. 11. 22, 2002다9479. D-315에 인용된 부분도 참조). 관세사는 의뢰받은 사무와 밀접하게 연관되는 범위 안에서는 비록 별도의 위임이 없다 하여도 의뢰인이 이익을 도모하고 손해를 방지하기 위하여 필요한 조치를 취하도록 의뢰인에게 설명하고 조언하여야 하며, 의뢰인의 구체적인 지시가 있어도 그에 따르는 것이 위임의 본지에 적합하지 않거나 또는 의뢰인에게 불이익한 때에는 관세사는 그러한 내용을 의뢰인에게 설명하고 그 지시를 변경하도록 조언할 의무가 있다(대판 2005. 10. 7, 2005다38294). 또한

세무사는 공공성을 지닌 세무전문가로서 납세자의 권익을 보호하고 납세의무의 성실한 이행에 이바지함을 사명으로 하므로, 의뢰받은 사무와 밀접하게 연관되는 범위 안에서, 의뢰인이 의뢰한 사무의 처리에 필요한 자료를 제출하지 못하는 경우이거나 비록 의뢰인의 구체적인 지시가 있어도 그에 따르는 것이 위임의 본지에 적합하지 않거나 또는 의뢰인에게 불이익한 경우라는 등의 특별한 사정이 있는 때에는, 별도의 위임이 없다 하여도 의뢰인으로 하여금 이익을 도모하고 손해를 방지하기 위하여 필요한 조치를 취하도록 의뢰인에게 설명하고 조언할 의무가 있다(대판 2018. 9. 13, 2015다48412. 납세자가 위임사무의 처리에 필요한 자료를 제대로 제출하지 못하는 경우에 관한 대판 2005. 1. 14, 2003다63968도 참조). 그런가 하면 「법무사는 등기사무에 관한 한 전문적인 식견을 가진 사람으로서, 일반인이 등기업무를 법무사에게 위임하는 것은 그러한 전문가인 법무사에 대한 기대와 신뢰를 바탕으로 하는 것이므로, 비록 등기업무와 관련된 법무사의 주된 직무내용이 서류의 작성과 신청대리에 있다 하여도, 그 직무를 수행하는 과정에서 의뢰인의 지시에 따르는 것이 위임의 취지에 적합하지 않거나 오히려 의뢰인에게 불이익한 결과가 되는 것이 드러난 경우에는, 법무사법에 정한 직무의 처리와 관련되는 범위 안에서 그러한 내용을 의뢰인에게 알리고 의뢰인의 진정한 의사를 확인함과 아울러 적절한 방법으로 의뢰인이 진정으로 의도하는 등기가 적정하게 되도록 설명 내지 조언을 할 의무가 있다고 할 것이다.」(대판 2006. 9. 28, 2004다55162) 그리고 「중개의뢰를 받은 중개업자는 선량한 관리자의 주의로 중개대상물의 권리관계 등을 조사·확인하여 중개의뢰인에게 설명할 의무가 있고, 이는 부동산중개업자나 그 중개보조원이 구 부동산중개업법에서 정한 중개대상물의 범위 외의 물건이나 권리 또는 지위를 중개하는 경우에도 다르지 않다.」(대판 2015. 1. 29, 2012다74342)

2. 위임인의 의무 D-319

(1) 비용선급의무

위임사무의 처리에 비용이 필요한 경우에는 수임인의 청구가 있으면 위임인은 이를 선급하여야 한다(687조).

(2) 필요비상환의무

수임인이 위임사무의 처리에 관하여 **필요비**(대판 1999. 10. 12, 98다6176은 명의신탁이 탈세의 목적으로 이루어진 경우에 명의수탁자의 상속인이 납부한 상속세 상당액은 필요비에 해당한다고 한다)를 지출한 때에는, 위임인은 그 비용과 지출한 날 이후의 이자를 상환하여야 할 의무가 있다(688조 1항).

(3) 채무대변제의무(債務代辨濟義務)

수임인이 위임사무의 처리에 필요한 채무를 부담한 때(예: 주식회사의 이사가 회사의 공장매수대금의 일부를 마련하기 위하여 금융기관으로부터 대출금채무를 부담하는 경우(대판 2002. 1. 25, 2001다52506))에는, 그는 위임인에게 자기에 갈음하여 이를 변제하게 할 수 있고(대변제청구권), 그 채무가 변제기에 있지 않은 때에는 상당한 담보를 제공하게 할 수 있다(688조 2항). **수임인의 대변제청구권은 수임인에게 대리권이 없는 경우에만 인정된다.** 수임인에게 대리권이 있으면 수임인의 사무처리에 의하여 생기는 채무는 처음부터 위임인에게 귀속하기 때문이다. 그리고 수임인에게 대변제청구권이 있다고 하여 비용선급청구권(687조)이 없어지는 것은 아니다. 수임인은 두 권리를 선택적으로 행사할 수 있다(이설 없음).

판례 수임인의 불성실로 그의 채무가 확대된 경우의 대변제의무 문제

「수임인이 위임사무 처리와 관련하여 선관주의의무를 다하여 자기의 이름으로 위임인을 위해 필요한 계약을 체결하였다고 하더라도, 이후 그에 따른 채무를 이행하지도 않고 위임인에 대하여 필요한 보고 등의 조치도 취하지 않으면서 방치하여 두거나 계약 상대방의 소제기에 제대로 대응하지 않음으로써 수임인 자신이 계약 상대방에 대하여 부담하여야 할 채무액이 확대된 경우에는, 그 범위가 확대된 부분까지도 당연히 '위임사무의 처리에 필요한 채무'로서 '위임인에게 대신 변제하게 할 수 있는 채무'의 범위에 포함된다고 보기는 어렵다. 이러한 경우 법원으로서는 수임인이 보고의무 등을 다하지 못하거나 계약 상대방이 제기한 소송에 제대로 대응하지 못하여 채무액이 확대된 것인지 등을 심리하여 수임인이 위임인에게 대신 변제하게 할 수 있는 채무의 범위를 정하여야 한다.」(대판 2018. 11. 29, 2016다48808)

(4) 손해배상의무

수임인이 위임사무의 처리를 위하여 과실없이 손해를 받은 때에는, 위임인은 그 배상책임이 있다(688조 3항). 민법은 위임인의 무과실 손해배상책임을 모든 위임에 적용하는 형태로 규정하고 있다. 그러나 그 규정은 위임이 무상임을 전제로 한 것으로 보아야 한다(686조 1항 및 무상인 사무관리자의 무과실 손해보상청구권에 관한 740조 참조). 따라서 위임인의 손해배상책임은 무상위임의 경우에만 인정되어야 한다.

D-320

(5) 보수지급의무

1) 민법상 위임은 무상이 원칙이어서 위임인의 보수지급의무는 보수지급에 관한 특약이 있는 때에만 인정된다(686조 1항). 그런데 실제에 있어서는 명시적 또는 묵시적으로 보수지급을 약정하는 것이 보통이다. 그리고 유상이 일반적인 경우(특히 변호사·세무사같이 전문적인 지식을 바탕으로 영리행위를 하는 경우)에는 명시적인 약정을 하지 않았더라도 무보수로 한다는 특약이 없는 한 보수지급의 특약이 있는 것으로 새겨야 할 것이다(다수설임). 판례도 소송위임에 따른 변호사의 보수에 관하여 같은 견지에 있다(대판 2024. 4. 4, 2023다298670 등 다수).

2) 보수의 종류(금전 기타)나 보수액에 대하여는 제한이 없다. 따라서 당사자가 자유롭게 정할 수 있다(그런데 판례는 변호사의 보수가 부당히 과다한 경우에는 계약이 무효라고 하거나(대판 1972. 2. 29, 71다2722), 상당하다고 인정되는 범위 내의 보수액만을 청구할 수 있다고 한다(대판 2002. 4. 12, 2000다50190 등)). 사무처리가 일정한 효과를 거둔 때(즉 성공한 때)에 추가로 성공보수를 지급하기로 하여도 무방하다(대판 1970. 12. 22, 70다2312는 성공보수를 약정한 경우에 소송사건이 쌍불로 취하 간주된 때도 승소한 때에 준한다고 해석한다. 그리고 대판 1982. 9. 14, 82다125, 82다카284는 변호사가 받은 착수금은 일반적으로 위임사무의 처리비용 외에 보수금 일부(이 경우의 보수금은 성공과 관계없이 지급되는 것이 보통임)의 선급금조로 지급받는 성질의 금원이라고 한다). 다만, 판례에 따르면 형사사건에서의 성공보수약정은 사회질서에 반하여 무효라고 한다(대판(전원) 2015. 7. 23, 2015다200111).

보수의 지급시기는 당사자가 특약으로 자유롭게 정할 수 있으나, 특약이 없으면 후급이 된다. 즉 수임인은 위임사무를 완료한 후에 보수를 청구할 수 있고(686조 2항 본문), 기간으로 보수를 정한 때에는 그 기간이 경과한 후에 청구할 수 있다(686조 2항 단서). 판례에 의하면, 항소심 사건의 소송대리인인 변호사 등의 위임사무는 특별한 약정이 없는 한 항소심판결이 송달된 때에 종료되므로, 변호사 등은 항소심판결이 송달되어 위임사무가 종료되면 원칙적으로 그에 따른 보수를 청구할 수 있다고 한다(대판 2016. 7. 7, 2014다1447). 그러나 항소심판결이 상고심에서 파기되고 사건이 환송되는 경우에는 사건을 환송받은 항소심법원이 환송 전의 절차를 속행하여야 하고 환송 전 항소심에서의 소송대리인인 변호사 등의 소송대리권이 부활하므로, 환송 후 사건을 위임사무의 범위에서 제외하기로 약정하였다는 등의 특별한 사정이 없는 한 변호사 등은 환송 후 항소심 사건의 소송사무까지 처리하여야만 비로소 위임사무의 종료에 따른 보수를 청구할 수 있다고 한다(대판 2016. 7. 7, 2014다1447). 그런가 하면 의사의 진료채무는 결과채무가 아니고 수단채무이므로 적절한 진료조치를 다하였으면 그 결과 질병이 치료되지 않았다고 하더라도 치료비는 청구할 수 있고, 그 채권은 특약이 없는 한 그 개개의 진료가 종료될 때마다 이행기가 도래한다고 한다(대판 2001. 11. 9, 2001다52568).

3) 수임인이 위임사무를 처리하는 중에 수임인의 책임없는 사유로 위임이 종료된 때(689조 · 690조 참조)에는 수임인은 이미 처리한 사무의 비율에 따른 보수를 청구할 수 있다(686조 3항). 그리고 이는 기간으로 보수가 정해진 경우뿐만 아니라 후불의 일시불 보수약정을 한 경우에도 인정되어야 한다(대판 2006. 11. 23, 2004다3925 등은 공사감리계약에 관하여 이를 인정한다). 한편 위임이 수임인의 유책사유로 종료된 때에는, 비율에 의한 보수도 청구하지 못하나(이때 부당이득 반환청구는 할 수 있을 것이다), 보수가 정기 분할급인 경우에는 그 사유가 발생할 때까지의 사무처리에 대하여서는 보수를 지급하여야 할 것이다.

Ⅳ. 위임의 종료 D-321

(1) 종료원인

위임은 위임사무의 종료, 채무불이행으로 인한 해제, 종기의 도래 등에 의하여 종료된다. 그런데 민법은 위임의 특별한 종료원인으로 ① 당사자에 의한 해지, ② 당사자 일방의 사망, ③ 당사자 일방의 파산, ④ 수임인이 성년후견개시의 심판을 받은 경우를 규정하고 있다.

1) 해 지 위임계약은 각 당사자가 언제든지 해지할 수 있다(689조 1항). 민법은 위임이 신뢰관계를 기초로 하기 때문에 그것이 유상이든 무상이든 정당한 이유 없이도 각 당사자로 하여금 언제든지 해지할 수 있도록 한 것이다(통설 · 판례(대판 2005. 11. 24, 2005다39136 등)도 같다). 그리고 해지로 말미암아 상대방이 손해를 입어도 원칙적으로 손해배상책임도 생기지 않는다. 그러나 상대방이 불리한 시기(예: 위임인의 질병 중)에 해지한 때에는 손해를 배상하여야 한다(689조 2항). 다만, 부득이한

사유(예: 수임인의 질병)로 그 시기에 해지한 경우에는 배상책임은 생기지 않는다(689조 2항). 손해배상을 하여야 하는 경우에 배상의 범위는 위임이 해지되었다는 사실로부터 생기는 손해가 아니라 적당한 시기에 해지되었더라면 입지 않았을 손해에 한정된다(대판 2015. 12. 23, 2012다71411 등).

판례에 따르면, 위임계약의 일방 당사자가 타방 당사자의 채무불이행을 이유로 위임계약을 해지한다는 의사표시를 하였으나 실제로는 채무불이행을 이유로 한 계약 해지의 요건을 갖추지 못한 경우라도, 특별한 사정이 없는 한 위 의사표시에는 제689조 제 1 항에 기한 임의해지로서의 효력이 인정된다고 한다(대판 2015. 12. 23, 2012다71411).

위임계약의 당사자가 제689조 제 1 항 · 제 2 항과 다르게 약정한 경우에 관하여 대법원은, 제689조 제 1 항 · 제 2 항은 임의규정에 불과하므로 당사자의 약정에 의하여 위 규정의 적용을 배제하거나 그 내용을 달리 정할 수 있으며, 당사자가 위임계약을 체결하면서 제689조 제 1 항 · 제 2 항에 규정된 바와 다른 내용으로 해지사유 및 절차, 손해배상책임 등을 정하였다면, 제689조 제 1 항 · 제 2 항이 이러한 약정과는 별개 독립적으로 적용된다고 볼 만한 특별한 사정이 없는 한, 위 약정에서 정한 해지사유 및 절차에 의하지 않고는 계약을 해지할 수 없고, 손해배상책임에 관한 당사자 간 법률관계도 위 약정이 정한 바에 의하여 규율된다고 봄이 타당하다고 한다(대판 2019. 5. 30, 2017다53265).

D-322 **판 례** 위임계약의 해지 · 해제 관련

(ㄱ) 판례는 건물임대 중개(대판 1991. 4. 9, 90다18968)나 부가가치세 환급을 위한 세무업무 대행(대판 2000. 6. 9, 98다64202)의 경우에 관하여, 「사무처리의 완료를 조건으로 하여 보수를 지급받기로 하는 내용의 계약과 같은 유상위임계약에 있어서는, 시기 여하에 불문하고 사무처리 완료 이전에 계약이 해지되면 당연히 그에 대한 보수청구권을 상실하는 것으로 계약 당시에 예정되어 있어 특별한 사정이 없는 한 해지에 있어서의 불리한 시기란 있을 수 없다 할 것이므로, 수임인의 사무 처리 완료 전에 위임계약을 해지한 것만으로 수임인에게 불리한 시기에 해지한 것이라고 볼 수는 없다」고 한다(대판 2000. 6. 9, 98다64202).

(ㄴ) 「이 사건 계약과 같이 수임인이 재임 중에 기본급, 주택수당 및 자녀학비 등을 지급받고 퇴임시에는 퇴직금까지 지급받기로 하는 유상위임인 데다가, 수임인의 지위를 보장하기 위하여 계약기간 중 처음 2년간은 위임인이 해지권을 행사하지 않기로 하는 특약까지 되어 있어 위임인의 이익과 함께 수임인의 이익도 목적으로 하고 있는 위임의 경우에는 위임인의 해지 자유가 제한되어 위임인으로서는 해지 자체는 정당한 이유 유무에 관계없이 할 수 있다 하더라도 정당한 이유 없이 해지한 경우에는 상대방인 수임인에게 그로 인한 손해를 배상할 책임이 있다.」(대판 2000. 4. 25, 98다47108)

(ㄷ) 「수임인이 위임계약상의 채무를 제대로 이행하지 아니하였다 하여 위임인이 언제나 최고 없이 바로 그 채무불이행을 이유로 하여 위임계약을 해제할 수 있는 것은 아니고, 아직도 수임인이 위임계약상의 채무를 이행하는 것이 가능하다면 위임인은 수임인에 대하여

상당한 기간을 정하여 그 이행을 최고하고, 수임인이 그 기간 내에 이를 이행하지 아니할 때에 한하여 계약을 해제할 수 있다.」(대판 1996. 11. 26, 96다27148)

㈑ 「등기권리자와 등기의무자 쌍방으로부터 등기절차의 위촉을 받고 그 절차에 필요한 서류를 교부받은 사법서사는 절차가 끝나기 전에 등기의무자로부터 등기신청을 보류해 달라는 요청이 있었다 해도 등기권리자에 대한 관계에 있어서는 그 사람의 동의가 있는 등 특별한 사정이 없는 한 그 요청을 거부해야 할 위임계약상의 의무가 있는 것이다. 그러므로 이와 같은 경우에는 등기의무자와 사법서사와의 간의 위임계약은 계약의 성질상 민법 제689조 제1항의 규정에 관계없이 등기권리자의 동의 등 특별한 사정이 없는 한 해제할 수가 없다.」(대판 1987. 6. 23, 85다카2239)

2) 기타의 종료원인 D-323

㈎ 당사자 일방의 사망(690조) 그러나 위임사무가 상속인에게 승계될 성질의 것일 때에는 종료하지 않는다(이설 없음).

㈏ 당사자 일방의 파산(690조)

㈐ 수임인이 성년후견개시의 심판을 받은 경우(690조)

판 례 위임계약의 기타의 종료원인 관련

판례는, 건축공사 감리계약은 위임이기는 하지만 특수성이 있어서 거기에는 제690조가 그대로 적용되지는 않으며(대판 2003. 1. 10, 2002다11236(사업주체의 파산시 종료하지 않음)), 위임의 당사자 일방이 파산한 경우에는 제690조에 의하여 위임계약이 당연히 종료되고 구 파산법 제50조 제1항(현행 채무자회생법 335조 1항에 해당)이 적용될 여지가 없다고 한다(대판 2002. 8. 27, 2001다13624). 그리고 매매에 관한 위임에 있어서 인감증명서의 유효기간이 경과하였다는 사실만으로 위 위임계약이 당연히 실효되었다고 볼 수 없다고 한다(대판 1991. 10. 11, 91다12707).

(2) 위임종료시의 특별조치 D-324

1) 수임인 측의 긴급처리의무 위임종료의 경우에 급박한 사정이 있는 때에는 수임인·그의 상속인(수임인의 사망으로 종료된 때) 또는 법정대리인(수임인이 성년후견개시의 심판을 받아 종료된 때)은 위임인·그의 상속인(위임인의 사망으로 종료된 때) 또는 법정대리인이 위임사무를 처리할 수 있을 때까지 그 사무의 처리를 계속하여야 한다(691조 1문). 그 경우에는 위임의 존속과 동일한 효력이 있다(691조 2문).

이러한 긴급처리의무는 위임이 위임인의 해지로 인하여 종료하는 경우에는 인정하지 않아야 한다.

2) 위임종료의 대항요건 위임종료의 사유는 이를 상대방에게 통지하거나 상대방이 이를 안 때가 아니면 이로써 상대방에게 대항하지 못한다(692조).

D-325 **판 례** **연명치료 중단 관련**

(ᄀ) **연명치료 중단에 관한 대법원 전원합의체 판결**(대판(전원) 2009. 5. 21, 2009다17417[핵심판례 360면])

「다. 회복불가능한 사망 단계에 진입한 환자에 대한 진료중단의 허용 요건

(1) 회복불가능한 사망의 단계에 이른 후에 환자가 인간으로서의 존엄과 가치 및 행복추구권에 기초하여 자기결정권을 행사하는 것으로 인정되는 경우에는 특별한 사정이 없는 한 연명치료의 중단이 허용될 수 있다.

(2) 환자가 회복불가능한 사망의 단계에 이르렀을 경우에 대비하여 미리 의료인에게 자신의 연명치료 거부 내지 중단에 관한 의사를 밝힌 경우(이하 '사전의료지시'라 한다)에는 비록 진료 중단 시점에서 자기결정권을 행사한 것은 아니지만 사전의료지시를 한 후 환자의 의사가 바뀌었다고 볼 만한 특별한 사정이 없는 한 사전의료지시에 의하여 자기결정권을 행사한 것으로 인정할 수 있다.

다만, 이러한 사전의료지시는 진정한 자기결정권 행사로 볼 수 있을 정도의 요건을 갖추어야 한다. 따라서 의사결정능력이 있는 환자가 의료인으로부터 직접 충분한 의학적 정보를 제공받은 후 그 의학적 정보를 바탕으로 자신의 고유한 가치관에 따라 진지하게 구체적인 진료행위에 관한 의사를 결정하여야 하며, 이와 같은 의사결정 과정이 환자 자신이 직접 의료인을 상대방으로 하여 작성한 서면이나 의료인이 환자를 진료하는 과정에서 위와 같은 의사결정 내용을 기재한 진료기록 등에 의하여 진료 중단 시점에서 명확하게 입증될 수 있어야 비로소 사전의료지시로서의 효력을 인정할 수 있다.

환자 본인의 의사에 따라 작성된 문서라는 점이 인정된다고 하더라도, 의료인을 직접 상대방으로 하여 작성하거나 의료인이 참여한 가운데 작성된 것이 아니라면, 환자의 의사결정능력, 충분한 의학적 정보의 제공, 진지한 의사에 따른 의사표시 등의 요건을 갖추어 작성된 서면이라는 점이 문서 자체에 의하여 객관적으로 확인되지 않으므로 위 사전의료지시와 같은 구속력을 인정할 수 없고, 아래에서 보는 바와 같이 환자의 의사를 추정할 수 있는 객관적인 자료의 하나로 취급할 수 있을 뿐이다.

(3) 한편, 환자의 사전의료지시가 없는 상태에서 회복불가능한 사망의 단계에 진입한 경우에는 환자에게 의식의 회복가능성이 없으므로 더 이상 환자 자신이 자기결정권을 행사하여 진료행위의 내용 변경이나 중단을 요구하는 의사를 표시할 것을 기대할 수 없다. 그러나 환자의 평소 가치관이나 신념 등에 비추어 연명치료를 중단하는 것이 객관적으로 환자의 최선의 이익에 부합한다고 인정되어 환자에게 자기결정권을 행사할 수 있는 기회가 주어지더라도 연명치료의 중단을 선택하였을 것이라고 볼 수 있는 경우에는 그 연명치료 중단에 관한 환자의 의사를 추정할 수 있다고 인정하는 것이 합리적이고 사회상규에 부합된다. …

(4) 환자측이 직접 법원에 소를 제기한 경우가 아니라면, 환자가 회복불가능한 사망의 단계에 이르렀는지 여부에 관하여는 전문의사 등으로 구성된 위원회 등의 판단을 거치는 것이 바람직하다.」

(ᄂ) 「환자가 의료인과 사이에 의료계약을 체결하고 진료를 받다가 미리 의료인에게 자신

의 연명치료 거부 내지 중단에 관한 의사(이하 '사전의료지시'라 함)를 밝히지 아니한 상태에서 회복불가능한 사망의 단계에 진입을 하였고, 환자 측이 직접 법원에 연명치료 중단을 구하는 소를 제기한 경우에는, 특별한 사정이 없는 한, 연명치료 중단을 명하는 판결이 확정됨으로써 그 판결의 주문에서 중단을 명한 연명치료는 더 이상 허용되지 아니하지만, 환자와 의료인 사이의 기존 의료계약은 판결 주문에서 중단을 명한 연명치료를 제외한 나머지 범위 내에서는 유효하게 존속한다.」(대판 2016. 1. 28, 2015다9769)

[참고] 연명치료에 관한 입법

최근에 연명치료와 관련된 법으로 「호스피스·완화의료 및 임종과정에 있는 환자의 연명의료결정에 관한 법률」이 제정되었다(2016. 2. 3.). 이 법은 ① 연명의료 중단 등 결정의 관리체계, ② 연명의료 중단 등 결정의 이행, ③ 호스피스·완화의료에 관하여 규정하고 있는데, 이 중 ①·②는 2018. 2. 4.에 시행되었고, ③은 2017. 8. 4.부터 시행되었다(연명치료에 관한 입법과 이론의 자세한 내용은 채권법각론 [189] 참조).

제12절 임 치

Ⅰ. 서 설 D-326

(1) 의 의

임치(任置)는 당사자 일방(임치인)이 상대방(수치인)에 대하여 금전이나 유가증권 기타 물건의 보관을 위탁하고, 상대방이 이를 승낙함으로써 성립하는 계약이다(693조). 임치도 노무공급계약에 해당하나, 타인의 물건 등을 보관한다는 특수한 노무를 목적으로 하는 점에서 특색이 있다.

(2) 사회적 작용

우리의 사회생활에서 물건의 보관을 위탁하는 예는 대단히 많으나, 민법의 임치규정이 적용될 기회는 극히 적다(채권법각론 [190] 참조). 따라서 임치의 사회적 작용은 미미하다.

판 례 임치의 성립 여부 관련

「상법 제152조 제 1 항의 규정에 의한 임치가 성립하려면 우선 공중접객업자와 객 사이에 공중접객업자가 자기의 지배영역 내에서 목적물 보관의 채무를 부담하기로 하는 명시적 또는 묵시적 합의가 있음을 필요로 하는바, 여관 부설주차장에 시정장치가 된 출입문이 설치 되어 있거나 출입을 통제하는 관리인이 배치되어 있거나 기타 여관 측에서 그 주차장에의 출입과 주차사실을 통제하거나 확인할 수 있는 조치가 되어 있다면, 그러한 주차장에 여관 투숙객이 주차한 차량에 관하여는 명시적인 위탁의 의사표시가 없어도 여관업자와 투숙객 사이에 임치의 합의가 있은 것으로 볼 수 있으나, 위와 같은 주차장 출입과 주차사실을 통제하거나 확인하는 시설이나 조치가 되어 있지 않은 채 단지 주차의 장소만을 제공하는 데에 불과하여 그 주차장 출입과 주차사실을 여관 측에서 통제하거나 확인하지 않고 있는 상황이라면, 부설주차장 관리자로서의 주의의무 위배 여부는 별론으로 하고 그러한 주차장에 주차한 것만으로 여관업자와 투숙객 사이에 임치의 합의가 있은 것으로 볼 수 없고, 투숙객이 여관 측에 주차사실을 고지하거나 차량열쇠를 맡겨 차량의 보관을 위탁한 경우에만 임치의 성립을 인정할 수 있을 것이다.」(대판 1992. 2. 11, 91다21800)

(3) 법적 성질

민법은 보수가 없는 임치를 원칙적인 것으로 정하고 있다(701조·686조)(상법상의 임치는 유상이 원칙이다. 동법 61조 참조). 그러한 임치는 무상·편무계약이다. 그러나 특약으로 보수를 지급하는 것으로 약정할 수 있으며, 그때에는 유상·쌍무계약이 된다. 그리고 임치는 그것이 무상이든 유상이든 낙성·불요식의 계약이다(693조 참조).

D-327 Ⅱ. 임치의 성립

(1) 임치는 낙성계약이므로 당사자의 합의만으로 성립한다. 그 합의는 적어도 금전·유가증권 기타 물건의 보관에 관하여 이루어져야 한다. 그 외에 목적물의 수령과 보수의 지급은 임치의 성립요건이 아니다.

(2) 임치의 목적물은 금전이나 유가증권 기타의 물건이다. 그러나 금전은 그것이 특정물로서 임치되지 않는 한 소비임치가 된다. 민법은 임치의 목적물을 동산에 한정시키지 않아서 부동산도 목적물이 될 수 있다. 그렇지만 그러한 예는 거의 없으며, 있다고 하여도 부동산의 보관에는 관리(118조 참조) 기타의 노무의 제공이 따르게 되어 있어 고용이나 위임 또는 도급이 될 것이다. 목적물이 임치인의 소유에 속할 필요는 없다.

(3) 임치에서 「보관」이란 임치의 목적물을 자기의 지배 아래 두어 그 원상을 유지하는 것이다. 보통은 보관을 위하여 수치인이 자기의 시설이나 장소를 사용하나, 장소 제공이 필수요건은 아니다(예: 부동산의 임치). 그리고 장소를 제공하는 경우에도 보관이 목적이 아니고 단순히 장소를 제공하는 때에는 임치가 아니다(임대차 또는 사용대차가 성립할 것임).

D-328 Ⅲ. 임치의 효력

1. 수치인의 의무

(1) 임치물보관의무

1) 이 의무는 수치인이 목적물을 인도받은 때부터 생기고 반환할 때까지 존속한다.

2) 수치인이 목적물을 보관하는 데 베풀어야 하는 주의의 정도는 임치가 유상인가 무상인가에 따라 다르다. 무상의 수치인은 임치물을 「자기 재산과 동일한 주의」로 보관하면 된다(695조. 상법 62조는 무상수치인의 선관주의의무를 규정한다)(구체적 경과실에 대하여 책임짐). 그러나 유상의 수치인은 선량한 관리자의 주의로 보관하여야 한다(374조 참조).

3) 수치인은 임치인의 동의 없이 임치물을 사용하지 못한다(694조).

4) 수치인은 원칙적으로 자신이 보관하여야 하나, 임치인의 승낙이나 부득이한 사유가 있는 때에는 제3자(복수치인(復受置人)·제3보관자)에게 보관하게 할 수 있다(701조·682조 1항). 제3자에게 보관하게 하는 경우(복임치(復任置))에 수치인의 책임과 복수치인의 지위는 복위임의 경우와 같다(701조·682조 2항. D-316 참조).

(2) 보관에 따르는 부수적 의무

1) 임치물에 대한 권리를 주장하는 제3자가 수치인에 대하여 소를 제기하거나 압류한 때에는, 수치인은 지체없이 임치인에게 이를 통지하여야 한다(696조). 임치인이 방어조치를 취할 수 있는 기회를 잃지 않도록 하기 위하여서이다.

2) 수치인은 수치물의 보관으로 인하여 받은 금전 기타의 물건 및 그 수취한 과실을 임치인에게 인도하여야 하고, 자기 명의로 취득한 권리가 있으면 이를 임치인에게 이전하여야 한다(701조·684조. D-317 참조). 그리고 수치인이 임치인의 금전을 자기를 위하여 소비한 때에는, 소비한 날 이후의 이자를 지급하여야 하며, 그 외에 손해가 있으면 배상하여야 한다(701조·685조. D-317 참조).

(3) 임치물반환의무

임치가 종료한 때에는 수치인은 임치물을 반환하여야 한다. ① 반환할 상대방은 임치인 또는 그가 지정한 자이다. ② 반환의 목적물은 수치인이 받은 물건이나 금전 또는 유가증권 그 자체이다. 이는 받은 목적물이 대체물인 때에도 마찬가지여서 동종·동질·동량의 다른 물건으로 반환할 것이 아니다(대판 1976. 11. 9, 76다1932 등). ③ 반환의 장소는 특약이 있으면 그에 의하나, 특약이 없으면 보관한 장소에서 반환하여야 한다(700조 본문). 그러나 수치인이 정당한 사유로 인하여 임치물을 전치(轉置)(옮겨서 놓음)한 때에는 현존(現存)하는 장소에서 반환할 수 있다(700조 단서). ④ 유상임치의 경우 수치인의 반환의무는 임치인의 보수지급의무와 동시이행관계에 있다. 그리고 수치인은 보관료에 관하여 임치물에 유치권을 가진다. ⑤ 판례는, 임치인의 임치물반환청구권(기한을 정하지 않은 경우임)의 소멸시효는 특별한 사정이 없는 한 임치계약이 성립하여 임치물이 수치인에게 인도된 때부터 진행하는 것이지, 임치인이 임치계약을 해지한 때부터 진행하는 것이 아니라고 한다(대판 2022. 8. 19, 2020다220140 [핵심판례 62면]. A-295도 참조).

D-329 2. 임치인의 의무

(1) 임치물인도의무

임치는 낙성계약이기 때문에 임치가 성립하기 위하여 임치물이 인도되어야 하는 것은 아니다. 그렇지만 임치물이 인도되어야 임치의 목적인 보관이 행하여질 수 있다. 여기서 임치인에게 임치물인도의무가 있는지가 문제된다. 여기에 관하여 학설은 i) 유상임치이든 무상임치이든 임치인에게 인도의무가 없다는 견해(사견도 같음)와 ii) 무상임치의 경우에는 인도의무가 없으나, 유상임치의 경우에는 인도의무가 있다는 견해로 나뉘어 있다.

(2) 비용선급의무 · 필요비상환의무 · 채무대변제 및 담보제공의 의무

임치인은 위임인과 마찬가지로 이들 의무가 있다(701조 · 687조 · 688조. D-319 참조).

(3) 손해배상의무

임치인은 임치물의 성질 또는 하자로 인하여 생긴 손해를 수치인에게 배상하여야 한다(697조 본문). 임치인에게 과실이 있는지는 묻지 않는다. 그러나 수치인이 그 성질 또는 하자를 안 때에는 배상책임이 없다(697조 단서).

(4) 보수지급의무

임치인의 보수지급의무는 특약이 있는 경우에만 인정되며(대판 1968. 4. 16, 68다285), 보수의 지급시기는 특약이 없으면 원칙적으로 후급(後給)으로 되고, 수치인의 책임없는 사유로 임치가 종료된 때에는 이미 행한 보관의 비율에 따른 보수를 지급하여야 한다(701조 · 686조).

D-330 Ⅳ. 임치의 종료

(1) 종료원인

임치는 기간만료·목적물의 멸실 등에 의하여 종료하나, 민법은 그 밖에 임치에 특유한 종료원인으로 당사자에 의한 해지를 규정하고 있다.

민법은 위임과 달리 당사자의 사망·파산·성년후견개시를 임치의 종료원인으로 규정하지 않고 있다(690조 참조). 그런데 통설은 무상임치의 경우에는 수치인의 사망으로 임치가 종료하고, 유상임치의 경우에는 임치인이 파산하면 기간의 약정이 있는 때에도 수치인은 임치를 해지할 수 있다고 한다.

(2) 당사자의 해지

임치인은 임치기간의 약정이 있든 없든 언제든지 임치를 해지할 수 있다(698조 단서 · 699조). 그리고 수치인은 기간의 약정이 없는 때에는 언제든지 해지할 수 있으나(699조), 기간의 약정이 있는 때에는 부득이한 사유가 없이는 기간만료 전에 계약을 해지하지 못한다(698조 본문).

V. 특수한 임치 D-331

(1) 혼장임치(混藏任置)

대체물(예: 곡물·기름·술)의 임치에 있어서 수치인이 임치된 물건을 동종·동질의 다른 임치물과 혼합하여 보관하다가 반환할 때에는 임치된 것과 동량을 반환하기로 하는 임치를 혼장임치라고 한다. **혼장임치의 경우에는 수치인이 목적물의 소유권을 취득하지 않고**, 따라서 소비할 수도 없으며, 이 점에서 소비임치와 다르다(임치물의 소유권은 임치인이 지분을 가지고 공유하는 것으로 해석된다). 혼장임치에서는 임치인이 재고채권(제한종류채권)을 가지게 된다. 한편 임치물의 일부가 멸실 또는 손상되어 마지막으로 반환을 청구한 임치인에게 반환할 수량이 부족하거나 손상된 것만 남아 있는 때에는, 수치인은 채무불이행책임을 지게 된다. 그 밖에 통설은 그 경우 피해자인 임치인이 다른 임치인에게 부당이득 반환청구를 할 수 있다고 한다.

(2) 소비임치

소비임치는 임치를 함에 있어서 목적물(대체물에 한함)의 소유권을 수치인에게 이전하기로 하고 수치인은 그것과 동종·동질·동량의 것을 반환하기로 약정하는 경우를 가리킨다. 소비임치는 목적물의 소유권이 수치인에게 이전되고 수치인은 동종·동질·동량의 물건으로 반환하게 되는 점에서 소비대차와 같다(598조 참조). 따라서 민법은 **소비임치의 경우에는 소비대차에 관한 규정을 준용하나**(702조 본문). 그러나 소비대차는 차주의 이익을 위하여 목적물을 이용하게 하는 것인 데 비하여, 소비임치는 임치인을 위하여 임치물을 보관하게 하는 점에서 차이가 있다(임치인이 언제든지 반환청구를 할 수 있다는 점에서 볼 때 그렇다). 그 때문에 소비임치에 있어서의 반환시기에 관하여는 소비대차에서와 달리 특별규정을 두고 있다. 그에 의하면, 반환시기는 특약이 있으면 그에 의하되, 특약이 없으면 임치인은 언제든지 그 반환을 청구할 수 있다(702조 단서).

[참고] 예금계약 D-332

(ㄱ) 의의 및 법적 성질 예금계약은 예금자가 은행 기타 금융기관에 금전의 보관을 위탁하고 금융기관은 예입금의 소유권을 취득하여 소비한 후 반환시기에 같은 금액(이자부인 경우는 이자와 함께)을 반환할 것을 내용으로 하는 계약이다.

예금계약의 성질에 관하여는 논란이 있다. 학설은 대체로 i) 소비임치라고 하나, ii) 소비임치에 가까운 독자적 계약유형이라는 견해도 있다. 그리고 판례는 i)설과 같다(대판 2023. 6. 29, 2023다218353 등).

예금계약이 요물계약인가? 여기에 관하여는 학설이 대립되나, 근래에는 긍정설이 우세하다. 그리고 판례도 요물계약설의 견지에 있다(대판 2005. 12. 23, 2003다30159 등).

(ㄴ) 성립시기 예금계약의 성립시기에 관하여 판례는, 「일반적으로 예금계약은 예금자가 예금의 의사를 표시하면서 금융기관에 돈을 제공하고 금융기관이 그 의사에 따라서 그 돈을 받아 확인을 하면 그로써 성립하며 금융기관의 직원이 그 받은 돈을 금융기관에 입금하지 아니하고 이를 횡령하였다고 할지라도 예금계약의 성립에는 아무 소장이 없다」고 한다(대판 1984. 8. 14, 84도1139).

(ㄷ) 예금주의 결정 대법원은 전원합의체 판결로써 예금주 결정에 관한 기존의 입장을 다음과 같이 변경하였다. 즉 금융실명거래 및 비밀보장에 관한 법률에 따라 실명확인 절차를 거쳐

예금계약을 체결하고 그 실명확인 사실이 예금계약서 등에 명확히 기재되어 있는 경우에는, 일반적으로 그 예금계약서에 예금주로 기재된 예금명의자나 그를 대리한 행위자 및 금융기관의 의사는 예금명의자를 예금계약의 당사자로 보려는 것이라고 해석하는 것이 경험법칙에 합당하고, 예금계약의 당사자에 관한 법률관계를 명확히 할 수 있어 합리적이며(이러한 해석 법리는 예금명의자의 위임에 의하여 자금 출연자 등의 제 3 자가 대리인으로서 예금계약을 체결한 경우에도 마찬가지로 적용됨), 따라서 본인인 예금명의자의 의사에 따라 예금명의자의 실명확인 절차가 이루어지고 예금명의자를 예금주로 하여 예금계약서를 작성하였음에도 불구하고, 예금명의자가 아닌 출연자 등을 예금계약의 당사자라고 볼 수 있으려면, 금융기관과 출연자 등과 사이에서 실명확인 절차를 거쳐 서면으로 이루어진 예금명의자와의 예금계약을 부정하여 예금명의자의 예금반환청구권을 배제하고 출연자 등과 예금계약을 체결하여 출연자 등에게 예금반환청구권을 귀속시키겠다는 명확한 의사의 합치가 있는 극히 예외적인 경우로 제한되어야 한다고 한다(대판(전원) 2009. 3. 19, 2008다45828[핵심판례 362면]). 이는 대법원이 타인 명의로 예금계약을 체결한 경우에는 무엇보다도 금융실명제 관련규정의 취지를 고려하여 타인의 명의를 사용하여 행한 법률행위에 관한 대법원의 일반적인 법리(A-209 참조)에 관하여 예외를 인정한 것으로 이해된다.

(ㄹ) 기 타 판례에 의하면, 위의 긴급명령이나 법률의 규제는 비실명 금융거래계약의 사법상의 효력에는 영향이 없다고 한다(대판 2001. 12. 28, 2001다17565). 그리고 긴급명령 「제 3 조 제 3 항은 단속규정일 뿐 효력규정이 아니라는 점에 비추어 볼 때, 출연자와 예금주인 명의인 사이의 명의신탁 약정상 명의인은 출연자의 요구가 있을 경우에는 금융기관에 대한 예금반환채권을 출연자에게 양도할 의무가 있다고 보아야 할 것이어서 출연자는 명의신탁을 해지하면서 명의인에 대하여 금융기관에 대한 예금채권의 양도를 청구하고 아울러 금융기관에 대한 양도통지를 할 것을 청구할 수 있다」고 한다(대판 2001. 1. 5, 2000다49091).

D-333 **판 례** 계좌이체 관련

(ㄱ) 「현금으로 계좌송금 또는 계좌이체가 된 경우에는 예금원장에 입금의 기록이 된 때에 예금이 된다고 예금거래기본약관에 정하여져 있을 뿐이고, 수취인과 은행 사이의 예금계약의 성립 여부를 송금의뢰인과 수취인 사이에 계좌이체의 원인인 법률관계가 존재하는지 여부에 의하여 좌우되도록 한다고 별도로 약정하였다는 등의 특별한 사정이 없는 경우에는, 송금의뢰인이 수취인의 예금구좌에 계좌이체를 한 때에는, 송금의뢰인과 수취인 사이에 계좌이체의 원인인 법률관계가 존재하는지 여부에 관계없이 수취인과 수취은행 사이에는 계좌이체 금액 상당의 예금계약이 성립하고, 수취인이 수취은행에 대하여 위 금액 상당의 예금채권을 취득한다고 해석하여야 한다. 이때, 송금의뢰인과 수취인 사이에 계좌이체의 원인이 되는 법률관계가 존재하지 않음에도 불구하고, 계좌이체에 의하여 수취인이 계좌이체 금액 상당의 예금채권을 취득한 경우에는, 송금의뢰인은 수취인에 대하여 위 금액 상당의 부당이득 반환청구권을 가지게 되지만, 수취은행은 이익을 얻은 것이 없으므로 수취은행에 대하여는 부당이득 반환청구권을 취득하지 아니하는 것이다.」(대판 2007. 11. 29, 2007다51239)

(ㄴ) 「예금거래기본약관에 따라 송금의뢰인이 수취인의 예금계좌에 자금이체를 하여 예금원장에 입금의 기록이 된 때에는 특별한 사정이 없는 한 송금의뢰인과 수취인 사이에 자금이체의 원인인 법률관계가 존재하는지 여부에 관계없이 수취인과 수취은행 사이에는 위 입금액 상당의 예금계약이 성립하고, 수취인이 수취은행에 대하여 위 입금액 상당의 예금

채권을 취득하고, 수취은행은 원칙적으로 수취인의 계좌에 입금된 금원이 송금의뢰인의 착오로 자금이체의 원인관계 없이 입금된 것인지 여부에 관하여 조사할 의무가 없으며, 수취은행이 수취인에 대한 대출채권 등을 자동채권으로 하여 수취인의 계좌에 입금된 금원 상당의 예금채권과 상계하는 것은 신의칙 위반이나 권리남용에 해당한다는 등의 특별한 사정이 없는 한 유효하다.」(대판 2010. 5. 27, 2010다4561)

(ㄷ) 「이와 같은 법리(위 (ㄴ) 판결 전단 부분의 법리: 저자 주)는 출금계좌의 예금주가 수취인 앞으로의 계좌이체에 대하여 지급지시를 하거나 수취인의 추심이체에 관하여 출금 동의 등을 한 바가 없는데도, 은행이 그와 같은 지급지시나 출금 동의가 있는 것으로 착오를 일으켜 그 출금계좌에서 예금을 인출한 다음 이를 수취인의 예금계좌에 입금하여 그 기록이 완료된 때에도 동일하게 적용된다고 봄이 상당하므로, 수취인은 이러한 은행의 착오에 의한 자금이체의 경우에도 그 입금액 상당의 예금채권을 취득한다.」(대판 2012. 10. 25, 2010다47117)

「이때(앞 단락의 경우: 저자 주) 착오로 입금이 이루어진 수취인의 예금계좌가 그 은행에 개설되어 있는 경우 은행은 입금기록의 완료와 동시에 수취인에 대하여 취득한 입금액 상당의 부당이득반환청구권을 자동채권으로 하여 수취인의 예금채권과 상계할 수 있다. 그리고 은행은 위와 같은 상계로써 수취인의 예금채권에 관하여 이미 이해관계를 가지게 된 제3자 등에게 대항할 수 없다는 등의 특별한 사정이 없는 한, 착오로 인한 자금이체에 의하여 발생한 채권채무관계를 정리하기 위하여 수취인의 예금계좌에 대한 입금기록을 정정하여 그 자금이체를 취소시키는 방법으로 은행의 수취인에 대한 부당이득 반환채권과 수취인의 은행에 대한 예금채권을 모두 소멸시킬 수 있다(대법원 2012. 10. 25. 선고 2010다47117 판결 참조).」(대판 2022. 10. 27, 2018다258609)

(ㄹ) 「송금의뢰인이 착오송금임을 이유로 거래은행을 통하여 혹은 수취은행에 직접 송금액의 반환을 요청하고, 수취인도 송금의뢰인의 착오송금에 의하여 수취인의 계좌에 금원이 입금된 사실을 인정하여 수취은행에 그 반환을 승낙하고 있는 경우, 수취은행이 수취인에 대한 대출채권 등을 자동채권으로 하여 수취인의 계좌에 착오로 입금된 금원 상당의 예금채권과 상계하는 것은 수취은행이 선의인 상태에서 수취인의 예금채권을 담보로 대출을 하여 그 자동채권을 취득한 것이라거나 그 예금채권이 이미 제3자에 의하여 압류되었다는 등의 특별한 사정이 없는 한, 공공성을 지닌 자금이체시스템의 운영자가 그 이용자인 송금의뢰인의 실수를 기화로 그의 희생 하에 당초 기대하지 않았던 채권회수의 이익을 취하는 행위로서 상계제도의 목적이나 기능을 일탈하고 법적으로 보호받을 만한 가치가 없으므로, 송금의뢰인에 대한 관계에서 신의칙에 반하거나 상계에 관한 권리를 남용하는 것이다. 수취인의 계좌에 착오로 입금된 금원 상당의 예금채권이 이미 제3자에 의하여 압류되었다는 특별한 사정이 있어 수취은행이 수취인에 대한 대출채권 등을 자동채권으로 하여 수취인의 그 예금채권과 상계하는 것이 허용되더라도 이는 피압류채권액의 범위 내에서만 가능하고, 그 범위를 벗어나는 상계는 신의칙에 반하거나 권리를 남용하는 것으로서 허용되지 않는다.」(대판 2022. 7. 14, 2020다212958)

(ㅁ) 「종합통장자동대출의 약정계좌가 예금거래기본약관의 적용을 받는 예금계좌인 경우

에 그 예금계좌로 송금의뢰인이 자금이체를 한 때에는 특별한 사정이 없는 한 송금의뢰인과 수취인 사이에 자금이체의 원인인 법률관계가 존재하는지 여부에 관계없이 수취인이 수취은행에 대하여 위 이체금액 상당의 예금채권을 취득한다.

다만 약정계좌의 잔고가 마이너스로 유지되는 상태, 즉 대출채무가 있는 상태에서 약정계좌로 자금이 이체되면, 그 금원에 대해 수취인의 예금채권이 성립됨과 동시에 수취인과 수취은행 사이의 대출약정에 따라 수취은행의 대출채권과 상계가 이루어지게 된다. 그 결과 수취인은 대출채무가 감소하는 이익을 얻게 되므로, 설령 송금의뢰인과 수취인 사이에 자금이체의 원인인 법률관계가 없더라도, 송금의뢰인은 수취인에 대하여 이체금액 상당의 부당이득 반환청구권을 가지게 될 뿐이고, 수취인과의 적법한 대출거래약정에 따라 대출채권의 만족을 얻은 수취은행에 대하여는 부당이득 반환청구권을 취득한다고 할 수 없다.」(대판 2022. 6. 30, 2016다237974)

제13절 조 합

D-334 I. 서 설

1. 조합의 의의 및 사회적 작용

(1) 조합의 의의

조합은 2인 이상의 특정인이 서로 출자하여 공동사업을 경영할 목적으로 결합한 단체이다.

1) 사람의 결합체인 단체에는 사단(社團)과 조합(組合)의 두 가지가 있다. 그중 사단의 경우에는 그 구성원(사원)이 단체에 매몰되어 그 개성이 표면에 나타나지 않는 데 비하여, 조합의 경우에는 그 구성원(조합원)의 개성이 강하게 나타난다. 구체적으로 사단과 조합은 통일적 조직과 기관의 유무(사단: 있음, 조합: 없음), 단체의 행위자(사단: 기관, 조합: 조합원 또는 그로부터 대리권이 주어진 자), 법률효과의 귀속자(사단: 단체 자체, 조합: 각 조합원), 의사결정방법(사단: 총회에서의 다수결, 조합: 직접 운영 또는 업무집행자 선임, 다수결 또는 전원 일치(合手性)의 원리), 재산의 소유형태(사단: 법인의 단독 소유 또는 총유, 조합: 조합원의 합유), 법인격 유무(사단: 원칙적으로 법인격 가짐, 조합: 법인격 없음) 등에서 차이를 보인다.

판례는, 민법상의 조합과 법인격은 없지만 사단성이 인정되는 비법인 사단을 구별함에 있어서는 일반적으로 그 단체성의 강약을 기준으로 판단할 것이라고 한다(대판 1999. 4. 23, 99다4504 등. A-361 참조). 이때 조합이라는 명칭을 사용하는지는 중요하지 않다(대판 1999. 7. 27, 98도4200 참조). 비법인 사단에는 사단법인에 관한 규정이 유추적용된다.

D-335 2) 민법상의 조합과 구별하여야 할 제도가 있다. ① 노동조합(「노동조합 및 노동관계조정법」 6조에 의하여 등기하면 법인격을 취득한다)·농업협동조합(농업협동조합법 4조)·수산업협동조합(수산업협동조합법 4조) 등은 명칭은 조합이지만 특수한 법

인이며 민법상의 조합이 아니다. ② 익명조합(당사자의 일방이 상대방의 영업을 위하여 출자하고 상대방은 그 영업으로 인한 이익을 분배할 것을 약정하는 계약관계. 상법 78조)은 조합의 실질을 갖추지 못한 특수한 기업형태이다. ③ 「내적 조합(內的 組合)」은 여러 사람이 공동사업을 경영함에도 불구하고 그중 1인의 이름으로 법률행위를 하고 재산도 그 자의 단독소유로 되는 것으로서 민법상의 조합과 차이가 있다(대판 2000. 7. 7, 98다44666은 내적 조합이라는 특수한 조합이 되려면 내부관계에서는 조합관계가 있어야 하고, 그러려면 서로 출자하여 공동사업을 경영할 것을 약정하여야 하며, 영리사업을 목적으로 하면서 당사자 중의 일부만이 이익을 분배받는 경우에는 조합관계(동업관계)라고 할 수 없다고 한다). ④ 상법상의 합명회사(동법 178조 이하)는 조합의 실질을 갖추고 있으나, 상법이 주로 적용되고 민법의 조합에 관한 규정은 합명회사의 내부관계에 관하여 정관 또는 상법규정이 없는 경우에 준용될 뿐이다(상법 195조). ⑤ 상법상의 합자조합은 조합의 업무집행자로서 조합의 채무에 대하여 무한책임을 지는 조합원과 출자가액을 한도로 하여 유한책임을 지는 조합원이 상호출자하여 공동사업을 경영할 것을 약정함으로써 성립하는 상법상의 특수한 조합계약이다(상법 86조의 2. 2011. 4. 14. 상법 개정시 신설)(민법상의 조합원은 모두 무한책임을 짐). 합자조합에 대해서는 상법이 여러 규정을 두고 있으며(상법 86조의 2 이하), 민법은 상법 또는 조합계약에 다른 규정이 없는 경우에만 준용된다(상법 86조의 8 4항).

3) 민법상 조합의 대표적인 경우는 몇 사람이 출자하여 공동으로 영업 또는 기업을 경영하기로 하는 동업관계이다. 그리고 사단법인 또는 사단인 회사(주식회사 등)의 설립을 목적으로 하는 설립자 또는 발기인 조합도 민법상의 조합이다(A-376도 참조).

(2) 조합의 사회적 작용

단체 중에서 조합은 사단보다 쉽게 성립할 수가 있고 또 조합에 관한 민법규정은 대부분 임의규정이어서(대판 1988. 3. 8, 87다카1448) 사람들은 부담없이 원하는 모습으로 조합제도를 이용하고 있다. 그 점에서 조합은 어느 정도 사회적 작용을 하고 있다고 말할 수 있다.

2. 조합계약의 의의 및 법적 성질 D-336

(1) 조합계약의 의의

조합계약은 2인 이상이 상호 출자하여 공동사업을 경영할 것을 약정함으로써 성립하는 계약이다(703조 1항). 이는 조합이라는 단체를 성립·발생시키는 원인이 되는 것이다. 그런데 조합계약은 조합을 성립시키는 합의만을 가리키는 것이 아니고, 그 조합의 구성이나 운영에 관한 합의도 포함한다(이설 없음).

(2) 조합계약의 법적 성질

1) 조합의 창설을 목적으로 하는 합의(여기서는 편의상 이를 조합계약이라고 표현하기로 함)가 계약인지에 관하여 학설은 i) 계약설과 ii) 합동행위로서의 성질과 계약으로서의 성질을 모두 가지는 특수한 법률행위라는 견해(사견도 같음)로 나뉘어 있다.

2) 조합계약이 쌍무계약인가에 관하여 학설은 i) 본래의 쌍무계약이 아니라는 견해(사견도 같음)와 ii) 쌍무계약이라는 견해로 나뉜다.

조합계약에는 제536조(동시이행의 항변권)가 원칙적으로 적용되지 않는다. 다만, 조합원이 2인인 경우에는 적용하는 것이 타당하다.

조합계약에 제537조 · 제538조(위험부담)가 적용되는가에 관하여는 i) 부정설(다수설임), ii) 긍정설, iii) 2인 조합의 경우에는 적용하고 3인 이상의 조합의 경우에는 부정하는 견해가 주장되고 있으나, 적용을 부정하고 조합의 이론에 따라 해결하여야 한다. 그리하여 출자가 불능하게 된 자는 조합원이 되지 못하거나 탈퇴하게 될 뿐이다. 그리고 불능으로 된 급부가 조합의 목적달성에 중요한 것일 때에는 조합을 해산할 수밖에 없다.

D-337 3) 조합계약에 대하여는 계약의 해제 · 해지에 관한 규정(543조-553조)이 적용되지 않으며, 제명·탈퇴·해산 등으로 처리하는 것이 적당하다. 통설·판례(대판 2024. 9. 27, 2024다224645 · 224652 등 다수. 그 사안은 대부분 해제에 관한 것임)도 같은 입장이다.

(판 례) 조합계약의 해제가 가능한지(부정)

「동업계약과 같은 조합계약에서는 조합의 해산청구를 하거나 조합으로부터 탈퇴를 하거나 또는 다른 조합원을 제명할 수 있을 뿐이지 일반계약에서처럼 조합계약을 해제 또는 해지하고 상대방에게 그로 인한 원상회복의 의무를 부담지울 수는 없다.」(대판 2024. 9. 27, 2024다224645 · 224652)

4) 조합계약이 유상계약인가는 조합계약에 매매에 관한 규정(특히 매도인의 담보책임에 관한 규정)이 준용되는가의 문제로 논의되고 있다. 학설은 i) 인정설(사견도 같음)과 ii) 부정설로 나뉘어 있다.

5) 조합계약이 낙성·불요식의 계약이라는 데 대하여는 다툼이 없다.

판례는, 조합계약에도 계약자유의 원칙이 적용되므로 그 구성원들은 자유로운 의사에 따라 조합계약의 내용을 정할 수 있으며, 조합의 구성원들 사이에 내부적인 법률관계를 규율하기 위한 약정이 있는 경우에 한쪽 당사자가 그 약정에 따른 의무를 이행하지 않아 상대방이 도급인에 대한 의무를 이행하기 위하여 손해가 발생하였다면 그 상대방에게 채무불이행에 기한 손해배상책임을 진다고 한다(대판 2017. 1. 12, 2014다11574 · 11581).

D-338 Ⅱ. 조합의 성립

(1) 조합의 성립요건

조합은 2인 이상이 서로 출자하여 공동사업을 경영할 것을 약정함으로써 성립한다(703조 1항).

1) 조합이 성립하려면 2인 이상의 당사자가 있어야 한다. 당사자 수의 상한선은 없으나, 그 수가 너무 많으면 사단으로 될 가능성이 크다.

2) 「공동사업의 경영」을 약정하여야 한다(대판 2007. 6. 14, 2005다5140). 사업의 종류나 성질에는 제한이 없다. 따라서 사회질서 및 강행법규에 반하지 않으면 자유롭게 정할 수 있으며, 비영리적인 것이나 일시적인 것이라도 무방하다. 사업은 공동의 것이어야 하며, 따라서 일부의 조합원만이 이익분배를 받는 경우는 조합이 아니다(대판 2000. 7. 7, 98다44666도 동지).

판 례 조합계약의 성립 관련

「민법상 조합계약은 2인 이상이 상호 출자하여 공동으로 사업을 경영할 것을 약정하는 계약으로서(민법 제703조), 특정한 사업을 공동경영하는 약정에 한하여 이를 조합계약이라 할 수 있고, 공동의 목적 달성이라는 정도만으로는 조합의 성립요건을 갖추었다고 할 수 없다.」(대판 2007. 6. 14, 2005다5140: 부동산의 공동매수인들이 전매차익을 얻으려는 '공동의 목적 달성'을 위해 상호 협력한 것에 불과하고 이를 넘어 '공동사업을 경영할 목적'이 있었다고 인정되지 않는 경우, 이들 사이의 법률관계는 공유관계에 불과할 뿐 민법상 조합이 아니라고 한 사례)

3) 모든 당사자가 출자의무를 부담하여야 한다. 당사자 중 일부가 출자의무를 부담하지 않으면 조합이 아니다. 출자의 종류나 성질에는 제한이 없다. 따라서 금전뿐만 아니라 물건, 물권·지식재산권·채권 등의 재산권, 노무·상호·신용도 출자의 목적물이 된다(703조 2항). 부작위(예: 경업(競業)을 하지 않는 것)도 출자의 목적이 될 수 있다고 보는 것이 일반적이다. 그리고 각 당사자의 출자의 종류나 내용이 동일할 필요도 없다.

판 례 공동수급체 관련

(ㄱ) 판례에 의하면, 공동이행방식의 공동수급체(공동으로 도급을 받은 결합체)는 기본적으로 민법상의 조합의 성질을 가지는 것이라고 한다(대판(전원) 2012. 5. 17, 2009다105406; 대판 2017. 1. 12, 2014다11574·11581 등).

(ㄴ) 「공동이행방식의 공동수급체는 민법상 조합의 성질을 가지는데, 조합의 채무는 조합원의 채무로서 특별한 사정이 없는 한 조합채권자는 각 조합원에 대하여 지분의 비율에 따라 또는 균일적으로 그 권리를 행사할 수 있지만, 조합채무가 조합원 전원을 위하여 상행위가 되는 행위로 인하여 부담하게 된 것이라면 상법 제57조 제 1 항을 적용하여 조합원들의 연대책임을 인정함이 상당하므로, 공동수급체의 구성원들이 상인인 경우 공사도급계약에 따라 도급인에게 하자보수를 이행할 의무는 그 구성원 전원의 상행위에 의하여 부담한 채무로서 공동수급체의 구성원들은 연대하여 도급인에게 하자보수를 이행할 의무가 있다.」(대판 2013. 5. 23, 2012다57590)

(ㄷ) 「당사자들이 자금을 출자하여 공동으로 주식회사를 설립하여 운영하고 그에 따르는 비용의 부담과 이익의 분배를 지분 비율에 따라 할 것을 내용으로 하는 동업약정은 주식회사 주식의 매매계약과 주식회사의 공동경영과 이익분배에 관한 주주 사이의 계약이 혼합된 계약의 성격을 가지고, 특별한 사정이 없는 한 공동사업을 위하여 민법상 조합을 결성할 것을 목적으로 한다고 볼 수 없다.」(대판 2024. 6. 27, 2022다302022)

D-339 ⑵ **조합계약의 하자와 소급효 제한**

1) 조합이 활동을 시작하기 전에는 제한능력 또는 의사표시의 흠을 이유로 계약이 무효 또는 취소되어도 문제가 없다. 다만, 당사자가 3인 이상인 경우에 그중 1인이 제한능력자이거나 의사표시의 흠으로 무효 또는 취소되는 때에는, 일부무효의 법리(137조 참조)가 적용되어야 한다. 그 결과 나머지 당사자들에 관하여 그 무효부분이 없더라도 계약을 하였으리라고 인정되는 경우에는 유효한 부분에서 조합계약은 존속하나, 그 외의 경우에는 계약 전체가 무효로 된다.

2) 조합이 이미 활동을 시작한 뒤에 제한능력 또는 의사표시의 흠으로 인하여 무효임이 드러나거나 취소된 때에는, 계약관계는 장래에 향하여서만 효력을 잃는다고 하여야 한다(동지 대판 1972. 4. 25, 71다1833). 그리고 이러한 결과를 사실적 계약관계(D-45·46)를 인정하는 방법으로 도출할 이유는 없다(이설 있음).

D-340 **Ⅲ. 조합의 업무집행**

조합의 업무집행에는 대내적인 것(이것이 본래의 업무집행임)과 대외적인 것이 있다. 이 중에 대외적인 것은 조합대표 또는 조합대리(대리의 방식에 의한다는 의미에서)라고도 한다.

1. 조합의 대내관계(협의의 업무집행)

민법에 명문의 규정은 없지만 조합의 경우에는 사단과 달리 각 조합원이 업무집행에 참여할 권리(업무집행권)를 갖는다. 그렇지만 모든 조합원이 업무집행을 하지 않고 일부 조합원이나 제3자에게 업무집행을 맡길 수도 있다.

⑴ **모든 조합원이 업무를 집행하는 경우**

1) 모든 조합원이 업무를 집행하는 경우에 의견이 일치되지 않는 때에는 조합원의 과반수로써 결정한다(706조 2항 1문). 여기의 과반수는 조합원의 모든 인원수이고 출석인원수나 출자액수가 아니다(다만 출자액에 의한다는 특약이 있으면 그에 의한다).

2) 이 다수결의 원칙에는 예외가 있다. 즉 조합의 통상사무는 각 조합원이 전행(專行)할 수 있다(706조 3항 본문)(대판 1997. 5. 30, 95다4957은 조합재산(건물의 공유지분)이 조합원 1인에게 명의신탁된 경우에 명의신탁의 해지는 조합재산의 관리방법의 변경에 해당되는 것으로서 단순한 보존행위라고 볼 수 없으므로 다른 1인의 조합원이 단독으로 이를 할 수 없다고 한다). 그러나 그 사무의 완료 전에 다른 조합원의 이의가 있는 때에는 즉시 중지하여야 한다(706조 3항 단서).

3) 어떤 조합원이 조합업무를 집행하는 경우에는 위임에 관한 제681조 내지 제688조를 준용한다(707조). 그 결과 조합원은 선관주의의무를 지고(681조 참조), 다른 조합원의 업무집행을 감시할 수도 있다(683조 참조). 그런데 민법은 그것과 별도로 조합원이 언제든지 조합의 업무 및 재

산상태를 검사할 수 있다는 규정도 두었다(710조). 그리고 판례에 따르면, 조합원의 검사권에는 업무와 재산상태를 검사하기 위하여 필요한 범위에서 장부나 그 밖의 서류의 열람·등사를 청구할 권한이 포함된다고 한다(대판 2021. 1. 14, 2020다222580).

업무집행 조합원에 제688조 제 1 항이 준용됨에 따라(707조), 조합업무를 집행하는 조합원이 그 집행에 관하여 필요비를 지출한 때에는 그 비용의 상환을 조합에 청구할 수 있는데, 판례는, 여기에서 필요비는 조합업무를 집행하는 조합원이 선량한 관리자의 주의를 가지고 조합에 필요하다고 판단하여 지출한 비용을 의미하며(대판 2025. 6. 26, 2025다205399·205405. 수임인에 관하여 동지 대판 2024. 2. 29, 2023다294470·294487), 이때 조합의 비용상환채무는 특별한 사정이 없는 한 조합채무에 해당한다고 한다(대판 2025. 6. 26, 2025다205399·205405). 그리고 조합과 조합원이 명의신탁약정을 맺고 그에 따라 조합원이 조합의 공동사업에 필요한 부동산을 매수하는 계약명의신탁 사안에서, 상대방 당사자가 명의신탁약정 사실을 알지 못한 상태에서 조합원의 매매계약 및 조합원 명의의 등기가 이루어짐으로써 부동산 소유권이 조합원에게 귀속되었더라도(부동산실명법 4조 2항 단서 참조) 조합원은 특별한 사정이 없는 한 조합업무 집행에 관하여 부동산에 지출한 필요비의 상환을 조합에 청구할 수 있다고 한다(대판 2025. 6. 26, 2025다205399·205405).

(2) 일부의 조합원을 업무집행자로 한 경우 D-341

1) 조합원들은 조합계약에서 일부의 조합원을 업무집행자로 정할 수 있다. 그렇지 않았더라도 언제든지 조합원의 3분의 2 이상의 찬성으로 업무집행자를 선임할 수 있다(706조 1항).

2) 업무집행자가 수인인 때에는 업무집행은 그 과반수로써 결정한다(706조 2항 2문). 다만, 조합의 통상사무는 각 업무집행자가 전행(專行)할 수 있되(706조 3항 본문), 그 사무의 완료 전에 다른 업무집행자의 이의가 있는 경우에는 즉시 중지하여야 한다(706조 3항 단서). 그리고 업무집행자인 조합원에 대하여는 위임에 관한 일부규정(681조–688조)이 준용된다(707조). 한편 업무집행자가 있으면 다른 조합원은 통상사무도 집행할 수 없다. 그러나 언제든지 조합의 업무 및 재산상태를 검사할 수는 있다(710조). 조합원의 검사권에 관련 서류의 열람·등사를 청구할 권한이 포함된다고 한 판례(대판 2021. 1. 14, 2020다222580)가 여기에도 해당함은 물론이다.

3) 위 1)과 2)에서 설명한 제706조 제 1 항·제 2 항의 「조합원」은 조합원의 출자가액이나 지분이 아닌 조합원의 인원수를 뜻한다(대판 2009. 4. 23, 2008다4247). 다만, 위의 규정은 임의규정이므로, 당사자 사이의 약정으로 업무집행자의 선임이나 업무집행방법의 결정을 조합원의 인원수가 아닌 그 출자가액 내지 지분의 비율에 의하도록 하는 것과 같이 그 내용을 달리 정할 수 있고, 그와 같은 약정이 있는 경우에는 그 정한 바에 따라 업무집행자를 선임하거나 업무집행방법을 결정하여야만 유효하다(대판 2009. 4. 23, 2008다4247).

4) 업무집행자인 조합원은 정당한 이유 없이 사임하지 못하고, 해임당하지도 않으며, 정당한 이유가 있어 해임하려면 다른 조합원의 의견이 일치되어야 한다(708조).

(3) 제 3 자에게 업무집행을 위임한 경우

이때에는 조합과 그 제3자 사이에 순수한 위임계약이 있게 되므로 위임의 규정에 의하게 된다(다만 제 3 자인 업무집행자가 수인 있는 경우에는 학설은 706조 2항 · 3항을 유추적용한다).

D-342

2. 조합의 대외관계(조합대표 또는 조합대리)

(1) 조합대리

1) 조합은 법인격이 없음은 물론 단체성도 약해서(대표기관도 없음) 대외관계에서 조합 자신의 명의로 행위를 할 수 없으며, 조합원 전원의 이름으로 하여야 한다(이때 조합을 구성하고 있음이 표시되어야 하며, 그렇지 않으면 분할채권관계가 된다). 그런데 이는 매우 번잡하여 실제에서는 대리의 방법을 이용하고 있다. 즉 어느 조합원이 한편으로는 다른 조합원을 대리하고 다른 한편으로는 자기 자신의 자격으로 제3자와 법률행위를 하는 것이다. 이와 같이 조합의 대외활동이 보통 대리의 형식에 의하고 있기 때문에 조합의 대외관계를 「조합대리」라고도 한다(그러나 조합원 전원이 할 수도 있고 또 대리의 경우에도 한편으로는 자신의 자격으로 하는 점에서 둘이 동의어일 수는 없다).

2) 이 대리권은 내부적인 업무집행권한과는 관념상 별개의 것으로서 대리권 수여행위(수권행위)에 의하여 발생한다. 그러나 실제에 있어서는 조합계약 속에 합해져서 행하여지는 것이 보통이다.

민법은 조합의 업무를 집행하는 조합원은 그 업무집행의 대리권이 있는 것으로 추정한다(709조). 따라서 업무집행자가 정해지지 않은 때에는 각 조합원이, 업무집행자가 정해진 때에는 업무집행자로 된 조합원이 이 추정을 받는다. 그리고 이는 추정이기 때문에 당사자들은 특약으로 조합원 전원의 동의를 요하도록 하는 등 그 내용을 달리 정할 수 있고, 조합의 구성원이 이러한 약정의 존재를 주장·증명하면 추정은 깨어진다(대판 2002. 1. 25, 99다62838. 이때 상대방이 법률행위의 효력을 주장하려면 조합원 전원의 동의가 있었다는 점을 주장 · 증명하여야 한다). 한편 학설은 일부의 조합원 또는 업무집행조합원이 통상사무가 아닌 사항을 과반수에 의한 결정을 거치지 않고 대리한 때에는(706조 2항 · 3항 참조), 그 대리행위가 당연히 무효로 되는 것은 아니고 제126조의 표현대리가 된다고 한다.

3) 대리에는 「현명(顯名)」이 필요하므로(114조참조), 대리행위자는 모든 조합원의 명의로 법률행위를 하여야 한다(조합은 법인격이 없어서 「본인」이 될 수 없음). 그러나 보통의 대리에서도 대리행위임을 알 수 있으면 되므로(115조단서), 조합대리에서도 상대방이 조합원을 대리하는 것을 알 정도로 표시하면 충분하고(예: 조합의 대표자 A 또는 업무집행자 A 등) 반드시 조합원 전원을 표시할 필요는 없다고 할 것이다(대판 1970. 8. 31, 70다1360도 조합의 어음행위에 관하여 동지임).

판 례 조합대리에 있어서 현명 관련

「민법상 조합의 경우 법인격이 없어 조합 자체가 본인이 될 수 없으므로, 이른바 조합대리에 있어서는 본인에 해당하는 모든 조합원을 위한 것임을 표시하여야 하나, 반드시 조합원 전원의 성명을 제시할 필요는 없고, 상대방이 알 수 있을 정도로 조합을 표시하는 것으로 충분하다고 할 것이다.」(대판 2009. 1. 30, 2008다79340)

(2) 조합의 당사자능력과 소송대리 D-343

1) 조합의 당사자능력 민사소송법 제52조는 법인 아닌 사단이나 재단에 대하여 대표자나 관리인이 있는 경우에 소송당사자능력을 인정하고 있다. 그러나 조합은 사단·재단과 전혀 다른 만큼 그 규정은 조합에 적용 또는 유추적용될 수 없으며, 따라서 조합은 소송당사자능력이 없다. 통설·판례(대판 1991. 6. 25, 88다카6358)도 같은 입장이다. 그 결과 조합은 조합원 전원이 공동소송인으로 당사자가 되어야 한다(필수적 공동소송). 이것이 번거로우면 선정당사자제도(민소 53조)를 이용할 수 있을 것이다(그리고 판례는, 조합 업무를 집행할 권한을 수여받은 업무집행 조합원은 조합재산에 관하여 조합원으로부터 임의적 소송신탁을 받아 자기 이름으로 소송을 수행할 수 있다고 한다. 대판 2001. 2. 23, 2000다68924 등).

2) 조합원에 의한 소송대리 업무집행조합원이 정해지지 않은 경우에 각 조합원이 재판상의 행위(소송 행위)에 대하여도 대리권이 있는지가 문제된다. 여기에 관하여 학설이 나뉘나, 통설은 부정한다(사견도 같음). 그에 비하여 업무집행조합원으로 정해진 자는 소송대리권도 가진다는 것이 통설이다.

Ⅳ. 조합의 재산관계 D-344

1. 조합재산

(1) 조합재산의 특수성

조합은 단체성이 약하기는 하지만 단체로서 독자적으로 경제활동을 한다. 따라서 조합은 조합 자신의 재산, 즉 조합재산을 가진다. 민법도 조합재산을 인정한다(704조 참조). 이 조합재산은 조합의 구성원인 조합원의 개인재산과 분리·독립된 조합 자신의 고유한 재산이다. 그런데 조합에는 법인격(권리 능력)이 인정되지 않아서 조합재산이 조합 자체에 귀속될 수는 없으며, 그것은 모든 조합원에게 속할 수밖에 없다. 그러면 조합재산이 모든 조합원에게 어떤 모습으로 귀속하는가? 민법은 이를 조합원의 「합유」로 규정하고 있다(704조, 271조－274조).

(2) 조합재산의 내용

조합재산은 조합원이 출자한 재산(동산·부동산·특허권 등), 출자청구권(출자를 약속한 조합원에 대하여 다른 조합원이 그 이행을 청구할 수 있는 권리), 조합의 업무집행으로 취득한 재산(인도받은 물건 외에 채권도 포함), 조합재산에서 생긴 재산(조합재산의 과실(果實), 수용의 대가, 제 3 자에 대한 손해배상청구권 등), 조합의 채무(소극 재산) 등으로 구성된다(704조 참조). 한편 금전을 출자하기로 한 조합원이 출자를 게을리한 때에는 지연이자 외에 손해를 배상하여야 한다(705조. 보통의 금전채무의 경우보다 책임을 가중함(397조 참조)). 금전 이외의 것의 출자를 목적으로 하는 때에는 채무불이행의 일반원칙에 의한다.

조합원이 출자하기로 한 권리가 조합재산으로 되려면 권리이전 절차가 완료되어야 하며, 그러기 전에는 그 권리를 조합재산이라고 주장할 수 없다(대판 1996. 2. 27, 94다27083·27090(토석채취권을 출자한 경우)). 특히 부동산소유권을 출자하기로 한 경우에는 그 부동산에 관하여 조합원의 합유로 등기되어 있지 않는 한 그 부동산이 조합원의 합유에 속한다고 할 근거가 없으며(조합에 소유권을 이전할 의무만 있음), 따라서 부동산소유자는 조합원이 아닌 제 3 자에 대하여는 여전히 소유자로서 그의 소유권을 행사할 수 있다(대판 2002. 6. 14, 2000다30622 등). 조합이 부동산을 매수한 경우에도 합유등기를 하여야 소유권을 취득하며(이는 187조에 의한 물권변동과 관련이 없으며, 186조에 의한 물권변동이다), 만약 그 경우에 합유등기를 하지 않고 조합원들 명의로 각 지분에 관하여 공유등기를 한 때에는 그 조합이 조합원들에게 각 지분에 관하여 명의신탁을 한 것으로 보게 된다(매도인이 악의이면 그 공유등기는 부동산실명법 4조 2항에 의하여 무효로 된다)(대판 2002. 6. 14, 2000다30622). 또한 그 경우에 합유등기를 하지 않고 조합원 중 1인 명의로 소유권이전등기를 한 경우에도 조합체가 조합원에게 명의신탁한 것으로 보아야 한다(대판 2019. 6. 13, 2017다246180 등). 그 결과 그 부동산의 소유권은 부동산실명법 제 4 조에 의해 물권변동이 무효인 경우에는 매도인에게, 유효인 경우에는 명의수탁자에게 귀속되며, 이 경우 조합재산은 소유권이전등기 청구권 또는 부당이득 반환채권이고, 신탁부동산 자체는 조합재산이 될 수 없다(대판 2019. 6. 13, 2017다246180).

D-345
2. 조합재산의 합유관계

민법은 제271조 제 1 항에서 「법률의 규정 또는 계약에 의하여 수인이 조합체로서 물건을 소유하는 때에는 합유로 한다」고 하여, 조합체가 물건을 소유하는 경우에는 그 조합체의 성립원인을 묻지 않고 언제나 합유라고 규정하고 있다. 그리고 제272조 내지 제274조에서 합유의 구체적인 법률관계를 정하고 있다. 이들 규정이 조합계약에 의한 조합이 물건을 소유하는 경우에도 적용됨은 물론이다. 그런데 민법은 다른 한편으로 제704조에서 조합재산은 조합원의 합유라고 규정하고, 별개의 특별규정(706조·714조·715조)도 두고 있다. 이들 중 제704조는 없어도 무방하지만 있다고 하여 문제가 생기지는 않는다. 그러나 일부의 특별규정(706조)은 합유관계규정(272조)과 내용상 충돌이 되어 문제이다. 합유관계와 충돌의 해결문제, 기타 특별규정들을 살펴보기로 한다.

D-346
(1) 합유관계

1) 물건의 합유 조합재산을 이루는 물건(동산·부동산)은 모든 조합원의 합유로 된다. 그 결과 지분의 처분이 제한되고 분할이 금지된다.

우선 지분의 처분이 제한된다. 조합원의 지분에는 조합재산을 구성하는 개개의 물건에 대한 것과 전체 조합재산에 대한 것의 두 가지가 있다. 이들 중 앞의 지분의 처분금지에 대하여는 명문의 규정이 있다(273조 1항). 그런데 그에 의하면 합유자 전원의 동의가 있을 경우 합유물의 지분을 처분할 수 있다고 한다. 이에 대하여 학설은 대체로 합유의 성질에 위배되는 것이어서 적용이 없다고 한다. 그런가 하면 뒤의 지분에 대하여는 명문규정은 없지만 처분하지 못한다고 새긴다. 이 지분은 조합원의 지위에 수반하는 것으로서 그것과 분리하여 처분할 성질의 것이 아니기 때문이다(대판 1960. 11. 10, 4292민상837). 모든 조합원의 동의가 있는 경우에 처분할 수 있는가에 대하여는 i) 부정설과 ii) 긍정설(사견도 같음)이 대립하고 있다. 그런데, 판례는 다른 조합원 전원의 동의가 있으면 그 지분을 처분할 수 있으나 조합원으로서의 자격과 분리하여 그 지분권만을 처분할 수는 없다고 한다(대판 2009. 3. 12, 2006다28454). 한편 판례에 따르면, 조합계약에 「동업지분은 제3자에게 양도할 수 있다」는 약정이 있는 경우 조합원은 다른 조합원 전원의 동의가 없더라도 자신의 지분 전부를 일체로서 제3자에게 양도할 수 있으나, 그 약정에 의하여 그 지분의 일부를 제3자에게 양도하는 것까지 당연히 허용되는 것은 아니라고 한다(대판 2009. 4. 23, 2008다4247).

판 례 조합원 지분의 양도 관련

(ㄱ) 「조합원은 다른 조합원 전원의 동의가 있으면 그 지분을 처분할 수 있으나 조합의 목적과 단체성에 비추어 조합원으로서의 자격과 분리하여 그 지분권만을 처분할 수는 없다고 할 것이므로, 조합원이 지분을 양도하면 그로써 조합원의 지위를 상실하게 되며 이와 같은 조합원 지위의 변동은 조합지분의 양도양수에 관한 약정으로써 바로 효력이 생긴다.」(대판 2009. 3. 12, 2006다28454)

(ㄴ) 「조합계약에서 개괄적으로 조합원 지분의 양도를 인정하고 있는 경우 조합원은 다른 조합원 전원의 동의가 없더라도 자신의 지분 전부를 일체로써 제3자에게 양도할 수 있으나, 그 지분의 일부를 제3자에게 양도하는 경우까지 이 사건 약정에 의하여 당연히 허용되는 것은 아니다. … 따라서 이 사건 조합의 조합원은 다른 조합원 전원의 동의가 있는 등 특별한 사정이 있어야만 그 지분의 일부를 제3자에게 유효하게 양도할 수 있다고 보아야 하고, 이와 같이 조합원 지분의 일부가 적법하게 양도된 경우에 한하여 양수인은 그 양도 비율에 따른 자익권(이익분배청구권, 잔여재산분배청구권 등) 외에 양도인이 보유하는 공익권과 별개의 완전한 공익권(업무집행자 선임권, 업무집행방법결정권, 통상사무 전행권, 업무·재산상태 검사권 등)도 취득하게 된다.」(대판 2009. 4. 23, 2008다4247)

합유자는 합유물의 분할을 청구하지 못한다(273조 2항). 전체로서의 조합재산의 분할도, 개개의 합유물의 분할도 청구하지 못한다. 그러나 전원의 합의로 합유물을 분할할 수는 있으며, 조합이 해산되어 청산절차가 끝난 후에 잔여재산에 대하여 분할을 청구할 수는 있다. 분할을 하는 때에는 공유물의 분할에 관한 규정(269조·270조)을 준용한다(274조 2항).

2) 소유권 이외의 재산권의 준합유 조합재산에 속하는 소유권 이외의 재산권(예: 지상권·지역 D-347
권·전세권·저당권 등의 물권, 주식·광업권·어업권·특허권, 채권)은 모든 조합원의 준합유로 된다(278조 참조)(손해배상청구권(대판 1999. 6. 8, 98다60484 등)·소유권이전등기 청구권(대판 1994. 10. 25, 93다54064)도 포함된다). 그리고 이 재산권에 대한 지분처분과 분할에 대하여는 물건의 합유에 대한 설명이 그대로 적용된다. 한편 조합이 부담하는 채무도 모든 조합원이 준합유하게 된다. 이와 같이 채권·채무가 조합원에게 합유적으로 귀속하기 때문에, 특별한 사정이 없는 한, 채권이 가분급부를 목적으로 하더라도 조합원 중 1인이 임의로 청구할 수 없고(대판 1999. 6. 8, 98다60484

등 다수. 공동수급체에 관하여 동지: 대판(전원) 2012. 5. 17, 2009다105406), 조합원들이 공동으로 하여야 하며(대판 2021. 7. 8, 2020다290804 등. 필수적 공동소송임(대판 1994. 10. 25, 93다54064)), 추심한 것도 합유재산으로 된다. 그리고 조합원 중 1인에 대한 채권으로써 그 조합원 개인을 집행채무자로 하여 조합의 채권에 대하여 강제집행을 할 수 없다(대판 1997. 8. 26, 97다4401; 대판 2001. 2. 23, 2000다68924 등. 공동수급체에 관하여 동지 대판(전원) 2012. 5. 17, 2009다105406). 그러나 조합과 상대방 사이에 채권이 조합원 각자에게 그 지분비율에 따라 귀속하도록 하는 약정을 할 수 있으며, 그러한 약정은 명시적으로는 물론 묵시적으로도 이루어질 수 있다(공동수급체에 관하여 동지 대판(전원) 2012. 5. 17, 2009다105406). 이러한 점은 조합원 1인이 채권자이고 다른 조합원 1인이 채무자인 경우에도 같다.

판 례 조합 재산권의 준합유 및 조합 채권자의 강제집행 관련

(ㄱ) 「일부 조합원이 동업계약에 따라 동업자금을 출자하였는데 업무집행 조합원이 본연의 임무에 위배되거나 혹은 권한을 넘어선 행위를 자행함으로써 끝내 동업체의 동업 목적을 달성할 수 없게끔 만들고, 조합원이 출자한 동업자금을 모두 허비한 경우에 그로 인하여 손해를 입은 주체는 동업자금을 상실하여버린 조합, 즉 조합원들로 구성된 동업체라 할 것이고, 이로 인하여 결과적으로 동업자금을 출자한 조합원에게 손해가 발생하였다 하더라도 이는 조합과 무관하게 개인으로서 입은 손해가 아니고, 조합체를 구성하는 조합원의 지위에서 입은 손해에 지나지 아니하는 것이므로, 결국 피해자인 조합원으로서는 조합관계를 벗어난 개인의 지위에서 그 손해의 배상을 구할 수는 없다.」(대판 1999. 6. 8, 98다60484)

(ㄴ) 「업무집행 조합원의 배임행위로 … 인하여 조합관계가 종료되고 달리 조합의 잔여업무가 남아 있지 아니한 상황에서 조합의 유일한 재산이 배임행위를 한 조합원에 대한 손해배상채권의 형식으로 잔존하고 있는 경우라면, 다른 조합원은 배임행위를 한 조합원에게 그 손해배상채권액 중 자신의 출자가액 비율에 의한 몫에 해당하는 돈을 잔여재산분배금으로 청구할 수 있을 뿐이라고 할 것이다.」(대판 2005. 12. 8, 2004다30682)

(ㄷ) 「조합원이 조합재산을 횡령하는 행위로 인하여 손해를 입은 주체는 조합재산을 상실한 조합이므로, 이로 인하여 조합원이 조합재산에 대한 합유지분을 상실하였다고 하더라도 이는 조합원의 지위에서 입은 손해에 지나지 않는다. 따라서 조합원으로서는 조합관계를 벗어난 개인의 지위에서 손해배상을 구할 수는 없고, 그 손해배상채권은 조합원 전원의 준합유에 속하므로 원칙적으로 전 조합원이 고유필수적 공동소송에 의하여만 구할 수 있다.」(대판 2022. 12. 29, 2022다263448)

(ㄹ) 「조합의 채권은 조합원 전원에게 합유적으로 귀속하는 것이어서, 특별한 사정이 없는 한 조합원 중 1인이 임의로 조합의 채무자에 대하여 출자지분의 비율에 따른 급부를 청구할 수 없는 것이므로, 조합원 중 1인의 채권자가 그 조합원 개인을 집행채무자로 하여 조합의 채권에 대하여 강제집행하는 경우, 다른 조합원으로서는 보존행위로서 제3자 이의의 소를 제기하여 그 강제집행의 불허를 구할 수 있다고 할 것이다.」(대판 1997. 8. 26, 97다4401)

(ㅁ) 수급인인 6개 회사가 공동협정서에 터잡아 상호 출자하여 신축공사 관련사업을 공동

으로 시행하기로 하는 내용을 약정한 경우 그들 사이에는 민법상 조합이 성립하므로, 세무서장이 조합의 구성원인 1개 회사의 부가가치세 체납을 이유로 6개 회사의 조합재산인 공사대금 채권에 대하여 압류처분을 한 것은 체납자 아닌 제3자 소유의 재산을 대상으로 한 것으로서 당연무효라고 본 사례(대판 2001. 2. 23, 2000다68924).

(ㅂ) 「공동이행방식의 공동수급체와 도급인이 공사도급계약에서 발생한 채권과 관련하여 공동수급체가 아닌 개별 구성원으로 하여금 그 지분비율에 따라 직접 도급인에 대하여 권리를 취득하게 하는 약정을 하는 경우와 같이 공사도급계약의 내용에 따라서는 공사도급계약과 관련하여 도급인에 대하여 가지는 채권이 공동수급체의 구성원 각자에게 그 지분비율에 따라 구분하여 귀속될 수도 있고, 위와 같은 약정은 명시적으로는 물론 묵시적으로도 이루어질 수 있다.」(대판(전원) 2012. 5. 17, 2009다105406. 이 판결에는 이유를 달리하는 별개의견이 있음)

(ㅅ) 「공동이행방식의 공동수급체와 도급인 사이의 공사도급계약에서 공동수급체의 개별 구성원으로 하여금 공사대금채권에 관하여 지분비율에 따라 직접 도급인에 대하여 권리를 취득하게 하는 약정이 이루어진 경우, 공사도급계약 자체에서 개별 구성원의 실제 공사 수행 여부나 정도를 지분비율에 의한 공사대금채권 취득의 조건으로 약정하거나 일부 구성원의 공사 미이행을 이유로 공동수급체로부터 탈퇴·제명하도록 하여 그 구성원으로서의 자격이 아예 상실되는 것으로 약정하는 등의 특별한 사정이 없는 한, 개별 구성원들은 실제 공사를 누가 어느 정도 수행하였는지에 상관없이 도급인에 대한 관계에서 공사대금채권 중 각자의 지분비율에 해당하는 부분을 취득하고, 공사도급계약의 이행에 있어서의 실질적 기여비율에 따른 공사대금의 최종적 귀속 여부는 도급인과는 무관한 공동수급체 구성원들 내부의 정산문제일 뿐이라고 할 것이다.

따라서 공동이행방식의 공동수급체와 도급인 사이에서 공동수급체의 개별 구성원으로 하여금 공사대금채권에 관하여 지분비율에 따라 직접 도급인에 대하여 권리를 취득하게 하는 약정이 이루어진 경우에 있어서는 일부 구성원만이 실제로 공사를 수행하거나 일부 구성원이 그 공사대금채권에 관한 자신의 지분비율을 넘어서 수행하였다고 하더라도 이를 이유로 도급인에 대한 공사대금채권 자체가 그 실제의 공사비율에 따라 그에게 귀속한다고 할 수는 없다.」(대판 2013. 2. 28, 2012다107532)

(ㅇ) 「민법상 조합에서 조합의 채권자가 조합재산에 대하여 강제집행을 하려면 조합원 전원에 대한 집행권원을 필요로 하고, 조합재산에 대한 강제집행의 보전을 위한 가압류의 경우에도 마찬가지로 조합원 전원에 대한 가압류명령이 있어야 할 것이므로, 조합원 중 1인만을 가압류채무자로 한 가압류명령으로써 조합재산에 가압류집행을 할 수는 없다.」(대판 2015. 10. 2, 2012다21560)

(ㅈ) 「조합채무는 모든 조합원에게 합유적으로 귀속되므로, 조합원 중 1인이 조합채무를 면책시킨 경우 그 조합원은 다른 조합원에 대하여 민법 제425조 제1항에 따라 구상권을 행사할 수 있다. 이러한 구상권은 조합의 해산이나 청산 시에 손실을 부담하는 것과 별개의 문제이므로 반드시 잔여재산분배 절차에서 행사해야 하는 것은 아니다.」(대판 2022. 5. 26, 2022다211416)

D-348 **(2) 합유물의 처분 · 변경에 적용되는 규정**

제272조에 의하면, 합유물의 보존행위는 합유자(조합원) 각자가 단독으로 할 수 있으나(단서), 합유물의 처분·변경에는 합유자(조합원) 전원의 동의가 있어야 한다(본문). 그런데 다른 한편으로 조합의 업무집행방법을 규정하는 제706조에 의하면, 업무집행자가 따로 없는 경우에는 조합업무의 집행은 조합원의 과반수로써 결정하고(2항 1문), 업무집행자가 있고 그 수가 2인 이상인 때에는 그들의 과반수로써 결정하고(2항 2문), 조합의 통상사무는 각 조합원 또는 각 업무집행자가 단독으로 할 수 있다(3항 본문). 여기서 합유물의 처분·변경이 조합의 통상사무가 아니고 특별사무라면 거기에는 서로 충돌하는 두 규정(전원의 동의를 요하는 272조 본문과 과반수로 결정하는 706조 2항)이 적용되게 되어 문제이다.

이에 대하여 학설은 i) 업무집행조합원이 선임되어 있든 선임되어 있지 않든 언제나 조합원 전원의 동의가 있어야 한다는 견해, ii) 제272조는 합유 일반에 관한 일반규정이고 제706조는 조합에만 국한된 특별규정이어서 제706조가 우선 적용되어야 하고, 그 결과 조합업무의 내용이 조합재산을 구성하는 물건의 처분 또는 변경인 때에는 조합원의 과반수로 결정하게 된다는 견해(사견도 같음), iii) 제272조는 업무집행조합원이 없는 경우에 관한 특별규정으로 보아야 하므로, 업무집행조합원이 따로 없는 경우에 합유물의 처분·변경은 제272조 본문에 의하여 조합원 전원의 합의를 필요로 하나, 업무집행조합원이 있는 경우에는 제706조 제2항 후단에 따라서 과반수로써 결정할 수 있다는 견해 등으로 나뉘어 있다.

D-349 그리고 판례는 조합재산의 처분·변경에 관한 행위는 다른 특별한 사정이 없는 한 조합의 특별사무에 해당하며, 이에 대하여는 특별한 사정이 없는 한 제706조 제2항이 제272조에 우선하여 적용된다고 할 것이므로, 업무집행자가 없는 경우에는 원칙적으로 조합원의 과반수로써 결정하고(대판 1998. 3. 13, 95다30345(공사대금 증액)), 업무집행조합원이 수인 있는 경우에는 업무집행조합원의 과반수로써 결정하며(대판 2000. 10. 10, 2000다28506 · 28513(채권양도)[핵심판례 364면]), 업무집행자가 1인만 있는 경우에는 그 업무집행자가 단독으로 결정한다고 한다(대판 2010. 4. 29, 2007다18911(분양승계계약의 체결)).

판례 제706조 제2항의 임의규정성

「조합의 업무집행 방법에 관한 위와 같은 민법규정은 임의규정이라고 할 것이므로 당사자 사이의 약정에 의하여 조합의 업무집행에 관하여 조합원 전원의 동의를 요하도록 하는 등 그 내용을 달리 정할 수 있고, 그와 같은 약정이 있는 경우에는 조합의 업무집행은 조합원 전원의 동의가 있는 때에만 유효하다.」(대판 1998. 3. 13, 95다30345)

(3) 조합재산과 관련된 특별규정

조합원의 지분에 대한 압류는 그 조합원의 장래의 이익배당 및 지분의 반환을 받을 권리에 대하여 효력이 있다(714조). 그리고 조합의 채무자는 그가 부담하는 채무와 조합원에 대한 채권을 상계하지 못한다(715조). 예컨대 A·B·C 3인의 조합원으로 구성된 조합에 대하여 30만원의 채무를 부담하는 D는, 그가 A에 대하여 20만원의 채권을 가지고 있는 경우에, 20만원에 관하여 상계할 수도 없고 또 조합 채권 30만원 중 A의 지분비율에 따른 10만원에 관하여도 상계하지 못한다(대판 1998. 3. 13, 97다6919는 조합으로부터 부동산을 매수하여 잔대금 채무를 지고 있는 자가 조합원 중의 1인에 대하여 개인 채권을 가지고 있다고 하더라도 그 채권과 조합과의 매매계약으로 인한 잔대금 채무를 서로 대등액에서 상계할 수는 없다고 한다).

3. 조합채무에 대한 책임 D-350

조합의 채무도 각 조합원의 채무와는 구별되어 모든 조합원에게 합유적으로 귀속된다(준합유). 그리고 그에 대하여 조합재산이 책임을 지게 된다(통설도 같음). 그런가 하면 각 조합원도 그에 대하여 책임을 져야 한다. 학설은 이 두 책임은 어느 하나가 우선하지 않고 병존적이라고 한다. 따라서 채권자는 처음부터 각 조합원에게 청구할 수 있다고 한다.

(1) 조합재산에 의한 공동책임

조합의 채권자는 채권 전액에 관하여 「조합재산」으로부터 변제를 청구할 권리가 있다. 채권자가 조합원 중 1인인 때에도 같다. 조합원이 제3자의 조합에 대한 채권을 양수한 경우에 혼동이 일어나지도 않는다.

(2) 조합원의 개인재산에 의한 책임

「각 조합원」은 조합채무에 관하여 분할채무를 부담한다(판례는 조합채무가 조합원 전원을 위하여 상행위가 되는 행위로 인하여 부담하게 된 경우에는 상법 57조 1항을 적용하여 연대책임을 인정한다. 대판 2018. 4. 12, 2016다39897 등). 즉 손실부담의 비율이 미리 조합계약에서 정해져 있었으면 그에 따라서 채무를 부담하고, 그 비율이 정해지지 않은 때에는 같은 비율로 채무를 부담한다(대판 1996. 10. 25, 96다32201 등). 비율 특약이 있었더라도 채권 발생 당시에 조합채권자가 그 비율을 알지 못한 때에는, 그는 각 조합원에게 균분하여 이행을 청구할 수 있다(712조). 그리고 조합원 중에 변제자력이 없는 자가 있는 때에는, 그 변제할 수 없는 부분은 다른 조합원이 균분하여 변제할 책임이 있다(713조)(판례는 711조 내지 713조는 민법상의 조합이 아닌 특수한 조합에는 적용되지 않는다고 한다. 대판 1997. 9. 26, 96다14838·14845 등).

판 례 조합원의 책임 관련

(ㄱ) 「조합채무는 조합원들이 조합재산에 의하여 합유적으로 부담하는 채무이고, 두 사람으로 이루어진 조합관계에 있어 그중 1인이 탈퇴하면 탈퇴자와의 사이에 조합관계는 종료된다 할 것이나 특별한 사정이 없는 한 조합은 해산되지 아니하고, 조합원들의 합유에 속한 조합재산은 남은 조합원에게 귀속하게 되므로, 이 경우 조합채권자는 잔존 조합원에게 여전히 그 조합채무 전부에 대한 이행을 청구할 수 있다.」(대판 1999. 5. 11, 99다1284)

(ㄴ) 「조합의 채권자가 조합원에 대하여 조합재산에 의한 공동책임을 묻는 것이 아니라 각 조합원의 개인적 책임에 기하여 당해 채권을 행사하는 경우에는 조합원 각자를 상대로 하

여 그 이행의 소를 제기할 수 있고, 한편 그 조합채무가 특히 조합원 전원을 위하여 상행위가 되는 행위로 인하여 부담하게 된 것이라면 그 채무에 관하여 조합원들에 대하여 상법 제57조 제 1 항을 적용하여 연대책임을 인정함이 마땅하다.」(대판 1991. 11. 22, 91다30705)

(ㄷ)「공동수급체의 구성원들이 상인인 경우 탈퇴한 조합원에 대하여 잔존 조합원들이 탈퇴 당시의 조합 재산상태에 따라 탈퇴 조합원의 지분을 환급할 의무는 그 구성원 전원의 상행위에 의하여 부담한 채무로서 공동수급체의 구성원들인 잔존 조합원들은 연대하여 탈퇴한 조합원에게 지분환급의무를 이행할 책임이 있다.」(대판 2016. 7. 14, 2015다233098)

D-351 ## 4. 손익분배

조합의 사업으로 생긴 이익과 손실은 각 조합원에게 귀속한다. 그런데 어떤 비율로 언제 분배할 것인지가 문제이다.

(1) 손익분배의 비율

손익분배의 비율은 조합계약에서 정할 수 있다. 그 비율을 어떻게 정할 것인지는 자유이다(그러나 비율을 조합원의 다수결로 정한다는 약정은 무효이다). 이익은 모든 조합원에게 분배되어야 하나, 손실은 일부의 조합원에게만 귀속되어도 무방하다.

민법은 손익분배비율을 약정하지 않은 경우를 위하여 특별규정을 두고 있다. 우선 이익분배와 손실부담 중 어느 하나에 관하여 비율을 정한 때에는, 그 비율은 둘 모두에 공통하는 것으로 추정한다(711조 2항). 그리고 둘 모두에 대하여 비율을 정하지 않은 때에는, 각 조합원의 출자가액에 비례하여 이를 정한다(711조 1항).

(2) 손익분배의 시기

이는 조합계약에서 정하는 것이 보통이나(조합이 분기별로 이익금을 정산하여 조합원들에게 분배하기로 약정하였더라도, 조합원이 자신에게 불리한 연도별 이익배당을 청구하는 것이 허용된다. 대판 2016. 8. 30, 2014다19790), 정해진 바가 없으면, ① 영리목적의 조합의 경우에는 업무집행규정에 따라서 분배하여야 하고, ② 비영리를 목적으로 하는 경우에는 전 조합원의 합의에 의하여 또는 청산할 때에 분배하여야 한다.

판 례 조합원이 출자의무를 불이행한 경우 관련

「당사자들이 공동이행방식의 공동수급체를 구성하여 도급인으로부터 공사를 수급받는 경우 공동수급체는 원칙적으로 민법상 조합에 해당한다. 건설공동수급체 구성원은 공동수급체에 출자의무를 지는 반면 공동수급체에 대한 이익분배청구권을 가지는데, 이익분배청구권과 출자의무는 별개의 권리·의무이다. 따라서 공동수급체의 구성원이 출자의무를 이행하지 않더라도, 공동수급체가 출자의무의 불이행을 이유로 이익분배 자체를 거부할 수도 없고, 그 구성원에게 지급할 이익분배금에서 출자금이나 그 연체이자를 당연히 공제할 수도 없다. 다만 구성원에 대한 공동수급체의 출자금 채권과 공동수급체에 대한 구성원의 이익분배청구권이 상계적상에 있으면 상계에 관한 민법 규정에 따라 두 채권을 대등액에서 상계할 수 있을 따름이다.」(대판 2018. 1. 24, 2015다69990)

Ⅴ. 조합원의 변동(탈퇴 및 가입) D-352

조합의 구성원의 탈퇴 또는 가입으로 조합원이 변동된 경우에 조합의 동일성을 인정할 것인가 해산하게 할 것인가는 입법정책의 문제이다. 민법은 조합원의 가입에 관하여는 규정한 바가 없고 탈퇴에 관하여만 규정하면서, 그 경우에 조합의 동일성이 유지된다는 견지에 서 있다(이는 조합이 어느 정도 단체성을 가지고 있음을 전제로 한 것이다).

1. 조합원의 탈퇴

(1) 임의탈퇴(자신의 의사에 의한 탈퇴)

1) 민법은 조합원의 임의탈퇴를 인정한다. 그런데 언제 탈퇴할 수 있는가는 조합의 존속기간이 정해져 있는 경우와 그렇지 않은 경우가 다르다.

조합계약으로 조합의 존속기간을 정하고 있지 않거나 조합원의 종신까지 존속하는 것으로 정하고 있는 때에는 각 조합원은 언제든지 탈퇴할 수 있다(716조 1항 본문). 그러나 부득이한 사유 없이 조합에 불리한 시기에 탈퇴하지 못한다(716조 1항 단서). 한편 「부득이한 사유」가 있는지에 관하여 판례는 조합원의 일신상의 주관적인 사유 및 조합원 개개인의 이익뿐만 아니라 단체로서의 조합의 성격과 조합원 전체의 이익 등을 종합적으로 고려하여 판단할 것이라고 한다(대판 1997. 1. 24, 96다26305).

조합의 존속기간을 정하고 있는 때에는, 부득이한 사유가 있는 때에만 탈퇴할 수 있다(716조 2항).

2) 임의탈퇴는 다른 조합원 전원에 대한 의사표시로 하여야 한다(이설이 없으며, 판례도 같음. 대판 1997. 9. 9, 96다16896)(그 의사표시가 반드시 명시적이어야 하는 것은 아니고 묵시적으로도 할 수 있다. 대판 2017. 7. 18, 2015다30206 · 30213). 이는 업무집행자가 정하여져 있어도 마찬가지이다(탈퇴는 조합계약의 해지이므로 그것의 수령은 조합의 업무집행이 아니다). 그러나 조합계약에서 탈퇴의사의 표시방법을 따로 정하는 특약은 유효하다(대판 1997. 9. 9, 96다16896).

3) 제716조는 부득이한 사유가 있으면 탈퇴할 수 있다는 점만이 강행규정이다. 따라서 임의탈퇴의 요건을 가중하는 것은 무방하나, 탈퇴를 금지하는 특약은 무효이다.

(2) 비임의탈퇴(자신의 의사에 의하지 않은 탈퇴)

그 사유는 사망(조합원이 사망하면 당연히 탈퇴하고 조합원의 지위가 상속인에게 승계되지 않는다(대판 1994. 2. 25, 93다39225 등). 그러나 조합계약에서 상속인이 승계하기로 특약을 한 경우 그 특약은 유효하다(앞의 판결 참조)·파산(파산시 탈퇴금지약정은 원칙적으로 무효이나, 파산한 조합원의 잔류가 그 조합원의 채권자들에게 불리하지 아니하여 그들의 동의를 얻어 파산관재인이 조합에 잔류할 것을 선택한 경우까지 탈퇴금지약정이 무효라고 할 것은 아니다. 대판 2004. 9. 13, 2003다26020)·성년후견의 개시(조합계약에서의 다른 약정은 유효함)·제명의 네 가지이다(717조). 이 가운데 제명은 정당한 사유가 있는 때에 한하여 다른 조합원의 일치로써 결정한다(718조 1항). 여기서 「정당한 사유가 있는 때」란 특정 조합원이 동업계약에서 정한 의무를 이행하지 않거나(조합원이 출자의무를 이행하지 않는 것은 여기의 정당한 사유에 해당하고, 그와 같은 출자의무의 불이행을 이유로 조합원을 제명함에 있어 출자의무의 이행을 지체하고 있는 당해 조합원에게 다시 상당한 기간을 정하여 출자의무의 이행을 최고하여야 하는 것은 아니다. 대판 1997. 7. 25, 96다29816) 조합업무를 집행하면서 부정행위를 한 경우와 같이 특정 조합원에게 명백한 귀책사유(유책사유)가 있는 경우는 물론이고, 이에 이르지 않더라도 특정 조합원으로 말미암아 조합원들 사이에 반목·불화로 대립이 발생하고 신뢰관계가 근본적으로 훼손되어 특정 조합원이 계속 조합원의 지위를 유지하도록 한다면 조합의 원만한 공동운영을 기대할 수 없는 경우도 포함한다(대판 2021. 10. 28, 2017다200702[핵심판례 366면]). 한편 이 제명결정은 제명된 조합원에게 통지하지 않으면 그 조합원에게 대항하지 못한다(718조 2항).

D-353 ### (3) 탈퇴의 효과

탈퇴 조합원은 탈퇴에 의하여 조합원으로서의 지위를 상실한다(그 결과 탈퇴 후의 조합채무에 대하여는 책임을 지지 않으나, 탈퇴 전의 조합채무에 대하여는 여전히 책임을 진다). 그런데 조합 자체는 그대로 존속하기 때문에(탈퇴는 잔존 조합원이 동업사업을 계속 유지·존속함을 전제로 함. 대판 2024. 9. 13, 2024다234239 등 다수), 조합은 탈퇴 조합원과의 사이에 재산관계를 청산하여야 한다. 민법에 의하면, 탈퇴한 조합원과 다른 조합원 사이의 지분의 계산은 탈퇴 당시의 조합재산상태(영업권을 갖는 사업체의 경우에는 그 영업권도 포함하여 평가해야 한다. 대판 2017. 7. 18, 2016다254740(조합원들이 약정으로 지분의 평가방법을 정하면서 영업권을 그 평가에 포함하지 않기로 정할 수 있지만, 그 증명책임은 이를 주장하는 사람에게 있다))에 의하여 하여야 한다(719조 1항)(조합원이 지분의 정산을 장기간 거부하였거나 금전으로 정산하겠다는 의사표시를 뒤늦게 하였어도 같다. 대판 1998. 10. 27, 98다15170). 그러나 탈퇴 당시에 완결되지 않은 사항에 대하여는 완결 후에 계산할 수 있다(719조 3항). 그리고 탈퇴한 조합원의 지분은 그 출자의 종류가 무엇이든 금전으로 반환할 수 있다(719조 2항).

탈퇴의 경우 조합의 재산은 다른 조합원의 합유로 된다(잔존 합유자가 1인인 경우에는 그의 단독소유로 된다. 대판 1994. 2. 25, 93다39225 등 참조)(환급채무도 잔존 조합원의 합유로 된다). 그 결과 지분이 당연히 확대된다. 그러나 부동산의 경우에는 잔존 조합원의 명의로 합유의 등기를 하여야 지분이 확대된다(186조 참조).

판 례 조합원이 탈퇴한 경우의 반환금액 관련

「조합에서 조합원이 탈퇴하는 경우, 탈퇴자와 잔존자 사이의 탈퇴로 인한 계산은 특별한 사정이 없는 한 민법 제719조 제 1 항, 제 2 항에 따라 '탈퇴 당시의 조합재산상태'를 기준으로 평가한 조합재산 중 탈퇴자의 지분에 해당하는 금액을 금전으로 반환하여야 하고, 조합원의 지분비율은 '조합 내부의 손익분배비율'을 기준으로 계산하여야 하나, 당사자가 손익분배의 비율을 정하지 아니한 때에는 민법 제711조에 따라 각 조합원의 출자가액에 비례하여 이를 정하여야 한다. 그리고 탈퇴한 조합원이 조합재산에서 그 출자가액에 비례하여 산정한 지분비율에 따라 계산한 금액을 반환받은 경우, 그 출자가액 중 일부가 기망행위에 의해 교부한 것이 드러났다고 하여 출자가액 중 기망행위로 인한 부분 전액에 대한 배상이 명해진다면 탈퇴자에게 2중으로 변제되는 부분이 생기게 되므로, 기망행위로 인하여 배상하여야 할 손해액을 산정함에 있어서는 그 출자가액 중 기망행위로 인한 부분(ㄱ)에서 다음 금액, 즉 탈퇴자가 조합재산에서 실제로 반환받은 금액(ㄴ)과 기망행위로 인한 출자부분이 없었을 경우의 지분비율에 따라 계산한 경우 탈퇴자가 반환받을 금액(ㄷ)의 차액을 공제하여야 한다[=ㄱ-(ㄴ-ㄷ)].」(대판 2008. 9. 25, 2008다41529)

판례 **2인 조합 관련**

(ㄱ) 판례는, 2인으로 된 조합에 있어서 그중 1인이 탈퇴하면 조합관계는 종료되나 특별한 사정이 없는 한 조합은 해산되지 않고 따라서 청산이 뒤따르지 않으며, 다만 조합원의 합유에 속한 조합재산은 남은 조합원의 단독소유에 속하여 탈퇴자와 남은 자 사이에는 탈퇴로 인한 계산을 하는 데 불과하다고 한다(대판 2006. 3. 9, 2004다49693·49709 등 다수)(그 외에 조합채권자가 잔존 조합원에게 채무 전부에 대하여 이행을 청구할 수 있다는 대판 1999. 5. 11, 99다1284도 참조. D-350). 그리고 이러한 법리는 부동산 사용권을 출자한 경우에도 적용된다고 하면서, 조합원이 부동산 사용권을 존속기한을 정하지 않고 출자하였다가 탈퇴한 경우 특별한 사정이 없는 한 탈퇴시 조합재산인 부동산 사용권이 소멸한다고 볼 수는 없고, 그러한 사용권은 공동사업을 유지할 수 있도록 일정한 기간 동안 존속한다고 보아야 하며, 이때 탈퇴 조합원이 남은 조합원으로 하여금 부동산을 사용·수익할 수 있도록 할 의무를 이행하지 않음으로써 남은 조합원에게 손해가 발생하였다면 탈퇴 조합원은 그 손해를 배상할 책임이 있다고 한다(대판 2018. 12. 13, 2015다72385).

그리하여 판례는 2인 조합에서 1인의 탈퇴를 인정하고, 그것은 원칙적으로 해산사유가 아니라고 한다. 그러나 2인 조합에서 1인이 조합재산인 토지의 분할청구를 하는 것을 해산사유라고 한 적이 있고(대판 1978. 11. 28, 78다1827), 동업자 중 1인이 약정에 따른 출자금을 출자한 후 당사자간의 불화대립으로 곧바로 동업관계가 결렬되어 그 이후 이 출자의무를 이행한 조합원이 동업관계에서 전적으로 배제된 채 나머지 조합원에 의하여 업무가 처리되어 온 경우에 관하여 부득이한 사유로 인한 해산청구가 가능하며 출자의무를 이행한 조합원은 탈퇴로 인한 계산으로서 자기가 출자한 금원의 반환을 구할 수도 있다고 하였다(대판 1999. 3. 12, 98다54458).

(ㄴ) 2인 조합에서 조합원 1인이 탈퇴할 때 「탈퇴자와 잔존자 사이에 탈퇴로 인한 계산을 함에 있어서는 특단의 사정이 없는 한 민법 제719조 제 1 항, 제 2 항의 규정에 따라 '탈퇴 당시의 조합재산상태'를 기준으로 평가한 조합재산 중 탈퇴자의 지분에 해당하는 금액을 금전으로 반환하여야 할 것이고, 이러한 계산은 사업의 계속을 전제로 하는 것이므로 조합재산의 가액은 단순한 매매가격이 아닌 '영업권의 가치를 포함하는 영업가격'에 의하여 평가하되, 당해 조합원의 지분비율은 조합청산의 경우에 실제 출자한 자산가액의 비율에 의하는 것과는 달리 '조합내부의 손익분배 비율'을 기준으로 계산하여야 하는 것이 원칙이다.」(대판 2006. 3. 9, 2004다49693·49709: 2인 조합에서 조합원 1인이 탈퇴하는 경우, 조합의 탈퇴자에 대한 채권은 잔존자에게 귀속되므로 잔존자는 이를 자동채권으로 하여 탈퇴자에 대한 지분 상당의 조합재산 반환채무와 상계할 수 있다고 한 사례)

(ㄷ)「탈퇴한 조합원은 탈퇴 당시의 조합재산을 계산한 결과 조합의 재산상태가 적자가 아닌 경우에 지분을 환급받을 수 있다. 따라서 탈퇴 조합원의 지분을 계산할 때 지분을 계산하는 방법에 관해서 별도 약정이 있다는 등 특별한 사정이 없는 한 지분의 환급을 주장하는 사람에게 조합재산의 상태를 증명할 책임이 있다.」(대판 2021. 7. 29, 2019다207851)

(ㄹ)「2인으로 구성된 조합에서 한 조합원이 탈퇴하면 조합관계는 종료되나 특별한 사정이 없는 한 조합은 해산이나 청산이 되지 않는다. 다만 조합원의 합유에 속한 조합재산은 남은 조합원의 단독소유에 속하여 탈퇴 조합원과 남은 조합원 사이에는 탈퇴로 인한 계산을 해야 한다. 이때 탈퇴 조합원이 탈퇴로 인한 계산 결과 남은 조합원에게 가지게 되는 지분반환청구권(민법 제719조 참조)은 조합의 해산에 따른 잔여재산 분배청구권(민법 제724조 제2항 참조)과 구별되는 별도의 권리이다.」(대판 2024. 9. 13, 2024다234239)

D-354

2. 새 조합원의 가입

민법은 이에 대하여 규정하고 있지 않으나, 학설은 새로 가입하려는 자와 조합원 전원과의 가입계약에 의하여 가입할 수 있다고 한다(업무집행자가 할 수는 없다). 가입이 있으면 가입자는 조합재산에 대하여 합유지분을 취득하게 되고, 그 결과 종래의 조합원의 합유지분은 당연히 감소한다. 그리고 가입자는 가입 전의 조합의 채무에 대하여 개인재산으로 책임을 지지는 않으나, 그의 합유지분으로써는 책임을 진다(이설 없음).

3. 조합원의 지위의 양도

민법은 이에 관하여도 규정을 두고 있지 않으나, 학설은 조합계약에서 그 양도를 인정하는 때(그 요건이 정해지지 않은 때에도 일방적 양도 모두가 인정될 수 있는지는 의문이다) 또는 조합원 전원의 동의가 있는 때에는 조합원으로서의 지위를 양도할 수 있다고 한다. 그리고 판례는, 조합원 지분의 양도는 원칙적으로 다른 조합원 전원의 동의가 있어야 하지만, 다른 조합원의 동의 없이 각자 지분을 자유로이 양도할 수 있도록 조합원 상호 간에 약정하거나 사후적으로 지분 양도를 인정하는 합의를 하는 것은 유효하다고 한다(대판 2016. 8. 30, 2014다19790). 조합원의 지위의 양도가 있으면 양도인은 조합원으로서 지위를 상실하고 양수인은 양도인의 지위에 들어서게 된다.

판 례 공동수급체의 구성원 지위 관련

「공동수급체의 구성원 사이에서 구성원 지위를 제3자에게 양도할 수 있기로 약정하지 아니한 이상, 공동수급체의 구성원 지위는 상속이 되지 않고 다른 구성원들의 동의가 없으면 이전이 허용되지 않는 귀속상의 일신전속적인 권리의무에 해당하므로, 공동수급체의 구성원 지위는 원칙적으로 회사의 분할합병으로 인한 포괄승계의 대상이 되지 아니한다.」(대판 2011. 8. 25, 2010다44002)

Ⅵ. 조합의 해산 및 청산 D-355

(1) 해 산

1) 서 설 조합이 종료한 경우에는 조합재산을 정리하여야 할 필요가 있다. 그리하여 민법은 조합에 대하여도 법인에 있어서처럼 해산제도를 두고 있다. 그리고 민법에 명문의 규정(81조 참조)은 없으나, 조합은 해산된 후에도 청산이 종료할 때까지 존속한다고 하여야 하며, 조합재산은 그것이 청산절차를 거쳐 조합원에게 분배되지 않는 한 계속하여 조합원의 합유에 속한다고 할 것이다(대판 1992. 10. 9, 92다28075: 그리하여 조합원 1인이 다른 조합원의 동의 없이 조합채권을 양도한 행위는 무효이다).

2) 해산사유 조합은 존속기간의 만료 기타 조합계약에서 정한 사유의 발생(해산사유에 관한 규정(720조)은 임의규정이어서 그와 다른 내용의 특약도 유효하다. 대판 1985. 2. 26, 84다카1921), 조합원 전원의 합의, 조합의 목적인 사업의 성공 또는 성공불능 등으로 해산하게 된다(대판 1998. 12. 8, 97다31472 등 참조).

3) 해산청구 민법은 부득이한 사유가 있는 때에는 각 조합원이 조합의 해산을 청구할 수 있다고 한다(720조)(이 해산청구권이 일종의 해지권인지 채권적 청구권인지에 관하여는 논란이 있다). 판례에 의하면, 「부득이한 사유」란 경제계의 사정변경에 따른 조합재산상태의 악화나 영업부진 등으로 조합의 목적달성이 매우 곤란하다고 인정되는 객관적 사정이 있는 경우 외에 조합당사자 사이의 불화·대립으로 인하여 신뢰관계가 파괴됨으로써 조합의 원만한 운영을 기대할 수 없는 경우도 포함된다(대판 1997. 5. 30, 95다4957 등). 또 판례는, 조합당사자 간의 불화·대립으로 인하여 신뢰관계가 깨어지고 특정 조합원의 탈퇴나 제명으로도 조합업무의 원활한 운영을 기대할 수 없게 된 상황에서 특정 조합원이 다른 조합원에게 해지통고를 한 것은 조합의 소멸을 동반하는 조합의 해산청구로 볼 수 있다고 한다(대판 2024. 9. 27, 2024다224645·224652). 그리고 해산청구권은 신뢰관계의 파괴에 책임이 있는 당사자에게도 인정된다(대판 1993. 2. 9, 92다21098 등). 한편 해산청구는 다른 조합원 전원에 대한 의사표시로 하여야 한다.

(2) 청 산 D-356

1) 의 의 청산은 해산한 조합의 재산관계를 정리하는 것이다. 이는 조합채권자의 보호를 위한 것이 아니고(조합원은 청산이 끝난 뒤에도 조합채무에 대하여 그의 개인재산으로 책임을 지기 때문이다), 오직 조합원 사이의 재산관계의 공평한 처리를 목적으로 하는 것이다. 따라서 가령 조합재산이 없거나 처리되어야 할 조합의 잔무(殘務)가 없는 경우에는 청산절차를 밟을 필요가 없다(대판 2025. 6. 26, 2025다205399·205405 등 다수). 물론 특별한 사정이 없는 경우에는 원칙적으로 청산절차를 밟아야 한다(대판 2024. 9. 13, 2024다234239 등의 판결: 조합원들에게 분배할 잔여재산과 그 가액이 청산절차가 종료된 때에 확정되기 때문이다). 한편 청산에 관한 규정은 임의규정이므로(대판 1985. 2. 26, 84다카1921) 당사자 전원의 합의로 민법이 정하는 청산이라는 절차를 밟지 않고 적당한 방법으로 조합재산을 처분할 수 있다.

판 례 조합의 목적달성으로 조합이 해산된 경우 관련

(ᄀ) 「조합의 목적달성으로 인하여 조합이 해산되었으나 조합의 잔무로서 처리할 일이 없고 다만 잔여재산의 분배만이 남아 있을 때에는 따로 청산절차를 밟을 필요가 없이 각 조합원은 자신의 잔여재산의 분배비율의 범위 내에서 그 분배비율을 초과하여 잔여재산을 보유하고 있는 조합원에 대하여 바로 잔여재산의 분배를 청구할 수 있고, 이 경우의 잔여재산 분배청구권은 조합원 상호간의 내부관계에서 발생하는 것으로서 각 조합원이 분배비율을 초과하여 잔여재산을 보유하고 있는 조합원을 상대로 개별적으로 행사하면 족한 것이지 반드시 조합원들이 공동으로 행사하거나 조합원 전원을 상대로 행사하여야 하는 것은 아니라고 할 것이다.」(대판 2000. 4. 21, 99다35713)

(ᄂ) 위 (ᄀ) 전단의 경우에 「조합에 합유적으로 귀속된 채권의 추심이나 채무의 변제 등의 사무가 완료되지 아니한 상황이라면, 그 채권의 추심이나 채무의 변제는 원칙으로 조합원 전원이 공동으로 하여야 하는 것이니 만큼 그 추심이나 변제 등이 완료되지 않은 상태에서도 조합원들 사이에서 공평한 잔여재산의 분배가 가능하다는 특별한 사정이 인정되지 아니하는 한 조합이 처리하여야 할 잔무에 해당한다고 보아야 하고, 따라서 이러한 경우 청산절차를 거치지 아니하고 바로 잔여재산의 분배를 구할 수는 없다고 할 것이다.

나아가 조합 해산시에 어느 조합원이 다른 조합원을 상대로 청산절차를 거치지 않고 곧바로 하는 위와 같은 잔여재산의 분배청구는 청구의 상대방인 조합원이 그의 분배비율을 초과하여 잔여재산을 보유하고 있는 경우에 한하여 그 분배비율을 초과하는 부분의 범위 내에서만 허용되는 것이므로, 그러한 분배청구가 가능하기 위하여는 조합의 전체 잔여재산의 내역과 그 정당한 분배비율 및 조합원 각자의 현재의 잔여재산 보유내역 등이 먼저 정확하게 확정될 수 있어야 할 것이다.」(대판 2005. 12. 8, 2004다30682)

(ᄃ) 「2인으로 구성된 조합의 조합원 중 1인이 선량한 관리자의 주의의무 위반 또는 불법행위 등으로 인하여 조합에 대하여 손해배상책임을 지게 되고 또한 그로 인하여 조합관계마저 그 목적달성이 불가능하게 되어 종료되고 달리 조합의 잔여업무가 남아 있지 않은 상황에서 조합재산의 분배라는 청산절차만이 남게 된 경우에, 다른 조합원은 조합에 손해를 가한 조합원을 상대로 선량한 관리자의 주의의무 위반 또는 불법행위에 따른 손해배상채권액 중 자신의 출자가액 비율에 의한 몫에 해당하는 돈을 청구하는 형식으로 조합관계의 종료로 인한 잔여재산의 분배를 청구할 수 있다.」(대판 2018. 8. 30, 2016다46338·46345)

(ᄅ) 「조합의 일부 조합원이 당초 약정한 출자의무를 이행하고 있지 않은 상태에서 조합의 해산사유가 발생하여 해산이 이루어진 경우 그 잔여업무가 남아 있지 않고 다만 잔여재산의 분배 절차만이 남아 있을 때에는 조합원 사이에 별도의 약정이 없는 이상, 그 이행되지 아니한 출자금 채권을 추심하거나 청산절차를 거치지 않고도 각 조합원은 자신이 실제로 출자한 가액 비율의 범위 내에서 그 출자가액 비율을 초과하여 잔여재산을 보유하고 있는 조합원에 대하여 잔여재산의 분배 절차를 진행할 수 있다. 이때 잔여재산은 특별한 사정이 없는 한 각 조합원이 실제로 출자한 가액에 비례하여 이를 분배하여야 할 것인데, 일부 이

행되지 아니한 출자금이 있더라도 이를 고려하지 않고 잔여재산의 범위를 확정한 다음 각 조합원이 실제로 출자한 가액에 비례하여 이를 분배함이 타당하다. 그리고 이러한 기준에 따라 잔여재산분배 절차를 진행하는 이상 다른 조합원들은 출자의무를 이행하지 아니한 조합원에게 더 이상 출자의무의 이행을 청구할 수 없다.」(대판 2022. 2. 17, 2016다278579·278586)

2) 청산절차 청산사무는 모든 조합원이 청산인이 되어 공동으로 집행하거나 조합원의 과반수로 선임한(721조 2항) 청산인(이는 조합원이 아니어도 무방함)이 집행한다(721조 1항). 청산인이 수인인 경우의 사무집행은 그 과반수로써 결정한다(722조·706조 2항 2문). 그리고 조합원 중에서 청산인으로 선임된 자는 정당한 사유 없이 사임하지 못하며, 다른 조합원 전원의 합의가 없는 한 해임당하지도 않는다(723조·708조). D-357

청산인의 직무는 현존사무의 종결·채권의 추심·채무의 변제·잔여재산의 인도 등이고(724조 1항·87조 1항), 그는 그러한 직무를 행하기 위하여 필요한 모든 행위를 할 수 있다(724조 1항·87조 2항). 그리고 잔여재산(조합재산으로 조합채무를 변제한 나머지)(잔여재산의 평가는 사실심 변론종결 당시의 시가에 의한다. 대판 1981. 1. 13, 80다1672 등)은 각 조합원의 출자가액에 비례하여 분배한다(724조 2항).

제14절 종신정기금

Ⅰ. 종신정기금의 의의 및 법적 성질 D-358

(1) 의 의

종신정기금계약은 당사자 일방(정기금채무자)이 자기·상대방 또는 제 3 자의 종신(사망시)까지 정기로 금전 기타의 물건을 상대방 또는 제 3 자에게 지급할 것을 약정함으로써 성립하는 계약이다(725조). A가 그의 부하였던 B에게 매년 100만원씩 급부하기로 한 경우, C가 D에게 부동산소유권을 이전하면서 D로 하여금 자신의 아들인 E에게 E의 사망시까지 매월 50만원씩 급부하도록 한 경우가 그 예이다.

(2) 사회적 작용

종신정기금제도는 과거 서양에서 노후(老後)의 생활보장제도로 많이 이용되었다고 한다. 그러나 우리나라에서는 이 제도가 거의 이용되지 않았으며, 장래에도 이용될 가능성은 크지 않다(근래에는 연금이나 보험에서 이와 유사한 제도가 운용되고 있으나, 그에 대하여는 특별법이나 보통거래약관이 우선적용되어 민법규정이 적용될 여지는 거의 없다).

(3) 법적 성질

① 종신정기금계약은 낙성·불요식의 계약이다. ② 정기금채무자가 대가를 받기로 하였는지에 따라 유상계약 또는 무상계약이 된다. 처음부터 대가를 받지 않기로 한 경우에

는 무상계약이며, 이는 결국 정기급부를 목적으로 하는 증여가 된다(560조). 따라서 그 경우에는 증여에 관한 규정이 적용된다(서면에 의하지 않은 경우에 해제할 수 있다는 555조 등). 정기금채무자가 상대방으로부터 금전을 대차하거나 물건을 매수하는 대가로 채무를 부담하는 경우에는 유상계약으로 되고, 거기에는 소비대차·매매 등의 규정이 적용된다. ③ 종신정기금계약은 증여·매매·소비대차 등의 원인행위의 효력에 직접 영향을 받는 유인행위이다. ④ 정기금채무자는 계약의 일방 당사자이나, 채권자는 상대방에 한정되지 않으며 제 3 자라도 무방하다(이때는 제 3 자를 위한 계약이 성립한다). ⑤ 종신정기금채권은 계약 외에 유증에 의하여서도 발생할 수 있다. 그 경우에는 유언의 방식에 따라야 하며, 발생한 채권에는 종신정기금에 관한 규정이 준용된다(730조).

D-359

Ⅱ. 종신정기금의 효력

(1) 종신정기금계약이 성립하면 **종신정기금채권이 발생**한다. 종신정기금채권에 관하여 학설은 한결같이 ― 이자채권에서와 같이 ― 기본권과 지분적 채권의 두 가지가 있다고 하나, 그 채권은 일정한 시기에 정기금을 청구할 수 있는 하나의 채권일 뿐이다(C-61 참조). 이 채권의 발생시기는 특약이 있으면 그에 의하여 정하여지나, 특약이 없는 때에는 제726조를 고려할 때(즉 선급을 하면 사망시기가 문제되는 자가 기간 중간에 사망한 경우의 반환문제가 생기게 됨) 매 기간의 경과 후라고 하여야 한다(이설 있음). 즉 후급이 된다. 그리고 종신이 문제되는 자가 기간의 도중에 사망한 때에는 종신정기금은 일수(日數)로 계산한다(726조).

(2) **정기금채무자의 불이행**이 있는 때에는 채무불이행의 일반규정이 적용된다. 그 밖에 민법은 일정한 경우에 관하여 **특별규정**을 두고 있다. 즉 정기금채무자가 정기금채무의 원본을 받은 경우에 그 정기금채무의 지급을 해태하거나 기타 의무를 이행하지 않은 때에는, 정기금채권자는 원본의 반환을 청구할 수 있다(727조 1항 본문). 그러나 이미 지급받은 채무액에서 그 원본의 이자를 공제한 잔액을 정기금채무자에게 반환하여야 한다(727조 1항 단서). 이는 즉시해제를 인정하면서 결제를 간편하게 하는 조치를 취하고 있는 것이다. 그리고 채권자가 손해를 입은 경우에는 그 배상도 청구할 수 있다(727조 2항). 한편 당사자 쌍방의 반환의무는 동시이행관계에 있다(728조· 536조).

(3) 종신정기금채권은 계약에서 정해진 특정인(자기·상대방 또는 제 3 자)이 사망하면 발생하지 않는다. 그러나 사망이 정기금채무자의 책임있는 사유로 생긴 때에는, 법원은 정기금채권자 또는 그 상속인의 청구에 의하여 상당한 기간 채권의 존속을 선고할 수 있다(729조 1항). 여기의 상당한 기간은 그 특정인이 생존하였을 기간을 의미한다. 그리고 이 경우(즉 729조 1항의 경우)에 제727조가 적용될 수 있는 때(정기금채무자가 원본을 받고 채무불이행을 한 경우)에는 그 규정에 의하여 해제도 할 수 있다

(729조 2항). 그 결과 그 경우에는 채권자 또는 상속인은 제729조 제 1 항에 의한 권리와 제727조에 의한 권리를 선택적으로 행사할 수 있다.

제15절 화 해

Ⅰ. 화해의 의의 및 법적 성질 D-360

(1) 의의 및 사회적 작용

화해(和解)는 당사자가 서로 양보하여 그들 사이의 분쟁을 종지할 것을 약정함으로써 성립하는 계약이다(731조). A가 B에게 800만원의 채권이 있다고 주장하고 B는 600만원의 채무만 있다고 주장하는 경우에, A와 B가 서로 양보하여 700만원의 채권이 있는 것으로 약정하는 것이 그 예이다.

화해는 재판과 달리 다툼을 원만하게 해결하는 장점이 있어서 많이 이용되고 있다. 그런가 하면 오늘날의 재판제도에서도 그러한 방법을 사용하기도 한다(재판상 화해, 조정 등).

(2) 법적 성질

화해의 법적 성질에 관하여 학설은 i) 유상(서로 양보함으로써 결국 손실을 입는다는 이유로)·쌍무(서로 양보하여 합의한 것을 실현할 채무를 부담한다는 이유로)·낙성·불요식의 계약이라는 견해, ii) 쌍무·유상계약일 수도 있고 편무·무상계약(증여계약의 내용에 대한 분쟁의 화해)일 수도 있다는 견해, iii) 기존의 다툼이 있는 법률관계를 확정적으로 변경시키는 계약이라는 견해(사견도 같음)로 나뉘어 있다.

Ⅱ. 화해의 성립 D-361

화해가 성립하려면 ① 당사자 사이에 분쟁이 있어야 하고, ② 당사자가 서로 양보하여야 하며, ③ 분쟁을 끝내는 합의가 있어야 한다(동지 대판 2021. 9. 9, 2016다203933).

(1) 분쟁의 존재

화해는 당사자 사이에 분쟁이 있을 것을 전제로 한다. 따라서 당사자가 단지 불확실한 법률관계를 확정하기 위하여 계약을 맺은 경우는 화해가 아니고 그와 유사한 무명계약이다(이설 있음)(대판 1984. 3. 13, 83다358은 채권자와 채무자 간의 잔존 채무액의 계산행위는 채무자가 채권자에게 지급할 채무액을 새로이 확정하는 화해계약이 아니라고 한다). 분쟁이 있는 법률관계의 종류에는 제한이 없다. 그러나 당사자가 임의로 처분할 수 없는 법률관계, 가령 일정한 친족관계의 존부에 관하여는 화해를 하여도 효력이 없다(대판 1968. 2. 27, 67므34 참조).

(2) 당사자의 상호양보

화해는 당사자가 서로 양보해서 하여야 하며, 어느 일방만이 양보하는 것은 화해가 아니다.

(3) 분쟁을 끝내는 합의

이는 나중에 사실과 다르다는 것이 드러나도 구속된다는 뜻의 합의이다. 이 합의가 유효하려면 당사자는 처분의 능력 또는 권한을 가지고 있어야 한다.

한편 판례는, 당사자들이 분쟁을 인식하지 못한 상태에서 일방 당사자가 이행해야 할 채무액에 관하여 협의하였다거나 일방 당사자의 채무이행에 대해 상대방 당사자가 이의를 제기하지 않았다는 사정만으로는 묵시적 화해계약이 성립하였다고 보기 어렵다고 한다(대판 2021. 9. 9, 2016다203933).

D-362 ## Ⅲ. 화해의 효력

(1) 법률관계를 확정하는 효력

화해계약이 성립하면 당사자 사이에 다투어졌던 법률관계는 화해계약의 내용에 따라서 확정된다. 그러나 확정되는 것은 다툼의 대상이 되어 합의한 사항에 한하며, 당사자가 다투지 않았던 사항이나 화해의 전제로서 서로 양해하고 있던 사항은 그렇지 않다.

(2) 화해의 창설적 효력

화해에 의하여 법률관계를 확정하는 것은 창설적이다(통설·판례도 같음. 대판 2020. 10. 15, 2020다227523·227530 등). 즉 종래의 법률관계가 어떠했는가를 묻지 않고 화해에 의하여 새로운 권리의 취득·상실이 있게 된다. 민법도 화해의 창설적 효력을 규정하고 있다(732조). 다만, 이 규정은 임의규정이어서(이설 없음) 당사자가 다른 특약을 하면 그 특약이 유효하다(그 결과 인정적 효력으로 할 수도 있다).

D-363 (3) 화해와 착오취소의 관계

화해계약은 착오를 이유로 취소하지 못한다(733조 본문). 그러나 「화해 당사자의 자격」 또는 「화해의 목적인 분쟁 이외의 사항」에 착오가 있는 때에는 취소할 수 있다(733조 단서). 이를 좀더 살펴보기로 한다.

민법은 착오가 다툼의 대상인 법률관계 자체에 있는 경우에는 취소를 인정하지 않는다(대판 2018. 5. 30, 2017다21411 등 다수의 판결). 예컨대 동업계약을 체결한 조합원의 상속인이 동업재산 중 지분의 환급범위에 관하여 분쟁하던 중 지분비율을 확정하여 그에 대한 환급지분액을 일정금액으로 합의 정산하기로 한 경우에(화해계약) 지분비율의 산정에 착오가 있는 때(대판 1989. 9. 12, 88다카10050), 의사가 수술 후 발생한 새로운 증세에 대하여 그 책임소재와 손해의 전보를 둘러싸고 분쟁이 있어 오다가 합의를 한 경우에 환자의 수술 후의 증세가 의사의 수술행위로 인한 것이 아니거나 의사에게 유책사유가 없는 때(대판 1995. 10. 12, 94다42846), 퇴직금 지급률을 인하조정하는 퇴직금지급규정의 개정에 대하여 노사간에 다툼이 있어 그 판단을 계속 중인 소송의 확정판결에 따르기로 합의한 경우에 신 규정이 근로자 집단의 집단 의사결정방법에 의한 동의를 얻어 유효한지에 관하여 잘못 안 때(대판 1995. 12. 12, 94다22453), 동업하는 사업의 이익금과 개발부담금을 둘러싼 정산 관계에 관해서 다툼이 있다가 그 사업의 손익 배분에 관한 분쟁을 종결하기로 하는 화해계약을 체결한 경우(대판 2018. 5. 30, 2017다21411)에 그렇다.

그에 비하여 「당사자의 자격」에 착오가 있거나(대판 1994. 9. 30, 94다11217) 「화해의 목적인 분쟁 이외의 사항」에 착오가 있는 때에는 착오를 이유로 취소할 수 있다(733조 단서의 문언에 주의하여야 한다. 사실 전자는 후자의 일종으로 보아야 한다). 판례는 「화해의 목적인 분쟁 이외의 사항」이란 「분쟁의 대상이 아니라 분쟁의 전제 또는 기초가 된 사항으로서 쌍방 당사자가 예정한 것이어서 상호양보의 내용으로 되지 않고 다툼이 없는 사실로 양해된 사항」이라고 한다(대판 2020. 10. 15, 2020다227523 · 227530 등 다수의 판결). 예컨대 퇴직금 등이 5,000만원이 넘음에도 불구하고 213만원 내임을 전제로 하여 화해계약을 맺은 경우(대판 1989. 8. 8, 88다카15413), 환자가 의료과실로 사망한 것으로 잘못 알고 화해가 이루어졌으나 그 후 환자의 사인이 치료행위와는 무관한 것으로 판명된 경우(대판 1990. 11. 9, 90다카22674[핵심판례 368면]; 대판 2001. 10. 12, 2001다49326 등), 교통사고에 있어서 가해자의 과실이 경합되어 있는데도 오직 피해자의 과실로 인하여 사고가 발생한 것으로 착각하고 합의한 경우(대판 1997. 4. 11, 95다48414 등. 그런데 대판 1992. 3. 10, 92다589는 유사한 경우에 취소를 부인한다)가 그에 해당한다. 주의할 것은, 제733조 단서에 해당한다고 하여 바로 취소할 수 있는 것은 아니고 제109조의 요건을 갖추어야 한다는 점이다. 그리고 이 두 규정상의 요건은 취소를 주장하는 자가 증명하여야 한다(대판 2004. 8. 20, 2002다20353).

한편 화해계약이 사기로 인하여 이루어진 경우에는, 화해의 목적인 분쟁에 관한 사항에 착오가 있는 때에도, 제110조에 따라 이를 취소할 수 있다(대판 2008. 9. 11, 2008다15278).

(4) 화해와 후발손해의 관계 D-364

1) 교통사고의 피해자가 후유증이 없는 것으로 생각하고 일정금액을 받으면서 나머지의 손해배상청구권을 포기하는 합의를 하였는데 그 후에 후유증이 생겨서 오래 치료를 받고 그래도 완치되지 않아 불구자가 된 경우, 즉 후발손해가 생긴 경우에 피해자는 더 이상 손해배상청구를 할 수 없는지가 문제된다. 이러한 경우의 합의의 성질은 — 제731조에 충실하려면 — 서로 양보하고 있는지의 유무에 따라서 민법상의 화해이거나 그것에 비슷한 무명계약이라고 하여야 한다.

2) 이에 대하여 판례는 엇갈리고 있고 학설도 대립한다.

(가) 판례는 적은 예외가 있기는 하나, 많은 판결에서 합의의 해석에 의하여 피해자를 구제하고 있다. 그 가운데에는 손해배상청구를 포기하는 합의는 합의 당시에 예상할 수 없었던 적극적 치료비나 후유증으로 인한 손해배상청구권까지 포기하는 취지로 볼 수 없다고 한 경우가 많다(한정적 해석)(대판 1988. 4. 27, 87다카74 등 다수의 판결). 1980년대 후반에는 「모든 손해가 확실하게 파악되지 않는 상황 아래에서 조급하게 적은 금액을 받고 위와 같은 합의가 이루어진 경

우」에만 위와 같은 결과를 인정하는 판결도 나왔다(대판 1997. 8. 29, 96다46903 등). 그런가 하면 다른 한편으로 「그 합의가 손해발생의 원인인 사고 후 얼마 지나지 아니하여 손해의 범위를 정확히 확인하기 어려운 상황에서 이루어진 것이고 후발손해가 합의 당시의 사정으로 보아 예상이 불가능한 것으로서 당사자가 후발손해를 예상하였더라면 사회통념상 그 합의금액으로는 화해하지 않았을 것이라고 보는 것이 상당할 만큼 그 손해가 중대한 것일 때에는 당사자의 의사가 이러한 손해에 대해서까지 그 배상청구권을 포기한 것이라고 볼 수 없」다고 하는 기준을 제시하기도 한다(대판 2000. 3. 23, 99다63176[핵심판례 370면]; 대판 2001. 9. 14, 99다42797 등 다수). 그리고 마지막의 것이 현재의 주류의 판례이다.

판례는 합의서의 권리포기 문구가 단순한 예문에 불과하다고 한 적이 있고(대판 1999. 3. 23, 98다64301), 권리포기에 관한 합의의 성립을 부정한 적도 있다(대판 1982. 4. 27, 80다2961 등).

그 밖에 신체침해가 발생한 경우에 있어서 피해자가 장래에 들 치료기간·치료비·후유증 등을 예상하지 못하고 합의한 경우에 관하여 여러번 착오를 이유로 합의의 취소를 인정하였다(대판 1981. 4. 14, 80다2452 등).

(나) 학설은 후발손해에 대하여 추가청구를 하지 못함이 원칙이라는 데 대하여는 다툼이 없다(이는 근래의 판례도 같음). 그러나 후발손해의 배상청구를 인정하여야 하는 경우의 이론구성에 대하여는 견해가 대립한다. 학설 가운데에는 i) 합의의 한정적 해석으로 해결하는 견해가 있는가 하면, ii) 신의칙에 의하여 해결하여야 한다는 견해 등도 있다(사견은 채권법각론 [214] 참조).

제3장 사무관리

학습의 길잡이

본장에서는 채권발생원인의 하나로서 민법전 제3편 제3장에 규정된 사무관리에 대하여 설명한다. 사무관리는 실제 사회에서 아주 빈번하지는 않아도 드물지 않게 발생한다. 따라서 그 제도는 매우 중요하지는 않지만 그렇다고 소홀히 해서도 안 된다.

사무관리는 민법상의 기본개념의 하나로서 제대로 이해하고 필요사항을 기억해 두어야 한다. 가령 타인의 채무를 자신의 채무로 알고서 변제한 경우와 같이 어떤 법률관계에서 사무관리가 문제되는 일이 잦기 때문에도 그렇다. 그리고 사무관리에 관하여는 전반적으로, 그리하여 그 요건·효과뿐만 아니라 준사무관리까지도 잘 알고 있을 필요가 있다.

Ⅰ. 사무관리의 의의 및 성질 D-365

(1) 의 의

사무관리는 의무(계약 또는 법률에 의한 의무) 없이 타인을 위하여 그의 사무를 처리하는 행위이다(734조 1항). 폭풍우로 파손된 이웃집의 지붕을 수선해 주는 행위가 그 예이다. 사무관리가 있으면 민법상 비용상환청구권·손해배상청구권·관리계속의무 기타의 의무가 발생한다(보수청구권은 생기지 않음. 그러나 유실물법 4조, 「수상에서의 수색·구조 등에 관한 법률」 39조, 상법 883조 등은 보수청구권을 인정한다). 따라서 이는 법정 채권발생원인의 하나이다.

사무관리는 실제 사회에서 어느 정도 행하여지고 있으나, 법적인 의의는 크지 않다.

(2) 인정근거

사무관리제도의 인정근거에 관하여 학설은 i) 사회공동생활에 있어서 각 개인은 남의 일에 간섭하지 않아야 하지만, 사정에 따라서는 각자가 서로 의지하고 서로 도와서 타인의 손해를 막고 타인의 이익을 더하여 나가는 것이 필요하고 바람직하며, 그것은 그 타인뿐만 아니라 사회 전체의 복리가 되기 때문이라는 견해(사견도 같음), ii) 타인 사무의 관리의 결과 야기되는 「관리인과 본인 사이의 재산관계」를 정의에 맞게 조정할 목적으로 만들어졌다는 견해로 나뉘어 있다.

D-366 ### (3) 법적 성질

1) 사무관리는 적법행위이다. 그러나 의사표시를 요소로 하는 법률행위가 아니고 준법률행위, 그 중에서도 사실행위(혼합 사실행위)이다.

2) 사무관리의 내용이 되는 행위는 사실행위일 수도 있고(예: 사무관리자가 이웃집 지붕을 직접 수선하는 경우) 법률행위일 수도 있다(예: 사무관리자가 제 3 자에게 지붕수선을 맡긴 경우). 그러나 후자의 경우에도 법률행위 자체가 사무관리가 아니고 그 법률행위는 전체적인 사무관리의 수단일 뿐이다.

3) 사무관리는 법률행위가 아니므로 의사표시 내지 법률행위에 관한 총칙편의 규정은 사무관리에 적용되지 않는다. 그러나 사무관리에서는 사무관리자에게 본인을 위하여 하는 의사, 즉 관리의사가 필요하므로 그는 의사능력을 가져야 한다. 그 외에 행위능력도 필요한가에 관하여는 다툼이 있다(학설과 사견은 채권법각론 [215] 참조). 이것이 문제되는 것은 사무관리가 성립하면 관리자가 비용을 받을 수 있는 등으로 그에게 유리한 면이 있지만, 다른 한편으로 관리계속의무·손해배상의무 등의 무거운 책임도 지기 때문이다.

D-367 ## Ⅱ. 사무관리의 성립요건

(1) 타인의 사무의 관리가 있을 것

1) 「사무」는 사람의 생활상의 이익에 영향을 미치는 모든 일을 가리키며, 사실적 행위인지 법률적 행위인지, 계속적인 것인지 일시적인 것인지, 정신적인 것인지 기계적인 것인지 등은 묻지 않는다.

2) 사무는 「타인의 것」이어야 한다. 여기에 관하여 통설은 사무는 성질상 ① 객관적으로 타인의 사무인 것(예: 타인의 집의 수리), ② 객관적으로 자기의 사무인 것(예: 자기 집의 수리), ③ 중성이어서 특정인과 관계가 없는 것(예: 약품의 구입)의 세 가지로 나누어지고, 그중 ①에 대하여는 사무관리가 성립하고, ②에 대하여는 관리자가 그것을 타인의 사무라고 잘못 믿었어도 사무관리가 성립하지 않으며, ③에 대하여는 관리자의 의사에 의하여 주관적으로 결정된다고 한다(사견도 같음).

사무가 타인의 것이어야 하므로, 어떤 자가 비용을 지출하였더라도 그 비용지출과 무관한 자에 대하여는 사무관리가 성립하지 않는다. 예컨대 A가 B의 혼인 외 출생자라고 주장하는 C를 양육·교육하면서 비용을 지출하였더라도, B가 C를 인지하거나 B가 C의 부모로서 혼인하여 C가 그 혼인 중의 출생자로 간주되지 않는 한, A가 B의 사무를 관리하였다고 볼 수 없다(대판 1981. 5. 26, 80다2515).

한편 타인의 사무가 국가의 사무인 경우에는, 원칙적으로 사인이 법령상의 근거 없이 국가의 사무를 수행할 수 없다는 점을 고려하면, 사인이 처리한 국가의 사무가 사인이 국가를 대신하여 처리할 수 있는 성질의 것으로서, 사무 처리의 긴급성 등 국가의 사무에 대한 사인의 개입이 정당화되는 경우에 한하여 사무관리가 성립하고, 사인은 그 범위 내에서 국가에 대하여 국가의 사무를 처리하면서 지출된 필요비 내지 유익비의 상환을 청구할 수 있다(대판 2014. 12. 11, 2012다15602: 갑 주식회사 소유의 유조선에서 원유가 유출되는 사고가 발생하자 을 주식회사가 피해 방지를 위해 해양경찰의 직접적인 지휘를 받아 방제작업을 보조한 사안에서, 을 회사는 사무관리에 근거하여 국가에 방제비용을 청구할 수 있다고 한 사례).

3) 여기의 「관리」는 보존·개량을 내용으로 하는 관리행위뿐만 아니라 처분행위도 포함된다. 판례도 몰수할 수 있는 압수물에 대한 수사기관의 환가처분은 사무관리에 준하는 행위라고 하여(대판 2000. 1. 21, 97다58507 등), 같은 견지에 있다.

(2) 타인을 위하여 하는 의사(관리의사)가 있을 것 D-368

1) 사무관리가 성립하려면 관리자에게 타인을 위하여 하는 의사 즉 관리의사가 있어야 한다. 통설·판례(대판 2010. 2. 11, 2009다71558 등)도 같다. 민법은 이를 「타인을 위하여」라고 표현하고 있다(734조 1항). 이 관리의사는 관리의 사실상의 이익(법률상의 이익이 아님)을 타인에게 귀속시키려는 의사이다. 판례도 동일하게 해석한다(대판 2013. 8. 22, 2013다30882). 판례는, 관리자가 처리한 사무의 내용이 관리자와 제 3 자 사이에 체결된 계약상의 급부와 그 성질이 동일하다고 하더라도, 관리자가 위 계약상 약정된 급부를 모두 이행한 후 본인과의 사이에 별도의 계약이 체결될 것을 기대하고 사무를 처리한 경우에 관하여 사무관리의사가 있다고 한다(대판 2010. 1. 14, 2007다55477[핵심판례 372면]).

2) 관리의사는 관리자 사신의 이익을 위한 의사와 병존하여도 무방하다(예: 공유자 1인이 공유물 전부에 대하여 비용을 지출한 경우)(대판 2013. 8. 22, 2013다30882 등). 그리고 외부에 표시될 필요가 없고(대판 2013. 8. 22, 2013다30882), 그 타인이 관리 당시에 확정되어 있을 필요도 없으며(대판 2013. 8. 22, 2013다30882 등), 본인에 관하여 착오가 있더라도 지장이 없다(이때에는 진정한 본인에 대하여 사무관리가 성립한다).

판 례 사무관리의 성립 여부 관련

(ㄱ) 판례에 의하면, 보험회사가 A의 불법행위로 인하여 자동차사고가 발생한 경우에 보험약관상 면책규정에 해당하여 보험금지급의무가 없다는 것을 알지 못하고 보험자로서 피해자에게 보험금을 지급한 때에는, 보험회사는 자신의 채무를 이행한다는 의사 내지는 피보험자를 위한 사무관리를 한다는 의사로 보험금을 지급하였다고 할 것이고, 따라서 보험회사의 보험금지급으로 A와의 관계에서 사무관리가 성립할 여지는 없다고 한다(대판 1995. 3. 3, 93다36332).

(ㄴ) 「채무자가 다른 상속인과 공동으로 부동산을 상속받은 경우에는 채무자의 상속지분에 관하여서만 상속등기를 하는 것이 허용되지 아니하고 공동상속인 전원에 대하여 상속으로 인한 소유권이전등기를 신청하여야 한다. 그리고 채권자가 자신의 채권을 보전하기 위하여 채무자가 다른 상속인과 공동으로 상속받은 부동산에 관하여 위와 같이 공동상속등기를 대위신청하여 그 등기가 행하여지는 것과 같이 채권자에 의한 채무자 권리의 대위

행사의 직접적인 내용이 제 3 자의 법적 지위를 보전·유지하는 것이 되는 경우에는, 채권자는 자신의 채무자가 아닌 제 3 자에 대하여도 다른 특별한 사정이 없는 한 사무관리에 기하여 그 등기에 소요된 비용의 상환을 청구할 수 있다.」(대판 2013. 8. 22, 2013다30882)

D-369 (3) 법률상의 의무가 없을 것

1) 관리자가 계약(위임·고용·도급 등) 또는 법률규정(친권이나 후견)에 의하여 본인에 대하여 그 사무를 관리할 의무를 부담하는 경우에는 사무관리가 성립하지 않는다(사용자가 근로자의 업무상 부상에 대하여 치료비를 지급하는 것은 근로기준법에 따라 부담하는 사용자 자신의 채무를 이행하는 것이고, 타인의 사무처리가 아니다: 대판 1998. 5. 12, 97다54222).

2) 관리자가 계약상의 의무를 이행하는 급부를 하였으나 그 계약이 무효·취소·해제된 경우에는 사무관리가 되지 않고 부당이득만이 문제된다고 하여야 한다(대판 1981. 10. 24, 81다563은 유사한 경우에 관리의사의 결여를 이유로 사무관리의 성립을 부정한다). 계약상의 의무의 범위를 넘어서 급부를 한 경우나 의무가 없는데도 있다고 잘못 믿고 급부한 경우에도 같다.

3) 관리자가 본인에 대하여는 의무가 없지만 제 3 자에 대한 관계에서는 사무를 관리할 의무가 있는 경우에는, 그 의무의 내용이 본인의 사무를 처리하는 것이더라도 사무관리는 성립하지 않는다. 즉 제 3 자와의 약정에 따라 타인의 사무를 처리한 경우에도 의무 없이 타인의 사무를 처리한 것이 아니므로 원칙적으로 그 타인과의 관계에서는 사무관리가 되지 않는다(대판 2013. 9. 26, 2012다43539). 가령 A가 B의 위임에 의하여 C의 집을 수리한 경우에 그렇다. 그러나 이때 B가 C와의 사이에 아무런 의무 없이 A에게 그러한 사무를 위임하였다면 B와 C 사이에 사무관리가 성립한다.

(4) 본인에게 불이익한 것 또는 본인의 의사에 반한다는 것이 명백하지 않을 것(737조 단서 참조)

이것이 사무관리의 요건인가에 대하여는 긍정설이 다수설 및 판례이다(대판 2013. 8. 22, 2013다30882 등).

D-370 Ⅲ. 사무관리의 효과

(1) 일반적 효과

1) 위법성의 조각 사무관리는 적법행위로서 위법성을 조각한다. 따라서 사무관리를 위하여 타인의 가옥에 들어가더라도 불법행위가 되지 않는다.

2) 사무관리를 추인하는 경우 사무관리자가 사무처리를 시작한 후에 본인이 사무관리를 추인한 경우에는 사무관리에 하자가 있더라도(예: 본인의 의사에 반한 사무관리) 하자가 치유된다. 그러나 추인만에 의하여 사무관리가 위임으로 전환되는 것은 아니다.

3) 사무관리와 대리관계 사무관리자가 사무관리를 위하여 제 3 자와 행한 법률행위의 효과는 관리자에게 생기고 본인에게는 생기지 않는다. 사무관리가 대리권을 발생시키는 것

은 아니기 때문이다. 다만, 관리자가 본인의 명의로 법률행위를 한 경우에는 무권대리가 된다(이설 있음). 그리하여 후에 본인이 추인을 하면 그 효과가 본인에게 귀속한다.

(2) 사무관리자의 의무

1) 관리계속의무 사무관리자가 일단 사무관리를 시작한 때에는 본인·그의 상속인 또는 법정대리인이 그 사무를 관리할 수 있을 때까지 관리를 계속하여야 한다(737조 본문). 마음대로 중단하면 본인에게 손해가 생길 수 있기 때문이다. 그러나 관리의 계속이 본인의 의사에 반하거나 본인에게 불리함이 명백한 때에는 관리를 중지하여야 한다(737조 단서). 한편 본인 자신이 직접 관리하겠다는 의사가 외부적으로 명백히 표현된 경우에는(종료의 의사 표시는 필요하지 않다) 사무관리는 더 이상 성립할 수 없다(대판 1975. 4. 8, 75다254).

2) 관리의 방법 사무관리는 그 사무의 성질에 좇아 가장 본인에게 이익이 되는 방법으로 하여야 하나(734조 1항), 만약 관리자가 본인의 의사를 알거나 알 수 있는 때에는 그 의사에 적합하도록 하여야 한다(734조 2항).

관리자가 위와 같은 관리방법에 위반하여 사무를 관리한 결과 본인에게 손해가 발생하면, 관리자는 그에게 과실이 없는 때에도 손해를 배상하여야 한다(734조 3항 본문)(대판 1995. 9. 29, 94다13008은 레스토랑 주방장으로 일하던 자가 레스토랑에 들렀다가 손님이 들어와서 식사가 되느냐고 묻자 주방에 들어가 가스렌지에 불을 켜놓았다가, 손님이 음료수만 주문하여 가스렌지의 불이 불필요하게 되었음에도 그 불을 끄지 않고 나가는 바람에 화재가 발생한 경우에, 사무관리자로서의 손해배상책임을 인정하였다). 즉 부적합한 관리에 의하여 손해가 생겼으면 관리수행에 따로 과실이 없어도 책임을 진다. 그러니 관리방법에 위반하여 관리를 하였더라도 그 관리행위가 공공의 이익에 적합한 때에는 중대한 과실이 있는 경우에만 책임을 진다(734조 3항 단서).

한편 관리자가 타인의 생명·신체·명예 또는 재산에 대한 급박한 위해를 면하게 하기 위하여 그 사무를 관리한 때에는(긴급 사무관리), 고의나 중대한 과실이 없으면 이로 인한 손해를 배상할 책임이 없다(735조).

3) 관리자의 통지의무 관리자가 관리를 개시한 때에는 지체없이 본인에게 통지하여야 한다(736조 본문). 그러나 본인이 이미 이를 알고 있는 때에는 통지의무가 없다(736조 단서).

4) 보고의무 등 사무관리에 위임에 관한 제683조 내지 제685조의 규정이 준용되는 결과(738조), 관리자는 보고의무(683조)·취득물 인도의무(684조 1항)·취득권리 이전의무(684조 2항)·소비한 금전의 이자지급 및 손해배상의무(685조)가 있다(D-317 참조).

(3) 본인의 의무 D-371

1) 비용상환의무 민법은 관리자가 비용을 지출한 경우에 관하여 관리자의 보호를 위하여 특별규정을 두고 있다.

(가) 관리자가 본인을 위하여 필요비 또는 유익비를 지출한 때에는, 본인에 대하여 그 상환을 청구할 수 있다(739조 1항). 그리고 관리자가 본인을 위하여 필요 또는 유익한 채무를 부담한 때에는, 관리자는 본인에게 자기에 갈음하여 그 채무를 변제하게 할 수 있고(대변제청구권 (代辨濟

請求權)) 그 채무가 변제기에 있지 않은 때에는 상당한 담보를 제공하게 할 수 있다(739조 2항 · 688조 2항).

민법은 사무관리자가 사무관리 본인에 대하여 보수를 청구할 수 있는지에 관하여는 명시적으로 규정하고 있지 않다. 그런데 판례는, 직업 또는 영업에 의하여 유상으로 타인을 위하여 일하는 사람이 향후 계약이 체결될 것을 예정하여 그 직업 또는 영업의 범위 내에서 타인을 위한 행위를 하였으나 그 후 계약이 체결되지 않음에 따라 타인을 위한 사무를 관리한 것으로 인정되는 경우에 상법 제61조는 「상인이 그 영업범위 내에서 타인을 위하여 행위를 한 때에는 이에 대하여 상당한 보수를 청구할 수 있다」고 규정하고 있어 직업 또는 영업의 일환으로 제공한 용역은 그 자체로 유상행위로서 보수 상당의 가치를 가진다고 할 수 있으므로 그 관리자는 통상의 보수를 받을 것을 기대하고 사무관리를 하는 것으로 보는 것이 일반적인 거래 관념에 부합하고, 그 관리자가 사무관리를 위하여 다른 사람을 고용하였을 경우 지급하는 보수는 사무관리 비용으로 취급되어 본인에게 반환을 구할 수 있는 것과 마찬가지로, 다른 사람을 고용하지 않고 자신이 직접 사무를 처리한 것도 통상의 보수 상당의 재산적 가치를 가지는 관리자의 용역이 제공된 것으로서 사무관리 의사에 기한 자율적 재산희생으로서의 비용이 지출된 것이라 할 수 있으므로 그 통상의 보수에 상응하는 금액을 필요비 내지 유익비로 청구할 수 있다고 하여(대판 2010. 1. 14, 2007다55477[핵심판례 372면]), 일정한 경우에 사실상 보수청구를 인정하고 있다.

(나) **관리자가 본인의 의사에 반하여 관리한 때**(본인의 의사에 반하는 것이 명백한 경우에는 사무관리가 성립하지 않으므로, 여기서 문제가 되는 것은 본인의 의사에 반하는지 여부가 명백하지는 않으나 본인의 의사에 반하는 경우에 한한다)에는 관리자는 본인의 현존이익의 한도에서 위의 권리들을 행사할 수 있을 뿐이다(739조 3항)(대판 2000. 1. 21, 97다58507은 압수물에 대하여 수사기관이 환가처분한 경우에는, 이때에 준하여 환가처분을 함으로써 압수물 소유자가 지출하지 않아도 되게 된 그 물건의 매각비용(현존이익)의 한도에서 환가처분 비용의 상환을 청구할 수 있다고 한다). 이때의 본인의 반환범위는 부당이득에 있어서 선의의 수익자의 반환범위와 같다(748조 1항 참조).

2) 손해배상의무 관리자가 사무관리를 함에 있어서 과실없이 손해를 받은 때에는, 본인의 현존이익의 한도에서 그 손해의 보상(배상)을 청구할 수 있다(740조).

D-372 Ⅳ. 준사무관리

(1) **타인의 사무를 그 타인을 위하여가 아니고**(즉 관리의사가 없이) **자신을 위하여 행하는 경우가 있다.** 타인의 물건을 자기 물건인 양 타인에게 비싸게 매각한 경우, 타인의 주택을 소유자의 허락 없이 임대하여 고액의 차임을 받는 경우가 그 예이다. 그 가운데에는 그 사무를 자신의 사무라고 잘못 알고 행하는 때(오신 사무관리(誤信 事務管理))가 있는가 하면, 타인의 사무임을 알면서 자기의 사무로서 행하는 때(불법관리(不法管理) 내지 무단 사무관리)도 있다. 이들 중 전자의 경우에는 사무관리가 되지 않고 부당이득의 문제로 되나(이설 있음), 그에 비하여 후자에 대하여는 종래부터 「준사무관리」 내지

「부진정 사무관리」라는 개념을 사용하여 특별한 효과를 인정할 것인지에 관하여 논의가 되고 있다.

(2) **불법관리**가 특별히 문제되는 이유는 관리자가 불법관리에 의하여 통상의 수익을 넘는 이득을 얻은 경우에 초과이익이 관리자에게 돌아가게 하는 것이 부적당하다는 점 때문이다. 적법한 사무관리에 있어서는 관리자는 그가 얻은 이익 전부를 본인에게 인도하여야 한다(738조·684조). 그런데 불법관리는 사무관리가 아니기 때문에 특별한 고려가 없으면 — 종래의 판례·통설에 의할 경우(부당이득에 관한 사견은 다름. D-405 참조) — 관리자는 부당이득 또는 불법행위 규정에 의하여 본인의 손실 또는 손해의 범위에서만 책임을 지면 충분하게 된다. 이와 같이 불법관리자가 적법관리자보다 더욱 보호받는 결과가 되는데, 이에 대하여 논란이 있는 것이다.

(3) 여기에 관하여 학설은 i) 준사무관리 부정설(사견도 같음), ii) 준사무관리 인정설, iii) 사무관리설로 나뉘어 있다.

제 4 장 부당이득

학습의 길잡이

본장에서는 채권발생원인의 하나로서 민법전 제3편 제4장에 규정되어 있는 부당이득에 대하여 설명한다. 부당이득은 민법상 중요제도의 하나이면서 기본개념이므로 그에 관하여는 모든 점을 숙지하고 있어야 한다. 본장의 내용 중 사례형 문제에 대비해서는 먼저 일반 부당이득의 요건·효과를 잘 알고 있어야 하고, 특히 불법원인급여, 전용물소권, 삼각관계에서 급부가 이루어진 경우에 대하여 소상히 알고 있어야 한다. 그리고 선택형 문제에 대비해서는 방금 언급한 사항들 외에 부당이득의 성립 여부가 문제되는 사례들에 대하여도 유의해야 한다.

부당이득제도는 관련되어 있는 다른 제도들도 많다. 예를 들면 이른바 급부부당이득의 경우에는 민법총칙상의 법률행위의 무효·취소, 채권법총칙, 계약법의 총칙·각칙 특히 계약해제 등과 밀접하고, 침해부당이득의 경우에는 물권법의 점유자와 회복자의 관계, 채권법총칙, 불법행위 등과 밀접하다. 부당이득의 완전한 이해를 위해서는 부당이득에 대하여 공부하면서 이들 관련제도에 대하여도 주의를 기울여야 한다.

Ⅰ. 서 설

D-373 ### 1. 부당이득의 의의 및 성질

(1) 의 의

부당이득이란 법률상 원인 없이 타인의 재산 또는 노무로 인하여 얻은 이익을 가리킨다(741조 참조). 예컨대 채무자가 그의 채무를 변제하였는데 그 사실을 잊어버리고 다시 변제한 경우에 두 번째의 급부가 그에 해당한다. 민법은 부당이득이 생긴 때에는 이득자가 손실자에게 그 이득을 반환하여야 하는 것으로 규정하고 있다(741조). 그 결과 부당이득은 사무관리·불법행위와 더불어 법정 채권발생원인의 하나가 되고 있다.

(2) 부당이득제도의 기초(존재이유)

민법은 로마법에서와 달리(로마법에서는 개별적인 경우에 부당이득 반환청구 소권을 인정하였다) 부당이득을 일반적·통일적인 제도로 규율하고 있다. 이와 같이 민법이 부당이득을 일반적인 제도로 규율하는 이유는 어디에 있는가?

이에 관하여 종래의 문헌은 부당이득이 통일적인 제도로 되어 있음을 중시하여 그 이유를 하나로 설명하여 왔다. 이것이 통일설이다. i) **통일설**은 현재에도 우리의 다수설이며, 그 견해는 모두 공평설을 취하고 있다. 그에 의하면, 특정의 당사자 사이에 재산적 가치의 변동이 생긴 경우에, 그것은 제 3 자에 대한 관계에서 고찰하면 거래의 안전을 위하여 그대로 인정되어야 하지만 당사자 사이에서만 고찰한다면 공평의 요구에 반하여 부인되어야 하는 모순이 있는 때에, 재산적 가치의 반환을 명함으로써 위의 모순을 해결하려는 것이 부당이득제도라고 한다(사견도 통일설이나, 내용은 다름. 채권법각론 [220] 참조).

그런데 근래에는 ii) 모든 부당이득에 대하여 통일적으로 설명하는 것이 부적당하다는 견지에서 부당이득을 여러 유형으로 나누고 그 각각에 대하여 인정이유나 요건을 살펴보아야 한다는 견해가 주장되어 세력을 얻어가고 있다. 이것이 **비통일설**(유형론)이다. 비통일설은 부당이득의 유형을 급부 부당이득·침해 부당이득·비용 부당이득의 셋으로 나누기도 하고, 거기에 구상 부당이득을 추가하여 넷으로 나누기도 한다.

한편 **판례**는 대체로 i)설과 같으나(대판(전원) 2015. 6. 25, 2014다5531; 대판 2024. 6. 27, 2024다216187 등), 근래에 침해 부당이득·급부 부당이득 등의 표현을 쓰기도 한다(대판 2018. 1. 24, 2017다37324 등 참조).

(3) 부당이득의 법적 성질

부당이득이 있으면 부당이득 반환청구권이라는 채권이 발생한다. 따라서 부당이득은 하나의 법률사실이면서 동시에 법률요건이다. 부당이득은 법률사실 중에서 사건이라고 이해된다. 그것은 법률행위에 기하여 이득이 생긴 때에도 마찬가지이다. 부당이득에 있어서 채권(부당이득의 반환청구권)발생이라는 법률효과는 그 이득이 법률행위에 의하여 생겼을지라도 당사자의 행위나 의사와는 관계없이 오직 그 이득이 생겼다는 사실에 기하여 주어지기 때문이다.

2. 부당이득 반환청구권과 다른 청구권의 관계 D-374

정당한 이유 없이 이득을 얻고 있는 자가 있는 경우에 손실자에게 계약에 기한 청구권, 물권적 청구권 또는 불법행위로 인한 손해배상청구권이 인정되는 때가 있다. 그때 그러한 청구권 외에 부당이득 반환청구권도 성립하는지가 문제된다. 이는 개별적인 경우에 대하여 따로따로 판단하여야 하나, **원칙적으로는 다른 제도에 의하여 완전하게 규율되어 있는 때에는 부당이득 반환청구권이 인정되지 않는다**고 할 수 있다(통설도 같음). 이것이 부당이득 반환청구권의 보충성이다.

(1) 계약상의 채무이행청구권과의 관계

채무자가 이행기에 채무를 이행하지 않고 있는 때에는, 형식적으로는 채무자가 부당하게 이득을 얻고 있는 것처럼 보이지만 법상 급부의무가 면제되는 것은 아니기 때문에, 부당이득은 문제되지 않고 채무불이행이 문제될 뿐이다. 통설·판례(대판 2018. 2. 28, 2016다45779 등)도 같다.

판 례 채무를 이행하지 않고 있는 경우의 부당이득 여부(부정)

(ㄱ) 「상계의 원인되는 자동채권이 존재하지 않는 것으로 확정되어 상계의 효력이 없다면 수동채권은 여전히 존재하는 것이어서 단순히 그 채무를 이행하지 않고 있다는 점만으로 법률상 원인 없이 이득을 얻었다 할 수 없는 것이고, 가사 수동채권이 시효로 소멸하게 되었다 하더라도 달리 볼 것은 아닌 것」이다(대판 1992. 5. 12, 91다28979).

(ㄴ) 「상계계약은 당사자 사이에 서로 대립하는 채권이 유효하게 존재하는 것을 전제로 서로 채무를 대등액 또는 대등의 평가액에 관하여 면제시키는 것을 내용으로 하는 계약이다. 두 채권의 소멸은 서로 인과관계가 있으므로 한쪽 당사자의 채권이 불성립 또는 무효이어서 그 면제가 무효가 되면 상대방의 채무면제도 당연히 무효가 된다. 이때 상대방의 채권이 유효하게 존재하였던 경우라면, 그 채권은 여전히 존재하는 것이 되므로 채무자는 그 채무를 이행할 의무를 부담한다. 채무자가 이를 이행하지 않았다고 하더라도 그가 법률상 원인 없이 채무를 면하는 이익을 얻었다고 볼 수 없다(대법원 2005. 4. 28. 선고 2005다3113 판결 등 참조. 대판 2005. 4. 28, 2005다3113은 이에 덧붙여, 가사 그 채권이 시효로 소멸하게 되었다 하더라도 달리 볼 것은 아니라고 한다: 이 문장은 저자가 붙인 것임). 그리고 상대방의 채권도 불성립 또는 무효이어서 존재하지 않았던 경우라면, 그 채무자는 부존재하는 채무에 관하여 무효인 채무면제를 받은 것에 지나지 않으므로 채무를 이행할 의무도 없고 채무를 면하는 이익을 얻은 것도 아니다.」(대판 2017. 12. 5, 2017다225978·225985)

(ㄷ) 「어떠한 계약상의 채무를 채무자가 이행하지 않았다고 하더라도 채권자는 여전히 해당 계약에서 정한 채권을 보유하고 있으므로, 특별한 사정이 없는 한 채무자가 그 채무를 이행하지 않고 있다고 하여 채무자가 법률상 원인 없이 이득을 얻었다고 할 수는 없고, 설령 그 채권이 시효로 소멸하게 되었다 하더라도 달리 볼 수 없다.」(대판 2018. 2. 28, 2016다45779)

(2) 계약종료 후의 목적물반환청구권과의 관계

임대차나 사용대차가 종료한 후에는 임대인 또는 사용대주는 목적물반환청구권을 가진다. 그 경우 임차인이나 사용차주가 반환을 하지 않고 계속 사용·수익을 하는 때에는, 임차인 등이 반환을 하지 않는 것 자체는 부당이득이 아니나(그들은 목적물반환의무가 있고 그것의 채무불이행책임을 지므로), 목적물을 계속 사용·수익하여 이득을 얻은 것은 부당이득이 된다. 그런데 이때 임차인 등은 채무불이행책임을 지게 되고, 그 손해배상의 내용은 부당이득 반환범위와 같게 된다. 그리고 이 두 권리는 경합을 인정하여도 무방하다(통설도 같음).

D-375 (3) 물권적 청구권과의 관계

1) 손실자가 이득자에 대하여 물권적 청구권(소유권 기타 본권에 기한 반환청구권)을 가지는 경우에 부당이득반환청구권과의 관계가 문제된다.

2) 이 두 권리의 경합이 문제되는 범위는 물권행위의 무인성을 인정하는지 여부에 따라 다르다. 무인론에서는 채권행위가 실효되어도 물권행위에 영향이 없으므로 원칙적으로는 물권적 청구권이 생기지 않고, 예외적으로만(무효·취소의 원인이 채권행위·물권행위에 공통한 경우, 유인으로 특약한 경우 등) 물권적 청구권이 발생하여 경합이 문제된다. 그러나 유인론에서는 원인행위인 채권행위가 실효되면 물권행위도 효력을 잃게 되므로 물권적 청구권과의 경합이 원칙적으로 문제되게 된다(가령 채권행위가 실효하여도 물권행위의 효력은 유지된다는 특약이 있을 경우에는, 소유권이 이전되어 경합이 생기지 않는다). 그리고 가령 도둑이 물건을 훔쳐서 점유하는 때에는 유인·무인에 관계없이 경합이 문제된다.

다른 한편으로 이득자가 소유권 기타의 본권을 취득할 때에 비로소 이득이 성립한다고 새기면, 손실자에게 물권적 청구권이 있는 한 부당이득 반환청구권은 인정되지 않게 된다. 그러나 우리나라에서 이러한 견해를 취하는 학자는 없으며, 모두가 본권을 취득하지 않았다 하더라도 점유를 갖는 이상 이득이 있는 것으로 해석한다(점유권과 그에 의한 법률효과를 받으므로).

3) 부당이득 반환청구권과 물권적 청구권의 경합이 문제될 수 있는 경우에 두 권리의 경합을 인정할 것인가?

여기에 관하여 통설은 이득자가 단순히 점유만을 취득하고, 따라서 손실자가 물권적 청구권을 가지는 경우에도 그들 사이의 관계는 부당이득 반환의 관계라고 보고, 민법이 규정하는 점유자와 본권자 사이의 관계에 관한 규정(201조 내지 203조)은 바로 이러한 특수한 부당이득 반환의 내용을 규정한 것이라고 새긴다(사견도 같음). 물권적 청구권을 부당이득과는 별개의 관계라고 한다면 이득자가 소유권 기타의 본권을 취득하는 경우(이때에는 손실자는 부당이득 반환청구권만 가지게 되고, 그 반환범위는 748조 1항에 의하여 정해짐)보다도 소유권을 취득하지 않는 경우(이때에는 손실자는 부당이득 반환청구권뿐만 아니라 물권적 청구권도 가지게 되고, 물권적 청구권을 행사할 경우 그 반환범위는 201조 내지 203조에 의하여 정해짐)의 반환의무의 범위가 더 가볍게 되어(특히 소유권을 취득하지 않는 경우에는 선의의 점유자가 과실을 수취할 수 있기 때문이다) 균형을 잃게 된다는 이유에서이다. 이 견해는 이득자와 손실자 사이의 가치의 이동을 조절하는 것이 부당이득제도이지만, 그 조절이 현물의 반환의 형식으로 행하여지는 한도에서는 — 소유권이 이전되었든 안 되었든 — 물권적 청구권이라는 특수한 제도에 의하고(201조 내지 203조), 그 조절이 가격반환의 형식으로 행하여지는 경우에는 부당이득의 일반원칙(747조·748조)에 따를 것이라고 한다.

판례는 선의의 점유자에 대하여 제748조 제 1 항에 우선하여 제201조 제 1 항을 적용하고 있어서 통설에 가까우나(대판 1978. 5. 23, 77다2169 등), 통설을 취하는지는 분명치 않다.

(4) 불법행위에 의한 손해배상청구권과의 관계 D-376

불법행위와 부당이득은 직접적인 목적이 다르고(전자: 손해전보, 후자: 재산적 가치 귀속의 조정), 따라서 그 요건과 효과에 있어서도 차이가 있으므로, 두 청구권의 경합을 인정함이 옳다. 통설·판례(대판 1993. 4. 27, 92다56087)도 같다.

한편 판례는, 부당이득 반환청구권과 불법행위로 인한 손해배상청구권은 서로 실체법상 별개의 청구권으로 존재하고 그 각 청구권에 기초하여 이행을 구하는 소는 소송법적으로도 소송물을 달리하므로, 채권자로서는 어느 하나의 청구권에 관한 소를 제기하여 승소 확정판결을 받았다고 하더라도 아직 채권의 만족을 얻지 못한 경우에는 다른 나머지 청구권에 관한 이행판결을 얻기 위하여 그에 관한 이행의 소를 제기할 수 있다고 한다(대판 2013. 9. 13, 2013다45457). 그리고 채권자가 먼저 부당이득 반환청구의 소를 제기하였을 경우 특별한 사정이 없는 한 손해 전부에 대하여 승소판결을 얻을 수 있었을 것임에도, 우연히 손해배상청구의 소를 먼저 제기하는 바람에 과실상계 또는 공평의 원칙에 기한 책임제한 등의 법리에 따라 그 승소액이 제한된 때에는, 그 제한된 금액에 대한 부당이득 반환청구권의 행사가 허용된다고 한다(대판 2013. 9. 13, 2013다45457).

D-377 **Ⅱ. 부당이득의 일반적 성립요건**

부당이득의 일반적 성립요건은 제741조에 규정되어 있다. 그에 의하면 부당이득이 성립하기 위하여서는 ① 타인의 재산 또는 노무에 의하여 이익을 얻었을 것(수익(受益)), ② 그러한 이익을 얻음으로 인하여 타인에게 손해를 가했을 것(손실(損失)), ③ 수익과 손실 사이에 인과관계가 있을 것, ④ 법률상의 원인이 없을 것이라는 네 가지 요건이 필요하다.

1. 수 익

(1) 부당이득은 어떤 자에게 수익이 생긴 경우에 그것이 다른 자와의 상대적 관계에서 귀속의 정당성이 인정되지 않는 때(즉 그대로 두는 것이 정의 내지 공평에 반할 때) 반환을 인정하는 제도이다(그 결과 부당이득의 요건은 「수익」과 「법률상 원인이 없을 것」이 중심이 된다). 따라서 부당이득은 수익이 존재하는 때에 비로소 문제된다.

(2) 수익에는 여러 가지 모습이 있다. 소유권·제한물권과 같은 물권의 취득뿐만 아니라 채권의 취득(대판 1996. 11. 22, 96다34009 등)(아직 그 채권을 현실적으로 추심하지 못한 경우에는 부당이득 반환청구에 있어서 부당이득한 채권의 양도와 그 채권양도의 통지를 청구하여야 하며, 채권가액에 해당하는 금전반환을 청구할 수는 없다. 대결 2013. 4. 26, 2009마1932 등), 특허권과 같은 지식재산권의 취득(대판 2004. 1. 16, 2003다47218), 점유의 취득, 무효인 등기의 취득도 수익에 해당한다. 또한 자기의 재산으로부터 지출하였어야 할 비용의 지출을 면하게 된 것도 수익이다. 가령 타인이 자기의 물건을 보관해 준 경우, 본래 부담하였어야 할 채무를 부담하지 않게 된 경우, 이미 부담하고 있던 채무를 면하게 된 경우(대판 2024. 3. 28, 2023다308911 등), 자기의 소유물 위에 설정되어야 할 제한물권의 설정을 면한 경우(대판 1981. 1. 13, 80다979는 타인의 토지를 담보물로 이용하였다 하더라도 그것은 가치권의 이용만으로서 현실적 이익이 없다고 하나, 이는 옳지 않다)에 그렇다.

(3) 판례는 부당이득에 있어서 이득이란 실질적인 이득을 가리키는 것이므로 법률상 원인 없이 건물을 점유하고 있다고 하여도 이를 사용·수익하지 못하였다면 실질적인 이득을 얻었다고 볼 수 없다고 한다(대판 1990. 12. 21, 90다카24076[핵심판례 374면]; 대판 1992. 11. 24, 92다25830·25847 등 다수). 그리하여 임차인이

본래의 용도대로 사용·수익하지 않은 때에는 실질적인 이득이 없으므로 부당이득 반환의무가 생기지 않으나, 임차인이 계속 사용·수익을 한 때에는 반환의무가 있다고 한다(이때의 부당이득은 차임 상당액이다)(판례는 D-243 참조). 그리고 임차인이 임대차계약관계가 소멸한 다음에도 임대차 목적물(그 사안에서는 동산)을 계속 점유하기는 하였지만 이를 본래의 임대차계약상 목적에 따라 사용·수익하지 않아 이익을 얻은 적이 없는 경우에는 그로 말미암아 임대인에게 손해가 발생하였더라도 임차인의 부당이득 반환의무는 성립하지 않는다고 한다(대판 2019. 4. 11, 2018다291347). 또한 법률상 원인 없이 타인의 차량을 점유하고 있지만 이를 사용·수익하지 않은 때에도 실질적 이득이 없어 부당이득이 성립하지 않는다고 한다(대판 1991. 10. 8, 91다22018·22025). 이러한 판례의 실질적 이득 개념은 부당이득이 귀속이 정당하지 않은 이익의 위치를 바로잡는 제도라는 점에 비추어 볼 때 수긍할 수 있을 것으로 생각된다. 부당이득은 불법행위와 달리 객관적인 가치의 침해보다는 취득한 실제의 이득을 문제삼아야 하기 때문이다. 그러나 일반적으로는 통상적인 이득이 인정되어야 하며, 특별한 사정이 있는 때에 한하여 실질적 이득이 고려되어야 한다. 이와 같은 실질적 이득을 고려하게 되면, 실질적 이득이 통상의 이득보다 많든 적든 그것을 기준으로 반환범위를 정하게 된다. 그런데 판례는 실질적 이득을 고려하여 한편으로는 임차인의 반환의무를 부정하면서, 다른 한편으로는 부동산을 사용하여 영위한 영업이 적자인 경우에도 임료 상당의 이익을 받은 것으로 인정하였는데(대판 1997. 12. 9, 96다47586), 이는 논리적으로 일관성이 없다.

또한 판례는 이득자에게 실질적으로 이득이 귀속된 바 없다면 그 반환의무를 부담시킬 수 없다고 한다(대판 2017. 6. 29, 2017다213838 등).

(4) **수익의 방법**에는 제한이 없다. 그리하여 수익이 손실자와 수익자 사이의 행위에 의하든 이들 중 하나와 제3자 사이의 행위에 의하든 묻지 않으며, 그 행위가 법률행위인가 사실행위인가, 자연적 사실(예: 홍수로 다른 양어장의 물고기가 들어온 경우)에 의한 것인가도 중요하지 않다. D-378

(5) 수익은 타인의 재산 또는 노무를 원인으로 하는 것이어야 하는데, 여기의 「**타인의 재산**」은 이미 현실적으로 타인의 재산에 귀속되어 있는 것만이 아니고 당연히 그 타인에게 귀속되어야 할 재산을 포함하는 의미이다(대판 1981. 1. 13, 80다380). 예컨대 2번 근저당권에 기한 경매대가로부터 국가와 1번 근저당권자가 각각 조세채권과 저당채권을 변제받고 나서 2번 근저당권자가 일부만을 변제받은 뒤 조세부과처분의 취소가 확정된 경우에는, 국가는 2번 근저당권자에게 귀속되어야 할 재산으로 이익을 얻은 것이 된다(위의 판결 사안임).

판 례 **장래의 부당이득의 반환청구 관련**

장래의 부당이득을 반환청구할 수 있는지가 문제된다. 실체법상으로 보면 장래의 부당이득에 대하여는 채권은 있지만 청구권이 없어서 반환청구를 할 수 없다고 할 것이나, 민사소송법에서 미리 청구할 필요가 있을 때에는 장래에 이행할 것을 청구하는 소도 제기할 수 있도록 하고 있어서(동법 251조) 요건이 구비된 때에는 장래의 부당이득을 청구할 수 있다고 하겠다. 판례도 처음에는 이를 부정하였으나(대판 1960. 10. 6, 4293민상260), 그 후 판례를 변경하여 장래의 부당이득도 그 이행기에 지급을 기대할 수 없어 미리 청구할 필요가 있으면 미리 청구할 수 있다고 한다(대판(전원) 1975. 4. 22, 74다1184). 그리고 구체적인 사안에서 장래의 부당이득까지 미리 청구할 필요가 있다고 한 적도 있고(대판 1994. 9. 30, 94다32085 등), 이를 부인한 적도 있다(대판 1991. 10. 8, 91다17139(청구기간이 불확실한 경우임)). 아래에서 대판(전원) 1975. 4. 22, 74다1184의 일부를 인용하기로 한다.

「유독 부당이득 상당금의 지급채무에 있어서만 그 성질상 장래 발생할 채무의 지급을 명하여서는 안 된다고 할 아무 합리적 이유도 없다고 할 것이다(민법 741조, 747조, 748조가 「얻은 이익」 「받은 목적물」은 「반환한다」라고 규정한 점에 현혹되어서 위 민사소송법 229조의 입법취지를 몰각하는 반대해석을 하여서는 안 될 것이다).」(대판(전원) 1975. 4. 22, 74다1184)

D-379 ## 2. 손　　실

(1) 부당이득이 성립하려면 손실을 입은 자가 있어야 한다. 가령 어떤 토지의 부근이 개발되어 그 토지의 가치가 증가하였더라도 손실을 입은 자가 없어서 부당이득은 존재하지 않는다. 손실은 손실자의 급부에 의하여 일어날 수도 있으나, 다른 자의 불법점유로 사용의 기회를 잃는 것도 그에 해당한다.

(2) 손실과 이득은 서로 대응하나, 그 둘이 범위에 있어서 같아야 하는 것은 아니며, 둘 사이에 인과관계만 있으면 충분하다. 한편 판례는, 이른바 급부 부당이득의 경우(당사자 일방이 자신의 의사에 따라 일정한 급부를 한 다음 그 급부가 법률상 원인 없음을 이유로 반환을 청구하는 경우)에는 그 급부 자체가 급부수령자의 이익 및 급부자의 손해를 구성한다고 한다(대판 2024. 10. 8, 2024다257362).

판 례 손실 여부 관련

(ㄱ) 토지소유자가 일단의 택지를 조성, 분양하면서 개설한 도로를 행정청이 확장하고 포장하였다고 하더라도 토지소유자에게 어떤 손실이 생겼다고 할 수 없다(대판 1985. 8. 13, 85다카421).

(ㄴ) 토지소유자가 토지를 주민의 통행로로 스스로 제공하거나 주민의 통행을 용인하여 소유자로서의 배타적 사용수익권을 포기 또는 상실한 사실이 있다면 지방자치단체의 점유로 인하여 토지소유자에게 어떤 손실이 생긴다고도 할 수 없다(대판 1991. 7. 9, 91다11889. 동지 대판 2001. 4. 13, 2001다8493(제 3 자가 불법점유한 경우); 대판(전원) 2019. 1. 24, 2016다264556(토지소유자가 그 소유의 토지를 도로, 수도시설의 매설 부지 등 일반 공중을 위한 용도로 제공한 경우에 타인[사인뿐만 아니라 국가, 지방자치단체도 포함함]이 그 토지를 점유·사용하는 때)[핵심판례 142면]).

(ㄷ) 토지의 원소유자가 토지의 일부를 도로부지로 무상제공하여 주민들이 그 토지를 무상으로 통행하게 된 이후에 그 토지의 소유권을 경매·매매·대물변제 등에 의하여 특정승계한 자는 그와 같은 사용·수익의 제한이라는 부담이 있다는 사정을 용인하거나 적어도 그러한 사정이 있음을 알고서 그 토지의 소유권을 취득하였다고 봄이 상당하므로 지방자

치단체가 그 토지의 일부를 도로로서 점유·관리하고 있다고 하더라도 어떠한 손해가 생긴다고 할 수 없다(대판 1998. 5. 8, 97다52844 등).

㈃ 부산시가 준용하천구역으로 지정된 토지(지정이 되면 사용수익에 관한 사권의 행사는 제한됨)에 대하여 하천의 현상은 그대로 둔 채 복개만 하여 이를 점유하고 있다고 해서 그 소유자에게 어떤 손해가 발생하였다고 할 수 없다(대판 1990. 6. 8, 89다카18990).

㈄ 토지소유자가 송전선이 설치된 토지를 농지로만 이용하여 왔다고 하더라도, 그 소유권을 행사함에 있어 아무런 장애를 받지 않았다고 할 수 없고 그 송전선의 가설로 인하여 그 토지 상공에 대한 구분지상권에 상응하는 임료 상당의 손해를 입었다고 할 것이다(대판 1996. 5. 14, 94다54283).

㈅ 「물건의 소유자가 물건에 관한 어떠한 이익을 상대방이 권원 없이 취득하고 있다고 주장하여 그 이익을 부당이득으로 반환청구하는 경우 상대방은 그러한 이익을 보유할 권원이 있음을 주장·증명하지 않는 한 소유자에게 이를 부당이득으로 반환할 의무가 있다. 이때 해당 토지의 현황이나 지목이 '도로'라는 이유만으로 부당이득의 성립이 부정되지 않으며, 도로로 이용되고 있는 사정을 감안하여 부당이득의 액수를 산정하면 된다.」(대판 2020. 10. 29, 2018다228868)

3. 수익과 손실 사이의 인과관계 D-380

수익과 손실 사이에 인과관계가 있어야 한다. 여기의 인과관계는 동일한 사실이 한편으로는 손실을 발생시키고 다른 한편으로는 이득을 생기게 할 필요는 없으며(즉 직접적 인과관계일 필요가 없음), 사회관념상 그 연락을 인정할 수 있는 것이면 충분하다(이설 있음). 판례도 채무자가 피해자로부터 횡령한 금전을 그대로 채권자에 대한 채무변제에 사용하거나(대판 2025. 7. 16, 2022다277188 등 다수) 제3자에게 증여한 경우(대판 2012. 1. 12, 2011다74246)와 자신의 채권자의 다른 채권자에 대한 채무를 대신 변제한 경우(대판 2008. 3. 13, 2006다53733·53740(경리업무 담당자가 회사자금의 횡령사실을 은폐할 목적으로 권한 없이 회사 명의로 은행과 대출계약을 체결하여 그 대출금을 편취한 후 이를 회사 또는 그 회사의 채권자인 거래처의 예금계좌에 송금하여 횡령금 상당액을 변제한 사례)[핵심판례 376면]; 대판 2016. 6. 28, 2012다44358·44365)에 피해자의 손실과 채권자의 이득 사이에 인과관계가 있다고 함으로써 위와 같은 견지에 있다(대판 1966. 10. 4, 66다1441도 참조). 주의할 것은, 위의 판례는, 그 각각의 경우에 인과관계는 인정하면서도, 다른 한편으로 금전을 수령한 채권자(또는 수증자)가 변제를 수령하면서 그 금전이 횡령한 것이라는 사실에 대하여 악의 또는 중대한 과실이 없는 한 채권자(또는 수증자)의 금전취득은 피해자에 대한 관계에서 법률상 원인이 있는 것이어서 부당이득이 아니라고 한다는 점이다(위의 판결들 참조). 생각건대 판례와 같이 악의·중과실 유무로 따질 것이 아니고, 오히려 채무관계의 존재 유무에 따라 결정해야 한다. 한편 판례는, 채권자가 수령한 금전이 편취된 것이라는 사실을 알았거나 중대한 과실로 알지 못하였다는 점에 대한 증명책임은 피해자에게 있다고 한다(대판 2024. 6. 27, 2024다216187).

(판 례) 인과관계 관련

어음의 「소지인이 제시은행에 추심을 의뢰, 예입한 약속어음이 지급은행에 개설된 발행인의 당좌계좌의 예금부족으로 현실적으로 추심되지 않았음에도 불구하고, 어음교환일 당일 위 규약 등에 정해진 시각까지 미결제어음통보 혹은 부도어음통보(이하 묶어서 '부도어음통보'라고 한다)가 이루어지지 않아 지급은행이 어음교환소에서 대차결제된 결제자금을 제시은행으로부터 회수하지 못하게 됨으로써 그 어음이 정상적으로 추심된 것처럼 입금·처리되고 소지인이 이를 인출하여 간 경우, 소지인이 얻은 위 인출금 상당액은 원칙적으로 지급은행의 결제자금 상당의 손해로 인한 것이므로 사회통념상 법률상 원인 없는 부당이득으로 반환할 의무가 발생」한다(대판 2006. 5. 26, 2003다65643. 동지 대판 1997. 11. 28, 96다21751(위조된 자기앞수표의 경우)). 그에 비하여 제시은행으로서는 아무 손해도 입은 바 없으므로 예금자에 대하여 부당이득 반환채권을 가질 수 없고, 따라서 지급은행이 제시은행을 상대로 부당이득 반환채권의 반환을 구할 수는 없다(대판 1997. 11. 28, 96다21751 등).

D-381 [참고] 전용물소권(轉用物訴權) 문제

계약에 의한 급부가 제3자의 이득으로 된 경우에 급부한 계약당사자의 그 제3자에 대한 부당이득 반환청구권을 인정하는 것을 전용물소권이라고 한다. 예컨대 수급인 A가 도급인 B로부터 제3자 C 소유의 건물을 인도받아 수리한 결과 그 물건의 가치가 증가한 경우에, A가 B에 대하여 도급계약상의 보수를 청구하는 외에 C에 대하여 부당이득 반환청구를 할 수 있는지의 문제이다. 프랑스와 일본에서는 판례가 이를 인정하고 있으나, 독일민법은 원칙적으로 이를 부정한다(독일민법 822조는 제3자가 무상으로 그 이득물을 취득한 경우에만 예외적으로 부당이득 반환의무를 인정한다). 우리나라에서도 부정설이 주장되며, 판례도 같다(대판 2002. 8. 23, 99다66564·66571[핵심판례 378면]; 대판 2023. 4. 27, 2022다304189 등 다수). 생각건대 급부자는 계약상의 채권으로 충분히 보호되므로 전용물소권까지 인정하여 과대 보호할 필요가 없고, 또한 그는 상대방이 제3자에 대하여 가지는 비용상환청구권(203조 참조)을 대위행사할 수도 있기 때문에, 전용물소권은 허용하지 않아야 한다. 판례를 인용한다.

(ㄱ) 「계약상의 급부가 계약의 상대방뿐만 아니라 제3자의 이익으로 된 경우에 급부를 한 계약당사자가 계약상대방에 대하여 계약상의 반대급부를 청구할 수 있는 이외에 그 제3자에 대하여 직접 부당이득 반환청구를 할 수 있다고 보면, 자기 책임 하에 체결된 계약에 따른 위험부담을 제3자에게 전가시키는 것이 되어 계약법의 기본원리에 반하는 결과를 초래할 뿐만 아니라, 채권자인 계약당사자가 채무자인 계약상대방의 일반채권자에 비하여 우대받는 결과가 되어 일반채권자의 이익을 해치게 되고, 수익자인 제3자가 계약상대방에 대하여 가지는 항변권 등을 침해하게 되어 부당하므로, 위와 같은 경우 계약상의 급부를 한 계약당사자는 이익의 귀속 주체인 제3자에 대하여 직접 부당이득 반환을 청구할 수는 없다고 보아야 할 것이다.

한편, 유효한 도급계약에 기하여 수급인이 도급인으로부터 제3자 소유 물건의 점유를 이전받아 이를 수리한 결과 그 물건의 가치가 증가한 경우, 도급인이 그 물건을 간접점유하면서 궁극적으로 자신의 계산으로 비용지출과정을 관리한 것이므로, 도급인만이 소유자에 대한 관계에 있어서 민법 제203조에 의한 비용상환청구권을 행사할 수 있는 비용지출자라고 할 것이고, 수급인은 그러한 비용지출자에 해당하지 않는다고 보아야 할 것이다.」(대판 2002. 8. 23, 99다66564·66571[핵심판례 378면]; 공유자 중 1인으로부터 건물에 관한 공사를 도급받아 공사를 완료한 수급인이 그 건물의 다른 공유자 중 1인에 대하여 직접 부당이득 반환을 청구하거나 유익비상환을 청구할 수 없다고 함)

(ㄴ) 「계약상의 급부가 계약의 상대방뿐 아니라 제3자에게 이익이 된 경우에 급부를 한 계약

당사자는 계약 상대방에 대하여 계약상의 반대급부를 청구할 수 있는 이외에 그 제3자에 대하여 직접 부당이득 반환청구를 할 수는 없다고 보아야 하고, 이러한 법리는 그 급부가 사무관리에 의하여 이루어진 경우에도 마찬가지이다. 따라서 의무 없이 타인을 위하여 사무를 관리한 자는 그 타인에 대하여 민법상 사무관리 규정에 따라 비용상환 등을 청구할 수 있는 외에 그 사무관리에 의하여 결과적으로 사실상 이익을 얻은 다른 제3자에 대하여 직접 부당이득 반환을 청구할 수는 없다고 할 것이다.」(대판 2013. 6. 27, 2011다17106)

(ㄷ) 갑 회사의 화물차량 운전자가 갑 회사 소유의 화물차량을 운전하면서 갑 회사의 지정주유소가 아닌 을이 경영하는 주유소에서 대금을 지급할 의사나 능력이 없음에도 불구하고 상당량의 유류를 공급받아 편취한 다음 갑 회사의 화물운송사업에 사용하고 그 유류대금을 결제하지 않은 사안에서, 비록 위 유류가 갑 회사의 화물운송사업에 사용됨으로써 갑 회사에게 이익이 되었다 하더라도 을은 계약당사자가 아닌 갑 회사에 대하여 직접 부당이득 반환을 청구할 수 없다고 한 사례(대판 2010. 6. 24, 2010다9269).

판 례 이른바 삼각관계에서 급부가 이루어진 경우

(ㄱ) 「계약의 일방 당사자가 계약상대방의 지시 등으로 급부과정을 단축하여 계약상대방과 또 다른 계약관계를 맺고 있는 제3자에게 직접 급부한 경우(이른바 삼각관계에서의 급부가 이루어진 경우), 그 급부로써 급부를 한 계약당사자의 상대방에 대한 급부가 이루어질 뿐 아니라 그 상대방의 제3자에 대한 급부도 이루어지는 것이므로 계약의 일방 당사자는 제3자를 상대로 법률상 원인 없이 급부를 수령하였다는 이유로 부당이득 반환청구를 할 수 없다. 이러한 경우에 계약의 일방 당사자가 계약상대방에 대하여 급부를 한 원인관계인 법률관계에 무효 등의 흠이 있다는 이유로 제3자를 상대로 직접 부당이득 반환청구를 할 수 있다고 보면 자기 책임 하에 체결된 계약에 따른 위험부담을 제3자에게 전가하는 것이 되어 계약법의 원리에 반하는 결과를 초래할 뿐만 아니라 수익자인 제3자가 계약상대방에 대하여 가지는 항변권 등을 침해하게 되어 부당하기 때문이다. 이와 같이 삼각관계에서의 급부가 이루어진 경우에, 제3자가 급부를 수령함에 있어 계약의 일방 당사자가 계약상대방에 대하여 급부를 한 원인관계인 법률관계에 무효 등의 흠이 있었다는 사실을 알고 있었다 할지라도 계약의 일방 당사자는 제3자를 상대로 법률상 원인 없이 급부를 수령하였다는 이유로 부당이득 반환청구를 할 수 없다.」(대판 2008. 9. 11, 2006다46278. 동지 대판 2003. 12. 26, 2001다46730[핵심판례 380면]; 대판 2018. 7. 12, 2018다204992 등)

(ㄴ) 「계약상 금전채무를 지는 이가 채권자 갑의 지시에 좇아 갑에 대한 채권자 또는 갑이 증여하고자 하는 이에게 직접 금전을 지급한 경우 또는 남의 경사를 축하하기 위하여 꽃을 산 사람이 경사의 당사자에게 직접 배달시킨 경우와 같이, 계약상 급부가 실제적으로는 제3자에게 행하여졌다고 하여도 그것은 계약상 채무의 적법한 이행(이른바 '제3자방(제삼자방) 이행')이라고 할 것이다. 이때 계약의 효력이 불발생하였으면, 그와 같이 적법한 이행을 한 계약당사자는 다른 특별한 사정이 없는 한 그 제3자가 아니라 계약의 상대방당사자에 대하여 계약의 효력 불발생으로 인한 부당이득을 이유로 자신의 급부 또는 그 가액의 반환을 청구하여야 한다.」(대판 2010. 3. 11, 2009다98706)

D-382 4. 법률상의 원인이 없을 것

(1) 부당이득이 인정되려면 수익이 「법률상 원인 없이」 생겼어야 한다. 이는 수익을 보유하는 것이 손실자와의 관계에서 재산적 정의에 반한다는 의미이다. 수익의 보유가 정당하지 않으면 비록 수익의 전제가 되는 법률상의 권리(예: 유치권·동시이행의 항변권)가 있더라도 이 요건은 구비하는 것이 된다.

(2) 위와 같은 표준은 대단히 막연하다. 따라서 부당이득을 좀더 세분하여 법률상의 원인의 유무를 살펴보는 것이 좋다.

우선 급부행위에 의하여 수익이 생긴 경우(급부 부당이득)에는 급부의 근거가 되는 「채권의 존재」가 법률상의 원인이다. 따라서 채권이 존재하지 않음에도 불구하고 급부한 경우에는 부당이득으로 된다. 급부 당시에는 채권이 존재하였지만 후에 소급하여 소멸한 때에도 마찬가지이다. 채권이 존재하지 않는 예로는 ① 채권행위가 무효(746조의 제한이 있음)·취소·해제된 경우, ② 채무자 아닌 자가 — 가령 채무를 이미 변제하여 채무가 없는데도 — 잘못하여 변제로서 급부한 경우(742조 내지 744조의 제한이 있음), ③ 채무자 아닌 자가 타인의 채무를 제 3 자의 변제로서 변제하였으나 제 3 자의 변제로서의 효과가 생기지 않은 경우(469조 참조), ④ 채무자가 진정한 채권자가 아닌 자를 채권자로 잘못 생각하고 변제하였으나 유효한 변제로서 인정되지 못한 경우(470조·471조·514조·518조·524조·525조 참조) 등을 들 수 있다.

무권리자가 타인의 물건을 사용 · 수익 · 처분함으로써 이득을 얻은 경우(침해 부당이득)에는 「해당하는 권한의 존재」가 법률상의 원인이다(여기의 「권한」은 본래의 의미의 「권한」(A-30 참조)과 다르며, 「해당하는 행위를 할 수 있는 법적 근거」라는 의미임. 「권한」 대신에 「권원」이라고 하는 문헌도 있음). 예컨대 타인의 토지를 사용하는 자가 임차권 등의 사용권을 가지고 있지 않으면 그것의 사용에 따른 이득은 부당이득이 된다.

기타의 부당이득에 대하여는 구체적인 경우에 있어서 이득의 귀속이 손실자와의 관계에서 볼 때 정의관념에 합치하는지 여부를 검토하여야 하며, 그 결과 정의관념에 반하면 법률상 원인이 없는 것이 된다.

판례 법률상 원인이 없다는 점에 대한 증명책임 부담자

「당사자 일방이 자신의 의사에 따라 일정한 급부를 한 다음 그 급부가 법률상 원인 없음을 이유로 반환을 청구하는 이른바 급부 부당이득의 경우에는 법률상 원인이 없다는 점에 대한 증명책임은 부당이득 반환을 주장하는 사람에게 있다. 이 경우 부당이득의 반환을 구하는 자는 급부행위의 원인이 된 사실의 존재와 함께 그 사유가 무효, 취소, 해제 등으로 소멸되어 법률상 원인이 없게 되었음을 주장·증명하여야 하고, 급부행위의 원인이 될 만한 사유가 처음부터 없었음을 이유로 하는 이른바 착오 송금과 같은 경우에는 착오로 송금하였다는 점 등을 주장·증명하여야 한다.

이는 타인의 재산권 등을 침해하여 이익을 얻었음을 이유로 부당이득 반환을 구하는 이른바 침해 부당이득의 경우에는 부당이득 반환청구의 상대방이 그 이익을 보유할 정당한 권원이 있다는 점을 증명할 책임이 있는 것과 구별된다.」(대판 2018. 1. 24, 2017다37324)

(판 례) 부당이득인지에 대하여 판단한 예 D-383

(ㄱ) **담보권 실행경매 절차에서 배당을 받지 못한 경우** ① 저당권자·가압류채권자·전세권자 등 당연히 배당에 참가할 수 있는 채권자(이들은 경매개시 기입등기 전에 등기되었어야 함)와 경락기일까지 배당요구를 한 배당요구 채권자(임금채권자·압류등기가 없는 조세채권자·주택임대차보호법상 우선변제권이 있는 임차인 등 민법·상법·그 밖의 법률에 의하여 우선변제권이 있는 채권자. 국세의 교부를 청구하는 것도 같은 성질의 것이다)가 실체상의 권리에 따른 배당을 받지 못한 경우, 즉 배당표의 기재내용에 실체적 하자가 있는 경우에는 확정된 배당표에 의하여 배당을 실시하는 것이 실체법상의 권리를 확정하는 것이 아니므로, 배당에 관하여 이의를 한 여부 또는 형식상 배당절차가 확정되었는가의 여부에 관계없이 배당을 받지 못한 우선채권자는 배당받은 자에 대하여 부당이득 반환청구권이 있다(대판 2004. 4. 9, 2003다32681 등 다수)(대법원은 최근에 전원합의체 판결로 이 법리를 유지하였다. 대판(전원) 2019. 7. 18, 2014다206983[핵심판례 382면]. 이 판결을 아래에 인용한다). 그리고 이 법리는 배당을 받지 못한 채권자가 일반채권자이더라도 그대로 적용된다(대판 2007. 2. 9, 2006다39546 등).

「대법원은 배당받을 권리 있는 채권자가 자신이 배당받을 몫을 받지 못하고 그로 인해 권리 없는 다른 채권자가 그 몫을 배당받은 경우에는 배당이의 여부 또는 배당표의 확정 여부와 관계없이 배당받을 수 있었던 채권자가 배당금을 수령한 다른 채권자를 상대로 부당이득반환 청구를 할 수 있다는 입장을 취해 왔다.

이러한 법리의 주된 근거는 배당절차에 참가한 채권자가 배당이의 등을 하지 않아 배당절차가 종료되었더라도 그의 몫을 배당받은 다른 채권자에게 그 이득을 보유할 정당한 권원이 없는 이상 잘못된 배당의 결과를 바로잡을 수 있도록 하는 것이 실체법 질서에 부합한다는 데에 있다. 나아가 위와 같은 부당이득반환 청구를 허용해야 할 현실적 필요성(배당이의의 소의 한계나 채권자취소소송의 가액반환에 따른 문제점 보완), 현행 민사집행법에 따른 배당절차의 제도상 또는 실무상 한계로 인한 문제, 민사집행법 제155조의 내용과 취지, 입법 연혁 등에 비추어 보더라도, 종래 대법원 판례는 법리적으로나 실무적으로 타당하므로 유지되어야 한다.」(대판(전원) 2019. 7. 18, 2014다206983[핵심판례 382면])

② 배당표의 기재내용이 실체법상의 권리관계와 합치하는 경우(즉 실체적 하자가 없는 경우)에는 실체법상의 권리에 따른 배당을 받지 못한 채권자는 배당표의 기재내용에 따라 배당을 받은 채권자에 대하여 부당이득 반환청구를 할 수 없다. 즉 경매를 신청한 근저당권자 또는 그에 우선하는 근저당권자가 피담보채권의 일부만을 청구금액으로 기재한 때(대판 2000. 9. 8, 99다24911(신청채권자가 잘못 기재한 경우); 대판 2002. 10. 11, 2001다3054)(경락기일까지 배당요구한 채권자가 경락기일 후에 추가 또는 확장하여 배당요구를 하였으나 그 부분이 배당표에서 배제되고 그 확정된 배당표에 따라 배당이 실시된 경우에도 같다(대판 2005. 8. 25, 2005다14595: 경락기일 이후에는 배당요구하지 않은 채권을 추가·확장할 수 없다고 함)이든 배당요구를 해야만 배당절차에 참여할 수 있는 채권자가 배당요구를 하지 않은 때이든 부당이득이 인정되지 않는다. 후자의 구체적 예로는 임금채권자가 적법하게 배당요구를 하지 않은 경우(대판 1997. 2. 25, 96다10263 등)(다만 임금채권자가 경매절차 개시 전에 경매목적 부동산을 가압류하고 배당표가 확정되기 전까지 그 가압류의 청구채권이 우선변제권 있는 임금채권임을 소명한 경우에는 부당이득이 된다. 대판 2004. 7. 22, 2002다52312), 주택임대차보호법에 의하여 우선변제

청구권이 인정되는 주택임차인이 적법하게 배당요구를 하지 않은 경우(대판 2002. 1. 22, 2001다70702 등)(1990년 민사소송법이 개시되기 전 경매법 하의 판례로 대결 1990. 3. 27, 90다카315 · 322 · 339가 있는데, 이것은 현행 민사소송법 하에서는 유지되기 어려운 것이다)가 있다.

이와 관련하여 최근에 대법원은, 집행력 있는 정본을 가진 채권자, 경매개시결정이 등기된 뒤에 가압류를 한 채권자, 민법·상법, 그 밖의 법률에 따라 우선변제청구권이 있는 채권자는 배당요구의 종기까지 배당요구를 한 경우에 한하여 비로소 배당을 받을 수 있고(민집 88조 1항 · 148조 2호), 적법한 배당요구를 하지 않은 경우에는 매각대금으로부터 배당을 받을 수는 없다고 한 뒤, 이러한 채권자가 적법한 배당요구를 하지 않아 배당에서 제외되는 것으로 배당표가 작성되어 배당이 실시되었다면, 그가 적법한 배당요구를 한 경우에 배당받을 수 있었던 금액에 해당하는 돈이 다른 채권자에게 배당되었다고 해서 법률상 원인이 없는 것이라고 할 수 없다고 하였다(대판 2020. 10. 15, 2017다216523).

③「수개의 물건을 일괄경매하더라도 배당절차는 기본적으로 개별경매의 경우와 다르지 않으므로 배당표가 하나로 작성되었다고 하더라도 이는 각 물건에 대한 배당액이 채권자별로 합산된 것에 불과하고, 그중 어느 하나의 물건으로부터 다른 채권자들에 우선하여 배당받을 권리가 있는 선순위채권자가 배당을 받지 못하는 대신 후순위채권자가 배당을 받은 경우에 선순위채권자로서는 그 후순위채권자를 상대로 배당이의나 부당이득 반환청구를 할 수 있는 것이고, 어차피 그 후순위채권자로서는 다른 물건의 매각대금에서 배당을 받을 수 있었던 관계로 결과적으로는 후순위채권자의 배당총액에 있어서는 차이가 없었을 것이라고 하여 달리 볼 것은 아니다.」(대판 2004. 2. 27, 2003다17682)

④「배당이의소송은 대립하는 당사자 사이의 배당액을 둘러싼 분쟁을 그들 사이에서 상대적으로 해결하는 것에 지나지 아니하여 그 판결의 효력은 오직 그 소송의 당사자에게만 미칠 뿐이므로, 어느 채권자가 배당이의소송에서의 승소확정판결에 기하여 경정된 배당표에 따라 배당을 받은 경우에 있어서도, 그 배당이 배당이의소송에서 패소확정판결을 받은 자가 아닌 다른 배당요구채권자가 배당받을 몫까지도 배당받은 결과로 된다면 그 다른 배당요구채권자는 위 법리에 따라 배당이의소송의 승소확정판결에 따라 배당받은 채권자를 상대로 부당이득 반환청구를 할 수 있다.」(대판 2007. 2. 9, 2006다39546)

⑤「근저당권자에게 배당하기로 한 배당금에 대하여 처분금지 가처분 결정이 있어 경매법원이 그 배당금을 공탁한 후에 그 근저당권설정계약이 사해행위로 취소된 경우, … 그 공탁금은 그 경매절차에서 적법하게 배당요구하였던 다른 채권자들에게 추가배당함이 상당하고, 그 공탁금지급청구권에 관한 채권압류 및 추심명령은 추가배당절차에서 배당되고 남은 잉여금에 한하여 효력이 있을 뿐이다. 따라서 취소채권자나 적법하게 배당요구하였던 다른 채권자들로서는 추가배당 이외의 다른 절차를 통하여 채권의 만족을 얻을 수는 없다고 할 것이므로, 취소채권자라고 하더라도 배당금지급청구권에 대한 채권압류 및 추심명령에 기하여 배당금을 우선 수령하는 것은 허용되지 아니하고, 취소채권자가 그와 같은 절차를 거쳐 배당금을 우선 수령하였다면 적법하게 배당요구하였던 다른 채권자들과의 관계에서 부당이득이 성립한다.」(대판 2009. 5. 14, 2007다64310)

⑥「첫 경매개시결정 등기 전에 등기된 가압류채권자로부터 그 피보전권리를 양수한 채권양수인이 경매법원에 채권신고를 하였으나 배당표가 확정되기 전까지 그 채권양수 사실을 제대로 소명하지 못함에 따라 가압류채권자에게 배당된 경우에, 다른 배당참가 채권자가 그 가압류채권자의 피보전권리는 채권양수인에게 양도되어 이미 소멸하였다는 이유로 가압류채권자에게 배당된 금액에 대하여 배당이의를 제기하고 배당이의의 소를 통해 가압류채권자에게 배당된 금액을 배당받는다면 위 채권양수인은 그 채권자를 상대로 가압류채권자의 배당액에 관하여 부당이득 반환청구를 할 수 있다.」(대판 2012. 4. 26, 2010다94090)

⑦ 본안소송 결과 배당액 전액을 지급받기에 부족한 피보전권리만이 확정되어 다른 배당채권자들에게 추가배당하여야 할 경우임이 밝혀진 때에는 당초의 배당액 중 다른 배당채권자들에게 추가배당하여야 할 부분에 관하여는 가압류채권자가 처음부터 그 부분에 대한 배당금지급청구권을 가지고 있지 않았다고 보아야 하므로, 가압류채권자가 그 부분 채권(다른 배당채권자들에게 추가배당하여야 할 부분에 해당하는 배당금지급청구권: 저자 주)을 부당이득하였다고 할 수 없다(대판 2013. 6. 13, 2011다75478).

(ㄴ) **경매절차에 의한 경우** ① 저당권과 채권이 소멸하였음에도 저당부동산에 대하여 D-384
경매를 강행하여 스스로 경락인이 되어 경매대금 중 일부를 수령한 경우에는 부당이득 반환의무가 있다(대판 1973. 3. 13, 72다1073).

② 강제경매절차에서 경락인이 부동산을 경락받아 대금을 완납하였으나 강제경매의 기초가 된 채무자 명의의 소유권이전등기가 원인무효이어서 경매부동산에 대하여 소유권을 취득하지 못하게 된 경우, 이와 같은 강제경매는 무효이고 경락인은 채권자에게 경매대금 중 그가 배당받은 금액에 대하여 부당이득으로 반환을 청구할 수 있고, 제578조 제 1 항·제 2 항에 따른 경매의 채무자나 채권자의 담보책임은 인정될 여지가 없다(대판 2004. 6. 24, 2003다59259 등).

피담보채권이 소멸되어 무효인 근저당권에 기초하여 임의경매절차가 개시되고 매수인이 해당 부동산의 매각대금을 지급하였더라도, 그 경매절차는 무효이므로 매수인은 부동산의 소유권을 취득할 수 없으며(대판(전원) 2022. 8. 25, 2018다205209), 이와 같이 경매가 무효인 경우 매수인은 경매채권자 등 배당금을 수령한 자를 상대로 그가 배당받은 금액에 대하여 부당이득 반환을 청구할 수 있다(대판 2023. 7. 27, 2023다228107).

③ 채무자 이외의 자의 소유에 속한 동산을 경매한 경우, 경락인은 그 소유권을 선의취득하지만, 그 동산의 매수금은 채무자의 것이 아니어서 채권자가 이를 배당받았다고 하더라도 채권은 소멸하지 않고 존속하므로, 배당을 받은 채권자는 법률상 원인 없는 이득을 얻고 소유자는 소유권을 상실하는 손해를 입었으니, 그 동산의 소유자는 배당을 받은 채권자에 대하여 부당이득으로서 배당받은 금액의 반환을 청구할 수 있다(대판 2003. 7. 25, 2002다39616 등 다수. 이 경우 채권자의 채권은 존속하므로, 채무자는 이득한 것이 없게 됨).

(ㄷ) **체납처분의 청산절차에서 임금채권자가 배당요구를 하지 않은 경우** 이 경우에는 임금채권자는 후순위채권자에 대하여 부당이득 반환청구를 할 수 있다(대판 2003. 1. 24, 2002다64254 등. 임금채권자가 「경매절차에서」 배당요구를 하지 않은 경우에는 부당이득 반환청구권이 없음을 주의할 것. D-383의 (ㄱ) ② 판결들 참조).

(ㄹ) **근저당권설정등기가 위법하게 말소되어 그 근저당권자가 배당받지 못한 경우** 이 경우

근저당권자는 경매절차에서 배당받은 자에 대하여 배당금의 한도에서 부당이득 반환청구를 할 수 있다(대판 1998. 10. 2, 98다27197(회복등기를 위하여 현 소유자의 승낙을 구할 수는 없음); 대판 2002. 10. 22, 2000다59678).

D-385 (ㅁ) 판결 등에 의하여 집행한 경우 ① 확정판결은 재심의 소 등으로 취소되지 않는 한 그 소송당사자를 기속하는 것이므로, 비록 그 뒤 관련소송에서 그 확정판결에 반하는 내용의 판결이 선고되어 확정되었다 하더라도 그러한 사정만으로는 위 확정판결에 기한 강제집행으로 교부받은 금전이 부당이득이라고 단정할 수 없다(대판 2023. 6. 29, 2021다243812(해당 급부뿐만 아니라 그 급부의 대가로서 기존 급부와 동일성을 유지하면서 형태가 변경된 것에 불과한 처분대금 등도 마찬가지라고 함) 등 다수).

② 채권압류 및 전부명령이 적법하게 확정되었다면 그 효력 자체를 부정할 수는 없고, 다만 그 전부명령이 확정된 후 그 집행권원인 집행증서의 기초가 된 법률행위 중 전부 또는 일부에 무효사유가 있는 것으로 판명된 때에는 그 무효부분에 대하여는 집행채권자가 부당이득을 한 것이 된다(대판 2010. 12. 23, 2009다37725 등).

③ 채권압류 및 전부명령이 적법하게 발부되어 채무자 및 제3채무자에게 송달되면 집행채권에 대하여 변제의 효과가 발생하고 강제집행절차는 종료하나, 채권압류 및 전부명령의 기초가 된 가집행선고부 판결이 상급심판결에 의하여 그 전부 또는 일부가 취소된 경우에는 그로 인하여 위 채권압류 및 전부명령에 의한 강제집행이 이미 종료한 것 자체에는 아무런 변동을 가져오지 않으면서도 그 취소된 부분에 관하여는 집행채권자가 부당이득을 한 것이 되어 이를 반환할 의무를 진다(대판 1991. 8. 13, 89다카27420).

④ 제1심의 가집행선고가 그 본안판결을 변경한 항소심판단의 선고로 인하여 효력을 잃은 경우 제1심판결에 의한 집행으로 얻은 이득은 부당이득이 된다(대판 2015. 2. 26, 2012다79866 등).

⑤ 「확정판결이 실체적 권리관계와 다르다 하더라도 그 판결이 재심의 소 등으로 취소되지 않는 한 그 판결의 기판력에 저촉되는 주장을 할 수 없어 그 판결의 집행으로 교부받은 금원을 법률상 원인 없는 이득이라 할 수 없는 것이므로, 불법행위로 인한 인신손해에 대한 손해배상청구소송에서 판결이 확정된 후 피해자가 그 판결에서 손해배상액 산정의 기초로 인정된 기대여명보다 일찍 사망한 경우라도 그 판결이 재심의 소 등으로 취소되지 않는 한 그 판결에 기하여 지급받은 손해배상금 중 일부를 법률상 원인 없는 이득이라 하여 반환을 구하는 것은 그 판결의 기판력에 저촉되어 허용될 수 없다.」(대판 2009. 11. 12, 2009다56665)

D-386 (ㅂ) 조세의 과오납의 경우 ① 과세처분이 부존재하거나 당연무효인 경우에 이 과세처분에 의하여 납세의무자가 납부하거나 징수당한 오납금은 부당이득에 해당한다(대판(전원) 1992. 3. 31, 91다32053).

② 「조세의 과오납이 부당이득이 되기 위하여는 납세 또는 조세의 징수가 실체법적으로나 절차법적으로 전혀 법률상의 근거가 없거나 과세처분의 하자가 중대하고 명백하여 당연무효이어야 하고, 과세처분의 하자가 단지 취소할 수 있는 정도에 불과할 때에는 과세관청이 이를 스스로 취소하거나 항고소송절차에 의하여 취소되지 않는 한 그로 인한 조세의 납부가 부당이득이 된다고 할 수 없다.」(대판 1994. 11. 11, 94다28000)

③ 취득세·등록세 등의 신고납부방식의 조세에 있어서는 원칙적으로 납세의무자의 신

고행위에 의하여 조세채무가 구체적으로 확정되고, 그 납부행위는 신고에 의하여 확정된 구체적 조세채무의 이행으로서 하는 것이며, 국가나 지방자치단체는 그와 같이 확정된 조세채권에 기하여 납부된 세액을 보유하는 것이므로, 납세의무자의 신고행위가 중대하고 명백한 하자로 인하여 당연무효로 되지 않는 한 그것이 바로 부당이득에 해당한다고 할 수 없다(대판 1995. 2. 28, 94다31419 이래 다수의 판결)(이 법리는 신고납부방식으로 징수되는 산업재해보상보험법상 산재보험료, 고용보험법상의 고용보험료 및 임금채권보장법상의 부담금에도 그대로 적용된다. 대판 2003. 9. 2, 2002다52084 등).

④ 법률의 근거가 없는 중과세처분에 기하여 납부받은 세금은 부당이득으로서 반환하여야 한다(대판 1981. 6. 9, 81다400).

⑤ 납세의무 없는 자가 스스로 납세의무자라고 믿고 취득세를 자진신고 납부한 경우도 부당이득이다(대판 1984. 6. 26, 83다카1659; 대판 1991. 1. 25, 87다카2569(부과납세방식의 조세에서 부과처분 전에 자진하여 세금을 과다납부한 경우)).

⑥ 당연무효인 변상금 부과처분에 의하여 납부하거나 징수당한 오납금은 부당이득이다(대판 2005. 1. 27, 2004다50143).

⑦ 부당이득이 인정되는 경우의 그 반환의무자는 이득의 주체이며, 그로부터 위임을 받아 징수업무를 행한 자가 아니다. 따라서 취득세의 경우는 서울특별시나 도이고(구 또는 시·군이 자진신고받아 도에 납입함)(대판 2005. 5. 13, 2005다12544 등), 구 교육세법에 의한 교육세의 경우는 국고이다(대판 2005. 8. 25, 2004다58277).

⑧ 원천징수의무자가 원천납세의무자로부터 원천징수 대상이 아닌 소득에 대하여 세액을 징수·납부하였거나 징수하여야 할 세액을 초과하여 징수·납부하였다면 국가는 부당이득을 한 것이고, 이때 환급청구권은 원천납세의무자가 아닌 원천징수의무자에게 귀속되는 것인바, 이는 원천징수의무자가 원천납세의무자에 대한 관계에서는 부당이득을 얻은 것이라 할 것이므로 원천납세의무자는 원천징수의무자에 대하여 환급청구권 상당액을 부당이득으로 구상할 수 있다(대판 2003. 3. 14, 2002다68294).

(ㅅ) 사인의 토지를 도로 또는 도로부지로 사용하는 경우 ① 국가 또는 지방자치단체가 사인(私人)의 토지를 수용 또는 매수절차를 거치거나 적법한 보상을 함이 없이 도로나 도로부지로 사용하는 경우에는, 그 도로가 도로법의 적용을 받는 것인지의 여부에 관계없이 지방자치단체로서는 임료 상당의 이익을 법률상 원인 없이 이득하고 있는 것이다(대판 1985. 11. 26, 85다카1245 등 무수한 판결). 그러나 ② 토지소유자가 스스로 그 토지에 대한 독점적이고 배타적인 사용수익권을 포기한 경우에는 그렇지 않다(대판 2009. 6. 11, 2009다8802 등 다수의 판결. 그 밖에 D-379의 판결도 참조).

(ㅇ) 구분소유의 경우 ①「집합건물에서 전유부분 면적 비율에 상응하는 적정 대지지분을 가진 구분소유자는 그 대지 전부를 용도에 따라 사용·수익할 수 있는 적법한 권원을 가지므로, 구분소유자 아닌 대지 공유자는 그 대지 공유지분권에 기초하여 적정 대지지분을 가진 구분소유자를 상대로는 대지의 사용·수익에 따른 부당이득 반환을 청구할 수 없다.」(대판(전원) 2022. 8. 25, 2017다257067)

「그러나 적정 대지지분보다 부족한 대지 공유지분(이하 '과소 대지지분'이라 한다)을 가진 구분소유자는, 과소 대지지분이 적정 대지지분에 매우 근소하게 부족하여 그에 대한 부당이득 반환청구가 신의성실의 원칙에 반한다고 볼 수 있는 경우, 구분건물의 분양 당시 분양자로부터 과소 대지지분만을 이전받으면서 건물 대지를 무상으로 사용할 수 있는 권한을 부여받았고 이러한 약정이 분양자의 대지지분을 특정승계한 사람에게 승계된 것으로 볼 수 있는 경우, 또는 과소 대지지분에 기하여 전유부분을 계속 소유·사용하는 현재의 사실상태가 장기간 묵인되어온 경우 등과 같은 특별한 사정이 없는 한, 구분소유자 아닌 대지공유자에 대하여 적정 대지지분에서 부족한 지분의 비율에 해당하는 차임 상당의 부당이득 반환의무를 부담한다.」(대판 2023. 9. 14, 2016다12823).

「이때 구분소유자가 적정 대지지분을 소유하였는지 여부나 과소 대지지분권자로서 구분소유자 아닌 대지공유자에 대하여 부당이득 반환의무를 부담하는지 여부 및 그 범위는 구분소유권별로 판단하여야 하고, 이는 특정 구분소유자가 복수의 구분소유권을 보유한 경우에도 마찬가지이므로 특별한 사정이 없는 한 복수의 구분소유권에 관한 전체 대지지분을 기준으로 이를 판단하여서는 아니 된다.」(대판 2023. 10. 18, 2019다266386)

「이때 구분소유자 아닌 대지공유자가 여러 명인 경우에는 각각 대지 전체에 대한 임료 상당액 중 자신의 대지 공유지분권에 상응하는 범위에서 부당이득 반환을 청구할 수 있고, 적정 대지지분을 갖지 않거나 적정 대지지분에 미달하는 대지지분만을 가진 구분소유자가 여러 명인 경우에는 각각 그 적정 대지지분이나 적정 대지지분에 미달하는 부분의 비율대로 부당이득 반환의무를 진다.」(대판 2025. 7. 17, 2021다308108)

② 「1동의 건물의 구분소유자들이 당초 건물을 분양받을 당시 대지 공유지분 비율대로 그 건물의 대지를 공유하고 있는 경우에는 별도의 규약이 존재하는 등의 특별한 사정이 없는 한 각 구분소유자가 그 대지에 대하여 가지는 공유지분의 비율에 관계없이 그 대지 전부를 용도에 따라 사용할 수 있는 적법한 권원이 있으므로, 그 구분소유자들 사이에서는 대지 공유지분 비율의 차이를 이유로 부당이득 반환을 구할 수 없다.」(대판 2013. 3. 14, 2011다58701)

③ 「대지사용권이 없는 전유부분의 소유자는 법률상 원인 없이 전유부분의 대지를 점유하고 있으므로 그 대지 중 자기의 전유부분이 집합건물 전체 전유면적에서 차지하는 비율만큼의 차임에 해당하는 부당이득을 얻고 있고, 대지 지분 소유자는 그에 해당하는 손해를 입고 있다고 볼 수 있다. 따라서 특별한 사정이 없는 한 대지사용권이 없는 전유부분의 소유자는 위 지분의 소유자에게 위 부당이득을 반환할 의무가 있다」(대판 2018. 6. 28, 2016다219419·219426)

④ 구분소유자 중 일부가 정당한 권원 없이 집합건물의 복도, 계단 등과 같은 공용부분을 배타적으로 점유·사용함으로써 이익을 얻고, 그로 인하여 다른 구분소유자들이 해당 공용부분을 사용할 수 없게 되었다면, 공용부분을 무단점유한 구분소유자는 특별한 사정이 없는 한 해당 공용부분을 점유·사용함으로써 얻은 이익을 부당이득으로 반환할 의무가 있다(대판(전원) 2020. 5. 21, 2017다220744).

D-387 (ㅈ) 기 타 ① 소멸시효의 완성으로 채권이 소멸한 경우에는 채무자가 부당이득을 한 것이라고 할 수 없다(대판 1971. 7. 27, 71다494).

② 근저당권자가 물상대위를 할 수 있다고 하여 부당이득 반환청구권의 성립에 지장이 있는 것은 아니다(대판 1975. 4. 8, 73다29: 근저당권자는 보상금을 받은 소유자에 대하여 부당이득 반환청구를 할 수 있다). 그리하여 저당권자(질권자도 같다)가 물상대위권의 행사로 금전 또는 물건의 인도청구권을 압류하기 전에 저당목적물 소유자가 그

인도청구권에 기하여 금전 등을 수령한 경우에는, 저당목적물의 소유자는 저당권자에 대하여 피담보채권액 상당의 부당이득을 반환할 의무가 있다(대판 2009. 5. 14, 2008다17656). 그런데 저당권자가 물상대위권을 행사하지 않아 우선변제권을 상실한 이상 다른 채권자가 이득을 얻었다고 하더라도 이를 부당이득으로 반환청구할 수 없다(대판 2002. 10. 11, 2002다33137).

③ 채무명의에 기한 강제경매 신청에 의하여 목적부동산에 대한 경락허가결정이 확정된 경우에는, 비록 경매개시결정 전에 경료된 제3자 명의의 가등기에 기하여 그 제3자 명의로 소유권이전 본등기가 경료됨으로써 경락인이 경락부동산의 소유권을 취득하지 못하게 되었다 하더라도 그 사유만으로 경락허가결정이 무효로 돌아가는 것은 아니므로, 채권자가 경락대금 중에서 채권의 변제조로 교부받은 배당금을 부당이득이라고 할 수는 없다(대판 1986. 9. 23, 86다카560).

④ 타인의 채무에 관하여 대위변제한 금전의 일부에 해당하는 채무가 존재하지 않는 경우에는 채권자는 대위변제자에 대하여 그 금액에 관하여 부당이득을 한 것이 된다(대판 1990. 6. 8, 89다카20481).

⑤ 원고가 비록 피고들의 강박에 의한 하자 있는 의사표시에 의하여 금원을 교부하였다 할지라도 그 의사표시가 취소되지 않는 한 피고들의 위 금원 보유가 부당이득이라고 볼 수는 없다(대판 1990. 11. 13, 90다카17153).

⑥「채무자가 횡령한 금전으로 자신의 채권자에 대한 채무를 변제하는 경우 채권자가 그 변제를 수령함에 있어 악의 또는 중대한 과실이 있는 경우에는 채권자의 금전취득은 피해자에 대한 관계에 있어서 법률상 원인을 결여한 것으로 봄이 상당하나, 채권자가 그 변제를 수령함에 있어 단순히 과실이 있는 경우에는 그 변제는 유효하고 채권자의 금전취득이 피해자에 대한 관계에 있어서 법률상 원인을 결여한 것이라고 할 수 없다.」(대판 2003. 6. 13, 2003다8862)

⑦「확정판결에는 기판력이 인정되므로 그 내용이 실체적 권리관계와 다르다고 하더라도 판결이 재심의 소 등으로 취소되지 않는 한 그 판결에 기한 이행으로 교부받은 금전 등을 법률상 원인 없는 이득이라 할 수 없지만, 지급명령에는 기판력이 인정되지 않으므로 실체적 권리관계와 다른 내용으로 지급명령이 확정되고 그 지급명령에 기한 이행으로 금전 등이 교부되었다면 그에 관하여 부당이득이 성립할 수 있다.」(대판 2024. 4. 12, 2023다307741)

⑧ 타인 소유의 토지 위에 권원(권한) 없이 건물을 소유하는 자는 그 자체로써 건물 부지가 된 토지를 점유하고 있는 것이므로 특별한 사정이 없는 한 법률상 원인 없이 타인의 재산으로 인하여 토지의 차임에 상당하는 이익을 얻고 이로 인하여 타인에게 동액 상당의 손해를 주고 있다고 보아야 한다(대판 2023. 8. 18, 2021다249810 등)(이 점은 건물 이외의 공작물의 소유를 목적으로 한 토지 전차인이 당해 토지 위에 권한 없이(전대차가 해지된 경우 등) 공작물을 소유하고 있는 경우에도 마찬가지로 보아야 한다. 대판 2007. 8. 23, 2007다21856 · 21863). 이는 건물 소유자가 미등기건물의 원시취득자이고 그 건물에 관하여 사실상의 처분권을 보유하게 된 양수인이 따로 존재하는 경우에도 다르지 않으므로, 미등기건물의 원시취득자는 토지 소유자에 대하여 부당이득 반환의무를 진다(대판 2022. 9. 29, 2018다243133 · 243140 등). 그런가 하면 미등기건물을 양수하여 건물에 관한 사실상의 처분권을 보유하게 됨으로써 그 양수인이 건물 부지 역시 아울러 점유하고 있다고 볼 수 있는 경우

에는 미등기건물에 관한 사실상의 처분권자도 건물 부지의 점유·사용에 따른 부당이득 반환의무를 부담한다(대판 2022. 9. 29, 2018다243133·243140. 이러한 경우 미등기건물의 원시취득자와 사실상의 처분권자가 토지 소유자에 대하여 부담하는 부당이득 반환의무는 부진정연대채무 관계에 있다).

이때 임료에 상당하는 부당이득액을 산정하는 경우에는 토지 위에 건물이 소재함으로써 토지 사용권이 제한을 받는 사정은 참작할 필요가 없다(대판 1992. 6. 23, 91다40177). 그리고 법률상 원인 없이 타인 소유의 건물을 점유하여 거주하는 자는 건물의 차임 상당액을 부당이득으로 반환할 의무가 있는데, 그 차임 상당액 속에는 건물의 차임 외에 부지의 차임(지대)도 포함된다(대판 1995. 8. 22, 95다11955·11962 등).

「건물소유자가 부지 부분에 관한 소유권을 상실하였다 하여도 건물소유자는 의연 토지소유자의 관계에 있어서는 토지 위에 있는 건물의 소유자인 관계로 건물 부지의 불법점유자라 할 것이고, 따라서 건물 부지 부분에 관한 차임 상당의 부당이득 전부에 관한 반환의무를 부담하게 되는 것이며, 건물을 점유하고 있는 건물임차인이 토지소유자에 대하여 부지점유자로서 부당이득 반환의무를 진다고 볼 수 없을 것이므로 건물소유자는 이러한 채무의 부담한도 내에서 건물임차인의 건물 불법점유에 상응하는 부지 부분의 사용·수익에 따른 임료 상당의 손실이 생긴 것이고, 앞서 본 바와 같이 건물에 관한 임대차계약 종료 이후 이를 계속 점유·사용하는 건물임차인은 건물소유자에 대한 관계에 있어서 건물 부지의 사용·수익으로 인한 이득이 포함된 건물임료 상당의 부당이득을 하였다고 보아야 한다.」(대판 2012. 5. 10, 2012다4633)

⑨ 동시이행의 항변권 또는 유익비상환청구권에 의한 유치권을 행사하여 가옥을 사용·수익한 경우에는 임료 상당의 부당이득을 한 것으로 본다(대판 1963. 7. 11, 63다235).

⑩ 담보권자가 담보로 제공받은 중기를 수시로 사용하였다면 담보권자로서는 위 중기를 사용한 만큼의 이익을 얻었다고 할 것이다(대판 1986. 2. 11, 85다카119).

⑪ 사유토지가 하천법에 의하여 준용하천구역으로 적법하게 편입됨으로써 그 소유자가 사용·수익에 관한 사권의 행사에 제한을 받고 있다고 하여도 하천법 규정에 의한 손실보상을 받음은 별론으로 하고 하천관리청인 지방자치단체의 점유를 권원 없는 점유와 같이 보아 부당이득의 반환을 청구할 수는 없다(대판 1994. 11. 18, 93다30686 등).

「국가 또는 지방자치단체가 위법하게 사유지에 대한 점유를 개시한 경우, 국가 또는 지방자치단체가 토지보상법에 따라 해당 토지에 대한 수용 또는 사용 절차를 거쳐 손실보상금을 지급할 가능성이 있었다는 사정만으로 토지 소유자에 대한 부당이득 반환의무가 소멸한다고 볼 수 없다. 국가 또는 지방자치단체로서는 토지보상법에 따른 적법한 수용 또는 사용 절차를 통해 정당한 보상을 함으로써 그 토지에 대한 사용권을 획득한 이후에야 그 범위 내에서 부당이득 반환의무를 면할 뿐이다.」(대판 2024. 6. 27, 2023다275530)

⑫ 부동산에 대한 취득시효가 완성된 경우 소유명의자는 점유자에 대하여 점유로 인한 부당이득 반환청구를 할 수 없다(대판 1993. 5. 25, 92다51280).

⑬「일반적으로 부동산을 채권담보의 목적으로 양도한 경우 특별한 사정이 없는 한 목적부동산에 대한 사용수익권은 채무자인 양도담보설정자에게 있는 것이므로, 양도담보권자

는 사용수익할 수 있는 정당한 권한이 있는 채무자나 채무자로부터 그 사용수익할 수 있는 권한을 승계한 자에 대하여는 사용수익을 하지 못한 것을 이유로 임료 상당의 손해배상이나 부당이득 반환청구를 할 수 없다.」(대판 2008. 2. 28, 2007다37394 · 37400)

⑭「토지의 상공에 고압전선이 통과하게 됨으로써 토지소유자가 그 토지 상공의 이용을 제한받게 되는 경우, 특별한 사정이 없는 한 그 토지소유자는 위 전선을 소유하는 자에게 이용이 제한되는 상공 부분에 대한 임료 상당액의 부당이득금의 반환을 구할 수 있다. 이때 고압전선이 통과하고 있는 상공 부분과 관계 법령에서 고압전선과 건조물 사이에 일정한 거리를 유지하도록 규정하고 있는 경우 그 거리 내의 상공 부분은 토지소유자의 이용이 제한되고 있다고 볼 수 있다. 한편, 고압전선의 경우 양쪽의 철탑으로부터 아래로 늘어져 있어 강풍 등이 있는 경우에 양쪽으로 움직이는 횡진현상이 발생할 수 있는데, 그 최대횡진거리 내의 상공 부분은 횡진현상이 발생할 가능성이 있는 것에 불과하므로 일반적으로는 토지소유자가 그 이용에 제한을 받고 있다고 볼 수 없으나, 최대횡진거리 내의 상공 부분이라도 토지소유자의 이용이 제한되고 있다고 볼 특별한 사정이 있는 경우에는 그 토지소유자는 고압전선의 소유자에게 그 부분에 대한 임료 상당액의 부당이득금의 반환을 구할 수 있다.」(대판 2009. 1. 15, 2007다58544)

「고압전선의 소유자가 해당 토지 상공에 관하여 일정한 사용권원을 취득한 경우, 그 양적 범위가 토지소유자의 사용·수익이 제한되는 상공의 범위에 미치지 못한다면, 사용·수익이 제한되는 상공 중 사용권원을 취득하지 못한 부분에 대해서 고압전선의 소유자는 특별한 사정이 없는 한 차임 상당의 부당이득을 토지소유자에게 반환할 의무를 부담한다.」(대판 2022. 11. 30, 2017다257043)

⑮「토지에 대하여 가압류가 집행된 후에 제 3 자가 그 토지의 소유권을 취득함으로써 가압류의 처분금지 효력을 받고 있던 중 그 토지가 공익사업법에 따라 수용됨으로 인하여 기존 가압류의 효력이 소멸되는 한편 제 3 취득자인 토지소유자는 위 가압류의 부담에서 벗어나 토지수용보상금을 온전히 지급받게 되었다고 하더라도, 이는 공익사업법에 따른 토지 수용의 효과일 뿐이지 이를 두고 법률상 원인 없는 부당이득이라고 할 것은 아니다.」(대판 2009. 9. 10, 2006다61536 · 61543)

⑯ 국가 또는 상위 지방자치단체 등 위임관청이 위임조례 등에 의하여 그 권한의 일부를 하위 지방자치단체의 장 등 수임관청에게 기관위임을 하여 수임관청이 그 사무처리를 위하여 공원 등의 부지가 된 토지를 점유하는 경우, 위임관청은 위임조례 등을 점유매개관계로 하여 법령상 관리청인 수임관청 또는 그가 속하는 지방자치단체가 직접점유하는 공원 등의 부지가 된 토지를 간접점유한다고 보아야 하므로, 위임관청은 공원 부지의 소유자에게 그 점유·사용으로 인한 부당이득을 반환할 의무가 있다(대판 2010. 3. 25, 2007다22897).

⑰「무권리자가 타인의 권리를 제 3 자에게 처분하였으나 선의 제 3 자의 보호규정에 의하여 원래의 권리자가 권리를 상실하는 경우, 그 권리자는 무권리자를 상대로 제 3 자로부터 그 처분의 대가로 수령한 것을 이른바 침해부당이득으로 보아 반환청구할 수 있다. 한

편 수익자가 법률상 원인 없이 이득한 재산을 처분함으로 인하여 원물반환이 불가능한 경우에 있어서 반환하여야 할 가액을 산정함에 있어 수익자가 그 법률상 원인 없는 이득을 얻기 위하여 지출한 비용은 수익자가 반환하여야 할 이득의 범위에서 공제되어야 할 것이나, 타인 소유의 부동산을 처분하여 그 매각대금을 수령한 경우, 그 수익자는 그러한 처분행위가 없었다면 부동산 자체를 반환하였어야 할 지위에 있던 자이므로 그 자신의 처분행위로 인하여 발생한 양도소득세 기타 비용은 수익자가 이익의 취득에 관련하여 지출한 비용에 해당한다고 할 수 없어 이를 반환하여야 할 이득에서 공제할 것은 아니다.」(대판 2011. 6. 10, 2010다40239)

⑱ 갑의 대리인 을이, 토지의 소유자인 병에게서 매도에 관한 대리권을 위임받지 않았음에도 대리인이라고 사칭한 정으로부터 토지를 매수하기로 하는 매매계약을 체결하였고 이에 기하여 갑이 병 명의의 계좌로 매매대금을 송금하였는데, 병에게서 미리 통장과 도장을 교부받아 소지하고 있던 정이 위 돈을 송금당일 전액 인출한 사안에서, 갑이 송금한 돈이 병의 계좌로 입금되었다고 하더라도, 그로 인하여 병이 위 돈 상당을 이득하였다고 하기 위해서는 병이 이를 사실상 지배할 수 있는 상태에까지 이르러 실질적인 이득자가 되었다고 볼 만한 사정이 인정되어야 할 것인데, 갑의 송금경위 및 정이 이를 인출한 경위 등에 비추어 볼 때 병이 위 돈을 송금받아 실질적으로 이익의 귀속자가 되었다고 보기 어렵다고 하며, 갑의 부당이득 반환청구를 인용한 원심판결에는 부당이득에 관한 법리오해의 위법이 있다고 한 사례(대판 2011. 9. 8, 2010다37325·37332).

⑲ 「금융실명거래 및 비밀보장에 관한 법률 시행 이후 예금주 명의의 신탁이 이루어진 다음 출연자가 사망함에 따라 금융기관이 출연자의 공동상속인들 중 전부 또는 일부에게 예금채권을 유효하게 변제하였다면, 그 변제된 예금은 출연자와 예금명의자의 명의신탁약정상 예금명의자에 대한 관계에서는 출연자의 공동상속인들에게 귀속되었다고 봄이 상당하다 할 것이므로, 이러한 경우 예금명의자는 예금을 수령한 공동상속인들의 전부 또는 일부를 상대로 예금 상당액의 부당이득 반환을 구할 수 없다.」(대판 2012. 2. 23, 2011다86720)

⑳ 일반적으로 타인의 토지를 법률상 권원 없이 점유·사용함으로 인하여 수익자가 얻는 이득은 특별한 사정이 없는 한 그 토지의 임료 상당액이라 할 것이고, 구체적인 점유·사용의 일환으로 수익자가 토지에 나무를 식재한 후 이를 처분하였다고 하더라도 그 처분대금 중에는 수익자의 노력과 비용이 포함되어 있을 뿐만 아니라, 이를 제외한 나머지 대금 상당액이 임료 상당의 부당이득과 서로 별개의 이득이라고 보기는 어렵다고 할 것이므로, 수익자가 임료 상당액과는 별도로 그 처분대금을 부당이득으로 반환해야 하는 것은 아니라고 할 것이다(대판 2006. 12. 22, 2006다56367).

㉑ 지입계약의 종료에 따른 지입회사의 지입차량에 대한 소유권이전등록 절차 이행의무와 지입차주의 연체된 관리비 등의 지급의무는 서로 동시이행관계에 있다고 봄이 형평의 원칙에 비추어 상당하므로, 지입회사가 동시이행의 항변권을 가지고 지입차량의 소유명의를 보유하고 있는 동안에 지입차주가 지입회사의 화물자동차운송사업 등록명의를 이용하

여 지입차량을 계속 운행하여 화물자동차 운송사업을 영위하여 왔다면, 지입차주는 특별한 사정이 없는 한 법률상 원인 없이 지입회사의 화물자동차 운송사업 등록명의를 이용하여 화물 운송사업을 영위함으로써 지입계약에서 약정한 지입료 상당의 이익을 얻고 있었다고 할 것이고, 지입차주가 얻은 위와 같은 이익은 부당이득으로서 지입회사에게 반환하여야 한다(대판 2003. 11. 28, 2003다37136).

㉒ 「고등교육법 제정 이후에 기성회장 명의로 기성회비 납부고지를 하면서 실질적으로는 이 사건 각 국립대학이 수업료와 함께 기성회비를 납부받은 것을 가지고 피고 기성회들이 '법률상 원인 없이' 타인의 재산으로 인하여 이익을 얻은 경우에 해당한다고 볼 수는 없다.」(대판(전원) 2015. 6. 25, 2014다5531)

㉓ 「제 3 자가 체납자가 납부하여야 할 체납액을 체납자의 명의로 납부한 경우에는 원칙적으로 체납자의 조세채무에 대한 유효한 이행이 되고, 이로 인하여 국가의 조세채권은 만족을 얻어 소멸하므로, 국가가 체납액을 납부받은 것에 법률상 원인이 없다고 할 수 없고, 제 3 자는 국가에 대하여 부당이득 반환을 청구할 수 없다. 이는 세무서장 등이 체납액을 징수하기 위하여 실시한 체납처분압류가 무효인 경우에도 다르지 아니하다.」(대판 2015. 11. 12, 2013다215263)

㉔ 「토지의 매수인이 아직 소유권이전등기를 경료받지 않았더라도 매매계약의 이행으로 그 토지를 인도받은 때에는 매매계약의 효력으로서 이를 점유·사용할 권리가 있다고 할 것이므로, 매도인이 매수인에 대하여 그 점유·사용을 법률상 원인이 없는 이익이라고 하여 부당이득 반환청구를 할 수는 없다. 이러한 법리는 대물변제 약정 등에 의하여 매매와 같이 부동산의 소유권을 이전받게 되는 사람이 이미 해당 부동산을 점유·사용하고 있는 경우에도 마찬가지로 적용된다.」(대판 2016. 7. 7, 2014다2662)

㉕ 「과세관청이 3자간 등기명의신탁에 따라 해당 부동산의 공부상 소유자가 된 명의수탁자에게 재산세 부과처분을 하고 이에 따라 명의수탁자가 재산세를 납부하였더라도 명의수탁자가 명의신탁자 또는 그 상속인을 상대로 재산세 상당의 금액에 대한 부당이득 반환청구권을 가진다고 보기는 어렵다. 이러한 법리는 양자간 등기명의신탁 또는 3자간 등기명의신탁의 명의수탁자가 명의신탁된 해당 부동산에 부과된 종합부동산세 또는 해당 부동산을 이용한 임대사업으로 인한 임대소득과 관련된 종합소득세, 지방소득세, 부가가치세 등을 납부한 경우라고 하여 달리 볼 것은 아니다.」(대판 2020. 11. 26, 2019다298222 · 298239)

㉖ 「농지에 관한 임대차계약이 강행법규인 농지법 제23조에 위반되어 무효가 되는 경우, 임차인이 법률상 권원 없이 농지를 점유·사용함에 따라 얻게 된 이득은 특별한 사정이 없는 한 그 농지의 임료 상당액이고, 이때의 '임료 상당액'은 해당 농지가 다른 용도로 불법으로 전용되어 이용되는 상태임을 전제로 산정하여서는 안 됨은 물론, 임대차보증금이 없는 경우를 전제로 객관적으로 산정된 금액을 의미하는 것이 원칙이다. 그러므로 강행법규인 농지법 제23조의 위반을 이유로 임대차계약이 무효가 되는 경우에도 특별한 사정이 있는 경우가 아니라면 임대인이 임차인에 대하여 그 점유·사용에 관한 부당이득의 반환을

구할 수 있지만, 그 약정 차임이 해당 농지가 불법으로 전용되는 상태가 아닌 경우로서, 임대차보증금이 없는 경우임을 전제로 객관적으로 산정된 '임료 상당액'과 사실상 동일하다는 등의 특별한 사정이 없음에도, 곧바로 이를 그 점유·사용에 따른 부당이득 금액으로 추인하는 것은 결과적으로 무효인 농지임대차계약의 내용을 적극적으로 실현하는 것이 되어 강행법규인 농지법 제23조의 규범 목적과 취지를 사실상 잠탈하게 되므로 허용될 수 없다.」(대판 2022. 5. 26, 2021다216421·216438)

㉗「승진발령이 무효임에도 근로자가 승진발령이 유효함을 전제로 승진된 직급에 따라 계속 근무하여 온 경우, 승진 전후 각 직급에 따라 수행하는 업무에 차이가 있어 승진된 직급에 따른 업무를 수행하고 그에 대한 대가로 임금이 지급되었다면, 근로자가 지급받은 임금은 제공된 근로의 대가이므로 근로자에게 실질적인 이득이 있다고 볼 수 없어 사용자가 이에 대해 부당이득으로 반환을 청구할 수 없다. 그러나 승진 전후 각 직급에 따라 수행하는 업무에 차이가 없어 승진 후 제공된 근로의 가치가 승진 전과 견주어 실질적 차이가 없음에도 단지 직급의 상승만을 이유로 임금이 상승한 부분이 있다면, 근로자는 그 임금 상승분 상당의 이익을 얻었다고 볼 수 있고, 승진이 무효인 이상 그 이득은 근로자에게 법률상 원인 없이 지급된 것으로서 부당이득으로 사용자에게 반환되어야 한다.」(대판 2022. 8. 19, 2017다292718. 근로계약 무효의 소급효를 내용적으로 제한하는 입장임)

㉘「적법한 원인 없이 타인 소유 부동산에 관하여 소유권보존등기를 마친 무권리자가 그 부동산을 제 3 자에게 매도하고 소유권이전등기를 마쳐주었다고 하더라도, 그러한 소유권보존등기와 소유권이전등기는 실체관계에 부합한다는 등의 특별한 사정이 없는 한 모두 무효이다. 따라서 이 경우 원소유자가 소유권을 상실하지 아니하고, 또 무권리자가 제 3 자와 체결한 매매계약의 효력이 원소유자에게 미치는 것도 아니므로, 무권리자가 받은 매매대금이 부당이득에 해당하여 이를 원소유자에게 반환하여야 한다고 볼 수는 없다.」(대판 2022. 12. 29, 2019다272275)

D-388

Ⅲ. 부당이득의 특례

민법은 부당이득 가운데 일정한 경우에 관하여 특칙을 두고 있다. 그 특칙은 크게 비채변제에 관한 것(742조 내지 745조)과 불법원인급여에 관한 것(746조)으로 나눌 수 있다.

1. 비채변제

(1) 의 의

널리 비채변제(非債辨濟)라고 하면 채무가 없음에도 불구하고 변제로서 급부하는 것을 말한다. 이러한 비채변제는 부당이득이 되어 반환청구를 할 수 있음이 원칙이다. 그런데 민법은 여기에 관하여 특칙을 두어 일정한 경우에는 반환청구를 허용하지 않고 있다. 그 결과 그와 같은 때에는 부당이득의 일반적인 성립요건이 갖추어진 것만으로는 부족하고 그 외에 민법이 정하는 반환금지사유가 없어야만 반환청구를 할 수 있게 된다. 민법이 특칙을 두고 있는 경우로는 ① 채무가 없음에도 불구하고 채무자로서 변제하는 경우 즉 좁은 의미의 비채변제(742조·744조), ② 채무자가 기한 전에 변제하는 경우(743조)(이 경우는 엄격하게 말하면 비채변제가 아니다), ③ 타인의 채무의 변제(745조)의 셋이 있다.

판례 비채변제의 경우 부당이득 반환청구의 주체

「채무자가 자신의 채무에 관하여 스스로 또는 이행보조자를 사용하여 법률상 원인 없는 변제를 한 경우에는 채무자, 제3자가 타인의 채무에 관하여 법률상 원인 없는 변제를 한 경우에는 제3자가 각각 변제의 주체로서 그 변제로서 이루어진 급부의 반환을 청구할 수 있다. 이러한 변제 주체에 대한 증명책임은 자신이 변제 주체임을 전제로 변제에 법률상 원인이 없다고 주장하며 부당이득 반환청구를 하는 사람에게 있다.」(대판 2024. 2. 15, 2023다272883)

(2) 좁은 의미의 비채변제 D-389

변제자가 자기 채무의 변제로서 급부를 하였으나 채무가 존재하지 않는 경우는 부당이득의 전형적인 예이며, 따라서 마땅히 반환청구가 인정되어야 한다. 그런데 민법은 그 경우에 관하여 제742조와 제744조를 두어 일정한 경우에는 반환청구를 인징하지 않는다. 이들 규정을 고려하여 좁은 의미의 비채변제로서 반환청구가 인정되기 위한 추가적인 요건을 기술하기로 한다.

1) 채무가 존재하지 않을 것 비채변제가 되려면 당연히 변제 당시에 채무가 존재하지 않아야 한다. 채무가 처음부터 존재하지 않은 경우(예: 법률행위의 무효·취소의 경우)뿐만 아니라, 채권이 유효하게 성립하였다가 변제·면제 기타의 사유로 소멸한 경우도 포함한다. 채권의 소멸시효가 완성된 경우에는 — 사견인 절대적 소멸설에 의하면(A-317 참조) — 이 요건은 갖추는 것이 되나, 도의관념에 적합한 비채변제이어서 반환청구를 하지 못한다(상대적 소멸설에 의하면 소멸시효의 완성만으로 채권이 소멸하는 것은 아니므로, 소멸시효의 완성을 모르고 변제하더라도 비채변제로 되지 않는다). 그리고 보증채무자가 변제를 하였으나 그 당시 주채무가 성립하지 않았거나 타인의 면책행위로 이미 소멸된 경우에는, 비채변제가 된다(대판 2004. 2. 13, 2003다43858: 주채무자에 대한 구상권은 발생하지 않는다).

2) 변제로서 급부하였을 것 변제자가 변제할 의사로 급부를 하였어야 한다. 그리하여 가령 급부자가 증여의 의사로 급부하고 상대방도 이에 동의한 때에는 증여계약이 되고 부당이득은 문제되지 않는다. 그리고 강제집행에 의한 채권의 만족은 변제자의 의사에 기하지 않고 행해지는 것으로서 비채변제가 성립하지 않는다(대판 2018. 11. 29, 2017다286577 등). 그러나

이것이 항상 부당이득으로 되지 않는다는 의미는 아니며, 일반 부당이득의 문제로 된다.

D-390 **3) 변제자가 채무없음을 알지 못하였을 것** 변제자가 채무없음을 알고 변제한 때에는 그 반환을 청구하지 못한다(742조). 이 규정은 변제자가 채무없음을 알지 못한 경우에는 적용되지 않는다(대판 2010. 5. 13, 2009다96847 등). 따라서 반환청구를 할 수 있으려면 변제자가 채무없음을 알지 못하였어야 한다. 즉 선의이어야 한다. 선의인지 악의인지는 변제 당시를 표준으로 판단하여야 한다. 변제자가 선의이기만 하면 되고, 선의에 과실이 없을 것은 요구되지 않는다(이설이 없으며, 판례도 같음. 대판 2010. 5. 13, 2009다96847 등). 이 요건은 누가 증명하여야 하는가? 채무가 존재하지 않음을 알면서 변제하는 것은 이례적인 일이므로, 부당이득의 반환을 청구하는 변제자는 채무가 존재하지 않는다는 사실만 주장·증명하면 되고, 그 경우 반환책임을 면하려는 변제수령자가 변제자의 악의를 주장·증명하여야 한다(이설이 없으며, 판례도 같음. 대판 2010. 5. 13, 2009다96847 등).

4) 변제가 도의관념에 적합한 것이 아닐 것 채무없는 자가 착오로 인하여(즉 채무없음을 모르고) 변제한 경우에 그 변제가 도의관념에 적합한 때에는 그 반환을 청구하지 못한다(744조). 변제자가 채무없음을 알면서 도의상 변제해야겠다고 생각하여 변제한 경우는 제742조에 의하여 반환이 금지되며, 제744조의 문제가 아니다. 제744조는 채무가 없는데도 착오로 있다고 믿고 변제한 경우라도 그것이 도의관념에 적합한 때에는 반환을 금지하는 규정이다. 예컨대 법률상 부양의무 없는 자가 그 의무가 있다고 잘못 생각하고 부양을 한 때에 그렇다.

D-391 **5) 변제가 자유로운 의사에 반하여 이루어진 경우의 고려** 제742조는 변제자가 채무없음을 알면서도 임의로 변제한 경우에만 반환을 금지하는 의미로 새겨야 한다. 그리하여 변제자가 변제를 강제당하였거나 변제거절로 인한 불이익을 피하기 위하여 부득이 변제한 경우처럼 변제가 변제자의 자유로운 의사에 반하여 이루어진 경우에는 반환청구권을 허용하여야 한다. 통설·판례(대판 2010. 7. 15, 2008다39786 등 다수)도 같다. 판례는 회사를 인수한 자가 전기를 독점공급하는 한국전력주식회사로부터 전기공급을 받기 위하여 부득이 인수하지도 않은 회사의 체납전기요금채무를 변제한 경우(대판 1988. 2. 9, 87다432), 구 「택지소유 상한에 관한 법률」의 위헌결정 이후에 부담금 등의 납부의무가 없음을 알면서도 압류해제거부로 인한 사실상의 손해를 피하기 위하여 부득이 부담금 등을 납부하게 된 경우(대판 2003. 9. 2, 2003다14348), 임차인이 불법거주배상금을 지급하지 아니하여 아파트 분양계약을 체결하지 못함으로써 발생하게 될 사실상의 손해를 피하기 위하여 부득이하게 불법거주배상금을 지급한 경우(대판 2009. 8. 20, 2009다4022) 등에 관하여 반환청구권을 상실하지 않는다고 하였다.

판 례 비채변제 관련

(ㄱ) 「납세의무자와 과세관청 사이의 조세법률관계에서 발생한 부당이득에 대하여서는 민법상의 비채변제의 규정이 적용되지 아니하는 것」이다(대판 1995. 2. 28, 94다31419).

(ㄴ) 위탁교육 후의 의무재직기간 근무 불이행시 급여를 반환토록 한 약정에 따라 근로자가 연수기간 중 지급받은 급여 일부를 반환한 사안에서, 그 급여반환이 반환의무 없음을 알면서 자유로운 의사에 기하여 이루어진 것이 아니라는 이유로 민법 제742조의 비채변제에 해당하지 아니하고, 나아가 그와 같은 강행법규에 위반한 무효의 약정에 기한 채무의 변제를 민법 제744조의 도의관념에 적합한 비채변제라고 할 수도 없다고 한 사례(대판 1996. 12. 20, 95다52222·52239).

(ㄷ) 「민법 제744조가 정하는 도의관념에 적합한 비채변제에서 변제가 도의관념에 적합한 것인지는 객관적인 관점에서 급부를 수령자가 그대로 보유하는 것이 일반인의 법감정에 부합하는지에 따라 판단하고 이에 대한 증명책임은 급부수령자에게 있으며, 비채변제가 강행법규를 위반한 무효의 약정 또는 상대방의 고의·중과실의 위법행위에 기하여 이루어진 경우에는 그러한 변제행위를 도의관념에 적합한 비채변제라고 속단하여서는 아니 된다.」(대판 2024. 10. 8, 2024다257362. 지역주택조합의 조합장이 효력이 없는 임원 급여 지급규정에 근거하여 보수를 지급받은 경우에 도의관념에 적합한 비채변제가 아니라고 함)

[참고] 존재하지 않는 제 3 자의 채무를 변제자가 제 3 자의 채무로서 변제한 경우

이 경우는 위의 좁은 의미의 비채변제에 준하는 것으로 다루어야 한다. 따라서 제 3 자의 채무가 존재하지 않고 변제자가 그 사실을 모르고 변제한 때에는, 변제자는 그 수령자에 대하여 반환청구를 할 수 있다. 이 경우 악의 여부는 채무자가 아니고 변제자를 기준으로 판단하여야 한다(대판 1990. 6. 8, 89다카20481). 그리고 변제자가 자유로운 의사에 반하여 급부한 경우에 반환청구권을 상실하지 않음은 변제자가 자기 채무로서 변제한 경우와 마찬가지이다(판례도 체납처분을 피하기 위하여 납세자 대신 세금을 납부한 경우에 관하여 부당이득 반환청구권을 인정한다. 대판 1996. 3. 12, 95다46043).

(3) 변제기 전의 변제 D-392

채무가 존재하는 한 그것을 변제기 전에 변제하였다고 하여 부당이득이 되지는 않는다. 따라서 채무자가 변제기 전에 채무를 변제한 경우에는 그 반환을 청구할 수 없다(743조 본문이 이 취지를 규정하나, 이는 당연한 것이다). **그러나 채권자가 급부받은 것을 변제기까지 이용함으로써 얻게 되는 이익 즉 중간이자는 부당이득이라고 할 수 있다.** 그런데 민법은 채무자가 「착오로 인하여 변제한 때」, 다시 말하면 **변제기가 되지 않았음을 모르고 변제한 때**(대판 1991. 8. 13, 91다6856)**에만 그 이익의 반환을 청구할 수 있도록 하였다**(743조 단서). 변제기가 되지 않았음을 알면서도 변제한 것은 기한의 이익을 포기한 것으로 볼 수 있기 때문이다(대판 1991. 8. 13, 91다6856).

(판 례) 근로자의 중간퇴직처리가 무효로 된 경우 관련

「사용자가 근로자에 대하여 중간퇴직처리를 하면서 퇴직금을 지급하였으나 그 퇴직처리가 무효로 된 경우 이는 착오로 인하여 변제기에 있지 아니한 채무를 변제한 경우에 해당한다고 할 수 없으므로, 이미 지급한 퇴직금에 대한 지급일 다음날부터 최종퇴직시까지의 연 5푼의 비율에 의한 법정이자 상당액은 부당이득에 해당하지 않는다.」(대판 2005. 2. 25, 2004다34790)(대판 1997. 3. 28, 95다51397 등은 그 이유로 사용자가 중간퇴직처리가 퇴직으로서 아무런 효과가 없었음을 몰랐다고 보기 어렵고, 그렇다면 이는 변제기 전의 퇴직금에 대하여 기한의 이익을 포기한 것으로 보아야 할 것이라고 한다)

D-393 **(4) 타인의 채무의 변제**

타인의 채무의 변제에는 크게 ① 채무자 아닌 자가 「타인의 채무로서」 변제한 경우와 ② 채무자 아닌 자가 「자기의 채무로서」 변제한 경우의 둘이 있다. 이 가운데 ①에 있어서는 원칙적으로 변제가 유효하게 되어(변제가 제 3 자의 변제로 됨) 채권이 소멸하게 된다(469조 1항 본문). 따라서 이때는 변제자와 채권자 사이의 부당이득은 문제되지 않고, 변제자와 채무자 사이에서 위임(부탁받은 경우)·사무관리 또는 부당이득이 문제된다(여기에는 「좁은 의미의 비채변제」에 관한 이론이 적용되어야 한다. 그 결과 무효를 알고 변제한 경우라면 반환청구가 부정되어야 한다). 한편 ②에 있어서는 변제가 유효할 수 없다. 따라서 변제자는 좁은 의미의 비채변제로서 채권자에 대하여 반환을 청구할 수 있게 된다. 그런데 이를 끝까지 관철하게 되면 변제가 유효한 것으로 믿고 채권증서를 없애버리는 등의 행위를 한 채권자에게 예측하지 못한 손해가 생길 가능성이 있다. 그리하여 민법은 제745조에서 ②의 경우에 일정한 요건이 갖추어진 때에는 채권자 보호를 위하여 변제자의 반환청구권을 제한하고 있다(대판 1992. 2. 14, 91다17917).

제745조에 의하여 반환청구권이 제한되기 위한 요건은, ① 채무자 아닌 자가 착오로 인하여 타인의 채무를 자기의 채무라고 믿고 변제하였을 것, ② 채권자가 선의 즉 유효하게 변제를 받았다고 믿었을 것(그 믿음의 원인은 묻지 않으며, 따라서 변제자를 채무자로 믿었거나 제 3 자의 변제라고 믿었어도 무방하다), ③ 그 믿음의 결과로 채권자가 증서를 훼멸하거나(증서를 변제자에게 교부하는 것도 포함함) 담보를 포기하거나 시효로 인하여 그 채권을 잃었을 것의 세 가지이다.

이들 요건이 갖추어지면 변제자는 채권자에 대한 반환청구권을 상실하게 된다(745조 1항). 이는 변제자의 변제에 의하여 채권자의 채권이 소멸한다는 것을 전제로 하고 있다. 그 결과 채무자는 부당이득을 하게 된다. 그리하여 민법은 이 경우에 변제자는 채무자에 대하여 구상권(이 구상권의 성질은 부당이득 반환청구권이다)을 행사할 수 있다고 규정한다(745조 2항).

2. 불법원인급여 D-394

사 례 (신사례 [89]번 문제)

전주 이씨 모파 종중 A는 그 소유 토지인 X의 등기 명의를 B 앞으로 신탁하여 두었다. 그 후 A는 B를 상대로 명의신탁 해지를 원인으로 한 소유권이전등기의 소를 제기하여 승소하였다. 그런데 아직 등기는 옮기지 않고 있었다. 그러던 중에 C는 X가 A의 소유임을 확인하고 A로부터 그 토지를 매수하려고 여러 번 시도하였다. 그러나 A는 가격이 낮다는 이유로 매수에 응하지 않았다. 그러자 C는 X의 명의신탁관계를 잘 알고 있었으면서도 X의 명의수탁자인 B로부터 X를 매수하기로 하고, A에게는 알리지 않은 채 B와 협의하여 그 B와 X의 매매계약을 체결하고 B에게 매매대금을 지급한 뒤, 자신(C)의 명의로 소유권이전등기를 마쳤다.

이 경우에 A, B, C 사이의 법률관계를 논하시오. (사례의 해결: D-403)

(1) 의의 및 입법취지

민법은 제746조에서 불법원인급여에 대하여 원칙적으로 그 반환청구를 부인한다. 이러한 불법원인급여 제도는 로마법 이래 모든 나라에서 인정하고 있다. 불법원인급여 제도는 다음과 같은 **특수성**이 있다. ① 불법원인급여는 반환청구가 부인됨으로써 한편으로는 소극적으로 정의를 실현하지만 다른 한편으로 그것이 수익자의 수익으로 그대로 인정되는 결과가 된다(특히 쌍방 불법의 경우 불법한 결과가 묵인·방치됨). ② 불법원인급여의 주장은 원고가 아니고 청구당한 피고가 항변으로 한다. 즉 원고는 계약이행의 청구, 채무불이행 또는 불법행위로 인한 손해배상의 청구, 물권적 청구권의 행사, 부당이득의 반환청구 등을 하고, 그러면 피고가 불법원인급여의 항변을 하는 것이다. 불법원인급여에는 이러한 특수성이 있기 때문에 그 해석이 쉽지 않다. 그 제도의 특수성과 제746조의 취지에 맞추어 타당한 이론을 세워야 할 것이다.

불법원인급여 제도의 취지에 관하여 학설은 i) 비도덕적 행위자의 심정에 대한 비난이라는 견해(비난설), ii) 사회적 타당성이 없는 행위를 한 자가 행위의 결과를 복구하려고 꾀하는 데 대하여 협력을 거절하려는 것이라는 견해(법적 보호 거절설) 등으로 나뉘어 있다(i), ii)설은 모두 746조가 103조와 표리관계를 이루고 있다고 한다)(사견은 채권법각론 [236] 참조). 그리고 판례는 제746조는 제103조와 함께 사법의 기본이념으로 사회적 타당성이 없는 행위를 한 사람은 그 형식 여하를 불문하고 스스로 한 불법행위의 무효를 주장하여 그 복구를 소구할 수 없다는 법의 이상을 표현한 것이라고 하여(대판(전원) 1979. 11. 13, 79다483; 대판 1992. 12. 11, 92다33169 등. 대판 1994. 12. 22, 93다55234는 「법적 보호를 거절」하는 것이라고 한다), ii)설과 같다.

(2) 요 건 D-395

불법원인급여가 되려면 불법의 원인으로 인하여 재산을 급여하거나 노무를 제공하였어야 한다(746조).

1) 불　　법

(가) 제746조의 불법의 의미에 관하여는 학설이 대립하고 있다. 그런데 다수설은 불법은 선량한 풍속 기타 사회질서에 위반하는 것을 의미하고, 강행법규의 위반은 포함되지 않는다고 한다(사견은 채권법각론 [237] 참조). 그리고 판례는 다수설과 같다(대판 2010. 12. 9, 2010다57626·57633 등 다수)(그런데 대판 2017. 3. 15, 2013다79887·79894는 '불법'이 있다고 하려면, 급부의 원인이 된 행위가 그 내용이나 성격 또는 목적이나 연유 등으로 볼 때 선량한 풍속 기타 사회질서에 위반될 뿐 아니라 반사회성·반윤리성·반도덕성이 현저하거나, 급부가 강행법규를 위반하여 이루어졌지만 이를 반환하게 하는 것이 오히려 규범목적에 부합하지 아니하는 경우 등에 해당하여야 한다고 한다). 그 결과 판례에 의하면 강행법규에 위반하는 행위가 모두 불법원인에 해당하지는 않게 되며, 그 가운데에서 사회질서에 위반한 경우에만 불법원인의 행위로 된다.

(나) 불법원인급여가 되기 위하여 급부자가 급부 당시에 불법을 인식하고 있었어야 하는가? 통설은 불법의 인식은 필요하지 않다고 한다(사견도 같음).

D-396 **2) 「급부원인」의 불법**　불법원인급여가 되려면 급부가 불법의 원인으로 행하여졌어야 한다. 즉 급부의 원인이 불법이어야 한다. 급부원인이 무엇인가에 대하여는 일반적으로 급부가 선행하는 법률행위에 기하여 행하여지는 경우에는 그 법률행위가 급부원인이고, 선행하는 법률행위 없이 행하여지는 경우에는 그 급부에 의하여 달성하려고 하는 사회적 목적이 급부원인이라고 한다.

급부원인이 불법인가 여부를 판단하는 표준은 법률행위의 목적이 사회질서에 위반하는가 여부를 판단할 때와 마찬가지이다. 따라서 급부의 내용 자체가 불법한 때(예: 도박에 건 금전의 급부)는 물론이고, 급부 자체는 불법성이 없더라도 불법한 급부의 대가로 행한 급부(예: 불륜관계를 맺는 대가로 금전을 급부한 경우)이거나 불법행위를 조건으로 하는 급부인 경우(예: 살인할 것을 조건으로 한 금전급부)에도 모두 불법원인급여가 된다. 동기의 불법도 당사자가 이를 알고 있는 때에는 급부원인에 불법성을 준다고 새겨야 한다. 판례도, 쌀을 도박에 쓰이는 줄 알면서 빌려준 경우에는 그 법률행위는 무효라고 하여, 같은 입장에 있다(대판 1962. 4. 4, 4294민상1296).

D-397 **3) 급　　부**

(가) 불법원인급여가 성립하려면 불법의 원인으로 「재산을 급여하거나 노무를 제공」하였어야 한다. 즉 급부를 하였어야 한다. 여기의 급부는 급부자의 의사에 의한 재산적 가치 있는 출연을 의미한다. 따라서 급부자의 의사에 의한 것이 아닌 급부(예: 법원의 배당절차에 의한 교부금 내지 배당금)는 여기의 급부가 아니다. 그리고 급부는 재산적 이익을 주는 것이지만, 그 이익의 종류는 묻지 않는다. 그리하여 물권·채권 등의 재산권을 주는 것일 수도 있고 단순히 사실상의 이익(예: 동서(同棲)의 이익)일 수도 있다(대판 1994. 12. 22, 93다55234).

(나) 예컨대 불법한 계약에 의한 무효의 채권을 담보하기 위하여 저당권이나 질권을 설정한 경우에도 급부가 있다고 할 것인지가 문제된다. 여기에 관하여 다수설은 그러한 경우와 같이 급부가 종국적인 것이 아니고 종속적인 것이어서 그 급부의 본래의 목적을 달성하려면

다시 수령자 쪽의 법률적 주장을 기다려야 하는 것은 제746조의 급부는 아니라고 해석하여야 하며, 따라서 반환청구를 인정할 것이라고 한다(사견도 같음). 그리고 판례는, 제746조에서 불법의 원인으로 인하여 급여함으로써 그 반환을 청구하지 못하는 이익은 종국적인 것을 말한다고 하면서, 도박자금으로 금원을 대여함으로 인하여 발생한 채권을 담보하기 위한 근저당권설정등기가 경료되었을 뿐인 경우와 같이 수령자가 그 이익을 향수하려면 경매신청을 하는 등 별도의 조치를 취하여야 하는 경우에는, 그 불법원인급여로 인한 이익이 종국적인 것이 아니므로 등기설정자는 무효인 근저당권설정등기의 말소를 구할 수 있다고 하여, 다수설과 같다(대판 1995. 8. 11, 94다54108 등).

판 례 제746조의 이익 관련

「민법 제746조가 불법의 원인으로 인하여 재산을 급여하거나 노무를 제공한 때에 그 이익의 반환을 청구하지 못하도록 규정한 것은, 그에 대한 법적 보호를 거절함으로써 소극적으로 법적 정의를 유지하려고 하는 취지이므로, 위 법조항에서 말하는 이익에는 사실상의 이익도 포함되나, 그 이익은 재산상 가치가 있는 종국적인 것이어야 하고, 그것이 종속적인 것에 불과하여 수령자가 그 이익을 향수하려면 경매신청을 하는 것과 같이 별도의 조치를 취하여야 하는 것은 이에 해당하지 않는다 할 것이다.

이 사건에서 원심이 인정한 사실관계에 의하면, 도박자금을 제공함으로 인하여 발생한 채권의 담보로 이 사건 부동산에 관하여 피고 명의의 근저당권설정등기가 경료되었을 뿐이라는 것인바, 위와 같은 근저당권설정등기로 피고가 받을 이익은 소유권이전과 같은 종국적인 것이 되지 못하고 따라서 위 법조항에서 말하는 이익에는 해당하지 아니한다고 할 것이다.

따라서 이 사건 부동산의 소유자인 원고는 민법 제746조의 적용을 받음이 없이 그 말소를 청구할 수 있다.」(대판 1994. 12. 22, 93다55234)

불법한 계약에 의한 무효의 채권을 담보하기 위하여 대물변제예약을 하고 그것을 원인으로 하여 가등기를 한 경우에도 가등기의 말소를 청구할 수 있다고 하여야 한다. 다만, 가등기에 기하여 소유권이전등기까지 이미 행하여진 때에는 그렇지 않다. 그리고 담보의 목적으로 소유권이전등기가 된 경우에 대하여는 논란이 있으나, 가등기담보법에 의한다고 하더라도 소유권이전등기가 된 자는 국가의 조력 없이 담보권을 실행하여 소유권을 취득할 수 있으므로 이 경우에는 언제나 제746조의 급부가 존재하는 것으로 새겨야 할 것이다(가등기담보법 제정 전의 판례도 같다. 대판 1989. 9. 29, 89다카5994).

(다) **부동산소유권이 급부대상인 경우**에는 그 부동산에 관하여 소유권이전등기가 행하여져야만 급부가 인정된다. 판례도 등기가 행하여지지 않았거나 등기를 행한 때라도 그 등

기의 원인이 무효인 경우에는 제746조의 급부가 있었다고 볼 수 없다고 한다(대판 1966. 5. 31, 66다531). 그리고 동산의 경우에는 인도시에 급부가 행하여졌다고 새겨야 한다. 한편 단지 채무를 부담하고 있는 것만으로는 여기의 급부가 있다고 할 수 없다.

D-398 **판 례 불법원인급여인지 여부에 관하여 판단한 예**

판례에 의하면, ① 도박에 쓰이는 줄 알고 백미를 빌려준 경우(대판 1962. 4. 4, 4294민상1296), ② 관세법령을 피하기 위한 매매계약(대판 1969. 9. 30, 69다1139), ③ 긴급통화조치법에 위반하여 구 화폐를 타인 명의로 신고하게 한 경우(대판 1966. 2. 15, 65다2286), ④ 불륜관계를 맺는 대가로 임야를 증여한 경우(대판(전원) 1979. 11. 13, 79다483), ⑤ 도지사에게 청탁하여 택시운송사업면허를 받아줄 것을 부탁하면서 도지사에 대한 청탁 교제비조로 금전을 급부한 경우(대판 1991. 3. 22, 91다520), ⑥ 송금액에 해당하는 수입품에 대한 관세포탈의 범죄를 저지르기 위하여 환전상 인가를 받지 않은 자에게 비밀송금을 위탁한 경우(대판 1992. 12. 11, 92다33169), ⑦ 공무원의 직무에 관한 사항에 관하여 특별한 청탁을 하게 하고 그에 대한 대가로 돈을 지급한 경우(대판 1995. 7. 14, 94다51994), ⑧ 윤락행위를 할 자를 고용·모집하거나 그 직업을 소개·알선한 자가 윤락행위를 할 자를 고용·모집함에 있어서 성매매의 유인·강요의 수단으로 이용되는 선불금 등을 교부한 경우(대판 2004. 9. 3, 2004다27488·27495), ⑨ 성매매의 직접적 대가로서 제공한 경제적 이익뿐만 아니라 성매매를 전제하고 지급하였거나 성매매와 관련성이 있는 경제적 이익(대판 2013. 6. 14, 2011다65174: 티켓다방의 종업원에게 대여한 선불금)은 불법원인급여이다.

그에 비하여 ① 광업법의 여러 규정에 위반된 공동광업권 설정계약(대판 1981. 7. 28, 81다145), ② 직업안정법에 위반되는 무허가의 직업알선행위(대판 1983. 11. 22, 83다430), ③ 강제집행을 면할 목적으로 부동산의 소유자 명의를 신탁한 것(대판 1994. 4. 15, 93다61307 등), ④ 부동산실명법에 위반되어 무효인 명의신탁약정에 기하여 경료된 타인 명의의 등기(대판 2003. 11. 27, 2003다41722), ⑤ 반사회적 행위에 의하여 조성된 재산인 이른바 비자금을 소극적으로 은닉하기 위하여 임치한 것(대판 2001. 4. 10, 2000다49343), ⑥ 구 담배사업법 소정의 등록도매업자 또는 지정소매인이 아닌 자가 담배 사재기를 위하여 한국담배인삼공사로부터 담배를 구입하기로 하고 지급한 담배구입대금(대판 2001. 5. 29, 2001다1782), ⑦ 어업권자가 어업권의 임대차를 금지하는 구 수산업법 제33조를 위반하여 어업권을 임대한 경우에 임차인이 어장을 점유·사용함으로써 얻은 이익(대판 2010. 12. 9, 2010다57626·57633), ⑧ 농지임대차가 구 농지법에 위반되어 무효인 경우에 임대차 계약기간 동안 임차인이 당해 농지를 사용·수익함으로써 얻은 토지사용료 상당의 점용이익(대판 2017. 3. 15, 2013다79887·79894)은 불법원인급여가 아니라고 한다.

D-399 **(3) 효 과**

1) 원 칙 어떤 급부가 불법원인급여인 경우에는 급부자는 원칙적으로 그 이익의 반환을 청구하지 못한다(746조 본문). 반환청구를 하지 못하는 것은 급부자 자신은 물론이고 그의 상속인과 같은 권리승계인도 마찬가지이다.

불법한 계약에 기하여 물건의 소유권을 이전한 경우에 그 소유권은 누구에게 귀속되는가?

물권행위의 무인성을 인정하게 되면, 원칙적으로 소유권이전은 유효하고 급부자는 불법원인급여로서 반환청구를 할 수 없게 되므로, 소유권은 확정적으로 수령자에게 귀속한다(다만 무인론에 의하더라도 예외적으로 물권행위까지 무효로 되는 때에는 유인론에서와 같은 결과로 된다). 그에 비하여 물권행위의 유인성을 인정하는 경우에는 소유권이전은 무효로 된다. 이때 소유권을 근거로 한 반환청구도 부정한다면(D-401 참조), 그 소유권이 누구에게 귀속하느냐가 문제된다. 그런데 반환청구를 못한다면 소유권이 수령자에게 귀속한다고 새겨야 할 것이다(통설도 같음). 그러지 않으면 소유자는 소유권이 있어도 소유권을 행사할 수 없고, 점유자인 수령자는 소유자처럼 이용할 수 있어도 소유권은 없는 것으로 되기 때문이다. 판례도 같은 입장에 있다(대판(전원) 1979. 11. 13, 79다483; 대판 1988. 9. 20, 86도628).

2) 예 외 불법원인급여라 할지라도 「불법원인이 수익자에게만 있는 때」에는 예외적으로 급부한 것의 반환을 청구할 수 있다(746조 단서). 범죄를 단념시키기 위하여 금전을 급부한 경우가 그 예이다. 물론 이 예외적인 경우가 되려면 우선 불법원인급여에 해당하여야 하며, 불법원인급여에 해당하지 않으면 제746조가 아니고 좁은 의미의 비채변제로서 반환청구를 할 수 있게 된다(「불법」을 넓게 인정하는 견해에서는 폭리행위, 공무원에게 금전을 제공하여 정당한 직무를 수행하게 한 경우 등도 이 예외에 해당한다고 한다). D-400

근래에 급부자와 수령자의 불법성을 비교하여 수령자 측의 불법성이 급부자 측의 불법성보다 큰 때에는 반환청구를 인정하여야 한다는 이른바 **불법성 비교론**이 주장되고 있고, 판례도 그 이론을 채용하였다. 불법성 비교론의 모습에는 i) 양자의 불법성을 비교하여 수령자의 불법성이 급부자의 불법성에 비하여 현저히 커야 한다고 하는 견해, ii) 수령자의 불법성이 급부자의 것보다 조금이라도 크기만 하면 된다고 하는 견해 등이 있으며(사견은 다름. 채권법각론 [239] 참조), 판례는 i)설과 같다(대판 1993. 12. 10, 93다12947[핵심판례 386면]; 대판(전원) 2007. 2. 15, 2004다50426 등).

판 례 불법성 비교 관련

(ㄱ) 「제746조에 의하면 급여가 불법원인급여에 해당하고 급여자에게 불법원인이 있는 경우에는 수익자에게 불법원인이 있는지의 여부나 수익자의 불법원인의 정도 내지 불법성이 급여자의 그것보다 큰지의 여부를 막론하고 급여자는 그 불법원인급여의 반환을 구할 수 없는 것이 원칙이라 할 것이나, 수익자의 불법성이 급여자의 그것보다 현저히 크고 그에 비하면 급여자의 불법성은 미약한 경우에도 급여자의 반환청구가 허용되지 않는다고 하는 것은 공평에 반하고 신의성실의 원칙에도 어긋난다고 할 것이므로 이러한 경우에는 민법 제746조 본문의 적용이 배제되어 급여자의 반환청구는 허용된다고 해석함이 상당하다.」(대판 1997. 10. 24, 95다49530·49547. 동지 대판 1993. 12. 10, 93다12947[핵심판례 386면])

(ㄴ) 금전소비대차계약에 있어서 「대주가 사회통념상 허용되는 한도를 초과하는 이율의 이자를 약정하여 지급받은 것은 그의 우월한 지위를 이용하여 부당한 이득을 얻고 차주에게는 과도한 반대급부 또는 기타의 부당한 부담을 지우는 것으로서 그 불법의 원인이 수익자인 대주에게만 있거나 또는 적어도 대주의 불법성이 차주의 불법성에 비하여 현저히 크

다고 할 것이어서 차주는 그 이자의 반환을 청구할 수 있다고 봄이 상당하다.」(대판(전원) 2007. 2. 15, 2004다50426[핵심판례 210면])

D-401 ### (4) 제746조의 적용범위

1) 물권적 청구권 불법한 원인으로 소유권을 이전한 경우에 급부자는 부당이득을 이유로 급부의 반환을 청구할 수는 없다(불법원인급여이기 때문이다). 그런데 그가 소유권에 기하여 반환을 청구할 수 있는가? 이 문제가 생기는 범위는 유인론·무인론에 따라 다르다. 무인론에 의하면 원칙적으로 급부자에게 소유권이 없어서 물권적 청구권을 행사할 수 없게 되고, 따라서 여기의 문제가 생기지 않으나, 유인론에 의하면 급부자에게 소유권이 있으므로 원칙적으로 여기의 문제가 생긴다. 이에 대하여 학설은 일치하여 제746조가 물권적 청구권에도 적용되어 소유권을 이유로 하여서도 반환청구를 할 수 없다고 한다. 학설은 그 이유로 ① 물권적 청구권에 제746조의 적용을 부인하면 동조의 입법취지를 무시하는 결과가 된다는 점, ② 급부자가 자기에게 소유권이 있다고 하려면 자신이 불법한 행위를 하였음을 주장하여야 한다는 점, ③ 만일 유인론이면서 제746조의 적용을 부인하면 동조는 가격반환의 경우 외에는 적용이 없어서 의의를 잃게 된다는 점 등을 든다. 그리고 판례는 처음에는 물권적 청구권을 행사할 수 있다고 하였으나(대판 1960. 9. 15, 4293민상57; 대판 1977. 6. 28, 77다728), 그 후 판례를 변경하여 소유권에 기한 반환청구도 할 수 없다고 한다(대판(전원) 1979. 11. 13, 79다483[핵심판례 388면]; 대판 1989. 9. 29, 89다카5994 등).

D-402 **2) 불법행위로 인한 손해배상청구권** 불법한 원인으로 급부한 경우에 불법행위를 이유로 손해배상을 청구할 수도 없다. 여기에 관하여는 학설이 일치한다. 그런데 판례는 특별한 사정이 없는 한 그렇다고 하여 예외를 인정하고 있다(대판 2013. 8. 22, 2013다35412).

(판 례) 불법원인급여의 경우 불법행위로 인한 손해배상청구권의 부정

「불법의 원인으로 재산을 급여한 사람은 상대방 수령자가 그 '불법의 원인'에 가공하였다고 하더라도 상대방에게만 불법의 원인이 있거나 그의 불법성이 급여자의 불법성보다 현저히 크다고 평가되는 등으로 제반 사정에 비추어 급여자의 손해배상청구를 인정하지 아니하는 것이 오히려 사회상규에 명백히 반한다고 평가될 수 있는 특별한 사정이 없는 한 상대방의 불법행위를 이유로 그 재산의 급여로 말미암아 발생한 자신의 손해를 배상할 것을 주장할 수 없다고 할 것이다. 그와 같은 경우에 급여자의 위와 같은 손해배상청구를 인용한다면, 이는 급여자는 결국 자신이 행한 급부 자체 또는 그 경제적 동일물을 환수하는 것과 다름없는 결과가 되어, 민법 제746조에서 실정법적으로 구체화된 앞에서 본 바와 같은 법이념에 반하게 되는 것이다.」(대판 2013. 8. 22, 2013다35412)

3) 선이행(先履行)의 경우　불법한 쌍무계약에 있어서 당사자 일방이 선이행한 경우에도 제746조가 적용되어야 한다.

4) 2중매매의 경우　판례는 매도인의 배임행위에 적극 가담하여 부동산을 2중으로 매수한 행위는 사회질서에 반하여 무효라고 한다(대판 1969. 11. 25, 66다1565 등). 그런데 판례의 논리에 의하면 그 경우에 부동산소유권은 불법원인급여가 되어 대위할 수 있는 권리가 없게 되고, 따라서 제 1 매수인은 매도인을 대위하여 제 2 매수인에게 등기말소청구를 할 수 없게 된다. 그러나 판례는 다른 한편으로 제 1 매수인이 매도인을 대위하여 제 2 매수인 앞으로 행하여진 등기의 말소를 청구할 수 있다고 한다(대판 1980. 5. 27, 80다565 등).

5) 제742조와의 관계　계약이 불법하여 무효이고, 그리하여 채무가 존재하지 않는다는 사실을 알면서 급부한 경우에는 제746조의 불법원인급여인 동시에 제742조의 비채변제이다. 이 경우에 제746조와 제742조 가운데 어느 규정을 적용할 것인지가 문제된다. 여기에 관하여는 i) 제746조 적용설(사견도 같음)(746조는 일반적으로 적용될 규정이기 때문에)과 ii) 제742조 적용설(악의의 비채변제가 불법원인급여보다 일반적인 부당이득 제도이기 때문에)이 대립하고 있다.

(5) 불법원인급여의 반환계약의 효력　D-403

불법원인급여의 당사자가 급부한 것을 반환하기로 하는 경우에 그 특약도 제746조에 위반하여 무효인지가 문제된다. 이 문제는 경우를 나누어 살펴보아야 한다. ① 수령자가 급부받을 때 만일 불법한 목적이 달성되지 않으면 반환한다고 약정하였다면 그 특약은 무효이다(이설이 없으며, 판례도 같음. 대판 1991. 3. 22, 91다520). ② 급부를 받은 후에 수령자가 받은 물건이나 그에 갈음한 다른 물건을 임의로 반환한 경우에는 그 효력을 인정하여야 한다(통설 · 판례도 같음. 대판 1964. 10. 27, 64다798 · 799). 제746조는 불법원인급여자의 반환청구를 법률상 보호하지 않겠다는 것일 뿐이지 수령자의 급부 보유가 정당하다는 것은 아니기 때문이다. ③ 급부가 있은 후에 당사자가 불법원인급여 계약을 해제하고 급부한 것을 반환하기로 특약을 한 경우는 어떤가? 여기에 관하여 통설은 위 ②에서와 같은 이유로 유효성을 인정한다(사견은 다름. 채권법각론 [241] 참조). 그러나 판례는 종래에는 급여물을 그대로 반환하기로 한 경우(대판 1995. 7. 14, 94다51994: 반환약정에 기하여 약속어음을 발행하였음)이든 급여물이 아닌 다른 물품의 지급을 받기로 한 경우(대판 1964. 7. 21, 64다389(금전 15만원 대신 정조 즉 벼 12석을 지급받기로 한 약정); 대판 1966. 12. 27, 66다2145)이든 반환약정은 모두 불법원인급여의 반환을 구하는 범주에 속하는 것으로서 무효라고 하였다. 그런데 최근에는 다음과 같이 정리하고 있다. 「불법원인급여 후 급부를 이행받은 자가 급부의 원인행위와 별도의 약정으로 급부 그 자체 또는 그에 갈음한 대가물의 반환을 특약하는 것은 불법원인급여를 한 자가 그 부당이득의 반환을 청구하는 경우와는 달리 그 반환약정 자체가 사회질서에 반하여 무효가 되지 않는 한 유효하다고 할 것이고, 여기서 반환약정 자체의 무효 여부는 반환약정 그 자체의 목적뿐만 아니라 당초의 불법원인급여가 이루어진 경위, 쌍방당사자의 불법성의 정도, 반환약정의 체결과정 등 민법 제103조 위반 여부를 판단하기 위한 제반요소를 종합적으로 고려하여 결정하여야 하고, 한편 반환약정이 사회질서에 반하여 무효라는 점은 수익자가 이를 입증하여야 한다」(대판 2010. 5. 27, 2009다12580).

사례의 해결

(1) A·B 사이의 관계를 본다. B는 A에 대하여 등기 복귀의무를 부담하며, 그 의무를 이행하지 못하게 되면 채무불이행으로 인한 손해배상책임을 지게 될 것이다. 그리고 A는 B에 대하여 불법행위를 이유로 손해배상청구를 할 수도 있다(청구권 경합).

(2) B·C 사이의 관계를 본다. 판례에 따르면, B·C 사이의 계약은 사회질서에 반하여 무효이다. 그리고 B의 소유권이전과 C의 대금지급은 모두 불법원인급여에 해당한다. 그런데 판례는 사례와 같은 경우에 불법성 비교론을 채용하여 C의 B에 대한 대금반환청구를 인정한다(사견은 다름). 한편 C는 B에게 불법행위를 이유로 손해배상을 청구할 수는 없다.

(3) A·C 사이의 관계를 본다. 사례의 경우 A는 C에게 등기말소청구를 할 수 없다(그런데 2중매매의 판례를 적용하면 등기말소청구가 인정될 여지도 있다). 그리고 C의 행위는 A에 대하여 B와의 공동불법행위가 된다. (사례: D-394)

D-404

Ⅳ. 부당이득의 효과

1. 부당이득 반환의무

부당이득의 요건이 갖추어지면 수익자는 손실자에 대하여 그가 받은 이득의 반환의무를 진다(741조).

(1) 반환할 이득

수익자가 반환하여야 하는 것은 받은 이득이다. 우선은 수익자가 받은 목적물을 반환하여야 한다(747조 1항 참조)(취득한 물건이 대체물이더라도 그 물건을 반환하여야 하며, 그것이 불가능하면 가액으로 반환하여야 한다). 그러나 수익자가 받은 물건을 소비 또는 처분하였거나 노무에 의하여 수익한 경우처럼 원물을 반환할 수 없는 때에는 그 가액을 반환하여야 한다(747조 1항). 그런데 수익자가 처분한 경우 중 원물을 매각한 때에는 부당이득제도 취지상 수령한 매매대금 전부를 반환해야 한다고 새겨야 한다(통설은 이때도 가액을 반환해야 한다는 입장임).

만약 수익자가 반환을 할 수 없으면 그 불이익은 손실자가 입는 수밖에 없다. 그런데 민법은 그 경우에 손실자의 보호를 위하여 하나의 예외를 규정하였다. 즉 수익자가 그 이익을 반환할 수 없는 경우에는 수익자로부터 무상으로 그 이익의 목적물을 양수한 악의의 제3자는 원물을 반환하여야 하고, 그것이 불가능하면 가액을 반환하여야 한다(747조 2항).

D-405

(2) 반환범위

수익자가 받은 이익이 손실자의 손실보다 큰 경우에 손실의 범위에서 반환하면 되는가? 여기에 관하여 학설은 i) 손실한도설과 ii) 이득전부 반환설(사견도 같음)로 나뉘어 있다. 그리고 판례는 i)설의 견지에 있다(대판 2008. 1. 18, 2005다34711 등).

원물로부터 생긴 천연과실 · 법정과실과 그 사용이익을 반환하여야 하는가에 관하여는 제201조 내지 제203조와의 관계에서 검토되어야 하며, 뒤에서 설명하기로 한다(사견은 천연과실 외에는 반환하여야 한다는 견지에 있다. D－408 참조).

운용이익 즉 수익자가 이득을 운용하여 얻은 이익도 그 전부를 반환하여야 하는가? 예컨대 임대차 종료 후에 임차인이 임차물을 활용하여 임대료보다 큰 이익을 얻은 경우, 타인의 특허권을 활용하여 엄청난 수입을 얻은 경우에는 그 이익에 수익자의 뛰어난 능력에 따른 결과가 포함되어 있는데, 그 추가이익까지도 반환하여야 하는지가 문제이다. 여기에 관하여 학설은 i) 전부 반환설(사견도 같음), ii) 선의의 수익자는 증대된 가액을 반환하지 않아도 되나 악의의 수익자는 증대된 가액도 반환하여야 한다는 견해, iii) 수익자의 운용이 없었더라도 손실자의 운용에 의하여 얻었으리라고 추정되는 통상적 운용이익의 범위에서 반환의무를 진다는 견해로 나뉘어 있다. 그리고 판례는 iii)설과 같다(대판 2008. 1. 18, 2005다34711[핵심판례 390면] 등).

판 례 부당이득의 반환범위 관련

(ㄱ) 「부당이득 반환의 경우, 수익자가 반환해야 할 이득의 범위는 손실자가 입은 손해의 범위에 한정되고, 여기서 손실자의 손해는 사회통념상 손실자가 당해 재산으로부터 통상 수익할 수 있을 것으로 예상되는 이익 상당이라 할 것이며, 부당이득한 재산에 수익자의 행위가 개입되어 얻어진 이른바 운용이익의 경우, 그것이 사회통념상 수익자의 행위가 개입되지 아니하였더라도 부당이득된 재산으로부터 손실자가 통상 취득하였으리라고 생각되는 범위 내에서는 반환해야 할 이득의 범위에 포함된다고 할 것이다.」(매매계약이 무효인 경우, 매도인이 매매대금으로 받은 금전을 정기예금에 예치하여 얻은 이자가 반환해야 할 부당이익의 범위에 포함된다고 본 사례)(대판 2008. 1. 18, 2005다34711[핵심판례 390면])

(ㄴ) 「일반적으로 수익자가 법률상 원인 없이 이득한 재산을 처분함으로 인하여 원물반환이 불가능한 경우에 있어서 반환하여야 할 가액은 특별한 사정이 없는 한 그 처분 당시의 대가라 할 것이나, 이 경우에 수익자가 그 법률상 원인 없는 이득을 얻기 위하여 지출한 비용은 수익자가 반환하여야 할 이득의 범위에서 공제되어야 할 것이고, 수익자가 자신의 노력 등으로 부당이득한 재산을 이용하여 남긴 이른바 운용이익도 그것이 사회통념상 수익자의 행위가 개입되지 아니하였더라도 부당이득된 재산으로부터 손실자가 당연히 취득하였으리라고 생각되는 범위 내의 것이 아닌 한 수익자가 반환하여야 할 이득의 범위에서 공제되어야 할 것이다.」(정당한 권원 없이 타인 소유 임야에서 굴취한 토석을 제방성토 작업장에 운반·사용하고 그 재료비·노무비·경비 등을 합하여 토석성토 대금으로 받은 경우, 노무비·경비 명목 부분을 반환이득의 범위에서 제외한 원심판결을 수긍한 사례)(대판 1995. 5. 12, 94다25551)

D-406 **(3) 수익자의 선의 · 악의**

부당이득의 반환의무의 범위는 수익자가 선의인지 악의인지에 따라 차이가 있다. 여기서 선의란 수익이 법률상 원인 없는 이득임을 알지 못하는 것이고, 악의는 그 사실을 아는 것이다. 여기의 선의·악의는 오직 법률상 원인 없는 이득임을 알았는지 여부에 따라 결정되는 것이므로, 가령 매매계약이 매도인의 기망행위를 이유로 취소되었더라도 매수인은 취소시부터는 악의이며, 또 매수인의 가액반환의무가 매도인의 매매대금반환채무와 서로 동시이행관계에 있다고 하여 달라지는 것도 아니다(대판 1993. 2. 26, 92다48635·48642). 선의인 데 과실이 있는지는 묻지 않는다. 수익자의 선의·악의는 원칙적으로 수익 당시를 기준으로 하나, 수익 당시에 선의였다가 그 후에 법률상 원인이 없음을 알게 되면 그때부터는 악의의 수익자로 책임을 진다(749조 1항). 그리고 선의의 수익자가 패소한 때에는 그 소를 제기한 때로부터 악의의 수익자로 본다(749조 2항)(이 규정이 점유자 등의 패소판결이 확정되기 전에는 이를 전제로 하는 청구를 하지 못한다는 의미가 아님을 주의할 것. 대판 2016. 7. 29, 2016다220044). 한편 부당이득 반환의무자가 악의의 수익자라는 점에 대하여는 이를 주장하는 측에서 증명책임을 진다(대판 2022. 10. 14, 2018다244488 등).

판 례 수익자의 선의·악의 관련

대법원은 ① 제1심의 금원지급 가집행선고부 판결 정본에 기하여 강제집행이 있은 후 항소심에서 제1심판결이 변경되고 상고심에서 그대로 유지된 경우에는 수익자는 상고기각 판결일부터 악의의 수익자로 되고(대판 1974. 7. 16, 74다525), ② 매매계약이 매도인의 기망행위를 이유로 취소된 경우에는 매수인은 취소된 시점 이후부터 악의로 되며(대판 1993. 2. 26, 92다48635·48642), ③ 개발부담금 부과처분이 취소된 경우 그 징수자는 악의의 수익자이고(대판 1995. 12. 22, 94다51253), ④ 「행정청이 부과처분에 의하여 어떠한 급부를 받은 후 사후에 그 부과처분의 전부 또는 일부를 직권으로 취소하였다면 그 행정청이 속한 행정주체는 특별한 사정이 없는 한 적어도 그 부과처분의 취소 당시에는 그 처분에 의하여 받은 이익이 법률상 원인이 없음을 알았다고 보아야 할 것」이며(대판 2000. 4. 11, 99다4238), ⑤ 새마을금고 이사장과 상무가 이사회의 의결을 얻지 않고 금고 명의로 금융기관으로부터 돈을 대출받은 뒤 이를 임의로 소비한 경우에는 새마을금고는 악의의 수익자로서 대출금 상당액의 부당이득을 반환할 의무가 있다(대판 2002. 2. 5, 2001다66369)고 한다. 그런가 하면 「부당이득 반환채무는 기한의 정함이 없는 채무이므로 수익자는 이행청구를 받은 때로부터 지체책임이 있」다고 하면서, 정년퇴직조치의 무효를 다투면서 그 퇴직금을 수령한 자는 악의의 수익자라고 할 수 없다고 한다(대판 1995. 11. 21, 94다45753·45760). 그리고 제748조 제2항에서 「'악의'라고 함은, 민법 제749조 제2항에서 악의로 의제되는 경우 등은 별론으로 하고, 자신의 이익 보유가 법률상 원인 없는 것임을 인식하는 것을 말하고, 그 이익의 보유를 법률상 원인이 없는 것이 되도록 하는 사정, 즉 부당이득 반환의무의 발생요건에 해당하는 사실이 있음을 인식하는 것만으로는 부족하다. 따라서 단지 원고가 수령한 이 사건 매수자금이 명의신탁약정에 기하여 지급되었다는 사실을 알았다고 하여도 그 명의신탁약정이 부동산실명법 제 4 조 제 1 항에 의하여 무효임을 알았다는 등의 사정이 부가되지 아니하는 한 원고가 그 금전의 보유에 관하여 법률상 원인 없음을 알았다고 섣사리 말할 수 없다」고 한다(대판 2010. 1. 28, 2009다24187 · 24194. 전단에 관하여 동지 대판 2018. 10. 25, 2016다42800 · 42817 · 42824 · 42831 등).

(4) 지체책임

판례에 따르면, 부당이득 반환의무는 이행기한의 정함이 없는 채무이므로 그 채무자는 이행청구를 받은 때에 비로소 지체책임을 진다(대판 2010. 1. 28, 2009다24187 등. C-85 · 86도 참조). 구체적으로 이행청구를 받은 다음날부터 지체책임을 진다. 그런데 쌍무계약에 의한 급부의 반환의무들은 동시이행관계에 있으므로(D-66 · 67 참조), 상대방의 이행이나 이행의 제공이 있을 때까지는 지체책임이 발생하지 않는다.

2. 선의의 수익자의 반환의무의 범위 D-407

(1) 현존이익의 반환의무

선의의 수익자는 「그 받은 이익이 현존하는 한도에서」 반환의무가 있다(748조 1항). 따라서 그는 받은 이익 가운데 원물 또는 그 모습을 바꾸어서 남아 있는 것만을 반환하면 된다.

(2) 현존이익의 결정시기

어느 시기를 표준으로 하여 현존이익을 결정할 것인가에 관하여 통설은 반환할 때가 기준시기이지만 소가 제기된 경우에는 그 소가 제기된 때부터 악의의 수익자로서 책임을 진다(749조 2항 참조)고 한다. 이러한 통설에 의하면 소제기가 있는 때에는 소제기시가 표준으로 되고, 소제기가 없는 때에는 반환할 때가 표준으로 된다. 주의할 것은, 위의 이론은 수익자가 소제기시 또는 목적물 반환시 이전에 악의로 되지 않은 경우에 있어서의 기준시기에 관한 것이며, 수익자가 선의이다가 소제기시 또는 목적물 반환시 이전에 악의로 된 때에는 당연히 그때부터 악의의 수익자로 책임을 지게 된다는 점이다. 즉 그러한 경우에는 — 소제기시나 목적물 반환시가 아니고 — 악의로 된 시점을 기준으로 하여 현존이익을 결정하여야 한다.

(3) 현존이익의 내용 D-408

1) 원물반환의 경우

(가) 앞에서 설명한 바와 같이(D-375 참조), 부당이득으로 현물(원물)을 반환하는 때에는 소유권이 수익자에게 이전하였든 이전하지 않았든 언제나 반환범위를 제201조 내지 제203조의 규정에 의하여 정하여야 한다. 즉 제201조 내지 제203조에 있어서 선의의 점유자에 관한 규정이 적용된다.

(나) 구체적인 반환범위는 다음과 같다. ① 원물이 남아 있으면 물론이고, 원물이 손상되어 있더라도 동일성을 인정할 수 있으면 그대로 반환하여야 한다(202조 1문). 그러나 원물이 멸실된 때에는 반환의무가 없다. 통설은 원물의 손상·멸실이 수익자의 유책사유에 의하여 일어났더라도 마찬가지라고 새긴다. ② 원물로부터 수취한 천연과실은 반환할 필요가 없다(201조 1항. 사견은 통설과 달리 그 규정의 과실을 천연과실에 한정한다. B-156 참조). 그에 비하여 법정과실이나 사용이익은 반환하여야 한다(통설·판례는 반대임. B-156에 인용된 판결들 참조. 대판 1981. 9. 22, 81다233은 타인의 토지를 점유·경작한 경우의 이득은 그 토지에 관한 과실에 준하는 것이므로 반환할 의무가 없다고 하나, 이는 옳지 않다). ③ 수익자가 원물에 대하여 비용을 지출한 때에는 제203조에 의하여 그 상환을 청구할 수 있다(부당이득 반환 규정에 의하면 모든 비용(사치비 포함)의 상환을 청구할 수 있어서, 과실에서와 달리 이 점에서는 물권적 청구권 규정에 의할 때보다 부당이득 규정에 의할 때에 반환범위가 적게 된다).

D-409 **2) 가액반환의 경우** 수익자가 원물을 반환할 수 없을 때에는 그 가액을 반환하여야 하며(747조 1항), 선의의 수익자의 반환범위는 현존이익이다(748조 1항). 그리고 이때의 반환의무의 범위는 제748조 제 1 항에 의하여서만 결정되며, 제201조 내지 제203조는 적용될 여지가 없다.

가액반환에 있어서는 이익이 현존하는지가 중요한데, 이득을 얻음으로써 재산이 증가한 경우뿐만 아니라 재산의 지출을 면한 경우에도 이익은 현존하는 것으로 인정된다. 그리고 원물이 멸실되고 그 대신에 보험금이나 제 3 자에 대한 손해배상청구권을 취득한 때에도 그러한 대체이익(대상물)은 현존이익에 해당한다. 이익이 현존하는 경우의 예로는, 수익자가 원물을 매각하여 대금을 가지고 있는 경우, 금전을 이득하여 타인에게 빌려주거나 예금을 하거나 생활비로 쓴 경우, 타인의 노무에 의하여 수익을 하고 그 노무의 결과가 남아 있는 경우를 들 수 있다. 그에 비하여 이득한 금전 또는 원물의 매각대금을 도박이나 음주에 써버린 경우, 타인의 노무의 결과가 멸실한 경우, 이득한 금전을 예금하였는데 은행이 파산하여 무가치하게 된 경우에는 이익은 현존하지 않는다.

원물로부터 과실이 생긴 경우에는 그것도 현존하는 한 반환하여야 하며, 수익자가 비용을 지출한 때에는 반환해야 할 현존이익에서 그 비용을 공제하여야 한다(가액반환의 경우에는 201조 내지 203조가 적용되지 않음을 주의할 것).

D-410 **(4) 이득현존의 추정**

수익자의 이득은 현존하는 것으로 추정하여야 하는지가 문제된다. 여기에 관하여 학설은 i) 언제나 추정을 인정하는 견해(사견도 같음)와 ii) 언제나 추정을 인정하지 않는 견해가 대립하고 있다. 그리고 판례는, 선의의 수익자에 대한 부당이득 반환청구에 있어서 그 이익이 현존하고 있다는 사실에 관하여는 그 반환청구자에게 증명책임이 있다고 한 판결도 있고(대판 1970. 2. 10, 69다2171. 이 판결의 사안은 하천을 논으로 만든 경우임), 또 무효인 농지 임대차계약에 기하여 그 임대료로 임차인으로부터 벼 33섬을 받은 경우에 관하여 벼 33섬을 받은 것이 사실이라 하면 다른 특별한 사정이 없는 이상에는 아직도 임대인이 이를 소지하고 있다고 보아야 할 것이고 이것이 현재 원고에게 존재하지 아니한다는 점은 원고가 이를 증명하여야 할 책임이 있다고 한 판결도 있어서(대판 1970. 10. 30, 70다1390 · 1391), 분명하지 않다. 다만, 취득한 것이 금전상의 이득인 때에는 금전은 이를 취득한 자가 소비하였는가의 여부를 불문하고 현존하는 것으로 추정된다고 한다(대판 2005. 4. 15, 2003다60297 · 60303 · 60310 · 60327 등). 그러나 수익자가 급부자의 지시나 급부자와의 합의에 따라 그 금전을 사용하거나 지출하는 등의 사정이 있다면 이 추정은 번복될 수 있다고 한다(대판 2022. 10. 14, 2018다244488). 한편 그 취득한 것이 성질상 계속적으로 반복하여 거래되는 물품으로서 곧바로 판매되어 환가될 수 있는 금전과 유사한 대체물인 경우에도 이득이 현존하는 것으로 추정한다(대판 2009. 5. 28, 2007다20440 · 20457: 비디오폰을 비롯한 각종 통신제품이 문제된 사안).

3. 악의의 수익자의 반환의무의 범위 D-411

(1) 받은 이익 · 이자의 반환의무

악의의 수익자는 그 받은 이익에 이자를 붙여 반환하고 손해가 있으면 이를 배상하여야 한다(748조 2항).

(2) 반환하여야 할 내용

1) 원물반환의 경우 이 경우에는 언제나 제201조 내지 제203조에 의하여 반환범위가 결정된다. 구체적으로는 다음과 같이 된다. ① 원물이 그대로 남아 있으면 그것을 반환하여야 한다. 그런데 원물이 수익자에게 책임없는 사유로 멸실·훼손된 경우에는 수익자는 그에 대하여 책임이 없다(202조 참조). ② 원물로부터 수취한 천연과실은 반환하여야 하며 소비하였거나 과실(過失)로 인하여 훼손 또는 수취하지 못한 경우에는 그 대가를 반환하여야 한다(201조 2항). 물론 원물로부터 생긴 법정과실과 사용이익도 반환하여야 한다. 문제는 법정과실 · 사용이익에 이자를 붙여야 하는지이다. 판례는 악의의 점유자는 과실을 반환하여야 한다고만 규정한 제201조 제 2 항이 제748조 제 2 항에 의한 악의 수익자의 이자지급의무까지 배제하는 취지는 아니기 때문에, 악의 수익자의 부당이득금 반환범위에 있어서 제201조 제 2 항이 제748조 제 2 항의 특칙이라거나 우선적으로 적용되는 관계를 이루는 것은 아니라고 하면서, 제748조 제 2 항에 의하여 받은 이익에 이자를 붙여 반환하여야 한다고 한다(대판 2003. 11. 14, 2001다61869). 그리고 위 조문에서 규정하는 이자는 당해 침해행위가 없었더라면 원고가 위 임료로부터 통상 얻었을 법정이자상당액을 말하는 것이므로 악의 수익자는 위 이자의 이행지체로 인한 지연손해금도 지급하여야 할 것이라고 한다(대판 2003. 11. 14, 2001다61869). 선의의 점유자의 사용이익 반환을 인정하는 사견의 입장에서는 이 판례는 적어도 결과에서는 바람직한 것으로 보인다. ③ 수익자가 비용을 지출한 때에는 제203조에 의하여 그 상환을 청구할 수 있다. ④ 손실자에게 손해가 생긴 때에는 손해도 배상하여야 한다(748조 2항).

2) 가액반환의 경우 이 경우에는 제748조 제 2 항에 의하여 반환범위가 정해진다. 그리하여 원물의 가액을 반환하여야 하고, 그 가액에 이자를 붙여야 한다. 그 이율은 연 5푼

이다(379조). 그리고 판례에 따르면, 계약무효의 경우에 각 당사자가 상대방에 대하여 부담하는 반환의무는 성질상 부당이득 반환의무로서 매도인이 악의의 수익자인 때에는 특별한 사정이 없는 한 그는 반환할 매매대금에 대하여 민법이 정한 연 5%의 법정이율에 의한 이자를 붙여 반환하여야 하고, 이와 같은 법정이자의 지급은 부당이득 반환의 성질을 가지는 것이지 반환의무의 이행지체로 인한 손해배상이 아니므로 매도인의 매매대금 반환의무와 매수인의 소유권이전등기 말소등기 절차 이행의무가 동시이행의 관계에 있는지 여부와는 관계가 없다고 한다(대판 2017. 3. 9, 2016다47478). 한편 원물로부터 수취한 천연과실·법정과실·사용이익과 손해배상에 대하여는 원물반환의 경우와 같다.

(판 례) 매매계약이 무효인 경우 매매대금의 반환 관련

「매매계약이 무효인 때의 매도인의 매매대금반환의무는 성질상 부당이득 반환의무로서 그 반환범위에 관하여는 민법 제748조가 적용된다 할 것이고 명문의 규정이 없는 이상 그에 관한 특칙인 민법 제548조 제 2 항이 당연히 유추적용 또는 준용된다고 할 수 없다.」(대판 1997. 9. 26, 96다54997: 토지거래허가를 받지 못해 매매계약이 무효로 된 사안임)

제 5 장 불법행위

학습의 길잡이

본장은 채권발생원인의 하나로서 민법전 제 3 편 제 5 장에 규정되어 있는 불법행위에 대하여 다룬다. 불법행위는 사무관리·부당이득과 더불어 채권편에 규정되어 있는 법정 채권발생원인인데, 그것들 중 실제에서 발생빈도도 가장 높고 이론적으로도 대단히 중요한 제도이다.

본장에서는 먼저 불법행위의 일반이론을 살펴보고(제 1 절), 이어서 일반 불법행위의 성립요건을 설명하고(제 2 절), 그 뒤에는 여러 가지의 특수 불법행위에 대하여 서술한다(제 3 절). 그러고 나서는 불법행위의 효과에 대하여 적는다(제 4 절).

불법행위는 사법상 매우 중요한 제도이기 때문에, 법학도라면 누구나 그에 대하여 숙지하고 있어야 한다. 특히 어떤 경우에 불법행위가 성립하는지에 대하여 정확하게 이해하고, 나아가 구체적인 경우에 불법행위의 성립 여부를 올바르게 판단할 수 있도록 해야 한다. 불법행위 부분은 시험과 관련해서는 전반적으로 중요한데, 그중에서도 상대적으로 더 중요한 사항을 추리면 다음과 같다. 우선 사례형 문제에 대비해서는 불법행위책임과 계약책임의 관계, 일반 불법행위의 성립요건과 효과, 특수 불법행위 중 책임무능력자의 감독자책임, 사용자책임, 공작물책임, 공동불법행위, 제조물책임에 유의해야 하고, 선택형 문제에 대비해서는 사용자책임, 공동불법행위, 생활방해에 대한 책임, 제조물책임, 불법행위의 효과 중 소멸시효와 손해배상에 특히 주의를 많이 기울여야 한다.

불법행위는 채권의 발생원인 가운데 하나이므로 채권법총칙과 직접 관계됨은 당연한데, 그중에서도 특히 손해배상과 채권의 소멸은 더욱 밀접하다. 그리고 민법총칙상의 소멸시효, 부당이득과도 관련되며, 여러 가지의 법률관계에서 개별적으로 발생하는 위법행위(예: 법률행위에서의 사기·강박, 임차인이 고의로 임차물을 멸실시킨 경우)에서도 불법행위가 문제된다.

제 1 절 서 설

D-412 **Ⅰ. 불법행위의 의의 및 성질**

(1) 의 의

불법행위는 고의 또는 과실로 위법하게 타인에게 손해를 가하는 행위이다. 타인을 때려서 다치게 하거나 타인의 재산을 훼손하는 것이 그 예이다. 불법행위가 있으면 민법규정에 의하여 가해자는 피해자에 대하여 손해배상책임을 부담하게 된다(750조). 따라서 불법행위는 사무관리·부당이득 등과 같이 법정 채권발생원인이다.

(2) 성 질

불법행위는 법률사실로서 그 성질은 위법행위이다(사무관리는 혼합 사실행위이고, 부당이득은 사건이다). 즉 채무불이행과 더불어 대표적인 위법행위이다. 그리고 불법행위는 법률요건이다. 그리하여 채권발생이라는 법률효과를 발생시킨다.

[참고] 채무불이행과 불법행위의 비교

채무불이행과 불법행위는 모두 위법행위인데, 채무불이행은 적법한 채권관계를 전제로 하여 그 당사자 사이에서 채무를 이행하지 않는 데 대한 책임을 문제삼는 위법행위이고, 불법행위는 아무런 특별한 관계가 없는 자들 사이에서 가해행위의 책임을 문제삼는 위법행위이다.

(3) 법적 규제의 특색

실제 사회에서 불법행위는 자주 발생한다(오늘날에는 환경오염이나 건축소음과 같이 집단적으로 피해를 주는 일이 생기기도 한다). 그리하여 소송사건에서도 불법행위에 관한 것이 대단히 많다. 그런데 불법행위를 규율하는 민법규정은 그 수가 적고(750조 내지 766조의 17개조) 그것들은 매우 일반화·추상화되어 있다(특히 750조가 그렇다).

불법행위에 있어서는 기존의 민법규정만으로 규율하는 것이 부적절한 경우가 있으며(가령 고속 교통기관의 발달, 위험한 공장설비, 원자력의 개발 등으로), 그러한 경우를 위하여 특별법이 제정되고 있다. 자동차손해배상보장법, 원자력손해배상법, 환경정책기본법, 제조물책임법이 그 예이다. 이러한 특별법은 앞으로 더 늘어날 것으로 보인다.

D-413 **Ⅱ. 민사책임과 형사책임**

(1) 두 책임의 분화

민사책임은 불법행위에 의한 손해배상책임이고(넓게는 채무불이행책임도 포함하나, 보통은 불법행위책임만을 가리킨다), 형사책임은 형사상의 형벌에 의한 제재이다. 이들 두 책임은 근대 이전에는 결합되어 있었으나, 근대 이후에는 완전히 나누어져 있다.

(2) 두 책임의 차이

민사책임과 형사책임은 근거법 · 목적 · 요건 · 효과 등에서 차이가 있다. 전자는 사법상의 제도인 데 비하여 후자는 공법상의 제도이고, 전자는 피해자에게 생긴 손해의 전보(塡補)에 목적이 있는 데 비하여 후자는 행위자에 대한 응보(應報) 또는 장래에 있어서의 해악 발생의 방지에 목적이 있고, 전자는 가해자에게 고의가 있든 과실이 있든 손해를 배상하게 하는 데 비하여(실손해의 전보를 목적으로 하므로) 후자는 고의범만을 처벌하는 것이 원칙이고(죄형법정주의상 처벌 규정이 없으면 무죄인데 과실범에 대하여는 예외적으로만 처벌규정을 두었다. 그리하여 가령 과실로 재물을 손괴하거나 폭행한 자는 무죄이다), 전자에서는 손해가 생기지 않은 미수는 문제가 되지 않으나 후자에 있어서는 미수·예비·음모도 처벌하며(목적상 실제로 침해가 생기지 않아도 처벌한다), 효과에 있어서도 차이를 보여 전자에서는 고의와 과실의 경우에 책임의 경중에 차이가 없음이 원칙인 데 비하여 후자에서는 고의의 경우가 과실의 경우보다 책임이 훨씬 무겁다.

(3) 두 책임의 관계

민사책임과 형사책임이 완전히 별개의 것이고 발생요건이 다르기 때문에, 동일한 가해행위에 의하여 두 책임이 모두 생기는 때가 있는가 하면(예: 살인 · 상해 · 사기의 경우), 어느 하나의 책임만 생길 수도 있다(예: 과실로 재물을 멸실시킨 경우, 고의로 재물을 깨뜨리려 했으나 미수에 그친 경우). 즉 제도상 구분되어 있는 민사재판·형사재판에 있어서 그 결과가 달라질 수도 있는 것이다(무죄판결이 선고되었지만 손해배상은 인정될 수도 있고(대판 2008. 2. 1, 2006다6713도 동지), 유죄판결이 선고되었지만 손해배상은 인정되지 않을 수도 있다). 또한 두 책임이 모두 발생하는 경우에는 어느 하나의 책임을 졌다고 하여 다른 책임을 면하는 것도 아니다. 그런데 현행 제도상 두 책임이 관련되어 있는 때가 있다. 배상명령제도(「소송촉진 등에 관한 특례법」 25조 이하. 제 1 심 또는 제 2 심의 형사공판절차에서 일정한 범죄에 관하여 유죄판결을 선고할 경우에 법원이 직권 또는 피해자나 그 상속인의 신청에 의하여 피고사건의 범죄행위로 인하여 발생한 직접적인 물적 피해 · 치료비 손해 · 위자료의 배상을 명할 수 있도록 한 제도)와 보험 등에 가입된 차의 교통사고의 경우의 형사면책제도(교통사고처리 특례법 4조 · 3조 2항)가 그 예이다. 그러나 이것은 일정한 목적을 위하여 특별히 만들어진 제도일 뿐이며, 두 책임의 합체를 의미하는 것은 아니다.

Ⅲ. 과실책임과 무과실책임 D-414

(1) 과실책임의 원칙

과실책임의 원칙은 개인이 타인에게 준 손해에 대하여는 그 행위가 위법할 뿐만 아니라 동시에 고의 또는 과실에 기한 경우에만 책임을 진다는 원칙이다. 이 원칙은 근대민법의 기본원리 가운데 하나이며, 우리 민법도 제750조에서 불법행위에 관하여 이를 규정하고 있다(채무불이행에 관한 390조도 같음).

과실책임의 원칙은 ① 개인의 자유활동 보장기능(과실이 없으면 책임이 생기지 않으므로 필요한 주의를 베풀면서 자유롭게 활동할 수 있게 함), ②

손해발생의 억제적 기능, ③ 제재적(징벌적) 기능(명예훼손 등에서 그러하나 오늘날에는 큰 의미가 없음)을 갖는다.

(2) 무과실책임론과 그 입법

1) 근대 이후 과학기술이 발달하면서 철도·자동차·항공기 등의 고속 교통기관이 등장하였고 광업·전기사업·원자력산업과 같은 위험한 설비를 갖춘 기업이 나타났다. 이들 경우와 같이 손해발생의 가능성이 매우 크고 그러면서 많은 수익을 올리는 때에는, 그에 의하여 생긴 손해를 배상하게 하는 것이 적절하다. 그런데 그 결과는 과실책임의 원칙으로는 실현하기가 어렵다. 여기서 과실이 없어도 책임을 져야 한다는 무과실책임론이 주장되었다.

2) 무과실책임론은 무과실책임의 근거를 어떻게 주장하느냐에 따라 여러 가지로 나누어지는데, 그 대표적인 것으로는 이익을 얻는 과정에서 타인에게 손해를 주었다면 그 이익에서 배상하게 하는 것이 공평하다는 보상책임설과 위험한 시설의 관리자는 그것으로부터 생긴 손해에 대하여 책임을 져야 한다는 위험책임설이 있다. 우리나라에서는 i) 위험책임설을 취하는 견해와 ii) 두 설을 종합해서 다원적으로 설명하는 견해(가령 756조는 보상책임원리로, 758조는 위험책임의 원리로 설명함)로 나뉘어 있다.

D-415 3) 무과실책임의 실현은 이론만으로는 한계가 있다. 그리하여 필요한 분야에서는 무과실책임을 인정하는 입법을 하고 있다. 구체적인 예로는, 환경오염 또는 환경훼손으로 인한 피해에 대하여 해당 환경오염 또는 환경훼손의 원인자가 지는 무과실책임(환경정책기본법 44조), 원자력손해에 대한 원자력사업자의 무과실책임(원자력손해배상법 3조), 광해(鑛害)에 대한 광업권자 또는 조광권자의 무과실책임(광업법 75조), 제조물의 결함으로 인한 손해에 대한 제조업자의 무과실책임(제조물책임법 3조)을 들 수 있다. 그리고 자동차의 운행으로 인한 타인의 사망·부상에 대한 자동차운행자의 책임(자동차손해배상보장법 3조), 특허권의 침해(특허법 130조)의 경우에는 과실의 증명책임을 전환하여 사실상 무과실책임으로 하고 있다.

4) 무과실책임이 인정되면 책임을 지는 자(특히 기업)는 손해를 대금·요금 등의 형식으로 소비자나 이용자에게 분담시키거나 책임보험제도에 의하여 손실을 같은 위험을 지는 자 사이에 분산시키게 된다. 그 결과 손해가 널리 사회에 분산되는 효과를 가져온다.

[참고] 민법에 있어서 무과실책임

① 불법행위에 있어서 무과실책임으로는 공작물의 소유자책임(758조)이 있고, ② 불법행위에 있어서 중간적 책임(증명책임이 전환된 경우)으로는 공작물의 점유자책임(758조), 책임무능력자의 감독자책임(755조), 사용자책임(756조), 동물의 점유자책임(759조)이 있고, ③ 채무불이행에 있어서의 무과실책임으로 금전채무의 불이행책임(397조 2항)이 있으며, ④ 기타의 것으로 무권대리인의 손해배상책임(135조), 책임전질자의 손해배상책임(336조), 매도인의 담보책임(570조 이하. 법정책임설의 입장), 위임인의 손해배상책임(688조 3항. 무상위임인에 한정된다고 새겨야 함. D-319 참조), 인지(隣地)의 사용에 의한 손해배상책임(216조 2항·219조 2항)이 있다.

Ⅳ. 불법행위와 보험제도

D-416

불법행위제도는 경우에 따라서는 손해전보라는 그 목적을 달성할 수 없다. 가해자에게 배상에 충분한 자력이 없는 때에 그렇다. 그런가 하면 자력은 있되 배상을 하고 나면 생계가 어려워지는 때도 있다. 이러한 때에는 다른 제도의 도움을 받을 수밖에 없다. 그것이 바로 보험제도이며, 그 가운데에서도 특히 책임보험제도가 그렇다.

책임보험제도는 피보험자가 보험기간 중의 사고로 인하여 제3자에게 배상책임을 진 경우에 보험자가 이를 보상하는 것을 내용으로 하는 보험제도이다(상법 719조 참조). 이러한 책임보험을 이용하면 가해자는 보험료를 지급한 것만으로 배상책임으로부터 벗어날 수 있게 되고(같은 종류의 위험을 가진 자들 사이에 손실이 분산된다), 피해자는 보험회사에 직접 보험금을 청구할 수 있어서(상법 724조 2항) 두텁게 보호된다(후자의 이유 때문에 책임보험계약의 체결을 강제하기도 한다). 현행법상 책임보험계약의 체결이 강제되는 것으로는 자동차 책임보험(자동차손해배상보장법 5조. 자동차종합보험은 임의적 책임보험임), 원자력손해배상 책임보험(원자력손해배상법 5조 이하), 산업재해보상보험법에 의한 보험이 있다.

Ⅴ. 불법행위책임과 계약책임의 관계

D-417

(1) 서 설

동일한 당사자 사이에서 하나의 사실이 계약책임(정확하게는 채누물이행에 의한 손해배상책임)의 요건과 불법행위의 요건을 모두 충족시키는 경우가 있다. 예컨대 임차인이 과실로 임차물을 멸실시킨 때에 그렇다. 원래 계약책임은 계약관계가 있는 자들 사이의 문제이고 불법행위책임은 일반인 사이의 문제이므로, **계약관계에 있는 자 사이에서 불법행위책임도 문제될 수 있는 것이다.** 이와 같은 경우에 피해자(위의 예에서는 임대인)는 어떠한 청구권을 가지는지가 문제된다.

(2) 학설 · 판례

1) 학 설 학설은 i) 청구권경합설, ii) 법조경합설, iii) 청구권규범경합설로 나뉘어 있다.

i) **청구권경합설**은 피해자인 채권자는 그의 선택에 따라서 가해자인 채무자에 대하여 계약책임을 묻거나 불법행위책임을 물을 수 있다고 한다(사견도 같음). 이 견해는 두 청구권의 경합을 인정한다고 하여 청구권경합설이라고 불린다. ii) **법조경합설**은 불법행위책임과 계약책임은 일반법과 특별법과 같은 관계에 있는 것이므로, 먼저 특수한 관계인 계약책임을 적용하여야 할 것이고, 일반법인 불법행위책임은 배제된다고 한다. iii) **청구권규범경합설**은 동일 급부(손해배상)에 대한 청구권이 경합하는 것으로 보이는 경우에도 청구권의 개수 사실은 1개이고, 단지 청구권규범이 동일 급부에 대한 청구를 기초짓기 위하여 복합하고 있

는 것에 불과하다고 한다.

2) 판 례 판례는 청구권경합설의 입장에 있다(대판(전원) 1983. 3. 22, 82다카1533; 대판 2021. 6. 24, 2016다210474 등 다수).

판 례 채무불이행책임과 불법행위책임의 관계

「채무불이행책임과 불법행위책임은 각각 요건과 효과를 달리하는 별개의 법률관계에서 발생하는 것이므로 하나의 행위가 계약상 채무불이행의 요건을 충족함과 동시에 불법행위의 요건도 충족하는 경우에는 두 개의 손해배상청구권이 경합하여 발생하고, 권리자는 위 두 개의 손해배상청구권 중 어느 것이든 선택하여 행사할 수 있다. 다만 동일한 사실관계에서 발생한 손해의 배상을 목적으로 하는 경우에도 채무불이행을 원인으로 하는 배상청구와 불법행위를 원인으로 한 배상청구는 청구원인을 달리하는 별개의 소송물이므로, 법원은 원고가 행사하는 청구권에 관하여 다른 청구권과는 별개로 그 성립요건과 법률효과의 인정 여부를 판단하여야 한다. 계약 위반으로 인한 채무불이행이 성립한다고 하여 그것만으로 바로 불법행위가 성립하는 것은 아니다.」(대판 2021. 6. 24, 2016다210474)

[참고] 불법행위책임과 계약책임의 구체적 차이

불법행위책임과 계약책임은 과실책임의 원칙(750조/390조), 책임능력(753조·754조/해석상), 손해배상의 범위(763조/393조), 과실상계(763조/396조)에 있어서는 차이가 없다. 그러나 ① 유책사유의 증명책임에 있어서는 전자(불법행위책임)에서는 피해자가 가해자의 유책사유를 증명하여야 하는 데 비하여(750조), 후자(계약책임)에서는 가해자인 채무자가 자기에게 유책사유가 없었음을 증명하여야 하고(390조), ② 전자에서는 피용자의 고의·과실로 사용자가 책임을 지는 경우에 사용자가 면책될 수 있으나(756조 1항 단서), 후자에서는 채무이행을 보조하는 자의 고의·과실로 채무자가 책임을 지는 경우에 채무자는 면책될 여지가 없고(391조), ③ 전자에서는 공동불법행위의 경우에 연대책임을 인정하나(760조), 후자에는 그러한 규정이 없고, ④ 전자의 청구권은 3년 또는 10년의 시효기간(10년은 제척기간이라는 견해도 있음)에 걸리는 데 비하여(766조), 후자의 청구권은 10년(보통의 채권의 경우)의 시효에 걸리고(162조 1항), ⑤ 전자에서는 고의의 불법행위의 경우 채무자가 상계하지 못한다는 규정이 두어져 있고(496조), ⑥ 후자에서는 법률상 채무자의 특정재산에 대한 담보권이 인정되는 때가 많으며(320조 1항·648조-650조), ⑦ 전자에서는 태아에게 권리능력이 인정되는 데 비하여(762조), 후자에는 그러한 규정이 없고, ⑧ 특별법 내지 특별규정으로 전자의 경우에는 「실화책임에 관한 법률」이 있고(동법에 의하면 경과실의 경우 가해자가 손해배상액의 경감을 청구할 수 있음. D-527 참조), 후자에서는 운송인의 책임을 가중하는 특칙(상법 135조: 운송인이 주의를 다했음을 증명해야만 면책됨)이 두어져 있는 등의 차이가 있다. 이들 가운데 ①②④⑥⑧에 있어서는 계약책임을 묻는 것이 채권자에게 유리하고, ③⑤⑦에 있어서는 불법행위책임을 묻는 것이 채권자에게 유리하다. 그런데 전체적으로는 계약책임을 묻는 것이 채권자에게 유리하다고 할 수 있다.

제 2 절 일반 불법행위의 성립요건

Ⅰ. 개 관 D-418

민법상의 불법행위는 크게 두 가지로 나누어진다. 하나는 제750조에 의한 불법행위이고, 다른 하나는 제755조 내지 제760조의 불법행위이다. 이들 가운데 전자를 일반 불법행위라고 하고, 후자를 특수 불법행위라고 한다. 특수 불법행위는 일반 불법행위의 요건 외에 다시 추가적인 요건이 더 갖추어진 경우에 인정된다(755조의 경우는 일반 불법행위 요건의 일부가 없을 것을 전제로 추가적인 요건을 요구한다). 특수 불법행위의 추가적인 요건에 관하여는 뒤에서 따로 살펴보고, 여기서는 일반 불법행위의 성립요건만을 기술하기로 한다.

일반 불법행위의 성립요건은 그 대부분이 제750조에 정하여져 있다(아래의 ①③④). 그리고 책임능력이라는 요건은 제753조·제754조에서 책임능력이 없는 자의 불법행위책임을 배제하는 방식으로 소극적으로 규정되어 있다. 이들 규정들을 종합하여 **일반 불법행위의 성립요건**을 정리하면, ① 가해자의 고의 또는 과실에 의한 행위가 있을 것(가해자의 고의·과실), ② 가해자에게 책임능력이 있을 것(가해자의 책임능력), ③ 가해행위가 위법할 것(가해행위의 위법성), ④ 가해행위에 의하여 손해가 발생할 것(가해행위에 의한 손해발생)의 네 가지이다. ①②는 가해자를 표준으로 판단하는 주관적 요건이고, ③④는 객관적 요건이다. 일반적으로 불법행위책임의 성립요건에 관한 증명책임은 그 불법행위를 주장하는 자가 부담한다(대판 2024. 2. 8, 2023다273336).

Ⅱ. 가해자의 고의·과실에 의한 행위 D-419

불법행위가 성립하려면 가해자의 고의 또는 과실에 의한 행위가 있어야 한다(750조). 그러기 위하여 우선 가해자 자신의 행위이어야 하고, 또 가해자에게 고의·과실이 있어야 한다.

1. 가해자 자신의 행위

(1) 자기책임의 원칙

민법이 기본원리의 하나로 삼고 있는 과실책임의 원칙은 가해자 자신의 고의·과실에 의한 행위에 대하여만 책임을 지고 타인의 행위에 대하여는 책임을 지지 않는다는 의미도 가지고 있다. 그런 의미에서 과실책임의 원칙은 자기책임의 원칙이라고도 한다. 이러한 원칙의 결과 가해자의 불법행위가 성립하려면 가해자 자신의 행위가 있어야 한다.

판 례 자기책임의 원칙 관련

「개인은 자신의 자유로운 선택과 결정에 따라 행위하고 그에 따른 결과를 다른 사람에게 귀속시키거나 전가하지 아니한 채 스스로 이를 감수하여야 한다는 '자기책임의 원칙'이 개인의 법률관계에 대하여 적용되고, 계약을 둘러싼 법률관계에서도 당사자는 자신의 자유로운 선택과 결정에 따라 계약을 체결한 결과 발생하게 되는 이익이나 손실을 스스로 감수하여야 할 뿐 일방 당사자가 상대방 당사자에게 손실이 발생하지 아니하도록 하는 등 상대방 당사자의 이익을 보호하거나 배려할 일반적인 의무는 부담하지 아니함이 원칙이라 할 것이다. …

카지노사업자가 카지노 운영과 관련하여 공익상 포괄적인 영업 규제를 받고 있더라도 특별한 사정이 없는 한 이를 근거로 함부로 카지노 이용자의 이익을 위한 카지노사업자의 보호의무 내지 배려의무를 인정할 것은 아니다.」(대판(전원) 2014. 8. 21, 2010다92438. 여기에 대하여는 반대하는 소수의견도 있음)

그런데 민법은 다른 한편으로 책임무능력자의 감독자(755조)와 피용자를 사용하는 자(756조)에게 감독을 받는 책임무능력자와 피용자의 행위에 대하여 책임을 지도록 하고 있다. 이는 적어도 외견상 타인의 행위에 대하여 책임을 지는 것이 된다. 그러나 이들의 경우에는 민법이 감독자나 사용자가 그들에게 부여된 주의의무를 게을리한 때에만 책임을 지도록 하고 있어서(755조 1항 단서·756조 1항 단서 참조), 자기의 주의위반행위에 대하여 책임을 지는 것으로 이해된다(부진정한 타인의 행위에 대한 책임)(이설 없음).

(2) 행위의 의미

불법행위가 되려면 행위 즉 의식 있는 거동이 있어야 하므로, 의식이 없는 상태에서 행한 행동이나 저항할 수 없는 힘(절대적 폭력)에 의하여 강제된 행동은 여기의 「행위」가 아니다(754조 단서의 예외가 있음). 그리고 여기의 행위는 보통은 작위이나, 부작위도 작위의무 있는 자의 것은 행위로 될 수 있다(즉 부작위는 위법한 때에만 불법행위로 된다). 판례도, 작위의무가 있는 자의 부작위가 인정되는 경우에는 부작위에 의한 불법행위가 성립할 수 있다고 한다(대판 2023. 11. 16, 2022다265994 등. 작위의무에 관한 판례에 대하여는 D-464 참조).

판 례 부작위로 인한 불법행위 관련

「부작위로 인한 불법행위가 성립하려면 작위의무가 전제되어야 하지만, 작위의무가 객관적으로 인정되는 이상 의무자가 그 의무의 존재를 인식하지 못하였더라도 불법행위의 성립에는 영향이 없다. 이는 고지의무 위반에 의하여 불법행위가 성립하는 경우에도 마찬가지이므로 당사자의 부주의 또는 착오 등으로 고지의무가 있다는 것을 인식하지 못하였다고 하여 위법성이 부정될 수 있는 것은 아니다.」(대판 2012. 4. 26, 2010다8709)

(3) 자기의 행위인지가 문제되는 경우

① 타인을 자기의 도구로 이용한 경우(예: A가 B에게 C의 물건을 자신의 것이라고 속여 이를 파괴하게 한 경우)에는 이용한 자의 불법행위가 성립한다. ② 어떤 자가 실제로는 채권이 없음에도 불구하고 가압류나 가처분을 한 경우에는, 그에게 고의·과실이 있으면 불법행위책임을 진다(대판 1995. 12. 12, 95다34095·34101 등 다수의 판결. 그리고 이 경우 집행채권자의 고의·과실이 추정된다고 한다). ③ 법인은 이사 기타의 대표자가 직무에 관하여 타인에게 가한 손해를 배상할 책임이 있는데(35조 1항), 이는 법인 자신의 행위에 대한 책임이라고 이해된다(A-387 참조).

(4) 가해자의 행위(가해행위)의 증명

가해행위가 있었음은 피해자인 원고가 증명해야 한다(대판 2019. 11. 28, 2016다233538·233545 등).

2. 가해자의 고의 · 과실 D-420

불법행위가 성립하려면 가해자에게 고의 또는 과실이 있어야 한다.

(1) 고 의

1) 고의는 자기의 행위로부터 일정한 결과가 발생할 것을 인식하면서도 그 행위를 하는 심리상태이다. 고의가 인정되기 위하여 결과의 발생을 의욕했을 것까지는 요구되지 않으며, 결과발생을 인식한 것으로 충분하다. 그런가 하면 결과발생을 구체적으로 인식했을 필요는 없으며, 일정한 결과가 발생할지도 모른다고 인식하면서 행위를 하는 것도 고의로 인정된다(이설이 없으나, 판례도 같음. 대판 1991. 3. 8, 90다16771). 이를 미필적 고의라고 한다.

2) 고의가 성립하기 위하여 일정한 결과의 발생이라는 사실의 인식 외에 그것이 위법한 것으로 평가된다는 것까지도 인식(위법의 인식)하여야 하는지가 문제된다. 여기에 관하여 학설과 판례(대판 2002. 7. 12, 2001다46440)는 적절하게도 일치하여 부정하고 있다.

(2) 과 실

1) 과실의 의의 과실은 자기의 행위로부터 일정한 결과가 발생할 것을 인식했어야 함에도 불구하고 부주의로 말미암아 인식하지 못하고 그 행위를 하는 심리상태이다.

2) 과실의 분류 과실은 전제가 되는 부주의의 종류에 따라 추상적 과실과 구체적 과실로 나누어진다. 추상적 과실은 그 사람이 속하는 사회적 지위, 종사하는 직업 등에서 보통 일반적으로 요구되는 주의 즉 구체적인 사람에 의한 개인의 능력 차이가 인정되지 않고 일반적으로 평균인에게 요구되는 주의를 게을리한 것이다. 이 경우의 주의를 「선량한 관리자의 주의」(374조·681조 참조)라고 한다. 그에 비하여 구체적 과실은 행위자 자신의 평상시의 주의를 게을리한 것이다(695조·922조·1022조 등). 따라서 구체적 과실에서는 개인의 능력 차이가 인정된다.

과실은 부주의의 정도에 의하여 경과실과 중과실로 나누어진다. 경과실은 다소라도 주의를 게을리한 경우이고, 중과실은 현저하게 주의를 게을리한 경우이다. 민사책임에 있어서는 과실만 있으면 충분하므로, 일반적으로 민법에서 과실이라고 하면 경과실을 의미한다. 중과실을 요하는 경우에는 특별히 「중대한 과실」이라고 표현한다(109조 1항 단서·735조 등 참조).

추상적 과실과 구체적 과실은 이론상 각각 경과실과 중과실로 세분될 수 있다. 그러나 우리 법상 구체적 중과실을 규정하는 명문규정은 없다. 따라서 구체적 과실은 언제나 구체적 경과실을 의미한다. 그에 비하여 추상적 과실에는 추상적 경과실과 추상적 중과실이 있다.

D-421 **3) 불법행위에 있어서의 과실** 불법행위의 경우 과실은 본래는 행위자의 주의력을 문제삼는 구체적 과실이어야 할 것이나, 그렇게 새기면 피해자 보호에 불충분하게 되므로 보통·평균인의 주의력을 기준으로 하는 추상적 과실이라고 해석하여야 한다(통설·판례도 같음. 대판 2001. 1. 19, 2000다12532). 그 결과 과실에 있어서 기준이 되는 주의는 보통·평균인이 베푸는 정도의 주의이다. 그런데 이때 「보통·평균인」은 추상적인 보통·평균인이나 전체 사회에서의 보통·평균인이 아니고, 구체적인 경우에 있어서의 보통 · 평균인이다(이설이 없으며, 판례도 같음. 대판 2001. 1. 19, 2000다12532 등). 그리하여 행위자의 직업, 사회적 지위 등에 있어서의 보통·평균인을 상정하여야 한다(가령 수술·운전에 관하여는 의사·운전자 중 보통·평균인을 기준으로 과실 여부를 판단하여야 하며, 70세의 노인이 도로를 횡단하면서 사고를 당한 때에는 70세의 보통·평균인의 주의를 결하였는지를 판단하여야 한다). 한편 행정적인 단속법규의 위반과 과실은 법적 평가의 면에서 서로 다르기 때문에, 단속법규의 위반이 있다고 하여 반드시 과실이 있다고 할 수 없고(그러나 대체로는 과실이 인정될 것임), 또 단속법규를 모두 지켰다고 반드시 과실이 없다고 할 수도 없다.

판 례 학생징계에 과실이 있는 경우

「학교가 그 징계의 이유로 된 사실이 퇴학 등의 징계처분의 사유에 해당한다고 볼 수 없음이 객관적으로 명백하고 조금만 주의를 기울이면 이와 같은 사정을 쉽게 알아 볼 수 있는데도 징계에 나아간 경우와 같이 징계권의 행사가 우리의 건전한 사회통념이나 사회상규에 비추어 용인될 수 없음이 분명한 경우에 그 징계는 그 효력이 부정됨에 그치지 아니하고 위법하게 상대방에게 정신적 고통을 가하는 것이 되어 그 학생에 대한 관계에서 불법행위를 구성하게 된다.」(대판(전원) 2010. 4. 22, 2008다38288)

D-422 **(3) 고의 · 과실의 관계**

민법에서는 고의가 있는 경우뿐만 아니라 과실이 있는 경우에도 책임을 지고 또 책임의 범위에서도 원칙적으로 차이가 없기 때문에, 고의가 있는지 과실이 있는지의 구별은 중요하지 않고(다만 496조·765조·위자료 등에서는 구별이 의미가 있다), 과실이 있는지 과실이 없는지의 구별이 중요하다.

(4) 고의 · 과실의 증명책임

고의·과실은 불법행위의 성립을 주장하는 피해자(원고)가 증명하여야 한다(이설 없음). 그러나 민법(755조－759조 참조)이나 특별법(그 예에 관하여는 D－415 참조)에서 가해자(피고)가 고의·과실이 없었음을 증명하지 못하면 책임을 지도록 증명책임을 전환한 경우가 있다. 그런가 하면 해석에 의하여 과실을 추정하여 증명책임을 사실상 전환하는 때도 있다. 판례에 의하면, 채권이 없음에도 불구하고 채권자로서 가압류·가처분을 집행한 뒤 실체상의 청구권이 없다고 확정된 경우에는 집행채권자의 고의·과실이 추정된다고 한다(대판 2023. 6. 1, 2020다242935 등 다수).

Ⅲ. 가해자의 책임능력 D-423

불법행위가 성립하려면 가해자에게 책임능력이 있어야 한다(753조·754조 참조).

1. 책임능력의 의의·증명책임

(1) 의 의

책임능력은 자기의 행위에 대한 책임을 인식할 수 있는 지능이다. 이는 자기의 행위에 의하여 일정한 결과가 발생하는 것을 인식하는 능력이 아니고, 그 결과가 위법한 것이어서 법률상 비난받는 것임을 인식하는 정신능력이다.

민법은 책임능력을 불법행위의 성립요건으로 적극적으로 규정하고 있지 않다. 그러나 통설은 고의·과실이 있다고 하려면 이론상 당연히 일정한 판단능력이 있어야 하고, 또 제753조·제754조가 책임능력 없는 자의 행위에 대하여 불법행위책임을 인정하지 않고 있음을 근거로, 책임능력도 불법행위 요건의 하나로 인정한다.

책임능력은 불법행위능력이라고도 한다. 이 능력이 없으면 불법행위의 성립이 인정되지 않기 때문이다. 책임능력이 있는지 여부는 행위 당시를 기준으로 하여 구체적으로 판단되며, 연령 등에 의하여 획일적으로 결정되지 않는다(그 때문에 의사능력과 비슷하다 하여 책임능력을 「의사능력을 불법행위의 측면에서 고찰한 것」이라고도 하나, 이는 비유적인 표현에 불과할 뿐이며, 두 능력이 동일하지 않다는 것을 유의하여야 한다). 따라서 동일한 행위에 대하여 동일한 연령의 자라도 어떤 자에게는 책임능력이 인정되지만 다른 자에게는 인정되지 않을 수도 있고, 또 동일한 자라도 행위의 종류에 따라 책임능력의 유무가 달라질 수 있다(가령 물건파괴와 명예훼손은 요구되는 책임능력의 정도가 다르다).

(2) 증명책임

책임능력은 일반인이 갖추고 있는 것이 보통이고 또 그것은 면책사유의 문제이기 때문에, 피해자가 가해자의 책임능력 있음을 주장·증명할 필요가 없고 책임을 면하려는 가해자가 책임능력 없음을 주장·증명하여야 한다.

2. 미성년자의 책임능력 D-424

(1) 「미성년자가 타인에게 손해를 가한 경우에 그 행위의 책임을 변식(辨識)할 지능(知

能)이 없는 때에는 배상의 책임이 없다」(753조). 즉 책임능력 없는 미성년자는 불법행위책임을 지지 않는다. 그러나 미성년자라도 책임능력이 있으면 책임을 지게 된다.

(2) 미성년자에게 책임능력이 있는지는, 일반적으로 책임능력 유무를 판정하는 때와 마찬가지로, 구체적인 행위에 관하여 행위 당시에 행위자에게 책임을 변식(인식)할 지능이 있었는지 여부에 의하여 결정되며, 실제로 그 책임을 변식하였는가는 묻지 않는다.

미성년자가 어느 정도의 연령에서 책임능력을 갖추는가에 관한 기준은 없다(개별적인 행위에 대하여 판정해야 하기 때문이다). 그렇지만 대체로 12세를 전후하여 책임능력을 갖추는 것으로 보아야 할 것이다. 대법원은 16세 5개월(대판 1989. 5. 9, 88다카2745)·18세(대판 1989. 1. 24, 87다카2118)의 자에게 책임능력이 있다고 하였고, 11·12세(대판 1977. 8. 23, 77다604)·13세 5개월(대판 1978. 7. 11, 78다729 등)·14세 2개월(대판 1978. 11. 28, 78다1805)의 자에게 책임능력이 없다고 하였다. 그런가 하면 13세 6개월 된 자에게 책임능력이 있다고 한 적도 있다(대판 1971. 4. 6, 71다187). 대법원이 12세가 넘은 미성년자에 대하여 책임능력을 부인한 것은 제755조가 책임능력 없는 미성년자의 감독의무자에게만 불법행위책임을 인정하는 것과 무관하지 않다. 즉 자력이 없는 미성년자 대신 감독의무자에게 배상을 받도록 하려면 행위자의 책임능력을 부인할 필요가 있었던 것이다. 그에 비하여 미성년자를 피용자로 하는 경우에 사용자책임이 인정되려면 피용자에게 책임능력이 있어야 한다. 앞에 인용된 판결들 가운데 맨 뒤의 것에서는, 그 때문에 대법원이 유사한 경우인데도 책임능력을 인정하였다. 이는 목적에 따라 유사한 경우를 달리 판단한 것으로서 바람직하지 않다(근래 판례가 감독의무자에 대하여 750조에 의한 책임을 인정한 뒤로는 책임능력 유무를 문제삼는 사안이 거의 눈에 띄지 않는다). 그리고 이러한 문제를 일으키는 원인이 제755조에 있는 만큼 그 규정을 속히 개정하여야 할 것이다.

D-425 3. 심신상실자의 책임능력

(1) 「심신상실(心神喪失) 중에 타인에게 손해를 가한 자는 배상의 책임이 없다」(754조 본문). 여기서 심신상실이란 판단능력이 없는 상태를 가리킨다. 가해자가 가해행위 당시에 심신상실이었으면 충분하고, 그가 심신상실의 상태(常態)에 있었을 필요도 없고 또 성년후견개시의 심판을 받았을 필요도 없다.

(2) 다만, 심신상실의 상태를 가해자가 고의 또는 과실로 초래한 때에는 면책되지 않는다(754조 단서). 그러한 경우의 가해행위를 「원인에 있어서 자유로운 행위」라고 한다. 여기의 고의·과실은 심신상실을 초래하는 데 관한 것(예: 술을 마시면 정신을 잃을 것을 알았거나 알 수 있었던 상태에서 술을 마신 경우)이고 가해행위를 하는 데 관한 것(예: 술을 마시면 남을 때릴 것을 알았거나 알 수 있었던 상태에서 술을 마신 경우)이 아니다. 후자로 새기는 경우에는 곧바로 제750조에 의하여 책임을 지게 되어 제754조 단서는 무의미하게 되기 때문이다. 한편 제754조 단서가 적용되는 것은 가해자가 초래한 심신상실이 일시적인 경우에 한정되며, 계속적인 경우에는 적용되지 않는다.

Ⅳ. 가해행위의 위법성

D-426

불법행위가 성립하려면 가해행위가 위법하여야 한다(750조). 이 위법성의 요건은 의용민법에서의 「권리침해」(동법 709조)를 대치한 것인데, 이러한 민법의 태도는 긍정적으로 평가되고 있다.

1. 위법성의 본질

(1) 평가의 대상

위법성 판단의 대상을 어떻게 이해할 것인가에 관하여는, i) 사람의 주관적인 의식에 바탕을 둔 용태만이 판단대상이라고 하는 **주관적 위법론**(책임능력자의 행위만이 판단의 대상으로 됨)과 ii) 판단대상을 객관적으로 결정하여야 한다는 **객관적 위법론**(의사에 기한 것뿐만 아니라 의사에 기하지 않은 용태나 자연현상도 대상이 됨)이 있으나, 우리의 통설은 ii)설의 견지에 있다.

판 례 위법성의 판단

「불법행위의 성립요건으로서 위법성은 관련 행위 전체를 일체로 보아 판단하여 결정해야만 하는 것은 아니고, 문제가 되는 행위마다 개별적·상대적으로 판단하여야 한다.」(대판 2021. 6. 30, 2019다268061)

(2) 평가기준

위법성의 판단을 어떤 기준에 의하여 할 것인가에 관하여는, i) 실정법을 기준으로 하는 **형식적 위법론**과 ii) 실정법과 선량한 풍속 기타 사회질서를 기준으로 하는 **실질적 위법론**이 있으나, 우리의 통설은 ii)설의 입장이다.

판 례 위법성의 판단기준

「위법행위는 불법행위의 핵심적인 성립요건으로서, 법률을 위반한 경우에 한정되지 않고 전체 법질서의 관점에서 사회통념상 위법하다고 판단되는 경우도 포함할 수 있는 탄력적인 개념이다.」(대판 2021. 6. 30, 2019다268061)

(3) 결과위법론과 행위위법론

i) 종래의 일반적인 견해에 의하면 침해결과(예: 신체침해·소유물의 멸실)가 발생하면 그 결과를 야기한 행위는 위법성 조각사유가 없는 한 위법하다고 이해하며, 이를 **결과위법론**이라고 한다(사견도 같음). 그에 대하여 근래 ii) 위법성의 본질을 가해행위에서 찾아야 한다는 **행위위법론**이 주장되고 있다. 이 이론을 취하게 되면 과실 개념과 위법성 개념은 「주의의무 위반」이라

는 요건으로 통합된다. 그런가 하면 iii) 위법성의 판단에 있어서는 가해행위에 의한 보호법익의 침해결과와 침해행위의 불법성 모두를 고려하여야 한다는 결합설도 있다.

D-427

2. 위법행위의 구체적인 예

침해된 이익의 측면에서 위법성이 있는 경우를 보기로 한다. 이것은 예시적인 것이며, 모든 것이 아님을 주의하여야 한다.

(1) 재산적 이익의 침해

1) 소유권 침해 타인의 소유물을 멸실·훼손·처분·사용·수익하는 행위는 위법하다(상린관계에 의한 경우는 예외임).

2) 점유권 침해 타인의 점유를 침탈하거나 방해하는 경우는 위법하며, 그러한 경우에 대하여는 점유보호청구권의 규정에서 손해배상청구를 인정하고 있다(204조-206조 참조)(점유를 침탈하는 자가 점유자에 대한 반환청구권을 가지고 있다고 하더라도 사회통념상 허용될 수 있을 정도의 상당성이 있는 것으로 볼 만한 특별한 사정이 없는 한 그 점유의 침탈에 위법성이 배제된다고 할 수 없다. 대판 2023. 6. 1, 2023다203139).

3) 용익물권의 침해 지상권·지역권·전세권 등의 용익물권을 잃게 하거나 사용·수익을 침해하는 행위는 위법하다.

4) 담보물권의 침해 담보목적물을 멸실시키거나 그 가치를 감소하게 한 때에는 위법하다.

판 례 위법행위 관련

(ㄱ) 「담보물을 권한 없이 멸실·훼손하거나 담보가치를 감소시키는 행위는 위법한 행위로서 불법행위를 구성하며, 이때 채권자가 입게 되는 손해는 담보 목적물의 가액의 범위 내에서 채권최고액을 한도로 하는 피담보채권액으로 확정될 뿐 그 피담보채무의 변제기가 도래하여 그 담보권을 실행할 때 비로소 발생하는 것은 아니다.」(대판 1998. 11. 10, 98다34126[핵심판례 404면])

(ㄴ) 「근저당권의 공동 담보물 중 일부를 권한 없이 멸실·훼손하거나 담보가치를 감소시키는 행위로 인하여 근저당권자가 나머지 저당 목적물만으로 채권의 완전한 만족을 얻을 수 없게 되었다면 근저당권자는 불법행위에 기한 손해배상청구권을 취득한다. 이때 이와 같은 불법행위 후 근저당권이 확정된 경우에 있어 근저당권자가 입게 되는 손해는 채권최고액 범위 내에서 나머지 저당 목적물의 가액에 의하여 만족을 얻지 못하는 채권액과 멸실·훼손되거나 또는 담보가치가 감소된 저당 목적물 부분(이하 '소멸된 저당 목적물 부분'이라 한다)의 가액 중 적은 금액이라 할 것이고, 여기서 나머지 저당 목적물의 가액에 의하여 만족을 얻지 못하는 채권액은 위 근저당권의 실행 또는 제3자의 신청으로 개시된 경매절차에서 근저당권자가 배당받을 금액이 확정되었거나 확정될 수 있는 때에는 그 금액을 기준으로 하여 산정하며, 그렇지 아니한 경우에는 손해배상 청구소송의 사실심 변론종결시를 기준으로 산정하여야 하고, 소멸된 저당 목적물 부분의 가액 역시 같은 시점을 기준으로 산정하여야 할 것이다.」

(대판 2009. 5. 28, 2006다42818)

(ㄷ) 「소유권을 비롯한 절대권을 침해한 경우뿐만 아니라 법률상 보호할 가치가 있는 이익을 침해하는 경우에도 침해행위의 양태, 피침해이익의 성질과 그 정도에 비추어 그 위법성이 인정되면 불법행위가 성립할 수 있다.」(대판 2021. 6. 30, 2019다268061)

5) 광업권(광업법 10조) · **어업권**(수산업법 18조)**의 침해**

6) 용수권(231조 이하)**의 침해**

7) 지식재산권(저작권 · 특허권 · 실용신안권 · 상표권 · 디자인권)**의 침해**

8) 채권의 침해 채권침해는 채무자에 의한 것과 제 3 자에 의한 것의 두 가지가 있다. 그 가운데 전자는 채무불이행이라고 하며, 경우에 따라서 불법행위책임과의 경합이 문제된다(D-417 참조). 그에 비하여 후자의 경우에는 때에 따라서 불법행위가 되기도 하는데, 그에 대하여는 앞에서 이미 살펴보았다(C-18 이하 참조).

9) 형성권의 침해 예컨대 환매권을 소멸시켜 종래의 물권을 취득할 수 없게 된 경우에는 불법행위가 성립한다.

(2) 인격적 이익의 침해 D-428

제751조는 타인의 신체·자유·명예의 침해와 기타 정신상 고통을 가하는 행위가 불법행위가 된다는 전제에서 비재산적 손해의 배상을 규정하고 있다. 그리고 제752조는 생명침해의 경우의 손해배상을 규정하고 있다. 이들 규정에 의하여 널리 인격적 이익의 침해가 모두 위법하게 됨을 알 수 있다. 즉 생명·신체·자유·명예의 침해뿐만 아니라 정조·초상·성명(비법인사단도 인격권의 주체가 되므로 명칭에 관한 권리를 가질 수 있음. 대판 2022. 11. 17, 2018다249995)의 침해도 위법하게 된다.

판 례 인격적 이익 침해 관련

(ㄱ) 「초상권 및 사생활의 비밀과 자유에 대한 부당한 침해는 불법행위를 구성하는데, 위 침해는 그것이 공개된 장소에서 이루어졌다거나 민사소송의 증거를 수집할 목적으로 이루어졌다는 사유만으로는 정당화되지 아니한다.」(대판 2006. 10. 13, 2004다16280)

(ㄴ) 「법인의 목적사업 수행에 영향을 미칠 정도로 법인의 사회적 명성, 신용을 훼손하여 법인의 사회적 평가가 침해된 경우에는 그 법인에 대하여 불법행위를 구성한다고 할 것이다. …

법인을 상대로 한 특정 언동으로 법인이 직접 피해자로서 명예나 신용이 훼손되었음이 인정된 경우에는, 법인의 사회적 평가가 침해되었다고 보아야 한다.」(대판 2022. 10. 14, 2021다250735)

「민법 제751조 제 1 항은 불법행위로 인한 재산 이외의 손해에 대한 배상책임을 규정하고 있고, 재산 이외의 손해는 정신상의 고통만을 의미하는 것이 아니라 그 외에 수량적으로 산정할 수 없으나 사회통념상 금전평가가 가능한 무형의 손해도 포함된다고 할 것이므로,

법인의 명예나 신용을 훼손한 자는 그 법인에게 재산 이외의 손해에 대하여도 배상할 책임이 있으며, 법인의 명예나 신용을 훼손하는 행위에는 법인의 목적사업 수행에 영향을 미칠 정도로 법인의 사회적 평가를 저하시키는 일체의 행위가 포함되므로, 이에는 구체적인 사실을 적시하거나 의견을 표명하는 행위 등뿐만이 아니라, 고급 이미지의 의류로서 명성과 신용을 얻고 있는 타인의 의류와 유사한 디자인의 의류를 제조하여 이를 저가로 유통시키는 방법 등으로 타인인 법인의 신용을 훼손하는 행위도 포함된다고 할 것이다.」(대판 2008. 10. 9, 2006다53146)

(ㄷ) 「명예훼손적 게시물이 게시된 목적, 내용, 게시기간과 방법, 그로 인한 피해의 정도, 게시자와 피해자의 관계, 반론 또는 삭제 요구의 유무 등 게시에 관련한 쌍방의 대응태도 등에 비추어, 인터넷 종합 정보제공 사업자가 제공하는 인터넷 게시공간에 게시된 명예훼손적 게시물의 불법성이 명백하고, 위 사업자가 위와 같은 게시물로 인하여 명예를 훼손당한 피해자로부터 구체적·개별적인 게시물의 삭제 및 차단 요구를 받은 경우는 물론, 피해자로부터 직접적인 요구를 받지 않은 경우라 하더라도 그 게시물이 게시된 사정을 구체적으로 인식하고 있었거나 그 게시물의 존재를 인식할 수 있었음이 외관상 명백히 드러나며, 또한 기술적, 경제적으로 그 게시물에 대한 관리·통제가 가능한 경우에는, 위 사업자에게 그 게시물을 삭제하고 향후 같은 인터넷 게시공간에 유사한 내용의 게시물이 게시되지 않도록 차단할 주의의무가 있고, 그 게시물 삭제 등의 처리를 위하여 필요한 상당한 기간이 지나도록 그 처리를 하지 아니함으로써 타인에게 손해가 발생된 경우에는 부작위에 의한 불법행위책임이 성립된다고 봄이 상당하다.」(대판(전원) 2009. 4. 16, 2008다53812)

(ㄹ) 「가. 평등권 침해로 인한 민법상 손해배상책임 성립의 법리에 관하여

평등권이라는 기본권의 침해도 민법 제750조의 일반규정을 통하여 사법상 보호되는 인격적 법익침해의 형태로 구체화되어 논하여질 수 있고, 그 위법성 인정을 위하여 반드시 사인간의 평등권 보호에 관한 별개의 입법이 있어야만 하는 것은 아니다.

나. 성별에 따른 차별처우로 인한 손해배상책임의 성립 여부에 관하여

(1) 사적 단체는 사적 자치의 원칙 내지 결사의 자유에 따라 그 단체의 형성과 조직, 운영을 자유롭게 할 수 있으므로, 사적 단체가 그 성격이나 목적에 비추어 그 구성원을 성별에 따라 달리 취급하는 것이 일반적으로 금지된다고 할 수는 없다.

그러나 사적 단체의 구성원에 대한 성별에 따른 차별처우가 사회공동체의 건전한 상식과 법감정에 비추어 볼 때 도저히 용인될 수 있는 한계를 벗어난 경우에는 사회질서에 위반되는 행위로서 위법한 것으로 평가할 수 있고, 위와 같은 한계를 벗어났는지 여부는 사적 단체의 성격이나 목적, 차별처우의 필요성, 차별처우에 의한 법익 침해의 양상 및 정도 등을 종합적으로 고려하여 판단하여야 한다.」(서울기독교청년회(서울YMCA)가 남성 회원에게는 별다른 심사 없이 총회의결권 등을 가지는 총회원 자격을 부여하면서도 여성 회원의 경우에는 지속적인 요구에도 불구하고 원천적으로 총회원 자격심사에서 배제하여 온 것은, 우리 사회의 건전한 상식과 법감정에 비추어 용인될 수 있는 한계를 벗어나 사회질

서에 위반되는 것으로서 여성 회원들의 인격적 법익을 침해하여 불법행위를 구성한다고 본 원심판단을 수긍한 사례)(대판 2011. 1. 27, 2009다19864)

(ㅁ) 「정보주체의 동의 없이 개인정보를 공개함으로써 침해되는 인격적 법익과 정보주체의 동의 없이 자유롭게 개인정보를 공개하는 표현행위로서 보호받을 수 있는 법적 이익이 하나의 법률관계를 둘러싸고 충돌하는 경우에는, 개인이 공적인 존재인지 여부, 개인정보의 공공성 및 공익성, 개인정보 수집의 목적·절차·이용형태의 상당성, 개인정보 이용의 필요성, 개인정보 이용으로 인해 침해되는 이익의 성질 및 내용 등의 여러 사정을 종합적으로 고려하여, 개인정보에 관한 인격권의 보호에 의하여 얻을 수 있는 이익(비공개 이익)과 표현행위에 의하여 얻을 수 있는 이익(공개 이익)을 구체적으로 비교 형량하여, 어느 쪽의 이익이 더욱 우월한 것으로 평가할 수 있는지에 따라 그 행위의 최종적인 위법성 여부를 판단하여야 한다.」 (변호사 정보 제공 웹사이트 운영자가 변호사들의 개인신상정보를 기반으로 변호사들의 '인맥지수'를 산출하여 공개하는 서비스를 제공한 사안에서, 위 인맥지수 서비스 제공행위가 변호사들의 개인정보에 관한 인격권을 침해하는 위법한 것이라고 한 사례. 아울러 변호사 정보 제공 웹사이트 운영자가 대법원 홈페이지에서 제공하는 '나의 사건검색' 서비스를 통해 수집한 사건정보를 이용하여 변호사들의 '승소율이나 전문성 지수 등'을 제공하는 서비스를 한 사안에서, 위 행위는 변호사들의 개인정보에 관한 인격권을 침해하는 위법한 행위로 평가할 수 없다고 한 사례)(대판(전원) 2011. 9. 2, 2008다42430)

(ㅂ) 「방송보도의 내용에서 직간접적으로 특정되지 아니하거나 방송보도의 내용과 개별적인 연관성이 없는 일반 시청자가 당해 방송보도로 인하여 정신적 고통을 받았다고 하더라도, 이러한 일반시청자는 다른 특별한 사정이 없는 한 당해 방송보도로 인하여 민법 제750조, 제751조, 구 '언론중재 및 피해구제 등에 관한 법률'(2009. 2. 6. 법률 제9425호로 개정되기 전의 것) 제30조 제 1 항에 의하여 보호되는 인격권 내지 인격적 이익 등의 법익이 위법하게 침해되었다고 할 수 없다.」(대판 2012. 5. 10, 2010다15660. 일반시청자가 "미국산 쇠고기, 광우병에서 안전한가?"라는 제목의 방송 때문에 정신적 고통을 입었다는 이유로 방송사와 제작진을 상대로 손해배상을 구한 사안)

(ㅅ) 「타인의 사회적 평가를 침해할 가능성이 있을 정도로 구체성이 있는 사실을 명시적으로 적시한 표현행위가 명예훼손이 될 수 있음은 물론이지만, 의견이나 논평을 표명하는 형식의 표현행위도 그 전체적 취지에 비추어 의견의 근거가 되는 숨겨진 기초 사실에 대한 주장이 묵시적으로 포함되어 있고 그 사실이 타인의 사회적 평가를 침해할 수 있다면 명예훼손에 해당할 수 있다. 그러나 순수하게 의견만을 표명하는 경우 … 그 의견 표명 자체만으로는 명예훼손이 성립하지 않는다.」(대판 2023. 11. 30, 2022다280283: 사실 적시 명예훼손을 이유로 손해배상을 청구하는 경우 그 허위성에 대한 증명책임은 원고에게 있으나, 피고가 위법성이 없다고 항변할 경우 위법성 조각사유에 대한 증명책임은 피고가 부담한다고 함)

(ㅇ) 「언론이 사설을 통하여 공적인 존재에 대하여 비판적인 의견을 표명하는 것은 언론 본연의 기능에 속하는 것이므로 원칙적으로 위법하다고 볼 수 없다. 다만 표현행위의 형식 및 내용 등이 모욕적이고 경멸적인 인신공격에 해당하거나 또는 타인의 신상에 관하여 다소간의 과장을 넘어서서 사실을 왜곡하는 공표행위를 하는 등으로써 그 인격권을 침해한 경우에는 의견표명으로서의 한계를 일탈한 것으로서 불법행위가 될 수 있다.」(대판 2014. 8. 20, 2012다

19734. 동지 대판 2009. 4. 9, 2005다65494(그 경우는 명예훼손과는 별개 유형의 불법행위를 구성할 수 있다고 함))

(ㅈ)「언론매체가 사실을 적시하여 타인의 명예를 훼손하는 행위를 한 경우에도 그것이 공공의 이해에 관한 사항으로서 그 목적이 오로지 공공의 이익을 위한 것일 때에는 적시된 사실이 진실이라는 증명이 있거나 그 증명이 없다 하더라도 행위자가 그것을 진실이라고 믿었고 또 그렇게 믿을 상당한 이유가 있으면 위법성이 없다고 보아야 할 것이고, 인터넷에서 무료로 취득한 공개 정보는 누구나 손쉽게 복사·가공하여 게시·전송할 수 있는 것으로서, 그 내용의 진위가 불명확함은 물론 궁극적 출처도 특정하기 어려우므로, 특정한 사안에 관하여 관심이 있는 사람들이 접속하는 인터넷상의 가상공동체(cyber community)의 자료실이나 게시판 등에 게시·저장된 자료를 보고 그에 터잡아 달리 사실관계의 조사나 확인이 없이 다른 사람의 사회적 평판을 저하할 만한 사실의 적시를 하였다면, 가사 행위자가 그 내용이 진실이라 믿었다 한들, 그렇게 믿을 만한 상당한 이유가 있다고 보기 어렵다.」(대판 2008. 4. 24, 2006다53214)

(ㅊ)「개인정보를 처리하는 자가 수집한 개인정보를 그 피용자가 해당 개인정보의 정보주체의 의사에 반하여 유출한 경우, 그로 인하여 그 정보주체에게 위자료로 배상할 만한 정신적 손해가 발생하였는지 여부는, 유출된 개인정보의 종류와 성격이 무엇인지, 개인정보의 유출로 정보주체를 식별할 가능성이 발생하였는지, 제 3 자가 유출된 개인정보를 열람하였는지 또는 제 3 자의 열람 여부가 밝혀지지 않았다면 제 3 자의 열람 가능성이 있었거나 앞으로 그 열람 가능성이 있는지, 유출된 개인정보가 어느 범위까지 확산되었는지, 개인정보의 유출로 추가적인 법익침해의 가능성이 발생하였는지, 개인정보를 처리하는 자가 개인정보를 관리해온 실태와 개인정보가 유출된 구체적인 경위는 어떠한지, 개인정보의 유출로 인한 피해의 발생 및 확산을 방지하기 위하여 어떠한 조치가 취하여졌는지 등 여러 사정을 종합적으로 고려하여 구체적 사건에 따라 개별적으로 판단하여야 한다.」(대판 2012. 12. 26, 2011다59834·59858·59841)

(ㅋ) 국회의원인 갑 등이「각급학교 교원의 교원단체 및 교원노조 가입현황 실명자료」를 인터넷을 통하여 공개한 사안에서, 위 정보는 개인정보자기결정권의 보호대상이 되는 개인정보에 해당하므로 이를 일반 대중에게 공개하는 행위는 해당 교원들의 개인정보 자기결정권과 전국교직원노동조합의 존속·유지·발전에 관한 권리를 침해하는 것이고, 갑 등이 위 정보를 공개한 표현행위로 인하여 얻을 수 있는 법적 이익이 이를 공개하지 않음으로써 보호받을 수 있는 해당 교원 등의 법적 이익에 비하여 우월하다고 할 수 없으므로, 갑 등의 정보 공개행위가 위법하다고 한 사례(대판 2014. 7. 24, 2012다49933).

(ㅌ)「사망한 사람이 관련된 사건을 모델로 한 영화에서 그 묘사가 사망자에 대한 명예훼손에 해당하려면 그 사람에 대한 사회적·역사적 평가를 저하시킬 만한 구체적인 허위사실의 적시가 있어야 한다. 그와 같은 허위사실 적시가 있었는지는 통상의 건전한 상식을 가진 합리적인 관객을 기준으로 판단하여야 한다(대법원 2010. 6. 10. 선고 2010다8341, 8358 판결 등 참조).」(대결 2019. 3. 6, 2018마6721)

(ㅍ)「분묘를 발굴하거나 유체·유골을 훼손하는 행위가 있었고 그러한 행위가 어떤 사람

의 추모감정 등 인격적 법익을 침해함으로써 정신적 고통을 초래하였다고 인정되는 경우, 그 사람은 분묘를 발굴하거나 유체·유골을 훼손한 사람을 상대로 그 정신적 고통에 대하여 위자료를 청구할 수 있다. 이와 같은 위자료를 청구할 수 있는 사람은 분묘의 관리처분권자인 제사주재자에 한정되는 것은 아니다.」(대판 2025. 3. 27, 2023다283401)

(3) 가족권(친족권)의 침해 D-429

1) 배우자의 권리 침해 예컨대 처에 대한 강간은 그 처 자신에 대한 불법행위이기도 하나(정조 침해), 남편에 대하여도 불법행위가 된다. 그리고 부(夫)와 부첩관계(夫妾關係)를 계속하는 것은 본처에 대하여 불법행위로 된다(대판 1967. 10. 6, 67다1134). 한편 판례는 처에 대한 강간미수행위 그 자체만으로도 남편의 정신적 안정을 손상한 것이 되므로 남편에 대하여 불법행위가 성립한다고 한다(대판 1965. 11. 9, 65다1582·1583). 그리고 제 3 자가 부부의 일방과 부정행위를 함으로써 혼인의 본질에 해당하는 부부공동생활을 침해하거나 그 유지를 방해하고 그에 대한 배우자로서의 권리를 침해하여 배우자에게 정신적 고통을 가하는 행위는 원칙적으로 불법행위를 구성한다고 한다(대판(전원) 2014. 11. 20, 2011므2997; 대판 2024. 6. 27, 2023므12782 등). 그러나 비록 부부가 아직 이혼하지 않았지만 실질적으로 부부공동생활이 파탄되어 회복할 수 없을 정도의 상태에 이르렀다면, 제 3 자가 부부의 일방과 성적인 행위를 하더라도 불법행위가 성립하지 않는다고 한다(대판(전원) 2014. 11. 20, 2011므2997 등). 그리고 이는, 부부의 일방과 부정행위를 한 제 3 자가 실질적으로 부부공동생활이 파탄되어 회복할 수 없을 정도의 상태에 이르게 된 원인을 제공한 경우라 하더라도, 그와의 성적 행위가 부부공동생활이 실질적으로 파탄된 상태에서 이루어졌다면 마찬가지라고 한다(대판 2023. 12. 21, 2023다265731). 여기서 부부 일방과 부정행위를 할 당시 그 부부의 공동생활이 실질적으로 파탄되어 회복할 수 없는 정도의 상태에 있었다는 사정은 이를 주장하는 제 3 자가 증명하여야 한다고 한다(대판 2024. 6. 27, 2022므13504·13511). 한편 제 3 자의 불법행위가 성립하는 경우 부부의 일방과 제 3 자가 부담하는 불법행위책임은 공동불법행위책임으로서 부진정연대채무 관계에 있다고 한다(대판 2024. 6. 27, 2023므12782 등).

2) 친권 침해 자녀의 유괴가 그 예이다.

3) 부양청구권 침해 생명침해는 부양청구권자에 대한 불법행위라고 하여야 한다(이설 있음. D-503 참조).

3. 위법성의 조각 D-430

타인에게 손해를 발생시키는 행위라고 하더라도 일정한 사유가 있는 때에는 위법성이 없는 것이 된다. 그러한 사유를 위법성 조각사유라고 한다. 민법은 위법성 조각사유로 정당방위(761조 1항)와 긴급피난(761조 2항)을 규정하고 있다. 그러나 그 외에 자력구제·피해자의 승낙·정당행위에 대하여도 위법성 조각이 논의되고 있다.

(1) 정당방위

정당방위란 타인의 불법행위에 대하여 자기 또는 제3자의 이익을 방위하기 위하여 부득이 타인에게 손해를 가하는 행위이다(761조 1항).

정당방위가 성립하기 위한 요건은 ① 타인의 불법행위(고의·과실이나 책임능력은 필요하지 않음)가 있을 것, ② 자기 또는 제3자의 이익을 방위하기 위한 행위일 것(방위는 침해가 임박하거나 침해 중에만 할 수 있으며, 침해가 끝난 뒤에는 할 수 없다), ③ 방위행위가 부득이한 행위일 것(따라서 다른 적절한 방법이 없었을 뿐만 아니라 방위하려는 이익과 상대방의 손해 사이에 사회관념상 어느 정도 균형이 잡혀 있어야 한다. 대판 1991. 9. 10, 91다19913도 유사하다) 등이다. 방위행위는 제3자에 대한 것이라도 무방하다. 가령 강도를 피하기 위하여 다른 집 거실의 유리창을 깨고 들어간 경우에도 정당방위가 성립한다.

정당방위가 성립하면 방위행위의 위법성이 조각되어 방위행위자는 손해배상책임이 없다(761조 1항 본문). 제3자에게 손해를 가한 때에도 같으나, 이때에 제3자는 방위행위의 원인이 된 불법행위자에 대하여 손해배상을 청구할 수 있다(761조 1항 단서). 그런데 제3자의 손해배상청구권이 인정되려면 불법행위자의 행위가 불법행위의 모든 요건(그리하여 고의·과실, 책임능력도)을 갖추어야 한다.

상당한 정도를 넘는 방위행위는 과잉방위로 되어 위법성이 조각되지 않는다. 다만, 이때에는 과실상계(763조·396조)에 의하여 배상액이 경감될 수 있을 것이다.

D-431 ### (2) 긴급피난

긴급피난이란 급박한 위난을 피하기 위하여 부득이 타인에게 손해를 가한 경우를 말한다(761조 2항). 정당방위는 위법한 침해에 대한 반격인 데 대하여 긴급피난은 위법하지 않은 침해에 대한 피난인 점에서 둘은 차이가 있다.

긴급피난의 성립요건은 ① 현재의 급박한 위난(위난의 원인은 타인의 행위뿐만 아니라 자연력일 수도 있다)을 피하려는 행위일 것, ② 자기 또는 제3자의 이익을 보호하기 위한 행위일 것, ③ 부득이할 것(적절한 다른 피난수단이 없고 또 긴급피난으로 보호하려는 이익과 그로 인한 손해 사이에 현저한 불균형이 없을 것) 등이다. 그리고 급박한 위난이 가해자의 고의·과실에 의하여 발생한 것이 아니어야 한다(이설이 없으며, 판례도 같음. 대판 1968. 10. 22, 68다1643(과속으로 주행 중 행인과의 충돌을 피하기 위하여 도로 옆 점포를 들이받은 경우에 긴급피난을 부정함); 대판 1981. 3. 24, 80다1592 등).

긴급피난이 성립하면 긴급피난행위의 위법성이 조각되어 행위자는 손해배상책임이 없다(761조 2항·761조 1항 본문). 그리고 긴급피난이 제3자에 대하여 행하여진 경우에, 위난의 원인을 발생시킨 자가 불법행위의 요건을 갖추는 때에는, 그 제3자는 불법행위자에게 손해배상을 청구할 수 있다(761조 2항·761조 1항 단서).

(3) 자력구제

자력구제는 청구권을 보전하기 위하여 국가기관의 구제를 기다릴 여유가 없는 경우에 권리자가 스스로 구제하는 행위이다. 민법은 점유의 침탈 또는 방해가 있는 때에 관하여서만 명문규정을 두고 있으나(209조. B-167·168 참조), 통설은 일반적으로 자력구제를 인정하고 있다. 그에 의하면 정당한 자력구제행위는 위법성이 조각되어 불법행위로 되지 않는다.

(4) 피해자의 승낙 D-432

통설은 피해자의 승낙이 있는 경우에도 위법성이 조각된다고 한다. 그에 의하면 위법성이 조각되기 위하여서는 ① 피해자가 발생하게 될 손해의 의미·내용을 충분히 이해할 만한 정신능력을 가지고 있고, 또한 그의 자유로운 판단에 의하여 승낙을 하였을 것(따라서 유아나 만취자의 승낙은 아님), ② 승낙이 선량한 풍속 기타 사회질서에 반하지 않을 것(따라서 승낙살인·자살방조·결투의 합의는 아님), ③ 승낙이 행위 당시에 존재하고 있을 것(사후의 승낙은 여기의 승낙이 아니고 보통 손해배상청구권의 포기로 될 것이다)이 필요하다. 그리고 묵시의 승낙도 인정될 수 있다고 한다.

(5) 정당행위

가해행위 가운데 위에 열거되지 않았지만 법률에 의하여 허용되거나 사회적 타당성이 있어서 정당행위로서 위법성이 조각되는 것이 있다.

1) 권리남용에 이르지 않는 권리행사 계약상의 권리행사, 사법상(私法上)의 권리행사, 노동법상의 정당한 단체교섭이나 쟁의행위(「노동조합 및 노동관계조정법」 4조) 등은 권리남용이 되지 않는 한 위법성이 조각된다.

2) 정당한 사무관리(734조)

3) 정당한 업무행위 학교의 장(초·중등교육법 18조, 고등교육법 13조)·소년원장(「보호소년 등의 처우에 관한 법률」 15조)의 징계행위(대판 1979. 9. 11, 79다522는 교사가 수업태도가 불량한 학생에게 징계의 수단으로 심하지 않은 폭행을 가한 것은 교육업무상 정당한 행위로서 위법성이 조각된다고 한다), 현행범인의 체포(형사소송법 212조), 의사의 치료행위, 운동경기에서의 가해행위 등은 그것이 정당한 때에는 위법성이 조각된다.

판 례 위법성 관련 D-433

(ㄱ) 「교사의 학생에 대한 체벌이 징계권의 행사로서 정당행위에 해당하려면 그 체벌이 교육상의 필요가 있고 다른 교육적 수단으로는 교정이 불가능하여 부득이한 경우에 한하는 것이어야 할 뿐 아니라, 그와 같은 경우에도 그 체벌의 방법과 정도에는 사회관념상 비난받지 아니할 객관적 타당성이 있지 않으면 안 된다고 할 것이다.」(대판 1988. 1. 12, 87다카2240. 동지 대판 1991. 5. 28, 90다17972)

(ㄴ) 「판결이 확정되면 기판력에 의하여 대상이 된 청구권의 존재가 확정되고 그 내용에 따라 집행력이 발생하는 것이므로, 그에 따른 집행이 불법행위를 구성하기 위하여는 소송당사자가 상대방의 권리를 해할 의사로 상대방의 소송 관여를 방해하거나 허위의 주장으로 법원을 기망하는 등 부정한 방법으로 실제의 권리관계와 다른 내용의 확정판결을 취득하여 집행을 하는 것과 같은 특별한 사정이 있어야 하고, 그와 같은 사정이 없이 확정판결의 내용이 단순히 실체적 권리관계에 배치되어 부당하고 또한 확정판결에 기한 집행 채권자가 이를 알고 있었다는 것만으로는 그 집행행위가 불법행위를 구성한다고 할 수 없다. … 확정판결에 기한 강제집행이 불법행위로 되는 것은 당사자의 절차적 기본권이 근본적

으로 침해된 상태에서 판결이 선고되었거나 확정판결에 재심사유가 존재하는 등 확정판결의 효력을 존중하는 것이 정의에 반함이 명백하여 이를 묵과할 수 없는 경우로 한정하여야 할 것이다.」(대판 1995. 12. 5, 95다21808)

(ㄷ)「어떤 사람이 수사 및 형사재판을 받는 과정에서 자신의 범죄혐의에 관련된 사항에 대하여 진술한 내용이 동시에 다른 사람의 범죄혐의 사실을 뒷받침하는 증거로 작용함으로써 그 다른 사람이 구속 기소되고 유죄판결까지 받은 뒤에 결국 무죄의 확정판결을 받기에 이르렀다고 하더라도, 그 진술행위가 법령이나 사회통념상 허용되는 범위를 넘어 방어권의 남용이었다고 인정될 정도에 이르지 아니하는 이상 그 다른 사람에 대하여 불법행위를 구성한다고 할 수 없고, 이는 그 진술의 세부적인 내용에 다소의 허위나 과장이 있다고 하더라도 마찬가지라 할 것이다.」(대판 2007. 5. 11, 2007다2145)

(ㄹ) 교원의 「수업거부행위의 위법성은 그 행위의 목적이 정당하였다는 이유만으로 조각되는 것이 아니다.」(대판 2007. 9. 20, 2005다25298: 학원비리 척결을 이유로 한 전국교직원노동조합 소속 교사의 수업거부 및 수업방해 행위로 인하여 학생들의 학습권과 학부모의 교육권이 침해되었다고 보아 위 교사들의 손해배상책임을 인정한 사례)

(ㅁ)「민사소송을 제기한 사람이 패소판결을 받아 확정된 경우에 그와 같은 소의 제기가 상대방에 대하여 위법한 행위가 되는 것은 당해 소송에 있어서 제소자가 주장한 권리 또는 법률관계가 사실적·법률적 근거가 없고, 제소자가 그와 같은 점을 알면서, 혹은 통상인이라면 그 점을 용이하게 알 수 있음에도 불구하고 소를 제기하는 등 소의 제기가 재판제도의 취지와 목적에 비추어 현저하게 상당성을 잃었다고 인정되는 경우에 한한다.」(대판 2010. 6. 10, 2010다15363·15370)

(ㅂ)「당사자 일방이 알고 있는 정보를 상대방에게 사실대로 고지하여야 할 신의칙상 의무가 인정된다고 볼만한 특별한 사정이 없는 한, 매수인이 목적물의 시가를 묵비하여 매도인에게 고지하지 아니하거나 혹은 시가보다 낮은 가액을 시가라고 고지하였다 하더라도, 상대방의 의사결정에 불법적인 간섭을 하였다고 볼 수 없으므로 불법행위가 성립한다고 볼 수 없다. 더구나 매수인이 목적물의 시가를 미리 알고 있었던 것이 아니라 목적물의 시가를 알기 위하여 감정평가법인에게 의뢰하여 그 감정평가법인이 산정한 평가액을 매도인에게 가격자료로 제출하는 경우라면, 특별한 사정이 없는 한 매수인에게 그 평가액이 시가 내지 적정가격에 상당하는 것인지를 살펴볼 신의칙상 의무가 있다고 할 수 없고, 이러한 법리는 그 법적 성격이 사법상 매매인 공유재산의 매각에 있어서도 마찬가지라고 할 것이다.」(대판 2014. 4. 10, 2012다54997)

(ㅅ)「법관의 재판에 법령의 규정을 따르지 아니한 잘못이 있다 하더라도 이로써 바로 그 재판상 직무행위가 국가배상법 제2조 제1항에서 말하는 위법한 행위로 되어 국가의 손해배상책임이 발생하는 것은 아니고, 그 국가배상책임이 인정되려면 당해 법관이 위법 또는 부당한 목적을 가지고 재판을 하였다거나 법이 법관의 직무수행상 준수할 것을 요구하고 있는 기준을 현저하게 위반하는 등 법관이 그에게 부여된 권한의 취지에 명백히 어긋나게 이를 행사하였다고 인정할 만한 특별한 사정이 있어야 한다.」(대판 2003. 7. 11, 99다24218)

(ㅇ)「명예훼손과 모욕적 표현은 구분해서 다루어야 하고 그 책임의 인정 여부도 달리함으

로써 정치적 논쟁이나 의견 표명과 관련하여 표현의 자유를 넓게 보장할 필요가 있다.

표현행위로 인한 명예훼손책임이 인정되려면 사실을 적시함으로써 명예가 훼손되었다는 점이 인정되어야 한다. 명예는 객관적인 사회적 평판을 뜻한다. 누군가를 단순히 '종북'이나 '주사파'라고 하는 등 부정적인 표현으로 지칭했다고 해서 명예훼손이라고 단정할 수 없고, 그러한 표현행위로 말미암아 객관적으로 평판이나 명성이 손상되었다는 점까지 증명되어야 명예훼손책임이 인정된다. …

타인에 대하여 비판적인 의견을 표명하는 것은 극히 예외적인 사정이 없는 한 위법하다고 볼 수 없다. 그러나 표현행위의 형식과 내용이 모욕적이고 경멸적인 인신공격에 해당하거나 타인의 신상에 관하여 다소간의 과장을 넘어서 사실을 왜곡하는 공표행위를 하는 등으로 인격권을 침해한 경우에는 의견 표명으로서의 한계를 벗어난 것으로서 불법행위가 될 수 있다.」(대판(전원) 2018. 10. 30, 2014다61654)

V. 가해행위에 의한 손해발생 D-434

불법행위가 성립하려면 가해행위에 의하여 손해가 발생하였어야 한다(750조). 이 요건은 ① 손해의 발생과 ② 가해행위와 손해 사이의 인과관계의 둘로 나누어진다.

1. 손해의 발생

어떤 가해행위가 불법행위로 되려면 현실적으로 손해가 생겼어야 한다(불법행위로 인한 손해배상청구권은 현실적으로 손해가 발생한 때에 성립함. 대판 2021. 3. 11, 2017다179·186 등). 그리하여 행위자가 손해를 발생시킬 의도로 행위를 하였더라도 실제로 손해가 생기지 않았으면 손해배상책임이 인정되지 않는다. 판례는 손해의 발생이 추정되어도 그 액에 대한 증거가 없어 이를 확정할 수 없으면 그 배상청구를 인용할 수 없다고 한다(대판 1960. 7. 28, 4292민상961). 그런가 하면 대법원은 여러 판결에서, 불법행위로 인한 손해배상청구 소송에서 손해가 발생한 사실은 인정되나 구체적인 손해의 액수를 증명하는 것이 사안의 성질상 매우 어려운 경우에 법원은 증거조사의 결과와 변론 전체의 취지에 의하여 밝혀진 당사자들 사이의 관계, 불법행위와 그로 인한 재산적 손해가 발생하게 된 경위, 손해의 성격, 손해가 발생한 이후의 여러 정황 등 관련된 모든 간접사실을 종합하여 적당하다고 인정되는 금액을 손해배상 액수로 정할 수 있다고 하였다(대판 2023. 4. 27, 2021다262905 등 다수의 판결). 뒤의 판례는 현재에는 민사소송법에 명문으로 규정되었다(동법 202조의 2 참조).

불법행위로 인한 손해배상책임은 원칙적으로 위법행위시에 성립하지만 위법행위 시점과 손해발생 시점 사이에 시간적 간격이 있는 경우에는 손해가 발생한 때에 성립한다(대판 2023. 11. 30, 2019다224238 등). 여기서 손해의 발생 시점이란 손해가 현실적으로 발생한 시점을 의미하는데, 현실적으로 손해가 발생하였는지 여부는 사회통념에 비추어 객관적이고 합리적으로 판단하여야 한다(대판 2023. 11. 30, 2019다224238 등).

손해의 의의와 종류에 관하여는 채권법총론 부분에서 자세히 설명하였다(C-124 이하 참조). 다만, 민법은 채무불이행의 경우와 달리 불법행위의 경우에는 비재산적 손해(이를 보통 정신적 손해라고 하나, 정확하지는 않다. C-125 참조)의 배상에 관하여 명문의 규정을 두고 있고(751조 · 752조 등), 또 비재산적인 손해가 발생하는 때가 많이 있어서, 그에 대하여도 자세히 살펴보아야 한다.

손해의 발생에 대한 증명책임은 피해자인 원고가 부담한다(대판 2019. 11. 28, 2016다233538 · 233545 등).

판 례 가해자의 불법행위로 피해자가 채무를 부담하게 된 경우의 문제

「불법행위를 이유로 배상하여야 할 손해는 현실로 입은 확실한 손해에 한하므로, 가해자가 행한 불법행위로 인하여 피해자가 채무를 부담하게 된 경우 피해자가 가해자에게 그 채무액 상당의 손해배상을 구하기 위해서는 채무의 부담이 현실적·확정적이어서 실제로 변제하여야 할 성질의 것이어야 하고, 현실적으로 손해가 발생하였는지 여부는 사회통념에 비추어 객관적이고 합리적으로 판단하여야 한다.」(대판 2020. 10. 15, 2017다278446)

D-435

2. 가해행위와 손해발생 사이의 인과관계

(1) 일 반 론

불법행위로 인한 손해배상책임이 인정되려면 손해가 가해행위에 의하여 발생하였어야 한다. 즉 가해행위와 손해발생 사이에 인과관계가 있어야 한다. 이와 관련하여 종래 우리의 학설은 손해배상책임의 성립의 문제와 손해배상의 범위의 결정의 문제를 구별하지 않고 상당인과관계이론으로 한꺼번에 해결해 왔다. 판례도 같다(예: 대판 2007. 7. 13, 2005다21821). 판례는, 불법행위로 인한 손해배상책임을 지우려면 위법한 행위와 피해자가 입은 손해 사이에 상당인과관계가 있어야 하고, 상당인과관계의 유무는 일반적인 결과 발생의 개연성은 물론 주의의무를 부과하는 법령 기타 행동규범의 목적과 보호법익, 가해행위의 태양 및 피침해이익의 성질 및 피해의 정도 등을 종합적으로 고려하여 판단해야 한다고 한다(대판 2023. 12. 21, 2017다249929(이 판결은 「가해행위의 태양」 대신 「가해행위의 내용과 위법성」을 들고 있음); 대판 2025. 5. 15, 2020다296604 등. 그런데 대판 2023. 4. 27, 2021다262905 등은 고려사유로 행동규범의 목적과 보호법익은 열거하지 않는다).

판 례 상당인과관계 인정 여부에 대하여 판단한 예

(ㄱ) 「금융기관으로서는 위와 같은 최소한의 조치를 취함으로써 그것이 불특정 다수의 잠재적 피해자에 대한 범죄행위에 이용될 가능성을 미연에 방지함으로써 타인의 불법행위에 도움을 주지 않아야 할 주의의무가 있다고 볼 것이고, 그러한 조치를 전혀 취하지 아니한 결과 개설된 모용계좌가 범죄행위에 이용되어 모용자가 제 3 자로부터 계좌에 금원을 입금

받는 방법으로 제3자에게 손해를 가하였다면, 금융기관의 그와 같은 주의의무 위반은 해당 금융기관이 금융실명거래 및 비밀보장에 관한 법률에서 정한 실명확인의무를 이행하였는지 여부와는 무관하게 위법한 것으로서, 제3자가 입게 된 손해와 사이에 상당인과관계가 있다고 보아야 할 것이다.」(대판 2006. 1. 13, 2003다54599)

(ㄴ) 「금융기관이 본인확인절차 등을 제대로 거치지 아니하여 모용계좌가 개설되었다는 사정만으로 그 모용계좌를 통하여 입출금된 금원 상당에 대하여 언제나 손해배상책임을 져야 한다고 볼 수는 없고, 그 손해배상책임을 인정하기 위해서는 금융기관의 주의의무 위반과 피모용자 또는 제3자의 손해발생 사이에 상당인과관계가 있음이 인정되어야 할 것이고, 상당인과관계의 유무를 판단함에 있어서는 일반적인 결과발생의 개연성은 물론 주의의무를 부과하는 법령 기타 행동규범의 목적과 보호법익, 가해행위의 태양 및 피침해이익의 성질 및 피해의 정도 등을 종합적으로 고려하여야 할 것이다. … 모용계좌가 사기적 거래관계에서 이미 기망당한 피해자에 의하여 단순히 원인계약상의 채무의 이행을 위하여 입금하는 데 이용되거나 다른 방법이나 경로로 피해자의 재산권을 침해하여 얻은 이득금 등을 입금·보관하는 데 이용된 것에 불과한 경우 등에는 특별한 사정이 없는 한 … 본인확인절차 등을 제대로 거치지 아니하여 모용계좌를 개설한 금융기관의 잘못과 위와 같은 태양의 가해행위로 인한 손해발생 사이에는 상당인과관계를 부정하여야 할 것이다.」(대판 2007. 7. 13, 2005다21821)

(ㄷ) 「우편역무종사자가 내용증명우편물을 배달하는 과정에서 구 우편법 관계 법령에서 정한 직무규정을 위반하였다고 하더라도, 우편역무종사자가 발송인 등과 제3자와의 거래관계의 내용을 인식하고 그 내용증명우편물을 배달하지 아니할 경우 그 거래관계의 성립·이행·소멸이 방해되어 발송인 등에게 손해가 발생할 수 있다는 점을 알았거나 알 수 있었다는 등의 특별한 사정이 없는 한, 그 직무상 의무 위반과 내용증명우편물에 기재된 의사표시가 도달되지 않거나 그 도달에 대한 증명기능이 발휘되지 못함으로써 발송인 등이 제3자와 맺은 거래관계의 성립·이행·소멸 등과 관련하여 입게 된 손해 사이에는 상당인과관계가 있다고 볼 수 없다.」(대판 2009. 7. 23, 2006다81325)

(ㄹ) 「기업체의 임직원이 대규모의 분식회계에 가담한 잘못이 있는 경우에는, 그로 말미암아 금융기관이 기업체에게 여신을 제공하기에 이르렀다고 봄이 상당하므로, 비록 기업체의 임직원이 기업체의 여신 제공행위에 직접 개입하지 아니하였다고 하더라도 임직원의 분식회계 가담행위와 금융기관이 여신 제공으로 인하여 입은 손해와의 사이에는 인과관계를 인정할 수 있는 것이고, 이러한 경우 분식회계 가담행위 자체가 금융기관에 대한 가해행위로서 민법 제750조의 불법행위 책임이 성립하는 것이다.」(대판 2008. 6. 26, 2007다43436)

(ㅁ) 「선행차량이 사고 등의 사유로 고속도로에서 안전조치를 취하지 아니한 채 주행차로에 정지해 있는 사이에 뒤따라온 자동차에 의하여 추돌사고가 발생한 경우에, 안전조치를 취하지 아니한 정차로 인하여 후행차량이 선행차량을 충돌하고 나아가 그 주변의 다른 차량이나 사람들을 충돌할 수도 있다는 것을 충분히 예상할 수 있으므로, 선행차량 운전자가 정지 후 안전조치를 취할 수 있었음에도 과실로 이를 게을리하였거나, 또는 정지 후 시간

적 여유 부족이나 부상 등의 사유로 안전조치를 취할 수 없었다고 하더라도 그 정지가 선행차량 운전자의 과실로 발생된 선행사고로 인한 경우 등과 같이 그의 과실에 의하여 비롯된 것이라면, 그 안전조치 미이행 또는 선행사고의 발생 등으로 인한 정지와 후행 추돌사고 및 그로 인하여 연쇄적으로 발생된 사고들 사이에는 특별한 사정이 없는 한 인과관계가 있다고 할 것이며, 손해의 공평한 분담이라는 손해배상제도의 이념에 비추어 볼 때에 선행차량 운전자의 과실은 후행사고들로 인한 손해배상책임에 관한 분담범위를 정할 때에 참작되어야 한다.」(대판 2012. 8. 17, 2010다28390)

(ㅂ) 「진정한 소유자가 당해 부동산에 대한 임대를 계획하고 또 시도하였으나 임대하지 못하였고, 그와 같이 부동산을 임대하지 못한 것이 원인무효의 소유권이전등기로 인하였을 것이라는 점이 증명되는 경우에만 그 원인무효의 소유권이전등기와 해당 부동산의 임대지연 사이에 상당인과관계가 있다.」(대판 2014. 7. 24, 2014다200305)

그런데 근래에는 i) 이 두 문제를 구별하여 다루어야 한다는 견해(사견도 같음)가 주장되는가 하면, ii) 이에 비판적인 견해도 있다. 사견처럼 손해배상책임의 성립의 문제와 손해배상범위의 결정의 문제를 구별할 경우에는, 여기의 인과관계는 전자에 한하는 것이 된다. 그리고 그 인과관계는 조건적 인과관계로 충분하다. 즉 불법행위가 없었으면 손해가 발생하지 않았을 것이라는 관계에 있으면 된다.

판례에 따르면, 불법행위로 인한 손해배상청구 소송에서 가해행위와 손해 발생 사이의 인과관계는 존재하거나 부존재하는지를 판단하는 것이고, 이를 비율적으로 인정할 수는 없으므로, 이른바 비율적 인과관계론은 받아들일 수 없다고 한다(대판 2013. 7. 12, 2006다17539).

인과관계가 인정되는 손해라고 해도 배상이 인정되지 않을 수 있음을 주의해야 한다. 배상범위의 확정은 다음 단계에서 결정되어야 할 별개의 문제이기 때문이다.

D-436

(2) 인과관계와 관련된 특수문제

가해행위와 자연력(예: 폭풍우·한파·낙뢰)이 경합하여 손해를 발생시킨 경우에는, 가해자는 원칙적으로 손해 전부를 배상하여야 하지만, 자연력의 기여분을 증명할 수 있으면 그 부분은 제외된다. 판례는 가해자의 배상범위를 손해분담의 공평이라는 견지에서 자연력의 기여분을 제외한 부분으로 제한할 것이라고 하면서(대판 1993. 2. 23, 92다52122 등), 다만 가해자가 자연적 조건이나 그에 따른 위험의 정도를 미리 예상할 수 있었고 또 과도한 노력이나 비용을 들이지 않아도 적절한 조치를 취하여 자연적 조건에 따른 위험의 발생을 예방할 수 있었다면 자연력의 기여분을 인정하여 배상범위를 제한할 것이 아니라고 한다(대판 2003. 6. 27, 2001다734 등).

(3) 인과관계의 증명책임

인과관계의 증명책임은 피해자인 원고가 부담하는 것이 원칙이다(대판 2019. 11. 28, 2016다233538·233545 등).

그러나 일정한 경우에는 법률이 그 증명책임을 상대방에게 전환하거나 완화하기도 한다(예: 756조 1항 단서 후단 · 760조 2항). 그런가 하면 때로는 피해자는 인과관계가 존재한다는 상당한 정도의 개연성만 증명하면 되고 그 경우 가해자가 인과관계가 없음을 증명하지 못하면 인과관계가 인정된다는 이른바 개연성설이 논의되기도 한다. 생활방해(공해) · 제조물책임 · 의료과오 등에서 그렇다(D-479 · 487 · 493 참조).

제 3 절　특수 불법행위

Ⅰ. 서　설　D-437

(1) 일반 불법행위의 성립요건과 다른 특수한 요건이 정하여져 있는 불법행위를 통틀어서 특수 불법행위라고 한다. 특수 불법행위는 민법이나 특별법에 정해져 있기도 하고 학설 · 판례에 의하여 이론상 인정되기도 한다.

(2) **민법이 규정하는 특수 불법행위**에는 책임무능력자의 감독자책임(755조), 사용자책임(756조. 757조도 사용자책임과 관련된 규정임), 공작물 등의 점유자 · 소유자의 책임(758조), 동물점유자의 책임(759조), 공동불법행위자의 책임(760조)이 있다. 이 가운데 제760조는 공동행위자 모두에게 연대책임을 지우는 점에서 보통의 불법행위와 다르며, 나머지들은 다인의 가해행위 또는 물건에 의한 손해에 대하여 배상책임을 지우는 점에서 자기의 가해행위에 의한 손해에 대하여 책임을 지는 일반 불법행위와 다르다. 그리고 제758조의 공작물 등의 소유자책임(소유자는 무과실책임을 짐)과 제760조의 공동불법행위자의 책임(이때는 피해자가 공동불법행위자의 고의 · 과실을 증명해야 함)을 제외하고는 고의 · 과실의 증명책임을 피해자로부터 가해자에게 전환한 이른바 중간적 책임이다.

(3) **특별법**으로서 일반 불법행위의 성립요건과 다른 요건을 규정하고 있는 예는 대단히 많다. 우선 국가배상법이 있고, 또한 무과실책임을 규정하거나 증명책임을 전환하여 사실상 무과실책임으로 하고 있는 특별법도 많다(D-415 참조).

(4) **학설 · 판례에 의한 특수 불법행위**의 대표적인 경우로는 의료과오책임이 있다.

(5) 아래에서는 민법상의 특수 불법행위 전부와 특별법상의 특수 불법행위 중 자동차운행자의 책임, 생활방해(공해)에 대한 책임, 제조물책임을 차례로 보고, 이어서 학설 · 판례에 의한 것으로서 의료과오에 대한 책임에 대하여 기술하기로 한다.

D-438 Ⅱ. 책임무능력자의 감독자의 책임

1. 의의 및 성질

(1) 책임무능력자가 책임능력이 없어서(753조·754조 참조) 불법행위책임을 지지 않는 경우에 「책임무능력자를 감독할 법정의무가 있는 자」(예: 친권자·후견인)와 「감독의무자를 갈음하여 책임무능력자를 감독하는 자」(예: 유치원장·정신병원장·학교장)는 그가 감독의무를 게을리하지 않았음을 증명하지 못하면 배상책임을 지게 되는데(755조), 이를 책임무능력자의 감독자의 책임(또는 감독자책임)이라고 한다.

(2) 책임무능력자의 감독자책임은 감독의무자가 자신의 가해행위에 대하여가 아니고 그의 감독을 받는 책임무능력자의 가해행위에 대하여 책임을 지는 것으로서 일종의 타인의 행위에 대한 책임에 해당한다. 그러나 그 책임이 성립하기 위해서는 감독의무자의 과실이 필요하므로 순수한 의미의 타인 행위에 대한 책임은 아니다. 그리고 감독의무자의 과실에 대한 증명책임은 피해자로부터 감독의무자에게로 전환되어 있다(755조 1항 단서 참조). 그 결과 무과실책임에 접근하게 된다. 일반적으로 감독자책임을 과실책임과 무과실책임의 중간적 책임이라고 부르는 이유가 여기에 있다.

2. 요 건

(1) 책임무능력자의 불법행위

책임무능력자의 가해행위가 불법행위의 다른 요건을 모두 갖추었으나, 책임능력이 없어서 면책되는 경우이어야 한다. 따라서 타인의 감독을 받는 자라도 책임능력이 있는 자는 그가 스스로 책임을 지며, 제755조의 감독자책임은 생기지 않는다(이러한 의미에서 감독자책임은 보충적인 것이다(대판 1994. 8. 23, 93다60588). 그러나 750조에 의한 책임은 인정될 수 있다. D-441 참조). 그리고 책임무능력자의 행위가 책임무능력 이외의 사유(예: 정당방위·긴급피난 등의 위법성 조각사유)로 불법행위책임을 발생시키지 않는 경우에는 감독자책임도 생기지 않는다.

(2) 감독의무자(또는 대리감독자)의 감독의무의 해태

감독의무자 또는 이를 갈음하여 감독하는 자(대리감독자)가 감독의무를 게을리하였어야 한다. 그런데 이 요건은 피해자가 증명할 필요가 없으며, 감독자가 책임을 면하려면 의무위반이 없었음을 증명하여야 한다. 이 의무는 구체적인 가해행위에 대한 것이 아니고 일반적인 감독의무이므로, 눈에 보이지 않는 곳에서 가해행위를 하는 경우에도 이 의무의 위반이 인정될 수 있다.

판 례 감독의무자 또는 대리감독자의 책임 관련 D-439

「대리감독자가 있다는 사실만 가지고서 곧 친권자의 법정 감독책임이 면탈된다고는 볼 수 없다 할 것이다. …

지방자치단체가 설치·경영하는 학교의 교장이나 교사는 학생을 보호·감독할 의무를 지는데, 이러한 보호·감독의무는 교육법에 따라 학생들을 친권자 등 법정 감독의무자에 대신하여 감독을 하여야 하는 의무로서 학교 내에서의 학생의 모든 생활관계에 미치는 것은 아니지만, 학교에서의 교육활동 및 이와 밀접 불가분의 관계에 있는 생활관계에 속하고, 교육활동의 때와 장소, 가해자의 분별능력, 가해자의 성행, 가해자와 피해자의 관계, 기타 여러 사정을 고려하여 사고가 학교생활에서 통상 발생할 수 있다고 하는 것이 예측되거나 또는 예측가능성(사고발생의 구체적 위험성)이 있는 경우에는 교장이나 교사는 보호·감독의무 위반에 대한 책임을 진다고 할 것이다.」(대판 2007. 4. 26, 2005다24318: 학교폭력 가해학생들의 부모의 과실과 담임교사, 교장의 과실이 경합하여 피해학생의 자살 사건이 발생하였다는 이유로, 부모들과 지방자치단체에게 공동불법행위자로서의 손해배상책임을 인정한 사례)

(3) 감독의무자의 면책 여부 D-440

감독의무자가 감독을 게을리한 경우(즉 위의 요건을 모두 갖춘 경우)에, 그는 자신이 감독의무를 게을리하지 않았더라도 손해가 생겼으리라는 것을 증명하여 책임을 면할 수 있는가?(756조 1항 단서에는 이에 대하여 명문 규정을 누고 있다) 여기에 관하여 학설은 i) 제756조 제1항 단서를 유추적용하여 면책을 인정하는 견해, ii) 면책을 부정하는 견해(사견도 같음) 등으로 나뉘어 있다.

3. 배상책임자

(1) 배상책임자는 책임무능력자를 감독할 법정 의무자(755조 1항 본문)와 그를 갈음하여 책임무능력자를 감독하는 자(755조 2항)이다. 이들은 각각 법정 감독의무자, 대리감독자(임의감독자)라고 한다.

법정 감독의무자는 미성년자의 경우에는 친권자(부모가 공동으로 친권을 행사하는 때에는 부진정연대채무를 짐)·미성년후견인, 피성년후견인의 경우에는 성년후견인이다. 그리고 정신질환자의 경우에는 민법에 따른 후견인 또는 부양의무자이다(「정신건강증진 및 정신질환자 복지서비스 지원에 관한 법률」 39조 1항. 대판 2021. 7. 29, 2018다228486도 참조).

대리감독자는 법정 감독의무 없이 계약 또는 법률 등에 기초하여 감독의무를 부담하는 자이며, 탁아소의 보모, 유치원(대판 1996. 8. 23, 96다19833도 참조) 또는 초등학교의 교원, 사교육을 담당하는 학원의 설립·운영자나 교습자(대판 2008. 1. 17, 2007다40437: 초등학교 1학년인 학원 수강생이 쉬는 시간에 학원 밖으로 나갔다가 교통사고로 사망한 사안에서 학원 운영자의 보호·감독의무 위반을 인정한 사례), 정신병원의 의사 등이 그 예이다.

(2) 법정 감독의무자와 대리감독자의 책임은 서로 배척하는 것이 아니며 병존할 수 있다(이설이 없으며, 판례도 같음. 대판 2007. 4. 26, 2005다24318 등). 양자의 책임이 병존하는 때에는 두 책임은 부진정연대채무로 된다.

[참고] 특별손해의 예견가능성 결정의 기준이 되는 자

감독자책임의 손해배상범위에는 제393조가 준용되는데, 동조 제 2 항의 특별손해에 대한 예견가능성은 책임무능력자가 아니고 감독의무자를 기준으로 하여야 한다. 통설·판례(대판 1968. 6. 11, 68다639)도 같다.

D-441

4. 책임능력 있는 피감독자(특히 미성년자)의 행위에 대한 책임

적어도 제755조의 법문상 피감독자에게 책임능력이 있어서 그가 스스로 불법행위책임을 지는 경우에는 감독의무자는 책임을 지지 않게 된다. 그런데 책임능력은 있지만 변제자력이 없는 경우가 많아서 문제이다. 그 때문에 피감독자에게 책임능력이 있는 때에도 감독의무자에게 책임을 인정할 필요가 있다. 이 문제는 종래「책임능력 있는 미성년자의 감독자책임」을 둘러싸고 활발하게 논의되었으며(자세한 사항은 송덕수, 신사례, 757면 이하 참조), 다수설은 감독의무자에게 일반 불법행위책임을 인정한다. 그에 의하면 감독상의 부주의와 손해의 발생 사이에 인과관계가 있으면 일반 불법행위의 원칙에 따라서 감독의무자가 책임을 진다고 한다. 그러나 이때 제755조에 의한 증명책임의 전환은 인정되지 않으므로, 감독상의 부주의의 증명은 피해자가 해야 할 것이라고 한다. 그리고 판례는 과거에는 위의 다수설과 같은 판결(대판 1975. 1. 14, 74다1795 등 다수의 판결)과 제755조를 확대적용하는 판결(대판 1984. 7. 10, 84다카474)로 나뉘어 있었으나, 그 후 전원합의체 판결(대판(전원) 1994. 2. 8, 93다13605[핵심판례 392면])에 의하여 후자가 폐기되고 전자로 통일되었다(그 후속판결도 많이 있다. 대판 1997. 3. 28, 96다15374 등)(판례는 정신질환자의 경우에도 다수설과 같은 법리를 인정한다. 대판 2021. 7. 29, 2018다228486). 나아가 판례는, 미성년 자녀를 양육하며 친권을 행사하는 부모는 미성년자의 감독의무자로서 미성년자의 불법행위에 대하여 손해배상책임을 지지만, 이혼으로 인하여 부모 중 1명이 친권자 및 양육자로 지정된 경우 그렇지 않은 부모(비양육친)는 그의 감독의무를 인정할 수 있는 특별한 사정이 있는 경우를 제외하고는 감독의무 위반으로 인한 손해배상책임을 지지 않는다고 한다(대판 2022. 4. 14, 2020다240021[핵심판례 394면]. 면접교섭권에 관한 규정은 제 3 자와의 관계에서 손해배상책임의 근거가 되는 감독의무를 부과하는 규정이라고 할 수 없다고 함).

판 례 미성년자에게 책임능력이 있는 경우의 감독의무자의 책임 관련

「민법 제750조에 대한 특별규정인 민법 제755조 제 1 항에 의하여 책임능력 없는 미성년자를 감독할 법정의 의무 있는 자가 지는 손해배상책임은 그 미성년자에게 책임이 없음을 전제로 하여 이를 보충하는 책임이고, 그 경우에 감독의무자 자신이 감독의무를 해태하지 아니하였음을 입증하지 아니하는 한 책임을 면할 수 없는 것이나, 반면에 미성년자가 책임능력이 있어 그 스스로 불법행위책임을 지는 경우에도 그 손해가 당해 미성년자의 감독의무자의 의무위반과 상당인과관계가 있으면 감독의무자는 일반 불법행위자로서 손해배상책임이 있다 할 것이므로, 이 경우에 그러한 감독의무 위반 사실 및 손해발생과의 상당인과관계의 존재는 이를 주장하는 자가 입증하여야 할 것이다.」(대판(전원) 1994. 2. 8, 93다13605[핵심판례 392면])

Ⅲ. 사용자의 책임 D-442

사 례 (신사례 [94]번 문제 중 일부)
고등학교를 갓 졸업한 A회사의 영업사원 B(18세)는 회사의 짐을 지고 가다가 넘어져서 앞서 가던 행인 C에게 중상을 입혔다. B에게는 부(父) E가 있다.
이 경우에 A·B·C·E 간의 법률관계를 논하시오. (사례의 해결: D-451)

1. 서 설

(1) 의 의

사용자책임은 피용자가 사무집행에 관하여 제3자에게 손해를 가한 경우에 사용자 또는 사용자에 갈음하여 그 사무를 감독하는 자가 그에 대하여 지는 배상책임을 말한다(756조). 회사 직원이 회사의 짐을 옮기다가 떨어뜨려 행인을 다치게 한 경우에 회사가 그에 대하여 손해배상을 하는 것이 그 예이다.

사용자책임에 관한 제756조는 **가사(家事) 사용관계뿐만 아니라 기업의 사용관계에도 적용**된다. 그런데 동조는 사용자에게 면책사유를 인정하고(동조 1항 단서), 피용자에 대한 구상권을 인정하는 점(동조 3항)에서, 기업의 사용관계에는 적절하지 않다. 입법론으로는 제756조를 유지하되, 기업책임에 관하여는 특별규정으로 따로 규율하는 것이 바람직하다.

(2) 성 질

1) 중간적 책임 사용자책임은 책임무능력자의 감독자책임과 마찬가지로 과실책임과 무과실책임의 중간적 책임이다(D-438 참조).

2) 대위책임 사용자책임이 사용자의 고유한 책임인가에 관하여는 학설이 대립한다. i) 사용자 고유의 책임이 아니고 피용자의 불법행위책임에 대한 대위책임이라는 견해(대위책임설)(사견도 같음), ii) 사용자가 피용자의 선임·감독을 제대로 다하지 못한 데 따른 사용자 자신이 부담하여야 할 책임이라는 견해(고유책임설) 등이 그것이다. i)설은 사용자책임의 성립에 피용자의 불법행위책임 발생이 필요하고, 또 사용자가 손해배상을 한 뒤에는 피용자에게 전액 구상할 수 있다고 하는 데 비하여, ii)설은 피용자의 불법행위책임 발생을 요구하지 않으며 구상권도 제한된다고 한다. 그리고 **판례**는 i)설과 같다(대판(전원) 1992. 6. 23, 91다33070).

(3) 근 거 D-443

사용자책임이 인정되는 근거에 대하여는 i) 타인을 사용하여 이익을 얻고 있는 자는 그 피용자가 주는 손해에 대하여도 책임을 져야 한다는 보상책임의 원리를 드는 견해, ii) 근거를 원칙적으로 보상책임의 원리에서 찾을 수 있지만 사용자가 배상을 쉽게 할 수 있다는 현실적 고려와 손실의 사회적 분배라는 정책적 고려도 함께 중시하여야 한다는 다원적 견해 등이 있다.

(4) 다른 책임과의 관계

1) 제35조에 의한 법인의 책임과의 관계 법인의 불법행위책임(A-387 이하 참조)에 관한 제35조는 제756조와 유사하다(특히 사용자가 법인인 경우에). 그러나 제35조는 법인의 대표기관의 불법행위에만 적용되고, 그때의 책임은 법인 자신의 것으로서 면책이 인정되지 않는다. 그에 비하여 대표기관이 아닌 법인의 피용자가 가해행위를 한 경우에는 제756조가 적용되며, 거기에서는 면책이 인정된다(756조 1항 단서 참조).

2) 국가배상법과의 관계 공무원 또는 공무를 위탁받은 사인이 그 직무를 집행함에 있어서 불법행위를 한 경우에는 제756조가 적용되지 않고 그에 대한 특칙인 국가배상법 제 2 조가 적용된다(대판 1996. 8. 23, 96다19833 등). 그러나 국가 또는 지방자치단체가 공권력의 행사가 아니고 사인과 대등한 지위에서 사경제의 주체로 활동하였을 경우(예: 철도운행 · 사병의 명찰구매계약 · 식당 영업)에는 국가배상법이 아니고 민법이 적용된다(대판 1997. 7. 22, 95다6991 등).

판 례 국가배상책임 관련

(ㄱ) 소속 공무원의 과실이 관여되어 허위로 마쳐진 소유권이전등기를 믿고 부동산을 취득함으로써 손해를 입었다면 국가도 피해자에 대하여 불법행위에 기한 손해배상책임을 부담한다고 할 것이고 피해자가 반드시 그 부동산의 양도인을 상대로 매도인의 담보책임에 기한 손해배상청구를 먼저 혹은 동시에 하여야 하는 것은 아니다(대판 2000. 9. 5, 99다40302).

(ㄴ) 「경과실이 있는 공무원이 피해자에 대하여 손해배상책임을 부담하지 아니함에도(국가배상법 2조 참조: 저자 주) 피해자에게 손해를 배상하였다면 그것은 채무자 아닌 사람이 타인의 채무를 변제한 경우에 해당하고, 이는 민법 제469조의 '제 3 자의 변제' 또는 민법 제744조의 '도의관념에 적합한 비채변제'에 해당하여 피해자는 공무원에 대하여 이를 반환할 의무가 없고, 그에 따라 피해자의 국가에 대한 손해배상청구권이 소멸하여 국가는 자신의 출연 없이 그 채무를 면하게 되므로, 피해자에게 손해를 직접 배상한 경과실이 있는 공무원은 특별한 사정이 없는 한 국가에 대하여 국가의 피해자에 대한 손해배상책임의 범위 내에서 공무원이 변제한 금액에 관하여 구상권을 취득한다.」(대판 2014. 8. 20, 2012다54478)

3) 자동차손해배상보장법과의 관계 동일한 자동차사고에 대하여 자동차손해배상보장법(자배법) 제 3 조와 민법 제756조가 모두 적용될 수 있는 경우에는, 전자만이 적용된다. 그러나 그 범위를 넘는 때에는 제756조가 적용된다(자배법 4조도 참조). 그런데 판례는 교통사고로 인한 손해배상청구권이 자동차손해배상보장법의 적용을 받는다고 하더라도 피해자가 사용자책임을 주장하여 청구할 수 있다고 한다(대판 1976. 4. 13, 74다2029 등).

4) 이행보조자와 불법행위책임의 관계 이행보조자의 고의·과실에 의한 행위가 동시에 불법행위가 되는 경우(예: 수치인의 이행보조자가 과실로 임치물을 멸실시킨 경우)에는, 채무자는 채무자로서의 계약책임(391조 참조)과 제756조에 의한 사용자책임을 지게 된다(청구권경합설의 입장).

2. 요 건 D-444

(1) 타인을 사용하여 어느 사무에 종사하게 하였을 것(사용관계)

1) 여기서 「사무」란 일반적으로 말하는 「일」이며, 매우 넓은 의미이다. 그것은 법률적·계속적인 것뿐만 아니라 사실적·일시적인 것이어도 무방하고(대판 1989. 10. 10, 89다카2278), 영리적이냐 비영리적이냐도 묻지 않는다.

「타인을 사용한다」는 것은 사용자가 불법행위자(피용자)를 실질적으로 지휘·감독하는 관계(사용관계)에 있음을 가리킨다(대판 2001. 9. 4, 2000다26128). 그러한 관계는 고용계약에 의하여 성립하는 것이 보통이지만, 위임(대판 1998. 4. 28, 96다25500 등)·조합의 경우에도 있을 수 있다. 또한 타인에게 위탁하여 계속적으로 사무를 처리하여 온 경우 객관적으로 보아 그 타인의 행위가 위탁자의 지휘·감독의 범위 내에 속한다고 보이는 경우 그 타인은 제756조에 규정한 피용자에 해당한다(대판 2022. 2. 11, 2021다283834 등). 그리고 이 관계는 반드시 법적으로 유효한 것이어야 할 필요가 없으며, 사실상 지휘·감독을 하는 것으로 충분하다(대판 1998. 8. 21, 97다13702(위탁하여 사실상 지휘하는 경우); 대판 2010. 10. 28, 2010다48387 등). 또한 사용관계는 묵시적인 것이어도 무방하고(대판 1995. 6. 29, 95다13289), 보수의 유무나 기간의 길고 짧음은 묻지 않는다(대판 1960. 12. 8, 4292민상977). 한편 판례는 제756조의 사용관계에 있어서 실질적인 지휘·감독 관계는 실제로 지휘·감독하고 있느냐의 여부에 의하여 결정되는 것이 아니라 객관적으로 지휘·감독을 하여야 할 관계에 있느냐의 여부에 따라 결정된다고 하며(대판 2022. 2. 11, 2021다283834 등), 이 법리를 명의대여의 경우에도 적용하고 있다(대판 2005. 2. 25, 2003다36133 등 다수).

판례 사용관계 관련

① 동업관계라 하더라도 사무집행에 관하여 지휘·감독하는 관계에 있으면 사용관계가 인정된다(대판 1979. 7. 10, 79다644 등). 그리고 동업관계에 있는 자들이 공동으로 처리하여야 할 업무를 동업자 중 1인에게 맡겨 그로 하여금 처리하도록 한 경우 다른 동업자는 그 업무집행자의 동업자인 동시에 사용자의 지위에 있다 할 것이므로, 업무집행과정에서 발생한 사고에 대하여 사용자로서 손해배상책임이 있다(대판 2006. 3. 10, 2005다65562 등. 동지 대판 1999. 4. 27, 98다36238: 합동법무사사무소의 구성원인 법무사들이 등기사무를 처리함에 있어서 구성원인 법무사 중 1인이 등기신청 대행 업무를 처리하면서 다른 법무사를 서류상 작성명의인으로 기재한 경우, 서류상의 법무사는 실제 업무를 처리한 법무사에 대해 사용자관계에 있다). ② 자동차를 운전수와 함께 타인에게 빌려준 자는 그 운전수의 과실로 인한 사고에 대하여 사용자책임이 있다(대판 1963. 9. 26, 63다455 등). 차량지입회사가 지입된 차량을 운전수와 함께 대여한 경우에도 같다(대판 1980. 8. 19, 80다708). 그리고 지입된 차량과 운전수를 지입차주가 일시 대여한 때에도 지입회사는 사용자책임을 진다(대판 1995. 4. 7, 94다3872 등). ③ 사표 수리 후 사실상 종전과 같이 근무한 자에 대하여는 사용관계가

인정될 수 있으나(대판 1982. 11. 23, 82다카1133), 피용자가 퇴직한 뒤에도 사용자의 실질적인 지휘·감독 아래에 있었다고 볼 수 있는 특별한 사정이 없으면 원칙적으로 종전의 사용자에게 사용자책임을 물을 수 없다(대판 2001. 9. 4, 2000다26128). ④ 건물임차인이 임대인으로부터 수리비용을 받아 임차목적물을 직접 수리하였다고 하여 그 수리업무에 있어서 임차인이 임대인의 피용자가 되거나 임대인으로부터 지휘·감독을 받을 지위에 있게 된다고 볼 수 없다(대판 1993. 3. 26, 92다10081). ⑤ 위임의 경우에도 위임인과 수임인 사이에 지휘·감독관계가 있으면 사용관계가 인정된다(대판 1998. 4. 28, 96다25500. 변호사의 불법행위에 대하여 위임인의 사용자책임을 인정함). ⑥「명의대여관계의 경우 민법 제756조가 규정하고 있는 사용자책임의 요건으로서의 사용관계가 있느냐 여부는 실제적으로 지휘·감독을 하였느냐의 여부에 관계없이 객관적·규범적으로 보아 사용자가 그 불법행위자를 지휘·감독해야 할 지위에 있었느냐의 여부를 기준으로 결정하여야 한다.」(대판 2001. 8. 21, 2001다3658) ⑦「다단계판매업자도 재화 등의 판매에 의한 이익의 귀속주체가 된다고 할 것이므로, 다단계판매원은 다단계판매업자의 지휘·감독을 받으면서 다단계판매업자의 업무를 직접 또는 간접으로 수행하는 자로서 다단계판매업자와 관계에서 민법 제756조에 규정한 피용자에 해당한다.」(대판 2008. 11. 27, 2008다56118) ⑧「운송인을 위하여 운송계약의 이행을 보조하거나 대행하고 있더라도 운송인으로부터 직접 지휘·감독을 받지 않고 독립하여 영업활동을 수행하고 있을 뿐이라면 그러한 자를 운송인의 피용자라고 할 수는 없는 것이므로, 운송인은 그러한 자의 불법행위에 대하여 사용자로서의 손해배상책임을 지지 아니한다.」(대판 2000. 3. 10, 99다55052) ⑨「오피스텔 건축 시행사와 분양대행 용역계약을 체결하여 분양대행 업무를 수행하는 경우에도 사실상 시행사의 지휘·감독 아래 시행사의 의사에 따라 분양대행 업무를 수행하였다면 사용자, 피용자의 관계에 있다.」(대판 2010. 10. 28, 2010다48387)

D-445 **2) 도급인의 경우** 도급인은 수급인의 사용자가 아니기 때문에 수급인이 그 일에 관하여 제 3 자에게 가한 손해를 배상할 책임이 없다(757조 본문. 이는 주의적 규정임: 대판 2006. 4. 27, 2006다4564). 그러나 도급 또는 지시에 관하여 도급인에게 중대한 과실이 있는 때에는 배상책임이 있다(757조 단서).

한편 도급인과 수급인 사이에 사용관계가 인정되는 때에는 도급인은 제756조에 의하여 사용자책임을 진다. 통설·판례(대판 1993. 5. 27, 92다48109 등 다수)도 같다. 원수급인과 하수급인 사이에서도 마찬가지이다(대판 1975. 7. 30, 74다2256). 그리고 판례는 도급인이 수급인에 대하여 특정한 행위를 지휘하거나 특정한 사업을 도급시키는 경우와 같은 이른바 노무도급의 경우에는 비록 도급인이라 하더라도 사용자책임이 있다고 한다(대판 2005. 11. 10, 2004다37676 등). 그러나 도급인이 수급인의 공사에 대하여 감리적(監理的)인 감독을 하는 데 지나지 않을 때에는 사용관계를 인정할 수 없다고 한다(대판 2014. 2. 13, 2013다78372 등).

3) 명의대여자의 책임 어떤 사업에 관하여 자기의 명의의 사용을 허용한 자는 명의를 빌린 자의 가해행위에 대하여 사용자책임을 질 뿐만 아니라(대판 1994. 10. 25, 94다24176[핵심판례 396면]; 대판 2005. 2. 25, 2003다36133 등)(대판 1993. 3. 26, 92다10081은 숙박업허가 명의대여의 경우에 사용자책임을 부정한다. 공중위생법이 숙박업은 허가명의자에 중점을 두는 것이 아니라 시설물을 기준으로 하여 허가를 하고 있고, 허가명의를 양도하는 경우 등에도 양수인이 별다른

제한없이 그 지위를 승계하는 것으로 규정하고 있다는 점이 그 이유이다), 명의를 빌린 자의 피용자의 가해행위에 대하여도 사용자책임을 진다(대판 1959. 5. 21, 4291민상58; 대판 1964. 4. 7, 63다638). 그리고 이러한 법리는 이른바 차량지입제(車輛持込制)의 경우에도 그대로 인정된다. 그리하여 차량소유자(지입차주)가 차량을 운송사업자(지입회사) 명의로 등록한 후 소유자가 사실상 운행하는 경우에 지입회사는 그 지입차주 또는 그가 고용한 운전수의 가해행위에 대하여 사용자책임을 진다(대판 2000. 10. 13, 2000다20069 등).

(2) 피용자가 「그 사무집행에 관하여」 손해를 가했을 것 D-446

여기서 어떤 행위가 사무집행에 관한 행위인지가 문제된다. 그에 대하여 판례는, 원칙적으로 피용자의 직무범위에 속하는 행위이어야 할 것이지만 직무집행행위 자체는 아닐지라도 그 행위의 외형으로 관찰하여 마치 직무범위 내에 속하는 것과 같이 보이는 행위도 포함된다고 한다(대판 1985. 8. 13, 84다카979 등). 그리고 그러한 행위이면 피용자가 사리(私利)를 꾀하기 위하여 그 권한을 남용하여 한 경우(대판 1984. 2. 28, 82다카1875 등), 사용자 또는 사용자에 갈음하여 그 사무를 감독하는 자의 구체적인 명령 또는 위임에 따르지 않은 경우(대판 1992. 7. 28, 92다10531)도 사무집행에 관한 행위로 된다. 그런데 근래 판례는 「외형상 객관적으로 사용자의 사무집행에 관련된 것인지의 여부는 피용자의 본래 직무와 불법행위와의 관련 정도 및 사용자에게 손해발생에 대한 위험창출과 방지조치 결여의 책임이 어느 정도 있는지를 고려하여 판단하여야 할 것」이라고 한다(대판 1988. 11. 22, 86다카1923 이래 동지의 많은 판결이 있음). 이것이 이른바 판례의 외형이론이다. 그리고 판례는 이러한 외형이론을 거래행위적인 불법행위뿐만 아니라 사실행위적인 불법행위에도 적용한다(예: 대판 1991. 1. 11, 90다8954(택시운전수가 택시운행 중 승객인 부녀를 강간한 경우 외형이론에 의하여 회사의 사용자책임을 인정함)). 한편 판례는 피용자의 불법행위가 사무집행행위에 해당하지 않음을 피해자 자신이 알았거나 중대한 과실로 알지 못한 경우에는, 피해자는 사용자책임을 물을 수 없다고 한다(대판 1999. 1. 26, 98다39930[핵심판례 398면]; 대판 2011. 11. 24, 2011다41529(특히 금융기관과의 거래에서는 건전한 금융거래의 상식에 비추어 정식 금융거래와는 동떨어진 때에는 거래 상대방에게 사무집행행위에 해당하지 않는다는 점에 대한 고의 또는 중대한 과실이 인정될 여지가 많다고 함); 대판 2024. 11. 14, 2022다281378 등 다수). 이는 본래 외형이론이 피용자와 거래한 상대방의 신뢰를 보호하려는 데서 출발하였기 때문에 두어진 제한이다.

판 례 「사무집행에 관하여」 관련 D-447

(ㄱ) 「민법 제756조에 규정된 사용자책임의 요건인 사무집행에 관하여라는 뜻은 피용자의 불법행위가 외형상 객관적으로 사용자의 사업활동 내지 사무집행행위 또는 그와 관련된 것이라고 보여질 때에는 행위자의 주관적 사정을 고려함이 없이 이를 사무집행에 관하여 한 행위로 본다는 것이고, 외형상 객관적으로 사용자의 사무집행에 관련된 것인지의 여부는 피용자의 본래 직무와 불법행위와의 관련 정도 및 사용자에게 손해발생에 대한 위험창출과 방지조치 결여의 책임이 어느 정도 있는지를 고려하여 판단하여야 할 것」이다(대판 1988. 11. 22, 86다카1923 등).

(ㄴ) 「민법 제756조에 규정된 사용자책임의 요건인 '사무집행에 관하여'라 함은 피용자의 불법행위가 외형상 객관적으로 사용자의 사업활동, 사무집행행위 또는 그와 관련된 것이

라고 보일 때에는 행위자의 주관적 사정을 고려하지 않고 사무집행에 관하여 한 행위로 본다는 것이다. 피용자가 다른 사람에게 가해행위를 한 경우 그 행위가 피용자의 사무집행 그 자체는 아니더라도 사용자의 사업과 시간적·장소적으로 근접하고 피용자의 사무의 전부 또는 일부를 수행하는 과정에서 이루어지거나 가해행위의 동기가 업무처리와 관련된 것이라면 외형적·객관적으로 사용자의 사무집행행위와 관련된 것이라고 보아 사용자책임이 성립한다. 이때 사용자가 위험발생을 방지하기 위한 조치를 취하였는지 여부도 손해의 공평한 부담을 위하여 부가적으로 고려할 수 있다.」(대판 2021. 3. 11, 2018다285106)

(ㄷ) 「피용자가 다른 피용자를 성추행 또는 간음하는 등 고의적인 가해행위를 한 경우, 그 행위가 피용자의 사무집행 자체는 아니라 하더라도, … 피용자가 사용자로부터 채용, 계속고용, 승진, 근무평정과 같은 다른 근로자에 대한 고용조건을 결정할 수 있는 권한을 부여받고 있음을 이용하여 그 업무수행과 시간적, 장소적인 근접성이 인정되는 상황에서 피해자를 성추행하는 등과 같이 외형상 객관적으로 사용자의 사무집행행위와 관련된 것이라고 볼 수 있는 사안에서도 사용자책임이 성립할 수 있다.」(대판 2009. 2. 26, 2008다89712)

(ㄹ) 「피용자의 불법행위가 외관상 사용자의 사무집행의 범위 내에 속하는 것으로 보여지는 경우에 사용자는 민법 제756조에 의한 배상책임을 면할 수 없으나, 다만 피용자의 행위가 사용자의 사무집행행위에 해당하지 않음을 피해자 자신이 알았거나 또는 중대한 과실로 알지 못한 경우에는 사용자에 대하여 사용자책임을 물을 수 없다.」(대판 1983. 6. 28, 83다카217 등)

(ㅁ) 「법인이 피해자인 경우 법인의 업무에 관하여 포괄적 대리권을 가진 대리인이 가해자인 피용자의 행위가 사용자의 사무집행행위에 해당하지 않음을 안 때에는 피해자인 법인이 이를 알았다고 보아야 하고, 이러한 법리는 그 대리인이 본인인 법인에 대한 관계에서 이른바 배임적 대리행위를 하는 경우에도 마찬가지라고 할 것이다.」(대판 2007. 9. 20, 2004다43886: 증권회사 직원이 피해자 회사의 경리이사와 공모하여 환매조건부채권 예금계좌에 입금한 피해자 회사의 자금으로 임의로 주식거래를 한 사안에서, 위 증권회사 직원의 행위가 증권회사의 사무집행행위에 속하지 않는다는 것을 위 경리이사가 알고 있었으므로 피해자 회사가 이를 알았다고 보아 피해자 회사는 위 증권회사에 대하여 사용자책임을 물을 수 없다고 한 사례)

(ㅂ) 「사용자책임이 면책되는 피해자의 중대한 과실이라 함은 거래의 상대방이 조금만 주의를 기울였더라면 피용자의 행위가 그 직무권한 내에서 적법하게 행하여진 것이 아니라는 사정을 알 수 있었음에도 만연히 이를 직무권한 내의 행위라고 믿음으로써 일반인에게 요구되는 주의의무에 현저히 위반하는 것으로 거의 고의에 가까운 정도의 주의를 결여하고, 공평의 관점에서 상대방을 구태여 보호할 필요가 없다고 봄이 상당하다고 인정되는 상태를 말한다.」(대판 1998. 10. 27, 97다47989)

(ㅅ) 「중대한 과실 유무를 판단함에 있어서는 피용자의 행위에 의한 거래가 있었던 당시의 사정을 기준으로 하여야 한다.」(대판 2007. 4. 12, 2006다21354)

D-448 ### (3) 「제 3 자」에게 손해를 가했을 것

여기의 「제 3 자」는 사용자와 가해행위를 한 피용자 이외의 자를 가리킨다(대판 1966. 10. 21, 65다825). 따라서 근로자가 그 업무집행 중 다른 근로자에게 손해를 가한 경우에도 사용자책

임이 생긴다(대판 1964. 11. 30, 64다1232. 그 밖에 사용자에 대한 근로기준법상의 재해보상청구권도 생김). 그리고 조합(법인인 건설공제조합임)출장소장이 권한 없이 발행한 약속어음을 배서양도받은 소지인이 어음금의 지급을 받지 못한 경우에 그 소지인도 조합과의 관계에서 여기의 제 3 자에 해당한다(대판 1972. 5. 31, 72다611).

판 례 어음의 위조에 피용자가 관여한 경우의 사용자 책임

어음이 위조된 경우에 피위조자는 민법상 표현대리에 관한 규정이 유추적용될 수 있다는 등의 특별한 경우를 제외하고는 원칙적으로 어음상의 책임을 지지 아니하나, 피용자가 어음위조로 인한 불법행위에 관여한 경우에 그것이 사용자의 업무집행과 관련한 위법한 행위로 인하여 이루어졌으면 그 사용자는 민법 제756조에 의한 손해배상책임을 지는 경우가 있고, 이 경우에 사용자가 지는 책임은 어음상의 책임이 아니라 민법상의 불법행위책임이므로 그 책임의 요건과 범위가 어음상의 그것과 일치하는 것이 아니다. 따라서 민법 제756조 소정의 사용자책임을 논함에 있어서는 어음소지인이 어음법상 소구권을 가지고 있느냐는 등 어음법상의 권리 유무를 따질 필요가 없으므로, 어음소지인이 현실적으로 지급제시를 하여 지급거절을 당하였는지의 여부가 어음배서의 위조로 인한 손해배상책임을 묻기 위하여 필요한 요건이라고 할 수 없고, 어음소지인이 적법한 지급제시기간 내에 지급제시를 하지 아니하여 소구권 보전의 절차를 밟지 않았다고 하더라도 이는 어음소지인이 이미 발생한 위조자의 사용자에 대한 불법행위책임을 묻는 것에 장애가 되는 사유라고 할 수 없다(대판(전원) 1994. 11. 8, 93다21514).

(4) 피용자의 가해행위가 불법행위의 요건을 갖출 것

사용자책임이 성립하기 위하여 피용자의 가해행위가 고의·과실과 책임능력 등의 불법행위의 성립요건을 갖추어야 하는가에 관하여는 논란이 있다. 학설은 i) 긍정설(사견도 같음), ii) 피용자의 과실 및 책임능력은 필요하지 않다는 견해 등으로 나뉘어 있다. 그리고 판례는 i)설과 같다(대판 1981. 8. 11, 81다298: 대리감독자의 과실에 대하여 그의 사용자의 책임을 인정하기 위하여 불법행위의 일반요건을 요구함).

(5) 사용자가 면책사유 있음을 증명하지 못할 것 D-449

사용자는 피용자의 선임 및 그 사무감독에 상당한 주의를 한 때 또는 상당한 주의를 하여도 손해가 있을 경우에는 사용자책임을 지지 않는다(756조 1항 단서). 그것의 증명은 사용자가 하여야 하나(대판 1998. 5. 15, 97다58538 등), 사용자는 두 면책사유 중 어느 하나만 증명하면 면책된다. 그런데 종래 우리의 법원실무에서는 사용자의 면책을 인정한 예가 극히 적어(대판 1978. 3. 14, 77다491; 대판 1979. 4. 24, 79다185에서 면책을 인정하였음), 사실상 무과실책임처럼 운용되고 있다.

사용자가 직접 피용자를 선임·감독하지 않고 감독기관(예: 공장장·출장소장·현장소장)을 두어 감독하게 한 경우에는, 사용자가 감독기관의 선임·감독에 과실이 있든 없든 감독자에게 과실이 있으면 사용자에게도 과실이 있다고 새겨야 한다.

판 례 파견사업주·파견근로자 관련

「파견사업주와 파견근로자 사이에는 민법 제756조의 사용관계가 인정되어 파견사업주는 파견근로자의 파견업무에 관련한 불법행위에 대하여 파견근로자의 사용자로서의 책임을 져야 하는 것이다. 다만, 파견근로자가 사용사업주의 구체적인 지시·감독을 받아 사용사업주의 업무를 행하던 중에 불법행위를 한 경우에 파견사업주가 파견근로자의 선발 및 일반적 지휘·감독권의 행사에 있어서 주의를 다하였다고 인정되는 때에는 면책된다.」(대판 2003. 10. 9, 2001다24655).

D-450 ## 3. 배상책임

(1) 배상책임자

제756조에 의하여 책임을 지는 자는 사용자(동조 1항)와 「사용자에 갈음하여 그 사무를 감독하는 자」 즉 대리감독자(동조 2항)이다. 대리감독자는 객관적으로 볼 때 사용자에 갈음하여 현실적으로 구체적인 사업을 감독하는 지위에 있는 자이다(대판 1998. 5. 15, 97다58538 등). 대리감독자 중에는 감독 외에 선임권한을 가지는 자도 있다.

대리감독자가 책임을 진다고 하여 사용자가 면책되는 것은 아니다.

사용자책임의 경우에도 피해자에게 과실이 있으면 과실상계를 할 수 있다(대판 2002. 12. 26, 2000다56952).

(2) 피용자 자신의 책임

사용자책임이 성립하는 경우에 피용자는 이와 별도로 제750조에 의한 불법행위책임을 진다(대판 1994. 2. 22, 93다53696 등). 그리고 이 두 책임은 부진정연대채무의 관계에 있다.

사용자와 피용자가 부진정연대채무를 부담하는 경우(또는 공동불법행위의 경우)에 다액채무자가 손해배상액의 일부를 변제하면 소액채무자의 채무는 어느 범위에서 소멸하는가? 여기에 관하여 과거 우리 대법원판결의 주류는, 그 경우 소액채무자의 과실비율에 상응하는 만큼 소액채무자와 공동으로 채무를 부담하는 부분에서도 변제된 것으로 보았다(안분설 또는 과실비율설)(사용자책임의 경우: 대판 1994. 2. 22, 93다53696; 대판 2012. 6. 28, 2010다73765. 공동불법행위의 경우: 대판 1995. 3. 10, 94다5731 등). 그런데 대법원이 최근에 전원합의체 판결로, 금액이 다른 채무가 서로 부진정연대 관계에 있을 때 다액채무자가 일부 변제를 하는 경우 그 변제로 인하여 먼저 소멸하는 부분은 당사자의 의사와 채무 전액의 지급을 확실히 확보하려는 부진정연대채무 제도의 취지에 비추어 볼 때 다액채무자가 단독으로 채무를 부담하는 부분으로 보아야 한다(외측설)고 하면서(사용자책임과 공동불법행위의 경우에도 같다고 함), 과거의 주류였던 판례를 변경하였다(대판(전원) 2018. 3. 22, 2012다74236. C-264도 참조).

(3) 피용자 또는 대리감독자에 대한 구상권 D-451

사용자 또는 대리감독자가 피해자에게 배상한 때에는 피용자에 대하여 구상권을 행사할 수 있다(756조 3항). 구상은 전액에 대하여 할 수 있다(이설 있음). 그런데 판례는 신의칙상 상당하다고 인정되는 한도 내에서만 구상할 수 있다고 하며(대판 2009. 11. 26, 2009다59350; 대판 2017. 4. 27, 2016다271226(이러한 구상권 제한의 법리는 사용자의 보험자가 피용자에 대하여 구상권을 행사하는 경우에도 다를 바 없다) 등 다수), 구체적인 사안에서 신의칙상 구상권의 행사가 부당하다고 한 적도 있다(대판 1991. 5. 10, 91다7255(아래에 직접인용); 대판 1994. 12. 13, 94다17246).

사용자는 대리감독자에 대하여는 그의 과실과 손해발생 사이에 직접적인 인과관계가 있는 경우(피용자와 대리감독자의 공동불법행위 포함) 외에는 구상권을 행사할 수 없다고 하여야 한다. 대리감독자에게 무거운 책임을 인정하는 것은 바람직하지 않기 때문이다. 그러나 계약관계에 기하여 채무불이행책임을 지는 것은 별개의 문제이다.

판 례 사용자의 구상권 관련

(ㄱ) 「일반적으로 사용자가 피용자의 업무수행과 관련하여 행하여진 불법행위로 인하여 직접 손해를 입었거나 그 피해자인 제 3 자에게 사용자로서의 손해배상책임을 부담한 결과로 손해를 입게 된 경우에 사용자는 그 사업의 성격과 규모, 시설의 현황, 피용자의 업무내용과 근로조건 및 근무태도, 가해행위의 발생원인과 성격, 가해행위의 예방이나 손실의 분산에 관한 사용자의 배려의 정도, 기타 제반 사정에 비추어 손해의 공평한 분담이라는 견지에서 신의칙상 상당하다고 인정되는 한도 내에서만 피용자에 대하여 손해배상을 청구하거나 구상권을 행사할 수 있」다(대판 2022. 12. 29, 2019다210697)

(ㄴ) 렌트카회사의 야간경비원이 업무수행과 관련하여 회사 소유의 렌트카를 운전하다가 일으킨 교통사고로 인하여 회사가 사용자로서 손해배상책임을 부담한 경우에 있어, 피용자인 위 경비원의 가해행위가 지니는 책임성에 비하여 사용자의 가해행위에 대한 기여도 내지 가공도가 지나치게 큰 점 등에 비추어 사용자로서의 피용자의 상속인과 그 신원보증인에 대한 구상권 행사가 신의칙상 부당하다고 본 사례(대판 1991. 5. 10, 91다7255).

(ㄷ) 「피용자와 제 3 자가 공동불법행위로 피해자에게 손해를 가하여 그 손해배상채무를 부담하는 경우에 피용자와 제 3 자는 공동불법행위자로서 서로 부진정연대관계에 있고, 한편 사용자의 손해배상책임은 피용자의 배상책임에 대한 대체적 책임이어서 사용자도 제 3 자와 부진정연대관계에 있다고 보아야 할 것이므로, 사용자가 피용자와 제 3 자의 책임비율에 의하여 정해진 피용자의 부담부분을 초과하여 피해자에게 손해를 배상한 경우에는 사용자는 제 3 자에 대하여도 구상권을 행사할 수 있으며, 그 구상의 범위는 제 3 자의 부담부분에 국한된다고 보는 것이 타당하다.」(대판(전원) 1992. 6. 23, 91다33070)

사례의 해결

① B의 행위는 C에 대하여 불법행위가 된다. 따라서 B는 C에게 손해배상을 해야 한다. 손해배상의 범위는 아마도 재산적 손해로서 치료비·일실이익과 위자료가 될 것이다. ② A는 C에 대하여 사용자책임을 진다. 손해배상의 범위는 C가 B에 대하여 청구할 수 있는 것과 같다. ③ E는 C에 대하여 제755조에 의하여 감독자책임을 지지 않는다. 그리고 제750조 적용설을 취하더라도 E의 책임은 인정되지 않는다. ④ A의 책임과 B의 책임은 부진정연대채무 관계에 있다. 그리고 C에게 배상을 한 A는 B에게 구상할 수 있으나, 사례의 경우에는 제반사정에 비추어 A는 전혀 구상할 수 없거나 또는 매우 적은 범위에서만 구상할 수 있다고 해야 한다. (사례: D-442)

D-452

Ⅳ. 공작물 등의 점유자·소유자의 책임

1. 서 설

(1) 의의 및 성질

공작물 등의 점유자·소유자의 책임(공작물 책임)은 공작물 또는 수목의 하자로 인하여 타인에게 손해가 발생한 때에 제1차로 점유자가, 제2차로 소유자가 지는 책임을 가리킨다(758조).

공작물책임은 점유자의 경우에는 중간적 책임이나, 소유자의 경우에는 무과실책임이다.

판 례 제757조 본문이 공작물 점유자의 책임 인정에 장애가 되는지

「민법 제757조에 의한 도급인의 책임과 민법 제758조 제1항에 의한 공작물 점유자의 책임은 그 법률요건과 효과를 달리하는 것이어서 공작물의 점유자가 그 공작물의 설치 또는 보존의 하자로 인하여 타인에게 손해를 가한 경우 민법 제758조 제1항에 의한 손해배상책임을 인정하는 데 있어 위 민법 제757조 본문이 장애가 되는 것은 아니」다(대판 2006. 4. 27, 2006다4564).

(2) 근 거

통설은 공작물 등의 점유자·소유자의 책임을 가중하는 근거는, 위험성이 많은 공작물 등을 관리·소유하는 자는 위험방지에 충분한 주의를 하여야 하며 만일에 위험이 현실화하여 손해가 생긴 경우에는 그에게 배상책임을 부담시키는 것이 사회적으로 타당하다고 하는 위험책임의 원리에 있다고 한다.

(3) 영조물의 하자의 경우

도로·하천 기타 공공의 영조물의 설치 또는 관리에 하자가 있는 경우의 국가 또는 지방자치단체의 배상책임에 관하여는 국가배상법에 따로 명문규정을 두고 있어서(동법 5조. 758조와 달리 면책이 인정되지 않음), 제758조 대신 그 규정이 적용된다.

2. 공작물책임의 요건 D-453

(1) 공 작 물

공작물책임이 발생하려면 먼저 손해를 발생시킨 것이 공작물에 해당하여야 한다. 공작물이란 인공적(人工的) 작업에 의하여 만들어진 물건이며, 이에는 토지의 공작물(예: 건물 · 교량 · 도로 · 지하도 · 고압선 · 전신주 · 수도시설 · 광고탑)(전기 자체는 여기의 공작물이 아니다. 대판 1993. 6. 29, 93다11913), 건물 내외의 설비(예: 천정 · 계단 · 승강기 · 광고판), 동적(動的)인 기업설비(예: 자동차 · 항공기) 등이 있다. 공작물은 일시적인 것이든 영구적인 것이든 모두 포함되며, 어떤 물건과 일체를 이루는가 독립한 것인가도 묻지 않는다.

(2) 설치 · 보존의 하자

공작물의 설치 또는 보존의 하자가 있어야 한다. 여기의「하자」란 공작물이 그 용도에 따라 통상 갖추어야 할 안전성을 갖추지 못한 상태에 있는 것을 가리킨다(대판 2006. 1. 26, 2004다21053 등). 여기에서 본래 갖추어야 할 안전성은 그 공작물 자체만의 용도에 한정된 안전성만이 아니라 그 공작물이 현실적으로 설치되어 사용되고 있는 상황에서 요구되는 안전성을 뜻한다(대판 2017. 8. 29, 2017다227103 등). 그리고 판례는 이와 같은 안전성을 갖추었는지는 당해 공작물의 설치 또는 보존자가 그 공작물의 위험성에 비례하여 사회통념상 일반적으로 요구되는 정도의 방호조치의무를 다하였는지 여부를 기준으로 판단할 것이라고 한다(대판 2019. 11. 28, 2017다14895 등 다수). 그런가 하면 판례는 다른 한편으로, 공작물의 설치 또는 보존의 하자에서 안전성을 갖추지 못한 상태, 즉 타인에게 위해를 끼칠 위험성이 있는 상태라 함은 해당 공작물을 구성하는 물적 시설 그 자체에 물리적 · 외형적 결함이 있거나 필요한 물적 시설이 갖추어져 있지 않아 이용자에게 위해를 끼칠 위험성이 있는 경우뿐만 아니라, 그 공작물을 본래의 목적 등으로 이용하는 과정에서 일정한 한도를 초과하여 제 3 자에게 사회통념상 참을 한도를 넘는 피해를 입히는 경우까지 포함되며, 이 경우 참을 한도를 넘는 피해가 발생하였는지 여부는 구체적으로 피해의 성질과 정도, 피해이익의 공공성, 가해행위의 종류와 태양, 가해행위의 공공성, 가해자의 방지조치 또는 손해 회피의 가능성, 공법상 규제기준의 위반 여부, 토지가 있는 지역의 특성과 용도, 토지이용의 선후 관계 등 모든 사정을 종합적으로 고려하여 판단할 것이라고 한다(대판 2019. 11. 28, 2016다233538 · 233545). 하자의 유무는 객관적으로 판단되며, 하자가 점유자 · 소유자의 고의 · 과실에 의하여 발생했는지는 묻지 않는다(이설 없음).

공작물의 하자의 존재에 관하여는 피해자에게 증명책임이 있는데, 판례는 때에 따라서는 하자의 존재를 추정한다(대판 1969. 12. 30, 69다1604(탄광에서 위의 암반이 떨어져 압사한 경우); 대판 1974. 11. 26, 74다246(다른 건물에는 이상이 없는데 사고 건물만이 무너진 경우)). 그리고 판례는, 일단 하자가 있음이 인정되고 그 하자가 사고의 공동원인이 되는 이상, 그 사고가 그와 같은 하자가 없었더라도 불가피한 것이었다는 점이 공작물의 소유자나 점유자에 의하여 증명되지 않는다면 그 손해는 공작물의 설치 또는 보존의 하자에 의하여 발생한 것으로 해석함이 타당하다고 한다(대판 2019. 11. 28, 2017다14895).

D-454 **판 례** 공작물의 설치·보존의 하자 관련

(ㄱ) 「공작물에서 발생한 사고라도 그것이 공작물의 통상의 용법에 따르지 아니한 이례적인 행동의 결과 발생한 사고라면, 특별한 사정이 없는 한 공작물의 설치·보존자에게 그러한 사고에까지 대비하여야 할 방호조치 의무가 있다고 할 수는 없다.」(행인이 여관 건물의 배수관 보호벽 위에 올라가 여관 내부를 엿보려다 보호벽이 무너져 사망한 사건에서 그 보호벽의 설치·보존상의 하자를 부인한 사례)(대판 1998. 1. 23, 97다25118)

(ㄴ) 「공작물의 설치 후 제3자의 행위에 의하여 본래에 갖추어야 할 안전성에 결함이 발생된 경우에는 공작물에 그와 같은 결함이 있다는 것만으로 성급하게 공작물의 보존상의 하자를 인정하여서는 안 되고, 당해 공작물의 구조, 장소적 환경과 이용상황 등 제반사정을 종합하여 그와 같은 결함을 제거하여 원상으로 복구할 수 있는데도 이를 방치한 것인지 여부를 개별적·구체적으로 심리하여 하자의 유무를 판단하여야 할 것이다.」(인접 토지에서의 건축공사로 인하여 그 공사현장과 경계를 이루는 담장에 발생한 균열 등에 대하여 담장의 설치·보존상의 하자가 부정된 사례)(대판 2005. 1. 14, 2003다24499)

(ㄷ) 「민법 제758조 소정의 '공작물의 설치 또는 보존의 하자'라 함은 공작물이 그 용도에 따라 갖추어야 할 안전성을 갖추지 못한 상태에 있음을 말하고, 안전성을 갖추지 못한 상태, 즉 타인에게 위해를 끼칠 위험성이 있는 상태라 함은 당해 공작물을 구성하는 물적 시설 그 자체에 있는 물리적·외형적 흠결이나 불비로 인하여 그 이용자에게 위해를 끼칠 위험성이 있는 경우뿐만 아니라, 그 공작물이 이용됨에 있어 그 이용상태 및 정도가 일정한 한도를 초과하여 제3자에게 사회통념상 수인할 것이 기대되는 한도를 넘는 피해를 입히는 경우까지 포함된다.」(대판 2007. 6. 15, 2004다37904·37911)

(ㄹ) 「강설에 대처하기 위하여 완벽한 방법으로 도로 자체에 융설 설비를 갖추는 것이 현대의 과학기술 수준이나 재정사정에 비추어 사실상 불가능하다고 하더라도, 최저 속도의 제한이 있는 고속도로의 경우에 있어서는 도로관리자가 도로의 구조, 기상예보 등을 고려하여 사전에 충분한 인적·물적 설비를 갖추어 강설시 신속한 제설작업을 하고 나아가 필요한 경우 제때에 교통통제 조치를 취함으로써 고속도로로서의 기본적인 기능을 유지하거나 신속히 회복할 수 있도록 하는 관리의무가 있다.」(대판 2008. 3. 13, 2007다29287·29294)

(ㅁ) 「시설(공작물을 가리킴: 저자 주)이 관계법령이 정한 시설기준 등에 부적합한 것이라면 특별한 사정이 없는 한 이러한 사유는 공작물의 설치·보존상의 하자에 해당한다고 볼 수 있다.」(계단의 위쪽에 서 있던 피해자가 지상으로 추락하여 사망한 사안에서, 건물 벽면 바깥으로 돌출되어 난간으로 둘러싸인 곳은 추락사고를 방지하기 위하여 높이 1.1m 이상의 난간을 설치하여야 함에도, 이에 현저히 미달한 76㎝~99㎝의 난간을 설치하여 평균적 체격의 성인 남자가 추락하지 않도록 방호할 수 있는 통상의 안전성을 갖추지 못한 설치·보존상의 하자와 피해자가 추락한 것 사이에는 상당한 인과관계가 있다고 볼 여지가 있다고 한 사례)(대판 2010. 2. 11, 2008다61615)

(ㅂ) 「이 경우 하자 여부를 판단할 때에는 위험의 현실화 가능성의 정도, 위험이 현실화하

여 사고가 발생하였을 때 침해되는 법익의 중대성과 피해의 정도, 사고 방지를 위한 사전조치에 드는 비용이나 위험방지조치를 함으로써 희생되는 이익 등을 종합적으로 고려하여야 한다.

이러한 법리는 '불합리한 손해의 위험'을 최소화하기 위한 조치로서 위험으로 인한 손해를 위험을 회피하기 위한 부담과 비교할 것을 요구한다는 측면에서 법경제학에서의 비용·편익 분석임과 동시에 균형접근법에 해당한다. 법관이 법을 만들어나가는 속성을 지닌 불법행위법에서 법관이 수행해야 할 균형 설정의 역할이 중요함에도 불구하고, 이러한 균형 설정은 구체적 사안과의 관련성 속에서 비로소 실질적인 내용을 가지는 것이므로, 미리 세세한 기준을 작성하여 제시하기는 어려운 것이 현실이다. 이때는 이른바 'Hand Rule'을 참고하여, 사고 방지를 위한 사전조치를 하는 데 드는 비용(B)과 사고가 발생할 확률(P) 및 사고가 발생할 경우 피해의 정도(L)를 살펴, 'B<P·L'인 경우에는 공작물의 위험성에 비하여 사회통념상 요구되는 위험방지조치를 다하지 않은 것으로 보아 공작물의 점유자에게 불법행위책임을 인정하는 접근 방식도 고려할 수 있다.」(대판 2019. 11. 28, 2017다14895. 이 판결은 법경제학의 원리를 도입하려는 점에서 특별하다)

(3) 공작물의 하자로 인하여 손해가 발생하였을 것(인과관계) D-455

공작물의 하자로 인하여 타인에게 손해가 발생하였어야 하며, 둘 사이에 인과관계가 있어야 한다. 그런데 하자가 손해발생의 유일한 원인이었을 필요는 없고, 하자가 다른 자연적 사실·제3자의 행위 또는 피해자의 행위 등과 함께 공동원인의 하나인 것으로 충분하다(대판 2015. 2. 12, 2013다61602 등 다수의 판결). 그리고 화재가 공작물의 설치 또는 보존상의 하자가 아닌 다른 원인으로 발생하였거나 화재의 발생 원인이 밝혀지지 않은 경우에도 공작물의 설치 또는 보존상의 하자로 인하여 화재가 확산되어 손해가 발생하였다면 공작물의 설치 또는 보존상의 하자는 화재사고의 공동원인의 하나가 되었다고 볼 수 있다(대판 2015. 2. 12, 2013다61602). 그러나 불가항력(예: 태풍·폭우)으로 인하여 손해가 발생한 때에는 설사 공작물에 하자가 있더라도 하자와 손해 사이에 인과관계가 없어서 공작물책임은 생기지 않는다(판례는 97.8mm 또는 50년 빈도의 집중폭우 사실만으로는 불가항력이라 단정할 수 없다고 한다. 대판 2000. 5. 26, 99다53247 등). 이때 손해가 불가항력으로 인하여 생겼음은 점유자·소유자가 증명하여야 한다. 즉 피해자가 공작물의 하자의 존재에 대하여 증명하여 하자 있음이 인정되면, 공작물책임을 지게 되는 점유자·소유자가 책임을 면하기 위하여 손해발생이 불가항력에 의한 것으로서 하자가 없었더라도 불가피한 것이었다는 점을 증명하여야 한다(대판 1982. 8. 24, 82다카348).

판 례 공작물책임 관련

(ㄱ) 정신질환으로 병원에 입원하여 진료를 받던 환자가 병원 옥상에서 떨어져 사망한 사안에서, 망인의 사망 원인이 투신에 의한 사망일 개연성이 아주 높고 병원이 망인의 자살

자체를 예견하기 어려웠다고 하더라도 위 옥상에 존재한 설치 또는 보존상의 하자가 사고의 공동원인의 하나가 되었다면, 그 공작물의 설치 또는 관리자는 손해배상책임을 면할 수 없다고 한 사례(대판 2010. 4. 29, 2009다101343).

(ㄴ) 이사짐 사다리차의 조작 도중(조작과정에 실수가 있었는지 등과는 관계없이) 사다리가 고압전선에 접촉되어 전류가 사다리차 옆에 주차된 이사짐 트럭에 옮겨붙는 바람에 그 주위에서 작업하던 인부가 감전되어 사망한 사고에 대하여, 공작물인 위 고압전선의 설치·보존상의 하자로 인한 한국전력공사의 손해배상책임을 인정한 사례(대판 2007. 6. 28, 2007다10139).

(ㄷ) 「개정 실화책임법은 구 실화책임법과 달리 손해배상액의 경감에 관한 특례 규정만을 두었을 뿐 손해배상의무의 성립을 제한하는 규정을 두고 있지 아니하므로, 공작물의 점유자 또는 소유자가 공작물의 설치·보존상의 하자로 인하여 생긴 화재에 대하여 손해배상책임을 지는지 여부는 다른 법률에 달리 정함이 없는 한 일반 민법의 규정에 의하여 판단하여야 한다. 따라서 공작물의 설치·보존상의 하자에 의하여 직접 발생한 화재로 인한 손해배상책임뿐만 아니라 그 화재로부터 연소한 부분에 대한 손해배상책임에 관하여도 공작물의 설치·보존상의 하자와 그 손해 사이에 상당인과관계가 있는 경우에는 민법 제758조 제1항이 적용되고, 실화가 중대한 과실로 인한 것이 아닌 한 그 화재로부터 연소한 부분에 대한 손해의 배상의무자는 개정 실화책임법 제3조에 의하여 손해배상액의 경감을 받을 수 있다.」(대판 2012. 6. 28, 2010다58056. 동지 대판 2013. 3. 28, 2010다71318)

(ㄹ) 「공작물의 하자로 인해 어떠한 손해가 발생하였다고 하더라도, 그 손해가 공작물의 하자와 관련한 위험이 현실화되어 발생한 것이 아니라면 이는 '공작물의 설치 또는 보존상의 하자로 인하여 발생한 손해'라고 볼 수 없다.」(대판 2018. 7. 12, 2015다68348. 한국수자원공사가 임시물막이의 소유자 및 점유자로서 그 설치·관리를 제대로 하지 못하여 사고가 발생하였고, 그로 인하여 원고들이 수돗물을 공급받지 못하여 정신적 고통을 입었음을 이유로, 한국수자원공사를 상대로 공작물책임에 따른 손해배상을 청구한데 대해, 원고들이 주장하는 위와 같은 손해는 공작물책임에서 보호하고자 하는 법익과 관련된 손해라고 보기 어렵다고 함)

(4) 면책사유가 없을 것

점유자는 손해의 방지에 필요한 주의를 해태하지 않은 때에는 면책된다(758조 1항 단서). 그러나 소유자는 면책이 인정되지 않는다. 점유자의 이 면책사유는 책임을 면하려는 점유자가 증명하여야 한다(대판 2008. 3. 13, 2007다29287·29294).

점유자가 상당한 주의를 하였더라도 손해가 생겼을 경우(756조 1항 단서 참조)에도 면책을 인정하는 견해가 있으나, 책임무능력자의 감독자책임에서와 같이 부정하여야 한다(D-440 참조).

D-456 3. 배상책임자

(1) 공작물의 점유자 · 소유자의 책임

공작물책임은 제1차적으로 공작물의 점유자(공작물을 사실상 지배하면서 그 설치 또는 보존상의 하자로 인하여 발생할 수 있는 각종 사고를 방지하기 위하여 공작물을 보수·관리할 권한 및 책임이 있는 자. 대판 2024. 2. 15, 2019다208724 등)(고속도로를 설치하고 보존·관리하는 자는 공작물점유자에 해당한다. 대판 2019. 11. 28, 2016다233538·233545 참조)가 지고 점유자가 면책되는 경우에 제 2 차적으로 공작물의 소유자가 지며, 점유자 중에 간접점유자가 있는 경우에는 직접점유자가 먼저 책임을 지고 직접점유자에게 책임을 지울 수 없는 때에 비로소 간접점유자가 책임을 진다(대판 1993. 3. 26, 92다10081 등 다수). 그리고 직접점유자나 그와 같은 지위에 있는 자가 공작물의 하자로 피해를 입은 경우에는 소유자가 책임을 지고, 그때 피해자에게 보존상의 과실이 있더라도 과실상계의 사유가 될 뿐이다(대판 1993. 2. 9, 92다31668: 주택의 임차인과 그 동거인이 연통의 보존의 하자로 연탄가스에 중독된 경우에 관하여 주택소유자의 공작물책임을 인정하면서, 사망한 동거인이 사고 1주일 전에 연탄가스를 마신 적이 있음에도 소유자에게 알리거나 벽의 틈새를 막는 등의 조치를 취하지 않은 과실이 있다 하여 과실상계를 인정한 사례). 한편 판례는, 가사상·영업상 기타 유사한 관계에 의하여 타인의 지시를 받아서 공작물에 대한 사실상의 지배를 하는 자가 있는 경우에 그 타인의 지시를 받는 자는 제195조에 따른 점유보조자에 불과하므로 제758조 제 1 항에 의한 공작물 점유자의 책임을 부담하는 점유자에 해당하지 않는다고 한다(대판 2024. 2. 15, 2019다208724 등). 소유자가 지는 책임이 면책이 인정되지 않는 무과실책임이라 함은 앞에서 기술한 바 있다(D-452).

건물을 타인에게 임대한 소유자가 건물을 적합하게 유지·관리할 의무(623조 참조)를 위반하여 임대목적물에 필요한 안전성을 갖추지 못한 설치·보존상의 하자가 생기고 그 하자로 인하여 임차인에게 손해를 입힌 경우, 건물의 소유자 겸 임대인은 임차인에게 공작물책임과 수선의무 위반에 따른 채무불이행책임을 진다(대판 2017. 8. 29, 2017다227103).

판 례 공작물책임을 지는 자 관련

(ㄱ) 「화재가 공작물 자체의 설치 보존상의 하자에 의하여 직접 발생한 경우에 그로 인한 손해배상책임에 대하여는 민법 제758조 제 1 항 소정의 공작물 점유자 내지 소유자의 책임이 인정되는 것이지만, 그와 같은 경우에도 간접점유자인 건물의 소유자는 직접점유자가 손해방지에 필요한 주의를 해태하지 아니한 경우에 한하여 비로소 책임을 지게 되는 것이다.」(대판 1995. 10. 13, 94다36506)

(ㄴ) 피고들이 모두 공작물의 설치보존에 하자 있음을 이유로 본조에 의하여 손해배상책임이 있다면 그들의 각 불법행위는 그들 간에 주관적 공동관계가 없어도 객관적인 공동관계가 있으므로 민법 제760조 소정 공동불법행위자로서 연대하여 손해를 배상할 책임이 있다(대판 1968. 2. 27, 67다1975).

(ㄷ) 한국도로공사는 고속국도법 제 6 조 제 1 항의 규정에 의하여 건설부장관을 대행하여 경부고속도로를 관리하여 오고 있으므로 민법 제758조 제 1 항이 정하는 공작물의 점유자에 해당한다(고속도로의 추월선에 각목이 방치되어 사고의 원인이 된 경우, 한국도로공사의 공작물 보존 하자로 인한 책임을 인정한 사례)(대판 1996. 10. 11, 95다56552).

(2) 공작물의 점유자 · 소유자의 구상권

공작물의 점유자 또는 소유자가 피해자에 배상한 때에는, 그 손해의 원인에 대하여 책임있는 자가 있는 경우 그 자에게 구상권을 행사할 수 있다(758조 3항). 가령 공작물을 만든 수급인의 과실로 하자가 생긴 경우에 그렇다. 이러한 경우에 수급인은 피해자에 대하여 직접 제750조에 의하여 책임을 부담할 수도 있다(대판 1996. 11. 22, 96다39219: 758조가 750조의 책임을 배제하는 것이 아님).

4. 수목에 관한 책임

수목의 재식(栽植) 또는 보존에 하자가 있는 경우에도 수목의 점유자와 소유자는 공작물에서와 같은 책임을 진다(758조 2항). 구상권도 같다(758조 3항).

D-457 V. 동물점유자의 책임

(1) 의의 · 성질

동물점유자의 책임은 동물이 타인에게 손해를 가한 경우에 동물의 점유자 또는 보관자가 지는 책임을 말한다(759조). 이 책임도 중간적 책임이다. 그 근거에 대하여는 보통 위험책임으로 설명한다.

(2) 요 건

1) 동물이 손해를 가하였을 것 동물의 종류는 묻지 않는다(보통은 소 · 말 · 개 등의 가축이 문제된다).

2) 타인에게 손해를 가하였을 것 손해는 인체에 대한 것뿐만 아니라 물건에 대한 것도 포함한다. 동물 자신의 동작에 의하지 않고 다른 자가 동물을 시켜 가해한 경우에는 일반 불법행위만이 문제된다.

3) 면책사유가 없을 것 동물의 점유자가 동물의 종류와 성질에 따라 그 보관에 상당한 주의를 해태하지 않은 때에는 면책된다(759조 1항 단서). 그러나 상당한 주의를 하여도 손해가 생겼을 경우(756조 1항 단서 참조)에는 면책되지 않는다고 할 것이다(이설 있음). 위의 면책사유는 책임을 면하려는 동물점유자가 증명하여야 한다.

D-458 (3) 배상책임자

배상책임을 지는 자는 「동물의 점유자」(759조 1항)와 「점유자에 갈음하여 동물을 보관한 자」(759조 2항)이다.

「동물의 점유자」에 간접점유자가 포함되는가에 관하여는 다투어지나 제외된다고 새겨야 한다. 제759조가 소유자의 책임을 제외하고 있는 점을 생각한다면, 동조는 현실적으로 동물을 점유하는 자로 하여금 전적으로 책임을 지도록 하려는 취지의 것으로 보이기 때문이다. 다만, 간접점유자가 부적당한 보관자를 선임한 것에 관하여 과실이 있는 경우에는, 그는 제750조에 의하여 책임을 지게 된다. 판례(대판 1981. 2. 10, 80다2966)도 같은 취지이다.

「동물의 보관자」는 동물의 직접점유자를 가리키며, 따라서 그것은 「동물의 점유자」와 동일하여서, 제759조 제2항은 특별한 의미가 없다. 그리고 점유보조자는 여기의 보관자에 포함되지 않는다. 그 결과 점유보조자가 있는 경우에는 점유주만이 동물점유자의 책임을 진다.

Ⅵ. 공동불법행위 D-459

1. 의의 및 성질

(1) 의 의

공동불법행위는 여러 사람이 공동으로 불법행위를 하여 타인에게 손해를 가하는 경우를 가리킨다. 민법은 제760조에서 공동불법행위로 세 가지를 규정하고 있다. ①「수인이 공동불법행위로 타인에게 손해를 가한 때」(760조 1항) 즉 협의의 공동불법행위, ②「공동 아닌 수인의 행위 중 어느 자의 행위가 그 손해를 가한 것인지를 알 수 없는 때」(760조 2항) 즉 가해자 불명의 공동불법행위, ③ 교사·방조의 경우(760조 3항)가 그것이다. 민법은 이들 세 경우에 공동행위자에 대하여 연대하여 손해를 배상하도록 하고 있다.

(2) 성 질

제760조는 공동불법행위의 경우에는 행위자들이「연대하여 배상할 책임이 있다」고 규정한다(그 결과 공동불법행위의 경우에는 분할채권관계에 관한 408조가 적용되지 않는다). 법률에서「연대하여」채무를 부담한다거나 책임을 진다고 하면 그것은 당연히 민법상의 연대채무가 성립한다는 것이 된다. 그럼에도 불구하고 우리의 **통설**(사견은 다름. 채권법각론 [281] 참조)과 **판례**(대판 1982. 4. 27, 80다2555 등)는 **부진정연대채무로 해석한다**. 통설은 그 이유로 ① 피해자를 두텁게 보호하기 위한 제760조의 취지를 살리려면, 채무자 1인에게 생긴 사유가 다른 채무자에게 영향을 미치는 절대적 효력 있는 사유의 범위가 넓은 연대채무보다는 그 범위가 좁은 부진정연대채무라고 새겨야 한다는 점, ② 다른 특수 불법행위(예: 사용자와 피용자는 부진정연대채무를 부담함)와의 균형상으로도 부진정연대채무라고 해석하여야 한다는 점을 든다.

2. 공동불법행위의 모습과 요건 D-460

(1) 협의의 공동불법행위

협의의 공동불법행위는「수인이 공동의 불법행위로 타인에게 손해를 가한」경우이다(760조 1항). 여러 사람이 공동으로 다른 사람을 때려서 다치게 한 경우가 그 예이다. 그 요건은 다음과 같다.

1) 각자의 행위에 관한 요건 협의의 공동불법행위가 성립하기 위하여 각자의 행위가 각각 독립해서 불법행위의 요건을 갖추어야 하는지가 문제된다. 여기에 관하여 학설은 i) 긍정설과 ii) 경우에 따라 다르다는 견해로 나뉘어 있다. 그리고 판례는 i)설과 같다(대판 1998. 2. 13, 96다7854 등. 그러나 뒤에 보는 것처럼 인과관계 인정 등에서는 유연한 태도를 보인다). 생각건대 원칙적으로 긍정하되, 공동불법행위의 특수성

을 고려하여 적절하게 해석하여야 한다. 특히 손해발생 및 인과관계에 있어서 그렇다. 이러한 사견에 의하면 원칙적으로 독립한 불법행위의 요건을 갖춘 자들 사이에서만 공동불법행위가 성립하게 되며, 예외가 인정된다. 특기할 점을 적어본다.

(가) **행위의 독립성** 독립한 행위로 인정되는 행위이어야 한다. 따라서 피용자의 가해행위에 대하여 사용자로서 책임을 지는 경우에 피용자와 사용자는 공동불법행위책임을 지지 않는다(이설 있음). 그러나 사용자에 대하여 제750조의 불법행위가 인정되는 때에는 공동불법행위가 된다. 책임능력 있는 미성년자의 감독의무자가 제750조에 의하여 불법행위책임을 지는 때에도 같다(동지 대판 1991. 4. 9, 90다18500).

D-461 (나) **고의 · 과실** 행위자에게는 고의나 과실이 있어야 한다. 그런데, 뒤에 보는 바와 같이, 공동불법행위가 성립하기 위하여 공모 또는 공동의 인식이 필요하지 않으므로, 각 행위자에게 고의나 과실 어느 하나만 있으면 된다. 그리고 무과실책임을 지는 자(예: 공작물의 소유자)(증명책임이 전환된 경우 포함)는 과실이 없어도 공동불법행위자가 될 수 있다(이설 있음).

(다) **책임능력** 각자에게 책임능력이 있어야 하며, 책임능력이 없는 자는 제외된다.

(라) **인과관계** 여기의 인과관계는 공동행위자의 가해행위와 손해 사이에 존재하면 되고, 각자의 행위와 손해 사이에 인과관계가 있어야 할 필요는 없다(이설 있음). 판례도 수인이 피해자를 폭행하기로 모의한 뒤 그중 1인이 피해자를 폭행하여 사망하게 한 경우에 관하여 그 수인이 모두 공동불법행위책임을 진다고 하여(대판 1957. 3. 28, 4289민상551), 유사한 견지에 있다.

판 례 공동불법행위로 인한 손해배상책임의 요건 관련

「민법 제760조 제 1 항, 제 3 항의 공동불법행위자에게 불법행위로 인한 손해배상책임을 지우려면, 그 위법한 행위와 원고가 입은 손해 사이에 상당인과관계가 있어야 하고, 그 상당인과관계의 유무는 결과발생의 개연성, 위법행위의 태양 및 피침해이익의 성질 등을 종합적으로 고려하여 판단하여야 한다.」(대판 2018. 7. 11, 2017다263703)

2) **행위의 관련 · 공동성** 협의의 공동불법행위가 성립하려면 각 행위자의 가해행위 사이에 관련·공동성이 있어야 한다. 제760조 제 1 항이 수인의 「공동의 불법행위」를 요구하기 때문이다. 그런데 이 관련 · 공동성의 의미에 대하여는 다투어지고 있다. 학설은 i) 행위자들 사이에 공모 내지 공동의 인식이 필요하다는 주관적 공동설, ii) 행위자들의 공모 내지 공동의 인식은 필요하지 않으며 객관적으로 관련·공동하고 있으면 된다고 하는 객관적 공동설(사견도 같음) 등으로 나뉘어 있다. 그리고 판례는, 행위자 상호간의 공모는 물론 공동의 인식을 필요로 하지 않고 다만 객관적으로 그 공동행위가 관련 공동되어 있으면 족하다고 하여, ii)설과 같다(대판 2009. 8. 20, 2008다51120 · 51137 · 51144 · 51151 등 다수).

판례 협의의 공동불법행위의 성립 여부 관련 D-462

(ㄱ) 갑과 을이 공동으로 폭행을 가하여 상해를 입게 한 발단이 병의 좋지 못한 행위로 이루어졌고 병이 그 현장에 있었다는 사실만으로는 병을 공동불법행위자라고 말할 수는 없는 것이다(대판 1966. 4. 19, 66다391).

(ㄴ) 갑회사의 차량이 횡단보도상의 피해자를 충격, 땅에 넘어뜨리자 뒤따라 오던 을회사의 차량이 피해자의 복부를 역과(轢過)하여 사망한 경우에 피해자를 넘어지게 한 사실은 이에 연하여 일어난 역과의 원인이 되는 것이므로 위 두 과실은 사망에 대한 공동원인이 된다(대판 1968. 3. 26, 68다91).

(ㄷ) 각 피용자의 공동과실로 인하여 제 3 자에게 손해를 가한 경우에는 각 사용자는 공동불법행위자로 연대책임이 있고 각기 피용자의 과실의 정도에 따라 부담부분이 정하여질 것이다(대판 1969. 1. 28, 68다2245).

(ㄹ) 교통사고로 전치 8주를 요할 부상을 당하고 병원에 입원치료를 받던 중 병원의 시설하자 및 그 직원의 불법행위로 병원의 비상계단에서 추락하여 사망한 경우에, 「양 행위가 시간과 장소에 괴리가 있고 결과발생에 있어서도 양 행위가 경합하여 단일한 결과를 발생시킨 것이 아니고 각 행위의 결과발생을 구별할 수 있으므로 그러한 경우에는 공동불법행위가 성립한다고 하기 어렵다.」(대판 1989. 5. 23, 87다카2723)

(ㅁ) 「교통사고로 인하여 상해를 입은 피해자가 치료를 받던 중 치료를 하던 의사의 과실 등으로 인한 의료사고로 증상이 악화되거나 새로운 증상이 생겨 손해가 확대된 경우에는, 특별한 다른 사정이 없는 한 그와 같은 손해와 교통사고 사이에도 상당인과관계가 있다고 보아야 할 것이므로, 교통사고와 의료사고가 각기 독립하여 불법행위의 요건을 갖추고 있으면서 객관적으로 관련되고 공동하여 위법하게 피해자에게 손해를 가한 것으로 인정된다면, 공동불법행위가 성립되어 공동불법행위자들이 연대하여 그와 같은 손해를 배상할 책임이 있는 것이다.」(대판 1993. 1. 26, 92다4871)

(ㅂ) 국도상에 아스팔트가 패여서 생긴 길이 1.2미터, 폭 0.7미터의 웅덩이가 있어서 이 곳을 통과하던 관광버스가 이를 피하기 위하여 중앙선을 침범운행한 과실로 마주오던 화물트럭과 충돌하여 교통사고가 발생한 경우에, 도로의 관리책임자인 국가는 관광버스 소속회사와 공동불법행위자로서 손해배상의 책임이 있다(대판 1993. 6. 25, 93다14424).

(ㅅ) 대한적십자사가 혈액원으로서 에이즈바이러스감염 위험군으로부터 헌혈을 배제하지 않아 피해자가 에이즈바이러스에 감염된 혈액을 수혈받아 그 바이러스에 감염되었고, 또한 수혈을 한 병원의사는 특별히 긴급한 상황이 아닌 상태에서 피해자에게 사전에 에이즈감염 위험에 관하여는 아무런 설명을 하지 않은 경우에는, 대한적십자사의 과실 및 위법행위는 피해자의 신체상해 자체에 대한 것인 데 비하여, 병원 소속 의사들의 과실 및 위법행위는 신체상해의 결과발생 여부를 묻지 않는 수혈 여부와 수혈혈액에 대한 피해자의 자기결정권이라는 인격권의 침해에 대한 것임이 분명하므로 양 행위가 경합하여 단일한 결과를 발생시킨 것이 아니고 각 행위의 결과발생을 구별할 수 있으니, 이와 같은 경우에는 공

동불법행위가 성립한다고 할 수 없다(대판 1998. 2. 13, 96다7854).

(ㅇ)「동시에 또는 거의 같은 시기에 건축된 가해 건물들이 피해 건물에 대하여 전체적으로 수인한도를 초과하는 일조 침해의 결과를 야기한 경우, 각 가해 건물들이 함께 피해 건물의 소유자 등이 종래 향유하던 일조를 침해하게 된다는 점을 예견할 수 있었다면 특별한 사정이 없는 한 각 가해 건물의 건축자 등은 일조 침해로 피해 건물의 소유자 등이 입은 손해 전부에 대하여 공동불법행위자로서의 책임을 부담한다.」(대판 2006. 1. 26, 2005다47014 · 47021 · 47038)

(ㅈ) 외주제작사가 무단촬영한 장면에 관하여 방송사업자가 피촬영자의 방송 승낙 여부를 확인하지 않고 피촬영자의 식별을 곤란하게 하는 별도의 화면조작 없이 그대로 방송한 경우, 피촬영자의 초상권 침해에 대하여 외주제작사와 공동불법행위책임을 진다(대판 2008. 1. 17, 2007다59912).

(ㅊ)「재건축조합이 재건축조합원들을 위법하게 제명하여 그 수분양권을 박탈한 상태에서 시공사가 재건축조합과 함께 일반분양을 강행하는 경우에는 제명된 조합원들에 대하여 공동불법행위가 성립할 수 있다.」(대판 2009. 9. 10, 2008다37414)

(ㅋ)「공동불법행위가 성립하려면 행위자 사이에 의사의 공통이나 행위공동의 인식이 필요한 것은 아니지만, 객관적으로 보아 행위자 각자의 고의 또는 과실에 기한 행위가 공동으로 행하여져 피해자에 대한 권리침해 및 손해발생에 공통의 원인이 되었다고 인정되는 경우라야 할 것이므로, 공동불법행위를 이유로 손해배상책임을 인정하기 위하여는 먼저 행위자 각자의 고의 또는 과실에 기한 행위가 공동으로 행하여졌다는 점이 밝혀져야 한다.」(대판 2008. 4. 24, 2007다44774)

(ㅌ) 농업협동조합의 대부업무 담당자가 조합의 대부규정에 위배하여 부정대부를 한 결과 조합에 손해를 끼쳤으면 전무, 차장 등 상사의 지시에 의하여 대부를 하였다 하더라도 특별한 사정이 없는 한 대부업무 담당자에게 고의, 과실이 인정되는 한 동 부정대부의 가담자로서 공동불법행위자로서의 책임을 져야 한다(대판 1974. 2. 26, 73다1191).

(ㅍ)「민법상 공동불법행위는 객관적으로 관련공동성이 있는 수인의 행위로 타인에게 손해를 가하면 성립하고, 행위자 상호 간에 공모는 물론 의사의 공통이나 공동의 인식을 필요로 하는 것이 아니다. 또한, 그러한 공동의 행위는 불법행위 자체를 공동으로 하거나 교사·방조하는 경우는 물론 횡령행위로 인한 장물을 취득하는 등 피해의 발생에 공동으로 관련되어 있어도 인정될 수 있다. 그리고 이러한 법리는 범죄수익 은닉의 규제 및 처벌 등에 관한 법률에서 정하는 특정범죄로 취득한 재산인 것을 인식하면서 그 은닉·보존 등에 협력하는 등으로 특정범죄로 인한 피해회복을 곤란 또는 불가능하게 함으로써 그 손해가 지속되도록 한 경우에도 마찬가지로 적용된다.」(대판 2016. 4. 12, 2013다31137)

D-463 ### (2) 가해자 불명의 공동불법행위

이는「공동 아닌 수인의 행위 중 어느 자의 행위가 그 손해를 가한 것인지를 알 수 없는」 경우이다(760조 2항). 우연히 여러 사람이 돌을 던져 피해자가 그중 하나의 돌에 의하여 다친 경우,

다수의 의사가 의료행위에 관여하여 의료사고가 발생하였는데 그중 누구의 과실에 의하여 의료사고가 발생한 것인지 분명하지 않은 경우(대판 2005. 9. 30, 2004다52576)가 그 예이다. 가해자 불명의 공동불법행위는 가해행위 자체에는 객관적 공동성이 없는 점에서 협의의 공동불법행위와 다르다.

이 공동불법행위가 성립하려면 ① 각 행위자에게 고의·과실과 책임능력이 있어야 한다. 그리고 ② 수인이 가해할 위험성이 있는 행위(예: 돌을 던지는 행위)를 하였어야 한다. 우리의 문헌들은 일반적으로 위험성 있는 행위를 「공동으로」 했을 것을 요구하나, 공동성은 제760조 제 2 항이 요구하는 요건이 아닐뿐더러 그것을 요구할 경우에는 가해자 불명의 공동불법행위가 협의의 공동불법행위에 흡수되어 버리는 문제가 생긴다. 다음에 ③ 공동행위자 중 1인이 가해행위를 한 것이 확실하나 그가 누구인지가 불분명해야 한다. 가해자가 누구인지 알 경우에는 일반 불법행위가 성립하고 공동불법행위가 되지 않는다. 그리고 어느 1인이 자기의 행위와 손해발생 사이에 인과관계가 없음을 증명하면 그는 책임을 면한다고 할 것이다(통설·판례도 같음. 대판 2008. 4. 10, 2007다76306[핵심판례 400면]).

민법이 가해자 불명의 공동불법행위를 규정한 것은 피해자를 증명의 곤란으로부터 구제해 주기 위해서이다.

판 례 **제760조 제 2 항 관련**

「민법 제760조 제 2 항은 같은 조 제 1 항에서 말하는 공동의 불법행위로 보기에 부족한, 여러 사람의 행위가 경합하여 손해가 생긴 경우, 입증책임을 덜어줌으로써 피해자를 보호하려는 입법정책상의 고려에 따라 각각의 행위와 손해발생 사이의 인과관계를 법률상 추정한 것이므로, 이러한 경우 개별 행위자가 자기의 행위와 손해발생 사이에 인과관계가 존재하지 아니함을 입증하면 면책되고, 손해의 일부가 자신의 행위에서 비롯된 것이 아님을 입증하면 배상책임이 그 범위로 감축된다.」(차량 등의 3중 충돌사고로 사망한 피해자가 그중 어느 충돌사고로 사망하였는지 정확히 알 수 없는 경우)(대판 2008. 4. 10, 2007다76306[핵심판례 400면])

(3) 교사 · 방조의 경우 D-464

교사자나 방조자는 공동행위자로 본다(760조 3항). 교사는 타인으로 하여금 불법행위의 의사를 결정하게 하는 것이다. 그리고 방조는 불법행위의 보조적 행위이다(예: 망을 보는 것·조언·격려·흉기 제공). 즉 불법행위를 용이하게 하는 직접·간접의 모든 행위이다(대판 2001. 5. 8, 2001다2181 등). 방조는 작위에 의한 경우뿐만 아니라 작위의무 있는 자가 그것을 방지하여야 할 여러 조치를 취하지 아니하는 부작위로 인하여 불법행위자의 실행행위를 용이하게 하는 경우도 포함한다(대판 2014. 3. 27, 2013다91597 등 다수). 여기서 작위의무는 법적인 의무이어야 하므로 단순한 도덕상 또는 종교상의 의무는 포함되지 않으나 작위의무가 법적인 의무인 한 그 근거가 성문법이든 불문법이든 상관이 없고 또 공법인가 사법인가를 불문하므로, 법령·법률행위·선행행위로 인한 경우는 물론이고 기타 신의성실의 원칙이나 사회상규 혹은 조리상 작위의무가 기대되는 경우에도 법적인 작위의무는 있다(대판 2023. 11. 16, 2022다265994 등). 다만, 신의성실의 원칙이나 사회상규 혹은 조리상의 작위의무는 혈연적인 결합관계나 계약관계 등으로 인한 특별한 신뢰관계가 존재하여 상대방의 법익을 보호하고 그에 대한 침해를 방지할 책임이 있다고 인정되거나 혹은 상대방에게 피해를 입힐 수 있는 위험요인을 지배·관리하고 있거나 타인의 행위를 관리·감독할 지위에 있어 개별적·구체적 사정 하에서 그 위험요인이나 타인의 행위로 인한 피해가 생기지 않도록 조치할 책임이 있다고 인정되는 경우 등과 같이 상대방의 법익을 보호하거나 그의 법익에 대한 침해를 방지하여야 할 특별한 지위에 있음이 인정되는 자에 대하여만 인정할 수 있는 것이고, 그러한 지위에 있지 않은 제3자에 대하여 함부로 작위의무를 확대하여 부과할 것은 아니다(대판 2023. 11. 16, 2022다265994 등). 한편 판례는 과실에 의한 방조도 가능하다고 한다(대판 2009. 4. 23, 2009다1313(아파트 최상층 분양에 있어 중요한 사항인 다락의 형상에 관하여 신의성실의 의무에 비추어 비난받을 정도로 허위·과장한 내용의 분양광고를 한 사안에서, 분양자(시행사) 뿐만 아니라 시공사도 공동불법행위로 인한 손해배상책임을 부담한다고 한 사례); 대판 2014. 3. 27, 2013다91597(손해의 전보를 목적으로 하여 과실을 원칙적으로 고의와 동일시하는 민사법의 영역에서는 과실에 의한 방조도 가능하다고 함); 대판 2023. 12. 14, 2022다208649 등 다수). 그런데 판례는, 이 경우의 과실의 내용은 불법행위에 도움을 주지 말아야 할 주의의무가 있음을 전제로 하여 그 의무를 위반하는 것을 말하고, 방조자에게 공동불법행위자로서의 책임을 지우기 위하여는 방조행위와 피해자의 손해 발생 사이에 상당인과관계가 있어야 한다고 한다(대판 2023. 12. 14, 2022다208649 등 다수). 그리고 상당인과관계를 판단할 때에는 과실에 의한 행위로 인하여 해당 불법행위를 용이하게 한다는 사정에 관한 예견가능성과 아울러 과실에 의한 행위가 피해 발생에 끼친 영향, 피해자의 신뢰 형성에 기여한 정도, 피해자 스스로 쉽게 피해를 방지할 수 있었는지 여부, 주의의무를 부과하는 법령 기타 행동규범의 목적과 보호법익 등을 종합적으로 고려하여 그 책임이 지나치게 확대되지 않도록 신중을 기할 것이라고 한다(대판 2023. 12. 14, 2022다208649 등). 그런가 하면 판례는, 공동불법행위자 1인이라고 하여 자신의 행위와 상당인과관계가 없는 손해에 대하여도 당연히 배상책임을 진다고 할 수는 없는 것이고, 타인의 불법행위가 계속되는 중 공동불법행위자의 과실에 의한 행위가 이루어졌다면, 특별한 사정이 없는 한 그 과실에 의한 행위와 그 이전에 타인의 불법행위로 발생한 손해 사이에 상당인과관계가 있다고 보기는 어렵다고 한다(대판 2022. 9. 7, 2022다237098).

교사자와 방조자는 직접 가해행위를 한 자와 공동불법행위책임을 진다.

판 례 교사·방조의 경우 관련

(ㄱ) 국내 운송취급인이 선하증권을 제시받지 아니한 채 수입업자에게 화물인도지시서를 발행하였고 수입업자가 그 화물인도지시서를 이용하여 제3자와 양도담보계약을 체결한

사안에서, 위 국내 운송취급인이 화물인도지시서를 발행한 행위는 수입업자의 불법행위에 관하여 공모 또는 방조한 행위로서 공동불법행위에 해당하고, 양도담보권을 상실함으로써 제 3 자가 입은 손해 사이에 상당인과관계도 인정된다고 한 사례(대판 2010. 2. 11, 2009다80026).

(ㄴ) 「… 경우에는, 위 서비스제공자(인터넷 포털사이트를 운영하는 온라인서비스제공자: 저자 주)에게 그 게시물을 삭제하고 향후 같은 인터넷 게시공간에 유사한 내용의 게시물이 게시되지 않도록 차단하는 등의 적절한 조치를 취하여야 할 의무가 있으므로, 이를 위반하여 게시자의 저작권 침해를 용이하게 하는 경우에는 위 게시물을 직접 게시한 자의 행위에 대하여 부작위에 의한 방조자로서 공동불법행위책임이 성립한다.」(대판 2010. 3. 11, 2009다4343)

3. 공동불법행위자의 책임 D-465

(1) 책임의 연대성

공동불법행위자는 피해자에 대하여 연대채무를 부담한다(통설·판례는 부진정연대채무를 부담한다고 함. D-459 참조). 즉 모든 행위자가 전부급부의무를 지며, 그것은 불법행위에 가담한 정도가 경미한 자라도 마찬가지이다(대판 2005. 11. 10, 2003다66066 등 다수).

(2) 배상의 범위

공동불법행위에 의한 직접적 손해와 통상손해·특별손해를 배상하여야 한다(D-515 참조)(통설은 통상손해·특별손해로만 구분한다). 그런데 특별손해에 대하여는 논란이 있다. 학설은 i) 특별손해에 관하여는 예견가능성이 없는 자는 연대의 책임이 생기지 않는다는 견해, ii) 예견가능성이 없는 자도 면책되지 않는다는 견해 등으로 나뉘어 있다(사견은 채권법 각론 [286] 참조).

판례는, 피해자의 과실을 들어 과실상계를 함에 있어서는 피해자의 공동불법행위자 각인에 대한 과실비율이 서로 다르더라도 피해자의 과실을 공동불법행위자 각인에 대한 과실로 개별적으로 평가할 것이 아니고 그들 전원에 대한 과실로 전체적으로 평가하여야 할 것이라고 한다(대판 1998. 6. 12, 96다55631[핵심판례 402면]; 대판 2022. 7. 28, 2017다16747·16754 등 다수). 다만, 피해자가 공동불법행위자들을 모두 피고로 삼아 손해배상청구의 소를 제기한 경우와 달리 공동불법행위자별로 별개의 소를 제기한 경우에는, 과실상계비율과 손해액도 서로 달리 인정될 수 있다고 한다(대판 2001. 2. 9, 2000다60227). 그리고 판례는, 불법행위로 인한 손해배상 사건에서 피해자의 과실을 들어 과실상계를 함에 있어서는 피해자의 부주의를 이용하여 고의로 불법행위를 저지른 자가 바로 그 피해자의 부주의를 이유로 자신의 책임을 감하여 달라고 주장할 수 없으나(대판 1995. 11. 14, 95다30352 등), 이는 그러한 사유가 있는 자에게 과실상계의 주장을 허용하는 것이 신의칙에 반하기 때문이므로, 불법행위자 중의 일부에게 그러한 사유가 있다고 하여도 그러한 사유가 없는 불법행위자는 과실상계의 주장을 할 수 있다고 한다(대판 2009. 8. 20, 2008다51120·51137·51144·51151 등). 또한 피해자의 과실을 공동불법행위자 전원에 대한 과실로 전체적으로 평가하여야 한다는 것이 공동불법행위자 중에 고의로 불법행위를 행한 자가 있는 경우에는 피해자에게 과실이 없는 것으로 보아야 한다거나 모든 불법행위자가 과실상계의 주장을 할 수 없게 된다는 의미는 아니다(대판 2020. 2. 27, 2019다223747 등).

판 례 공동불법행위에서 과실상계 관련

(ㄱ) 「피해자가 공동불법행위자 중의 일부만을 상대로 손해배상을 청구하는 경우에도 과실상계를 함에 있어 참작하여야 할 쌍방의 과실은 피해자에 대한 공동불법행위자 전원의 과실과 피해자의 공동불법행위자 전원에 대한 과실을 전체적으로 평가하여야 하고 공동불법행위자간의 과실의 경중이나 구상권행사의 가능 여부 등은 고려할 여지가 없다.」(대판 1991. 5. 10, 90다14423)

(ㄴ) 「피해자가 공동불법행위자들을 모두 피고로 삼아 한꺼번에 손해배상청구의 소를 제기한 경우와 달리 공동불법행위자별로 별개의 소를 제기하여 소송을 진행하는 경우에는 각 소송에서 제출된 증거가 서로 다르고 이에 따라 교통사고의 경위와 피해자의 손해액 산정의 기초가 되는 사실이 달리 인정됨으로 인하여 과실상계비율과 손해액도 서로 달리 인정될 수 있는 것이므로, 원고들이 ○○화재해상보험 주식회사를 상대로 한 손해배상 소송에서 승소한 금액을 전부 지급받았다고 하더라도 그 금액이 이 사건 손해배상 소송에서 산정된 손해액에 미치지 못한다면 피고는 그 차액을 원고들에게 지급할 의무가 있는 것이다.」(대판 2001. 2. 9, 2000다60227)

(ㄷ) 「공동불법행위자의 관계는 아니지만 서로 별개의 원인으로 발생한 독립된 채무가 동일한 경제적 목적을 가지고 있고 서로 중첩되는 부분에 관하여 한쪽의 채무가 변제 등으로 소멸하면 다른 쪽의 채무도 소멸하는 관계에 있기 때문에 부진정연대채무 관계가 인정되는 경우가 있다. 이러한 경우까지 과실상계를 할 때 반드시 채권자의 과실을 채무자 전원에 대하여 전체적으로 평가하여야 하는 것은 아니다.」(대판 2022. 7. 28, 2017다16747 · 16754)

공동불법행위에서 채무자들의 손해배상액이 차이가 있는 경우에 다액채무자가 손해배상액의 일부를 변제하면 소액채무자의 채무는 어느 범위에서 소멸하는지가 문제되는데, 그에 대해서는 사용자책임 부분에서 이미 설명하였다(D-450 참조).

D-466 **(3) 구상관계**

공동불법행위자는 채권자에 대한 관계에서는 연대채무를 부담하되, 내부관계에서는 일정한 부담부분이 있고, 이 부담부분은 공동불법행위자의 과실의 정도에 따라 정해진다(과실상계를 하는 피해자의 과실을 공동불법행위자의 과실 내용 및 비율로 삼을 수는 없다. 대판 2005. 7. 8, 2005다8125). 그리하여 공동불법행위자 중 1인이 자기의 부담부분 이상을 변제하여 공동의 면책을 얻었을 경우에는 다른 공동불법행위자에게 그 부담부분의 비율에 따라 구상권을 행사할 수 있다(425조 참조). 이는 공동불법행위자가 연대채무를 부담한다고 파악하는 사견에서는 당연한 것이다. 그런데 **통설 · 판례는 부진정연대채무라고 하면서도 구상을 인정**하고 있다(대판 2005. 7. 8, 2005다8125 등 다수). 그리고 판례는 일정한 경우에는 신의칙상 상당하다고 인정되는 한도 내에서만 구상권을 행사하도록 제한할 수도 있다고 한다(대판 2001. 1. 19, 2000다33607). 또한 판례는 공동불법행위자의 1인이 동시에 피해자이더라도 다른 공동불법행위자가 손해를 입은 제 3 자에게 배상한 때에는 그 피해자인 공동불법행위자에 대하여 구상권을 가질 수 있다고 한다(대판 2005. 7. 8, 2005다8125).

공동불법행위자 사이의 구상에 있어서 통지에 관한 제426조가 적용되는가? 여기에 대하여 공동불법행위자의 책임을 부진정연대채무라고 보는 판례는 제426조의 규정을 유추적용할 수 없다고 한다(대판 1976. 7. 13, 74다746). 공동불법행위자의 책임을 연대채무라고 이해하는 사견의 견지에서는 제426조가 당연히 적용된다. 그런데 설사 부진정연대채무로 새겨도 공동관계를 인정하고 부담부분이 존재한다고 보는 이상 구상권 제한에 관한 그 규정은 마땅히 적용(또는 유추적용)되어야 한다.

판례 공동불법행위에서의 구상 및 기타 D-467

(ㄱ) 「공동불법행위자는 채권자에 대한 관계에서 연대책임(부진정 연대채무)을 지되 공동불법행위자들 내부관계에서는 일정한 부담부분이 있고, 이 부담부분은 공동불법행위자의 채권자에 대한 가해자로서의 과실 정도에 따라 정하여지는 것으로서 여기에서의 과실은 의무위반이라는 강력한 과실임에 반하여, 불법행위에 있어서 피해자의 과실을 따지는 과실상계에서의 과실은 가해자의 과실과 달리 사회통념이나 신의성실의 원칙에 따라 공동생활에 있어 요구되는 약한 의미의 부주의를 가리키는 것이므로, 공동불법행위자 중의 1인이 다른 공동불법행위자와 공동불법행위자로서 제 3 자에게 손해배상책임을 짐과 동시에 피해자로서 다른 공동불법행위자에게 불법행위로 인한 손해배상을 구하는 경우에 피해자로서의 과실상계의 대상이 되는 과실내용이나 비율은 공동불법행위자 사이에 제 3 자에 대한 가해자로서의 부담부분을 정하기 위한 과실 내용이나 비율과 반드시 일치되어야 하는 것은 아니라고 할 것이다.」(대판 2000. 8. 22, 2000다29028)

(ㄴ) 「공동불법행위자 중 1인이 자기의 부담부분 이상을 변제하여 공동의 면책을 얻게 하였을 때에는 다른 공동불법행위자에게 그 부담부분의 비율에 따라 구상권을 행사할 수 있다. 그리고 공동불법행위자 중 1인이 다른 공동불법행위자에 대하여 구상권을 행사하기 위하여는 자기의 부담부분 이상을 변제하여 공동의 면책을 얻었음을 주장 · 입증하여야 하며, 위와 같은 법리는 피해자의 다른 공동불법행위자에 대한 손해배상청구권이 시효소멸한 후에 구상권을 행사하는 경우라고 하여 달리 볼 것이 아니다. …

피해자가 부진정연대채무자 중 1인에 대하여 손해배상에 관한 권리를 포기하거나 채무를 면제하는 의사표시를 하였다 하더라도 다른 채무자에 대하여 그 효력이 미친다고 볼 수는 없고, 또한 구상권의 발생 시점은 구상권자가 현실로 피해자에게 지급한 때라 할 것이

다.」(대판 1997. 12. 12, 96다50896)

(ㄷ) 「소멸시효의 절대적 효력에 관한 민법 제421조의 규정은 공동불법행위자 상호간의 부진정연대채무에 대하여는 그 적용이 없으므로, 공동불법행위자 중 1인의 손해배상채무가 시효로 소멸한 후에 다른 공동불법행위자 1인이 피해자에게 자기의 부담 부분을 넘는 손해를 배상하였을 경우에도, 그 공동불법행위자는 다른 공동불법행위자에게 구상권을 행사할 수 있다.」(대판 1997. 12. 23, 97다42830)

(ㄹ) 「수인의 불법행위로 인한 손해배상책임은 부진정연대채무이나 그 구상권 행사에 있어서는 성질상 연대채무에 관한 규정이 준용된다고 할 것인데 그 구상권에 관하여 규정한 민법 제425조 제 1 항에 의하면 어느 연대채무자가 변제 기타 자기의 출재로 공동면책이 된 때에는 다른 연대채무자의 부담부분에 대하여 구상권을 행사할 수 있다고 되어 있으나 이 규정에 의한 구상권 행사의 상대방은 공동면책이 된 다른 연대채무자에 한하는 것이며 다른 연대채무자가 그 채권자에게 부담하는 채무를 연대보증한 연대보증인은 그 연대채무자와 연대하여 채권자에게 채무를 변제할 책임을 지는 데 불과하고 채무를 변제한 연대채무자에게까지 그 연대보증한 연대채무자의 부담부분에 관한 채무를 변제할 책임을 부담하는 것은 아니라고 할 것이다.」(대판 1991. 10. 22, 90다20244)

(ㅁ) 「어느 공동불법행위자를 위하여 보증인이 된 자가 피보증인을 위하여 손해배상채무를 변제한 경우, 그 보증인은 피보증인이 아닌 다른 공동불법행위자에 대하여 그 부담부분에 한하여 구상권을 행사할 수 있고, 이러한 법리는 어느 공동불법행위자를 위하여 그가 위 손해배상채무를 변제한 보증인에 대하여 부담하는 구상채무를 보증한 구상보증인이 피보증인을 위하여 그 구상채무를 변제한 경우에도 마찬가지라고 할 것이어서 그 구상보증인은 피보증인이 아닌 다른 공동불법행위자에 대하여 그 부담부분에 한하여 구상권을 행사할 수 있다.」(대판 2008. 7. 24, 2007다37530)

(ㅂ) 「보증인이 보증한 공동불법행위자의 부담부분이 전부이고 다른 공동불법행위자의 부담부분이 없는 경우에는 보증인은 그 다른 공동불법행위자에 대하여 구상 내지 부당이득반환청구를 할 수 없다 할 것이고, 이는 신원보증의 경우라 하여 다르지 않다.」(대판 1996. 2. 9, 95다47176)

(ㅅ) 「공동불법행위자 중 1인에 대하여 구상의무를 부담하는 다른 공동불법행위자가 수인인 경우에는 특별한 사정이 없는 이상 그들의 구상권자에 대한 채무는 각자의 부담부분에 따른 분할채무로 봄이 상당하지만, 구상권자인 공동불법행위자 측에 과실이 없는 경우, 즉 내부적인 부담부분이 전혀 없는 경우에는 이와 달리 그에 대한 수인의 구상의무 사이의 관계를 부진정연대관계로 봄이 상당하다.」(대판 2012. 3. 15, 2011다52727)

「이때(자신의 부담부분을 넘어 공동 면책을 시킨 공동불법행위자에 대하여 구상의무를 부담하는 다른 공동불법행위자가 수인인 경우: 저자 주) 분할채무 관계에 있는 공동불법행위자들 중 1인이 자신의 부담부분을 초과하여 구상에 응하였고 그로 인하여 다른 공동불법행위자가 자신의 출연 없이 채무를 면하게 되는 경우, 구상에 응한 공동불법행위자는 그 다른 공동불법행위자의 부담부분 내에서 자신의 부담부분을 초과하여 변제한 금액에 관하여 구상권을 취득한다.」(대판 2023. 6. 29, 2022다309474)

(ㅇ) 국가배상법 제 2 조 제 1 항 단서가 적용되는 공무원의 직무상 불법행위로 인하여 직무집행과 관련하여 피해를 입은 군인 등에 대하여 위 불법행위에 관련된 일반국민(법인을 포함한다. 이하 '민간인'이라 한다)이 공동불법행위책임, 사용자책임, 자동차운행자책임 등에 의하여 그 손해를 자신의 귀책부분을 넘어서 배상한 경우에도, 국가 등은 피해 군인 등에 대한 국가배상책임을 면할 뿐만 아니라, 나아가 민간인에 대한 국가의 귀책비율에 따른 구상의무도 부담하지 않는다고 하여야 할 것이다. 그러나 위와 같은 경우, … 부당한 결과를 방지하면서 위 헌법 및 국가배상법 규정의 입법 취지를 관철하기 위하여는, … 위와 같은 경우에는 공동불법행위자 등이 부진정연대채무자로서 각자 피해자의 손해 전부를 배상할 의무를 부담하는 공동불법행위의 일반적인 경우와 달리 예외적으로 민간인은 피해 군인 등에 대하여 그 손해 중 국가 등이 민간인에 대한 구상의무를 부담한다면 그 내부적인 관계에서 부담하여야 할 부분을 제외한 나머지 자신의 부담부분에 한하여 손해배상의무를 부담하고, 한편 국가 등에 대하여는 그 귀책부분의 구상을 청구할 수 없다고 해석함이 상당하다(대판(전원) 2001. 2. 15, 96다42420).

(ㅈ) 「공동불법행위자 중 1인의 보험자가 피해자에게 손해배상금을 보험금으로 모두 지급함으로써 공동면책되었다면, 피보험자인 공동불법행위자는 다른 공동불법행위자들을 상대로 그들의 부담부분에 대하여 구상권을 행사할 수 있을 뿐만 아니라, 상법 제724조 제 2 항에 따라 다른 공동불법행위자들의 부담부분에 대한 구상권을 그들의 보험자들에게 직접 행사할 수 있고(이 권리의 시효기간은 5년이라고 함: 저자 주), 손해배상금을 지급한 보험자는 상법 제682조의 보험자대위의 법리에 따라 자신의 피보험자가 다른 공동불법행위자들의 보험자들에 대하여 갖는 직접적인 구상권을 취득하여 그 보험자들에게 행사할 수 있다. 이같이 보험자대위의 법리에 따라 취득한 피보험자의 다른 공동불법행위자들 및 그들의 보험자들에 대한 구상권의 소멸시효기간은 일반채권과 같이 10년이고, 그 기산점은 구상권이 발생한 시점, 즉 구상권자가 현실로 피해자에게 손해배상금을 지급한 때이다.

위와 같이 공동불법행위자 중의 1인과 보험계약을 체결한 보험자가 피해자에게 손해배상금을 보험금으로 모두 지급한 경우 다른 공동불법행위자들의 보험자들에 대하여 직접 구상권을 가짐과 동시에 상법 제682조에 따라 피보험자의 다른 공동불법행위자들의 보험자들에 대한 구상권을 대위 취득하게 되나, 이러한 '구상권'과 '보험자대위권'은 내용이 전혀 다른 별개의 권리이다.」(대판 2024. 9. 27, 2024다249729)

(ㅊ) 판례는 공동불법행위책임을 부진정연대채무로 파악하여, 변제에 대하여는 절대적 효력을 인정하나(대판 2024. 6. 27, 2023므12782 등), 채무면제(대판 1997. 10. 10, 97다28391 등), 소멸시효(대판 1997. 12. 23, 97다42830)에 대하여는 상대적 효력만 인정한다. 그리고 상계에 대하여는 상대적 효력만 인정하던 과거의 판례(대판 1989. 3. 28, 88다카4994. 공동불법행위에 관한 사안임)를 전원합의체 판결로 변경하고 부진정연대채무의 경우에 절대적 효력을 인정하였으므로(대판(전원) 2010. 9. 16, 2008다97218[핵심판례 262면]. 이 판결은 신주인수대금채무와 대출금 등 채권을 상계하기로 합의한 경우에 관한 것이며, 공동불법행위에 관한 것은 아님), 여기서도 절대적 효력을 인정한다고 하겠다(C-263 참조).

(ㅋ) 「공동불법행위자의 다른 공동불법행위자에 대한 구상권은 피해자의 다른 공동불법행위자에 대한 손해배상채권과는 그 발생원인 및 성질을 달리하는 별개의 권리이고, 연대채

무에 있어서 소멸시효의 절대적 효력에 관한 민법 제421조의 규정은 공동불법행위자 상호간의 부진정연대채무에 대하여는 그 적용이 없으므로, 공동불법행위자 중 1인의 손해배상채무가 시효로 소멸한 후에 다른 공동불법행위자 1인이 피해자에게 자기의 부담부분을 넘는 손해를 배상하였을 경우에도, 그 공동불법행위자는 다른 공동불법행위자에게 구상권을 행사할 수 있다.」(대판 1997. 12. 23, 97다42830)

D-468

Ⅶ. 자동차운행자의 책임

1. 의의 및 성질

(1) 자동차운행자의 책임은 자기를 위하여 자동차를 운행하는 자가 자동차손해배상보장법(이하 「자배법」이라 함) 제 3 조에 의하여 그 자동차의 운행으로 인하여 다른 사람을 사망 또는 부상하게 한 때에 지는 책임을 말한다. 자배법은 자동차운행으로 인하여 사망하거나 상해를 입은 자를 보호하기 위하여 자동차운행자의 배상책임을 강화하고 강제적 책임보험제도를 마련하여 일정한 범위까지 배상을 보장하고 있다.

(2) 자배법 제 3 조는 자동차운행자에게 가중된 무과실의 증명책임을 부과하고 있다. 그 결과 자동차운행자의 책임은 사실상 무과실책임으로 되고 있다. 이러한 운행자책임은 위험책임과 보상책임에 근거한 것으로 이해된다(동지 대판 1987. 7. 21, 87다카51. 대판 1998. 7. 10, 97다52653은 자배법 3조 2호는 위험책임의 법리를 도입한 것이라고 한다).

2. 요 건

자동차운행자의 책임이 성립하려면 다음과 같은 요건을 갖추어야 한다(자배법 3조).

(1) 「자기를 위하여 자동차를 운행하는 자」일 것

자배법상의 책임을 지는 자는 「자기를 위하여 자동차를 운행하는 자」 즉 자동차운행자이다. 자동차운행자는 자동차에 대한 운행을 지배하여 그 이익을 향수하는 책임주체자로서의 지위에 있는 자를 가리키며(대판 1987. 7. 21, 87다카51 등 다수의 판결), 따라서 운행자이려면 운행지배와 운행이익의 두 가지를 가지고 있어야 한다(동지 위의 판결). 그리고 판례는, 이 경우 운행지배는 현실적인 지배에 한하지 않고 사회통념상 간접지배 내지는 지배가능성이 있다고 볼 수 있는 경우도 포함한다는 입장이다(대판 2024. 10. 31, 2023다310198 등 다수).

운행자는 운전자나 자동차보유자(소유자 또는 자동차를 사용할 권리가 있는 자로서 자기를 위하여 자동차를 운행하는 자. 자배법 2조 3호)와는 개념상 구별된다. 그리하여 보유자가 아닌 고용된 운전자는 운행지배·운행이익이 없어서 운행자가 아니며, 소유자나 그 밖의 보유자(임차인 등)는 보통은 운행자일 것이지만 운행지배와 운행이익을 상실한 경우에는 운행자가 아니게 된다. 이와 관련하여 판례는, 자동차의 소유자 또는 보유자는 통상 자동차운행자로서의 지위에 있는 것으로 추인된다 할 것이므로 사고를 일으킨 구체적 운행이 보유자의 의사에 기하지 아니한 경우에도 그 운행에 있어 보유자의 운행지배와 운행이익이 완전히 상실되었다고 볼 특별한 사정이 없는 한 보유자는 당해 사고에 대하여 자배법 제3조의 운행자로서의 책임을 부담한다고 한다(대판 2009. 11. 12, 2009다63106 등). 또한 판례에 의하면, 자동차보유자 특히 소유자가 운행지배와 운행이익을 상실하였는지 여부는 자동차의 관리상태 등 객관적이고 외형적인 여러 사정을 사회통념에 따라 종합적으로 평가하여 판단할 것이라고 한다(대판 1999. 4. 23, 98다61395 등). 한편 운행자에게 권리가 있는지는 묻지 않으므로 도둑운전자도 운행자로 될 수 있다.

판 례 운행자인지에 관한 판례 D-469

(ㄱ) **무단운전의 경우** 무단운전(자동차보유자와 고용관계·친족관계 등 일정한 인적 관계가 있는 자가 자동차보유자의 승낙 없이 운전하는 것)의 경우에는 객관적·외형적으로 보유자를 위하여 한 운행이라고 인정되는 때에는 보유자가 운행자이다(대판 1981. 12. 22, 81다331 등). 그러나 동승자가 무단운행임을 알고 오히려 이를 이용하여 편승한 때에는 운전자는 보유자를 위하여 운행한 것이 아니어서 보유자는 운행자가 아니다(대판 1981. 3. 10, 80다2973).

(ㄴ) **절취운전의 경우** 절취운전(자동차보유자와 아무런 인적 관계도 없는 자가 보유자에게 되돌려 줄 생각 없이 자동차를 절취하여 운전하는 것)의 경우에는 자동차보유자는 원칙적으로 자동차를 절취당하였을 때 운행지배와 운행이익을 잃어버렸다고 보아야 할 것이고, 다만 예외적으로 자동차보유자의 차량이나 시동열쇠 관리상의 과실이 중대하여 객관적으로 볼 때에 자동차보유자가 절취운전을 용인하였다고 평가할 수 있을 정도가 되고, 또한 절취운전 중 사고가 일어난 시간과 장소 등에 비추어 볼 때 자동차보유자의 운행지배와 운행이익이 잔존한다고 평가할 수 있는 경우에 한하여 자동차보유자에게 운행자성을 인정할 수 있다(대판 2001. 4. 24, 2001다3788 등). 그리고 때에 따라서는 운행자책임은 지지 않을지라도 일반 불법행위책임을 지게 될 수는 있다. 자동차의 열쇠를 차내에 두고 출입문도 잠그지 않아서 도난당한 경우에 그렇다(대판 2001. 6. 29, 2001다23201·23218 등).

(ㄷ) **자동차의 대차의 경우** 자동차소유자가 자신과 밀접한 인적 관계에 있는 자에게 무상으로 자동차를 대여한 경우에는 소유자는 운행지배와 운행이익을 상실하지 않는다(대판 1991. 5. 10, 91다3918 등). 그리고 자동차대여업자가 자동차를 일정기간 임대한 경우에도 대여업자와 임차인 간에는 임대목적 자동차에 대하여 대여업자의 운행지배가 직접적이고 현재적으로 존재한다(대판 1991. 7. 12, 91다8418 등)(그 결과 이 경우에는 임차인과 대여업자가 모두 운행자로 된다). 그에 비하여 대여업자가 아닌 보유자로부터 자동차를 임차한 보통의 임대차의 경우에는 임차인이 운행자로 된다(대판 2000. 7. 6, 2000다560 등). 그리고 자동차운전학원에서 피교습자가 학원의 교습용 자동차를 이용하여 운전연습을 하는 때에는, 교습용 자동차에 관하여 임대차 또는 사용대차의 관계가 성립하는 것이고, 차주(借主)인 피교습자는 운행자에 해당한다(대판 2001. 1. 19, 2000다12532).

(ㄹ) **명의대여의 경우** 타인에게 자동차를 자신의 명의로 등록하도록 한 자는 운행자책임을 진다(대판 1982. 10. 12, 81다583). 그리고 지입차량(持込車輛)의 경우에는 지입회사는 운행자에 해당한다(대판 1993. 4. 23, 93다1879 참조). D-470

(ㅁ) **자동차 매매 · 대물변제 · 매매를 위한 위탁의 경우** 자동차를 매매한 경우에 관하여 판례는 매매대금을 완납했는지 여부에 따라 달리 판단한다. 즉 대금을 완납하기 전에 인도한 때에는 등록명의이전 전까지 매도인 명의로 운행할 것을 허용한 것이라고 볼 수 있으므로 매도인이 운행자라고 하며(대판 1991. 3. 12, 91다605 등), 대금 전액을 수령하면서 자동차를 인도하고 등록명의이전에 필요한 모든 서류를 교부하였지만 아직 그 절차를 마치지 못한 때에는 매수인이 운행자라고 한다(대판 1980. 9. 24, 79다2238)(대판 1994. 2. 22, 93다37052는 명의이전에 필요한 서류를 교부하지 않았어도 이를 인정한다). 그런데 다른 한편으로 매매대금 전액을 지급하였더라도 당사자 사이에 매도인 명의를 유지하기로 하는 등의 특별한 사정이 있는 때에는 예외적으로 매도인을 운행자로 인정한다(대판 1995. 1. 12, 94다38212).

대물변제를 위하여 채권자에게 자동차를 양도하기로 하고 인도까지 하였으나 아직 채권자 명의로 그 소유권이전등록이 되지 않은 경우(자동차 시가가 채권자의 채무에 미달한 때)에는, 채권자가 운행자이다(대판 1999. 5. 14, 98다57501).

자동차(버스)를 매도하기로 하고(대금문제도 완결됨) 인도까지 하였으나 아직 매수인 명의로 그 소유권이전등록이 경료되지 아니한 경우에 아직 그 등록 명의가 매도인에게 남아 있다는 사정만으로 그 자동차에 대한 운행지배나 운행이익이 매도인에게 남아 있다고 단정할 수는 없다고 하며(대판 2009. 12. 24, 2009다69432), 할부로 매수한 자동차를 제 3 자에게 다시 매도하고(미불입 할부금은 인수하기로 하고 나머지 대금은 즉석에서 지급함) 인도까지 하였으나 제 3 자의 할부대금 완납시까지 이전등록을 유보한 경우 회사 명의의 근저당권이 설정되어 있기 때문에 소유자 명의의 이전이 불가능하여 할부금을 모두 지급한 후에 이전하기로 하였다는 사정만으로는 운행지배가 매도인에게 남아 있다고 단정할 수 없다고 한다(대판 1996. 7. 30, 95다54716).

D-471 (ㅂ) **양도담보의 경우** 채권담보의 목적으로 자동차등록원부상 자동차의 소유자로 등록된 자는 특별한 사정이 없는 한 운행자가 아니다(대판 1980. 4. 8, 79다302).

(ㅅ) **수리 · 세차 등의 경우** 자동차의 수리를 위하여 수리업자에게 자동차를 맡긴 경우에 수리하는 동안의 운행지배권은 수리업자에게 있다(대판 1999. 12. 28, 99다50224 등)(수리의뢰를 받은 자동차수리업자가 소유자의 동의 없이 다른 수리업자에게 수리를 의뢰한 경우에는 두 수리업자가 공동으로 운행자가 된다. 대판 2005. 4. 14, 2004다68175). 그러나 소유자가 운행지배와 운행이익을 완전히 상실하지 않았다고 볼만한 특별한 사정이 있는 경우에는 소유자와 수리업자가 공동운행자가 된다(대판 2002. 12. 10, 2002다53193 등). 그리고 세차작업 중 사고에 의한 책임은 세차업자에게 있다(대판 1976. 10. 26, 76다517). 또한 엔진오일 교환작업 중인 차량의 지배권은 엔진오일 교환업자에게 있다(대판 1987. 7. 7, 87다카449).

(ㅇ) **파견근로자의 경우** 파견근로자가 운전하는 자동차의 운행자는 사용사업주이고 파견사업주가 아니다(대판 2005. 9. 15, 2005다10531).

(ㅈ) **기타의 경우** 비번인 회사택시 운전사가 동거녀의 언니를 집에 데려다 주기 위하여 회사로부터 비번인 택시를 가사사유로 출고받아 운전하여 가던 중 충돌사고로 언니를 사망케 한 경우에 있어 택시회사의 평소의 비번차량 관리상태, 사고택시의 출고 및 운행경위, 피해자로서는 비번차량인 점을 알기 어려웠던 점 등에 비추어 사고 당시 그 구체적 운행지배나 운행이익을 완전히 상실한 상태에 있었다고 볼 수 없다 하여 택시회사에게 운행자로서의 책임이 있다고 한 사례(대판 1992. 6. 23, 91다28177).

(2) 자동차의 운행에 의할 것 D-472

자배법에서 「자동차」라 함은 자동차관리법의 적용을 받는 자동차와 건설기계관리법의 적용을 받는 건설기계 중 대통령령이 정하는 것을 말한다(자배법 2조 1호).

「운행」은 사람 또는 물건의 운송 여부에 관계없이 자동차를 그 용법에 따라 사용 또는 관리하는 것이다(자배법 2조 2호). 여기서 「자동차를 그 용법에 따라 사용한다」는 것은 자동차의 용도에 따라 그 구조상 설비되어 있는 각종의 장치를 각각의 장치목적에 따라 사용하는 것을 말하는 것으로서, 자동차가 반드시 주행상태에 있지 않더라도 주행의 전후단계로서 주·정차 상태에서 문을 열고 닫는 등 각종의 부수적인 장치를 사용하는 것도 포함하는 것이다(대판 2004. 7. 9, 2004다20340·20357). 그리고 판례에 의하면, 안전하게 주·정차하기 어려운 곳에 주·정차하거나 주·정차를 함에 있어서 지형과 도로상태에 맞추어 변속기나 브레이크 등을 조작하지 않음으로 인하여 생긴 사고는 원칙적으로 운행 중의 사고라고 한다(대판 2005. 3. 25, 2002다71232 등).

판 례 자동차의 운행 여부 관련 D-473

(ㄱ) 판례에 의하면 ① 화물자동차의 운전수가 여고생을 태우고 가다가 강간할 마음이 생겨 내려주지 않고 계속 진행하던 중 그 학생이 문을 열고 뛰어내려 사망한 경우(대판 1989. 10. 27, 89다카432), ② 동승자가 주차한 자동차에서 하차하다가 차량 밖의 터널바닥으로 떨어져 다친 경우(대판 1998. 9. 4, 98다22604·22611), ③ 지게차로 화물을 화물차에 적재하기 위하여 계속 작업하던 중 적재된 화물이 떨어져 사망한 경우(대판 1997. 4. 8, 95다26995: 지게차의 운행 중의 사고), ④ 구급차로 환자를 후송한 후 구급차에 비치된 들것(간이침대)으로 환자를 하차시키던 도중에 들것을 잘못 조작하여 환자를 땅에 떨어뜨려 상해를 입힌 경우(대판 2004. 7. 9, 2004다20340·20357), ⑤ 한강 선착장에 주차시킨 승용차가 비탈면을 굴러 강물에 빠져 동승자가 사망한 경우(대판 1997. 8. 26, 97다5183. 유사하게 바닷가 비탈면에 주차하였다가 추락한 경우: 대판 2004. 3. 12, 2004다445·452), ⑥ 화물자동차의 시동을 걸고 전조등을 켜서 그 불빛을 이용하여 작업하던 중 화물자동차가 굴러와 사고가 생긴 경우(대판 2005. 3. 25, 2004다71232)는 운행 중의 사고라고 한다.

그에 비하여 ① 트랙터로 견인하는 트레일러의 적재함에 부착되어 있는 쇠파이프를 철거하는 수리과정에서 타인을 다치게 한 경우(대판 1996. 5. 28, 96다7359), ② 화물자동차에서 화물 하차작업을 하던 중 화물 고정용 밧줄을 너무 힘껏 잡아당겨 때마침 오토바이를 운전하고 그 곳을 지나던 자의 상반신에 걸리게 하여 사고가 생긴 경우(대판 1996. 5. 31, 95다19232), ③ 화물자동차를 정차시키고 철근다발을 떨어뜨리는 방법으로 하역작업을 하던 중 그 철근다발을 자동차 뒤편에서 다가오던 피해자의 등 위로 떨어지게 하여 피해자가 사망한 경우(대판 1996. 9. 20, 96다24675)는 운행 중의 사고로 볼 수 없다고 한다. 그리고 보험약관상의 「운행」이 문제되는 사안에서, 자동차를 도로 옆의 잔디밭에 주차시키고 잠을 자다가 자동차가 미끄러져 물에 빠져 사망한 사고는 「운행」 중의 사고가 아니라고 한다(대판 1994. 4. 29, 93다55180).

(ㄴ) 「자동차의 용도에 따라 그 구조상 설비되어 있는 각종의 장치는 원칙적으로 당해 자동차에 계속적으로 고정되어 사용되는 것이지만 당해 자동차에서 분리하여야만 그 장치의

사용목적에 따른 사용이 가능한 경우에는, 그 장치가 평상시 당해 자동차에 고정되어 있는 것으로서 그 사용이 장치목적에 따른 것이고 당해 자동차의 운행목적을 달성하기 위한 필수적인 요소이며 시간적·공간적으로 당해 자동차의 사용에 밀접하게 관련된 것이라면 그 장치를 자동차에서 분리하여 사용하더라도 자동차를 그 용법에 따라 사용하는 것으로 볼 수 있다.」(구급차로 환자를 병원에 후송한 후 구급차에 비치된 들것(간이침대)으로 환자를 하차시키던 중 들것을 잘못 조작하여 환자를 땅에 떨어뜨려 상해를 입게 한 경우에 관하여 자동차의 운행으로 인하여 발생한 사고에 해당한다고 한 사례)(대판 2004. 7. 9, 2004다20340·20357)

D-474 **(3) 다른 사람을 사망하게 하거나 부상하게 하였을 것**

여기의 「다른 사람」은 자동차운행자·운전자·운전보조자 이외의 자이나(대판 2010. 5. 27, 2010다5175. 이 판결은 운전보조자에 해당하는지를 판단하는 기준도 제시하고 있음), 당해 자동차의 운전자나 운전보조자라도 사고 당시에 현실적으로 자동차 운전에 관여하지 않고 있었으면 타인으로 보호된다(대판 1999. 9. 17, 99다22328). 그리하여 예컨대 조수석에서 수면휴식 중이던 교대운전자(대판 1983. 2. 22, 82다128), 자신이 배정받은 택시를 같은 회사의 다른 운전자에게 맡기고 옆좌석에 앉아 있던 자(대판 1989. 4. 24, 89다카2070)도 「다른 사람」에 해당한다. 그리고 자동차 보유자나 사용권자의 배우자나 직계존비속 등의 친족이라도 운행자나 운전자에 해당하지 않는 한 「다른 사람」에 해당한다(대판 2021. 3. 25, 2019다208687). 그러나 현실적으로 운전을 하지 않았더라도 운전하여야 할 지위에 있는 자가 법령상 또는 직무상의 임무에 위배하여 타인에게 운전을 위탁하였고 상대가 운전무자격자나 운전미숙자인 때에는 「다른 사람」에 포함되지 않는다(대판 2000. 3. 28, 99다53827(이삿짐센터 화물차의 운전을 담당하는 종업원이 운전면허도 없는 자에게 고가 사다리를 조작하도록 한 경우); 대판 2016. 4. 28, 2014다236830·236847). 그리고 이때 그 타인이 해당 자동차의 용법에 따른 사용행위를 실제 하였다고 하더라도 그는 특별한 사정이 없는 한 운전보조자에 해당할 수는 있으나 운전자에는 해당하지 않는다(대판 2016. 4. 28, 2014다236830·236847). 그리고 판례는, 자신의 업무와 관계없이, 별도의 대가를 받지 않고 운전행위를 도운 것에 불과한 자는 특별한 사정이 없는 한 운전의 보조에 종사한 자에 해당하지 않는다고 한다(대판 2016. 4. 28, 2014다236830·236847). 한편 동일한 자동차에 대하여 복수로 존재하는 운행자 중 1인이 당해 자동차의 사고로 피해를 입은 경우에는 사고를 당한 운행자는 다른 운행자에 대하여 원칙적으로 「다른 사람」임을 주장할 수 없으나, 다만 사고를 당한 운행자의 운행지배 및 운행이익에 비하여 상대방 운행자의 것이 보다 주도적이거나 직접적이고 구체적으로 나타나 있어 상대방이 용이하게 사고의 발생을 방지할 수 있었다고 보여지는 때만은 자신이 「다른 사람」임을 주장할 수 있다(대판 2009. 5. 28, 2007다87221 등).

자배법 제3조는 다른 사람을 사망하게 하거나 부상하게 한 때에만 운행자책임을 인정한다.

판 례 자동차운행자·운전자의 과실이 책임 감면사유로 되는지

「자동차 운행자나 운전자의 운행 중 과실로 인하여 피해를 입은 자가 운행자나 운전자와 신분상 내지 생활관계상 일체를 이루는 관계에 있더라도 그 운행자나 운전자와 피해자 사이에서 운행자나 운전자의 과실은 손해배상채무의 성립요건이 될 뿐 손해배상책임의 감면사유가 될 수 없다.」(대판 2021. 3. 25, 2019다208687. 호의동승에 관하여 동지 대판 1997. 11. 14, 97다35344)

(4) 면책사유가 없을 것

D-475

운행자는 승객이 아닌 자가 사망·부상한 경우에는 ① 자기와 운전자가 자동차의 운행에 관하여 주의를 게을리하지 않았고, ② 피해자 또는 자기 및 운전자 외의 제 3 자에게 고의 또는 과실이 있으며, ③ 자동차의 구조상의 결함 또는 기능에 장해가 없었다는 것을 증명하면 책임을 면하고(자배법 3조 1호), 승객이 사망·부상한 경우에는 그 사망 또는 부상이 그 승객의 고의나 자살행위로 인한 것임을 증명하면 책임을 면하고(자배법 3조 2호), 이러한 증명을 하지 못하면 책임을 지게 된다.

판 례 자배법 제 3 조 제 2 호의 승객 관련

「자동차 손해배상보장법 제 3 조 … 단서 제 2 호 소정의 승객이란 … 반드시 자동차에 탑승하여 차량 내부에 있는 자만을 승객이라고 할 수 없고, 운행 중인 자동차에서 잠시 하차하였으나 운행 중인 자동차의 직접적인 위험범위에서 벗어나지 않은 자도 승객의 지위를 유지할 수 있」다(고속도로상에서 1차사고로 정차한 관광버스의 승객 일부가 버스에서 하차하여 갓길에 서서 사고상황을 살피다가 얼마 지나지 않아 2차사고를 당하여 사망한 사안에서, 망인이 2차사고시에도 운행 중인 관광버스의 직접적인 위험범위에서 벗어나지 않았으므로 자동차손해배상보장법 3조 단서 2호의 승객에 해당한다고 한 사례)(대판 2008. 2. 28, 2006다18303).

3. 민법 등과의 관계

D-476

자배법은 민법 불법행위 규정의 특별법이므로 자동차사고로 손해를 입은 자가 자배법에 의하여 손해배상을 주장하지 않았더라도 법원은 민법에 우선하여 자배법을 적용하여야 한다(대판 1997. 11. 28, 95다29390 등). 그러나 자배법 제 3 조는 자동차의 운행으로 다른 사람이 사망하거나 부상당한 경우에만 운행자책임을 인정하고 있다. 따라서 사망·부상사고 이외의 경우에는 민법에 의하여 구제받을 수밖에 없다. 그리고 운행자가 아닌 운전자에 대하여는 민법에 의하여 배상을 청구하여야 한다. 또한 운행자로서 책임을 진 사용자가 과실있는 운전자에게 구상하려면 제756조에 의하여야 한다. 운행자책임이 성립하지 않는 경우에 민법에 의하여 배상을 청구할 수 있음은 물론이다(대판 2001. 6. 29, 2001다23201·23218 등).

판례에 따르면, 자배법은 국가배상법에도 우선한다(대판 1996. 3. 8, 94다23876).

판 례 공무원이 자동차 사고로 타인에게 손해를 입힌 경우

자동차손해배상보장법의 입법취지에 비추어 볼 때, 같은 법 제3조는 자동차의 운행이 사적인 용무를 위한 것이건 국가 등의 공무를 위한 것이건 구별하지 아니하고 민법이나 국가배상법에 우선하여 적용된다고 보아야 한다. 따라서, … 공무원이 직무상 자동차를 운전하다가 사고를 일으켜 다른 사람에게 손해를 입힌 경우에는 그 사고가 자동차를 운전한 공무원의 경과실에 의한 것인지 중과실 또는 고의에 의한 것인지를 가리지 않고, 그 공무원이 자동차손해배상보장법 제3조 소정의 '자기를 위하여 자동차를 운행하는 자'에 해당하는 한 자동차손해배상보장법상의 손해배상책임을 부담한다(대판 1996. 3. 8, 94다23876).

D-477 [참고] 호의동승(好意同乘) 문제

(ㄱ) **호의동승의 의의** 호의동승(정확한 표현으로는 호의운행 내지 호의운전)이란 계약이 없이 순수한 호의에서 무상으로 타인을 자신이 운전하는(또는 자신의) 차에 태워주는 것을 말한다. 호의동승은 비계약성·무상성·호의성(잠입동승·강요동승은 호의동승이 아님)·동승자의 비운전성 등의 특징을 가지고 있다. 이러한 호의동승에 자배법 제3조가 적용되는지, 그리고 동승자가 입은 모든 손해를 배상해 주어야 하는지가 문제된다. 호의동승에는 운행자와 운전자가 동일한 경우와 둘이 다른 경우(이는 다시 무단운전의 경우와 무단운전이 아닌 경우로 나뉨)가 있어서 후자의 경우에는 운행자책임과 별도로 운전자책임도 문제되나, 여기서는 운행자책임만을 살펴보기로 한다.

(ㄴ) **호의운행자의 책임에 관한 학설·판례** 호의동승의 경우에 호의운행자의 책임에 관하여 학설은 크게 i) 책임제한 부정설과 ii) 책임제한 인정설로 나누어지고, ii)설에는 ① 운행자성 조각설(책임상 대설), ② 운행자성 비율 조각설, ③ 비율적 책임설, ④ 신의칙설, ⑤ 금반언설, ⑥ 개별적 해결설 등 여러 가지가 있으나, i)설이 다수설이다(사견은 채권법각론 [293] 참조).

판례는, 사고차량에 무상동승하여 그 운행으로 인한 이익을 누리는 지위에 있었다 하더라도 특별한 사정이 없는 한 그 점만으로 피해자에게 과실이 있다고 할 수 없고(대판 1989. 10. 24, 88다카11114 등) 또 동승사실만 가지고 동승자에게 자동차보유자성을 인정할 수도 없으므로(대판 1991. 7. 12, 91다8418 등 다수), 호의로 동승한 사실만으로 손해액을 감액할 수는 없다고 한다(대판 1999. 2. 9, 98다53141 등). 그러나 운행의 목적, 호의동승자와 운행자와의 인적 관계, 피해자가 차량에 동승한 경위 특히 동승요구의 목적과 적극성 등의 제반사정에 비추어 가해자에게 일반의 교통사고와 같은 책임을 지우는 것이 신의칙이나 형평의 원칙에 비추어 매우 불합리한 것으로 인정되는 경우에는 그 배상책임을 감경할 사유로 삼을 수도 있다고 한다(대판 1999. 2. 9, 98다53141 등 다수).

판 례 2인 이상의 공동불법행위로 호의동승자가 피해를 입은 경우

「2인 이상의 공동불법행위로 인하여 호의동승한 사람이 피해를 입은 경우, 공동불법행위자 상호 간의 내부관계에서는 일정한 부담 부분이 있으나 피해자에 대한 관계에서는 부진정연대책임을 지므로, 동승자가 입은 손해에 대한 배상액을 산정함에 있어서는 먼저 호의동승으로 인한 감액 비율을 참작하여 공동불법행위자들이 동승자에 대하여 배상하여야 할 수액을 정하여야 한다.」(대판 2014. 3. 27, 2012다87263).

Ⅷ. 생활방해(공해)에 대한 책임 D-478

(1) 서 설

오늘날 산업화와 인구집중 등으로 말미암아 매연·폐수·소음 등으로 인한 피해가 많이 생기고 있다. 이를 생활방해, 공해 또는 환경오염이라고 한다. 생활방해 내지 공해에 관하여 민법은 상린관계의 문제로 규정하고 있다(217조. B-184·185 참조). 그런데 다른 한편으로 헌법은 제35조 제 1 항에서 환경권을 하나의 기본권으로 규정하고 있다(판례는 헌법상의 기본권이 사법상의 권리로서의 환경권을 부여한 것으로 보기 어렵다고 한다. 대결 1995. 5. 23, 94마2218 등). 그리고 공해를 규제하는 법률로 환경정책기본법을 비롯한 다수의 개별입법이 두어져 있다.

환경정책기본법은 공해에 대하여 일정한 경우에는 무과실책임을 규정하고 있다. 즉 환경오염(사업활동 및 그 밖의 사람의 활동에 의하여 발생하는 대기오염·수질오염·토양오염·해양오염·방사능오염·소음·진동·악취·일조방해 등으로서 사람의 건강이나 환경에 피해를 주는 상태. 동법 3조 4호) 또는 환경훼손(야생 동식물의 남획 및 그 서식지의 파괴, 생태계질서의 교란, 자연경관의 훼손, 표토의 유실 등으로 자연환경의 본래적 기능에 중대한 손상을 주는 상태. 동법 3조 5호)으로 피해가 발생한 경우에는, 해당 환경오염 또는 환경훼손의 원인자가 그 피해를 배상하여야 한다(동법 44조 1항).

환경정책기본법이 공해의 경우에 무과실책임을 규정하고 있으나 그것은 제한된 경우에 사업자에 대하여만 적용된다. 따라서 그 밖의 경우에는 물론이고 그 경우에도 과실 이외의 요건은 모두 제750조에 의하게 된다. 그런데 제750조는 공해와 같이 사회에서 필연적으로 발생하는 문제는 예상하지 못하고 만들어졌다. 그리하여 공해의 특수성을 고려한 해석이 필요하게 된다.

(2) 요건상의 문제 D-479

1) 고의 · 과실 위에서 본 바와 같이 환경정책기본법은 일정한 경우에 무과실책임을 규정하고 있다(동법 44조). 따라서 그 경우에는 고의·과실 요건이 필요하지 않으나, 나머지 경우가 문제이다. 그에 대하여는 이 무과실책임 규정의 유추를 생각할 수 있으나, 그것은 적당치 않다. 그렇다고 하여 엄격하게 주의의무 위반을 요구하는 것도 부적절하다. 그리하여 일부 견해는 손해발생의 예견가능성이 있는 때에는 방지설비를 하고 있거나 방지가 불가능한 경우이더라도 과실을 인정하자고 주장하기도 한다.

2) 위 법 성 오늘날의 기업활동·일상생활에서 공해는 필연적으로 발생한다. 따라서 공해가 발생한다고 하여 언제나 위법하다고 해서는 안 될 것이다. 여기서 그 기준으로 제217조 제 2 항의 수인한도(受忍限度)를 생각해 볼 수 있다. 즉 사회공동생활을 함에 있어서 일반적으로 용인하여야 할 정도를 넘는 경우에 위법하다고 하여야 한다.

3) 인과관계(사실적 인과관계) 공해 가운데 소음·진동·일조방해 등과 같이 직접적인 것은 인과관계의 증명이 용이하다. 그러나 대기·물 등의 매개체를 통한 간접적인 것은 인과관계의 증명이 쉽지 않다. 그 때문에 이 요건의 증명을 위하여 개연성설(蓋然性

說), 신개연성설(新蓋然性說)과 같은 특수한 이론들이 주장되고 있다. 개연성설은 인과관계의 증명은 개연성의 증명으로 충분하다는 견해이다. 즉 원고는 인과관계의 개연성을 증명하면 되고 그 증명이 되면 피고는 반증으로서 인과관계의 부존재를 증명하여야만 면책된다는 것이다. 그리고 신개연성설(간접반증설)은 간접반증이라는 개념(본증의 대상이 된 사실을 직접 공격하지 않고, 그와 별개의 간접사실을 증명하여 본증의 대상이 된 사실의 부존재를 추인시키는 것)을 공해책임에 도입한 이론으로서, 인과관계의 발전과정을 몇 단계로 나눈 뒤 그 중 일정한 단계가 증명되면 나머지 단계는 특별한 사정이 없는 한 증명을 다 한 것으로 추정하고, 이를 부인하기 위해서는 피고가 간접반증의 책임을 지게 함으로써 원고의 증명부담을 완화하려는 견해이다.

판례는 처음에는 명시적으로 개연성설에 반대하였으나(대판 1973. 11. 27, 73다919), 그 후 개연성설을 인정하였으며(대판 1974. 12. 10, 72다1774), 근래에는 신개연성설을 채택하고 있다(대판 2020. 6. 25, 2019다292026 · 292033 · 292040 등 다수).

판 례 공해소송에서 인과관계의 증명 관련

「대기오염이나 수질오염 등에 의한 공해로 인한 손해배상을 청구하는 소송에서 피해자에게 사실적인 인과관계의 존재에 관하여 과학적으로 엄밀한 증명을 요구하는 것은 공해로 인한 사법적 구제를 사실상 거부하는 결과가 될 수 있는 반면에, 기술적·경제적으로 피해자보다는 가해자에 의한 원인조사가 훨씬 용이한 경우가 많을 뿐만 아니라 가해자는 손해발생의 원인을 은폐할 염려가 있기 때문에, 가해자가 어떤 유해한 원인물질을 배출하고 그것이 피해물건에 도달하여 손해가 발생하였다면 가해자 측에서 그것이 무해하다는 것을 증명하지 못하는 한 가해행위와 피해자의 손해발생 사이의 인과관계를 인정할 수 있다. 그러나 이 경우에 있어서도 적어도 가해자가 어떤 유해한 원인물질을 배출한 사실, 그 유해의 정도가 사회통념상 참을 한도를 넘는다는 사실, 그것이 피해물건에 도달한 사실, 그 후 피해자에게 손해가 발생한 사실에 관한 증명책임은 피해자가 여전히 부담한다.」(대판 2019. 11. 28, 2016다233538 · 233545)

D-480 **(3) 토지소유자의 토양오염이 현재의 토지소유자에 대한 불법행위인지 여부**

대법원은 최근에 전원합의체 판결에서 토지소유자의 토양오염이 거래 상대방 및 현재의 토지소유자에 대한 불법행위가 된다고 한다(대판(전원) 2016. 5. 19, 2009다66549. 이에 대하여는 불법행위의 성립을 부정하는 대법관 4인의 반대의견이 있음).

D-481 **(4) 공동불법행위와의 관계**

공해는 다수의 가해자에 의하여 발생하는 경우가 많다. 그러한 경우 가운데 각각의 가해행위가 단독으로 손해를 발생하게 할 수 있는 때에는, 공동불법행위가 성립한다(760조 참조). 환경정책기본법도 「환경오염 또는 환경훼손의 원인자가 둘 이상인 경우에 어느 원인자에 의하여 제 1 항에 따른 피해가 발생한 것인지를 알 수 없을 때에는 각 원인자가 연대하여 배상하여야 한다」고 규정한다(동법 44조 2항).

문제는 각각의 가해행위가 단독으로는 손해를 발생시키지 않지만 다른 행위와의 경합에 의하여 비로소 손해를 발생시키는 때이다. 여기에 관하여 학설은 i) 피해의 기여정도에 따른 분할책임을 인정하여야 한다는 견해, ii) 모든 가해자가 연대하여 손해를 배상할 책임을 지고, 그 수인 상호간에는 기여의 정도에 따라 분담하고, 전 손해를 배상한 자는 다른 침해자에 대하여 구상할 수 있다는 견해(사견도 같음) 등으로 나뉘어 있다.

(5) 생활방해의 방지청구 D-482

생활방해 내지 공해는 대체로 계속적으로 발생한다. 그러므로 과거의 손해에 대한 배상청구 외에 장래에 발생하지 않도록 조치를 해야 할 필요가 있다. 이에 관하여 제217조는 생활방해가 인용하여야 할 정도를 넘는 경우에는 방해자는 적당한 조치를 할 의무가 있다고 규정한다. 따라서 피해자는 물권적 청구권을 행사하여 적당한 조치를 청구하거나 방해의 중지를 청구할 수 있다.

판 례 생활이익 침해 관련

(ㄱ) **일조방해에 관한 판례** 「건물의 신축으로 인하여 그 이웃 토지상의 거주자가 직사광선이 차단되는 불이익을 받은 경우에 그 신축행위가 정당한 권리행사로서의 범위를 벗어나 사법상 위법한 가해행위로 평가되기 위해서는 그 일조방해의 정도가 사회통념상 일반적으로 인용하는 수인한도를 넘어야 하고, 건축법 등 관계 법령에 일조방해에 관한 직접적인 단속법규가 있다면 그 법규에 적합한지 여부가 사법상 위법성을 판단함에 있어서 중요한 판단자료가 될 것이지만, 이러한 공법적 규제에 의하여 확보하고자 하는 일조는 원래 사법상 보호되는 일조권을 공법적인 면에서도 가능한 한 보증하려는 것으로서 특별한 사정이 없는 한 일조권 보호를 위한 최소한도의 기준으로 봄이 상당하고, 구체적인 경우에 있어서는 어떠한 건물 신축이 건축 당시의 공법적 규제에 형식적으로 적합하다고 하더라도 현실적인 일조방해의 정도가 현저하게 커 사회통념상 수인한도를 넘은 경우에는 위법행위로 평가될 수 있」다(대판 2002. 12. 10, 2000다72213).

「토지의 소유자 등이 종전부터 향유하던 일조이익(日照利益)이 객관적인 생활이익으로서 가치가 있다고 인정되면 법적인 보호의 대상이 될 수 있는데, 그 인근에서 건물이나 구조물 등이 신축됨으로 인하여 햇빛이 차단되어 생기는 그늘, 즉 일영(日影)이 증가함으로써 해당 토지에서 종래 향유하던 일조량이 감소하는 일조방해가 발생한 경우, … 모든 사정을 종합적으로 고려하여 사회통념상 일반적으로 해당 토지 소유자의 수인한도를 넘게 되면 그 건축행위는 정당한 권리행사의 범위를 벗어나 사법상(私法上) 위법한 가해행위로 평가된다.」(대판(전원) 2008. 4. 17, 2006다35865)

「여기(일조이익의 방해: 저자 주)에서 객관적인 생활이익으로서 일조이익을 향유하는 '토지의 소유자 등'이란 토지소유자, 건물소유자, 지상권자, 전세권자 또는 임차인 등의 거주자를 말하는 것으로서, 당해 토지·건물을 일시적으로 이용하는 것에 불과한 사람은 이러한 일조이익을 향유하는 주체가 될 수 없다.」(초등학교 학생들은 공공시설인 학교시설을 방학기간이나 휴일을 제외한 개학기간 중, 그것도 학교에 머무르는 시간 동안 일시적으로 이용하는 지위에 있을 뿐이고, 학교를 점유하면서 지속적으로 거주하고 있다고 할 수 없어서 생활이익으로서의 일조권을 법적으로 보호받을 수 있는 지위에 있지 않다고 한 사례)(대판 2008. 12. 24, 2008다41499)

「가해건물의 신축으로 인하여 일조피해를 받게 되는 건물이 이미 다른 기존 건물에 의하여 일조방해를 받고 있는 경우 또는 피해건물이 남향이 아니거나 처마가 돌출되어 있는 등 그 구조 자체가 충분한 일조를 확보하기 어렵게 되어 있는 경우에는, 가해건물 신축 결과 피해건물이 동짓날 08시부터 16시 사이에 합계 4시간 이상 그리고 동짓날 09시부터 15시 사이에 연속하여 2시간 이상의 일조를 확보하지 못하게 되더라도 언제나 수인한도를 초과하는 일조피해가 있다고 단정할 수는 없고(한편, 피해건물이 종전부터 위와 같은 정도의 일조를 확보하지 못하고 있었던 경우라도 그 일조의 이익이 항상 보호의 대상에서 제외되는 것은 아니다), … 등을 종합적으로 고려하여 신축 건물에 의한 일조방해가 수인한도를 넘었는지 여부를 판단하여야 한다.」(대판 2007. 6. 28, 2004다54282)

「기존 건물의 건립으로 인하여 피해건물에 발생한 일조방해의 정도가 수인한도를 넘지 않고 있었는데 그로부터 상당한 기간이 경과한 후 타인 소유의 인접건물이 신축되고 그 기존 건물과 인접건물로 인하여 생긴 일영이 결합하여 피해건물에 수인한도를 넘는 일조방해가 발생한 때에는, 피해건물의 소유자 등은 인접건물의 신축 전에 기존 건물로 인하여 발생한 일조방해의 정도가 수인한도를 넘지 아니하여 기존 건물로 인한 일조방해를 수인할 의무가 있었으므로, 특별한 사정이 없는 한 기존 건물 소유자와 무관하게 신축된 인접건물로 인하여 수인한도를 넘게 된 일조방해의 결과에 대하여는 인접건물의 소유자를 상대로 불법행위책임을 물을 수 있는지는 별론으로 하고 기존 건물의 소유자를 상대로 불법행위책임을 물을 수 없다. 그리고 이와 같은 상황에서 기존 건물의 소유자가 낙후된 기존 건물을 철거하고 그 지상에 가해건물을 신축함으로써 이미 기존 건물과 인접건물로 인하여 생긴 일조방해의 정도가 더욱 심화되는 결과가 발생하였다 하더라도, 위와 같이 당초 기존 건물로 인하여 생긴 일조방해에 대하여는 피해건물의 소유자 등이 수인할 의무가 있었던 이상, 신축 가해건물로 생긴 일조방해 중 기존 건물로 인하여 당초 발생하였던 일조방해의 범위 내에서는 불법행위책임을 물을 수 없다. …

피해건물이 이미 타인 소유의 다른 기존 건물에 의하여 일조방해를 받고 있는 상황에서 가해건물이 신축됨으로써 일조방해의 정도가 심화되어 피해건물에 수인한도를 넘는 일조방해의 피해가 발생하고 그로 인하여 피해건물의 재산적 가치가 하락된 경우 신축건물 소유자는 피해건물 소유자에 대하여 불법행위로 인한 재산상 손해배상책임을 부담한다. … 이러한 경우에는 상린관계에 있는 이웃 간의 토지이용의 합리적인 조정이라는 요청과 손해부담의 공평이라는 손해배상제도의 이념에 비추어, 특별한 사정이 없는 한 기존 건물의 일조방해가 수인한도를 넘는 데 기여함으로써 피해건물의 소유자가 입게 된 재산적 손해가 신축건물의 소유자와 피해 건물의 소유자 사이에서 합리적이고 공평하게 분담될 수 있도록 정하여야」 한다(대판 2010. 6. 24, 2008다23729).

「건물 건축공사의 수급인은 도급계약에 기한 의무이행으로서 건물을 건축하는 것이므로 원칙적으로 일조방해에 대하여 손해배상책임이 없다고 할 것이지만, 수급인이 스스로 또는 도급인과 서로 의사를 같이하여 타인이 향수하는 일조를 방해하려는 목적으로 건물을 건축한 경우, 당해 건물이 건축법규에 위반되었고 그로 인하여 타인이 향수하는 일조를 방해하게 된다는 것을 알거나 알 수 있었는데도 과실로 이를 모른 채 건물을 건축한 경우, 도급인과 사실상 공동 사업주체로서 이해관계를 같이하면서 건물을 건축한 경우 등 특별한 사정이 있는 때에는 수급인도 일조방해에 대하여 손해배상책임을 진다.」(대판 2005. 3. 24, 2004다38792)

「일조방해로 인하여 인근 공작물 등 그 토지상에 정착한 물건을 더 이상 그 본래의 용법대로 사용할 수 없게 되었다면, 그 공작물 등의 소유자로서는 공작물 등의 이전이 불가능하거나, 그 이전으로 인하여 공작물 등을 종래의 용법대로 사용할 수 없게 되거나, 공작물 등의 이전비용이 그 공작물 등의 교환가치를 넘는다는 등의 특별한 사정이 없는 한, 그 이전비용 상당액을 통상의 손해로서 청구할 수 있고, 그 이전 과정에서 불가피하게 발생한 손해 역시 통상의 손해로서 청구할 수 있으며, 위와 같은 특별한 사정이 있는 경우에는 그 공작물 등의 교환가치 상당액을 통상의 손해로서 청구할 수 있다고 할 것이다. 한편 이와 같이 이전비용 등을 통상의 손해로서 청구하는 경우 장래 그 공작물 등을 사용·수익하여 얻을 수 있었을 이익은 그 이전비용 등에 포함되어 있어 이를 따로 청구할 수 없다.」(대판 2011. 4. 28, 2009다98652)

분양회사가 신축한 아파트를 분양받은 자는 분양된 아파트에서 일정한 일조시간을 확보할 수 없다고 하더라도, 이를 가지고 위 아파트가 매매목적물로서 거래상 통상 갖추어야 하거나 당사자의 특약에 의하여 보유하여야 할 품질이나 성질을 갖추지 못한 것이라거나, 또는 분양회사가 수분양자에게 분양하는 아파트의 일조 상황 등에 관하여 정확한 정보를 제공할 신의칙상 의무를 게을리하였다고 볼 여지가 있을지는 몰라도, 분양회사가 신축한 아파트로 인하여 수분양자가 직사광선이 차단되는 불이익을 입게 되었다고 볼 수는 없으므로 분양회사에게 일조방해를 원인으로 하는 불법행위책임을 물을 수는 없다(대판 2001. 6. 26, 2000다44928).

(ㄴ) **조망이익 침해에 관한 판례**　「조망이익은 원칙적으로 특정의 장소가 그 장소로부터 외부를 조망함에 있어 특별한 가치를 가지고 있고, 그와 같은 조망이익의 향유를 하나의 중요한 목적으로 하여 그 장소에 건물이 건축된 경우와 같이 당해 건물의 소유자나 점유자가 그 건물로부터 향유하는 조망이익이 사회통념상 독자의 이익으로 승인되어야 할 정도로 중요성을 갖는다고 인정되는 경우에 비로소 법적인 보호의 대상이 되는 것이라고 할 것이고, 그와 같은 정도에 이르지 못하는 조망이익의 경우에는 특별한 사정이 없는 한 법적인 보호의 대상이 될 수 없다고 할 것이다. D-483

그리고 조망이익이 법적인 보호의 대상이 되는 경우에 이를 침해하는 행위가 사법상 위법한 가해행위로 평가되기 위해서는 조망이익의 침해 정도가 사회통념상 일반적으로 인용하는 수인한도를 넘어야 하고, 그 수인한도를 넘었는지 여부는 … 모든 사정을 종합적으로

고려하여 판단하여야 한다.」(대판 2004. 9. 13, 2003다64602)

「조망의 대상과 그에 대한 조망의 이익을 누리는 건물 사이에 타인 소유의 토지가 있지만 그 토지 위에 건물이 건축되어 있지 않거나 저층의 건물만이 건축되어 있어 그 결과 타인의 토지를 통한 조망의 향수가 가능하였던 경우 그 타인은 자신의 토지에 대한 소유권을 자유롭게 행사하여 그 토지 위에 건물을 건축할 수 있고 그 건물 신축이 국토의 계획 및 이용에 관한 법률에 의하여 정해진 지역의 용도에 부합하고 건물의 높이나 이격거리에 관한 건축관계법규에 어긋나지 않으며 조망 향수자가 누리던 조망의 이익을 부당하게 침해하려는 해의에 의한 것으로서 권리의 남용에 이를 정도가 아닌 한 인접한 토지에서 조망의 이익을 누리던 자라도 이를 함부로 막을 수는 없으며, 따라서 조망의 이익은 주변에 있는 객관적 상황의 변화에 의하여 저절로 변용 내지 제약을 받을 수밖에 없고, 그 이익의 향수자가 이러한 변화를 당연히 제약할 수 있는 것도 아니다.」(5층짜리 아파트의 뒤에 그보다 높은 10층짜리 건물을 세움으로써 한강 조망을 확보한 경우와 같이 보통의 지역에 인공적으로 특별한 시설을 갖춤으로써 누릴 수 있게 된 조망의 이익은 법적으로 보호받을 수 없다고 한 사례)(대판 2007. 6. 28, 2004다54282)

D-484 (ㄷ) **소음에 의한 침해** 「소음 등을 포함한 공해 등의 위험지역으로 이주하여 들어가서 거주하는 경우와 같이 위험의 존재를 인식하면서 그로 인한 피해를 용인하며 접근한 것으로 볼 수 있는 경우에, 그 피해가 직접 생명이나 신체에 관련된 것이 아니라 정신적 고통이나 생활방해의 정도에 그치고 그 침해행위에 고도의 공공성이 인정되는 때에는, 위험에 접근한 후 실제로 입은 피해 정도가 위험에 접근할 당시에 인식하고 있었던 위험의 정도를 초과하는 것이거나 위험에 접근한 후에 그 위험이 특별히 증대하였다는 등의 특별한 사정이 없는 한 가해자의 면책을 인정하여야 하는 경우도 있을 수 있을 것이나, 일반인이 공해 등의 위험지역으로 이주하여 거주하는 경우라고 하더라도 위험에 접근할 당시에 그러한 위험이 존재하는 사실을 정확하게 알 수 없는 경우가 많고, 그 밖에 위험에 접근하게 된 경위와 동기 등의 여러 가지 사정을 종합하여 그와 같은 위험의 존재를 인식하면서 굳이 위험으로 인한 피해를 용인하였다고 볼 수 없는 경우에는 손해배상액의 산정에 있어 형평의 원칙상 과실상계에 준하여 감액사유로 고려하는 것이 상당하다.」(대판 2005. 1. 27, 2003다49566)

(ㄹ) **과도한 태양반사광에 의한 침해** 「인접 토지에 외벽이 유리로 된 건물 등이 건축되어 과도한 태양반사광이 발생하고 이러한 태양반사광이 인접 주거지에 유입되어 거주자가 이로 인한 시야방해 등 생활에 고통을 받고 있음(이하 '생활방해'라 한다)을 이유로 손해배상을 청구하려면, 그 건축행위로 인한 생활방해의 정도가 사회통념상 일반적으로 참아내야 할 정도(이하 '참을 한도'라 한다)를 넘는 것이어야 한다. 건축된 건물 등에서 발생한 태양반사광으로 인한 생활방해의 정도가 사회통념상 참을 한도를 넘는지는 태양반사광이 피해 건물에 유입되는 강도와 각도, 유입되는 시기와 시간, 피해 건물의 창과 거실 등의 위치 등에 따른 피해의 성질과 정도, 피해이익의 내용, 가해 건물 건축의 경위 및 공공성, 피해 건물과 가해 건물 사이의 이격거리, 건축법령상의 제한 규정 등 공법상 규제의 위반 여부, 건물이 위치한 지역의 용

도와 이용현황, 피해를 줄일 수 있는 방지조치와 손해 회피의 가능성, 토지 이용의 선후 관계, 교섭 경과 등 모든 사정을 종합적으로 고려하여 판단하여야 한다.

나아가 태양반사광으로 인한 생활방해를 원인으로 태양반사광의 예방 또는 배제를 구하는 방지청구는 금전배상을 구하는 손해배상청구와는 그 내용과 요건을 서로 달리하는 것이어서 같은 사정이라도 청구의 내용에 따라 고려요소의 중요도에 차이가 생길 수 있고, 태양반사광 침해의 방지청구는 그것이 허용될 경우 소송당사자뿐 아니라 제 3 자의 이해관계에도 중대한 영향을 미칠 수 있어, 방지청구의 당부를 판단하는 법원으로서는 해당 청구가 허용될 경우에 방지청구를 구하는 당사자가 받게 될 이익과 상대방 및 제 3 자가 받게 될 불이익 등을 비교·교량하여야 한다.」(대판 2021. 6. 3, 2016다33202·33219)

(ㅁ) **생활이익에 관한 수인한도의 판단** 「일조 장해, 사생활 침해, 조망 침해, 시야 차단으로 인한 압박감, 소음, 분진, 진동 등과 같은 생활이익에 대한 침해가 사회통념상의 수인한도를 초과하여 위법한지를 판단하고 그에 따른 재산상 손해를 산정함에 있어서는, 생활이익을 구성하는 요소들을 종합적으로 참작하여 수인한도를 판단하여야만 형평을 기할 수 있는 특별한 사정이 없다면, 원칙적으로 개별적인 생활이익별로 침해의 정도를 고려하여 수인한도 초과 여부를 판단한 후 수인한도를 초과하는 생활이익들에 기초하여 손해배상액을 산정하여야 하며, 수인한도를 초과하지 아니하는 생활이익에 대한 침해를 다른 생활이익 침해로 인한 수인한도 초과 여부 판단이나 손해배상액 산정에 있어서 직접적인 근거 사유로 삼을 수는 없다.」(대판 2007. 6. 28, 2004다54282)

「불법행위 성립요건으로서의 위법성은 관련행위 전체를 일체로만 판단하여 결정하여야 하는 것은 아니고, 문제가 되는 행위마다 개별적·상대적으로 판단하여야 할 것이므로 어느 시설을 적법하게 가동하거나 공용에 제공하는 경우에도 그로부터 발생하는 유해배출물로 인하여 제 3 자가 손해를 입은 경우에는 그 위법성을 별도로 판단하여야 하며, 이러한 경우의 판단 기준은 그 유해의 정도가 사회생활상 통상의 수인한도를 넘는 것인지 여부라고 할 것인바, 그 수인한도의 기준을 결정함에 있어서는 … 여러 사정을 종합적으로 고려하여 구체적 사건에 따라 개별적으로 결정하여야 한다.」(대판 2010. 7. 15, 2006다84126)

Ⅸ. 제조물책임 D-485

(1) 서 설

1) 제조물책임은 제조물의 결함으로 인하여 발생한 손해에 대하여 제조업자 등이 지는 책임을 말한다. 닭의 사료에 결함이 있어서 산란율이 떨어진 경우에 사료제조자가 지는 책임이 그 예이다.

2) 제조물에 결함이 있는 때에 피해자를 구제하는 법적 구성으로는 우선 매도인의 하자담보책임과 불완전급부를 생각해 볼 수 있다. 그러나 피해자와 제조자 사이에 계약관

계가 없기 때문에 그러한 방법은 사용할 수가 없다. 결국 피해자는 일반 불법행위책임을 물을 수밖에 없다. 그런데 그 방법에 있어서는 쉽지 않은 결함 증명, 과실 증명, 결함과 손해 사이의 인과관계 증명 등을 모두 피해자가 하여야 하는 문제가 있다. 그리하여 종래 판례는 문제점을 해결하기 위해 노력하여 왔다. 그러나 해석으로 문제점을 해결하는 데는 한계가 있기 마련이다. 그래서 제조물책임법이라는 특별법을 제정하였다(2000. 1. 12. 제정, 2002. 7. 1. 시행). 이 법은 제조업자의 무과실책임, 징벌적 손해배상 등을 규정하고 있다(동법 3조). 아래에서 제조물책임법의 내용을 살펴보기로 한다.

D-486 (2) 제조물의 결함

1) 제 조 물 제조물책임법에서 「제조물」이라 함은 제조되거나 가공된 동산을 말하며(가공되지 않은 농림 수산물은 제외된다), 그러한 동산이면 다른 동산이나 부동산의 일부를 구성하는 경우도 포함된다(그러나 부동산 자체는 제조물이 아니다)(동법 2조 1호). 그리고 여기의 제조물에는 여러 단계의 상업적 유통을 거쳐 불특정 다수 소비자에게 공급되는 것뿐만 아니라 특정 소비자와의 공급계약에 따라 그 소비자에게 직접 납품되어 사용되는 것도 포함된다(대판 2013. 7. 12, 2006다17539(베트남 참전군인 고엽제 피해자 사건)).

2) 결함의 의의 「결함」이란 해당 제조물에 제조상의 결함(제조업자가 제조물에 대하여 제조상·가공상의 주의의무를 이행하였는지에 관계없이 제조물이 원래 의도한 설계와 다르게 제조·가공됨으로써 안전하지 못하게 된 경우)·설계상의 결함(제조업자가 합리적인 대체설계를 채용하였더라면 피해나 위험을 줄이거나 피할 수 있었음에도 대체설계를 채용하지 않아 해당 제조물이 안전하지 못하게 된 경우)(대판 2014. 4. 10, 2011다22092는 국가 등이 제조한 담배에 설계상의 결함이 없다고 함)·표시상의 결함(제조업자가 합리적인 설명·지시·경고 또는 그 밖의 표시를 하였더라면 해당 제조물에 의하여 발생될 수 있는 피해나 위험을 줄이거나 피할 수 있었음에도 이를 하지 않은 경우)(대판 2014. 4. 10, 2011다22092는 국가 등이 제조·판매한 담배에 표시상의 결함이 없다고 함)이 있거나 그 밖에 통상적으로 기대할 수 있는 안전성이 결여되어 있는 것을 말한다(동법 2조 2호)(따라서 매매목적물의 하자와는 구별되는 개념이다).

판 례 제조물의 결함 관련

(ㄱ) 「제조상 내지 설계상의 결함이 인정되지 아니하는 경우라 할지라도, 제조업자 등이 합리적인 설명, 지시, 경고 기타의 표시를 하였더라면 당해 제조물에 의하여 발생될 수 있는 피해나 위험을 줄이거나 피할 수 있었음에도 이를 하지 아니한 때에는 그와 같은 표시상의 결함(지시·경고상의 결함)에 대하여도 불법행위로 인한 책임이 인정될 수 있고, 그와 같은 결함이 존재하는지 여부에 대한 판단을 함에 있어서는 제조물의 특성, 통상 사용되는 사용형태, 제조물에 대한 사용자의 기대의 내용, 예상되는 위험의 내용, 위험에 대한 사용자의 인식 및 사용자에 의한 위험회피의 가능성 등의 여러 사정을 종합적으로 고려하여 사회통념에 비추어 판단하여야 할 것이다.」(대판 2014. 4. 10, 2011다22092)

(ㄴ) 「제조업자가 이러한 고도의 위험방지의무를 위반한 채 생명·신체에 위해를 발생시킬 위험이 있는 화학제품을 설계하여 그대로 제조·판매한 경우에는 특별한 사정이 없는 한 그 화학제품에는 사회통념상 통상적으로 기대되는 안전성이 결여된 설계상의 결함이 존재한다고 봄이 상당하다.」(대판 2013. 7. 12, 2006다17539(고엽제 사건))

3) 결함의 증명과 인과관계 결함의 존재, 결함과 손해 사이의 인과관계는 피해자가 증명하여야 한다. 그런데 그 증명이 대단히 어려우므로, 제조물이 정상적으로 사용되는 상태에서 손해가 발생한 경우에는 사회통념상 개연성이 인정되면 이들을 사실상 추정함이 바람직하다. 판례(제조물책임법이 적용되기 전의 사안)도 그러한 견지에 있다(대판 1977. 1. 25, 75다2092(닭 사료 사건의 경우 결함 인정); 대판 2000. 2. 25, 98다15934(텔레비전이 폭발한 경우 결함을 인정); 대판 2004. 3. 12, 2003다16771(급발진사고의 경우 결함 불인정); 대판 2011. 9. 29, 2008다16776(제약회사가 제조한 혈액제제의 결함 인정); 대판 2013. 7. 12, 2006다17539(원인과 결과가 명확히 대응하는 특이성 질환에 대한 고엽제의 결함을 인정함. 그러나 비특이성 질환에 대하여는 부정함); 대판 2014. 4. 10, 2011다22092(흡연과 폐암 발병 사이에 인과관계가 인정되지 않는다고 함); 대판 2017. 11. 9, 2013다26708 · 26715 · 26722 · 26739(혈액제제와 바이러스 감염 사이의 인과관계를 추정함)). D-487

위와 같은 학설·판례의 영향으로 제조물책임법에 추정규정이 신설되었다. 그에 따르면, 피해자가 다음 세 가지 사실, 즉 ① 해당 제조물이 정상적으로 사용되는 상태에서 피해자의 손해가 발생하였다는 사실, ② 위 ①의 손해가 제조업자의 실질적인 지배영역에 속한 원인으로부터 초래되었다는 사실, ③ 위 ①의 손해가 해당 제조물의 결함 없이는 통상적으로 발생하지 않는다는 사실을 증명한 경우에는, 제조물을 공급할 당시 해당 제조물에 결함이 있었고 그 제조물의 결함으로 인하여 손해가 발생한 것으로 추정한다(동법 3조의 2 본문). 다만, 제조업자가 제조물의 결함이 아닌 다른 원인으로 인하여 그 손해가 발생한 사실을 증명한 경우에는 그렇지 않다(동법 3조의 2 단서).

판 례 증명책임 등 관련

(ㄱ) 「고도의 기술이 집약되어 대량으로 생산되는 제품의 결함을 이유로 그 세조입자에게 손해배상책임을 지우는 경우 그 제품의 생산과정은 전문가인 제조업자만이 알 수 있어서 그 제품에 어떠한 결함이 존재하였는지, 그 결함으로 인하여 손해가 발생한 것인지 여부는 일반인으로서는 밝힐 수 없는 특수성이 있어서 소비자 측이 제품의 결함 및 그 결함과 손해의 발생과의 사이의 인과관계를 과학적·기술적으로 입증한다는 것은 지극히 어려우므로 그 제품이 정상적으로 사용되는 상태에서 사고가 발생한 경우 소비자 측에서 그 사고가 제조업자의 배타적 지배 하에 있는 영역에서 발생하였다는 점과 그 사고가 어떤 자의 과실 없이는 통상 발생하지 않는다고 하는 사정을 증명하면, 제조업자 측에서 그 사고가 제품의 결함이 아닌 다른 원인으로 말미암아 발생한 것임을 입증하지 못하는 이상 그 제품에게 결함이 존재하며 그 결함으로 말미암아 사고가 발생하였다고 추정하여 손해배상책임을 지울 수 있도록 입증책임을 완화하는 것이 손해의 공평·타당한 부담을 그 지도원리로 하는 손해배상제도의 이상에 맞는 것」이다(대판 2004. 3. 12, 2003다16771).

(ㄴ) 「비료가 원고들의 경우와 같은 재배환경 하에서 이용하기에 부적절한 이상 그 용법에 관한 표시상의 결함이 존재한다고 봄이 상당하며, 따라서 그 시비과정에 있어서 통상의 경우를 가정하여 위 비료의 포장지 등에 명시한 설명방법을 원고들이 그대로 따르지 아니한 점이 인정된다 하더라도 그것이 원고들의 귀책으로 돌아가는 비정상적인 사용상태로 인하여 피해가 발생한 경우에 해당한다고 보기는 어려우므로, 같은 취지에서 피고 회사의 제조

물책임을 인정하면서 다만 위와 같은 원고들의 과실 기타 사정을 참작하여 그 책임비율을 감경한 제 1 심판결을 인용한 원심의 조치는 정당」하다(대판 2006. 3. 10, 2005다31361).

D-488 **(3) 책임의 주체**

1) 책임을 지는 자는 원칙적으로 동법상의 「**제조업자**」(① 제조물의 제조·가공 또는 수입을 업(業)으로 하는 자와 ② 제조물에 성명·상호·상표 또는 그 밖에 식별 가능한 기호 등을 사용하여 자신을 제조·가공 또는 수입을 업으로 하는 자로 표시한 자, 또는 자신을 제조·가공 또는 수입을 업으로 하는 자로 오인하게 할 수 있는 표시를 한 자. 동법 2조 3호)이다(동법 3조 1항). 그리고 판례에 따르면, 정부와의 공급계약에 따라 정부가 제시한 제조지시에 따라 제조물을 제조·판매한 경우에도 제조물에 결함이 발생한 때에는 제조물책임을 부담한다고 한다(대판 2013. 7. 12, 2006다17539). 한편 제조업자는 제조물을 영리목적으로 공급하지 않은 때에도 결함 있는 제조물에 대하여 책임을 진다(동법 3조 3항이 이를 전제하고 있음). 그런데 **제조물의 제조업자를 알 수 없는 경우에는** 제조물을 영리목적으로 판매·대여 등의 방법으로 공급한 자 즉 제조물공급자가 배상책임을 진다(동법 3조 3항 본문). 다만, 그 공급자가 상당한 기간 내에 제조업자나 제조물을 자신에게 공급한 자를 피해자 또는 그 법정대리인에게 고지한 때에는 책임을 지지 않는다(동법 3조 3항 단서).

2) 동일한 손해에 대하여 배상할 책임이 있는 자가 2인 이상인 경우에는 연대하여 배상책임을 진다(동법 5조).

D-489 **(4) 책임의 내용과 면책사유**

1) 제조업자·제조물공급자는 제조물의 결함으로 생명·신체 또는 재산에 손해(그 제조물에 대해서만 발생한 손해를 제외한다. 이 손해에는 제조물 그 자체에 발생한 재산상 손해뿐만 아니라 제조물의 결함 때문에 발생한 영업 손실로 인한 손해도 포함되는데(대판 2015. 3. 26, 2012다4824), 이 손해는 제조물책임법의 적용대상이 아니고 하자담보책임·불완전급부책임에 의한다. 제조물책임법이 시행되기 전의 판례도 같은 태도였다. 대판 2000. 7. 28, 98다35525 등 참조)를 입은 자에게 그 손해를 배상하여야 한다(동법 3조 1항·3항). 이때 제조업자 등에게 과실이 있는지는 묻지 않는다. 즉 무과실책임을 진다(통설도 같다. 그런데 곽윤직, 444면은 설계상의 결함과 표시상의 결함의 경우에는 과실책임이라고 한다).

제조물책임법은 최근에 개정을 통하여 제조업자의 악의적인 불법행위를 막고 중대한 피해자의 실질적 보상을 위하여 **징벌적 손해배상제도**를 도입하였다. 그에 따르면, 그 법 제 3 조 제 1 항에도 불구하고 제조업자가 제조물의 결함을 알면서도 그 결함에 대하여 필요한 조치를 취하지 않은 결과로 생명 또는 신체에 중대한 손해를 입은 자가 있는 경우에는 그 자에게 발생한 손해의 3배를 넘지 않는 범위에서 배상책임을 진다(동법 3조 2항 1문). 이 경우 법원은 배상액을 정할 때 고의성의 정도, 해당 제조물의 결함으로 인하여 발생한 손해의 정도 등 일정사항(동법 3조 2항 1호–7호 참조)을 고려하여야 한다(동법 3조 2항 2문).

2) 제조물책임을 지게 되는 제조업자 등은 다음 중 어느 하나의 사실을 입증(증명)하면 면책된다(동법 4조 1항).

① 제조업자가 해당 제조물을 공급하지 않았다는 사실(동법 4조 1항 1호), ② 제조업자가 해당 제조물을 공급한 당시의 과학·기술수준으로는 결함의 존재를 발견할 수 없었다는 사실

(동법 4조 1항 2호), ③ 제조물의 결함이 제조업자가 해당 제조물을 공급한 당시의 법령이 정하는 기준을 준수함으로써 발생하였다는 사실(동법 4조 1항 3호), ④ 원재료 또는 부품의 경우에는 그 원재료나 부품을 사용한 제조물 제조업자의 설계 또는 제작에 관한 지시로 인하여 결함이 발생하였다는 사실(동법 4조 1항 4호).

그러나 제조업자 등이 제조물을 공급한 후에 그 제조물에 결함이 존재한다는 사실을 알거나 알 수 있었음에도 그 결함으로 인한 손해의 발생을 방지하기 위한 적절한 조치를 하지 않은 경우에는, 위 ②③④의 증명에 따른 면책을 주장할 수 없다(동법 4조 2항).

제조물책임법에 따른 손해배상책임을 배제하거나 제한하는 특약은 무효이다(동법 6조 본문). 다만, 자신의 영업에 이용하기 위하여 제조물을 공급받은 자가 자신의 영업용 재산에 발생한 손해에 관하여 그와 같은 특약을 한 경우에는 유효하다(동법 6조 단서).

3) 제조물책임법에 따른 손해배상의 청구권은 피해자 또는 그 법정대리인이 손해 및 배상책임자를 모두 알게 된 날부터 3년간 행사하지 않으면 시효의 완성으로 소멸한다(동법 7조 1항). 또한 그 청구권은 제조업자가 손해를 발생시킨 제조물을 공급한 날부터 10년 이내에 행사하여야 한다(동법 7조 2항 본문). 다만, 신체에 누적되어 사람의 건강을 해치는 물질에 의하여 발생한 손해 또는 일정한 잠복기간이 지난 후에 증상이 나타나는 손해에 대하여는 그 손해가 발생한 날부터 기산한다(동법 7조 2항 단서).

(5) 민법과의 관계

제조물의 결함으로 인한 손해배상책임에 관하여 제조물책임법에 규정된 것을 제외하고는 민법에 따른다(동법 8조). 한편 판례는, 제조물책임법은 불법행위에 관한 민법의 특별법이라 할 것이므로, 제조물의 결함으로 손해를 입은 자가 제조물책임법에 의하여 손해배상을 주장하지 않고 민법상 불법행위책임을 주장하였더라도 법원은 민법에 우선하여 제조물책임법을 적용하여야 하고, 제조물책임법의 요건이 갖추어지지 않았지만 민법상 불법행위책임 요건을 갖추었다면 민법상 불법행위책임을 인정할 수도 있다고 한다(대판 2023. 5. 18, 2022다230677).

X. 의료과오에 대한 책임 D-490

(1) 서 설

1) 의료과오에 대한 책임(의료과오책임)이란 의사 기타 의료인(이하 「의사」라고 함)의 의료상의 과실로 인하여 발생한 손해에 대하여 지는 책임을 가리킨다. 의료과오책임은 전문가책임의 대표적인 예이다.

2) 의료과오의 피해자가 의료과오책임을 묻는 방법에는 계약책임(불완전급부책임)에 의한 것과

불법행위책임에 의한 것의 두 가지가 있다. 환자와 의사 사이에는 계약관계(일종의 특수 위임관계)가 존재하기 때문에 두 책임이 모두 문제될 수 있는 것이다. 그리고 두 책임의 관계에 관하여 청구권경합설을 취하게 되면(D-417 참조), 피해자는 두 책임을 선택적으로 물을 수 있다(판례도 같은 입장임. 대판 2018. 11. 15, 2016다244491). 그런데 종래 판례와 학설이 의료과오책임을 주로 불법행위의 측면에서 다루어오고 있기 때문에 여기서도 불법행위를 중심으로 하여 살펴보기로 한다.

판 례 진료계약상 주의의무 위반으로 생명·신체가 침해된 경우

「진료계약상 주의의무 위반으로 환자의 생명이나 신체에 불이익한 결과를 초래한 경우 일반적으로 채무불이행책임과 불법행위책임이 성립할 수 있다. 이와 같이 생명·신체가 침해된 경우 환자가 정신적 고통을 입는다고 볼 수 있으므로, 진료계약의 당사자인 병원 등은 환자가 입은 정신적 고통에 대해서도 민법 제393조, 제763조, 제751조 제 1 항에 따라 손해를 배상해야 한다.」(대판 2018. 11. 15, 2016다244491)

3) 의료행위는 고도의 전문성을 바탕으로 하는 행위이다. 따라서 그러한 의료행위에 있어서 의사에게 과실이 있었는지는 일반인으로서는 잘 알 수가 없으며, 설사 과실이 있다고 하여도 그것을 증명하기가 대단히 어렵다. 과실있는 의료행위와 손해 사이의 인과관계의 증명도 마찬가지이다. 이들 문제에 대하여 다른 의사의 도움을 얻는 것도 기대하기가 어렵다. 그 때문에 의료과오의 경우에는 의사의 과실이나 인과관계의 인정에 있어서 일반 불법행위와는 달리 다루어야 할 필요가 있다(의료과오책임을 계약책임으로 묻는 경우에는 채무불이행(불완전급부) 사실을 증명하기가 어려운 문제가 있다).

4) 의료과오에 의한 불법행위의 전형적인 모습은 의사가 의료상의 과실로 환자의 생명·신체·건강을 침해하는 경우이다. 그런데 그러한 불법행위를 이유로 책임을 묻는 것이 쉽지 않은 점을 고려하여 환자의 보호를 강화하기 위하여 근래에는 의사가 충분히 설명하지 않고서 치료한 경우에 관하여 일정한 요건 하에 불법행위의 성립을 인정하고 있다.

이하에서는 전형적인 의료과오에 있어서 과실·인과관계·책임의 주체에 관하여 본 뒤, 이어서 의사의 설명의무의 위반에 대하여 설명하기로 한다.

D-491

(2) 의사의 과실

의사가 진찰·치료 등의 의료행위를 함에 있어서는 사람의 생명·신체·건강을 관리하는 업무의 성질에 비추어 환자의 구체적인 증상이나 상황에 따라 위험을 방지하기 위하여 요구되는 최선의 조치를 취하여야 할 주의의무가 있고(대판 2023. 10. 12, 2021다213316 등 다수), 그러한 주의의무를 위반하는 경우에 과실이 있다.

의사의 과실에는 특수성이 있다. ① 의사는 전문 직업인이므로 그의 과실은 당연히 「업무상의 과실」이다. 따라서 그 과실 여부는 추상적인 일반인이 아니고 동일한 업무와 직무를 담당하는 자의 주의의무를 기준으로 판단하여야 한다(통설·판례도 같음. 대판 1999. 11. 23, 98다21403 등). ② 의사의

주의의무는 의료행위를 할 당시 의료기관 등 임상의학 분야에서 실천되고 있는 의료행위의 수준을 기준으로 판단하여야 한다(대판 2023. 10. 12, 2021다213316 등 다수). 그러나 그 의료수준은 통상의 의사에게 의료행위 당시 일반적으로 알려져 있고 또 시인되고 있는 이른바 의학상식을 뜻하므로 진료환경 및 조건·의료환경의 특수성 등을 고려하여 규범적인 수준으로 파악되어야 한다(대판 2023. 10. 12, 2021다213316 등 다수). ③ 의사의 의료행위에는 재량이 인정된다. 따라서 의사가 선택한 치료방법이 합리적인 재량의 범위를 벗어난 것이 아닌 한 그 방법을 선택한 것에 과실이 있다고 할 수 없다(대판 2022. 12. 29, 2022다264434 등 다수).

판 례 의사의 과실 관련 D-492

(ㄱ) 「의료사고에 있어서 의료종사원의 과실을 인정하기 위하여서는 의료종사원이 결과발생을 예견할 수 있음에도 불구하고 그 결과발생을 예견하지 못하였고, 그 결과발생을 회피할 수 있었음에도 불구하고 그 결과발생을 회피하지 못한 과실이 검토되어야 할 것이고 또한 이와 같은 과실은 일반적 보통인을 표준으로 하여 요구되는 주의의무를 결한 것으로서 여기에서 일반적 보통인이라 함은 이는 추상적인 일반인이 아니라, 그와 같은 업무와 직무에 종사하는 사람을 뜻하는 것이므로, 결국 이와 같은 사람이라면 보통 누구나 할 수 있는 주의의 정도를 표준으로 하여 과실 유무를 논하여야 하며 이에는 사고 당시의 일반적인 의학의 수준과 진료환경 및 조건, 의료행위의 특수성 등이 고려되어야 할 것이다.」(대판 1987. 1. 20, 86다카1469)

(ㄴ) 「인간의 생명과 건강을 담당하는 의사에게는 그의 업무의 성질에 비추어 보아 위험방지를 위하여 필요한 최선의 주의의무가 요구되고, 따라서 의사로서는 환자의 상태에 충분히 주의하고 진료 당시의 의학적 지식에 입각하여 그 치료방법의 효과와 부작용 등 모든 사정을 고려하여 최선의 주의를 기울여 그 치료를 실시하지 않으면 안 되는데, 이러한 주의의무의 기준은 진료 당시의 이른바 임상의학의 실천에 의한 의료수준에 의하여 결정되어야 하나, 그 의료수준은 규범적으로 요구되는 수준으로 파악되어야 하고, 당해 의사나 의료기관의 구체적 상황에 따라 고려되어서는 안 된다.」(대판 1997. 2. 11, 96다5933)

(ㄷ) 「진단상의 과실 유무를 판단함에 있어서는 그 과정에 있어서 비록 완전무결한 임상진단의 실시는 불가능하다고 할지라도 적어도 임상의학 분야에서 실천되고 있는 진단 수준의 범위 내에서 그 의사가 전문직업인으로서 요구되는 의료상의 윤리와 의학지식 및 경험에 터잡아 신중히 환자를 진찰하고 정확히 진단함으로써 위험한 결과 발생을 예견하고 그 결과 발생을 회피하는 데에 필요한 최선의 주의의무를 다하였는지 여부를 따져 보아야 한다.」(대판 2010. 7. 8, 2007다55866)

(ㄹ) 「관계 법령에 따라 감독관청의 승인이 요구됨에도 이를 위반하여 승인 없이 임상시험에 해당하는 의료행위를 하였더라도 그 자체가 의료상의 주의의무 위반행위는 아니라고 할 것이므로, 당해 의료행위에 있어 구체적인 의료상의 주의의무 위반이 인정되지 아니한다면 그것만으로 불법행위책임을 지지는 아니한다.」(대판 2010. 10. 14, 2007다3162)

D-493 **(3) 과실 및 인과관계의 증명**

의료과오에 있어서 의사의 과실, 과실있는 행위와 손해 사이의 인과관계는 피해자인 원고가 증명하여야 한다. 그런데 의료행위의 자세한 과정과 내용조차 알 수가 없는 피해자로서 의사의 전문분야에 관한 과실과 인과관계를 증명하는 것은 대단히 어려운 일이다. 따라서 이들의 증명을 일반 불법행위에 있어서와 마찬가지로 엄격하게 요구한다면 손해배상을 받는 것이 사실상 불가능할 것이다. 그렇다고 하여 증명책임을 모두 의사 측에 전환시키는 것도 반드시 바람직하다고 할 수 없다. 그렇게 되면 자칫 의사의 치료가 소극적이 되어 오히려 환자에게 불리하게 될 수도 있기 때문이다. **가장 바람직한 것은 증명책임의 원칙을 유지하되 다소 완화하는 방법이다.** 즉 피해자 쪽에서 상당한 정도의 개연성만 증명하면 의사 측의 반대증명이 없는 한 책임을 인정하는 것이다. 통설·판례(대판 1995. 2. 10, 93다52402 이래 다수의 판결)도 같은 견지에 있다.

D-494 **판 례 의료과오의 경우 과실과 인과관계의 증명 관련**

(ㄱ) 「이 사건에 있어서와 같이 환자가 치료 도중에 사망한 경우에 있어서는 피해자 측에서 일련의 의료행위 과정에 있어서 저질러진 일반인의 상식에 바탕을 둔 의료상의 과실있는 행위를 입증하고 그 결과와 사이에 일련의 의료행위 외에 다른 원인이 개재될 수 없다는 점, 이를테면 환자에게 의료행위 이전에 그러한 결과의 원인이 될 만한 건강상의 결함이 없었다는 사정을 증명한 경우에 있어서는, 의료행위를 한 측이 그 결과가 의료상의 과실로 말미암은 것이 아니라 전혀 다른 원인으로 말미암은 것이라는 입증을 하지 아니하는 이상, 의료상 과실과 결과 사이의 인과관계를 추정하여 손해배상책임을 지울 수 있도록 입증책임을 완화하는 것이 손해의 공평·타당한 부담을 그 지도원리로 하는 손해배상제도의 이상에 맞는다.」(대판 1995. 2. 10, 93다52402)

(ㄴ) 「의료행위상의 주의의무 위반으로 인한 손해배상청구에서 … 입증책임을 완화하는 것이 당원의 확립된 판례이나, 이 경우에도 일련의 의료행위 과정에 있어서 일반인의 상식에 바탕을 둔 의료상 과실의 존재는 환자 측에서 입증하여야 하는 결과 의료과정에서 어떠한 주의의무 위반의 잘못을 인정할 수 없다면 그 청구는 배척될 수밖에 없는 것이다.」(대판 2003. 11. 27, 2001다20127)

(ㄷ) 「의료행위는 고도의 전문적 지식을 필요로 하는 분야로서 전문가가 아닌 일반인으로서는 의사의 의료행위의 과정에 주의의무 위반이 있는지의 여부나 그 주의의무 위반과 손해발생 사이에 인과관계가 있는지 여부를 밝혀내기가 극히 어려운 특수성이 있으므로 수술 도중 환자에게 사망의 원인이 된 증상이 발생한 경우 그 증상 발생에 관하여 의료상의 과실 이외의 다른 원인이 있다고 보기 어려운 간접사실들을 입증함으로써 그와 같은 증상이 의료상의 과실에 기한 것이라고 추정하는 것도 가능하다고 하겠으나, 그 경우에도 의사의 과실로 인한 결과 발생을 추정할 수 있을 정도의 개연성이 담보되지 않는 사정들을 가

지고 막연하게 중한 결과에서 의사의 과실과 인과관계를 추정함으로써 결과적으로 의사에게 무과실의 입증책임을 지우는 것까지 허용되는 것은 아니라고 할 것이다.」(대판 2004. 10. 28, 2002다45185. 동지의 판결이 많음. 그중 대판 2023. 8. 31, 2022다303995는 사망 원인 증상이 발생한 경우 대신 '수술 도중이나 수술 후 환자에게 중한 결과의 원인이 된 증상이 발생한 경우'라고 함)

(ㄹ) 「의료행위는 고도의 전문적 지식을 필요로 하는 분야로서 환자 측에서 의료진의 과실을 증명하는 것이 쉽지 않고, 현대의학지식 자체의 불완전성 등 때문에 진료상 과실과 환자 측에게 발생한 손해(기존에 없던 건강상 결함 또는 사망의 결과가 발생하거나, 통상적으로 회복가능한 질병 등에서 회복하지 못하게 된 경우 등) 사이의 인과관계는 환자 측뿐만 아니라 의료진 측에서도 알기 어려운 경우가 많다.

이러한 증명의 어려움을 고려하면, 환자 측이 의료행위 당시 임상의학 분야에서 실천되고 있는 의료수준에서 통상의 의료인에게 요구되는 주의의무의 위반 즉 진료상 과실로 평가되는 행위의 존재를 증명하고, 그 과실이 환자 측의 손해를 발생시킬 개연성이 있다는 점을 증명한 경우에는, 진료상 과실과 손해 사이의 인과관계를 추정하여 인과관계 증명책임을 완화하는 것이 타당하다. 여기서 손해 발생의 개연성은 자연과학적, 의학적 측면에서 의심이 없을 정도로 증명될 필요는 없으나, 해당 과실과 손해 사이의 인과관계를 인정하는 것이 의학적 원리 등에 부합하지 않거나 해당 과실이 손해를 발생시킬 막연한 가능성이 있는 정도에 그치는 경우에는 증명되었다고 볼 수 없다.

한편 진료상 과실과 손해 사이의 인과관계가 추정되는 경우에도 의료행위를 한 측에서는 환자 측의 손해가 진료상 과실로 인하여 발생한 것이 아니라는 것을 증명하여 추정을 번복시킬 수 있다.」(대판 2023. 8. 31, 2022다219427. 이 판결은 의료과오의 경우 인과관계 증명의 법리를 포괄적으로 정비한 것이라고 평가됨)

(ㅁ) 「환자의 구체적인 증상이나 상황에 따라 위험을 방지하기 위하여 요구되는 최선의 조치를 취하여야 할 주의의무를 부담하는 의료인 및 의료종사원 등 의료진이 그와 같은 환자의 기대에 반하여 환자의 치료에 전력을 다하지 아니한 경우에는 그 업무상 주의의무를 위반한 것이라고 보아야 할 것이지만, 그러한 주의의무 위반과 환자에게 발생한 악결과(惡結果) 사이에 상당인과관계가 인정되지 않는 경우에는 그에 관한 손해배상을 구할 수 없다 할 것이다. 다만, 그 주의의무 위반의 정도가 일반인의 처지에서 보아 수인한도를 넘어설 만큼 현저하게 불성실한 진료를 행한 것이라고 평가될 정도에 이른 경우라면 그 자체로서 불법행위를 구성하여 그로 말미암아 환자나 그 가족이 입은 정신적 고통에 대한 위자료의 배상을 명할 수 있다고 보아야 할 것이나, 이때 그 수인한도를 넘어서는 정도로 현저하게 불성실한 진료가 있었다는 점은 불법행위의 성립을 주장하는 원고들이 이를 입증하여야 할 것이다.」(대판 2006. 9. 28, 2004다61402)

「수인한도를 넘는 현저히 불성실한 진료로 인한 위자료는, 환자에게 발생한 신체상 손해의 발생 또는 확대와 관련된 정신적 고통을 위자하는 것이 아니라 불성실한 진료 그 자체로 인하여 발생한 정신적 고통을 위자하기 위한 것이다. 따라서 불성실한 진료로 인하여 이미 발생한 정신적 고통이 중대하여 진료 후 신체상 손해가 발생하지 않더라도 별도의 위자료를 인정하는 것이 사회통념상 마땅한 정도에 이르러야 한다.」(대판 2023. 8. 18, 2022다306185)

(ㅂ) 「의료행위에 의하여 후유장해가 발생한 경우, 그 후유장해가 당시 의료수준에서 최선

의 조치를 다하는 때에도 당해 의료행위 과정의 합병증으로 나타날 수 있는 것이거나 또는 그 합병증으로 인하여 2차적으로 발생될 수 있는 것이라면 의료행위의 내용이나 시술 과정, 합병증의 발생 부위, 정도 및 당시의 의료수준과 담당의료진의 숙련도 등을 종합하여 볼 때에 그 증상이 일반적으로 인정되는 합병증의 범위를 벗어났다고 볼 수 있는 사정이 없는 한, 그 후유장해가 발생되었다는 사실만으로 의료행위 과정에 과실이 있었다고 추정할 수 없다.」(대판 2008. 3. 27, 2007다76290)

(ㅅ) 의료행위의 잘못을 원인으로 한 불법행위의 경우에 「설령 당사자 일방이 증명을 방해하는 행위를 하였더라도 법원으로서는 이를 하나의 자료로 삼아 자유로운 심증에 따라 방해자 측에게 불리한 평가를 할 수 있음에 그칠 뿐 증명책임이 전환되거나 곧바로 상대방의 주장 사실이 증명되었다고 보아야 하는 것은 아니다.」(대판 2010. 5. 27, 2007다25971)

D-495 **(4) 책임의 주체**

의료과오책임을 지는 자는 과실있는 의료행위를 한 의사이다. 여기의 「의사」는 널리 의료인을 의미하므로, 간호사 등의 의료보조자도 책임을 질 수 있다(대판 2003. 8. 19, 2001도3667도 참조). 그런가 하면 간호사 등의 보조자의 가해행위에 대하여 보조자를 지휘·감독하는 의사에게 과실이 있으면 의사가 사용자책임이나 채무자로서 책임을 질 수도 있다. 또한 의사가 병원에 고용되어 있는 경우에는 병원 개설자가 사용자로서 책임을 진다. 사용자책임을 지는 자가 있는 경우에 당해 행위를 한 자도 불법행위책임을 지는 것은 물론이다. 그때에는 양자의 책임은 부진정연대채무의 관계에 있다. 한편 무면허로 의료행위를 하다가 의료과오로 손해를 발생시킨 때에도 책임이 발생한다(자격 있는 의사의 주의의무를 기준으로 무면허자의 과실 유무를 판단한다).

D-496 **(5) 의사의 설명의무**

1) 의료행위는 환자의 신체에 대한 침습(侵襲)을 포함하는 것이 일반적이다. 따라서 의사는 그 침습에 대한 승낙을 얻기 위한 전제로서 환자 또는 그 법정대리인에게 질병의 증상, 치료방법의 내용 및 필요성, 발생이 예상되는 위험 등에 관하여 설명하여 당해 환자가 그 필요성이나 위험성을 충분히 비교해 보고 그 의료행위를 받을 것인가의 여부를 선택할 수 있도록 할 의무가 있다(대판 2023. 3. 9, 2020다218925 등 다수). 특히 그러한 의료행위가 임상시험의 단계에서 이루어지는 것이라면 해당 의료행위의 안전성 및 유효성(치료효과)에 관하여 그 시행 당시 임상에서 실천되는 일반적·표준적 의료행위와 비교하여 설명할 의무가 있다(대판 2010. 10. 14, 2007다3162). 또한 진료 목적을 달성하기 위하여 환자 또는 그 보호자에게 요양의 방법 기타 건강관리에 필요한 사항을 상세히 설명하여 후유증에 대비하도록 할 의무가 있다(대판 2010. 7. 22, 2007다70445 등). 이것이 의사의 설명의무이다(설명의무는 무면허 의료행위자에게도 부과된다. 대판 2002. 1. 11, 2001다27449도 참조). 만일 의료행위 주체(의사)가 위와 같은 설명의무를 소홀히 하여 환자로 하여금 자기결정권을 실질적으로 행사할 수 없게 하였다면 그 자체만으로도 불법행위가 성립할 수 있다(대판 2017. 2. 15, 2014다230535: 국가가 한센병 환자의 치료 및 격리수용을

위하여 운영·통제해 온 국립 소록도병원 등에 소속된 의사 등이 한센인들에게 시행한 정관절제수술과 임신중절수술을 시행한 경우에 민사상 불법행위의 성립을 인정한 사건).

이와 같은 의사의 설명의무는 그 의료행위가 행해질 때까지 적절한 시간적 여유를 두고 이행되어야 하며, 의사가 환자에게 의사를 결정함에 충분한 시간을 주지 않고 의료행위에 관한 설명을 한 다음 곧바로 의료행위로 나아간다면 이는 환자가 의료행위에 응할 것인지 선택할 기회를 침해한 것으로서 의사의 설명의무가 이행되었다고 볼 수 없다(대판 2022. 1. 27, 2021다265010).

그런데 의사(의료진)의 설명은 의학지식의 미비 등을 보완하여 실질적인 자기결정권을 보장하기 위한 것이므로, 환자가 이미 알고 있거나 상식적인 내용까지 설명할 필요는 없고, 환자가 위험성을 알면서도 스스로의 결정에 따라 진료를 거부한 경우에는 특별한 사정이 없는 한 위와 같은 설명을 하지 아니한 데 대하여 의료진의 책임을 물을 수는 없다(대판 2011. 11. 24, 2009다70906). 그리고 이 경우 환자가 이미 알고 있는 내용인지 여부는, 해당 의학지식의 전문성, 환자의 기존 경험, 환자의 교육수준 등을 종합하여 판단할 수 있다(대판 2011. 11. 24, 2009다70906).

의사의 설명의무는 응급환자의 경우(대판 1994. 4. 15, 92다25885)나 위험이 당시의 의료수준에 비추어 예견할 수 없었던 경우(대판 1999. 9. 3, 99다10479)와 같이 특별한 사정이 있는 때에는 면제된다. 그리고 즉시 추가검사 등 의료행위를 시행하지 않고 경과관찰을 선택한 의사의 판단이 합리적인 범위에 있다면, 환자의 상태가 당시의 의료수준에서 예상할 수 있는 통상의 예후와는 달리 갑자기 악화될 예외적 가능성까지 고려하여 환자의 상태가 갑자기 악화될 수 있다거나 그에 대비한 추가검사를 받을 것인지에 관한 설명을 하지 않았다고 하더라도, 의사가 설명의무를 위반하여 환자의 치료기회를 상실시켰다거나 자기결정권을 침해하였다고 할 수 없다(대판 2013. 2. 28, 2011다36848). 그러나 해당 의료행위에 따르는 후유증이나 부작용 등의 위험발생 가능성이 희소하다는 사정만으로는 설명의무가 면제되지 않으며, 그 후유증이나 부작용이 당해 치료행위에 전형적으로 발생하는 위험이거나 회복할 수 없는 중대한 것인 경우에는 그 발생 가능성의 희소성에도 불구하고 설명의무가 있다(대판 2020. 11. 26, 2018다217974 등 다수). 그리고 의사의 설명이 환자로 하여금 의학지식 및 기술상 합리적인 진료행위를 비합리적인 근거로 거부하게 하는 결과를 초래할 염려가 있다는 사정만으로는 설명의무가 면제된다고 할 수 없다(대판 1995. 1. 20, 94다3421). 한편 환자가 의사로부터 올바른 설명을 들었더라도 수술에 동의하였을 것이라는 이른바 가정적 승낙에 의한 의사의 면책은 의사 측의 항변사항으로서 환자의 승낙이 명백히 예상되는 경우에만 허용된다(대판 2002. 1. 11, 2001다27449 등).

2) 환자가 미성년자인 경우에 의사가 그에게도 설명할 의무가 있는가? 여기에 관하여 판례의 태도는 다음과 같다(대판 2023. 3. 9, 2020다218925). 의료법 및 관계 법령들의 취지에 비추어 보면, 환자가 미성년자라도 의사결정능력이 있는 이상 원칙적으로 의사는 미성년자인 환자에

대해서 의료행위에 관하여 설명할 의무를 부담한다. 그러나 의사가 미성년자인 환자의 친권자나 법정대리인에게 의료행위에 관하여 설명하였다면, 그러한 설명이 친권자나 법정대리인을 통하여 미성년자인 환자에게 전달됨으로써 의사는 미성년자인 환자에 대한 설명의무를 이행하였다고 볼 수 있다. 다만 친권자나 법정대리인에게 설명하더라도 미성년자에게 전달되지 않아 의료행위 결정과 시행에 미성년자의 의사가 배제될 것이 명백한 경우나 미성년자인 환자가 의료행위에 대하여 적극적으로 거부 의사를 보이는 경우처럼 의사가 미성년자인 환자에게 직접 의료행위에 관하여 설명하고 승낙을 받을 필요가 있는 특별한 사정이 있으면 의사는 친권자나 법정대리인에 대한 설명만으로 설명의무를 다하였다고 볼 수는 없고, 미성년자인 환자에게 직접 의료행위를 설명하여야 한다.

3) **의사의 설명의무 위반의 증명책임**은 환자 측에 있지 않으며, 의사 측에서 설명의무의 이행이 있었음을 증명하여야 한다(대판 2007. 5. 31, 2005다5867).

D-497 **4)** **의사가 설명을 하지 않고 환자 측의 승낙 없이 침습한 경우**에는 설사 의사에게 치료상의 과실이 없는 경우에도 환자의 승낙권을 침해하는 위법한 행위가 된다(대판 2002. 1. 11, 2001다27449 등).

5) 의사가 설명의무를 위반한 채 수술 등을 하여 환자에게 사망 등의 중대한 결과가 발생한 경우에, 환자 측에서 선택의 기회를 잃고 자기결정권을 행사할 수 없게 된 데 대한 위자료만을 청구하는 경우에는 의사의 설명 결여 내지 부족으로 선택의 기회를 상실하였다는 사실만을 증명하면 충분하고, 설명을 받았더라면 사망 등의 결과는 생기지 않았을 것이라는 관계까지 증명할 필요는 없으나, 그 결과로 인한 모든 손해를 청구하는 경우에는 그 중대한 결과와 의사의 설명의무 위반 내지 승낙취득 과정에서의 잘못과의 사이에 상당인과관계가 존재하여야 하며, 그때의 의사의 설명의무의 위반은 환자의 자기결정권 내지 치료행위에 대한 선택의 기회를 보호하기 위한 것인 점에 비추어 환자의 생명·신체에 대한 구체적인 치료과정에서 요구되는 의사의 주의의무 위반과 동일시할 정도의 것이어야 한다(대판 2007. 5. 31, 2005다5867 등 다수의 판결).

판 례 **의사의 설명의무 관련**

(ㄱ) 「의사의 환자에 대한 설명의무는 … 모든 의료과정 전반을 대상으로 하는 것이 아니라 수술 등 침습을 과하는 과정 및 그 후에 나쁜 결과 발생의 개연성이 있는 의료행위를 하는 경우 또는 사망 등의 중대한 결과발생이 예측되는 의료행위를 하는 경우 등과 같이 환자에게 자기결정에 의한 선택이 요구되는 경우를 대상으로 하는 것이다. 따라서 환자에게 발생한 중대한 결과가 의사의 침습행위로 인한 것이 아니거나 또는 환자의 자기결정권이 문제되지 아니하는 사항에 관한 것은 위자료 지급대상으로서의 설명의무 위반이 문제될 여지는 없다.」(대판 2010. 5. 27, 2007다25971)

(ㄴ) 「설명의무 위반으로 인하여 지급할 의무가 있는 위자료에는, 설명의무 위반이 인정되지 않은 부분과 관련된 자기결정권 상실에 따른 정신적 고통을 위자하는 금액 또는 중대한 결과의 발생 자체에 따른 정신적 고통을 위자하는 금액 등은 포함되지 아니한다고 보아야 한다. 그리고 의료행위로 인하여 환자에게 나쁜 결과가 발생하였는데 의사의 진료상 과실은 인정되지 않고 설명의무 위반만 인정되는 경우, 설명의무 위반에 대한 위자료의 명목 아래 사실상 재산적 손해의 전보를 꾀하여서는 아니 된다.」(대판 2013. 4. 26, 2011다29666)

제 4 절 불법행위의 효과

I. 서 설

D-498

(1) 손해배상청구권의 발생

불법행위의 성립요건이 갖추어지면 민법규정상 피해자는 가해자에 대하여 손해배상청구권을 취득하게 된다(750조). 그리하여 불법행위는 법정 채권발생원인에 해당한다.

(2) 침해행위의 정지 · 예방청구의 문제

불법행위의 경우에 손해배상청구권 외에 침해행위의 정지 또는 예방을 청구할 수 있는지가 문제된다. 여기에 관하여 학설은 i) 이는 입법정책의 문제이고, 우리 법제도 일정한 경우(물권의 침해 · 지식재산권의 침해 · 217조 등. 그 외에 인격권 침해시는 특별한 입법은 없으나 인정하자고 함)에는 방해배제도 인정하고 있다는 견해, ii) 피침해이익의 보호방법으로서 유익할 때에는 이를 인정함이 타당하다는 견해로 나뉘어 있다(사견은 다름. 채권법각론 [307] 참조).

판례 불법행위의 경우 방해배제·금지 청구

(ㄱ) 「명예는 생명, 신체와 함께 매우 중대한 보호법익이고 인격권으로서의 명예권은 물권의 경우와 마찬가지로 배타성을 가지는 권리라고 할 것이므로 사람의 품성, 덕행, 명성, 신용 등의 인격적 가치에 관하여 사회로부터 받는 객관적인 평가인 명예를 위법하게 침해당한 자는 손해배상(민법 제751조) 또는 명예회복을 위한 처분(민법 제764조)을 구할 수 있는 이외에 인격권으로서 명예권에 기초하여 가해자에 대하여 현재 이루어지고 있는 침해행위를 배제하거나 장래에 생길 침해를 예방하기 위하여 침해행위의 금지를 구할 수도 있다.

한편 인격권 침해를 이유로 한 방해배제청구권으로서 기사삭제 청구의 당부를 판단함에 있어서는 그 표현내용이 진실이 아니거나 공공의 이해에 관한 사항이 아닌 기사로 인해 현재 원고의 명예가 중대하고 현저하게 침해받고 있는 상태에 있는지 여부를 언론의 자유와 인격권이라는 두 가치를 비교·형량하면서 판단하면 되는 것이고, 피고가 그 기사가 진실이라고 믿은 데 상당한 이유가 있었다는 등의 사정은 형사상 명예훼손죄나 민사상 손해배상책임을 부정하는 사유는 될지언정 기사삭제를 구하는 방해배제청구권을 저지하는 사유로는 될 수 없다.」(대판 2013. 3. 28, 2010다60950)

(ㄴ) 「인격권은 성질상 일단 침해된 후의 구제수단(금전배상이나 명예회복 처분 등)만으로는 그 피해의 완전한 회복이나 손해전보의 실효성을 기대하기 어려우므로 인격권의 침해에 대해서는 사전(예방적) 구제수단으로 침해행위 정지·방지 등의 금지청구권이 인정될 수 있다. 따라서 타인이 비법인사단의 명칭을 사용함으로써 비법인사단의 명칭에 관한 권리를 침해하였음이 인정될 경우, 그러한 침해행위가 계속되어 금전배상을 명하는 것만으로는 비법인사단의 권리 구제에 실효성을 기대하기 어렵고 침해행위 금지로 보호되는 비법인사단의 이익과 그로 인한 타인의 불이익을 비교·형량할 때 비법인사단의 이익이 더 크다고 인정되면 비법인사단은 자신의 명칭을 사용하여 권리를 침해한 타인을 상대로 명칭 사용의 금지를 청구할 수 있다.」(대판 2022. 11. 17, 2018다249995)

(ㄷ) 「일반 공중의 통행에 제공된 도로를 통행하고자 하는 자는, 그 도로에 관하여 다른 사람이 가지는 권리 등을 침해한다는 등의 특별한 사정이 없는 한, 일상생활상 필요한 범위 내에서 다른 사람들과 같은 방법으로 그 도로를 통행할 자유가 있고, 제 3 자가 특정인에 대하여만 그 도로의 통행을 방해함으로써 일상생활에 지장을 받게 하는 등의 방법으로 그 특정인의 통행의 자유를 침해하였다면 민법상 불법행위에 해당하며, 그 침해를 받은 자로서는 그 방해의 배제나 장래에 생길 방해를 예방하기 위하여 통행방해 행위의 금지를 소구할 수 있다.」(갑이 일반인들의 통행에 제공되어 온 도로에 토지관리소를 축조하고 개폐식 차단기를 설치한 다음 자동차 운전자들에게 행선지 및 방문목적 등을 확인한 후 차단기를 열어 통행할 수 있게 하면서 을 등이 운행하는 자동차에 대하여는 통행을 금지한 사안에서, 갑의 을 등에 대한 통행방해 행위는 을 등의 통행의 자유를 침해하는 것이므로, 을 등으로서는 갑에게 도로에 대한 통행방해 행위의 금지를 구할 수 있다고 본 원심판단을 정당하다고 한 사례)(대판 2011. 10. 13, 2010다63720)

D-499

Ⅱ. 손해배상청구권

1. 손해 및 손해배상의 의의

여기에 관하여는 채무불이행과 관련하여 이미 설명하였으므로 생략한다(C-124~127 참조).

2. 손해배상청구권자

(1) 원 칙

1) 손해배상청구권자 일반 불법행위에 의하여 손해를 입은 자 즉 직접적 피해자

(C-129 참조)가 손해배상청구권을 가지게 된다(750조 참조). 그에 비하여 다른 자에 대한 침해의 결과로 피해를 입는 데 불과한 간접적 피해자는 법률에 명문규정(예: 752조)이 있는 경우에만 예외적으로 손해배상청구권을 갖는다고 하여야 한다(이설 있음). 간접피해자에게 이를 인정하면 한계를 정할 수 없기 때문이다. 그리하여 예컨대 타인에 의하여 상해를 입거나 재산을 멸실당한 자는 손해배상청구권을 가지나, 살해당한 자의 친구는 배상청구권이 없다. 그리고 여기의 손해에는 재산적 손해뿐만 아니라 비재산적 손해 즉 정신적 손해(이 두 용어는 엄격하게는 동의어가 아니나, 일반적으로 동의어로 사용한다. C-125 참조)도 포함되므로, 정신적 손해를 입은 자는 그것의 배상청구권 즉 위자료청구권을 가진다.

2) 위자료청구권자 제751조는 신체·자유·명예를 침해당하거나 기타 정신상 고통을 입은 자는 위자료청구권을 가지는 것으로 규정하고 있다. 그리고 제752조는 생명침해의 경우에 일정한 유족의 위자료청구권을 인정한다. 이들 규정 중 제752조는 뒤에 보는 바와 같이(D-505 참조) 생명침해의 경우의 간접적 피해자인 일정한 유족에게 위자료청구권을 부여하는 특별규정이나(이설 있음), 제751조는 정신적 손해를 입은 직접적 피해자가 제750조에 의하여 위자료청구권을 행사할 수 있음을 주의적으로 규정한 데 지나지 않는다(통설·판례도 동지임. 대판 2004. 4. 28, 2001다36733 등). 따라서 제751조에 열거된 신체·자유·명예침해 이외의 불법행위의 경우에도 정신적 손해를 입은 자는 위자료청구권을 가지게 되며, 어느 경우든 청구권의 근거는 제750조이다.

판 례 불법행위 피해자 본인(제 3 자의 경우 제외)의 위자료청구권을 인정한 예 D-500

① 사실상 혼인관계에 있는 여자와 통정한 자는 그 여자의 사실혼의 부(夫)에 대하여 위자료를 지급하여야 한다(대판 1959. 2. 19, 4290민상749. 이는 배우자의 권리를 침해한 것임). ② 혼인관계가 존속 중인 사실을 알면서 남의 첩이 되어 부첩행위를 계속한 경우에는 본처의 사전 승인이 있었다 하더라도 본처에 대하여 위자료지급의무가 있다(대판 1967. 10. 6, 67다1134). ③ 처에 대한 강간미수행위는 남편에 대하여 불법행위가 된다(대판 1965. 11. 9, 65다1582·1583). ④ 사실혼을 부당파기한 당사자(대판 1989. 2. 14, 88므146)나 부당파기에 가담한 제 3 자(대판 1970. 4. 28, 69므37)는 다른 당사자에게 위자료를 지급하여야 한다. ⑤ 피고들의 공장에서 배출된 공해물질로 인하여 장차 발병 가능한 만성적인 신체 건강상의 장해를 입은 경우에는 피고들은 공동불법행위자로서 위자료지급의무가 있다(대판 1991. 7. 26, 90다카26607). ⑥ 형사사건에서 피고의 허위진술로 유죄판결을 받을 위험에 노출되었던 자는 유죄판결을 받지 않았다 하더라도 위자료청구권이 있다(대판 1994. 2. 8, 93다32439). ⑦ 사용자가 정당한 이유 없이 근로자의 근로제공을 계속적으로 거부하는 것은 근로자의 인격적 법익을 침해하는 것이 되어 사용자는 위자료를 지급하여야 한다(대판 1996. 4. 23, 95다6823). ⑧「부당소송을 당한 상대방이 입게 되는 정신상의 고통은 통상 당해 소송에서 승소하는 것에 의하여 회복되고 승소하여도 회복할 수 없는 정신적 고통은 특별사정으로 인한 손해라고 볼 것이므로, 이 사건에서 원고는 피

고들의 부당소송으로 인하여 입은 경제적 손실에 대하여는 당연히 그 배상을 청구할 수 있다고 볼 것이나, 이로 인한 위자료청구가 인용되기 위해서는 승소나 재산적 손해의 배상만으로는 회복될 수 없는 정신적 고통을 입었다고 인정될 만한 특별사정의 존재와 그러한 특별사정에 대한 피고들의 예견가능성이 전제되어야 할 것이다.」(대판 1994. 9. 9, 93다50116) ⑨ 협동조합의 총회에서 이사장이 조합원에 대한 불법 제명결의를 주도한 경우에는 그 조합원이 경제기획원 장관의 시정명령에 의하여 조합원의 지위를 회복하게 되었다고 하더라도 정신적 손해가 완전히 치유되지 않는다(대판 1997. 9. 5, 96다30298). ⑩ 대학교수가 실험기기 담당 조교에게 성적 굴욕감이나 혐오감을 느끼게 하는 성적 언동을 한 경우에는 인격권을 침해한 것이다(대판 1998. 2. 10, 95다39533: 이 판결은 이른바 성희롱에 관하여 불법행위의 한 유형으로 파악하지 않고 행위의 위법성 여부에 따라 불법행위의 성립 여부를 가리면 족하다고 함). ⑪ 본인의 승낙을 받고 승낙의 범위 내에서 그의 사생활에 관한 사항을 공개하는 것은 위법하지 않으나, 본인의 승낙을 받은 때에도 승낙의 범위를 초과하여 승낙 당시의 예상과는 다른 목적이나 방법으로 이러한 사항을 공개할 경우에는 위법하다(대판 1998. 9. 4, 96다11327: 유방확대수술의 부작용으로 고생하는 여자의 진술을 방송하면서 그녀의 측면그림자를 방영하고 아울러 육성을 그대로 방송한 경우). ⑫ 표현대리책임을 지는 데 불과한 자가 보증보험계약을 체결한 당사자가 아니라고 부인하는데도 보증보험사가 사실관계를 제대로 조사하지 않은 채 신용거래불량자로 등록하여 그로 하여금 은행대출 등 경제활동을 하는 데 지장을 받게 한 경우에는 보증보험사는 위자료지급의무가 있다(대판 2001. 3. 23, 2000다57511). ⑬ 대통령이 담화를 발표하고 이에 따라 국방부장관이 삼청교육관련 피해자들에게 그 피해를 보상하겠다고 공고하고 피해신고까지 받은 뒤에, 국가가 그 약속을 어기고 후속조치를 취하지 않음으로써 위 담화 및 피해신고 공고에 따라 피해신고를 마친 피해자의 신뢰를 깨뜨린 경우, 그 신뢰의 상실에 따르는 손해를 배상할 의무가 있고, 이러한 손해에는 정신적 손해도 포함된다(대판 2001. 7. 10, 98다38364). ⑭ 징계권이 남용된 경우에도 위자료청구권이 인정된다(대판 2002. 9. 24, 2001다44901 등). ⑮ 의사가 설명의무를 이행하지 않은 때에는 위자료지급의무가 있다(대판 1997. 7. 22, 95다49608 등). ⑯ 계약교섭의 파기로 인한 불법행위가 인격적 법익을 침해함으로써 상대방에게 정신적 고통을 초래하였다고 인정되는 경우에는 위자료청구권이 인정된다(대판 2003. 4. 11, 2001다53059: 조형물 건립에 관하여 시안을 제출한 뒤 당선통지를 받았으나 3년쯤 후에 조형물 설치가 취소된 경우). ⑰ 소속 대학교수를 본연의 업무에서 배제하려는 의도 하에 그 의사에 반하여 전공분야와 관련없는 과목의 강의를 배정함으로써 결국 강의할 수 없게 하는 행위는 교원의 인격적 법익을 침해하는 것이 되고, 학교법인은 이로 인하여 그 대학교수가 입게 되는 정신적 고통에 대하여 배상할 의무를 부담한다(대판 2012. 5. 9, 2010다88880 등). ⑱ 「우편집배원의 고의 또는 중과실에 의한 직무상 의무 위반으로 내용증명우편물이 도달되지 않거나 그 증명기능이 발휘되지 못하게 된 경우, 발송인 등이 그로 인하여 정신적 고통을 입었을 것임은 경험칙상 넉넉히 인정할 수 있고, 이러한 정신적 고통은 단순히 내용증명우편물의 발송비용을 전보받는 것만으로 회복된다고 볼 수 없으므로, 이러한 경우에는 당해 발송인 등은 그 정신적 고통에 대한 위자료를 통상손해로서 청구할 수 있을 것이다.」(대판 2009. 7. 23, 2006다81325) ⑲ 학원비리 척결을 이유로 한 전국교직원 노동조합 소속 교사의 수업거부 및 수업방해 행위로 인하여 학생들의 학습권과 학부모의 교육권이 침해되었다고 보아 위 교사들의 손해배상책임(위자료지급의무)을 인정한다(대판 2007. 9. 20, 2005다25298).

⑳ 「제품을 정상적으로 사용하던 중 그에 혼합되어 있던 독성물질에 노출된 피해자에게 현실적으로 질병이 발생하지 않았더라도, 사회통념에 비추어 피해자가 민법 제751조 제 1 항의 정신상 고통을 입은 것으로 평가할 수 있다면 위자료를 인정할 수 있다. 다만 이러한 경우에도 사실상 손해의 발생을 의제하거나 증명책임을 전환하는 결과가 초래되지 않도록 주의하여야 한다.」(대판 2025. 7. 3, 2025다200813. 침대 매트리스에 방사선이 방출되는 물질을 도포한 사안임)

재산권이 침해된 경우에도 위자료청구권이 발생하는가? 제750조의 「손해」에는 정신적 손해도 포함되므로 재산권 침해로 정신적 손해가 생긴 경우에는 위자료청구권이 인정될 것이다. 다만, 재산권이 침해된 경우에는 재산적 손해의 배상에 의하여 정신적 손해도 회복된다고 보아야 할 것이므로, 그 밖의 정신적 손해는 특별손해일 것이다. 그러므로 그 특별손해는 침해자에게 예견가능성이 있는 경우에만 배상이 인정되어야 한다. 통설·판례(대판(전원) 2004. 3. 18, 2001다82507 [핵심판례 406면] 등 다수)도 같다. D-501

판 례 재산권이 침해된 경우의 위자료 관련

(ㄱ) 「일반적으로 타인의 불법행위 등에 의하여 재산권이 침해된 경우에는 그 재산적 손해의 배상에 의하여 정신적 고통도 회복된다고 보아야 할 것이므로 재산적 손해의 배상에 의하여 회복할 수 없는 정신적 손해가 발생하였다면, 이는 특별한 사정으로 인한 손해로서 가해자가 그러한 사정을 알았거나 알 수 있었을 경우에 한하여 그 손해에 대한 위자료를 청구할 수 있는 것이다.」(대판(전원) 2004. 3. 18, 2001다82507)

(ㄴ) 판례는 다음의 경우에는 재산권 침해임에도 위자료청구를 인정하였다. ① 피고의 지하굴착공사로 인하여 원고가 거주하는 건물의 담장이 붕괴되고 건물 내외벽 및 바닥에 수많은 균열이 발생하게 된 경우(대판 1991. 6. 11, 90다20206). ② 원고의 조부모 묘가 설치되어 있는 임야를 피고가 적법한 절차를 거치지 않은 채 포크레인과 덤프트럭을 사용하여 토석을 굴취하여 원상복구가 불가능할 정도로 훼손한 경우(대판 1995. 5. 12, 94다25551).

(ㄷ) 「법원은 위자료액을 산정함에 있어서 피해자 측과 가해자 측의 제반사정을 참작하여 그 금액을 정하여야 하므로 피해자가 가해자로부터 당해 사고로 입은 재산상 손해에 대하여 배상을 받을 수 있는지의 여부 및 그 배상액의 다과 등과 같은 사유도 위자료액 산정의 참작사유가 되는 것은 물론이며, 특히 재산상 손해의 발생이 인정되는데도 입증 곤란 등의 이유로 그 손해액의 확정이 불가능하여 그 배상을 받을 수 없는 경우에 이러한 사정을 위자료의 증액사유로 참작할 수 있다고 할 것이다.」(대판 2007. 9. 20, 2005다25298)

3) 기 타 자연인뿐만 아니라 법인이나 권리능력 없는(법인 아닌) 사단 · 재단도 손해배상청구권을 가질 수 있다. 다만, 법인 등은 자연인에서와 같은 정신적 고통을 생각할 수 없으므로 위자료청구권은 가지지 못한다(이설 있음). 그런데 판례는 「불법행위로 인하여 법인의 D-502

명예와 신용이 침해되어 그 법인의 목적사업 수행이 영향을 입은 경우와 같이 법인의 사회적 평가가 침해된 경우에는 불법행위를 이유로 침해를 한 자에게 재산상 손해는 물론 위자료의 청구도 할 수 있다」고 한다(대판 1980. 2. 26, 79다2138).

태아는 손해배상청구권에 관하여는 이미 출생한 것으로 본다(762조). 그 결과 태아는 태아인 동안에도 고유한 손해배상청구권을 가진다. 그리고 그 청구권에는 위자료청구권도 포함된다(동지 대판 1962. 3. 15, 4294민상903). 또한 태아 자신에 대한 불법행위도 성립할 수 있다고 할 것이다. 그리하여 예컨대 태아가 산모의 교통사고의 충격으로 조산되고 또 그로 인하여 제대로 성장하지 못하고 사망한 경우에는, 그 불법행위는 산모에 대한 불법행위인 동시에 태아 자신에 대한 불법행위가 된다(대판 1968. 3. 5, 67다2869). 그런데 태아의 출생의제는 태아가 살아서 태어난 경우를 전제로 한 것이다. 따라서 태아가 모체에 대한 불법행위에 의하여 모체와 함께 사망한 때에는 배상청구권을 가질 수 없다(대판 1976. 9. 14, 76다1365). 이는 태아의 법률상 지위에 관하여 정지조건설을 취하든 해제조건설을 취하든 마찬가지이다. 한편 태아의 부가 불법행위에 의한 손해배상청구권을 취득한 뒤 사망하면 태아가 이를 상속할 수도 있으나, 그것은 상속법(1000조 3항)에 의한 결과이고 제762조에 의한 것이 아니다.

D-503 **(2) 특수한 경우**

불법행위에 의하여 직접 피해를 입지 않은 자에게 손해배상청구권이 귀속되는지 문제되는 때가 있다. 그 대표적인 것은 생명침해의 경우이나, 신체침해의 경우에서도 그 문제가 논의된다. 아래에서 두 경우를 나누어 살펴보기로 한다.

1) 생명침해의 경우 생명침해는 타인을 사망하게 하는 불법행위이다. 생명침해의 경우에는 다른 불법행위와 달리 불법행위 성립시에 직접 법익침해를 당한 자(피살자)가 권리능력을 잃게 된다. 그리하여 직접적인 피해자는 「생명침해」를 이유로 한 손해배상청구권을 취득할 수가 없게 된다. 그리하여 생명침해의 경우에는 누구에게 어떠한 내용의 배상청구권이 발생하는지가 문제된다.

(가) 재산적 손해에 대한 배상청구권자 생명침해의 경우에 재산적 손해에 대한 배상청구권자가 누구인가에 관하여는 학설이 나뉜다. i) 다수설은 피살자가 치명상을 입은 때에 그에게 신체침해를 이유로 한 배상청구권이 발생하였다가 피살자가 사망하면 그 청구권이 상속인에게 상속된다고 한다. 이 견해는 그 근거로 즉사의 경우에도 피살자가 치명상을 입은 때와 사망한 때와의 사이에는 이론상 또는 실제상 시간적 간격이 있는 것이며, 피살자는 치명상을 입었을 때에 곧 손해배상청구권을 취득하고 그의 사망으로 그 청구권이 상속인에게 승계된다고 설명한다(시간적 간격설). 또한 이것 외에 유족 고유의 손해(부양청구권을 상실하는 것과 장례비)에 대한 배상청구권도 인정한다. 그에 비하여 ii) 소수설은 상속을 인정하는 다수설보다는 비상속적인 구성이 우수하다고 하면서, 생명침해의 경우의 재산상의 손해는 부양청

구권의 침해와 같은 것을 의미하므로 피해자에 대하여 부양청구권을 가지고 있던 사람은 누구나 손해배상청구를 할 수 있다고 한다(장례비의 배상도 인정함)(사견도 이와 유사함. 채권법각론 [312] 참조). 한편 **판례**는 이 문제를 정면으로 다루고 있지는 않으나, 생명침해로 인한 손해배상사건에서 일실이익의 배상과 관련하여 i)설의 입장을 전제로 하여 판단을 하고 있다. 그리고 장례비의 배상도 인정한다.

(나) **정신적 손해에 대한 배상청구권자** (a) 민법은 제752조에서 「타인의 생명을 해한 자는 피해자의 직계존속, 직계비속 및 배우자에 대하여는 재산상의 손해없는 경우에도 손해배상의 책임이 있다」고 규정한다. 동조의 문언상 유족에게 위자료청구권이 발생함은 분명하다. 그런데 어떤 범위의 유족이 그 청구권을 가질 수 있는가에 대하여는 논란이 있으며, 그에 관하여는 뒤에서 논의하기로 한다. D-504

(b) **생명침해의 경우에 피살자에게도 생명침해로 인한 위자료청구권이 인정되는가?** 여기에 관하여 판례는 — 즉사의 경우에도 — 생명침해에 의하여 피살자에게도 정신적 손해가 발생한다고 하면서, 그 근거로 치명상과 사망과의 사이에는 시간적 간격이 인정될 수 있다고 한다(대판 1969. 4. 15, 69다268). 그리고 이 위자료청구권은 피살자가 이를 포기했거나 면제했다고 볼 수 있는 특별한 사정이 없는 한 생전에 청구의 의사를 표시할 필요 없이 원칙적으로 상속된다고 하고(대판 1967. 5. 23, 66다1025 등), 이는 피살자가 즉사한 경우에도 같다고 한다(대판 1969. 4. 15, 69다268). 한편 학설은 i) 판례를 지지하는 견해와 ii) 피살자에게 위자료청구권이 생기지 않고, 따라서 상속되지도 않는다는 견해로 나뉘어 있다(사견은 채권법각론 [313] 참조).

(c) 사견에 따르면 「생명침해」로 인한 위자료청구권은 피살자의 유족에게만 발생할 수 있는데, 그 범위가 문제된다. 이 문제는 제752조를 어떻게 파악하느냐에 직결된다. 즉 동조가 제750조·제751조의 주의적·예시적 규정이라면 위자료청구권을 갖는 유족의 범위가 확대될 것이나, 동조가 제한적 규정이라면 위자료청구권자는 열거된 자에 국한될 것이다. D-505

판례는, 제752조는 제한적 규정이 아니고 다만 열거된 친족에 대하여 정신적 고통에 관한 거증책임을 경감한 취지의 것이므로, 그 이외의 친족도 정신적 고통을 증명하면 일반원칙인 제750조·제751조에 의하여 위자료를 청구할 수 있다고 한다(대판 1967. 9. 5, 67다1307 등). 통설도 판례와 같다(사견은 다름. 채권법각론 [313] 참조).

판례 생명침해의 경우 위자료청구권 관련

(ㄱ) 판례에 의하면, 제752조에 규정된 친족관계는 호적상의 관계만을 가리키는 것이 아니고 사실상 그와 같은 관계가 있는 경우도 포함한다(대판 1966. 6. 28, 66다493 등). 그리고 대법원은 피살자의 시어머니(대판 1967. 12. 18, 67다2047), 피살자의 며느리(대판 1978. 1. 17, 77다1942)에게 위자료청구권을 인정한 바 있다.

(ㄴ)「불법행위로 사람의 생명을 침해한 경우에 그 생명을 침해당한 피해자 본인의 정신적 고통에 대한 위자료청구와 그 피해자의 직계비속 등의 정신적 고통에 대한 위자료청구는 각각 별개의 소송물이라고 할 것이다.」(대판 2008. 3. 27, 2008다1576)

(ㄷ)「생명침해의 불법행위로 인한 피해자 본인의 위자료 청구권과 민법 제752조에 의한 배우자 등 유족의 정신적 피해로 인한 그 고유의 위자료 청구권은 별개이므로 소멸시효 완성 여부도 각각 그 권리를 행사한 때를 기준으로 판단하여야 한다.」(대판 2013. 8. 22, 2013다200568)

D-506 **2) 신체침해의 경우** 신체침해의 경우에는 직접적인 피해자가 존재하고 있고, 그가 손해배상청구권을 취득하게 됨은 물론이다. 그런데 그 이외의 자가 손해배상청구권을 가질 수 있는지가 문제된다.

(가) 재산적 손해에 대하여 신체침해의 경우에 피해자 이외의 자에게는 원칙적으로 재산적 손해배상청구권이 생기지 않는다. 다만, 피해자에 대한 부양의무자가 의료비를 지출하거나 간호를 위하여 휴업으로 수입을 잃은 때와 같이 특별한 사정이 있는 때에는 배상을 인정하여야 한다(동지 대판 1988. 2. 23, 87다카57 등)(독립한 불법행위가 인정됨). 이 경우 피해자 자신도 배상청구를 할 수 있으며, 근친자와 피해자의 권리는 부진정연대관계에 있다.

(나) 정신적 손해에 대하여 신체침해에 있어서 피해자의 근친자가 자신의 고유한 위자료청구권을 가지는가? 여기에 관하여 학설(사견은 다름)·판례(대판 1967. 9. 19, 67다1445 등)는 긍정하고 있다. 대법원은 구체적으로 상해를 입은 피해자의 부모(대판 1999. 6. 22, 99다7046 등)·배우자(대판 1969. 7. 22, 69다684 등: 사실상의 배우자)·형제자매(대판 1971. 12. 28, 71다2256)·동생(대판 1970. 11. 24, 70다2115)·유아인 자녀(대판 1971. 4. 30, 71다467 등)·태아인 자녀(대판 1993. 4. 27, 93다4663)에게 위자료청구권을 인정하였다(대판 1999. 4. 23, 98다41377에서는 불법으로 구금당한 피해자의 부모에게 위자료청구권을 인정한다).

D-507 3. 손해배상청구권의 성질

(1) 상계의 금지

고의의 불법행위자는 피해자의 손해배상청구권을 수동채권으로 하여 상계하지 못한다(496조. C-422 참조).

(2) 양 도 성

불법행위에 의한 손해배상청구권도 양도성이 있다(449조. 그러나 생명·신체의 침해로 국가배상을 받을 권리는 양도하지 못한다. 국가배상법 4조). 그 점은 재산적 손해에 대한 배상청구권 외에 정신적 손해의 배상청구권도 마찬가지이다(이설 있음). 판례도 위자료청구권이 일신전속권이 아니라는 이유로 양도성을 인정한다(대판 1976. 4. 13, 75다396).

(3) 상 속 성

불법행위에 의한 손해배상청구권은 상속성이 있다(1005조 참조). 다만, 생명침해의 경우에 관하여는 논란이 있으나, 앞에서 이미 설명하였다(D-503 이하 참조).

4. 손해배상자의 대위

불법행위자가 훼손되거나 소재불명으로 된 물건에 관하여 피해자에게 그 가액 전부를 배상한 때에는 그 물건에 대한 권리는 손해배상을 한 불법행위자에게 이전한다(763조·399조. C-163~164 참조). 이때 권리는 법률상 당연히 이전되는 것이고, 양도 기타 어떤 특별한 행위를 필요로 하는 것이 아니다(대판 1977. 7. 12, 76다408).

5. 손해배상청구권의 소멸시효 D-508

(1) 서 설

불법행위로 인한 손해배상청구권은 「피해자나 그 법정대리인이 그 손해 및 가해자를 안 날로부터」 3년간 이를 행사하지 않으면 시효로 인하여 소멸한다(766조 1항). 그리고 「불법행위를 한 날로부터」 10년이 경과한 때에도 같다(766조 2항). 이 두 기간 중 어느 하나가 만료하면 다른 기간의 경과를 기다리지 않고 권리는 소멸한다. 이 두 기간 가운데 앞의 것이 시효기간이라는 데 대하여는 다툼이 없다. 그런데 뒤의 것에 대하여는 논란이 있다. 학설은 i) 제척기간이라는 견해와 ii) 시효기간이라는 견해(사견도 같음)로 나뉘어 있으며, 판례는 ii)설과 같다(대판 2005. 5. 13, 2004다71881 등).

제766조는 불법행위로 인한 손해배상청구권에만 적용된다. 판례도, 주식회사 이사 또는 감사의 회사에 대한 임무 해태로 인한 손해배상책임은 위임관계로 인한 채무불이행책임이므로 그에 따른 손해배상채권에는 제766조 제1항의 단기소멸시효가 적용되지 않는다고 한다(대판 2023. 10. 26, 2020다236848(상법 401조의 2 1항에 따른 손해배상채권도 같다고 함) 등).

판 례 소멸시효 항변 관련

채무불이행으로 인한 손해배상청구권에 대한 소멸시효 항변이 불법행위로 인한 손해배상청구권에 대한 소멸시효 항변을 포함한 것으로 볼 수는 없다(대판 1998. 5. 29, 96다51110).

(2) 3년의 시효기간의 기산점 D-509

3년의 시효기간은 피해자나 그 법정대리인이 그 손해 및 가해자를 안 날로부터 기산한다(766조 1항). 여기서 「손해를 안다」 함은 손해의 발생뿐만 아니라 가해행위가 불법행위인 것(그리하여 소구할 수 있다는 것)까지도 안 것을 말한다(대판 2010. 12. 9, 2010다71592 등 다수의 판결). 따라서 과실의 존재, 위법한 가해행위의 존재, 손해의 발생, 가해행위와 손해와의 인과관계 등이 있는 것까지도 알아야 한다(대판 2019. 12. 13, 2019다259371 등 다수). 그런가 하면 여기에서 「손해를 안다」는 것은 현실로 손해가 발생한 것을 안 경우뿐만 아니라 손해발생을 예견할 수 있을 때를 포함한다(대판 2021. 7. 29, 2016다11257 등). 그리고 「가해자」란 손해배상청구의 상대방이 되는 자를 의미한다(대판 1974. 1. 15, 73다150). 이 「손해 및 가해자」는 현실적이고 구체적으로 인식하여야 하며 손해발생의 추정이나 의문만으로는 불충분하다(대판 2013. 7. 12, 2006다17539 등 다수). 피해자 등이 언제 불법행위의 요건사실을 현실적이고도 구체적으로 인식한 것으로 볼 것인지는 개별적 사건에 있어서의 여러 객관적 사정을 참작하고 손해배상청구가 사실상 가능하게 된 상황을 고려하여 합리적으로 인정하여야 한다(대판 2022. 6. 30, 2022다206384 등 다수). 그러므로 아동·청소년 성폭력 범죄로 인한 손해배상청구권의 단기소멸시효 기산점을 판단함에 있어서는 성폭력 피해의 특수성을 염두에 두고, 피해자가 피해를 인식하여 표현하고 법적 구제절차로 나아가게 된 동기나 경위 및 그 시점, 관련 형사절차 진행 중 수사기관 및 법정에서 가해자가 사실관계나 법리 등을 다투는지 여부, 가해자가 범행을 부인하는 데 그치지 않고 피해자를 무고로 고소하였는지 여부, 관련 형사사건 재판의 심급별 판결 결과 등을 종합적으로 고려하여야 한다(대판 2022. 6. 30, 2022다206384). 한편 법률상 어떠한 손해배상청구권이 발생하였는지를 알 필요는 없고(대판 1967. 1. 24, 66다2279), 손해의 정도나 액수를 구체적으로 알아야 하는 것도 아니다(대판 1992. 4. 14, 92다2011). 그리고 제766조 제 1 항의 단기소멸시효는 형사상의 소추와는 무관하게 설정한 민사관계에 고유한 제도이므로 그 시효의 기산점은 원칙적으로 관련 형사사건의 소추 여부 및 그 결과에 영향을 받지 않는다(대판 1998. 11. 10, 98다34126[핵심판례 404면]; 대판 2010. 5. 27, 2010다7577).

불법행위의 피해자가 미성년자 · 피성년후견인 · 피한정후견인과 같은 제한능력자인 경우에는 그 법정대리인이 손해 및 가해자를 알아야 제766조 제 1 항의 소멸시효가 진행한다. 우리 대법원도 미성년자에 관하여 위와 같이 판시한 뒤, 구체적인 사안에서 원심이, 피고로부터 간음을 당할 당시 만 15세로서 미성년자이던 원고의 법정대리인이 원고의 피해사실 및 그 가해자를 알았다고 볼 만한 증거가 없으므로, 원고가 성년이 된 시점까지는 원고의 피고에 대한 손해배상청구권의 소멸시효가 진행되지 않았다고 판단한 것은 정당하다고 하였다(대판 2010. 2. 11, 2009다79897).

후유증 등으로 인하여 불법행위 당시에는 전혀 예견할 수 없었던 새로운 손해가 발생하였거나 예상 외로 손해가 확대된 경우에는, 그러한 사유가 판명되었을 때 비로소 새로이 발생 또는 확대된 손해를 알았다고 보아야 하므로, 그때부터 시효가 진행한다(대판 2010. 4. 29, 2009다99105 등 다수). 그리고 불법행위가 계속적으로 행하여지는 결과 손해도 역시 계속적으로 발생하는 경우에는 특별한 사정이 없는 한 그 손해는 날마다 새로운 불법행위에 기하여 발생하는 손해로서 그 각 손해를 안 때로부터 별개로 소멸시효가 진행한다(대판(전원) 1966. 6. 9, 66다615(토지를 불법으로 점유하여 계속 사용하고 있는 경우); 대판 1999. 3. 23, 98다30285(부당한 설계변경으로 인하여 준공검사가 지연되고 있는 경우)).

가해행위와 이로 인한 현실적인 손해의 발생 사이에 시간적 간격이 있는 불법행위의 경우 소멸시효의 기산점이 되는 불법행위를 안 날은 단지 관념적이고 부동적인 상태에서 잠재하고 있던 손해에 대한 인식이 있었다는 정도만으로는 부족하고 그러한 손해가 그 후 현실화된 것을 안 날을 의미한다(대판 2019. 7. 25, 2016다1687 등). 그리고 대법원에 따르면, 이때 신체에 대한 가해행위가 있은 후 상당한 기간 동안 치료가 계속되는 과정에서 어떠한 증상이 발현되어 그로 인한 손해가 현실화된 사안이라면, 법원은 피해자가 담당의사의 최종 진단이나 법원의 감정결과가 나오기 전에 손해가 현실화된 사실을 알았거나 알 수 있었다고 인정하는 데 매우 신중할 필요가 있으며, 특히 가해행위가 있을 당시 피해자의 나이가 왕성하게 발육·성장활동을 하는 때이거나, 최초 손상된 부위가 뇌나 성장판과 같이 일반적으로 발육·성장에 따라 호전가능성이 매우 크거나(다만 최초 손상의 정도나 부위로 보아 장차 호전가능성이 전혀 없다고 단정할 수 있는 경우는 제외한다), 치매나 인지장애 등과 같이 증상의 발현 양상이나 진단 방법 등으로 보아 일정한 연령에 도달한 후 전문가의 도움을 받아야 정확하게 진단할 수 있는 등의 특수한 사정이 있는 때에는 더욱 그렇다고 한다(대판 2019. 7. 25, 2016다1687).

한편 피해자 등에게 손해의 발생사실과 그 손해가 가해자의 불법행위로 인하여 발생하였다는 사실을 현실적이고 구체적으로 인식할 만한 정신적 능력이 없다면 설사 사고발생 후 피해자 등이 사고경위 등에 관하여 들은 적이 있다고 하더라도 손해 및 가해자를 알았다고 할 수 없으므로 시효는 진행하지 않는다(대판 1995. 2. 10, 94다30263).

「손해 및 가해자」를 안 시기는 소멸시효의 이익을 주장하는 자가 증명하여야 한다(대판 1971. 4. 6, 70다269 등 다수).

판 례 제766조 제 1 항의 시효 관련 D-510

(ㄱ) 「대법원이 구체적으로 판단한 예: ① 고객들이 은행창구직원에게 예탁한 돈을 당좌예금 담당대리가 사채로 사용하기 위하여 위 창구직원들을 통하여 이를 수령하면서도 마치 정기예금으로 수령한 것처럼 하여 수기식통장을 고객에게 교부한 후 임의로 소비하여 버려 고객들이 사용자인 은행을 상대로 손해배상을 청구한 사안에 있어서 은행대리의 위와 같은 진의 아닌 행위는 이례에 속하는 것이었고, 관련 형사사건에서도 위의 경우에 은행과의 예금계약이 성립한 것으로 보았다가 일부 고객이 은행을 상대로 제기한 예금반환청구의 상고심에서 비로소 고객들은 위 담당대리의 진의 아닌 행위를 알 수 있었다고 인정하여 예금계약의 성립을 부인하기에 이르렀다면, 위와 같은 특수한 사정 아래에서는 고객들은 다른 특별한 사유가 없는 한 위 상고심판결이 있은 때로부터 비로소 위 담당대리의 행위에 대한 위법성 및 그로 인한 손해의 발생사실을 인식하게 되었다고 한 사례(대판 1989. 9. 26, 88다카32371). ② 의료사고의 경우에 의료전문가가 아닌 일반인들로서는 의사에게 과실이 있는지의 여부 및 의사의 과실과 손해 사이에 인과관계가 있는지의 여부 등을 쉽게 알 수 없는 것이므로, 환자의 모가 의사를 업무상과실치상죄로 고소한 것은 결국 의사의 의료행위와 환자의 뇌성

마비 사이에 인과관계가 있는지의 여부 및 의사에게 과실이 있는지의 여부 등을 수사하여 만일 인과관계와 과실이 있다고 판명되면 처벌하여 달라는 취지에 불과하므로, 환자의 모가 고소를 할 당시에 의사의 진료와 환자의 뇌성마비 사이에 인과관계가 있고 또 의사에게 과실이 있었음을 알았다고 할 수 없다고 한 사례(대판 1994. 4. 26, 93다59304). ③ 검사의 불법구속으로 인한 손해배상청구권의 소멸시효는 불법구속시부터 진행하고 구속된 범죄사실에 관한 형사재판이 확정될 때까지 소멸시효가 진행하지 않는다고 볼 수 없다고 한 사례(대판 2002. 6. 28, 2000다22249). ④ 긴급체포의 적법 여부는 주로 긴급체포의 요건 충족 여부와 관련된 것으로서 일반인을 기준으로 볼 때 불법행위 당시 그 법적 평가의 귀추가 불확실하다고 볼 여지가 있고, 실제로 관련 형사재판에서 긴급체포의 적법성이 다투어지고 있는 경우에는 관련 형사판결이 확정된 때에 비로소 그로 인한 손해 등을 현실적·구체적으로 인식하였다고 볼 수 있다고 한 사례(대판 2008. 4. 24, 2006다30440). ⑤ 금원 갈취의 피해자가 수사기관에 갈취 사실을 밝힌 시점에는 그 손해 및 가해자를 알았다고 보아야 하므로, 그로부터 3년이 지난 후에 소로써 구한 손해배상채권이 시효로 소멸하였다고 한 사례(대판 2009. 10. 15, 2008다88832). ⑥ 불법행위의 가해자에 대한 형사사건의 제 1 심에서 무죄판결이 선고되었다가 항소심에서 유죄판결이 선고된 사안에서, 위 가해자가 수사단계에서부터 혐의를 극력 부인하고 위 형사사건의 제 1 심에서 무죄판결이 선고되기까지 하였으므로, 피해자로서는 위 형사사건의 항소심에서 유죄판결을 한 때에 이르러서야 비로소 불법행위의 가해자를 현실적이고 구체적으로 인식하였다고 봄이 상당하다고 한 사례(대판 2010. 5. 27, 2010다7577). ⑦ 경찰관들로부터 폭행을 당한 사람이 그 경찰관들을 폭행죄로 고소하였으나 오히려 무고죄로 기소되어 제 1 심에서 징역형을 선고받았다가 상고심에서 무죄로 확정된 사안에서, 무고죄에 대한 무죄판결이 확정된 때부터 손해배상청구의 소멸시효가 진행된다고 한 사례(대판 2010. 12. 9, 2010다71592).

(ㄴ) 「불법행위로 인한 손해배상청구권의 단기소멸시효의 기산점은 '손해 및 가해자를 안 날'부터 진행되며, 법인의 경우에 손해 및 가해자를 안 날은 통상 대표자가 이를 안 날을 뜻한다. 그렇지만 법인의 대표자가 법인에 대하여 불법행위를 한 경우에는, 법인과 그 대표자의 이익은 상반되므로 법인의 대표자가 그로 인한 손해배상청구권을 행사하리라고 기대하기 어려울 뿐만 아니라 일반적으로 그 대표권도 부인된다고 할 것이어서, 법인의 대표자가 그 손해 및 가해자를 아는 것만으로는 부족하다. 따라서 위의 경우에는, 적어도 법인의 이익을 정당하게 보전할 권한을 가진 다른 대표자, 임원 또는 사원이나 직원 등이 손해배상청구권을 행사할 수 있을 정도로 이를 안 때에 비로소 위 단기소멸시효가 진행한다고 할 것이고, 만약 위 임원 등이 법인의 대표자와 공동불법행위를 한 경우에는 그 임원 등을 배제하고 위 단기소멸시효 기산점을 판단하여야 한다.」(대판 2012. 7. 12, 2012다20475. 동지 대판 1998. 11. 10, 98다34126[핵심판례 404면])

(ㄷ) ① 위법한 가처분명령 집행으로 인한 피해자의 손해배상청구권의 시효 기산점은 상대방의 청구권이 가처분명령시 없었다는 것이 재판상 확정된 것을 안 때이다(대판 1963. 11. 7, 63다626). ② 타인의 고소로 구속당한 경우 그 고소로 인한 손해배상청구권의 소멸시효의 기산일은 구속된 날이 아니고 무죄판결이 확정된 때이다(대판 1965. 5. 4, 64다1696). ③ 불법행위로 인하여 사람이

상해를 입고 사망한 경우에 피해자 등이 그 손해를 안 날이라는 것은 그 사망일시이다(대판 1970. 5. 26, 70다452). ④ 신체침해 사고로 인하여 퇴직할 것을 예견할 수 있었다면 설사 그 후에 퇴직하였다고 하더라도 불법행위로 인한 일실퇴직금 상당의 손해배상청구권은 예견할 수 있었던 때부터 소멸시효가 진행한다(대판 1977. 3. 8, 76다1356). ⑤ 피해자가 도리어 가해자로서 형사소추를 받고 있었다면 그의 손해배상청구가 사실상 가능하게 된 상황을 고려하여 동인에 대한 무죄판결이 확정된 때가 「가해자를 안 날」에 해당한다고 할 것이다(대판 1989. 9. 26, 89다카6584). ⑥ 강박에 의한 불법행위의 경우에는 강박상태에서 벗어난 날을 시효기간의 기산일로 보아야 한다(대판 1990. 11. 13, 90다카17153).

(ㄹ) 「일반적으로 위와 같이 위법한 건축행위에 의하여 건물 등이 준공되거나 외부골조공사가 완료되면 그 건축행위에 따른 일영의 증가는 더 이상 발생하지 않게 되고 해당 토지의 소유자는 그 시점에 이러한 일조방해행위로 인하여 현재 또는 장래에 발생 가능한 재산상 손해나 정신적 손해 등을 예견할 수 있다고 할 것이므로, 이러한 손해배상청구권에 관한 민법 제766조 제 1 항 소정의 소멸시효는 원칙적으로 그때부터 진행한다. 다만, 지극히 예외적이기는 하지만, 위와 같은 일조방해로 인하여 건물 등의 소유자 내지 실질적 처분권자가 피해자에 대하여 건물 등의 전부 또는 일부에 대한 철거의무를 부담하는 경우가 있다면, 이러한 철거의무를 계속적으로 이행하지 않는 부작위는 새로운 불법행위가 되고 그 손해는 날마다 새로운 불법행위에 기하여 발생하는 것이므로 피해자가 그 각 손해를 안 때로부터 각별로 소멸시효가 진행한다고 볼 수 있을 것이다.」(이러한 다수의견에 대하여, 위법한 일조방해행위로 인한 재산상의 손해는 특별한 사정이 없는 한 가해 건물이 완성될 때 일회적으로 발생한다고 볼 수 있으나, 정신적 손해는 가해 건물이 존속하는 한 날마다 계속적으로 발생한다고 보아야 하므로, 그 위자료 청구권의 소멸시효는 가해 건물이 피해 부동산의 일조를 방해하는 상태로 존속하는 한 날마다 개별적으로 진행한다는 소수의견이 있음)(대판(전원) 2008. 4. 17, 2006다35865)

(ㅁ) 「전문적인 감정 등을 통해서 상해를 입은 피해자의 여명에 관한 예측을 토대로 손해배상의 범위가 결정되어 소송 또는 합의 등을 통하여 정기금 지급방식이 아닌 일시금 지급방식으로 배상이 이루어졌는데, 이후 예측된 여명기간을 지나 피해자가 계속 생존하게 되면 종전에 배상이 이루어질 당시에는 예상할 수 없었던 새로운 손해가 발생할 수 있다. 이 경우 예측된 여명기간 내에 그 기간을 지나 생존할 것을 예상할 수 있는 사정이 생겼다면 그때에, 그러한 사정이 발생하지 않고 예측된 여명기간이 지나면 그때에 장래에 발생 가능한 손해를 예견할 수 있다고 보아야 한다. 따라서 종전에 손해배상 범위 결정의 전제가 된 여명기간을 지나 피해자가 생존하게 되어 발생하는 손해로 인한 배상청구권은 늦어도 종전에 예측된 여명기간이 지난 때부터 민법 제766조 제 1 항에서 정한 소멸시효기간이 진행된다.」(대판 2021. 7. 29, 2016다11257)

(ㅂ) 「불법행위를 원인으로 한 손해배상청구권은 민법 제766조 제 1 항에 따라 피해자나 그 법정대리인이 손해와 가해자를 안 날로부터 3년간 이를 행사하지 아니하면 시효로 소멸하는 것이나, 여기에도 소멸시효의 기산점에 관한 규정인 민법 제166조 제 1 항이 적용되어 시효기간은 권리를 행사할 수 있는 때로부터 진행」한다(대판 1998. 7. 10, 98다7001. 국가배상청구권에 관한 3년의 단기 소멸시효기간 기산에 관하여 동지: 대판 2023. 2. 2, 2020다270633 등).

D-511 ### (3) 10년의 시효기간의 기산점

10년의 시효기간은 「불법행위를 한 날」로부터 진행한다(766조 2항). 판례에 의하면 여기의 「불법행위를 한 날」은 가해행위가 있었던 날이 아니고 현실적으로 손해의 결과가 발생한 날을 의미하며(과거에는 가해행위를 한 날이라고 하였으나, 그 후 전원합의체 판결에 의하여 변경하였다. 대판(전원) 1979. 12. 26, 77다1894·1895), 그 손해의 결과 발생이 현실적인 것으로 되었다면 그 소멸시효는 피해자가 손해의 결과 발생을 알았거나 예상할 수 있는가에 관계없이 가해행위로 인한 손해가 현실적인 것으로 되었다고 볼 수 있는 때로부터 진행한다(대판 2019. 8. 29, 2017다276679 등). 한편 ― 가해행위와 다른 시기에 손해가 발생한 경우에 ― 손해의 발생시기에 대한 증명책임은 소멸시효의 이익을 주장하는 자에게 있다(대판 2022. 1. 14, 2019다282197 등).

판 례 10년의 시효기간의 기산점 관련

「감염의 잠복기가 길거나, 감염 당시에는 장차 병이 어느 단계까지 진행될 것인지 예측하기 어려운 경우, 손해가 현실화된 시점을 일률적으로 감염일로 보게 되면, 피해자는 감염일 당시에는 장래의 손해 발생 여부가 불확실하여 청구하지 못하고, 장래 손해가 발생한 시점에서는 소멸시효가 완성되어 청구하지 못하게 되는 부당한 결과가 초래될 수 있다.

따라서 위와 같은 경우에는 감염 자체로 인한 손해 외에 증상의 발현 또는 병의 진행으로 인한 손해가 있을 수 있고, 그러한 손해는 증상이 발현되거나, 병이 진행된 시점에 현실적으로 발생한다고 볼 수 있다.」(대판 2011. 9. 29, 2008다16776)

(4) 미성년자가 성적(性的) 침해를 당한 경우

미성년자가 성폭력, 성추행, 성희롱, 그 밖의 성적 침해를 당한 경우에 이로 인한 손해배상청구권의 소멸시효는 그가 성년이 될 때까지는 진행되지 않는다(766조 3항. 2020. 10. 20. 신설·시행). 미성년자의 성적 침해는 주변인들에 의해서 일어나는 일이 빈번하기도 하여 피해를 당한 미성년자를 보호하기 위해 그가 미성년인 동안에는 소멸시효의 진행을 정지시킨 것이다. 이렇게 시효의 진행을 정지시키는 제도는 아직까지 우리 법에는 없었는데 이 경우에 새로 신설되었다. 이 경우의 소멸시효 진행 정지는 그 불법행위의 특성상 피해자의 법정대리인이 손해와 가해자를 알고 있는 때에도 인정되어야 한다. 그리고 이 개정규정은 이 법 시행 전에 행하여진 성적 침해로 발생하여 이 법 시행 당시 소멸시효가 완성되지 않은 손해배상청구권에도 적용된다(부칙 2조).

Ⅲ. 손해배상의 방법 D-512

1. 금전배상의 원칙

(1) 불법행위에 의한 손해배상의 방법에는 원상회복주의와 금전배상주의가 있는데, 우리 민법은 **금전배상주의를 원칙**으로 하고 있다(763조·394조). 즉 민법상 손해배상은 금전으로 하여야 하며, 다만 법률에 특별규정(예: 764조)이 있거나 당사자의 다른 의사표시가 있는 때에는 예외이다. 따라서 법률에 다른 규정도 없고 당사자 사이의 특약도 없는 경우에는 불법행위자에게 원상회복청구를 할 수 없다(대판 1997. 3. 28, 96다10638 등). 재산적 손해에 대하여뿐만 아니라 정신적 손해의 배상(위자료)에 대하여도 금전으로 평가하여 배상하여야 함은 물론이다.

(2) **손해배상금을 지급하는 방법**에는 일시금지급과 정기금지급의 두 가지가 있다. 그런데 민법은 이 중에 일시금지급을 원칙으로 하고, 예외적으로 정기금지급을 인정하고 있다. 즉 타인의 신체·자유·명예를 해하거나 기타 정신상 고통을 가한 자의 위자료에 관하여 법원이 정기금채무로 명할 수 있다고 하고, 그 이행을 확보하기 위하여 상당한 담보의 제공을 명할 수 있다고 한다(751조 2항). 정기금지급에 관한 이러한 민법의 태도에는 의문이 있다. 정작 정기금지급이 필요한 것은 신체침해나 생명침해의 경우의 재산적 손해이고, 위자료는 피해자의 고통을 덜어주는 기능을 생각할 때 오히려 일시에 지급하는 것이 바람직하기 때문이다. 그런 연유에서인지 우리 대법원은 정기금에 관하여 법률과는 사뭇 거리가 있는 모습의 판례를 형성하였다.

판례에 의하면, 장래 일정시기마다 발생하는 이익을 상실하였다고 하여 손해배상을 청구하는 경우에 피해자는 정기금으로 지급할 것을 청구할 수도 있고 중간이자를 공제하고 일시금으로 지급할 것을 청구할 수도 있다(대판 1988. 1. 12, 87다카2240 등). 또한 향후 계속적으로 치료비 또는 개호비를 지출하여야 하는 손해를 입은 경우에도 같다(대판 1992. 1. 21, 91다36628 등). 그런데 이때 정기금지급을 명할 것인가는 법원의 자유재량에 속한다(대판 1992. 10. 27, 91다39368 등 다수의 판결). 따라서 피해자가 일시금의 지급을 청구하였더라도 법원은 정기금지급을 명할 수 있다(대판 2021. 7. 29, 2016다11257 등 다수). D-513

판례 손해배상금 지급방법 관련

(ㄱ) 「불법행위의 피해자가 후유장애로 장래에 계속적으로 치료비나 개호비 등을 지출하여야 하는 경우에 정기금 지급과 일시금 지급 중 어느 방식으로 손해배상을 청구할 것인지는 원칙적으로 피해자 자신이 선택할 수 있다. 다만 식물인간 등의 경우와 같이 그 후유장애의 계속기간이나 잔존여명이 단축된 정도 등을 확정하기 곤란하여 일시금 지급방식에 의한 손해배상이 사회정의와 형평의 이념에 비추어 현저하게 불합리한 결과를 초래할 우려가 있다고 인정될 때에는 피해자가 일시금 지급을 청구하였더라도 법원이 재량에 따라 정기금 지급을 명하는 판결을 할 수 있다. 특히 전문적인 감정 등을 거쳐 예측된 여명기간

을 기준으로 소송 등을 통하여 손해배상이 이루어진 다음 피해자가 예측된 여명기간을 지나서 생존하여 추가 손해가 발생한 경우에는 새로운 여명기간의 예측에 대한 불확실성이 더욱 커지므로, 이러한 경우 법원으로서는 손해배상을 일시금 지급방식으로 정하는 데 더욱 신중을 기할 필요가 있다.」(대판 2021. 7. 29, 2016다11257)

(ㄴ) 「여명 예측이 불확실하다고 보아 향후 치료비 및 개호비 손해에 대하여는 가동연한 이내로서 원고가 확실히 생존하고 있으리라고 인정되는 기간을 기준으로 일시금과 정기금을 혼용하여 지급을 명한 원심으로서는 원고가 일시금으로 구하고 있는 일실수익 손해를 산정하여 그 지급을 명함에 있어서도 피해자가 확실히 생존하고 있으리라고 인정되는 기간 동안의 일실수익은 중간이자를 공제한 일시금으로, 그 기간 이후 가동연한까지의 일실수익은 생계비를 공제한 금액에서 중간이자를 공제한 일시금으로, 그 기간 이후 가동연한까지의 일실수익 중 생계비 상당의 손해는 피해자의 생존을 조건으로 매월 정기금으로 배상할 것을 명하였어야 할 것이다.」(대판 2000. 7. 28, 2000다11317)

D-514 **2. 원상회복**

금전배상의 원칙에 대한 예외로서 원상회복이 인정되는 때는 법률에 특별규정이 있는 경우와 당사자의 특약이 있는 경우이다. 이 중에 앞의 것에 대하여만 좀더 설명하기로 한다.

(1) 민법은 **명예훼손에** 있어서 피해자의 청구에 의하여 법원이 손해배상에 갈음하거나 손해배상과 함께 「**명예회복에 적당한 처분**」을 명할 수 있다고 규정한다(764조). 이와 유사한 규정은 특별법에도 두어져 있다(「부정경쟁 방지 및 영업비밀 보호에 관한 법률」 6조, 특허법 131조, 실용신안법 30조, 디자인보호법 117조, 상표법 113조, 저작권법 127조 등).

명예회복에 적당한 처분으로 과거에는 사죄광고가 주로 이용되었다. 그런데 이제는 사죄광고는 이용할 수가 없게 되었다. 헌법재판소가 사죄광고는 헌법 제19조의 양심의 자유를 제약하고 또 인격권을 침해하는 것이어서 그것을 제764조의 「적당한 처분」에 포함시키는 것은 헌법에 위반된다고 하기 때문이다(헌재 1991. 4. 1, 89헌마160). 그리하여 이제는 다른 방법, 예컨대 명예훼손의 판결의 내용을 광고의 형식으로 일반에게 알리는 것 등을 생각해 보아야 한다.

(2) 광업법은 광해(鑛害)에 관하여 금전배상을 원칙으로 하면서, 예외적으로 배상금액에 비하여 과다한 비용을 요하지 않고 원상을 회복할 수 있는 경우에는 원상회복을 청구할 수 있다고 규정한다(동법 77조).

Ⅳ. 손해배상의 범위와 금액

D-515

1. 손해배상의 범위

민법은 손해배상의 범위를 채무불이행에 관하여 규정한 뒤(393조) 이를 불법행위에 준용하고 있다(763조). 그 결과 손해배상범위에 관한 이론은 채무불이행과 불법행위에 있어서 동일하게 된다. 그런데 채무불이행의 경우의 손해배상범위에 관하여 앞에서 자세히 설명하였으므로(C-132 이하 참조), 여기서는 결론만을 요약하여 적기로 한다.

불법행위에 의한 손해 가운데에는 불법행위가 성립하면서 발생하는 것과 그 밖의 것이 있다. 전자가 직접적 손해이고, 후자가 후속손해이다(C-127·135 참조). 이 중에 직접적 손해는 가해행위에 의하여 야기된 한 상당인과관계가 없어도 배상되어야 한다(인과관계는 조건관계로 충분함). 그 근거는 제750조이다. 그에 비하여 후속손해는 그 배상범위를 합리적으로 제한하여야 한다. 바로 이에 관하여 규정하고 있는 것이 제393조이다. 그중 제 1 항은 「통상의 손해」를 한도로 한다고 규정한 것으로 보아 상당인과관계의 원칙을 선언한 것으로 보인다. 그리고 제 2 항은 상당인과관계설과는 별도로 민법이 일정한 요건 하에 「특별한 사정으로 인한 손해」 즉 특별손해의 배상을 인정하기 위한 규정이라고 이해된다. 특별손해는 배상하지 않음을 원칙으로 하되, 가해자가 특별한 사정을 알았거나 알 수 있었을 경우에는 예외적으로 배상을 인정한 것이다.

이러한 사견에 의하면 손해배상의 범위 문제는 직접적 손해·통상손해·특별손해의 세 경우로 나누어지게 될 것이다. 그러나 통설·판례는 직접적 손해를 따로 구별하지 않고 있다.

[참고] 손해배상에 관한 합의

손해배상에 관하여 당사자가 「합의」를 하는 경우에 그 합의는 유효하다(이설이 없으며, 판례도 같음. 대판 1975. 6. 24, 74다1929 등). 그리고 이는 피해자가 합의금을 수령하면서 권리포기 약정 또는 부제소 합의를 한 때에도 같다. 그런데 그러한 합의를 한 때에 피해자에게 후유증과 같은 후발손해가 생기면 피해자 보호가 문제되나, 그에 관하여는 앞에서 살펴보았다(D-364 참조). 불법행위 후 후발손해가 생긴 것은 아니고 이미 발생한 손해에 관하여 합의한 경우에 관한 판례 하나를 인용한다.

「불법행위로 인한 손해배상과 관련하여 당사자 사이에 피해자가 일정한 금액을 지급받고 나머지 청구를 포기하기로 하는 내용의 합의나 화해가 이루어진 경우, 그 목적이 된 사항에 관하여는 나중에 다시 배상을 청구할 수 없는 것이 원칙이므로, 합의나 화해 당시의 여러 사정을 종합적으로 참작하여 이를 엄격하게 해석하여야 한다.」(공동불법행위자 중 1인이 다른 공동불법행위자의 보험자로부터 자동차종합보험의 대물배상 한도액인 2,000만원을 지급받으면서 그 보험자에 대한 '법률상의 배상액'을 포기하기로 합의하였더라도 이로써 위 한도액과는 무관한 손해방지비용의 상환청구권을 포기한 것으로 볼 수 없다고 판단한 사례)(대판 2007. 3. 15, 2004다64272)

D-516 **판 례** 손해배상의 범위 관련

(ㄱ)「부동산의 매수인이 불법행위자가 타인의 소유의 토지에 관하여 등기관계서류를 위조하여 매각한다는 사정을 알지 못한 채 불법행위자에게 매매대금을 지급하고 자신의 명의로 원인무효의 소유권이전등기를 마친 다음 유효하게 부동산을 취득한 것으로 믿고 다른 사람에게 이를 양도하여 중간 매도인이 되었으나, 후에 진정한 소유자가 중간 매도인을 상대로 말소등기 청구소송을 제기하여 승소함에 따라 중간 매도인 명의로 된 소유권이전등기가 말소됨으로써 최종 매수인에 대하여 매도인의 담보책임을 부담하게 되고 그 이행으로 손해배상금을 지급하게 된 경우, 불법행위로 인하여 중간 매도인이 입은 통상의 손해는, 부동산의 시가가 하락하는 등의 특별한 사정이 없는 이상, 담보책임의 이행으로 지급한 손해배상금에서 자신이 전매를 통하여 취한 이득을 공제한 금액 상당이라고 봄이 상당하고, 그 금액은 중간 매도인이 부동산을 유효하게 취득하기 위하여 출연한 매매대금과 매도인의 담보책임의 이행으로 지급한 손해배상금에서 최종 매수인으로부터 지급받은 매매대금을 공제한 나머지 금액을 합한 것과 같다.」(대판 2007. 11. 16, 2005다55312)

D-517 (ㄴ)「부실감사로 인하여 주식을 매수한 원고들이 입은 손해액은 위와 같은 부실감사로 인하여 상실하게 된 주가 상당액이라고 봄이 상당하고, 이는 특별한 사정이 없는 한 부실감사 사실이 밝혀지기 전에 정상적으로 형성된 주가와 부실감사 사실이 밝혀지고 계속된 하종가를 벗어난 시점에 정상적으로 형성된 주가의, 또는 그 이상의 가격으로 매도한 경우에는 그 매도가액과의 차액 상당이라고 할 것이다.」(대판 2007. 7. 26, 2006다20405)

(ㄷ)「운송인이 운송물을 선하증권과 상환하지 아니하고 타인에게 인도함으로써 선하증권 소지인이 입은 손해는 그 인도 당시의 운송물의 가액 및 이에 대한 지연손해금 상당의 금액이라 할 것」이다(대판 2007. 6. 28, 2007다16113).

(ㄹ)「교통사고로 인한 피해자의 후유증이 그 사고와 피해자의 기왕증이 경합하여 나타난 것이라면, 그 사고가 후유증이라는 결과 발생에 대하여 기여하였다고 인정되는 정도에 따라 그에 상응한 배상액을 부담케 하는 것이 손해의 공평한 부담이라는 견지에서 타당」하다(대판 1992. 5. 22, 91다39320).

(ㅁ)「가압류나 가처분 등 보전처분은 법원의 재판에 의하여 집행되는 것이기는 하나, 그 실체상 청구권이 있는지 여부는 본안소송에 맡기고 단지 소명에 의하여 채권자의 책임 아래 하는 것이므로, 그 집행 후에 집행채권자가 본안소송에서 패소 확정되었다면 그 보전처분의 집행으로 인하여 채무자가 입은 손해에 대하여는 특별한 반증이 없는 한 집행채권자에게 고의 또는 과실이 있다고 추정되고, 따라서 그 부당한 집행으로 인한 손해에 대하여 이를 배상할 책임이 있다고 할 것이나, 토지에 대한 부당한 가압류의 집행으로 그 지상에 건물을 신축하는 내용의 공사도급계약이 해제됨으로 인한 손해는 특별손해라고 할 것이므로, 가압류채권자가 토지에 대한 가압류집행이 그 지상 건물 공사도급계약의 해제사유가 된다는 특별한 사정을 알았거나 알 수 있었을 때에 한하여 배상의 책임이 있다.」(대판 2008. 6. 26, 2006다84874)

(ㅂ) 「불법행위로 인한 재산상의 손해는 위법한 가해행위로 인하여 발생한 재산상의 불이익, 즉 불법행위가 없었더라면 존재하였을 재산상태와 불법행위가 가해진 이후의 재산상태와의 차이를 말하는 것이고, 이러한 손해의 액수에 대한 증명책임은 손해배상을 청구하는 피해자인 원고에게 있으므로, 원고는 불법행위가 없었더라면 존재하였을 재산상태와 불법행위가 가해진 이후의 재산상태가 무엇인지에 관하여 이를 증명할 책임을 진다.」(대판 2012. 12. 13, 2011다25695)

(ㅅ) 「불법행위로 인하여 피해자가 타인의 사무를 수임하여 그 위임사무 처리의 일환으로 권리를 취득하면서 비용을 지출하고 그로 인한 세금을 납부한 경우 그로 말미암은 손해에는 특별한 사정이 없는 한 권리의 취득대금뿐만 아니라 그 취득에 필요한 제반 비용과 제세공과금도 포함된다.」(대판 2013. 11. 28, 2011다105621)

(ㅇ) 「불법행위로 영업을 중단한 자가 영업 중단에 따른 손해배상을 구하는 경우 영업을 중단하지 않았으면 얻었을 순이익과 이와 별도로 영업 중단과 상관없이 불가피하게 지출해야 하는 비용도 특별한 사정이 없는 한 손해배상의 범위에 포함될 수 있다. 위와 같은 순이익과 비용의 배상을 인정하는 것은 이중배상에 해당하지 않는다.」(대판 2018. 9. 13, 2016다35802)

판 례 전 소송의 변론종결 후에 새로운 적극적 손해가 발생한 경우 관련

「불법행위로 인한 적극적 손해의 배상을 명한 전 소송의 변론종결 후에 새로운 적극적 손해가 발생한 경우에 그 소송의 변론종결 당시 그 손해의 발생을 예견할 수 없었고 또 그 부분 청구를 포기하였다고 볼 수 없는 등 특별한 사정이 있다면 전 소송에서 그 부분에 관한 청구가 유보되어 있지 않다고 하더라도 이는 전 소송의 소송물과는 별개의 소송물이므로 전 소송의 기판력에 저촉되는 것이 아니다.」(식물인간 피해자의 여명이 종전의 예측에 비하여 수년 연장되어 그에 상응한 향후치료, 보조구 및 개호 등이 추가적으로 필요하게 된 것은 전소의 변론종결 당시에는 예견할 수 없었던 새로운 중한 손해로서 전소의 기판력에 저촉되지 않는다고 한 사례)(대판 2007. 4. 13, 2006다78640)

2. 손해액의 산정의 기준 D-518

(1) 일반적 기준시기

손해액 산정의 기준시기가 주로 문제되는 것은 소유물이 멸실된 경우이다. 그 경우에는 **원칙적으로 불법행위시를 기준으로** 하여 그때의 교환가격으로 손해액을 산정하여야 하고, 그 후의 목적물의 가격 등귀와 같은 특별사정에 의한 손해는 예견가능성이 있었던 경우에 한하여 배상액에 포함시켜야 한다(동지 대판 1994. 3. 22, 92다52726 등. C-141 이하도 참조).

판 례 **불법행위의 경우 손해액 산정의 기준시기**

「불법행위로 인한 손해액 산정의 기준시점은 불법행위시라고 할 것이나, 다만 불법행위시와 결과발생시 사이에 시간적 간격이 있는 경우에는 결과가 발생한 때에 불법행위가 완성된다고 보아 불법행위가 완성된 시점, 즉 손해발생시가 손해액 산정의 기준시점이 된다.」(대판 2014. 7. 10, 2013다65710. 같은 취지: 대판 2023. 5. 18, 2022다230677)

(2) 지연이자(지연배상)의 발생시기

불법행위에 의한 손해배상채무는 금전채무이므로, 그 이행이 지체된 때에는 연 5푼의 지연이자(379조)를 붙여야 한다(397조 1항). 그런데 언제부터 이행지체가 되는지가 문제이다. 여기에 관하여 통설·판례(대판 2010. 7. 22, 2010다18829 등)는 일치하여 불법행위에 의한 손해배상채무는 손해발생과 동시에 이행기에 있고, 따라서 손해가 발생한 때 즉 불법행위가 있었던 때부터 지연이자를 붙일 것이라고 한다(그런데 불법행위 시점과 손해발생 시점 사이에 시간적 간격이 있는 경우에는 불법행위로 인한 손해배상채권의 지연손해금은 손해발생 시점을 기산일로 하여 발생한다. 대판 2022. 6. 16, 2017다289538 등). 그리고 그럼에 있어서 재산적 손해와 정신적 손해를 구별하지 않는다. 다만 판례는, 불법행위 시와 변론종결 시 사이에 장기간의 세월이 경과됨으로써 위자료를 산정함에 있어 반드시 참작해야 할 변론종결 시의 통화가치 등에 불법행위 시와 비교하여 상당한 변동이 생긴 때에는, 예외적으로라도 불법행위로 인한 위자료채무의 지연손해금은 그 위자료 산정의 기준시인 사실심 변론종결 당일로부터 발생한다고 보아야만 하며, 그러한 예외적인 경우에는 불법행위 시로부터 변론종결 시까지 상당한 장기간 동안 배상이 지연됨에도 그 기간에 대한 지연손해금이 전혀 가산되지 않게 된다는 사정까지 참작하여 변론종결 시의 위자료 원금을 산정함에 있어 이를 적절히 증액할 여지가 있을 수 있다고 한다(대판 2011. 1. 13, 2009다103950 등). 그리고 제 1 심판결에서 위와 같이 배상이 지연된 사정을 참작하여 제 1 심 변론종결일을 기준으로 위자료를 산정하였는데 항소심이 항소심 변론종결일을 기준으로 새로이 위자료를 산정하지 않고 제 1 심판결의 위자료 액수를 그대로 유지한 경우 위자료 배상채무의 지연손해금은 위자료 산정의 기준일인 제 1 심 변론종결일부터 발생한다고 한다(대판 2020. 11. 26, 2019다276307). 이러한 판례는 타당하다. 한편 이 손해배상채무의 이행을 구하는 소장 또는 이에 준하는 서면이 채무자에게 송달된 다음 날부터는 연 1할 5푼의 지연이자를 지급하여야 한다(「소송촉진 등에 관한 특례법 제 3 조 제 1 항 본문의 법정이율에 관한 규정」).

D-519 3. 재산적 손해의 산정

재산적 손해의 산정에 관하여 판례를 중심으로 하여 주요사항을 살펴본다.

(1) 소유물의 멸실 · 훼손

1) 소유물이 멸실된 경우에는 위에서 설명한 바와 같이 원칙적으로 불법행위 당시 즉

멸실 당시의 교환가격이 통상손해이고(「사건에 의하면 직접적 손해」임), 그 교환가격 속에는 현재 및 장래에 있어서 그 물건을 통상의 방법으로 사용하여 얻을 수 있는 이익이 포함되어 있으므로 그 이익을 따로 청구하지는 못한다(대판 1966. 12. 6, 66다1684 등). 다만, 불법행위로 영업용 건물이 멸실된 경우에는 휴업손해를 배상하여야 한다(대판(전원) 2004. 3. 18, 2001다82507[핵심판례 406면]; 대판 2004. 3. 25, 2003다20909 · 20916 등).

2) 소유권이 상실된 경우는 소유물이 멸실된 경우에 준한다. 예컨대 공매처분으로 소유권을 취득한 자가 담당 공무원의 과실로 그 공매처분이 취소됨으로써 소유권을 상실한 때에는 손해액은 공매처분 취소 당시의 시가이며(대판 1970. 7. 24, 70다560), 매수한 토지상에 불법행위로 근저당권이 설정되고 매수인의 소유권이전등기 후 그 근저당권의 실행으로 토지가 제3자에게 경락된 때에는 경락 당시의 시가를 기준으로 손해액을 산정하여야 한다(대판 1991. 6. 14, 91다8333). 그러나 타인의 부동산에 등기서류를 위조하여 원인무효의 등기를 한 자로부터 부동산을 매수한 자는 처음부터 소유권을 취득한 바가 없으므로 그의 손해액은 부동산의 시가가 아니고 그 부동산을 취득한 것으로 믿고 지급한 매매대금 상당액이다(대판(전원) 1992. 6. 23, 91다33070; 대판 1993. 4. 27, 92다44312 등). 이 경우 부동산소유자는 소유권을 잃은 것은 아니므로, 소유권을 회복하기 위한 비용이나 회복할 때까지 목적물을 이용하지 못한 손실 등이 배상할 손해가 된다.

3) 소유물이 훼손된 경우에는 수선이 가능한지에 따라 다르다. 그 경우 가운데 수선이 가능한 때에는 그 수선비와 수선기간 중 통상의 방법으로 사용하지 못함으로 인한 손해가 통상의 손해이다(대판 1972. 12. 12, 72다18020 등). 이때 수리가 되었더라도 교환가치가 감소하였는지에 대하여 대법원은 이를 통상손해로 인정한 적도 있고(대판 1992. 3. 10, 91다42833 등), 예견할 수 있는 것이 아니라고 한 적도 있다(대판 1991. 7. 23, 90다9070 등). 그에 비하여 수선이 불가능한 때에는 그 훼손 당시의 교환가치(시가)가 통상손해이다(훼손 당시에 물건의 가치가 남아 있으면 그 대금을 공제함)(대판 1995. 7. 28, 94다19129 등). 이때 훼손된 물건이 수입통관을 마친 제품인 경우에는 특별한 사정이 없는 한 같은 제품의 국내 시가를 기준으로 손해를 산정하여야 한다(대판 2008. 4. 10, 2007다7751). 주의할 것은, 건물이 훼손되었고, 그것의 사용 및 수리가 불가능한 경우에 통상 불법행위로 인한 손해배상액의 기준이 되는 건물의 시가에는 건물의 철거비용은 포함되지 않는다는 점이다(대판 1995. 7. 28, 94다19129). 그리고 수선이 가능하더라도 수선비가 물건의 교환가치를 초과하는 경우에는 형평의 원칙상 그 손해액은 그 물건의 교환가치의 범위 내로 제한되어야 한다(그리하여 교환가치감소분이 된다)(대판 1999. 12. 21, 97다15104 등). 한편 손해액의 산정에 있어서 교환가격이 기준이 될 때에는 그 물건을 사용·수익할 수 있었을 이익은 교환가격에 포함되어 있으므로 이를 따로 청구할 수 없다(대판 1990. 8. 28, 88다카30085 등: 이 판결 등은 뒤의 전원합의체 판결에 의하여 일부 변경됨). 다만, 불법행위로 영업용 물건이 일부 손괴된 경우에는 휴업손해를 배상하여야 한다(대판(전원) 2004. 3. 18, 2001다82507[핵심판례 406면] 등).

D-520 **판 례** 물건이 멸실·훼손된 경우의 손해 관련

(ㄱ) 「불법행위로 인하여 물건이 훼손되었을 때 통상의 손해액은 수리가 가능한 경우에는 그 수리비, 수리가 불가능한 경우에는 교환가치의 감소액이 되고, 수리를 한 후에도 일부 수리가 불가능한 부분이 남아있는 경우에는 수리비 외에 수리불능으로 인한 교환가치의 감소액도 통상의 손해에 해당한다.

자동차의 주요 골격 부위가 파손되는 등의 사유로 중대한 손상이 있는 사고가 발생한 경우에는, 기술적으로 가능한 수리를 마치더라도 특별한 사정이 없는 한 원상회복이 안 되는 수리 불가능한 부분이 남는다고 보는 것이 경험칙에 부합하고, 그로 인한 자동차 가격 하락의 손해는 통상의 손해에 해당한다고 보아야 한다. 이 경우 그처럼 잠재적 장애가 남는 정도의 중대한 손상이 있는 사고에 해당하는지 여부는 … 중대한 손상이라고 주장하는 당사자가 주장·증명하여야 한다.」(대판 2017. 5. 17, 2016다248806)

(ㄴ) 「타인의 불법행위로 인하여 피해자 소유의 물건이 손괴되어 수리를 요하는 경우에 그 수리를 위해서는 피해자가 수리에 소요되는 부가가치세까지 부담하여야 한다면 피해자는 그 부가가치세를 포함한 수리비만큼의 손해를 입었다고 하여 가해자에 대하여 그 배상을 청구할 수 있음이 원칙이다. 그러나 피해자가 부가가치세법상의 납세의무자인 사업자로서 그 수리가 자기의 사업을 위하여 사용하였거나 사용할 목적으로 공급받은 용역에 해당하는 경우에는 위 부가가치세는 부가가치세법 제38조 제 1 항 제 1 호 소정의 매입세액에 해당하는 것이어서 피해자가 자기의 매출세액에서 공제하거나 환급받을 수 있으므로 위 부가가치세는 실질적으로는 피해자의 부담으로 돌아가지 않게 되고 따라서 이러한 경우에는 다른 특별한 사정이 없는 한 피해자가 가해자에게 위 부가가치세 상당의 손해배상을 청구할 수 없다.」(대판 2021. 8. 12, 2021다210195. 이 판결은 위의 법리를, 도급에 있어서 수급인의 도급공사상 하자로 인하여 도급인이 수급인을 상대로 하자보수를 갈음하는 손해배상을 청구하는 경우에도 동일하게 인정함)

(ㄷ) 「불법행위로 영업용 물건이 멸실된 경우, 이를 대체할 다른 물건을 마련하기 위하여 필요한 합리적인 기간 동안 그 물건을 이용하여 영업을 계속하였더라면 얻을 수 있었던 이익, 즉 휴업손해는 그에 대한 증명이 가능한 한 통상의 손해로서 그 교환가치와는 별도로 배상하여야 하고, 이는 영업용 물건이 일부 손괴된 경우, 수리를 위하여 필요한 합리적인 기간 동안의 휴업손해와 마찬가지라고 보아야 할 것이다.」(대판(전원) 2004. 3. 18, 2001다82507[핵심판례 406면])

(ㄹ) 「일반적으로 영업용 물건이 손괴된 경우 수리를 위하여 필요한 기간 동안 그 물건에 의한 영업을 할 수 없었던 경우에는 영업을 계속하였더라면 얻을 수 있었던 수익상실은 통상손해에 해당한다. 그러나 위법한 가해행위로 인하여 영업용 물건이 손괴되었더라도 그 위법행위의 태양, 물건이 사용 및 손괴된 경위 등에 비추어 볼 때 가해자가 그것이 영업용 물건으로서 이를 손괴함으로써 그 물건을 이용하여 얻을 수 있었던 영업수익이 상실될 수 있다는 사정을 통상적으로 예견할 수 없었다면 그러한 경우까지도 위 손해가 통상손해에 해당한다고 보기는 어렵다.」(대판 2022. 11. 30, 2016다26662·26679·26686)

(ㅁ) 「불법행위로 인하여 건물이 훼손된 경우, 수리가 가능하면 그 수리비가 통상의 손해이며, 훼손 당시 그 건물이 이미 내용연수가 다 된 낡은 건물이어서 원상으로 회복시키는

데 소요되는 수리비가 건물의 교환가치를 초과하는 경우에는 형평의 원칙상 그 손해액은 그 건물의 교환가치 범위 내로 제한되어야 할 것이고, 또한 수리로 인하여 훼손 전보다 건물의 교환가치가 증가하는 경우에는 그 수리비에서 교환가치 증가분을 공제한 금액이 그 손해라 할 것이다.」(대판 1998. 9. 8, 98다22048)

(2) 부동산의 불법점유

타인이 자신의 부동산을 불법점유함으로 인하여 입은 손해는 특별한 사정이 없는 한 그 부동산의 임료 상당액이다(대판 1994. 6. 28, 93다51539 등).

판례 소유물을 불법점유하고 있다고 주장하는 경우 관련

「피고가 원고의 소유물을 권원 없이 점유·사용하고 있다고 주장하여 손해배상을 청구하는 경우에, 비록 피고의 목적물 점유가 인정되지 아니한다고 하더라도, 원고가 점유 및 사용으로 인한 손해의 배상만을 청구하고 피고의 사용으로 인한 손해의 배상은 이를 바라지 아니한다는 의사가 표시되지 아니하는 한, 법원은 나아가 원고에게 피고의 사용권능 침해로 인한 손해가 있는지를 심리·판단하여야 할 것이다. 그리고 원고가 그 손해를 목적물의 차임 상당액으로 주장하였다고 하여도, 이는 일반적으로 자신에게 유리한 소송상 결과를 얻기 위한 의도 또는 소송수행상의 편의에서 나온 것에 불과하므로, 그것만으로 원고에게 위와 같이 사용으로 인한 손해도 이를 구하지 아니하는 의사가 표시되었다고 할 수 없다.」(대판 2012. 1. 27, 2011다74949)

(3) 변호사비용

우리나라는 변호사 강제주의를 채용하지 않고 있으므로 변호사비용은 원칙적으로 배상하여야 할 손해가 아니나(대판 2010. 6. 10, 2010다15363·15370 등), 불법행위자의 부당한 항쟁에 대하여 피해자가 소송을 제기하는 경우(대판 1972. 5. 9, 71다1297 등)에는 배상하여야 할 손해이다.

(4) 생명침해 D-521

사견에 의하면, 생명침해의 경우에는 재산적 손해로 유족의 부양청구권 상실로 인한 손해, 치료비, 장례비 등이 배상되어야 한다(D-503 참조). 그런데 판례는 치료비·장례비 등과 함께 피살자의 일실이익의 배상청구권이 유족에게 상속된다는 견지에 있다(대판 1993. 3. 9, 92다48413). 판례의 내용을 정리하기로 한다.

1) 일실이익(逸失利益) 이때의 일실이익은 생명침해가 없었다면 피살자가 장래 얻을 수 있었던 이익이다(일실이익의 의의에 관하여 소득상실설과 가동능력상실설이 대립되나, 어느 견해에 의하든 생명침해에서는 차이가 없을 것이다). 그 이익은, 생명침해가 없었으면 얼마 동안 일할 수 있었는지(이때 평균 여명기간(餘命期間)을 기초로 소득을 올릴 수 있는 기간인 가동연한(稼動年限)이 계산되어야 한다), 그리고

그 기간 동안에 어떤 노무로 모두 얼마의 수입을 올렸을 것인가를 가정하여(본봉 외에 수당·상여금·퇴직금도 포함된다), 생활비 등을 공제하고(현재 판례상 세금은 공제하지 않는다), 또 중간이자를 공제하여 계산한다.

우리의 대법원은, 일반육체노동을 하는 사람 또는 육체노동을 주로 생계활동으로 하는 사람의 가동연한을 경험칙상 65세로 보고 있다(대판(전원) 2019. 2. 21, 2018다248909).

중간이자의 공제방법으로는 호프만(Hoffmann)식·가르프초(Garpzow)식·라이프니츠(Leibniz)식의 세 가지가 있다. 명의액을 A, 연수를 n, 이율을 r, 실제로 받을 금액을 X라 하면, 호프만식은 단리계산방식(單利計算方式)으로서 $X=\frac{A}{1+nr}$가 되고, 가르프초식은 $X=A(1-nr)$이며, 라이프니츠식은 복리계산으로서 $X=\frac{A}{(1+r)^n}$가 된다. 우리 법원은 종래 호프만식을 사용하였으나(대판 1966. 11. 29, 66다1871), 대법원이 당사자의 주장에 관계없이 라이프니츠식을 사용하여도 무방하다고 한 뒤에는(대판 1983. 6. 28, 83다191), 두 방법이 모두 이용되고 있다. 그리고 근래에는 호프만식에 의한 계산이 위법하지 않다고 판단한 예가 많이 있다(대판 1985. 10. 11, 85다카819 등 다수의 판결). 그런데 배상액수가 달라지는 두 방식을 하급심이 마음대로 골라 쓸 수 있도록 하는 태도는 바람직하지 않다. 한편 국가배상법은 과거에는 라이프니츠식에 의하였으나 현재는 호프만식에 의하고 있다(동법 3조의 2 2항·3항, 동법 시행령 6조 3항).

D-522 **판 례** 생명침해의 경우 손해배상/중간이자 공제 등 관련

(ㄱ) 「생명이나 신체에 대한 불법행위로 인하여 가동능력의 전부 또는 일부를 상실함으로써 일실하는 이익의 액은 그 피해자가 그로 인하여 상실하게 된 가동능력에 대한 총평가액으로서 소득세 등 제세금액을 공제하지 아니한 금액이라고 봄이 상당하다.」(대판(전원) 1979. 2. 13, 78다1491. 이 판결은 노동능력상실설을 취한 것이다)

(ㄴ) 「대법원은 1989. 12. 26. 선고한 88다카16867 전원합의체 판결에서 일반육체노동을 하는 사람 또는 육체노동을 주로 생계활동으로 하는 사람(이하 '육체노동'이라 한다)의 가동연한을 경험칙상 만 55세라고 본 기존 견해를 폐기하였다. 그 후부터 현재에 이르기까지 육체노동의 가동연한을 경험칙상 만 60세로 보아야 한다는 견해를 유지하여 왔다.

그런데 우리나라의 사회적·경제적 구조와 생활여건이 급속하게 향상·발전하고 법제도가 정비·개선됨에 따라 종전 전원합의체 판결 당시 위 경험칙의 기초가 되었던 제반사정들이 아래와 같이 현저히 변하였기 때문에 위와 같은 견해는 더 이상 유지하기 어렵게 되었다. 이제는 특별한 사정이 없는 한 만 60세를 넘어 만 65세까지도 가동할 수 있다고 보는 것이 경험칙에 합당하다.」(대판(전원) 2019. 2. 21, 2018다248909).

(ㄷ) 「일용노동에 종사하는 사람은 만 60세가 끝날 때가 아니라 만 60세에 이르기까지 가동할 수 있다고 보는 것이 경험칙상 타당하다.」(대판 1991. 3. 27, 90다11400)(이 판결의 「60세」는 대판(전원) 2019. 2. 21, 2018다248909 때문에 이제는 65세라고 바꾸어 이해해야 함)

(ㄹ) 「일실수입 산정의 기초가 되는 가동연한은 사실조사의 권능을 가진 사실심이 우리나라 국민의 평균여명과 경제수준, 고용조건 등의 사회적, 경제적 여건 외에 연령별 근로자

인구수, 취업률 또는 근로참가율 및 직종별 근로조건과 정년제한 등 제반사정을 조사하여 이로부터 경험칙상 추정되는 가동연한을 도출하든가 또는 피해당사자의 연령, 직업, 경력, 건강상태 등 구체적인 사정을 고려하여 그 가동연한을 인정하든가 하여 정할 수 있는 것이다.

원심이 이와 같은 취지에서 이 사건 사고 당시 원고 박○○는 60세 6개월(60세 7개월의 오기로 보인다) 정도의 나이로서 기대여명이 14.92년이고, 농촌지역에 거주하면서 사고 당시에도 실제 농업노동에 종사하여 왔으며, 한편 1985. 12.경 전국 농가 중 경영주가 60세 이상인 농가가 24%에 이르는 사실을 적법하게 확정한 다음, 한국 농촌의 현실 등에 비추어 볼 때 위 원고의 가동연한은 65세가 될 때까지로 봄이 상당하다고 판단한 것은 정당한 것으로 수긍이 가고, 거기에 소론과 같이 채증법칙 위배, 심리미진, 이유불비 또는 경험칙 위배의 위법이 있다고 할 수 없다.

소론이 지적하는 판례는 일반노동에 종사하는 사람은 경험칙상 만 60세에 이르기까지 가동할 수 있다고 하는 것으로서 이 사건에 적절한 것이라고 할 수 없다.」(대판 1993. 11. 26, 93다31917. 과거의 판결 중 이와 같이 노동을 하는 경우이지만 개별적으로 가동연한을 60세로 보지 않은 예도 많음을 주의할 것)(대판(전원) 2019. 2. 21, 2018다248909도 이 판결의 첫 단락과 같은 취지로 판시하고 있어서, 현재에도 이 판결에서처럼 구체적인 경우에 가동연한이 「65세」 이하나 그 이상으로 인정될 수 있음)

(ㅁ) 「근로조건이 산업환경에 따라 해마다 변동하는 도시 일용근로자의 일실수입을 그 1일 노임에 관한 통계사실에 기초하여 평가하는 경우에는, 그 가동일수에 관하여도 법원에 현저한 사실을 포함한 각종 통계자료 등에 나타난 월평균 근로일수와 직종별 근로조건 등 여러 사정들을 감안하고 그 밖의 적절한 자료들을 보태어 합리적인 사실인정을 하여야 한다.」(대판 2024. 4. 25, 2020다271650. 과거 대법원이 도시 일용근로자의 월 가동일수를 22일 정도로 보는 근거가 되었던 각종 통계자료 등의 내용이 많이 바뀌어 그대로 적용하기 어렵게 되었다고 하며, 특별한 사정이 없는 한 그 판결 사안의 사건 사고 당시 도시 일용근로자의 월 가동일수를 20일을 초과하여 인정하기는 어려워 보인다고 함. 이 점은 그 후속판결들에서도 같음)

(ㅂ) 「불법행위로 인하여 사망한 자의 노동력 상실로 인한 장래의 일실수익은 사망 당시의 수익을 기준으로 산정함이 원칙이나 장차 그 수익이 증가될 것이 확실하게 예측할 수 있는 객관적 자료가 있는 경우에는 장차 증가될 수익도 일실수익을 산정함에 있어 고려되어야 할 것」이다(대판 1982. 7. 13, 82다카137).

(ㅅ) 「불법행위로 인하여 사망하거나 또는 신체상의 장애를 입은 사람이 장래 얻을 수 있는 수입의 상실액은 그 수익이 장차 증가될 것임이 상당한 정도로 확실시되는 객관적인 자료가 없는 한 원칙적으로 그 불법행위로 인하여 손해가 발생할 당시에 그 피해자가 종사하고 있었던 직업으로부터 수익하고 있는 금액을 기준으로 하여 산정하여야 하고 불법행위 당시 일정한 수입이 없는 피해자의 장래의 수입상실액은 보통 일반사람이면 누구나 종사하여 얻을 수 있는 일반노동임금을 기준으로 하여야 하며 피해자의 학력이나 경력 등을 참작하여 그 수입을 책정할 수는 없다.」(대판 1986. 2. 25, 85다카1954)

(ㅇ) 「불법행위로 사망한 피해자의 일실수입은 원칙적으로 불법행위로 손해가 발생할 당시에 피해자가 종사하고 있던 직업의 소득을 기준으로 산정해야 한다. 피해자가 사고 당시 일정한 직업의 소득이 없는 사람이라면 그 수입상실액은 보통사람이면 누구나 종사하여 얻을 수 있는 일반노동임금을 기준으로 하되, 특정한 기능이나 자격 또는 경력을 가지고

있어서 장차 그에 대응한 소득을 얻을 수 있는 상당한 개연성이 인정되는 경우에는 그 통계소득을 기준으로 산정할 수 있다. 이 경우 의과대학 등과 같이 전문직을 양성하는 대학에 재학 중인 피해자가 장차 전문직으로서 소득을 얻을 수 있는 상당한 개연성이 있는지 여부는 피해자의 연령, 재학 기간, 학업 성과, 전공 학과, 전문직을 수행하기 위한 자격의 취득가능성 등 피해자의 개인적인 경력은 물론 전문직을 양성하는 대학 졸업생의 졸업 후 진로, 취업률 그 밖의 사회적·경제적 조건을 모두 고려하여 경험칙에 따라 개별적으로 판단해야 한다.」(대판 2021. 7. 15, 2016다260097. 사망하거나 신체상의 장애를 입은 경우에 전단과 동지 대판 2001. 8. 21, 2001다32472 등)

(ㅈ)「호프만식 계산법에 의하여 중간이자를 공제하는 경우에 단리연금현가율이 240을 넘는 중간이자 공제기간 414월(연별 호프만식 계산에 있어서는 그 율이 20을 넘는 36년) 이후에 있어서는 그 단리연금현가율을 그대로 적용하여 그 현가를 산정하게 되면 현가로 받게 되는 금액의 이자가 매월 입게 되는 손해액보다 많게 되어 손해액보다 더 많은 금원을 배상하게 되는 불합리한 결과를 가져오게 되므로 그 단리연금현가율이 240을 넘는 공제기간의 현가를 산정함에 있어서는 그 수치표상의 단리연금현가율이 얼마인지를 불문하고 모두 240을 적용계산함으로써 피해자가 과잉배상을 받는 일이 없도록 하여야 할 것이다.」(대판 1986. 3. 11, 85다카2352)

(ㅊ)「피해자가 불법행위로 상해를 입고 장래의 불특정한 시점에 그로 인한 손해가 구체적으로 발현되었지만 불법행위 당시부터 이미 예정된 소극적·적극적 손해의 경우, 불법행위로 상해를 입었을 때 불법행위가 완성되어 손해배상채권이 성립하고 이행기까지 도래하는 것으로 볼 수 있으므로, 장래 구체적으로 발현되는 소극적·적극적 손해에 대하여는 불법행위 시가 현가산정의 기준시기가 되고, 이때부터 장래의 손해발현 시점까지 중간이자를 공제한 금액에 대해 다시 불법행위 시부터 지연손해금을 부가하여 산정하는 것이 원칙으로, 이는 불법행위로 인한 장래의 손해의 현가액 등 산정은 과잉배상이나 과소배상을 방지하고 정당한 배상액을 정하기 위한 손해액의 조정이 필요하기 때문이다. 같은 이유로, 불법행위 시 이후로서 사실심 변론종결일 이전의 어느 시점을 기준으로 그 이후 발생할 손해를 그 시점으로부터 장래 각 손해발생 시점까지 중간이자를 공제하는 방법으로 현가를 산정하되 그에 맞추어 지연손해금도 그 기준시점 이후부터 구하는 것은 그것이 위와 같은 본래의 방법을 벗어나거나 이에 모순·저촉되는 것이 아닌 한 허용되고, 반면 불법행위 시 이후로서 사실심 변론종결일 이전의 어느 시점을 기준으로 하여 현가를 산정하면서도 지연손해금은 그 기준시점 이전부터 명하는 것은 중간이자를 덜 공제하거나 지연손해금을 더 많이 인용하는 과잉배상이 되어 허용되지 않는다(대법원 1994. 11. 25. 선고 94다30065 판결, 대법원 2018. 10. 4. 선고 2016다41869 판결 등 참조). 호프만식 계산법에 따라 중간이자 공제기간이 414개월을 초과하여 월 단위 수치표상 단리연금현가율이 240을 넘는 경우, 이를 그대로 적용하여 현가를 산정하면 현가로 받게 되는 금액의 이자가 매월 입게 되는 손해액보다 많게 되어 피해자가 과잉배상을 받게 되는 결과가 되므로, 이를 막기 위하여 그 수치표상 단리연금현가율이 얼마인지를 불문하고 모두 240을 적용하는 것도 같은 취지이다.

이러한 법리에 비추어 볼 때, 불법행위로 상해를 입었지만 후유증 등으로 인하여 불법행위 당시에는 전혀 예상할 수 없었던 후발손해가 새로이 발생한 경우와 같이, 사회통념상 후발손해가 판명된 때에 현실적으로 손해가 발생한 것으로 볼 수 있는 경우에는 후발손해 판명 시점에 불법행위로 인한 손해배상채권이 성립하고, 지연손해금 역시 그때부터 발생한다고 봄이 상당하다. 이 경우 후발손해가 판명된 때가 불법행위 시이자 그로부터 장래의 구체적인 소극적·적극적 손해에 대한 중간이자를 공제하는 현가산정의 원칙적인 기준시기가 된다고 보아야 하고, 그보다 앞선 시점이 현가산정의 기준시기나 지연손해금의 기산일이 될 수는 없다.」(대판 2022. 6. 16, 2017다289538)

(ㅋ) 사립고등학교 교사로 근무하고 있던 피해자가 사망 당시 유흥업소의 밴드원으로 전속출연하여 급료를 받고 있었다 하더라도 사립학교법과 국가공무원법의 관계규정에 의하면 사립학교 교원은 영리를 목적으로 한 업무에 종사하여서는 아니된다고 할 것이므로 피해자가 받은 위 급료는 위법소득에 해당하여 불법행위로 인한 일실수익의 기초로 삼을 수 없다(대판 1992. 10. 27, 92다34582).

(ㅌ) 피해자가 여명기간 동안 계속 병원에 입원하여 있어야 할 경우 그 식비가 광의의 입원비에 해당된다면 피해자의 여명기간까지의 일실수입을 산정함에 있어서 그가 지출할 통상의 식비를 공제하여야 한다고 한 사례(대판 2010. 7. 8, 2010다20563).

2) 장 례 비 사람은 누구나 언젠가 사망하기는 하지만 장례비 부담의무자가 언제나 그 의무를 진다는 보장이 없다. 따라서 장례비도 배상되어야 한다(동지 대판 1966. 10. 11, 66다1456 등). 그리고 판례는, 타인의 불법행위로 인하여 사망한 자를 매장하기 위하여 묘지를 구입한 경우 그 묘지구입비는 손해배상의 대상이 되는 장례비에 해당된다고 하면서, 다만 묘지구입비는 법률이 허용하는 묘지면적(현행 「장사 등에 관한 법률」 18조 참조. 그에 의하면 사설묘지는 30제곱미터를 초과하지 못한다)의 매수대금을 초과하지 않는 범위에서만 인용되어야 할 것이라고 한다(대판 1984. 12. 11, 84다카1125). 한편 청구권자는 장례비 부담의무자이다(곽윤직, 463면 등은 지출자라고 한다). 그 의무는 상속인, 부양의무자 순으로 부담한다고 할 것이다. D-523

판 례 장례비에 대한 과실상계 관련

교통사고로 사망한 자의 수입상실에 의한 손해액과 위자료액에 대하여 과실상계를 한 이상 동일한 원인으로 생긴 장례비에 관하여도 필요적으로 과실상계를 하여야 한다(대판 1974. 4. 9, 73다1506).

3) 치 료 비 피살자가 즉사하지 않고 중상당한 후 사망한 때에는 치료비도 배상하여야 한다. 그 배상청구권은 부양의무자에게 속한다.

(5) 신체침해 D-524

1) 치료비 · 개호비 신체침해의 경우 치료비(입원비·약값·진료비 등)는 마땅히 배상하여야 한다. 또한 신체침해의 피해자가 장애자가 되어 다른 사람의 도움 없이 일상생활을 할 수

없어 개호인(介護人)(환자 등을 보살펴주는 사람)이 필요한 때에는 그 비용도 배상하여야 한다(대판 1989. 10. 10, 88다카20545 등). 그리고 이들의 배상청구권은 피해자와 부양의무자에게 생긴다고 할 것이다(부진정연대채권).

(판 례) 상급병실에 입원한 경우 관련

「불법행위 피해자가 일반병실에 입원하지 아니하고 상급병실에 입원하여 치료를 받음으로써 추가로 부담하게 되는 입원료 상당의 손해는, 당해 진료행위의 성질상 상급병실에 입원하여 진료를 받아야 하거나, 일반병실이 없어 부득이 상급병실을 사용할 수밖에 없었다는 등의 특별한 사정이 인정되지 아니한다면, 그 불법행위와 상당인과관계가 있는 손해라고 할 수 없다.」(대판 2010. 11. 25, 2010다51406)

2) 일실이익 우선 피해자가 치료를 받는 동안 수입을 얻지 못한 것에 대하여 배상하여야 한다. 그리고 피해자가 노동능력을 완전히 또는 부분적으로 상실한 때에는 그로 인하여 얻지 못할 이익(일실이익)을 배상하여야 한다. 그런데 여기의 일실이익의 산정방법에는 두 가지가 있다. 하나는 일실이익의 본질을 사고가 없었으면 피해자가 얻을 수 있었던 소득의 상실이라고 보아 사고 전후의 수입을 비교하여 차액을 산출하는 방법(소득상실설 또는 차액설)이고, 다른 하나는 일실이익의 본질을 소득산출의 근거가 되는 노동능력의 상실 자체로 보고 상실된 노동능력의 가치를 사고 당시의 소득이나 추정소득에 의하여 평가하는 방법(가동능력(노동능력) 상실설 또는 평가설)이다(노동능력의 일부를 상실하였으나 수입은 감소되지 않은 경우에는 처음 견해에 의하면 손해가 없게 된다). 판례는 처음에는 전자에 의하였으나(대판 1971. 12. 28, 71다2254 등), 전원합의체 판결에서 후자를 취한 뒤(대판(전원) 1979. 2. 13, 78다1491: D-522에 인용됨), 다른 전원합의체 판결에서 전자가 부당하다고 하였으나(대판(전원) 1984. 10. 23, 84다카325), 그 후에 특히 1984년의 전원합의체 판결을 폐기하지 않은 채 당해 사건에서 어느 방법이 보다 합리적이고 객관성 있는 장래가득수익을 반영하는 것인가에 따라 결정하여야 한다고 하여 현재까지 계속되고 있다(대판 1987. 3. 10, 86다카331 등 다수의 판결). 그런데 피해자가 종전과 다름없는 수입을 얻고 있더라도 손해를 입는 것으로 판단하는 점으로 보아(대판 1992. 9. 25, 91다45929 등 다수의 판결) **가동능력상실설을 주로 채택하는 것으로 생각된다.**

D-525 (판 례) 제 1 사고 후 제 2 사고가 있는 경우 관련(D-462에 인용된 대판 1968. 3. 26, 68다91도 참조)

(ㄱ) 「사고로 상해를 입은 피해자가 다른 사고로 인하여 사망한 경우, 위 두 사고 사이에 1차사고가 없었더라면 2차사고도 발생하지 않았을 것이라고 인정되는 것과 같은 조건적 관계가 존재하지 아니하는 경우에는 1차사고의 가해자는 2차사고로 인하여 피해자가 사망한 때까지의 손해만을 배상하면 된다.」(대판 1995. 2. 10, 94다51895)

(ㄴ)「사고로 상해를 입은 피해자가 다른 사고로 인하여 사망한 경우 그 두 사고 사이에 1차사고가 없었더라면 2차사고도 발생하지 않았을 것이라고 인정되는 것과 같은 조건적 관계가 존재하는 경우 1차사고의 가해자는 2차사고로 인한 피해자의 사망을 고려함이 없이 피해자가 가동연한에 이를 때까지의 일실수입을 배상하여야 한다.」(대판 1998. 9. 18, 97다47507)

판 례 일실수입 관련

(ㄱ)「불법행위로 인한 손해배상사건에서 피해자인 개인사업자의 실제 수입을 인정할 만한 객관적인 자료가 현출되어 있지 아니하는 경우에는 그 사업체의 규모와 경영형태, 종업원의 수 및 경영실적 등을 참작하여 피해자와 같은 정도의 학력, 경력 및 경영능력 등을 보유한 사람을 고용하는 경우의 보수 상당액, 즉 대체고용비에 의하여 일실수입액을 산정할 수 있고, 이와 같은 법리는 자영농민의 경우에도 그대로 적용될 수 있다.」(대판 2007. 3. 29, 2006다50499).

(ㄴ)「불법행위로 인한 손해배상사건에서 피해자의 일실수입은 사고 당시 피해자의 실제 소득을 기준으로 하여 산정할 수도 있고 통계소득을 포함한 추정소득에 의하여 평가할 수도 있는 것인바, 피해자가 일정한 수입을 얻고 있었던 경우 신빙성 있는 실제수입에 대한 증거가 현출되지 아니하는 경우에는 피해자가 종사하였던 직종과 유사한 직종에 종사하는 자들에 대한 통계소득에 의하여 피해자의 일실수입을 산정하여야 한다. …

불법행위의 피해자가 입은 소극적 손해를 산정함에 있어 노동능력상실률을 적용하는 방법에 의할 경우에는 그 노동능력상실률은 단순한 신체적 장애율이 아니라 피해자의 연령, 교육 정도, 종전 직업의 성질과 직업 경력 및 기술숙련 정도, 신체장애의 부위 및 정도, 유사 직종이나 타 직종에의 전업가능성과 그 확률 기타 사회적, 경제적 조건을 모두 참작하여 경험법칙에 따라 도출하는 합리적이고 객관성 있는 노동능력상실률을 도출해야 하는 것이다.」(대판 2009. 7. 9, 2008다91180)

「노동능력상실률은 궁극적으로는 법관이 피해자의 연령, 교육 정도, 노동의 성질과 신체기능 장애 정도, 기타 사회적·경제적 조건 등을 모두 참작하여 경험칙에 비추어 규범적으로 결정하는 것이다.」(대판 2017. 11. 9, 2013다26708·26715·26722·26739)

「노동능력상실률을 정하기 위한 보조자료의 하나인 의학적 신체기능장애율 및 그에 대한 감정인의 감정결과 등은 … 법관이 이용하는 참고자료에 불과한 것으로, … 동일한 사실에 관하여 일치하지 않는 수 개의 자료가 있을 때 법관이 그 하나에 의거하여 사실을 인정하거나 이를 종합하여 사실을 인정하는 것은 경험칙 또는 논리법칙에 위배되지 않는 한 적법하다. 이와 같이 노동능력상실률을 정하는 것은 원칙적으로 사실심 법원의 전권에 속하는 것이지만 법관에게 이에 관한 자유재량을 부여한 것은 아니므로, 법원은 형평의 원칙에 반하거나 현저히 불합리한 결과가 발생하지 않도록 앞서 열거한 모든 구체적 사정을 충실하고 신중하게 심리하여 그 평가가 객관성을 갖추도록 하여야 한다.」(대판 2023. 11. 16, 2020다292671)

(ㄷ)「불법행위 피해자는 그로 인한 손해의 확대를 방지하거나 감경하기 위하여 노력하여

야 할 일반적 의무가 있다고 할 것이므로, 피해자는 관례적이고 상당한 결과의 호전을 기대할 수 있는 수술을 용인할 의무가 있다. 따라서 그와 같은 수술을 거부함으로써 손해가 확대된 경우 그 손해 부분은 피해자가 부담하여야 하고, 그러한 수술로 피해자의 후유증이 개선될 수 있는 경우에 신체 손상으로 인한 일실이익 산정의 전제가 되는 가동능력상실률은 다른 특별한 사정이 없는 한 그 수술을 시행한 후에도 여전히 남을 후유증을 기준으로 하여 정하여져야 할 것이다.」(대판 2010. 11. 25, 2010다51406)

(ㄹ)「불법행위로 인한 후유장애로 말미암아 외모에 추상이 생긴 경우에 그 추상의 부위 및 정도, 피해자의 성별, 나이 등과 관련하여 그 추상이 장래의 취직, 직종선택, 승진, 전직에의 가능성 등에 영향을 미칠 정도로 현저한 경우에 한하여 추상장애로 인하여 노동능력 상실이 있다고 볼 수 있을 것이다.」(대판 2011. 1. 13, 2009다105062)

(ㅁ)「불법행위 당시 일정한 수입을 얻고 있던 피해자의 일실수입 손해액은 객관적이고 합리적인 자료에 의하여 피해자가 사고 당시에 실제로 얻고 있었던 수입금액을 확정하여 이를 기초로 산정하여야 하고, 이 경우 피해자가 세무당국에 신고한 소득이 있을 때에는 그 신고 소득액을 사고 당시의 수입금액으로 보는 것이 원칙이다. 다만 신고된 소득액이 피해자의 직업, 나이, 경력 등에 비추어 현저히 저액이라고 판단되는 경우에는 그 신고소득액만을 피해자의 사고 당시 수입금액으로 삼을 수는 없으나, 그러한 경우 피해자에게 일용노임 이상의 소득금액을 기초로 한 일실수입을 인정하려면 사고 당시 피해자가 실제로 그러한 소득금액을 얻고 있었다거나 그러한 소득금액을 얻을 수 있었다는 상당한 개연성이 인정되어야 한다. 따라서 그러한 사정이 인정되지 않는 경우에까지 피해자가 주장하는 소득금액을 기초로 일실수입을 인정하여서는 아니 된다. 이는 개인 사업주인 피해자의 수입이 주로 사업주 개인의 노무에 의존하고 있어 기업에서의 자본적 수익이 미미한 경우에 해당한다고 보아 피해자에게 같은 경력을 가지고 같은 직종에 종사하는 근로자의 추정통계소득을 기준으로 일실수입을 인정할 경우에도 마찬가지이다.」(대판 2016. 6. 28, 2015다23024)

(ㅂ)「불법행위로 인한 피해자의 일실수익은 피해자의 노동능력이 가지는 재산적 가치를 정당하게 반영하는 기준에 의하여 산정하여야 하고 사고 당시 일정한 직업에 종사하여 수익을 얻고 있던 사람은 특별한 사정이 없는 한 그 수익이 산정 기준이 된다. 피해자가 사고 당시 기간을 정한 계약에 따라 근무하고 있었던 경우 특별한 사정이 없는 한 그 가동연한까지 그 정도의 수익이 있는 유사한 직종에 계속 종사할 수 있는 것으로 봄이 타당하다. 이때 피해자의 가동능력이 상실되면 피해자의 임금이 감소될 것이고, 그 퇴직금도 위와 같이 감소된 임금을 기초로 하여 산정될 것이므로 특단의 사정이 없는 한 피해자는 남은 가동능력을 가지고 사업장이나 직장에서 정년까지 근무할 것이라고 보아 노동능력상실률에 따른 일실퇴직금을 인정하여야 한다. 피해자가 외국인이거나 계약에 따라 임용되었다는 이유만으로 이와 달리 볼 것이 아니다.」(대판 2018. 11. 29, 2016다266606·266613)

(ㅅ)「타인의 불법행위로 인하여 신체적 장해가 발생한 경우에 일실수익의 산정은 원칙적으로 불법행위 당시의 피해자의 실제 수입이 손해액 산정의 기초가 되고, 근로기준법상 평

균임금이나 통상임금은 일실수익 상당의 손해를 산정하는 기준으로 볼 수 없다. 또한, 향후 예상소득에 관한 증명의 정도는 과거 사실에 대한 증명의 정도보다 경감하여야 하므로, 피해자가 현실적으로 얻을 수 있을 구체적이고 확실한 소득의 증명이 아니라 합리성과 객관성을 잃지 않는 범위 안에서 상당한 개연성이 있는 소득의 증명으로서 족하다.」(대판 2022. 11. 10, 2022다261534)

4. 정신적 손해의 산정 D-526

위자료액의 산정에 관하여는 명백한 기준이 없다. 판례에 의하면, 불법행위로 입은 비재산적 손해에 대한 위자료 액수는 사실심법원이 여러 사정을 참작하여 그 직권에 속하는 재량에 의하여 이를 확정할 수 있다고 한다(대판(전원) 2019. 2. 21, 2018다248909; 대판 2023. 12. 21, 2018다303653 등 다수. 대판 2018. 11. 15, 2016다244491은 「불법행위 또는 채무불이행」으로 입은 정신적 피해에 대한 위자료 액수에 관해서 같은 취지로 판시함)(대판 2023. 2. 2, 2020다270633 등은 법원이 불법행위로 인한 위자료를 산정함에 있어서는 피해자 측의 사정에 가해자 측의 사정까지 함께 참작하는 것이 손해의 공평부담이라는 손해배상의 원칙에 부합한다고 한다). 그런데 판례는, 이것이 위자료 산정에 법관의 자의가 허용된다는 것을 의미하는 것은 아니라고 하면서, 위자료의 산정에도 그 시대와 일반적인 법감정에 부합될 수 있는 액수가 산정되어야 한다는 한계가 당연히 존재하고, 따라서 그 한계를 넘어 손해의 공평한 분담이라는 이념과 형평의 원칙에 현저히 반하는 위자료를 산정하는 것은 사실심법원이 갖는 재량의 한계를 일탈한 것이 된다고 한다(대판(전원) 2013. 5. 16, 2012다202819; 대판 2014. 1. 16, 2011다108057 등).

5. 손익상계

불법행위로 인하여 피해자가 손해를 입음과 동시에 이익을 얻는 경우에는 배상액에서 그 이익을 공제하여야 한다. 이를 손익상계라고 한다. 민법은 이에 대하여 명문의 규정(예: 국가배상법 3조의 2, 국가배상법 시행령 6조)을 두고 있지 않으나, 학설·판례는 채무불이행에 있어서와 마찬가지로 불법행위에서도 일치하여 손익상계를 인정하고 있다.

손익상계가 되려면 피해자가 불법행위로 인하여 새로운 이익을 얻었어야 하고, 또 그 이익과 불법행위 사이에 상당인과관계가 있어야 한다(대판 2002. 10. 11, 2002다33502 등. 이설 있음). 그 구체적인 예는 채권법총론 부분에서 이미 설명하였다(C-144~146 참조).

6. 과실상계

불법행위의 경우에 피해자에게도 과실이 있는 때에는 법원은 손해배상의 책임 및 그 금액을 정함에 있어서 이를 참작하여야 한다(763조·396조). 이를 과실상계라고 한다. 여기에 관하여도 채권법총론 부분에서 자세히 설명하였다(C-147 이하 참조).

D-527

7. 배상액의 경감

불법행위손해의 배상의무자는 그 손해가 고의 또는 중대한 과실에 의한 것이 아니고 또 그 배상으로 인하여 배상자의 생계에 중대한 영향을 미치게 될 경우에는 법원에 배상액의 경감을 청구할 수 있고(765조 1항), 법원은 그 청구가 있는 때에는 채권자 및 채무자의 경제상태와 손해의 원인 등을 참작하여 배상액을 경감할 수 있다(765조 2항). 민법은 생계마저 어렵게 될 가능성이 있는 가해자를 위하여 이와 같은 규정을 마련하였다. 그러나 그 적용은 신중하여야 한다. 판례는 배상액 경감청구 여부에 관하여 법원은 석명의무도 없다고 하며(대판 1962. 9. 20, 62다428), 배상액의 경감청구가 있으면 법원은 형평의 정신에 입각하여 자유로이 경감할 수 있다고 한다(대판 1967. 12. 26, 67다1430).

[참고] 실화의 경우

개정된 실화책임법은 실화의 특수성을 고려하여 실화자에게 중대한 과실이 없는 경우 그 손해배상액의 경감에 관한 「민법」 제765조의 특례를 정하고 있다(동법 1조). 그 법의 구체적인 내용을 살펴본다.

그 법은 실화로 인하여 화재가 발생한 경우 연소(延燒)로 인한 부분에 대한 손해배상청구에 한하여 적용되며(동법 2조), 발화점과 불가분의 일체를 이루는 부분(즉 직접 화재)에 대한 손해배상청구에는 적용되지 않는다(대판 2024. 2. 15, 2019다208724). 따라서 후자에 대하여는 배상액의 경감을 청구하지 못한다.

그 법에 의하면, 실화가 중대한 과실로 인한 것이 아닌 경우 그로 인한 손해의 배상의무자는 법원에 손해배상액의 경감을 청구할 수 있다(동법 3조 1항). 배상으로 인하여 배상의무자의 생계에 중대한 영향이 미치게 될 경우인지는 묻지 않는다(765조 1항 참조). 그리고 법원은 배상액 경감의 청구가 있을 경우에는 일정한 사정(화재의 원인과 규모, 피해의 대상과 정도, 연소 및 피해 확대의 원인, 피해 확대를 방지하기 위한 실화자의 노력, 배상의무자 및 피해자의 경제상태, 그 밖에 손해배상액을 결정할 때 고려할 사정)을 고려하여 그 손해배상액을 경감할 수 있다(동법 3조 2항).

제 5 부

친 족 상 속 법

제1장 서 론

> **학습의 길잡이**
>
> 본장은 이 책 제5부의 제2장(친족법)·제3장(상속법)에 들어가기 전에 알아두어야 할 서론적인 내용을 다루고 있다. 언제나 그렇듯이 본론을 제대로 이해하기 위해서는 그 기초가 되는 부분을 소홀히 하지 않아야 한다. 그런 의미에서 본장을 유의해서 볼 필요가 있다. 특히 가족관계등록부의 신고의 성질, 가사소송법에 규정되어 있는 가사소송사건·가사비송사건은 구체적인 사안과 관련하여 간혹 출제되기도 하는 만큼 잘 알아두어야 한다. 그리고 최근에 있었던 민법 친족편·상속편의 개정 내용도 주의 깊게 살펴서 본론을 공부할 때 좀더 자세히 볼 수 있도록 준비해 두는 것이 좋다.

Ⅰ. 친족상속법의 의의 E-1

(1) 「친족상속법」은 정확하게는 이질적인 친족법과 상속법의 결합이다. 이러한 견지에서 보면 이 책에서도 「친족상속법」 부분을 친족법과 상속법으로 나누어 적는 것이 바람직하다고 할 수 있다. 그러나 이제까지의 우리 문헌이 거의 예외없이 두 법을 동질의 것으로 파악하여 같이 설명해 오고 있어서 여기서도 한꺼번에 기술하기로 한다. 다만, 필요한 때에는 나누어 적을 것이다.

(2) 친족법(이는 가족법이라고 할 수 있다. 아직도 많은 문헌은 「가족법」을 친족법·상속법을 포괄하는 명칭으로 사용하나, 이는 부적절하다)과 상속법은 그 성격이 다르기 때문에 의의도 나누어 살펴보아야 한다. 그런데 친족법과 상속법은 모두 민법의 일부이다. 따라서 그것들의 의의에는 민법 전체의 의의(A-1 이하 참조)에서와 마찬가지로 실질적인 것과 형식적인 것의 두 가지가 있게 된다.

실질적 친족법 내지 **실질적 가족법**은 「친족관계 내지 가족관계를 규율하는 일반사법」이고, **실질적 상속법**은 「상속관계를 규율하는 일반사법」이다. 그리고 **형식적 친족법·상속법**은 각각 민법 「제4편 친족」·「제5편 상속」을 가리킨다. 실질적 친족법·상속법과 형식적 친족법·상속법은 일치하지 않는다. 민법 「제4편 친족」·「제5편 상속」 중에 실질적 친족법·상속법이 아닌 것이 있는가 하면(친족편의 예: 813조·814조·836조·881조·882조·903조(그러나 이들은 실질적 친족법으로 볼 수도 있음), 상속편의 예: 유언규정 중 유증 이외의 사항에 관한 규정), 제 4 편·제 5 편 이외의 민법전 가운데 실질적 친족법(예: 4조–14조의 3, 27조–29조, 752조)·상속법(예: 267조)에 해당하는 규정이 있고, 특별법이나 관습법 등에도 실질적 친족법·상속법이 있기 때문이다. 그렇지만 형식적 친족법·상속법은 실질적 친족법·상속법의 중심을 이루고 있어서 두 법은 중요부분에서 겹친다.

친족상속법 강의에서 논의의 대상으로 삼는 것은 실질적 친족법·상속법이다. 그런데 형식적 친족법·상속법이 그것의 중요부분을 이루고 있으므로 형식적 친족법·상속법을 중심으로 기술하려고 한다. 그리고 그럼에 있어서 필요한 때에는 실체법이 아닌 절차법(가사소송법 등)도 같이 언급하게 될 것이다.

E-2 Ⅱ. 친족상속법의 특질

친족상속법의 특질을 친족법을 중심으로 하여 살펴보기로 한다.

친족법은 친족관계 내지 가족관계를 규율한다. 그런데 혼인관계·친자관계 등의 친족관계는 혼인 및 혈연을 기초로 하는 공동사회적인 것으로서 이해타산적인 재산관계(이것은 이익사회적인 것임)와 다르다. 그 때문에 친족법도 재산법과 비교할 때 몇 가지 특질을 보여준다.

(1) 비타산성(非打算性)·비합리성(非合理性)

친족법은 혼인·친자관계와 같이 성적·혈연적 관계를 규율하는 법이어서 비타산성·비합리성을 지니고 있으며(예: 부모가 자녀를 양육하는 것은 이익을 위한 것이 아님), 이 점에서 타산적·합리적인 재산법과 차이가 있다.

(2) 강행법규성

재산법 특히 계약법은 대부분 임의법규인 데 비하여 친족법(상속법도 유사함)은 대체로 강행법규이다. 가족제도를 유지하게 하기 위하여서는 국가의 관여가 불가피하기 때문이다. 그렇다고 하여 친족법에서는 사적 자치가 원칙이 아닌 것으로 생각해서는 안 된다(우리의 교과서들은 모두 그러한 견지에 있다). 친족법 분야에서도 혼인의 자유·입양의 자유처럼 사적 자치가 허용되어 있으며, 그러한 경우에도 제 3 자에게 미치는 영향을 고려하여 일정한 방식으로 하도록 하는 등의 제약이 따르고 있을 뿐이다(그러한 제한은 물권 거래에도 있다).

(3) 보수성(保守性)

재산법 특히 계약법은 세계적으로 보편화되고 균질화되는 경향을 보이는 데 비해, 친족법은 관습·전통에 의하여 지배되는 경향이 강하고 보수적인 성격을 띠고 있다.

Ⅲ. 친족상속법의 법원(法源) E-3

(1) 서 설

민법의 법원에 관한 설명(A-8 이하 참조)은 친족상속법의 법원에 관하여도 원칙적으로 타당하다. 따라서 친족상속법의 법원은 실질적 친족법 · 상속법의 존재형식이고, 그 법원에는 성문법과 불문법이 있게 된다. 그런데 중요한 것은 성문법이므로, 친족법·상속법 각각에 대하여 그에 관하여만 적기로 한다.

(2) 성문 친족상속법

가장 대표적인 성문 친족상속법은 민법 제 4 편 친족(767조-996조)·제 5 편 상속(997조-1118조)이나, 민법전 다른 편의 일부규정(E-1 참조)도 이에 해당한다. 그리고 가족등록법·「후견등기에 관한 법률」·혼인신고특례법·「위기 임신 및 보호출산 지원과 아동 보호에 관한 특별법」·「국내입양에 관한 특별법」·「국제입양에 관한 법률」·「보호시설에 있는 미성년자의 후견직무에 관한 법률」·아동복지법·「부재선고에 관한 특별조치법」·「남북주민 사이의 가족관계와 상속 등에 관한 특례법」 등도 주요한 법원이다.

(3) 가사소송법 등이 법원인지 여부

친족상속법 교과서들은 한결같이 가사소송법·비송사건절차법도 친족상속법의 법원으로 설명한다. 그러나 이들은 권리의무관계를 규율하는 실체법이 아니고 확정된 권리의무관계를 실현하는 절차를 규율하는 절차법이다. 따라서 그것들은 결코 실질적인 친족상속법이라고 할 수 없다.

Ⅳ. 「가족관계의 등록 등에 관한 법률」과 가사소송법 E-4

친족상속법의 주요 법원의 하나인 「가족관계의 등록 등에 관한 법률」(아래에서는 가족등록법이라 함)과 관련 주요 절차법인 가사소송법에 대하여 좀더 살펴보기로 한다.

(1) 가족등록법

1) 개 관 사람은 출생하면서부터 사망할 때까지 친족법상의 일정한 지위(가족관계 또는 신분관계라고도 함)를 가지게 된다. 자(子), 부(夫), 처(妻), 부(父) 또는 모(母) 등이 그 예이다. 이 친족법상의 지위는 친족관계의 기초가 되고 타인에게 미치는 영향이 크기 때문에 확실하게 공적으로 기록하고 또 널리 공시하게 할 필요가 있다. 그러한 목적으로 만들어진 제도가 가족관계등록제도이다. 그리고 가족관계등록제도를 규율하는 법이 가족등록법이다.

가족관계등록제도는 국민 개인별로 등록기준지에 따라 가족관계등록부를 편제한다. 이는 과거 호적제도가 개인의 가족관계를 호주를 기준으로 가(家) 단위로 편성하는 방식을 취하고 있었던 것과 다른 점이다. 그리고 사무의 전산화에 맞추어 각종 가족관계의 발생 및 변동사항의 입력과 처리를 전산정보처리조직에 의하도록 하였다. 그리하여 가족관계등록부는 호적부처럼 원부가 존재하는 것이 아니고 등록사항에 관한 전산정보자료를 가리키게 된다(가족 9조 참조).

과거 호적제도에 있어서는 호적등본이라는 하나의 증명서에 본인뿐만 아니라 가족 전체의 신분에 관한 사항이 모두 기재되어 있었고, 그 발급신청인도 원칙적으로 제한이 없었다. 그런데 새 제도에서는 증명하려는 목적에 따라 다양한 증명서, 즉 가족관계증명서·기본증명서·혼인관계증명서·입양관계증명서·친양자입양관계증명서를 발급받을 수 있도록 하였으며(이들 증명서에는 각각 일반증명서·상세증명서가 있고, 대법원규칙으로 정한 것에 대해서는 특정증명서도 발급함)(가족 15조), 증명서의 발급요건도 강화하였다(가족 14조).

2) 가족관계등록부의 신고 가족관계등록부에의 기록은 대체로 신고의무자의 신고에 의하여 이루어진다(예: 출생·사망의 신고, 혼인신고). 그런데 가족관계등록부의 신고에는 성질이 전혀 다른 두 가지가 있다.

그 하나는 창설적 신고로서, 이는 신고의 수리에 의하여 비로소 친족법상의 지위(신분관계)가 창설되는 것이다. 혼인신고(812조·814조, 가족 71조·72조), 협의이혼신고(836조, 가족 74조), 인지신고(859조, 가족 55조 이하), 입양신고(878조·882조, 가족 61조·62조), 협의파양신고(904조, 가족 63조) 등이 그에 해당한다. 그리고 판례는 사실상혼인관계 존재 확인재판에 의한 혼인신고에 대하여 창설적 신고라고 한다(대판 1973. 1. 16, 72므25; 대결 1991. 8. 13, 91스6. 그러나 사견은 통설과 같이 보고적 신고라는 입장임. E-16 참조).

다른 하나는 보고적 신고로서, 이는 신고에 의하여 법적 효과가 생기는 것이 아니라, 법적 효과는 사실이 발생하였을 때 이미 생기고 신고는 단지 발생한 사실의 보고에 지나지 않는 것이다. 출생신고(가족 44조 이하), 사망신고(가족 84조 이하), 재판 또는 유언에 의한 인지신고(가족 58조·59조), 인지된 태아의 사산신고(가족 60조), 재판에 의한 파양·파양취소신고(가족 66조), 재판에 의한 이혼·이혼취소신고(가족 78조), 친권변동신고(가족 79조), 미성년후견 개시신고(가족 80조·82조), 미성년후견감독 개시신고(가족 83조의 2), 실종선고신고(가족 92조), 실종선고취소신고(가족 92조) 등이 그 예이다.

E-5 **(2) 가사소송법**

가정에 관한 사건은 공개된 법정에서 다루는 것이 좋지 않고 또 가정의 특수한 사정을 구체적으로 조사하기 위하여서는 특별한 절차에 의하는 것이 필요하다. 그러한 절차를 정하고 있는 법이 가사소송법이다. 그리고 그 법에 의한 가사사건을 담당하는 기관으로 가정법원이 설치되어 있다(법원조직법 3조 1항 5호).

1) 재판사항 가사소송법은 가사사건을 크게 가사소송사건(家事訴訟事件)과 가사비송사건(家事非訟事件)으로 나누고, 그 아래에서 다시 성질에 따라 가사소송사건을 가류사건·나류사건·다류사건으로, 그리고 가사비송사건을 라류사건·마류사건으로 세분하여, 그 심리와 재판을 가정법원의 전속관할로 하였다(동법 2조 1항)(그 밖에 가소규 2조는 미성년후견인의 순위확인, 민법 제1014조의 규정에 의한 피인지자 등의 상속분에 상당한 가액의 지급청구,

양친자관계 존부 확인, 민법 제924조 제 3 항에 따른 친권의 일시정지 기간 연장 청구를 가정법원 관장사항으로 정하고 있음. 그 절차는 가소규 2조 2항이 규정함). 그리고 이들 가운데 나류·다류의 가사소송사건과 마류의 가사비송사건은 조정전치주의의 적용을 받으므로 재판을 하기 전에 조정절차를 거쳐야 한다(가소 50조).

[참고] 가사소송법상의 가사사건과 조정전치주의 적용 여부(2024. 9. 20. 기준)

(ㄱ) 가사소송사건

① 가류사건(조정전치주의가 적용되지 않음) 혼인의 무효, 이혼의 무효, 인지의 무효, 친생자관계 존부 확인, 입양의 무효, 파양의 무효.

② 나류사건(조정전치주의 적용) 사실상혼인관계 존부 확인, 혼인의 취소, 이혼의 취소, 재판상 이혼, 아버지의 결정, 친생부인, 인지의 취소, 인지에 대한 이의, 인지청구, 입양의 취소, 파양의 취소, 재판상 파양, 친양자 입양의 취소, 친양자의 파양, 상속권 상실 선고.

③ 다류사건(조정전치주의 적용) 약혼해제 또는 사실혼관계 부당파기로 인한 손해배상청구(제 3 자에 대한 청구를 포함한다) 및 원상회복의 청구, 혼인의 무효·취소나 이혼의 무효·취소 또는 이혼을 원인으로 하는 손해배상청구(제 3 자에 대한 청구를 포함한다) 및 원상회복의 청구, 입양의 무효·취소나 파양의 무효·취소 또는 파양을 원인으로 하는 손해배상청구(제 3 자에 대한 청구를 포함한다) 및 원상회복의 청구, 재산분할청구권 보전을 위한 사해행위 취소 및 원상회복의 청구.

(ㄴ) 가사비송사건

① 라류사건(조정전치주의가 적용되지 않음) 성년후견개시의 심판과 그 종료의 심판, 취소할 수 없는 피성년후견인의 법률행위의 범위 결정 및 그 변경, 한정후견개시의 심판과 그 종료의 심판, 피한정후견인이 한정후견인의 동의를 받아야 하는 행위의 범위 결정과 그 변경 및 한정후견인의 동의를 갈음하는 허가, 특정후견의 심판과 그 종료의 심판, 부재자 재산의 관리에 관한 처분, 제909조의 2 제 5 항에 따라 친권자 또는 미성년후견인의 임무를 대행할 사람의 제25조에 따른 권한을 넘는 행위의 허가, 실종선고와 그 취소, 성(姓)과 본(本)의 창설 허가, 자녀의 종전 성과 본의 계속사용 허가, 자녀의 성과 본의 변경허가, 부부재산약정의 변경에 대한 허가, 친생부인의 허가, 인지의 허가, 미성년자의 입양에 대한 허가, 피성년후견인이 입양을 하거나 양자가 되는 것에 대한 허가, 제871조 제 2 항에 따른 부모의 동의를 갈음하는 심판, 양자의 친족 또는 이해관계인의 파양청구에 대한 허가, 친양자 입양의 허가, 친권 행사 방법의 결정, 제909조의 2 제 1 항부터 제 5 항까지(같은 법 제927조의 2 제 1 항 각 호 외의 부분 본문에 따라 준용되는 경우를 포함한다)에 따른 친권자의 지정과 미성년후견인의 선임 및 임무대행자의 선임, 제909조의 2 제 6 항에 따른 후견의 종료 및 친권자의 지정, 제918조(같은 법 제956조에 따라 준용되는 경우를 포함한다)에 따른 재산관리인의 선임(選任) 또는 개임(改任)과 재산관리에 관한 처분, 제921조(제949조의 3에 따라 준용되는 경우를 포함한다)에 따른 특별대리인의 선임, 친권자의 법률행위 대리권 및 재산관리권의 사퇴(辭退) 또는 회복에 대한 허가, 제927조의 2 제 2 항에 따른 친권자의 지정, 제931조 제 2 항에 따른 후견의 종료 및 친권자의 지정, 미성년후견인·성년후견인·한정후견인·특정후견인의 선임 또는 변경, 성년후견인의 법정대리권의 범위 결정과 그 변경 및 성년후견인이 피성년후견인의 신상에 관하여 결정할 수 있는 권한의 범위 결정과 그 변경, 미성년후견감독인·성년후견감독인·한정후견감독인·특정후견감독인의 선임 또는 변경, 미성년후견인·성년후견인·한정후견인·특정후견인·미성년후견감독인·성년후견감독인·한정후견감독인·특정후견감독인·임의후견감독인의 사임에 대한 허가, 후견인의 재산 목록 작성을 위한 기간의 연장허가, 피성년후견인 또는 피한정후견인의 격리에 대한 허가 및 피미성년후견인, 피성년후견인 또는 피한정후견인에 대한 의료행위의 동의에 대한 허가, 피미성년후견인, 피성년후견인 또는 피한

정후견인이 거주하는 건물 또는 그 대지에 대한 매도 등에 대한 허가, 여러 명의 성년후견인·한정후견인·특정후견인·성년후견감독인·한정후견감독인·특정후견감독인·임의후견감독인의 권한 행사에 관한 결정과 그 변경 또는 취소 및 성년후견인·한정후견인·특정후견인·성년후견감독인·한정후견감독인·특정후견감독인·임의후견감독인의 의사표시를 갈음하는 재판, 미성년후견감독인·성년후견감독인·한정후견감독인의 동의를 갈음하는 허가, 피미성년후견인, 피성년후견인, 피한정후견인 또는 피특정후견인의 재산상황에 대한 조사 및 그 재산관리 등 후견임무 수행에 관하여 필요한 처분명령, 미성년자의 재산상황에 대한 조사 및 그 재산관리 등 임무대행자의 임무 수행에 관하여 필요한 처분명령, 미성년후견인·성년후견인·한정후견인·특정후견인·미성년후견감독인·성년후견감독인·한정후견감독인·특정후견감독인·임의후견감독인에 대한 보수(報酬)의 수여, 후견 종료시 관리계산기간의 연장허가, 한정후견인에게 대리권을 수여하는 심판과 그 범위 변경 및 한정후견인이 피한정후견인의 신상에 관하여 결정할 수 있는 권한의 범위 결정과 그 변경, 피특정후견인의 후원을 위하여 필요한 처분명령, 특정후견인에게 대리권을 수여하는 심판, 임의후견감독인의 선임 또는 변경, 임의후견감독인에 대한 감독사무에 관한 보고 요구와 임의후견인의 사무 또는 본인의 재산상황에 대한 조사명령 또는 임의후견감독인의 직무에 관하여 필요한 처분명령, 임의후견인의 해임, 후견계약 종료의 허가, 제1004조의 2 제 7 항에 따른 상속재산의 보존 및 관리를 위한 처분, 상속의 승인 또는 포기를 위한 기간의 연장허가, 상속재산 보존을 위한 처분, 상속의 한정승인신고 또는 포기신고의 수리(受理)와 한정승인 취소신고 또는 포기 취소신고의 수리, 감정인(鑑定人)의 선임, 공동상속재산을 위한 관리인의 선임, 상속재산의 분리, 상속재산 분리 후의 상속재산 관리에 관한 처분, 제1053조에 따른 관리인의 선임 및 그 공고와 재산관리에 관한 처분, 상속인 수색(搜索)의 공고, 상속재산의 분여(分與), 유언의 검인(檢認), 유언의 증서 또는 녹음(錄音)의 검인, 유언증서의 개봉, 유언집행자의 선임 및 그 임무에 관한 처분, 유언집행자의 승낙 또는 사퇴를 위한 통지의 수리, 유언집행자에 대한 보수의 결정, 유언집행자의 사퇴에 대한 허가, 유언집행자의 해임, 부담(負擔) 있는 유언의 취소.

② 마류사건(조정전치 주의 적용) 부부의 동거·부양·협조 또는 생활비용의 부담에 관한 처분, 부부재산계약상의 재산관리자의 변경 또는 공유물의 분할을 위한 처분, 자녀의 양육에 관한 처분과 그 변경이나 면접교섭권의 처분 또는 제한·배제·변경, 재산분할에 관한 처분, 친권자의 지정과 변경, 친권자의 동의를 갈음하는 재판, 친권의 상실·일시정지·일부제한 및 그 실권회복의 선고 또는 법률행위의 대리권과 재산관리권의 상실 및 그 실권회복의 선고, 부양에 관한 처분, 기여분의 결정, 상속재산의 분할에 관한 처분.

판 례 가사사건 관련

(ㄱ)「친생자관계의 존부확인과 같이 현행 가사소송법상의 가류 가사소송사건에 해당하는 청구는 성질상 당사자가 임의로 처분할 수 없는 사항을 대상으로 하는 것으로서 이에 관하여 조정이나 재판상 화해가 성립되더라도 효력이 있을 수 없」다(대판 1999. 10. 8, 98므1698).

(ㄴ)「가사소송법 제 2 조 제 1 항 소정의 나류 가사소송사건과 마류 가사비송사건은 통상의 민사사건과는 다른 종류의 소송절차에 따르는 것이므로, 원칙적으로 위와 같은 가사사건에 관한 소송에서 통상의 민사사건에 속하는 청구를 병합할 수는 없다.

… 부부간의 명의신탁 해지를 원인으로 한 소유권이전등기 청구나 민법 제829조 제 2 항

에 의한 부부재산약정의 목적물이 아닌 부부 공유재산의 분할청구는 모두 통상의 민사사건으로, 그 소송절차를 달리하는 나류 가사소송사건 또는 마류 가사비송사건인 이혼 및 재산분할청구와는 병합할 수 없다.」(대판 2006. 1. 13, 2004므1378)

2) 조정절차 조정전치주의의 적용을 받는 사건에 대하여 가정법원에 소를 제기하거나 심판을 청구하고자 하는 자는 먼저 조정을 신청하여야 하며(가소 50조 1항), 만약 조정을 신청하지 않고 소를 제기하거나 심판을 청구한 때에는 가정법원은 예외적인 특별한 사정(가소 50조 2항 단서)이 없는 한 그 사건을 조정에 회부하여야 한다(가소 50조 2항). 가사조정사건은 조정장 1명과 2명 이상의 조정위원으로 구성된 조정위원회가 처리한다(가소 52조 1항). 조정은 당사자 사이에 합의된 사항을 조서에 적음으로써 성립하며(가소 59조 1항), 그것은 재판상 화해와 동일한 효력이 있다(가소 59조 2항 본문).

3) 재판절차 가사사건에 관하여 조정을 하지 않기로 하는 결정이 있는 때, 조정이 성립되지 않은 것으로 종결된 때, 조정에 갈음하는 결정에 대하여 이의신청이 있는 때에는, 조정신청을 한 때에 소를 제기하거나 심판을 청구한 것으로 본다(가소 49조, 민사조정법 36조 1항).

Ⅴ. 민법 친족편 · 상속편의 개정과 그 내용 E-6

(1) 민법 친족편 · 상속편의 개정

민법전이 제정된 후 친족편·상속편은 여러 차례 개정이 있었다. 그 가운데 2005년 이후의 개정 내용을 소개한다(그 이전의 개정 내용에 대하여는 친족상속법 [14] 참조).

2005년에 큰 폭의 개정이 있었다. 2005년에 개정된 주요내용은 ① 호주제도를 폐지하고(778조 등) 가족의 범위에 관한 규정을 새롭게 정함(779조), ② 자녀의 성과 본에 관한 사항을 개정함(781조), ③ 동성동본불혼 제도를 폐지하고 근친혼금지 제도로 전환함(809조), ④ 여성의 재혼금지기간을 삭제함(811조), ⑤ 친생부인의 소 제도를 개선함(846조·847조), ⑥ 친양자제도를 신설함(908조의 2-908조의 8), ⑦ 친권행사의 기준(자의 복리우선)을 신설함(912조), ⑧ 기여분제도를 개선함(1008조의 2), ⑨ 특별 한정승인제도를 보완함(1030조·1034조·1038조) 등이다.

그리고 2007년에는 친족법을 중심으로 하여 약간의 민법개정이 있었다. 친족법의 개정내용은 ① 약혼연령 및 혼인연령을 남녀 모두 만 18세로 조정함(801조·807조), ② 협의이혼시 전문상담인의 상담 권고(836조의 2 1항 신설)와 이혼 숙려기간 도입(836조의 2 2항·3항 신설), ③ 협의이혼시 자녀 양육사항 및 친권자 지정 합의 의무화(836조의 2 4항 신설), ④ 자녀의 면접교섭권 인정(837조의 2 1항), ⑤ 재산분할청구권 보전을 위한 사해행위취소권 신설(839조의 3 신설) 등이다.

2009년에는 제836조의 2(이혼의 절차)에 양육비 부담조서에 관한 제5항을 신설하였다.

2011년 3월 7일에는 이른바 성년후견제 민법개정이 있었다(2013. 7. 1. 시행). 그 주요내용은 다음과 같다. ① 성년 연령을 19세로 하향(4조), ② 기존의 금치산·한정치산제도 대신 성년후견·한정후견·특정후견제도의 도입(9조·12조·14조의 2), ③ 제한능력자 능력의 확대(10조·13조), ④ 후견을 받는 사람의 복리·치료행위·주거의 자유 등에 관한 신상보호 규정의 도입(947조·947조의 2), ⑤ 후견인의 법정순위를 폐지하고, 복수(複數)·법인(法人) 후견 도입 및 동의권·대리권의 범위에 대한 개별적 결정(930·938조·959조의 4·959조의 11), ⑥ 친족회를 폐지하고 그 대신 후견감독인제도를 도입(940조의 2부터 940조의 7까지, 959조의 5·959조의 10), ⑦ 후견계약 제도의 도입(959조의 14부터 959조의 20), ⑧ 제 3 자 보호를 위하여 성년후견을 등기를 통하여 공시(959조의 15·959조의 19·959조의 20).

2011년 5월 19일에는 친권제도의 개선을 위한 약간의 개정이 있었다(2013. 7. 1. 시행). 그 주요내용은 다음과 같다. ① 단독 친권자가 사망한 경우, 입양 취소·파양 또는 양부모 사망의 경우 가정법원에 의한 미성년자 법정대리인의 선임(909조의 2), ② 친권자 지정의 기준 제시(912조 2항), ③ 단독 친권자에게 친권 상실·소재불명 등 친권을 행사할 수 없는 중대한 사유가 있는 경우 가정법원에 의한 미성년자 법정대리인의 선임(927조의 2), ④ 단독 친권자가 유언으로 미성년자의 후견인을 지정한 경우에도 필요시 가정법원이 친권자를 지정할 수 있도록 함(931조 2항 신설).

2012년 2월 10일에는 양자법에 관하여 상당히 많은 개정이 있었다(이 개정규정은 대부분 2013. 7. 1.부터 시행되었으나, 일부규정은 공포한 날부터 시행됨). 그 주요내용은 다음과 같다. ① 미성년자 입양에 대한 가정법원의 허가제 도입 등(867조·898조), ② 부모의 동의 없이 양자가 될 수 있는 방안 마련(870조·871조·908조의 2 2항), ③ 친양자 입양 가능 연령 완화(908조의 2 1항 2호).

2014년 10월 15일에는 친권에 대하여 약간의 개정이 있었다(2015. 10. 16. 시행). 그 주요내용은 ① 친권자의 동의를 갈음하는 법원의 재판제도의 도입(922조의 2 신설), ② 친권의 일시정지 제도의 도입(924조), ③ 친권의 일부제한 제도의 도입(924조의 2 신설)이다.

2016년 12월 2일에는 면접교섭권에 대하여 약간의 개정이 있었다(2017. 6. 3. 시행). 그 내용은 ① 자(子)를 직접 양육하지 않는 부모 일방의 직계존속에게 면접교섭권 부여(837조의 2 2항 신설), ② 가정법원이 면접교섭을 변경할 수 있도록 한 것(837조의 2 3항)의 둘이다.

2016년 12월 20일에는 후견인의 결격사유 규정(937조)이 약간 개정되었다(공포한 날부터 시행).

2017년 10월 31일에는 제844조의 표현을 수정하였고, 친생부인의 허가청구제도(854조의 2)와 인지의 허가청구제도(855조의 2)가 신설되었다(2018. 2. 1. 시행).

2021년 1월 26일에는 친권자의 징계규정(915조)이 삭제되었다.

2022년 12월 13일에는 미성년자 상속인을 위한 특별한정승인제도(1019조 4항)가 신설되었다.

2022년 12월 27일에는 나이 관련 규정에서 연령을 「나이」라고 고치고(801조·817조의 제목과 837조 3항), 나이 표시에서 「만」 자를 삭제하였다(807조·1061조).

2024년 9월 20일에는 피상속인의 직계존속이 될 사람이 피상속인에 대한 부양의무를 중대하게 위반하는 등의 행위를 한 경우에 가정법원이 상속권의 상실을 선고할 수 있도록 하였고(1004조의 2. 세칭 '구하라'법), 형제자매의 유류분권 규정(1112조 4호)을 삭제하였다.

(2) 민법 친족편 · 상속편의 내용

민법「제 4 편 친족」은 제 1 장 총칙, 제 2 장 가족의 범위와 자의 성과 본, 제 3 장 혼인, 제 4 장 부모와 자, 제 5 장 후견, 제 7 장 부양으로 구성되어 있다(제 6 장 친족회는 삭제됨).

그리고「제 5 편 상속」은 제 1 장 상속, 제 2 장 유언, 제 3 장 유류분으로 이루어져 있다.

Ⅵ. 친족상속법상의 권리와 법률행위 E-7

(1) 친족상속법상의 권리

친족권은 친족관계에 있어서 일정한 지위에 따르는 이익을 누리는 것을 내용으로 하는 권리이다. 구체적으로는 친권(913조)·미성년후견인의 권리(945조)·배우자가 가지는 권리(826조 1항)·인지청구권(863조)·부양청구권(974조) 등이 그에 해당한다. 그리고 상속권은 상속이 개시된 후 상속인이 가지는 권리이다.

친족권과 상속권은 일신전속권이다. 따라서 원칙적으로 대리가 허용되지 않으며, 임의로 양도·처분하지 못한다. 그리고 친족권은 일반적으로 배타성이 있기 때문에 그것이 침해된 경우에는 방해배제청구나 손해배상청구가 인정되며, 상속권이 침해된 경우에는 상속회복청구를 할 수 있다(999조).

(2) 친족상속법상의 행위

친족법상의 법률행위를 친족행위 또는 가족행위라고 할 수 있고, 상속법상의 법률행위를 상속행위라고 할 수 있다.

친족행위에는 ① 형성적(기본적) 친족행위(예: 혼인 · 협의이혼 · 입양 · 협의파양 · 임의인지), ② 지배적 친족행위(예: 친권의 행사 · 후견권의 행사), ③ 부수적 친족행위(예: 부부재산계약)가 있다. 친족행위는 요식행위임을 원칙으로 한다. 특히 형성적 친족행위는 법률이 정하는 바에 따라 신고하지 않으면 효력이 생기지 않는 요식행위로 되어 있다. 그 친족행위는 친족법상의 지위(신분관계)의 변동을 가져오기 때문에 신중하고 확실하게 하도록 하여야 하고 또 이를 제 3 자에게 공시하여야 할 필요가 있기 때문이다.

상속행위의 예로는 상속의 한정승인·포기·유언 등이 있다. 이들 중 앞의 둘은 법원에 신고하는 방식으로 하여야 하며(1030조·1041조), 유언도 일정한 방식에 따라서 하여야만 한다(1060조·1065조 이하). 그러나 상속의 승인 등은 방식의 제한이 없다.

E-8 Ⅶ. 친족상속법과 민법총칙

제 1 편 총칙은 친족법·상속법에도 당연히 적용되어야 한다. 민법의 입법자도 총칙규정의 적용이 부적당한 경우에는 별도의 특별규정(예: 801조·802조·807조·835조·1061조·1063조)을 두거나 총칙규정을 적용하지 않는다는 규정(예: 1062조)을 둔 것으로 보아, 특별규정을 두지 않은 때에는 총칙규정을 적용하려는 의도였던 것으로 보인다. 그런데 민법 친족편·상속편을 면밀히 살펴보면 꼭 필요한데도 특별규정이 두어져 있지 않은 곳이 많이 있다. 그럼에도 불구하고 특별규정이 없는 경우에 언제나 총칙규정의 적용을 강요하게 되면 특히 당사자의 진의가 존중되어야 하는 친족행위의 경우 용인하기 어려운 결과가 발생할 수 있게 된다. 따라서 현재의 입법상황 하에서는 부득이 **특별규정이 없는 때에도 친족법상의 행위에는 원칙적으로 총칙규정이 적용되지 않는다고 새겨야 한다**(그러나 상속법상의 행위는 다르게 다루어야 한다. 친족상속법 [2] 참조).

제2장 친 족 법

학습의 길잡이

본장은 민법전 제 4 편(친족)을 중심으로 하여 설명한 부분인데, 구체적으로는 혼인, 부모와 자, 친권, 후견, 부양, 친족관계의 순서로 이루어져 있다.

본장에서 설명하는 내용은 거의 모두가 매우 중요하다. 그중에서 특히 중요한 사항을 든다면, 「혼인」에서는 혼인의 무효·취소, 혼인의 효과, 이혼의 무효·취소, 협의이혼·재판상 이혼, 이혼의 효과, 사실혼을, 「부모와 자」에서는 친생자, 인지, 친생자관계 존부 확인의 소, 입양 중 최근의 개정내용, 재판상 파양, 친양자를, 「친권」에서는 친권자, 친권에 관한 최근의 개정 내용, 이해상반행위를, 「후견」에서는 후견인, 후견에 관한 최근의 개정 내용, 후견계약을, 「부양」에서는 부양이론의 체계, 과거의 부양료, 부양료의 구상 등을 들 수 있다. 그리고 사례형 문제에 대비해서도 중요한 사항으로는 혼인의 효과 중 일상가사대리·일상가사채무, 재판상 이혼, 이혼의 효과 중 면접교섭권·재산분할청구권, 사실혼, 친생자, 인지, 친생자관계 존부 확인의 소, 이해상반행위, 부양을 들 수 있다. 한편 「친족관계」 부분은 친족법과 상속법의 규정과 이론을 이해하기 위한 기초를 담고 있으므로 그 내용을 숙지하고 있어야 한다.

본장의 내용은 가족등록법·가사소송법과 밀접하게 관련되어 있으므로 관련내용에 유의해야 한다. 그리고 친족행위 중 법률행위에 해당하는 행위를 볼 때에는 법률행위에 관한 민법총칙상의 규정과 이론도 상기할 필요가 있다. 특히 일상가사대리나 이해상반행위는 표현대리·무권대리·제한능력자제도와 관계되고, 후견은 제한능력자제도와 직결되어 있으므로 관계되는 내용을 유기적으로 관련지어 이해해야 한다.

제 1 절 혼　　인

Ⅰ. 약　　혼 E-9

1. 약혼의 의의

약혼은 1남(男) 1녀(女)가 장차 혼인하기로 하는 합의이다. 즉 약혼은 혼인예약이다(과거의 판례는 일본판례를 따라 사실혼과 약혼을 구별하지 않고 「혼인예약」이라고 하였다).

약혼은 실질적으로 부부공동생활을 하고 있으나 혼인신고를 하지 않아서 법률상 혼인으로 인정받지 못하고 있는 사실혼과 구별된다.

(판 례) 약혼과 사실혼 관련

「일반적으로 약혼은 특별한 형식을 거칠 필요 없이 장차 혼인을 체결하려는 당사자 사이에 합의가 있으면 성립하는 데 비하여, 사실혼은 주관적으로는 혼인의 의사가 있고, 또 객관적으로는 사회통념상 가족질서의 면에서 부부공동생활을 인정할 만한 실체가 있는 경우에 성립한다.」(당사자가 결혼식을 올린 후 신혼여행까지 다녀왔으나 부부공동생활을 하기에까지 이르지 못한 단계에서 일방 당사자에게 책임있는 사유로 파탄에 이른 경우라면 다른 당사자는 사실혼의 부당파기에 있어서와 마찬가지로 책임있는 일방 당사자에 대하여 정신적인 손해의 배상을 청구할 수 있다고 함)(대판 1998. 12. 8, 98므961)

E-10

2. 약혼의 성립

(1) 약혼은 장차 혼인을 하려는 **당사자 사이의 합의**(당사자가 아니고 주혼자 사이의 혼인약속인 정혼은 약혼이 아니고, 무효이다)가 있으면 성립하며, 혼인에 있어서의 신고와 같은 특별한 방식이 요구되지 않는다(대판 1998. 12. 8, 98므961).

(2) 성년자(19세에 이른 자. 4조)는 의사능력이 있으면 자유로이 약혼할 수 있다(800조). ① **미성년자**가 약혼을 하려면 남녀 모두 18세가 되어야 하고, 부모나 미성년후견인의 동의를 받아야 한다(801조). 약혼 나이가 되지 못한 자의 약혼에 대하여 통설은 취소할 수 있다고 하나, 무효라고 하여야 한다. ② **피성년후견인**은 부모나 성년후견인의 동의를 받아 약혼할 수 있다(802조). ③ 미성년자나 피성년후견인이 약혼을 함에 있어서 부모 중 한쪽이 동의권을 행사할 수 없는 때에는 다른 한쪽의 동의를 얻어야 하고, 부모가 모두 동의권을 행사할 수 없는 때에는 미성년후견인 또는 성년후견인의 동의를 얻어야 한다(801조·802조·808조 1항 2항). ④ 동의를 요하는 약혼에서 동의가 없는 때에는 혼인(816조 1호)에 준하여 취소할 수 있다고 할 것이다(통설도 같음). ⑤ 피한정후견인은 한정후견인의 동의 없이 약혼할 수 있다.

(3) 가령 배우자가 사망하면 혼인하겠다는 약혼, 법률상 또는 사실상 혼인관계에 있는 자의 약혼과 같이 **사회질서에 반하는 약혼은 무효**이다.

(4) 법률상 혼인이 무효로 되는 근친자 사이의 약혼은 불능을 목적으로 하는 것이어서 무효이다(이설 없음)(2중약혼에 대하여는 사회질서에 반한다는 견해, 불능이라는 견해, 유효하다는 견해가 대립한다).

(5) 조건부 또는 기한부 약혼은 사회질서에 반하지 않는 한 유효하다.

3. 약혼의 효과

(1) 약혼이 성립하면 당사자는 성실하게 교제하고 가까운 장래에 혼인을 할 의무를

부담한다. 그러나 혼인의 의사가 없는 자에게 혼인을 강제하는 것은 혼인의 본질에 반하므로, 혼인을 하지 않더라도 **혼인의무의 강제이행은 청구하지 못한다**(803조). 혼인의무의 이행이 없을 경우 약혼당사자는 손해배상을 청구할 수 있을 뿐이다.

(2) 약혼상의 권리를 제3자가 침해한 경우에는 불법행위가 성립한다(대판 1975. 1. 14, 74므11 참조).

(3) 약혼만에 의하여는 친족법상의 지위가 인정되지 않으며, **약혼당사자 사이에 출생한 자는 혼인 외의 출생자로 된다.**

4. 약혼의 해제 E-11

(1) 해제사유

민법은 당사자 한쪽에 일정한 사유가 있는 경우에는 상대방이 일방적으로 정당하게 약혼을 해제할 수 있도록 하고 있다(804조).

해제사유는 ① 약혼 후 자격정지 이상의 형을 선고받은 경우(동조 1호), ② 약혼 후 성년후견개시나 한정후견개시의 심판을 받은 경우(동조 2호), ③ 성병, 불치의 정신병, 그 밖의 불치의 병질(病疾)이 있는 경우(동조 3호), ④ 약혼 후 다른 사람과 약혼이나 혼인을 한 경우(동조 4호), ⑤ 약혼 후 다른 사람과 간음(姦淫)한 경우(동조 5호), ⑥ 약혼 후 1년 이상 생사(生死)가 불명한 경우(동조 6호), ⑦ 정당한 이유 없이 혼인을 거절하거나 그 시기를 늦추는 경우(동조 7호), ⑧ 그 밖에 중대한 사유가 있는 경우(동조 8호) 등이다.

⑧의 「그 밖에 중대한 사유」에 해당하는지 여부는 구체적인 경우의 사정을 종합하여 사회관념에 비추어 판단하여야 하나, 학력·경력·직업을 속인 경우(대판 1995. 12. 8, 94므1676·1683: 중매로 만난 뒤 10일간 교제를 거쳐 약혼한 경우에 학력(전주고 부설 방송통신고→전주고)과 직장에서의 직종·직급(세종문화회관 기능직 8등급→서울시 행정직 7급으로서 파견근무 중)을 속인 경우임[핵심판례 412면]), 재산상태의 중대한 착오, 심한 불구자로 된 경우, 약혼 중의 폭행·모욕, 간음 외의 부정행위 등이 그에 해당할 수 있다. 그러나 임신불능은 해제를 할 수 있는 중대한 사유가 아니다(대판 1960. 8. 18, 4292민상995).

(2) 해제방법

약혼의 해제는 상대방에 대한 의사표시로 한다(805조 본문). 그러나 상대방에 대하여 의사표시를 할 수 없는 때(예: 804조 6호의 경우)에는 그 해제의 원인 있음을 안 때에 해제된 것으로 본다(805조 단서).

(3) 해제의 효과

1) 약혼의 소급적 무효 약혼의 해제가 있으면 약혼은 처음부터 없었던 것으로 된다. 이는 법률에 규정이 없으나, 당연한 것이다.

2) 손해배상의 청구 약혼을 해제한 때에는 당사자 일방(이는 해제자가 될 것이다)은 과실있는 상대방에 대하여 이로 인한 손해배상을 청구할 수 있다(806조 1항)(조정전치주의. 가소 2조 1항 다류사건 1)·50조). 그 손해에는 재산상의 손해(예: 약혼식 비용, 중매 사례금, 쓸모없게 된 혼인준비 손해) 외에 **정신상 고통에 대한 것도 포함된다**(806조 2항).

정신상 고통에 대한 배상청구권 즉 위자료청구권은 양도 또는 승계되지 않는다(806조 3

(항 본문). 그러나 당사자 사이에 이미 그 배상에 관한 계약이 성립되거나 소를 제기한 후에는 승계된다(806조 3항 단서).

3) 예물 등의 반환문제 약혼을 하는 경우 당사자가 보통 예물 등을 교환하게 되는데, 약혼이 해제되는 때에 이를 반환하여야 하는지가 문제된다. 이에 대하여 학설은 i) 약혼예물의 수수를 혼인의 불성립을 해제조건으로 하는 증여라고 보고, 약혼이 해제되면 예물은 부당이득 반환의 법리에 따라 반환되어야 하나, 과실이 있는 당사자는 신의칙상 자신이 제공한 예물의 반환청구권이 없다는 견해, ii) 유책당사자도 반환청구권이 있다는 견해(사견도 같음)로 나뉘어 있고, 판례는 약혼예물의 수수는 혼인불성립을 해제조건으로 하는 증여와 유사한 성질의 것이기는 하나, 약혼의 해제에 관하여 과실이 있는 유책자는 그가 제공한 약혼예물은 이를 적극적으로 반환을 청구할 권리가 없다고 한다(대판 1976. 12. 28, 76므41 · 42).

판 례 예물의 반환 관련

「약혼예물의 수수는 약혼의 성립을 증명하고, 혼인이 성립한 경우 당사자 내지 양가의 정리를 두텁게 할 목적으로 수수되는 것으로 혼인의 불성립을 해제조건으로 하는 증여와 유사한 성질을 가지는 것이므로, 예물의 수령자 측이 혼인 당초부터 성실히 혼인을 계속할 의사가 없고 그로 인하여 혼인의 파국을 초래하였다고 인정되는 등 특별한 사정이 있는 경우에는 신의칙 내지 형평의 원칙에 비추어 혼인 불성립의 경우에 준하여 예물반환의무를 인정함이 상당하다고 할 것이나, 그러한 특별한 사정이 없는 한 일단 부부관계가 성립하고 그 혼인이 상당기간 지속된 이상 후일 혼인이 해소되어도 그 반환을 구할 수는 없다.」(대판 1996. 5. 14, 96다5506[핵심판례 414면])

E-12 Ⅱ. 혼인의 성립

1. 혼인의 의의

혼인은 1남(男) 1녀(女)가 평생 부부로서의 생활공동체를 형성하기로 하는 친족법(가족법)상의 합의이다.

혼인은 넓은 의미의 계약에 해당한다. 그런데 친족법상의 계약이어서(그리하여 채권계약과 구별하여 「합의」라고 하였음) 채권계약과는 다른 특수성이 인정된다. 그리고 혼인은 가족등록법에 의하여 일정한 방식으로 신고하여야 성립하는 요식행위이다(812조 참조).

[참고] 혼인성립 문제의 기술방법

우리의 교과서들은 대부분 혼인의 성립에 관하여, 민법상 혼인이 유효하게 「성립하기 위하여는」 실질적 요건과 형식적 요건이 갖추어져야 한다고 하면서, 실질적 요건으로 5가지(혼인의사의 합치와 807조-810조의 규정 내용)를 들고 형식적 요건은 혼인신고라고 한다. 그러나 법률행위인 혼인에 적용되어야 하는 법률행위의 이론에 비추어 보면, 혼인에서의 신고는 특별성립요건이고, 혼인의 장애사유는 유효요건의 문제이어서, 두 가지는 같은 평면에서 특히 성립요건으로 논의될 수가 없다. 그래서 이하에서는 혼인의 성립요건과 혼인의 장애사유를 나누고, 전자에서는 본래의 의미의 성립요건에 관하여서만 설명하려고 한다. 그리고 후자에서는 혼인의 무효·취소사유와 관련지어 논의할 것이다.

이러한 문제는 협의이혼(E-39 이하), 입양(E-95 이하), 협의파양(E-106·107)에서도 똑같이 발생하며, 그 경우들에 관하여도 같은 방식으로 기술할 것이다.

2. 혼인의 성립요건 E-13

(1) 서 설

민법은 혼인의 성립에 관하여는 제812조만을 두고 있다(807조 내지 810조에 관하여는 혼인신고시에 그 위반 여부를 심사하기는 하나, 일단 신고가 되면 그 규정들에 위반되었더라도 불성립으로 되지 않고 유효·무효의 문제가 될 뿐이다). 그런데 동조 제1항은 「혼인은 '가족관계의 등록 등에 관한 법률'에 정한 바에 의하여 신고함으로써 그 효력이 생긴다」고 규정한다. 여기서 혼인신고가 어떤 의미를 가지는지가 문제되는데, 통설은 혼인신고는 혼인의 성립요건이라고 한다(사견도 같음). 즉 당사자가 신고하는 방식에 따라서 혼인의사를 표시해서 이를 합치시킴으로써 혼인이 성립한다는 것이다. 판례도 통설과 같다(대판 1959. 2. 19, 4290민상749).

다른 한편으로 혼인은 계약에 해당하므로, 그것이 성립하기 위하여서는 당사자의 의사표시의 일치 즉 합의가 필요하다.

혼인의 성립요건 두 가지를 구체적으로 살펴보기로 한다.

(2) 당사자의 혼인의 합의 E-14

혼인이 성립하려면 당사자 사이에 혼인의 의사표시의 일치 즉 합의가 있어야 한다.

1) 그 합의를 하는 당사자는 1남(男) 1녀(女)이어야 하며, 동성(同性)의 자의 의사표시는 여기의 합의로 인정되지 않는다. 이는 민법이 당연히 전제하고 있는 것이다. 성전환자(性轉換者)는 법적으로 전환된 성(性)으로 인정되는 때에는(판례는 성전환자의 호적(현행 가족관계등록부에 해당함)상의 성별정정도 허용되고, 그 정정허가는 진정한 성별을 확인하는 취지의 결정이라고 한다. 대결(전원) 2006. 6. 22, 2004스42), 다른 성의 사람과 혼인을 할 수 있다.

판 례 성전환자 관련

(ㄱ) 「성전환자에 해당함이 명백한 사람에 대하여는 호적정정에 관한 호적법 제120조의 절차에 따라 호적의 성별란 기재의 성을 전환된 성에 부합하도록 수정할 수 있도록 허용함이 상당하다. …

성전환자에 해당함이 명백한 사람에 대하여 호적법 제120조에서 정한 절차에 따라 성별을 정정하는 호적정정이 허가되고 그에 따라 전환된 성이 호적에 기재되는 경우에, 위 호적정정 허가는 성전환에 따라 법률적으로 새로이 평가받게 된 현재의 진정한 성별을 확인하는 취지의 결정이므로 호적정정허가 결정이나 이에 기초한 호적상 성별란 정정의 효과는 기존의 신분관계 및 권리의무에 영향을 미치지 않는다.」(대결(전원) 2006. 6. 22, 2004스42)

(ㄴ)「3. 미성년 자녀가 있는 성전환자의 성별정정 허가 여부 및 그 판단 기준

… 미성년 자녀가 있는 성전환자의 성별정정 허가 여부를 판단할 때에는 성전환자의 기본권의 보호와 미성년 자녀의 보호 및 복리와의 조화를 이룰 수 있도록 법익의 균형을 위한 여러 사정들을 종합적으로 고려하여 실질적으로 판단하여야 한다. 따라서 위와 같은 사정들을 고려하여 실질적으로 판단하지 아니한 채 단지 성전환자에게 미성년 자녀가 있다는 사정만을 이유로 성별정정을 불허하여서는 아니 된다. …

4. 판례 변경

그러므로 성전환자에게 미성년 자녀가 있는 경우 성전환자의 가족관계등록부상 성별정정이 허용되지 않다는 취지의 대법원 2011. 9. 2. 자 2009스117 전원합의체 결정을 비롯하여 그와 같은 취지의 결정들은 이 결정의 견해에 배치되는 범위에서 모두 변경하기로 한다.」(대결(전원) 2022. 11. 24, 2020스616[핵심판례 416면]. 대법관 1인의 반대의견도 있음)

2) 문헌들은 혼인의 실질적 요건의 하나로「당사자 사이에 혼인할 의사의 합치가 있을 것」을 들면서, 거기에서 혼인할 의사(혼인의사)의 의미가 무엇인지에 관하여 논의하고 있다. 여기에 관하여 학설은 i) 부부로서 정신적·육체적으로 결합하여 생활공동체를 형성할 의사라고 하는 실질적 의사설, ii) 혼인의사는 효과의사 속에 신고의사(혼인신고에 의하여 법률상의 부부관계를 형성하려는 의사)가 당연히 내포되어 있다고 하는 견해 등으로 나뉘어 있다(사견은 다름. 친족상속법 [27] 참조). 그리고 판례는 i)설과 같다(대판 2022. 1. 27, 2017므1224 등).

3) 혼인의 합의는 당연히 생존하고 있는 자들만 할 수 있고, 사망자 사이의 혼인이나 생존한 자와 사망한 자 사이의 혼인은 인정되지 않는다. 판례도 그러한 경우에는 혼인이 인정되지 않으므로 혼인신고도 할 수 없다고 한다(대판 1995. 11. 14, 95므694 등).

E-15 **(3) 혼인신고**

1) 보통의 경우의 혼인신고 보통의 경우 혼인이 성립하려면 가족등록법에 정한 바에 의하여 신고하여야 한다(812조 1항). 즉 민법은 법률혼주의, 그중에서도 신고혼주의를 채용하고 있다. 혼인신고가 혼인의 효력발생요건이 아니고 성립요건이라는 점은 앞에서 설명하였다(E-13 참조).

(가) **신고의 절차** 민법은 혼인신고를 당사자 쌍방과 성년자인 증인 2인의 연서(連署)한 서면으로 하여야 한다고 규정하나(812조 2항), 가족등록법은 말로도 할 수 있다고 한다(가족 23조 1항). 서면으로 신고하는 경우에는 신고서에 당사자가 서명날인한 이상 그 신고를 반드시 본인이 제출할 필요는 없으며, 우송을 하거나(가족 41조 참조) 타인에게 제출하게 하여도 무방하다(가족 23조 2항). 그러나 구술신고는 타인이 대리할 수 없다(가족 31조 3항·71조).

가족등록법은 혼인신고와 같이 신고로 인하여 효력이 발생하는 등록사건, 즉 창설적

신고에 관하여는 그것이 신분에 관한 사항에 중대한 영향을 미치는 점을 고려하여 다른 요건을 부가하고 있다. 그에 의하면, 신고사건 본인이 시·읍·면에 출석하지 않는 경우에는 신고사건 본인의 주민등록증·운전면허증·여권, 그 밖에 대법원규칙이 정하는 신분증명서를 제시하거나 신고서에 신고사건 본인의 인감증명서를 첨부하여야 하며, 이 경우 본인의 신분증명서를 제시하지 않거나 본인의 인감증명서를 첨부하지 않은 때에는 신고서를 수리하여서는 안 된다(가족 23조 2항. 이는 구 호적법에는 없었던 것임).

(나) **신고의 수리** 혼인신고는 가족관계 등록사무를 담당하는 **공무원이 그 신고서를 수리함으로써 효력이 발생하며**, 가족관계등록부에 기록하는 것은 그 효력요건이 아니다(호적부에 관한 판례: 대판 1991. 12. 10, 91므344 등). 따라서 수리된 혼인신고가 가족관계등록부에 기록되지 않은 경우, 가족관계등록부에 허위로 기록된 경우(대판 1991. 12. 10, 91므344 참조)에도 혼인은 유효하다. 혼인신고서가 접수되면 가족관계 등록사무 담당공무원은 신고된 혼인이 제807조 내지 제810조 및 제812조 제2항 기타 법령에 위반함이 있는지를 심사하여 수리 여부를 결정하여야 한다(813조). 그러나 가족관계 등록사무 담당공무원의 혼인신고에 대한 심사는 신고인이 제출하는 법정의 첨부서류만에 의하여 법정의 요건을 구비하고 있는지, 절차에 부합하는지의 여부를 형식적으로만 심사하는 것이고, 그 신고사항의 실체적 진실과의 부합 여부를 탐지하여 심사하여야 하는 것은 아니다(대판 1987. 9. 22, 87다카1164 참조). 그리고 가족관계 등록사무 담당공무원은 혼인신고가 법령에 위반함이 없으면 수리하여야 한다(813조). 사망자 사이 또는 생존하는 자와 사망한 자 사이에서는 혼인이 인정될 수 없으므로 특별규정(예: 혼인신고특례법)이 없는 한 그러한 혼인신고는 수리될 수 없다(대판 1995. 11. 14, 95므694 등). 다만, 혼인신고인이 생존 중에 우송한 신고서는 그 사망 후라도 시·읍·면의 장은 이를 수리하여야 하며(가족 41조 1항), 그 경우 신고인의 사망시에 신고한 것으로 본다(가족 41조 2항).

(다) **신고의 효과** 혼인신고가 일단 수리되면 설사 그것이 **법령에 위반되는 것이라도 효력이 발생하며, 단지 혼인의 무효·취소의 문제가 생길 뿐이다**(대판 1978. 2. 28, 78므1도 동지). E-16

(라) **재외한국인의 혼인** 외국에 있는 본국민 사이의 혼인은 그 외국에 주재하는 대사·공사 또는 영사에게 신고할 수 있고(814조 1항, 가족 34조), 그 신고를 수리한 대사·공사 또는 영사는 지체없이 그 신고서류를 본국의 등록기준지를 관할하는 가족관계등록관서에 송부하여야 한다(814조 2항, 가족 36조). 이를 영사혼(領事婚)이라고 한다. 그런가 하면 국내에서 하는 것과 마찬가지로 혼인신고서를 등록기준지의 시·읍·면의 장에게 송부하는 방법으로 신고할 수도 있다. 그 밖에 재외한국인이 외국의 법률이 정하는 방식으로 혼인(혼인거행지법에 따른 혼인)을 할 수도 있다(국제사법 63조 2항, 가족 35조 1항). 그때에는 외국의 방식에 따라 작성한 신고사건에 관한 증서를 3개월 이내에 그 지역을 관할하는 재외공관의 장에게 그 증서의 등본을 제출하여야 하며(가족 35조 1항), 재외한국인이 있는 지역이 재외공관의 관할에 속하지 않는 경우에는 3개월 이내에 등록

기준지의 시·읍·면의 장에게 증서의 등본을 발송하여야 한다(가족 35조 2항)(이 경우에는 그 나라의 법이 정하는 방식에 따른 혼인절차를 마치면 혼인이 유효하게 성립하고, 당사자가 혼인신고를 하더라도 이는 창설적 신고가 아니라 이미 유효하게 성립한 혼인에 관한 보고적 신고에 불과하다: 대판 1994. 6. 28, 94므413 등).

2) 혼인신고특례법에 의한 신고 혼인신고의무자의 일방이 전쟁 또는 사변에 있어서 전투에 참가하거나 전투수행을 위한 공무에 종사함으로 인하여 혼인신고를 당사자 쌍방이 하지 못하고 그 일방이 사망한 경우에는, 생존하는 당사자가 가정법원의 확인을 얻어 단독으로 혼인신고를 할 수 있다(동법 1조·2조)(판례에 의하면 이에 의한 혼인신고를 한 경우, 그 혼인당사자가 배우자의 사망 후에 타인과 동거하였더라도 그 이전의 혼인관계는 유효하다. 대판 1986. 11. 11, 86므97). 그리고 이 신고가 있는 때에는 신고의무자 일방의 사망시에 신고가 있는 것으로 본다(동법 4조).

3) 조정혼인과 재판혼인의 경우 사실상 혼인관계에 있는 자는 사실상 혼인관계 존재 확인의 청구를 하여 혼인신고를 할 수 있다. 이 경우 조정 또는 재판에 의하여 혼인이 성립하면, 청구자는 1개월 이내에 혼인신고를 하여야 한다(가족 72조). 이 신고는 보고적 신고라고 볼 것이다. 그런데 판례는 창설적 신고라고 한다(대결 1991. 8. 13, 91스6 등).

E-17

3. 혼인의 장애사유

제807조 내지 제810조에는 혼인의 장애사유가 규정되어 있다. 통설은 이들을 혼인의 실질적 성립요건의 문제로 다루고 있으나, 그것이 혼인의 성립과 관련되는 것은 그러한 사유가 있을 때에 가족관계 등록사무 담당공무원이 혼인신고를 수리하지 않는다는 정도밖에 없다(813조). 그리고 그러한 사유가 있더라도 신고가 수리되면 혼인은 성립하며, 단지 혼인의 무효 또는 취소의 문제가 생길 뿐이다(815조·816조 참조).

(1) 혼인적령의 미달

남녀 모두 18세가 되면 혼인할 수 있다(807조). 이 나이에 미달한 자의 혼인신고는 가족관계 등록사무 담당공무원이 수리하지 않아야 한다(813조). 그러나 그럼에도 불구하고 신고가 수리되었으면 혼인은 성립하되, 그 취소를 청구할 수 있다(816조 1호·817조).

(2) 부모 등의 동의의 결여

미성년자와 피성년후견인이 혼인을 할 경우에는 혼인적령에 달하였더라도 부모의 동의를 받아야 하며, 부모 중 한쪽이 동의권을 행사할 수 없을 때에는 다른 한쪽의 동의를 받아야 하고, 부모가 모두 동의권을 행사할 수 없는 때에는 후견인(미성년후견인·성년후견인)의 동의를 받아야 한다(808조 1항·2항). 그러나 피한정후견인은 단독으로 자유로이 혼인할 수 있다.

여기의 부모는 친권자일 필요는 없으나 부 또는 모가 친권이 박탈된 경우에는 동의권을 행사할 수 없다고 새겨야 한다(이설 있음). 그리고 양자의 경우에는 친생부모가 있더라도 양부모의 동의만 있으면 된다(「가족예규」 143호).

부모 등의 동의가 필요한 경우에 동의가 없으면 혼인신고가 수리되지 않을 것이나(813조),

일단 수리되면 혼인은 성립하고(대판 1966. 5. 31, 66므1) 취소를 청구할 수 있을 뿐이다(816조 1호 · 817조).

(3) 근 친 혼

E-18

제809조는 일정한 범위의 근친자 사이의 혼인을 금지하고 있다. 자연혈족 사이에서는 우생학적 · 사회윤리적 이유에서, 그 이외의 자 사이에서는 사회윤리적 이유에서이다.

1) 8촌 이내의 혈족 사이의 혼인(809조 1항) 여기의 혈족에는 자연혈족 · 법정혈족(양부모계의 혈족), 부계혈족 · 모계혈족(모계혈족은 모계의 부계혈족만을 의미함), 직계혈족 · 방계혈족이 모두 포함된다.

2) 친양자의 입양 전에 8촌 이내의 혈족이었던 자 사이의 혼인(809조 1항)

3) 일정범위의 인척이거나 인척이었던 자 사이의 혼인 6촌 이내의 혈족의 배우자, 배우자의 6촌 이내의 혈족, 배우자의 4촌 이내의 혈족의 배우자인 인척이거나(배우자가 사망하여 혼인관계는 종료되었으나 생존 배우자가 재혼하지 않은 경우. 775조 2항 참조) 인척이었던 자(혼인의 취소, 이혼, 부부일방의 사망 후 재혼, 친양자 성립(908조의 3 2항 참조) 등이 인척관계의 종료원인이다) 사이에서는 혼인하지 못한다(809조 2항).

4) 6촌 이내의 양부모계의 혈족이었던 자와 4촌 이내의 양부모계의 인척이었던 자 사이의 혼인(809조 3항) 이들 사이에 입양관계가 존속하고 있을 때에는 제809조 제 1 항 · 제 2 항에 의하여 자연혈족과 마찬가지로 혼인이 금지되나, 입양관계가 종료(원인: 입양의 취소 · 파양. 776조 참조)된 후에도 일정범위에서는 혼인을 금지하는 것이다.

5) 제809조에 위반된 혼인신고는 수리되지 않으나(813조), 일단 수리되면 혼인은 성립하게 되고, 경우에 따라 혼인이 무효로 되거나(815조 2호 – 4호 참조) 취소를 청구할 수 있는 것(816조 1호 · 817조 참조)으로 된다.

(4) 중혼(重婚)

배우자가 있는 자는 다시 혼인하지 못한다(810조). 즉 중혼은 금지된다. 그런데 금지되는 혼인은 법률혼만을 가리키며 사실혼은 포함되지 않는다. 따라서 사실혼관계에 있는 자가 다른 자와 법률혼을 하는 경우(이때 손해배상 문제는 남음)나 법률혼의 당사자 일방이 다른 자와 사실혼관계를 맺는 경우(이때는 이혼청구를 할 수 있음. 840조 1호 참조)는 중혼이 아니다.

이미 혼인신고를 한 자가 다시 혼인신고를 하면 그 신고의 수리가 거부될 것이나(813조), 신고가 수리되면 혼인이 성립하고(대판 1991. 12. 10, 91므344) 취소를 청구할 수 있는 것으로 된다(816조 1호 · 818조).

[참고] 여자의 재혼금지기간의 폐지

2005년의 민법개정 전에는 여자의 경우 혼인관계가 종료한 날로부터 6개월이 경과하지 않으면 혼인하지 못하도록 하고(구 811조), 이를 위반한 혼인은 취소할 수 있도록 하고 있었다(구 821조). 그런데 그 규정들은 2005년 민법개정시에 삭제되었다.

E-19

Ⅲ. 혼인의 무효와 취소

1. 서 설

혼인의 무효·취소는 혼인에 일정한 흠이 있을 때 그 혼인관계를 종료시키는 제도이다. 그런데 혼인이 무효 또는 취소되는 경우에는 재산상의 법률행위와는 달리 원상회복이 불가능하기 때문에(특히 자녀가 출생한 때), 민법은 혼인에 흠이 있을지라도 극히 제한된 범위에서만 혼인을 무효로 하고 나머지는 취소할 수 있는 것으로 규정하며, 혼인취소에 대하여도 소급효를 인정하지 않는다.

2. 혼인의 무효

(1) 무효원인

1) 당사자 사이에 혼인의 합의가 없는 때(815조 1호) 혼인신고가 되었더라도 당사자 사이에 혼인의 합의가 없으면 혼인은 무효로 된다. 여기서 「혼인의 합의」란 부부로서 정신적·육체적으로 결합하여 생활공동체를 형성할 의사라고 이해된다(실질적 의사설)(대판 2022. 1. 27, 2017므1224 등). 문제되는 경우를 살펴본다.

(가) 합의된 내용이 사회통념상 혼인의 본질에 반할 때(예: 조건부 혼인, 기한부 혼인, 동거하지 않겠다는 혼인)에는 무효이다.

(나) 당사자 사이에 부부로서의 생활공동체를 형성할 의사 없이 다른 목적을 달성하기 위한 방편으로 혼인신고를 한 경우인 가장혼인도 무효이다. 가령 피청구인으로 하여금 교사직으로부터 면직당하지 않게 할 수단으로 혼인신고를 한 경우(대판 1980. 1. 29, 79므62·63), 해외이주의 목적으로 위장결혼을 하고 혼인신고를 한 경우(대판 1985. 9. 10, 85도1481), 중국 국적의 조선족 여자들의 국내취업을 위한 입국을 가능하게 할 목적으로 형식상 혼인하기로 한 경우(대판 1996. 11. 22, 96도2049[핵심판례 418면])에 그렇다.

판 례 혼인의 합의 관련

(ㄱ) 「민법 제815조 제 1 호가 혼인무효의 사유로 규정하는 '당사자 간에 혼인의 합의가 없는 때'란 당사자 사이에 사회관념상 부부라고 인정되는 정신적·육체적 결합을 생기게 할 의사의 합치가 없는 경우를 의미하므로, 당사자 일방에게만 그와 같은 참다운 부부관계의 설정을 바라는 효과의사가 있고 상대방에게는 그러한 의사가 결여되었다면 비록 당사자 사이에 혼인신고 자체에 관하여 의사의 합치가 있어 일응 법률상의 부부라는 신분관계를 설정할 의사는 있었다고 하더라도 그 혼인은 당사자 간에 혼인의 합의가 없는 것이어서 무효라고 보아야 한다.」(대판 2010. 6. 10, 2010므574)

(ㄴ) 「가정법원은 상대방 배우자에게 혼인신고 당시 혼인의사가 없었던 것인지, 혼인 이후

에 혼인을 유지할 의사가 없어진 것인지에 대해서 구체적으로 심리·판단하여야 하고, 혼인의사라는 개념이 다소 추상적이고 내면적인 것이라는 사정에 기대어 상대방 배우자가 혼인을 유지하기 위한 노력을 게을리 하였다거나 혼인관계 종료를 의도하는 언행을 하는 등 혼인생활 중에 나타난 몇몇 사정만으로 혼인신고 당시 혼인의사가 없었다고 추단하여 혼인무효 사유에 해당한다고 단정할 것은 아니다.」(대판 2021. 12. 10, 2019므11584·11591)

(다) 혼인의 합의는 혼인신고서 작성시에는 물론이고 혼인신고서를 담당공무원에게 제출할 때에도 존재하여야 하므로, 혼인신고서 작성 후 그 제출 전에 혼인의사를 철회한 경우에는 혼인은 무효이다(대판 1983. 12. 27, 83므28).

(라) 혼인신고에 흠이 있을지라도 그것이 일단 수리된 때에는, 재산법에서의 등기의 경우와 마찬가지로, 그 흠만을 이유로 언제나 혼인이 무효라고 할 것이 아니고, 그 신고에 부합하는 실체적인 혼인관계가 존재하는지 여부에 의하여 혼인의 유효 여부를 결정하여야 한다. 판례도 같은 견지에 있는 것으로 보인다.

판 례 당사자 일방이 혼인신고를 한 경우 관련 E-20

판례는 혼인(특히 사실혼)의 당사자 일방이 혼인신고를 한 경우에 관하여, 때로는 혼인의 합의를 인정하거나 무효행위의 추인이론을 적용하여 혼인이 유효하다고 하고, 때로는 혼인의 합의가 없다는 이유로 무효라고 한다.

(ㄱ) **혼인의 합의를 인정한 예** ① 관례에 따라 결혼식을 하고 상당기간 동거하며 그 사이에 자녀까지 출산하여 혼인의 실체는 갖추었으나 혼인신고만 되어 있지 않은 관계에서 당사자 일방의 부재 중 혼인신고가 이루어졌다고 하여도 그 당사자 사이에 기왕의 관계를 해소하기로 합의하였거나 당사자의 일방이 혼인의사를 철회하였다는 등의 특별한 사정이 있는 경우를 제외하고는 그 신고에 의하여 이루어진 혼인을 당연히 무효라고 할 수는 없다(대판 1980. 4. 22, 79므77). ② 결혼식을 하고 동거하면서 딸까지 출산하였으나, 청구인이 승려라는 신분상 결혼사실이 알려질 경우 유학에 지장이 있다 하여 혼인신고만은 유학이 끝나는 8년 후에 하기로 합의하였는데, 청구인이 8년이 지나도록 돌아오지 않자 딸의 취학관계로 시모와 상의하여 혼인신고를 마치고, 이 사실을 시동생을 통해 청구인에게 알렸으나 청구인이 아무런 이의를 하지 않은 경우에는, 혼인은 유효하다(대판 1984. 10. 10, 84므71). ③ 청구인과 근 30년간 부첩관계를 맺고 그 사이에서 2남 2녀를 출산한 피청구인이 청구인의 본처가 사망하자 청구인에게 혼인신고를 요구하여, 청구인이 이를 응낙하고 혼인신고를 하도록 딸에게 교부한 인장을 피청구인이 사용하여 혼인신고를 한 것이라면, 설사 당사자 사이에 이후 동거하기로 하는 합의가 따로 없이 혼인신고 후에도 계속 별거하면서 왕래하려는 의사만 있었더라도 혼인의 실질적 합의가 없었다고 할 수 없다(대판 1990. 12. 26, 90므293). ④ 「혼인의 합의란 법률혼주의를 채택하고 있는 우리나라 법제 하에서는 법률상 유효한 혼인을 성립하게 하는 합의를 말

하는 것이므로 비록 사실혼관계에 있는 당사자 일방이 혼인신고를 한 경우에도 상대방에게 혼인의사가 결여되었다고 인정되는 한 그 혼인은 무효라 할 것이나, 상대방의 혼인의사가 불분명한 경우에는 혼인의 관행과 신의성실의 원칙에 따라 사실혼관계를 형성시킨 상대방의 행위에 기초하여 그 혼인의사의 존재를 추정할 수 있으므로 이와 반대되는 사정, 즉 혼인의사를 명백하게 철회하였다거나 당사자 사이에 사실혼관계를 해소하기로 합의하였다는 등의 사정이 인정되지 아니하는 경우에는 그 혼인을 무효라고 할 수 없다.」(대판 2000. 4. 11, 99므1329) ⑤ 청구인이 피청구인 A(남자)를 상대로 한 사실혼관계 확인 청구사건에서 청구인이 승소하여 항소심에 계속 중, 피청구인 B(여자)가 청구인의 장래에 확정될 판결에 기하여 피청구인 A와의 혼인신고를 방해할 목적으로 혼인신고를 하였더라도 당연무효라 할 수 없다(대판 1973. 1. 16, 72므25). ⑥ 원고가 피고와 결혼식을 하고 혼인신고는 하지 않은 상태에서 피고가 임신까지 하게 되었으나, 성격차이 등으로 인한 잦은 부부싸움 끝에 서로 별거를 하게 되고, 별거 후 1년도 못되어 다른 여자와 동거생활을 해오면서 그 사이에 자녀 넷을 출산하였고, 그 동안 피고와는 교통을 두절한 채 별거상태를 계속하였는데, 피고는 원고와 별거 후 출산한 아들의 출생신고를 계기로 사실혼기간 중에 보관하고 있던 원고의 인장을 임의로 날인하여 혼인신고를 한 경우에 관하여, 원고가 혼인신고 후 얼마 지나지 않아 그 사실을 알게 되었으면서 24년여가 경과한 이 사건 제소시까지 아무런 이의도 제기하지 않았을 뿐만 아니라, 오히려 다른 여자와의 사이에 낳은 네 자녀를 모두 원·피고가 부부로 된 호적에 혼인 외 출생자로 출생신고를 하는 등의 사실 등에 비추어 보면 이 혼인신고가 반드시 원고의 혼인의사가 철회된 상태에서 피고에 의하여 일방적으로 이루어진 것이라고 단정할 수는 없다고 한다(대판 1994. 5. 10, 93므935).

E-21 (ㄴ) **혼인을 무효라고 한 예** ① 피청구인이 청구인과 합의 없이 청구인의 인장을 위조하고 이로써 청구인 명의의 혼인신고서를 위조 행사함으로써 청구인과 피청구인이 혼인한 것처럼 신고한 혼인의 효력은 당사자 사이에 혼인의 합의가 없는 때에 해당되어 무효라 할 것이다(대판 1983. 9. 27, 83므22). ② 청구인과 피청구인이 8. 15. 결혼식을 하고 8. 23. 일단 혼인신고서를 작성하였으나, 그날 밤 청구인이 피청구인에게 혼인의사를 철회하고 또 신고서의 제출의뢰를 받은 피청구인의 아버지에게 8. 25. 혼인신고서를 제출하지 말라고 말한 경우에는, 혼인의 의사합치가 없어서 그 신고서가 제출되었더라도 그 혼인은 무효이다(대판 1983. 12. 27, 83므28). ③ 고소인이 피고소인의 인장을 임의로 새겨 일방적으로 혼인신고를 하고 동일 이혼심판청구를 한 후 간통고소를 제기하였다면 그 혼인신고는 당사자간의 합의에 따른 것으로 볼 수 없으므로 간통고소는 부적법하다(대판 1983. 6. 28, 83도431). ④ 결혼식을 올린 다음 동거까지 하였으나 성격의 불일치 등으로 계속 부부싸움을 하던 끝에 사실혼관계를 해소하기로 합의하고 별거하는 상황 하에서 당사자 일방이 상대방의 승낙 없이 자기 마음대로 혼인신고를 하였다면 그 혼인은 무효이다(대판 1986. 7. 22, 86므41). ⑤ 사실혼관계가 해소된 상태에서 혼인신고가 일방적으로 이루어졌다면 이는 당사자간에 혼인의 합의가 없는 경우에 해당하여 무효라고 보아야 한다(대판 1989. 1. 24, 88므795).

(ㄷ) **무효행위의 추인이론을 적용한 예** ① 민법 제139조는 재산법에 관한 총칙규정이고

신분법에 관하여는 그대로 적용될 수 없는 것인바, 혼인신고가 사실혼관계에 있는 당사자 일방이 모르는 사이에 이루어짐으로써 그것이 무효라 할지라도 그 후 양 당사자가 그 혼인에 만족하고 그대로 부부생활을 계속한 경우에는 그 혼인을 무효로 할 것이 아니다(대판 1965. 12. 28, 65므61). ② 일방적인 혼인신고 후 혼인의 실체가 존재하지 않았다면 몇 차례의 육체관계로 아들을 낳았다고 하더라도 이로써 곧 무효인 혼인을 추인한 것이라고는 보기 어렵다(대판 1993. 9. 14, 93므430). ③ 협의이혼한 후 배우자 일방이 일방적으로 혼인신고를 하였더라도 그 사실을 알고 혼인생활을 계속한 경우에는, 상대방에게 혼인할 의사가 있었거나 무효인 혼인을 추인한 것이라고 보아야 한다(대판 1995. 11. 21, 95므731).

(ㄹ) **혼인신고 당시 당사자 일방에게 의사능력이 없었던 경우** 혼인의 합의는 혼인신고를 할 당시에도 존재하여야 하므로, 혼례식을 거행하고 사실혼관계에 있었으나 일방이 뇌졸중으로 혼수상태에 빠져 있는 사이에 다른 일방이 혼인신고를 하였다면 그 혼인은 무효라고 보아야 한다(대판 1996. 6. 28, 94므1089).

(마) 판례는 혼인신고를 하지 않은 남녀가 군정법령 제179호에 의하여 가호적을 취적하면서 이미 혼인하고 있는 부부인 양 허위신고하여 가호적에 등재된 경우(대판 1992. 1. 21, 91므238 등 다수)와 원래의 호적(현행 가족관계 등록부에 해당)에 혼인사유의 기재가 없었고 또 따로이 적법한 혼인신고도 없었음에도 이중호적을 취적하면서 마치 원래의 본적지에서 이미 혼인신고를 마친 법률상 부부인 양 허위의 신고를 한 경우(대결 1998. 2. 7, 96마623)에 관하여, 호적상 기재되어 있는 혼인은 무효라고 한다. 그런데 이러한 경우에는 혼인이 아예 성립하지 않았다고 보아야 한다. E-22

2) 당사자 사이에 8촌 이내의 혈족(친양자(親養子)의 입양 전의 혈족을 포함한다)관계가 있는 때(815조 2호 · 809조 1항)

3) 당사자 사이에 직계인척 관계가 있거나 있었던 때(815조 3호)

따라서 가령 남자의 경우 계모·며느리·장모·처의 계모와의 혼인은 무효이고, 여자의 경우 계부·사위·시아버지·남편의 계부와의 혼인은 무효이다.

4) 당사자 사이에 양부모계의 직계혈족관계가 있었던 때(815조 4호)

(2) 혼인무효의 성질과 혼인무효의 소 E-23

1) 혼인무효사유가 있는 경우 그 혼인이 당연무효인지 아니면 무효판결에 의하여 비로소 무효로 되는지가 문제된다. 여기에 관하여 학설은 i) 당연무효설과 ii) 무효판결에 의하여 비로소 무효로 된다는 견해(사견도 같음)로 나뉘어 있다. i)설은, 혼인무효사유가 있을 경우, 혼인무효 확인의 소를 제기할 수 있음은 물론이고, 그러한 소가 제기되지 않은 상태에서도 이해관계인은 다른 소송(예: 상속회복 청구의 소)에서 선결문제로서 혼인의 무효를 주장할 수 있다고 한다. 그에 비하여 ii)설은 혼인무효는 소송을 통한 판결에 의하여 확정된다고 한다. 그리고 판례는, 「혼인의 무효에 관하여는 그 사유만을 제815조에 규정하고 있을 뿐이므로, 혼인무효사유가 있는 경우 혼인무효의 소를 제기할 수 있음은 물론, 이러한 소가 제기되지 않은

상태에서도 이해관계인은 다른 소송에서 선결문제로서 혼인의 무효를 주장할 수 있다」고 하여(대판 2013. 9. 13, 2013두9564), i)설과 같다.

2) 혼인무효의 소는 당사자·법정대리인 또는 4촌 이내의 친족이 언제든지 이를 제기할 수 있다(가소 23조)(조정전치주의는 적용되지 않음. 가소 2조 1항 가류사건 1)). 혼인무효의 소는 누구를 상대방으로 하여야 하는가? 부부 중 어느 한쪽이 혼인무효의 소를 제기할 때에는 배우자를 상대방으로 한다(가소 24조 1항). 그리고 제3자가 소를 제기할 때에는 부부를 상대방으로 하되, 부부 중 어느 한쪽이 사망한 때에는 그 생존자를 상대방으로 한다(가소 24조 2항). 만약 이들 규정에 의하여 상대방이 될 사람이 사망한 때에는 검사를 상대방으로 한다(가소 24조 3항).

과거의 혼인관계의 무효확인을 구할 수 있는가에 관하여 판례는, 신분관계인 혼인관계는 그것을 전제로 하여 수많은 법률관계가 형성되고 그에 관하여 일일이 효력의 확인을 구하는 절차를 반복하는 것보다 과거의 법률관계인 혼인관계 자체의 무효 확인을 구하는 편이 관련된 분쟁을 한꺼번에 해결하는 유효·적절한 수단일 수 있으므로, 특별한 사정이 없는 한 혼인관계가 이미 해소된 이후라고 하더라도 혼인무효의 확인을 구할 이익이 인정된다고 한다(대판(전원) 2024. 5. 23, 2020므15896). 그리고 단순히 친모의 상속권을 회복할 목적으로(대판 1987. 4. 28, 86므130) 또는 상속재산을 탐하여(대판 1983. 4. 12, 82므64) 혼인이 무효의 것이라고 주장한 것은 신의에 좇은 권리행사라고 볼 수 없어 권리남용에 해당한다고 한다.

E-24 **(3) 혼인무효의 효과**

1) 일반적인 효과 혼인무효판결이 확정되면 당사자 사이에 처음부터 혼인이 없었던 것과 같이 된다(당연무효설에서는 판결이 없어도 아무런 효과가 생기지 않는다고 한다). 그리하여 혼인에 기한 상속 등 권리변동은 무효로 되고, 출생자(出生子)는 혼인 외의 자(子)로 된다(855조 1항 2문)(출생자에 대한 출생신고는 인지의 효력이 있다. 대판 1971. 11. 15, 71다1983). 그리고 당사자는 재산분할청구도 할 수 없다. 한편 혼인이 무효로 된 경우 당사자 일방은 과실있는 상대방에 대하여 이로 인한 손해배상(정신적 손해배상 포함)을 청구할 수 있다(825조·806조)(조정전치주의. 가소 2조 1항 다류사건 2)·50조).

무효로 된 혼인에서 출생한 자가 미성년자인 경우에는 친권자를 지정하여야 하는데, 그때에는 재판상 이혼의 경우와 마찬가지로 다루는 것이 타당하다. 그리하여 가정법원은 먼저 친권을 행사할 사람에 관하여 협의하도록 권고해야 하며(가소 25조 1항·2항), 협의를 할 수 없거나 협의가 되지 않은 때에는 가정법원이 직권으로 친권자를 정해야 한다(909조 5항의 유추적용).

혼인무효판결이 확정된 경우에는 소를 제기한 사람이 판결확정일부터 1개월 이내에 판결의 등본 및 그 확정증명서를 첨부하여 가족관계등록부의 정정을 신청하여야 한다(가족 107조). 소 제기자가 사망한 때에는 그 사람의 배우자나 그의 4촌 이내의 친족이 신청할 수 있다(가족등록예규 85호).

판 례 혼인무효판결 없이 가족관계등록부를 정정할 수 있다고 한 예

중국 국적의 조선족 여성과 혼인한 것으로 신고한 자가, 혼인할 의사가 전혀 없음에도 그 여성을 한국에 입국시킬 목적으로 혼인신고를 하여 공전자기록에 불실의 사실을 기재하게 하였다는 등의 범죄사실로 유죄판결을 받아 확정된 사안에서, 위 혼인은 혼인의사의 합치가 결여되어 무효임이 명백하므로 혼인무효판결을 받지 않았더라도 가족관계의 등록 등에 관한 법률 제105조에 따라 가정법원의 허가를 받아 가족관계등록부를 정정할 수 있다고 한 사례(대결 2009. 10. 8, 2009스64).

2) 제3자에 대한 효과 혼인무효의 효과는 당사자에게는 물론이고 제3자에게도 발생한다(가소 21조 1항). 그 결과 제3자는 무효혼의 당사자에 대하여 일상가사에 대한 연대책임을 물을 수 없다.

3) 무효인 혼인의 추인 판례는 혼인이 무효인 경우라도 혼인의 실체가 있는 때에는 무효인 혼인의 추인을 인정할 수 있다고 한다(대판 1995. 11. 21, 95므731(협의이혼한 후 배우자 일방이 일방적으로 혼인신고를 하였더라도 그 사실을 알고 혼인생활을 계속한 경우, 상대방에게 혼인할 의사가 있었거나 무효인 혼인을 추인하였다고 인정한 사례). 그 밖에 대판 1993. 9. 14, 93므430(일방적인 혼인신고 후 혼인의 실체 없이 몇 차례의 육체관계로 자를 출산하였다 하더라도 무효인 혼인을 추인하였다고 보기 어렵다고 한 사례)도 참조). 그리고 이 추인에는 제139조가 적용되지 않고 추인의 소급효가 인정된다고 한다(대판 1991. 12. 27, 91므30).

3. 혼인의 취소 E-25

(1) 취소의 원인

1) 혼인적령의 미달 혼인적령(남녀 모두 18세)에 달하지 않은 자의 혼인은 당사자 또는 그 법정대리인이 법원에 그 취소를 청구할 수 있다(816조 1호 · 807조 · 817조 전단).

2) 부모 등의 동의를 결여한 혼인 미성년자 또는 피성년후견인이 부모 또는 후견인의 동의를 받지 않고 혼인한 경우에는, 당사자 또는 그 법정대리인이 혼인의 취소를 청구할 수 있다(816조 1호 · 808조 · 817조 전단). 그러나 혼인의 당사자가 19세가 된 후 또는 성년후견종료의 심판이 있은 후 3개월이 지나거나 혼인 중에 임신한 경우에는 그 취소를 청구하지 못한다(819조).

3) 근 친 혼 제809조에 위반한 혼인 가운데 제815조에 의하여 무효로 되지 않는 혼인은, 당사자 · 직계존속 또는 4촌 이내의 방계혈족이 그 취소를 청구할 수 있다(816조 1호 · 817조 후단). 그러나 그 당사자 사이에 혼인 중 포태한 때에는 그 취소를 청구하지 못한다(820조). 2005. 3. 31. 민법개정 후에는 형부와 처제 사이의 혼인도 무효가 아니고 취소청구를 할 수 있는 혼인이다(대판 2010. 11. 25, 2010두14091. 따라서 2005년 민법 시행 이후에는 그 부칙 4조의 규정상 1990년 민법이 시행되던 당시의 형부와 처제 사이의 사실혼관계에 대하여 이를 무효사유 있는 사실혼관계라고 주장할 수 없다)(친족상속법 [31]도 참조).

E-26 **4) 중 혼** 배우자 있는 자가 다시 행한 혼인(중혼)은 당사자 및 그 배우자·직계혈족·4촌 이내의 방계혈족 또는 검사가 그 취소를 청구할 수 있다(816조 1호·810조·818조). 여기의 취소청구권자 중 「직계혈족」은 2012년 민법 개정 전에는 「직계존속」이었다.

중혼의 경우에 취소청구를 할 수 있는 것은 나중에 한 혼인 즉 후혼만이며 전혼은 취소청구의 대상이 아니다.

중혼은 혼인신고를 한 자가 다시 혼인신고를 한 경우에 성립하는데, 그러한 신고는 수리되지 않을 것이어서(813조), 실제로는 이혼이 무효·취소로 되는 경우와 같이 특별한 사정이 있는 때에 중혼이 성립한다.

판 례 중혼의 성립이 인정되는 경우

판례에 의하면, ① 협의이혼 후 재혼하였는데, 그 협의이혼의 무효(대판 1964. 4. 21, 63다770) 또는 취소(대판 1984. 3. 27, 84므9)의 심판이 확정된 경우, ② 이혼심판청구 사건의 승소확정심판에 따라 이혼신고를 마치고 다른 자와 재혼하였는데, 재심청구에 의하여 이혼심판의 취소 및 이혼심판청구의 기각의 심판이 확정된 경우(대판 1994. 10. 11, 94므932 등 다수), ③ 재일교포가 일본에서 결혼식을 하고 일본국법에 따라 혼인신고를 마쳤으나 우리나라 민법·호적법에 따라 이를 신고하지는 않고 있었고, 그 교포가 제주도에서 다른 여자와 내연관계를 맺고 그 사이에 아들을 낳자 이 여자와 혼인신고를 한 경우(대판 1991. 12. 10, 91므535), ④ 청구인(여자)이 혼인을 하여 그 상태가 유지되고 있음에도 불구하고 청구인의 어머니가 다시 출생신고를 하여 친가의 호적에 2중으로 등재되었으며 이 이중의 호적에 기하여 청구인 단독으로 분가한 후 피청구인과 혼인신고를 하고 이 이중의 호적에 기하여 피청구인의 호적에 입적한 경우(대판 1991. 12. 10, 91므344), ⑤ 배우자가 있는 자가 타인과 혼인하기 위하여 이름을 바꾸어 새로이 취적함으로써 이중호적을 만들어 그 호적에 타인과의 혼인신고를 마친 경우(대판 1986. 6. 24, 86므9: 혼인신고만 했을 뿐 실제 동거한 일이 없더라도 마찬가지라고 함), ⑥ A가 혼인신고 후 딸을 낳은 뒤 사실상 이혼상태에 있으면서 B(여자)를 만나 혼인사실을 숨긴 채 동거에 들어가 2남 2녀를 낳았는데, B가 중혼에 대하여 항의하자 A가 자신이 재외국민인 것처럼 가장하여 새로운 호적을 편제하게 한 후 B와의 혼인신고를 하여 그 새로운 호적에 등재하게 한 경우(대판 1993. 8. 24, 92므907)에는 중혼으로 된다.

중혼은 취소하지 않는 한 유효한 혼인으로서 혼인의 일반적 효력이 모두 인정된다. 그리고 중혼자가 사망하면 두 혼인의 배우자 모두가 상속권을 가지며, 중혼자도 두 배우자 사망시 상속권을 갖는다. 그리고 중혼 중의 출생자는 혼인 중의 출생자이다.

중혼의 경우의 취소권 행사에 대하여는 기간의 제한이 없으므로 언제든지 취소할 수 있다. 중혼자가 사망한 후에도 같다(대판 1991. 12. 10, 91므535: 이때의 상대방은 생존한 중혼의 일방 당사자이다). 그러나 사정에 따라서는 취소권의 행사가 권리남용에 해당될 수 있다(대판 1993. 8. 24, 92므907(위에 인용)은 A의 이복동생인 C가 모든 사정을 알고 A의 집에서 4년간 기거하였고 혼인신고 후 10여년간 취소할 수 있었는데도 하지 않다가 이제 와서 취소청구권을 행사하는 것은 권리남용이라고 한다).

판 례 중혼 관련

(ㄱ) 「혼인이 일단 성립되면 그것이 위법한 중혼이라 하더라도 당연히 무효가 되는 것은 아니고 법원의 판결에 의하여 취소될 때에 비로소 그 효력이 소멸될 뿐이므로 아직 그 혼인취소의 확정판결이 있지 아니한 이 사건에 있어서는 청구인과 피청구인은 법률상의 부부라 할 것인즉 재판상 이혼의 청구도 가능하다.」(대판 1991. 12. 10, 91므344)

(ㄴ) 「중혼자가 사망한 후에라도 그 사망에 의하여 중혼으로 인하여 형성된 신분관계가 소멸하는 것은 아니므로 전혼의 배우자는 생존한 중혼의 일방 당사자를 상대로 중혼의 취소를 구할 이익이 있다고 할 것이므로, 청구인이 위 망 ○○○과 이미 사실상 이혼상태에 있었다든가 그 혼인사실을 뒤늦게 공관장에게 신고하였다는 사정이 있다 하여 그 사실만 가지고 이 사건 혼인취소청구가 오로지 피청구인을 괴롭히기 위한 소송으로 권리남용에 해당하거나 신의칙에 반하여 위법한 것이 된다고 할 수 없」다(대판 1991. 12. 10, 91므535).

5) 악질(惡疾) 기타 중대한 사유가 있는 혼인 혼인 당시 당사자 일방에 부부생활을 계속할 수 없는 악질 기타 중대한 사유 있음을 알지 못한 때에는, 그 사유 있음을 안 날로부터 6개월 이내에 그 취소를 청구할 수 있다(816조 2호·822조)(취소권자에 대하여는 규정이 없으나, 통설은 상대방 배우자만이 취소권을 가진다고 새긴다). 그리고 판례는, 특별한 사정이 없는 한 임신가능 여부는 제816조 제 2 호의 부부생활을 계속할 수 없는 악질 기타 중대한 사유에 해당하지 않으며, 그 사유는 엄격히 제한하여 해석할 것이라고 한다(대판 2015. 2. 26, 2014므4734: 그 사안에서 성염색체 이상과 불임 등의 문제를 816조 2호에 해당하지 않는다고 함). E-27

6) 사기 또는 강박에 의한 혼인 사기 또는 강박으로 인하여 혼인의 의사표시를 한 때에는, 그는 사기를 안 날 또는 강박을 면한 날로부터 3개월 이내에 혼인의 취소를 청구할 수 있다(816조 3호·823조). 사기 또는 강박은 상대방뿐만 아니라 제 3 자(친척·중매인 등)가 하였어도 무방하며, 제 3 자의 사기·강박의 경우 상대방의 선의·악의, 과실·무과실을 묻지 않아야 한다.

그리고 판례(대판 2016. 2. 18, 2015므654·661: 아내가 베트남에서 만 13세에 아동성폭력범죄의 피해를 당해 임신을 하고 출산을 하였으나 곧바로 그 자녀와의 관계가 단절되고 이후 8년 동안 양육이나 교류 등이 전혀 이루어지지 않았다고 주장한 경우에, 816조 3호 소정의 혼인취소사유가 존재한다고 쉽게 단정하여 남편의 혼인취소청구와 위자료청구의 일부를 인용한 원심을 파기함)는, 제816조 제 3 호가 규정하는 「사기」에는 혼인의 당사자 일방 또는 제 3 자가 적극적으로 허위의 사실을 고지한 경우뿐만 아니라 소극적으로 고지를 하지 않거나 침묵한 경우도 포함되나, 불고지 또는 침묵의 경우에는 법령, 계약, 관습 또는 조리상 사전에 그러한 사정을 고지할 의무가 인정되어야 위법한 기망행위로 볼 수 있다고 한다. 그리고 혼인의 당사자 일방 또는 제 3 자가 출산의 경력을 고지하지 않은 경우에 그것이 상대방의 혼인의 의사결정에 영향을 미칠 수 있었을 것이라는 사정만을 들어 일률적으로 고지의무를 인정하고 제 3 호 혼인취소사유에 해당한다고 하여서는 안 되며, 특히 당사자가 성장과정에서 본인의 의사와 무관하게 아동성폭력범죄 등의 피해를 당해 임신을 하고 출산까지 하였으나 이후 그 자녀와의 관계가 단절되고 상당한 기간 동안 양육이나 교류 등이 전혀 이루어지지 않은 경우라면, 단순히 출산의 경력을 고지하지 않았다고 하여 그것이 곧바로 제816조 제 3 호 소정의 혼인취소사유에 해당한다고 보아서는 안 된다고 한다. 그리고 이는 국제결혼의 경우에도 마찬가지라고 한다.

(2) 취소의 소

혼인에 취소사유가 있는 때에는 취소청구권자가 가정법원에 혼인취소청구를 하여야 한다(816조)(조정전치주의가 적용됨. 가소 2조 1항 나류사건 2)·50조). 취소의 소는 형성의 소로서 그 판결의 확정으로 혼인이 취소되며, 다른 소의 전제로서 혼인의 취소를 주장할 수는 없다. 취소판결의 효력은 제 3 자에게도 효력이 있다(가소 21조 1항). 혼인취소의 재판이 확정되면 소를 제기한 자는 재판확정일부터 1개월 이내에 그 취지를 신고하여야 한다(가족 73조·58조 1항).

E-28 #### (3) 혼인취소의 효과

취소원인이 있는 혼인도 법원의 판결에 의하여 취소될 때까지는 유효한 혼인으로 다루어진다(대판 1991. 12. 10, 91므344: 중혼의 경우). 혼인취소의 효력은 취소판결이 확정된 때에 발생한다. 그리고 혼인취소의 효력은 소급하지 않는다(824조). 따라서 그 혼인에서 출생한 자는 혼인 중의 자로 되고, 취소할 수 있는 혼인 중에 부부 일방이 사망하여 상대방이 배우자로서 망인의 재산을 상속받은 후에 그 혼인이 취소되었더라도 상속관계가 소급하여 무효로 되거나 그 상속재산이 법률상 원인 없이 취득한 것이라고 할 수 없다(대판 1996. 12. 23, 95다48308[핵심판례 420면]). 한편 미성년자가 혼인한 후 성년연령에 달하기 전에 취소된 때에도 성년의제는 유지된다고 새겨야 한다.

혼인이 취소되면 혼인관계 및 인척관계는 종료한다(775조 1항). 그리고 당사자 일방은 과실 있는 상대방에 대하여 이로 인한 재산상·정신상의 손해배상을 청구할 수 있다(825조·806조)(조정전치주의가 적용됨. 가소 2조 1항 다류사건 2)·50조)(판례는 사기·강박으로 혼인한 자는 협의이혼시에도 손해배상을 청구할 수 있다고 한다. 대판 1977. 1. 25, 76다2223). 혼인이 취소된 경우 일방은 상대방에 대하여 재산분할을 청구할 수 있다(가소 2조 1항 마류 사건 4)·50조)(조정전치주의가 적용됨).

혼인취소의 경우 가정법원이 직권으로 친권자를 정한다(909조 5항). 그리고 자의 양육책임에 관한 제837조와 면접교섭권에 관한 제837조의 2를 혼인취소의 경우에 준용한다(824조의 2, 가소 2조 1항 마류사건 3). 조정전치주의).

E-29 ## Ⅳ. 혼인의 효과

1. 일반적 효과

(1) 친족관계의 발생

혼인을 하면 부부는 서로 배우자로서 친족이 된다(777조 3호). 그리고 서로 상대방의 4촌 이내의 혈족, 상대방의 4촌 이내의 혈족의 배우자와 인척이 된다(777조 2호·769조).

(2) 부부의 성(姓)

부부는 혼인 후에도 각자 본래의 성을 그대로 가진다.

(3) 동거 · 부양 · 협조의 의무

부부는 동거하며 서로 부양하고 협조하여야 한다(826조 1항 본문).

1) 동거의무 동거의무는 동일한 거소에서 부부로서 공동생활을 하는 것이다. 부부는 동거의무가 있으나, 정당한 이유(예: 해외근무 · 요양 · 자녀교육. 그러나 전처의 장남과의 불화는 아님(대판 1991. 12. 10, 91므245))로 일시적으로 동거하지 않는 경우에는 서로 인용하여야 한다(826조 1항). 부부의 동거장소는 부부의 협의에 따라 정하되(826조 2항 본문), 협의가 이루어지지 않는 경우에는 당사자의 청구에 의하여 가정법원이 정한다(826조 2항 단서).

부부의 일방이 정당한 이유 없이 동거를 거부하는 경우 상대방은 가정법원에 동거에 관한 심판을 청구할 수 있다(가소 2조 1항 마류사건 1) · 50조)(조정전치주의가 적용됨). 그러나 동거를 명하는 심판에 대하여는 직접강제는 물론 간접강제도 허용되지 않는다(이설 없음). 그것은 혼인관계의 본질에 반하기 때문이다. 부당한 동거의무의 위반은 악의의 유기로서 이혼원인이 될 뿐이다(840조 2호). 그런데 판례에 의하면, 부부의 일방이 동거의무를 위반한 경우에 다른 일방은 이혼을 청구하지 않고 위자료를 청구할 수 있다고 한다(대판 2009. 7. 23, 2009다32454). 그리고 부당하게 동거를 거부하는 배우자 일방은 상대방에 대하여 부양료의 지급을 청구할 수 없다(대판 1991. 12. 10, 91므245 등).

판 례 동거의무 위반의 경우 위자료청구 관련

「부부의 일방이 상대방에 대하여 동거에 관한 심판을 청구한 결과로 그 심판절차에서 동거의무의 이행을 위한 구체적인 조치에 관하여 조정이 성립한 경우에 그 조치의 실현을 위하여 서로 협력할 법적 의무의 본질적 부분을 상대방이 유책하게 위반하였다면, 부부의 일방은 바로 그 의무의 불이행을 들어 그로 인하여 통상 발생하는 비재산적 손해의 배상을 청구할 수 있고, 그에 반드시 이혼의 청구가 전제되어야 할 필요는 없다.」(대판 2009. 7. 23, 2009다32454)

2) 부양의무 부부의 부양의무는 부부로서의 공동생활에 필요한 상대방의 의식주 E-30
생활을 서로 보장하는 의무이다. 부양의 정도와 내용은 부부의 사회적 지위나 재산상태를 고려하여 서로 자기의 생활과 같은 수준으로 보장하여야 한다. 부부의 부양의무는 이 점에서 미성년의 자에 대한 부모의 부양의무와 같고, 자기의 생활수준을 유지하면서 여유가 있을 때 상대방의 최저한도의 생활을 보장하는 친족간의 부양의무(974조 이하)와 다르다(그리하여 부부 사이의 부양의무를 1차적 부양의무, 친족간의 부양의무를 2차적 부양의무라고 부름). 혼인관계가 파탄되거나 이혼소송이 제기된 경우에도 파탄에 책임 없는 배우자는 상대방에게 부양청구를 할 수 있다(파탄에 주된 책임이 있는 자는 신의칙상 부양청구를 할 수 없음). 판례도, 혼인이 사실상 파탄되어 부부가 별거하면서 서로 이혼소송을 제기하는 경우라고 하더라도, 특별한 사정이 없는 한 이혼을 명한 판결의 확정 등으로 법률상 혼인관계가 완전히 해소될 때까지는 부부간 부양의무가 소멸하지 않는다고 한다(대결 2023. 3. 24, 2022스771).

부부의 일방이 부양의무를 이행하지 않는 경우 상대방은 가정법원에 부양에 관한 심판을 청구할 수 있다(가소 2조 1항 마류사건 1)·50조)(조정전치주의가 적용됨). 가정법원의 부양료지급 심판은 강제이행도 할 수 있다(가소 62조-64조·67조·68조). 그리고 부양의무 위반은 악의의 유기(840조 2호) 또는 기타 혼인을 계속하기 어려운 중대한 사유(840조 6호)에 해당하여 이혼원인이 될 수 있다.

판 례 부부간의 부양의무 관련

(ㄱ) 「민법 제826조가 규정하고 있는 부부간의 상호부양의무는 부부 중 일방에게 부양의 필요가 생겼을 때 발생하는 것이기는 하지만 이에 터잡아 부양료의 지급을 구함에 있어서는 그 성질상 부양의무자가 부양권리자로부터 그 재판상 또는 재판 외에서 부양의 청구를 받고도 이를 이행하지 않음으로써 이행지체에 빠진 이후의 분에 대한 부양료의 지급을 구할 수 있음에 그치고 그 이행청구를 받기 전의 부양료에 대하여는 이를 청구할 수 없다.」(대판 1991. 10. 8, 90므781·798)(대판 2012. 12. 27, 2011다96932[핵심판례 466면]가 특별한 사정이 있는 경우에는 예외를 인정하고 있음을 주의. E-164 참조)

(ㄴ) 「민법 제826조 제 1 항이 규정하고 있는 부부간의 동거·부양·협조의무는 정상적이고 원만한 부부관계의 유지를 위한 광범위한 협력의무를 구체적으로 표현한 것으로서 서로 독립된 별개의 의무가 아니라고 할 것이므로, 부부의 일방이 정당한 이유 없이 동거를 거부함으로써 자신의 협력의무를 스스로 저버리고 있다면, 상대방의 동거청구가 권리의 남용에 해당하는 등의 특별한 사정이 없는 한, 상대방에게 부양료의 지급을 청구할 수 없다.」(대판 1991. 12. 10, 91므245)

3) 협조의무 협조의무는 부부로서의 공동생활에 분업에 기초하여 협력하여야 할 의무이다. 부부의 일방이 협조의무를 이행하지 않는 경우 상대방은 가정법원에 심판을 청구할 수 있으나(가소 2조 1항 마류사건 1)·50조)(조정전치주의 적용을 받음), 협조의무의 성질상 강제이행은 허용되지 않으며, 이혼원인(840조 6호)이 될 뿐이다.

4) 성적(性的) **성실의무**(정조의무) 부부는 정신적·육체적·경제적으로 결합된 공동체로서 서로 협조하고 보호하여 부부공동생활로서의 혼인이 유지되도록 상호 간에 포괄적으로 협력할 의무를 부담하고 그에 관한 권리를 가진다. 이러한 동거의무 내지 부부공동생활 유지의무의 내용으로서 부부는 부정행위를 하지 않아야 하는 성적 성실의무를 부담한다(대판 2015. 5. 29, 2013므2441). 부부의 일방이 이 의무를 위반하여 부정행위를 한 경우에는 상대방은 이혼을 청구할 수 있고(840조 1호), 또 그로 인하여 입은 정신적 고통에 대하여 불법행위를 이유로 손해배상도 청구할 수 있다(843조·806조). 부정행위를 한 제 3 자도 배우자가 있음을 알고 정을 통한 때에는 공동불법행위책임(760조)을 진다(대판(전원) 2014. 11. 20, 2011므2997(비록 부부가 아직 이혼하지 아니하였지만 실질적으로 부부공동생활이 파탄되어 회복할 수 없을 정도의 상태에 이르렀다면 예외임)[핵심판례 422면]; 대판 2023. 12. 21, 2023다265731(부부의 일방과 부정행위를 한 제 3 자가 실질적으로 부부공동생활을 파탄 상태에 이르게 된 원인을 제공한 경우라 하더라도, 그와의 성적 행위가 부부공동생활이 실질적으로 파탄된 상태에서 이루어졌다면 마찬가지라고 함) 등. E-67도 참조).

(4) 성년의제 E-31

1) 내 용 미성년자가 혼인(법률혼만을 가리킨다. 다수설도 같으나, 반대설도 있음)을 한 때에는 성년자로 본다(826조의 2). 이는 혼인의 당사자 일방 또는 쌍방이 미성년자일 경우 혼인의 독립성을 해치고(친권 또는 후견에 따라야 하기 때문에) 또 부부의 실질적 평등에 반하게 되는 문제(일방이 미성년자인 경우 상대방이 후견인이 됨)가 생기기 때문에 둔 제도이다(1977년 개정시에 신설). 그런데 혼인적령에 미달한 자에 대하여는 그의 보호를 위하여 성년의제를 인정하지 않아야 한다.

2) 적용범위 혼인한 미성년자는 사법상(私法上)의 모든 관계에서 성년자와 같은 행위능력을 가진다. 따라서 친권·후견은 종료하고, 자기의 자에 대하여 친권을 행사할 수 있으며(910조는 적용되지 않음), 타인의 후견인이 될 수도 있다. 그리고 스스로 유효하게 법률행위를 할 수 있음은 물론, 소송능력도 가진다(민소 55조). 입양을 할 수 있는가에 관하여는 견해가 나뉘나, 긍정하여야 할 것이다. 그러나 성년의제제도는 사법상의 행위능력 인정제도이기 때문에, 공법관계에는 원칙적으로 적용되지 않는다(예: 공직선거법 15조, 근로기준법 64조 이하).

성년의제를 받은 자가 미성년의 상태에서 혼인이 해소(이혼, 일방의 사망)되거나 혼인이 취소된 때에는 여전히 성년자로 보아야 한다(이설 없음). 그러나 혼인적령의 미달을 이유로 혼인이 취소된 경우에는 미성년자로 보아야 한다. 그리고 혼인이 무효인 경우에도 같다.

(5) 기 타

부부 간에는 서로 상속권이 있다(1003조). 한편 민법은 과거에는 제828조에서 「부부 간의 계약은 혼인 중 언제든지 부부의 일방이 이를 취소할 수 있다. 그러나 제3자의 권리를 해하지 못한다」고 규정하고 있었다. 그런데 이 규정은 2012. 2. 10. 개정시에 삭제되었다.

2. 재산적 효과(부부재산제) E-32

혼인을 한 당사자가 혼인 당시에 재산을 가지고 있거나 혼인 후에 새로이 재산을 취득하는 경우 그 재산의 귀속과 관리가 문제된다. 여기에 관하여 민법은 우선 그들의 합의에 의하여 재산관계를 정하도록 하고(829조. 부부재산계약), 그러한 합의가 없는 경우에는 민법이 규정하는 부부재산제(별산제)를 일률적으로 적용하도록 하고 있다(830조 이하).

(1) 부부재산계약

부부로 될 자는 혼인이 성립하기 전에 그 재산에 관하여 자유롭게 계약을 체결할 수 있다(829조 1항 참조). 그 계약을 부부재산계약이라고 한다(혼인 성립 후에 부부가 체결한 것이 아님을 주의). 이 제도는 아직까지는 거의 이용되지 않고 있으나, 앞으로 특히 재혼하는 사람들 사이에 어느 정도 이용될 가능성이 있다.

부부재산계약이 체결되면 혼인 중에는 원칙적으로 변경할 수 없다(829조 2항 본문). 다만, ① 정당한 사유가 있는 때에 법원의 허가를 얻어 변경할 수 있고(829조 2항 단서), ② 부부재산계약에 의하여 부부의 일방이 다른 일방의 재산을 관리하는 경우에 부적당한 관리로 인하여 그 재산을 위태롭게 한 때에는 다른 일방은 자기가 관리할 것을 법원에 청구할 수 있고 그 재산이 부부의 공유인 때에는 그 분할을 청구할 수 있으며(829조 3항)(여기에는 조정전치주의가 적용됨. 가소 2조 1항 마류사건 2)·50조), ③ 부부재산계약에서 혼인 중의 관리자의 변경이나 공유재산 분할에 관하여 미리 정한 경우에는 혼인 중에 법원의 허가 없이도 이들을 할 수 있다(829조 5항).

부부재산계약의 방식은 제한이 없어서 자유롭게 체결할 수 있으나, 혼인 성립시까지 그 등기를 하지 않으면 이로써 부부의 승계인(예: 상속인·포괄적 수증자) 또는 제3자에게 대항하지 못한다(829조 4항). 혼인 중 계약내용의 변경, 관리자의 변경, 공유재산의 분할이 있는 때에도 마찬가지이다(829조 5항). 부부재산약정 등기는 남편이 될 사람의 주소지를 관할하는 지방법원, 그 지원 또는 등기소에 약정자 양쪽이 공동으로 신청하여야 한다(비송 68조·70조).

E-33 **(2) 법정재산제**

부부재산계약이 체결되지 않거나 그것이 효력을 잃은 때에는 민법이 정한 바에 의한다.

1) 재산의 귀속과 관리 민법은 부부재산의 귀속에 관하여 별산제(別産制)를 채용하고 있다. 즉 부부의 일방이 혼인 전부터 가진 고유재산과 혼인 중 자기의 명의로 취득한 재산(예: 상속 또는 증여받은 재산, 그로부터 생긴 수익, 의복·장신구)은 그 특유재산으로 한다(830조 1항). 이 특유재산은 부부가 각자 관리·사용·수익한다(831조). 그리고 부부의 누구에게 속한 것인지 분명하지 않은 재산은 부부의 공유로 추정한다(830조 2항).

판 례 부부재산의 귀속 관련

판례에 의하면, 부부의 일방이 혼인 중 자기 명의로 취득한 재산은 그 명의자의 특유재산으로 추정되나, 실질적으로 다른 일방 또는 쌍방이 그 재산의 대가를 부담하여 취득한 것이 증명된 때에는 특유재산의 추정은 번복되어, 그 다른 일방의 소유이거나 쌍방의 공유로 보아야 할 것이라고 한다(대판 1995. 10. 12, 95다25695 등 다수). 그러나 재산을 취득함에 있어서 상대방의 협력이 있었다거나 혼인생활에 있어서 내조의 공이 있었다는 것만으로는 추정을 번복할 수 없다고 한다(대판 1986. 9. 9, 85다카1337·1338[핵심판례 424면]; 대판 1992. 12. 11, 92다21982 등). 구체적으로 대법원은 아파트의 분양대금을 명의자인 남편이 아니고 처가 부담한 경우 처의 단독소유라고 하고(대판 1992. 8. 14, 92다16171), 부동산의 취득대가를 부부 쌍방이 부담한 경우 그들이 그 취득대가의 부담비율에 따라 공유한다고 하며(대판 1994. 12. 22, 93다52068·52075(사실혼관계에 있는 자들임); 대판 1995. 2. 3, 94다42778(절반씩 부담)), 처 명의 부동산의 주된 매입자금이 부의 수입이지만 처의 적극적인 재산증식 노력이 있었던 경우에 대하여 부부의 공유재산으로 볼 여지가 있다고 한다(대판 1995. 10. 12, 95다25695 등). 그에 비하여 처 명의의 건물에 관하여 생활력이 없는 부와의 공유를 인정하지 않으며(대판 1992. 12. 11, 92다21982), 부 명의의 재산에 관하여 처가 가정주부로서 남편의 약국 경영을 도왔다는 것만으로는 부의 특유재산 추정을 번복하기가 어렵다고 한다(대판 1998. 6. 12, 97누7707).

2) 혼인생활비용의 공동부담 부부의 공동생활에 필요한 비용(예: 가족의 의식주 비용, 자녀의 출산·양육·교육에 필요한 비용)은 당사자간에 특별한 약정이 없으면 부부가 공동으로 부담한다(833조). 판례는, 제833조는 제826조 제1항이 정한 부양·협조의무 이행의 구체적인 기준을 제시한 조항이라고 한다(대결 2017. 8. 25, 2014스26). 여기서 부부가 공동으로 부담한다는 것이 반드시 액수를 동일하게 해야 한다는 의미는 아니다. 비용분담액은 구체적인 조건을 고려하여 부부의 협의에 의하여 정하되, 협의가 되지 않으면 가정법원에 심판을 청구할 수 있다(가소 2조 1항 마류사건 1)·50조)(조정전치주의가 적용됨).

3) 일상가사대리권과 일상가사채무의 연대책임 E-34

(가) 서 설 부부는 일상(日常)의 가사(家事)에 관하여 서로 대리권이 있으며(827조 1항), 부부의 일방이 일상의 가사에 관하여 제3자와 법률행위를 한 때에는 다른 일방은 이로 인한 채무에 대하여 연대책임이 있다(832조 본문).

(나) 일상가사대리권의 범위 여기서 「일상의 가사」란 부부의 공동생활에서 필요로 하는 통상의 사무를 가리키며, 그 구체적인 범위는 부부공동체의 사회적 지위·직업·재산·수입능력 등 현실적 생활상태뿐만 아니라 그 부부의 생활장소인 지역사회의 관습 등에 의하여 정하여진다(대판 2000. 4. 25, 2000다8267 등 참조). 그런데 일상의 가사인지 여부를 판단함에 있어서는 부부공동체의 내부사정만을 중시할 것이 아니라 해당 사무의 객관적 성질도 충분히 고려하여야 한다.

위에서 본 바와 같이 일상의 가사인지 여부는 개별적인 각각의 부부에 따라 차이가 있으나, 일반적으로 식료품·연료·의복의 구입, 주택의 임차, 집세·방세의 지급과 수령, 가재도구의 구입, 전기·수도·가스의 공급계약체결 및 비용지급, 자녀의 양육비·교육비의 지급 등은 일상가사의 범위에 속한다. 그리고 금전차용행위는 그 목적에 따라 다르다. 만약 부부의 공동생활에 필수적인 비용으로 사용하기 위한 것이라면 일상가사의 범위에 속하나, 그렇지 않으면 제외된다.

판 례 일상가사 관련

(ㄱ) 판례에 의하면, 부인이 남편 명의로 분양받은 45평 아파트의 분양금을 납입하기 위한 명목으로 금전을 차용하여 분양금을 납입하였고, 그 아파트가 남편의 유일한 부동산으로서 가족들이 거주하고 있는 경우, 그 금전차용행위는 일상가사에 해당한다고 한다(대판 1999. 3. 9, 98다46877). 그러나 ① 아내가 남편 소유의 부동산을 매각하는 행위(대판 1966. 7. 19, 66다863), ② 처가 자가용차를 구입하기 위하여 타인으로부터 금전을 차용하는 행위(대판 1985. 3. 26, 84다카1621), ③ 처가 외국에 체류 중인 부의 재산을 처분한 행위(대판 1993. 9. 28, 93다16369), ④ 부인이 교회에의 건축헌금, 가게의 인수대금, 장남의 교회 및 주택임대차보증금의 보조금, 거액의 대출금에 대한 이자지급 등의 명목으로 금원을 차용한 행위(대판 1997. 11. 28, 97다31229), ⑤ 남편의 돈과 은행으로부터 차용한 금원으로 의류매장을 경영하면서 경영부진으로 거액의 채무를 부담하고 있는 처가 4,000만원의 계

금채무를 부담한 행위(대판 2000. 4. 25, 2000다8267)는 일상의 가사에 속하지 않는다고 한다.

(ㄴ) 「민법 제832조에서 말하는 일상의 가사에 관한 법률행위라 함은 부부가 공동생활을 영위하는 데 통상 필요한 법률행위를 말하므로 그 내용과 범위는 그 부부공동체의 생활구조, 정도와 그 부부의 생활장소인 지역사회의 사회통념에 의하여 결정되며, 문제가 된 구체적인 법률행위가 당해 부부의 일상의 가사에 관한 것인지를 판단함에 있어서는 그 법률행위의 종류·성질 등 객관적 사정과 함께 가사처리자의 주관적 의사와 목적, 부부의 사회적 지위·직업·재산·수입능력 등 현실적 생활상태를 종합적으로 고려하여 사회통념에 따라 판단하여야 할 것이다.

그리고 금전차용행위도 금액, 차용목적, 실제의 지출용도, 기타의 사정 등을 고려하여 그것이 부부의 공동생활에 필요한 자금조달을 목적으로 하는 것이라면 일상가사에 속한다고 보아야 할 것이므로, 아파트 구입비용 명목으로 차용한 경우 그와 같은 비용의 지출이 부부공동체를 유지하기 위하여 필수적인 주거공간을 마련하기 위한 것이라면 일상의 가사에 속한다고 볼 여지가 있다고 할 것이다.」(대판 1999. 3. 9, 98다46877)

(다) **일상가사대리권의 제한** 부부의 일방은 일상가사대리권을 제한할 수 있다. 그러나 그 제한은 선의의 제3자에게 대항하지 못한다(827조 2항).

E-35 (라) **일상가사대리권과 표현대리** 부부 일방의 행위가 일상가사에 관한 대리행위로 인정되는 경우에는, 다른 배우자인 본인이 책임을 지게 된다. 그런데 부부 일방의 행위가 일상가사에 관한 법률행위로 인정되지 않는 경우에는 다른 일방의 책임은 생기지 않는다. 그 경우에 일상가사대리권을 기초로 하여 제126조의 표현대리가 성립할 수 있는지가 문제된다. 이것이 긍정된다면 상대방은 행위를 하지 않은 부부의 일방에게 대리행위의 책임을 물을 수 있을 것이다(그러나 연대책임을 부담하는 것은 아님).

여기에 관하여 학설은 i) 일상가사대리권을 기본대리권으로 하여서도 제126조의 표현대리가 성립할 수 있다는 견해, ii) 일반적·추상적인 일상가사의 범위와 개별적·구체적인 일상가사의 범위가 어긋날 경우에 일반적·추상적인 일상가사의 범위 내에서만 표현대리의 규정이 유추적용되고 그 밖의 행위에 대하여는 대리권의 수여가 있는 경우에 한하여 그것을 기초로 하여 제126조가 적용된다는 견해, iii) 일상가사대리권에 제126조를 적용할 필요가 없다는 견해 등으로 나뉘어 있다(사견은 친족상속법 [56] 참조).

판례는, 처가 특별한 수권 없이 남편을 대리하여 부 소유의 부동산을 양도하거나 근저당권을 설정한 경우(대판 1968. 11. 26, 68다1727·1728) 또는 타인의 채무에 대하여 보증행위를 한 경우(대판 1998. 7. 10, 98다18988)에 그것이 제126조 소정의 표현대리가 되려면 그 처에게 일상가사대리권이 있었다는 것만이 아니라 상대방이 처에게 남편이 그 행위에 관한 대리의 권한을 주었다고 믿었음을 정당화할 객관적 사정이 있어야 한다고 한다. 그러나 대법원은 일상가사의 범위 내라고 오인될 수 있는 경우에 한하여 일상가사대리권에 기초하여 표현대리의 성립을 인정하였고(대판 1981. 6. 23, 80다609 등), 일상가사의 범위 내라고 오인될 수 있지 않음에도 불구하고 처의 행위에 대하여 표현대리의 성립을 인정한 경우는 처의 다른 대리권을 기초로 한 것이다(대판 1995. 12. 22, 94다45098 등 다수).

(판 례) 일상가사대리권과 표현대리 관련 E-36

(ㄱ) **일상가사대리권을 기초로 표현대리의 성립을 인정한 예** ① 처가 계를 하다가 부채를 지게 되자 부가 근무지 관계로 타처에 유숙하면서 맡겨둔 부 소유 부동산에 관한 문서 등을 이용하여 타인에게 저당권을 설정하고 돈을 빌려 쓴 경우(대판 1967. 8. 29, 67다1125). ② 남편이 정신이상으로 10개월 동안 입원하였고 입원 중 아내와의 면회가 금지되어 있었으며, 당시 남편이 사리를 판단할 능력이 없어서 가사상담에 응할 처지가 아니었고, 입원 전후 입원비나 가족들의 생활비·교육비 등을 준비해 둔 바가 없었던 경우에 아내가 입원비·생활비·교육비 등에 충당하기 위하여 남편 소유의 부동산을 적정가격으로 매도한 때(매수인의 선의·악의 불문)(대판 1970. 10. 30, 70다1812). ③ 갑이 그 처와 15년 전부터 별거하고 9년 전부터 을을 만나 사실상 부부관계를 맺고 대외적으로도 부부로 행세해 온 경우에 갑이 을을 대리하여 을 소유의 부동산에 관하여 근저당권 설정계약을 체결한 때(대판 1980. 12. 23, 80다2077). ④ 처 을이 남편 갑 몰래 인감과 인감증명서를 소지하고 갑의 대리인인 것처럼 행세하여 병으로부터 돈을 빌리면서 그 담보로 갑 소유의 부동산에 관하여 소유권이전청구권 보전의 가등기를 해 준 경우(병이 을의 친척으로부터 갑의 집안이 여유가 있고 완고하며, 을 역시 검소하고 갑과도 원만하고, 갑 집안에 일시적으로 돈 쓸 일이 생겨 갑이 을을 통하여 돈을 빌리려고 한다는 말을 듣고 있었던 때)(대판 1981. 6. 23, 80다609).

(ㄴ) **처의 다른 대리권을 기초로 표현대리를 인정한 예** ① 친권자인 부가 미성년자인 자 소유의 부동산에 관한 권리증과 자신의 인장을 처에게 보관시키고 다년간 별거를 하고 있었다면 이는 처에게 어떠한 대리권을 수여한 것이라고 봄이 타당하고, 처가 타인으로부터 금전을 차용하면서 보관 중인 위 인장과 권리증을 이용하여 남편의 대리인이라고 칭하여 담보 의미로 소유권이전등기를 한 경우 처의 행위는 표현대리행위에 해당한다(대판 1968. 8. 30, 68다1051). ② 갑의 처 을이 당시 해외 체류 중이던 갑의 대리인으로서 부동산을 매수하고 갑의 이름으로 그 소유권이전등기를 하였고, 병은 을로부터 갑의 인감도장과 위 부동산의 등기권리증 및 부동산 명의변경용으로 된 인감증명서를 교부받아 그 명의의 소유권이전등기를 하였다면, 병으로서는 을에게 이 부동산에 관하여 원고를 대리할 대리권이 있다고 믿을 만한 정당한 이유가 있다(대판 1984. 11. 27, 84다310, 84다카1283). ③ 처 을이 부 병의 해외 취업 중 병으로부터 경영권을 위임받아 공장을 경영하면서 공장운영자금의 조달을 위하여 금원을 차용하고 이를 담보하기 위한 가등기를 경료함에 있어 채권자 갑이 을로부터 병 명의의 가등기설정용 인감증명서를 교부받고 을이 병의 인감을 소지하고 있는 것을 본 경우(대판 1987. 11. 10, 87다카1325). ④ 처 을이 남편 갑이 경영하는 가스 상회의 경리업무를 보면서 1988년경부터 약 2년간에 걸쳐 갑이 당좌를 개설한 은행으로부터 갑의 수표용지를 수령해 갑이 별도로 경영하는 가스 대리점에서 사용하는 인장이나 은행에 신고된 인장을 사용하여 모두 100여장의 갑 명의의 수표

및 어음을 발행하였으며, 갑도 1988. 10. 경부터는 이를 알았으나 방치하였고, 갑이 피사취계를 내기 전까지는 대부분의 어음과 수표가 정상적으로 지급되어온 상태에서, 을이 1989. 9. 경부터 수표할인을 받기 위하여 은행에 신고된 갑의 인감도장을 이용하여 수표를 발행한 경우(대판 1991. 6. 11, 91다3994). ⑤ 일상가사대리권 외에 저당권설정의 기본대리권이 있는 처가 그 범위를 넘어서 남편의 부동산에 관하여 근저당권설정을 해 준 경우(대판 1995. 12. 22, 94다45098).

(ㄷ) 표현대리의 성립을 부정한 예 대법원은 부부의 일방이 다른 일방의 명의로 법률행위를 한 많은 경우에 관하여, 때로는 일상가사대리권을 언급하면서, 때로는 그것의 언급이 없이 표현대리의 성립을 부정하였다. 그 사안들은 처가 부 소유의 부동산을 타인에게 양도하거나 금전을 빌리면서 부 소유의 부동산에 근저당권을 설정한 경우가 대부분이고(대판 1984. 6. 26, 81다524; 대판 2002. 6. 28, 2001다49814(처가 제 3 자를 남편으로 가장시켜 관련서류를 위조하여 남편 소유의 부동산을 담보로 대출을 받은 경우에 126조의 표현대리의 책임을 부정함) 등 다수), 그 밖에 처가 남편의 채무에 관하여 채권자들과 채무금 확정 및 분할변제약정을 한 경우(대판 1990. 12. 26, 88다카24516), 남편이 처의 명의로 사업상의 채무(2억원)를 보증한 경우(대판 1997. 4. 8, 96다54942), 처가 남편 명의로 친정 오빠의 자동차 할부판매 보증보험계약상의 채무에 대하여 연대보증계약을 체결한 경우(대판 1998. 7. 10, 98다18988)도 있다.

(ㄹ) 「대리가 적법하게 성립하기 위하여는 대리행위를 한 자, 즉 대리인이 본인을 대리할 권한을 가지고 그 대리권의 범위 내에서 법률행위를 하였음을 요하며, 부부의 경우에도 일상의 가사가 아닌 법률행위를 배우자를 대리하여 행함에 있어서는 별도로 대리권을 수여하는 수권행위가 필요한 것이지, 부부의 일방이 의식불명의 상태에 있어 사회통념상 대리관계를 인정할 필요가 있다는 사정만으로 그 배우자가 당연히 채무의 부담행위를 포함한 모든 법률행위에 관하여 대리권을 갖는다고 볼 것은 아니다.」(대판 2000. 12. 8, 99다37856)

E-37 (ㅁ) 일상가사채무의 연대책임 부부의 일방이 일상의 가사에 관하여 제 3 자와 법률행위를 한 때(이는 부부의 일방이 자기의 이름으로 법률행위를 한 경우임을 주의)에는 다른 일방은 이로 인한 채무에 대하여 연대책임이 있다(832조 본문). 통설은 여기의 연대책임은 제413조 이하의 연대채무보다 더 밀접한 부담관계라고 새긴다. 그리하여 부부는 동일내용의 채무를 병존적으로 부담하고, 제 3 자와의 관계에서는 부담부분에 관한 연대채무의 규정(418조 2항·419조·421조)이 적용되지 않아 일방은 다른 일방의 채권 전액으로 상계할 수 있고 일방에 대한 채무면제나 시효소멸의 효과는 그 전액에 관하여 발생한다고 한다.

부부의 연대책임은 미리 제 3 자에 대하여 다른 일방의 책임없음을 명시한 때에는 생기지 않는다(832조 단서).

일상가사대리권과 일상가사채무에 대한 연대책임은 사실혼의 부부에게도 인정되어야 한다. 판례(대판 1980. 12. 23, 80다2077: 일상가사대리권에 관한 것임)·통설도 같다.

Ⅴ. 이 혼 E-38

1. 혼인의 해소 일반론

(1) 혼인해소의 의의

혼인의 해소란 완전히 유효하게 성립한 혼인이 그 후의 사유로 말미암아 소멸하는 것을 말한다. 이는 혼인에 처음부터 하자가 있어서 그것이 취소되는 경우와는 본질적으로 다르다. 혼인해소의 원인에는 배우자의 사망과 이혼이 있다.

(2) 사망에 의한 해소

부부의 일방이 사망하면 혼인은 당연히 해소된다. 그리하여 혼인의 효과(동거·부양·협조의무, 정조의무, 혼인생활비용 부담, 일상가사에 관한 연대책임, 부부재산관계, 부부간의 계약 등)가 소멸하며, 다른 일방은 자유로이 재혼할 수 있게 된다. 그러나 소멸의 효과가 소급하지는 않으므로, 일상가사로 인한 책임이 이미 발생한 경우에 그 책임은 존속한다. 그리고 잔존배우자는 상속을 하게 된다(1003조). 한편 부부의 일방이 사망한 경우 생존배우자와의 인척관계는 당연히 소멸하지는 않으며, 생존배우자가 재혼한 때에만 소멸한다(775조 2항).

부부의 일방이 실종선고(28조)나 부재선고를 받은 경우(「부재선고에 관한 특별조치법」 4조), 인정사망의 경우(가족 87조)에도 사망한 때처럼 혼인이 해소된다.

(3) 이혼에 의한 해소

이혼이란 완전·유효하게 성립한 혼인을 당사자 쌍방 또는 일방의 의사에 의하여 해소하는 제도이다. 우리 법상 이혼에는 협의이혼과 재판상 이혼의 두 가지가 있다.

2. 협의이혼 E-39

(1) 의 의

부부는 협의에 의하여 이혼할 수 있는데(834조), 그 경우의 이혼이 협의이혼이다. 협의이혼은 넓은 의미에서 하나의 계약이며, 일정한 방식으로 신고하여야 하는 요식행위이다(836조 참조).

(2) 성립요건

민법은 협의이혼의 성립요건으로 이혼신고만을 규정하고 있다(836조). 그러나 협의이혼도 일종의 계약이기 때문에 그것이 성립하려면 당사자 사이에 이혼의 합의가 있어야 한다.

1) 당사자의 이혼의 합의 협의이혼을 성립시키기 위한 합의는 외형적인 의사표시의 일치로서 충분하다. 그리고 그러한 의사표시와 그것들의 일치인 합의는 이혼신고가 있을 때 그것에 포함되어서 행하여지게 된다. 따라서 협의이혼이 성립하기 위하여 합의가 따로 행하여질 필요는 없다.

E-40 **2) 이혼신고**

(가) 서 설 협의상 이혼은 가정법원의 확인을 받아 가족등록법이 정한 바에 의하여 신고함으로써 그 효력이 생긴다(836조 1항). 이 협의이혼의 신고는 혼인신고와 마찬가지로 협의이혼의 성립요건이다. 신고는 당사자 쌍방과 성년자인 증인 2인의 연서(連署)한 서면으로 하여야 한다(836조 2항).

협의이혼신고도 — 혼인신고와 마찬가지로 — 말로도 할 수 있고(가족 23조 1항), 서면으로 신고하는 경우에는 우송을 하거나(가족 41조 참조) 타인에게 제출하게 하여도 무방하나(가족 23조 2항), 구술신고는 타인이 대리할 수 없다(가족 31조 3항 단서·74조). 그리고 본인이 시·읍·면에 직접 출석하지 않는 경우에는 본인의 신분증명서를 제시하거나 신고서에 본인의 인감증명서를 첨부하여야 하며, 그러지 않으면 신고서가 수리되지 않는다(가족 23조 2항).

(나) 가정법원의 확인 협의이혼을 하려는 자는 가정법원의 확인을 받아야 한다(836조 1항). 그러기 위하여 먼저 부부가 함께 등록기준지 또는 주소지를 관할하는 가정법원에 출석하여 협의이혼의사 확인신청서를 제출하고, 이혼에 관한 안내를 받아야 한다(가족 75조 1항, 가족규칙 73조 1항). 그런데 가정법원의 확인은 신청 후 일정기간이 경과한 후에야 받을 수 있다. 2007년 민법 개정시에 이혼 숙려기간 제도를 도입하였기 때문이다. 그 제도를 자세히 살펴본다.

협의상 이혼을 하려는 자는 가정법원이 제공하는 이혼에 관한 안내를 받아야 하고, 가정법원은 필요한 경우 당사자에게 상담에 관하여 전문적인 지식과 경험을 갖춘 전문상담인의 상담을 받을 것을 권고할 수 있다(836조의 2 1항). 그리고 가정법원에 이혼의사의 확인을 신청한 당사자는 이 안내를 받은 날부터 일정한 기간이 지난 후에 이혼의사의 확인을 받을 수 있다. 그 기간은 양육하여야 할 자(포태 중인 자를 포함한다)가 있는 경우에는 3개월이고(836조의 2 2항 1호), 그 밖의 경우에는 1개월이다(836조의 2 2항 2호). 다만, 가정법원은 폭력으로 인하여 당사자 일방에게 참을 수 없는 고통이 예상되는 등 이혼을 하여야 할 급박한 사정이 있는 경우에는 이 이혼 숙려기간을 단축 또는 면제할 수 있다(836조의 2 3항). 한편 양육하여야 할 자가 있는 경우 당사자는 제837조에 따른 자(子)의 양육과 제909조 제 4 항에 따른 자의 친권자결정에 관한 협의서 또는 제837조 및 제909조 제 4 항에 따른 가정법원의 심판정본을 제출하여야 한다(836조의 2 4항).

가정법원은 부부 양쪽이 이혼에 관한 안내를 받은 날부터 이혼 숙려기간이 지난 뒤 부부 양쪽을 출석시켜 그 진술을 듣고 이혼의사의 유무 및 부부 사이에 미성년인 자녀가 있는지 여부와 미성년인 자녀가 있는 경우 그 자녀에 대한 양육과 친권자결정에 관한 협의서 또는 가정법원의 심판정본 및 확정증명서를 확인하여야 한다(가족규칙 74조 1항). 가정법원은 부부 양쪽의 이혼의사 등을 확인하면 확인서를 작성하여야 하고, 미성년인 자녀의 양육과 친권자결정에 관한 협의를 확인하면 그 양육비부담조서도 함께 작성하여야 하고(836조의 2 5

항 1문, 가족규칙 78조 1항), 법원사무관 등은 동 규칙 제78조 제2항의 확인서가 작성된 경우에는 지체 없이 확인서등본과 미성년인 자녀가 있는 경우 협의서등본 및 양육비부담조서정본 또는 심판정본 및 확정증명서를 부부 양쪽에게 교부하거나 송달하여야 한다(가족규칙 78조 4항). 그런데 양육비부담조서는 가사소송법에 의한 집행권원이 되므로(836조의 2 5항 2문, 가소 41조), 양육비 지급이 없을 경우 곧바로 강제집행을 할 수 있다. 그리고 협의이혼의 신고는 확인서등본을 교부 또는 송달받은 날부터 3개월 이내에 그 등본을 첨부하여 하여야 하며(가족 75조 2항), 신고 없이 3개월이 경과한 때에는 그 가정법원의 확인은 효력을 상실한다(가족 75조 3항). 이혼신고서의 제출은 부부 중 한 쪽이 할 수 있다(가족규칙 79조. 대판 1969. 12. 9, 68므9도 유효하다고 함). 한편 재외국민의 이혼의사 확인절차는 가족규칙 제75조·제76조에 규정되어 있다.

판 례 협의이혼의사 확인과 재판상 이혼의 관계

「법원에 의한 협의이혼의사 확인절차는 확인 당시에 당사자들이 이혼할 의사를 가지고 있었는가를 밝히는 데 그치는 것이므로 협의이혼의사 확인이 있었다는 것만으로 재판상 이혼사유가 될 수 없음은 물론이고 그 의사 확인 당시에 더 이상 혼인을 계속할 수 없는 중대한 사유가 있었다고 추정될 수도 없는 것」이다(대판 1988. 4. 25, 87므28).

(3) 협의이혼의 장애사유(유효요건 문제)

피성년후견인은 부모 또는 후견인의 동의를 얻어 이혼을 할 수 있다(835조·808조 2항).

(4) 협의이혼의 무효와 취소 E-41

1) 협의이혼의 무효

(가) 서 설 민법에는 협의이혼의 무효에 관한 규정이 없으나(이는 입법상 불비임), 가사소송법이 이혼무효의 소에 대하여 규정하고 있다(가소 2조 1항 가류사건 2)). 재판상 이혼은 무효로 될 수 없으므로, 여기의 이혼은 협의이혼만을 가리킨다.

(나) 무효원인 「당사자간에 이혼의 합의가 없는 때」에는 협의이혼이 무효라고 하여야 한다(815조 1호 유추). 이는 본인의 의사를 존중하는 친족법상의 행위의 본질상 당연하다. 이혼의 합의 즉 이혼의사의 합치에 있어서 이혼의사가 어떤 의미인지가 문제된다. 여기에 관하여 학설(이들은 이혼의 성립요건으로 논의함)은 i) 혼인관계를 실제로 해소하려는 의사라고 하는 실질적 의사설(사견도 같음. 친족상속법 [63] 참조), ii) 이혼신고를 하려는 의사라는 형식적 의사설, iii) 협의이혼의 유형에 따라 다르게 별도의 이론구성을 하여야 한다는 견해로 나뉘어 있다. 한편 판례는 초기에는 명백한 실질적 의사설의 입장이었으나(대판 1967. 2. 7, 66다2542 등), 근래에는 이혼무효에 매우 신중한 태도를 보이고 있다(대판 1975. 8. 19, 75도1712 이래 다수의 판결. 특히 대판 1993. 6. 11, 93므171). 이를 놓고 문헌들은 대부분 최근의 판례가 형식적 의사설을 취하고 있다고 한다. 그러나 판례가 아직도 실질적 의사설을 취하고 있

음은 분명하며(대판 1993. 6. 11, 93므171(「법률상의 부부관계를 해소하려는 의사」)[핵심판례 426면]; 대판 1997. 1. 24, 95도448(가장이혼을 유효하다고 하지 않음) 등 참조. 판례의 사안이 형벌에 관련되는가도 유의해서 보아야 함), 단지 특별한 사정이 있는 경우에만 이혼의사를 인정하려는 것일 뿐이다.

판 례 이혼신고가 유효하다고 한 예

① 처가 운영하던 계가 깨져 부(夫)의 재산에까지도 강제집행을 당할 우려가 생기자 협의이혼신고를 하였다가 약 5개월 뒤 다시 혼인신고가 이루어진 경우에 관하여, 당사자간에 강제집행의 회피 기타 다른 목적을 위한 방편으로 일시적으로 이혼신고를 하기로 하는 합의가 있었음을 인정할 증거가 없다면 이혼당사자간에 일응 일시나마 법률상 적법한 이혼을 할 의사로서 이혼신고를 한 것으로 인정되고 부부관계는 유효하게 일단 해소되었다고 보아야 할 것이라고 한다(대판 1975. 8. 19, 75도1712: 간통죄 사건). ② 피고인들이 해외로 이주할 목적으로 이혼신고를 하였다 하더라도 일시적이나마 이혼할 의사가 있었다고 보여지므로 피고인 등의 이혼신고는 유효하다고 한다(대판 1976. 9. 14, 76도107: 공정증서원본 불실기재죄 등 사건). ③ 부(夫)가 외국이민을 떠났다가 3년 후에 다시 귀국하여 혼인신고를 해 주겠다고 하여 이를 믿고 이혼신고를 하였다면, 당사자간에 일시적이나마 법률상의 부부관계를 해소할 의사가 있었고, 따라서 그 이혼신고는 유효하다고 한다(대판 1981. 7. 28, 80므77). ④ 갑(夫)이 처갓집에 들어가 농사일에 종사하던 중 장인·장모와 불화하여 장모가 나갈 것을 요구하자 사위의 신분으로는 노임을 청구할 수 없는 것으로 오인하고 처와 합의 하에 협의이혼신고를 한 경우에 관하여, 일시적으로나마 이혼신고를 하기로 하는 합의 하에 협의이혼신고를 한 사실이 인정되는 이상 이혼의사가 결여되어 무효라고는 할 수 없다고 한다(대판 1993. 6. 11, 93므171[핵심판례 426면]).

실질적 의사설인 사견에 의하면 이혼의사의 합치가 없는 가장이혼은 무효이다. 다만, 충분히 증명하지 않으면 가장이혼으로 인정될 수 없다.

이혼의사는 이혼신고서 작성시에는 물론이고 신고서 제출시에도 존재하여야 한다(통설도 같음). 그리하여 부부가 협의이혼의사 확인을 받았더라도 부부의 일방이 협의이혼의사를 철회하면(확인을 받은 당사자가 철회하려면 이혼신고가 접수되기 전에 이혼의사 철회서를 제출하여야 한다. 가족규칙 80조) 협의이혼신고서는 수리할 수 없으며, 설사 가족관계 등록사무 담당공무원이 착오로 협의이혼신고서를 수리하였더라도 협의이혼의 효력은 생기지 않는다(대판 1994. 2. 8, 93도2869).

E-42 (다) **이혼무효의 소** 이혼무효 및 이혼무효의 소의 성질은 혼인무효의 경우와 같다. 따라서 당연무효가 아니고 무효판결에 의하여 비로소 이혼이 무효로 되며, 이혼무효의 소는 형성의 소라 할 것이다. 그런데 다른 견해인 당연무효설에 의하면, 이혼무효의 소는 확인의 소라고 하며, 이혼무효사유가 있을 경우, 이혼무효 확인의 소를 제기할 수 있음은 물론이고, 그러한 소가 제기되지 않은 상태에서도 이해관계인은 다른 소송에서 선결문제로서 이혼의 무효를 주장할 수 있다고 한다.

이혼무효의 소는 당사자·법정대리인 또는 4촌 이내의 친족이 언제든지 제기할 수 있다(가소 23조)(조정전치주의는 적용되지 않음. 가소 2조 1항 가류사건 2). 그러나 이혼무효를 원인으로 하는 손해배상청구 및 원상회복청구에는 조정전치주의가 적용됨. 가소 2조 1항 다류사건 2)·50조). 이혼무효의 소의 상대방은 혼인무효의 경우와 같다(가소 24조. E-23 참조). 이혼무효의 판결이 확정되면 처음부터 이혼이 없었던 것과 같이 된다(즉 소급효가 있다). 그리고 제 3 자에게도 효력이 미친다(가소 21조 1항). 이혼무효 판결이 확정된 경우에는 소를 제기한 사람은 판결확정일부터 1개월 이내에 가족관계등록부의 정정을 신청하여야 한다(가족 107조).

2) 협의이혼의 취소 E-43

(가) 취소의 원인 배우자나 제 3 자의 사기 또는 강박으로 인하여 이혼의 의사표시를 한 자는 사기를 안 날 또는 강박을 면할 날부터 3개월 이내에 이혼의 취소를 가정법원에 청구할 수 있다(838조·839조·823조). 취소는 법원의 협의이혼의사의 확인을 거쳤다고 하여 배제되는 것이 아니다. 그 확인은 당사자들의 의사를 확인하여 증명해 주는 데 그치는 것이고, 또 법원의 확인에 소송법상의 특별한 효력이 있는 것도 아니기 때문이다(대판 1987. 1. 20, 86므86: 부(夫)가 정신분열증이 있는 처(妻)를 데리고 법원에 가서 이혼의사확인을 받은 사건임). 한편 여기서 사기나 강박을 한 자에는 상대방 배우자 외에 제 3 자도 포함된다. 그리고 제 3 자가 사기나 강박을 행한 경우에는 상대방 배우자가 제 3 자의 사기·강박 사실에 대하여 선의·무과실이더라도 취소할 수 있다고 새겨야 한다. 당사자의 진의가 존중되어야 하는 혼인취소에는 민법총칙 규정(110조 2항)을 적용하지 않는 것이 바람직하기 때문이다(앞의 E-8도 참조).

피성년후견인이 부모 등의 동의를 얻지 않고 협의이혼한 경우에 관하여, 민법은 동의를 요구하는 규정(835조)만을 두고 그것을 위반한 경우에 대하여는 규정을 두고 있지 않다. 이 문제는 협의이혼의사 확인 또는 이혼신고서 수리절차에서 해결될 가능성이 크기는 하나, 그렇지 못한 때에는 피성년후견인의 보호를 위하여 취소할 수 있다고 하여야 한다(816조 1호·819조 유추. 입법상 불비(不備)이다. 이설 있음).

(나) 이혼취소의 소 이혼취소의 소는 형성의 소로서(조정전치주의가 적용됨. 가소 2조 1항 나류사건 3)·50조) 그 판결의 확정으로 이혼이 취소된다. 그리고 취소판결은 제 3 자에게도 효력이 있다(가소 21조 1항). 이혼취소의 판결이 확정된 경우에는 소를 제기한 사람은 판결의 확정일부터 1개월 이내에 그 취지를 신고하여야 한다(가족 78조·58조 1항).

이혼취소의 경우에는 혼인의 취소에서와는 달리 그 소급효를 제한하는 규정이 없어서(824조 참조), 취소판결이 확정되면 이혼이 처음부터 무효였던 것으로 된다. 따라서 혼인은 계속되었던 것으로 되고, 당사자가 그 사이에 재혼한 때에는 중혼이 된다(대판 1984. 3. 27, 84므9).

이혼취소의 경우에 사기·강박을 당한 자는 사기·강박을 행한 상대방 배우자 또는 제 3 자에 대하여 손해배상을 청구할 수 있다(750조). 그런데 이혼취소를 원인으로 하는 손해배상청구와 원상회복청구에는 조정전치주의가 적용된다(가소 2조 1항 다류사건 2)·50조).

E-44 ### (5) 사실상의 이혼

1) 의 의 사실상의 이혼이란, 형식적으로는 법률혼 상태에 있으나, 부부가 이혼에 합의하고 별거하여 부부공동생활의 실체가 없는 상태를 말한다. 이러한 경우에 혼인의 효력을 정상적인 경우와 똑같이 인정하는 것은 적당치 않을 것이다.

2) 효 과 사실상 이혼의 경우에는 혼인의 효력에 관한 규정 중 부부공동생활을 전제로 하는 것은 적용하지 않아야 한다.

(가) 부부 사이의 동거·부양·협조의무는 소멸한다. 그리고 일상가사대리권과 일상가사채무의 연대책임도 인정되지 않는다. 이때 제3자 보호가 문제되나, 제129조의 표현대리제도를 활용할 수 있을 것이다.

(나) 사실상의 이혼의 경우에도 친족관계는 유지된다. 따라서 그러한 부부도 재혼을 할 수 없고, 타인과 재혼하면 중혼이 된다. 그리고 사실상 이혼의 상태에서 부부의 일방이 사망하면 생존배우자는 상속권이 있다(대판 1969. 7. 8, 69다427).

(다) 사실상 이혼을 한 뒤 300일 이후에 출생한 자(子)는 사실상 이혼 후에 포태된 것으로 추정하여야 한다. 따라서 그러한 자에 대하여는 친생부인의 소에 의하지 않고 친자관계 부존재 확인의 소에 의하여 친자관계를 부정할 수 있다(대판(전원) 1983. 7. 12, 82므59).

E-45 ## 3. 재판상 이혼

(1) 서 설

1) 재판상 이혼이란 일정한 사유가 있을 때 당사자 일방의 청구로 가정법원의 판결에 의하여 혼인을 해소시키는 것을 말한다. 재판상 이혼은 일정한 사유가 있는 경우에만 허용되며, 그 사유를 재판상 이혼원인이라고 한다. 민법은 제840조에서 6가지의 재판상 이혼원인을 규정하고 있다.

2) 언제 재판상 이혼을 허용할 것인가, 즉 재판상 이혼원인을 어떻게 정할 것인가에 관하여는 두 가지의 입법주의가 있다. 하나는 부부의 일방에게 책임이 있는 경우에 한하여 다른 일방이 이혼을 청구할 수 있는 유책주의(有責主義)이고, 다른 하나는 책임과 관계없이 혼인이 파탄에 이르게 되면 이혼을 청구할 수 있는 파탄주의(破綻主義)이다. 우리 민법은 이 두 입법주의 가운데 유책주의를 취하고 있는 것으로 이해된다(통설·판례(대판(전원) 2015. 9. 15, 2013므568)[핵심판례 428면도 같음]).

3) 제840조 제1호 내지 제5호의 이혼원인은 제6호의 「혼인을 계속하기 어려운 중대한 사유」를 예시한 것으로 보아야 한다(이설 있음). 따라서 제1호 내지 제5호 중 어느 하나가 존재하면 제6호가 존재하는 것으로 인정되어 이혼이 허용되고, 제1호 내지 제5호를 주장하였으나 그 증명에 실패하였어도 제6호에 해당하는 사실이 있으면(그 반대도 가능함) 이혼을

인용하여야 한다(소송물은 제 6 호 하나만 있게 됨). 그러나 판례는 제840조의 이혼원인은 각각 별개의 독립한 이혼사유를 구성하는 것이므로, 법원은 원고가 주장한 이혼사유에 관하여만 심판하여야 하고, 원고가 주장하지 않은 이혼사유에 관하여는 심판을 할 필요가 없고 그 사유에 의하여 이혼을 명해서는 안 된다고 한다(대판 1963. 1. 31, 62다812).

판 례 재판상 이혼사유들의 관계

「재판상 이혼사유에 관한 민법 제840조는 동조가 규정하고 있는 각 호 사유마다 각 별개의 독립된 이혼사유를 구성하는 것이고, 원고가 이혼청구를 구하면서 위 각 호 소정의 수개의 사유를 주장하는 경우 법원은 그중 어느 하나를 받아들여 원고의 청구를 인용할 수 있는 것이다.

이와 달리 법원은 각 이혼원인을 판단함에 있어 원고가 주장하는 이혼원인 중 제 1 호 내지 제 5 호 사유의 존부를 먼저 판단하고, 그것이 인정되지 않는 경우에 비로소 제 6 호의 원인을 최종적으로 판단할 수 있는 것이라는 주장은 독자적인 견해에 불과」하다(대판 2000. 9. 5, 99므1886).

4) 의식불명의 식물상태와 같은 의사무능력 상태에 빠져 성년후견개시의 심판을 받은 자의 배우자에게 부정행위나 악의의 유기 등과 같이 제840조 각 호가 정한 이혼원인이 존재하고 나아가 피성년후견인의 이혼의사를 객관적으로 추정할 수 있는 경우에는, 성년후견인이 피성년후견인을 대리하여 그 배우자를 상대로 이혼을 청구할 수 있다(938조 · 947조의 2 참조. 민법 개정 전의 판례로 대판 2010. 4. 29, 2009므639도 참조).

(2) 이혼원인 E-46

1) 배우자의 부정한 행위(840조 1호) 배우자의 부정한 행위란 간통을 포함하는 보다 넓은 개념으로서 간통에까지는 이르지 않지만 부부의 정조의무에 충실하지 않는 일체의 행위를 가리키며, 부정한 행위인지 여부는 구체적 사안에 따라 그 정도와 상황을 참작하여 이를 평가하여야 한다(대판 1992. 11. 10, 92므68 등). 부정한 행위로 되려면 객관적으로 부정한 행위에 해당한다고 볼 만한 사실이 있어야 하고, 또 그것이 내심의 자유로운 의사에 의하여 행하여졌어야 한다(대판 1976. 12. 14, 76므10). 따라서 강간 등을 당한 경우는 부정한 행위를 한 것이 아니다. 부정한 행위는 계속적인 것일 필요가 없으며 1회의 것으로 충분하다. 그리고 여기의 부정한 행위는 혼인하여 배우자로서 한 것을 가리키며, 그 이전의 것은 설사 약혼단계에서 한 행위라도 제 1 호의 부정한 행위에 해당하지 않는다(대판 1991. 9. 13, 91므85 · 92).

판 례 부정한 행위인 예 / 부정한 행위가 아닌 예

판례는 ① 이성과 방에서 같이 자고 새벽에 나가는 일이 더러 있었던 경우(대판 1987. 5. 26, 87므5 · 6), ② 가까이 지내던 부부 중 처가 식당을 개업하자 식당에 자주 드나들며 식당에 딸린 방에 수십분씩 함께 들어가 있거나 서로 껴안고 있다가 타인에게 목격되기도 한 경우(대판 1993. 4. 9, 92므938), ③ 고령과 중풍으로 정교능력이 없는 자가 이성과 동거한 경우(대판 1992. 11. 10, 92므68)는 부정한 행위에 해당하나, A가 캬바레(충남 홍성읍)에 춤을 추러 갔다가 그곳에서 다른 남자를 만나 친하게 된 사실과 어느 날 A가 대천에서 서울을 갈 때 그 남자와 기차를 타고 서울에 있는 자신의 집까지 동행한 사실만으로는 부정한 행위를 한 것으로 단정할 수 없다고 한다(대판 1990. 7. 24, 89므1115).

부정한 행위를 이유로 한 이혼청구는 **다른 일방이 사전동의나 사후용서를 한 때 또는 이를 안 날부터 6개월, 그 사유 있은 날부터 2년이 경과한 때에는** 허용되지 않는다(841조). 「사전동의」는 스스로 부정행위를 교사 또는 방조하는 것을 가리키며, 단순히 사전에 예견한 것은 동의라고 할 수 없다. 「사후용서」는 배우자의 일방이 상대방의 부정행위 사실을 알면서도 혼인관계를 지속시킬 의사로 악감정을 포기하고 상대방에게 그 행위에 대한 책임을 묻지 않겠다는 뜻을 표시하는 일방행위이다(대판 1991. 11. 26, 91도2049 참조). 한편 6개월과 2년의 기간은 제척기간인데, 부정행위가 계속적인 것인 때에는 그 행위가 계속되는 한 이혼청구권은 소멸하지 않으며 제척기간은 부정행위가 종료된 때부터 기산한다.

E-47 **2) 악의의 유기(840조 2호)** 악의의 유기란 정당한 이유 없이 부부로서의 동거·부양·협조의무를 이행하지 않고 다른 일방을 버린 것이다(대판 1999. 2. 12, 97므612 등 참조). 상대방을 내쫓거나 나가지 않을 수 없게 한 다음 돌아오지 못하게 한 경우, 상대방을 집에 두고 나가서 돌아오지 않는 경우(대판 1990. 11. 9, 90므583·590 등)가 그 예이다. 그러나 상대방의 폭언·폭행 등을 견디지 못하고 가출한 경우(대판 1990. 8. 10, 90므408 등)나 가출하였더라도 부부공동생활을 폐지할 의사가 없는 경우(대판 1986. 8. 19, 86므75 등)는 악의의 유기에 해당하지 않는다. 그리고 유기는 상당한 기간 계속되어야 한다. 따라서 일상생활에서 흔히 볼 수 있는 가출이나 친정에 자주 가는 것은 악의의 유기가 아니다.

악의의 유기를 원인으로 한 이혼청구권에 대하여는 **권리행사기간의 제한이 없다.** 여기에 관하여 판례는 악의의 유기를 원인으로 하는 재판상 이혼청구권이 형성권으로서 10년의 제척기간에 걸린다고 하더라도 악의의 유기가 이혼청구 당시까지 존속되고 있는 경우에는 기간 경과에 의하여 이혼청구권이 소멸할 여지는 없다고 한다(대판 1998. 4. 10, 96므1434[핵심판례 430면]).

3) 배우자 또는 그의 직계존속에 의한 심히 부당한 대우(840조 3호) 제840조 제 3 호에서 「심히 부당한 대우를 받았을 때」라 함은 혼인관계의 지속을 강요하는 것이 가혹하다고 여겨질 정도의 폭행이나 학대 또는 중대한 모욕을 받았을 경우를 말한다(대판 2021. 3. 25, 2020므14763 등 다수).

4) 자기의 직계존속에 대한 배우자의 심히 부당한 대우(840조 4호)

5) 3년 이상의 생사불명(840조 5호) 생사불명이란 생존도 사망도 증명할 수 없는 것이다. 이 사유에 해당하려면 배우자가 3년 이상 생사불명일 뿐만 아니라 현재(이혼청구 당시)에도

생사불명이어야 한다. 이 사유에 의한 이혼은 실종선고에 의한 혼인해소와는 관계가 없으며, 이혼판결이 확정된 후 배우자가 살아서 돌아오더라도 — 실종선고가 취소되는 경우와 달리 — 혼인이 부활하지 않는다(이설 없음).

6) 기타 혼인을 계속하기 어려운 중대한 사유(840조 6호) 　제840조 제 6 호의 「혼인을 계속하기 어려운 중대한 사유가 있을 때」란 부부간의 애정과 신뢰가 바탕이 되어야 할 혼인의 본질에 상응하는 부부 공동생활관계가 회복할 수 없을 정도로 파탄되고 그 혼인생활의 계속을 강제하는 것이 일방 배우자에게 참을 수 없는 고통이 되는 경우를 말하며, 이를 판단함에 있어서는 그 파탄의 정도, 혼인계속의사의 유무, 파탄의 원인에 관한 당사자의 책임 유무, 혼인생활의 기간, 자녀의 유무, 당사자의 연령, 이혼 후의 생활보장 기타 혼인관계의 제반사정을 두루 고려하여야 한다(대판 1987. 7. 21, 87므24; 대판 2022. 5. 26, 2021므15480 등 다수). E-48

판 례 제840조 제 6 호 중대한 사유 관련

(ㄱ) **중대한 사유의 예** 　① 유부녀 강간, 현금강취와 같은 파렴치범죄(대판 1974. 10. 22, 74므1). ② 합리적 이유 없이 남편과의 성행위를 거부하고 결혼생활 동안 거의 매일 외간 남자와 전화통화를 한 경우(대판 2002. 3. 29, 2002므74). ③ 성적 불능(대판 1966. 1. 31, 65므65: 사실혼해소로 인한 위자료청구사건). ④ 불치의 정신병(회복불가능한 조울증 포함)(대판 1997. 3. 28, 96므608 · 615 등). ⑤ 지나친 신앙생활(대판 1996. 11. 15, 96므851 등). ⑥ 상습 도박(대판 1991. 11. 26, 91므559). ⑦ 남편의 독선과 권위의식, 의처증으로 인하여 혼인이 파탄된 경우(대판 2000. 9. 5, 99므1886: 78세의 처와 92세의 남편 사이의 이혼). ⑧ 법률상 부부인 갑과 을이 별거하면서 갑이 병과 사실혼관계를 형성하였고, 그 후 갑과 을의 별거상태가 약 46년간 지속되어 혼인의 실체가 완전히 해소되고 각자 독립적인 생활관계가 고착화되기에 이르자 갑이 을을 상대로 이혼을 청구한 사안에서, 갑과 을의 혼인은 혼인의 본질에 상응하는 부부공동생활 관계가 회복할 수 없을 정도로 파탄되었고, 그 혼인생활의 계속을 강제하는 것이 일방 배우자에게 참을 수 없는 고통이 될 것이며, 혼인제도가 추구하는 목적과 민법의 지도이념인 신의성실의 원칙에 비추어 보더라도 혼인관계의 파탄에 대한 갑의 유책성이 반드시 갑의 이혼청구를 배척하지 않으면 아니 될 정도로 여전히 남아 있다고 단정할 수 없으므로, 갑과 을의 혼인에는 민법 제840조 제 6 호에 정한 '혼인을 계속하기 어려운 중대한 사유가 있을 때'라는 이혼원인이 존재한다고 한 사례(대판 2010. 6. 24, 2010므1256). ⑨ 「부부 중에 성기능의 장애가 있거나 부부간의 성적인 접촉이 부존재하더라도 부부가 합심하여 전문적인 치료와 조력을 받으면 정상적인 성생활로 돌아갈 가능성이 있는 경우에는 그러한 사정은 일시적이거나 단기간에 그치는 것이므로 그 정도의 성적 결함만으로는 '혼인을 계속하기 어려운 중대한 사유'가 될 수 없으나, 그러한 정도를 넘어서서 정당한 이유 없이 성교를 거부하거나 성적 기능의 불완전으로 정상적인 성생활이 불가능하거나 그 밖의 사정으로 부부 상호간의 성적 욕구의 정상적인 충족을 저해하는 사실이 존재하고 있다면, 부부간의 성관계는 혼인의 본질적인 요소임을 감안할 때 이는 '혼인을 계속하기 어려운 중대한 사유'가 될 수 있다.」(대판 2010. 7. 15, 2010므1140)

(ㄴ) **중대한 사유에 해당하지 않는 예** ① 정신병 증세가 있으나 그 증상이 가벼운 정도에 그치거나 회복가능한 경우(대판 2004. 9. 13, 2004므740 등). ② 우울증 증세를 보였으나 치료를 받아 일상생활을 하는 데 별다른 지장이 없는 경우(대판 1995. 12. 22, 95므861). ③ 출산불능(대판 1991. 2. 26, 89므365 · 367). ④ 이혼합의 사실의 존재(대판 1996. 4. 26, 96므226 등). ④「혼인생활 중 부부가 일시 이혼에 합의하고 위자료 명목의 금전을 지급하거나 재산분배를 하였다고 하더라도 그것으로 인하여 부부관계가 돌이킬 수 없을 정도로 파탄되어 부부 쌍방이 이혼의 의사로 사실상 부부관계의 실체를 해소한 채 생활하여 왔다는 등의 특별한 사정이 없다면 그러한 이혼합의 사실의 존재만으로는 이를 민법 제840조 제 6 호의 재판상 이혼사유인 혼인을 계속할 수 없는 중대한 사유에 해당한다고 할 수 없」다(대판 1996. 4. 26, 96므226).

제840조 제 6 호의 사유에 의한 이혼청구는 다른 일방이 이를 안 날부터 6개월, 그 사유 있은 날부터 2년이 경과하면 허용되지 않는다(842조)(이 규정은 6호의 경우에만 적용될 뿐이며, 3호의 경우에 유추적용되지 않는다. 대판 1993. 6. 11, 92므1054 · 1061). 그런데 그 사유가 이혼심판청구 당시까지 계속되고 있는 경우에는 제척기간에 관한 이 규정이 적용되지 않는다(대판 2001. 2. 23, 2000므1561 등).

E-49 ### (3) 유책배우자의 이혼청구권

1) 유책배우자의 이혼청구권의 인정 여부 혼인관계가 회복할 수 없을 정도로 파탄된 경우에 혼인파탄에 주된 책임이 있는 배우자 즉 유책배우자가 이혼을 청구할 수 있는가? 이는 제840조 제 6 호의 해석의 문제이다. 그 사유가 파탄주의를 규정한 것으로 이해하게 되면 그것을 근거로 유책배우자의 이혼청구를 허용하게 될 것이나, 파탄주의가 아니고 유책주의라고 하게 되면 유책배우자는 이혼을 청구할 수 없을 것이기 때문이다.

여기에 관하여 학설은 대체로 제한된 범위에서 유책배우자의 이혼청구를 허용하려고 한다(사견도 같음). 그리고 판례는 아래에서 자세히 보는 바와 같이 유책배우자의 이혼청구를 원칙적으로 허용하지 않고 일정한 경우에만 예외적으로 이를 허용한다.

E-50 **2) 판례의 태도** 판례는 원칙적으로 유책배우자의 이혼청구를 인정하지 않는다. 판례는, 혼인을 계속하기 어려운 중대한 사유란 누구에게도 참을 수 없을 정도로 혼인관계가 파탄된 경우를 말하는 것이나, 혼인관계의 파탄이 오로지 또는 주로 이혼을 구하는 배우자의 귀책사유로 말미암은 경우는 포함되지 않는다고 한다(대판 1993. 4. 23, 92므1078 등 다수). 그러나 다른 한편으로, 이혼청구인에게 전적으로 또는 주된 책임을 물어야 할 사유로 파탄에 이른 경우 또는 청구인의 책임이 피청구인의 책임보다 무거운 경우가 아닌 한 이혼청구가 허용되어야 할 것이라고 한다(대판 1991. 7. 9, 90므1067 등 다수). 그러면서 판례는 일정한 경우에 예외적으로 유책배우자의 이혼청구를 허용한다. 그리고 대법원은 최근에 전원합의체 판결에서, 제840조 제 6 호의 이혼사유에 관하여 유책배우자의 이혼청구를 원칙적으로 허용하지 않는 종래의

대법원판례를 변경하는 것은 아직은 받아들이기 어렵다고 하면서도, 혼인제도가 추구하는 이상과 신의성실의 원칙에 비추어 보더라도 그 책임이 반드시 이혼청구를 배척해야 할 정도로 남아 있지 않은 경우에는 그러한 배우자의 이혼청구는 혼인과 가족제도를 형해화할 우려가 없고 사회의 도덕관·윤리관에도 반하지 아니한다고 할 것이므로 허용될 수 있다고 한다(대판(전원) 2015. 9. 15, 2013므568[핵심판례 428면]). 그러면서 대법원판례에서 이미 허용하고 있는 것처럼 상대방 배우자도 혼인을 계속할 의사가 없어 일방의 의사에 의한 이혼 내지 축출이혼의 염려가 없는 경우는 물론, 나아가 이혼을 청구하는 배우자의 유책성을 상쇄할 정도로 상대방 배우자 및 자녀에 대한 보호와 배려가 이루어진 경우, 세월의 경과에 따라 혼인파탄 당시 현저하였던 유책배우자의 유책성과 상대방 배우자가 받은 정신적 고통이 점차 약화되어 쌍방의 책임의 경중을 엄밀히 따지는 것이 더 이상 무의미할 정도가 된 경우 등과 같이 혼인생활의 파탄에 대한 유책성이 그 이혼청구를 배척해야 할 정도로 남아 있지 아니한 특별한 사정이 있는 경우에는 예외적으로 유책배우자의 이혼청구를 허용할 수 있다고 한다(대판(전원) 2015. 9. 15, 2013므568). 그런가 하면 다른 판결(대판 2022. 6. 16, 2021므14258[핵심판례 432면])에서, 상대방 배우자의 혼인계속의사를 인정하려면 소송 과정에서 그 배우자가 표명하는 주관적 의사만을 가지고 판단할 것이 아니라, 혼인생활의 전 과정 및 이혼소송이 진행되는 중 드러난 상대방 배우자의 언행 및 태도를 종합하여 그 배우자가 악화된 혼인관계를 회복하여 원만한 공동생활을 영위하려는 노력을 기울임으로써 혼인유지에 협조할 의무를 이행할 의사가 있는지 객관적으로 판단해야 한다고 한다.

판 례 유책배우자의 이혼청구를 허용한 경우

(ㄱ) **상대방에게도 이혼의사가 인정되는 경우** 상대방에게도 혼인을 계속할 의사가 없음이 명백한 경우에는 유책배우자의 이혼청구를 인정한다. 상대방도 이혼의 반소를 제기하고 있는 경우(대판 1987. 12. 8, 87므44·45) 또는 오로지 오기나 보복적 감정에서 표면적으로는 이혼에 불응하고 있기는 하나 실제에 있어서는 혼인의 계속과는 도저히 양립할 수 없는 행위를 하는 경우 등(대판 1987. 4. 14, 86므28. 대판 2004. 9. 24, 2004므1033 등도 참조)에 그렇다. 그러나 유책배우자의 이혼청구에 대하여 상대방이 그 주장사실을 다투면서 다른 사실을 내세워 반소로 이혼청구를 하거나(대판 1998. 6. 23, 98므15·22) 또는 이혼에 따른 위자료나 금전청산에 관하여 자신이 제시하는 금액에 동의하면 이혼하겠다고 하였더라도(대판 1999. 10. 8, 99므1213) 그러한 사정만으로는 혼인을 계속할 의사가 없다고 단정할 수 없다.

대법원은 유책주의를 좀 더 완화한 판결을 하여 주목을 끌고 있다. 그 판결들은 구체적인 사안에 있어서 상대방이 혼인계속의사를 가지고 있으나 그것은 혼인의 실체를 상실한 외형상의 법률혼관계만을 계속 유지하려는 것에 지나지 않는다고 한다. 이 판결들은 파탄주의적인 사고를 강화한 것이기는 하나 유책주의를 벗어난 것이라고 보기는 어렵다. 그 판결의 사실관계를 요약하면 다음과 같다. ① 갑과 을 사이의 11년이 넘는 장기간의 별거, 갑과 병 사이의 사실혼관계 형성 및 자의 출산 등 제반사정을 고려하여 갑과 을의 혼인은 혼인의 본질에 상응하는 부부공동생활 관계가 회복할 수 없을 정도로 파탄되었고, 그 혼인생활의 계속을 강제하는 것이 일방 배우자에게 참을 수 없는 고통이 된다고 하여, 비록 '유책배우자'의 이혼청구라 하더라도 갑과 을의 혼인에는 민법 제840조 제 6 호의 '혼인을 계속하기 어려운 중대한 사유가 있을 때'라는 이혼원인이 존재한다고 한 사례(대판 2009. 12. 24, 2009므2130). ② 대판 2010. 6. 24, 2010므1256(E-48에 인용함).

(ㄴ) **혼인파탄의 책임이 부부 쌍방에 있는 경우** 이 경우에는 이혼청구자의 책임이 상대방 배우자의 책임보다 무겁지 않는 한 이혼을 인정한다(대판 1994. 5. 27, 94므130 등 다수. 남편이 결혼식 직후 강제징용에 끌려간 뒤 부부가 모두 이성과 사실혼관계를 맺은 경우에도 이혼청구를 허용함: 대판 1986. 3. 25, 85므85).

(ㄷ) **다른 원인으로 혼인이 파탄된 뒤 청구인에게 유책사유가 있었던 경우** 혼인파탄에 있어서 유책성은 혼인파탄의 원인이 된 사실에 기초하여 평가하여야 하며 혼인관계가 완전히 파탄된 뒤에 있은 일을 가지고 따질 것은 아니므로, 위의 경우에는 뒤에 있었던 유책사유는 무시하고 혼인파탄의 원인이 된 사실만을 바탕으로 이혼의 허용 여부를 판단한다(대판 2004. 2. 27, 2003므1890 등).

E-51 **(4) 재판상 이혼의 절차**

1) 조정에 의한 이혼 재판상 이혼은 조정전치주의의 적용을 받으므로, 이혼을 하려는 사람은 먼저 가정법원에 조정을 신청하여야 한다(가소 2조 1항 나류사건 4)·50조). 만약 조정을 신청하지 않고 소를 제기하거나 심판을 청구한 경우에는, 가정법원은 특별한 사정(가소 50조 2항 단서 참조)이 없는 한 그 사건을 조정에 회부하여야 한다(가소 50조 2항 본문). 조정절차에서 당사자 사이에 이혼의 합의가 성립하여 그것을 조서에 기재하면 조정이 성립하게 되는데(가소 59조 1항), 조정은 재판상 화해와 동일한 효력이 있어서(가소 59조 2항 본문) 곧바로 혼인이 해소된다. 조정이 성립하면 조정을 신청한 사람은 조정 성립일부터 1개월 이내에 이혼신고를 하여야 한다(가족 78조·58조 1항). 그런데 이는 보고적 신고이다.

2) 재판에 의한 이혼 조정이 성립하지 않거나 조정을 하지 않기로 하는 결정이 있거나 조정에 갈음하는 결정에 대하여 이의신청이 있는 때에는, 조정신청을 한 때에 소가 제기된 것으로 본다(가소 49조, 민사조정법 36조 1항). **판결이 확정되면 이혼신고가 없더라도 혼인은 해소되며,** 판결은 제 3 자에게도 효력이 있다(가소 21조 1항). 그리고 소를 제기한 자는 판결이 확정된 날부터 1개월 이내에 이혼신고를 하여야 하는데(가족 78조·58조 1항), 이것 역시 보고적 신고이다(이설 없음).

4. 이혼의 효과 E-52

(1) 일반적 효과

① 이혼이 성립하면 혼인이 해소되어 혼인에 의하여 생긴 효과(동거·부양·협조의무, 부부재산계약 등)는 모두 소멸한다. ② 혼인에 의하여 배우자의 혈족과의 사이에 생겼던 인척관계는 소멸한다(775조 1항). ③ 이혼한 부부는 재혼할 수 있다(809조 2항의 제한 있음).

(2) 자(子)에 대한 효과

1) 자의 신분 부부 사이에 출생한 자는 그 부부가 이혼하더라도 혼인 중의 출생자의 지위를 잃지 않는다.

2) 자의 양육문제

(가) 이혼하는 경우에 그 자의 양육에 관한 사항(양육자 결정, 양육방법, 양육비의 부담 등)은 부모의 협의에 의하여 정한다(837조 1항). 그런데 그 협의에는 반드시 ① 양육자의 결정, ② 양육비용의 부담, ③ 면접교섭권의 행사 여부 및 그 방법이 포함되어야 한다(837조 2항). 한편 자의 양육에 관한 부모의 협의가 자(子)의 복리에 반하는 경우에는 가정법원은 보정을 명하거나 직권으로 그 자의 의사·나이와 부모의 재산상황, 그 밖의 사정을 참작하여 양육에 필요한 사항을 정한다(837조 3항). 그리고 양육에 관한 사항의 협의가 이루어지지 아니하거나 협의할 수 없는 때에는 가정법원은 직권으로 또는 당사자의 청구에 따라 이에 관하여 결정하며, 이 경우 가정법원은 제837조 제 3 항의 사정을 참작하여야 한다(837조 4항)(조정전치주의가 적용됨. 가소 2조 1항 마류사건 3) · 50조).

양육사항 중 가장 중요한 것이 양육자의 결정인데, 보통은 부모 중 일방을 양육자로 정하나, 부모 쌍방이나 제 3 자에게 양육사항을 부담시킬 수도 있다(대판 1991. 7. 23, 90므828 · 835 참조).

양육자로 지정된 자는 자의 양육, 교육, 양육·교육에 필요한 거소지정, 부당하게 억류하는 자에 대한 인도청구 내지 방해배제청구를 할 수 있다(대판 1985. 2. 26, 84므86). 그러나 양육비의 부담은 양육자의 의무가 아니다. 오히려 양육하지 않는 부(父) 또는 모(母)가 양육자에 대하여 양육비의 지급의무가 있는 것이다. 다만, 당사자의 협정이나 가정법원의 결정에 반하여 양육한 경우(대판 1992. 1. 21, 91므689(소송상 화해 조항에 반하여 인도의무 있는 자가 양육한 경우); 대결 2006. 4. 17, 2005스18 · 19(조정조항에 반하여 양육권 없는 청구인이 양육한 경우)) 또는 부모 일방에 의한 양육이 그 양육자의 일방적이고 이기적인 목적이나 동기에서 비롯한 것이거나 자녀의 이익을 위하여 도움이 되지 않거나 그 양육비를 상대방에게 부담시키는 것이 오히려 형평에 어긋나게 되는 등의 특별한 사정이 있는 경우(이는 협정 등이 없는 때에 관한 것임. 대결(전원) 1994. 5. 13, 92스21[핵심판례 434면]; 대결 2023. 10. 31, 2023스643 등)에는 양육하지 않는 부(父) 또는 모(母)에게 양육비 지급의무가 없다고 할 것이다. 그리고 양육자에게 수입이 있는 경우에 그에게 양육비의 일부를 부담하게 하는 것이 반드시 부당하다고 할 수는 없다(대판 1992. 1. 21, 91므689). 그리고 판례는, 가정법원은 양육비용의 분담을 정함에 있어 자녀의 복리를 위하여 청구에 구애받지 않고(가소규 93조 2항 참조) 직권으로 양육비용의 분담에 관한 기간을 정할 수 있다고 한다(대결 2022. 11. 10, 2021스766 등). 한편 부모 중 어느 일방이 양육을 하게 된 경우에 과거의 양육비도 청구할 수 있는지에 관하여, 판례는 과거에는 부정하였으나(대판 1979. 5. 8, 79므3 등), 그 후 판례를 변경하여 현재는 이를 인정하고 있다(대결(전원) 1994. 5. 13, 92스21[핵심판례 434면]; 대결 2024. 10. 8, 2023스637 등).

판례에 의하면, 이혼한 부부 사이에서 자에 대한 양육비의 지급을 구할 권리 즉 양육비채권은 당사자의 협의 또는 가정법원의 심판에 의하여 구체적인 청구권의 내용과 범위가 확정되기 전에는 추상적인 청구권에 불과하여 상계할 수 없지만, 가정법원의 심판에 의하여 구체적인 청구권의 내용과 범위가 확정된 후의 양육비채권 중 이미 이행기에 도달한 후의 것은 독립하여 처분이 가능하고 포기·양도 또는 상계의 자동채권으로 하는 것도 가능하다고 한다(대판 2006. 7. 4, 2006므751). 그리고 과거 양육비에 관한 권리의 소멸시효에 관하여 종래에는 소멸시효가 진행하지 않는다고 하였으나, 전원합의체 결정으로 그 권리의 성질상 자녀가 미성년이어서 양육의무가 계속되는 동안에는 진행하지 않고 자녀가 성년이 되어 양육의무가 종료된 때부터 진행한다고 판례를 변경하였다(대결(전원) 2024. 7. 18, 2018스724).

E-53 (판 례) 자녀의 양육비 관련

(ㄱ) 「어떠한 사정으로 인하여 부모 중 어느 한쪽만이 자녀를 양육하게 된 경우에, 그와 같은 일방에 의한 양육이 그 양육자의 일방적이고 이기적인 목적이나 동기에서 비롯한 것이라거나 자녀의 이익을 위하여 도움이 되지 아니하거나 그 양육비를 상대방에게 부담시키는 것이 오히려 형평에 어긋나게 되는 등 특별한 사정이 있는 경우를 제외하고는, 양육하는 일방은 상대방에 대하여 현재 및 장래에 있어서의 양육비 중 적정금액의 분담을 청구할 수 있음은 물론이고, 부모의 자녀양육의무는 특별한 사정이 없는 한 자녀의 출생과 동시에 발생하는 것이므로 과거의 양육비에 대하여도 상대방이 분담함이 상당하다고 인정되는 경우에는 그 비용의 상환을 청구할 수 있다.」(대결(전원) 1994. 5. 13, 92스21[핵심판례 434면]. 다만 한쪽의 양육자가 양육비를 청구하기 이전의 과거의 양육비는 여러 사정을 고려하여 적절하다고 인정되는 분담의 범위를 정할 수 있다고 함)

(ㄴ) 「(이 판결은 위 (ㄱ)과 같은 취지를 먼저 판시하고 나서: 저자 주) 특히 현재와 장래의 양육비나 과거 양육비를 불문하고 양육비의 분담 범위를 정할 때에 당사자들의 재산 상황이나 경제적 능력과 부담의 형평성 등과 관련하여, … 당사자들의 이혼시 이루어진 재산분할 또는 재산상 합의의 유무와 내용, 그러한 재산분할 상황 등과 양육비 부담과의 관계 등을 고려할 필요가 있다. …

한편 자녀가 성년에 이르게 되면 이혼한 부부가 공동으로 부담하는 자녀양육의무는 종료하고, 더 이상 자녀에 대한 장래 양육비를 결정하거나 분담하여야 하는 문제가 생기지 않는다. … 이와 같이 사건본인이 이미 성년에 달한 경우와 미성년자인 경우는 그 과거 양육비의 확정 및 분담의 의미가 다르므로, 이혼한 부부 사이에 성년이 된 자녀에 대한 과거 양육비의 분담을 결정하는 법원으로서는 이러한 차이를 바탕으로 당사자들의 재산 상황이나 경제적 능력, 부담의 형평성 등에 관하여 심리하여 그 결과를 반영할 필요가 있다.」(대결 2024. 10. 8, 2023스637)

(ㄷ) 「양육자 지정청구를 하면서 양육자로 지정되는 경우 지급받을 양육비의 액수와 그 채무명의를 미리 확정하여 둘 필요가 있는 경우에는 양육자 지정청구와 함께 장래의 이행을 청구하는 소로서 양육비 지급청구를 동시에 할 수 있다.」(대판 1988. 5. 10, 88므92·108)

(ㄹ) 개정된 「민법 제4조에 의하여 성년에 이르는 연령이 종전 20세에서 19세로 변경되었으므로 위 법 시행 이전에 장래의 양육비 지급을 명하는 재판이 확정되었더라도 위 법 시행 당시 사건본인이 아직 성년에 도달하지 아니한 이상 양육비 종료 시점은 개정된 민법 규정에 따라 사건본인이 19세에 이르기 전날까지로 봄이 타당하다.」(대결 2016. 4. 22, 2016으2)

(ㄴ) 가정법원은 자(子)의 복리를 위하여 필요하다고 인정하는 경우에는 부(父)·모(母)·자(子) 및 검사의 청구 또는 직권으로 자의 양육에 관한 사항을 변경하거나 다른 적당한 처분을 할 수 있다(837조 5항)(조정전치주의가 적용됨. 가소 2조 1항 마류사건 3)·50조). 양육에 관한 사항의 변경은 그 사항이 당사자의 협의에 의하여 정해진 경우(대판 1991. 6. 25, 90므699)(협의가 재판상 화해인 경우에도 같음. 대결 1992. 12. 30, 92스17·18)와 가정법원의 조정이나(대결 2006. 4. 17, 2005스18·19) 심판에 의하여 정해진 경우 모두에 대하여 할 수 있고, 또한 어느 경우든 당초의 협의 또는 결정 후에 특별한 사정변경이 있는 때뿐만 아니라 이전에 정해진 사항이 부당하다고 인정되는 때에도 변경할 수 있다(대결 2006. 4. 17, 2005스18·19 등). 이러한 해석은 2007. 12. 21.의 민법 개정 전의 판례에 따른 것이다. 그런데 대법원은 얼마 전에, 개정된 현행 조항 아래에서도 가정법원이 재판 또는 당사자의 협의로 정해진 양육비 부담 내용이 제반사정에 비추어 부당하게 되었다고 인정되는 때에는 그 내용을 변경할 수 있지만, 종전 양육비 부담이 「부당」한지 여부는 친자법을 지배하는 기본이념인 「자녀의 복리를 위하여 필요한지」를 기준으로 판단하여야 할 것이라고 하고, 특히 양육비의 감액은 일반적으로 자녀의 복리를 위하여 필요한 조치라고 보기 어려우므로, 가정법원이 양육비 감액을 구하는 심판청구를 심리할 때에는 양육비 감액이 자녀에게 미치는 영향을 우선적으로 고려하되 종전 양육비가 정해진 경위와 액수 등 여러 사정을 종합적으로 참작하여 양육비 감액이 불가피하고 그러한 조치가 궁극적으로 자녀의 복리에 필요한 것인지에 따라 판단하여야 한다고 하였다(대결 2019. 1. 31, 2018스566. 동지 대결 2022. 9. 29, 2022스646). 그리고 최근에는 거기에 덧붙여, 통상적으로 자녀가 성장함에 따라 양육에 소요되는 비용 또한 증가한다고 봄이 타당하고, 따라서 종전에 정해진 양육비의 분담이 과다하게 되었다고 주장하며 감액을 청구하는 경우 법원은 자녀들의 성장에도 불구하고 양육비의 감액이 필요할 정도로 청구인의 소득과 재산이 실질적으로 감소하였는지 심리·판단해야 한다고 하였다(대결 2022. 9. 29, 2022스646). 한편 판례는 양육비에 관한 협정이 이루어진 후에 협의가 되지 않은 것을 전제로 양육비의 부담에 관한 심판을 구하는 경우에 그 청구는 양육에 관한 사항 중 양육비 부담부분의 변경을 구하는 취지로 본다(대결 1998. 7. 10, 98스17·18 등).

(다) 양육에 관한 사항이 결정 또는 변경되거나 기타 처분이 있더라도 그 밖의 부모의 권리·의무에는 변경이 생기지 않는다(837조 6항). 그리하여 부양의무·상속권도 존속하고, 미성년자인 자(子)가 혼인할 때에는 동의권도 가진다(808조). 그리고 이혼 후 양육권은 가지지 못하고 친권자로만 된 부(父) 또는 모(母)는 양육 이외의 부분(예: 법정대리권, 법률행위에 대한 동의권)에 대하여 친권을 행사할 수 있다.

(라) 이상의 양육에 관한 사항은 협의이혼에 관한 것이나(837조), 이는 재판상 이혼의 경우에도 준용된다(843조). 재판상 이혼에 특유한 판례 둘을 인용한다. 대법원은, 부모가 이혼하는 경우 법원이 친권자를 정하거나 양육자를 정할 때 반드시 단독의 친권자나 양육자를 정하도록 한 것은 아니므로 이혼하는 부모 모두를 공동양육자로 지정하는 것도 가능하나, 재판상 이혼에서 이혼하는 부모 모두를 공동양육자로 정할 때에는 그 부모가 부정행위 등의 사유로 이혼하게 된 것이라는 점을 고려하여 그 허용 여부는 신중하게 판단할 필요가 있고, 따라서 재판상 이혼의 경우 부모 모두를 자녀의 공동양육자로 지정하는 것은 부모가 공동양육을 받아들일 준비가 되어 있고 양육에 대한 가치관에서 현저한 차이가 없는지, 부모가 서로 가까운 곳에 살고 있고 양육환경이 비슷하여 자녀에게 경제적·시간적 손실이 적고 환경 적응에 문제가 없는지, 자녀가 공동양육의 상황을 받아들일 이성적·정서적 대응능력을 갖추었는지 등을 종합적으로 고려하여 공동양육을 위한 여건이 갖추어졌다고 볼 수 있는 경우에만 가능하다고 한다(대판 2020. 5. 14, 2018므15534). 그리고 재판상 이혼 시 친권자와 양육자로 지정된 부모의 일방은 상대방에게 양육비를 청구할 수 있고, 이 경우 가정법원으로서는 자녀의 양육비 중 양육자가 부담해야 할 양육비를 제외하고 상대방이 분담해야 할 적정 금액의 양육비만을 결정하는 것이 타당하다고 한다(대판 2020. 5. 14, 2019므15302).

E-54 **3) 친권자의 결정** 부모가 이혼하면 공동친권행사가 어렵게 되어 친권자를 정할 것이 필요하다. 이에 대하여 민법이 규정한 것을 보면, 협의이혼의 경우에는 부모의 협의로 친권자를 정하되, 협의를 할 수 없거나 협의가 이루어지지 않는 때에는 가정법원은 직권으로 또는 당사자의 청구에 따라 친권자를 지정하여야 한다(909조 4항 본문). 다만, 부모의 협의가 자(子)의 복리에 반하는 경우에는 가정법원은 보정을 명하거나 직권으로 친권자를 정한다(909조 4항 단서). 그에 비하여 재판상 이혼의 경우에는 가정법원이 직권으로 친권자를 정한다(909조 5항). 그리고 판례는, 재판상 이혼의 경우 당사자의 청구가 없다 하더라도 법원은 직권으로 미성년자인 자녀에 대한 친권자 및 양육자를 정하여야 하며, 따라서 법원이 이혼판결을 선고하면서 미성년자인 자녀에 대한 친권자 및 양육자를 정하지 않았다면 재판의 누락이 있는 것이라고 한다(대판 2015. 6. 23, 2013므2397. 다만 재판을 누락한 경우에 그 부분 소송은 원심에 계속 중이라고 보아야 하므로, 민소 212조에 따라 원심이 계속하여 재판해야 하고, 적법한 상고의 대상이 되지 않아 그 부분에 대한 상고는 부적법하다고 함(대판 2015. 6. 23, 2013므2397 등)). 한편 일단 친권자가 정하여졌더라도, 가정법원은 자(子)의 복리를 위하여 필요하다고 인정되는 경우에는 자(子)의 4촌 이내의 친족의 청구에 의하여

정하여진 친권자를 다른 일방으로 변경할 수 있다(909조 6항). 친권자의 결정과 변경에는 조정전치주의가 적용된다(가소 2조 1항 마류사건 5)·50조).

민법은 친권과 양육권을 별개의 조항에서 정하므로 친권과 양육권이 분리되어 귀속될 수 있다(대판 2012. 4. 13, 2011므4719).

4) 면접교섭권 E-55

(가) 의의·성질 　면접교섭권은 친권자나 양육자가 아니어서 미성년의 자를 보호·양육하지 않는 부 또는 모와 그 자(子)가 상호간에 직접 만나거나 전화·편지 등을 통하여 접촉할 수 있는 권리이며(837조의 2 1항), 방문권이라고도 한다(이는 1990년 개정 시에 도입된 제도임). **면접교섭권의 성질**에 관하여 2007년 개정 후에는 면접교섭권은 부모의 권리(일부 문헌은 부모의 권리의무라고 함)임과 동시에 자녀의 권리라고 하는 데 일치하고 있다(판례도 같음. 대결 2021. 12. 16, 2017스628). 또한 절대권이고, 일신전속권이어서 양도할 수 없으며, 영속적인 성질을 가지는 것이어서 포기할 수 없다(박병호, 129면).

면접교섭권이 조부모와 같은 제 3 자에게도 인정되는가? 2016. 12. 2.에 개정된 민법에 따르면, 자(子)를 직접 양육하지 않는 부모 일방의 직계존속은 그 부모 일방이 사망하였거나 질병, 외국거주, 그 밖에 불가피한 사정으로 자(子)를 면접교섭할 수 없는 경우 가정법원에 자(子)와의 면접교섭을 청구할 수 있다(837조의 2 2항 1문). 이 경우 가정법원은 자(子)의 의사, 면접교섭을 청구한 사람과 자(子)의 관계, 청구의 동기, 그 밖의 사정을 참작하여야 한다(837조의 2 2항 2문).

민법은 면접교섭권을 협의이혼에 관하여 규정하고(837조의 2), 이를 재판상 이혼의 경우에 준용한다(843조). 그리고 가사소송법은 동조를 혼인의 취소 또는 인지에 의하여 부모 중 일방이 친권자가 되는 경우에 준용한다(가소 2조 1항 마류사건 3)·50조)(조정전치주의가 적용됨). 그 밖에 그 규정은 사실혼 해소의 경우에도 유추적용되어야 한다.

(나) 내 용 　민법은 「자(子)를 직접 양육하지 아니하는 부모의 일방과 자는 상호 면접교섭할 수 있는 권리를 가진다」고 할 뿐(837조의 2 1항), 면접교섭권의 행사방법과 범위에 관하여는 그 결정방식도, 구체적인 내용도 규정하지 않고 있다. 그런 상황에서 **통설은 면접교섭권에 관한 제837조의 2를 양육에 관한 제837조의 특별규정으로 보고, 그 결정방식에 대해서도 제837조를 유추적용하여**, 부모의 협의로 그 행사방법과 범위를 정하고, 협의가 되지 않거나 협의할 수 없는 때에는 가정법원이 직권으로 또는 당사자의 청구에 의하여 이를 정할 것이라고 한다.

면접교섭권은 양육권(및 친권)과 조화되는 범위 안에서만 인정되어야 한다. 면접교섭권의 구체적인 내용으로는 면접·서신교환·통화·선물교환·방학이나 휴가 중 일정기간 체류 등이 있다.

(다) 제한·배제·변경 　가정법원은 자(子)의 복리를 위하여 필요한 때에는 당사자

의 청구 또는 직권에 의하여 면접교섭을 제한·배제·변경할 수 있다(837조의 2 3항. 2016. 12. 2. 개정시에 변경이 추가됨). 한편 판례는 면접교섭의 배제와 관련하여, 가정법원은 원칙적으로 부모와 자녀의 면접교섭을 허용하되, 면접교섭이 자녀의 복리를 침해하는 특별한 사정이 있는 경우에 한하여 면접교섭을 배제할 수 있으며, 이 경우에도 부모의 이혼 등에 따른 갈등 상황에서 단기적으로 자녀의 복리에 부정적인 영향을 미치는 요인이 일부 발견되더라도 장기적으로 면접교섭이 이루어질 때 자녀의 복리에 미치는 긍정적인 영향 등을 깊이 고려하여, 가정법원은 면접교섭의 시기·장소·방법 등을 제한하는 등의 방법으로 가능한 한 자녀의 성장과 복지에 가장 도움이 되고 적합한 방향으로 면접교섭이 이루어질 수 있도록 하여야 하고, 이러한 고려 없이 막연한 우려를 내세워 면접교섭 자체를 배제하는 데에는 신중해야 할 것이라고 한다(대결 2021. 12. 16, 2017스628).

(라) **침해에 대한 구제** 자(子)와의 면접교섭 허용의무를 이행하여야 할 사람이 정당한 이유 없이 그 의무를 이행하지 않는 경우에는 가정법원은 당사자의 신청에 의하여 일정한 기간 내에 그 의무를 이행할 것을 명할 수 있고(가소 64조), 정당한 이유 없이 이 명령을 위반한 경우에는 직권으로 또는 권리자의 신청에 의하여 1,000만원 이하의 과태료를 부과할 수 있다(가소 67조 1항). 그러나 의무자를 30일의 범위 내에서 감치(監置)에 처할 수 있다는 규정(가소 68조)은 여기에는 해당하지 않는다(이설 있음).

E-56 **(3) 재산분할청구권**

1) 의 의 재산분할청구권은 이혼을 한 당사자의 일방이 다른 일방에 대하여 재산분할을 청구할 수 있는 권리이다(839조의 2·843조. 1990년 개정시에 신설함). 재산분할청구권이 인정되는 근거는 ① 부부가 혼인 중에 이룩한 재산은 처가 단순히 가사노동에만 종사하고 있을지라도 부부의 공동노력에 의한 것이라고 보아야 하므로, 그 재산이 부의 명의로 취득한 그의 특유재산인 경우에도 각각의 기여 정도에 따라 나누는 것이 마땅하고, ② 경제적 능력이 없는 배우자 특히 처의 생계를 보장하여 이혼의 자유를 실질적으로 보장하려는 데 있다.

민법은 재산분할청구권을 협의이혼에 관하여 규정하고(839조의 2), 이를 재판상 이혼의 경우에 준용한다(843조). 그리고 가사소송법은 동조를 혼인의 취소의 경우에도 준용하고 있다(가소 2조 1항 마류사건 4)·50조)(어느 경우든 조정전치주의가 적용됨). 그 밖에 동조는 사실혼의 경우에도 유추적용되어야 한다(통설·판례도 같음. 대판 2021. 5. 27, 2020므15841 등). 그러나 법률상 배우자 있는 자는 그 법률혼관계가 사실상 이혼상태라는 등의 특별한 사정이 없는 한 사실혼관계에 있는 상대방에게 그와의 사실혼 해소를 이유로 재산분할을 청구하지 못한다(대결 1995. 7. 3, 94스30). 법률상의 혼인을 한 부부의 어느 일방이 집을 나가 장기간 돌아오지 않고 있는 상태에서 다른 일방이 제 3 자와 사실혼관계를 맺고 있더라도 같다(대판 1996. 9. 20, 96므530 등). 한편 판례는 사실혼관계가 일방 당사자의 사망에 의하여 종료된 경우에는 재산분할청구권이 인정되지 않는다고 한다(대판 2006. 3. 24, 2005두15595).

판 례 사실혼의 경우 재산분할청구권 관련

「사실혼관계에 있었던 당사자들이 생전에 사실혼관계를 해소할 경우 재산분할청구권을 인정할 수 있으나, 법률상 혼인관계가 일방 당사자의 사망으로 인하여 종료된 경우에도 생존 배우자에게 재산분할청구권이 인정되지 아니하고 단지 상속에 관한 법률규정에 따라서 망인의 재산에 대한 상속권만이 인정된다는 점 등에 비추어 보면, 사실혼관계가 일방 당사자의 사망으로 인하여 종료된 경우에는 그 상대방에게 재산분할청구권이 인정된다고 할 수 없다.」(대판 2006. 3. 24, 2005두15595)

재산분할청구권은 이혼한 부부의 일방이 가지게 되는데, 이는 혼인관계의 파탄에 책임이 있는 배우자도 같다(대결 1993. 5. 11, 93스6).

2) 법적 성질 재산분할청구권의 법적 성질에 관하여 학설은 i) 혼인 중의 부부재산의 청산 내지 잠재적 지분의 반환적 성질을 가지고 있다는 견해(청산설)와 ii) 부부공동재산의 청산을 중심적 요소로 하고 보충적으로 전배우자의 부양적 요소를 포함한다고 하는 견해(청산 및 부양설)(사견도 같음)로 나뉘어 있다. 그리고 판례는 한편으로 「이혼에 따른 재산분할은 혼인 중 쌍방의 협력으로 형성된 공동재산의 청산이라는 성격에 상대방에 대한 부양적 성격이 가미된 제도」라고 하고(대판 2001. 2. 9, 2000다63516 등), 다른 한편으로 「분할자의 유책행위에 의하여 이혼함으로 인하여 입게 되는 정신적 손해(위자료)를 배상하기 위한 급부로서의 성질까지 포함하여 분할할 수도 있다」고 하여(대판 2005. 1. 28, 2004다58963 등), 그 태도가 분명치 않다. 그러나 뒤의 판례는 위자료와의 일반적 관계를 판단한 것이라기보다는 구체적인 경우의 타당성을 위한 것으로 생각되며, 그렇다면 ii)설과 같은 입장이다. E-57

3) 재산분할의 대상 E-58

(가) 부부의 협력으로 이룩한 재산 혼인 중에 부부 쌍방의 협력에 의하여 이룩한 재산은 실질적으로 부부의 공동재산이라고 보아야 하므로 당연히 분할대상이 된다. 그 재산은 부동산은 물론 현금·예금자산도 포함하며, 그 명의가 누구에게 있는지 그 관리를 누가 하고 있는지를 불문한다(대판 1999. 6. 11, 96므1397). 즉 재산은 부부 일방의 명의로 취득한 경우에도 그 재산이 실질적으로 부부의 공동노력으로 취득·형성·유지되어 온 때에는 분할의 대상이 된다. 그리고 그 협력에는 처의 가사노동도 포함된다(대결 1993. 5. 11, 93스6).

그에 비하여 부부 일방이 혼인 전부터 가진 고유재산(830조 1항 참조)과 그로부터 증가된 재산, 혼인 중 부부의 일방이 상속·증여·유증받은 재산(이는 고유재산적인 것이라고 할 수 있음) 등은 분할의 대상이 아니다. 즉 특유재산 중 고유재산과 고유재산적인 것은 예외이다(그에 비하여 특유재산 중 단순히 부부 일방의 명의로 취득한 것은 분할의 대상이 됨). 다만, 이들 재산의 경우에도 다른 일방이 그 재산의 유지·감소방지 또는 증가에 협력한 때에는 그것도 분할의 대상이 될 수 있다. 판례는 적어도 표현상으로는 특유재산 일반에 대하여 사견과 같은 태도를 취하고 있으나(대결 2002. 8. 28, 2002스36 등), 거기의 특유재산은 고유재산 및 고유재산적인 것만을 의미하는 것으로 보인다.

판례에 따르면, 부부의 일방이 제3자와 합유하고 있는 재산 또는 그 지분은 임의로 처분하지 못하므로 직접 그 재산의 분할을 명할 수는 없으나, 그 지분의 가액을 산정하여 이를 분할의 대상으로 삼거나 다른 재산의 분할에 참작하는 방법으로 재산분할의 대상에 포함할 것이라고 한다(대판 2009. 11. 12, 2009므2840 · 2857). 그에 비하여 부부의 일방이 실질적으로 혼자서 지배하고 있는 주식회사라고 하더라도 그 회사 소유의 재산을 바로 그 개인의 재산으로 평가하며 재산분할의 대상에 포함시킬 수는 없다고 한다(대판 2011. 3. 10, 2010므4699 · 4705 · 4712).

판례는, **협의이혼**에 따른 재산분할에 있어 분할의 대상이 되는 재산과 액수는 협의이혼이 성립한 날(이혼신고일)을 기준으로 정할 것이라고 한다(대판 2006. 9. 14, 2005다74900: E-60에 직접 인용함). 그에 비하여 **재판상 이혼**에 따른 재산분할을 할 때 분할의 대상이 되는 재산과 그 액수는 이혼소송의 사실심 변론종결일을 기준으로 하여 정하는 것이 원칙이라고 한다(대판 2024. 5. 30, 2024므10370 등 다수). 다만, 혼인관계가 파탄된 이후 사실심 변론종결일 사이에 생긴 재산관계의 변동이 부부 중 일방에 의한 후발적 사정에 의한 것으로서 혼인 중 공동으로 형성한 재산관계와 무관하다는 등 특별한 사정이 있는 경우 그 변동된 재산은 재산분할 대상에서 제외하여야 하나(대판 2019. 10. 31, 2019므12549 · 12556 등), 부부의 일방이 혼인관계 파탄 이후에 취득한 재산이라도 그것이 혼인관계 파탄 이전에 쌍방의 협력에 의하여 형성된 유형·무형의 자원에 기한 것이라면 재산분할의 대상이 된다고 한다(대판 2019. 10. 31, 2019므12549 · 12556 등).

판 례 재산분할의 대상 관련

(ㄱ) 「재판상 이혼을 청구하는 부부의 일방은 다른 일방에 대하여 민법 제843조, 제839조의 2 규정에 의하여 당사자 쌍방이 협력으로 이룩한 재산의 분할을 청구할 수 있는바, 이 경우 부부 일방의 특유재산은 원칙적으로 분할의 대상이 되지 아니하나 특유재산일지라도 다른 일방이 적극적으로 그 특유재산의 유지에 협력하여 그 감소를 방지하였거나 그 증식에 협력하였다고 인정되는 경우에는 이것도 분할의 대상이 될 수 있고, 또 부부 일방이 혼인 중 제3자에게 부담한 채무는 일상가사에 관한 것 이외에는 원칙적으로 그 개인의 채무로서 청산의 대상이 되지 않으나 그것이 공동재산의 형성에 수반하여 부담한 채무인 경우에는 청산의 대상이 된다.」(대판 1993. 5. 25, 92므501)

(ㄴ) 「부부 중 일방이 상속받은 재산이거나 이미 처분한 상속재산을 기초로 형성된 부동산이더라도 이를 취득하고 유지함에 있어 상대방의 가사노동 등이 직·간접으로 기여한 것이라면 재산분할의 대상이 되는 것」이다(대판 1998. 4. 10, 96므1434)(대결 2009. 6. 9, 2008스111은, 이러한 점은 부부 중 일방이 제 3 자로부터 증여받은 재산도 마찬가지라고 한다).

(ㄷ) 「비록 처가 주로 마련한 자금과 노력으로 취득한 재산이라 할지라도 남편이 가사비용의 조달 등으로 직·간접으로 재산의 유지 및 증가에 기여하였다면 그와 같이 쌍방의 협력

으로 이룩된 재산은 재산분할의 대상이 된다고 보아야 한다.」(대판 1997. 12. 26, 96므1076·1083)

(ㄹ) 남편이 가사에 불충실한 행위를 하였다고 하더라도, 그러한 사정은 재산분할의 액수와 방법을 정함에 있어서 참작할 사유가 될 수 있을지언정 그와 같은 사정만으로 남편이 위와 같은 재산의 형성에 기여하지 않았다고 단정할 수 없다(대판 1995. 10. 12, 95므175·182).

(나) 퇴직금 · 연금 E-59

(a) 퇴 직 금 퇴직금이 재산분할의 대상인지에 관하여는 최근에 판례가 크게 변하였다. 아래에서 먼저 최근의 전원합의체 판결(대판(전원) 2014. 7. 16, 2013므2250)이 있기 전의 판례를 살펴보고, 이어서 변경된 현재의 판례를 기술하기로 한다.

과거에 대법원은, 부부 중 일방이 이혼 당시 이미 퇴직하여 수령한 퇴직금은 재산분할의 대상이 되지만(대판 1995. 3. 28, 94므1584), 이혼 당시 아직 퇴직하지 않은 채 직장에 근무하고 있는 경우에는 그의 퇴직일과 수령할 퇴직금이 확정되었다는 등의 특별한 사정이 없는 한 그가 장차 퇴직금을 받을 개연성이 있다는 사정만으로 그 장래의 퇴직금을 청산(분할)의 대상이 되는 재산에 포함시킬 수는 없고, 위와 같이 퇴직금을 받을 개연성이 있다는 사정은 제839조의 2 제 2 항 소정의 분할의 액수와 방법을 정하는 데 필요한 「기타 사정」으로 참작하면 족하다고 하였다(대결 2002. 8. 28, 2002스36 등). 대법원은, 다만 이혼 후 부부 일방이 퇴직하여 퇴직금을 수령하였고 재산분할청구권의 행사기간이 경과하지 않았으면 수령한 퇴직금 중 혼인한 때로부터 이혼소송의 사실심 변론종결일까지의 기간 중에 제공한 근로의 대가에 해당하는 퇴직금 부분은 분할의 대상인 재산이 된다고 하였다(대결 2000. 5. 2, 2000스13).

그런데 대법원은 전원합의체 판결로 과거의 판례와 다르게 판단하였다. 그 판결에서 대법원은 먼저, 배우자가 근무함에 있어 상대방배우자의 협력이 기여한 것으로 인정된다면 그 퇴직급여는 재산분할의 대상이 될 수 있다고 한 뒤, 이혼 당시 아직 퇴직하지 않은 경우에 퇴직급여채권을 재산분할의 대상에서 제외하고 단지 장래의 그 수령가능성을 재산분할의 액수와 방법을 정하는 데 필요한 기타 사정으로만 참작하는 것은 재산분할제도의 취지에 맞지 않고 당사자 사이의 실질적 공평에도 반하여 부당하다고 한다. 그러고 나서 「비록 이혼 당시 부부 일방이 아직 재직 중이어서 실제 퇴직급여를 수령하지 않았더라도 이혼소송의 사실심 변론종결시에 이미 잠재적으로 존재하여 그 경제적 가치의 현실적 평가가 가능한 재산인 퇴직급여채권은 재산분할의 대상에 포함시킬 수 있으며, 구체적으로는 이혼소송의 사실심 변론종결시를 기준으로 그 시점에서 퇴직할 경우 수령할 수 있을 것으로 예상되는 퇴직급여 상당액의 채권이 그 대상이 된다」고 한다(대판(전원) 2014. 7. 16, 2013므2250[핵심판례 436면]). 그리고 최근에는 퇴직급여채권뿐만 아니라 퇴직수당채권에 대하여도 같은 취지로 판결을 하였다(대판 2019. 9. 25, 2017므11917).

(b) **퇴직연금** 대법원은 과거에, 부부의 일방이 향후 수령할 퇴직연금도 연금수급권자의 여명을 확정할 수 없어서 이를 바로 분할대상에 포함시킬 수는 없고, 이를 참작하여 분할액수와 방법을 정해야 한다고 하였다(대판 1997. 3. 14, 96므1533·1540). 그런데 근래 전원합의체 판결로, 혼인기간 중의 근무에 대하여 상대방배우자의 협력이 인정되는 이상 공무원 퇴직연금 수급권 중 적어도 그 기간에 해당하는 부분은 부부 쌍방의 협력으로 이룩한 재산으로 볼 수 있고, 따라서 재산분할제도의 취지에 비추어 허용될 수 없는 경우가 아니라면 이미 발생한 공무원 퇴직연금 수급권도 부동산 등과 마찬가지로 재산분할의 대상에 포함될 수 있다고 변경하였다(대판(전원) 2014. 7. 16, 2012므2888). 그리고 구체적으로는 연금수급권자인 배우자가 매월 수령할 퇴직연금액 중 일정비율에 해당하는 금액을 상대방배우자에게 정기적으로 지급하는 방식의 재산분할도 가능하다고 한다. 한편 대법원은 최근에, 공무원연금법이 이혼배우자의 분할연금청구권(동법 45조 1항·2항)과 퇴직연금일시금 등의 분할청구권(동법 49조)을 규정하고 나아가 이 균등분할 조항에도 불구하고 민법 제839조의 2 또는 제843조에 따라 연금분할이 별도로 결정된 경우에는 그에 따른다는 취지의 규정(동법 46조)을 두고 있음을 언급한 뒤, 따라서 법원은 이혼당사자가 재산분할청구 시, 공무원연금법이 정한 이혼배우자의 분할연금청구권, 퇴직연금일시금 등 분할청구권에 관한 규정에도 불구하고 이혼소송의 사실심 변론종결 시를 기준으로 그 시점에서 퇴직할 경우 수령할 수 있을 것으로 예상되는 퇴직급여(공무원연금법 28조 1호에서 정한 퇴직연금, 퇴직연금일시금 등을 말한다) 채권을 재산분할 대상에 포함할지 여부에 관하여서는, 혼인생활의 과정과 기간, 그 퇴직급여의 형성 및 유지에 대한 양 당사자의 기여 정도, 당사자 쌍방이 혼인 생활 중 협력하여 취득한 다른 적극재산과 소극재산의 존재와 규모, 양 당사자의 의사와 나이 등 여러 사정을 종합적으로 고려하여 결정할 수 있다고 하였다(대판 2019. 9. 25, 2017므11917). 그러고 나서 「하지만 공무원연금법 제28조 제4호, 제62조에서 정한 **퇴직수당**(공무원이 1년 이상 재직하고 퇴직하거나 사망한 경우에 지급하는 수당을 말한다)에 관하여서는 위와 같은 이혼배우자의 분할청구권 규정이 적용되지 아니하므로, 이혼배우자의 협력이 기여한 것으로 인정된다면 이혼소송의 사실심 변론종결 시를 기준으로 그 시점에서 퇴직할 경우 수령할 수 있을 것으로 예상되는 퇴직수당 상당액의 채권은 충분히 재산분할의 대상이 될 수 있고, 구체적으로는 위 채권을 보유한 이혼당사자의 적극재산에 포함시켜 다른 재산과 함께 일괄하여 청산하거나 이에 준하는 적절하고 합리적인 방법으로 재산분할을 할 수 있다」고 하였다(대판 2019. 9. 25, 2017므11917).

(c) **명예퇴직금** 판례는, 이혼소송의 사실심 변론종결 당시에 부부 중 일방이 직장에서 일하다가 명예퇴직을 하고 통상의 퇴직금 이외에 별도로 명예퇴직금 명목의 금원을 이미 수령한 경우, 명예퇴직금이 정년까지 계속 근로로 받을 수 있는 수입의 상실이나 새로운 직업을 얻기 위한 비용지출 등에 대한 보상의 성격이 강하다고 하더라도 일정기간 근속을 요건으로 하고 상대방배우자의 협력이 근속요건에 기여하였다면, 명예퇴직금

은 그 전부를 재산분할의 대상으로 삼을 수 있다고 하며, 다만 법원으로서는 상대방배우자가 근속요건에 기여한 정도, 이혼소송 사실심 변론종결일부터 정년까지의 잔여기간 등을 민법 제839조의 2 제2항이 정한 재산분할의 액수와 방법을 정하는 데 필요한 기타 사정으로 참작할 수 있다고 한다(대판 2011. 7. 14, 2009므2628 · 2635).

(다) 채 무 부부의 일방이 혼인 중 제3자에게 부담한 채무 중 일상가사에 관한 것은 청산의 대상이 되고, 그 나머지는 원칙적으로 개인채무로서 청산의 대상이 되지 않으나, 공동재산의 형성에 수반하여 부담한 채무인 경우에는 청산의 대상이 된다(대판 2021. 5. 27, 2020므15841 등 다수). 따라서 사실혼 관계(사실혼에 재산분할청구권 규정이 준용됨)에 있는 부부 일방이 혼인 중 공동재산의 형성에 수반하여 채무를 부담하였다가 사실혼이 종료된 후 그 채무를 변제한 경우 변제된 채무는 특별한 사정이 없는 한 청산 대상이 된다(대판 2021. 5. 27, 2020므15841). 그리고 판례는 부동산에 대한 임대차보증금 반환채무는 특별한 사정이 없는 한 혼인 중 재산의 형성에 수반한 채무라고 한다(대판 2011. 3. 10, 2010므4699 · 4705 · 4712 등). E-60

부부의 일방이 청산의 대상이 되는 채무를 부담하고 있는 경우에는, 이를 고려하여 재산분할의 비율 또는 액수를 정하여야 한다. 그런데 금전의 지급을 명하는 방식의 경우에는, 재산가액에서 채무액을 뺀 뒤 나머지의 재산을 분할하여야 한다(동지 대판 1994. 12. 2, 94므1072). 그리고 목적물의 지분을 취득시켜 공유로 하는 방식의 경우에는 상대방의 취득비율을 줄여 주는 등으로 분할비율을 합리적으로 정해야 한다(대판 1994. 12. 2, 94므1072).

부부의 일방이 청산의 대상이 되는 채무를 부담하고 있어 총 재산가액에서 채무액을 공제하면 남는 금액이 없는 경우에는 상대방은 재산분할청구를 할 수 없는가? 대법원은 과거에는 그러한 경우에는 재산분할청구가 받아들여질 수 없다고 하였다(대판 2002. 9. 4, 2001므718 등). 그런데 그 뒤에 전원합의체 판결로, 「이혼 당사자 각자가 보유한 적극재산에서 소극재산을 공제하는 등으로 재산상태를 따져 본 결과 재산분할청구의 상대방이 그에게 귀속되어야 할 몫보다 더 많은 적극재산을 보유하고 있거나 소극재산의 부담이 더 적은 경우에는 적극재산을 분배하거나 소극재산을 분담하도록 하는 재산분할은 어느 것이나 가능하다고 보아야 하고, 후자의 경우라고 하여 당연히 재산분할청구가 배척되어야 한다고 할 것은 아니」라고 하여 과거의 판례를 변경하였다(대판(전원) 2013. 6. 20, 2010므4071 · 4088[핵심판례 438면]. 반대의견과 별개의견도 있음). 대법원은 이어서, 재산분할로 채무초과 상태가 되거나 채무초과 상태가 더욱 악화되는 것과 같은 경우에는 제반사정을 종합적으로 고려하여 채무 분담 여부 및 분담방법을 정할 것이고 기여도 등을 중심으로 일률적인 비율로 당연히 분할 귀속되게 해야 한다는 취지는 아니라고 한다.

판 례 채무에 대한 재산분할 관련

(ㄱ)「원·피고의 피고의 친정에 대한 위 채무를 피고에게 귀속시킨다고 이유 설시를 한 원심판결이 그대로 확정된다고 하더라도 그로써 위 채무 중 원고가 부담하여야 할 부분이 피고에게 면책적으로 인수되는 법률적 효력이 발생한다고 볼 근거는 없으므로, 원심이 위 채무가 모두 피고에게 귀속됨을 전제로 이를 재산분할금에 가산한 조치에는 재산분할 판결의 효력에 관한 법리를 오해한 위법이 있다.」(대판 1999. 11. 26, 99므1596·1602)

(ㄴ)「협의이혼에 따른 재산분할에 있어 분할의 대상이 되는 재산과 액수는 협의이혼이 성립한 날(이혼 신고일)을 기준으로 정하여야 한다. 따라서 협의이혼 성립일 이후에 부부 일방이 새로운 채무를 부담하거나, 부부 일방의 채무가 변제된 경우에도 이와 같은 재산변동사항은 재산분할의 대상이 되는 재산과 액수를 정함에 있어 이를 참작할 것이 아니다.

한편, 협의이혼을 예정하고 미리 재산분할 협의를 한 경우에도 그 기준일에 관하여 달리 볼 것은 아니다. 따라서 재산분할 협의를 한 후 협의이혼 성립일까지의 기간 동안 재산분할 대상인 채무의 일부가 변제된 경우, 원칙적으로 변제된 금액은 채무액에서 공제되어야 한다. 그런데 채무자가 자금을 제 3 자로부터 증여받아 위 채무를 변제한 경우에는 전체적으로 감소된 채무액만큼 분할대상 재산액이 외형상 증가하지만 그 수증의 경위를 기여도를 산정함에 있어 참작하여야 하고, 또 채무자가 기존 적극재산으로 위 채무를 변제하거나 채무자가 위 채무를 변제하기 위하여 새로운 채무를 부담하게 된 경우에는 소멸된 채무액만큼 적극재산액도 감소하거나 새로운 채무액이 증가하게 되어 결국 어느 경우에도 전체 분할대상 재산액은 변동이 없다.」(대판 2006. 9. 14, 2005다74900)

(ㄷ)「재산분할 대상 채무가 혼인관계 파탄 이후 변론종결일에 이르기까지 감소하였고, 그 감소가 혼인 중 공동으로 형성한 재산관계와 무관하게 부부 중 일방의 노력이나 비용으로 이루어졌다면, 그 감소 부분은 재산분할의 대상으로 삼을 수 없으므로 결국 혼인관계 파탄 시점의 채무가 재산분할의 대상이 된다.」(대판 2024. 5. 17, 2024므10721·10738)

(라) **제 3 자 명의의 재산** 제 3 자 명의의 재산이라도 그것이 부부 중 일방에 의하여 명의신탁된 재산 또는 부부의 일방이 실질적으로 지배하고 있는 재산으로서 부부 쌍방의 협력에 의하여 형성된 것이거나 부부 쌍방의 협력에 의하여 형성된 유형·무형의 자원에 기한 것이라면 그와 같은 사정도 참작하여야 한다는 의미에서 재산분할의 대상이 된다(대결 2009. 6. 9, 2008스111 등).

E-61 **4) 분할방법**

(가) **협의에 의한 분할** 이혼한 부부의 일방이 다른 일방에 대하여 재산분할을 청구하는 경우에는 먼저 당사자의 협의에 의하여 재산분할의 방법과 액수를 정한다(839조의 2 2항 참조)(재산분할 합의를 한 후 부가 그 합의내용의 일부를 이행하지 않아 처가 그 합의의 해제를 서면으로 통지하였다면 그 재산분할 합의는 적법하게 해제되어 더 이상 존속하지 않으므로 처는 여전히 재산분할청구권을 가진다. 대판 1993. 12. 28, 93므409).

아직 이혼하지 않은 당사자가 장차 협의상 이혼할 것을 약정하면서 이를 전제로 하여

재산분할에 관한 협의를 하는 경우에는 특별한 사정이 없는 한 장차 당사자 사이에 협의상 이혼이 이루어질 것을 조건으로 하여 조건부 의사표시가 행하여지는 것이라 할 것이므로, 그 협의 후 당사자가 약정한 대로 협의상 이혼이 이루어진 때에 한하여 그 협의의 효력이 발생하는 것이고, 어떠한 원인으로든지 협의상 이혼이 이루어지지 않고 혼인관계가 존속하게 되거나 당사자 일방이 제기한 이혼청구의 소에 의하여 재판상 이혼(화해 또는 조정에 의한 이혼을 포함한다)이 이루어진 때에는 그 협의는 조건의 불성취로 인하여 효력이 발생하지 않는다(대판 1995. 10. 12, 95다23156; 대판 2003. 8. 19, 2001다14061 등).

(나) **가정법원에 의한 분할** 재산분할에 관하여 협의가 되지 않거나 협의할 수 없는 때에는, 가정법원은 당사자의 청구에 의하여 당사자 쌍방의 협력으로 이룩한 재산의 가액 기타 사정을 참작하여 분할의 액수와 방법을 정한다(839조의 2 2항)(가사비송사건으로서 조정전치주의가 적용됨. 가소 2조 1항 마류사건 4)·50조)(판례는 재산분할 심판 사건의 경우 심판청구 취하에 상대방의 동의가 필요하지 않다고 함. 대판 2023. 11. 2, 2023므12218).

판 례 재산분할 관련

①「법원은 재산분할을 함에 있어 기타의 사정 중 중요한 것은 명시하여야 할 것이나 그 모두를 개별적, 구체적으로 그리고 일일이 특정하여 설시하여야 하는 것은 아니다.」(대판 1993. 5. 25, 92므501) ② 이혼하는 부부의 자녀들이 모두 성년에 달한 경우 부가 그 자녀들에게 부양의무를 진다 하더라도 이를 재산분할의 액수를 정하는 데 참작할 사정으로 볼 수는 없다(대판 2003. 8. 19, 2003므941). ③「분할대상이 되는 재산은 적극재산이거나 소극재산이거나 그 액수가 대략적으로나마 확정되어야 할 것이다.」(대판 1999. 6. 11, 96므1397) ④「재산분할액 산정의 기초가 되는 재산의 가액은 반드시 시가감정에 의하여 인정하여야 하는 것은 아니지만 객관성과 합리성이 있는 자료에 의하여 평가하여야 할 것인바, 법원으로서는 위 변론종결일까지 기록에 나타난 객관적인 자료에 의하여 개개의 공동재산의 가액을 정하여야 한다.」(대판 2024. 5. 30, 2024므10370) ⑤「재산분할사건은 마류 가사비송사건에 해당하고[가사소송법 제 2 조 제 1 항 제 2 호 (나)목 4)], 금전의 지급 등 재산상의 의무이행을 구하는 마류 가사비송사건의 경우 원칙적으로 청구인의 청구취지를 초과하여 의무의 이행을 명할 수 없다(가사소송규칙 제93조 제 2 항 본문). 그러나 한편 가사비송절차에 관하여는 가사소송법에 특별한 규정이 없는 한 비송사건절차법 제 1 편의 규정을 준용하며(가사소송법 제34조 본문), 비송사건절차에 있어서는 민사소송의 경우와 달리 당사자의 변론에만 의존하는 것이 아니고, 법원이 자기의 권능과 책임으로 재판의 기초가 되는 자료를 수집하는, 이른바 직권탐지주의에 의하고 있으므로(비송사건절차법 제11조), 법원으로서는 당사자의 주장에 구애되지 아니하고 재산분할의 대상과 가액을 직권으로 조사·판단할 수 있다. 따라서 재산분할사건에서 재산분할 대상과 가액을 주장하는 것은 그에 관한 법원의 직권 판단을 구하는 것에 불과하다.」(대판 2024. 5. 30, 2024므10370) ⑥「민법 제839조의 2 제 2 항의 취지에 비추어 볼 때, 재산분할비율은 개별재산에 대한 기여도를 일컫는 것이 아니라 기여도 기타 모든 사정을 고려하여 전체로서의 형성된 재산에 대하여 상대방 배우자로부터 분할받을 수 있는 비율을 일컫는 것이라고 봄이 상

당하므로, 법원이 합리적인 근거 없이 분할대상 재산들을 개별적으로 구분하여 분할비율을 달리 정하는 것은 허용될 수 없다. 그러나 공무원 퇴직연금수급권에 대하여 위와 같이 정기금 방식으로 재산분할을 할 경우에는 대체로 가액을 특정할 수 있는 다른 일반재산과는 달리 공무원 퇴직연금수급권은 연금수급권자인 배우자의 여명을 알 수 없어 가액을 특정할 수 없는 등의 특성이 있으므로, 재산분할에서 고려되는 제반 사정에 비추어 공무원 퇴직연금수급권에 대한 기여도와 다른 일반재산에 대한 기여도를 종합적으로 고려하여 전체 재산에 대한 하나의 분할비율을 정하는 것이 형평에 부합하지 아니하는 경우도 있을 수 있다. 그러한 경우에는 공무원 퇴직연금수급권과 다른 일반재산을 구분하여 개별적으로 분할비율을 정하는 것이 타당하고, 그 결과 실제로 분할비율이 달리 정하여지더라도 이는 분할비율을 달리 정할 수 있는 합리적 근거가 있는 경우에 해당한다고 할 것이다. 그 경우에 공무원 퇴직연금의 분할비율은 전체 재직기간 중 실질적 혼인기간이 차지하는 비율, 당사자의 직업 및 업무내용, 가사 내지 육아 부담의 분배 등 상대방 배우자가 실제로 협력 내지 기여한 정도 기타 제반 사정을 종합적으로 고려하여 정하여야 한다.」(대판(전원) 2014. 7. 16, 2012므2888) ⑦ 「일방 당사자가 특정한 방법으로 재산분할을 청구하더라도 법원은 이에 구속되지 않고 타당하다고 인정되는 방법에 따라 재산분할을 명할 수 있다. 그러나 재산분할심판은 재산분할에 관하여 당사자 사이에 협의가 되지 아니하거나 협의할 수 없는 때에 한하여 하는 것이므로(민법 제843조, 제839조의 2 제 2 항), 쌍방 당사자가 일부 재산에 관하여 분할방법에 관한 합의를 하였고, 그것이 그 일부 재산과 나머지 재산을 적정하게 분할하는 데 지장을 가져오는 것이 아니라면 법원으로서는 이를 최대한 존중하여 재산분할을 명하는 것이 타당하다. 그 경우 법원이 아무런 합리적인 이유를 제시하지 아니한 채 그 합의에 반하는 방법으로 재산분할을 하는 것은 재산분할사건이 가사비송사건이고, 그에 관하여 법원의 후견적 입장이 강조된다는 측면을 고려하더라도 정당화되기 어렵다.」(대판 2021. 6. 10, 2021므10898)

구체적인 재산분할방법으로는 금전지급(재산을 매각하여 그 대가를 분배하거나 재산을 어느 일방의 소유로 하고 상대방의 몫을 지급하는 방법)과 현물분할이 있다. 판례는 당사자 일방의 단독소유재산을 쌍방의 공유로 하는 방법에 의한 분할도 가능하다고 한다(대판 1997. 7. 22, 96므318·325). 금전지급으로 분할하는 경우에는 일시급으로 할 수도 있고 분할급으로 할 수도 있으며, 분할급을 정기급으로 할 수도 있다. 재산분할을 금전지급(특히 정기급)으로 하는 경우에 의무자가 이행하지 않는 때에는 민사집행법에 의한 강제집행 이외에 가사소송법이 정하는 이행명령의 방법을 사용할 수 있다. 즉 당사자의 신청에 의하여 가정법원이 그 의무를 이행할 것을 명할 수 있으며(가소 64조), 그에 위반하면 과태료에 처할 수 있고(가소 67조 1항), 정기금인 때에는 3기 이상 의무를 이행하지 않으면 30일의 범위 내에서 감치에 처할 수 있다(가소 68조 1항 1호). 그런가 하면 가정법원이 재산명시명령(가소 48조의 2·67조의 3), 재산조회(가소 48조의 3·67조의 4)도 할 수 있다(친족상속법 [89] 참조).

E-62 **5) 재산분할청구권의 성립시기** 판례에 의하면, 재산분할청구권은 이혼이 성립한

때에 그 법적 효과로서 비로소 발생하는 것일 뿐만 아니라, 협의 또는 심판에 의하여 구체적 내용이 형성되기까지는 그 범위 및 내용이 불명확·불확정하기 때문에 구체적으로 권리가 발생하였다고 할 수 없다(대판 1999. 4. 9, 98다58016[핵심판례 440면]; 대판 2001. 9. 25, 2001므725·732 등). 그런데 이에 의하면 이혼 후 재산분할의 심판 계속 중에 청구인이 사망하는 경우에는 재산분할청구권이 상속될 수 없게 된다. 그러나 재산분할심판의 청구가 있은 때에는 청산적 성질을 가지는 부분은 상속된다고 해야 한다.

판 례 재산분할청구 관련

(ㄱ)「당사자가 이혼이 성립하기 전에 이혼소송과 병합하여 재산분할의 청구를 하고 법원이 이혼과 동시에 재산분할로서 금전의 지급을 명하는 판결을 하는 경우 그 금전지급채무에 관하여는 그 판결이 확정된 다음 날부터 이행지체책임을 지게 되고, 따라서 소송촉진 등에 관한 특례법 제3조 제1항 단서에 의하여 같은 조항 본문에 정한 이율이 적용되지 아니한다.」(대판 2001. 9. 25, 2001므725·732)

(ㄴ)「당사자가 이혼이 성립하기 전에 이혼소송과 병합하여 재산분할의 청구를 한 경우에, 아직 발생하지 아니하였고 그 구체적 내용이 형성되지 아니한 재산분할청구권을 미리 양도하는 것은 성질상 허용되지 아니하며, 법원이 이혼과 동시에 재산분할로서 금전의 지급을 명하는 판결이 확정된 이후부터 채권양도의 대상이 될 수 있다.」(대판 2017. 9. 21, 2015다61286)

(ㄷ)「민법상의 재산분할청구권은 이혼을 한 당사자의 일방이 다른 일방에 대하여 재산분할을 청구할 수 있는 권리로서 이혼이 성립한 때에 그 법적 효과로서 비로소 발생하는 것이다. 따라서 당사자가 이혼이 성립하기 전에 이혼소송과 병합하여 재산분할의 청구를 하고, 법원이 이혼과 동시에 재산분할을 명하는 판결을 하는 경우에도 이혼판결은 확정되지 아니한 상태이므로, 그 시점에서 가집행을 허용할 수는 없다.」(대판 1988. 11. 13, 98므1193)

(ㄹ)「민법 제839조의 2에 따른 재산분할 청구사건은 마류 가사비송사건으로서 즉시항고의 대상에 해당하기는 하지만, 재산분할은 부부가 혼인 중에 취득한 실질적인 공동재산을 청산 분배하는 것을 주된 목적으로 하고, 법원이 당사자 쌍방의 협력으로 이룩한 재산의 액수 기타 사정을 참작하여 분할의 액수와 방법을 정하는 것이므로, 재산분할로 금전의 지급을 명하는 경우에도 그 판결 또는 심판이 확정되기 전에는 금전지급의무의 이행기가 도래하지 아니할 뿐만 아니라 금전채권의 발생조차 확정되지 아니한 상태에 있다고 할 것이어서, 재산분할의 방법으로 금전의 지급을 명한 부분은 가집행선고의 대상이 될 수 없다고 봄이 상당하다. 그리고 이는 이혼이 먼저 성립한 후에 재산분할로 금전의 지급을 명하는 경우라고 하더라도 마찬가지이다.」(대판 2014. 9. 4, 2012므1656)

(ㅁ)「원고와 피고 사이의 이혼 및 재산분할 사건에서 원심판결 별지목록1 기재 부동산이 분할대상임을 전제로 이를 원고에게 귀속시켜 이에 관한 피고 명의의 지분의 이전등기절차 이행을 명하고, 원고로 하여금 피고에게 그 가액의 일부에 상당하는 재산분할금을 지급할 것을 명하는 재판이 확정되었으나, 그 후 제3자가 제기한 민사재판에서 위 부동산이

제 3 자가 명의신탁한 재산으로서 분할대상재산이 아닌 것으로 밝혀진 경우, 확정된 민사재판에 의하여 원고는 피고로부터 별지목록1 기재 부동산에 관하여 소유권을 이전받을 수 없게 되었음에도 불구하고 확정된 재산분할 재판 중 재산분할금 지급부분만을 인용하여 원고로 하여금 일방적으로 피고에게 재산분할금을 지급하도록 하는 것은 채무명의의 이용이 신의칙에 위반되어, 그 채무명의에 기한 집행이 현저히 부당하고 상대방으로 하여금 그 집행을 수인토록 하는 것이 정의에 반함이 명백하여 사회생활상 용인할 수 없는 예외적인 경우에 해당한다 할 것이고, 재산분할에서 분할대상인지 여부가 전혀 심리된 바 없는 재산이 재판확정 후 추가로 발견된 경우에는 이에 대하여 추가로 재산분할청구를 할 수 있」다(대판 2003. 2. 28, 2000므582).

E-63 **6) 다른 제도와의 관계**

(가) **위자료청구권** 재산분할청구권과 위자료청구권은 ① 목적(부부공동재산의 청산·부양/이혼에 의한 손해배상), ② 유책의 배우자도 청구할 수 있는지 여부(있음/없음), ③ 권리행사기간(2년의 제척기간/3년 또는 10년의 시효기간), ④ 사건의 성격(가사비송사건/가사소송사건)(그러나 가정법원 전속관할이고 조정전치주의가 적용되는 점은 공통함), ⑤ 이혼소송 계속 중 소제기자가 사망한 경우에 소송종료 여부(종료/상속인 승계) 등 여러 가지 면에서 차이가 있는 별개의 독립한 권리이다. 따라서 유책배우자에 대하여는 재산분할청구 외에 별도로 재산적·정신적 손해에 대한 배상, 그리하여 위자료도 청구할 수 있다.

앞에서 언급한 바와 같이(E-57 참조), 판례는 분할자의 유책행위에 의한 위자료까지 포함하여 분할할 수 있다고 하나, 그것이 재산분할청구권에 위자료청구권이 포함된다는 뜻은 아니라고 할 것이다.

(나) **채권자대위권** 이혼으로 인한 재산분할청구권은 협의 또는 심판에 의하여 그 구체적 내용이 형성되기까지는 그 범위 및 내용이 불명확·불확정하기 때문에 구체적으로는 권리가 발생하였다고 할 수 없으므로 이를 보전하기 위하여 채권자대위권을 행사할 수 없다(대판 1999. 4. 9, 98다58016[핵심판례 440면]). 그리고 재산분할청구권은 그 자체로는 권리자의 의사를 존중하여야 하므로 대위권의 목적이 될 수 없으나(판례도 같음. 대판 2023. 9. 21, 2023므10861·10878 등. 파산재단에도 속하지 않는다고 함), 협의 또는 심판에 의하여 구체적인 금전채권 또는 급부청구권으로 변화된 뒤에는 대위권의 목적으로 된다고 하여야 한다.

E-64 (다) **채권자취소권** 2007년의 민법 개정시에 재산분할청구권 보전을 위한 사해행위취소권 제도가 신설되었다. 그에 의하면, 부부의 일방이 다른 일방의 재산분할청구권 행사를 해함을 알면서도 재산권을 목적으로 하는 법률행위를 한 때에는, 다른 일방은 제406조 제 1 항을 준용하여 그 취소 및 원상회복을 가정법원에 청구할 수 있다(839조의 3 1항(협의이혼의 경우)·843조(재판상이혼의 경우)). 그리고 그 소는 제406조 제 2 항의 기간 내에 제기하여야 한다(839조의 3 2항·843조).

민법은 재산분할청구권 보전을 위한 사해행위취소권의 규정을 협의이혼에 관하여 규정하고(839조의 3), 이를 재판상 이혼의 경우에 준용한다(843조).

채무초과 상태의 채무자가 이혼을 하면서 배우자에게 재산분할로 재산을 양도한 경우에 사해행위가 되는지가 문제되나, 재산분할액이 상당하다고 인정되는 때에는 사해행위가 되지 않는다고 하여야 한다. 통설·판례(대판 2000. 7. 28, 2000다14101[핵심판례 442면]; 대판 2005. 1. 28, 2004다58963 등)도 같다. 그리고 판례는, 재산분할청구권은 이혼이 성립한 때에 그 법적 효과로서 비로소 발생하는 것일 뿐만 아니라, 협의 또는 심판에 의하여 구체적 내용이 형성되기까지는 그 범위 및 내용이 불명확·불확정하기 때문에 구체적으로 권리가 발생하였다고 할 수 없으므로, 협의 또는 심판에 의하여 구체화되지 않은 재산분할청구권은 채무자의 책임재산에 해당하지 않고, 이를 포기하는 행위 또한 채권자취소권의 대상이 될 수 없다고 한다(대판 2013. 10. 11, 2013다7936).

판 례 재산분할과 사해행위

「이미 채무초과 상태에 있는 채무자가 이혼을 함에 있어 자신의 배우자에게 재산분할로 일정한 재산을 양도함으로써 결과적으로 일반 채권자에 대한 공동담보를 감소시키는 결과로 되어도, 위 재산분할이 민법 제839조의 2 제2항 규정의 취지에 따른 상당한 정도를 벗어나는 과대한 것이라고 인정할 만한 특별한 사정이 없는 한 사해행위로서 채권자에 의한 취소의 대상으로 되는 것은 아니라고 할 것이고, 다만 위와 같은 상당한 정도를 벗어나는 초과부분에 관한 한 적법한 재산분할이라고 할 수 없기 때문에 그 취소의 대상으로 될 수 있다고 할 것인바, 위와 같이 상당한 정도를 벗어나는 과대한 재산분할이라고 볼 만한 특별한 사정이 있다는 점에 관한 입증책임은 채권자에게 있다고 할 것이다.」(대판 2000. 7. 28, 2000다14101[핵심판례 442면])

7) 재산분할청구권의 상속

(가) 이혼 전에 사망한 경우 아직 이혼하지 않은 상태에서 이혼 및 재산분할소송의 계속 중에 부부의 일방이 사망한 경우에는, 이혼소송은 종료되고, 이혼의 성립을 전제로 하여 이혼소송에 부대한 재산분할청구 역시 종료된다(대판 1994. 10. 28, 94므246·253).

판 례 이혼소송과 재산분할청구가 병합된 경우에 이혼소송 중 배우자의 일방이 사망한 때

「이혼소송과 재산분할청구가 병합된 경우, 재판상의 이혼청구권은 부부의 일신전속의 권리이므로 이혼소송 계속 중 배우자의 일방이 사망한 때에는 상속인이 그 절차를 수계할 수 없음은 물론이고, 또 그러한 경우에 검사가 이를 수계할 수 있는 특별한 규정도 없으므로 이혼소송은 종료되고, 이에 따라 이혼의 성립을 전제로 하여 이혼소송에 부대한 재산분할청구 역시 이를 유지할 이익이 상실되어 이혼소송의 종료와 동시에 종료한다고 할 것이다.」(대판 1994. 10. 28, 94므246·253)

(나) **이혼 후에 사망한 경우** 이혼이 성립한 후 재산분할청구를 한 상태에서 부부의 일방이 사망하는 경우 재산분할청구권과 재산분할의무는 상속된다고 하여야 한다. 다만, 재산분할청구권 가운데 부양적 요소에 해당하는 부분은 일신전속적인 것이어서 상속되지 않는다(이설 없음).

E-65 **8) 재산분할청구권과 과세** 재산분할로 취득한 재산에 대하여 증여세를 부과할 수 없다(헌재 1997. 10. 30, 96헌바14; 대판 1997. 11. 28, 96누4725). 그리고 재산분할에 의한 자산의 이전이 양도소득세 과세대상이 되는 유상양도에 포함되지 않는다(대판 2003. 11. 14, 2002두6422 등). 재산분할제도는 실질적으로는 공유물분할에 해당하는 것이어서 공유물분할에 관한 법리가 준용되어야 하는데, 공유물분할은 법적으로는 공유자 상호간의 지분의 교환 또는 매매이지만 실질적으로는 소유형태가 변경된 것일 뿐이어서 이를 자산의 유상양도라고 할 수 없기 때문이다. 그에 비하여 재산분할에 의한 부동산취득은 취득세와 등록세에 대하여는 과세대상이다(대판 2003. 8. 19, 2003두4331).

9) 재산분할청구권의 포기 판례는, 협의 또는 심판에 의하여 구체화되지 않은 재산분할청구권을 혼인이 해소되기 전에 미리 포기하는 것은 그 성질상 허용되지 않는다고 한다(대결 2016. 1. 25, 2015스451 등). 그리고 판례는, 아직 이혼하지 않은 당사자가 장차 협의상 이혼할 것을 합의하는 과정에서 이를 전제로 재산분할청구권을 포기하는 서면을 작성한 경우에, 부부 쌍방의 협력으로 형성된 공동재산 전부를 청산·분배하려는 의도로 재산분할의 대상이 되는 재산액, 이에 대한 쌍방의 기여도와 재산분할 방법 등에 관하여 협의한 결과 부부 일방이 재산분할청구권을 포기하기에 이르렀다는 등의 사정이 없는 한 성질상 허용되지 않는 「재산분할청구권의 사전포기」에 불과할 뿐이므로 쉽사리 「재산분할에 관한 협의」로서의 「포기약정」이라고 보아서는 안 된다고 한다(대결 2016. 1. 25, 2015스451). 그러나 혼인의 파탄에 이른 당사자가 협의이혼의 약정을 하면서 재산분할청구권을 포기하는 것은 협의이혼절차가 유효하게 이루어질 것을 조건으로 하는 조건부 의사표시로서 유효하다고 할 수 있다.

10) 재산분할청구권의 소멸 재산분할청구권은 이혼한 날부터 2년이 경과한 때에는 소멸한다(839조의 2 3항). 이점은 재판상 이혼의 경우에도 같다(843조). 이 2년의 기간은 소멸시효기간이 아니고 제척기간으로서 그 기간이 경과하였는지 여부는 당사자의 주장에 관계없이 법원이 당연히 조사하여 고려하여야 한다(대판 1994. 9. 9, 94다17536). 그리고 판례는, 그 기간은 그 기간 내에 재산분할심판 청구를 하여야 하는 출소기간이라고 한다(대판 2023. 12. 21, 2023므11819 등). 따라서 이혼한 날부터 2년 내에 재산분할심판 청구를 하였음에도 그 재판에서 특정한 증거신청을 하였는지에 따라 제척기간 준수 여부를 판단할 것은 아니라고 한다(대판 2023. 12. 21, 2023므11819). 그러면서 협의상 또는 재판상 이혼을 하였으나 재산분할을 하지 않아 이혼 후 2년 이내에 최초로 법원에 제839조의 2에 따라 재산분할청구를 함에 있어 제척기간 내 이루어진 청구에 대하여 제척기간 준수의 효력이 인정된다고 한다(대판 2023. 12. 21, 2023므11819). 한편 판례는, 2년의 제척

기간 내에 재산의 일부에 대해서만 재산분할을 청구한 경우 청구 목적물로 하지 않은 나머지 재산에 대해서는 제척기간을 준수한 것으로 볼 수 없으므로, 재산분할청구 후 제척기간이 지나면 그때까지 청구 목적물로 하지 않은 재산에 대해서는 청구권이 소멸한다고 한다(대결 2018. 6. 22, 2018스18). 그리고 재산분할 재판에서 분할대상인지 여부가 전혀 심리된 바 없는 재산이 재판확정 후 추가로 발견된 경우에는 이에 대하여 추가로 재산분할청구를 할 수 있는데(대판 2003. 2. 28, 2000므582), 추가 재산분할청구 역시 이혼한 날부터 2년 이내라는 제척기간을 준수해야 한다고 한다(대결 2018. 6. 22, 2018스18). 그러나 청구인 지위에서 대상 재산에 대해 적극적으로 재산분할을 청구하는 것이 아니라, 이미 제기된 재산분할청구 사건의 상대방 지위에서 분할대상 재산을 주장하는 경우에는 제척기간이 적용되지 않는다고 한다(대결 2022. 11. 10, 2021스766).

(4) 손해배상청구권 E-66

1) 재판상 이혼의 경우 당사자 일방은 과실있는 상대방에 대하여 재산상의 손해에 대하여 뿐만 아니라 정신상의 고통에 대하여도 손해배상을 청구할 수 있다(843조·806조 1항 2항)(제3자에 대한 손해배상청구를 포함하여 조정전치주의가 적용됨. 가소 2조 1항 다류사건 2)·50조). 즉 재산상의 손해배상청구권과 위자료청구권이 발생한다. 이혼으로 인한 위자료청구의 경우에도 과실상계 규정이 유추적용된다(396조·763조 참조). 그 결과 혼인파탄에 대한 유책사유가 부부 쌍방에게 있고 쌍방의 책임 정도가 대등한 때에는 위자료청구권이 인정되지 않는다(대판 1994. 4. 26, 93므1273·1280).

민법은 재판상 이혼의 경우에 관하여만 손해배상청구권을 규정하고 있으나, 협의이혼의 경우에도 손해가 있는 때에는 손해배상청구권이 발생한다고 할 것이다(판례도 사기 또는 강박으로 혼인을 하게 된 자가 협의이혼을 한 때에도 손해배상청구를 인정한다. 대판 1977. 1. 25, 76다2223).

위자료청구권은 양도 또는 승계되지 않으나, 당사자간에 이미 그 배상에 관한 계약이 성립되거나 소를 제기한 후에는 승계된다(843조·806조 3항). 그리고 판례는, 위자료의 액수산정은 재산상의 손해와 달라서 반드시 이를 증거에 의하여 입증할 수 있는 성질의 것이 아니므로 법원은 여러 가지 사정을 참작하여 직권에 의하여 그 액수를 결정할 것이고 이에 관한 별도의 증거를 필요로 하는 것은 아니므로, 유책배우자에 대한 위자료수액을 산정함에 있어서도, 유책행위에 이르게 된 경위와 정도, 혼인관계 파탄의 원인과 책임, 배우자의 연령과 재산상태 등 변론에 나타나는 모든 사정을 참작하여 법원이 직권으로 결정할 수밖에 없다고 한다(대판 2024. 10. 25, 2024므11526·11533 등 다수). 그런가 하면, 이러한 사정에는 혼인관계의 파탄 이후 최종적 이혼에 이르기까지 발생한 모든 사정이 포함되며(혼인관계 파탄 이후의 행위도 위자료 액수산정의 고려요소에 포함되어야 한다고 함), 개별적 유책행위에 대하여 별개의 손해배상청구를 할 수 있다고 하여 달라지지 않는다고 한다(대판 2024. 10. 25, 2024므11526·11533).

판 례 **이혼 위자료청구권 관련**

(ㄱ) 「이혼 위자료청구권은 상대방인 배우자의 유책불법한 행위에 의하여 그 혼인관계가 파탄상태에 이르러 부득이 이혼을 하게 된 경우에 그로 인하여 입게 된 정신적 고통을 위자하기 위한 손해배상청구권으로서, 이는 이혼의 시점에서 확정, 평가되는 것이며 이혼에 의하여 비로소 창설되는 것은 아니라 할 것이다. 이러한 이혼 위자료청구권의 양도 내지 승계의 가능 여부에 관하여, 민법 제806조 제 3 항은 약혼해제로 인한 손해배상청구권에 관하여 정신상 고통에 대한 손해배상청구권은 양도 또는 승계하지 못하지만 당사자간에 이미 그 배상에 관한 계약이 성립되거나 소를 제기한 후에는 그러하지 아니하다고 규정하고, 민법 제843조가 위 규정을 재판상 이혼의 경우에 준용하고 있으므로 이혼 위자료청구권은 원칙적으로 일신전속적 권리로서 양도나 상속 등 승계가 되지 아니하나 이는 행사상의 일신전속권이고 귀속상의 일신전속권은 아니라 할 것이며, 그 청구권자가 위자료의 지급을 구하는 소송을 제기함으로써 그 청구권을 행사할 의사가 외부적 객관적으로 명백하게 된 이상 양도나 상속 등 승계가 가능하다 할 것이다.」(대판 1993. 5. 27, 92므143)

(ㄴ) 「이혼을 원인으로 하는 위자료청구권은 … 이혼의 원인이 되는 개별적 유책행위의 발생으로부터 최종적 이혼에 이르기까지 일련의 경과가 전체로서 불법행위로 파악되어 최종적 이혼시점에서 확정, 평가된다.」(대판 2024. 10. 25, 2024므11526 · 11533)

E-67 2) 이혼하는 부부 일방은 혼인의 파탄에 책임이 있는 제 3 자에 대하여도 손해배상을 청구할 수 있다(750조). 그리하여 심히 부당한 대우를 한 배우자의 직계존속(대판 1969. 8. 19, 69므17은 이 경우 이혼판결이 없는 한 위자료 청구를 할 수 없다고 한다), 배우자와 간통한 제 3 자(대판 2005. 5. 13, 2004다1899 등), 부(夫)와 부첩관계(夫妾關係)에 있는 자(대판 1998. 4. 10, 96므1434) 등에 대하여 위자료청구권을 가진다. 한편 대법원은, 비록 부부가 아직 이혼하지 아니하였지만 실질적으로 부부공동생활이 파탄되어 회복할 수 없을 정도의 상태에 이르렀다면, 제 3 자가 부부의 일방과 성적인 행위를 하더라도 이를 두고 부부공동생활을 침해하거나 유지를 방해하는 행위라고 할 수 없고 또한 그로 인하여 배우자의 부부공동생활에 관한 권리가 침해되는 손해가 생긴다고 할 수도 없으므로 불법행위가 성립한다고 보기 어려우며, 이러한 법률관계는 재판상 이혼청구가 계속 중에 있다거나 재판상 이혼이 청구되지 않은 상태라고 하여 달리 볼 것은 아니라고 한다(대판(전원) 2014. 11. 20, 2011므2997(이러한 다수의견에 대하여 별개의견은, 혼인의 파탄만으로는 부족하고 그 외에 이혼의사의 표시 또는 재판상 이혼청구가 있을 것을 요구한다); 대판 2023. 12. 21, 2023다265731 등). 그리고 이는, 부부의 일방과 부정행위를 한 제 3 자가 실질적으로 부부공동생활이 파탄되어 회복할 수 없을 정도의 상태에 이르게 된 원인을 제공한 경우라 하더라도, 배우자 아닌 자와의 성적인 행위가 부부공동생활이 실질적으로 파탄되어 실체가 더 이상 존재하지 아니하거나 객관적으로 회복할 수 없는 정도에 이른 상태에서 이루어졌다면 마찬가지라고 한다(대판 2023. 12. 21, 2023다265731).

판 례 간통의 경우 손해배상청구 관련

(ㄱ) 「배우자 있는 부녀와 간통행위를 하고, 이로 인하여 그 부녀가 배우자와 별거하거나 이혼하는 등으로 혼인관계를 파탄에 이르게 한 경우 그 부녀와 간통행위를 한 제3자(상간자)는 그 부녀의 배우자에 대하여 불법행위를 구성하고, 따라서 그로 인하여 그 부녀의 배우자가 입은 정신상의 고통을 위자할 의무가 있다고 할 것이다. 그러나 이러한 경우라도 간통행위를 한 부녀 자체가 그 자녀에 대하여 불법행위책임을 부담한다고 할 수는 없고, 또한 간통행위를 한 제3자(상간자) 역시 해의(害意)를 가지고 부녀의 그 자녀에 대한 양육이나 보호 내지 교양을 적극적으로 저지하는 등의 특별한 사정이 없는 한 그 자녀에 대한 관계에서 불법행위책임을 부담한다고 할 수는 없다.」(대판 2005. 5. 13, 2004다1899)

(ㄴ) 「이혼을 원인으로 하는 손해배상청구는 제3자에 대한 청구를 포함하여 가사소송법 제2조 제1항 (가)목 (3) 다류 2호의 가사소송사건으로서 가정법원의 전속관할에 속한다.

그런데 원고의 피고 1에 대한 이 사건 청구 중 위 피고와 원고 남편 사이의 간통 등 부정행위로 인하여 원고가 남편과 협의이혼을 함으로써 원고의 혼인관계가 파탄에 이르렀음을 원인으로 위자료 5,000만 원 및 이에 대한 지연손해금의 지급을 구하는 손해배상청구는 이혼을 원인으로 하는 제3자에 대한 손해배상청구에 해당하고, 따라서 위 손해배상청구는 가정법원의 전속관할에 속한다.」(대판 2008. 7. 10, 2008다17762)

3) 대법원(대판 2024. 6. 27, 2023므16678)은, 부부의 일방이 상대방 배우자의 부정행위로 인하여 혼인관계가 파탄되었다고 주장하면서 배우자를 상대로 위자료 청구를 하였으나, 법원이 혼인관계 파탄에 관한 부부 쌍방의 책임정도가 대등하다고 판단하여 위자료 청구를 기각하는 경우 상대방 배우자에게 혼인관계 파탄에 대한 손해배상의무가 처음부터 성립하지 않는다고 한다. 나아가 부정행위를 한 배우자의 손해배상의무가 성립하지 않는 이상 배우자의 부정행위에 가공한 제3자에게도 이혼을 원인으로 하는 손해배상책임이 인정되지 않는다고 한다. 그리고 이러한 법리는 부부의 일방이 상대방 배우자의 부정행위로 인하여 혼인관계가 파탄되었다고 주장하면서 배우자를 상대로 본소로 위자료 청구를 하고 이에 대하여 상대방 배우자가 반소로 위자료 청구를 하였으나, 법원이 혼인관계 파탄에 관한 부부 쌍방의 책임정도가 대등하다고 판단하여 본소·반소 위자료 청구를 모두 기각하는 경우에도 마찬가지라고 한다.

Ⅵ. 사 실 혼 E-68

1. 의 의

사실혼(事實婚)이란 실질적으로 부부로서 혼인생활을 하고 있으나 혼인신고를 하지 않아서 법률상의 혼인으로 인정되지 않는 남녀의 결합관계이다. 사실혼은 법률혼과 동일하게 다루어질 수는 없다. 그것은 법률혼주의의 취지에 반하기 때문이다. 그러나 당사자를 보호하여야 한다는 점에서는 결코 사실혼이 법률혼에 뒤지지 않는다. 여기서 학설은 사실혼을 준혼관계(準婚關係)로 이해하여(과거의 판례는 사실혼 관계를 혼인예약이라고 하고, 이를 부당하게 파기한 자에 대하여 혼인예약의무 불이행을 이유로 한 손해배상책임을 인정하였다. 대판 1965. 7. 6, 65므12 등 참조) 혼인의 효과 가운데 혼인신고와 불가분적으로 결합되어 있는 것을 제외하고는 모두 인정하려는 경향을 보인다.

이하에서 판례를 중심으로 하여 사실혼에 관하여 살펴보기로 한다.

2. 성립요건

(1) 판례에 의하면, 사실혼이 성립하기 위하여서는 당사자 사이에 주관적으로 혼인의사의 합치가 있고, 객관적으로 부부공동생활이라고 인정할 만한 혼인생활의 실체가 존재하여야 한다(대판 2001. 4. 13, 2000다52943 등). 그리고 판례는, 법률상 혼인을 한 부부가 별거하고 있는 상태에서 그 다른 한쪽이 제 3 자와 혼인의 의사로 실질적인 부부생활을 하고 있다고 하더라도, 특별한 사정이 없는 한, 이를 사실혼으로 인정하여 법률혼에 준하는 보호를 할 수는 없는 것이라고 하며(대판 2010. 3. 25, 2009다84141 등. 이 판결은 이러한 법리가 자동차종합보험의 부부운전자 한정운전 특별약관에서 규정하는 '사실혼 관계에 있는 배우자'의 해석에도 적용된다고 한다), 간헐적 정교관계만으로는 비록 당사자 사이에 자식이 태어났다고 하더라도 서로 혼인의사의 합치가 있었다거나 혼인생활의 실체가 존재한다고는 할 수 없어 사실혼이 성립했다고 볼 수 없다고 한다(대판 2001. 1. 30, 2000도4942 등).

(2) 위의 요건 외에 혼인의 장애사유(807조–810조)도 없어야 하는지 문제되나, 법률혼의 장애사유는 모두 사실혼에도 장애가 된다고 하여야 한다(이설 있음). 판례도 중혼적 사실혼의 경우(법률혼의 부부 일방이 집을 나가 돌아오지 않는 상태에서 제 3 자와 혼인생활을 하는 경우)에는 특별한 사정이 없는 한 이를 사실혼으로 인정하여 법률혼에 준하는 보호를 할 수는 없다고 한다(대판 2001. 4. 13, 2000다52943 등).

E-69

3. 사실혼의 효과

(1) 일반적 효과

1) 혼인신고를 전제로 하는 효과 사실혼이 성립하여도 사실혼의 배우자 및 그 혈족과의 사이에 친족관계가 생기지 않는다. 그리고 미성년자는 사실혼관계에 있더라도 성년의제(826조의 2)가 되지 않는다. 그 밖에 배우자로서의 상속권도 인정되지 않는다(대판 1999. 5. 11, 99두1540 등. 통설도 같음).

2) 동거 · 부양 · 협조의무 등 부부로서의 동거·부양·협조의무는 사실혼의 경우에도 동일하게 인정되어야 한다(대판 1998. 8. 21, 297므544 · 551). 성적 성실의무(정조의무)도 마찬가지이다(대판 1967. 1. 24, 66므39 등).

사실혼의 관계는 제 3 자에 대하여도 보호되어야 한다. 따라서 제 3 자가 사실혼의 배우자와 정교관계를 맺은 경우 불법행위를 구성하고, 제 3 자가 사실혼의 배우자를 살해하거나 상해를 입힌 경우 상대방배우자에 대하여 정신적 고통에 대한 위자료를 지급할 의무가 있다(대판 1969. 7. 22, 69다684).

3) 자의 법적 지위 사실혼의 부부 사이의 자는 혼인 외의 출생자이다. 따라서 부가 인지하지 않는 한 자는 모의 성과 본을 따르며(781조 3항), 모가 친권자가 된다(909조 1항).

(2) 재산적 효과 E-70

혼인의 재산적 효과는 사실혼의 경우에도 인정된다. 즉 사실혼의 부부도 일상가사에 관하여 서로 대리권이 있고(827조 참조)(대판 1980. 12. 23, 80다2077), 일상가사로 인한 채무에 대하여 연대책임을 진다(832조 참조). 부부재산의 귀속에 관한 규정(830조)도 사실혼의 경우에 유추적용된다.

판 례 사실혼 부부의 재산 귀속 관련

「사실혼관계에 있는 부부의 일방이 사실혼 중에 자기 명의로 취득한 재산은 그 명의자의 특유재산으로 추정되나 실질적으로 다른 일방 또는 쌍방이 그 재산의 대가를 부담하여 취득한 것이 증명된 때에는 특유재산의 추정은 번복되어 그 다른 일방의 소유이거나 쌍방의 공유라고 보아야 할 것이다.」(대판 1994. 12. 22, 93다52068 · 52075)

부부재산계약을 체결할 수 있는가에 관하여는 i) 부정하는 견해와 ii) 긍정하나, 등기할 수 없으므로 제 3 자에게 대항할 수는 없다는 견해로 나뉜다.

(3) 특별법상의 효과

민법에는 사실혼에 관한 규정이 두어져 있지 않다. 그런데 많은 특별법령에서 사실혼의 배우자를 법률상의 배우자와 동일하게 다루고 있다(예: 「근로기준법 시행령」 48조 1항 1호, 고용보험법 57조 1항, 공무원연금법 3조 1항 3호 가목 등 각종 연금법). 그리고 주택임대차보호법에 의하면, 주택임차인이 상속인 없이 사망한 경우에는 그 주택에서 가정공동생활을 하던 사실상의 혼인관계에 있는 자가 임차인의 권리와 의무를 승계하며(동법 9조 1항), 임차인이 사망한 때에 사망 당시 상속인이 그 주택에서 가정공동생활을 하고 있지 않은 때에는 그 주택에서 가정공동생활을 하던 사실상의 혼인관계에 있는 자와 2촌 이내의 친족이 공동으로 임차인의 권리와 의무를 승계한다(동법 9조 2항).

4. 사실혼의 해소 E-71

(1) 당사자 일방의 사망에 의한 해소

사실혼관계에 있는 당사자 일방이 사망하면 사실혼은 해소된다. 그런데 이 경우 상속권은 인정되지 않는다. 다만, 상속인이 존재하지 않는 때에는 생존배우자는 특별연고자에 대한 재산분여규정(1057조의 2)에 의하여 상속재산의 전부 또는 일부를 분여받을 수 있다. 그리고 생존배우자의 주거는 전술한 주택임대차보호법에 의하여 확보된다(동법 9조·12조). 한편 판례는 사실혼관계가 일방 당사자의 사망에 의하여 종료된 경우에는 재산분할청구권을 인정하지 않는다(대판 2006. 3. 24, 2005두15595).

(2) 합의에 의한 해소

사실혼관계는 당사자의 합의에 의하여 해소될 수 있다. 이 경우는 협의이혼에 준하여 처리하면 될 것이다.

E-72 (3) 일방적 해소

판례에 의하면, 사실상의 혼인관계는 사실상의 관계를 기초로 하여 존재하는 것이므로 당사자 일방의 의사에 의하여 해소될 수 있고, 당사자 일방의 파기로 인하여 공동생활의 사실이 없게 되면 사실상의 혼인관계는 해소되는 것이며, 다만 정당한 사유 없이 해소된 때에는 유책자가 상대방에 대하여 손해배상의 책임을 지는 데 지나지 않는다고 한다(대결 2009. 2. 9, 2008스105 등)(통설도 같다). 나아가 판례는 당사자 일방이 의식불명이 된 상태에서 상대방이 일방적으로 사실혼관계를 해소하는 것을 인정한다(대결 2009. 2. 9, 2008스105. 그리고 이 경우 사실혼관계의 해소에 따라 재산분할청구권도 인정된다고 함).

판 례 사실혼의 일방적 해소와 재산분할청구

「기록에 의하면, 청구인과 사실혼관계에 있던 소외인이 2007. 3. 12. 갑자기 의식을 잃고 쓰러져 병원에 입원하였고, 2007. 4. 16. 청구인과는 혈연관계가 없는 그의 아들들에 의하여 다른 병원으로 옮겨졌으나 의식을 회복하지 못하고 2007. 5. 10.에 사망한 사실, 청구인은 소외인이 사망하기 전인 2007. 4. 18. 사실혼관계의 해소를 주장하면서 이 사건 재산분할심판청구를 한 사실을 알 수 있고, 한편 그 해소의 의사가 진정하지 않다고 볼 근거가 없다. 이러한 사실관계에 의하면, 청구인이 사실혼관계의 해소를 주장하며 이 사건 재산분할심판청구를 함으로써 청구인과 소외인의 사실혼관계는 청구인의 일방의 의사에 의하여 해소되었고 공동생활의 사실도 없게 되었다고 봄이 상당하다. 따라서 사실혼관계의 해소에 따라 청구인에게 재산분할청구권이 인정된다고 할 것이다.

이 사건과 같이 일방이 의식불명이 된 상태에서 상대방이 일방적으로 사실혼관계를 해소하는 것을 인정하는 것은 전자로서는 사실혼이라는 중대한 신분관계의 변동을 알 수 없어서 부당하지 않은가 하는 점이 문제될 수 있겠다. 그러나 상대방이 의사능력이 없거나 생사가 3년 이상 불명인 경우 등에서의 재판상 이혼과의 균형상으로도 굳이 상대방에 대한 의사표시 및 그 수령 등을 그 해소의 요건으로 할 필요는 없다. 나아가 현재 우리 판례는 당사자의 사망으로 인한 사실혼관계 해소의 경우에 재산분할청구권을 부인하는 태도를 취하고 있는데, 이러한 법상태를 전제로 하더라도 재산분할청구제도의 제반 취지를 살릴 방도는 무엇인지를 강구할 필요가 있다는 점도 고려되어야 할 것이다.」(대결 2009. 2. 9, 2008스105)

사실혼 해소에 정당한 사유가 있는지 여부는 이혼원인 규정(840조)과 혼인취소사유에 관한 규정(816조)을 참고로 하여 양 당사자의 행위를 종합하여 판단하여야 한다. 판례에 의하면, 부정행위(不貞行爲)(대판 1967. 1. 24, 66므39 등)·악의의 유기(대판 1998. 8. 21, 97므544·551)·폭행(대판 1984. 9. 25, 84므77) 등은 정당한 사유에 해당하나, 임신불능(대판 1960. 8. 18, 4292민상995)·단순한 불화 가출(대판 1966. 7. 26, 66므10: 일시 흥분된 감정으로 친정으로 간 경우)은 정당한 사유가 아니다.

정당한 사유 없이 사실혼을 파기한 자는 불법행위로 인한 손해배상책임을 진다(조정전치주의가 적용됨. 가소 2조 1항 다류사건 1)·50조). 그리고 배상하여야 할 손해에는 재산적 손해와 정신적 손해가 포함되며, 재산적 손해는 사실혼관계의 성립·유지와 인과관계가 있는 모든 손해이다(대판 1989. 2. 14, 88므146). 판례에 의하면, 결혼식 후 부부공동체로서 실태를 갖추어 공동생활을 하는 것이라고 사회적으로 인정될 수 없는 단시일 내에 사실혼에 이르지 못하고 그 관계가 해소되어 그 결혼식이 무의미하게 된 때에는, 그 비용을 지출한 당사자는 사실혼관계 파탄의 유책당사자에게 그 배상을 청구할 수 있다고 한다(대판 1984. 9. 25, 84므77). 그리고 제 3 자(특히 시모)가 사실혼관계에 부당하게 간섭하여 파탄에 이르게 한 경우에는, 그 제 3 자도 함께 정신적 고통에 대한 위자료 지급의무가 있다고 한다(대판 1983. 9. 27, 83므26 등). 한편 중혼적 사실혼의 경우에는 중혼자에 대하여 사실혼의 부당파기로 인한 손해배상을 청구할 수 없다(대판 1962. 11. 15, 62다631).

판 례 사실혼관계가 파기된 경우 등 관련

(ㄱ) 주민등록상 부부로 등재되어 혼인신고가 있었던 것으로 오인하고 있던 중 부의 부정행위에 의하여 사실혼관계가 파기되고 처가 사실상 혼인관계 존재확인의 소에서 패소한 경우, 처의 사실혼관계 부당파기로 인한 위자료청구권의 소멸시효 기산점이 부의 부정행위가 있었던 시점이라고 본 원심판결을 파기하고 위 패소판결 선고시를 그 기산점으로 보아야 한다고 한 사례(대판 1998. 7. 24, 97므18).

(ㄴ) 부첩관계에 있는 당사자의 일방은 상대방에게 그 부첩관계의 파기를 이유로 위자료를 청구할 수 없다(대판 1966. 9. 20, 66므14).

(ㄷ) 원·피고 사이의 사실혼관계가 불과 1개월만에 파탄된 경우, 혼인생활에 사용하기 위하여 결혼 전후에 원고 자신의 비용으로 구입한 가재도구 등을 피고가 점유하고 있다고 하더라도 이는 여전히 원고의 소유에 속한다고 할 것이어서, 원고가 소유권에 기하여 그 반환을 구하거나 원상회복으로 반환을 구하는 것은 별론으로 하고, 이로 인하여 원고에게 어떠한 손해가 발생하였다고 할 수 없다는 이유로 그 구입비용 상당액의 손해배상청구를 배척한 사례.

원고가 결혼 후 동거할 주택구입 명목으로 피고에게 금원을 교부함으로써 피고가 자신의 명의로 주택을 소유하게 되었을 뿐 아니라 향후 그 주택의 시가상승으로 인한 이익까지 독점적으로 보유하게 된다는 점 등을 고려할 때, 결혼생활이 단기간에 파탄되었다면 형평의 원칙상 위 금원은 원상회복으로서 특별한 사정이 없는 한 전액 반환되어야 한다고 한 사례(대판 2003. 11. 14, 2000므1257 · 1264).

⑷ 사실혼 해소 후의 법률문제

판례에 의하면, 부부재산의 청산의 의미를 갖는 **재산분할에 관한 규정은 사실혼관계에도 준용 또는 유추적용할 수 있다고 한다**(대판 2021. 5. 27, 2020므15841 등)(통설도 같음). 그러나 중혼적 사실혼의 경우에는 인정되지 않는다(대결 1995. 7. 3, 94스30). 한편 판례는, 사실혼 해소를 원인으로 한 재산분할에서 분할의 대상이 되는 재산과 액수는 사실혼이 해소된 날을 기준으로 하여 정해야 한다고 한다(대판 2024. 1. 4, 2022므11027 등). 그리고 사실혼 해소 이후 재산분할청구 사건의 사실심 변론종결 시까지 사이에 혼인 중 공동의 노력으로 형성·유지한 부동산 등에 발생한 외부적·후발적 사정으로서, 그로 인한 이익이나 손해를 일방에게 귀속시키는 것이 부부 공동재산의 공평한 청산·분배라고 하는 재산분할제도의 목적에 현저히 부합하지 않는 결과를 가져오는 등의 특별한 사정이 있는 경우에는 이를 분할대상 재산의 가액 산정에 참작할 수 있다고 한다(대판 2024. 1. 4, 2022므11027 등).

사실혼이 해소된 후 자의 양육에 관하여, 학설은 i) 제837조를 유추적용하자는 견해와 ii) 제909조 제 4 항 및 제 6 항의 친권자 문제에 포함시켜 해결하자는 견해로 나뉘어 있으며, 판례는 제837조의 유추적용을 부정한다(대판 1979. 5. 8, 79므3).

E-73 5. 사실상혼인관계 존재 확인청구

(1) **사실혼관계가 성립되었다고 할 수 있는 경우에 당사자 일방이 혼인신고에 협력하지 않을 때에는 상대방은 사실상혼인관계 존부 확인을 청구하여 법률혼으로 만들 수 있다**(가소 2조 1항 나류사건 1)). 이 때는 먼저 조정을 신청하여야 하고(가소 50조), 조정이 성립하면 조정을 신청한 자가 1개월 이내에 혼인신고를 하여야 한다(가족 72조). 조정이 성립하지 않거나 조정을 하지 않기로 하는 결정이 있거나 조정에 갈음하는 결정에 대하여 이의신청이 있는 때에는, 조정신청을 한 때에 소가 제기된 것으로 본다(가소 49조, 민사조정법 36조 1항). 사실상혼인관계 존재 확인의 재판이 확정된 경우에는 심판을 청구한 자가 재판의 확정일부터 1개월 이내에 혼인신고를 하여야 한다(가족 72조). 판례는 이 신고를 보고적 신고가 아니고 창설적 신고라고 한다(대결 1991. 8. 13, 91스6)(판례는 사실혼의 처가 제기한 사실혼관계 존재 확인 청구의 소가 계속되는 동안 사실혼의 부가 처와의 혼인신고를 방해할 목적으로 다른 여자와 혼인신고를 한 경우 사실혼관계 존재 확인 청구소송이 처의 승소로 확정되었다고 하더라도 그에 기하여 혼인신고를 하지 않은 이상 부의 혼인은 중혼이 될 수 없다고 한다. 대판 1973. 1. 16, 72므25).

(2) **사실혼의 당사자 일방이 사망한 경우에 다른 일방이 사실상혼인관계 존재 확인청구를 할 수 있는가?** 여기에 관하여 학설은 i) 확인의 이익이 없고 당사자적격도 문제라는 이유로 부정하는 견해와 ii) 긍정하는 견해로 나뉘어 있다. 그리고 판례는 사실혼의 당사자 일방

이 사망하였더라도 사실혼관계 존재 확인청구가 현재적 또는 잠재적 법적 분쟁을 일거에 해결하는 유효적절한 수단이 될 수 있는 때(가령 급여수급권을 주장하는 경우. 대판 2022. 3. 31, 2019므10581)에는 확인의 이익이 인정될 수 있지만 그러한 유효적절한 수단이라고 할 수 없는 때에는 확인의 이익이 없다고 한다(대판 1995. 3. 28, 94므1447[핵심판례 444면] 등). 그러나 사망한 사실혼 배우자와의 혼인신고를 목적으로 사실혼관계 존재 확인을 청구할 소의 이익은 없다고 한다(대판 1995. 11. 14, 95므694 등).

판 례 사실혼관계 존부확인청구 관련 E-74

(ㄱ) 「사실혼관계의 존재를 확인하는 심판이 확정되더라도 이로써 그 일방 당사자가 호적법 제76조의 2의 규정에 의하여 단독으로 혼인신고를 할 수 있는 길이 열리는 것일 뿐이고 그 심판확정으로 곧 그 당사자간에 법률상의 혼인관계가 형성되는 것은 아니며 신고혼주의를 취하는 우리 법제 아래서는 혼인신고가 있어야만 비로소 법률상 혼인이 성립되는 것인바 우리 법상 사망자간이나 생존한 자와 사망한 자 사이의 혼인은 인정되는 것이 아니므로 사망자와의 사실혼관계 존재 확인의 심판이 있다 하더라도(사망자와의 사실혼관계 존재 확인을 구할 수 있는지 여부는 별론으로 한다), 이미 당사자의 일방이 사망한 경우에는 혼인신고특례법이 정하는 예외적인 경우와 같이 그 혼인신고의 효력을 소급하는 특별한 규정이 없는 한 이미 그 당사자간에는 법률상의 혼인이 불가능하므로 이러한 혼인신고는 받아들여질 수 없다. 그리고 혼인이 생존한 사람들 간에서만 이루어질 수 있는 것인 이상 호적공무원의 형식적 심사권의 대상에는 그 혼인의 당사자가 생존하였는지 여부를 조사하는 것도 당연히 포함된다고 할 것이다.」(대결 1991. 8. 13, 91스6)

(ㄴ) 「일반적으로 과거의 법률관계는 확인의 소의 대상이 될 수 없는 것이나, 혼인, 입양과 같은 신분관계나 회사의 설립, 주주총회의 결의무효, 취소와 같은 사단적 관계, 행정처분과 같은 행정관계와 같이 그것을 전제로 하여 수많은 법률관계가 발생하고 그에 관하여 일일이 개별적으로 확인을 구하는 번잡한 절차를 반복하는 것보다 과거의 법률관계 그 자체의 확인을 구하는 편이 관련된 분쟁을 일거에 해결하는 유효적절한 수단일 수 있는 경우에는 예외적으로 확인의 이익이 인정되는 것이다.

그런데 … 사실혼관계는 여러 가지 법률관계의 전제가 되어 있고, 그 존부확인 청구는 그 법률관계들과 관련된 분쟁을 일거에 해결하는 유효적절한 수단일 수 있는 것이다.

따라서 이 사건에서와 같이 사실혼관계에 있던 당사자 일방이 사망하였더라도, 현재적 또는 잠재적 법적 분쟁을 일거에 해결하는 유효적절한 수단이 될 수 있는 한, 그 사실혼관계 존부 확인청구에는 확인의 이익이 인정되는 것이고, 이러한 경우 친생자관계 존부 확인청구에 관한 민법 제865조와 인지청구에 관한 민법 제863조의 규정을 유추적용하여, 생존 당사자는 그 사망을 안 날로부터 1년 내에(그런데 2005년 민법 개정시에 865조와 864조에서 "1년 내에"가 "2년 내에"로 개정되었음: 저자 주) 검사를 상대로 과거의 사실혼관계에 대한 존부확인청구를 할 수 있다고 보아야 한다.」(대판 1995. 3. 28, 94므1447[핵심판례 444면])

(3) **사실상혼인관계 존재 확인청구제도의 실효성에는 의문이 있다.** 그 존재확인판결이 확정되어 혼인신고를 하더라도 당사자 사이에는 이미 사실혼관계가 파탄되어 원만한 법률상의 혼인관계를 기대할 수 없을뿐더러, 판례에 의하면 사실혼의 존속 중에는 당사자 일방이 단독으로 혼인신고를 함으로써 유효하게 법률혼으로 될 수 있기 때문이다(E-20 참조). 결국 확인판결에 의하여 혼인신고가 이루어지면 혼인 외의 자(子)가 준정(準正)이 되어 혼인 중의 자로 되고, 일방 배우자가 사망한 경우에 상대방 배우자가 상속권을 가진다는 점에 실익이 있을 뿐이다.

제 2 절 부모와 자

E-75 ### Ⅰ. 친자관계

(1) 친자관계의 의의 및 종류

친자관계란 부모와 자(子)라는 신분관계를 가리키며, 그것은 부부관계와 더불어 친족적 공동생활의 기초를 이룬다.

민법상 친자관계에는 **친생친자관계**(親生親子關係)와 **법정친자관계**(法定親子關係)가 있다. 전자는 부모와 자(子)의 관계가 혈연에 기초하고 있는 것이고, 후자는 법률에 의한 것이다. **현행법상 법정친자관계로는 양친자관계가 있다**(과거에는 계모자 관계·적모서자 관계도 있었으나, 1990년 민법개정시에 폐지되었다).

친생친자관계에 있어서의 자(子)인 친생자는 부모와 혈연관계에 있는 자인데, 친생자에는 「혼인 중의 출생자(出生子)」와 「혼인 외의 출생자」가 있다. 그리고 혼인 외의 출생자에는 부에게 인지된 자와 인지되지 않은 자가 있다.

(2) 친자의 성(姓)

① 종래 민법은 자(子)는 부(父)의 성(姓)과 본(本)을 따르고, 성과 본은 어떠한 경우에도 바꿀 수 없다는 입장을 취하였다. 그러나 2005년에 민법을 개정하여, 자(子)는 원칙적으로 부(父)의 성(姓)과 본(本)을 따르되, 다만 부모가 혼인신고시 모의 성과 본을 따르기로 협의한 경우에는 모의 성과 본을 따르도록 하였다(781조 1항). ② 혼인 외의 출생자가 인지된 경우 자(子)는 부모의 협의에 따라 종전의 성과 본을 계속 사용할 수 있고, 다만 부모가 협의할 수 없거나 협의가 이루어지지 않은 경우에는 자(子)는 법원의 허가를 받아 종전의 성과 본을 계속 사용할 수 있다(781조 5항). 이는 자(子)의 복리를 위하여 성(姓)이 자동으로 변경되지 않을 수 있도록 한 것이다. ③ 부(父)가 외국인인 경우에는 자(子)는 모(母)의 성과 본을 따를 수 있다(781조 2항). ④ 부(父)를 알 수 없는 자는 모의 성과 본을 따른다(781조 3항). ⑤ 부모를 알 수 없는 자(子)는 법원의 허가를 받아 성과 본을 창설한다(781조 4항 본문). 다만, 성

과 본을 창설한 후 부(父) 또는 모(母)를 알게 된 때에는 부(父) 또는 모(母)의 성과 본을 따를 수 있다(781조 4항 단서). ⑥ 개정민법에 의하면, 자(子)의 복리를 위하여 자(子)의 성과 본을 변경할 필요가 있을 때에는 부(父)·모(母) 또는 자(子)의 청구에 의하여 법원의 허가를 받아 이를 변경할 수 있다(781조 6항 본문). 다만, 자(子)가 미성년자이고 법정대리인이 청구할 수 없는 경우에는 제777조의 규정에 따른 친족 또는 검사가 청구할 수 있다(781조 6항 단서). 이는 주로 재혼가정에서 자라는 자녀들이 계부(繼父)와 성이 달라서 고통받는 경우의 문제를 해결하기 위하여 도입된 규정이다(개정민법의 친양자제도를 이용하여 이 문제를 해결할 수도 있으나, 친양자로 입양하려면 친생부모의 동의가 필요하고(908조의 2 1항 3호) 또 친양자로 되면 입양 전의 친족관계가 종료되기 때문에(908조의 3 2항) 성의 변경제도가 필요하게 된다). 대법원은 근래 구체적인 판단기준을 제시한 뒤, 성·본 변경권의 남용으로 볼 수 있는 경우가 아니면 원칙적으로 성·본 변경을 허가할 것이라고 한다(대결 2009. 12. 11, 2009스23). 한편 이 규정에 의하여 자녀의 성·본을 변경하고자 하는 사람은 재판확정일부터 1개월 이내에 신고하여야 한다(가족 100조).

Ⅱ. 친생자(親生子) E-76

1. 혼인 중의 출생자

(1) 의　　의

혼인 중의 출생자는 혼인관계에 있는 부모 사이에서 태어난 자(子)를 말한다. 혼인 중의 출생자에는 ① 출생시부터 혼인 중의 출생자의 지위를 취득하는 생래적(生來的) 혼인 중의 출생자와 ② 출생시에는 혼인 외의 출생자이었으나 후에 부모의 혼인에 의하여 혼인 중의 출생자의 지위를 취득하는 준정(準正)에 의한 혼인 중의 출생자가 있다. 그리고 생래적 혼인 중의 출생자에는 ㉠ 친생자의 추정을 받는 혼인 중의 출생자, ㉡ 친생자의 추정을 받지 않는 혼인 중의 출생자, ㉢ 친생자의 추정이 미치지 않는 자가 있다.

(2) 친생자의 추정을 받는 혼인 중의 출생자

친생자의 추정이란 자가 모의 부(夫)의 친생자로서 추정되는 것을 가리킨다.

1) 친생자 추정의 요건 　아내가 혼인 중에 임신한 자녀는 남편의 자녀로 추정한다(844조 1항). 그리고 혼인이 성립한 날부터 200일(최단 임신기간) 후에 출생한 자녀는 혼인 중에 임신한 것으로 추정한다(844조 2항). 그 결과 혼인성립의 날부터 200일 후에 출생한 자녀는 친생자 추정을 받는 혼인 중의 출생자로 된다. 여기의 혼인이 성립한 날은 본래 혼인신고를 한 날이나, 통설은 사실혼을 거쳐 법률혼으로 가는 실제의 관행을 고려하여 사실혼 성립의 날도 포함하는 것으로 해석한다. 의용민법 하의 판례도 같다(대판 1963. 6. 13, 63다228). 이에 의하면, 혼인신고일로부터 200일이 되기 전에 출생한 자라도 사실혼 성립일로부터 200일 후에 출생하였으면 친생자의 추정을 받게 된다. 한편 혼인관계가 종료된 날부터 300일 이내에 출생한

자녀는 혼인 중에 임신한 것으로 추정한다(844조 3항). 그런데 최근(2017. 10. 31)에 민법이 개정되어 이 제3항의 경우의 추정은 엄격한 친생부인의 소에 의하여 뿐만 아니라 일정한 자의 친생부인의 허가청구(854조의 2) 또는 인지 허가청구(855조의 2)에 의하여도 번복할 수 있다(E-80 참조).

대법원은 최근에, 아내가 혼인 중 남편이 아닌 제3자의 정자를 제공받아 인공수정으로 자녀를 출산한 경우에도 친생추정 규정을 적용하여 인공수정으로 출생한 자녀가 남편의 자녀로 추정된다고 하며, 그 경우 인공수정에 대해 남편의 동의가 명백히 밝혀지지 않았던 사정이 있다고 해서 곧바로 친자관계가 부정된다거나 친생부인의 소를 제기할 수 있다고 볼 것은 아니라고 하였다(대판(전원) 2019. 10. 23, 2016므2510[핵심판례 446면]).

2) **친생자 추정의 효과** 친생자 추정은 반증이 허용되지 않는 강한 추정이어서 그 추정을 번복하려면 부(父)(2005년 이후에는 모(母)도 가능함. 846조 참조)가 **친생부인의 소를 제기하여야 하고 친생자관계 부존재 확인의 소에 의할 수는 없다**(대판 2000. 8. 22, 2000므292 등). 그리고 타인의 친생자로 추정되는 자에 대하여는 친생부인의 소에 의한 확정판결에 의하여 그 친생관계의 추정이 깨어지기 전에는 아무도 인지를 할 수 없다(대판 1992. 7. 24, 91므566 등).

그런데 판례는, 친생부인의 소 대신 친생자관계 부존재 확인의 심판청구를 한 것이 부적법한 청구라도 법원이 그 잘못을 간과하고 청구를 받아들여 친생자관계 부존재 확인의 심판을 선고하고 그 심판이 확정된 이상 그 심판이 당연무효라고 할 수는 없으며, 그 심판의 기판력이 제3자에게도 미치므로, 친생자 추정의 효력은 사라져 버린 것이고, 그리하여 인지청구를 할 수 있다고 한다(대판 1992. 7. 24, 91므566).

E-77 **(3) 친생자의 추정을 받지 않는 혼인 중의 출생자**

혼인이 성립한 날로부터 200일이 되기 전에 출생한 자는 친생자의 추정을 받지 못하며, 이때는 친생자관계 부존재 확인의 소에 의하여 부자관계를 부정할 수 있다(이 소는 이해관계인이면 누구나 제기할 수 있고, 제소기간의 제한도 없다)(865조 참조).

(4) 친생자의 추정이 미치지 않는 자

1) 제844조는 친생자 추정에 있어서 **부부의 별거 등으로 처가 부(夫)의 자(子)를 포태할 가능성이 전혀 없는 경우**에 대하여 예외를 인정하지 않는다. 그러나 학설은 처가 부(夫)의 자(子)를 포태할 수 없는 것이 객관적으로 명백한 사정이 있는 경우에는 친생자의 추정을 인정하지 않는다. 그런데 구체적으로 어떤 범위에서 친생자 추정을 배제할 것인가에 관하여는 견해가 나뉜다. 부(夫)가 행방불명 또는 생사불명인 경우, 부(夫)가 장기간 수감·입원·외국체재 등으로 부재 중인 경우, 혼인관계가 파탄되어 사실상 이혼상태로 별거 중인 경우, 부(夫)와 자(子)간에 명백한 인종의 차이가 있는 경우에 대하여는 다툼이 없으나, 부(夫)와 자(子)의 혈액형이 배치되거나 부(夫)가 생식불능인 경우에 대하여는 i) 추정부정설, ii) 부모가 이미 이혼한 경우와 같이 가정의 평화가 더 이상 존재하지 않는 때에만

추정이 미치지 않는다는 견해, iii) 당사자나 관계인의 동의가 있는 경우에만 추정이 미치지 않는다는 견해(사견도 같음)로 나뉘어 있다. i)설은 혈연진실주의의 입장이고, ii)설과 iii)설은 가정의 평화 내지 부부의 프라이버시를 배려하는 입장이다.

판례는 처음에는 예외없이 친생자 추정을 하였으나(대판 1968. 2. 27, 67므34), 그 후에 판례를 변경하여 현재는, 부부의 한쪽이 장기간에 걸쳐 해외에 나가 있거나 사실상의 이혼으로 부부가 별거하고 있는 경우 등 동서(同棲)(같이 삶. 최근 판례는 동거라고 표현함)의 결여로 **처가 부(夫)의 자(子)를 포태할 수 없는 것이 외관상 명백한 사정이 있는 경우에는 그 추정이 미치지 않는다고 한다**(이른바 외관설)(대판(전원) 1983. 7. 12, 82므59[핵심판례 448면]; 대판 2021. 9. 9, 2021므13293 등). 그리고 대법원은 최근에, 혼인 중 아내가 임신하여 출산한 자녀가 남편과 혈연관계가 없다는 점이 밝혀졌더라도 친생추정이 미친다고 하였다(대판(전원) 2019. 10. 23, 2016므2510[핵심판례 446면]). 또한 혈연관계 유무나 그에 대한 인식은 친생추정을 번복할 수 있도록 하는 사유이며, 이를 넘어서 처음부터 친생추정이 미치지 않도록 하는 사유로서 친생부인의 소를 제기할 필요조차 없도록 하는 요소가 될 수는 없다고 하였다(대판 2021. 9. 9, 2021므13293).

판 례 **친생자 추정 관련** E-78

(ㄱ) 「제844조는 부부가 동거하여 처가 부(夫이하 같다)의 자를 포태할 수 있는 상태에서 자를 포태한 경우에 적용되는 것이고 부부의 한쪽이 장기간에 걸쳐 해외에 나가 있거나 사실상의 이혼으로 부부가 별거하고 있는 경우 등 동서의 결여로 처가 부의 자를 포태할 수 없는 것이 외관상 명백한 사정이 있는 경우에는 그 추정이 미치지 않는다.」(대판(전원) 1983. 7. 12, 82므59[핵심판례 448면])

(ㄴ) 「청구인과 청구외인이 혼인한 후 청구인은 다른 여자와 부첩관계를 맺고 평소에 청구외인과는 별거하고 있었으나 청구외인이 청구인의 부모를 모시고 본가에서 거주하는 관계로 1년에 한번 정도 찾아와 만났다는 것이므로 사정이 이와 같다면 이 부부 사이는 처가 부의 자식을 포태할 수 없음이 객관적으로 명백할 정도로 동서의 결여가 있다고는 할 수 없」다(대판 1990. 12. 11, 90므637).

2) 판례는, 호적상의 부모의 혼인 중의 자로 등재되어 있는 자라 하더라도 그의 생부모가 호적상의 부모와 다른 사실이 객관적으로 명백한 경우에는 그 친생추정이 미치지 않고, 그와 같은 경우에는 곧바로 생부모를 상대로 인지청구를 할 수 있다고 한다(대판 2000. 1. 28, 99므1817). 그 판결의 사안은, A와 B가 혼인신고를 마친 후 그들 사이에 아들이 없자 노후를 염려하여 C가 출산한 D를 입양한 후 마치 D가 A·B 사이에서 출생한 양 허위의 출생신고를 한 경우였다.

3) 친생자의 추정이 미치지 않는 경우에는 부(夫)(또는 모(母))가 친생부인의 소를 제기할 수 있음은 물론, **법률상 이해관계 있는 자는 누구든지 친생자관계 부존재 확인의 소를 제기할 수 있고**

(부(父)·모(母)도 같음)(대판(전원) 1983. 7. 12, 82므59[핵심판례 448면]), 자(子)는 가족관계등록부상의 부(父)가 친생부인의 소를 제기하지 않더라도 진실한 부(父)에 대하여 인지청구의 소를 제기할 수 있다.

E-79 **(5) 친생부인(親生否認)의 소**

1) 의 의 친생부인의 소는 부부의 일방이 그 자(子)의 친생자 추정을 번복해서 부자관계(父子關係)를 부정하기 위하여 제기하는 소이다(846조 참조). 앞에서 설명한 바와 같이(E-76 참조), 자(子)의 친생자 추정은 오직 친생부인의 소에 의하여서만 번복될 수 있다.

2) 절 차 친생부인은 소의 방법에 의하여야 한다. 그런데 조정전치주의가 적용되므로(가소 2조 1항 나류사건 6)·50조), 먼저 가정법원에 조정을 신청하여야 한다. 그리하여 부(夫)가 자(子)의 친생을 승인하는 조정이 성립하여 당사자 사이에 합의된 사항을 조정조서에 적으면 자(子)는 부(夫)의 친생자로 확정된다(가소 59조 1항). 그러나 조정이 성립하지 않으면 조정신청을 한 때에 소를 제기한 것으로 간주되어 소송절차로 넘어간다(가소 49조, 민사조정법 36조). 그리고 친생부인의 조정이 성립되더라도 이는 당사자가 임의로 처분할 수 없는 사항에 관한 것이어서(가소 59조 2항 단서) 친생부인의 효력이 생기지 않는다(대판 1968. 2. 27, 67므34).

3) 부인권자 친생부인의 소는 원칙적으로 부(夫) 또는 처(妻)(여기의 처는 자의 생모에 한정되고, 재혼한 처는 포함되지 않는다. 대판 2014. 12. 11, 2013므4591[핵심판례 450면])만이 제기할 수 있다(자(子)에게는 인정되지 않음)(846조. 2005년 개정 전에는 부(夫)에게만 인정되었음). 다만, 남편이나 아내가 피성년후견인인 경우에는 그의 성년후견인이 성년후견감독인의 동의를 받아 친생부인의 소를 제기할 수 있고(848조 1항 1문), 성년후견감독인이 없거나 동의할 수 없을 때에는 가정법원에 그 동의를 갈음하는 허가를 청구할 수 있다(848조 1항 2문). 그리고 이 경우에 성년후견인이 친생부인의 소를 제기하지 않는 경우에는 피성년후견인은 성년후견종료의 심판이 있은 날부터 2년 내에 친생부인의 소를 제기할 수 있다(848조 2항). 그리고 부(夫) 또는 처가 유언으로 부인의 의사를 표시한 때에는 유언집행자는 친생부인의 소를 제기하여야 한다(850조). 그런가 하면 부(夫)가 자(子)의 출생 전에 사망하거나 부(夫) 또는 처가 친생부인의 사유가 있음을 안 날부터 2년 내에 사망한 때에는, 부(夫) 또는 처의 직계존속이나 직계비속에 한하여 그 사망을 안 날부터 2년 내에 친생부인의 소를 제기할 수 있다(851조).

4) 소의 상대방 친생부인의 소는 부(夫) 또는 처가 다른 일방 또는 자(子)를 상대로 하여 제기하여야 한다(847조 1항). 다만, 상대방이 될 자가 모두 사망한 때에는 그 사망을 안 날부터 2년 내에 검사를 상대로 하여 친생부인의 소를 제기할 수 있다(847조 2항). 친생부인의 소는 자(子)가 사망한 후에도 그 직계비속이 있는 때에는 제기할 수 있으며, 그때 자(子)의 모(母)가 있으면 그 모(母)가 상대방이 되고, 모(母)가 없으면 검사가 상대방이 된다(849조).

E-80 **5) 친생부인권의 소멸**

(가) 제소기간(출소기간) 친생부인의 소는 그 사유가 있음을 안 날부터 2년 내에 제기하여야 한다(847조 1항).

(나) **승인한 경우** 자(子)의 출생 후에 친생자임을 승인한 자는 다시 친생부인의 소를 제기하지 못한다(852조). 승인은 명시적으로뿐만 아니라 묵시적으로도 할 수 있다. 그러나 출생신고를 한 것만으로는 승인한 것으로 되지 않는다(이설 없음). 친생부인의 소를 제기한 때에도 출생신고를 하여야 하기 때문이다(가족 47조).

친생자의 승인이 사기 또는 강박으로 인하여 행하여진 때에는, 이를 취소할 수 있다(854조).

6) 친생부인판결의 효력 친생부인의 판결이 확정되면 자(子)는 모(母)의 혼인 외의 출생자가 되고, 모(母)의 부(夫)와는 아무런 관계도 없게 된다. 그리고 판결은 제 3 자에게도 효력이 생긴다(가소 21조 1항). 그리하여 이제는 그 생부(生父)가 자(子)를 인지할 수도 있다.

(6) 친생부인의 허가청구와 인지 허가청구

헌법재판소는 개정 전 제844조 제 2 항 중 「혼인관계 종료의 날로부터 300일 내에 출생한 자」에 관한 부분에 대하여 헌법불합치 결정을 하였다(헌재 2015. 4. 30, 2013헌마623). 그 후 헌법재판소의 결정취지를 고려하여 민법이 개정되었고(2017. 10. 31), 그 개정에서 제 3 항의 경우에 대하여 보다 쉽게 친생추정을 번복할 수 있게 하는 제도로 친생부인의 허가청구제도(854조의 2)와 인지 허가청구제도(855조의 2)를 신설하였다. 이 두 제도를 나누어 설명한다.

제844조 제 3 항의 경우에 출생한 자녀의 어머니 또는 어머니의 전(前) 남편은 가정법원에 친생부인의 허가를 청구할 수 있다(854조의 2 1항 본문). 다만, 혼인 중의 자녀로 출생신고가 된 경우에는 친생부인의 허가청구를 할 수 없다(854조의 2 1항 단서). 제 1 항의 청구가 있는 경우에 가정법원은 혈액채취에 의한 혈액형 검사, 유전인자의 검사 등 과학적 방법에 따른 검사결과 또는 장기간의 별거 등 그 밖의 사정을 고려하여 허가 여부를 정한다(854조의 2 2항). 그리고 제 1 항 및 제 2 항에 따른 허가를 받은 경우에는 제844조 제 1 항 및 제 3 항의 추정이 미치지 않는다(854조의 2 2항).

제844조 제 3 항의 경우에 출생한 자녀의 생부(生父)는 가정법원에 인지의 허가를 청구할 수 있다(855조의 2 1항 본문). 다만, 혼인 중의 자녀로 출생신고가 된 경우에는 인지의 허가청구를 할 수 없다(855조의 2 1항 단서). 제 1 항의 청구가 있는 경우에 가정법원은 혈액채취에 의한 혈액형 검사, 유전인자의 검사 등 과학적 방법에 따른 검사결과 또는 장기간의 별거 등 그 밖의 사정을 고려하여 허가 여부를 정한다(855조의 2 2항). 그리고 제 1 항 및 제 2 항에 따라 허가를 받은 생부가 「가족관계의 등록 등에 관한 법률」 제57조 제 1 항에 따른 신고를 하는 경우에는 제844조 제 1 항 및 제 3 항의 추정이 미치지 않는다(855조의 2 2항).

(7) 부(父)를 정하는 소

여자가 배우자의 사망 또는 이혼으로 혼인이 해소(혼인취소의 경우도 같음)된 뒤 곧바로 재혼을 하여 자(子)를 출산하는 경우에는 자(子)의 출생일이 후혼 성립일부터 200일 이후이고 전혼 종료일부터 300일 내일 수 있다. 그러한 때에는 그 자(子)가 제844조에 의하여 전혼의 부(夫)의 자(子)로도 추정되고 후혼의 부(夫)의 자(子)로도 추정되어 부성(父性)추정의 충돌이 일어난다. 이와 같은 경우에는 당사자의 청구에 의하여 가정법원이 자(子)의 부(父)를 결정하는데(845조), 그 소를 「부(父)를 정하는 소(訴)」라고 한다(이에 관한 규정은 중혼에 있어서 두 혼인에 관하여 친생자추정을 받는 경우에도 유추적용하여야 한다).

부의 결정을 위하여 소를 제기하려는 사람은 먼저 조정을 신청하여야 하나(가소 2조 1항 나류사건 5)·50조), 조정이 성립하여도 부(父)의 결정의 효력은 생기지 않는다(가소 59조 2항 단서). 부(父)를 정하는 소를 제기할 수 있는 자는 자녀, 어머니, 어머니의 배우자 또는 어머니의 전 배우자이다(가소 27조 1항)(그 상대방이 누구인지와 혈액형 등의 수검명령(受檢命令)에 관하여는 가소 27조 2항－4항, 29조에 규정되어 있다).

부(父)를 정하는 소의 확정판결은 제 3 자에게도 효력이 있으므로(가소 21조 1항), 판결이 확정된 뒤에는 친생부인의 소를 제기할 수 없다.

E-81 2. 혼인 외의 출생자

(1) 의 의

혼인 외의 출생자는 부모가 혼인하지 않은 상태에서 출생한 자(子)이다(그리고 부모의 혼인이 무효인 때의 출생자는 혼인외의 출생자로 본다. 855조 1항 2문). 혼인 외의 출생자는 모(母)와의 사이에는 출산과 동시에 친자관계가 발생하나, 생부(生父)와의 사이에서는 인지가 있어야 친자관계가 발생한다. 한편 혼인 외의 자(子)는 그 부모가 나중에 혼인하게 되면 그때부터 혼인 중의 출생자로 보게 되는데(855조 2항), 이를 준정(準正)이라고 한다.

(2) 인지(認知)

1) 인지의 의의 인지란 혼인 외의 출생자의 생부(生父) 또는 생모(生母)가 혼인 외의 출생자를 자기의 자(子)로 인정하여 법률상의 친자관계를 발생시키는 일방적인 의사표시이다. 인지에는 부(父) 또는 모(母)가 스스로 인지의 의사표시를 하는 경우와 부(父) 또는 모(母)를 상대로 인지의 소를 제기하여 인지의 효과를 발생하게 하는 경우가 있으며, 전자를 임의인지라고 하고 후자를 강제인지라고 한다.

인지는 의사표시이면서 동시에 상대방 없는 단독행위이다(그런데 관청의 수령을 요하는 행위이다). 인지는 요식행위이다(859조 1항). 그리고 강제인지는 인지자의 의사표시가 없을 때 그의 의사표시에 갈음하는 판결을 얻어 인지의 효력이 생기게 하는 경우라고 할 수 있다.

혼인 외의 출생자와 생부(生父)와의 부자관계는 생부의 인지에 의하여서만 생길 수 있으므로(대판 2022. 1. 27, 2018므11273 등), 아직 인지가 있기 전에는 그 실부(實父)라 할지라도 법률상의 부양의무가 없고(대판 1987. 12. 22, 87므59: 다만 실부가 인지를 하기 전에 생모에게 양육을 부탁하면서 양육비를 지급하기로 약정하였다면 그러한 약정은 유효하다), 친권·상속 등 친자관계에서 발생하는 다른 효과도 생기지 않는다. 그에 비하여 혼인 외의 출생자와 생모 사이의 모자관계는 인지나 출생신고를 기다리지 않고 자(子)의 출생으로 당연히 생기므로(대판 2018. 6. 19, 2018다1049[핵심판례 454면] 등. 그리고 모자관계는 가족관계등록부의 기재나 법원의 친생자관계존재확인판결이 있어야만 이를 인정할 수 있는 것도 아니다) 따로 인지를 할 필요가 없으며, 기아(棄兒)(버려진 아이) 등의 경우에 모(母)가 인지하더라도 그것은 단지 모자관계를 확인하는 의미를 가진다고 할 것이다.

2) 임의인지 임의인지는 생부(生父) 또는 생모(生母)가 스스로 하는 인지이다. E-82

㈎ 인 지 자 임의인지는 **생부(生父) 또는 생모(生母)**가 할 수 있다(855조 1항). 이들은 제한능력자라 하더라도 의사능력이 있으면 법정대리인의 동의 없이 임의인지를 할 수 있다. 다만, 피성년후견인이 인지를 하는 때에는 성년후견인의 동의를 받아야 한다(856조).

㈏ 피인지자(인지를 받는 자) 인지될 수 있는 자는 **혼인 외의 출생자**이다. 그러나 타인의 친생자로 추정되고 있는 자에 대하여는 친생부인의 소의 확정판결에 의하여 친자관계가 부인되기 전에는 아무도 인지를 할 수 없고(대판 1987. 10. 13, 86므129 등)(다만, 844조 3항의 경우에 출생한 자녀의 생부는 가정법원에 인지의 허가를 청구하여 친생추정을 번복할 수 있으며(855조의 2), 그에 관하여는 앞에서 설명하였다. E-80 참조), 친생자 추정을 받지 않는 혼인 중의 출생자에 대하여는 친생자관계 부존재 확인의 소에 의하여 가족관계등록부상의 부와 자 사이에 친자관계가 존재하지 않는다는 것이 확정된 후에 인지할 수 있으며, 타인이 먼저 인지한 경우에는 인지에 대한 이의의 소를 제기하여 그 판결이 확정된 후에 인지할 수 있다. 그리고 미성년자뿐만 아니라 성년자도 인지할 수 있다.

자가 사망한 후에는 원칙적으로 인지할 수 없으나, 자의 직계비속이 있는 때에는 인지할 수 있다(857조). 그리고 부는 포태 중에 있는 자에 대하여도 인지할 수 있다(858조).

㈐ 인지의 방식 생전의 인지는 가족등록법이 정한 바에 의하여 신고함으로써 그 효력이 생긴다(859조 1항). 여기의 신고는 창설적 신고이다. 따라서 신고가 없으면 인지의 효과가 생기지 않는다. 인지의 신고를 말로도 할 수 있다는 점(가족 23조 1항), 서면으로 신고하는 경우에는 우송을 하거나(가족 41조 참조) 타인에게 제출하게 하여도 무방하나(가족 23조 2항), 구술신고는 타인이 대리할 수 없다는 점(가족 31조 3항·55조·56조), 본인이 시·읍·면에 직접 출석하지 않는 경우에는 본인의 신분증명서를 제시하거나 신고서에 본인의 인감증명서를 첨부하여야 신고서가 수리된다는 점(가족 23조 2항) 등은 다른 창설적 신고에 있어서와 마찬가지이다.

인지는 유언으로도 할 수 있고, 그때에는 유언집행자가 이를 신고하여야 한다(859조 2항). 그런데 여기의 신고는 보고적 신고이어서 신고가 없더라도 인지의 효력이 생긴다.

부(父)가 혼인 외의 자녀에 대하여 친생자 출생의 신고를 한 때에는 그 신고는 인지의 효력이 있다(가족 57조 1항 본문). 다만, 모(母)가 특정됨에도 불구하고 부가 본문에 따른 신고를 함에 있어 모의 소재불명 또는 모가 정당한 사유 없이 출생신고에 필요한 서류 제출에 협조하지 않는 등의 장애가 있는 경우에는, 부의 등록기준지 또는 주소지를 관할하는 가정법원의 확인을 받아 신고를 할 수 있다(가족 57조 1항 단서). 그리고 모의 성명·등록기준지 및 주민등록번호의 전부 또는 일부를 알 수 없어 모를 특정할 수 없는 경우 또는 모가 공적 서류·증명서·장부 등에 의하여 특정될 수 없는 경우에는, 부의 등록기준지 또는 주소지를 관할하는 가정법원의 확인을 받아 제 1 항에 따른 신고를 할 수 있다(가족 57조 2항)(그런데 여기의 신고는 인지신고가 아니고 출생신고이므로 그러한 신고로 인한 친자관계의 외관을 배제하고자 하는 때에는 인지에 관련된 소송이 아니라 친생자관계 부존재 확인의 소를 제기하여야 한다. 대판 1993. 7. 27, 91므306). 그런가 하면 판례는 혼인신고가 위법하여 무효인 경우에도 무효의 혼인 중 출생한 자(子)를 그 호적에 출생신고하여 등재한 이상 그 자에 대한 인지의 효력이 있다고 한다(대판 1971. 11. 15, 71다1983). 그러나 혼인 외의 출생자의 생모(生母)가 부(夫)의 사망 후 그들간에 출생한 친생자인양 출생신고를 한 경우(대판 1985. 10. 22, 84다카1165 등), 생모(生母)가 타인의 인장을 위조하여 혼인신고와 친생자로서의 출생신고를 한 경우(대판 1984. 9. 25, 84므73), 조부(祖父)가 출생신고를 한 경우(대판 1976. 4. 13, 75다948)에는 인지의 효력이 생기지 않는다고 한다. 부(父)가 출생신고를 한 때에만 인지의 효력이 생기기 때문이다.

E-83 **3) 인지의 무효와 취소**

(가) 인지의 무효 민법에는 규정이 없으나, 가사소송법은 인지의 무효에 관하여 규정하고 있다(가소 2조 1항 가류사건 3)·26조 1항·28조·23조·24조)(조정전치주의는 적용되지 않음). 통설은 ① 인지가 사실에 반하는 경우, ② 인지능력(의사능력)을 결한 경우, ③ 인지자(父)의 의사에 의하지 않고 인지신고된 경우(예: 모(母)가 부(父) 명의로 마음대로 인지신고를 한 경우)에 인지가 무효라고 한다. 그러나 ③의 경우에는 인지가 성립하지 않았다고 보아야 한다. 그리고 통설·판례(대판 1992. 10. 23, 92다29399)는 인지의 무효는 당연무효이므로 소 기타의 절차에 의하지 않고도 또 누구라도 그 무효를 주장할 수 있으며, 다른 소에서 선결문제로서 주장할 수 있다고 한다. 그러나 인지의 무효는 혼인의 무효와 마찬가지로 무효의 판결에 의하여 비로소 무효로 된다고 할 것이다(형성의 소).

판 례 **인지의 무효 관련**

「친생자가 아닌 자에 대하여 한 인지신고는 당연무효이며 이런 인지는 무효를 확정하기 위한 판결 기타의 절차에 의하지 아니하고도, 또 누구에 의하여도 그 무효를 주장할 수 있는 것이다. 그리고 위와 같은 인지라도 그 신고 당시 당사자 사이에 입양의 명백한 의사가 있고 기타 입양의 성립요건이 모두 구비된 경우라면 입양의 효력이 있는 것으로 해석할 수 있」다(대판 1992. 10. 23, 92다29399)(미성년자의 입양에 가정법원의 허가를 요하는 현행법 하에서는 미성년자에 관한 한 이 판례의 입양효력 부분은 유지되기 어려울 것임).

(나) 인지에 대한 이의 혼인 외의 자를 그 생부가 아닌 사람이 인지한 경우에는 자(子) 기타 이해관계인은 인지의 신고 있음을 안 날부터 1년 내에 인지에 대한 이의의 소를 제기할 수 있다(862조)(호적상 인지자로 기재된 자가 그 인지를 자신의 의사에 반한 것이라고 하여 인지무효를 청구하는 소는 본조의 소에 포함되지 않는다. 대판 1969. 1. 21, 68므41). 이 경우에 부(父) 또는 모(母)가 사망한 때에는 그 사망을 안 날부터 2년 내에 검사를 상대로 인지에 대한

이의의 소를 제기할 수 있다(864조). 인지에 대한 이의의 소는 임의인지를 대상으로 하는 것이며, 강제인지에 대하여는 재심의 소로써 이를 다투어야 하고 인지에 대한 이의의 소로써는 다툴 수 없다(대판 1981. 6. 23, 80므109).

이의의 소를 제기하려는 사람은 먼저 가정법원에 조정을 신청하여야 한다(가소 2조 1항 나류사건 8)·50조). 그러나 조정의 성립만으로 가족관계등록부를 정정할 수는 없다(가소 59조 2항 단서).

인지무효의 소와 인지에 대한 이의의 소는 인지의 무효를 주장하는 점에서 본질적으로 같으며, 다만 ① 무효의 소는 가류사건이고(따라서 조정전치주의가 적용되지 않음) 이의의 소는 나류사건인 점, ② 무효의 소는 당사자(인지자 포함)·법정대리인 또는 4촌 이내의 친족이 제기할 수 있고 이의의 소는 인지자는 제외되고 자(子) 기타의 이해관계인이 제기할 수 있는 점에서 차이가 있을 뿐이다.

(다) **인지의 취소** 사기·강박 또는 중대한 착오로 인하여 인지를 한 때에는, 사기나 착오를 안 날 또는 강박을 면한 날부터 6개월 내에 가정법원에 그 취소를 청구할 수 있다(861조)(피성년후견인이 성년후견인의 동의를 받지 않고 인지한 경우(856조)에도 이 규정을 유추적용해야 한다. 835조에 관한 E-43도 참조). 이때도 조정전치주의가 적용되나(가소 2조 1항 나류사건 7)·50조), 조정의 성립만으로 인지취소의 효력이 생기지는 않는다(가소 59조 2항 단서). 인지를 취소하는 판결이 확정되면 인지는 처음부터 무효로 되며, 그 판결은 제 3 자에게도 효력이 있다(가소 21조 1항).

4) 강제인지(재판상 인지) E-84

(가) **의 의** 부(父) 또는 모(母)가 임의로 인지하지 않는 경우에는 자(子)와 그 직계비속 또는 그 법정대리인은 부(父) 또는 모(母)를 상대로 하여 인지청구의 소를 제기할 수 있고(863조), 이 경우 부(父) 또는 모(母)가 사망한 때에는 그 사망을 안 날부터 2년 내에 검사를 상대로 인지청구의 소를 제기할 수 있는데(864조), 이에 의한 인지를 강제인지 또는 재판상 인지라 한다.

(나) **인지청구의 소의 성질** 인지청구의 경우에는 인지청구를 인용하는 판결의 확정에 의하여 혼인 외의 출생자와 부(父) 사이에 법률상의 친자관계가 창설되고 그 판결은 제 3 자에게도 효력이 있으므로 인지청구의 소는 형성의 소라고 하여야 하나, 모에 대한 인지청구의 소는 확인의 소이다(통설도 같음). 판례도 같다(대판 1967. 10. 4, 67다1791).

판 례 혼인 외의 출생자와 생모 간의 친족관계 관련

「생부의 혼인 외의 출생자에 대한 인지가 형성적인 것에 대하여 생모의 혼인 외의 출생자에 대한 인지는 확인적인 것인 점을 고려하면 혼인 외의 출생자와 생모 간에는 그 생모의 인지나 출생신고를 기다리지 아니하고 자의 출생으로 당연히 법률상의 친족관계가 생긴다.」(대판 1967. 10. 4, 67다1791)

(다) **소의 당사자** 제소권자는 자(子), 그 직계비속(자(子)의 직계비속은 자(子)가 사망한 경우에만 소제기를 할 수 있는지, 고유한 권리로 제소할 수 있는지에 관하여는 다투어진다) 또는 그 법정대리인(자(子)나 그 직계비속이 제한능력자인 경우에는 법정대리인만이 소를 제기할 수 있는지 아닌지는 다투어진다)이다(863조). 태아에게는 인지청구권이 없으며(A-329 참조), 그 모(母)도 태아를 대리하여 소를 제기할 수 없다. 그리고 소의 상대방(피고)은 부(父) 또는 모(母)이며(863조), 부(父) 또는 모(母)가 사망한 때에는 검사가 상대방이 된다(864조). 만약 상대방이 의사무능력자인 경우에는 법정대리인의 대리를 인정하여야 하며, 그 경우 법정대리인이 없거나 대리권을 행사할 수 없는 때에는 민사소송법 제62조에 의하여 특별대리인의 선임을 신청할 수 있다(대결 1984. 5. 30, 84스12).

자(子)가 친생자 추정을 받고 있는 경우에는 모(母)의 부(夫) 또는 모(母)가 친생부인의 소를 제기하여 친생부인의 판결이 확정된 뒤에 비로소 생부(生父)를 상대로 인지청구를 할 수 있다(대판 2000. 1. 28, 99므1817). 그러나 친생자 추정을 받지 않는 혼인 중의 출생자나 친생추정이 미치지 않는 자는 그가 법률상의 부(父)의 호적에 등재되어 있더라도 친생자관계 부존재 확인의 소를 제기하지 않고 곧바로 생부(生父)를 상대로 인지청구의 소를 제기할 수 있다(대판 1981. 12. 22, 80므103).

E-85 **판 례** 인지청구 관련

(ㄱ) 「호적상 타인들 사이의 친생자로 허위 등재되어 있다 하더라도 그 자는 실부모를 상대로 친자인지청구의 소를 제기할 수 있다 할 것이며, 그 인지를 구하기 전에 먼저 호적상 부모로 기재되어 있는 사람을 상대로 친자관계 부존재 확인의 소를 제기하여야 한다고는 할 수 없다.」(대판 1981. 12. 22, 80므103)

(ㄴ) 「민법 제844조의 친생추정을 받는 자는 친생부인의 소에 의하여 그 친생추정을 깨뜨리지 않고서는 다른 사람을 상대로 인지청구를 할 수 없으나, 호적상의 부모의 혼인 중의 자로 등재되어 있는 자라 하더라도 그의 생부모가 호적상의 부모와 다른 사실이 주관적으로 명백한 경우에는 그 친생추정이 미치지 아니한다고 봄이 상당하고, 따라서 그와 같은 경우에는 곧바로 생부모를 상대로 인지청구를 할 수 있」다(대판 2000. 1. 28, 99므1817: A가 B와 혼인신고를 마친 후 그들 사이에 아들이 없자 노후를 염려하여 C가 출산한 D를 입양한 후 마치 D가 A · B 사이에서 출생한 양 허위의 출생신고를 한 경우임).

(ㄷ) A(사망한 남자)와 B 사이에 태어난 혼인 외 출생자 C를 상대로 이해관계인 D가, C와 A 사이에 친생자관계가 없는데도 친생자관계가 있는 것처럼 호적상 기재되어 있다는 이유를 들어 친생자관계 부존재 확인의 소를 제기하여 그 판결이 확정된 바 있다 하더라도 그 판결의 기판력은 이 사건 인지청구(C가 검사를 상대로 한 인지청구)에는 미치지 않는다(대판 1982. 12. 14, 82므46).

(ㄹ) 생부(生父)가 자(子)를 친생자로 인정하여 출생신고를 한 바가 없는데도 생모(生母)가 생부(生父)의 친생자로 출생신고하여 호적에 기재된 것을 이유로 한 인지무효 확인의 확정심판의 기판력은 출생신고에 의한 임의인지가 무효라는 점에 한하여 발생할 뿐이며, 생부(生父)와 자(子) 사이에 친생자관계가 존재하는지의 여부에 대해서까지 효력이 미치는 것

은 아니므로, 그 확정심판의 효력은 자(子)가 생부(生父)와의 사이에 친생자관계가 존재함을 전제로 하여 재판상 인지를 구하는 이 사건 청구(생부가 사망하여 검사를 상대방으로 함)에는 미치지 않는다(대판 1999. 10. 8, 98므1698).

(라) 제소기간 인지청구의 소의 제기기간에 관하여는 제한이 없다. 따라서 부(父)가 생존하는 동안 자(子)는 언제든지 소를 제기할 수 있다. 그러나 부(父) 또는 모(母)가 사망하여 검사를 상대로 소를 제기하는 경우에는 부(父) 또는 모(母)의 사망을 안 날부터 2년 내에 제소하여야 한다(864조). 여기서 제소기간의 기산점이 되는 「사망을 안 날」은 사망이라는 객관적 사실을 아는 것을 의미하고, 사망자와 친생자관계에 있다는 사실까지 알아야 하는 것은 아니다(대판 2015. 2. 12, 2014므4871). 그리고 이 2년은 제척기간인데, 판례는 만약 미성년자인 자녀의 법정대리인이 인지청구의 소를 제기한 경우에는 그 법정대리인이 부 또는 모의 사망사실을 안 날이 그 기간의 기산일이 되나, 자녀가 미성년자인 동안 법정대리인이 인지청구의 소를 제기하지 않은 때에는 자녀가 성년이 된 뒤로 부 또는 모의 사망을 안 날로부터 2년 내에 인지청구의 소를 제기할 수 있다고 한다(대판 2024. 2. 8, 2021므13279. 원고가 미성년자일 당시 부의 사망 사실을 알았더라도 성년이 된 날부터 2년이 지나지 않은 이상 인지청구의 소를 제기할 수 있다고 함). 한편 부자관계는 부(父)의 인지에 의해서만 발생하는 것이므로, 부(父)가 사망한 경우에는 제소권자가 이 기간 내에 검사를 상대로 인지청구의 소를 제기하여야 하고, 생모나 친족 등 이해관계인이 혼인 외의 출생자를 상대로 혼인 외 출생자와 사망한 부(父) 사이의 친생자관계 존재 확인을 구하는 소를 제기할 수는 없다(대판 2022. 1. 27, 2018므11273 등). E-86

(마) 인지청구권의 포기 인지청구권은 일신전속적인 신분관계상의 권리로서 포기할 수 없고, 포기하였더라도 그 효력이 발생하지 않으며(대판 1987. 1. 20, 85므70(재판상 화해에 표시되었어도 무효이다); 대판 1999. 10. 8, 98므1698), 포기가 허용되지 않는 이상 거기에 실효의 법리가 적용될 여지도 없다(대판 2001. 11. 27, 2001므1353).

판 례 인지청구가 신의칙에 반하는지 판단한 예

(ㄱ) 인지청구권의 행사가 상속재산에 대한 이해관계에서 비롯되었다 하더라도 정당한 신분관계를 확정하기 위해서라면 신의칙에 반하는 것이라 하여 막을 수 없다고 한 사례(대판 2001. 11. 27, 2001므1353).

(ㄴ) 혼인 외의 자가 친생자관계의 부존재를 확인하는 대가로 금원 등을 지급받으면서 추가적인 금전적 청구를 포기하기로 합의하였다 하더라도 이러한 합의는 당사자가 임의로 처분할 수 없는 사항에 관한 처분을 전제로 한 것이므로, 이에 반하여 인지청구를 하고 그 확정판결에 따라 상속분 상당 가액 지급청구를 하더라도 신의칙 위반으로 보기 어렵다고 한 사례(대판 2007. 7. 26, 2006므2757·2764).

E-87 (바) **부자관계의 증명** 인지청구의 소를 제기한 원고는 혼인 외의 출생자와 그의 부로 생각되는 자 사이에 부자관계가 존재한다는 것을 증명하여야 한다. 그러나 당사자의 증명이 충분하지 못한 때에는 법원이 가능한 한 직권으로 사실조사 및 필요한 증거조사를 하여야 한다(대판 2015. 6. 11, 2014므8217 등 다수).

판례에 의하면, 혈연상의 친자관계라는 주요사실의 존재의 증명은 주요사실의 존재나 부존재를 추인시키는 간접사실을 통하여 경험칙에 의한 사실상의 추정에 의하여 주요사실을 추인하는 간접증명의 방법에 의할 수밖에 없는데, 혈액형 검사나 유전자 검사 등 과학적 증명방법은 — 오류의 가능성이 전무하거나 무시할 정도로 극소한 경우라면 — 가장 유력한 간접증명의 방법이 된다고 한다(대판 2002. 6. 14, 2001므1537). 그리고 이러한 증명에 의하여 혈연상 친생자관계가 인정되어 확정판결을 받으면 당사자 사이에 친자관계가 창설된다고 한다(대판 2015. 6. 11, 2014므8217). 나아가 이와 같은 인지청구의 소의 목적, 심리절차와 증명방법 및 법률적 효과 등을 고려할 때, 인지의 소의 확정판결에 의하여 일단 부와 자 사이에 친자관계가 창설된 이상, 재심의 소로 다투는 것은 별론으로 하고, 그 확정판결에 반하여 친생자관계 부존재 확인의 소로써 당사자 사이에 친자관계가 존재하지 않는다고 다툴 수는 없다고 한다(대판 2015. 6. 11, 2014므8217).

가정법원은 당사자 또는 관계인 사이의 혈족관계의 유무를 확정할 필요가 있는 경우에 다른 증거조사에 의하여 심증을 얻지 못한 때에는 검사를 받을 사람의 건강과 인격의 존엄을 해치지 않는 범위 안에서, 당사자 또는 관계인에게 혈액채취에 의한 혈액형의 검사 등 유전인자의 검사나 그 밖에 적당하다고 인정되는 방법에 의한 검사를 받을 것을 명할 수 있다(가소 29조 1항)(이에 대하여 위반한 경우에는 1천만원 이하의 과태료를 부과할 수 있고(가소 67조 1항), 과태료의 제재를 받고도 또 위반한 경우에는 30일 내에서 위반자에 대한 감치(監置)를 명할 수 있다(가소 67조 2항)).

(사) **인지청구의 절차** 인지청구의 소의 경우에는 조정전치주의가 적용된다(가소 2조 1항 나류사건 9)·50조). 조정이 성립되면 조정신청자가 1개월 이내에 인지신고를 하여야 하며(가족 58조)(통설은 인지청구의 소의 소송물은 당사자가 임의로 처분할 수 있는 사항이라고 한다. 가소 59조 2항 본문 참조), 조정이 성립하지 않으면 조정신청시에 소가 제기된 것으로 본다(가소 49조, 민사조정법 36조 1항). 인지의 재판이 확정된 경우에는 소를 제기한 사람이 재판의 확정일부터 1개월 이내에 신고하여야 한다(가족 58조 1항). 이들 신고는 모두 보고적 신고이다.

E-88 **5) 인지의 효력** 인지의 효력은 혼인 외의 출생자와 부(또는 모) 사이에 친자관계를 발생시키는 것이다. 이러한 효력은 임의인지나 강제인지나 마찬가지이다.

(가) **인지는 그 자(子)의 출생시에 소급하여 효력이 생긴다**(860조 본문). 즉 임의인지의 경우에는 인지신고에 의하여(859조 1항), 강제인지의 경우에는 인지의 소의 확정에 의하여 인지자인 부(父)와 피인지자인 자(子) 사이에 법률상 부자관계가 출생시에 소급하여 발생한다. 그 결과 부(父)는 자(子)의 출생시부터 자(子)에 대한 부양의무를 분담하여야 하므로, 인지 전에 모(母)가 자(子)를 혼자서 양육한 경우에는 부(父)에 대하여 인지신고가 있기 전에 또는 인

지판결의 확정 전에 발생한 과거의 양육비에 대하여도 부(父)가 부담함이 상당한 범위 내에서 그 비용의 상환을 청구할 수 있다(대결(전원) 1994. 5. 13, 92스21; 대결 2023. 10. 31, 2023스643. E-53 참조).

(나) 인지의 소급효는 제 3 자가 취득한 권리를 해하지 못한다(860조 단서). 이와 관련하여 인지된 자의 부에 관하여 상속이 개시된 뒤 인지된 경우에 다른 공동상속인과의 관계가 문제되나, 민법은 이를 제1014조의 명문규정을 두어 해결하였다. 그에 의하면 피인지자도 상속재산의 분할을 청구할 수 있으나, 다른 공동상속인이 이미 분할 기타의 처분을 한 때에는 그 상속분에 상당한 가액의 지급만을 청구할 수 있다(1014조). 이 경우 다른 공동상속인들은 자신들이 제860조 단서의 제 3 자에 해당한다는 점을 들어 피인지자의 청구를 거절할 수 없다(그러나 공동상속인들로부터 재산을 양수한 제 3 자는 동조 단서의 제 3 자에 해당한다). 그러나 피인지자보다 후순위 상속인들은 피인지자의 출현에 의하여 자신들이 취득한 상속권을 소급해서 잃게 되고, 그들은 제860조 단서의 제 3 자에도 포함되지 않는다(대판 1993. 3. 12, 92다48512[핵심판례 452면] 등. 그러나 통설은 1014조를 유추적용함. E-230 참조)(이때도 후순위 상속인들로부터의 양수인은 제 3 자에 포함된다). 한편 인지를 요하지 않는 모자관계에는 인지의 소급효 제한에 관한 제860조 단서가 적용 또는 유추적용되지 않으며, 상속개시 후의 인지 또는 재판의 확정에 의하여 공동상속인이 된 자의 가액지급청구권을 규정한 제1014조를 근거로 자가 모의 다른 공동상속인이 한 상속재산에 대한 분할 또는 처분의 효력을 부인하지 못한다고 볼 수도 없다(대판 2018. 6. 19, 2018다1049). 그리고 이는 비록 다른 공동상속인이 이미 상속재산을 분할 또는 처분한 이후에 그 모자관계가 친생자관계 존재 확인판결의 확정 등으로 비로소 명백히 밝혀졌다 하더라도 마찬가지이다(대판 2018. 6. 19, 2018다1049[핵심판례 454면]).

판 례 인지판결 전에 상속인에게 채무를 변제한 경우

「혼인 외의 자의 생부가 사망한 경우, 혼인 외의 출생자는 그가 인지청구의 소를 제기하였다고 하더라도 그 인지판결이 확정되기 전에는 상속인으로서의 권리를 행사할 수 없고, 그러한 인지판결이 확정되기 전의 정당한 상속인이 채무자에 대하여 소를 제기하고, 나아가 승소판결까지 받았다면, 채무자로서는 그 상속인이 장래 혼인 외의 자에 대한 인지판결이 확정됨으로 인하여 소급하여 상속인으로서의 지위를 상실하게 될 수 있음을 들어 그 권리행사를 거부할 수는 없다고 할 것인바(만약 혼인 외의 자의 인지청구의 소가 확정될 때까지 채무자가 판결에 따른 이행을 하지 아니하고 상소하지 않으면 안 된다고 한다면, 이는 결국 부당한 항쟁을 조장하는 결과가 된다고 하지 않을 수 없을 것이다), 따라서, 그러한 표현상속인에 대한 채무자의 변제는, 특별한 사정이 없는 한, 채무자가 표현상속인이 정당한 권리자라고 믿은 데에 과실이 있다 할 수 없으므로, 채권의 준점유자에 대한 변제로서 적법한 것이라 할 것이다.」(대판 1995. 1. 24, 93다32200)

(다) 혼인 외의 출생자가 인지된 경우 자는 부모의 협의에 따라 종전의 성과 본을 계속 E-89
사용할 수 있다(781조 5항 본문). 다만, 부모가 협의할 수 없거나 협의가 이루어지지 않은 경우에는 자(子)는 법원의 허가를 받아 종전의 성과 본을 계속 사용할 수 있다(781조 5항 단서).

㈑ 혼인 외의 자(子)가 인지된 경우에는 부모의 협의로 친권자를 정하여야 하고, 협의할 수 없거나 협의가 이루어지지 않는 때에는 가정법원은 직권으로 또는 당사자의 청구에 따라 친권자를 지정하여야 한다(909조 4항 본문). 다만, 부모의 협의가 자(子)의 복리에 반하는 경우에는 가정법원은 보정을 명하거나 직권으로 친권자를 정한다(909조 4항 단서). 그리고 자(子)가 인지된 경우에는 양육책임과 면접교섭권에 대하여 이혼의 경우에 관한 제837조와 제837조의 2를 준용한다(864조의 2).

㈒ 자(子)는 인지한 부(父) 또는 모(母)의 8촌 이내의 혈족과 4촌 이내의 인척과의 사이에 친족관계가 발생한다(777조 참조).

(3) 준정(準正)

준정이란 혼인 외의 출생자가 그 부모의 혼인에 의하여 혼인 중의 출생자의 지위를 취득하는 제도이다. 민법은 혼인에 의한 준정(부모의 혼인 전에 출생하여 부(父)로부터 인지를 받고 있던 자(子)가 부모의 혼인에 의하여 혼인 중의 출생자가 되는 것)만을 규정하고 있으나(855조 2항), 통설은 혼인 중의 준정(부모의 혼인 전에 출생하여 인지를 받지 못하고 있던 혼인 외의 출생자가 그 부모의 혼인 후 인지 또는 친생자 출생신고(가족 57조)에 의하여 준정이 되는 것), 혼인 해소 후의 준정(혼인 전에 출생한 혼인 외의 출생자가 부모의 혼인이 사망 또는 이혼으로 해소되거나 취소된 후에 인지됨으로써 준정이 되는 것), 사망한 자(子)에 대한 준정(사망한 혼인 외 출생자를 인지한 후 그 부모가 혼인한 경우, 혼인 외 출생자가 직계비속을 남기고 사망한 후 인지되고 그 뒤에 그 부모가 혼인한 경우, 직계비속을 남기고 사망한 혼인 외 출생자를 그 부모가 혼인 중에 인지한 경우 등. 857조도 참조)도 인정한다.

혼인에 의한 준정의 경우 혼인 외의 출생자는 그 부모가 혼인을 한 때부터 혼인 중의 출생자로 의제된다(855조 2항). 그리고 통설은 그 밖의 준정의 경우에도 동일한 효과를 인정한다.

준정에 의한 혼인 중의 출생자는 친생자추정을 받지 못하므로 그에 대하여 친자관계를 다툴 때에는 친생부인의 소가 아니고 친생자관계 부존재 확인의 소를 제기하면 된다.

E-90 3. 친생자관계 존부(存否) 확인의 소

(1) 의 의

친생자관계 존부 확인의 소는 특정인 사이에 친생자관계의 존부가 명확하지 않은 경우에 그에 대한 확인을 구하는 소이다. 이 소는 기존의 법률관계의 존부를 주장하는 소이고, 그 판결은 현재의 법률상태를 확정하는 확인판결이며, 그 점에서 장래에 향하여 새로운 법률상태를 형성하는 소(예: 부(父)를 정하는 소, 친생부인의 소, 인지청구의 소, 인지에 대한 이의의 소, 인지취소의 소)와 다르다. 민법은 제865조에서 친생자관계 존부 확인의 소에 대하여 규정하고 있다(조정전치주의는 적용되지 않는다. 가소 2조 1항 가류사건 4)).

(2) 소를 제기할 수 있는 경우

이 소는 부(父)를 정하는 소(845조), 친생부인의 소(846조·848조·850조·851조), 인지에 대한 이의의 소(862조), 인지청구의 소(863조)의 목적에 해당하지 않는 다른 사유를 원인으로 하여 가족관계등록부의 기록을 정정함으로써 신분관계를 명확히 할 필요가 있는 경우에 제기할 수 있다. 구체적으로 살펴본다. ① 허위의 친생자 출생신고로 인하여 가족관계등록부상의 부모와 자(子) 사이에 친생자관계가 존재하지 않는 경우(예: 부가 혼인 외의 자를 처와의 사이의 친생자로 출생신고를 한 경우)에 여기의 소를 제기할 수 있다. 그러나 허위의 친생자 출생신고가 입양신고의 기능을 발휘하게 된 경우에는, 파양에 의하여 양친자관계를 해소할 필요가 있는 등 특별한 사정이 없는 한 그 가족관계등록부의 기록 자체를 말소하여 법률상 친자관계의 존재를 부인하게 하는 친생자관계 부존재 확인청구는 허용될 수 없다(대판(전원) 2001. 5. 24, 2000므1493[핵심판례 456면] 참조). 계부(繼父)가 재혼한 처의 자(子)를 입양의 의사로 친생자 출생신고를 하여 입양의 효력이 생긴 경우에도 같다(대판 1991. 12. 13, 91므153 등). 그리고 친생자 출생신고가 입양의 효력을 갖는 경우, 양친인 부부 중 일방이 사망한 후 생존하는 다른 일방이 사망한 일방과 양자 사이의 양친자관계의 해소를 위한 재판상 파양에 갈음하는 친생자관계 부존재 확인의 소는 제기할 수 없다(양부가 사망한 경우에 양모는 단독으로 협의상 또는 재판상 파양할 수 있되 이는 양부와 양자 사이의 양친자관계에 영향을 미칠 수 없기 때문이다)(대판 2001. 8. 21, 99므2230). 다만, 위와 같이 입양의 효력이 인정되는 경우에도 그 후 당사자간에 친생자관계 부존재 확인의 확정판결이 있는 때에는 그 확정일 이후부터는 양친자관계의 존재를 주장할 수 없다(대판 2023. 9. 21, 2021므13354(파양에 의하여 양친자관계를 해소할 필요가 있는 등 특별한 사정이 있는 경우 호적기재 자체를 말소하여 법률상 친자관계의 존재를 부인하게 하는 친생자관계 부존재 확인청구가 허용될 수 있다고 함) 등). ② 친생자 추정을 받지 못하는 혼인 중의 출생자 즉 혼인 성립의 날로부터 200일 전에 출생한 자(子)에 대하여는 여기의 소를 제기할 수 있다(친생자 추정을 받는 자에 대하여는 친생부인의 소를 제기하여야 한다). ③ 친생자 추정이 미치지 않는 자(子)에 대하여는 여기의 소를 제기할 수 있다(대판(전원) 1983. 7. 12, 82므59; 대판 1988. 5. 10, 88므85). ④ 부(父)가 혼인 외의 출생자에 대하여 친생자 출생신고를 함으로써 인지의 효력이 인정된 경우(가족 57조), 그 신고는 인지신고가 아니라 출생신고이므로 그러한 신고로 인한 친자관계의 외관을 배제하고자 하는 때에도 인지에 관련된 소송이 아니라 친생자관계 부존재 확인의 소를 제기하여야 한다(대판 1993. 7. 27, 91므306). ⑤ 혼인 외의 출생자에 있어서 부자관계는 부(父)의 인지에 의하여만 발생할 수 있으며 친생자관계 존재 확인의 소에 의할 수 없다(대판 1997. 2. 14, 96므738(부의 사망 후 생모가 친생자관계 존재 확인의 소를 제기할 수 없다); 대판 2022. 1. 27, 2018므11273(생모나 친족 등 이해관계인이 친생자관계 존재 확인의 소를 제기할 수 없다)). ⑥ 가족관계등록부상 타인들 사이의 친생자로 허위기록되어 있는 경우 자(子)는 실부모(實父母)를 상대로 인지청구의 소를 제기할 수 있으며, 그 인지를 구하기 전에 먼저 가족관계등록부상 부모로 기재되어 있는 사람을 상대로 친자관계 부존재 확인의 소를 제기해야 하는 것이 아니다(대판 1981. 12. 22, 80므103 참조). ⑦ 판례는 친생자관계 존부 확인의 소에 준하여 양친자관계 존재 확인의 소를 제기할 수 있다고 한다(대판 1993. 7. 16, 92므372). ⑧ 판례는, 친생부인의 소를 제기하여야 하는 경우에 친생자관계 부존재 확인을 소구하는 것은 부적법하나, 법원이 그 잘못을 간과하고 친생자관계 부존재 심판을 선고하여 확정된 때에는 그 심판이 당연무효라고 할 수 없고, 그 심판의 기판력은 제 3 자에게도 미친다고 한다(대판 1992. 7. 24, 91므566).

(3) 당사자적격 E-91

친생자관계 존부 확인의 소를 제기할 수 있는 사람은 부(父)를 정하는 소(845조), 친생부인의 소(846조·848조·850조·851조), 인지에 대한 이의의 소(862조), 인지청구의 소(863조)를 제기할 수 있는 사람이다. 이와 관련하여 판례는, 원고적격의 구체적 범위를 ① 친생자관계의 당사자로서 부·모·자녀, ② 자녀의 직계비속과 그 법정대리인, ③ 성년후견인, 유언집행자, 부(夫) 또는 처(妻)의 직계존속이나 직계비속, ④ 이해관계인으로 정리한다(대판(전원) 2020. 6. 18, 2015므8351). 그리고 이 중 ③ 성년후견인, 유언집행자, 부 또는 처의 직계존속이나 직계비속은 제848조·제850조·제851조에 의하여 소를 제기할 수 있는 요건을 갖춘 경우에 한하여 원고적격이 있다고 한다(대판(전원) 2020. 6. 18, 2015므8351).

여기의 이해관계인은 확인의 소에 의하여 일정한 타인들 사이에 친생자관계가 존재하지 않는 것이 확정됨으로써 특정한 권리를 얻게 되거나 특정한 의무를 면하게 되는 등의 직접적인 이해관계가 있는 제 3 자를 말한다(대판 1976. 7. 27, 76므3(성씨 관계를 바로잡기 위한 청구는 확인의 이익이 없다); 대판 1990. 7. 13, 90므88(A가 B의 생모가 아님에도 불구하고 호적부상 B의 모로 기재된 경우에 A와 B 사이에 친생자관계가 없음이 확정된 바 있다면, B와 그의 부 사이의 친생자관계의 존재 여부에 관하여는 확인의 이익이 없다); 대판(전원) 2020. 6. 18, 2015므8351[핵심판례 458면]). 그리고 판례는 과거 인사소송법 제35조·제26조를 근거로 제777조 소정의 친족은 특단의 사정이 없는 한 그와 같은 신분관계를 가졌다는 사실만으로 별도의 이해관계 없이도 언제든지 친생자관계 존부 확인의 소를 제기할 수 있다고 하였으며(대판(전원) 1981. 10. 13, 80므60; 대판 1991. 5. 28, 90므347), 인사소송법의 그 규정들에 해당하는 규정이 가사소송법에 두어져 있지 않았음에도 얼마 전까지 가사소송법의 적용을 받는 이해관계인으로서 친생자관계 존부 확인의 소를 구할 수 있다고 하였다(대판 2004. 2. 12, 2003므2503). 그런데 대법원은 최근에, 제777조에서 정한 친족이라는 사실만으로 당연히 친생자관계 존부 확인의 소를 제기할 수 있다고 한 종전 대법원 판례는 더 이상 유지될 수 없게 되었다고 하면서, 판례를 변경하였다(대판(전원) 2020. 6. 18, 2015므8351[핵심판례 458면]). 그리하여 이제는 제777조에서 정한 친족이라도 이해관계인으로 인정되는 때에만 여기의 소를 제기할 수 있다.

판 례 친생자관계 존부 확인의 소의 원고적격

「2. 민법 제865조에 의한 친생자관계 존부 확인의 소의 원고적격

가. 친생자관계 존부 확인의 소의 제기권자

… 민법 제865조 제 1 항(이하 '이 사건 조항'이라 한다) … 의 규정 형식과 문언 및 체계, 위 각 규정들이 정한 소송절차의 특성, 친생자관계 존부 확인의 소의 보충성 등을 고려하면, 친생자관계 존부 확인의 소를 제기할 수 있는 자는 이 사건 조항에서 정한 제소권자로 한정된다고 봄이 타당하다.

나. 원고적격의 구체적 범위

(1) 친생자관계의 당사자로서 부, 모, 자녀 …

(2) 자녀의 직계비속과 그 법정대리인 …

(3) 성년후견인, 유언집행자, 부(夫) 또는 처(妻)의 직계존속이나 직계비속

이 사건 조항에 열거된 민법 제848조, 제850조, 제851조는 모두 친생부인의 소의 원고적격에 관한 기본규정인 민법 제846조를 전제로 하여 보충적으로 원고적격을 확대하는 규정들이다. 따라서 민법 제848조, 제850조, 제851조의 제소권자인 성년후견인, 유언집행자, 부 또는 처의 직계존속이나 직계비속은 위 규정들에 의하여 소를 제기할 수 있는 요건을 갖춘 경우에 한하여 원고적격이 있다고 봄이 옳다. … 이들이 위와 같은 요건을 구비하지 못한 경우에는 위 각 규정에 의하여 친생자관계 존부 확인의 소를 제기할 원고적격이 당연히 있다고 할 수 없다.

(4) 이해관계인

이해관계인은 이 사건 조항에 열거된 민법 제862조에 따라 다른 사유를 원인으로 하여 친생자관계 존부 확인의 소를 제기할 수 있다. 여기서 이해관계인은 다른 사람들 사이의 친생자관계가 존재하거나 존재하지 않는다는 내용의 판결이 확정됨으로써 일정한 권리를 얻거나 의무를 면하는 등 법률상 이해관계가 있는 제 3 자를 뜻한다. 따라서 다른 사람들 사이의 친생자관계 존부가 판결로 확정됨에 따라 상속이나 부양 등에 관한 자신의 권리나 의무, 법적 지위에 구체적인 영향을 받게 되는 경우이어야 이해관계인으로서 친생자관계 존부 확인의 소를 제기할 수 있다.

가족관계등록부상으로는 아무런 친족관계가 나타나지 않더라도 스스로 자녀의 생부 또는 생모라고 주장하면서 친생자관계 존부 확인의 소를 제기한 사람은 그 판결결과에 따라 당사자와의 친생자관계 자체에 직접적인 영향을 받게 되므로 이해관계인에 포함된다.

결국 친생자관계 존부 확인의 소를 제기한 원고가 앞서 (1), (2), (3)에서 본 바와 같이 당연히 원고적격이 인정되는 경우가 아니라면, 여기서 말하는 이해관계인에 해당하는 경우에만 원고적격이 있다. …

3. 민법 제777조에서 정한 친족은 당연히 친생자관계 존부 확인의 소를 제기할 수 있는지 여부

… 구 인사소송법 등의 폐지와 가사소송법의 제정·시행, 호주제 폐지 등 가족제도의 변화, 신분관계 소송의 특수성, 가족관계 구성의 다양화와 그에 대한 당사자 의사의 존중, 법적 친생자관계의 성립이나 해소를 목적으로 하는 다른 소송절차와의 균형 등을 고려할 때, 민법 제777조에서 정한 친족이라는 사실만으로 당연히 친생자관계 존부 확인의 소를 제기할 수 있다고 한 종전 대법원 판례는 더 이상 유지될 수 없게 되었다고 보아야 한다.」(대판(전원) 2020. 6. 18, 2015므8351. 이러한 다수의견에 대해서는 대법관 3인에 의한 별개의견과 대법관 3인에 의한 보충의견이 있음)

친생자관계 존부 확인의 소의 상대방(피고)으로 되는 자는 다음과 같다. 친생자관계가 있는 당사자 중 어느 한쪽(가령 부모)이 소를 제기하는 경우에는 다른 한쪽(가령 자(子))이 상대방이 된다(가소 28조·24조 1항). 자(子)가 부모를 상대방으로 하여 소를 제기하는 경우에 부모 중 하나와 친자관계가 있으면 나머지의 자만이 상대방으로 된다고 할 것이다. 그리고 제 3 자가 소를 제기하는 경우에는 부모와 자 쌍방이 상대방으로 된다(가소 28조, 24조 2항)(이 경우에도 자가 부모 중 어느 하나와 친자관계가 있으면 나머지 하나와 자를 상대

방으로 하여야 한다). 필수적 공동소송인 것이다(대결 1983. 9. 15, 83즈2). 이 경우 부모나 자 중 어느 한쪽이 사망한 경우에는 생존하고 있는 다른 쪽이 상대방으로 되고, 양쪽 모두 사망한 때에는 검사를 상대방으로 한다(가소 28조, 24조 3항)(대판 1971. 7. 27, 71므13).

판 례 친생자관계 존부 확인소송 중 피고(또는 피고 중 일방)가 사망하거나 실종선고를 받은 경우

(ㄱ)「친생자관계 존부 확인소송은 그 소송물이 일신전속적인 것이지만, 당사자 일방이 사망한 때에는 일정한 기간 내에 검사를 상대로 하여 그 소를 제기할 수 있으므로(민법 제865조 제 2 항), 당초에는 원래의 피고적격자를 상대로 친생자관계 존부 확인소송을 제기하였으나 소송계속 중 피고가 사망한 경우 원고의 수계신청이 있으면 검사로 하여금 사망한 피고의 지위를 수계하게 하여야 한다. 그러나 그 경우에도 가사소송법 제16조 제 2 항을 유추적용하여 원고는 피고가 사망한 때로부터 6개월 이내에 수계신청을 하여야 하고, 그 기간 내에 수계신청을 하지 않으면 그 소송절차는 종료된다고 보아야 한다. 이와 같은 법리는 친생자관계 존부 확인소송 계속 중 피고에 대하여 실종선고가 확정되어 피고가 사망한 것으로 간주되는 경우에도 마찬가지로 적용된다.

나아가, 소송이 적법하게 계속된 후 당해 소송의 당사자에 대하여 실종선고가 확정된 경우에 실종자가 사망하였다고 보는 시기는 실종기간이 만료한 때라 하더라도 소송상 지위의 승계절차는 실종선고가 확정되어야만 비로소 취할 수 있으므로 실종선고가 있기까지는 소송상 당사자능력이 없다고 할 수 없고 소송절차가 법률상 그 진행을 할 수 없게 된 때, 즉 실종선고가 확정된 때에 소송절차가 중단된다. 따라서 친생자관계 존부 확인소송의 계속 중 피고에 대하여 실종선고가 확정된 경우 원고는 실종선고가 확정된 때로부터 6개월 이내에 위와 같은 수계신청을 하여야 한다.」(대판 2014. 9. 4, 2013므4201)

(ㄴ)「친생자관계 존부 확인소송은 그 소송물이 일신전속적인 것이므로, 제 3 자가 친자 쌍방을 상대로 제기한 친생자관계 부존재 확인소송이 계속되던 중 친자 중 어느 한편이 사망하였을 때에는 생존한 사람만 피고가 되고, 사망한 사람의 상속인이나 검사가 그 절차를 수계할 수 없다. 이 경우 사망한 사람에 대한 소송은 종료된다.」(대판 2018. 5. 15, 2014므4963)

E-92 **(4) 제소기간**

친생자관계 존부 확인의 소의 제소기간에 관하여는 제한이 없으므로 언제라도 소를 제기할 수 있다. 다만, 당사자 일방이 사망한 때에는 그 사망을 안 날(여기서 「사망을 안 날」은 — 인지청구의 소에서와 같이 — 사망이라는 객관적 사실을 아는 것을 의미하고, 사망자와 친생자관계에 있다는 사실까지 알아야 하는 것은 아니다. 대판 2015. 2. 12, 2014므4871)부터 2년 내에 검사를 상대로 하여 소를 제기하여야 한다(865조 2항). 그리고 친생자관계 존부 확인의 대상이 되는 당사자 쌍방이 모두 사망한 경우에는 당사자 쌍방 모두가 사망한 사실을 안 날부터 2년 내에 소를 제기하여야 한다(대판 2004. 2. 12, 2003므2503).

(5) 판결의 효력

판결의 확정에 의하여 친생자관계의 존부가 확정되며, 그 판결은 제 3 자에게도 효력이 있다(가소 21조 1항). 판결이 확정되면 판결의 확정일부터 1개월 내에 가족관계등록부의 정정을 신청하여야 한다(가족 107조).

판 례 친생자관계 존부 확인청구에 대한 조정 등의 효력

친생자관계의 존부 확인과 같이 현행 가사소송법상의 가류 가사소송사건에 해당하는 청구는 성질상 당사자가 임의로 처분할 수 없는 사항을 대상으로 하는 것으로서 이에 관하여 조정이나 재판상 화해가 성립되더라도 효력이 있을 수 없다(대판 1999. 10. 8, 98므1698).

판 례 친생자관계 존부의 소 제기가 소권 남용으로 인정될 수 있는지

「특별한 사정이 없는 한 친생자관계 존재 확인의 소가 소권의 남용이라는 명목으로 쉽게 배척되어서는 아니 된다.

그러나 자녀의 복리는 친자관계의 성립과 유지에서 가장 우선적으로 고려해야 할 사항이므로, 친생자관계 존재 확인의 소를 통해 진실한 신분관계를 귀속시키는 것이 오히려 자녀의 복리에 현저히 반하게 되는 특별한 사정이 있다면 친생자관계 존재 확인의 소도 예외적으로 소권남용에 해당하여 허용되지 않을 수 있다.」(대판 2025. 4. 24, 2022므15371)

4. 인공수정자 · 체외수정자 · 대리모출산 E-93

자(子)가 민법이 예정하지 않은 방법으로 태어나는 경우들이 있다. 그에 관하여는 깊은 연구와 입법이 행하여져야 한다.

(1) 인공수정자

1) 인공수정의 의의 · 종류 인공수정이란 남녀간의 자연적인 성적 교섭에 의하지 않고 인공적으로 기구를 사용하여 남성의 정액을 여성의 체내에 주입하여 포태하게 하는 것이다. 인공수정에는 부의 정액에 의한 것(AIH), 제 3 자의 정액에 의한 것(AID), 독신여성이 인공수정을 받는 경우가 있다.

2) 인공수정자의 법적 지위 AIH(배우자간 인공수정)에 의한 자는 보통의 자와 마찬가지로 다루면 된다. 다만, 부가 사망한 후에 냉동 보존된 부(夫)의 정액을 이용하여 인공수정한 경우에 어떤 지위를 인정할 것인지가 문제된다.

AID(비배우자간 인공수정)에 의한 자에 있어서는 부의 동의가 있는 경우와 부의 동의가 없는 경우로 나누어 보아야 한다(주로 부자관계(父子關係)가 문제된다). 전자의 경우에는 통설은 친생자 추정을 인정하며 자의 출생 후에 부(夫)가 친생부인의 소를 제기하는 것은 신의칙에 반하여 허용되지 않는

다고 한다. 후자의 경우의 자(子)에 대하여는 i) 친생자 추정을 받지 않는 혼인 중의 출생자이며 부는 친생부인권을 행사할 수 있다는 견해와 ii) 사정에 따라 친생자 추정을 받는 혼인 중의 출생자, 추정을 받지 않는 혼인 중의 출생자, 추정이 미치지 않는 자(子)가 된다는 견해, iii) 친생자 추정이 인정되어야 한다는 견해가 대립하고 있다.

독신여성의 인공수정자는 그 여자의 혼인 외의 출생자가 된다.

AID 인공수정의 경우 또는 독신여성의 인공수정의 경우에는 언제나 인공수정자와 정액제공자 사이에는 법률상 부자관계(父子關係)가 생기지 않는다고 하여야 한다. 부자관계를 인정하는 것은 자(子)의 복리에도 반하고 그 모(母)나 부(夫)에게도 불이익하기 때문이다. 따라서 설사 친생부인의 재판이 확정되었더라도 임의인지나 강제인지는 허용되지 않는다고 할 것이다.

(2) 체외수정자

체외수정은 처에게 불임원인이 있는 경우에 난자와 정자를 체외(시험관)에서 수정시켜 처의 자궁에 착상시키는 것을 말한다. 이를 흔히 시험관아기라고 한다. 체외수정에는 ① 부(夫)의 정자＋처의 난자, ② 부(夫)의 정자＋제공자의 난자, ③ 제공자의 정자＋처의 난자, ④ 제공자의 정자＋제공자의 난자 등의 경우가 있다. 이 중에 ①의 경우에는 큰 문제가 없으나, 나머지에 있어서는 복잡한 문제가 생긴다.

(3) 대리모출산

처의 자궁의 이상 등의 이유로 체외수정한 수정란을 제 3 자의 자궁에 착상시키는 경우가 있다. 이 경우의 제 3 자를 대리모라고 한다. 대리모출산을 위한 체외수정에는 ① 부의 정자＋처의 난자, ② 제공자의 정자＋처의 난자, ③ 부의 정자＋제공자의 난자 등이 있다. 대리모출산에 있어서도 매우 곤란한 문제들이 생기게 된다.

판 례 대리모계약의 유효 여부/ 대리모가 자녀의 모인지

「보조생식 시술을 통하여 임신·출산한 자녀를 타인에게 인도할 것을 내용으로 하는 이른바 대리모계약은 … 민법 제103조에서 정한 선량한 풍속 기타 사회질서를 위반한 법률행위로서 무효이다. 대리모가 자신이 출산한 아이와 관련하여 친생모로서 가지는 권리 일체를 포기하기로 하는 합의는 대리모계약의 일부 혹은 그 연장선상에서 체결된 것이므로 역시 무효이고, 진실한 친자관계를 부정하고 모로서의 정당한 권리행사를 박탈하는 것이라는 점에서도 그 효력을 인정하기 어렵다.

한편 부자관계는 그 관계 확정을 위한 별도의 요건을 충족하는 경우에만 친자관계가 성립하는 법률적 친자관계이지만, 모자관계는 임신과 출산이라는 사실에 의하여 그 관계가 명확히 결정되는 자연적 친자관계라는 것이 우리 민법이 정하고 있는 바이고, 출산한 모와 자녀 사이에 혈연관계도 존재한다면, 무효인 대리모계약에 의하여 출산이 이루어졌다고 하더라도 자녀를 출산한 대리모를 자녀의 모로 보는 것이 타당하다.」(대판 2025. 4. 24, 2022므15371)

Ⅲ. 양 자 E-94

1. 서 설

(1) 양자제도의 의의

양자제도는 자연혈연적 친자관계가 없는 사람들 사이에 인위적으로 법률상 친자관계를 의제하는 제도이다.

(2) 양자제도의 변천

양자제도는 역사적으로 「가(家)를 위한 양자」로부터 「양친(養親)을 위한 양자」를 거쳐 오늘날에는 「양자(養子)를 위한 양자」의 단계로 발전하였다. 그리고 현대의 양자법은 입양의 성립과정에 있어서 양친자관계의 창설을 단순한 사적 계약으로 보는 「계약형 양자」의 단계에서 국가기관이 자의 복리를 위하여 입양의 성립에 적극적으로 관여하는 「복지형 양자」제도로 변천하고 있으며, 입양의 효과 면에서 양자와 친생부모의 친족관계를 존속시키는 「불완전양자」에서 양자와 친생부모와의 친족관계를 단절시키는 「완전양자」제도로 발전하고 있다.

(3) 친양자(親養子)제도의 도입

민법은 2005년 개정시에 기존의 양자제도를 그대로 유지하면서, 양자와 친생부모의 친족관계를 단절시키고 양부의 성과 본을 따르도록 하는 친양자제도(완전양자제도에 해당)를 도입하였다(908조의 2－908조의 8. 2008년부터 시행).

[참고] 보호대상아동 등의 입양에 관한 특별법

보호대상아동 등의 입양에 관한 특별법으로 「국내입양에 관한 특별법」(2023. 7. 18. 전부개정, 2025. 7. 19. 시행)과 「국제입양에 관한 법률」이 있다(2023. 7. 18. 제정, 2025. 7. 19. 시행). 전자는 보호대상아동(보호자가 아동을 양육하기에 적당하지 않거나 양육할 능력이 없는 경우의 아동)의 국내입양에 관한 요건 및 절차 등에 대한 특례와 그 지원에 필요한 사항을 정하고 있으며, 후자는 국제입양의 요건과 절차에 관하여 '외국으로의 입양'과 '국내로의 입양'을 별도로 정하고 있다(국제입양에서는 보호대상아동 외에 부부의 일방이 배우자의 친생자를 단독으로 국제입양하려는 경우도 규정됨). 그 자세한 내용은 친족상속법 [124] 참조.

2. 입양의 성립 E-95

(1) 입양의 의의

입양이란 양친자관계를 창설할 것을 목적으로 하는 양자와 양친 사이의 합의이다. 입양은 넓은 의미의 계약이나 친족법상의 것이어서 채권계약과는 다른 특수성이 인정된다. 그리고 입양은 가족등록법에 의하여 일정한 방식으로 신고하여야 성립하는 요식행위이다(878조).

(2) 입양의 성립요건

민법은 입양의 성립요건으로 입양신고만을 규정하고 있다(878조). 그러나 입양도 일종의 계약이기 때문에 그것이 성립하려면 당사자(입양의 당사자는 양친과 양자이며, 우리 법상 양손입양(養孫入養)은 무효이다. 대판 1988. 3. 22, 87므105) 사이에 입양의 합의가 있어야 한다.

1) 당사자의 입양의 합의 입양을 성립시키기 위한 합의는 당사자인 양친과 양자 사이에 외형적인 의사표시의 일치로서 충분하다. 그리고 그러한 의사표시와 그것들의 일치인 합의는 입양신고가 있을 때 그 신고에 포함되어서 행하여지게 된다. 따라서 입양이 성립하기 위하여 합의가 따로 행하여질 필요는 없다.

2) 입양신고

(가) 입양은 가족등록법에 정한 바에 따라 신고함으로써 그 효력이 생긴다(878조). 양자가 될 사람이 13세 미만인 때에는 그를 갈음하여 입양의 승낙을 한 법정대리인(869조 2항 참조)이 신고하여야 한다(가족 62조).

입양신고는 말로도 할 수 있고(가족 23조 1항), 서면으로 신고하는 경우에는 우송을 하거나(가족 41조 참조) 타인에게 제출하게 하여도 무방하나(가족 23조 2항), 구술신고는 타인이 대리할 수 없다(가족 31조 3항 단서 · 61조). 그리고 본인이 시 · 읍 · 면에 직접 출석하지 않는 경우에는 본인의 신분증명서를 제시하거나 신고서에 본인의 인감증명서를 첨부하여야 하고, 그러하지 않으면 신고서가 수리되지 않는데(가족 23조 2항), 13세 미만인 자의 입양에 있어서는 입양을 승낙한 법정대리인의 출석 또는 신분증명서 제시 · 인감증명서 첨부가 있으면 본인의 신분증명서 제시 · 인감증명서 첨부가 있는 것으로 본다(가족규칙 32조 3항).

입양신고가 제866조 · 제867조 · 제869조 내지 제871조 · 제873조 · 제874조 · 제877조(이것들을 통설은 입양의 실질적 요건이라고 한다) · 그 밖의 법령을 위반하지 않으면 그것을 수리하여야 한다(881조). 한편 외국에서 입양신고를 하는 경우에는 제814조를 준용한다(882조).

E-96 (나) 종래 우리나라에서는 입양을 할 때 입양사실을 외부에 드러내지 않기 위하여 입양신고 대신에 친생자 출생신고를 하는 경우가 많았다. 이러한 경우에 대하여 판례는 당사자 사이에 양친자관계를 창설하려는 명백한 의사가 있고 기타 입양의 실질적 성립요건이 모두 구비된 때에는 입양의 효력이 있다고 한다(대판(전원) 1977. 7. 26, 77다492[핵심판례 460면]; 대판 1993. 2. 23, 92다51969 등 다수의 판결)(그런데 미성년자의 입양에 가정법원의 허가를 요하는 현행법 하에서는 미성년자에 관한 한 이 판례가 유지되기 어려울 것이다. 동지 대판 2018. 5. 15, 2014므4963). 그리고 여기서 입양의 실질적 요건이 구비되어 있다고 하기 위하여는 입양의 합의가 있을 것, 15세(현행 13세) 미만자는 법정대리인의 대락(代諾)이 있을 것, 양자는 양부모의 존속 또는 연장자가 아닐 것 등 제883조 각호 소정의 입양의 무효사유가 없어야 함은 물론, 감호 · 양육 등 양친자로서의 신분적 생활사실이 반드시 수반되어야 하는 것으로서, 입양의 의사로 친생자 출생신고를 하였다 하더라도 위와 같은 요건을 갖추지 못한 경우에는 입양신고로서의 효력이 생기지 않는다고 한다(대판 2010. 3. 11, 2009므4099 등)(입양의 장애사유가 2012. 2. 10.에 개정되었음을 주의할 것). 그리고 친생자 출생신고 당시 입양의 실질적 요건을 갖추지 못하여 입양신고로서의 효력이 생기지 않았더라도 그 후에 입양의 실질적 요

건을 갖추게 된 경우에는 무효인 친생자 출생신고는 소급적으로 입양신고로서의 효력을 갖게 된다고 한다(대판 2020. 5. 14, 2017므12484 등). 예컨대 15세(현행 13세) 미만의 자를 입양의 의사로 출생신고하여 양육하여 온 경우에 자가 15세(현행 13세)가 된 후에 입양이 무효임을 알면서도 아무런 이의를 하지 않았거나 그 모(母)를 어머니로 여기고 생활하는 경우에는 적어도 묵시적으로라도 입양을 추인한 것으로 볼 것이라고 한다(대판 1997. 7. 11, 96므1151 등). 그러나 당사자간에 무효인 신고행위에 상응하는 신분관계가 실질적으로 형성되지 않은 경우에는 추인의 의사표시만으로 그 무효행위의 효력을 인정할 수 없다고 한다(대판 2020. 5. 14, 2017므12484 등). 그리고 감호·양육 등 양친자로서의 신분적 생활사실이 계속되지 아니하여 입양의 실질적인 요건을 갖추지 못한 경우에는 친생자로 신고된 자가 15세가 된 이후에 상대방이 한 입양에 갈음하는 출생신고를 묵시적으로 추인한 것으로 보기도 힘들 뿐만 아니라 설령 묵시적으로 추인한 것으로 볼 수 있는 경우라고 하더라도 무효인 친생자 출생신고가 소급적으로 입양신고로서의 효력을 갖게 될 수 없다고 한다(대판 2020. 5. 14, 2017므12484).

판 례 친생자 출생신고와 입양 관련 E-97

(ㄱ) 「호적상 모로 기재되어 있는 자가 자신의 호적에 호적상의 자를 친생자로 출생신고를 한 것이 아니라 자신과 내연관계에 있는 남자로 하여금 그의 호적에 자신을 생모로 하는 혼인 외의 자로 출생신고를 하게 한 때에는, 설사 호적상의 모와 호적상의 자 사이에 다른 입양의 실질적 요건이 구비되었다 하더라도 이로써 호적상의 모와 호적상의 자 사이에 양친자관계가 성립된 것이라고는 볼 수 없다.」(대판 1995. 1. 24, 93므1242)

(ㄴ) 「2013. 7. 1. 민법 개정으로 입양허가제도가 도입되기 전에는 성년에 달한 사람은 성별, 혼인 여부 등을 불문하고 당사자들의 입양 합의와 부모의 동의 등만 있으면 입양을 할 수 있었으므로, 당시의 민법규정에 따라 적법하게 입양신고를 마친 사람이 단지 동성애자로서 동성과 동거하면서 자신의 성과 다른 성 역할을 하는 사람이라는 이유만으로는 그 입양이 선량한 풍속에 반하여 무효라고 할 수 없고, 이는 그가 입양의 의사로 친생자 출생신고를 한 경우에도 마찬가지이다.」(대판 2014. 7. 24, 2012므806)

[참고] 허위의 친생자 출생신고에 의하여 입양의 효력이 생긴 경우의 파양

판례는 이러한 경우에는 파양에 의하여 그 양친자관계를 해소할 필요가 있는 등 특별한 사정이 없는 한 친생자관계 부존재 확인청구는 허용될 수 없다고 한다(대판(전원) 2001. 5. 24, 2000므1493 등). 이에 의하면 파양의 사유가 존재하는 때에는 친생자관계 부존재 확인청구를 할 수 있을 것으로 보인다. 그러나 다른 판례에서 「논지가 주장하는 파양사유가 있다고 하더라도 당사자간 협의상 파양의 신고가 있거나 재판상 파양의 판결이 있기 전에는 파양의 효력이 생길 수 없는 것이다」라고 하여(대판 1989. 10. 27, 89므440), 이를 부정한다. 결국 친생자관계 부존재 확인의 소에 의할 수는 없고 재판상 파양 또는 협의상 파양에 의하여야 한다. 그리고 협의상 파양을 할 경우에는 먼저 가족관계등록부상의 친생자 기재를 입양으로 정정한 다음 파양신고를 하여야 하는데, 그 방법으로는 첫째 양친

자관계 존재 확인의 소를 제기하여 그 확인판결을 얻어서 가족등록법 제107조에 따라 가족관계등록부를 정정하는 것과 둘째 파양의 소를 제기하여 양친자관계의 존재는 확인되었으나 파양원인이 없다고 하여 청구가 기각되면 그 판결을 근거로 가족등록법 제107조에 따라 가족관계등록부를 정정한 뒤 협의파양을 하는 것이 있다.

E-98

(3) 입양의 장애사유

민법은 제866조 내지 제877조(이들 중 867조·868조·875조·876조는 1990년 개정시에 삭제되었고, 2012. 2. 10. 개정시에는 여러 규정의 개정이 있었음)에서 입양의 장애사유를 규정하고 있다. 통설은 이들을 입양의 실질적 성립요건의 문제로 다루고 있으나, 그것이 입양의 성립과 관련되는 것은 그러한 사유가 있을 때에 가족관계 등록사무 담당 공무원이 입양신고를 수리하지 않는다는 정도밖에 없다(881조). 그리고 그러한 사유가 있더라도 신고가 수리되면 입양은 성립하며, 단지 입양의 무효 또는 취소의 문제가 생길 뿐이다(883조·884조 참조)(따라서 이들은 입양의 유효요건이라고 할 수 있다. 그러나 이들만이 유효요건인 것은 아니다. 다른 무효·취소사유도 있기 때문이다).

1) 양부모는 성년자일 것 미성년자는 입양을 할 수 없으며, 입양을 하려는 자는 성년자이어야 한다(866조). 성년자인 이상 남녀, 기혼·미혼, 자녀 유무 등을 묻지 않는다. 부부가 입양하는 경우에는 부부가 모두 성년자이어야 한다(874조 참조). 미성년자가 혼인하여 성년으로 의제되는 경우(826조의 2)에는 입양을 할 수 있다고 하여야 한다(이설 있음).

이에 위반한 신고는 수리되지 않으나(881조), 잘못하여 수리되면 가정법원에 입양의 취소를 청구할 수 있다(884조 1항 1호).

E-99

2) 미성년자 입양의 경우

(가) 가정법원의 허가를 받을 것 미성년자를 입양하려는 사람은 가정법원의 허가를 받아야 한다(867조 1항). 그런데 가정법원은 양자가 될 미성년자의 복리를 위하여 그 양육상황, 입양의 동기, 양부모의 양육능력, 그 밖의 사정을 고려하여 제 1 항에 따른 입양의 허가를 하지 않을 수 있다(867조 2항). 이 허가는 양자가 될 사람이 13세 미만이든 13세 이상이든 모든 미성년자의 경우에 요구된다.

미성년자에게 친생부모가 있는데도 그들이 자녀를 양육하지 않아 조부모가 손자녀에 대한 입양허가를 청구하는 경우 이를 불허할 것인지 문제된다. 여기에 관하여 대법원은, 조부모가 자녀의 입양허가를 청구하는 경우에 입양의 요건을 갖추고 입양이 자녀의 복리에 부합한다면 이를 허가할 수 있다고 하면서, 다만 조부모가 자녀를 입양하는 경우에는, 양부모가 될 사람과 자녀 사이에 이미 조손(祖孫)관계가 존재하고 있고 입양 후에도 양부모가 여전히 자녀의 친생부 또는 친생모에 대하여 부모의 지위에 있다는 특수성이 있으므로, 이러한 사정이 자녀의 복리에 미칠 영향에 관하여 세심하게 살필 필요가 있다고 한다(대결(전원) 2021. 12. 23, 2018스5[핵심판례 462면]).

가정법원의 허가를 받지 않은 미성년자 입양의 신고는 수리되지 않지만(881조 참조), 수리되어도 입양은 무효이다(883조 2호).

(나) 13세 이상의 미성년자의 경우 법정대리인의 동의를 받아 입양의 승낙을 할 것 양자가 될 사람이 13세 이상(2012년 민법개정 전에는 「15세 이상」으로 규정했었다)의 미성년자인 경우에는, 법정대리인(친권자 또는 미성년후견인)의 동의를 받아 입양을 승낙하여야 한다(869조 1항). 그러나 다음 두 경우에는 가정법원은 법정대리인의 동의가 없더라도 제867조 제 1 항에 따른 입양허가를 할 수 있다. 첫째로 법정대리인이 정당한 이유 없이 동의를 거부하는 경우에 그렇다(869조 3항 1호 본문). 다만, 법정대리인이 친권자인 경우에는 부모가 3년 이상 자녀에 대한 부양의무를 이행하지 않은 경우이거나, 부모가 자녀를 학대 또는 유기하거나 그 밖에 자녀의 복리를 현저히 해친 경우이어야 한다(869조 3항 1호 단서 · 870조 2항). 이 제 1 호의 경우 가정법원은 법정대리인을 심문하여야 한다(869조 4항). 둘째로, 법정대리인의 소재를 알 수 없는 등의 사유로 동의를 받을 수 없는 경우에 그렇다(869조 3항 2호). 이들 두 경우에는 법정대리인의 동의가 없는데도 가정법원의 입양허가에 의하여 입양을 할 수 있게 된다.

한편 위의 법정대리인의 동의는 가정법원의 입양허가(867조 1항)가 있기 전까지는 철회할 수 있다(869조 5항).

법정대리인의 동의가 없는 13세 이상의 미성년자 입양의 신고는 수리되지 않으나(881조 참조), 잘못하여 수리된 경우 가정법원에 입양의 취소를 청구할 수 있다(884조 1항 1호). 법정대리인의 소재를 알 수 있는데도 알 수 없다고 하는 등의 사유로 가정법원으로부터 입양의 허가를 받은 경우에도 같다(884조 1항 1호 · 869조 3항 2호).

(다) 13세 미만의 미성년자의 경우 양자가 될 사람이 13세 미만인 경우에는, 법정대리인(친권자 또는 미성년후견인)이 그를 갈음하여 입양을 승낙하여야 한다(869조 2항). 이러한 승낙을 입양대락(入養代諾)이라고 한다(이는 일종의 대리임). 대락(代諾)은 양자로 될 자의 법정대리인(친권자 또는 미성년후견인)이 한다. 부모가 공동친권자인 경우에는 공동으로 승낙하여야 한다. 그리고 재산관리권을 상실한 친권자(925조)도 대락권이 인정된다. 부모가 이혼하여 일방이 친권자인 경우 또는 인지된 혼인 외 출생자로서 부모 중 일방이 친권자인 경우에는 친권자인 일방이 대락하면 된다.

그런데 가정법원은, 13세 이상의 미성년자의 경우에 설명한 두 경우에는, 법정대리인의 승낙이 없더라도 입양허가를 할 수 있다(869조 3항). 이 경우에 대한 위의 설명(869조 2항 내지 5항)은 「동의」를 「승낙」으로 바꾸기만 하면 여기에 그대로 타당하다. 그리하여 법정대리인의 승낙도 입양허가가 있기 전까지는 철회할 수 있다(869조 5항).

제869조 제 2 항에 위반한 입양신고는 수리되지 않지만(881조 참조) 수리되어도 입양은 무효이다(883조 2호). 그러나 자(子)가 13세가 되어 무효인 입양을 추인하면 그 입양은 소급해서 유효하게 된다(동지 대판 1997. 7. 11, 96므1151 등). 그리고 제869조 제 3 항 제 2 호를 위반한 경우, 가령 법정대리인의 소재를 알 수 있어서 그의 승낙을 받을 수 있는데도 승낙을 받지 않고 가정법원으로

부터 입양허가를 받은 경우에는 가정법원에 입양의 취소를 청구할 수 있다(884조 1항 2호).

㈑ **부모의 동의를 받을 것** 양자가 될 미성년자는 부모(여기의 부모는 친권자에 한정되지 않음)의 동의를 받아야 한다(870조 1항 본문). 그런데 여기에는 예외가 인정된다. 즉 ① 부모가 13세 이상의 미성년자의 입양승낙에 대한 동의를 하거나 13세 미만의 자에게 입양대락을 한 경우(870조 1항 1호), ② 부모가 친권상실의 선고를 받은 경우(870조 1항 2호), ③ 부모의 소재를 알 수 없는 등의 사유로 동의를 받을 수 없는 경우(870조 1항 3호)에는, 부모의 동의를 받지 않아도 된다. 한편 미성년자에 대한 동의는 입양허가가 있기 전까지는 철회할 수 있다(870조 3항).

그리고 가정법원은 일정한 사유가 있는 경우에는 부모가 동의를 거부하더라도 입양허가를 할 수 있다(870조 2항 1문). 그런데 이 경우 가정법원은 부모를 심문하여야 한다(870조 2항 2문). 가정법원이 부모의 동의거부에도 불구하고 입양허가를 할 수 있는 경우는 ① 부모가 3년 이상 자녀에 대한 부양의무를 이행하지 않은 경우(870조 2항 1호), ② 부모가 자녀를 학대 또는 유기하거나 그 밖에 자녀의 복리를 현저히 해친 경우(870조 2항 2호)이다.

양자가 될 미성년자의 경우에 부모의 동의가 없으면 입양신고가 수리되지 않으나(881조 참조), 잘못하여 수리되면 가정법원에 입양의 취소를 청구할 수 있다(884조 1항 1호).

3) **양자가 될 성년자도 부모의 동의를 받을 것** 양자가 될 사람이 성년인 경우에는 부모의 동의를 받아야 한다(871조 1항 본문). 다만, 부모의 소재를 알 수 없는 등의 사유로 동의를 받을 수 없는 경우에는, 동의를 받지 않아도 무방하다(871조 1항 단서).

한편 가정법원은, 부모가 정당한 이유 없이 동의를 거부하는 경우에, 양부모가 될 사람이나 양자가 될 사람의 청구에 따라 부모의 동의를 갈음하는 심판을 할 수 있다(871조 2항 1문). 이 경우 가정법원은 부모를 심문하여야 한다(871조 2항 2문).

양자가 될 성년자의 부모의 동의가 없으면 신고가 수리되지 않으나(881조 참조), 잘못 수리된 경우 가정법원에 입양의 취소를 청구할 수 있다(884조 1항 1호).

E-100 4) **피성년후견인의 경우** 피성년후견인은 성년후견인의 동의를 받아 입양을 할 수 있고 양자가 될 수 있다(873조 1항). 그리고 피성년후견인이 입양을 하거나 양자가 되는 경우에는 가정법원의 허가를 받아야 하며(873조 2항·867조 1항), 이때 가정법원은 양자가 될 피성년후견인의 복리를 위하여 그 양육상황, 입양동기, 양부모의 양육능력, 그 밖의 사정을 고려하여 입양허가를 하지 않을 수 있다(873조 2항·867조 2항).

가정법원은, 성년후견인이 정당한 이유 없이 피성년후견인이 입양을 하거나 양자로 되는 데 대하여 동의를 거부하거나 피성년후견인의 부모가 정당한 이유 없이 피성년후견인이 양자로 되는 데 대하여 동의를 거부하는 경우에, 그의 동의가 없어도 입양을 허가할 수 있다(873조 3항 1문). 이 경우 가정법원은 성년후견인 또는 부모를 심문하여야 한다(873조 3항 2문).

피성년후견인이 입양을 하거나 양자가 되는 데 대하여 성년후견인의 동의가 없으면 입양신고가 수리되지 않으나(881조 참조), 잘못 수리된 경우 취소할 수 있다(884조 1항 1호). 그리고 피성년후견인이 입양을 하거나 양자가 되는 데 대하여 가정법원의 허가를 받지 못하면 입양신고가 수리되지 않으나(881조에 873조 2항에 따라 867조가 준용되는 경우가 빠져 있으나 포함시켜야 함), 수리되어도 입양은 무효이다(883조 2호).

5) 배우자가 있는 경우(부부의 공동입양) 배우자가 있는 사람은 배우자와 공동으로 입양하여야 한다(874조 1항). 그리고 배우자가 있는 사람은 그 배우자의 동의를 받아야만 양자가 될 수 있다(874조 2항). 부부의 일방이 의사능력의 결여나 행방불명 등으로 인하여 공동입양을 할 수 없거나 양자가 되는 데 동의할 수 없는 경우에, 다른 일방이 단독으로 입양을 하거나 양자가 될 수 있는가? 여기에 관하여 학설은 i) 부정설과 ii) 긍정설로 나뉘어 있다. 그리고 판례는, 처가 있는 자가 혼자만의 의사로 부부 쌍방 명의의 입양신고(실제로는 입양의 의사로 친생자 출생신고를 하였음)를 하여 수리된 경우에 관하여 처와 양자가 될 자 사이에서는 입양합의가 없으므로 무효가 되는 것이지만, 처가 있는 자와 양자가 될 자 사이에서는 부부 공동입양의 요건을 갖추지 못하였으므로 처가 그 입양의 취소를 청구할 수 있으나, 그 취소가 이루어지지 않는 한 그들 사이의 입양은 유효하게 존속한다고 한다(대판 2006. 1. 12, 2005도8427 등).

부부의 공동입양에 위반한 신고는 수리되지 않으나(881조 참조), 잘못 수리된 경우 가정법원에 입양의 취소를 청구할 수 있다(884조 1항 1호).

6) 양자는 양친의 존속 또는 연장자가 아닐 것 존속이나 연장자를 입양할 수 없다(877조). 여기의 존속은 직계와 방계를 모두 포함하며, 존속일 경우에는 연장자가 아니라도 양자로 할 수 없다. 그리고 연장자이면 비속일지라도 양자로 할 수 없다. 그러나 존속만 아니면 되므로 같은 항렬이거나 아래 항렬에 있는 자도 연장자가 아니면 양자로 할 수 있고(판례는, 재종손자를 사후양자(현재는 폐지됨)로 선정하는 행위가 위법하다고 할 수 없고, 사후양자가 소목지서(昭穆之序. 양자로 될 수 있는 사람은 양친이 될 사람과 같은 항렬에 있는 남계 혈족 남자의 아들이어야 한다는 원칙)에 어긋나는 것이 우리의 종래의 관습에 어긋난다고 하여도 민법은 위와 같이 양자의 요건을 완화하고 있으므로 이 것이 공서양속에 위배되어 무효라고 할 수 없다고 한다. 대판 1991. 5. 28, 90므347), 연장자만 아니면 되므로 동갑인 자라도 자기보다 출생일이 늦은 자는 양자로 할 수 있다. 부부가 공동으로 입양하는 경우에는 부부 모두에 대하여 이 요건이 갖추어져야 한다.

이에 위반한 신고는 수리되지 않으나(881조 참조), 잘못 수리된 경우 입양이 무효로 된다(883조 2호).

3. 입양의 무효와 취소 E-101

(1) 입양의 무효

1) 무효원인

(가) 당사자 사이에 입양의 합의가 없는 경우(883조 1호) 입양의 합의에 있어서 입양의사란 실질적으로 양친자로서의 신분적 생활관계를 형성하려는 의사이며, 그러한 의사의 합치가 없는 경우에는 입양은 무효이다. 예컨대 당사자가 의사무능력자인 경우, 다른 목적을

위하여 호적상으로만 입양한 것처럼 가장한 가장입양의 경우(대판 1995. 9. 29, 94므1553 · 1560(고소사건으로 인한 처벌을 모면할 목적으로 입양한 것처럼 가장한 경우); 대판 2004. 4. 9, 2003므2411(다른 사람의 호적부로 전적할 때까지 잠정적으로 입양하는 것처럼 가장한 경우)), 조건부 또는 기한부로 입양의 합의를 한 경우에 그렇다. 그에 비하여 당사자들 모르게 제 3 자가 입양신고를 한 경우는 무효가 아니고 불성립이라고 하여야 한다(통설은 이 경우도 무효라고 함). 한편 입양의 합의는 신고서를 작성할 때와 신고서가 수리될 때 모두 존재하여야 하므로 일방 당사자가 입양의사를 철회한 뒤에 상대방이 일방적으로 입양신고를 한 경우(대판 1991. 12. 27, 91므30 참조. 이 판결에서는 입양의 실체가 없음을 이유로 무효라고 하였음)에는 입양은 무효이다.

(나) 미성년자를 입양하려는 사람이 가정법원의 허가를 받지 않고 입양한 경우(883조 2호 · 867조 1항)와 피성년후견인이 입양을 하거나 양자가 되면서 가정법원의 허가를 받지 않은 경우(883조2호 · 873조 2항 · 867조 1항)에는 입양은 무효이다.

(다) 양자가 될 사람이 13세 미만인 경우에 법정대리인의 입양승낙이 없는 때에는 입양은 무효이다(883조 2호 · 869조 2항).

(라) 양자가 양친의 존속이나 연장자인 경우에는 입양은 무효이다(883조 2호 · 877조).

2) 입양무효의 소 입양에 무효사유가 존재하는 경우에 입양은 당연무효가 아니며(당연무효설도 있음), 입양무효판결에 의하여 비로소 입양이 무효로 된다(따라서 입양무효의 소는 형성의 소라고 할 것이다). 입양무효의 소는 당사자 · 법정대리인 또는 4촌 이내의 친족(4촌 이내의 친족의 지위는 소를 제기할 당시에 있으면 되고, 입양신고 당시부터 있어야 하는 것이 아니다. 대판 1985. 12. 10, 85므28)이 제기할 수 있다(가소 31조 · 23조)(조정전치주의는 적용되지 않음. 가소 2조 1항 가류사건 5)). 입양무효의 판결은 제 3 자에게도 효력이 있다(가소 21조 1항).

3) 입양무효의 효과 입양무효판결이 확정되면(판결이 확정되면 1개월 이내에 가족관계등록부의 정정을 신청해야 함. 가족 107조) 당사자 사이에 처음부터 입양이 없었던 것으로 된다. 입양으로 인하여 발생한 친족관계가 소멸함은 물론이다(776조 참조). 그리고 입양이 무효로 된 경우 당사자 일방은 과실있는 상대방에 대하여 이로 인한 재산적 · 정신적 손해의 배상을 청구할 수 있다(897조 · 806조).

E-102 (2) 입양의 취소

1) 취소원인

(가) 미성년자가 입양을 한 경우(884조 1항 1호 · 866조) 이때는 양부모, 양자와 그 법정대리인 또는 직계혈족이 가정법원에 입양의 취소를 청구할 수 있으나(885조), 양부모가 성년이 되면 취소를 청구하지 못한다(889조).

(나) 양자가 될 사람이 13세 이상의 미성년자인 경우에 법정대리인의 동의를 받지 않고 입양승낙을 한 경우(884조 1항 1호 · 869조 1항) 이 경우에는 양자나 동의권자가 취소를 청구할 수 있다(886조). 그러나 양자가 성년이 된 후 3개월이 지나거나 사망하면 취소를 청구하지 못하고(891조 1항), 또 그 사유가 있음을 안 날부터 6개월, 그 사유가 있었던 날부터 1년이 지나면 취소를 청구하지 못한다(894조).

(다) **법정대리인의 소재를 알 수 있는데도 알 수 없다고 하는 등의 사유로 가정법원으로부터 입양의 허가를 받아 양자가 된 경우**(884조 1항 1호·869조 3항 2호) 이 경우에는 양자나 동의권자가 취소를 청구할 수 있다(886조). 그러나 양자가 성년이 된 후 3개월이 지나거나 사망하면 취소를 청구하지 못하고(891조 1항), 또 그 사유가 있음을 안 날부터 6개월, 그 사유가 있었던 날부터 1년이 지나면 취소를 청구하지 못한다(894조).

(라) **양자가 될 미성년자가 부모의 동의를 받지 않은 경우**(884조 1항 1호·870조 1항) 이 경우에는 양자나 동의권자가 취소를 청구할 수 있다(886조). 그러나 양자가 성년이 된 후 3개월이 지나거나 사망하면 취소를 청구하지 못하고(891조 1항), 또 그 사유가 있음을 안 날부터 6개월, 그 사유가 있었던 날부터 1년이 지나면 취소를 청구하지 못한다(894조).

(마) **양자가 될 성년자가 부모의 동의를 받지 못한 경우**(884조 1항 1호·871조 1항) 이 경우에는 동의권자가 취소를 청구할 수 있다(886조). 그러나 양자가 사망하면 취소를 청구할 수 없고(891조 2항), 또 그 사유가 있음을 안 날부터 6개월, 그 사유가 있었던 날부터 1년이 지나면 취소를 청구하지 못한다(894조).

(바) **피성년후견인이 입양을 하거나 양자가 되면서 성년후견인의 동의를 받지 않은 경우**(884조 1항 1호·873조 1항) E-103
이 경우에는 피성년후견인이나 성년후견인이 취소를 청구할 수 있다(887조). 그러나 성년후견개시의 심판이 취소된 후 3개월이 지나면 취소를 청구하지 못하고(893조), 그 사유가 있음을 안 날부터 6개월, 그 사유가 있었던 날부터 1년이 지나면 취소를 청구하지 못한다(894조).

(사) **배우자가 있는 사람이 배우자와 공동으로 입양하지 않았거나 배우자가 있는 사람이 양자가 되면서 배우자의 동의를 받지 않은 경우**(884조 1항 1호·874조) 이 경우에는 배우자가 취소를 청구할 수 있으나(888조), 그 사유가 있음을 안 날부터 6개월, 그 사유가 있었던 날부터 1년이 지나면 취소를 청구하지 못한다(894조).

(아) **입양 당시 양부모와 양자 중 어느 한쪽에게 악질(惡疾)이나 그 밖에 중대한 사유가 있음을 알지 못한 경우**(884조 1항 2호) 이 경우에는 중대한 사유가 있음을 알지 못했던 양부모나 양자가 취소를 청구할 수 있으나, 그 사유가 있음을 안 날부터 6개월이 지나면 취소를 청구하지 못한다(896조).

(자) **사기 또는 강박으로 인하여 입양의 의사표시를 한 경우**(884조 1항 3호) 이 경우에는 사기 또는 강박으로 인하여 의사표시를 한 자가 취소를 청구할 수 있으나, 사기를 안 날 또는 강박을 면한 날부터 3개월이 경과하면 취소를 청구하지 못한다(897조·823조).

2) 가정법원의 취소 불허 가정법원은 입양의 취소원인이 존재할 경우에도 양자가 된 미성년자의 복리를 위하여 여러 사정을 고려하여 입양을 취소하지 않을 수 있다(884조 2항·867조 2항).

3) 입양취소의 소 입양취소의 소를 제기하려면 먼저 가정법원에 조정을 신청하여 E-104
야 한다(가소 2조 1항 나류사건 10)·50조). 입양취소의 소는 형성의 소이고, 그 판결은 제3자에게도 효력이 있다(가소 21조 1항). 판결이 확정되면 소를 제기한 자는 재판의 확정일부터 1개월 이내에 신고하여야 한다(가족 65조·58조).

4) 입양취소의 효과 입양취소의 효력은 기왕에 소급하지 않는다(897조·824조). 따라서 취소판결이 확정된 때부터 입양이 무효로 된다. 그리고 입양으로 인하여 발생한 친족관계도 종료한다(776조). 그런데 양자가 미성년자인 경우에 입양이 취소된 때에 친생부모의 친권이 당연히 부활하는 것이 아니다. 그에 대하여 별도의 규정(909조의 2 2항-4항)이 있기 때문이다(자세한 내용은 E-118 참조). 한편 입양이 취소된 경우 당사자 일방은 과실있는 상대방에 대하여 이로 인한 재산적·정신적 손해의 배상을 청구할 수 있다(897조·806조).

(3) 양친자관계 존부 확인의 소

양친자관계 존부 확인의 소를 제기할 수 있는가? 판례는 이를 긍정하며, 그 경우에는 친생자관계 존부 확인의 소를 유추적용할 것이라고 한다(대판 1993. 7. 16, 92므372).

판 례 양친자관계 존재 확인의 소 관련

「(1) 합법적으로 망 ○○○의 양자로 되었으나 제 3 자가 이를 부인하는 등으로 인하여 그 지위에 법적 불안이 발생하고 있다면, 비록 양친자관계 존부 확인소송이 민법이나 가사소송법 등에 규정된 바가 없다고 하더라도, 스스로 원고가 되어 양친자관계 존재 확인의 소를 제기할 수 있다.

(2) 양친자 중 일방이 원고로 되어 양친자관계 존재 확인의 소를 제기하는 경우에는 친생자관계 존부 확인소송의 경우에 준하여 양친자 중 다른 일방을 피고로 하여야 할 것이다. 그리고 이 사건에서처럼 피고가 되어야 할 다른 일방이 이미 사망한 경우에는 역시 친생자관계 존부 확인소송의 경우를 유추하여 검사를 상대로 소를 제기할 수 있다고 할 것이다.」(대판 1993. 7. 16, 92므372)

E-105

4. 입양의 효과

(1) 법정혈족관계의 창설

양자는 입양된 때, 즉 입양신고일(878조)부터 양부모의 친생자와 같은 지위를 가지며(882조의 2 1항) 양부모의 혈족·인척과의 사이에도 친족관계가 발생한다(772조). 그리고 판례에 의하면 양부모가 이혼하여 양모(養母)가 양부의 가(家)를 떠난 경우에도 양모자관계가 소멸하지 않는다(대판(전원) 2001. 5. 24, 2000므1493). 그런가 하면 양부모인 부부가 입양한 뒤 그 일방이 사망하거나 이혼하고 생존한 양부나 양모가 재혼한 경우에는, 재혼한 배우자와 양자 사이에는 인척관계가 성립한다. 양부모가 이혼한 후 각각 재혼한 경우에 양친의 각 배우자와 양자 사이도 같다.

양자와 양부모 및 그 혈족 사이에는 서로 부양관계·상속관계가 생기고, 양자가 미성년자인 경우 양부모의 친권에 따른다(909조 1항 2문)(따라서 친생부모의 친권은 소멸한다).

(2) 양자의 생가친족과의 관계

양자의 입양 전의 친족관계는 존속한다(882조의 2 2항). 즉 양자의 친생부모 및 그 혈족, 인척 사이의 친족관계는 입양에 의하여 영향을 받지 않는다. 따라서 생가의 친족에 대한 부양관계·상속관계 등 친족적 효과는 그대로 존속한다(양자는 친생부모·양부모 모두의 상속인이 될 수 있고, 양자가 직계비속·배우자 없이 사망하면 친생부모·양부모가 공동상속인이 된다).

(3) 양자의 성(姓)

입양 후에도 양자의 성은 변경되지 않는다. 즉 양친의 성과 본을 따를 수 없다(통설도 같음). 그런데 자의 복리를 위하여 필요한 때에는 가정법원의 허가를 받아 자의 성과 본을 변경할 수 있다(781조 6항).

「국내입양에 관한 특별법」에 따라 입양된 아동의 경우에는 친양자와 동일한 지위를 가지므로(동법 25조)(「국제입양에 관한 법률」에 따른 입양의 효력은 경우에 따라 다름. 이 법 22조·23조 참조), 양친의 성과 본을 따르게 된다(781조 1항). 그런데 동법의 적용범위는 제한되어 있다(동법 13조 참조).

5. 파 양 E-106

(1) 의 의

파양(罷養)은 유효하게 성립된 양친자관계를 인위적으로 해소하는 것이다. 파양에는 협의상 파양과 재판상 파양이 있다.

(2) 협의상 파양

1) 의 의 양부모와 양자는 협의하여 파양할 수 있는데(898조 본문), 그 경우의 파양이 협의상 파양이다. 협의상 파양은 넓은 의미에서 하나의 계약이며, 일정한 방식으로 신고하여야 하는 요식행위이다(904조·878조).

2) 성립요건 협의상 파양은 일종의 계약이기 때문에 그것이 성립하려면 파양의 합의가 있어야 한다. 그리고 민법상 파양신고를 하여야 한다(904조·878조).

(가) 파양의 합의 협의상 파양을 성립시키기 위한 합의는 외형적인 의사표시의 일치로서 충분하다. 그리고 그러한 의사표시와 그것들의 일치인 합의는 파양신고가 있을 때 그것에 포함되어서 행하여지게 된다. 따라서 파양이 성립하기 위하여 합의가 따로 행하여질 필요는 없다.

(나) 파양신고 협의상 파양은 가족등록법에 정한 바에 따라 신고함으로써 그 효력이 생긴다(904조·878조). 이 신고는 창설적 신고이다.

협의상 파양의 신고는 말로도 할 수 있고(가족 23조 1항), 서면으로 신고하는 경우에는 우송을 하거나(가족 41조 참조) 타인에게 제출하게 하여도 되나(가족 23조 2항), 구술신고는 타인이 대리할 수 없다(가족 31조 3항 단서·63조).

파양신고가 제898조·제902조(이들을 통설은 협의상 파양의 실질적 성립요건이라고 함)·그 밖의 법령을 위반하지 않으면 그것을 수리하여야 한다(903조).

E-107 **3) 협의상 파양의 장애사유** 민법은 제898조 단서와 제902조에서 협의상 파양의 장애사유를 규정하고 있다. 통설은 이들을 파양의 실질적 성립요건의 문제로 다루고 있으나, 그것이 파양의 성립과 관련되는 것은 그러한 사유가 있을 때 가족관계 등록사무 담당 공무원이 파양신고를 수리하지 않는다는 정도밖에 없다(903조). 그리고 그러한 사유가 있더라도 신고가 수리되면 협의상 파양은 유효하게 성립하며, 단지 협의상 파양의 무효 또는 취소의 문제가 생길 뿐이다.

(가) 양자가 미성년자 또는 피성년후견인인 경우에는 협의상 파양이 인정되지 않으며(898조 단서), 재판상 파양만 허용된다.

(나) 양부모가 피성년후견인인 경우에는 성년후견인의 동의를 받아 파양을 협의할 수 있다(902조).

4) 협의상 파양의 무효와 취소

(가) **협의상 파양의 무효** 민법에는 협의상 파양의 무효에 관한 규정이 없으나(이는 입법상 불비(不備)이다), 가사소송법이 이에 대하여 규정하고 있다(가소 2조 1항 가류사건 6). 재판상 파양은 무효로 될 수 없으므로 그 규정에서의 파양은 협의상 파양이다.

입양의 무효에 관한 규정(883조)을 유추적용하여, 첫째로 당사자 사이에 파양의 합의(실질적으로 양친자관계를 해소하려는 의사의 합치)가 없는 때, 즉 의사무능력자의 파양, 조건부 파양, 일방 당사자가 파양의사를 철회하였는데 상대방이 일방적으로 신고한 경우, 어떤 목적을 위한 수단으로 한 가장파양 등과, 둘째로 양자가 미성년자 또는 피성년후견인인 경우(898조 단서)에는 파양이 무효라고 하여야 한다.

(나) **협의상 파양의 취소** 사기 또는 강박으로 인하여 파양의 의사표시를 한 자는 사기를 안 날 또는 강박을 면한 날부터 3개월 이내에 법원에 파양의 취소를 청구할 수 있다(904조·823조). 그 밖에 제902조(피성년후견인인 양부모의 협의에 성년후견인의 동의가 없는 경우)를 위반한 경우에 대하여는 민법에 규정이 없다. 이에 대하여 통설은 취소규정이 없으므로 파양이 계속해서 유효하다고 한다. 그러나 이는 잘못이며(입법상 불비임), 입양취소의 규정(902조가 873조 1항과 유사하므로 884조 1항 1호·887조·894조)을 유추하여 취소를 청구할 수 있다고 하여야 한다.

협의상 파양의 취소는 가정법원에 소를 제기하여 청구하여야 한다(가소 2조 1항 나류사건 11)(조정전치주의가 적용됨. 그러나 조정으로 취소되지는 않음. 가소 50조·59조 2항 단서). 그리고 파양취소의 효과는 소급한다.

E-108 **(3) 재판상 파양**

재판상 파양은 일정한 원인이 있는 경우에 파양청구의 소를 제기하여 파양하는 것이다.

1) 파양원인 양부모, 양자 또는 제906조에 따른 재판상 파양 청구권자는 다음 사유 중 어느 하나가 있으면 가정법원에 파양을 청구할 수 있다(905조).

(가) 양부모가 양자를 학대 또는 유기하거나 그 밖에 양자의 복리를 현저히 해친 경우(905조 1호)

(나) 양부모가 양자로부터 심히 부당한 대우를 받은 경우(905조 2호)

(다) 양부모나 양자의 생사가 3년 이상 분명하지 않은 경우(905조 3호)

(라) 그 밖에 양친자관계를 계속하기 어려운 중대한 사유가 있는 경우(905조 4호)

파양청구권자는, 위의 파양원인 중 (다)를 제외한 나머지의 경우에는, 그 사유가 있음을 안 날부터 6개월, 그 사유가 있었던 날부터 3년이 지나면 파양을 청구할 수 없다(907조). 그리고 이혼의 경우와 마찬가지로 고의나 과실로 양친자관계를 파탄에 이르게 한 유책당사자의 파양청구는 허용되지 않는다고 하여야 한다.

2) 파양청구소송의 절차 재판상 파양에는 **조정전치주의**가 적용된다(가소 2조 1항 나류사건 12)·50조). E-109

조정이 성립되면 파양의 효력이 생긴다(가소 59조).

파양청구소송의 당사자는 양부모와 양자이며, 제3자는 파양을 청구할 수 없다(대판 1983. 9. 13, 83므16). 그런데 민법은 파양청구권자와 관련하여 **제906조의 특별규정**을 두고 있다. 그 내용은 다음과 같다. ① 양자가 13세 미만인 경우에는, 제869조 제2항에 따른 승낙 즉 입양대락을 한 사람이 양자를 갈음하여 파양을 청구할 수 있다(906조 1항 본문). 다만, 파양을 청구할 수 있는 사람이 없는 경우에는, 제777조에 따른 양자의 친족이나 이해관계인이 가정법원의 허가를 받아 파양을 청구할 수 있다(906조 1항 단서). ② 양자가 13세 이상의 미성년자인 경우에는, 제870조 제1항에 따른 동의를 한 부모의 동의를 받아 파양을 청구할 수 있다(906조 2항 본문). 다만, 부모가 사망하거나 그 밖의 사유로 동의할 수 없는 경우에는, 동의 없이 파양을 청구할 수 있다(906조 2항 단서). ③ 양부모나 양자가 피성년후견인인 경우에는, 성년후견인의 동의를 받아 파양을 청구할 수 있다(906조 3항). ④ 검사는 미성년자나 피성년후견인인 양자를 위하여 파양을 청구할 수 있다(906조 4항).

부부 공동입양의 원칙의 취지에 비추어 **양부모가 부부인 경우 파양도 부부 공동으로** 하여야 할 것이나, 양부모인 부부 일방이 사망하거나 양부모가 이혼한 때에는 공동파양의 원칙이 적용될 여지가 없다(대판 2001. 8. 21, 99므2230).

(판 례) 양부모가 부부인 경우의 파양 관련

「양부가 사망한 때에는 양모는 단독으로 양자와 협의상 또는 재판상 파양을 할 수 있으되 이는 양부와 양자 사이의 양친자관계에 영향을 미칠 수 없는 것이고, 또 양모가 사망한 양부에 갈음하거나 또는 양부를 위하여 파양을 할 수는 없다고 할 것이며, 이는 친생자 부존재 확인을 구하는 청구에 있어서 입양의 효력은 있으나 재판상 파양 사유가 있어 양친자 관계를 해소할 필요성이 있는 이른바 재판상 파양에 갈음하는 친생자관계 부존재 확인청구에 관하여도 마찬가지라고 할 것이다.」(대판 2001. 8. 21, 99므2230)

파양청구를 인용하는 판결에 의하여 파양의 효력이 생긴다(가소 12조, 민소 205조). 파양의 재판이 확정되면 소를 제기한 자는 재판확정일부터 1개월 내에 신고하여야 한다(가족 66조 · 58조). 그런데 이 신고는 보고적 신고이다.

(4) 파양의 효과

협의상 파양이나 재판상 파양이 성립하면 양부모와 양자 사이의 양친자관계를 비롯한 친족관계가 모두 소멸한다(776조). 따라서 입양으로 인하여 발생하였던 친자로서의 법률효과(부양 · 상속 · 친권)는 모두 소멸한다. 그런데 양자가 미성년자인 경우에 파양(이는 재판상 파양임. 898조 단서 참조)이 된 때에 친생부모의 친권이 당연히 부활하는 것이 아니다. 그에 대하여 별도의 규정(909조의 2 2항－4항)이 있기 때문이다(자세한 내용은 E－118 참조).

재판상 파양을 한 때에는 과실있는 상대방에 대하여 이로 인한 재산적 · 정신적 손해배상을 청구할 수 있다(908조 · 806조)(조정전치주의가 적용됨. 가소 2조 1항 다류사건 3) · 50조).

E-110 6. 친양자(親養子)

(1) 서　　설

종래의 양자제도에 의하면 양자는 양부의 성을 따를 수 없고 또 양자라는 사실이 호적에 그대로 공시되었다. 그 때문에 입양 자체를 꺼리게 되고 입양을 하는 경우에도 양자를 친생자인 것처럼 출생신고하는 것이 보편화되었다. 이에 판례도 입양의 의사를 가지고 친생자 출생신고를 한 경우에 입양의 효력을 인정하고 있다. 이러한 상황에서 민법은 2005년 개정시에 양자와 양부모의 관계를 친생자와 같이 하여 양자의 복리를 달성하기 위하여 친양자제도를 도입하였다(908조의 2－908조의 8. 이 제도는 2008. 1. 1.부터 시행되고 있다).

친양자제도는 양자를 양친의 친생자와 같이 다루는 것으로서 외국의 완전양자제도에 해당하는 것이다. 그리고 입양이 법원의 재판에 의하여 성립한다는 점에서 종래의 계약형 양자제도와 현저히 다른 특징을 보인다(선고형양자).

친양자제도가 도입됨에 따라 우리 민법상 양자제도는 보통양자와 친양자로 이원화되었다.

E-111 (2) 친양자 입양의 요건

친양자 입양이 성립하려면 친양자를 입양하려는 사람이 일정한 요건을 갖추어 가정법원에 친양자 입양을 청구하여야 하고(908조의 2), 가정법원이 그 청구를 인용하는 재판을 하여야 한다.

1) 일정한 요건을 갖춘 청구 갖추어야 하는 요건은 다음과 같다.

㈎ 3년 이상 혼인 중인 부부로서 공동으로 입양할 것(908조의 2 1항 1호 본문) 보통양자의 경우에는 배우자 있는 자가 입양을 할 때에만 부부가 공동으로 입양하도록 하나(874조 1항), 친양자는 3년 이상 혼인 중인 부부만 입양할 수 있다. 다만, 1년 이상 혼인 중인 부부의 한쪽이 그 배우자의 친생자(전혼에서 출생한 자 또는 혼인 외의 자)를 친양자로 하는 경우에는 단독으로 입양할 수 있다(908조의 2 1항 1호 단서). 그 경우에는 배우자와 자 사이에는 이미 친생친자관계가 있어서 친양자관계를 형성할 필요가 없기 때문이다.

㈏ 친양자로 될 사람이 미성년자일 것(908조의 2 1항 2호)

㈐ 친양자로 될 사람의 친생부모가 친양자 입양에 동의할 것(908조의 2 1항 3호 본문) 다만, 부모가 친권상실의 선고를 받거나 소재를 알 수 없거나 그 밖의 사유로 동의할 수 없는 경우에는 동의를 요하지 않는다(908조의 2 1항 3호 단서). 그리고 여기의 부모는 이혼한 뒤 친권자로 지정되지 못한 일방도 포함한다.

㈑ 친양자가 될 사람이 13세 이상인 경우에는 그가 법정대리인의 동의를 받아 입양을 승낙할 것(908조의 2 1항 4호)

㈒ 친양자가 될 사람이 13세 미만인 경우에는 법정대리인이 그를 갈음하여 입양을 승낙할 것(908조의 2 1항 5호)

2) 가정법원의 입양재판 가정법원은 아래에 설명하는 일정한 사유가 있으면 위 1)의 ㈐·㈑의 「동의」 또는 ㈒의 「승낙」이 없어도 친양자 입양청구를 인용할 수 있다(908조의 2 2항 1문). 그 경우 가정법원은 동의권자 또는 승낙권자를 심문하여야 한다(908조의 2 2항 2문). 그 사유는 다음과 같다. ① 법정대리인이 정당한 이유 없이 동의 또는 승낙을 거부하는 경우(908조의 2 2항 1호 본문). 다만, 법정대리인이 친권자인 경우에는 제2호(아래 ②) 또는 제3호(아래 ③)의 사유가 있어야 한다(908조의 2 2항 1호 단서). ② 친생부모가 자신에게 책임있는 사유로 3년 이상 자녀에 대한 부양의무를 이행하지 않고 면접교섭을 하지 않은 경우(908조의 2 2항 2호). ③ 친생부모가 자녀를 학대 또는 유기하거나 그 밖에 자녀의 복리를 현저히 해친 경우(908조의 2 2항 3호). E-112

그리고 가정법원은 친양자가 될 사람의 복리를 위하여 그 양육상황, 친양자 입양의 동기, 양부모의 양육능력, 그 밖의 사정을 고려하여 친양자 입양이 적당한지 여부를 결정하며, 적당하지 않다고 인정되는 경우에는 그 청구를 기각할 수 있다(908조의 2 3항). 가정법원의 청구인용 재판이 확정되면 친양자를 입양하고자 하는 사람은 재판확정일부터 1개월 이내에 신고하여야 한다(가족 67조 1항). 이 신고는 보고적 신고이다.

E-113 (3) 친양자 입양의 효력

1) 혼인 중 출생자로 의제됨 친양자는 부부의 혼인 중 출생자로 본다(908조의 3 1항). 그리하여 친양자는 양친의 성과 본을 따르게 된다(부모가 혼인신고시 모의 성과 본을 따르기로 협의하지 않은 한 양부의 성과 본을 따름. 781조 1항). 그리고 친양자와 양부모의 친족 사이에도 친족관계가 발생하므로, 부양·상속관계도 생기게 된다. 그 밖에 친양자는 가족관계등록부에도 양친의 친생자로 기록되어 입양사실이 나타나지 않는다.

2) 입양 전의 친족관계의 종료 친양자로 입양되면 친양자의 입양 전의 친족관계는 친양자 입양의 청구에 의한 친양자 입양이 확정된 때에 종료한다(908조의 3 2항 본문)(친양자 입양에 의하여 종전의 친족관계가 종료하는 시기가 출생시에 소급하지는 않으므로 친양자 입양이 입양 전의 상속이나 부양관계에는 영향을 미치지는 않는다). 다만, 부부의 일방이 그 배우자의 친생자를 단독으로 입양한 경우에 있어서의 배우자 및 그 친족과 친생자간의 친족관계는 종료하지 않는다(908조의 3 2항 단서).

(4) 친양자 입양의 무효와 취소

친양자 입양은 가정법원의 엄격한 심사를 통하여 행하여지기 때문에 흠을 가지고 있을 가능성이 매우 적다. 그래서 민법은 보통의 입양의 무효(883조)와 취소(884조)에 관한 규정은 친양자 입양에 적용하지 않고(908조의 4 2항), 한 가지 사유에 대하여 취소청구를 인정하는 별도의 규정(908조의 4 1항)을 두고 있다.

그에 의하면, 친양자로 될 사람의 친생(親生)의 아버지 또는 어머니는 자신에게 책임이 없는 사유로 인하여 친양자 입양에 동의를 할 수 없었던 경우에, 친양자 입양의 사실을 안 날부터 6개월 내에 가정법원에 친양자 입양의 취소를 청구할 수 있다(908조의 4 1항). 취소청구가 있는 경우 가정법원은 취소사유가 있더라도 친양자로 될 사람의 복리를 위하여 그 양육상황, 친양자 입양의 동기, 양부모의 양육능력, 그 밖의 사정을 고려하여 친양자 입양의 취소가 적당하지 않다고 인정되는 때에는 취소청구를 기각할 수 있다(908조의 6 · 908조의 2 3항).

친양자 입양이 취소되면 친양자관계는 소멸하고 입양 전의 친족관계가 부활한다(908조의 7 1항). 따라서 자는 친생부모의 성을 따르게 된다. 자의 친생부모가 친권자로 되는지에 대하여는 다수설은 이를 긍정하나, 제909조의 2 제2항 내지 제4항을 적용하는 것이 타당하다(친족상속법 [146] 참조). 한편 이러한 입양취소의 효력은 취소의 재판이 확정되는 때 생기고, 소급하지 않는다(908조의 7 2항).

E-114 (5) 친양자의 파양

1) 양자를 마치 양부모의 친생자처럼 다루는 친양자제도의 본질상 파양은 친양자제도와 어울리지 않는다. 양친(養親)을 위한 파양은 더욱 그렇다. 그러나 아직은 친자관계에 관한 우리의 정서를 무시할 수가 없어서 민법은 제한된 범위에서 재판상 파양을 인정하고 있다.

2) 파양원인은 두 가지이다. 하나는 양친이 친양자를 학대 또는 유기(遺棄)하거나 그 밖에 친양자의 복리를 현저히 해하는 때(908조의 5 1항 1호)이고, 다른 하나는 친양자의 양친에 대한 패륜행위로 인하여 친양자관계를 유지시킬 수 없게 된 때(908조의 5 1항 2호)이다. 이러한 사유가 있는 경우에는 양친, 친양자, 친생의 부(父) 또는 모(母)나 검사가 가정법원에 친양자의 파양을 청구할 수 있다(908조의 5 1항). 가정법원은 파양사유가 있다고 인정되는 때에는 파양청구를 인용한다. 다만, 위의 둘째 사유(908조의 5 1항 2호)에 의한 파양청구에 대하여는 제908조의 2 제 3 항이 준용되므로(908조의 6), 여러 사정을 고려하여 파양이 적당하지 않다고 인정되는 때에는 파양청구를 기각할 수 있다.

친양자 입양이 파양된 때에는 친양자관계는 소멸하고 입양 전의 친족관계가 부활한다(908조의 7 1항). 따라서 자의 성도 친생부모를 따라 다시 변경된다. 파양된 친양자가 미성년자인 경우의 친권자에 대하여는 제909조의 2 제 2 항 내지 제 4 항이 적용된다.

3) 친양자 입양의 경우에는 협의상 파양이 인정되지 않으며(908조의 5 2항 · 898조), 보통입양에 있어서의 재판상 파양원인에 관한 규정도 적용되지 않는다(908조의 5 2항 · 905조).

(6) 기 타

친양자에 관하여는 특별규정(908조의 2~908조의 7)이 있는 경우를 제외하고는 그 성질에 반하지 않는 범위 안에서 양자에 관한 규정을 준용한다(908조의 8).

종전의 규정에 의하여 입양된 사를 친양자로 하려는 자는 2012. 2. 10.에 개정되기 전의 민법 제908조의 2 제 1 항 제 1 호 내지 제 4 호의 요건을 갖춘 경우에는 가정법원에 친양자 입양을 청구할 수 있다(2005. 3. 31. 개정 민법 부칙 5조).

제 3 절 친 권

I. 서 설 E-115

(1) **친권은** 부모가 미성년의 자(子)를 보호(保護) · 교양(敎養)하는 권리임과 동시에 의무이다(913조). 친권은 지배권에 해당하기는 하나, 단순히 부모가 자를 지배하는 것이 아니고 아직 성숙하지 않은 자(子)를 돌보아 주어야 하는 의무의 성질도 같이 가지고 있다.

(2) **친권에 따르는 사람은 미성년의 자**(子)이다(909조 1항). 그런데 미성년자가 혼인한 때에는, 성년자로 의제되어서(826조의 2) 친권에 따르지 않는다.

E-116 Ⅱ. 친 권 자

1. 혼인 중의 출생자의 경우

미성년자인 자가 혼인 중의 출생자인 경우에는 그 부모가 친권자가 된다(909조 1항 1문).

(1) 친권의 행사는 부모가 혼인 중인 때에는 부모가 공동으로 하여야 한다(909조 2항 본문). 통설에 따르면(사견은 다름. 친족상속법 [149] 참조), 여기서 「친권을 공동으로 행사한다」는 것은 친권행사를 부모의 공동의사에 따라 해야 한다는 의미이며, 행위 자체를 반드시 부모가 공동으로 하거나 공동의 명의로 하여야 한다는 것이 아니다. 따라서 부모 중 일방이 단독의 명의로 자(子)를 대리하거나 자의 법률행위에 동의하였더라도 다른 일방의 동의를 얻어서 그리한 경우에는 대리행위나 동의는 모두 유효하게 된다(증명의 문제는 남는다). 그에 비하여 부모 중 일방이 다른 일방의 동의 없이 대리행위나 동의를 한 경우에는 그 대리행위나 동의는 적법한 추인이 없는 한 유효하게 되지 못한다. 다만, 민법은, 부모 일방이 「공동명의로」 자를 대리하거나 자의 법률행위에 동의한 경우에 상대방이 선의인 때에는, 설사 그것이 다른 일방의 의사에 반하는 때에도 효력이 있다고 규정한다(920조의 2).

(2) 부모의 의견이 일치하지 않는 경우에는 당사자의 청구에 의하여 가정법원이 친권행사 방법을 정한다(909조 2항 단서). 그리고 부모의 일방이 친권을 행사할 수 없을 때에는 다른 일방이 이를 행사한다(909조 3항). 여기서 「친권을 행사할 수 없을 때」란 사실상 행사할 수 없는 경우(예: 생사불명, 중병, 장기간의 여행, 심신상실)와 법률상 행사할 수 없는 경우(예: 성년후견개시의 심판, 친권상실선고, 친권행사금지 가처분)를 포함한다.

제909조 제 3 항이 정하고 있는 경우는 부모 모두가 존재하고 있음을 전제로 한 것으로 보아야 하고, 부모 중 1인만이 생존하고 있는 경우에는 그 부 또는 모만이 당연히 친권자가 된다고 하여야 한다.

E-117 2. 혼인 외의 출생자의 경우

혼인 외의 출생자가 아직 인지되지 않은 경우에는 그 모가 친권자가 된다. 그리고 임의인지가 된 경우에는, 부모의 협의로 친권자를 정해야 하고, 협의할 수 없거나 협의가 이루어지지 않는 때에는 가정법원은 직권으로 또는 당사자의 청구에 따라 친권자를 지정하여야 한다(909조 4항 본문). 다만, 부모의 협의가 자의 복리에 반하는 경우에는 가정법원은 보정을 명하거나 직권으로 친권자를 정한다(909조 4항 단서). 강제인지(재판상 인지)의 경우에는 가정법원이 직권으로 친권자를 정한다(909조 5항).

3. 양자의 경우

양자의 경우에는 양부모가 친권자가 된다(909조 1항 2문). 친양자의 경우에도 같다. 친권행사의 방법은 혼인 중의 출생자에 있어서와 같다(909조 2항·3항).

4. 부모의 이혼 등의 경우

(1) 부모가 협의이혼을 한 경우에는 부모의 협의로 친권자를 정하여야 하고, 협의할 수 없거나 협의가 이루어지지 않는 경우에는 가정법원은 직권으로 또는 당사자의 청구에 따라 친권자를 지정하여야 한다(909조 4항 본문). 다만, 부모의 협의가 자의 복리에 반하는 경우에는 가정법원은 보정을 명하거나 직권으로 친권자를 정한다(909조 4항 단서). 재판상 이혼의 경우에는 가정법원이 직권으로 친권자를 정한다(909조 5항).

판 례 이혼 後 친권과 양육권의 분리 귀속

「이혼 후 부모와 자녀의 관계에 있어서 친권과 양육권이 항상 같은 사람에게 돌아가야 하는 것은 아니며, 이혼 후 자에 대한 양육권이 부모 중 어느 일방에, 친권이 다른 일방에 또는 부모에 공동으로 귀속되는 것으로 정하는 것은, 비록 신중한 판단이 필요하다고 하더라도, 앞서 본 바와 같은 기준을 충족하는 한 허용된다.」(대판 2012. 4. 13, 2011므4719)

(2) 부모의 혼인이 취소된 경우(가소 2조 1항 마류사건 5)에는 가정법원이 직권으로 친권자를 정한다(909조 5항). 혼인이 무효인 경우에 대하여는 민법에는 규정이 없으나, 가사소송법상 혼인이 취소된 경우와 동일하다고 해석된다(가소 25조 참조).

5. 친권자의 변경 E-118

혼인 외의 자(子)의 인지, 부모의 이혼, 혼인의 무효·취소 등으로 부모 중 일방이 친권자로 결정된 경우에도, 가정법원은 자(子)의 복리를 위하여 필요하다고 인정되는 때에는 자(子)의 4촌 이내의 친족의 청구에 의하여 정하여진 친권자를 다른 일방으로 변경할 수 있다(909조 6항, 가소 2조 1항 마류사건 5)(조정전치주의가 적용됨. 가소 50조).

6. 정해진 친권자가 없게 된 경우

(1) 서 설

가령 이혼 후 단독친권자로 되어 있던 부모 중 일방이 사망한 때에는 누가 친권자로 되는가? 이러한 경우에 대하여 민법이 개정되기 전에는 민법에 아무런 규정도 없었다. 그러한 상태에서 판례는 다른 일방의 친권이 자동으로 부활된다고 하였다(대판 1994. 4. 29, 94다1302). 그런데 이에 의하면 그 다른 일방이 부적격자일지라도 친권을 행사하게 되는 불합리함이 생기게 된다. 그리하여 2011. 5. 19.에 민법을 개정하여 위와 같은 불합리함을 제거할 수 있도록 하였다(이를 세간에서는 최진실법이라고 부름). 이 개정법률은 2013. 7. 1.부터 시행되고 있다.

개정된 민법은 이혼의 경우 외에도 인지된 경우, 혼인이 취소된 경우에 정해진 친권자가 없게 된 때나, 입양이 취소되거나 파양이 된 경우 또는 양부모가 모두 사망한 경우에 관하여도 규정하고 있다.

(2) 정해진 단독 친권자가 사망한 경우(909조의 2 1항)

제909조 제 4 항(혼인 외의 자가 인지된 경우와 부모가 이혼하는 경우. 위 2.와 5. 참조)·제 5 항(혼인의 취소·재판상 이혼 또는 인지청구의 소의 경우. 위 2.와 4. 참조)·제 6 항(정해진 친권자를 다른 일방으로 변경한 경우. 위 5. 참조)에 따라 단독 친권자로 정하여진 부모의 일방이 사망한 경우에는, 생존하는 부 또는 모, 미성년자, 미성년자의 친족은 그 사실을 안 날부터 1개월, 사망한 날부터 6개월 내에 가정법원에 생존하는 부 또는 모를 친권자로 지정할 것을 청구할 수 있다(909조의 2 1항). 만약 이 기간 내에 친권자 지정의 청구가 없을 때에는, 가정법원은 직권으로 또는 미성년자·미성년자의 친족·이해관계인·검사·지방자치단체의 장의 청구에 의하여 미성년후견인을 선임할 수 있다(909조의 2 3항 1문). 이 경우 생존하는 부 또는 모, 친생부모 일방 또는 쌍방의 소재를 모르거나 그가 정당한 사유 없이 소환에 응하지 않는 경우를 제외하고 그에게 의견을 진술할 기회를 주어야 한다(909조의 2 3항 2문).

한편 가정법원은, 제909조의 2 제 1 항에 따른 친권자 지정청구나 제 3 항에 따른 후견인 선임청구가 생존하는 부 또는 모, 친생부모 일방 또는 쌍방의 양육의사 및 양육능력, 청구 동기, 미성년자의 의사, 그 밖의 사정을 고려하여 미성년자의 복리를 위하여 적절하지 않다고 인정하면, 청구를 기각할 수 있다(909조의 2 4항 1문). 그리고 이 경우 가정법원은 직권으로 미성년후견인을 선임하거나 생존하는 부 또는 모, 친생부모 일방 또는 쌍방을 친권자로 지정하여야 한다(909조의 2 4항 2문). 가정법원이 미성년후견인을 선임하게 되면 미성년자 후견이 개시될 것이다(928조 참조). 아무튼 민법에 이와 같은 규정이 두어져서 단독 친권자가 사망한 뒤 부적격자인 다른 일방이 당연히 친권자로 되는 것을 막을 수 있게 되었다.

그런데 민법은 후견이 개시되었을지라도 사정이 변하였으면 그것을 고려하여 다시 친권자로 될 수 있도록 하고 있다. 즉 가정법원은 제909조의 2 제 3 항과 제 4 항에 따라 미성년후견인이 선임된 경우라도 미성년후견인 선임 후 양육상황이나 양육능력의 변동, 미성년자의 의사, 그 밖의 사정을 고려하여 미성년자의 복리를 위하여 필요하면 생존하는 부 또는 모, 친생부모 일방 또는 쌍방, 미성년자의 청구에 의하여 후견을 종료하고 생존하는 부 또는 모, 친생부모 일방 또는 쌍방을 친권자로 지정할 수 있다고 한다(909조의 2 6항).

(3) 입양취소 · 파양 · 양부모가 모두 사망한 경우

입양이 취소되거나 파양된 경우 또는 양부모가 모두 사망한 경우에는, 친생부모 일방 또는 쌍방, 미성년자, 미성년자의 친족은 그 사실을 안 날부터 1개월, 입양이 취소되거나 파양된 날 또는 양부모가 모두 사망한 날부터 6개월 내에 가정법원에 친생부모 일방 또는 쌍방을 친권자로 지정할 것을 청구할 수 있다(909조의 2 2항 본문). 다만, 친양자의 양부모가 사망한 경우에는 그러한 청구가 인정되지 않는다(909조의 2 2항 단서). 그 결과 친양자의 경우에는 미성년자 후견이 개시될 것이다(928조 참조).

그리고 위 (2)에서 설명한 제909조의 2 제 3 항 제 1 문과 제 2 문은 여기의 경우에도 마찬가지로 인정된다. 역시 (2)에서 설명한 제909조의 2 제 4 항과 제 6 항도 같다.

(4) 후견인 임무 대행자 선임 E-119

민법은 미성년자에게 법정대리인이 없는 기간이 생기지 않도록 하기 위하여 후견인의 임무를 대행할 사람을 선임할 수 있는 제도를 두고 있다. 그에 따르면, 가정법원은, ① 단독 친권자가 사망한 경우(909조의 2 5항 1호), ② 입양이 취소되거나 파양된 경우(909조의 2 5항 2호), ③ 양부모가 모두 사망한 경우(909조의 2 5항 3호) 중 어느 하나에 해당하는 경우에는, 직권으로 또는 미성년자·미성년자의 친족·이해관계인·검사·지방자치단체의 장의 청구에 의하여 제909조의 2 제 1 항부터 제 4 항까지의 규정에 따라 친권자가 지정되거나 미성년후견인이 선임될 때까지 그 임무를 대행할 사람을 선임할 수 있다(909조의 2 5항 1문). 그리고 이 경우 그 임무를 대행할 사람에 대하여는 부재자의 재산관리인에 관한 제25조 및 가정법원의 후견사무에 관한 처분을 규정한 제954조를 준용한다(909조의 2 5항 2문).

7. 친권행사능력

친권의 내용은 자의 신분과 재산에 관하여 광범위하게 인정되기 때문에 친권자는 행위능력을 가지고 있어야 한다. 따라서 미성년자·피성년후견인·동의유보가 된 피한정후견인과 같은 좁은 의미의 제한능력자는 친권자가 되지 못한다. 다만, 혼인한 미성년자는 성년자로 의제되므로(826조의 2) 친권을 행사할 수 있다.

8. 친권행사와 친권자지정의 기준

친권자가 친권을 행사함에 있어서는 자의 복리를 우선적으로 고려하여야 한다(912조 1항). 그리고 가정법원이 친권자를 지정함에 있어서는 자의 복리를 우선적으로 고려하여야 하며, 이를 위하여 가정법원은 관련 분야의 전문가나 사회복지기관으로부터 자문을 받을 수 있다(912조 2항).

Ⅲ. 친권의 내용 E-120

친권의 내용에는 자(子)의 신분에 관한 권리·의무와 자(子)의 재산에 관한 권리·의무의 두 가지가 있다.

1. 자(子)의 신분에 관한 권리 · 의무

(1) 자의 보호 · 교양에 관한 권리 · 의무

친권자는 자(子)를 보호하고 교양할 권리 · 의무가 있다(913조). 자(子)를 보호 · 교양한다는 것은 실제로 양육 · 감호 · 교육하는 것이며(이는 부양도 포함하는 것이다), 그 비용부담과는 별개의 문제이다. 보호 · 교양에 필요한 비용은 부부의 공동생활에 필요한 비용으로서 당사자 사이에 특별한 약정이 없으면 부모가 공동으로 부담한다(833조). 한편 책임능력 없는 미성년자가 타인에게 불법행위를 한 경우에는 친권자는 감독의무자로서 손해배상책임을 진다(755조 1항 · 753조). 그리고 판례는 「책임능력 있는」 미성년자가 가해행위를 한 경우에 대하여 감독의무자의 의무위반과 손해발생 사이에 상당인과관계가 있으면 감독의무자가 일반 불법행위책임을 진다고 한다(대판(전원) 1994. 2. 8, 93다13605. D-441도 참조).

(2) 자의 인도청구권

친권자는 보호 · 교양의 권리 · 의무를 이행하기 위하여 자(子)를 자기의 지배 하에 둘 필요가 있다. 따라서 제 3 자가 불법적으로 자(子)를 빼앗아서 억류하고 있는 경우에는, 친권자는 자의 인도를 청구할 수 있다(이 경우의 인도청구는 민사소송에 의함)(이혼 등의 경우에 양육자로서 인도청구하는 것과는 구별하여야 함. 그에 관하여는 가소 2조 1항 마류사건 3) · 64조 · 67조 · 68조 참조).

(3) 거소지정권

친권자는 보호 · 교양을 위하여 필요한 범위 안에서 자(子)의 거소를 지정하여 그 장소에 거주시킬 수 있다(914조).

E-121 #### (4) 영업허락권

친권자는 법정대리인으로서 미성년의 자(子)에게 특정한 영업을 허락할 수 있고(8조 1항), 그 허락을 취소 또는 제한할 수 있다(8조 2항 본문).

(5) 신분상의 행위에 대한 대리권 및 동의권

1) 대 리 권 친권자는 미성년의 자의 법정대리인으로서 **법률**(민법 · 가사소송법)**에 특별규정이 있는 경우에 한하여 자의 신분상의 행위를 대리할 수 있다.** ① 인지청구의 소제기(863조), ② 13세 미만의 자가 양자가 되는 경우의 입양에 대한 승낙(869조 2항), ③ 성년에 달하지 않은 자가 입양한 경우의 그 입양의 취소청구(885조), ④ 부모 등의 동의를 얻지 않고 양자가 된 경우의 그 입양의 취소청구(886조), ⑤ 13세 미만의 양자가 파양하는 경우에 그를 갈음한 재판상 파양청구(906조), ⑥ 상속의 승인 또는 포기(1019조 · 1020조), ⑦ 혼인무효의 소 또는 이혼무효의 소제기(가소 23조), ⑧ 인지무효의 소제기(가소 28조 · 23조), ⑨ 입양무효의 소 또는 파양무효의 소제기(가소 31조 · 23조)에서 그렇다.

2) 동 의 권 자(子)의 친족행위(신분행위)에 대한 동의는 친권자로서보다는 부모의 자격으로 하는 것이 대부분이다.

(6) 친권의 대행

친권자는 그 친권에 따르는 자(子)에 갈음하여 그 자(子)(미성년인 자(子)가 낳은 혼인 외의 자(子))에 대한 친권을 행사한다(910조). 민법상 미성년자가 혼인을 하면 성년자로 의제되어 스스로 친권을 행사할 수 있기 때문에, 이 규정은 미성년자가 혼인하지 않은 상태에서 혼인 외의 자를 출생한 경우에만 적용된다.

2. 자(子)의 재산에 관한 권리 · 의무 E-122

(1) 재산관리권

1) 내 용 자(子)가 자기의 명의로 취득한 재산은 그 특유재산으로 하고 법정대리인인 친권자가 이를 관리한다(916조). 재산의 관리란 보존 · 이용 · 개량을 목적으로 하는 행위이고, 처분행위는 포함되지 않으나, 통설은 관리에 필요한 한도에서는 처분행위도 할 수 있다고 한다(예: 가격하락의 우려가 있는 주식의 매각. 가옥의 임대도 예로 들고 있으나 그것은 이용행위임).

친권자가 재산관리권을 행사하는 때에는 「자기의 재산에 관한 행위와 동일한 주의」로써 하여야 한다(922조). 이 주의는 선량한 관리자의 주의보다 낮은 정도의 것이며, 그것을 위반한 경우의 과실이 구체적 과실이다.

2) 제 3 자에 의한 재산관리권 배제 무상으로 자(子)에게 재산을 수여한 제 3 자가 친권자의 관리에 반대하는 의사를 표시한 때에는, 친권자는 그 재산을 관리하지 못한다(918조 1항). 이 경우에 제 3 자는 재산관리인을 지정할 수 있다(918조 2항 참조). 그런데 제 3 자가 재산관리인을 지정하지 않은 때에는, 가정법원이 재산의 수여를 받은 자 또는 제777조에 의한 친족의 청구에 의하여 관리인을 선임한다(918조 2항). 그리고 제 3 자가 지정한 관리인의 권한이 소멸하거나 관리인을 개임(改任)할 필요가 있는 경우에 제 3 자가 다시 관리인을 지정하지 않은 때에도 위와 같이 가정법원이 선임한다(918조 3항). 한편 가정법원이 선임한 관리인에 대하여는 부재자의 재산관리인에 관한 규정들(24조 1항 · 2항 · 4항, 25조 전단, 26조 1항 · 2항)을 준용한다(918조 4항).

관리인의 재산관리가 종료한 경우에는 위임에 관한 제691조 · 제692조가 준용된다(919조).

3) 관리의 종료 및 친권자의 재산수익권 법정대리인인 친권자의 권한이 소멸한 때에는 그 자의 재산에 대한 관리의 계산을 하여야 한다(923조 1항).

판 례 친권자의 관리 계산 관련

「여기서(민법 923조 1항을 가리킴: 저자 주) '관리의 계산'이란 자녀의 재산을 관리하던 기간의 그 재산에 관한 수입과 지출을 명확히 결산하여 자녀에게 귀속되어야 할 재산과 그 액수를 확정하는 것을 말한다. 친권자의 위와 같은 재산 관리 권한이 소멸한 때에는 위임에 관한 민법 제683

조, 제684조가 유추적용되므로, 친권자는 자녀 또는 그 법정대리인에게 위와 같은 계산 결과를 보고하고, 자녀에게 귀속되어야 할 재산을 인도하거나 이전할 의무가 있다.

한편 부모는 자녀를 공동으로 양육할 책임이 있고 양육에 소요되는 비용도 원칙적으로 공동으로 부담하여야 하는 점을 고려할 때, 친권자는 자녀의 특유재산을 자신의 이익을 위하여 임의로 사용할 수 없음은 물론 자녀의 통상적인 양육비용으로도 사용할 수도 없는 것이 원칙이나, 친권자가 자신의 자력으로는 자녀를 부양하거나 생활을 영위하기 곤란한 경우, 친권자의 자산, 수입, 생활수준, 가정상황 등에 비추어 볼 때 통상적인 범위를 넘는 현저한 양육비용이 필요한 경우 등과 같이 정당한 사유가 있는 경우에는 자녀의 특유재산을 그와 같은 목적으로 사용할 수 있다.

따라서 친권자는 자녀에 대한 재산 관리 권한에 기하여 자녀에게 지급되어야 할 돈을 자녀 대신 수령한 경우 그 재산 관리 권한이 소멸하면 그 돈 중 재산 관리 권한 소멸 시까지 위와 같이 정당하게 지출한 부분을 공제한 나머지를 자녀 또는 그 법정대리인에게 반환할 의무가 있다. 이 경우 친권자가 자녀를 대신하여 수령한 돈을 정당하게 지출하였다는 점에 대한 증명책임은 친권자에게 있다.

친권자의 위와 같은 반환의무는 민법 제923조 제 1 항의 계산의무 이행 여부를 불문하고 그 재산 관리 권한이 소멸한 때 발생한다고 봄이 타당하다. 이에 대응하는 자녀의 친권자에 대한 위와 같은 반환청구권은 재산적 권리로서 일신전속적인 권리라고 볼 수 없으므로, 자녀의 채권자가 그 반환청구권을 압류할 수 있다.」(대판 2022. 11. 17, 2018다294179)

제923조 제 1 항의 경우에 그 자(子)의 재산으로부터 수취한 과실(果實)은 그 자(子)의 양육, 재산관리의 비용과 상계한 것으로 본다(923조 2항 본문). 이는 자(子)의 재산에 대한 친권자의 수익권을 인정한 것으로, 상세한 계산을 하지 않고 원본만 반환하면 충분하다는 취지이다(이설 있음). 그러나 무상으로 자(子)에게 재산을 수여한 제 3 자가 친권자의 수익권을 인정하지 않는 의사를 표시한 때에는, 그 재산으로부터 수취한 과실을 자(子)의 양육비·재산관리비와 상계하지 못한다(923조 2항 단서).

친권자의 재산관리가 종료한 경우에는 위임에 관한 제691조·제692조가 준용된다(919조).

E-123

(2) 재산상의 행위에 대한 대리권 · 동의권

1) 대 리 권

(개) 법정대리인(911조)인 친권자는 자의 재산에 관한 법률행위에 대하여 그 자를 대리한다(920조 본문). 그러나 ① 허락받은 영업에 관한 재산(8조), ② 처분을 허락받은 재산(6조), ③ 제 3 자가 친권자의 관리에 반대하면서 무상으로 자(子)에게 수여한 재산(918조 1항) 등에 관한 행위와 ④ 근로계약의 체결(근로기준법 67조 1항), ⑤ 임금청구(근로기준법 68조)는 대리할 수 없다.

(나) 친권자가 오직 자기 또는 제 3 자의 이익을 위하여 대리행위를 한 경우에는 대리권 남용에 관한 이론(A-198 이하)이 적용되어야 한다. 판례는 친권자인 모(母)가 미성년인 자(子)의 유일한 재산을 아무런 대가도 받지 않고 자(子)의 삼촌에게 증여하였고 삼촌도 그와 같은 사정을 알고 있었던 경우(대판 1997. 1. 24, 96다43928)와 친권자인 부(父)가 미성년인 자(子)(19세)의 부동산을 자(子)의 반대에도 불구하고 성년인 장남에게 아무런 대가를 받지 않고 증여한 경우(대판 1981. 10. 13, 81다649)에 대하여 친권의 남용에 의한 것으로 그 효과는 자(子)에게 미치지 않는다고 한다. 그런데 친권자인 모(母)가 자(子)에게는 오로지 불이익만 주는데도 자기 오빠의 사업을 위하여 자(子) 소유의 부동산을 담보로 제공하였고 상대방도 그와 같은 사정을 잘 알고 있었다고 하더라도 그와 같은 사정만으로 모(母)의 근저당권설정행위가 바로 친권을 남용한 경우에 해당한다고는 볼 수 없다고 한다(대판 1991. 11. 26, 91다32466). 그리고 사망한 부(父) 명의의 토지가 할머니로부터 명의신탁된 것이었을 가능성이 있다는 점 등을 고려하여, 친권자인 모(母)가 미성년자인 딸과 공동으로 상속받은 토지를 부(父)의 형에게 증여한 행위가 친권의 남용에 해당하지 않는다고 한 사례도 있다(대판 2009. 1. 30, 2008다73731).

한편 판례는 근래에는, 법정대리인인 친권자의 대리행위가 객관적으로 볼 때 미성년자 본인에게는 경제적인 손실만을 초래하는 반면, 친권자나 제 3 자에게는 경제적인 이익을 가져오는 행위이고 그 행위의 상대방이 이러한 사실을 알았거나 알 수 있었을 때에는 제107조 제 1 항 단서의 규정을 유추적용하여 행위의 효과가 자에게는 미치지 않는다고 해석함이 상당하나(대판 2011. 12. 22, 2011다64669; 대판 2018. 4. 26, 2016다3201), 그에 따라 외형상 형성된 법률관계를 기초로 하여 새로운 법률상 이해관계를 맺은 선의의 제 3 자에 대하여는 같은 조 제 2 항의 규정을 유추적용하여 누구도 그와 같은 사정을 들어 대항할 수 없으며, 제 3 자가 악의라는 사실에 관한 주장·증명책임은 그 무효를 주장하는 자에게 있다고 한다(대판 2018. 4. 26, 2016다3201).

판 례 친권자의 대리권 남용 관련

「친권자가 자(子)를 대리하는 법률행위는 친권자와 자(子) 사이의 이해상반행위에 해당하지 않는 한, 그것을 할 것인가 아닌가는 자(子)를 위하여 친권을 행사하는 친권자가 자(子)를 둘러싼 여러 사정을 고려하여 행할 수 있는 재량에 맡겨진 것으로 보아야 할 것이므로, 이와 같이 친권자가 자(子)를 대리하여 행한 자(子) 소유의 재산에 대한 처분행위에 대해서는 그것이 사실상 자(子)의 이익을 무시하고 친권자 본인 혹은 제 3 자의 이익을 도모하는 것만을 목적으로 하여 이루어졌다고 하는 등 친권자에게 자(子)를 대리할 권한을 수여한 법의 취지에 현저히 반한다고 인정되는 사정이 존재하지 않는 한 친권자에 의한 대리권의 남용에 해당한다고 쉽게 단정지을 수 없다.」(대판 2009. 1. 30, 2008다73731)

(다) 친권자가 자(子)를 대리하여 그 자의 행위를 목적으로 하는 채무를 부담하는 계약을 체결

하는 경우에는, 본인인 자(子)의 동의를 얻어야 한다(920조 단서). 그러나 미성년자의 근로계약은 자의 동의가 있더라도 대리할 수 없다(근로기준법 67조 1항. 그리하여 자가 직접 체결하여야 하나, 그때 친권자의 동의를 얻어야 함).

친권자가 자(子)의 동의를 얻어서 법률행위를 하여야 하는 경우에, 자(子)의 동의는 없었지만 자(子)의 동의를 얻은 것으로 믿을 만한 정당한 이유가 있을 때에는, 제126조의 표현대리가 성립하는가? 여기에 관하여는 i) 제126조의 표현대리가 성립한다는 견해와 ii) 제126조의 표현대리가 성립하지 않는다는 견해(사견도 같음)가 대립한다. 그리고 판례는 제126조의 표현대리가 성립한다는 입장에 있다(대판 1997. 6. 27, 97다3828: 한정치산자의 후견인이 친족회의 동의를 얻어야 하는 경우에 관한 사안임).

(라) 친권자가 그 자(子)에 대한 법률행위의 대리권을 행사함에 있어서는 자기의 재산에 대한 행위와 동일한 주의로써 하여야 한다(922조).

2) 동 의 권 친권자는 미성년의 자(子)가 재산상의 법률행위를 하는 데 대하여 동의권을 가진다(5조 1항 본문). 다만, 자(子)가 권리만을 얻거나 의무만을 면하는 행위는 단독으로 할 수 있다(5조 1항 단서). 미성년의 자(子)가 친권자의 동의를 얻지 않고 체결한 법률행위는 취소할 수 있다(5조 2항).

E-124

(3) 이해상반행위에 있어서 친권행사의 제한

1) 서 설 친권자와 그 자(子) 사이 또는 친권에 따르는 자(子)들 사이에 이해(利害)가 충돌하는 경우에는 친권의 공정한 행사를 기대하기 어렵다. 그리하여 민법은 그러한 이해상반행위에 대하여는 친권자의 친권행사를 제한하고 가정법원이 선임한 특별대리인으로 하여금 대신하도록 하고 있다(921조).

2) 이해상반행위

(가) 친권행사가 제한되는 이해상반행위에는 ① 친권자와 그 자(子) 사이에 이해가 상반되는 것(921조 1항)과 ② 친권자의 친권에 따르는 수인의 자(子) 사이에 이해가 상반되는 것(921조 2항)이 있다. 그리고 ①의 행위에는 친권자와 미성년자인 자(子)가 각각 당사자 일방이 되어서 하는 법률행위뿐만 아니라 — 그들이 각각 당사자 일방이 되지는 않지만 — 친권자가 자기를 위하여 금전을 차용하면서 미성년자 소유의 부동산에 저당권을 설정하는 행위와 같이 친권자를 위해서는 이익이 되고 미성년자에 대하여는 불이익이 되는 행위도 포함하며(대판 1971. 7. 27, 71다1113), ②의 행위에는 친권자의 친권에 따르는 미성년의 자(子)들이 각각 당사자 일방이 되어서 하는 법률행위뿐만 아니라 — 그들이 각각 당사자 일방이 되지는 않지만 — 친권자가 미성년자 일방을 위하여 타인으로부터 금전을 차입하면서 다른 미성년자 소유의 부동산에 저당권을 설정하는 행위와 같이 미성년자 일방을 위하여서는 이익이 되고 다른 미성년자에 대하여는 불이익이 되는 행위도 포함한다(대판 1976. 3. 9, 75다2340). 다만, ②의 행위는 당사자 쌍방이 모두 친권에 따르는 미성년자일 경우이어야 하고, 성년이 된 자(子)와 미성년자인 자(子) 사이의 행위는 이해상반이 되더라도 이해상반행위가 아니다(대판 1989. 9. 12, 88다카28044 등).

한편 계약뿐만 아니라 단독행위(예: 상속의 포기)도 이해상반행위로 될 수 있다.

어떤 행위가 이해상반행위에 해당하는지 여부는 전적으로 그 행위 자체를 객관적으로 관찰하여 판단하여야 하며, 그 행위의 동기나 연유를 고려할 것이 아니고(대판 2002. 1. 11, 2001다65960[핵심판례 464면]), 그 행위의 결과 실제로 이해의 대립이 생겼는가의 여부는 묻지 않는다(대판 2024. 7. 11, 2023다301941 등 다수). 이것은 형식적 판단설의 입장이다.

(나) **이해상반행위의 예** 판례가 이해상반행위로 인정한 예에는 다음의 것이 있다. ① 친권자가 자기의 영업자금을 마련하기 위하여 미성년자인 자(子)를 대리하여 그 소유 부동산에 저당권을 설정한 행위(대판 1971. 7. 27, 71다1113). ② 친권자인 모(母)가 자신이 연대보증한 차용금채무의 담보로 자신과 자(子)의 공유인 토지 중 자신의 공유지분에 관하여는 공유지분권자로서, 자의 공유지분에 관하여는 그 법정대리인의 자격으로 각각 근저당권설정계약을 체결한 경우에 있어서 모(母)가 자(子)를 대리하여 자(子)의 공유지분에 관하여 근저당권설정계약을 체결한 행위(대판 2002. 1. 11, 2001다65960[핵심판례 464면]). ③ 친권자가 미성년인 자(子)와 동순위로 공동상속인이 된 경우에 미성년자인 자(子)의 친권자로서 상속재산을 분할하는 협의를 하는 행위(대판 2024. 7. 11, 2023다301941 등 다수). ④ 수인의 미성년자와 그 친권자가 공유물 분할의 소의 당사자가 된 경우 친권자가 수인의 미성년자의 법정대리인으로서 한 소송행위(대판 2024. 7. 11, 2023다301941). ⑤ 양모(養母)가 미성년의 양자를 상대로 소유권이전등기 청구소송을 제기하는 행위(대판 1991. 4. 12, 90다17491: 양자의 친생부모는 출계자에 대하여 친권자가 되지 못하므로 특별대리인을 선임할 것이라고 한다). E-125

(다) **이해상반행위가 아닌 예** 판례가 이해상반행위에 해당하지 않는다고 한 예로 다음의 것이 있다. ① 법정대리인인 친권자가 부동산을 매수하여 이를 그 자(子)에게 증여하는 행위(대판 1981. 10. 13, 81다649: 이해상반행위에 속하지 않고 자기계약이지만 유효하다고 함). ② 친권자가 부동산을 미성년자인 자(子)에게 명의신탁하는 행위(대판 1998. 4. 10, 97다4005). ③ 친권자인 모(母)가 자기 오빠의 제3자에 대한 채무의 담보로 미성년자 소유의 부동산에 근저당권을 설정하는 행위(대판 1991. 11. 26, 91다32466). ④ 친권자인 모(母)가 자신이 대표이사로 있는 주식회사의 채무를 담보하기 위하여 자신과 미성년자인 자(子)의 공유재산에 대하여 자(子)의 법정대리인 겸 본인의 자격으로 근저당권을 설정한 행위(대판 1996. 11. 22, 96다10270: 이 근저당권설정행위는 그 행위의 객관적 성질상 그 회사의 채무를 담보하기 위한 것으로서 친권자와 자의 이해대립이 생길 우려가 있는 이해상반행위라고 볼 수 없다고 함). ⑤ 친권자이자 공동재산상속인인 모(母)(원고의 적모임)가 자신의 재산상속을 포기함과 동시에 공동상속인이면서 미성년자인 3인(원고 외 2인)의 친권자로서 그 3인을 대리하여 다른 성년의 자(子)를 위하여 그들의 재산상속을 포기한 행위(대판 1989. 9. 12, 88다카28044).

위 (나)의 ②와 (다)의 ③④를 비교해 보면 대법원은 근저당권설정행위의 경우 채무자가 친권자인지 제3자인지를 기준으로 판단하고 있음을 알 수 있다.

3) 이해상반행위의 효력 친권자가 미성년인 자와 이해상반되는 행위를 특별대리인에 의하지 않고 스스로 대리하여 한 경우에는 그 행위는 무권대리행위로서 적법한 추인이

없는 한 무효이다(대판 2001. 6. 29, 2001다28299 등)(친권자가 수인의 미성년자의 법정대리인으로서 상속재산 분할협의를 한 것이라면 피대리자 전원에 의한 추인이 없는 한 무효이다. 대판 1993. 4. 13, 92다54524). 추인은 본인인 자(子)가 성년이 된 후에 하여야 한다(자가 성년이 되기 전에 특별대리인이 추인할 수 있는지에 대하여는 다투어진다).

E-126 **4) 특별대리인의 선임**

(개) 법정대리인인 친권자와 미성년자인 그의 자 사이에 이해상반되는 행위를 하는 경우에는, 친권자는 법원에 그 자(子)의 특별대리인의 선임을 청구하여야 한다(921조 1항).

(내) 법정대리인인 친권자가 그의 친권에 따르는 수인의 자(子) 사이에 이해상반되는 행위를 하는 경우에는, 법원에 그 자(子) 일방의 특별대리인의 선임을 청구하여야 한다(921조 2항). 즉 이 경우에는 수인의 자(子) 각각을 위하여 특별대리인의 선임을 청구할 필요가 없으며, 그 중 하나의 자(子)는 친권자가 대리하고 다른 자를 위하여서만 특별대리인의 선임을 청구하면 된다. 다만, 친권자와 미성년자인 수인의 자(子) 사이의 이해상반행위, 가령 공동상속인인 친권자와 미성년자인 수인의 자(子) 사이에 상속재산 분할의 협의를 하게 되는 경우에는, 미성년자 각자에 대하여 특별대리인이 선임되어야 한다(대판 2001. 6. 29, 2001다28299). 피상속인의 사망으로 인하여 1차 상속이 개시되고 그 1차 상속인 중 1인이 다시 사망하여 2차 상속이 개시된 후 1차 상속의 상속인들과 2차 상속의 상속인들이 1차 상속의 상속재산에 관하여 분할협의를 하는 경우에 있어서 2차 상속인 중에 수인의 미성년자가 있는 경우에도 마찬가지이다(대판 2011. 3. 10, 2007다17482: 그 경우에 2차 상속의 공동상속인 중 1인이 친권자로서 다른 공동상속인인 수인의 미성년자를 대리하여 1차 상속재산에 관하여 1차 상속의 공동상속인들과 상속재산 분할협의를 하였다면, 921조에 의하여 무효가 되는 것은 위 상속재산 분할협의 전체이고 2차 상속의 공동상속인 사이의 상속재산 분할협의에 한정되는 것이 아니라고 한 사례). 그리고 수인의 미성년자와 그 친권자가 공유물 분할의 소의 당사자가 된 경우에는 미성년자마다 특별대리인을 선임하여 그 특별대리인이 미성년자를 대리하여 소송행위를 하여야 한다(대판 2024. 7. 11, 2023다301941). 그에 비하여 미성년자인 수인의 자(子) 사이에서만 이해가 상반되고 친권자와 이해가 상반되지는 않는 경우, 가령 A·B가 이혼 전에 C·D를 낳은 후 이혼하였고 그 뒤 A가 사망하여 C·D가 상속을 하게 된 때에 상속재산 분할의 협의를 하는 경우에는, C·D 모두를 위하여 특별대리인을 선임할 필요는 없으며, B가 C·D 중 한 사람을 대리하고 나머지 한 사람을 위하여 특별대리인을 선임하면 된다.

(대) 특별대리인은 특정의 법률행위에 관하여 개별적으로 선임되어야 하고, 그에게 모든 법률행위를 할 수 있도록 포괄적으로 권한을 수여하지는 못한다(대판 1996. 4. 9, 96다1139. 법원은 특별대리인 선임 심판시 특별대리인이 처리할 법률행위를 특정하여 이를 심판의 주문에 표시하는 것이 원칙이다).

판 례 이해상반행위의 경우에 경료된 등기의 적법 추정

「어느 부동산에 관하여 등기가 경료되어 있는 경우 특별한 사정이 없는 한 그 원인과 절차에 있어서 적법하게 경료된 것으로 추정되므로, 전 등기명의인인 원고 1이 미성년자이고 이 사건 지분을 친권자인 피고에게 증여하는 행위가 이해상반행위라 하더라도 일단 이 사건 이전등기가 경료되어 있는 이상, 특별한 사정이 없는 한, 그 이전등기에 관하여 필요한 절차를 적법하게 거친 것으로 추정된다.」(대판 2002. 2. 5, 2001다72029)

3. 친권자의 동의를 갈음하는 재판 E-127

친권자의 동의가 필요한 행위에 대하여 친권자가 정당한 이유 없이 동의하지 않음으로써 자녀의 생명, 신체 또는 재산에 중대한 손해가 발생할 위험이 있는 경우에는, 가정법원은 자녀, 자녀의 친족, 검사 또는 지방자치단체의 장의 청구에 의하여 친권자의 동의를 갈음하는 재판을 할 수 있다(922조의 2)(가소 2조 1항 마류사건 6)·50조. 조정전치주의가 적용됨). 이는 가령 부모가 종교의 힘으로 질병을 치료할 수 있다고 믿어 자녀의 종양제거 수술에 동의하지 않는 경우에 가정법원의 재판으로 친권자의 동의를 갈음할 수 있게 한 것이다(2014. 10. 15. 개정, 2015. 10. 16. 시행). 친권자의 동의가 필요한 행위에는 신상감호에 관한 것뿐만 아니라 재산법상이나 친족법상의 법률행위도 포함된다.

Ⅳ. 친권의 소멸 · 정지 · 제한과 회복 E-128

1. 친권의 소멸

친권의 소멸에는 절대적 소멸과 상대적 소멸(다른 사람이 친권자가 되거나 후견이 개시되는 경우)이 있다.

친권이 절대적으로 소멸하는 경우로는 ① 자(子)가 사망한 경우, ② 자(子)가 성년이 된 경우, ③ 자(子)가 혼인한 경우(826조의 2)가 있다. 그리고 친권이 상대적으로 소멸하는 경우로는 ① 친권자가 사망(실종선고 포함)한 경우, ② 자(子)가 다른 사람의 양자가 된 경우(909조 1항 2문), ③ 혼인 외의 자가 인지된 후 부가 친권자로 된 경우(909조 4항), ④ 부모의 이혼 또는 혼인의 무효·취소로 부모 일방이 친권자가 된 경우(909조 4항·5항), ⑤ 입양의 무효·취소 또는 파양의 경우, ⑥ 법원의 심판에 의하여 친권자가 변경된 경우(909조 6항), ⑦ 친권상실의 선고를 받은 경우(924조 1항) 등이 있다. 그 밖에 친권자가 성년후견·한정후견(동의유보가 된 경우) 개시의 심판을 받으면 법률상 친권행사를 할 수 없게 되고, 중병을 앓거나 행방불명이 되면 사실상 친권을 행사할 수 없게 된다. 그리고 친권자가 대리권 또는 관리권만을 사퇴할 수도 있다(927조 1항).

2. 친권의 상실

(1) 서 설

부 또는 모가 친권을 남용하여 자녀의 복리를 현저히 해치거나 해칠 우려가 있는 경우에는 가정법원은 자녀, 자녀의 친족, 검사 또는 지방자치단체의 장의 청구에 의하여 그 친권의 상실을 선고할 수 있다(924조 1항). 이것이 친권상실 제도이다.

(2) 친권상실선고의 요건

1) 친권의 남용 친권의 남용이란 친권을 자(子)의 복리실현에 현저하게 반하는 방식으로 행사하는 것이다. 예컨대 자녀에 대한 신체적·정신적 학대, 자녀의 취학 거부, 친권자의 이익을 위한 자녀의 재산처분이 그에 해당한다. 판례는, 부(父)와 생모 사이에 유아가 출생된 후 부(父)가 계속 생모와 유아를 유기하면서 이민을 가려고 하다가 생모의 진정으로 이주허가신청이 보류되고 생모가 부(父)를 상대로 위자료와 양육비청구를 하자 이에 대항하기 위하여 부(父)가 유아인도청구를 하는 행위는 친권남용이라고 한다(대판 1979. 7. 10, 79므5).

2) 자녀의 복리를 현저히 해치거나 해칠 우려가 있을 것 부나 모가 친권을 남용하여 자녀의 복리를 현저히 해치거나 해칠 우려가 있어야 한다(대결 1993. 3. 4, 93스3은 친권자에게 간통 등 어떠한 비행이 있더라도 다른 사람으로 하여금 친권을 행사하거나 후견을 하게 하는 것이 자녀의 복리를 위하여 보다 낫다고 인정되는 경우가 아니라면 섣불리 친권상실을 인정하여서는 안 될 것이라고 한다).

E-129 **3) 일정한 자의 청구** 자녀, 자녀의 친족, 검사 또는 지방자치단체의 장이 친권상실선고를 청구하여야 한다(924조 1항, 가소 2조 1항 마류사건 7)). 이때는 먼저 조정을 신청하여야 하나(가소 50조), 조정의 성립만으로 친권상실의 효과가 생기지는 않는다(가소 59조 2항 단서). 한편 판례는, 친권상실이나 제한의 경우에 가정법원이 후견적 입장에서 폭넓은 재량으로 당사자의 법률관계를 형성하고 그 이행을 명하는 것이 허용되며 당사자의 청구취지에 엄격하게 구속되지 않는다고 하면서, 제924조 제 1 항에 따른 친권상실 청구가 있으면 가정법원은 제925조의 2의 판단기준을 참작하여 친권상실 사유에는 해당하지 않지만 자녀의 복리를 위하여 친권의 일부제한이 필요하다고 볼 경우 청구취지에 구속되지 않고 친권의 일부제한을 선고할 수 있다고 한다(대결 2018. 5. 25, 2018스520). 친권상실의 재판이 확정되면 재판을 청구한 사람 등이 재판의 확정일부터 1개월 이내에 그 취지를 신고하여야 한다(가족 79조 2항·58조). 이는 보고적 신고이다.

(3) 친권상실선고의 보충성 · 최후성

제924조에 따른 친권상실의 선고는 같은 조에 따른 친권의 일시정지선고, 제924조의 2에 따른 친권의 일부제한선고, 제925조에 따른 대리권·재산관리권의 상실선고 또는 그 밖의 다른 조치에 의해서는 자녀의 복리를 충분히 보호할 수 없는 경우에만 할 수 있다(925조의 2 1항). 그리하여 친권상실선고는 보충적인 제도임과 동시에 다른 제도로는 목적달성이 불가능한 경우에 최후로 사용할 수 있는 제도로 되었다.

(4) 친권상실선고의 효과

친권상실선고 심판(형성 판결)이 확정되면 친권자는 친권을 상실한다. 공동친권자인 부모 중 일방이 친권상실선고를 받은 때에는 다른 일방이 친권자로 되고, 공동친권자인 부모 모두가 친권상실선고를 받거나 단독친권자가 친권상실선고를 받은 때에는 후견이 개시된다(928조). 이혼시에 친권자로 지정된 부(父) 또는 모(母)가 친권상실선고를 받은 경우에 대하여는 뒤에 자세히 기술한다(E-134 참조). 그 내용을 여기서 간략하게 설명하면, 부모의 다른 일방이 생존해 있는 경우에는 일정한 자가 일정한 기간 내에 생존하는 부나 모를 친권자로 지정할 것을 청구할 수 있고(927조의 2 1항·909조의 2 1항), 그 기간 내에 친권자 지정청구가 없을 때에는 가정법원은 직권으로 또는 일정한 자의 청구에 의하여 미성년후견인을 선임할 수 있다(927조의 2 1항·909조의 2 3항).

친권을 상실하더라도 부모 또는 직계혈족으로서 가지는 그 밖의 권리와 의무는 변경되지 않는다(925조의 3). 따라서 자녀의 혼인동의권(808조 1항·2항), 부양의 권리·의무(974조 1호), 상속에 관한 권리·의무(1000조·1001조·1112조 등)는 그대로 가진다.

3. 친권의 일시정지 E-130

(1) 서 설

부 또는 모가 친권을 남용하여 자녀의 복리를 현저히 해치거나 해칠 우려가 있는 경우에는 가정법원은 자녀, 자녀의 친족, 검사 또는 지방자치단체의 장의 청구에 의하여 그 친권의 일시정지를 선고할 수 있다(924조 1항)(가소 2조 1항 마류사건 7)·50조. 조정전치주의가 적용되나, 조정의 성립만으로 일시정지가 되지는 않음). 이것이 2014년 개정 시에 새로 도입된 친권의 일시정지제도이다.

민법은 친권자의 동의를 갈음하는 재판 규정(922조의 2)을 신설하여 미성년 자녀를 보호할 수 있도록 하였다(E-127 참조). 그런데 가령 법원이 친권자의 동의를 갈음하는 재판을 하여 자녀의 치료를 강제하는 조치를 취하더라도 부모가 법정대리인으로서 의료계약을 해지하거나 거소지정권 또는 자녀의 인도청구권을 주장하여 법원의 조치를 무력화할 수 있다. 그리하여 그러한 경우에 미성년 자녀를 보호하기 위하여 민법은 친권의 일시정지(924조)와 일부제한(924조의 2) 제도도 도입하였다. 그중에 일시정지 제도는 굳이 친권자의 친권을 영원히 박탈할 필요는 없고 일시적으로 친권을 행사할 수 없게 하면 충분한 경우에 사용할 수 있는 것이다.

(2) 친권의 일시정지선고의 보충성

제924조에 따른 친권의 일시정지선고는 제922조의 2에 따른 동의를 갈음하는 재판 또는 그 밖의 다른 조치에 의해서는 자녀의 복리를 충분히 보호할 수 없는 경우에만 할 수 있다(925조의 2 2항).

(3) 친권의 일시정지선고의 효과

1) 정지기간 가정법원이 친권의 일시정지를 선고할 때에는 자녀의 상태, 양육상황, 그 밖의 사정을 고려하여 그 기간을 정하여야 한다(924조 2항 1문). 이 경우 그 기간은 2년을 넘을 수 없다(924조 2항 2문).

자녀의 복리를 위하여 친권의 일시정지 기간의 연장이 필요하다고 인정하는 경우에는 가정법원은 자녀, 자녀의 친족, 검사, 지방자치단체의 장, 미성년후견인 또는 미성년후견감독인의 청구에 의하여 2년의 범위에서 그 기간을 한 차례만 연장할 수 있다(924조 3항). 법원이 직권으로 연장할 수 있도록 하지는 않고, 그 대신 미성년후견인이나 미성년후견감독인이 연장 청구를 할 수 있도록 하여 기간의 공백을 메울 수 있게 하였다.

친권의 정지기간(2년 또는 연장된 기간까지)이 만료된 뒤에 또다시 일시정지사유가 생길 경우 그 요건을 갖추면 다시 일시정지선고를 할 수 있다.

2) 일시정지의 효과 친권의 일시정지선고가 있으면 친권자는 정지된 기간 동안 친권을 행사하지 못한다. 친권 전부가 포괄적으로 정지됨은 물론이다. 문제는 친권의 일부가 정지되는 선고를 할 수 있는지이다. 친권의 일부를 정지시킬 필요가 있으므로 그러한 선고도 가능하다고 해야 할 것이다. 한편 친권의 일시정지가 선고된 경우에도 부모의 자녀에 대한 그 밖의 권리와 의무는 변경되지 않는다(925조의 3).

E-131

4. 친권의 일부제한

(1) 서 설

거소의 지정이나 그 밖의 신상에 관한 결정 등 특정한 사항에 관하여 친권자가 친권을 행사하는 것이 곤란하거나 부적당한 사유가 있어 자녀의 복리를 해치거나 해칠 우려가 있는 경우에는 가정법원은 자녀, 자녀의 친족, 검사 또는 지방자치단체의 장의 청구에 의하여 구체적인 범위를 정하여 친권의 일부제한을 선고할 수 있다(924조의 2)(가소 2조 1항. 마류사건 7)·50조. 조정전치주의가 적용되나, 조정의 성립만으로 일부제한이 되지는 않음. 가소 59조 2항 단서). 가령 부모가 다른 부분에서는 문제가 없는데 교육에 관하여만 학교교육에 반대하여 취학연령이 된 자녀를 학교에 보내지 않는 경우, 또는 자녀의 치료에는 동의하나 수혈만은 절대로 못하게 하는 경우에는 해당하는 사항에 관하여만 친권을 제한하는 것이 바람직하다. 그러한 경우에 이 일부제한 제도를 이용할 수 있다. 친권의 일부제한과 일시정지, 나아가 대리권과 재산관리권의 상실 제도는 필요에 따라 선택적으로 사용할 수 있다. 즉 이들은 어느 것이 다른 것에 우선하거나 보충하는 관계에 있지 않고 선택적 관계에 있다.

(2) 친권의 일부제한선고의 보충성

제924조의 2에 따른 친권의 일부제한선고는 제922조의 2에 따른 동의를 갈음하는 재판 또는 그 밖의 다른 조치에 의해서는 자녀의 복리를 충분히 보호할 수 없는 경우에만 할 수 있다(925조의 2 2항).

(3) 친권의 일부제한선고의 효과

가정법원이 친권의 일부제한선고를 할 때에는 구체적인 범위를 정해서 해야 한다(924조의 2). 그리고 그러한 선고가 있으면 친권자는 그 범위에서 친권을 행사하지 못한다. 한편 친권의 일부제한이 선고된 경우에도 부모의 자녀에 대한 그 밖의 권리와 의무는 변경되지 않는다(925조의 3). 그리하여 가령 친권자가 종교적인 신념에서 미성년 자녀의 수술을 거부하자 지방자치단체의 장의 청구에 의하여 가정법원이 수술이 가능하도록 조치를 한 경우에도, 친권자는 거소지정권이나 인도청구권의 행사가 제한되지는 않으며, 그 자녀에 대한 치료비 지급의무도 진다.

대법원은 최근에, 민법과 가사소송법 등의 여러 규정상, 가정법원은 부모가 미성년 자녀를 양육하는 것이 오히려 자녀의 복리에 반한다고 판단한 경우 부모의 친권 중 보호·교양에 관한 권리(913조), 거소지정권(914조) 등 자녀의 양육과 관련된 권한(아래에서 양육권이라고 함)만을 제한하여 미성년후견인이 부모를 대신하여 그 자녀를 양육하도록 하는 내용의 결정도 할 수 있게 되었다고 한 뒤, 가정법원이 제924조의 2에 따라 부모의 친권 중 양육권만을 제한하여 미성년후견인으로 하여금 자녀에 대한 양육권을 행사하도록 결정한 경우에 제837조를 유추적용하여 미성년후견인은 비양육친을 상대로 가사소송법 제 2 조 제 1 항 제 2 호 (나)목 3)에 따른 양육비 심판을 청구할 수 있다고 하였다(대결 2021. 5. 27, 2019스621. 피후견인의 비양육친에 대한 부양청구권을 대리할 수는 없음).

5. 대리권과 재산관리권의 상실

E-132

가정법원은, 법정대리인인 친권자가 부적당한 관리로 인하여 자녀의 재산을 위태롭게 한 경우에는, 자녀의 친족, 검사 또는 지방자치단체의 장의 청구에 의하여 그 법률행위의 대리권과 재산관리권의 상실을 선고할 수 있다(925조). 이때 조정전치주의가 적용되나(가소 2조 1항 마류사건 7)·50조), 조정의 성립만으로 대리권 등이 상실되지는 않는다(가소 59조 2항 단서).

제925조에 따른 대리권·재산관리권의 상실선고는 제922조의 2에 따른 동의를 갈음하는 재판 또는 그 밖의 다른 조치에 의해서는 자녀의 복리를 충분히 보호할 수 없는 경우에만 할 수 있다(925조의 2 2항).

대리권 등의 상실선고 심판이 확정되면 친권자는 대리권과 재산관리권을 상실한다. 그러나 자의 신분사항에 대하여는 여전히 친권자의 신분을 가지므로 친권을 행사한다. 그리고 공동친권자인 부모 중 일방이 대리권·재산관리권의 상실선고를 받으면 다른 일방이 행사하고, 부모 쌍방이 상실선고를 받거나 단독친권자가 상실선고를 받으면 그 부분에 대하여는 후견이 개시된다(928조). 대리권과 재산관리권의 상실이 선고된 경우에도 부모의 자녀에 대한 그 밖의 권리와 의무는 변경되지 않는다(925조의 3).

[참고] 사전처분

친권 또는 법률행위의 대리권·재산관리권 상실에 관한 심판청구 또는 조정신청이 있는 경우에 가정법원, 조정위원회 또는 조정담당판사는 사건을 해결하기 위하여 특히 필요하다고 인정하면 직권으로 또는 당사자의 신청에 의하여 상대방이나 그 밖의 관계인에게 현상(現狀)을 변경하거나 물건을 처분하는 행위의 금지를 명할 수 있고, 사건에 관련된 재산을 위한 처분, 관계인의 감호와 양육을 위한 처분 등 적당하다고 인정되는 처분을 할 수 있다(가소 62조 참조).

E-133 6. 실권회복

친권의 상실·일시정지·일부제한 또는 대리권·재산관리권의 상실선고가 있은 후 그 선고의 원인이 소멸된 경우에는, 가정법원은 본인, 자녀, 자녀의 친족, 검사 또는 지방자치단체의 장의 청구에 의하여 실권(失權)의 회복을 선고할 수 있다(926조, 가소 2조 1항 마류사건 7)(조정전치주의가 적용되나, 조정의 성립만으로 실권회복이 되지는 않음. 가소 50조·59조 2항 단서). 실권회복선고의 심판이 확정되면 친권자는 그때부터 친권 또는 대리권·재산관리권을 회복하고, 후견이 개시되어 있는 경우에는 후견이 종료된다.

7. 대리권 · 재산관리권의 사퇴와 회복

법정대리인인 친권자는 정당한 사유(예: 장기간의 해외여행, 중병)가 있는 때에는 가정법원의 허가를 얻어 그 법률행위의 대리권과 재산관리권을 사퇴할 수 있다(927조 1항). 그 경우 대리권 등을 가지게 될 자는 대리권 등의 상실선고가 있는 때와 같다. 한편 대리권과 재산관리권 사퇴의 사유가 소멸한 때에는, 그 친권자는 가정법원의 허가를 얻어 사퇴한 권리를 회복할 수 있다(927조 2항).

E-134 8. 정해진 친권자가 친권을 행사할 수 없게 된 경우

(1) 단독 친권자로 정해진 부나 모, 또는 양부모 모두가 친권상실 등의 사유로 친권을 행사할 수 없게 되는 경우에 다른 일방이나 양자의 친생부모가 친권자로 되는지는 이혼 등의 경우에 단독 친권자로 정해진 자가 사망한 때(E-118 참조)나 마찬가지의 문제가 생긴다. 그래서 민법은 2011. 5. 19. 민법 개정시에 여기에 관하여도 명문의 규정을 두었다.

(2) 제909조 제 4 항부터 제 6 항까지의 규정에 따라 단독 친권자가 된 부 또는 모, 양부모(친양자의 양부모를 제외한다) 쌍방에게 아래에 기술하는 사유 중 어느 하나가 있는 경우에는 제909조의 2 제 1 항 및 제 3 항부터 제 5 항까지의 규정을 준용한다(927조의 2 1항 본문). 그 사유는 ① 제924조 제 1 항에 따른 친권상실의 선고가 있는 경우(927조의 2 1항 1호), ② 제924조에 따른 친권 일시정지의 선고가 있는 경우(927조의 2 1항 1호의 2), ③ 제924조의 2에 따른 친권 일부 제한의 선고가 있는 경우(927조의 2 1항 1호의 3), ④ 제925조에 따른 대리권과 재산관리권 상실의 선고가 있는 경우(927조의 2 1항 2호), ⑤ 제927조 제 1 항에 따라 대리권과 재산관리권을 사퇴한 경우(927조의 2 1항 3호), ⑥ 소재불명 등 친권을 행사할 수 없는 중대한 사유가 있는 경우(927조의 2 1항 4호)의 네 가지이다.

이러한 경우에 여러 규정이 준용된 결과는 다음과 같다. 단독 친권자가 된 부 또는 모에게 위의 일정한 사유가 생긴 경우에는, 생존하는 부 또는 모, 미성년자, 미성년자의 친족은 그 사실을 안 날부터 1개월, 사망한 날부터 6개월 내에 가정법원에 생존하는 부 또는 모를 친권자로 지정할 것을 청구할 수 있다(909조의 2 1항). 그에 비하여 제909조의 2 제 2 항은 준용되지 않기 때문에 양부모 쌍방에게 일정한 사유가 생겨도 친권자 지정을 청구하지는 못한다. 그리고 제909조의 2 제 1 항의 기간 내에 친권자 지정청구가 없을 때에는, 가정법원은 직권으로 또는 미성년자·미성년자의 친족·이해관계인·검사·지방자치단체의 장의 청구에 의하여 미성년후견인을 선임할 수 있다(909조의 2 3항 1문). 이 경우 생존하는 부 또는 모, 친생부모 일방 또는 쌍방에게 의견을 진술할 기회를 주어야 한다는 제909조의 2 제 3 항 제 2 문, 친권자 지정청구나 후견인 선임청구가 미성년자의 복리를 위하여 적절하지 않다고 인정하면 청구를 기각할 수 있다는 등의 제909조의 2 제 4 항, 후견인의 임무를 대행할 사람의 선임에 관한 제909조의 2 제 5 항도 준용된다. 그런데 위의 사유 중 제 1 호의 3·제 2 호와 제 3 호의 경우에는, 새로 정하여진 친권자 또는 미성년후견인의 임무는 제한된 친권의 범위에 속하는 행위에 한정된다(927조의 2 1항 단서).

(3) 가정법원은, 제927조의 2 제 1 항에 따라 친권자가 지정되거나 미성년후견인이 선임된 후 단독 친권자이었던 부 또는 모, 양부모 일방 또는 쌍방에게 다음 사유 중 어느 하나가 있는 경우에는, 그 부모 일방 또는 쌍방, 미성년자, 미성년자의 친족의 청구에 의하여 친권자를 새로 지정할 수 있다(927조의 2 2항). 그 사유는 ① 제926조에 따라 실권의 회복이 선고된 경우(927조의 2 2항 1호), ② 제927조 제 2 항에 따라 사퇴한 권리를 회복한 경우(927조의 2 2항 2호), ③ 소재불명이던 부 또는 모가 발견되는 등 친권을 행사할 수 있게 된 경우(927조의 2 2항 3호)의 세 가지이다.

제 4 절 후 견

Ⅰ. 서 설

E-135

후견(後見)이란 제한능력자나 그 밖에 보호가 필요한 사람을 보호하는 것이다. 후견제도는 2011. 3. 7. 민법 개정시(2013. 7. 1. 부터 시행) 크게 바뀌었다. 개정된 민법에 따르면, 후견에는 법정후견과 임의후견의 두 가지가 인정된다. 그리고 법정후견에는 미성년후견·성년후견·한정후견·특정후견이 있으며, 후견계약에 의한 후견이 임의후견이다. 민법은 이들에 관하여 자세한 규정을 두고 있다. 그런가 하면 친족회를 폐지하고, 그 대신 후견감독인제도를 신설하였다.

아래에서는 개정된 민법전의 순서에 따라 먼저 법정후견으로서 미성년후견·성년후견, 한정후견·특정후견을 묶어 차례대로 살펴보고, 그 뒤에 후견계약에 대하여 기술하기로 한다. 그리고 후견감독인에 관하여는 각각의 후견을 다루면서 설명하기로 한다.

E-136 Ⅱ. 미성년후견과 성년후견

1. 후견의 개시

(1) 미성년후견의 개시

1) 개시원인 미성년자 후견은 다음의 경우에 개시된다(928조).

(개) 친권자가 없는 경우 공동친권자인 부모 중 일방이 사망한 때에는 다른 일방이 단독친권자가 되므로 후견이 개시되지 않는다. 그에 비하여 공동친권자(부모)가 동시에 사망하거나 단독친권자가 사망한 때에는 「친권자가 없는 경우」에 해당하여 후견이 개시된다. 그리고 공동친권자 쌍방 또는 단독친권자가 의사능력 상실·장기부재·행방불명 등으로 사실상 친권을 행사할 수 없는 경우에도 후견이 개시된다고 할 것이다.

이혼(협의이혼·재판상 이혼), 인지(임의인지·강제인지), 혼인의 취소시 정해진 단독 친권자가 사망한 경우, 또는 입양의 취소, 파양, 양부모(친양자의 경우는 제외됨)가 모두 사망한 경우 등에 있어서 일정한 때(기간 내에 친권자 지정청구가 없거나 지정청구를 기각한 때)에는 가정법원이 직권으로 또는 일정한 자의 청구에 의하여 미성년후견인을 선임할 수 있는데(909조의 2 3항·4항), 이때에도 미성년자 후견이 개시된다(E-118 참조).

(나) 친권자가 제924조·제924조의 2·제925조·제927조 제1항에 따라 친권의 전부 또는 일부를 행사할 수 없는 경우 친권자가 친권을 상실한 경우(924조 1항)에는 후견이 개시된다. 그런데 이는 공동친권자(부모)가 동시에 친권을 상실한 때나 단독친권자가 친권을 상실하거나 성년후견개시의 심판을 받은 때에 그러하며, 공동친권자인 부모 중 일방이 친권을 상실한 때에는 다른 일방이 단독친권자가 되므로 그렇지 않다.

단독친권자의 친권이 일시정지되거나(924조 1항) 일부제한되거나(924조의 2) 단독친권자가 대리권·재산관리권을 상실하였거나(925조) 대리권·재산관리권을 사퇴한 경우(927조 1항)에는, 그 부분(일시정지의 경우에는 전부일 수 있음)에 대하여 후견이 개시된다(928조). 그리하여 예컨대 A·B 사이의 미성년 자녀인 C에게 D가 재산을 증여하면서 A에 대하여는 재산관리를 반대하여(918조 1항 참조) B가 혼자서 그 재산을 관리하여 왔는데, C가 성년이 되기 전에 B가 사망한 경우에는, C의 재산을 A가 관리하지 못하며, 그 부분에 관하여는 후견이 개시된다.

그리고 이혼 등으로 인하여 단독친권자로 정해진 부나 모, 양부모(친양자의 경우는 제외됨) 모두가 친권상실선고를 받거나(927조의 2 1항 1호·909조의 2 3항 4항), 친권의 일시정지선고를 받거나(927조의 2 1항 1호의 2·909조의 2 3항 4항), 친권의 일부제한선고를 받거나(927조의 2 1항 1호의 3·909조의 2 3항 4항), 법률행위 대리권·재산관리권 상실의 선고를 받거나(927조의 1항 2호·909조의 2 3항 4항), 법률행위 대리권·재산관리권을 사퇴하였거나(927조의 1항 3호·909조의 2 3항 4항), 소재불명 등 친권을 행사할 수 없는 중대한 사유가 있는 경우(927조의 2 1항 4호·909조의 2 3항 4항)에 일정한 때(기간 내에 친권자 지정청구가 없거나

(지정청구를 기각한 때)에는 가정법원이 미성년후견인을 선임할 수 있는데, 이때에도 미성년자 후견이 개시된다(E-134 도 참조).

2) 개시시기 미성년후견의 개시시기는 개시원인이 발생할 당시에 후견인이 존재하는지 여부에 따라 다르다. **친권자가 유언으로 미성년후견인을 지정한 경우에는**(931조) 단독친권자의 사망과 같은 개시원인이 발생한 때에 후견이 개시된다. 그에 비하여 **개시원인 발생 당시에 후견인이 없는 경우에는** 가정법원이 후견인을 선임한 때(932조)부터 후견이 개시된다. 후견의 개시원인이 발생하였더라도 후견인이 없으면 후견이 시작될 수 없기 때문이다. E-137

3) 후견개시의 신고 후견이 개시되면 후견인이 취임일부터 1개월 이내에 후견개시의 신고를 하여야 한다(가족 80조). 그런데 신고를 할 때, 유언에 의하여 미성년후견인을 지정한 경우에는 지정에 관한 유언서, 그 등본 또는 유언녹음을 기재한 서면을 신고서에 첨부하여야 하고(가족 82조 1항), 미성년후견인 선임의 재판이 있었던 경우에는 재판서의 등본을 신고서에 첨부하여야 한다(가족 82조 2항).

(2) 성년후견의 개시

가정법원의 성년후견개시 심판이 있는 경우에는, 그 심판을 받은 사람, 즉 피성년후견인(자세한 점은 A-104 이하 참조)의 성년후견인을 두어야 한다(929조). 그리고 미성년자에게 성년후견이 개시되면 친권은 소멸한다고 할 것이다(부 또는 모가 성년후견인으로 선임되는 것은 무방함).

2. 후 견 인 E-138

(1) 후견인의 수

1) 미성년후견인의 수 미성년후견인의 수는 한 명으로 한다(930조 1항). 미성년후견인은 자연인에 한하며, 법인은 미성년후견인이 될 수 없다(930조 3항의 반대해석).

2) 성년후견인의 수 피성년후견인의 후견인인 성년후견인은 피성년후견인의 신상과 재산에 관한 모든 사정을 고려하여 여러 명을 둘 수 있다(930조 2항). 그리고 법인도 성년후견인이 될 수 있다(930조 3항).

(2) 미성년후견인의 순위

지정 미성년후견인, 선임 미성년후견인의 순으로 미성년자의 후견인이 된다.

1) 지정 미성년후견인 미성년자에게 친권을 행사하는 부모는 유언으로 미성년자의 후견인을 지정할 수 있는데(931조 1항 본문), 그러한 후견인이 지정후견인이다. 지정후견인은 제 1 순위로 미성년자의 후견인이 된다. 그런데 부모 중 일방이 사망한 경우에는 다른 일방이 친권을 행사하고 후견이 개시되지 않으므로, 단독친권자가 사망할 때에 지정후견인이 후견인으로 된다. 또한 친권을 행사하는 부모만이 후견인을 지정할 수 있으므로 친권상실 등의 사유로 친권을 행사할 수 없는 부모는 후견인을 지정할 수 없다.

법률행위의 대리권과 재산관리권이 없는 친권자는 후견인을 지정하지 못한다(931조 1항 단서). 이때에는 재산관리에 관하여 이미 후견이 개시되어 있고, 또 친권자가 사망하면 후견인이 피후견인의 신분에 관하여도 임무를 수행하게 되기 때문이다.

한편 가정법원은, 제 1 항에 따라 미성년후견인이 지정된 경우라도 미성년자의 복리를 위하여 필요하면, 생존하는 부 또는 모, 미성년자의 청구에 의하여 후견을 종료하고 생존하는 부 또는 모를 친권자로 지정할 수 있다(931조 2항).

E-139 **2) 선임 미성년후견인** 제931조 제 1 항에 따라 지정된 미성년후견인이 없는 경우에는, 가정법원은 직권으로 또는 미성년자·친족·이해관계인·검사·지방자치단체의 장의 청구에 의하여 미성년후견인을 선임한다(932조 1항 1문). 사망·결격·사임 등의 이유로 미성년후견인이 없게 된 경우에도 같다(932조 1항 2문). 그리고 친권의 상실선고, 일시정지선고, 일부제한선고 또는 대리권·재산관리권의 상실선고에 따라 미성년후견인을 선임할 필요가 있는 경우에는 가정법원은 직권으로 미성년후견인을 선임한다(932조 2항). 또한 친권자가 대리권·재산관리권을 사퇴한 경우에는 지체없이 가정법원에 미성년후견인의 선임을 청구하여야 한다(932조 3항). 그 외에 제909조의 2 제 3 항·제 4 항(E-134·136참조), 제927조의 2 제 1 항 제 1 호·제 1 호의 2·제 1 호의 3·제 2 호·제 3 호·제 4 호(E-134·136 참조)에 따라 일정한 경우에 가정법원이 미성년후견인을 선임할 수 있다. 이들 경우에 선임된 후견인이 선임 미성년후견인이다.

(3) 피성년후견인의 후견인

성년후견개시의 심판이 있는 경우에 성년후견인은 가정법원이 직권으로 선임한다(936조 1항). 그리고 선임된 성년후견인이 사망·결격·그 밖의 사유로 없게 된 경우에도, 가정법원은 직권으로 또는 피성년후견인·친족·이해관계인·검사·지방자치단체의 장의 청구에 의하여 성년후견인을 선임한다(936조 2항). 또한 가정법원은 성년후견인이 선임된 경우에도 필요하다고 인정하면 직권으로 또는 제 2 항의 청구권자나 성년후견인의 청구에 의하여 추가로 성년후견인을 선임할 수 있다(936조 3항).

가정법원이 성년후견인을 선임할 때에는 피성년후견인의 의사를 존중하여야 하며, 그 밖에 피성년후견인의 건강·생활관계·재산상황·성년후견인이 될 사람의 직업과 경험·피성년후견인과의 이해관계의 유무(법인이 성년후견인이 될 때에는 사업의 종류와 내용, 법인이나 그 대표자와 피성년후견인 사이의 이해관계의 유무를 말한다) 등의 사정도 고려하여야 한다(936조 4항).

E-140 (4) 후견인의 결격·사임·변경

1) 후견인의 결격 후견인의 결격사유에 해당한 자는 후견인(지정·선임 후견인 모두)이 되지 못한다(937조). 결격사유(937조 1호-9호)는 ① 미성년자, ② 피성년후견인·피한정후견인·피특정후견인·피임의후견인, ③ 회생절차(개인회생절차도 포함하여야 함) 개시 결정 또는 파산선고를 받은 자, ④ 자격정지 이상의 형의 선고를 받고 그 형기(刑期) 중에 있는 사람, ⑤ 법원에서 해임된 법정대

리인, ⑥ 법원에서 해임된 성년후견인·한정후견인·특정후견인·임의후견인과 그 감독인, ⑦ 행방이 불분명한 사람, ⑧ 피후견인을 상대로 소송을 하였거나 하고 있는 사람, ⑨ 제8호에서 정한 사람의 배우자와 직계혈족. 다만, 피후견인의 직계비속은 제외한다.

2) 후견인의 사임 후견인은 정당한 사유(예: 질병·고령)가 있는 경우에는 가정법원의 허가를 받아 사임할 수 있다(939조 1문). 이 경우 그 후견인은 사임청구와 동시에 가정법원에 새로운 후견인의 선임을 청구하여야 한다(939조 2문).

3) 후견인의 변경 가정법원은 피후견인의 복리를 위하여 후견인을 변경할 필요가 있다고 인정하면 직권으로 또는 피후견인·친족·후견감독인·검사·지방자치단체의 장의 청구에 의하여 후견인을 변경할 수 있다(940조). 후견인 변경사유는 과거 후견인 해임사유였던 현저한 비행, 부정행위 기타 후견의 임무를 감당할 수 없는 사유는 당연히 포함되고, 제3자가 후견인으로서 보다 적합하다는 것도 이에 해당한다. 이 제도에 의하여 실제로 자녀를 양육하고 있던 계모나 계부가 후견인으로 정해질 수도 있게 되었다.

대법원은 최근에 성년후견인의 변경과 관련하여, 성년후견인의 변경사유인 「피성년후견인의 복리를 위하여 후견인을 변경할 필요가 있다고 인정되는 경우」는 가정법원이 성년후견인의 임무수행을 전체적으로 살펴보았을 때 선량한 관리자로서의 주의의무를 게을리하여 후견인으로서 그 임무를 수행하는 데 적당하지 않은 사유가 있는 경우로서 그 부적당한 점으로 피후견인의 복리에 영향이 있는 경우라고 한 뒤, 성년후견인의 임무에는 피성년후견인의 재산관리 임무뿐 아니라 신상보호 임무가 포함되어 있으므로 특별한 사정이 없는 한 성년후견인 변경사유를 판단함에 있어서는 재산관리와 신상보호의 양 업무의 측면을 모두 고려해야 한다고 하였다(대결 2021. 2. 4, 2020스647).

3. 후견감독기관 E-141

미성년후견과 성년후견의 경우 후견감독기관으로는 가정법원과 후견감독인(미성년후견감독인·성년후견감독인)이 있다.

(1) 가정법원의 후견감독

가정법원의 감독내용은 ① 미성년후견인·성년후견인의 선임 또는 추가선임(932조·936조), ② 성년후견인의 법정대리권의 범위결정과 변경(938조 2항·4항), ③ 피성년후견인의 신상결정에 대한 성년후견인의 권한범위의 결정과 변경(938조 3항·4항), ④ 후견인의 사임허가(939조), ⑤ 후견인의 변경(940조), ⑥ 미성년후견감독인·성년후견감독인의 선임 또는 추가선임(940조의 3·940조의 4·940조의 7·936조 3항), ⑦ 미성년후견감독인·성년후견감독인의 사임허가(940조의 7·939조), ⑧ 미성년후견감독인·성년후견감독인의 변경(940조의 7·940조), ⑨ 재산조사 및 목록작성의 기간의 연장허가(941조 1항 단서), ⑩ 성년후견인이 피성년후견인을 정신병원 등에 격리하려는 경우의 허가(947조의 2 2항), ⑪ 피성년후견인이 의료행위의 직접적인 결과로 사망하거나 상당한 장애를 입을 위험이 있을 때의 허가(947조의 2 4항), ⑫ 성년후견인이 피성년후견인을 대리하여 피성년후견인이 거주하고 있는 건물 또는 그 대지에 대하여 매도 등을 하는 경우의 허가(947조의 2 5항), ⑬ 성년후견인이 여러 명인 경우의 그들의 권한행사방법 결정과 그것의 변경·취소(949조의 2 1항·2항), ⑭ 여러 명의 성년후견인이 공동으로 권한을 행사하여야 하는 경우에 권한행사에 협력하지 않는 성년후견인의 의사표시를 갈음하는 재판(949조의 2 3항), ⑮ 위의 ⑪ 내지 ⑭를 성년후견감독인이 하는 경우의 가정법원의 권한(940조의 7·947조의 2 3항-5항·949조의 2), ⑯ 후견임무 수행에 필요한 처분명령(954조), ⑰ 후견인 또는 후견감독인에 대한 보수수여(955조·940조의 7), ⑱ 후견사무 종료시 관리계산기간의 연장허가(957조 1항 단서) 등이다.

E-142 (2) 후견감독인의 후견감독

민법은 후견인의 감독기관으로 후견감독인제도를 두고 있다. 그런데 후견감독인은 필수기관이 아니고 임의기관으로 되어 있다.

1) 후견감독인으로 되는 자

(가) **미성년후견감독인의 순위** 미성년후견인을 지정할 수 있는 사람(이는 친권자가 유언으로 미성년후견인을 지정할 수 있는 경우를 가리킨다. 민법개정 전의 판례로 대판 1975. 3. 25, 74다1998도 참조)은 유언으로 미성년후견감독인을 지정할 수 있다(940조의 2). 이것이 지정 미성년후견감독인이다.

제940조의 2에 따라 지정된 미성년후견감독인이 없는 경우에, 그것이 필요하다고 인정되면, 가정법원은 직권으로 또는 미성년자·친족·미성년후견인·검사·지방자치단체의 장의 청구에 의하여 미성년후견감독인을 선임할 수 있다(940조의 3 1항). 그리고 미성년후견감독인이 사망·결격·그 밖의 사유로 없게 된 경우에는, 가정법원은 직권으로 또는 미성년자·친족·미성년후견인·검사·지방자치단체의 장의 청구에 의하여 미성년후견감독인을 선임한다(940조의 3 2항).

(나) **성년후견감독인의 선임** 가정법원은 필요하다고 인정하면 직권으로 또는 피성년후견인·친족·성년후견인·검사·지방자치단체의 장의 청구에 의하여 성년후견감독인을 선임할 수 있다(940조의 4 1항). 그리고 성년후견감독인이 사망·결격·그 밖의 사유로 없게 된 경우에는, 가정법원은 직권으로 또는 피성년후견인·친족·성년후견인·검사·지방자치단체의 장의 청구에 의하여 성년후견감독인을 선임한다(940조의 4 2항).

(다) **미성년후견감독인·성년후견감독인 선임과 관련된 공통사항** 후견감독인은 여러 명을 둘 수 있고(940조의 7·930조 2항), 법인도 후견감독인이 될 수 있다(940조의 7·930조 3항). 후견감독인이 여러 명인 경우의 권한행사 등에 관하여는 제949조의 2가 준용된다(940조의 7·949조의 2).

후견감독인이 선임된 경우에도 필요하다고 인정되면 가정법원은 직권으로 또는 미성년자나 피성년후견인·친족·이해관계인·검사·지방자치단체의 장이나 후견감독인의 청구에 의하여 추가로 후견감독인을 선임할 수 있다(940조의 7·936조 3항). 그리고 가정법원이 후견감독인을 선임할 때에는, 성년후견인을 선임할 때처럼, 피성년후견인의 의사를 존중하여야 하며, 그 밖에 제936조 제 4 항이 규정하는 여러 사정도 고려하여야 한다(940조의 7·936조 4항).

가정법원은 후견감독인의 청구에 의하여 피후견인의 재산 중에서 상당한 보수를 후견감독인에게 수여할 수 있고(940조의 7·955조), 후견감독인이 후견감독사무를 수행하는 데 필요한 비용은 피후견인의 재산 중에서 지출한다(940조의 7·955조의 2).

2) 후견감독인의 결격 · 사임 · 변경 후견감독인에 후견인의 결격사유에 관한 제937조가 준용되므로(940조의 7·937조), 거기에 규정되어 있는 자도 후견감독인이 될 수 없다. 그 외에 제779조에 따른 후견인의 가족은 후견감독인이 될 수 없다(940조의 5). 그리하여 배우자·직계혈족·형제자매와, 직계혈족의 배우자·배우자의 직계혈족·배우자의 형제자매로서 후견인과 생계를 같이 하는 자는 후견감독인이 되지 못한다. E-143

후견감독인은 정당한 사유가 있는 경우에는 가정법원의 허가를 받아 사임할 수 있고, 이 경우 그 후견감독인은 사임청구와 동시에 가정법원에 새로운 후견감독인의 선임을 청구하여야 한다(940조의 7·939조).

가정법원은 피후견인의 복리를 위하여 후견감독인을 변경할 필요가 있다고 인정하면 직권으로 또는 피후견인·친족·후견감독인(복수인 경우임)·검사·지방자치단체의 장의 청구에 의하여 후견감독인을 변경할 수 있다(940조의 7·940조).

3) 후견감독인의 직무

(가) 후견감독인은 후견인의 사무를 감독하며, 후견인이 없는 경우 지체없이 가정법원에 후견인의 선임을 청구하여야 한다(940조의 6 1항).

후견감독인의 감독내용은 ① 재산조사와 재산목록 작성에 대한 참여(941조 2항), ② 후견인과 피후견인 사이의 채권·채무를 제시받음(942조 1항), ③ 미성년자의 보호·교양방법 등에 관한 동의(미성년후견 감독인의 경우)(945조), ④ 후견인이 일정한 행위를 대리하거나 동의하는 데 대한 동의와 그 위반행위의 취소(950조), ⑤ 후견인이 피후견인에 대한 제 3 자의 권리를 양수하는 데 대한 동의와 그 위반행위의 취소(951조), ⑥ 후견인의 임무수행에 관한 보고와 재산목록의 제출요구와 피후견인의 재산상황 조사(953조), ⑦ 후견사무종료시의 관리계산에 대한 참여(957조 2항), ⑧ 피후견인의 신체침해 의료행위에 대한 동의(940조의 7·947조의 2 3항) 등이다.

(나) 후견감독인은, 피후견인의 신상이나 재산에 대하여 급박한 사정이 있는 경우, 그의 보호를 위하여 필요한 행위 또는 처분을 할 수 있다(940조의 6 2항).

(다) 후견인과 피후견인 사이에 이해가 상반되는 행위에 관하여는 후견감독인이 피후견인을 대리한다(940조의 6 3항).

(라) 후견감독인에 대하여는 위임에 관한 제681조(수임인의 선관의무)·제691조(위임종료시의 긴급처리)·제692조

(위임종료의 대항요건)가 준용된다(940조의 7).

E-144
4. 후견사무

후견사무는 크게 신분에 관한 임무와 재산에 관한 임무로 나눌 수 있다. 후견인은 피후견인의 법정대리인이 되는데(938조), 후견인의 임무 가운데에는 법정대리인으로서 행하는 것도 많이 있다. 그리고 후견인은 친권자(922조 참조)와 달리 선량한 관리자의 주의로써 그 임무를 수행하여야 한다(956조·681조).

(1) 신분에 관한 임무

1) 미성년후견인의 권리 · 의무

(가) 미성년자의 후견인은 친권자와 마찬가지로 보호·교양의 권리·의무(913조), 거소지정권(914조) 등이 있다(945조 본문). 그러나 ① 친권자가 정한 교육방법·양육방법 또는 거소를 변경하는 경우, ② 미성년자를 감화기관이나 교정기관에 위탁하는 경우, ③ 친권자가 허락한 영업을 취소하거나 제한하는 경우에는, 미성년후견감독인이 있으면 그의 동의를 받아야 한다(945조 단서).

친권자가 친권의 일부제한선고를 받거나(924조의 2) 대리권·재산관리권의 상실선고를 받거나(925조) 대리권·재산관리권을 사퇴하여(927조 1항) 친권 중 일부에 한정하여 행사할 수 없는 경우에 미성년후견인의 임무는 제한된 친권의 범위에 속하는 행위에 한정된다(946조). 그리하여 가령 친권자가 대리권·재산관리권의 상실선고를 받은 경우에 미성년후견인의 임무는 재산에 관한 행위에 한정되며, 신분에 관하여는 친권자가 친권을 행사한다. 한편 제946조에 명시되어 있지는 않으나, 친권자가 친권의 일부에 대하여 일시정지선고를 받은 경우에도 미성년후견인의 임무가 해당부분에 한정된다고 할 것이다(입법적으로 누락되어 있음).

(나) 미성년후견인은 미성년자의 친족법상의 일정한 행위에 대하여 동의권을 가진다. ① 약혼(801조), ② 혼인(808조 1항), ③ 13세 이상인 미성년자의 입양(871조), ④ 13세 이상인 미성년자의 친양자 입양(908조의 2 1항 4호)에서 그렇다.

그리고 법률(민법·가사소송법)상 신분과 관련한 일정한 행위에 관하여 대리권을 가진다. ① 혼인적령 미달자의 혼인 및 미성년자가 동의권자의 동의 없이 한 혼인에 대한 취소(817조), ② 인지청구의 소제기(863조), ③ 13세 미만인 미성년자의 입양에 대한 승낙(대락)(869조 2항), ④ 미성년자가 행한 입양의 취소(885조), ⑤ 13세 이상의 미성년자가 동의권자의 동의 없이 양자가 된 경우의 입양의 취소(886조), ⑥ 13세 미만인 미성년자의 재판상 파양의 청구(906조 1항), ⑦ 친양자 입양에 대한 승낙(908조의 2 1항 5호), ⑧ 상속의 승인·포기(1019조·1020조), ⑨ 법정대리인으로서 가사소송법에 의한 신분관계의 소제기(가소 23조·28조·31조) 등에서 그렇다.

(다) 미성년후견인은 미성년자를 갈음하여 미성년자의 자녀에 대한 친권을 행사한다(948조 1항)

(이는 미성년자인 피후견인에게 혼인 외의 자녀가 있는 경우의 문제이다). 그리고 이 경우의 친권행사에는 후견인의 임무에 관한 규정이 준용된다(948조 2항).

2) 성년후견인의 권리 · 의무 E-145

㈎ **성년후견인이 여러 명인 경우의 권한행사 등** 성년후견인이 여러 명인 경우에 가정법원은 여러 명의 성년후견인이 공동으로 또는 사무를 분장하여 그 권한을 행사하도록 정할 수 있다(949조의 2 1항). 그리고 가정법원은 이 결정을 변경하거나 취소할 수 있다(949조의 2 2항).

여러 명의 성년후견인이 공동으로 권한을 행사하여야 하는 경우에, 어느 성년후견인이 피성년후견인의 이익이 침해될 우려가 있음에도 법률행위의 대리 등 필요한 권한행사에 협력하지 않을 때에는, 가정법원은 피성년후견인·성년후견인·후견감독인 또는 이해관계인의 청구에 의하여 그 성년후견인의 의사표시를 갈음하는 재판을 할 수 있다(949조의 2 3항). 가정법원이 이를 직권으로 할 수는 없다.

㈏ **피성년후견인의 복리와 의사존중** 성년후견인은 피성년후견인의 재산관리와 신상보호를 할 때 여러 사정을 고려하여 그의 복리에 부합하는 방법으로 사무를 처리하여야 한다(947조 1문). 이 경우 성년후견인은 피성년후견인의 복리에 반하지 않으면 피성년후견인의 의사를 존중하여야 한다(947조 2문). 성년후견인이 피성년후견인의 복리와 의사를 존중하지 않으면, 가정법원은 후견인을 변경할 수 있을 것이고(940조), 또 후견인의 임무수행에 관하여 필요한 처분을 할 수 있을 것이다(954조 참조).

㈐ **피성년후견인의 신상(身上)보호**

(a) **신상보호에 있어서 자기결정의 우선** 피성년후견인은 자신의 신상에 관하여 그의 상태가 허락하는 범위에서 단독으로 결정한다(947조의 2 1항). 이는 거주 이전·주거·면접교섭·의학적 치료 등 신상에 대한 결정에서는 피성년후견인의 의사가 가장 우선되어야 한다는 의미이다.

(b) **성년후견인의 보충적인 결정권한** 피성년후견인이 항상 자신의 신상에 관하여 결정을 할 수 있는 신체적·정신적 상태에 있는 것은 아니다. 그럼에도 불구하고 언제나 피성년후견인으로 하여금 스스로 신상에 관하여 결정하게 하면 그에게 매우 부정적인 결과가 생길 수 있다. 그리하여 민법은, 피성년후견인이 스스로 신상결정을 할 수 없는 상태에 있는 경우에는, 그를 갈음하여 성년후견인이 보충적으로 결정을 할 수 있도록 권한을 부여하는 절차를 두고 있다. 그에 의하면, 가정법원은 성년후견인이 피성년후견인의 신상에 관하여 결정을 할 수 있는 권한의 범위를 정할 수 있고(938조 3항), 그 범위가 적절하지 않게 된 경우에는 본인·배우자·4촌 이내의 친족·성년후견인·성년후견감독인·검사 또는 지방자치단체의 장의 청구에 의하여 그 범위를 변경할 수 있다(938조 4항). 이렇게 하여 결정권을 부여받은 성년후견인은 그 권한이 있는 범위에서 피성년후견인이 신상결정을 할 수 없는

경우에 그를 갈음하여 결정을 할 수 있다.

(c) **가정법원의 감독** 성년후견인이 피성년후견인의 신상문제를 결정할 때에는, 성년후견인의 권한남용을 막기 위하여 감독이 필요하게 된다. 그리하여 민법은 특히 신상결정의 중요한 유형에 대하여 가정법원이 감독할 수 있도록 하는 규정을 두었다.

우선 성년후견인이 피성년후견인을 치료 등의 목적으로 정신병원이나 그 밖의 다른 장소에 격리하는 경우에는, 가정법원의 허가를 받아야 한다(947조의 2 2항). 이는 개정 전에도 있었던 것인데, 개정 전에는 긴급을 요할 상태인 때에 사후에 허가를 청구할 수 있도록 하는 예외가 인정되었으나(개정 전 947조 2항 단서), 개정시 이 부분은 삭제되었다. 따라서 현재에는 반드시 사전 허가를 받아야 한다.

피성년후견인의 신체를 침해하는 의료행위에 대하여는 1차적으로 피성년후견인이 동의하여야 하나, 그가 동의할 수 없는 경우에는 성년후견인이 그를 대신하여 동의할 수 있다(947조의 2 3항). 그리고 이 경우, 피성년후견인이 의료행위의 직접적인 결과로 사망하거나 상당한 장애를 입을 위험이 있을 때에는, 가정법원의 허가를 받아야 한다(947조의 2 4항 본문). 다만, 허가절차로 의료행위가 지체되어 피성년후견인의 생명에 위험을 초래하거나 심신상의 중대한 장애를 초래할 때에는, 사후에 허가를 청구할 수 있다(947조의 2 4항 단서).

성년후견인이 피성년후견인을 대리하여 피성년후견인이 거주하고 있는 건물 또는 그 대지에 대하여 매도·임대·전세권설정·저당권설정·임대차의 해지·전세권의 소멸·그 밖에 이에 준하는 행위를 하는 경우에는, 가정법원의 허가를 받아야 한다(947조의 2 5항).

(라) **성년후견인의 친족법·상속법상의 행위에 관한 동의권·대리권** 성년후견인은 ① 약혼(802조), ② 혼인(808조 2항), ③ 협의이혼(835조), ④ 인지(856조), ⑤ 입양(873조 1항), ⑥ 협의상 및 재판상 파양(902조·906조 3항) 등에 관하여 동의권을 가진다. 그리고 ① 혼인취소(817조), ② 인지청구의 소제기(863조), ③ 입양취소(887조), ④ 상속의 승인·포기(1019조·1020조), ⑤ 가사소송법에 의한 신분관계의 소제기(가소 23조·28조·31조) 등에 관하여 대리권을 가진다.

E-146 (2) **재산에 관한 임무**(미성년후견인과 성년후견인을 함께 설명함)

1) **재산조사 등** 후견인은 취임 후 지체없이 피후견인의 재산을 조사하여 2개월 내에 그 목록을 작성하여야 한다(941조 1항 본문). 다만, 정당한 사유가 있는 경우에는 가정법원의 허가를 얻어 그 기간을 연장할 수 있다(941조 1항 단서). 그리고 후견감독인이 있는 경우 재산조사와 목록작성은 후견감독인의 참여가 없으면 효력이 없다(941조 2항).

후견인은 재산조사와 목록작성을 완료하기까지는 긴급필요한 경우(예: 소멸시효의 중단, 채무자 재산의 압류)가 아니면 그 재산에 관한 권한을 행사하지 못한다(943조 본문). 이에 위반한 후견인의 행위는 무권대리행위로 되어(대판 1997. 11. 28, 97도1368) 효력이 생기지 않는다. 그러나 이 무효로써 선의의 제 3 자에게 대항하지 못한다(943조 단서).

후견인과 피후견인 사이에 채권·채무의 관계가 있고 후견감독인이 있는 경우에는, 후견인은 재산목록의 작성을 완료하기 전에 그 내용을 후견감독인에게 제시하여야 한다(942조 1항). 만약 후견인이 피후견인에 대한 채권이 있음을 알고 제시를 게을리한 경우에는 그 채권을 포기한 것으로 본다(942조 2항).

이상의 것(941조－943조)은 후견인이 취임한 후에 피후견인이 포괄적 재산을 취득한 경우(상속, 포괄적 유증)에도 준용된다(944조).

2) 재산관리권 · 대리권 · 동의권 후견인은 피후견인의 재산을 관리하고 그 재산에 관한 법률행위에 대하여 피후견인을 대리한다(949조 1항). 후견인이 피후견인의 재산을 관리함에 있어서는 선량한 관리자의 주의로써 하여야 한다(956조·681조).

후견인은 피후견인의 법정대리인으로서(938조 1항) 포괄적으로 재산관리권과 법정대리권을 가진다. 그런데 성년후견인에 대하여는 가정법원이 법정대리권의 범위를 줄여서 정할 수 있고(938조 2항), 그 범위가 적절하지 않게 된 경우에는 가정법원은 본인·배우자·4촌 이내의 친족·성년후견인·성년후견감독인·검사 또는 지방자치단체의 장의 청구에 의하여 그 범위를 변경할 수 있다(938조 4항).

미성년후견인은 법정대리인(938조)으로서 재산행위에 대하여 대리권 외에 동의권도 가진다(5조 1항). 그에 비하여 성년후견인은 동의권이 없다(10조 1항 참조).

3) 후견인의 권한에 대한 제한 E-147

(가) 무상으로 피후견인에게 재산을 수여한 제3자가 후견인의 관리에 반대하는 의사를 표시한 때에는 후견인은 그 재산을 관리하지 못하며, 이 경우 그 제3자가 재산관리인을 지정하지 않은 때에는 가정법원이 관리인을 선임한다(956조·918조).

(나) 후견인이 피후견인의 행위를 목적으로 하는 채무를 부담할 경우에는 피후견인의 동의를 얻어야 한다(949조 2항·920조 단서). 그리고 후견인도 친권자와 마찬가지로 미성년자인 피후견인을 대리하여 근로계약을 체결할 수 없다(근로기준법 67조 1항).

(다) 후견인(미성년후견인·성년후견인)에 대하여는 제921조가 준용된다(949조의 3. 가소 2조 1항 라류사건 16)도 참조). 그 결과 후견인과 피후견인 사이에 이해상반되는 행위를 하는 경우에는 후견인은 법원에 피후견인의 특별대리인의 선임을 청구하여야 하고(921조 1항 참조), 후견인이 그의 후견을 받는 수인의 피후견인 사이에 이해상반되는 행위를 하는 경우에는 법원에 피후견인 일방의 특별대리인의 선임을 청구하여야 한다(921조 2항 참조). 그러나 후견감독인이 있는 경우에는, 그가 피후견인을 대리하게 되므로(940조의 6 3항), 특별대리인의 선임을 청구할 필요가 없다(949조의 3 단서).

(라) 후견인이 피후견인을 대리하여 다음과 같은 행위를 하거나 미성년자의 다음과 같은 행위에 동의를 할 때에는, 후견감독인이 있으면 그의 동의를 받아야 한다(950조 1항). ① 영업에 관한 행위, ② 금전을 빌리는 행위, ③ 의무만을 부담하는 행위, ④ 부동산 또는 중요한 재산에 관

한 권리의 득실변경을 목적으로 하는 행위, ⑤ 소송행위, ⑥ 상속의 승인·한정승인 또는 포기 및 상속재산의 분할에 관한 협의를 할 때에 그렇다(950조 1항 1호-6호).

후견감독인의 동의가 필요한 행위에 대하여 후견감독인이 피후견인의 이익이 침해될 우려가 있음에도 동의를 하지 않는 경우에는, 가정법원은 후견인의 청구에 의하여 후견감독인의 동의를 갈음하는 허가를 할 수 있다(950조 2항). 그리고 후견감독인의 동의가 필요한 법률행위를 후견인이 후견감독인의 동의 없이 하였을 때에는, 피후견인 또는 후견감독인이 그 행위를 취소할 수 있다(950조 3항).

후견감독인의 동의는 없었지만 상대방이 후견감독인의 동의가 있었다고 믿을 만한 정당한 이유가 있는 경우에 제126조가 적용되어 피후견인(미성년자·피성년후견인)이 책임을 지는가? 여기에 관하여 학설은 i) 긍정설과 ii) 부정설(사견도 같음)로 나뉘어 있고, 판례는 — 과거 한정치산자의 경우에 친족회의 동의에 관하여 — 제126조가 적용된다고 한다(대판 1997. 6. 27, 97다3828).

E-148 **판 례** 후견인이 친족회의 동의 없이 행위를 한 경우

(ㄱ) 「한정치산자의 후견인이 친족회의 동의 없이 그 피후견인인 한정치산자의 부동산을 처분한 경우에 발생하는 취소권은 민법 제146조에 의하여 추인할 수 있는 날부터 3년 내에, 법률행위를 한 날부터 10년 내에 행사하여야 하지만, 여기에서 '추인할 수 있는 날'이라 함은 취소의 원인이 종료한 후를 의미하므로 피후견인이 스스로 그 법률행위를 취소함에 있어서는 한정치산선고가 취소되어 피후견인이 능력자로 복귀한 날부터 3년 내에 그 취소권을 행사하여야 한다.」(대판 1997. 6. 27, 97다3828)

(ㄴ) 갑과 그의 생모인 을이 병과의 사이에 계쟁 부동산지분에 관하여 민·형사상의 이의를 제기하지 않기로 하는 취지의 약정을 하였더라도 약정 당시 갑은 미성년자로서 행위무능력자이고 을은 이미 재혼하여 친권을 상실한 자였다면 설사 을이 갑에 대한 후견인의 지위에서 피후견인인 갑의 위 부동산지분에 관한 권리의 득실변경을 목적으로 하는 행위를 동의하거나 대리한 취지로 위 부제소합의를 하게 된 것이더라도 이에 관하여 친족회의 동의를 얻지 못한 이상 갑이 성년에 달한 후 3년 이내에 위 부제소합의를 취소한 것은 적법하다(대판 1989. 10. 10, 89다카1602·1619).

(ㄷ) 「미성년자 또는 친족회가 민법 제950조 제 2 항에 따라 제 1 항의 규정에 위반한 법률행위를 취소할 수 있는 권리는 형성권으로서 민법 제146조에 규정된 취소권의 존속기간은 제척기간이라고 보아야 할 것이지만, 그 제척기간 내에 소를 제기하는 방법으로 권리를 재판상 행사하여야만 되는 것은 아니고, 재판 외에서 의사표시를 하는 방법으로도 권리를 행사할 수 있다.」(대판 1993. 7. 27, 92다52795)

(ㄹ) 「후견인이 민법 제950조 제 1 항 각호의 행위를 하면서 친족회의 동의를 얻지 아니한 경우, 제 2 항의 규정에 의하여 피후견인 또는 친족회가 위 후견인의 행위를 취소할 수 있는 권리(취소권)는 행사상의 일신전속권이므로 채권자대위권의 목적이 될 수 없다.」(대판 1996. 5. 31,

(94다 35985)

(ㅁ) 「한정치산자의 후견인이 한정치산자의 이름으로 소송을 제기하는 등의 소송행위를 함에는 친족회의 동의를 얻어야 하는 것이며 친족회의 동의를 얻지 아니한 채 제소하여 사실심의 변론종결시까지에 그 동의가 보정되지 아니하였다면 그 제소 등 일련의 소송행위는 그에 필요한 수권이 흠결된 법정대리인에 의한 것으로서 절차적 안정이 요구되는 소송행위의 성격상 민법 제950조 제 2 항의 규정에도 불구하고 무효로 될 것이다.

그러나 법정대리인의 소송행위에 필요한 친족회의 동의는 보정되면 행위시에 소급하여 그의 효력이 생기고 그 보정은 상고심에서도 할 수 있는 것이다.」(대판 2001. 7. 27, 2001다5937)

(마) 후견인이 피후견인에 대한 제 3 자의 권리를 양수하는 경우에는, 피후견인은 이를 취소할 수 있다(951조 1항). 그리고 제 1 항에 따른 권리의 양수의 경우 후견감독인이 있으면 후견인은 후견감독인의 동의를 받아야 하고, 후견감독인의 동의가 없는 경우에는 피후견인 또는 후견감독인이 이를 취소할 수 있다(951조 2항). E-149

(바) 위 (라), (마)의 경우에 상대방은 후견감독인에 대하여 제15조에 따라 추인 여부의 확답을 촉구할 수 있다(952조. 제한능력자나 후견인에 대하여는 15조가 직접 적용되므로, 이 규정에 의하여 15조를 준용할 필요는 없다).

4) 감독기관에 대한 의무 후견감독인은 언제든지 후견인에게 그의 임무수행에 관한 보고와 재산목록의 제출을 요구할 수 있고 피후견인의 재산상황을 조사할 수 있다(953조). 그리고 가정법원은 직권으로 또는 피후견인·후견감독인·제777조에 따른 친족·그 밖의 이해관계인·검사·지방자치단체의 장의 청구에 의하여 피후견인의 재산상황을 조사하고, 후견인에게 재산관리 등 후견임무 수행에 관하여 필요한 처분을 명할 수 있다(954조). 후견인은 이러한 감독기관의 요구·조사 등에 응할 의무가 있다.

5) 후견인의 보수와 비용 가정법원은 후견인의 청구에 의하여 피후견인의 재산상황 기타 사정을 참작하여 피후견인의 재산 중에서 상당한 보수를 후견인에게 수여할 수 있다(955조). 그리고 후견인이 후견사무를 수행하는 데 필요한 비용은 피후견인의 재산 중에서 지출한다(955조의 2).

5. 후견의 종료 E-150

(1) 종료원인

후견의 종료에는 후견 그 자체가 종료하는 절대적 종료와 현재 후견임무를 수행하는 후견인의 임무가 종료하는 상대적 종료가 있다.

미성년후견·성년후견의 절대적 종료원인은 ① 피후견인의 사망, ② 미성년자의 성년 도달 또는 혼인, ③ 성년후견종료의 심판, ④ 미성년자에 대하여 새로이 친권자가 생기는 경우(입양·인지), ⑤ 미성년자에 대하여 종전의 친권으로 이행하는 경우(친권의 상실선고·일시정지선고·일부제한선고를 받은 친권자, 대리권·관리권 상실선고를 받은 친권자, 대리권·관리권을 사퇴한 친권자가 그 회복선고를 받은 경우) 등이고, 상대적 종료원인은 ① 후견인의 사망, ② 후견인의 결격·사임·변경, ③ 배우자가 후견인인 경우의 혼인의 해소 등이다.

(2) 후견종료시의 후견인의 임무

1) 관리계산 후견인의 임무가 종료된 때에는 후견인 또는 그 상속인은 1개월 내에 피후견인의 재산에 관한 계산을 하여야 한다(957조 1항 본문). 다만, 정당한 사유가 있는 경우에는 가정법원의 허가를 받아 그 기간을 연장할 수 있다(957조 1항 단서). 그리고 그 계산은 후견감독인이 있는 경우에는 그가 참여하지 않으면 효력이 없다(957조 2항).

후견인이 피후견인에게 지급할 금액이나 피후견인이 후견인에게 지급할 금액에는 계산종료의 날부터 이자를 부가하여야 한다(958조 1항). 그리고 후견인이 자기를 위하여 피후견인의 금전을 소비한 때에는 그 소비한 날부터 이자를 부가하고 피후견인에게 손해가 있으면 이를 배상하여야 한다(958조 2항).

2) 후견종료와 긴급처리 후견종료의 경우에 급박한 사정이 있는 때에는 후견인, 그 상속인이나 법정대리인은 피후견인, 그 상속인이나 법정대리인이 스스로 그 사무를 처리할 수 있을 때까지 그 사무의 처리를 계속하여야 하며, 이 경우에는 후견의 존속과 동일한 효력이 있다(959조·691조). 그리고 후견인 또는 피후견인 중 일방에 후견종료의 사유가 발생한 경우에는 이를 상대방에게 통지하거나 상대방이 이를 안 때가 아니면 이로써 상대방에게 대항하지 못한다(959조·692조).

3) 후견종료의 신고 미성년후견이 종료한 때(미성년자가 성년으로 된 경우 제외)에는 미성년후견인이 1개월 이내에 후견종료의 신고를 하여야 한다(가족 83조). 그리고 성년후견인은 피성년후견인의 사망이나 그 밖의 사유로 성년후견이 종료되었음을 알았을 때에는 이를 안 날부터 3개월 이내에 종료등기를 신청해야 한다(후견등기법 29조 1항 본문). 다만, 촉탁에 의하여 등기가 이루어지는 경우에는 그렇지 않다(후견등기법 29조 1항 단서). 그리고 피성년후견인, 배우자, 4촌 이내의 친족, 성년후견감독인도 성년후견 종료등기를 신청할 수 있다(후견등기법 29조 2항).

E-151 Ⅲ. 한정후견과 특정후견

1. 한정후견

(1) 후견의 개시

가정법원의 한정후견개시의 심판이 있는 경우에는 그 심판을 받은 사람, 즉 피한정후견인(자세한 점은 A-107 이하 참조)의 한정후견인을 두어야 한다(959조의 2).

(2) 후 견 인

한정후견인은 — 성년후견인과 마찬가지로 — 여러 명을 둘 수 있고(959조의 3 2항·930조 2항), 법인도 한정후견인이 될 수 있다(959조의 3 2항·936조 3항).

한정후견개시의 심판이 있는 경우에 한정후견인은 가정법원이 직권으로 선임한다(959조의 3 1항). 그리고 성년후견인에 관한 제936조 제 2 항(성년후견인이 없게 된 경우의 선임)·제936조 제 3 항(성년후견인의 추가선임)·제936조 제 4 항(성년후견인 선임시 피성년후견인의 의사존중과 여러 사정 고려)이 한정후견인에 대하여 준용된다(959조의 3 2항. E-139 참조).

후견인의 결격사유에 관한 제937조, 후견인의 사임에 관한 제939조, 후견인의 변경에 관한 제940조, 이해상반행위의 경우의 특별대리인 선임에 관한 제949조의 3도 준용된다(959조의 3 2항. E-140 참조).

(3) 후견감독기관

한정후견의 경우 후견감독기관으로는 가정법원과 한정후견감독인이 있다.

1) 가정법원의 후견감독 가정법원의 감독내용은 ① 한정후견인의 선임 또는 추가선임(959조의 3 1항·2항, 936조 2항-4항), ② 한정후견인의 사임허가(959조의 3 2항·939조), ③ 한정후견인의 변경(959조의 3·940조), ④ 한정후견감독인의 선임 또는 추가선임(959조의 5 1항·2항, 936조 3항), ⑤ 한정후견감독인의 사임허가(959조의 5 2항·939조)와 변경(959조의 5 2항·940조), ⑥ 성년후견의 경우의 가정법원의 후견감독 내용(E-141 참조) 중 ⑩~⑭에 해당하는 사항(956조의 6·947조의 2·949조의 2), ⑮에 해당하는 사항(959조의 5 2항·947조의 2 3항-5항·949조의 2), ⑯에 해당하는 사항(959조의 6·954조)과 ⑰에 해당하는 사항(959조의 6·959조의 5 2항·955조) 등이다.

2) 한정후견감독인의 후견감독 가정법원은 필요하다고 인정하면 직권으로 또는 피한정후견인·친족·한정후견인·검사·지방자치단체의 장의 청구에 의하여 한정후견감독인을 선임할 수 있다(959조의 5 1항). 그리고 한정후견감독인이 사망·결격·그 밖의 사유로 없게 된 경우에는, 가정법원은 직권으로 또는 일정한 자의 청구에 의하여 한정후견감독인을 선임한다(959조의 5 2항·940조의 3 2항).

한정후견감독인에 대하여는, 성년후견인을 여러 명 둘 수 있다는 제930조 제 2 항, 법인도 성년후견인이 될 수 있다는 제930조 제 2 항, 성년후견인의 추가선임에 관한 제936조 제 3 항, 성년후견인 선임시의 고려사항에 관한 제936조 제 4 항, 후견인의 결격사유에 관한 제937조, 제779조에 따른 후견인의 가족이 후견감독인이 될 수 없다는 제940조의 5, 후견인의 사임에 관한 제939조, 후견인의 변경에 관한 제940조가 준용된다(959조의 5 2항. E-138 이하 참조).

그리고 미성년후견인·성년후견인의 후견감독인의 직무에 관한 제940조의 6(940조의 6 3항 중 「피후견인을 대리한다」는 「피한정후견인을 대리하거나 피한정후견인이 그 행위를 하는 데 동의한다」로 본다)도 한정후견감독인에 준용된다(959조의 5 2항. E-143 참조). 그 외에 피성년후견인의 신상결정 등에 관한 제947조의 2 제 3 항 내지 제 5 항, 성년후견인이 여러 명인 경우에 관한 제949조의 2, 후견인의 보수에 관한 제955조, 후견인의 비용에 관한 제955조의 2, 위임에 관한 제681조(수임인의 선관의무)·제691조(위임종료시의 긴급처리)·제692조(위임종료의 대항요건)도 준용된다(959조의 5 2항).

E-152 ### (4) 한정후견사무

1) 한정후견인의 대리권 가정법원은 한정후견인에게 대리권을 수여하는 심판을 할 수 있고(959조의 4 1항), 그 대리권의 범위가 적절하지 않게 된 경우에는 본인·배우자·4촌 이내의 친족·한정후견인·한정후견감독인·검사 또는 지방자치단체의 장의 청구에 의하여 그 범위를 변경할 수 있다(959조의 4 2항·938조 4항).

한정후견인이 대리권을 수여받은 경우에는 그는 그 범위에서 피한정후견인의 법정대리인이 된다.

2) 준용규정 한정후견의 사무에 관하여는 제681조·제920조 단서·제947조·제947조의 2·제949조·제949조의 2·제949조의 3·제950조 내지 제955조·제955조의 2가 준용된다(959조의 6). 그 각각의 내용에 대하여는 성년후견에 관한 설명을 참조할 것(E-144 이하).

(5) 한정후견의 종료

민법은 한정후견인의 임무가 종료한 경우에 관하여 제691조·제692조·제957조·제958조를 준용한다(959조의 7). 따라서 한정후견의 종료는 성년후견의 종료와 유사하다(E-150 참조).

E-153 ## 2. 특정후견

(1) 특정후견에 따른 보호조치

1) 가정법원의 처분 특정후견심판이 있는 경우(A-110 참조), 가정법원은 피특정후견인(자세한 점은 A-110 참조)의 후원을 위하여 필요한 처분을 명할 수 있다(959조의 8). 그 처분은 피특정후견인의 재산관리에 관한 것일 수도 있고 신상보호에 관한 것일 수도 있다. 그리고 피특정후견인을 위하여 관계인에게 특정행위를 명하는 것일 수도 있고, 부작위를 명하는 것일 수도 있다.

2) 특정후견인의 선임 가정법원은 — 위에서 설명한 — 제959조의 8에 따른 처분으로 피특정후견인을 후원하거나 대리하기 위한 특정후견인을 선임할 수 있다(959조의 9 1항). **특정후견인의 선임은 — 성년후견·한정후견의 경우와 달리(929조·959조의 2 참조) — 필수적인 것이 아니다.**

특정후견인도 여러 명을 둘 수 있고(959조의 9 2항·930조 2항), 법인도 특정후견인이 될 수 있다(959조의 9 2항·930조 3항). 그리고 성년후견인에 관한 제936조 제 2 항 내지 제 4 항·제937조·제939조·제940조도 특정후견인에 준용된다(959조의 9 2항. E-139·140 참조).

(2) 후견감독기관

특정후견의 경우 후견감독기관으로는 가정법원과 특정후견감독인이 있다.

1) 가정법원의 후견감독 가정법원의 감독내용은 ① 피특정후견인의 후원을 위하여 필요한 처분을 명하는 것(959조의 8), ② 특정후견인의 선임 또는 추가선임(959조의 3 1항·2항, 936조 2항-4항), ③ 특정후견인의 사임허가(959조의 9 2항·939조), ④ 특정후견인의 변경(959조의 9 2항·940조), ⑤ 특정후견감독인의 선

임 또는 추가선임(959조의 10 1항·2항, 936조 3항), ⑥ 특정후견감독인의 사임허가(959조의 10 2항·939조)와 변경(959조의 10 2항·940조), ⑦ 성년후견의 경우의 가정법원의 후견감독 내용(E-141 참조) 중 ⑬·⑭에 해당하는 사항(959조의 10 2항·949조의 2), ⑧ 특정후견인 또는 특정후견감독인에 대한 보수수여(959조의 12·959조의 10 2항·955조), ⑨ 특정후견인에게 대리권수여의 심판을 한 경우 특정후견인의 대리권행사에 가정법원이나 특정후견감독인의 동의를 받도록 명하는 것(959조의 11 2항) 등이다.

2) 특정후견감독인의 후견감독 가정법원은 필요하다고 인정하면 직권으로 또는 피특정후견인·친족·특정후견인·검사·지방자치단체의 장의 청구에 의하여 특정후견감독인을 선임할 수 있다(959조의 10 1항). 특정후견감독인에 대하여는 제681조·제691조·제692조·제930조 제2항 제3항·제936조 제3항 제4항·제937조·제939조·제940조·제940조의 5·제940조의 6·제949조의 2·제955조·제955조의 2가 준용된다(959조의 10 2항).

(3) 특정후견사무

1) 특정후견인의 대리권 피특정후견인의 후원을 위하여 필요하다고 인정하면, 가정법원은 기간이나 범위를 정하여 특정후견인에게 대리권을 수여하는 심판을 할 수 있다(959조의 11 1항). 이렇게 대리권을 수여하는 심판을 하는 경우, 가정법원은 특정후견인의 대리권 행사에 가정법원이나 특정후견감독인의 동의를 받도록 명할 수 있다(959조의 11 2항).

2) 준용규정 특정후견의 사무에 관하여는 제681조·제920조 단서·제947조·제949조의 2·제953조 내지 제955조·제955조의 2가 준용된다(959조의 12. E-144 이하 참조). 한정후견의 경우와 달리, 준용되는 규정 중에 신상보호에 관한 것은 없다(특정후견감독인의 경우에도 같다).

(4) 특정후견의 종료

민법은 특정후견인의 임무가 종료한 경우에 관하여 제691조·제692조·제957조·제958조를 준용한다(959조의 13. E-150 참조).

Ⅳ. 후견계약(임의후견제도) E-154

1. 후견계약의 의의·법적 성질·공시

(1) 의 의

후견계약은 질병·장애·노령·그 밖의 사유로 인한 정신적 제약으로 사무를 처리할 능력이 부족한 상황에 있거나 부족하게 될 상황에 대비하여 자신의 재산관리 및 신상보호에 관한 사무의 전부 또는 일부를 다른 자에게 위탁하고 그 위탁사무에 관하여 대리권을 수여하는 것을 내용으로 하는 계약이다(959조의 14 1항). 그리고 이러한 후견계약에 의한 후견을 — 미성년후견·성년후견·한정후견 등의 법정후견과 대비하여 — 임의후견이라고 한다. 우리 민법은 과거에는 법정후견제도만 두고 있었는데, 2011. 3. 7. 개정시에 임의후견제도를 신설하였다.

(2) 법적 성질

후견계약은 기본적으로 후견을 사무처리의 내용으로 하는 위임계약의 성질을 가진다. 그리하여 원칙적으로 무상·편무계약이지만, 보수를 지급하기로 한 경우에는 유상·쌍무계약이 된다.

(3) 공 시

후견계약은 후견등기부에 의하여 공시한다(후견등기법 1조·2조·26조).

E-155 2. 후견계약의 성립과 내용

(1) 후견계약의 성립

후견계약의 당사자는 임의후견을 받을 본인(이를 피임의후견인이라 고 할 수 있을 것이다)과 임의후견인이 될 상대방이다. 상대방은 여럿일 수도 있고, 법인이어도 상관없다. 한편 민법은 후견계약은 공정증서로 체결하도록 하고 있다(959조의 14 2항). 그 결과 후견계약은 요식계약으로 된다. 이러한 규정상 공정증서로 체결하지 않은 후견계약은 무효이다.

후견계약이 대리의 방법으로 체결될 수 있는지에 관하여는 명문규정이 없으나, 가령 법정대리인인 부모가 정신적 제약이 있는 미성년 자녀를 위하여 후견계약을 체결할 수 있도록 하려면 대리도 인정하여야 한다(동지 김형석, 가족법 연구 24권 2호, 153면). 그리하여 예컨대 피한정후견인도 의사능력이 있으면 후견계약을 체결하여 법정후견에서 임의후견으로 넘어갈 수 있다(959조의 20 2항).

(2) 후견계약의 효력발생

후견계약의 효력발생시기는 원칙적으로 당사자들이 후견계약에서 정한 바에 따른다. 그런데 당사자들이 그 시기를 정하고 있지 않을 때도 있고, 그 시기를 정한 경우에도 계약에서 합의한 정신상태에 도달하였는지를 판단하는 것이 쉽지 않다. 그리하여 민법은 가정법원이 임의후견감독인을 선임한 때부터 후견계약의 효력이 발생하는 것으로 규정하고 있다(959조의 14 3항). 여기의 임의후견감독인의 선임은 후견계약에 대하여 법률이 부과하는 일종의 법정조건이다. 이 규정상, 당사자들이 효력발생시기를 정하지 않은 때에는 임의후견감독인이 선임된 때에, 당사자들이 효력발생시기를 정하고 있는 때에는 가정법원이 그 시기가 되었음을 확인하고서 임의후견감독인을 선임한 때에 후견계약의 효력이 발생하게 된다.

임의후견인이 제937조 각 호에 해당하는 자 또는 그 밖에 현저한 비행을 하거나 후견계약에서 정한 임무에 적합하지 않은 사유가 있는 자인 경우에는, 가정법원은 임의후견감독인을 선임하지 않는다(959조의 17 1항). 그러한 경우에는 가정법원은 그 임의후견감독인을 선임하지 않는 방법으로 후견계약의 효력발생을 막게 된다.

(3) 후견계약의 철회

임의후견감독인이 선임되기 전에는 본인 또는 임의후견인은 언제든지 공증인의 인증을 받은 서면으로 후견계약의 의사표시를 철회할 수 있다(959조의 18 1항). 이는 민법이 당사자의 의사를 존중하여 후견계약의 효력이 발생하기 전에 한하여 철회를 인정하면서 — 후견계약을 체결할 때 신중하게 하는 것처럼 — 철회의 의사표시를 신중하고 명확하게 하도록 하는 것이다.

(4) 임의후견의 내용

임의후견의 내용은 후견계약에서 정한 바에 따른다. 그리고 당사자는 본인의 신상보호의 영역을 정하여 자신의 신상에 관하여 중요한 결정을 할 수 없을 때 임의후견인이 자신을 대신하여 결정할 수 있다는 수권도 할 수 있다. 이러한 수권은 오늘날 의료문제에서 중요한 의미를 가지게 될 것이다.

임의후견인은 일종의 수임인으로서 선량한 관리자의 주의로써 후견계약을 이행해야 하며, 그때 본인의 의사를 최대한 존중하여야 한다(959조의 14 4항).

3. 임의후견감독인 E-156

(1) 임의후견감독인의 선임

가정법원은, 후견계약이 등기되어 있고 본인이 사무를 처리할 능력이 부족한 상황에 있다고 인정할 때에는, 본인·배우자·4촌 이내의 친족·임의후견인·검사 또는 지방자치단체의 장의 청구에 의하여 임의후견감독인을 선임한다(959조의 15 1항). 이 경우, 본인이 아닌 자의 청구에 의하여 가정법원이 임의후견감독인을 선임할 때에는, 미리 본인의 동의를 받아야 한다(959조의 15 2항 본문). 다만, 본인이 의사를 표시할 수 없는 때에는 그럴 필요가 없다(959조의 15 2항 단서).

가정법원은, 임의후견감독인이 없게 된 경우에는, 직권으로 또는 본인·친족·임의후견인·검사 또는 지방자치단체의 장의 청구에 의하여 임의후견감독인을 선임한다(959조의 15 3항). 그리고 가정법원은, 임의후견감독인이 선임된 경우에도 필요하다고 인정하면, 직권으로 또는 제3항의 청구권자의 청구에 의하여 임의후견감독인을 추가로 선임할 수 있다(959조의 15 4항).

그런데 제779조에 따른 임의후견인의 가족은 임의후견감독인이 될 수 없다(959조의 15 5항 · 940조의 5).

(2) 임의후견감독인의 임무

임의후견감독인은 임의후견인의 사무를 감독하며, 그 사무에 관하여 가정법원에 정기적으로 보고하여야 한다(959조의 16 1항). 그리고 임의후견감독인은 언제든지 임의후견인에게 그의 임무수행에 관한 보고와 재산목록의 제출을 요구할 수 있고, 본인(피후견인)의 재산상황을 조사할 수 있다(959조의 16 3항 · 953조). 한편 가정법원은, 필요하다고 인정하면, 임의후견감독인에게 감독사무에 관한 보고를 요구할 수 있고, 임의후견인의 사무 또는 본인의 재산상황에 대한 조사를 명하거나 그 밖에 임의후견감독인의 직무에 관하여 필요한 처분을 명할 수 있다(959조의 16 2항).

임의후견감독인은 본인의 신상이나 재산에 대하여 급박한 사정이 있는 경우 필요한 처분을 할 수 있고(959조의 16 3항·940조의 6 2항), 임의후견인과 본인 사이에 이해가 상반되는 행위에 대하여 본인을 대리한다(959조의 16 3항·940조의 6 3항).

그 밖에 임의후견감독인에 대하여는 제681조·제691조·제692조·제930조 제 2 항 제 3 항·제936조 제 3 항 제 4 항·제937조·제939조·제940조·제947조의 2 제 3 항 내지 제 5 항·제949조의 2·제955조·제955조의 2가 준용된다(959조의 16 3항·940조의 7).

E-157 4. 후견계약의 해지

(1) 정당한 사유로 인한 해지

민법에 따르면, 임의후견감독인이 선임된 후에는, 본인 또는 임의후견인은 정당한 사유가 있는 때에만 가정법원의 허가를 받아 후견계약을 종료할 수 있다(959조의 18 2항). 여기의 정당한 사유로는 임의후견인이 중병에 걸려 후견사무를 처리할 수 없는 것, 본인이나 임의후견인의 해외 이주 등을 들 수 있다.

(2) 임의후견인의 비행(非行) 등을 이유로 한 해지

임의후견인을 선임한 이후 임의후견인이 현저한 비행을 하거나 그 밖에 그 임무에 적합하지 않은 사유가 있게 된 경우에는, 가정법원은 임의후견감독인·본인·친족·검사 또는 지방자치단체의 장의 청구에 의하여 임의후견인을 해임할 수 있다(959조의 17 2항). 이 경우에 새로운 임의후견인을 선임하는 절차는 정해져 있지 않다.

(3) 해지의 효과

후견계약이 해지되면 그 계약은 장래에 향하여 효력이 소멸하며, 소급하여 무효로 되지 않는다.

후견계약이 적법하게 해지되면 임의후견인은 대리권을 상실한다. 그런데 그럼에도 불구하고 후견계약이 해지된 후에 임의후견인이 대리행위를 하는 경우에는 그와 거래한 상대방(제 3 자)이나 본인의 보호가 문제된다. 이러한 문제를 해결하기 위하여 민법은 명문규정을 두었다. 그에 따르면, 「임의후견인의 대리권 소멸은 등기하지 아니하면 선의의 제 3 자에게 대항할 수 없다」(959조의 19). 이 규정은 제129조의 특칙이고, 따라서 이 경우에 제129조는 적용되지 않는다고 할 것이다.

5. 임의후견과 법정후견 사이의 관계(법정후견의 보충성) E-158

후견계약이 있는 경우에는 원칙적으로 법정후견이 개시되지 않도록 하는 것이 바람직하다. 이것이 이른바 법정후견의 보충성의 원칙이다. 우리 민법도 이러한 원칙을 채택하여, 후견계약이 등기되어 있는 경우에는 가정법원은 원칙적으로 성년후견 · 한정후견 또는 특정후견의 심판을 할 수 없도록 하고 있다(959조의 20 1항 1문). 그리고 본인이 피성년후견인·피한정후견인 또는 피특정후견인인 경우에, 가정법원은 임의후견감독인을 선임함에 있어서 종전의 성년후견·한정후견 또는 특정후견의 종료 심판을 하여야 한다고 하여(959조의 20 2항 본문), 임의후견의 효력을 발생시키면서 법정후견을 종료시킬 수 있도록 한다.

그런데 본인의 복리의 관점에서 볼 때 법정후견이 행하여질 필요성이 매우 큰 경우에는, 임의후견 우선의 원칙을 포기하고 법정후견에 의하여 본인을 보호하여야 한다. 민법은 그러한 견지에서 다음과 같이 규정한다. 즉 후견계약이 등기되어 있는 경우에도, 가정법원은 본인의 이익을 위하여 특별히 필요한 때에는 임의후견인 또는 임의후견감독인의 청구에 의하여 성년후견 · 한정후견 또는 특정후견의 심판을 할 수 있다(959조의 20 1항 1문). 그리고 이 경우 후견계약은 본인이 성년후견 또는 한정후견개시의 심판을 받은 때 종료된다(959조의 20 1항 2문). 그런가 하면 본인이 피성년후견인·피한정후견인 또는 피특정후견인인 경우에, 그 본인이 임의후견감독인의 선임을 청구하더라도, 성년후견 또는 한정후견 조치의 계속이 본인의 이익을 위하여 특별히 필요하다고 인정되면 가정법원은 임의후견감독인을 선임하지 않는다(959조의 20 2항 단서). 그 결과 후견계약은 효력이 발생할 수 없게 된다.

한편 판례는, 제959조의 20 제 1 항은 본인에 대해 법정후견 개시심판 청구가 제기된 후 심판이 확정되기 전에 후견계약이 등기된 경우에도 적용된다고 보아야 하고, 그 경우 가정법원은 본인의 이익을 위하여 특별히 필요하다고 인정할 때에만 법정후견 개시심판을 할 수 있다고 한다(대결 2021. 7. 15, 2020으547 등). 그리고 그 규정에서 「본인의 이익을 위하여 특별히 필요할 때」란 후견계약의 내용, 후견계약에서 정한 임의후견인이 임무에 적합하지 않은 사유가 있는지, 본인의 정신적 제약 정도, 그 밖에 후견계약과 본인을 둘러싼 여러 사정을 종합하여, 후견계약에 따른 후견이 본인의 보호에 충분하지 않아 법정후견에 의한 보호가 필요하다고 인정되는 경우를 말한다고 한다(대결 2017. 6. 1, 2017스515 등). 그런가 하면, 후견계약이 등기된 경우 본인의 이익을 위한 특별한 필요성이 인정되어 민법 제9조 제 1 항 등에서 정한 법정후견 청구권자, 임의후견인이나 임의후견감독인의 청구에 따라 법정후견 심판을 한 경우 후견계약은 임의후견감독인의 선임과 관계없이 본인이 성년후견 또는 한정후견 개시의 심판을 받은 때 종료한다고 한다(대결 2021. 7. 15, 2020으547).

제5절 부 양

E-159 ## I. 서 설

(1) 부양제도

부양이란 일정한 범위의 친족이 다른 친족의 생활을 유지해 주거나 부조(扶助)하는 것이다. 민법이 인정하는 부양에는 ① 부모와 자(子)(특히 미성년인 자) 사이 및 부부 사이의 부양과 ② 그 밖의 친족 사이의 부양의 두 가지가 있으며, 이들은 본질에 있어서 차이가 있다. ①에서의 부양의무는 공동생활 자체에서 당연히 요구되는 것(먹을 것이 모자라도 나누어 먹는 관계)으로서 제 1 차적 부양의무이며, ②에서의 부양의무는 사회보장의 대체물로서 피부양자가 최저생활을 유지할 수 없고 부양자는 여력이 있는 경우에만 의무가 인정되는 제 2 차적 부양의무이다. 제 1 차적 부양의무 가운데 부부 사이의 것은 제826조 제 1 항에, 미성년의 자에 대한 것은 제913조(성년의 자에 대한 것은 제 2 차적 부양의무이어서 974조 · 975조에 근거함)에 기하여 발생하며, 제 2 차적 부양의무는 제974조 · 제975조에 기하여 발생한다.

사람들 중에는 그를 부양할 자가 전혀 없거나 부양할 자가 있더라도 부양할 능력이 없는 경우가 있다. 그러한 경우에는 국가나 지방자치단체가 부양 내지는 최소한의 생계를 유지하게 할 필요가 있다. 그러한 제도를 공적 부양(부조)이라고 한다. 이 공적 부양은 부양의무자에 의한 부양이 이루어지지 못하는 경우에 보충적으로 행하여져야 한다. 사적 부양이 1차적인 것이고, 공적 부양은 보충적(2차적)인 것이다. 근래, 생활이 어려운 자에게 필요한 급여를 행하여 이들의 최저생활을 보장하고 자활을 조성하는 것을 목적으로 제정된 「국민기초생활 보장법」은 이와 같은 취지로 규정하고 있다. 그 법에 의하면, 부양의무자의 부양(즉 사적 부양)과 다른 법령에 의한 보호는 그 법에 의한 급여에 우선하여 행하여지는 것으로 하며(동법 3조 2항 본문), 그 법에 따른 수급권자는 부양의무자가 없거나 부양의무자가 있어도 부양능력이 없거나 부양을 받을 수 없는 사람으로서 소득인정액이 최저생계비 이하인 사람으로 정하고 있다(동법 5조 1항). 그리고 수급자에게 부양능력을 가진 부양의무자가 있음이 확인된 경우에는 보장비용을 지급한 보장기관은 생활보장위원회의 심의 · 의결을 거쳐 그 비용의 전부 또는 일부를 그 부양의무자로부터 부양의무의 범위 안에서 징수할 수 있도록 하고 있다(동법 46조 1항).

(2) 부양청구권의 성질

부양청구권(친족간의 부양청구권)은 일정한 친족 사이에서 부양을 받을 자가 자기의 자력(資力) 또는 근로에 의하여 생활을 유지할 수 없는 경우에 한하여 인정된다(975조). 그리고 부양의무자 측에서도 친족간 부양의 본질상 자기의 사회적 지위에 적합한 생활정도를 낮추지 않고 부양할 수 있을 만큼 여유가 있을 때에 부양의무가 생긴다고 해석한다.

부양청구권은 채권에 유사한 친족법상의 재산권(대판 1983. 9. 13, 81므78은 「채권에 유사한 신분적 재산권」이라고 한다)으로서 보통의 재산권과는 다른 성질을 가진다. ① 부양청구권은 행사상·귀속상 일신전속권이어서 채권자대위권의 객체가 되지 않고(404조 1항 단서) 상속되지도 않는다(1005조 단서). ② 타인에게 양도할 수 없고 장래에 향하여 포기하지도 못한다(979조). ③ 강제집행에 있어서 압류하지 못하며(민사집행법 246조 1항 1호), 따라서 파산재단에 속하지도 않는다(채무자회생법 383조 1항). ④ 채무자가 그 채권으로 상계하지 못한다(497조). ⑤ 부양청구권이 제 3 자에 의하여 침해된 경우에는 제 3 자에게 불법행위책임이 생긴다(750조).

Ⅱ. 부양당사자 E-160

(1) 부양당사자의 범위

「직계혈족 및 그 배우자 사이」, 「기타 생계를 같이하는 친족 사이」에는 서로 부양의무가 있다(974조).

1) 직계혈족 및 그 배우자 사이의 부양 부모와 자녀(미성년인 자녀의 경우는 제 1 차적 부양의 문제이므로 제외된다), 조부모와 손자녀는 직계혈족으로서 부양의무가 있다. 그리고 며느리와 시부모, 사위와 장인·장모, 계부와 처의 자녀, 계모와 부(夫)의 자녀 등은 직계혈족의 배우자 사이로서 부양의무가 있다. 다만, 판례에 따르면, 이러한 「직계혈족의 배우자 사이의 경우에」 직계혈족이 사망하면 생존한 상대방이 재혼하지 않았더라도 — 제974조 제 1 호에 의하여가 아니고 — 제974조 제 3 호에 의하여 생계를 같이 하는 경우에 한하여 부양의무가 인정된다고 한다(대결 2013. 8. 30, 2013스96: 시부모가 사망한 아들의 처에게 아들의 사망 전과 후의 부양료를 청구한 경우). 한편 부부는 제 1 차적 부양의무가 문제되므로 여기에서 제외된다고 할 것이다(자세한 내용은 E-29·30 참조).

2) 기타 생계를 같이하는 친족 사이의 부양 형제자매를 비롯하여 기타 제777조가 정하는 친족 사이에는 생계를 같이하는 경우에 한하여 부양의무가 있다.

(2) 부양당사자의 순위

1) 부양의 의무가 있는 자가 수인인 경우에 부양의무자의 순위는 우선 당사자의 협의로 정하고, 당사자 사이에 협정이 없는 때에는 가정법원이 당사자의 청구에 의하여 이를 정한다(976조 1항 1문, 가소 2조 1항 마류사건 8)(조정전치주의가 적용됨. 가소 50조). 부양을 받을 권리자가 수인인 경우에 부양의무자의 자력이 그 전원을 부양할 수 없는 때에도 마찬가지로 당사자의 협의, 가정법원의 결정의 순으로 부양을 받을 권리자의 순위를 정한다(976조 1항 2문). 이들 경우에 가정법원은 수인의 부양의무자 또는 부양권리자를 선정할 수 있다(976조 2항).

부양을 할 자 또는 부양을 받을 자의 순위에 관하여 당사자의 협정이나 가정법원의 판결이 있은 후 이에 관한 사정변경이 있는 때에는, 가정법원은 당사자의 청구에 의하여 그 협정이나 판결을 취소 또는 변경할 수 있다(978조, 가소 2조 1항 마류사건 8)(조정전치주의가 적용됨. 가소 50조).

2) 위 1)의 설명에도 불구하고 판례는 제 1 차적 부양의무자와 제 2 차적 부양의무자가 있을 경우에 관하여 다음과 같이 해석한다. 먼저 부부간의 상호부양의무는 제 1 차 부양의무이고, 반면 부모가 성년의 자녀에 대하여 직계혈족으로서 부담하는 부양의무는 제 2 차 부양의무라고 한 뒤, 이러한 제 1 차 부양의무와 제 2 차 부양의무는 의무이행의 정도뿐만 아니라 의무이행의 순위도 의미하는 것이므로, 제 2 차 부양의무자는 제 1 차 부양의무자보다 후순위로 부양의무를 부담한다고 한다. 따라서 제 1 차 부양의무자와 제 2 차 부양의무자가 동시에 존재하는 경우에 제 1 차 부양의무자는 특별한 사정이 없는 한 제 2 차 부양의무자에 우선하여 부양의무를 부담하므로, 제 2 차 부양의무자가 부양받을 자를 부양한 경우에는 그 소요된 비용을 제 1 차 부양의무자에 대하여 상환청구할 수 있다고 한다(대판 2012. 12. 27, 2011다 96932[핵심판례 466면]).

이렇게 보면 제976조의 순위는 제 1 차 부양의무자, 제 2 차 부양의무자 내에서의 순위이다. 가령 A에게 자녀 B·C·D가 있을 때, B가 A로부터 재산을 많이 받거나 경제적으로 여유가 있는 경우에, 협정이나 심판으로 B를 선순위로 정할 수 있다는 의미라고 보아야 한다.

(3) 판례는, 부모가 성년의 자녀에 대하여 직계혈족으로서 민법 제974조 제 1 호·제975조에 따라 부담하는 부양의무는 부양의무자가 자기의 사회적 지위에 상응하는 생활을 하면서 생활에 여유가 있음을 전제로 하여 부양을 받을 자가 자력 또는 근로에 의하여 생활을 유지할 수 없는 경우에 한하여 그의 생활을 지원하는 것을 내용으로 하는 제 2 차 부양의무라고 한다(대결 2017. 8. 25, 2017스5 등).

E-161

Ⅲ. 부양의 정도와 방법

부양의 정도 또는 방법에 관하여는 먼저 당사자간의 협의로 정하고, 당사자간에 협정이 없는 때에는 가정법원은 당사자의 청구에 의하여 부양을 받을 자의 생활정도와 부양의무자의 자력 기타 제반사정을 참작하여 이를 정한다(977조, 가소 2조 1항 마류사건 8)(조정전치주의가 적용됨. 가소 50조). 그리고 부양의 정도 또는 방법에 관하여 당사자의 협정이나 가정법원의 판결이 있은 후 이에 대한 사정변경이 있는 때에는, 가정법원은 당사자의 청구에 의하여 그 협정이나 판결을 취소 또는 변경할 수 있다(978조, 가소 2조 1항 마류사건 8)(조정전치주의가 적용됨. 가소 50조).

판 례 부양료의 내용 / 부양에 관한 협정 관련

(ㄱ) 「부양을 받을 자의 연령, 재능, 신분, 지위에 따른 교육을 받는 데 필요한 비용도」 부양료에 포함된다(대판 1986. 6. 10, 86므46).

(ㄴ) 「부양권리자와 부양의무자 사이의 부양의 방법과 정도에 관하여 당사자 사이에 협정이 이루어지면 당사자 사이에 다시 협의에 의하여 이를 변경하거나, 법원의 심판에 의하여 위 협정이 변경, 취소되지 않는 한 부양의무자는 그 협정에 따른 의무를 이행하여야 하는 것이고, 법원이 그 협정을 변경, 취소하려면 그럴 만한 사정의 변경이 있어야 하는 것이므로, 청구인들이 위 협정의 이행을 구하는 이 사건에 있어서 법원이 임의로 협정의 내용을 가감하여 피청구인의 부양의무를 조절할 수는 없다.」(대판 1992. 3. 31, 90므651 · 668)

(ㄷ) 「특별한 사정이 없는 한 통상적인 생활필요비라고 보기 어려운 유학비용의 충당을 위해 성년의 자녀가 부모를 상대로 부양료를 청구할 수는 없다.」(대결 2017. 8. 25, 2017스5)

부양의 구체적인 방법에는 동거부양(同居扶養)(인수부양(引受扶養))과 급부(급여)부양이 있고, 급부부양은 다시 금전 급부부양과 현물 급부부양 등으로 나누어지는데, 금전 급부부양이 일반적인 방법이다. 금전 급부부양의 경우에는 정기급의 형태가 바람직하며, 부양의 성질상 급부는 선급이어야 한다.

부양료지급은 부양권리자의 생존과 직결된 문제이므로 그 이행이 신속하게 이루어져야 한다. 이를 위하여 가사소송법은 가정법원이 부양료청구 심판을 본안사건으로 하여 담보를 제공하게 하지 않고 가압류 또는 가처분을 할 수 있도록 하고(가소 63조 1항 · 2항), 부양료의 지급을 명하는 심판을 할 때 부양권리자가 담보를 제공하지 않고도 가집행을 할 수 있음을 명하도록 하며(가소 42조 1항), 심판의 선고 전에도 가정법원이 임시로 필요한 사전처분을 명할 수 있도록 한다(가소 62조). 그리고 부양료지급을 명하는 심판이 있었음에도 부양의무자가 정당한 이유 없이 그 의무를 이행하지 않을 때에는 가정법원은 당사자의 신청에 의하여 일정한 기간 내에 그 의무를 이행할 것을 명할 수 있으며(가소 64조 1항), 이 이행명령을 위반한 때에는 1천만원 이하의 과태료에 처할 수 있고(가소 67조 1항), 금전의 정기적 지급을 명령받은 자가 정당한 이유 없이 3기(期) 이상 그 의무를 이행하지 않을 때에는 30일의 범위에서 의무자를 감치(監置)에 처할 수 있다(가소 68조 1항).

Ⅳ. 과거의 부양료 · 체당부양료(替當扶養料) E-162

(1) 과거의 부양료

판례는 자녀의 양육비에 관하여는 과거의 것을 청구할 수 있다고 하나(대결(전원) 1994. 5. 13, 92스21[핵심판례 434면] 등. E-53에 인용됨), 부부 사이에는 과거의 부양료를 청구할 수 없다고 한다(대판 2012. 12. 27, 2011다96932[핵심판례 466면] 등 다수). 즉

부부 사이에 과거의 부양료는, 특별한 사정이 없는 한, 부양을 받을 자가 부양의무자에게 부양의무의 이행을 청구하였음에도 불구하고 부양의무자가 부양의무를 이행하지 아니함으로써 이행지체에 빠진 이후의 것에 대하여만 청구할 수 있을 뿐, 부양의무자가 부양의무의 이행을 청구받기 이전의 것은 청구할 수 없다고 한다. 그리고 부모와 성년의 자녀·그 배우자 사이의 경우에도 부부의 경우와 마찬가지라고 한다(대결 2013. 8. 30, 2013스96).

판 례 과거의 부양료 관련

「민법 제974조, 제975조에 의하여 부양의 의무 있는 자가 여러 사람인 경우에 그중 부양의무를 이행한 1인은 다른 부양의무자를 상대로 하여 이미 지출한 과거의 부양료에 대하여도 상대방이 분담함이 상당하다고 인정되는 범위에서 그 비용의 상환을 청구할 수 있는 것이고, 이 경우 법원이 분담비율이나 분담액을 정함에 있어서는 과거의 양육에 관하여 부모 쌍방이 기여한 정도, 자의 연령 및 부모의 재산상황이나 자력 등 기타 제반사정을 참작하여 적절하다고 인정되는 분담의 범위를 정할 수 있다.」(대결 1994. 6. 2, 93스11: 이혼 후 모가 부에 대하여 성년자인 딸의 치료비 분담을 청구한 사건)

E-163 (2) 체당부양료의 구상(求償)

부양료를 대신 지급한 자가 부양의무자에게 이를 구상할 수 있는지가 문제된다.

1) 제 3 자의 구상 부양의무 없는 제 3 자가 부양이 필요한 사람을 부양한 경우에는 여러 가지 모습이 있다. 그리고 그 경우에 부양한 제 3 자에게 구상권이 있는지, 그 근거가 무엇인지는, 경우에 따라 다르다.

먼저 제 3 자가 부양의무가 없음에도 불구하고 자기에게 부양의무가 있는 것으로 잘못 알고 부양을 한 경우에는, 부양의무자의 부양의무는 소멸하지 않고 존재하기 때문에, 부양의무자에 대한 구상은 문제되지 않으며, 부양받은 자의 부당이득만이 문제된다. 그런데 그러한 경우의 부양은 도의관념에 적합한 비채변제로 되어 반환청구를 할 수 없다고 하여야 한다(D-390 참조).

제 3 자가 — 자기에게 부양의무가 있다고 잘못 생각하지는 않고 — 다른 자가 부양하여야 하는 것을 알고서 다른 자의 채무의 이행으로서 부양한 경우에는, 부양의무자의 부양의무는 소멸하며(469조 1항 본문), 그 제 3 자는 부양의무자에게 구상할 수 있다. 그런데 그 근거는 각 경우의 사정에 따라 다르다. 먼저 제 3 자가 부양의무자의 위임을 받아 부양한 때에는, 위임에서의 비용상환청구권 규정(688조)을 근거로 상환청구를 할 수 있다. 그리고 위임을 받지 않은 때에는 제 3 자의 사무관리가 성립하므로, 사무관리를 이유로 한 비용상환청구의 방법으로 구상할 수 있다(739조). 그런가 하면 이때에는 부양의무자가 부양의무를 면함으로써 법률상 원인 없는 이득을 얻었으므로, 제 3 자는 부당이득을 이유로 반환청구를 할 수도 있다(741조).

판례 혼인 외의 출생자의 실부의 의무

제 3 자인 원고가 피고의 혼인 외 출생자를 양육 및 교육하면서 그 비용을 지출하였다고 하여도 피고가 동 혼인 외 출생자를 인지하거나 부모의 결혼으로 그 혼인 중의 출생자로 간주되지 않는 한 실부인 피고는 동 혼인 외 출생자를 부양할 법률상 의무는 없으므로 피고가 원고의 위 행위로 인하여 부당이득을 하였다거나 원고가 피고의 사무를 관리하였다고 볼 수 없다(대판 1981. 5. 26, 80다2515).

2) 부양의무자 사이의 구상 부양의무자가 수인인 경우에 그중 1인이 부양료를 부담하였다면 다른 의무자가 분담하였을 범위에서 구상할 수 있다고 할 것이다(대결 1994. 6. 2, 93스11도 동지). 그러나 부양능력이 없어서 부양의무가 없는 자에게는 구상하지 못한다. E-164

판례 부부 사이의 과거의 부양료 / 채권자취소권 관련

(ㄱ) 「부부의 일방이 제 1 차 부양의무자로서 제 2 차 부양의무자인 상대방의 친족에게 상환하여야 할 과거 부양료의 액수는 부부 일방이 타방 배우자에게 부담하여야 할 부양의무에 한정된다고 할 것인바, 그 부양의무의 범위에 관하여 살펴본다.

먼저 부부간의 부양의무 중 과거의 부양료에 관하여는 특별한 사정이 없는 한 부양을 받을 사람이 부양의무자에게 부양의무의 이행을 청구하였음에도 불구하고 부양의무자가 부양의무를 이행하지 아니함으로써 이행지체에 빠진 후의 것에 관하여만 부양료의 지급을 청구할 수 있을 뿐이므로, 부양의무자인 부부의 일방에 대한 부양의무 이행청구에도 불구하고 배우자가 부양의무를 이행하지 아니함으로써 이행지체에 빠진 후의 것이거나, 그렇지 않은 경우에는 부양의무의 성질이나 형평의 관념상 이를 허용해야 할 특별한 사정이 있는 경우에 한하여 이행청구 이전의 과거 부양료를 지급하여야 한다.

그리고 부부 사이의 부양료 액수는 당사자 쌍방의 재산 상태와 수입액, 생활정도 및 경제적 능력, 사회적 지위 등에 따라 부양이 필요한 정도, 그에 따른 부양의무의 이행정도, 혼인생활 파탄의 경위와 정도 등을 종합적으로 고려하여 판단하여야 한다.」(대판 2012. 12. 27, 2011다96932[핵심판례 466면]. 그리고 이 판결은 부부간의 부양의무를 이행하지 않은 부부의 일방에 대하여 상대방의 친족이 구하는 부양료의 상환청구는 가사비송사건으로 가정법원의 전속관할에 속하는 것이 아니고 민사소송사건에 해당한다고 한다. 그에 따르면 조정전치주의가 적용될 여지가 없다)

(ㄴ) 부양료청구권의 침해를 이유로 채권자취소권을 행사하는 경우의 제척기간에 관한 대판 2015. 1. 29, 2013다79870(C-232의 (ㅂ) 판결).

[참고] 부양에 관한 기타 사항

판례는 특별한 부양을 한 경우에는 상속재산에 관하여 기여분을 인정한다(자세한 사항은 E-206 참조).

부양청구권(1년 이내의 기간으로 정기적으로 지급하는 경우)은 3년의 단기소멸시효에 걸린다(163조 1호). 그러나 공동부양의무자 상호간의 체당부양료 구상권, 의무 없이 부양한 제 3 자의 체당부양료 구상권은 10년의 시효에 걸린다고 하여야 한다.

제 6 절 친족관계

E-165

Ⅰ. 서 설

민법은 제 4 편(친족) 제 1 장(총칙)에서 친족의 의의, 범위 등에 관하여 규정하고 있다(767조-777조). 이들은 친족법·상속법의 많은 법률관계에 있어서 당사자를 결정하는 데 필요한 기초개념을 담고 있다.

이하에서는 이해의 편의를 위하여 먼저 친계와 촌수에 대하여 기술하고, 이어서 친족의 의의·범위·법률효과를 차례로 살펴보기로 한다.

Ⅱ. 친계와 촌수

(1) 친 계

1) 의 의 친계(親系)란 세대적(世代的) 혈통연락의 관계를 가리키며, 이것에 의하여 친족(정확하게는 혈족)이 어떻게 혈연적으로 연결되어 있는지를 알 수 있다. 배우자는 친계가 없고, 인척은 직접 혈통연락이 되지 않기 때문에 배우자의 친계를 기준으로 판단한다.

2) 종 류

(가) 직계친 · 방계친 직계친은 혈통이 직선적으로 직상직하(直上直下)하는 관계(예: 부모와 자, 조부모와 손자)이고, 방계친은 공동시조부터 갈라져서 직하(直下)하는 다른 친계(예: 형제자매, 백숙부)이다. 혈족은 모두 직계친과 방계친 가운데 어느 하나에 속하며, 이를 직계혈족·방계혈족이라고 한다. 그리고 배우자의 직계혈족·방계혈족은 다른 배우자에게는 직계인척·방계인척이 된다.

E-166 **(나) 존속친 · 비속친** 부모 및 그와 동일한 항렬(行列)에 있는 친족(즉 백숙부모 등)으로부터 상위(上位)의 친계에 있는 자를 존속친이라 하고, 자(子) 및 그와 동일한 항렬에 있는 친족(조카·생질 등)으로부터 하위(下位)의 친계에 있는 자를 비속친이라고 한다. 자기와 동일한 항렬에 있는 자(형제자매, 종형제자매 등)는 존속친도 비속친도 아니다. 존속친·비속친의 구별은 항렬에 의한 것이고 나이와는 관계가 없어서, 자기보다 나이가 적은 존속친이나 나이가 많은 비속친이 있을 수도 있다.

직계친 · 방계친은 그 각각에 대하여 존속친 · 비속친으로 나눌 수 있다. 그리하여 직계존속·직계비속, 방계존속·방계비속이 있게 된다. 그럴 경우 부모·조부모·증조부모는 직계존속이고, 자녀·손자녀는 직계비속이며, 백숙부·고모·이모·종조부는 방계존속이고, 조카·생질·종손은 방계비속이다.

(다) **부계친·모계친** 부(父)와 그의 혈족이 부계친이고, 모(母)와 그의 혈족이 모계친이다.

(2) 촌 수 E-167

1) 의 의 촌(寸)(원래 손마디의 뜻임)은 친족관계의 긴밀도를 측정하는 척도의 단위이다. 민법은 친족 사이에서는 촌수가 작을수록 가까운 것으로 평가하며, 그에 기초하여 여러 가지 법률효과를 부여하고 있다. 민법은 촌(寸)과 같은 의미로 친등(親等)이라는 용어도 사용하고 있다(1000조 2항).

2) 촌수의 계산방법 직계혈족 사이에서는 자기로부터 직계존속에 이르는 세대수, 자기로부터 직계비속에 이르는 세대수를 계산하여 이를 각각 그 촌수로 한다(770조 1항). 그리하여 A와 그 부모·조부모는 각각 1촌·2촌이고, A와 그 증손과는 3촌이 된다.

방계혈족 사이에서는 자기로부터 동원(同源)(같은 뿌리)의 직계존속에 이르는 세대수와 그 동원의 직계존속으로부터 그 직계비속에 이르는 세대수를 모두 합하여 이를 그 촌수로 한다(770조 2항). 예컨대 A·B가 방계혈족인 경우에는 A·B 사이에 가장 가까운 공동시조가 C라면, A로부터 C에 이르는 세대수를 세고 또 C로부터 B에 이르는 세대수를 세어 이 두 세대수를 합하면 그것이 A·B 사이의 촌수가 된다. 그리하여 형제자매는 2촌이고, 백숙부는 3촌, 종형제자매는 4촌이다.

인척의 경우에는 배우자의 혈족에 대하여는 배우자의 그 혈족에 대한 촌수에 따르고(예: 처나 부(夫)의 부모는 인척 1촌, 처나 부(夫)의 형제자매는 인척 2촌), 혈족의 배우자에 대하여는 그 혈족에 대한 촌수에 따른다(예: 형수·제수는 인척 2촌, 백숙모는 인척 3촌)(771조).

양자와 양부모 및 그 혈족, 인척 사이의 친계와 촌수는 입양된 때부터 혼인 중의 출생자와 동일한 것으로 본다(772조 1항). 그리고 양자의 배우자, 직계비속과 그 배우자는 양자의 친계를 기준으로 하여 촌수를 정한다(772조 2항).

배우자와는 촌수가 없으며, 민법은 배우자에 대하여 법률효과를 부여할 경우에는 대부분 친족에 포함시키지 않고 배우자라는 용어를 별도로 사용한다(그러나 예외가 있음. 936조 2항·940조·940조의 4 1항 2항·954조· 959조의 5 1항·959조의 10 1항·959조의 15 3항·959조의 17 2항·1053조 1항 등 참조).

Ⅲ. 친족의 의의 및 종류 E-168

민법은 제767조에서 「배우자, 혈족 및 인척을 친족으로 한다」라고 친족의 정의를 내리고 있다. 이에 의하면, 친족은 배우자·혈족·인척을 통틀어 일컫는 말이다. 아래에서 친족을 구성하는 세 종류를 나누어 살펴보기로 한다.

1. 혈 족

혈족은 혈연관계가 있는 친족이다.

혈족은 자연혈족·법정혈족, 직계혈족·방계혈족, 부계혈족·모계혈족으로 나누어진다.

(1) 자연혈족 · 법정혈족

1) 자연혈족은 자연적인 혈연관계가 있는 혈족이다. 부모·조부모·외조부모·형제자매가 그 예이다.

자연혈족관계는 출생에 의하여 발생한다. 다만, 혼인 외의 출생자는 모와의 관계에서는 출생에 의하여 혈족관계가 발생하지만, 부(父)와의 관계에서는 인지에 의하여 출생시에 소급하여 혈족관계가 발생한다(855조 1항·860조).

자연혈족관계는 당사자 일방의 사망으로 소멸한다(그러나 사망자를 통하여 연결된 생존자(사망자의 부와 사망자의 자) 사이의 혈족관계에는 영향이 없다). 그런데 혼인 외의 출생자의 경우에는 이와는 별도로 인지의 무효·인지의 취소(861조)·인지에 대한 이의(862조) 등에 의하여 부계혈족관계(父系血族關係)가 소멸한다.

2) 법정혈족은 자연적인 혈연관계는 없지만 법률에 의하여 혈족으로 의제된 경우이다. 현행민법상의 법정혈족관계로는 양친자관계(養親子關係)가 있다(과거에는 계모자관계(繼母子關係), 적모서자관계(嫡母庶子關係)도 있었으나, 1990년 개정으로 이들은 인척관계로 전환되었다).

양친자관계는 입양에 의하여 발생한다(878조). 즉 그때부터 양자와 양친 및 양친의 혈족 사이, 양친과 양자의 직계비속(출생시기를 불문함) 사이에 법정혈족관계에 있게 된다(882조의 2 1항). 입양의 경우 양자와 그의 친생부모 및 그 혈족·인척과의 친족관계는 소멸하지 않는다(882조의 2 2항). 그러나 친양자의 경우에는 원칙적으로 입양 전의 친족관계가 소멸한다(908조의 3 2항). 한편 입양이 있더라도 「양부모 및 그 혈족」과 「친생부모 및 그 혈족」 사이에는 혈족관계가 생기지 않는다.

입양으로 인한 친족관계(양친족관계(養親族關係))는 자연혈족에서와 같이 양친자 중 일방의 사망으로 종료한다(그러나 사망자를 통하여 발생한 법정혈족관계에는 영향이 없다). 그런데 다른 한편으로 입양의 취소 또는 파양으로 인하여도 종료한다(776조).

E-169 ### (2) 직계혈족 · 방계혈족

직계혈족이란 직계친의 관계에 있는 혈족을 말하며, 민법은 「자기의 직계존속과 직계비속」을 직계혈족이라고 규정한다(768조 전단). 방계혈족은 방계친의 관계에 있는 혈족이며, 민법은 「자기의 형제자매와 형제자매의 직계비속, 직계존속의 형제자매 및 그 형제자매의 직계비속」을 방계혈족이라고 규정한다(768조 후단). 여기의 형제자매는 부계 및 모계의 형제자매를 모두 포함하며, 이복형제도 이에 속한다(대판 2007. 11. 29, 2007도7062).

(3) 부계혈족 · 모계혈족

부계친(父系親)의 관계에 있는 혈족(예: 부, 조부모, 백 · 숙부, 고모)이 부계혈족(父系血族)이고, 모계친(母系親)의 관계에 있는 혈족(예: 모, 외조부모, 외숙부, 이모)이 모계혈족(母系血族)이다.

2. 인 척

인척은 혼인으로 인하여 성립하는 친족이다. 민법은 혈족의 배우자(예: 계모, 적모, 형제의 처, 자매의 남편, 고모 · 이모의 남편, 백 숙부의 처), 배우자의 혈족(예: 배우자의 부모나 형제자매), 배우자의 혈족의 배우자(예: 처의 자매의 남편, 남편의 형제자매의 처나 남편)를 인척으로 규정한다(769조. 1990년 개정 전에는 혈족의 배우자의 혈족도 인척이었으나, 삭제되었다).

인척관계는 혼인의 성립으로 발생하며, 혼인의 무효·취소 또는 이혼으로 인하여 종료한다(775조 1항). 그리고 부부의 일방이 사망한 경우에 생존배우자가 재혼한 때에도 인척관계가 종료한다(775조 2항).

3. 배 우 자

남녀가 혼인을 하면 서로 배우자가 되고, 친족에 속하게 된다. 통설은 배우자 사이에 발생하는 법률효과가 친족이라는 지위에서 생기는 것이 아니고 배우자라는 지위에서 생긴다는 이유로 배우자를 친족으로 하는 것은 실제로 아무런 의미가 없다고 한다. 그러나 법률에서 때로는 배우자를 포함하여 「제777조의 규정에 의한 친족」에게 법률효과를 인정하는 경우도 있기 때문에(예: 936조 · 940조 · 940조의 4 · 954조 · 959조의 5 · 959조의 10 · 959조의 15 3항 · 959조의 17 2항) 배우자를 친족에 포함시키는 것이 필요하다.

배우자관계는 혼인의 성립에 의하여 발생하고, 당사자 일방의 사망, 혼인의 무효(혼인무효사유가 존재하는 경우의 효과에 관하여 당연무효설을 취하면 혼인무효의 경우에는 배우자관계가 처음부터 생기지 않게 된다) · 취소 또는 이혼으로 인하여 소멸한다.

Ⅳ. 친족의 범위 E-170

위에서 본 친족 모두에 대하여 법률효과를 부여하는 경우는 없다. 민법은 대부분의 경우에는 개별적인 법률관계 각각에 대하여 법률효과가 인정되는 자의 범위를 따로따로 규정한다(예: 809조 · 974조 · 1000조). 그런데 다른 한편으로 **일반적으로 친족의 범위를 정해 놓고서 특별한 규정이 없으면, 그에 의하여 효과를 부여하도록 하고 있는데, 그것이 바로 제777조이다.**

제777조에 의하면, **친족의 범위는** ① 8촌 이내의 혈족, ② 4촌 이내의 인척, ③ 배우자이며, 친족관계로 인한 법률상의 효력은 민법 또는 다른 법률에 특별한 규정이 없는 한 이 범위에 미치게 된다.

E-171 **Ⅴ. 친족관계의 효과**

(1) 민법상의 효과

1) 제777조의 친족 모두에게 일반적으로 인정되는 효과 ① 일정한 경우 친권자 지정청구(909조의 2 1항·2항, 927조의 2 1항·2항), ② 일정한 경우 미성년후견인 선임청구(909조의 2 3항·927조의 2 1항), ③ 일정한 경우 미성년후견인 대행자 선임청구(909조의 2 5항·927조의 2 1항), ④ 친권자의 동의를 갈음하는 재판 청구(922조의 2), ⑤ 친권의 상실선고·일시정지선고 청구(924조 1항)와 친권의 일시정지 기간의 연장 청구(924조 3항), ⑥ 친권의 일부제한선고 청구(924조의 2), ⑦ 미성년자인 자에 대한 친권자의 대리권과 재산관리권 상실선고 청구(925조), ⑧ 친권 또는 친권자의 대리권·재산관리권에 대한 실권회복선고 청구(926조), ⑨ 일정한 경우에 미성년후견인·성년후견인·한정후견인·특정후견인의 선임청구(932조·936조·959조의 3·959조의 9) 및 이들 후견인의 변경청구(940조·959조의 3 2항·959조의 9 2항), ⑩ 피후견인의 재산상황에 대한 조사청구(954조), ⑪ 미성년후견감독인·성년후견감독인·한정후견감독인·특정후견감독인·임의후견감독인의 선임청구(940조의 3·940조의 4·959조의 5·959조의 10·959조의 15 3항), ⑫ 일정한 경우에 임의후견감독인의 해임청구(959조의 17 2항), ⑬ 상속인 없는 재산에 대한 상속재산관리인 선임청구(1053조 1항) 등.

2) 일정한 범위의 친족에게만 인정되는 효과 ① 성년후견·한정후견·특정후견심판의 청구 및 성년후견·한정후견의 종료심판청구(9조·11조·12조·14조·14조의 2), ② 증여계약의 해제사유(556조 1항 1호), ③ 생명침해로 인한 위자료청구(752조), ④ 혼인이 금지되는 범위(809조), ⑤ 혼인의 무효사유(815조 2호-4호), ⑥ 혼인의 취소사유(816조 1호), ⑦ 근친혼의 취소청구(817조 후단), ⑧ 중혼의 취소청구(818조), ⑨ 입양에 대한 동의(870조·871조), ⑩ 양친이 미성년자인 경우의 입양취소청구(885조), ⑪ 후견인의 결격사유(937조 9호), ⑫ 성년후견인의 권한범위가 적절하지 않게 된 경우에 그 범위의 변경청구(938조 4항), ⑬ 임의후견감독인의 선임(959조의 15 1항), ⑭ 부양의무(974조), ⑮ 상속권(1000조·1003조), ⑯ 유언 증인의 결격사유(1072조 1항 3호), ⑰ 유류분권리자(1112조) 등.

E-172 **(2) 형법상의 효과**

친족관계로 인하여 범죄가 성립하지 않거나 형벌이 감면되는 경우로 범인은닉죄(형법 151조 2항), 증거인멸죄(형법 155조 4항), 권리행사방해죄(형법 328조·323조), 절도죄(형법 344조·329조-332조), 사기죄와 공갈죄(형법 354조·347조-352조), 횡령죄와 배임죄(형법 361조·355조-360조), 장물죄(형법 365조·362조-364조) 등이 있고(이들 가운데 범인은닉죄와 증거인멸죄는 범죄가 성립되지 않는 경우임), 친족관계로 인하여 형벌이 가중되는 경우로 살인죄(형법 250조 2항), 상해죄(형법 257조 2항), 중상해죄(형법 258조 3항), 상해치사죄(형법 259조 2항), 폭행죄(형법 260조 2항), 유기죄(형법 271조 2항·4항), 학대죄(형법 273조 2항), 체포감금죄(형법 276조 2항), 중체포감금죄(형법 277조 2항), 협박죄(형법 283조 2항) 등이 있다(가중되는 경우는 모두 자기 또는 배우자의 직계존속에 대한 범죄이다).

(3) 소송법상의 효과

민사소송법상의 효과로 법관 또는 법원사무관 등의 제척이유(동법 41조 1호 2호·50조), 증언거부권(동법 314조 1호), 감정인의 결격사유(동법 334조 2항) 등이 있고, 형사소송법상의 효과로 법관, 법원서기관·법원사무관·법원주사·법원주사보, 통역인의 제척·기피 또는 회피원인(동법 17조 2호·18조 1항 1호·24조 1항·25조 1항), 증언거부권(동법 148조), 감정·통역·번역거부권(동법 177조·183조) 등이 있다.

(4) 기타 법상의 효과

그 밖에도 가사소송법, 비송사건절차법, 가족등록법, 각종 연금법 등 많은 법률과 그 시행령에는 친족관계에 특별한 효과를 인정하는 규정들이 두어져 있다.

Ⅵ. 호주제도의 폐지와 가족의 범위규정 신설 E-173

1. 호주제도의 폐지

현재는 삭제된 개념인 가(家)는 호주를 중심으로 하여 호주와 가족이라는 신분관계로 법률상 연결된 관념적인 호적상의 가족단체이다. 그리고 그 가(家)를 통솔하는 장(長) 즉 가장(家長)이 호주이며, 가(家)의 구성원으로서 호주가 아닌 자가 가족이다. 그리하여 가(家)·가족(家族)·호주(戶主)는 긴밀하게 연결되어 있는 개념이다. 이들에 관하여 민법은 과거에 제 5 편(친족) 제 2 장(호주와 가족)과 제 8 장(호주승계)에서 규율하여 왔다.

그런데 이 호주제도가 2005년 민법개정시에 폐지되었다(2008. 1. 1.부터 시행).

2. 가족의 범위 신설

개정민법 제779조는 다음과 같이 규정한다.

> 제779조[가족의 범위] ① 다음의 자는 가족으로 한다.
> 1. 배우자, 직계혈족 및 형제자매
> 2. 직계혈족의 배우자, 배우자의 직계혈족 및 배우자의 형제자매
> ② 제 1 항 제 2 호의 경우에는 생계를 같이하는 경우에 한한다.

위 규정에 의하면, ① 배우자·직계혈족·형제자매는 생계를 같이하는가에 관계없이 언제나 가족의 범위에 포함된다. 여기의 배우자는 현재 혼인관계에 있는 자만을 가리키고, 이혼한 배우자는 제외된다. 직계혈족은 생존하고 있는 한 모두 가족으로 되고 부계와 모계를 가리지 않는다(예: 부모, 조부모, 외조부모). 형제자매도 부계·모계를 불문한다. 그에 비하여 ② 직계혈족의 배우자(예: 계모, 계부, 며느리, 사위), 배우자의 직계혈족(예: 장인, 장모, 시부모, 배우자가 전혼에서 출생한 자녀), 배우자의 형제자매(예: 시숙, 시누이, 처남, 처제)는 생계를 같이하는 경우에 한하여 가족의 범위에 포함된다. 배우자의 형제자

매에 있어서는 부계·모계를 묻지 않는다. 그리고 여기서 생계를 같이한다는 것은 공동의 가계에서 생활하는 것을 가리킨다고 해석하여야 하므로, 동거하면서 공동생활을 하는 경우는 물론이고 반드시 공동생활을 하고 있지 않더라도 공동의 가계에 속하고 있으면 생계를 같이한다고 보아야 한다.

제3장 상 속 법

학습의 길잡이

본장에서는 민법전 제5편(상속)의 규정 내용을 중심으로 하여 서술한다. 구체적으로는 상속에 관한 기초이론(제1절), 상속(제2절), 유언(제3절), 유류분(제4절)의 순으로 설명한다. 그중 제2절(상속)은 상속의 개시, 상속인, 상속의 효력, 상속의 승인과 포기, 재산의 분리, 상속인의 부존재 등으로 구성되어 있다.

상속법에는 이론적으로나 실무적으로 중요한 사항들이 다수 포함되어 있다. 그러한 사항으로는, 상속의 순위, 대습상속, 상속재산의 범위, 특별수익, 기여분, 상속재산의 공동소유, 상속재산의 분할, 상속회복청구권, 상속의 단순승인·한정승인·포기, 상속재산의 분리, 유언 전반(특히 유언의 방식·유언의 철회·유언의 효력·유언의 집행), 유류분 전부(특히 유류분반환청구권) 등을 들 수 있다. 그리고 이들 중 밑줄을 그은 것들은 상대적으로 더 중요하고 사례 문제에도 대비가 필요한 사항들이다. 한편 상속법 안에는 계산 문제도 다수 있으며, 그에 대하여도 능숙하게 해답을 찾을 수 있어야 한다. 상속분, 특별수익, 기여분, 상속재산 분할, 유류분이 그 예이다.

상속법은 친족법과 관련되는 사항이 많다. 그런가 하면 민법총칙상의 법률행위, 물권법상의 물권변동과 공동소유(특히 공유)와도 관련이 깊다.

제1절 서 설

Ⅰ. 상속 및 상속권의 의의 E-174

(1) 상속의 의의

상속(相續)이란 사람이 사망한 경우에 그의 재산상의 지위(또는 권리·의무)가 법률규정에 의하여 타인에게 포괄적으로 승계되는 것을 말한다(1005조 본문 참조). 이때 사망하여 그의 재산상의 지위가 승계당하는 자를 피상속인이라고 하고(법전상 생존 중에도 피상속인이라는 표현을 쓰기도 하나(1004조·1012조 등), 이 경우에는 정확하게는 「장래 피상속인으로 되는 자」의 의미이다), 그 지위를 승계하는 자를 상속인이라고 한다.

(2) 상속권의 의의

상속권의 의의에 관하여 학설은 대립하고 있다. i) 다수설은 상속권에는 ① 상속개시 전에 상속인이 기대권으로서 가지는 상속권과 ② 상속개시 후에 상속인으로서 상속의 효과를 받을 수 있는 지위의 두 가지가 있고, 후자는 다시 승인·포기가 있기 전의 상속권(형성권적 상속권)과 승인·포기가 있은 후의 상속권(기득권적 상속권)으로 나누어진다고 한다. 그에 비하여 ii) 소수설은 상속개시 후 확정적으로 상속인이 된 자의 법적 지위, 바꾸어 말해서 상속개시로 상속재산을 승계한 상속인의 법적 지위를 상속권이라고 한다(사견도 같음).

E-175 Ⅱ. 상속의 유형

(1) 제사상속 · 호주상속 · 재산상속

제사상속은 조상의 제사를 주재하는 지위를 승계하는 것이고, 호주상속은 호주 내지 가장의 지위를 승계하는 것이고, 재산상속은 피상속인의 재산을 상속하는 것이다. 이들은 과거 관습법에서는 모두 인정되었으나, 이제는 재산상속만이 상속으로 남게 되었다.

(2) 생전상속(生前相續) · 사후상속(死後相續)

피상속인의 생존 중에 상속이 개시되는 경우가 생전상속이고, 피상속인의 사망시에 상속이 개시되는 경우가 사후상속(사망상속)이다. 상속은 사후상속이 원칙이며, 우리 민법도 사후상속만을 인정하고 있다.

(3) 법정상속 · 유언상속

상속인이 될 자의 범위와 순위가 법률상 정해져 있는 상속이 법정상속이고, 상속인이 피상속인의 유언에 의하여 지정되는 상속이 유언상속이다. 민법은 법정상속만을 규정하며 유언에 의한 상속인의 지정을 허용하지 않는다. 다만, 민법상 유언(유증을 포함)의 자유가 인정되므로 포괄적 유증을 하면 상속인을 지정한 것과 같은 효과가 생긴다(1078조).

(4) 단독상속 · 공동상속

단독상속은 상속인이 1인으로 한정되어 상속되는 것이고, 공동상속은 복수의 상속인이 공동으로 상속하는 것이다. 민법은 과거 호주상속을 단독상속제로 하였으나(호주승계제도도 같음), 재산상속은 공동상속제로 하고 있다(1000조 2항 참조).

(5) 강제상속 · 임의상속

상속포기가 허용되지 않는 상속이 강제상속이고, 상속포기가 허용되는 상속이 임의상속이다. 민법은 과거 호주상속을 강제상속제로 하였으나(호주승계제도에서는 포기를 허용함. 2005. 3. 31. 개정 전 991조 참조), 재산상속은 과거부터 임의상속제를 채용하고 있다(1019조 이하 참조).

(6) **균분상속 · 불균분상속**

이는 공동상속에 있어서 각 상속인에게 귀속하는 상속재산의 비율이 평등한가에 의한 구별이다.

Ⅲ. 상속의 근거

E-176

상속제도를 두고 있는 이유가 무엇인지(이것이 상속의 근거의 문제이다)에 관하여는 오래 전부터 논의되고 있으며 학설도 여러 가지이다. 그런데 우리나라에서는 i) 상속(재산상속)의 근거를 상속의 생활보장적 기능에서 찾는 견해(생활보장설), ii) 상속재산에 대한 가족원의 기여분 청산과 피상속인의 사후 가족원의 생활보장에서 찾는 견해(기여분 청산 및 생활보장설), iii) 죽은 자의 의사를 추정하여 법정상속이 이루어진다는 견해(의사추정설)(사견도 같음) 등이 주장되고 있다.

제2절 상 속

제1관 상속의 개시

Ⅰ. 상속개시의 원인

E-177

(1) **상속개시의 의의**

상속의 개시란 상속에 의한 법률효과가 발생하는 것이다.

(2) **상속개시의 원인**

상속개시의 원인은 피상속인의 사망이다(997조). 여기의 사망에는 자연적 사망과 법원의 실종선고에 의한 의제사망이 있다(인정사망은 사망의 확증은 없으나 사망이 추정되어 상속이 개시된다).

Ⅱ. 상속개시의 시기

(1) **서 설**

상속개시의 시기는 ① 상속인의 자격·범위·순위를 결정하는 기준이 되고, ② 상속에 관한 권리의 행사기간의 기산점이 되며, ③ 상속의 효력발생, 상속재산·상속분·유류분의 기준시기가 되는 등 여러 가지 면에서 법적으로 중요하다.

(2) **구체적인 시기**

1) **자연사망** 피상속인이 실제로 사망한 시기, 즉 호흡과 혈액순환이 영구적으로

멈춘 때(다수설도 같으나, 이설 있음. A-332 참조)에 상속이 개시된다. 사망신고에 의하여 가족관계등록부에 기록된 사망시기는 확정력은 없으며 추정력이 인정될 뿐이다(따라서 반증으로 뒤집을 수 있다).

2) 인정사망 인정사망은 수해, 화재나 그 밖의 재난으로 인하여 사망한 사람이 있는 경우에 그것을 조사한 관공서의 사망통보에 의하여 가족관계등록부에 사망의 기록을 하는 것인데(가족 87조. A-334 참조), 그 경우에는 관공서가 인정한 시기에 상속이 개시된다. 그러나 인정사망은 사망의 강한 추정적 효과만 있으므로 그것이 사실에 반한 때에는 당연히 효력을 잃는다.

3) 실종선고 어떤 자에 대하여 실종선고가 내려지면(A-349·350 참조) 실종선고를 받은 자(실종자)는 실종기간이 만료한 때에 사망한 것으로 보게 되며(28조), 그때 상속이 개시된다(상속법이 개정된 경우의 경과규정에 대하여는 친족상속법 [226] 참조). 그러나 실종자가 생존하고 있거나 실종기간이 만료된 때와 다른 시기에 사망한 사실 등이 증명되면 일정한 요건 하에 실종선고가 취소된다(29조).

4) 동시사망의 추정 2인 이상이 동일한 위난으로 사망한 경우에는 동시에 사망한 것으로 추정된다(30조. A-333 이하 참조). 따라서 이 경우에는, 상속인은 피상속인이 사망한 때에 권리능력을 가지고 있어야만 한다는 동시존재의 원칙상, 그들 상호간에는 상속이 되지 않는다. 그러나 대습상속은 받을 수 있다(이설이 없으며, 판례도 같음. 대판 2001. 3. 9, 99다13157[핵심판례 468면]. E-188 참조).

E-178

Ⅲ. 상속개시의 장소

상속은 피상속인의 주소지에서 개시된다(998조). 그런데 민법이 주소에 관하여 복수주의를 취하고 있어(18조 2항), 피상속인의 주소가 두 곳 이상인 경우 어느 곳을 상속개시의 장소로 할 것인지가 문제된다. 이 경우에는 관할법원이 복수라고 하여야 한다(이설 있음). 그리하여 민사소송사건은 그들 복수의 관할법원 중 먼저 소가 제기된 법원이 관할법원이 된다. 다만, 특별규정이 있는 때는 예외이다. 그 결과 가사비송사건은「최초의 사건의 신청을 받은 법원」이 관할법원이 된다(가소 34조, 비송 3조).

피상속인의 주소를 알 수 없을 때에는 거소를 주소로 보고(19조), 국내에 주소가 없는 자에 대하여는 국내에 있는 거소를 주소로 보며(20조), 주소도 거소도 알 수 없는 때에는 사망지를 상속개시의 장소로 보아야 할 것이다(이설 없음).

Ⅳ. 상속에 관한 비용

상속에 관한 비용(상속비용)은 상속에 의하여 생긴 비용이며, 상속재산(상속이 개시되는 때의 피상속인의 적극·소극의 모든 재산. 다만 일신전속적인 권리·의무는 제외됨)의 관리비용(1022조 참조), 상속채무에 관한 공고·최고 또는 변제비용(1032조 이하 참조), 상속재산의 경매비용(1037조 참조), 소송비용, 재산목록 작성비용, 상속재산에 대한 조세 등 공과금 등이 그에 속한다(유언집행비용도 상속비용이나, 그에 대하여는 별도의 규정이 있다. 1107조 참조). 그리고 상속세(이는 상속재산 자체에 대한 조세와 구별됨)와 장례비용(대판 2003. 11. 14, 2003다30968 등)도 포함된다고 하여야 한다(이설 없음). 한편 판례에 의하면, 부의금은 먼저 장례비용에 충당하고, 남는 것은 특별한 사정이 없는 한 공동상속인들이 각자의 상속분에 응하여 권리를 취득한다고 한다(대판 1992. 8. 18, 92다2998).

상속비용은 상속재산 중에서 지급한다(998조의 2). 이 규정은 상속의 한정승인·상속포기·재산분리·상속재산의 파산 등의 경우에 실익이 있다.

제2관 상 속 인

Ⅰ. 상속인의 자격

1. 상속능력 E-179

(1) **상속능력은** 상속인이 될 수 있는 능력(지위·자격)을 말한다. 상속에 의하여 상속인은 피상속인의 권리·의무를 승계하므로, 상속능력이 있으려면 당연히 권리능력이 있어야 한다. 그리고 민법은 상속인을 피상속인의 일정한 친족에 한정하고 있으므로(1000조·1003조 참조), 자연인만이 상속인이 될 수 있고 법인은 상속인이 되지 못한다(다만 법인은 포괄적 유증을 받음으로써 실질적으로 상속을 받은 것과 같이 될 수 있다. 1078조 참조).

(2) 어떤 자가 상속인으로서 상속을 받을 수 있으려면 피상속인이 사망할 당시에 생존하고 있어야 한다. 이를 **동시존재의 원칙**이라고 한다(이 원칙은 재산권 이전의 경우에 널리 인정된다. 무주의 재산이 생기지 않게 하기 위해서이다).

(3) **태아**(상속개시 전에 포태되었으나 상속개시시까지 출생하지 않은 자)는 상속에 관하여는 이미 출생한 것으로 본다(1000조 3항). 이는 태아의 보호를 위하여 동시존재의 원칙에 대하여 예외를 인정한 것이다. 태아가 이미 출생한 것으로 의제된 경우에 태아의 법률상 지위에 관하여는 논란이 있으며, 판례는 정지조건설의 입장이다(대판 1976. 9. 14, 76다1365).

2. 상속결격 E-180

(1) 의 의

어떤 자에게 상속에 적합하지 않은 일정한 사유가 있는 경우에 상속인으로서의 자격을 상실하는 것을 상속결격(相續缺格)이라고 한다.

(2) 결격사유

민법은 결격사유로 5가지를 규정하고 있는데(1004조), 그것들은 크게 ① 피상속인 등에 대한 부도덕행위와 ② 피상속인의 유언에 대한 부정행위로 나누어진다. 상속결격은 법정사유가 인정되면 상속권 박탈이라는 중대한 효과가 법률상 당연히 발생하므로 그 사유를 엄격하게 해석하여야 하고, 유추에 의하여 상속결격사유를 확장하는 것은 허용되지 않는다(대판 2023. 12. 21, 2023다265731).

1) 피상속인 등에 대한 부도덕행위

(가) **「고의로 직계존속, 피상속인, 그 배우자 또는 상속의 선순위나 동순위에 있는 자를 살해하거나 살해하려 한」 경우**(1004조 1호) 살인의 기수(旣遂)·미수를 묻지 않으며, 예비·음모도 포함된다. 정범·종범·교사범도 마찬가지이다. 자살의 교사·방조(형법 252조 2항 참조)도 포함된다고 해야 한다(통설도 같음). 선순위 또는 동순위의 상속인이 될 태아의 낙태도 여기의 결격사유인가에 대하여는 논란이 있으나, 긍정하여야 한다. 판례도 같다(대판 1992. 5. 22, 92다2127).

여기의 결격사유로 되려면 살인의 고의가 있어야 하나, 그러한 고의 외에 그 살인이 상속에 유리하다는 인식은 필요하지 않다(이설이 없고, 판례도 같음. 대판 1992. 5. 22, 92다1227).

(나) **「고의로 직계존속, 피상속인과 그 배우자에게 상해를 가하여 사망에 이르게 한」 경우**(1004조 2호) 이는 살인의 고의는 없는데 사망의 결과가 생긴 상해치사의 경우이다. 그런데 상속의 선순위자나 동순위자의 상해치사는 포함되지 않는다. 그리고 이때에도 상해의 고의만 있으면 되고, 이 고의에 상속에 유리하다는 인식은 필요하지 않다(이설 없음). 판례도 같다(대판 1992. 5. 22, 92다2127).

E-181 **2) 피상속인의 유언에 대한 부정행위**(不正行爲)

(가) **「사기 또는 강박으로 피상속인의 상속에 관한 유언 또는 유언의 철회를 방해한」 경우**(1004조 3호) 여기의 유언은 유효한 것이어야 한다. 그리고 상속결격이 되려면 방해행위에 의하여 유언행위 또는 유언철회라는 결과가 일어나지 않았어야 하며, 방해를 했지만 미수에 그친 때에는 결격이 되지 않는다(이설 없음).

(나) **「사기 또는 강박으로 피상속인의 상속에 관한 유언을 하게 한」 경우**(1004조 4호)

(다) **「피상속인의 상속에 관한 유언서를 위조·변조·파기 또는 은닉한」 경우**(1004조 5호)

여기의 행위는 고의에 의한 것이어야 하며, 따라서 과실로 인한 파기는 결격사유가 아니다.

(판 례) 유언서의 은닉이 아닌 예

「상속인 결격사유의 하나로 규정하고 있는 민법 제1004조 제5호 소정의 '상속에 관한 유언서를 은닉한 자'라 함은 유언서의 소재를 불명하게 하여 그 발견을 방해하는 행위를 한 자를 의미하는 것으로, 공동상속인들 사이에 그 내용이 널리 알려진 유언서에 관하여 피상속인의 사망 후 일정한 기간이 경과한 시점에서 비로소 그 존재를 주장하는 등의 사정만으로 이를 두고 유언서의 은닉에 해당한다고 단정할 수 없다.」(대판 2023. 12. 21, 2023다265731. 같은 취지: 대판 1998. 6. 12, 97다

38510(피상속인이 사망한 지 6개월이 경과 한 시점에서 비로소 유언서의 존재를 주장함)).

(3) 결격의 효과

E-182

1) 상속결격사유에 해당하는 행위를 한 자는 상속인이 되지 못한다(1004조). 즉 그는 상속자격을 상실한다. 이러한 결격의 효과는 법률상 당연히 발생하며, 이해관계인의 청구나 재판절차를 필요로 하지 않는다.

2) 결격사유가 상속개시 전에 생긴 때에는 결격자는 후에 상속이 개시되더라도 상속을 하지 못한다. 그리고 결격사유가 상속개시 후에 생긴 때에는 일단 개시된 상속이 소급해서 무효로 된다(절대적 효과). 따라서 결격자가 한 상속재산의 처분도 무효로 되며(선의취득을 하는 경우에는 예외이다), 진정한 상속인은 상속회복청구를 할 수 있다.

예를 들어본다. A에게 아들 B가 있고 B는 C와 혼인하였는데, B가 사망하자 C는 B 소유의 X부동산에 관하여 상속등기를 하고 나서 자신의 지분을 D에게 양도하여 등기를 마쳤다. 그 후 C는 B와의 사이에 임신한 태아를 고의로 낙태시켰다. 이러한 경우에 C가 태아를 고의로 낙태시킨 것은 상속결격사유이고(대판 1992. 5. 22, 92다2127은 태아가 호주상속의 선순위 또는 재산상속의 선순위나 동순위에 있는 경우에 그를 낙태하면 이 사건 당시 시행되던 민법(1990. 1. 13.에 개정되기 전의 것) 제992조 제 1 호 및 제1004조 제 1 호 소정의 상속결격사유에 해당한다고 한다), 그 사유가 상속개시 후에 생겼지만 상속이 소급해서 무효로 된다. 그리고 결격자인 C가 행한 지분 양도도 무효로 된다. 따라서 진정한 상속인인 A는 D에게 상속회복청구로서 X부동산의 공유지분등기의 말소를 청구할 수 있다. 그런데 진정상속인이 참칭상속인으로부터 상속재산을 양수한 제 3 자를 상대로 등기말소청구를 하는 경우에도 상속회복청구권의 단기의 제척기간이 적용되므로(대판(전원) 1981. 1. 27, 79다854), A는 낙태사실을 안 날부터 3년 내에, 낙태가 있었던 때부터 10년 내에 그 권리를 행사하여야 한다.

3) 상속결격의 효과는 특정의 피상속인에 대한 관계에만 미치며, 다른 피상속인에 대한 상속자격에는 영향이 없다. 다만, 법문상 직계존속을 살해하거나 살해하려 한 자 또는 직계존속에게 상해를 가하여 사망에 이르게 한 자는 구체적인 상속과 관계없이 언제나 상속결격이 되는 것으로 해석된다(그러나 이는 입법론상 의문이다). 그리고 결격의 효과는 결격자 본인에만 한정되므로 그의 직계비속이나 배우자가 대습상속을 하는 데는 지장이 없다.

4) 유증은 법정상속과 달리 유언자의 유언에 의하여 행하여지고, 유증결격자의 모든 유증을 막는 법률규정이 없으므로, 유언자가 이전에 부정행위를 한 자에 대하여 유증을 한 경우에는 유효하다고 하여야 한다(이설 있음). 한편 피상속인이 상속결격자에 대하여 용서를 하거나 결격의 효과를 취소 또는 면제할 수 있는지가 문제된다. 여기에 관하여 학설은 i) 용서 등이 인정되지 않으나, 생전증여는 가능하므로 실제에 있어서는 의미가 없다는 견해, ii) 용서 등을 인정하는 견해, iii) 상속결격에 해당하는 행위가 있은 후에 그 사실을 알

면서 피상속인이 유증을 한 때에는 이 유증에는 결격의 효과가 미치지 않아서 실질적으로 용서를 하는 것이 가능하다는 견해(사견도 같음)로 나뉘어 있다.

E-182a

3. 상속권 상실 선고

(1) 의 의

상속권 상실 선고는 피상속인의 직계존속이 피상속인에 대한 부양의무를 중대하게 위반한 경우와 같은 때에 피상속인의 유언 또는 공동상속인 등의 청구에 따라 가정법원이 상속권의 상실을 선고할 수 있도록 한 제도이다(1004조의 2. 세칭 '구하라'법. 2024. 9. 20. 개정, 2026. 1. 1. 시행)(상속권 상실 선고는 나류 가사소송사건이어서 조정전치주의가 적용됨. 가소 2조 1항 나류사건 15)·50조).

(2) 상속권 상실 선고를 할 수 있는 경우와 그 절차

상속권 상실 선고를 할 수 있는 경우에는 다음 두 가지가 있으며, 두 경우 모두 일정한 자의 상속권 상실 청구가 있어야 한다.

1) 피상속인이 제1068조에 따른 공정증서에 의한 유언으로 상속권 상실의 의사를 표시한 경우(1004조의 2 1항) 피상속인은 상속인이 될 사람이 피상속인의 직계존속으로서 ① 피상속인에 대한 부양의무(미성년자에 대한 부양의무로 한정함)를 중대하게 위반한 경우나 ② 피상속인 또는 그 배우자나 피상속인의 직계비속에게 중대한 범죄행위(1004조의 경우는 제외함)를 하거나 그 밖에 심히 부당한 대우를 한 경우에는 제1068조에 따른 공정증서에 의한 유언으로 상속권 상실의 의사를 표시할 수 있다(1004조의 2 1항 1문).

이 경우 유언집행자는 가정법원에 그 사람의 상속권 상실을 청구하여야 한다(1004조의 2 1항 2문). 그런데 제 1 항의 유언에 따라 상속권 상실의 대상이 될 사람은 유언집행자가 되지 못한다(1004조의 2 2항).

2) 제1004조의 2 제 1 항에 따른 유언이 없었던 경우 제 1 항에 따른 유언이 없었던 경우에는, 공동상속인은 피상속인의 직계존속으로서 ① 피상속인에 대한 부양의무(미성년자에 대한 부양의무로 한정함)를 중대하게 위반하거나 ② 피상속인에게 중대한 범죄행위(제1004조의 경우 즉 상속결격의 경우는 제외함)를 하거나 그 밖에 심히 부당한 대우를 한 사람이 상속인이 되었음을 안 날부터 6개월 이내에 가정법원에 그 사람의 상속권 상실을 청구할 수 있다(1004조의 2 3항). 만약 제 3 항의 청구를 할 수 있는 공동상속인이 없거나 모든 공동상속인에게 제 3 항 각 호의 사유(위 ①·②의 사유)가 있는 경우에는 상속권 상실 선고의 확정에 의하여 상속인이 될 사람이 이를 청구할 수 있다(1004조의 2 4항).

(3) 가정법원의 판단과 조치

가정법원은 상속권 상실을 청구하는 원인이 된 사유의 경위와 정도, 상속인과 피상속인의 관계, 상속재산의 규모와 형성 과정 및 그 밖의 사정을 종합적으로 고려하여 제1004

조의 2 제 1 항, 제 3 항 또는 제 4 항에 따른 청구를 인용하거나 기각할 수 있다(1004조의 2 5항).

가정법원은 동조 제 1 항, 제 3 항 또는 제 4 항에 따른 상속권 상실의 청구를 받은 경우 이해관계인 또는 검사의 청구에 따라 상속재산관리인을 선임하거나 그 밖에 상속재산의 보존 및 관리에 필요한 처분을 명할 수 있다(1004조의 2 7항). 그리고 가정법원이 동조 제 7 항에 따라 상속재산관리인을 선임한 경우 상속재산관리인의 직무, 권한, 담보제공 및 보수 등에 관하여는 제24조부터 제26조(부재자의 재산관리인 규정임)까지를 준용한다(1004조의 2 8항).

(4) 상속권 상실 선고의 효과

상속개시 후에 상속권 상실의 선고가 확정된 경우 그 선고를 받은 사람은 상속이 개시된 때에 소급하여 상속권을 상실한다(1004조의 2 6항 본문). 다만, 이로써 해당 선고가 확정되기 전에 취득한 제 3 자의 권리를 해치지 못한다(1004조의 2 6항 단서).

(5) 상속권 상실 선고에 관한 적용례 및 특례

제1004조의 2의 개정규정은 2024년 4월 25일 이후 상속이 개시되는 경우로서 같은 개정규정 시행 전에 같은 조 제 1 항 또는 제 3 항 각 호에 해당하는 행위가 있었던 경우에 대해서도 적용한다(2024. 9. 20. 개정민법 부칙 2조). 그리고 2024년 4월 25일 이후 제1004조의 2의 개정규정의 시행일인 2026년 1월 1일 전에 상속이 개시된 경우로서 제1004조의 2 제 3 항 각 호의 사유가 있는 사람이 상속인이 되었음을 같은 개정규정 시행 전에 안 공동상속인은 같은 조 제 3 항 각 호 외의 부분에도 불구하고 같은 개정규정 시행일부터 6개월 이내에 상속권 상실 청구를 할 수 있고(2024. 9. 20. 개정민법 부칙 3조 1문), 같은 조 제 4 항에 따라 상속인이 될 사람 또한 같다(2024. 9. 20. 개정 부칙 3조 2문).

Ⅱ. 상속인의 순위 E-183

1. 서 설

상속인에는 혈족상속인과 배우자상속인이 있으며, 그 가운데 혈족상속인은 피상속인과의 친소관계에 의하여 그룹별로 1순위부터 4순위까지 순위가 정하여져 있고(1000조), 배우자는 언제나 상속인이 되는 것으로 정하여져 있다(1003조)(현행 민법이 시행되기 전에 호주 아닌 기혼의 장남이 직계비속 없이 사망한 경우 그 재산은 처가 상속하는 것이 우리나라의 관습이었다. 대판 2015. 1. 29, 2014다205683). 그에 비하여 인척은 상속인으로 규정되어 있지 않으므로 상속인이 될 수 없다(다만, 인척은 유증을 받음으로써 상속을 받는 것과 유사한 결과를 달성할 수 있다).

상속인으로 될 수 있는 자가 여럿 있는 경우에 그들 사이의 순위가 다른 때에는 최우선순위자만 상속인이 되고 후순위자는 상속에서 배제되며(1000조 1항 · 1000조 2항 참조), 동순위자가 여럿 있는 때에는 공동으로 상속한다(1000조 2항). 예컨대 제 1 순위자뿐만 아니라 제 2 – 제 4 순위자도 모두 있는 경우에는 제 1 순위자만이 상속인이 되고 나머지는 상속인이 되지 못한다. 그리고 상속인이 없고 또 특별연고자로서 상속재산의 분여(分與)를 청구하는 자도 없는 경우에는 상속재산은 국고에 귀속한다(1058조). 한편 피상속인이 사망하기 전에 상속인으로 될 직계비속이나 형제자매가 사망하거나 상속결격자가 된 경우에는, 그의 직계비속과 배우자가 그에 갈음하여 상속하게 되는데(1001조 · 1003조 2항), 이를 대습상속이라고 한다.

E-184

2. 혈족상속인

(1) 제 1 순위: 피상속인의 직계비속(1000조 1항 1호)

1) 직계비속이면 모두 여기에 해당하므로 피상속인의 자녀 외에 손자녀·증손자녀 등도 포함된다(대판 2005. 7. 22, 2003다43681)(다만 이들이 여럿 있는 경우에는 우선순위의 문제는 남는다). 그리고 부계혈족뿐만 아니라 모계혈족(외손자녀 · 외증손자녀)도, 자연혈족뿐만 아니라 법정혈족(양자녀 및 그의 직계비속)도 포함된다. 직계비속의 성별, 혼인 여부, 혼인 중의 자녀인지 여부, 연령의 많고 적음 등은 묻지 않는다. 입양된 자도 같다(대판 1983. 9. 27, 83다카745). 그리고 직계비속의 존재가 확실한 이상 생사불명이라고 하여 제외시켜서는 안 된다(대판 1982. 12. 28, 81다452 · 453: 피상속인의 딸이 북한에 있는 경우).

2) 직계비속이 여럿 있는 경우에 피상속인과 그들 사이의 촌수가 다르면 최근친(촌수가 가장 작은 자)이 선순위자로서 상속인이 되고(1000조 2항 전단), 최근친인 직계비속이 여럿 있는 때에는 그들은 공동상속인이 된다(1000조 2항 후단). 따라서 피상속인의 자녀·손자녀가 있는 경우에는 자녀만이 상속하고, 자녀가 여럿 있으면 그들이 공동으로 상속한다.

3) 피상속인의 직계비속에 관하여는 대습상속이 인정된다(1001조 · 1003조 2항 참조). 그런데 피상속인의 여러 자녀가 있었는데 이들이 상속이 개시되기 전에 모두 사망 또는 결격된 경우에 그들의 자녀(피상속인의 손자녀)들은 본래의 고유한 상속인으로서 상속하는지 대습상속을 하는지가 문제된다(어떻게 파악하느냐에 따라 상속분이 달라질 수 있다. 피상속인의 자녀들이 각기 다른 수의 자녀를 두고 있는 경우 등에서 그렇다). 여기에 관하여 학설은 i) 본래의 고유한 상속인으로서 상속한다는 견해(본위상속설 내지 비대습상속설)와 ii) 손자녀 이하의 직계비속은 언제나 대습해서만 상속한다는 견해(사견도 같음)로 나뉘어 있다. 그리고 판례는 대습상속한다는 입장이다(대판 2001. 3. 9, 99다13157[핵심판례 468면]. 판례가 상속포기의 경우(대판 1995. 9. 26, 95다27769 등 참조)와 다른 입장에 있음을 유의할 것).

E-185

(2) 제 2 순위: 피상속인의 직계존속(1000조 1항 2호)

1) 직계존속이면 부계인지 모계(외조부모 등)인지, 양가(養家) 쪽인지 생가(生家) 쪽인지(대결 1995. 1. 20, 94마535)(친양자의 생가 쪽 직계존속은 상속인이 되지 못한다. 친양자의 경우에는 기존의 친족관계가 소멸하기 때문이다), 성별, 이혼했는지 여부 등을 묻지 않는다.

2) 직계존속이 여럿 있는 경우에는 최근친이 선순위가 된다는 점, 최근친인 직계존속이 여럿 있으면 공동상속인이 된다는 점은 직계비속의 경우와 마찬가지이다(1000조 2항).

3) 직계존속의 경우에는 대습상속이 인정되지 않는다. 따라서 피상속인의 부모가 최우선순위의 상속인인 경우에 모가 사망하고 있으면 모의 부모(즉 외조부모)가 생존하고 있더라도, 모의 상속분은 모의 부모나 모의 자녀(즉 피상속인의 형제자매)가 대습상속하지 않고 부가 단독으로 상속

한다.

(3) 제 3 순위: 피상속인의 형제자매(1000조 1항 3호)

1) 형제자매는 부계(父系)·모계(母系)를 모두 포함한다(이설 없음). 판례도 같은 입장이다(대판 1997. 11. 28, 96다5421). 그리하여 부(父)는 다르고 모(母)가 같은 경우(이성동복(異姓同腹))와 부가 같고 모는 다른 경우(동성이복(同姓異腹))도 포함된다. 형제자매이면 성별, 혼인 여부, 자연혈족인지 법정혈족(양자)인지 등을 묻지 않는다.

2) 형제자매가 여럿 있으면 동순위로 상속인이 된다. 그리고 형제자매에 관하여는 대습상속이 인정된다(1001조·1003조 2항 참조).

(4) 제 4 순위: 피상속인의 4촌 이내의 방계혈족(1000조 1항 4호)

1) 방계혈족은 ① 형제자매, ② 형제자매의 직계비속, ③ 직계존속의 형제자매, ④ 직계존속의 형제자매의 직계비속인데(768조 후단), 이들 중 ①은 제3순위의 상속인이고 ②는 형제자매를 대습 또는 재대습상속하므로 ① ②는 제4순위의 상속인에서 제외되며, ③ ④ 가운데 4촌 이내의 자가 제4순위의 상속인이 된다. 방계혈족이면 되고 부계(父系)인지 모계(母系)인지, 성별, 혼인 여부 등은 묻지 않는다.

2) 4촌 이내의 방계혈족이 여럿 있는 경우에는 최근친자(피상속인과 3촌인 자)가 선순위로 되고, 선순위인 자(동친등의 상속인, 즉 같은 촌수인 자)가 여럿 있으면 공동상속인이 된다(1000조 2항).

3. 배우자상속인 E-186

(1) 피상속인의 배우자는 피상속인의 직계비속이나 피상속인의 직계존속이 있는 때에는 그 상속인과 공동상속인이 되고, 그 상속인이 없는 때에는 단독상속인이 된다(1003조 1항).

(2) 여기의 배우자는 혼인신고를 한 법률상의 배우자만을 가리키며, 사실혼의 배우자는 포함되지 않는다(통설임)(사실혼의 배우자는 상속인이 없는 경우에 특별연고자로서 상속재산의 전부 또는 일부의 분여를 받을 수 있을 뿐이다. 1057조의 2 참조). 현행법상 법률상 배우자이면 사실상 이혼한 경우에도 상속권을 가지게 되나, 그때는 상속권 주장이 권리남용인지를 신중하게 검토해 볼 필요가 있다.

(3) 혼인에 무효사유가 존재하는 경우(815조 참조) 혼인이 당연무효라고 하는 통설에 의하면, 혼인무효판결이 확정되기 전에 당사자 일방이 사망하여도 생존배우자는 상속권이 없게 된다(혼인무효소송 중에 원고가 사망하여도 소송은 종료되지 않으며 다른 제소권자(4촌 이내의 친족)가 이를 승계할 수 있다. 가소 16조 1항·23조 참조). 그러나 무효판결에 의하여 비로소 무효로 된다는 사견에 의하면(E-23 참조), 무효판결이 확정될 때까지는 상속권을 가진다고 하겠다. 그리고 혼인에 취소사유가 있는 경우(816조 참조)에는 법원에 취소를 청구하여야 하고(816조) 또 취소의 효력은 소급하지 않으므로(824조), 취소소송의 계속 중에 배우자 일방이 사망한 때에는 설사 그 후 소송절차가 승계되어 혼인취소판결이 확정되더라도 생존배우자는 상속권을 갖는다(이설 있음). 이 점은 중혼의 경우에도 같다. 그러므로 중혼취소의 소송 중에

배우자 일방이 사망한 때에는 그 후에 혼인취소판결이 확정되어도 두 혼인의 배우자가 모두 상속권을 갖는다(동지 대판 1996. 12. 23, 95다48308[핵심판례 420면]). 한편 부부의 일방이 이혼의 소를 제기한 후 소송계속 중 사망한 경우에는, 이혼청구권은 일신전속권이어서 상속의 대상이 되지 않고 소송승계도 인정되지 않으므로 소송은 종료되며(대판 1994. 10. 28, 94므246 · 253 등), 그 결과 생존배우자는 유책배우자라 하더라도 상속권이 있다.

E-187 ## Ⅲ. 대습상속

1. 의의 및 성질

(1) 대습상속(代襲相續)이란 상속이 개시되기 전에 상속인이 될 피상속인의 직계비속 또는 형제자매가 사망하거나 결격된 경우에, 그의 직계비속과 배우자가 사망 또는 결격된 자의 순위에 갈음하여 상속하는 것을 말한다(1001조 · 1003조 2항).

(2) 민법상 대습상속이 인정되는 경우는 세 가지이다. ① 상속인이 될 피상속인의 직계비속이 상속개시 전에 사망하거나 결격된 때에는 그의 직계비속이 대습상속한다(1001조 · 1000조 1항 1호). ② 상속인이 될 피상속인의 형제자매가 상속개시 전에 사망하거나 결격된 때에는 그의 직계비속이 대습상속한다(1001조 · 1000조 1항 3호). ③ 상속인이 될 피상속인의 직계비속 또는 형제자매가 상속개시 전에 사망하거나 결격된 때에는 그의 배우자는 그의 직계비속과 공동으로 대습상속하고, 직계비속이 없으면 단독으로 상속한다(1003조 2항).

(3) 대습상속권은 피대습자(사망 또는 결격된 자)의 상속권을 대위하거나 승계한 것이 아니고, 법률이 인정하는 대습자 고유의 권리이다(이설 없음).

E-188 ### 2. 요 건

(1) 상속인이 될 자(피대습자)가 상속개시 전에 사망 또는 결격되었어야 한다(1001조 · 1003조 2항).

1) 대습상속은 상속인이 될 자(사망자 또는 결격자)가 피상속인의 직계비속 또는 형제자매인 경우에 한하여 인정된다(1001조). 그에 비하여 피상속인의 배우자, 직계존속, 3·4촌인 방계혈족의 경우에는 그들이 피상속인보다 먼저 사망하거나 결격되어도 대습상속이 인정되지 않는다. 판례도, 피대습자(사망자 또는 결격자)의 배우자가 대습상속의 상속개시 전에 사망하거나 결격자가 된 경우에, 그 배우자에게 피대습자로서의 지위가 인정될 수는 없다고 한다(대판 1999. 7. 9, 98다64318 · 64325).

2) 우선 피대습자가 피상속인이 사망하기 전에 사망한 경우에 대습상속이 인정된다(상속개시 전에 실종선고를 받은 경우도 포함된다). 그런데 피상속인과 그의 상속인으로 될 자(예: 자녀)가 동시에 사망한 것으로 추정되는 경우에는 대습상속이 인정되지 않는지가 문제된다. 법문으로만 보면 대습상속이 부정되어야 할 것이다. 그러나 피대습자가 피상속인보다 먼저 사망했으면 피대습자의 직

계비속과 배우자가 대습상속을 했을 것이고, 또 피대습자가 피상속인보다 나중에 사망했으면 피대습자가 일단 상속한 뒤에 그의 직계비속 등에게 다시 상속되는 점을 고려할 때, 동시사망 추정이 되는 경우에는 법문에도 불구하고 대습상속이 인정되어야 한다. 학설 · 판례(대판 2001. 3. 9, 99다13157[핵심판례 468면]. 이 판결은 거액의 재산을 가진 장인 및 그 가족이 비행기 사고로 모두 사망하자 그 재산을 사위 혼자 상속한 경우에 관한 것이다. 이 판결은 피상속인의 사위가 형제자매보다 우선하여 대습상속한다는 1003조 2항이 위헌이 아니라고도 한다)도 같다.

3) 결격은 상속이 개시되기 전에 결격된 경우뿐만 아니라 그 후에 결격이 된 경우도 포함시켜야 한다(이설 없음). 상속결격의 효과는 상속개시시에 소급하기 때문이다.

4) 상속포기는 대습원인이 아니다. 따라서 가령 피상속인의 처와 자녀들 전원이 상속포기를 한 경우에도 대습상속은 일어날 여지가 없고, 그 자녀들의 직계비속(손자녀 · 외손자녀)이 제 1 순위 중 후순위자로서 상속(본위 상속)을 하게 된다(이설 있음). 판례도 같은 견지에 있다(대판 2017. 1. 12, 2014다 39824 등).

(2) 대습을 하는 것은 피대습자의 직계비속과 배우자이다(1001조 · 1003조 2항). E-189

1) 결격의 경우 직계비속이 결격원인이 발생할 때 존재하여야 하는지가 문제되나, 학설은 결격 전에 태어난 자녀와 그 후에 태어난 자녀를 차별하는 것은 부당하다는 이유에서 직계비속은 상속개시시에 존재하고 있으면 충분하다고 새긴다(따라서 결격 후 입양된 자도 대습상속을 할 수 있다). 그리고 태아는 상속순위에 관하여 이미 출생한 것으로 의제되므로(1000조 3항), 이를 유추적용하여 상속개시 당시에 포태되어 있는 경우에는 대습상속을 할 수 있다고 하여야 한다(이설 없음). 한편 배우자도 상속개시시에 존재하면 되는지에 관하여 학설은 i) 결격될 당시의 배우자에 한정된다는 견해와 ii) 상속개시시에 배우자로서의 지위를 가지고 있으면 족하다는 견해(사견도 같음)로 나뉘어 있다.

2) 대습상속인이 되려면 피상속인에 대하여 상속결격이 아니어야 한다(이설 없음). 그런데 피대습자에 대하여도 결격이 아니어야 하는지에 관하여는 i) 결격이 아닐 것을 요구하지 않는 견해(사견도 같음)와 ii) 이에 반대하는 견해로 나뉘어 있다. 주의할 것은, 가령 손자가 아버지를 살해한 뒤에 할아버지가 사망한 경우에는 그 손자는 직계존속을 살해한 자로서 제 1004조 제 1 호에 의하여 피상속인에 대하여도 결격으로 되어 대습상속을 하지 못한다는 점이다.

3) 「상속인이 될 자」 전원이 사망 또는 결격된 경우에 관하여는 앞에서 설명하였다(E-184 참조).

3. 재(再)대습상속 E-190

피상속인의 자녀에게 대습원인이 발생한 경우에 대습상속을 해야 할 손자녀에게도 대습원인이 생기면 그 손자녀의 직계비속인 증손자녀가 다시 대습상속을 하게 되는데,

이를 재대습상속이라고 한다(증손자녀를 현(玄)손자녀가 또 대습하면 재재대습상속이 될 것이다). 민법은 재대습상속에 관하여 별도의 규정을 두고 있지 않으나, 제1001조에서 대습자를 「직계비속」이라고만 규정하고 있기 때문에 학설은 재대습상속도 인정한다. 그리고 재대습상속은 상속인이 될 형제자매의 직계비속에게도 인정된다(이설 없음).

4. 대습상속의 효과

대습상속의 요건이 갖추어진 경우에는 대습자는 피대습자가 받았을 상속분을 상속하게 된다(1010조 1항). 그리고 대습자가 여럿 있는 때에는 그 상속분의 한도에서 법정상속방법에 의한다(1010조 2항).

제 3 관 상속의 효력

E-191 **Ⅰ. 일반적 효과**

1. 상속재산의 포괄승계의 원칙

상속인은 상속이 개시된 때에 피상속인의 재산에 관한 모든 권리 · 의무를 포괄적으로 승계한다(1005조 본문. 동조의 문언은 위와 같은 의미임. 이설 없음).

(1) 승계되는 것에는 적극재산(권리)뿐만 아니라 소극재산(채무)도 포함되고, 아직 구체화되지 않은 재산법적인 법률관계(예: 청약을 받고 있는 지위, 매도인으로서의 담보책임을 지는 지위)도 포함된다. 그러나 재산적인 권리 · 의무에 한하며, 인격권(예: 생명권 · 신체권 · 자유권)이나 친족법상의 권리(예: 친권 · 배우자의 권리 · 후견인의 권리 · 부양청구권)는 승계되지 않는다. 그리고 재산적인 권리 · 의무일지라도 피상속인의 일신에 전속한 것은 승계되지 않는다(1005조 단서). 자기의 초상을 그리게 하는 채권, 위임계약상의 당사자의 지위(690조) 등이 그 예이다.

(2) 상속재산을 구성하는 개별적인 권리 · 의무는 포괄적으로 즉 모두가 한꺼번에 승계된다(예외: 1008조의 3). 따라서 개별적인 권리에 대한 이전절차나 채무인수는 필요하지 않다. 그리고 그 승계는 특별한 의사표시가 없어도 법률규정에 의하여 당연히 일어난다.

(3) 승계되는 시기는 상속이 개시된 당시(피상속인의 사망 당시)이다. 이때 상속인이 상속이 개시되었다는 사실, 자기가 상속인이라는 사실, 피상속인의 적극 · 소극재산의 구체적인 내용을 알았는지는 묻지 않는다.

E-192 **2. 상속재산의 범위**

상속재산이란 상속인이 상속에 의하여 승계하게 될 피상속인의 권리 · 의무의 전체이다.

(1) 재산상의 권리

1) 물 권 소유권은 당연히 상속되고, 제한물권도 상속되나, 다만 담보물권은 부종성·수반성이 있으므로 피담보채권과 분리해서 그것만 상속될 수는 없다. 합유자의 합유지분도 상속되지 않는다(대판 1996. 12. 10, 96다23238 등). 그리고 상속이 개시되면 피상속인이 점유하고 있던 물건은 상속인의 점유로 된다(193조). 이때 점유의 성질은 그대로 유지된다(통설 · 판례도 같음. 대판 1997. 12. 12, 97다40100[핵심판례 134면] 등). 그리고 점유권의 공동상속에 관하여는 상속분에 관한 규정(1009조 이하)이 적용되지 않는다(대판 1962. 10. 11, 62다460). 즉 공동점유의 경우에는 상속분이라는 것이 없다.

2) 채 권 채권도 일신전속적인 것을 제외하고는 상속된다.

㈎ **임차권**은 재산권이고 임차인의 사망으로 효력을 잃는다고 규정되어 있지도 않으므로, 임차인이 사망하여도 임대차는 존속하고 임차권은 상속인에게 상속된다(대판 1966. 9. 20, 66다1238). 다만, 주택의 임대차에 있어서는 임차인과 그 주택에서 가정공동생활을 하던 사실상의 혼인관계에 있는 자를 보호하기 위하여 특별법에 규정이 두어져 있다(D-267 참조).

㈏ **통상의 손해배상청구권**은 당연히 상속된다(1005조). **그에 비하여** 약혼해제(806조 3항)·혼인의 무효 취소(825조)·이혼(843조)·입양의 무효 취소(897조)·파양(908조) 등을 이유로 한 위자료청구권은 이미 그 배상에 관한 계약이 성립되거나 소를 제기한 후에만 상속된다. **생명침해**의 경우에 관하여는 견해가 대립되나, 판례에 의하면 다음과 같이 된다. 우선 재산적 손해배상청구권으로 피살자에게 — 여명기간(餘命期間) 동안의 — 일실이익의 배상청구권이 발생하였다가 그가 사망할 때 상속인에게 상속된다고 하며, 치료비의 배상청구권이 발생하였으면 그것도 상속된다고 한다. 그리고 정신적 손해배상청구권과 관련하여서는, 생명침해에 의하여 피살자에게 위자료청구권이 발생하고, 그 권리는 피살자가 이를 포기했거나 면제했다고 볼 수 있는 특별한 사정이 없는 한 생전에 청구의 의사를 표시할 필요 없이 원칙적으로 상속된다고 하고, 이는 즉사의 경우에도 같다고 한다(D-504 참조).

㈐ **생명보험금청구권**에 대하여 본다. 피상속인(보험계약자)이 자기를 피보험자로 하고 상속인의 전부 또는 일부를 보험수익자로 지정한 경우에는, 수익자를 성명으로 특정한 때는 물론이고 수익자를 단순히 「상속인」이라고 지정한 때에도, 보험금청구권은 보험계약의 효력에 의한 것이어서 귀속자의 고유재산이며 상속재산으로 되지 않는다(이설이 없으며, 판례도 같음. 대판 2023. 6. 29, 2019다300934 등)(이는 생명보험의 보험계약자가 스스로를 피보험자로 하면서 자신이 생존할 때의 보험수익자로 자기 자신을, 자신이 사망할 때의 보험수익자로 상속인을 지정한 후 그 피보험자가 사망하여 보험사고가 발생한 경우(즉 보험계약자가 만기 전에 사망한 경우)이든, 처음부터 상속인만을 보험수익자로 지정한 경우이든 마찬가지이다. 대판 2023. 6. 29, 2019다300934 등은 앞의 경우에 관하여 판시하였다). 그리고 피상속인(보험계약자)이 자기를 피보험자로 하고 상속인 이외의 제 3 자를 보험수익자로 지정한 계약에서 그 수익자가 보험사고(즉 피보험자의 사망)의 발생 전에 사망한 경우에, 보험계약자가 다시 보험수익자를 지정할 수 있음에도 불구하고 지정하지 않고 사망한 때에는 보험수익자의 상속인이 보험수익자로 되는데(상법 733조 3항), 이때 보험금청구권은 보험계약의 효력에 의한 것으로서 수익자의 고유재산

이다(이설 없음).

판례에 의하면, 위의 생명보험금청구권의 법리는 상해의 결과로 사망한 때에 사망보험금이 지급되는 상해보험에 있어서 피보험자의 상속인을 보험수익자로 미리 지정해 놓은 경우는 물론, 생명보험의 보험계약자가 보험수익자의 지정권을 행사하기 전에 보험사고가 발생하여 상법 제733조에 의하여 피보험자의 상속인이 보험수익자가 되는 경우에도 마찬가지라고 보아야 할 것이며, 나아가 보험수익자의 지정에 관한 상법 제733조는 상법 제739조에 의하여 상해보험에도 준용되므로, 상해의 결과로 사망한 때에 사망보험금이 지급되는 상해보험에 있어서 보험수익자가 지정되어 있지 않아 위 법률규정에 의하여 피보험자의 상속인이 보험수익자가 되는 경우에도 보험수익자인 상속인의 보험금청구권은 상속재산이 아니라 상속인의 고유재산이라고 보아야 할 것이라고 한다(대판 2004. 7. 9, 2003다29463). 그리고 이때 생명보험계약이나 상해보험계약에서 보험수익자로 지정된 피보험자의 상속인 중 1인이 자신에게 귀속된 보험금청구권을 포기하더라도 그 포기한 부분이 당연히 다른 상속인에게 귀속되지는 않으며(그것은 상속재산의 포기가 아니고 고유재산의 포기이기 때문으로 생각됨: 저자 주), 그러한 법리는 단체보험에서 피보험자의 상속인이 보험수익자로 인정된 경우에도 동일하게 적용된다고 한다(대판 2020. 2. 6, 2017다215728).

한편 피상속인(보험계약자)이 자기를 피보험자인 동시에 보험수익자로 한 경우에 관하여는 학설이 i) 상속재산에 속한다는 견해와 ii) 상속인의 고유재산이라는 견해(사견도 같음)로 나뉘어 있다.

(라) 사망퇴직금과 유족연금은 모두 유족 고유의 권리이다(통설도 같음).

(마) 부의금(조위금)은 상주에게 하는 증여라고 보아야 하며, 따라서 상속재산이 아니다(이설 없음).

E-193 **3) 부양청구권 · 부양의무** 이는 일신전속적인 것이므로 상속되지 않는다. 그러나 연체된 부양료지급청구권이나 부양의무는 상속된다(통설도 같음).

4) 재산분할청구권 이에 대하여 학설은 청구의 의사표시 여부에 관계없이 상속되지만 다만 부양적 요소는 상속되지 않는다고 한다. 그리고 판례는 이혼소송 계속 중 배우자의 일방이 사망한 때에는 이혼소송이 종료된다고 하면서 따라서 이혼의 성립을 전제로 하는 재산분할청구도 종료한다고 한다(대판 1994. 10. 28, 94므246 · 253).

5) 지식재산권 저작권(저작인격권을 제외한 저작재산권 · 출판권 · 저작인접권) · 특허권 · 실용신안권 · 디자인권 · 상표권도 상속대상이다.

6) 광업권 · 어업권 광업권 · 어업권도 상속재산에 속한다.

7) 형 성 권 취소권 · 추인권 · 해제권 · 해지권 · 예약완결권 · 상계권 등의 형성권도 상속되나, 이들은 어떤 법률관계 또는 법률상의 지위에 부수하는 것이어서 그러한 법률

관계 등의 상속에 따라 일체로 되어 승계된다.

(2) 재산상의 의무 E-194

1) 일 반 론 채무 기타 재산적 의무는 일신전속적인 것이 아닌 한 상속된다. 상속재산으로 채무만 있는 때에도 같다.

2) 등기이전의무 피상속인이 부동산을 양도하는 계약을 체결한 뒤 등기를 이전하기 전에 사망한 때에는, 상속인이 그 등기이전의무를 승계한다. 그런데 공동상속의 경우에는 그 의무를 상속지분의 범위에서 승계한다고 할 것이다. 판례도 같은 입장이다(대판 1979. 2. 27, 78다2281).

판 례 소유권이전등기 관련

(ㄱ) 타에 매도된 부동산의 공동상속인 중 자기 이외의 상속인들의 상속지분을 매수하여 자기 앞으로 그 매수지분에 관한 이전등기를 마친 자는, 원래의 자기 고유상속지분이 아닌 매수지분에 관하여는 의무승계의 특약의 존재 등 특단의 사정이 없는 한 당연히 다른 상속인들의 원래의 부동산 매수인에 대한 의무를 승계한다고 볼 수 없다(대판 1979. 2. 27, 78다2281).

(ㄴ) 「부동산 소유권이전등기 의무자는 특별한 사정이 없는 한 등기부상의 명의인이라고 할 것인바, 피고들이 주장하는 바와 같이 이 사건 부동산이 피고들의 협의분할에 의하여 피고 ○○○만이 단독으로 그 상속등기까지 마쳤다면 협의분할의 소급효에 의하여 피고 ○○○을 제외한 나머지 피고들은 이 사건 부동산을 상속한 것이 아니라 할 것이고 현재 등기부상 등기명의자가 아니어서 등기의무자로 될 수도 없다 할 것이므로 그에 대한 시분 소유권이전등기 의무도 없다.」(대판 1991. 8. 27, 90다8237)

(ㄷ) 「전 소유자가 사망한 이후에 그 명의로 신청되어 경료된 소유권이전등기는, 그 등기원인이 이미 존재하고 있으나 아직 등기신청을 하지 않고 있는 동안에 등기의무자에 대하여 상속이 개시된 경우에 피상속인이 살아 있다면 그가 신청하였을 등기를 상속인이 신청한 경우 또는 등기신청을 등기공무원이 접수한 후 등기를 완료하기 전에 본인이나 그 대리인이 사망한 경우와 같은 특별한 사정이 인정되는 경우를 제외하고는, 원인무효의 등기라고 볼 것이어서 그 등기의 추정력을 인정할 여지가 없는 것이다. 따라서 구 지적법 시행령이 적용되는 구 토지대장상의 소유자 변동의 기재에 있어서도 전 명의자가 사망한 이후에 그 명의자로부터 특정인 앞으로 소유권이 이전된 것으로 등재되어 있다면, 그 특정인이 적법하게 소유권을 이전받았다는 특별한 사정이 인정되는 경우를 제외하고는 그 특정인이 소유권을 취득한 것으로 추정할 여지는 없는 것이다.」(대판 2008. 4. 10, 2007다82028)

3) 보증채무 ① 기존 채무의 보증이나 금전소비대차상의 채무의 보증과 같이 보증인의 책임범위가 확정되어 있는 보통의 보증에 있어서의 보증채무는 상속된다. ② 신원보증계약은 신원보증인의 사망으로 종료하므로(신원보증법 7조), 신원보증인의 지위는 상속되지

않는다. 그러나 신원보증인이 사망하기 전에 신원보증계약으로 인하여 발생한 보증채무는 상속된다(대판 1972. 2. 29, 71다2747 등). ③ 계속적 계약관계(예: 당좌대월계약·어음할인계약)에서 생기는 불확정한 채무에 관하여 행하여지는 계속적 보증의 경우에는 보증인의 지위는 상속되지 않는다고 할 것이나(이미 발생한 보증채무는 상속됨), 다만 보증채무의 한도액이 정해져 있는 때에는 상속을 인정하여도 무방하다(통설·판례도 같음. 대판 2003. 12. 26, 2003다30784 등)(민법상 근보증은 보증하는 채무의 최고액을 서면으로 특정하도록 하고 있음. 428조의 3).

E-195 **(3) 법률상 지위 또는 계약상 지위**

① 민법상의 사단법인(비영리법인)의 사원의 지위 즉 사원권은 상속이 허용되지 않는다(56조). 그러나 이 규정은 임의규정이므로 정관으로 상속을 허용할 수는 있다(대판 1997. 9. 26, 95다6205 등). 그리고 단체의 의사결정기관 구성원으로서의 지위는 일신전속권으로서 상속의 대상이 되지 않는다(대판 2004. 4. 27, 2003다64381). ② 민법상 조합에서 조합원이 사망하면 당연히 탈퇴하게 되고(717조 1호), 조합원의 지위가 상속인에게 승계되지 않는다(대판 1994. 2. 25, 93다39225 등). 그러나 조합계약에서 상속인이 승계하기로 특약을 한 경우 그 특약은 유효하다(앞의 판결 참조). ③ 무권대리인이 무권대리행위를 한 뒤에 본인이 아직 추인 또는 추인거절을 하지 않고 있는 동안 무권대리인이 본인을 상속하거나 본인이 무권대리인을 상속한 경우에 그 무권대리행위의 효력이 문제되는데, 그에 관하여는 민법총칙 부분에서 자세히 설명하였다(A-234 참조). ④ 판례는 부동산명의신탁에 있어서 명의수탁자가 사망하면 그 명의신탁관계는 그 재산상속인과의 사이에 존속하게 된다고 한다(대판 1996. 5. 31, 94다35985 등). 이러한 판례는 부동산실명법상 명의신탁이 인정되는 경우에는 그대로 유지될 수 있을 것이다. ⑤ 소송당사자가 사망하면 소송절차는 중단되며(민소 233조 1항 1문. 그러나 소송대리인이 있는 경우에는 예외이다(민소 238조)), 이 경우 상속인·상속재산관리인, 그 밖에 법률에 의하여 소송을 계속하여 수행할 사람이 소송절차를 수계(受繼)하여야 한다(민소 233조 1항 2문). 그러나 소송의 목적인 권리가 일신전속적 성질의 것인 때(예: 이혼소송)에는 당사자의 사망으로 소송은 종료한다.

E-196 **3. 제사용 재산의 특별승계**

(1) 서 설

민법은 일정한 제사용 재산은 상속인에게 포괄적으로 승계되는 일반 상속재산에서 제외되는 특별재산으로 하고, 법정의 상속인이 아닌 특정의 자가 이를 승계하는 것으로 하고 있다(1008조의 3 참조). 제사용 재산의 경우에는 공동상속하게 하거나 평등분할하도록 하는 것이 조상숭배나 가통(家統)의 계승을 중시하는 우리의 습속이나 국민감정에 반한다는 이유에서이다(대판 1997. 11. 28, 96누18069).

(2) 제사용 재산의 내용

제사용 재산은 ① 분묘에 속하는 1정보 이내의 금양임야(禁養林野)(분묘 또는 그 예정지 주위의 벌목이 금지되는 임야), ② 600평 이내의 묘토(墓土)(위토라고도 하며, 그로부터의 수익으로 제사비용 등 각종 비용에 충당하는 농지)인 농지(이는 제사 주재자 1인당 600평 이내가 아니고 봉사의 대상이 되는 분묘 1기당

600평 이내임. 대판 1996. 3. 22, 93누19269), ③ 족보, ④ 제구(祭具)(분묘의 부속시설인 비석도 포함됨. 대판 1993. 8. 27, 93도648)로 구성된다.

(3) 제사용 재산의 승계자(상속인)

제사용 재산은 「제사를 주재하는 자」가 이를 승계한다(1008조의 3). 그런데 과연 누가 제사를 주재하는 자인지가 문제이다. 여기에 관하여 학설은 나뉘어 있다. 그리고 판례는 이전에는, 공동상속인들 사이에 제사주재자 결정에 관한 협의가 이루어지지 않는 경우 특별한 사정이 없는 한 장남 또는 장손자 등 남성 상속인이 제사주재자로 우선한다고 하였다(대판(전원) 2008. 11. 20, 2007다27670). 그런데 최근에 판례를 변경하여, 공동상속인들 사이에 협의가 이루어지지 않는 경우에는 제사주재자의 지위를 인정할 수 없는 특별한 사정이 있지 않는 한 피상속인의 직계비속 중 남녀 · 적서를 불문하고 최근친의 연장자가 제사주재자로 우선한다고 한다(대판(전원) 2023. 5. 11, 2018다248626).

판 례 제사용 재산의 승계 관련 E-197

(ㄱ) 「어느 토지가 민법 제1008조의 3 소정의 금양임야이거나 묘토인 농지에 해당한다면 위 규정에 정한 범위 내의 토지는 제사 주재자가 단독으로 그 소유권을 승계할 것이고 이때의 제사 주재자는 종손이 있는 경우라면 그에게 제사를 주재하는 자의 지위를 유지할 수 없는 특별한 사정이 있는 경우를 제외하고는 그가 된다 할 것이며, 그 경우 다른 상속인 등의 명의로 소유권이전등기가 경료되었다 하여도 그 부분에 관한 한은 무효의 등기에 불과하므로 그 소유권이전등기로써 제사 주재자가 승계할 금양임야가 일반 상속재산으로 돌아가는 것은 아니라 할 것이다.」(대판 1997. 11. 28, 96누18069)

(ㄴ) 「금양임야 등의 소유자가 사망한 후 상속인과 그 금양임야로서 수호하는 분묘의 제사를 주재하는 자가 다를 경우에는 그 금양임야 등은 상속인들의 일반 상속재산으로 돌아간다고 보아야 할 것이며 상속인이 아닌 제사를 주재하는 자에게 금양임야 등의 승계권이 귀속된다고 할 수는 없다.」(대판 1994. 10. 14, 94누4059)

(ㄷ) 「민법 제1008조의 3(구 민법 제996조) 소정의 '묘토인 농지'라 함은 그 수익으로서 분묘관리와 제사의 비용에 충당되는 농지를 말하는 것으로, 단지 그 토지상에 분묘가 설치되어 있다는 사정만으로 이를 묘토인 농지에 해당한다고 할 수는 없으며, 위 규정에 따라 망인 소유의 묘토인 농지를 제사 주재자(또는 구 민법상의 호주상속인)로서 단독으로 승계하였음을 주장하는 자는, 피승계인의 사망 이전부터 당해 토지가 농지로서 거기에서 경작한 결과 얻은 수익으로 인접한 조상의 분묘의 수호 및 관리와 제사의 비용을 충당하여 왔음을 입증하여야 할 것이다.」(대판 2006. 7. 4, 2005다45452)

(ㄹ) 그 밖에 판례는 「금양임야가 수호하는 분묘의 기지가 제 3 자에게 이전된 경우에도 그 분묘를 사실상 이전하기 전까지는 그 임야는 여전히 금양임야로서의 성질을 지니고 있다」고 한다(대판 1997. 11. 28, 96누18069: 분묘의 기지가 포함된 토지가 수용되었는데 미처 분묘를 이장하지 못하고 있던 중 피상속인이 사망한 경우에 관하여 상속세 부과가 문제되었음). 그리고 제사용 재산에는 상속세를 과세하지 않으나(대판 1997. 11. 28, 97누5961. 현재는 일정범위 내에서 비과세함), 상속세 과세가액에 산입하지 않는 「묘토」는 상속개시 당시에 이미 묘토로 사용되고 있는 것만을 가리키고 원래 묘토로

사용되지 않던 농지를 상속개시 후에 묘토로 사용하기로 한 경우는 해당하지 않는다고 한다(대판 1996. 9. 24, 95누17236). 한편 분묘의 부속시설인 비석 등 제구를 설치·관리할 권한은 분묘의 수호·관리권에 포함되어 원칙적으로 제사를 주재하는 자에게 있고, 따라서 제사 주재자 아닌 다른 후손들이 비석 등 시설물을 설치하였고 그것이 제사 주재자의 의사에 반하는 것이라 하더라도, 제사 주재자가 분묘의 수호·관리권에 기하여 철거를 구하는 것은 별론으로 하고, 그 시설물의 규모나 범위가 분묘기지권의 허용범위를 넘지 않는 한, 분묘가 위치한 토지의 소유권자가 토지소유권에 기하여 방해배제청구로서 그 철거를 구할 수는 없다고 한다(대판 2000. 9. 26, 99다14006).

(4) 관련 문제

① 제사용 재산은 일반 상속재산이 아니고 특별재산이므로 상속분이나 유류분의 산정에 있어서 상속재산에 포함되지 않는다. ② 제사용 재산은 상속포기를 한 자도 승계할 수 있고, 한정승인이나 재산분리가 있는 경우에도 책임재산에서 제외된다. ③ 제사용 재산의 승계는 취득자의 상속분에 영향을 미치지 않는다(감소되지도 증가되지도 않음). ④ 제사용 재산 중에는 압류가 금지되는 것이 있으며(민사집행법 195조 8호·9호 참조), 금양임야와 묘토인 농지는 2억원을 한도로 하여, 그리고 족보와 제구는 1,000만원을 한도로 하여 상속세가 부과되지 않는다(「상속세 및 증여세법」 12조 3호, 동법 시행령 8조 3항 참조). ⑤ 제사용 재산의 승계는 피상속인이 사망한 때에 일어나나, 생전승계도 인정된다(예: 양자가 승계한 뒤 파양된 때).

E-198

Ⅱ. 상속분(相續分)

1. 서 설

(1) 상속분의 의의

상속분은 여러 가지 의미가 있다. ① 각 공동상속인이 상속재산에 대하여 가지는 권리·의무의 비율(1007조·1009조의 경우), ② 각 공동상속인이 승계할 상속재산의 가액(이는 상속재산의 가액에 ①의 비율을 곱하여 산정함)(1008조·1008조의 2의 경우), ③ 상속재산 분할 전의 각 공동상속인의 지위(1011조의 경우) 등이 그것이다. 이들 가운데 보통 상속분이라고 하면 ①을 가리킨다.

(2) 지정상속분 문제

피상속인이 유언으로 상속분을 지정할 수 있는지가 문제된다. 이에 대하여 학설은 i) 긍정설과 ii) 부정설(사견도 같음)로 나뉘어 있다.

2. 법정상속분 E-199

(1) 혈족상속인의 상속분

동순위의 상속인이 수인인 때에는 그 상속분은 균분으로 한다(1009조 1항). 성별, 부계인지 모계인지, 혼인 중의 자인지 여부 등은 전혀 묻지 않는다.

(2) 배우자상속인의 상속분

피상속인의 배우자의 상속분은 직계비속과 공동으로 상속하는 때에는 직계비속의 상속분의 5할을 가산하고, 직계존속과 공동으로 상속하는 때에는 직계존속의 상속분의 5할을 가산한다(1009조 2항). 예컨대 A가 그의 처 B와 아들 C·D, 딸 E를 남기고 사망한 경우에는, B·C·D·E는 각각 상속재산을 1.5:1:1:1로 상속한다. 그 결과 B의 상속분은 1.5/4.5이고, C·D·E의 상속분은 모두 똑같이 1.0/4.5씩이다. 피상속인에게 배우자만 있고 직계비속도 직계존속도 없는 때에는 배우자가 단독으로 상속한다(1003조 1항).

(3) 대습상속인의 상속분

대습상속인의 상속분은 피대습자(즉 사망 또는 결격된 자)의 상속분과 같다(1010조 1항). 그리고 대습상속의 경우에 대습상속하는 직계비속이 수인인 때, 그리고 대습상속하는 배우자(피대습자의 배우자)가 있는 때에는, 피대습자의 상속분을 상속재산으로 하여 법정상속분의 방법으로 상속분을 정한다(1010조 2항). 따라서 피대습자의 직계비속의 상속분은 균등하고(1009조 1항), 피대습자의 배우자의 상속분은 직계비속의 상속분의 5할을 가산한다(1009조 2항). 물론 직계비속이 없으면 배우자가 단독으로 대습상속한다(1003조 2항).

3. 특별수익자의 상속분 E-200

(1) 특별수익의 반환제도

공동상속인 중 1인 또는 수인이 피상속인으로부터 재산의 증여 또는 유증을 받은 경우에 그 특별수익을 고려하지 않고 상속한다면 불공평하게 된다. 그리하여 민법은 특별수익자는 그 수증재산이 자기의 상속분에 달하지 못한 때에는 그 부족한 부분의 한도에서 상속분이 있다고 규정한다(1008조). 이 규정의 의미가 분명치는 않으나, 특별수익자가 있는 경우의 구체적인 상속분의 산정방법은 다음과 같다고 하여야 한다. 먼저 피상속인이 상속개시 당시에 가지고 있던 재산(적극재산만을 의미함)의 가액에 생전증여의 가액을 가산한 후, 이 가액에 각 공동상속인별로 법정상속분율을 곱하여 상속분의 가액을 정한다. 이 가액이 각 공동상속인의 상속분이 되나, 특별수익자의 상속분은 이 가액에서 수증재산인 증여 또는 유증의 가액을 공제한 것이 된다. 통설·판례(대판 1995. 3. 10, 94다16571([핵심판례 470면]. E-204에 인용함); 대결 2022. 6. 30, 2017스98·99·100·101[핵심판례 472면])도 같다. 이것이 특별수익의 반환제도이다(실제로 수증재산을 반환하는 것이 아니고, 상속재산에 그 가액을 포함시킬 뿐이다).

예를 들어본다. A(사망 당시 재산 가액이 1억원임)가 자녀 B·C를 남기고 사망하였는데, A는 1년 전에 B를 결혼시키면서 생활자금으로 쓰라고 2,000만원을 증여하였다. 이 경우에 특별수익의 반환제도가 없다면, B·C는 각각 5,000만원씩 상속하게 될 것이다. 그러나 특별수익의 반환제도가 있는 현행법하에서는 상속재산은 1억원에 증여된 2,000만원이 더해져 1억 2,000만원이 되고, 그리하여 B·C의 상속분은 일단 6,000만원씩이 된다. 그런데 B의 상속분은 이 6,000만원에서 이미 증여받은 2,000만원을 뺀 4,000만원이 된다.

E-201 **(2) 반환의무자**

1) 공동상속인 증여나 유증을 받은 공동상속인은 반환의무가 있다. 그런데 상속을 승인(단순승인·한정승인 불문)한 자에 한하며, 상속을 포기한 자는 반환의무가 없다(다만 특별수익이 다른 공동상속인의 유류분을 침해한 때에 유류분반환청구의 대상은 된다). 그리고 공동상속인의 직계비속·배우자·직계존속이 증여 또는 유증을 받은 경우에는 반환의무가 없다. 다만, 증여 또는 유증의 경위 등 여러 사정을 고려해 볼 때 실질적으로 피상속인으로부터 상속인에게 직접 증여된 것과 다르지 않다고 인정되는 경우에는 공동상속인의 직계비속·배우자·직계존속 등에게 이루어진 증여나 유증도 특별수익으로서 고려할 수 있다(대결 2007. 8. 28, 2006스3·4).

판례는, 상속결격사유가 발생한 이후에 결격된 자가 피상속인으로부터 직접 증여를 받은 경우에 그 수익은 상속인의 지위에서 받은 것이 아니어서 원칙적으로 상속분의 선급으로 볼 수 없고, 따라서 결격된 자의 위와 같은 수익은 특별한 사정이 없는 한 특별수익에 해당하지 않는다고 한다(대결 2015. 7. 17, 2014스206·207). 판례는 그 이유로 특별수익자에 관한 제1008조는 공동상속인 중에 피상속인으로부터 재산의 증여 또는 유증을 받은 특별수익자가 있는 경우에 공동상속인들 사이의 공평을 기하기 위하여 그 수증재산을 상속분의 선급으로 다루어 구체적인 상속분을 산정함에 있어 이를 참작하도록 하려는 데 그 취지가 있다는 점을 든다.

2) 포괄적 수증자 법정상속인 이외의 제3자가 피상속인으로부터 포괄적 유증을 받은 때에는 반환의무가 없다는 데 견해가 일치한다(1008조의 취지는 공동상속인 사이의 형평을 꾀하려는 것이므로).

3) 대습상속의 경우 ① 피대습자가 피상속인으로부터 특별수익을 한 때에는 대습상속인은 언제나 반환의무가 있다고 새겨야 한다. 그런데 판례는, 피대습인이 대습원인의 발생 이전에 피상속인으로부터 생전증여로 특별수익을 받은 경우 그 생전증여는 대습상속인의 특별수익으로 봄이 타당하다고 한다(대판 2022. 3. 17, 2020다267620. 이 판례는 대결 2015. 7. 17, 2014스206·207과 같은 맥락에 있다). ② 대습상속인 자신이 피상속인으로부터 특별수익을 한 때에 관하여는 학설이 대립한다. i) 하나의 견해는 대습상속인이 실제로 공동상속인의 자격을 취득하게 되는 시점(즉 피대습자가 사망 또는 결격된 때) 이전에 수익하였든 그 이후에 수익하였든 언제나 반환의무가 있다고 하나, ii) 다른 견해는 대습상속인이 실제로 공동상속인의 자격을 취득하게 되는 시점 이후에 수익한 경우에만 반환

의무가 있다고 한다(사건도 같음). 그리고 판례는, 제1008조는 공동상속인 중에 피상속인으로부터 재산의 증여 또는 유증을 받은 특별수익자가 있는 경우 공동상속인들 사이의 공평을 기하기 위하여 수증재산을 상속분의 선급으로 다루어 구체적인 상속분을 산정함에 있어 이를 참작하도록 하려는 데 취지가 있다고 한 뒤, 대습상속인이 대습원인의 발생 이전에 피상속인으로부터 증여를 받은 경우 이는 상속인의 지위에서 받은 것이 아니므로 상속분의 선급으로 볼 수 없으며(그렇지 않고 이를 상속분의 선급으로 보게 되면, 피대습인이 사망하기 전에 피상속인이 먼저 사망하여 상속이 이루어진 경우에는 특별수익에 해당하지 아니하던 것이 피대습인이 피상속인보다 먼저 사망하였다는 우연한 사정으로 인하여 특별수익으로 되는 불합리한 결과가 발생한다고 한다), 따라서 대습상속인의 위와 같은 수익은 특별수익에 해당하지 않는다고 하여(대판 2014. 5. 29, 2012다31802), ii)설과 같다.

판 례 피상속인이 피대습인을 피보험자로 하되 대습상속인을 보험수익자로 지정한 경우 관련

「구체적 상속분 산정을 위한 분할대상 상속재산에 포함되는 증여에 해당하는지 여부를 판단할 때에는 피상속인의 재산처분행위의 법적 성질을 형식적·추상적으로 파악하는 데 그쳐서는 안 되고, 재산처분행위가 실질적인 관점에서 피상속인의 재산을 감소시키는 무상처분에 해당하는지 여부에 따라 판단해야 한다. 피상속인이 피대습인을 피보험자로 하되 대습상속인을 보험수익자로 지정한 생명보험계약을 체결하고 보험계약자로서 보험료를 납부하다가 피대습인이 사망하여 대습상속인이 생명보험금을 수령한 경우, 대습상속인을 보험수익자로 지정한 때 이미 실질적으로 피상속인의 재산을 감소시키는 증여가 있었다고 봄이 타당하다. 이와 같이 대습상속인이 대습원인 발생 전에 보험수익자로 지정된 이상 그 후에 피대습인의 사망이라는 조건 성취에 따라 생명보험금을 수령하였더라도, 그 보험금은 대습상속인이 상속인의 지위에서 받은 것이 아니므로 상속분의 선급인 특별수익으로 볼 수 없다.」(대결 2024. 6. 13, 2024스525·526)

4) 혼인·입양으로 상속인이 된 자 수익 당시에는 상속인이 될 지위에 있지 않았지만 그 후 증여자 또는 유증자(피상속인)의 배우자나 양자로 된 경우에는 반환의무가 있다(이설 없음).

(3) 특별수익의 범위 E-202

1) 생전증여 우리의 일상생활에 비추어 볼 때 생전증여의 경우 그 전부를 반환하게 하는 것은 적절하지 않다. 그런데 어떤 범위에 한정할 것인지가 문제이다. 판례에 의하면, 어떤 생전증여가 특별수익에 해당하는지는 피상속인의 생전의 자산·수입·생활수준·가정상황 등을 참작하고 공동상속인들 사이의 형평을 고려하여 당해 생전증여가 장차 상속인으로 될 자에게 돌아갈 상속재산 중 그의 몫의 일부를 미리 주는 것이라고 볼 수 있는지에 의하여 결정하여야 할 것이라고 한다(대판 2022. 3. 17, 2021다230083·230090 등). 구체적으로 보면 사업자금·주택구입자금은 특별수익이나, 부양비용·일반적인 의료비는 아니다.

판 례 생전증여 관련

「생전증여를 받은 상속인이 배우자로서 일생 동안 피상속인의 반려가 되어 그와 함께 가정공동체를 형성하고 이를 토대로 서로 헌신하며 가족의 경제적 기반인 재산을 획득·유지하고 자녀들에 대한 양육과 지원을 계속해 온 경우, 그 생전증여에는 위와 같은 배우자의 기여나 노력에 대한 보상 내지 평가, 실질적 공동재산의 청산, 배우자의 여생에 대한 부양의무의 이행 등의 의미도 함께 담겨 있다고 봄이 상당하므로 그러한 한도 내에서는 위 생전증여를 특별수익에서 제외하더라도 자녀인 공동상속인들과의 관계에서 공평을 해친다고 말할 수 없다.」(대판 2011. 12. 8, 2010다66644)

2) 유 증 유증은 그 목적을 불문하고 반환의 대상이다. 그런데 유증의 목적물은 상속개시시에는 아직 상속재산에 포함되어 있으므로 생전증여의 경우처럼 그 가액을 가산할 필요가 없다.

3) 생명보험금 · 사망퇴직금 등 생명보험금·사망퇴직금·유족연금 등은 상속재산에 포함되지는 않지만 특별수익에는 해당한다.

E-203 **(4) 특별수익의 평가기준시기와 평가방법**

1) 평가기준시기 특별수익으로서 반환되는 것은 현물이 아니라 가액이고, 생전증여는 증여시와 상속개시시 사이에 상당한 시간적 간격이 있을 수 있기 때문에, 반환재산의 가액을 어느 시점을 기준으로 하여 평가할 것인지가 문제된다. 여기에 관하여 판례는 원칙적으로 상속개시시를 기준으로 한다(대결 2022. 6. 30, 2017스98·99·100·101[핵심판례 472면] 등).

2) 평가방법 ① 수증자의 행위에 의하여 증여의 목적물이 멸실하거나 가액의 증감이 있는 경우에는 상속개시시에 원상태대로 존재하는 것으로 의제하여 평가한다. ② 천재지변 기타 불가항력으로 목적물이 멸실한 경우에는 그 가액을 가산하지 않는다(그렇지 않으면 수익자에게 가혹하므로). ③ 불가항력에 의하여 목적물의 가액이 증감한 경우에는 상속개시시에 있어서의 그 물건의 시가로 평가한다. ④ 목적물이 자연적으로 낡게 된 경우에는 상속개시시에 원상태대로 존재하는 것으로 의제하여 평가한다. ⑤ 금전이 증여된 경우에는 상속개시시의 화폐가치로 환산평가하여야 한다.

(5) 특별수익의 가액이 상속분을 초과하는 경우의 처리

특별수익의 가액이 수익자의 상속분에 미달하는 경우에는 그 부족분이 그의 상속분으로 되어 그 부분만큼 상속받게 된다. 그리고 특별수익의 가액이 수익자의 상속분을 초과하는 경우에는 수익자는 상속재산으로부터 더 이상 상속받을 수는 없다. 그런데 그 초과부분을 반환하여야 하는지가 문제된다. 여기에 관하여 학설은 i) 반환하여야 한다는 견해, ii) 공동상속인의 유류분을 침해한 경우에만 반환하여야 한다는 견해(사견도 같음), iii) 반환할 필요가 없다는 견해로 나뉘어 있다.

(6) 특별수익자가 있는 경우의 상속채무의 분담방법 E-204

공동상속인 중에 특별수익자가 있는 경우에도 상속채무의 분담은 법정상속분에 의한다(이설이 없으며, 판례도 같음. 대판 1995. 3. 10, 94다16571[핵심판례 470면]).

판 례 특별수익자가 있는 경우의 상속분 산정 관련

「공동상속인 중에 특별수익자가 있는 경우의 구체적인 상속분의 산정을 위하여는, 피상속인이 상속개시 당시에 가지고 있던 재산의 가액에 생전증여의 가액을 가산한 후, 이 가액에 각 공동상속인별로 법정상속분율을 곱하여 산출된 상속분의 가액으로부터 특별수익자의 수증재산인 증여 또는 유증의 가액을 공제하는 계산방법에 의하여 할 것이고, 여기서 이러한 계산의 기초가 되는 "피상속인이 상속개시 당시에 가지고 있던 재산의 가액"은 상속재산 가운데 적극재산의 전액을 가리키는 것으로 보아야 옳다. 그렇지 않고 이를 상속의 대상이 되는 적극재산으로부터 소극재산, 즉 피상속인이 부담하고 있던 상속채무를 공제한 차액에 해당되는 순재산액이라고 파악하게 되면, 자기의 법정상속분을 초과하여 특별이익을 얻은 초과특별수익자는 상속채무를 전혀 부담하지 않게 되어 다른 공동상속인에 대하여 심히 균형을 잃게 되는 부당한 결과에 이르기 때문에 상속인들은 상속의 대상이 되는 적극재산에 증여재산을 합한 가액을 상속분에 따라 상속하고, 소극재산도 그 비율대로 상속한다고 보아야 할 것이다.」(대판 1995. 3. 10, 94다16571[핵심판례 470면])

4. 기여분(寄與分) E-205

(1) 의 의

1) 기여분제도는 공동상속인 중에 피상속인의 재산의 유지 또는 증가에 관하여 특별히 기여하거나 피상속인을 특별히 부양한 자가 있는 경우에 상속분을 정함에 있어서 그러한 기여나 부양을 고려하는 제도이다. 구체적으로는, 상속개시 당시의 피상속인의 재산가액에서 특별기여자의 기여분을 공제한 것을 상속재산으로 보고 각 공동상속인의 상속분을 산정한 뒤, 그 산정된 상속분에 기여분을 가산한 액을 기여자(기여분권리자)의 상속분으로 하는 것이다(1008조의 2 1항).

2) 기여분제도는 공동상속인 사이의 실질적 공평을 도모하려고 하는 점에서 특별수익의 반환제도와 그 취지가 같다. 그러나 후자는 이미 수익을 받은 자가 있을 경우에 그의 상속분을 적게 하는 것이고, 전자는 특별기여자가 있을 경우에 그의 상속분을 높여주는 것이다.

E-206 **(2) 기여분을 받기 위한 요건**

1) 기여분 권리자의 범위

(개) **공동상속인** 기여분을 받을 수 있는 자(기여분권리자)는 상속재산의 분할에 참가하는 공동상속인에 한정된다(피상속인의 자녀가 있으면 그의 직계존속 또는 형제자매가 특별기여를 하였더라도 기여분을 청구하지 못한다. 동지 대판 2001. 3. 9, 99다13157). 따라서 상속결격자(1004조 참조)·상속포기자(1041조 참조)·포괄적 수증자(1078조 참조)·사실혼의 배우자는 기여분 권리자가 아니다.

(내) **대습상속인** 대습상속인은 그 자신이 기여한 경우이든(기여 시기가 대습원인 발생 전인지 후인지 묻지 않는 것이 타당함) 피대습자가 기여한 경우이든 언제나 기여분을 주장할 수 있다(이설 없음).

(대) 기여분 권리자는 복수로 존재할 수 있다.

2) 기여의 종류와 정도 민법은 고려되는 기여로 **특별부양과 재산상의 특별기여**의 두 가지를 규정하고 있다(1008조의 2 1항). 따라서 이들에 해당하지 않는 정신적인 협력이나 원조는 기여가 아니다. 그리고 여기서 특별부양 또는 특별기여라 함은 부양 또는 기여가 가족관계 내지 친족관계에 있어서 일반적으로 기대되는 공헌의 정도를 넘어서, 이를 무시하고 본래의 상속분에 따라 분할한다면 불공평하게 되는 것을 의미한다.

(개) **특별부양** 상당한 기간 동거·간호 기타의 방법으로 피상속인을 특별히 부양한 경우에는 기여분을 청구할 수 있다. 그런데 여기의 특별부양으로 되려면 친족간의 통상의 부양의무(826조 1항·913조·974조–979조 참조)의 범위를 넘는 것이어야 한다(판례는 처가 교통사고를 당한 남편을 간병한 경우에 대하여 부부간의 부양의무 이행의 일환일 뿐 상속재산 취득에 특별히 기여한 것으로 볼 수 없다고 한다. 대결 1996. 7. 10, 95스30·31). 그리고 대법원은 최근에, **배우자가 장기간 피상속인과 동거하면서 피상속인을 간호한 경우**, 민법 제1008조의 2의 해석상 가정법원은 배우자의 동거·간호가 부부 사이의 제 1 차 부양의무 이행을 넘어서 「특별한 부양」에 이르는지 여부와 더불어 동거·간호의 시기와 방법 등 일체의 사정을 종합적으로 고려하여 공동상속인들 사이의 실질적 공평을 도모하기 위하여 배우자의 상속분을 조정할 필요성이 인정되는지 여부를 가려서 기여분 인정 여부와 그 정도를 판단할 것이라고 하였다(대결(전원) 2019. 11. 21, 2014스44·45). 그러고 나서, 배우자의 장기간 동거·간호에 따른 무형의 기여행위를 기여분을 인정하는 요소 중 하나로 적극적으로 고려할 수 있을 것이지만, 이러한 배우자에게 기여분을 인정하기 위해서는 앞서 본 바와 같은 일체의 사정을 종합적으로 고려하여 공동상속인들 사이의 실질적 공평을 도모하기 위하여 배우자의 상속분을 조정할 필요성이 인정되어야 할 것이라고 하였다(대결(전원) 2019. 11. 21, 2014스44·45. 여기에는 대법관 1인의 반대의견이 있음). 한편 특별부양이 있는 경우에는 그 부양으로 피상속인의 재산의 유지나 증가에 기여가 있을 필요는 없다(1008조의 2 1항이 개정되기 전의 대판 1998. 12. 8, 97므513·520, 97스12 등도 참조).

판 례 **특별부양을 인정한 예**

「성년(成年)인 자(子)가 부양의무의 존부나 그 순위에 구애됨이 없이 스스로 장기간 그 부모와 동거하면서 생계유지의 수준을 넘는 부양자 자신과 같은 생활수준을 유지하는 부양을 한 경우에는 앞서 본 판단기준인 부양의 시기·방법 및 정도의 면에서 각기 특별한 부양이 된다고 보아 각 공동상속인 간의 공평을 도모한다는 측면에서 그 부모의 상속재산에 대하여 기여분을 인정함이 상당하다고 할 것이다.」(대판 1998. 12. 8, 97므513·520, 97스12: 피상속인의 4녀 중 둘째딸이 결혼 이후에도 피상속인이 사망할 때까지 30년이 넘도록 동거·부양한 경우)

(나) **재산상의 특별기여** 가령 피상속인이 경영하는 농업·자영업 등의 사업에 노무를 제공하거나(배우자는 부부로서 동거·부양·협조의무가 있으므로 배우자의 가사노동은 특별한 기여가 아님) 또는 재산을 제공하여 피상속인의 재산을 유지 또는 증가시킨 경우가 이에 해당한다. 이 경우에는 상속인의 기여행위와 상속재산의 유지·증가 사이에 인과관계가 있어야 한다(이설 없음).

(3) 기여분의 결정 E-207

1) 기여분은 1차적으로 모든 공동상속인의 협의에 의하여 정하고(1008조의 2 1항), 협의가 되지 않거나 협의할 수 없는 때에는 기여자의 청구에 의하여 가정법원이 심판으로 결정한다(1008조의 2 2항)(기여분의 결정에는 조정전치주의가 적용됨. 가소 2조 1항 마류사건 9호·50조). 그리고 기여분을 유언으로 정할 수는 없다. 기여분 지정은 유언사항이 아니기 때문이다.

2) 기여분은 상속재산 분할의 전제문제로서의 성격을 갖는 것이므로, 기여분 결정의 심판청구는 상속재산 분할의 청구(1013조 2항)나 조정신청이 있는 경우에 한하여 할 수 있고(이 두 청구는 동시에 할 수도 있다), 다만 예외적으로 상속재산 분할 후라도 피인지자(被認知者)나 재판의 확정에 의하여 공동상속인이 된 자의 상속분에 상당한 가액의 지급청구가 있는 경우(1014조)에도 할 수 있다(1008조의 2 4항). 따라서 단지 유류분반환청구만 있는 경우에는 기여분 결정청구가 허용되지 않는다(대결 1999. 8. 24, 99스28). 그리고 기여분은 상속재산 분할의 전제문제로서의 성격을 가지는 것으로서, 상속인들의 상속분을 일정부분 보장하기 위하여 피상속인의 재산처분의 자유를 제한하는 유류분과는 서로 관계가 없으므로, 공동상속인 중에 상당한 기간 동거·간호 그 밖의 방법으로 피상속인을 특별히 부양하거나 피상속인의 재산의 유지 또는 증가에 특별히 기여한 사람이 있을지라도 공동상속인의 협의 또는 가정법원의 심판으로 기여분이 결정되지 않은 이상 유류분반환청구 소송에서 자신의 기여분을 주장할 수 없다(대판 1994. 10. 14, 94다8334(피고가 된 기여상속인이 상속재산 중 자신의 기여분을 공제할 것을 항변으로 주장할 수는 없다); 대판 2015. 10. 29, 2013다60753).

(4) 기여분의 산정 E-208

1) **산정방법** 기여분을 산정함에 있어서는 기여의 시기·방법 및 정도와 상속재산의 액 기타의 사정을 참작하여야 한다(1008조의 2 2항). 그리고 기여분은 상속이 개시된 때의 피상

속인의 재산가액에서 유증의 가액을 공제한 액을 넘지 못한다(1008조의 2 3항). 이는 기여분보다는 유증을 우선시키기 위한 것이다(그러나 이 규정의 타당성은 의심스럽다).

상속채무는 기여자가 있는 경우에도 법정상속분에 따라서 분담하는 것이므로, 기여분의 산정은 상속채무와는 무관하나, 상속채무를 고려하지 않고 기여분을 정하면 기여자 이외의 공동상속인이 취득하는 적극재산보다 채무가 많아질 가능성이 커지므로, 기여분을 산정함에 있어서는 상속채무도 「기타의 사정」(1008조의 2 2항 참조)의 하나로 참작하여야 한다.

2) 기여분과 특별수익 공동상속인 가운데 기여자뿐만 아니라 특별수익자(1008조)도 있는 경우에 기여분 공제와 특별수익 가산을 어떤 순서로 할 것인지가 문제된다. 여기에 관하여 학설은 i) 두 규정을 동시에 적용하여야 한다는 견해와 ii) 먼저 기여분을 공제하고 특별수익을 가산하여야 한다는 견해로 나뉘어 있다. 그런데 이들 견해는 두 가지 중 어느 것을 먼저 하든 상속분을 산정하는 상속재산은 동일하게 되므로 결과에서 차이가 생기지 않는다. 논의의 실익이 없는 논란이다(추가 논의와 구체적인 계산방법에 대하여는 친족상속법 [265]-[267] 참조).

E-209 **3) 기여분과 유류분** 기여분은 유류분반환청구의 대상이 아니다. 민법이 증여와 유증만을 유류분의 반환대상으로 규정하고 있기 때문이다(1115조). 따라서 유류분을 침해하는 기여분이 정하여지더라도 유효하다(이러한 결과는 타당하다. 기여분은 특별기여에 대한 정당한 대가이기 때문이다)(문헌들은 기여분을 정함에 있어서 다른 공동상속인의 유류분을 참작할 것이라고 한다). 그리고 기여분으로 인하여 유류분에 부족이 생기더라도 기여분에 대하여 반환을 청구할 수 없다(대판 2015. 10. 29, 2013다60753).

4) 기여분이 있는 경우의 상속분 결정 앞에서 적은 바와 같이(E-205 참조), 상속개시 당시의 피상속인의 재산가액에서 기여분을 공제한 것을 상속재산으로 하여 각 공동상속인의 상속분을 계산하고, 그 상속분에 기여분을 더한 것이 기여분 권리자의 상속분이 된다(1008조의 2 1항).

(5) 기여분의 상속 · 양도 · 포기

기여분이 공동상속인의 협의 또는 가정법원의 심판에 의하여 결정된 후에는 이를 양도할 수 있고 상속도 가능하다. 그런데 기여분이 결정되기 전에도 양도·상속할 수 있는지에 관하여는 학설이 대립한다. i) 다수설은 양도는 할 수 없으나 상속은 가능하다고 하고, ii) 소수설은 상속개시 후에는 양도·상속이 가능하다고 한다(사견도 같음).

상속이 개시된 뒤에는 상속의 포기를 할 수 있는 것처럼 기여분도 포기할 수 있다(이설 없음).

E-210 5. 상속분의 양도와 환수

(1) 상속분의 양도

1) 의 의 상속이 개시된 뒤 상속재산이 분할되기 전에 상속분을 양도할 수 있는가? 민법은 여기에 관하여 직접적인 규정을 두고 있지 않으나, 제1011조에서 양도를 전

제로 하여 그 환수를 정하고 있다. 따라서 민법상 상속분의 양도는 허용된다. 그런데 여기서 상속분이란 적극재산과 소극재산을 모두 포함한 상속재산 전부에 관하여 공동상속인이 가지는 일정한 비율 즉 상속인으로서의 지위를 가리킨다(이설이 없으며, 판례도 같음. 대판 2006. 3. 24, 2006다2179 등).

상속분의 양도는 공동상속인뿐만 아니라 제3자에게도 할 수 있다(동지 박동섭, 601면).

상속분의 일부양도가 가능한지에 관하여 학설은 나뉘나, 금지규정이 없는 한 허용할 수밖에 없다.

2) 상속분의 양수인의 지위 상속분이 양도되면 — 상속인이 아니었던 — 양수인은 상속인과 같은 지위에 놓이게 된다. 따라서 그는 상속재산의 관리뿐만 아니라 상속재산 분할에도 참여할 수 있다. 그리고 다른 공동상속인이 상속을 포기한 때에는 증가분은 양수인에게 귀속되고 양도인이 이를 취득하는 것이 아니다(이설 없음). 한편 상속채무에 관하여는 상속분의 양도가 있어도 양도인이 채무를 면하지 못하며, 양수인이 병존적으로 채무를 인수하는 것으로 해석한다. 그렇지 않으면 채권자의 동의 없이 채무가 이전하는 것이 되어 채권자를 해할 위험이 있기 때문이다.

3) 상속분 양도의 통지가 필요한지 여부 견해에 따라서는 상속분 양도의 경우에는 채권양도의 대항요건 규정(450조)을 유추하여 다른 공동상속인에게 통지하여야 한다고 하나, 명문규정이 없는 한 그렇게 새길 수는 없다.

(2) 상속분의 환수(還收) E-211

1) 의 의 민법은 공동상속인 중에 그 상속분을 제3자에게 양도한 자가 있는 경우 다른 공동상속인이 그 가액과 양도비용을 상환하고 그 상속분을 되찾아올 수 있도록 하고 있다(1011조 1항). 이를 상속분의 환수라고 할 수 있다. 그런데 민법은 「그 상속분을 양수할 수 있다」라고 하고 있으며, 그 때문에 대부분의 문헌들은 상속분의 양수라고 표현하고 있다.

2) 환수의 요건

(가) 어떤 공동상속인이 상속분을 무단으로 양도하였어야 한다. 여기의 상속분은 상속재산 전부에 대한 것이며, 따라서 상속재산을 구성하는 개개의 물건 또는 권리에 대한 지분은 상속분에 포함되지 않는다(대판 2006. 3. 24, 2006다2179)(그러나 상속재산 전부에 대한 상속분을 비율적으로 나누어 그 일부를 양도하는 것은 포함된다고 할 것이다. 판례는 반대하는 듯함).

(나) 공동상속인 이외의 제3자에게 상속분이 양도되었어야 한다. 공동상속인에게 양도하였을 경우에는 환수할 필요가 없다. 그리고 제3자의 개입의 차단이라는 환수제도의 취지를 살리려면 포괄적 수증자도 여기의 제3자에 해당한다고 새겨야 한다(이설 있음).

(다) 상속분의 양도가 상속재산 분할 전에 있었어야 한다.

판 례 제1011조 제 1 항의 「상속분의 양도」의 의미

「민법 제1011조 제 1 항은 "공동상속인 중 그 상속분을 제 3 자에게 양도한 자가 있는 때에는 다른 공동상속인은 그 가액과 양도비용을 상환하고 그 상속분을 양수할 수 있다"고 규정하고 있는바, 여기서 말하는 '상속분의 양도'란 상속재산 분할 전에 적극재산과 소극재산을 모두 포함한 상속재산 전부에 관하여 공동상속인이 가지는 포괄적 상속분, 즉 상속인 지위의 양도를 의미하므로, 상속재산을 구성하는 개개의 물건 또는 권리에 대한 개개의 물권적 양도는 이에 해당하지 아니한다.」(대판 2006. 3. 24, 2006다2179: 공동상속인들 중 일부가 상속받은 임야에 대한 상속지분을 양도한 경우)

E-212 **3) 환수권의 행사**

(가) 이 환수권은 형성권이므로 공동상속인이 양수인에 대하여 일방적 의사표시로 행사한다(이설 없음). 그리고 그 권리는 공동상속인 중의 1인이 단독으로 행사할 수도 있다.

(나) 환수제도의 취지상 양도된 상속분의 전부를 환수하여야 하며, 그중 일부만을 환수할 수는 없다.

(다) 환수할 때에는 환수할 당시(양도시가 아님)의 상속분의 가액(시가)과 양도비용을 상환하여야 한다(1011조 1항). 상속분을 무상으로 양도했더라도 같다.

(라) 환수권은 상속분이 양도된 것을 안 날부터 3개월, 양도가 있었던 때부터 1년 내에 행사하여야 한다(1011조 2항). 이 두 기간은 모두 제척기간이며, 두 기간 중 어느 하나가 경과하면 환수권은 소멸한다.

4) 환수의 효과 환수권이 행사되면 제 3 자에게 양도되었던 상속분은 양도인 이외의 공동상속인 전부에 그 상속분에 따라 귀속한다(이설 있음). 공동상속인 중 1인이 단독으로 환수권을 행사한 때에도 같다(다수설도 같음. 이설 있음). 그리고 이때 환수하는 데 든 비용도 공동상속인이 그 상속분에 따라 분담한다.

E-213
Ⅲ. 공동상속재산의 공동소유

(1) 공동상속의 의의

상속이 개시되면 상속재산이 곧바로 상속인에게 이전되나, 상속인이 복수인 때에는 즉시 분할할 수가 없어 일단 공동으로 승계하는 수밖에 없다. 이 경우에 법률관계가 문제된다. 여기에 관하여 민법은 공동상속의 경우에 상속인은 각자의 상속분(여기의 상속분은 법정상속분을 의미함. 대판 2024. 8. 1, 2023다318857 등)에 따라 피상속인의 권리의무를 승계하지만(1007조), 상속재산은 그들의 공유로 한다고 규정한다(1006조).

(2) 제1006조의 「공유」의 의미

1) 학 설 제1006조가 정하는 「공유」의 의미에 관하여 학설은 i) 합유설과 ii)

공유설(다수설이며, 사견도 같음)로 나뉘어 대립하고 있다.

(가) **합 유 설** 합유설에 의하면, 공동상속인은 상속재산 전체에 대하여 추상적 지분을 가지고 그 상속분을 처분할 수 있지만, 상속재산을 구성하는 개개의 재산에 대한 물권적인 지분은 인정되지 않으며, 따라서 당연히 지분을 처분할 수도 없다고 한다. 그리고 채권·채무는 상속재산 분할까지는 당연히 분할되는 것이 아니라 불가분적으로 공동상속인 전원에게 귀속된다고 한다.

(나) **공 유 설** 공유설은 상속재산의 공유는 본래의 의미의 공유와 다르지 않다고 한다. 그리하여 공동상속인은 상속재산을 구성하는 개개의 재산에 대하여 그 상속분에 따라 물권적 지분을 가지고(262조), 상속재산 분할 전이라도 그 지분을 단독으로 자유로이 처분할 수 있다고 한다(263조). 그리고 채권·채무가 불가분의 것이면 공유관계가 생기고, 그 목적이 가분이라면 법률상 당연히 공동상속인 사이에 분할된다고 한다(408조)(그러나 예외를 인정하기도 함).

2) 판 례 판례는 공동상속재산은 상속인들의 공유라고 하여 공유설을 취하고 있다(대판 1996. 2. 9, 94다61649 등).

(3) 공동상속의 구체적인 경우 E-214

1) 물건의 공동상속 공동상속인은 상속재산에 속하는 개개의 물건 위에 상속분에 따른 공유지분을 갖는다(262조 참조). 다만, 각 상속인의 지분은 균등한 것이 아니라(262조 2항 참조), 각자의 상속분에 따른다.

2) 채권의 공동상속 ① 가분채권은 상속개시와 동시에 당연히 공동상속인 사이에서 그들의 상속분에 따라 분할되어 승계된다(408조 참조)(동지 대판 1962. 5. 3, 4294민상1105). ② **불가분채권**은 상속재산의 분할시까지 공동상속인 전원에게 불가분적으로 귀속하고, 각 상속인은 공동으로 또 단독으로 모든 상속인을 위하여 전액의 이행을 청구할 수 있으며, 채무자는 그중 어느 상속인에게 이행함으로써 채무를 면할 수 있다(409조 참조).

3) 채무의 공동상속 ① 가분채무는 각 공동상속인에게 그의 상속분에 따라 분할된다(대판 1997. 6. 24, 97다8809[핵심판례 474면]; 대판 2013. 3. 14, 2010다42624·42631). ② **불가분채무**의 경우에는 공동상속인 각자가 불가분채무 전부에 대하여 이행의 책임을 진다(411조·414조 참조). 그리고 판례는, 상속에 따라 상가 건물의 임대인 지위를 공동으로 승계한 공동임대인들의 임차보증금 반환채무는 성질상 불가분채무에 해당하고, 불가분채무자가 변제 등으로 공동면책을 얻은 때에는 다른 채무자의 부담부분에 대하여 구상할 수 있으므로, 임대인 지위를 공동으로 승계한 상속인 중 1인이 변제 등으로 공동면책을 얻은 때에는 다른 공동상속인들을 상대로 법정상속분(1007조에서 말하는 상속분이 법정상속분을 의미함)에 따라 구상할 수 있다고 한다(대판 2024. 8. 1, 2023다318857).

(4) 공동상속재산의 관리·처분 E-215

상속재산의 분할이 종료할 때까지 상속재산의 관리·처분에 관하여는 공유에 관한 규정이 적용된다.

1) 공동상속재산의 관리 ① 보존행위는 각 공동상속인이 단독으로 할 수 있다(265조 단서). 따라서 공동상속인 중 1인은 공유물에 관한 원인무효의 등기 전부의 말소를 청구할 수 있다(대판 1996. 2. 9, 94다61649). 그러나 다른 공동상속인이 상속부동산 전부에 관하여 소유권이전등기를 그의 단독명의로 행한 경우에는, 각 공동상속인은 자신의 지분의 범위에서 등기말소를 청구할 수 있다고 할 것이다(B-232 참조. 그러나 판례는 명의자 지분을 제외한 나머지 전부에 관하여 말소청구를 할 수 있다고 한다. 대판 1988. 2. 23, 87다카961). ② 이용행위와 개량행위는 공유물의 관리에 관한 사항이므로 각 공동상속인의 법정상속분의 비율의 과반수로 결정한다(265조 본문)(공동상속인의 일부가 배타적으로 사용하는 경우 그것이 공유지분 과반수의 결의에 의한 것이 아닌 한 부적법하다: 대판 1982. 12. 28, 81다454).

(판 례) 공유자의 이득반환의무의 성격

판례는 공유자가 공유물에 대한 관계에서 법률상 원인없이 이득을 하고 그로 인하여 제3자에게 손해를 입게 한 경우에 그 이득을 상환하는 의무는 불가분적 채무라고 보아야 한다는 입장이다(대판 1992. 9. 22, 92누2202 등). 그리고 판례는 다른 한편으로 공동상속재산은 상속인의 공유라고 하므로(E-213 참조), 이러한 판례에 따르면 공동상속인들이 상속재산에 대한 관계에서 부당이득을 얻은 경우에도 부당이득 반환의무는 불가분채무가 될 것이다.

E-216 **2) 공동상속재산의 처분** 상속재산에 속하는 개개의 물건 또는 권리의 처분은 공동상속인의 전원의 일치로만 할 수 있으며 각 공동상속인이 단독으로는 할 수 없다(264조). 그러나 상속재산에 속하는 개개의 물건 또는 권리에 대한 지분은 각 공동상속인이 단독으로 유효하게 처분할 수 있다(263조). 그리고 이 경우 지분의 양수인의 권리는 상속재산의 분할에 의하여도 침해되지 않는다(1015조 단서). 한편 상속재산 전체에 대한 상속분을 처분할 수 있다는 데 대하여는 앞에서 설명하였다(E-210 참조).

3) 상속과 등기 상속에 의한 등기(상속을 원인으로 한 피상속인으로부터 상속인으로의 이전등기)는 상속인이 단독으로 신청한다(부등법 23조 3항). 그런데 공동상속의 경우에는 상속인 전원이 등기권리자가 되어 단독으로 신청한다(일부의 공동상속인만으로 등기할 수는 없다. 대결 1995. 2. 22, 94마2116). 따라서 공동상속의 경우의 상속등기는 각자의 상속분을 지분으로 하는 상속인 전원에 의한 「공유의 등기」가 된다.

4) 공동상속재산에 관한 소송이 필수적 공동소송인지 여부(판례) 판례에 따르면, 공동상속인이 다른 공동상속인을 상대로 어떤 재산이 상속재산이라는 것의 확인을 구하는 소는 고유필수적 공동소송이라고 한다(대판 2007. 8. 24, 2006다40980). 그리고 공동상속인들이 택지개발 예정지구 내의 이주자 택지에 관한 공급계약을 체결할 수 있는 청약권을 공동으로 상속하는 경우에 이 청약권(이는 공동상속인들이 상속지분 비율에 따라 피상속인의 청약권을 준공유한다고 함)에 기하여 청약의 의사표시를 하고 그에 대한 승낙의 의사표시를 구하는 소송은 청약권의 준공유자 전원이 원고가 되어야 하는 고

유필수적 공동소송이라고 한다(대판 2003. 12. 26, 2003다11738).

그에 비하여 공동상속재산의 지분에 관한 등기말소와 지분권 존재확인을 구하는 소송은 필요적(현행법의 표현으로는 필수적) 공동소송이 아니고 통상의 공동소송이고(대판 1965. 5. 18, 65다279), 공동상속인들을 상대로 피상속인이 이행하여야 할 부동산 소유권이전등기 절차이행을 청구하는 소도 필요적(필수적) 공동소송이 아니라고 한다(대판 1964. 12. 29, 64다1054).

Ⅳ. 상속재산의 분할 E-217

1. 서 설

(1) 의 의

공동상속의 경우 상속이 개시되면 상속재산은 일단 공동상속인이 공유하는 상태가 된다(1006조). 이와 같은 상속재산의 공유관계를 각 공동상속인의 단독소유로 전환하기 위하여 행하여지는 분배절차를 상속재산의 분할이라고 한다.

(2) 분할절차의 종류

민법이 규정하고 있는 분할절차는 세 가지이다. ① 피상속인이 유언으로 상속재산의 분할방법을 정하거나 이를 정할 것을 제3자에게 위탁한 경우에는 그에 따른다(1012조 전단). 이를 **지정분할**(유언에 의한 분할)이라고 한다. ② 유언에 의한 지정이 없으면 공동상속인이 협의에 의하여 분할할 수 있다(1013조 1항). 이를 **협의분할**이라고 한다. ③ 분할에 관하여 협의가 성립되지 않은 때(협의할 수 없는 때도 포함)에는 가정법원의 심판에 의하여 분할한다(1013조 2항 · 269조, 가소 2조 1항 마류사건 10)). 이것이 **심판분할**이다.

(3) 분할의 요건

1) 상속재산에 관하여 공유관계가 존재하여야 한다. 상속인이 1인이면 분할의 여지가 없다.

2) 공동상속인이 확정되어야 한다. 가령 공동상속인 중의 1인 또는 수인이 상속의 승인 또는 포기를 하지 않는 동안에는 상속인이 확정되지 않아 분할을 할 수 없다. 그리고 한정승인이나 재산분리의 경우에는 상속재산 전체에 대하여 청산이 행하여지므로 분할을 할 여지가 없다(이설 없음). 그런데 판례는, 한정승인에 따른 청산절차가 종료되지 않은 경우에도 상속재산 분할청구가 가능하다고 한다(대결 2014. 7. 25, 2011스226).

3) 분할의 금지가 없어야 한다.

(가) 피상속인은 유언에 의하여 상속이 개시된 날부터 5년을 초과하지 않는 기간 동안 상속재산의 분할을 금지할 수 있다(1012조 후단). 분할금지는 상속재산의 전부에 대하여뿐만 아니라 일부(여기의 일부가 상속재산을 이루는 특정재산을 가리키는가에 대하여는 견해가 나뉜다)에 대하여도 할 수 있고, 상속인의 전원에 대하여

뿐만 아니라 그 일부에 대하여도 할 수 있다. 만약 5년을 넘는 기간을 분할금지기간으로 정한 때에는 무효라고 할 것이 아니고 5년으로 단축된다고 새겨야 한다(이설 없음).

(나) 상속법에는 규정이 없으나, 상속재산의 공유에는 공유에 관한 규정이 적용되므로, 그 규정에 의하여 공동상속인들 전원의 협의로 5년 내의 기간 동안 분할을 금지할 수 있다고 할 것이다(268조 1항 단서).

(4) 분할청구권자

분할을 청구할 수 있는 자는 원칙적으로 상속을 승인한 공동상속인이나(1013조), 포괄적 수증자도 분할청구권이 있다(1078조). 그 밖에 공동상속인의 상속인·대습상속인, 상속분을 양수한 제3자도 분할을 청구할 수 있으며, 공동상속인의 채권자도 그 상속인을 대위하여(404조 참조) 분할청구권을 행사할 수 있다.

E-218 2. 지정분할

(1) 개 관

피상속인은 유언으로 상속재산의 분할방법을 정하거나 또는 제3자에게 분할방법을 정할 것을 위탁할 수 있다(1012조 전단). 이에 의한 상속재산의 분할이 지정분할이다. 분할방법의 지정 또는 지정의 위탁은 유언으로 할 수 있으므로, 생전행위에 의한 분할방법의 지정은 효력이 없다(이설이 없으며, 판례도 같음. 대판 2001. 6. 29, 2001다28299).

(2) 유언에 의한 지정

피상속인의 분할방법의 지정은 모두 각 공동상속인의 법정상속분에 따른 것이어야 한다(이설 없음). 만약 법정상속분과 다른 지정을 할 경우에는 여기의 지정은 아니지만 유증으로서 유효할 수 있다(유류분을 침해하는 때에는 반환청구를 당할 수 있음). 특정재산(예: 주택)을 특정의 상속인(예: 장남)에게 준다는 처분도 지정에 해당한다(나머지 재산을 매각하여 똑같이 나눈다고 하여도 무방하다).

(3) 제 3 자에의 지정위탁

위탁되는 제3자는 공동상속인이 아닌 자이어야 한다. 그리고 위탁받은 제3자는 반드시 법정상속분에 따라 지정하여야 한다. 그렇지 않은 경우 그 지정은 무효이다(제3자는 유증을 할 수도 없음). 위탁을 받은 제3자가 수탁을 하지 않거나 지정을 하지 않는 경우에, 상속인들은 상당한 기간을 정하여 수탁이나 지정을 최고할 수 있고, 그 기간 내에 확답이 없으면 수탁을 거절한 것으로 보아 협의분할이나 심판분할을 할 수 있다고 새겨야 한다(131조·384조 참조).

E-219 3. 협의분할

유언에 의한 분할지정이나 분할금지가 없는 때에는 공동상속인은 언제든지 그 협의에 의하여 상속재산을 분할할 수 있다(1013조 1항). 상속인이 상속의 단순승인·한정승인·포기를 할 수 있는 기간(1019조·1020조) 내이든 그 후이든 상관없다.

(1) 분할협의의 당사자

1) 일 반 론 상속인 중 1인이 분할을 청구하면 다른 상속인은 분할협의를 하여야 한다. 따라서 공동상속인 전원이 협의에 참여하여야 한다. 그리고 포괄적 수증자(1078조), 상속분의 양수인도 협의의 당사자이다. 그러나 상속분을 양도한 상속인은 당사자가 아니다(상속재산을 구성하는 개개의 재산에 대한 지분만을 양도한 상속인은 당사자이다).

2) 특수한 경우

(가) 태 아 태아는 상속순위에 관하여는 이미 출생한 것으로 의제되나(1000조 3항), 태아가 분할협의에 참가할 방법이 정해져 있지 않아서 문제이다. 태아의 법률상 지위에 관한 i) 정지조건설에 의하면 태아는 출생할 때까지는 상속인이 아니므로 그를 제외한 상태로 상속재산을 분할하고 후에 태아가 살아서 출생하면 제1014조를 유추적용하게 된다. 그에 비하여 ii) 해제조건설에 의하면 논리적으로는 태아가 상속인으로서 분할에 참여하여야 한다고 새겨야 한다. 그런데 태아가 모체에서 사망하거나(사산(死産)) 쌍생아가 출생하는 경우에 어려움이 있다(상속재산 분할의 협의는 이해상반행위(921조)이어서 모가 태아를 대리할 수 없고, 특별대리인이 선임되어야 하는데, 그 절차가 규정되어 있지도 않다). 그 때문에 문헌들은, 태아가 살아서 출생할 때까지는 상속인의 수와 상속분이 분명하지 않으므로 태아가 출생할 때까지 기다려서 분할하는 것이 타당하다고 한다.

(나) 공동상속인이 제한능력자인 경우 공동상속인 중에 제한능력자가 있으면 그 자에 갈음하여 법정대리인이 협의에 참가하나, 미성년자와 그의 법정대리인인 친권자가 공동상속인인 경우(예: 부의 사망으로 모와 자가 상속하는 경우)에는 분할협의는 이해상반행위(921조)가 되므로 미성년자를 위하여 특별대리인을 선임하여야 하며, 특별대리인을 선임하지 않고서 한 분할협의는 무효이다(대판 2001. 6. 29, 2001다28299 등 다수). 이때 미성년자가 여럿이면 미성년자 각자마다 특별대리인을 선임하여야 한다(위의 2001. 6. 29.자 판결 등). E-220

(다) 상속인 자격의 소멸이 다투어지고 있는 경우 현재 상속인 자격을 가지고 있는 자에 대하여 상속결격·친생부인·친생자관계 부존재·인지무효·혼인무효·입양무효 등의 소가 제기되어 있는 경우에는, 그 판결의 확정으로 상속인 자격을 잃게 되는 자가 생기게 되면 그 자가 참여한 분할협의가 무효로 되므로, 그 판결이 확정될 때까지 기다려야 한다(이설 있음).

(라) 상속인 자격의 발생이 다투어지고 있는 경우 현재는 상속인이 아닌 자가 인지청구, 이혼이나 파양의 무효 또는 부(父)를 정하는 소를 제기하고 있는 경우에는, 일단 이들을 제외하고 분할한다. 그리고 후에 재판에 의하여 그러한 자들이 상속인으로 확정되더라도 이미 이루어진 분할협의는 유효하고, 다만 그들에게 가액지급청구권이 인정된다(1014조).

E-221 **(2) 협의의 방법과 분할의 기준**

1) 상속재산의 협의분할은 공동상속인 간의 일종의 계약으로서 공동상속인 전원이 참여해서 하여야 하며 일부 상속인만으로 한 협의분할은 무효이다(대판 2004. 10. 28, 2003다65438 · 65445 등). 그러나 반드시 한 자리에서 이루어질 필요는 없고 순차적으로 이루어질 수도 있으며(대판 2010. 2. 25, 2008다96963 · 96970 등), 상속인 중 1인이 만든 분할 원안을 다른 상속인이 후에 돌아가면서 승인하여도 무방하다(대판 2010. 2. 25, 2008다96963 · 96970 등). 상속재산의 일부를 먼저 분할하고 나머지를 나중에 다시 분할하기로 할 수도 있다.

2) 분할방법에는 제한이 없다. 따라서 상속인들은 현물분할 · 환가분할 · 가격배상(이를 대상분할(代償分割)이라고도 하나, 좋지 않은 용어이다) 가운데 어느 하나를 선택할 수도 있고, 이들의 병용 · 절충 기타의 방법을 선택할 수도 있다.

E-222 **3) 분할과 상속분의 관계** 협의분할의 경우에는 반드시 법정상속분에 따라서 분할하여야 하는 것이 아니다. 그러므로 공동상속인 가운데에는 자기의 상속분보다 더 많이 받는 자와 더 적게 받는 자가 있을 수 있다. 민법상 상속재산의 분할은 상속이 개시된 때에 소급하여 효력이 있으므로(1015조) 이러한 때에는 상속개시 당시에 피상속인으로부터 승계받은 것으로 보아야 하고 다른 공동상속인으로부터 증여받은 것으로 볼 것이 아니다. 다수설과 판례(대판 2002. 7. 12, 2001두441 등 다수의 판결)도 같다.

판 례 협의분할 등 관련

(ㄱ) 판례는, 공동상속인 사이의 상속지분의 양도는 공동상속인 전원의 약정에 기한 때에는 상속재산의 협의분할의 취지로 한 것으로 볼 수 있다고 한다(대판 1995. 9. 15, 94다23067).

(ㄴ) 「공동상속인들은 과세권자에 대한 관계에서 각자 고유의 납세의무와 함께 다른 공동상속인의 상속세에 대하여도 연대하여 납세의무를 부담하는 것이지, 공동상속인들 사이에서 다른 공동상속인 고유의 상속세에 대하여 종국적인 책임을 부담하는 것은 아니다. 따라서 공동상속의 경우 상속재산의 분할 전에 법정상속분에 따라 공동상속인 중 특정한 1인에게 귀속되는 부분이 그 특정인의 상속세 납부에 공여되었다고 하여 이를 공동상속인들 전체의 상속비용으로 보아 분할대상 상속재산에서 제외하여서는 아니 된다.」(대결 2013. 6. 24, 2013스33 · 34)

E-223 4) 상속재산 분할의 협의는 그 성질상 재산권을 목적으로 하는 법률행위이므로 채권자취소권 행사의 대상이 될 수 있다고 하여야 한다(대판 2024. 5. 30, 2024다208315 등). 그렇게 새기지 않으면 제도가 악용되어 채권자가 보호되기 어려울 것이다.

판 례 상속재산의 분할협의와 사해행위취소

(ㄱ) 「지정상속분이나 법정상속분이 곧 공동상속인의 상속분이 되는 것이 아니고 특별수

익이나 기여분이 있는 한 그에 의하여 수정된 것이 재산분할의 기준이 되는 구체적 상속분이라 할 수 있다.

따라서 이미 채무초과 상태에 있는 채무자가 상속재산의 분할협의를 하면서 상속재산에 관한 권리를 포기함으로써 결과적으로 일반 채권자에 대한 공동담보가 감소되었다 하더라도, 그 재산분할결과가 위 구체적 상속분에 상당하는 정도에 미달하는 과소한 것이라고 인정되지 않는 한 사해행위로서 취소되어야 할 것은 아니고, 구체적 상속분에 상당하는 정도에 미달하는 과소한 경우에도 사해행위로서 취소되는 범위는 그 미달하는 부분에 한정하여야 한다. 이때 지정상속분이나 기여분, 특별수익 등의 존부 등 구체적 상속분이 법정상속분과 다르다는 사정은 채무자가 주장·입증하여야 할 것이다.」(대판 2001. 2. 9, 2000다51797)

(ㄴ) 「상속재산의 분할협의는 상속이 개시되어 공동상속인 사이에 잠정적 공유가 된 상속재산에 대하여 그 전부 또는 일부를 각 상속인의 단독소유로 하거나 새로운 공유관계로 이행시킴으로써 상속재산의 귀속을 확정시키는 것으로 그 성질상 재산권을 목적으로 하는 법률행위이므로 사해행위취소권 행사의 대상이 될 수 있고, 한편 채무자가 자기의 유일한 재산인 부동산을 매각하여 소비하기 쉬운 금전으로 바꾸거나 타인에게 무상으로 이전하여 주는 행위는 특별한 사정이 없는 한 채권자에 대하여 사해행위가 되는 것이므로, 이미 채무초과 상태에 있는 채무자가 상속재산의 분할협의를 하면서 자신의 상속분에 관한 권리를 포기함으로써 일반 채권자에 대한 공동담보가 감소된 경우에도 원칙적으로 채권자에 대한 사해행위에 해당한다.」(대판 2007. 7. 26, 2007다29119)

5) 가분채권이 공동상속되는 경우에는 상속개시와 동시에 법정상속분에 따라 각 상속인에게 분할귀속되므로 분할협의의 대상이 될 수 없는 것이 원칙이다(대결 2016. 5. 4, 2014스122[핵심판례 476면] 등). 그러나 가분채권을 일률적으로 상속재산 분할의 대상에서 제외하면 부당한 결과가 발생할 수 있다. 예를 들어 공동상속인들 중에 초과 특별수익자가 있는 경우 초과 특별수익자는 초과분을 반환하지 않으면서도 가분채권은 법정상속분대로 상속받게 되는 부당한 결과가 나타난다. 그 외에도 특별수익이 존재하거나 기여분이 인정되어 구체적인 상속분이 법정상속분과 달라질 수 있는 상황에서 상속재산으로 가분채권만이 있는 경우에는 모든 상속재산이 법정상속분에 따라 승계되므로 수증재산과 기여분을 참작한 구체적 상속분에 따라 상속을 받도록 함으로써 공동상속인들 사이의 공평을 도모하려는 제1008조, 제1008조의 2의 취지에 어긋나게 된다. 따라서 이와 같은 특별한 사정이 있는 때는 상속재산 분할을 통하여 공동상속인들 사이에 형평을 기할 필요가 있으므로 가분채권도 예외적으로 상속재산 분할의 대상이 될 수 있다고 보아야 한다(대결 2016. 5. 4, 2014스122[핵심판례 476면] 등). 한편 상속인들의 협의에 의하여 어떤 자가 상속분을 넘는 채권을 취득할 수 있으며, 그때에는 상속인간에 채권양도가 이루어진 것으로 보아 채무자에 대한 통지를 하여야 한다. 불가분채권에 대하여는 분할협의를 할 수 있다.

E-224 **6)** 가분채무가 공동상속되는 경우에도 상속개시와 동시에 법정상속분에 따라 각 상속인에게 분할귀속되어 분할협의의 대상이 되지 않는다(대판 1997. 6. 24, 97다8809). 그러나 상속인들의 협의로 공동상속인 중 1인이 법정상속분을 초과하여 채무를 부담할 수도 있다. 그런데 그러한 약정은 면책적 채무인수의 실질을 가지는 것이어서 그에 의하여 다른 공동상속인이 채무를 면하려면 채권자의 승낙(454조 참조)이 필요하다(동지 대판 1997. 6. 24, 97다8809). 이때 채권자는 승낙을 하지 않고 상속분에 따른 책임을 물을 수도 있다(병존적 채무인수 인정). 한편 불가분채무에 대하여는 분할협의를 할 수 있다.

판 례 상속채무의 분할협의 관련

「상속재산 분할의 대상이 될 수 없는 상속채무에 관하여 공동상속인들 사이에 분할의 협의가 있는 경우라면 이러한 협의는 민법 제1013조에서 말하는 상속재산의 협의분할에 해당하는 것은 아니지만, 위 분할의 협의에 따라 공동상속인 중의 1인이 법정상속분을 초과하여 채무를 부담하기로 하는 약정은 면책적 채무인수의 실질을 가진다고 할 것이어서, 채권자에 대한 관계에서 위 약정에 의하여 다른 공동상속인이 법정상속분에 따른 채무의 일부 또는 전부를 면하기 위하여는 민법 제454조의 규정에 따른 채권자의 승낙을 필요로 한다고 할 것이다. 여기에 상속재산 분할의 소급효를 규정하고 있는 민법 제1015조가 적용될 여지는 전혀 없다.」(대판 1997. 6. 24, 97다8809)

7) 상속개시 당시에는 상속재산을 구성하던 재산이 그 후 처분되거나 멸실·훼손되는 등으로 상속재산 분할 당시 상속재산을 구성하지 않게 되었다면 그 재산은 상속재산 분할의 대상이 될 수 없다(대결 2016. 5. 4, 2014스122[핵심판례 476면]; 대결 2022. 6. 30, 2017스98·99·100·101[핵심판례 472면]). 다만, 상속인이 그 대가로 처분대금, 보험금, 보상금 등 대상재산(代償財産)을 취득하게 된 경우에는, 대상재산은 종래의 상속재산이 동일성을 유지하면서 형태가 변경된 것에 불과할 뿐만 아니라 상속재산 분할의 본질이 상속재산이 가지는 경제적 가치를 포괄적·종합적으로 파악하여 공동상속인에게 공평하고 합리적으로 배분하는 데에 있는 점에 비추어, 그 대상재산이 상속재산 분할의 대상으로 될 수는 있다(대결 2016. 5. 4, 2014스122[핵심판례 476면]; 대결 2022. 6. 30, 2017스98·99·100·101[핵심판례 472면]). 그리고 상속개시 후에 상속재산으로부터 생긴 수익(예: 부동산의 차임, 예금의 이자)은 분할의 대상이 된다고 보아야 한다.

E-225

(3) 분할협의의 무효 · 취소

분할협의에 참가한 상속인이 무자격자이거나 또는 상속인의 일부를 제외하고 분할협의가 된 경우에는 분할협의는 무효이다. 공동상속인 중 한 사람의 의사표시에 대리권의 흠결이 있는 경우에도 분할협의는 무효이다(대판 2001. 6. 29, 2001다28299 등). 그러한 때에는 분할의 협의를 다시 하여야 한다(예외: 1014조). 그리고 분할협의의 의사표시에 착오나 사기·강박이 있는 경우에는 표의자는 제109조나 제110조의 요건 하에 취소할 수 있다.

판 례 상속포기자가 분할협의에 참여한 경우 관련

(ㄱ) 「상속재산 분할협의에 이미 상속을 포기한 자가 참여하였다 하더라도 그 분할협의의 내용이 이미 포기한 상속지분을 다른 상속인에게 귀속시킨다는 것에 불과하여 나머지 상속인들 사이의 상속재산 분할에 관한 실질적인 협의에 영향을 미치지 않은 경우라면 그 상속재산 분할협의는 효력이 있다고 볼 수 있다.」(대판 2007. 9. 6, 2007다30447)

(ㄴ) 「상속의 포기는 상속이 개시된 때에 소급하여 그 효력이 있고(민법 제1042조), 포기자는 처음부터 상속인이 아니었던 것이 된다. 따라서 상속포기의 신고가 아직 행하여지지 아니하거나 법원에 의하여 아직 수리되지 아니하고 있는 동안에 포기자를 제외한 나머지 공동상속인들 사이에 이루어진 상속재산 분할협의는 후에 상속포기의 신고가 적법하게 수리되어 상속포기의 효력이 발생하게 됨으로써 공동상속인의 자격을 가지는 사람들 전원이 행한 것이 되어 소급적으로 유효하게 된다고 할 것이다. 이는 설사 포기자가 상속재산 분할협의에 참여하여 그 당사자가 되었다고 하더라도 그 협의가 그의 상속포기를 전제로 하여서 포기자에게 상속재산에 대한 권리를 인정하지 아니하는 내용인 경우에는 마찬가지라고 볼 것이다.」(대판 2011. 6. 9, 2011다29307)

(4) 분할협의의 합의해제

상속재산의 분할협의도 공동상속인들의 전원의 합의로 해제할 수 있다. 그 경우에는 분할협의에 의하여 일어난 물권변동이 소급해서 무효로 되나, 제548조 제1항의 규정상 — 보통의 합의해제의 경우와 마찬가지로 — 제3자의 권리를 해치지 못한다. 판례도 같다(대판 2004. 7. 8, 2002다73203[핵심판례 310면]).

판 례 분할협의의 합의해제 관련

「상속재산 분할협의는 공동상속인들 사이에 이루어지는 일종의 계약으로서, 공동상속인들은 이미 이루어진 상속재산 분할협의의 전부 또는 일부를 전원의 합의에 의하여 해제한 다음 다시 새로운 분할협의를 할 수 있고, 상속재산 분할협의가 합의해제되면 그 협의에 따른 이행으로 변동이 생겼던 물권은 당연히 그 분할협의가 없었던 원상태로 복귀하지만, 민법 제548조 제1항 단서의 규정상 이러한 합의해제를 가지고서는, 그 해제 전의 분할협의로부터 생긴 법률효과를 기초로 하여 새로운 이해관계를 가지게 되고 등기·인도 등으로 완전한 권리를 취득한 제3자의 권리를 해하지 못한다.」(대판 2004. 7. 8, 2002다73203[핵심판례 310면])

4. 심판분할 E-226

공동상속인 사이에 분할에 관하여 협의가 성립되지 않거나 협의할 수 없는 때(이 경우는 규정에는 없

(지만 포함 시켜야 한다)에는 가정법원이 심판으로 분할한다(1013조 2항·269조 1항). 공동상속인은 그러한 때에는 가사소송법이 정하는 바에 따라 가정법원에 상속재산 분할심판을 청구할 수 있을 뿐이고, 상속재산에 속하는 개별 재산에 관하여 제268조의 규정에 따라 공유물분할청구의 소를 제기할 수는 없다(대판 2015. 8. 13, 2015다18367).

공동상속인이 상속재산 분할을 청구하려면 먼저 조정을 신청하여야 하며(가소 2조 1항 마류사건 10)·50조. 조정전치주의), 조정이 성립하지 않으면 심판을 청구할 수 있다.

(1) 심판분할의 전제 문제

심판분할을 하려면 상속인이 확정되어 있어야 하고, 또 상속재산의 범위와 가액이 확정되어 있어야 한다.

1) 상속인의 확정 문제가 되는 경우를 본다. ① 태아가 있는 때에는 태아가 출생할 때까지 분할심판을 연기하여야 한다. ② 현재 상속인의 자격을 가지고 있는 자에 대하여 그의 상속인 자격의 형성이 문제되는 소(상속결격·친생자관계 부존재·인지무효·혼인무효·입양무효 등의 소)가 제기되어 있는 경우에는, 그 형성판결이 확정될 때까지는 심리를 중지하여야 한다. ③ 현재는 상속인이 아닌 자가 인지청구, 이혼이나 파양의 무효 또는 부를 정하는 소를 제기하고 있는 경우에는, 일단은 그 자를 제외하고 분할심판을 해야 하고, 후에 공동상속인으로 확정되면 그는 그의 상속분에 상당하는 가액의 지급을 청구할 수 있다(1014조).

E-227 **2) 상속재산의 범위와 가액의 확정**

㈎ 특정의 재산이 상속재산인지의 여부에 관한 다툼으로 소가 제기되어 있는 경우에는, 그 판결이 확정될 때까지 심판절차를 중지하여야 한다. 그리고 상속재산에 속하는 것으로 하여 분할심판을 하였는데, 그 물건이 상속재산에 속하지 않음이 밝혀진 경우에는, 담보책임의 문제로 처리하면 된다(1016조). 다툼이 있는 상속재산을 제외하고 분할심판을 하였는데, 후에 그 물건이 상속재산에 속한다는 것이 밝혀진 경우에는, 분할 후에 상속재산에 속하는 물건이나 권리가 나타난 때와 마찬가지로, 그 물건에 관하여서만 분할하면 된다.

㈏ 상속개시시부터 분할심판까지 사이에 상속재산을 구성하는 재산의 가격이 변동된 경우에는 상속재산을 실제로 취득하는 시점 즉 분할시를 표준으로 상속재산을 평가하여야 한다(통설·판례도 같음. 대결 1997. 3. 21, 96스62). 구체적으로 분할을 하는 절차를 보면, 먼저 상속개시 당시를 기준으로 하여 상속재산을 평가하여(대결 1997. 3. 21, 96스62; 대결 2022. 6. 30, 2017스98·99·100·101[핵심판례 472면]) 구체적인 상속분(구체적 상속분이란 공동상속인 중 일부의 수증재산과 기여분을 참작해 법정상속분을 수정한 것으로서 분할대상 상속재산에 대한 상속인별 몫을 뜻하고, 상속개시시를 기준으로 정해진다. 대결 2025. 3. 24, 2024스866·867·868)을 결정하고(이때 특별수익자가 있으면 그 것도 고려한다)(상속재산 분할은 법정상속분이 아니라 특별수익(피상속인의 공동상속인에 대한 유증이나 생전증여 등)이나 기여분에 따라 수정된 구체적 상속분을 기준으로 이루어진다. 대결 2022. 6. 30, 2017스98·99·100·101[핵심판례 472면]), 그 뒤 분할시에 상속재산을 재평가하고 그 가액을 앞에서 산출한 구체적인 상속분(정확하게는 구체적 상속분 비율)에 따라 확정하게 된다(구체적인 계산방법에 대하여는 친족상속법 [285] 참조).

판 례 구체적 상속분 산정

「구체적 상속분을 산정함에 있어서는, 상속개시 당시를 기준으로 상속재산과 특별수익재산을 평가하여 이를 기초로 하여야 하고, 공동상속인 중 특별수익자가 있는 경우 구체적 상속분 가액의 산정을 위해서는, 피상속인이 상속개시 당시 가지고 있던 재산 가액에 생전 증여의 가액을 가산한 후, 이 가액에 각 공동상속인별로 법정상속분율을 곱하여 산출된 상속분의 가액으로부터 특별수익자의 수증재산인 증여 또는 유증의 가액을 공제하는 계산방법에 의한다. 이렇게 계산한 상속인별 구체적 상속분 가액을 전체 공동상속인들 구체적 상속분 가액 합계액으로 나누면 상속인별 구체적 상속분 비율, 즉 상속재산 분할의 기준이 되는 구체적 상속분을 얻을 수 있다.

한편 위와 같이 구체적 상속분 가액을 계산한 결과 공동상속인 중 특별수익이 법정상속분 가액을 초과하는 초과특별수익자가 있는 경우, 그러한 초과특별수익자는 특별수익을 제외하고는 더 이상 상속받지 못하는 것으로 처리하되(구체적 상속분 가액 0원), 초과특별수익은 다른 공동상속인들이 그 법정상속분율에 따라 안분하여 자신들의 구체적 상속분 가액에서 공제하는 방법으로 구체적 상속분 가액을 조정하여 위 구체적 상속분 비율을 산출함이 바람직하다. 결국 초과특별수익자가 있는 경우 그 초과된 부분은 나머지 상속인들의 부담으로 돌아가게 된다.」(대결 2022. 6. 30, 2017스98 · 99 · 100 · 101[핵심판례 472면])

판 례 구체적 상속분 산정 관련(대상분할의 경우)

「공동상속인 중에 피상속인으로부터 재산의 증여 또는 유증 등의 특별수익을 받은 자가 있는 경우에는 이러한 특별수익을 고려하여 상속인별로 고유의 법정상속분을 수정하여 구체적인 상속분을 산정하게 되는데, 이러한 구체적 상속분을 산정함에 있어서는 상속개시시를 기준으로 상속재산과 특별수익재산을 평가하여 이를 기초로 하여야 할 것이고, 다만 법원이 실제로 상속재산 분할을 함에 있어 분할의 대상이 된 상속재산 중 특정의 재산을 1인 및 수인의 상속인의 소유로 하고 그의 상속분과 그 특정의 재산의 가액과의 차액을 현금으로 정산할 것을 명하는 방법(소위 대상분할의 방법)을 취하는 경우에는, 분할의 대상이 되는 재산을 그 분할시를 기준으로 하여 재평가하여 그 평가액에 의하여 정산을 하여야 할 것이다.」(대결 1997. 3. 21, 96스62)

(다) 분할심판의 심리과정에서 위의 전제사항(상속인의 범위, 상속재산의 범위와 가액)에 대하여 다투는 경우가 있을 수 있다. 그런데 그 전제사항 중 상속재산의 범위의 확정 즉 특정재산이 상속재산에 속하는지 여부는 민사소송의 대상이고, 상속인 자격의 확정은 가사소송의 대상이어서, 양자 모두 비송절차인 상속재산 분할을 심판하는 가정법원의 심판사항이 아니다. 따라서 그 다툼이 이유가 없음이 명백하지 않는 한 가정법원은 분할의 심판청구를 각하하여야

하고, 당사자는 판결을 얻은 뒤에 다시 분할심판을 청구하여야 한다(이설 있음).

(2) 분할의 방법

원칙적으로 현물분할을 하지만, 현물분할이 불가능하거나 현물분할을 하면 그 가액이 현저하게 줄어들 염려가 있는 때에는 법원은 물건의 경매를 명하여 그 대금을 분할(대금분할 내지 가액분할)할 수 있다(1013조 2항·269조 2항). 그리고 가사소송규칙에서는 상속재산 중 특정의 재산을 1인 또는 수인의 소유로 하고, 그의 상속분 및 기여분과 그 특정재산의 가액의 차액을 현금으로 정산하게 하는 이른바 가격배상(이를 대상분할(代償分割)이라고도 함)도 인정하고 있다(동 규칙 115조 2항).

한편 판례에 따르면, 법원은 여러 사정을 고려하여 상속재산 분할방법을 후견적 재량으로 결정할 수 있으나, 분할 결과 어느 상속인이 구체적 상속분에 못 미치는 재산을 받게 된다면 그의 상속재산에 대한 권리의 침해이므로 허용될 수 없다(대결 2022. 7. 20, 2022스597·598).

E-228

5. 상속재산 분할의 효력

(1) 소급효와 그 제한

1) 소 급 효

(가) 상속재산의 분할은 상속이 개시된 때에 소급하여 그 효력이 생긴다(1015조 본문). 그 결과 각 상속인은 분할에 의하여 피상속인으로부터 직접 권리를 취득한 것으로 된다(판례도 같음. E-222에 인용된 판례 참조).

판 례 협의분할에 의하여 1인에게 소유권이전등기가 된 경우 관련

(ㄱ) 「공동상속인 상호간에 상속재산에 관하여 민법 제1013조에 의한 협의분할이 이루어짐으로써 공동상속인 중 1인이 고유의 상속분을 초과하는 재산을 취득하게 되었다 하더라도 이는 상속개시 당시에 피상속인으로부터 승계받은 것으로 보아야 하고, 따라서 협의분할에 의한 재산상속을 원인으로 피상속인으로부터 상속인 중 1인 앞으로 소유권이전등기가 이루어진 경우로서 그 부동산에 관한 피상속인 명의의 소유권등기가 원인무효의 등기라면, 협의분할에 의하여 이를 단독상속한 상속인만이 이를 전부 말소할 의무가 있고 다른 공동상속인은 이를 말소할 의무가 없다.」(대판 2009. 4. 9, 2008다87723)

(ㄴ) 대판 1991. 8. 27, 90다8237(E-194의 (ㄴ) 판결).

그런데 이 소급효는 현물분할의 경우에만 인정되고, 대금분할이나 가격배상의 경우에는 인정되지 않는다(이설 없음).

(나) 상속재산 분할에 의하여 어떤 공동상속인이 특정부동산을 취득한 경우에는 피상속인으로부터 직접 이전등기를 하여야 하는가 아니면 공동상속에 의한 공유의 등기를 한 뒤에 이전등기를 하여야 하는가? 분할에 소급효를 인정하면 전자만 허용되어야 하나, 공유

관계에 있었던 사실도 부인할 수는 없으므로 두 방법이 모두 가능하다고 할 것이다.

(다) 공동상속인이 상속재산을 공유하는 동안에 생긴 과실은 수익을 낳은 상속재산의 취득자에게 소급적으로 귀속하는 것이 아니고 상속재산에 포함되어 분할의 대상이 된다(이설 없음). 판례도 같은 입장에 있다(대판 2018. 8. 30, 2015다27132 · 27149). 즉 판례는, 이른바 대상분할의 방법으로 상속재산을 분할한 경우에, 특정 상속재산을 분할받은 상속인은 제1015조 본문에 따라 상속개시된 때에 소급하여 이를 단독소유한 것으로 보게 되지만, 그 상속재산 과실(상속개시 후 상속재산 분할이 완료되기 전까지 상속재산으로부터 발생하는 과실)까지도 소급하여 그 상속인이 단독으로 차지하게 된다고 볼 수는 없고, 이러한 경우 그 상속재산 과실은 특별한 사정이 없는 한 공동상속인들이 수증재산과 기여분 등을 참작하여 상속개시 당시를 기준으로 산정되는 「구체적 상속분」의 비율에 따라 이를 취득한다고 한다(대판 2018. 8. 30, 2015다27132 · 27149. 법정상속분에 따라 취득하는 것이 아니라고 함).

2) 소급효의 제한 상속재산 분할의 소급효는 제3자의 권리를 해하지 못한다(1015조 단서). 여기의 제3자의 예로는 상속인으로부터 개개의 상속재산에 대한 지분을 양수하거나 담보로 제공받거나 또는 압류한 자를 들 수 있으며, 상속분의 양수인은 포함되지 않는다. 그리고 「제3자」로 되려면 권리변동의 성립요건이나 대항요건을 갖추어야 한다(판례도, 1015조 단서에서 말하는 제3자는 일반적으로 상속재산분할의 대상이 된 상속재산에 관하여 상속재산분할 전에 새로운 이해관계를 가졌을 뿐만 아니라 등기 · 인도 등으로 권리를 취득한 사람을 말한다고 하여, 같은 취지이다. 대판 2020. 8. 13, 2019다249312)(상속인으로부터 토지를 매수하였으나 소유권이전등기를 하지 않은 자는 「제3자」가 아니다. 대판 1992. 11. 24, 92다31514). 제3자의 선의 · 악의는 문제되지 않는다(분할에 하자가 있는 것이 아니기 때문이다). 한편 판례는, 상속재산인 부동산의 분할 귀속을 내용으로 하는 상속재산 분할심판이 확정되면 제187조에 의하여 상속재산 분할심판에 따른 등기 없이도 해당 부동산에 관한 물권변동의 효력이 발생하지만, 제1015조 단서의 내용과 입법취지 등을 고려하면, 상속재산 분할심판에 따른 등기가 이루어지기 전에 상속재산 분할의 효력과 양립하지 않는 법률상 이해관계를 갖고 등기를 마쳤으나 상속재산 분할심판이 있었음을 알지 못한 제3자에 대하여는 상속재산 분할의 효력을 주장할 수 없다고 보아야 하며, 이 경우 제3자가 상속재산 분할심판이 있었음을 알았다는 점에 관한 주장 · 증명책임은 상속재산 분할심판의 효력을 주장하는 자에게 있다고 한다(대판 2020. 8. 13, 2019다249312). 이는 상속재산 분할 후에 권리를 취득한 제3자가 선의일 경우에 이미 발생한 상속재산 분할의 효력을 근거없이 변경 또는 소멸시키는 것으로서 타당하지 않다.

판 례 상속재산 분할의 소급효 관련

「공동상속인 중 1인이 제3자에게 상속 부동산을 매도한 뒤 그 앞으로 소유권이전등기가 경료되기 전에 위 매도인과 다른 공동상속인들 간에 그 부동산을 위 매도인 외의 다른 상속인 1인의 소유로 하는 내용의 상속재산 협의분할이 이루어져 그 앞으로 소유권이전등기를 한 경우에 위 상속재산 협의분할은 상속개시된 때에 소급하여 효력이 발생하고 등기를 경료하지 아니한 제 3 자는 민법 제1015조 단서 소정의 소급효가 제한되는 제 3 자에 해당하지 아니하는바, 이 경우 상속재산 협의분할로 위 부동산을 단독으로 상속한 자가 협의분할 이전에 공동상속인 중 1인이 그 부동산을 제 3 자에게 매도한 사실을 알면서도 상속재산 협의분할을 하였을 뿐 아니라 위 매도인의 배임행위(또는 배신행위)를 유인, 교사하거나 이에 협력하는 등 적극적으로 가담한 경우에는 위 상속재산 협의분할 중 위 매도인의 법정상속분에 관한 부분은 민법 제103조 소정의 반사회질서의 법률행위에 해당한다.」(대판 1996. 4. 26, 95다 54426·54433)

E-229 (2) **분할 후에 피인지자 등이 분할을 청구하는 경우**

1) 상속개시 후에 인지 또는 재판(친생자관계 존재 확인의 소, 피상속인과의 파양 또는 이혼무효의 소, 피상속인을 당사자로 부를 정하는 소 등)의 확정에 의하여 공동상속인으로 된 자는 당연히 상속개시시부터 공동상속인이었던 것으로 된다. 그러나 인지 또는 재판의 확정 전에 다른 공동상속인들이 이미 분할을 마친 경우에는 분할을 다시 하게 하는 것이 적절하지 않다. 그것은 제 3 자에게 해를 줄 염려가 크기 때문이다(인지의 소급효도 제한된다. 860조 단서). 그리하여 민법은 분할이 있은 후에는 분할의 효력을 유지하면서, 인지 등으로 공동상속인이 된 자에게는 그 상속분에 상당한 가액의 지급을 청구할 권리를 부여하고 있다(1014조)(다만, 앞에서 설명한 바와 같이(E-88), 판례는 혼인 외의 출생자와 생모 사이의 경우에는 1014조를 근거로 자가 모의 다른 공동상속인이 한 상속재산에 대한 분할 또는 처분의 효력을 부인할 수 있고, 이는 비록 다른 공동상속인이 이미 상속재산을 분할 또는 처분한 이후에 모자관계가 친생자관계 존재 확인판결의 확정 등으로 비로소 명백히 밝혀졌다 하더라도 마찬가지라고 한다. 대판 2018. 6. 19, 2018다1049).

2) 이 규정이 적용되려면 다른 공동상속인이 이미 「분할 기타의 처분」을 하였어야 한다. 분할은 협의분할·조정분할·심판분할의 어느 것이라도 무방하다. 그리고 「기타의 처분」의 예로는 공동상속인이 불분할계약(不分割契約)을 맺은 경우, 공동상속인의 1인이 그의 상속분을 양도하거나 또는 상속재산에 속하는 개개의 재산에 대한 지분을 처분한 경우, 공동상속인이 공동으로 상속재산을 처분한 경우를 들 수 있다. 「분할 기타의 처분」이 없거나 일부에 대하여만 있는 때에는 전부 또는 나머지에 관하여 그 상속인을 참여시켜서 분할을 하여야 한다.

3) 피인지자 등은 그의 상속분에 상당하는 가액을 청구할 수 있는데, 이때의 「상속분」은 모든 상속재산에 대한 것이 아니고 적극재산만에 대한 것을 의미한다(이설 있음). 상속채무는 피인지자 등까지 포함하여 따로 상속분에 따라서 승계하여야 하기 때문이다.

그리고 피인지자 등이 상속분의 가액지급을 청구하는 경우 상속재산의 가액은 사실심 변론종결 당시의 시가를 기준으로 하여 산정하여야 한다(대판 2002. 11. 26, 2002므1398 등).

E-230 4) 제1014조에 의하여 가액지급청구권을 가지게 되는 공동상속인은 이미 분할 기타의 처분을 한 공동상속인과 동순위의 자를 가리킨다. 문제는 인지 또는 재판에 의하여 상속인으로 된 자(예: 피상속인의 자)보다 후순위 상속인들(예: 피상속인의 직계존속이나 형제자매)이 상속하여 분할을 한 경우에도 가액

지급청구만이 인정되는지이다. 이에 대하여 판례는 인지의 경우에 관하여 후순위 상속인에게 제1014조를 적용할 수 없다고 한다(대판 1993. 3. 12, 92다48512[핵심판례 452면] 등). 이에 의하면 후순위 상속인이 참가한 상속재산 분할은 무효로 되고, 선순위 상속권자는 후순위 상속인에 대하여 가액지급청구권이 아니고 상속회복청구권을 행사할 수 있게 된다. 그에 비하여 학설은 제1014조를 유추적용하자고 한다(사견은 판례와 같음). 학설은 그 이유로, 이미 분할된 재산을 양수한 제 3 자가 보호되지 못하게 되어 거래의 안전을 해하게 되고 또한 후순위 상속인은 새로운 상속인이 나타나지 않았으면 완전한 권리자가 되었을 자이어서 일반의 참칭상속인과 같다고 할 수도 없다는 것을 든다.

5) 판례에 따르면, 제1014조에 의하여 가액의 지급을 청구하는 경우에 그 범위에 관하여는 부당이득 반환범위에 관한 규정을 유추적용할 수는 없고, 다른 공동상속인들이 분할 기타의 처분시에 피인지자의 존재를 알았는지의 여부에 의하여 그 지급할 가액의 범위가 달라지는 것도 아니라고 한다(대판 1993. 8. 24, 93다12).

또한 판례는, 제1014조에 의한 상속분 상당가액 지급청구에 있어 상속재산으로부터 발생한 과실은 그 가액산정 대상에 포함되지 않는다고 한다(대판 2007. 7. 26, 2006므2757 · 2764). 그리고 인지 이전에 공동상속인들에 의해 이미 분할되거나 처분된 상속재산은 제860조 단서가 규정한 인지의 소급효 제한에 따라 이를 분할받은 공동상속인이나 공동상속인들의 처분행위에 의해 이를 양수한 자에게 그 소유권이 확정적으로 귀속되는 것이며, 상속재산의 소유권을 취득한 자는 제102조에 따라 그 과실을 수취할 권능도 보유한다고 할 것이므로, 피인지자에 대한 인지 이전에 상속재산을 분할한 공동상속인이 그 분할받은 상속재산으로부터 발생한 과실을 취득하는 것은 피인지자에 대한 관계에서 부당이득이 된다고 할 수 없다(대판 2007. 7. 26, 2006다83796).

6) 피인지자 등의 가액지급청구권의 성질에 관하여 학설은, i) 상속회복청구권의 일종이며 따라서 제999조 제 2 항 소정의 제척기간에 걸린다는 견해와 ii) 현행법상 상속회복청구는 통상의 민사소송의 절차에 의하는 반면 제1014조의 가액지급청구는 다류 가사소송사건으로 되어 있으므로(가소규 2조), 상속재산분할청구권의 일종이라는 견해로 나뉘어 있고, 판례는 i)설과 같다(대판 2007. 7. 26, 2006므2757 · 2764 등). 그리고 이와 관련하여 헌법재판소는 최근에 ― 제999조 제 2 항이 제1014조에 의한 가액지급청구권에도 적용된다는 전제에 서서 ― 상속회복청구권에 관한 10년의 제척기간 중 제1014조의 가액지급청구권에 적용되는 부분, 즉 제999조 제 2 항의 「상속권의 침해행위가 있은 날부터 10년」 중 제1014조에 관한 부분을 위헌이라고 결정하였다(헌재 2024. 6. 27. 2021헌마1588. 여기에는 재판관 2인의 반대의견이 있음).

(3) 공동상속인의 담보책임 E-231

민법은 공동상속인들 사이에 공평을 기하기 위하여 서로 담보책임을 부담하는 것으로 하고 있다(1016조－1018조).

1) 매도인과 동일한 담보책임 공동상속인은 다른 공동상속인이 분할로 인하여 취득한 재산에 대하여 그 상속분에 따라 매도인과 같은 담보책임이 있다(1016조). 그런데 담보책임의 내용 중 해제에 관하여는 특히 필요한 경우에만 인정되는지에 대하여 견해 대립이 있다.

2) 상속채무자의 자력에 대한 담보책임 상속재산 분할에 의하여 채권을 취득한 상속인은 채무자가 무자력일 경우 손실을 입게 된다. 그리하여 민법은 그러한 경우에는 공동상속인 전원이 채무자의 자력을 담보하도록 하고 있다(1017조). 구체적으로는, 변제기가 이미 된 채권에 대하여는 분할 당시의 채무자의 자력을 담보하고(1017조 1항), 분할할 때 아직 변제기가 되지 않은 채권이나 정지조건부 채권에 대하여는 변제를 청구할 수 있는 때(즉 변제기나 정지조건이 성취된 때)의 채무자의 자력을 담보한다(1017조 2항). 그리고 이 경우에도 상속분에 응하여 담보책임을 진다고 하여야 한다.

3) 무자력 공동상속인의 담보책임의 분담 담보책임 있는 공동상속인 중에 상환의 자력이 없는 자가 있는 때에는, 그의 부담부분은 구상권자와 자력 있는 다른 공동상속인이 그 상속분에 응하여 분담한다(1018조 본문). 그러나 구상권자의 과실로 인하여 상환을 받지 못한 때에는 다른 공동상속인에게 분담을 청구하지 못한다(1018조 단서).

(판 례) 상속재산 분할의 경우 공동상속인 사이의 구상관계

「2. 임대차보증금 반환 관련

… 상속재산 분할심판에서 분할대상 상속재산 중 특정 상속재산을 공동상속인 중 1인의 단독소유로 하고 그의 구체적 상속분과 그 특정 상속재산의 가액과의 차액을 현금으로 정산하는 방법(이른바 대상분할의 방법)으로 상속재산을 분할하였는데 그 특정 상속재산이 상가임대차법 제3조 제1항이 정한 대항요건을 갖춘 임대차의 목적물인 경우 그 공동상속인은 임대차보증금 반환채무를 면책적으로 인수하고 다른 공동상속인들은 임대차관계에서 탈퇴하여 임차인에 대한 임대차보증금 반환채무를 면하게 된다. 그런데 상속재산 분할심판에서 임대차보증금 반환채무가 분할대상에서 제외된 가운데 임대차 목적물을 단독으로 상속받게 된 공동상속인이 그 임대차보증금 반환채무를 면책적으로 인수하면서 다른 공동상속인들에게는 이러한 채무인수를 고려하지 않은 방식에 따라 산정된 차액을 지급하게 되면, 그는 본래 상속재산 분할에서 의도되었던 것보다 과도한 부담을 안을 수 있어 부당하다. 이러한 경우 다른 공동상속인들이 임대차보증금 반환채무를 면하는 것을 정당화할 만한 특별한 사정이 없는 한 공동상속인들 사이에서는 임대차보증금 반환채무에 관하여 법정상속분에 따른 내부적 부담부분이 그대로 유지되고, 그 임대차 목적물을 단독 소유하게 된 공동상속인이 나중에 임대차보증금을 반환한 때에는 다른 공동상속인들을 상대로 구상할 수 있다. …

3. 재산세 관련
… 위와 같이 공동상속인들이 각자의 법정상속분에 따라 상속재산을 공유하는 동안 상속재산에 부과된 재산세는 공동상속인들이 연대하여 납부할 의무를 지고(근거: 지방세기본법 44조 1항·5항 등: 저자 주), 그중 1인이 위 재산세를 납부함으로써 공동면책을 얻었다면 그 공동상속인은 특별한 사정이 없는 한 다른 공동상속인들을 상대로 각자의 법정상속분에 따라 구상할 수 있다. 그리고 구상을 하지 않은 상태에서 상속재산 분할 절차가 진행되는 경우 그 절차에서 위와 같이 납부된 재산세가 고려될 수 있으나, 이에 대한 고려가 이루어지지 않았다면 그 상속재산을 재산세를 납부한 공동상속인의 단독 소유로 하는 내용의 상속재산 분할이 이루어졌다고 해도 여전히 다른 공동상속인들을 상대로 구상할 수 있다.」(대판 2024. 8. 1, 2023다318857)

V. 상속회복청구권 E-232

1. 의 의

상속회복청구권이란 상속권이 진정하지 않은 상속인 즉 참칭상속인에 의하여 침해되었을 때 일정한 기간 내에 그 회복을 청구할 수 있는 권리이다. 민법은 이에 대하여 간단한 1개 조문만을 두고 있다(999조).

2. 법적 성질

상속이 개시되면 피상속인의 권리·의무가 상속인에게 포괄적으로 승계되므로, 진정상속인은 상속을 침해한 자에 대하여 자신에게 소유권 등이 있음을 이유로 물권적 청구권 등을 행사하여 상속재산의 회복을 꾀할 수 있다. 그럼에도 불구하고 민법은 이와는 별도로 상속회복청구권을 인정하고 있다. 여기서 상속회복청구권의 본질이 무엇이고 그것과 개별적인 권리가 어떠한 관계에 있는지 문제된다.

(1) 학 설 E-233

1) 상속자격확정설 상속회복청구권은 개개의 상속재산에 대한 청구권이 아니라 진정상속인의 상속자격 즉 상속권의 일반적 확정을 구하는 권리라고 하는 견해이다(상속회복의 소는 상속권의 확인을 구하는 확인의 소로서 판결의 기판력은 상속권 유무에만 미친다고 함). 이에 의하면, 진정상속인은 상속회복청구와 동시에 또는 별도로 상속재산 반환청구를 할 수 있고, 그 경우에는 제척기간의 적용을 받지 않게 된다.

2) 집합권리설 상속회복청구권은 단일·독립의 청구권이 아니라 상속재산을 구성하는 개개의 재산에 대한 개별적인 청구권의 집합에 불과하다고 하는 견해이다. 이 견해는 상속을 이유로 상속재산의 반환을 청구하는 소는 그것이 포괄적으로 행하여지든 상속재산 중의 개별재산에 대하여 개별적으로 행하여지든, 모든 참칭상속인에 대하여 행하여지든 제3취득자에 대하여 행하여지든 상속회복청구권의 행사로 보며 물권적 반환청구

권과의 경합을 인정하지 않는다.

3) **독립권리설** 상속회복청구권은 개별적 청구권과는 구별되는 단일의 권리이며 상속재산 전체의 회복을 청구하는 포괄적 권리라고 보는 견해이다(사견도 같음. 친족상속법 [293] 참조). 이 견해는 상속회복청구권과 개별적 청구권의 경합을 인정한다(물권적 청구권을 행사하는 경우에는 제척기간의 제한을 받지 않는다고 함).

(2) 판 례

판례는 집합권리설의 입장인 것으로 보인다(대판(전원) 1981. 1. 27, 79다854; 대판(전원) 1991. 12. 24, 90다5740[핵심판례 478면] 등 다수의 판결).

(판 례) 상속회복청구권의 성질 관련

「자신이 진정한 상속인임을 전제로 그 상속으로 인한 소유권 또는 지분권 등 재산권의 귀속을 주장하면서 참칭상속인 또는 참칭상속인으로부터 상속재산에 관한 권리를 취득하거나 새로운 이해관계를 맺은 제3자를 상대로 상속재산인 부동산에 관한 등기의 말소 등을 청구하는 경우에는, 그 소유권 또는 지분권이 귀속되었다는 주장이 상속을 원인으로 하는 것인 이상 그 청구원인 여하에 관계없이 이는 민법 제999조 소정의 상속회복청구의 소에 해당하고, 상속회복청구권의 제척기간에 관한 민법 제999조 제2항은 이 경우에도 적용된다.」(대판 2010. 1. 14, 2009다41199)

E-234 ## 3. 당 사 자

(1) 회복청구권자

상속회복청구권을 가지는 자는 **상속재산의 점유를 잃고 있는 진정한 상속인**(상속권자) 또는 그 법정대리인이다(999조 1항)(999조는 포괄적 유증의 경우에도 유추적용되므로 포괄적 수증자도 상속회복청구권을 행사할 수 있다. 대판 2001. 10. 12, 2000다22942). 상속인의 지위를 포괄적으로 승계하고 있는 「상속분의 양수인」은 상속인에 준하여 상속회복청구권을 행사할 수 있으나, 상속재산의 특정승계인은 청구권자가 아니다(상속회복청구권은 일신전속권이기 때문이다)(이설 없음). 상속권을 침해당한 상속인이 상속회복청구를 하지 않고 사망한 경우에 관하여는 i) 그 권리가 그의 상속인에게 상속된다는 견해와 ii) 상속회복청구권은 당연히 소멸하여 그 상속인에게 승계되지 않고 다만 그 상속인이 자기의 상속권이 침해되었음을 이유로 고유의 상속회복청구권을 가지게 된다는 견해(사견도 같음)가 대립하고 있다(두 견해는 상속회복청구권의 존속기간에서 차이를 보이며, ii)설이 진정상속인에게 더 유리함).

E-235 ### (2) 상 대 방

1) **참칭상속인** 상속회복청구에 있어서 전형적인 상대방은 참칭상속인이다. 여기서 참칭상속인이라 하면 재산상속인임을 신뢰하게 하는 외관(가족관계등록부 등 공부상 상속인으로 기재되거나 상속을 원인으로 등기가 행하여진 경우 등)을 갖추고 있거나 상속인이라고 참칭(분수에 넘치는 칭호를 스스로 사용함)하여 상속재산의 전부 또는 일부를 점유하는 등의 방법에 의하여 진정한 상속인의 상속권을 침해하는 자를 가리킨다

(통설·판례도 같음. 대판 2011. 9. 29, 2009다78801 등). 상속인 아닌 자가 자신이 상속인이라고 주장하거나 또는 공동상속인 중 1인이 자신이 단독상속인이라고 주장하였다 하더라도 상속권의 침해가 없다면 그러한 자는 참칭상속인이 아니다(대판 1994. 11. 18, 92다33701 등)(그때는 상속회복청구권이 아니고 물권적 청구권과 같은 민법상의 다른 권리를 행사할 수 있다. 그리고 그때는 제척기간이 적용되지 않는다). 그리고 상속재산인 부동산에 관하여 공동상속인 중 1인 명의로 소유권이전등기가 된 경우 그 등기가 상속을 원인으로 경료된 것이라면 그 등기명의인은 재산상속인임을 신뢰하게 하는 외관을 갖추고 있는 자로서 참칭상속인에 해당한다(대판 2010. 1. 14, 2009다41199. 이 판결은 공동상속인 중 1인이 상속등기에 갈음하여 구 「부동산소유권 이전등기 등에 관한 특별조치법」에 따라 그 명의의 소유권이전등기를 경료한 경우에 그 이전등기가 무효라는 이유로 다른 공동상속인이 그 등기의 말소를 청구하는 소는 상속회복청구의 소에 해당한다고 한다). 또한 참칭상속인의 상속인도 참칭상속인이며, 그가 상속재산을 점유하고 있는 한 상속회복청구의 상대방이 된다(이설 없음). 이들 참칭상속인이 선의인지 악의인지, 과실이 있는지 무과실인지는 묻지 않는다.

판 례 참칭상속인 관련

(ㄱ) 판례에 의하면, 피상속인의 전처의 아들이 피상속인의 호적에 친생자로 등재되어 있었던 경우(대판(전원) 1981. 1. 27, 79다854), 피상속인이 호주상속인이 없이 무후가 되자 문중 종손 2인이 적법한 재산상속인이라고 믿고 상속부동산에 상속등기에 갈음하여 「임야 소유권이전등기 등에 관한 특별조치법」에 따라 소유권보존등기를 한 경우(대판 1984. 2. 14, 83다600, 83다카2056)는 참칭상속인이라고 한다. 그러나 피상속인이 사망한 후 사후양자로 선정된 것처럼 사후양자 입양신고를 한 자(대판 1987. 7. 21, 86다카2952), 사망자의 상속인이 아닌 자가 상속인인 것처럼 허위기재된 위조의 제적등본·호적등본 등을 기초로 상속인인 것처럼 꾸며서 상속등기가 이루어진 경우(대판 1993. 11. 23, 93다34848), 제3자가 특정한 공동상속인의 의사와 상관없이 관계서류를 위조하여 그 상속인 1인의 단독 명의로 소유권보존등기를 한 경우(공동상속인 1인이 자기만이 상속권이 있다고 참칭하는 경우에도 참칭상속인에 포함된다고 보기는 함)(대판 1994. 3. 11, 93다24490), 단순히 무허가건물대장에 건물주로 기재되어 있는 경우(대판 1998. 6. 26, 97다48937)에는 참칭상속인이 아니라고 한다. 그리고 상속재산인 미등기 부동산을 임의로 매도한 자가 아무 근거 없이 피상속인의 호적에 호주상속신고를 한 것으로 기재되어 있으나, 상속재산인 미등기 부동산에 관하여 상속인이라고 참칭하면서 등기를 마치거나 점유를 한 바가 없고, 또한 피상속인의 호적에 의하더라도 피상속인의 시동생의 손자로서 피상속인의 법정상속인에 해당할 여지가 없어 그 유산에 대하여 상속권이 없음이 명백한 경우에는, 그 자는 참칭상속인이 아니라고 한다(대판 1998. 3. 27, 96다37398[핵심판례 480면]).

(ㄴ) 「피상속인 사망 후 공동상속인 중 1인이 다른 공동상속인에게 자신의 상속지분을 중간생략등기 방식으로 명의신탁하였다가 그 명의신탁이 부동산실명법이 정한 유예기간의 도과로 무효가 되었음을 이유로 명의수탁자를 상대로 상속지분의 반환을 구하는 경우, 그러한 청구는 명의신탁이 유예기간의 도과로 무효로 되었음을 원인으로 하여 소유권의 귀속을 주장하는 것일 뿐 상속으로 인한 재산권의 귀속을 주장하는 것이라고 볼 수 없고, 나아가 명의수탁자로 주장된 피고를 두고 진정상속인의 상속권을 침해하고 있는 참칭상속인

이라고 할 수도 없으므로, 위와 같은 청구가 상속회복청구에 해당한다고 할 수 없다.」(대판 2010. 2. 11, 2008다16899)

(ㄷ) 「공동상속인 중 1인이 협의분할에 의한 상속을 원인으로 하여 상속부동산에 관한 소유권이전등기를 마친 경우에 그 협의분할이 다른 공동상속인의 동의 없이 이루어진 것으로 무효라는 이유로 다른 공동상속인이 그 등기의 말소를 청구하는 소 역시 상속회복청구의 소에 해당한다.」(대판 2011. 3. 10, 2007다17482)

(ㄹ) 「상속을 유효하게 포기한 공동상속인 중 한 사람이 그 사실을 숨기고 여전히 공동상속인의 지위에 남아 있는 것처럼 참칭하여 그 상속지분에 따른 소유권이전등기를 한 경우에도 참칭상속인에 해당할 수 있으나, 이러한 상속을 원인으로 하는 등기가 그 명의인의 의사에 기하지 않고 제 3 자에 의하여 상속 참칭의 의도와 무관하게 이루어진 것일 때에는 위 등기명의인을 상속회복청구의 소에서 말하는 참칭상속인이라고 할 수 없다. 그리고 수인의 상속인이 부동산을 공동으로 상속하는 경우 그와 같이 공동상속을 받은 사람 중 한 사람이 공유물의 보존행위로서 공동상속인 모두를 위하여 상속등기를 신청하는 것도 가능하므로, 부동산에 관한 상속등기의 명의인에 상속을 포기한 공동상속인이 포함되어 있다고 하더라도 그 상속을 포기한 공동상속인 명의의 지분등기가 그의 신청에 기한 것으로서 상속 참칭의 의도를 가지고 한 것이라고 쉽게 단정하여서는 아니 된다.」(대판 2012. 5. 24, 2010다33392)

E-236 **2) 자기의 상속권을 주장하지 않고 다른 권원을 주장하는 자** 이러한 자는 보통의 재산권 침해자이므로 단기의 제척기간으로 보호될 이유가 없으며, 따라서 회복청구의 상대방이 아니고 물권적 청구권의 상대방이 된다. 판례도 같다(아래에 인용된 판결들 참조).

판 례 다른 권원을 주장하는 경우

판례는 공동상속인이 피상속인으로부터 특정부동산을 매수한 사실이 없음에도 불구하고 「임야 소유권이전등기 등에 관한 특별조치법」에 의하거나(대판 1993. 9. 14, 93다12268 등) 등기서류를 위조하여(대판 1987. 6. 23, 86다카1407) 또는 이미 사망한 자를 상대로 제기한 사위소송에서 얻은 확정판결에 의하여(대판 1991. 11. 8, 91다27990) 자신의 명의로 소유권이전등기를 한 자에 대하여 등기의 원인무효임을 이유로 그 말소를 구하고 있는 것이라면 상속회복의 소에 해당하지 않는다고 한다. 그리고 상속인이 아닌 자가 특별조치법상의 허위의 보증서에 기하여 소유권보존등기를 한 경우(대판 1992. 9. 25, 92다18085), 공동상속인이 공동상속한 부동산을 다른 공동상속인의 승낙 없이 타인에게 매도하고 피상속인의 인감증명서 등을 위조하여 소유권이전등기를 한 경우(대판 1986. 2. 11, 85다카1214), 공동상속인이 피상속인의 인감증명서와 피상속인 명의의 등기서류를 위조하여 아무런 원인도 없이 제 3 자 앞으로 소유권이전등기를 해 준 경우(대판 1991. 10. 22, 91다21671), 공동상속인 중 1인이 부동산을 피상속인으로부터 매수한 사실이 없는데도 등기서류를 위조하여 그 앞으로 소유권이전등기를 한 뒤 그 부동산을 전전매각한 경우(대판 1998. 10. 27, 97다38176)에 대하여도 똑같이 판단한다.

상속재산을 점유하고 있는 자가 상속을 원인으로 주장하더라도 피상속인이 다른 사람인 경우에는 상대방이 아니라고 하여야 한다. 판례도 같다(대판 1994. 4. 15, 94다798(피상속인이 동명이인인 경우); 대판 1995. 7. 11, 95다9945 등).

3) 다른 상속인의 상속분을 침해하는 공동상속인 공동상속인은 참칭상속인의 범위에서 제외하여야 한다는 견해가 있으나, 공동상속인의 1인이 자기만이 상속인이라고 주장하여 상속재산을 점유하거나 또는 자기의 상속분을 넘는 상속재산을 점유하고 있는 경우에 자기의 상속분을 초과하여 상속재산을 점유하는 한도에서는 보통의 참칭상속인과 다를 것이 없으므로 참칭상속인에 해당한다고 할 것이다. 판례도 같은 입장이다(대판 1997. 1. 21, 96다4688(부동산에 관하여 공동상속인 중 1인의 명의로 등기된 경우) 등 참조)(일단 적법하게 공동상속등기가 마쳐진 부동산에 관하여 상속인 중 1인이 자기 단독명의로(대판 2011. 9. 29, 2009다78801) 또는 상속인 중 1인과 제3자를 명의로(대판 1987. 5. 12, 86다카2443·2444) 소유권이전등기를 한 경우에 다른 상속인들이 그 이전등기가 원인 없이 마쳐진 것이라 하여 말소를 구하는 소는 상속회복청구의 소가 아니다). E-237

상속재산 분할이 있기 전에 초과 특별수익자에게 법정상속분에 따라 마쳐진 소유권이전등기에 대하여 상속회복청구권을 행사하여 무효라고 주장할 수 있는가? 여기에 관하여 판례는, 공동상속인들 사이에서 상속재산의 분할이 마쳐지지 않았음에도 특정 공동상속인에 대하여 특별수익 등을 고려하면 그의 구체적 상속분이 없다는 등의 이유를 들어 그 공동상속인에게는 개개의 상속재산에 관하여 법정상속분에 따른 권리승계가 아예 이루어지지 않았다거나, 부동산인 상속재산에 관하여 법정상속분에 따라 마쳐진 상속을 원인으로 한 소유권이전등기가 원인무효라고 주장하는 것은 허용될 수 없다고 한다(대판 2023. 4. 27, 2020다292626).

제사용 재산도 상속회복청구에 관하여는 일반 상속재산과 구별할 이유가 없으므로, 제사용 재산을 제사를 주재하는 자 이외의 자가 일반 상속재산으로 공동상속한 경우에는 그 공동상속인을 상대로 회복청구를 할 수 있다(동지 대판 2006. 7. 4, 2005다45452).

판 례 상속회복청구권인지 판단한 예

(ㄱ) 「재산상속에 관하여 진정한 상속인임을 전제로 그 상속으로 인한 소유권 또는 지분권 등 재산권의 귀속을 주장하고, 참칭상속인을 상대로 또는 자기만이 재산상속을 하였다고 하는 공동상속인이나 그들로부터 상속재산을 양수한 제3자를 상대로, 상속재산인 부동산에 관한 등기의 효력을 다투는 경우에도 그 소유권 또는 지분권의 귀속을 내세우는 근거가 상속을 원인으로 하는 것인 이상, 그 권리행사의 방식 여하에 불구하고 이는 위 법조 소정의 상속회복청구권의 행사라고 해석함이 상당하다.」(대판 1991. 2. 22, 90다카19470)

(ㄴ) 민법 제1014조에 의하여, 상속개시 후의 인지 또는 재판의 확정에 의하여 공동상속인이 된 자가 분할을 청구할 경우에 다른 공동상속인이 이미 분할 기타 처분을 한 때에는 그 상속분에 상당한 가액의 지급을 청구할 권리가 있는바, 이 가액청구권은 상속회복청구권의 일종이다(대판 1993. 8. 24, 93다12).

E-238 **4) 참칭상속인으로부터 상속재산을 취득한 제 3 자** 통설 · 판례(대판(전원) 1981. 1. 27, 79다854; 대판 1993. 2. 26, 92다3083 등)는 참칭상속인으로부터 상속재산을 전득(양수)한 제 3 자도 회복청구의 상대방이 된다고 한다. 그에 의하면 이때에도 단기의 제척기간이 적용되게 된다.

(판 례) 제 3 자에 대하여 청구하는 경우 관련

(ㄱ) 「진정상속인이 참칭상속인으로부터 상속재산을 양수한 제 3 자를 상대로 등기말소청구를 하는 경우에도 상속회복청구권의 단기의 제척기간이 적용되는 것으로 풀이하여야 할 것이다.」(대판(전원) 1981. 1. 27, 79다854)

(ㄴ) 「참칭상속인의 최초 침해행위가 있은 날로부터 10년이 경과한 이후에는 비록 제 3 자가 참칭상속인으로부터 상속재산에 관한 권리를 취득하는 등의 새로운 침해행위가 최초 침해행위시로부터 10년이 경과한 후에 이루어졌다 하더라도 상속회복청구권은 제척기간의 경과로 소멸되어 진정상속인은 더 이상 제 3 자를 상대로 그 등기의 말소 등을 구할 수 없다 할 것이며, 이는 진정상속인이 참칭상속인을 상대로 제척기간 내에 상속회복청구의 소를 제기하여 승소의 확정판결을 받았다고 하여 달리 볼 것은 아니라 할 것이다.」(대판 2006. 9. 8, 2006다26694)

5) 제1014조의 가액지급의무자 제1014조에 의한 피인지자 등의 가액지급청구권을 일종의 상속회복청구권이라고 보는 판례(E-230 참조)에 의하면, 가액지급의무자도 상대방이 된다(대판 1981. 2. 10, 79다2052는 피인지자의 가액지급청구권에 대한 지연손해금 청구채권도 상속회복청구권의 확장이므로 단기의 제척기간이 적용된다고 한다).

E-239
4. 상속회복청구권의 행사

(1) 행사방법

상속회복청구는 재판상으로는 물론이고 재판 외에서도 할 수 있다(다수설도 같음). 그런데 판례는 재판상으로 행사하여야 한다는 입장에 있는 것으로 보인다(대판 1993. 2. 26, 92다3083). 회복청구를 할 때 청구하는 상속인은 자기가 상속권을 가지는 사실과 청구의 목적물이 상속개시 당시에 피상속인의 점유에 속하였던 사실을 증명하여야 한다(통설도 같음). 그러나 피상속인에게 소유권 등의 본권이 있다는 것을 증명할 필요는 없다. 상대방이 청구를 배척하려면 자신이 당해 목적물에 대하여 특정의 권원을 가지고 있음을 증명하여야 한다.

(2) 행사의 효과

1) 당사자 사이의 효과 상속회복청구의 재판에서 원고승소판결이 확정되면 참칭상속인은 진정상속인에게 그가 점유하는 상속재산을 반환하여야 한다. 그런데 그 판결의 기판력은 청구된 목적물에 관하여만 미친다(동지 대판 1981. 6. 9, 80므84-87 등).

반환할 목적물의 범위에 관하여는 제201조 내지 제203조를 유추적용하여야 한다. 다만 상속재산으로부터 생긴 과실(천연과실·법정과실)이나 사용이익은 상속재산에 속한다고 하여야 하므로 참칭상속인은 그가 선의이더라도 그것이 현존하는 한 반환하여야 한다(학설도 결과에서 같다).

2) 제3자에 대한 효과 상속회복의 효과는 제3자에게도 미치게 되어 제3자 보호가 문제된다. 특히 제3자가 참칭상속인으로부터 부동산을 양수한 경우에 그렇다(등기의 공신력 인정 내지 제3자보호의 입법조치가 필요하다). 그러나 양수한 재산이 동산·지시채권·무기명채권·지명소지인 출급채권 또는 유가증권이면 선의취득이 인정되어(249조·514조·524조·525조, 어음법 16조, 수표법 21조) 일정한 요건 하에 권리를 취득할 수 있게 된다. 양수인의 선의취득이 인정되지 않는 때에는 그는 양도인에 대하여 담보책임을 묻는 수밖에 없다.

피상속인의 채무자가 선의이며 과실없이 참칭상속인에게 변제한 경우에는 그 변제는 채권의 준점유자에 대한 변제로서 유효하게 된다(470조)(대판 1995. 3. 17, 93다32996). 따라서 진정한 상속인은 참칭상속인에 대하여 부당이득의 반환청구(또는 사정에 따라 불법행위로 인한 손해배상청구)를 하여야 한다.

5. 상속회복청구권의 소멸 E-240

(1) 제척기간의 경과

1) 상속회복청구권은 그 침해를 안 날부터 3년, 상속권의 침해행위가 있은 날부터 10년이 경과하면 소멸된다(999조 2항). 여기서 「상속권의 침해를 안 날」이라 함은 자기가 진정상속인임을 알고 또 자기가 상속에서 제외된 사실을 안 때를 가리킨다(대판 2007. 10. 25, 2007다36223 등). 그리고 판례는 혼인 외의 자가 인지청구를 하였을 때에는 인지심판이 확정된 날부터 그 기간을 기산한다고 한다(대판 2007. 7. 26, 2006므2757·2764 등 다수). 한편 이 3년 또는 10년의 기간은 제척기간이다(통설·판례도 같음. 대판 1978. 12. 13, 78다1811 등). 그리고 판례는, 이 기간은 제소기간으로 보아야 하므로, 상속회복청구의 소에 있어서는 법원이 제척기간의 준수 여부에 관하여 직권으로 조사한 후 기간 경과 후에 제기된 소는 부적법한 소로서 흠결을 보정할 수 없으므로 각하하여야 한다고 한다(대판 2010. 1. 14, 2009다41199 등).

판례에 따르면, 제척기간의 준수 여부는 상속회복청구의 상대방별로 각각 판단하여야 할 것이어서, 진정한 상속인이 참칭상속인으로부터 상속재산에 관한 권리를 취득한 제3자를 상대로 제척기간 내에 상속회복청구의 소를 제기한 이상 그 제3자에 대하여는 제999조에서 정하는 상속회복청구권의 기간이 준수되었으므로, 참칭상속인에 대하여 그 기간 내에 상속회복청구권을 행사한 일이 없다고 하더라도 그것이 진정한 상속인의 제3자에 대한 권리행사에 장애가 될 수는 없다고 한다(대판 2009. 10. 15, 2009다42321).

판 례 상속회복청구권에 관한 제척기간 관련 E-241

(ᄀ) 「공동상속인 중 1인이 나머지 공동상속인들을 상대로 제기한 상속재산 분할심판 사

건에서 공동상속인 일부의 소송대리권이 흠결된 채로 소송대리인 사이에 재판상 화해나 조정이 성립되어 화해조서 또는 조정조서가 작성되고, 그 조서에 기하여 공동상속인 중 1인 명의로 상속재산 협의분할을 원인으로 한 소유권이전등기가 경료된 경우, 위와 같은 화해나 조정은 무효라 할 것이나, 그 조서에 확정판결과 같은 효력이 있는 이상 그 조서가 준재심에 의해 취소되기 전에는 당사자들로서는 위 화해나 조정의 무효를 확신할 수 없는 상태에 있다고 할 것이고, 그 후 소송대리권의 흠결 여부가 다투어진 끝에 준재심에 의해 화해조서나 조정조서가 취소되었다면, 나머지 공동상속인들은 그 준재심의 재판이 확정된 때에 비로소 공동상속인 중 1인에 의해 자신들의 상속권이 침해된 사실을 알게 되었다고 봄이 상당하므로, 상속회복청구권의 제척기간은 그때부터 기산된다.」(대판 2007. 10. 25, 2007다36223)

(ㄴ) 「상속회복청구권의 경우 상속재산의 일부에 대해서만 제소하여 제척기간을 준수하였을 때에는 청구의 목적물로 하지 않은 나머지 상속재산에 대해서는 제척기간을 준수한 것으로 볼 수 없고, 민법 제1014조에 의한 상속분 상당 가액지급청구권의 경우도 민법 제999조 제 2 항의 제척기간이 도과되면 소멸하므로 그 기간 내에 한 청구채권에 터잡아 제척기간 경과 후 청구취지를 확장하더라도 그 추가 부분의 청구권은 소멸한다고 할 것이나, 만일 상속분 상당 가액지급청구권의 가액산정 대상 재산을 인지 전에 이미 분할 내지 처분된 상속재산 전부로 삼는다는 뜻과 다만 그 정확한 권리의 가액을 알 수 없으므로 추후 감정결과에 따라 청구취지를 확장하겠다는 뜻을 미리 밝히면서 우선 일부의 금액만을 청구한다고 하는 경우 그 청구가 제척기간 내에 한 것이라면, 대상 재산의 가액에 대한 감정결과를 기다리는 동안 제척기간이 경과되고 그 후에 감정결과에 따라 청구취지를 확장한 때에는, 위와 같은 청구취지의 확장으로 추가된 부분에 관해서도 그 제척기간은 준수된 것으로 봄이 상당하다.」(대판 2007. 7. 26, 2006므2757 · 2764)

2) 상속회복청구권이 제척기간의 경과로 소멸하게 되면 상속인은 상속인으로서의 지위, 즉 상속에 따라 승계한 개개의 권리의무도 또한 총괄적으로 상실하게 되고(개별적인 청구권도 제척기간의 적용을 받아 소멸한다), 그 반사적 효과로서 참칭상속인의 지위는 확정되어 참칭상속인이 상속개시시에 소급하여 상속인으로서의 지위를 취득한다(대판 1998. 3. 27, 96다37398[핵심판례 480면] 등). 그 결과 상속재산은 상속개시일부터 참칭상속인의 소유였던 것이 된다.

(2) 상속회복청구권의 포기

상속회복청구권은 포기할 수 있다. 다만, 피상속인 등의 압박에 의하여 포기하는 것을 막기 위하여 상속개시 전에는 포기할 수 없다고 하여야 한다.

제4관 상속의 승인과 포기

Ⅰ. 서 설

E-242

(1) 상속의 승인 · 포기의 자유

민법은 한편으로 상속에 의한 권리·의무의 당연승계를 인정하면서(1005조 본문), 다른 한편으로 이를 승인하거나 포기할 수 있도록 하고 있다(1019조 이하). 상속인에게 권리취득 또는 불이익부담(채무가 적극재산보다 많은 경우)을 강요하지 않기 위해서이다. 이것이 상속(대습상속을 포함함. 대판 2017. 1. 12, 2014다39824도 같은 견지에 있음)의 승인·포기의 자유이다. 그런데 민법이 규정하는 승인에는 **단순승인과 한정승인의 두 가지**가 있다. 단순승인은 권리·의무 승계의 전면적인 승인이고, 한정승인은 피상속인의 채무를 상속재산의 한도 내에서 변제하겠다는 유보 하에 상속을 승인하는 것이다. 민법은 상속의 단순승인·한정승인·포기 가운데 단순승인을 원칙으로 한다(포기·한정승인이 없으면 단순승인한 것으로 인정되기 때문이다. 1026조 참조).

(2) 승인 · 포기행위의 성질

1) 상속의 승인·포기는 모두 하나의 의사표시이면서 동시에 법률행위 즉 상대방 없는 단독행위이다. 그런데 **상속의 한정승인과 포기는 법원에 대하여 신고로써 하여야 한다**(1030조·1041조의 특별규정이 있기 때문이다). 즉 이 둘은 요식행위이다. 그에 비하여 단순승인에 대하여는 제한이 없으므로 그것은 불요식행위라고 할 것이다.

2) 상속의 승인·포기는 재산법상의 행위이므로 그것이 유효하려면 **상속인에게 행위능력이 있어야 한다**. 만약 상속인이 제한능력자이면 법정대리인의 동의를 얻어서 하거나 법정대리인이 대리하여 하여야 한다. 그리고 법정대리인인 친권자가 미성년자에 갈음하여 승인 또는 포기를 하는 경우에는 이해상반행위가 될 수 있으며, 그러한 때에는 법원에 특별대리인의 선임을 청구하여야 한다(921조). 그리고 후견인이 피후견인을 대리하여 승인 또는 포기를 하거나 피후견인인 미성년자·피한정후견인이 승인 또는 포기하는 데 동의를 할 때에는, 후견감독인이 있으면 그의 동의를 받아야 한다(950조 1항 3호·959조의 6).

3) 상속인의 임의대리인도 위임에 의하여 상속인을 대리하여 승인이나 포기를 할 수 있다.

4) 상속의 승인·포기는 상속이 개시된 후에 하여야 하며, **상속개시 전에 한 승인 · 포기는 무효이다**(이설 없음). 판례도 이러한 견지에서 상속개시 전에 한 포기약정은 무효라고 한다(대판 1998. 7. 24, 98다9021 등).

판 례 상속포기약정이 유효한지 판단한 예

「유류분을 포함한 상속의 포기는 상속이 개시된 후 일정한 기간 내에만 가능하고 가정법원에 신고하는 등 일정한 절차와 방식에 따라야만 그 효력이 있다 할 것인데 피고 주장의 위 상속포기약정은 이 사건 상속개시 전에 이루어진 것으로서 위와 같은 절차와 방식에 따르지도 아니하여 그 효력이 없다.」(대판 1994. 10. 14, 94다8334)

5) 상속의 승인·포기는 포괄적으로 하여야 하고 특정재산에 대하여 선택적으로 할 수 없다(이설이 없으며, 판례도 같음. 대판 1995. 11. 14, 95다27554). 그리고 조건이나 기한을 붙이지도 못한다(한정승인은 변제책임에 제한을 하는 것에 불과하며, 조건부 승인이 아니다).

6) 승인·포기를 할 수 있는 권리는 행사상의 일신전속권이므로 채권자대위권의 목적이 될 수 없으며, 채권자취소권의 목적도 될 수 없다(C-205 도 참조).

E-243 (3) 승인 · 포기의 고려기간

1) 고려기간의 내용 상속인은 상속개시 있음을 안 날부터 3개월 내에 단순승인 · 한정승인 또는 포기를 할 수 있다(1019조 1항 본문). 그리고 상속인은 승인 또는 포기를 하기 전에 상속재산을 조사할 수 있다(1019조 2항). 이 3개월의 기간은 상속인이 상속재산을 조사해 보고 승인이나 포기를 할 수 있도록 부여된 것으로서 고려기간(또는 숙려기간)이라고 한다. 그 기간의 법적 성질은 제척기간이다(이설 없음. 대결 2003. 8. 11, 2003스32는 1019조 3항의 기간에 관하여 제척기간이라고 한다).

상속인이 이 기간 내에 승인이나 포기를 하지 않으면 단순승인을 한 것으로 의제된다(1026조 2호).

2) 고려기간의 기산점

(개) 3개월의 고려기간은 「상속개시 있음을 안 날」부터 기산한다(1019조 1항 본문). 판례에 의하면, 「상속개시 있음을 안 날」이란 상속개시의 원인되는 사실의 발생을 알고 또 이로써 자기가 상속인이 되었음을 안 날을 의미하고(대판 2005. 7. 22, 2003다43681(피상속인의 처와 자녀가 상속을 포기한 경우 피상속인의 손자녀가 자신들이 상속인이 되었다는 사실까지 안다는 것은 오히려 이례에 속하고, 따라서 이와 같은 과정에 의해 피상속인의 손자녀가 상속인이 된 경우에는 상속인이 상속개시의 원인사실을 아는 것만으로 자신이 상속인이 된 사실을 알기 어려운 특별한 사정이 있다고 본 사례) 등), 「상속재산이 있음을 안 날」(대결 1984. 8. 23, 84스17-25), 「상속재산의 유무를 안 날」(대결 1988. 8. 25, 88스10-13 등), 「상속포기제도를 안 날」(대결 1988. 8. 25, 88스10-13) 또는 「상속재산 또는 상속채무의 존재」를 안 날(대결 1996. 6. 11, 91스1)을 의미하는 것이 아니라고 한다.

상속인이 수인 있는 경우 고려기간은 각 상속인에 대하여 따로따로 기산한다. 그리고 상속의 제 1 순위자 전원이 상속을 포기하여 제 2 순위자가 상속인으로 되는 경우에 제 2 순위 상속인의 고려기간은 제 1 순위자 전원이 포기하여 자기가 상속인이 되었음을 안 날부터 기산한다(대판 2005. 7. 22, 2003다43681도 참조. 피상속인의 처와 자녀가 상속을 포기한 경우 피상속인의 손자녀가 자신들이 상속인이 되었다는 사실까지 알기는 어렵다고 함).

E-244 (나) 위의 원칙에 대하여는 특칙이 있다. 상속인이 제한능력자인 경우에는, 고려기간은 그

의 친권자 또는 후견인이 상속이 개시된 것을 안 날부터 기산한다(1020조). 그리고 상속인이 승인이나 포기를 하지 않고 고려기간 내에 사망한 때에는, 그의 상속인이 자기의 상속이 개시되었음을 안 날부터 3개월의 고려기간을 기산한다(1021조).

3) 고려기간의 연장 3개월의 고려기간은 이해관계인 또는 검사의 청구에 의하여 가정법원이 이를 연장할 수 있다(1019조 1항 단서).

4) 특별한정승인 제도 신설 민법은 2002년에 제1019조의 규정에도 불구하고 일정한 경우에는 한정승인을 할 수 있도록 하는 제도를 신설하였다(2002. 1. 14). 그에 의하면, 상속인은 상속채무가 상속재산을 초과하는 사실을 중대한 과실없이 제1019조 제1항의 기간 내에 알지 못하고 단순승인(1026조 1호 및 2호의 규정에 의하여 단순승인한 것으로 보는 경우를 포함한다)을 한 경우에는, 그 사실을 안 날부터 3개월 내에 한정승인을 할 수 있다(1019조 3항). 이 경우에 3개월의 기간도 제척기간이다(대판(전원) 2020. 11. 19, 2019다 232918 등). 특별한정승인에 대하여는 뒤에 자세히 설명한다(E-251·252 참조).

(4) 승인·포기의 철회금지와 취소·무효 E-245

1) 승인·포기의 철회금지 상속인이 승인이나 포기를 하고 나면 고려기간 내에도 이를 철회하지 못한다(1024조 1항은 「취소하지 못한다」고 규정하나, 여기의 취소는 흠이 있는 경우에 인정되는 취소가 아니고 철회의 의미이다). 이는 이해관계인의 신뢰를 보호하기 위한 것이다.

2) 승인·포기의 취소 승인·포기의 철회는 금지되나, 총칙편의 규정에 의한 승인·포기의 취소는 금지되지 않는다(1024조 2항 본문). 주의할 것은, 고려기간 내에 한정승인 또는 포기가 없어서 단순승인으로 의제되는 경우에 그 단순승인은 의사표시가 아니기 때문에(의제된 의사표시. A-77 참조) 취소할 수 없다는 점이다(이설 있음).

(가) 취소의 원인 미성년자나 피한정후견인이 법정대리인의 동의 없이 승인·포기를 한 경우(5조·13조), 피성년후견인이 승인·포기를 한 경우(10조), 착오·사기·강박에 의하여 승인·포기를 한 경우(109조·110조)에 승인·포기를 취소할 수 있다.

(나) 취소의 방식 한정승인과 포기의 취소는 한정승인·포기의 신고를 했던 가정법원에 일정한 사항을 기재한 서면으로 신고하는 방식으로 한다(가소규 76조. 민법에는 취소의 방식에 관한 규정이 없다(1030조·1041조 참조)). 그에 비하여 단순승인의 취소는 방식에 제한이 없다.

(다) 취소의 효과 승인·포기가 취소되면 이들은 소급해서 무효로 된다(141조 본문). 문제는 제109조 제2항 및 제110조 제3항의 「선의의 제3자에 대항하지 못한다」는 규정이 여기에도 적용되는지이다. 상속의 승인·포기는 재산행위라고 할 것이므로 선의의 제3자 보호규정이 적용되어야 한다(이설 있음).

취소 후의 승인·포기에 관하여 민법에는 규정이 없으나, 취소 후 지체없이 승인 또는 포기하여야 한다고 할 것이다(통설도 같음).

(라) 취소권의 소멸 상속의 승인·포기의 취소권은 추인할 수 있는 날부터 3개월 내

에, 승인·포기한 날부터 1년 내에 행사하여야 한다(1024조 2항 단서). 민법은 이 기간을 소멸시효의 기간처럼 표현하고 있으나, 취소권은 형성권이어서 소멸시효에 걸리지 않으며, 따라서 3개월·1년의 기간은 제척기간이라고 새겨야 한다(이설 있음).

3) 승인 · 포기의 무효 민법은 승인·포기의 무효에 관하여 명문의 규정을 두고 있지 않으나, 승인·포기는 모두 법률행위이므로 총칙편의 규정에 의한 무효의 주장도 당연히 인정된다. 의사무능력의 상태에서 승인·포기를 한 경우가 그 예이다.

E-246

(5) 승인 · 포기 전의 상속재산의 관리

1) 상속인의 관리의무 상속이 개시되면 상속재산은 일단 상속인에게 포괄적으로 승계되나, 상속인이 승인 또는 포기를 하여 상속인이 확정될 때까지는 상속재산은 그 귀속이 불확정한 상태로 된다. 민법은 이 불확정한 기간 동안 상속인이 상속재산을 관리하도록 하고 있다. 그 경우 상속인은 「그 고유재산에 대하는 것과 동일한 주의」로 상속재산을 관리하여야 한다(1022조 본문). 그러나 단순승인 또는 포기한 때에는 그렇지 않다(1022조 단서).

상속인이 단순승인을 하게 되면 상속인이 상속재산의 주체로 되므로 관리의무가 없게 된다. 그리고 상속을 포기한 경우에는 소급해서 상속인의 지위를 잃게 되어(1042조) 역시 관리의무가 소멸할 것이나(1022조 단서), 민법은 그 포기로 인하여 새로이 상속인이 된 자가 상속재산을 관리할 수 있을 때까지는 제1022조의 주의로 관리를 계속하도록 규정한다(1044조). 한편 한정승인을 한 경우에는 명문의 규정은 없으나, 상속재산의 청산이 종료할 때까지(공동상속의 경우 법원에 의하여 관리인이 선임될 때에는 그때까지. 1040조) 제1022조의 주의로 관리를 계속하여야 한다고 새길 것이다.

2) 상속재산에 대한 필요처분 상속인의 관리의무와는 별도로 가정법원은 이해관계인 또는 검사의 청구에 의하여 상속재산의 보존에 필요한 처분을 명할 수 있다(1023조 1항). 여기서 「이해관계인」이란 상속채권자·공동상속인·상속포기로 인하여 상속인이 될 자와 같이 널리 법률상 이해관계가 있는 자를 의미한다. 그리고 「보존에 필요한 처분」은 재산관리인의 선임, 재산의 환가, 기타의 처분금지, 재산목록의 작성 등이다. 이러한 처분의 하나로 법원이 재산관리인을 선임한 경우에는 부재자의 재산관리인에 관한 제24조 내지 제26조가 준용된다(1023조 2항).

> **판 례** 상속재산 관리에 관한 처분 관련
>
> 「상속포기나 한정승인을 할 수 있는 고려기간 중에 하는 상속재산 관리에 관한 처분은 상속개시 후 그 고려기간이 경과되기 전에 한하여 청구할 수 있고, 그 심판에서 정한 처분의 효력은 심판청구를 할 수 있는 시적 한계시(고려기간을 가리킴: 저자 주)까지만 존속한다.」(대결 1999. 6. 10, 99으1)

3) 변제거절권 상속인이 승인·포기를 하기 전에 상속채권자로부터 청구를 받은 경우에는 이를 거절할 수 있다고 하여야 한다(통설도 같음). 만약 상속인에게 변제거절권이 없다

고 하면, 상속인이 그러한 처분행위를 할 경우 단순승인으로 의제되어 상속인에게 불이익하게 되기 때문이다(1026조 1호 참조).

Ⅱ. 단순승인 E-247

1. 단순승인의 의의

단순승인은 상속의 승인 가운데 무제한적인 것이다. 즉 피상속인의 권리·의무가 제한 없이 승계되는 것을 승인하는 상속인의 의사표시이다. 단순승인의 방식에 관하여는 제한이 없다(1030조(한정승인)·1041조(포기) 참조). 따라서 그 의사가 어떤 형식으로든 외부에 표시되면 충분하다(단순승인은 묵시적으로도 할 수 있다). 그런데 실제에 있어서는 단순승인의 의사표시가 행하여지는 일이 거의 없으며, 고려기간 내에 한정승인이나 포기를 하지 않거나 그 밖의 일정한 사유가 있어 단순승인으로 의제되는 경우(1026조 참조)가 대부분이다.

2. 법정 단순승인 E-248

민법은 다음의 사유가 있는 경우에는 상속인에게 단순승인의 의사가 있는지를 묻지 않고 단순승인을 한 것으로 본다(1026조).

(1) 상속인이 상속재산에 대한 처분행위를 한 때(1026조 1호)

① 여기의 처분행위는 한정승인 또는 포기를 하기 전에 한 것만이며, 그 후에 한 처분행위에는 제1026조 제3호가 적용될 수 있을 뿐이다(대판 2016. 12. 29, 2013다73520 등). 그런데 상속의 한정승인이나 포기는 가정법원에 신고를 하여 가정법원의 심판을 받아야 하고, 그 심판은 당사자가 이를 고지받음으로써 효력이 발생한다(대판 2016. 12. 29, 2013다73520). 따라서 상속인이 가정법원에 상속포기의 신고를 하였다고 하더라도 이를 수리하는 가정법원의 심판이 고지되기 이전에 상속재산을 처분하였다면, 이는 상속포기의 효력 발생 전에 처분행위를 한 것에 해당하므로 제1026조 제1호에 따라 상속의 단순승인을 한 것이 된다(대판 2016. 12. 29, 2013다73520). ② 여기의 처분행위는 상속재산의 전부에 대한 것과 일부에 대한 것, 사실적인 것(예: 고의로 상속재산을 파괴하는 행위)과 법률적인 것(예: 재산의 매각, 대물변제, 채무의 변제)을 모두 포함한다. 다만, 과실(過失)에 의한 물건의 훼손은 여기의 처분행위가 아니다. 한편 판례는 상속인이 피상속인의 채권을 추심하여 변제받는 것도 상속재산에 대한 처분행위에 해당한다고 한다(대판 2010. 4. 29, 2009다84936: 상속인이 피상속인의 갑에 대한 손해배상채권을 추심하여 변제받은 행위는 상속재산의 처분행위에 해당하고, 그것으로써 단순승인을 한 것으로 간주되었다고 할 것이므로, 그 이후에 한 상속포기는 효력이 없다고 한 사례). ③ 상속인에게는 상속재산의 관리의무가 있으므로(1022조) 관리행위(예: 상속인의 상속 등기 등의 보존행위, 단기 임대차계약 체결, 장례비용의 지출)는 처분행위에 해당하지 않는다. ④ 상속인이 피상속인의 사망사실을 알고 한 행위이어야 한다. ⑤ 통설은 처분행위가 무효·취소된 경우에도 단순승인이 의제된다고 한다. ⑥ 상속인의 법정대리인이 상속인에 갈음하

여 상속재산을 처분한 경우에도 단순승인의 효과가 생긴다. ⑦ 공동상속인 중 일부가 처분행위를 한 때에는 그 자만이 단순승인한 것으로 되며, 다른 공동상속인에게는 영향이 없다(이설 없음). 따라서 다른 공동상속인은 여전히 한정승인 또는 포기를 할 수 있다. ⑧ 판례는, 제1026조 제 1 호는 상속인이 상속재산에 대한 처분행위를 한 때에는 단순승인을 한 것으로 본다고 정하고 있으므로 그 후에 상속포기 신고를 하여 그 신고가 수리되었다고 하더라도 상속포기로서의 효력은 없으나(대판 2023. 12. 28, 2023다269399 등), 상속인 중 일부가 상속을 포기하기로 하고, 상속포기 신고가 수리되어 고지되기 전에 상속포기의 취지에 따라 상속재산 분할 협의 등을 한 경우라면 이를 상속의 단순승인으로 간주되는 「상속재산에 대한 처분행위를 한 때」에 해당한다고 할 수 없다고 한다(대판 2023. 12. 28, 2023다269399).

(판 례) 제1026조 제 1 호 관련

(ㄱ) 「피고인을 포함한 공동재산상속인이 협의하여 상속재산을 분할한 때는 민법 제1026조 제 1 호에 규정된 상속재산에 대한 처분행위를 한 때에 해당되어 피고인은 단순승인을 한 것으로 보게 될 것이니 이와 같은 상속승인이 있은 후에는 기간 내라 할지라도 이를 취소할 수 없는 것이므로(민법 제1024조 제 1 항 참조) 피고인이 소할 가정법원에 상속포기신고를 하여 수리되었다 하여도 포기의 효력이 생기지 아니한다.」(대판 1983. 6. 28, 82도2421)

(ㄴ) 판례는, 「권원 없이 공유물을 점유하는 자에 대한 공유물의 반환청구는 공유물의 보존행위라 할 것이므로」, 상속인들이 상속포기신고를 하기에 앞서 점유자를 상대로 피상속인의 소유였던 주권에 관하여 주권 반환청구소송을 제기한 것은 제1026조 제 1 호가 정하는 상속재산의 처분행위에 해당하지 않는다고 한다(대판 1996. 10. 15, 96다23283). 그리고 생명보험의 보험계약자가 보험수익자를 지정하기 전에 보험사고가 발생하여 상법 제733조 · 제739조에 의해 피보험자의 상속인이 보험수익자가 되는 경우 보험수익자인 상속인의 보험금청구권은 상속재산이 아니라 상속인의 고유재산이고, 따라서 그가 사망보험금을 수령한 행위는 제1026조 제 1 호에 정한 단순승인 사유에 해당하지 않는다고 한다(대판 2004. 7. 9, 2003다29463).

E-249 **(2) 상속인이 3개월의 고려기간 내에 한정승인 또는 포기를 하지 않은 때(1026조 2호)**

이는 상속인이 제한능력자인 경우에도 적용되나, 제한능력자에게 법정대리인이 없는 때에는 법정대리인이 선임되고 그 법정대리인이 상속개시 사실을 안 날부터 고려기간이 진행한다고 새겨야 할 것이다.

(3) 상속인이 한정승인 또는 포기를 한 후에 상속재산을 은닉하거나 부정소비하거나 고의로 재산목록에 기입하지 않은 때(1026조 3호)

1) 「은닉」은 상속재산을 감추어서 쉽게 그 존재를 알 수 없게 만드는 것이다. 「부정소비」는 정당한 사유 없이 상속재산을 소비함으로써 그 재산적 가치를 상실시키는 것이다

(대판 2010. 4. 29, 2009다84936 등)(통설은 상속채권자의 불이익을 의식하고 상속재산을 소비하는 것이라고 한다). 재산목록에의 불기입은 재산목록을 작성하여야 하는 한정승인에서만 문제되며(1030조), 「고의로 재산목록에 기입하지 아니한 때」란 한정승인을 함에 있어서 상속재산을 은닉하여 상속채권자를 사해할 의사로써 상속재산을 재산목록에 기입하지 않는 것을 의미한다(대판 2003. 11. 14, 2003다30968(피상속인의 보험계약 해약환급금을 상속재산목록에 기재하지 않고 장례비용으로 지출한 것이 여기에 해당하지 않는다고 함); 대판 2021. 1. 28, 2015다59801 등). 따라서 그 경우에 해당하기 위해서는 상속인이 어떠한 상속재산이 있음을 알면서 이를 재산목록에 기입하지 않았다는 사정만으로는 부족하고, 상속재산을 은닉하여 상속채권자를 사해할 의사, 즉 그 재산의 존재를 쉽게 알 수 없게 만들려는 의사가 있을 것을 필요로 한다(대판 2022. 7. 28, 2019다29853). 그리고 위 사정은 이를 주장하는 측에서 증명하여야 한다(대판 2022. 7. 28, 2019다29853).

2) 상속인이 상속을 포기하여 새로이 상속인으로 된 자가 승인을 한 때에는, 포기자가 부정행위를 하더라도 단순승인으로 의제되지 않는다(1027조). 이때에도 단순승인을 의제하면 제2상속인의 상속권이 침해되기 때문이다. 그리고 이 경우 제2의 상속인은 제1의 상속인에 대하여 은닉한 재산의 반환이나 부정소비에 의한 손해의 배상을 청구할 수 있다.

판 례 상속재산의 부정소비가 아닌 예

판례는 ① 상속인이 상속재산(농지)을 처분하여 그 처분대금 전액을 우선변제권자(농업기반공사)에게 귀속시킨 행위(대판 2004. 3. 12, 2003다63586), ② 상속부동산에 대하여 이미 상당한 금액의 근저당권이 설정되어 있어서 일반 상속채권자들에게는 강제집행을 통하여 배당될 금액이 전혀 없거나 그 지목이 하천 및 제방이어서 강제집행의 실익이 없는 때에 상속인들이 한정승인의 신고 후에 그중 1인에게만 상속부동산에 대하여 협의분할에 의한 소유권이전등기를 한 경우(대판 2004. 12. 9, 2004다52095), ③ 상속포기를 한 자가 망인과 함께 종전부터 거주해오던 임차주택에서 퇴거하지 않고 계속 거주하면서 차임을 연체한 것(대판 2010. 9. 9, 2010다30416. 상속포기한 상속인이 상속재산을 자신의 고유채무 변제에 사용하였다면 그것은 상속재산의 부정소비에 해당한다고 함)은 상속재산의 부정소비에 해당하지 않는다고 한다.

3. 단순승인의 효과 E-250

단순승인의 경우에는 상속인은 피상속인의 권리·의무를 제한없이 승계한다(1025조). 그 결과 상속인은 피상속인의 소극재산이 그의 적극재산을 넘는 때에도 변제를 거절하지 못한다. 그리고 상속채권자(피상속인의 채권자)는 상속인의 고유재산에 대하여 강제집행할 수 있으며, 상속인의 채권자는 상속재산에 대하여 강제집행할 수 있다. 한편 단순승인(1026조 1호·2호에 의한 단순승인 의제의 경우 포함)을 한 후에도 제한된 범위에서 한정승인을 할 수 있다는 것은 앞에서 설명한 바와 같다(1019조 3항. E-244 참조).

E-251 ## Ⅲ. 한정승인

1. 서 설

(1) 의 의

한정승인은 상속으로 취득하게 될 재산의 한도에서 피상속인의 채무와 유증을 변제할 것을 조건으로 상속을 승인하는 의사표시이다(1028조). 상속인이 수인인 때(공동상속)에는 각 상속인은 그 상속분에 응하여 취득할 재산의 한도에서 그 상속분에 응한 피상속인의 채무와 유증을 변제할 것을 조건으로 상속을 승인(한정승인)할 수 있다(1029조). 이러한 한정승인은 상속재산이 채무초과상태인지 불분명한 경우에 유용하게 이용할 수 있는 제도이다(채무초과가 확실한 경우에는 상속의 포기를 하면 될 것이다).

(2) 한정승인을 할 수 있는 경우

1) 보통의 한정승인 한정승인은 원칙적으로 상속인이 상속개시 있음을 안 날부터 3개월 내에 할 수 있다(1019조 1항 본문).

2) 특별한정승인 민법은 근래 두 차례의 개정을 통하여 두 가지의 특별한정승인 제도를 신설하였다.

(가) 제1019조 제 3 항의 특별한정승인 제도(2002. 1. 14. 신설) 상속인은 상속채무가 상속재산을 초과하는 사실을 중대한 과실없이 고려기간 내에 알지 못하고 단순승인을 하였거나 또는 제1026조 제 1 호(상속재산에 대한 처분행위를 한 때)·제 2 호(고려기간 내에 한정승인·포기를 하지 않은 때)에 따라 단순승인한 것으로 보게 된 경우에는, 그 사실을 안 날부터 3개월 내에 한정승인을 할 수 있다(1019조 3항). 그리고 판례는 상속인들이 협의분할을 통하여 이미 상속재산을 처분한 바 있더라도 제1019조 제 3 항에 의하여 한정승인을 할 수 있다고 한다(대판 2006. 1. 26, 2003다29562).

이 조항에서 「상속채무가 상속재산을 초과하는 사실을 중대한 과실로 알지 못한다」 함은 상속인이 조금만 주의를 기울였다면 상속채무가 상속재산을 초과한다는 사실을 알 수 있었음에도 이를 게을리함으로써 그러한 사실을 알지 못한 것을 뜻하고, 상속인이 상속채무가 상속재산을 초과하는 사실을 중대한 과실 없이 제1019조 제 1 항의 기간 내에 알지 못하였다는 점에 대한 증명책임은 상속인에게 있다(대판 2021. 1. 28, 2015다59801 등). 그리고 상속인이 제한능력자인 경우 「상속채무가 상속재산을 초과하는 사실을 중대한 과실 없이 제 1 항의 기간 내에 알지 못하였는지 여부」와 「상속채무 초과사실을 안 날이 언제인지」를 판단할 때에는 그의 법정대리인을 기준으로 삼아야 한다(대판 2012. 3. 15, 2012다440; 대판(전원) 2020. 11. 19, 2019다232918(미성년자의 경우)).

(나) 제1019조 제 4 항의 특별한정승인 제도(2022. 12. 13. 신설) 미성년자인 상속인이 상속채무가 상속재산을 초과하는 상속을 성년이 되기 전에 단순승인(1026조 1호 및 2호에 따라 단순승인한 것으로 보는 경우를 포함한다)한 경우에는 성년이 된 후 그 상속의 상속채무 초과사실을 안 날부터 3개월 내에 한정승인을 할

수 있다(1019조 4항 1문). 그리고 이는 미성년자인 상속인이 제1019조 제3항에 따른 한정승인을 하지 않았거나 할 수 없었던 경우에도 또한 같다(1019조 4항 2문).

(다) 특별한정승인의 경우에 이전에 행하여진 단순승인이나 단순승인 의제는 법률규정(1019조 3항)에 의하여 무효로 된다고 새겨야 한다(그러나 곽윤직, 186면은 착오취소로 설명한다).

(3) 한정승인의 방법 E-252

한정승인을 하려면 상속인이 제1019조 제1항·제3항 또는 제4항의 기간 내에 상속재산의 목록을 첨부하여 가정법원에 한정승인의 신고를 하여야 한다(1030조 1항). 그리고 제1019조 제3항 또는 제4항에 따라 한정승인을 한 경우 상속재산 중 이미 처분한 재산이 있는 때에는 그 목록과 가액을 함께 제출하여야 한다(1030조 2항). 한정승인신고를 함에 있어서 상속재산을 고의로 재산목록에 기입하지 않으면 단순승인으로 의제된다(1026조 3호).

판례 한정승인신고 관련

(ㄱ) 「가정법원의 한정승인신고 수리의 심판은 일응 한정승인의 요건을 구비한 것으로 인정한다는 것일 뿐 그 효력을 확정하는 것이 아니고 상속의 한정승인의 효력이 있는지 여부의 최종적인 판단은 실체법에 따라 민사소송에서 결정될 문제이므로, 민법 제1019조 제3항에 의한 한정승인신고의 수리 여부를 심판하는 가정법원으로서는 그 신고가 형식적 요건을 구비한 이상 상속채무가 상속재산을 초과하였거나 상속인이 중대한 과실없이 이를 알지 못하였다는 등의 실체적 요건에 대하여는 이를 구비하지 아니하였음이 명백한 경우 외에는 이를 문제삼아 한정승인신고를 불수리할 수 없다.」(대결 2006. 2. 13, 2004스74)

(ㄴ) 「민법 제1019조 제3항이 적용되는 사건에서 상속인이 단순승인을 하거나 민법 제1026조 제1호, 제2호에 따라 단순승인한 것으로 간주된 다음 한정승인신고를 하여 이를 수리하는 심판을 받았다면, 상속채권에 관한 청구를 심리하는 법원은 위 한정승인이 민법 제1019조 제3항에서 정한 요건을 갖춘 특별한정승인으로서 유효한지 여부를 심리·판단하여야 한다.」(대판 2021. 2. 25, 2017다289651)

2. 한정승인의 효과 E-253

(1) 물적 유한책임

한정승인을 한 상속인(공동상속인 포함)은 상속으로 인하여 취득할 적극재산(공동상속인의 경우에는 상속분에 의하여 취득할 적극재산)의 한도에서 피상속인의 채무와 유증을 변제하면 된다(1028조·1029조). 이는 상속채무는 전부 승계하지만 책임의 범위가 상속재산에 한정된다는 의미이다(물적 유한책임)(그 결과 상속채권자는 특별한 사정이 없는 한 상속인의 고유재산에 대하여 강제집행을 할 수 없으며 상속재산으로부터만 채권의 만족을 받을 수 있다. 대판 2016. 5. 24, 2015다250574). 따라서 상속채권자는 한정승인자에 대하여도 채무 전부에 관하여 이행을 청구할 수 있으며(이때 법원은 상속재산이 없거나 상속재산이 상속채무의 변제에 부족하더라도 상속채무 전부에 대하여 이행판결을 선고하여야 하

(고, 다만 집행력을 제한하기 위하여 이행판결의 주문에 상속재산의 한도에서만 집행할 수 있다는 취지를 명시하여야 한다. 대판 2003. 11. 14, 2003다30968), 한정승인자가 초과부분에 대하여 임의로 변제하면 비채변제가 아니고 유효한 변제로 된다. 그리고 피상속인의 채무와 유증을 변제하고 남은 재산은 한정승인을 한 상속인에게 귀속한다.

판 례 한정승인의 효과 관련

(ㄱ) 「한정승인자로부터 상속재산에 관하여 저당권 등의 담보권을 취득한 사람과 상속채권자 사이의 우열관계는 민법상의 일반원칙에 따라야 하고, 상속채권자가 한정승인의 사유만으로 우선적 지위를 주장할 수는 없다고 할 것이다. 그리고 이러한 이치는 한정승인자가 그 저당권 등의 피담보채무를 상속개시 전부터 부담하고 있었다고 하여 달리 볼 것이 아니다.」(이러한 다수의견에 대하여 상속채권자는 상속재산에 대하여 우선적 권리를 가진다고 하는 소수의견이 있음)(대판(전원) 2010. 3. 18, 2007다77781[핵심판례 482면])(이러한 판례는, 1026조 3호 외에는 한정승인자의 상속재산 처분행위가 제한되지 않고, 따라서 한정승인자의 담보권 설정행위가 유효하다는 전제에 서 있다)

(ㄴ) 「상속재산에 관하여 담보권을 취득하였다는 등 사정이 없는 이상, 한정승인자의 고유채권자는 상속채권자가 상속재산으로부터 그 채권의 만족을 받지 못한 상태에서 상속재산을 고유채권에 대한 책임재산으로 삼아 이에 대하여 강제집행을 할 수 없다고 보는 것이 형평의 원칙이나 한정승인제도의 취지에 부합하며, 이는 한정승인자의 고유채무가 조세채무인 경우에도 그것이 상속재산 자체에 대하여 부과된 조세나 가산금, 즉 당해세에 관한 것이 아니라면 마찬가지라고 할 것이다.」(대판 2016. 5. 24, 2015다250574)

(ㄷ) 「한정승인에 의한 책임의 제한은 상속채무의 존재 및 범위의 확정과는 관계가 없고 다만 판결의 집행대상을 상속재산의 한도로 한정함으로써 판결의 집행력을 제한할 뿐이다. 특히 채권자가 피상속인의 금전채무를 상속한 상속인을 상대로 그 상속채무의 이행을 구하여 제기한 소송에서 채무자가 한정승인 사실을 주장하지 않으면, 책임의 범위는 현실적인 심판대상으로 등장하지 아니하여 주문에서는 물론 이유에서도 판단되지 않는 것이므로 그에 관하여는 기판력이 미치지 않는다. 그러므로 채무자가 한정승인을 하고도 채권자가 제기한 소송의 사실심 변론종결시까지 그 사실을 주장하지 아니하는 바람에 책임의 범위에 관하여 아무런 유보가 없는 판결이 선고되어 확정되었다고 하더라도, 채무자는 그 후 위 한정승인 사실을 내세워 청구에 관한 이의의 소를 제기하는 것이 허용된다.」(대판 2006. 10. 13, 2006다23138. 동지 대판 2009. 5. 28, 2008다79876(이 판결은 이어서, 위와 같은 기판력에 의한 실권효 제한의 법리는 채무의 상속에 따른 책임의 제한 여부만이 문제되는 한정승인과 달리 상속에 의한 채무의 존재 자체가 문제되어 그에 관한 확정판결의 주문에 당연히 기판력이 미치게 되는 상속포기의 경우에는 적용될 수 없다고 함))

E-254 (2) 상속재산과 고유재산의 분리

상속인이 한정승인을 한 때에는 피상속인에 대한 상속인의 권리·의무는 소멸하지 않는다(1031조. 단순승인의 경우에는 혼동으로 소멸함). 따라서 상속인이 피상속인에 대하여 채권을 가지고 있으면 다른 상속채권자와 함께 변제배당에 참가할 수 있고, 피상속인이 상속인에 대하여 채권이 있으면 상속인은 추심을 당하게 된다. 한편 판례는, 상속채권자가 상속이 개시된 후 한정승인 이전에 피상속인에 대한 채권을 자동채권으로 하여 상속인에 대한 채무에 대하여 상계하였더라도, 그 이후 상속인이 한정승인을 하는 경우에는 제1031조의 취지에 따라 상계가 소급하여 효력을 상실하고, 상계의 자동채권인 상속채권자의 피상속인에 대한 채권과 수동채권인 상속인에 대한 채무는 모두 부활한다고 한다(대판 2022. 10. 27, 2022다254154 · 254161).

(3) 상속재산의 관리

한정승인한 상속인은 그 고유재산에 대하는 것과 동일한 주의로 상속재산의 관리를 계속하여야 한다(1022조 단서의 반대해석). 그리고 한정승인자가 수인인 경우에는 가정법원은 각 상속인 기타 이해관계인의 청구에 의하여 공동상속인 중에서(공동상속인 아닌 다른 사람을 선임한 결정은 위법하다. 대결 1979. 12. 27, 76그2) 상속재산관리인을 선임할 수 있다(1040조 1항). 가정법원이 선임한 관리인은 공동상속인을 대표하여 상속재산의 관리와 채무의 변제에 관한 모든 행위를 할 권리·의무가 있다(1040조 2항). 이 관리인은 그 고유재산에 대하는 것과 동일한 주의로 상속재산을 관리하여야 하며(1040조 3항 · 1022조), 청산에 관하여는 — 단독으로 한정승인을 한 상속인이 청산을 하는 경우와 마찬가지이므로 — 제1032조 내지 제1039조가 준용된다(1040조 3항).

(4) 상속재산의 청산 E-255

1) 채권자에 대한 공고와 최고 한정승인자는 한정승인을 한 날부터(공동상속의 경우에 선임된 상속재산관리인이 공고하는 때에는, 관리인이 그 선임을 안 날부터. 1040조 3항 단서 · 1032조 1항) 5일 이내에 일반 상속채권자와 유증받은 자에 대하여 한정승인의 사실과 일정한 기간 내에 그 채권 또는 수증을 신고할 것을 공고하여야 한다(1032조 1항 1문). 신고기간은 2개월 이상이어야 한다(1032조 1항 2문). 그리고 이 경우에는 청산법인의 공고·최고에 관한 제88조 제 2 항 · 제 3 항, 제89조가 준용된다(1032조 2항).

2) 청산방법

(가) 한정승인자는 신고기간이 만료되기 전에는 상속채권의 변제를 거절할 수 있다(1033조).

(나) (a) 한정승인자는 신고기간이 만료된 후에 그 기간 내에 신고한 채권자와 한정승인자가 알고 있는 채권자(「한정승인자가 알고 있는 채권자」에 해당하는지 여부는 한정승인자가 채권신고의 최고를 하는 시점이 아니라 배당변제를 하는 시점을 기준으로 판단하여야 하며, 따라서 한정승인자가 채권신고의 최고를 하는 시점에는 알지 못했더라도 그 이후 실제로 배당변제를 하기 전까지 알게 된 채권자가 있다면 그 채권자는 여기의 「한정승인자가 알고 있는 채권자」에 해당한다. 대판 2018. 11. 9, 2015다75308)에 대하여 상속재산으로써 각 채권액의 비율로 변제를 하여야 하나(1034조 1항 본문), 우선권 있는 채권자의 권리를 해하지 못한다(1034조 1항 단서). 그 결과 질권·저당권 등 우선권 있는 채권자에게 먼저 변제하고, 그 뒤에 신고한 채권자와 알고 있는 채권자에게 배당변제를 하여야 한다.

제1019조 제 3 항 또는 제 4 항에 따라 한정승인을 한 경우에는, 그 상속인은 상속재산 중에서 남아 있는 상속재산과 함께 이미 처분한 재산의 가액을 합하여 위의 변제를 하여야 한다(1034조 2항 본문). 다만, 한정승인을 하기 전에 상속채권자나 유증받은 자에 대하여 변제한 가액은 이미 처분한 재산의 가액에서 제외한다(1034조 2항 단서).

한정승인자는 변제기에 이르지 않은 채권에 대하여도 그 전액에 관하여 배당변제를 하여야 하며(1035조 1항), 조건 있는 채권이나 존속기간이 불확정한 채권은 법원이 선임한 감정인의 평가에 의하여 변제하여야 한다(1035조 2항).

(판 례) 한정승인이 된 경우 상속채권자의 배당 관련

「상속부동산에 관하여 민사집행법 제274조 제 1 항에 따른 형식적 경매절차(이 경매절차에 민법 1037조에 기한 경매도 포함됨: 저자 주)가 진행된 것이 아니라 담보권 실행을 위한 경매절차가 진행된 경우에는 비록 한정승인 절차에서 상속채권자로 신고한 자라고 하더라도 집행권원을 얻어 그 경매절차에서 배당요구를 함으로써 일반채권자로서 배당받을 수 있다.」(대판 2010. 6. 24, 2010다14599)

(b) 한정승인자는 유증받은 자에 대하여는 (a)의 방법에 의하여 상속채권자에게 변제를 완료하고 잔여재산이 있는 경우에만 변제를 할 수 있다(1036조). 잔여재산으로 모든 수증자에게 변제하는 데 부족할 때에는 유증액의 비율에 따라 배당변제하여야 한다.

(c) 신고기간 내에 신고하지 않은 상속채권자 및 유증받은 자로서 한정승인자가 알지 못한 자는 위 (a) (b)에 의하여 변제를 하고 잔여재산이 있는 경우에 한하여 변제를 받을 수 있다(1039조 본문). 그러나 상속재산에 대하여 특별담보권이 있는 자는 신고기간 내에 신고를 하지 않았고 한정승인자가 알지 못하였더라도 그 담보권의 범위에서 우선변제를 받는다(1039조 단서).

(다) 위 (나)에 의한 변제를 하기 위하여 상속재산의 전부나 일부를 매각할 필요가 있는 때에는 민사집행법에 의하여 경매하여야 한다(1037조).

(판 례) 한정승인의 경우 형식적 경매에서 상속채권자가 변제받는 방법

「민법 제1037조에 근거하여 민사집행법 제274조에 따라 행하여지는 상속재산에 대한 형식적 경매는 한정승인자가 상속재산을 한도로 상속채권자나 유증받은 자에 대하여 일괄하여 변제하기 위하여 청산을 목적으로 당해 재산을 현금화하는 절차이므로, 그 제도의 취지와 목적, 관련 민법규정의 내용, 한정승인자와 상속채권자 등 관련자들의 이해관계 등을 고려할 때 일반채권자인 상속채권자로서는 민사집행법이 아닌 민법 제1034조, 제1035조, 제1036조 등의 규정에 따라 변제받아야 한다고 볼 것이고, 따라서 그 경매에서는 일반채권자의 배당요구가 허용되지 아니한다.」(대판 2013. 9. 12, 2012다33709)

E-256 **3) 부당변제로 인한 책임** 한정승인자가 제1032조에 의한 공고(채권·유증을 신고하라는 공고)나 최고를 해태하거나 제1033조(신고기간 만료 전의 변제거절) 내지 제1036조(수증자에의 변제)에 위반하여 어느 상속채권자나 유증받은 자에게 변제함으로 인하여 다른 상속채권자나 유증받은 자에 대하여 변제할 수 없게 된 때에는, 한정승인자는 그 손해를 배상하여야 한다(1038조 1항 1문). 이 경우 변제를 받지 못한 상속채권자나 유증받은 자는 그 사정을 알고 변제를 받은 상속채권자나 유증받은 자

에 대하여 구상권을 행사할 수 있다(1038조 2항 1문).

제1019조 제3항에 의하여 한정승인을 한 경우 그 이전에 상속채무가 상속재산을 초과함을 알지 못한 데 과실이 있는 상속인이 상속채권자나 유증받은 자에게 변제한 때에도 한정승인자는 그 손해를 배상하여야 한다(1038조 1항 2문). 그리고 제1019조 제3항 또는 제4항에 따라 한정승인을 한 경우 그 이전에 상속채무가 상속재산을 초과함을 알고 변제받은 상속채권자나 유증받은 자가 있는 때에도, 변제를 받지 못한 상속채권자나 유증받은 자는 위의 자에 대하여 구상권을 행사할 수 있다(1038조 2항 2문).

위의 손해배상청구권과 구상권에 대하여는 제766조가 적용된다(그리하여 3년·10년의 시효에 걸림. D-508 이하 참조)(1038조 3항).

Ⅳ. 상속의 포기 E-257

1. 서 설

(1) 의 의

상속의 포기란 자기를 위하여 개시된 불확정한 상속의 효력을 확정적으로 소멸하게 하는 일방적 의사표시이다. 포기는 단독상속인은 물론 공동상속인도 할 수 있다. 그리고 포기는 포괄적·무조건적으로만 할 수 있으며, 일부의 포기나 조건부 포기는 인정되지 않는다(대판 1995. 11. 14, 95다27554).

판 례 상속의 포기 관련

「상속의 포기는 상속인이 법원에 대하여 하는 단독의 의사표시로서 포괄적·무조건적으로 하여야 하므로, 상속포기는 재산목록을 첨부하거나 특정할 필요가 없다고 할 것이고, 상속포기서에 상속재산의 목록을 첨부했다 하더라도 그 목록에 기재된 부동산 및 누락된 부동산의 수효 등과 제반사정에 비추어 상속재산을 참고자료로 예시한 것에 불과하다고 보여지는 이상, 포기 당시 첨부된 재산목록에 이 사건 재산이 포함되어 있지 않았다 하더라도 상속포기의 효력은 이 사건 재산에 미친다.」(대판 1995. 11. 14, 95다27554)

(2) 상속포기의 방법

상속인이 상속을 포기할 때에는 **3개월의 고려기간 내에 가정법원에 포기의 신고**를 하여야 한다(1041조). 따라서 그 기간 후에 한 포기는 무효이다. 그런데 판례는 고려기간이 지난 뒤에 상속재산을 공동상속인 1인에게 상속시킬 방편으로 나머지 상속인들이 상속포기신고를 한 경우에 대하여 상속포기로서는 효력이 없더라도 상속재산에 관한 협의분할이 이루어진 것으로 이해한다(대판 1996. 3. 26, 95다45545·45552·45569 등).

E-258

2. 상속포기의 효과

(1) 포기의 소급효

상속의 포기는 상속이 개시된 때에 소급하여 그 효력이 있다(1042조). 그 결과 포기자는 처음부터 상속인이 아니었던 것으로 된다(대판 2011. 6. 9, 2011다29307 등). 주의할 점을 설명한다.

공동상속인 중 일부가 상속을 포기한 경우에 그 포기자의 직계비속은 포기자를 대습상속하지 않는다(통설도 같음). 민법이 피대습자의 상속개시 전의 사망과 결격만을 대습원인으로 규정하고 있기 때문이다.

상속인 전원이 상속을 포기하면, 그 전원이 상속개시시부터 상속인이 아니었던 것과 같은 지위에 놓이게 되므로, 다음 순위에 있는 자가 본위 상속인으로서(이 경우도 포기의 경우이므로 대습상속이 일어날 여지가 없음) 상속하게 된다(통설 · 판례도 같음. 대판 2017. 1. 12, 2014다39824 등).

상속포기의 효력은 피상속인의 사망으로 개시된 상속에만 미치는 것이고, 그 후 피상속인을 피대습자로 하여 개시된 대습상속에까지 미치지는 않는다(대판 2017. 1. 12, 2014다39824). 이는 종전에 상속인의 상속포기로 피대습자의 직계존속이 피대습자를 상속한 경우에도 마찬가지이며, 피대습자의 직계존속이 사망할 당시 피대습자로부터 상속받은 재산 외에 적극재산이든 소극재산이든 고유재산을 소유하고 있었는지 여부에 따라 달리 볼 이유도 없다(대판 2017. 1. 12, 2014다39824). 따라서 피상속인의 사망 후 상속채무가 상속재산을 초과하여 상속인인 배우자와 자녀들이 상속포기를 하였는데, 그 후 피상속인의 직계존속이 사망하여 대습상속이 개시된 경우에, 대습상속인이 민법이 정한 절차와 방식에 따라 한정승인이나 상속포기를 하지 않으면 단순승인을 한 것으로 간주된다(대판 2017. 1. 12, 2014다39824).

상속포기의 효과는 절대적이고, 따라서 등기를 하지 않았더라도 포기를 가지고 제 3 자에게도 대항할 수 있다(동지 박동섭, 639면; 이경희, 474면).

판 례 상속포기의 소급효 관련

(ㄱ) 「상속인은 아직 상속 승인, 포기 등으로 상속관계가 확정되지 않은 동안(상속포기의 경우 상속인이 가정법원의 상속포기신고 수리 심판을 고지받을 때까지: 저자 주)에도 잠정적으로나마 피상속인의 재산을 당연 취득하고 상속재산을 관리할 의무가 있으므로, 상속채권자는 그 기간 동안 상속인을 상대로 상속재산에 관한 가압류결정을 받아 이를 집행할 수 있다. 그 후 상속인이 상속포기로 인하여 상속인의 지위를 소급하여 상실한다고 하더라도 이미 발생한 가압류의 효력에 영향을 미치지 않는다. 따라서 위 상속채권자는 종국적으로 상속인이 된 사람 또는 민법 제1053조에 따라 선임된 상속재산관리인을 채무자로 한 상속재산에 대한 경매절차에서 가압류채권자로서 적법하게 배당을 받을 수 있다.」(대판 2021. 9. 15, 2021다224446)

(ㄴ) 대판 2005. 1. 14, 2003다38573 · 38580(C-442에 인용).

(2) 포기자의 상속분의 귀속 E-259

상속인이 수인인 경우에 어느 상속인이 상속을 포기한 때에는, 그 상속분은 다른 상속인의 상속분의 비율로 그 상속인에게 귀속된다(1043조). 이때에는 포기한 자가 상속개시시부터 상속인이 아니었던 것으로 보고 그를 제외하고서 법정상속분의 비율에 따라 상속분을 계산한다(통설도 같음)(여기에 관한 구체적인 계산의 예는 친족상속법 [326] 참조).

판례는, 피상속인의 배우자와 자녀 중 자녀 전부가 상속을 포기한 경우에는 배우자가 단독상속인이 된다고 한다(대결(전원) 2023. 3. 23, 2020그42[핵심판례 484면]).

(3) 기 타

공동상속인 중의 특정인에게 귀속시킬 목적으로 하는 상속의 포기는 허용되지 않는다(이설 없음). 그러한 목적으로는 상속분의 양도제도(1011조 참조)나 상속재산의 협의분할제도(1013조 참조)를 활용하면 될 것이다. 그리고 상속을 포기한 자는 상속재산의 관리의무를 면하지만(1022조 단서), 민법은 포기로 인하여 상속인이 된 자가 상속재산을 관리할 때까지는 그 재산의 관리를 계속하도록 하고 있다(1044조 1항). 이때에는 제1022조(「그 고유재산에 대하는 것과 동일한 주의」로 관리)와 제1023조(상속재산 보존에 필요한 처분)가 준용된다(1044조 2항).

제5관 재산의 분리

Ⅰ. 서 설 E-260

(1) 의 의

재산의 분리란 상속이 개시된 후에 상속채권자나 유증받은 자 또는 상속인의 채권자의 청구에 의하여 상속재산과 상속인의 고유재산을 분리하는 제도이다(1045조 1항 참조). 상속에 의하여 상속재산과 상속인의 고유재산이 혼합되는 경우에, 상속인이 채무초과이면 상속채권자 및 유증을 받은 자는 불이익을 입게 되고, 상속재산이 채무초과이면 상속인의 채권자가 불이익을 입게 된다(이 뒤의 경우에 상속인은 물론 한정승인이나 포기를 할 수 있다. 그러나 한정승인 등을 하지 않거나 그것이 무효로 되는 수가 있어 다른 제도가 필요하게 된다). 이러한 때에 상속재산과 상속인의 고유재산을 분리할 수 있다면 상속채권자·유증을 받은 자 또는 상속인의 채권자가 보호될 수 있을 것이다. 그리하여 인정된 것이 재산분리제도이다. 그런데 이 제도는 실제에서는 거의 이용되지 않고 있다.

(2) 다른 제도와의 관계

1) 재산분리는 상속재산과 상속인의 고유재산이 분리되는 점에서 한정승인과 같다. 그러나 한정승인은 상속재산이 채무초과이거나 불확실한 경우에 상속인의 보호를 목적으로 하는 것이고, 재산분리는 상속채권자·유증받은 자·상속인의 채권자를 위한 것이다.

그리고 한정승인은 채권자가 배당변제를 받음으로써 상속인이 더 이상 강제집행을 당하지 않게 되나(문헌들은 채권이 소멸해 버린다고 하나, 이는 잘못이다), 재산분리는 상속재산과 상속인의 고유재산을 일단 분리하여 변제의 우선순위를 정하는 것일 뿐이므로, 채권자가 우선순위를 가지는 재산에서 완전히 변제를 받지 못하는 경우에는 다른 재산으로도 변제를 받을 수 있고 또한 강제집행도 할 수 있다(무한 책임).

재산분리가 한정승인과 구별되지만, 한정승인이 있는 경우에는 상속재산과 상속인의 고유재산이 이미 분리되어 있으므로 재산분리를 할 필요가 없다. 그리고 상속이 포기된 경우에는 상속인에 변경이 생겨서 재산분리의 필요성이 없게 될 수도 있다. 그러나 한정승인이나 상속포기가 후에 무효로 될 수도 있으므로(1026조 3호 참조), 한정승인 등의 절차가 진행 중이거나 한정승인 등이 결정되었더라도 상속채권자 등은 재산분리를 청구할 수 있다.

재산분리가 있은 후에도 상속인은 한정승인이나 포기를 할 실익이 있다(재산분리의 경우에는 상속인이 무한 책임을 지므로). 따라서 고려기간 내이면 상속인은 한정승인·상속포기를 할 수 있다고 새길 것이다. 그때에는 재산분리 절차는 정지된다.

2) 「채무자회생 및 파산에 관한 법률」은 상속재산의 파산(동법 299조·300조·389조·438조 등)과 상속인의 파산(동법 434조 등)제도를 두면서, 그 경우에 있어서 채권자 사이의 우선순위와 재산분리 절차의 중지에 관하여도 규정하고 있다(동법 435조·443조·444조·346조 참조).

E-261 (3) 재산분리의 절차

1) **청구권자** 재산분리의 청구권자는 상속채권자·유증을 받은 자 또는 상속인의 채권자이다(1045조 1항). 여기의 상속인의 채권자는 상속개시 후에 새로 채권을 취득한 자를 포함한다. 그리고 포괄적 수증자와 함께 상속인이 있는 경우에는 포괄적 수증자도 특정적 수증자와 마찬가지로 보호할 필요가 있으므로, 포괄적 수증자도 청구권자에 포함시켜야 한다(이설 있음).

2) **상 대 방** 이에 대하여는 명문의 규정이 없으나, 상속인 또는 상속재산관리인(상속인을 알 수 없을 때)이 상대방이라고 할 것이다. 상속인이 수인 있는 때에는 그 전원이 상대방으로 된다.

3) **청구기간** 청구기간은 상속이 개시된 날부터(상속개시가 있음을 안 날부터가 아님) 3개월 내이다(1045조 1항). 그러나 상속인이 상속의 승인이나 포기를 하지 않는 동안(1019조 1항 참조)은 3개월의 기간이 경과한 후에도 재산분리를 청구할 수 있다(1045조 2항).

Ⅱ. 재산분리의 효력 E-262

(1) 고유재산과의 분리

재산분리의 심판이 확정되면 상속재산과 상속인의 고유재산은 분리되어 존재하는 것으로 된다. 그리하여 피상속인에 대한 상속인의 재산상의 권리의무는 혼동으로 소멸하지 않고 존속한다(1050조).

(2) 상속재산의 관리

상속인은 단순승인을 한 후에도 재산분리의 명령이 있는 때에는 상속재산에 대하여 자기의 고유재산과 동일한 주의로 관리하여야 한다(1048조 1항). 이 경우의 재산관리에는 수임인의 권리의무에 관한 제683조 내지 제685조 및 제688조 제1항·제2항이 준용된다(1048조 2항).

가정법원이 재산분리를 명한 때에는 상속재산의 관리에 관하여 필요한 처분을 명할 수 있다(1047조 1항). 그리고 그 처분으로 법원이 재산관리인을 선임한 경우에는, 부재자의 재산관리인에 관한 제24조 내지 제26조가 준용된다(1047조 2항).

(3) 재산분리의 대항요건

재산의 분리는 **상속재산이 부동산인 경우**에는 이를 등기하지 않으면 제3자에게 대항하지 못한다(1049조). 재산분리 명령이 있은 후의 상속재산의 처분행위가 무효인데다가 부동산에 관하여는 동산과 달리 선의취득제도(249조)도 없기 때문에 특별규정을 둔 것이다. 여기의 제3자는 상속인의 채권자뿐만 아니라 모든 제3자를 가리킨다.

(4) 청 산 E-263

1) 재산분리의 공고 및 최고 가정법원이 재산의 분리를 명한 때에는, 그 청구자는 5일 내에 일반 상속채권자와 유증받은 자에 대하여 재산분리의 명령 있는 사실과 일정한 기간 내에 그 채권 또는 수증을 신고할 것을 공고하여야 한다(1046조 1항 1문). 신고기간은 2개월 이상이어야 한다(1046조 1항 2문). 그리고 이 경우에는 청산법인의 채권신고의 공고·최고에 관한 제88조 제2항·제3항과 제89조가 준용된다(1046조 2항).

2) 청산방법

(가) 상속인은 재산분리를 청구할 수 있는 기간(1045조 1항 참조. 상속개시된 날부터 3개월) 및 상속채권자와 유증받은 자에 대하여 공고한 신고기간(1046조 1항 참조)이 만료하기 전에는 상속채권자와 유증받은 자에 대하여 변제를 거절할 수 있다(1051조 1항).

(나) 위의 두 기간이 만료된 뒤에 상속인은 질권·저당권 등의 우선권 있는 채권자에게 먼저 변제하고(1051조 2항 단서), 그 후 재산분리의 청구 또는 그 기간 내에 신고한 상속채권자·유증받은 자와 상속인이 알고 있는 상속채권자·유증받은 자에 대하여 상속재산으로써 각 채권액 또는 수증액의 비율로 변제하여야 한다(1051조 2항 본문).

이 경우에는 그 밖에 한정승인에 관한 제1035조 내지 제1038조가 준용된다(1051조 3항. E-255·256 참조).

(5) 고유재산으로부터의 변제

상속채권자와 유증받은 자는 상속재산으로부터 전액의 변제를 받을 수 없는 경우에 한하여 상속인의 고유재산으로부터 그 변제를 받을 수 있다(1052조 1항)(물론 이는 상속인이 한정승인을 하지 않은 때에만 그렇다). 다만, 상속인의 고유재산에 대하여는 상속인의 채권자가 이들보다 우선변제를 받게 된다(1052조 2항).

제 6 관 상속인의 부존재

E-264 **Ⅰ. 서 설**

(1) 의 의

「상속인의 부존재」란 상속인의 존부(存否)가 분명하지 않은 것이다(1053조 1항 참조). 민법은 상속인의 존부가 분명하지 않은 경우 한편으로는 상속인을 수색하면서, 다른 한편으로는 상속재산을 관리하고 청산하도록 하고 있다(1053조-1059조).

(2) 「상속인의 부존재」의 경우

본래 「상속인의 부존재」는 상속인의 존부가 분명하지 않은 것이나, 상속인이 없다는 것이 확정되어 있는 경우에도 상속재산의 청산절차가 필요하므로 그 경우 역시 「상속인의 부존재」로 다루어야 한다. 그러한 견지에서 「상속인의 부존재」의 예를 열거하면 ① 신원불명자가 사망한 경우, ② 상속을 하고 있는 자가 참칭상속인이고 진정한 상속인의 존부가 불분명한 경우, ③ 유일한 상속인이 상속결격자이거나 동시사망한 것으로 추정되는 경우, ④ 상속인 전원이 상속을 포기한 경우 등이 있다. 그에 비하여 상속인이 존재하는 것은 명백한데 그 행방이나 생사가 불명인 경우는 「상속인의 부존재」에 해당하지 않는다(그 경우는 부재자의 재산관리제도(22조 이하)나 실종선고제도(27조 이하)에 의하여 처리되어야 한다).

E-265 **Ⅱ. 상속재산의 관리 · 청산과 상속인의 수색**

(1) 상속재산의 관리

상속인의 존부가 분명하지 않은 때에는, 가정법원은 제777조의 규정에 의한 피상속인의 친족 기타 이해관계인 또는 검사의 청구에 의하여 상속재산관리인을 선임하고, 지체없이 이를 공고하여야 한다(1053조 1항). 여기의 「이해관계인」은 상속재산의 귀속에 관하여 법률상 이해관계를 갖는 자이다(예: 유증받은 자, 상속채권자, 상속채무자, 상속재산상의 담보권자, 피상속인의 채무의 보증인, 특별연고자).

선임된 재산관리인(대판 1977. 1. 11, 76다184·185는 상속재산의 관리인이 구태여 상속인일 필요가 없다고 하나, 여기의 관리인은 오히려 상속인일 수가 없다)에게는 부재자의 재산관리인에 관한 제24조 내지 제26조가 준용된다(1053조 2항)(판례는, 재산상속인의 존재가 분명하지 아니한 상속재산에 관한 소송에 있어서 정당한 피고는 법원에서 선임된 상속재산관리인이라고 한다. 대판 2007. 6. 28, 2005다55879 등). 그리고 관리인은 상속채권자나 유증받은 자의 청구가 있는 때에는, 언제든지 상속재산의 목록을 제시하고 그 상황을 보고하여야 한다(1054조).

관리인의 임무는 상속인이 나타나 상속의 승인을 한 때에 종료한다(1055조 1항). 이와 같이 승인을 한 때로 한 이유는 상속인이 포기함으로써 다시 상속인의 부존재 상태로 되지 않게 하기 위해서이다. 상속인이 승인하면 관리인은 지체없이 그 상속인에 대하여 관리의 계산을 하여야 한다(1055조 2항).

(2) 상속재산의 청산

1) 채권신고의 공고 상속재산관리인의 선임공고가 있은 날부터 3개월 내에 상속인의 존부를 알 수 없는 때에는, 관리인은 지체없이 일반 상속채권자와 유증받은 자에 대하여 일정한 기간 내에 그 채권 또는 수증을 신고할 것을 공고하여야 한다(1056조 1항 1문). 이때 신고기간은 2개월 이상이어야 한다(1056조 1항 2문). 그리고 이 경우에는 청산법인의 채권신고의 공고·최고에 관한 제88조 제2항·제3항과 제89조가 준용된다(1056조 2항).

2) 청산방법 청산방법에 대하여는 한정승인에 있어서의 청산방법에 관한 제1033조 내지 제1039조가 준용된다(1056조 2항. E-255·256 참조).

(3) 상속인의 수색

관리인이 상속채권자와 유증받은 자에 대하여 채권 또는 수증을 신고하도록 2개월 이상으로 정한 기간이 경과하여도 상속인의 존부를 알 수 없는 때에는, 법원은 관리인의 청구에 의하여 상속인이 있으면 일정한 기간 내에 그 권리를 주장할 것을 공고하여야 한다(1057조 1문). 이때 그 기간은 1년 이상이어야 한다(1057조 2문). 그런데 이 공고는 청산의 결과 남은 재산이 있는 경우에만 하여야 하며, 남은 재산이 없으면 필요하지 않다(이설 없음).

이 공고에서 정한 기간이 경과하여도 상속인이 나타나지 않으면 「상속인의 부존재」가 확정된다.

Ⅲ. 특별연고자(特別緣故者)에 대한 재산분여(財産分與) E-266

(1) 제도의 취지

1990년 민법개정 전에는 상속인 수색공고로 정한 기간 내에 상속권을 주장하는 자가 없으면 상속재산을 국가에 귀속시켰다. 그 결과 피상속인의 사실상의 배우자와 같이 피상속인과 매우 가까우면서도 상속권이 없는 자는 상속인이 전혀 없는데도 상속재산에서 아무것도 받을 수 없었다. 이것이 부당하다고 여겨져 1990년 민법개정시에 특별연고자에 대하여 재산을 분여하는 제도를 신설하였다(1057조의 2).

(2) 특별연고자의 범위

민법은 재산분여를 받을 수 있는 자를 「피상속인과 생계를 같이 하고 있던 자, 피상속인의 요양 간호를 한 자 기타 피상속인과 특별한 연고가 있던 자」라고 규정한다(1057조의 2 1항). 특별연고자인지 여부는 추상적인 친족관계의 원근이 아니라 실질적·구체적인 관계에 의하여 결정하여야 한다(이설 없음). 그런데 여기의 재산분여는 상속이 아니므로 법인이나 권리능력 없는 사단도 받을 수 있다고 할 것이다(예: 요양원·양로원)(통설도 같음). 그리고 특별연고가 피상속인이 사망한 때 있어야만 하는 것은 아니므로, 과거의 어느 시기에 특별연고가 있었어도 특별연고자로 될 수 있다. 그러나 피상속인의 사망 후에 연고를 맺은 자는 특별연고자로 될 수 없다.

(3) 재산분여의 절차

피상속인과 특별한 연고가 있다고 생각하여 피상속인이 남긴 재산으로부터 분여받기를 원하는 자는 상속인 수색공고로 정해진 기간이 만료된 후 2개월 이내에 가정법원에 재산분여청구를 하여야 한다(1057조의 2 1항·2항).

특별연고자에 해당하는지, 재산분여에 상당성이 있는지는 가정법원이 여러 가지 사정을 참작하여 자유롭게 결정한다.

(4) 분여의 대상

특별연고자에게 분여될 수 있는 것은 청산 후에 잔존하는 상속재산의 전부 또는 일부이다(1057조의 2 1항). 상속재산이 공유재산인 경우에는, 제267조의 규정 때문에 다른 공유자에게 귀속하는지가 문제되는데, 학설은 공유지분도 분여의 대상이라고 새긴다. 그러나 특별연고자는 상속인이 아니므로 상속채무 등의 의무는 승계하지 않는다(이설 없음).

E-267 Ⅳ. 상속재산의 국가귀속

(1) 특별연고자에 대한 분여가 되지 않은 상속재산은 국가에 귀속한다(1058조 1항). 이 경우 관리인의 임무도 종료하므로, 관리인은 지체없이 관할 국가기관에 대하여 관리의 계산을 하여야 한다(1058조 2항·1055조 2항).

(2) 국가귀속의 법적 성질에 관하여는 i) 법률규정에 의한 원시취득이라는 견해와 ii) 청산 후에 남은 상속재산을 법률규정에 의하여 국가가 포괄승계하는 것이라는 견해(사견도 같음)가 대립되나, 법률관계가 유지되어야 하기 때문에 ii)설이 옳다.

(3) 국가귀속의 시기에 관하여는 i) 상속재산관리인이 잔여재산을 국가에 인계한 때라는 견해와 ii) 상속재산의 귀속에 관한 공백상태가 생기는 것을 막기 위해서는 상속이 개시된 때에 국가에 귀속한다고 새겨야 한다는 견해가 대립된다(사견은 친족상속법 [337] 참조).

(4) 상속재산이 국가에 귀속한 때에는 상속재산으로 변제를 받지 못한 상속채권자나 유증을 받은 자가 있는 때에도 국가에 대하여 그 변제를 청구하지 못한다(1059조).

제3절 유 언

Ⅰ. 서 설

E-268

1. 유언의 의의 및 법적 성질

(1) 의 의

유언(遺言)은 사람(법인은 유언을 할 수 없음)이 그의 사후의 법률관계 중 일정사항에 관하여 정하는 일방적인 의사표시이다.

(2) 법적 성질

1) 유언은 하나의 의사표시이면서 동시에 법률행위이다. 유언은 법률행위 중에 가장 대표적인 상대방 없는 단독행위이다. 따라서 유증의 경우 유증을 받은 자의 승낙은 물론이고 그에 대하여 표시하는 것도 필요하지 않다(다만 유증을 받은 자가 유증을 거절할 수는 있다. 1074조).

유언은 법률행위이기 때문에 거기에는 법률행위에 관한 법률규정과 이론이 적용된다. 그리하여 가령 유언자 A가 B의 사기 또는 강박에 의해 B를 수증자로 하는 유언을 하였다면, A는 사기나 강박을 이유로 그 유언을 취소할 수 있다(110조 1항). 그리고 A가 사망한 후에는 A의 상속인이 포괄승계인으로서 취소할 수 있다(140조). 그러나 A가 생전에 그 유언을 추인하였으면, A의 상속인은 취소하지 못한다(143조 1항).

2) 유언은 요식행위이며(1065조 이하 참조), 그 방식에 따르지 않은 유언은 무효이다(1060조). 이와 같이 유언을 요식행위로 규정한 이유는 유언이 유언자의 사망 후에 효력이 생기기 때문에 미리 본인의 진의를 확보해 두기 위해서이다.

3) 유언은 유언자의 독립한 의사에 의하여 행하여져야 하는 행위이다. 따라서 유언의 대리는 허용되지 않으며, 유언자가 제한능력자라도 법정대리인의 동의를 필요로 하지 않는다.

4) 유언은 유언자의 사망으로 효력이 생기는 사인행위(사후행위)이다(이 점에서 유언은 사인증여와 같으나, 사인증여는 계약인 점에서 유언과 다르다). 유언에 의하여 이익을 받는 자(예: 유증받는 자)는 유언의 효력이 생기기 전까지는 아무런 법률상의 권리(조건부 권리)도 취득하지 못한다.

5) 유언은 유언자가 언제든지 철회할 수 있는 행위이다(1108조 이하 참조). 이렇게 철회의 자유를 인정한 것은 유언자의 최종의사를 존중하기 위해서이다.

6) 유언은 법정사항에 한하여 할 수 있는 행위이다. 그 이외의 사항에 대한 유언자의

의사표시(예: 장례에 관한 지시 · 유훈(遺訓))는 유언이 아니며 무효이다. 법률이 정하는 유언사항으로는 ① 재단법인의 설립을 위한 재산출연행위(47조 2항), ② 친생부인(850조), ③ 인지(859조), ④ 후견인의 지정(931조 1항), ⑤ 미성년후견감독인의 지정(940조의 2), ⑥ 상속재산의 분할방법의 지정 또는 위탁(1012조 전단), ⑦ 상속재산의 분할금지(1012조 후단), ⑧ 유증(1074조 이하), ⑨ 유언집행자의 지정 또는 위탁(1093조), ⑩ 신탁의 설정(신탁법 3조) 등이다.

E-269 2. 유언과 법정상속의 관계

(1) 우리 법상 인정되는 사적 자치(A-67 이하 참조)의 한 내용으로 유언의 자유가 인정된다. 따라서 유언능력이 있는 자는 언제든지 자유롭게 유언을 할 수 있고, 그 유언을 변경·철회할 수 있으며, 특히 유산의 처분에 관하여 자유롭게 결정할 수 있다.

그런데 우리 민법은 유산처분의 방법으로 유증만을 인정할 뿐 유언상속은 인정하지 않는다. 상속으로는 법정상속만 있는 것이다. 그리하여 우리 법상 유언으로 상속인을 지정하지 못한다. 그리고 유언으로 법정상속인의 상속분을 변경하는 것도 허용되지 않는다. 다만, 유언자가 포괄적 유증을 함으로써 실질적으로 상속인의 지정이나 상속분의 변경과 같은 결과를 달성할 수는 있다.

(2) 민법이 정하는 법정상속은 유증이 없거나 무효인 부분에 관하여만 일어나게 된다.

E-270 3. 유언능력

유언능력은 유언을 유효하게 할 수 있는 능력이다. 민법은 17세에 달하지 못한 자는 유언을 하지 못한다고 하고(1061조), 행위능력에 관한 규정(5조 · 10조 · 13조)은 유언에는 적용하지 않는다고 하며(1062조), 피성년후견인도 그 의사능력이 회복된 때에는 유언을 할 수 있다고 한다(1063조 1항). 이들 규정을 종합하여 보면, 우리 민법에 있어서는 「17세에 달하고 의사능력이 있는 것」이 유언능력이라고 할 수 있다(의사능력은 유언이 법률행위이어서 당연히 있어야 되는 것이기도 하다).

(1) 우리 법상 17세 미만의 자는 유언을 할 수 없다(1061조). 그리고 17세 이상의 자라도 의사능력이 없는 상태에서는 유효하게 유언을 할 수 없다.

(2) 미성년자는 17세에 달한 뒤에는 법정대리인의 동의 없이 모든 유언사항에 대하여 유언을 할 수 있으며, 법정대리인의 동의가 없음을 이유로 취소할 수 없다(1062조 · 5조).

(3) 피성년후견인은 의사능력이 회복된 때에만 유언을 할 수 있다(1063조 1항). 피성년후견인이 유언을 하는 경우에는, 의사가 심신회복(心神回復)의 상태를 유언서에 부기(附記)하고 서명날인하여야 한다(1063조 2항). 그리고 피성년후견인이 적법하게 한 유언은 취소할 수 없다(1062조 · 10조). 한편 판례는, 후견심판 사건에서 가사소송법 제62조 제 1 항에 따른 사전처분으로 후견심판이 확정될 때까지 임시후견인이 선임된 경우, 사건본인은 의사능력이 있는

한 임시후견인의 동의가 없이도 유언을 할 수 있다고 보아야 하고, 아직 성년후견이 개시되기 전이라면 의사가 유언서에 심신 회복 상태를 부기하고 서명날인하도록 요구한 민법 제1063조 제2항은 적용되지 않는다고 한다(대판 2022. 12. 1, 2022다261237).

(4) 피한정후견인은 17세에 달하고 있으면 — 한정후견인의 동의가 유보된 경우에도 — 단독으로 유효하게 유언을 할 수 있으며(판례도, 피성년후견인 또는 피한정후견인은 의사능력이 있는 한 성년후견인 또는 한정후견인의 동의 없이도 유언을 할 수 있다고 한다. 대판 2022. 12. 1, 2022다261237), 그의 유언은 동의가 없음을 이유로 취소할 수 없다(1062조·13조).

(5) 유언능력은 유언 당시에 존재하여야 하며, 유언의 효력발생시에는 없어도 무방하다.

Ⅱ. 유언의 방식 E-271

1. 서 설

(1) 유언의 요식성(要式性)

민법은 유언자의 진의를 명확하게 하고 분쟁과 혼란을 예방하기 위하여 유언은 일정한 방식에 따라서만 하도록 규정하고 있다(1065조 이하 참조). 그 방식에 따르지 않은 유언은 설사 유언자의 진정한 의사에 합치하더라도 무효이다(대판 2008. 8. 11, 2008다1712 등 다수).

(2) 유언방식의 종류

민법이 정하는 유언의 방식에는 다섯 가지가 있다. **자필증서·녹음·공정증서·비밀증서·구수증서(口授證書)**가 그것이다(1065조). 이 중에 앞의 넷은 통상의 경우에 사용하는 방식이고, 구수증서는 질병 기타 급박한 사유로 보통의 방식에 의할 수 없는 경우에 사용하는 방식이다(1070조 1항 참조).

(3) 증인의 결격 E-272

1) 자필증서 유언을 제외한 나머지 유언의 경우에는 증인이 참여하게 된다. 그런데 유언에 참여한 증인의 서명·기명날인·구술은 유언의 유효·무효를 판단하는 자료로 된다. 그리하여 민법은 유언의 정확성을 보장하기에 부적절한 일정한 자를 **증인결격자**로 규정하고 있다(1072조). ① 미성년자(법정대리인의 동의가 있어도 같음)(1072조 1항 1호), ② 피성년후견인(의사능력을 회복하고 있어도 같음)과 피한정후견인(법정대리인의 동의가 있어도 같음)(1072조 1항 2호), ③ 유언에 의하여 이익을 받을 사람, 그의 배우자와 직계혈족(유언집행자는 아님: 대판 1999. 11. 26, 97다57733)(1072조 1항 3호)은 유언에 참여하는 증인이 되지 못한다(1072조 1항). 그러나 파산선고를 받은 자는 증인결격자가 아니다.

공정증서에 의한 유언에는 공증인법에 의한 결격자는 증인이 되지 못한다(1072조 2항). 한편 공증인법에 따르면, 미성년자, 피성년후견인 또는 피한정후견인, 시각장애인이거나 문자를 해득하지 못하는 사람, 서명할 수 없는 사람, 촉탁사항에 관하여 이해관계가 있는 사람, 촉탁사항에 관하여 대리인 또는 보조인이거나 대리인 또는 보조인이었던 사람, 공증인의 친족·피고용인 또는 동거인, 공증인의 보조자는 참여인이 될 수 없다(동법 33조 3항 본문). 다만, 유언자가 참여인의 참여를 청구한 경우에는 위의 사람들도 참여인이 될 수 있다(동법 33조 3항 단서). 따라서 공증참여자가 유언자와 친족의 관계가 있다 하더라도 유언자의 청구에 의할 경우에는 공증인법에 의한 공증참여인 결격자가 아니라고 보아야 한다(대판 1992. 3. 10, 91다45509). 그리고 공증인이나 촉탁인의 피고용인 또는 공증인의 보조자는 촉탁인이 증인으로 참여시킬 것을 청구한 경우를 제외하고는 공정증서에 의한 유언에서 증인도 될 수 없다(대결 2014. 7. 25, 2011스226).

2) 법률에 결격자로 규정되어 있지 않지만 사실상 유언의 방식에서 정하고 있는 증인의 역할을 수행할 수 없는 자가 있다. ① 서명을 할 수 없거나 문자를 이해할 능력이 없는 자, ② 유언자의 구수(口授)를 이해할 수 없는 자, ③ 필기가 정확한 것임을 승인할 능력이 없는 자가 그렇다.

3) 결격자가 참여한 유언은 그 전체가 무효로 된다.

E-273 2. 자필증서에 의한 유언

(1) 의 의

자필증서에 의한 유언은 유언자가 그 전문(全文)과 연월일·주소·성명을 자서(自書)(스스로 씀)하고 날인함으로써 성립하는 유언이다(1066조 1항). 이 유언은 간편하나, 문자를 모르는 자가 이용할 수 없고 유언자의 사망 후 유언서의 존부가 쉽게 판명되지 않을 수 있으며 위조·변조의 위험성이 있다.

(2) 요 건

1) 유언서 전문의 자서 유언자가 유언서의 전문을 직접 써야 하며, 타자기·점자기·컴퓨터 등을 이용하거나 타인에게 대필하게 한 것(대필하게 한 부분이 부수적인 의미를 가지는 경우에는 자서한 부분은 유효함)은 무효이다. 전자복사기를 이용한 복사본도 자서한 것이 아니다(대판 1998. 6. 12, 97다38510). 자서이기만 하면 외국어·약자·약호·속기문자에 의한 것이라도 유효하다.

2) 유언서 작성연월일의 자서 유언서의 작성연월일이 자서되지 않은 유언은 무효이다(통설·판례도 같다. 대판 2009. 5. 14, 2009다9768). 유언의 성립시기는 유언자의 유언능력 유무, 유언의 선후(복수의 유언이 있는 경우에는 최후의 유언이 유효함. 1109조 참조) 등을 결정하는 중요한 기준이 되기 때문이다. 그리고 자필유언증서의 연월일은 이와 같이 중요한 기준이 되므로, 그 작성일을 특정할 수 있게 기재하여야 한다. 따라서 연·월만 기재하고 일의 기재가 없는 자필유언증서는 그 작성일을 특정할 수 없어서 효력이 없다(대판 2009. 5. 14, 2009다9768: 2002년 12월이라고 작성연월만 기재된 자필유언증서를 무효라고 함). 그런데 연월일은 「회갑일」과 같이 시기를 특정할 수 있게 기재하면 되고, 반드시 정확하게 날짜를 적어야 하는 것은 아니다. 그리고 연월일은 유언서의 본문이나 말미에 기재하여도 되고, 유언증서를 담은 봉투에 기재하여도 무방하다.

3) 주소 · 성명의 자서와 날인 유언자의 주소(유언서의 작성지가 아님)를 자서하여야 한다. 유언자가 주소를 자서하지 않은 경우에는 유언이 무효이며, 유언자의 특정에 지장이 없다고 해도 같다(대판 2014. 9. 26, 2012다71688). 그리고 자서가 필요한 주소는 반드시 주민등록법에 의하여 등록된 곳일 필요는 없으나, 적어도 민법 제18조에서 정한 생활의 근거되는 곳으로서 다른 장소와 구별되는 정도의 표시를 갖추어야 한다(대판 2014. 9. 26, 2012다71688). 주소는 연월일과 마찬가지로 유언서를 담은 봉투에 기재하여도 무방하다(대판 1998. 6. 12, 97다38510 등).

성명도 자서하여야 한다. 그런데 성명은 반드시 가족관계등록부상의 것을 기재하여야 하는 것은 아니며, 유언자의 동일성을 알 수 있는 것이면 호(號) · 자(字) · 예명을 적거나 성 또는 이름만을 적어도 된다. 그러나 성명의 자서를 새긴 도장을 날인한 것은 자서가 아니다.

유언서에는 유언자의 날인이 있어야 하며, 유언자의 날인이 없는 유언장은 자필증서에 의한 유언으로서의 효력이 없다(대판 2006. 9. 8, 2006다25103 · 25110)(그리고 민법이 날인을 요구한 것은 헌법에 위반되지 않는다. 헌재 2008. 3. 27, 2006헌바82). 그런데 날인은 타인이 하여도 무방하다. 그리고 날인하는 인장은 행정청에 신고한 인감일 필요가 없으며, 무인(拇印)이라도 상관없다(통설 · 판례도 같음. 대판 1998. 6. 12, 97다38510 등).

(3) 변경의 경우 E-274

자필증서에 문자의 삽입, 삭제 또는 변경을 할 때에는 유언자가 이를 자서(自書)하고 날인하여야 한다(1066조 2항). 다만, 증서의 기재 자체로 보아 명백한 오기(誤記)를 정정하는 것에 불과한 경우에는 그 정정부분에 날인을 하지 않았더라도 유언의 효력에는 영향이 없다(대판 1998. 6. 12, 97다38510 등).

3. 녹음에 의한 유언

녹음에 의한 유언은 유언자가 유언의 취지, 그 성명과 연월일을 구술하고 이에 참여한 증인이 유언의 정확함과 그 성명을 구술함으로써 성립하는 유언이다(1067조). 이 유언은 문자를 모르는 자도 이용할 수 있으나, 위조 · 변조가 용이하다는 문제점이 있다. 피성년후견인이 녹음 유언을 할 때에는 의사가 심신회복의 상태를 구술하여 녹음하여야 한다(1063조 2항).

녹음에 의한 유언이 성립한 후에 녹음테이프나 녹음파일 등이 멸실 또는 분실되었다는 사유만으로 유언이 실효되는 것은 아니고 이해관계인은 녹음의 내용을 증명하여 유언의 유효를 주장할 수 있다(대판 2023. 6. 1, 2023다217534).

4. 공정증서에 의한 유언 E-275

(1) 의 의

공정증서에 의한 유언은 유언자가 증인 2인이 참여한 공증인의 면전에서 유언의 취지를 구수(口授)(말로 진술함)하고 공증인이 이를 필기낭독하여 유언자와 증인이 그 정확함을 승인한 후 각자 서명 또는 기명날인함으로써 성립하는 유언이다(1068조). 이 유언은 가장 확실한 방법이나, 복잡하고 비용이 들며 유언 내용이 누설되기 쉬운 단점이 있다.

(2) 요 건

공정증서 유언의 요건은 ① 증인 2인의 참여가 있을 것, ② 유언자가 공증인의 면전에서 유언의 취지를 구수할 것, ③ 공증인이 유언자의 구수를 필기해서(필기는 사무원에게 시켜도 무방함) 이를 유언자와 증인에게 낭독할 것, ④ 유언자와 증인이 공증인의 필기가 정확함을 승인한 후 각자 서명 또는 기명날인할 것 등이다. 한편 판례는, ②의 요건과 관련하여, 유언자가 말을 하지 못하는 상태에서 공증인의 물음에 고개만 끄덕거린 경우에는 유언자가 구수한 것이라고 볼 수 없어 무효라고 한다(대판 1996. 4. 23, 95다34514 등).

판 례 공정증서 유언 관련

(ㄱ) 대법원은, 공증인이 유언자의 의사에 따라 유언의 취지를 작성하고 그 서면에 따라 유언자에게 질문을 하여 유언자의 진의를 확인한 다음 유언자에게 필기된 서면을 낭독하여 주었고, 유언자가 유언의 취지를 정확히 이해할 의사식별능력이 있고 유언의 내용이나 유언경위로 보아 유언 자체가 유언자의 진정한 의사에 기한 것으로 인정할 수 있는 경우에는, 위와 같은 「유언취지의 구수」 요건을 갖추었다고 볼 것이라고 한다(대판 2007. 10. 25, 2007다51550 · 51567: 공증변호사가 미리 작성하여 온 공정증서에 따라, 의식이 명료하고 언어소통에 지장이 없는 유언자에게 질문하여 유증의사를 확인하고 그 증서의 내용을 읽어주어 이의 여부도 확인한 다음 자필서명을 받은 경우, 위 공정증서에 의한 유언은 1068조에서 정한 요건을 모두 갖추었다고 한 사례).

(ㄴ) 유언장에 대하여 공증사무실에서 인증을 받았으나 그 유언장이 증인 2명의 참여가 없고 자서된 것도 아니라면 공정증서에 의한 유언이나 자필증서에 의한 유언으로서의 방식이 결여되어 있으므로 유언으로서의 효력을 발생할 수 없다(대판 1994. 12. 22, 94다13695).

E-276 5. 비밀증서에 의한 유언

(1) 비밀증서에 의한 유언은 유언자가 유언의 취지와 필자의 성명을 기입한 증서를 엄봉날인(嚴封捺印)하고 이를 2인 이상의 증인의 면전에 제출하여 자기의 유언서임을 표시한 후 그 봉서 표면에 제출연월일을 기재하고 유언자와 증인이 각자 서명 또는 기명날인한 다음 일정기간 내에 확정일자를 받음으로써 성립하는 유언이다(1069조 1항). 이 유언은 유언의 존재는 분명히 하면서 그 내용은 비밀로 하고 싶을 때 유용하게 쓸 수 있는 것인데, 비밀증서의 성립에 다툼이 생기기 쉽고 분실·훼손의 위험이 있다.

비밀증서 유언에서는 유언자가 증서 그 자체를 자서(自書)할 필요는 없으나, 증서에 필자의 성명은 반드시 기재하여야 하므로, 타인에게 필기를 부탁한 경우에는 그 타인의 성명을 기재하여야 한다. 그리고 이 유언은 연월일과 주소의 기재는 필요하지 않다. 증서의 엄봉(嚴封: 단단히 봉함)·날인은 유언자가 스스로 하여야 한다.

비밀증서 유언방식에 의한 유언봉서는 그 표면에 기재된 날부터 5일 내에 공증인 또는 법원서기에게 제출하여 그 봉인상(封印上)에 확정일자인을 받아야 한다(1069조 2항).

(2) 비밀증서에 의한 유언이 그 방식에 흠결이 있는 경우에 그 증서가 자필증서의 방식에 적합한 때에는 자필증서에 의한 유언으로 본다(1071조).

6. 구수증서에 의한 유언 E-277

(1) 구수증서에 의한 유언은 질병 기타 급박한 사유로 인하여 자필증서·녹음·공정증서·비밀증서의 방식에 의한 유언을 할 수 없는 경우에, 유언자가 2인 이상의 증인의 참여로 그 1인에게 유언의 취지를 구수하고 그 구수를 받은 자가 이를 필기·낭독하여, 유언자와 증인이 그 정확함을 승인한 후 각자 서명 또는 기명날인함으로써 성립하는 유언이다(1070조 1항). 판례는, 이 유언에서 「유언취지의 구수」라 함은 말로써 유언의 내용을 상대방에게 전달하는 것을 뜻하는 것이므로, 증인이 제3자에 의하여 미리 작성된, 유언의 취지가 적혀 있는 서면에 따라 유언자에게 질문을 하고 유언자가 동작이나 간략한 답변으로 긍정하는 방식은, 유언 당시 유언자의 의사능력이나 유언에 이르게 된 경위 등에 비추어 그 서면이 유언자의 진의에 따라 작성되었음이 분명하다고 인정되는 등의 특별한 사정이 없는 한 제1070조 소정의 유언취지의 구수에 해당한다고 볼 수 없다고 한다(대판 2006. 3. 9, 2005다57899(망인이 유언취지의 확인을 구하는 변호사의 질문에 대하여 고개를 끄덕이거나 "음", "어"라고 말한 것만으로는 1070조 소정의 유언의 취지를 구수한 것으로 볼 수 없다는 사례)[핵심판례 486면]).

이 유언은 보통의 방식에 의한 유언이 가능한 경우에는 허용되지 않는다(대판 1999. 9. 3, 98다17800). 그리고 이 유언은 실질에 있어서 보통의 방식에 의한 유언과 다르므로 유언요건을 완화하여 해석하여야 한다(대판 1977. 11. 8, 76므15).

(2) 피성년후견인이 구수증서 유언을 하는 경우에는 의사능력이 회복되어 있어야 하나, 의사가 심신회복의 상태를 유언서에 부기하고 기명날인할 필요는 없다(1070조 3항).

(3) 구수증서에 의한 유언은 그 증인 또는 이해관계인이 급박한 사유가 종료한 날부터 7일 내에 법원에 그 검인을 신청하여야 한다(1070조 2항). 여기서 「이해관계인」이란 상속인·유증받은 자·유언집행자로 지정된 자 등 그 유언에 관하여 법적인 이해관계가 있는 자이다. 여기의 「검인」은 자필증서 유언·녹음 유언·비밀증서 유언의 집행 전에 준비절차로서 하는 제1091조의 검인과는 다른 성질의 것이며, 구수증서의 유언이 있은 후 그 유언이 유언자의 진의에서 나온 것임을 확정하는 절차이다(대결 1986. 10. 11, 86스18). 그러나 그 유언이 유언자의 진실한 의사에 기한 것인지를 일응 판정할 뿐이며, 유언의 유효·무효를 판단하는 것은 아니다. 따라서 검인을 거쳤다고 하여 유언이 유효한 것으로 확정되지는 않는다. 그리고 판례는, 특별한 사정이 없는 한 유언이 있은 날에 급박한 사유가 종료하였다고 할 것이므로

유언이 있은 날부터 7일 이내에 검인을 신청할 것이라고 한다(대결 1994. 11. 3, 94스16 등). 검인신청기간 내에 검인신청을 하지 않은 구수증서 유언은 무효이다.

E-278
Ⅲ. 유언의 철회

(1) 유언철회의 자유

민법은 유언자의 유언철회의 자유를 인정하고(1108조 1항), 그 자유를 보장하기 위하여 유언자가 유언을 철회할 권리를 포기하지 못한다고 규정한다(1108조 2항).

(2) 유언철회의 방식

1) 임의철회 유언자는 언제든지 유언 또는 생전행위로써 유언의 전부나 일부를 철회할 수 있다(1108조 1항). 유언으로 철회하는 경우 철회유언도 유언의 방식에 의하여야 하나, 철회될 유언과 같은 방식으로 할 필요는 없다.

E-279 **2) 법정철회**

(가) **전후의 유언이 저촉되는 경우**(예: A에게 X부동산을 준다고 유언한 후, B에게 X부동산을 준다고 유언한 경우)에는, 그 저촉된 부분의 전 유언은 철회한 것으로 본다(1109조). 「저촉」이란 내용상 양립할 수 없는 것을 가리킨다. 따라서 뒤에 한 유언이 앞에 한 유언에 조건을 붙인 것이라고 볼 수 있는 경우에는 철회의 문제가 생기지 않는다.

(나) **유언 후의 생전행위가 유언과 저촉되는 경우**에는, 그 저촉된 부분의 전 유언은 철회한 것으로 본다(1109조). 여기의 「생전행위」는 유언자가(타인이 유언자 명의를 이용하여 한 처분은 아님. 대판 1998. 6. 12, 97다38510) 생존 중에 유언의 목적인 특정의 재산에 대하여 한 처분을 가리키며, 유상·무상을 불문한다. 「저촉」의 의미는 위 (가)에서와 같다(대판 1998. 6. 12, 97다38510).

판 례 유언의 철회 관련

(ㄱ) 「유언 후의 생전행위가 유언과 저촉되는 경우에는 민법 제1109조에 의하여 그 저촉된 부분의 전(前) 유언은 이를 철회한 것으로 봄은 소론과 같으나, 이러한 생전행위를 철회권을 가진 유언자 자신이 할 때 비로소 철회 의제 여부가 문제될 뿐이고 타인이 유언자의 명의를 이용하여 임의로 유언의 목적인 특정재산에 관하여 처분행위를 하더라도 유언철회로서의 효력은 발생하지 아니하며, 또한 여기서 말하는 '저촉'이라 함은 전의 유언을 실효시키지 않고서는 유언 후의 생전행위가 유효로 될 수 없음을 가리키되 법률상 또는 물리적인 집행불능만을 뜻하는 것이 아니라 후의 행위가 전의 유언과 양립될 수 없는 취지로 행하여졌음이 명백하면 족하다.」(대판 1998. 6. 12, 97다38510)

(ㄴ) 「원심이, 유언 후의 생전행위가 유언과 저촉되는 경우에는 민법 제1109조에 의하여 그 저촉된 부분의 전 유언은 이를 철회한 것으로 본다고 전제하고서, 망인이 이 사건 유언

증서를 작성한 후 재혼하였다거나, 이 사건 유언증서에서 피고에게 유증하기로 한 소외 ○○여객운송 주식회사의 주식을 처분한 사실이 있다고 하여 이 사건 제1토지에 관한 유언을 철회한 것으로 볼 수 없다고 판단한 것은 정당」하다(대판 1998. 5. 29, 97다38503).

(다) 유언자가 고의로 유언증서 또는 유증의 목적물을 파훼(破毁)한 때에는, 그 파훼한 부분에 관한 유언은 철회한 것으로 본다(1110조). 파훼는 유언자 자신이 고의로 하여야 하므로, 제3자에 의한 파훼(유언자의 의사에 의한 것이 아닐 때)나 유언자의 과실에 의한 파훼 또는 불가항력에 의한 파훼의 경우에는 철회의 효력이 생기지 않는다. 한편 판례는, 유언자가 유언을 철회한 것으로 볼 수 없는 이상, 유언증서가 그 성립 후에 멸실되거나 분실되었다는 사유만으로 유언이 실효되는 것은 아니고, 이해관계인은 유언증서의 내용을 증명하여 유언의 유효를 주장할 수 있다고 한다(대판 1996. 9. 20, 96다21119).

(3) 철회의 효과

1) 유언이 철회되면 철회된 유언(또는 유언의 철회된 부분)은 처음부터 없었던 것으로 된다.

2) 유언을 철회한 후 그 철회를 다시 철회하는 경우에 처음의 유언의 효력이 되살아나는가? 여기에 관한 입법례로는 부활주의와 비부활주의가 있는데, 우리 민법에는 명문의 규정이 없다. 그런 상태에서 통설은 철회된 유언이 유효하다고 새긴다.

3) 유언의 철회가 착오·사기 또는 강박에 의하여 행하여진 경우에는, 총칙편의 규정(109조·110조)에 의하여 취소할 수 있다.

Ⅳ. 유언의 효력 E-280

1. 유언의 일반적 효력

(1) 유언의 효력발생시기

1) 보통의 유언 유언은 유언자가 사망한 때부터 그 효력이 생긴다(1073조 1항).

2) 조건부 또는 기한부 유언 유언은 성질상 허용되지 않는 경우(예: 인지의 유언)를 제외하고는 조건이나 기한을 붙일 수 있다.

(가) 유언에 정지조건이 붙은 경우에 그 조건이 유언자의 사망 후에 성취된 때에는, 그 조건이 성취된 때부터 효력이 생긴다(1073조 2항)(이는 조건의 법리(147조 1항)상 당연한 것이다). 이 경우 유언자가 유언으로 조건성취의 효력을 그 성취 전에 소급할 수는 있으나(147조 3항), 유언자의 사망 이전까지 소급할 수는 없다. 정지조건부의 유언에 있어서 유언자의 사망 이전에 조건이 성취되면 조건 없는 유언이 되고(151조 2항), 조건이 불성취로 확정되면 그 유언은 무효로 된다(151조 3항).

유언에 해제조건이 붙은 경우에 관하여 민법은 특별규정을 두고 있지 않다. 그러나 조건의 일반규정에 의하여, 해제조건부 유언은 유언자가 사망한 때 효력이 발생하고, 그 조건이 유언자의 사망 후에 성취되면 효력을 잃는다(147조 2항). 해제조건부 유언에 있어서 유언자의 사망 전에 조건이 성취되면 유언은 무효로 되고(151조 2항), 조건의 불성취가 확정되면 조건 없는 유언으로 된다(151조 3항).

(나) 유언에 시기(始期)가 붙은 경우에는 그 시기(始期)의 내용에 따라 기한이 도래한 때부터 유언의 효력이 생기거나 또는 이행을 청구할 수 있게 된다(152조 1항). 그리고 유언에 종기(終期)가 붙은 경우에는 유언은 유언자가 사망한 때부터 효력이 생기며 기한이 도래한 때에 그 효력을 잃는다(152조 2항). 그리고 기한의 효력은 유언에 의하여 소급시킬 수 없다. 한편 유언자의 사망 전에 기한이 도래한 경우에는, 그 기한이 시기(始期)이면 기한 없는 유언이 되고, 종기이면 유언은 무효로 된다고 할 것이다.

3) 그 밖의 특수한 경우 유언의 내용에 따라서는 유언자의 의사표시만으로는 유언자가 사망한 때에 완전한 효력이 생기지 않는 경우도 있다.

(가) 유언으로 재단법인을 설립하는 경우에는 유언자가 사망한 때에 바로 재단법인이 성립하지 않으며, 유언집행자 또는 상속인이 주무관청의 허가를 얻어 설립등기를 하여야만 비로소 성립한다(32조·33조)(그 경우 재산귀속에 관하여는 A-378 이하 참조).

(나) 부(夫) 또는 처(妻)가 유언으로 친생부인의 의사를 표시한 때에는 유언집행자가 부인의 소를 제기하여야 하며(850조), 그 판결의 확정으로 자(子)는 모(母)의 혼인 외의 출생자가 된다.

(다) 유언으로 인지(認知)를 한 때에는 유언집행자가 이를 신고하여야 한다(859조 2항 2문). 통설은 이 경우 인지의 효력은 신고를 한 때가 아니고 유언자가 사망한 때에 생기고, 제860조에 의하여 그 자(子)의 출생시에 소급한다고 새긴다.

E-281 (2) 유언의 무효 · 취소

1) 유언도 법률행위의 일종이므로, 법률행위의 무효·취소에 관한 총칙편의 규정이 적용된다. 다만, 친족법적인 의사표시에 대하여는 원칙적으로 총칙편의 규정이 적용되지 않는다고 하여야 한다.

2) 유언이 무효인 경우로는 ① 방식을 갖추지 않은 유언(1060조), ② 17세 미만의 자의 유언(1061조), ③ 의사능력이 없는 자의 유언, ④ 수증결격자에 대한 유언(1064조), ⑤ 사회질서나 강행법규에 위반되는 유언, ⑥ 법정사항 이외의 사항을 내용으로 하는 유언 등이 있다.

3) 유언은 유언자의 제한능력을 이유로 취소할 수는 없으나(1062조), 착오·사기·강박을 이유로는 취소할 수 있다. 이때 취소권은 유언자와 상속인에게 있다고 할 것이다.

2. 유 증 E-282

(1) 서 설

1) 유증의 의의 유증(遺贈)이란 유언에 의하여 재산상의 이익을 타인에게 무상으로 주는 단독행위이다. ① 유증은 자기의 재산을 무상으로 주는 점에서 증여·사인증여와 같으나, 뒤의 것들은 계약이어서 단독행위인 유증과 다르다(그리하여 사인증여의 경우에도 수증자와의 의사의 합치가 필요하다. 대판 2023. 9. 27, 2022다302237). ② 유증은 유언자가 사망한 때에 효력이 생기는 사인행위(사후행위)이고, 그 점에서 사인증여와 같다(사인증여는 그것이 계약이라는 점을 빼고는 유증과 비슷하여, 거기에는 유증에 관한 규정이 준용된다(562조). D-139 참조). ③ 유증의 목적인 권리는 원칙적으로 상속재산에 속하는 것이어야 하나(1087조 1항 본문), 일정한 때에는 상속재산에 속하지 않는 권리도 예외적으로 유증의 목적이 될 수 있다(1087조 1항 단서). ④ 적극재산을 주는 것뿐만 아니라 채무를 면제하는 것도 유증이 된다. 그러나 수증자에게 채무만을 부담하게 하는 것은 유증이 아니다. ⑤ 유증에는 조건이나 기한을 붙일 수 있다(1073조 2항 참조).

유증은 원칙적으로 자유롭게 행하여질 수 있다(유언의 자유의 한 내용으로서 유증의 자유). 그러나 여기에는 제한이 있으며, 그중 가장 중요한 것이 유류분제도에 의한 제한이다.

2) 유증의 종류

(가) 유증은 포괄적 유증과 특정유증(특정적 유증)으로 나누어진다. 포괄적 유증은 유증의 목적의 범위를 상속재산의 전부 또는 그에 대한 비율로 표시하는 유증이고, 특정유증은 유증의 목적이 특정되어 있는 유증이다(특정물 외에 금전 또는 종류물을 목적으로 하는 것도 특정유증이다).

판 례 포괄적 유증인지 특정유증인지 판정하는 방법

「당해 유증이 포괄적 유증인가 특정유증인가는 유언에 사용한 문언 및 그 외 제반사정을 종합적으로 고려하여 탐구된 유언자의 의사에 따라 결정되어야 하고, 통상은 상속재산에 대한 비율의 의미로 유증이 된 경우는 포괄적 유증, 그렇지 않은 경우는 특정유증이라고 할 수 있지만, 유언공정증서 등에 유증한 재산이 개별적으로 표시되었다는 사실만으로는 특정유증이라고 단정할 수는 없고 상속재산이 모두 얼마나 되는지를 심리하여 다른 재산이 없다고 인정되는 경우에는 이를 포괄적 유증이라고 볼 수도 있다.」(대판 2003. 5. 27, 2000다73445)

(나) 유증에는 조건부 유증, 기한부 유증, 부담부 유증도 있다.

3) 수증자와 유증의무자 E-283

(가) **수 증 자** 수증자(이를 증여를 받는 자와 구별하기 위하여 수유자(受遺者)라고 표현하기도 하나, 그것은 일본민법상의 용어이다)는 유증을 받는 자로 유언에 지정되어 있는 자이다. ① 자연인뿐만 아니라 법인, 권리능력 없는 사단·재단, 기타의 단체나 시설도 수증자가 될 수 있다. ② 수증자는 유언이 효력을 발생하는 때 즉 유언자가 사망하는 때에 권리능력을 갖추고 있어야 한다(자연인의 생존, 법인의 존재)(동시존재의 원칙). 유언자의 사망

전에 수증자가 사망한 경우에는 유증의 효력은 생기지 않는다(1089조 1항. 수증자의 상속인에 의한 수증자의 지위의 승계(즉 대습수증)는 인정되지 않는다(다만 1090조 단서의 예외가 있음)). 그리고 이는 유증자와 수증자가 동시사망한 경우에도 마찬가지라고 하여야 한다(통설도 같음). ③ 태아는 유증에 관하여도 이미 출생한 것으로 본다(1064조·1000조 3항). 그러나 유언자가 사망할 때까지 포태되지 않은 자는 태아가 아니므로 수증능력이 없다(결과에서 이설 없음)(장차 포태될지 모를 자를 수증자로 하는 유증은 조건부 유증으로 검토될 수 있으나, 무효라고 하여야 한다). ④ 상속결격사유가 있는 자는 수증자로 되지 못한다(1064조·1004조). 그러나 유증자가 그 사유가 있음을 알고 유증한 경우에는 유증이 유효하다고 해야 한다(이설 있음. E-182 참조). 그 결과 상속결격사유 있는 자가 수증자로 되지 못하는 것은 이미 유증이 있은 후에 그 사유가 생긴 경우와 유증자가 수증자에게 그 사유가 있음을 모르고 유증한 경우에 한하게 된다.

(나) **유증의무자** 유증의무자는 유증을 실행할 의무를 지는 자이다. 원칙적으로는 상속인이 유증의무자이나, 포괄적 수증자(1078조)·상속인의 존부가 불분명한 경우의 상속재산관리인(1056조)·유언집행자(1103조·1101조)도 유증의무자로 된다.

E-284 **(2) 포괄적 유증**

1) 의 의 포괄적 유증은 유언자가 상속재산(적극재산은 물론, 소극재산까지도 포괄한다. 대판 2025. 5. 29, 2022다220014)의 전부 또는 그 일정비율을 유증하는 것이다. 포괄적 수증자는 상속인과 동일한 권리·의무가 있다(1078조).

2) 포괄적 수증자의 권리 · 의무 ① 유증이 효력을 발생하면 포괄적 수증자는 상속인과 마찬가지로 유증사실을 알든 모르든 수증분에 해당하는 유증자의 권리·의무(일신전속권은 제외된다. 1005조 단서)를 법률상 당연히 포괄적으로 승계한다(1005조 본문). 따라서 유증의무자의 이행행위는 필요하지 않으며, 물권이나 채권의 경우 등기·인도나 채권양도의 대항요건을 갖출 필요도 없다(대판 2003. 5. 27, 2000다73445(부동산의 경우)). ② 포괄적 수증자 외에 다른 상속인이나 포괄적 수증자가 있는 경우에는 공동상속인 사이의 관계와 마찬가지의 상태로 된다(상속재산의 공유(1006조), 분할의 협의(1013조)). ③ 포괄적 유증의 승인·포기에 대하여는 상속의 승인·포기에 관한 규정(1019조–1044조)이 적용되고, 유증의 승인·포기에 관한 규정(1074조–1077조)이 적용되지 않는다. 후자는 특정유증에 관한 것이기 때문이다. ④ 상속인의 상속회복청구권 및 그 제척기간에 관한 제999조는 포괄적 유증의 경우에 유추적용된다(대판 2001. 10. 12, 2000다22942).

판 례 포괄적 유증이 있는 경우 관련

「무릇 포괄적 유증이란 적극재산은 물론, 소극재산 즉 채무까지도 포괄하는 상속재산의 전부 또는 일부의 유증을 말하는 것이고, 포괄적 수증자는 재산상속인과 동일한 권리 의무가 있는 것으로서(민법 제1078조), 따라서 어느 망인의 재산 전부(적극재산 및 소극재산)가 다른 사람에게 포괄적으로 유증이 된 경우에는 그 망인의 직계비속이라 하더라도 유류분제도가 없는 한, 그가 상속한 상속재산(적극재산 및 소극재산)이 없는 것이므로 그 망인의 생전 채무를 변제할 의무가 없다.」(대판 1980. 2. 26, 79다2078)

3) 포괄적 유증과 상속의 차이점 포괄적 유증은 상속과 여러 가지 점에서 차이가 있다. ① 포괄적 수증자는 자연인 외에 법인 등도 될 수 있다. ② 대습상속이 인정되지 않는다(1089조 · 1090조 참조). ③ 포괄적 유증에는 상속과 달리 조건·기한·부담 등의 부관을 붙일 수 있다. ④ 포괄적 수증자에게는 유류분권이 없다(따라서 포괄적 수증자의 수증분의 2분의 1을 넘는 특정 유증이 있어도 유류분의 반환청구권을 행사하지 못한다). ⑤ 포괄적 유증이 무효이거나 수증자가 수증을 포기한 경우에 유증의 목적인 재산은 상속인에게 귀속하고(1090조 본문. 다만, 유언자가 유언으로 다른 의사를 표시한 때에는 그 의사에 의함(1090조 단서)), 그때 상속인이 수인이면 그의 상속분의 비율로 귀속하게 된다(1043조). 그리고 상속인 외에 다른 포괄적 수증자(1인 또는 수인)가 있어도 유증의 목적인 재산은 상속인에게만 그의 상속분의 비율로 귀속하며, 포괄적 수증자의 수증분은 증가하지 않는다(다수설이나, 이설 있음). 상속인 중의 일부가 상속을 포기한 때에도 같다. ⑥ 포괄적 수증자는 상속인과 달리 상속분의 환수권(1011조 1항)이 없다(상속분이 포괄적 수증자에게 양도된 경우에 환수당한다는 것은 앞에서 설명하였다. E-211 참조. 이설 있음).

(3) 특정유증 E-285

1) 의 의 특정유증은 상속재산 가운데 특정재산을 목적으로 하는 유증이다. 특정유증의 목적이 되는 특정재산은 특정물·불특정물 등의 물건일 수도 있고, 채권 등의 권리일 수도 있다.

2) 특정유증의 효력(이에 관한 규정들은 대부분 임의규정인 점에서 강행규정이 많은 상속법에서 특색을 보인다)

(가) 유증목적물의 귀속시기 특정유증의 경우에는 포괄적 유증과 달리 목적 재산권이 일단 상속인에게 귀속하고, 수증자는 유증의무자에 대하여 유증을 이행할 것을 청구할 수 있는 채권만을 취득하게 된다(채권적 효력)(이설이 없으며, 판례도 같음. 대판 2025. 7. 16, 2024다293313 등 다수). 그리고 이 이행청구권을 행사하여 이행이 완료되는 때에 수증자에게 귀속하게 된다(부동산의 경우 등기시, 동산의 경우 인도시, 채권의 경우 양도시(그 밖에 대항요건 필요)). 그러나 채무면제와 같이 의사표시만으로 효력이 생기는 것은 물권적 효력이 있다.

판 례 포괄적 유증·특정유증의 효력 관련

「포괄적 유증을 받은 자는 민법 제187조에 의하여 법률상 당연히 유증받은 부동산의 소유권을 취득하게 되나, 특정유증을 받은 자는 유증의무자에게 유증을 이행할 것을 청구할 수 있는 채권을 취득할 뿐이므로, 특정유증을 받은 자는 유증받은 부동산의 소유권자가 아니어서 직접 진정한 등기명의의 회복을 원인으로 한 소유권이전등기를 구할 수 없다.」(대판 2003. 5. 27, 2000다73445)

E-286 (나) **과실취득권** 특정물의 수증자는 유증의 이행을 청구할 수 있는 때(보통의 유증에서는 유언자의 사망시, 정지조건부 유증에서는 조건성취시, 시기부 유증에서는 시기가 도래한 때)부터 그 목적물의 과실(천연과실·법정과실)을 취득한다(1079조 본문). 그러나 유언자가 유언으로 다른 의사를 표시한 때에는 그 의사에 의한다(1079조 단서).

(다) **비용상환청구권** 유증의무자가 유언자의 사망 후에 그 목적물의 과실을 수취하기 위하여 필요비를 지출한 때에는, 그 과실의 가액의 한도에서 과실을 수취한 수증자에게 상환을 청구할 수 있다(1080조).

유증의무자가 유증자의 사망 후에 그 목적물에 대하여 비용을 지출한 때에는, 제325조의 규정을 준용한다(1081조). 따라서 유증의무자가 필요비를 지출한 때에는 수증자에게 그것의 상환을 청구할 수 있고(325조 1항), 유익비를 지출한 때에는 그 가액의 증가가 현존한 경우에 한하여 수증자의 선택에 좇아 그 지출한 금액이나 증가액의 상환을 청구할 수 있다(325조 2항 본문).

(라) **상속재산에 속하지 않은 권리의 유증** 특정유증의 목적이 된 권리가 유언자의 사망 당시에 상속재산에 속하지 않은 때에는, 유증은 효력이 없다(1087조 1항 본문). 그러나 유언자가 자기의 사망 당시에 그 목적물이 상속재산에 속하지 않은 경우에도 유언의 효력이 있게 할 의사인 때에는, 유증의무자는 그 권리를 취득하여 수증자에게 이전할 의무가 있다(1087조 1항 단서). 그런데 이 경우에 그 권리를 취득할 수 없거나 그 취득에 과다한 비용을 요할 때에는, 그 가액으로 변상할 수 있다(1087조 2항).

(마) **권리소멸청구권의 부인** 유증의 목적인 물건이나 권리가 유언자의 사망 당시에 제 3 자의 권리(예: 지상권·저당권·임차권)의 목적인 경우에는, 수증자는 유증의무자에 대하여 그 제 3 자의 권리를 소멸시킬 것을 청구하지 못한다(1085조). 유언자가 사망할 당시의 상태대로 받으라는 의미이다. 따라서 유증의 목적물이 유언자의 사망 당시에 제 3 자의 권리의 목적인 경우에는 그와 같은 제 3 자의 권리는 특별한 사정이 없는 한 유증의 목적물이 수증자에게 귀속된 후에도 그대로 존속하는 것으로 보아야 한다(대판 2018. 7. 26, 2017다289040). 그러나 유언자가 유언으로 다른 의사를 표시한 때에는 그 의사에 의한다(1086조).

E-287 (바) **불특정물유증에 있어서 유증의무자의 담보책임** 불특정물을 유증의 목적으로 한 경우에는, 유증의무자는 그 목적물에 대하여 매도인과 같은 담보책임(그 내용 중 계약해제는 문제되지 않고, 손해배상책임과 완전물급부청구권만 문제된다)이 있다(1082조 1항). 그 경우에 목적물에 하자가 있는 때에는, 유증의무자는 하자 없는 물건으로 인도하여야 한다(1082조 2항).

(사) **유증의 물상대위성** 유증자가 유증목적물의 멸실·훼손 또는 점유의 침해로 인하여 제 3 자에게 손해배상을 청구할 권리가 있는 때에는, 그 권리를 유증의 목적으로 한 것으로 본다(1083조). 그러나 유언자가 유언으로 다른 의사를 표시한 때에는 그 의사에 의한다(1086조).

채권을 유증의 목적으로 한 경우에, 유언자가 그 변제를 받은 물건이 상속재산 중에 있는 때에는, 그 물건을 유증의 목적으로 한 것으로 본다(1084조 1항). 금전지급을 목적으로 하는 채권을 유증의 목적으로 한 경우에는, 그 변제받은 채권액에 상당하는 금전이 상속재산 중에 없는 때에도 그 금액을 유증의 목적으로 한 것으로 본다(1084조 2항). 그리고 이들 경우에도 유언자가 유언으로 다른 의사를 표시한 때에는 그 의사에 의한다(1086조).

3) 특정유증의 승인 · 포기 E-288

(가) 승인 · 포기의 자유 유증을 받을 자는 유언자의 사망 후에 언제든지 유증을 승인 또는 포기할 수 있고(1074조 1항), 그 승인이나 포기는 유언자가 사망한 때에 소급하여 효력이 생긴다(1074조 2항). 유증의 승인·포기의 자유는 단독행위에 의한 권리취득을 강요하지 않기 위한 것이다. 승인·포기의 방법에는 제한이 없다. 그리고 특정유증의 내용이 가분인 때에는 일부만의 포기도 가능하다.

(나) 수증자의 상속인의 승인 · 포기 수증자가 승인이나 포기를 하지 않고 사망한 때에는, 그 상속인은 상속분의 한도에서 승인 또는 포기할 수 있다(1076조 본문). 그러나 유언자가 유언으로 다른 의사를 표시한 때에는 그 의사에 의한다(1076조 단서).

(다) 유증의무자의 최고권 유증의무자나 이해관계인은 상당한 기간을 정하여 그 기간 내에 승인 또는 포기를 확답할 것을 수증자 또는 그 상속인에게 최고할 수 있고(1077조 1항), 그 기간 내에 수증자 또는 상속인이 유증의무자에 대하여 최고에 대한 확답을 하지 않은 때에는 유증을 승인한 것으로 본다(1077조 2항).

(라) 유증의 승인 · 포기의 효력 일단 유증을 승인 또는 포기하면 이를 철회하지 못한다(1075조 1항은 「취소하지 못한다」고 하나, 여기의 취소는 철회의 의미이다). 그러나 제한능력·착오·사기·강박 등으로 승인이나 포기 자체에 흠이 있는 때에는, 총칙편의 규정에 의하여 취소할 수 있다(1075조 2항 · 1024조 2항).

수증자나 그의 상속인이 유증을 포기한 때에는, 유증의 목적인 재산은 상속인에게 귀속한다(1090조 본문). 그러나 유언자가 유언으로 다른 의사를 표시한 때에는 그 의사에 의한다(1090조 단서).

(마) 유증의 포기가 사해행위 취소의 대상이 되는지 여부 판례는, 채무자의 유증 포기가 직접적으로 채무자의 일반재산을 감소시켜 채무자의 재산을 유증 이전의 상태보다 악화시킨다고 볼 수도 없으므로, 유증을 받을 자가 이를 포기하는 것은 사해행위 취소의 대상이 되지 않는다고 한다(대판 2019. 1. 17, 2018다260855: 특정유증에 관한 사안임. C-205도 참조).

(4) 부담부 유증 E-289

1) 의 의 부담부 유증이란 유언자가 유언으로 수증자에게 유언자 본인, 상속인 또는 제3자를 위하여 일정한 법률상의 의무를 부담시키는 유증이다.

2) 부담의 무효와 부담부 유증의 효력 부담의 내용이 불능이거나 사회질서에 반하

는 등의 경우에는 그 부담은 무효이다. 그 경우 부담부 유증이 무효로 되는지에 관하여는 민법에 규정이 없으나, 그 부담이 없었으면 유증을 하지 않았을 것이라고 인정되는 때에는 유증 자체가 무효로 되고, 다른 때에는 부담 없는 유증이 된다고 할 것이다(통설도 같음).

3) 부담의 이행 부담의 이행의무자는 수증자 또는 그 상속인(유증을 승인하였거나(1076조) 유증을 승인한 자로부터의 상속을 승인한 자)이다. 그리고 부담의 이행을 청구할 수 있는 자는 상속인 또는 유언집행자이다(1111조). 한편 수익자도 이행청구권을 가지는가에 관하여는 i) 긍정설(사견도 같음)과 ii) 부정설이 대립하고 있다.

4) 수증자의 책임범위 부담부 유증을 받은 자는 유증의 목적의 가액을 초과하지 않는 한도에서 부담한 의무를 이행할 책임이 있다(1088조 1항). 그리고 부담부 유증의 목적의 가액이 한정승인 또는 재산분리로 인하여 감소된 때에는 수증자는 그 감소된 한도에서 부담할 의무를 면한다(1088조 2항).

5) 부담부 유증의 취소 부담부 유증을 받은 자가 그 부담의무를 이행하지 않은 때에는, 상속인 또는 유언집행자는 상당한 기간을 정하여 이행할 것을 최고하고 그 기간 내에 이행하지 않은 때에는, 법원에 유언의 취소를 청구할 수 있다(1111조 본문). 그러나 제 3 자의 이익을 해하지 못한다(1111조 단서).

E-290 **(5) 유증의 무효 · 취소**

1) 유증은 유언의 일종이므로 유언의 무효·취소원인에 의하여 유증이 무효로 될 수 있다(E-281 참조).

2) 유증에 특유한 무효 · 취소의 원인이 있다. ① 수증자가 유언자보다 먼저 사망한 경우에는 유증은 무효이다(1089조 1항. 1090조 단서의 예외 있음). ② 정지조건부 유증에 있어서 조건성취 전에 수증자가 사망한 경우에는 유증은 무효이다(1089조 2항. 1090조 단서의 예외 있음). ③ 유증의 목적이 된 권리가 유언자의 사망 당시에 상속재산에 속하지 않은 경우에는 유증은 무효이다(1087조 1항. 동항 단서의 예외 있음). ④ 부담부 유증에 있어서 수증자가 그 부담을 이행하지 않은 경우에는 상속인 또는 유언집행자는 일정한 요건 하에 유언의 취소를 청구할 수 있다(1111조).

E-291 Ⅴ. 유언의 집행

1. 의 의

유언의 집행이란 유언이 효력을 발생한 후 그 내용을 실현하기 위하여 하는 행위 또는 절차이다. 유언 중에는 후견인의 지정(931조 1항)·상속재산의 분할금지(1012조) 등과 같이 유언의 효력발생으로 당연히 실현되어 따로 집행할 필요가 없는 것도 있으나, 친생부인(850조)·인지(859조)와 같이 소제기 또는 가족등록법상의 신고 등의 행위를 하여야 하는 것도 있다. 후자에 있어서 유언의 실현행위 내지 절차가 유언의 집행인 것이다.

2. 유언집행의 준비절차(개봉과 검인)

민법은 유언을 확실하게 보존하고 그 내용을 이해관계인이 알 수 있도록 유언의 검인·개봉제도를 두고 있다.

(1) 유언의 검인(檢認)

유언의 증서나 녹음을 보관한 자 또는 이를 발견한 자는 유언자의 사망 후 지체없이 법원에 제출하여 그 검인을 청구하여야 한다(1091조 1항). 그러나 공정증서 유언이나 구수증서 유언의 경우에는 그러한 의무가 없다(1091조 2항). 공정력이 있는 공정증서는 검인이 필요하지 않고, 구수증서 유언은 이미 검인을 받았기 때문이다(1070조 2항 참조). 여기의 「검인」은 일종의 검증절차 내지는 증거보전절차로서, 유언이 유언자의 진의에 의한 것인지 여부나 적법한지 여부를 심사하는 것도 아니고 직접 유언의 유효·무효 여부를 판단하는 심판도 아니다(대판 1998. 6. 12, 97다38510 등).

(2) 유언증서의 개봉

법원이 봉인된 유언증서를 개봉할 때에는 유언자의 상속인, 그 대리인 기타 이해관계인의 참여가 있어야 한다(1092조). 그러나 개봉기일에 상속인이나 그 대리인이 출석하지 않은 때에는 이들의 참여 없이 개봉할 수 있다(이설 없음). 그리고 적법한 유언은 검인이나 개봉절차를 거치지 않더라도 유언자의 사망에 의하여 곧바로 그 효력이 생긴다(대판 1998. 6. 12, 97다38510 등).

판 례 유언의 검인/유언증서의 개봉절차 관련

「민법 제1091조에서 규정하고 있는 유언증서에 대한 법원의 검인은, 유언증서의 형식·태양 등 유언의 방식에 관한 모든 사실을 조사·확인하고, 그 위조·변조를 방지하며, 또한 보존을 확실히 하기 위한 일종의 검증절차 내지는 증거보전절차로서, 유언이 유언자의 진의에 의한 것인지 여부나 적법한지 여부를 심사하는 것이 아님은 물론 직접 유언의 유효 여부를 판단하는 심판이 아니고, 또한 민법 제1092조에서 규정하는 유언증서의 개봉절차는 봉인된 유언증서의 검인에는 반드시 개봉이 필요하므로 그에 관한 절차를 규정한 데에 지나지 아니하므로, 적법한 유언은 이러한 검인이나 개봉절차를 거치지 않더라도 유언자의 사망에 의하여 곧바로 그 효력이 생기는 것이며, 검인이나 개봉절차의 유무에 의하여 유언의 효력이 영향을 받지 아니한다.」(대판 1998. 6. 12, 97다38510)

3. 유언집행자 E-292

유언집행자란 유언의 집행업무를 담당하는 자이다. 유언의 집행이 필요한 경우에는 유언집행자가 있어야 하며(친생부인(850조)·인지(859조 2항)의 경우에는 반드시 유언집행자가 있어야 하나, 그 외에도 같다), 경우에 따라서는 상속인이 유언집행자가 되기도 한다(1095조 참조).

(1) 유언집행자의 결정

먼저 유언자가 지정한 자 또는 유언자로부터 위탁받은 자가 지정한 자가 유언집행자로 되며(지정 유언집행자)(1093조·1094조), 지정 유언집행자가 없으면 상속인이 유언집행자가 되고(법정 유언집행자)(1095조), 유언집행자가 없거나 없게 된 때에는 마지막으로 가정법원이 유언집행자를 선임하게 된다(선임 유언집행자)(1096조).

1) 지정 유언집행자 유언자는 유언으로 유언집행자를 지정할 수 있고, 그 지정을 제3자에게 위탁할 수 있다(1093조). 유언집행자 지정의 위탁을 받은 제3자는 그 위탁 있음을 안 후 지체없이 유언집행자를 지정하여 상속인에게 통지하여야 하며, 그 위탁을 사퇴할 때에는 이를 상속인에게 통지하여야 한다(1094조 1항). 위탁을 받은 제3자가 지정도 사퇴도 하지 않는 경우 상속인 기타 이해관계인은 상당한 기간을 정하여 그 기간 내에 유언집행자를 지정할 것을 위탁받은 자에게 최고할 수 있고, 그 기간 내에 지정의 통지를 받지 못한 때에는 그 지정의 위탁을 사퇴한 것으로 본다(1094조 2항).

유언자 또는 위탁받은 제3자의 지정에 의하여 유언집행자로 된 자는 유언자의 사망 후 지체없이 이를 승낙하거나 사퇴할 것을 상속인에게 통지하여야 한다(1097조 1항). 지정 유언집행자가 승낙도 사퇴도 하지 않는 경우 상속인 기타 이해관계인은 상당한 기간을 정하여 그 기간 내에 승낙 여부를 확답할 것을 최고할 수 있고, 그 기간 내에 최고에 대한 확답을 받지 못한 때에는 유언집행자가 그 취임을 승낙한 것으로 본다(1097조 3항).

E-293 **2) 법정 유언집행자**(상속인) 유언자 또는 위탁받은 제3자의 지정에 의한 유언집행자가 없는 때에는, 상속인이 유언집행자가 된다(1095조). 지정 유언집행자가 없는 경우로는 ① 유언집행자에 관한 유언이 없는 때, ② 지정을 위탁받은 제3자가 사퇴한 때, ③ 지정된 유언집행자가 취임을 사퇴하거나 결격사유(1098조 참조)를 가지고 있는 때 등이다. 그런데 판례는, 유언자가 지정 또는 지정위탁에 의하여 유언집행자의 지정을 한 이상 그 유언집행자가 사망·결격 기타 사유로 자격을 상실하였다고 하더라도 상속인은 제1095조에 의하여 유언집행자가 될 수는 없다고 한다(대판 2010. 10. 28, 2009다20840). 유언집행자로 지정된 자가 취임의 승낙을 하였는지를 묻지 않는다(대결 2007. 10. 18, 2007스31). 그리고 그러한 경우에는 제1096조에 의하여 이해관계인이 법원에 유언집행자의 선임을 청구할 수 있다고 한다(대결 2007. 10. 18, 2007스31).

판 례 지정 유언집행자가 해임된 경우의 상속인의 권한 관련

「유증 등을 위하여 유언집행자가 지정되어 있다가 그 유언집행자가 사망·결격 기타 사유로 자격을 상실한 때에는 상속인이 있더라도 유언집행자를 선임하여야 하는 것이므로,

유언집행자가 해임된 이후 법원에 의하여 새로운 유언집행자가 선임되지 아니하였다고 하더라도 유언집행에 필요한 한도에서 상속인의 상속재산에 대한 처분권은 여전히 제한되며 그 제한 범위 내에서 상속인의 원고적격 역시 인정될 수 없다.」(대판 2010. 10. 28, 2009다20840)

3) 선임 유언집행자 유언집행자가 없거나 사망·결격 기타 사유로 없게 된 때에는, 가정법원은 이해관계인의 청구에 의하여 유언집행자를 선임하여야 한다(1096조 1항). 여기서 유언집행자가 없는 때란 상속인이 없는 경우를 가리킨다. 판례에 따르면, 누구를 유언집행자로 선임하느냐의 문제는 제1098조 소정의 유언집행자의 결격사유에 해당하지 않는 한 법원의 재량에 속한다(대결 1995. 12. 4, 95스32). 가정법원에 의하여 선임된 유언집행자는 선임의 통지를 받은 후 지체없이 이를 승낙하거나 사퇴할 것을 법원에 통지하여야 한다(1097조 2항). 이 통지가 없는 경우 상속인 기타 이해관계인은 상당한 기간을 정하여 그 기간 내에 승낙 여부를 확답할 것을 최고할 수 있고, 그 기간 내에 최고에 대한 확답을 받지 못한 때에는 유언집행자가 그 취임을 승낙한 것으로 본다(1097조 3항).

가정법원이 유언집행자를 선임한 경우에는 그 임무에 관하여 필요한 처분을 명할 수 있다(1096조 2항).

판 례 선임 유언집행자 관련

「민법 제1096조에 의한 법원의 유언집행자 선임은 유언집행자가 전혀 없게 된 경우뿐만 아니라 유언집행자의 사망, 사임, 해임 등의 사유로 공동유언집행자에게 결원이 생긴 경우와 나아가 결원이 없어도 법원이 유언집행자의 추가선임이 필요하다고 판단한 경우에 이를 할 수 있는 것이고, 이때 누구를 유언집행자로 선임하느냐는 문제는 민법 제1098조 소정의 유언집행자의 결격사유에 해당하지 않는 한 당해 법원의 재량에 속하는 것」이다(대결 1995. 12. 4, 95스32).

(2) 유언집행자의 결격 E-294

제한능력자(미성년자·피성년후견인·피한정후견인)와 파산선고를 받은 자는 유언집행자가 되지 못한다(1098조). 결격자를 유언집행자로 지정하는 경우 그 지정은 무효이며, 가정법원도 결격자를 유언집행자로 선임하지 못한다. 한편 친생부인(850조)과 인지(859조 2항)의 경우에는 유언집행자의 직무가 상속인의 이해와 상반되므로 상속인은 유언집행자가 될 수 없다고 하여야 한다.

(3) 유언집행자의 법적 지위

민법은 지정 유언집행자와 선임 유언집행자는 상속인의 대리인으로 본다고 규정한다(1103조 1항). 이 규정의 의미는 유언집행자의 행위의 효과가 상속인에게 귀속한다는 의미이지 실제로 상속인의 대리인으로 한다는 것이 아니다(동지 대판 2001. 3. 27, 2000다26920). 따라서 유언집행자는 상속인의 대리인임을 밝혀서 행위할 필요가 없으며, 자기의 이름으로 행위를 하여야 하고, 그러면 그 행위의 효과가 직접 상속인에게 귀속하게 되는 것이다.

민법은 유언집행자를 상속인의 대리인으로 보면서, 그의 업무처리에 관하여는 위임에 관한 제681조 내지 제685조·제687조·제691조·제692를 준용한다(1103조 2항).

E-295 (4) 유언집행자의 권리 · 의무

유언집행자가 그 취임을 승낙한 때에는 지체없이 그 임무를 이행하여야 한다(1099조).

판 례 지정 유언집행자가 특정유증을 받은 자에게 지체책임을 지는 시기

「지정에 의한 유언집행자가 특정유증을 받은 자에게 유증을 이행할 의무는 유언자가 유언으로 달리 정하였다는 등의 특별한 사정이 없는 한 이행기한의 정함이 없는 채무이므로, 유언집행자가 그 의무에 대한 이행청구를 받은 때에 비로소 지체책임을 진다.」(대판 2025. 7. 16, 2024다293313. 피상속인이 사망한 때 또는 유언집행자 취임을 승낙한 때 곧바로 유증의무의 이행기가 도래하는 것이 아니라고 함)

1) 재산목록의 작성 유언이 재산에 관한 것인 때에는 지정 유언집행자나 선임 유언집행자는 지체없이 그 재산목록을 작성하여 상속인에게 교부하여야 한다(1100조 1항). 그리고 상속인의 청구가 있는 때에는 재산목록의 작성에 상속인을 참여하게 하여야 한다(1100조 2항).

2) 관리 · 집행행위 유언집행자는 유증의 목적인 재산의 관리 기타 유언의 집행에 필요한 행위를 할 권리·의무가 있다(1101조). 그리고 유언집행자는 유언집행에 필요한 행위를 함에 있어서 소송의 당사자가 될 수도 있다(법정소송담당)(대판 2010. 10. 28, 2009다20840 등).

판 례 유언집행자의 권리·의무 관련

(ㄱ) 「유언집행자는 유증의 목적인 재산의 관리 기타 유언의 집행에 필요한 모든 행위를 할 권리의무가 있으므로(민법 제1101조), 유증목적물에 관하여 경료된, 유언의 집행에 방해가 되는 다른 등기의 말소를 구하는 소송에 있어서는 유언집행자가 이른바 법정소송담당으로서 원고적격을 가진다고 할 것이고, 유언집행자는 유언의 집행에 필요한 범위 내에서는 상속인과 이해상반되는 사항에 관하여도 중립적 입장에서 직무를 수행하여야 하므로, 유언집행자가 있는 경우 그의 유언집행에 필요한 한도에서 상속인의 상속재산에 대한 처분권은 제한되며 그 제한범위 내에서 상속인은 원고적격이 없다고 할 것이다. 민법 제1103조 제1항은 "지정 또는 선임에 의한 유언집행자는 상속인의 대리인으로 본다"고 규정하고 있으나, 이 조항은 유언집행자의 행위의 효과가 상속인에게 귀속함을 규정한 것이지, 유언집행자의 소송수행권과 별도로 상속인 본인의 소송수행권도 언제나 병존함을 규정한 것은 아니

라고 해석된다.」(대판 2001. 3. 27, 2000다26920)

(ㄴ) 「유언집행자는 유언집행을 위한 등기의무자로서 등기권리자인 포괄적 수증자와 함께 유증을 원인으로 하는 소유권이전등기를 공동으로 신청할 수 있고, 그러한 등기를 마치는 것에 관하여 다른 상속인들의 동의나 승낙을 받아야 하는 것은 아니다.」(대판 2014. 2. 13, 2011다74277)

3) 상속인에 의한 상속재산 처분의 제한 유언의 집행에 필요한 한도에서 유언집행자에게 상속재산에 대한 관리처분권이 인정되므로, 유언집행자의 권한과 충돌하는 상속인의 처분권은 제한되어야 한다. 그런데 민법은 그에 대한 규정을 두지 않았다. 따라서 상속인이 이를 위반하여 처분행위를 하여도 그 처분을 무효라고 할 수는 없으며, 단지 상속인에게 책임을 추궁할 수 있다고 하여야 할 것이다. E-296

4) 유언의 공동집행 유언집행자가 수인인 경우에는 임무의 집행은 그 과반수의 찬성으로 결정한다(1102조 본문). 그러나 보존행위는 각자가 할 수 있다(1102조 단서).

판 례 유언의 공동집행 관련

(ㄱ) 「유언집행자가 2인인 경우 그중 1인이 나머지 유언집행자의 찬성 내지 의견을 청취하지 아니하고도 단독으로 법원에 공동유언집행자의 추가선임을 신청할 수 있다 할 것이고, 이러한 단독신청행위가 공동유언집행방법에 위배되었거나 기회균등의 헌법정신에 위배되었다고 볼 수 없다.」(대결 1987. 9. 29, 86스11)

(ㄴ) 「상속인이 유언집행자가 되는 경우를 포함하여 유언집행자가 수인인 경우에는, 유언집행자를 지정하거나 지정위탁한 유언자나 유언집행자를 선임한 법원에 의한 임무의 분장이 있었다는 등의 특별한 사정이 없는 한, 유증 목적물에 대한 관리처분권은 유언의 본지에 따른 유언의 집행이라는 공동의 임무를 가진 수인의 유언집행자에게 합유적으로 귀속되고, 그 관리처분권 행사는 과반수의 찬성으로써 합일하여 결정하여야 하므로, 유언집행자가 수인인 경우 유언집행자에게 유증의무의 이행을 구하는 소송은 유언집행자 전원을 피고로 하는 고유필수적 공동소송으로 봄이 상당하다.」(대판 2011. 6. 24, 2009다8345)

5) 유언집행자의 보수 유언자가 유언으로 그 집행자의 보수를 정하지 않은 경우에는, 법원은 상속재산의 상황 기타 사정을 참작하여 지정 유언집행자 또는 선임 유언집행자의 보수를 정할 수 있다(1104조 1항). 유언집행자가 보수를 받는 경우에는, 집행사무를 완료한 후가 아니면 이를 청구하지 못하며(1104조 2항·686조 2항 본문. 그러나 기간으로 보수를 정한 때에는 그 기간이 경과한 때 청구할 수 있다(1104조 2항·686조 2항 단서)), 유언집행 중에 유언집행자의 책임없는 사유로 인하여 유언집행이 종료된 때에는 처리한 사무의 비율에 따른 보수를 청구할 수 있다(1104조 2항·686조 3항).

6) 유언집행의 비용 유언의 집행에 관한 비용은 상속재산 중에서 이를 지급한다

(1107조).

E-297 (5) 유언집행자의 임무종료

유언집행자의 임무종료원인에는 유언집행의 완료, 유언집행자의 사망 또는 결격사유 발생 외에 사퇴와 해임도 있다.

지정 유언집행자나 선임 유언집행자는 정당한 사유(예: 질병·장기여행)가 있는 때에는 법원의 허가를 얻어 그 임무를 사퇴할 수 있다(1105조). 그리고 지정 유언집행자나 선임 유언집행자가 그 임무를 해태하거나 적당하지 않은 사유가 있는 때에는, 법원은 상속인 기타 이해관계인의 청구에 의하여 유언집행자를 해임할 수 있다(1106조).

(판 례) 유언집행자의 해임 관련

「유언집행자가 유언의 해석에 관하여 상속인과 의견을 달리한다거나 혹은 유언집행자가 유언의 집행에 방해되는 상태를 야기하고 있는 상속인을 상대로 유언의 충실한 집행을 위하여 자신의 직무권한 범위에서 가압류신청 또는 본안소송을 제기하고 이로 인해 일부 상속인들과 유언집행자 사이에 갈등이 초래되었다는 사정만으로는 유언집행자의 해임사유인 '적당하지 아니한 사유'가 있다고 할 수 없으며, 일부 상속인에게만 유리하게 편파적인 집행을 하는 등으로 공정한 유언의 실현을 기대하기 어려워 상속인 전원의 신뢰를 얻을 수 없음이 명백하다는 등 유언집행자로서의 임무수행에 적당하지 아니한 구체적 사정이 소명되어야 할 것이다.」(대결 2011. 10. 27, 2011스108)

유언집행자의 사퇴나 해임으로 유언집행자가 없게 된 경우 법원은 이해관계인의 청구에 의하여 유언집행자를 선임하여야 한다(1096조 1항). 그리고 임무가 종료된 유언집행자는 급박한 사정이 있는 때에는 새로운 유언집행자가 선임되어 유언집행사무를 처리할 수 있을 때까지 그의 임무를 계속 수행하여야 한다(1103조 2항·691조).

제 4 절 유 류 분

E-298 I. 서 설

(1) 의 의

유류분(遺留分)은 법률상 상속인에게 귀속되는 것이 보장되는 상속재산에 대한 일정 비율을 가리키며, 민법은 일정한 범위의 상속인에게 이러한 유류분을 인정하고 있다.

민법은 한편으로 법정상속을 규정하면서, 다른 한편으로 유산처분의 자유도 인정하고 있다. 그 결과 유증이 없으면 법정상속이 일어나게 되어 피상속인의 혈족과 배우자가 상속재산 전부를 법률상 당연히 승계하게 된다. 그런데 피상속인이 그의 재산을 상속인 이외의 자에게 생전에 증여하거나 유증한 때에는 극단적인 경우 상속인이 되었을 자가 전혀 상속을 받지 못할 수도 있다. 여기서 민법은 한편으로 피상속인의 유산처분의 자유를 빼앗지 않으면서, 일정범위의 상속인에게는 최소한의 생활보장 내지 부양을 위하여 유류분제도를 인정하고 있는 것이다.

(2) 유류분권과 그 포기

1) 유류분권 상속이 개시되면 일정범위의 상속인은 상속재산에 대한 일정비율을 취득할 수 있는 지위를 가지게 되는데, 이를 유류분권이라고 한다. 그리고 이 유류분권으로부터 유류분을 침해하는 증여 또는 유증의 수증자에 대하여 부족분의 반환을 청구할 수 있는 유류분반환청구권이 생긴다.

유류분권은 상속이 개시된 뒤에 발생하는 것이며, 상속이 개시되기 전에는 일종의 기대에 지나지 않는다.

2) 유류분권의 포기 유류분권이 발생한 후에는 그것은 하나의 재산권이므로 유류분권자(유류분 권리자)가 이를 포기할 수 있다. 그럼에 있어서 특정의 처분행위에 대한 특정의 반환청구권을 포기할 수도 있고, 일괄하여 유류분권 전체를 포기할 수도 있다. 유류분권자가 유류분권을 포기하면 다른 공동상속인의 유류분에 영향을 미치는가? 여기에 관하여 다수설은 유류분권의 포기는 상속의 포기가 아니므로 다른 공동상속인의 유류분에 영향을 미치지 않는다고 한다(그러나 상속을 포기하면 달라짐).

상속이 개시되기 전에는 유류분권을 포기할 수 없다(통설도 같음). 그렇게 새기지 않으면 피상속인이나 공동상속인이 포기를 강요할 가능성이 있고, 자녀의 균분상속과 배우자의 상속권 보장이라는 민법의 취지가 몰각될 우려가 있기 때문이다. 뿐만 아니라 그래야 상속의 사전포기를 인정하지 않는 것과도 균형이 맞는다.

Ⅱ. 유류분의 범위 E-299

1. 유류분권자와 그의 유류분

(1) 유류분권자

① 유류분을 가지는 자는 **피상속인의 직계비속 · 배우자 · 직계존속**이다(1112조). 과거에 제1112조 제4호가 피상속인의 형제자매도 유류분권자로 규정하고 있었으나, 그 조항은 헌법재판소의 위헌결정으로 효력을 상실하였고(헌재 2024. 4. 25, 2020헌가4 등), 그 후 민법 개정 시에 삭제되었다(2024. 9. 20.). 그리고 헌법재판소는 제1112조 제1호부터 제3호에 대하여 그 규정들은 모두 헌법에 합치되지 않으나, 2025. 12. 31.을 시한으로 입법자가 개정할 때까지 계속 적용하도

록 하였다(헌재 2024. 4. 25, 2020헌가4 등). ② 유류분권을 행사할 수 있으려면 최우선순위의 상속인이어서 상속권이 있어야 한다. 따라서 피상속인의 자녀와 부모가 있는 경우 부모는 유류분권을 행사할 수 없다. ③ 대습상속에 관한 규정(1001조 · 1010조. 1118조가 1003조 2항은 빠뜨렸음)이 유류분에도 준용되므로(1118조), 피상속인의 직계비속의 대습자(피대습자의 직계비속과 배우자)도 유류분권자에 포함된다. ④ 태아는 상속에 관하여 이미 출생한 것으로 보므로 유류분권을 가진다(이설 없음). ⑤ 상속결격자와 상속포기자는 상속인이 아니므로 유류분권이 없다(결격자의 경우에는 대습자가 유류분권을 가지나, 상속포기의 경우는 대습이 인정되지 않는다).

(2) 유류분권자의 유류분

유류분권자의 유류분은 피상속인의 직계비속과 배우자는 그 법정상속분의 2분의 1이고(1112조 1호 · 2호), 피상속인의 직계존속은 그 법정상속분의 3분의 1이다(1112조 3호). 대습상속인의 유류분은 피대습자의 유류분과 같다(대습상속인이 수인인 경우에는 피대습자의 유류분을 그들의 법정상속분에 따라 나눈다).

E-300 2. 유류분액의 산정

(1) 유류분 산정의 기초가 되는 재산

유류분 산정의 기초가 되는 재산은 피상속인이 상속개시시에 있어서 가지고 있던 재산의 가액에 증여재산의 가액을 가산하고 채무의 전액을 공제하여 산정한다(1113조 1항)(대판 2025. 5. 29, 2022다220014).

재산평가의 방법은 상속분의 산정에서와 같으나, 조건부 권리 또는 존속기간이 불확정한 권리는 가정법원이 선임한 감정인의 평가에 의하여 그 가격을 정한다(1113조 2항).

위의 산정에 있어서 피상속인의 재산의 가액이나 증여재산의 가액(대판 2022. 2. 10, 2020다250783 등)은 모두 상속개시 당시를 기준으로 하여야 한다. 따라서 그 증여받은 재산이 금전일 경우에는 그 증여받은 금액을 상속개시 당시의 화폐가치로 환산하여 이를 증여재산의 가액으로 봄이 상당하고, 그러한 화폐가치의 환산은 증여 당시부터 상속개시 당시까지 사이의 물가변동률을 반영하는 방법으로 산정하는 것이 합리적이다(대판 2009. 7. 23, 2006다28126). 다만, 증여 이후 수증자나 수증자로부터 증여재산을 양수받은 자가 자기의 비용으로 증여재산의 성상(性狀) 등을 변경하여 상속개시 당시 그 가액이 증가되어 있는 경우, 위와 같이 변경된 성상 등을 기준으로 상속개시 당시의 가액을 산정하면 유류분권리자에게 부당한 이익을 주게 되므로, 이러한 경우에는 그와 같은 변경을 고려하지 않고 증여 당시의 성상 등을 기준으로 상속개시 당시의 가액을 산정하여야 한다(대판 2022. 2. 10, 2020다250783 등). 반면 유류분 부족액 확정 후 증여재산별로 반환 지분을 산정할 때 기준이 되는 증여재산의 총가액에 관해서는 상속개시 당시의 성상 등을 기준으로 상속개시 당시의 가액을 산정함이 타당하다. 이 단계에서는 현재 존재하는 증여재산에 관한 반환 지분의 범위를 정하는 것이므로 이와 같이 산정하지 않을 경우 유류분권리자에게 증여재산 중 성상 등이 변경된 부분까지도 반환되는 셈이 되어 유류분권리자에게 부당한 이익을 주게 되기 때문이다(대판 2022. 2. 10, 2020다250783). 한편 수증자가 증여받은 재산을 상속개시 전에 처분하였거나 증여재산이 수용되었다면 제1113조 제1항에 따라 유류분을 산정함에 있어서 그 증여재산의 가액은 증여재산의 현실 가치인 처분 당시의 가액을 기준으로 상속개시까지 사이의 물가변동률을 반영하는 방법으로 산정하여야 한다(대판 2023. 5. 18, 2019다222867).

1) 상속개시시에 가진 재산 이는 상속재산 중 적극재산만을 의미한다. 그리고 유증이나 사인증여(대판 2001. 11. 30, 2001다6947)한 재산은 상속개시시에 현존하는 재산으로 다루어지며, 증여계약이 체결되었으나 아직 이행되지 않은 채로 상속이 개시된 재산도 여기의 재산에 포함된다(대판 2012. 12. 13, 2010다78722 등). 그러나 분묘에 속한 1정보 이내의 금양임야와 600평 이내의 묘토인 농지, 족보와 제구의 소유권은 상속재산을 구성하지 않으므로(1008조의 3), 여기의 재산에 포함되지 않는다.

2) 증여재산의 가산(加算) 민법은 피상속인이 생전처분에 의하여 유류분제도를 회피할 것을 우려하여 일정한 범위의 생전처분은 유류분 산정의 기초가 되는 재산에 산입한다. E-301

(가) 상속개시 전의 1년간에 행한 증여의 경우에는 그 가액을 산입한다(1114조 1문). 여기의 증여는 민법상의 증여에 한하지 않고 널리 모든 무상처분(예: 재단법인 설립을 위한 출연, 무상의 채무면제, 무상의 인적·물적 담보제공)을 가리키는 것으로 해석한다. 그러나 일상생활에서의 의례상의 증여는 제외된다. 그리고 생명보험과 관련하여 판례는, 피상속인이 자신을 피보험자로 하되 공동상속인이 아닌 제3자를 보험수익자로 지정한 생명보험계약을 체결하거나 중간에 제3자로 보험수익자를 변경하고 보험회사에 보험료를 납입하다 사망하여 그 제3자가 생명보험금을 수령하는 경우, 피상속인은 보험수익자인 제3자에게 유류분 산정의 기초재산에 포함되는 증여를 하였다고 봄이 타당하며, 이것은 공동상속인이 아닌 제3자에 대한 증여이므로 제1114조에 따라 보험수익자를 그 제3자로 지정 또는 변경한 것이 상속개시 전 1년간에 이루어졌거나 당사자 쌍방이 그 당시 유류분권리자에 손해를 가할 것을 알고 이루어졌어야 유류분 산정의 기초재산에 포함되는 증여가 있었다고 볼 수 있다고 한다(대판 2022. 8. 11, 2020다247428). 그리고 이때 유류분 산정의 기초재산에 포함되는 증여 가액은 특별한 사정이 없으면 이미 납입된 보험료 총액 중 피상속인이 납입한 보험료가 차지하는 비율을 산정하여 이를 보험금액에 곱하여 산출한 금액으로 할 수 있다고 한다(대판 2022. 8. 11, 2020다247428).

1년이라는 기간은 증여계약(내지 무상행위)의 이행시기가 아니고 체결시기를 기준으로 한다.

(나) 증여계약의 당사자 쌍방이 유류분권자에게 손해를 준다는 것을 알면서 증여를 한 때에는 1년 전에 한 것도 가산한다(1114조 2문). 이 경우에 유류분권자를 해할 목적이나 의도까지 있을 필요는 없다(이설 없음). 그리고 통설은 유상행위라도 대가가 상당하지 않은 경우에는 제1114조

제 2 문을 유추하여 실질적 증여액을 산입시킬 것이라고 한다.

여기의 증여와 관련하여 판례는, 증여 당시 법정상속분의 2분의 1을 유류분으로 갖는 배우자나 직계비속이 공동상속인으로서 유류분권리자가 되리라고 예상할 수 있는 경우에, 제 3 자에 대한 증여가 유류분권리자에게 손해를 가할 것을 알고 행해진 것이라고 보기 위해서는, 당사자 쌍방이 증여 당시 증여재산의 가액이 증여하고 남은 재산의 가액을 초과한다는 점을 알았던 사정뿐만 아니라, 장래 상속개시일에 이르기까지 피상속인의 재산이 증가하지 않으리라는 점까지 예견하고 증여를 행한 사정이 인정되어야 하고(대판 2023. 6. 15, 2023다203894 등), 이러한 당사자 쌍방의 가해의 인식은 증여 당시를 기준으로 판단하여야 하는데(대판 2022. 8. 11, 2020다247428 등), 그 증명책임은 유류분반환청구권을 행사하는 상속인에게 있다고 한다(대판 2022. 8. 11, 2020다247428). 그리고 유류분권리자가 피상속인으로부터 그 소유 부동산의 등기를 이전받은 제 3 자를 상대로 등기의 무효 사유를 주장하며 소유권이전등기의 말소를 구하는 소를 제기하고 관련 증거를 제출하였으나, 오히려 증여된 것으로 인정되어 무효 주장이 배척된 판결이 선고되어 확정된 경우라면, 특별한 사정이 없는 한 그러한 판결이 확정된 때에 비로소 증여가 있었다는 사실 및 그것이 반환하여야 할 것임을 알았다고 보아야 한다고 한다(대판 2023. 6. 15, 2023다203894).

(다) 유류분에 관한 제1118조가 제1008조를 준용하고 있으므로, 공동상속인 중에 피상속인으로부터 재산의 생전 증여로 제1008조의 특별수익을 받은 사람이 있으면 제1114조가 적용되지 않고, 따라서 그 증여가 상속개시 1년 이전의 것인지 여부 또는 당사자 쌍방이 유류분권리자에 손해를 가할 것을 알고서 하였는지 여부와 관계없이 증여를 받은 재산이 유류분 산정을 위한 기초재산에 산입된다(대판 2021. 7. 15, 2016다210498(유류분 산정의 기초재산에 산입되는 증여에 해당하는지는 재산처분행위가 실질적인 관점에서 피상속인의 재산을 감소시키는 무상처분에 해당하는지 여부에 따라 판단해야 함); 대판 2022. 3. 17, 2020다267620). 그리고 판례는, 공동상속인이 다른 공동상속인에게 무상으로 자신의 상속분을 양도하는 것은 특별한 사정이 없는 한 유류분에 관한 제1008조의 증여에 해당하므로, 그 상속분은 양도인의 사망으로 인한 상속에서 유류분 산정을 위한 기초재산에 산입된다고 한다(대판 2021. 8. 19, 2017다230338 등). 나아가, 이러한 법리는 상속재산 분할협의의 실질적 내용이 어느 공동상속인이 다른 공동상속인에게 자신의 상속분을 무상으로 양도하는 것과 같은 때에도 마찬가지로 적용되므로, 상속재산 분할협의에 따라 무상으로 양도된 것으로 볼 수 있는 상속분은 양도인의 사망으로 인한 상속에서 유류분 산정을 위한 기초재산에 포함된다고 한다(대판 2021. 8. 19, 2017다230338).

한편 판례는, 피상속인으로부터 특별수익인 생전증여를 받은 공동상속인이 상속을 포기한 경우에는 제1114조가 적용되므로, 그 증여가 상속개시 전 1년간에 행한 것이거나 당사자 쌍방이 유류분권리자에 손해를 가할 것을 알고 한 경우에만 유류분 산정을 위한 기초재산에 산입된다고 한다(대판 2022. 3. 17, 2020다267620). 상속의 포기는 상속이 개시된 때에 소급하여 그 효력이 있고(1042조), 상속포기자는 처음부터 상속인이 아니었던 것이 되므로, 상속포기자에게는 제1008조가 적용될 여지가 없다는 이유에서이다. 그리고 이와 같은 법리는 피대습인이 대습원인의 발생 이전에 피상속인으로부터 생전증여로 특별수익을 받은 이후 대습상속인이 피상속인에 대한 대습상속을 포기한 경우에도 그대로 적용된다고 한다(대판 2022. 3. 17, 2020다267620).

판 례 유류분제도 신설 전에 증여계약이 체결된 경우 관련

대법원(대판 2015. 11. 12, 2010다104768 등)은, 유류분제도(1977년 신설)가 생기기 전에 피상속인이 상속인이나 제3자에게 재산을 증여하고 그 이행을 완료하여 소유권이 수증자에게 이전된 때에는, 피상속인이 개정 민법 시행 이후에 사망하여 상속이 개시되더라도 소급하여 그 증여재산이 유류분제도에 의한 반환청구의 대상이 되지는 않는다고 한다. 그리고 유류분 반환청구자가 개정 민법 시행 전에 피상속인으로부터 증여받아 이미 이행이 완료된 경우에는 그 재산 역시 유류분 산정을 위한 기초재산에 포함되지 않는다고 한다(대판 2018. 7. 12, 2017다278422). 그런데 개정 민법 시행 전에 이행이 완료된 증여 재산이 유류분 산정을 위한 기초재산에서 제외된다고 하더라도, 위 재산은 당해 유류분 반환청구자의 유류분 부족액 산정시 특별수익으로 공제될 것이라고 한다(대판 2018. 7. 12, 2017다278422). 한편 개정 민법 시행 이전에 증여계약이 체결되었더라도 그 이행이 완료되지 않은 상태에서 개정 민법이 시행되고 그 이후에 상속이 개시된 경우에는, 상속 당시 시행되는 개정 민법에 따라 위 증여계약의 목적이 된 재산도 유류분 반환의 대상에 포함된다고 한다(개정 민법 부칙 5항 참조). 그리고 증여계약의 이행이 개정 민법 시행 이후에 된 것이면 그것이 상속 개시 전에 되었든 후에 되었든 같다고 한다.

3) 채무 전액의 공제 공제되어야 할 채무는 피상속인의 채무 즉 상속채무를 가리킨다. 그리고 그 채무에는 사법상의 채무뿐만 아니라 공법상의 채무(세금·벌금 등)도 포함한다. 상속재산에 관한 비용(상속세·관리비용·소송비용 등)이나 유언집행에 관한 비용(유언의 검인신청비용·재산목록 작성비용 등)과 같이 상속재산이 부담할 비용도 여기의 채무에 포함시켜야 한다. 그런데 판례는 상속세, 상속재산의 관리·보존을 위한 소송비용 등 상속재산에 관한 비용은 포함되지 않는다고 한다(대판 2015. 5. 14, 2012다21720). E-302

4) 기여분 공제의 배제 기여분은 유류분과는 서로 관계가 없으므로, 설령 공동상속인의 협의 또는 가정법원의 심판으로 기여분이 결정되었다고 하더라도 유류분을 산정함에 있어 기여분을 공제할 수 없다(대판 2015. 10. 29, 2013다60753)(사실상의 기여분 인정에 관한 대판 2011. 12. 8, 2010다66644(E-202에 직접 인용함); 대판 2022. 3. 17, 2021다230083·230090도 참조).

(2) 유류분액의 계산

유류분권자의 유류분액은 위와 같이 산정된 「유류분 산정의 기초가 되는 재산」에 유

류분권자의 유류분율을 곱한 것이다(대판 2025. 7. 16, 2024다308079 등 다수). 일부 문헌은 유류분권자에게 증여 또는 유증이 행하여진 경우에는 특별수익으로서 그 액만큼 공제한다고 하나, 그것은 유류분 침해를 계산할 때 고려하여야 한다.

유류분을 계산하는 식은 다음과 같다(구체적인 계산의 예는 친족상속법 [379] 참조).

유류분＝유류분 산정 기초재산×상속인의 유류분율

유류분 산정 기초재산＝적극 상속재산＋1년간의 증여액＋1년 전의 악의의 증여액＋공동상속인에의 모든 증여액－상속채무

상속인의 유류분율＝당해 상속인의 법정상속분×그의 유류분 비율

E-303 ## Ⅲ. 유류분의 보전(保全)

1. 유류분반환청구권

(1) 유류분의 침해와 보전

유류분권자가 피상속인의 증여 또는(및) 유증으로 인하여 그의 유류분에 부족이 생긴 때에는, 그는 부족한 한도에서 증여 또는(및) 유증된 재산의 반환을 청구할 수 있다(1115조 1항). 유류분을 침해하는 유증이나 증여가 당연히 무효로 되는 것이 아니고, 유류분권자에게 유류분반환청구권이 생기게 될 뿐이다. 그리고 유류분권자는 이 권리를 의무적으로 행사하여야 하는 것이 아니고, 그 행사 여부를 자유롭게 결정할 수 있다.

(2) 유류분 침해액의 산정

유류분의 침해액(부족액)은 유류분액에서 상속인의 특별수익액(수증액 또는 유증액)(부담부 유증의 경우에는 유증 전체의 가액에서 부담의 가액을 공제한 차액 상당을 유증 받은 것으로 보아야 함. 대판 2022. 9. 29, 2022다203583)과 순상속분액을 공제한 액이다(동지 대판 2025. 7. 16, 2024다308079 등 다수). 그리고 순상속분액은 상속받은 적극재산액에서 분담한 상속채무를 뺀 금액이다. 여기의 「상속받은 적극재산액」은 당해 유류분권리자의 특별수익을 고려한 구체적인 상속분을 가리키고(법정상속분이 아님. 대판 2021. 8. 19, 2017다235791), 공제할 순상속분액은 그 상속분에서 유류분권리자가 부담하는 상속채무를 공제하여 산정하는데, 이때 유류분권리자의 구체적인 상속분보다 유류분권리자가 부담하는 상속채무가 더 많다면 그 초과분을 유류분액에 가산하여 유류분 부족액을 산정하여야 한다(대판 2022. 8. 11, 2020다247428 등). 다만, 유류분권리자의 구체적인 상속분보다 유류분권리자가 부담하는 상속채무가 더 많은 경우라도 유류분권리자가 한정승인을 했다면, 그 초과분을 유류분액에 가산해서는 안 되고 순상속분액을 0으로 보아 유류분 부족액을 산정해야 한다(대판 2022. 8. 11, 2020다247428).

유류분 부족액을 계산하는 식은 다음과 같다(구체적인 계산의 예는 친족상속법 [381] 참조).

유류분 부족액 = 유류분액 − 특별수익액 − 순상속분액

특별수익액: 공동상속인이 증여받거나 유증받은 금액

순상속분액 = 상속받은 적극재산액 − 상속채무 분담액

이렇게 계산하여 그 수가 +이면 그만큼 부족한 것이고, 0이나 −이면 부족분이 없는 것이다.

판 례 유류분 침해액(부족액) 산정 관련

(ㄱ) 「금전채무와 같이 급부의 내용이 가분인 채무가 공동상속된 경우, 이는 상속개시와 동시에 당연히 공동상속인들에게 법정상속분에 따라 상속된 것으로 봄이 상당하므로, 그 법정상속분 상당의 금전채무는 유류분권리자의 유류분 부족액을 산정함에 있어서 고려하여야 할 것이나, 공동상속인 중 1인이 자신의 법정상속분 상당의 상속채무 분담액을 초과하여 유류분권리자의 상속채무 분담액까지 변제한 경우에는 그 유류분권리자를 상대로 별도로 구상권을 행사하여 지급받거나 상계를 하는 등의 방법으로 만족을 얻는 것은 별론으로 하고, 그러한 사정을 유류분권리자의 유류분 부족액 산정시 고려할 것은 아니다.」(대판 2013. 3. 14, 2010다42624 · 42631[핵심판례 490면])

(ㄴ) 「포괄적 유증을 받은 사람이 승계하는 소극재산은 유류분 산정의 기초가 되는 재산액을 산정할 때 전액 공제되므로, 공제 후 남은 적극재산 중 유류분 부족액에 해당하는 범위 내에서 유증은 효력을 상실하게 된다. 따라서 포괄적 유증을 받은 사람이 승계하는 소극재산 중 일부가 유류분제도 존재나 유류분반환청구권 행사로 인해 유류분권리자에게 승계된다고 볼 수 없다.」(대판 2025. 5. 29, 2022다220014)

(3) 반환청구권의 법적 성질 E-304

유류분반환청구권의 법적 성질에 관하여 학설은 i) 형성권설과 ii) 청구권설로 나뉘어 대립하고 있다. i) **형성권설**에 의하면, 반환청구권을 행사하면 유증 또는 증여계약은 유류분을 침해하는 한도에서 실효하고 목적물 위의 권리는 당연히 유류분권자에게 복귀하며(물권적 효력), 유증 또는 증여가 아직 이행되지 않았을 때에는 반환청구권자는 이행을 거절하는 항변권을 취득하고, 이미 이행되었을 때에는 물권적 청구권에 기하여 목적재산의 반환을 청구할 수 있다고 한다. 이 견해에 의하면, 유류분반환청구권을 행사할 경우 목적물 위의 권리가 당연히 유류분권자에게 복귀하므로 수증자가 파산한 때에는 유류분권자는 환취권을 행사할 수 있고, 수증자의 일반채권자가 수증목적물에 대하여 강제집행한 때에는 제3자이의의 소를 제기할 수 있게 된다. 그에 비하여 ii) **청구권설**은 반환청구권이 유증 또는 증여받은 자에 대하여 유류분이 부족한 만큼의 재산의 인도나 반환을 요구하는 순

수한 채권적 청구권이라고 한다(사견도 같음). 이 견해에 의하면, 반환청구권이 행사되어도 증여 등은 효력을 잃지 않게 된다.

판례는, 유류분권리자가 반환의무자를 상대로 유류분반환청구권을 행사하는 경우 그의 유류분을 침해하는 증여 또는 유증은 소급적으로 효력을 상실한다고 하는 점(대판 2013. 3. 14, 2010다42624·42631[핵심판례 490면] 등)에서 볼 때, 형성권설의 입장에 있는 것으로 보인다.

E-305 ## 2. 유류분반환청구권의 행사

(1) 반환청구의 당사자

반환청구권자는 유류분권자와 그로부터 반환청구권을 승계한 포괄승계인·특정승계인이다(반환청구권은 일신전속권이 아니어서 양도·상속될 수 있다). 그리고 단순승인한 유류분권자의 채권자는 반환청구권을 대위행사할 수 있다. 그런데 판례는 유류분반환청구권은 행사상의 일신전속성을 가지므로 유류분권자에게 그 권리행사의 확정적 의사가 있다고 인정되는 경우가 아니라면 채권자대위권의 목적이 될 수 없다고 한다(대판 2010. 5. 27, 2009다93992).

반환청구의 상대방은 반환청구의 대상으로 되는 증여 또는 유증의 수증자와 그 포괄승계인, 유언집행자이다. 일부 학설과 판례(대판 2002. 4. 26, 2000다8878[핵심판례 488면]; 대판 2015. 11. 12, 2010다104768)는 목적재산의 양수인도 악의인 때, 즉 양수인이 양도 당시 유류분권리자를 해함을 안 때에는 상대방이 된다고 하나, 이는 옳지 않다.

(2) 반환청구권의 행사방법

1) 반환청구권의 행사는 재판상 또는 재판 외에서 상대방에 대한 의사표시로 할 수 있고, 이 경우 그 의사표시는 침해를 받은 유증 또는 증여행위를 지정하여 이에 대한 반환청구의 의사를 표시하면 그것으로 족하고, 그로 인하여 생긴 목적물의 이전등기청구권이나 인도청구권 등을 행사하는 것과 달리 그 목적물을 구체적으로 특정하여야 하는 것이 아니다(대판 2012. 5. 24, 2010다50809 등).

판례 유류분반환청구권의 행사 관련

(ㄱ) 「상속인이 유증 또는 증여행위가 무효임을 주장하여 상속 내지는 법정상속분에 기초한 반환을 주장하는 경우에는 그와 양립할 수 없는 유류분반환청구권을 행사한 것으로 볼 수 없을 것이나, 상속인이 유증 또는 증여행위의 효력을 명확히 다투지 아니하고 수유자 또는 수증자에 대하여 재산의 분배나 반환을 청구하는 경우에는 유류분반환의 방법에 의할 수밖에 없을 것이므로 비록 유류분의 반환을 명시적으로 주장하지 않는다고 하더라도 그 청구 속에는 유류분반환청구권을 행사하는 의사표시가 포함되어 있다고 해석함이 상당한 경우가 많을 것이다.」(대판 2012. 5. 24, 2010다50809)

(ㄴ) 유류분권리자가 소멸시효기간의 경과 이전에 사인증여가 무효라고 주장하면서 이를 전제로 수증자에게 수증자가 보관중인 망인 명의의 예금통장 및 인장의 교부와 망인 소유의 금원 중 수증자가 임의로 소비한 금액의 반환을 구하였다 하더라도, 이러한 주장이나 청구 자체에 그와 반대로 위 사인증여가 유효임을 전제로 그로써 자신의 유류분이 침해되었음을 이유로 하는 유류분반환의 청구가 포함되어 있다고 보기는 어렵다고 한 사례(대판 2001. 9. 14, 2000다66430).

2) 반환청구권은 유류분이 부족한 한도에서 행사하여야 한다(1115조 1항).

3) 반환청구의 대상이 되는 증여와 유증이 병존하는 경우에는, 먼저 유증에 대하여 반환을 청구하고, 부족한 부분에 한하여 증여에 대하여 반환을 청구하여야 한다(1116조). 이때 사인증여는 유증과 같은 것으로 보아야 한다(대판 2001. 11. 30, 2001다6947).

4) 증여 또는 유증을 받은 자가 수인인 때에는 유증·증여의 순서로 각자가 받은 가액의 비례로 반환하여야 한다(1115조 2항).

5) 유류분권자가 수인 있을 경우 각자가 가지는 반환청구권은 독립한 것이므로, 따로 따로 행사하여야 하고, 1인이 행사하더라도 다른 자에게 영향을 미치지 않는다(이설 없음).

(3) 반환청구권 행사의 효과 E-306

1) 반환청구권이 행사되면 유류분권자는 반환청구권 또는 이행거절권(이행되기 전인 경우)을 취득한다(청구권설). 그리고 재산이 반환되면 일단 상속재산을 구성하며, 공동상속인 사이에 상속재산 분할의 대상이 된다.

2) 유류분권자가 반환을 청구하는 것은 원칙적으로 증여 또는 유증된 원물 자체이고, 원물반환이 불가능한 경우에는 그 가액 상당액을 반환청구할 수 있다(통설·판례도 같음. 대판 2013. 3. 14, 2010다42624·42631[핵심판례 490면] 등). 그리고 판례는, 원물반환이 가능하더라도 유류분권리자와 반환의무자 사이에 가액으로 이를 반환하기로 협의가 이루어지거나 유류분권리자의 가액반환청구에 대하여 반환의무자가 이를 다투지 않은 경우에는 법원은 그 가액반환을 명할 수 있지만, 유류분권리자의 가액반환청구에 대하여 반환의무자가 원물반환을 주장하며 가액반환에 반대하는 의사를 표시한 경우에는 반환의무자의 의사에 반하여 원물반환이 가능한 재산에 대하여 가액반환을 명할 수 없다고 한다(대판 2013. 3. 14, 2010다42624·42631[핵심판례 490면]). 그런가 하면, 증여나 유증 후 그 목적물에 관하여 제3자가 저당권이나 지상권 등의 권리를 취득한 경우에는 원물반환이 불가능하거나 현저히 곤란하므로, 반환의무자가 목적물을 저당권 등의 제한이 없는 상태로 회복하여 이전해 줄 수 있다는 등의 예외적인 사정이 없는 한 유류분권리자는 반환의무자를 상대로 원물반환 대신 그 가액의 반환을 구할 수 있으나, 그렇다고 해서 유류분권리자가 스스로 위험이나 불이익을 감수하면서 원물반환을 구하는 것까지 허용되

지 않는다고 볼 것은 아니므로, 그 경우에도 법원은 유류분권리자가 청구하는 방법에 따라 원물반환을 명할 것이라고 한다(대판 2022. 2. 10, 2020다250783 등). 한편 가액반환을 하는 경우 그 가액은 사실심 변론종결시를 기준으로 산정하여야 한다(대판 2005. 6. 23, 2004다51887).

판 례 유류분 반환 관련

(ㄱ) 「유류분 반환범위는 상속개시 당시 피상속인의 순재산과 문제된 증여재산을 합한 재산을 평가하여 그 재산액에 유류분청구권자의 유류분 비율을 곱하여 얻은 유류분액을 기준으로 하는 것인바, 이와 같이 유류분액을 산정함에 있어 반환의무자가 증여받은 재산의 시가는 상속개시 당시를 기준으로 산정하여야 하고, 당해 반환의무자에 대하여 반환하여야 할 재산의 범위를 확정한 다음 가액반환을 명하는 경우에 그 가액은 사실심 변론종결시를 기준으로 산정하여야 한다.」(대판 2024. 5. 17, 2023다316851)

(ㄴ) 유류분으로 반환하여야 할 대상이 주식인 경우, 반환의무자가 피상속인으로부터 증여받은 주권 그 자체를 보유하고 있지 않다고 하더라도 그 대체물인 주식을 제 3 자로부터 취득하여 반환할 수 없다는 등의 특별한 사정이 없는 한 원물반환의무의 이행이 불가능한 것은 아니라고 한 사례(대판 2005. 6. 23, 2004다51887).

(ㄷ) 「유류분권리자가 반환의무자를 상대로 유류분반환청구권을 행사하고 이로 인하여 생긴 목적물의 이전등기의무나 인도의무 등의 이행을 소로써 구하는 경우에는 그 대상과 범위를 특정하여야 하고, 법원은 처분권주의의 원칙상 유류분권리자가 특정한 대상과 범위를 넘어서 그 청구를 인용할 수 없다.」(대판 2013. 3. 14, 2010다42624 · 42631[핵심판례 490면])

E-307 3) 유류분반환청구권의 행사로 인하여 생기는 원물반환의무나 가액반환의무는 이행기한의 정함이 없는 채무이므로, 반환의무자는 그 의무에 대한 이행청구를 받은 때에 비로소 지체책임을 진다(대판 2013. 3. 14, 2010다42624 · 42631[핵심판례 490면]).

4) 수증자가 증여의 목적물을 제 3 자에게 양도한 경우에는 유류분권자는 제 3 자에게 추급할 수 없고, 수증자에 대하여 가액의 반환을 청구할 수 있을 뿐이다. 그러나 판례(대판 2002. 4. 26, 2000다8878[핵심판례 488면])와 일부 학설(이들은 모두 형성권설의 입장임)은 증여의 목적이 된 재산이 타인에게 양도된 경우에 그 양수인이 양도 당시 유류분권자를 해함을 안 때에는 양수인에 대하여도 그 반환을 청구할 수 있다고 한다.

5) 반환청구를 받은 수증자가 무자력인 경우에는 유류분권자가 손실을 부담하여야 한다(이설 있음).

6) 수증자가 수증재산을 반환할 때 그로부터 생긴 과실은 반환할 필요가 없다(이설 있음). 그런데 — 아래에 인용한 바와 같이 — 판례의 태도는 다르다(대판 2013. 3. 14, 2010다42624 · 42631[핵심판례 490면]).

판 례 반환의무자의 사용이익 반환 여부

「유류분권리자가 반환의무자를 상대로 유류분반환청구권을 행사하는 경우 그의 유류분을 침해하는 증여 또는 유증은 소급적으로 효력을 상실하므로, 반환의무자는 유류분권리자의 유류분을 침해하는 범위 내에서 그와 같이 실효된 증여 또는 유증의 목적물을 사용·수익할 권리를 상실하게 되고, 유류분권리자의 그 목적물에 대한 사용·수익권은 상속개시의 시점에 소급하여 반환의무자에 의하여 침해당한 것이 된다. 그러나 민법 제201조 제1항은 "선의의 점유자는 점유물의 과실을 취득한다"고 규정하고 있고, 점유자는 민법 제197조에 의하여 선의로 점유한 것으로 추정되므로, 반환의무자가 악의의 점유자라는 사정이 증명되지 않는 한 반환의무자는 그 목적물에 대하여 과실수취권이 있다고 할 것이어서 유류분권리자에게 그 목적물의 사용이익 중 유류분권리자에게 귀속되었어야 할 부분을 부당이득으로 반환할 의무가 없다. 다만 민법 제197조 제2항은 "선의의 점유자라도 본권에 관한 소에 패소한 때에는 그 소가 제기된 때로부터 악의의 점유자로 본다"고 규정하고 있고, 민법 제201조 제2항은 "악의의 점유자는 수취한 과실을 반환하여야 하며 소비하였거나 과실로 인하여 훼손 또는 수취하지 못한 경우에는 그 과실의 대가를 보상하여야 한다"고 규정하고 있으므로, 반환의무자가 악의의 점유자라는 점이 증명된 경우에는 그 악의의 점유자로 인정된 시점부터, 그렇지 않다고 하더라도 본권에 관한 소에서 종국판결에 의하여 패소로 확정된 경우에는 그 소가 제기된 때로부터 악의의 점유자로 의제되어 각 그때부터 유류분권리자에게 그 목적물의 사용이익 중 유류분권리자에게 귀속되었어야 할 부분을 부당이득으로 반환할 의무가 있다.」(대판 2013. 3. 14, 2010다42624·42631[핵심판례 490면])

(4) 공동상속인들 사이의 유류분반환청구 E-308

공동상속에 있어서 상속인 중의 1인 또는 수인이 과다하게 증여 또는 유증을 받음으로써 다른 상속인의 유류분을 침해하는 경우가 생길 수 있다. 이 경우에도 유류분권이 인정된다(민법은 1008조를 준용한다고만 규정한다. 1118조). 그런데 이때에는, 반환청구의 대상으로 되는 것은 증여·유증을 받은 상속인의 유류분액을 초과한 부분만이며, 그 부분 가운데 다른 공동상속인에 대한 유류분 침해의 한도에서만 반환하면 된다(E-203도 참조)(구체적인 반환범위의 계산의 예는 친족상속법 [389]·[390] 참조).

판 례 공동상속인들 사이의 유류분반환청구 관련

(ㄱ) 「유류분권리자가 유류분반환청구를 함에 있어 증여 또는 유증을 받은 다른 공동상속인이 수인일 때에는 민법이 정한 유류분제도의 목적과 위 제1115조 제2항의 취지에 비추어 다른 공동상속인들 중 각자 증여받은 재산 등의 가액이 자기 고유의 유류분액을 초과하는 상속인만을 상대로 하여 그 유류분액을 초과한 금액의 비율에 따라서 반환청구를 할 수 있다고 하여야 할 것이고, 공동상속인과 공동상속인이 아닌 제3자가 있는 경우에는 그 제3자에게는 유류분이라는 것이 없으므로 공동상속인은 자기 고유의 유류분액을 초과한

금액을 기준으로 하여, 제 3 자는 그 수증가액을 기준으로 하여 각 그 금액의 비율에 따라 반환청구를 할 수 있다.」(대판 1996. 2. 9, 95다17885)

(ㄴ) 「증여 또는 유증을 받은 재산 등의 가액이 자기 고유의 유류분액을 초과하는 수인의 공동상속인이 유류분권리자에게 반환하여야 할 재산과 그 범위를 정함에 있어서, 수인의 공동상속인이 유증받은 재산의 총 가액이 유류분권리자의 유류분 부족액을 초과하는 경우에는 그 유류분 부족액의 범위 내에서 각자의 수유재산(受遺財産)을 반환하면 되는 것이지 이를 놓아두고 수증재산(受贈財産)을 반환할 것은 아니다. 이 경우 수인의 공동상속인이 유류분권리자의 유류분 부족액을 각자의 수유재산으로 반환함에 있어서 분담하여야 할 액은 각자 증여 또는 유증을 받은 재산 등의 가액이 자기 고유의 유류분액을 초과하는 가액의 비율에 따라 안분하여 정하되, 그중 어느 공동상속인의 수유재산의 가액이 그의 분담액에 미치지 못하여 분담액 부족분이 발생하더라도 이를 그의 수증재산으로 반환할 것이 아니라, 자신의 수유재산의 가액이 자신의 분담액을 초과하는 다른 공동상속인들이 위 분담액 부족분을 위 비율에 따라 다시 안분하여 그들의 수유재산으로 반환하여야 한다. 나아가 어느 공동상속인 1인이 수개의 재산을 유증받아 그 각 수유재산으로 유류분권리자에게 반환하여야 할 분담액을 반환하는 경우, 반환하여야 할 각 수유재산의 범위는 특별한 사정이 없는 한 민법 제1115조 제 2 항을 유추적용하여 그 각 수유재산의 가액에 비례하여 안분하는 방법으로 정함이 상당하다.」(대판 2013. 3. 14, 2010다42624 · 42631[핵심판례 490면])

(ㄷ) 「어느 공동상속인 1인이 특별수익으로서 여러 부동산을 증여받아 그 증여재산으로 유류분권리자에게 유류분 부족액을 반환하는 경우 반환해야 할 증여재산의 범위는 특별한 사정이 없는 한 민법 제1115조 제 2 항을 유추적용하여 증여재산의 가액에 비례하여 안분하는 방법으로 정함이 타당하다(대법원 2013. 3. 14. 선고 2010다42624, 42631 판결 참조). 따라서 유류분반환 의무자는 증여받은 모든 부동산에 대하여 각각 일정 지분을 반환해야 하는데, 그 지분은 모두 증여재산의 상속개시 당시 총가액에 대한 유류분 부족액의 비율이 된다.」(대판 2022. 2. 10, 2020다250783)

E-309 3. 반환청구권의 소멸시효

(1) 반환청구권은 유류분권자가 상속의 개시와 반환하여야 할 증여 또는 유증을 한 사실을 안 때부터 1년 내에 행사하지 않으면 시효에 의하여 소멸한다(1117조 1문). 1년의 기간은 소멸시효기간이다(대판 1993. 4. 13, 92다3595). 그리고 이 1년의 시효기간의 기산점은 상속개시와 증여·유증의 사실뿐만 아니라 이것이 반환하여야 할 것임을 안 때라고 해석하여야 한다(대판 2023. 6. 15, 2023다203894 등 다수). 한편 유류분권리자가 언제 위와 같은 사실을 알았는지에 관한 증명책임은 시효이익을 주장하는 자에게 있다(대판 2015. 11. 12, 2010다104768).

(2) 반환청구권은 다른 한편으로 상속이 개시된 때부터 10년이 경과하여도 소멸한다(1117조 2문). 그리고 이는 상속재산의 증여에 따른 소유권이전등기가 이루어지지 아니한 경우

에도, 그 소멸시효 완성의 항변이 신의성실의 원칙에 반한다고 하는 등의 특별한 사정이 존재하지 않는 한, 그대로 적용된다(대판 2008. 7. 10, 2007다9719). 이 10년의 기간도 소멸시효기간이다(대판 1993. 4. 13, 92다3595. 이설 있음).

(3) 판례는, 유류분반환청구권을 형성권이라고 보는 입장에서, 유류분반환청구권의 행사는 재판상 또는 재판 외에서 상대방에 대한 의사표시의 방법으로 할 수 있고, 이 경우 그 의사표시는 침해를 받은 유증 또는 증여행위를 지정하여 이에 대한 반환청구의 의사를 표시하면 그것으로 족하며, 그로 인하여 생긴 목적물의 이전등기청구권이나 인도청구권 등을 행사하는 것과는 달리 그 목적물을 구체적으로 특정하여야 하는 것은 아니고, 제1117조에 정한 소멸시효의 진행도 그 의사표시로 중단된다고 한다(대판 2002. 4. 26, 2000다8878[핵심판례 488면] 등)(이에 대한 사견은 친족상속법 [393] 참조).

(4) 판례는, 유류분반환청구권을 행사함으로써 발생하는 목적물의 이전등기청구권 등은 유류분반환청구권과는 다른 권리이므로, 그 이전등기청구권 등에 대하여는 제1117조 소정의 유류분반환청구권에 대한 소멸시효가 적용될 여지가 없고, 그 권리의 성질과 내용 등에 따라 별도로 소멸시효의 적용 여부와 기간 등을 판단할 것이라고 한다(대판 2015. 11. 12, 2011다55092·55108).

판례(대법원·헌법재판소) 색인

(오른쪽의 숫자는 옆번호임)

스마트폰으로 이 QR코드를 스캔하시면
민법규정 색인과 사항 색인을 이용할 수 있습니다.

저자약력

서울대학교 법과대학, 동 대학원 졸업
법학박사(서울대)
경찰대학교 전임강사, 조교수
이화여자대학교 법과대학/법학전문대학원 조교수, 부교수, 교수
Santa Clara University, School of Law의 Visiting Scholar
사법시험·행정고시·외무고시·입법고시·감정평가사시험·변리사시험 위원
현재: 이화여자대학교 법학전문대학원 명예교수

주요저서

착오론
민법주해[Ⅱ], [Ⅷ], [Ⅸ], [ⅩⅢ](초판)(각권 공저)
주석민법 채권각칙(7)(제 3 판)(공저)
법학입문(공저)
법률행위와 계약에 관한 기본문제 연구
대상청구권에 관한 이론 및 판례연구
부동산 점유취득시효와 자주점유
법률행위에 있어서의 착오에 관한 판례연구
계약체결에 있어서 타인 명의를 사용한 경우의 법률효과
흠있는 의사표시 연구
민법개정안의견서(공저)
제 3 자를 위한 계약 연구
민법사례연습
민법강의(상)(하)
채권의 목적 연구
불법원인급여에 관한 이론 및 판례 연구
법관의 직무상 잘못에 대한 법적 책임 연구
시민생활과 법(공저)
신민법강의
신민법사례연습
신민법입문
기본민법
민법 핵심판례240선(공저)
민법총칙
물권법
채권법총론
채권법각론
친족상속법
민법전의 용어와 문장구조
나의 민법 이야기

제 19 판
신민법강의

제19판발행 2026년 1월 5일

지은이 송덕수
펴낸이 안종만 · 안상준

편 집 김선민
기획/마케팅 조성호
표지디자인 벤스토리
제 작 고철민 · 김원표

펴낸곳 (주) 박영사
서울특별시 금천구 가산디지털2로 53, 210호(가산동, 한라시그마밸리)
등록 1959. 3. 11. 제300-1959-1호(倫)
전 화 02)733-6771
f a x 02)736-4818
e-mail pys@pybook.co.kr
homepage www.pybook.co.kr
ISBN 979-11-303-9876-1 93360

정 가 76,000원